COORDENAÇÃO

Rogério Sanches Cunha

Promotor de Justiça no Estado de São Paulo. Professor de Direito Penal da Escola Superior do Ministério Público de São Paulo, da Fundação Escola Superior do Ministério Público do Mato Grosso e do CERS (Complexo de Ensino Renato Saraiva - www.cers.com.br). Fundador do www.meusitejuridico.com

Ronaldo Batista Pinto

Promotor de Justiça do Estado de São Paulo. Mestre em Direito pela Universidade Estadual Paulista (UNESP).

Renee do Ó Souza

Mestre em Direito pela Uniceub-DF. Pós-graduado em Direito Constitucional, Direito Processual Civil, em Direito Civil, Difusos e Coletivos. Promotor de Justiça em Mato Grosso. Professor do CERS e FESMPMT. E-mail: reneesouza@hotmail.com

EDITORA JusPODIVM
www.editorajuspodivm.com.br

LEIS PENAIS ESPECIAIS
Comentadas
artigo por artigo

COORDENAÇÃO

Rogério Sanches Cunha
Ronaldo Batista Pinto
Renee do Ó Souza

LEIS PENAIS ESPECIAIS

Comentadas

artigo por artigo

2ª edição | revista atualizada ampliada

2019

EDITORA *Jus*PODIVM
www.editorajuspodivm.com.br

EDITORA
*Jus*PODIVM
www.editorajuspodivm.com.br

Rua Território Rio Branco, 87 – Pituba – CEP: 41830-530 – Salvador – Bahia
Tel: (71) 3045.9051
• Contato: https://www.editorajuspodivm.com.br/sac

Capa: Ana Caquetti

C972l Cunha, Rogério Sanches.
Leis penais especiais: comentadas artigo por artigo / Coordenadores Rogério Sanches Cunha, Ronaldo Batista Pinto, Renee do Ó Souza – Salvador: 2 ed. revista, ampl. e atualiz. Editora JusPodivm, 2019.
2240 p.

Bibliografia.
Vários autores.
ISBN 978-85-442-2680-3

1. Leis Extravagantes. 2. Direito Penal. 3. Leis de Biossegurança. 4. Transplante de Órgãos. 5. Ação Civil Pública. 6. Improbidade Administrativa. I. Cunha, Rogério Sanches. II. Pinto, Ronaldo Batista. III. Souza, Renee do Ó. IV. Título.

CDD 341.5

Apresentação da Obra

Com imensa alegria lançamos a obra *Leis Penais Especiais Comentadas artigo por artigo*, 2ª edição, dela participando como autores membros do Ministério Público brasileiro.

Podemos afirmar que o estudo ora editado praticamente esgotou o tema proposto. São 39 leis extravagantes comentadas de forma minuciosa e com a profundidade desejada. Mesmo aquelas em que o Direito Criminal aparece de forma periférica, foram comentadas nos seus aspectos penais e processuais, como, por exemplo, as Leis de Biossegurança, Transplante de Órgãos, Ação Civil Pública e de Improbidade Administrativa.

O livro não nasceu, obviamente, da noite para o dia. Ao contrário, é algo maduro, ponderado, consequência da experiência forense dos autores e sua atuação ministerial exercida com todo cuidado, zelo e combatividade.

Os autores, nos seus comentários, não se esqueceram de sublinhar divergências existentes na doutrina e na jurisprudência, revelando as posições mais contemporâneas dos Tribunais Superiores. Não raras vezes, aliás, a solução para as controvérsias contou com o auxílio das normas internacionais.

A obra, essencialmente didática, serve não apenas para os leitores na graduação, pós-graduação e candidatos a concursos públicos, mas também aos operadores do Direito (promotores de Justiça, juízes, defensores, delegados, procuradores etc.), que nela enxergarão respostas às complexas questões do cotidiano forense.

Agradecemos aos editores Ricardo Didier e Vauledir Santos por acreditarem no projeto. Esperamos que a obra tenha a aceitação esperada.

Vinhedo, fevereiro de 2019.

Rogério Sanches Cunha
Ronaldo Batista Pinto
Renee de Ó Souza
Coordenadores

Sobre os Coordenadores e Autores

COORDENADORES E AUTORES

ROGÉRIO SANCHES CUNHA

Promotor de Justiça no Estado de São Paulo. Professor de Direito Penal da Escola Superior do Ministério Público de São Paulo, da Fundação Escola Superior do Ministério Público do Mato Grosso e do CERS (Complexo de Ensino Renato Saraiva – *www.cers.com.br*). Fundador do www.meusitejuridico.com

RONALDO BATISTA PINTO

Promotor de Justiça do Estado de São Paulo. Mestre em Direito pela Universidade Estadual Paulista (UNESP).

RENEE DO Ó SOUZA

Mestre em Direito pelo Centro Universitário de Brasília – UNICEUB -DF. Pós-graduado em Direito Constitucional, Direito Processual Civil, em Direito Civil, Difusos e Coletivos. Promotor de Justiça em Mato Grosso. Professor do CERS e da Fundação Escola Superior do Ministério Público do Mato Grosso-FESMPMT. E-mail: reneesouza@hotmail.com.

AUTORES

ANTONIO HENRIQUE GRACIANO SUXBERGER

Doutor e Mestre em Direito. Promotor de Justiça no Distrito Federal. Professor do Programa de Mestrado e Doutorado em Direito do Centro Universitário de Brasília (UniCEUB). Professor da Fundação Escola Superior do MPDFT (FESMPDFT). Professor do Máster Oficial em Direitos Humanos, Interculturalidade e Desenvolvimento da Universidade Pablo de Olavide (Sevilha, Espanha) e Universidade Internacional da Andaluzia. Professor Investigador associado da linha "Derechos Humanos y Desarrollo" do Programa de Doutorado em Ciências Jurídicas e Políticas da Universidade Pablo de Olavide. Pós-Doutor pelo *Ius Gentium Conimbrigae* (IGC) da Universidade de Coimbra.

FÁBIO ANDRÉ GUARAGNI

Doutor e Mestre em Direito das Relações Sociais pela UFPR, com pesquisa pós doutoral na Università degli Studi di Milano. Professor de Direito Penal Econômico do Mestrado em Direito Empresarial e Cidadania do Unicuritiba. Professor de Direito Penal da Especialização e Graduação do Unicuritiba. Professor de Direito Penal da FEMPAR, CERS. Procurador de Justiça do Ministério Público do Estado do Paraná.

FÁBIO IANNI GOLDFINGER

Promotor de Justiça do Ministério Público Estadual/MS. Assessor Especial do Procurador-Geral de Justiça de MS. Pós-graduado no Curso de Investigação Criminal, Constituição e direito de defesa da rede LFG. Autor de obras pela Editora Juspodivm.

FRANCISCO DE ASSIS MACHADO CARDOSO

Promotor de Justiça do Ministério Público do Estado do Rio de Janeiro, tendo ingressado na carreira no ano de 2002. Durante o período, exerceu as funções de Coordenador do Grupo de Combate à Sonegação Fiscal e do Laboratório de Combate à Corrupção e à Lavagem de Dinheiro do MPRJ (LAB/LD). Pós-graduado em Criminologia pelo Instituto Superior do Ministério Público – ISP e Especialista em inteligência pela Escola Superior de Guerra – ESG e pela Agência Brasileira de Inteligência – ABIN. Leciona como Professor convidado na Fundação Getúlio Vargas – FGV/RIO e na Universidade Agostinho Neto, em Angola. Desde 2009, o autor atua, ainda, como colaborador técnico em questões antilavagem de dinheiro e contra o financiamento ao terrorismo (AML/CFT) para o GAFILAT e para o Banco Mundial, tendo participado de diversos processos de avaliação mútua e de avaliação nacional de riscos nos últimos anos.

FERNANDO CÉLIO DE BRITO NOGUEIRA

Promotor de Justiça no Estado de São Paulo desde 1988, atualmente designado assessor junto à Procuradoria-Geral de Justiça de São Paulo, na área criminal, perante a Subprocuradoria-Geral de Justiça de Políticas Criminais e Institucionais. Especialista em Ciências Penais, ex-professor do Curso de Especialização em Direito Penal e Direito Processual Penal da Fundação Armando Álvares Penteado, foi representante do MPSP junto ao CEDATT, Conselho Estadual para Diminuição de Acidentes de Trânsito e Transportes.

IGOR PEREIRA PINHEIRO

Promotor de Justiça do Ministério Público do Ceará (MPCE). Especialista e Doutorando em Ciências Jurídico-Políticas pela Universidade de Lisboa. Coordenador das Pós-Graduações de Prevenção/Repressão à Corrupção e de Direito Eleitoral do Complexo de Ensino Renato Saraiva (CERS). Autor do livro "Condutas Vedadas aos Agentes Públicos em Ano Eleitoral", pela Editora Fórum, e "Prática Eleitoral", no prelo pela Editora Juspodivm. Foi Coordenador do Grupo Auxiliar da Procuradoria Eleitoral do Ceará (GAPEL). Foi membro do Grupo de Atuação Especial do Patrimônio Público do Ministério Público do Ceará (GEADPP). Professor Convidado de diversas Escolas Superiores do Ministério Público. Responsável por diversas operações anticorrupção no Estado do Ceará.

JÚLIA FLORES SCHÜTT

Promotora de Justiça do Ministério Público do Estado do Rio Grande do Sul. Graduada pela Pontifícia Universidade Católica do Rio Grande do Sul – Faculdade de Ciências Jurídicas e Sociais.

LUCIANO CESAR CASAROTI

Promotor de Justiça no Estado do Tocantins. Presidente da Associação Tocantinense do Ministério Público – ATMP. Membro do Conselho Deliberativo da Conamp. Pós-graduado em Direito Penal e Processual Penal pela Faculdade Damásio de Jesus. Foi Professor da Faculdade Damásio de Jesus – FDDJ e do Curso Preparatório para Exame de Ordem do Complexo Jurídico Damásio de Jesus. Membro do Conselho Editorial da Revista Jurídica do Ministério Público do Estado do Tocantins. Autor de obras jurídicas.

LUDMILA DE PAULA CASTRO SILVA

Promotora de Justiça no Estado de Mato Grosso do Sul. Doutoranda em Direito do Estado pela Universidade de São Paulo – USP. Mestre em Direito Público pela Universidade Federal de Uberlândia – Minas Gerais. Especialista em Direito Processual pela Universidade do Sul de Santa Catarina. Especialista em Direito Constitucional pela Universidade Anhanguera. Graduada em Direito e Letras pela Universidade Federal de Uberlândia.

MARIA CAROLINA SILVEIRA BERALDO

Promotora de Justiça em Minas Gerais. Mestre e doutora em direito processual civil pela USP. Professora universitária.

MARIANO PAGANINI LAURIA

Mestre em Constituição e Garantia de Direitos pela Universidade Federal do Rio Grande do Norte. Pós graduado em Nível de Especialização em Direito Público pela Fundação Escola Superior do Ministério Público do Estado do Rio Grande do Sul. Ex-Defensor Público em Alagoas. Ex-Promotor de Justiça em Roraima. Lecionou as disciplinas de Direito Constitucional, Direito Penal e Direito Processual Penal em Cursos Preparatórios para Concursos Públicos. Ex-Membro Auxiliar da Corregedoria Nacional do Ministério Público (CNMP), no período de nov. 2015 a nov. 2017. Membro Colaborador da Corregedoria Nacional do Ministério Público (CNMP). Promotor de Justiça no Estado do Rio Grande do Norte.

MATHEUS KUHN GONÇALVES

Possui graduação em Direito pela Universidade Federal de Rondônia (Cacoal) (2011). Pós-graduado em Direito Penal e Processo Penal. Pós-graduado em combate à corrupção e desvios de verbas públicas. Ex-Defensor Público do Estado do Tocantins. Professor Universitário. Autor de Obra Jurídica. Palestrante. Promotor de justiça do Ministério Público do Estado de Rondônia. Mestrando em Ciências Jurídicas.

RAFAEL SCHWEZ KURKOWSKI

Coordenador Disciplinar da Corregedoria Nacional do Ministério Público. Professor de Processo Penal e de Execução Penal na Faculdade Pio Décimo – FAPIDE (Aracaju/SE) e da Fundação Escola Superior do Ministério Público do Mato Grosso-FESMPMT. Mestre em Direito pelo Centro Universitário de Brasília – UNICEUB.

Currículo Lattes: <http://lattes.cnpq.br/2470799563913344>.

RICARDO SILVARES

Promotor de Justiça do Ministério Público do Estado de São Paulo desde 1994. Professor em cursos de preparação para concursos (CERS), em pós-graduação (CERS/Estácio) e graduação (FACAMP), ministrando matérias relacionadas a Direito Penal, Processo Penal e Legislação do Ministério Público. Especialista em Direito Penal Econômico e Europeu pela Universidade de Coimbra, em convênio com o Instituto Brasileiro de Ciências Criminais – IBCCrim. Especialista em Direito Constitucional e Processo Constitucional pela EDB. Mestre em Direito Processual Penal pela Faculdade de Direito da Universidade de São Paulo.

RODRIGO LEITE FERREIRA CABRAL

Doutor em Ciências Jurídicas e Políticas pela Universidad Pablo de Olavide (Espanha). Mestre em Criminologia e Ciências Forenses pela mesma Instituição. Foi pesquisador-visitante do Max-Planck-Institut para Direito Penal Estrangeiro e Internacional em Freiburg (Alemanha). Promotor de Justiça do Ministério Público do Estado do Paraná.

RONALDO VIEIRA FRANCISCO

Ex-Delegado de Polícia/PR. Promotor de Justiça do Ministério Público Estadual/MS. Mestrando em Direito Civil pela Pontifícia Universidade Católica – PUC/SP. Autor de obras pela Editora Juspodivm.

Prefácio

Trata-se de alentada, detalhada e profunda obra sobre as leis penais especiais.

Os autores, dominando, de maneira invejável, a dogmática jurídico-penal, fornecem elementos preciosos para os operadores do direito. E não é só! Tudo isto, em terreno legal e didaticamente pouco sistematizado.

Obra, pois, no campo de sua abrangência, fundamental e dignificante da nossa doutrina.

Sinto-me, pois, orgulhoso de ter pertencido durante mais de vinte anos de uma instituição que acabou ensejando, posteriormente, o surgimento de coletânea de tamanha envergadura. Os autores, com isto, engrandecem o Ministério Público e a doutrina nacional.

Ministro Felix Fischer

Superior Tribunal de Justiça

Sumário

CAPÍTULO 1

Contravenções Penais – Decreto-Lei 3.688/1941

Luciano Casaroti

INTRODUÇÃO

O Direito Penal é o conjunto de normas jurídicas que definem as infrações penais, cominando as sanções aplicáveis aos infratores. Esse conjunto de normas tem por finalidade a proteção dos bens jurídicos mais relevantes para a sobrevivência da sociedade, visando à manutenção da paz social.

Na lição de Magalhães Noronha, os "bens tutelados pelo Direito Penal não interessam exclusivamente ao indivíduo, mas a toda a coletividade. A relação existente entre o autor de um crime e a vítima é de natureza secundária, já que ela não tem o direito de punir. Mesmo quando exerce a *persecutio criminis,* não goza daquele direito, pois o que se lhe transfere unicamente é o *jus accusationis,* cessando qualquer atividade sua com a sentença transitada em julgado."[1]

Distinção entre crime e contravenção

O Brasil, assim como a Itália, Noruega e Suíça, adotou a teoria bipartida ou dicotômica, dividindo as infrações penais em: a) crimes ou delitos; b) contravenções penais. Assim, no Brasil, pode-se afirmar que infração penal é gênero do qual são espécies os crimes e as contravenções penais.

Há de se ter em mente que outros países, como França e Alemanha, adotam a teoria tripartida ou tricotômica, a qual divide as infrações penais em: a) crimes; b) delitos; c) contravenções penais.

Nos termos do art. 1º da Lei de Introdução ao Código Penal e da Lei das Contravenções Penais (Decreto-Lei nº 3.914/41), crime é a infração penal que tem como modalidade de pena privativa de liberdade a reclusão ou a detenção, quer isoladamente, quer alternativa ou cumulativamente com a pena de multa.

Por outro lado, considera-se contravenção penal a infração penal que a lei comina, isoladamente, pena de prisão simples ou de multa, ou ambas, alternativa ou cumulativamente. (art. 1°, Decreto-Lei n° 3.914/41).

1 Edgard Magalhães Noronha. *Direito Penal.* 18. ed., São Paulo: Saraiva, v. 1, 1980. p. 12)

A contravenção penal é também denominada como **delito liliputiano**[2], **crime vagabundo ou crime anão,** uma vez que as condutas descritas na Lei das Contravenções Penais afetam os bens jurídicos com menor gravidade do que nos crimes, e por consequência sofrem sanções mais leves.

O principal marco distintivo entre crime e contravenção é quantitativo (grau de gravidade), dado pela natureza da pena privativa de liberdade cominada. Enquanto no crime as penas cominadas podem ser de reclusão e de detenção, além da multa, nas contravenções penais a pena aplicada consiste em prisão simples ou multa.

Cezar Roberto Bitencourt afirma que "Ontologicamente não há diferença entre crime e contravenção. As contravenções, que por vezes são chamadas de *crimes anões,* são condutas que apresentam menor gravidade em relação aos crimes, por isso sofrem sanções mais brandas. O fundamento da distinção é puramente *político criminal* e o critério é simplesmente quantitativo ou extrínseco, com base na sanção, assumindo caráter formal. Com efeito, nosso ordenamento jurídico aplica a pena de prisão, para os crimes, sob as modalidades de reclusão e detenção, e, para as contravenções, quando for o caso, a de prisão simples (Decreto-lei n. 3.914/41). Assim, o critério distintivo entre crime e contravenção é dado pela natureza da pena privativa de liberdade cominada".[3]

Existem, ainda, outras distinções importantes:

- tentativa é punível nos crimes (art. 14, II, CP); nas contravenções não é cabível a tentativa (art. 4º da LCP);
- os crimes podem ser de ação penal pública (condicionada ou incondicionada) ou privada (art. 100, CP); as contravenções penais serão apuradas por meio de ação penal pública incondicionada (art. 17, LCP);
- o limite de cumprimento das penas privativas de liberdade decorrentes de crimes será de 30 (trinta) anos (art. 75, CP); nas contravenções penais o limite temporal de cumprimento da pena é de 5 (cinco) anos (art. 10, LCP);
- desde que preenchidos os requisitos legais, os crimes praticados no exterior podem ser punidos no Brasil; as contravenções penais somente serão punidas quando cometidas em território nacional (art. 2º, LCP), ou seja, não se aplica o princípio da extraterritorialidade da lei penal brasileira em relação às contravenções penais.
- o período de *sursis* é de 2 a 4 anos, ou de 4 a 6 anos nos casos de *sursis* humanitário ou etário os casos de crimes; nas contravenções o período de *sursis* é de 1 a 3 anos (art. 11, LCP).
- é possível a aplicação do erro de direito para as contravenções; não se permite a aplicação do erro de direito para os crimes.

- A pena privativa de liberdade prevista nas contravenções penais (prisão simples) deve ser cumprida apenas nos regimes semiaberto ou aberto, enquanto as penas de

2 A terminologia delito liliputiano tem origem em Liliput, uma ilha fictícia que faz parte do clássico livro "As Viagens de Guliver", do inglês Jonathan Swift. O protagonista da obra em questão, ao chegar em Liliput é surpreendido pelo tamanho minúsculo dos seus habitantes, que medem apenas 15 centímetros de altura. Por serem tão minúsculos, passam a ver Guliver, como um gigante.

3 Bitencourt, Cezar Roberto. *Tratado de Direito Penal*, parte especial, vol. 1. São Paulo: Saraiva, 2009, p. 222).

prisão nos crimes podem ser cumpridas nas três modalidades de regimes: fechado, semiaberto e aberto.

	Crime	Contravenção Penal
Tentativa	Punível	Não é cabível
Ação Penal	Pública (condicionada/incondicionada) ou Privada	Pública incondicionada
Limite das penas	30 (trinta) anos	5 (cinco) anos
Princípio da extraterritorialidade	Aplica-se	Não se aplica
Sursis	2 a 4 anos, ou de 4 a 6 anos nos casos de *sursis* humanitário ou etário	1 a 3 anos
Erro de direito	Não se aplica	Aplica-se
Pena privativa de liberdade	Reclusão e detenção	Prisão simples

Contravenções Penais e a Lei nº 9.099/95

As contravenções penais são consideradas infrações de menor potencial ofensivo, portanto, aplica-se a Lei nº 9.099/95[4], incidindo os seus institutos despenalizadores como a transação penal, composição civil do dano e a suspensão condicional do processo. Assim, em regra, adota-se o rito disposto no art. 61, Lei nº 9.099/95. Porém, nas situações de conexão entre contravenções e crimes que não sejam de menor potencial ofensivo, elas serão processadas pelo juízo comum estadual.

Competência para o processamento das contravenções penais

Compete à **justiça estadual** julgar as contravenções penais, mesmo que cometidas contra bens, serviços ou interesse da União, autarquias ou empresas públicas federais.

O art. 109, IV da Constituição Federal[5] exclui a competência dos juízes federais para o julgamento das contravenções penais ainda que praticadas em detrimento de bens, serviços ou interesse da União ou de suas entidades autárquicas ou empresas públicas. No mesmo sentido, o Superior Tribunal de Justiça editou a Súmula nº 38: *Compete à Justiça Estadual Comum, na vigência da Constituição de 1988, o processo por contravenção penal, ainda que praticada em detrimento de bens, serviços ou interesse da União ou de suas entidades.*

Além disso, o Superior Tribunal de Justiça reconheceu a **competência absoluta** da justiça estadual para julgar as contravenções penais. Desse modo, mesmo em se tratando de hipótese de conexão entre contravenção penal e crime de competência da Justiça federal, deve ocorrer

4 *Art. 61. Consideram-se infrações penais de menor potencial ofensivo, para os efeitos desta Lei, as contravenções penais e os crimes a que a lei comine pena máxima não superior a 2 (dois) anos, cumulada ou não com multa.*

5 Art. 109, IV - os crimes políticos e as infrações penais praticadas em detrimento de bens, serviços ou interesse da União ou de suas entidades autárquicas ou empresas públicas, excluídas as contravenções e ressalvada a competência da Justiça Militar e da Justiça Eleitoral.

o **desmembramento do processo** e a contravenção penal deve ser julgada na justiça estadual. A propósito: *2. Firmando-se a competência do Juízo Federal para processar e julgar o crime de contrabando conexo à contravenção penal, impõe-se o desmembramento do feito, de sorte que a contravenção penal seja julgada perante o Juízo estadual. (CC 120.406/RJ, Rel. Ministra Alderita Ramos de Oliveira (Desembargadora Convocada do TJ/PE), Terceira Seção, DJe 01/02/2013).*

PARTE GERAL

Art. 1º Aplicam-se as contravenções às regras gerais do Código Penal, sempre que a presente lei não disponha de modo diverso.

O art. 1º traz o **princípio da especialidade** cuja finalidade é evitar o *bis in idem*, ou seja, a aplicação de duas normas incriminadoras para o mesmo fato. **Normal especial** é aquela que possui todos os elementos da norma geral e mais alguns, denominados especializantes. Para descobrir qual norma é especial, basta compararmos as normas abstratamente, analisando os elementos nelas descritos. A norma especial prevalece em relação à geral, afastando sua aplicação.

A Lei de Contravenções Penais é especial em relação ao Código Penal, assim, quando a Lei de Contravenções Penais regular determinado assunto, será ela aplicada. Todavia, se nada dispuser sobre o tema, aplicar-se-ão as regras gerais do Código Penal. Portanto, o Código Penal tem aplicação subsidiária à Lei das Contravenções Penais.

Aplicam-se às contravenções penais, por exemplo, as normas gerais do Código Penal pertinentes às excludentes de ilicitude, ao concurso de pessoas, às penas, ao concurso de infrações penais, as causas extintivas de punibilidades. Por outro lado, não incidem as normas previstas no CP referentes à tentativa, diante da previsão na LCP de que não é punível a tentativa de contravenção (art. 4º, LCP).

Art. 2º A lei brasileira só é aplicável à contravenção praticada no território nacional.

Uma vez praticada a infração penal é necessário saber qual é o âmbito de vigência da lei penal em sua amplitude espacial, ou seja, se a lei penal brasileira pode ser aplicada apenas às infrações penais cometidas em território nacional, ou também quando praticadas em território estrangeiro. Trata-se, assim, de questão de eficácia da lei penal no espaço.

A regra no direito brasileiro é o princípio da territorialidade (art. 5º, *caput*, CP), consistente na aplicação da lei penal brasileira aos crimes cometidos no território nacional. Excepcionalmente, é possível a aplicação da lei estrangeira a fatos ocorridos no Brasil, quando assim determinarem tratados e convenções internacionais. Neste prisma, podemos afirmar que em relação aos crimes o legislador adota o *princípio da territorialidade temperada:* aplicação da lei penal brasileira a crimes cometidos em território nacional, sem prejuízo do disposto em tratados, convenções ou regras internacionais.

Quanto às **contravenções penais**, o legislador optou pela aplicação do princípio da **territorialidade exclusiva ou absoluta** (art. 2º da LCP), segundo o qual a lei penal brasileira não se aplica a fatos contravencionais ocorridos fora do território brasileiro. Portanto, aplica-se a lei brasileira às contravenções cometidas em território nacional. Todavia, diferentemente do que ocorre com os crimes, no caso das contravenções penais a territorialidade é regra absoluta, isto é, não há possibilidade a aplicação da lei penal brasileira a fatos contravencionais praticados fora do território brasileiro.

Por fim, vale destacar que a expressão território nacional contida no art. 2° da LCP deve ser compreendida em seu sentido jurídico, ou seja, todo o espaço onde o Estado Brasileiro exerça sua soberania. Esse conceito não abarca apenas o interior das fronteiras geográficas (espaço físico), mas também engloba o chamado território por extensão:

a) *Território efetivo, físico ou real:* composto do solo, subsolo, águas territoriais e espaço aéreo correspondente.

b) *Território por extensão ou flutuante:* composto pelas embarcações e aeronaves brasileiras públicas ou a serviço do governo brasileiro onde quer que se encontrem; aeronaves e embarcações brasileiras, privada ou mercante, no espaço aéreo[6] correspondente ou em alto-mar[7], respectivamente, consoante dispõe o art. 5º, §§ 1º e 2º, do CP.

Impossibilidade de extradição de estrangeiro por fato contravencional

A Lei n° 13.445/2017 (Lei de Migração) dispôs que não se concederá a extradição quando o fato que motivar o pedido *não for considerado crime no Brasil ou no Estado requerente*. Assim, não existe a possibilidade de extradição de agente que pratica fato contravencional.

O Supremo Tribunal Federal, em 13.03.2018, atento ao art. 82, II da Lei de Migração, indeferiu pedido de extradição referente a conduta do agente tida como contravenção penal, autorizando a extradição do agente somente em relação ao crime por ele praticado:

> Extradição passiva instrutória. Dupla ticipicidade. Entrega autorizada quanto ao crime de homicídio culposo majorado pela omissão de socorro. Impossibilidade de extradição pela contravenção penal de condução negligente. Extradição autorizada em parte. I – A autorização concedida por esta Suprema Corte para entrega do extraditando ao Estado requerente depende do preenchimento das condições gerais, dos requisitos específicos sobre a conduta criminosa e da assunção dos compromissos especificados no art. 96 da Lei de Migração (Lei 13.445/2017). II – A omissão de socorro praticada no contexto do art. 302 do Código de Trânsito Brasileiro – CTB enquadra-se, em tese, como majorante do tipo, e não como o tipo autônomo previsto no art. 304 do CTB. III – A contravenção penal de condução negligente não enseja extradição. IV – Extradição autorizada em parte. (Ext 1514, Relator (a): Min. Ricardo Lewandowski, Segunda Turma, julgado em 13/03/2018, acórdão eletrônico DJe-058 DIVULG 23-03-2018 PUBLIC 26-03-2018)

Art. 3º Para a existência da contravenção, basta a ação ou omissão voluntária. Deve-se, todavia, ter em conta o dolo ou a culpa, se a lei faz depender, de um ou de outra, qualquer efeito jurídico.

---

6 Espaço aéreo correspondente é aquele localizado acima do território brasileiro e mar territorial, conforme Lei n° 7.565/86 (Código Brasileiro de Aeronáutica).

7 Mar territorial compreende uma faixa de 12 milhas marítimas de largura, medidas a partir da linha de baixa-mar do litoral continental e insular brasileiro, tal como indicada nas cartas náuticas de grande escala, reconhecidas oficialmente no Brasil. (art. 1º, caput, da Lei 8.617/93).

Nos termos do art. 3º o elemento subjetivo nas contravenções penais é a simples voluntariedade da ação ou omissão, despida de qualquer finalidade. Assim, o reconhecimento do fato contravencional prescinde de dolo ou culpa (TACRIM-SP, JUTACRIM 49/302). Conforme leciona Silvio Maciel "só não haverá a contravenção se for uma *conduta involuntária* (que não decorra da vontade do agente, v.g. um ato reflexo ou uma ação praticada sob coação moral irresistível)".

A segunda parte do *caput*, contudo, possibilita a necessidade de dolo ou culpa nos tipos contravencionais quando a norma deixa clara a exigência deles para a tipicidade da conduta.

A doutrina classifica as contravenções penais em duas modalidades:

a) *contravenções típicas ou próprias*: basta a voluntariedade para sua configuração. Só depende de uma ação ou omissão voluntária, despida de qualquer elemento psíquico. É a regra nas contravenções penais;

b) *contravenções atípicas ou impróprias:* exigem o dolo ou a culpa na conduta do agente para tipificar o tipo contravencional.

Diante da teoria finalista adotada no Brasil, a doutrina passou a entender que o art. 3º não tem mais aplicabilidade, sob pena de admitir a responsabilidade objetiva, que foi vedada na reforma penal de 1984.

Sobre o tema, discorre Damásio de Jesus que "Hoje, entretanto, adotada a teoria finalista da ação e vedada a responsabilidade objetiva pela reforma penal de 1984, o disposto no art. 3º, que diz prescindir a contravenção de dolo ou culpa, está superado: a contravenção, assim como o crime, exige o dolo ou a culpa, como elemento normativo. Ausentes, o fato é atípico"[8].

Para Guilherme Nucci também se faz necessário o dolo e a culpa para caracterizar a contravenção penal: "para existência de uma contravenção penal – como ocorre no contexto dos crimes – há necessidade de se provar a configuração do dolo ou da culpa. No cenário das contravenções, quando o tipo for omisso, busca-se o dolo; do contrário, de algum modo, o legislador apontará para ato leviano do agente, configurador da culpa (ex.: art. 31, onde se lê 'não guardar com a *devida cautela* animal perigoso'. Se não há cautela, há desatenção, logo, imprudência ou negligência*)*".

Em se tratando de culpa, importa ressaltar que na contravenção penal, ela decorre da própria descrição típica do fato. Damásio de Jesus esclarece que "A admissão da modalidade culposa, nas contravenções, é diferente do sistema do CP. Neste, a culpa deve ser expressa (art. 18, parágrafo único). Nas hipóteses em que a infração é culposa, a LCP não emprega as expressões usuais do CP, como 'se o crime é culposo', no 'caso de culpa' etc. A existência da modalidade culposa, nas contravenções, decorre da própria descrição legal do fato. Exs. Dar causa a desabamento de construção 'por erro no projeto' (art. 29)". Portanto, se faz necessário que a lei contravencional empregue expressões indicativas de ausência de cuidado na prática da conduta.

São citados pela doutrina como exemplos de contravenção culposa a violação de lugar ou objeto (art. 26, LCP), arremesso ou colocação perigosa (art. 37, parágrafo único, LCP).

8 JESUS, Damásio de. *Leis das Contravenções Penais*, ed. Saraiva, 2015, p. 40.

Por outro lado, não há na LCP contravenções preterdolosas, ou seja, no qual o agente pratica uma conduta anterior dolosa, e desta decorre um resultado posterior culposo (resultado agravador).

Art. 4º Não é punível a tentativa de contravenção.

A maioria das contravenções penais é infração de mera conduta ou formal, sem resultado naturalístico, o que por si só, inviabiliza a tentativa, pois não comporta fracionamento do *iter criminis*.

Há, porém, contravenções penais com caráter naturalístico, o que permitiria a aplicação do instituto da tentativa. Entretanto, devido ao baixo grau de potencialidade lesiva das contravenções penais, o legislador, por razões de política criminal, optou por não punir a tentativa de fatos contravencionais.

Victor Rios Gonçalves menciona que "hipótese comum de tentativa impunível ocorre na contravenção do jogo do bicho, quando o apostador é flagrado antes de entregar o dinheiro, ao tentar efetuar uma aposta. Teríamos, nesse caso, tentativa de jogo do bicho, mas a lei considera o fato impunível".

Vale chamar atenção que o conceito de infração de menor potencial ofensivo engloba tanto as contravenções penais quanto os crimes cuja pena máxima não ultrapasse dois anos. Porém, ao contrário das contravenções penais, os crimes de menor potencial ofensivo, em regra, admitem a tentativa.

A **consumação** das contravenções penais , assim como nos crimes, se perfaz com a realização de todos os elementos do tipo penal.

Art. 5º As penas principais são:

I – prisão simples.

II – multa.

O Código Penal utiliza a classificação tripartida em relação as penas: a) penas privativas de liberdade; b) restritivas de direitos; c) multa. Por outro lado, vale destacar que em nossa legislação há três espécies de penas privativas de liberdade: a) reclusão; b) detenção; c) **prisão simples**. As duas primeiras aplicáveis aos crimes enquanto a prisão simples aplica-se **exclusivamente** as contravenções penais.

A pena de **prisão simples** é espécie de pena privativa de liberdade exclusiva das contravenções penais e deverá ser cumprida sem rigor penitenciário em estabelecimento especial ou seção especial de prisão comum, em regime semiaberto ou aberto.

O magistrado, ao elaborar a dosimetria da pena de prisão simples, deve valer-se das mesmas regras de aplicação da pena prevista para o crime, utilizando o *sistema trifásico(art. 68, CP)*: pena base, agravantes e atenuantes; causas de aumento e de diminuição. Contudo, como as contravenções penais são consideradas infrações de menor potencialidade lesiva, em regra, são aplicadas medidas alternativas como transação penal e *sursis* processual, o que torna a prisão simples medida de rara aplicação prática.

A **pena de multa**, por sua vez, conforme Cleber Masson, pode ser conceituada como "espécie de sanção penal, de cunho patrimonial, consistente no pagamento de determinado valor em dinheiro, em favor do Fundo Penitenciário Nacional".[9]

A reforma de 1984 da Parte Geral do Código Penal adotou o critério do dia-multa, rompendo com o sistema de fixação do valor da sanção pecuniária vigente a época, o qual trazia expresso o valor da multa. Foram revogados todos os dispositivos que fixavam a pena de multa em valores expressos, alcançando a Lei de Contravenções Penais e todas as demais leis que tinham valores expressos. Todavia, as leis penais que possuem critérios próprios, como a Lei de Drogas[10], não foram alcançadas pelo novo critério adotado pela reforma do Código Penal, pois este só se aplica subsidiariamente. Portanto, a Lei de Contravenções Penais passou a ter as multas calculadas de acordo com o critério do dias-multa.

O juiz fixará a multa observando o sistema do dia-multa (art. 49 do CP), que será estabelecido da seguinte forma:

a) *Primeira etapa:* o juiz fixa o número de dias-multa que será de no mínimo 10 (dez) e no máximo 360 (trezentos e sessenta) dias-multa. Ressalta-se que o juiz utilizará como parâmetro para fixar o número de dias-multa as circunstâncias judiciais previstas no art. 59 do CP, as circunstâncias agravantes e atenuantes e as causas de aumento e diminuição de pena.

b) *Segunda etapa:* após a fixação do número de dias-multa o magistrado deverá atribuir o valor de cada dia-multa, não podendo ser inferior a 1/30 (um trigésimo) do maior salário mínimo mensal e nem superior a 5 (cinco) vezes esse salário. Quando o magistrado entender que o valor máximo aplicado será ineficaz, poderá aumentá-lo até o triplo (art. 60, § 1º, do CP). Na fixação do valor de cada dia-multa o juiz deverá atender, principalmente, à situação econômica do réu.

Pagamento da multa

Após o trânsito em julgado da sentença condenatória, o condenado será intimado para efetuar o pagamento da pena de multa em 10 (dez) dias. O juiz poderá, a requerimento do condenado e conforme as circunstâncias, permitir o pagamento parcelado da pena de multa (art. 50 do CP).

A pena de multa após o seu trânsito em julgado será considerada dívida de valor (art. 51 do CP) e, uma vez não paga, será executada em conformidade com as normas da legislação relativa à dívida ativa da Fazenda Pública, inclusive no que tange às causas de suspensão e interrupção da prescrição.

Legitimidade para cobrança da multa

Segundo a jurisprudência majoritária, antes do julgamento da ADI 3150 pelo STF, cabia à Fazenda Pública com exclusividade a cobrança de multa pendente determinada em sentença

---

9 MASSON, Cleber. *Direito Penal Parte Geral*, Volume 1. São Paulo: Metodo, 2009, p.657.

10 *A Lei de Drogas traz em seu bojo o número de dias multa que pode ser aplicado pelo magistrado. Exemplo: Art. 33. Importar, exportar, remeter, preparar, produzir, fabricar, adquirir, vender, expor à venda, oferecer, ter em depósito, transportar, trazer consigo, guardar, prescrever, ministrar, entregar a consumo ou fornecer drogas, ainda que gratuitamente, sem autorização ou em desacordo com determinação legal ou regulamentar: Pena - reclusão de 5 (cinco) a 15 (quinze) anos e* ***pagamento de 500 (quinhentos) a 1.500 (mil e quinhentos) dias-multa.***

condenatória. Neste sentido é o teor da Súmula 521 do STJ: "A legitimidade para a execução fiscal de multa pendente de pagamento imposta em sentença condenatória é exclusiva da Fazenda Pública".

Ocorre que o STF, em 13.12.2018, no julgamento da ADI 3150, decidiu que compete, prioritariamente, ao Ministério Público a legitimidade para executar perante a Vara de Execução Penal a cobrança da pena de multa pendente. Na hipótese do Ministério Público não propor a execução da multa no prazo de 90 dias, o Juiz da Vara de Execuções Penais intimará o órgão competente da Fazenda Pública, que deve proceder à cobrança na própria Vara de Execução Fiscal, com base na Lei da Dívida Ativa.

Art. 6º A pena de prisão simples deve ser cumprida, sem rigor penitenciário, em estabelecimento especial ou seção especial de prisão comum, em regime semi-aberto ou aberto.

§ 1º O condenado a pena de prisão simples fica sempre separado dos condenados a pena de reclusão ou de detenção.

§ 2º O trabalho é facultativo, se a pena aplicada não excede a quinze dias.

Regime **de cumprimento de pena** é o meio pelo qual o agente cumpre a pena privativa de liberdade imposta. O art. 33, § 1º, do CP, prevê três regimes: fechado, semiaberto e aberto.

O réu condenado no regime fechado cumpre pena em estabelecimento de segurança máxima ou média; já o réu condenado em regime semiaberto terá sua pena executada em colônia agrícola, industrial ou em estabelecimento similar; por fim, no regime aberto a pena será executada em casa de albergado ou estabelecimento adequado, devendo o condenado trabalhar ou frequentar cursos durante o dia e recolher-se à noite e nos dias de feriados.

Como citado nos comentários do artigo anterior, a modalidade de pena privativa de liberdade prevista para as contravenções penais é a pena de prisão simples, que deve ser cumprida *sem rigor penitenciário*, em estabelecimento especial ou seção especial de prisão comum, em regime *semiaberto* ou *aberto*. A pena de prisão simples deverá ser cumprida em estabelecimento destinado exclusivamente aos contraventores. No caso de total ausência de estabelecimento penal próprio para o cumprimento da pena de prisão simples, ela deve ser executada em colônia penal ou casa de albergado, desde que os contraventores sejam colocados em separados daqueles que foram condenados pela prática de crimes, nos termos do art. 6º, parágrafo 1º. Neste sentido, é a lição de Guilherme Nucci [11]: "*se a prisão simples não deixa de ser uma pena privativa de liberdade, torna-se fundamental que exista controle, fiscalização do estado e restrição do direito de ir e vir. Seria esse estabelecimento uma espécie de colônia penal de contraventores – ou, no mínimo, uma Casa do Albergado de contraventores. Não existindo, os condenados por contravenção podem ser colocados em seção especial (significa, na pratica, separados dos demais sentenciados por crimes) de prisões comuns, em regime semiaberto (colônia penal) ou aberto (Casa do Albergado).*"

As contravenções penais são consideradas infrações penais de menor potencialidade lesiva, assim, são aplicadas medidas alternativas como transação penal e *sursis* processual, o que torna a prisão simples medida de difícil aplicação prática.

Regime fechado e contravenções penais

11 Guilherme de Souza Nucci, Leis Penais e Processuais Penais Comentadas, ed. RT, 2017, p. 113

A possibilidade de cumprimento pelos contraventores da pena de prisão simples em regime fechado é tema controvertido na doutrina. Para parcela da doutrina, o regime fechado poderia ser aplicado aos contraventores na hipótese de transferência (regressão) do condenado nos moldes do art. 33, *caput, in fine,* do CP (regressão de pena). No entanto, concordamos com a posição de Thiago Gandra[12], o qual entende que não se pode cumprir a pena de prisão simples em regime fechado nem mesmo na hipótese de regressão, pois, "a LCP é expressa no sentido de que a prisão simples deve ser cumprida sem rigor penitenciário e o regime fechado é cumprido na penitenciária, segundo a LEP (art. 87); em segundo, porque a LCP também é expressa ao fixar que a prisão simples é cumprida em regime aberto ou semiaberto e, em terceiro, porque quando o legislador no art. 33 do CP, admitiu a regressão da pena de detenção ao regime fechado, o fez de forma expressa, sendo que o silêncio com relação à prisão simples é eloquente, ou seja, quer dizer que a vedação da regressão da prisão simples ao regime fechado foi uma opção do legislador, não cabendo ao intérprete ignorá-lo...". Nessa linha de entendimento, o STF decidiu que não é possível o recolhimento do réu condenado pela prática de contravenção penal, para cumprimento da pena imposta, em cadeia pública, sabidamente em condições mais gravosas do que as reveladas pelo regime fechado mantido em penitenciárias. A pena de prisão simples deve ser cumprida sem rigor penitenciário, em estabelecimento especial ou seção especial de prisão comum, em regime semiaberto ou aberto". (STF, HC69971/SP, relator: Min. Marco Aurélio, julgamento 02.03.1993, Segunda Turma)

Cumpre asseverar que a legislação pátria considera o trabalho do preso como obrigatório e constitui falta grave a sua recusa injustificada (art. 51, III, c.c o art. 39, V, ambos da LEP). Entretanto, para os contraventores condenados com pena que não exceda a 15 dias, o trabalho será facultativo, nos termos do § 2° do art. 6 da LCP.

Art. 7º Verifica-se a reincidência quando o agente pratica uma contravenção depois de passar em julgado a sentença que o tenha condenado, no Brasil ou no estrangeiro, por qualquer crime, ou, no Brasil, por motivo de contravenção.

Reincidência é a circunstância de quem pratica uma infração penal, **depois do trânsito em julgado da sentença** que o tenha condenado por infração penal anterior.

O pressuposto da reincidência é a existência de uma sentença penal condenatória irrecorrível. O instituto da reincidência tem a natureza jurídica de agravante genérica de caráter subjetivo ou pessoal(art. 61, I, CP). Por se tratar de circunstância subjetiva, a reincidência não é comunicável aos demais participantes (coautor e partícipe) da infração penal.

O Brasil adota o sistema da temporariedade (art. 64, I, CP). Não há reincidência quando entre a data do cumprimento ou extinção da pena e a prática da nova infração penal decorrer um lapso temporal superior a 5 anos. Esse intervalo de tempo é chamado de **período depurador ou prescricional da reincidência. Oportuno salientar que, para efeitos de reincidência,** não se consideram os crimes militares próprios e políticos (art. 64, II, CP).

Frise-se que o Código Penal trata apenas da reincidência na hipótese do agente cometer novo crime, depois de transitar em julgado a sentença que, no País ou no estrangeiro, o tenha

12 GANDRA, Thiago, Lei das Contravenções Penais, Coleção Leis Especiais para Concursos, ed. Juspodivm, 2018, p.34.

condenado por crime anterior (art.63, CP). Por sua vez, a Lei de Contravenções Penais cuida também da hipótese da reincidência quando o agente pratica uma contravenção depois de passar em julgado a sentença que o tenha condenado, no Brasil ou no estrangeiro, por qualquer crime, ou, no Brasil, por motivo de contravenção (art.7,LCP).

Nessa trilha, podemos afirmar que haverá reincidência nas seguintes hipóteses:

- se o agente é condenado em definitivo pela prática de um **crime, no país ou no exterior** e vem a praticar novo **crime.**
- se o agente é condenado em definitivo, no Brasil ou no exterior, pela prática de **crime** e vem a praticar **contravenção penal;**
- se o agente é condenado em definitivo pela prática de uma **contravenção penal** e vem a praticar **nova contravenção penal**;

Por sua vez, não haverá reincidência:

- Quando o agente é condenado em definitivo por contravenção e pratica um crime, porquanto o art. 63 do CP exige condenação por crime anterior.

Dessa forma podemos formar o seguinte quadro:

Condenação definitiva anterior	Nova infração	Resultado
Crime	Crime	Reincidente
Crime	Contravenção	Reincidente
Contravenção	Contravenção	Reincidente
Contravenção	Crime	Primário

Da análise do quadro acima constata-se que o cometimento de uma contravenção penal após a condenação com trânsito em julgado por outra contravenção leva a reincidência, entretanto, a prática de um crime após o sujeito ter sido condenado definitivamente por uma contravenção penal não acarreta a reincidência. Para uma primeira corrente tal circunstância se deve ao esquecimento por parte do legislador. Discordamos desta posição. Concordamos com o entendimento de Gustavo Junqueira[13] no sentido de existir apenas uma aparente omissão, pois "A justificativa para a omissão legal é que, quando o sujeito tem condenação anterior por uma contravenção e vem a praticar nova contravenção, o acréscimo na nova pena será razoável e proporcional à condenação anterior, pois o juiz agravará somente a pena de uma nova contravenção (basta imaginar o acréscimo na condenação pela contravenção de vias de fato – art. 19 da LCP). Se o sujeito tem condenação anterior por uma contravenção e então pratica crime, a agravação da pena seria pouco razoável, eis que uma mera contravenção não justificaria a intensidade da gravação da pena de um crime (imagine-se a majoração da pena de um latrocínio – art. 157 do CP). Assim, não se trata de um esquecimento do legislador, mas, sim, de uma justificável busca da proporcionalidade e razoabilidade nas consequências da reincidência".

13 JUNQUEIRA,Gustavo. Manual de Direto Penal, Parte Geral, São Paulo: Saraiva, 2018, p. 642.

Por fim, o professor Rogério Sanches Cunha[14] lembra que nos termos do art. 7º da LCP "*(...) a contravenção cometida no estrangeiro nunca gera reincidência. Isso porque não existe extraterritorialidade da lei penal brasileira quando se trata da contravenção penal*".

> **Art. 8º** No caso de ignorância ou de errada compreensão da lei, quando escusáveis, a pena pode deixar de ser aplicada.

O dispositivo ao prever que a ignorância ou a errada compreensão da lei (erro de direito) pode ensejar a não incidência da pena, trouxe uma hipótese de perdão judicial.

O perdão judicial é uma causa de extinção de punibilidade, prevista no art. 109, IX, do CP. O STJ sumulou o entendimento, segundo o qual a sentença concessiva do perdão judicial é declaratória da extinção da punibilidade, não subsistindo qualquer efeito condenatório (Sumula 18, STJ). Estando preenchidos os requisitos para a concessão do perdão judicial, o agente terá o direito público subjetivo ao benefício.

Damásio de Jesus esclarece que **erro de direito** é uma espécie de erro de proibição, podendo ser escusável (invencível) ou inescusável (vencível). "Escusável é o que qualquer homem comum, nas mesmas circunstâncias, cometeria. Inescusável é o que poderia ser evitado pela prudência do homem normal". Por outro lado, a ignorância da lei é o completo desconhecimento da existência da regra legal. O agente nem sequer imagina a sua existência.

O mesmo autor lembra que após a reforma penal de 1984, o erro de proibição (art. 21, caput, CP) quando escusável, exclui a culpabilidade. Já o art. 8º da LCP ainda que inevitável, só permite o perdão judicial. Conclui Damásio acerca do confronto entre as duas disposições que "o art. 8º da lei especial foi revogado pelo art. 21, caput, do CP. Se, no tocante ao crime, infração de maior gravidade, a legislação permite que o erro de proibição, em que se inclui o erro de direito, exclua a culpabilidade quando invencível, seria injusto que o mesmo não viesse a ocorrer em relação à contravenção, de menor poder ofensivo. Assim, para nós, desde que invencível o erro de direito, há exclusão da culpabilidade com a consequente absolvição do contraventor".

Por sua vez, Sílvio Maciel entende que o art. 21 do CP revogou apenas parcialmente o art. 8º da LCP, pois a ignorância da lei é sempre inescusável. Portanto, o art. 8º continua sendo aplicável. Já a "errada compreensão da lei significa o erro sobre a ilicitude do fato (erro de proibição). Neste ponto sim, o art. 8º está tacitamente revogado, porque o art. 21, caput, segunda parte, do CP prevê que o erro escusável sobre a ilicitude do fato é causa excludente de culpabilidade (causa de isenção de pena. O art. 21 do CP, neste ponto, é mais favorável do que o art. 8º da LCP, que apenas permite o perdão judicial em caso de erro sobre a ilicitude do fato.

No que se refere ao aspecto da ignorância da lei, o art. 21 do CP é expresso ao dispor que o desconhecimento da lei é inescusável. Ou seja, presume-se que a lei após ser publicada passa ao domínio de todos, sendo exigido do cidadão o seu cumprimento. Entretanto, a LCP nas hipóteses em que o contraventor realmente ignorava a previsão do tipo penal incriminador prevê a aplicação do perdão judicial. Vale ressaltar que no caso de ignorância da lei em relação a crimes, o desconhecimento do agente pode levar a aplicação da atenuante prevista no art. 65, II do CP, mas não ao perdão judicial.

---

14 CUNHA, Rogério Sanches. Manual de Direito Penal: Parte Geral. 2. ed. Salvador: Juspodvim, 2014. p. 388.

Art. 9º A multa converte-se em prisão simples, de acordo com o que dispõe o Código Penal sobre a conversão de multa em detenção.

Parágrafo único. Se a multa é a única pena cominada, a conversão em prisão simples se faz entre os limites de quinze dias e três meses.

O art. 9º prevê a conversão da pena de multa em prisão simples, fazendo referência ao tratamento dado pelo Código Penal quanto a conversão pena de multa em detenção. Ocorre que a Lei nº9.268/96 deu nova redação ao art. 51 do CP, que conferia a possibilidade de conversão da pena de multa em privativa de liberdade.

Com a atual redação do art. 51 do CP passou a ser inviável a conversão da pena de multa em pena privativa de liberdade em caso de inadimplemento do condenado, portanto, o art. 9 da LCP foi **tacitamente revogado.**

Com efeito, a pena de multa prevista na Lei de Contravenções Penais não pode mais ser convertida em pena de prisão simples.

Art. 10. A duração da pena de prisão simples não pode, em caso algum, ser superior a cinco anos, nem a importância das multas ultrapassar cinquenta contos.

O tempo máximo de cumprimento das penas privativas de liberdade no Brasil é de 30 (trinta) anos, nos termos do art. 75 do CP. Saliente-se que é possível a fixação da pena em montante superior a 30 anos, mas não pode ocorrer cumprimento da pena por tempo superior ao limite previsto.

Em caso de cumprimento da pena de prisão simples, o tempo máximo fixado na Lei de Contravenções Penais é de 5 anos. No entanto, a fixação da pena de prisão simples pode ser maior que 5 anos, em razão do concurso de contravenções. Logo, o agente que pratica diversas contravenções pode ser condenado a uma pena definitiva de prisão simples superior a 5 anos, mas somente cumprirá 5 anos.

Importante alinhavar que o cômputo da pena a ser cumprida para o gozo de eventuais benefícios prisionais tem como base a pena total, resultante do somatório de todas as condenações (Súmula 715, STF). Assim, o prazo máximo de 5 anos é considerado apenas para o tempo de cumprimento de pena. Esse limite não é aplicável para concessão de progressão de regime, livramento condicional, entre outros benefícios legais.

No que se refere à pena de multa, no caso das contravenções penais, em razão da inexistência da moeda prevista no art. 10 (conto de réis), não se aplica mais qualquer limite para cumulação de multas. Dessa forma, a multa a ser aplicada ao contraventor deve seguir os parâmetros previstos no Código Penal, conforme fundamentos inseridos nos comentários do art. 5º.

Art. 11. Desde que reunidas as condições legais, o juiz pode suspender por tempo não inferior a um ano nem superior a três, a execução da pena de prisão simples, bem como conceder livramento condicional.

O dispositivo em comento trata da suspensão condicional da pena (*sursis* penal), o qual consiste na suspensão da execução da pena privativa de liberdade, quando da prolação da sentença condenatória, por um determinado período de tempo e mediante determinadas condições. Tem prevalecido o entendimento de que o *sursis* penal tem natureza jurídica de modalidade de execução da pena privativa de liberdade.

Há quem sustente que o *sursis*, previsto na Lei de Contravenções Penais, é incondicionado, uma vez que o diploma normativo não faz menção a qualquer condição para seu cumprimento, além do período temporal. Entretanto, parece-nos mais correta a posição que estabelece que o contraventor deverá cumprir os requisitos descritos no art. 77 do CP, tendo em vista que devem ser aplicadas as regras gerais do Código Penal sempre que a LCP não disponha de modo diverso (art. 1° da LCP). Nessa trilha, são necessários os seguintes requisitos para concessão da suspensão condicional da pena:

- a pena imposta não seja superior a 2 anos;
- Incabível a substituição da pena privativa de liberdade por pena restritiva de direitos;
- circunstâncias judiciais favoráveis (art. 59 do CP);
- Não reincidente em crime doloso.

O **período de provas** nas contravenções penais é de 1 a 3 anos, diferentemente dos crimes em que o prazo é de 2 a 4 anos. No que pertine à revogação e prorrogação do *sursis* aplicado aos contraventores, incidem as normas previstas no art. 81 do CP.

O *sursis penal* é de difícil incidência prática no tocante às contravenções penais, uma vez que são aplicados primeiramente os institutos despenalizadores da Lei dos Juizados Especiais. Antes da sentença de mérito é oportunizado ao contraventor, a aceitar a proposta de transação e, na hipótese de não preencher os requisitos autorizadores da transação penal ou da recusa da proposta, ainda é possível a incidência da suspensão condicional do processo. Dessa forma, como o sursis penal é imposto na sentença condenatória e esta dificilmente ocorrerá na prática, apenas excepcionalmente se aplicará o art. 11 da LCP.

O artigo 11 prevê, ainda, o instituto do livramento condicional aos contraventores. O livramento condicional é um incidente de execução da pena que permite ao condenado à pena privativa de liberdade superior a 2 (dois) anos ter antecipada sua liberdade mediante o preenchimento de determinados requisitos. Desta feita, nas contravenções penais, o condenado cumpre determinado período da pena de prisão simples em estabelecimento prisional e, após, desde que preencha certos requisitos, cumprirá o restante em liberdade. Vale destacar que do mesmo modo que o sursis penal, o livramento condicional é de difícil aplicação prática posto que todas as contravenções penais são de menor potencial ofensivo.

Requisitos objetivos

- condenado à pena privativa de liberdade igual ou superior a 2 (dois) anos;
- ter reparado o dano, salvo efetiva impossibilidade de fazê-lo;
- ter cumprido a pena privativa de liberdade, parcialmente, conforme os patamares abaixo elencados:
  - mais de 1/3 (um terço) da pena se não for reincidente em crime doloso e tiver bons antecedentes;
  - 1/2 (metade) se for reincidente em crime doloso;

- mais de 2/3 (dois terços), se estiver cumprindo pena por crime hediondo ou assemelhado.

Requisitos subjetivos

- ter comportamento satisfatório durante a execução da pena;
- possuir bom desempenho no trabalho que lhe foi atribuído;
- ter aptidão para prover a própria subsistência mediante trabalho honesto;
- comprovar a cessação da periculosidade para os condenados a crimes cometidos por violência ou grave ameaça à pessoa.

Art. 12. As penas acessórias são a publicação da sentença e as seguintes interdições de direitos:

I – a incapacidade temporária para profissão ou atividade, cujo exercício dependa de habilitação especial, licença ou autorização do poder público;

II – a suspensão dos direitos políticos.

Parágrafo único. Incorrem:

a) na interdição sob nº I, por um mês a dois anos, o condenado por motivo de contravenção cometida com abuso de profissão ou atividade ou com infração de dever a ela inerente;

b) na interdição sob nº II, o condenado a pena privativa de liberdade, enquanto dure a execução do pena ou a aplicação da medida de segurança detentiva.

O dispositivo foi tacitamente revogado com a entrada em vigor da nova Parte Geral do Código Penal (Lei nº 7.209/84), que **excluiu as penas acessórias** do nosso ordenamento jurídico.

Art. 13. Aplicam-se, por motivo de contravenção, as medidas de segurança estabelecidas no Código Penal, à exceção do exílio local.

A medida de segurança constitui sanção penal de **cunho preventivo** imposta pelo Estado ao agente que é portador de doença ou perturbação mental e pratica uma infração penal. A medida de segurança é aplicada ao semi-imputável e ao inimputável. Ela tem como finalidade a cura ou tratamento daquele que praticou fato típico, ilícito e culpável.

Antes da reforma do Código Penal em 1984, adotava-se o sistema do *duplo binário*, no qual era aplicada de forma cumulativa a pena privativa de liberdade e medida de segurança ao agente considerado perigoso, que havia praticado um fato previsto como infração penal. Primeiro o agente cumpria a pena privativa de liberdade e depois a medida de segurança. Após a reforma do Código Penal, adotou-se o **sistema vicariante**, ou seja, aplica-se pena ou medida de segurança. Aos imputáveis recai a pena privativa de liberdade, já aos inimputáveis, medida de segurança; e aos semi-imputáveis, pena ou medida de segurança, mas nunca as duas de forma cumulativa.

São pressupostos da medida de segurança: a) prática do fato descrito como infração penal para que seja imposta a medida de segurança; b) periculosidade do agente consubstanciada na potencialidade de praticar ações lesivas, não apenas para si mesmo, como para outrem.

A medida de segurança pode ser classificada em: *a) Detentiva*: consistente na internação em hospital de custódia e tratamento psiquiátrico (art. 96, I, CP). É aplicada nas hipóteses em que a pena cominada para o delito for de reclusão; *b) Restritiva:* o agente realiza tratamento ambulatorial (art. 96, II, do CP) sem necessitar de internação. É aplicada nas situações em que a pena cominada para a infração penal for de detenção.

Quanto às contravenções penais tendo em conta que a pena privativa de liberdade é a de prisão simples, entendemos que a medida de segurança aplicada aos contraventores, salvo se o grau de periculosidade do agente indicar necessidade da internação, deve ser a restritiva cujo tratamento é ambulatorial, cumprido em meio aberto, com obrigação de se submeter a acompanhamento médico e assistencial.

No que se refere à expressão *exílio local*, prevista no art. 13, *in fine*, foi revogada, uma vez que essa espécie de medida de segurança foi abolida pela reforma da parte geral do CP em 1984.

Art. 14. Presumem-se perigosos, além dos indivíduos a que se referem os ns. I e II do art. 78 do Código Penal:

I – o condenado por motivo de contravenção cometido, em estado de embriaguez pelo álcool ou substância de efeitos análogos, quando habitual a embriaguez;

II – o condenado por vadiagem ou mendicância;

O dispositivo foi tacitamente revogado com a entrada em vigor da nova Parte Geral do Código Penal (Lei nº 7.209/84), que veda a presunção de periculosidade com exceção dos inimputáveis.

Art. 15. São internados em colônia agrícola ou em instituto de trabalho, de reeducação ou de ensino profissional, pelo prazo mínimo de um ano:

I – o condenado por vadiagem (art. 59);

II – o condenado por mendicância (art. 60 e seu parágrafo);

Esse dispositivo também foi revogado tacitamente com a entrada em vigor da nova parte geral do Código Penal (Lei 7.209/84). Romeu de Almeida Salles afirma que "Tendo em conta a presunção absoluta de periculosidade, criada pelo art. 14 da Lei de Contravenções Penais (hoje revogado, conforme explicamos), as medidas de segurança previstas no art. 15 eram aplicadas obrigatoriamente àqueles infratores que se ajustavam aos incisos I e II. Ante o fato de que não é mais prevista a presunção de periculosidade, cai por terra a imposição de medida de segurança aos inimputáveis.

Art. 16. O prazo mínimo de duração da internação em manicômio judiciário ou em casa de custódia e tratamento é de seis meses.

Parágrafo único. O juiz, entretanto, pode, ao invés de decretar a internação, submeter o indivíduo a liberdade vigiada.

A medida de segurança é aplicada com prazo máximo indeterminado, persistindo enquanto não cessada a periculosidade do agente, que é constatada por meio de perícia médica.

De acordo com o Código Penal, a perícia médica deve ser realizada no *prazo mínimo de 1 (um) a 3 (três) anos* (art. 97, § 1º, CP). Entretanto, para as contravenções penais, entendemos que o *prazo mínimo é de 6 meses.*

Parte da doutrina entende que esse dispositivo foi alterado com a entrada em vigor da nova parte geral do Código Penal (Lei nº 7.209/84) com relação ao prazo mínimo estabelecido.

Segundo Damásio de Jesus, "o dispositivo deve ser considerado alterado pela reforma penal de 1984 (Lei n. 7.209/84). Hoje, em face do art. 97 do CP, a internação do inimputável é por tempo indeterminado, perdurando enquanto não for averiguada, mediante perícia médica, a cessação do estado perigoso. O prazo mínimo é de um a três anos. A verificação da cessação da periculosidade está disciplinada nos arts. 175 a 179 da LEP." Ousamos discordar. Entendemos que diante da menor potencialidade lesiva das contravenções penais é justificável um prazo mínimo menor para a medida de segurança, assim, não se vislumbra nenhuma contradição entre o art. 97 do CP e o art. 16 da LCP. Ademais, o prazo estabelecido pelo Código Penal (art. 97, CP) apenas se aplicaria para as contravenções penais, caso a LCP fosse omissa na fixação do prazo (art. 1, LCP).

O parágrafo único do art. 16 prevê que o juiz pode aplicar a liberdade vigiada em vez de decretar a internação. Contudo, essa norma encontra-se **revogada**, tendo em vista que não mais subsiste o instituto da liberdade vigiada na esfera penal.

Art. 17. A ação penal é pública, devendo a autoridade proceder de ofício.

A regra em nosso ordenamento jurídico é a ação penal ser de natureza pública incondicionada (art. 100, CP). Assim, somente será pública condicionada a representação ou penal privada quando expressamente previsto na lei. O Ministério Público é o *dominus littis d*a ação penal pública, nos termos do art. 129, I da CF. Nessa trilha, como o art. 17 da LCP se limita a dizer que a ação penal nas contravenções penais é pública, forçoso reconhecer que ela é de natureza pública incondicionada, cabendo ao *Parquet* promovê-la perante o juízo competente.

Em relação à expressão *devendo a autoridade proceder de ofício* contida na parte final do dispositivo faz-se necessário maiores digressões. Antes da entrada em vigor da Constituição de 1988, o processo sumário poderia ser iniciado pelo Ministério Público e também *ex officio* pela autoridade policial ou judiciária[15], por meio de portaria, no caso das contravenções penais e nos crimes de lesão corporal culposa e homicídio culposo. Tal sistema era denominado de procedimento judicialiforme.

Com o advento da Constituição de 1988, contudo, o Ministério Público assumiu a titularidade exclusiva da ação penal pública (art. 129, I da CF), assim, a norma do procedimento judicialiforme em debate não foi recepcionada.

15 Em 1976, ensinava Manoel Carlos da Costa Leite em relação à abertura da ação penal quanto as contravenções penais: As ações que objetivam punição por prática de contravenção independem de denúncia, e por duas formas poderão ter origem: por portaria da autoridade ou pelo auto da prisão em flagrante. A portaria pode provir da autoridade policial ou do juiz. Este pode ser provocado a baixá-la por representação do Ministério Público. É o que se depreende do art. 531 do CPP: "O processo das contravenções penais terá forma sumária, iniciando-se pelo auto de prisão em flagrante ou mediante portaria expedida pela autoridade policial ou pelo juiz ,de ofício ou a requerimento do Ministério Público." (Leite, Manoel da Costa, Lei das Contravenções Penais, ed. RT, 1976, p.64). Ressalta-se que a sistemática citada não foi recepcionada pela Constituição Federal e a redação do art. 531 do CPP foi alterada pela Lei nº 11.719, de 2008.

PARTE ESPECIAL

CAPÍTULO I

DAS CONTRAVENÇÕES REFERENTES À PESSOA

Fabrico, comércio, ou detenção de armas ou munição

Art. 18. Fabricar, importar, exportar, ter em depósito ou vender, sem permissão da autoridade, arma ou munição: Pena – prisão simples, de três meses a um ano, ou multa, de um a cinco contos de réis, ou ambas cumulativamente, se o fato não constitui crime contra a ordem política ou social.

Derrogação

Com a entrada em vigor da Lei n.º 9.437/97, a Lei de Contravenções deixou de ter aplicação no que se refere às armas de fogo. Posteriormente, a Lei nº 9.437/97 foi revogada pelo Estatuto do Desarmamento (Lei nº10.826/03), que passou a tipificar de modo mais sistemático as condutas típicas referentes às armas de fogo. Dessa forma, conclui-se que o artigo 18 da Lei das Contravenções Penais tem aplicação apenas no que se refere à arma branca (punhais, facas, canivetes), tendo sido revogado tacitamente quanto às armas de fogo.

Arma Branca. Aplicabilidade do dispositivo.

Questão controversa diz respeito à aplicabilidade da contravenção em estudo para as armas brancas, em razão da expressão "sem permissão da autoridade" contida no tipo penal.

Uma primeira corrente sustenta que o dispositivo legal não tem aplicação, pois o tipo penal exige que os núcleos verbais sejam praticados **"sem permissão da autoridade".** Entretanto, não existe lei ou ato regulamentar para se pedir a permissão da autoridade. Dessa forma, estamos diante de uma norma penal em branco, sem o seu necessário complemento, e, portanto, não é possível a aplicação do artigo em comento[16].

Outra corrente, no entanto, explica que a expressão sem permissão da autoridade não se aplica as armas brancas, de modo que o art. 18 ainda está em vigência para o comercio ilegal de armas brancas.[17]

Vale destacar que está pendente de julgamento no STF, em sede de repercussão geral, o Recurso Extraordinário com Agravo nº 901623, que discutirá a aplicação do art. 19 da LCP para os casos de porte de arma branca. Mesmo não se referindo especificamente ao fabrico, comércio, ou detenção de armas brancas, é forçoso reconhecer que o julgamento terá reflexos diretos na divergência da aplicabilidade do art. 18 da LCP referente às armas brancas.

Bem jurídico tutelado

A convivência em sociedade pode trazer conflito de interesses entre os cidadãos, sendo que os mais importantes são merecedores de intervenção penal, passando a ser considerados

---

16 Guilherme Nucci: "*Não vemos possibilidade de aplicação para o art. 18, pois não há lei disciplinando a concessão de autorização da autoridade para fabricação, importação, exportação, depósito ou venda de uma faca de cozinha, por exemplo. Por outro lado, se o passatempo de alguém consistir em fabricar espadas ou lanças, conseguiria ele autorização da Polícia Federal (ou Estadual) para tanto? Se não há esse tipo de previsão, inviável é o tipo penal".(NUCCI, Guilherme de Souza, Leis Penais e Processuais Penais Comentadas, ed. RT, 2018, p. 117)*

17 Neste sentido é a lição de Damásio de Jesus: "Elemento normativo do Tipo: Consubstancia-se na expressão: "sem permissão da autoridade". Entendemos que não se aplica no tocante às armas brancas". (JESUS, Damásio de, Leis das Contravenções Penais, ed. Saraiva, 2015, p. 66).

bens jurídicos penais. Os tipos penais têm por finalidade a proteção dos bens jurídicos mais relevantes para a coletividade. São bens jurídicos tutelados na seara penal, por exemplo, a vida, patrimônio, integridade física, honra.

A objetividade jurídica do art. 18 da LCP[18] é múltipla, tendo como objeto jurídico imediato a incolumidade pública, e como bem jurídico mediato a incolumidade física, a saúde e a proteção a vida das pessoas, pois a contravenção busca prevenir crimes como homicídio, lesão corporal, roubo.

Sujeitos da contravenção

O sujeito ativo pode ser qualquer pessoa, pois se cuida de contravenção penal comum. A lei não exige nenhuma qualidade especial para o sujeito que prática a conduta descrita no tipo penal.

O **sujeito passivo** é a coletividade, já que não há pessoa determinada.

Condutas

As condutas típicas são fabricar, importar, exportar, ter em depósito ou vender, sem permissão da autoridade, arma branca.

Fabricar é produzir, manufaturar o objeto material. *Importar* significa trazer para o país, enquanto o núcleo *exportar* consiste em retirar do país, enviar para fora do país. *Ter em depósito* é reter a arma branca em sua disposição, manter armazenado para o seu uso. *Vender* consiste em alienar mediante uma contraprestação em dinheiro ou qualquer outra coisa com valor comercial. Os cinco núcleos verbais contemplados no art. 18 fazem do porte de arma branca um tipo penal de ações múltiplas, misto alternativo ou de conteúdo variado. Assim, o sujeito que pratica no mesmo contexto fático e sucessivamente mais de uma ação típica, responderá por crime único, em razão do princípio da alternatividade. Ex. O agente fabrica a arma branca, tem em depósito e a exporta. A pluralidade de núcleos verbais efetivamente praticados deve ser sopesada na primeira fase da fixação da pena (art. 59 do CP), razão pela qual o agente que prática mais de um verbo nuclear merece ser sancionado com uma pena mais elevada do que aquele pratica apenas um. Porém, faltando proximidade entre as várias condutas haverá concurso de crimes (material ou mesmo crime continuado).

Segundo entendimento dominante, a conduta de vender exige habitualidade, isto é, reiteração do comportamento, para que se configure a contravenção. O dispositivo deve ser interpretado em consonância com seu título, que consiste no **comércio,** de modo que a venda de uma arma ou transações que não caracterizam o exercício de profissão por parte do agente, não tipificam a contravenção.

Com a revogação do tipo penal em estudo, quanto à arma de fogo e munição, o objeto material da contravenção do art. 18 se restringe a arma branca. Armas brancas podem ser entendidas como objeto não caracterizado como arma de fogo, sendo artefatos cortantes ou perfurantes. Por sua vez, nos termos do anexo III do Decreto nº 9.493, do Presidente da República, de 5 de setembro de 2018, arma de fogo é arma que arremessa projéteis empregando a força expansiva dos gases, gerados pela combustão de um propelente confinado em uma

---

18 O Código de 1890, no art. 367, foi o primeiro diploma brasileiro a cuidar dessa modalidade: estabelecer, sem licença, fábrica de armas ou pólvora.

câmara, normalmente solidária a um cano, que tem a função de dar continuidade à combustão do propelente, além de direção e estabilidade ao projétil.

As armas brancas são classificadas em **próprias**, aquelas fabricadas com a finalidade de servir para ataque ou defesa (punhais, espadas) e **impróprias**, aquelas fabricadas para outras finalidades que podem por desvirtuamento lesionar (faca de cozinha, estilete ou martelo). Entendemos que somente as armas brancas próprias podem ser objeto material da contravenção do art. 18 da LCP, pois apenas elas servem especificamente como instrumento de ataque ou defesa.

O tipo penal contém um **elemento normativo** consistente na expressão **sem permissão da autoridade**. Na hipótese de haver a permissão da autoridade, portanto, o fato será considerado atípico.

Cuida-se de contravenção de *subsidiariedade expressa* uma vez que em seu preceito secundário contém a expressão "se o fato não constitui crime contra a ordem política ou social". Trata-se de um caso de subsidiariedade expressa, em que o legislador ressalva a possibilidade de a contravenção constituir, na verdade, crime contra a Segurança nacional, caso em que prevalece a norma de maior gravidade (a que define o crime). Ex. o fato pode configurar o crime descrito no art. 12 da Lei de Segurança Nacional (Lei nº 7.170, de 14-12-1983), que consiste em importar ou introduzir, no território nacional, por qualquer forma, sem autorização da autoridade federal competente, material militar privativo das Forças Armadas. E o parágrafo único pune a venda, o transporte etc. do objeto material referido[19].

Por fim, o agente que vende, fornece ainda que gratuitamente ou entrega, arma branca a criança ou adolescente responde pelo crime previsto no art. 242 do ECA[20].

Tipicidade subjetiva

Exige-se o dolo, isto é, a vontade livre e consciente de praticar os verbos do tipo penal. Inexiste elemento subjetivo específico. Não temos a forma culposa.

Consumação e tentativa

A infração penal se consuma com a prática de qualquer uma das condutas descritas no tipo penal. Em relação à conduta de *ter em depósito*, a contravenção é classificada como permanente, protraindo o seu momento consumativo no tempo e no espaço. Na modalidade exportar "deve ser considerado o momento da remessa efetuada a partir do território nacional. Se considerássemos que a consumação se dá quando a arma sai efetivamente do País, a punição seria inviável, porque o art. 2º da Lei das Contravenções Penais só pune as infrações dessa natureza cometidas em território nacional[21]. A tentativa não é punível, consoante o disposto no art. 4º da LCP.

Ação penal

A ação penal é pública incondicionada nos termos do art. 17 da LCP. O rito a ser seguido é da Lei nº 9.099/95, aplicando-se os institutos despenalizadores como transação penal e a suspensão condicional do processo.

---

19 JESUS, Damásio de, Leis das Contravenções Penais, ed. Saraiva, 2015, p.69

20 Art. 242. Vender, fornecer ainda que gratuitamente ou entregar, de qualquer forma, a criança ou adolescente arma, munição ou explosivo: Pena - reclusão, de 3 (três) a 6 (seis) anos.

21 Victor Rios Gonçalves, Legislação Penal Especial Esquematizado, ed. Saraiva, 2017, p.241.

Porte de Arma

Art. 19. Trazer consigo arma fora de casa ou de dependência desta, sem licença da autoridade:

Pena – prisão simples, de quinze dias a seis meses, ou multa, de duzentos mil réis a três contos de réis, ou ambas cumulativamente.

§ 1º A pena é aumentada de um terço até metade, se o agente já foi condenado, em sentença irrecorrível, por violência contra pessoa.

§ 2º Incorre na pena de prisão simples, de quinze dias a três meses, ou multa, de duzentos mil réis a um conto de réis, quem, possuindo arma ou munição:

a) deixa de fazer comunicação ou entrega à autoridade, quando a lei o determina;

b) permite que alienado menor de 18 anos ou pessoa inexperiente no manejo de arma a tenha consigo;

c) omite as cautelas necessárias para impedir que dela se apodere facilmente alienado, menor de 18 anos ou pessoa inexperiente em manejá-la.

Derrogação

Como mencionado nos comentários do artigo anterior, as condutas ilícitas relativas à arma de fogo e munição, atualmente, estão disciplinadas no Estatuto do Desarmamento (Lei nº 10.826/03), estando o porte ilegal de arma de fogo de uso permitido previsto no art. 14 e o de uso restrito contemplado no art. 16. Desta feita, o artigo 19 da Lei de Contravenções referente à arma de fogo e munição foi revogado.

Repercussão geral

É divergente a questão da aplicabilidade do art. 19 da LCP nos casos de porte de arma branca.

O STF considerando que a controvérsia constitui caráter constitucional, por maioria, reconheceu a repercussão geral, sem suspensão dos processos[22].

A Procuradoria-Geral da República ao analisar o tema no recurso Extraordinário com Agravo nº 901623, já se manifestou pela legalidade do art. 19 da LCP. Diante da relevância da matéria, vale transcrever parte da manifestação do MPF:

> *"Nesse contexto, há de se verificar a ratio da opção legislativa pela manutenção do preceito incriminador em voga. Ora, afastar a vigência do dispositivo legal, concluindo pela atipicidade da conduta de portar armas, significa permitir que toda e qualquer pessoa possa transitar livremente munido de facas, canivetes, punhais e espadas, instrumentos frequentemente utilizados para a prática dos ais diversos crimes, incluindo-se aí lesões corporais graves, roubos e homicídios. O art. 19 da LCP incrimina a conduta de "Trazer consigo arma fora de casa ou de dependência desta, sem licença da autoridade". Nesse contexto cumpre observar que a Lei nº 9.437/97, e posteriormente a Lei nº10.826/03, apenas **derrogou** o dispositivo em comento, i.e., enquanto o porte de arma de fogo passou a ser regrado pela novel legislação, o porte de armas consideradas de menor potencial ofensivo permanece regido pelo art.19 da LCP. Nesse contexto, o elemento normativo do tipo, consubstanciado na expressão "sem licença da autoridade" não se aplica às armas brancas, relacionando somente com os artefatos de fogo.*

22 Recurso Extraordinário com Agravo nº 901623, pendente de julgamento, ate o fechamento da edição desta obra.

Considerando que não existe órgão que expeça autorização para o porte de armas brancas, todo porte de armas é proibido. Assim, a conduta de portar armas permanece ilícita. Desse modo, até que sobrevenha disposição legal em contrário, o tipo penal descrito no art. 19 da LCP possui plena aplicabilidade permanece em vigor, devendo se interpretada em conjunto com o art. 5° da Lei de introdução ao Direito Brasileiro (Decreto-Lei n° 4657/1942), tanto na fase preliminar prevista na Lei n° 9.099/95, quanto na instrução criminal. Nesse caso, a questão deve ser resolvida no exame subjetivo do agente (dolo) que porta a arma branca. Não se trata, aqui, da simples intenção de trazer consigo instrumentos potencialmente lesivos, mas da vontade livre e consciente de portá-los como armas brancas fossem. Em outras palavras, a conduta que se pretende coibir com a norma proibitiva é o porte injustificável de instrumento capaz de ofender a incolumidade física de outrem, o que pode se aferido, no caso concreto, a partir de elementos circunstanciais que auxiliem o intérprete a desvelar a intenção do autor do fato. Portanto, o Ministério Público Federal, alinhando-se ao posicionamento do Superior Tribunal de Justiça, entende que a norma ora objurgada encontra-se em vigor, devendo a proibição constante do art. 19 da LCP ser mantida, com expresso reconhecimento nesse sentido, uma vez que a licença a que o dispositivo legal alude referia-se tão somente ao porte de arma de fogo, atualmente regido pela Lei n° 10.826/2003. Conclui-se, assim, que a conduta de portar ouras espécies de armas permanece proibida, salvo se o agente demonstrar a existência de justa causa para trazer consigo instrumento com especial potencialidade lesiva."

Vale anotar que a Segunda Turma do STF, em julgamento posterior à decisão que reconheceu repercussão geral ao tema, deu provimento ao recurso ordinário em sede de Habeas Corpus para julgar improcedente a representação para apuração de ato infracional de porte ilegal de arma branca sob o fundamento da inexistência de regulamentação exigida pelo tipo do art. 19 da LCP[23]. Assim, a sinalização do STF é pela não aplicação do art. 19 da LCP, devido à falta de complemento da norma penal em branco.

Bem jurídico tutelado

A norma penal tutela a incolumidade pública e a saúde das pessoas. A lei visa evitar que o agente munido com uma arma venha a praticar uma infração mais grave.

Sujeitos da contravenção

Trata-se de contravenção comum, portanto, o **sujeito ativo** pode ser qualquer pessoa. Não exige qualidade especial ao agente. No **polo passivo**, temos a coletividade.

Derrogação

Em relação às armas de fogo, o art. 19 da LCP teve sua vigência revogada desde a edição da Lei nº 9.437/97, que tornou crime o porte de arma de fogo. Nos dias atuais, com a revogação da Lei n. º 9.437/97, o porte de arma de fogo está tipificado nos arts. 14 (Porte ilegal de arma de fogo de uso permitido) e 16 (Posse ou porte ilegal de arma de fogo de uso restrito) ambos do Estatuto do Desarmamento (Lei n. º 10.826/03).

---

23 *4. Art. 19 da Lei das Contravenções Penais: "trazer consigo arma fora de casa ou de dependência desta, sem licença da autoridade". Para obter condenação pela contravenção, a acusação deve demonstrar que seria necessária a licença para porte da arma em questão. Não há previsão na legislação acerca da necessidade de licença de autoridade pública para porte de arma branca. Norma penal em branco, sem o devido complemento. Sua aplicação, até que surja a devida regulamentação, resta paralisada. 5. Dado provimento ao recurso a fim de julgar improcedente a representação para apuração de ato infracional. (RHC 134830, Relator(a): Min. GILMAR MENDES, Segunda Turma, julgado em 26/10/2016, PROCESSO ELETRÔNICO DJe-258 DIVULG 02-12-2016 PUBLIC 05-12-2016)*

Dessa forma, o art. 19 da LCP passou a ter aplicação apenas para os casos de porte de arma branca quando praticado fora de casa ou de dependência desta, sem licença da autoridade. Nessa quadra, vem decidindo de forma reiterada o STJ: "De acordo com a jurisprudência majoritária desta Corte, o referido dispositivo não foi ab-rogado pela Lei 9.437/97 e posteriormente pela atual Lei 10.826/2003; e, sim, apenas derrogado pela novel legislação no tocante às armas de fogo, remanescendo a contravenção penal em relação às armas brancas. No mesmo sentido: AgRg no RHC nº 331.694/SC, Sexta Turma, Rel. Min. Nefi Cordeiro, DJe de 15/12/2015 e AgRg no RHC nº 26.829/MG, Sexta Turma, Rel. Min. Marilza Maynard (Desembargadora Convocada do TJ/SE), DJe de 6/6/2014)."

Essa posição é a que nos parece mais consentânea com a legislação em vigor. É fato que as armas brancas são detentoras de potencialidade lesiva e assim podem ser utilizadas para ofender a saúde das pessoas. Porém, entendemos que o porte de arma branca que tipifica o art. 19 da LCP é aquele que se dá de maneira ostensiva e em locais públicos para ataque ou defesa pessoal, pois colocam em risco a incolumidade pública e a saúde das pessoas, ofendendo o bem jurídico tutelado pela norma penal. Desse modo, incorre na contravenção do art. 19 da LCP o "agente que se apresenta em lúgar público, portando à cintura uma faca pontiaguda, com 20 cm de lâmina, com eventual propósito de ataque ou defesa, não sendo instrumento de trabalho, sendo certo que, com tal conduta, coloca em risco a incolumidade pública, que é o bem jurídico tutelado" (Tacrim/SP, RJTacrim 36/210).

Por sua vez, "não se caracteriza contravenção se o homem do campo traz consigo faca em circunstâncias usuais" (TACRIM-SP Rel. Vieira Mota-Jutacrim 56/224). Ora, em zonas rurais é costumeiro o porte de facão como instrumento de trabalho, sendo ilógico concluir pela tipificação da conduta. Logo, deve ser analisado o contexto fático com todas as suas circunstâncias para se concluir pela tipicidade da conduta.

Condutas

O preceito primário do tipo contravencional é *trazer consigo* arma fora de casa ou de dependência desta, sem licença da autoridade.

A locução **"trazer consigo"** significa levar junto ao corpo ou próximo a ele. É a situação em que o agente tem condições de pronta utilização da arma, mantendo-a sob sua disponibilidade imediata. Não é necessário, todavia, o contato físico direto com a arma, sendo suficiente que o agente tenha o objeto ao seu alcance em condições de seu uso imediato como, por exemplo, carregar a arma na bolsa ou no porta-luvas do veículo.

O tipo penal contém a expressão **"fora de casa ou da dependência desta"**, que constitui elemento espacial do tipo. Logo, o porte de arma branca no interior da casa ou de suas dependências não configura a contravenção penal em comento. O art. 150, § 4º do Código Penal que dispõe que a expressão "casa" compreende: *I – qualquer compartimento habitado; II – aposento ocupado de habitação coletiva; III – compartimento não aberto ao público, onde alguém exerce profissão ou atividade;* deve ser aplicado à contravenção penal em comento. Registre-se que são considerados componentes da casa, os jardins, garagens e quintais. Por outro lado, a jurisprudência não considera automóvel, trens, navios e aviões como extensão de casa. Assim, o porte de arma branca, nesses casos, caracteriza a contravenção.

A expressão **"sem licença da autoridade"** é tida como elemento normativo do tipo. Conforme explica Victor Gonçalves, "A opção de conceder ou não o porte a uma determinada pessoa está dentro de poder discricionário da autoridade responsável. Ocorre que, como não existe licença para o porte de arma branca, e considerando que o art. 19 da Lei das Contravenções Penais somente estaria em vigor em relação a estas, tal parte do dispositivo encontra-se sem aplicação prática. Existe, porém, entendimento minoritário de que o art. 19 estaria totalmente revogado, exatamente porque não existe licença para portar arma branca"[24].

O **objeto material** da norma penal do art. 19 da LCP é a **arma branca**, já que a parte referente às armas de fogo foi revogada, como afirmado anteriormente. Cuida-se de contravenção de perigo abstrato, bastando a mera probabilidade de dano para sua caracterização.

Para a tipificação do porte de arma branca se faz necessária uma interpretação compatível com a realidade social. Assim, entendemos que o porte apto a ensejar a contravenção é o porte de arma ostensivo, em locais públicos. Além disso, o objeto material tem que ter potencialidade lesiva, colocando, assim, em risco a incolumidade pública e a saúde das pessoas. Portanto, incorre na contravenção do art. 19 da LCP o "agente que se apresenta em lugar público, portando à cintura uma faca pontiaguda, com 20 cm de lâmina, com eventual propósito de ataque ou defesa, não sendo instrumento de trabalho, sendo certo que, com tal conduta, coloca em risco a incolumidade pública, que é o bem jurídico tutelado" (Tacrim/SP, RJTacrim 36/210). Doutro lado, "não se caracteriza contravenção se o homem do campo traz consigo faca em circunstâncias usuais" (TACRIM-SP Rel. Vieira Mota-Jutacrim 56/224). Ora, em zonas rurais é costumeiro o porte de facão como instrumento de trabalho, sendo ilógico concluir pela tipificação da conduta. Logo, pensamos que deve ser analisado o contexto fático com todas as suas circunstâncias para se concluir pela tipicidade da conduta.

Confisco

Questão bastante discutida é a relativa à possibilidade de a sentença condenatória determinar o perdimento de bens, em favor do Estado, tidos como instrumentos ou produtos de contravenção penal, em razão das expressões instrumentos do crime e produtos do crime contidas no art. 91, inciso II, do Código Penal. Duas são as posições que se destacam:

a) **Inadmissibilidade do confisco:** não é possível o confisco do objeto material da contravenção de porte de arma, posto que o art. 91, II, "a", do CP utiliza a expressão "crime", não sendo possível dar interpretação ampliativa para estender as contravenções. Essa é a posição majoritária;

b) **Admissibilidade do confisco:** o artigo 1º da Lei das Contravenções Penais dispõe que "aplicam-se às contravenções penais as regras gerais do Código Penal, sempre que a presente Lei não disponha de modo diverso", firmando hipótese de aplicação subsidiária. Assim, tendo em vista que a Lei de Contravenções Penais é omissa no tocante ao confisco, deverão ser aplicadas as normas do Código Penal e, portanto, perfeitamente possível a aplicação do confisco às contravenções penais.

Concurso de infrações

Aplica-se o princípio da consunção (delito menos grave é absorvido pelo mais grave) a contravenção de porte de arma pelo crime de homicídio ou lesão corporal, desde que tais figuras delituosas guardem entre si uma relação de meio e de fim estreitamente vinculadas. Logo, não é possível aplicar a absorção do porte de arma branca no crime de lesão corporal quando

24 GONÇALVES, Victor Eduardo Rios, Legislação Penal Especial Esquematizado, ed. Saraiva, 2017, p.243

o agente não utilizou o instrumento que ilegalmente portava para lesionar a vítima. Exemplo: o agente matou a vítima por meio de disparos de arma de fogo e no momento portava ostensivamente um facão. Neste caso, o agente responde pelo crime de homicídio e porte ilícito de arma branca.

Se o agente é surpreendido portando duas ou mais armas simultaneamente? Como só ocorreu uma conduta, o agente deve responder por uma única infração, devendo ser considerada na primeira fase de aplicação de pena (circunstância judicial, art. 59 do CP) o número de armas apreendidas. Portanto, não se aplica a norma do concurso formal de infrações.

Majorante

O parágrafo único do art. 19 da LCP prescreve que a pena é aumentada de **um terço até metade**, se o agente já foi condenado, em sentença irrecorrível, por violência contra pessoa.

São elementos para a incidência da causa de aumento de pena: a) o trânsito em julgado da sentença condenatória; b) que a condenação irrecorrível seja derivada de crime ou contravenção praticado com violência contra pessoa.

Figuras assemelhadas

Romeu Salles Júnior, ao discorrer sobre as figuras assemelhadas, previstas no § 2º do art. 19 da LCP, esclarece que "o legislador não limitou a incriminação ao simples porte de arma sem licença da autoridade. Procurou ampliar o alcance do dispositivo, tendo em conta a cautela que deve o possuidor da arma ter em relação a determinadas pessoas que reclamam maior atenção".

Há posicionamento no sentido de que o §2° do art. 19 da LCP não é mais aplicável, pois "a interpretação teleológica do dispositivo nos revela que o mesmo foi evidentemente pensado para as hipóteses de arma de fogo e munição, de modo que soaria estranha a punição quando se trata de armas brancas. Ademais, há regulamentação sobre a necessidade de comunicação da posse ou entrega da arma branca à autoridade, por exemplo, nem mesmo há disposição que regule a armazenamento de arma branca em casa, de modo a impedir que um menor dela se apodere com facilidade. Assim, inaplicável a disposição legal"[25].

Dispõe o art. 19, § 2º da LCP que: Incorre na pena de prisão simples, de quinze dias a três meses, ou multa, de duzentos mil réis a um conto de réis, quem, possuindo arma ou munição: a) deixa de fazer comunicação ou entrega à autoridade, quando a lei o determina: b) permite que alienado menor de 18 anos ou pessoa inexperiente no manejo de arma a tenha consigo; c) omite as cautelas necessárias para impedir que dela se apodere facilmente alienado, menor de 18 anos ou pessoa inexperiente em manejá-la.

A contravenção de porte de arma é de **mera conduta**, portanto, não importa para sua configuração a real intenção do agente, bastando o porte da arma branca. É desnecessária para sua configuração a ocorrência de ameaça à pessoa ou à incolumidade pública, já que o legislador teve em mira a proteção da segurança pública. Nesse sentido: *Porte de arma – intenção do agente – Irrelevância– "A contravenção do art. 19 da Lei especial é de mera conduta, insuscetível de ensejar perquirição a respeito da intenção do agente, ao portar consigo arma de fogo, vez que o dano é presumido pelo legislador"* (TACRIM-SP – Rev. – Rel. Renato Nalini-j. 17.06.1996).

25 Thiago Gandra, Lei das Contravenções Penais, ed. juspodivum, 2018, p. 63

Vale destacar que na hipótese da letra "c" do § 2 do art. 19 da LCP, a contravenção se caracteriza com a conduta culposa, na modalidade negligência.

Consumação e tentativa

A **consumação** se dá no exato instante em que o agente traz consigo a arma para fora de casa ou de sua dependência. Damásio de Jesus lembra que a "contravenção pode ser eventualmente permanente, quando se prolonga no tempo. Essa circunstância, porém, não interfere na consumação, que se dá no primeiro instante da realização da conduta".

A **tentativa** não é possível (art. 4º da LCP).

Ação penal

A ação penal é pública incondicionada (art. 17, LCP). Aplica-se o rito da Lei nº 9.099/95, incidindo institutos despenalizadores como a transação penal e a suspensão condicional do processo.

Anúncio de meio abortivo

Art. 20. Anunciar processo, substância ou objeto destinado a provocar aborto:

Pena – multa de hum mil cruzeiros a dez mil cruzeiros.

Bem jurídico tutelado

O bem jurídico tutelado é a vida intrauterina. Secundariamente, a lei tutela a preservação da espécie humana. Busca-se evitar a prática de aborto. Damásio de Jesus explica que "constituindo o aborto um ilícito penal, é lógica a punição da publicidade de meios capazes de causá-lo."

Sujeitos da contravenção

Trata-se de contravenção comum, portanto, o **sujeito ativo** pode ser qualquer pessoa. É possível o concurso de agentes, em especial, sob a forma de instigação e auxílio. O **sujeito passivo** é o Estado.

Condutas

No tipo contravencional descrito no art. 20 da LCP pune-se o anúncio de processo, substância ou objeto destinado a provocar aborto.

Aborto é a interrupção da gravidez com a consequente morte do produto da concepção. Meio abortivo pode ser entendido como processo, substância ou objeto, de qualquer natureza, destinado a provocar a interrupção da gravidez com sacrifício do produto da concepção.

A conduta típica é **anunciar**, ou seja, tornar público, dar conhecimento. O legislador visa coibir a publicidade dos meios abortivos. Cuida-se de contravenção de **ação livre,** podendo ser praticada por qualquer meio de execução, assim o anúncio pode ocorrer por qualquer meio como jornal, televisão, panfletos, rádio. É evidente que o *processo, substância ou objeto* deve ser anunciado como meio abortivo. Se o anúncio tiver finalidade lícita, mesmo que o produto possa ser usado para o abortamento, a conduta será atípica.

O conteúdo do anúncio deve versar sobre processo, substância ou objeto com fim de provocar aborto. *Processo abortivo* é a sucessão de atos capazes de provocar o aborto. Compreende os produtos farmacêuticos, químicos e mecânicos. Não se estende, contudo, aos meios naturais.

Desse modo, os processos que visam restringir a concepção mediante a abstinência da conjunção sexual, em períodos determinados da vida feminina, não estão abrangidos pelo tipo penal. *Substância* significa a matéria capaz de produzir o aborto. *Objetos* são os instrumentos com capacidade de levar ao abortamento.

O anúncio deve buscar atingir um número indeterminado de pessoas. Assim, se for dirigido a determinada pessoa, o agente não incorre na contravenção em estudo. Contudo, pode vir a responder pelo crime de participação no crime de aborto (art. 124, CP), se tiver ciência de que a destinatária da informação pretende fazer uso do meio abortivo.

Não caracteriza a infração penal a conduta de publicar pesquisas científicas e descobertas de determinado método abortivo, pois a lei quis proteger a preservação da espécie humana, evitando propaganda e campanhas contra o aumento da população, não estando abrangida pela norma a publicação de artigos com fins científicos..

Voluntariedade

Quanto à voluntariedade, exige-se o dolo consistente na vontade e consciência de fazer o anúncio de processo, substância ou objeto destinado a provocar o aborto.

Não é necessário que o agente vise lucro com o anúncio, visto que o tipo penal não exige qualquer vantagem. Além disso, não se exige que o processo, substância ou objeto anunciado, seja eficaz para o cometimento do aborto.

Não se pune a conduta culposa.

Consumação e tentativa

Ocorre a consumação no momento em que se torna público o anúncio de processo, substância ou objeto destinado interromper a vida extrauterina.

Trata-se de contravenção de **perigo abstrato**, isto é, dispensa a prova do risco efetivo, o qual é absolutamente presumido por lei, bastando a simples prática do anúncio de **processo, substância ou objeto destinado a provocar aborto**. O STF já se posicionou no sentido de que as infrações penais de perigo abstrato "*não representa, por si só, comportamento inconstitucional por parte do legislador penal. A tipificação de condutas que geram perigo em abstrato, muitas vezes, acaba sendo a melhor alternativa ou a medida mais eficaz para a proteção de bens jurídico-penais supraindividuais ou de caráter coletivo*".[26]

A tentativa não é punível (art. 4º, LCP).

Ação penal

A ação penal é de natureza pública incondicionada. São aplicáveis o rito e os institutos despenalizadores do Juizado Especial Criminal (Lei nº 9.099/95), sendo igualmente admitida a suspensão condicional do processo.

Vias de fato

Art. 21. Praticar vias de fato contra alguém:

Pena – prisão simples, de quinze dias a três meses, ou multa, de cem mil réis a um conto de réis, se o fato não constitui crime.

26 (HC 104410, Relator: Min. Gilmar Mendes, Segunda Turma, julgado em 06/03/2012).

Parágrafo único. Aumenta-se a pena de 1/3 (um terço) até a metade se a vítima é maior de 60 (sessenta) anos.

Bem jurídico tutelado

A norma penal tem como objetividade jurídica a incolumidade pessoal. Visa à proteção da incolumidade pessoal, quando não se consumarem as lesões corporais, que configuram delito mais grave.

Sujeitos da contravenção

Trata se de infração penal comum, assim, qualquer pessoa pode ser **sujeito ativo**. O **sujeito passivo** é qualquer pessoa.

Caso a vítima seja maior de 60 anos na data da conduta, o sujeito ativo incorre na causa de aumento de pena de 1/3 até metade prevista no parágrafo único do art. 21 da LCP, acrescido pelo art. 111 do Estatuto do Idoso (Lei nº 10.741/03)

Condutas

O legislador brasileiro tipificou como crime as condutas que resultem em dano a integridade física (Código Penal), mas não se ocupou com as vias de fato, cabendo à Lei das Contravenções Penais incorporar ao seu elenco essa modalidade de infração.

A ação nuclear do tipo contravencional é praticar vias de fato contra alguém. Praticar é realizar, executar. Pode-se afirmar que **Vias de Fato** é a violência empregada contra pessoa sem a finalidade de provocar dano em seu corpo. Trata-se de infração penal que ataca a incolumidade física, consubstanciada em atos de ataque ou violência contra pessoa, desde que não caracterizem lesões corporais. Por exemplo: desferir tapas, empurrar pessoas, puxar cabelos, arremessar líquidos em determinada pessoa.

A violência moral praticada por palavras e gestos não integra o tipo penal em estudo. A violência empregada é física, material. Nesse sentido, os ensinamentos de José Duarte: "A violência puramente moral, por palavras e gestos, não se enquadra no art. 21. O legislador brasileiro inclui na categoria das contravenções penais referentes à pessoa, formula genérica que pode, realmente, abranger todas as ofensas. Mas parece-nos que a interpretação deve ser mais restrita, limitando-se aos *fatos materiais*, aos atos que produzem uma ofensa pessoal, concreta, real, física, sem lesões, sem vestígios[27].

É **desnecessária** a realização de exame de corpo de delito para comprovação da ocorrência de vias de fato, posto que o laudo de **exame** de **corpo** de **delito** não é o único meio passível de comprovação do cometimento da ocorrência da contravenção de **vias** de **fato**, principalmente porque, na maioria dos casos, não existem vestígios, o que enseja a possibilidade de comprovação por outros meios de prova. Neste sentido decidiu o TJMS: "Para a materialização da indigitada contravenção é desnecessária a juntada de laudo de exame de corpo delito, até porque, se houvesse lesão, o fato tipificaria infração penal mais grave (CP, artigo 129). Recurso improvido". No mesmo sentido decidiu o TJDFT: "O laudo pericial sobre vias de fato é prescindível, porque esta contravenção nem sempre deixa vestígios. Caso

---

27 DUARTE, José. Comentários à Lei das Contravenções Penais, Volume II – Parte Especial. Rio de Janeiro: Forense, 2ª Edição, p. 45

contrário, estaria caracterizado o delito de lesão corporal. 4. Negado provimento ao recurso do réu e dado parcial provimento ao recurso da acusação".

A contravenção de vias de fato é subsidiária, pois é absorvida pelos crimes em que o meio de execução é a violência física como lesão corporal, constrangimento ilegal e estupro. Cuida-se de **subsidiariedade expressa ou explícita,** pois contém em seu preceito primário a expressão "se o fato não constitui crime".

Distinção com outras infrações

Não se deve confundir vias de fato (art. 21, LCP) com a tentativa de lesão corporal. Na contravenção não existe a intenção de ofender a integridade física da vítima, enquanto na tentativa de lesão corporal o agente atua com *animus* de lesioná-la, mas não obtém êxito por circunstâncias alheias a sua vontade.

Se o agente, com a sua conduta, busca ofender a dignidade ou decoro da vítima incorre no crime de injúria real (art. 140, § 2º do CP) e não na contravenção penal de vias de fato, pois há ofensa a honra subjetiva da vítima.

Victor Gonçalves esclarece que "quanto ao edema (inchaço), há divergência acerca da configuração de crime de lesões corporais ou da contravenção. Para alguns, depende do tamanho do edema". Além disso, explica o doutrinador que "A equimose e o hematoma configuram lesões corporais. Equimose é a mancha escura, resultante do rompimento de pequenos vasos sob a pele ou mucosa. Hematoma é o tumor passageiro formado por sangue extravasado. É a equimose com inchaço".

O corte de cabelo ou barba sem autorização da vítima pode configurar vias de fato, lesão corporal ou ainda injúria real. Segundo Fernando Capez "Nélson Hungria e Heleno Fragoso (1979, v. 325, nota de rodapé) sustentam que o corte de cabelo ou de barba, mesmo quando praticado aleatória ou violentamente, não deve ser considerado lesão corporal, mas vias de fato ou injúria real. No caso, configurará crime de injuria real se o corte for praticado com intuito de envergonhar ou humilhar a vítima. Não havendo essa intenção, poderá estar configurada tão somente a contravenção de vias de fato. Ela se dará na hipótese em que a violência praticada não deixar vestígios sensíveis. Os cortes de cabelo e de barba, normalmente, não deixam vestígios".

Majorante

O art. 21 da LCP, em seu parágrafo único, dispõe que a pena é aumentada em 1/3 (um terço) até a metade se a vítima é maior de 60 (sessenta) anos. O parágrafo único foi acrescentado pela Lei nº 10.741/03 (Estatuto do Idoso). Vale lembrar que o art. 61, II, h, do CP prevê a agravante genérica quando a vítima é maior de 60 anos. No entanto, no caso da contravenção de vias de fato, o juiz na segunda fase de aplicação da pena deve **desconsiderar** a agravante genérica sob pena de *bis in idem,* haja vista a necessidade de aplicação da causa de aumento.

Voluntariedade

Quanto à voluntariedade, exige-se o dolo. A via de fato é contravenção dolosa, porque encerra um ato voluntário de agressão, revela o desejo de molestar, de ofender, de produzir um mal físico[28]. Não há previsão de elemento subjetivo específico. Também não se pune a forma culposa.

28 DUARTE, José. Comentários à Lei das Contravenções Penais, Volume II – Parte Especial. Rio de Janeiro: Forense, 2ª Edição, p. 42

Consumação e tentativa

A consumação se dá no momento em que o agente passa a agredir, desferir golpes na vítima, ou seja, no momento da agressão. Inexiste resultado naturalístico, mesmo porque ocorrendo evento material o fato passa a configurar lesão corporal.

Não se pune a tentativa (art. 4º da LCP).

Ação penal

Nos termos do art. 17 da LCP, as contravenções penais são apuradas por meio de ações de natureza pública incondicionada.

Com a entrada em vigor da Lei dos Juizados Especiais (Lei nº 9.099/95), que passou a exigir a representação da vítima para os crimes de lesões corporais leve e culposa (art. 88), surgiu o entendimento de que, também para a contravenção penal de vias de fato se faria necessária a manifestação de vontade do ofendido como condição de procedibilidade, uma vez que vias de fato é *um minus* em relação ao delito de lesão corporal.

Discordamos desse posicionamento. A modificação da natureza da ação penal no crime de lesão corporal leve ou culposa (art. 88, Lei dos Juizados Especiais) não se aplica à persecução da contravenção de vias de fato. Se a intenção do legislador era transformar a natureza da ação penal de pública incondicionada em pública condicionada à representação nas hipóteses de contravenções de vias de fato, o teria feito de forma expressa, assim como fez nos casos de lesão corporal leve e culposa. Portanto, é forçoso reconhecer que o silêncio do legislador foi eloquente, deliberado e não mero esquecimento, não se aplicando o art. 88 da Lei nº 9.099/95, que tornou condicionada à representação a ação penal relativa aos crimes de lesões corporais leves.

Com o julgamento da ADI 4424, pelo STF, em 09.02.2012, onde ficou assentada a natureza incondicionada da ação penal em caso de crime de lesão corporal leve ou culposa nos casos de violência doméstica, afastando a aplicação da Lei 9.099/95, acreditamos que a matéria está pacificada, no sentido de que, também para as contravenções de vias de fato, *não é necessária a representação da vítima.*

Conversão da pena

A possibilidade de conversão da pena privativa de liberdade por restritiva de direitos na hipótese da prática de vias de fato que envolva violência doméstica é tema divergente. A Segunda Turma do STF, em 8/10/2016, entendeu pela viabilidade da "conversão da pena privativa de liberdade por restritiva de direito nos moldes previstos no art. 17 da Lei Maria da Penha aos condenados pela prática da contravenção penal de vias de fato, por se tratar de modalidade de infração penal não alcançada pelo óbice do inciso I do art. 44 do Código Penal". (HC 131160, Relator(a): Min. Teori Zavascki).

Por sua vez, a Primeira Turma do STF, em 31.10.2017, decidiu pela inviabilidade da substituição da pena privativa de liberdade em restritiva de direitos nas hipóteses de cometimento de vias de fato no âmbito da violência doméstica, em síntese, sob os seguintes fundamentos: 1) a violência nos atos de agressão perpetrados contra a mulher no ambiente doméstico e familiar, cumpre estender a vedação contida no art. 44, I, do Código Penal à infração prevista no art. 21 do Decreto-Lei nº 3.688/1941; 2- a aplicação aos casos de violência doméstica de penas restritivas violaria a diretriz do artigo 226 da Constituição, o qual determina "a adoção de mecanismos que coíbam a violência no âmbito das relações familiares; 3- a Lei Maria da Penha rechaça, de modo peremptório, a aplicação de "institutos despenalizadores[29].

A jurisprudência do STJ também é no sentido de que a prática de contravenção cometida com violência ou grave ameaça no ambiente doméstico impossibilita a substituição da pena privativa de liberdade por restritiva de direitos. Neste sentido, foi editada a Súmula 588 do STJ: '*A prática de crime ou contravenção penal contra a mulher com violência ou grave ameaça no ambiente doméstico impossibilita a substituição da pena privativa de liberdade por restritiva de direitos.* Dessa forma, podemos afirmar que é majoritária a jurisprudência no sentido da impossibilidade de conversão da pena privativa de liberdade em restritiva de direitos, no caso de vias de fato praticadas contra mulher no âmbito doméstico'.

Princípio da insignificância. Vias de fato. Violência doméstica.

O princípio da insignificância incide quando presentes, cumulativamente, as seguintes condições objetivas: (a) mínima ofensividade da conduta do agente, (b) nenhuma periculosidade social da ação, (c) grau reduzido de reprovabilidade do comportamento, e (d) inexpressividade da lesão jurídica provocada.

A jurisprudência dos Tribunais Superiores vem rechaçando a aplicação do princípio da insignificância no que se refere às contravenções penais praticadas contra mulher no âmbito das relações domésticas, haja vista o bem jurídico tutelado. Neste sentido decidiu o STF[30]: "*1. Mostra-se incabível a aplicação do princípio da insignificância "ante a excepcional vulnerabilidade da mulher no âmbito das relações domésticas" (RE nº 807.781/SP, Relator o Ministro Luiz Fux, DJe de 9/10/15), a ensejar juízo de maior reprovabilidade da conduta praticada pelo agravante, que pôs em risco a integridade física da vítima" (HC 141594 AgR, Relator(a): Min. Dias Toffoli, Segunda Turma, julgado em 09/06/2017).*

Internação irregular em estabelecimento psiquiátrico

Art. 22. Receber em estabelecimento psiquiátrico, e nele internar, sem as formalidades legais, pessoa apresentada como doente mental:

Pena – multa, de trezentos mil réis a três contos de réis.

§ 1º Aplica-se a mesma pena a quem deixa de comunicar a autoridade competente, no prazo legal, internação que tenha admitido, por motivo de urgência, sem as formalidades legais.

§ 2º Incorre na pena de prisão simples, de quinze dias a três meses, ou multa de quinhentos mil réis a cinco contos de réis, aquele que, sem observar as prescrições legais, deixa retirar-se ou despede de estabelecimento psiquiátrico pessoa nele internada.

Bem jurídico tutelado

O tipo penal tutela dois bens jurídicos: regularidade dos serviços nos estabelecimentos psiquiátricos e a liberdade pessoal.

29 HC 137888, Relator(a): Min. ROSA WEBER, Primeira Turma, julgado em 31/10/2017, PROCESSO ELETRÔNICO DJe-031 DIVULG 20-02-2018 PUBLIC 21-02-2018.

30 HC 141594 AgR, Relator(a): Min. DIAS TOFFOLI, Segunda Turma, julgado em 09/06/2017.

Sujeitos da contravenção

O **sujeito ativo** é o indivíduo com atribuições em estabelecimentos psiquiátricos para receber e internar a pessoa *apresentada como doente mental*. Lembra Romeu Salles Júnior que "se, eventualmente, outra pessoa participar da ação, sem qualidade para exercer aquelas atividades, será responsável também pela contravenção, pois tem aplicação à hipótese os princípios que regem o concurso de pessoas, especificamente no que diz respeito à participação (art. 29 do Código Penal)".

O **sujeito passivo** pode ser qualquer pessoa. A norma penal não restringe o sujeito passivo a pessoa doente mental, pois prevê pessoa **apresentada como doente mental**. Logo, tanto a pessoa sã quanto a doente mental pode ser apresentada como doente mental e, assim, figurar no polo passivo.

Victor Gonçalves esclarece que "se uma pessoa sã, mediante violência de familiares ou terceiros, for internada contra sua vontade, estará presente o crime de sequestro ou cárcere privado qualificado por ter sido o crime cometido mediante internação em hospital psiquiátrico".

Condutas

As condutas típicas consistem em *receber* (aceitar, acolher) e *internar* (abrigar) em estabelecimento psiquiátrico, pessoa apresentada como doente mental, sem as formalidades legais.

Trata-se de norma penal em branco, uma vez que a expressão "sem as formalidades legais" demonstra a necessidade de complemento da norma por outros atos normativos, que disciplinam as internações de pessoas com transtornos mentais.

A Lei Federal 10.216/2001, que dispõe sobre a proteção e os direitos das pessoas com transtornos mentais e que regula também as internações de dependentes químicos, prevê, em seu artigo 6º, que a internação psiquiátrica somente será realizada mediante **laudo médico** circunstanciado que caracterize os seus motivos.

Nos casos de internação **voluntária** (com o consentimento do usuário) ou **involuntária** (sem o consentimento do usuário e a pedido de terceiro), a internação será **autorizada por médico** com registro no Conselho Federal de Medicina do Estado onde está localizado o estabelecimento (art. 8º da Lei nº 10.216/01). Por sua vez, a internação compulsória (determinada pela Justiça), nos termos do art. 9º da Lei nº 10.216/01, somente pode ocorrer por **ordem judicial e nas situações elencadas lei.**

Além disso, a lei impõe que o Ministério Público seja comunicado da internação psiquiátrica involuntária, no prazo de setenta e duas horas, pelo responsável técnico do estabelecimento no qual tenha ocorrido, devendo esse mesmo procedimento ser adotado quando da respectiva alta.

O fato de o diretor do estabelecimento psiquiátrico, ou outra pessoa autorizada, dar alta ao paciente não desnatura a contravenção, desde que irregular a internação[31]. Além disso, a regularização *a posteriori* da internação não retira a tipicidade da conduta.

Por fim, importa destacar que existem formalidades para internação, as quais estão previstas na Portaria 2.391/2002[32] do Ministério da Saúde e que não observadas no momento da internação podem caracterizar a contravenção do art. 22.

---

31 JESUS, Damásio de, Leis das Contravenções Penais, ed. Saraiva, 2015, p.95

32 Regulamenta o controle das internações psiquiátricas involuntárias (IPI) e voluntárias (IPV) de acordo com o disposto na Lei 10.216, de 6 de abril de 2002, e os procedimentos de notificação da Comunicação das IPI e IPV ao Ministério Público pelos estabelecimentos de saúde, integrantes ou não do SUS.

Figura assemelhada

O § 1º imputa a mesma pena, a quem se omite em comunicar a autoridade competente, no prazo legal, a internação da pessoa sem obediência às formalidades legais, ante a urgência do caso concreto.

A norma penal pune o responsável que deixa de comunicar à autoridade competente, no prazo legal, o recebimento e a internação sem as devidas formalidades legais em razão de urgência.

Em casos de urgência, portanto, é possível a internação sem observância dos preceitos legais, mas a lei impõe o dever de comunicação à autoridade competente.

Vale apontar que o Ministério Público deve ser comunicado da internação psiquiátrica involuntária, não importando se é caso ou não de urgência, no **prazo de setenta e duas horas**, pelo responsável técnico do estabelecimento no qual tenha ocorrido, devendo esse mesmo procedimento ser adotado quando da respectiva alta (art. 8º, § 1º da Lei nº 10.216/01).

Formas qualificadas

O § 2º traz as figuras qualificadas do tipo penal, com pena de prisão simples de 15 dias a 3 meses ou multa, a conduta daquele que se deixa retirar (ir embora) ou despede (manda embora) de estabelecimento psiquiátrico a pessoa nele internada.

O dispositivo em análise diz respeito aos casos em que a pessoa já se encontra internada e teve autorizada sua saída ou despedida, sem observar os requisitos legais. Logo, o responsável pela desinternação da pessoa com transtornos mentais, sem observância dos dispositivos legais, responde criminalmente.

Voluntariedade

Quanto à voluntariedade, exige-se o dolo. Não se pune a conduta culposa. Explica Sílvio Maciel que se "alguém, por negligência ou imprudência, recebe ou interna um doente mental sem atentar para as formalidades legais, o fato é atípico, podendo ensejar alguma infração administrativa".

Consumação e tentativa

A **consumação** se dá no momento da internação da pessoa tida como doente mental, sem as formalidades legais. No caso do § 1º, a *consumação* ocorre com a expiração do prazo legal para comunicar a autoridade competente. Quanto às condutas descritas no § 2º *consumam*-se no instante em que a pessoa internada vai embora do estabelecimento psiquiátrico.

A tentativa não é punível (art. 4, LCP).

Ação penal

Trata-se de contravenção de ação penal pública incondicionada. São aplicáveis o rito e os institutos despenalizadores do Juizado Especial Criminal (Lei nº 9.099/95).

Indevida Custódia de Doente Mental

Art. 23. Receber e ter sob custódia doente mental, fora do caso previsto no artigo anterior, sem autorização de quem de direito:

Pena – prisão simples, de quinze dias a três meses, ou multa, de quinhentos mil réis a cinco contos de réis.

Bem jurídico tutelado

Tutela-se a liberdade do doente mental, protegendo-o contra custódias irregulares em casa particular.

Sujeitos da contravenção

Trata-se de contravenção comum, o **sujeito ativo** pode ser qualquer pessoa. O **sujeito passivo** é o doente mental.

Conduta

A conduta típica consiste em *receber* (aceitar, acolher) e *ter sob custódia* (ter sob sua guarda, proteção e vigilância) doente mental, fora do caso previsto no artigo anterior, sem autorização de quem de direito.

Na hipótese do artigo anterior, como estudado, o recolhimento ocorre em "estabelecimento psiquiátrico". No art. 23, diante da expressão *"fora do caso do artigo anterior"* contida no tipo penal, a internação deve se dar em lugar **diverso de estabelecimento psiquiátrico** como, por exemplo, casa particular, de cura ou de repouso.

Para a configuração da conduta, o tipo penal prevê um elemento normativo consistente na expressão "sem autorização de quem de direito". Logo, se houver a autorização da pessoa responsável como membro da família, médico ou de um juiz, a conduta é atípica.

A contravenção de Indevida Custódia de Doente Mental é subsidiária, pois somente se configurará quando a conduta do agente não caracterizar a contravenção do artigo 22 da LCP. Cuida-se de **subsidiariedade expressa ou explicita**, pois contém em seu preceito primário "fora do caso previsto no artigo anterior".

Voluntariedade

Exige-se o dolo. É imprescindível a ciência do sujeito ativo da **ausência de autorização da pessoa responsável**. Não existe a forma culposa e nem elemento subjetivo específico do tipo.

Consumação e tentativa

A consumação se dá com o início da custódia da pessoa com transtorno mental. Não é possível a tentativa (art. 4º da LCP).

Ação penal

É de natureza pública incondicionada, conforme art. 17 da LCP. Como todas as contravenções penais são consideradas de menor potencial ofensivo, nos termos do art. 61 da Lei dos Juizados Especiais (Lei nº 9.0099/95), são aplicáveis o rito e os institutos despenalizadores do Juizado Especial Criminal (Lei nº 9.099/95), sendo igualmente admitida a suspensão condicional do processo.

CAPÍTULO II
DAS CONTRAVENÇÕES REFERENTES AO PATRIMÔNIO

Instrumento de emprego usual na prática de furto

Art. 24. Fabricar, ceder ou vender gazua ou instrumento empregado usualmente na prática de crime de furto:

Pena – prisão simples, de seis meses a dois anos, e multa, de trezentos mil réis a três contos de réis.

Bem jurídico tutelado

Entendemos que o tipo contravencional tem como *bem jurídico* a segurança da coletividade. Esse também é o entendimento de Guilherme Nucci: "embora o título dado a este capítulo seja das contravenções referentes ao patrimônio, o objeto jurídico tutelado é a segurança da coletividade, no aspecto patrimonial, mas não o patrimônio individual de alguém. Tanto assim quem, cometida a contravenção penal do art. 24, quem seria considerada como vítima? Se for a coletividade (crime vago, observa-se que o objeto jurídico não é patrimônio (este sempre pertence a alguém), mas a segurança jurídica (esta, sim, de interesse geral)." Vale frisar, no entanto, que há posição no sentido de que o bem tutelado é o patrimônio individual.

Sujeitos da contravenção

Trata se de infração penal comum, assim, qualquer pessoa pode ser **sujeito ativo**. O **sujeito passivo** é a coletividade, tendo em vista que não há lesão ao patrimônio de pessoa determinada. Cuida-se de crime de perigo.

Condutas

A conduta típica consiste em *fabricar* (criar, produzir, manufaturar, dar origem), *ceder* (doar, emprestar a título oneroso ou gratuito) ou *vender* (alienar por qualquer forma, transferindo a propriedade) gazua ou instrumento empregado usualmente na prática de crime de furto.

Ressalta-se que quem **adquire** gazua ou outro instrumento **não incorre na contravenção** em comento, posto que a conduta adquirir não vem descrita no tipo penal. Além disso, o agente que adquire o objeto material da contravenção penal em estudo não responde pelo crime de receptação, porquanto, não se trata de produto de crime.

O art. 24 da LCP trata-se de **tipo misto alternativo** (descreve mais de uma conduta em um único tipo penal), por conseguinte, o sujeito que pratica mais de uma conduta descrita no tipo, desde que no mesmo contexto fático responde por uma única infração penal, não havendo que se cogitar em concurso de crimes Portanto, o agente que além de fabricar, vende o instrumento empregado usualmente na prática de crime de furto responde apenas por uma única contravenção. No tipo misto alternativo, a pratica de mais de uma conduta é aferida na primeira fase da dosimetria da pena (art.59, CP), de modo que o sujeito que realiza mais de um verbo nuclear deve receber uma pena mais elevada do que aquele que prática apenas um.

O tipo penal tem como **objeto material** a *gazua* ou *outro instrumento empregado na prática de furto*. *Gazua* é a ferramenta apta a fazer funcionar fechaduras e cadeados. Em regra, é um pequeno pedaço de ferro ou instrumento curvo cuja finalidade é abrir fechaduras e cadeados, como a chave falsa ou "mixa". Quanto à expressão "outro instrumento empregado na prática de furto", esta alcança chave de fenda, serra, alicate, pinça. Como tais instrumentos podem servir para outros fins, se o agente tiver de boa-fé a sua conduta é atípica. Convém mencionar a existência de posicionamento doutrinário no sentido de que a expressão *outro instrumento empregado na prática de furto* é uma cláusula aberta e, portanto, viola o princípio da legalidade, o qual proíbe termos vagos nos tipos penais incriminadores.

O agente que fabrica o instrumento e o utiliza para a prática de furto responde apenas pelo crime, ficando absorvida a contravenção. A conduta descrita no art. 24 da LCP funciona como meio para o cometimento do crime de furto, ficando, assim, absorvida.

Questão controversa

A expressão *crime de furto* contida no tipo penal diverge a doutrina quanto ao seu sentido. Para Damásio de Jesus "a expressão *crime de furto* não se restringe ao fato descrito no art. 155 do CP. A norma pretende referir-se a instrumento empregado usualmente na prática de *subtração patrimonial*, seja furto, seja roubo".

Entendemos, contudo, que a interpretação da expressão crime de furto não pode ser ampliativa, mas sim restritiva sob pena de desvirtuar a *mens legis*.

Como bem aduz Guilherme Nucci, "O art. 24 da LCP tem objetivo certo: buscar punir a preparação do crime de furto, que, inclusive, possui forma qualificada quando praticado com emprego de chave falsa (art. 155, § 4º, III, CP). Não tem nenhum sentido incluir o roubo ou qualquer outro crime patrimonial. Gazuas servem para o cometimento do crime de roubo? Se este é concretizado pelo emprego de violência ou grave ameaça é natural supor que chaves falsas são irrelevantes para o art. 157 do Código Penal. Outros instrumentos usualmente empregados na prática de roubo – se este pudesse ser incluído no tipo do art. 24 – seriam infindáveis, abrangendo desde arma de fogo, passando por armas brancas de toda espécie, até mesmo a força física de autor mais forte que a vítima. A abrangência seria tamanha que o princípio da legalidade estaria completamente afastado".

Voluntariedade

Para a caracterização da infração penal é necessário que a conduta praticada seja dolosa. O tipo penal exige o elemento subjetivo específico caracterizado pelo conhecimento do agente que o objeto é usualmente utilizado para a prática de crime de furto.

Consumação e tentativa

A **consumação** ocorre com a fabricação do objeto. Prescinde-se da efetiva utilização do instrumento na prática de crime de furto. Constitui ilícito penal de mera conduta, não se exigindo que qualquer resultado seja produzido. Não é possível a **tentativa**, nos termos do art. 4º da LCP.

Ação penal

É de natureza pública incondicionada, conforme art. 17 da LCP. São aplicáveis o rito e os institutos despenalizadores do Juizado Especial Criminal (Lei nº 9.099/95), sendo igualmente admitida a suspensão condicional do processo.

> **Posse não justificada de instrumento de emprego usual na prática de furto**
>
> **Art. 25.** Ter alguém em seu poder, depois de condenado, por crime de furto ou roubo, ou enquanto sujeito à liberdade vigiada ou quando conhecido como vadio ou mendigo, gazuas, chaves falsas ou alteradas ou instrumentos empregados usualmente na prática de crime de furto, desde que não prove destinação legítima: Pena – prisão simples, de dois meses a um ano, e multa de duzentos mil réis a dois contos de réis.

Revogação tácita

O Supremo Tribunal Federal, no RE 583.523, com reconhecimento de repercussão geral, declarou que o art. 25, LCP não foi recepcionado pela Constituição Federal. Segundo o STF o dispositivo é anacrônico, discriminatório e fere os princípios fundamentais da isonomia e dignidade da pessoa humana. Isto porque se percebeu que há no tipo o sopesamento dos aspectos subjetivos da condição pessoal e econômica do sujeito, para que reste caracterizada a contravenção penal. O fato de ter estabelecido condições específicas discriminatórias ao agente da infração penal (depois de condenado, por crime de furto ou roubo, ou enquanto sujeito à liberdade vigiada ou quando conhecido como vadio ou mendigo) conduz a flagrante incompatibilidade com os preceitos constitucionais.

Neste sentido, asseverou o ministro Gilmar Mendes relator do RE 583.523: *"Acolher o aspecto subjetivo como determinante para caracterização da contravenção penal equivale a criminalizar, em verdade, a condição pessoal e econômica do agente, e não fatos objetivos que causem relevante lesão a bens jurídicos importantes ao meio social. Nesse sentido, deve-se inadmitir infração penal que privilegia o direito penal do autor em detrimento do direito penal do fato"*.

Denota-se do artigo em estudo que o legislador considerou que determinadas pessoas possuem maior potencialidade de cometer infrações penais, no entanto, não é permitido presumir periculosidade do agente, sob pena de substituirmos um modelo de direito penal do fato para um modelo de direito penal do autor. Assim, nos parece que a decisão do STF é merecedora de elogio ao considerar não recepcionado o art. 25 da LCP.

Como o tipo contravencional não foi revogado expressamente passamos a discorrer sobre a infração penal.

Bem jurídico tutelado

A Lei *busca proteger* a segurança pública. De forma secundária, tutela também o patrimônio da coletividade. Quer se evitar a posse de objetos materiais usualmente empregados na prática de crime de furto.

Sujeitos da contravenção

Trata-se de contravenção própria, porquanto a enumeração legal é taxativa:

a) **pessoa condenada pelo delito de furto ou roubo:** é necessário o trânsito em julgado da condenação. A decisão deve estar transitada em julgado na data do fato. Não se faz necessário que o sujeito seja reincidente, bastando a existência de condenação irrecorrível anteriormente a prática da contravenção do art. 25 da LCP.

Não se pode dar interpretação extensiva com o fito de abranger outros crimes contra o patrimônio como estelionato, extorsão e apropriação indébita, pois há previsão expressa na lei quanto aos delitos de furto e roubo.

b) **o vadio e o mendigo desde que conhecidos como tais:** *Vadio* é o indivíduo que mesmo apto para o trabalho, se entrega a ociosidade. Saliente-se que a vadiagem tipifica a contravenção penal do art. 59 da LCP. Por sua vez, *mendigo* é pessoa entregue à mendicância, ou seja, vive de esmolas. Não se exige que o agente esteja praticando vadiagem ou mendicância no momento em que tem em seu poder os instrumentos mencionados.

Menciona Victor Gonçalves[33] que "Podia ser sujeito ativo aquele que estivesse sob liberdade vigiada. A liberdade vigiada, porém, espécie de medida de segurança, não existe mais em

33 GONÇALVES, Victor Eduardo Rios. *Legislação Penal Especial Esquematizado*, São Paulo: Saraiva, 2017.

nossa legislação desde a reforma da Parte Geral do código penal, em 1984. em razão disso, a norma está derrogada".

O sujeito passivo é a coletividade.

Condutas

A conduta típica consiste em *ter em seu poder* (ter a posse, a disponibilidade imediata do objeto, como, no porta-luvas do seu veículo) gazuas, chaves falsas, ou alteradas ou instrumentos empregados usualmente na prática de crime de furto ou roubo.

É imprescindível que a posse dos objetos materiais seja ilegítima, pois na destinação legítima o fato é atípico. É de se observar que, diante da expressão "desde que não prove destinação legítima" inserida no tipo penal, o ônus de se comprovar a legitimidade da destinação incumbe à defesa e não à acusação. Há entendimento, contudo, pela inconstitucionalidade da expressão, pois afronta os princípios constitucionais da presunção de inocência (art. 5º, inciso LVII, CF).

Os **objetos materiais** são gazuas, chaves falsas ou alteradas ou instrumentos empregados usualmente na prática de crime de furto.

Se a gazua ou instrumento similar é utilizado na prática do crime de furto, o agente responde pelo crime de furto qualificado (art. 155, § 4º, III, CP), restando absorvida a contravenção penal.

Quanto ao instituto da liberdade viajada constante no tipo, como já mencionado anteriormente, foi extinto na reforma penal de 1984.

Voluntariedade

Exige-se o dolo. Há o elemento subjetivo específico consistente na intenção de cometer crime de furto. Não há forma culposa.

Consumação e tentativa

A consumação se dá com a posse do objeto material da contravenção penal. Não é possível a tentativa (art. 4º, LCP).

Ação penal

É de natureza pública incondicionada, conforme art. 17 da LCP. São aplicáveis o rito e os institutos despenalizadores do Juizado Especial Criminal (Lei nº 9.099/95), sendo igualmente admitida a suspensão condicional do processo.

Violação de Lugar ou Objeto

Art. 26. Abrir alguém, no exercício de profissão de serralheiro ou ofício análogo, a pedido ou por incumbência de pessoa de cuja legitimidade não se tenha certificado previamente, fechadura ou qualquer outro aparelho destinado à defesa de lugar ou objeto:

Pena – prisão simples, de quinze dias a três meses, ou multa, de duzentos mil réis a um conto de réis.

Bem jurídico tutelado

Tutela-se o patrimônio alheio. Busca-se evitar que fechadura ou qualquer outro aparelho destinado à defesa de lugar ou objeto seja aberto por pessoas especialistas **sem cautelas** quanto à verificação da pessoa que determinou a abertura.

Sujeitos da contravenção

Trata-se de **contravenção própria**, pois o **sujeito ativo** somente pode ser o serralheiro ou quem exerça profissão análoga como mecânico, armeiro, chaveiro e ferreiro. Não é sujeito ativo aquele que, a pedido de terceiro consiga abrir cadeado, mas não exerce profissionalmente tais atividades.

O **sujeito passivo** é a pessoa que teve aberta a fechadura ou qualquer outro aparelho destinado à defesa de lugar ou objeto.

Condutas

A conduta típica consiste em abrir fechadura ou qualquer outro aparelho destinado à defesa de lugar (residência, estabelecimento comercial) ou objeto (carro, motocicleta). **Abrir** significa romper, permitir a entrada, desobstruir, dar acesso. A abertura de mais de uma fechadura do mesmo imóvel configura uma só contravenção.

A expressão "cuja legitimidade não se tenha certificado previamente" é demonstrativa que o agente atua com culpa na modalidade negligência. A culpa é o elemento normativo do tipo, tendo em vista a necessidade de um juízo de valoração diante do caso concreto. Portanto, cuida-se de **contravenção penal culposa**.

Pode se afirmar que o tipo descreve duas condutas: *a) comissiva:* consistente na abertura da fechadura ou aparelho destinado à defesa de lugar ou objeto; b) *omissiva:* consistente na falta de cautela (negligência) do agente em não se certificar da legitimidade daquele que solicita a abertura do imóvel ou objeto. Exemplo: o chaveiro não verifica se realmente é o proprietário ou possuidor do imóvel que solicitou a abertura da porta da residência.

O indivíduo que conscientemente abre fechadura ou outro aparelho destinado à defesa de lugar visando que outrem subtraia bens alheios, responde, **em concurso de pessoas**, pelo crime praticado por terceiro e não pela contravenção penal no art. 28 da LCP.

Voluntariedade

O, o tipo subjetivo "é representado pela culpa na modalidade negligência. É que o sujeito não procura certificar-se das qualidades da pessoa que lhe solicita a prática da ação."[34].

Consumação e tentativa

A consumação se dá no momento em que o agente abre a fechadura ou outro aparelho destinado à defesa de lugar. Se não acontecer a abertura ou houver desistência, o fato é atípico.

Anote-se que persiste a contravenção penal ainda que nenhum crime venha a ser praticado. Basta a abertura do cadeado ou qualquer aparelho destinado à defesa do lugar para consumação da contravenção em estudo, não se exige o cometimento de infração posterior. Dessa forma, cuida-se de contravenção de mera conduta, porquanto independe da ocorrência do resultado naturalístico.

Não é possível a tentativa (art. 4º da LCP).

Ação penal

É de natureza pública incondicionada, conforme art. 17 da LCP. Como todas as contravenções penais são consideradas de menor potencial ofensivo, nos termos do art. 61 da Lei dos

---

34 SALLES JÚNIOR, Romeu de Almeida, *Lei das Contravenções Penais Interpretadas,* ed. OLiveira Mendes, 1998, p. 129.

Juizados Especiais (Lei nº 9.0099/95), são aplicáveis o rito e os institutos despenalizadores do Juizado Especial Criminal (Lei nº 9.099/95), sendo igualmente admitida a suspensão condicional do processo.

Exploração da credulidade pública

Art. 27. Explorar a credulidade pública mediante sortilégios, predição do futuro, explicação de sonho, ou práticas congêneres:

Pena – prisão simples, de um a seis meses, e multa, de quinhentos mil réis a cinco contos de réis.

O tipo contravencional foi expressamente revogado pela Lei nº 9.521, de 27 de novembro de 1997.

DAS CONTRAVENÇÕES REFERENTES À INCOLUMIDADE PÚBLICA

Disparo de Arma de Fogo

Art. 28. Disparar arma de fogo em lugar habitado ou em suas adjacências, em via pública ou em direção a ela:

Pena – prisão simples, de um a seis meses, ou multa, de trezentos mil réis a três contos de réis.

Parágrafo único. Incorre na pena de prisão simples, de quinze dias a dois meses, ou multa, de duzentos mil réis a dois contos de réis, quem, em lugar habitado ou em suas adjacências, em via pública ou em direção a ela, sem licença da autoridade, causa deflagração perigosa, queima fogo de artifício ou solta balão aceso.

Derrogação

O art. 28, *caput*, foi revogado pelo art. 10, § 1º, III da Lei nº 9.437/97. Posteriormente, a Lei nº 9.437/97 foi revogada pela Lei nº 10.826/03 (Estatuto do Desarmamento) que disciplina a conduta de disparar com arma de fogo em local habitado em seu art. 15.

Conforme Guilherme Nucci, em relação às condutas descritas no parágrafo único "subsiste a contravenção apenas no tocante à queima de fogos. Em relação à soltura de balão, aplica-se o disposto no art. 42 da Lei 9.605/98. Quanto à deflagração, que significa explosão ou combustão, deve-se aplicar o disposto no art. 251, § 1º, do Código Penal".[35]. Dessa forma, apenas a conduta de queima de fogos de artifício, prevista no parágrafo único do art. 28 da LCP, encontra-se em vigência.

Bem jurídico tutelado

Tutela-se a incolumidade pública. O acionamento de fogos de artifício, sem as formalidades legais, como a autorização da autoridade competente, pode ocasionar incêndio, levando perigo à segurança das pessoas.

Sujeitos da contravenção

O sujeito ativo é qualquer pessoa. O sujeito passivo é a coletividade. Não há vítima definida.

35 NUCCI, Guilherme de Souza. *Leis Penais e Processuais Penais Comentadas*, ed. GEN, 2018, p. 137.

Condutas

A norma penal tem como núcleo do tipo o verbo *causar*, que significa **originar, motivar, provocar** queima fogo de artifício.

O **objeto material** é o fogo de artifício consistente em explosivos dotados de um pavio para iniciar a combustão, comumente utilizados para a realização de shows pirotécnicos, visando a produzir efeitos visuais e sonoros em festas ou comemorações.

Trata-se de infração penal que não exige resultado naturalístico, ou seja, não necessita de dano a outrem para sua caracterização, bastando a mera probabilidade de dano a terceiros.

É necessário que a queima de fogos ou a soltura de balão seja praticada:

a) *em lugar habitado ou em suas adjacências: Lugar habitado* é aquele onde habitam pessoas, como, por exemplo, cidade, região, povoado. Por sua vez, as *adjacências* são as localidades que ficam próximas das residências das pessoas. Dessa forma, se o agente queimar fogos de artifícios em locais distantes de quaisquer habitações, não incorrerá na contravenção em estudo;

b) *em via pública ou em direção a ela: Via Pública* é o local de acesso a qualquer pessoa, como praças e ruas. É típica ainda a queima de fogos em locais privados, mas **em direção a via pública**, como, por exemplo, soltar rojões da varanda do apartamento, apontando para a rua.

Para tipicidade da contravenção, é necessário que a conduta seja praticada **sem autorização da autoridade competente**, que constitui elemento normativo do tipo. O Decreto-lei nº 4.238/42, que dispõe sobre a fabricação, o comércio e o uso de artigos pirotécnicos, é o diploma normativo responsável em disciplinar a concessão de **licença** para queima de fogos de artifícios.

Distinção

A contravenção do art. 28, parágrafo único, difere do crime de explosão[36] (art. 251 do CP), pois não obstante o parágrafo único do art. 28 do Decreto-Lei nº 3.688/41 fale em "queima de fogos de artifício", é de se observar que a conduta típica, no caso de contravenção, é aquela comumente conhecida como de "estourar" fogos de artifício para a realização de shows pirotécnicos, visando a produzir efeitos visuais e sonoros em festas ou comemorações, porém, de forma inadequada ou indevida, causando perigo à sociedade em geral. Se for comprovado que a conduta explosiva causou efetiva afronta à vida e à integridade física das pessoas ou concreto dano ao patrimônio de outrem, resta configurado o crime do art. 251 do CP. (TJ-PR 8495530 PR 849553-0 (Acórdão), Relator: José Mauricio Pinto de Almeida, Data de Julgamento: 12/04/2012, 2ª Câmara Criminal).

---

36 Art. 251 – Expor a perigo a vida, a integridade física ou o patrimônio de outrem, mediante explosão, arremesso ou simples colocação de engenho de dinamite ou de substância de efeitos análogos: Pena – reclusão, de três a seis anos, e multa. § 1º – Se a substância utilizada não é dinamite ou explosivo de efeitos análogos: Pena – reclusão, de um a quatro anos, e multa. **Aumento de pena** § 2º – As penas aumentam-se de um terço, se ocorre qualquer das hipóteses previstas no § 1º, I, do artigo anterior, ou é visada ou atingida qualquer das coisas enumeradas no nº II do mesmo parágrafo. **Modalidade culposa** § 3º – No caso de culpa, se a explosão é de dinamite ou substância de efeitos análogos, a pena é de detenção, de seis meses a dois anos; nos demais casos, é de detenção, de três meses a um ano.

Por sua vez, "estando o tipo do art. 251 do CP, crime de explosão, entre aqueles denominados de perigo comum, é de se exigir, como circunstância elementar, a comprovação de que a conduta explosiva causou efetiva afronta à vida e à integridade física das pessoas ou concreto dano ao patrimônio de outrem, sob pena de faltar à acusação a devida demonstração da tipicidade. Por isso, ação de arremessar fogos e artifícios em local ocasionalmente despovoado, cuja consequência danosa ao ambiente foi nenhuma, não pode ser tido pela vertente do crime de explosão, podendo, no máximo se referir à contravenção do art. 28 do Decreto-Lei 3688/41" (STJ - HC 104.952/SP, Sexta Turma, julgado em 10/02/2009)

Se for realizada venda ou o fornecimento de fogos de artifício à criança ou adolescente, o agente incorre no crime do art. 244 do Estatuto da Criança e do Adolescente (Lei nº 8.069/90). De outro lado, a conduta de soltar balão aceso encontra guarida no art. 42 da Lei dos Crimes Ambientais (Lei 9.605/98).

Frise-se que segundo o art. 6º do Decreto-Lei nº 4.238/42[37] há fogos de artifício que podem ser vendidos a quaisquer pessoas, inclusive menores, e sua queima é livre, portanto, não é exigida a autorização da autoridade, de modo que a queima desses fogos não caracteriza a contravenção penal.

Se da queima de fogos de artifícios resultar em incêndio, a conduta caracteriza o crime do art. 250 do Código Penal, restando absorvida a contravenção em estudo, ante o princípio da consunção

Quando o sujeito ativo tem como finalidade, com a queima dos fogos de artifício, lesionar ou matar pessoa certa, incorrerá no crime de lesão corporal ou de homicídio, tentados ou consumados, caso em que a contravenção do art. 28, parágrafo único fica absorvida.

Voluntariedade

É o dolo consistente na vontade de deflagrar fogos de artifícios sem autorização da autoridade.

Consumação e tentativa

A consumação se dá com a deflagração dos fogos de artifício, independente da produção de qualquer resultado naturalístico. Cuida-se portanto de contravenção de mera conduta. Não se pune a tentativa (art. 4º da LCP).

Ação penal

A contravenção penal é de natureza pública incondicionada, nos termos do art. 17 da LCP. São aplicáveis o rito e os institutos despenalizadores do Juizado Especial Criminal (Lei nº 9.099/95).

Desabamento de Construção

Art. 29. Provocar o desabamento de construção ou, por erro no projeto ou na execução, dar-lhe causa:

37 Art. 6º Os fogos incluídos na classe C não podem ser vendidos a menores de 18 anos e sua queima depende de licença da autoridade competente, com hora e local previamente designados, nos seguintes casos:a) para festa pública, seja qual for o local; b) dentro do perímetro urbano, seja qual for o objetivo.

Pena – multa, de um a dez contos de réis, se o fato não constitui crime contra a incolumidade pública.

Bem jurídico tutelado

A incolumidade pública. O legislador procurou proteger à vida e a segurança das pessoas que podem ser colocadas em risco com o desabamento de construção.

Sujeitos da contravenção

Na primeira modalidade (desabamento de construção), cuida-se de contravenção comum, assim, qualquer pessoa pode ser **sujeito ativo**.

Na segunda modalidade (por erro no projeto ou na execução), trata-se de **contravenção própria**, pois apenas o responsável pela obra, como engenheiro, mestre de obras, pode ser **sujeito ativo**. A lei exige maior responsabilidade do profissional, que deve tomar todas as cautelas para que não ocorra um sinistro na construção. O Sujeito passivo é a coletividade.

Condutas

Trata-se de norma penal que descreve duas condutas. A primeira conduta descrita no tipo penal é *provocar* (causar, promover) desabamento de construção. O agente pratica a conduta de forma proposital, intencional. *Desabamento* é a ruína, derrubada de construção concluída ou obra em execução. Desabamento difere de *desmoronamento* que significa movimentação do solo e não está previsto no tipo penal em comento. *Construção* é a obra que dá estrutura a um prédio, ponte, residência etc.

A segunda modalidade prevista no tipo penal é *dar causa a desabamento de construção, por erro no projeto ou na execução*. O agente não provoca o desabamento de forma direta, mas acaba dando causa a ele. Trata-se de **contravenção penal culposa,** em razão de erro no projeto ou na execução. A **culpa** é o **elemento normativo do tipo**.

Victor Gonçalves esclarece que "Se o agente provocar o desabamento em construção **alheia** (sem causar perigo comum), incorrerá em crime de **dano** ou dano **qualificado** (caso se trate de bem público). Assim, a contravenção em estudo só tem lugar quando o sujeito provoca desabamento em construção própria ou com autorização do dono. É evidente, entretanto, que, se houver autorização das autoridades competentes para demolição, o fato será atípico. Comete a contravenção, por exemplo, quem realiza a demolição total ou parcial de uma casa, sem licença da autoridade."[38]

Se o desabamento é culposo e leva a perigo de dano um número elevado de pessoas, configura o crime de desabamento culposo (art. 256, par. único, CP). A contravenção de desabamento de construção é subsidiaria, já que só incide *se o fato não constituir crime contra a incolumidade pública*. Cuida-se de subsidiariedade expressa ou explícita, pois vem prevista no preceito secundário do tipo penal.

A contravenção de desabamento de construção (art. 29, LCP) distingue-se do crime de desabamento ou desmoronamento[39] (art. 256, CP). O crime exige o perigo concreto, ou

38 GONÇALVES, Victor Eduardo Rios. *Legislação Penal Especial Esquematizado*, São Paulo: Saraiva, 2017, p. 257.

39 *Art. 256 – Causar desabamento ou desmoronamento, expondo a perigo a vida, a integridade física ou o patrimônio de outrem: Pena – reclusão, de um a quatro anos, e multa.* **Modalidade culposa** *Parágrafo único – Se o crime é culposo: Pena – detenção, de seis meses a um ano.*

seja, deve ficar demonstrado o perigo de dano à vida, à integridade corporal ou patrimônio de outrem. Ademais, é necessário que o desabamento ocasione uma situação de perigo a um número indeterminado de pessoas ou bens. Portanto, é preciso que tal resultado ocorra efetivamente, ameaçando de forma concreta pessoas ou coisas, isto é, criando perigo comum. A contravenção de desabamento de construção, por sua vez, é de perigo abstrato, não exigindo que o desabamento tenha causado risco de vida, à integridade física ou incolumidade a pessoas. Se o desabamento ocorrer mediante o emprego de explosivo, resultando em perigo comum, o agente responde pelo crime de Explosão[40] (art. 251 do CP) em virtude do princípio da consunção ou absorção.

Se da conduta ocorrer a morte ou lesão corporal de alguém, o agente incide no art. 256, combinado com art. 258, ambos do Código Penal, ficando absorvida a contravenção do art. 29 da LCP. A propósito, decidiu TJDFT: "É inaplicável a norma contravencional (art. 29, LCP) violadora de bem jurídico de menor gravidade quando do desabamento resulta lesão corporal (art. 256, parágrafo único c/c art. 258, ambos do CP). Princípio da subsidiariedade. Desclassificação incabível"[41].

Voluntariedade

Na primeira modalidade consistente em *provocar desabamento de construção* exige-se o dolo. No tocante à conduta *dar causa a desabamento de construção*, a conduta é *culposa*, conforme se infere da expressão "erro no projeto ou na execução", ou seja, a derrubada da construção ou da obra ocorre em virtude de defeito no projeto ou não sua execução. Vale anotar que o erro no projeto ou na execução deve ficar comprovado por meio de perícia técnica que ateste a imperícia, imprudência ou negligência.

Consumação e tentativa

A consumação se dá com o desabamento total ou parcial da construção. Trata-se, portanto, de contravenção material, pois para sua consumação deve ocorrer o resultado naturalístico. Não se pune a tentativa (art. 4º da LCP).

Ação penal

A contravenção penal é de natureza pública incondicionada, nos termos do art. 17 da LCP. São aplicáveis o rito e os institutos despenalizadores do Juizado Especial Criminal (Lei nº 9.099/95).

---

40 *Art. 251 – Expor a perigo a vida, a integridade física ou o patrimônio de outrem, mediante explosão, arremesso ou simples colocação de engenho de dinamite ou de substância de efeitos análogos: Pena – reclusão, de três a seis anos, e multa. § 1º – Se a substância utilizada não é dinamite ou explosivo de efeitos análogos: Pena – reclusão, de um a quatro anos, e multa.* **Aumento de pena** *§ 2º – As penas aumentam-se de um terço, se ocorre qualquer das hipóteses previstas no § 1º, I, do artigo anterior, ou é visada ou atingida qualquer das coisas enumeradas no nº II do mesmo parágrafo.* **Modalidade culposa** *§ 3º – No caso de culpa, se a explosão é de dinamite ou substância de efeitos análogos, a pena é de detenção, de seis meses a dois anos; nos demais casos, é de detenção, de três meses a um ano.*

41 *Acórdão n. 664434, 20110910214686APJ, Relator: DIVA LUCY DE FARIA PEREIRA 1ª Turma Recursal dos Juizados Especiais do Distrito Federal, Data de Julgamento: 19/03/2013, Publicado no DJE: 01/04/2013. Pág.: 195.*

Perigo de desabamento

Art. 30. Omitir alguém a providência reclamada pelo estado ruinoso de construção que lhe pertence ou cuja conservação lhe incumbe:

Pena – multa, de um a cinco contos de réis.

Bem jurídico tutelado

É a incolumidade pública. Busca-se prevenir o risco de lesão a pessoas indeterminadas ou de bens devido ao estado ruinoso da construção.

Sujeitos da contravenção

Só pode ser **sujeito ativo** o proprietário da construção ou responsável pela sua conservação, como síndico, mandatário, tutor e curador. Logo, trata-se de contravenção penal própria.

O **sujeito passivo** é a coletividade.

Condutas

A infração penal descreve uma conduta omissiva, consistente em deixar de tomar as cautelas necessárias para a conservação da construção com o fim de evitar o desmoronamento. O agente deixa de tomar as providências necessárias para evitar o desabamento.

O estado ruinoso da construção deve ser verificado com base nas normas administrativas que disciplinam a segurança das construções, como o Código de Obras.

O agente deve ter consciência do perigo de desabamento em razão do estado ruinoso da construção. Se o proprietário da construção ou responsável na conservação foi notificado da necessidade de reparos e se omite, incorre na contravenção em estudo. No entanto, o total desconhecimento do estado ruinoso da construção ou obra por parte do agente exclui a infração penal.

Ressalta-se que a contravenção não se configura somente quando ocorre o desabamento. Para tipicidade da infração penal, basta o perigo de desabamento, constatado pelo estado ruinoso da construção e a consciência do responsável pela sua conservação.

Trata-se de infração de perigo abstrato, não se exigindo a comprovação do efetivo risco de lesão ao bem tutelado.

O **objeto material** é a construção em estado ruinoso.

Voluntariedade

Quanto à voluntariedade, exige-se o dolo, ou seja, a consciência do estado ruinoso e o risco de desabamento da construção. Se o agente desconhecer tais circunstâncias, não responde pela contravenção.

Consumação e tentativa

Consuma-se com a simples omissão. Basta que o proprietário ou responsável pela construção tenha ciência do estado ruinoso e venha a se omitir em tomar as ações necessárias para o desabamento. Portanto, não é exigível que ocorra o desabamento para sua consumação. Cuida-se de contravenção de mera conduta, pois não é necessário o resultado naturalístico para sua configuração. Impunível a tentativa.

Ação penal

Trata-se de contravenção de ação penal pública incondicionada. São aplicáveis o rito e os institutos despenalizadores do Juizado Especial Criminal (Lei nº 9.099/95).

Omissão de cautela na guarda ou condução de animais

Art. 31. Deixar em liberdade, confiar à guarda de pessoa inexperiente, ou não guardar com a devida cautela animal perigoso:

Pena – prisão simples, de dez dias a dois meses, ou multa, de cem mil réis a um conto de réis.

Parágrafo único. Incorre na mesma pena quem:

a) na via pública, abandona animal de tiro, carga ou corrida, ou o confia à pessoa inexperiente;

b) excita ou irrita animal, expondo a perigo a segurança alheia;

c) conduz animal, na via pública, pondo em perigo a segurança alheia.

Bem jurídico tutelado

É a incolumidade pública. A norma tutela a segurança da coletividade.

O legislador busca resguardar a segurança de pessoas indeterminadas de situações que possam causar ameaças de danos. Exemplo: um cão bravio que possa atacar diversas pessoas, ocasionando lesões a integridade física ou até mesmo a morte delas.

Sujeitos da contravenção

A contravenção é comum, assim, o **sujeito ativo** pode ser qualquer pessoa, proprietária ou possuidora do animal perigoso.

O **sujeito passivo** é a coletividade e, eventualmente, as pessoas atacadas pelo animal bravio.

Condutas

O *caput* do art. 31 prevê três condutas típicas, são elas:

a) **deixar em liberdade animal perigoso:** consiste em permitir que o animal perigoso fique em local público ou exposto ao público, sem qualquer tipo de aparato que restrinja a sua liberdade. Exemplo: proprietário que permite que seu cão bravio ande solto, sem focinheira, pelos logradouros públicos.

   Animal perigoso é todo aquele que possa oferecer risco a incolumidade física ou ao patrimônio de alguém. É o animal feroz, bravio, não domesticado. A propósito: "Por animal perigoso não deve ser entendido somente o bravio, o selvagem, o de ataque, mas todo aquele que, pela sua irracionalidade, possa oferecer a outra pessoa que não o seu proprietário a possibilidade de produzir um dano à integridade física ou ao patrimônio" (TACRIM-SP, JUTACRIM 18/198). A expressão animal perigoso constitui elemento normativo do tipo, pois exige um juízo de valor com base na experiência ordinária do intérprete.

b) **confiar à guarda de pessoa inexperiente animal perigoso:** quer dizer entregar o animal perigoso a pessoa que não possui conhecimento suficiente para dominar animais bravios. Exemplo: deixar a vigilância de um cão bravio com uma criança.

c) **não guardar com as devidas cautelas animal perigoso:** restringir a liberdade do animal, sem os devidos cuidados, permitindo que ele possa causar danos a integridade física ou ao patrimônio de terceiros.

A falta de cautela deve ser analisada em cada caso concreto, devendo observar as características do animal como seu porte ou grau de ferocidade. Anote-se que a raça do animal não é elemento essencial, mas sim, a sua periculosidade individualmente considerada.

Anote-se que o proprietário de animais tem a obrigação de guardá-los adequadamente. "Se o dono permite a fuga, presume-se que a vigilância foi descuidada, caracterizando o tipo descrito no art. 31 do Decreto-Lei nº 3.688/41".[42]

O cão de guarda é reconhecidamente perigoso para fins de tipificação da contravenção do art. 31 da LCP, pois é ensinado para atacar, embora em defesa da propriedade ou das coisas, de modo que, quando solto ou guardado sem as devidas cautelas, acarreta à insegurança pela potencialidade de dano a terceiros.

Se o animal bravio é deixado solto e este vem a causar efetivo dano a integridade física da pessoa, o agente responde pelo resultado, podendo, por exemplo, responder pelo crime de lesão corporal culposa. A propósito: "Havendo dano efetivo, a tipicidade penal é a do crime e não da mera contravenção. A característica desta é a possibilidade do evento lesivo" (RT317/369).

Trata-se de **contravenção de perigo**, bastando, para sua tipicidade, o perigo a um número indeterminado de pessoas, não exigindo a produção do dano.

O art. 31, em seu parágrafo único, elenca figuras equiparadas. As condutas descritas são de perigo abstrato, são elas:

a) **abandona na via pública animal de tiro, carga ou corrida ou o confia à pessoa inexperiente:** abandonar quer dizer deixar solto, sem fiscalização.

Via pública é um meio de acesso terrestre que pode ser trafegado por qualquer pessoa. É corriqueiro encontrar cavalos ou bois soltos à beira das estradas, tal conduta caracteriza a contravenção em comento, pois o animal pode atravessar ou mesmo ficar parado no meio da pista, acarretando riscos de acidentes. Vale anotar que o Código Civil de 2002, em seu art. 936 [43], obriga o dono ou detentor do animal a indenizar a vítima pelo dano causado por este, salvo se conseguir provar a culpa da vítima ou força maior.

Animal de tiro é aquele que impulsiona veículos, como charretes e carroças. *Animal de carga* é o empregado para transportes de coisas como burros e mulas. *Animal de corrida* é o destinado a disputas de velocidades.

Pessoa inexperiente é aquela que não possui as habilidades mínimas para cuidar do animal.

b) **excita ou irrita animal, expondo a perigo a segurança alheia:** excitar animal significa provocar, atiçar o animal ao ataque. Irritar o animal significa provocar, deixar bravo. Há necessidade de que a conduta de excitar ou irritar o animal venha a expor a perigo a incolumidade física de outrem. Neste caso, cuida-se de perigo concreto de dano.

42 Acórdão n. 330245, 1ª Turma Recursal dos Juizados Especiais do Distrito Federal, Publicado 19/11/2008

43 *O dono, ou detentor, do animal ressarcirá o dano por este causado, se não provar culpa da vítima ou força maior.*

c) **conduz animal, na via pública, pondo em perigo a segurança alheia:** significa conduzir o animal com imperícia ou sem as cautelas necessárias considerando as características do animal ou do percurso. É necessária a demonstração do perigo real a terceiros, portanto, trata-se de contravenção de perigo concreto.

Se da condução do animal resultar em lesões corporais ou morte de terceiro, o agente responde pelo crime de lesão corporal (art. 129 do CP) ou homicídio (art. 121 do CP). Entendemos que a contravenção penal fica absorvida pelo crime de resultado. Vale apontar, contudo, que há entendimento no sentido de que haverá concurso formal entre o crime de lesão corporal culposa ou homicídio culposo e a contravenção do art. 31 da LCP.

Voluntariedade

Nas condutas descritas no *caput* de *deixar em liberdade* e *confiar à guarda de pessoa inexperiente*, o elemento volitivo é o dolo. Já na conduta não guardar o animal com as devidas cautelas temos a culpa. Por sua vez, as condutas descritas no parágrafo único são todas dolosas.

Consumação e tentativa

Em relação ao momento consumativo, leciona Damásio de Jesus: "No fato típico do caput, ocorre com o abandono do animal ou com a simples omissão de cautela; na alínea a, com a sua entrega a terceiro ou abandono; na alínea b, com a excitação ou irritação; na alínea c, com o perigo decorrente da condução perigosa".[44]

A tentativa é impunível, nos termos do art. 4º da LCP.

Ação penal

Trata-se de contravenção de ação penal pública incondicionada. São aplicáveis o rito e os institutos despenalizadores do Juizado Especial Criminal (Lei nº 9.099/95).

Falta de habilitação para dirigir veículo

Art. 32. Dirigir, sem a devida habilitação, veículo na via pública, ou embarcação a motor em águas públicas:

Pena – multa, de duzentos mil réis a dois contos de réis.

Bem jurídico tutelado

Tutela-se a incolumidade pública, especialmente em relação ao respeito às normas administrativas relacionadas à direção e habilitação de embarcações a motor e à segurança em águas públicas.

Sujeitos da contravenção

O sujeito ativo pode ser qualquer pessoa. Não é exigida qualquer qualidade ou condição pessoal. O sujeito passivo é a coletividade.

Condutas

A primeira parte desse dispositivo – dirigir veículo na via pública sem habilitação – foi derrogada pelo art. 309 do Código de Trânsito[45]. Nesse sentido, o STF editou a Súmula 720:

44 JESUS, Damásio de. *Leis das Contravenções Penais*, ed. Saraiva, 2015, p. 112.

45 *Art. 309. Dirigir veículo automotor, em via pública, sem a devida Permissão para Dirigir ou Habilitação ou, ainda, se cassado o direito de dirigir, gerando perigo de dano: Penas – detenção, de seis meses a um ano, ou multa.*

"O art. 309 do Código de Trânsito Brasileiro, que reclama decorra do fato perigo de dano, derrogou o art. 32 da Lei das Contravenções Penais no tocante à direção sem habilitação em vias terrestres".

Dessa forma, o preceito legal do art. 32 da LCP continua em vigor apenas para as situações de dirigir, sem a devida habilitação, embarcação a motor (meio de transporte sobre águas, impulsionado por combustão) em águas públicas. *Dirigir* consiste em conduzir, manobrar. Assim, no caso do agente ser surpreendido empurrando a embarcação não incide no tipo contravencional, pois para a tipicidade do ato é necessário conduzir a embarcação em águas públicas.

Diante da redação da norma penal verifica-se que não é exigida a habitualidade.

A doutrina é divergente quanto à natureza do perigo, ou seja, se a norma penal é de perigo concreto ou abstrato. Para os adeptos da **necessidade de perigo concreto**, o tipo penal exige, para sua consumação, a existência de dano ou perigo. Contudo, nos filiamos a posição que entende se trata de **perigo abstrato**, porquanto entendemos que se trata de contravenção de mera conduta, não existindo previsão na lei a exigir, para sua configuração, a exposição de alguém a perigo de dano. Nesse sentido: "*A contravenção do art. 32 da LCP é infração de mera conduta, dispensando a existência de risco concreto à incolumidade alheia, bastando para sua consumação a ação voluntária*" (Tacrim-SP, RJD 28/243). Este é o entendimento que tem prevalecido no STF: "*Patente que pretendeu o legislador apenar de forma mais gravosa a conduta do inabilitado que dirige causando perigo concreto de dano, tipificando-a como crime (art. 309 do CTB), sem que, com isso, tenha considerado insignificante, do ponto de vista penal, a hipótese em que o perigo não ocorre de fato (perigo abstrato), previsto no art. 32 da LC" (trecho do voto do ministro Ilmar Galvão, relator no RHC-80.362-8)*. Portanto, ainda que o agente conduza a embarcação com observância das normas legais, não estando habilitado, incorre no tipo penal.

Assim como existem diversas categorias de carteira nacional de habilitação para veículo terrestre, há diferentes modalidades de carteira para pilotar embarcação. O tipo penal exige que o sujeito seja legalmente habilitado, ou seja, deve se submeter às provas específicas para obter a carteira de habilitação de determinada categoria, assim, conclui-se que é **típica** a conduta daquele que conduz embarcação com habilitação de categoria diversa para qual é habilitado.

Se o agente está com a carteira cassada ou suspensa, ele responde pelo art. 32 da LCP, pois não está legalmente habilitado.

Por outro lado, configura infração administrativa e não a contravenção penal, o fato do agente apesar de legalmente habilitado não portar a habilitação, no momento da abordagem da fiscalização.

Não caracteriza a norma do art. 32 da LCP o fato do sujeito dirigir embarcação sem habilitação no interior de propriedade privada, porquanto, o tipo prevê que a conduta deve ser praticada em *águas públicas*.

É **elemento do tipo penal** que a embarcação seja **equipada com motor**, como Jet-ski e lancha. Dessa forma, a direção de embarcação desprovida de motor, como, por exemplo, barcos sem motorização, não tipifica a contravenção penal.

Tema controverso na jurisprudência e na doutrina é a solução para o caso do agente que na condução da embarcação comete crime de lesão corporal culposa ou homicídio culposo. Para a primeira corrente, a **contravenção fica absorvida pelo crime culposo**, haja vista tratar-se de reprimenda mais grave. A segunda posição defende que em se tratando de bens jurídicos diversos, vida e a incolumidade física da vítima para os crimes culposos, e incolumidade pública para a contravenção, **não se admite a aplicação do princípio da consunção ou absorção**. Logo, o agente responde pelo concurso material de infrações (art. 69 do CP). Existe ainda uma terceira posição, que aplica o princípio da absorção apenas se o crime culposo tiver sido cometido na modalidade imperícia, haja vista que a contravenção pune o condutor da embarcação justamente por presumir que ele é imperito.

Se o agente conduzir embarcação após fazer uso de drogas, expondo a dano potencial a incolumidade de terceira pessoa, responde pelo crime de condução de embarcação ou aeronave após consumo de drogas (art. 39, Lei nº 11.343/06), restando absorvida a contravenção em estudo.

Voluntariedade

O elemento volitivo é o dolo, representado pela vontade de dirigir embarcação sem ser legalmente habilitado para tanto.

Não se pune a conduta culposa.

Consumação e tentativa

A consumação ocorre no exato momento em que se inicia a condução da embarcação em águas públicas. A tentativa não é punível (art. 4º da LCP).

Ação penal

Trata-se de contravenção de ação penal pública incondicionada. São aplicáveis o rito e os institutos despenalizadores do Juizado Especial Criminal (Lei nº 9.099/95).

Direção não licenciada de aeronave

Art. 33. Dirigir aeronave sem estar devidamente licenciado:

Pena – prisão simples, de quinze dias a três meses, e multa, de duzentos mil réis a dois contos de réis.

Bem jurídico tutelado

O bem jurídico que a lei busca proteger é a incolumidade pública. Visa evitar a possibilidade de se colocar em risco a integridade física de terceiros com a conduta de quem dirige aeronave sem ter a licença expedida pelo órgão competente.

Sujeitos da contravenção

Trata se de infração penal comum, portanto, qualquer pessoa pode ser sujeito ativo. O sujeito passivo é a coletividade.

Condutas

A conduta típica consiste em *dirigir* (conduzir, manobrar) aeronave sem a licença para tanto. Nos termos do art. 106 do Código Brasileiro de Aeronáutica (Lei 7565/1986), considera-se *aeronave* todo aparelho manobrável em voo, que possa sustentar-se e circular no espaço aéreo, mediante reações aerodinâmicas, apto a transportar pessoas ou coisas. São exemplos de aeronaves os aviões, helicópteros e planadores.

O simples fato de o agente colocar a aeronave em movimento, como por exemplo, manobrando a aeronave, é o bastante para caracterizar a contravenção, haja vista que já está dirigindo. Portanto, não é necessário que a aeronave levante voo.

Além disso, não importa se a aeronave é pública ou privada, de pequeno ou grande porte, desde que o agente dirija sem estar devidamente habilitado a conduta será típica.

Trata-se de tipo penal de **perigo abstrato**, desta feita, não há necessidade de expor alguém a situação de risco. Assim, mesmo que o agente conduza a aeronave com observância das normas legais, mas não estando licenciado, incorre na contravenção em estudo.

A condução da aeronave com licença de categoria diversa daquela para qual é habilitado tipifica o ilícito penal. Da mesma forma, subsiste a contravenção penal a conduta do agente que conduz aeronave com licença cassada, suspensa ou vencida.

Ricardo Andreucci explica que "licença não se confunde com o brevê. É a autorização concedida ao titular do brevê e que lhe permite exercer a pilotagem, tendo o caráter técnico e administrativo e de polícia. Somente à licença faz menção a contravenção penal, a qual, para ser concedida, pressupõe que o agente tenha o brevê"[46]. A licença para condução de aeronave é obtida junto à ANAC – Agência Nacional de Aviação Civil. O tipo penal não exige o porte da licença, dessa forma, se o agente conduz a aeronave sem portar a autorização pode incorrer em infração administrativa (art. 302 do Código Brasileiro Aeronáutico), mas não responde pela contravenção.

Se o agente conduzir aeronave após fazer uso de drogas, expondo a dano potencial a incolumidade de terceira pessoa, responde pelo crime de condução de embarcação ou aeronave após consumo de drogas (art. 39, Lei nº 11.343/06), restando absorvida a contravenção em estudo.

Voluntariedade

A contravenção penal exige o dolo. Não se pune a conduta culposa.

Consumação e tentativa

A consumação se dá no momento em que se coloca a aeronave em movimento. Trata-se de contravenção de perigo abstrato, não se exigindo a demonstração do efetivo risco de dano. A tentativa não é punível (art. 4º da LCP).

Ação penal

Trata-se de contravenção de ação penal pública incondicionada. São aplicáveis o rito e os institutos despenalizadores do Juizado Especial Criminal (Lei nº 9.099/95).

Direção Perigosa em via Pública

Art. 34. Dirigir veículos na via pública, ou embarcações em águas públicas, pondo em perigo a segurança alheia:

Pena – prisão simples, de quinze dias a três meses, ou multa, de trezentos mil réis a dois contos de réis.

46 ANDREUCCI, Ricardo Antônio. *Legislação Penal Especial Esquematizado*, ed. Saraiva, 2016, p. 48)

Bem jurídico tutelado

É a incolumidade pública. Visa a regularidade e segurança no trânsito, com a condução de veículos e embarcações em obediência às normas de trânsito.

Sujeitos da contravenção

Trata se de infração penal comum, portanto, qualquer pessoa pode ser **sujeito ativo**. Não importando se habilitado ou não.

O **sujeito passivo** principal é a coletividade. Eventual vítima do perigo de dano é considerada sujeito passivo secundário.

Condutas

Com advento do Código de Trânsito Brasileiro (Lei nº 9.503/97), a embriaguez ao volante, o "racha" e o excesso de velocidade em determinados locais caracterizam os crimes tipificados nos arts.306[47], 308[48] e 311[49] do CTB. Nota-se, portanto, que a norma penal do art. 34 da LCP teve seu espectro restringido, dado que a embriaguez ao volante, o racha e o excesso de velocidade foram erigidos à categoria de crimes. Logo, em relação às condutas mencionadas a contravenção de direção perigosa foi **tacitamente derrogada**.

Há divergência no que pertine à aplicação da contravenção em estudo para outros casos relacionados com o tráfego terrestre, ou se ela se aplica apenas quanto a conduta de dirigir embarcações em águas públicas. Para a primeira corrente, a contravenção do art. 34 está vigente apenas no que se refere à pilotagem perigosa de embarcação em águas públicas. Isso porque o Código de Trânsito disciplinou de forma abrangente toda a matéria administrativa e penal pertinente aos crimes relacionados ao tráfego terrestre de veículos automotores nas vias terrestres, não mais havendo espaço para aplicação de qualquer outra sanção penal além das previstas no referido Código. Sendo assim, é de se aplicar o princípio segundo o qual *"a lei posterior revoga a anterior quando expressamente o declare, quando seja com ela incompatível ou quando*

---

47 *Art. 306. Conduzir veículo automotor com capacidade psicomotora alterada em razão da influência de álcool ou de outra substância psicoativa que determine dependência:Penas – detenção, de seis meses a três anos, multa e suspensão ou proibição de se obter a permissão ou a habilitação para dirigir veículo automotor;§ 1º As condutas previstas no caput serão constatadas por: I – concentração igual ou superior a 6 decigramas de álcool por litro de sangue ou igual ou superior a 0,3 miligrama de álcool por litro de ar alveolar; ou; II – sinais que indiquem, na forma disciplinada pelo Contran, alteração da capacidade psicomotora. § 2º A verificação do disposto neste artigo poderá ser obtida mediante teste de alcoolemia ou toxicológico, exame clínico, perícia, vídeo, prova testemunhal ou outros meios de prova em direito admitidos, observado o direito à contraprova. § 3º O Contran disporá sobre a equivalência entre os distintos testes de alcoolemia ou toxicológicos para efeito de caracterização do crime tipificado neste artigo.*

48 *Art. 308. Participar, na direção de veículo automotor, em via pública, de corrida, disputa ou competição automobilística não autorizada pela autoridade competente, gerando situação de risco à incolumidade pública ou privada: Penas – detenção, de 6 (seis) meses a 3 (três) anos, multa e suspensão ou proibição de se obter a permissão ou a habilitação para dirigir veículo automotor. § 1º Se da prática do crime previsto no caput resultar lesão corporal de natureza grave, e as circunstâncias demonstrarem que o agente não quis o resultado nem assumiu o risco de produzi-lo, a pena privativa de liberdade é de reclusão, de 3 (três) a 6 (seis) anos, sem prejuízo das outras penas previstas neste artigo. § 2º Se da prática do crime previsto no caput resultar morte, e as circunstâncias demonstrarem que o agente não quis o resultado nem assumiu o risco de produzi-lo, a pena privativa de liberdade é de reclusão de 5 (cinco) a 10 (dez) anos, sem prejuízo das outras penas previstas neste artigo.*

49 *Art. 311. Trafegar em velocidade incompatível com a segurança nas proximidades de escolas, hospitais, estações de embarque e desembarque de passageiros, logradouros estreitos, ou onde haja grande movimentação ou concentração de pessoas, gerando perigo de dano: Penas – detenção, de seis meses a um ano, ou multa.*

regule inteiramente a matéria de que tratava a lei anterior. Neste sentido, vale trazer trecho da decisão do ministro Gilmar Mendes sobre o tema: *"Assim, o Código de Trânsito Brasileiro, em vigor desde 23 de setembro de 1997, procurou disciplinar na maior completude possível e de modo sistemático as normas concernentes ao tráfego de veículos automotores nas vias terrestres brasileiras. Além de os artigos 306, 308 e 311 do Código de Trânsito Brasileiro preverem condutas mais específicas que aquela do art. 34 da lei das Contravenções Penais, o Código procurou positivar regulação plena aplicável às condutas ocorrentes no trânsito". (decisão monocrática no ARE 635241,julgado em 27/07/2012).*

Oportuno salientar que há posição no sentido contrário, segundo o qual o art. 34 da LCP continua em vigor para as demais condutas, que não a embriaguez ao volante, racha e dirigir em velocidade excessiva nas proximidades de escolas, hospitais, desde que ocorra perigo de dano. Neste sentido é a posição de Victor Rios Gonçalves[50]: *O fato de essas condutas terem sido transformadas em crime não significa que a contravenção de direção perigosa tenha sido revogada, na medida em que as demais hipóteses de condução perigosa de veículos em via pública – abrangidas pelo Código de Trânsito – continuam a encontrar enquadramento no art. 34 da Lei de Contravenções Penais*"[51].

Diante da divergência quanto à aplicação do tipo penal para a conduta de dirigir veículo em via pública expondo a segurança alheia a perigo de dano, resolvemos realizar os comentários abarcando as duas circunstâncias (dirigir veículos e embarcações).

A **conduta típica** consiste em **dirigir** (conduzir, manobrar) veículos na via pública, ou embarcação em águas públicas, expondo a segurança alheia a perigo de dano.

O legislador, preocupado com a segurança de um número indeterminado de pessoas, não descreveu quais comportamentos podem caracterizar a direção perigosa. No entanto, podemos citar como exemplo de condutas perigosas em via pública: a) dirigir na contramão da via pública, pois constitui manobra capaz de expor a perigo a incolumidade pública; b) conversão à esquerda para ingressar em pista contrária sem atenção aos veículos que trafegam no local; c) dirigir embarcação fazendo zigue-zague; d) dirigir veículo automotor desrespeitando sinais de trânsito.

O tipo penal contém um elemento espacial consistente na expressão "via pública". Fernando Capez define via pública como "local aberto a qualquer pessoa, cujo acesso seja sempre permitido e por onde seja possível a passagem de veículo automotor (ruas, avenidas, alamedas, praças etc.)".[52]

As ruas dos condomínios particulares pertencem ao Poder Público, nos termos da Lei nº 6.766/79. Portanto, a direção perigosa nesses locais pode tipificar a contravenção.

É entendimento majoritário que não se consideram via pública os estacionamentos dos shopping centers, dos postos de gasolina, estradas em interior de fazendas particulares e

---

50 GONÇALVES, Victor Eduardo Rios, Legislação Penal Especial Esquematizado, ed. Saraiva, 2017, p.266

51 No mesmo sentido, é a posição de Damásio de Jesus: "Hoje, conforme o caso, o fato constitui crime ou contravenção, adequando-se ao art. 34 da LCP ou àquelas disposições. Assim, a embriaguez ao volante amolda-se ao art. 306 do CTB; "racha" (art. 308 do CTB); dirigir veículo, cassada a habilitação, causando perigo de dano (art. 309 do CTB); dirigir veículo em excesso de velocidade nas proximidades de escolas, hospitais, estações de embarque ou desembarque de passageiros, logradouros estreitos ou onde haja grande concentração ou movimentação de pessoas, causando perigo de dano (art. 311 do CTB). Nas outras hipóteses, subsiste o art. 34 da LCP".

52 CAPEZ, Fernando. *Curso de Direito Penal*, Volume 4, ed. Saraiva, 2008, p. 311

garagem de residência particular. Entretanto, nos filiamos à posição minoritária no sentido de que os estacionamentos dos shopping center, supermercados e dos postos de gasolina devem ser tidos como via públicas, já que são locais de acesso ao público em geral.

É necessário que a conduta do agente, ao dirigir veículo ou embarcação, **exponha a risco a segurança de outrem**. Para Victor Gonçalves "apesar de divergências, prevalece o entendimento de que a contravenção em tela é de perigo abstrato ou presumido, ou seja, basta que se prove que a manobra realizada é perigosa, sendo desnecessário demonstrar que pessoa certa e determinada tenha sido exposta a perigo"[53].

É possível o concurso de pessoas desde que presente o vínculo psicológico entre o condutor e o terceiro.

No caso da conduta da direção perigosa resultar em lesões corporais ou morte culposa, há três posições: a) o crime culposo, por se tratar de crime de dano, absorve a contravenção do art. 34 da LCP; b) aplica-se o concurso material de infrações (art. 69 do CP), pois o crime culposo tem objetividade jurídica diversa da contravenção de direção perigosa; c) Se o crime culposo resultar de imperícia tem-se a absorção da contravenção, porém, ocorrendo negligência ou imprudência, aplica-se o concurso material de infrações.

A contravenção de direção perigosa (art. 34 da LCP) distingue-se do crime de perigo para a vida ou a saúde de outrem (art. 132 do CP). A contravenção do art. 34 da LCP é de perigo coletivo, expõe a perigo à incolumidade pública. Já o crime do art. 132 do CP é de perigo individual, o sujeito ativo coloca pessoa certa e determinada em perigo de dano.

Voluntariedade

A contravenção penal exige o dolo. Não se pune a conduta culposa.

Consumação e tentativa

A consumação se dá com a realização da manobra perigosa.

A tentativa não é punível (art. 4º da LCP).

Ação penal

Trata-se de contravenção de ação penal pública incondicionada. São aplicáveis o rito e os institutos despenalizadores do Juizado Especial Criminal (Lei nº 9.099/95).

Abuso na prática da aviação

Art. 35. Entregar-se na prática da aviação, a acrobacias ou a voos baixos, fora da zona em que a lei permite, ou fazer descer a aeronave fora dos lugares destinados a esse fim:

Pena – prisão simples, de quinze dias a três meses, ou multa, de quinhentos mil réis a cinco contos de réis.

Bem jurídico tutelado

É a incolumidade pública. Busca-se evitar que manobras perigosas e pousos em locais inadequados possam causar perigo comum ou colocar em risco segurança aeroviária.

---

53 GONÇALVES, Victor Eduardo Rios. *Legislação Penal Especial Esquematizado*, São Paulo: Saraiva, 2017, p. 265

Sujeitos da contravenção

O **sujeito ativo** pode ser qualquer pessoa. Se o sujeito não tiver a habilitação para pilotar a aeronave, o juiz deve agravar a pena na fase do art. 59 do CP. Não é necessário que o agente possua brevê para dirigir aeronave. O **sujeito passivo** é a coletividade.

Condutas

As condutas típicas são:

a) **Entregar-se (executar), na prática da aviação, a acrobacias (manobras anormais):** tipifica-se a conduta daquele que manobra aeronave de modo a colocar em risco a segurança de pessoas. As manobras podem ser praticadas por imprudência ou mero exibicionismo. O Código Brasileiro da Aeronáutica (Lei nº 7.565/86), em seu art. 17, dispõe que *"é proibido efetuar, com qualquer aeronave, voos de acrobacia ou evolução que possam constituir perigo para os ocupantes do aparelho, para o tráfego aéreo, para instalações ou pessoas na superfície. Parágrafo único. Excetuam-se da proibição, os voos de prova, produção e demonstração quando realizados pelo fabricante ou por unidades especiais, com a observância das normas fixadas pela autoridade aeronáutica".*

Se as manobras anormais são feitas em aeronaves destinadas ao transporte público, a conduta tipifica o crime previsto no art. 261, CP.

As acrobacias em espetáculos públicos, desde que devidamente autorizadas, não caracterizam a contravenção.

b) **Entregar-se (executar) na prática da aviação, a voos baixos, fora da zona legal permitida:** caracteriza a contravenção realizar voo abaixo da altura mínima estabelecida pelas normas legais, fora da zona permitida por lei, vale dizer, sobre as zonas habitadas.

Victor Gonçalves destaca que "De acordo com as Regras do Ar e Serviços de Tráfego Aéreo do Ministério da Aeronáutica/2006", item 5.1.4., exceto em operação de pouso e decolagem, o voo visual não será efetuado: a) sobre cidades, povoados, lugares habitados ou sobre grupos de pessoas ao ar livre, em altura inferior a **300 metros** (1000 pés) acima do mais alto obstáculo existente num raio de 600 metros em torno da aeronave; e b) em lugares não citados na alínea anterior, em altura inferior a 150 metros (500 pés) acima do solo ou água. Constitui, portanto, contravenção penal o voo abaixo dessas altitudes".[54]

c) **fazer descer a aeronave fora dos lugares destinados a esse fim:** os pousos e decolagens deverão ser executados, de acordo com procedimentos estabelecidos pelas normas de aviação (art. 17 da Lei nº 7.565/86). Dessa forma, o agente que pousa a aeronave em pista clandestina incorre na contravenção, exceto se o objetivo do pouso é a prática de crime mais grave, situação em que fica absorvida a contravenção. Exemplo: pouso em pistas clandestinas para o transporte de drogas ilícitas.

O pouso fora da área permitida o voo rasante ou a acrobacia para evitar a queda da aeronave pode caracterizar estado de necessidade, excluindo a ilicitude da conduta Além disso, são permitidos os voos baixos para pulverizações em plantações, desde que com autorização da autoridade competente.

54 GONÇALVES, Victor Eduardo Rios. *Legislação Penal Especial Esquematizado*, São Paulo: Saraiva, 2017, p. 267.

Voluntariedade

A contravenção penal exige o dolo. Não se pune a conduta culposa.

Consumação e tentativa

A consumação se dá com a realização de acrobacia, voo baixo ou pouso da aeronave fora dos locais permitidos. Cuida-se de infração de mera conduta, pois independe da ocorrência do resultado naturalístico. É incabível a tentativa.

Ação penal

Trata-se de contravenção de ação penal pública incondicionada. São aplicáveis o rito e os institutos despenalizadores do Juizado Especial Criminal (Lei nº 9.099/95).

Sinais de Perigo

Art. 36. Deixar do colocar na via pública, sinal ou obstáculo, determinado em lei ou pela autoridade e destinado a evitar perigo a transeuntes:

Pena – prisão simples, de dez dias a dois meses, ou multa, de duzentos mil réis a dois contos de réis.

Parágrafo único. Incorre na mesma pena quem:

a) apaga sinal luminoso, destrói ou remove sinal de outra natureza ou obstáculo destinado a evitar perigo a transeuntes;

b) remove qualquer outro sinal de serviço público.

Bem jurídico tutelado

É a incolumidade pública. O legislador buscou prevenir a integridade física e a vida das pessoas.

Sujeitos da contravenção

Quanto à conduta descrita no *caput*, por se tratar de tipo omissivo, o **sujeito ativo** é aquele que tem o dever legal de colocar o sinal ou obstáculo. Cuida-se, portanto, de contravenção penal própria.

Em relação às figuras equiparadas descritas no parágrafo único do art. 36 da LCP, o **sujeito ativo** pode ser qualquer pessoa, tratando de contravenção penal comum.

Sujeito passivo é a sociedade. Secundariamente, os transeuntes eventualmente prejudicados pela omissão do agente.

Condutas

O *caput* da contravenção penal prevê uma conduta omissiva consistente em *deixar de colocar* na via pública, sinal ou obstáculo, determinado em lei ou pela autoridade, com o fim de evitar perigo a transeuntes.

Sinal deve ser compreendido como algo com finalidade de servir de alerta. *Obstáculo* é o objeto que serve de barreira à progressão. *Transeunte* são as pessoas que passam pelo local. *Via pública* é o meio de passagem terrestre aberta à circulação. Segundo o art. 60 do CTB as vias públicas podem ser: 1- vias urbanas: a) via de trânsito rápido; b) via arterial; c) via coletora; d) via local; e 2- vias rurais: a) rodovias; b) estradas.

Para tipicidade da norma penal, é necessária que a conduta omissiva venha acarretar perigo a um número indeterminado de transeuntes.

Trata-se de norma penal omissiva própria, uma vez que a omissão somente é relevante quando transgredido um dever de agir. Conforme pontuado por Romeu Salles Júnior, *"A lei faz menção expressa ao dever de agir quando faz reverência à determinação da lei ou por autoridade, com vistas a evitar o perigo para os transeuntes. Assim, somente haverá omissão com reflexos na órbita contravencional quando o agente deixar de colocar sinal ou obstáculo, em via pública, que tenha sido determinado por lei ou pela autoridade".* [55]

O tipo penal contém um **elemento normativo** contido na expressão *"determinado por lei ou ato de autoridade"*. Assim, incide na contravenção do art. 36 da LCP, por exemplo, a pessoa que, em situação de emergência, necessita parar no leito viário, entretanto, deixa de colocar sinal de advertência obrigatório nos termos do art. 46 do CTB[56].

Damásio de Jesus lembra que se cuida de norma penal em branco, "cujo complemento (a lei) compete determinar quais os avisos que podem evitar perigo aos transeuntes. É necessário, pois, que o obstáculo ou sinal esteja previsto em lei ou que tenha sido determinada a sua colocação pela autoridade"[57].

O parágrafo único do art. 36 da LCP prevê figuras equiparadas às do *caput*. As condutas descritas são *comissivas*. A alínea "a" contém as seguintes condutas: *I– apagar sinal luminoso:* extinguir ou reduzir a luz, como no caso de desligar semáforos; *II– destruir o sinal:* é a inutilização do sinal; *III– remover o sinal*: retirar do local. Exemplo: remover placa luminosa que indica a proibição de ultrapassagem.

A alínea "b" tipifica a conduta daquele que *remove qualquer outro sinal de serviço público*. Chama atenção que o legislador novamente emprega o verbo *remover*, mas, agora, não está relacionado a sinal de trânsito (alínea "a") e sim à *remoção de sinal de serviço público*, ou seja, aquele destinado a prover as necessidades sociais coletivas e a desenvolver atividades permanentes e obrigatórias ligadas ao Estado. Exemplo: remoção de placa que indica o pelotão do corpo de bombeiros, de unidade de saúde.

Cumpre lembrar que se o agente remover o sinal de obstáculo, em caso de acidente automobilístico com vítima, a fim de induzir a erro o agente policial, o perito, ou o juiz, poderá responder pelo crime de fraude no procedimento apuratório (art. 312 do CTB).

Voluntariedade

O elemento volitivo é o dolo, abrangendo o conhecimento da existência de determinação legal ou da autoridade.

Consumação e tentativa

Na modalidade omissiva, descrita no *caput* do art. 36, a *consumação* ocorre quando o agente, diante da circunstância fática, se omite em cumprir com o dever de colocar na via pública o sinal ou obstáculo.

---

55 SALLES JÚNIOR,Romeu de Almeida. *Lei das Contravenções Penais Interpretadas*, ed. OLiveira Mendes, 1998, p. 185.

56 Art. 46. Sempre que for necessária a imobilização temporária de um veículo no leito viário, em situação de emergência, deverá ser providenciada a imediata sinalização de advertência, na forma estabelecida pelo CONTRAN.

57 JESUS, Damásio de. *Leis das Contravenções Penais*, ed. Saraiva, 2015, p. 144.

Na modalidade comissiva, prevista no parágrafo único, a *consumação* se dá no instante em que o sujeito realiza as condutas. Trata-se de infração de perigo abstrato, portanto, independe que pessoa certa e determinada seja exposta a risco.

Ação penal

Trata-se de contravenção de ação penal pública incondicionada. São aplicáveis o rito e os institutos despenalizadores do Juizado Especial Criminal (Lei nº 9.099/95).

Arremesso ou colocação perigosa

Art. 37. Arremessar ou derramar em via pública, ou em lugar de uso comum, ou do uso alheio, coisa que possa ofender, sujar ou molestar alguém: Pena – multa, de duzentos mil réis a dois contos de réis.

Parágrafo único. Na mesma pena incorre aquele que, sem as devidas cautelas, coloca ou deixa suspensa coisa que, caindo em via pública ou em lugar de uso comum ou de uso alheio, possa ofender, sujar ou molestar alguém.

Bem jurídico tutelado

É a incolumidade pública.

Sujeitos da contravenção

Trata-se de infração penal comum. O **sujeito ativo** pode ser qualquer pessoa. O **sujeito passivo** é a coletividade e, secundariamente, a pessoa exposta a perigo de dano.

Condutas

As condutas típicas previstas no tipo fundamental são *arremessar* (jogar, lançar com força) e *derramar* (deixar escorrer líquido). As condutas deverão ser praticadas *em direção a via pública* (livre acesso como ruas, avenidas e praças); ou *em lugar de uso comum* (acessível ao público como áreas comuns de condomínio, clubes); ou *ainda de uso alheio* (uso de terceiros como quintal do vizinho).

O **objeto material** é a coisa (objetos, líquidos, etc.) que possa ofender (lesionar), sujar (manchar, conspurcar) ou molestar (aborrecer, perturbar) outra pessoa. A contravenção se dá nas hipóteses em que o sujeito lança garrafas, latas, pedras em via pública, ou derrama óleo, tinta da janela do seu prédio, na via pública.

Para configurar a contravenção, é necessário que a coisa arremessada ou derramada tenha potencialidade para expor a perigo de dano uma ou mais pessoas, do contrário a conduta é atípica. Exemplo: derramar óleo em via pública, arremessar galhos de árvores em local onde há transeuntes.

Se o arremesso dos objetos, contudo, ocorrer em local público, mas isolado, onde não há ninguém transitando, o fato é atípico.

Cuida-se de contravenção de perigo concreto, pois exige a probabilidade concreta de dano, conforme se infere da expressão: *que possa ofender, sujar ou molestar alguém.*

Se em razão do arremesso ou derramamento ocorrer um resultado lesivo, como lesão corporal ou morte da pessoa atingida, pode restar caracterizado crime como lesão corporal ou homicídio culposos, restando absorvida a contravenção penal. Além disso, a conduta de arremessar ou derramar pode levar à configuração de crime contra a honra quando o agente tem como dolo a vontade de expor, humilhar ou difamar a vítima. O art. 37 da LCP é infração penal subsidiária.

O **parágrafo único do art. 37 da LCP** pune, com a mesma pena, conduta assemelhada ao *caput*, desde que o sujeito atue com culpa. Incide na figura assemelhada aquele que sem as devidas cautelas, *coloca* (insere em determinado lugar) ou *deixa suspensa* (pendura) coisa que, caindo em via pública ou em lugar de uso comum ou de uso alheio, possa ofender, sujar ou molestar alguém. Exemplo: vasos em sacadas de prédios ou em janelas de casas.

O agente é punido pela prática de uma conduta culposa, age sem o devido cuidado, porquanto *coloca* ou *deixa suspensa* coisa que pode cair em via pública, levando a risco terceira pessoa.

O arremesso de objeto sólido contra veículo destinado a transporte público pode caracterizar o crime de arremesso de projétil (art. 264, CP). Nos casos de lançamento de resíduos sólidos, líquidos ou gasosos, ou detritos, óleos ou substâncias oleosas, em desacordo com as exigências estabelecidas em leis ou regulamentos a conduta pode tipificar o crime ambiental previsto **no art. 54, § 2º da Lei de Proteção Ambiental, Lei nº. 9.605/98.**

Vale ressaltar que quem suja, mancha, picha edificação ou monumento urbano incorre no crime de pichar edificação (art. 65 da Lei nº 9.605/98) e não na contravenção penal em estudo.

Voluntariedade

O dolo é o *elemento subjetivo* das figuras descritas no *caput* do art. 37.

A conduta prevista no parágrafo único do art. 37 é culposa, pois praticada pela falta de cuidado do agente, caraterizada pela ausência de cautelas ao colocar ou deixar suspensa coisa que caindo em via pública ou em lugar de uso comum ou de uso alheio, possa ofender, sujar ou molestar alguém.

Consumação e tentativa

No *caput* do art. 37 da LCP a **consumação** se dá no momento em que é realizado o arremesso ou derramamento.

As figuras assemelhadas (art. 37, parágrafo único) à **consumação** ocorrem com a colocação perigosa, independentemente da ocorrência de outro resultado.

Não se admite a *tentativa* (art. 4º da LCP).

Ação penal

Trata-se de contravenção de ação penal pública incondicionada. São aplicáveis o rito e os institutos despenalizadores do Juizado Especial Criminal (Lei nº 9.099/95).

Emissão de Fumaça, Vapor ou Gás

Art. 38. Provocar, abusivamente, emissão de fumaça, vapor ou gás, que possa ofender ou molestar alguém:

Pena multa, de duzentos mil réis a dois contos de réis.

Bem jurídico tutelado

É a incolumidade pública. Busca-se evitar que as pessoas sofram os efeitos de emissões de fumaça, gás ou vapor.

Sujeitos da contravenção

Trata-se de contravenção comum, portanto, o **sujeito ativo** pode ser qualquer pessoa. O **sujeito passivo** é a coletividade e, secundariamente, as pessoas que sofram os efeitos das emissões de fumaça, gás ou vapor.

Condutas

A conduta típica é *provocar* (emitir, lançar), abusivamente (ultrapasse uma atividade regular), emissão de fumaça, vapor ou gás, que possa ofender (causar dano às pessoas) ou molestar (aborrecer, perturbar) alguém.

O legislador não quer coibir toda emissão de fumaça, vapor ou gás, mas evitar que o excesso moleste ou ofenda número indeterminado de pessoas. A expressão *abusivamente* contida no tipo penal constitui *elemento normativo do tipo*, pois exige um juízo de valoração no que pertine a existência ou não de um abuso na emissão de fumaça, vapor ou gás.

Somente o mau uso, ou seja, o lançamento imoderado da emissão de fumaça, vapor ou gás, é que caracteriza a contravenção, por isso, mostra-se imprescindível a prova pericial para a comprovação que foram emitidos de forma abusiva e expuseram a perigo alguém. Nesse sentido entendeu o TJRS: "Tratando-se de fato ocorrido na zona rural, em que inexistentes vítimas em potencial, e não aferida a excessividade da fumaça, não há que se cogitar do tipo contravencional imputado ao réu"[58].

Cuida-se de infração de perigo concreto, portanto, para caracterizar a contravenção, a emissão de fumaça, vapor ou gás deve expor a coletividade a perigo de dano.

A conduta de lançar resíduos gasosos que resultam ou possam resultar em danos à saúde humana, ou provocar a mortandade de animais ou a destruição significativa da flora tipifica o crime do art. 54, § 2º, V, da Lei de Proteção Ambiental (Lei nº 9.605/98).

Além disso, a utilização de gás tóxico ou asfixiante, que exponha a perigo a vida, a integridade física ou o patrimônio de alguém caracteriza o crime de uso de gás tóxico ou asfixiante (art. 252, CP).

Voluntariedade

Quanto à voluntariedade, exige-se o dolo. O agente deve ter consciência que a emissão é abusiva. Não se pune a conduta culposa.

Consumação e tentativa

A consumação ocorre no instante da emissão abusiva de fumaça, vapor ou gás. Impunível a tentativa (art. 4, LCP).

Ação penal

É de natureza pública incondicionada, conforme art. 17 da LCP. São aplicáveis o rito e os institutos despenalizadores do Juizado Especial Criminal (Lei nº 9.099/95), sendo igualmente admitida a suspensão condicional do processo.

58 TJRS – Recurso Crime Nº 71004199261, Turma Recursal Criminal, Relator: Edson Jorge Cechet, Julgado em 15/04/2013

CAPÍTULO IV
DAS CONTRAVENÇÕES REFERENTES À PAZ PÚBLICA

Associação Secreta

Art. 39. Participar de associação de mais de cinco pessoas, que se reúnam periodicamente, sob compromisso de ocultar à autoridade a existência, objetivo, organização ou administração da associação:

Pena – prisão simples, de um a seis meses, ou multa, de trezentos mil réis a três contos de réis.

§ 1º Na mesma pena incorre o proprietário ou ocupante de prédio que o cede, no todo ou em parte, para reunião de associação que saiba ser de caráter secreto.

§ 2º O juiz pode, tendo em vista as circunstâncias, deixar de aplicar a pena, quando lícito o objeto da associação.

Bem jurídico tutelado

O legislador inicia, no art. 39 da LCP, a descrição das condutas contravencionais que atentam contra a paz pública.

O direito de liberdade de associação, previsto na Constituição Federal em seu art. 5º, XVII, caracteriza pelo direito que as pessoas têm de se associar para cumprir um determinado fim. São vedadas, contudo, associações para fins militares.

Os cidadãos podem constituir associações sem qualquer interferência do Estado. Por outro lado, ninguém pode ser compelido a associar-se ou a permanecer associado.

No entanto, é de se reconhecer que todos os direitos estão sujeitos a limitações. Romeu Salles Júnior explica que ao *"criar a contravenção penal de associação secreta, o legislador não pretendeu eliminar ou limitar sem qualquer fundamento uma liberdade garantida pela ordem constitucional. Quis apenas reprimir a associação secreta, uma vez que tem o poder público o direito de conhecer os seus fins"*.[59]

Por sua vez, Guilherme Nucci defende que segundo a Constituição Federal, o Estado na pode interferir no funcionamento da associação, dessa forma, não há mais sentido a contravenção em comento: "a liberdade de associação é plena, desde que para fins lícitos, vedado qualquer caráter paramilitar. O Estado não pode nem mesmo interferir no seu funcionamento, sob qualquer pretexto. Aliás, não há necessidade de licença estatal para sua criação. Logo, perdeu completamente o sentido da contravenção prevista no art. 39. Se várias pessoas resolvem se associar, reunindo-se periodicamente, ocultando essa atividade do Estado, para preservar, por exemplo, a intimidade dos seus membros, não se deve, em hipótese alguma, buscar a interferência da Justiça Criminal nessa atividade".[60]

O **bem jurídico tutelado** é a segurança pública e a ordem jurídica.

Sujeitos da contravenção

Trata-se de contravenção plurissubjetiva ou de concurso necessário, haja vista que exige no mínimo seis pessoas para configurar a infração penal em virtude de sua conceituação típica. Saliente-se que os inimputáveis se incluem no cômputo mínimo.

59 SALLES JÚNIOR,Romeu de Almeida. *Lei das Contravenções Penais Interpretadas*, ed. Oliveira Mendes, 1998, p. 194.

60 NUCCI, Guilherme de Souza. *Leis Penais e Processuais Penais Comentadas*, ed. GEN, 2018, p.157.

A conduta descrita no *caput* do art. 39 da LCP pode ter como **sujeito ativo** qualquer pessoa.

Em relação à conduta prevista no parágrafo único do art. 39 da LCP, pode ser *sujeito ativo* o proprietário ou ocupante do prédio, desde que tenha ciência de que a associação possui caráter secreto.

O **sujeito passivo** é a coletividade.

Condutas

A conduta típica consiste em *participar* (tomar parte, integrar) de associação de mais de cinco pessoas (exige um número mínimo de seis pessoas), com reuniões periódicas (com intervalos regulares), ocultando-se da autoridade a existência, objetivo, organização ou administração da associação.

Associação, nos termos do art. 53 do Código Civil, é formada por pessoas que se organizem para fins não econômicos. Não há, entre os associados, direitos e obrigações recíprocos.

Para configurar a contravenção, é imprescindível a existência de um ajuste (acordo) entre os seus integrantes no sentido de *não revelar a existência da própria associação*, com o ocultamento de seus fins, estrutura e composição.

Diante da descrição típica, exige-se que as reuniões sejam periódicas, assim, se as reuniões forem esporádicas, não está tipificada a contravenção. A periodicidade é *elemento normativo do tipo.*

Se a associação tiver por finalidade a prática reiterada de crimes, está caracterizado o delito de associação criminosa (art. 288, CP).

O *parágrafo 1º do art. 39 da LCP* descreve a conduta do proprietário ou ocupante do prédio que, mesmo sem participar da associação, *cede* o imóvel para reunião da associação que tenha consciência ser de caráter secreto. Logo, a lei exige que o sujeito ativo tenha conhecimento da natureza secreta da associação e mesmo assim resolve ceder o imóvel para as reuniões.

O *parágrafo 2º do art. 39 da LCP* prevê a possibilidade de aplicação do *perdão judicial* na hipótese em que for lícito o objetivo da associação secreta. É divergente o tema quanto à obrigatoriedade ou não de se aplicar o perdão judicial. Para parte da doutrina, a concessão do perdão judicial é medida que se impõe sempre que descoberto o fim lícito da associação. Por sua vez, há posicionamento no sentido de que se cuida de uma faculdade do julgador, que deve verificar a gravidade e a extensão da falta, considerando especialmente os motivos determinantes do ocultamento da existência da associação.

Para Sílvio Maciel, o § 2º não se aplica, pois "a contravenção somente existe se a associação for para fins ilícitos. Se for uma associação lícita o fato é atípico, não havendo que se falar, portanto, em perdão judicial".[61]

Voluntariedade

A contravenção penal exige o dolo. Não se pune a conduta culposa.

Consumação e tentativa

Cuida-se de tipo contravencional habitual, necessitando, para sua configuração, da prova de habitualidade. Damásio de Jesus explica que a consumação ocorre com "início da última reunião que demonstre a periodicidade".[62]

61 MACIEL, Sílvio. *Legislação Criminal Especial*, ed. RT, 2009, p. 106.

62 JESUS, Damásio de. *Leis das Contravenções Penais*, ed. Saraiva, 2015, p. 153.

Não é cabível a tentativa (art. 4º, LCP)

Ação Penal

Trata-se de contravenção de ação penal pública incondicionada. São aplicáveis o rito e os institutos despenalizadores do Juizado Especial Criminal (Lei nº 9.099/95).

Provocação de tumulto

Art. 40. Provocar tumulto ou portar-se de modo inconveniente ou desrespeitoso, em solenidade ou ato oficial, em assembleia ou espetáculo público, se o fato não constitui infração penal mais grave;

Pena – prisão simples, de quinze dias a seis meses, ou multa, de duzentos mil réis a dois contos de réis.

Bem jurídico tutelado

O bem jurídico tutelado é a paz pública. A "lei visa a preservar a ordem das solenidades, atos oficiais, espetáculos e assembleias públicas"[63].

Sujeitos da contravenção

Contravenção penal comum. O **sujeito ativo**, portanto, pode ser qualquer pessoa, uma vez que o tipo penal não exige qualquer qualidade especial do agente.

Sujeito passivo é a coletividade.

Condutas

O tipo penal prevê duas condutas que, sendo praticadas, comprometem a paz pública porque levam ao mal-estar, o desprestígio, abalam a tranquilidade e a dignidade da solenidade, do ato oficial, da assembleia ou do espetáculo público. São elas:

a) ***provocar tumulto:*** quer dizer ser a causa do tumulto. É estimular a desordem, o alvoroço, a perturbação da ordem pública. Victor Gonçalves esclarece que a conduta de provocar tumulto "Admite qualquer modo de execução, como soltar animais (ratos, baratas) no interior de um cinema, fazer protesto mediante gritaria durante solenidade formal etc."[64]

b) ***portar-se de modo inconveniente ou desrespeitoso:*** significa agir de forma imprópria, inadequada, oposta ao decoro, à decência, à boa educação.

A pessoa que durante a representação de uma peça de teatro, se arroga no direito de interromper o espetáculo, proferindo expressões impróprias aos atores por discordar de suas opiniões sobre determinado tema, evidentemente, incide no art. 40 da LCP.

Convém ressaltar que o **objeto material** da contravenção em comento é a solenidade, ato oficial, assembleia e o espetáculo público.

63 JESUS, Damásio de, Leis das Contravenções Penais, ed. Saraiva, 2015, p.154

64 GONÇALVES, Victor Rios, *Legislação Penal Especial Esquematizado*, São Paulo, ed. Saraiva, 2017, p.273.

Nessa esteira, o fato somente será típico quando as condutas são praticadas nos casos expressamente enumerados na lei, ou seja, em solenidade ou ato oficial, em assembleia ou espetáculo público.

Conforme explica Thiago Gandra, "*Solenidade*" é a cerimônia ou festividade formal. Com a presença de público; "*ato oficial*" é o evento organizado pelo estado; "*assembleia*" é a reunião de pessoas com interesses comuns, com o fim de deliberarem sobre algo; "*espetáculo público*" *é a apresentação de qualquer forma de arte que seja aberta ao público*[65].

Trata-se de **infração comissiva,** pois os núcleos apontam para comportamento positivo do sujeito ativo. Ademais os atos oficiais devem ser em locais públicos. Deste modo, não tipifica a infração penal a conduta do agente que causa tumulto em reunião ou evento promovido no interior de um clube, com acesso restrito aos sócios e convidados.

A jurisprudência é no sentido de que causar tumulto em **quermesse** não caracteriza a contravenção: "*Quermesse embora aberta ao público, em geral, não se confunde com espetáculo público. Este é algo destinado à distração ou entretenimento dos assistentes. É feito para assistir, ver ou admirar. Já aquela é bazar com leilão, venda ou sorteio de prendas ou mercadorias, em geral, com objetivos beneficentes (RT419:293)*".

Cuida-se de tipo contravencional de **subsidiariedade expressa**, pois a contravenção somente se aplica na hipótese de a conduta praticada não caracterizar infração penal mais grave. Assim, se o agente, com o fim de causar um alvoroço na solenidade, arremessa um objeto e este atinge um dos participantes do evento vindo a causar lesão corporal, ele responde pelo crime de lesão corporal.

É um tipo penal classificado como de forma livre, pois admite qualquer forma de execução.

Voluntariedade

Quanto à voluntariedade, exige-se o dolo, vontade livre e consciente de portar-se de modo inconveniente ou desrespeitoso. Dessa forma, a lei pune o agente que provoca tumulto com fim de excitar os ânimos e acarretar perturbação da paz pública.

A conduta culposa não é punida.

Consumação e tentativa

Trata-se de contravenção material no que se refere a conduta "*provocar tumulto*", pois exige-se o resultado naturalístico para a consumação, qual seja, o tumulto.

Por outro lado, na modalidade *portar-se de modo inconveniente ou desrespeitoso*, cuida-se de contravenção de mera conduta, uma vez que independe da ocorrência do resultado naturalístico, assim, a contravenção está consumada no momento em que agente venha a se portar de modo inconveniente ou desrespeitoso. Tratando-se, assim, de contravenção penal de caráter instantâneo, sendo desnecessário, por exemplo, que, em razão da conduta inconveniente ou desrespeitosa do sujeito ativo, não se consiga terminar a solenidade.

Inadmissível a tentativa (art. 4º, LCP).

---

65 GANDRA, Thiago, Lei das Contravenções Penais, Ed. Juspodivum, 2018, p. 115)

Ação Penal

A ação penal é de natureza pública incondicionada.

Falso Alarma

Art. 41. Provocar alarma, anunciando desastre ou perigo inexistente, ou praticar qualquer ato capaz de produzir pânico ou tumulto:

Pena – prisão simples, de quinze dias a seis meses, ou multa, de duzentos mil réis a dois contos de réis.

Bem jurídico tutelado

É a tranquilidade pública, no sentido de se manter a ordem pública voltada a proteção do bem-estar da coletividade.

Sujeitos da contravenção

O **sujeito ativo** é qualquer pessoa, tratando-se de contravenção penal comum. O **sujeito passivo** é a coletividade.

Condutas

Provocar alarma significa causar medo, susto, inquietação nas pessoas por meio de anúncio de desastre ou perigo inexistente. José Duarte ensina que " É imprescindível caráter de divulgação, de publicidade, sem o que não sobrevém o perigo de pânico. O simples segredar de um boato que não tem curso, não se enquadra na sanção penal. Deve a notícia ter um caráter de seriedade e referir-se a desastre ou perigo inexistentes. " (DUARTE, José. *Comentários à lei das Contravenções Penais*, Rio de Janeiro. Ed. Forense, 1958, 148)

A conduta típica pode ser praticada por meios variados como escritos, telefone, oralmente. Exemplo: o sujeito aciona o sistema do alarme de incêndio do cinema.

Para a caracterização da contravenção, é necessário a consciência, por parte do agente, de que *não é verdadeira a informação* que está propalando. Portanto, o agente atua com a finalidade de tirar o sossego público. Vale mencionar que se o agente incide em erro no que se refere a elementar "desastre ou perigo inexistente" a conduta é atípica em razão do instituto do erro de tipo.

Além disso, é exigido para tipicidade da conduta, a efetiva ocorrência do alarme (gritaria, tumulto) pelo anuncio do desastre ou perigo inexistente.

Na segunda parte do tipo penal, se pune a conduta de *praticar qualquer ato capaz de produzir pânico ou tumulto.*

De acordo com a redação, não se exige que ocorra efetivamente pânico ou tumulto, bastando que a conduta do agente seja capaz de produzir o resultado (idoneidade de causar o resultado).

Conforme Victor Gonçalves "se o sujeito provoca a ação de autoridade, comunicando a ocorrência de crime que sabe não se ter verificado, sua conduta é enquadrada no art. 340 do Código Penal, delito denominado "comunicação falsa de crime". Se o agente comunica falsamente a ocorrência de um crime a particulares, provocando alarma, configura-se a contravenção".[66]

---

66 GONÇALVES, Victor Eduardo Rios. *Legislação Penal Especial Esquematizado*, São Paulo: Saraiva, 2017, p.275

Incide no art. 41 da LCP, contudo, o sujeito que aciona a autoridade pública ou particular comunicando um acidente ou um outro perigo cuja conduta não é considerada crime. Exemplo: acionar a polícia militar comunicando um acidente de veículos inexistente.

Divulgação de notícias falsas pela imprensa

A divulgação por meio de comunicação de notícias falsas ou de qualquer ato capaz de produzir tumulto ou pânico era tida como conduta descrita no art. 16, I da Lei n. 5.250/67. Ocorre que o STF, no julgamento da ADPF 130[67], reconheceu a **não recepção** da lei de Imprensa pela Constituição Federal de 1988. Dessa forma, o alarma praticado pela imprensa caracteriza o art. 41 da LCP.

Voluntariedade

Quanto à voluntariedade, exige-se o dolo, com a consciência de que a informação repassada é inverídica, ou seja, não existe desastre ou perigo.

Consumação e tentativa

A consumação da conduta prevista na primeira parte do tipo penal ocorre com o alarma. Desse modo, na primeira modalidade cuida-se de infração material, pois exige a ocorrência do resultado.

A consumação da conduta descrita na segunda parte do dispositivo se dá com a prática do ato capaz de ocasionar pânico ou tumulto. Não é necessária a efetiva ocorrência de pânico ou tumulto para a consumação da contravenção. Assim, não se exige a presença do resultado naturalístico que nem mesmo é previsto no tipo penal, portanto, trata-se de infração formal.

Não se pune a tentativa (art. 4° da LCP).

---

67 EMENTA: ARGUIÇÃO DE DESCUMPRIMENTO DE PRECEITO FUNDAMENTAL (ADPF). LEI DE IMPRENSA. ADEQUAÇÃO DA AÇÃO. REGIME CONSTITUCIONAL DA "LIBERDADE DE INFORMAÇÃO JORNALÍSTICA", EXPRESSÃO SINÔNIMA DE LIBERDADE DE IMPRENSA. A "PLENA" LIBERDADE DE IMPRENSA COMO CATEGORIA JURÍDICA PROIBITIVA DE QUALQUER TIPO DE CENSURA PRÉVIA. A PLENITUDE DA LIBERDADE DE IMPRENSA COMO REFORÇO OU SOBRETUTELA DAS LIBERDADES DE MANIFESTAÇÃO DO PENSAMENTO, DE INFORMAÇÃO E DE EXPRESSÃO ARTÍSTICA, CIENTÍFICA, INTELECTUAL E COMUNICACIONAL. LIBERDADES QUE DÃO CONTEÚDO ÀS RELAÇÕES DE IMPRENSA E QUE SE PÕEM COMO SUPERIORES BENS DE PERSONALIDADE E MAIS DIRETA EMANAÇÃO DO PRINCÍPIO DA DIGNIDADE DA PESSOA HUMANA. O CAPÍTULO CONSTITUCIONAL DA COMUNICAÇÃO SOCIAL COMO SEGMENTO PROLONGADOR DAS LIBERDADES DE MANIFESTAÇÃO DO PENSAMENTO, DE INFORMAÇÃO E DE EXPRESSÃO ARTÍSTICA, CIENTÍFICA, INTELECTUAL E COMUNICACIONAL. TRANSPASSE DA FUNDAMENTALIDADE DOS DIREITOS PROLONGADOS AO CAPÍTULO PROLONGADOR. PONDERAÇÃO DIRETAMENTE CONSTITUCIONAL ENTRE BLOCOS DE BENS DE PERSONALIDADE: O BLOCO DOS DIREITOS QUE DÃO CONTEÚDO À LIBERDADE DE IMPRENSA E O BLOCO DOS DIREITOS À IMAGEM, HONRA, INTIMIDADE E VIDA PRIVADA. PRECEDÊNCIA DO PRIMEIRO BLOCO. INCIDÊNCIA A POSTERIORI DO SEGUNDO BLOCO DE DIREITOS, PARA O EFEITO DE ASSEGURAR O DIREITO DE RESPOSTA E ASSENTAR RESPONSABILIDADES PENAL, CIVIL E ADMINISTRATIVA, ENTRE OUTRAS CONSEQUÊNCIAS DO PLENO GOZO DA LIBERDADE DE IMPRENSA. PECULIAR FÓRMULA CONSTITUCIONAL DE PROTEÇÃO A INTERESSES PRIVADOS QUE, MESMO INCIDINDO A POSTERIORI, ATUA SOBRE AS CAUSAS PARA INIBIR ABUSOS POR PARTE DA IMPRENSA. PROPORCIONALIDADE ENTRE LIBERDADE DE IMPRENSA E RESPONSABILIDADE CIVIL POR DANOS MORAIS E MATERIAIS A TERCEIROS. RELAÇÃO DE MÚTUA CAUSALIDADE ENTRE LIBERDADE DE IMPRENSA E DEMOCRACIA. RELAÇÃO DE INERÊNCIA ENTRE PENSAMENTO CRÍTICO E IMPRENSA LIVRE. A IMPRENSA COMO INSTÂNCIA NATURAL DE FORMAÇÃO DA OPINIÃO PÚBLICA E COMO ALTERNATIVA À VERSÃO OFICIAL DOS FATOS. PROIBIÇÃO DE MONOPOLIZAR OU OLIGOPOLIZAR ÓRGÃOS DE IMPRENSA COMO NOVO E AUTÔNOMO FATOR DE INIBIÇÃO DE ABUSOS. NÚCLEO DA LIBERDADE DE IMPRENSA E MATÉRIAS APENAS PERIFERICAMENTE DE IMPRENSA. AUTORREGULAÇÃO E REGULAÇÃO SOCIAL DA ATIVIDADE DE IMPRENSA. NÃO RECEPÇÃO EM BLOCO DA LEI Nº 5.250/1967 PELA NOVA ORDEM CONSTITUCIONAL. EFEITOS JURÍDICOS DA DECISÃO. PROCEDÊNCIA DA AÇÃO.

Ação penal

Trata-se de contravenção penal de ação penal pública incondicionada. São aplicáveis o rito e os institutos despenalizadores do Juizado Especial Criminal (Lei nº 9.099/95).

Perturbação do trabalho ou do sossego alheios

Art. 42. Perturbar alguém o trabalho ou o sossego alheios:

I – com gritaria ou algazarra;

II – exercendo profissão incômoda ou ruidosa, em desacordo com as prescrições legais;

III – abusando de instrumentos sonoros ou sinais acústicos;

IV – provocando ou não procurando impedir barulho produzido por animal de que tem a guarda:

Pena – prisão simples, de quinze dias a três meses, ou multa, de duzentos mil réis a dois contos de réis.

Bem jurídico tutelado

É a paz pública.

Sujeitos da contravenção

Trata-se de contravenção comum, assim, o **sujeito ativo** é qualquer pessoa. O **sujeito passivo** é a coletividade. Secundariamente, as pessoas prejudicadas com a perturbação.

Condutas

A descrição típica consiste em perturbar (incomodar, importunar, atrapalhar) o trabalho (atividade profissional) ou sossego (paz, tranquilidade, quietude) alheios (de terceiras pessoas) mediante determinadas circunstâncias descritas nos incisos do tipo penal. Pensamos que o legislador não agiu com a melhor técnica legislativa ao inserir no tipo a expressão "alguém", dando margem à interpretação que se trata da pessoa ofendida, quando na verdade se refere ao autor da contravenção, o que evidentemente é desnecessário, uma vez que estamos diante de uma contravenção contra a paz pública.

Como o bem jurídico é a paz pública, ou seja, a tranquilidade da coletividade, não subsiste a contravenção quando o fato atinge uma única pessoa. Para a tipicidade da conduta é necessário que ela atinja uma multiplicidade de pessoas[68]. Podemos, assim, dizer que há necessidade de uma **perturbação coletiva**. Nessa trilha, se apenas um indivíduo é importunado não estamos diante da contravenção do art. 42, posto a ausência de perturbação da paz social. Neste sentido, já decidiu o STF: *Habeas Corpus. 2. Contravenção Penal. 3. Perturbação do Trabalho ou Sossego Alheios. 4. Atipicidade da conduta. 5.* ***Ausência de perturbação à paz social****. 6. Falta de justa causa. 7. Ordem concedida*[69].

---

68 Já ensinava Manoel Carlos da Costa Leite que "a jurisprudência tem decidido que ficará a critério do juiz a apreciação de cada caso de perturbação, quer do trabalho, quer do sossego, não se devendo levar em conta o excesso de suscetibilidade do queixoso, mas sim a sensibilidade média dos cidadãos. Não bastará, para a integração da contravenção, a perturbação que só atinja um indivíduo ou um número muito restrito de pessoas. (LEITE, Manoel Carlos da Costa, Lei das Contravenções Penais, ed. Revista dos Tribunais, 1976, p. 188)

69 HC 85032, Relator(a): Min. GILMAR MENDES, Segunda Turma, julgado em 17/05/2005

A perturbação deve se dar com as seguintes ações:

a) **com gritaria ou algazarra (inciso I):** *Gritaria* é o som produzido pelo tom alto da voz humana. *Algazarra* é o barulho excessivo produzido por outras formas que não a voz humana. Incorre na contravenção quem, por exemplo, "sai à rua de madrugada batendo latas ou promovendo barulhenta queima de fogos de estampido" (Tacrim/ SP-Jutacrim 57/313).

A lei busca coibir a perturbação real, intencional, assim, as manifestações de saúde ou felicidades não configuram a contravenção. A propósito: "O simples cantar, manifestação de saúde e de felicidade do cidadão, ainda que por vezes um tanto alto, não configura a infração do art. 42 da LCP". (TASP– RT 224/370).

O STF reconheceu a tipicidade da conduta no tipo contravencional do art. 42, inc. I da LCP, daquele que no afã de agredir determinada servidora de um posto de saúde, adentrou o recinto e, com gritaria e algazarra, perturbou a todos que ali se encontravam. Considerou o STF que "o agente, ao adentrar órgão público, perseguindo, aos gritos, determinada funcionária, perturbou a todos que ali se encontravam, resultando daí a adequação do fato à norma incriminadora"[70].

A liberdade de culto garantida pelo art. 5º, inc. VI da Constituição Federal, não serve para excluir a tipicidade dos responsáveis, pois o sossego e a tranquilidade alheia são bens jurídicos tutelados pelo ordenamento jurídico, de sorte que não é permitido a ninguém perturbar o trabalho ou sossego alheio com exercício de atividade ruinosa mesmo em se tratando de cultos religiosos. A propósito: Incorre nas sanções do art. 42, I e III, da LCP, os agentes que, durante cultos religiosos realizados durante a noite nos dias de semana e sábados, perturbam os vizinhos da sede da Igreja, utilizando-se de microfones e guitarras elétricas em volume alto, promovendo gritarias, lamentações e cânticos" (TACRIM-SP– RJD27/174).

b) **exercendo profissão incômoda ou ruidosa, em desacordo com as prescrições legais:** cuida-se de norma penal em branco, pois o tipo penal exige que a profissão incômoda ou ruidosa seja exercida em desacordo com as prescrições legais. Logo, trata-se de norma penal em branco, pois exige o complemento por outras normas legais e administrativas. Se tais normas regulamentadoras inexistem, a conduta perturbadora não caracteriza a contravenção em estudo. Além disso, se o agente contém autorização para sua atividade, o fato é atípico, ainda que provoque barulho ou ruídos.

c) **abusando de instrumentos sonoros ou sinais acústicos:** visa coibir o uso abusivo de aparelhos sonoros (aparelhos de sons) ou de sinais acústicos como buzinas e sinos. A conduta de utilizar os aparelhos sem excessos é fato atípico.

Na hipótese de a poluição sonora se der em níveis tais que resultem ou possam resultar em danos à saúde humana, ficará configurado o crime de poluição sonora (art. 54 da Lei nº 9.605/98), restando absorvida a contravenção.

d) **provocando ou não procurando impedir barulho produzido por animal de que tem a guarda:** somente pratica essa conduta o agente que possui a guarda do animal.

70 HC 108455, Relator(a): Min. LUIZ FUX, Primeira Turma, julgado em 10/09/2013.

Há previsão de um comportamento positivo consistente em provocar (estimular) o animal a produzir barulho, e uma conduta omissiva consubstanciada em permanecer inerte, não impedindo o animal o qual tem a guarda em produzir o barulho.

Distinção: perturbação do sossego alheio (art. 42, LCP) e perturbação da tranquilidade (art.65, LCP)

Para caracterização da contravenção do art. 42 é imprescindível a perturbação de um número indeterminado de pessoas. Por sua vez, havendo perturbação de uma única pessoa, o fato encontra tipificação no art. 65 da LCP.

Voluntariedade

A contravenção penal exige o dolo. Damásio de Jesus[71] explica que: "Na hipótese do inciso II deve abranger o conhecimento de que a conduta está sendo realizada em desacordo com as prescrições legais. No caso do inc. III deve alcançar a consciência de que o comportamento é abusivo."

Não se pune a conduta culposa.

Consumação e tentativa

A consumação ocorre no momento da prática do ato capaz de perturbar o trabalho ou sossego de alguém. Incabível a tentativa (art. 4º da LCP).

Ação penal

Trata-se de contravenção de ação penal pública incondicionada. São aplicáveis o rito e os institutos despenalizadores do Juizado Especial Criminal (Lei nº 9.099/95), sendo igualmente admitida a suspensão condicional do processo.

CAPÍTULO V
DAS CONTRAVENÇÕES REFERENTES À FÉ PÚBLICA

Recusa de moeda de curso legal

Art. 43. Recusar-se a receber, pelo seu valor, moeda de curso legal no país:

Pena – multa, de duzentos mil réis a dois contos de réis.

Bem jurídico tutelado

O **bem jurídico tutelado** é a validade do curso da moeda no País, levando a efeito a proteção das relações econômicas. O legislador teve como objetivo garantir a aceitação da moeda de curso legal para todos.

Sujeitos da contravenção

Trata se de infração penal comum, assim, qualquer pessoa pode ser **sujeito ativo**. O **sujeito passivo** é o Estado, bem como a pessoa cuja moeda foi recusada.

Condutas

A conduta típica consiste *recusar* (rejeitar, não aceitar) em receber moeda de curso legal em seu país pelo seu valor. Dessa forma, configura a contravenção tanto a conduta do agente

71 JESUS, Damásio de. Leis das Contravenções Penais, ed. Saraiva, 2015, p. 161

que rejeita receber a moeda de curso legal no país, como daquele que aceita receber por valor inferior ao nela declarado.

Para tipificação da norma penal em estudo prescinde-se da ocorrência de efetivo prejuízo para o Estado ou para qualquer pessoa. Cuida-se, portanto, de contravenção penal de mera conduta.

Cabe à União a emissão de moedas (art. 21, VII da CF).

Romeu Salles Júnior, citando os ensinamentos de Theodolindo Castigliose, esclarece que "Moeda de curso legal é a que, emitida pelos poderes competentes, o Estado, coativamente impõe a todos os cidadãos como meio de pagamento e efeito liberatório". [72]

Os títulos de crédito (cheque, duplicatas) e as moedas estrangeiras (dólar, euro) não se equiparam à moeda de curso legal e, portanto, podem ser recusados.

Vale anotar que o tipo penal não visa punir a falsificação de moeda. A conduta de falsificar moeda é mais grave e encontra enquadramento legal no art[73]. 289 do Código Penal.

Na hipótese da recusa ser legítima, como nos casos em que o dinheiro esteja danificado ou haja fundada suspeita de que a moeda é falsa, não configura a contravenção. O que tipifica a conduta é a *recusa injustificada*. Ademais, a negativa em receber moeda estrangeira ou que deixou de circular validamente em território nacional não caracteriza a contravenção.

Voluntariedade

Quanto à voluntariedade, exige-se o dolo. Não é punível a conduta culposa.

Consumação e tentativa

A *consumação* ocorre com a recusa à moeda ou pela aceitação por valor inferior. Não é cabível a *tentativa* (art. 4º da LCP).

Ação penal

Trata-se de contravenção de ação penal pública incondicionada. São aplicáveis o rito e os institutos despenalizadores do Juizado Especial Criminal (Lei nº 9.099/95).

Imitação de moeda para propaganda

Art. 44. Usar, como propaganda, de impresso ou objeto que pessoa inexperiente ou rústica possa confundir com moeda:
Pena – multa, de duzentos mil réis a dois contos de réis.

---

72 SALLES JÚNIOR,Romeu de Almeida. *Lei das Contravenções Penais Interpretadas*, ed. Oliveira Mendes, 1998, p. 210.

73 Art. 289 – Falsificar, fabricando-a ou alterando-a, moeda metálica ou papel-moeda de curso legal no país ou no estrangeiro: Pena – reclusão, de três a doze anos, e multa. § 1º – Nas mesmas penas incorre quem, por conta própria ou alheia, importa ou exporta, adquire, vende, troca, cede, empresta, guarda ou introduz na circulação moeda falsa. § 2º – Quem, tendo recebido de boa-fé, como verdadeira, moeda falsa ou alterada, a restitui à circulação, depois de conhecer a falsidade, é punido com detenção, de seis meses a dois anos, e multa. § 3º – É punido com reclusão, de três a quinze anos, e multa, o funcionário público ou diretor, gerente, ou fiscal de banco de emissão que fabrica, emite ou autoriza a fabricação ou emissão: I – de moeda com título ou peso inferior ao determinado em lei; II – de papel-moeda em quantidade superior à autorizada. § 4º – Nas mesmas penas incorre quem desvia e faz circular moeda cuja circulação não estava ainda autorizada.

Bem jurídico tutelado

É a fé pública, no que diz respeito à proteção à moeda nacional. O tipo contravencional busca proteger a validade da moeda, ao mesmo tempo em que procura afastar condutas que possam fazer pessoas inexperientes e rústicas confundir com moeda os objetos ou impressos utilizados na propaganda.

Sujeitos da contravenção

Sujeito ativo é qualquer pessoa. O **sujeito passivo** é o Estado, bem como a pessoa inexperiente que possa ser lesada.

Condutas

A conduta típica consiste no *uso*, como propaganda, de impresso (ex. imitação de papel moeda) ou objeto (ex. imitação de moeda metálica) que possa levar pessoa inexperiente (pessoa inocente, ingênua, como as crianças e adolescentes) ou rústica (pessoa sem instrução) a acreditar que se trata de moeda legal.

O impresso ou objeto devem ser distribuídos a terceiros como forma de propaganda. Como o texto menciona apenas a "moeda", esta abarca tanto a nacional como a **estrangeira**.

Exige-se que a reprodução imitadora seja apta a confundir alguém, pois se for grosseira e bem diversa da original, o fato é atípico, como, por exemplo, em dimensões muito maiores do que as normais.

Tipifica a conduta descrita no art. 44 da LCP a imitação inserida apenas no anverso de papel comum, desde que possa confundir com moeda oficial. Exemplo: o agente entrega a imitação dobrada, levando a erro o destinatário.

Trata-se de contravenção penal de **perigo abstrato**, assim, não necessita que alguém venha a sofrer prejuízo.

Importante frisar que se o sujeito ativo tiver como finalidade a falsificação de papel-moeda, sendo apta a levar a erro número indeterminado de pessoas, incorre no crime moeda falsa (art. 289, CP[74]).

Voluntariedade

Quanto à voluntariedade, exige-se o dolo. Não é punível a conduta culposa.

Consumação e tentativa

A **consumação** ocorre com o uso de impresso ou do objeto. A lei não exige que a pessoa seja enganada, bastando que o impresso ou objeto tenha probabilidade de confundir pessoa inexperiente ou rústica.

74 Art. 289 – Falsificar, fabricando-a ou alterando-a, moeda metálica ou papel-moeda de curso legal no país ou no estrangeiro: Pena – reclusão, de três a doze anos, e multa. § 1º – Nas mesmas penas incorre quem, por conta própria ou alheia, importa ou exporta, adquire, vende, troca, cede, empresta, guarda ou introduz na circulação moeda falsa. § 2º – Quem, tendo recebido de boa-fé, como verdadeira, moeda falsa ou alterada, a restitui à circulação, depois de conhecer a falsidade, é punido com detenção, de seis meses a dois anos, e multa. § 3º – É punido com reclusão, de três a quinze anos, e multa, o funcionário público ou diretor, gerente, ou fiscal de banco de emissão que fabrica, emite ou autoriza a fabricação ou emissão: I – de moeda com título ou peso inferior ao determinado em lei; II – de papel-moeda em quantidade superior à autorizada. § 4º – Nas mesmas penas incorre quem desvia e faz circular moeda, cuja circulação não estava ainda autorizada.

Tratando-se de contravenção que deixa vestígios, necessária a realização de perícia com o fito de verificar a potencialidade do papel ou moeda para confundir pessoas inexperientes.

Não é cabível a **tentativa** (art. 4º da LCP).

Ação penal

Trata-se de contravenção de ação penal pública incondicionada. São aplicáveis o rito e os institutos despenalizadores do Juizado Especial Criminal (Lei nº 9.099/95).

Simulação da qualidade de funcionário

Art. 45. Fingir-se funcionário público:

Pena – prisão simples, de um a três meses, ou multa, de quinhentos mil réis a três contos de réis.

Bem jurídico tutelado

É a fé pública. A Administração Pública tem interesse em preservar a credibilidade dos seus atos perante a sociedade. Assim, o legislador visa eliminar a possibilidade da prática de atos que atinjam a idoneidade do funcionalismo.

Sujeitos da contravenção

Trata-se de contravenção comum. O **sujeito ativo** é qualquer pessoa. Entendemos que o funcionário público pode ser sujeito ativo da contravenção do art. 45 da LCP na medida em que pode alegar exercer função ou cargo diverso do que realmente exerce ou detém.

O **sujeito passivo** é o Estado. Secundariamente, o órgão ou entidade pública a qual o contraventor alega pertencer.

Condutas

A conduta típica consiste em *fingir*, no sentido de fantasiar, simular, imitar, funcionário público. Nos termos do art. 327, *caput*, do CP, é funcionário público quem, ainda que transitoriamente ou sem remuneração, exerce cargo, emprego ou função pública.

Victor Gonçalves explica que na contravenção o agente, em regra, "atua por vaidade ou para obter pequenas vantagens morais. Ex. mentindo aos moradores de pequena cidade que é juiz de direito e que está no local para passar férias, o agente obtém respeito diferenciado da população, nos estabelecimentos comerciais, e, muitas vezes, acaba, eventualmente, sendo convidado para solenidades ou para se sentar com autoridades locais etc.."[75]

Para caracterizar a contravenção penal em estudo, é necessária a potencialidade de levar em erro a autoridade ou um número indeterminado de pessoas quanto à qualidade do agente. Cuida-se de contravenção formal, não se exigindo a obtenção de qualquer vantagem econômica ou a obtenção de qualquer utilidade.

É desnecessária a reiteração de atos para tipificação da conduta. Logo, basta a prática de um só ato.

---

75 GONÇALVES, Victor Eduardo Rios. *Legislação Penal Especial Esquematizado*, São Paulo: Saraiva, 2017, p. 261.

Trata-se de contravenção penal subsidiária, ficando absorvida se o fato constituir infração mais grave. Assim, se a pessoa procura se passar por delegado de polícia para constranger alguém, mediante violência ou grave ameaça, a fazer alguma coisa com o intuito de obter vantagem econômica, incide no crime de **extorsão (art. 158, CP)**, restando absorvida a contravenção do art. 45 da LCP.

A contravenção em comento se distingue do crime de **usurpação de função** (art. 328, CP[76].). Neste, o agente usurpa (assume de forma ilegítima ou exerce indevidamente) o exercício da função, vindo a executar atos inerentes a ela. Há uma intromissão no aparelhamento Estatal por parte de um terceiro, que se arroga nas prerrogativas de uma função pública, e executa atos inerentes a ela. Na contravenção de simulação da qualidade de funcionário, o agente finge ser funcionário público, mas não chega a praticar atos típicos da função. Neste sentido: *1. O tipo penal inscrito no art. 328 do Código Penal exige que o agente, de forma ilegítima, execute ato relativo à função pública na qual não está legalmente investido, não bastando, apenas, que o agente atribua a si a qualidade de **funcionário público**, o que caracteriza o delito descrito no art. 45 da Lei de Contravenções Penais, que se amolda ao caso dos autos.(STJ- CC 122.366/SP, Rel. Ministra Alderita Ramos de Oliveira(Desembargadora Convocada do TJ/PE, julgado em 10/10/2012)*

Não se deve confundir a contravenção com o crime de **falsa identidade** (art. 307, CP), o qual exige um elemento subjetivo específico consistente em obter vantagem, em proveito próprio ou alheio, ou para causar dano a outrem. Por sua vez, a contravenção de simulação da qualidade de funcionário não exige qualquer finalidade especial.

Se o agente simula qualidade de funcionário público com o fim de fazer justiça com as próprias mãos para satisfazer pretensão, embora legítima, incorre no crime de **exercício arbitrário das próprias razões** (art. 345, CP[77].).

No caso do agente que aprovado em concurso público, assume suas funções antes de satisfazer as exigências legais ou continua a exercê-la, sem autorização, depois de saber que foi exonerado, removido, substituído ou suspenso, incide no crime de **exercício funcional ilegalmente antecipado ou prolongado** (art. 324, CP[78].).

A competência para o julgamento da contravenção penal é da justiça estadual ainda que o sujeito finja ser funcionário público federal, ante o enunciado da Súmula 38 do STJ: "*Compete à Justiça Estadual Comum, na vigência da Constituição de 1988, o processo por contravenção penal, ainda que praticada em detrimento de bens, serviços ou interesse da União ou de suas entidades*".

Voluntariedade

Quanto à voluntariedade, exige-se o dolo. Não se exige qualquer finalidade especial, caracterizador de elemento subjetivo especial do injusto. A finalidade, portanto, perseguida pelo agente não íntegra a figura típica.

---

76 Art. 328 – Usurpar o exercício de função pública: Pena – detenção, de três meses a dois anos, e multa. Parágrafo único – Se do fato o agente aufere vantagem: Pena – reclusão, de dois a cinco anos, e multa.

77 Art. 345 – Fazer justiça pelas próprias mãos, para satisfazer pretensão, embora legítima, salvo quando a lei o permite: Pena – detenção, de quinze dias a um mês, ou multa, além da pena correspondente à violência. Parágrafo único – Se não há emprego de violência, somente se procede mediante queixa.

78 Art. 324 – Entrar no exercício de função pública antes de satisfeitas as exigências legais, ou continuar a exercê-la, sem autorização, depois de saber oficialmente que foi exonerado, removido, substituído ou suspenso: Pena – detenção, de quinze dias a um mês, ou multa.

Anote-se que, se eventualmente, o fim do agente for outro, além da simples ação de fingir-se funcionário público, poderá incorrer em outra infração. Exemplo: o agente se passa por funcionário público para lesar patrimônio de terceira pessoa, pode incorrer no crime de estelionato.

Não há previsão de modalidade culposa.

Consumação e tentativa

A consumação ocorre no instante em que o agente simula ser funcionário público, assumindo uma qualidade que não tem. Incabível a tentativa (art. 4º, LCP).

Ação penal

Trata-se de contravenção de ação penal pública incondicionada. São aplicáveis o rito e os institutos despenalizadores do Juizado Especial Criminal (Lei nº9.099/95), sendo igualmente admitida a suspensão condicional do processo.

Uso ilegítimo de uniforme ou distintivo

Art. 46. Usar, publicamente, de uniforme, ou distintivo de função pública que não exerce; usar, indevidamente, de sinal, distintivo ou denominação cujo emprego seja regulado por lei.

Pena – multa, de duzentos a dois mil cruzeiros, se o fato não constitui infração penal mais grave.

Bem jurídico tutelado

É a fé pública. O tipo penal tem como objetivo tutelar a regularidade do uso do uniforme e dos distintivos oficiais.

Sujeitos da contravenção

Trata-se de contravenção comum, assim, o **sujeito ativo** é qualquer pessoa. Ressalta-se que o funcionário público pode ser sujeito ativo desde que utilize uniforme ou distintivo de função que não exerce. O **sujeito passivo** é o Estado.

Condutas

A descrição típica apresenta duas modalidades de infração. A primeira conduta é *usar*, publicamente, de uniforme, ou distintivo de função pública que não exerce.

Uniforme é o fardamento de uma classe ou categoria. **Distintivo** pode ser entendido como sinal indicador de uma qualidade relacionada com o funcionário público.

O uso deve ser **em local público ou aberto ao público** para tipificar a conduta. Assim, o uso em locais e eventos particulares não caracteriza a contravenção penal em comento, como, por exemplo, o uso do uniforme em uma festa à fantasia.

A circunstância da vestimenta ou distintivo ser facilmente encontrada no comércio não afasta a tipicidade da conduta.

A segunda parte do *caput* tipifica a conduta daquele que *usa*, indevidamente, de sinal, distintivo ou denominação cujo emprego seja regulado por lei. O agente exerce a função pública, mas emprega o sinal ou distintivo de modo contrário às determinações legais.

Trata-se de contravenção eminentemente **subsidiária**, por expressa disposição contida em seu preceito secundário: "se o fato não constitui infração penal mais grave". Logo, se o fato caracteriza infração penal mais grave, a contravenção fica absorvida.

O agente que utiliza uniforme para fingir-se funcionário público incorre na contravenção de simulação da qualidade de funcionário (art. 45, LCP).

Por fim, o uso indevido de vestimentas ou distintivo militar caracteriza o crime de uso indevido de uniforme, distintivo ou insígnia militar por qualquer pessoa, previsto no art. 172 do Código Penal Militar, afastando, assim, a ocorrência da contravenção penal em comento. Assevera Thiago Gandra que "a Justiça militar da União tem competência para julgar os crimes militares definidos em lei (art.124, CR/88), não havendo qualquer restrição quanto à figura do acusado. Assim, praticado o crime do art. 172 do CPM quanto ao uniforme de militares da União, competente será a Justiça Militar dos Estados está restrita ao julgamento de militares (art.125,§4°, CR/88) e, por isso, se um civil usa uniforme de um militar estadual, deverá ser processado e julgado pela Justiça Comum Estadual, conforme inclusive sumulado pelo STJ".[79] .

Voluntariedade

Quanto à voluntariedade, exige-se o dolo, representado pela vontade consciente de vestir uniforme ou utilizar distintivo de função pública, em público, ou ainda, usar sinal ou distintivo, indevidamente, cujo emprego é regulamentado por lei.

Não se exige qualquer elemento subjetivo especial do tipo. Não existe previsão da modalidade culposa.

Consumação e tentativa

A consumação ocorre no momento em que o agente utiliza o uniforme ou o distintivo em público, independente de qualquer resultado naturalístico. Não se exige a reiteração de atos para a consumação. Logo, basta a prática de um só ato.

Incabível a tentativa (art. 4º da LCP).

Ação penal

Trata-se de contravenção de ação penal pública incondicionada. São aplicáveis o rito e os institutos despenalizadores do Juizado Especial Criminal (Lei nº 9.099/95), sendo igualmente admitida a suspensão condicional do processo.

CAPÍTULO VI
DAS CONTRAVENÇÕES RELATIVAS À ORGANIZAÇÃO DO TRABALHO

Exercício ilegal de profissão ou atividade

Art. 47. Exercer profissão ou atividade econômica ou anunciar que a exerce, sem preencher as condições a que por lei está subordinado o seu exercício:

Pena – prisão simples, de quinze dias a três meses, ou multa, de quinhentos mil réis a cinco contos de réis.

79 GANDRA, Thiago, Lei das Contravenções Penais, Coleção Leis Especiais para Concursos, ed. Juspodym, 2018, p.129.

Bem jurídico tutelado

É interesse social que determinadas profissões e atividades econômicas somente sejam exercidas por pessoas com atributos e qualificações dispostas em lei. Há profissões e atividades econômicas que são regulamentadas pelo Estado, exigindo habilitação e condições técnicas específicas por parte daqueles que as exercem, como advogados, engenheiros, médicos.

O tipo penal busca coibir a simulação de atividade laboral especializada, hipótese em que se presume a habilitação do profissional. Assim, o *bem jurídico tutelado* é a organização do trabalho, notadamente as profissões que exigem habilitação ou qualificação técnica especializada.

Sujeitos da contravenção

Trata-se de contravenção comum, assim, o *sujeito ativo* é qualquer pessoa. O *sujeito passivo* é o Estado.

Condutas

A norma penal estabelece a conduta típica de exercer (desempenhar) ou anunciar (divulgar) que exerce profissão ou atividade econômica, sem preencher as condições a que, por lei, está subordinado o seu exercício.

Preleciona Sílvio Maciel que: "*profissão* é a atividade que requer conhecimentos especiais e geralmente preparação longa e intensiva; *atividade econômica* é qualquer atividade exercida com finalidade de obtenção de renda".80

Cuida-se de **norma penal em branco** cujo complemento serão as leis que disciplinam o exercício da profissão ou atividade econômica.

Para o STJ configura a contravenção de exercício ilegal a conduta do agente que, mesmo após o cancelamento de sua inscrição no Conselho Regional de Corretores de Imóveis – CRECI, continua a exercer atividades de corretagem de imóveis, pois exerce a profissão sem o preenchimento de condição legal a que está subordinado o seu exercício, qual seja, inscrição perante o órgão de fiscalização profissional (STJ, HC 104.924/MG).

O agente que se utiliza de documento falso para o cometimento da contravenção de exercício ilegal da profissão deve responder pelo concurso de crimes, diante do óbice na "impossibilidade de um crime tipificado no Código Penal ser absorvido por uma infração tipificada na Lei de Contravenções Penais" (STF, HC 121652).

A pessoa que não é inscrita na Ordem dos Advogados do Brasil - OAB, mas exerce a atividade da advocacia, incide na contravenção de exercício ilegal de profissão, pois viola o disposto no art. 1º da Lei nº 8.906/94[81].

O advogado que continua a exercer advocacia, mesmo com a inscrição suspensa ou impedido, pratica a contravenção de exercício ilegal da profissão, segundo entendimento prevalente na jurisprudência[82]. No entanto, há posicionamento no sentido de que o advogado incorre no

---

80 MACIEL, Sílvio, Legislação Criminal Especial, ed. RT, 2009, p.115.

81 São atividades privativas de advocacia: I - a postulação a órgão do Poder Judiciário e aos juizados especiais; II - as atividades de consultoria, assessoria e direção jurídicas.

82 HC 74471/RJ, Rel. Ministro Celso de Mello, Primeira Turma, julgado em 18/03/1997

crime de exercício de atividade com infração de decisão administrativa (art. 205, CP[83]) em razão da OAB possuir natureza de autarquia com regime especial.

Anote-se que em relação às profissões de médico, dentista e farmacêutico, existe o crime específico de exercício ilegal da medicina, arte dentária ou farmacêutica, previsto no art. 282 do CP[84], portanto, não caracteriza a contravenção do art. 47 da LCP.

Flanelinhas

Em relação aos lavadores ou guardadores de carros, que normalmente trabalham nas vias públicas (**flanelinhas**), cumpre destacar que a profissão de guardador e lavador autônomo de veículos automotores está regulamentada pela Lei nº 6.242/1975 e Decreto Federal nº 79.797/77.

O art. 1º da Lei nº 6.242/1975 determina que "o exercício da profissão de guardador e lavador autônomo de veículos automotores, em todo o território nacional, depende de registro na Delegacia Regional do Trabalho Competente". Entretanto, o STF, ao julgar o Habeas Corpus 115.046/MG, afastou a tipicidade material da conduta de três denunciados como incursos no art. 47 da LCP porque "a não observância dessa disposição legal pelos pacientes não gerou lesão relevante ao bem jurídico tutelado pela norma, bem como não revelou elevado grau de reprovabilidade, razão pela qual é aplicável, à hipótese dos autos, o princípio da insignificância".[85]

O Superior Tribunal de Justiça também vem decidindo que não caracteriza a contravenção de exercício ilegal de profissão ou atividade, a conduta dos lavadores e guardadores de veículos, pois a "contravenção de exercício irregular de profissão penaliza aquele que desempenha habitualmente profissão ou atividade econômica sem preencher as condições legais. O objetivo da infração penal é coibir a simulação de atividade laboral especializada, hipótese em que se presume a habilitação do profissional. Inviável concluir que o guardador ou lavador de carros exerça profissão ou atividade econômica especializada, apta a caracterizar a contravenção penal prevista no artigo 47 do Decreto-lei 3.688/1941. Isso porque lavar ou guardar automóveis são atividades que não exigem quaisquer conhecimentos técnicos ou habilidades específicas as quais, caso não preenchidas ou não observadas, possam ofender a proteção à organização do trabalho pelo Estado. Ademais, não geram perante a sociedade a presunção da habilitação do profissional"[86]. Além disso, expõe o julgado: "a mera exigência registro dos guardadores ou lavadores de veículos em Delegacias Regionais do Trabalho pela Lei 6.242/1975 não satisfaz a elementar do tipo, referente à necessidade da existência de condições que subordinam o exercício da profissão."[87]

A 5ª Turma do Superior Tribunal de Justiça, em recente julgado, reconheceu a atipicidade do exercício da atividade desenvolvida pelo denominado "flanelinha", sem o registro nos órgãos

83 *Art. 205 - Exercer atividade, de que está impedido por decisão administrativa: Pena - detenção, de três meses a dois anos, ou multa.*

84 *Art. 282 - Exercer, ainda que a título gratuito, a profissão de médico, dentista ou farmacêutico, sem autorização legal ou excedendo-lhe os limites: Pena - detenção, de seis meses a dois anos. Parágrafo único - Se o crime é praticado com o fim de lucro, aplica-se também multa.*

85 STF, HC: 115046/MG, Relator: Min. Ricardo Lewandowski, Segunda Turma, julgado em 19/03/2013.

86 HC 309.958/MG, Rel. Ministro Ribeiro Dantas, Quinta Turma, julgado em 22/09/2016.

87 HC 309.958/MG, Rel. Ministro Ribeiro Dantas, Quinta Turma, julgado em 22/09/2016.

competentes, "uma vez que a sua ausência não atingiria de forma significativa o bem jurídico tutelado pela norma penal."[88], seguindo o entendimento do STF e STJ.

Frise-se que na hipótese do guardador de veículos "flanelinha" constranger, mediante violência ou grave ameaça, o proprietário do veículo a entregar-lhe determinada quantia em dinheiro como forma de pagamento ao estacionamento em local público, com o fim de obter indevida vantagem econômica, a conduta caracteriza crime de extorsão (art. 158, CP).

Voluntariedade

Quanto à voluntariedade, exige-se o dolo, representado pelo conhecimento da inexistência de condições legais para o exercício da profissão ou atividade. A propósito, decidiu o TJRS: "Ademais, não se pode olvidar que a grande maioria das pessoas que desempenham a atividade de guardador de veículos desconhece a regulamentação da profissão por lei, e, por conseguinte, não têm consciência da ilicitude do fato"[89].

Não se exige qualquer elemento subjetivo especial do tipo. Não existe previsão da modalidade culposa.

Consumação e tentativa

A **consumação** se dá no instante em que o agente pratica o ato ou efetua o anúncio do exercício da profissão ou atividade econômica. Não é necessário que o sujeito ativo obtenha vantagem patrimonial ou cause prejuízo a terceiros.

São divergentes a doutrina e jurisprudência quanto à exigência da habitualidade para a caracterização da infração. Para a corrente majoritária, o tipo contravencional exige a reiteração, não se conformando com a mera prática isolada ou esporádica. A norma penal requer que o agente aja com habitualidade, porquanto, o exercício de profissão ou atividade econômica implica reiteração, constância. A consumação, assim, só ocorre com a reiteração dos atos. Neste sentido, decidiu o STF: *a habitualidade exigida para a caracterização do exercício ilegal da profissão não se configura quando há a prática de um único ato privativo da profissão, configurando-se, porém, se, ainda que num processo apenas, seja em causa própria seja em favor de terceiro, o acusado praticar vários atos processuais, como ocorreu na hipótese sob julgamento. "Habeas corpus" indeferido*"[90].

Todavia, há posicionamento pelo qual não se exige a habitualidade dos atos para que esteja tipificada a contravenção. Logo, basta a prática de um ato para a consumação.

Incabível a **tentativa** (art. 4° da LCP).

Ação penal

Trata-se de contravenção de ação penal pública incondicionada. São aplicáveis o rito e os institutos despenalizadores do Juizado Especial Criminal (Lei n° 9.099/95), sendo igualmente admitida a suspensão condicional do processo.

---

88 RHC 88815/RJ, Rel. Ministro Felix Fischer, Quinta Turma, julgado em 28/11/2017.

89 *Apelação Crime N° 70040291049, Oitava Câmara Criminal, Tribunal de Justiça do RS, Relator: Danúbio Edon Franco, Julgado em 01/06/2011.*

90 *STF – HC: 75022 SP, Relator: MOREIRA ALVES, Data de Julgamento: 26/06/1997, PRIMEIRA TURMA, Data de Publicação: DJ 29-08-1997 PP-40218 EMENT VOL-01880-02 PP-00287*

Exercício ilegal do comércio de coisas antigas e obras de arte

Art. 48. Exercer, sem observância das prescrições legais, comércio de antiguidades, de obras de arte, ou de manuscritos e livros antigos ou raros:

Pena – prisão simples de um a seis meses, ou multa, de um a dez contos de réis.

Bem jurídico tutelado

Tutela-se o controle do comércio de objetos antigos, obras de arte, livros raros ou antigos.

Sujeitos da contravenção

O **sujeito ativo** é qualquer pessoa que se dedica, sem observância das prescrições legais, ao comércio de objetos antigos, obras de arte, livros raros ou antigos.

O **sujeito passivo** é a coletividade.

Condutas

A conduta típica consiste em exercer, isto é, praticar, realizar, desempenhar comércio de antiguidades (objetos antigos, que além de seu valor de objeto útil, possui também um acréscimo considerável, devido a sua vetustez, por estar relacionado a um fato histórico, científico ou artístico); obras de arte (criação humana avaliada por sua função artística); manuscritos (objetos escritos à mão como livros); livros antigos (escritos há muito tempo) ou raros (poucos exemplares).

O tipo contém um elemento normativo, contido na expressão "sem observância das prescrições legais". Logo, se o comércio mencionado for exercido em acordo com as prescrições legais, o fato será atípico.

Não importa o lugar do exercício desse comércio, podendo ser em local público, casa de comércio, residência, particular ou mesmo na rua (como ambulante).

Trata-se de norma penal em branco que exige o complemento por outra norma como o Decreto-Lei 25/37, a Lei nº 4.845/65, a Lei nº 5.471/68 e o Decreto nº 65.347/60.

Constituem-se objetos materiais da contravenção as antiguidades (objetos antigos, obras de arte, manuscritos e livros antigos (escritos há muito tempo) ou raros (poucos exemplares).

Sílvio Maciel destaca que "o comércio de símbolos, ornamentos ou distintivos, que contenham a cruz suástica ou gamada, com o fim de divulgar o nazismo, configura o crime previsto no art. 20, § 1º, da Lei 7.716/89, punido com pena de reclusão de 2 a 5 anos e multa".[91]

Se o comerciante adquire obras de arte roubadas com a finalidade de revendê-las, incide no crime de receptação qualificada (art. 180, § 1º, CP), que absorve a contravenção de exercício ilegal do comércio de coisas antigas e obras de arte.

Voluntariedade

Quanto à voluntariedade, exige-se o dolo, caracterizado pelo conhecimento do exercício do comércio de antiguidades, sem observar as prescrições legais. Não se exige qualquer elemento subjetivo especial do tipo.

---

91 (MACIEL, Sílvio. *Legislação Criminal Especial*, ed. RT, 2009, p. 119).

Não existe previsão da modalidade culposa.

Consumação e tentativa

O tipo contravencional exige a habitualidade para sua configuração, pois o verbo da conduta (exercer) impõe a prática reiterada de comércio e não apenas um ato isolado. A consumação, assim, ocorre com a prática de atos reiterados de mercancia de antiguidades de obras de arte ou de manuscritos e livros antigos ou raros, sem obediência às prescrições legais.

Incabível a tentativa (art. 4º da LCP).

Ação penal

Trata-se de contravenção de ação penal pública incondicionada. São aplicáveis o rito e os institutos despenalizadores do Juizado Especial Criminal (Lei nº 9.099/95), sendo igualmente admitida a suspensão condicional do processo.

Matrícula ou escrituração de indústria e profissão

Art. 49. Infringir determinação legal relativa à matrícula ou à escrituração de indústria, de comércio, ou de outra atividade:

Pena – multa, de duzentos mil réis a cinco contos de réis.

Bem jurídico tutelado

O legislador busca coibir o funcionamento irregular de empresas, indústrias ou outras atividades similares.

Sujeitos da contravenção

Cuida-se de infração penal própria. O **sujeito ativo** é a pessoa responsável em providenciar a matrícula ou a escrituração, nos termos dos estatutos da empresa. Em relação à matrícula, em regra, é o proprietário da empresa a pessoa responsável em providenciá-la. Já quanto à escrituração, o funcionário da junta comercial, responsável pela verificação e fiscalização das prescrições legais, também pode ser sujeito ativo, desde que se omita do dever de notificar o requerente para sanar a irregularidade.

O **sujeito passivo** é a coletividade.

Condutas

A conduta típica consiste em infringir (violar, transgredir, desrespeitar) determinação legal (ato normativo) relativa à matrícula (registro em livros oficiais dos órgãos competentes em que são inscritas todas as pessoas que participem de uma atividade econômica) ou à escrituração (registros dos fatos administrativos decorrentes da atividade) de indústria, de comércio, ou de outra atividade.

A outra atividade mencionada no tipo penal é qualquer uma em que a legislação exija a escrituração ou a matrícula para seu regular exercício, tais como membros das bolsas de valores, corretores de mercadorias, despachantes e leiloeiros.

É condição para a tipicidade que a conduta contrarie determinação legal, voltada à matrícula ou escrituração de indústria ou empresa. A expressão "determinação legal" é tida como elemento normativo do tipo.

Trata-se de norma penal em branco, pois cabe à legislação ordinária complementá-la. O Código Civil, em seu art. 967, impõe ao empresário a obrigação de inscrever sua empresa no Registro Público de Empresas Mercantis, antes do início de suas atividades e cujo desrespeito configura contravenção. Oportuno salientar que também constitui obrigação da empresa ou indústria averbar na Junta Comercial as alterações do contrato social ou estatuto, sendo que a sua omissão caracteriza a contravenção.

Incide no crime de falsidade ideológica (art. 299, CP) o agente que presta informações falsas à Junta Comercial com a finalidade de fazer inserir informação falsa ou diversa da que devia constar no registro da empresa.

Voluntariedade

O elemento subjetivo é o dolo, representado pela consciência de que o agente está transgredindo **determinação legal.**

Não se exige qualquer elemento subjetivo especial do tipo.

Não há previsão da modalidade culposa.

Consumação e tentativa

Consuma-se com a prática do ato que caracteriza transgressão a uma determinação legal. Não se pune a tentativa (art. 4º da LCP).

Ação penal

Trata-se de contravenção de ação penal pública incondicionada. São aplicáveis o rito e os institutos despenalizadores do Juizado Especial Criminal (Lei nº 9.099/95), sendo igualmente admitida a suspensão condicional do processo.

CAPÍTULO VII
DAS CONTRAVENÇÕES RELATIVAS À POLÍCIA DE COSTUMES
Jogos de azar

Art. 50. Estabelecer ou explorar jogo de azar em lugar público ou acessível ao público, mediante o pagamento de entrada ou sem ele:

Pena – prisão simples, de três meses a um ano, e multa, de dois a quinze contos de réis, estendendo-se os efeitos da condenação à perda dos moveis e objetos de decoração do local.

§ 1º A pena é aumentada de um terço, se existe entre os empregados ou participa do jogo pessoa menor de dezoito anos;

§ 2º Incorre na pena de multa, de R$ 2.000,00 (dois mil reais) a R$ 200.000,00 (duzentos mil reais), quem é encontrado a participar do jogo, ainda que pela internet ou por qualquer outro meio de comunicação, como ponteiro ou apostador.

§ 3º Consideram-se, jogos de azar:

a) o jogo em que o ganho e a perda dependem exclusiva ou principalmente da sorte;

b) as apostas sobre corrida de cavalos fora de hipódromo ou de local onde sejam autorizadas;

c) as apostas sobre qualquer outra competição esportiva.

§ 4º Equiparam-se, para os efeitos penais, a lugar acessível ao público:

a) a casa particular em que se realizam jogos de azar, quando deles habitualmente participam pessoas que não sejam da família de quem a ocupa;

b) o hotel ou casa de habitação coletiva, a cujos hóspedes e moradores se proporciona jogo de azar;

c) a sede ou dependência de sociedade ou associação, em que se realiza jogo de azar;

d) o estabelecimento destinado à exploração de jogo de azar, ainda que se dissimule esse destino.

Repercussão geral

A recepção do art. 50 da Lei de Contravenção Penal pela Constituição Federal, é tema de repercussão geral no Supremo Tribunal Federal (Tema 924). A questão chegou ao STF por meio do Recurso Extraordinário n. 966.177 do Rio Grande do Sul. O STF considerou que o tema controvertido é eminentemente constitucional, uma vez que o Tribunal de Justiça do Rio Grande do Sul afastou a tipicidade do jogo de azar lastreado em preceitos constitucionais relativos à livre iniciativa e às liberdades fundamentais, previstos nos artigos 1º, IV, 5º, XLI, e 170 da Constituição Federal.

Bem jurídico tutelado

O tipo penal visa proteger os bons costumes. O legislador buscou também proteger o patrimônio do jogador e de seus familiares, bem como afastar o vício em jogos dos quais o resultado depende exclusiva ou principalmente da sorte. Por sua vez, o *objeto material* da infração em exame é o jogo de azar.

Sujeitos da contravenção

Trata-se de infração penal comum, pode ser cometida por qualquer pessoa.

O **sujeito passivo** é o Estado, responsável pelo controle dos jogos de azar.

Condutas

São dois os núcleos previstos no tipo contravencional: a) *estabelecer, que* significa instalar, manter o estabelecimento onde se tem os jogos de azar; b) *explorar* que quer dizer auferir lucro com o jogo de azar.

O tipo penal prevê que a prática do jogo de azar deve ocorrer em *lugar público* ou *acessível ao público*, com ou sem a exigência de pagamento para a entrada. **Lugar Público** é aquele de livre acesso como praças, ruas e parques. Já **lugar acessível ao público** é o local privado, onde é permitido o acesso da população como bares, restaurantes, clubes e casas noturnas.

Entendemos que a expressão "lugar público ou acessível ao público" não pode ser interpretada restritivamente, pois a *mens legis* foi de proibir o jogo de azar em um maior número de locais possíveis. Além disso, o § 4º do art. 50 da LCP tratou de equiparar, para efeitos penais, determinados locais a lugar acessível ao público: *a) a casa particular em que se realizam jogos de azar, quando deles habitualmente participam pessoas que não sejam da família de quem a ocupa; b) o hotel ou casa de habitação coletiva, a cujos hóspedes e moradores se proporciona jogo de azar; c) a sede ou dependência de sociedade ou associação, em que se realiza jogo de azar; d) o estabelecimento destinado à exploração de jogo de azar, ainda que se dissimule esse destino.*

Victor Gonçalves esclarece que em relação as casas particulares, "firmou-se entendimento de que só existe a contravenção quando o proprietário ou responsável admite aleatoriamente pessoas para participar dos jogos que ali acontecem, fazendo-o de forma habitual (conforme exige o tipo penal). Reuniões entre familiares ou amigos em determinada residência não configuram contravenção, ainda que ali sejam realizados jogos de azar mediantes apostas. Nesse sentido: jogo de azar doméstico ou equiparado a doméstico, mesmo a dinheiro, realizado como simples passatempo, sem aliciamento de vontades ou aproveitamento de inexperiência ou de paixão viciosa para auferição de lucros (não de mero "barato"), não constitui ilícito, mas mera distração penalmente inócua (Tacrim/SP. Rel. Azevedo Franceshini, Juatacrim 20/95)"[92] Jogo de azar pode ser compreendido como aquele cujo resultado depende exclusivamente da sorte. Conclui-se, portanto, que nos jogos de azar, a vitória depende muito mais da sorte do que da técnica ou habilidade do jogador.

O art. 50, § 3 da LCP enumera quais são as situações que devem ser consideradas jogo de azar:

a) **o jogo em que o ganho e a perda dependem exclusiva ou principalmente da sorte:** o jogo de azar é a atividade desenvolvida com intuito de lucro em que o ganho ou perda dependem exclusiva ou principalmente da sorte. Ele possui dois componentes: o risco e o fim de lucro. O risco está ligado a sorte do jogador. O bom resultado no jogo não depende da presteza ou habilidade do jogador.

Além disso, o jogador deve ter a intenção de auferir um ganho. O **fim de lucro** abrange todas as vantagens econômicas e não apenas o dinheiro. Dessa forma, se o jogo de azar for praticado sem apostas que busquem o lucro, não está configurada a contravenção em estudo. Saliente-se que eventual finalidade beneficente não afasta a contravenção, exceto se houver a autorização da autoridade competente.

São considerados **jogos de azar** pela jurisprudência: o jogo de dados, vulgarmente denominado jogo bozó; os jogos de baralho denominados vinte e um, sete e meio; a roleta, o jogo de dados, o jogo de chapinha ou pinguim.

Em relação ao conhecido jogo de chapinha, vale a lição de Victor Rios Gonçalves: *o jogo de chapinhas, muito comum em praças públicas, constitui jogo de azar, exceto se o agente empregar alguma* ***fraude*** *que impossibilite a vitória do apostador, hipótese em que responderá por rime de estelionato*[93].

Noutro giro, se as máquinas de caça-níquel ou videopoquer são adulteradas para diminuir a possibilidade de ganho do jogador caracteriza o crime contra a economia popular (art. 2°, IX, da lei n° 1.521/51[94]), pois o agente obtém ganhos ilícitos de número indeterminado de vítimas mediante processo fraudulento.

Bingo: A denominada Lei Pelé, Lei n. 9.615/98, em seus arts. 59 a 81, autorizava os jogos de bingo. Contudo, a Lei n. 9.981/00 revogou os citados artigos, não se permitindo mais a exploração dos jogos de bingo. Desse modo, o jogo de bingo passou a caracterizar a contravenção penal do art. 50 da LCP.

Competência Legislativa

Compete a União, de forma privativa, legislar sobre sistemas de consórcios e sorteios, nos termos do art. 22, XX, da Constituição Federal. Atento a este preceito, o STF editou a Súmula

92 GONÇALVES, Victor Eduardo Rios. *Legislação Penal Especial Esquematizado*, São Paulo: Saraiva, 2017, p. 289.

93 GONÇALVES, Victor Eduardo Rios, Legislação Penal Especial Esquematizado, ed. Saraiva, 2017, p.289

94 *Art. 2º. São crimes desta natureza: ... IX - obter ou tentar obter ganhos ilícitos em detrimento do povo ou de número indeterminado de pessoas mediante especulações ou processos fraudulentos ("bola de neve", "cadeias", "pichardismo" e quaisquer outros equivalentes);*

Vinculante nº 2: "É inconstitucional a lei ou ato normativo Estadual ou Distrital que disponha sobre sistemas de consórcios e sorteios, inclusive bingos e loterias". Portanto, é inconstitucional eventual norma dos Estados e do Distrito Federal que venha a regulamentar os jogos de bingo.

Danos morais coletivos

A jurisprudência tem reconhecido o cabimento de **danos morais coletivos** contra aqueles que insistem em explorar jogos de bingo: "O dano moral sofrido pela coletividade decorre do caráter altamente viciante de jogos de azar, passíveis de afetar o bem-estar do jogador e desestruturar o ambiente familiar. A responsabilidade civil é objetiva, respondendo os réus, "independentemente da existência de culpa, pela reparação dos danos causados aos consumidores" (art. 12, caput, do CDC). 4. O dano moral coletivo prescinde da comprovação de dor, de sofrimento e de abalo psicológico, pois tal comprovação, embora possível na esfera individual, torna-se inaplicável quando se cuida de interesses difusos e coletivos".[95]

Máquina Caça Níquel ou videopôquer: em regra, caracterizam a contravenção penal de jogo de azar. No entanto, em caso de inserção de mecanismos manipuladores de resultados nas máquinas com a finalidade de impossibilitar o resultado em favor do apostador tipifica o crime do art. 2, inc. IX da Lei n. 1.521/51 (Lei de crimes contra a economia popular) e não a contravenção penal do art. 50 da LCP.

Cabe ainda frisar que a instrução normativa nº 309/2003 da Receita Federal proíbe a entrada no território nacional das denominadas máquinas caça-níqueis, bem como todo e qualquer acessório destinado ao funcionamento dos referidos equipamentos: *Art. 10 As máquinas de vídeo* **pôquer,** *vídeo bingo e caça níqueis, bem assim quaisquer outras máquinas eletrônicas programadas para exploração de jogos de azar, procedentes do exterior, devem ser apreendidas para fins de aplicação da pena de perdimento. Parágrafo único. 0 disposto neste artigo aplica-se, também, às partes, peças e acessórios importados, quando, no curso do despacho aduaneiro ou em procedimento fiscal posterior, ficar comprovada sua destinação ou utilização na montagem das referidas máquinas.* Dessa forma, a importação de máquinas caça-níquel ou videopôquer pode configurar o crime de descaminho (art. 334, § 1º, "c", do Código Penal).

Se o agente, além de trazer as máquinas e peças do exterior, ainda explora o jogo de azar responde pelo crime descaminho em conjunto com a contravenção do art. 50 em **concurso material de crimes.** Como é da competência da justiça estadual o julgamento das contravenções penais, mesmo que conexas com delitos de competência da Justiça Federal (Súmula 38, STJ), deverá ocorrer o **desmembramento do processo**, de modo que o contrabando ou descaminho seja julgado na justiça federal, enquanto a contravenção deve ser julgada perante a justiça estadual.

Outro ponto que merece ser destacado é o entendimento do STJ no sentido da inaplicabilidade do princípio da insignificância para os crimes de contrabando de máquinas e materiais para a realização de jogos de azar. Neste sentido: "***Não se aplica o princípio da insignificância aos crimes de contrabando de máquinas caça-níqueis ou de outros materiais relacionados com a exploração de jogos de azar. (REsp 1.212.946-RS, Rel. Min. Laurita Vaz, julgado em 4/12/2012).***

95 STJ – REsp 1.410.698/MG, Rel. Ministro Humberto Martins, Segunda Turma, DJe 30/6/2015; REsp 1.057.274/RS, Rel. Ministra Eliana Calmon, Segunda Turma, DJe 26/2/2010).5. Recurso Especial provido. (REsp 1464868/SP, Rel. Ministro HERMAN BENJAMIN, SEGUNDA TURMA, julgado em 22/11/2016, DJe 30/11/2016.

Jogos de pôquer: a ilicitude dos jogos de pôquer é controversa na jurisprudência. Para aqueles que defende a legalidade, o jogo de pôquer não é jogo de azar, pois não depende – exclusiva ou principalmente da sorte. Nesse sentido decidiu o TJRS: *"No **pôquer**, o valor real ou fictício das cartas depende da habilidade do jogador, especialmente como observador do comportamento do adversário, às vezes bastante sofisticado, extraindo daí informações, que o leva a concluir se ele está, ou não, blefando. Não por acaso costuma-se dizer que o jogador de **pôquer** é um blefador. Por sua vez, esse adversário pode estar adotando certos padrões de comportamento, mas ardilosamente, isto é, para também blefar. Por exemplo, estando bem, mostra-se inseguro, a fim de o adversário aumentar a aposta, ou, estando mal, mostra-se seguro, confiante, a fim de o adversário desistir. Em suma, é um jogo de matemática e de psicologia comportamental.*[96]"

Porém, Victor Gonçalves ressalva que "para outros, constituem sempre ilícito penal, porque dependem da sorte na distribuição das cartas. Ressalve-se, todavia, que existem várias modalidades de pôquer, e a que normalmente ocorre em cassinos clandestinos é aquela em que os apostadores não jogam entre si e sim contra abanca, havendo uma aposta inicial prévia (pingo), seguida de posterior distribuição das cartas. Em tal modalidade, não há como se negar que a vitória depende principalmente da sorte".[97]

Não são considerados como jogos de azar, por sua vez, entre outros, o truco, o buraco e o snooker, pois são jogos em que o resultado depende também da habilidade do jogador e não exclusivamente da sorte.

b) **as apostas sobre corrida de cavalos fora de hipódromo ou de local onde sejam autorizadas:** as apostas em corridas de cavalo são permitidas desde que ocorram em acordo com a legislação. Dispõe o art. 8 da Lei n. 7.291/84 que "*as apostas em competições turfísticas só poderão ser efetuadas nos recintos ou dependências dos hipódromos, nas sedes ou subsedes sociais das entidades turfísticas, em agências e através de agentes por elas devidamente credenciados*". A par disto, o art. 9º, §2º do mesmo diploma normativo, dispõe que é inafiançável a contravenção decorrente de apostas sobre corridas de cavalos. Neste aspecto, nos filiamos à posição segundo o qual o dispositivo citado não foi recepcionado pela nossa Constituição Federal, pois esta prevê quais as infrações penais são inafiançáveis: racismo, tráfico e terrorismo. Além disso, se mostra desarrazoado que crimes muito mais graves sejam afiançáveis enquanto uma mera contravenção penal, infração de menor potencial ofensivo em que não se admite nem mesmo a prisão em flagrante, seja inafiançável.

c) **as apostas sobre qualquer outra competição esportiva:** conforme aduz Victor Rios Gonçalves[98] "a lei pune as apostas acerca do resultado de determinado jogo ou acerca do vencedor de certa competição" .Esclarece ainda que "o chamado bolão, envolvendo dinheiro, quando toma proporções públicas, admitindo pessoas indeterminadas dele participem, caracteriza a infração" .

O § 1º do art. 50 da LCP estabelece uma causa de aumento de pena, baseada na existência de empregado menor de 18 anos na casa de jogo ou se ele participa do jogo de azar. Assiste

---

96 TJRS / Mandado de Segurança n. 70025424086, de Porto Alegre, Primeira Câmara Cível, rel. Des. Irineu Mariani, j. 17.12.2008.

97 GONÇALVES, Victor Eduardo Rios. *Legislação Penal Especial Esquematizado*, São Paulo: Saraiva, 2017, p. 289.

98 GONÇALVES, Victor Eduardo Rios, Legislação Penal Especial Esquematizado, ed. Saraiva, 2017, p.291

razão na existência da causa de aumento, pois os adolescentes e as crianças ainda estão em formação no que se refere à personalidade, sendo, portanto, mais suscetíveis ao vício do jogo. A causa de aumento é aplicável ao responsável pelo jogo de azar, como por exemplo, o proprietário do estabelecimento em que se pratica a contravenção.

Forma privilegiada

Além disso, o § 2 º prevê que os apostadores (realiza a aposta no jogo) e os ponteiros (pessoas responsáveis em marcar e anotar as apostas) receberão pena de multa cujo valor está entre R$ 2.000,00 (dois mil reais) e R$ 200.000,00 (duzentos mil reais), dispensando a pena de prisão. Cuida-se de uma figura privilegiada, uma vez que não foi estipulado pena de prisão, aplicando-se apenas a pena de multa.

Efeitos da condenação

O legislador estabeleceu como pena ao condenado pela contravenção de jogo de azar, a pena de prisão simples e multa, porém, inovou ao prever de forma expressa a perda dos móveis e objetos de decoração do local como efeito da condenação.

Por fim, vale ressaltar que a cobrança de dívida de jogo contraída por brasileiro em cassino que funciona legalmente no exterior é juridicamente possível e não ofende a ordem pública, os bons costumes e a soberania nacional conforme decidiu, recentemente, o STJ[99].

Voluntariedade

A contravenção penal exige o dolo. Não há elemento subjetivo específico e nem previsão de conduta culposa.

Consumação e tentativa

A consumação se dá com estabelecimento ou exploração do jogo de azar. A jurisprudência majoritária exige como requisito para tipicidade da conduta a habitualidade, pois os núcleos estabelecer e explorar, trazem, em si, a noção de habitualidade para sua caracterização.

Não se pune a tentativa (art. 4º da LCP).

Ação penal

Trata-se de contravenção de ação penal pública incondicionada. É aplicável o rito e os institutos despenalizadores do Juizado Especial Criminal (Lei nº 9.099/95).

Loteria não autorizada

Art. 51. Promover ou fazer extrair loteria, sem autorização legal:

Pena – prisão simples, de seis meses a dois anos, e multa, de cinco a dez contos de réis, estendendo-se os efeitos da condenação à perda dos moveis existentes no local.

§ 1º Incorre na mesma pena quem guarda, vende ou expõe à venda, tem sob sua guarda para o fim de venda, introduz ou tenta introduzir na circulação bilhete de loteria não autorizada.

99 REsp 1.628.974-SP, Rel. Min. Ricardo Villas Bôas Cueva, por unanimidade, julgado em 13/6/2017, DJe 25/8/2017.

§ 2º Considera-se loteria toda operação que, mediante a distribuição de bilhete, listas, cupões, vales, sinais, símbolos ou meios análogos, faz depender de sorteio a obtenção de prêmio em dinheiro ou bens de outra natureza.

§ 3º Não se compreendem na definição do parágrafo anterior os sorteios autorizados na legislação especial.

O artigo foi revogado e substituído pelo artigo 45 do Decreto-lei 6.259/44, que dispõe sobre o serviço de loterias.

Art. 52. Introduzir, no país, para o fim de comércio, bilhete de loteria, rifa ou tômbola estrangeiras: Pena – prisão simples, de quatro meses a um ano, e multa, de um a cinco contos de réis. Parágrafo único. Incorre na mesma pena quem vende, expõe à venda, tem sob sua guarda, para o fim de venda, introduz ou tenta introduzir na circulação, bilhete de loteria estrangeira.

O artigo foi revogado e substituído pelos artigos 46 e 50 do Decreto-lei 6.259/44, que dispõe sobre o serviço de loterias.

Art. 53. Introduzir, para o fim de comércio, bilhete de loteria estadual em território onde não possa legalmente circular: Pena – prisão simples, de dois a seis meses, e multa, de um a três contos de réis. Parágrafo único. Incorre na mesma pena quem vende, expõe à venda, tem sob sua guarda, para o fim de venda, introduz ou tonta introduzir na circulação, bilhete de loteria estadual, em território onde não possa legalmente circular.

O artigo foi revogado e substituído pelos arts. 46, 48 e 50 do Decreto-lei 6.259/44, que dispõe sobre o serviço de loterias, e tipifica as contravenções a ele referentes.

Art. 54. Exibir ou ter sob sua guarda lista de sorteio de loteria estrangeira: Pena – prisão simples, de um a três meses, e multa, de duzentos mil réis a um conto de réis. Parágrafo único. Incorre na mesma pena quem exibe ou tem sob sua guarda lista de sorteio de loteria estadual, em território onde esta não possa legalmente circular.

O artigo foi revogado e substituído pelo artigo 49 do Decreto-lei 6.259/44, que dispõe sobre o serviço de loterias, e tipifica as contravenções a ele referentes.

Art. 55. Imprimir ou executar qualquer serviço de feitura de bilhetes, lista de sorteio, avisos ou cartazes relativos a loteria, em lugar onde ela não possa legalmente circular: Pena – prisão simples, de um a seis meses, e multa, de duzentos mil réis a dois contos de réis.

O artigo foi revogado e substituído pelo artigo 51 do Decreto-lei 6.259/44, que dispõe sobre o serviço de loterias, e tipifica as contravenções a ele referentes.

Art. 56. Distribuir ou transportar cartazes, listas de sorteio ou avisos de loteria, onde ela não possa legalmente circular: Pena – prisão simples, de um a três meses, e multa, de cem a quinhentos mil réis.

O artigo foi revogado e substituído pelo artigo 52 do Decreto-lei 6.259/44, que dispõe sobre o serviço de loterias, e tipifica as contravenções a ele referentes.

Art. 57. Divulgar, por meio de jornal ou outro impresso, de rádio, cinema, ou qualquer outra forma, ainda que disfarçadamente, anúncio, aviso ou resultado de extração de loteria, onde a circulação dos seus bilhetes não seria legal: Pena – multa, de um a dez contos de réis.

O artigo foi revogado e substituído pelos arts. 55, 56 e 57 do Decreto-lei 6.259/44, que dispõe sobre o serviço de loterias, e tipifica as contravenções a ele referentes.

Art. 58. Explorar ou realizar a loteria denominada jogo do bicho, ou praticar qualquer ato relativo à sua realização ou exploração: Pena – prisão simples, de quatro meses a um ano, e multa, de dois a vinte contos de réis. Parágrafo único. Incorre na pena de multa, de duzentos mil réis a dois contos de réis, aquele que participa da loteria, visando a obtenção de prêmio, para si ou para terceiro.

Revogação

A contravenção do jogo de bicho, prevista no art. 58 da LCP, foi revogada tacitamente e substituída pelo art. 58 do Decreto -Lei nº 6.259/44, que dispõe sobre o serviço de loterias e dá outras providências. Assim, o tipo penal da contravenção penal do jogo do bicho passou a ter a seguinte redação:

> *Art. 58. Realizar o denominado "jôgo do bicho", em que um dos participantes, considerado comprador ou ponto, entrega certa quantia com a indicação de combinações de algarismos ou nome de animais, a que correspondem números, ao outro participante, considerado o vendedor ou banqueiro, que se obriga mediante qualquer sorteio ao pagamento de prêmios em dinheiro. Penas: de seis (6) meses a um (1) ano de prisão simples e multa de dez mil cruzeiros (Cr$ 10.000,00) a cinqüenta mil cruzeiros (Cr$ 50.000,00) ao vendedor ou banqueiro, e de quarenta (40) a trinta (30) dias de prisão celular ou multa de duzentos cruzeiros (Cr$ 200,00) a quinhentos cruzeiros (Cr$ 500,00) ao comprador ou ponto.§ 1º Incorrerão nas penas estabelecidas para vendedores ou banqueiros: a) os que servirem de intermediários na efetuação do jôgo; b) os que transportarem, conduzirem, possuírern, tiverem sob sua guarda ou poder, fabricarern, darem, cederem, trocarem, guardarem em qualquer parte, listas com indicações do jôgo ou material próprio para a contravenção, bem como de qualquer forma contribuírem para a sua confecção, utilização, curso ou emprêgo, seja qual for a sua espécie ou quantidade; c) os que procederem à apuração de listas ou à organização de mapas relativos ao movimento do jôgo; d) os que por qualquer modo promoverem ou facilitarem a realização do jôgo. § 2º Consideram-se idôneos para a prova do ato contravencional quaisquer listas com indicações claras ou disfarçadas, uma vez que a perícia revele se destinarem à perpetração do jôgo do bicho.*

Considerando a importância do tema, os comentários a respeito da contravenção do jogo do bicho, tipificado no Decreto - Lei nº 6.259/44, foram inseridos nesta obra.

Bem jurídico tutelado

O tipo contravencional visa proteger os bons costumes. O legislador buscou também proteger o patrimônio do jogador e de seus familiares.

Sujeitos da contravenção

O tipo penal tem como **sujeito ativo** o banqueiro ou vendedor, o apontador ou ponto e o intermediário. Damásio de Jesus[100] esclarece: *Banqueiro é o sujeito que, recebendo do apontador ou ponto o bilhete contendo a aposta do jogo, obriga-se a lhe pagar o prêmio em dinheiro que lhe couber em sorteio. Apontador ou ponto, também chamado de comprador, é o agente que entrega ao banqueiro ou a seu intermediário a lista ou talão contendo a indicação dos jogos, junto com o valor da aposta".*

Existe também a figura do intermediário responsável pelo recolhimento das apostas com os apostadores e do seu envio ao banqueiro. O intermediador é punido com a mesma pena do banqueiro, nos termos do art. 58, §1°, "a", do Decreto - Lei n° 6.259/44.

A identificação do banqueiro ou do apostador é **desnecessária** para a punição do intermediário. Em que pese a contravenção do jogo do bicho ser plurissubjetiva, ou seja, é elemento do tipo penal a colaboração de mais de um agente, é sabido que a responsabilidade penal é individual, não se exigindo a punição de todas as pessoas envolvidas. Neste sentido, é o enunciado da Súmula 51 do STJ: A punição do intermediador, no jogo do bicho, independe da identificação do "apostador" ou do "banqueiro".

Além do banqueiro, do apostador e do intermediário há diversas outras pessoas que contribuem para a realização do jogo do bicho, como por exemplo a pessoa que passa recolhendo as apostas junto aos intermediários, o agente que realiza o sorteio. Atento a essa circunstância, o legislador enumerou um grande número de condutas puníveis no art. 58, § 1° alíneas "b", "c" e "d", explicitando que os agentes que as praticarem incorrerão nas mesmas penas do banqueiro.

O **sujeito passivo** é o Estado.

Condutas

O tipo penal tem como ação nuclear o verbo "realizar" que significa fazer, concretizar o jogo do bicho. O legislador buscou conferir a norma incriminadora um conceito bastante amplo, visando abarcar todos aqueles que de alguma forma contribuem para realização do jogo do bicho.

As apostas do jogo do bicho, em regra, são realizadas por meio de abreviaturas e símbolos. Assim, o art. 58,§2° do Decreto - Lei n° 6.259/44 dispoe que "consideram-se idôneos para a prova do ato contravencional quaisquer listas com indicações claras ou disfarçadas, uma vez que a perícia revele se destinarem à perpetração do jôgo do bicho". Victor Rios Gonçalves[101] afirma que "é sempre necessária a realização de perícia para comprovar que o material apreendido é próprio do jogo". Ousamos discordar. Entendemos que a perícia apenas será necessária quando ocorrer dúvidas quanto a natureza do material apreendido. Neste sentido já decidiu o TJDF:

2 - Como ocorreu a confissão pelo recorrente de que era apontador de jogo de bicho, **desnecessário qualquer perícia no material apreendido** com o mesmo.

3- O presente tipo penal é constitucional e não se pode aplicar o princípio da adequação social, vez que " o jogo do bicho deixa notórias seqüelas anti-sociais, já que em seus bastidores proliferam a corrupção, disputas entre quadrilhas, subornos e até mortes" (Acórdão n.800337,

100 JESUS, Damásio de, Leis das Contravenções Penais, ed. Saraiva, 2015, p. 205

101 GONÇALVES, Victor Eduardo Rios, Legislação Penal Especial Esquematizado, ed. Saraiva, 2017, p.275

20130310097703APJ, Relator: LEANDRO BORGES DE FIGUEIREDO 1ª Turma Recursal dos Juizados Especiais do Distrito Federal, Data de Julgamento: 01/07/2014).

A Lei nº 1.508/51 disciplinou o processo de apuração da contravenção do jogo do bicho. Porém, com a entrada em vigor da Lei dos Juizados Especiais foi estabelecido o procedimento sumaríssimo para as infrações de menor potencial ofensivo, que abarca todas as contravenções penais, de modo que o procedimento da Lei 1.508/51 não é mais adotado.

Sonegação Fiscal. Valores obtidos com a atividade de jogo do bicho

A jurisprudência é no sentido de que os valores obtidos com atividades ilícitas e não declarados a receita federal caracterizam crime contra a ordem tributária da Lei nº 8.137/90. Em 23.08.2011, o STF entendeu pela **existência de obrigação tributária** ante a ausência de declaração de renda obtida com a atividade contravencional do jogo do bicho: "*2. A jurisprudência da Corte, à luz do art. 118 do Código Tributário Nacional, assentou entendimento de ser possível a tributação de renda obtida em razão de atividade ilícita, visto que a definição legal do fato gerador é interpretada com abstração da validade jurídica do ato efetivamente praticado, bem como da natureza do seu objeto ou dos seus efeitos. Princípio do non olet. Vide o HC nº 77.530/RS, Primeira Turma, Relator o Ministro Sepúlveda Pertence, DJ de 18/9/98. 3. Ordem parcialmente conhecida e denegada.*(HC 94240, Relator(a): Min. Dias Toffoli, Primeira Turma, julgado em 23/08/2011).

Voluntariedade

A contravenção penal exige o dolo. Não há elemento subjetivo específico e nem previsão de conduta culposa.

Consumação e tentativa

Conforme explica Romeu de Almeida Salles Júnior: "*o momento consumativo deve ser estudado em função do comportamento do agente. Em primeiro plano, consuma-se no momento em que o agente se encontra na posse da lista, ou a está transportando, guardando, fabricando, cedendo etc. O instante em que a aposta é feita considera-se momento consumativo para o agente tido como apostador*"[102].

A tentativa é inadmissível.

Ação penal

Trata-se de contravenção de ação penal pública incondicionada. É aplicável o rito e os institutos despenalizadores do Juizado Especial Criminal (Lei nº 9.099/95).

Vadiagem

Art. 59. Entregar-se alguém habitualmente à ociosidade, sendo válido para o trabalho, sem ter renda que lhe assegure meios bastantes de subsistência, ou prover à própria subsistência mediante ocupação ilícita:

Pena – prisão simples, de quinze dias a três meses.

102 SALLES JÚNIOR,Romeu de Almeida, Lei das Contravenções Penais Interpretadas, ed. OLiveira Mendes, 1998, p. 253

Parágrafo único. A aquisição superveniente de renda, que assegure ao condenado meios bastantes de subsistência, extingue a pena.

Bem jurídico tutelado

O bem jurídico tutelado são os bons costumes.

O legislador, entendendo que a pessoa ociosa e sem possibilidade de subsistência tende a praticar crimes patrimoniais, buscou tipificar a vadiagem como forma de prevenir o cometimento de crimes patrimoniais.

Sujeitos da contravenção

O **sujeito ativo** é a pessoa válida para o trabalho e desprovida de renda lícita suficiente para sua subsistência.

Sujeito passivo é o Estado.

Condutas

O tipo penal estabelece duas condutas típicas. A primeira é *entregar-se a ociosidade*. Damásio de Jesus ensina que o agente ocioso ou vadio "é o que não trabalha, preguiçoso; aquele que, sendo apto para o trabalho, não possui ocupação, não tendo renda para sua subsistência".[103]

O tipo penal exige a habitualidade da ociosidade, ou seja, é necessária a reiteração do ócio. Além disso, é indispensável que a ociosidade seja voluntária. O agente que fica, de forma eventual e temporária, sem trabalhar por falta de emprego não incorre na contravenção.

A segunda conduta prevista no tipo penal consiste em *prover a própria subsistência mediante ocupação ilícita*.

Manuel Carlos Costa Leite pontua que: "Ocupação ilícita será aquela proibida por lei, mas para a qual não exista sanção penal, por não ter sido declarada crime ou contravenção".[104]

Não é considerada vadia, a pessoa que, embora não tenha um emprego regular, ocupa-se com pequenos serviços, como, por exemplo, exerce o mister de camelô.

A jurisprudência majoritária é no sentido da **atipicidade** daquele que exerce a atividade de lavador de veículos em via pública, de vendedor ambulante em feira pública, de trabalhador avulso. Já a **atividade de cambista** em eventos esportivos, em que o agente vende ingressos por preço superior ao estampado no bilhete, caracteriza o crime do art. 41-F da Lei nº 12.299/2010 (Estatuto do Torcedor), cuja pena é de reclusão de 1 a 2 anos e multa.

O **condenado foragido** da justiça não tem como buscar um emprego e por isso não incorre na contravenção. Os conceitos de vadiagem e de réu foragido não podem coexistir, excluindo um ao outro.

O parágrafo único traz uma causa de extinção da punibilidade, pois prevê que "a aquisição superveniente de renda, que assegure ao condenado meios bastantes de subsistência, extingue a pena".

103 JESUS, Damásio de. *Leis das Contravenções Penais*, ed. Saraiva, 2015, p. 214.

104 Manuel Carlos Costa Leite. *Lei das Contravenções Penais*. São Paulo: RT, 1976, p. 379.

A extinção da punibilidade pode ser decretada na fase pré-processual, durante a ação penal e ainda na própria fase da execução penal.

Voluntariedade

Quanto à voluntariedade, exige-se o dolo, representado pela vontade de não fazer nada, permanecer no ócio, mesmo tendo a oportunidade de trabalhar.

Não se exige qualquer elemento subjetivo especial do tipo. Inexiste a forma culposa.

Consumação e tentativa

Quanto à primeira modalidade descrita no tipo contravencional, ocorre a consumação com o primeiro ato capaz de comprovar a habitualidade na ociosidade. Em relação à segunda modalidade da conduta, a consumação se dá com a habitualidade da ocupação ilícita do agente vadio.

Ação penal

Trata-se de contravenção de ação penal pública incondicionada. São aplicáveis o rito e os institutos despenalizadores do Juizado Especial Criminal (Lei nº 9.099/95).

Art. 60. Mendigar, por ociosidade ou cupidez: Pena – prisão simples, de quinze dias a três meses.

Parágrafo único. Aumenta-se a pena de um sexto a um terço, se a contravenção é praticada:

a) de modo vexatório, ameaçador ou fraudulento;

b) mediante simulação de moléstia ou deformidade;

c) em companhia de alienado ou de menor de dezoito anos.

O artigo foi revogado pela Lei nº 11.983, de 2009.

Importunação ofensiva ao pudor

Art. 61. Importunar alguém, em lugar público ou acessível ao público, de modo ofensivo ao pudor:

Pena – multa, de duzentos mil réis a dois contos de réis.

A Lei **13.718/18** alterou dispositivos do **Código Penal** referentes aos delitos contra a dignidade sexual e **revogou o art. 61 da Lei de Contravenções Penais.**

Vale esclarecer que concordamos com o posicionamento de Rogério Sanches Cunha, segundo o qual "não se pode falar, no entanto, em *abolitio criminis* relativa à contravenção, pois estamos, na verdade, diante do princípio da continuidade normativo-típica"[105].

Embriaguez

Art. 62. Apresentar-se publicamente em estado de embriaguez, de modo que cause escândalo ou ponha em perigo a segurança própria ou alheia:

105 https://meusitejuridico.editorajuspodivm.com.br/2018/09/25/lei-13-71818-introduz-modificacoes-nos-crimes-contra-dignidade-sexual/

Pena – prisão simples, de quinze dias a três meses, ou multa, de duzentos mil réis a dois contos de réis.

Parágrafo único. Se habitual a embriaguez, o contraventor é internado em casa de custódia e tratamento.

Bem jurídico tutelado

É a preservação dos bons costumes. Secundariamente, a incolumidade pública.

Sujeitos da contravenção

O sujeito ativo pode ser qualquer pessoa, porquanto, trata-se de contravenção comum.

O sujeito passivo é a coletividade, terceiros expostos ao escândalo ou perigo, e o próprio sujeito ativo. Observa Guilherme Nucci que se trata de uma exceção no direito penal, "punindo-se aquele que coloca em risco sua própria pessoa".[106]

Condutas

A conduta típica consiste em *apresentar-se publicamente em estado de embriaguez.*

Fernando Capez conceitua embriaguez como "causa capaz de levar à exclusão da capacidade de entendimento e vontade do agente, em virtude de uma intoxicação aguda e transitória causada por álcool ou qualquer substância de efeitos psicotrópicos, sejam eles entorpecentes (morfina, ópio etc.), estimulantes (cocaína) ou alucinógenos (ácido lisérgico)".[107]

Como os efeitos da ingestão de bebidas alcoólicas variam de pessoa para pessoa, levando em conta o estado do organismo da pessoa e outros fatores, a lei não fixa um grau de embriaguez para configurar o tipo contravencional.

A embriaguez por si só constitui fato atípico. Além do estado de embriaguez, o tipo penal exige outros requisitos para tipicidade do fato: a) necessidade da provocação de escândalo: que pode ser entendido como alvoroço, tumulto. Exemplo: proferir palavras de baixo calão para que todos ouçam; b) colocar em perigo a segurança própria ou de terceiros: tratando-se de uma infração de perigo, basta a probabilidade de dano. Não é exigido o resultado naturalístico; c) o ébrio deve se apresentar publicamente embriagado, assim, o fato pode ocorrer em ruas, logradouros públicos, praças, cinemas, shopping centers, festas particulares desde que haja um número indeterminado de pessoas.

Não é exigida a habitualidade da embriaguez para tipificar a contravenção. Porém, o parágrafo único prevê que nos casos de embriaguez habitual, o agente deve ser internado em casa de custódia e tratamento.

A prova do estado de embriaguez, em regra, deve ser realizada pela prova pericial, mas diante de sua impossibilidade pode ser suprida pela prova testemunhal.

Anote-se que se em razão da embriaguez o agente vier a praticar vias de fato em terceira pessoa, esta será absorvida, tendo em vista a maior gravidade da pena da contravenção de embriaguez.

106 NUCCI, Guilherme de Souza. *Leis Penais e Processuais Penais Comentadas*, ed. GEN, 2018, p. 184.

107 CAPEZ, Fernando. *Direito Penal Simplificado*, parte especial, ed. Saraiva, 2012, p. 337.

É predominante na jurisprudência que em caso de resistência do ébrio, a contravenção penal da embriaguez é absorvida pelo crime de resistência. Para Damásio de Jesus, entretanto, "só há absorção quando a resistência constitui manifestação da embriaguez; se as duas condutas, da embriaguez e da resistência, podem ser separadas, há concurso de infrações".[108]

O ébrio que conduzir veículo com capacidade psicomotora alterada em razão da influência de álcool ou de outra substância psicoativa que determine dependência incorre no crime de embriaguez ao volante (art. 306, CTB). Ademais, se o agente embriagado vem a cometer um crime de lesão corporal ou homicídio culposo na direção de veículo, a contravenção penal, também, fica absorvida, face a prevalência da regra de que a *major absorvet minorem* (Tacrim-SP, Rel. Machado Araújo, RT432/368)

Se a conduta do ébrio vem a expor a vida ou a saúde de outrem a perigo direto e iminente está configurado o crime de Perigo para a vida ou saúde de outrem (art. 132, CP).

Voluntariedade

O elemento subjetivo é o dolo. Vale ressaltar que a ingestão da bebida capaz de levar a embriaguez deve ser voluntária. Não se exige qualquer elemento subjetivo especial do tipo.

Não há previsão da modalidade culposa.

Consumação e tentativa

A consumação ocorre no momento em que o agente se apresenta em estado de embriaguez, vindo a causar escândalo ou expondo a incolumidade física própria ou alheia a perigo de dano. Vale apontar que a contravenção se consuma com a mera probabilidade de dano.

Não se pune a tentativa, nos termos do art. 4º da LCP.

Ação penal

Trata-se de contravenção de ação penal pública incondicionada. É aplicável o rito e os institutos despenalizadores do Juizado Especial Criminal (Lei nº 9.099/95), sendo igualmente admitida a suspensão condicional do processo.

Bebidas Alcoólicas

Art. 63. Servir bebidas alcoólicas:

I – (Revogado pela Lei nº 13.106, de 2015);

II – a quem se acha em estado de embriaguez;

III – a pessoa que o agente sabe sofrer das faculdades mentais;

IV – a pessoa que o agente sabe estar judicialmente proibida de frequentar lugares onde se consome bebida de tal natureza:

Pena – prisão simples, de dois meses a um ano, ou multa, de quinhentos mil réis a cinco contos de réis.

Bem jurídico tutelado

É a preservação dos bons costumes e a saúde da pessoa embriagada, de quem sofre das faculdades mentais, e das pessoas proibidas judicialmente de frequentarem determinados lugares.

108 JESUS, Damásio de. *Leis das Contravenções Penais*, ed. Saraiva, 2015, p. 226

Sujeitos da contravenção

O **sujeito ativo** pode ser qualquer pessoa.

O **sujeito passivo** é a coletividade, o embriagado, os doentes mentais e a pessoa judicialmente proibida de frequentar lugares onde se consome bebida alcoólica.

Condutas

A Lei nº 13.106/15 revogou expressamente o inciso I do art. 63 da LCP, o qual tipificava a conduta de servir bebida a menor de 18 anos. O mencionado diploma normativo, entre outras modificações, incluiu a conduta de servir, a criança ou a adolescente, bebida alcoólica ou, sem justa causa, outros produtos cujos componentes possam causar dependência física ou psíquica no tipo penal do art. 243 do Estatuto da Criança e do Adolescente.

Para Guilherme Nucci a contravenção é desnecessária: "Bares, restaurantes e uma infinidade de estabelecimentos públicos similares servem, todos os dias, doses e mais doses de bebidas alcoólicas a quem já está embriagado, por exemplo. O importante nessas situações, é ter dinheiro para pagar a bebida; o restante é supérfluo. Se fecharmos os olhos à realidade, estamos, na verdade, consagrando o direito penal teatral, aquele que simula punir infratores, enquanto estes fingem respeitar a norma estabelecida pelo Estado. Não se quer, com isso, defender a atitude daqueles que contribuem para a embriaguez alheia, mas simplesmente deixar claro que não se trata de um tema da alçada penal".[109]

A ação tipificada é servir (fornecer, entregar) bebida alcoólica a pessoa embriagada, a doentes mentais e a pessoa proibida de frequentar lugares onde se consome bebida alcoólica.

O ato de servir pressupõe atividade dirigida a alguém, imediata ou mediatamente, o uso de bebida alcoólica. A conduta pode ser praticada em locais públicos ou particulares.

É tema divergente na doutrina e jurisprudência quanto à possibilidade de incorrer na contravenção a pessoa que vende bebida alcoólica para as pessoas indicadas no tipo penal. Segundo a primeira corrente como a expressão servir abrange a ação de vender, o agente que vende para consumo posterior as pessoas descritas no tipo penal incorre na contravenção. Já a segunda posição entende que não tem como confundir as condutas de servir e vender, pois são distintas e, portanto, o agente que vende bebida alcoólica para as pessoas mencionadas no tipo penal não responde pelo art. 63 da LCP.

A conduta de servir bebida alcoólica somente configura a contravenção se o agente o faz para determinadas pessoas:

a) **a quem se acha em estado de embriaguez:** é necessário que a embriaguez da vítima seja manifesta, patente. A propósito: "Na apreciação do grau de embriaguez, para reconhecimento da contravenção de servir bebida alcoólica a quem já se acha embriagado, ser preferível, quase, cogitar-se do comportamento público do sujeito passivo, muitas vezes mais significativo do que o teor de álcool em seu sangue, sujos efeitos variam de um indivíduo para outro (TJMG – ac– Rel. Agostinho De Oliveira – RT 524/444).

Ainda que a pessoa tenha chegado sóbria ao local, no instante em que ela passa a estar embriagada e lhe é servida mais uma dose estará tipificada a conduta. Ressalta-se que a conduta de servir as primeiras doses a uma pessoa ainda sóbria é fato atípico.

109 NUCCI, Guilherme de Souza. *Leis Penais e Processuais Penais Comentadas*, ed. GEN, 2018, p. 185.

b) **a pessoa que o agente sabe sofrer das faculdades mentais**: o tipo penal não faz exigência quanto ao grau de perturbação mental da pessoa, assim, basta que a pessoa tenha reduzida a sua capacidade de entendimento.

Em razão da expressão "sabe sofrer das faculdades mentais" contida no tipo penal, mostra-se imprescindível que o sujeito ativo saiba tenha plena consciência de que a pessoa a quem serve bebida alcoólica sofre das faculdades mentais.

c) **pessoa que o agente sabe estar judicialmente proibida de frequentar lugares onde se consome bebida de tal natureza**: o sujeito ativo deve ter consciência efetiva (real) do impedimento da pessoa servida frequentar o lugar. A proibição de frequentar determinados lugares deve ser resultado de ordem judicial.

Voluntariedade

O elemento subjetivo é o dolo. As condutas previstas nos incisos III e IV possuem também como elemento subjetivo, as circunstâncias do agente ter conhecimento da doença mental ou da proibição judicial da pessoa frequentar lugar onde se consome bebida alcoólica. Impunível a conduta culposa.

Consumação e tentativa

Consuma-se a contravenção penal com o ato de servir a bebida alcoólica às pessoas elencadas no tipo penal. Não importa se a pessoa consome ou não a bebida alcoólica. Não se pune a tentativa, nos termos do art. 4º da LCP.

Ação penal

Trata-se de contravenção de ação penal pública incondicionada. É aplicável o rito e os institutos despenalizadores do Juizado Especial Criminal (Lei nº 9.099/95), sendo igualmente admitida a suspensão condicional do processo.

Crueldade contra animais

Art. 64. Tratar animal com crueldade ou submetê-lo a trabalho excessivo:

Pena – prisão simples, de dez dias a um mês, ou multa, de cem a quinhentos mil réis.

§ 1º Na mesma pena incorre aquele que, embora para fins didáticos ou científicos, realiza em lugar público ou exposto ao público, experiência dolorosa ou cruel em animal vivo.

§ 2º Aplica-se a pena com aumento de metade, se o animal é submetido a trabalho excessivo ou tratado com crueldade, em exibição ou espetáculo público.

O dispositivo foi tacitamente revogado pela Lei dos Crimes Ambientais, porquanto todas as condutas descritas no art. 64 da LCP foram abarcadas pelo art. 32 da Lei n. 9605/98, cuja pena é de detenção de e meses a 1 ano.

Perturbação da tranquilidade

Art. 65. Molestar alguém ou perturbar-lhe a tranquilidade, por acinte ou por motivo reprovável:

Pena – prisão simples, de quinze dias a dois meses, ou multa, de duzentos mil réis a dois contos de réis.

Bem jurídico tutelado

A tranquilidade das pessoas e os bons costumes.

Sujeitos da contravenção

Tanto o **sujeito ativo** como o **passivo** podem ser qualquer pessoa.

Condutas

A conduta típica consiste em o *agente molestar a vítima ou lhe perturbar a tranquilidade por acinte ou razão reprovável.* **Molestar** significa importunar, incomodar, aborrecer. Perturbar quer dizer agitar, embaraçar, fazer perder a serenidade.

As condutas de molestar e perturbar devem ser praticadas com acinte ou por motivo reprovável. Atua com acinte quem age com premeditação, de caso pensado, a fim de contrariar ou ofender alguém. **Motivo reprovável** é o que merece a censura ou a reprovação das pessoas corretas.

Trata-se de execução de forma livre, isto é, pode ser executado por qualquer forma ou meio. A jurisprudência reconhece a contravenção na conduta do ex namorado que, "inconformado com a separação, perturba a ex-namorada com xingamentos e ameaças" (TACRIM-SP Rel. Evaristo dos Santos, RT 36/310). Incorre, igualmente, no art. 65 da LCP, o agente que "efetua reiteradas ligações telefônicas para a residência da vítima, à noite e de madrugada, desligando quando são atendidas" (TACRIM-SP, Rel. Evaristo dos Santos– RT 36/310).

Não se reconhece tipificação no art. 65, contudo, a conduta daquele que procura aproximar se de alguém, de maneira ordeira e educada, através de telefonemas, com a finalidade de conquistar-lhe a atenção e buscar aproximação afetiva haja vista que o agente não atua por acinte ou motivo reprovável.

A contravenção de perturbação da tranquilidade (art. 65, LCP) se distingue da contravenção de perturbação ao sossego alheio (art. 42, LCP). Nesta há perturbação do sossego de um número indeterminado de pessoas e o sujeito ativo não atua com dolo específico de perturbar o sossego de diversas pessoas. Já na contravenção do art. 65, LCP, a conduta do sujeito ativo é direcionada a determinada pessoa, e o agente atua com dolo específico de incomodar outrem.

Se a conduta de importunar alguém for praticada em local público ou aberto ao público, e atingir o pudor do sujeito passivo caracteriza a contravenção de importunação ao pudor.

Victor Gonçalves explica que o "assédio sexual pode configurar a contravenção de perturbação da tranquilidade, desde que o agente não se prevaleça de sua superioridade hierárquica em relação à vítima ou da ascendência inerente ao exercício de seu emprego, cargo ou função, porque, em tais casos, configura-se o crime de assédio sexual do art. 216-A do Código Penal" [110].

Voluntariedade

Quanto à voluntariedade, exige-se o dolo. A propósito: a contravenção do art. 65 da lei especial exige ao seu reconhecimento a existência de dolo, porque prevê essa infração, para

110 GONÇALVES, Victor Eduardo Rios. *Legislação Penal Especial Esquematizado*, São Paulo: Saraiva, 2017, p. 301.

sua estruturação jurídica, o elemento intencional, consubstanciado no seu cometimento "por acinte ou motivo reprovável" (Juricrim-Franceschini n. 2.384).

Impunível a conduta culposa.

Consumação e tentativa

A consumação no instante em que o sujeito passivo é molestado ou tem perturbada sua tranquilidade. Não é cabível a tentativa (art. 4º da LCP).

Ação penal

Trata-se de contravenção de ação penal pública incondicionada. É aplicável o rito e os institutos despenalizadores do Juizado Especial Criminal (Lei nº 9.099/95).

CAPÍTULO VIII
DAS CONTRAVENÇÕES REFERENTES À ADMINISTRAÇÃO PÚBLICA

Art. 66. Deixar de comunicar à autoridade competente:

I – crime de ação pública, de que teve conhecimento no exercício de função pública, desde que a ação penal não dependa de representação;

II – crime de ação pública, de que teve conhecimento no exercício da medicina ou de outra profissão sanitária, desde que a ação penal não dependa de representação e a comunicação não exponha o cliente a procedimento criminal:

Pena – multa, de trezentos mil réis a três contos de réis.

Bem jurídico tutelado

O tipo penal tem como objetividade jurídica o regular funcionamento da administração pública, em especial o bom andamento da justiça.

Sujeitos da contravenção

Só podem ser **sujeito ativo** da contravenção penal prevista no art. 66, I, da LCP, os funcionários públicos. Trata-se, portanto, de contravenção penal própria a exigir qualidade de funcionário público do autor da conduta descrita.

Quanto ao inciso II do mesmo artigo, a contravenção só pode ser praticada por médicos ou profissionais da área sanitária. Assim, também cuida-se de contravenção penal própria.

Anote-se que em ambos os casos exige-se que o sujeito ativo tenha tomado conhecimento do crime no desempenho de suas funções.

O **sujeito passivo** é o Estado.

Condutas

O tipo contravencional possui duas condutas típicas omissivas. A primeira consiste em deixar o funcionário público de comunicar à autoridade competente ocorrência de crime que tomou ciência no exercício da função.

Cuida-se de tipo penal omissivo próprio em que o sujeito ativo se omite em informar a ocorrência de um crime. Destaca-se que não é necessário para o enquadramento legal da conduta que o funcionário público tenha conhecimento da autoria, basta a ciência da ocorrência do delito.

Para efeitos do tipo penal em estudo, autoridade competenteé a aquela com atribuição específica vinculada à investigação criminal, tais como o membro do Ministério Público e Delegado de Polícia.

Para tipificar o tipo penal, o crime do qual o sujeito ativo teve ciência deve ser de natureza pública incondicionada, uma vez que o inciso I do art. 66 da LCP contém a expressão "desde que a ação penal não dependa de representação", deixando claro que não se pode tratar de crime cuja natureza da ação seja pública condicionada. Assim, é atípica a conduta de omitir o cometimento de contravenção, porquanto, redação do tipo contravencional do art. 66 contém a expressão crime. Da mesma forma, não há infração se o agente se omite em comunicar à autoridade crime de ação penal privada ou pública condicionada a representação.

Ademais, se a omissão tiver como finalidade satisfazer sentimento ou interesse pessoal, o agente incide no crime de prevaricação (art. 319, CP) e não pela contravenção de omissão de crime.

Se a conduta omissiva for para beneficiar subordinado que tenha praticado infração no exercício do cargo, estar-se-á diante do crime de condescendência criminosa (art. 320, CP).

O inciso II do art. 66 prevê a conduta típica do médico ou profissional da área sanitária que, tendo ciência no exercício da sua profissão de crime de natureza pública incondicionada e a comunicação não exponha o cliente a procedimento criminal, deixe de comunicar a autoridade competente.

O segredo médico ou sigilo médico é uma das formas de segredo profissional e se constitui numa das mais acentuadas e tradicionais características da profissão médica. O legislador levou em consideração o sigilo médico com seus pacientes. De modo que "não se aperfeiçoa a contravenção do art. 66, II, se da comunicação pode resultar procedimento criminal contra o cliente do médico que se omite" (TJSP, Rel. Silva Leme, RT430/316).

A expressão *procedimento criminal* contida na parte *in fine* do art. II, art. 66, da LCP deve ser entendida em seu sentido lato, abrangendo qualquer espécie de investigação ou processo criminal.

Voluntariedade

A contravenção penal exige que a conduta omissiva seja dolosa para sua configuração.

Consumação e tentativa

Por se tratar de contravenção omissiva, a consumação se dá no momento em que o agente deixa de comunicar, por tempo juridicamente relevante, a ser verificado diante do caso concreto, as autoridades sobre a ocorrência de crime.

Como o tipo penal é omissivo próprio, a tentativa é impossível,

Ação penal

Nos termos do art. 17 da LCP, as contravenções penais são apuradas por meio de ações de natureza pública incondicionada. São aplicáveis o rito e os institutos despenalizadores do Juizado Especial Criminal (Lei nº 9.099/95), sendo igualmente admitida a suspensão condicional do processo.

Inumação ou Exumação de Cadáver

Art. 67. Inumar ou exumar cadáver, com infração das disposições legais:

Pena – prisão simples, de um mês a um ano, ou multa, de duzentos mil réis a dois contos de réis.

Bem jurídico tutelado

Tutela-se o regular funcionamento da administração pública, no que se refere ao respeito das normas referentes à inumação e exumação de cadáveres.

Sujeitos da contravenção

Cuida-se de contravenção penal comum, isto é, qualquer pessoa pode ser **sujeito ativo.**

O sujeito passivo é o Estado, no seu legítimo interesse do desenvolvimento dos procedimentos legais para a inumação e exumação de cadáveres.

Condutas

A conduta típica consiste em inumar (enterrar) e exumar (desenterrar) cadáver em desacordo com disposições legais. Cezar Roberto Bitencourt ensina que: "cadáver, na definição de Von Liszt, "é o corpo humano inanimado, enquanto a conexão de suas partes não cessou de todo". Cadáver, na definição popular, é o corpo humano sem vida, embora se possa acrescentar que o é enquanto conserva a aparência humana; os restos dele em completa decomposição ou mesmo cinzas não são parte de cadáver, como os escombros de uma construção destruída ou demolida podem ser considerados como tais"[111].

O natimorto pode ser entendido como cadáver. Já o feto "nunca é corpo humano, mas parte das vísceras da mulher, ainda não pertence à estrutura fisiológica da mãe (Tacrim-SP, Rel. Onei Raphael, RT 398/309). O feto, portanto, não pode ser objeto material dessa contravenção penal.

A conduta de inumar (enterrar) e exumar (desenterrar) tornam-se típicas se forem desobedecidas às disposições legais. Trata-se de norma penal em branco, pois o tipo penal se reporta a uma regulamentação específica não contida na redação do artigo.

A Lei de Registros Públicos (Lei nº 6.015/73) estabelece em seu **capítulo IX, artigos 77 a 88, o procedimento que deve anteceder o sepultamento ou inumação. O art. 77 da Lei, por exemplo, prevê que** "Nenhum sepultamento será feito sem certidão do oficial de registro do lugar do falecimento ou do lugar de residência do de cujus, quando o falecimento ocorrer em local diverso do seu domicílio, extraída após a lavratura do assento de óbito, em vista do atestado de médico, se houver no lugar, ou em caso contrário, de duas pessoas qualificadas que tiverem presenciado ou verificado a morte**"**. Existem outras normas Estaduais e Municipais que regulamentam as formalidades pertinentes aos sepultamentos e exumações, as quais também devem ser respeitadas.

Além disso, o art. 163 do CPP trata da exumação para exame cadavérico: "Em caso de exumação para exame cadavérico, a autoridade providenciará para que, em dia e hora previamente marcados, se realize a diligência, da qual se lavrará auto circunstanciado".

---

111 BITENCOURT, Cezar Roberto Bitencourt. *Tratado de Direito Penal*, parte especial, vol. 3. São Paulo: Saraiva, 2009, p. 424.

Incorre no crime de ocultação de cadáver (art. 211, CP) o agente que enterra o cadáver sem a observância das formalidades legais e no intuito de escondê-lo. Já o efetivo impedimento ou perturbação de enterro ou cerimônia fúnebre constitui o crime previsto no art. 209 do CP (Impedimento ou Perturbação de Cerimônia Funerária). A violação ou profanação de sepultura ou urna, por sua vez, caracteriza o crime de Violação de Sepultura (art. 210, CP).

Voluntariedade

Exige-se o dolo. Ressalta-se que o sujeito ativo deve ter o conhecimento de que transgride disposições legais relacionadas à inumação ou à exumação.

Não se exige finalidade especial orientando o comportamento do agente. Impunível a conduta culposa.

Consumação e tentativa

Nos perfilhamos a posição segundo a qual a consumação ocorre quando o agente consegue efetivamente enterrar ou desenterrar o cadáver, e não com o mero início desses procedimentos. Contudo, há posicionamento no sentido de que a consumação se dá com o início do sepultamento ou ao ato de desenterrar cadáver.

Não é cabível a tentativa (art. 4º da LCP).

Ação penal

Trata-se de contravenção de ação penal pública incondicionada. São aplicáveis o rito e os institutos despenalizadores do Juizado Especial Criminal (Lei nº 9.099/95).

Recusa de dados sobre a própria identidade ou qualificação

Art. 68. Recusar à autoridade, quando por esta, justificadamente solicitados ou exigidos, dados ou indicações concernentes à própria identidade, estado, profissão, domicílio e residência:

Pena – multa, de duzentos mil réis a dois contos de réis.

Parágrafo único. Incorre na pena de prisão simples, de um a seis meses, e multa, de duzentos mil réis a dois contos de réis, se o fato não constitui infração penal mais grave, quem, nas mesmas circunstâncias, faz declarações inverídicas a respeito de sua identidade pessoal, estado, profissão, domicílio e residência.

Bem jurídico tutelado

É o regular funcionamento da Administração Pública. Busca-se evitar a criação de obstáculos à atuação das autoridades em sua ação preventiva.

Sujeitos da contravenção

O sujeito ativo pode ser qualquer pessoa tanto na forma simples quanto na qualificada. O sujeito passivo é o Estado.

Condutas

A conduta típica em sua forma simples, prevista no *caput* do artigo, consiste em recusar-se (negar-se, resistir, opor-se) a fornecer os dados ou indicações pertinentes à própria identidade, estado, profissão, domicílio e residência à autoridade, quando por esta, justificadamente solicitados ou exigidos. Solicitar significa pedir, rogar. Exigir quer dizer ordenar, mandar, intimar.

A recusa por parte do agente pode ser expressa, isto é, contrapõe-se de forma direta à solicitação ou exigência; ou tácita, por meio da prática de atos que demonstrem a intenção de não atender a solicitação ou exigência.

Romeu Salles Júnior esclarece à expressão autoridade como "alcance amplo, abrangendo a autoridade policial, judiciária, administrativa ou qualquer pessoa no exercício de atividade que possa gerar a condição de, justificadamente, exigir ou solicitar **os dos mencionados no dispositivo**".[112]

Se a autoridade não se apresenta como tal ou o agente ignora essa condição, não há de se falar na tipificação do art. 68 da LCP. Ademais, só existe a contravenção em estudo se a solicitação ou exigência for legítima.

Na forma qualificada (par. único do art. 68, LCP), a conduta típica consiste em, nas mesmas circunstâncias da forma simples, o agente fazer declarações inverídicas a respeito de sua identidade pessoal, estado, profissão, domicílio e residência.

A conduta típica na figura qualificada distingue-se da simples, pois nesta o agente recusa-se a fornecer seus dados, já na forma qualificada ele presta declarações falsas quanto a seus dados. Em sua forma simples a pena é de multa, já na figura qualificada a pena é de prisão simples e multa.

Trata-se de tipo penal de subsidiariedade expressa, pois o próprio tipo penal consta a expressão "se o fato não constitui infração penal mais grave".

A retratação do réu em tempo oportuno, apresentando seus dados verdadeiros, por exemplo, enquanto não terminar a realização do ato que ensejou sua identificação, exclui a contravenção penal. Nesse sentido: *"Se o réu se retratou, oportunamente, fornecendo seu verdadeiro nome, não há falar na contravenção do art. 68 da respectiva lei (TACRIM-SP--RT446/402).*

A contravenção penal de recusa de dados sobre a própria identidade ou qualificação (art. 68, LCP) se distingue do crime de falsa identidade (art. 307, CP) pela finalidade do agente. Quando o agente se recusa a fornecer os dados identificadores ou os fornece com informações inverídicas com o fim de obter vantagem para si ou para outrem, ou provocar dano a terceiro incorre no crime de falsa identidade. Entretanto, não havendo tal finalidade, a conduta encontra tipificação no art. 68 da LCP.

Oportuno destacar que o STF decidiu, em sede de repercussão geral, que incide no crime de falsa identidade o réu que presta declarações falsas a autoridade policial com o propósito de ocultar os seus maus antecedentes: "O princípio constitucional da autodefesa (art. 5º, inciso LXIII, da CF/88) não alcança aquele que atribui falsa identidade perante autoridade policial com o intento de ocultar maus antecedentes, sendo, portanto, típica a conduta praticada pelo agente (art. 307 do CP)" (RE 640139 RG, Relator(a): Min. DIAS TOFFOLI, julgado em 22/09/2011, PUBLIC 14-10-2011).

Voluntariedade

Exige-se o dolo para a configuração da contravenção tanto na figura simples (*caput*) quanto qualificada (parágrafo único). Não se admite a forma culposa.

---

112 SALLES JÚNIOR, Romeu de Almeida. *Lei das Contravenções Penais Interpretadas*, ed. Oliveira Mendes, 1998, p. 322.

Consumação e tentativa

A consumação da figura prevista no *caput* ocorre no momento da negativa, isto é, da recusa ao atendimento da solicitação ou exigência da autoridade. Já na figura qualificada a consumação se dá quando o agente presta a declaração falsa para a autoridade.

Não é possível a tentativa, nos termos do art. 4 da LCP.

Ação penal

É de natureza pública incondicionada, conforme art. 17 da LCP. Tanto na forma simples quanto na qualificada, são aplicáveis o rito e os institutos despenalizadores do Juizado Especial Criminal (Lei nº 9.099/95), sendo igualmente admitida a suspensão condicional do processo.

> **Art. 69.** Exercer, no território nacional, atividade remunerada o estrangeiro que nele se encontre como turista, visitante ou viajante em trânsito: Pena – prisão simples, de três meses a um ano.

O referido artigo foi revogado pela Lei nº 6.815, de 19.8.1980.

> **Art. 70.** Praticar qualquer ato que importe violação do monopólio postal da União: Pena – prisão simples, de três meses a um ano, ou multa, de três a dez contos de réis, ou ambas cumulativamente.

O artigo 70 foi revogado pela Lei nº 6.538/78, que disciplina o serviço postal e tipificou como crime a referida conduta.

> **Art. 71.** Ressalvada a legislação especial sobre florestas, caça e pesca, revogam-se as disposições em contrário.
>
> **Art. 72.** Esta lei entrará em vigor no dia 1º de janeiro de 1942.

CAPÍTULO 2

Genocídio – Lei 2.889/1956

Matheus Kuhn Gonçalves

1. INTRODUÇÃO E BALIZAS HISTÓRICAS DO GENOCÍDIO

Atualmente, entende-se o genocídio, do ponto de vista legal, como a intenção de destruir, no todo ou em parte, grupo nacional, étnico, racial ou religioso, por intermédio da morte dos membros do grupo, da prática de lesão grave à integridade física ou mental, da submissão a condições de existência capazes de ocasionar-lhes a destruição física ou parcial, da adoção de medidas para impedir o nascimento de novos integrantes, bem como da transferência forçada de crianças do grupo para outro grupo.

Tem-se que o vocábulo genocídio deriva da junção da expressão grega *genos*, que significa raça, com a expressão latina *cidio* (*coedere*), que significa matar. Portanto, em tradução livre, tem-se "matar uma raça" ou "exterminar uma raça".

Conceitualmente, o primeiro estudioso a se debruçar sobre o significado de genocídio foi o polonês Rafael Lemkin, no ano de 1944, a fim de entender a qualificação jurídica dos atos ocorridos na Segunda Guerra Mundial na Alemanha. Vale dizer, questionava o referido autor se a multiplicidade de mortes ocorridas no período eram homicídios em massa ou se se tratava de delito distinto, concluindo que:

> pensamos que não, porque não ressalta a motivação do crime, especialmente quando a motivação está baseada em considerações raciais, nacionais ou religiosas de destruir uma nação e apagar sua personalidade cultural [...].[1]

Trabalhando o entendimento de Rafael Lemkin, o professor Heleno Fragoso faz distinção entre homicídio e genocídio:

> A expressão genocídio foi inventada em 1944 por LEMKIN, professor polonês, radicado nos Estados Unidos, que em sua comunicação à Conferência de Bruxelas, assim o definiu: 'O crime de genocídio é um crime especial, consistente em destruir intencionalmente grupos humanos, raciais, religiosos ou nacionais, e, como o homicídio singular, pode ser cometido tanto em tempo de paz como em tempo

1 LEMKIN, Raphael. **Axis Rule in Europe:** Laws of Occupation, Analysis of Government, Proposals for Redress. Washington: Carnegie Endowment for International Peace, 1944, apud GIL, Alicia. **El genocidio y otros crimines internacionales.** Valencia: Colección Interciencias, 1999, p. 125.

> de guerra. Em território ocupado pelo inimigo e em tempo de guerra, será crime de guerra, e se na mesma ocasião se comete contra os próprios súditos, crimes contra a Humanidade. O crime de genocídio acha-se composto por vários atos subordinados todos ao dolo específico de destruir um grupo humano.'[2]

Historicamente, não existe consenso literário sobre o marco preciso do início dessa prática. Todavia, há registros históricos de que tais práticas são tão antigas quanto a própria existência da humanidade, tendo em vista que "a ideia de exterminar um grupo diferente é praticamente inerente à condição humana".[3]

Assim, verifica-se que o instinto genocida, de destruição e extermínio dos povos, acompanha a existência humana, contudo, o tratamento criminal da conduta é relativamente recente no ordenamento jurídico internacional e nacional. Para Antônio Lopes Monteiro:

> adotando-se um conceito formal de delito, seria difícil focalizar o aparecimento do crime de genocídio no transcorrer da vida humana. Ele seria constante na história. A luta é um fato de evolução histórica, e mantêm-se em sua essência e finalidade. Homens e povos surgem e desaparecem. Nações inteiras se apagam ante os novos tempos. Mas este tipo de genocídio revela instintos de agressão, de domínio e de conservação.[4]

Dessa forma, passou-se a se preocupar com o tratamento jurídico da prática de genocídio a partir da aprovação da Convenção para a Prevenção e Castigo do Crime de Genocídio, em dezembro de 1948, na cidade de Paris, na III Sessão da Assembléia Geral das Nações Unidas. Esse documento internacional entrou em vigor em 1951, tendo o Brasil aderido a ele por intermédio do Decreto-Legislativo n.º 02/51, sendo promulgado na ordem interna pelo Decreto n.º 30.822/52.

A Convenção para a Prevenção e Castigo do Crime de Genocídio, em seu Artigo 1º, expede um mandado de criminalização aos Estados signatários deste instrumento internacional, ou seja, determina que estes criminalizem a conduta de genocídio na ordem interna, seja em tempo de guerra ou paz:

> As Partes Contratantes confirmam que o genocídio, quer cometido em tempo de paz ou em tempo de guerra, é um crime contra o Direito Internacional, que elas se comprometem a prevenir e a punir.

Dessa forma, atendendo a esse mandado de criminalização, o Estado brasileiro editou a Lei n.º 2.889/56, que define e pune o crime de genocídio na ordem interna.

1.1. Crítica ao modelo adotado pelo legislador

Ao editar a Lei n.º 2.889/56 e definir o delito de genocídio (art. 1º), o legislador apenas repetiu as condutas descritas no art. 2º da Convenção para a Prevenção e Castigo do Crime de Genocídio. Vejamos:

---

2 FRAGOSO, Heleno Cláudio. Genocídio. **Revista de Direito Penal.** São Paulo, n. 9-10, p. 27-36, jan./jun. 1973.

3 PONTE, Leila Hassem da. **Genocídio.** São Paulo: Saraiva, 2013, p. 17.

4 MONTEIRO, Antonio Lopes. **Crimes hediondos:** texto, comentários e aspectos polêmicos. 8. ed. São Paulo: Saraiva, 2008, p. 83.

Art. 1º da Lei n.º 2.889/56	Art. 2º da Convenção para a Prevenção e Castigo do Crime de Genocídio
Art. 1º Quem, com a intenção de destruir, no todo ou em parte, grupo nacional, étnico, racial ou religioso, como tal: a) matar membros do grupo; b) causar lesão grave à integridade física ou mental de membros do grupo; c) submeter intencionalmente o grupo a condições de existência capazes de ocasionar-lhe a destruição física total ou parcial; d) adotar medidas destinadas a impedir os nascimentos no seio do grupo; e) efetuar a transferência forçada de crianças do grupo para outro grupo;	Na presente Convenção entende-se por genocídio qualquer dos seguintes atos, cometidos com a intenção de destruir no todo ou em parte, um grupo nacional, étnico, racial ou religioso, como tal: a) matar membros do grupo; b) causar lesão grave à integridade física ou mental de membros do grupo; c) submeter intencionalmente o grupo a condição de existência capazes de ocasionar-lhe a destruição física total ou parcial; d) adotar medidas destinadas a impedir os nascimentos no seio de grupo; e) efetuar a transferência forçada de crianças do grupo para outro grupo.

Assim, parte da doutrina tece críticas ao modelo adotado para criminalização desta conduta, afirmando que "embora louvável a aderência ao movimento internacional para a repressão desse crime, pode-se verificar a infelicidade do legislador de 1956 ao estabelecer as reprimendas, pois que procedeu à remissão a dispositivos já existentes no Código Penal, quando, ao contrário, deveria ter considerado que o genocídio, embora se aproxime das figuras do homicídio, da lesão corporal etc., possui objetividade jurídica muito mais abrangente, não se limitando à vida humana ou à integridade física do indivíduo."[5]

1.2. Norma Penal em Branco às avessas, ao revés ou invertida

É a hipótese em que o preceito secundário da norma penal (sanção) precisa ser complementado. Nesta situação, o complemento da norma penal em branco somente pode ser realizado por lei, tendo em vista que só a lei pode cominar pena (princípio da legalidade).

Esse é o caso do crime de Genocídio (art. 1º da Lei n.º 2.889/56), tendo em vista que o preceito secundário do tipo penal remete à pena de outros crimes. Vejamos:

Preceito Secundário do Crime de Genocídio (sanção penal)
Será punido: Com as penas do art. 121, § 2º, do Código Penal, no caso da letra a; Com as penas do art. 129, § 2º, no caso da letra b; Com as penas do art. 270, no caso da letra c; Com as penas do art. 125, no caso da letra d; Com as penas do art. 148, no caso da letra e;

5 CUNHA, Rogério Sanches da. **Legislação Penal Especial.** Coleção Ciências Criminais. v. 6. São Paulo: Revista dos Tribunais, 2009. p. 396

1.3. Tribunal Penal Internacional e Estatuto de Roma

A Constituição Federal declarou, em seu artigo 5º, § 3º, que o Brasil se submete à jurisdição do Tribunal Penal Internacional a cuja criação tenha manifestado adesão.

Pelo Decreto n.º 4.388/02, o Brasil manifestou adesão ao Estatuto de Roma, o qual dispõe sobre as regras do Tribunal Penal Internacional, informando, ainda, que a competência desse Tribunal restringir-se-á aos crimes mais graves, que afetam a comunidade internacional no seu conjunto, sendo que tal órgão terá competência para julgar os seguintes crimes: a) o crime de genocídio; b) crimes contra a humanidade; c) crimes de guerra; e d) o crime de agressão (art. 5º, item 1, do Estatuto de Roma).

É válido registrar que o Tribunal Penal Internacional possui competência para o julgamento de pessoas, não a possuindo para o julgamento de delitos atribuídos aos Estados Nacionais. E ainda, o mencionado Tribunal têm competência subsidiária com caráter de complementaridade, ou seja, somente será chamado a julgar as infrações penais no caso de omissão ou incapacidade por parte do Estado Nacional. Portanto, como regra, o dever de processar e julgar é do Estado Nacional, sendo que, somente na sua omissão ou incapacidade é que haverá a atração da competência internacional do tribunal.

Para o Estatuto de Roma (art. 6º), entende-se por "genocídio" qualquer um dos atos que a seguir se enumeram, praticados com intenção de destruir, no todo ou em parte, um grupo nacional, étnico, racial ou religioso, enquanto tal: a) Homicídio de membros do grupo; b) Ofensas graves à integridade física ou mental de membros do grupo; c) Sujeição intencional do grupo a condições de vida com vista a provocar a sua destruição física, total ou parcial; d) Imposição de medidas destinadas a impedir nascimentos no seio do grupo, bem como; e) Transferência, à força, de crianças do grupo para outro grupo.

Ademais, o art. 7º do documento em estudo traz os nominados **crimes contra a humanidade**. Segundo o artigo 7º, item 1, do Estatuto de Roma, entende-se por **crime contra a humanidade** qualquer um dos atos seguintes, quando cometido no quadro de um ataque, generalizado ou sistemático, contra qualquer população civil, havendo conhecimento desse ataque: a) Homicídio; b) Extermínio; c) Escravidão; d) Deportação ou transferência forçada de uma população; e) Prisão ou outra forma de privação da liberdade física grave, em violação das normas fundamentais de direito internacional; f) Tortura; g) Agressão sexual, escravatura sexual, prostituição forçada, gravidez forçada, esterilização forçada ou qualquer outra forma de violência no campo sexual de gravidade comparável; **h) Perseguição de um grupo ou de uma coletividade que possa ser identificada, por motivos políticos, raciais, nacionais, étnicos, culturais, religiosos ou de gênero, tal como definido no parágrafo 3º, ou em função de outros critérios universalmente reconhecidos como inaceitáveis no direito internacional, relacionados com qualquer ato referido neste parágrafo ou com qualquer crime da competência do Tribunal**; i) Desaparecimento forçado de pessoas; j) Crime de *apartheid*; k) Outros atos desumanos de caráter semelhante, que causem intencionalmente grande sofrimento ou afetem gravemente a integridade física ou a saúde física ou mental.

Na mesma senda, o Estatuto de Roma conceitua **perseguição** como a privação intencional e grave de direitos fundamentais em violação do direito internacional, por motivos relacionados com a identidade do grupo ou da coletividade em causa (art. 7º, item 2, "g") e **extermínio** como a sujeição intencional a condições de vida, tais como a privação do acesso a alimentos ou medicamentos, com vista a causar a destruição de uma parte da população (art. 7º, item 2, "b").

Dito isso, deve-se frisar que, ao contrário do que é aplicado na ordem jurídica interna (que possui como regra a prescritibilidade do crime de genocídio), a prática de crimes contra a humanidade, no contexto do Tribunal Penal Internacional, é considerada imprescritível, conforme dispõe o art. 29 do Estatuto de Roma.[6]

1.4. Bem Jurídico Tutelado

O crime de genocídio é considerado crime contra a humanidade. Nesse diapasão, deve-se ressaltar que o bem jurídico tutelado pela norma é de natureza supraindividual, pois, conforme já decidiu o Supremo Tribunal Federal, "o tipo penal do delito de genocídio protege, em todas as suas modalidades, bem jurídico coletivo ou transindividual, figurado na existência do grupo racial, étnico ou religioso, a qual é posta em risco por ações que podem também ser ofensivas a bens jurídicos individuais, como o direito à vida, à integridade física ou mental, à liberdade de locomoção [...]".[7]

1.5. Competência

A competência do crime de genocídio é definida a depender dos elementos do caso concreto. Pode-se ter a precipitada sensação de que, por se tratar de crime contra a humanidade, violador de direitos humanos, necessariamente será julgado pela Justiça Federal, o que, de fato, não é verdade. Em regra, o crime de genocídio é julgado pela Justiça Estadual, podendo, obviamente, ser deslocada para a Justiça Federal, a depender das circunstâncias do caso concreto. Para Guilherme Nucci:

> O bem jurídico afetado diretamente é a vida humana, lastreado na intenção específica de destruição de um grupo. No caso, com uma vítima ou várias, é competente a Justiça Estadual.[8]

O crime de genocídio pode ser praticado mediante diversas condutas, sendo que cada uma delas atrai a competência de determinado órgão jurisdicional.

A primeira hipótese da prática de genocídio diz respeito a "matar membros do grupo". Portanto, nesse cenário, temos um crime doloso contra a vida (raciocínio que também é extensível à alínea "d", quando se refere à prática de aborto), que atrai a competência constitucional do Tribunal do Júri Estadual, nos termos do art. 5º, XXXVIII, "d", da Constituição Federal, uma vez que este é o juízo competente para o julgamento dos crimes dolosos contra a vida e os conexos a eles.

As demais questões previstas no tipo penal (causar lesão grave à integridade física ou mental de membros do grupo; submeter intencionalmente o grupo a condições de existência capazes de ocasionar-lhe a destruição física total ou parcial; adotar medidas destinadas a impedir os nascimentos no seio do grupo; efetuar a transferência forçada de crianças do grupo para outro grupo) são de competência do Juízo Singular estadual, pois não se tratam de situações atinentes a crimes dolosos contra a vida.

---

6 Artigo 29. Imprescritibilidade: Os crimes da competência do Tribunal não prescrevem.

7 RE 351487, Relator(a): Min. CEZAR PELUSO, Tribunal Pleno, julgado em 03/08/2006.

8 NUCCI, Guilherme de Souza. **Leis penais e processuais penais comentadas**. 4. ed. rev., atual. e ampl. São Paulo: Editora Revista dos Tribunais, 2009, p. 624

Em relação à competência da Justiça Federal, tem-se a prática de genocídio contra índios. Inicialmente, como regra, o crime praticado por ou contra índio é julgado pela Justiça Estadual, nos exatos termos da Súmula 140 do STJ. Excepciona-se o verbete quando envolver Direitos Indígenas (art. 109, XI, da CF).

Dessa maneira, o genocídio perpetrado contra índios atrai a competência de um juiz federal singular, pois não se trata de crime doloso contra a vida. No entanto, se for praticado mediante a morte de membros do grupo, o agente deverá responder pelo genocídio em concurso formal impróprio com os delitos de homicídio (em continuidade delitiva), não sendo possível a aplicação do princípio da consunção (pois se têm bens jurídicos diversos). Nesse caso, os homicídios serão julgados por um Tribunal do Júri Federal, que exercerá força atrativa em relação ao crime conexo de genocídio.[9] Nesse sentido, colaciona-se a jurisprudência do Supremo Tribunal Federal:

> COMPETÊNCIA - GENOCÍDIO – INDÍGENAS. A competência para julgar a ação penal em que imputada a figura do genocídio, praticado contra indígenas na disputa de terras, é da Justiça Federal. Na norma definidora da competência desta para demanda em que envolvidos direitos indígenas, inclui-se a hipótese concernente ao direito maior, ou seja, a própria vida. (RE 179485 AM. Min. MARCO AURÉLIO).

Sublinhe-se que a Corte Suprema também já firmou entendimento de que existindo concurso formal entre o delito de genocídio e homicídio doloso, quando cometidos no mesmo contexto fático, a competência será do Tribunal do Júri Federal. Transcrevemos:

> [...] Compete ao tribunal do júri da Justiça Federal julgar os delitos de genocídio e de homicídio ou homicídios dolosos que constituíram modalidade de sua execução. (STF, RE 351.487/RR, Plenário, Rel. Min. Cezar Peluso, 03/08/2006).

Ainda no mesmo propósito, é possível o declínio da competência para a Justiça Federal no caso de suscitação do incidente de deslocamento de competência, previsto no art. 109, V-A, da Constituição Federal, em casos de grave violação de direitos humanos, caso haja a necessidade de assegurar o cumprimento de obrigações decorrentes de tratados internacionais sobre direitos humanos dos quais o Brasil seja signatário. Todavia, o referido incidente só pode ser ventilado se houver indícios de que as autoridades estaduais não estão apurando os fatos de forma adequada, o que gera a necessidade da remessa do procedimento apuratório para a instância federal, para garantir que o Estado brasileiro cumpra as obrigações fixadas no tratado internacional sobre direitos humanos do qual é parte.

Assim, verificando o PGR que estão presentes os requisitos acima, deverá suscitar o incidente de deslocamento de competência para a Justiça Federal, perante o STJ, o qual, se julgado procedente, sucederá a remessa dos autos.

9 [...] 1. A competência para processar e julgar acusados da prática do crime de genocídio contra etnia indígena, quando não houver denúncia também pela prática do crime de homicídio, é do juízo federal singular, e não do Tribunal do Júri Federal, porquanto o objeto jurídico tutelado nesse delito não é a vida em si mesma, mas, sim, a sobrevivência, no todo ou em parte, de um grupo nacional, étnico, racial ou religioso. [...] Tribunal Regional Federal da 1ª Região TRF-1 - APELAÇÃO CRIMINAL: ACR 17140 RR 1997.01.00.017140-0.

1.6. Extraterritorialidade

Extraterritorialidade é a possibilidade de a lei brasileira ser aplicada a crimes praticados em outros países. Segundo o art. 7º, I, "d", do Código Penal, aplica-se a lei brasileira ao crime praticado no estrangeiro, quando houver a prática de genocídio e o agente for brasileiro ou domiciliado no Brasil. O referido dispositivo traz hipótese de **extraterritorialidade incondicionada**, ou seja, aplica-se a lei brasileira ainda que o agente tenha sido absolvido ou condenado no estrangeiro (art. 7º, § 2º, do CP). Em outras palavras, independentemente de qualquer condição, haverá a aplicação da lei pátria ao criminoso.

Nesse sentido, existem precedentes na jurisprudência que justificam a competência do Estado brasileiro. Vejamos:

> [...] 2. Independentemente de os fatos terem ocorrido em território brasileiro ou venezuelano, não está afastada a jurisdição da Justiça brasileira para julgar o crime de genocídio, consoante preceitua a letra d do inc. I do art. 7º do Código Penal, uma vez que os acusados são brasileiros e domiciliados no Brasil. Trata-se de caso especial de extraterritorialidade incondicionada pelo princípio da justiça universal. Há aplicação da lei brasileira ainda que o agente seja absolvido ou condenado no estrangeiro, segundo dispõe o § 1º do art. 72 do Código Penal. [...]. Tribunal Regional Federal da 1ª Região TRF-1 - APELAÇÃO CRIMINAL: ACR 17140 RR 1997.01.00.017140-0.

Segundo a doutrina, existem divergências de qual o princípio adotado para a extraterritorialidade atinente ao crime de genocídio, a fim de justificar a aplicação da lei brasileira, gerando dúvidas em relação à utilização do princípio da Justiça Universal, Nacionalidade Ativa ou da Defesa. Transcrevemos a lição de Fernando Capez e Edilson Mougenot Bonfim sobre o tema:

> — alínea d: para alguns, princípio da justiça universal (o genocida será punido de acordo com a lei do país em que estiver); para outros, princípio da nacionalidade ativa (exige que o agente seja brasileiro. Note-se, porém, que a lei se contenta com o domicílio do agente em território nacional, ainda que este não seja brasileiro. Isso afasta a incidência do princípio da nacionalidade ativa); para uma terceira corrente, princípio real, da defesa ou de proteção (quando o genocídio atinge um bem brasileiro, aplica-se a lei brasileira. Como esse é um crime contra a humanidade, o bem jurídico de todos os países sempre será atingido, tornando possível invocar tal princípio).[10]

1.7. Hediondez do Crime de Genocídio

A Lei n.º 8.072/90 também incluiu no rol dos crimes hediondos o delito de genocídio previsto nos artigos 1º, 2º e 3º da Lei n.º 2.889/56, tentado ou consumado. Portanto, foram etiquetados como hediondos o delito de genocídio propriamente dito (art. 1º), a associação para a prática de genocídio (art. 2º) e a incitação ao genocídio (art. 3º).

Assim, todas as figuras criminosas previstas na lei do genocídio são consideradas crimes hediondos, trazendo todas as consequências e vedações contidas na Lei n.º 8.072/90.

10 BONFIM, Edilson , CAPEZ, Fernando. **Direito Penal - Parte Geral**. São Paulo: Saraiva, 2004, p. 219.

Sobre as consequências e vedações correlatas aos crimes hediondos e equiparados, remetemos o amigo leitor para lei específica também comentada nesta obra.

1.8. Prisão Temporária

É cabível prisão temporária para o crime de genocídio (arts. 1º, 2º e 3º), em qualquer de suas formas típicas, conforme art. 1º, III, alínea "m", da Lei 7.960/89.

O prazo será de 30 (trinta) dias prorrogáveis por mais 30 (trinta). Isso porque o artigo 2º, § 4º[11], da Lei dos Crimes Hediondos dilata o prazo da temporária para os crimes hediondos e equiparados, aumentando de 05 (cinco) dias prorrogáveis por mais 05 (cindo), para 30 (trinta) dias prorrogáveis por mais 30 (trinta) dias.

1.9. Homicídio em atividade típica de grupo de extermínio e Genocídio (Lei n.º 2.889/56)

O homicídio praticado em atividade típica de grupo de extermínio não se confunde com crime de genocídio previsto na Lei n.º 2.889/56. Vejamos as diferenças:

Ao homicídio praticado em atividade típica de grupo de extermínio, dá-se o nome de **homicídio condicional**. É assim chamado tendo em vista que é necessário o preenchimento de uma condição para sua caracterização, qual seja: ser praticado em atividade típica de grupo de extermínio.

Nesse sentido, foi editada a Lei n.º 12.720/12, que "dispõe sobre o crime de extermínio de seres humanos; altera o Decreto-Lei n,º 2.848, de 7 de dezembro de 1940 – Código Penal; e dá outras providências". Todavia, o legislador ordinário não conceituou "grupo de extermínio". Assim, tal tarefa fica a cargo da doutrina.

Entende-se por grupo de extermínio a reunião de pessoas que, na ausência do Estado, buscam o extermínio de determinados grupos socialmente desprestigiados, por meio de matanças generalizadas, prática de chacina etc. É composto por pessoas que se autointitulam justiceiras e, a pretexto de proteger a sociedade, exterminam pessoas rotuladas como perigosas.

A legislação também não esclarece quantos participantes são necessários para caracterizar um grupo de extermínio. Essa missão também ficou a cargo da doutrina.

a) Fernando Capez afirma que "o grupo pode ser formado por, no mínimo, duas pessoas (como é no caso de associação criminosa - art. 35, *caput*, e parágrafo único, da Lei de Drogas), admitindo-se, ainda, que somente uma delas execute a ação."[12] Em que pese esta posição, entendemos que não deve ser acolhida, pois grupo não se confunde com par. Quando o legislador quer se referir à união de duas pessoas, ele o faz expressamente, como o fez no delito de furto qualificado (art. 155, § 4º, IV, do Código Penal – mediante concurso de duas ou mais pessoas) e de roubo majorado (art. 157, § 2º, II, do Código Penal – se há o concurso de duas ou mais pessoas).

b) Com base na Lei n.º 12.694/2012 (que dispõe sobre o processo e o julgamento colegiado em primeiro grau de jurisdição de crimes praticados por organização criminosa),

---

11 "§ 4º A prisão temporária, sobre a qual dispõe a Lei n.º 7.960, de 21 de dezembro de 1989, nos crimes previstos neste artigo, terá o prazo de 30 (trinta) dias, prorrogável por igual período em caso de extrema e comprovada necessidade" (Incluído pela Lei n.º 11.464, de 2007).

12 CAPEZ, Fernando. **Curso de Direito Penal**. v. 2., 9.ed. São Paulo: Saraiva, 2009, p. 29.

Rogério Sanches da Cunha menciona que "deve-se usar o mesmo conceito de 'grupo' trazido no seu artigo 2º, que se contenta com a reunião de três ou mais pessoas".[13]

c) Para Alberto Silva Franco, "tudo parece indicar que o legislador teve em mira, ao compor a expressão 'grupo de extermínio', o tipo do art. 288 do Código Penal, e tal postura pode ser extraída da expressão 'típica' acrescida ao vocábulo 'atividade'. Ora, a única 'atividade típica' que pode servir de parâmetro ao 'grupo de extermínio' é a da quadrilha ou bando, cuja existência está vinculada ao número mínimo de quatro pessoas. Em conclusão, não há cogitar de 'grupo de extermínio' que não tenha, no mínimo, quatro pessoas, direta e imediatamente, envolvidas".[14] Com efeito, após a entrada em vigor da Lei n.º 12.850/13, foi revogado o crime de quadrilha ou bando e instituído o delito associação criminosa, para o qual se exigem no mínimo 03 (três) pessoas.

d) Com a entrada em vigor da Lei n.º 12.850/13 (que dispõe sobre organização criminosa), alterou-se de 03 (três) para 04 (quatro) o número mínimo de integrantes para a caracterização de organização criminosa. Assim, com essa mudança legislativa, é possível que aqueles que se filiavam à corrente descrita no item "b" alterem seu entendimento. Todavia, pensamos não ser aplicável o parâmetro previsto na Lei de Organizações Criminosas, uma vez que esta exige certas especificidades (grau de organização, divisão de tarefas etc.) que a formação de um grupo não exige.

Entendemos que, para a caracterização de "grupo", deve ser exigido o número mínimo de 03 (três) pessoas, utilizando-se como parâmetro o conceito de associação criminosa previsto no artigo 288 do Código Penal (alterado pela Lei n.º 12.850/13). Isso porque, utilizando-se como critério a interpretação sistemática, vê-se que o legislador alocou o artigo 288-A do Código Penal (que trata sobre constituição de milícia privada, **grupo** ou esquadrão) no mesmo contexto do artigo 288 do Código Penal, no Título "Dos Crimes contra a Paz Pública". Desse modo, acreditamos ser possível o empréstimo do parâmetro utilizado pelo artigo 288 do Código Penal (alterado pela Lei n.º 12.850/13).

Ademais, se o homicídio for praticado por grupo de extermínio, a pena é aumentada de 1/3 (um terço) até a metade, conforme artigo 121, § 6º, do Código Penal. Essa causa de aumento de pena foi instituída em 2012, pela Lei n.º 12.720.

Portanto, o delito de homicídio praticado em atividade típica de grupo de extermínio é crime doloso contra a vida, que tutela bem jurídico individual. Além disso, exige-se número mínimo de associados, pois se necessita da composição de um grupo.

Por sua vez, no crime de genocídio o agente tem a intenção de colocar fim, total ou parcialmente, em grupo nacional, étnico, racial ou religioso, seja por intermédio da morte dos membros do grupo, da prática de lesão grave à integridade física ou mental, da submissão a condições e existência capazes de ocasionar-lhes a destruição física ou parcial, da adoção de medidas para impedir o nascimento de novos integrantes, bem como a transferência forçada de crianças do grupo para outro grupo. Vê-se, por conseguinte, que o bem jurídico tutelado não é a vida, mas sim a existência de grupo nacional, étnico, racial ou religioso.

---

13 CUNHA, Rogério Sanches. **Manual de Direito Penal.** Parte Especial (arts. 121 ao 361). Volume Único. 5. ed. rev., atual. e ampl. Salvador: JusPodivm, 2013, p. 687.

14 FRANCO, Alberto Silva. **Crimes Hediondos.** 7. ed. rev., atual. e ampl. São Paulo: Revista dos Tribunais, 2011, p. 551.

Lado outro, não se trata de delito de concurso necessário, podendo ser praticado por um único agente, que tenha como intenção a eliminação dos grupos especificados pela lei.

Dessa maneira, no delito de homicídio praticado em atividade típica de grupo de extermínio, deve o agente necessariamente atentar contra a vida da vítima (o dolo do criminoso é de matar). Já no crime de genocídio, embora possa ser praticado por intermédio da morte de membros dos grupos, não necessariamente precisa ser praticado por este meio, podendo sê-lo executado de outras formas (o dolo do criminoso é de colocar fim, total ou parcialmente, em grupo nacional, étnico, racial ou religioso). Cite-se, como exemplo de genocídio, a distribuição de anticoncepcional para os índios, a fim de que não mais tenham descendência. Sobre o tema, o Supremo Tribunal Federal já se manifestou:

> 1. CRIME. Genocídio. Definição legal. Bem jurídico protegido. Tutela penal da existência do grupo racial, étnico, nacional ou religioso, a que pertence a pessoa ou pessoas imediatamente lesionadas. Delito de caráter coletivo ou transindividual. Crime contra a diversidade humana como tal. Consumação mediante ações que, lesivas à vida, integridade física, liberdade de locomoção e a outros bens jurídicos individuais, constituem modalidade executórias. Inteligência do art. 1º da Lei nº 2.889/56, e do art. 2º da Convenção contra o Genocídio, ratificada pelo Decreto nº 30.822/52. [...] RE 351487, Relator(a): Min. CEZAR PELUSO, Tribunal Pleno, julgado em 03/08/2006.

1.10. Reparação Mínima, Dano na Sentença e Dano Moral Coletivo

Historicamente, o Direito Penal é permeado por questões relativas ao processamento e à aplicação de sanções aos acusados, esquecendo-se da reparação e assistência à vítima do delito. De alguns anos pra cá, surgiu uma forte tendência legislativa, jurisprudencial e interpretativa, mais moderna e efetiva, de buscar a reparação do dano da vítima no bojo do processo criminal. Para que se compreenda a questão, faremos um passeio pela legislação extravagante até se chegar ao dano moral coletivo e à sua possibilidade de aplicação ao crime de genocídio.

O Código de Trânsito Brasileiro, por exemplo, previu a multa reparatória no artigo 297. Tal instituto consiste no pagamento de indenização em favor da vítima ou de seus sucessores sempre que houver prejuízo material resultante do crime. Vale dizer, o Juízo Criminal poderá fixar perdas e danos à vítima na sentença penal condenatória.

Essa previsão segue a tendência inaugurada pela Lei n.º 9.099/95, que busca, sempre que possível e com primazia, ressarcir a vítima dos prejuízos sofridos por ocasião da infração penal. Nesse sentido, instituiu o legislador, no artigo 74 da Lei n.º 9.099/95, a composição civil do dano, que incentiva a reparação dos prejuízos sofridos pela vítima, causando, inclusive, a extinção da persecução penal.

No mesmo sentido, o artigo 20, *caput*, da Lei n.º 9.605/98 (Lei de Crimes Ambientais) impõe que a sentença penal condenatória fixe valor mínimo de indenização civil para reparação dos danos causados pela infração, levando-se em conta os prejuízos sofridos pela vítima ou pelo meio ambiente. Semelhante ao que ocorre com a multa reparatória do Código de Trânsito é o Juízo Criminal fixando indenização civil em processo penal.

Ainda na legislação processual, encontramos, também, o artigo 387, IV, do Código de Processo Penal (com redação dada pela Lei n.º 11.719/08), o qual autoriza o Juízo Criminal a fixar valor mínimo para a reparação dos danos causados pela infração, considerando os prejuízos sofridos pelo ofendido.

Portanto, percebe-se que o legislador passou a dar maior atenção à vítima do delito, facilitando, ao menos no âmbito legal, a possibilidade de ressarcimento de seus prejuízos, sem que haja necessidade de ingressar com ação indenizatória no âmbito civil.

Nos termos do artigo 387, IV, do Código de Processo Penal, a jurisprudência do Superior Tribunal de Justiça já admitiu que o Juízo Criminal fixe, a título de reparação mínima, danos morais, desde que o magistrado o faça de forma fundamentada e, ao proferir a sentença penal condenatória, se sinta apto para quantificá-lo diante do caso concreto. Vejamos o aresto publicado no Informativo 588:

> DIREITO PROCESSUAL PENAL. POSSIBILIDADE DE FIXAÇÃO DE VALOR MÍNIMO PARA COMPENSAÇÃO DE DANOS MORAIS SOFRIDOS PELA VÍTIMA DE INFRAÇÃO PENAL. **O juiz, ao proferir sentença penal condenatória, no momento de fixar o valor mínimo para a reparação dos danos causados pela infração (art. 387, IV, do CPP), pode, sentindo-se apto diante de um caso concreto, quantificar, ao menos o mínimo, o valor do dano moral sofrido pela vítima, desde que fundamente essa opção [...]. REsp 1.585.684-DF, Rel. Min. Maria Thereza de Assis Moura, julgado em 9/8/2016, DJe 24/8/2016.**

Recentemente, inclusive, o Superior Tribunal de Justiça entendeu ser possível a fixação de danos morais em sentença penal condenatória, nos casos de violência doméstica e familiar contra a mulher, desde que haja pedido expresso do Ministério Público ou da mulher-vítima, mesmo que não seja especificada a quantia e independentemente de instrução probatória.[15]

Portanto, pelo que foi demonstrado, entendemos ser perfeitamente cabível a reparação civil mínima do dano (seja material, seja moral) no bojo da ação penal.

Da mesma forma, entendemos ser possível a fixação de dano moral coletivo em sentença penal condenatória, obviamente, quando o bem jurídico tutelado for difuso ou coletivo, nos termos do que leciona o art. 81 do Código de Defesa do Consumidor. Trata-se de mero desdobramento do diálogo das fontes e da aplicação concreta do direito penal de terceira via (que nada mais é que a possibilidade de reparação do dano no âmbito criminal).

Compreende-se por interesses ou direitos difusos os transindividuais, de natureza indivisível, de que sejam titulares pessoas indeterminadas e ligadas por circunstâncias de fato. Destarte, tratam-se daqueles interesses ou direitos que não dizem respeito a uma única pessoa, mas a uma coletividade de pessoas que possuem um número tão significativo de componentes que não se consegue identificá-los ou determiná-los (art. 81, I, do CDC). É possível citar como exemplo, na seara criminal, a lesão ao meio ambiente, a prática de tráfico de drogas (que atinge um número indeterminado de pessoas) e o genocídio (que atinge um grupo nacional, étnico, racial ou religioso).

Por sua vez, interesses ou direitos coletivos são os transindividuais de natureza indivisível de que seja titular grupo, categoria ou classe de pessoas ligadas entre si ou com a parte contrária por uma relação jurídica base. Assim, tratam-se daqueles interesses em que seus titulares são

15 STJ. 3ª Seção. REsp 1.643.051-MS, Rel. Min. Rogerio Schietti Cruz, julgado em 28/02/2018 (recurso repetitivo) (Info 621).

determináveis, exatamente porque possuem entre eles ou com a parte contrária uma relação jurídica base pré-existente (art. 81, II, do CDC). É possível citar como exemplo, no âmbito criminal, o genocídio que atingir um grupo nacional, étnico, racial ou religioso específico.

Feitas essas considerações, vamos à análise do dano moral coletivo.

Para Carlos Alberto Bittar Filho :

> [...] **O dano moral coletivo é a injusta lesão da esfera moral de uma dada comunidade, ou seja, é a violação antijurídica de um determinado círculo de valores coletivos**. Quando se fala em dano moral coletivo, está-se fazendo menção ao fato de que o patrimônio valorativo de uma certa comunidade (maior ou menor), idealmente considerado, foi agredido de maneira absolutamente injustificável do ponto de vista jurídico: quer isso dizer, em última instância, que se feriu a própria cultura, em seu aspecto imaterial. Tal como se dá na seara do dano moral individual, aqui também não há que se cogitar de prova da culpa, devendo-se responsabilizar o agente pelo simples fato da violação (*damnum in re ipsa*).[16]

Logo, é correta a afirmação de que o dano moral coletivo é a injusta lesão na esfera extrapatrimonial, ao patrimônio ideal de uma determinada comunidade, ou seja, a violação antijurídica de um dado círculo de valores coletivos de natureza imaterial.

Não há dúvidas, portanto, de que a coletividade, como tal considerada, é sujeito de direitos, portadora de atributos subjetivos, podendo certamente ser atingida pelos efeitos de um ato ilícito, causador de dano moral, a ensejar tutela macroindividual. Nessa linha, tem-se que a violação do direito da coletividade pode gerar dano moral coletivo quando ocorrer ofensa ao patrimônio imaterial, digno de proteção jurídica.

Considerando que o delito de genocídio refere-se à intenção de destruir, no todo ou em parte, grupo nacional, étnico, racial ou religioso, por intermédio da morte dos membros do grupo, da prática de lesão grave à integridade física ou mental, da submissão a condições e existência capazes de ocasionar-lhes a destruição física ou parcial, da adoção de medidas para impedir o nascimento de novos integrantes, bem como a transferência forçada de crianças do grupo para outro grupo, vê-se que é possível o enquadramento nas hipóteses de violação de direitos difusos e coletivos. Além do mais, trata-se de crime contra a humanidade, que atinge um número indeterminado de pessoas ou grupo determinado ou determinável (de que se tenha vontade de extinguir).

Ademais, como se sabe, a indenização por danos morais não tem só o papel de punir, mas, sobretudo, de prevenir futuras omissões, de modo a evitar que o causador do dano pratique, novamente, atos semelhantes.

Vale ressaltar que o dinheiro advindo das indenizações não vai para os cofres públicos estatais, mas sim para o Fundo de Defesa dos Direitos Difusos, a fim de ser utilizado na recuperação do bem lesado (art. 13 da Lei n.º 7.347/85). No ponto, a reestruturação do grupo nacional, étnico, racial ou religioso agredido.

Dessa forma, não vemos óbice para que seja determinada a reparação civil mínima do dano moral coletivo no crime de genocídio (e em outros delitos em que o bem jurídico tutelado

---

16 BITTAR FILHO, Carlos Alberto. **Do dano moral coletivo no atual contexto jurídico brasileiro**. Disponível em: <http://www.egov.ufsc.br/portal/sites/default/files/anexos/30881-33349-1-PB.pdf>. Acesso em: 24 set. 2018, às 08:54.

seja difuso ou coletivo), não impedindo, obviamente, que seja manejada ação própria no juízo cível para a integral reparação do dano (material e moral).

2. Genocídio

O PRESIDENTE DA REPÚBLICA:

Faço saber que o Congresso Nacional decreta e eu sanciono a seguinte Lei:

Art. 1º Quem, com a intenção de destruir, no todo ou em parte, grupo nacional, étnico, racial ou religioso, como tal: (Vide Lei nº 7.960, de 1989)

a) matar membros do grupo;

b) causar lesão grave à integridade física ou mental de membros do grupo;

c) submeter intencionalmente o grupo a condições de existência capazes de ocasionar-lhe a destruição física total ou parcial;

d) adotar medidas destinadas a impedir os nascimentos no seio do grupo;

e) efetuar a transferência forçada de crianças do grupo para outro grupo;

Será punido:

Com as penas do art. 121, § 2º, do Código Penal, no caso da letra a;

Com as penas do art. 129, § 2º, no caso da letra b;

Com as penas do art. 270, no caso da letra c;

Com as penas do art. 125, no caso da letra d;

Com as penas do art. 148, no caso da letra e;

2.1. Estudo do Tipo

A conduta descrita no tipo penal traz a seguinte incriminação: "quem, com a intenção de destruir, no todo ou em parte, grupo nacional, étnico, racial ou religioso". Portanto, para que haja a exata subsunção dos fatos à norma, é mister que a intenção do agente seja de destruir, no todo ou em parte, grupo nacional, étnico, racial ou religioso. Outros segmentos com características diversas das expressamente previstas no art. 1º não estão englobados pelo delito de genocídio, a exemplo de classe política, ideológica, unidas por questões de gênero ou orientação sexual etc.

Dessa forma, importante delimitar, com o máximo de precisão, o que significa grupo nacional, étnico, racial ou religioso. Andreucci traz a seguinte definição:

> conjunto de pessoas dispostas proximamente e formando um todo, que tem características, traços, interesses e objetivos comuns. Pode ser visto sob a ótica nacional (grupo pertencente a uma determinada nação), étnica (grupo com uma mesma cultura, língua, origem e história), racial (grupo relativo às características físicas) ou religiosa (grupo que adota uma mesma crença).[17]

O genocídio pode ser classificado doutrinariamente em 03 (três) espécies distintas, quais sejam: A) Genocídio físico; B) Genocídio biológico e C) Genocídio cultural.

---

17 ANDREUCCI, Ricardo Antonio. **Legislação penal especial**. 12. ed. São Paulo: Saraiva, 2017, p. 392.

O genocídio físico é a hipótese em que se busca a eliminação dos membros do grupo. Nesta modalidade enquadram-se as seguintes condutas criminosas: matar membros do grupo, causar lesão grave à integridade física ou mental de membros do grupo e submeter intencionalmente o grupo a condições de existência capazes de ocasionar-lhe a destruição física total ou parcial.

O genocídio biológico, por sua vez, é aquele destinado a impedir novos nascimentos no âmbito do grupo ou fomentar a separação de seus membros. Esta prática compreende as condutas descritas nas alíneas "d" e "e", do art. 1º.

Entende-se por genocídio cultural os "atentados contra o direito ao uso da própria língua; destruição de monumentos e instituições de arte, história ou ciência."[18] Como se percebe do art. 1º, o legislador não tipificou essa hipótese.

2.2. Condutas Incriminadas

O artigo 1º, em suas alíneas, traz as seguintes condutas incriminadoras: a) matar membros do grupo; b) causar lesão grave à integridade física ou mental de membros do grupo; c) submeter intencionalmente o grupo a condições de existência capazes de ocasionar-lhe a destruição física total ou parcial; d) adotar medidas destinadas a impedir os nascimentos no seio do grupo e efetuar a transferência forçada de crianças do grupo para outro grupo.

2.2.1. Alínea "a": matar membros do grupo

2.2.1.1 Condutas

A primeira conduta destacada no tipo penal é matar membros do grupo. Vale dizer, a prática do genocídio ocorre por intermédio do homicídio. O agente procura exterminar, no todo ou em parte, grupo nacional, étnico, racial ou religioso, elegendo como meio para realização do extermínio a conduta "matar".

Deve ser ressaltado, no entanto, que o homicídio não se confunde com o genocídio e vice-versa. A distinção entre ambos os delitos é que, no homicídio, a intenção do agente (o dolo) é dirigido para eliminação da vida da vítima (*animus necandi*). Por sua vez, no genocídio, a intenção do agente é exterminar, no todo ou em parte, grupo nacional, étnico, racial ou religioso, e o meio escolhido para se chegar a esse desiderato é por intermédio da morte dos membros do grupo. Como ensinam Nestor Távora, Fábio Roque e Rosmar Rodrigues: "é necessário, portanto, que o agente tenha a consciência de que a(s) vítimas(s) integre(m) o grupo (nacional, étnico, racial ou religioso) e tenha a intenção de destruí-lo, total ou parcialmente."[19].

Ademais, o genocídio só admite a modalidade dolosa, enquanto o homicídio permite tanto a modalidade dolosa quanto a culposa.

No ponto, deve-se alertar que o tipo penal não exige número mínimo de vítimas para a caracterização do delito de genocídio, significando dizer que, mesmo que haja a morte de apenas um ou alguns membros do grupo, é possível o enquadramento nesta conduta criminosa. O que deve ficar claro no caso concreto é que, independentemente do número de membros do grupo

---

18 SAVAZZONI, Simone de Alcantara. Crime de Genocídio.Disponível em http://www.lfg.com.br. 04 julho. 2009. Acesso em 10/12/2018, às 14:45.

19 ROQUE, Fábio; TÁVORA, Nestor; ALENCAR, Rosmar Rodrigues. **Legislação Criminal para Concursos.** Salvador: Juspodivm, 2016, p. 76.

afetado, o agente tinha a intenção de exterminar no todo ou em parte grupo nacional, étnico, racial ou religioso. Nesse sentido, Heleno Cláudio Fragoso faz a reflexão:

> embora a definição do delito se refira a 'membros de um grupo', pode-se configurar o crime ainda que um só seja vítima, desde que atingido o caráter impessoal, como membro de um grupo nacional, étnico, racial ou religioso.[20]

Se o genocídio for praticado mediante a morte de membros do grupo, o agente deverá responder pelo genocídio em concurso formal impróprio com os delitos de homicídio (em continuidade delitiva), não sendo possível a aplicação do princípio da consunção (pois se têm bens jurídicos diversos). Esse é o entendimento da Corte Constitucional:

> **Ações criminosas resultantes de designios autônomos. Submissão teórica ao art. 70, caput, segunda parte, do CP.** Condenação dos réus apenas pelo delito de genocídio. (...) Impossibilidade de reformatio in pejus. Não podem os réus, que cometeram, em concurso formal, na execução do delito de genocídio, doze homicídios, receber a pena destes além da pena daquele, no âmbito de recurso exclusivo da defesa. (RE 351.487, rel. min. Cezar Peluso, j. 3-8-2006, P, DJ de 10-11-2006)

2.2.1.2 Sujeitos do Crime

Em relação ao sujeito ativo, trata-se de crime comum, pois pode ser praticado por qualquer pessoa. Quanto ao sujeito passivo, trata-se de crime próprio, pois exige característica especial da vítima, qual seja, pertencer/ser membro do grupo nacional, étnico, racial ou religioso.

2.2.1.3 Tipo Subjetivo

O elemento subjetivo exigido para a caracterização do genocídio é o dolo, não havendo o crime na modalidade culposa. É necessária, também, a presença do elemento subjetivo do tipo (finalidade especial do agente), qual seja, "a intenção de destruir, no todo ou em parte, grupo nacional, étnico, racial ou religioso".

2.2.1.4 Consumação e Tentativa

A hipótese da alínea "a" é considera crime material, ou seja, para configuração do delito é necessário resultado naturalístico, consistente na morte de algum membro do grupo. Admite-se a tentativa, por se tratar de crime plurissubsistente (em que a ação é dividida em vários atos).

2.2.1.5 Penas

A pena prevista para esta alínea é a mesma do art. 121, § 2º, do Código Penal e, portanto, de reclusão de 12 (doze) a 30 (trinta) anos.

Nos termos do art. 59 da Lei 6.001/73, se a vítima do crime contra a pessoa, patrimônio ou costume for um índio, ligado ou não à comunidade indígena, a pena será aumentada de 1/3 (um terço). Divergindo da nossa posição, Ponte disserta que "o art. 59 da Lei n. 6.001/73 não se aplica à hipótese de genocídio praticado contra índio, já que este delito não possui natureza

20 FRAGOSO, Heleno Cláudio. **Lições de direito penal.** Parte especial. v. I, 9. ed. Rio de Janeiro: Forense, 1997, p. 85.

jurídica de crime contra a pessoa."[21] Entendemos pela aplicação do aumento do art. 59 da Lei 6.001/73, pois, embora o bem jurídico tutelado não seja propriamente a vida, mas sim a existência do grupo, ao se falar em eliminação/extermínio de povos, deve-se considerar a vida de forma ampla, no sentido de requisito para existência dos componentes do grupo, o que, para nós, atrai a aplicação da majorante.

2.2.2. Alínea "b": causar lesão grave à integridade física ou mental de membros do grupo

2.2.2.1 Condutas

A segunda conduta trazida pelo tipo penal é causar lesão grave à integridade física ou mental de membros do grupo. Para a exata compreensão desse dispositivo, deve-se interpretá-lo em conjunto com os arts. 129 §§ 1º e 2º, do Código Penal, norma que elenca quais são as hipóteses de lesões corporais graves e gravíssimas.

Diga-se que, embora a alínea "b" fale em lesão grave à integridade física, obviamente também abrange a lesão de natureza gravíssima.

Destaque-se que, em princípio, o genocídio é uma conduta criminosa destinada a destruir no todo ou em parte determinados grupos, ou seja, o que se deseja é a eliminação de grupo nacional, étnico, racial ou religioso. No entanto, a alínea "b" previu que o genocídio também se configura com a prática de lesão corporal de natureza grave. Vale dizer, mesmo não havendo a destruição/eliminação integral dos membros do grupo, haverá a existência do crime de genocídio, pois o tipo penal da alínea "b" se contenta com a prática de lesão grave à integridade física ou mental contra membros do grupo. Guilherme Nucci explica o motivo:

> Na realidade, considera-se genocídio em nítida interpretação extensiva (falar em genocídio, em sentido estrito, seria apenas exterminar pessoas pertencentes a determinado grupo), feita pelo próprio legislador, respeitado, pois, o princípio da legalidade, a lesão corporal grave, cuja possibilidade de provocar ofensa fatal a alguém é elevada.[22]

Há dúvidas se a lesão corporal seguida de morte, com a intenção de destruir, no todo ou em parte, grupo nacional, étnico, racial ou religioso é considerada genocídio. Parte da doutrina entende que a lesão corporal seguida de morte não pode configurar o delito de genocídio, sob pena de violação do princípio da legalidade, uma vez que a alínea "b" não traz expressamente essa hipótese de lesão corporal.

A nosso sentir, a lesão corporal seguida de morte, desde que com intenção de destruir, no todo ou em parte, grupo nacional, étnico, racial ou religioso, é conduta apta a ensejar a prática do crime de genocídio. Primeiro porque, no cerne, o conceito de genocídio perpassa pela destruição/extermínio de determinado grupo, ou seja, se se admite a lesão grave e gravíssima como hipótese de conduta genocida (e que não causa propriamente destruição do grupo, mas somente lesão), obviamente que a lesão seguida de morte, que é conduta mais gravosa (já que

---

21 PONTE, Leila Hassem da. **Genocídio.** São Paulo: Saraiva, 2013, p. 68

22 NUCCI, Guilherme de Souza. **Leis penais e processuais penais comentadas.** 4. ed. rev., atual. e ampl. São Paulo: Revista dos Tribunais, 2009, p. 627.

efetivamente provoca a eliminação dos membros do grupo), também deve ser considerada conduta genocida.

Ademais, a alínea "a" traz a hipótese de "matar membros do grupo". Portanto, lesão seguida de morte, de maneira ampla, é uma situação de matar membros do grupo. Lembre-se que, embora a morte se dê de forma culposa, a lesão corporal se dá de forma dolosa (e a lesão grave já está descrita no tipo como ato caracterizador de conduta genocida). Portanto, muito mais gravoso que uma lesão grave é uma lesão que traz como consequência a morte do agente.

Nesse prisma, ainda que se possa alegar que a lesão seguida de morte é crime preterdoloso (dolo na conduta antecedente e culpa na conduta consequente), o dolo exigido no delito de genocídio é de destruição do grupo e não de praticar lesão ou matar. Assim, para nós, existindo a morte culposa (resultado agravador), após uma conduta dolosa (lesão corporal), com o intuito de destruir no todo ou em parte o grupo, deve ser tratado como genocídio.

Já a lesão mental, segundo Nestor Távora, Fábio Roque e Rosmar Rodrigues, "pode ser praticada por meio de outros crimes, tais como a tortura psicológica, os crimes sexuais, etc."[23].

2.2.2.2 Sujeitos do Crime

Em relação ao sujeito ativo, trata-se de crime comum, pois pode ser praticado por qualquer pessoa. Quanto ao sujeito passivo, trata-se de crime próprio, pois exige característica especial da vítima, qual seja, pertencer/ser membro do grupo nacional, étnico, racial ou religioso.

2.2.2.3 Tipo Subjetivo

O elemento subjetivo exigido para a caracterização deste genocídio é o dolo, não havendo o crime na modalidade culposa. É necessária, também, a presença do elemento subjetivo do tipo (finalidade especial do agente), qual seja, "a intenção de destruir, no todo ou em parte, grupo nacional, étnico, racial ou religioso".

2.2.2.4 Consumação e Tentativa

A hipótese da alínea "b" é considera crime material, ou seja, para configuração do delito é necessário resultado naturalístico, consistente na lesão de algum membro do grupo. Admite-se a tentativa, por se tratar de crime plurissubsistente (em que a ação é dividida em vários atos).

2.2.2.5 Penas

A pena prevista para esta alínea é a mesma do art. 129, § 2º, do Código Penal e, portanto, de reclusão de 02 (dois) a 08 (oito) anos.

2.2.3. Alínea "c": submeter intencionalmente o grupo a condições de existência capazes de ocasionar-lhe a destruição física total ou parcial

2.2.3.1 Condutas

A terceira conduta destacada no tipo penal é submeter intencionalmente o grupo a condições de existência capazes de ocasionar-lhe a destruição física total ou parcial.

23 ROQUE, Fábio; TÁVORA, Nestor; ALENCAR, Rosmar Rodrigues. **Legislação Criminal para Concursos.** Salvador: Juspodivm, 2016. p. 77.

Para realização dessa conduta incriminada, não se exige uma forma pré-definida no tipo penal, ou seja, a execução do crime pode ocorrer das mais variadas maneiras. A história nos mostra que essa prática pode se dar por intermédio de internação em campos de concentração, redução à condição análoga a de escravo, cessação no fornecimento de medicamentos e remédios, dentre outras.

O núcleo do tipo da alínea "c" é o verbo "submeter", que significa sujeitar, forçar, dominar pela força, subjugar. Busca-se colocar o grupo nacional, étnico, racial ou religioso em condições tais de existência que sejam capazes de ocasionar-lhes a destruição física total ou parcial.

Observe-se que a pretensão do agente, nesta conduta, é ocasionar a destruição física (total ou parcial), e não a mental. Vejamos o escólio de Guilherme Nucci:

> [...] Neste caso, prevê-se, na essência, um crime de perigo concreto, idôneo a gerar o dano, que é a destruição dos integrantes do grupo em virtude da nacionalidade, etnia, raça ou religião. É razoável considerar atitude genocida a inserção de pessoas em condições sub-humanas de subsistência, com o intuito de atingir, em breve tempo, o dano, isto é, a eliminação do grupo [...][24]

2.2.3.2 Sujeitos do Crime

Em relação ao sujeito ativo, trata-se de crime comum, pois pode ser praticado por qualquer pessoa. Quanto ao sujeito passivo, trata-se de crime próprio, pois exige característica especial da vítima, qual seja, pertencer/ser membro do grupo nacional, étnico, racial ou religioso.

2.2.3.3 Tipo Subjetivo

O elemento subjetivo exigido para a caracterização deste genocídio é o dolo, não havendo o crime na modalidade culposa. É necessário, também, a presença do elemento subjetivo do tipo (finalidade especial do agente), qual seja, "a intenção de destruir, no todo ou em parte, grupo nacional, étnico, racial ou religioso".

Verifica-se que a alínea "c" traz ainda o termo **intencionalmente**. Como visto acima, o delito de genocídio somente é praticado na modalidade dolosa. Portanto, ao incluir o advérbio "intencionalmente", o legislador apenas ratificou a necessidade do delito ser praticado na modalidade dolosa.

2.2.3.4 Consumação e Tentativa

A hipótese da alínea "c" é considerada crime permanente, ou seja, sua consumação se protrai no tempo.

Nesse ponto, surge uma interessante discussão sobre a possibilidade de genocídio por omissão. Carlos Canedo[25], com o qual concordamos, faz a seguinte ponderação:

> O verbo 'submeter' é positivo, ou seja, indica ação em sentido estrito. O tipo correspondente descreve, em abstrato, uma conduta positiva (submeter intencionalmente o grupo...), mas é pela via da omissão que o agente atinge o resultado que a lei proíbe.

24 NUCCI, Guilherme de Souza. **Leis penais e processuais penais comentadas**. 4. ed. rev., atual. e ampl. São Paulo: Revista dos Tribunais, 2009, p. 628.

25 CANÊDO, Carlos. "O genocídio como crime internacional." Belo Horizonte: Del Rey, 1999. p. 192

E arremata trazendo-nos um exemplo:

> A forma prevista na alínea c do art. 1º da Lei n. 2889/56 [...], por exemplo, permite que se cometa um genocídio privando um grupo de alimentação, cuidados médicos e sanitários, etc. de tal modo que pereça ou seja, em parte, dizimado. Do mesmo modo, nada impede que se matem membros de um grupo privando-o de meios de existência, desde que, em ambos os casos, haja, por parte do sujeito ativo, o dever agir.

Portanto, para que haja a consumação de um genocídio na modalidade omissiva é necessário trabalhar com o conceito de crime omissivo por comissão ou omissivo impróprio, qual seja, havendo o dever jurídico de agir (art., 13, § 2º, do Código Penal) e, diante disso, existindo um omissão juridicamente relevante por parte do agente, deve ele responder pelo resultado como se tivesse praticado a ação.

Não tem se admitido a tentativa na hipótese da alínea "c".

2.2.1.5 Penas

A pena prevista para esta alínea é a mesma do art. 270 do Código Penal (envenenamento de água potável ou substância alimentícia ou medicinal) e, portanto, de reclusão de 10 (dez) a 15 (quinze) anos.

2.2.4. Alínea "d": adotar medidas destinadas a impedir os nascimentos no seio do grupo

2.2.4.1 Condutas

A quarta conduta trazida pelo tipo penal é adotar medidas destinadas a impedir os nascimentos no seio do grupo.

Busca-se com a presente conduta evitar que haja nascimento de novos membros/integrantes no seio do grupo nacional, étnico, racial ou religioso. A execução do delito pode ocorrer das mais variadas formas, a exemplo da prática de aborto, ministração de anticoncepcional, esterilização compulsória, proibição de relacionamento entre homens e mulheres etc.

Registre-se que as medidas destinadas a impedir os nascimentos de novos membros do grupo podem ser preventivas ou destrutivas. Vale dizer, é possível que o agente pratique atos para que se evitem novas concepções (ex: ministração de anticoncepcional, impedimento da prática sexual entre os membros do grupo) ou para que, já havendo a concepção do novo membro, haja a sua destruição (ex: práticas abortivas).

Guilherme Nucci faz um alerta em relação à esterilização, lecionando que:

> Cuidando-se de esterilização, embora exista uma figura típica própria (art. 17, Lei 9.263/96), com referência ao induzimento ou instigação, se a conduta do agente se volta a uma coletividade, deve ser aplicado o disposto na alínea *d* do art. 1.º desta Lei, conforme dispõe o art. 17, parágrafo único, da Lei 9.263/96. Nos casos de aborto, no entanto, inexiste dúvida, aplicando-se a Lei do Genocídio.[26]

26 NUCCI, Guilherme de Souza. **Leis penais e processuais penais comentadas**. 4. ed. rev., atual. e ampl. São Paulo: Revista dos Tribunais, 2009, p. 629.

2.2.4.2 Sujeitos do Crime

Em relação ao sujeito ativo, trata-se de crime comum, pois pode ser praticado por qualquer pessoa. Quanto ao sujeito passivo, trata-se de crime próprio, pois exige característica especial da vítima, qual seja, pertencer/ser membro do grupo nacional, étnico, racial ou religioso. Tem-se, ainda, como sujeito passivo, no caso da prática de aborto, o embrião ou o feto.

2.2.4.3 Tipo Subjetivo

O elemento subjetivo exigido para a caracterização deste genocídio é o dolo, não havendo o crime na modalidade culposa. É necessária, também, a presença do elemento subjetivo do tipo (finalidade especial do agente), qual seja, "a intenção de destruir, no todo ou em parte, grupo nacional, étnico, racial ou religioso".

2.2.4.4 Consumação e Tentativa

A hipótese da alínea "d" é considera crime formal, ou seja, para configuração do delito, não é necessário que haja o impedimento dos nascimentos.

Admite-se a tentativa, por se tratar de crime plurissubsistente (em que a ação é dividida em vários atos). Cite-se como exemplo uma comitiva de agentes que são flagrados pela Funai em uma aldeia indígena prestes a colocar Dispositivo Intra-Uterino (DIU) nas mulheres do grupo, mas que são impedidos de fazê-lo. Sabe-se que o referido dispositivo é utilizado para evitar a concepção e que, habitualmente, tem validade de aproximadamente 10 (dez) anos.

2.2.4.5 Penas

A pena prevista para esta alínea é a mesma do art. 125 do Código Penal (aborto provocado por terceiro) e, portanto, de reclusão de 03 (três) a 10 (quinze) anos.

2.2.5. Alínea "e": efetuar a transferência forçada de crianças do grupo para outro grupo.

2.2.5.1 Condutas

A alínea "e" criminaliza a conduta de efetuar a transferência forçada de crianças do grupo para outro grupo. Vale dizer, quando se desloca uma criança de um grupo nacional, étnico, racial ou religioso para outro, a fim de proporcionar a destruição total o parcial deste, haverá a caracterização do crime.

Ao se transferir de forma forçada uma criança de um grupo para outro, busca-se enfraquecer esta reunião de pessoas. Sabe-se que cada grupo possui características e costumes próprios. Uma das formas de destruí-los é evitar que os membros de tenra idade tenham contato com os ensinamentos que lhes são característicos, perdendo, assim, ao longo do tempo, a essência do grupo nacional, étnico, racial ou religioso de que fazia parte.

A conduta incriminada refere-se à transferência forçada de crianças, ou seja, pessoas até doze anos de idade incompletos (art. 2º do E.C.A.). Caso ocorra a transferência de adolescentes ou adultos, não haverá a prática dessa infração penal.

2.2.5.2 Sujeitos do Crime

Em relação ao sujeito ativo, trata-se de crime comum, pois pode ser praticado por qualquer pessoa. Quanto ao sujeito passivo, trata-se de crime próprio, pois exige característica especial da vítima, qual seja, ser criança (até 12 anos incompletos) e pertencer/ser membro do grupo nacional, étnico, racial ou religioso.

2.2.5.3 Tipo Subjetivo

O elemento subjetivo exigido para a caracterização deste genocídio é o dolo, não havendo o crime na modalidade culposa. É necessária, também, a presença do elemento subjetivo do tipo (finalidade especial do agente), qual seja, "a intenção de destruir, no todo ou em parte, grupo nacional, étnico, racial ou religioso".

2.2.5.4 Consumação e Tentativa

A hipótese da alínea "e" é considera crime formal, pois não se exige a efetiva privação da liberdade ou a destruição total ou parcial do grupo. Admite-se a tentativa, por se tratar de crime plurissubsistente (em que a ação é dividida em vários atos).

2.2.5.5 Penas e Benefícios Despenalizadores

A pena prevista para esta alínea é a mesma do art. 148 do Código Penal (sequestro e cárcere privado) e, portanto, de reclusão de 01 (um) a 03 (três) anos.

Considerando que a pena prevista para o crime é de 01 (um) a 03 (três) anos, autoriza-se a proposta de suspensão condicional do processo nos termos do artigo 89 da Lei n.º 9.099/95, haja vista que a pena mínima cominada ao delito não ultrapassa 01 (um) ano.

2.3. Natureza da Ação Penal

A ação penal em todas as hipóteses descritas no art. 1º é pública incondicionada.

2.4. Questões Controvertidas

2.4.1. Genocídio Comum e Genocídio Militar

O art. 208 do Código Penal Militar também dispõe sobre o delito de genocídio. Da mesma maneira, os arts. 401 e 402 do código castrense trazem o crime de genocídio em zona militarmente ocupada.

Vejamos as condutas genocidas correspondentes e as não correspondentes da Lei 2.889/56 e do art. 208 do CPM:

Art. 1º da Lei 2.889/56	Art. 208 do Código Penal Militar
Art. 1º Quem, com a intenção de destruir, no todo ou em parte, grupo nacional, étnico, racial ou religioso, como tal: **a)** matar membros do grupo. Será punido: com as penas do art. 121, § 2º, do Código Penal, no caso da letra a.	**Art. 208.** Matar membros de um grupo nacional, étnico, religioso ou pertencente a determinada raça, com o fim de destruição total ou parcial desse grupo: Será punido: com reclusão, de quinze a trinta anos.

Art. 1º da Lei 2.889/56	Art. 208 do Código Penal Militar
b) causar lesão grave à integridade física ou mental de membros do grupo. Será punido: com as penas do art. 129, § 2º, no caso da letra b.	**I** - infligir lesões graves a membros do grupo. Será punido: com reclusão, de quatro a quinze anos
c) submeter intencionalmente o grupo a condições de existência capazes de ocasionar-lhe a destruição física total ou parcial. Será punido: com as penas do art. 270, no caso da letra c.	**II** - submeter o grupo a condições de existência, físicas ou morais, capazes de ocasionar a eliminação de todos os seus membros ou parte deles. Será punido: com reclusão, de quatro a quinze anos
Não encontra correspondência típica similar no art. 1º	**III** - forçar o grupo à sua dispersão. Será punido: com reclusão, de quatro a quinze anos
d) adotar medidas destinadas a impedir os nascimentos no seio do grupo. Será punido: com as penas do art. 125, no caso da letra d.	**IV** - impor medidas destinadas a impedir os nascimentos no seio do grupo. Será punido: com reclusão, de quatro a quinze anos
e) efetuar a transferência forçada de crianças do grupo para outro grupo. Será punido: Com as penas do art. 148, no caso da letra e.	**V** - efetuar coativamente a transferência de crianças do grupo para outro grupo. Será punido: com reclusão, de quatro a quinze anos

Inicialmente, verifica-se que as penas impostas ao genocídio comum e ao militar são distintas. Enquanto o genocídio comum possui pena variável a depender da conduta praticada, o genocídio militar possui pena de reclusão de quinze a trinta anos para hipótese descrita no art. 208, *caput* e pena de reclusão de quatro a quinze anos para os casos assimilados (art. 208, parágrafo único, incisos I a V).

Em relação ao sujeito ativo, "é o militar federal ou dos Estados, assim como o civil, este último restrito, exclusivamente, à esfera federal em face da limitação constitucional das Cortes Castrenses Estaduais, expressa no art. 125, § 4º, da Constituição Federal."[27]

A única conduta que não encontra similar correspondência típica entre os diplomas legais é a do art. 208, p. ú, III, do CPM. Tal verbete orienta que será punido com reclusão, de quatro a quinze anos, quem, com o fim de destruição total ou parcial de grupo nacional, étnico, religioso ou pertencente à determinada raça, forçar a sua dispersão.

Forçar a dispersão do grupo significa causar a sua desconexão/separação, acarretando, por conseguinte, a perda de seus traços marcantes e, consequentemente, gerando o enfraquecimento da comunidade.

A competência para o julgamento do delito do art. 208 é da Justiça Militar, sendo que, o genocídio militar, "mesmo que resulte na morte de civis, a competência não será do Tribunal do Júri, mas dos Conselhos de Justiça da Justiça Militar, já que o delito não se enquadra entre aqueles tidos por 'contra civil.'"[28]

27 NEVES, Cícero Alves Coimbra. Manual de direito penal militar, 4ª edição. Saraiva, 11/2013. pág. 1050.

28 Idem.

Já os arts. 401 e 402 descrevem a prática do genocídio (art. 208) em zona militarmente ocupada, ou seja, a conduta delituosa deve ser praticada em uma região que esteja sob o controle militar para que haja a exata subsunção ao tipo penal.

Em relação ao bem jurídico tutelado, tipos objetivo e subjetivo e elemento subjetivo do tipo, aplicam-se as mesmas regras já estudadas no art. 1º da Lei 2.889/56.

Importante salientar, por fim, que, diferente do genocídio comum, o genocídio militar não é considerado crime hediondo, uma vez que não se encontra no rol da Lei dos Crimes Hediondos. Nesse sentido é o escólio de Alberto da Silva Franco, citando Lauro Ribeiro Escobar:

> O legislador, no texto da lei nº 8.072/90, arrolou os crimes que considerou hediondos, colocou o respectivo artigo de cada crime (v. G. -Latrocínio -art. 157, § 3º, in fine) e ao final apontou a lei que se referem os artigos mencionados, isto é, o Código Penal Comum -Decreto-Lei n. 2.848, de 7 de dezembro de 1940 - e a lei n.2.889/56 -referente ao genocídio. Assim, deixou a descoberto toda a legislação penal militar, de maneira que os crimes nela previstos não são considerados hediondos, até porque inexiste analogia in malam partem em Direito Penal, principalmente no tocante às normas que descrevem crimes ou impõe sanções.[29]

2.4.2 *Terrorismo e Genocídio*

O genocídio não se confunde com o terrorismo. Na ótica política, Tony Blair conceitua terrorismo como conduta destinada a "amedrontar pessoas, transtornar suas vidas normais, produzir caos e desordem, distorcer as verdadeiras e sensatas tomadas de decisões".[30]

Segundo o art. 2º da Lei 13.260/16 (Lei Antiterrorismo), o terrorismo consiste na prática, por um ou mais indivíduos, de determinados atos[31], por razões de xenofobia, discriminação ou preconceito de raça, cor, etnia e religião, quando cometidos com a finalidade de provocar terror social ou generalizado, expondo a perigo pessoa, patrimônio, a paz pública ou a incolumidade pública.

Percebe-se, portanto, que o elemento subjetivo do tipo do delito de terrorismo difere-se do de genocídio. Enquanto no terrorismo a finalidade especial do agente é provocar terror social ou generalizado, no crime de genocídio o especial fim de agir do indivíduo se destina a destruir, no todo ou em parte, grupo nacional, étnico, racial ou religioso.

2.4.3. *Genocídio e Limpeza Étnica*

Genocídio não se confunde com limpeza étnica. Savazzoni esclarece que:

---

29 Crimes Hediondos: Notas sobre a Lei 8.072/90, São Paulo: Revista dos Tribunais, 1991, p. 137

30 TONY BLAIR apud MENDES, Cristiano Garcia. Os discursos de Tony Blair: o conceito de terrorismo e as instabilidades de suas estruturas, publicado em: Contexto Internacional, 2010, Vol.32, p.14.

31 Art. 2º, 1º, da Lei 11. São atos de terrorismo: I - usar ou ameaçar usar, transportar, guardar, portar ou trazer consigo explosivos, gases tóxicos, venenos, conteúdos biológicos, químicos, nucleares ou outros meios capazes de causar danos ou promover destruição em massa; IV - sabotar o funcionamento ou apoderar-se, com violência, grave ameaça a pessoa ou servindo-se de mecanismos cibernéticos, do controle total ou parcial, ainda que de modo temporário, de meio de comunicação ou de transporte, de portos, aeroportos, estações ferroviárias ou rodoviárias, hospitais, casas de saúde, escolas, estádios esportivos, instalações públicas ou locais onde funcionem serviços públicos essenciais, instalações de geração ou transmissão de energia, instalações militares, instalações de exploração, refino e processamento de petróleo e gás e instituições bancárias e sua rede de atendimento; V - atentar contra a vida ou a integridade física de pessoa:

> Limpeza étnica compreende o assassinato, a tortura, a prisão e detenção arbitrárias, execuções extrajudiciais e agressões sexuais, aprisionamento da população civil, ataques militares deliberados ou ameaças de ataques a civis e em áreas civis e detenção injustificada das propriedades, ou seja, a limpeza étnica é a eliminação sistemática da população civil com base em critério étnicos, visando obrigá-la a abandonar os territórios onde vive.[32]

Vê-se que, na limpeza étnica, o que se busca é o deslocamento da população de um determinado território para outro. Todavia, sem o intuito de exterminar/eliminar o grupo. Já o genocídio busca a destruição/extermínio total ou parcial do grupo (e não o mero deslocamento).

3. ASSOCIAÇÃO PARA A PRÁTICA DO GENOCÍDIO

> **Art. 2º** Associarem-se mais de 3 (três) pessoas para prática dos crimes mencionados no artigo anterior: (Vide Lei nº 7.960, de 1989)
>
> Pena: Metade da cominada aos crimes ali previstos.

Trata-se de hipótese específica de associação criminosa. Da mesma forma que a legislação penal tipifica o delito de associação criminosa (art. 288 do Código Penal) e associação para o tráfico (art. 35 da Lei n.º 11.343/06), também traz a hipótese de associação para a prática de genocídio (condutas descritas no art. 1º).

3.1. Sujeitos do Crime

Ativo: trata-se de crime comum, podendo ser praticado por qualquer pessoa.

Passivo: trata-se de crime contra a humanidade.

3.2. Bem Jurídico Tutelado

O bem jurídico tutelado é a paz pública.

3.3. Estudo do Tipo Penal

a) Associarem-se mais de 03 (três) pessoas

Associar significa compartilhar, unir, cooperar para um fim comum. A principal característica da associação é a estabilidade e permanência do vínculo associativo (*societas sceleris*). Ausentes esses elementos, estar-se-á diante de um mero concurso de pessoas, e não de uma associação criminosa.

Ainda no mesmo propósito, vê-se que a associação de que trata o artigo 2º exige a presença de, no mínimo, quatro pessoas. Dentre outras, essa característica a difere da associação criminosa do artigo 288 do Código Penal (associarem-se 03 ou mais pessoas) e da associação para o tráfico prevista na Lei n.º 11.343/06 (associação de 02 ou mais pessoas).

O tipo penal não exige que todos os associados sejam maiores e capazes ou que todos sejam identificados, de forma que estará configurado o delito de associação para a prática de

32 SAVAZZONI, Simone de Alcantara. Crime de Genocídio. Disponível em http://www.lfg.com.br. 04 julho. 2009. Acesso em 10/12/2018, às 14:45.

genocídio ainda que o co-associado seja menor de idade. Nessa hipótese, haverá, também, a incidência do crime de corrupção de menores (art. 244-B do ECA).[33]

b) Para prática dos crimes mencionados no artigo anterior

A finalidade específica da associação descrita no art. 2º é a prática dos crimes previstos no art. 1º da Lei de Genocídio.

A expressão "para prática dos crimes mencionados no artigo anterior" refere-se aos crimes que a associação pode praticar, e não a uma característica dela (a característica é a estabilidade e a permanência). Em outras palavras: uma associação estável e permanente pode praticar, de forma reiterada ou não, os crimes previstos no art. 1º. Vale dizer, praticando várias vezes os citados crimes ou apenas uma vez, o delito de associação para a prática do crime de genocídio já estará configurado.

Nessa toada, é necessário esclarecer que o delito do artigo 2º é crime formal e autônomo, ou seja, consuma-se independentemente da prática de quaisquer dos delitos previstos no art. 1º. Sendo assim, perfeitamente possível o reconhecimento do concurso material entre o crime de associação para a prática de genocídio e os crimes previstos nos art. 1º.

3.4. Tipo Subjetivo

O elemento subjetivo exigido para a caracterização do delito é o dolo, não havendo o crime na modalidade culposa. É necessária, também, a presença do elemento subjetivo do tipo (finalidade especial do agente), qual seja, "a intenção de destruir, no todo ou em parte, grupo nacional, étnico, racial ou religioso".

3.5. Consumação e Tentativa

Consuma-se com a formação da associação criminosa, independentemente da prática de quaisquer dos crimes previstos no art. 1º. Havendo a prática de quaisquer desses crimes, ocorrerá concurso material de delitos.

Trata-se de crime permanente, cuja consumação se protrai no tempo.

Não tem se admitido a tentativa, pois ou existe a associação criminosa estabelecida de forma estável e permanente e o crime se consuma, ou não. Os atos destinados à formação da associação criminosa são meramente preparatórios e, portanto, impuníveis.

3.6. Natureza da Ação Penal

A ação penal em todas as hipóteses descritas no art. 2º é pública incondicionada.

3.7. Pena

Trata-se de hipótese de norma penal em branco às avessas. Dispõe o preceito secundário do tipo penal que a pena para o delito do art. 2º será "metade da cominada aos crimes ali previstos". Vale dizer, a depender de qual espécie de genocídio a associação criminosa praticar (art. 1º, alíneas "a" a "e"), haverá uma pena distinta.

Victor Eduardo Rios Gonçalves traz uma importante reflexão sobre a aplicação dos parâmetros do art. 8º da Lei de Crimes Hediondos ao crime de associação para a prática de genocídio:

---

33 Súmula 500 do STJ: A configuração do crime do art. 244-B do ECA independe da prova da efetiva corrupção do menor, por se tratar de delito formal.

O art. 8º da Lei dos Crimes Hediondos (Lei n. 8.072/90) dispõe que "será de 3 a 6 anos de reclusão, a pena prevista no art. 288 do Código Penal, quando se tratar de crimes hediondos, prática da tortura, tráfico ilícito de entorpecentes e drogas afins ou terrorismo". Como o genocídio é previsto como crime hediondo no art. 1º, parágrafo único, da mesma Lei, há quem defenda que, atualmente, a pena da associação para o genocídio será sempre de 3 a 6 anos. De ver-se, entretanto, que o dispositivo faz remissão ao crime do art. 288 do Código Penal, o que torna controvertida a possibilidade de sua extensão ao crime de associação da lei especial do genocídio, mesmo porque o mencionado art. 288 foi modificado pela Lei n. 12.850/2013, que, além de alterar o nome para associação criminosa, reduziu o número mínimo de integrantes para três. Assim, a interpretação de que o art. 8º (e sua combinação com o art. 288 do CP) se estende ao delito de associação para o genocídio teria que levar também à conclusão de que, atualmente, o número mínimo de integrantes seria o de três. A melhor interpretação, portanto, é no sentido de que o crime do art. 2º da Lei n. 2.889/56 (associação para o genocídio), por estar previsto em lei especial — com requisitos e penas próprias —, continua totalmente em vigor, sem qualquer modificação decorrente de leis posteriores.[34]

4. INCITAÇÃO AO GENOCÍDIO

Art. 3º Incitar, direta e publicamente alguém a cometer qualquer dos crimes de que trata o art. 1º: (Vide Lei nº 7.960, de 1989)

Pena: Metade das penas ali cominadas.

§ 1º A pena pelo crime de incitação será a mesma de crime incitado, se este se consumar.

§ 2º A pena será aumentada de 1/3 (um terço), quando a incitação for cometida pela imprensa.

4.1. Sujeitos do Crime

Ativo: trata-se de crime comum, podendo ser praticado por qualquer pessoa.

Passivo: trata-se de crime contra a humanidade.

4.2. Bem Jurídico Tutelado

O bem jurídico tutelado é a paz pública.

4.3. Estudo do Tipo Penal

O tipo penal traz a conduta *incitar*, que significa estimular, incentivar, encorajar, estimular alguém a agir. A incitação deve ser realizada de forma direta, ou seja, sem intermediários. Ainda, o agente deve fazê-lo de forma pública (à vista de outras pessoas, às claras, publicamente).

Para configuração do delito, a incitação deve ser destinada a prática de qualquer dos crimes previstos no art. 1º.

34 GONÇALVES, Victor Rios, BALTZAR JUNIOR, José. **Legislação penal especial esquematizado**. 3. ed. São Paulo: Saraiva, 2017, p. 397-398.

Além disso, o art. 3º descreve que a conduta incitar deve ser destinada a "alguém". Portanto, a pessoa certa e determinada. A conduta praticada visando pessoas indeterminadas se amolda ao crime do artigo 286 do Código Penal (Incitação ao Crime).

4.4. Tipo Subjetivo

O elemento subjetivo exigido para a caracterização do delito é o dolo, não havendo o crime na modalidade culposa. É necessária, também, a presença do elemento subjetivo do tipo (finalidade especial do agente), qual seja, "a intenção de destruir, no todo ou em parte, grupo nacional, étnico, racial ou religioso".

4.5. Consumação e Tentativa

Consuma-se com a efetiva incitação, independentemente da prática de quaisquer dos crimes previstos no art. 1º (crime formal).

A incitação pode se dar de forma verbal (crime unissubsistente) ou escrita (crime plurissubsistente).

Admite-se a tentativa na modalidade escrita, tendo em vista que nessa hipótese é possível o fracionamento da conduta.

4.6. Natureza da Ação Penal

A ação penal em todas as hipóteses descritas no art. 3º é pública incondicionada.

4.7. Princípio da Especialidade e Aplicação da Pena

O presente delito é crime especial em relação ao delito do art. 286 do Código Penal. O Código Penal faz referência à conduta "incitar, publicamente, a prática de crime". Nessa hipótese, caso o destinatário da incitação cometa o crime sugerido, o agente que incitou responderá pela infração do art. 286 e também pelo crime incitado, na modalidade participação (instigação ou induzimento), em concurso formal, próprio ou impróprio (art. 70, *caput*, do CP), dependendo da situação concreta.

Já o art. 3º da Lei do Genocídio determina que a incitação pública deve fomentar o sujeito a cometer qualquer dos crimes de que trata o art. 1º. Esta norma penal, diferente do art. 286 do Código Penal, traz hipótese de norma penal em branco às avessas, dispondo seu preceito secundário que a pena será "metade da cominada aos crimes ali previstos". Vale dizer, a depender de qual espécie de genocídio for praticado (art. 1º, alíneas "a" a "e"), haverá uma pena distinta.

Além disso, também de forma diversa ao art. 286 do Código Penal, o § 1º orienta que se houver a consumação do crime incitado (qualquer das condutas do art. 1º), a pena do delito de incitação será a mesma do crime de genocídio. Vale dizer, caso o destinatário da incitação cometa uma das condutas genocidas do art. 1º, o agente que incitou responderá pela infração do art. 3º (somente por ela), contudo com a pena referente ao art. 1º, variando de acordo com a situação concreta.

4.8. Causa de Aumento

A pena será aumentada de 1/3 (um terço), quando a incitação for cometida pela imprensa, isso porque quando propagada pela imprensa atinge um número maior de pessoas e, portanto, possui mais potencialidade lesiva.

5. CAUSA DE AUMENTO GENÉRICA

> **Art. 4º** A pena será agravada de 1/3 (um terço), no caso dos arts. 1º, 2º e 3º, quando cometido o crime por governante ou funcionário público.

Os delitos de genocídio (art. 1º), associação para a prática de genocídio (art. 2º) e incitação ao genocídio (art. 3º) são classificados como crimes comuns, os quais podem ser praticados por qualquer pessoa, não se exigindo nenhuma qualidade especial do agente que os pratica.

Assim, se cometido por governante (chefe do Poder Executivo em qualquer nível) ou funcionário público, haverá a majoração da pena de 1/3 (um terço).

Registre-se que, embora o art. 4º faça menção a "pena será agravada de 1/3 (um terço)", não se trata de uma agravante, mas sim de causa de aumento de pena a ser considerada na terceira fase da aplicação da reprimenda.

6. PUNIÇÃO DA TENTATIVA

> **Art. 5º** Será punida com 2/3 (dois terços) das respectivas penas a tentativa dos crimes definidos nesta lei.

O art. 14 do Código Penal dispõe que, salvo disposição em contrário, pune-se a tentativa com a pena correspondente ao crime consumado, diminuída de um a dois terços. Destarte, como regra geral, tem-se que para o crime tentado aplica-se uma redução de 1/3 (um terço) a 2/3 (dois terços) da pena, a depender do *iter criminis* percorrido, ou seja, quanto mais perto da consumação o agente chegou, menor será a diminuição; quanto mais longe da consumação o agente chegou, maior será a diminuição.

Percebe-se que o próprio art. 14 do Código Penal faz uma ressalva em relação à tentativa, informando que será punida com a pena correspondente ao crime consumado, com a redução de um terço a dois terços, *salvo disposição em contrário.*

O art. 5º da Lei do Genocídio trouxe exceção à regra, determinando que, para os crimes previstos nesta Lei, a tentativa será punida com 2/3 (dois terços) das respectivas penas. Assim, os crimes descritos na Lei de Genocídio, quando na modalidade tentada, terão redução de apenas 1/3 (um terço) da pena, não deixando margem para o julgador analisar o *iter criminis* percorrido pelo agente.

7. CRIME POLÍTICO E EXTRADIÇÃO

> **Art. 6º** Os crimes de que trata esta lei não serão considerados crimes políticos para efeitos de extradição.

O art. 5º, LII, da Constituição Federal dispõe que não será concedida extradição de estrangeiro por crime político ou de opinião. O art. 6 da Lei de Genocídio orienta que os crimes previstos nela não serão considerados políticos para fins de extradição. Portanto, será possível a extradição do autor de crime de genocídio, não podendo se alegar, em seu benefício, que se trata de crime político.

Art. 7º Revogam-se as disposições em contrário.

Rio de Janeiro, 1 de outubro de 1956; 135º da Independência e 68º da República.

JUSCELINO KUBITSCHEK

Nereu Ramos

CAPÍTULO 3

Crimes Eleitorais – Lei 4.737/1965

CRIMES MAIS RELEVANTES DO CÓDIGO ELEITORAL

Igor Pereira Pinheiro

1. ASPECTOS MATERIAIS E PROCESSUAIS DAS INFRAÇÕES PENAIS ELEITORAIS

O estudo aprofundado das infrações penais eleitorais pressupõe, além do mero conhecimento formal das previsões incriminadoras constantes da legislação eleitoral, análise dos aspectos materiais e processuais desses delitos, que possuem peculiaridades muito próprias e que podem levar o intérprete a cometer erros na sua aplicação. Nesta obra, iremos abordar os crimes do Código Eleitoral que possuem maior incidência prática e, por isso, reputamos como imprescindíveis para esse primeiro momento editorial do trabalho (para uma análise de todos os crimes eleitorais, recomendamos o nosso livro "Legislação Criminal Eleitoral Comentada - Aspectos Materiais e Processuais", também pela Editora JusPodivm).

1.1. Competência Legislativa e Previsão Legal

A criação dos tipos penais eleitorais, em observância ao princípio constitucional da reserva legal (artigo 5º, XXXIX, CF/88), só pode ocorrer mediante lei em sentido estrito, cuja competência legislativa é privativa da União (artigo 22, I, da Constituição Federal de 1988), sendo vedada, inclusive, a sua criação por meio de medida provisória (vide artigo 62, I, "a" e "b", CF/88), ou por ato regulamentar do Tribunal Superior Eleitoral (vide artigos 1º, parágrafo único e 23, IX, ambos do Código Eleitoral c/c artigo 105, da Lei nº 9.504/97 e artigo 61, da Lei nº 9.096/95). Nesse mesmo sentido, deve-se destacar que também não poderá ocorrer delegação legislativa ao Executivo para esse fim (vide artigo 68, II, da CF/88).

Pois bem, esclarecida a questão da competência legislativa, destaca-se que, até a edição da Lei das Eleições (Lei nº 9504/97), havia o entendimento – e a prática legislativa – de que o artigo 16 da Constituição Federal (princípio da anualidade) exigia a aprovação de uma lei específica para cada pleito eleitoral.

Assim, a cada dois anos, aprovava-se uma lei eleitoral, inclusive com previsão de crimes. Era uma clara hipótese de lei penal temporária. Foi o que sucedeu com as Leis nº 8713/93 e 9100/95. Felizmente, isso acabou em 1997!

De qualquer sorte, a despeito da existência de um Código Eleitoral, que dedica Título próprio com as disposições penais eleitorais (Título IV, artigos 283 a 364), no qual estão descritos a maioria dos crimes eleitorais, é importante consignar que os delitos eleitorais estão previstos em 06 (seis) diplomas legais, a saber:

Diploma Legal	Tipos Incriminadores
Código Eleitoral (Lei Ordinária nº 4737/65) * Obs: O Código Eleitoral possui natureza de lei mista, tendo status de lei ordinária em sua generalidade e de lei complementar nas disposições que trata da competência e organização da Justiça Eleitoral, a teor do que dispõe o artigo 121, da Constituição Federal de 1988.	69, no total, assim distribuídos: 1 – Art. 45, § 9º e 11; 2 – Art. 47, § 4º; 3 – Art. 68, § 2º; 4 – Art. 71, § 3º; 5 – Art. 114, parágrafo único; 6 – Art. 120, § 5º; 7 – Art. 129, parágrafo único; 8 – Art. 135, § 5º; 9 – Art. 174, § 3º; 10 – Art. 183, parágrafo único; 11 – Artigos 289 a 354-A, num total de 57 tipos previstos, já que alguns dispositivos foram revogados por leis posteriores e outros possuem conteúdo explicativo ou de processo.
Lei do Transporte de Eleitores (Lei nº 6091/74)	5, no total, assim distribuídos: – Art. 11, incisos I à V.
Lei do Escrutíneo (Lei nº 7021/82)	1, no total: – Art. 5º.
Lei do Processamento Eletrônico de Dados nos Serviços Eleitorais (Lei nº 6996/82)	1, no total: – Art. 15
Lei das Inelegibilidades (Lei Complementar nº 64/90)	2, no total: - Art. 20 (crime sem pena); – Art. 25.
Lei das Eleições Lei nº 9504/97	14, no total, assim distribuídos: 1 – Art. 33, § 4º; 2 – Art. 34, § 2º; 3 – Art. 34, § 3º; 4 – Art. 39, § 5º; 5 – Art. 40;

	6 – Art. 57-H, § 1º; 7 – Art. 57-H, § 2º; 8 – Art. 58, § 7º; 9 – Art. 68, § 2º; 10 – Art. 72; 11 – Art. 87, § 4º; 12 – Art. 91; 13 – Art. 94, § 2º; 14 - Art. 100-A, §5º.

1.2. Pseudoinfrações Penais Eleitorais

Ter o domínio do exato conceito das infrações penais eleitorais é de extrema importância teórica e prática, pois existem determinadas situações do dia a dia forense que podem induzir o intérprete à errônea configuração dessa modalidade delituosa, em especial pela circunstância dos fatos ocorrerem em ambientes eleitorais, ou pela subsunção de uma conduta a um tipo penal previsto na legislação eleitoral sem que haja uma lesão efetiva, ou ameaça de lesão aos bens tutelados pelo Direito Eleitoral.

Assim, para a configuração de uma infração penal eleitoral, faz-se imperativo que estejam presentes dois elementos:

1. Tipificação da infração penal na legislação eleitoral;
2. Lesão ou potencial de lesão aos bens jurídicos eleitorais, bem como o especial fim de agir, quando expressamente exigido pela norma (que não é a regra geral).

Não basta, portanto, a mera localização do tipo na legislação criminal eleitoral, a finalidade eleitoral ou a ambiência político-partidária da conduta prevista como infração penal para que exista um delito eleitoral. É preciso mais!

Exatamente por isso, o crime de falso testemunho praticado em processo judicial em trâmite na Justiça Eleitoral ou em procedimento investigatório presidido pelo no Ministério Público Eleitoral não é crime eleitoral, sendo a competência da Justiça Federal, conforme já decidiu o Superior Tribunal de Justiça (STJ):

> CONFLITO NEGATIVO DE COMPETÊNCIA. DELITO DE FALSO TESTEMUNHO COMETIDO PERANTE A PROMOTORIA DE JUSTIÇA ELEITORAL. CRIME PRATICADO CONTRA A ADMINISTRAÇÃO DA JUSTIÇA ELEITORAL. INTERESSE DA UNIÃO. COMPETÊNCIA DA JUSTIÇA FEDERAL. POSSÍVEL OCORRÊNCIA DE CRIME PREVISTO NO ART. 299 DO CÓDIGO ELEITORAL, EM CONEXÃO. IMPOSSIBILIDADE DE JULGAMENTO CONJUNTO NA JUSTIÇA ESPECIALIZADA. COMPETÊNCIA DA JUSTIÇA COMUM FEDERAL FIXADA NA CONSTITUIÇÃO DA REPÚBLICA. NÃO APLICAÇÃO DO CRITÉRIO DA ESPECIALIDADE.
>
> 1. A prática do delito de falso testemunho, cometido por ocasião de depoimento perante o Ministério Público Eleitoral, enseja a competência da Justiça Federal, em razão do evidente interesse da União na administração da Justiça Eleitoral. Precedentes. 2. Na eventualidade de ficar caracterizado o crime do art. 299 do Código Eleitoral, este deverá ser processado e

> julgado na Justiça Eleitoral, sem interferir no andamento do processo relacionado ao crime de falso testemunho, porquanto a competência da Justiça Federal está expressamente fixada na Constituição Federal, não se aplicando, dessa forma, o critério da especialidade, previsto nos arts. 78, IV, do CPP e 35, II, do Código Eleitoral, circunstância que impede a reunião dos processos na Justiça especializada. Precedentes. 3. Conflito conhecido para declarar competente o Juízo Federal da 3ª Vara Criminal da Seção Judiciária do Rio Grande do Sul, o suscitado. (CC 126729/RS, Rel. Ministro MARCO AURÉLIO BELLIZZE, TERCEIRA SEÇÃO, julgado em 24/04/2013, DJe 30/04/2013)

Segue-se, assim, a lógica do disposto na Súmula nº 165, do Superior Tribunal de Justiça (STJ), segundo a qual "compete à Justiça Federal processar e julgar crime de falso testemunho cometido no processo trabalhista".

Outro crime bastante recorrente na prática e que não é da competência da Justiça Eleitoral é a denunciação caluniosa para fins eleitorais. No caso, também não há crime eleitoral e cabe à Justiça Federal apreciar tal delito, conforme entendimento do TSE:

> Ação penal. Justiça Eleitoral. Incompetência. Denunciação caluniosa.
>
> 1. Considerando que o art. 339 do Código Penal não tem equivalente na legislação eleitoral, a Corte de origem assentou a incompetência da Justiça Eleitoral para exame do fato narrado na denúncia – levando-se em conta que a hipótese dos autos caracteriza, em tese, ofensa à administração desta Justiça Especializada –, anulou a sentença e determinou a remessa dos autos à Justiça Federal. 2. É de se manter o entendimento do Tribunal a quo, visto que a denunciação caluniosa decorrente de imputação de crime eleitoral atrai a competência da Justiça Federal, visto que tal delito é praticado contra a administração da Justiça Eleitoral, órgão jurisdicional que integra a esfera federal, o que evidencia o interesse da União, nos termos do art. 109, inciso IV, da Constituição Federal. Agravo regimental não provido. (Agravo Regimental em Agravo de Instrumento nº 26717, Acórdão de 17/02/2011, Relator(a) Min. ARNALDO VERSIANI LEITE SOARES, Publicação: DJE – Diário da Justiça Eletrônico, Data 07/04/2011, Página 42)

A mesma orientação é seguida para o crime de desacato praticado contra juiz ou promotor eleitoral. Vejamos:

> PENAL. CONFLITO DE COMPETÊNCIA. CRIME COMUM PRATICADO CONTRA JUIZ ELEITORAL. INTERESSE DA UNIÃO. COMPETÊNCIA DA JUSTIÇA FEDERAL. 1. A competência criminal da Justiça Eleitoral se restringe ao processo e julgamento dos crimes tipicamente eleitorais. 2. O crime praticado contra Juiz Eleitoral, ou seja, contra órgão jurisdicional de cunho federal, evidencia o interesse da União em preservar a própria administração. 3. Conflito conhecido para declarar a competência do Juízo Federal do Juizado Especial Cível e Criminal da Seção Judiciária do Estado de Rondônia, ora suscitado. (CC 45552/RO, Rel. Ministro ARNALDO ESTEVES LIMA, TERCEIRA SEÇÃO, julgado em 08/11/2006, DJ 27/11/2006, p. 246)

Cumpre registrar também precedente do Supremo Tribunal Federal (STF), no sentido de que os delitos de calúnia e difamação praticados por parlamentar, no bojo de comício eleitoral, contra juiz e promotor eleitorais não configuram crimes eleitorais, pois para a configuração dessas específicas infrações eleitorais exige-se que sejam praticados "em propaganda eleitoral ou para fins de propaganda eleitoral, máxime se considerado o caráter de ultima ratio do direito penal". Senão, vejamos:

> DENÚNCIA. CRIMES PREVISTOS NOS ARTS. 325, 326 E 327, II E III, TODOS DO CÓDIGO ELEITORAL. INJÚRIA E DIFAMAÇÃO PRATICADAS CONTRA PROMOTOR

> DE JUSTIÇA E JUIZ DO TRABALHO. ATIPICIDADE DA CONDUTA. DENÚNCIA REJEITADA. 1. À luz do Código Eleitoral, é atípica a conduta de proferir ofensas irrogadas fora da ambiência político-eleitoral. 2. Para a configuração de delito contra a honra na seara eleitoral, faz-se necessário que a conduta seja praticada em propaganda eleitoral ou para fins de propaganda eleitoral, máxime se considerado o caráter de ultima ratio do direito penal. 3. Denúncia rejeitada. (Inq 3925, Relator(a): Min. MARCO AURÉLIO, Relator(a) p/ Acórdão: Min. EDSON FACHIN, Primeira Turma, julgado em 27/10/2015, ACÓRDÃO ELETRÔNICO DJe-078 DIVULG 22-04-2016 PUBLIC 25-04-2016).

Por fim, destaca-se que, uma vez praticado ato infracional análogo ao crime eleitoral por criança ou adolescente, o entendimento jurisprudencial do Superior Tribunal de Justiça (STJ) é no sentido de que cabe à Justiça Comum (Vara da Infância e Juventude) apreciar o fato:

> PROCESSUAL PENAL. CONFLITO NEGATIVO DE COMPETÊNCIA. ATO INFRACIONAL EQUIPARADO AO DELITO PREVISTO NO ART. 39, § 5º, II, DA LEI Nº 9.504/97.
>
> Compete ao Juízo da Vara da Infância e da Juventude, ou ao Juiz que, na Comarca, exerce tal função, processar e julgar o ato infracional cometido por menor inimputável, ainda que a infração seja equiparada a crime eleitoral. Conflito conhecido, competente o Juízo de Direito da Vara Criminal de Milagres (BA). (CC 38.430/BA, Rel. Ministro FELIX FISCHER, TERCEIRA SEÇÃO, julgado em 11/06/2003, DJ 18/08/2003, p. 150)

É importante, contudo, não deixar imune de responsabilização penal o terceiro (maior) que induziu o menor ou com ele concorreu para prática do ato infracional.

Nesse caso, temos algumas possibilidades:

1. Se o terceiro apenas induz, sem praticar qualquer ato auxiliar ou de execução, deve responder pelo crime de corrupção de menores (artigo 244-B, do ECA), perante a Justiça Comum, independente do grau de corrupção do infante, pois "a Terceira Seção do Superior Tribunal de Justiça, no julgamento de recurso especial processado sob o regime do art. 543-C do CPC, firmou a orientação de que o crime de corrupção de menores é de natureza formal, sendo irrelevante, portanto, tratar-se de menor anteriormente corrompida" (HC 260.090/MS, Rel. Ministro GURGEL DE FARIA, QUINTA TURMA, julgado em 07/04/2015, DJe 17/04/2015);
2. Caso, todavia, o terceiro pratique ato executório do crime eleitoral, possua domínio do fato ou se enquadre na condição de autor material (intelectual), deve responder, em concurso de crimes, pela corrupção de menores (artigo 244-B, do ECA) e o respectivo crime eleitoral, tudo perante a Justiça Eleitoral, pois a competência da mesma atrai os delitos conexos aos especializados.

1.2. Regime Jurídico Híbrido

Não há, no Direito Eleitoral Brasileiro, uma teoria geral dos crimes eleitorais, motivo pelo qual, via de regra, incidem sobre eles todos os princípios constitucionais penais e as disposições gerais do Código Penal, salvo no caso de disposição específica da legislação eleitoral.

É o que se extrai do disposto no artigo 287 do Código Eleitoral e no artigo 12 do Código Penal, in verbis:

– CÓDIGO ELEITORAL –

Art. 287. Aplicam-se aos fatos incriminados nesta lei as regras gerais do Código Penal.

– CÓDIGO PENAL –

Art. 12. As regras gerais deste Código aplicam-se aos fatos incriminados por lei especial, se esta não dispuser de modo diverso.

Há, portanto, um regime jurídico híbrido que regula o sistema penal eleitoral, que é constituído, na generalidade, pelas regras do Código Penal, mas que sofre impacto modificativo de algumas disposições eleitorais, em especial do Código Eleitoral, que possui um capítulo específico intitulado "Disposições Preliminares" (artigos 283 a 288), em que se verificam a maioria das peculiaridades penais da seara eleitoral.

Vejamos, pois, uma a uma, para que o leitor possa compreendê-las.

1.2.1. Princípios Aplicáveis

Os crimes eleitorais possuem natureza comum, o que faz com que os princípios penais (de natureza constitucional ou legal) incidam, como regra geral, sobre os mesmos.

Ocorre que a quase totalidade dos delitos eleitorais tutela bens indisponíveis e de extrema importância para a autenticidade do regime democrático brasileiro, tais como: igualdade de oportunidades entre os candidatos (artigos 300 e 301, do Código Eleitoral), liberdade do eleitor (artigos 297 e 299, do Código Eleitoral e artigo 39, § 5º, da Lei nº 9504/97), proteção contra o abuso de poder econômico, (artigo 334, do Código Eleitoral), moralidade administrativa e proteção contra o abuso de poder político (artigos 346 e 377, do Código Eleitoral e artigo 11, V, da Lei nº 6091/74), incolumidade dos bens da Justiça Eleitoral (artigo 339, do Código Eleitoral e artigo 72, III, da Lei nº 9504/97), fé pública eleitoral (artigo 340, do Código Eleitoral), celeridade processual (artigo 341, Código Eleitoral), atuação eficaz das instituições públicas (artigos 342 e 343, do Código Eleitoral) etc.

Por conta disso e considerando que o processo eleitoral hígido é a única forma para a garantia efetiva da soberania popular (artigo 1º, parágrafo único c/c artigo 14, todos da CF/88), bem como para a manutenção de um verdadeiro regime democrático, entendo que não é possível aplicar o princípio da bagatela ou insignificância aos crimes eleitorais.

Trata-se de entendimento que encontra guarida na atual jurisprudência do Tribunal Superior Eleitoral (TSE) e que não tem sofrido qualquer tipo de oscilação na maioria dos Tribunais Eleitorais.

Vejamos, pois, decisões recusando a aplicação do referido princípio a crimes com objetividade jurídica bem diversa (liberdade do eleitor, regularidade dos serviços eleitorais, especificamente a higidez do cadastro, bem como fé-pública eleitoral):

> – ELEIÇÕES 2010. RECURSO ESPECIAL ELEITORAL. CRIME ELEITORAL. ART. 39, § 5º, INCISO III, DA LEI Nº 9.504/1997. PRINCÍPIO DA INSIGNIFICÂNCIA. INAPLICABILIDADE.
>
> 1. A divulgação de propaganda criminosa dentro da cabine de votação e ao lado da urna eletrônica não pode ser considerada insignificante, pois viola a liberdade de escolha do eleitor no momento sigiloso de confirmação do voto.

2. Inaplicável o princípio da insignificância ao crime previsto no art. 39, § 5º, inciso III, da Lei nº 9.504/1997, porque o bem jurídico tutelado é a liberdade de exercício do voto. Precedentes.

3. Recurso especial eleitoral provido para restaurar a condenação imposta em sentença. (TSE, Recurso Especial Eleitoral nº 6672, Acórdão, Relator(a) Min. Gilmar Ferreira Mendes, Publicação: DJE – Diário de justiça eletrônico, Volume, Tomo 54, Data 20/03/2017, Página 96)

– AUSÊNCIA DE TIPICIDADE E DE JUSTA CAUSA PARA O PROCESSAMENTO DE AÇÃO PENAL. CRIMES DO ART. 290 DO CÓDIGO ELEITORAL E 331 DO CÓDIGO PENAL. PRINCÍPIO DA INSIGNIFICÂNCIA. AUSÊNCIA DOS REQUISITOS PARA APLICAÇÃO. IMPOSSIBILIDADE DE EXAME APROFUNDADO DE PROVAS. DESPROVIMENTO.

1. Nos termos da jurisprudência das Cortes Superiores, ocorrerá o trancamento da ação penal pela via do habeas corpus nas seguintes hipóteses: a) a conduta não se constituir de crime em tese; ou b) quando já estiver extinta a punibilidade; ou c) se inocorrentes indícios mínimos de autoria (STF, HC 98.631/BA, 2ª Turma, Rel. Min. Carlos Ayres Britto, DJe de 30.6.2009).

2. A ausência da tipicidade material, por sua vez, consubstanciar-se-á quando presentes os requisitos previstos na jurisprudência do Supremo Tribunal Federal, a saber: (a) mínima ofensividade da conduta do agente; (b) nenhuma periculosidade social da ação; (c) reduzidíssimo grau de reprovabilidade do comportamento; e (d) inexpressividade da lesão jurídica provocada (STF, HC 84.412, 2ª Turma, Relator Min. Celso de Mello, DJ 19.11.2004).

3. In casu, não procede a alegação de ausência de tipicidade material referente à conduta imputada ao paciente de induzir eleitor a se inscrever fraudulentamente, já que não se encontram presentes os requisitos definidos na jurisprudência do STF para a aplicação do princípio da insignificância. Além disso, há justa causa para a ação penal no que se refere à suposta prática do delito previsto no art. 290 do Código Eleitoral. (TSE, Recurso em Habeas Corpus nº 136, Acórdão, Relator(a) Min. Felix Fischer, Publicação: DJE – Diário de justiça eletrônico, Data 19/11/2009, Página 12);

– RECURSO CRIMINAL. CRIME DE FALSIDADE IDEOLÓGICA PARA FINS ELEITORAIS. CÓDIGO ELEITORAL, ART. 350. RECURSO NÃO PROVIDO.

1. Ação penal pública incondicionada proposta pelo MINISTÉRIO PÚBLICO ELEITORAL (MPE ou Recorrido) contra GESSÉ SIQUEIRA DA LUZ (GESSÉ ou Recorrente), imputando-lhe a prática do crime de falsidade ideológica para fins eleitorais. Código Eleitoral (CE), Art. 350. Na Denúncia, o MPE sustenta que em 23 de janeiro de 2012, em horário não determinado, nas dependências do Cartório Eleitoral da 33ª Zona Eleitoral, de Valparaíso de Goiás, o Recorrente inseriu declaração falsa, consistente na afirmação de que tinha domicílio naquela cidade, no Requerimento de Alistamento Eleitoral (Operação: Transferência) [RAE-T].

2. Sentença condenatória. Recorrente condenado pela prática do crime de falsidade ideológica para fins eleitorais. CE, Art. 350. Pena privativa de liberdade fixada em 1 ano e 3 meses de reclusão. Fixação do regime aberto para o início do cumprimento da pena. Código Penal (CP), Art. 33, § 2º, alínea c. Pena de multa fixada em 6 dias-multa à razão de um trigésimo do salário mínimo vigente na data da prática delituosa. Sentença transitada em julgado para o MPE. Recurso interposto por GESSÉ.

6. Princípio da insignificância. Inaplicabilidade. No presente caso, a inserção de declaração falsa em RAE-T, com a finalidade de alterar a verdade sobre fato juridicamente relevante sob o ponto de vista eleitoral, na espécie, o domicílio eleitoral, implica expressiva lesão ao bem jurídico tutelado, qual seja: a fé pública eleitoral. Além disso, o grau de reprovabilidade desse comportamento não pode ser considerado reduzido para o fim de reconhecer a

atipicidade respectiva. Por isso, a jurisprudência dos Tribunais Eleitorais afasta a aplicação do princípio da insignificância no caso de falsidade ideológica para fins eleitorais. (TRE/MS, Recurso Criminal nº 373266.) (TRE/GO, RECURSO CRIMINAL n 6836, ACÓRDÃO n 14999/2014 de 28/08/2014, Relator(a) LEÃO APARECIDO ALVES, Publicação: DJ – Diário de justiça, Tomo 182, Data 4/9/2014, Página 2 e 3)

Reforçando essa linha de pensamento, destaca-se o enunciado nº 599, da Súmula do Superior Tribunal de Justiça (julgado em 27/11/2017), segundo o qual "o princípio da insignificância é inaplicável aos crimes contra a administração pública", que deve incidir, pela coincidência de fundamento, sobre vários delitos eleitorais que estão relacionados com a proibição do uso de cargos ou bens públicos em prol de projetos político-partidários, de que são exemplos os descritos no artigo 299, 300, 346 e 377, do Código Eleitoral, bem como o artigo 11, V, da Lei nº 6091/74).

Para finalizar o presente tópico, destaco que a nova redação do artigo 62 da Lei nº 9099/95 (acrescida pela 13.603/18), cujo teor estabelece que "o processo perante o Juizado Especial orientar-se-á pelos critérios da oralidade, simplicidade, informalidade, economia processual e celeridade, objetivando, sempre que possível, a reparação dos danos sofridos pela vítima e a aplicação de pena não privativa de liberdade", não tem o condão de afetar o entendimento da inaplicabilidade do princípio da insignificância aos delitos eleitorais, haja vista que nessa seara especializada inexiste tipo que tutele apenas o patrimônio individual, mas, sim, o propriamente coletivo (como é caso do artigo 72, III, da Lei nº 9504/97) ou o de dimensão coletiva (caso do artigo 331, do Código Eleitoral), que são indisponíveis por natureza e diante da importância que possuem para o processo democrático.

1.2.2. *Tipificação exclusiva na modalidade dolosa*

Todas as infrações penais eleitorais só comportam a sua prática na modalidade dolosa, motivo pelo qual inexiste crime eleitoral culposo. Essa regra é extraída a partir da constatação de que nas infrações penais eleitorais inexiste qualquer menção à possibilidade de sua prática na modalidade culposa, o que faz com que, por força do disposto no artigo 287 do Código Eleitoral, aplique-se o artigo 18, parágrafo único do Código Penal.

1.2.3. *O conceito de funcionário público para fins penais eleitorais*

O artigo 283 do Código Eleitoral estabelece quem é considerado funcionário público para fins penais eleitorais, in verbis:

> **Art. 283.** Para os efeitos penais são considerados membros e funcionários da Justiça Eleitoral:
>
> I – os magistrados que, mesmo não exercendo funções eleitorais, estejam presidindo Juntas Apuradoras ou se encontrem no exercício de outra função por designação de Tribunal Eleitoral;
>
> II – Os cidadãos que temporariamente integram órgãos da Justiça Eleitoral;
>
> III – Os cidadãos que hajam sido nomeados para as mesas receptoras ou Juntas Apuradoras;
>
> IV – Os funcionários requisitados pela Justiça Eleitoral.
>
> § 1º Considera-se funcionário público, para os efeitos penais, além dos indicados no presente artigo, quem, embora transitoriamente ou sem remuneração, exerce cargo, emprego ou função pública.

§ 2º Equipara-se a funcionário público quem exerce cargo, emprego ou função em entidade paraestatal ou em sociedade de economia mista.

O dispositivo em questão é de suma importância, pois traz conceito bem mais amplo do que o conceito de funcionário público disposto no artigo 287 do Código Penal, na medida em que inclui naquela conceituação pessoas estranhas aos quadros da Justiça Eleitoral, mas que exerçam de qualquer forma, ainda que gratuita ou transitoriamente, suas atividades em favor das funções administrativo-judiciais desse ramo especializado.

É o que ocorre com os servidores requisitados (vide artigo 23, XVI, do Código Eleitoral c/c artigo 94-A, da Lei nº 9504/97), os advogados nomeados para comporem as Cortes Eleitorais (artigo 119, II c/c artigo 120, III, todos da Constituição Federal), ou os magistrados e promotores designados para auxiliarem as eleições por ocasião da formação das Juntas Eleitorais (vide artigo 37, do Código Eleitoral), ou até mesmo os policiais militares e civis que auxiliem a Justiça Eleitoral no cumprimento de diligências por ela determinadas.

Trata-se de conceito válido somente para a seara penal, pois na área cível-eleitoral há disposição específica (artigo 73, § 1º, da Lei nº 9504/97), segundo a qual agente público é "quem exerce, ainda que transitoriamente ou sem remuneração, por eleição, nomeação, designação, contratação ou qualquer outra forma de investidura ou vínculo, mandato, cargo, emprego ou função nos órgãos ou entidades da administração pública direta, indireta, ou fundacional".

1.2.4. *Sistema punitivo diferenciado para alguns crimes e seus reflexos processuais*

Existem determinados tipos penais eleitorais que possuem sistema punitivo diferenciado, no qual são aplicadas, cumulativamente com as penas privativas de liberdade, restritivas de direitos e multa, ou de maneira exclusiva, sanções específicas de cassação de registro do candidato (artigo 334, do CE), cancelamento do diploma (artigo 11, V, da Lei nº 6091/74) e suspensão do funcionamento de diretórios partidários (artigo 336, do CE).

Tal peculiaridade faz com que esses delitos com punição diferenciada não sofram os influxos da possibilidade da realização de transação penal e da suspensão condicional do processo (artigos 76 a 89, da Lei nº 9.099/95). Senão, vejamos:

> PROCESSO PENAL ELEITORAL – LEIS nºs 9.099/95 e 10.259/2001 – APLICABILIDADE. As Leis nºs 9.099/95 e 10.259/2001, no que versam o processo relativo a infrações penais de menor potencial ofensivo, são, de início, aplicáveis ao processo penal eleitoral. A exceção corre à conta de tipos penais que extravasem, sob o ângulo da apenação, a perda da liberdade e a imposição de multa para alcançarem, relativamente a candidatos, a cassação do registro, conforme é exemplo o crime do artigo 334 do Código Eleitoral. (Recurso Especial Eleitoral nº 25137, Acórdão de, Relator(a) Min. Marco Aurélio Mendes De Farias Mello, Publicação: DJ – Diário de justiça, Volume I, Data 16/09/2005, Página 173)

1.2.5. *Padronização das penas mínimas fixadas*

A maioria dos delitos eleitorais não possui uma fixação individualizada das penas mínimas cominadas, sendo regra geral o uso da expressão "até" antes do anúncio do quantum legal previsto como pena mínima do preceito secundário.

Citamos como exemplo o crime de corrupção eleitoral (artigo 299, do Código Eleitoral), cuja punição legal consta como sendo "reclusão até quatro anos e pagamento de 5 a 15 – dias multa". Raros são, pois, os casos em que se fixa os limites mínimo e máximo da pena privativa de liberdade no tipo específico.

Isso se deve ao disposto no artigo 284, do Código Eleitoral, in verbis:

> **Art. 284.** Sempre que este Código não indicar o grau mínimo, entende-se que será ele de quinze dias para a pena de detenção e de um ano para a de reclusão"

Tal critério é de suma importância, na medida em que se aplicam aos delitos eleitorais, como regra geral, o instituto da suspensão condicional do processo (artigo 98, da Lei nº 9099/95. Observe-se, contudo, que esse benefício processual do acusado (que pode por ele ser recusado) deve ser proposto pelo Ministério Público quando do oferecimento da denúncia criminal – e reclamada a sua omissão no primeiro momento em que a defesa possa se manifestar (na audiência designada após o recebimento da inicial acusatória), sob pena de preclusão.

Nesse sentido, o Tribunal Superior Eleitoral (TSE):

> ELEIÇÕES 2008. AGRAVO REGIMENTAL. RECURSO ESPECIAL. CRIME ELEITORAL. CORRUPÇÃO ELEITORAL. SUSPENSÃO CONDICIONAL DO PROCESSO. ART. 89 DA LEI Nº 9.096/95. NULIDADE RELATIVA. PRECLUSÃO. DESPROVIMENTO.
>
> 1. A jurisprudência deste Tribunal e do Supremo Tribunal Federal é firme no sentido de que, por se tratar de nulidade relativa, a ausência de proposição de suspensão condicional do processo pelo Ministério Público Eleitoral torna a matéria preclusa, se não suscitada pela defesa no momento oportuno. (Recurso Especial Eleitoral nº 4095, Acórdão, Relator(a) Min. Luciana Christina Guimarães Lóssio, Publicação: DJE – Diário de justiça eletrônico, Tomo 201, Data 22/10/2015, Página 31/32).

Essa é a regra geral, mas que pode comportar exceções diante das peculiaridades e surpresas inerentes à forense. Senão, vejamos.

Se ocorrer emendatio libelli ou mutatio lebelli (artigos 383 e 384, do Código de Processo Penal), o juiz deverá, antes de sentenciar, abrir vistas para que o Ministério Público possa se manifestar se oferece ou não o benefício. Tal lógica já está consagrada na jurisprudência a partir da edição da Súmula nº 337 do Superior Tribunal de Justiça (STJ), que preceitua ser "cabível a suspensão condicional do processo na desclassificação do crime e na procedência parcial da pretensão punitiva".

Na eventualidade, porém, da desclassificação ocorrer apenas em grau recursal, o juízo ad quem avaliará o preenchimento dos requisitos em, caso seja positiva a análise, remeterá os autos para a 1ª instância designar audiência para tal fim.

Caso o Parquet, ainda que preenchidos os requisitos legais, não faça a proposta de suspensão condicional do processo, o juiz não pode conceder de ofício, devendo aplicar o artigo 28 do Código de Processo Penal e remeter os autos ao Procurador Regional Eleitoral. Essa é a disposição da Súmula nº 696 do Supremo Tribunal Federal (STF): "Reunidos os pressupostos legais permissivos da suspensão condicional do processo, mas se recusando o promotor de justiça a propô-la, o juiz, dissentindo, remeterá a questão ao procurador-geral, aplicando-se por analogia o art. 28 do código de processo penal".

Tratando-se de caso em que o réu seja absolvido parcialmente de acusação envolvendo concurso de crimes que lhe impediu o gozo inicial do benefício por conta do somatório das penas mínimas (inteligência da Súmula 723 do STF), é possível que se lhe ofereça a suspensão do processo.

Por fim, "se a denúncia teve de ser julgada procedente primeiro, para, somente após, ser reconhecida a prescrição, em razão da pena concreta, não houve procedência parcial da pretensão punitiva, mas essa foi integral, não sendo caso de incidência da Súmula 337/STJ", de modo que não há "ilegalidade no indeferimento do pedido de abertura de vista ao Ministério Público Federal, para que oferecesse proposta de suspensão do processo, na forma do art. 89 da Lei n. 9.099/1995, em relação ao delito remanescente, em relação ao qual a pretensão punitiva não havia sido fulminada pela prescrição". (REsp 1500029/SP, Rel. Ministro SEBASTIÃO REIS JÚNIOR, SEXTA TURMA, julgado em 27/09/2016, DJe 13/10/2016).

1.2.6. Causas de aumento e diminuição das penas (cabimento, quantum legal e limites)

Sobre o assunto, dispõe o artigo 285 do Código Eleitoral:

> **Art. 285.** Quando a lei determina a agravação ou atenuação da pena sem mencionar o "quantum", deve o juiz fixá-lo entre um quinto e um terço, guardados os limites da pena cominada ao crime.

A análise do dispositivo em referência não pode ser realizada de maneira literal, sob pena de induzir o intérprete a erro. Senão, vejamos.

Quando da edição do artigo 285, ainda vigorava a antiga parte geral do Código Penal, que adotava o sistema bifásico da pena, em que se fixava a pena-base com as circunstâncias agravantes e atenuantes, para, em seguida, aplicar-se eventual causa de aumento ou diminuição de pena.

Tal mudou e, hoje, vigora o sistema trifásico na aplicação da pena, em consonância com artigo 68 do Código Penal. Assim, firma-se a pena-base à luz das circunstâncias judiciais do artigo 59 do Código Penal, sobre a qual incidem as circunstâncias atenuantes e agravantes (artigos 61 a 66 do Código Penal) para efeito de redução ou majoração da pena base e, por fim, aplicam-se as causas de aumento e diminuição da pena, se existirem.

Ora, considerando que tal sistemática é a mais consentânea com o princípio da individualização da pena (artigo XLVI, CF/88), o entendimento pacífico na doutrina e jurisprudência eleitorais é no sentido de que as expressões "agravação ou atenunação" usadas no artigo em comento, na verdade, dizem respeito às causas de aumento ou diminuição de pena, que, no silêncio do tipo penal eleitoral, devem ser fixados entre um quinto (1/5) e um terço (1/3).

Outra observação que se deve fazer quanto ao artigo 285 é que a sua parte final (que manda guardar os limites das penas fixadas ao crime eleitoral) foi revogada, já que é plenamente possível a fixação de pena abaixo do mínimo legal ou acima do máximo, em decorrência exatamente das causas de diminuição ou de aumento estabelecidas no artigo em referência ou no tipo penal eleitoral.

Nesse sentido, o Supremo Tribunal Federal (STF), em sede de repercussão geral, pacificou o assunto:

> EMENTA: AÇÃO PENAL. Sentença. Condenação. Pena privativa de liberdade. Fixação abaixo do mínimo legal. Inadmissibilidade. Existência apenas de atenuante ou atenuantes

genéricas, não de causa especial de redução. Aplicação da pena mínima. Jurisprudência reafirmada, repercussão geral reconhecida e recurso extraordinário improvido. Aplicação do art. 543-B, § 3º, do CPC. Circunstância atenuante genérica não pode conduzir à redução da pena abaixo do mínimo legal.

(RE 597270 QO-RG, Relator(a): Min. CEZAR PELUSO, julgado em 26/03/2009, REPERCUSSÃO GERAL – MÉRITO DJe-104 DIVULG 04-06-2009 PUBLIC 05-06-2009 EMENT VOL-02363-11 PP-02257 LEXSTF v. 31, n. 366, 2009, p. 445-458)

Por fim, é de se destacar que não há "contradição entre as normas previstas no art. 71 do Código Penal e no art. 285 do Código Eleitoral, haja vista que o primeiro dispõe sobre aumento de pena em razão de crime continuado, sendo aplicável no âmbito desta Justiça Especializada".

1.2.7 Peculiaridades da pena de multa

O artigo 286 do Código Eleitoral regula a aplicação da pena de multa nos crimes eleitorais, a saber:

> **Art. 286.** A pena de multa consiste no pagamento ao Tesouro Nacional, de uma soma de dinheiro, que é fixada em dias-multa. Seu montante é, no mínimo, 1 (um) dia-multa e, no máximo, 300 (trezentos) dias-multa.
>
> § 1º O montante do dia-multa é fixado segundo o prudente arbítrio do juiz, devendo este ter em conta as condições pessoais e econômicas do condenado, mas não pode ser inferior ao salário-mínimo diário da região, nem superior ao valor de um salário-mínimo mensal.
>
> § 2º A multa pode ser aumentada até o triplo, embora não possa exceder o máximo genérico caput, se o juiz considerar que, em virtude da situação econômica do condenado, é ineficaz a cominada, ainda que no máximo, ao crime de que se trate.

A primeira informação relevante na aplicação das multas eleitorais decorrentes de sentença penal é que, a despeito da expressa disposição do artigo 286, o Tribunal Superior Eleitoral (TSE) possui o entendimento de que elas não devem ser destinadas ao Tesouro Nacional, mas, sim, ao Fundo Penitenciário Nacional (FUNPEN), conforme determina o artigo 2º, inciso V, da Lei Complementar nº 79/94.

Outra observação pertinente diz respeito ao valor do dia-multa pelo § 1º, que deve ser interpretado à luz da Constituição Federal, segundo a qual o salário mínimo é nacionalmente unificado (artigo 7º, IV), de modo que deve-se ter como não recepcionada a expressão "da região" nele constante. Assim, o valor do dia-multa variará entre um salário mínimo diário (o equivalente ao seu montante divido por 30) e o salário mínimo nacional.

É possível que o valor da multa seja aumentado até o triplo, desde que respeitado o limite dos 300 (trezentos) dias-multa, diante da ineficácia da aplicada inicialmente por conta da vantajosa situação econômica do condenado. Por outro lado, penso ser possível, diante de prova incontestável, que o juiz reduza ou isente o réu miserável da pena de multa, tudo em observância o princípio da dignidade da pessoa humana.

Deve-se destacar, ainda, que, no caso dos crimes que estipulam a pena de multa em UFIR (caso do artigo 33, § 4º, da Lei nº 9.504/97), não se aplica o sistema bifásico do artigo 286, mas o disposto no artigo 59, do Código Penal, o que impõe ao magistrado a ponderação da situação econômica e pessoal do acusado, além das circunstâncias judicias e das agravantes/atenuantes e causas de aumento ou diminuição de pena.

Por fim, convém lembrar que o prazo para pagamento da pena de multa é de 10 (dez) dias e pode ser requerido o parcelamento (artigo 50, do Código Penal). Não cabe a conversão dela em pena privativa de liberdade (artigo 51, do Código Penal) e a sua cobrança segue o rito da execução fiscal (Lei nº 6830/80).

Especificamente sobre a legitimidade ativa para a execução dessa pena de multa, impende salientar que o Superior Tribunal de Justiça (STJ) possui entendimento sumulado de que ela é exclusiva da Procuradoria da Fazenda Pública (Súmula 521). Ocorre, porém, que o Supremo Tribunal Federal (STF), em dezembro de 2018, trouxe nova interpretação para o caso e pontificou que cabe ao Ministério Público promover a execução dessas penas, só podendo a Procuradoria atuar no caso de inércia ou desídia do Parquet.

1.2.8. Crimes eleitorais praticados via imprensa

O artigo 288 do Código Eleitoral estabelece que os crimes eleitorais praticados por meio da imprensa devem ter seu processamento exclusivamente segundo as regras daquele Codex. Vejamos:

> **Art. 288.** Nos crimes eleitorais cometidos por meio da imprensa, do rádio ou da televisão, aplicam-se exclusivamente as normas deste Código e as remissões a outra lei nele contempladas.

A aplicação desse dispositivo, cujo âmbito de incidência dá-se principalmente nos tipos previstos nos artigos 323 a 236 do Código Eleitoral, ganhou mais força ainda após o Supremo Tribunal Federal (STF) declarar a Lei de Imprensa (Lei nº 5250/67) incompatível com a Constituição Federal de 1988 (vide ADPF nº 130).

Assim, os crimes eleitorais, sejam pela imprensa ou não, regem-se pelas disposições penais eleitorais específicas e pelo Código Penal naquilo em que houver omissão, seguindo-se a lógica estabelecida pelo artigo 287 do Código Eleitoral.

1.3. Investigações criminais eleitorais

Veremos a seguir, que todas as infrações penais eleitorais são de ação penal pública incondicionada (artigo 355, do Código Eleitoral), o que remete para a utilização dos instrumentos ordinários de investigação (a) inquérito policial eleitoral – IPEL; b) procedimento investigatório criminal eleitoral – PICEL) e os extraordinários (a) investigações particulares; b) outras investigações extraordinárias, tais como relatórios do COAF, comissões parlamentares de inquérito – CPI – e inspeções/auditorias dos órgãos de controle e fiscalização).

A seguir, analisaremos somente o inquérito policial eleitoral, diante da limitação de páginas para editoração da obra.

1.3.1. O inquérito policial eleitoral

É importante registrar que não há, nas leis eleitorais, qualquer regulamentação do assunto, sendo por isso mesmo e por força do disposto no artigo 364, do Código Eleitoral, aplicáveis, como regra geral, as disposições do Código de Processo Penal no que diz respeito ao inquérito policial. Digo como regra geral, porque o Tribunal Superior Eleitoral (TSE), possui a Resolução nº 23.386/13 (ainda em vigor para as eleições de 2018), cujo título trata da "apuração dos crimes eleitorais".

A leitura desse ato reclama uma análise crítica de alguns dispositivos, que são de constitucionalidade duvidosa, cujo questionamento já foi realizado junto ao Supremo Tribunal Federal (STF) na ADI nº 5104.

Nesse tocante, é importante destacar que a medida cautelar concedida pelo relator fez com que o Tribunal Superior Eleitoral (TSE) revisasse a redação do artigo 8º da Resolução nº 23.386/13.

Vejamos, pois os principais, pontos do citado ato regulamentar.

A – ATUAÇÃO DAS POLÍCIAS FEDERAL E CIVIL: Sobre o capítulo I, não há dúvidas de que a Polícia Judiciária ordinária para a apuração dos delitos eleitorais é a federal, merecendo, destacar, porém, que a atuação supletiva da Polícia Civil (artigo 2º, parágrafo único) é plena onde não houver sede daquela, de modo que ela pode instaurar os devidos inquéritos policiais, requerer diligências investigativas (buscas e apreensões, prisões, interceptações telefônicas etc) e concluir a investigação por conta própria sem qualquer necessidade de supervisão da Polícia Federal.

Exatamente nesse sentido, a Corte Eleitoral já se manifestou, in verbis:

> DOCUMENTO FALSO – ARTIGO 350 DO CÓDIGO ELEITORAL – CRIME – ESPÉCIE. O crime do artigo 350 do Código Eleitoral é de natureza formal, descabendo potencializar, para definir-se a atribuição de autoridade policial, o fato de haver sido o documento utilizado em certa localidade. Prevalece a definição decorrente do artigo 72 do Código de Processo Penal.
>
> INQUÉRITO – CRIME ELEITORAL. Não havendo, no domicílio do réu, unidade da Polícia Federal, o inquérito corre na Polícia Civil. (Recurso em Habeas Corpus nº 19088, Acórdão, Relator(a) Min. Marco Aurélio Mendes De Farias Mello, Publicação: DJE – Diário de justiça eletrônico, Tomo 207, Data 28/10/2011, Página 77).

A única limitação que existe para a atuação das polícias nessa área diz respeito à impossibilidade de conduções coercitivas, considerando as decisões proferidas pelo Supremo Tribunal Federal (STF) nas Arguições de Descumprimento de Preceito Fundamental nº 395 e 444.

B – INSTAURAÇÃO DO INQUÉRITO POLICIAL ELEITORAL: De acordo com o artigo 8º, da Resolução nº 23.396/13 (modificado após a cautelar na ADI 5104), a autoridade policial só poderá instaurar o inquérito policial eleitoral quando tal providência for requisitada pelo Ministério Público ou pela autoridade judiciária, só podendo ocorrer atuação ex officio no caso de prisão em flagrante. Antes, nem mesmo o Ministério Público Eleitoral poderia requisitar!

Ao meu sentir, esse dispositivo – ainda que com nova redação – é manifestamente inconstitucional, pois impede uma livre e independente atuação do órgão investigativo por excelência, violando o sistema acusatório escolhido pela Constituição Federal de 1988.

Infelizmente, o Tribunal Superior Eleitoral (TSE) possui jurisprudência de longa data referendando esse entendimento, in verbis:

> CAPTAÇÃO ILÍCITA DE SUFRÁGIO – PROVA ILÍCITA – GRAVAÇÃO AMBIENTAL. AUSÊNCIA DE AUTORIZAÇÃO JUDICIAL. CONTAMINAÇÃO DA PROVA DERIVADA. EFEITOS DA NULIDADE. INICIAL. INDEFERIMENTO. RECURSO PROVIDO.
>
> 1. No âmbito da Justiça Eleitoral, o poder de polícia pertence exclusivamente ao Juiz Eleitoral. Razões históricas que remontam a própria edição do Código Eleitoral de 1932 bem demonstram a razão de assim ser.

2. São nulas as atividades exercidas pelos agentes da Polícia Federal que deveriam ter comunicado à autoridade judiciária, ou ao menos ao Ministério Público Eleitoral, desde a primeira notícia, ainda que sob a forma de suspeita, do cometimento de ilícitos eleitorais, para que as providências investigatórias – sob o comando do juiz eleitoral – pudessem ser adotadas, se necessárias.

3. O inquérito policial eleitoral somente será instaurado mediante requisição do Ministério Público ou da Justiça Eleitoral, salvo a hipótese de prisão em flagrante, quando o inquérito será instaurado independentemente de requisição (Res.-TSE nº 23.222, de 2010, art. 8º). (Recurso Ordinário nº 190461, Acórdão, Relator(a) Min. Arnaldo Versiani Leite Soares, Publicação: RJTSE – Revista de jurisprudência do TSE, Volume 23, Tomo 4, Data 28/06/2012, Página 81).

C – O USO DAS DENÚNCIAS ANÔNIMAS: É muito comum no período eleitoral a ocorrência de denúncias anônimas sobre a ocorrência de crimes eleitorais. Como se sabe, a persecução penal não poderá iniciar com base exclusivamente nelas, devendo ser realizada uma "investigação preliminar" (colheita informal de outros elementos de prova) para confirmar, pelo menos, os indícios do fato criminoso.

Esse é o entendimento de longas datas do Supremo Tribunal Federal (STF):

> EMENTA HABEAS CORPUS. PROCESSO PENAL. SUBSTITUTIVO DE RECURSO CONSTITUCIONAL. INADEQUAÇÃO DA VIA ELEITA. CRIMES FISCAIS. QUADRILHA. CORRUPÇÃO. INTERCEPTAÇÃO TELEFÔNICA. DENÚNCIA ANÔNIMA. ENCONTRO FORTUITO DE PROVAS. INCONSTITUCIONALIDADE SUPERVENIENTE DE TRIBUTOS TIDOS COMO SONEGADOS. 1. Contra a denegação de habeas corpus por Tribunal Superior prevê a Constituição Federal remédio jurídico expresso, o recurso ordinário. Diante da dicção do art. 102, II, a, da Constituição da República, a impetração de novo habeas corpus em caráter substitutivo escamoteia o instituto recursal próprio, em manifesta burla ao preceito constitucional. 2. Notícias anônimas de crime, desde que verificada a sua credibilidade por apurações preliminares, podem servir de base válida à investigação e à persecução criminal. 3. Apesar da jurisprudência desta Suprema Corte condicionar a persecução penal à existência do lançamento tributário definitivo (Súmula vinculante nº 24), o mesmo não ocorre quanto à investigação preliminar. (HC 106152, Relator(a): Min. ROSA WEBER, Primeira Turma, julgado em 29/03/2016, PROCESSO ELETRÔNICO DJe-106 DIVULG 23-05-2016 PUBLIC 24-05-2016).

Assim, uma vez apresentada uma denúncia anônima cujo conteúdo apresente-se verossímil a partir dessa colheita preliminar de elementos, justifica-se a instauração formal da investigação para apurar o fato.

D – INQUÉRITOS POLICIAIS ENVOLVENDO PESSOAS COM FORO POR PRERROGATIVA DE FUNÇÃO: Questão muito relevante e atual diz respeito às investigações penais contra autoridades com foro por prerrogativa de função. A regra geral é que, sendo verificada a participação de qualquer autoridade com foro, é vedada a realização de qualquer diligência probatória sem a supervisão do órgão judicial competente para julgar aquela (salvo caso de flagrante delito), sob pena de nulidade absoluta. Nesse sentido, o Tribunal Superior Eleitoral (TSE) decide há bastante tempo:

> ELEIÇÕES 2010. HABEAS CORPUS. PENAL. CRIME. CORRUPÇÃO ELEITORAL. ART. 299 DO CE. RÉU. DEPUTADO ESTADUAL. FORO POR PRERROGATIVA DE FUNÇÃO. INQUÉRITO POLICIAL. SUPERVISÃO JUDICIAL, DESDE A INSTAURAÇÃO, ATÉ A DENÚNCIA. NULIDADE ABSOLUTA. TRANCAMENTO DA AÇÃO PENAL. CONCESSÃO DA ORDEM.

1. Em regra, é excepcional o trancamento da ação penal por meio de habeas corpus, o que ocorre quando evidenciadas a atipicidade da conduta, a extinção da punibilidade, a ilegitimidade da parte ou a ausência de condições para o exercício da ação penal, na seara eleitoral, previstas no art. 358 do Código Eleitoral.

2. No presente caso está evidenciada a excepcionalidade apta ao trancamento da ação penal, já que a presença de autoridade com prerrogativa de foro no polo passivo, deputado estadual, demanda o exercício do poder-dever de supervisão judicial das investigações no foro competente para a apreciação e o julgamento da ação penal.

3. A mencionada supervisão judicial do inquérito deve ser observada durante toda a tramitação das investigações, desde sua abertura até o eventual oferecimento da denúncia pelo Ministério Público, não sendo permitida, por essa razão, a abertura de inquérito de ofício pela autoridade policial, tal como realizado no caso concreto.

4. Por não ter havido supervisão judicial sobre a instauração do inquérito, verifica-se a ocorrência de nulidade absoluta, portanto, inconvalidável, a qual retira a validade de todos os atos subsequentes a sua instauração.

5. Ordem de habeas corpus concedida para trancar a ação penal, sem prejuízo do art. 358, parágrafo único, do CE. (Habeas Corpus nº 57378, Acórdão, Relator(a) Min. Luciana Christina Guimarães Lóssio, Publicação: DJE – Diário de justiça eletrônico, Tomo 203, Data 28/10/2014, Página 70/71)

Vale destacar que esse é o entendimento consagrado no âmbito de todos os Tribunais Superiores, muito embora, no final de 2016 e início de 2017, a Corte Superior Eleitoral tenha apontado uma tendência de mudança do seu entendimento, ao deixar de anular investigações que seguiram aquele rito de comunicação prévia. Vejamos:

– AGRAVO INTERNO EM AGRAVO. AÇÃO PENAL. CORRUPÇÃO ELEITORAL. ART. 299 DO CE. POSSIBILIDADE DE RATIFICAÇÃO DOS ATOS INSTRUTÓRIOS PRATICADOS SEM A SUPERVISÃO DO TRE DE SÃO PAULO PELO PRINCÍPIO DA ECONOMIA PROCESSUAL. ILICITUDE DA PROVA NÃO DEMONSTRADA. DESPROVIMENTO.

1. Com fundamento no princípio da economia processual, não há nulidade na convalidação, pelo TRE Paulista, dos atos instrutórios praticados sem sua supervisão para apurar conduta praticada por Prefeito, considerada a ausência de irregularidade que justifique a anulação de tudo o que foi apurado em âmbito policial, bem como a falta de conteúdo decisório no bojo da tramitação do inquérito policial.

2. Quando não há prova a sustentar que os documentos constantes do feito teriam sido ilicitamente subtraídos, não há que se reconhecer a ilicitude da prova. (Agravo de Instrumento nº 12507, Acórdão, Relator(a) Min. Napoleão Nunes Maia Filho, Publicação: DJE – Diário de justiça eletrônico, Tomo 52, Data 16/03/2017, Página 90);

– "A Polícia Federal, atendendo a requerimento de Procurador Regional, instaurou inquérito e, antes da colheita de provas, o TRE/PI foi cientificado e autorizou sua continuidade, ainda que de forma tácita. Inexiste, portanto, nulidade. Precedentes, em especial o HC 1364-13/SP, Rel. Min. Maria Thereza de Assis Moura, DJe de 10.6.2015.TSE". (Agravo de Instrumento nº 16870, Acórdão, Relator(a) Min. Antonio Herman De Vasconcellos E Benjamin, Publicação: DJE – Diário de justiça eletrônico, Data 19/12/2016, Página 38-39).

Assim, ainda não se pode dizer que houve uma viragem da jurisprudência eleitoral, embora o decisum acima referido possa ser o início desse movimento, motivo pelo qual recomendamos o leitor acompanhar como o Tribunal Superior Eleitoral vai se comportar no julgamento de casos análogos.

Observe-se também que, quanto à necessidade ou não de autorização para a instauração do procedimento investigatório, o Tribunal Superior Eleitoral (TSE) vem apontando a dispensabilidade da autorização judicial para esse fim, sendo imperativo tão-somente a comunicação de tal ato antes da realização de qualquer ato investigativo.

O tema ganha mais complexidade ainda se adotarmos uma linha mais vanguardista e considerarmos, à luz da decisão tomada pelo Supremo Tribunal Federal quanto à mutação constitucional da questão referente ao foro por prerrogativa de função (vide Questão de Ordem na Ação Penal nº 937), no sentido de que tal prerrogativa não mais subsiste no caso das autoridades beneficiadas (quaisquer que sejam elas) praticarem crimes eleitorais fora do exercício da função pública, ou mesmo que não sejam relacionados diretamente com os cargos públicos que ocupam.

Tal diretriz já começa a ser adotada por Ministros do Superior Tribunal de Justiça (STJ) para os casos que envolvem Governadores e demais autoridades com foro perante àquela Corte, cujas razões devem ser adotadas na seara eleitoral, in verbis:

> PENAL E PROCESSUAL PENAL. AÇÕES PENAIS DE COMPETÊNCIA ORIGINÁRIA. PRERROGATIVA DE FORO NO STJ. GOVERNADORES, MEMBROS DOS TRIBUNAIS DE CONTAS DOS ESTADOS E DO DISTRITO FEDERAL E MEMBROS DOS CONSELHOS OU TRIBUNAIS DE CONTAS DOS MUNICÍPIOS. DEBATE SOBRE EVENTUAL ALTERAÇÃO DO POSICIONAMENTO VIGENTE. PROSSEGUIMENTO DOS ATOS DE INSTRUÇÃO NO INTERREGNO ENTRE O INÍCIO DO DEBATE DO TEMA E A SUA CONCLUSÃO.
>
> 1. Na linha do entendimento do Egrégio STF, este Relator entende que, pelo Princípio da Simetria, os Governadores, os membros dos Tribunais de Contas dos Estados e do Distrito Federal e os dos Conselhos ou Tribunais de Contas dos Municípios não se submetem à competência do STJ quando processados por crimes que não tenham sido praticados durante o exercício do cargo ou que não estejam relacionados às funções por eles desempenhadas. No entanto, até hoje a jurisprudência da Corte é unânime no sentido contrário, embora esteja em andamento, sem praza ou data para conclusão do julgamento, discussão na Corte Especial acerca da matéria. (QO na APn 843/DF, Rel. Ministro HERMAN BENJAMIN, CORTE ESPECIAL, julgado em 06/06/2018, DJe 14/06/2018)

Assim, se um Deputado Federal, Senador da República, Governador, Deputado Estadual ou Prefeito é flagrado, por exemplo, praticando "compra de votos"(artigo 299, CE), ele deve ser processado no juízo eleitoral de piso.

Dito isso, é de fundamental importância atentar-se para o fato de que a mera menção ao nome de autoridades com foro durante a investigação criminal eleitoral, ou mesmo durante o trâmite do processo penal eleitoral, sem que haja qualquer indício ou imputação do órgão investigatório ou acusatório quanto à autoria ou participação na infração penal não autoriza o deslocamento do feito para a instância superior.

Foi o que aconteceu em caso concreto em que atuei. Em 2012, durante as eleições municipais, pessoas investigadas pela prática de formação de quadrilha (hoje, associação criminosa – artigo 288, CP) em concurso material com o crime de corrupção eleitoral (artigo 299, CE) em larga escala no pleito, durante interceptações telefônicas judicialmente autorizadas, citavam e conversavam com autoridades (Deputados Estaduais e Federais, Desembargadores e Juízes) em diálogos totalmente desconexos com a prática desses delitos. Prossegui com a investigação referente aos crimes objeto da investigação originariamente, ajuizei a respectiva ação penal e remeti cópia dos áudios e das transcrições pertinentes para a esfera competente no que dizia respeito aos supostos crimes em que as autoridades citadas poderiam estar envolvidas nos dizeres dos seus aliados políticos e nos diálogos com eles travados.

Diante de tais fatos, a defesa de vários réus arguiu a nulidade da investigação e do processo, tendo o Tribunal Superior Eleitoral (TSE) negado o pedido, sob o fundamento de que "a simples menção, em conversas captadas por meio de interceptação telefônica, a nomes de autoridades que detenham o foro especial por prerrogativa de função não é suficiente para modificar a competência ou invalidar a prova colhida por meio de diligência autorizada pelo juízo competente." Aliás, é bom ressaltar que a produção de provas, de maneira fortuita, referente a autoridades com foro por prerrogativa de função não as invalida, desde que não se prossiga com a atividade investigatória. Foi assim que já julgou o Superior Tribunal de Justiça, ao consignar que "a simples menção do nome de autoridades, em conversas captadas mediante interceptação telefônica, não tem o condão de firmar a competência por prerrogativa de foro. Inexiste violação do art. 5º, XII, da CF/88 e à Lei nº 9.296/96, porquanto os inquéritos foram remetidos ao STJ assim que confirmados indícios de participação de autoridades em condutas criminosas", tese essa que foi recentemente confirmada pelo Supremo Tribunal Federal (STF) no caso "Lava-Jato".

E – PRAZO PARA CONCLUSÃO E TRANCAMENTO POR EXCESSO: O artigo 9º, da Resolução nº 23.396/13 determina que se cumpram os prazos de conclusão previstos no Código de Processo Penal. Ocorre que, na prática, o que se verifica é uma "quase eternização" das investigações, muitas delas sem qualquer perspectiva de êxito.

Assim, é preciso que as autoridades responsáveis tenham a coragem necessária para arquivar os procedimentos sem perspectiva de bom termo ou se eles não estiverem com diligências para serem cumpridas, não valendo para tanto os reiterados pedidos de prorrogação de prazo sucessivos em que não se verifica qualquer atividade investigativa concreta.

Não se pode esquecer que a existência de um inquérito policial contra uma pessoa pode gerar grave prejuízo à sua imagem se nada tiver sido apurado e ela queira concorrer em uma eleição. Tal fato será o primeiro instrumento de desequilíbrio da campanha, uma vez que seus adversários não perderão tempo em propagar tal fato.

Em casos dessa natureza, o correto a se fazer é a impetração de habeas corpus para que a investigação seja concluída em prazo razoável e, não o sendo, que ocorra o arquivamento. Esse é o entendimento do Tribunal Superior Eleitoral (TSE):

> ELEIÇÕES 2010. PENAL E PROCESSUAL PENAL. CRIME DE CORRUPÇÃO ELEITORAL. ART. 299 DO CE. RECURSO EM HABEAS CORPUS. EXCESSO DE PRAZO PARA A CONCLUSÃO DE INQUÉRITO POLICIAL. REALIZAÇÃO DE INÚMERAS DILIGÊNCIAS, JÁ ULTIMADAS. PERÍODO SUPERIOR A TRÊS ANOS. PRINCÍPIO DA RAZOÁVEL DURAÇÃO DO PROCESSO. ART. 5º, LXXVIII, DA CF/88. FALTA DE JUSTIFICATIVA PARA AS PRORROGAÇÕES. TRANCAMENTO. ORDEM PARCIALMENTE CONCEDIDA.
>
> 1. O limite da razoável duração do inquérito policial é o período de tempo necessário à obtenção dos elementos que formarão a convicção do titular do monopólio da ação penal pública acerca de sua viabilidade. Em outras palavras, a duração do inquérito será razoável e justificada enquanto houver diligências a serem realizadas pela autoridade policial que sirvam ao propósito de oferecer fundamentos à formação da opinio delicti do Ministério Público.

2. In casu, embora não se constate inércia ou falta de interesse por parte da autoridade policial na apuração dos fatos em apreço, passados mais de três anos da instauração do inquérito sem que o Ministério Público tenha concluído pela viabilidade ou não da ação penal, impõe-se a fixação de prazo para sua conclusão em atenção ao princípio da razoável duração do processo de investigação, a fim de que o paciente não seja submetido a um procedimento eterno.

3. Recurso em habeas corpus a que se dá parcial provimento para conceder prazo de um ano para a conclusão do inquérito policial. (Recurso em Habeas Corpus nº 6453, Acórdão de 03/09/2014, Relator(a) Min. LUCIANA CHRISTINA GUIMARÃES LÓSSIO, Publicação: DJE - Diário de justiça eletrônico, Tomo 183, Data 30/09/2014, Página 487).

F) ARQUIVAMENTO: Ao contrário do que ocorre na Justiça Comum, caso o juiz eleitoral discorde do pedido de arquivamento do inquérito policial, os autos não devem ser remetidos ao Procurador Regional Eleitoral (como prevê o artigo 357, § 1º, do Código Eleitoral), mas sim à 2ª Câmara de Coordenação e Revisão do Ministério Público Federal, consoante determina o artigo 62, IV, da Lei Complementar nº 75/93.

Esse é o entendimento consagrado no Enunciado nº 29 das Câmaras de Coordenação do Ministério Público Federal, devidamente acolhido pelo Tribunal Superior Eleitoral (TSE).

1.3.2. As investigações particulares e sua validade moderada

Outra questão que merece reflexão, pela extrema importância prática, diz respeito à possibilidade da realização de atos investigatórios por particulares e o seu aproveitamento pelo Ministério Público para a deflagração de uma investigação (cível ou criminal).

Excluída a hipótese do anonimato (já estudada acima), destaco que não existe qualquer óbice ao fato de particulares praticarem atos de investigação contra quem quer que seja (Estado ou particulares - pré-candidatos, candidatos, partidos políticos, cabos eleitorais, doadores de campanha etc.).

No sentido do que defendo, o Superior Tribunal de Justiça (STJ) já decidiu que "A seriedade probatória da acusação penal, definida pela certeza da materialidade e indícios de autoria (justa causa) pode provir de elementos probatórios oriundos ou não do inquérito policial, que não é seu suporte exclusivo de justa causa", motivo pelo qual "admite-se em tese, pois, a persecução criminal por qualquer fonte confiável de prova, estatal ou mesmo particular, nada impedindo seja essa fonte de prova provinda do órgão Ministerial."

Para fins didáticos, dividirei a análise tendo em conta quem seja investigado, ou seja, ente público ou privado.

Se o investigado for um agente público no exercício da função, ou um ente político, ou uma entidade pública, ou até mesmo uma entidade privada que recebe recursos públicos, registro que a investigação é um direito assegurado ao cidadão pela Constituição Federal de 1988, que, dentre outros mecanismos, estabeleceu:

1 - O direito fundamental de liberdade de informação (artigo 5º, XXXIII), segundo o qual "todos têm direito a receber dos órgãos públicos informações de seu interesse particular, ou de interesse coletivo ou geral, que serão prestadas no prazo da lei, sob pena de responsabilidade, ressalvadas aquelas cujo sigilo seja imprescindível à segurança da sociedade e do Estado", cuja regulamentação legislativa (Lei nº 12.527/11) foi taxativa no sentido de que "são vedadas quaisquer exigências relativas aos motivos determinantes da solicitação de informações de interesse público" (vide artigo 10, § 3º) e que a recusa da informação

solicitada configura responsabilidade administrativa punível com, no mínimo suspensão, e ato de improbidade administrativa (vide artigo 32);

2 – O direito fundamental do cidadão em ajuizar a ação popular contra atos lesivos ao patrimônio público ou a moralidade administrativa (artigo 5º, LXXIII), tendo, para tanto, a lei de regência (Lei nº 4717/65) assegurado o direito do cidadão de requerer "as certidões e informações que julgar necessárias, bastando para isso indicar a finalidade das mesmas" (vide artigo 1º, § 4º), cujo descumprimento configura ato de improbidade administrativa (artigo 11, II, da Lei nº 8429/92);

3 – O direito fundamental da ação penal privada subsidiária da pública nos casos de crime com ação pública, se esta não for intentada no prazo legal por quem de direito (artigo 5º. LIX).

Trata-se, mutatis mutandis, da aplicação da teoria dos poderes implícitos, que foi referendada pelo Supremo Tribunal Federal (STF) para legitimar os atos investigatórios realizados diretamente pelo Ministério Público na seara criminal. Ora, se o particular/cidadão dispõe do fim (possibilidade de ajuizamento de ações), não é lícito lhe inibir os meios (atividade investigativa).

Nessa mesma linha de pensamento, o Tribunal Superior Eleitoral (TSE) já referendou a possibilidade da ação penal privada para os crimes eleitorais, deixando transparecer, a priori, não haver vedação à atividade investigativa prévia pelo particular:

> Recurso especial. Crime eleitoral. Ação penal privada subsidiária. Garantia constitucional. Art. 5º, LIX, da Constituição Federal. Cabimento no âmbito da Justiça Eleitoral. Arts. 29 do Código de Processo Penal e 364 do Código Eleitoral. Ofensa.
>
> 1. A ação penal privada subsidiária à ação penal pública foi elevada à condição de garantia constitucional, prevista no art. 5º, LIX, da Constituição Federal, constituindo cláusula pétrea.
>
> 2. Na medida em que a própria Carta Magna não estabeleceu nenhuma restrição quanto à aplicação da ação penal privada subsidiária, nos processos relativos aos delitos previstos na legislação especial, deve ser ela admitida nas ações em que se apuram crimes eleitorais.
>
> 3. A queixa-crime em ação penal privada subsidiária somente pode ser aceita caso o representante do Ministério Público não tenha oferecido denúncia, requerido diligências ou solicitado o arquivamento de inquérito policial, no prazo legal.
>
> 4. Tem-se incabível a ação supletiva na hipótese em que o representante do Ministério Público postulou providência ao juiz, razão pela qual não se pode concluir pela sua inércia.
>
> Recurso conhecido, mas improvido. (RECURSO ESPECIAL ELEITORAL nº 21295, Acórdão nº 21295 de 14/08/2003, Relator(a) Min. FERNANDO NEVES DA SILVA, Publicação: DJ – Diário de Justiça, Volume 1, Data 17/10/2003, Página 131 RJTSE – Revista de Jurisprudência do TSE, Volume 14, Tomo 4, Página 227)

Pois bem, esclarecida a situação inicial, passamos a analisar o fato da investigação ter como alvo um particular.

Entendo que, diante do direito fundamental do manejo da ação penal privada subsidiária da pública, da teoria dos poderes implícitos e da garantia constitucional de que ninguém é obrigado a deixar de fazer algo, senão em virtude de lei (vide artigo 5º, II, da CF/88), é plenamente possível a atividade investigativa realizada/promovida por um particular (pessoa física/jurídica) contra outro sujeito de igual categoria.

É claro que, nesse caso, a ação encontra-se limitada pelas mais variadas garantias constitucionais e legais asseguradas em prol dos cidadãos, não sendo, porém, vedada a sua busca e/ou arrecadação por pessoas alheias aos órgãos responsáveis pelas investigações oficiais.

Nesse tocante, incide a teoria da eficácia horizontal (privada ou externa) dos direitos fundamentas, já aplicada em situações muito menos gravosas pelo Supremo Tribunal Federal (STF), quiçá, então, em atividade que possui nítida tendência à colidir com as garantidas fundamentais asseguradas a todos pelo Texto Supremo.

Exemplo bastante elucidativo da aplicação dessa teoria dá-se no caso das gravações ambientais realizadas por um dos interlocutores sem o conhecimento do outro e em ambiente privado.

De acordo com a jurisprudência do Supremo Tribunal Federal (STF), fixada em decisão com repercussão geral, tal atividade é lícita (RE 583937 QO-RG, Relator(a): Min. CEZAR PELUSO, julgado em 19/11/2009). Ocorre que, a despeito disso, o Tribunal Superior Eleitoral (TSE) vem contrariando tal entendimento ao afirmar, sucessivamente, que as gravações apenas possuem validade se realizadas em ambiente público ou de caráter privado em situações cuja expectativa de privacidade não exista, ainda que seja para praticar crimes eleitorais da maior gravidade possível. Senão, vejamos: "Ilicitude das gravações ambientais. Conquanto se guardem reservas em relação à tese de que é prova ilícita a gravação ambiental realizada por um dos interlocutores, mormente se verificado que não se cuida de interceptação telefônica sem autorização, entendida assim como a realizada por terceiro estranho à conversa, constata-se que, nas eleições de 2012, a conclusão acerca da ilicitude daquele meio de prova está consolidada quando realizada em ambiente privado. 3.1. No caso concreto, a gravação realizada pelo filho de um eleitor fora realizada em sua residência, sem informação de que se tratava de uma reunião ou outro evento público, o que, segundo a jurisprudência do TSE, revela ser ilícita a gravação. 3.2. Quanto às demais gravações, além de inexistirem no acórdão elementos que apontem onde e como ocorreram, o recurso especial eleitoral não assinala que as gravações foram realizadas em ambiente privado, simplesmente afirma que a gravação clandestina viola a intimidade. A moldura fática delineada no acórdão regional indica que as conversas não eram particulares, em ambiente privado, mas com a participação de diversas pessoas, inclusive cabos eleitorais dos recorrentes, que são pessoas que buscam justamente a ampla exposição da imagem e das ideias do candidato junto ao público em geral, o que, obviamente, não envolve a privacidade. Precedentes do TSE e doutrina." (Agravo Regimental em Recurso Especial Eleitoral nº 24424, Acórdão de 17/11/2016, Relator(a) Min. GILMAR FERREIRA MENDES, Publicação: DJE – Diário de justiça eletrônico, Volume 392-393, Tomo 24, Data 02/02/2017, Página 389).

As consequências dessa posição da Colenda Corte Eleitoral – equivocada, diga-se de passagem,– são extremamente sérias e prejudiciais para a democracia brasileira e um processo eleitoral hígido, pois tem-se considerado ilícita a instauração de investigação com base em gravação realizada em espaço privado por um dos interlocutores sem o conhecimento do outro, assim como o ajuizamento da ação de responsabilização e, até mesmo a oitiva daquele como testemunha no processo judicial.

Além disso, cumpre registrar que o Código de Processo Civil de 2015 (artigo 384), legitima a investigação particular e até permite que seja dada fé pública a atos investigativos praticados por agentes não estatais, ao dispor sobre a ata notarial, que é o instrumento apto a atestar ou documentar a existência e o modo de existir de algum fato, inclusive, prevendo a possibilidade de nela constar as informações apresentadas por imagem ou som gravados em arquivos eletrônicos.

Também não existe, a priori, qualquer ilegalidade nas famosas "perseguições" que os "fiscais" dos partidos fazem sobre os principais cabos eleitorais de seus opositores nos dias finais do pleito, com o intuito de flagrar alguma conduta ilícita, em especial a compra de votos. Ora, se é permitido a "qualquer um" realizar a prisão em flagrante de quem esteja cometendo um crime (artigo 301, do Código de Processo Penal), tem-se como consequência ser lícito qualquer um fiscalizar para fazer cessar ou registrar a prova da possível prática de um ilícito que tenha conhecimento, embora o recomendável seja a comunicação prévia às autoridades competentes, pois seguir outra pessoa – no atual contexto de insegurança reinante em nosso país – pode ser algo muito perigoso para a própria segurança, já que nunca se sabe qual será a reação da pessoa fiscalizada, que pode estar armada, ou até mesmo causar um mal contra o perseguidor alegando "temor" pela sua vida ou patrimônio.

Portanto, diante do exposto, são plenamente válidas as investigações realizadas por particulares que respeitem as garantias constitucionais e legais dos investigados.

1.4. Ação penal

Por força do disposto no artigo 355, do Código Eleitoral, a ação penal eleitoral é, como regra geral, pública incondicionada. A despeito disso, é importante registrar que, no caso de desídia ou omissão do Ministério Público, é plenamente possível o ajuizamento da ação penal eleitoral subsidiária da pública, uma vez que a Constituição Federal não limitou qualquer espécie de delito para o seu manejo.

Nesse sentido, o Tribunal Superior Eleitoral (TSE) já decidiu, in verbis:

> "2. Na medida em que a própria Carta Magna não estabeleceu nenhuma restrição quanto à aplicação da ação penal privada subsidiária, nos processos relativos aos delitos previstos na legislação especial, deve ser ela admitida nas ações em que se apuram crimes eleitorais.
> 3. A queixa-crime em ação penal privada subsidiária somente pode ser aceita caso o representante do Ministério Público não tenha oferecido denúncia, requerido diligências ou solicitado o arquivamento de inquérito policial, no prazo legal". (RECURSO ESPECIAL ELEITORAL nº 21295, Acórdão nº 21295 de 14/08/2003, Relator(a) Min. FERNANDO NEVES DA SILVA, Publicação: DJ – Diário de Justiça, Volume 1, Data 17/10/2003, Página 131 RJTSE – Revista de Jurisprudência do TSE, Volume 14, Tomo 4, Página 227).

Além disso, destaca-se que, uma vez preenchidos os requisitos legais para a caracterização de uma infração penal eleitoral como de menor potencial ofensivo (artigo 76, da Lei nº 9099/95), é dever do órgão acusatório e direito subjetivo do acusado a oferta da transação penal, cuja omissão enseja a impetração de habeas corpus para esse fim. Essa é a jurisprudência consolidada do Tribunal Superior Eleitoral (TSE):

> "HABEAS CORPUS – CONCESSÃO DE OFÍCIO – TRANSAÇÃO. Sugerindo a situação concreta a possibilidade de transação, cumpre conceder a ordem de ofício, para que o titular da ação penal se posicione a respeito". (Habeas Corpus nº 106660, Acórdão, Relator(a) Min. Marco Aurélio Mendes De Farias Mello, Publicação: DJE – Diário de justiça eletrônico, Data 17/08/2010, Página 115).

Observe-se, contudo, que "a transação penal possui natureza pré-processual e busca evitar a efetiva instauração da ação penal, sendo cabível em momento prévio ao recebimento da denúncia", de modo que ela "fica preclusa com o oferecimento da resposta sem impugnação ou a aceitação da proposta de suspensão condicional do processo". (Recurso em Habeas Corpus nº 11573, Acórdão, Relator(a) Min. Gilmar Ferreira Mendes, Publicação: DJE – Diário de justiça eletrônico, Data 20/03/2017, Página 89).

Além disso, convém destacar que, embora o Tribunal Superior Eleitoral (TSE) já tenha decidido que "verificada a recusa quanto à proposta de transação, cumpre observar o rito previsto no Código Eleitoral, afastando-se o da Lei nº 9.099/1995", também é cabível a suspensão condicional do processo (sursis processual), nos termos do artigo 89, da Lei nº 9099/95. Tal entendimento encontra-se pacificado na jurisprudência da Corte Eleitoral, a conferir:

> PROCESSO PENAL ELEITORAL – LEIS nºs 9.099/95 e 10.259/2001 – APLICABILIDADE. As Leis nºs 9.099/95 e 10.259/2001, no que versam o processo relativo a infrações penais de menor potencial ofensivo, são, de início, aplicáveis ao processo penal eleitoral. A exceção corre à conta de tipos penais que extravasem, sob o ângulo da apenação, a perda da liberdade e a imposição de multa para alcançarem, relativamente a candidatos, a cassação do registro, conforme é exemplo o crime do artigo 334 do Código Eleitoral. (Recurso Especial Eleitoral nº 25137, Acórdão de, Relator(a) Min. Marco Aurélio Mendes De Farias Mello, Publicação: DJ – Diário de justiça, Volume I, Data 16/09/2005, Página 173)

Não obstante isso, salienta-se que esse benefício processual do acusado (que pode por ele ser recusado) deve ser proposto pelo Ministério Público quando do oferecimento da denúncia criminal – e reclamada a sua omissão no primeiro momento em que a defesa possa se manifestar (na audiência designada após o recebimento da inicial acusatória), sob pena de preclusão, conforme já decidiu o Tribunal Superior Eleitoral (TSE):

> ELEIÇÕES 2008. AGRAVO REGIMENTAL. RECURSO ESPECIAL. CRIME ELEITORAL. CORRUPÇÃO ELEITORAL. SUSPENSÃO CONDICIONAL DO PROCESSO. ART. 89 DA LEI Nº 9.096/95. NULIDADE RELATIVA. PRECLUSÃO. DESPROVIMENTO.
>
> 1. A jurisprudência deste Tribunal e do Supremo Tribunal Federal é firme no sentido de que, por se tratar de nulidade relativa, a ausência de proposição de suspensão condicional do processo pelo Ministério Público Eleitoral torna a matéria preclusa, se não suscitada pela defesa no momento oportuno. (Recurso Especial Eleitoral nº 4095, Acórdão, Relator(a) Min. Luciana Christina Guimarães Lóssio, Publicação: DJE – Diário de justiça eletrônico, Tomo 201, Data 22/10/2015, Página 31/32).

Nesse tocante, é fundamental lembrar que o Ministério Público não é obrigado a propor a suspensão condicional do processo, desde que o faça de maneira fundamentada na peça delatória e com isso concorde o Poder Judiciário, sendo inviável a impetração de habeas corpus para tal fim. Assim vem decidindo o Supremo Tribunal Federal (STF):

> Habeas corpus. Penal. Condenação pelos crimes de lesão corporal (CP, art. 129) e desacato (CP, art. 331). Dosimetria de pena. Fixação da pena-base do crime de desacato acima do mínimo legal. Fundamentação idônea. Alegado bis in idem. Não ocorrência. Suspensão condicional do processo (art. 89 da Lei nº 9.099/95). Não cabimento. Fundamentada recusa do Ministério Público em propor o benefício. Aceitação da recusa pela autoridade judicial. Possibilidade. Precedentes. Natureza de transação processual da suspensão condicional do processo. Inexistência de direito público subjetivo à aplicação do art. 89 da Lei 9.099/95. Precedentes. (...). 5. Quanto à pretendida concessão da suspensão condicional do processo (art. 89 da Lei nº 9.099/95), anoto que a jurisprudência da Corte já decidiu que o benefício não é cabível se o Ministério Público, de forma devidamente fundamentada, como no caso, deixa de propô-la e o Juiz concorda com a recusa (HC nº 89.842/SP, Primeira Turma,

> Relator o Ministro Sepúlveda Pertence, DJ 15/9/06). Desse entendimento, não dissentiu o aresto ora questionado. 6. É pertinente se destacar que a suspensão condicional do processo tem natureza de transação processual, não existindo, portanto, direito público subjetivo do paciente à aplicação do art. 89 da Lei 9.099/95 (HC nº 83.458BA, Primeira Turma, Relator o Ministro Joaquim Barbosa, DJ de 6/2/03; HC nº 101.369/SP, Primeira Turma, de minha relatoria, DJe de 28/11/11). 7. Ordem denegada. (HC 129346, Relator(a): Min. DIAS TOFFOLI, Segunda Turma, julgado em 05/04/2016, PROCESSO ELETRÔNICO DJe-094 DIVULG 10-05-2016 PUBLIC 11-05-2016)

Caso, porém, o membro do Parquet, ainda que preenchidos os requisitos legais, não faça a proposta de suspensão condicional do processo, o juiz não pode conceder de ofício, devendo aplicar o artigo 28 do Código de Processo Penal e remeter os autos ao Procurador Regional Eleitoral, em interpretação sistêmica e analógica do que dispõe a Súmula nº 696 do Supremo Tribunal Federal (STF): "Reunidos os pressupostos legais permissivos da suspensão condicional do processo, mas se recusando o promotor de justiça a propô-la, o juiz, dissentindo, remeterá a questão ao procurador-geral, aplicando-se por analogia o art. 28 do código de processo penal".

1.5. Denúncia criminal

De acordo com o artigo 357, do Código Eleitoral, a denúncia deverá ser apresentada no prazo de 10 (dez) dias, independente do investigado estar preso ou solto. Nesse sentido, a peça delatória conterá a exposição do fato criminoso com todas as suas circunstâncias, a qualificação do acusado ou esclarecimentos pelos quais se possa identificá-lo, a classificação do crime e, quando necessário, o rol das testemunhas (art. 357, § 2º, do CE).

Isso significa dizer que "a denúncia deve vir acompanhada com o mínimo embasamento probatório, ou seja, com lastro probatório mínimo apto a demonstrar, ainda que de modo indiciário, a efetiva realização do ilícito penal por parte do denunciado. Em outros termos, é imperiosa existência de um suporte legitimador que revele de modo satisfatório e consistente, a materialidade do fato delituoso e a existência de indícios suficientes de autoria do crime, a respaldar a acusação, de modo a tornar esta plausível. Não se revela admissível a imputação penal destituída de base empírica idônea o que implica a ausência de justa causa a autorizar a instauração da persecutio criminis in iudicio" (RHC 51.491/SC, Rel. Ministro FELIX FISCHER, QUINTA TURMA, julgado em 07/04/2015, DJe 29/04/2015).

Caso a denúncia seja voltada contra mais de um agente, pela prática do mesmo crime, deve-se frisar que a acusação deve "descrever, com um mínimo de concretude, como os imputados teriam agido, ou de que forma teriam contribuído para a prática da conduta narrada na peça acusatória" (RHC 54.139/PE, Rel. Ministro JORGE MUSSI, QUINTA TURMA, julgado em 19/03/2015, DJe 31/03/2015).

Já na hipótese da acusação ser apresentada contra mais de um agente, pela prática de delitos diversos, é imprescindível que se delimite a imputação que recai sobre cada um dos processados, ainda que não o seja de forma minuciosa, mas desde que apresentadas todas as circunstâncias fáticas que embasam a tipificação, tudo sob pena de inépcia da inicial por configurar acusação genérica.

Por fim, destaca-se que quando "a denúncia não estabelece a data precisa da consumação dos fatos, compreendendo-o em um determinando lapso de tempo, há de ser considerada a data mais benéfica ao acusado para fins de cômputo do lapso prescricional" (HC 52.329/RS, Relatora Ministra Maria Thereza de Assis Moura)." (TRE/DF, RECURSO CRIMINAL (1ª

INSTÂNCIA) n 2503, ACÓRDÃO n 7179 de 16/03/2017, Relator(a) CARMELITA INDIANO AMERICANO DO BRASIL DIAS, Publicação: DJE – Diário de Justiça Eletrônico do TRE-DF, Tomo 49, Data 20/03/2017, Página 2/3).

1.6. Competência para o julgamento dos crimes eleitorais

Uma vez firmada a premissa de que se deve considerar os delitos eleitorais como crimes comuns, tal é válido para todos os fins penais e processuais, em especial quanto à questão da competência. Assim, por exemplo, quando a Constituição Federal fixa a competência criminal dos órgãos do Poder Judiciário, sempre que houver a expressão "crimes comuns", deve-se ter os crimes eleitorais como inclusos nela e, destarte, também sujeitos àquela jurisdição.

Esse é o entendimento amplamente majoritário da doutrina eleitoralista – com o qual concordamos – e que está sedimentado na jurisprudência do Supremo Tribunal Federal (STF) há bastante tempo:

> EMENTA: STF: competência penal originária por prerrogativa de função: crime eleitoral; atração da supervisão judicial do inquérito policial. 1. Para o efeito de demarcação da competência penal originária do STF por prerrogativa de função, consideram-se comuns os crimes eleitorais. 2. A competência penal originária por prerrogativa de função atrai para o Tribunal respectivo a supervisão judicial do inquérito policial. (Rcl 555, Relator(a): Min. SEPÚLVEDA PERTENCE, Tribunal Pleno, julgado em 25/04/2002, DJ 07-06-2002 PP-00084 EMENT VOL-02072-01 PP-00050).

Desse entendimento resulta que a competência para julgar os crimes eleitorais praticados por pessoas sem foro por prerrogativa de função previsto na Constituição Federal é do juiz eleitoral, independente do pleito (municipal ou geral), conforme estabelece o artigo 35, II, do Código Eleitoral.

Assim, como os crimes eleitorais são classificados como comuns, em conformidade com o que pontifica a doutrina amplamente majoritária e os dos Tribunais Superiores, segue-se a regra de que só haverá foro nas hipóteses previstas na Constituição Federal e desde que o fato seja relacionado com a função pública do investigado (vide o que falamos quando da análise do inquérito policial eleitoral), não prevalecendo eventuais regras definidas na Constituição dos Estados ou na legislação esparsa.

Quanto aos demais crimes, a competência a priori será da Justiça Comum (Federal ou Estadual), salvo ser restar provada a ocorrência de conexão entre eles e algum crime eleitoral, quando se deslocará para a Justiça Eleitoral a competência para o julgamento da totalidade das infrações, conforme precedente do Supremo Tribunal Federal (STF):

> EMENTA: – DIREITO CONSTITUCIONAL, PENAL E PROCESSUAL PENAL. JURISDIÇÃO. COMPETÊNCIA. CONFLITO. JUSTIÇA ELEITORAL. JUSTIÇA FEDERAL. CRIME ELEITORAL E CRIMES CONEXOS. ILÍCITOS ELEITORAIS: APURAÇÃO PARA DECLARAÇÃO DE INELEGIBILIDADE (ART. 22, INC. XIV, DA LEI COMPLEMENTAR Nº 64, de 18.05.1990). CONFLITO INEXISTENTE. "HABEAS CORPUS" DE OFÍCIO. 1. Não há conflito de jurisdição ou de competência entre o Tribunal Superior Eleitoral, de um lado, e o Tribunal Regional Federal, de outro, se, no primeiro, está em andamento Recurso Especial contra acórdão de Tribunal Regional Eleitoral, que determinou investigação judicial para apuração de ilícitos eleitorais previstos no art. 22 da Lei de Inelegibilidades; e, no segundo, isto é, no T.R.F., foi proferido acórdão denegatório de "Habeas Corpus" e confirmatório da competência da Justiça Federal, para processar ação penal por crimes eleitorais e conexos. 2. Sobretudo, em se verificando que tais julgados trataram de questões, de partes

e de finalidades inteiramente distintas. 3. É caso, pois, de não se conhecer do Conflito, por inexistente. 4. Em se verificando, porém, que há processo penal, em andamento na Justiça Federal, por crimes eleitorais e crimes comuns conexos, é de se conceder "Habeas Corpus", de ofício, para sua anulação, a partir da denúncia oferecida pelo Ministério Público federal, e encaminhamento dos autos respectivos à Justiça Eleitoral de 1ª instância, a fim de que o Ministério Público, oficiando perante esta, requeira o que lhe parecer de direito. 5. Conflito de Competência não conhecido. "Habeas Corpus" concedido de ofício, para tais fins. Tudo nos termos do voto do Relator. Decisão unânime do Plenário do S.T.F. (CC 7033, Relator(a): Min. SYDNEY SANCHES, Tribunal Pleno, julgado em 02/10/1996, DJ 29-11-1996 PP-47156 EMENT VOL-01852-01 PP-00116)

Nesse sentido, cumpre destacar que "a competência para a matéria criminal não foi tratada pelo Código Eleitoral, razão pela qual devemos aplicar o princípio da subsidiariedade e usar as disposições do Código de Processo Penal, de modo que é competente para análise e julgamento do feito o juízo em cuja área de abrangência da respectiva Zona Eleitoral foi praticado o crime." (TRE/PE, (Conflito de Competência n 23363, ACÓRDÃO de 14/08/2013, Relator(a) JANDUHY FINIZOLA DA CUNHA FILHO, Publicação: DJE – Diário de Justiça Eletrônico, Tomo 161, Data 20/08/2013, Página 03).

Nesse sentido, é importante destacar que, se no julgamento das infrações eleitorais e conexas houver absolvição quanto aos crimes especializados, tal não modificará a competência da Justiça Eleitoral para os demais que lhe forem conexos, como já decidiu a Corte Eleitoral (TSE).

Assim, nessas hipóteses, as diligências cautelares necessárias à investigação (ex: busca e apreensão, interceptações telefônicas, quebras de sigilo etc) devem ser postuladas e analisadas pelo juiz da zona eleitoral, não havendo qualquer razão para declínio de competência em razão da natureza do pleito.

Por fim, importa ainda registrar que, consumada a prescrição do crime eleitoral, permanece a competência da justiça eleitoral para apuração de todos os crimes conexos.

1.7. Rito processual

No que diz respeito ao procedimento da ação penal, dispõe o artigo 13, da Resolução TSE nº 23.396/2013, que "a ação penal eleitoral observará os procedimentos previstos no Código Eleitoral, com a aplicação obrigatória dos artigos 395, 396, 396-A, 397 e 400 do Código de Processo Penal, com redação dada pela Lei nº 11.971, de 2008. Após esta fase, aplicar-se-ão os artigos 359 e seguintes do Código Eleitoral", cuja transcrição é a seguinte:

Art. 359. Recebida a denúncia, o juiz designará dia e hora para o depoimento pessoal do acusado, ordenando a citação deste e a notificação do Ministério Público.

Parágrafo único. O réu ou seu defensor terá o prazo de 10 (dez) dias para oferecer alegações escritas e arrolar testemunhas.

Art. 360. Ouvidas as testemunhas da acusação e da defesa e praticadas as diligências requeridas pelo Ministério Público e deferidas ou ordenadas pelo juiz, abrir-se-á o prazo de 5 (cinco) dias a cada uma das partes – acusação e defesa – para alegações finais.

Art. 361. Decorrido esse prazo, e conclusos os autos ao juiz dentro de quarenta e oito horas, terá o mesmo 10 (dez) dias para proferir a sentença.

Art. 362. Das decisões finais de condenação ou absolvição cabe recurso para o Tribunal Regional, a ser interposto no prazo de 10 (dez) dias.

Art. 363. Se a decisão do Tribunal Regional for condenatória, baixarão imediatamente os autos à instância inferior para a execução da sentença, que será feita no prazo de 5 (cinco) dias, contados da data da vista ao Ministério Público.

Parágrafo único. Se o órgão do Ministério Público deixar de promover a execução da sentença serão aplicadas as normas constantes dos parágrafos 3º, 4º e 5º do Art. 357.

Pois bem, não obstante a redação desse dispositivo regulamentar, é preciso cuidado com a sua aplicação literal, pois ela está em descompasso com a jurisprudência do Tribunal Superior Eleitoral (TSE) no que diz respeito à aplicação do artigo 359 do Código Eleitoral, uma vez que o interrogatório do réu como último ato processual é medida que mais se coaduna com os princípios constitucionais da ampla defesa e do contraditório, cujo descumprimento enseja nulidade absoluta do ato. Senão, vejamos:

> – RECURSO CRIMINAL. INTERROGATÓRIO ANTES DA OITIVA DAS TESTEMUNHAS. ERRO IN PROCEDENDO. INOBSERVÂNCIA DO ART. 400 DO CPP. APLICAÇÃO DAS LEGISLAÇÕES ESPECIAIS E SUBSIDIÁRIA DO CÓDIGO DE PROCESSO PENAL. NORMA MAIS BENEFÍCA PARA O ACUSADO. JURISPRUDÊNCIA DO TSE. PREJUÍZO EVIDENTE À DEFESA. JURISPRUDÊNCIA DO STF. NULIDADE CONFIGURADA. ANULAÇÃO DE TODOS OS ATOS PROCESSUAIS DESDE A OITIVA DAS TESTEMUNHAS. PRESCRIÇÃO NÃO OCORRIDA. VEDAÇÃO DA REFORMA IN PEJUS INDIRETA. PROVIMENTO PARCIAL DO RECURSO.
>
> I. A Lei nº 11.719/08 alterou a redação do art. 400 do CPP e deslocou o interrogatório para depois dos depoimentos das testemunhas, beneficiando o exercício de defesa.
>
> II. Por ser mais benéfica, na seara penal, a norma subsidiária sobrepõe-se a específica, devendo ser aplicada na apuração dos crimes eleitores. Precedentes do TSE.
>
> III. O vício formal (error in procedendo), por causar evidente prejuízo decorrente da inobservância da norma processual penal, deve ser sanado, uma vez que retira o direito do acusado de esclarecer e contrapor fatos trazidos pelas testemunhas, impedindo de influir no juízo do magistrado.
>
> IV. Segundo jurisprudência do STF "A não realização do interrogatório ao final da instrução subtraiu ao réu a possibilidade de se manifestar pessoalmente sobre a prova acusatória coligida em seu desfavor e de, no exercício do direito de audiência, influir na formação do convencimento do julgador. Prejuízo evidente. ((HC 121907, Rel. Ministro Dias Toffoli, Primeira Turma, DJe de 28.10.2014).
>
> V. Configurada a nulidade do procedimento, deve ser renovada toda a instrução, a partir da oitiva das testemunhas, a fim de dar regular andamento ao feito e proferida nova sentença, vedando-se, contudo, o agravamento da pena, em razão da non reformatio in pejus indireta.
>
> VI. Provimento parcial do segundo recurso. (TRE/MA, RECURSO CRIMINAL n 4873, ACÓRDÃO n 20040 de 09/12/2016, Relator(a) KATIA COELHO DE SOUSA DIAS, Publicação: DJ – Diário de justiça, Tomo 260, Data 14/12/2016, Página 07/08).

Assim, salvo no tocante à aplicação do artigo 359 do Código Eleitoral (revogado pela nova redação do artigo 400 do Código de Processo Penal), aplicam-se os demais dispositivos acima transcritos (inclusive da prisão após a condenação em 2ºgrau de jurisdição).

Resumindo, pois, o rito, apresentamos as seguintes etapas:

1. Oferecimento da Denúncia;

2. Rejeição ou Recebimento da Peça Acusatória, com determinação para citação para o acusado apresentar resposta. Nesse tocante, deve-se observar que "o procedimento sumaríssimo é abreviado e mais prejudicial ao réu", de modo que, "no procedimento especial do Código Eleitoral não há previsão de que antes de recebida a denúncia deveria o recorrente ter tido oportunidade para apresentar defesa." (TRE/MG, RECURSO CRIMINAL n 398, ACÓRDÃO de 07/12/2016, Relator(a) VIRGÍLIO DE ALMEIDA BARRETO, Publicação: DJEMG – Diário de Justiça Eletrônico-TREMG, Data 10/01/2017);
3. Decisão Judicial sobre a Absolvição Sumária e, não sendo esse o caso, designação de audiência de instrução e julgamento, para oitiva de testemunhas e interrogatório do acusado, nessa ordem;
4. Alegação Final das Partes;
5. Sentença;
6. Recurso

O respeito a essas etapas é imprescindível, sob pena de nulidade por violação ao devido processo legal.

Por fim, destaco que os processos eleitorais são isentos de pagamento de custas processuais, por força do disposto no artigo 373 do Código Eleitoral c/c artigo 1º da Lei n. 9.265/96.

1.8. Condenação e inelegibilidade

Sabe-se que a condenação criminal (transitada em julgado ou por órgão colegiado) pela prática de alguns crimes gera a inelegibilidade, a teor do disposto no artigo 1º, I, alínea "e", da Lei Complementar nº 64/90, in verbis:

> Art. 1º São inelegíveis: I – para qualquer cargo:
>
> e) os que forem condenados, em decisão transitada em julgado ou proferida por órgão judicial colegiado, desde a condenação até o transcurso do prazo de 8 (oito) anos após o cumprimento da pena, pelos crimes: (Redação dada pela Lei Complementar nº 135, de 2010)
>
> 1. contra a economia popular, a fé pública, a administração pública e o patrimônio público; (Incluído pela Lei Complementar nº 135, de 2010)
>
> 2. contra o patrimônio privado, o sistema financeiro, o mercado de capitais e os previstos na lei que regula a falência; (Incluído pela Lei Complementar nº 135, de 2010)
>
> 3. contra o meio ambiente e a saúde pública; (Incluído pela Lei Complementar nº 135, de 2010)
>
> 4. eleitorais, para os quais a lei comine pena privativa de liberdade; (Incluído pela Lei Complementar nº 135, de 2010)
>
> 5. de abuso de autoridade, nos casos em que houver condenação à perda do cargo ou à inabilitação para o exercício de função pública; (Incluído pela Lei Complementar nº 135, de 2010)
>
> 6. de lavagem ou ocultação de bens, direitos e valores; (Incluído pela Lei Complementar nº 135, de 2010)
>
> 7. de tráfico de entorpecentes e drogas afins, racismo, tortura, terrorismo e hediondos; (Incluído pela Lei Complementar nº 135, de 2010)
>
> 8. de redução à condição análoga à de escravo; (Incluído pela Lei Complementar nº 135, de 2010)

9. contra a vida e a dignidade sexual; (Incluído pela Lei Complementar nº 135, de 2010)

10. praticados por organização criminosa, quadrilha ou bando; (Incluído pela Lei Complementar nº 135, de 2010)

Especificamente no que toca aos delitos eleitorais, convém destacar que o item 4 do citado dispositivo legal traz como condição para a geração da inelegibilidade apenas que ele tenha pena privativa de liberdade, de modo que é indiferente o fato de ter havido a conversão da pena privativa de liberdade em restritiva de direitos, como já assentou o Tribunal Superior Eleitoral (TSE):

> Eleições 2012. Registro. Vereador. Indeferimento. Condenação criminal. Arts. 289, 350 e 354 do Código Eleitoral. Inelegibilidade. Art. 1º, inciso I, alínea e, item 4, da LC nº 64/90. Incidência.
>
> 1. A conversão da pena privativa de liberdade em pena restritiva de direitos não afasta a incidência da inelegibilidade prevista no art. 1º, I, e, da LC nº 64/90, porquanto a lei estabelece como requisito da inelegibilidade a condenação por crime que preveja cominação de pena privativa de liberdade.
>
> 2. A definição do crime como de menor potencial ofensivo leva em conta o limite máximo da pena previsto em lei.
>
> Agravo a que se nega provimento. (Recurso Especial Eleitoral nº 36440, Acórdão, Relator(a) Min. Henrique Neves Da Silva, Publicação: DJE – Diário de justiça eletrônico, Tomo 056, Data 22/03/2013, Página 27)

Quanto ao momento da incidência da inelegibilidade no caso da condenação em grau recursal (já que no caso de sentença de 1º grau não há dúvidas de que ocorre após o fim de todos os prazos recursais e a respectiva certidão de trânsito em julgado), defendo que ela ocorre com a publicação do acórdão condenatório, ainda que caiba recurso, pois a lei não exigiu o trânsito em julgado para esse caso.

Para suspender a inelegibilidade nesse último caso, deve o condenado tentar obter provimento jurisdicional liminar no Tribunal ad quem responsável pelo julgamento do futuro recurso a ser interposto, como estatui o artigo 26-C, da Lei Complementar nº 64/90, in verbis:

> Art. 26-C. O órgão colegiado do tribunal ao qual couber a apreciação do recurso contra as decisões colegiadas a que se referem as alíneas d, e, h, j, l e n do inciso I do art. 1ºpoderá, em caráter cautelar, suspender a inelegibilidade sempre que existir plausibilidade da pretensão recursal e desde que a providência tenha sido expressamente requerida, sob pena de preclusão, por ocasião da interposição do recurso. (Incluído pela Lei Complementar nº 135, de 2010)
>
> § 1º Conferido efeito suspensivo, o julgamento do recurso terá prioridade sobre todos os demais, à exceção dos de mandado de segurança e de habeas corpus. (Incluído pela Lei Complementar nº 135, de 2010)
>
> § 2º Mantida a condenação de que derivou a inelegibilidade ou revogada a suspensão liminar mencionada no caput, serão desconstituídos o registro ou o diploma eventualmente concedidos ao recorrente. (Incluído pela Lei Complementar nº 135, de 2010)
>
> § 3º A prática de atos manifestamente protelatórios por parte da defesa, ao longo da tramitação do recurso, acarretará a revogação do efeito suspensivo. (Incluído pela Lei Complementar nº 135, de 2010)

O caso mais emblemático e atual diz respeito à condenação do Ex-Presidente da República Luís Inácio Lula da Silva, que, condenado à unanimidade, em sede de apelação pelo Tribunal Regional Federal da 4ª Região pela prática dos crimes de corrupção passiva e lavagem de capitais, está inelegível desde então, muito embora ainda possa interpor embargos de declaração.

Assim, somente a obtenção de uma liminar em habeas corpus impetrado perante uma das Turmas Criminais do Superior Tribunal de Justiça (STJ) ou uma medida cautelar em sede de recurso especial (também a ser apreciada perante aquele órgão colegiado, nos termos do artigo 26-C) podem desconstituir a sua atual inelegibilidade, que já está em pleno vigor.

Não obstante isso, destaco, por lealdade ao nosso leitor e com todas as críticas possíveis (por representar um ato de legislar positivamente), que o Tribunal Superior Eleitoral (TSE) vem decidindo que a medida liminar deferida pelo relator (do habeas corpus ou do recurso criminal) suspende a inelegibilidade, como se vê abaixo:

> RECURSO ORDINÁRIO. REGISTRO DE CANDIDATURA. ELEIÇÕES 2014. DEPUTADO FEDERAL. INELEGIBILIDADE. ART. 1º, I, e, 1, DA LC 64/90. CONDENAÇÃO POR CRIME CONTRA A ADMINISTRAÇÃO PÚBLICA. DECISÃO COLEGIADA. PROVIMENTO LIMINAR. EFEITO SUSPENSIVO. INELEGIBILIDADE AFASTADA. INCIDÊNCIA DO ART. 26-C DA LC 64/90.
>
> 1. Provimento liminar que suspende os efeitos da condenação criminal afasta a causa de inelegibilidade do art. 1º, I, e, 1, da LC 64/90, conforme disposto no art. 26-C da LC 64/90.
>
> 2. O voto do relator, por si só, não constitui decisão judicial, pois é mera parte integrante do acórdão. Na espécie, a liminar que afasta a inelegibilidade do candidato permanece eficaz, pois não houve pronunciamento colegiado do STJ no sentido de revogar a medida de urgência.
>
> 3. Recursos ordinários não providos. (Recurso Ordinário nº 37538, Acórdão, Relator(a) Min. João Otávio De Noronha, Publicação: PSESS – Publicado em Sessão, Data 02/10/2014)

1.9. Condenação criminal, suspensão dos direitos políticos e perda do cargo

A Constituição Federal de 1988, preocupada com os bons antecedentes de todos os que aspirassem ocupar um cargo político via mandato popular, estabeleceu, expressamente (artigo 15, III), que os direitos políticos da pessoa condenada criminalmente com trânsito em julgado ficarão suspensos enquanto durarem os efeitos da condenação.

Trata-se de norma autoaplicável, com incidência imediata, independente da natureza ou da quantidade da pena aplicada no caso concreto e que não carece de qualquer regulamentação legislativa, conforme pacífica jurisprudência do Tribunal Superior Eleitoral (vide Agravo Regimental em Recurso em Mandado de Segurança nº 440). Além disso, registra-se que a expressão condenação criminal abrange não só a prática de crimes, mas também de contravenções penais.

Destarte, pouco importa: a) se a pena aplicada foi restritiva de direitos; b) se a pena aplicada foi somente pecuniária; c)que tenha havido a conversão da pena privativa de liberdade em restritiva de direito (vide TSE, Agravo Regimental em Recurso Especial Eleitoral nº 65172); d) que tenha havido concessão de sursis previsto no artigo 77, do Código Penal (vide TSE, Agravo Regimental em Recurso Contra Expedição de Diploma nº 801368); e) que esteja no gozo de livramento condicional (vide TSE, Agravo Regimental em Recurso Especial Eleitoral nº 29171). Em todos, haverá a continuação da suspensão dos direitos políticos.

Diferente, contudo, serão os casos da transação penal e da suspensão condicional do processo (artigos 76 e 89, da Lei nº 9099/95), posto que inexistente condenação criminal.

Nesse caso, insta esclarecer que a suspensão dos direitos políticos "cessa com o cumprimento o cumprimento ou a extinção da pena, independendo de reabilitação ou prova de reparação de danos", conforme prescreve a Súmula nº 9, do TSE.

Uma questão bastante delicada sobre o assunto diz respeito à perda do mandato popular no caso da condenação criminal transitada em julgado. Após certa oscilação jurisprudencial do Supremo Tribunal Federal (STF), a Corte fixou o entendimento de que "não cabe ao Poder Judiciário decretar a perda de mandato de parlamentar federal", devendo ser realizada "a comunicação à respectiva Casa para instauração do procedimento do art. 55, § 2º, da Constituição Federal." (vide AP 572, Relator(a): Min. GILMAR MENDES, Segunda Turma, julgado em 11/11/2014).

É importante, porém, registrar que tal orientação só é aplicável aos parlamentares federais (Senadores e Deputados Federais) e estaduais (Deputados Estaduais), tendo em vista a última interpretação que a Suprema Corte fizera sobre as disposições dos §§ 2º e 3º, do artigo 55 da Constituição, que são aplicáveis em nível estadual por força dos artigos 27, § 1º e 32, § 3º.

Assim, no caso dos titulares e vices dos cargos de chefia do Poder Executivo (Presidente, Vice-Presidente da República, Governador e Vice-Governador de Estado, Prefeito e Vice-Prefeito dos Municípios), bem como dos parlamentares municipais (vereadores), tal regra não subsiste, tendo a condenação criminal transitada em julgado o efeito imediato de perda do mandato. Essa é a atual interpretação do Tribunal Superior Eleitoral (TSE), segundo a qual "a condenação criminal transitada em julgado implica imediata suspensão dos direitos políticos, nos termos do art. 15, III, da CF, e, por conseguinte, na perda do mandato" e que "não há falar na aplicação da norma do art. 55, § 2º, da CF, ao caso, haja vista inexistir previsão constitucional que permita estender aos vereadores o tratamento diferenciado dado aos senadores e deputados federais." (Agravo Regimental em Recurso em Mandado de Segurança nº 278655, Acórdão de 15/12/2015, Relator(a) Min. LUCIANA CHRISTINA GUIMARÃES LÓSSIO).

Por fim, merece lembrança que a Lei da Ficha-Limpa (LC nº 135/2010), ao modificar a Lei das Inelegibilidades (LC nº 64/90), estabeleceu no artigo 1º, I, alínea "e", a inelegibilidade para quem fosse condenado, em decisão transitada em julgado ou proferida por órgão judicial colegiado, desde a condenação até o transcurso do prazo de 8 (oito) anos após o cumprimento da pena, pelos crimes lá estabelecidos.

2. CRIMES ELEITORAIS: UMA VISÃO GERAL E CRÍTICA

Vimos que, atualmente, existem 90 (noventa) tipos penais eleitorais no ordenamento jurídico brasileiro, previstos em 06 (seis) diplomas normativos diferentes.

É importante ressaltar, desde já, que muitos deles encontram-se defasados ante a modernização pela qual passou a Justiça Eleitoral, uma vez que foram concebidos para reprimir condutas em eleições marcadas pelo voto manual e de papel.

Além disso, há previsões incriminadoras que, sem ter havido qualquer menção à revogação expressa, reprimem a mesma conduta delituosa (caso da proibição de retenção do título de eleitor – artigos 295, do Código Eleitoral e artigo 91, parágrafo único, da Lei nº 9504/97), ou que se apresentam frontalmente contrárias à ordem constitucional inaugurada em 1988, seja por criminalizarem condutas que não passam de meras infrações administrativas (como são os casos de omissão do oficial de registro civil na emissão das certidões de óbito – artigo 71, § 3º, do Código Eleitoral, furar fila para votar – artigo 306, do Código Eleitoral –, ou de realizar propaganda política em língua estrangeira – artigo 335, do Código Eleitoral), seja por violarem direitos fundamentais inalienáveis, como a liberdade de pensamento (vide a criminalização do apoio a criação de mais de um partido – artigo 321, do Código Eleitoral) e as próprias liberdades de consciência e ambulatória (que são manifestamente lesadas na vedação a qualquer brasileiro que não estiver no gozo de seus direitos políticos de participar de atividades partidárias, inclusive comícios e atos de propaganda – vide artigo 337, do Código Eleitoral).

Não bastasse esse cenário de clara desatualização normativa, convém ainda destacar o déficit de efetividade da legislação criminal eleitoral no combate à corrupção político-eleitoral, uma vez que o ato de "comprar votos" é raramente punido, haja vista que as penalidades fixadas no tipo permitem, via de regra, a suspensão condicional do processo, ou, quando não cabível, a conversão da pena privativa de liberdade em restritiva de direitos, ou, na pior das hipóteses (casos de concurso de crimes, ou crime continuado), pouco tempo de prisão, contribuindo, em muito, para o descrédito da Justiça Eleitoral e a concretização da máxima popular de que "no Brasil, o crime compensa".

Essa sensação se confirma mais ainda quando se verifica que a legislação eleitoral brasileira blinda os corruptores eleitorais das prisões provisórias exatamente no período mais crítico da campanha eleitoral (os dias que antecedem o pleito), criminalizando quem age de maneira contrária (vide artigos 236 e 298, do Código Eleitoral). Sabemos as origens históricas dos dispositivos em referência, mas não compreendemos a sua aplicação nos dias atuais, já que inexistentes quaisquer resquícios de suas causas determinantes. Faremos a devida análise no momento oportuno.

Dito isso, vê-se que o cenário legislativo eleitoral é tenebroso, por assim dizer, e sem perspectivas de melhorias, posto que não se verifica qualquer debate sério ou comprometido em eliminar essas e outras mazelas do sistema político-eleitoral brasileiro (algo compreensível, se considerarmos que boa parte do Congresso Nacional tem algum problema com os órgãos de controle e com o Poder Judiciário exatamente por supostos atos de corrupção). Nesse sentido, o que dizer do movimento de "anistia ao caixa 2", que a maioria dos parlamentares tenta emplacar com medo da "Operação Lava-Jato"? São "tempos difíceis" esses, parafraseando um membro do Supremo Tribunal Federal, ainda mais quando se assiste, em cadeia nacional, a mais alta Corte Eleitoral do país se negar a dar o exemplo e punir a corrupção eleitoral, em nome de uma falsa "estabilidade política".

Isso sem mencionar outros lamentáveis episódios, como os da "ira do profeta" e do discurso de ódio institucional contra o Ministério Público proferido pelo atual Presidente da Corte. São fatos como esses – e não a "instabilidade que o combate à corrupção" gera nas estruturas de poder consolidadas que desassossegam qualquer um que acredite num futuro promissor para o Brasil em um curto período do tempo. Que não sejamos eternamente o país do futuro que nunca chega! É hora de não só a modéstia ir às favas, mas também a nossa passividade enquanto cidadãos! Quem assistiu o fatídico julgamento da chapa "Dilma-Temer" no TSE compreenderá bem o desabafo acima!

Enfim, pedindo as escusas de estilo, mas ele é fruto da indignação cívica desse autor que ainda sonha – igualmente ao nosso leitor – com um país livre dessa mazela social chamada corrupção.

Passamos, doravante, a enfrentar o desafio proposto: comentar os principais crimes eleitorais e suas nuances doutrinárias, práticas e jurisprudenciais. Seguiremos, para fins didáticos, a ordem cronológica dos diplomas legais que contemplam as hipóteses incriminadoras.

3. CRIMES ELEITORAIS PREVISTOS NA LEI Nº 4737/65 – O CÓDIGO ELEITORAL

O Código Eleitoral traz 69 (sessenta e nove) previsões incriminadoras, muitas delas não-recepcionadas pela Constituição Federal de 1988 e outras revogadas tacitamente pela legislação superveniente. Vejamos, pois, uma a uma.

3.1. Não-declaração de impedimento para ser membro de mesa receptora

Art. 120. Constituem a mesa receptora um presidente, um primeiro e um segundo mesários, dois secretários e um suplente, nomeados pelo juiz eleitoral sessenta dias antes da eleição, em audiência pública, anunciado pelo menos com cinco dias de antecedência. (Redação dada pela Lei nº 4.961, de 4.5.1966)

§ 1º Não podem ser nomeados presidentes e mesários:

I – os candidatos e seus parentes ainda que por afinidade, até o segundo grau, inclusive, e bem assim o cônjuge;

II – os membros de diretórios de partidos desde que exerça função executiva;

III – as autoridades e agentes policiais, bem como os funcionários no desempenho de cargos de confiança do Executivo;

IV – os que pertencerem ao serviço eleitoral.

§ 2º Os mesários serão nomeados, de preferência entre os eleitores da própria seção, e, dentre estes, os diplomados em escola superior, os professores e os serventuários da Justiça.

§ 3º O juiz eleitoral mandará publicar no jornal oficial, onde houver, e, não havendo, em cartório, as nomeações que tiver feito, e intimará os mesários através dessa publicação, para constituírem as mesas no dia e lugares designados, às 7 horas.

§ 4º Os motivos justos que tiverem os nomeados para recusar a nomeação, e que ficarão a livre apreciação do juiz eleitoral, somente poderão ser alegados até 5 (cinco) dias a contar da nomeação, salvo se sobrevindos depois desse prazo.

§ 5º Os nomeados que não declararem a existência de qualquer dos impedimentos referidos no § 1º incorrem na pena estabelecida pelo Art. 310.

Bem jurídico tutelado

O delito previsto no artigo 120, § 5º tem como objetividade jurídica a tutela da impessoalidade e da lisura dos serviços administrativos da Justiça Eleitoral, uma vez que visa proibir que candidatos, parentes de candidatos, membros de diretórios partidários, ocupantes de cargos de confiança no Poder Executivo funcionem como membros das mesas receptoras, que têm o fundamental papel de organizar todo o processo de votação nas seções eleitorais.

Sujeitos do crime

O tipo penal em análise exige especial qualificação do autor, qual seja, a pessoa que tenha sido nomeada membro da mesa receptora e não tenha declarado, no prazo de 05 (cinco) dias após tal fato qualquer dos impedimentos descritos no § 1º.

Trata-se, portanto, de crime de mão própria, o que faz com que, a priori, não seja possível a coautoria, pois, nessa espécie de crime, "exige-se a atuação pessoal do sujeito ativo, que não pode ser substituído por mais ninguém". No polo passivo, temos o Estado.

Conduta

O artigo 120, § 5º diz expressamente que "os nomeados que não declararem a existência de qualquer dos impedimentos referidos no § 1º incorrem na pena estabelecida pelo Art. 310". Assim sendo, a conduta típica consiste na omissão deliberada do nomeado em não declarar, espontaneamente e no prazo legal, os impedimentos do § 1º.

Observe-se que a omissão criminosa diz respeito apenas aos citados impedimentos, não abrangendo outros, como os descritos nos artigos 63, § 2º e 64, da Lei nº 9.504/97.

Consumação e tentativa

O crime se consuma com a passagem do prazo legal de 05 dias para a declaração espontânea do nomeado quanto aos impedimentos (vide § 4º) sem que ele a suscite ao juiz eleitoral.

Sendo crime unissubsistente e de natureza omissiva, não é possível a sua tentativa.

3.2. Inutilização ou arrebatamento da lista de candidatos

Art. 129. Nas eleições proporcionais os presidentes das mesas receptoras deverão zelar pela preservação das listas de candidatos afixadas dentro das cabinas indevassáveis tomando imediatas providências para a colocação de nova lista no caso de inutilização total ou parcial.

Parágrafo único. O eleitor que inutilizar ou arrebatar as listas afixadas nas cabinas indevassáveis ou nos edifícios onde funcionarem mesas receptoras, incorrerá nas penas do artigo 297.

Breve introdução e diferenciação com o delito do artigo 297 do Código Eleitoral

De acordo com o artigo 133, inciso II, do Código Eleitoral, os juízes eleitorais devem enviar ao Presidente de cada Mesa Receptora, pelo menos 72 (setenta e duas) horas antes da eleição, "relações dos partidos e dos candidatos registrados, as quais deverão ser afixadas no recinto das seções eleitorais em lugar visível, e dentro das cabinas indevassáveis as relações de candidatos a eleições proporcionais".

Essa medida tem por finalidade dar ampla publicidade aos cidadãos quanto aos partidos políticos e candidatos que postulam os cargos no dia da eleição, de modo a servir como instrumento preparatório e auxiliar da votação. Aliás, exatamente por isso é que tal disposição encontra-se inserida no Título II, do Código Eleitoral, que é nominada de "atos preparatórios da votação".

Isso já indica a diversidade e a autonomia do tipo oram em análise quando comparado com aquele disposto no artigo 297 do mesmo Codex (que trata do impedimento ou embaraço ao voto), não obstante hajam entendimentos isolados em sentido contrário.

Não bastasse isso, parece-me, sinceramente, que alguém que destrói a lista de candidatos não consegue, ainda que na hipótese de um eleitor indeciso ou esquecido, embaraçar o voto, pois essa não é a finalidade desejada a priori (penso ser mesmo o fim de vandalismo que leva alguém a fazer isso), bem como o meio utilizado para aquele fim é inidôneo, configurando crime impossível, pois uma outra lista pode ser apresentada imediatamente à destruição (parcial ou total) da lista de sua zona.

Assim sendo, considerando as razões acima expostas, entendo que o crime eleitoral previsto no artigo 129, parágrafo único, do Código Eleitoral é completamente autônomo e diverso daquele disposto no artigo 297, do Código Eleitoral, motivo pelo qual ambos estão em plena vigência.

Bem jurídico tutelado

Como já visto acima, o delito previsto no artigo 129, parágrafo único tem como objetividade jurídica a tutela a da regularidade dos serviços administrativos da Justiça Eleitoral, especificamente dos atos preparatórios da votação (Título no qual o crime encontra-se inserido no Código Eleitoral).

Sujeitos do crime

O crime em análise é classificado como de mão própria, só podendo ser cometido por quem ostente a qualidade de eleitor, estando, destarte, excluído desse rol os estrangeiros, os conscritos durante o período de serviço militar obrigatório (artigo 14, § 2º, CF/88) e os que estejam privados, temporária ou definitivamente, dos direitos políticos (artigo 15, CF/88).

Ainda sobre essa especial qualificação do autor do crime, não é necessário que ele seja eleitor daquela zona ou seção eleitoral onde o fato típico tenha se consumado, uma vez que a figura de eleitor possui âmbito nacional e não setorizado. Nesse sentido, aliás, o Superior Tribunal de Justiça (STJ) já pontificou: "Aquele que não é eleitor em certa circunscrição eleitoral não necessariamente deixa de ser eleitor, podendo apenas exercer sua cidadania em outra circunscrição" (REsp 1242800/MS, Rel. Ministro MAURO CAMPBELL MARQUES, SEGUNDA TURMA, julgado em 07/06/2011, DJe 14/06/2011).

O fato de ser crime de mão própria faz com que, a priori, não seja possível a coautoria, pois, nessa espécie de crime, "exige-se a atuação pessoal do sujeito ativo, que não pode ser substituído por mais ninguém". Exemplo claro seria o caso de alguém que pratica o crime sob encomenda de determinada pessoa. No polo passivo, temos o Estado.

Conduta

O artigo 129, parágrafo único, diz expressamente que "o eleitor que inutilizar ou arrebatar as listas afixadas nas cabinas indevassáveis ou nos edifícios onde funcionarem mesas receptoras, incorrerá nas penas do artigo 297". Tem-se, destarte, duas condutas específicas:

1. inutilizar, que consiste em tornar inútil ou imprestável. Seria o caso, por exemplo, do autor rasgar ou destruir a lista de candidatos e partidos políticos que concorrem no pleito, de uma forma tal que impedisse qualquer identificação.
2. arrebatar, cujo significado para esse tipo é retirar do lugar. Exemplo dessa modalidade do tipo seria simplesmente o eleitor passar em qualquer zona eleitoral e tirar uma lista afixada.

É importante registrar que se, para a consumação do fato típico, for praticado qualquer espécie de violência ou ameaça contra pessoa, ou dano a qualquer bem (público ou privado), será o caso de concurso de crimes, cuja competência para julgamento total é da Justiça Eleitoral, nos termos do artigo 35, inciso II, do Código Eleitoral.

3.3. Instalação de zonas eleitorais em propriedade privada rural

Art. 135. Funcionarão as mesas receptoras nos lugares designados pelos juizes eleitorais 60 (sessenta) dias antes da eleição, publicando-se a designação.

§ 1º A publicação deverá conter a seção com a numeração ordinal e local em que deverá funcionar com a indicação da rua, número e qualquer outro elemento que facilite a localização pelo eleitor.

§ 2º Dar-se-á preferência aos edifícios públicos, recorrendo-se aos particulares se faltarem aqueles em número e condições adequadas.

§ 3º A propriedade particular será obrigatória e gratuitamente cedida para esse fim.

§ 4º É expressamente vedado uso de propriedade pertencente a candidato, membro do diretório de partido, delegado de partido ou autoridade policial, bem como dos respectivos cônjuges e parentes, consangüíneos ou afins, até o 2º grau, inclusive.

§ 5º Não poderão ser localizadas seções eleitorais em fazenda sítio ou qualquer propriedade rural privada, mesmo existindo no local prédio público, incorrendo o juiz nas penas do Art. 312, em caso de infringência. (Redação dada pela Lei nº 4.961, de 4.5.1966)

§ 6º Os Tribunais Regionais, nas capitais, e os juízes eleitorais, nas demais zonas, farão ampla divulgação da localização das seções.

§ 6º-A. Os Tribunais Regionais Eleitorais deverão, a cada eleição, expedir instruções aos Juízes Eleitorais para orientá-los na escolha dos locais de votação, de maneira a garantir acessibilidade para o eleitor com deficiência ou com mobilidade reduzida, inclusive em seu entorno e nos sistemas de transporte que lhe dão acesso. (Redação dada pela Lei nº 13.146, de 2015)

§ 7º Da designação dos lugares de votação poderá qualquer partido reclamar ao juiz eleitoral, dentro de três dias a contar da publicação, devendo a decisão ser proferida dentro de quarenta e oito horas. (Incluído pela Lei nº 4.961, de 4.5.1966)

§ 8º Da decisão do juiz eleitoral caberá recurso para o Tribunal Regional, interposto dentro de três dias, devendo no mesmo prazo, ser resolvido. (Incluído pela Lei nº 4.961, de 4.5.1966)

§ 9º Esgotados os prazos referidos nos §§ 7º e 8º deste artigo, não mais poderá ser alegada, no processo eleitoral, a proibição contida em seu § 5º. (Incluído pela Lei nº 6.336, de 1º.6.1976)

Breve introdução ao crime

Considerando o fenômeno político do "coronelismo" – ainda existente principalmente nos municípios localizados nas Regiões Norte e Nordeste do Brasil – e a influência que os "coronéis" ou "caciques" eleitorais exercem sobre o eleitorado, a legislação eleitoral vedou expressamente a localização de seções eleitorais em propriedades rurais privadas, sob pena de incorrer o juiz eleitoral (que é o responsável por tal definição, conforme prescreve o artigo 35, XIII, do Código Eleitoral) em crime, cuja pena é a mesma do artigo 312.

Bem jurídico tutelado

O delito previsto no artigo 135, § 5º tem como objetividade jurídica a imparcialidade dos serviços administrativos da Justiça Eleitoral, especificamente no que diz respeito aos lugares da votação.

Sujeitos do crime

A autoria do tipo constante no artigo 135, § 5º é de mão própria, pois exige a especial qualificação de juiz eleitoral para a sua prática, já que é dele a atribuição legal de "designar, até 60 (sessenta) dias antes das eleições, os locais das seções eleitorais.

Tal circunstância faz com que, a priori, não seja possível a coautoria, pois, nessa espécie de crime, "exige-se a atuação pessoal do sujeito ativo, que não pode ser substituído por mais ninguém". No polo passivo, temos o Estado.

Consumação e tentativa

O crime se consuma a partir da designação por parte do juiz eleitoral de seção eleitoral em um dos locais proibidos.

Trata-se de crime unissubsistente e de mera conduta, não admitindo, destarte, a tentativa.

É importante registrar ainda que se, antes ou após a consumação do fato típico, houver qualquer solicitação ou recebimento de "verba extra", "agrado", ou qualquer nome popular para propina (corrupção passiva – artigo 317, do Código Penal), por parte do magistrado, será o caso de concurso de crimes, cuja competência para julgamento total é da Justiça Eleitoral, nos termos do artigo 35, inciso II, do Código Eleitoral. Nesse caso, caberá ao Tribunal Regional Eleitoral julgar a respectiva ação penal (artigo 29, I, "d", do Código Eleitoral).

3.4. Inscrição fraudulenta de eleitor

Art. 289. Inscrever-se fraudulentamente eleitor:

Pena – Reclusão até cinco anos e pagamento de cinco a 15 dias-multa.

Breve introdução

O alistamento é o procedimento administrativo-eleitoral que, uma vez ultimado, permite a pessoa exercer seus direitos políticos. Ele se faz mediante a qualificação e inscrição do eleitor (artigo 42, do Código Eleitoral).

A inscrição eleitoral pode ser originária ou derivada. Dar-se-á aquela quando ocorre o primeiro alistamento da pessoa, enquanto a outra caracteriza-se pela mudança do domicílio eleitoral para outro município (transferência – vide artigo 55, do Código Eleitoral). Existe também a figura da revisão eleitoral, que ocorre quando se muda o local de votação dentro do mesmo município (vide artigo 6º, da Resolução nº 21.538/2003, do Tribunal Superior Eleitoral).

Assim, o crime em análise é cometido no contexto desses atos, em que se procura ludibriar a Justiça Eleitoral com a inscrição fraudulenta de eleitores. Sua maior incidência ocorre nas eleições municipais, em que são comuns caravanas de eleitores, custeadas pelos pré-candidatos ou políticos já no exercício de mandato, com o fim de solicitar inscrições originárias ou mesmo transferências.

Ocorrências dessa natureza, no período pré-eleitoral, prenunciam uma campanha política a ser marcada pelo abuso de poder econômico e pela corrupção eleitoral, motivo pelo qual tais atos devem ser fiscalizados de perto pelo Ministério Público Eleitoral e servidores da Justiça

Eleitoral, bem como punidos exemplarmente pelos juízes eleitorais, inclusive com a realização de prisões em flagrante e preventivas, se for o caso de reiteração da conduta.

Bem jurídico tutelado

O bem jurídico protegido pelo crime previsto no art. 289 do Código Eleitoral é a regularidade dos serviços administrativos da Justiça Eleitoral, especificamente "a higidez do cadastro eleitoral, que será violada na transferência fraudulenta de eleitores, sem qualquer vínculo com o município para o qual se requer a mudança". (TSE, Agravo de Instrumento nº 1392, Acórdão, Relator(a) Min. Luciana Christina Guimarães Lóssio, Publicação: DJE – Diário de justiça eletrônico, Tomo 40, Data 24/02/2017, Página 59-60).

José Jairo Gomes também aponta que há, nesse tipo penal, tutela indireta à lisura da representação política, "porque quem não for realmente domiciliado na circunscrição do pleito, em tese não detém legitimidade para escolher as pessoas que lá governarão."

Sujeitos do crime

Sobre a modalidade da autoria do tipo, existe considerável divergência doutrinária e jurisprudencial. Luiz Carlos dos Santos Gonçalves e o Tribunal Superior Eleitoral (TSE) entendem que a hipótese é de crime de mão própria.

Tal circunstância faz com que, a priori, não seja possível a coautoria, pois, nessa espécie de crime, "exige-se a atuação pessoal do sujeito ativo, que não pode ser substituído por mais ninguém". Esse também é o entendimento mais recente do Tribunal Superior Eleitoral (TSE), a conferir:

> RECURSO ESPECIAL. INSCRIÇÃO FRAUDULENTA DE ELEITOR (CE, art. 289). CRIME DE MÃO PRÓPRIA. PARTICIPAÇÃO POSSÍVEL ATRAVÉS DE CUMPLICIDADE.
>
> 1. O crime do artigo 289 do Código Eleitoral é qualificado como crime de mão própria, na medida em que somente pode ser praticado pelo eleitor. Assim sendo, não admite a coautoria, mas é possível a participação. Precedente do TSE.
>
> 2. A indução à prática da inscrição fraudulenta perfectibiliza o tipo do artigo 290 do Código Eleitoral. Se, porém, há prestação de auxílio material à conduta delitiva, está caracterizada a participação no delito do artigo 289 do Código Eleitoral.
>
> 3. Recurso especial desprovido. (Recurso Especial Eleitoral nº 571991, Acórdão, Relator(a) Min. Maria Thereza Rocha De Assis Moura, Publicação: DJE – Diário de justiça eletrônico, Tomo 58, Data 25/03/2015, Página 37)

Ocorre, porém, que, adotando-se a teoria do domínio do fato ou a "autoria por determinação", vislumbramos a possibilidade de coautoria.

Essa linha de raciocínio já foi adotada pela Corte Eleitoral, decidir que "a delimitação prevista no Código Eleitoral quanto aos crimes eleitorais próprios do eleitor, ou mesmo de mão própria, por si só, não impede o surgimento do concurso de pessoas e a responsabilização penal, pela mesma prática delitiva, de um sujeito não qualificado, ainda mais quando, presumivelmente, este conhece a condição pessoal do pretenso autor "eleitor" e os benefícios que poderá auferir com a consumação da conduta criminosa. Assim, nesses casos, o fato não se mostra, de plano, atípico quanto ao sujeito não qualificado, mas possível de se apurar a sua concorrência para o delito, considerada a sua culpabilidade, a qual, contudo, deverá ser comprovada ou não no curso da ação penal". (Recurso Especial Eleitoral nº 34863, Acórdão, Relator(a) Min. Joaquim Benedito Barbosa Gomes, Publicação: DJE – Diário de justiça eletrônico, Data 01/09/2009, Página 20/21).

Não obstante isso, a doutrina eleitoral (Marcos Ramayana, Rodrigo López Zilio, José Jairo Gomes e Francisco Dirceu Barros), em incontestável maioria, entende que se trata de crime comum, podendo ser praticado por qualquer pessoa, o que facilita a tese da coautoria.

Parece-me correta essa última posição, pois essa modalidade delituosa, ao descrever a inscrição fraudulenta como fato típico não qualificou o sujeito ativo como sendo o eleitor, ao contrário de outros crimes em que a legislação penal eleitoral expressamente referencia a necessidade de qualidade especial do autor do delito (como ocorre no caso do juiz eleitoral – artigos 45, § 11 e 291, ambos do Código Eleitoral – do escrivão do Cartório de Registro Civil – artigo 47,, do Código Eleitoral – e até mesmo do próprio eleitor, como no caso do artigo 320).

Ora, é plenamente possível que alguém, que não seja eleitor, mas que tente se passar por ele, pratique o crime em referência apresentado dados falsos como sendo seus para fins de inscrição.

De qualquer sorte, sendo possível a caracterização de participação nesse crime, deve-se destacar que "eleitor que, de algum modo, auxilia outrem a praticar o crime do art. 289 do Código Eleitoral – inscrição fraudulenta – responde como partícipe, nos termos do art. 29 do Código Penal" (Recurso Especial Eleitoral nº 10235, Acórdão, Relator(a) Min. Antonio Herman De Vasconcellos E Benjamin, Publicação: DJE – Diário de justiça eletrônico, Data 20/10/2016). Registre-se que o auxílio, nesse caso, é o material, uma vez que o instigação (auxílio moral) de um terceiro para a inscrição fraudulenta é crime autônomo (artigo 290, do Código Eleitoral).

Como exemplos de participação do terceiro (para o TSE) ou coautoria (para a maioria da doutrina), podemos citar:

1. quem, por livre e espontânea vontade, ratifica como testemunha declaração falsa de terceiro, concordando com o teor ali existente;
2. o fornecimento de transporte e alimentação para quem hipoteticamente for praticar o delito (TSE, Recurso Especial Eleitoral nº 34863, Acórdão, Relator(a) Min. Joaquim Benedito Barbosa Gomes, Publicação: DJE – Diário de justiça eletrônico, Data 01/09/2009, Página 20/21).

No polo passivo, temos o Estado.

Condutas

O tipo penal elenca alguns elementos normativos que implicam condutas específicas, a saber:

Em primeiro lugar, o crime exige o ato de inscrever-se, o que demonstra que a conduta engloba tanto a inscrição originária, quanto a inscrição derivada.

Foi assim que já decidiu a Corte Eleitoral (TSE), ao pontificar que "no que tange ao argumento relativo à atipicidade da conduta, por se considerar que o tipo do art. 289 do Código Eleitoral atingiria apenas a inscrição originária e não contemplaria a hipótese de transferência de domicílio, a jurisprudência desta Corte Superior, há muito, admite a incidência do mencionado tipo penal também nos atos de transferência do alistamento, pois "a inscrição eleitoral é gênero do qual a transferência é espécie" (AG nº 11.301, rel. desig. Min. Carlos Velloso, DJ de

7.10.94), donde 'o pedido fraudulento de transferência compreende-se no tipo do art. 289, CE' (RHC nº 200, rel. Min. Torquato Jardim)." (Recurso Especial Eleitoral nº 287477, Acórdão, Relator(a) Min. Henrique Neves Da Silva, Publicação: RJTSE – Revista de jurisprudência do TSE, Volume 24, Tomo 3, Data 22/08/2013, Página 410).

O segundo elemento que precisa estar constante é que a inscrição (ou sua tentativa) ocorra por meio de expediente fraudulento, o que significa dizer que é necessário um comportamento ardiloso e de má-fé do sujeito ativo nesse sentido, como é o caso do fornecimento de dados falsos quando do preenchimento do requerimento de alistamento eleitoral (RAE).

Nesse sentido, o ato de se qualificar como outra pessoa, informar endereço eleitoral falso ou inexistente importam na prática de atos materiais do crime em comento, merecendo, destacar, todavia, que apenas os dados relevantes para a inscrição eleitoral é que são aptos a gerar a tipicidade (um exemplo claro é o caso de alguém solteiro se apresentar como casado).

Especificamente sobre a indicação do domicílio eleitoral, que se faz, ordinariamente, por meio de contas de energia, telefone e cartão de crédito, é de suma importância que se verifique a elasticidade desse conceito à luz do que dispõe o artigo 42, parágrafo único do Código Eleitoral, não existindo crime na hipótese de uma alistanda, que, possuindo mais de um endereço, opte por qualquer um deles para fins eleitorais. Foi o que já decidiu o Tribunal Superior Eleitoral (TSE):

> AÇÃO PENAL PELO CRIME DO ART. 289 DO COD. ELEITORAL. FALTA DE JUSTA CAUSA. EM SENDO CERTO O ENTENDIMENTO, NA ESPECIE, DE QUE A ALISTANDA TINHA MAIS DE UMA RESIDENCIA OU MORADIA, PODERIA ELA, LICITAMENTE, OPTAR ENTRE A CAPITAL E O INTERIOR, QUANDO DO SEU ALISTAMENTO ELEITORAL. RECURSO ORDINÁRIO PROVIDO. (Recurso em Habeas Corpus nº 8, Acórdão de, Relator(a) Min. Nilson Vital Naves, Publicação: DJ – Diário de justiça, Data 22/08/1997, Página 38864)

Ademais, é de se destacar que paira polêmica se o uso de um documento falso para fins eleitorais estaria absorvido pelo tipo do artigo 289, em observância ao princípio da concussão, ou se haveria concurso de crimes.

A despeito de entendimento do Tribunal Superior Eleitoral (TSE) apontando no sentido da ocorrência de concurso de crimes, uma vez que a aplicação desse princípio exige que os delitos tutelem o mesmo bem jurídico, o que não é o caso, pois o crime do artigo 289 tutela a higidez do cadastro eleitoral, ao passo que os crimes de falsidade eleitoral (artigos 348 a 350, Código Eleitoral) tutelam a fé pública, parece-me que ele deve ser analisado cum gran salis, pois apenas o critério da tutela jurídica não é satisfatório, de modo que as circunstâncias fáticas do caso concreto é que permitirão fazer um juízo seguro quanto à ocorrência da absorção da falsidade pela inscrição fraudulenta ou se houve efetivamente o concurso de crimes. Senão, vejamos:

1. Se a pessoa falsifica um comprovante de endereço com o fim exclusivo de efetivar a sua inscrição eleitoral, haverá o exaurimento da falsidade pelo tipo do artigo 289;
2. Se, porém, comprova-se que a pessoa aquele determinado documento para outros fins eleitorais, como a filiação a um partido político, haverá o concurso de crimes.

Consumação e tentativa

O crime se consuma com o deferimento da inscrição eleitoral solicitada e a consequente inserção no cadastro eleitoral, sendo indiferente a posterior expedição e utilização ou não do respectivo título de eleitor. Trata-se de conclusão extraída a partir da informação de que o alistamento ocorre por meio da qualificação e inscrição (artigo 42, do Código Eleitoral).

Trata-se, destarte, de crime plurissubsistente e material, que admite a tentativa, que ocorre, por exemplo, quando a pessoa solicita a inscrição, mas essa, por circunstâncias alheias à sua vontade (caso de uma diligência comprovando a falsidade do endereço fornecido), não se concretiza. Foi como decidiu o Tribunal Superior Eleitoral (TSE):

> Ação penal. Denúncia. Recebimento.
>
> 1. Na linha da jurisprudência deste Tribunal, a certidão emitida por Oficial de Justiça – atinente à diligência de verificação da veracidade ou não da residência declarada para fins de transferência de domicílio eleitoral – deve, ao menos, ser considerada como indício para efeito de oferecimento de denúncia, sendo que no curso da ação penal, sob as garantias do contraditório, poderão ser produzidas as provas que, afinal, confirmem ou não o indício apontado. Este Tribunal já entendeu haver justa causa para o prosseguimento da persecução criminal nessa hipótese, conforme decidido no RHC nº 196/PB, rel. Min. Sepúlveda Pertence, DJ de 6.5.1993.
>
> 3. Este Tribunal admite o cometimento de inscrição fraudulenta na modalidade de transferência fraudulenta tentada (RHC nº 27/SP, rel. Min. Eduardo Alckmin, DJ de 19.11.1999), razão pela qual o fato de a transferência não se ter concretizado não configura justa causa para o trancamento da ação penal, cabendo ao julgador, se for o caso, desclassificar o delito no momento próprio. Precedentes: Acórdãos nº 13.224, relator Ministro Torquato Jardim, e nº 24, de 2.9.99, rel. Ministro Edson Vidigal.
>
> 4. Em relação à fragilidade probatória decorrente de necessidade de oitiva da denunciada no inquérito policial, já se decidiu que o oferecimento de denúncia não está condicionado à existência de inquérito prévio, razão pela qual não se mostra juridicamente possível condicionar o oferecimento da denúncia à prévia oitiva da ré perante a autoridade policial. Precedentes STJ e STF.
>
> 5. A aferição do dolo específico da conduta da ré é questão que deve situar-se no âmbito da instrução probatória, por não comportar segura ou precisa análise na fase processual de recebimento da denúncia, que é de formulação de um simples juízo de delibação.
>
> 6. A denúncia só deve ser rejeitada quando a atipicidade é patente e pode ser verificada sem a necessidade de produção de outras provas. Havendo um substrato mínimo de prova, que, no presente caso, se verifica da certidão de Oficial de Justiça, a ação penal deve ser aberta, possibilitando as fases de instrução. Recurso especial provido a fim de receber a denúncia. (Recurso Especial Eleitoral nº 287477, Acórdão, Relator(a) Min. Henrique Neves Da Silva, Publicação: RJTSE – Revista de jurisprudência do TSE, Volume 24, Tomo 3, Data 22/08/2013, Página 410)

3.5. Indução à inscrição irregular de eleitor

> **Art. 290.** Induzir alguém a se inscrever eleitor com infração de qualquer dispositivo deste Código.
>
> Pena – Reclusão até 2 anos e pagamento de 15 a 30 dias-multa.

Breve introdução

Vimos que o artigo 289 pune quem se inscreve fraudulentamente como eleitor e também aquele que presta qualquer espécie de auxílio material nesse contexto. Na linha da teoria monista do concurso de agentes (adotada pelo Código Penal Brasileiro em seu artigo 29), quem prestasse qualquer espécie de auxílio moral (instigação ou indução) também deveria responder por aquele crime.

Ocorre, porém, que, em exceção à essa regra, o artigo 290 tipificou como delito autônomo o fato de induzir alguém a se inscrever irregularmente, em inobservância a qualquer dispositivo do Código Eleitoral.

Esse, portanto, é o contexto do crime em comento.

Bem jurídico tutelado

Tal como ocorre no crime previsto pelo art. 289 do Código Eleitoral, o bem jurídico protegido é a regularidade dos serviços administrativos da Justiça Eleitoral, especificamente "a higidez do cadastro eleitoral, que será violada na transferência fraudulenta de eleitores, sem qualquer vínculo com o município para o qual se requer a mudança". (TSE, Agravo de Instrumento nº 1392, Acórdão, Relator(a) Min. Luciana Christina Guimarães Lóssio, Publicação: DJE – Diário de justiça eletrônico, Tomo 40, Data 24/02/2017, Página 59-60).

Sujeitos do crime

Sobre a modalidade da autoria do tipo, não há dúvidas que se trata de crime comum, podendo ser praticado por qualquer pessoa, o que autoriza o concurso de pessoas.

No polo passivo, temos o Estado.

Condutas

O tipo fala em induzir, que significa o fato de incutir na mente de alguém o desejo de praticar a conduta proibida. Isso significa dizer que é preciso que o autor tenha inaugurado no terceiro a vontade, não configurando esse tipo (mas o do artigo 289) a existência de concurso de vontades, ou o mero reforço daquele fim (a instigação).

Portanto, ao contrário do defendido por parcela da doutrina, não se pode realizar interpretação extensiva para alcançar a instigação. Ela, quando ocorrer, tipificará o delito do artigo 289, na modalidade de participação. Foi assim que decidiu recentemente a Corte Eleitoral (TSE):

> INDUZIMENTO À INSCRIÇÃO FRAUDULENTA DE ELEITOR (ART. 290, CE). FALSIDADE IDEOLÓGICA ELEITORAL (ART. 350, CE). NÃO CONFIGURADOS. NECESSIDADE DE REEXAME DE FATOS E PROVAS. VEDAÇÃO. ENUNCIADO DA SÚMULA TSE Nº 24. AGRAVO REGIMENTAL DESPROVIDO.
>
> 1. A conduta daquele que reforça uma ideia pré-existente ou que viabiliza meios para que a inscrição fraudulenta ocorra não se insere no art. 290 do Código Eleitoral.
>
> 2. O tipo do art. 290 do Código Eleitoral pressupõe o induzimento do eleitor, ou seja, o fato de o agente, valendo-se da boa-fé, levá-lo à inscrição. Havendo concurso de vontades, não se pode concluir sentido do induzimento (REspe nº 198/SP, Rel. Min. Marco Aurélio, DJe de 31.5.2013). (Recurso Especial Eleitoral nº 198760, Acórdão, Relator(a) Min. Luiz Fux, Publicação: DJE – Diário de justiça eletrônico, Data 16/03/2017)

Além disso, é de se destacar que o significado da expressão "se inscrever" constante no tipo abrange, tal qual ocorre no delito do artigo 289, tanto o ato de ingresso originário no cadastro eleitoral, como a transferência eleitoral.

Também merece destaque que a inscrição deve ocorrer com infração de qualquer dispositivo do Código Eleitoral e das Resoluções do Tribunal Superior Eleitoral, que regulam o assunto atualmente, e que estão abrangidas pelo tipo em uma interpretação extensiva. Sobre a infração à essa normatização, não é necessário que ela ocorra obrigatoriamente por meio de fraude!

Pois bem, sobre a falsificação de documentos para esse fim, o Tribunal Superior Eleitoral (TSE) já decidiu que há concurso de crimes, não sendo possível a absorção daquele por esse. Vejamos:

> Recurso especial. Falsidade ideológica para fins eleitorais. Acórdão recorrido que aplicou o princípio da consunção. Crime previsto no art. 350 do Código Eleitoral, absorvido pelo delito tipificado no art. 290 do mesmo diploma legal: impossibilidade. O princípio da consunção tem aplicação quando um crime é meio necessário ou fase normal de preparação ou de execução de outro crime e nos casos de antefato ou pós-fato impuníveis, o que não ocorre nos autos. O tipo incriminador descrito no art. 350 do Código Eleitoral trata de crime formal, que dispensa a ocorrência de prejuízos efetivos, sendo suficiente a potencialidade lesiva da conduta. Afastada a possibilidade de aplicação do princípio da consunção ao delito imputado ao réu, não há que se falar em prescrição em abstrato da pretensão punitiva estatal. Recurso provido. (Recurso Especial Eleitoral nº 23310, Acórdão, Relator(a) Min. Cármen Lúcia Antunes Rocha, Publicação: DJE – Diário de justiça eletrônico, Data 06/09/2011, Página 70)

Ademais, ainda de acordo com a Corte Eleitoral Suprema, a promessa de doação de bens (casas, na hipótese julgada) para o fim de induzir pessoas a transferirem irregularmente seu título eleitoral configura o delito do artigo 290 e não o crime de corrupção eleitoral (artigo 299), entendimento que merece ser analisado com cautela, pois se comprovado que a promessa incluiu como contrapartida não só a transferência, mas também o voto em determinado candidato, haverá, ao meu sentir, concurso entre tais crimes.

Por fim, cumpre registrar que, de acordo o Tribunal Superior Eleitoral (TSE), não se aplica o princípio da insignificância ao crime em tela:

> AUSÊNCIA DE TIPICIDADE E DE JUSTA CAUSA PARA O PROCESSAMENTO DE AÇÃO PENAL. CRIMES DO ART. 290 DO CÓDIGO ELEITORAL E 331 DO CÓDIGO PENAL. PRINCÍPIO DA INSIGNIFICÂNCIA. AUSÊNCIA DOS REQUISITOS PARA APLICAÇÃO. IMPOSSIBILIDADE DE EXAME APROFUNDADO DE PROVAS. DESPROVIMENTO.
>
> 1. Nos termos da jurisprudência das Cortes Superiores, ocorrerá o trancamento da ação penal pela via do habeas corpus nas seguintes hipóteses: a) a conduta não se constituir de crime em tese; ou b) quando já estiver extinta a punibilidade; ou c) se inocorrentes indícios mínimos de autoria (STF, HC 98.631/BA, 2ª Turma, Rel. Min. Carlos Ayres Britto, DJe de 30.6.2009).
>
> 2. A ausência da tipicidade material, por sua vez, consubstanciar-se-á quando presentes os requisitos previstos na jurisprudência do Supremo Tribunal Federal, a saber: (a) mínima ofensividade da conduta do agente; (b) nenhuma periculosidade social da ação; (c) reduzidíssimo grau de reprovabilidade do comportamento; e (d) inexpressividade da lesão jurídica provocada (STF, HC 84.412, 2ª Turma, Relator Min. Celso de Mello, DJ 19.11.2004).
>
> 3. In casu, não procede a alegação de ausência de tipicidade material referente à conduta imputada ao paciente de induzir eleitor a se inscrever fraudulentamente, já que não se encontram presentes os requisitos definidos na jurisprudência do STF para a aplicação do

princípio da insignificância. Além disso, há justa causa para a ação penal no que se refere à suposta prática do delito previsto no art. 290 do Código Eleitoral.

4. Nos termos da jurisprudência do Superior Tribunal de Justiça, não é cabível o exame aprofundado de provas em sede de habeas corpus (STJ, RHC 16.984/SP, 5ª Turma, de minha relatoria, DJ 18.4.2005; STJ, HC 37816/PR, 5ª Turma, Rel. Min. José Arnaldo da Fonseca, DJ de 8.11.2004).

5. No que se refere ao delito tipificado no art. 331 do Código Penal e imputado ao paciente, observa-se a total impossibilidade de se verificar a plausibilidade do que alega a recorrente, sem que, para tanto, se proceda, impreterivelmente, a um cotejo minucioso de matéria fático-probatória, o que é vedado na via eleita. Devido à controvérsia existente sobre o tema, deve ser a matéria objeto de instrução processual adequada, sob pena de ofensa ao devido processo legal.

6. Recurso em habeas corpus não provido. (Recurso em Habeas Corpus nº 136, Acórdão, Relator(a) Min. Felix Fischer, Publicação: DJE – Diário de justiça eletrônico, Data 19/11/2009, Página 12)

Consumação e tentativa

O crime se consuma com a indução e o início da inscrição irregular, sendo indiferente a obtenção do fim pretendido e a utilização posterior dela para fins de votação, que é mero exaurimento da conduta típica. Assim, para que reste caracterizada a execução criminosa, é preciso que o alistando inicie o processo administrativo de inscrição eleitoral.

Trata-se, destarte, de crime unissubsistente e de mera conduta, que admite a tentativa, como na hipótese do mesmo

3.6. Perturbar ou impedir o alistamento

> **Art. 293.** Perturbar ou impedir de qualquer forma o alistamento:
>
> Pena – Detenção de 15 dias a seis meses ou pagamento de 30 a 60 dias-multa

Breve análise da tese de não-recepção do dispositivo pela Constituição Federal de 1988

O alistamento eleitoral é bem jurídico da maior valia na seara eleitoral, já que ele é pressuposto para o exercício do voto (artigo 14, § 1º, da CF/88) e condição constitucional de elegibilidade (artigo 14, § 3º, III, da CF/88).

Diante disso, não se olvida que a sua tutela penal é medida adequada para coibir condutas tendentes a violar o regular funcionamento do alistamento. Isso é ponto pacífico na doutrina.

O que não é pacífico, embora amplamente minoritário, é a posição doutrinária quanto à invalidade constitucional do tipo incriminador ora em estudo. De acordo com Luiz Carlos dos Santos Gonçalves, "ao falar em perturbar ou impedir de qualquer forma o alistamento, se valeu o legislador de tipicidade excessivamente aberta, que não permite às pessoas o adequado conhecimento de qual é a conduta proibida", de maneira que "o tipo penal desse art. 293, portanto desatende à exigência da 'definição da conduta criminosa', prevista no art. 5º, XXXIX, da Constituição: 'não há crime sem lei anterior que o defina (...)". Nesse sentido, conclui o referido autor que "a descrição não indica se a perturbação ou impedimento é de um alistamento em particular, de todo o processo de alistamento ou de parte dele. Nem contra quem se volta a conduta do agente, se em face do eleitor, do funcionário ou de terceiras pessoas", pelo que "o que pode servir para a definição de uma infração administrativa pode se mostrar insuficiente para a demarcação de um comportamento criminoso."

Ora bem, com as vênias de estilo, não me parece (e a todo o resto da doutrina) que a posição do ilustre professor paulista seja a melhor. Senão, vejamos.

Em primeiro lugar, é de se destacar que o uso das expressões vagas "perturbar' ou "impedir" é objeto de política criminal brasileira de longa data, que nunca foi objeto de questionamento, como ocorre, por exemplo, nos artigos 208, 209, 260, 266 e 358, do Código Penal. Trata-se de fenômeno decorrente da impossibilidade de descrição legislativa plena de todas condutas voltadas para violar o bem jurídico tutelado, o que ocorre também quando a lei penal se vale de analogia com condutas descritas anteriormente em alguns tipos penais (caso do homicídio – artigo 121).

Em segundo lugar, quanto à ausência de indicação se a conduta perturbadora ou impeditiva seria voltada contra todo o processo de alistamento ou parte dele, também não merece guarida esse entendimento, já que diversos crimes eleitorais não fazem essa mensuração do quantum do bem jurídico deve ser lesado, como ocorre na corrupção eleitoral (artigo 299), em que o tipo não diz se a conduta criminosa se volta contra a obtenção ilícita do voto de um ou mais eleitores, bem como se é necessário que o fato desequilibre ou não o pleito.

Enfim, não há dúvidas de que o dispositivo é plenamente compatível com a Constituição Federal de 1988.

Bem jurídico tutelado

O tipo penal em análise tutela a regularidade dos serviços administrativos da Justiça Eleitoral, especificamente do alistamento eleitoral.

Sujeitos do crime

O crime em análise é classificado como sendo comum, pois pode ser praticado por qualquer pessoa, de forma livre (sem conduta específica), de modo que é plenamente possível a coautoria e suas diversas modalidades.

No polo passivo, temos tanto a pessoa que teve seu alistamento perturbado ou impedido, bem como o Estado, por ser o interessado na normalidade desse serviço público eleitoral.

Condutas

O tipo descreve duas condutas alternativas, independentes e não excludentes entre si:

1. Perturbar o alistamento, que significa causar transtorno ou incomodar. Trata-se de qualquer conduta tendente a tumultuar o ato de alistamento, seja por meio de gritos, algazarra, tentativa de convencimento da desistência do alistamento etc. Não é preciso que o ato convença o sujeito passivo a desistir do alistamento, bastando que tenha idoneidade material para gerar o estorvo quando do ato de alistamento;
2. Impedir o alistamento, cujo significado diz respeito aos atos que obstruam o efetivo alistamento. Ou seja, a conduta do autor cria um obstáculo invencível.

É importante destacar que, em ambos os casos, é preciso que esteja presente a elementar "de qualquer forma", o que denota a forma livre de prática desse crime. Assim, pode ser cometido por meio de "atos, palavras, poluição sonora, gritaria, algazarra ou, mesmo, em situação mais grave, destacamento de pessoas para intimidar o ato de alistamento." Também é de se ressaltar que o significado da expressão "alistamento" constante no tipo abrange tanto o ato de ingresso originário no cadastro eleitoral, como a transferência eleitoral.

Consumação e tentativa

Trata-se de crime formal na primeira modalidade (perturbar) e material na segunda (impedir), de modo que só se vislumbra a possibilidade de tentativa nessa última modalidade.

Assim, quando houver o ato perturbador, o delito estará consumado independente do alistando desistir ou não. Já no impedimento, é mister que o eleitor não consiga realizar seu intento eleitoral para a consumação, caracterizando tentativa o fato de do agente iniciar a execução, mas ser obstado por circunstâncias alheias à sua vontade.

3.7. Retenção de título eleitoral

> **Art. 295.** Reter título eleitoral contra a vontade do eleitor:
>
> Pena – Detenção até dois meses ou pagamento de 30 a 60 dias-multa.

Aspectos polêmicos preliminares sobre o crime

A criminalização da retenção do título eleitoral encontra justificativa histórica, na medida em que é fato inconteste que, nas eleições ocorridas nos rincões mais distantes do nosso país, os famosos "coronéis" e seus antigos capangas – hoje, "cabos eleitorais" – retinham – e ainda retém – o citado documento como forma de impedir a votação (à época em que só se votava com ele), ou constranger as pessoas mais humildes no dia da votação.

A despeito da apresentação do título eleitoral não ser mais imprescindível para o ato da votação, à luz do que decidiu o Supremo Tribunal Federal (STF) nos autos da ADI nº 4467/DF (que retira a eficácia do artigo 91-A, da Lei nº 9.504/97), não se deve ignorar que essa prática ainda é bastante utilizada nas pequenas cidades do Brasil, onde residem os eleitores mais humildes e pouco informados quanto à possibilidade de votar sem o título, bastando apresentar qualquer documento oficial com foto (Identidade, CNH etc).

Quem conhece a realidade eleitoral sabe que essa conduta ainda é bastante recorrente no dia a dia dos "cabos eleitorais" que corrompem eleitores, utilizando o procedimento de retenção como forma de chantagear e constranger os eleitores, que entregam seus títulos antes do dia da eleição, sob a crença de que não poderão votar antes do citado "cabo eleitoral" restituir o documento junto com uma "parcela" da compra do voto. Nesse sentido, vejamos:

> RECURSO ELEITORAL. CAPTAÇÃO ILÍCITA DE SUFRÁGIO. ART. 41-A, LEI Nº 9.504/97. RETENÇÃO DE TÍTULO ELEITORAL ANTES DA ELEIÇÃO. COMPRA DE VOTOS. ALICIADOR CONTRATADO PELO CANDIDATO A PREFEITO E PELA ESPOSA DO CANDIDATO A VICE. CASSAÇÃO DE REGISTRO CONFIRMADA. MANTIDA PENA DE MULTA.

> 1. Restou provado nos autos que o aliciador de votos, preso em flagrante no dia da eleição com lista de eleitores, títulos e quantia em dinheiro, foi contratado pelo candidato a prefeito e pela esposa do candidato a Vice-Prefeito, ela também candidata à vereança.
>
> 2. Evidenciado, ainda, que foi utilizado um modus operandi criminoso que consistia em reter os títulos de eleitor, acompanhá-lo até a seção de votação e somente depois entregar a segunda parcela do preço combinado para obtenção do voto.
>
> 3. Demonstrada a prática de exigir que o eleitor descrevesse detalhes da fotografia do candidato na urna eletrônica como forma de assegurar o intento criminoso.
>
> 4. Compra de votos que merece a reprimenda do art. 41-A, da Lei nº 9.504/97 e, tratando-se de candidato já diplomado, a cassação do respectivo diploma.
>
> 5. Recursos conhecidos e desprovidos. (RECURSO ELEITORAL n 3916, ACÓRDÃO n 29665 de 21/03/2005, Relator(a) FERNANDO QUADROS DA SILVA, Publicação: DJ – Diário da Justiça, Data 31/03/2005)

Assim sendo, com a devida vênia, não há como prosperar a respeitável tese levantada por considerável parcela da doutrina de que "é questionável a opção de criminalização dessas condutas" e que "não existe interesse jurídico relevante a conferir status de proteção penal na retenção indevida deste documento."

Corroborando, destacamos diversos precedentes jurisprudenciais de diversas Cortes Eleitorais (TRE's) ratificando a validade da tipificação do crime em estudo através da manutenção de decretos condenatórios por conta dessa prática:

> 1. Eleições 2012 – Recurso – Representação – Investigação Judicial Eleitoral – Sentença De Improcedência – Alegado Abuso De Poder Econômico E Uso Indevido De Meios De Comunicação Social (Lei Complementar N. 64/1990, Art. 22) – Alegada Retenção De Título Eleitoral Para Impedir O Exercício Do Voto – Conduta, Em Tese, De Tipicidade Criminal (Ce, Art. 295), A Demandar Apuração Em Procedimento Penal – (TRE/SC, RECURSO CONTRA DECISÕES DE JUÍZES ELEITORAIS n 38876, ACÓRDÃO n 28133 de 15/04/2013, Relator(a) LUIZ CÉZAR MEDEIROS, Publicação: DJE – Diário de JE, Tomo 69, Data 19/04/2013, Página 2)
>
> 2. EMENTA. PENAL ELEITORAL. CRIME DE RETENÇÃO DE TÍTULO ELEITORAL (CÓDIGO ELEITORAL, ART. 295). CONDENAÇÃO EM MULTA E AO PAGAMENTO DE CUSTAS PROCESSUAIS. RECURSO. PROVIMENTO PARCIAL.
>
> I– Confirma-se a sentença no aspecto da condenação por crime de retenção de título eleitoral, uma vez demonstradas a autoria e a materialidade.
>
> II– Confirma-se a sentença no aspecto da condenação à pena de multa em valor compatível compatível com a situação econômico-financeira da Ré (Código Eleitoral, art. 286).
>
> III– Reforma-se a sentença no aspecto da condenação ao pagamento das custas processuais, porque inexistentes na Justiça Eleitoral (Código Eleitoral, art. 373; Regimento Interno do TRE- PB, art. 129). (TRE/PR, RECURSO ORDINÁRIO n 2422, ACÓRDÃO n 1800 de 17/03/2003, Relator(a) ALEXANDRE COSTA DE LUNA FREIRE, Revisor(a) HARRISON ALEXANDRE TARGINO, Publicação: DJ – Diário de Justiça, Data 03/04/2003, Página 09)
>
> 3. PROMESSA DE PAGA POR VOTO RECEBIDO. RETENÇÃO DE TITULO ELEITORAL. TIPIFICAÇÃO DO DELITO DO ART. 299 DO CE. CONFIRMAÇÃO DA SENTENÇA CONDENATÓRIA. APELO DESPROVIDO. (TRE/RS, RECURSO ORDINÁRIO n 07, Acórdão n 23195 de 12/04/1999, Relator(a) DR. VALTER RESSEL, Publicação: DJ – Diário da Justiça, Data 23/04/1999, Página 0)

Não bastasse isso, é de se referenciar que também não merece guarida o entendimento quanto à revogação tácita do artigo 295, do Código Eleitoral pelo crime estabelecido no artigo 91, parágrafo único, da Lei nº 9504/97, uma vez que a simples leitura dos referidos dispositivos legais deixa bem clara a diferença das condutas vedadas, conforme expomos no quadro abaixo:

Crime Eleitoral	Descrição do Tipo	Condutas Proibidas
Artigo 295, do CE	Art. 295. Reter título eleitoral contra a vontade do eleitor: Pena – Detenção até dois meses ou pagamento de 30 a 60 dias-multa	– A retenção, que pode ser praticada por qualquer pessoa, só incide quanto ao título eleitoral e deve ocorrer contra a vontade do eleitor.
Artigo 91, p. único, da Lei nº 9504/97	A retenção de título eleitoral ou do comprovante de alistamento eleitoral constitui crime, punível com detenção, de um a três meses, com a alternativa de prestação de serviços à comunidade por igual período, e multa no valor de cinco mil a dez mil UFIR.	– A retenção só pode ser praticada por funcionário da Justiça Eleitoral, não se exigindo que seja exclusivamente contra a vontade do eleitor, e incide tanto sobre o título eleitoral, quanto o comprovante de alistamento eleitoral.

Por fim, é de fundamental importância destacar que, a despeito da dupla tipificação desse fato na legislação criminal eleitoral, não basta a simples prática do comportamento proibido para a respectiva consumação, uma vez que o fator determinante para a caracterização da conduta criminosa eleitoral é a efetiva lesão ou a potencial lesão a um bem jurídico de natureza eleitoral, e não o ambiente da prática delitiva ser eleitoral, ou tampouco a simples tipificação na legislação criminal eleitoral.

Assim sendo, a retenção do título eleitoral contra a vontade do eleitor e sem a finalidade específica de violar a liberdade do mesmo, ou causar qualquer outra lesão eleitoral, não configura crime eleitoral, mas o crime comum de apropriação indébita (artigo 168, do Código Penal) e não a contravenção penal descrita no artigo 3º, da Lei nº 5553/1968, já que esse dispositivo só se refere a documentos de identificação pessoal, o que, certamente, não é uma característica do título eleitoral. Como exemplo dessa necessária finalidade eleitoral para a consumação do crime em tela, cito o caso de um gestor público que, ciente da iminência do ajuizamento de uma ação popular por parte de um adversário político contra um ato administrativo seu, retém o título eleitoral daquele, que é o documento imprescindível para o ajuizamento daquela ação constitucional (vide Lei nº 4717/65).

Feitas essas observações preliminares, passemos a análise do tipo previsto no artigo 295, do Código Eleitoral!

Bem jurídico tutelado

O tipo penal em análise tutela a liberdade do eleitor e, por conseguinte, também a lisura do processo eleitoral.

Sujeitos do crime

O crime em análise é classificado como sendo comum, pois pode ser praticado por qualquer pessoa, de modo que é plenamente possível a coautoria e suas diversas modalidades.

No polo passivo, temos tanto a pessoa que teve seu título retido contra a sua vontade, bem como o Estado, por ser o interessado na liberdade do eleitor durante o processo eleitoral.

Condutas

O tipo falar em "reter", que significa guardar para si o que não lhe pertence.

É importante destacar que a retenção há de ser contra a vontade do eleitor, de modo que a aquiescência, ainda que mediante pagamento, exclui a tipicidade desse crime, embora possa configurar outro no caso concreto. Além disso, não interessa o momento em que se deu a oposição do titular do documento eleitoral (se desde o início do apossamento pelo terceiro, ou só depois), tampouco o motivo da recusa. O apossamento conflituoso do título eleitoral é o que basta para a consumação do delito.

Consumação e tentativa

Trata-se de crime formal, uma vez que basta a mera retenção não-consensual do título eleitoral para a sua consumação, sendo indiferente qualquer prejuízo efetivo ao direito de votar do cidadão. Pune-se tão-só a maliciosa conduta ardilosa de subtrair do cidadão (em especial os mais incautos) documento apto a legitimar o exercício de sua cidadania ativa.

Além disso, o tipo é plurissubsistente e admite a tentativa.

3.8. Desordem dos trabalhos eleitorais

Art. 296. Promover desordem que prejudique os trabalhos eleitorais;

Pena – Detenção até dois meses e pagamento de 60 a 90 dias-multa.

Breve análise da tese de não-recepção do dispositivo pela Constituição Federal de 1988

O crime de desordem dos trabalhos eleitorais é apontado, por setor minoritário da doutrina, como inconstitucional por supostamente violar o princípio da taxatividade penal (artigo 5º, XXXIX, da CF/88), uma vez que haveria "lacuna na indicação de qual é exatamente o comportamento proibido, pois 'desordem' é figura de comportamentos múltiplos e significação subjetiva. Não bastasse isso, argumenta-se também que "não trouxe a lei delimitação dos 'trabalhos eleitorais' a que se refere, posto que estes, especialmente em ano eleitoral, são muitos e prolongados, indo da preparação das eleições à recepção dos votos e à apuração. Tão pouco cuidou a lei de densificar o que se entende por 'prejuízo' nos trabalhos eleitorais, se nisso se inclui seu retardamento, sua inibição ou maior dificultação."

A despeito da respeitosa opinião acima referenciada, penso que ela não merece prosperar. Senão, vejamos.

Em primeiro lugar, é de se destacar que a criminalização da "desordem" não é exclusiva da seara eleitoral, uma vez que o artigo 354, do Código Penal tipifica a conduta de amotinarem-se presos de maneira a perturbar a ordem e a disciplina da prisão, não havendo qualquer declaração de inconstitucionalidade dessa previsão legislativa.

Em segundo lugar, convém referenciar que a conduta proibida não é tão vaga e subjetiva ao ponto de impedir que se consiga extrair exatamente o seu conteúdo. O detalhe é que a desordem pode ser causada por diversos comportamentos e são exatamente esses que a norma criminaliza! Seria impossível o legislador descrever todos esses comportamentos desordeiros. Não fosse assim, também seria inconstitucional o artigo 121, caput, do Código Penal, que veda "matar alguém", mas não diz através de quais formas!

Nesse sentido, inclusive, já decidiu o Tribunal Regional Eleitoral de São Paulo (TRE/SP):

> Recurso Criminal. Artigos 296 E 347 Do Código Eleitoral. Sentença Condenatória. 1. Tese De Não Recepção Do Art. 296 Do Código Eleitoral Pela Constituição Federal, Aventada Pela D. Procuradoria Regional Eleitoral, Rejeitada. Hipótese Em Que O Tipo Penal Ali Delineado Não Deixa Margem A Dúvidas, Tampouco Se Vale De Terminologia Genérica Ou Vaga, Sendo Perfeitamente Possível Ao Intérprete Da Norma Aplicá-La De Acordo Com Sua Mens Legis. Precedente Deste E. TRE. 2. Mérito: – Atipicidade Da Conduta Referente Ao Art. 296 Do Código Eleitoral. Comportamento Do Réu Que, Embora Reprovável, Não Ocasionou Efetivo Prejuízo Aos Trabalhos Eleitorais. – Atipicidade Da Conduta Referente Ao Art. 347 Do Código Eleitoral. Ausência De Ordem Judicial Direta E Individualizada Endereçada Ao Recorrente. Provimento Do Recurso Para Absolver O Recorrente, Nos Termos Do Art. 386, Iii, Do Código De Processo Penal. (Recurso Criminal N 8796, Acórdão De 23/03/2017, Relator(A) Marli Marques Ferreira, Publicação: Djesp – Diário Da Justiça Eletrônico Do TRE-SP, Data 30/03/2017)

Feitas essas observações preliminares, passemos a análise do tipo previsto no artigo 296, do Código Eleitoral!

Bem jurídico tutelado

O tipo penal em análise visa a tutela da regularidade dos trabalhos eleitorais e, por conseguinte, a eficiência da Justiça Eleitoral.

Não se olvida que a expressão "trabalhos eleitorais" possui, de fato, conceito amplo, muito embora a mesma não seja indeterminada. A lei quer, como dito acima, tutelar a regularidade das atividades da Justiça Eleitoral, seja na esfera administrativa, seja na judicial, dentre as quais se destacam: 1 – alistamento eleitoral, aqui abrangendo tanto o ato de ingresso originário no cadastro eleitoral, como a transferência eleitoral; 2 – registro de candidaturas; 3 – propaganda eleitoral; 4– nomeação e convocação de mesários; 5 – preparação das urnas eletrônicas, dos locais de votação e das seções eleitorais; 6 – votação; 7– apuração; 8 – proclamação dos resultados; 9 – diplomação; 10 – audiências, sessões de julgamento e outras diligências judiciais, desde que não haja tipo penal específico.

Além disso, as corriqueiras diligências extrajudiciais promovidas pelo Ministério Público Eleitoral, servidores da Justiça Eleitoral e Juízes Eleitorais (no exercício do poder de polícia) estão resguardadas pelo tipo em questão, conforme já decidiu o Tribunal Regional Eleitoral de Roraima (TRE/RO):

> Crimes de desordem eleitoral (CE, art. 296) e desacato (CP, art. 331). Dia da eleição. Repressão à propaganda de "boca-de-urna": atuação legítima de agentes públicos. Sublevação deflagrada e capitaneada pelos recorrentes, coadjudados por populares, defronte ao local de votação, ensejando arremesso de objetos contra policiais e juiz eleitoral, contra quem, ainda, desfechou-se um tapa nas costas. Tentativa, até, de se obstar a retirada das urnas. Autoria direta dos réus (desordem) e finalisticamente orquestrada pelos próprios (desacato). Teoria do domínio do fato. Prova testemunhal coerente e insuspeita. Recurso improvido.
>
> I – Nos crimes cujos vestígios são imateriais, adjungidos à comprovação sob prova oral, a perquirição de autoria de materialidade se opera simultaneamente.
>
> II – Se os recorrentes deflagraram e capitanearam agitação endereçada a atuação legítima de agentes públicos, no dia das eleições (repressão à propaganda de "boca-de-urna"), urge

sejam conclamados à responsabilidade penal daí decorrente, quer pelos atos de mão própria (autoria direta), quer pelos atos finalisticamente comandados (teoria do domínio do fato).

III – A mera circunstância de os depoimentos testemunhais emanarem de agentes públicos desserve infirmá-los.

IV – O dolo, elemento subjetivo geral do tipo, decorre da voluntariedade na ultimação de condutas prejudiciais ao bom termo dos trabalhos eleitorais e lesivas a autoridade pública no regular exercício de seu mister. (APELAÇÃO CRIMINAL n 63, ACÓRDÃO n 98/2007 de 10/04/2007, Relator(a) FRANCISCO MARTINS FERREIRA, Publicação: DJ – Diário de justiça, Tomo 72, Data 19/04/2007, Página A-59)

É importante destacar que os atos interna corporis dos partidos políticos não estão no conceito de "trabalhos eleitorais", de que são exemplos as reuniões a que alude o artigo 36-A, da Lei nº 9504/97, quais sejam: 1 – a participação de filiados a partidos políticos ou de pré-candidatos em entrevistas, programas, encontros ou debates no rádio, na televisão e na internet, inclusive com a exposição de plataformas e projetos políticos; 2 – a realização de encontros, seminários ou congressos, em ambiente fechado e a expensas dos partidos políticos, para tratar da organização dos processos eleitorais, discussão de políticas públicas, planos de governo ou alianças partidárias visando às eleições; 3 – a realização de prévias partidárias e a respectiva distribuição de material informativo, a divulgação dos nomes dos filiados que participarão da disputa e a realização de debates entre os pré-candidatos; 4 – a realização, a expensas de partido político, de reuniões de iniciativa da sociedade civil, de veículo ou meio de comunicação ou do próprio partido, em qualquer localidade, para divulgar ideias, objetivos e propostas partidárias. Da mesma forma, as convenções partidárias não estão contempladas pelo dispositivo em questão.

Assim, salvo para o caso dos crimes que tutelam etapas específicas dos trabalhos eleitorais, que foram objeto de previsão legislativa própria (como é o caso dos artigos 293, 297 e 332, do Código Eleitoral), aplica-se inteiramente o crime ora em análise, podendo o mesmo ainda ser aplicado subsidiariamente naquelas hipóteses em que não houver perfeita adequação dos fatos às condutas vedadas.

Esquematizando essa diferença de objetividade jurídica, vejamos a tabela a seguir:

Crime Eleitoral	Bem Jurídico Tutelado
Art. 293. Perturbar ou impedir de qualquer forma o alistamento:	Alistamento Eleitoral
Art. 297. Impedir ou embaraçar o exercício do sufrágio:	Liberdade do Voto
Art. 332. Impedir o exercício de propaganda:	Propaganda Eleitoral
Art. 296. Promover desordem que prejudique os trabalhos eleitorais;	Os Trabalhos Eleitorais Diversos dos Acima Descritos

Sujeitos do crime

O crime em análise é classificado como sendo comum, pois pode ser praticado por qualquer pessoa, de modo que é plenamente possível a coautoria e suas diversas modalidades.

No polo passivo, temos o Estado.

Condutas

O tipo fala em "promover desordem", que significa o ato de provocar, causar ou gerar a desordem aos trabalhos eleitorais. Via de regra, ocorre por meio de tumultos, balburdia, agitação ou gritaria, muito embora possa ser praticado por qualquer outra conduta que subverta a ordem regular dos trabalhos eleitorais, "como importunar os eleitores que estavam na fila de votação, tumultuando-a, além de desobedecer e ofender mesários".

Da jurisprudência dos Tribunais Regionais Eleitorais (TRE's), colhem-se as seguintes manifestações sobre condutas que não tipificam o crime em análise, conforme demonstrado na tabela a seguir:

TRIBUNAL	CONDUTA ATÍPICA	DECISÃO
TRE/ES	Funcionário Público (artigo 283, CE) que comparece aos trabalhos eleitorais tão-somente embriagado.	Recurso Contra Decisão Do Juiz Da 9ª Zona Eleitoral (Santa Leopoldina) – Ausência De Prejuízo – Crime Eleitoral Não Configurado (Art. 296 C.E.) – Pena Acessória – Inaplicabilidade – Recurso Improvido – Decisão Unânime. Embora Seja Reprovável Comportamento De Pessoa Que Comparece Embriagada Para Executar Tarefas Inerentes A Justiça Eleitoral, Tal Fato Não Constitui O Crime. (Recurso Ordinário N 36, Acórdão N 15 De 12/03/1997, Relator(A) Geraldo Corrêa Da Silva, Publicação: Doe – Diário Oficial Do Estado Do Espírito Santo, Data 02/04/1997, Página 18)
TRE/GO	Ausência do funcionário da Justiça Eleitoral aos trabalhos eleitorais, inclusive no dia da eleição para presidir seção de votação.	Recurso Criminal Eleitoral. Condenação. Promoção De Desordem Prejudicial Aos Trabalhos Eleitorais (Art. 296 Do Ce). Imputação Decorrente Do Injustificado Não Comparecimento Do Recorrente No Dia Das Eleições Para Presidir A Seção De Votação. Atipicidade. A Configuração Do Tipo Descrito No Art. 296 Do Código Eleitoral Exige Cabal Comprovação Do Dolo Específico Da Conduta – Fatos E/Ou Circunstâncias Que Demonstrem A Deliberada Finalidade De Obstar Ou Desordenar Os Trabalhos Eleitorais. Somente A Injustificada Recursa Ou O Abandono Dos Serviços Eleitorais São Criminalmente Tipificados (Art. 344 Do Ce). Mera Ausência Aos Trabalhos Eleitorais Pode Sujeitar O Eleitor Faltoso Apenas A Sanção Administrativa (Art. 124 Do Ce). Recurso Conhecido E Provido Para Absolver O Recorrente. (Recurso Criminal N 213, Acórdão N 400/2016 De 19/07/2016, Relator(A) Luciano Mtanios Hanna, Publicação: Dj – Diário De Justiça, Tomo 134, Data 26/7/2016, Página 11/12)

TRIBUNAL	CONDUTA ATÍPICA	DECISÃO
TRE/RO	Distribuição de material publicitário com fortes críticas à candidato opositor.	Recurso criminal eleitoral. Preliminar de ausência de abandono da causa. Não conhecimento. Crime de promover desordem. Art. 296 do Código Eleitoral. Distribuição de cartilhas com crítica a candidato a Prefeito. Fato que não se constitui em infração penal. I – A apelação não é o meio adequado a irresignação de aplicação da multa a advogado por abandono do processo, nos termos do art. 265 do Código de Processo Penal, por se tratar a mesma de decisão definitiva ou com força de definitiva em relação ao réu. II – Divulgar cartilhas que veiculam material com fortes críticas a candidato a Prefeito Municipal, por si só, não possui o condão de tumultuar o processo eleitoral, não caracterizando o crime de promoção de desordem previsto no art. 296 do Código Eleitoral. III – Recurso provido. (RECURSO CRIMINAL n 23335, ACÓRDÃO n 43/2014 de 23/05/2014, Relator(a) ADOLFO THEODORO NAUJORKS NETO, Revisor(a) DIMIS DA COSTA BRAGA, Publicação: DJE/TRE-RO – Diário Eletrônico da Justiça Eleitoral, Tomo 94, Data 2/6/2014, Página 3)

Tipicidade subjetiva

Sobre esse ponto específico, destaco que há considerável divergência no âmbito dos Tribunais Eleitorais sobre a necessidade dessa finalidade específica, prevalecendo a tese da negativa. Vejamos, pois, alguns precedentes que materializam a divergência:

Dispensabilidade do Dolo Específico (Tese Majoritária)	Indispensabilidade do Dolo Específico (Tese Minoritária)
RECURSO CONTRA DECISÃO DE JUIZ ELEITORAL. DENÚNCIA. ART. 296 DO CÓDIGO ELEITORAL. SENTENÇA CONDENATÓRIA. CONFIGURAÇÃO DA PERTURBAÇÃO DA ORDEM ELEITORAL. IRRESIGNAÇÃO. PROVIMENTO PARCIAL. Para configuração do delito descrito no tipo penal do artigo 296, do Código eleitoral, prescindível se torna a deliberada intenção de causar prejuízo aos trabalhos eleitorais. Faz-se necessária, tão somente, a existência da perturbação da ordem eleitoral. (TRE/PB, PROCESSO n 3001, ACÓRDÃO n 3216 de 20/01/2005, Relator(a) MARCOS ANTÔNIO SOUTO MAIOR, Publicação: DJ – Diário de Justiça, Data 12/03/2005)	EMENTA – RECURSO CRIMINAL – AÇÃO PENAL – ARTIGO 296 DO CÓDIGO ELEITORAL – CONDENAÇÃO EM PRIMEIRO GRAU – CRIME QUE POSSUI COMO ELEMENTO NECESSÁRIO PARA A SUA CONFIGURAÇÃO A VONTADE E A OCORRÊNCIA DE DANO AOS TRABALHOS ELEITORAIS – INEXISTÊNCIA DE ELEMENTOS SUFICIENTES PARA A CONDENAÇÃO – REFORMA DA DECISÃO É MEDIDA QUE SE IMPÕE – RECURSO CONHECIDO E PROVIDO. 1.Para a configuração do delito previsto no artigo 296 do Código Eleitoral deve haver prova de prejuízo aos trabalhos eleitorais e do ânimo do agente nesse sentido.

Dispensabilidade do Dolo Específico (Tese Majoritária)	Indispensabilidade do Dolo Específico (Tese Minoritária)
	2. Não havendo no conjunto probatório elementos que possam comprovar de forma cabal a sua ocorrência, é de se reformar a sentença de primeiro grau. 3.Recurso conhecido e provido. (TRE/PR, PROCESSO n 5583, ACÓRDÃO n 52741 de 14/12/2016, Relator(a) NIVALDO BRUNONI, Publicação: DJ – Diário de justiça, Data 19/12/2016)

Consumação e tentativa

O delito de desordem nos trabalhos eleitorais, previsto no art. 296 do Código Eleitoral, é crime material, necessitando da produção do resultado naturalístico, consistente no efetivo prejuízo aos trabalhos eleitorais, para sua consumação. Assim, não demonstrado nos autos tenha a conduta dos recorridos ocasionado transtorno ao normal andamento da votação, resta afastada a configuração do delito em tela.

Além disso, é importante destacar que a consumação do crime não possui qualquer relação com o lapso temporal do prejuízo aos trabalhos eleitorais, conforme já decidiu o Tribunal Regional Eleitoral de Roraima (TRE/RO):

> Crime de desordem eleitoral (CE, art. 296). Provocação. Tumulto. Dia da eleição. Paralisação da votação. Irrelevância da duração. Crime configurado. Recurso desprovido.
>
> I – Nos crimes cujos vestígios são imateriais, adjungidos à comprovação sob prova oral, a perquirição de autoria de materialidade se opera simultaneamente.
>
> II – Se o acusado, no dia da eleição, causou desordem deletéria aos serviços eleitorais, a ponto, inclusive, de paralisar a votação, houve agressão a objetividade jurídica: a marcha, a regularidade e a ordem dos trabalhos eleitorais, no dia da votação.
>
> III – A efemeridade da suspensão dos trabalhos não arreda o dano configurado. Critério temporal, de duração da suspensão causada pelo agente, é irrelevante à tipicidade. A maior ou menor extensão constitui circunstância a ser aferida ao ensejo da dosimetria penal.
>
> IV – O processo eleitoral é um dos pilares da democracia. É muito caro, por isto mesmo, ao Estado de Direito. Cumpre dispensar máximo zelo para resguardar-lhe a incolumidade. No dia da votação, há de imperar a ordem, a regularidade, a austeridade. A ninguém é dado, de modo ilegítimo, conspurcar os trabalhos. A preocupação mais toma corpo porque o dia da eleição é propício a irrupções de fúria, de cólera: muitos estão com os "nervos à flor da pele". A salvaguarda aos representantes da Justiça Eleitoral é o resguardo à própria democracia.
>
> V – O dolo, elemento subjetivo geral do tipo, decorre da voluntariedade na ultimação de conduta prejudicial ao bom termo dos trabalhos eleitorais.
>
> VI – Recurso desprovido. (TRE/RO, APELAÇÃO CRIMINAL n 77, ACÓRDÃO n 620/2008 de 11/09/2008, Relator(a) IVANIRA FEITOSA BORGES, Publicação: PSESS – Publicado em Sessão, Tomo 176, Data 11/9/2008, Página 28)

Além disso, o tipo é plurissubsistente e admite a tentativa.

3.9. Impedimento ou embaraço ao sufrágio

> **Art. 297.** Impedir ou embaraçar o exercício do sufrágio:
>
> Pena – Detenção até seis meses e pagamento de 60 a 100 dias-multa.

Breve análise da tese de não-recepção do dispositivo pela Constituição Federal de 1988:

O crime de impedimento ou embaraço do sufrágio é apontado, por setor minoritário da doutrina, como inconstitucional, uma vez que "os verbos 'impedir ou embaraçar' mostram-se muito abertos, compreendendo enorme rol de condutas possíveis". A despeito da respeitosa opinião acima referenciada, penso que ela não merece prosperar. Senão, vejamos.

Em primeiro lugar, é de se destacar que a criminalização do livre exercício do sufrágio é decorrência direta do disposto no artigo 234, do Código Eleitoral, segundo o qual ninguém poderá impedir ou embaraçar o exercício do sufrágio.

Em segundo lugar, convém referenciar que as condutas proibidas não são tão vagas e subjetivas ao ponto de impossibilitarem que se consiga extrair exatamente o que se pretende proibir. O detalhe é que o impedimento ou o embaraço podem ser causados por diversos comportamentos e são exatamente esses que a norma criminaliza! Seria impossível o legislador descrever todos esses comportamentos. Não fosse assim, também seria inconstitucional o artigo 121, caput, do Código Penal, que veda "matar alguém", mas não diz através de quais formas!

Feitas essas observações preliminares, passemos a análise do tipo previsto no artigo 297, do Código Eleitoral!

Bem jurídico tutelado

O tipo penal em análise visa a tutela do livre exercício do sufrágio, que consiste no poder dado ao cidadão de participar, direta ou indiretamente, da vida política do país.

Como a tutela é sobre o sufrágio, deve-se atentar para o fato de que não é apenas o voto a ser dado pelo cidadão nas eleições que está resguardado pelo crime em análise, mas também a livre manifestação nos plebiscitos e referendos.

Sujeitos do crime

O crime em análise é classificado como sendo comum, pois pode ser praticado por qualquer pessoa, de modo que é plenamente possível a coautoria e suas diversas modalidades.

No polo passivo, temos o Estado.

Condutas

O tipo é do tipo misto alternativo e descreve duas condutas criminosas, a saber:

1 – Impedir, cujo significado é de obstaculizar, atuar para que algo não ocorra. Nessa modalidade, o cidadão não consegue exercer o seu sufrágio pela ação do agente criminoso. Nesse caso, trata-se de crime material, pois a conduta exige a produção do resultado naturalístico.

Exemplo consagrado na jurisprudência do Tribunal Superior Eleitoral (TSE) de impedimento ao exercício do sufrágio é aquele em que o patrão não dá ao empregado a possibilidade de votar no caso da ocorrência de segundo turno no domicílio eleitoral do obreiro. Senão, vejamos:

> ELEIÇÕES MUNICIPAIS DE 2008. SEGUNDO TURNO. FERIADO APENAS NAS LOCALIDADES EM QUE AINDA HAVERÁ VOTAÇÃO. ABERTURA DO COMÉRCIO. POSSIBILIDADE.
>
> Em se tratando de segundo turno, deve-se decretar feriado apenas naqueles municípios que ainda terão votações. Muito embora seja feriado, pode o comércio abrir a suas portas. Isso, desde que: 1) sejam obedecidas todas as normas constantes de convenção coletiva ou de legislação trabalhista, ou, ainda, de legislação local, sobre remuneração e horário de trabalho em datas de feriado; 2) sejam criadas, pelo empregador, todas as condições necessárias para que seus funcionários possam, sem empecilhos, comparecer às respectivas zonas eleitorais.
>
> Tratando-se de funcionário que trabalhe em Município onde não haverá segundo turno, mas que tenha domicílio eleitoral em localidade cujo pleito ainda não se concluiu, deve o empregador criar todos os mecanismos necessários ao mais desembaraçado exercício do direito-dever de voto, pena do art. 297 do Código Eleitoral. (Processo Administrativo nº 20129, Resolução normativa de, Relator(a) Min. Carlos Augusto Ayres De Freitas Britto, Publicação: PSESS – Publicado em Sessão, Data 23/10/2008)

2 – Embaraçar, que significa atrapalhar, dificultar ou prejudicar o exercício do sufrágio pelo cidadão. Nesse caso, trata-se de crime formal, pois a conduta não exige a produção do resultado naturalístico.

Dos conceitos acima analisados, percebe-se que as condutas típicas reclamam comportamentos que restringem o exercício do sufrágio. Assim, a diferença objetiva entre elas diz respeito exatamente ao grau de influência no exercício do sufrágio, sendo o impedimento um comportamento que o interdita, de fato e por completo, ao passo que o embaraço é um comportamento de efeito temporário que não consegue obstar por completo o sufrágio, sendo o mesmo exercido após a ação do agente.

Em ambas as modalidades, a forma de execução é livre, podendo ser praticado de qualquer forma, inclusive com violência ou grave ameaça. Nesse caso, porém, se a conduta violenta for dirigida especificamente contra alguém para conseguir que o mesmo vote ou não em determinado candidato ou partido, o crime tipificado será o do artigo 301, do Código Eleitoral.

Consumação e tentativa

Considerando que o crime, em ambas as modalidades, é plurissubsistente, a tentativa é perfeitamente cabível.

Quanto à consumação, devemos fazer uma distinção para cada uma das modalidades delituosas. Para o impedimento, ter-se-á consumado o delito quando o cidadão for efetiva e concretamente obstado de manifestar a sua decisão política na eleição, no plebiscito ou no referendo. Já no embaraço, basta que haja uma restrição, ainda que temporária e superável posteriormente, para o que o delito se consume.

3.10. Prisão nos dias que antecedem as eleições

> **Art. 298.** Prender ou deter eleitor, membro de mesa receptora, fiscal, delegado de partido ou candidato, com violação do disposto no Art. 236:
>
> Pena – Reclusão até quatro anos.

A possibilidade da efetivação de prisões durante todo o processo eleitoral: a não-recepção dos artigos 236 e 298 do Código Eleitoral:

A cada dois anos, ocorre no Brasil um processo eleitoral e, invariavelmente, uma situação se repete e atormenta os operadores do Direito: a possibilidade ou não de efetivação das prisões decretadas judicialmente contra eleitores, candidatos, membros das mesas receptoras e os fiscais de partidos políticos, a teor da imunidade que supostamente deflui do disposto no artigo 236, do Código Eleitoral.

Não bastasse isso, a problemática ganha maior complexidade diante da tipificação como crime eleitoral (artigo 298, do Código Eleitoral) o exato descumprimento dessa "garantia" eleitoral, que, no passado já ostentou essa característica, mas que hoje é medida de fomento à impunidade e à falta de efetividade das decisões emanadas do Poder Judiciário.

Assim sendo e diante dos maléficos efeitos práticos que uma aplicação estritamente literal dessas disposições legais pode levar, em especial para a lisura do processo eleitoral (bem constitucionalmente tutelado pelo artigo 14, § 9 do Texto Supremo), é imperioso que se realize um estudo sobre a compatibilidade ou não dos referidos dispositivos à luz da Constituição Federal, cuja conclusão final irremediavelmente é no sentido negativo. Vejamos, pois, os fundamentos para tanto.

A primeira situação que merece atenção diz respeito à desatualização do contexto jurídico, político e social que rodeou a aprovação da imunidade eleitoral sob análise e a respectiva criminalização do seu desrespeito.

Sabe-se que o elemento histórico é um dos vetores que devem ser levados em consideração na hermenêutica de qualquer norma jurídica, uma vez que permitem verificar a manutenção ou não das razões que impulsionaram a sua edição.

Ora bem, o Código Eleitoral data de 1965, período marcado pelos abusos inerentes à ditadura militar e ao fenômeno da política do "coronelismo", na qual poucas figuras detinham o poder político e econômico, exercendo, através de capangas ou da própria polícia, o poder de pressão e coação sobre os eleitores. Dentre as medidas comuns para esse desiderato criminoso estava exatamente o uso da influência dos "coronéis" para prender opositores políticos ou mesmo os que se mostravam simpatizantes aos formadores de opinião que iam de encontro à "sua cartilha".

Esse foi o cenário que legitimou e justificou a aprovação dos artigos 236 e 298, do Código Eleitoral. De cara, percebe-se que o contexto atual não é mais esse, tendo em vista que, a despeito dos "neocoronéis", não há mais em nosso Brasil, salvo raríssimas exceções, a possibilidade de se prender alguém simplesmente por influência política, tendo em vista as profundas transformações sociais, políticas e jurídicas ocorridas nesses mais de 50 anos. E a principal foi a Constituição Federal de 1988, que criou a Instituição do Ministério Público com uma envergadura funcional sem precedentes, responsável que é pela ordem jurídica como um todo e pelo controle externo da atividade policial, que igualmente, a despeito de não possuir a independência e autonomias ministeriais, age com a mais absoluta isenção e imparcialidade na condução da nobre função investigatória.

Essa, portanto, é a primeira razão jurídica da insubsistência de validade das normas ora analisadas. Aliás, insta esclarecer que já há projeto de lei que visa a revogação do artigo 236 do Código Eleitoral, exatamente pela sua desatualização.

Não bastasse isso, o estudo detido dos dispositivos em referência à luz dos valores e princípios decorrentes do Texto Constitucional de 1988 levam à inevitável conclusão de que os mesmos não foram recepcionados pela nova ordem jurídica nacional. E os fundamentos são diversos. Vejamos.

1 – Inicialmente, deve-se destacar que a lisura do processo eleitoral constitui bem juridicamente tutelado pela Constituição Federal (vide artigo 14, § 9º), de modo que toda e qualquer norma que tenha o condão de enfraquecer ou de proteger de maneira deficiente esse caro valor, que busca viabilizar a concretização do princípio democrático, o pleno e livre gozo dos direitos políticos, deve ser considerado contrário à ordem jurídica nacional.

É o que sucede no presente caso, pois não há razão constitucionalmente justificante para que pessoas que estejam praticando delitos de toda a ordem com vistas a subverter a legitimidade do processo eleitoral, merecendo destaque aqui para os corruptores eleitorais, operadores de "caixa 2" e àqueles que usam a máquina pública para seus propósitos eleitoreiros escusos, fiquem imunes ao decreto prisional, quando este se mostrar concretamente necessário e devidamente fundamentado pela autoridade judiciária competente. Pensar diferente é, a um só tempo, permitir a proteção deficiente da lisura eleitoral (em uma clara violação ao princípio da proporcionalidade, especificamente na diretriz da proibição do excesso), bem como estimular a impunidade e a corrupção, o que vai de encontro com a diretriz constitucional brasileira.

Aliás, ousaríamos mais: na verdade, em casos desse jaez (prática de atos de corrupção eleitoral em larga escala e de maneira continuada), o único meio apto a garantir efetivamente a lisura do pleito é a prisão cautelar dos corruptores, posto que sua conduta delitiva, se não obstada o quanto antes, poderá trazer o resultado ilícito que se procura evitar na Constituição: uma eleição marcada pelo abuso de poder! À medida que se aproxima o pleito, ao contrário do que propugnam as normas ora sob análise, há um exponencial aumento do periculum libertatis dos corruptores, sendo necessária a sua retirada do meio social.

É importante consignar que já existem diversos precedentes jurisprudenciais do Tribunal Superior Eleitoral (TSE):

> – TSE –
>
> – Havendo mandado de prisão, com base em processo regular, deve ele ser cumprido a qualquer tempo, contra indivíduos que estão sujeitos à prisão preventiva, mesmo sendo eleitores. (CONSULTA nº 2428, Resolução nº 3858 de 19/09/1950, Relator(a) Min. ARMANDO SAMPAIO COSTA, Publicação: PSESS – Publicado em Sessão, Data 19/06/1952);
>
> – (...) Os requeridos, utilizando recursos públicos e outros de origem não identificada, praticaram vários crimes, prometendo e distribuindo dinheiro e diversos bens em troca de votos. Ora, não se pode desconsiderar que esses atos foram praticados durante o período eleitoral. É preciso, pois, punir com rigor aqueles que pretendem ofender o sistema democrático, tencionando influenciar, na livre vontade do eleitor e, em consequência, comprometer a legitimidade do sufrágio. (...) Ademais, a garantia da ordem pública não é de ser entendida somente como medida abortiva de novos crimes que porventura possam os agentes praticarem mas também como elemento tranquilizador da sociedade, onde um crime de proporções sérias reverbera mais intensamente, preservando, da mesma forma, a credibilidade da Justiça, confiando-se ao Juiz do processo o cotejo destes questões, que é quem melhor pode sopesá-las. Em suma, as imputações que pesam contra os requeridos são gravíssimas e, por terem sido praticadas durante o período eleitoral, coloca os delitos, sob uma lente de aumento, pois as provas documentais e os conteúdos neles inseridos demonstram que os atos praticados visavam, claramente, a captação do voto dos eleitores.

> Outrossim, ao atingir a população mais carente, os requeridos atentaram contra a própria dignidade da pessoa humana, na medida em que a doação ou promessa de doação de bens e serviços tais como os já demonstrados, gera um processo alienante e de dependência, excluindo as camadas menos favorecidas da sociedade do real conceito de cidadãos, conforme a fundamentação feita em brilhante voto do Excelentíssimo Membro desta Corte Juiz Federal Antônio Francisco do Nascimento, quando de sua passagem por esta Corte, com a propriedade que lhe é peculiar (Ac. TRE nº 930/2006 de 14.12.2006). Lamentavelmente, ao contrário da campanha empreendida pelo Eg. Tribunal Superior Eleitoral na mídia nacional de que "o voto não tem preço, tem consequências", verifica-se no presente caso que um voto pode valer dinheiro e diversos outros bens como material de construção, telhas e outros. (HC – Habeas Corpus nº 666 – Tapauá/AM, Decisão Monocrática de 19/11/2009, Relator(a) Min. ARNALDO VERSIANI LEITE SOARES, Publicação: DJE – Diário da Justiça Eletrônico, Data 24/11/2009, Página 14-17)

2 – Ainda na seara constitucional, deve-se destacar que o Texto Supremo, ao dispor no artigo 5º, LXI, que "ninguém será preso senão em flagrante delito ou por ordem escrita e fundamentada de autoridade judiciária competente, salvo nos casos de transgressão militar ou crime propriamente militar, definidos em lei", não excepcionou as prisões em período eleitoral, o que nos leva a concluir que a esdrúxula imunidade formal prisional prevista no art. 236 e a respectiva criminalização do artigo 298 do Código Eleitoral não foram recepcionadas pela Constituição Federal de 1988, porque o ordenamento jurídico máximo, ao permitir alguns tipos de prisões, textualmente, excepcionou algumas situações e em nenhum momento se referiu às prisões em período eleitoral. É ilação plenamente lógica que, se a prisão estiver em consonância com a Constituição Federal, poderá ser executada, mesmo em época de eleição, não sendo juridicamente possível ser suscitada a sua ilegalidade. Seria uma grande excrescência jurídica uma prisão preventiva, leia-se: "uma ordem escrita e fundamentada de autoridade judiciária competente", não poder ser executada porque a legislação infraconstitucional não permite algo que é autorizado pela Constituição Federal.

3 – Não bastasse tudo isso, é de se ter em conta que a temática das prisões foi objeto de tratamento legislativo específico após a Constituição de 1988, qual seja: a Lei Federal nº 12.403/11, que, alterando o artigo 283 do Código de Processo Penal, passou a estabelecer a nova diretriz legal do assunto, estipulando que "ninguém poderá ser preso senão em flagrante delito ou por ordem escrita e fundamentada da autoridade judiciária competente, em decorrência de sentença condenatória transitada em julgado ou, no curso da investigação ou do processo, em virtude de prisão temporária ou prisão preventiva". Ora, diante disso, entendemos também que, se não for pelo fundamento da não-recepção, o artigo 236 do Código Eleitoral não tem mais vigência, pois foi revogado tacitamente pela nova disposição legislativa processual penal (vide artigo 2º, § 1º, da LINDB).

Assim, à luz do exposto, podemos dizer que será plenamente constitucional a efetivação de 06 (seis) tipos diferentes de prisões durante todo o processo eleitoral:

a) Prisão em flagrante, cuja manutenção fica condicionada à decreto judicial de conversão, conforme preconiza o artigo 7º, § 4º e § 6º, da Resolução TSE nº 23.396/13;

b) Prisão preventiva autônoma, que deve se submeter aos requisitos dos artigos 311 a 314, do Código de Processo Penal;

c) Prisão oriunda de sentença criminal condenatória transitada em julgado, independente do crime ser ou não inafiançável;

d) Prisão oriunda de sentença criminal condenatória proferida por órgão colegiado e não transitada em julgado, à luz do decidido pelo Supremo Tribunal Federal no HC n. 126.292/SP, da relatoria de Teori Zavascki;

e) Prisão originária da decisão de pronúncia, desde que presentes os requisitos da prisão preventiva;

f) Prisão temporária, quando verificável no caso concreto a ocorrência do delito de associação criminosa – antiga formação de quadrilha (vide artigo 288, do Código Penal) em concurso com o crime de corrupção eleitoral (artigo 299, do Código Eleitoral).

É importante destacar que a análise acima realizada encontra eco em considerável segmento da doutrina eleitoral, como nas abalizadas manifestações de Luiz Carlos Gonçalves dos Santos, Francisco Dirceu Barros e Antônio Carlos da Ponte.

Assim sendo, reputo não-recepcionado o presente dispositivo penal eleitoral!

3.11. Corrupção eleitoral

> **Art. 299.** Dar, oferecer, prometer, solicitar ou receber, para si ou para outrem, dinheiro, dádiva, ou qualquer outra vantagem, para obter ou dar voto e para conseguir ou prometer abstenção, ainda que a oferta não seja aceita:
>
> Pena – reclusão até quatro anos e pagamento de cinco a quinze dias-multa.

Breve introdução ao tipo

A corrupção eleitoral, infelizmente, é uma realidade marcante do processo eleitoral brasileiro, sendo eleitores e políticos recorrentes nessa prática criminosa. Estes se dizem "vítimas" daqueles, que supostamente se aproveitam do período eleitoral para "tirar alguma vantagem de quem só aparece de 4 em 4 anos".

É uma simbiose criminosa, sem dúvidas, mas de maior culpabilidade por parte dos players da disputa eleitoral. Exigir consciência política e democrática de quem, muitas vezes, não sabe ler/escrever ou não tem o que comer no dia seguinte é ignorar a realidade dos fatos em um romantismo ou garantismo inútil ao aperfeiçoamento de nossa democracia.

A gravidade da corrupção eleitoral é severa para a legitimidade do processo democrático e da classe política, uma vez que o povo não se vê representado de fato por quem ostenta essa qualidade formal. A culpa, como já dito, não é do eleitor, mas da classe política, que transformou o processo eleitoral em um "vale-tudo", em que a única vergonha é a de perder. Raras são as exceções, infelizmente!

Essa triste constatação é estimulada, em certa parte, pela ineficiência penal do artigo 299 do Código Eleitoral, que não pune exemplarmente quem comete um dos mais sérios atentados à higidez das eleições, colocando em xeque o próprio sistema democrático.

Praticar "compra de votos" e ter a certeza de que, se for primário, gozará dos benefícios da suspensão condicional do processo é uma das causas que levam cabos eleitorais e políticos a "investirem" nessa conduta, pois o custo benefício compensa. Ah, lembram daquela célebre frase tupiniquim: "No Brasil, o crime compensa!"? Eis um exemplo claro.

Pois bem, o que se espera de lege ferenda é uma punição exemplar para as condutas criminosas do artigo 299, tal como ocorre com o artigo 11, V, da Lei nº 6091/74, em que só há uma pena: cassação do registro ou do diploma do candidato beneficiado pela conduta criminosa.

Até lá, porém, cabe a todos exigir dos órgãos de fiscalização e do Poder Judiciário uma postura intransigente contra atos desse jaez, sendo medida de rigor a decretação da prisão preventiva (pelo menos até o dia da eleição) daqueles que forem flagrados praticando esse crime. Essa é a única forma de tutelar a lisura eleitoral, bem jurídico de envergadura constitucional e pressuposto para a legitimidade da democracia nacional.

Cito, nessa linha, os seguintes precedentes do Tribunal Superior Eleitoral (TSE):

> 1 – "(...) Os requeridos, utilizando recursos públicos e outros de origem não identificada, praticaram vários crimes, prometendo e distribuindo dinheiro e diversos bens em troca de votos. Ora, não se pode desconsiderar que esses atos foram praticados durante o período eleitoral. É preciso, pois, punir com rigor aqueles que pretendem ofender o sistema democrático, tencionando influenciar, na livre vontade do eleitor e, em consequência, comprometer a legitimidade do sufrágio. (...) Ademais, a garantia da ordem pública não é de ser entendida somente como medida abortiva de novos crimes que porventura possam os agentes praticarem mas também como elemento tranquilizador da sociedade, onde um crime de proporções sérias reverbera mais intensamente, preservando, da mesma forma, a credibilidade da Justiça, confiando-se ao Juiz do processo o cotejo destes questões, que é quem melhor pode sopesá-las. Em suma, as imputações que pesam contra os requeridos são gravíssimas e, por terem sido praticadas durante o período eleitoral, coloca os delitos, sob uma lente de aumento, pois as provas documentais e os conteúdos neles inseridos demonstram que os atos praticados visavam, claramente, a captação do voto dos eleitores. Outrossim, ao atingir a população mais carente, os requeridos atentaram contra a própria dignidade da pessoa humana, na medida em que a doação ou promessa de doação de bens e serviços tais como os já demonstrados, gera um processo alienante e de dependência, excluindo as camadas menos favorecidas da sociedade do real conceito de cidadãos, conforme a fundamentação feita em brilhante voto do Excelentíssimo Membro desta Corte Juiz Federal Antônio Francisco do Nascimento, quando de sua passagem por esta Corte, com a propriedade que lhe é peculiar (Ac. TRE nº . 930/2006 de 14.12.2006). Lamentavelmente, ao contrário da campanha empreendida pelo Eg. Tribunal Superior Eleitoral na mídia nacional de que "o voto não tem preço, tem consequências", verifica-se no presente caso que um voto pode valer dinheiro e diversos outros bens como material de construção, telhas e outros. (HC – Habeas Corpus nº 666 – Tapauá/AM, Decisão Monocrática de 19/11/2009, Relator(a) Min. ARNALDO VERSIANI LEITE SOARES, Publicação: DJE – Diário da Justiça Eletrônico, Data 24/11/2009, Página 14-17)
>
> 2 – "Sustenta que alegação de que a prisão da paciente seria necessária para conveniência da instrução criminal tem por base mera suposição, visto que não foram apontados fatos concretos que demonstrem que ela poderá distorcer a prova já produzida. Nesse tocante, invoca os fundamentos apresentados em decisão liminar concedida nos autos do Habeas Corpus nº 92.914 pelo Ministro Marco Aurélio, no qual se assentou que, ¿ausente a coerência entre a fundamentação fática e o motivo legal invocado, há que se reconhecer que não subsiste motivação fática e legal para a manutenção do decreto de prisão" (fl. 22). Ressalta que a prova testemunhal já foi produzida pela Polícia Federal, o que equivaleria ao encerramento da instrução e afastaria o alegado risco de interferência da paciente na instrução, devendo-se aplicar o disposto no art. 648, VI, do Código de Processo Penal. Argui que a autoridade coatora, com base em temor pessoal, está atribuindo à paciente uma capacidade que ela não possui, qual seja a de afetar a lisura do pleito. Assevera que "a paciente está submetida a medida mais drástica do que enfrentaria no caso de oferecimento de denúncia ou mesmo ao final do processo" (fl. 25), visto que o crime a ela imputado, por prever pena

máxima de quatro anos e não incluir, entre suas elementares, características relacionadas à violência ou grave ameaça, admite, em tese, a substituição da pena privativa de liberdade por restritiva de direitos, bem como a suspensão condicional do processo. Requer o deferimento do pedido de liminar, a fim de que seja ordenada a imediata libertação de Ivanilde da Silva Serrador, com base no art. 5º, LXV, da Constituição Federal. Decido. No caso em exame, o Juiz Marcelo Nazur homologou o auto de prisão em flagrante e decretou a prisão preventiva da paciente, pelos seguintes fundamentos (fl. 29): Da análise das declarações das Testemunhas e das contradições da Indiciada na comparação de seu depoimento para com aquelas, concluo tratar-se a Indiciada de pessoa cuja convivência em sociedade neste período eleitoral é perigosa, colocando em risco a ordem pública com a devolução de sua liberdade ao promover a eleição de pessoas às custas de votos comprados e ao ser instigada e fortalecida esta prática nojenta entre seus demais criminosos adeptos. Ademais, a soltura da Indiciada também abalará a credibilidade da Justiça junto aos cidadãos de bem que ainda acreditam na democracia e na liberdade de expressão, pois se sentirão desestimulados a continuar obedientes ao ordenamento legal quando da notícia da condescendência deste Poder para com aquela cidadã que pouco antes fora flagrada desafiando a lei e difundindo o crime! Também é da conveniência da instrução criminal sua segregação cautelar, pois a Indiciada, amparada nos seus mantenedores políticos, poderá exercer grande influência sobre as testemunhas, as quais certamente serão persuadidas a esconder a verdade acaso continue livre, diante das suas hipossuficiências financeira e material.Por sua vez, o juiz plantonista do Tribunal Regional Eleitoral do Roraima indeferiu o pedido de liminar em face da prisão preventiva (fls. 30-31): Examinando o teor da decisão do Juiz Marcelo Mazur (fls. 41 a 43), observo que a autoridade apontada como coatora assinala a existência de fortes indícios de que a paciente teria cooptado eleitores em episódio de compra de votos. O magistrado apontou que tal conclusão decorre das declarações das testemunhas Sandro Almeida Silva Figueiredo, Liana Joyce Andrade de Maios, Macedônia Pereira da Silva Souza. Cartegiane Ferreira Rocha da Silva Olenia Gomes da Silva. Sidney da Silva e Tito Paulo da Silva, em que se evidencia que a paciente estava de posse de recibos, cadernos de anotações e placas de candidatos e entregou dinheiro para eleitores, havendo, em um juízo delibatório. Indícios de corrupção eleitoral. Em face desse contexto, tenho que a prisão preventiva está suficientemente fundamentada, sendo evidente que a convivência da paciente em sociedade durante o período eleitoral ó perigosa e representa risco á lisura do pleito conforme assinalado pela autoridade impetrada à folha 43. Anoto que as questões suscitadas pelos impetrantes, a princípio não se afiguram suficientes para revogação do decreto de prisão e serão oportunamente examinadas quando da análise do mérito do wril . Na espécie, tenho que a decretação da prisão preventiva está devidamente fundamentada, na medida em que o juízo eleitoral a entendeu recomendável, considerado o período eleitoral em curso, o risco à ordem pública, além do que assinalou a necessidade de segregação, dada a conveniência da instrução criminal, "pois a Indiciada, amparada nos seus mantenedores políticos poderá exercer grande influência sobre as testemunhas, as quais certamente serão persuadidas a esconder a verdade caso continue livre" (fl. 29). Pelo exposto, indefiro o pedido de liminar. Solicitem-se informações à autoridade coatora. Após, vista ao Ministério Público Eleitoral. Publique-se. Intimem-se. Brasília, 21 de setembro de 2010. Ministro Arnaldo Versiani Relator 2996-16.2010.600.0000 HC – Habeas Corpus nº 299616 – Bonfim/RR Decisão Monocrática de 21/09/2010

Feita essa análise preliminar, passemos ao estudo do tipo.

Bem jurídico tutelado

"O art. 299 do Código Eleitoral, ao qualificar como crime 'dar, oferecer, prometer, solicitar ou receber, para si ou para outrem, dinheiro, dádiva, ou qualquer outra vantagem, para obter ou dar voto e para conseguir ou prometer abstenção, ainda que a oferta não seja aceita', tutela justamente o livre exercício do voto (o direito do eleitor de votar livremente em algum candidato, em branco ou nulo) ou a abstenção do eleitor no processo eleitoral. (TSE, Agravo de Instrumento nº 20903, Acórdão, Relator(a) Min. Gilmar Ferreira Mendes, Publicação: DJE – Diário de justiça eletrônico, Tomo 43, Data 05/03/2015, Página 44/45).

Sujeitos do crime

O crime em análise, tanto na sua modalidade ativa quanto passiva, é classificado como sendo comum, pois pode ser praticado por qualquer pessoa, de modo que é plenamente possível a coautoria e suas diversas modalidades.

No polo passivo, temos o Estado.

Condutas

Sobre as condutas que caracterizam a consumação do delito (dar, oferecer, prometer, solicitar ou receber), faz-se necessário apresentar algumas observações à luz da jurisprudência do Tribunal Superior Eleitoral (TSE), a saber:

1. "Para a configuração do crime de corrupção eleitoral, além de ser necessária a ocorrência de dolo específico, qual seja, obter ou dar voto, conseguir ou prometer abstenção, é necessário que a conduta seja direcionada a eleitores identificados ou identificáveis, e que o corruptor eleitoral passivo seja pessoa apta a votar." Assim, não há falar em corrupção eleitoral mediante o oferecimento de serviços odontológicos à população em geral e sem que a denúncia houvesse individualizado os eleitores supostamente aliciados." (Agravo de Instrumento nº 749719, Acórdão, Relator(a) Min. Maria Thereza Rocha De Assis Moura, Publicação: DJE – Diário de justiça eletrônico, Tomo 35, Data 23/02/2015, Página 54). No mesmo sentido, conferir:

   ELEIÇÕES 2006. AGRAVO REGIMENTAL. AGRAVO. RECURSO ESPECIAL. AÇÃO PENAL. CORRUPÇÃO ELEITORAL. ART. 299 DO CÓDIGO ELEITORAL. IDENTIFICAÇÃO. CORRUPTOR ELEITORAL PASSIVO. INEXISTENTE. ABSOLVIÇÃO. DESPROVIMENTO

   1. A mera indicação de que todos os eleitores do município são os supostos corrompidos passivos determináveis não é suficiente para a caracterização do delito.

   2. Se a instrução processual não revela qualquer pessoa que comprovadamente tivesse sido agente passivo do delito, alterar a conclusão do julgamento envolveria o reexame das provas, o que é refutado pelo verbete nº 24 do Tribunal Superior Eleitoral.

   3. "Ausente a adequada identificação do corruptor eleitoral passivo, fato esse que impede a aferição da qualidade de eleitores, como impõe o dispositivo contido no art. 299 do Código Eleitoral, devem ser reconhecidas a inépcia da denúncia e a ausência de justa causa para submissão do paciente à ação penal" (RHC nº 13316/SC, Rel. Min. Luciana Lóssio, DJe de 10.2.2014).

2. Ainda que na esfera cível-eleitoral já exista o reconhecimento jurisprudencial objetivo de que configura grave abuso de poder a compra de apoio político, na seara criminal não é bem assim. Infelizmente, a Corte Eleitoral tem negado a realidade dos fatos no mundo real (que não é aquela supostamente existente a partir da retórica fácil dos Gabinetes palacianos de Brasília) para dizer que "a promessa de cargo a correligionário em troca de voto não configura a hipótese do delito previsto no art. 299

do Código Eleitoral, ante a falta de elemento subjetivo do tipo (Precedente: HC nº 812-19/RJ, Rel. Min. Dias Toffoli, DJe de 20.3.2013)", uma vez que "não é possível presumir que a nomeação em cargo na Prefeitura implique, necessariamente, oferta de benefícios aos seus familiares." (Agravo de Instrumento nº 3748, Acórdão, Relator(a) Min. Luiz Fux, Publicação: DJE – Diário de justiça eletrônico, Tomo 237, Data 15/12/2016, Página 24/25);

3. Felizmente, no que tange ao uso direto da pecúnia pública para atos político-partidários (passeatas, carreatas ou comícios, por exemplo), a Corte tem agido mais firmemente e consignado que a conduta de doar dinheiro ou vales-combustível (à custa do erário) para a participação em atos daquela natureza pode configurar o crime em tela (artigo 299, CE), ou o crime de peculato (artigo 312, do Código Penal), tudo dependendo dos elementos do caso concreto, in verbis:

> HABEAS CORPUS. INQUÉRITO POLICIAL INSTAURADO PARA APURAR SUPOSTA INFRAÇÃO AO ARTIGO 243 DO CÓDIGO ELEITORAL. DISPOSITIVO QUE NÃO VEICULA TIPO PENAL. CONDUTA QUE, NÃO OBSTANTE, PODE SE ADEQUAR A OUTROS TIPOS PENAIS. DEPUTADO FEDERAL. COMPETÊNCIA DO STF PARA SUPERVISÃO DO INQUÉRITO. ORDEM CONCEDIDA DE OFÍCIO.
>
> 1. O artigo 243 do Código Eleitoral não veicula nenhum tipo penal. Não obstante, a qualificação legal equivocada do fato não é obstáculo ao prosseguimento das investigações, se a conduta apurada constitui, em tese, uma infração penal.
>
> 2. Suposta utilização de dinheiro público no abastecimento de veículos para participarem de passeata. Conduta que, dada a ausência de aprofundamento das investigações, pode caracterizar, teoricamente, os crimes dos artigos 312 do Código Penal ou 299 do Código Eleitoral. (Habeas Corpus nº 8046, Acórdão, Relator(a) Min. Maria Thereza Rocha De Assis Moura, Publicação: DJE – Diário de justiça eletrônico, Tomo 51, Data 16/03/2015, Página 26/27).

3. "A gravação ambiental que registra o crime de corrupção, quando realizada pelos próprios eleitores que venderam o voto, pode ser utilizada contra eles no processo penal. Do contrário, a eles seria permitido aproveitar-se da ilicitude a que deram causa." Assim, "é irrelevante que a gravação ambiental tenha sido considerada ilícita em relação ao prefeito em ações eleitorais julgadas por esta Corte." (Habeas Corpus nº 44405, Acórdão, Relator(a) Min. Maria Thereza Rocha De Assis Moura, Publicação: DJE – Diário de justiça eletrônico, Tomo 86, Data 05/05/2016, Página 39-40).

4. "A prova da corrupção eleitoral raramente surgirá de forma direta. No geral, haverá necessidade de reunir circunstâncias, criticamente as analisando para se conseguir segurança razoável quanto à ilicitude. Só que isso não pode representar um julgamento especulativo, fundado mais em suposições do que em evidências reais. Não se trata de ser tolerante com a compra de votos, mas de impedir injustiças" (TRE/SC. Acórdão n. 28.687, de 23.9.2013, Juiz Hélio do Valle Pereira). "Sendo elemento integrante do tipo em questão a finalidade de 'obter ou dar voto ou prometer abstenção', não é suficiente para a sua configuração a mera distribuição de bens. A abordagem deve ser direta ao eleitor, com o objetivo de dele obter a promessa de que o voto será obtido ou dado ou haverá abstenção em decorrência do recebimento da dádiva" [TSE. Habeas Corpus n. 463, de 3.10.2003, rel. Min. Luiz Carlos Lopes Madeira]" (TRESC. Acórdão n. 26.894, de 20.8.2012, Juíza Bárbara Lebarbenchon Moura Thomaselli).

(RECURSO EM PROCESSO-CRIME ELEITORAL n 2838, ACÓRDÃO n 30026 de 27/08/2014, Relator(a) SÉRGIO ROBERTO BAASCH LUZ, Revisor(a) IVORÍ LUIS DA SILVA SCHEFFER, Publicação: DJE – Diário de JE, Tomo 152, Data 02/09/2014, Página 3).

Tipicidade subjetiva

Todas as infrações penais eleitorais só comportam a sua prática na modalidade dolosa, motivo pelo qual inexiste crime eleitoral culposo.

Essa regra é extraída a partir da constatação de que nas infrações penais eleitorais inexiste qualquer menção à possibilidade de sua prática na modalidade culposa, o que faz com que, por força do disposto no artigo 287 do Código Eleitoral, aplique-se o artigo 18, parágrafo único do Código Penal.

É importante registrar que, nesse caso, há necessidade de comprovação do dolo específico, "consistente no especial fim de obter ou dar voto, conseguir ou prometer abstenção." (Recurso Especial Eleitoral nº 998471411, Acórdão, Relator(a) Min. Napoleão Nunes Maia Filho, Publicação: DJE – Diário de justiça eletrônico, Tomo 57, Data 23/03/2017, Página 26). Nesse mesmo sentido:

> ELEIÇÕES 2008. AGRAVO REGIMENTAL. RECURSO ESPECIAL. AÇÃO PENAL. IMPROCEDÊNCIA. CORRUPÇÃO ELEITORAL. DISTRIBUIÇÃO DE VALE-COMBUSTÍVEL EM TROCA DA AFIXAÇÃO DE ADESIVOS. DOLO ESPECÍFICO DE CAPTAR VOTOS. AUSÊNCIA. ATIPICIDADE DA CONDUTA. PROVIMENTO.
>
> 1. Segundo a jurisprudência desta Corte, para a configuração do crime descrito no art. 299 do CE, é necessário o dolo específico que exige o tipo penal, isto é, a finalidade de "obter ou dar voto" e "conseguir ou prometer abstenção" (RHC nº 142354, Rel. Min. Laurita Vaz, DJe de 5.12.2013).
>
> 2. Na espécie, o recebimento da vantagem – materializada na distribuição de vale combustível –, foi condicionado à fixação de adesivo de campanha em veículo e não à obtenção do voto. Desse modo, o reconhecimento da improcedência da ação penal é medida que se impõe.
>
> 3. Agravo regimental provido para conhecer e prover o recurso especial e julgar improcedente a ação penal, afastando a condenação do agravante pela prática do crime de corrupção eleitoral. (Recurso Especial Eleitoral nº 291, Acórdão, Relator(a) Min. Maria Thereza Rocha De Assis Moura, Publicação: DJE – Diário de justiça eletrônico, Tomo 42, Data 04/03/2015, Página 220).

É importante observar que esse "especial fim de agir" não coincide necessariamente com o pedido explícito de votos, sendo suficientes os comportamentos sorrateiros e ardilosos de candidatos e cabos eleitorais no sentido de deixar "no ar" que aquela conduta de prometer, dar ou oferecer algo ao eleitor refere-se ao processo eleitoral, como ocorre nas frases "não esqueça de mim", "estamos juntos", "vou lembrar de você", "eu ajudo quem me ajuda" etc.

Consumação e tentativa

"O crime de corrupção eleitoral ativa é crime instantâneo, cuja consumação é imediata, ocorrendo com a simples prática de um dos núcleos do tipo (dar, oferecer, prometer, solicitar ou receber), bem como se qualifica como crime formal, pois a consumação independe do resultado, da efetiva entrega da benesse em troca do voto ou da abstenção, sendo irrelevante se o eleitor corrompido efetivamente votou no candidato indicado.

Exige-se (i) que a promessa ou a oferta seja feita a um eleitor determinado ou determinável; (ii) que o eleitor esteja regular ou que seja possível a regularização no momento da consumação do crime; (iii) que o eleitor vote no domicílio eleitoral do candidato indicado pelo corruptor ativo." (TSE, Agravo de Instrumento nº 20903, Acórdão, Relator(a) Min. Gilmar Ferreira Mendes, Publicação: DJE – Diário de justiça eletrônico, Tomo 43, Data 05/03/2015, Página 44/45).

Além disso, é importante destacar que "o crime de corrupção eleitoral (Cód. Eleitoral, art. 299), na modalidade "prometer" ou "oferecer", é formal e se consuma no momento em que é feita a promessa ou oferta, independentemente de ela ser aceita ou não", de modo que "a oferta de dinheiro em troca do voto, realizada em ação única, a mais de uma pessoa, caracteriza o tipo do art. 299 em relação a cada um dos eleitores identificados." Assim, "há concurso formal impróprio, ou imperfeito, quando o candidato, em conduta única, promete bem ou vantagem em troca do voto de dois ou mais eleitores determinados, agindo com desígnios autônomos (Cód. Penal, art. 70, segunda parte). (TSE, Recurso Especial Eleitoral nº 1226697, Acórdão, Relator(a) Min. Henrique Neves Da Silva, Publicação: DJE – Diário de justiça eletrônico, Tomo 183, Data 30/09/2014, Página 487/488).

Por fim, não custa lembrar que "a absolvição do réu, por falta de provas, da imputação de crime de corrupção eleitoral (art. 299 do CE), nos autos de ação penal, por si só, não tem o condão de afastar a condenação por captação ilícita de sufrágio e abuso do poder econômico em sede de ação de investigação judicial eleitoral, pois a jurisprudência desta Corte consolidou-se no sentido da incomunicabilidade das esferas criminal e civil-eleitoral." (TSE, Recurso Especial Eleitoral nº 82911, Acórdão, Relator(a) Min. Admar Gonzaga Neto, Publicação: DJE – Diário de justiça eletrônico, Volume, Tomo 170, Data 02/09/2016, Página 72/73).

3.12. Crimes de coação eleitoral

O Código Eleitoral prevê dois tipos penais (artigos 300 e 301) que incriminam a coação realizada para fins de conseguir o voto ou a abstenção do voto.

Nesse sentido, cumpre apresentar, ainda que de relance, as principais características diferenciadoras entre eles para que o leitor já as assimile de pronto. Vejamos.

A primeira delas diz respeito ao sujeito ativo, pois enquanto o crime do artigo 300 é próprio, só podendo ser praticado por servidor público (eleitoral ou não), o tipo do artigo 301 pode ser praticado por qualquer pessoa.

Em seguida, devemos observar que coação do artigo 300 só pode ser do tipo moral ou psíquica, pois, se houver violência ou grave ameaça, o crime será o do artigo 301 do Código Eleitoral.

Por fim, as consequências são distintas, uma vez que o artigo 300, por se tratar de crime de menor potencial ofensivo, possibilita a aplicação da transação penal e do sursis processual sem gerar inelegibilidade, ao passo que o artigo 301 não comporta transação penal, embora caiba a suspensão condicional do processo e a sua condenação seja apta a gerar a inelegibilidade.

Pois bem, feita essa distinção preliminar, passemos a analisar os referidos tipos penais.

3.12.1. Coação eleitoral moral praticada por servidor público

Art. 300. Valer-se o servidor público da sua autoridade para coagir alguém a votar ou não votar em determinado candidato ou partido:

Pena – detenção até seis meses e pagamento de 60 a 100 dias-multa.

Parágrafo único. Se o agente é membro ou funcionário da Justiça Eleitoral e comete o crime prevalecendo-se do cargo a pena é agravada.

Bem jurídico tutelado

De acordo com a ampla maioria da doutrina eleitoral, o bem jurídico protegido pelo crime previsto no artigo 300 do Código Eleitoral é a liberdade do eleitor de escolher em qual candidato ou partido votará.

Entretanto, Marcílio Nunes Medeiros assevera que "o art. 300 do CE tutela a moralidade para o exercício da função pública e a imparcialidade dos servidores públicos, no exercício de suas funções, quanto ao processo eleitoral, o que se revela pela necessidade de o servidor 'valer-se' do cargo que ocupa".

A despeito da sedução acadêmica desse último posicionamento, parece-me que a primeira posição é a mais adequada, já que, embora não haja dúvidas que o tipo tem por objetivo tutelar a imparcialidade do serviço público, esse fim é apenas mediato, o que, aliás, ocorre em inúmeros outros crimes eleitorais.

Assim o tipo visa a garantia da liberdade de escolha do eleitor no processo eleitoral.

Sujeitos do crime

Da leitura do tipo penal, verifica-se que o mesmo só pode ser praticado por "servidor público", cujo conceito, para caracterização nesse caso, encontra-se descrito no artigo 327 do Código Penal e no artigo 283 do Código Eleitoral. É importante destacar que o servidor público não precisa ser necessariamente da Justiça Eleitoral, já que essa circunstância é causa de aumento de pena.

Trata-se, portanto, de crime próprio, o que faz com que, a priori, não seja possível a coautoria, pois, nessa espécie de crime, "exige-se a atuação pessoal do sujeito ativo, que não pode ser substituído por mais ninguém".

Ocorre, porém, que, adotando-se a teoria do domínio do fato ou a "autoria por determinação", vislumbramos a possibilidade de coautoria.

Essa linha de raciocínio já foi adotada pela Corte Eleitoral, decidir que "a delimitação prevista no Código Eleitoral quanto aos crimes eleitorais próprios do eleitor, ou mesmo de mão própria, por si só, não impede o surgimento do concurso de pessoas e a responsabilização penal, pela mesma prática delitiva, de um sujeito não qualificado, ainda mais quando, presumivelmente, este conhece a condição pessoal do pretenso autor "eleitor" e os benefícios que poderá auferir com a consumação da conduta criminosa. Assim, nesses casos, o fato não se mostra, de plano, atípico quanto ao sujeito não qualificado, mas possível de se apurar a sua concorrência para o delito, considerada a sua culpabilidade, a qual, contudo, deverá ser comprovada ou não no curso da ação penal". (Recurso Especial Eleitoral nº 34863, Acórdão, Relator(a) Min. Joaquim Benedito Barbosa Gomes, Publicação: DJE – Diário de justiça eletrônico, Data 01/09/2009, Página 20/21).

No polo passivo, temos o Estado e o eleitor que sofreu a coação para votar ou não votar.

Condutas

O tipo penal fala em coagir, que significa constranger ou intimidar. Assim, é preciso que o agente pressione ou intimide o eleitor de tal forma que diminua ou restrinja a sua escolha político-eleitoral.

Além disso, é importante destacar que a coação só pode ser do tipo moral ou psíquica, pois, se houver violência ou grave ameaça, o crime será o do artigo 301 do Código Eleitoral.

Ainda sobre a conduta, o mal anunciado deve ser verossímil e não manifestamente impossível de ser executado pelo autor do fato ou por terceiro que faça parte da mesma facção político-eleitoral. Exemplo corriqueiro da prática desse delito no Brasil é o tradicional "aviso" dado pelo titular de uma determinada pasta de uma gestão pública (municipal, estadual ou federal) aos ocupantes de cargos comissionados no sentido de que o Chefe do Executivo irá exonerá-los caso os mesmos não votem no candidato da situação. De igual forma ocorre com os contratados temporários, que são admoestados sobre eventual rescisão contratual ou não renovação do pacto de trabalho no caso de não ocorrer o voto no candidato indicado. Observe-se que se a ameaça (direta ou indireta) for praticada por um particular, o crime será o do artigo 301 do Código Eleitoral.

A doutrina aponta também que não é obrigatório que a coação seja praticada diretamente sobre o eleitor, sendo apta a configuração do delito aquela realizada contra pessoas que com ele possuam vínculos estreitos (caso da esposa, filhos, pais etc). Assim, admite-se a coação direta e indireta, sendo necessário que, nesse último caso, a pessoa coagida tenha um vínculo tão forte com o eleitor que se pretende atingir ao ponto de influenciar a sua decisão política por medo.

Além disso, é fundamental que o autor do fato aja valendo-se de sua condição de servidor público, motivo pelo qual é imperiosa a demonstração desse nexo quando da imputação do crime e a respectiva condenação. Diante disso, a priori, entendo que o servidor afastado de suas funções não pode praticar o crime em apreço, salvo quando a prova dos autos demonstrar que, mesmo afastado formalmente, ele ainda possuía poder de gestão ou de influência no seu sucessor ou substituto.

Por fim, deve-se destacar que o tipo penal possui momento de incidência variável de acordo com o beneficiário da coação: se ela for voltada para um partido político (pessoa jurídica de direito privado com existência jurídica perene, salvo extinção ou fusão), trata-se de crime permanente; contudo, caso ela se direciona a beneficiar beneficiar "determinado candidato" (como exige o tipo no caput), o crime só é de possível consumação ou tentativa após a escolha realizada em convenção partidária e o consequente pedido de registro de candidatura.

Consumação e tentativa

O crime se consuma com a prática da coação eleitoral, sendo indiferente se o eleitor votou ou deixou de votar no candidato indicado pelo coator.

Trata-se, destarte, de crime plurissubsistente e formal, que admite a tentativa

3.12.2. Coação eleitoral praticada por particular

> **Art. 301.** Usar de violência ou grave ameaça para coagir alguém a votar, ou não votar, em determinado candidato ou partido, ainda que os fins visados não sejam conseguidos:

Pena – reclusão até quatro anos e pagamento de cinco a quinze dias-multa.

Bem jurídico tutelado

De acordo com a unanimidade da doutrina eleitoral, o bem jurídico protegido pelo crime previsto no artigo 301 do Código Eleitoral é a liberdade do eleitor de escolher em qual candidato ou partido votará.

Sujeitos do crime

O crime em análise é classificado como sendo comum, pois pode ser praticado por qualquer pessoa, de modo que é plenamente possível a coautoria e suas diversas modalidades.

No polo passivo, temos o Estado.

Condutas

O tipo penal criminaliza duas condutas bem específicas, a saber:

1 – usar de violência, que significa a prática de atos físicos contra o eleitor no sentido de direcionar a sua livre manifestação política. Por questões de logística do procedimento de votação, os atos de violência física devem ocorrer antes do início da votação, uma vez que se ela for exercida no ato do voto, quem estará voando será o coator através do coacto, o que caracterizará o crime do artigo 309, do Código Eleitoral (votar em lugar de outrem) em concurso com a violência empregada (lesão corporal – artigo 129, do Código Penal).

2 – usar de grave ameaça, que ocorre com a prática de comportamentos ou ameaças dirigidas ao eleitor tendentes a causar nele qualquer espécie de medo, abalo moral, receio, insegurança ou pressão psicológica, ao ponto de levá-lo a não se manifestar livremente na escolha de seu candidato ou partido político.

Ainda sobre a grave ameaça, é fundamental destacar que o importante para a sua caracterização é a circunstância dela causar um temor no eleitor, ainda que o coator não tenha poder de direito ou de fato para concretizá-la. Claro que as ameaças de caráter genérico ou sem concretude alguma, como ocorre nas conhecidas bravatas de candidatos ou cabos eleitorais, não configuram a conduta delituosa.

A doutrina aponta também que não é obrigatório que a coação seja praticada diretamente sobre o eleitor, sendo apta a configuração do delito aquela realizada contra pessoas que com ele possuam vínculos estreitos (caso da esposa, filhos, pais etc). Assim, admite-se a coação direta e indireta, sendo necessário que, nesse último caso, a pessoa coagida tenha um vínculo tão forte com o eleitor que se pretende atingir ao ponto de influenciar a sua decisão política por medo.

Por fim, deve-se destacar que o tipo penal possui momento de incidência variável de acordo com o beneficiário da coação: se ela for voltada para um partido político (pessoa jurídica de direito privado com existência jurídica perene, salvo extinção ou fusão), trata-se de crime permanente; contudo, caso ela se direciona a beneficiar "determinado candidato" (como exige o tipo no caput), o crime só é de possível consumação ou tentativa após a escolha realizada em convenção partidária e o consequente pedido de registro de candidatura.

Consumação e tentativa

O crime se consuma com a prática do ato de violência ou da grave ameaça com a finalidade eleitoral, sendo indiferente se o eleitor votou ou deixou de votar no candidato ou partido indicado pelo coator. Isso está muito claro na parte final do caput do dispositivo, em que consta expressamente a ressalva de que há fato típico "ainda que os fins visados não sejam conseguidos".

Na modalidade "usar da violência", por se tratar de crime plurissubsistente, admite-se a tentativa, o que não é possível na modalidade "usar de grave ameaça", já que essa modalidade é unissubsistente.

3.13. Promover a concentração de eleitores no dia da eleição com o fim de impedir, atrapalhar ou fraudar o voto

Art. 302. Promover, no dia da eleição, com o fim de impedir, embaraçar ou fraudar o exercício do voto a concentração de eleitores, sob qualquer forma, inclusive o fornecimento gratuito de alimento e transporte coletivo:

Pena – reclusão de quatro (4) a seis (6) anos e pagamento de 200 a 300 dias-multa.

Breve nota sobre a revogação parcial do artigo 302 do Código Eleitoral

O sistema eleitoral brasileiro veda, a partir de dois dispositivos criminais diversos (artigo 302, do Código Eleitoral e artigo 11, III, da Lei nº 6.091/74) o fornecimento gratuito de alimento e de transporte a eleitores no dia da eleição.

Tem-se, assim, clara antinomia, a ser resolvida pelo critério cronológico, motivo pelo qual deve-se ter como revogada a parte final do artigo 302 do Código Eleitoral, especificamente no trecho em que consta a expressão "inclusive o fornecimento gratuito de alimento e transporte coletivo".

Esse é o entendimento de toda a doutrina e também do Tribunal Superior Eleitoral (TSE), que já proclamou: "O dispositivo que tipifica a concentração ilegal de eleitores (art. 302 do Código Eleitoral) teve somente revogada a sua parte final pelo disposto no art. 11, inciso III, da Lei nº 6.091/74". (Recurso Especial Eleitoral nº 21401, Acórdão de, Relator(a) Min. Fernando Neves Da Silva, Publicação: DJ – Diário de justiça, Volume 1, Data 21/05/2004, Página 132).

Bem jurídico tutelado

O tipo penal em análise possui objetividade jurídica múltipla, pois tutela, a um só tempo, a liberdade do eleitor (na modalidade impedir e embaraçar), a lisura das eleições (na modalidade fraudar) e a regularidade dos serviços realizados pela Justiça Eleitoral.

Sujeitos do crime

O crime em análise é classificado como sendo comum, pois pode ser praticado por qualquer pessoa, de modo que é plenamente possível a coautoria e suas diversas modalidades.

No polo passivo, temos o Estado.

Condutas

O tipo penal criminaliza uma conduta específica, qual seja, a de promover, no dia da eleição, a concentração de eleitores, sob qualquer forma, com o fim de impedir, embaraçar ou fraudar o exercício do voto.

Promover significa realizar, dar causa ou provocar algo, no caso, a concentração ilegal de eleitores. É importante destacar que, quando a pessoa não dá início ao fato criminoso, mas dele participe espontaneamente, possibilitando, assim, a manutenção da concentração de eleitores, também estará ela sujeita às penas do artigo 302.

Por concentração de eleitores deve-se entender a junção de, pelo menos, dois eleitores (portanto, é preciso que os participantes ostentem esse status jurídico, sob pena de atipicidade). Ainda sobre a concentração, não há necessidade de aferição do lapso temporal de sua duração, sendo suficiente para a caracterização do tipo apenas que ela tenha a finalidade eleitoral específica de impedir, embaraçar ou fraudar o exercício do voto. Além disso, deve-se destacar que é indiferente para a tipicidade a concentração ocorrer próximo ou distante de uma seção eleitoral.

Da leitura do tipo, vê-se que a conduta deve ocorrer "no dia da eleição", conceito que vai do primeiro minuto do dia do pleito até às 23:59 horas. Ocorre, porém, que, considerando o bem jurídico tutelado, parece-me que, encerrado o processo de votação, não há mais como o crime ser praticado!

Por fim, deve-se destacar que existem figuras assemelhadas ao crime em estudo, mas que com ele não se confundem. A primeira delas é o crime descrito no artigo 39, § 5º, II, da Lei nº 9504/97, segundo o qual é crime, no dia da eleição, a arregimentação de eleitores, cujo fim é o de captação de votos, não o de impedimento, embaraço ou fraude ao voto. A segunda diz respeito ao ilícito cível descrito no artigo 39-A, § 1º, da Lei nº 9504/97, que proíbe, no dia do pleito, até o término do horário de votação, a aglomeração de pessoas portando vestuário padronizado, bem como os instrumentos de propaganda referidos no caput, de modo a caracterizar manifestação coletiva, com ou sem utilização de veículos.

Tipicidade subjetiva

Todas as infrações penais eleitorais só comportam a sua prática na modalidade dolosa, motivo pelo qual inexiste crime eleitoral culposo.

Essa regra é extraída a partir da constatação de que nas infrações penais eleitorais inexiste qualquer menção à possibilidade de sua prática na modalidade culposa, o que faz com que, por força do disposto no artigo 287 do Código Eleitoral, aplique-se o artigo 18, parágrafo único do Código Penal.

É importante registrar que, nesse caso, há necessidade de comprovação do dolo específico, consistente no fim de impedir, embaraçar ou fraudar o exercício do voto.

Deve-se ressaltar que, de acordo com o Tribunal Superior Eleitoral (TSE) o voto tutelado pelo tipo é apenas aquele a ser dado nos processos de escolha dos representantes populares, não abrangendo as consultas populares, in verbis:

> CRIME – PREVISÃO LEGAL – INEXISTÊNCIA. "Não há crime sem lei anterior que o defina, nem pena sem prévia cominação legal" – inciso XXXIX do artigo 5º da Constituição Federal. PLEBISCITO – TRANSPORTE DE CIDADÃOS – ARTIGO 302 DO CÓDIGO ELEITORAL. O tipo do artigo 302 do Código Eleitoral não alcança o transporte de cidadãos no dia da realização de plebiscito. (Habeas Corpus nº 70543, Acórdão, Relator(a) Min. Gilson Langaro Dipp, Publicação: RJTSE – Revista de jurisprudência do TSE, Volume 23, Tomo 2, Data 20/03/2012, Página 103)

Consumação e tentativa

O crime se consuma com a promoção da concentração de eleitores, sendo indiferente a obtenção da finalidade pretendida. Trata-se, destarte, de crime formal.

Por ser crime plurissubsistente, admite-se a tentativa.

3.14. Recusa de fornecimento regular de alimentação e dos meios de transporte a todos no dia da eleição

> **Art. 304.** Ocultar, sonegar açambarcar ou recusar no dia da eleição o fornecimento, normalmente a todos, de utilidades, alimentação e meios de transporte, ou conceder exclusividade dos mesmos a determinado partido ou candidato:
>
> Pena – pagamento de 250 a 300 dias-multa.

Bem jurídico tutelado

O tipo penal em análise possui objetividade jurídica múltipla, pois tutela, a um só tempo, a igualdade de oportunidades entre os candidatos e partidos políticos no dia do pleito eleitoral (ao proibir a concessão de exclusividade dos serviços de alimentação e meio de transporte), bem como a regularidade do pleito e o livre exercício do voto (na parte em que proíbe a recusa ao fornecimento dos serviços oferecidos normalmente ao público em geral).

Deve-se ressaltar que, de acordo com o Tribunal Superior Eleitoral (TSE), à semelhança do que ocorre com o artigo 302 (ao analisar o alcance da expressão "eleição"), o voto tutelado pelo tipo é apenas aquele a ser dado nos processos de escolha dos representantes populares, não abrangendo as consultas populares, in verbis:

> CRIME – PREVISÃO LEGAL – INEXISTÊNCIA. "Não há crime sem lei anterior que o defina, nem pena sem prévia cominação legal" – inciso XXXIX do artigo 5º da Constituição Federal. PLEBISCITO – TRANSPORTE DE CIDADÃOS – ARTIGO 302 DO CÓDIGO ELEITORAL. O tipo do artigo 302 do Código Eleitoral não alcança o transporte de cidadãos no dia da realização de plebiscito. (Habeas Corpus nº 70543, Acórdão, Relator(a) Min. Gilson Langaro Dipp, Publicação: RJTSE – Revista de jurisprudência do TSE, Volume 23, Tomo 2, Data 20/03/2012, Página 103

Sujeitos do crime

O crime em análise é classificado, pela doutrina majoritária, como sendo comum, pois pode ser praticado por qualquer pessoa, de modo que é plenamente possível a coautoria e suas diversas modalidades.

Entretanto, parece-me que se trata de crime próprio, pois o tipo traz ínsita a figura do empresário (artigo 966, do Código Civil) ao estabelecer como elementar do tipo que o serviço ou utilidade cuja prestação seja recusada no dia da eleição deve ser oferecido "normalmente a todos". Assim, pode-se dizer que é inerente ao tipo a habitualidade da atividade econômica característica dos empresários.

No polo passivo, temos os cidadãos que não tiveram acesso aos serviços, os partidos ou candidatos discriminados pela ação delituosa e o Estado.

Condutas

O tipo penal criminaliza diversas condutas de maneira alternativa, que podem ou não ocorrer concomitante e sucessivamente, sendo necessária a prática de apenas uma delas para a sua caracterização. Trata-se, pois, de crime misto alternativo.

Vejamos, pois, cada uma das condutas proibidas.

Ocultar significa o ato de encobrir ou dissimular. Sonegar é deixar de fornecer, ao passo que açambarcar indica a obtenção do monopólio de algo. Por fim, recusar é rejeitar ou negar algo.

Da leitura do tipo, vê-se que a conduta deve ocorrer "no dia da eleição", conceito que vai do primeiro minuto do dia do pleito até às 23:59 horas. Nesse caso, a incidência temporal do artigo 304 é, de fato, durante todo o dia, ao contrário do ocorre no tipo do artigo 302, pois o objetivo do tipo em estudo é garantir o acesso universal aos serviços e produtos necessários para o regular transcurso do pleito e a livre circulação dos eleitores.

Por fim, deve-se destacar que se a recusa ao fornecimento dos serviços e utilidades normalmente postos à disposição no mercado de consumo ocorrer em dia diverso do da eleição, o crime será o da Lei nº 1521/51.

Consumação e tentativa

O crime se consuma com prática de qualquer das condutas descritas no caput, sendo indiferente a obtenção da finalidade pretendida. Trata-se, destarte, de crime formal.

É importante destacar que os bens ou serviços que tiverem a sua prestação recusada, sonegada, ocultada ou açambarcada devem possuir relevância para o regular transcurso do pleito, sob pena de atipicidade material. Assim, se a prática for no tocante ao fornecimento de combustível ou de alimentação, não há dúvidas da ocorrência do crime.

Por ser crime plurissubsistente, admite-se a tentativa.

3.15. Intervenção indevida na mesa receptora de votos

Art. 305. Intervir autoridade estranha à mesa receptora, salvo o juiz eleitoral, no seu funcionamento sob qualquer pretexto:

Pena – detenção até seis meses e pagamento de 60 a 90 dias-multa.

Bem jurídico tutelado

O tipo penal em análise tutela o livre e regular desenvolvimento dos trabalhos da mesa receptora de votos, protegendo os seus integrantes da ingerência indevida das "autoridades". Por consequência disso, também se pode apontar que a lisura do pleito é resguardada.

A razão do crime em análise decorre do disposto nos artigos 139 e 140 do Código Eleitoral, segundo os quais "nenhuma autoridade estranha a mesa poderá intervir, sob pretexto algum, em seu funcionamento, salvo o juiz eleitoral" e que o Presidente da mesa é a autoridade superior durante os trabalhos, cabendo-lhe, juntamente com o juiz eleitoral, o poder de polícia.

Sujeitos do crime

O sujeito ativo do crime em estudo é qualquer autoridade estranha à mesa, pouco importando o seu enquadramento (política, administrativa e até mesmo judicial, já que apenas o juiz eleitoral daquela seção específica é que pode intervir na mesa receptora).

Observe-se, portanto, que apenas os membros da mesa receptora (composta pelo Presidente, um primeiro e um segundo mesários, dois Secretários e um suplente – artigo 120, do Código Eleitoral) e o juiz eleitoral da zona eleitoral em que está inserida a mesa receptora é que podem, a priori, intervir nos trabalhos.

Assim sendo, verifica-se que se trata de crime próprio, o que faz com que, a priori, não seja possível a coautoria, pois, nessa espécie de crime, "exige-se a atuação pessoal do sujeito ativo, que não pode ser substituído por mais ninguém".

Ocorre, porém, que, adotando-se a teoria do domínio do fato ou a "autoria por determinação", vislumbramos a possibilidade de coautoria.

Essa linha de raciocínio já foi adotada pela Corte Eleitoral, decidir que "a delimitação prevista no Código Eleitoral quanto aos crimes eleitorais próprios do eleitor, ou mesmo de mão própria, por si só, não impede o surgimento do concurso de pessoas e a responsabilização penal, pela mesma prática delitiva, de um sujeito não qualificado, ainda mais quando, presumivelmente, este conhece a condição pessoal do pretenso autor "eleitor" e os benefícios que poderá auferir com a consumação da conduta criminosa. Assim, nesses casos, o fato não se mostra, de plano, atípico quanto ao sujeito não qualificado, mas possível de se apurar a sua concorrência para o delito, considerada a sua culpabilidade, a qual, contudo, deverá ser comprovada ou não no curso da ação penal". (Recurso Especial Eleitoral nº 34863, Acórdão, Relator(a) Min. Joaquim Benedito Barbosa Gomes, Publicação: DJE – Diário de justiça eletrônico, Data 01/09/2009, Página 20/21).

No polo passivo, temos membros da mesa receptora e a sociedade.

Condutas

O tipo penal criminaliza a conduta de intervir no funcionamento da mesa receptora de votos, cujo significado é a prática de qualquer ato tendente a interferir ou se intrometer indevidamente naquele órgão eleitoral.

Observe-se, porém, que é permitida a intervenção em pelo menos três situações, sem que haja o cometimento da conduta típica:

1. a prerrogativa de qualquer cidadão ou autoridade de realizar prisões em flagrante quando do cometimento de crimes (artigo 301, do Código de Processo Penal);
2. o direito de fiscalização dos candidatos, partidos e coligações, que ocorre nesse último caso por meio de seus fiscais credenciados (artigos 131 e 132, do Código Eleitoral e artigos 65 a 71, da Lei nº 9504/97);
3. a prerrogativa funcional dos membros do Ministério Público Eleitoral de "expedir recomendações, visando à melhoria dos serviços públicos e de relevância pública, bem como ao respeito, aos interesses, direitos e bens cuja defesa lhe cabe promover" (artigo 6º, XX, da Lei Complementar nº 75/93). Claro que se a recomendação for indevida, isto é, não houver irregularidade que justifique a intervenção do Parquet haverá a prática do crime em referência.

Tipicidade subjetiva

Todas as infrações penais eleitorais só comportam a sua prática na modalidade dolosa, motivo pelo qual inexiste crime eleitoral culposo.

Essa regra é extraída a partir da constatação de que nas infrações penais eleitorais inexiste qualquer menção à possibilidade de sua prática na modalidade culposa, o que faz com que, por força do disposto no artigo 287 do Código Eleitoral, aplique-se o artigo 18, parágrafo único do Código Penal.

É importante registrar que, nesse caso, não há necessidade de comprovação de qualquer dolo específico.

Consumação e tentativa

O crime se consuma com prática do ato de intervenção indevida, sendo indiferente a obtenção de qualquer prejuízo aos trabalhos da mesa receptora. Trata-se, destarte, de crime formal. Por ser crime plurissubsistente, admite-se a tentativa.

3.16. Votar ou tentar votar em duplicidade ou em lugar de outro eleitor

> **Art. 309.** Votar ou tentar votar mais de uma vez, ou em lugar de outrem:
>
> Pena – reclusão até três anos.

Bem jurídico tutelado

O tipo penal em análise tutela a lisura do processo eleitoral, a igualdade do sufrágio (artigo 14, da Constituição Federal, do qual decorre o princípio do one man, one vote) e a personalidade do voto.

Sujeitos do crime

O crime em análise é classificado como próprio nas duas primeiras modalidades delituosas (votar ou tentar votar mais de uma vez), o que faz com que, a priori, não seja possível a coautoria, pois, nessa espécie de crime, "exige-se a atuação pessoal do sujeito ativo, que não pode ser substituído por mais ninguém".

Ocorre, porém, que, adotando-se a teoria do domínio do fato ou a "autoria por determinação", vislumbramos a possibilidade de coautoria.

Essa linha de raciocínio já foi adotada pela Corte Eleitoral, decidir que "a delimitação prevista no Código Eleitoral quanto aos crimes eleitorais próprios do eleitor, ou mesmo de mão própria, por si só, não impede o surgimento do concurso de pessoas e a responsabilização penal, pela mesma prática delitiva, de um sujeito não qualificado, ainda mais quando, presumivelmente, este conhece a condição pessoal do pretenso autor "eleitor" e os benefícios que poderá auferir com a consumação da conduta criminosa. Assim, nesses casos, o fato não se mostra, de plano, atípico quanto ao sujeito não qualificado, mas possível de se apurar a sua concorrência para o delito, considerada a sua culpabilidade, a qual, contudo, deverá ser comprovada ou não no curso da ação penal". (Recurso Especial Eleitoral nº 34863, Acórdão, Relator(a) Min. Joaquim Benedito Barbosa Gomes, Publicação: DJE – Diário de justiça eletrônico, Data 01/09/2009, Página 20/21).

Não obstante isso, o crime é comum nas duas últimas modalidades do tipo (votar ou tentar votar no lugar de outrem), pois pode ser praticado por qualquer pessoa, de modo que é plenamente possível a coautoria e suas diversas modalidades.

No polo passivo, temos o Estado.

Condutas

O tipo penal criminaliza quatro comportamentos delituosos, quais sejam:

1. votar mais de uma vez, que corresponde ao fato de alguém exercer a opção política (a favor de candidato, partido, legenda, em branco ou nulo) por, no mínimo, duas vezes. Da jurisprudência dos Tribunais Eleitorais, verifica-se que essa prática delituosa ocorre nas seguintes hipóteses: a) quando alguém possui dois documentos de identificação e vota em duplicidade; b) quando o sistema, erroneamente, libera novo processo de votação para o eleitor ao fim do primeiro e este realiza a escolha de pelo menos um candidato na segunda votação, ainda que não tenha aparecido a foto do mesmo.
2. tentar votar mais de uma vez, que corresponde ao fato de alguém, após consumar sua opção política, tentar exercê-la novamente (a favor de candidato, partido, legenda, em branco ou nulo), não obtendo êxito por circunstâncias alheias à sua vontade. É o caso de alguém que, após votar, faz uso de título eleitoral de terceiro para o mesmo fim, mas é descoberto pelos membros da mesa receptora.
3. votar no lugar de outrem, que corresponde ao fato de alguém exercer a opção política (a favor de candidato, partido, legenda, em branco ou nulo) no lugar de outro eleitor. Exemplo recorrente dessa prática ocorre quando alguém utiliza o título de outrem (ou qualquer documento que viabilize o exercício do voto) e consegue efetivar seu intuito, ou, então, quando os membros da mesa receptora, após o encerramento da votação, verificam os eleitores ausentes, falsificam as respectivas assinaturas e por eles votam.
4. tentar votar no lugar de outrem, que corresponde ao fato de alguém tentar exercer a opção política no lugar de outro eleitor (a favor de candidato, partido, legenda, em branco ou nulo) e não conseguir por circunstâncias alheias à sua vontade.

Consumação e tentativa

O tipo pune a votação em duplicidade e a votação no lugar de outrem em igual proporção com a modalidade tentada, pelo que se tem que o tipo é de consumação antecipada. Assim, basta a mera prática de qualquer das condutas proibidas para a ocorrência do delito.

3.17. Violação do sigilo do voto

> **Art. 312.** Violar ou tentar violar o sigilo do voto:
>
> Pena – detenção até dois anos.

Bem jurídico tutelado

O tipo penal em análise tutela o segredo do voto, que é mandamento constitucional (artigo 14) e cláusula pétrea (artigo 60, § 4º, II), cujo objetivo é garantir a liberdade do eleitor e a higidez do processo eleitoral, pois impede que terceiros realizem a espúria prática do "voto de cabresto", uma modalidade de corrupção eleitoral.

Sujeitos do crime

O crime em análise é comum, pois pode ser praticado por qualquer pessoa, de modo que é plenamente possível a coautoria e suas diversas modalidades.

No polo passivo, temos o Estado e, secundariamente, o eleitor que teve o sigilo do seu voto objeto de devassa.

Condutas

O tipo penal criminaliza duas condutas diversas, a saber:

1. Violar, que significa qualquer comportamento tendente a desrespeitar, quebrar ou romper o sigilo do voto do eleitor. De execução variada, pode-se extrair do artigo 146, IX, do Código Eleitoral, uma forma de sua prática, qual seja, a invasão à cabine de votação quando o eleitor já se encontre no processo da sua escolha política.
2. Tentar violar, que implica na frustrada ação do autor voltada a conseguir saber a escolha política do eleitor contra a sua vontade.

Das condutas proibidas, extrai-se que o sigilo do voto deve ser mantido durante todo o processo de votação, motivo pelo qual interdita-se o uso de qualquer aparelho que permita o seu registro, em áudio ou vídeo. Essa é a razão de não ser autorizado o uso de celular ou máquinas fotográficas nas cabines de votação, pois elas podem ser instrumentos para viabilizar esse crime, ou até mesmo outros, como coação eleitoral ou corrupção eleitoral. Assim, no exercício do poder de polícia, os membros da mesa receptora devem recolher tais aparelhos e devolver após a votação (artigo 127, III c/c artigos 139 e 140, do Código Eleitoral).

Caso, porém, não o façam e o eleitor registre a sua presença na cabine de voto sem expor o seu conteúdo, não haverá o crime em estudo, como decidiu recentemente o Tribunal Regional Eleitoral de Santa Catarina (TRE/SC):

> – MINISTÉRIO PÚBLICO ELEITORAL – AUTONOMIA PARA REQUISITAR, POR INICIATIVA PRÓPRIA, A INSTAURAÇÃO DE INQUÉRITO POLICIAL AO DELEGADO DE POLÍCIA.
>
> – CRIME ELEITORAL – VIOLAÇÃO DO SIGILO DO VOTO – ART. 312 DO CÓDIGO ELEITORAL – ELEITOR – SUJEITO ATIVO – ATIPICIDADE – MERA UTILIZAÇÃO DE CÂMERAS FOTOGRÁFICAS DURANTE A VOTAÇÃO – AUSÊNCIA DO ELEMENTO SUBJETIVO DO TIPO – FINALIDADE ESPECIAL DE FRAUDAR O PLEITO ELEITORAL – NÃO CONFIGURAÇÃO.
>
> – CRIME DE DESOBEDIÊNCIA – ART. 347 DO CÓDIGO ELEITORAL – AUSÊNCIA DE DESCUMPRIMENTO À ORDEM JUDICIAL – ATIPICIDADE.
>
> – CONSTRANGIMENTO ILEGAL – CONCESSÃO DE OFÍCIO DE "HABEAS CORPUS". (INQUERITO POLICIAL n 2076, ACÓRDÃO n 31318 de 20/07/2016, Relator(a) BÁRBARA LEBARBENCHON MOURA THOMASELLI, Relator(a) designado(a) CESAR AUGUSTO MIMOSO RUIZ ABREU, Publicação: DJE – Diário de JE, Tomo 127, Data 27/07/2016, Página 2).

É importante destacar ainda que, como o sigilo do voto é um direito do eleitor, se o mesmo faz a divulgação espontaneamente, ainda que mediante provocação de alguém (perguntas de amigos, enquetes de votação promovidas por veículos de comunicação no dia da eleição, ou até mesmo de cabos eleitorais e políticos) não haverá crime.

Além disso, também não restará consumado o delito nos casos em que terceiros acompanhantes de eleitores portadores de necessidades especiais ingressem na cabine com eles e, dependendo do grau de dependência, digitem o número dos candidatos ou partidos por eles, tudo nos termos da Resolução TSE nº 21.819/2004.

Consumação e tentativa

O tipo pune em igual proporção a conduta de violar ou tentar violar o sigilo da votação, pelo que se tem que o mesmo é de consumação antecipada. Assim, basta a mera prática de qualquer das condutas proibidas para a ocorrência do delito. No caso da tentativa de violação, fala-se que é preciso que o eleitor tenha iniciado o processo de votação. Porém, entendo que esse requisito temporal não está sempre presente, uma vez que é possível ser colocada uma câmera escondida no vestuário do eleitor para que se monitore o voto do mesmo. Nesse caso, haverá a prática do crime por esse fato anterior.

3.18. Omissão na expedição do boletim de apuração

> **Art. 313.** Deixar o juiz e os membros da Junta de expedir o boletim de apuração imediatamente após a apuração de cada urna e antes de passar à subseqüente, sob qualquer pretexto e ainda que dispensada a expedição pelos fiscais, delegados ou candidatos presentes:
>
> Pena – pagamento de 90 a 120 dias-multa.
>
> **Parágrafo único.** Nas seções eleitorais em que a contagem fôr procedida pela mesa receptora incorrerão na mesma pena o presidente e os mesários que não expedirem imediatamente o respectivo boletim.

Bem jurídico tutelado

O tipo penal em análise tutela a regularidade dos serviços da Justiça Eleitoral, especificamente a totalização das eleições.

Sujeitos do crime

O crime em análise é classificado como sendo de mão própria, pois só pode ser cometido por quem ostente a qualidade de "juiz eleitoral" e "membros da mesa receptora".

Tal circunstância faz com que, a priori, não seja possível a coautoria, pois, nessa espécie de crime, "exige-se a atuação pessoal do sujeito ativo, que não pode ser substituído por mais ninguém". Esse também é o entendimento do Tribunal Superior Eleitoral (TSE), a conferir:

> RECURSO ESPECIAL. INSCRIÇÃO FRAUDULENTA DE ELEITOR (CE, art. 289). CRIME DE MÃO PRÓPRIA. PARTICIPAÇÃO POSSÍVEL ATRAVÉS DE CUMPLICIDADE.
>
> 1. O crime do artigo 289 do Código Eleitoral é qualificado como crime de mão própria, na medida em que somente pode ser praticado pelo eleitor. Assim sendo, não admite a

coautoria, mas é possível a participação. Precedente do TSE. (Recurso Especial Eleitoral nº 571991, Acórdão, Relator(a) Min. Maria Thereza Rocha De Assis Moura, Publicação: DJE – Diário de justiça eletrônico, Tomo 58, Data 25/03/2015, Página 37)

Ocorre, porém, que, adotando-se a teoria do domínio do fato ou a "autoria por determinação", vislumbramos a possibilidade de coautoria.

Essa linha de raciocínio já foi adotada pela Corte Eleitoral, decidir que "a delimitação prevista no Código Eleitoral quanto aos crimes eleitorais próprios do eleitor, ou mesmo de mão própria, por si só, não impede o surgimento do concurso de pessoas e a responsabilização penal, pela mesma prática delitiva, de um sujeito não qualificado, ainda mais quando, presumivelmente, este conhece a condição pessoal do pretenso autor "eleitor" e os benefícios que poderá auferir com a consumação da conduta criminosa. Assim, nesses casos, o fato não se mostra, de plano, atípico quanto ao sujeito não qualificado, mas possível de se apurar a sua concorrência para o delito, considerada a sua culpabilidade, a qual, contudo, deverá ser comprovada ou não no curso da ação penal". (Recurso Especial Eleitoral nº 34863, Acórdão, Relator(a) Min. Joaquim Benedito Barbosa Gomes, Publicação: DJE – Diário de justiça eletrônico, Data 01/09/2009, Página 20/21).

No polo passivo, temos o Estado.

Condutas

O tipo penaliza a conduta de deixar de expedir o boletim de apuração, que significa o descumprimento do dever funcional dos autores de, assim que finalizado o processo de votação, imprimir as 05 (cinco) vias do boletim de urna (BU).

Observe-se que esse crime não se confunde com aqueles descritos no artigo 68, § 1º e artigo 87, da Lei das Eleições, uma vez que esses tipos criminalizam a conduta de deixar de entregar cópia do boletim de urna às pessoas indicadas pela lei, ao passo que o artigo 313 pune a omissão na expedição do citado documento.

Consumação e tentativa

O tipo se consuma a partir do momento em que o autor não insere na urna eletrônica o comando necessário para que ela entre em atividade e conclua a apuração. Por ser crime omissivo próprio, não admite tentativa.

3.19. Divulgação de fatos inverídicos na propaganda

> **Art. 323.** Divulgar, na propaganda, fatos que sabe inverídicos, em relação a partidos ou candidatos e capazes de exercerem influência perante o eleitorado:
> Pena – detenção de dois meses a um ano, ou pagamento de 120 a 150 dias-multa.
>
> **Parágrafo único.** A pena é agravada se o crime é cometido pela imprensa, rádio ou televisão.

Bem jurídico tutelado

O tipo penal em análise tutela a veracidade da propaganda política e o direito do eleitor à veracidade das informações nas respectivas peças de comunicação política.

Nesse sentido, também é possível afirmar que "o art. 323 do Código Eleitoral, que criminaliza a divulgação de fatos sabidamente inverídicos, relativamente a candidato, partido ou coligação, capazes de exercer influência perante o eleitorado, tutela a honra subjetiva do candidato, bem como os eleitores em geral, protegendo-os da propaganda eleitoral falsa, ou parcialmente falsa, bastando, para tanto, que a parcela de inverdade tenha potencialidade para distorcer a realidade dos fatos".

Sujeitos do crime

O crime em análise é classificado como sendo comum, o que permite a ocorrência de coautoria.

No polo passivo, temos o Estado e o partido/candidato/coligação eventualmente prejudicado pela informação falsa na propaganda.

Condutas

A comunicação política, materializada em especial pelas variadas formas de propaganda, é instrumento fundamental para o êxito das pretensões eleitorais de qualquer partido ou candidato. Prova disso é o aumento considerável do valor e da qualidade das peças publicitárias, sendo os marqueteiros peças-chaves na pré-campanha e na campanha.

Pois bem, preocupado em tutelar a veracidade de qualquer tipo de propaganda (política, partidária e intrapartidária), inclusive por meio da internet, e evitar que o eleitor (qualquer que seja ele) se deixe influenciar pela informação manifestamente desonesta propaganda pelo divulgador político, o legislador criminalizou tal conduta nas peças de comunicação política.

Nesse sentido, destaca-se que o Tribunal Superior Eleitoral (TSE) já decidiu que "o art. 323 do Código Eleitoral refere-se à divulgação de fatos inverídicos na propaganda, conceito que deve ser interpretado restritivamente, em razão do princípio da reserva legal", razão pela qual "os textos jornalísticos publicados na imprensa escrita" que eventualmente divulguem opiniões sobre candidatos "não podem ser caracterizados como propaganda eleitoral, impedindo, por consequência, a tipificação do crime previsto no art. 323 do Código Eleitoral." (Recurso Especial Eleitoral nº 35977, Acórdão, Relator(a) Min. Felix Fischer, Publicação: RJTSE – Revista de jurisprudência do TSE, Volume 20, Tomo 4, Data 15/10/2009, Página 301).

Além disso, considerando que a propaganda pode ter um aspecto positivo ou negativo, pouco importa tal característica para a ocorrência do delito, sendo exigido apenas que a falsidade da informação esteja presente, como já se manifestou o Tribunal Regional Eleitoral de São Paulo (TRE/SP):

> Recurso criminal. Ação penal eleitoral. Eleições 2012. Denúncia referente ao crime previsto art. 323, caput, do código eleitoral, assim tipificado: "art. 323. Divulgar, na propaganda, fatos que sabe inverídicos, em relação a partidos ou candidatos e capazes de exercerem influência perante o eleitorado: pena – detenção de dois meses a um ano, ou pagamento de 120 a 150 dias-multa." sentença condenatória. Inconformismo do denunciado. Delito praticado mediante veiculação de propaganda eleitoral (panfletos) contendo informações inverídicas sobre a qualificação do candidato, ora réu. Apresentação do acusado, nesse material, como atual "presidente do conselho municipal das pessoas com deficiência do guarujá". Fato sabidamente inverídico, posto que o exercício pelo réu desse cargo se dera no período entre os anos de 2005 e 2009. Argumentação acerca de erro e responsabilidade de terceiros na confecção dos panfletos. Não demonstrada. Por alegar circunstância apta, em tese, a fragilizar

> a pretensão ministerial, caberia ao réu e não ao parquet o ônus de prová-la, eis que et reus in excipiendo fitactor, nos termos do artigo 156 do código de processo penal (diploma de aplicação subsidiária ao caso, art. 364 do código eleitoral). Fato com aptidão a influenciar o eleitorado. Delito caracterizado. Sentença mantida. Recurso desprovido. (recurso criminal n 14956, acórdão de 20/03/2014, relator(a) silmar fernandes, publicação: djesp – diário da justiça eletrônico do tre-sp, data 27/03/2014)

Sobre essa elementar do tipo (informação inverídica), a jurisprudência já se consolidou no sentido de que "a mensagem, para ser qualificada como sabidamente inverídica, deve conter inverdade flagrante que não apresente controvérsias", de modo que a menção a ações judiciais em curso ou a divulgação de dados disponíveis em sites oficiais não configura o delito.

Também merece registro o entendimento de que "o deferimento do direito de resposta e a interrupção da divulgação da ofensa não elidem a ocorrência dos crimes de difamação e de divulgação de fatos inverídicos na propaganda eleitoral, tendo em vista a independência entre as instâncias eleitoral e penal".

No que diz respeito à conduta do tipo ("divulgar"), ela abrange tanto quem propala, dissemina ou leva ao conhecimento de terceiros a informação falsa, ainda que mediante nova divulgação de boatos anteriormente existentes. Nesse caso, é preciso comprovar que o autor do fato tem conhecimento da falta de veracidade da informação, sob pena de atipicidade.

Se a divulgação ocorrer por meio de rádio, televisão ou imprensa, a pena é aumentada de 1/5 a 1/3 (aplicação do artigo 285 do CE), nos termos do que determina o parágrafo único do artigo 323. Sobre a expressão "imprensa", há acirrada controvérsia doutrinária sobre a divulgação via internet estar ou não abrangida pelo parágrafo único, parecendo-me mais correta a tese negativa.

Por fim, convém destacar que se a informação falsa disser respeito à divulgação de pesquisa fraudulenta, o crime não é o descrito no artigo 323 do Código Eleitoral, mas o do artigo 33, § 4º, da Lei nº 9504/97, por conta da especialidade desse último tipo. Esse, aliás, é o entendimento jurisprudencial:

> Recurso Criminal. Art. 323 do Código Eleitoral. Condenação em 1º grau. Pena substituída nos moldes do art. 44 do Código Penal. Eleições 2004. Divulgação de fatos inverídicos na propaganda eleitoral. Divulgaçao de pesquisa fraudulenta. Impossibilidade de imputação bivalente. Conflito aparente de normas. O tipo descrito no art. 33, § 4º, da Lei 9.504/97 é especial em relação ao tipo descrito no art. 323 do Código Eleitoral. Princípio da especialidade. Presença do elemento especializante consistente na pesquisa eleitoral fraudulenta. Prevalência do tipo do art. 33, § 4º, da Lei 9.504/97. Crime comum, considerada a não-exigência de qualificação especial do agente para a prática da infração eleitoral. Inteligência do art. 35 da Lei 9.504/97. (TRE/MG, RECURSO CRIMINAL n 12102005, ACÓRDÃO n 494 de 06/06/2007, Relator(a) FRANCISCO DE ASSIS BETTI, Publicação: DJ – Diário de justiça, Data 05/07/2007, Página 102 RDJ – Revista de Doutrina e Jurisprudência do TRE-MG, Tomo 17, Data 01/08/2008, Página 87).

Consumação e tentativa

O tipo se consuma a partir do momento em que a informação falsa chega ao conhecimento de terceiro, não sendo necessário que se comprove a influência no eleitorado, pois a lei fala em capacidade de exercer, o que indica crime formal.

Nesse sentido, já decidiu o Tribunal Regional Eleitoral de São Paulo (TRE/SP), ao pontificar que "possui o crime do artigo 323 do código eleitoral natureza formal, sendo, portanto, suficiente para a sua consumação a divulgação da propaganda sem necessidade de demonstração de resultado para a configuração desse delito".

Admite-se a tentativa.

Possibilidade de responsabilização penal do diretório local de partido político

O artigo 336, do Código Eleitoral, estabelece que "na sentença que julgar a ação penal pela infração de qualquer dos artigos. 322, 323, 324, 325, 326,328, 329, 331, 332, 333, 334 e 335, deve o juiz verificar, de acordo com o seu livre convencimento, se diretório local do partido, por qualquer dos seus membros, concorreu para a prática de delito, ou dela se beneficiou conscientemente", de modo que, "nesse caso, imporá o juiz ao diretório responsável pena de suspensão de sua atividade eleitoral por prazo de 6 a 12 meses, agravada até o dobro nas reincidências."

Trata-se da responsabilidade penal do Diretório local do partido beneficiado com qualquer das condutas delituosas praticadas por seus membros, cuja eficácia é plena à luz da atual Carta Política, desde que o ente partidário participe do processo judicial, isto é, seja denunciado ou chamado ao processo no primeiro momento em que se verificar a possibilidade aplicação da sanção, haja vista a necessidade de respeito aos postulados constitucionais do contraditório e da ampla defesa (artigo 5º, LIV e LV, da CF/88).

É importante salientar que, para a incidência dessa responsabilização penal das agremiações locais, é necessário comprovar sempre algum comportamento doloso (já que não existe crime eleitoral culposo) de um dos seus membros, que pode se dar com a realização de qualquer das condutas proibidas ou se agiu de forma a se beneficiar do ilícito.

3.20. Crimes eleitorais contra a honra

Os artigos 324, 325 e 326 do Código Eleitoral regulam os crimes eleitorais contra a honra (calúnia, difamação e injúria, respectivamente), cujo aumento de pena está previsto no artigo 327. Apesar de tais delitos seguirem, a priori, a mesma configuração daqueles previstos no Código Penal no que diz respeito ao núcleo dos tipos, existem fatores diferenciadores entre ambos, pois, do contrário, seria um típico caso de bis in idem. Vejamos, pois, cada um deles.

Inicialmente, destaco que se faz necessário que a conduta criminosa seja praticada em ato de propaganda eleitoral ou com fins eleitorais, cuja interpretação jurisprudencial do Tribunal Superior Eleitoral (TSE) é no sentido de que é preciso que haja apenas a finalidade eleitoral da conduta. Nesse sentido: "O objetivo do art. 326 do CE é coibir a manifestação ofensiva à honra subjetiva dos jurisdicionados, para a qual basta que a conduta tenha sido levada a efeito na propaganda eleitoral ou com repercussão nessa seara, ou seja, apura-se a conotação eleitoral da manifestação, o que se verifica no caso." (TSE, Recurso Especial Eleitoral nº 40224, Acórdão, Relator(a) Min. Gilmar Ferreira Mendes, Publicação: DJE – Diário de justiça eletrônico, Data 02/02/2017, Página 387).

Diante dessa interpretação da elementar "na propaganda, ou visando fins de propaganda", destaco também que não é preciso que a ofensa seja praticada contra candidato, uma vez que a norma descreve as condutas de difamar e injuriar alguém, sem especificar nenhuma qualidade especial quanto ao ofendido." (TSE, Habeas Corpus nº 187635, Acórdão, Relator(a) Min. Aldir Guimarães Passarinho Junior, Publicação: DJE – Diário de justiça eletrônico, Tomo 033, Data 16/02/2011, Página 44-45).

Convém referenciar, ainda, que não se aplica na seara eleitoral a isenção da pena decorrente da retratação cabal da afirmação feita pelo autor do fato antes da sentença (artigo 143, do Código Penal). Assim já decidiu a Suprema Corte Eleitoral (TSE): "O depoimento do réu, em juízo, ainda que contivesse retratação explícita, e não a contém, não se mostra apto a isentá-lo de pena. Mesmo com boa vontade interpretativa, inexiste nos autos qualquer retratação peremptória, absoluta, a afastar a aplicação analógica do art. 143 do Código Penal." (Recurso Especial Eleitoral nº 35322, Acórdão, Relator(a) Min. Joaquim Benedito Barbosa Gomes, Publicação: DJE – Diário de justiça eletrônico, Tomo 165, Data 31/08/2009, Página 41).

É importante observar que, nos delitos eleitorais contra a honra, a ação penal é sempre pública incondicionada (como estatui a regra geral do artigo 355 do Código Eleitoral), sendo desnecessária qualquer representação do ofendido para o seu oferecimento pelo Ministério Público. Nesse sentido, conferir recente decisão do Tribunal Superior Eleitoral (TSE): "Inviabilidade de ocorrência de decadência na espécie. As ações penais eleitorais, ainda que versem sobre crime contra a honra, são públicas incondicionadas, razão pela qual prescindem da representação do ofendido, não se aplicando o disposto pelo art. 103 do Código Penal. Inexistência de prescrição, porquanto não se verifica o transcurso do prazo, nos termos do art. 109, inciso VI, c.c. o art. 110 do Código Penal." (TSE, Agravo de Instrumento nº 23128, Acórdão, Relator(a) Min. Gilmar Ferreira Mendes, Publicação: DJE – Diário de justiça eletrônico, Volume, Tomo 185, Data 26/09/2016, Página 137/138).

Por fim, deve-se atentar que o artigo 336, do Código Eleitoral, estabelece que "na sentença que julgar a ação penal pela infração de qualquer dos artigos. 322, 323, 324, 325, 326,328, 329, 331, 332, 333, 334 e 335, deve o juiz verificar, de acordo com o seu livre convencimento, se diretório local do partido, por qualquer dos seus membros, concorreu para a prática de delito, ou dela se beneficiou conscientemente", de modo que, "nesse caso, imporá o juiz ao diretório responsável pena de suspensão de sua atividade eleitoral por prazo de 6 a 12 meses, agravada até o dobro nas reincidências."

Trata-se da responsabilidade penal do Diretório local do partido beneficiado com qualquer das condutas delituosas praticadas por seus membros, cuja eficácia é plena à luz da atual Carta Política, desde que o ente partidário participe do processo judicial, isto é, seja denunciado ou chamado ao processo no primeiro momento em que se verificar a possibilidade aplicação da sanção, haja vista a necessidade de respeito aos postulados constitucionais do contraditório e da ampla defesa (artigo 5º, LIV e LV, da CF/88).

É importante salientar que, para a incidência dessa responsabilização penal das agremiações locais, é necessário comprovar sempre algum comportamento doloso (já que não existe crime eleitoral culposo) de um dos seus membros, que pode se dar com a realização de qualquer das condutas proibidas ou se agiu de forma a se beneficiar do ilícito.

Vejamos, pois, o teor de cada um dos crimes eleitorais contra a honra, que seguem, no mais, a mesma lógica do Código Penal, salvo no tocante aos aumentos de pena e cabimento ou não da exceção da verdade, cuja aplicação decorre da simples leitura da norma, dispensando maiores comentários pela natureza da presente obra.

3.20.1. Calúnia eleitoral

Art. 324. Caluniar alguém, na propaganda eleitoral, ou visando fins de propaganda, imputando-lhe falsamente fato definido como crime:

Pena – detenção de seis meses a dois anos, e pagamento de 10 a 40 dias-multa.

§ 1º Nas mesmas penas incorre quem, sabendo falsa a imputação, a propala ou divulga.

§ 2º A prova da verdade do fato imputado exclui o crime, mas não é admitida:

I – se, constituindo o fato imputado crime de ação privada, o ofendido, não foi condenado por sentença irrecorrível;

II – se o fato é imputado ao Presidente da República ou chefe de governo estrangeiro;

III – se do crime imputado, embora de ação pública, o ofendido foi absolvido por sentença irrecorrível.

Art. 327. As penas cominadas nos artigos. 324, 325 e 326, aumentam-se de um terço, se qualquer dos crimes é cometido:

I – contra o Presidente da República ou chefe de governo estrangeiro;

II – contra funcionário público, em razão de suas funções;

III – na presença de várias pessoas, ou por meio que facilite a divulgação da ofensa.

3.20.2. Difamação eleitoral

Art. 325. Difamar alguém, na propaganda eleitoral, ou visando a fins de propaganda, imputando-lhe fato ofensivo à sua reputação:

Pena – detenção de três meses a um ano, e pagamento de 5 a 30 dias-multa.

Parágrafo único. A exceção da verdade somente se admite se ofendido é funcionário público e a ofensa é relativa ao exercício de suas funções.

Art. 327. As penas cominadas nos artigos. 324, 325 e 326, aumentam-se de um terço, se qualquer dos crimes é cometido:

I – contra o Presidente da República ou chefe de governo estrangeiro;

II – contra funcionário público, em razão de suas funções;

III – na presença de várias pessoas, ou por meio que facilite a divulgação da ofensa.

3.20.3. Injúria eleitoral

Art. 326. Injuriar alguém, na propaganda eleitoral, ou visando a fins de propaganda, ofendendo-lhe a dignidade ou o decôro:

Pena – detenção até seis meses, ou pagamento de 30 a 60 dias-multa.

§ 1º O juiz pode deixar de aplicar a pena:

I – se o ofendido, de forma reprovável, provocou diretamente a injúria;

II – no caso de retorsão imediata, que consista em outra injúria.

§ 2º Se a injúria consiste em violência ou vias de fato, que, por sua natureza ou meio empregado, se considerem aviltantes:

Pena – detenção de três meses a um ano e pagamento de 5 a 20 dias-multa, além das penas correspondentes à violência prevista no Código Penal.

Art. 327. As penas cominadas nos artigos. 324, 325 e 326, aumentam-se de um terço, se qualquer dos crimes é cometido:

I – contra o Presidente da República ou chefe de governo estrangeiro;

II – contra funcionário público, em razão de suas funções;

III – na presença de várias pessoas, ou por meio que facilite a divulgação da ofensa.

Art. 328. (Revogado pela Lei nº 9.504, de 30.9.1997)

Art. 329. (Revogado pela Lei nº 9.504, de 30.9.1997)

Art. 330. Nos casos dos artigos. 328 e 329 se o agente repara o dano antes da sentença final, o juiz pode reduzir a pena.

3.21. Crimes contra a propaganda eleitoral

A comunicação política, materializada em especial pelas variadas formas de propaganda, é instrumento fundamental para o êxito das pretensões eleitorais de qualquer partido ou candidato. Prova disso é o progressivo aumento do valor e da sofisticação tecnológica das peças publicitárias nos últimos pleitos, sendo os marqueteiros peças-chaves no planejamento dos atos realizados e divulgados durante a pré-campanha e, em especial, a campanha eleitoral.

Pois bem, preocupado em tutelar a liberdade de qualquer forma lícita de propaganda eleitoral (política, partidária e intrapartidária), inclusive por meio da internet, o Código Eleitoral estabeleceu 2 (dois) crimes específicos para esse fim, que estão elencados nos artigos 331 e 332.

Trata-se de reforço legislativo necessário ao disposto no artigo 248, do Código Eleitoral, cujo teor estabelece que "ninguém poderá impedir a propaganda eleitoral, nem inutilizar, alterar ou perturbar os meios lícitos nela empregados". Pode-se dizer, destarte, que esses tipos existem com o fim de dar uma proteção efetiva e suficiente a esse bem jurídico-eleitoral tão importante para a democracia.

A despeito da mesma objetividade jurídica, os delitos não se confundem, pois enquanto o crime descrito no artigo 331 exige uma atuação do sujeito ativo sobre a propaganda regular já materializada (uma bandeira, um panfleto, uma pintura de muro, ou um site), aquele apresentado pelo artigo 332 reclama conduta do agente que impeça a própria realização da propaganda. Senão, vejamos:

	Art. 331	Art. 332
Condutas Criminalizadas	Inutilizar, alterar ou perturbar	Impedir
Critério Diferenciador	Para a existência do tipo, é necessário que a propaganda já tenha sido realizada, ou, nos dizeres do Código Eleitoral, "que o meio de propaganda" tenha sido "devidamente empregado". Isso significa dizer que ele só existe após a propaganda ser realizada.	Para a existência do tipo, não pode ter ocorrido ainda o ato de propaganda, já que o tipo criminaliza o impedimento. Isso significa dizer que ele só existe antes da propaganda ser veiculada.

Por fim, é de se registrar que, como fator agravante pela prática de qualquer desses delitos contra a liberdade da propaganda, o artigo 336 do mesmo Codex traz a previsão de responsabilização criminal dos diretórios partidários beneficiados, cuja pena é de suspensão das atividades eleitorais pelo prazo de 06 (seis) a 12 (doze) meses.

Vejamos, pois, as especificidades de cada um.

3.21.1. Inutilização, alteração ou perturbação de propaganda lícita

> **Art. 331.** Inutilizar, alterar ou perturbar meio de propaganda devidamente empregado:
>
> Pena – detenção até seis meses ou pagamento de 90 a 120 dias-multa.

Bem jurídico tutelado

O tipo penal em análise tutela a liberdade na realização da propaganda lícita, princípio explicitado pelo artigo 248, do Código Eleitoral, segundo o qual "ninguém poderá impedir a propaganda eleitoral, nem inutilizar, alterar ou perturbar os meios lícitos nela empregados".

Sujeitos do crime

O crime em análise é classificado como sendo comum, o que permite a ocorrência de coautoria.

No polo passivo, temos o partido, a coligação ou o candidato que teve a sua propaganda regular inutilizada, alterada ou perturbada. Também, o Estado figura como vítima secundária.

Condutas

O artigo 331 criminalizou 3 (três) condutas específicas, a saber:

1. Inutilizar, que significa destruir, danificar por completo, tornar imprestável para o fim a que se destina o meio de propaganda. É o que ocorre, por exemplo, quando a pessoa queima ou rasga santinhos, panfletos, bandeiras, adesivos, faixas ou quaisquer outros meios de propaganda eleitoral.
2. Alterar, que tem o sentido de modificar as características originais, alterar, distorcer, desfigurar ou corromper o meio de propaganda. Ocorre quando se modifica o número do candidato ou do partido na propaganda eleitoral, bem como quando se manipula um site, distorcendo o seu teor para constar mensagem ou apoio político falso.
3. Perturbar, cujo teor é o de causar transtorno, tumultuar ou embaraçar o meio de propaganda.

Da jurisprudência, colhem-se alguns exemplos corriqueiros em todos os processos eleitorais, tais como:

a) retirada ou tentativa de retirada de cavaletes de propaganda nas calçadas;

b) realização de carreata, em horário diferente do comunicado à Justiça Eleitoral, que perturba as atividades de comício regular;

c) determinar que a vítima retire de sua propriedade bandeira de coligação adversária, impedindo o eleitor de externar sua preferência política;

d) perturbação de atos de campanha (comício, passeata ou carreata) por meio de presença de opositores com som de carro em alta sonorização e instigação de tumulto por meio de xingamentos;

Enfim, é o retrato da selvageria do processo eleitoral brasileiro, executado pelos cabos eleitorais e fieis eleitores, em especial das pequenas cidades, via de regra, polarizadas entre tradicionais grupos políticos que estimulam esses atos contra aqueles que são adversários, mas somente até enquanto for conveniente, dando vida a velha máxima tão bem seguida pela grande maioria dos políticos: o importante é ganhar, não importa como, ou a que custo!

É de se destacar, porém, a elementar do tipo, qual seja: o meio de propaganda devidamente empregado. Assim, só haverá crime se a destruição, inutilização ou perturbação ocorrer sobre meio LÍCITO de propaganda não pertencente ao autor do fato (seja porque recebeu de alguém e não deseja mais usá-la, seja porque mandou fazê-la).

Assim, se a propaganda for ilícita, o crime será o de exercício arbitrário das próprias razões (artigo 345, do Código Penal), já que ninguém pode fazer justiça com as próprias mãos, ou, dependendo do caso, usurpação de função pública (artigo 328, do Código Penal), cuja competência será da Justiça Federal.

Além disso, convém referenciar o entendimento jurisprudencial de que se o desrespeito ao meio de propaganda ocorreu após o pleito, não haverá mais lesividade ao bem jurídico tutelado, sendo atípica a conduta. A bem da verdade, parece-me que o correto marco temporal para a ausência da lesividade é a proclamação oficial e decisiva do resultado, pois só a partir daí é que se tem a certeza de que não será mais necessário qualquer ato de propaganda.

Por fim, a despeito de se tratar de crime material, a jurisprudência já se consolidou no sentido da "desnecessidade de exame de corpo de delito, ante a existência de outros meios de prova". (TRE/MG, RECURSO CRIMINAL n 970, ACÓRDÃO de 09/02/2017, Relator(a) CLÁUDIA APARECIDA COIMBRA ALVES, Publicação: DJEMG – Diário de Justiça Eletrônico-TREMG, Data 23/02/2017).

Consumação e tentativa

O tipo se consuma a partir do momento em que ocorre qualquer dos resultados previstos no tipo, uma vez que se trata de delito material.

Como se trata de crime plurissubsistente, admite-se a tentativa.

Possibilidade de responsabilização penal do diretório local de partido político

O artigo 336, do Código Eleitoral, estabelece que "na sentença que julgar a ação penal pela infração de qualquer dos artigos. 322, 323, 324, 325, 326,328, 329, 331, 332, 333, 334 e 335, deve o juiz verificar, de acordo com o seu livre convencimento, se diretório local do partido, por qualquer dos seus membros, concorreu para a prática de delito, ou dela se beneficiou conscientemente", de modo que, "nesse caso, imporá o juiz ao diretório responsável pena de suspensão de sua atividade eleitoral por prazo de 6 a 12 meses, agravada até o dobro nas reincidências."

Trata-se da responsabilidade penal do Diretório local do partido beneficiado com qualquer das condutas delituosas praticadas por seus membros, cuja eficácia é plena à luz da atual Carta Política, desde que o ente partidário participe do processo judicial, isto é, seja denunciado ou chamado ao processo no primeiro momento em que se verificar a possibilidade aplicação da sanção, haja vista a necessidade de respeito aos postulados constitucionais do contraditório e da ampla defesa (artigo 5º, LIV e LV, da CF/88).

É importante salientar que, para a incidência dessa responsabilização penal das agremiações locais, é necessário comprovar sempre algum comportamento doloso (já que não existe crime eleitoral culposo) de um dos seus membros, que pode se dar com a realização de qualquer das condutas proibidas ou se agiu de forma a se beneficiar do ilícito.

3.21.2. Impedir o exercício de propaganda

> **Art. 332.** Impedir o exercício de propaganda:
>
> Pena – detenção até seis meses e pagamento de 30 a 60 dias-multa.

Bem jurídico tutelado

O tipo penal em análise tutela a liberdade na realização da propaganda lícita, princípio explicitado pelo artigo 248, do Código Eleitoral, segundo o qual "ninguém poderá impedir a propaganda eleitoral, nem inutilizar, alterar ou perturbar os meios lícitos nela empregados".

Sujeitos do crime

O crime em análise é classificado como sendo comum, o que permite a ocorrência de coautoria.

No polo passivo, temos o partido, a coligação, o candidato, ou o eleitor que teve a sua propaganda regular impedida. Também, o Estado figura como vítima secundária.

Condutas

O artigo 332 criminaliza apenas uma conduta específica, qual seja:

Impedir, que significa obstar, tolher ou bloquear. Tem o sentido de não permitir que se realize a propaganda lícita desejada. Age, destarte, em momento prévio à sua realização, pois, do contrário, ter-se-á o delito do artigo 331.

Da jurisprudência, colhem-se alguns exemplos corriqueiros em todos os processos eleitorais, tais como:

a) Supressão por empresa jornalística de tempo de propaganda eleitoral além do determinado em decisão judicial;
b) Portaria de juiz eleitoral estabelecendo rodízio de datas para comícios e proibição de veiculação em propaganda eleitoral de músicas com letras injuriosas, caluniosas ou difamatórias a qualquer candidato;
c) Impedir a vítima do livre exercício da propaganda eleitoral em frente a templo religioso que é o reduto eleitoral de determinado candidato;
d) Prefeito que tenta impedir o exercício de propaganda através de palavras com cunho intimidativo;
e) Conduta de cabo eleitoral que, para preservar reduto de campanha de sua candidata, intimida adversário a não mais exercer sua propaganda no local;
f) Impedimento de distribuição de material de propaganda eleitoral em frente da entrada de casa de saúde, sendo os panfletos distribuídos em via pública;
g) A interceptação de "veículo de som" que promove, de modo lícito, a candidatura de adversário político, seguida da prática de atos de agressão contra o motorista, os

quais resultam em significativos danos a sua integridade física, incluindo a perda parcial da visão, tipifica o crime de impedimento ao exercício regular de propaganda eleitoral (CE, art. 332) em conexão com o de lesões corporais grave (CP, art. 129, § 1º, III);

Enfim, é o retrato da selvageria do processo eleitoral brasileiro, marcado pela pobreza dos debates e falta de seriedade de quem faz política em sua grande maioria, em especial nas pequenas cidades, em que o importante é ganhar, não importa como ou a que custo!

É de se destacar, porém, que o tipo traz uma elementar implícita: a propaganda obstada deve ser lícita. Assim, só haverá crime se o impedimento causar obstáculo intransponível à realização de uma propaganda legal. Se a propaganda for ilícita, o crime será o de exercício arbitrário das próprias razões (artigo 345, do Código Penal), já que ninguém pode fazer justiça com as próprias mãos, ou, dependendo do caso, usurpação de função pública (artigo 328, do Código Penal), cuja competência será da Justiça Federal.

Exatamente por isso é que se a fiscalização detectar alguma irregularidade administrativa/cível (falta de quitação do licenciamento do veículo, altura da sonorização acima do limite permitido pela legislação ou iminência de circulação próxima a locais proibidos), ou a prática de qualquer crime com o veículo (entrega de veículo automotor a pessoa sem habilitação, direção por condutor alcoolizado ou causando perigo), não restará caracterizado o delito em estudo.

Foi o que já decidiu o Tribunal Regional Eleitoral de São Paulo (TRE/SP):

> Crime eleitoral. Art. 332 do código eleitoral. Impedir propaganda eleitoral. Apreensão de veículo em situação administrativa irregular. Agentes da guarda municipal e polícia militar. Competência do município para a polícia de trânsito dentro do seu peculiar interesse, na cidade. Conduta possível. Ausência de prova de desvio de função, visando impedir a propaganda. Necessidade de finalidade indevida ou dolo específico. Ausência de contexto bastante e prova suficiente. Condenação. Recurso provido para absolvição. (RECURSO CRIMINAL n 1780, ACÓRDÃO n 148919 de 17/08/2004, Relator(a) CARLOS EDUARDO CAUDURO PADIN, Publicação: DOE – Diário Oficial do Estado, Data 23/08/2004, Página 74)

Consumação e tentativa

O tipo se consuma a partir do momento em a propaganda (política, partidária, intrapartidária ou eleitoral) não é realizada por qualquer das condutas ativas ou passivas do agente, uma vez que se trata de delito material.

Como se trata de crime plurissubsistente, admite-se a tentativa.

Possibilidade de responsabilização penal do diretório local de partido político

O artigo 336, do Código Eleitoral, estabelece que "na sentença que julgar a ação penal pela infração de qualquer dos artigos. 322, 323, 324, 325, 326,328, 329, 331, 332, 333, 334 e 335, deve o juiz verificar, de acordo com o seu livre convencimento, se diretório local do partido, por qualquer dos seus membros, concorreu para a prática de delito, ou dela se beneficiou conscientemente", de modo que, "nesse caso, imporá o juiz ao diretório responsável pena de suspensão de sua atividade eleitoral por prazo de 6 a 12 meses, agravada até o dobro nas reincidências."

Trata-se da responsabilidade penal do Diretório local do partido beneficiado com qualquer das condutas delituosas praticadas por seus membros, cuja eficácia é plena à luz da atual

Carta Política, desde que o ente partidário participe do processo judicial, isto é, seja denunciado ou chamado ao processo no primeiro momento em que se verificar a possibilidade aplicação da sanção, haja vista a necessidade de respeito aos postulados constitucionais do contraditório e da ampla defesa (artigo 5º, LIV e LV, da CF/88).

É importante salientar que, para a incidência dessa responsabilização penal das agremiações locais, é necessário comprovar sempre algum comportamento doloso (já que não existe crime eleitoral culposo) de um dos seus membros, que pode se dar com a realização de qualquer das condutas proibidas ou se agiu de forma a se beneficiar do ilícito.

3.22. Uso de organização comercial e atividades beneficientes para a realização de propaganda ou aliciamento de eleitores

> **Art. 334.** Utilizar organização comercial de vendas, distribuição de mercadorias, prêmios e sorteios para propaganda ou aliciamento de eleitores:
> Pena – detenção de seis meses a um ano e cassação do registro se o responsável for candidato.

Breve introdução ao tipo

Tradicionalmente, um dos mecanismos mais utilizados por pré-candidatos, candidatos, partidos políticos e cabos eleitorais para obter vantagem ilícita na corrida pela vitória nas urnas ocorre por meio da distribuição gratuita ou quase não-onerosa (à preços módicos ou subvencionados) de benesses em geral (mercadorias, serviços ou prêmios), tudo como forma de aliciar eleitores, em especial aqueles mais humildes.

Trata-se de estratégia vil e que deve ser reprimida de maneira exemplar, uma vez que esse tipo de comportamento gera nos eleitores mais incautos uma mistura dos sentimento de gratidão e expectativa quanto à sua continuidade durante o mandato político a ser exercido pelo candidato "benfeitor".

Ocorre que esses atos de "caridade política" (leia-se: cooptação eleitoral escusa), cuja frequência e intensidade aumentam em nível diretamente proporcional à proximidade do pleito eleitoral, podem ter também outro fim que não seja o de aliciar eleitores, mas, sim, o de promover politicamente determinado partido político, pré-candidato ou candidato oficializado perante a Justiça Eleitoral.

Quem conhece a realidade, sabe da proliferação de bingos, rifas, bolões, bazares, ou qualquer evento assemelhado com os fins proibidos pelo tipo penal em estudo, razão pela qual deve-se atentar para a circunstância de que esse delito pode ser praticado a qualquer momento, independentemente de ser ou não ano eleitoral.Nesse contexto, portanto, de salvaguarda do processo eleitoral contra o abuso do poder econômico é que foi concebido o presente tipo penal (com quatro modalidades delituosas), que não é o único mecanismo da legislação eleitoral a punir essas lastimáveis práticas do cenário político-partidário brasileiro.

Bem jurídico tutelado

O tipo penal em análise tutela dois bens jurídicos eleitorais, a saber: a) a liberdade do exercício do voto; b) a igualdade de oportunidades no pleito.

Sujeitos do crime

O crime em análise, que comporta quatro modalidades delituosas, pode ser próprio ou comum, a depender do caso concreto.

Se a conduta for praticada por "organização comercial de vendas", que pressupõe a figura do empresário (de direito ou de fato, regular ou irregular), o crime será próprio, o que não ocorre nas ouras três hipóteses, conforme já decidiu o Tribunal Superior Eleitoral (TSE):

> Crime Eleitoral. Propaganda ou aliciamento de eleitores – Artigo 334 do Código Eleitoral. Abrangência. O artigo 334 do Código Eleitoral encerra quatro tipos penais, todos ligados a utilização de meios objetivando a propaganda ou o aliciamento de eleitores: a) valer-se de organização comercial de vendas; b) distribuir mercadorias; c) distribuir prêmios e d) proceder a sorteios. Os três últimos não pressupõem necessariamente, o envolvimento de organização comercial de vendas, podendo resultar de atividade desenvolvida por qualquer outra pessoa jurídica ou natural, como ocorre quando a distribuição de mercadorias seja feita por entidade assistencial, colocando-se nas cestas a fotografia de certo candidato. (TSE, Recurso Especial Eleitoral nº 9607, Relator(a) Min. Marco Aurélio Mendes De Farias Mello, Publicação: DJ – Diário de justiça, Data 09/08/1993, Página 15215).

Condutas

Como visto acima, o artigo 334 criminalizou 4 (quatro) condutas específicas bem delimitadas, a saber:

1 – Utilizar organização comercial de vendas, que significa usar, empregar, servir-se de sociedade empresarial ou dos seus serviços para os fins específicos de propaganda eleitoral (política, partidária e intrapartidária) ou o aliciamento de eleitores.

Nesse sentido, o Tribunal Regional Eleitoral de Mato Grosso do Sul (TRE/MS) decidiu que essa modalidade resta caracterizada com "a propaganda eleitoral veiculada por cartazes referentes a festival musical, donde consta dados identificadores dos patrocinadores como sendo candidatos, que se beneficiam politicamente de tal veiculação".Outra hipótese factível de ocorrência diz respeito ao fato da "organização comercial" realizar promoções ou "queimas" nos preços dos seus produtos, deixando bem claro que se trata de medida possível somente pelo empenho de determinado partido, pré-candidato ou candidato (nesse caso, a promoção é de fachada, pois os beneficiários pagam "por fora" ao empresário o valor correspondente aos descontos concedidos).

2 – Distribuir mercadorias, que tem o sentido de dar, doar, oferecer ou entregar bens materiais (como remédios, próteses, combustível, cestas básicas, calçados, material de construção ou de esporte, produtos de beleza, roupas etc) com vistas a realização de propaganda eleitoral (política, partidária e intrapartidária) ou o aliciamento de eleitores.

É importante deixar registrado que nessa modalidade não há obrigatoriedade quanto à gratuidade na distribuição das mercadorias, uma vez que o legislador não fez esse tipo de restrição expressamente. Nesse tocante, aliás, cumpre lembrar o leitor de que a legislação eleitoral, quando quer registrar a gratuidade como fundamental para a configuração de um ilícito deixa isso registrado sem dúvidas, como é o caso da conduta vedada prevista no artigo 73, § 10, da Lei nº 9504/97.

Assim, nesse caso, o importante é que a distribuição represente uma vantagem considerável para o beneficiário (não necessariamente a gratuidade – que é a regra geral, convenhamos), já que a finalidade é aliciar eleitores e não necessariamente comprar o seu voto (nesse caso, que configura o delito do artigo 299, a distribuição da mercadoria há de ser necessariamente gratuita e com o fim de obter voto ou abstenção).

Citamos como exemplo de distribuição vantajosa (não-gratuita) interditada por esse tipo a subvenção parcial ou quase total dos produtos distribuídos em determinado evento, em que as pessoas a serem aliciadas apenas pagam uma "taxa" simbólica para cobrir os custos da segurança, energia, ou qualquer desculpa que seja dada.

3 – Distribuir prêmios, que tem o sentido de dar, doar, oferecer ou entregar dádivas, que podem ser bens materiais (como remédios, próteses, combustível, cestas básicas, calçados, material de construção ou de esporte, produtos de beleza, roupas etc) ou a prestação de serviços (corte de cabelo, procedimentos estéticos, dentários e de saúde em geral), tudo com vistas a realização de propaganda eleitoral (política, partidária e intrapartidária) ou o aliciamento de eleitores.

Nesse contexto, o Tribunal Superior Eleitoral (TSE) decidiu que configura o crime do artigo 334, do Código Eleitoral, "a distribuição de prêmios em festival musical patrocinado por candidatos com intuito de propaganda eleitoral". É importante deixar registrado, mais uma vez, que nessa modalidade não há obrigatoriedade quanto à gratuidade na distribuição dos prêmios, uma vez que o legislador não fez esse tipo de restrição expressamente. Nesse tocante, aliás, cumpre lembrar o leitor de que a legislação eleitoral, quando quer registrar a gratuidade como fundamental para a configuração de um ilícito deixa isso registrado sem dúvidas, como é o caso da conduta vedada prevista no artigo 73, § 10, da Lei nº 9504/97, que fala exatamente da proibição da "distribuição gratuita de bens".

Assim, no caso do delito sob estudo, o importante é que a distribuição represente uma vantagem considerável para o beneficiário (não necessariamente a gratuidade – que é a regra geral, convenhamos), já que a finalidade é aliciar eleitores e não necessariamente comprar o seu voto (nesse caso, que configura o delito do artigo 299, a distribuição da mercadoria há de ser necessariamente gratuita e com o fim de obter voto ou abstenção).

Citamos como exemplo de distribuição vantajosa, mas não-gratuita, interditada por esse tipo a cobrança de uma "taxa de administração ou de transporte" para o recebimento dos prêmios.

4 – Utilizar sorteios, que significa usar, empregar, servir-se de eventos de sorteamento de prêmios para os fins específicos de propaganda eleitoral (política, partidária e intrapartidária) ou o aliciamento de eleitores.

É importante deixar registrado, mais uma vez, que nessa modalidade não há obrigatoriedade quanto à gratuidade para participação dos sorteios ilícitos, uma vez que o legislador não fez esse tipo de restrição expressamente. Nesse tocante, aliás, cumpre lembrar o leitor de que a legislação eleitoral, quando quer registrar a gratuidade como fundamental para a configuração de um ilícito deixa isso registrado sem dúvidas, como é o caso da conduta vedada prevista no artigo 73, § 10, da Lei nº 9504/97.

Assim, no caso do delito sob estudo, o importante é que ocorra o sorteio. Se pagou ou não, isso é indiferente para a tipicidade (servindo apenas para análise quando da fixação da pena), já que a finalidade é aliciar eleitores e não necessariamente comprar o seu voto.

Citamos como exemplo de distribuição vantajosa, mas não-gratuita, interditada por esse tipo a cobrança de uma "taxa de participação" módica ou simbólica para que a pessoa possa participar do sorteio de prêmios.

Sobre essas quatro modalidades, deve-se atentar para o fato de que a tipicidade do aliciamento de eleitores está condicionada ao direcionamento a eleitores (no plural, portanto, mais de um)!

Consumação e tentativa

O tipo se consuma a partir do momento em que ocorre qualquer das condutas previstas no tipo, pouco importando se houve ou não aptidão para influenciar o cidadão no seu voto.

Apenas nas modalidades de distribuir mercadorias e prêmios, faz-se necessária a efetiva entrega para a consumação, pois, impedida a tempo, haverá apenas tentativa.

Nas outras duas hipóteses (utilizar organização comercial e realizar sorteios), a simples conduta proibida consuma do delito. É exatamente por isso que não podem ocorrer os bingos e rifas com a finalidade eleitoral.

Como se trata de crime plurissubsistente, admite-se a tentativa, como no caso de apreensão do material a ser utilizado para os fins proibidos pelo tipo penal em estudo.

Possibilidade de responsabilização penal do diretório local de partido político

O artigo 336, do Código Eleitoral, estabelece que "na sentença que julgar a ação penal pela infração de qualquer dos artigos. 322, 323, 324, 325, 326,328, 329, 331, 332, 333, 334 e 335, deve o juiz verificar, de acordo com o seu livre convencimento, se diretório local do partido, por qualquer dos seus membros, concorreu para a prática de delito, ou dela se beneficiou conscientemente", de modo que, "nesse caso, imporá o juiz ao diretório responsável pena de suspensão de sua atividade eleitoral por prazo de 6 a 12 meses, agravada até o dobro nas reincidências."

Trata-se da responsabilidade penal do Diretório local do partido beneficiado com qualquer das condutas delituosas praticadas por seus membros, cuja eficácia é plena à luz da atual Carta Política, desde que o ente partidário participe do processo judicial, isto é, seja denunciado ou chamado ao processo no primeiro momento em que se verificar a possibilidade aplicação da sanção, haja vista a necessidade de respeito aos postulados constitucionais do contraditório e da ampla defesa (artigo 5º, LIV e LV, da CF/88).

É importante salientar que, para a incidência dessa responsabilização penal das agremiações locais, é necessário comprovar sempre algum comportamento doloso (já que não existe crime eleitoral culposo) de um dos seus membros, que pode se dar com a realização de qualquer das condutas proibidas ou se agiu de forma a se beneficiar do ilícito.

3.23. Omissão ministerial no oferecimento da denúncia criminal

Art. 342. Não apresentar o órgão do Ministério Público, no prazo legal, denúncia ou deixar de promover a execução de sentença condenatória:
Pena – detenção até dois meses ou pagamento de 60 a 90 dias-multa.

Breve nota sobre a tese de não-recepção do crime previsto no artigo 342

Inicialmente, destaco que a segunda parte do tipo ("deixar de promover a execução de sentença condenatória") encontra-se totalmente revogada à luz do disposto no artigo 105, da

Lei de Execuções Penais, que impõe ao magistrado o dever de expedir ex officio a carta de guia referente ao início de cumprimento da pena privativa de liberdade, bem como pela atual redação do artigo 51, do Código Penal, cujo teor deixa claro que a multa decorrente de sentença penal condenatória é considerada dívida de valor, devendo seguir o trâmite da execução fiscal para a sua cobrança (Lei nº 6830/80), o que exclui a legitimidade do Parquet para tanto.

Já sobre a criminalização do não-oferecimento, no prazo legal, da denúncia criminal pelo membro do Ministério Público, ressalto que existe considerável entendimento doutrinário sobre a tese da não-recepção do crime estipulado no artigo 342, do Código Eleitoral, sob os seguintes fundamentos:

1. Ofensa ao princípio constitucional da independência funcional dos membros do Ministério Público (artigo 127, § 1º, CF/88), já que esse tipo "seria inaceitável patrulhamento ideológico da instituição que afronta a garantia constitucional da independência funcional, portanto, reprovação ao abuso da liberdade funcional pelo membro do Ministério Público, que deve ocorrer apenas em casos de extrema gravidade, de sério e inaceitável desvio funcional provocado por negligência, dolo, fraude ou atos de corrupção que ensejam até penas mais graves já previstas no nosso Código Penal e nas leis orgânicas que regulam os atos disciplinares";
2. Desrespeito à subsidiariedade do direito penal eleitoral, pois haveria mecanismos diversos para punir "a desídia ministerial no âmbito eleitoral" como "já prevê a Lei Complementar nº 75/93 sanção administrativa, consistente em advertência, censura, suspensão e, até mesmo, demissão (art. 240). Além disso, a Constituição Federal criou, com a Emenda nº 45, o Conselho Nacional do Ministério Público, art. 130-A, incluindo nas suas funções o controle pelo descumprimento dos deveres funcionais dos órgãos do Parquet";
3. Haveria solução constitucional para a desídia do órgão do Ministério Público no cumprimento de suas obrigações criminais, uma vez que "a inércia injustificada do membro do Ministério Público no oferecimento da denúncia permite o manuseio da ação penal subsidiária da pública, sem um prejuízo efetivo à persecução penal".

Não obstante o respeito e admiração que nutro por todos os defensores da tese favorável à não-recepção, ouso discordar desse ponto de vista pelos argumentos abaixo apresentados.

A independência funcional do membro do Ministério Público, sem sombra de dúvidas, é um princípio fundamental para o desempenho destemido e com afinco pelos órgãos de execução do Parquet, pois é ele que garante a autonomia de fato para o agir em busca da tutela (judicial ou extrajudicial) que entender mais apropriada ao caso concreto, bem como assegura a imunidade pelas ações deduzidas e manifestações lançadas quando do exercício da função e em proteção dos interesses da sociedade.

Ocorre que esse postulado não pode ser um escudo protetor para práticas ilegais de membros do Ministério Público, como é o caso da omissão dolosa (nunca é demais lembrar que não há crime eleitoral culposo) em não promover a ação penal eleitoral sem qualquer causa justificante, haja vista que a mesma é sempre pública incondicionada, tendo a obrigatoriedade e a indisponibilidade como características fundamentais (vide artigo 129, I, CF/88 c/c artigo 42, do CPP).

Num Estado de Direito, que traz consigo a ideia inerente da sujeição dos governantes e demais agentes públicos ao primado da Constituição e das leis (juridicidade), não há lugar para blindagem institucional às condutas ilegais ou corruptas de quem quer que seja (ainda mais do fiscal da ordem jurídica), sendo imperativa a aplicação de sanções a todos os que descumpram dolosamente as suas obrigações funcionais.

Se o legislador deu a exclusividade da ação penal eleitoral ao Parquet, não me parece razoável que a existência da via administrativa de controle seja motivo para a insubsistência do tipo em estudo, já que a omissão, nesse caso, é gravíssima, podendo, inclusive, definir os rumos de uma eleição (quem trabalha no dia-a-dia, sabe bem o potencial deletério que uma ação penal – e seus efeitos cautelares e extrapenais – pode ter sobre uma candidatura, ainda mais se ela é próxima à ocorrência do pleito, ou mesmo se estivermos diante um caso cujo tipo penal preveja a cassação do registro ou do diploma do candidato que não foi denunciado deliberadamente pelo órgão ministerial).

Também devemos lembrar que as instâncias cíveis, criminais e administrativas são independentes e autônomas, como preconiza o artigo 935, do Código Civil.

Além disso, quanto ao argumento de que o constituinte teria apresentado uma "solução" para o caso (a ação penal privada subsidiária da pública), tal não merece guarida, pois ele (o constituinte) igualmente previu solução para os casos de ameaça ou privação indevida da liberdade (caso do habeas corpus) e para a prática de atos ilegais violadores de direito líquido e certo (mandado de segurança) sem que isso represente imunidade criminal aos autores de fatos dessa natureza.

É claro que o mero "não denunciar" é insuficiente para a incidência do tipo, o que veremos mais à frente, mas não tenho dúvidas da sua conformidade material com a Constituição Federal de 1988.

Bem jurídico tutelado

À luz de tudo o que foi exposto acima, percebe-se que a obrigatoriedade da ação penal eleitoral é o bem jurídico tutelado pelo artigo 342, do Código Eleitoral

Sujeitos do crime

Da leitura do tipo penal, verifica-se que o mesmo só pode ser praticado pelo "órgão do Ministério Público". Trata-se, portanto, de crime de mão própria, o que faz com que, a priori, não seja possível a coautoria, pois, nessa espécie de crime, "exige-se a atuação pessoal do sujeito ativo, que não pode ser substituído por mais ninguém".

Esse também é o entendimento do Tribunal Superior Eleitoral (TSE), a conferir:

> RECURSO ESPECIAL. INSCRIÇÃO FRAUDULENTA DE ELEITOR (CE, art. 289). CRIME DE MÃO PRÓPRIA. PARTICIPAÇÃO POSSÍVEL ATRAVÉS DE CUMPLICIDADE.
>
> 1. O crime do artigo 289 do Código Eleitoral é qualificado como crime de mão própria, na medida em que somente pode ser praticado pelo eleitor. Assim sendo, não admite a coautoria, mas é possível a participação. Precedente do TSE. (Recurso Especial Eleitoral nº 571991, Acórdão, Relator(a) Min. Maria Thereza Rocha De Assis Moura, Publicação: DJE – Diário de justiça eletrônico, Tomo 58, Data 25/03/2015, Página 37)

No polo passivo, temos o Estado, a sociedade e eventuais vítimas da conduta não denunciada à Justiça pela omissão ministerial, como sói de acontecer nos crimes contra a honra no âmbito eleitoral.

Condutas

A leitura do artigo 342 deixa bem clara a criminalização de duas condutas específicas, a saber:

1 – Não apresentar, no prazo legal, denúncia, o que significa dizer que o membro do Ministério Público (não necessariamente investido na função eleitoral) deixa transcorrer dolosamente o prazo para ajuizar a ação penal referente a qualquer crime eleitoral.

É importante deixar registrado que a conduta penalmente relevante é a completa omissão dolosa no que diz respeito à adoção de qualquer das providências cabíveis a cargo do Ministério Público quando do recebimento formal de uma investigação pública (inquérito policial, processo administrativo disciplinar etc) ou privada (uma notitia criminis completamente instruída e com indícios de autoria e materialidade).

Assim, são atípicas as seguintes condutas:

a) o pedido de diligências complementares à autoridade policial que preside o inquérito policial alusivo ao fato;

b) a instauração de procedimento investigatório criminal (PIC) referente aos fatos denunciados em notitia criminis ou qualquer espécie de "representação";

c) a celebração de termo de não-persecução penal com o investigado, tal qual preconiza o artigo 18, da Resolução nº 181, do Conselho Nacional do Ministério Público;

d) a promoção de arquivamento do inquérito policial ou do procedimento investigatório criminal pela ausência de autoria, materialidade, ou justa causa para a deflagração da ação penal.

Pois bem, feito esse esclarecimento prévio, ainda é preciso uma observação sobre qual é o "prazo legal" que, descumprido, enseja a configuração do crime em estudo. À luz da atual legislação penal brasileira, existem 04 (quatro) hipóteses:

a) sendo o caso de procedimento comum (agente sem foro por prerrogativa de função), aplica-se o prazo de 10 (dez) dias para o caso de investigado solto, à luz do que determina o artigo 357, caput, do Código Eleitoral;

b) sendo o caso de procedimento especial (agente com foro por prerrogativa de função perante Tribunais), aplica-se o prazo de 15 (quinze) dias para o caso de investigado solto, à luz do que determina o artigo 1º, caput C/C § 2º, "a", da Lei nº 8038/90;

c) sendo o caso de procedimento comum (agente sem foro por prerrogativa de função), aplica-se o prazo de 05 (cinco) dias para o caso de investigado preso, à luz do que determina o artigo 46, do Código de Processo Penal c/c artigo 364, caput, do Código Eleitoral;

d) sendo o caso de procedimento especial (agente com foro por prerrogativa de função perante Tribunais), aplica-se o prazo de 05 (cinco) dias para o caso de investigado preso, à luz do que determina o artigo 1º, caput C/C § 2º, "a", da Lei nº 8038/90;

2 – Deixar de promover a execução de sentença condenatória, cuja disposição encontra-se revogada, como exposto no tópico introdutório ao presente tipo penal.

Tipicidade subjetiva

Todas as infrações penais eleitorais só comportam a sua prática na modalidade dolosa, motivo pelo qual inexiste crime eleitoral culposo.

Essa regra é extraída a partir da constatação de que nas infrações penais eleitorais inexiste qualquer menção à possibilidade de sua prática na modalidade culposa, o que faz com que, por força do disposto no artigo 287 do Código Eleitoral, aplique-se o artigo 18, parágrafo único do Código Penal.

É importante registrar que, nesse caso, não há necessidade de comprovação de qualquer dolo específico.

Se restar comprovado que o membro do Ministério Público foi omisso no ato de apresentar a denúncia dentro do prazo legal por conta de uma preferência político-partidária sua, ou qualquer motivo diferente de caráter pessoal, haverá o crime de prevaricação (artigo 319, do Código Penal), cuja competência será da Justiça Federal.

Também é possível que reste caracterizado o crime de corrupção passiva (artigo 317, §§ 1º e 2º, do Código Penal) se a omissão ocorrer mediante o recebimento de vantagem indevida, ou a pedido de outrem que exerce influência sobre o membro do Parquet.

Consumação e tentativa

O tipo se consuma a partir do momento em que o "prazo legal" para o oferecimento da denúncia criminal é extrapolado pelo membro do Ministério Público, sendo, destarte, crime formal.

É indiferente para tanto a ocorrência de qualquer benefício processual ao investigado, ou mesmo prova de influência ou não no resultado do pleito eleitoral.

Como se trata de crime omissivo próprio, não se admite a tentativa.

3.24. Condescendência criminosa da autoridade judiciária

> **Art. 343.** Não cumprir o juiz o disposto no § 3º do Art. 357:
>
> Pena – detenção até dois meses ou pagamento de 60 a 90 dias-multa.
>
> Art. 357, § 3º. Se o órgão do Ministério Público não oferecer a denúncia no prazo legal representará contra ele a autoridade judiciária, sem prejuízo da apuração da responsabilidade penal.

Breve nota sobre a tese de não-recepção do crime previsto no artigo 343

Na lógica policialesca e inquisitiva do Código Eleitoral de 1965, cabia ao magistrado, dentre outras coisas, comunicar à instância adequada a conduta do membro do Ministério Público que não oferecesse a denúncia criminal no prazo legal, sob pena de praticar o crime do artigo 343.

Os tempos mudaram e, diante da adoção do sistema acusatório no Brasil a partir da Constituição Federal de 1988, esse dispositivo não possui mais compatibilidade com o Texto Supremo, devendo-se ter o mesmo como não recepcionado.

3.25. Recusa ou abandono injustificado do serviço eleitoral

Art. 344. Recusar ou abandonar o serviço eleitoral sem justa causa:

Pena – detenção até dois meses ou pagamento de 90 a 120 dias-multa.

Bem jurídico tutelado

A realização das eleições no Brasil demanda grande logística de pessoal e de material, haja vista a dimensão continental do país e o expressivo número de eleitores (em 2016, havia 144.088.912 – cento e quarenta e quatro milhões, oitenta e oito mil, novecentos e doze pessoas aptas a votar).

Para dar cabo a essa tarefa, a Justiça Eleitoral conta, além dos servidores integrantes do seu quadro próprio de carreira, com a participação de servidores públicos federais, estaduais e municipais.

Ocorre que o legislador também atribuiu ao cidadão importante participação nesse processo, uma vez que as Juntas Eleitorais e as Seções Eleitorais são constituídas, necessariamente, por brasileiros escolhidos nos seguintes termos do Código Eleitoral:

> Art. 36. Compor-se-ão as juntas eleitorais de um juiz de direito, que será o presidente, e de 2 (dois) ou 4 (quatro) cidadãos de notória idoneidade.
>
> § 1º Os membros das juntas eleitorais serão nomeados 60 (sessenta) dia antes da eleição, depois de aprovação do Tribunal Regional, pelo presidente deste, a quem cumpre também designar-lhes a sede.
>
> § 2º Até 10 (dez) dias antes da nomeação os nomes das pessoas indicadas para compor as juntas serão publicados no órgão oficial do Estado, podendo qualquer partido, no prazo de 3 (três) dias, em petição fundamentada, impugnar as indicações.
>
> § 3º Não podem ser nomeados membros das Juntas, escrutinadores ou auxiliares: I – os candidatos e seus parentes, ainda que por afinidade, até o segundo grau, inclusive, e bem assim o cônjuge; II – os membros de diretorias de partidos políticos devidamente registrados e cujos nomes tenham sido oficialmente publicados; III – as autoridades e agentes policiais, bem como os funcionários no desempenho de cargos de confiança do Executivo; IV – os que pertencerem ao serviço eleitoral.
>
> Art. 38. Ao presidente da Junta é facultado nomear, dentre cidadãos de notória idoneidade, escrutinadores e auxiliares em número capaz de atender a boa marcha dos trabalhos.
>
> Art. 120. Constituem a mesa receptora um presidente, um primeiro e um segundo mesários, dois secretários e um suplente, nomeados pelo juiz eleitoral sessenta dias antes da eleição, em audiência pública, anunciado pelo menos com cinco dias de antecedência.
>
> § 1º Não podem ser nomeados presidentes e mesários: I – os candidatos e seus parentes ainda que por afinidade, até o segundo grau, inclusive, e bem assim o cônjuge; II – os membros de diretórios de partidos desde que exerça função executiva; III – as autoridades e agentes policiais, bem como os funcionários no desempenho de cargos de confiança do Executivo; IV – os que pertencerem ao serviço eleitoral.
>
> § 2º Os mesários serão nomeados, de preferência entre os eleitores da própria seção, e, dentre estes, os diplomados em escola superior, os professores e os serventuários da Justiça.
>
> § 3º O juiz eleitoral mandará publicar no jornal oficial, onde houver, e, não havendo, em cartório, as nomeações que tiver feito, e intimará os mesários através dessa publicação, para constituírem as mesas no dia e lugares designados, às 7 horas.

> § 4º Os motivos justos que tiverem os nomeados para recusar a nomeação, e que ficarão a livre apreciação do juiz eleitoral, somente poderão ser alegados até 5 (cinco) dias a contar da nomeação, salvo se sobrevindos depois desse prazo.

Pois bem, caso o membro indicado para a mesa receptora não compareça ao local indicado, além do crime em tela, há previsão de sanção administrativa pecuniária e, caso se trate de servidor público, suspensão das funções por até 30 (trinta) dias, como preconiza o artigo 124, do Código Eleitoral:

> Art. 124. O membro da mesa receptora que não comparecer no local, em dia e hora determinados para a realização de eleição, sem justa causa apresentada ao juiz eleitoral até 30 (trinta) dias após, incorrerá na multa de 50% (cinquenta por cento) a 1 (um) salário-mínimo vigente na zona eleitoral cobrada mediante selo federal inutilizado no requerimento em que for solicitado o arbitramento ou através de executivo fiscal.
>
> § 1º Se o arbitramento e pagamento da multa não for requerido pelo mesário faltoso, a multa será arbitrada e cobrada na forma prevista no artigo 367.
>
> § 2º Se o faltoso for servidor público ou autárquico, a pena será de suspensão até 15 (quinze) dias.
>
> § 3º As penas previstas neste artigo serão aplicadas em dobro se a mesa receptora deixar de funcionar por culpa dos faltosos.

Assim sendo, percebe-se que o tipo penal do artigo 344 tutela a regularidade do serviço eleitoral, uma vez que tenta inibir a recalcitrância dos cidadãos nomeados para colaborar com a Justiça Eleitoral.

Sujeitos do crime

Da leitura do tipo penal, verifica-se que o mesmo só pode ser praticado por quem foi nomeado e recusou o ato sem causa justificante, ou por quem, já no exercício da função eleitoral, abandona-a de igual forma.

Isso significa dizer que apenas os funcionários da Justiça Eleitoral, nos moldes do 283 do Código Eleitoral, podem praticar essa espécie de delito.

Trata-se, portanto, de crime próprio, o que faz com que, a priori, não seja possível a coautoria, pois, nessa espécie de crime, "exige-se a atuação pessoal do sujeito ativo, que não pode ser substituído por mais ninguém".

Ocorre, porém, que, adotando-se a teoria do domínio do fato ou a "autoria por determinação", vislumbramos a possibilidade de coautoria, como no caso de uma pessoa, vislumbrando a derrota de seu candidato, passa a assediar os membros das juntas e mesas receptoras para não comparecerem ao trabalho no dia da eleição.

Essa linha de raciocínio já foi adotada pela Corte Eleitoral, decidir que "a delimitação prevista no Código Eleitoral quanto aos crimes eleitorais próprios do eleitor, ou mesmo de mão própria, por si só, não impede o surgimento do concurso de pessoas e a responsabilização penal, pela mesma prática delitiva, de um sujeito não qualificado, ainda mais quando, presumivelmente, este conhece a condição pessoal do pretenso autor "eleitor" e os benefícios que poderá auferir com a consumação da conduta criminosa. Assim, nesses casos, o fato não se mostra, de plano, atípico quanto ao sujeito não qualificado, mas possível de se apurar a sua concorrência para o delito, considerada a sua culpabilidade, a qual, contudo, deverá ser comprovada ou não no curso da ação penal". (Recurso Especial Eleitoral nº 34863, Acórdão, Relator(a) Min. Joaquim Benedito Barbosa Gomes, Publicação: DJE – Diário de justiça eletrônico, Data 01/09/2009, Página 20/21).

No polo passivo, temos o Estado e a sociedade.

Condutas

O artigo 344 criminaliza duas condutas específicas, a saber:

1 – Recusar o serviço eleitoral sem justa causa, que significa rejeitar, negar ou repelir a nomeação que recaiu sobre si. Pode ocorrer em dois momentos diferentes:

1.1. Logo após saber de sua nomeação, o cidadão rechaça de plano a indicação e dá ciência à autoridade responsável que não dará início às suas atividades;

1.2. O cidadão é nomeado, fica silente sobre tal, mas, quando instado para comparecer ou praticar qualquer ato (exemplo do treinamento prévio), não comparece ao local.

Sobre essa modalidade delituosa, cumpre registrar que a jurisprudência do Tribunal Superior Eleitoral (TSE) e de alguns Tribunais Regionais consolidou-se no sentido de que a ausência do cidadão nomeado para compor a mesa receptora no dia da eleição não pratica esse crime, haja vista a existência de sanção pecuniária e a inexistência de ressalva do crime, in verbis:

> – TSE –
>
> HABEAS CORPUS. CONDENAÇÃO TRANSITADA EM JULGADO. CRIME PREVISTO NO ART. 344 DO CÓDIGO ELEITORAL. NÃO COMPARECIMENTO DO MESÁRIO CONVOCADO. MODALIDADE ESPECIAL DO CRIME DE DESOBEDIÊNCIA. PREVISÃO DE SANÇÃO ADMINISTRATIVA. ART. 124 DO CÓDIGO ELEITORAL. AUSÊNCIA DE RESSALVA DE CUMULAÇÃO COM SANÇÃO PENAL. ORDEM CONCEDIDA.
>
> 1. O Supremo Tribunal Federal tem reconhecido, nos casos em que a decisão condenatória transitou em julgado, a excepcionalidade de manejo do habeas corpus, quando se busca o exame de nulidade ou de questão de direito, que independe da análise do conjunto fático-probatório. Precedentes.
>
> 2. O não comparecimento de mesário no dia da votação não configura o crime estabelecido no art. 344 do CE, pois prevista punição administrativa no art. 124 do referido diploma, o qual não contém ressalva quanto à possibilidade de cumulação com sanção de natureza penal.
>
> 3. Ordem concedida. (Habeas Corpus nº 638, Acórdão, Relator(a) Min. Marcelo Henriques Ribeiro De Oliveira, Publicação: RJTSE – Revista de jurisprudência do TSE, Volume 20, Tomo 3, Data 28/04/2009, Página 16).
>
> – TRE/ES –
>
> RECURSO CRIMINAL. CONVOCAÇÃO PARA O PLEITO ELEITORAL. MESÁRIA. NÃO COMPARECIMENTO. ART. 344 EM CONFLITO COM O ART. 124, AMBOS DO CÓDIGO ELEITORAL. PRESCRIÇÃO. EXTINÇÃO DE PUNIBILIDADE.
>
> 1. Pode-se inferir dos verbos do tipo penal dos artigos 344 e 347 do Código Eleitoral – recusar / abandonar o serviço eleitoral e recusar cumprimento / obediência, respectivamente – são diversos do verbo do tipo objeto no artigo 124 do Código Eleitoral, qual seja, "não comparecer no local, em dia e hora determinados para a realização de eleição (...)".
>
> 2. O não comparecimento de mesário no dia da votação não configura o crime previsto no art. 344 do CE, mas, tão-somente, infração administrativa, conforme disposto no art. 124 do referido diploma.

> 3. O reconhecimento da prescrição da pretensão autoral torna prejudicial os fundamentos para provimento do presente recurso levantados pelo Recorrente e consubstanciados na possibilidade de cumulação das sanções administrativa (artigo 124 do Código Eleitoral) e penal (artigo 344 do Código Penal) à vexata quaestio.
>
> 4. Extinção de punibilidade, conforme artigos 107, inciso IV, 1.ª figura, do Código Penal c/c artigo 397, inciso IV, do Código de Processo Penal. (RECURSO CRIMINAL n 56, ACÓRDÃO n 325 de 20/10/2010, Relator(a) MARCELO ABELHA RODRIGUES, Publicação: DJE – Diário Eletrônico da Justiça Eleitoral do ES, Data 11/11/2010, Página 8-9)

Com as devidas vênias, trata-se de entendimento que merece ser revisto, pois o fato de uma infração administrativa não ressalvar a ocorrência de crime não é justificativa idônea para excluir esse tipo de ilícito, ainda mais porque, em nosso sistema jurídico, vigora a regra a independência das instâncias.

Nesse sentido, destaco o seguinte precedente:

> RECUROS ELEITORAL. ABANDONO DO SERVIÇO ELEITORAL. JUSTIFICATIVA TARDIA. APLICAÇÃO DE MULTA. ART. 124. § 4º, DO CÓDIGO ELEITORAL. POSSIBILIDADE DE COEXISTÊNCIA COM CRIME PREVISTO NO ART. 344, DO CÓDIGO ELEITORAL.
>
> 1– As justificativas da recorrente, além de terem sido ofertadas fora do prazo estabelecido, não têm apoio em qualquer elemento de prova, impondo-se a aplicação da multa prevista no art. 124, § 4º, do Código Eleitoral.
>
> 2– A imposição da sanção administrativa prevista no art. 124, do Código Eleitoral, não impede que o agente responda também pelo crime eleitoral tipificado no art. 344, no mesmo diploma, até porque as esferas administrativa e criminal são independentes entre si e, por definirem requisitos e penalidades diferentes, não configuram bis in idem.
>
> 3– Recurso Eleitoral conhecido e desprovido. (RECURSO ELEITORAL n 3529, ACÓRDÃO n 3529 de 19/05/2008, Relator(a) ELIZABETH MARIA DA SILVA, Publicação: DJ – Diário de justiça, Volume 15.248, Tomo 1, Data 28/05/2008, Página 1).

2 – Abandonar o serviço eleitoral sem justa causa, que significa desertar, largar ou desistir da nomeação que recaiu sobre si. Ocorre quando, após ser regularmente nomeado, o cidadão comparece inicialmente para a prática dos atos inerentes à sua função, mas, de uma hora para outra, resolve deixar o mesmo sem causa justificante.

Consumação e tentativa

O tipo se consuma a partir do momento em que o sujeito ativo pratica qualquer das condutas descritas no preceito primário, sendo indiferente a ocorrência de qualquer resultado específico ou prejuízo para o pleito.

Como se trata de crime omissivo próprio, não se admite a tentativa.

3.26. Utilização de serviços e bens públicos a favor de partido ou organização de caráter político

> **Art. 346.** Violar o disposto no Art. 377:
>
> Pena – detenção até seis meses e pagamento de 30 a 60 dias-multa.

Parágrafo único. Incorrerão na pena, além da autoridade responsável, os servidores que prestarem serviços e os candidatos, membros ou diretores de partido que derem causa à infração.

Art. 377. O serviço de qualquer repartição, federal, estadual, municipal, autarquia, fundação do Estado, sociedade de economia mista, entidade mantida ou subvencionada pelo poder público, ou que realiza contrato com este, inclusive o respectivo prédio e suas dependências não poderá ser utilizado para beneficiar partido ou organização de caráter político.

Parágrafo único. O disposto neste artigo será tornado efetivo, a qualquer tempo, pelo órgão competente da Justiça Eleitoral, conforme o âmbito nacional, regional ou municipal do órgão infrator mediante representação fundamentada partidário, ou de qualquer eleitor.

Breve introdução ao tipo

O uso da "máquina administrativa" a favor de projetos político-partidários é uma triste realidade no Brasil, cuja prática é facilitada, sobretudo, pela possibilidade de reeleição no âmbito do Poder Executivo.

De tão arraigada na cultura institucional do nosso país, chama a atenção o fato de, em determinadas ocasiões e lugares, tal comportamento ser tido pelos "donos do poder" como "normal" e, até mesmo, uma afronta qualquer ato de contestação, seja por parte da população (a quem chamam de "oposição"), seja pelo Ministério Público (a quem dizem estar a serviço dessa mesma "oposição", ou praticando ato de "perseguição").

Felizmente, o ordenamento jurídico brasileiro possui um cabedal de disposições normativas proibindo e sancionando (não como devia, às vezes, é verdade) esse tipo de comportamento, como se vê abaixo:

ATO: Prefeito de determinado município usa, em benefício de candidato, partido político ou coligação, bens móveis/imóveis ou servidores públicos pertencentes à administração direta ou indireta.	
Conduta Vedada[186]	SIM, nas seguintes modalidades possíveis: 1 – Artigo 73, I, da Lei nº 9504/97 ("Art. 73. São proibidas aos agentes públicos, servidores ou não, as seguintes condutas tendentes a afetar a igualdade de oportunidades entre candidatos nos pleitos eleitorais: I – ceder ou usar, em benefício de candidato, partido político ou coligação, bens móveis ou imóveis pertencentes à administração direta ou indireta da União, dos Estados, do Distrito Federal, dos Territórios e dos Municípios, ressalvada a realização de convenção partidária."); 2 – Artigo 73, II, da Lei nº 9504/97 ("Art. 73. São proibidas aos agentes públicos, servidores ou não, as seguintes condutas tendentes a afetar a igualdade de oportunidades entre candidatos nos pleitos eleitorais: II – usar materiais ou serviços, custeados pelos Governos ou Casas Legislativas, que excedam as prerrogativas consignadas nos regimentos e normas dos órgãos que integram."); 3 – Artigo 73, III, da Lei nº 9504/97 ("Art. 73. São proibidas aos agentes públicos, servidores ou não, as seguintes condutas tendentes a afetar a igualdade de oportunidades entre candidatos nos pleitos eleitorais: III – ceder servidor público ou empregado da administração direta ou indireta federal, estadual ou municipal do Poder Executivo, ou usar de seus serviços, para comitês de campanha eleitoral de candidato, partido político ou coligação, durante o horário de expediente normal, salvo se o servidor ou empregado estiver licenciado."); 4 – Artigo 73, IV, da Lei nº 9504/97 ("Art. 73. São proibidas aos agentes públicos, servidores ou não, as seguintes condutas tendentes a afetar a igualdade de oportunidades entre candidatos nos pleitos eleitorais: IV – fazer ou permitir uso promocional em favor de candidato, partido político ou coligação, de distribuição gratuita de bens e serviços de caráter social custeados ou subvencionados pelo Poder Público"); 5 – Artigo 73, § 10, da Lei nº 9504/97 ("Art. 73. São proibidas aos agentes públicos, servidores ou não, as seguintes condutas tendentes a afetar a igualdade de oportunidades entre candidatos nos pleitos eleitorais: § 10. No ano em que se realizar eleição, fica proibida a distribuição gratuita de bens, valores ou benefícios por parte da Administração Pública, exceto nos casos de calamidade pública, de estado de emergência ou de programas sociais autorizados em lei e já em execução orçamentária no exercício anterior, casos em que o Ministério Público poderá promover o acompanhamento de sua execução financeira e administrativa."); 6 – Artigo 74, da Lei nº 9504/97 ("Art. 74. Configura abuso de autoridade, para os fins do disposto no art. 22 da Lei Complementar nº 64, de 18 de maio de 1990, a infringência do disposto no § 1º do art. 37 da Constituição Federal, ficando o responsável, se candidato, sujeito ao cancelamento do registro ou do diploma."); 7 – Artigo 77, da Lei nº 9504/97 ("Art. 77. É proibido a qualquer candidato comparecer, nos 3 (três) meses que precedem o pleito, a inaugurações de obras públicas.");
Crime Eleitoral	SIM, nas seguintes modalidades possíveis: 1 – Artigos 346 e 377, do Código Eleitoral; 2 – Artigo 11, V, da Lei nº 6091/74 ("Art. 11. Constitui crime eleitoral: V – utilizar em campanha eleitoral, no decurso dos 90 (noventa) dias que antecedem o pleito, veículos e embarcações pertencentes à União, Estados, Territórios, Municípios e respectivas autarquias e sociedades de economia mista.").

ATO: Prefeito de determinado município usa, em benefício de candidato, partido político ou coligação, bens móveis/imóveis ou servidores públicos pertencentes à administração direta ou indireta.	
Crime de Responsabilidade	SIM, conforme artigo 1º, II, do Decreto-Lei nº 201/67 ("Art. 1º São crimes de responsabilidade dos Prefeitos Municipal, sujeitos ao julgamento do Poder Judiciário, independentemente do pronunciamento da Câmara dos Vereadores: II – utilizar-se, indevidamente, em proveito próprio ou alheio, de bens, rendas ou serviços públicos.").
Improbidade Administrativa	SIM, conforme determina o § 7º, do artigo 73, da Lei nº 9504/97 ("§ 7º As condutas enumeradas no caput caracterizam, ainda, atos de improbidade administrativa, a que se refere o art. 11, inciso I, da Lei nº 8.429, de 2 de junho de 1992, e sujeitam-se às disposições daquele diploma legal, em especial às cominações do art. 12, inciso III.").
Infração Político-Administrativa	SIM, conforme artigo 4º, VII e X, do Decreto-Lei 201/67 ("Art. 4º. São infrações político-administrativas dos Prefeitos Municipais sujeitas ao julgamento pela Câmara dos Vereadores e sancionadas com a cassação do mandato: VII – Praticar, contra expressa disposição de lei, ato de sua competência ou omitir-se na sua prática; X – Proceder de modo incompatível com a dignidade e o decoro do cargo.").
Abuso de Poder Político	DEPENDE, pois para a configuração do ato abusivo, não será considerada a potencialidade de o fato alterar o resultado da eleição, mas apenas a gravidade das circunstâncias que o caracterizam (artigo 22, XVI, da LC nº 64/90).

Pois bem, de antemão, é importante deixar registrado que o fato de existir sanção cível, fixada por lei posterior ao Código Eleitoral (no caso, a Lei das Eleições – 9504/97), punindo o uso de bens, serviços e servidores públicos em benefício de candidatos, partidos políticos ou candidatos não tem o condão de revogar as disposições criminais alusivas ao mesmo fato, pois o nosso sistema impõe a independência das instâncias, salvo no caso de absolvição por negativa de autoria ou materialidade.

Nesse mesmo sentido, vem decidindo a jurisprudência há bastante tempo, o que se mantém na atualidade. Senão, vejamos:

– TSE –

1 – RECURSO. HABEAS CORPUS. PEDIDO DE TRANCAMENTO DA AÇÃO PENAL. AUSÊNCIA DE JUSTA CAUSA. AFASTADA. PRELIMINAR DE ILEGITIMIDADE DO MINISTÉRIO PÚBLICO. REJEITADA. FATOS APURADOS EM AIJE E AIME. JULGAMENTO. AUSÊNCIA DE CARACTERIZAÇÃO DE EXPRESSO PEDIDO DE VOTO POR FALTA DE PROVAS. INCOMUNICABILIDADE ENTRE AS INSTÂNCIAS. RECURSO DESPROVIDO.

> 1. A falta de justa causa para a ação penal só pode ser reconhecida quando, de pronto, sem a necessidade de reexame do conjunto fático ou probatório, evidenciar-se a atipicidade do fato, a ausência de indícios a fundamentarem a acusação ou, ainda, a extinção da punibilidade – hipóteses não verificadas in casu.
>
> 2. A eventual improcedência, por falta de provas, do pedido da ação de investigação judicial eleitoral e da ação de impugnação de mandato eletivo não obsta a propositura da ação penal, ainda que os fatos sejam os mesmos, tendo em vista a independência entre as esferas cível-eleitoral e penal.

3. A manifestação do Ministério Público no âmbito cível não constitui óbice à apuração dos fatos, nem à eventual responsabilização do agente na esfera do direito penal.

4. Recurso desprovido. (RECURSO EM HABEAS CORPUS nº 112, Acórdão, Relator(a) Min. Marcelo Henriques Ribeiro De Oliveira, Publicação: DJ – Diário de justiça, Página 29);

2 – ELEIÇÕES 2012. HABEAS CORPUS. TRANSPORTE ILEGAL DE ELEITORES. CRIME. ART. 11, III, DA LEI nº 6.091/74. AÇÃO PENAL. RÉU. PREFEITO. FORO POR PRERROGATIVA DE FUNÇÃO. DENÚNCIA RECEBIDA PELO TRE/RS. REPRESENTAÇÃO ELEITORAL JULGADA IMPROCEDENTE. INDEPENDÊNCIA ENTRE AS ESFERAS CÍVEL-ELEITORAL E PENAL. TRANCAMENTO DA AÇÃO. IMPOSSIBILIDADE. ORDEM DENEGADA.

1. O trancamento de ação penal, por meio da via estreita do habeas corpus, somente é possível quando, de plano, se constata ilegalidade ou teratologia capazes de suprimir a justa causa para o prosseguimento do feito, o que ocorre nas hipóteses de atipicidade da conduta descrita na denúncia, ausência de indícios de autoria e materialidade delitiva, ou quando presente causa extintiva da punibilidade.

2. Acórdão proferido no julgamento de representação eleitoral por suposta afronta ao art. 30-A da Lei nº 9.504/97 não tem o condão de inviabilizar o seguimento da ação criminal ajuizada com base nos mesmos fatos, pois a instância cível-eleitoral é diversa e independente da instância penal.

3. O recebimento da denúncia configura simples juízo de admissibilidade da acusação, por isso não se mostra necessária a apresentação de fundamentação substanciosa, ainda que desejável e conveniente (HC nº 93.019/DF, Rel. Min. Celso de Mello, DJe de 6.2.2014). (Habeas Corpus nº 060005971, Acórdão, Relator(a) Min. Ministra Luciana Lóssio, Publicação: DJE – Diário de justiça eletrônico, Tomo 62, Data 29/03/2017);

– TRE/SP –

– A LEI 9.504/97 NÃO REVOGOU O ART. 346 DO CÓD. ELEITORAL – A RESPONSABILIZAÇÃO ADMINISTRATIVA POSSUI FUNDAMENTO E OBJETIVIDADE JURÍDICA DIVERSOS DA RESPONSABILIZAÇÃO PENAL – ORDEM DENEGADA. (TRE/SP, HABEAS CORPUS n 55, ACÓRDÃO n 153779 de 16/08/2005, Relator(a) WALDIR SEBASTIÃO DE NUEVO CAMPOS JÚNIOR, Publicação: DOE – Diário Oficial do Estado, Data 23/08/2005, Página 276).

Assim sendo, destaco que, salvo os casos das exceções legais que serão oportunamente apresentadas, qualquer uso político-partidário da estrutura administrativa pública ou privada que receba recurso público configurará o crime em estudo, a não ser que a conduta seja a utilização em campanha eleitoral, no decurso dos 90 (noventa) dias que antecedem o pleito (isto é, desde o dia 09/07 – para as eleições de 2018), veículos e embarcações pertencentes à União, Estados, Territórios, Municípios e respectivas autarquias e sociedades de economia mista, cuja tipificação está no artigo 11, V, da Lei nº 6091/74.

Se, porém, o veículo ou embarcação oficial for utilizado no dia da eleição, o crime será o dos artigos 346 e 377 do Código Eleitoral, por mais paradoxal e absurdo que isso possa parecer, já que o tipo do artigo 11, V, da Lei nº 6091/74 tem incidência temporal delimitada aos 90 (noventa) dias antes do pleito e não no dia da sua ocorrência!

Assim, esquematizando essa diferenciação temporal dos delitos, vejamos o quadro abaixo:

CONDUTA DE USAR VEÍCULOS OU EMBARCAÇÕES OFICIAIS EM CAMPANHA ELEITORAL (EXTEMPORÂNEA OU REGULAR)

De 01/01 até 08/07	De 09/07 até 06/10	Dia da Eleição
Crime dos artigos 346 e 377, do Código Eleitoral	Crime do artigo 11, V, da Lei nº 6091/74	Crime dos artigos 346 e 377, do Código Eleitoral

Bem jurídico tutelado

À luz de tudo o que foi exposto acima, percebe-se que o crime previsto no artigo 346 do Código Eleitoral tutela os seguintes bens jurídicos: a) igualdade de oportunidades entre os concorrentes no pleito eleitoral, que é uma faceta do princípio da impessoalidade administrativa; b) lisura do processo eleitoral; c) moralidade administrativa.

Sujeitos do crime

O parágrafo único do artigo 346 diz que "incorrerão na pena, além da autoridade responsável, os servidores que prestarem serviços e os candidatos, membros ou diretores de partido que derem causa à infração", deixando claro quem são os sujeitos ativos do delito.

Isso significa dizer que apenas tais agentes podem praticar essa espécie de crime. Nesse tocante, é bom frisar que não se trata de concurso necessário de agentes, já que é possível que qualquer um dos apontados pelo tipo como potencial autor pratique a conduta proibida sem o conhecimento do candidato ou do dirigente partidário.

Por questão de lealdade ao nosso leitor, ressalto, porém, que essa não é a interpretação do Tribunal Superior Eleitoral (TSE), segundo a qual "para a caracterização do tipo do art. 346 do Código Eleitoral exige-se a demonstração de que o candidato tenha dado causa à pratica de conduta vedada do art. 377 do CE e também a prova do dolo específico de beneficiar partido ou organização de caráter político."

Do exposto, percebe-se também que o crime é próprio. Tal circunstância faz com que, a priori, não seja possível a coautoria com outros agentes que não aqueles apontados pelo tipo, pois, nessa espécie de crime, "exige-se a atuação pessoal do sujeito ativo, que não pode ser substituído por mais ninguém".

Nesse tocante, deve-se observar que, por ser vedada a responsabilização penal objetiva, é preciso provar que o beneficiário direto da conduta (pré-candidato, candidato ou dirigente partidário) está ligado diretamente ao executor do fato típico, seja por prévio ajuste, seja pela anuência ou aproveitamento doloso, o que significa que é possível o dolo eventual.

Destarte, caso não demonstrada a participação pessoal deles, cremos que ainda restará a hipótese em que seja provado que o mesmo tinha conhecimento dos fatos e circunstâncias do ato ilícito e nada fez para impedi-lo, usufruindo passivamente dos benefícios eleitorais daí decorrentes. É caso, por exemplo, do agente público (Prefeito) informar ao (pré) candidato de sua intenção – que acontece posteriormente – em usar a máquina pública (veículos) para dar um "up grade" no comício a ser realizado na cidade que governa e este, além de não se opor, compare ao ato e aceita desonestamente tal benesse.

Tal conclusão decorre da regra de julgamento insculpida no artigo 23, da Lei Complementar nº 64/90 ("Lei da Ficha Limpa"), que consagra o princípio da lisura eleitoral, segundo o qual "o Tribunal formará sua convicção pela livre apreciação dos fatos públicos e notórios, dos indícios e presunções e prova produzida, atentando para circunstâncias ou fatos, ainda que não indicados ou alegados pelas partes, mas que preservem o interesse público de lisura eleitoral".

Igual pensamento é compartilhado por Olivar Coneglian, segundo o qual "quando o agente público é o candidato beneficiado, basta fazer a prova da conduta e da autoria. No entanto, quando o candidato é apenas o destinatário da conduta de agente público, há a necessidade de provar ao menos a ciência do candidato, não bastando a presunção dessa ciência."

Recentemente, o Tribunal Superior Eleitoral (TSE) julgou caso muito didático sobre o assunto, em que apontou a "possibilidade de utilização de indícios para a comprovação da participação, direta ou indireta, do candidato ou do seu consentimento ou, ao menos, conhecimento da infração eleitoral" reforçando a tese de que é "vedada apenas a condenação baseada em presunções sem nenhum liame com os fatos narrados nos autos (art. 23 da LC 64/1990)".

"No caso (disse a Corte), são elementos capazes de comprovar, além de qualquer dúvida razoável, a ciência do candidato quanto à operação de captação ilícita de sufrágio: (i) o local em que ocorreu a oferta e promessa de vantagens em troca de votos, (ii) o envolvimento, direto ou indireto, de pessoas ligadas ao candidato por vínculos político e familiar, e (iii) a relação contratual da autora da conduta com o governo estadual."

No polo passivo, temos o Estado e a sociedade.

Condutas

O artigo 346 criminaliza a conduta de violar o disposto no artigo 377, de modo que todo e qualquer descumprimento a esse último preceito configura a conduta vedada pelo tipo.

Sobre tal aspecto, algumas observações merecem ser destacadas.

Inicialmente, destaco que o fato do tipo elencar "partido ou organização de caráter político" como beneficiários necessários do ato ilícito não exclui a figura do pré-candidato, do candidato escolhido em convenção, das coligações e, até mesmo, dos partidos políticos em formação desse rol dos possíveis favorecidos, já que todos eles são, efetivamente, os grandes atores do processo (pré)eleitoral que podem se beneficiar com essa conduta criminosa.

Esse aspecto revela também outra faceta do delito, qual seja: a incidência temporal variável. Assim, pode-se dizer que o tipo incide durante todo e qualquer ano (não só eleitoral), salvo no caso de uma conduta específica para beneficiar um candidato, cujo termo a quo será a escolha em convenção partidária.

Por fim, é de se destacar que a expressão "serviço de qualquer repartição" constante do artigo 377 tem sentido amplo a significar o uso efetivo de toda estrutura física (móvel/imóvel) ou de pessoal da Administração Pública e de entidade por ela mantida ou subvencionada. Essa linha de raciocínio é corroborada pelo próprio dispositivo, que, ao mencionar o uso dos prédios e dependências públicas ou privadas, usa a expressão "inclusive", em clara demonstração de que o rol é meramente exemplificativo.

Ocorre que, nem sempre, o uso de bens públicos configura ilícito eleitoral, uma vez que a própria legislação apresenta 06 (seis) exceções, a saber:

1 – Convenção Partidária: A primeira exceção está positivada no próprio inciso I, do artigo 73 da Lei das Eleições, quando este autoriza o uso de bens públicos para a realização de convenção partidária, cujo prazo legalmente estabelecido é entre os dias 20 de julho à 05 de agosto do ano em que se realizarem as eleições (artigo 8º, da Lei nº 9504/97);

2 – Reunião Interna de Partido Político: Importante consignar também a possibilidade de uso de bens públicos pelos partidos políticos para a realização de reuniões internas, conforme

estabelece o artigo 51, da Lei nº 9096/95 (Lei dos Partidos Políticos). Nesse tocante, deve-se registrar que a autorização de uso das escolas e Casas Legislativas para "reuniões" dos partidos políticos não permite a propaganda intrapartidária em tais encontros.

3 – Uso do Transporte Oficial Pelo Presidente da República em Campanha de Reeleição: A terceira situação de permissividade quanto ao uso e cessão de bens públicos em campanhas eleitorais diz respeito à possibilidade de uso do transporte oficial (veículos e aeronaves) pelo Presidente da República que seja candidato à Reeleição. É o que dispõe a primeira parte do § 2º, do artigo 73, da Lei das Eleições: "A vedação do inciso I do caput não se aplica ao uso, em campanha, de transporte oficial pelo Presidente da República, obedecido o disposto no art. 76 (...)".

3.1 – Inconstitucionalidade da Previsão: A hipótese em estudo, sem sombra de dúvidas, representa uma inquestionável violação aos princípios constitucionais da impessoalidade e moralidade administrativas (artigo 37, caput, da CF/88), na medida em que permite que bens públicos sejam colocados à disposição do Presidente da República de plantão para fins meramente eleitorais e, portanto, alheios ao interesse público.

Não é do interesse público que o Chefe do Executivo use a estrutura estatal como instrumento facilitador da sua campanha eleitoral. Isso não interessa à sociedade, mas somente aos seus correligionários políticos. O que é pertinente para o povo – e isso está escrito na Constituição Federal, em seu artigo 14, § 9º – é que o pleito seja uma disputa igualitária entre os candidatos, imune a qualquer prática que represente abuso do poder político ou econômico.

Ora, se é assim, não nos parece nenhum pouco razoável e totalmente contrário à Constituição Federal a presente autorização legal. O dispositivo é tão casuístico que excepcionou apenas o transporte oficial e o uso da residência oficial. Qual o critério utilizado para que estes bens públicos sejam tratados de forma diversa dos demais? Nenhum! Só mesmo para desequilibrar mais ainda uma eleição em que a oposição política já começa em desvantagem. Alguém duvida que o artigo em referência, ao permitir que o Presidente da República sobrevoe o país, de ponta a ponta às vésperas do pleito, quantas vezes quiser, coloca-o em vantagem excessiva?

E não nos convence o argumento complacente dos que alegam que o artigo 76, da Lei das Eleições, ao impor a necessidade de ressarcimento das despesas decorrentes do uso pelo partido político ou coligação, impede o prejuízo ao erário público, pois o que se está em jogo aqui é muito mais do que o dano ao erário. Nessa seara, aliás, nunca será possível ressarcir na integralidade os danos decorrentes de tal permissivo legal, pois cada uso gera um desgaste físico no respectivo bem, diminuindo-lhe a vida útil e acelerando despesas extraordinárias, como substituição de peças essenciais, revisões de manutenção etc.

3.2 – Destinatário da Autorização: Como se vê, o dispositivo em referência autoriza apenas o Presidente da República a fazer uso dos meios de transporte oficial, não se podendo admitir uma interpretação que estenda tal privilégio aos demais Chefes do Poder Executivo Estadual e Municipal candidatos à reeleição, pois as condutas vedadas devem ser analisadas restritivamente. Afirmar o contrário é dizer o que a lei não disse, violando a comezinha regra hermenêutica de que não cabe ao intérprete distinguir onde a lei não distinguiu ("ubi lex no distinguit, nec nos distinguit debemus").

Pensar de forma diversa também equivale a dar um cheque em branco para que Governadores e Prefeitos utilizem-se dos meios oficiais de transporte custeados pela população para desigualar (ainda mais) suas candidaturas com aquelas não oficiais, impossibilitando o objetivo de igualdade de oportunidades traçado pelas condutas vedadas.

Concordando com a presente linha de pensamento – inclusive criticando a lei por não ter feito menção aos demais Chefes do Poder Executivo, pode-se citar Marcos Ramayana, que afirma ser "evidente que o legislador só se preocupou com a figura do Presidente, olvidando-se dos demais agentes políticos que exercem relevantes serviços. As regras devem ser mais específicas, inclusive para se evitar a subjetividade de interpretação e a fomentação de desigualdades nas campanhas eleitorais."

Mas não é apenas o Presidente da República que poderá valer-se dos meios de transporte oficiais. O artigo 76, da Lei das Eleições permite também que sua comitiva eleitoral o acompanhe no deslocamento.

Questionamento que surge quanto à formação da comitiva diz respeito à possibilidade dos agentes de segurança do Presidente e de candidatos a outros cargos públicos poderem integrar a dita comitiva. No que diz respeito aos primeiros, entendemos que não existe nenhuma proibição, pois é ínsito à natureza de tal função o acompanhamento do Chefe do Executivo para onde o mesmo se desloque. Nesse sentido:

> 1. A DISPOSIÇÃO DO PARAGRAFO 7 DO ARTIGO 73, DA LEI 9.504, DE 1997, ACRESCENTA NOVAS HIPÓTESES DE IMPROBIDADE ADMINISTRATIVA, MAS NÃO PERMITE QUE TAL PRATICA POSSA SER APURADA E PUNIDA PELA JUSTIÇA ELEITORAL, AINDA MAIS NO SUMARIO PROCESSO DA REPRESENTAÇÃO.
>
> 2. O CANDIDATO A CARGO DO PODER EXECUTIVO QUE VISITA OBRA JÁ INAUGURADA NÃO OFENDE A PROIBIÇÃO CONTIDA NO ARTIGO 77 DA LEI 9.504, DE 1997.
>
> 3. NÃO CARACTERIZA ABUSO DE PODER OU INFRINGÊNCIA AO ARTIGO 73, INCISOS I E III, DA LEI 9.504, DE 1997, O USO DE TRANSPORTE OFICIAL E A PREPARAÇÃO DE VIAGEM DO PRESIDENTE DA REPUBLICA, CANDIDATO A REELEIÇÃO, POR SERVIDORES PÚBLICOS NÃO LICENCIADOS, QUANDO ESSA ATIVIDADE E INERENTE AS FUNÇÕES OFICIAIS QUE EXERCEM E ELES NÃO PARTICIPAM DE OUTRAS, DE NATUREZA ELEITORAL. (RECURSO EM REPRESENTAÇÃO nº 56, Acórdão nº 56 de 12/08/1998, Relator(a) Min. FERNANDO NEVES DA SILVA, Publicação: PSESS – Publicado em Sessão, Data 12/08/1998 RJTSE – Revista de Jurisprudência do TSE, Volume 10, Tomo 3, Página 49)

Já quanto aos candidatos a qualquer cargo eletivo, não temos dúvidas de que os mesmos não podem integrar a dita comitiva, pois encerra hipótese de manifesta violação ao inciso primeiro do artigo 73 que não é contemplada pelo artigo 76.

Assim, se o Presidente da República permitir que outro candidato integre sua comitiva estará desrespeitando a exceção prevista pelo artigo 73, da Lei nº 9504/97, colocando em risco sua própria candidatura e se sujeitando a outros enquadramentos legais além da conduta vedada aos agentes públicos em ano eleitoral (improbidade administrativa, crimes comuns e eleitorais, infração político-administrativa e, até mesmo, abuso de poder político).

Por fim, não é permitido que se faça o aproveitamento de deslocamentos com vistas a realizar uma viagem com duplo objetivo, isto é, comparecer aos atos oficiais e, posteriormente, fazer-se presente em eventos com matiz político-partidário. Trata-se de simulação recorrente no processo eleitoral, em que as autoridades candidatas à reeleição provocam "coincidências" entre a agenda de governo e a agenda de campanha exatamente para legitimar o custeio oficial dos deslocamentos. Sempre que houver essa confusão, trata-se de conduta vedada.

Olivar Coneglian, ao comentar tal situação, pontua com bastante propriedade que "é essa dualidade que deve deixar de existir na programação oficial. Se a visita tem dois objetivos, deve ela ser rotulada, para os efeitos legais, como visita de caráter eleitoral. E nesse caso, tudo deve se desenvolver como visita eleitoral, mesmo que dentro dela haja uma festividade ou um compromisso oficial (no qual não se faça propaganda eleitoral). Se assim for feito, não haverá burla, nem ataques da imprensa ou ações perante a Justiça Eleitoral. Se o inverso for feito, não há qualquer dúvida de que surgirão ações eleitorais, com plena possibilidade de êxito."

4 – Uso da Residência Oficial para Reuniões da Campanha: Outra exceção referente à proibição do uso de bens públicos por candidatos à reeleição está positivada na parte final do § 2º, do artigo 73, da Lei das Eleições, segundo o qual "a vedação do inciso I do caput não se aplica ao uso, em campanha, de transporte oficial pelo Presidente da República, obedecido o disposto no art. 76, nem ao uso, em campanha, pelos candidatos a reeleição de Presidente e Vice-Presidente da República, Governador e Vice-Governador de Estado e do Distrito Federal, Prefeito e Vice-Prefeito, de suas residências oficiais para realização de contatos, encontros e reuniões pertinentes à própria campanha, desde que não tenham caráter de ato público".

O teor do texto legal deixa bem claro que a permissão se aplica, nesse caso, aos membros do Poder Executivo (incluindo os vices) candidatos à reeleição, independente da esfera estatal. Assim, tanto Presidente, Governadores e Prefeitos, como os respectivos vices, podem usar a residência oficial para realizarem contatos, encontros e reuniões, desde que não tenham caráter público.

Ou seja, as residências oficiais não podem ser utilizadas para comícios, ou reuniões políticas abertas ao público, bem como não podem ser divulgados politicamente os encontros lá ocorridos. Nesse sentido, o TRE/SE:

> (...) 3. Utilização pelo Chefe do Executivo da residência oficial para realizar reunião política, mesmo antes do período de campanha eleitoral (art. 73, § 2º, da Lei 9.504/97), não caracteriza abuso de poder político ou econômico ofensivo à higidez do processo eleitoral, desde que inexistam excessos no uso de recursos públicos e não ocorra divulgação propagandista do evento; 4. Configura propaganda institucional vedada a manutenção de escultura com coração estilizado em obras públicas, com evidente representação da atual Administração do Estado, durante o período proibido pelo art. 73, VI, b, da Lei das Eleições; (AÇÃO DE INVESTIGAÇÃO JUDICIAL ELEITORAL nº 304124, Acórdão nº 356/2011 de 21/11/2011, Relator(a) MARILZA MAYNARD SALGADO DE CARVALHO, Publicação: DJE – Diário de Justiça Eletrônico, Tomo 211, Data 23/11/2011, Página 02)

5 – Veiculação de Propaganda Eleitoral em Bens Públicos: O artigo 37, da Lei nº 9504/97é taxativo ao expressar "nos bens cujo uso dependa de cessão ou permissão do poder público, ou que a ele pertençam, e nos bens de uso comum, inclusive postes de iluminação pública, sinalização de tráfego, viadutos, passarelas, pontes, paradas de ônibus e outros equipamentos urbanos, é vedada a veiculação de propaganda de qualquer natureza, inclusive pichação, inscrição a tinta e exposição de placas, estandartes, faixas, cavaletes, bonecos e assemelhados".

Ocorre que, em seu parágrafo primeiro (alterado pela REFORMA ELEITORAL DE 2017), constam duas possibilidades de uso do espaço público para tal fim, quais sejam: I – bandeiras ao longo de vias públicas, desde que móveis e que não dificultem o bom andamento do trânsito de pessoas e veículos; II – adesivo plástico em automóveis, caminhões, bicicletas, motocicletas e janelas residenciais, desde que não exceda a 0,5 m² (meio metro quadrado).

6 – Uso das Dependências do Poder Legislativo para Fins de Propaganda Eleitoral: A regra estabelecida na Lei nº 9504/97 (artigo 37) é que não pode haver propaganda política de

qualquer natureza nos bens cujo uso dependa de cessão ou permissão do Poder Público ou que a ele pertençam.

Nessa perspectiva, seria decorrência lógica a conclusão de que tal prática se encontra igualmente interditada nas dependências das Casas Legislativas. Mas, no Brasil, nem sempre se pode esperar coerência da classe política, que conseguiu emplacar no § 3º, do artigo 37, do citado diploma legal, a regra segundo a qual "nas dependências do Poder Legislativo, a veiculação de propaganda eleitoral fica a critério da Mesa Diretora."

Assim, competirá a Mesa Diretora resolver a questão, de modo que se restar autorizado mediante regulamentação interna o uso das dependências do Poder Legislativo para fins de propaganda eleitoral, a conduta vedada, a priori, não restará caracterizada.

Dizemos a priori porque reputamos referido dispositivo manifestamente inconstitucional por violação aos princípios da igualdade, impessoalidade, moralidade e republicano, pois na medida em que se permite o uso de um espaço público para realizar campanha política é natural que os ocupantes do Parlamento passem a utilizá-lo em proveito próprio (no caso de suas candidaturas) ou a favor de seus aliados políticos.

Trata-se de odioso permissivo legal que desequilibra a concorrência eleitoral, como no caso de um particular não vinculado a qualquer ocupante de mandato popular.

Diferente, contudo, é a possibilidade dos parlamentares, no exercício da fala regimental nas Casas Legislativas, fazerem propaganda eleitoral, uma vez que os mesmos gozam de imunidade absoluta nos termos do artigo 29, inciso VIII e artigo 53, da Constituição Federal. Assim já restou decidido:

> RECURSO ORDINÁRIO. ELEIÇÕES 2010. DEPUTADO FEDERAL. REPRESENTAÇÃO. CONDUTAS VEDADAS. ART. 73, I E II, DA LEI 9.504/97. USO DA TRIBUNA POR VEREADOR. IMUNIDADE MATERIAL ABSOLUTA. ART. 29, VIII, DA CF/88. PROVIMENTO.
>
> 1. As opiniões, palavras e votos externados por membro de casa legislativa, no uso da respectiva tribuna, são protegidas pela imunidade material de modo absoluto, independentemente de vinculação com o exercício do mandato ou de terem sido proferidas em razão deste. Precedentes do Supremo Tribunal Federal e do Tribunal Superior Eleitoral.
>
> 2. No caso dos autos, sendo incontroverso que o recorrente, na condição de vereador, proferiu discurso da tribuna da Câmara Municipal de Itapetininga, descabe cogitar das condutas vedadas previstas no art. 73, I e II, da Lei 9.504/97.
>
> 3. As declarações dos parlamentares, se reproduzidas por terceiros, sujeitam os últimos às sanções dispostas na legislação de regência.
>
> 4. Recurso ordinário provido. (Recurso Ordinário nº 1591951, Acórdão de 11/09/2014, Relator(a) Min. JOÃO OTÁVIO DE NORONHA, Publicação: DJE – Diário de justiça eletrônico, Tomo 178, Data 23/09/2014, Página 51).

Assim sendo, o recomendável e mais consentâneo com nossa ordem jurídica constitucional é que o Poder Legislativo vede, em ano eleitoral, o uso da sede do parlamento para fins de propaganda eleitoral, pois é possível que se seja ajuizada alguma ação por questionando a constitucionalidade e legalidade do ato permissivo.

De qualquer forma, é bom que se atente para a circunstância de que a "brecha legal" diz respeito somente à propaganda eleitoral, o que significa dizer que qualquer outro ato de natureza político-partidária praticado nas dependências do Poder Legislativo é absolutamente vedado, encerrando ilícitos cível (abuso de poder), criminal (artigos 346 e 377, do Código Eleitoral) e, até mesmo, quebra de decoro parlamentar.

Outra situação que merece a devida atenção diz respeito ao uso de servidores públicos em favor de atividades político-partidárias, cuja regulamentação está prevista no artigo 73, III, da Lei nº 9504/97.

Sobre esse aspecto, convém mencionar que não é vedado ao agente público participar de atos de campanha política, pois seu status funcional não lhe retira a cidadania e o direito de participar no processo eleitoral da maneira que melhor entender. O que se veda é que o faça durante seu horário de expediente se estiver em pleno exercício das funções, isto é, se não estiver licenciado, quando terá liberdade total, salvo, via de regra, se a licença for para tratamento de saúde, pois se ele não está apto a se deslocar até o local de trabalho presume-se também que não pode dispor de sua força física para participar de qualquer ato de campanha política. Todavia, "a mera circunstância de os servidores portarem adesivos contendo propaganda eleitoral dentro da repartição, durante o horário de expediente, conquanto eticamente reprovável, não se enquadra na descrição típica contida no art. 73, III, da Lei nº 9.504/97, cuja proibição consiste na "cessão de servidor" ou na "utilização de seus serviços", "para comitês de campanha eleitoral de candidato, partido político ou coligação", circunstâncias que não se verificaram no caso." Nesse tocante, deve-se observar que, para a configuração do crime em tela no que diz respeito a esse fato, exige-se a presença dos seguintes elementos: 1) servidor público ou empregado da Administração Direta ou Indireta, assim entendido qualquer pessoa que possua vínculo funcional com o Estado (concursado celetista ou estatutário, empregado público, contratado temporário e os ocupantes de cargos comissionados ou função de confiança); 2) que a cessão do servidor público (lato senso) para prestar serviços ao candidato, partido político ou coligação ocorra em horário de expediente, de modo a prejudicar – total ou parcialmente – sua carga horária de trabalho. É impossível cogitar da possibilidade do mesmo trabalhar para candidato em horário de expediente se tiver cumprido sua "meta diária", pois não aqui não se está a tutelar a eficiência no trabalho, mas a igualdade de oportunidade entre os candidatos, que só será atendida com o não uso da força estatal em prol de qualquer concorrente ao pleito.

Sobre o horário de expediente, cuja fixação se dá mediante ato administrativo do Chefe de cada Poder, faz-se imperioso que, em ano eleitoral, fiscalizem-se permanentemente as eventuais mudanças de horário de trabalho que contemplem a possibilidade de participação em atos de campanha, ou que simplesmente, pela invariável e súbita bondade dos gestores, diminuem a carga horária de trabalho sem fixar a proporcional redução remuneratória.

Trata-se de oportunismo eleitoral flagrante que deve ser firmemente fiscalizado pelo Ministério Público e rechaçado pela Justiça Eleitoral, conforme já decidiu o Tribunal Superior Eleitoral (TSE) ao afirmar que "configura grave abuso do poder político a expedição de decreto pelo prefeito candidato à reeleição, a menos de 15 dias do pleito, reduzindo a jornada dos servidores comissionados, quiçá dos contratados, sem reduzir os vencimentos, para participarem de campanhas eleitorais, o que provocou situação ilegal de privilégio na disputa, interferindo no processo eleitoral de 2012, em manifesta contrariedade ao princípio da impessoalidade e da eficiência".

Há, porém, duas exceções à essa regra geral, quais sejam:

1 – Férias e Licenças: O período em que o agente público esteja de férias ou no gozo de licenças (remuneradas ou não) representa exceção à proibição em comento, pois nesse intervalo os mesmos podem fazer qualquer coisa que não constitua infração funcional. Ora, sendo a

participação em atos de campanha um direito decorrente da cidadania de todos, não há qualquer proibição que assim ocorra. Uma ressalva, porém, merece ser feita: entendemos que se o servidor público estiver de licença para tratamento de saúde, sob a alegação de impossibilidade de permanecer no trabalho para recuperação, não lhe será permitido qualquer ato de engajamento político, salvo os que puderem ser realizados em sua residência.

2 – A Questão dos Agentes Políticos: A lei é bem clara no sentido de referir-se a servidores públicos e empregados da Administração Pública, deixando entender que qualquer um que tenha vínculo funcional com o Estado não poderá deixar de trabalhar para atuar em campanha política. Pois bem, não obstante à clareza do mandamento legal, há entendimento Jurisprudencial do Tribunal Superior Eleitoral (TSE) no sentido de que os agentes políticos não se submetem a proibição em questão:

> "Embora seja incontroverso que o prefeito de Natal tenha participado do evento descrito na inicial, sua mera participação não pode ser entendida como violadora do art. 73, III, da Lei nº 9.504/97, o qual estabelece ser proibido aos agentes públicos "ceder servidor público ou empregado da administração direta ou indireta federal, estadual ou municipal do Poder Executivo, ou usar de seus serviços, para comitês de campanha eleitoral de candidato, partido político ou coligação, durante o horário de expediente normal, salvo se o servidor ou empregado estiver licenciado".
>
> Isso porque, como se sabe, o Prefeito, embora seja agente público, não é servidor público em sentido estrito, enquadrando-se na categoria de agente político, não sendo, portanto, abarcado pelo dispositivo anteriormente citado. Ademais, exatamente por ser agente político, não está o Chefe do Executivo sujeito a jornada de trabalho com horários prefixados, não havendo para ele "horário de expediente normal", nos termos da dicção legal acima transcrita.
>
> Desse modo, descaracterizado descumprimento ao referido art. 73, III, da Lei das Eleições, não há sanção a ser imposta à candidata a prefeita MARIA DE FÁTIMA BEZERRA.
>
> Correto o entendimento do Tribunal a quo, assim como a manifestação da Procuradoria-Geral Eleitoral, a qual ressalta que o chefe do Poder Executivo é agente político e, por isso, não se sujeita às regras comuns aplicáveis aos servidores públicos stricto sensu.
>
> Nesse sentido também há pronunciamento desta Corte, no Ag nº 4.000/PA e REspe nº 21.289/PA, DJ de 6.2.2004, relatoria do Ministro Barros Monteiro, de cujo voto condutor do acórdão extraio os seguintes trechos verbis: [...] o chefe do executivo não se acha impedido de participar da campanha do seu candidato à sucessão [...].
>
> O governador não se acha tolhido de deslocar-se em viagens para o interior do estado em período eleitoral [...]. Nem se encontra obstado de participar da campanha de seu candidato à sucessão, nem de comícios. Nego seguimento (art. 36, § 6º, do RITSE)". (Recurso Especial Eleitoral nº 34978, Decisão Monocrática de 10/12/2009, Relator(a) Min. FERNANDO GONÇALVES, Publicação: DJE – Diário da Justiça Eletrônico, Data 16/12/2009, Página 22/23).

Pois bem, analisadas as situações atípicas diante do crime em estudo, apresentamos alguns julgados dos Tribunais Eleitorais pais a fora, que demonstram as multivariadas formas da sua ocorrência na prática:

1. O uso do sistema de comunicação por intermédio de microcomputadores ligados em rede, constituindo-se numa utilidade fruível pelos respectivos operadores, caracteriza-se como serviço, ainda que o seu uso seja exclusivamente interno. Destarte, a

utilização de tal serviço, existente em sociedade de economia mista, para beneficiar um candidato a eleição majoritária, beneficia, automaticamente o partido político a que pertence o referido candidato, configurando assim, o crime previsto no art. 346 combinado com o art. 377 ambos do código eleitoral. (TRE/PR, RECURSO ELEITORAL n 183, Acórdão n 22280 de 02/07/1998, Relator(a) ALTAIR PATITUCCI, Publicação: DJ – Diário da Justiça, Data 17/07/1998, Página 0);

2. Dádiva de alimentos para pessoas carentes, bem próximo ao pleito. Atividade que associou comitê de candidato a departamento assistencial do município. (TRE/PR, AGRAVO DE INSTRUMENTO n 28, Acórdão n 18985 de 20/07/1994, Relator(a) DR. SERGIO ARENHART, Publicação: DJ – Diário da Justiça, Data 18/08/1994, Página 0);
3. A realização pelos denunciados, em determinada época, de reuniões com fins políticos em repartições públicas. (TRE/PR, AÇÃO PENAL ORIGINÁRIA n 022, Acórdão n 18496 de 23/11/1993, Relator(a) DR. MANOEL EUGENIO MARQUES MUN, Publicação: DJ – Diário da Justiça, Data 08/12/1993, Página 0);
4. A vedação estabelecida pelo artigo 377, do CE, obsta que empresa signatária de contratos com o Poder Público empreste suas instalações para fins de beneficiar candidato ou partido político, conduta que, em tese, pode caracterizar crime eleitoral, a teor do artigo 346, do mesmo diploma legal. (TRE/RJ, AÇÃO DE INVESTIGAÇÃO JUDICIAL ELEITORAL n 803876, ACÓRDÃO de 12/07/2017, Relator(a) CARLOS EDUARDO DA ROSA DA FONSECA PASSOS, Publicação: DJERJ – Diário da Justiça Eletrônico do TRE-RJ, Tomo 188, Data 18/07/2017, Página 19/29);
5. Oferecimento de material escolar aos alunos de Escola Municipal na presença dos pais e responsáveis pelos estudantes, com a finalidade de cooptar-lhes o voto. (TRE/RJ, RECURSO CRIMINAL n 131, ACÓRDÃO de 02/04/2014, Relator(a) FLAVIO DE ARAUJO WILLEMAN, Publicação: DJERJ – Diário da Justiça Eletrônico do TRE-RJ, Tomo 074, Data 09/04/2014, Página 11/17);
6. A realização de reunião política em escola subvencionada pelo Poder Público, em benefício de candidata, conduz à configuração do tipo penal do art. 346 c/c 377 do Código Eleitoral. (TRE/RJ, RECURSO CRIMINAL n 165, ACÓRDÃO n 38.821 de 24/05/2010, Relator(a) LUIZ UMPIERRE DE MELLO SERRA, Revisor(a) CÉLIO SALIM THOMAZ JUNIOR, Publicação: DOERJ – Diário Oficial do Estado do Rio de Janeiro, Tomo 097, Data 31/05/2010, Página 03);
7. O uso indevido de aparelho de fac-símile pertencente a autarquia municipal com finalidade eleitoral (TRE/SP, HABEAS CORPUS n 108, ACÓRDÃO de 11/02/2014, Relator(a) LUIZ GUILHERME DA COSTA WAGNER JUNIOR, Publicação: DJESP – Diário da Justiça Eletrônico do TRE-SP, Data 20/2/2014).

Tipicidade subjetiva

Todas as infrações penais eleitorais só comportam a sua prática na modalidade dolosa, motivo pelo qual inexiste crime eleitoral culposo.

Essa regra é extraída a partir da constatação de que nas infrações penais eleitorais inexiste qualquer menção à possibilidade de sua prática na modalidade culposa, o que faz com que, por força do disposto no artigo 287 do Código Eleitoral, aplique-se o artigo 18, parágrafo único do Código Penal.

É importante registrar que, nesse caso, há necessidade de comprovação do dolo específico de causar qualquer espécie de benefício político-partidário, sob pena de atipicidade do delito eleitoral e consumação de crime comum (via de regra, peculato – artigo 312, do Código Penal).

Nesse sentido:

– Recurso Especial. Crime eleitoral. Agravo de instrumento. Crime. Art. 346, c.c. o art. 377 do Código Eleitoral. Candidato. Churrasco. Presença. Bem público. Dolo específico. Demonstração. Necessidade. Não ocorrência. Precedentes. Agravo regimental a que se nega provimento. Para a caracterização do tipo do art. 346 do Código Eleitoral exige-se a demonstração de que o candidato tenha dado causa à pratica de conduta vedada do art. 377 do CE e também a prova do dolo específico de beneficiar partido ou organização de caráter político. (TSE, AGRAVO DE INSTRUMENTO nº 8796, Acórdão, Relator(a) Min. Joaquim Benedito Barbosa Gomes, Publicação: DJ – Diário de justiça, Data 11/09/2008, Página 7);

– AÇÃO PENAL. IMPUTAÇÃO DE CRIME DE UTILIZAÇÃO DE BENS OU SERVIÇOS PÚBLICOS PARA BENEFICIAR PARTIDO E CANDIDATO (ARTS. 377 C/C 346, AMBOS DO CÓDIGO ELEITORAL). ARGUIÇÃO DE PRESCRIÇÃO DA PRETENSÃO PUNITIVA. INOCORRÊNCIA. PARA CONFIGURAÇÃO DO CRIME PREVISTO NO ART. 377 C/C ART. 346, AMBOS DO CÓDIGO ELEITORAL, A UTILIZAÇÃO DO PRÉDIO OU SERVIÇO PÚBLICO DEVE SER EM BENEFÍCIO, DIRETO OU INDIRETO, DO PARTIDO OU CANDIDATO. O AGENTE HÁ QUE TER INTENÇÃO ELEITORAL ESPECÍFICA, OU SEJA, A VONTADE CONSCIENTE E LIVRE DE UTILIZAR TAIS BENS OU SERVIÇOS EM BENEFÍCIO DE PARTIDO, CANDIDATO OU ORGANIZAÇÃO DE CARÁTER POLÍTICO. SERVIÇO DE VIGILÂNCIA PRESTADO POR SERVIDORES PÚBLICOS NA CASA DA Ré, PREFEITA À ÉPOCA, ANTES DA INSTALAÇÃO DO COMITÊ FINANCEIRO NO LOCAL. AUSÊNCIA DE DOLO ESPECÍFICO. ABSOLVIÇÃO. IMPROCEDÊNCIA DA AÇÃO (ART. 386, III, DO CPP). (TRE/SP, AÇÃO PENAL n 4219641, ACÓRDÃO de 22/09/2011, Relator(a) ALCEU PENTEADO NAVARRO, Publicação: DJESP – Diário da Justiça Eletrônico do TRE-SP, Data 29/09/2011);

Consumação e tentativa

O tipo se consuma a partir do momento em que é utilizado qualquer bem, serviço ou agente público a favor de ações político-partidárias não autorizadas por lei.

Não custa lembrar, por oportuno, que não existe conduta insignificante nesse aspecto, já que um dos fundamentos desse tipo é a moralidade administrativa, que não admite qualquer espécie de isenção de pena por "pequena lesão". Reforçando essa linha de pensamento, destaca-se o enunciado nº 599, da Súmula do Superior Tribunal de Justiça (julgado em 27/11/2017), segundo o qual "o princípio da insignificância é inaplicável aos crimes contra a administração pública", que deve incidir, pela coincidência de fundamento, sobre o caso em tela.

Destaco, ainda, que a nova redação do artigo 62 da Lei nº 9099/95 (acrescida pela 13.603/18), cujo teor estabelece que "o processo perante o Juizado Especial orientar-se-á pelos critérios da oralidade, simplicidade, informalidade, economia processual e celeridade, objetivando, sempre que possível, a reparação dos danos sofridos pela vítima e a aplicação de pena não privativa de liberdade", não tem o condão de afetar o entendimento da inaplicabilidade do princípio da insignificância aos delitos eleitorais, haja vista que nessa seara especializada inexiste tipo que tutele apenas o patrimônio individual, mas, sim, o propriamente coletivo (caso do delito em estudo) ou o de dimensão coletiva, que são indisponíveis por natureza e diante da importância que possuem para o processo democrático.

Como se trata de crime plurissubjetivo, é possível a tentativa.

3.27. Peculato eleitoral ou apropriação indébita eleitoral

> **Art. 354-A.** Apropriar-se o candidato, o administrador financeiro da campanha, ou quem de fato exerça essa função, de bens, recursos ou valores destinados ao financiamento eleitoral, em proveito próprio ou alheio: (Incluído pela Lei nº 13.488, de 2017)
>
> Pena – reclusão, de dois a seis anos, e multa. (Incluído pela Lei nº 13.488, de 2017)

Breve introdução ao tipo

O artigo 354-A foi inserido no bojo da "minirreforma eleitoral de 2017", que trouxe novidades legislativas no tocante ao financiamento eleitoral, dentre os quais destaco a criação do "Fundo Especial de Financiamento de Campanha" (FEFC), constituído por dotações orçamentárias da União, como apontam os artigos 16-C e 16-D, da Lei nº 9504/97. Além disso, convém destacar que o artigo 31, II, da Lei nº 9096/95 autoriza o uso dos recursos do chamado "fundo partidário" nas campanhas eleitorais, o que vai gerar às siglas partidárias só no ano de 2018, com essas duas rubricas, algo em torno de R$2,5 Bilhões para usados no financiamento das campanhas.

Isso sem contar com a doação oriunda de pessoas físicas, que poderão fazer uso, além do sistema tradicional de doação de bens ou valores para financiamento de campanhas, aquele denominado de crowdfunding ("as vaquinhas virtuais"), cuja previsão está no artigo 23, § 4, IV, da Lei nº 9504/97.

Toda essa situação criou a necessidade de se regular criminalmente a conduta de quem apropriar-se desses valores destinados ao financiamento eleitoral, de modo que o artigo 354-A o fez. Nesse tocante, o tipo pode ser definido como "peculato eleitoral", quando a apropriação for de verba pública (caso dos fundos custeados com recursos orçamentários da União) ou "apropriação indébita eleitoral", na hipótese do dinheiro desviado ser oriundo de fonte privada.

Bem jurídico tutelado

Diante do exposto acima, pode-se concluir que o artigo 354-A tutela a correta destinação dos bens públicos ou privados destinados ao financiamento das campanhas eleitorais.

No tocante às verbas públicas isso está bem claro no artigo § 11 do artigo 16-C, da Lei das Eleições, segundo o qual "os recursos provenientes do Fundo Especial de Financiamento de Campanha que não forem utilizados nas campanhas eleitorais deverão ser devolvidos ao Tesouro Nacional, integralmente, no momento da apresentação da respectiva prestação de contas."

Sujeitos do crime

Da leitura do tipo penal, verifica-se que o mesmo só pode ser praticado pelo candidato, pelo administrador de campanha ou por quem, de fato, exerça essa função. Essa última hipótese deixa claro que qualquer pessoa pode praticar o fato, o que é reforçado mais ainda pelo fato de que pode haver concurso de autores entre o agente que desvia o dinheiro da campanha e o terceiro beneficiário. Assim sendo, trata-se de crime comum.

No polo passivo, temos a União (no caso da apropriação ocorrida for referente aos recursos dos fundos por ela bancados), ou o doador de campanha, nas outras hipóteses.

Condutas

O tipo fala em apropriar-se, em proveito próprio ou alheio, dos bens, recursos ou valores destinados ao financiamento eleitoral, o que significa dizer que é necessário que o agente se apodere do dinheiro ou dos bens que ele tem sob a sua posse legítima e passa a agir como se dono deles fosse, seja desviando-os em seu favor ou de terceiro com ele mancomunado.

Assim, responde pelo crime tanto o sujeito que se apropria, como aquele que recebe dolosamente o bem desviado, sendo necessário, nesse último caso, que o beneficiário saiba da origem do bem recebido. Do contrário, teríamos uma responsabilidade penal objetiva.

Consumação e tentativa

O tipo se consuma a partir do momento em que o sujeito ativo se apropria dos objetos jurídicos do tipo (valores ou bens) de que tem posse em razão da sua condição de candidato ou administrador financeiro da campanha (seja de direito ou de fato). Trata-se, destarte, crime formal e é delito plurissubsistente, admitindo, pois, a tentativa.

CAPÍTULO 4

Abuso de Autoridade – Lei 4.898/1965

Renee do Ó Souza

INTRODUÇÃO

A Constituição Federal busca garantir que o exercício da função pública ocorra dentro de limites ditados, de um modo geral, pelos direitos fundamentais de primeira geração, entendidos como aqueles que implicam a imposição de obrigações negativas ou obstativas ao Estado, de modo a coibir os excessos e arbitrariedades.

Os serviços públicos prestados pelo Estado devem ser adequados e promocionais, com prestações positivas aptas a realçar as liberdades humanas e promover o desenvolvimento de todos, naquilo que caracteriza, de um modo geral, os direitos de segunda geração[1].

Os eventuais abusos praticados pelo Estado, no mais das vezes, são violações a essa categoria de direitos que, como se sabe, tem a função de proteger os cidadãos desse tipo de atuação estatal excessiva. Por isso, verifica-se com certa facilidade que o rol dos crimes previstos na Lei se refere aos direitos e garantias individuais do art. 5º da Carta Magna[2].

É neste contexto protetivo que vige a Lei 4.898/1965, concebida para incriminar os chamados abusos genéricos de autoridade. Por meio dessa Lei pretende-se prevenir abusos por partes das autoridades e responsabilizar de forma tríplice o agente, nas esferas civil, administrativa e penal.

Essa pretensão revela um efeito simbólico e meramente promocional da Lei de Abuso de Autoridade. Editada durante a ditadura militar, a Lei é incapaz de combater adequadamente

1 Essa função protetiva, promocional e solidarizante do Estado frente ao cidadão é facilmente verificada, por exemplo, na nova Lei nº 13.460, de 26 de junho de 2017, que dispõe sobre participação, proteção e defesa dos direitos do usuário dos serviços públicos da administração pública.

2 O panorama geral acerca do Estado Liberal dado por Winfried Hassemer vem bem a demonstrar essa ideia: "A Nossa tradição vê metaforicamente e, em adoção ao discurso de Thomas Hobbes, o Estado corporificado na figura bíblica do Leviatã. O Leviatã, o qual tanto protege como ameaça seus cidadãos, deve ser domado e posto em correntes. Contra o Leviatã ameaçador voltam-se os direitos fundamentais como direitos de defesa e, dessa forma, os cidadãos combatem em defesa de sua liberdade. O Estado é aquele que tanto distribui a esperança como também o terror; ele se aproxima e pune e o seu poderio deve ser quebrado, devendo ser transformado, por meio da lei que também o domina, em serviço da liberdade dos cidadãos. Essa é a tradição da filosofia liberal do Estado." (HASSEMER, Winfried. *Direito Penal Libertário*. Trad. Regina Greve. Belo Horizonte: Del Rey, 2007. p. 169/170). Na modernidade, porém, o autor explica que a imagem metafórica do Estado Leviatã foi superada, perspectiva que será melhor analisada à frente.

ilícitos perpetrados em face dos direitos fundamentais, principalmente por causa das penas quase insignificantes e facilmente alcançáveis pela prescrição.

A Lei busca abranger condutas não previstas como crime no Código Penal ou em outras leis especiais que contém abusos, entendidos aqui como o mau uso ou uso excessivo da autoridade do servidor público.

Em razão disso, enfatiza-se que os crimes de abuso de autoridade da Lei 4.898/1965 têm caráter nitidamente subsidiário em relação aos crimes previstos em outros diplomas. Assim, por exemplo, embora seja possível vislumbrar inegável abuso de autoridade do funcionário público que pratica uma concussão, o desvio de poder será considerado como elemento implícito daquele tipo. A Lei em estudo buscou suprir uma lacuna legislativa, de forma que pudessem ser punidos abusos de poder não incluídos nos outros crimes funcionais.

Também por isso, os tipos são bastante abertos, o que é, não sem razão, duramente criticado por parcela significativa da doutrina brasileira.

BEM JURÍDICO TUTELADO

De um modo geral, a Lei 4.898/1965 visa proteger os direitos e garantias individuais constitucionais e o regular exercício de uma função pública ou da administração pública. Daí afirma-se que a Lei tem dupla objetividade jurídica.

SUJEITOS DOS CRIMES

Sujeito ativo: Os crimes previstos nessa lei são próprios, visto que só podem ser praticados pela autoridade definida no art. 5º, que é aquele que "exerce o cargo, emprego ou função pública, de natureza civil ou militar, ainda que transitoriamente e sem remuneração". Exige-se que o sujeito ativo exerça uma função pública e tenha poder de mando, independentemente da forma de investidura ou vínculo entre agente público e Estado.

O poder de mando é a capacidade de determinar, de se fazer obedecer, capaz de sujeitar o cidadão à vontade da autoridade pública. Essa característica também é encontrada no empregado de **entidades paraestatais**, pelo que a Lei alcança esse tipo de funcionário.

São consideradas autoridades públicas assim, por exemplo, os membros da magistratura e do Ministério Público; integrantes da polícia militar, polícia civil, polícia federal, serventuários da justiça, diretor de hospital público, comissário de menor, prefeitos, parlamentares, vigilantes noturnos, guardas municipais, mesário eleitoral, jurados, etc.

A regra de ouro para estabelecer, quanto ao sujeito ativo, a existência do abuso de autoridade é a conduta ilícita ter sido cometida "*propter officium*", isto é, em razão do cargo.

Como já decidiu o STJ, "comete o delito o agente que, mesmo não estando no exercício da função, age invocando a autoridade do cargo, com exibição da carteira funcional" (RT 665/359). Desse modo, desde que invoque sua função e cometa algum abuso, mesmo que a autoridade não esteja no expediente de trabalho ou esteja de folga ou sem a farda funcional, pratica o crime da Lei 4.898/1965[3].

3 STF, HC 59.676, Djaci Falcão, 2ª T., u., *DJ* 07/05/1982; STJ, AGA 5.749, José Cândido, 6ª T., u., *DJ* 17/12/1990.

Agente público de férias ou de licença: As férias ou licenças não desligam os vínculos jurídicos entre o agente público e o Estado, razão pela qual, desde que a autoridade se valha do cargo e cometa algum abuso, pode-se incorrer na Lei dos Crimes de Abuso de Autoridade.

De outro lado, caso a conduta seja praticada com total desvinculação ao cargo, em ato ligado essencialmente à vida privada do agente, não há que se falar em abuso de autoridade. Nesse sentido, já se decidiu: "não há falar em abuso de poder, se a ação de polícia do réu resulta de atividade como particular desvinculada de determinação oficial e da função específica" (TACRIM-SP – AC – Rel. Ary Belfort – Jutacrim 65/248). Assim, por exemplo, uma agressão física ocorrida fora de serviço e sem qualquer identificação da autoridade pública pode ensejar a caracterização de crime comum de lesão corporal (CP, art. 129). Anote-se que algumas categorias de agentes públicos, devido à necessidade de manter conduta pública e particular ilibada, quando praticam atos ilícitos, mesmo que fora de suas funções públicas, podem ser punidos por infração disciplinar. É o caso dos agentes que devem manter decoro, como os parlamentares, em geral (CF, art. 55, II).

Agente público aposentado ou demitido: Como nesses casos inexiste o vínculo com o Estado, não há crime de abuso de autoridade.

Não são consideradas autoridades aquelas que desempenham um simples múnus público como tutores e curadores dativos, síndicos e inventariantes, ou depositários judiciais, mesmo que desempenhem atividade de nítido interesse público.

Concurso de pessoas: Embora sejam crimes próprios, admitem-se a coautoria e a participação, uma vez que a qualidade de autoridade pública, por ser elementar do tipo, comunica-se aos demais agentes, nos termos do art. 30 do Código Penal, contanto que eles tenham conhecimento dessa condição pessoal do autor. Nesse sentido, "nada impede que uma pessoa não funcionária pública pratique o crime de abuso de autoridade, desde que o faça em concurso com uma das pessoas mencionadas no art. 50 da Lei n. 4.898/65" (TACRIM – SP – AC – Rel. Juiz Andrade Cavalcanti -JIUTACRIM 66/440).

Surge aqui um aparente problema visto que algumas condutas tipificadas na Lei de Abuso de Autoridade têm previsões semelhantes em outras leis penais. É o que ocorre, por exemplo, com as condutas de violação à liberdade de crença religiosa que estão tipificadas nas alíneas "d" e "e" do art. 3º, da Lei 4.898/1965, aplicáveis à autoridade pública, e no art. 208 do Código Penal, aplicáveis ao particular. Desse modo, caso a autoridade pública, com a participação de um particular, atente contra esse bem jurídico, por quais crimes responderão?

Haverá, nesses casos, um conflito aparente de normas, tema que será melhor analisado mais à frente. Cabe aqui registrar, entretanto, que adotada a teoria monista, não é possível cindir a capitulação dos fatos em leis distintas, uma, para o autor, autoridade pública, e outra, para o autor particular. As exceções à teoria monista, quando existem, são previstas textualmente na lei, como ocorre nos crimes de corrupção passiva e ativa (CP, arts. 317 e 333).

Sujeito passivo: Os crimes de abuso de autoridade têm dupla subjetividade passiva, de modo que o sujeito passivo principal ou imediato é a pessoa, física ou jurídica, atingida pela ação delituosa, enquanto que o sujeito passivo secundário ou mediato é o Estado, titular do serviço público e interessado no regular funcionamento da administração pública.

Alguns tipos penais da Lei de Abuso de Autoridade são subsidiários em relação a outros crimes, justamente em razão da qualidade do sujeito passivo, como ocorre quando esse é criança ou adolescente, característica que desloca a tipificação da conduta para crimes previstos no Estatuto da Criança e Adolescente.

VOLUNTARIEDADE

Elemento Subjetivo: todos os crimes previstos na Lei 4.898/1965 são dolosos.

O exercício da função pública é, no mais das vezes, impopular e desgostoso, razão pela qual consolidou-se o entendimento de que o cumprimento do dever, desde que feito no interesse da defesa social ou para preservar a vida ou a incolumidade física de alguém, não caracteriza abuso de poder, por ausência de dolo. A atuação legal aniquila qualquer intenção de violar a lei ou de revelar periculosidade no agente público. Daí porque se entende que "nos abusos de autoridade, o elemento subjetivo do injusto deve ser apreciado com muita perspicácia, merecendo punição somente as condutas daqueles que, não visando à defesa social, agem por capricho, vingança ou maldade, com o consequente propósito de praticarem perseguições e injustiças. O que se condena, enfim, é o despotismo, a tirania, a arbitrariedade, o abuso, como indica o *nomem juris* do crime." (JUTACrim 84/400)

Nesse sentido, anota Rui Stoco, citando Damásio E. de Jesus, que "o crime reclama um ânimo próprio, que é elemento subjetivo do injusto: vontade de praticar as condutas sabendo o agente que está exorbitando do poder. Esse elemento se liga à culpabilidade e à antijuridicidade. Não se trata de dolo específico, em face de não encontrarmos frente àquele fim ulterior, extrínseco ao fato".[4]

Com razão esse entendimento. A composição do tipo subjetivo do crime de abuso de autoridade exige que o agente aja consciente, isto é, convencido de abusar do direito, ou de que age além dos limites para os quais está autorizado. Em suma, o agente, para abusar da autoridade que lhe é conferida, deve atuar na finalidade de satisfazer um efetivo propósito.

A análise acerca do elemento subjetivo tem elevada importância prática para evitar que o servidor, temeroso de eventual responsabilização penal, deixe de cumprir o seu dever de ofício, notadamente diante de uma situação na qual as circunstâncias levam a crer que isso é exigido, situação que levará à prática de infrações que expõem um número indeterminado de pessoas a riscos e perigos[5]. Assim, se o funcionário agiu movido pela vontade de atingir o fim público, não incide no crime de abuso de autoridade.

Essa ponderação nem sempre é tarefa fácil, como no caso do policial que atua revistando pessoa que, vestindo um pesado agasalho num dia ensolarado, caminha de um lado para outro, nervosamente, em frente a um banco. Há, nesse exemplo, causa provável a legitimar a atuação

---

4 STOCO, Rui e outros. *Leis Penais Especiais e sua interpretação jurisprudencial*. 7ª ed. São Paulo: RT. 2001. p. 13.

5 Como dito antes, a imagem metafórica do Estado Leviatã parece ter sido superada na modernidade. Como bem sintetiza o professor alemão Winfried Hassemer "o Estado não é mais, para os cidadãos e cidadãs, aquele monstro da liberdade. Ao contrário: ele se torna seu irmão de armas diante dos riscos e dos grandes problemas da época. Eles estão cada vez menos interessados em manter limitados seus instrumentos de poder estatal para a luta contra os riscos da vida e da decadência das normas. Com isso, eles remetem o Estado, em admoestação e, até o momento, em ameaça a seu monopólio: ele tem como obrigação protegê-lo e garantir a sua segurança." (HASSEMER, Winfried. *Direito Penal Libertário*. Trad. Regina Greve. Belo Horizonte: Del Rey, 2007. p. 170).

policial[6], mas a penumbra entre o estrito cumprimento do dever legal e o abuso de autoridade nesse caso, demonstra o quão tormentosa é a questão no dia a dia dos agentes públicos.

Assim, embora o delito de abuso de autoridade não reclame finalidade especial, o seu tipo subjetivo não aceita dolo que não seja o direto: consciência e vontade no sentido de levar a ação funcional para além dos limites da competência exercitada. Afinal, os delitos de abuso de autoridade situam-se justamente na zona de tensão entre o respeito aos direitos individuais e o interesse público na preservação de bens coletivos, como a segurança pública. Assim, nessa linha, "não se demonstrando ter o paciente agido por capricho, vingança ou com consciente propósito de praticar perseguições ou injustiças, é de se conceder a ordem para sustar qualquer atividade inquisitiva relativamente à questão sub examen" (citando TRF3, HC 03.034688-6 e TRF4, Inq. 200304010430211). Da mesma forma, "as questões atinentes à competência não podem servir de lastro à acusação de abuso de poder, quando na conduta do paciente está caracterizado o propósito de dar pronta e impostergável execução às medidas de defesa social cabível." (citando TRF3, RES 91030172589/SP).

Por outro lado, já foi reconhecido o abuso no ato de Auditor Fiscal da Receita Federal, que insiste em revistar e acaba por apreender parte da bagagem da vítima, embora ela tenha comprovado que provinha do território nacional, tornando "manifesto, por conseguinte, o propósito de humilhar, amesquinhar." (TRF1, AC 0100014182-3/BA).

Não existe nenhuma infração penal culposa. A negligência na atuação funcional, no mais das vezes, caracterizará infração disciplinar, punível nas esferas administrativas competentes.

CONSUMAÇÃO E TENTATIVA

Quase todos os delitos da Lei 4.898/1965 são crimes de mera conduta e de perigo, isto é, consumam-se com a simples atividade, sem necessidade de modificação do mundo exterior.

No que diz respeito à tentativa, é precioso distinguir alguns aspectos a seguir.

Todas as figuras do art. 3º da Lei são crimes de atentado, entendidos como aqueles em que a realização do tipo se dá independentemente da consumação. É o que se extrai do *caput* do art. 3º. Por isso, nesses tipos, inexiste a figura da tentativa.

No caso do art. 4º, diferentemente, é necessária uma análise de cada um dos tipos penais para aferir a viabilidade da forma tentada. Assim, por exemplo, o crime descrito na alínea "a" do art. 4º, que é comissivo plurissubsistente, admite tentativa. Todavia, nos crimes das alíneas "c" e "d" do art. 4º, a tentativa é inviável, pois se trata de crimes omissivos e unissubsistentes.

Conflito aparente de normas e/ou Concurso de crimes: resumidamente, aplicam-se três regras:

1ª. O crime de abuso sempre será absorvido, se constituir elementar de outra infração. Exemplo: art. 4º, "h" e 312 do CP.

2ª. O abuso será absorvido, quando constituir circunstância legal específica de outra infração penal. Exemplo: art. 3º, "b" e 150, § 2º, do CP, caso em que a violação de domicílio absorverá o abuso, apesar de ser infração mais leve.

6 O Supremo Tribunal Federal entende que a fundada suspeita do art. 244 do CPP não pode fundar-se em parâmetros unicamente subjetivos, exigindo elementos concretos que indiquem a necessidade da revista, em face do constrangimento que causa (citando STF, HC 81.305/GO).

3ª. O abuso de autoridade será absorvido, se praticado com um crime comum. Exemplo: O homicídio sempre absorverá o abuso, caso em que o crime terá a qualificação do art. 121, c/c art. 61, II, "g", ambos do CP. Essa regra admite exceção consolidada pela jurisprudência: art. 3º, "e", da Lei do Abuso, que tipifica o atentado à incolumidade física do indivíduo, não é absorvido pela lesão corporal do Código Penal (art. 129), pelo que deverá o agente responder pelos dois crimes em concurso material.

Competência: em regra, a competência para processar os crimes de abuso de autoridade será determinada em razão da autoridade pública.

Quando o crime for cometido por servidor público federal, há duas correntes quanto à competência para julgamento do crime de abuso de autoridade: 1ª Corrente: o crime praticado por funcionário público compromete o serviço público, razão pela qual a conduta viola bens, serviços ou interesses da União, suas autarquias ou empresas públicas (art. 109, IV, da Constituição Federal), de modo que a competência é da justiça federal; 2ª Corrente: o simples fato de o infrator ser servidor federal, por si só, não fixa a competência da justiça federal. Para prevalecer a competência da Justiça Federal, o ilícito deve estar relacionado com o exercício da função. É a inteligência da súmula 147 do STJ: "compete à justiça federal processar e julgar os crimes praticados contra funcionário público federal, quando relacionados com o exercício da função". Assim, se o ato for praticado sem relação direta com o cargo de agente federal, a competência será estadual. Foi o que decidiu STJ, em caso de um Delegado Federal que agrediu fisicamente uma médica, por ela ter se negado a entregar-lhe prontuários de pacientes: "Abuso de autoridade (delegado). Competência (federal/estadual). Ato praticado fora do exercício funcional (hipótese).1. Aos olhos do Relator, há de ser restritiva a interpretação da cláusula "em detrimento de bens, serviços ou interesse da União ou de suas entidades autárquicas ou de empresas públicas", constante do art. 109, IV, da Constituição.2. Por isso mesmo, o ato praticado por delegado de polícia federal – tendo como vítima médica em hospital – quando não se encontrava no exercício da função não é bastante para se fixar a competência da Justiça Federal.3. Ordem concedida para se proclamar a incompetência da Justiça Federal". (HC 102049/ES, julgado em 14/06/2010).

Se o crime é praticado em ambiente controlado pela União, a competência é da Justiça Federal. Por exemplo, se praticado em área alfandegária de aeroporto ou em estabelecimento prisional federal.

Se for agente público estadual ou municipal, será competente a Justiça Estadual.

O foro competente será, nos termos do art. 70 do CPP, o do local da consumação do crime (teoria do resultado).

Abuso de autoridade praticado por militar: Segundo a Súmula n.º 172 do STJ, "compete à Justiça Comum processar e julgar militar por crime de abuso de autoridade, ainda que praticado em serviço". A razão desse entendimento ter se consolidado era que abuso de autoridade era crime comum, pois não estava previsto como crime militar no Código Penal Militar (DL 1001/69).

Tudo mudou, porém, com a **edição da recente Lei 13.491**, de 13 de outubro de 2017, que alterou o Código Penal Militar, mais especificadamente o art. 9º, que define os crimes militares em tempo de paz.

Antes da alteração, o art. 9º, II, do Código Penal Militar previa o seguinte:

> "II – Os crimes previstos neste Código, embora também o sejam com igual definição na lei penal comum, quando praticados:"

Após a mencionada lei, passou a prever que:

> "II – Os crimes previstos neste Código e os previstos na legislação penal, quando praticados:" (Redação dada pela Lei nº 13.491, de 2017).

Com essa modificação, houve uma ampliação dos crimes de natureza militar, visto que, não apenas os crimes previstos no próprio CPM, mas também aqueles cominados no restante da legislação penal, poderão ser da competência da Justiça Militar – a depender do preenchimento de uma das condições previstas no inciso II do art. 9º do Código Penal Militar.

Assim, os crimes da Lei de Abuso de Autoridade, que não estão previstos no CPM e, portanto, eram processados na Justiça Comum (conforme súmula nº 172 do STJ), passam agora a ser da competência da justiça castrense, quando praticados por militares.

Excepcionalmente, no caso do específico crime de abuso de autoridade militar previsto no art. 176 do CPM[7], a competência desse delito sempre foi da Justiça Militar.

Resta também superado o enunciado da Súmula n.º 90 do Superior Tribunal de Justiça, que previa a necessidade de desmembramento de processos, em caso de concurso de crime de abuso de autoridade praticado por militar e outro crime militar. Dispõe a Súmula 90 do Superior Tribunal de Justiça: "compete à Justiça Estadual Militar processar e julgar o policial militar pela prática do crime militar, e à Comum pela prática do crime comum simultâneo àquele".

A Súmula, porém, continua aplicável no caso de haver concurso de pessoas militar e civil, na prática de crime de abuso dc autoridade.

Questão complexa é quanto à **retroatividade da Lei 13.491/2017**. Atendo-se aos crimes de Abuso de Autoridade, que são delitos de menor potencial ofensivo, logo, passíveis das Medidas Despenalizadoras previstas na Lei n.º 9.099/95, entendemos que a nova lei não deve retroagir. Isso porque a Lei n.º 9.099 veda, em seu art. 90-A, a sua aplicação "no âmbito da Justiça Militar", de modo que, neste particular, a Lei n.º 13.491, é *Lex Gravior*, e, portanto, não poderia ser admitida para fatos ocorridos anteriormente à sua incidência. Neste sentido decidiu o TJDFT: "(...) Ao crime de abuso de autoridade previsto na Lei 4.898/1965 é cominada pena máxima de 6 (seis) meses de detenção, de maneira que deve ser considerado delito de menor potencial ofensivo nos termos do artigo 61 da Lei 9.099/1995. Por ser crime de menor potencial ofensivo, o feito deve ser processado e julgado perante os juizados especiais criminais, em que devem ser oportunizados os institutos despenalizadores daquela legislação. Assim, mesmo os militares que praticassem tal delito em serviço, haja vista que não eram considerados crimes militares, deveriam ser processados e julgados perante o juizado especial criminal, o que obviamente se apresenta como favorável ao acusado, ante a possibilidade de transação penal e além de outros benefícios. A partir da Lei 13.491/2017, o crime de abuso de autoridade praticado por militar em uma das situações previstas no inciso II do artigo 9º do Código Penal Militar, que é o caso dos autos, configura crime militar, ensejando a competência da Justiça Militar e a aplicação do regime jurídico próprio para o processo e julgamento desses crimes, dentre o que destaca-se a

---

7 Art. 176 do CPM: "Ofender inferior, mediante ato de violência que, por natureza ou pelo meio empregado, se considere aviltante".

proibição de se aplicar qualquer disposição da Lei 9.099/1995, conforme o disposto no artigo 90-A de referido ato normativo. Pelo que acima foi colocado, verifica-se que a consideração de um crime comum de menor potencial ofensivo em militar representa um agravamento da situação jurídica do réu, vez que há a modificação da competência do juizado especial criminal para a Justiça Militar, além da impossibilidade de se aplicar qualquer um dos institutos previstos na Lei 9.099/1995. (TJDFT, Reclamação Criminal, 2ª T, Processo n.º 20180020027003RCC (0002689-21.2018.8.07.0000), Rel. Des. Maria Ivatônia. Acórdão 1112254).

Art. 1º O direito de representação e o processo de responsabilidade administrativa civil e penal, contra as autoridades que, no exercício de suas funções, cometerem abusos, são regulados pela presente lei.

Art. 2º O direito de representação será exercido por meio de petição:

A) dirigida à autoridade superior que tiver competência legal para aplicar, à autoridade civil ou militar culpada, a respectiva sanção;

B) dirigida ao órgão do ministério público que tiver competência para iniciar processo-crime contra a autoridade culpada.

Parágrafo único. A representação será feita em duas vias e conterá a exposição do fato constitutivo do abuso de autoridade, com todas as suas circunstâncias, a qualificação do acusado e o rol de testemunhas, no máximo de três, se as houver.

Ao contrário do que se possa supor, a representação tratada nesse dispositivo não é peça inicial em que se deduz pretensão jurídica junto ao Poder Judiciário, ou seja, não é propriamente uma petição inicial. Trata-se de disposição que regulamenta o direito de petição previsto no art. 5º, XXXIV, alínea "a", da Constituição da República, que dispõe: "são a todos assegurados, independentemente do pagamento de taxas: a) o direito de petição aos Poderes Públicos em defesa de direitos ou contra ilegalidade ou abuso de poder".

Também não se trata da representação necessária para deflagração da persecução penal dos crimes que se processam mediante ação penal condicionada, instituto tratado no art. 24 do CPP. Ou seja, não obstante o disposto no art. 12 da Lei 4.898/1965, essa manifestação não é condição objetiva de procedibilidade da ação penal.

Anote-se, aliás, que, nos termos do art. 1º da Lei n. 5.249/1967, a falta de representação do ofendido, nos casos de abusos previstos na Lei nº 4.898, de 9 de dezembro de 1965, não obsta a iniciativa ou o curso de ação pública.

A representação mencionada no art. 2º da Lei 4.898/1965 nada mais fez do que expressamente possibilitar à vítima de abuso de autoridade, de levar tal fato ao conhecimento das autoridades públicas.

Nesse sentido, já se decidiu:

> "*Falta de representação do ofendido não obsta a iniciativa do Ministério Público para a ação penal por crimes previstos na Lei n. 4.898/65. A Lei nº 5.249/67 é taxativa. Dispensa-se inquérito policial ou justificação preliminar para instruir a denúncia*" (JTACrim, 76/150).
>
> "*A exigência de representação para legitimar a atuação do Ministério Público na promoção de ação penal pelo crime de abuso de autoridade foi abolida pela Lei n. 5.249/67, que revogou o art. 12, da Lei n. 4.898/65*" (TJSP – RT, 375/363).

Esse dispositivo reproduz, em certa medida, as normas do art. 5º, § 3º. e 27, ambos do Código de Processo Penal, que regulamentam a *delatio criminis,* consistente na possibilidade de qualquer cidadão levar ao conhecimento das autoridades informações sobre a existência de algum delito.

O dispositivo busca, nada mais que isso, portanto, estimular a participação do cidadão na gestão pública, além de assegurar-lhe textualmente uma excludente da ilicitude (exercício regular de um direito), no caso de sofrer uma medida regressiva qualquer.

O parágrafo único cria condição inexistente no Código de Processo Penal, mas que não deve ser elevado a um formalismo capaz de justificar a inércia da autoridade pública que recebe as informações delatadas.

Talvez a preocupação do legislador tenha sido evitar a proliferação de denúncias anônimas caluniosas que podem produzir resultados danosos à administração pública.

Sobre a questão, o Supremo Tribunal Federal já assentou que as notícias apócrifas ("denúncias anônimas") não autorizam, por si sós, a propositura de ação penal ou, mesmo na fase de investigação preliminar, o emprego de métodos invasivos de investigação, como interceptação telefônica ou busca e apreensão. Entretanto, essas reclamações podem constituir fonte de informação e de provas que não podem ser simplesmente descartadas pelos órgãos do Poder Judiciário. Desse modo, o procedimento a ser adotado pela autoridade pública, em caso de "denúncia anônima", é: 1) Realizar investigações preliminares para confirmar a credibilidade da "denúncia"; 2) Sendo confirmado que a "denúncia anônima" possui aparência mínima de procedência, instaura-se inquérito policial ou investigação; 3) Instaurada a investigação, a autoridade pública deverá buscar outros meios de prova que não a interceptação telefônica (esta é a *ultima ratio*). Se houver indícios concretos contra os investigados, mas a interceptação se revelar imprescindível para provar o crime, poderá ser requerida a quebra do sigilo telefônico ao magistrado. STF. 1ª Turma. HC 106152/MS, Rel. Min. Rosa Weber, julgado em 29/3/2016 (Info 819). Assim também já entendeu a 2ª Turma Pretório Excelso no HC 133148/ES, Rel. Min. Ricardo Lewandowski, julgado em 21/2/2017 (Info 855).[8]

Especificamente sobre validade de ação penal que teve, na sua origem, uma comunicação por meio de denúncia anônima, já decidiu o STJ: "no *habeas corpus*, sustenta a impetração a nulidade da ação penal, alegando que tanto a denúncia quanto a condenação basearam-se exclusivamente em dados colhidos em correspondência apócrifa, ou seja, denúncia anônima mediante e-mail e, por isso, ela deveria ser considerada prova ilícita. No entanto, segundo o Min. Relator, ao contrário do que afirma a impetração, os autos demonstram que o Ministério Público Federal, legitimado para averiguar a regularidade dos contratos administrativos denunciados, somente formou sua *opinio delicti*, depois de verificar a existência de elementos mínimos e colher, de forma idônea, todos os dados informativos, para então determinar a instauração da investigação criminal. Por outro lado, a condenação da paciente por fraude à licitação (art. 90 da Lei n. 8.666/1993) fundou-se em acervo probatório composto por depoimento de testemunhas e dos réus, informações prestadas pela Superintendência do Incra, cópia do procedimento administrativo de licitação sob suspeita e outros documentos; todos comprovaram que somente uma empresa foi contatada para fornecer orçamento prévio, servindo de base para a elaboração de edital licitatório, e, depois, a mesma empresa foi vencedora, apesar de não poder participar do certame por estar em dívida com a Receita Federal. Dessa forma, concluiu

8 No mesmo sentido, já decidiu a 6ª Turma do STJ. RHC 38.566/ES, Rel. Min. Ericson Maranho (Des. Conv. do TJ/SP), julgado em 19/11/2015.

o Min. Relator que, pelos documentos constantes dos autos, não há, de plano, comprovação que possa evidenciar ser a exordial acusatória ou a sentença condenatória embasadas apenas em denúncia anônima. Assim, até por ser inviável ampla dilação probatória em HC, não há como acatar a irresignação da impetração. Diante do exposto, a Turma denegou a ordem em consonância com o parecer da Subprocuradoria-Geral da República." Precedentes citados: HC 44.649-SP, DJ 8/10/2007, e HC 93.421-RO, DJe 9/3/2009. HC 191.797-PA, Rel. Min. Napoleão Nunes Maia Filho, julgado em 21/6/2011.

A legislação brasileira, aliás, deve avançar para romper o preconceito quanto às denúncias feitas pelo cidadão que toma conhecimento de irregularidades na Administração Pública, notadamente nos crimes de licitação. Como se sabe, nos delitos de abuso de autoridade, o receio de represálias institui uma intolerante lei do silêncio e, em razão disso, têm relativa dificuldade de serem descobertos. Por isso, essa participação é crucial para o combate desses ilícitos. Adequado nesse quadro a adoção pela legislação brasileira do *whistleblower*, em sentido literal, "sopradores de apito"[9], indivíduos que levam ao conhecimento das autoridades públicas informações relevantes de ilícitos em troca de recompensas vultuosas[10]. Trata-se de técnica de incentivo de participação existente em vários países, mas que conta com certa resistência no Brasil[11]. Recentemente, a Lei 13.608/2018 dispôs sobre a possibilidade de recompensas pelo oferecimento de informações que auxiliem nas investigações de crimes ou ilícitos administrativos, o que parece contemplar, ao menos no plano normativo, o *whistleblower* no Brasil.

O direito de petição, naturalmente, não pode ser exercido de forma abusiva, sob pena de caracterizar-se como ato ilícito. Assim, imputações levianas, em que o comunicante sabe da inocência da autoridade, com o propósito de prejudicá-la, não podem ser abonadas e podem configurar crime de denunciação caluniosa (CP, art. 339).

Como bem lembram Fábio Roque Araújo e outros, embora não seja exigida formalidade na representação, "isto não significa dizer, todavia, que não caiba ao MP exercer juízo de valor acerca da verossimilhança da representação. Por outras palavras, não significa que o só fato de haver a representação fará com que o Ministério Público, em quaisquer casos, requisite a instauração de um inquérito policial, por exemplo. Ao revés, deve o Ministério Público, de forma criteriosa, aferir a pertinência da representação, sob pena de se permitir que esse importante instrumento de apuração de responsabilidade seja banalizado ou utilizado como instrumento de perseguições e injustiças".[12]

Art. 3º Constitui abuso de autoridade qualquer atentado:

---

9 Tal qual um árbitro esportivo que sopra o apito para coibir as jogadas ilegais praticadas pelos jogadores, ao verificar quaisquer irregularidades ou mesmo infrações perpetradas no seio empresarial, os *whistleblowers* "soprariam o apito", divulgando tais práticas para apuração pelas autoridades públicas competentes.

10 Trata-se de mecanismo de investigação pouco conhecido no Brasil que foi, recentemente, fomentado pela ENCCLA, oportunidade em que foi batizado como Reportante. Para mais detalhes: http://enccla.camara.leg.br/acoes/acoes-de-2016. Acessado em 16 fev. 2018.

11 O *whistleblower* não se confunde com a figura do *Compliance officer*, profissional responsável pela fiscalização do programa de *Compliance*, imprescindível no ambiente corporativo, que funciona como um guardião da empresa e teria por principal função garantir que a empresa permaneça dentro da legalidade. Sobre o programa de integridade ou *Compliance* e sobre o *Compliance Officer*, ver nossa obra Lei Anticorrupção Empresarial. Rogério Sanches Cunha e Renee Souza. Salvador: JusPodivm, 2017.

12 ROQUE, Fabio; TAVORA, Nestor; ALENCAR, Rosmar Rodrigues. *Legislação Criminal para concursos*. Salvador: Juspodivm. 2016. p. 90.

OBSERVAÇÕES GERAIS

O artigo 3º traz rol com tipos demasiadamente abertos, conceitos vagos e imprecisos, o que dificulta a sua interpretação e viola, em muitos casos, o princípio da legalidade, na vertente taxatividade. Pertinentes as críticas de Guilherme Nucci: "Cremos que os tipos penais desta Lei são ofensivos ao princípio da taxatividade, pois não descrevem, convenientemente, as condutas típicas. O que seria um *atentado* (tentativa de ofensa) à liberdade de locomoção? Até que ponto uma autoridade policial poderia deter um cidadão para exigir-lhe, por exemplo, que apresente documentos pessoais? Onde iniciaria o *atentado* à liberdade de ir e vir? Em suma, em razão dessa situação, parece-nos que todas as figuras do art. 3.º merecem interpretação restritiva para contrabalançar a ausência de detalhada descrição do tipo incriminador".[13]

O legislador procurou abranger condutas que violassem diretamente alguns direitos fundamentais, de maneira que, cada uma das alíneas do art. 3º, configura uma forma de abuso de autoridade a um desses direitos.

Em razão da nobreza primordial desses bens jurídicos, foi adotado no tipo o vocábulo "atentado", que significa que a lei faz uma opção pela tipificação e punição de condutas que exponham a perigo aqueles bens jurídicos, independentemente da ocorrência de resultados naturalísticos.

Tais crimes não admitem tentativa, uma vez que são classificados como crimes de atentado, isto é, a figura da tentativa é elemento do tipo, de modo que mera tentativa já esgota a figura típica e o delito resta consumado.

Entre as figuras típicas do art. 4º e do art. 3º, há uma relação de especialidade dado que aquelas descrevem de modo mais específico condutas contidas neste. Por isso, eventual conflito de normas deve ser resolvido à luz do art. 4º.

a) à liberdade de locomoção;

CONDUTAS

A liberdade de locomoção é direito fundamental de primeira geração. Está proclamado no inciso XV do artigo 5º, nos seguintes termos: "é livre a locomoção no território nacional em tempo de paz, podendo qualquer pessoa, nos termos da lei, nele entrar, permanecer ou dele sair com seus bens". Ainda, nos termos do art. 5º, LXI, Constituição Federal, a liberdade de locomoção só pode ser cerceada nas hipóteses legais de prisão, nos casos de flagrante delito e ordem escrita de autoridade judiciária competente.

Como sabido, o flagrante delito está previsto nos arts. 302, I a IV, do CPP e configura caso em que a liberdade do agente é cerceada como mecanismo de autodefesa da sociedade e de restauração imediata da ordem pública perturbada pelo delito. Para Tourinho Filho, trata-se de "uma natural e necessária defesa da coletividade, ante a visível e palpável perturbação da ordem jurídica".[14]

---

13 NUCCI, Guilherme de Souza. *Leis Penais e Processuais Penais Comentadas*. Vol. 01. 8ª ed. Forense: Rio de Janeiro. 2014. p. 05.

14 TOURINHO, Fernando da Costa. *Processo Penal*, 3º volume, 18ª edição, 1997, Ed. Saraiva: São Paulo. p. 423.

A prisão por ordem judiciária criminal pode decorrer de (1) prisão provisória, da qual são espécies a prisão Temporária (Lei n.º 7.560/1989), a prisão Preventiva (arts. 311/312 do CPP), a prisão por pronúncia (art. 408, § 1º, do CPP) e a prisão decorrente de Sentença condenatória recorrível (art. 393, I, do CPP) ou, ainda, de (2) prisão decorrente de sentença definitiva.

O juiz cível, nos termos do art. 5º, inciso LXVII, da Carta Magna, também pode decretar a prisão por dívida do responsável pelo inadimplemento voluntário e inescusável de obrigação alimentícia.

Embora a parte final do dispositivo constitucional mencione a possibilidade de prisão civil por dívida do depositário infiel, pelo fato de o Brasil ser signatário do Pacto de San José da Costa Rica, que veda esse tipo de prisão por dívida, em 2008, o STF declarou a impossibilidade de prisão por dívida do depositário infiel. Essa decisão resultou, posteriormente, na edição da Súmula Vinculante 25, que tem a seguinte redação: "É ilícita a prisão civil de depositário infiel, qualquer que seja a modalidade do depósito."

Assim, se houver a efetiva privação de liberdade fora dessas hipóteses, resta caracterizado o crime em estudo. Como bem pontua Guilherme Nucci: "é preciso que a autoridade restrinja, sem respaldo legal, com intenção de abusar do poder, a liberdade do indivíduo. Lembremo-nos que, por se tratar de delito de atentado, não é necessário consumar-se a privação da liberdade (aliás, o que poderia incidir na figura típica descrita no art. 4.º, a, desta Lei), bastando a turbação do direito de se locomover, bem como o de permanecer em algum lugar público".[15]

Alguns dos crimes especiais previstos no art. 4º se referem ao descumprimento de algumas das formalidades necessárias para a execução da prisão. A distinção entre o crime em estudo e o previsto no art. 4º, "a", é tênue, principalmente porque, no último, o tipo penal utiliza-se, na parte final, da elementar 'abuso de poder'. Trata-se de expressão que amplia a análise do ato para os casos em que a ordem de prisão é feita ou executada visando desatender à consecução dos fins públicos, a que toda a atuação pública deve se voltar. A aferição desse desvio de finalidade será feita mediante a análise da fundamentação da decisão e a sua adequação às hipóteses legais que admitem a prisão ordenada ou executada. Seria o caso da prisão ordenada ou executada como vingança, motivada, por exemplo, porque o preso é reconhecidamente uma desilusão amorosa da autoridade pública.

Configura esse crime o chamado **flagrante forjado**, compreendido como a detenção decorrente de manipulação das circunstâncias pela autoridade para fingir que alguém praticou um crime, destinada a prendê-lo em flagrante delito, como por exemplo, policial que coloca drogas no veículo de alguém.

Configura o crime em estudo, ainda, os casos de **prisão para averiguação**, entendida como a condução de uma pessoa até a autoridade policial, a fim de verificar a existência de um mandado de prisão em seu nome ou com o propósito de mantê-la detido, enquanto aguarda-se a decretação da prisão por ordem judicial.

Qualquer forma de restrição é capaz de caracterizar o crime, mesmo que a privação da liberdade não se dê em uma cela, mas em uma sala, corredor, pátio ou veículo.

15 NUCCI, Guilherme de Souza. *Leis Penais e Processuais Penais Comentadas*. Vol. 01. 8ª ed. Forense: Rio de Janeiro. 2014. p. 06.

Prevalece o entendimento que o **uso de algemas** serve para o acautelamento da detenção, de modo que o emprego irregular de algemas, isto é, desnecessariamente e indiscriminadamente, pode configurar o crime de abuso de autoridade em estudo[16].

Sobre as algemas, cumpre destacar os contornos dados pela Súmula Vinculante n.º 11 do Supremo Tribunal Federal que dispõe: "*só é lícito o uso de algemas em caso de resistência e de fundado receio de fuga ou de perigo à integridade física própria ou alheia, por parte do preso ou de terceiros, justificada a excepcionalidade por escrito, sob pena de responsabilidade disciplinar civil e penal do agente ou da autoridade e de nulidade da prisão ou do ato processual a que se refere, sem prejuízo da responsabilidade civil do Estado*".

Embora já existisse, no âmbito do Processo Penal Militar, disciplina sobre o tema[17], o uso das algemas foi regulamentado pelo Decreto nº 8.858/2016 que, além de repetir, no art. 2º, o conteúdo da súmula supracitada, acrescentou, no art. 3º, a proibição de emprego de algemas em mulheres presas, durante do trabalho de parto, no trajeto da parturiente entre a unidade prisional e a unidade hospitalar e após o parto, durante o período em que se encontrar hospitalizada, situação expressamente acrescida no art. 292, parágrafo único, do Código de Processo Penal, por meio da Lei nº 13.434/2017.

O uso de algemas, desde que necessário, não constitui abuso de poder, mesmo que se trate de adolescente. O Estatuto da Criança e do Adolescente só não admite o transporte do adolescente no compartimento destinado aos demais presos, nas viaturas (art. 178).

Não há, entretanto, infração à lei nos casos em que o cerceamento da liberdade é absolutamente momentâneo, desde que o fim que anima a conduta de autoridade é realização de ato necessário para a manutenção da ordem pública e proteção de incolumidade física da pessoa custodiada. São casos de **restrição momentânea da liberdade**.

Há, nesses casos, restrição ao direito de ir e vir, por curto espaço de tempo, no exercício legítimo de atuação preventiva da autoridade policial. É o que acontece, por exemplo, nas operações policiais em que ocorre verificação aleatória em veículos ou passageiros de transporte coletivo, seja para verificação de equipamentos de segurança; prevenção do descaminho, contrabando, tráfico ou porte ilegal de armas; para verificação de documentos das pessoas em atividade de policiamento preventivo ou, ainda, na custódia de ébrios ou desordeiros que estejam em atitudes escandalosas na via pública e custódias de doentes mentais em surtos psicóticos. Ressalte-se que inexiste delito nesses casos, contanto que a detenção seja pelo tempo estritamente necessário para o seu acompanhamento ao local de cura ou de entrega ao seu responsável legal. Nesses casos, mediante o uso de força moderada ou de recurso idôneo para reduzir a resistência do conduzido, não há que se falar em abuso da autoridade.

Condução Coercitiva: não constitui abuso de autoridade a condução coercitiva de alguém à presença de determinadas autoridades, com restrição momentânea de sua liberdade, para a realização de determinados atos, desde que sua presença seja essencial.

---

16 O balizamento deve ser feito pelo princípio da proporcionalidade. Nesse sentido: O uso legítimo de algemas não é arbitrário, sendo de natureza excepcional, a ser adotado nos casos e com as finalidades de impedir, prevenir ou dificultar a fuga ou reação indevida do preso, desde que haja fundada suspeita ou justificado receio de que tanto venha a ocorrer, e para evitar agressão do preso contra os próprios policiais, contra terceiros ou contra si mesmo. O emprego dessa medida tem como balizamento jurídico necessário os princípios da proporcionalidade e da razoabilidade." (HC 89.429, Rel. Min. Carmem Lúcia, julgamento em 22-8-06, DJ de 2-2-07.

17 Art. 234 do CPPM, §1º: "O emprego de algemas deve ser evitado, desde que não haja perigo de fuga ou de agressão da parte do preso, e de modo algum será permitido, nos presos a que se refere o art. 242".

É possível conduzir coercitivamente, segundo a legislação brasileira: a) o ofendido (CPP, art. 201, § 1º); b) testemunhas (CPP, arts. 218 e 461, § 1º; CLT, art. 825, parágrafo único; CPC, art. 455, §5º; CPPM, art. 245, § 3º); c) do perito (CPP, art. 278) e de quem deva comparecer à audiência na 1ª fase do procedimento bifásico do Tribunal do Júri (CPP, art. 411, § 7º).

Com relação à **condução coercitiva do acusado**, prevista no art. 260 do CPP, após a decisão das ADPFs n.º 395 e 444 pelo Supremo Tribunal Federal, a questão restou assentada nos seguintes termos:

A condução coercitiva destinada a realização de interrogatório foi considerada inconstitucional[18]. A Excelsa Corte entendeu pela incompatibilidade do instituto com a Constituição Federal visto que produz uma indevida restrição da liberdade de locomoção, já que o investigado tem o direito ao silêncio e sua ausência deve ser entendida como exercício desse direito. A condução coercitiva, nestes casos, segundo decidiu o STF, viola a presunção de não culpabilidade, pode restringir o acesso à assistência de advogado e o princípio da dignidade da pessoa humana, afinal, os acusados, em geral, não são obrigados a cooperar com a apuração de fatos criminosos.

As demais hipóteses de condução coercitiva de acusados previstas no art. 260 do CPP não foram objeto de declaração de inconstitucionalidade de modo que restaram excluídas da proibição, conduções coercitivas relativas à qualificação, ao reconhecimento de investigados ou para qualquer outro ato que, sem ele, não possa ser realizado. "(...) é o caso da identificação criminal – a autoridade poderá mandar conduzi-lo à sua presença. A nosso juízo, não se pode objetar que a identificação criminal importa em violação ao direito à não autoincriminação, previsto no art. 5º, LXIII, da Constituição Federal, e na Convenção Americana sobre Direitos Humanos (Dec. 678/92, art. 8º, nº 2, "g"). Afinal, a mesma Constituição Federal que assegura o direito ao silêncio também prevê que o civilmente identificado não será submetido à identificação criminal, *salvo nas hipóteses previstas em lei* (art. 5º, LVIII). Portanto, pelo princípio da concordância prática ou da harmonização, não se pode querer emprestar valor absoluto ao direito de não produzir prova contra si mesmo, inviabilizando que o Estado possa colher as impressões digitais com a finalidade de registrar os dados da identidade física do provável autor do delito"[19].

"Noutro giro, quando se tratar de meio de prova cuja realização não demande nenhum comportamento ativo por parte do investigado (ou acusado), logo, não protegido pelo direito à não autoincriminação, é perfeitamente possível a expedição de mandado de condução coercitiva. É o que ocorre, por exemplo, com o reconhecimento pessoal (CPP, art. 226) e com a identificação criminal nas hipóteses previstas em lei (Lei nº 12.037/09, art. 3º). Mesmo nessas

---

18 Embora o STF já tenha antes decidido pela possibilidade da condução coercitiva: "A própria Constituição Federal assegura, em seu art. 144, § 4º, às polícias civis, dirigidas por delegados de polícia de carreira, as funções de polícia judiciária e a apuração de infrações penais. O art. 6º do Código de Processo Penal, por sua vez, estabelece as providências que devem ser tomadas pela autoridade policial quando tiver conhecimento da ocorrência de um delito, todas dispostas nos incisos II a VI. Legitimidade dos agentes policiais, sob o comando da autoridade policial competente (art. 4º do CPP), para tomar todas as providências necessárias à elucidação de um delito, incluindo-se aí a condução de pessoas para prestar esclarecimentos, resguardadas as garantias legais e constitucionais dos conduzidos." (STF – HC 107.644/SP – 1ª Turma – Rel. Min. Ricardo Lewandowski – julgado em 06.09.2011 – DJe-200 18.10.2011)

19 LIMA, Renato Brasileiro de. *Manual de Processo Penal*. 3ª ed. Salvador: Juspodivm. 2015. Investigação Preliminar.

hipóteses, em fiel observância ao princípio da proporcionalidade, a condução coercitiva será cabível apenas quando não houver nenhum outro meio de reconhecimento do acusado (v.g., fotográfico) ou esclarecimento de sua identidade (v.g., consulta a banco de dados)"[20].

No sentido de que o comparecimento do acusado aos atos processuais, em princípio, é um direito e não um dever, sem embargo da possibilidade de sua condução coercitiva, caso necessário, por exemplo, para audiência de reconhecimento: STJ, 6ª Turma, REsp 346.677/RJ, Rel. Min. Fernando Gonçalves, j. 10/09/2002, DJ 30/09/2002 p. 297.

Assim, nos parece regular a condução coercitiva de alguém para realização de exames periciais, como aqueles descritos no art. 277 do CTB, sobretudo nos casos em que a sua participação para o ato dependa apenas de sua cooperação passiva, mediante coleta de material por meios adequados e indolores[21].

Nesta senda, a decisão do Supremo Tribunal Federal acima citada não parece atingir a previsão de condução coercitiva prevista no art. 187 do ECA visto que a audiência de apresentação é destinada, precipuamente, à proteção do adolescente infrator e sua participação no ato é essencial para a análise e concessão de importantes benefícios previstos na lei, como por exemplo, a remissão.

Por fim, não configura o crime em estudo a prisão mantida, mesmo depois de caracterizado **excesso de prazo no processo**, notadamente nos casos em que não decorreu de desídia, ilegalidade ou abuso de poder da autoridade judicial.

No caso de a vítima ser criança ou adolescente, diante do princípio da especialidade, a conduta caracteriza o crime do art. 230 do ECA.

b) à inviolabilidade do domicílio;

A garantia constitucional tutelada pela norma é prevista no art. 5º, inciso XI, da Constituição Federal, que dispõe: "A casa é asilo inviolável do indivíduo, ninguém nela podendo penetrar sem consentimento do morador, salvo em caso de flagrante delito ou desastre, ou para prestar socorro, ou, durante o dia, por determinação judicial".

Domicílio é sinônimo de casa que, segundo o art. 150, § 4º, do Código Penal, é todo compartimento habitado, ainda que em habitações coletivas como cortiço ou pensões, por exemplo. Estende-se a quartos de hotéis e motéis ou, ainda, a qualquer compartimento não aberto ao público, onde alguém exerça profissão como escritórios de contadores, advogados, consultórios médicos, odontológicos etc. Nesse sentido, "para os fins da proteção jurídica a que se refere o art. 5.º, XI, da Constituição da República, o conceito normativo de 'casa' revela-se abrangente e, por estender-se a qualquer aposento de habitação coletiva, desde que ocupado (CP, art. 150, § 4.º, II), compreende, observada essa específica limitação espacial, os quartos de hotel." (STF) (RHC 90.376, Rel. Min. Celso de Mello, j. 03.04.2007, *DJ* de 18.05.2007.

20 LIMA, Renato Brasileiro de. *Manual de Processo Penal*. 3ª ed. Salvador: Juspodivm. 2015. Meios de prova e meios de obtenção de prova em espécie.

21 SUXBERGER, Antonio Henrique Graciano; FURTADO, Valtan Timbó Martins Mendes. Investigação criminal genética – banco de perfis genéticos, fornecimento compulsório de amostra biológica e prazo de armazenamento de dados. *Revista Brasileira de Direito Processual Penal*. Porto Alegre. Vol. 4, n. 2, p. 809-942, mai-ago. 2018.

A proteção abrange os locais independentemente da possibilidade física de ingresso sem esforço, de modo que se estende ao pátio, quintal, jardim, galpão ou qualquer outro local cercado ou fechado, desde que fique evidente, explícita ou implicitamente, que o acesso de estranhos é vedado.

A proteção constitucional é pessoal de modo que se dirige ao ocupante, seja possuidor ou detentor.

No § 5º do art. 150 do CP, afirma-se que não são casas, os bares, prostíbulos, cafés, etc., partes comuns de habitação coletivas, casas de jogos e restaurantes.

Não é considerado domicílio o veículo automotor onde se exerce profissão ou atividade, como o táxi, caminhão ou veículos automotores.

Como lembra Damásio E. de Jesus[22], as pastagens ou campos de uma propriedade rural não são dependências da residência, razão pela qual não estão protegidos pela norma citada.[23]

A norma constitucional, contudo, faz ressalva de que, em caso de flagrante delito, desastre ou para prestar socorro ou ainda, durante o dia, por determinação judicial, é lícito o ingresso na casa, ainda que sem o consentimento do morador.

Comete o crime aquele que ingressa no domicílio, excetuando-se essas hipóteses anteriormente mencionadas, seja usando de violência, seja por meio de astúcia, como no caso de furto de fotografia, para ser usada como prova (STF, RE 251.445/GO), sendo essencial apenas a falta do consentimento.[24]

Filmagens aéreas ou à distância: As novas tecnologias desafiam a tipificação de algumas condutas frente à legislação penal vigente – que muitas vezes não acompanha a evolução da modernidade. Coloca-se, então, a seguinte questão: comete o crime de atentado à inviolabilidade do domicílio, em estudo, a autoridade que realiza filmagens, utilizando-se de aeronaves, como "drones", por exemplo, que sobrevoam a residência de alguém, a fim de captar imagens das áreas externas descobertas como varandas, terraços, piscinas, etc.?

A análise do texto da lei não permite a caracterização dessa conduta como o crime em estudo. O domicílio só é efetivamente violado se o agente entra ou permanece na casa alheia ou em suas dependências, contra a vontade do morador. Citando Magalhães de Noronha, nas situações de uso de binóculo, anota Rogério Sanches, "entra na casa quem adentra num imóvel, seja atravessando porta, janela, muro ou cerca. 'Se, *v.g.*, devassa apenas seu interior a olho nu ou com binóculo, se introduz um braço pela janela, se está escalando um muro, se se sentou à porta, *não entrou* em casa alheia. Poderá haver tentativa ou o fato cair sob outra sanção penal, não, porém, sob a do artigo em estudo. Requer-se, portanto, a entrada *efetiva*, realizada.'"[25]

Assim sendo, não há atentado à inviolabilidade do domicílio, por exemplo, se a autoridade pública se utiliza de aeronaves para sobrevoar e registrar imagens de propriedade rural, para

---

22 JESUS, Damásio Evangelista de. *Código Penal Anotado*. 18ª ed. São Paulo: Saraiva, 2007. p. 533.

23 No mesmo sentido: "A propriedade rural não está compreendida no conceito de domicílio" (TACrSP, RT 516/347).

24 Contudo, o Tribunal de Justiça de São Paulo já decidiu que não caracteriza o crime de abuso de autoridade, a diligência policial em residência com a comprovada finalidade lícita de detectar possível crime de sequestro (*TJ/SP, Reclamação nº 24.610-0/São Paulo, Rel. Des. Luís de Macedo, j. 23.11.94*).

25 CUNHA, Rogério Sanches. *Manual de Direito Penal*. Parte Especial. 8. ed. JusPODIVM: Salvador. 2016. p. 220.

identificação do plantio de drogas ou pista clandestina de pouso, utilizada para tráfico de drogas; para identificar ilícitos ambientais[26]; para identificar bens adquiridos mediante crimes de lavagem de dinheiro; ou para identificação de comparsas de uma associação criminosa.

Em casos de investigações de crimes, importa destacar que há colisão entre garantias constitucionais (inviolabilidade de domicílio versus direito à vida, por exemplo), razão pela qual a ponderação é a técnica mais adequada para a solução do conflito[27]. Deve-se tomar como pressuposto, ainda, que, como já decidido pelo Supremo Tribunal Federal, "a casa é o asilo inviolável do indivíduo, porém não pode ser transformada em garantia de impunidade de crimes que em seu interior se praticam. Os agentes policiais podem ser testemunhas e são presumidamente idôneos por exercerem função pública de relevante interesse social." (RE n. 86926-PR, *RTJ*, v. 84, 1, p. 302 – rel. Min. Cordeiro Guerra).

O mesmo raciocínio parece ser aplicável às interceptações ambientais a distância, que são possíveis mediante instrumentos de captação de áudio à longa distância.

Anote-se que a Lei de Organizações Criminosas (Lei n.º 12.850/2013) prevê expressamente, como meio de obtenção de prova, a captação ambiental de sinais eletromagnéticos, ópticos ou acústicos (art. 3º, II), e, para tanto, não exige qualquer autorização judicial.

Um limite, porém, parece-nos necessário traçar. Essas novas formas de investigação devem respeitar os locais em que a vida privada e intimidade são exercidas com maior intensidade pelos moradores, isto é, nos compartimentos internos da residência, como quartos, cozinha, banheiro, etc. Nesses locais, a inviolabilidade espacial é elevada porque se tutelam aspectos ligados ao núcleo central da intimidade familiar, sexual, religiosa, etc., do indivíduo, razão pela qual a *expectativa de confiança de privacidade*[28] de que o local não é visto pelos olhos de quem quer que seja é absoluta. Por isso, nesses ambientes estritos, não nos parece possível a gravação das imagens ou dos áudios dos atos praticados em seu interior, exceto nos casos previstos no próprio dispositivo constitucional: com consentimento do morador, flagrante delito, prestação de socorro ou com mandado judicial.

Não haverá violação no caso de **ingresso admitido pelo costume**, como no caso de preposto de empresa fornecedora de energia elétrica para leitura do consumo mensal no registro, na parte externa do edifício (STJ, RHC 199000114268/MG).

---

26 O Estado de São Paulo, por exemplo, aprovou a Lei nº 16.380, de 31 de janeiro de 2017, que autoriza a utilização de "drones" para monitoramento e auxílio na fiscalização da Polícia Ambiental, em todo o território do Estado.

27 "A ponderação é uma técnica de decisão empregada para solucionar conflitos normativos que envolvam valores ou opções políticas, em relação aos quais as técnicas tradicionais de hermenêutica não se mostram suficientes. É justamente o que ocorre com a colisão de normas constitucionais, pois, nesse caso, não se pode adotar nem o critério hierárquico, nem o cronológico, nem a especialidade para resolver uma antinomia de valores" (MARMELSTEIN, George. *Curso de Direitos Fundamentais*. São Paulo: Atlas, 2008, p. 386).

28 Nos Estados Unidos da América a *expectativa de privacidade* foi erigida como critério para detectar uma violação por parte do Poder Público. "Se a atitude do imputado, ao realizar uma comunicação captada pela autoridade pública, revelar que esperava, razoavelmente, ter privacidade, então a autoridade violou seus direitos da 4ª emenda. Se, por outro lado, o imputado realizar uma comunicação em público – por exemplo, gritar para um comparsa em um local movimentado –, entende-se que abriu mão voluntariamente de sua privacidade. Será legítima a captação dessa comunicação. A expectativa de privacidade do imputado, por outro lado, também deve ser legítima, isto é, deve ser de molde a ser aceita pelo conjunto da sociedade. Em outras palavras, não há legítima expectativa de privacidade para a prática de atividades ilícitas" (RAMOS, João Gualberto Garcez. *Curso de Processo Penal norte-americano*. RT: São Paulo. 2006. p. 131).

Conflito de normas: A conduta de violação de domicílio pode caracterizar o crime do art. 3º, "b", da Lei 4.898/1965 ou o do art. 150, § 2º, do Código Penal, que prevê, como forma qualificada, o fato do crime ter sido praticado por funcionário público com abuso de poder. Predomina o entendimento de que o crime da Lei de Abuso de Autoridade absorve o delito do Código Penal, visto que, mesmo com o aumento previsto na majorante naquele diploma legal, o tipo da Lei de Abuso de Autoridade é o crime mais grave.

Sintetizando a celeuma instalada, com a precisão que lhe é peculiar, ensina Victor Eduardo Rios Gonçalves:

> "A Lei n. 4.898/65, em seu art. 3º, *b*, diz que constitui crime de abuso de autoridade atentar contra a inviolabilidade domiciliar. A mesma lei estabelece que se considera autoridade '*quem exerce cargo, emprego ou função pública, de natureza civil ou militar, ainda que transitoriamente e sem remuneração*'. Com isso, Fernando Capez alega que, se o funcionário público está em serviço quando ingressa ou permanece arbitrariamente em domicílio alheio, responde apenas por crime de abuso de autoridade, por estar previsto em lei especial. Cezar Roberto Bitencourt, por sua vez, diz que o funcionário deve responder pelo crime de violação de domicílio, sem o aumento de um terço, e pelo crime de abuso de autoridade. Por fim, Flávio Monteiro de Barros sustenta que o servidor deve responder pelo crime de violação de domicílio, com o aumento da pena, e também pelo referido crime de abuso de autoridade. Preferimos a orientação intermediária, lembrando que os Tribunais Superiores não reconhecem haver *bis in idem* no reconhecimento conjunto de crime do Código Penal (ou Código Penal Militar) e crime de abuso de autoridade. Parece, entretanto, que há *bis in idem* no reconhecimento concomitante do crime da lei especial e da majorante. A respeito da independência dos delitos: '(...)2 – *O crime de abuso de autoridade deve ser examinado pelo Juizado Especial e os de invasão de domicílio e lesão corporal leve pela Justiça Militar. 3–A transação penal ofertada aceita e homologada no Juizado Especial não constitui causa de extinção da punibilidade em relação aos crimes de lesões corporais leves e invasão de domicílio, previstos no Código Penal Militar. 4–Ordem denegada*' (STJ – HC 81.752/RS – Rel. Min. Jane Silva, *DJ*15.10.2007, p. 324)"[29]

Caso a autoridade pública seja policial militar, o STF já entendeu que violação de domicílio, por estar prevista no art. 226 do Código Penal Militar, seria de competência da Justiça Castrense (HC 92.912, rel. min. Carmem Lúcia, j. 20-11-2007, 1ª T, *DJ* de 19-12-2007).

c) ao sigilo da correspondência;

A garantia constitucional tutelada pela norma penal é aquela prevista no art. 5º, inciso XII, da Constituição Federal, que dispõe: "é inviolável o sigilo da correspondência e das comunicações telegráficas, de dados e das comunicações telefônicas, salvo, no último caso, por ordem judicial, nas hipóteses e na forma que a lei estabelecer para fins de investigação criminal ou instrução processual penal".

De um modo geral, é garantia inserida no direito à intimidade e, como tal, liga-se à própria necessidade de preservação da personalidade do ser humano.

Ao contrário dos outros incisos constitucionais, nesse, não há cláusula expressa que restrinja o alcance da proteção. Não há, entretanto, direitos fundamentais absolutos, de modo que

29 GONÇALVES, Victor Eduardo Rios. *Direito penal esquematizado*: parte especial. Saraiva: São Paulo. 5. ed. 2015. p. 302.

é admitido algum grau de cedência, quando em conflito com outros interesses constitucionais. Explicam Dimitri Dimoulus e Leornardo Martins, com precisão: "teoricamente, nada impede que um direito fundamental seja proclamado como absoluto e superior a todos os demais. Não obstante, o constituinte brasileiro, seguindo uma prática geral, não desejou criar direitos 'superiores' ou 'absolutos'. Todos são proclamados no mesmo texto, havendo equivalência normativa. Nesse contexto, a tarefa da doutrina jurídica consiste em indicar o que exatamente, como e até onde deve ser juridicamente tutelado, partindo da tese da *relatividade* dos direitos fundamentais que foi oportunamente denominada 'máxima da cedência recíproca'."[30]

Nesse contexto, admite-se que o sigilo de correspondência seja relativizado no interesse de investigações criminais como a busca domiciliar, na qual se pretenda apreender cartas fechadas, destinadas ao acusado ou em seu poder, quando haja suspeita de que seu conteúdo possa ser útil à elucidação do fato (art. 240, §1º, "f", CPP), na apreensão de documento em poder do defensor do acusado, quando seu conteúdo constituir elemento de corpo de delito (art. 243, §2, CPP) ou, ainda, visando permitir o conhecimento justificado pelo diretor do estabelecimento prisional do conteúdo da correspondência escrita e recebida pelo preso (art. 41, parágrafo único da LEP) (HC 70.814,Rel. Min. Celso de Mello, j. 1º-3-94, DJ de 24-6-94).[31]

Compreendem-se por correspondência as comunicações por meio de carta, remetida pela via postal ou por telegrama, conforme disposto na Lei nº 6.538/1978.

Entende-se que as cartas abertas não têm caráter de sigilosidade, encontrando-se fora do âmbito de proteção da lei (STJ, RHC 6.719, Fernando Gonçalves, 6ª T., u., 24/11/1997).

Correspondência de advogado: O art. 7º, inc. II, do Estatuto da OAB (Lei. 8.906/2004), diz que correspondência de advogado só pode ser aberta por ordem judicial e na presença de representante da OAB. Se, contudo, a entidade for comunicada e não indicar o representante para acompanhar o ato, a correspondência pode ser aberta (ADIN 1105/DF c 1127/DF).

Trata-se de tipo penal de rara caracterização, ante os crimes previstos no art. 40 c.c 43 da Lei 6.538/78, que é especial e abrange as condutas que atentam contra o sigilo das correspondências, razão pela qual, na maioria das vezes, em razão do princípio da especialidade, deve prevalecer sobre os tipos da Lei 4.898/1965.

Mensagens contidas em celular apreendido: Em um mundo conectado à velocidade das fibras ópticas, a forma como as pessoas se comunicam foi transformada, de modo que as correspondências por meio de mensagens (escritas ou não), há pouco tempo relegada a terceiro plano pela comunicação telefônica, voltou a ser a grande preferência. Esse fenômeno foi impulsionado pelos avanços tecnológicos dos aparelhos telefônicos móveis que executam sistema operacional equivalentes a computadores e permitem acesso à rede mundial de computadores, bem como a troca de mensagens em tempo real. A forma de se corresponder, portanto, mudou. Os serviços postais e as cartas deram lugar à transmissão *on line* e aplicativos que enviam, recebem e armazenam as mensagens trocadas entre os cidadãos. Essas novas tecnologias

30 DIMOULIS, Dimitri; MARTINS, Leonardo. *Teoria geral dos direitos fundamentais*. 5. ed. São Paulo: Atlas, 2014. p. 05.

31 Nesse sentido já se decidiu: "nem toda violaçao de correspondência por parte da autoridade constitui abuso de poder. Há casos vários que a lei autoriza, explícita ou implicitamente, a abertura de correspondência alheia, para conhecimento de seu conteúdo e para verificar se pode ser útil à elucidação de fato imputado a acusado de crime, conforme disposto no art. 240, § 1º, 'f', do CPP" (TACRIM-SP – AC – Rel. Renato Mascarenhas – RT 600/353).

vestíveis, que imprimem mudanças no comportamento humano, desafiam a tipificação de algumas condutas ante a legislação penal vigente, que muitas vezes não acompanha a evolução da modernidade. Coloca-se, então, a seguinte questão: comete o crime de atentado ao sigilo das correspondências em tela a autoridade que realiza buscas nas mensagens correspondidas, isto é, remetidas e recebidas, contidas em aparelho de telefone móvel (celular)?

Essa questão nova, em razão da grande variedade de situações, é complexa, pelo que se torna necessário fazer um recorte inicial. A fim de manter a pertinência com o tipo penal em estudo, aborda-se unicamente a possibilidade de acesso às mensagens eventualmente gravadas e contidas no aparelho de celular. Os demais dados como fotos, vídeos, agendas de contato, etc., se inserem na garantia constitucional da inviolabilidade da intimidade, bem jurídico estranho ao tipo penal analisado. Eventualmente, esses arquivos podem ser trocados e correspondidos entre interlocutores, situação que, doravante, desloca a análise do caso para o sigilo das correspondências.

Também é necessário esclarecer que a questão posta diz respeito às mensagens armazenadas, isto é, que já foram transmitidas por meio da rede mundial dos computadores. A apreensão/obtenção das mensagens que estão sendo trocadas segue o regime do sigilo das comunicações de dados, não o da correspondência.

Para a resposta adequada à indagação, também é necessário dividir a análise em duas situações distintas: celular não apreendido e celular apreendido pela autoridade pública.

No caso do aparelho de celular não apreendido, isto é, caso a autoridade pública busque obter as correspondências contidas em um celular de que não tenha a posse, mediante, por exemplo, a instalação de um *software* capaz de realizar transferência de arquivos, ela deve representar por um mandado judicial para tanto, sob pena de atentar contra a inviolabilidade de correspondência. Nesse caso, o próprio art. 7º, III, da Lei 12.965/14 (Marco Civil da Internet) assegura ao usuário o direito à inviolabilidade e ao sigilo de suas comunicações privadas armazenadas, salvo por ordem judicial[32].

Ao contrário, no caso de buscas realizadas em um aparelho celular apreendido licitamente, não haverá crime de atentado ao sigilo de correspondência. Insta inicialmente esclarecer que inexiste, nesses casos, sigilo telefônico propriamente dito protegido pelo artigo 5º, XII, da Constituição, que se refere à comunicação em si, e não aos dados já armazenados. Essa norma e a Lei 9.296/1996 resguardam as conversas ocorridas em tempo real, não as que aconteceram no passado.

Partindo desse ponto, registre-se que a apreensão de objetos pela autoridade pública, em meio a uma atividade oficial e legítima, autoriza que eles sejam analisados, ou periciados, a fim de constatar sua ligação com o ilícito em apuração, seja para identificar provas da infração, seja

32 Art. 7º O acesso à internet é essencial ao exercício da cidadania e ao usuário são assegurados os seguintes direitos:
I – Inviolabilidade da intimidade e da vida privada, sua proteção e indenização pelo dano material ou moral decorrente de sua violação;
II – inviolabilidade E sigilo do fluxo de suas comunicações pela internet, salvo por ordem judicial, na forma da lei;
III – inviolabilidade e sigilo de suas comunicações privadas armazenadas, salvo por ordem judicial;
(...).

para a própria defesa do cidadão. Essa é a teleologia do art. 240, § 1º, do CPP, o qual indica explicitamente que o objeto apreendido deverá servir para essas finalidades[33].

Ocorre que a apreensão de bens nem sempre necessita de mandado judicial uma vez que a administração pública, no exercício do poder de polícia e ante a autoexecutoriedade de seus atos, pode, *de per se*, impor restrição a direitos individuais.

Com a precisão que lhe é inerente, ensina José dos Santos Carvalho Filho: "outro ponto a considerar é o de que a autoexecutoriedade não depende de autorização de qualquer outro Poder, desde que a lei autorize o administrador a praticar o ato de forma imediata. Assim, acertada a decisão segundo a qual, no exercício de poder de polícia administrativa, não depende a Administração da intervenção de outro poder para torná-lo efetivo. Quando a lei autoriza o exercício do poder de polícia com autoexecutoriedade, é porque se faz necessária a proteção de determinado interesse coletivo."[34]

Em se tratando de ato da polícia judiciária, a apreensão vem expressamente autorizada pelo art. 6º do CPP, que impõe à autoridade policial o dever de apreender os objetos que tiverem relação com o fato, colher todas as provas que servirem para o esclarecimento do fato e suas circunstâncias, além de determinar, se for caso, que se proceda a quaisquer outras perícias.

Por isso, o Supremo Tribunal Federal, no HC 91.867/PA, de relatoria do ministro Gilmar Mendes, decidiu que não violava o princípio da intimidade o fato de o policial acessar a lista de telefones no celular de um indivíduo. Embora o precedente não se refira expressamente ao conteúdo das correspondências contidas no aparelho, serve para demonstrar que, após a apreensão regular do aparelho, é legítima ao Estado a verificação de seu conteúdo.[35]

---

33 Dispõe o art. 240.
"A busca será domiciliar ou pessoal.
§ 1º Proceder-se-á à busca domiciliar, quando fundadas razões a autorizarem, para:
a) prender criminosos;
b) apreender coisas achadas ou obtidas por meios criminosos;
c) apreender instrumentos de falsificação ou de contrafação e objetos falsificados ou contrafeitos;
d) apreender armas e munições, instrumentos utilizados na prática de crime ou destinados a fim delituoso;
e) descobrir objetos necessários à prova de infração ou à defesa do réu;
f) apreender cartas, abertas ou não, destinadas ao acusado ou em seu poder, quando haja suspeita de que o conhecimento do seu conteúdo possa ser útil à elucidação do fato;
g) apreender pessoas vítimas de crimes;
h) colher qualquer elemento de convicção".

34 CARVALHO FILHO, José dos Santos. *Manual de Direito Administrativo*. 31ª ed. Rio de Janeiro: Lumem Juris. 2017. p. 91.

35 Vejamos, naquilo que importa ao presente estudo, como foi lavrada a decisão do Pretório Excelso: "Ilicitude da prova produzida durante o inquérito policial – violação de registros telefônicos de corréu, executor do crime, sem autorização judicial. 2.1. Suposta ilegalidade decorrente do fato de os policiais, após a prisão em flagrante do corréu, terem realizado a análise dos últimos registros telefônicos dos dois aparelhos celulares apreendidos. Não ocorrência. 2.2. Não se confundem comunicação telefônica e registros telefônicos, que recebem, inclusive, proteção jurídica distinta. Não se pode interpretar a cláusula do artigo 5º, XII, da CF, no sentido de proteção aos dados enquanto registro, depósito registral. A proteção constitucional é da comunicação de dados e não dos dados. 2.3 Art. 6º do CPP: dever da autoridade policial de proceder à coleta do material comprobatório da prática da infração penal. Ao proceder à pesquisa na agenda eletrônica dos aparelhos devidamente apreendidos, meio material indireto de prova, a autoridade policial, cumprindo o seu mister, buscou, unicamente, colher elementos de informação hábeis a esclarecer a autoria e a materialidade do delito (dessa análise logrou encontrar ligações entre o executor do homicídio e o ora paciente).

Assim sendo, havendo regular apreensão de um aparelho celular pela autoridade pública[36], não configura atentado ao sigilo da correspondência do cidadão a análise das mensagens recebidas e enviadas nele contidas[37]. Parece-nos aqui aplicável a lógica de que quem pode o mais, pode o menos. Se a apreensão de determinado objeto é feita regularmente pela atuação investigatória estatal, é lícita uma análise técnica e pericial do objeto apreendido.

Embora se referindo à busca e apreensão, e seguindo essa teleologia, o STJ já decidiu que "se o telefone celular foi apreendido em busca e apreensão determinada por decisão judicial, não há óbice para que a autoridade policial acesse o conteúdo armazenado no aparelho, inclusive as conversas do WhatsApp. Para a análise e a utilização desses dados armazenados no celular, não é necessária nova autorização judicial. A ordem de busca e apreensão determinada já é suficiente para permitir o acesso aos dados dos aparelhos celulares apreendidos" (STJ. 5ª Turma. RHC 77.232/SC, Rel. Min. Felix Fischer, julgado em 03/10/2017).

Há, contudo, decisão do Superior Tribunal de Justiça, em que se entendeu necessária a obtenção de mandado judicial para a devassa das conversas contidas no aparelho celular apreendido: "ilícita é a devassa de dados, bem como das conversas de *WhatsApp*, obtidas diretamente pela polícia em celular apreendido no flagrante, sem prévia autorização judicial. 2. Recurso ordinário em habeas corpus provido, para declarar a nulidade das provas obtidas no celular do paciente sem autorização judicial, cujo produto deve ser desentranhado dos autos" (STJ. 6ª Turma. RHC 51.531-RO, Rel. Min. Néfi Cordeiro, julgado em 19/4/2016).

Conversas em sala de bate-papo: não estão preservadas pelo sigilo das comunicações, pois se trata de ambiente público e destinado a conversas informais. (STJ RHC 18116)

Segundo a Constituição, o sigilo da correspondência pode ser restringido na vigência de estado de defesa (art. 135, § 1º, "b") e de sítio (art. 139, III).

d) à liberdade de consciência e de crença;

A inviolabilidade de consciência e de crença está prevista nos incisos VI e VIII do art. 5º da Constituição Federal, que dispõem: "VI – é inviolável a liberdade de consciência e de crença, sendo assegurado o livre exercício dos cultos religiosos e garantida, na forma da lei, a proteção aos locais de culto e a suas liturgias" e "VIII – ninguém será privado de direitos por motivo

---

Verificação que permitiu a orientação inicial da linha investigatória a ser adotada, bem como possibilitou concluir que os aparelhos seriam relevantes para a investigação" (HC 91867, Rel. Min. Gilmar Mendes, 2ª T., j. 24/04/2012, Dje-185,19-09-2012).

36 Segundo Renato Brasileiro, "Para que a apreensão seja considerada lícita, há de se ficar atento aos requisitos da medida cautelar de busca pessoal e de busca domiciliar. A busca pessoal independe de prévia autorização judicial quando realizada sobre o indivíduo que está sendo preso, quando houver fundada suspeita de que a pessoa esteja na posse de arma proibida ou de objetos ou papéis que constituam o corpo de delito, assim como na hipótese de cumprimento de mandado de busca domiciliar (CPP, art. 244) " (LIMA, Renato Brasileiro de. *Manual de Processo Penal*. 3ª ed. Salvador: Juspodivm. 2015. p. 131).

37 Já decidiu a 2ª Câmara Criminal do TJ-MT pela possibilidade de vasculha em celular apreendido: "Embora existente autorização judicial nos autos para a interceptação telefônica, o acesso aos dados do aplicativo *WhatsApp*existente no aparelho celular da vítima, apreendido durante a prisão em flagrante delito, não consubstancia quebra de sigilo das comunicações via telefone, que exige prévia autorização judicial, mas, trata-se, sim, de mera extração de dados de objeto apreendido relacionado ao crime, nos termos do art. 6º II e III, do CPP. (HC 79845/2016, Des. Rondon Bassil Dower Filho, 2ª Câmara Criminal, j. 29/06/2016, DJE 05/07/2016).

de crença religiosa ou de convicção filosófica ou política, salvo se as invocar para eximir-se de obrigação legal a todos imposta e recusar-se a cumprir prestação alternativa, fixada em lei". Nessa mesma esteira, o Pacto de São José da Costa Rica confere a toda pessoa o direito de ser respeitada em suas escolhas religiosas. (art. 12.1)

Feita a opção pela laicidade (CF, art. 19, I), segundo a qual nenhuma crença é institucionalizada pelo Estado, a pluralidade de religiões passa a ser característica a ser defendida e respeitada pelas autoridades públicas. A violação às crenças de qualquer religião configura, portanto, o delito de atentado de consciência e de crença.

Entende-se como consciência a capacidade de perceber e julgar o que se passa "à nossa volta". Crença é aquilo em que se crê, em termos religiosos.

Atentar contra a liberdade de consciência e de crença é, por exemplo, zombar, ultrajar ou vilipendiar as crenças profetizadas por um grupo de pessoas.

O direito fundamental ora tutelado, como doravante os demais direitos fundamentais, comporta restrição se seu exercício violar outros direitos fundamentais. Desse modo, não há abuso quando autoridade pública realiza, compulsoriamente, transfusão de sangue em pessoas que crê ser este procedimento médico vedado ou a interrompe em culto religioso no qual se pretenda a morte de animais ou pessoas.

Trata-se de crime especial à figura prevista no art. 208 do Código Penal.

Caso o atentado à liberdade religiosa enseje alguma discriminação, poderá restar caracterizado crime previsto na Lei 7.716/1989.

e) ao livre exercício do culto religioso;

Trata-se de garantia constitucional umbilicalmente ligada à anterior. Está prevista no mesmo inciso VI do Art. 5º da Constituição Federal.

Entende-se como culto religioso, a liturgia e as práticas consideradas como necessárias para externalização da crença religiosa profetizada por determinado grupo de pessoas.

Considerado o caráter relativo dos direitos fundamentais, o que leva a permanente necessidade de harmonização entre os bens jurídicos em conflito[38], é possível que a autoridade impeça um culto que atente contra outros direitos, como saúde ou ordem pública. Nesse sentido, já decidiu o STF no RMS 9.453, Cunha Mello, Pl., 29/08/1962; STF, RMS 16.857, Eloy da Rocha, 3ª T., u., *DJ* 24/10/1969.

Trata-se de crime especial à figura prevista no art. 208 do Código Penal.

f) à liberdade de associação;

38 "Quando houver conflito entre dois ou mais direitos e garantias fundamentais, o intérprete deve utilizar-se do princípio da concordância prática ou da harmonização de forma a coordenar ou combinar os bens jurídicos em conflito, evitando o sacrifício total de uns em relação aos outros, realizando uma redução proporcional do âmbito de alcance de cada qual (contradição dos princípios) sempre em busca do verdadeiro significado da norma e da harmonia do texto constitucional com sua finalidade precípua" (MORAES, Alexandre, *Curso de Direito Constitucional*. 14. ed. São Paulo: Atlas, 2003. p. 61).

A liberdade de associação está prevista em vários dispositivos constitucionais, mas centra-se no art. 5º, XVII, XVIII, XIX e XX, da Constituição da República, que preveem: "XVII – é plena a liberdade de associação para fins lícitos, vedada a de caráter paramilitar"; "XVIII – a criação de associações e, na forma da lei, a de cooperativas independem de autorização, sendo vedada a interferência estatal em seu funcionamento"; "XIX – as associações só poderão ser compulsoriamente dissolvidas ou ter suas atividades suspensas por decisão judicial, exigindo-se, no primeiro caso, o trânsito em julgado"; e "XX – ninguém poderá ser compelido a associar-se ou a permanecer associado".

Associação é a reunião estável e permanente de um grupamento de pessoas, com vistas a uma finalidade comum, desde que lícita. É, portanto, garantia constitucional que possibilita o desenvolvimento dos entes coletivos, a formação de grupos de pessoas que perseguem fins comuns e a aproximação entre aqueles que pensam de forma homogênea sobre determinada questão.

Da leitura das disposições constitucionais, verificam-se alguns limites para o exercício desse direito, notadamente, a possibilidade de impedir a formação ou continuidade de uma associação que tenha fins ilícitos, como, por exemplo, a associação criada para praticar vandalismos ou praticar crimes.

A questão restou bem analisada na ADI nº 3.045: "a primeira Constituição política do Brasil a dispor sobre a liberdade de associação foi, precisamente, a Constituição republicana de 1891, e, desde então, essa prerrogativa essencial tem sido contemplada nos sucessivos documentos constitucionais brasileiros, com a ressalva de que, somente a partir da Constituição de 1934, a liberdade de associação ganhou contornos próprios, dissociando-se do direito fundamental de reunião, consoante se depreende do art. 113, § 12 daquela Carta Política. Com efeito, a liberdade de associação não se confunde com o direito de reunião, possuindo, em relação a este, plena autonomia jurídica (...). Diria, até, que, sob a égide da vigente Carta Política, intensificou-se o grau de proteção jurídica em torno da liberdade de associação, na medida em que, ao contrário do que dispunha a Carta anterior, nem mesmo durante a vigência do estado de sítio se torna lícito suspender o exercício concreto dessa prerrogativa. (...). Revela-se importante assinalar, nesse ponto, que a liberdade de associação tem uma dimensão positiva, pois assegura a qualquer pessoa (física ou jurídica) o direito de associar-se e de formar associações. Também possui uma dimensão negativa, pois garante, a qualquer pessoa, o direito de não se associar, nem de ser compelida a filiar-se ou a desfiliar-se de determinada entidade. Essa importante prerrogativa constitucional também possui função inibitória, projetando-se sobre o próprio Estado, na medida em que se veda, claramente, ao Poder Público, a possibilidade de interferir na intimidade das associações e, até mesmo, de dissolvê-las, compulsoriamente, a não ser mediante regular processo judicial. " (ADI 3.045, voto do Min. Celso de Mello, j. 10-8-05, Plenário, DJ de 1º-6-07).

Haverá abuso de autoridade, desse modo, nos atos atentatórios à liberdade de associação constitucionalmente legítima, ou seja, que visem fins lícitos e sem caráter paramilitar.

Esse crime é especial em relação ao previsto no art. 199 do Código Penal, que tipifica a conduta de constranger alguém, mediante violência ou grave ameaça, a participar ou deixar de participar de determinado sindicato ou associação profissional.

g) aos direitos e garantias legais assegurados ao exercício do voto;

Nessa norma, a Lei de Abuso de Autoridade tutela as garantias previstas nos artigos 14 e 60, § 4º, ambos da Constituição Federal.

Como se sabe, na democracia, o voto tem importância primordial, de modo que seu regular e livre exercício leva à normalidade do processo de votação, motivo pelo qual, ninguém pode impedir ou embaraçar o exercício do sufrágio.

A tutela penal ao exercício do voto, destarte, protege a liberdade e a legitimidade do sufrágio, além do próprio exercício dos direitos políticos.

Naturalmente, o exercício do voto é regido por disposições legais que, descumpridas, possibilitam que a autoridade pública o restrinja, como, por exemplo, se verifica em relação às exigências legais de regular alistamento eleitoral do cidadão.

Conflito aparente de normas - art. 297 do Código Eleitoral: dispõe o Código Eleitoral: "*Art. 297 - Impedir ou embaraçar o exercício do sufrágio*". Como se pode verificar, trata-se de tipo penal aberto que praticamente abarca todas as situações que atentem contra os direitos e garantias legais asseguradas ao exercício do voto. Resta assim, reafirmada a subsidiariedade do tipo penal previsto nessa Lei, sobretudo se considerarmos tratar-se de norma especial.

Segundo Ramayana, a aplicação da Lei de Abuso de Autoridade se dá no caso de o sujeito ativo ser autoridade pública e a conduta atentar contra eleições plebiscitárias, regimentais do Congresso Nacional, Assembleias Legislativas e Câmaras Municipais. Não se aplica, segundo o doutrinador, quando as eleições forem para os agentes políticos (Presidente da República, Senador, Deputado, Governador, Prefeito e Vereador), pois se trata de eleições propriamente eleitorais.[39]

h) ao direito de reunião;

O direito de reunião é a possibilidade de aglomeração de pessoas, em caráter transitório. Está consolidado no art. 5º, inciso XVI, Constituição Federal, que dispõe: "todos podem reunir-se pacificamente, sem armas, em locais abertos ao público, independentemente de autorização, desde que não frustrem outra reunião anteriormente convocada para o mesmo local, sendo apenas exigido prévio aviso à autoridade competente".

Difere do direito de associação, porque aqui o ajuntamento das pessoas se dá em caráter não permanente.

Os limites do direito à reunião, dados pela própria norma constitucional, permitem que a autoridade impeça reunião com fins ilícitos. A parte final do dispositivo constitucional busca proteger o direito de reunião anteriormente exercido, além de evitar conflitos entre grupos que defendem ideias contraditórias.

O prévio aviso à autoridade competente também tem a finalidade de serem adotadas medidas que evitem eventuais conflitos, além de buscar a adoção das medidas administrativas necessárias para assegurar o funcionamento regular dos equipamentos e serviços públicos.

Respeitadas essas premissas, a autoridade pública não pode impedir o ato. Ao revés, caso não tenha havido comunicação prévia ou tenha informações reais de que a reunião se presta a prática de atos ilícitos, a autoridade pública pode agir para prevenir confrontos, por exemplo.

39 RAMAYANA, Marcos. *Direito Eleitoral*. 13ª ed. Rio de Janeiro: Impetus. 2012. p. 796.

Quanto à vigilância policial, como lembra Guilherme Nucci: "é admissível e não configura atentado à liberdade de reunião. As autoridades policiais, caso o lugar do encontro seja público, podem estar presentes, fiscalizando o evento, justamente para preservar a segurança e a ordem. Lembremos que *vigiar* é bem diferente de *interferir*. Portanto, se a autoridade, além de fiscalizar, resolver intervir, pode dar-se o abuso criminoso (por exemplo, tomar o microfone, à força, de quem está proferindo um discurso, somente porque o conteúdo do que se está falando não é do agrado da autoridade presente). Se a reunião ocorrer em lugar privado, logicamente não cabe a interferência do Estado, mormente sem mandado judicial e se, no referido local, não se desenvolver nenhuma atividade criminosa (flagrante delito)".[40]

Anote-se que durante o Estado de defesa ou de sítio há previsão textual de restrição ao direito de reunião, *ex vi*, art. 136, § 1º, I, "a" e art. 139, IV, da CF.

i) à incolumidade física do indivíduo;

A incolumidade física do indivíduo é atingida por meio de condutas que, mediante violência, seja real ou moral, violem a sua saúde.

Trata-se de conduta que também encontra tipificação no art. 322 do Código Penal, que dispõe: "Praticar violência, no exercício da função ou a pretexto de exercê-la. Pena: detenção de 06 meses a 3 anos de detenção, além da pena correspondente à violência".

Esse conflito aparente de normas é objeto de grande divergência na jurisprudência e doutrina.

Uma primeira corrente defende que houve revogação do art. 322 do Código Penal de modo que ocorrendo a lesão corporal no contexto de um abuso de poder, aplica-se o art. 3º, "i", da Lei de Abuso de Autoridade em concurso material com o art. 129 do Código Penal. Nesse sentido, entendem Rogério Grecco[41] e Julio Fabrini Mirabete[42]. Para José Paulo Baltazar Júnior, devido à existência de violação a bens jurídicos distintos, quais sejam administração pública e incolumidade física da vítima, deve ser aplicado concurso formal impróprio de crimes.[43]

Uma segunda corrente defende que ambas as infrações estão em vigor, sendo aplicáveis em situações distintas. Assim, o art. 3º, "i", da Lei 4.898/1965, por ser menos severo, será utilizado quando a conduta da autoridade era inicialmente lícita, mas, no decorrer de sua ação, desborda para o excesso e abusa do poder, praticando a violência contra pessoa. Já ao art. 322 do Código Penal serão amoldadas aquelas condutas que desde logo são arbitrárias, ou seja, a autoridade age, desde o início, sem amparo de qualquer norma legal para, durante essa ação, praticar a violência contra pessoa. Nesse caso, entende-se que haverá cúmulo material, isto é, será aplicável a pena de detenção, de 6 meses a 3 anos, mais a pena correspondente à violência.

Nesse sentido, já decidiu o STF: "o art. 322 do CP, que tipifica o crime de violência arbitrária, não foi revogado pelo art. 3º, *i*, da Lei 4.898/1965 (Lei de Abuso de Autoridade)".

40 NUCCI, Guilherme de Souza. *Leis Penais e Processuais Penais Comentadas*. Vol. 01. 8ª ed. Forense: Rio de Janeiro. 2014. Item 41. p. 13.

41 GRECCO, Rogério. *Código Penal*: comentado. 11. ed. Niterói, RJ: Impetus, 2017. p. 1658.

42 MIRABETE, Julio Fabrini. *Manual de direito penal*. v. 3. 30ª ed. São Paulo: Atlas. 2016. p. 324.

43 BALTAZAR JUNIOR, Paulo José. *Crimes Federais*. 10ª ed. São Paulo: Saraiva. 2015. p. 495.

Precedentes. Recurso ordinário em *habeas corpus* não provido. (RHC 95.617, rel. min. Eros Grau, j. 25-11-2008, 2ª T, *DJE* de 17-4-2009).

A terceira posição defende que, no caso de atentado à integridade física do indivíduo, há concurso material de crimes (art. 69 do CP). Inaplicável a absorção de um delito pelo outro, porque os delitos protegem bens jurídicos distintos e se consumam em momentos diversos. Nesse sentido, já decidiu tanto o Superior Tribunal de Justiça como o Supremo Tribunal Federal: "o abuso de autoridade passou a ser punido independentemente de responder o agente, em concurso material, por outros delitos que da sua ação resultar. *In casu*, a r. sentença se apoia em prova amplamente satisfatória de que o recorrente cometeu abuso de autoridade, vez que atentou contra a incolumidade física da vítima, assim como praticou lesões corporais, por haver-lhe efetivamente ofendido a integridade corporal, e sendo ambos os crimes dolosos, resultando de desígnios autônomos, aplica-se a regra do concurso material". (STJ, Resp. 781957/RS. Rel. Min. JANE SILVA. j. 01/07/2008. DJe 12/08/2008).

"Lesões corporais e abuso de autoridade. Se o agente, além do crime de abuso de autoridade (art.3º, letra "i", da lei 4898, de 9.12.1965) também praticar lesões corporais na vítima, aplicar-se-á a regra do concurso material. (STF, HC 59403/SP. Rel. Min. Cordeiro Guerra. j. 19/03/1982. DJ 23-04-1982).

Caso a autoridade pública seja policial militar, o STF já entendeu que lesão corporal leve, por estar prevista no art. 209 do Código Penal Militar, seria de competência da Justiça Castrense (HC 92.912, rel. min. Carmen Lúcia, j. 20-11-2007, 1ª T, *DJ* de 19-12-2007).

Tendo em vista a textura aberta do vocábulo violência, deve-se considerar abrangido pelo tipo a contravenção de vias de fato, a lesão corporal ou mesmo a morte da vítima. No caso de homicídio decorrente de abuso de poder, contudo, a solução adequada passa pela aplicação da regra da absorção do art. 3º, "i", visto que resta aplicável a agravante genérica presente no art. 61, II, "g", do CP.

Ocorre consunção também no caso de o atentado à integridade acontecer em meio a uma tortura para obter confissão, declaração ou informação, situação em que a autoridade pública responde pelo crime de tortura previsto no art. 1º, I, da Lei 9.455/1997.

Como nos demais direitos fundamentais, há hipóteses em que o atentado à integridade física restará legitimada pela ação da autoridade pública, como no caso do **uso moderado da força** estritamente necessária para realização de prisão em flagrante de alguém que ofereça resistência, conforme prevê o art. 292 do Código de Processo Penal.

A agressão perpetrada pela autoridade pública, como revide a uma agressão anterior, é apta a caracterizar infração a esse tipo penal. Nesse sentido: "a autoridade policial deve agir estritamente dentro dos limites legais, mesmo que a vítima a desrespeite, devendo, neste caso, efetuar sua prisão, autuando-a pelo crime de desacato, e não investir contra a sua integridade corporal, em atitude que corporifica o delito de abuso de autoridade (art. 3º, "i", da Lei 4.898/95) " (TACRIM – SP – 13ª Câm. – AC 918.777/7- Rel. Roberto Mortari – j. 21.02.1995).

j) aos direitos e garantias legais assegurados ao exercício profissional.

Trata-se de tipo penal inserido pela Lei 6.657/1979 e que protege a liberdade de exercício profissional que está inserida no art. 5º, XIII, da CF, que dispõe: "é livre o exercício de qualquer trabalho, ofício ou profissão, atendidas as qualificações profissionais que a lei estabelecer".

Essa norma constitucional é de eficácia contida de modo que é admitida, por meio do poder de conformação do legislador infraconstitucional, a regulamentação da atividade profissional. Nesse caso, a lei regulamentadora poderá exigir determinados requisitos para o desempenho de determinadas atividades profissionais, exigência que, em última análise, relativiza a garantia.

A necessidade de conhecer a regulamentação de algumas atividades profissionais torna essa uma espécie de norma penal em branco, complementada assim, por outras regras.[44]

O exercício profissional está ainda inserido no art. 7º da Carta Magna, na Consolidação das Leis do Trabalho e leis especiais.

Justamente porque não são regulamentadas, as atividades profissionais informais, mesmo que socialmente aceitas, quando combatidas, não ensejam a configuração de abuso de autoridade. É o que ocorre com o combate à prática de comércio irregular, como camelôs e ambulantes.

Algumas atividades profissionais detêm poder de polícia administrativa cujo exercício não pode ser impedido por outra autoridade pública, sob pena de caracterizar o atentado ao exercício profissional em tela. Assim, "pratica abuso de autoridade, violando direitos e garantias legais assegurados ao exercício profissional, o Delegado de Polícia que impede Promotor de Justiça de visitar Cadeia Pública" (TACRIM-SP – AC – Rel. Renato Mascarenhas – JUTACRIM 83/316).

Atividade médica, sigilo profissional e o prontuário médico: Instituição hospitalar impetrou MS, defendendo a tese de que haveria violação do sigilo profissional e abuso de autoridade se atendesse a requisição judicial para fornecer prontuário médico de paciente indiciado em processo criminal. A Turma negou provimento ao recurso, entendendo que, na espécie, o pedido da Justiça não ensejaria quebra de sigilo profissional, pois não visa a detalhes da doença ou informação que possa caracterizar violação da intimidade do indiciado, mas apenas saber quanto à internação do paciente, período e duração do tratamento hospitalar. Precedente citado: RMS 9.612-SP, DJ 9/11/1998. RMS 14.134-CE, Rel. Min. Eliana Calmon, julgado em 25/6/2002.

Direitos do advogado de consultar o inquérito policial: A Lei nº 13.245/2016 acrescentou o § 12 ao art. 7º do Estatuto da OAB prevendo que a inobservância aos direitos estabelecidos no inciso XIV, o fornecimento incompleto de autos ou o fornecimento de autos em que houve a retirada de peças já incluídas no caderno investigativo implicará responsabilização criminal e funcional por abuso de autoridade do responsável que impedir o acesso do advogado, com o intuito de prejudicar o exercício da defesa, sem prejuízo do direito subjetivo do advogado de requerer acesso aos autos ao juiz competente.

Contudo, não se pode olvidar da exceção contida no § 11, também acrescentado ao art. 7º do Estatuto da OAB pela Lei 13.245/2016, assim disposto:

> "§ 11. No caso previsto no inciso XIV, a autoridade competente poderá delimitar o acesso do advogado aos elementos de prova relacionados a diligências em andamento e ainda não documentados nos autos, quando houver risco de comprometimento da eficiência, da eficácia ou da finalidade das diligências".

A exceção diz respeito àquelas diligências que, se forem reveladas ao investigado, tornarão a investigação seriamente comprometida, como por exemplo, a interceptação telefônica com

44 Neste sentido defende Guilherme de Souza Nucci *in* Leis Penais e Processuais Penais Comentadas. Vol. 01. 8ª ed. Forense: Rio de Janeiro. 2014. Item 46. p. 15.

autorização judicial ou uma busca e apreensão na casa do investigado visando localizar algum documento.

Nesses casos, a autoridade responsável pela investigação não precisa fazer a juntada aos autos dos documentos relacionados com as diligências ainda em andamento, razão pela qual, ao impedir o acesso do advogado a essas peças, não poderá ser responsabilizada por abuso de autoridade[45].

Art. 4º Constitui também abuso de autoridade:

Como já afirmamos, as figuras penais do art. 4º da Lei de Abuso de Autoridade são especiais em relação às que se encontram no art. 3º, de forma que sobre essas prevalecerão.

Contudo, diferentemente dos crimes do rol do art. 3º, os delitos previstos no art. 4º admitem a forma tentada, salvo quando se tratar de crime puramente omissivo.

Outra peculiaridade é que, em algumas figuras do art. 4º, o sujeito ativo é autoridade específica. É o que ocorre nas alíneas "d", ou "f", que serão, respectivamente, juiz e carcereiro ou agente da autoridade policial.

Há grande divergência se o art. 4º revogou, tácita e parcialmente, o art. 350 do CP, conhecido como "exercício arbitrário ou abuso de poder", que dispõe:

> "Art. 350 – Ordenar ou executar medida privativa de liberdade individual, sem as formalidades legais ou com abuso de poder: Pena – detenção, de um mês a um ano. Parágrafo único – Na mesma pena, incorre o funcionário que: I – ilegalmente recebe e recolhe alguém a prisão, ou a estabelecimento destinado a execução de pena privativa de liberdade ou de medida de segurança; II – prolonga a execução de pena ou de medida de segurança, deixando de expedir em tempo oportuno ou de executar imediatamente a ordem de liberdade; III – submete pessoa que está sob sua guarda ou custódia a vexame ou a constrangimento não autorizado em lei; IV – efetua, com abuso de poder, qualquer diligência".

Para aqueles que entendem que houve revogação parcial, o crime do código penal estaria contido no art. 4º, do seguinte modo:

Art. 4º	350
"a"	*caput*
"i"	Par. único, inciso II.
"b"	Par. único, inciso III.

Restam em vigor no art. 350 do Código Penal as figuras descritas no parágrafo único, incisos I e IV.

O professor Julio Fabrini Mirabete[46], todavia, entende que o art. 350 foi revogado inteiramente pela Lei 4.898/65. Ensina ele que "os incisos I e II referem-se a condutas que já estão, a

45 O sigilo parece ser absoluto até a realização da diligência pendente. Uma vez realizada e concluída, seu resultado deve ser devidamente documentado nos autos do procedimento investigatório.

46 MIRABETE, Julio Fabrini. *Manual de direito penal*. v. 3. 30ª ed. São Paulo: Atlas. 2016. p. 430.

rigor, definidas também no *caput* do art. 350, e, portanto, no art. 4º, *a*, da Lei 4.898. O inciso III está reproduzido, com alteração abrangente, no art. 4º, *b*, da mesma lei. No inciso IV prevê-se a conduta que está subsumida nos vários dispositivos da lei especial (arts. 3º e 4º e suas alíneas). Pode-se afirmar, pois, que os crimes de exercício arbitrário de abuso de poder previstos no art. 350 do CP foram absorvidos e, portanto, revogados pela Lei 4.898, de 1965, sob a denominação de abuso de autoridade (RT 394/267, 405/417, 504/379)".

Por outro lado, ante o princípio da especialidade, se o sujeito passivo for criança ou adolescente restam caracterizadas infrações penais previstas na Lei 8.069/1990 (Estatuto da Criança e do Adolescente), conforme quadro abaixo:

Art. 4º da lei 4.898/69	ECA
"a"	230
"b"	232
"c"	231
"d"	234

a) ordenar ou executar medida privativa da liberdade individual, sem as formalidades legais ou com abuso de poder;

Trata-se de tipo penal mais específico do que o do art. 3º, "a", da Lei de Abuso de Autoridade que tutela também a liberdade de locomoção e para onde remetemos o leitor para compreensão do regime constitucional vigente na matéria.

Nesse tipo, constitui abuso de autoridade a violação à garantia de liberdade de locomoção, seja por desrespeito abusivo aos casos em que é admitida a restrição da liberdade, seja por descumprimento das formalidades legais para tanto.

Os núcleos verbais são ordenar (*determinar*) ou executar (*efetivar, cumprir a ordem*), de modo que o autor da infração pode ser tanto aquele que manda executar como aquele que executa a ordem de privação de liberdade irregularmente.

Os dois verbos utilizados no tipo parecem se dirigir a agentes públicos que ocupam posições hierárquicas diferentes, embora seja possível que ambas ações sejam realizáveis pela autoridade superior, na hierarquia de dado órgão público.

Porém, na maioria das vezes, o agente público que ordena é aquele que emite ordem ao subordinado para detenção de alguém, sem as formalidades ou com abuso de poder.

O segundo núcleo verbal, qual seja, "executa", é destinado àquele que cumpre a ordem ilegal. Nesse caso, importa distinguir tratar-se de ordem manifestamente ilegal ou não. Ordem manifestamente ilegal é aquela que visivelmente não apresenta requisitos extrínsecos para caracterização do comando estatal ou que busca a realização de ato flagrantemente contrário à lei.

Caso a ordem de prisão não seja manifestamente ilegal, à luz do que dispõe o art. 22 do CP, o subordinado que a executa não é punível. Assim, "se o subordinado pratica o fato típico na crença firme de se tratar de ordem legal, não comete nenhum delito, mesmo que, ao depois, se verifique a ilegalidade da ordem. Cuida-se, então, de obediência hierárquica putativa, excludente de dolo e culpabilidade" (TACRIM-SP – AC – Rel. Silva Pinto – JUTACRIM 84/400).

A privação de liberdade referida no tipo alcança qualquer forma de prisão ilegal, seja a civil do devedor de alimentos, seja em flagrante, seja por mandado judicial.

A "medida privativa de liberdade" descrita no tipo é a prisão efetiva, seja em cadeia pública, penitenciária ou estabelecimentos congêneres. A mera restrição da liberdade, sem o encarceramento da pessoa, se abusiva, configura o crime previsto no art. 3º, "a", da Lei 4.898/1965, visto ser norma subsidiária em relação à prevista no art. 4º, "a".

O crime pode ser praticado de duas formas: mediante a privação da liberdade sem as formalidades legais ou com abuso de poder.

A falta de formalidades legais opera-se quando a prisão é ordenada ou executada sem atendimento de requisitos expressos em leis, como ocorre com a prisão em flagrante sem a lavratura do respectivo auto. As formalidades legais estão contidas em várias disposições legais esparsas, de modo que esse é uma norma penal em branco. Por exemplo, a prisão de advogado deve obedecer ao disposto no art. 7º, IV, do EOAB, que determina a presença de representante ou comunicação à OAB, sob pena de nulidade (TRF4, HC 19990401029924-1, Darós, TF, u., *DJ* 18/08/1999).

A prisão ordenada ou executada mediante abuso de poder é aquela motivada, visando desatender à consecução dos fins públicos para os quais toda a atuação pública deve se voltar. A aferição desse desvio de finalidade será feita mediante a análise da fundamentação da decisão e a sua adequação às hipóteses legais que admitem a prisão ordenada ou executada. Seria o caso da prisão ordenada ou executada como vingança, motivada porque o preso é reconhecidamente um desafeto amoroso da autoridade pública.

Diante do que dispõe o art. 5º, LXVIII, da Constituição Federal – "conceder-se-á *habeas corpus* sempre que alguém sofrer ou se achar ameaçado de sofrer violência ou coação em sua liberdade de locomoção, por ilegalidade ou abuso de poder" – pergunta-se: concedida a ordem que reconheceu o abuso de poder há crime de abuso da autoridade anterior que ordenou a prisão, já que o abuso de poder já foi reconhecido na nova decisão?

Em regra, o juízo de cognição realizado por ocasião do julgamento de *Habeas Corpus* se refere aos aspectos procedimentais, formais e legais que levaram à decretação da prisão, mediante exame acerca da conveniência ou oportunidade da medida[47].

O abuso de poder contido no tipo penal do art. 4º, "a", da Lei 4.898/1965 é aquele revestido de dolo ou de má-fé da autoridade pública, isto é, revestido de elemento subjetivo do injusto consistente na vontade direta de exorbitar do poder mediante decisões motivadas por capricho, maldade, com intuído de vingança ou aquelas ações realizadas com intuído de concretizar perseguições ou injustiças[48].

47 Evidenciando esse contorno predominantemente processual do *Habeas Corpus*, prevê o art. 467 do Código de Processo Penal Militar que haverá ilegalidade ou abuso de poder: a) quando o cerceamento da liberdade for ordenado por quem não tinha competência para tal; b) quando ordenado ou efetuado sem as formalidades legais; c) quando não houver justa causa para a coação ou constrangimento; d) quando a liberdade de ir e vir for cerceada fora dos casos previstos em lei; e) quando cessado o motivo que autorizava o cerceamento; f) quando alguém estiver preso por mais tempo do que determina a lei; g) quando alguém estiver processado por fato que não constitua crime em tese; h) quando estiver extinta a punibilidade; i) quando o processo estiver evidentemente nulo.

48 Essa parece ser a lógica indicada pelo art. 653 do CPP que prevê: "ordenada a soltura do paciente em virtude de *habeas corpus*, será condenada nas custas a autoridade que, por má-fé ou evidente abuso de poder, tiver

Desse modo, a má apreciação do caso e a qualidade negativa da decisão da autoridade pública não podem ser equiparadas à vontade de praticar o crime de abuso de autoridade. Nesses casos, embora a decisão possa ser reformada ou desfeita, não é possível imputar, de forma automática ou vinculante, a caracterização do abuso de poder previsto no tipo penal em estudo.

Consumação: O crime em estudo consuma-se no momento em que a ordem de privação de liberdade é emitida ou executada. Trata-se de crime formal.

A tentativa é admissível. Por exemplo, quando "a ordem, já assinada pela autoridade, não chega ao conhecimento do executor, por circunstâncias alheias à vontade do superior hierárquico (tentativa de ordenar); o subordinado é impedido de efetuar a detenção ilegal do sujeito passivo (tentativa de executar a medida ilegal)".[49]

> b) submeter pessoa sob sua guarda ou custódia a vexame ou a constrangimento não autorizado em lei;

Partindo da vedação constitucional segundo a qual ninguém será submetido a tratamento desumano ou degradante (CF, art. 5º, inciso III) verificam-se os limites decorrentes dos constrangimentos resultantes da guarda ou da custódia de alguém, notadamente das disposições legais que regulamentam esses atos.

Relembre-se que o art. 38 do Código Penal prevê que "o preso preserva todos os direitos não atingidos pela perda da liberdade, impondo-se a todas as autoridades o respeito à sua integridade física e moral".

De um modo geral, o legislador ainda denota uma preocupação com a privação da liberdade das pessoas que, além dos aspectos formais e extrínsecos, deve ser realizada de modo a não atingir a honra do detido. A preservação da integridade moral é inclusive de preocupação constitucional, conforme se extrai do inciso XLIX do art. 5º da CF: "é assegurado aos presos o respeito à integridade física e moral".

O núcleo verbal do tipo é submeter (*sujeitar*) alguém, o que significa ato realizado contra a sua vontade, de forma imperativa.

Pessoa sob guarda é aquela que se encontra sob vigilância permanente, ao passo que sob custódia é aquela que está detida, ainda que transitoriamente.

O elemento normativo no tipo, "vexame ou a constrangimento não autorizado em lei" é aquele praticado sem qualquer base legal, como ocorre com a colocação do preso no regime disciplinar diferenciado sem fundamento na LEP (arts. 40, 41, VIII e 42) ou sem autorização judicial. No exemplo de Damásio E. de Jesus, é desnudar uma detenta aos olhos dos presidiários.[50]

Anote-se que a **revista pessoal** está prevista no art. 244 do Código de Processo Penal como medida excepcional que independe de mandado judicial. É cabível nos casos de flagrante delito ou quando houver fundada suspeita de que a pessoa esteja na posse de arma proibida ou de objetos ou papéis que constituam corpo de delito.

---

determinado a coação".

49 JESUS, Damásio E. de. *Direito Penal*. Vol. 4. 17ª ed. 2012. p. 399.

50 JESUS, Damásio E. de. *Direito Penal*. Vol. 4. 17ª ed. 2012. p. 399.

Também não há crime, por constituir ato previsto na lei, como bem anota Norberto Avena, a colheita de impressões digitais, de material fotográfico e de material biológico (na hipótese prevista no art. 5.º, parágrafo único, da Lei 12.037/2009 e no art. 9.º-A da Lei 7.210/1984). Nesse caso, presentes as situações legais, faculta-se o uso da força para obrigá-lo à prática do ato. Logicamente, deve ser usada a força moderada, isto é, apenas aquela necessária e suficiente para a realização da identificação criminal. Excessos injustificados tipificam o crime de abuso de autoridade, contemplado no art. 4.º, b, da Lei 4.898/1965 ('submeter pessoa sob sua guarda ou custódia a vexame ou a constrangimento não autorizado em lei')".[51]

Sobre o emprego das **algemas**, remetemos aos comentários acerca do art. 3º, "a", oportunidade em que são feitas considerações acerca da legalidade no seu uso.

Consumação: O delito se consuma no momento em que o custodiado é submetido a vexame ou constrangimento não previsto na lei.

A tentativa é admissível.

Especialidade: Se a vítima é criança ou adolescente, configura-se o crime previsto no art. 232 do ECA.

Se o agente, além de submeter a vítima ao vexame ou constrangimento ilegal, causar sofrimento físico ou mental, pode restar configurado o crime de tortura do art. 1º., §1º, da Lei 9.455/1997.

> c) deixar de comunicar, imediatamente, ao juiz competente a prisão ou detenção de qualquer pessoa;

Trata-se de mais um dispositivo que controla a legalidade estrita da prisão, especificadamente a regra de que "a prisão de qualquer pessoa e o local onde se encontre serão comunicados imediatamente ao juiz competente e à família do preso ou à pessoa por ele indicada" (CF, art. 5º, LXII).

A comunicação imediata busca permitir ao juízo competente o controle sobre a legalidade da prisão, para que o mesmo possa relaxá-la, se realizada de forma ilegal ou irregular.

O dever de comunicação imediata da prisão está descrito no art. 306, § 1º, do CPP, o qual prevê o prazo de 24 horas para tanto. Esse dever recai, essencialmente, à autoridade policial, mas é inerente a qualquer autoridade que efetiva a prisão de alguém.

Observe-se que o tipo penal só criminaliza a omissão na comunicação da prisão ao juiz, embora a garantia constitucional seja mais ampla. "É fundamental que se deixe claro a obrigatoriedade constitucional de comunicação da prisão ao juiz e à família (ou à pessoa por ele indicada), conforme dispõe o art. 5.º, LXII. Entretanto, ante o princípio da legalidade, somente se admite a figura do abuso de autoridade se a prisão não for comunicada ao juiz competente. Caso a autoridade deixe de fazê-lo à família ou a outra pessoa indicada pelo preso, cuida-se de infração funcional. Tal disparidade ocorre porque, à época de edição da Lei 4.898/65, não havia a obrigatoriedade constitucional de comunicação a familiares ou outras pessoas".[52]

---

51 AVENA, Norberto. *Processo penal*: esquematizado. 6ª ed. Rio de Janeiro: Forense; São Paulo: MÉTODO, 2014. p. 186.

52 NUCCI, Guilherme de Souza. *Leis Penais e Processuais Penais Comentadas*. Vol. 01. 8ª ed. Forense: Rio de Janeiro. 2014. item 68. p. 22.

Juiz competente é definido como o juiz natural (art. 5º, LIII, da CF). Diante da fluidez das regras de competência previstas na legislação brasileira, a comunicação feita ao juiz incompetente, desde que a situação seja duvidosa, já é suficiente para a autoridade desincumbir-se de seu dever e afastar o crime. Assim, por exemplo, se a comunicação da prisão do devedor de alimentos for feita ao juízo cível geral, e não especificadamente ao juiz da Vara de Família, não haverá crime, uma vez que é inexigível da autoridade policial o conhecimento específico das regras internas de distribuição de competência de dada unidade judiciária.

O núcleo verbal é deixar de comunicar (*não avisar, sonegar a informação*). Trata-se de conduta omissiva, de modo que o mero desrespeito às formalidades acima é suficiente para a caracterização do delito.

Anote-se que, embora o art.5º, LXII, da CF mencione o dever de comunicação ao juiz competente e à família do preso, como o tipo penal descreve, somente a falta de comunicação ao juiz, a falta de comunicação à família, dada a atipicidade não leva a caracterização do crime em estudo.

O dever de comunicação da prisão ao juiz competente é tão importante que mesmo na vigência de Estado de Defesa continua sendo obrigatório, *ex vi*, art. 136, § 3º, I, da CF.

Consumação: Por tratar-se de crime omissivo, consuma-se com a mera omissão do agente (crime omissivo próprio).

Por tratar-se de crime omissivo, não admite tentativa.

Especialidade: sendo a vítima criança ou adolescente, incide o tipo do art. 231 do ECA.

d) deixar o juiz de ordenar o relaxamento de prisão ou detenção ilegal que lhe seja comunicada;

O tipo criminaliza a conduta do juiz que descumpre o dever decorrente do direito fundamental previsto no art. 5º, LXV, da CF: "a prisão ilegal será imediatamente relaxada pela autoridade judiciária".

Segundo a legislação infraconstitucional brasileira, depois da comunicação da prisão em flagrante de alguém, nos termos do art. 310, inciso I, do CPP, deve o juiz, como primeira providência, verificar a legalidade dessa prisão.

A ilegalidade pode ser decorrência da inobservância de alguma formalidade essencial da prisão, do auto lavrado ou mesmo da inexistência de situação de flagrância. A alínea não se refere a não concessão de liberdade provisória ou à revogação da prisão preventiva.

Verificada a ilegalidade, a prisão deverá ser imediatamente relaxada e o preso, em regra, deve ser liberado. Trata-se de dever funcional inescusável, de modo que a violação a esse dever é que configura o crime previsto neste tipo penal.

O relaxamento da prisão deve ser feito pelo juiz competente. Assim, não há crime, caso a comunicação seja feita a um juiz incompetente que declina para outro.

O núcleo verbal é deixar de ordenar (não determinar) o que caracteriza o crime como omissivo próprio.

Anote-se, todavia, que o relaxamento da prisão não impede que se imponha ao acusado alguma das medidas cautelares diversas da prisão ou mesmo decretada a sua prisão preventiva em relação ao mesmo fato, desde que presentes os requisitos para tanto.

O tipo destina-se aos juízes de direito. Mas não só. O tipo direciona-se a qualquer membro do Poder Judiciário que tenha recebido a comunicação de prisão como nos casos de detenção de pessoa que goza de foro por prerrogativa de função. O tipo alcança assim, os desembargadores, ministros do TSE, STJ e STF.

Registre-se que os membros do Poder Judiciário, segundo a Constituição Federal vigente, têm foro por prerrogativa de função de modo que, nesse caso, o crime será processado obedecidas essas regras.

Consumação: o crime é omissivo pelo que se consuma com a mera omissão.

Não admite tentativa.

Especialidade: sendo a vítima criança ou adolescente, incide o tipo do Art. 234 do ECA.

> e) levar à prisão e nela deter quem quer que se proponha a prestar fiança, permitida em lei;

Nesse tipo, criminaliza-se a conduta daquele que viola o direito fundamental previsto no Art. 5º, LXVI da CF: "ninguém será levado à prisão ou nela mantido, quando a lei admitir a liberdade provisória, com ou sem fiança".

A fiança é regulamentada pelo Código de Processo Penal nos seguintes termos:

> "Art. 322. A autoridade policial somente poderá conceder fiança nos casos de infração cuja pena privativa de liberdade máxima não seja superior a 4 (quatro) anos. Parágrafo único. Nos demais casos, a fiança será requerida ao juiz, que decidirá em 48 (quarenta e oito) horas".

O regime jurídico da fiança é complementado, ainda, pelas disposições que preveem que alguns crimes são inafiançáveis, independentemente da pena cominada, conforme art. 323 do CPP e outros casos em que, diante de circunstâncias especiais, a fiança é incabível, conforme se verifica no art. 324 do CPP.

Como bem anota Edilson Mougenout Bonfim, "o legislador brasileiro não indicou expressamente quais os crimes afiançáveis. Preferiu indicar as situações em que não será admitida a fiança, bem como apontar os crimes considerados inafiançáveis. A possibilidade de concessão de liberdade provisória mediante fiança, portanto, faz-se *a contrario sensu*, pela determinação das hipóteses em que a fiança não é vedada".[53]

Diante desse panorama, responde pelo crime em estudo a autoridade que descumpre essas disposições, seja porque leva *à prisão* (priva a liberdade) ou *nela detém* (mantém detido ou não permite a liberação) alguém em caso no qual a fiança era cabível.

O primeiro núcleo verbal é comissivo, enquanto que o segundo é omissivo. Há entre eles relação de equivalência, de modo que o segundo é um tipo misto alternativo.

Sujeito ativo: trata-se de crime praticável estritamente pelo delegado de polícia, nas hipóteses de crime previstos no art. 322 do CPP, ou por juiz de direito, nos casos do parágrafo único do art. 322 do CPP.

53 BONFIM, Edilson Mougenot. *Curso de processo penal*. São Paulo: Saraiva, 7ª. ed. 2012. Capítulo XX, item 5.

Consumação: Na modalidade comissiva o crime é material e se consuma no momento em que a pessoa é colocada no cárcere. Na modalidade omissiva, trata-se de crime instantâneo, pelo que se consuma com a mera omissão da autoridade pública.

> f) cobrar o carcereiro ou agente de autoridade policial carceragem, custas, emolumentos ou qualquer outra despesa, desde que a cobrança não tenha apoio em lei, quer quanto à espécie, quer quanto ao seu valor;
>
> g) recusar o carcereiro ou agente de autoridade policial recibo de importância recebida a título de carceragem, custas, emolumentos ou de qualquer outra despesa;

Tendo em vista que inexiste, no sistema carcerário vigente no Brasil, qualquer tipo de custas ou emolumentos que possam ser cobradas por agentes carcerários, predomina o entendimento de que essas alíneas não são mais aplicáveis.

Assim, qualquer tipo de cobrança de vantagem indevida pelo agente carcerário poderá caracterizar o crime, seja de extorsão (art. 158 CP), seja de concussão (art. 316 do CP), seja de corrupção passiva (art. 317 do CP), dependendo do caso concreto.

> h) o ato lesivo da honra ou do patrimônio de pessoa natural ou jurídica, quando praticado com abuso ou desvio de poder ou sem competência legal;

Trata-se de norma que pune a violação ao patrimônio, material ou imaterial, praticada por agente público que age com abuso ou desvio de poder ou sem competência para tanto.

De um modo geral, o patrimônio está inserido na garantia prevista no art. 5º, *caput* e inciso X da Constituição da República, razão pela qual é tutelado nesse tipo penal, ao menos quanto aos atos praticados pelos agentes públicos.

O abuso de poder é caracterizado pela atuação da autoridade pública que, inicialmente, detém atribuição para praticar o ato, todavia, em dado momento, ultrapassa os limites legais.

No desvio de poder, a autoridade pública também possui atribuição em lei para praticar o ato, porém o pratica com desvio de finalidade, isto é, visando fim estranho ao interesse público. É o caso em que o agente de trânsito, motivado por vingança, apreende um veículo, sem a prática de irregularidade.

A terceira maneira de praticar o delito é mediante ato lesivo sem competência legal, ou seja, ato praticado fora das atribuições legais previstas em lei.

Mesmo quando os atos são anulados, seja pelo Poder Judiciário, seja pela própria administração pública, não há que se falar em caracterização automática do crime em estudo, especialmente nos casos em que a autoridade pública buscava o interesse público.

Consumação: trata-se de crime material pelo que a consumação ocorre no momento em que resta produzido um ato lesivo, decorrente do abuso ou desvio de poder ou do ato praticado sem competência legal.

Trata-se de crime que admite tentativa.

> i) prolongar a execução de prisão temporária, de pena ou de medida de segurança, deixando de expedir em tempo oportuno ou de cumprir imediatamente ordem de liberdade.

Trata-se de alínea inserida pela Lei n.º 7.960/1989 que inseriu, no regime processual penal brasileiro, a chamada prisão temporária, caracterizada pela possibilidade de restrição da liberdade de alguém, diferentemente do que ocorre na prisão preventiva, no interesse das investigações realizadas.

A prisão temporária deve ser decretada pelo judiciário e tem prazo de 05 ou, excepcionalmente, em caso de crime hediondo, de 30 dias, prorrogáveis em caso de extrema e comprovada necessidade.[54]

Vencidos referidos prazos, independentemente de mandado de soltura, o preso deve ser colocado em liberdade, sob pena de restar caracterizado o crime em estudo.

Mas deve-se observar que o tipo criminaliza o prolongamento indevido de três espécies de atos que restringem a liberdade: a prisão temporária, a pena ou medida de segurança. Esse prolongamento indevido viola, de um modo geral, o direito fundamental previsto no Art. 5º, LIV, da CF, que dispõe: "ninguém será privado da liberdade ou de seus bens sem o devido processo legal".

O núcleo verbal é prolongar (estender) a execução da prisão temporária, da pena ou da medida de segurança, seja porque a autoridade não expediu a ordem de liberdade, seja porque simplesmente deixou de cumpri-la.

Além da prisão temporária, o tipo criminaliza o prolongamento da execução da pena, o que implica custódia do preso por mais tempo do que o previsto na pena fixada em sua sentença condenatória. Trata-se de hipótese de difícil ocorrência prática haja vista o vigente sistema de progressão de penas no país, o que praticamente impede que alguém permaneça efetivamente cumprindo pena até o último dia daquele fixado na sentença.

Mas o tipo criminaliza, ainda, o prolongamento indevido das medidas de segurança que são atos que restringem a liberdade dos inimputáveis. Na feliz lembrança de Rui Stoco, "observe-se, finalmente, que o legislador aproveitou a oportunidade para cobrir uma lacuna que existia na Lei 4.898/65, criando novo tipo penal concernente a prolongar a execução não só da prisão temporária, antes inexistente, como, ainda, de pena ou de medida de segurança, quando se deixe de expedir ou cumprir a ordem de liberdade".[55]

A medida de segurança "diferentemente da pena, tem finalidade essencialmente preventiva (prevenção especial), é dizer, sua missão maior é evitar que o agente (perigoso) volte a delinquir. Volta-se para o futuro (e não para o passado, como faz a pena). Busca atender a segurança social e, principalmente, ao interesse da obtenção da cura daquele a quem é imposta, ou a possibilidade de um tratamento que minimize os efeitos da doença ou perturbação mental".[56]

---

54 Os requisitos para a Prisão Temporária são: a) imprescindível para as investigações; b) réu não possuir residência fixa ou não fornecer elementos para sua identificação; c) houver fundadas razões de autoria ou participação nos seguintes crimes: homicídio doloso, sequestro ou cárcere privado, roubo, extorsão, extorsão mediante sequestro, estupro, atentado violento ao pudor, rapto violento, epidemia com resultado morte, envenenamento de água potável ou substância alimentícia ou medicinal qualificado pela morte, quadrilha ou bando (associação criminosa), genocídio, tráfico de drogas, crime contra o sistema financeiro, crimes previstos na Lei de Terrorismo.

55 STOCO, Rui e outros. *Leis Penais Especiais e sua interpretação jurisprudencial*. 7ª ed. São Paulo: RT. 2001. p. 12.

56 CUNHA. Rogério Sanches. *Manual de direito penal*: parte geral (arts. 1º ao 120). 4. ed. Salvador: JusPODIVM, 2016. p. 505.

As medidas de segurança podem ser de dois tipos: internação ou tratamento ambulatorial e são fixadas "por tempo indeterminado, perdurando enquanto não for averiguada, mediante perícia médica, a cessação de periculosidade. O prazo mínimo deverá ser de 1 (um) a 3 (três) anos, diretamente proporcional à gravidade da anomalia mental do sentenciado (art. 97, §1º, CP)".[57] Assim, o retardamento na liberação de alguém que está cumprindo medida de segurança também configura o crime previsto nesta alínea.

Conflito aparente de normas: A alínea em estudo revogou tacitamente o art. 350, parágrafo único, inciso II, do Código Penal.

Em se tratando de vítima criança ou adolescente, considerando o princípio da especialidade, incide no caso o crime do art. 235 do Estatuto da Criança e do Adolescente.

Consumação: Trata-se de crime omissivo próprio pelo que se consuma com a mera omissão.

Não admite tentativa.

> **Art. 5º** Considera-se autoridade, para os efeitos desta lei, quem exerce cargo, emprego ou função pública, de natureza civil, ou militar, ainda que transitoriamente e sem remuneração.

O dispositivo trata do sujeito ativo dos crimes da Lei de Abuso de Autoridade, tema que foi comentado na introdução, para onde remetemos o leitor.

> **Art. 6º** O abuso de autoridade sujeitará o seu autor à sanção administrativa civil e penal.

Em decorrência do princípio republicano, resta consolidado no país o sistema de independência de instâncias, no que se refere aos servidores públicos, por seus atos ilícitos, de modo que, não raro, o agente que realiza uma conduta ilícita pode ser responsabilizado na esfera civil, penal e administrativa.

Esse dispositivo deixa isso explícito e prevê o sistema tríplice de sanções aplicáveis às autoridades públicas em geral. Em razão disso, podem ser aplicadas de forma cumulada, sem que se cogite falar em violação à proibição do *bis in idem*, visto que, por serem de natureza diversa, são sanções cumuláveis.

As sanções devem ser aplicadas pelos órgãos próprios que possuírem atribuição ou competência para tanto. Assim, as sanções administrativas devem ser aplicadas pela autoridade administrativa superior que tiver atribuição prevista em lei para aplicá-la.

A sanção civil deve ser aplicada pelo juízo cível e a sanção penal pelo juízo criminal, respeitadas todas as regras ínsitas ao princípio do devido processo legal.

> § 1º A sanção administrativa será aplicada de acordo com a gravidade do abuso cometido e consistirá em:

57 CUNHA. Rogério Sanches. *Manual de direito penal*: parte geral (arts. 1º ao 120). 4. ed. Salvador: JusPODIVM, 2016. p. 505.

a) advertência;

b) repreensão;

c) suspensão do cargo, função ou posto por prazo de cinco a cento e oitenta dias, com perda de vencimentos e vantagens;

d) destituição de função;

e) demissão;

f) demissão, a bem do serviço público.

As sanções administrativas vão desde uma simples advertência até a mais grave, que é a demissão a bem do serviço público.

A sanção de destituição da função se constitui em um rebaixamento de função, sem a exclusão da autoridade do quadro da administração.

A demissão é a exclusão compulsória da autoridade, com o desfazimento do vínculo funcional que mantinha com a administração pública.

As sanções administrativas devem ser aplicadas após procedimento em que se assegure ao funcionário público a ampla defesa e o contraditório, seja sindicância punitiva ou processo administrativo disciplinar, conforme já explicitado na Súmula nº 20 do Supremo Tribunal Federal: "é necessário processo administrativo com ampla defesa, para demissão de funcionário admitido por concurso".

A administração aplica essas sanções em razão dos poderes hierárquico e disciplinar que, embora correlatos, não se confundem. O Poder hierárquico possibilita que os atos administrativos sejam revistos por outros servidores públicos que ocupam posição funcional superior, capaz de ordenar, coordenar, controlar e corrigir as atividades administrativas no âmbito interno daqueles que se encontram em posição funcional inferior. O poder disciplinar, a seu turno, traduz-se na possibilidade de a administração punir as infrações funcionais praticadas pelos funcionários públicos.

§ 2º A sanção civil, caso não seja possível fixar o valor do dano, consistirá no pagamento de uma indenização de quinhentos a dez mil cruzeiros.

O dispositivo estabelece um parâmetro para a fixação da indenização por danos morais ou patrimoniais decorrente do crime de abuso de poder de maneira tarifada. Trata-se de sistemática bastante criticada pela doutrina civilista, em razão da injustiça capaz de produzir.

Embora a pretensão indenizatória cível seja, ordinariamente, fixada em meio a um processo civil, mais adequado para apreciação dessa matéria, considerando o disposto no art. 387, IV, do CPP, o juiz criminal pode, na sentença penal, fixar um valor mínimo de indenização.

Trata-se de disposição que permite a interface entre as instâncias cível e criminal.

§ 3º A sanção penal será aplicada de acordo com as regras dos artigos 42 a 56 do código penal e consistirá em:

a) multa de cem a cinco mil cruzeiros;

b) detenção por dez dias a seis meses;

c) perda do cargo e a inabilitação para o exercício de qualquer outra função pública por prazo até três anos.

A aplicação da sanção penal, segundo a sistemática vigente, segue o sistema trifásico. Na primeira fase, a pena base é fixada, levando-se em conta as circunstâncias judiciais previstas no art. 59 do Código Penal. Na segunda fase, são aplicadas eventuais atenuantes ou agravantes e, na terceira, as causas de aumento e de diminuição de pena, se houver.

A Lei 4.898/1965 elencou como sanção penal a multa, a detenção de 10 dias a 6 meses e a perda do cargo, além da inabilitação para o exercício de qualquer outra função pública por até 3 anos.

Pena de multa: os valores previstos na letra "a" do § 3º do art. 6º da Lei 4.898/1965 devem ser desconsiderados, porque, para essa sanção, vigora nova sistemática prevista no art. 49 e artigos seguintes do Código Penal Brasileiro.

Pena Privativa de liberdade: estipulada em patamar comum a todas as figuras delituosas previstas na Lei, técnica bastante incomum do legislador brasileiro, adotada, por exemplo, nos crimes eleitorais e no Decreto-Lei 201/1967.

A pena máxima de seis meses qualifica todos os delitos da Lei de Abuso de autoridade como de crimes de menor potencial ofensivo, de modo que são alcançados pelos institutos da transação penal e suspensão condicional do processo, previstos nos artigos 76 e 89, ambos da Lei 9.099/1995.

Esse *quantum* permite, ainda, seja aplicada a substituição da pena privativa por restritiva de direitos, conforme autoriza o art. 44 do Código Penal e *sursis* da pena, previsto no art. 77, também do Código Penal.

PENA DE PERDA DO CARGO E INABILITAÇÃO PARA EXERCÍCIO DE OUTRA FUNÇÃO PÚBLICA POR TRÊS ANOS

A perda do cargo consiste na desconstituição, de forma permanente, dos vínculos jurídicos estabelecido após a investidura entre administração pública e pessoa natural.

Dada a impertinência e a incompatibilidade entre a função pública e a prática de crime de abuso de autoridade, a perda do cargo é pena automática, não sendo necessária fundamentação específica concreta para a sua aplicação pelo juiz sentenciante.

No que se refere aos militares, todavia, devem-se observar as limitações decorrentes do art. 125, § 4º, *in fine*, da Constituição Federal.

Há posição doutrinária que sustenta que, com a reforma penal de 1984, foram extintas as penas acessórias, razão pela qual, essa pena teria sido tacitamente revogada. Contudo, prepondera a orientação de que se trata de dispositivo plenamente aplicável, sob dois fundamentos: 1º) O § 4º do art. 6º viabilizou, inclusive, a aplicação isolada das sanções do § 3º, dentre as quais se encontra a perda do cargo e a inabilitação para outra função pública, o que destacou seu caráter autônomo; 2º) A sanção prevista é peculiar aos crimes de abuso de autoridade, lei especial, portanto, à luz do que dispõe o art. 12 do CP, de modo que é inexigível e inaplicável o *quantum* fixado no art. 92, I, "a" do CP, que prevê pena cominada igual ou superior a um ano[58]. Nesse sentido, o seguinte aresto do STJ:

> "3. A pena de perda do cargo e inabilitação para o exercício de função pública, prevista no artigo 6º, parágrafo 3º, alínea "c", da Lei nº 4.898/65, é de natureza principal, assim como as penas de multa e detenção, previstas, respectivamente, nas alíneas "a" e "b" do mesmo dispositivo, em nada se confundindo com a perda do cargo ou função pública, prevista no artigo 92, inciso I, do Código Penal, como efeito da condenação". (STJ, 6ª Turma, Rel. Min. Hamilton Carvalhido, REsp 279429/SP, j. 21-10-2003, DJ, 15-12-2003, p. 411)".

A pena de inabilitação, pelas mesmas razões, deve ser considerada pena autônoma e impede que a pessoa seja investida em qualquer outra função pública, pelo prazo de 3 anos.

Anote-se que o art. 1.º, I, "e", 5, da Lei Complementar 64/1990, com redação dada pela Lei Complementar 135/2010, popularmente conhecida como Lei Ficha Limpa, prevê a inelegibilidade daquele que for condenado por crime de abuso de autoridade, nos casos em que houver condenação à perda do cargo ou à inabilitação para o exercício de função pública. Em razão da alternatividade das sanções, resta consolidada a autonomia da pena de inabilitação para o exercício de função pública.

Entendemos que a pena de inabilitação deve abranger todos os envolvidos no delito, coautores ou partícipes, ainda que não fossem autoridades públicas à época dos fatos, uma vez que não há essa distinção na lei. Além disso, o Superior Tribunal de Justiça, embora se referindo aos delitos do Decreto-Lei 201/1967, já estendeu essa sanção para o *extraneus* que concorreu para o crime funcional (STJ, Resp. 905326, Dipp, 5ª T., u., 10.5.07).

Prescrição: Os crimes da Lei de Abuso de autoridade prescrevem, segundo o art. 109, VI, do Código Penal, em três anos. Nesse sentido: "aplicam-se aos crimes de abuso de autoridade as regras gerais de prescrição do CP" (STJ, Resp. 153.820, Fischer, 5ª T., u., DJ11/05/1998.

A pena de multa, à guisa de regra especial, prescreve em dois anos, conforme art. 114, I, do Estatuto Repressivo.

Quanto à inabilitação para exercício de outra função, considerada como autônoma e tendo em vista que sua duração é de três anos, sua prescrição ocorre em oito anos, por força do art. 109, IV, do Código Penal. É possível ocorrer, assim, um descompasso entre os prazos prescricionais das penas privativas de liberdade (e das restritivas de direito nas quais podem se converter) e de multa, e o da pena de inabilitação.

> § 4º As penas previstas no parágrafo anterior poderão ser aplicadas autônoma ou cumulativamente.
>
> § 5º Quando o abuso for cometido por agente de autoridade policial, civil ou militar, de qualquer categoria, poderá ser cominada a pena autônoma ou acessória, de não poder o acusado exercer funções de natureza policial ou militar no município da culpa, por prazo de um a cinco anos.

Trata-se de sanção penal destinada especificadamente ao agente policial, civil ou militar, que consiste no afastamento do condenado do município onde praticou o abuso, por um período de 01 a 05 anos.

58 É o que sustenta Rui Stoco (Leis Penais Especiais e p. 20).

Na prática, implica uma remoção compulsória, de modo que o condenado continuará a desempenhar a sua função pública, mas em outro município.

Pelas mesmas razões invocadas, que autorizam a aplicabilidade da sanção de inabilitação para o exercício da função, trata-se de pena autônoma e que por isso mesmo continua em vigor, mesmo diante da extinção das penas acessórias, após a reforma do Código Penal. Nesse sentido, esclarecedor o seguinte aresto do STJ: "a Reforma de 1984, no entanto, não atingiu o § 5.º, do art. 6.º, da Lei n.º 4.898/65 (Lei de Abuso de Autoridade), permanecendo como pena acessória o afastamento das funções de natureza policial ou militar, no município da culpa." (Resp. 255646, Rel. Laurita Vaz, 5ª T. DJ 15/09/2003).

Art. 7º Recebida a representação em que for solicitada a aplicação de sanção administrativa, a autoridade civil ou militar competente determinará a instauração de inquérito para apurar o fato.

§ 1º O inquérito administrativo obedecerá às normas estabelecidas nas leis municipais, estaduais ou federais, civis ou militares, que estabeleçam o respectivo processo.

§ 2º Não existindo no município no estado ou na legislação militar normas reguladoras do inquérito administrativo serão aplicadas supletivamente, as disposições dos arts. 219 a 225 da Lei nº 1.711, de 28 de outubro de 1952 (Estatuto dos Funcionários Públicos Civis da União).

§ 3º O processo administrativo não poderá ser sobrestado para o fim de aguardar a decisão da ação penal ou civil.

Art. 8º A sanção aplicada será anotada na ficha funcional da autoridade civil ou militar.

Art. 9º Simultaneamente com a representação dirigida à autoridade administrativa ou independentemente dela, poderá ser promovida pela vítima do abuso, a responsabilidade civil ou penal ou ambas, da autoridade culpada.

Art. 10. Vetado

Art. 11. À ação civil serão aplicáveis as normas do código de processo civil.

Art. 12. A ação penal será iniciada, independentemente de inquérito policial ou justificação por denúncia do ministério público, instruída com a representação da vítima do abuso.

Art. 13. Apresentada ao Ministério Público a representação da vítima, aquele, no prazo de quarenta e oito horas, denunciará o réu, desde que o fato narrado constitua abuso de autoridade, e requererá ao juiz a sua citação, e, bem assim, a designação de audiência de instrução e julgamento.

§ 1º A denúncia do ministério público será apresentada em duas vias.

Art. 14. Se a ato ou fato constitutivo do abuso de autoridade houver deixado vestígios o ofendido ou o acusado poderá:

a) promover a comprovação da existência de tais vestígios, por meio de duas testemunhas qualificadas;

b) requerer ao juiz, até setenta e duas horas antes da audiência de instrução e julgamento, a designação de um perito para fazer as verificações necessárias.

§ 1º O perito ou as testemunhas farão o seu relatório e prestarão seus depoimentos verbalmente, ou o apresentarão por escrito, querendo, na audiência de instrução e julgamento.

§ 2º No caso previsto na letra *a* deste artigo, a representação poderá conter a indicação de mais duas testemunhas.

Art. 15. Se o órgão do Ministério Público, ao invés de apresentar a denúncia requerer o arquivamento da representação, o juiz, no caso de considerar improcedentes as razões invocadas, fará remessa da representação ao procurador-geral e este oferecerá a denúncia, ou designará outro órgão do Ministério Público para oferecê-la ou insistirá no arquivamento, ao qual só então deverá o juiz atender.

Art. 16. Se o órgão do Ministério Público não oferecer a denúncia no prazo fixado nesta lei, será admitida ação privada. o órgão do Ministério Público poderá, porém, aditar a queixa, repudiá-la e oferecer denúncia substitutiva e intervir em todos os termos do processo, interpor recursos e, a todo tempo, no caso de negligência do querelante, retomar a ação como parte principal.

Art. 17. Recebidos os autos, o juiz, dentro do prazo de quarenta e oito horas, proferirá despacho, recebendo ou rejeitando a denúncia.

§ 1º No despacho em que receber a denúncia, o juiz designará, desde logo, dia e hora para a audiência de instrução e julgamento, que deverá ser realizada, improrrogavelmente, dentro de cinco dias.

§ 2º A citação do réu para se ver processar, até julgamento final e para comparecer à audiência de instrução e julgamento, será feita por mandado sucinto que será acompanhado da segunda via da representação e da denúncia.

Art. 18. As testemunhas de acusação e defesa poderão ser apresentadas em juízo, independentemente de intimação.

Parágrafo único. Não serão deferidos pedidos de precatória para a audiência ou a intimação de testemunhas ou, salvo o caso previsto no artigo 14, letra "b", requerimentos para a realização de diligências, perícias ou exames, a não ser que o juiz, em despacho motivado, considere indispensáveis tais providências.

Art. 19. À hora marcada, o juiz mandará que o porteiro dos auditórios ou o oficial de justiça declare aberta a audiência, apregoando em seguida o réu, as testemunhas, o perito, o representante do ministério público ou o advogado que tenha subscrito a queixa e o advogado ou defensor do réu.

Parágrafo único. A audiência somente deixará de realizar-se, se ausente o juiz.

Art. 20. Se até meia hora depois da hora marcada o juiz não houver comparecido, os presentes poderão retirar-se, devendo o ocorrido constar do livro de termos de audiência.

Art. 21. A audiência de instrução e julgamento será pública, se contrariamente não dispuser o juiz, e realizar-se-á em dia útil, entre dez (10) e dezoito (18) horas, na sede do juízo ou, excepcionalmente, no local que o juiz designar.

Art. 22. Aberta a audiência, o juiz fará a qualificação e o interrogatório do réu, se estiver presente.

Parágrafo único. Não comparecendo o réu nem seu advogado, o juiz nomeará imediatamente defensor para funcionar na audiência e nos ulteriores termos do processo.

Art. 23. Depois de ouvidas as testemunhas e o perito, o juiz dará a palavra sucessivamente, ao Ministério Público ou ao advogado que houver subscrito a queixa e ao advogado ou defensor do réu, pelo prazo de quinze minutos para cada um, prorrogável por mais dez (10), a critério do juiz.

Art. 24. Encerrado o debate, o juiz proferirá imediatamente a sentença.

Art. 25. Do ocorrido na audiência o escrivão lavrará no livro próprio, ditado pelo juiz, termo que conterá, em resumo, os depoimentos e as alegações da acusação e da defesa, os requerimentos e, por extenso, os despachos e a sentença.

Art. 26. Subscreverão o termo o juiz, o representante do Ministério Público ou o advogado que houver subscrito a queixa, o advogado ou defensor do réu e o escrivão.

Art. 27. Nas comarcas onde os meios de transporte forem difíceis e não permitirem a observância dos prazos fixados nesta lei, o juiz poderá aumentá-las, sempre motivadamente, até o dobro.

Art. 28. Nos casos omissos, serão aplicáveis as normas do Código de Processo Penal, sempre que compatíveis com o sistema de instrução e julgamento regulado por esta lei.

Parágrafo único. Das decisões, despachos e sentenças, caberão os recursos e apelações previstas no Código de Processo Penal.

Aspectos processuais. Optamos em comentar, conjuntamente, os aspectos processuais da Lei 4.898/1965, uma vez que várias disposições processuais contidas na lei restaram ultrapassadas, após a consolidação do entendimento de que se aplica a esses crimes o procedimento sumaríssimo previsto no art. 394, III, do Código de Processo Penal, aplicável aos crimes de menor potencial ofensivo, na forma da Lei 9.099/1995. Nesse sentido, já decidiu o STF, HC 77.216-8, 1ª T., Pertence, 23/06/2007 e o STJ, HC 200601104630, Fischer, 5ª T., u., 15/08/2006.

Infrações de menor potencial ofensivo: (Lei 9.099/95): como a pena máxima privativa de liberdade cominada aos crimes dessa lei não ultrapassa 02 anos, são todas infrações de menor potencial ofensivo, sendo, portanto, de competência dos Juizados Especiais Criminais, local em que devem ser aplicadas as medidas despenalizadoras daquela Lei.

Desse modo, embora a Lei faça algumas previsões relacionadas ao rito do processo em que se deduz crime de abuso de autoridade, devem ser observadas as regras procedimentais previstas naquela legislação.

Cumpre apenas algumas observações específicas.

A Lei de abuso de autoridade veicula crimes de ação penal pública incondicionada, isto é, que independem de autorização da vítima para serem processados.

A representação da vítima, mencionada no art. 2º, não se confunde com a condição de procedibilidade. Como dito antes, trata-se de mera *delatio criminis* consistente na possibilidade de qualquer cidadão levar ao conhecimento das autoridades informações sobre a existência de algum delito.

O prazo para oferecimento da denúncia é de quarenta e oito horas. Trata-se de prazo incomum, seja porque é bastante reduzido, seja porque contado em horas. De qualquer modo, já decidiu o STF que não é prazo decadencial (STF, RHC 58.017, Décio Miranda, 2ª T., u., *DJ*01/07/1980).

Outra peculiaridade é que, no caso de infração que deixou vestígios, podem ser arroladas duas testemunhas com finalidade de provar, exclusivamente, o vestígio da infração, se não houver laudo. Trata-se de previsão diferente da do Código de Processo Penal, que prevê que a perícia é sempre obrigatória, quando a infração penal deixar vestígios e a prova testemunhal só pode supri-la, se os vestígios desaparecerem (CPP, art. 167).

A realização dos atos como nomeação de defensor, citação, defesa preliminar, audiência concentrada, interrogatório, debates orais e sentença seguem as disposições previstas no art. 77 e artigos seguintes da Lei 9.099/1995, para a qual remetemos o leitor para estudo daquele rito.

REFERÊNCIAS BIBLIOGRÁFICAS

AVENA, Norberto Cláudio Pâncaro. *Processo penal*: esquematizado. 6ª ed. Rio de Janeiro: Forense; São Paulo: Método, 2014.

BALTAZAR JUNIOR, Paulo José. *Crimes Federais*. 10ª ed. São Paulo: Saraiva, 2015.

BONFIM, Edilson Mougenout. *Curso de processo penal*. 7ª ed. São Paulo: Saraiva, 2012.

CARVALHO FILHO, José dos Santos. *Manual de Direito administrativo*. 31ª ed. Rio de Janeiro: Lumem Juris, 2017.

CUNHA, Rogério Sanches. *Manual de Direito Penal*. Parte Especial. 8. ed. JusPodivm: Salvador, 2016.

DIMOULIS, Dimitri; MARTINS, Leonardo. *Teoria geral dos direitos fundamentais*. 5. ed. São Paulo: Atlas, 2014.

GONÇALVES, Victor Eduardo Rios. *Direito penal esquematizado*: parte especial. 5. ed. Saraiva: São Paulo, 2015.

GRECCO, Rogério. *Código Penal*: comentado. 11. ed. Niterói, RJ: Impetus, 2017.

HASSEMER, Winfried. *Direito Penal Libertário*. Trad. Regina Greve. Belo Horizonte: Del Rey, 2007.

JESUS, Damásio Evangelista de. *Código Penal Anotado*. 18. ed. São Paulo: Saraiva, 2007.

JESUS, Damásio E. de. *Direito Penal*. Vol. 4. 17ª ed. 2012.

LIMA, Renato Brasileiro de. *Manual de Processo Penal*. 3ª ed. Salvador: Juspodivm, 2015.

MARMELSTEIN, George. *Curso de Direitos Fundamentais*. São Paulo: Atlas, 2008.

MIRABETE, Julio Fabrini. *Manual de direito penal*. v. 3. 30ª ed. São Paulo: Atlas, 2016.

MORAES, Alexandre. *Curso de Direito Constitucional*. 14. ed. São Paulo: Atlas, 2003.

NUCCI, Guilherme de Souza. *Leis Penais e Processuais Penais Comentadas*. Vol. 01. 8ª ed. Forense: Rio de Janeiro, 2014.

RAMAYANA, Marcos. *Direito Eleitoral*. 13ª ed. Rio de Janeiro: Impetus, 2012.

RAMOS, João Gualberto Garcez. *Curso de Processo Penal norte-americano*. São Paulo: RT, 2006. p. 131.

ROQUE, Fabio; TAVORA, Nestor; ALENCAR, Rosmar Rodrigues. *Legislação Criminal para concursos*. Salvador: Juspodivm, 2016. p. 90.

SUXBERGER, Antonio Henrique Graciano; FURTADO, Valtan Timbó Martins Mendes. Investigação criminal genética – banco de perfis genéticos, fornecimento compulsório de amostra biológica e prazo de armazenamento de dados. *Revista Brasileira de Direito Processual Penal*. Porto Alegre. Vol. 4, n. 2, p. 809-942, mai-ago. 2018.

STOCO, Rui e outros. *Leis Penais Especiais e sua interpretação jurisprudencial*. 7ª ed. São Paulo: RT, 2001.

TOURINHO, Fernando da Costa. *Processo Penal*. 3º volume, 18ª edição, 1997. Ed. Saraiva: São Paulo.

CAPÍTULO 5

Responsabilidade dos Prefeitos – Decreto 201/1967

Renee do Ó Souza

INTRODUÇÃO

A Constituição Federal vigente concedeu destacada posição aos Municípios, que passaram a ser considerados unidades da federação e gozar de plena autonomia política, administrativa e orçamentária.

O **Prefeito Municipal** é a autoridade máxima do executivo municipal, pelo que acumula funções de representação política do município, direção e gestão orçamentária, além de representação jurídica. Como bem anota Nelson Nery, "*as decisões são tomadas exclusivamente por ele, sem ter obrigação de consultar quem quer que seja, tendo obrigação apenas de prestar contas à Câmara Municipal. Não está sequer submetido às autoridades federais ou estaduais, havendo plena liberdade em seus atos, observadas as disposições constitucionais e orgânicas*".[1] Suas nobres funções ensejam responsabilidades para com a coisa pública, de modo que condutas contrárias a esse regime jurídico caracterizam ilícitos de diferentes matizes.

Podem ser, então, responsabilizados por infrações político-administrativas, denominadas de crimes de responsabilidade, que resultam em sanções de perda do cargo (*impeachment*) e inabilitação para o exercício do cargo, julgados pelo Poder Legislativo Municipal. Conforme já decidiu o STF, os crimes de responsabilidade, em sentido estrito dos Prefeitos, estão previstos no art. 4º do Decreto-Lei 201/1967 (STF. Plenário. HC 70671, Rel. Min. Carlos Velloso, j. 13/04/1994).

Além desta espécie de responsabilidade, os Prefeitos podem praticar crimes comuns, muitos deles previstos no Decreto-Lei 201/1967. Assim, embora o art. 1º desse diploma afirme que os delitos nele elencados são "crimes de responsabilidade", na verdade, prevê infrações penais funcionais cujo preceito secundário enseja pena privativa de liberdade e que devem ser julgadas pelo Poder Judiciário.

Embora essa distinção seja clara na jurisprudência e na doutrina, como anota José Paulo Baltazar Júnior, "a expressão 'crime de responsabilidade' é equívoca, pois o CPP a utiliza no Cap. II do Tít. II do Livro II, fazendo referência, em verdade, a crimes funcionais".[2]

1 COSTA, Nelson Nery. Direito municipal brasileiro. 6ª ed. Rio de Janeiro: Forense, 2014. Item 7.4.

2 BALTAZAR JUNIOR, José Paulo. Crimes Federais. São Paulo: Saraiva. 10ª. ed. 2015. p. 515.

Os crimes previstos no Decreto-Lei 201/1967 são todos **próprios,** uma vez que somente podem ser praticados pela pessoa que se encontra na função de Prefeito, ainda que exercida por pouco tempo, seja pelo Vice-Prefeito, seja pelo Presidente da Câmara de Vereadores ou outrem.

É admitida, todavia, a **coautoria ou participação** uma vez que a qualidade de Prefeito, por ser elementar do tipo, comunica-se aos demais, nos termos do art. 30 do Código Penal. Nesse sentido, já se decidiu: "apesar de se tratar, o crime do art. 1º do Dec.-Lei n. 201/1967, de delito próprio, somente podendo ser praticado por Prefeito, a jurisprudência admite a participação na referida prática delituosa, nos termos do art. 30 do CP" (STF, 2ª Turma, Inq. 3.634/DF, Rel. Min. Gilmar Mendes, j. 02/06/2015, DJe 119 19/06/2015). Poderão, então, responder pelos crimes previstos nessa lei, outro funcionário público que auxilia o Prefeito a praticar o crime e mesmo o particular que também concorra para tanto. Vide comentários ao art. 3º. desta Lei.

Término do mandato: Praticada a conduta tipificada no Decreto-Lei 201/1967, a caracterização do crime especial, seguindo o disposto no art. 4º. do Código Penal, permanece incólume a tipificação, ainda que o Prefeito deixe o mandato eletivo. Nesse sentido, diz a Súmula 164-STJ que o Prefeito municipal, após a extinção do mandato, continua sujeito a processo por crime, previsto no art. 1º do Dec. Lei n. 201, de 27/02/67, enquanto que a Súmula 703-STF afirma que a extinção do mandato do Prefeito não impede a instauração de processo pela prática dos crimes previstos no art. 1º do DL 201/67. Para maiores aprofundamentos, vide comentários ao art. 2º. desta Lei.

De um modo geral, o **bem jurídico** categorial (ou geral) tutelado pelo legislador é o patrimônio da Administração Pública, a preservação da probidade administrativa, idoneidade e austeridade das finanças públicas. Trata-se, como anota Bernd Schünemann, em relação aos tipos de corrupção, de proteção do **bem jurídico de confiança**, categoria cunhada por Hefendehl, que compreende os bens coletivos cuja existência depende da confiança dos cidadãos em certo estado de coisas, na probidade nos serviços e nas instituições públicas.[3]

Mas alguns tipos apresentam bens jurídicos específicos, cada qual relacionado a um aspecto mais peculiar, conforme adiante se verificará.

Em regra, o **sujeito passivo** dos crimes previstos nesta Lei é o Município. No entanto, a depender do caso concreto, poderá também ser **vítima do crime** o Estado ou a União. É o caso em que o Prefeito se apropria ou desvia bens ou rendas públicas pertencentes ao ente estadual ou federal (Por exemplo, Prefeito que desvia recursos de um convênio federal).

Ordenador de despesa: O prefeito municipal é o gestor máximo no plano municipal. Após a posse, torna-se a autoridade pública competente, constituída pela lei, como ordenador de despesa, *ex vi*, art. 84 da Lei Federal nº 4.320/64 e 80 do Decreto-Lei nº 200/67. É o responsável pela administração superior do ente público municipal e cujos atos de gestão resultem a utilização, a arrecadação, a guarda, o gerenciamento ou a administração de dinheiros, bens e valores públicos, pelos quais o ente responda ou que, em nome desse, assuma obrigações de natureza pecuniária.

Na qualidade de gestor do patrimônio, é inerente ao Prefeito, por meio de decretos, portarias e outros atos e contratos administrativos, o poder de autorizar serviços, contratar, deslocar

3 SCHÜNEMANN, Bernd; GRECO, Luís. Estudos de direito penal, direito processual penal e filosofia do direito. São Paulo: Marcial Pons, 2013. p. 63.

servidores, aceitar ou não pedidos de disponibilidade patrimonial, ceder tratores para obras, etc.

O Prefeito ocupa posição hierárquica elevada, com amplo poder decisório e dever irrenunciável de fiscalizar a atividade desenvolvida por servidores de escala inferior. Trata-se de agente político que ocupa o ápice da pirâmide administrativa hierárquica em âmbito municipal, goza de amplo poder decisório e que edita atos que personificam a vontade do Município.

O Prefeito, geralmente, emite atos administrativos simples (entendido como aquele independe de qualquer outra providência de outro agente público para ser válido), concretos (destinatários certos e determinados), unilaterais (sem a participação do destinatário), constitutivos (cria, modifica ou extingue direitos) e perfeitos (plenamente exequível porque reúne, nele mesmo, todos os elementos capazes de tornar a manifestação da vontade realizável a partir dele mesmo).

Presentes essas características, que fazem com que os atos produzam efeitos imediatamente após serem editados, resta consumada a maioria das infrações previstas no Decreto-Lei 201/1967. Essas características tornam a maioria dos delitos do Decreto-Lei 201/1967, a seguir estudados, como crimes de mera conduta, notadamente quando o núcleo verbal do tipo expressa atos mandamentais. O crime de mera conduta é "aquele que apenas descreve a conduta delituosa, sem mencionar qualquer resultado naturalístico, que, obviamente, é dispensável. Pune-se o agente pela simples atividade, como, por exemplo, no porte ilegal de arma e na violação de domicílio[4]".

Estudo geral do dolo nos crimes funcionais: O dever de lealdade implica o permanente dever de fiscalização que se robustece pela posição de superior hierárquico ocupada pelo Prefeito. Esse regime jurídico cria uma condição adequada para considerar sua responsabilidade penal, mesmo nos casos em que sua decisão tenha sido antecedida de parecer jurídico. Em alguns casos, o parecer lavrado idoneamente pelo órgão competente, sem indício de que constitua etapa da suposta empreitada criminosa, apto a conferir embasamento jurídico ao ato, inclusive quanto à observância das formalidades do procedimento, pode em princípio servir de parâmetro para aferição do dolo em sua conduta, ainda que sob a perspectiva do erro de proibição (art. 21 do Código Penal).

Anote-se, entretanto, que o erro capaz de afastar o dolo é aquele fruto da falta de conhecimento atual e potencial da ilicitude. Ora, o parecer prévio da consultoria jurídica posto à apreciação do Prefeito, quando não é vinculante, não lhe retira a plena consciência da ilicitude do fato. Ademais, o erro não é capaz de afastar o dolo quando do agente público é exigível padrão de conduta condizente com senso de responsabilidade compatível com sua gama de funções e com os princípios que regem a matéria. É injustificável que, no atual estágio de desenvolvimento da administração pública, o gestor aja sem empenho em se (in)formar ou conhecer adequadamente a possível gama de ilegalidades que margeiam seus atos. Logo, se a busca pela informação é viável, e mais do que isso, é dever inerente à função pública, não há que se falar em erro de proibição escusável.

Tem aplicação nesses casos a **teoria da cegueira deliberada** (*willful blindness, conscious avoidance ou deliberate ignorance*) que inclui na responsabilidade penal subjetiva, além dos

4 CUNHA, Rogério Sanches. Manual de direito penal: parte geral (arts. 1ºao 120) – 4. ed. Salvador: JusPodivm, 2016. p. 164.

casos de conhecimento efetivo dos elementos objetivos que configuram uma conduta criminosa, aqueles cujo desconhecimento foi, supostamente e intencionalmente, pretendido pelo agente. Em outras palavras, nesses casos, o agente pode e deve conhecer os elementos objetivos da conduta criminosa, mas prefere, deliberadamente, pôr-se ou manter-se na ignorância. O agente não toma ciência das ilegalidades porque deliberadamente se esquiva de conhecê-las.[5]

Desse modo, mesmo diante de um parecer jurídico, é dever do agente público pautar sua decisão pelas regras do regime jurídico da administração, tais como, economicidade, planejamento, finalidade, etc. É seu dever adotar medidas para conhecer e informar-se sobre os inúmeros e multidisciplinares riscos, sejam de natureza contábil, financeira, jurídica ou social, capazes de levar à ilicitude da conduta. A ausência desse tipo de cautela é apta a compor a consciência direta do tipo subjetivo como, por exemplo, em casos em que o parecer se utiliza de embasamento jurídico (doutrinário, legal e jurisprudencial) ou tese jurídica inaceitável ou teratológica ou não aponta flagrantes vícios, de forma que maculam a legalidade do ato.

Confira-se, a propósito, a lição da doutrina de Stoco: "mas, em se tratando de crime que exige sujeito ativo qualificado, agentes públicos categorizados e profissionais que atuam na Administração Pública em áreas de poder, de administração e de execução, dispondo de setores especializados e assessoria técnica, em que inúmeros órgãos governamentais (inclusive os Tribunais de Contas) e de classe prestam apoio e orientação, será difícil vislumbrar a hipótese de erro, embora não se possa afastar, a priori, essa possibilidade.(...) Isso porque, exigindo a Carta Magna obediência aos princípios da legalidade, da moralidade e da probidade administrativa e estando expressamente previsto nas leis e regulamentos administrativos aquilo que o Chefe de Poder, detentor de cargo de direção e demais servidores podem fazer, não lhes sobrando qualquer margem de discricionariedade na gestão fiscal e condução das finanças públicas, ressuma difícil imaginar absoluta ignorância e despreparo do agente público que obnubile o seu discernimento".[6]

Recepção do Decreto-Lei: O Decreto-Lei é espécie normativa atualmente inexistente no regime constitucional vigente. Todavia, nos termos da Súmula 496 do STF, "são válidos porque salvaguardados pelas disposições Constitucionais Transitórias da Constituição Federal de 1967, os decretos-Lei expedidos entre 24 de janeiro e 15 de março de 1967". Sendo assim, o Decreto-Lei 201/1967 foi **recepcionado** pela CF de 1988.

---

5 Embora existam poucos precedentes jurisprudenciais aplicando a teoria da cegueira, a maioria em caso de crimes de Lavagem de Dinheiro, destacamos o seguinte porque refere-se a crime de corrupção, ilícito semelhante aos estudados nesta lei. "Corrupção Eleitoral. Eleições 2006. Fornecimento contínuo de sopa, cestas-básicas e patrocínio de cursos. Propósito de voto em candidato à reeleição a Deputado Estadual. Período eleitoral. Filantropia. Desvirtuamento. Oportunismo eleitoreiro. Materialidade e autoria comprovadas. Fatos conhecidos e provados reveladores do ilícito. (...) III – *"Dolus directus"* presente. Imputação viável, no mínimo, a título *"dolus eventualis"* (CP, art. 18, I, 2ª parte): mesmo seriamente considerando a possibilidade de realização do tipo legal, a agente não se deteve, conformando-se ao resultado. Teoria da "cegueira deliberada" (*"willful blindness"* ou *"conscious avoidance doctrine"*). VI – A corrupção eleitoral, em qualquer de suas modalidades, inclui-se no rol dos crimes formais. Para configurá-la, basta o dano potencial ou o perigo de dano ao interesse jurídico protegido, cuja segurança fica, destarte, pelo menos, ameaçada", segundo Nélson Hungria. (...)" (TRE-RO. RC 89. Rel. Des. Élcio Arruda. j. 23/11/2010, DJe de 30/11/2010).

6 STOCO, Rui. e outros, Leis Penais Especiais e sua interpretação Jurisprudencial, São Paulo: RT, 7ª. 2002, p. 2736.

Concurso de crimes: o uso de documentos falsos, com o fim de realizar os crimes de responsabilidade previstos, deve ser absorvido? Por exemplo, Prefeito que emite prestação de contas falsa, para omitir desvio de recurso recebido em um determinado convênio.

Se os documentos falsos forem usados para evitar o descobrimento do desvio de recursos, embora haja entendimento pela absorção (TRF1, AC 200241000026931, Rel. Pedro Braga. 21.7.2009), em razão da autonomia dos bens jurídicos lesados, mais adequado entender pela existência de delito autônomo, com a agravante prevista no art. 61, II, "b", do CP, uma vez que constitui conduta que envolve atos estranhos à consumação do delito antecedente. Nesse sentido TRF4 AC 200471040102164, Rel. Élcio. 8ª. T. 1º.10.2008.

Concurso de Crimes: Assim, a caracterização de concurso material de crimes nos afigura mais adequada, porque os crimes previstos no Decreto-Lei 201/1967 não dependem, necessariamente, da prévia falsificação de documentos, que, na maioria das vezes, enseja a caracterização de crimes mais graves do que os previstos no Decreto.

Há divergência, ainda, quanto à absorção pelo crime de peculato, quando antecedido por uma **dispensa indevida ou fraude à Licitação.** Uma primeira corrente entende que inexiste absorção, uma vez que esses crimes possuem momentos consumativos e objetos jurídicos diversos, além de serem delitos praticados mediante condutas autônomas e distintas entre si, posição que entendemos a mais correta.[7] Uma segunda corrente argumenta pela absorção, por considerar que o crime de peculato, além de mais grave, possui bem jurídico mais amplo que os crimes de licitação.

Lavagem de dinheiro: Os delitos previstos no Decreto-Lei 201/1967 comumente são antecedentes às infrações à Lei 9.613/1998 (Lei de Lavagem de Dinheiro), pois, não raro, concretizam negócios fraudulentos, envolvendo altas cifras que, posteriormente, são ocultadas pelos agentes infratores.

Penas: O Decreto-Lei 201/1967 segue sistemática pouco usual em que o preceito secundário da norma penal, destinado a estabelecer a pena prevista para o crime, está contemplada em um único dispositivo de modo remissivo. Assim, prevê o art. 1º., §1º do diploma que "os crimes definidos nêste artigo são de ação pública, punidos os dois itens I e II, com a pena de reclusão, de dois a doze anos, e os demais, com a pena de detenção, de três meses a três anos".

Feito esse breve introito, vamos analisar, em seguida, cada figura criminosa sob os seguintes aspectos: bem jurídico tutelado, sujeitos (ativo e passivo), conduta, voluntariedade, consumação e ação penal.

> **Art. 1º.** São crimes de responsabilidade dos prefeitos municipal, sujeitos ao julgamento do poder judiciário, independentemente do pronunciamento da câmara dos vereadores:

---

7 Neste sentido: **RECURSO ESPECIAL. PENAL. CRIME DE RESPONSABILIDADE (Art. 1º, XI, DO DL 201/67). DISPENSA OU INEXIGÊNCIA DE LICITAÇÃO (Art. 89, DA Lei 8.666/67). PRINCÍPIO DA ESPECIALIDADE.** "Não se vislumbra o alegado maltrato ao dispositivo de Lei Federal, visto que o v. acórdão alvejado não deixou de aplicar Lei de caráter excepcional ou temporária, matéria tratada no art. 3º, do Código Penal, dito violado pelo recorrente. O Prefeito Municipal, como ordenador de despesas, não pode deixar de ser responsabilizado criminalmente, nos termos do art. 89, da Lei nº 8.666/93, quando burla a exigência de licitação, através de expedientes fraudulentos, como o fracionamento de despesa ou, ainda, quando frauda o próprio certame, com propostas contendo data anterior à do convite, condutas estas, ademais, diversas da descrita no art. 1º, XI, do Decreto-Lei nº 201/67, pelo que não há falar em bis in idem." Recurso não conhecido. *(STJ, Recurso Especial nº 504785/PB, 5ª Turma, Rel. Min. José Arnaldo da Fonseca, DJ 28.10.2003).*

Independência das instâncias: Trata-se de disposição que deixa claro que a responsabilidade criminal do Prefeito independe da análise do fato na esfera Político-administrativa.

A independência das instâncias é decorrência do princípio republicano, de modo que, não raro, o agente que realiza uma conduta ilícita pode ser responsabilizado na esfera civil, penal, administrativa e política. É disso que cuida este dispositivo.

É, assim, disposição que reforça o sistema constitucional da independência de instâncias vigentes no Brasil, previsto, por exemplo, nos artigos 935 do CC, 64 do CPP, 315 do CPC e 12 da Lei n. º 8.429/92. Anote-se que o sistema vigente no país é o da incomunicabilidade relativa, de modo que a absolvição no processo criminal será considerada irrelevante para a esfera cível, no caso de (a) insuficiência de provas; (b) extinção da punibilidade ou (c) extinção por questões processuais. Por outro lado, a sentença penal tem caráter prejudicial à esfera cível (1) no caso de absolvição por excludente penal (art. 65 do CPP) ou no caso de ser reconhecida a inexistência material do fato (art. 66 do CPP) e, (2) no caso de sentença condenatória que afirmar a ocorrência do crime e sua autoria (art. 63 do CPP e 935 do CC).

Em decorrência desse sistema de independência da instância, eventual aprovação do ato na esfera dos **Tribunais de Contas** não prejudica sua análise na esfera penal, visto não ser considerada como condição objetiva de punibilidade, nem de procedibilidade. A responsabilidade penal independe da conclusão do Tribunal de Contas, ainda que tenha aprovado as contas do ente administrativo. É a posição do STJ: "tenho entendido em diferentes oportunidades anteriores que as iniciativas sancionatórias penais que tenham por fundamento a prática de ilícitos potencialmente ocorridos no âmbito administrativo, como nos procedimentos de licitação, aplicação de verbas públicas, improbidade administrativa e/ou malversação de recursos do Erário, devem ter por suporte o pronunciamento do Tribunal de Contas (HC 88.370-RS, *DJU*28.10.2008), tal qual se dá nos crimes contra a ordem tributária, cuja condição objetiva de punibilidade reside na conclusão administrativa definitiva do ilícito fiscal (RHC 22.300-RJ, *DJU*05.05.2008). 2. Todavia, resta consolidado nesta Corte Superior e no Pretório Excelso o entendimento de que o fato de o Tribunal de Contas eventualmente aprovar as contas a ele submetidas, não obsta, em princípio, diante da alegada independência entre as instâncias administrativa e penal, a persecução criminal promovida pelo Ministério Público, bem como a correspondente responsabilização dos agentes envolvidos em delitos de malversação de dinheiros públicos. Precedentes do STJ e do STF. 3. Considerando a missão constitucional desta Corte de uniformizar a Jurisprudência nacional, ressalvo, com o maior respeito, o meu ponto de vista, para acompanhar a orientação jurídica consolidada" (HC 156.234-DF, 5.ª T., rel. Napoleão Nunes Maia Filho, 06.04.2010, v.u.)" (Op. Cit. p. 527/528).

Por isso não há subordinação da denúncia a pronunciamento prévio da Câmara de Vereadores e nem conexão entre o julgamento político e o judicial.

Embora a decisão do Tribunal de Contas seja indiferente para a caracterização do crime, pode servir como **alerta** suficiente da ilegalidade da conduta ou de identificação do dolo. Em sentido semelhante, já decidiu o Supremo Tribunal Federal: "*in casu*, a denúncia imputa ao réu a suposta prática do crime tipificado no art. 1º, I, do DL 201/1967, em continuidade delitiva (...). A prática dos atos reputados ilícitos pelo denunciado posteriormente à decisão do Tribunal de Contas competente, que concluiu pela irregularidade, é suficiente para denotar, ao menos em sede de cognição sumária, o dolo do agente. (...) A denúncia que se reveste de justa causa impõe seja admitida em razão da suposta prática, pelo acusado, de forma consciente e voluntária, de desvio de rendas públicas, *in casu*, em proveito da empresa (...), fato esse que se amolda ao delito previsto no art. 1º, I, do DL 201/1967 (...)" (Inq 2.588, rel. min. Luiz Fux, j. 25-4-2013, P, *DJE* de 17-5-2013).

A atuação prévia do Tribunal de Contas como instrumento para evidenciar o dolo já foi utilizada também no Recurso Especial Eleitoral 8.502/2012, em que o Tribunal Superior Eleitoral manteve como inelegível prefeito alertado previamente pelo TCE-SP sobre irregularidades, as quais, mais tarde, ensejaram a reprovação das contas municipais pela respectiva Câmara de Vereadores e, por fim, permitiram ao Judiciário considerá-las como atos de improbidade na via eleitoral competente.

A independência de instâncias não impede, todavia, que uma prova produzida em um processo seja compartilhada e transportada para outro processo. Em outras palavras, é admitida a **prova emprestada,** tanto para apuração dos crimes, como das infrações político-administrativas a que está sujeito o Prefeito Municipal. Nesse sentido, já decidiu o STF: "**é possível compartilhar as provas colhidas em sede de investigação criminal para serem utilizadas, como prova emprestada, em inquérito civil público e em outras ações decorrentes do fato investigado. Esse empréstimo é permitido mesmo que as provas tenham sido obtidas por meio do afastamento ("quebra") judicial dos sigilos financeiro, fiscal e telefônico**" (1ª Turma. Inq 3305 AgR/RS, Rel. Min. Marco Aurélio, red. p/ o acórdão Min. Roberto Barroso, j. 23/2/2016 (Info 815))[8].

I – Apropriar-se de bens ou rendas públicas, ou desviá-los em proveito próprio ou alheio:

Bem Jurídico Tutelado

Administração Pública, tanto em seu aspecto patrimonial, consistente na preservação do erário, como também em sua face moral, representada pela lealdade e probidade dos agentes públicos.

Sujeitos do Crime

Sujeito ativo é o Prefeito Municipal. A condição pessoal do agente (de funcionário público) comunica-se ao coautor, porque elementar do crime (CP, art. 30), razão pela qual admite-se a coautoria e participação com *extraneus*, desde que ele tenha conhecimento dessa condição pessoal do autor.

Assim, o terceiro beneficiário do bem ou renda pública desviados, responde pelo crime em estudo, na condição de partícipe ou coautor.

Sujeito passivo é o Estado, lesado no seu patrimônio material ou moral.

Condutas

Trata-se de crime especial em relação ao art. 312 do Código Penal, nominado como peculato. Todavia, diferente daquele, nesse tipo só foram previstas as modalidades de

8 Sobre a prova emprestada, cabe fazer o registro de que o STJ já entendeu possível a prova ser emprestada mesmo que a parte contra a qual ela será utilizada não tenha participado do processo originário onde foi produzida, desde que assegurado o contraditório. Restou registrado que a prova emprestada não pode se restringir a processos em que figurem partes idênticas, sob pena de se reduzir excessivamente sua aplicabilidade sem justificativa razoável para isso. (STJ. Corte Especial. EREsp 617.428-SP, Rel. Min. Nancy Andrighi, j. 4/6/2014 (Info 543).

Peculato-apropriação e Peculato-desvio, restando excluídos do Decreto-Lei 201/1967 as demais formas de Peculato previstos no Código Penal, quais sejam, Peculato furto (art. 312, § 1º.), Peculato culposo (312, § 2º.), Peculato mediante erro de outrem (ou Peculato Estelionato – art. 313) e o Peculato eletrônico (arts. 313-A e 313-B).

O prefeito municipal é o gestor máximo no plano municipal e, após a posse, é a autoridade pública competente constituída pela Lei como ordenador de despesa, *ex vi*, art. 84 da Lei Federal nº 4.320/64 e 80 do Decreto-Lei nº 200/67, que é a pessoa responsável pela administração superior do ente público municipal e de cujos atos de gestão resultem a utilização, a arrecadação, a guarda, o gerenciamento ou a administração de dinheiros, bens e valores públicos pelos quais o ente responda ou que, em nome desse, assuma obrigações de natureza pecuniária.

Na qualidade de gestor do patrimônio municipal, é inerente ao Prefeito, por meio de decretos, portarias e outros atos e contratos administrativos, o poder de autorizar serviços, contratar, deslocar servidores, aceitar ou não pedidos de disponibilidade patrimonial, ceder tratores para obras.

Assim, no **Peculato-apropriação**, o agente apropria-se (*apodera-se*), isto é, assume a posse dos bens ou rendas públicas que tem sob sua administração, passando a utilizá-los como se dono fosse, seja retendo-os, consumindo-os ou alienando-os. Nesse momento, o Prefeito deixa de agir como gestor público, pois, faz sua a coisa pública.

O segundo núcleo verbal é desviar (*malversar, direcionar*) e refere-se ao **Peculato-desvio,** em que o Prefeito dá destinação diversa dos bens ou rendas públicas, em proveito próprio ou de outrem.

Diante da semelhança entre as condutas, trata-se de tipo misto alternativo, entendido como aquele em que "a Lei estabelece diversos núcleos que, se praticados no mesmo contexto fático, caracterizam o cometimento de apenas um delito.[9]

O **objeto material** do crime são os bens ou rendas públicas.

Ao contrário do peculato do Código Penal, no inciso I do Decreto-Lei 201/1967, os bens particulares não são objeto material do crime, exceto se foram doados ao Poder Público para distribuição gratuita e o Prefeito deles se apropriar ou desviar (STJ, RHC 1.937, 6ª Turma, DJU, 1º mar. 1993, p. 2535). De qualquer forma, não há que se falar em atipicidade no caso de o Prefeito se apropriar ou desviar esse tipo de bem, pois, poderá responder pelo crime do Código Penal, que é, nesse aspecto, subsidiário em relação ao do Decreto-Lei 201/1967.

Bens são os objetos corpóreos dotados ou não de valor patrimonial, como veículos, máquinas, equipamentos, eletroeletrônicos, móveis, ou material de qualquer natureza. Em que pese o artigo 98 do Código Civil restringir bens públicos aos pertencentes às pessoas jurídicas de direito público interno, segundo a orientação de Celso Antônio Bandeira de Mello, devem ser compreendidos bens públicos todos os que pertençam a pessoas jurídicas de direito público, bem como os que estejam afetados à prestação de um serviço público[10]. Assim sendo, os bens alugados ou cuja posse sejam de algum ente público podem ser objeto material do delito em estudo.

---

9 CUNHA. Rogério Sanches. Manual de direito penal: parte geral (art. 1ºao 120). 4ª. ed. Salvador: JusPodivm, 2016. p. 250.

10 BANDEIRA DE MELLO, Celso Antônio. Curso de direito administrativo. 26. ed. São Paulo: Malheiros, 2009. p. 913.

Tendo em vista a previsão do art. 155 § 3º, do Código Penal, a energia elétrica, por se constituir em "bem móvel" pode ser objeto material de peculato, se desviada para propriedade particular do Prefeito, por exemplo.

Diversamente do que ocorre no Código Penal, o tipo não restringe o objeto a bens móveis, de modo que os bens imóveis também podem constituir objeto material do delito em estudo. Desse modo, se um Prefeito "doa" informalmente ao particular uma área pública, que seria destinada à construção de uma praça, para a instalação da sede de empresa, o delito mostra-se realizado, ainda que, perante o Cartório de Registro de Imóveis, a área continue sendo pública.

Para a caracterização do crime não é necessária a formal mudança na titularidade jurídica dos bens desencaminhados, embora seja necessário demonstrar o ânimo de assenhoramento definitivo, sob pena de caracterização do peculato de uso, figura estudada a seguir, no inciso II.

Assim, via de regra, a verificação do peculato é feita com demonstração de que o beneficiário experimenta algum dos atributos do direito de propriedade, quais sejam o direito de usar *(jus utendi)*, que implica a possibilidade de usar a coisa de acordo com a vontade do proprietário e a de excluir estranhos de igual uso; o direito de gozar ou usufruir (*jus fruendi*), que envolve o poder de colher os frutos e aproveitar seus produtos; o direito de dispor da coisa (*jus abutendi*), que é a possibilidade deferida a alguém de aliená-la, o que compreende a faculdade de consumir a coisa, dividi-la ou a gravá-la. Por isso que, no caso de um veículo público desviado, ainda que o registro junto ao órgão de trânsito não tenha sido alterado, haverá peculato, se foi entregue para, permanentemente, integrar o patrimônio do beneficiário. Anote-se que, nos casos de bens móveis, a transferência da propriedade opera-se com a mera tradição.

Rendas públicas são os valores, numerários e recursos financeiros pertencentes à administração pública, fruto de repasses advindos de convênios, contratos, fundos, repasses constitucionais, etc.

Assim, se o Prefeito se apropria de rendimento de dinheiro pertencente à municipalidade, depositado indevidamente em sua conta bancária pessoal, como se fosse dinheiro próprio, comete o delito de peculato. Nesse sentido já decidiu o STF: "no peculato de uso, previsto no inciso II do art. 1º do DL 201/1967, o sujeito ativo do crime utiliza-se, ilicitamente, de bens, rendas ou serviços públicos, em seu proveito ou de terceiros, agente público ou não. Não se pode falar em peculato de uso, quando versar sobre dinheiro, ou seja, coisa fungível. Se o funcionário usar dinheiro que tem sob sua guarda para seu próprio benefício, pratica o delito de peculato." (Inq 3.108, rel. min. Dias Toffoli, j. 15-12-2011, P, DJE de 22-3-2012).

Trata-se de **crime de ação livre**. Assim, comete o crime de peculato o Prefeito que emite notas de empenho falsas, para transferir recursos públicos para terceiro beneficiário, ou empresta dinheiro público para terceiro, para perceber os juros.

No caso de o Prefeito ter um crédito a ser exigido da Administração Pública e resolver apropriar-se do dinheiro público, com o fim de realizar a compensação extrajudicial, comete o crime em estudo, pois o dinheiro público está vinculado, por Lei ou ato administrativo, a determinados fins públicos. No momento em que dele se apropria, a Administração Pública fica, de forma ilegal, privada da disponibilidade daquele dinheiro. Nesse sentido, é o escólio de Nélson Hungria[11] e E. Magalhães Noronha[12].

11 HUNGRIA, Nelson F. Comentários ao Código Penal, cit., v. 9, p. 338.

12 NORONHA, E. Magalhães de. Direito penal, cit., v. 4, p. 215.

É imprescindível que a apropriação ou desvio sejam praticadas em razão das facilidades proporcionadas pelo cargo de Prefeito. Caso, por exemplo, para desviar ou apropriar-se do bem, tenha que arrombar porta de uma repartição de que não tenha a gestão, pratica crime de furto qualificado e não peculato.

Se o desvio ocorre em proveito da própria Administração Pública, não há caracterização do crime em estudo. Nesse caso, o fato pode configurar o delito do art. 315 do Código Penal ou do inciso III do Decreto-Lei 201/1967.

A Questão do funcionário público fantasma: Trata-se de questão complexa, seja por causa da grande variedade de situações que coloquialmente são conhecidas como funcionários fantasmas, seja em razão da tipificação que essas condutas têm na Lei penal vigente. Vejamos:

Primeira hipótese: Caso de funcionário fantasma propriamente dito, entendido como aquele que a prova indica que a pessoa foi oficialmente nomeada, mas não exerce nenhum tipo de serviço afeto ao cargo público, embora conste na folha de pagamento do ente público. Por exemplo, quando o Prefeito contrata pessoa para ser secretária de seu escritório particular, mas é nomeada como assessora de seu gabinete municipal, percebendo seus vencimentos do ente público. Nesse caso, resta caracterizado o peculato-desvio, que terá por objeto material do delito (bem móvel) a remuneração desviada pelo servidor nomeante. Embora se referindo ao crime de peculato-desvio do Código Penal, nesse sentido já decidiu o STF: "nessas hipóteses, tem-se um pseudo funcionário público, que, na verdade, é um empregado privado de um outro funcionário, o qual está formalmente na condição de funcionário apenas como meio para o desvio do dinheiro público utilizado no pagamento de seus salários. (STF. 1ª Turma. Inq 3776, Rel. Min. Rosa Weber, j. 07/10/2014).

Segunda Hipótese: Caso de funcionário público nomeado exercer sua função pública e, simultaneamente, prestar serviços particulares para o Prefeito, que é a autoridade nomeante. Por exemplo, uma assessora de gabinete que trabalha normalmente nessa função, mas que, devido a sua formação como contadora, em razão da exigência do Prefeito que a nomeou, vez por outra, preste serviços de contabilidade na empresa privada mantida pela família do alcaide. Aqui o servidor trabalha para a Administração Pública, mas também, concorrentemente, presta serviços, no horário de expediente, para o Prefeito. Essa conduta configura peculato do art. 1º, II, do Decreto-Lei 201/1967, que, conforme será visto, excepcionalmente, tipifica o peculato de uso de serviços públicos que abrange a mão-de-obra dos servidores públicos. Esse crime terá, como objeto material, os serviços públicos utilizados em proveito do Prefeito.

Obs.: No caso de a autoridade nomeante não ser Prefeito, segundo o STF, o fato é atípico. Isso porque, exceto no caso do Decreto-Lei 201/1967, inexiste tipificação do crime de peculato de uso de serviços públicos. (STF. 2ª Turma. AP 504/DF, rel. orig. Min. Carmem Lúcia, red. p/ o acórdão Min. Dias Toffoli, j. 9/8/2016 (Info 834)).

Voluntariedade

A tipicidade subjetiva é o dolo, consistente na vontade livre e consciente de apropriar-se ou desviar os bens ou rendas públicas em proveito próprio ou de outrem.

Nesse crime é necessário o ânimo de assenhoramento definitivo. Caso inexista, restará caracterizado o delito previsto no inciso II a seguir estudado. É a presença de ânimo de assenhoramento definitivo que diferencia esses crimes.

A vontade de se assenhorar definitivamente ("*animus rem sibi habendi*") não se confunde com dolo específico, que é inexigível no crime. Não é necessário dolo de causar prejuízo.

Nesse sentido já se decidiu: "I – O art. 1º, III, do Decreto-Lei nº 201/67 pune o ato de desviar, ou aplicar indevidamente, rendas ou verbas públicas. **II – Tal delito se perfaz pela simples prática da conduta estabelecida em lei, independentemente da existência de efetivo prejuízo ao interesse da Administração Pública. Seu elemento subjetivo corresponde ao dolo genérico – vontade deliberada e consciente de desviar, ou aplicar indevidamente, as verbas ou rendas públicas não há de se falar, pois, em exigência do dolo específico, representado pelo fim de prejudicar a Administração Pública.** III – As condutas previstas no art. 1º, III, do Decreto-Lei nº 201/67 não se confundem com aquelas do art. 1º, I, do mesmo diploma legal. Na hipótese do inciso I, mais grave, à semelhança do peculato (art. 312 do CP), o desvio de verbas públicas é realizado em proveito próprio ou alheio. No caso do inciso III, menos rigoroso, o desvio ou aplicação indevida das rendas ou verbas (de forma semelhante ao tipo do art. 315 do CP), é empregado em favor da própria Administração Pública ou da coletividade que ela representa. Precedentes do STJ. IV – O fato de Prefeito Municipal realizar despesa indevida e irregular, na execução de convênio firmado com o Ministério da Saúde, contratando serviços não estabelecidos nas cláusulas do ajuste, caracteriza, em tese, a infração do art. 1º, III, do Decreto-Lei nº 201/67. V – Recurso em sentido estrito provido, a fim de que a denúncia seja recebida" (TRF5. Des. Margarida Cantarelli – 4ª T. – Proc.200783050000646 – DJ Data 02/10/2007 – Página 519 – Nº 190).

O Decreto-Lei 201/1967 não prevê modalidade culposa, mas é possível a subsunção da conduta culposa ao crime de Peculato culposo previsto no art. 312, § 2º., do Código Penal, que atua como norma subsidiária.

Consumação e Tentativa

Na modalidade de apropriar-se, o crime consuma-se no momento em que o Prefeito se apropria do bem ou da renda pública, dispondo dos mesmos como se dono fosse. É a conduta do alcaide, que passa agir no uso, gozo e disposição dos objetos materiais que demonstra a inversão de ânimo.

Na segunda modalidade, a consumação ocorre com a destinação diferente do bem ou renda pública, que se caracteriza pelo uso do objeto material no interesse particular.

Por isso é classificado como crime material.

A tentativa é admitida em qualquer das modalidades. Por exemplo, determinado o desvio da renda pública, por circunstâncias alheias, os valores não chegam ao destinatário.

A **reparação do dano** produz os efeitos do arrependimento posterior, se ocorrer antes do recebimento da denúncia (CP, art. 16), ou de atenuante genérica (Código Penal, art. 65), mas não extingue a punibilidade.

Falsificação de documentos e peculato: no caso de todo o procedimento do qual decorreu o desvio ser uma farsa, verdadeira simulação, além do peculato, poderá o agente responder pela falsidade de documentos públicos, pois os momentos consumativos e os objetos jurídicos desses tipos penais são diversos, além de serem delitos praticados mediante condutas autônomas e distintas entre si. Vide tópico, na introdução, sobre concurso de crimes.

Princípio da insignificância: embora seja cabível, em situações excepcionais, reconhecer o princípio da insignificância no crime de peculato previsto no Código Penal, notadamente em casos de bens de reduzido valor ou inservíveis para o ente público, cujo desvio não represente desfalque patrimonial da administração pública e nem enriquecimento ilícito de quem quer que seja, no âmbito do Decreto 201/1967, ante o disposto no art. 1º., II, o referido princípio tem sua incidência ainda mais reduzida, conforme será adiante comentado. De qualquer forma, há precedentes nos dois sentidos.

Reconhecendo a insignificância: "A 2ª Turma, por maioria, concedeu *habeas corpus* para reconhecer a aplicação do princípio da insignificância e absolver o paciente ante a atipicidade da conduta. Na situação dos autos, ele fora denunciado pela suposta prática do crime de peculato, em virtude da subtração de 2 luminárias de alumínio e fios de cobre. Aduzia a impetração, ao alegar a atipicidade da conduta, que as luminárias: a) estariam em desuso, em situação precária, tendo como destino o lixão; b) seriam de valor irrisório; e c) teriam sido devolvidas. Considerou-se plausível a tese sustentada pela defesa. Ressaltou-se que, em casos análogos, o STF teria verificado, por inúmeras vezes, a possibilidade de aplicação do referido postulado. Enfatizou-se que essa Corte já tivera oportunidade de reconhecer a admissibilidade de sua incidência no âmbito de crimes contra a Administração Pública. Observou-se que os bens seriam inservíveis e não haveria risco de interrupção de serviço. Vencida a Min. Ellen Gracie, que indeferia ordem. Salientava que o furto de fios de cobre seria um delito endêmico no Brasil, a causar enormes prejuízos, bem assim que o metal seria reaproveitável." (HC 107370/SP, rel. Min. Gilmar Mendes, 26.4.2011, STF, 2ª Turma, Brasília, 18 a 29 de abril de 2011, *informativo* n. 624).

Refutando o princípio da insignificância: "Trata-se, na hipótese, de crime em que o bem jurídico tutelado é a Administração Pública, tornando irrelevante considerar a apreensão de 70 bilhetes de metrô, com vista a desqualificar a conduta, pois o valor do resultado não se mostra desprezível, porquanto a norma busca resguardar não somente o aspecto patrimonial, mas a moral da Administração" (STJ, 6ª Turma, HC 50.863/PE, Rel. Min. Hélio Quaglia Barbosa, j. 4-4-2006, DJ, 26-6-2006, p. 216.477). E também: "RECURSO ESPECIAL. PENAL. PECULATO. CRIME CONTRA A ADMINISTRAÇÃO PÚBLICA. PRINCÍPIO DA INSIGNIFICÂNCIA. TRANCAMENTO DA AÇÃO PENAL. IMPOSSIBILIDADE. 1. É inaplicável o princípio da insignificância nos crimes contra a Administração Pública, ainda que o valor da lesão possa ser considerado ínfimo, porque a norma busca resguardar não somente o aspecto patrimonial, mas a moral administrativa, o que torna inviável a afirmação do desinteresse estatal à sua repressão. 2. Precedentes desta Corte Superior e do Supremo tribunal Federal. 3. Recurso provido para determinar o prosseguimento da ação penal" (STJ. Resp. 655.946/DF, Rel. Min. LAURITA VAZ, 5ª T. DJ 26/3/2007) Ou, ainda: "não é possível a aplicação do princípio da insignificância a Prefeito, em razão mesmo da própria condição que ostenta, devendo pautar sua conduta, à frente da municipalidade, pela ética e pela moral, não havendo espaço para quaisquer desvios de conduta. (...)" (HC 148.765/SP, Rel. Min. Maria Thereza de Assis Moura, 6ª Turma, j. 11/05/2010). A matéria foi sumulada em 20/11/2017 pelo Superior Tribunal de Justiça com o seguinte verbete: "Súmula 599: O princípio da insignificância é inaplicável aos crimes contra a Administração Pública".

Ação Penal

Nos termos do § 1º. do art. 1º. dessa Lei, trata-se de crime de ação penal pública incondicionada.

Circunstâncias que justificam a elevação da pena base: verba destinada a obras emergenciais por causa de chuvas (STJ, EDcl no AgRg no AREsp 171.834/RN, Rel. Min. Sebastião Reis Júnior, 6ª T., j. 05/03/2013, DJe 13/03/2013), em caso de município de pequeno porte, de modo que a ausência dos recursos repercutia mais intensamente que em outros casos (HC 150.541/SP, Rel. Ministro Jorge Mussi, 5ª T., j. 08/05/2012, DJe 21/05/2012). A localização do município em área sujeita a seca foi valorada como consequência desfavorável (TRF5 ACR 200505000159293, Des. Federal Cíntia Menezes Brunetta. 1ª. T, DJE – Data: 01/08/2013 – Página: 270). Maior reprovabilidade igualmente foi aceita em casos de dano patrimonial expressivo e fraude à licitação (HC 131.905/SP, Rel. Ministra Laurita Vaz, 5ª T., j. 19/05/2011, DJe 07/06/2011). Crime que envolve recursos do Fundo Nacional de Desenvolvimento da Educação (FNDE) (TRF5. ACR 00005586120104058401, Des. Federal Paulo Roberto de Oliveira Lima – 2ª. T, DJE – Data: 15/05/2014 – Página: 141) ou verbas recebidas mediante convênio com a Fundação Nacional de Saúde (Funasa) ou destinadas a melhorias sanitárias, de modo que o desvio impediu o exercício do direito constitucional à saúde (TRF5. ACR 00041772020104058200, Des. Federal Frederico Koehler. – 1ª. T., DJE – Data: 03/02/2014 – Página: 75). Do mesmo modo, no caso de verbas destinadas à construção de escola, cujo desvio dificulta a efetivação do direito fundamental à educação (TRF5. ACR 200305000346783, Des. Federal Joana Carolina Lins Pereira – 3ª. T., DJE – Data: 23/04/2013 – Página: 273) ou desvio de verba de merenda escolar (TRF5. ACR 00003692220104058001, Des. Federal Marco Bruno Miranda Clementino. 2ª. T., DJE – Data: 28/02/2013 – Página: 174).

II – Utilizar-se, indevidamente, em proveito próprio ou alheio, de bens, rendas ou serviços públicos:

Bem Jurídico Tutelado

Administração Pública, tanto em seu aspecto patrimonial, consistente na preservação do erário, como também em sua face moral, representada pela lealdade e probidade dos agentes públicos.

Sujeitos do Crime

Sujeito ativo é o Prefeito Municipal. A condição pessoal do agente (de funcionário público) comunica-se ao coautor, porque elementar do crime (CP, art. 30), razão pela qual se admite a coautoria e participação com extraneus, desde que ele tenha conhecimento dessa condição pessoal do autor.

Sujeito passivo é o Estado, lesado no seu patrimônio material ou moral.

Condutas

Trata-se de crime sem correspondência no Código Penal. Nesse tipo, o legislador foi mais rigoroso e incrementou a proteção penal do patrimônio público, porque incriminou a conduta de utilização indevida dos bens, rendas ou serviços públicos. Diferentemente do Código Penal, aqui o legislador antecipou a reprovabilidade penal da conduta, a ponto de incriminar a mera utilização do bem, independentemente da inversão de ânimo, o que pode ser batizado como Peculato de uso (STF. AP 441. Toffoli, Pl. m. 8.3.12).

O núcleo verbal é utilizar (*usar, empregar*) o objeto material (seja bens, rendas ou serviços públicos) em proveito próprio ou de outrem.

O objeto material do crime são os bens ou rendas ou serviços públicos.

Ao contrário do peculato do Código Penal, no inciso II do Decreto-Lei 201/1967, os **bens particulares** não são objeto material do crime, exceto se foram doados ao Poder Público, para distribuição gratuita, e o Prefeito deles se utilizar.

Bens são os objetos corpóreos que podem ser transportados e dotados de valor patrimonial, como veículos, máquinas, equipamentos, eletroeletrônicos, móveis, ou material de qualquer natureza. Em que pese o artigo 98 do Código Civil restringir bens públicos aos pertencentes às pessoas jurídicas de direito público interno, segundo a orientação de Celso Antônio Bandeira de Mello, deve-se compreender bens públicos todos os que pertencem a pessoas jurídicas de direito público, bem como os que estejam afetados à prestação de um serviço público.[13]

Rendas públicas são os valores, numerários e recursos financeiros pertencentes à administração pública.

A utilização dos bens ou rendas públicas em proveito próprio ou alheio diferencia-se da apropriação e do desvio, conduta descrita no tipo penal anterior, pela ausência de ânimo de assenhoramento definitivo. Assim, caso o Prefeito utilize o bem ou a renda pública sem a pretensão de tornar-se dono definitivo, auferindo vantagens parciais desse uso, comete o delito descrito nesse tipo penal. O uso de dinheiro público pelo Prefeito, em razão da sua inerente fungibilidade, caracterizará peculato. Nesse sentido, já decidiu o STF: "no peculato de uso, previsto no inciso II do art. 1º do DL 201/1967, o sujeito ativo do crime utiliza-se, ilicitamente, de bens, rendas ou serviços públicos, em seu proveito ou de terceiros, agente público ou não. Não se pode falar em peculato de uso quando versar sobre dinheiro, ou seja, coisa fungível. Se o funcionário usar dinheiro que tem sob sua guarda para seu próprio benefício, pratica o delito de peculato." (Inq 3.108, rel. min. Dias Toffoli, j. 15-12-2011, P, DJE de 22-3-2012).

Caso o Prefeito deixe de efetuar o repasse para instituição bancária dos **créditos consignados em folha de pagamento dos servidores municipais**, ainda que utilize os recursos para pagamento da folha, segundo o Supremo Tribunal Federal, comete o crime de peculato do art. 1º., inciso I, do Decreto-Lei 201/1967 c.c. art. 359-C do Código Penal: "DIREITO PENAL. AÇÃO PENAL ORIGINÁRIA. PESCULATO-DESVIO. ASSUNÇÃO DE OBRIGAÇÃO NO ÚLTIMO ANO DE MANDATO. 1. Se o acusado, consciente e voluntariamente, se apropria de verbas cuja detenção se dá em razão do cargo que ocupa e se as emprega em finalidade diversa daquelas a que se destinam, pratica o delito de peculato desvio, desimportante não tenha o desvio se dado em proveito próprio. 2. No caso sob exame, o Município é mero depositário das contribuições, descontadas dos contracheques de seus servidores para pagamento de empréstimos consignados, as quais pertencem ao Banco. 3. Por outro lado, ao impedir a quitação das obrigações, o gestor ordena ou autoriza assunção de obrigação. No caso dos autos, sem adimpli-la no mesmo exercício financeiro, nem deixar receita para quitação no ano seguinte, nos termos do artigo 359-C, do Código Penal. 4. Nada obstante a crise financeira por que passava o Município, a contratação de pessoal e os repasses voluntários a instituições não governamentais, impedem a configuração da dirimente de inexigibilidade de conduta diversa, a afastar o juízo de reprovação penal da conduta. 4. Pretensão punitiva julgada procedente para condenar o acusado pela prática dos crimes previstos nos arts. 312, 359-C, na forma dos arts. 29, 71 e 70, todos do Código Penal" (Ação Penal 916 – AP. 1ª. T. Rel. Min. Roberto Barroso. 17/05/2016).

---

13 BANDEIRA DE MELLO, Celso Antônio. Curso de direito administrativo. 26. ed. São Paulo: Malheiros, 2009. p. 913.

Serviços públicos, segundo o art. 6º., II, da Lei 8.666/1993, são todas as atividades destinadas a obter determinada utilidade de interesse para a Administração, tais como demolição, conserto, instalação, montagem, operação, conservação, reparação, adaptação, manutenção, transporte, locação de bens, publicidade, seguro ou trabalhos técnico-profissionais. São as prestações e atividades realizadas pela Administração Pública, visando à satisfação das necessidades coletivas. Segundo Celso Antônio Bandeira de Mello, "serviço público é toda atividade de oferecimento de utilidade e comodidade material destinada à satisfação da coletividade em geral, mas fruível singularmente pelos administrados, que o Estado assume como pertinente a seus deveres e presta por si mesmo ou por quem lhe faça as vezes, sob regime de Direito Público – portanto, consagrador de prerrogativas de supremacia e de restrições especiais –, instituído em favor dos interesses definidos como públicos no sistema normativo".[14] Como o serviço público é prestado mediante a atividade laboral dos seus servidores, no mais das vezes, a utilização do trabalho do servidor público, empregado ou terceiros contratados pela Administração Pública será o objeto da infração. Assim, configura esse crime a utilização de servidor público para realização de qualquer atividade em proveito pessoal do Prefeito ou de terceiros, ainda que desempenhe sua atividade pública simultaneamente. É que, durante o horário de expediente e no cumprimento de sua função pública, o servidor só pode desempenhar atividades relacionadas ao interesse público, sob pena de desvio de função.

A utilização do serviço público ocorre com a prestação da atividade manual ou intelectual pertencente à administração pública em proveito do próprio alcaide ou de outrem.

Questão do funcionário fantasma: ver comentários em seção anterior, neste mesmo trabalho.

O **elemento normativo do tipo "indevidamente"** refere-se à falta de autorização legal ou inobservância de formalidades legais ou regulamentares para o uso do bem, renda ou serviço público em proveito próprio ou alheio. Mas não só à falta de autorização legal, enquanto ato formal, se refere o tipo. A autorização legal concedida sem pressupostos legais que atendam aos princípios da administração pública caracteriza desvio de finalidade do ato, afinal, após o reconhecimento da normatividade dos princípios, no contexto de centralidade da Constituição, a legalidade deixou de ser o único parâmetro para verificação da validade da atuação administrativa. A legitimidade passa pela análise do princípio da juridicidade, que não aceita a concepção da Administração vinculada exclusivamente às regras prefixadas nas leis, mas sim ao próprio Direito, o que inclui as regras e princípios previstos na Constituição. A juridicidade amplia a margem de controle dos atos jurídicos, de modo a assegurar que a atuação administrativa não seja, por via transversa, um artifício ou escudo à violação da ordem jurídica pelo administrador.

Assim, por exemplo, caso haja cessão dos maquinários e funcionários públicos, autorizada por meio de Lei municipal, nada impede seja o Prefeito condenado no delito em estudo, tendo em vista a flagrante inconstitucionalidade da Lei municipal por ferir, dentre outros, o princípio republicano.

Leis municipais que violam princípios constitucionais da administração pública vêm sendo declaradas inconstitucionais, conforme se verifica:

14 BANDEIRA DE MELLO, Celso Antônio. Curso de direito administrativo. 26. ed. São Paulo: Malheiros, 2009. p. 671.

> "AÇÃO DIRETA DE INCONSTITUCIONALIDADE – CONCESSÃO DE MÁQUINAS E SERVIDORES PÚBLICOS A PARTICULARES MEDIANTE PAGAMENTO DE REMUNERAÇÃO – Art. 28 DA Lei ORGÂNICA – MUNICÍPIO DE UNAÍ – SEPARAÇÃO DE PODERES – NORMATIVIDADE DOS PRINCÍPIOS CONSTITUCIONAIS – MORALIDADE – IMPESSOALIDADE – INCONSTITUCIONALIDADE MATERIAL DECLARADA. Declara-se a inconstitucionalidade do artigo 28 da Lei Orgânica do Município de Unaí, que autoriza a 'concessão' de máquinas e servidores públicos municipais a particulares, mediante pagamento de remuneração, por violação aos princípios constitucionais que vinculam a Administração Pública, designadamente os da moralidade e da impessoalidade. Rejeitada a preliminar, julga-se procedente a ação". (TJ-MG – Ação Direta Inconst: 10000121136154000 MG, Rel. Kildare Carvalho, j. 10/07/2013, Órgão Especial, Data de Publicação: 23/08/2013).

E ainda:

> "AÇÃO DIRETA DE INCONSTITUCIONALIDADE – Lei MUNICIPAL N.º 1.890/2013 – PRESTAÇÃO DE SERVIÇOS EM PROPRIEDADES PARTICULARES – VÍCIO MATERIAL – VIOLAÇÃO AOS ARTIGOS 37, CAPUT, DA CONSTITUIÇÃO FEDERAL E 25 DA CONSTITUIÇÃO ESTADUAL CARACTERIZADA – PROCEDÊNCIA DA AÇÃO. A prestação de serviços pelo ente municipal em propriedades particulares, sem uma finalidade pública, somada à falta de previsão dos serviços e a forma de pagamento, fere, diretamente, os princípios instituídos nos artigos 37, caput da CF e 25 da CE, que devem estar presentes em toda atividade estatal." (TJ-MS, Relator: Des. Claudionor Miguel Abss Duarte, j. 28/05/2014, Órgão Especial).

Mas o termo "indevidamente" também permite sejam analisadas as particularidades do caso, a fim de verificar ausência no desvalor da conduta ou mesmo a ocorrência de excludente da ilicitude, como no caso em que é excepcionalmente utilizado um veículo escolar para transportar paciente em estado grave, para outra cidade, em dia de domingo, devido ao péssimo estado de funcionamento de ambulância de determinado município.

Se a utilização do bem, renda ou serviço público ocorre em proveito da própria Administração Pública não há caracterização do crime em estudo.

Questão do uso do serviço de advocacia pública para defesa pessoal do Prefeito em demandas ajuizadas em razão da função pública

Sobre a isso há duas correntes:

1º) Pela inexistência de ilicitude: No caso de uso do serviço de advocacia pública para defesa pessoal do prefeito, em demandas ajuizadas em razão da função pública, não há ilicitude alguma, afinal o serviço não é utilizado no interesse particular do Prefeito, mas em razão da necessária preservação da higidez do mandato, em face de ataques externos. Estar-se-ia resguardando a autonomia do município e a soberania popular manifestada no voto. Nesse sentido, é a posição de Rui Stoco: "por essa razão, não nos parece que a defesa produzida por procurador do município, em favor do Prefeito Municipal, enquanto no exercício do cargo, quando acusado da prática de crime comum ou de responsabilidade, caracterize uso indevido de serviços públicos, previsto no inciso II do art. 1º. do Dec.-Lei 201/67, pois o que se põe em relevo é a dignidade do cargo e não a pessoa física do Chefe do Executivo local. A defesa do seu mandado (sic) não se traduz em mera proteção pessoal ou de interesse privado, mas do interesse público" (Op. Cit. p. 2698). Assim decidiu o STJ – 6ª. T. – Resp. – Rel. Vicente Leal – j. 01.12.1997 – DJU 27.04.1998, p. 223).

2ª) Pela impossibilidade: centra-se na ideia de que os recursos, bens e serviços públicos devem ser empregados no atendimento de interesse público direto. Além disso, o art. 132 da Constituição Federal somente admite a representação do Estado e não do agente, pelo que defender a pessoa do Prefeito ensejaria violação ao princípio da impessoalidade. O Superior Tribunal de Justiça já decidiu ser inviável o dispêndio de recursos públicos para a defesa de gestores acusados de praticarem ilicitudes, principalmente em ação que versa sobre ato pessoal do agente político contra o órgão público que o remunera:

> "PROCESSUAL CIVIL – ADMINISTRATIVO – DISSÍDIO JURISPRUDENCIAL CONFIGURADO – CONHECIMENTO PARCIAL DO RECURSO ESPECIAL – CONTRATAÇÃO DE ADVOGADO PRIVADO PARA DEFESA DE PREFEITO EM AÇÃO CIVIL PÚBLICA – ATO DE IMPROBIDADE – 1. Merece ser conhecido o recurso especial, se devidamente configurado o dissídio jurisprudencial alegado pelo recorrente. 2. Se há, para o Estado, interesse em defender seus agentes políticos, quando agem como tal, cabe a defesa ao corpo de advogados do Estado, ou contratado às suas custas. 3. Entretanto, quando se tratar da defesa de um ato pessoal do agente político, voltado contra o órgão público, não se pode admitir que, por conta do órgão público, corram as despesas com a contratação de advogado. Seria mais que uma demasia, constituindo-se em ato imoral e arbitrário. 4. Agravo regimental parcialmente provido, para conhecer em parte do recurso especial. 5. Recurso especial improvido." (STJ – AgRg-Resp. 681.571/GO – 2 T. – Rel. Min. Eliana Calmon – DJU 29.06.2006). Adotada essa corrente, a utilização dos serviços de advocacia pública pelo Prefeito caracteriza o delito em estudo.

De qualquer forma, afigura nos necessário verificar, consoante as peculiaridades do caso concreto, se há interesse público que justifique essa atuação.

A questão é posta somente nos casos em que os serviços são utilizados para defender o Prefeito nos processos decorrentes de sua atividade funcional, não sendo sequer cogitada a possibilidade de se utilizar desse serviço para defesa em ações absolutamente estranhas ao exercício da função pública.

Voluntariedade

O elemento subjetivo do tipo é dolo (direito ou eventual) que é a vontade livre e consciente de utilizar os bens, rendas ou serviços públicos, em proveito próprio ou alheio.

O tipo não menciona tempo mínimo de utilização do objeto material, de modo que a caracterização do dolo é feita pelas condutas que demonstram a inequívoca vontade de utilizar bens, rendas ou serviços públicos, sem autorização legal, em proveito próprio ou alheio. Como destacado antes, nesse tipo inexiste o ânimo de assenhoramento definitivo que, se caracterizado, implica a tipificação da conduta no crime do inciso I do art. 1º do Decreto/Lei 201/1967.

O tipo exige dolo específico que é vontade do Prefeito de gerar proveito a si ou terceiro, verificável frente ao termo "indevidamente" contido no tipo. Noutra linha, o STF já reconheceu o dolo específico de lesar o erário: "A incidência da norma que se extrai do inciso II do art. 1º do DL 201/1967 depende da presença de um claro elemento subjetivo do agente político: a vontade livre e consciente (dolo) de lesar o erário. Pois é assim que se garante a necessária distinção entre atos próprios do cotidiano político-administrativo e atos que revelam o cometimento de ilícitos penais. No caso, o órgão ministerial público não se desincumbiu do seu dever processual de demonstrar, minimamente que fosse, a vontade livre e consciente do agente em lesar o erário. Ausência de demonstração do dolo específico do delito que impossibilita o recebimento da denúncia, por falta de tipicidade da conduta do agente denunciado (inciso III do art. 395 do CPP)" [Inq 2.646, rel. min. Ayres Britto, j. 25-2-2010, P, *DJE* de 13-8-2010.] Neste sentido aindaAP 416, rel. min. Luiz Fux, j. 8-3-2012, P, *DJE* de 18-6-2012 e ainda AP 372, rel. min. Dias Toffoli, j. 16-12-2010, P, *DJE* de 4-4-2011.

Não há modalidade culposa, nem mesmo no Código Penal.

Consumação e Tentativa

O delito consuma-se com a utilização, ainda que o objeto material seja restituído. A utilização dos bens, rendas ou serviços públicos realiza-se com o uso ou gozo inerentes de cada um dos objetos materiais, o que gera a vantagem individual ao patrimônio do beneficiário. Trata-se, portanto, de crime material.

A tentativa é possível. Por exemplo, uma determinação escrita, emitida pelo Prefeito, para que o setor responsável da administração execute o serviço público em sua propriedade rural, é apreendida antes de iniciadas as atividades.

O STF já aplicou o **princípio da insignificância** nesse crime: "a 2ª Turma concedeu *habeas corpus* para aplicar o princípio da insignificância em favor de ex-prefeito que, no exercício de suas atividades funcionais, utilizara-se de máquinas e caminhões de propriedade da prefeitura para efetuar terraplenagem em terreno de sua residência. Por esse motivo, fora denunciado pela suposta prática do crime previsto no art. 1º, II, do Decreto-Lei 201/67 ('Art. 1º São crimes de responsabilidade dos Prefeitos Municipais, sujeitos ao julgamento do Poder Judiciário, independentemente do pronunciamento da Câmara dos Vereadores: (...) II — utilizar-se, indevidamente, em proveito próprio ou alheio, de bens, rendas ou serviços públicos'). Asseverou-se tratar-se de prática comum na municipalidade em questão, mediante ressarcimento, para fins de remuneração dos condutores e abastecimento de óleo diesel. Concluiu-se pela plausibilidade da tese defensiva quanto ao referido postulado, dado que o serviço prestado, se contabilizado hoje, não ultrapassaria o valor de R$ 40,00." (HC 104286/SP, rel. Min. Gilmar Mendes, 3.5.2011" (*Informativo* STF, 2ª Turma, Brasília, 2 a 6 de maio de 2011, n. 62).

Entretanto, o julgado parece laborar em equívoco. O tipo descrito no inciso II do art. 1º. do Decreto-Lei 201/1967 não exige propriamente lesão patrimonial ao erário, até porque é resultado incomum na utilização transitória do bem, renda ou serviço público. Não se pode equiparar o inciso I e II do artigo 1º. do Decreto-Lei 201/1967. No inciso II, o legislador foi mais rigoroso e antecipou a reprovabilidade penal da conduta, a ponto de incriminar a mera utilização do bem, independentemente da inversão de ânimo.

De qualquer forma, ainda que desconsiderado o **desgaste natural do maquinário público decorrente de sua utilização, ao produzir vantagem** econômica individual indevida, a conduta viola o equilíbrio da livre concorrência e vários postulados do Estado Democrático de Direito, como os princípios da administração pública e o princípio republicano, segundo os quais, o Poder Público deve servir todos os cidadãos indistintamente. Com esta teleologia, são os seguintes julgados: "O entendimento firmado nas Turmas que compõem a Terceira Seção do Superior Tribunal de Justiça é no sentido de que não se aplica o princípio da insignificância aos crimes contra a Administração Pública, ainda que o valor da lesão possa ser considerado ínfimo, uma vez que a norma visa resguardar não apenas o aspecto patrimonial, mas, principalmente, a moral administrativa" (STJ — AgRg no Resp. 1.275.835/SC — Rel. Min. Adilson Vieira Macabu

(Desembargador Convocado do TJ/RJ) — 5ª Turma — j. 11.10.2011, DJe1º.02.2012); "Princípio da insignificância. Este Sodalício assentou o entendimento de ser inaplicável tal princípio aos delitos praticados contra a administração pública, haja vista, nesses casos, além da proteção patrimonial, o resguardo da moral administrativa. *In casu*, não obstante o valor irrisório da coisa, é impossível a aplicação do princípio da insignificância, uma vez que o delito fora praticado contra a Administração Militar" (STJ — HC 109.639/SP — Rel. Min. Vasco Della Giustina (Desembargador Convocado do TJ/RS) — 6ª Turma — j. 06.09.2011, DJe 26.09.2011); "Segundo o entendimento das Turmas que compõem a Terceira Seção desta Corte Superior de Justiça, é inaplicável o princípio da insignificância aos crimes contra a Administração Pública, pois, nesses casos, a norma penal busca resguardar não somente o aspecto patrimonial, mas a moral administrativa, o que torna inviável a afirmação do desinteresse estatal à sua repressão" (STJ — HC 167.515/SP — Rel. Min. Laurita Vaz — 5ª Turma — j. 16.11.2010, DJe 06.12.2010);e "É da jurisprudência desta Corte (de ambas as Turmas da 3ª Seção) a impossibilidade de se aplicar o princípio da insignificância ao crime praticado contra a Administração Pública" (STJ — AgRg no Ag 1.133.678/SC — Rel. Min. Felix Fischer — 5ª Turma — j. 13.08.2009, DJe 16.11.2009).

Ação Penal

Nos termos do § 1º. do art. 1º. dessa Lei, trata-se de crime de ação penal pública incondicionada.

III – Desviar, ou aplicar indevidamente, rendas ou verbas públicas.

Bem Jurídico Tutelado

Administração Pública, tanto em seu aspecto patrimonial, consistente na preservação do erário, como também em sua face moral, representada pela lealdade e probidade dos agentes públicos. Secundariamente, é tutelado o orçamento público, o qual se apresenta como importante instrumento de realização da democracia participativa.

Sujeitos do Crime

Sujeito ativo é o Prefeito Municipal. A condição pessoal do agente (de funcionário público) comunica-se ao coautor, porque elementar do crime (CP, art. 30), razão pela qual se admite a coautoria e participação com extraneus, desde que ele tenha conhecimento dessa condição pessoal do autor.

Sujeito passivo é o Estado, lesado no seu patrimônio material ou moral.

Condutas

Trata-se de crime análogo ao previsto no art. 315 do Código Penal e à infração prevista no art. 11 da Lei 1.079/56, com pequena diferença redacional.

Há dois núcleos verbais que têm relação prejudicial, de modo que se trata de tipo misto alternativo, entendido como aquele em que "a Lei estabelece diversos núcleos que, se praticados no mesmo contexto fático, caracterizam o cometimento de apenas um delito.[15]

O crime consiste em desviar (*direcionar, remanejar*) e/ou aplicar (*investir, empregar*) as rendas ou verbas públicas de forma indevida, isto é, sem autorização legal, ou em desacordo com Lei ou sem a observância de formalidades legais ou regulamentares para tanto.

Segundo Hungria, "*verbas* (públicas) são dinheiros especificamente destinados pela Lei orçamentária (dotações) a este ou aquele serviço público ou fim de utilidade pública. *Rendas* (públicas) são todos os dinheiros percebidos pela Fazenda Pública ou a essa pertencentes, seja qual for a sua origem legal. Se as *verbas* destinadas a um serviço não podem ser, total ou parcialmente, aplicadas em outro, as *rendas* não podem ser empregadas senão mediante determinações legais.[16]

Para a caracterização desse tipo, o destinatário da verba ou renda pública desviada deve ser o próprio ente público, uma vez que, se realizado em benefício do próprio prefeito ou de terceira pessoa, restará caracterizado o crime de Peculato do art. 1º., inciso I, do Decreto-Lei 201/1967.

Como sintetiza Heleno Fragoso, em lição que, embora se refira ao art. 315 do código penal, é aplicável a esse tipo penal: "Trata-se fundamentalmente de perturbação do regular funcionamento da administração pública, que exige a aplicação dos fundos públicos em sua destinação legal. Salvo o caso de estado de necessidade, não exclui o crime a aplicação de verbas ou rendas em fins que sejam reais ou supostamente de maior interesse e proveito para os serviços públicos, o que, todavia, deverá ser considerado na fixação e na medida da pena"[17].

Fossem permitidos o desvio e aplicação das verbas ou rendas públicas, sem a autorização legal ou sem a observância de formalidades legais ou regulamentares, o Prefeito poderia gerir os recursos públicos sem qualquer tipo de participação e controle do legislativo e mesmo do cidadão. Isso levaria ao desmoronamento do sistema constitucional de *checks and balences* e de controle da atividade orçamentária.

O **elemento normativo do tipo "indevidamente"**, como comentado no inciso anterior, refere-se à falta de autorização legal ou à contrariedade direta à Lei ou à inobservância de formalidades legais ou regulamentares para aplicação da renda ou verba pública.

Assim, por exemplo, a realização de despesas do orçamento da saúde com ações e serviços descritos nos incisos I a X, do art. 4º, da Lei Complementar 141/12, quando constatada finalidade de burlar aplicação mínima constitucionalmente prevista, pode caracterizar o delito em estudo.

Mas o tipo não se refere somente à falta de autorização legal, enquanto ato formal. Mesmo a autorização legal concedida sem pressupostos legais, isto é, que desatenda os princípios da administração pública, caracteriza desvio de finalidade do ato, afinal, após o reconhecimento da normatividade dos princípios, no contexto de centralidade da Constituição, a legalidade deixou de ser o único parâmetro para verificação da validade da atuação administrativa. A

---

15 CUNHA. Rogério Sanches. Manual de direito penal: parte geral (arts. 1 *o* ao 120). 4. ed. Salvador: JusPodivm, 2016. p. 250.

16 HUNGRIA, Nelson. Comentários ao código penal. Rio de Janeiro: Forense. 2. ed. v. 9, p. 357.

17 FRAGOSO, Heleno Cláudio. Lições de Direito Penal, Rio de Janeiro: Forense, 1981. v. 2. p. 405.

legitimidade passa pela análise do princípio da juridicidade que não aceita a concepção da Administração vinculada exclusivamente às regras prefixadas nas leis, mas sim ao próprio Direito, o que inclui as regras e princípios previstos na Constituição. A juridicidade amplia a margem de controle dos atos jurídicos, de modo a assegurar que a atuação administrativa não seja, por via transversa, um artifício ou escudo à violação da ordem jurídica pelo administrador.

Assim, por exemplo, pode haver o crime, se a aplicação das rendas ou verbas públicas se basear em Lei municipal flagrantemente inconstitucional.

O termo "indevidamente" também permite que sejam analisadas as particularidades do caso, a fim de verificar ausência no desvalor da conduta ou mesmo a ocorrência de excludente da ilicitude.

Importa destacar que não é qualquer alteração de destinação da verba pública, ainda que realizada no interesse público, que será considerada justificada pelo estado de necessidade. Com efeito, o administrador público municipal deve se ater às destinações das verbas previstas na Lei orçamentária, devidamente tituladas e codificadas. A objetividade jurídica do delito de aplicação de verbas públicas é, não só a boa versação do patrimônio público, mas também o acatamento aos planos administrativos a que devem se jungir os governantes. (Tribunal de Alçada de Minas Gerais – Recurso Criminal nº. 1.030)

A destinação irregular das verbas públicas é severamente rechaçada pelo ordenamento jurídico e pode justificar intervenção no ente federativo, quando não tiver sido aplicado o mínimo exigido da receita municipal na manutenção e desenvolvimento do ensino e nas ações e serviços públicos de saúde (CF, art. 35, III), além de caracterizar ato de improbidade administrativa (LIA, art. 10, XI).

Voluntariedade

O elemento subjetivo é o dolo (direto ou eventual). Inexiste qualquer tipo de dolo específico, intuito de lucro ou de causar prejuízo.

Não admite modalidade culposa.

Consumação e Tentativa

Trata-se de crime formal que se consuma no momento em que o Prefeito desvia ou aplica a renda ou verba pública de forma distinta da prevista originalmente, razão pela qual concordamos com José Paulo Baltazar Júnior o qual defende que a devolução dos valores não afasta o crime.[18]

É admitida a tentativa, em caso de a determinação emitida pelo prefeito não ser cumprida por circunstâncias alheias à sua vontade, como por exemplo, não concretização da operação bancária de transferência do valor.

Ação Penal

Nos termos do § 1º. do art. 1º. dessa Lei, trata-se de crime de ação penal pública incondicionada.

> IV – Empregar subvenções, auxílios, empréstimos ou recursos de qualquer natureza, em desacordo com os planos ou programas a que se destinam.

18 BALTAZAR JÚNIOR, José Paulo. Crimes Federais. 10ª ed., Saraiva: São Paulo. 2015. p. 525.

Bem Jurídico Tutelado

Administração Pública, tanto em seu aspecto patrimonial, consistente na preservação do erário, como também em sua face moral, representada pela lealdade e probidade dos agentes públicos. Secundariamente, é tutelado orçamento público, o qual se apresenta como importante instrumento de realização da democracia participativa.

Sujeitos do Crime

Sujeito ativo é o Prefeito Municipal. A condição pessoal do agente (de funcionário público) comunica-se ao coautor, porque elementar do crime (CP, art. 30), razão pela qual se admite a coautoria e participação com extraneus, desde que ele tenha conhecimento dessa condição pessoal do autor.

Sujeito passivo é o Estado, lesado no seu patrimônio material ou moral.

Condutas

Esse crime é bastante similar ao previsto no inciso anterior. Diferencia-se apenas porque naquele o objeto material são as verbas e rendas públicas, enquanto nesse são subvenções, auxílios, empréstimos ou recursos de qualquer natureza. Há entre os tipos, portanto, uma relação de especialidade, sendo este especial em relação àquele.

A conduta consiste em empregar (*destinar, aplicar, usar*) uma das operações financeiras descritas em desacordo com os planos ou programas a que se destinam.

Os atos administrativos que constituem objeto material do crime são as seguintes:

Subvenções: Nos termos do art. 12, § 3º, da Lei 4.320/1964, são as transferências destinadas a cobrir despesas de custeio das entidades beneficiadas, distinguindo-se como: I – subvenções sociais, as que se destinem a instituições públicas ou privadas de caráter assistencial ou cultural, sem finalidade lucrativa; II – subvenções econômicas, as que se destinem a empresas públicas ou privadas de caráter industrial, comercial, agrícola ou pastoril.

Auxílios: Nos termos do art. 12, § 6º, da Lei 4.320/1964, são transferências de Capital às dotações para investimentos ou inversões financeiras que outras pessoas de direito público ou privado devam realizar, devidamente previstas nas leis orçamentárias. Diferenciam-se das subvenções porque não se destinam as despesas de manutenção.

Empréstimo: é o contrato pelo qual uma pessoa entrega dinheiro a outra que tem o dever de restituí-lo após determinado tempo, acrescido de juros estipulados. Está regulamentado pelos arts. 579 a 592 do Código Civil.

Recursos de qualquer natureza: é cláusula geral que procura abarcar outras espécies de valores oriundos, por exemplo, de financiamento ou de convênio. Nesse sentido, é a condenação noticiada no informativo 586 do STF: "Por reputar comprovadas a autoria e a materialidade do delito, o Tribunal, por maioria, julgou procedente pedido formulado em ação penal instaurada pelo Ministério Público Federal, para condenar atual Deputado Federal à pena de 2 anos e 2 meses de detenção, convertida em duas penas restritivas de direito, consistente no pagamento de 50 salários-mínimos e prestação de serviços à comunidade, pela prática do crime tipificado no art. 1º, IV, do Decreto-Lei 201/67 ("Art. 1º São crimes de responsabilidade dos Prefeitos Municipal, sujeitos ao julgamento do Poder Judiciário, independentemente do pronunciamento da Câmara dos Vereadores:... IV – empregar subvenções, auxílios, empréstimos ou recursos de qualquer natureza, em desacordo com os planos ou programas a que se destinam)". Entendeu-se que o parlamentar, na condição de prefeito do Município de Caucaia/CE, por vontade livre e consciente, aplicara, na construção de passagens molhadas, recursos transferidos pelo Ministério do Meio Ambiente ao Município, mediante convênio, destinados à construção de um açude público. Salientou-se que o convênio fora assinado pelo então prefeito, assim como todos os pedidos de alteração de prazo, feitos em diversos termos aditivos, havendo, em todos eles, cláusulas de ratificação do objeto inicialmente conveniado. Observou-se que o então prefeito, embora ocasionalmente transferisse a respectiva administração do Município à vice-prefeita, pessoalmente mantinha sob seu comando todos os incidentes contratuais relacionados com o convênio em causa. Afastou-se, por conseguinte, o argumento de que a ordem de alteração do objeto pactuado tivesse partido exclusivamente do então secretário de infraestrutura municipal, o qual, em juízo, dissera que pedira a alteração do objeto do convênio em obediência à ordem do então prefeito. Ponderou-se que, se o convênio e mais 7 termos aditivos foram todos assinados pelo acusado, não seria razoável aceitar a tese de que uma significativa alteração da finalidade principal do projeto tivesse sido apenas em decorrência da vontade pessoal do secretário do Município. Considerou-se, ademais, a existência de notas fiscais comprovando que, antes do sétimo termo aditivo do convênio, o Município pagara a construtora para a construção de uma passagem molhada. Vencidos os Ministros Marco Aurélio e Cezar Peluso, Presidente, que julgavam procedente o pleito, mas aplicavam penas inferiores a 2 anos e, em consequência, decretavam a prescrição da pretensão punitiva à vista das penas em concreto, e os Ministros Dias Toffoli, Gilmar Mendes e Celso de Mello, que absolviam o réu, com base no art. 386, IV, do CP. (AP 409/CE, rel. Min. Ayres Britto, 13.5.2010).

Todas essas operações só podem ser praticadas pelo Prefeito se previstas na Lei Orçamentária ou em planos ou programas oficiais. Se ele as empregar diferentemente e em desacordo com o que previa o plano ou programa a que se destinavam originalmente, incorre nesse delito.

Assim, por exemplo, se o Prefeito emprega recursos para pagamento de precatórios em desacordo com o programa criado para tanto, incorre nesse delito. Nesse sentido decidiu o STF: "o Tribunal, por maioria, julgou procedente, em parte, ação penal promovida pelo Ministério Público do Estado do Paraná para condenar Deputado Federal pela prática dos crimes tipificados no art. 1º, IV e V, do Decreto-Lei 201/67 ("Art. 1º São crimes de responsabilidade dos Prefeitos Municipais, sujeitos ao julgamento do Poder Judiciário, independentemente do pronunciamento da Câmara dos Vereadores: IV – empregar subvenções, auxílios, empréstimos ou recursos de qualquer natureza, em desacordo com os planos ou programas a que se destinam; V – ordenar ou efetuar despesas não autorizadas por lei, ou realizá-las em desacordo com as normas financeiras pertinentes"), às penas de 3 meses de detenção, para cada tipo penal, e declarou extinta a pretensão punitiva do Estado, pela consumação da prescrição penal, com base no art. 109, VI, c/c o art. 110, § 1º, e o art. 119, todos do CP, na redação anterior à Lei 12.234/2010. Entendeu-se que o acusado, no exercício do mandato de Prefeito Municipal de Curitiba/PR, teria dolosamente determinado, sem a prévia inclusão no orçamento público e em afronta à ordem de precedência cronológica, o pagamento de precatório resultante de ação de desapropriação, mediante a utilização de recursos do empréstimo do Banco Interamericano de Desenvolvimento – BID, destinados ao implemento do projeto de transporte urbano da capital paranaense. Quanto ao delito previsto no inciso IV do art. 1º do Decreto-Lei 201/67, ficou vencido o Min. Marco Aurélio, revisor, que julgava a ação improcedente (AP 503/PR, rel. Min. Celso de Mello, 20.5.2010).

Voluntariedade

O elemento subjetivo é o dolo (direto ou eventual). Inexiste qualquer tipo de dolo específico ou intuito de lucro ou de causar prejuízo.

Não admite modalidade culposa.

Consumação e Tentativa

Trata-se de crime formal que se consuma no momento em que o Prefeito emprega a subvenção, auxílio, empréstimo ou os recursos públicos de forma distinta da prevista originalmente, em desacordo com o plano ou programa vigente.

É admitida a tentativa, no caso de a determinação emitida pelo prefeito não ser cumprida por circunstâncias alheias à sua vontade, como por exemplo, não concretização da operação bancária de transferência do valor.

Ação Penal

Nos termos do § 1º. do art. 1º. dessa Lei, trata-se de crime de ação penal pública incondicionada.

> V – Ordenar ou efetuar despesas não autorizadas por lei, ou realizá-las em desacordo com as normas financeiras pertinentes.

Bem Jurídico Tutelado

Administração Pública, tanto em seu aspecto patrimonial, consistente na preservação do erário, como também em sua face moral, representada pela lealdade e probidade dos agentes públicos. Secundariamente, é tutelado o orçamento público e a regularidade financeira do Estado.

Sujeitos do Crime

Sujeito ativo é o Prefeito Municipal. A condição pessoal do agente (de funcionário público) comunica-se ao coautor, porque elementar do crime (CP, art. 30), razão pela qual se admite a coautoria e participação com extraneus, desde que ele tenha conhecimento dessa condição pessoal do autor.

Sujeito passivo é o Estado, lesado no seu patrimônio material ou moral.

Condutas

Trata-se de conduta análoga à prevista no artigo 359-D do Código Penal. Esse crime, contudo, é especial porque aplicável especificadamente aos Prefeitos.

É mais um caso de norma penal em branco cujo complemento é dado por outras leis.

Os três verbos nucleares do tipo possuem relação conseqüencial, de modo que esse é mais um tipo misto alternativo, entendido como aquele em que "a Lei estabelece diversos núcleos que, se praticados no mesmo contexto fático, caracterizam o cometimento de apenas um delito.[19]

19 CUNHA. Rogério Sanches. Manual de direito penal: parte geral (arts. 1 *o* ao 120). 4. ed. Salvador: JusPodivm, 2016. p. 250.

Ordenar (*mandar, determinar*) e efetuar (*realizar*) são as ações típicas do Prefeito que realiza (*concretizam, fazem*) as despesas não autorizadas por Lei ou em desacordo com as normas financeiras.

Para Aliomar Baleeiro, despesa pública "é a aplicação de certa quantia em dinheiro, por parte da autoridade ou agente público competente, dentro duma autorização legislativa, para execução de fim a cargo do Governo".[20]

As despesas públicas devem ser processadas de acordo com a lei, conforme se demonstrará.

O art. 167, II, da CF, proíbe a realização de qualquer despesa pública sem prévia inclusão orçamentária ou mediante créditos adicionais. Assim, toda despesa pública deve, necessariamente, constar no orçamento anual (ou em Créditos Adicionais) para receber a competente autorização legislativa que permita a sua execução.

O art. 16 da Lei Complementar 101/2000 (Lei de Responsabilidade Fiscal) menciona que "*Serão consideradas não autorizadas, irregulares e lesivas ao patrimônio público a geração de despesa ou assunção de obrigação que não atendam o disposto nos arts. 16 e 17*". Segundo esses artigos, uma despesa somente pode ser realizada, se atender simultaneamente às seguintes condições: demonstrar o impacto orçamentário-financeiro no exercício, demonstrar que não afeta o cumprimento das metas fiscais, apresentar compatibilidade com o PPA e a LDO e tiver adequação orçamentária com a LOA.

De outro lado, a realização da despesa em desrespeito ao formal processo de pagamento pode caracterizar o delito. É o que sustenta Paulo Mascarenhas: "quem ordena ou realiza uma despesa não prevista no orçamento ou em desacordo com as normas financeiras, v.g. fazer pagamento sem ou antes de emitir a competente nota de empenho e a liquidação, comete, também, crime de responsabilidade. A Lei 4.320/64 determina que a efetivação da despesa atenderá aos seguintes requisitos: prévio empenho (arts. 58 a 61), ou seja, o reconhecimento formal da existência do débito e nome do credor lançado em documento específico (nota de empenho); a liquidação, que é a verificação do direito do credor em face dos títulos e documentos comprobatórios do crédito (art. 63); e o pagamento, que nada mais é que a entrega do numerário ao credor, mediante quitação, na forma e condições legais (arts. 62, 64 e 67). Portanto, qualquer alteração da ordem prevista e determinada na Lei caracteriza crime de responsabilidade".[21]

A lição é irrepreensível, pois, o processo de pagamento é manifestação do princípio da oficialidade dos atos da administração pública, que possibilita a fiscalização pelos órgãos de controle e pela sociedade. Por isso, já se entendeu ocorrido este crime, no caso em que houve pagamento integral por obra que nem sequer havia sido iniciada, em contrariedade às normas para efetivação do gasto público, que preveem pagamentos à medida em que as obras vão sendo realizadas. O fato de que a obra tenha sido, ao final, realizada, ainda que a destempo, afasta a incidência do inc. I, mas não do inc. V (TRF 3, AC 97030373690, Gemaque. 1ª T., u. 3.8.10).

20 BALEEIRO, Aliomar. *Uma Introdução à Ciência das Finanças*. 9ªed. Rio de Janeiro: Forense: 1973. p. 81.

21 MASCARENHAS, Paulo. Improbidade Administrativa e crime de responsabilidade de prefeitos. ed. RCN. 3ª. p. 77/78.

Voluntariedade

O elemento subjetivo é o dolo (direito ou eventual), consistente na vontade livre e consciente de ordenar a geração de despesa não autorizada ou realizá-la em desacordo com as normas financeiras. Não se exige nenhuma finalidade específica.

Todavia, embora se referindo ao art. 359-D do CP, já se tenha decidido que não há crime, se a despesa era legítima: "O art. 359-D, segundo o qual é crime 'ordenar despesa não autorizada por lei', consiste em norma penal em branco, uma vez que o rol das despesas permitidas e das não autorizadas haverá de contemplar outros textos legais, entre os quais, por exemplo, o da Lei de Responsabilidade Fiscal (Lei Complementar nº 101/00). Se, na peça acusatória, inexiste referência à norma integradora, falha é a denúncia. Ademais, quando devidamente explicável a despesa, deslegitima-se a possibilidade de punição da conduta, ao menos no âmbito penal. A inexistência de autorização de despesa em Lei constitui, tão somente, indício de irregularidade. Para se criminalizar a conduta, é necessária a existência de lesão não justificada ao bem jurídico, isto é, às finanças públicas, o que, no caso, não ocorreu. O fato narrado evidentemente não constitui crime" (STJ: APn 477/PB, rel. Min. Eliana Calmon, Corte Especial, j. 04.03.2009). No mesmo sentido: STJ: APn 389/ES, rel. Min. Nilson Naves, Corte Especial, j. 15.03.2006.

O julgado, porém, ignora que, na administração pública, vigora a regra da estrita legalidade pela qual, à administração só é lícito fazer o que está devidamente previsto na lei. O gestor, portanto, só pode ordenar as despesas autorizadas por lei, sob pena de praticar ato ilícito. Ademais, ante a previsão do art. 21 da LRF, esse tipo de ato é nulo de pleno direito, o que caracteriza esse crime como de perigo abstrato, pelo que o prejuízo às finanças públicas e à probidade administrativa é presumido, de forma absoluta, pelo tipo penal.

Não admite a modalidade culposa.

Consumação e Tentativa

Trata-se de crime de mera conduta que se consuma no momento em que o Prefeito emite a ordem concretizando a despesa não autorizada em Lei ou em desacordo com normas financeiras. A conduta exaure-se num único ato que materializa a ordem emitida pelo Prefeito. O cumprimento da ordem com a constituição da despesa ou seu pagamento são exaurimento do crime.

Aliás, o verbo "ordenar" contido no tipo já foi analisado pelo insuperável Nelson Hungria, o qual arrematou: "consuma-se o crime, em relação ao expedidor da ordem ilegal, desde que seja esta expedida, oralmente ou por escrito, isto é, desde que se cria o perigo de ser executada pouco importando que o não seja efetivamente..."[22]

A posterior aprovação de Lei autorizando a despesa é irrelevante: PREFEITO – DESPESAS POR CONTA DE DOTAÇÃO SEM SALDO PARA EFETIVAÇÃO – SUPLEMENTAÇÃO POSTERIOR – CRIME CONSUMADO. É indispensável que os prefeitos municipais se conscientizem de que o erário há de ser administrado com zelo e cuidado. Assim, procedendo o alcaide à despesa à conta de dotações cujos saldos não comportem realização, Há que se reconhecer consumado o delito do art. 1º., V, do Dec.-Lei 201/67, ainda que posteriormente as dotações venham a ser suplementadas (Tacrim/SP – Ap. Crim – Rel. Juiz Camargo Sampaio – JUTA-Crim/SP 32/186).

22 HUNGRIA, Nelson. Comentários ao Código Penal. Rio de Janeiro: Forense. 1958. vol. IX. p. 508.

A tentativa é então incabível.

Ação Penal

Nos termos do § 1º. do art. 1º. dessa Lei, trata-se de crime de ação penal pública incondicionada.

> VI – Deixar de prestar contas anuais da administração financeira do município a câmara de vereadores, ou ao órgão que a constituição do estado indicar, nos prazos e condições estabelecidos.

Bem Jurídico Tutelado

Administração Pública, tanto em seu aspecto patrimonial, consistente na preservação do erário, como também em sua face moral, representada pela lealdade e probidade dos agentes públicos. Tutela-se também o princípio republicano que impõe o dever de todos os agentes públicos prestarem contas de sua atuação.

Sujeitos do Crime

Sujeito ativo é o Prefeito Municipal. A condição pessoal do agente (de funcionário público) comunica-se ao coautor, porque elementar do crime (CP, art. 30), razão pela qual se admite a coautoria e participação com extraneus, desde que ele tenha conhecimento dessa condição pessoal do autor.

Sujeito passivo é o Estado, lesado no seu patrimônio material ou moral.

Condutas

Trata-se de crime omissivo visto que o núcleo verbal é deixar de prestar, que significa sonegar, omitir ou deixar de fazer ou de cumprir com a obrigação de prestar contas. Essa omissão ou o retardo da prestação de contas constituem instrumento para a ocultação da prática de crimes referentes à má aplicação e/ou desvio de verbas públicas, ou à dilapidação do patrimônio público. É conduta altamente reprovável, porque impede que os órgãos de controle externo possam apurar as contas e, dependendo da situação apurada, promover o ressarcimento ao Erário.

Por isso, a obrigação dos municípios de prestar constas é constitucional e deve ser feita nos prazos fixados em Lei (CF, art. 30, III).

De um modo geral, o Prefeito está obrigado a prestar contas à Câmara Municipal, ao Tribunal de Contas do Estado e ao Tribunal de Contas da União, relativamente aos recursos dela recebidos.

O dever de prestar contas decorre do princípio constitucional da publicidade, que busca tornar todos os atos da gestão acessíveis aos cidadãos, além de submetê-los a controle e fiscalização contábil, financeira, orçamentária, operacional e patrimonial, quanto à legalidade, legitimidade, economicidade, aplicação das subvenções e renúncia de receitas.

Ademais, a Lei de Responsabilidade Fiscal, no art. 48, qualifica a prestação de contas como instrumento de transparência da gestão fiscal. No art. 58, a mesma Lei dispõe: "a prestação de contas evidenciará o desempenho da arrecadação em relação à previsão, destacando as providências adotadas no âmbito da fiscalização das receitas e combate à sonegação, as ações de recuperação de créditos nas instâncias administrativa e judicial bem como as demais medidas para incremento das receitas tributárias e de contribuições".

Arremata Hely Lopes Meirelles: "o dever de prestar contas é decorrência natural da administração como encargo de gestão de bens e interesses alheios. Se o administrador corresponde ao desempenho de um mandato de zelo e conservação de bens e interesses de outrem, manifesto é que quem o exerce deverá contas ao proprietário. No caso do administrador público, esse dever ainda mais se alteia, porque a gestão se refere a bens e interesses da coletividade e assume o caráter de um múnus público, isto é, de um encargo para com a comunidade. Daí o dever indeclinável de todo administrador público – agente político ou simples funcionário – de prestar contas de sua gestão administrativa, e nesse sentido é a orientação de nossos Tribunais".[23]

O dever de prestar contas é significativo, tanto que seu descumprimento, além de configurar ato de improbidade administrativa, prevista no inciso VI do art. 11, da Lei 8.429/1992, é motivo para intervenção do Estado-Membro do Município, conforme inciso II do art. 35 da Lei Maior.

Voluntariedade

O elemento subjetivo é o dolo. Por tratar-se de crime omissivo, não admite o dolo eventual. Não existe elemento subjetivo específico como eventual vontade de causar prejuízo ao patrimônio público ou outro fim especial.

Não admite modalidade culposa.

Consumação e Tentativa

O crime consuma-se com o decurso do prazo indicado na Lei que estabeleceu o dever de prestar constas. Trata-se de crime a prazo, entendido como "aquele em que o tipo penal exige, para sua configuração, o decurso de certo espaço de tempo".[24]

Uma vez decorrido o prazo legal sem a prestação de contas, a infração é imediatamente consumada. Desse modo, eventual prestação de constas intempestiva não tem o condão de afastar a caracterização do crime, ante o disposto no art. 4º. do Código Penal.

Sobre a prestação de contas intempestiva, embora se refira à Lei de Improbidade, são precisas as lições de Sergei Medeiros Araújo: "deve-se excluir, de plano, a absurda hipótese de considerar escusada a improbidade, ou afastada a incidência do tipo, em razão da apresentação da prestação de contas após a propositura da ação. [...]. Acatar a tese de atipicidade da conduta nessa situação, além de configurar nítida violação à moralidade, seria abrir as portas para fraudes contra a efetividade ao art.11, VI, da Lei n. 8.429/92. O atraso prolongado acaba por deixar evidente o menoscabo da Lei e o desiderato de quedar-se inerte o gestor, impedindo aquilo que é justamente o objetivo da prestação: o exame da correta aplicação do recurso".[25] No mesmo sentido, já decidiu o STJ. (Resp. 448543, Arnaldo Lima, 6ª T., m. 6.9.07)

---

23 MEIRELLES, Hely Lopes. Direito administrativo brasileiro. 25. ed. São Paulo: Malheiros, 2000, p. 100/101.

24 GRECO, Rogério. Código Penal Comentado. 11. ed. – Niterói: Ímpetos. 2017. p. 76.

25 ARAÚJO. Sergei Medeiros. A improbidade administrativa em razão do descumprimento do dever fundamental de prestar contas. In "Questões práticas sobre improbidade administrativa. ed. ESMPU, 2011, p.28.

O tipo não exige resultado naturalístico ou dano patrimonial. Por isso, é irrelevante a posterior aprovação das contas prestadas intempestivamente, porquanto a reprovação das contas não é elementar do tipo.

Por tratar-se de crime omissivo, inadmite tentativa.

Ação Penal

Nos termos do § 1º. do art. 1º. dessa Lei, trata-se de crime de ação penal pública incondicionada.

> VII – Deixar de prestar contas, no devido tempo, ao órgão competente, da aplicação de recursos, empréstimos, subvenções ou auxílios internos ou externos, recebidos a qualquer título.

Bem Jurídico Tutelado

O tipo tutela a Administração Pública, tanto em seu aspecto patrimonial, consistente na preservação do erário, como também em sua face moral, representada pela lealdade e probidade dos agentes públicos.

Sujeitos do Crime

Sujeito ativo é o Prefeito Municipal. "Responde pelo delito o Prefeito Municipal que ocupa o cargo ao tempo em que é devida a prestação de contas (TRF 5, AP 200281000041079, Almeida Fº, Pl., m., 10.3.10) e não aquele que responde pela Prefeitura, quando firmado o negócio jurídico ou recebidos os recursos, se a prestação de contas era devida depois do encerramento de sua gestão (TRF 5, Inq. 200782010028590, Maximiliano Cavalcante, PL., u., 2.12.09).

A condição pessoal do agente (de funcionário público) comunica-se ao coautor, porque elementar do crime (CP, art. 30), razão pela qual se admite a coautoria e participação com extraneus, desde que ele tenha conhecimento dessa condição pessoal do autor.

Sujeito passivo é o Estado, lesado no seu patrimônio material ou moral.

Condutas

Trata-se de delito análogo ao anterior, diferenciando-se apenas no tocante ao objeto material, os quais, aqui, são recursos, empréstimos, subvenções e auxílios à entidade ou órgãos que deverão receber a prestação de contas.

Da mesma forma, trata-se de crime omissivo, visto que o núcleo verbal é deixar de prestar, que significa sonegar, omitir ou deixar de fazer ou de cumprir com a obrigação de prestar contas, a qual deve ser feita nos prazos fixados nos contratos ou atos administrativos bilaterais celebrados com outras pessoas, como contratos, convênios ou consórcios.

Afora essa especificidade, o delito é correlato ao previsto no inciso VI, pelo que as considerações feitas naquela ocasião são aqui aplicáveis.

Voluntariedade

O elemento subjetivo é o dolo. Por tratar-se de crime omissivo, não admite o dolo eventual. Não existe elemento subjetivo específico como eventual vontade de causar prejuízo ao patrimônio público ou outro fim especial.

Não admite modalidade culposa.

Consumação e Tentativa

O crime consuma-se com o decurso do prazo indicado no contrato ou equivalente, que estabeleceu o dever de prestar constas. Trata-se de crime a prazo. Uma vez decorrido o prazo legal sem a prestação de contas, a infração é imediatamente consumada. Desse modo, eventual prestação de contas intempestiva não tem o condão de afastar a caracterização do crime, ante o disposto no art. 4º. do Código Penal.

Por tratar-se de crime omissivo, inadmite tentativa.

Sobre a prestação de contas intempestiva, vide comentários ao tipo, no inciso anterior.

Ação Penal

Nos termos do § 1º. do art. 1º. dessa Lei, trata-se de crime de ação penal pública incondicionada.

> VIII – Contrair empréstimo, emitir apólices, ou obrigar o município por títulos de crédito, sem autorização da câmara, ou em desacordo com a lei.

Bem Jurídico Tutelado

Administração Pública, tanto em seu aspecto patrimonial, consistente na preservação do erário, como também em sua face moral, representada pela lealdade e probidade dos agentes públicos. Tutelam-se ainda as finanças públicas e o equilíbrio orçamentário, estabelecendo-se um controle sobre endividamento do Município.

Sujeitos do Crime

Sujeito ativo é o Prefeito Municipal. A condição pessoal do agente (de funcionário público) comunica-se ao coautor, porque elementar do crime (CP, art. 30), razão pela qual se admite a coautoria e participação com extraneus, desde que ele tenha conhecimento dessa condição pessoal do autor.

Sujeito passivo é o Estado, lesado no seu patrimônio material ou moral.

Condutas

A primeira conduta contida no tipo não tem nenhuma relação com a segunda, caracterizando-se como atos distintos. Contrair (*celebrar, adquirir*) empréstimo é operação financeira distinta da conduta de emitir (*expedir, confeccionar*) apólice e obrigar (*vincular*) por título de crédito, de modo que, nesse ponto, o tipo é misto cumulativo, entendido como aquele em que "a Lei estabelece várias condutas nucleares que, se praticadas seguidamente, ainda que em contexto único, ensejam o concurso material".[26]

O prefeito pode praticar a primeira conduta sem que possa identificar relação consequencial com a segunda. Aliás, o modo de agir para a realização de cada uma dessas operações

26 CUNHA. Rogério Sanches. Manual de direito penal: parte geral (arts. 1 o ao 120). 4. ed. Salvador: JusPodivm, 2016. p. 250.

financeiras é absolutamente distinto em uma e em outras, pelo que não é possível identificar uma progressividade criminosa entre elas.

Contrair empréstimo é a celebração de contrato em que o Município recebe determinada quantia em dinheiro e se compromete a restituí-lo, após determinado tempo, acrescido de juros estipulados. Está regulamentado pelos arts. 579 à 592 do Código Civil.

Emitir apólice ou obrigar o Município por títulos de crédito é atribuir responsabilidade creditícia ao município, por meio da emissão de documentos. São títulos da dívida pública, nos termos do art. 29, inc. II, da Lei Complementar 101/2000 – Lei de Responsabilidade Fiscal.

Ambas as operações financeiras (empréstimo ou emissão de título de crédito) devem ser autorizadas previamente pelo legislativo municipal. Caso realize essas operações sem a Lei ou em desacordo com a lei, cometerá o delito em estudo.

O crime do art. 359-H do Código Penal é semelhante ao desse inciso, aplicável, portanto, aos demais agentes públicos que não sejam Prefeitos.

E se o Prefeito emite cheque para desconto em contas-correntes especiais? Comete o crime em estudo?

Altamiro de Araújo Lima Filho responde: "neste ponto vale indagar acerca da emissão de cheque sacável de conta corrente bancária da municipalidade e de forma irregular, isto é, sem autorização da câmara ou de lei. Configuraria ou não o delito descrito no item em comento? A resposta, por certo, envolve o conceito que se tenha acerca da natureza jurídica de tal título. Em se admitindo seja ele um título de crédito, a resposta será positiva; considerando-o como título de disposição, ou seja, meio de pagamento à vista, a resposta será negativa".[27]

O mesmo autor lembra sobre a questão relacionada à emissão de *vale*, fato comum em pequenos municípios, o qual, por não possuir os requisitos formais de um título crédito formal, não se amolda ao tipo do inciso VIII.[28]

Voluntariedade

O elemento subjetivo é o dolo (direto ou eventual). Inexiste qualquer tipo de dolo específico ou intuito de lucro ou de causar prejuízo.

Não admite modalidade culposa.

Consumação e Tentativa

Trata-se de crime formal que se consuma no momento em que o Prefeito contrai o empréstimo ou emite o título de crédito, sem a autorização legal.

A tentativa é possível.

Ação Penal

Nos termos do § 1º. do art. 1º. dessa Lei, trata-se de crime de ação penal pública incondicionada.

27 LIMA FILHO, Altamiro de Araújo. Prefeitos e vereadores: crimes e infrações de responsabilidade. Leme-SP: Mundo Jurídico. 4ª. ed., 2012. p. 198.

28 LIMA FILHO, Altamiro de Araújo. Prefeitos e vereadores: crimes e infrações de responsabilidade. Leme-SP: Mundo Jurídico. 4ª. ed., 2012. p. 199/200.

IX – Conceder empréstimo, auxílios ou subvenções sem autorização da câmara, ou em desacordo com a lei.

Bem Jurídico Tutelado

Administração Pública, tanto em seu aspecto patrimonial, consistente na preservação do erário, como também em sua face moral, representada pela lealdade e probidade dos agentes públicos. Tutelam-se, ainda, as finanças públicas e o equilíbrio orçamentário, estabelecendo-se um controle sobre o endividamento do Município

Sujeitos do Crime

Sujeito ativo é o Prefeito Municipal. A condição pessoal do agente (de funcionário público) comunica-se ao coautor, porque elementar do crime (CP, art. 30), razão pela qual se admite a coautoria e participação com extraneus, desde que ele tenha conhecimento dessa condição pessoal do autor.

Sujeito passivo é o Estado, lesado no seu patrimônio material ou moral.

Condutas

Trata-se de delito que complementa as figuras dos incisos IV e VIII, na medida em que busca criminalizar a conduta do Prefeito que concede (*permite, fornece*) empréstimos, auxílios ou subvenções, sem a autorização do legislativo municipal ou em desacordo com a lei.

A concessão dessas benesses compromete o tesouro municipal, razão pela qual a realização desses atos deve ser autorizada por meio de Lei específica e cercada de cautelas que visem assegurar o atendimento ao interesse público, pois, ao administrador público não é dado o direito de fazer cortesia às custas do povo. Essas operações devem objetivar sempre uma contraprestação de interesse de toda a comunidade: "as subvenções e auxílios financeiros, sendo atos de liberalidade do Município, devem também ser autorizados por Lei local, discutida e votada com as cautelas especiais previstas na legislação – local – e no regimento interno da Câmara. Tais subvenções e auxílios só devem ser liberalizados para realização de obras, serviços e atividades de interesse público, e não para atendimento de interesses particulares de munícipes. (...). Por isso, deve o Município concedê-la restritivamente, nos casos em que haja interesse público, para estimular atividades reputadas úteis à coletividade".[29]

Como bem sintetizam Fábio Roque Araújo e outros: "Em resumo, tanto para erigir o Município à condição de devedor, quanto à de credor, é imperioso que haja a autorização da câmara dos Vereadores e a observância da legislação, sob pena de termos consumados os crimes mencionados".[30]

Voluntariedade

O elemento subjetivo é o dolo (direto ou eventual). Inexiste qualquer tipo de dolo específico ou intuito de lucro ou de causar prejuízo.

Não admite modalidade culposa.

---

29 MEIRELLES, Hely Lopes. Direito Municipal Brasileiro. São Paulo: Malheiros. 9ª. ed. 1997. p. 491 e 495.

30 ROQUE, Fabio. TAVORA, Nestor. ALENCAR, Rosmar Rodrigues. Legislação Criminal para concursos. Salvador: JusPodivm. 2016. p. 977.

Consumação e Tentativa

Trata-se de crime formal que se consuma no momento em que o Prefeito concede as benesses legais, sem a autorização legal. A tentativa é possível.

Ação Penal

Nos termos do § 1º. do art. 1º. dessa Lei, trata-se de crime de ação penal pública incondicionada.

X – Alienar ou onerar bens imóveis, ou rendas municipais, sem autorização da câmara, ou em desacordo com a lei.

Bem Jurídico Tutelado

Administração Pública, tanto em seu aspecto patrimonial, consistente na preservação do erário, como também em sua face moral, representada pela lealdade e probidade dos agentes públicos.

Sujeitos do Crime

Sujeito ativo é o Prefeito Municipal. A condição pessoal do agente (de funcionário público) comunica-se ao coautor, porque elementar do crime (CP, art. 30), razão pela qual se admite a coautoria e participação com extraneus, desde que ele tenha conhecimento dessa condição pessoal do autor.

Sujeito passivo é o Estado, lesado no seu patrimônio material ou moral.

Condutas

Alienar é transferir, a título oneroso ou gratuito, a propriedade de bens imóveis do município, seja por meio de venda, doação, dação em pagamento, permuta ou investidura. Onerar é gravar com ônus (real) os bens imóveis, fazendo cair sobre ele um direito real, em decorrência de cláusula contratual ou disposição legal (art. 1.225 do Código Civil). É o caso, por exemplo, da hipoteca, anticrese e a penhora. Há uma relação de prejudicialidade de uma conduta na outra, razão pela qual se trata de tipo misto alternativo, entendido como aquele em que "a Lei estabelece diversos núcleos que, se praticados no mesmo contexto fático, caracterizam o cometimento de apenas um delito.[31]

Deve ser apontado que o artigo 17, I, da Lei nº 8.666/93, subordina a alienação de bens imóveis da Administração Pública à existência de interesse público devidamente justificado, prévia avaliação, dependente de autorização legislativa para órgãos da administração direta e entidades autárquicas e fundacionais, e, para todos, inclusive as entidades paraestatais, depende de licitação na modalidade de concorrência.

Nesse inciso, os objetos materiais sãos os bens imóveis e rendas públicas pelo que se verifica uma contradição na sistematização da lei, principalmente porque a alienação é ato formal de transferência da propriedade, que implica na alteração no registro do imóvel. A reprovabilidade

31 CUNHA. Rogério Sanches. Manual de direito penal: parte geral (arts. 1 o ao 120). 4. ed. Salvador: JusPodivm, 2016. p. 250.

da conduta é maior, uma vez que o desfalque do patrimônio do município e a atuação desidiosa do gestor são significativamente elevados.

Com efeito, a alienação de bem público móvel implica a caracterização do crime previsto no inciso I, cuja pena é substancialmente mais elevada que a do inciso X. A alienação indevida de bem imóvel, geralmente de valor superior aos bens móveis, tem pena menor.

Além disso, a alienação de renda municipal resultará no desvio de renda pública, o que caracteriza infração ao inciso I do art. 1º. do Decreto-Lei 201/1967.

Voluntariedade

O elemento subjetivo é o dolo (direito ou eventual) consistente na vontade livre e consciente de alienar ou onerar bens imóveis ou rendas municipais, sem a autorização da câmara ou em desacordo com a lei. Não se exige dolo específico do Prefeito.

Inexiste a figura culposa.

Consumação e Tentativa

Na primeira modalidade, o crime consuma-se com a alienação que, em se tratando de bem imóvel, só ocorre após o registro da transferência no Cartório de imóveis, *ex vi*, art. 1275, parágrafo único, do Código Civil.

Na modalidade da oneração de bens imóveis, o delito também se consuma com o registro na matrícula do imóvel.

Observa-se, porém, que o tipo penal não exige o efetivo registro da transferência ou da oneração

A alienação e oneração da renda pública realizam-se com a realização das condutas do Prefeito. Trata-se de crime material.

A tentativa é possível. Por exemplo, Prefeito realiza a transferência do imóvel, mas o beneficiário não aperfeiçoa o ato subscrevendo a escritura pública.

Ação Penal

Nos termos do § 1º. do art. 1º. dessa Lei, trata-se de crime de ação penal pública incondicionada.

> XI – Adquirir bens, ou realizar serviços e obras, sem concorrência ou coleta de preços, nos casos exigidos em lei.

Trata-se de dispositivo tacitamente revogado pelo art. 89 da Lei 8.666/1993, pelo que remetemos para o estudo daquela Lei penal especial, contido nesta obra. Nesse sentido:

STF: "O Prefeito Municipal, ainda que não seja ordenador de despesas, pode ser processado criminalmente pelos crimes previstos na Lei 8666/93 – Lei das Licitações, se a acusação o enquadrar como mentor intelectual dos crimes" (Inq 2578 PA, Pleno, rel. Ricardo Lewandowski, 06.08.2009, v. u.).

PREFEITO MUNICIPAL — OBRA REALIZADA SEM A FORMA PREVISTA PARA DISPENSA DE LICITAÇÃO — PREÇO MUITO SUPERIOR AO DE MERCADO. Prefeito municipal que aproveita situação de calamidade pública no município e realiza obra de cobertura em aterro municipal, sem licitação. Há tempo a obra era reclamada, não tendo sido cumpridas as formalidades previstas no § único do art. 26 da Lei n. 8.666, além de que o preço pago à empresa que executou o serviço, ficou 100% além do que já fora pago, anteriormente, a outra empresa, por obra semelhante. Tipificado o crime da segunda parte do art. 89 da Lei n. 8.666. Procedência parcial da ação. Unânime (TJRS, 4ª Câm. Crim., Processo-Crime n. 70007052467, rel. Gaspar Marques Batista, j. 25-3-2004).

CRIME DE RESPONSABILIDADE — Prefeito municipal — Artigo 89 da Lei Federal n. 8.666/93 — Caracterização — Dispensa de licitação sem justa causa — Crime formal e de perigo abstrato — Prova robusta — Condenação mantida — Recurso não provido (Ap. Crim. n. 427.263-3/4-00-Novo Horizonte, 4ª Câm. Crim., rel. Passos de Freitas, j. 25-5-2004, v.u.).

CRIME CONTRA A ADMINISTRAÇÃO PÚBLICA — Caracterização — Licitação — Prefeito Municipal — Certame dispensado na aquisição de material ou serviço, sem justa causa e fora das hipóteses permitidas em Lei — Desnecessidade da comprovação de efetivo prejuízo material para a Administração Pública, por se tratar de delito formal e de perigo abstrato — Inteligência do art. 89 da Lei 8.666/93 (TJSP, RT, 830/534).

XII – Antecipar ou inverter a ordem de pagamento a credores do município, sem vantagem para o erário.

Bem Jurídico Tutelado

São protegidas a moralidade administrativa, a boa-fé e a igualdade entre os credores da administração pública.

Sujeitos do Crime

Sujeito ativo é o Prefeito Municipal. A condição pessoal do agente (de funcionário público) comunica-se ao coautor, porque elementar do crime (CP, art. 30), razão pela qual se admite a coautoria e participação com extraneus, desde que ele tenha conhecimento dessa condição pessoal do autor.

Sujeito passivo é o Estado, lesado no seu patrimônio material ou moral. Secundariamente os credores preteridos também são sujeitos passivos do crime.

Condutas

Trata-se do **crime de pagamento antecipado.**

Os verbos contidos no tipo são antecipar (*adiantar*) e inverter (*trocar, alterar*) que possuem significados semelhantes. Trata-se, desse modo, de tipo misto alternativo, entendido como aquele em que "a Lei estabelece diversos núcleos que, se praticados no mesmo contexto fático, caracterizam o cometimento de apenas um delito.[32]

A conduta típica consiste em alterar, de um modo geral, a ordem de pagamento dos credores do Município.

32 CUNHA. Rogério Sanches. Manual de direito penal: parte geral (arts. 1 *o* ao 120). 4. ed. Salvador: JusPodivm, 2016. p. 250.

O dispositivo tem a mesma ideia contida no art. 100 da Constituição Federal, que instituiu a ordem cronológica de pagamento dos precatórios.

Parte-se da ideia de que, em respeito aos princípios constitucionais da impessoalidade, da moralidade e transparência, deve o pagamento dos credores do Município ser feito mediante obediência a uma ordem (sequência) de sua exigibilidade. Obedecer a uma ordem cronológica de pagamento, prevista na parte final do art. 37 da Lei 4.320/1964, é prática que se insere na condução impessoal da administração pública, que deve agir sem protecionismos ou retaliações aos seus credores.

O pagamento antecipado ou invertido dessa ordem cronológica caracteriza o crime em tela.

Há **elemento normativo no tipo**, qual seja, "sem vantagem para o erário", o que implica a inexistência de crime, caso a antecipação ou inversão resulte alguma espécie de proveito econômico-financeiro. Assim, por exemplo, caso a antecipação gere em desconto significativo concedido pelo credor, haverá vantagem para o erário e inexistirá o crime em estudo.

Trata-se de tipo semelhante ao crime previsto no art. 92, 2ª parte, da Lei 8.666/1993. Ambos tipificam a conduta do gestor que, na essência, descumprem a ordem cronológica de pagamento. O crime do Decreto-Lei utiliza-se de elementares mais abertas, mas é especial, porque se refere exclusivamente aos credores do município e tem como sujeito ativo apenas o Prefeito Municipal.

Esta conduta pode configurar também infração à Lei Anticorrupção Empresarial (art. 5º, IV, 'f', ou, 'g', da Lei 12.846/13), que instituiu a responsabilização administrativa e civil de pessoas jurídicas, pela prática de atos contra a administração pública, nacional ou estrangeira.

Voluntariedade

O elemento subjetivo é o dolo (direto ou eventual) consistente na vontade livre e consciente de realizar os verbos do tipo. Não há elemento subjetivo específico. Não admite modalidade culposa.

Consumação e Tentativa

O crime consuma-se no momento em que Prefeito antecipa ou inverte a ordem cronológica de pagamento de credores, o que ocorre no momento em que emite decisão/determinação nesse sentido.

Trata-se de crime de mera conduta, portanto.

Não se admite a tentativa, porque a conduta é praticada mediante ato único, qual seja, a decisão do Prefeito, determinando a antecipação ou inversão. A realização ou não do pagamento é fase irrelevante para a caracterização do delito.

Ação Penal

Nos termos do § 1º. do art. 1º. dessa Lei, trata-se de crime de ação penal pública incondicionada.

XIII – Nomear, admitir ou designar servidor, contra expressa disposição de lei.

Bem Jurídico Tutelado

São protegidos o direito fundamental à probidade administrativa, em especial os princípios da impessoalidade e moralidade administrativa, bem como a regra do concurso público.

Sujeitos do Crime

Sujeito ativo é o Prefeito Municipal. A condição pessoal do agente (de funcionário público) comunica-se ao coautor, porque elementar do crime (CP, art. 30), razão pela qual se admite a coautoria e participação com extraneus, desde que ele tenha conhecimento dessa condição pessoal do autor.

Sujeito passivo é o Estado, lesado no seu patrimônio material ou moral.

Condutas

Nomear (*indicar, Identificar*), admitir (*contratar, empregar*) e designar (*identificar*) são os verbos do tipo que representam ações múltiplas de caráter equivalente. Trata-se, desse modo, de tipo misto alternativo, entendido como aquele em que "a Lei estabelece diversos núcleos que, se praticados no mesmo contexto fático, caracterizam o cometimento de apenas um delito.[33]

Por meio de qualquer uma dessas condutas, o Prefeito determina o ingresso dos cidadãos ao serviço público. Haverá crime, contudo, se o ingresso é feito contra expressa disposição de lei, o que pode ocorrer de modo variado.

Como se sabe, segundo a Constituição Federal, a maneira ordinária de recrutamento de pessoas para trabalharem para a Administração Pública é por meio do **concurso público**, conforme prevê o art. 37, II, *in verbis*: "Art. 37 (...) II – a investidura em cargo ou emprego público depende de aprovação prévia em concurso público de provas ou de provas e títulos, de acordo com a natureza e a complexidade do cargo ou emprego, na forma prevista em lei, ressalvadas as nomeações para cargo em comissão declarado em Lei de livre nomeação e exoneração".

O concurso público, segundo o inciso III do mesmo art. 37, tem prazo de validade de até dois anos, prorrogável uma única vez, por até dois anos.

Segundo o § 2º da Constituição, a não observância do disposto nos incisos II e III implicará a nulidade do ato e a punição da autoridade responsável, nos termos da lei.

Trata-se de mandamento de tutela expresso da Constituição, que serve de amparo para o crime em análise.

Além da ressalva final contida no inciso II, que admite a nomeação para os **cargos em comissão**, a Carta Magna prevê ainda, como forma de ingresso no serviço público, a **contratação temporária por excepcional interesse público**, prevista no inciso IX, que pode ser regulamentada em âmbito municipal, obedecidos os parâmetros constitucionais. Assim, "(...) ressalto que, em casos análogos, esta Suprema Corte tem reconhecido que a existência de leis municipais autorizando a contratação temporária de agentes públicos, para atender a necessidade de excepcional interesse público, afasta a tipicidade da conduta referente ao art. 1º, XIII, do DL 201/1967, que exige a nomeação, admissão ou designação de servidor contra expressa disposição de lei". (HC 104.078, voto do rel. min. Gilmar Mendes, j. 7-6-2011, 2ª T, *DJE* de 5-8-2011).

33 CUNHA. Rogério Sanches. Manual de direito penal: parte geral (arts. 1 o ao 120). 4. ed. Salvador: JusPodivm, 2016. p. 250.

Existe, ainda, a possibilidade de contratar pessoal mediante **processo seletivo público**, espécie de seleção prevista no art. 198, § 4º, da CF, adstrita aos agentes comunitários de saúde e agentes de combate às endemias.

Essas são as formas constitucionalmente previstas para a contração de servidores, de modo que haverá o crime em estudo se a nomeação, admissão ou designação se der contra essas disposições. Nesse sentido: "Crime de responsabilidade. Prefeito. Art. 1º, XIII, do Dec.-Lei n. 201/1967. Art. 37, inc. II e IX, da Constituição Federal. A nomeação ou contratação de servidor público, pelo Prefeito Municipal, para cargo público isolado ou em carreira, com inobservância do disposto no art. 37, inc. II, da Lei Maior, pode constituir, em tese, o crime de que trata o inc. XIII, do art. 1º, do Dec.-Lei 201/1967. Recurso conhecido e provido" (STJ, 5ªT., Resp. n. 113.316, rel. Min. Arnaldo da Fonseca, j. em 28/4/1997, *RSTJ* 100/271). No mesmo sentido: Resp. n. 138.397, rel. Min. Arnaldo da Fonseca, j. em 3/2/1998, *RT* 752/561.

A Lei municipal editada visando a regulamentação desse dispositivo constitucional, contudo, não pode desvirtuar os limites impostos pela Carta Magn, sob pena de ser inconstitucional. Nesse sentido: "CONTRATAÇÃO TEMPORÁRIA. São inconstitucionais, por violarem o art. 37, IX, da CF/88, a autorização legislativa genérica para contratação temporária e a permissão de prorrogação indefinida do prazo de contratações temporárias". (STF. Plenário. ADI 3662/MT, Rel. Min. Marco Aurélio, j. 23/3/2017. Info 858).

Do mesmo modo, haverá o crime em estudo **se a contratação for feita com fundamento em Lei absolutamente inconstitucional**, com afronta direta aos princípios da administração pública, afinal, após o reconhecimento da normatividade dos princípios, no contexto de centralidade da Constituição, a legalidade deixou de ser o único parâmetro para verificação da validade da atuação administrativa. A legitimidade passa pela análise do princípio da juridicidade, que não aceita a concepção da Administração vinculada exclusivamente às regras prefixadas nas leis, mas sim ao próprio Direito, o que inclui as regras e princípios previstos na Constituição. A juridicidade amplia a margem de controle dos atos jurídicos, de modo a assegurar que a atuação administrativa não seja, por via transversa, um artifício ou escudo à violação da ordem jurídica pelo administrador.

Assim, por exemplo, caso Lei municipal crie cargos em comissão ou autorize contratação temporária em situações absolutamente contrárias ao regime constitucional supracitado, notadamente em situações em que a provação da Lei não passa de um estratagema para disfarçar a violação à Constituição, o Prefeito pode ser condenado com base no delito em estudo, haja vista a inconstitucionalidade da Lei municipal por ferir, dentre outros, o princípio republicano.

Claro que, nesses casos, deverá ser aferido o dolo da conduta, que pressupõe a vontade de violar o sistema normativo constitucional de nomeação, admissão e designação de servidores.

Mas não só. Também haverá o delito em estudo, se o Prefeito realizar contratações contra expressa disposições de leis, como ocorre com as disposições contidas no art. 73, V, da Lei 9.504/1997 e art. 21, parágrafo único, da Lei Complementar 101/2000.

A questão do Nepotismo: Como visto, o tipo em estudo é norma penal em branco de modo que seu complemento, em regra, deve ser feito por meio de lei. Ocorre que inexiste um conceito dado por uma Lei geral do que venha a ser nepotismo o qual, de um modo geral, é entendido como a nomeação de parentes próximos para os cargos de livre nomeação.

Em alguns casos, existem leis federais, estaduais e municipais, que definem e proíbem a prática do nepotismo. Nesses casos, não há dúvida, essas leis podem ser usadas como complemento da norma penal em branco, em estudo. Assim, ocorre, por exemplo, com a Lei 13.303/2016, que, no âmbito das empresas Estatais, veda a indicação, para Conselho de Administração e diretoria dessas estatais, de parentes consanguíneos ou afins, até terceiro grau, entre si.

Inegável, contudo, que a prática passou a ser vedada, de um modo geral, em todo o Brasil, por força da Súmula Vinculante nº. 13 do STF, editada em 2008, que dispõe: "a nomeação de cônjuge, companheiro, ou parente, em linha reta, colateral ou por afinidade, até o 3º grau inclusive, da autoridade nomeante ou de servidor da mesma pessoa jurídica, investido em cargo de direção, chefia ou assessoramento, para o exercício de cargo em comissão ou de confiança, ou, ainda, de função gratificada na Administração Pública direta e indireta, em qualquer dos Poderes da União, dos Estados, do Distrito Federal e dos Municípios, compreendido o ajuste mediante designações recíprocas, viola a Constituição".

A questão que se coloca é: há o crime do inciso XIII do art. 1º do Decreto-Lei 201/67, se o Prefeito nomear servidor contra a disposição da súmula vinculante nº 13? Quer nos parecer que sim, uma vez que o nepotismo é prática que viola os princípios constitucionais da impessoalidade, moralidade e eficiência que possuem caráter vinculativo-normativo suficiente para compor o tipo penal ora em estudo. Como ensina Luís Roberto Barroso, "atualmente, passou a ser premissa do estudo da Constituição o reconhecimento de sua força normativa, do caráter vinculativo e obrigatório de suas disposições. Vale dizer: as normas constitucionais são dotadas de imperatividade, que é atributo de todas as normas jurídicas, e sua inobservância há de deflagrar os mecanismos próprios de coação, de cumprimento forçado".[34]

Como dito acima, com o reconhecimento da normatividade dos princípios, no contexto de centralidade da Constituição, a legalidade deixou de ser o único parâmetro para verificação da validade da atuação administrativa. A legitimidade dos atos passa pela análise do princípio da juridicidade, que não aceita a concepção da Administração vinculada exclusivamente às regras prefixadas nas leis, mas sim ao próprio Direito, o que inclui as regras e princípios previstos na Constituição e as decisões proferidas pelos Tribunais Superiores que detém, segundo Hassemer, a tarefa de desenvolver o direito. A juridicidade amplia a margem de controle dos atos jurídicos, de modo a assegurar que a atuação administrativa não seja, por via transversa, um artifício ou escudo à violação da ordem jurídica pelo administrador.

Não há que se exigir, desse modo, que a contratação contrarie Lei em sentido estrito para a caracterização do tipo penal em estudo. Os comandos normativos constitucionais são suficientes para servir de complemento à norma penal em branco. E nem se alegue violação ao princípio da taxatividade, uma vez que "a precisão que se exige da Lei penal está no descrever condutas específicas, sem que se vede, entretanto, a inclusão, no conteúdo descritivo, de expressões de amplo alcance, que aumentem o campo da norma incriminadora. Desde que a parte nuclear do 'tipo' não deixe margem a dúvidas, as expressões que a ele se acrescentam podem depender de interpretação para aplicar-se à norma, e nem por isso se desnatura o caráter incriminador desta".[35]

Ademais, o uso de tipo penal aberto não é vedado à Lei penal.[36] Segundo Roberto Bitencourt, citando lições de Claus Roxin, para esses casos, "a solução correta deverá ser encontrada

34 BARROSO, Luís Roberto. Curso de direito Constitucional Contemporâneo. São Paulo: Saraiva. 5ª. ed. 2015. p. 296.

35 MARQUES, José Frederico Marques. Tratado de direito penal, v. 1, p. 186.

36 Além disso, como anotado por Luís Greco, a utilização de conceitos valorativos, típico do funcionalismo penal, não são menos seguros ao direito penal. Ensina o doutrinador: "sequer conceitos ontológicos (por ex.,

mediante os 'princípios da interpretação em Direito Penal'. Segundo esses princípios, 'um preceito penal será suficientemente preciso e determinado se, e na medida em que, do mesmo se possa deduzir um claro fim de proteção do legislador e que, com segurança, o teor literal siga marcando os limites de uma extensão arbitrária da interpretação".[37]

A rigor, a súmula marca os limites do nepotismo que decorre, como dito, da Constituição Federal. A certeza dos tipos penais, ensina Winfried Hassemer, depende da *lealdade da jurisprudência*, que pode corrigir erros notórios, por meio de uma interpretação conforme a Constituição Federal[38], essencialmente a tarefa das Súmulas Vinculantes e da Excelsa Corte[39]. Ao contrário do que possa parecer, portanto, a súmula delimita e restringe a possível abertura excessiva do tipo penal, emprestando-lhe o necessário mandato de certeza.

Assim, no que se refere ao tema do nepotismo, principalmente nos casos em que a configuração da ilicitude é flagrante, a Súmula Vinculante nº. 13 do STF é capaz de fornecer a precisão necessária para complementar, com segurança, o tipo penal em estudo, afinal, é capaz de permitir ao cidadão comum a perfeita identificação do comportamento proibido pela norma jurídica, notadamente nos casos em que há consenso acerca da caracterização do nepotismo.

Nada impede, além disso, que Constituições Estaduais (como faz o art. 20, § 5º, da Constituição do Estado do Rio Grande do Sul), leis estaduais, ou leis municipais, que regulamentem o nepotismo, possam ser utilizadas como o complemento normativo exigido pelo tipo.

Nesse sentido, foi noticiado no informativo 769 do STF que, embora a 1ª Turma, por maioria, tenha provido a apelação para, por ausência de dolo, absolver parlamentar, então prefeito municipal, condenado pela prática do crime previsto no art. 1º, XIII, do Decreto-Lei 201/1967, reconheceu a possibilidade de Lei municipal ser complemento do tipo. No caso, o apelante nomeara, em 10.2.2003 e em 3.3.2004, duas pessoas, sucessivamente, para ocupar cargo público comissionado de diretor administrativo e financeiro de fundação municipal, mediante remuneração, em desconformidade com o art. 2º da Lei 4.142/2000 do Município de Joinville/SC. Esse diploma legal determina que o referido cargo seja ocupado pelo diretor de administração e finanças da Companhia de Desenvolvimento Urbano de Joinville – Conurb, sem qualquer remuneração, em acréscimo pelo exercício dessa atribuição. (...). Registrou que o inciso XIII do art. 1º do Decreto-Lei 201/1967, ao preceituar como criminosa a conduta consistente em nomear, admitir ou designar servidor contra expressa disposição de lei, constituiria preceito penal a exigir complemento, sem o qual não se inferiria com exatidão o conteúdo da proibição.

---

finalidade; domínio do fato) possuem a univocidade que seus defensores lhes atribuem. Em segundo lugar, uma vez admitido que a tarefa do direito não está em descrever a realidade, mas em realizar valores, tais como a dignidade humana e a garantia ao livre desenvolvimento da personalidade, a utilização de conceitos valorados se torna inevitável. Cumpre, isso sim, concretizá-los, tornando-os mais seguros e precisos, através do exame da matéria jurídica". (GRECO, Luís. *Introdução à dogmática funcionalista do delito. Introdução à dogmática funcionalista do delito (em comemoração aos trinta anos de "Política criminal e sistema jurídico-penal", de Roxin).* In: POLETTI, Ronaldo Rebello de Britto (Org.). Revista Notícia do Direito brasileiro. Nova série. n. 7. Brasília: UnB, Faculdade de Direito, 2000, p. 18).

37 BITENCOURT, Cezar Roberto. Tratado de Direito Penal Vol. 1 – Parte Geral, 23ª edição, 2017. p. 55.

38 HASSEMER, Winfried. Introdução aos fundamentos do Direito Penal. Traduzido por Pablo Rodrigo Alflen da Silva. Porto Alegre: Sérgio Antonio Fabris. 2005. p. 338.

39 A interpretação conforme à Constituição Federal pode produzir interpretações que delineiam os tipos penais, como ocorre nas decisões proferida em sede de Repercussão Geral (CF, 102, § 3º) e Súmulas Vinculantes (CF, 103-A).

Na hipótese dos autos, o preceito complementador seria a Lei Municipal 4.142/2000, a qual conferiria ao tipo do inciso XIII a exatidão necessária para tornar compreensível o conteúdo da proibição típica. (AP 595/SC, rel. Min. Luiz Fux, 25.11.2014).

A conduta ora tipificada também caracteriza ato de improbidade administrativa, previsto na Lei 8.429/92 (art. 11, V).

Voluntariedade:

O elemento subjetivo é o dolo (direito ou eventual). É a vontade livre e consciente de contratar pessoa contra disposição prevista em lei.

Não há elemento subjetivo do tipo específico.

Não admite modalidade culposa.

Consumação e Tentativa

Trata-se de crime de mera conduta, pois não há previsão de qualquer resultado, seja a investidura, seja a entrada em exercício da pessoa contratada.

Não admite tentativa, uma vez que o ato de nomeação, admissão e designação praticado pelo Prefeito é ato administrativo simples, isto é, independe de qualquer outra providência do Prefeito para ser válido. Ademais, é ato perfeito, isto é, reúne nele mesmo todos os elementos capazes de torná-lo manifestação da vontade do prefeito e, por isso mesmo, é plenamente exequível a partir dele mesmo. Essas características fazem com que produza efeitos imediatamente após ser editado, o que consuma, instantaneamente, a infração em tela.

Ação Penal

Nos termos do § 1º. do art. 1º. dessa Lei, trata-se de crime de ação penal pública incondicionada.

> XIV – Negar execução a Lei federal, estadual ou municipal, ou deixar de cumprir ordem judicial, sem dar o motivo da recusa ou da impossibilidade, por escrito, à autoridade competente.

Bem Jurídico Tutelado

Tutelam-se o princípio da legalidade e a força das decisões judiciais.

Sujeitos do Crime

Sujeito ativo é o Prefeito Municipal. A condição pessoal do agente (de funcionário público) comunica-se ao coautor, porque elementar do crime (CP, art. 30), razão pela qual se admite-se a coautoria e participação com extraneus, desde que ele tenha conhecimento dessa condição pessoal do autor.

Sujeito passivo é o Estado, lesado no seu patrimônio material ou moral.

Condutas

Há na verdade dois crimes narrados no tipo. O primeiro é negar execução à Lei federal, estadual e municipal. O segundo é deixar de cumprir ordem judicial. As condutas não são fungíveis entre si, de modo que se trata de tipo misto cumulativo, entendido como aquele em que "a Lei estabelece várias condutas nucleares que, se praticadas seguidamente, ainda que em contexto único, ensejam o concurso material".[40]

O primeiro crime – negar execução à Lei – tem como núcleo o verbo negar (*refutar, afastar, ignorar*) e objeto material a Lei federal, estadual e municipal.

Trata-se de tipo que deve ser analisado com cuidado.

As condutas do Prefeito contrárias à Lei federal, estadual ou municipal não podem ser, indiscriminadamente, aptas a caracterizar o crime em tela, sob pena de violação ao princípio da subsidiariedade. Embora, para o Prefeito, que é agente público, vigore também o princípio da legalidade pública, segundo o qual somente pode fazer aquilo que esteja expressamente previsto e autorizado na lei, dada a redação contida no tipo, que menciona "negar execução à lei", haverá crime, se ele negar cumprimento de algum comando legal específico exequível contido, geralmente, em Lei de efeito concreto, seja federal, estadual ou municipal. Com efeito, a Lei de efeito concreto é aquela que regula situação certa e determinada, que opera um comando específico e exequível e que se dirige às pessoas certas e determinadas. Nesse caso, o descumprimento da Lei prejudica os efeitos específicos pretendidos e as pessoas certas e determinadas alcançadas pelo comando, razão pela qual a tutela penal é viável, principalmente frente à identificação dos sujeitos passivos da omissão do Prefeito.

Afora essa situação, a negativa de executar Lei federal, estadual ou municipal, pode caracterizar eventualmente crime de prevaricação ou outro crime, conforme o caso. Foi exatamente o que já reconheceu o Supremo Tribunal: "a apropriação indébita previdenciária (art. 168-A do CP) prevalece sobre o tipo previsto no art. 1º, XIV, do DL 201/1967, quando a hipótese versa descumprimento de Lei municipal atinente a recolhimento a autarquia previdenciária" (AP 450, rel. min. Teori Zavascki, j. 18-11-2014, 2ª T, *DJE* de 11-2-2015).

Em regra, **não é dado ao Prefeito negar o cumprimento de Lei que entenda inconstitucional** uma vez que, enquanto não declarada formalmente inconstitucional, a Lei é eficaz e vinculante. De todo modo, em casos extremos, de flagrante inconstitucionalidade, em que o Prefeito tenha manejado as medidas adequadas para a invalidação da Lei (municipal), a questão poderá ser analisada à luz do dolo.

O segundo delito previsto no tipo é deixar de cumprir (*desobedecer, descumprir, desrespeitar*) ordem judicial.

Trata-se de crime análogo à desobediência, previsto no art. 330 do Código Penal, mas é especial, ante a peculiaridade de ser imputável a Prefeitos, além de aqui, restringir-se às ordens judiciais.

Assim sendo, o prefeito, que descumprir ordens legais de outras autoridades, poderá responder pelo crime de desobediência do art. 330 do Código Penal. Se recusar, retardar ou omitir dados técnicos indispensáveis à propositura da ação civil pública requisitados pelo Ministério Público, poderá responder pelo crime do art. 10 da Lei 7.347/1985 (Lei da Ação Civil Pública).

Embora haja divergência na doutrina tradicional acerca da possibilidade de funcionário público praticar crime de desobediência ou prevaricação, no caso de Prefeito Municipal, a discussão é resolvida pela tipificação expressa feita pelo Decreto-Lei 201/1967.

40 CUNHA. Rogério Sanches. Manual de direito penal: parte geral (arts. 1 o ao 120). 4. ed. Salvador: JusPodivm, 2016. p. 250.

A tipificação do descumprimento ou desobediência de ordem judicial é imprescindível para compelir o agente público a cumprir as decisões judiciais, principalmente nos provimentos jurisdicionais cominatórios, em que a atuação positiva ou negativa do agente é mais significativa do que eventual pagamento em pecúnia.

O elemento normativo do tipo "sem dar o motivo da recusa ou da impossibilidade, por escrito, à autoridade competente" só afasta o crime, se o Prefeito demonstrar a impossibilidade material de execução da ordem, circunstância que deverá ser apreciada pela autoridade judiciária. Nesse sentido, é a lição de Altamiro de Araújo Lima Filho: "em preliminar, somente ao próprio Judiciário compete decidir se o motivo da recusa é válido. Se é tido por tal, inexiste crime. Se, ao contrário, não o é, encontra-se plenificado o fato delituoso" (Op. cit. p. 230).

A questão da ciência inequívoca do Prefeito: É comum o Judiciário expedir ordem judicial em face do Município, muitas vezes, endereçando-a à Procuradoria do Município. Nesses casos, para caracterização do crime em estudo, de acordo com a jurisprudência do STF, é indispensável que o MP comprove a inequívoca ciência do Prefeito a respeito da ordem judicial, não sendo suficiente que a determinação judicial tenha sido comunicada a terceiros. Vale lembrar, ainda, que os Procuradores Municipais representam o Município e não o Prefeito. Dessa forma, é certo que, ao intimar a Procuradoria, há comunicação válida para o Município, mas não para o Prefeito. Assim, o Município poderá sofrer sanções cíveis pelo descumprimento (por exemplo, astreintes, etc.), mas, para que o Prefeito possa ser responsabilizado criminalmente, é indispensável a sua intimação pessoal, sobretudo em municípios grandes, o que torna factível que o prefeito não saiba de decisões judiciais ou de seu descumprimento, pois possuem administração descentralizada. Nesse sentido, já decidiu o STF. 1ª Turma. AP 555/SC, Rel. Min. Rosa Weber, j. 6/10/2015 (Info 802).

Tanto a inexecução de Lei como descumprimento de ordem ou decisão judicial são severamente rechaçados pelo ordenamento jurídico e podem justificar intervenção no ente federativo (CF, art. 35, IV), além de caracterizar ato de improbidade administrativa (LIA, art. 11, II).

Voluntariedade

O elemento subjetivo é dolo (direto ou eventual). Não se exige elemento subjetivo especial ("dolo específico"). Desnecessária intenção de descumprir a Lei ou a ordem judicial por algum motivo específico, seja para ajudar alguém, seja para ter vantagem pecuniária.

Não é admitida a modalidade culposa.

Consumação e Tentativa

Os núcleos verbais utilizados são omissivos. A consumação ocorre após caracterizada a omissão em executar a Lei ou em descumprir a decisão judicial, seja por meio de ato manifestamente contrário ao cumprimento da Lei ou da decisão, seja por meio do transcurso do prazo para tanto. Caso a Lei ou a decisão sejam cumpridas, injustificadamente, após o transcurso do prazo, o crime continua existente, devendo essa circunstância ser levada em consideração na dosimetria da pena.

A tentativa é inadmissível.

Ação Penal

Nos termos do § 1º. do art. 1º. dessa Lei, trata-se de crime de ação penal pública incondicionada.

XV – Deixar de fornecer certidões de atos ou contratos municipais, dentro do prazo estabelecido em lei.

Bem Jurídico Tutelado

O tipo tutela a Administração Pública, o princípio da publicidade, a transparência e o direito à informação.

Sujeitos do Crime

Sujeito ativo é o Prefeito Municipal. A condição pessoal do agente (de funcionário público) comunica-se ao coautor, porque elementar do crime (CP, art. 30), razão pela qual se admite a coautoria e participação com extraneus, desde que ele tenha conhecimento dessa condição pessoal do autor.

Sujeito passivo é o Estado, lesado no seu patrimônio material ou moral.

Condutas

A conduta típica é deixar de fornecer (*sonegar, não apresentar, não entregar*) certidões de atos ou contratos municipais, no prazo legal.

Além do dever de prestar contas, que constitui objeto jurídico do crime previsto no inciso VI do art. 1º. do Decreto-Lei 201/1967, o Poder Público tem o dever de fornecer certidões de atos ou contratos municipais, seja em decorrência do direito da coletividade à transparência, subprincípio da publicidade, seja em decorrência do direito à informação, que pode ter contornos individuais.

A Constituição da República garante aos cidadãos o direito de receber informações dos órgãos públicos, relativas ao interesse particular, coletivo ou geral, desde que não sejam contrárias à segurança da Sociedade e do Estado. Esses dados devem ser fornecidos em prazo legal e sob pena de responsabilidade (CF, art. 5º., XXXIII). Assegura, ainda, independentemente do pagamento de qualquer taxa, "a obtenção de certidões em repartições públicas, para a defesa de direitos e esclarecimento de situações de interesse pessoal (CF, art. 5º., XXXIV, b).

Esse dever pode estar previsto em leis em geral, como ocorre com a Lei de Acesso à informação (Lei 12.527/2011), ou em cláusulas de contratos ou convênios celebrados com o Município.

As certidões são os documentos que atestam alguma informação constante de registro ou banco de dados do Município. Os contratos são as avenças celebradas pelo município, nos termos da Lei 8.666/1993, que, em regra, são públicos.

Naturalmente não há se falar em crime, se a recusa em fornecer a certidão do ato ou contrato ocorrer em casos em que haja sigilo ou segredo de justiça. Nesses casos, porém, deve haver decisão denegatória motivada, assegurado o direito à informação parcial nos termos da Lei 12.527/2011 (art. 7º., § 2º.).

O prazo para o fornecimento da certidão ou do contrato geralmente é previsto em lei, de modo que, nesse particular, se trata de norma penal em branco.

A conduta descrita nesse tipo penal também pode caracterizar ato de improbidade administrativa (Lei 8.429/1992, artigo 11, IV).

Voluntariedade

O elemento subjetivo é o dolo (direito ou eventual), consistente na vontade livre e consciente de sonegar a certidão ou o contrato. Não há elemento subjetivo específico, sendo desnecessária vontade de privilegiar ou prejudicar alguém ou de causar dano. Não admite modalidade culposa.

Consumação e Tentativa

Trata-se de crime omissivo e de mera conduta, uma vez que se consuma com o transcurso do prazo, sem que o Prefeito forneça a certidão ou os contratos solicitados.

Inadmite a forma tentada.

Ação Penal

Nos termos do § 1º. do art. 1º. dessa Lei, trata-se de crime de ação penal pública incondicionada.

> XVI – Deixar de ordenar a redução do montante da dívida consolidada, nos prazos estabelecidos em lei, quando o montante ultrapassar o valor resultante da aplicação do limite máximo fixado pelo senado federal;

Bem Jurídico Tutelado

É a Administração Pública municipal, especialmente sob o aspecto da moralidade, probidade e a austeridade das finanças públicas municipais.

Sujeitos do Crime

Sujeito ativo é o Prefeito Municipal. A condição pessoal do agente (de funcionário público) comunica-se ao coautor, porque elementar do crime (CP, art. 30), razão pela qual se admite a coautoria e participação com extraneus, desde que ele tenha conhecimento dessa condição pessoal do autor.

Sujeito passivo é o Estado, lesado no seu patrimônio material ou moral.

Condutas

Trata-se de crime inserido no Decreto-Lei 201/1967 pela Lei 10.028/2000, que foi editada com intuito de dar tratamento criminal para o descumprimento das disposições da Lei Complementar 101, de 4 de maio de 2000 (Lei de Responsabilidade Fiscal).

O dispositivo criminaliza a quebra do dever do Prefeito, que verifica situação de endividamento ilegal do município e não adota medida necessária para reduzir o comprometimento financeiro da administração municipal. Esse dever de redução da dívida consolidada está inserto no art. 31 da Lei Complementar 101, de 4 de maio de 2000 (Lei de Responsabilidade Fiscal) que prevê:

> *Art. 31. Se a dívida consolidada de um ente da Federação ultrapassar o respectivo limite ao final de um quadrimestre, deverá ser a ele reconduzida até o término dos três subsequentes, reduzindo o excedente em pelo menos 25% (vinte e cinco por cento) no primeiro. § 1o Enquanto perdurar o excesso, o ente que nele houver incorrido: I – estará proibido de realizar operação de crédito interna ou externa, inclusive por antecipação de receita, ressalvado o*

> *refinanciamento do principal atualizado da dívida mobiliária; II – obterá resultado primário necessário à recondução da dívida ao limite, promovendo, entre outras medidas, limitação de empenho, na forma do art. 9o. § 2o Vencido o prazo para retorno da dívida ao limite, e enquanto perdurar o excesso, o ente ficará também impedido de receber transferências voluntárias da União ou do Estado. § 3o As restrições do § 1o aplicam-se imediatamente se o montante da dívida exceder o limite no primeiro quadrimestre do último ano do mandato do Chefe do Poder Executivo. § 4o O Ministério da Fazenda divulgará, mensalmente, a relação dos entes que tenham ultrapassado os limites das dívidas consolidada e mobiliária. § 5o As normas deste artigo serão observadas nos casos de descumprimento dos limites da dívida mobiliária e das operações de crédito internas e externas.*

A conduta típica é deixar de ordenar (*não determinar, abster-se de mandar*) a diminuição da dívida consolidada na forma legal.

O núcleo verbal caracteriza a infração como omissiva.

Rui Stoco bem observa que a dicção do preceito impede que o prefeito se livre da responsabilização penal pelo só fato de argumentar que a desobediência ao preceito decorreu de inércia, má-fé, omissão ou incompetência de seus prepostos. A ação física punível é justamente a omissão do prefeito, por deixar de determinar aos seus auxiliares diretos pelo gerenciamento da dívida e a obediência aos limites estabelecidos dentro do prazo fixado.[41]

O tipo emprega elementares que devem ser complementadas por conceitos de outras leis, por isso, é norma penal em branco.

Faz-se necessário compreender (1) montante da dívida consolidada; (2) o prazo para redução estabelecido em lei; (3) ato do Senado Federal que fixa o limite máximo do montante da dívida consolidada.

O conceito de **dívida consolidada** é dado pelo art. 29 da Lei de Responsabilidade Fiscal (Lei Complementar 101/2000):

> *Art. 29. Para os efeitos desta Lei Complementar, são adotadas as seguintes definições:*
>
> *I – Dívida pública consolidada ou fundada: montante total, apurado sem duplicidade, das obrigações financeiras do ente da Federação, assumidas em virtude de leis, contratos, convênios ou tratados e da realização de operações de crédito, para amortização em prazo superior a doze meses;*
>
> *(...)*
>
> *§ 3º Também integram a dívida pública consolidada as operações de crédito de prazo inferior a doze meses cujas receitas tenham constado do orçamento.*

Além disso, "*Os precatórios judiciais não pagos durante a execução do orçamento em que houverem sido incluídos integram a dívida consolidada, para fins de aplicação dos limites*" (art. 30, § 7º, da LRF).

O **prazo** em que o prefeito deve reduzir o montante da dívida consolidada é fixado pela própria Lei de Responsabilidade Fiscal (Lei Complementar 101/2000), em seu art. 30, § 4º: "*para fins de verificação do atendimento do limite, a apuração do montante da dívida consolidada será efetuada ao final de cada quadrimestre*".

---

41 STOCO Rui e outros. Leis Penais Especiais e sua interpretação Jurisprudencial, São Paulo: RT, 7ª. ed. 2002, p. 2734.

O **limite máximo** fixado pelo Senado Federal é feito por meio de Resolução e serve de baliza para a atuação do Prefeito.

Os limites para a dívida consolidada dos Estados e dos Municípios estão definidos, a partir 20 de dezembro de 2001, pela Resolução nº 40 do Senado Federal, a quem compete, nos termos da Constituição Federal, definir limites de endividamento e condições para contratação de operações de crédito

Voluntariedade

O elemento subjetivo é o dolo (direto e eventual) consistente na vontade livre e consciente de deixar de reduzir o montante da dívida consolidada, no prazo e forma determinado na lei.

Não admite modalidade culposa.

Consumação e Tentativa

O crime consuma-se após o transcurso do prazo que o Prefeito tinha para reduzir o montante da dívida consolidada, até o limite máximo fixado pelo Senado Federal.

Por ser crime omissivo, não admite tentativa.

Ação Penal

Nos termos do § 1º. do art. 1º. dessa Lei, trata-se de crime de ação penal pública incondicionada.

> XVII – Ordenar ou autorizar a abertura de crédito em desacordo com os limites estabelecidos pelo senado federal, sem fundamento na Lei orçamentária ou na de crédito adicional ou com inobservância de prescrição legal;

Bem Jurídico Tutelado

É a Administração Pública municipal, especialmente sob o aspecto da moralidade, probidade e a austeridade das finanças públicas municipais.

Sujeitos do Crime

Sujeito ativo é o Prefeito Municipal. A condição pessoal do agente (de funcionário público) comunica-se ao coautor, porque elementar do crime (CP, art. 30), razão pela qual se admite a coautoria e participação com extraneus, desde que ele tenha conhecimento dessa condição pessoal do autor. Sujeito passivo é o Estado, lesado no seu patrimônio material ou moral.

Condutas

Trata-se de crime inserido no Decreto-Lei 201/1967 pela Lei 10.028/2000, que foi editada com intuito de dar tratamento criminal para o descumprimento das disposições da Lei Complementar 101, de 4 de maio de 2000 (Lei de Responsabilidade Fiscal).

Faz-se necessário fixar o conceito legal de operação de crédito, o qual servirá para compreensão de vários outros crimes introduzidos pela Lei 10.028/2000.

Operação de crédito, nos termos do art. 29, III, da Lei de Responsabilidade Fiscal, é o compromisso financeiro assumido em razão de mútuo, abertura de crédito, emissão e aceite de título, aquisição financiada de bens, recebimento antecipado de valores provenientes da venda a termo de bens e serviços, arrendamento mercantil e outras operações assemelhadas, inclusive com o uso de derivativos financeiros. Prevê o § 1º do art. 29 que se equipara a operação de crédito a assunção, o reconhecimento ou a confissão de dívidas pelo ente da Federação, sem prejuízo do cumprimento das exigências dos arts. 15 e 16.

O dispositivo procurou criminalizar o endividamento ilegal dos municípios, por meio de gestão temerária do prefeito. Com efeito, as operações de crédito são os principais meios de os municípios obterem recursos junto às instituições financeiras, de modo que a regulamentação dessas atividades é medida que busca impedir o comprometimento financeiro do município.

Há semelhança entre esse inciso XVII e o tipo previsto no inciso XX, pois ambos envolvem operação de crédito realizada em desacordo com a lei. Distinguem-se, todavia, porque, no inciso em estudo, a operação de crédito é contratada em violação ao limite estabelecido pelo Senado ou, de um modo geral, com inobservância legal, enquanto, no inciso XX, a operação de crédito é contratada com pessoa impedida de fazê-lo (entes da Federação).

Os verbos ordenar (*mandar, determinar*) e autorizar (*permitir, admitir, aprovar*) têm sentidos semelhantes entre si, pelo que se trata de tipo misto alternativo, entendido como aquele em que "a Lei estabelece diversos núcleos que, se praticados no mesmo contexto fático, caracterizam o cometimento de apenas um delito.[42]

Novamente o tipo emprega elementares que devem ser complementadas por meio de conceitos contidos em outras leis, pelo que se constitui em norma penal em branco.

Faz-se necessário compreender (1) limites de abertura de crédito estabelecidos pelo Senado Federal; (2) Operação de crédito; (3) leis aplicáveis ao caso.

Os limites de abertura de crédito são estabelecidos pelo Senado Federal, mediante resolução (CF, art. 52, VII).

A mesma Lei prevê, nos arts. 32 e 33, os critérios que devem ser obedecidos para contratação de operações de crédito, sendo que a violação dessas prescrições legais constitui último elemento do tipo.

Cezar Roberto Bitencourt ensina que, "além de estar em desacordo com os limites estabelecidos pelo Senado Federal, para tipificar esse crime, é necessário que a abertura de crédito seja autorizada sem fundamento na Lei orçamentária ou na de crédito adicional ou com inobservância de prescrição legal.

(...)

Por outro lado, se o Prefeito determinar a abertura de crédito de acordo com os limites estabelecidos pelo Senado Federal, tampouco tipificará a infração penal *sub examen*, mesmo que o faça com inobservância de qualquer das três leis mencionadas no tipo penal, pois lhe falta a primeira elementar normativa, "em desacordo com os limites estabelecidos...". Na verdade, as elementares — em desacordo com os limites estabelecidos pelo Senado Federal, sem fundamento na Lei orçamentária ou na de crédito adicional ou com inobservância de prescrição legal — são cumulativas. Em outras palavras, todas devem estar presentes na

42 CUNHA. Rogério Sanches. Manual de direito penal: parte geral (arts. 1 o ao 120). 4. ed. Salvador: JusPodivm, 2016. p. 250.

representação do agente, e, assim sendo, com qualquer delas não tendo sido abrangida pelo dolo, será impossível o aperfeiçoamento da conduta".[43]

Ousamos discordar do mestre, uma vez que o tipo exige que qualquer etapa do processo financeiro de abertura de crédito obedeça rigorosamente ao instituído pela Lei de Responsabilidade Fiscal. Caso o prefeito autorize a abertura de crédito dentro do limite estabelecido pelo Senado, mas sem observância da Lei Orçamentária ou com inobservância, por exemplo, dos arts. 32 e 33 da Lei de Responsabilidade Fiscal, incide no crime em tela. No mesmo sentido, é o escólio de Rui Stoco, segundo o qual "evidentemente não se exige que o agente pratique todas as condutas da norma para que o crime se configure. Basta que o prefeito ordene ou autorize a abertura de crédito com infração a qualquer uma das três proibições contidas no inciso. Significa, ainda, que, havendo autorização do Senado, mas descumprido o limite fixado na Lei complementar ou ordinária ou na Lei orçamentária, o crime se aperfeiçoa".[44]

Por isso, configura o crime previsto nesse inciso XVII, a **abertura de créditos adicionais** sem a observância das prescrições legais. A abertura de crédito é feita, geralmente, por meio de decretos, os quais são editados, visando atender à necessidade de reajustes da Lei Orçamentária Anual – (LOA), no decorrer do exercício financeiro. A autorização para abertura de créditos adicionais constitui um dos mecanismos previstos pelo legislador para suprir tal necessidade, os quais, entretanto, devem observar os preceitos legais de regência, dentre eles, a prévia autorização legislativa e a existência de fonte de origem dos recursos disponíveis. São considerados recursos passíveis de serem utilizados para abertura de créditos suplementares, conforme disposto no artigo 43 da Lei nº 4.320/1964, desde que não estejam comprometidos, os provenientes do superávit financeiro apurado em balanço patrimonial do exercício anterior, os provenientes do excesso de arrecadação, os resultantes de anulação parcial ou total de dotações orçamentárias ou de créditos adicionais e o produto de operações de crédito autorizadas.

A abertura de crédito adicional suplementar, sem fonte de recursos correspondentes, constitui expediente artificioso, que repercute na correta execução da Lei Orçamentária Anual, significando afronta grave aos arts. 166, § 3º, inc. II e 167, inc. V, ambos da Constituição Federal, ao art. 43 da Lei Federal nº 4.320/64 e ao art. 1º, § 1º, da Lei Complementar nº 101/2000, provocando grave desequilíbrio nas contas públicas do Município, o que caracteriza a elementar final do tipo 'inobservância de prescrição legal'.

A acusação contra prefeito municipal de ter aberto, por meio de decretos, créditos adicionais sem a existência das correspondentes receitas excedentes, que, em tese, revelaria o crime objeto do art. 1º, XVII, do DL 201/1967, deve trazer em seu bojo as datas em que tais atos foram assinados pelo chefe do Executivo ou publicados no Diário Oficial. Em se tratando do delito do art. 1º, XVII, do DL 201/1967, não é suficiente, para fins do art. 41 do CPP, a menção apenas ao exercício financeiro em que os ilícitos penais, em tese, teriam se materializado. (STF. Inq 3.038, rel. min. Ricardo Lewandowski, j. 10-11-2011, PDJE de 6-2-2012).

---

43 BITENCOURT, Cezar Roberto. Tratado de Direito Penal. Parte Especial. Vol. 5. 8ªed. São Paulo: Saraiva. 2014. p. 536/537.

44 STOCO Rui e outros. Leis Penais Especiais e sua interpretação Jurisprudencial, São Paulo: RT, 7ª. ed. 2002, p. 2737.

Voluntariedade

O elemento subjetivo é o dolo (direto ou eventual) consistente na vontade livre e consciente de ordenar ou autorizar os atos de abertura de crédito sem a observância das demais formalidades necessárias descritas no tipo. Não há dolo específico.

Não há modalidade culposa.

Consumação e Tentativa

Trata-se de crime de mera conduta, pois não há previsão de resultado. O crime consuma-se com a mera ordem ou autorização emitida pelo prefeito, ainda que não haja efetiva assunção de compromisso financeiro.

Não admite tentativa, uma vez que a decisão do prefeito que ordena e autoriza a abertura de crédito, nos moldes supracitados, é ato administrativo simples, isto é, independe de qualquer outra providência do Prefeito para ser válido. Ademais, é ato perfeito, isto é, reúne nele mesmo todos os elementos capazes de torná-lo manifestação da vontade do prefeito e, por isso, é plenamente exequível a partir dele mesmo. Essas características fazem com que produza efeitos imediatamente após ser editado, o que instantaneamente consuma a infração em tela.

Aliás, o verbo ordenar contido no tipo já foi analisado pelo insuperável Nelson Hungria, o qual arrematou: "consuma-se o crime, em relação ao expedidor da ordem ilegal, desde que seja esta expedida, oralmente ou por escrito, isto é, desde que se cria o perigo de ser executada, pouco importando que o não seja efetivamente..." (HUNGRIA, Nelson. Comentários ao Código Penal. Rio de Janeiro: Forense. 1958. vol. IX. p. 508).

Ação Penal

Nos termos do § 1º. do art. 1º. dessa Lei, trata-se de crime de ação penal pública incondicionada.

> XVIII – Deixar de promover ou de ordenar, na forma da lei, o cancelamento, a amortização ou a constituição de reserva para anular os efeitos de operação de crédito realizada com inobservância de limite, condição ou montante estabelecido em lei;

Bem Jurídico Tutelado

É a Administração Pública municipal, especialmente sob o aspecto da moralidade, probidade e a austeridade das finanças públicas municipais.

Sujeitos do Crime

Sujeito ativo é o Prefeito Municipal. A condição pessoal do agente (de funcionário público) comunica-se ao coautor, porque elementar do crime (CP, art. 30), razão pela qual se admite a coautoria e participação com extraneus, desde que ele tenha conhecimento dessa condição pessoal do autor.

Sujeito passivo é o Estado, lesado no seu patrimônio material ou moral.

Condutas

Trata-se de crime inserido no Decreto-Lei 201/1967 pela Lei 10.028/2000, que foi editada com intuito de dar tratamento criminal para o descumprimento das disposições da Lei Complementar n. 101, de 4 de maio de 2000 (Lei de Responsabilidade Fiscal).

No tipo penal anterior, é punível a conduta do Prefeito que causa, por meio de operações de crédito ilegais, o endividamento indevido do Município. Neste inciso XVIII, é tipificada a conduta do Prefeito que não toma as medidas necessárias para anular ou minorar o endividamento ilegal.

Há entre os dois crimes uma relação sequencial. "No tipo do inciso XVII, o prefeito realiza a operação de crédito de forma irregular. No inciso XVIII, o prefeito deixa de corrigir o equívoco praticado anteriormente, pois não promove nem ordena o cancelamento, a amortização ou a constituição de reserva para anular os efeitos de tal operação".[45]

Naturalmente, caso o prefeito pratique o crime do primeiro inciso, não pode ser responsabilizado pela conduta prevista no segundo, porque aquela conduta é prioritária sobre essa. Como bem anotam os autores acima, nesse caso, a conduta do inciso XVIII é um *post factum* impunível.

No caso, contudo, de haver sucessão de prefeitos, em que um deles pratica o crime do inciso XVII e, logo em seguida, outro toma posse do mandato eletivo, surge o dever, para este, de cancelar as operações de crédito ilegais, sob pena de ser responsabilizado pelo crime do inciso XVIII. Nesse caso, não haverá sobreposição de responsabilização, afinal, não há propriamente fato posterior irrelevante, mas descumprimento autônomo de dever funcional do novo alcaide e nova violação, independente do bem jurídico tutelado pela norma.

Ocorrida a operação de crédito ilegal, é dever do prefeito tomar medidas para sanar a irregularidade. Por isso, os núcleos verbais são deixar de promover (*não fazer, não providenciar, não agir*) ou deixar de ordenar (*não determinar, não mandar*). São condutas omissivas semelhantes pelo que o tipo é misto alternativo, entendido como aquele em que "a Lei estabelece diversos núcleos que, se praticados no mesmo contexto fático, caracterizam o cometimento de apenas um delito.[46]

Como mencionado por ocasião do estudo ao inciso XVI, a dicção da forma verbal "deixar de ordenar" impede que o prefeito se livre da responsabilização penal pelo só fato de argumentar que a desobediência ao preceito decorreu de inércia, má-fé, omissão ou incompetência de seus prepostos. A ação física punível é justamente a omissão do prefeito, por deixar de determinar aos seus auxiliares diretos.

As medidas que o prefeito deve adotar, visando anular as operações de crédito ilegais são o cancelamento, a amortização ou a constituição de reserva.

O cancelamento é a anulação da operação realizada com inobservância da Lei de Responsabilidade fiscal, conforme se extrai do §1º do art. 33 da Lei Complementar 101/2000 (LRF).

A amortização é o pagamento parcial, a médio prazo, da dívida.

---

45 ROQUE, Fabio. TAVORA, Nestor. ALENCAR, Rosmar Rodrigues. Op. cit. p. 987.

46 CUNHA. Rogério Sanches. Manual de direito penal: parte geral (arts. 1 o ao 120). 4. ed. Salvador: JusPodivm, 2016. p. 250.

Constituição de reserva é formação de fundo de valores destinados ao pagamento futuro da dívida.

Há uma aparente contradição no tipo uma vez que a operação de crédito realizada em desacordo com a lei, por ser ilegal, deve, em princípio, ante o princípio da autotutela, sempre ser anulada. Assim, via de regra, a única medida exigível do prefeito é o cancelamento da operação. Todavia, excepcionalmente, nos casos em que não há nulidade plena da operação de crédito, como, por exemplo, aquelas eventualmente legitimadas via poder judiciário e que vincule terceiros de boa-fé, alcançadas pela teoria do fato consumado, o alcaide deve adotar as outras medidas, seja a amortização, seja a constituição de fundo de reserva, ambas medidas aptas a anular os efeitos da operação de crédito ilegal.

Novamente o tipo emprega elementares que devem ser complementadas por meio de conceitos contidos em outras leis, pelo que se constitui em norma penal em branco. "Os limites, a condição ou montante estabelecido em lei" referido no tipo foram fixados pela Lei 9.995/2000.

Voluntariedade

O elemento subjetivo é o dolo (direto) consistente na vontade livre e consciente de deixar de promover ou deixar de ordenar as medidas indicadas no tipo para anular os efeitos da operação de crédito ilegal. Não há dolo específico.

Não há modalidade culposa.

Consumação e Tentativa

Trata-se de crime de mera conduta. O crime consuma-se com a mera conduta omissiva do prefeito, pois não há previsão de resultado naturalístico.

Não admite tentativa.

Ação Penal

Nos termos do § 1º. do art. 1º. dessa Lei, trata-se de crime de ação penal pública incondicionada.

> XIX – Deixar de promover ou de ordenar a liquidação integral de operação de crédito por antecipação de receita orçamentária, inclusive os respectivos juros e demais encargos, até o encerramento do exercício financeiro;

Bem Jurídico Tutelado

É a Administração Pública municipal, especialmente sob o aspecto da moralidade, probidade e a austeridade das finanças públicas municipais.

Sujeitos do Crime

Sujeito ativo é o Prefeito Municipal.

Sujeito passivo é o Estado, lesado no seu patrimônio material ou moral.

Condutas

Trata-se de crime inserido no Decreto-Lei 201/1967 pela Lei 10.028/2000, que foi editada com intuito de dar tratamento criminal para o descumprimento das disposições da Lei Complementar n. 101, de 4 de maio de 2000 (Lei de Responsabilidade Fiscal).

O legislador pretende impedir a transferência de dívidas de um exercício financeiro para outro, de modo que a Lei de Responsabilidade Fiscal determina que as operações de crédito por antecipação de receita devam ser liquidadas integralmente, até o encerramento do exercício financeiro em que foram antecipadamente realizadas. Nos termos do art. 38 da LRF, "*a operação de crédito por antecipação de receita destina-se a atender insuficiência de caixa durante o exercício financeiro e cumprirá as exigências mencionadas no art. 32 e mais as seguintes: I – realizar-se-á somente a partir do décimo dia do início do exercício; II – deverá ser liquidada, com juros e outros encargos incidentes, até o dia dez de dezembro de cada ano; III – não será autorizada se forem cobrados outros encargos que não a taxa de juros da operação, obrigatoriamente prefixada ou indexada à taxa básica financeira, ou à que vier a esta substituir; IV – estará proibida: a) enquanto existir operação anterior da mesma natureza não integralmente resgatada; b) no último ano de mandato do Presidente, Governador ou Prefeito Municipal*".

Citando Geraldo Ataliba, Cezar Roberto Bitencourt explica que "a operação de crédito por antecipação da receita é um tipo de empréstimo que o Poder Público faz com a exclusiva finalidade de suprir eventuais quedas de arrecadação, ou para enfrentar determinados períodos em que as suas receitas ordinárias são de tal forma baixas, que não cobrem os dispêndios normais e ordinários".[47]

"Trata-se, então, de realizar uma operação de crédito cujo lastro seja uma receita futura, ainda não concretizada, mas prevista no orçamento. O endividamento se justifica porque a receita até então obtida não foi suficiente para fazer frente às despesas assumidas pelo Estado. Daí, portanto, a necessidade de "antecipar" uma receita futura e corrigir a ausência de recursos orçamentários".[48]

Ocorrida a operação de crédito por antecipação de receita, é dever do prefeito liquidá-la no prazo previsto. Por isso, os núcleos verbais são deixar de promover (*não fazer, não providenciar, não agir*) ou deixar de ordenar (*não determinar, não mandar*). São condutas omissivas semelhantes pelo que o tipo é misto alternativo, entendido como aquele em que "a Lei estabelece diversos núcleos que, se praticados no mesmo contexto fático, caracterizam o cometimento de apenas um delito.[49]

Como mencionado por ocasião do estudo ao inciso XVI, a dicção da forma verbal "deixar de ordenar" impede que o prefeito se livre da responsabilização penal pelo só fato de argumentar que a desobediência ao preceito decorreu de inércia, má-fé, omissão ou incompetência de seus prepostos. A ação física punível é justamente a omissão do prefeito, por deixar de determinar aos seus auxiliares diretos.

Liquidar é quitar ou pagar. Da forma como está regida a sentença gramatical do tipo, para não incorrer no crime, o prefeito deve promover ou ordenar a liquidação integral. Caso ocorra a liquidação parcial, ainda que no prazo legal, incorrerá no crime em estudo.

Do mesmo modo, a liquidação realizada depois de encerrado o exercício financeiro não afasta o crime, tratando-se de conduta que pode ser levada em conta na dosimetria da pena.

---

47 BITENCOURT, Cezar Roberto. Tratado de Direito Penal. Parte Especial. Vol. 5. 8ªed. São Paulo: Saraiva. 2014. p. 543

48 PISCITELLI, Tathiane. Direito financeiro esquematizado. 4. ed. Rio de Janeiro: Forense, São Paulo: MÉTODO, 2014. p. 182.

49 CUNHA. Rogério Sanches. Manual de direito penal: parte geral (arts. 1 o ao 120). 4. ed. Salvador: JusPodivm, 2016. p. 250.

Voluntariedade

O elemento subjetivo é o dolo (direto) consistente na vontade livre e consciente de deixar de promover ou deixar de ordenar a liquidação integral de crédito por antecipação de receita. Não há dolo específico.

Não há modalidade culposa.

Consumação e Tentativa

Trata-se de crime de mera conduta. O crime consuma-se com a mera conduta omissiva do prefeito, pois, não há previsão de resultado naturalístico. No caso específico, o crime se consuma no primeiro dia, após encerrado o exercício financeiro, sem que o Prefeito tenha determinado a liquidação da operação de crédito.

Não admite tentativa.

Ação Penal

Nos termos do § 1º. do art. 1º. dessa Lei, trata-se de crime de ação penal pública incondicionada.

> XX – Ordenar ou autorizar, em desacordo com a lei, a realização de operação de crédito com qualquer um dos demais entes da federação, inclusive suas entidades da administração indireta, ainda que na forma de novação, refinanciamento ou postergação de dívida contraída anteriormente;

Bem Jurídico Tutelado

É a Administração Pública municipal, especialmente sob o aspecto da moralidade, probidade e a austeridade das finanças públicas municipais.

Sujeitos do Crime

Sujeito ativo é o Prefeito Municipal. A condição pessoal do agente (de funcionário público) comunica-se ao coautor, porque elementar do crime (CP, art. 30), razão pela qual se admite a coautoria e participação com extraneus, desde que ele tenha conhecimento dessa condição pessoal do autor.

Sujeito passivo é o Estado, lesado no seu patrimônio material ou moral.

Condutas

Trata-se de crime inserido no Decreto-Lei 201/1967 pela Lei 10.028/2000, que foi editada com intuito de dar tratamento criminal para o descumprimento das disposições da Lei Complementar n. 101, de 4 de maio de 2000 (Lei de Responsabilidade Fiscal).

Trata-se de tipificação semelhante à contida no art. 359-A do Código Penal[50], embora aqui a conduta seja mais específica.

50 Que dispõe: Art. 359-A. Ordenar, autorizar ou realizar operação de crédito, interno ou externo, sem prévia autorização legislativa. Pena – reclusão, de 1 (um) a 2 (dois) anos. Parágrafo único. Incide na mesma pena quem ordena, autoriza ou realiza operação de crédito, interno ou externo: I – com inobservância de limite,

Há semelhança entre esse inciso e o previsto o inciso XVII, pois ambos envolvem operação de crédito realizada em desacordo com a lei. Distinguem-se, todavia, porque, no inciso XVII, a operação de crédito é contratada em violação ao limite estabelecido pelo Senado e sem fundamento da Lei Orçamentária, enquanto, nesse inciso em estudo, a operação de crédito é contratada com pessoa impedida de fazê-lo (entes da Federação).

A fim de controlar o endividamento do setor público, a Lei de Responsabilidade Fiscal, no art. 35, prevê: "*é vedada a realização de operação de crédito entre um ente da Federação, diretamente ou por intermédio de fundo, autarquia, fundação ou empresa estatal dependente, e outro, inclusive suas entidades da administração indireta, ainda que sob a forma de novação, refinanciamento ou postergação de dívida contraída anteriormente*".

Trata-se de mecanismo que busca assegurar o equilíbrio federativo, evitando-se a existência de pendências financeiras entre os entes.

O artigo 35, em seus § 1º e 2º, estabelece algumas exceções, sendo lícita a realização de operações de crédito entre instituição financeira estatal e o ente da Federação, desde que o empréstimo se destine a: "*I – financiar, direta ou indiretamente, despesas correntes e II – refinanciar dívidas não contraídas junto à própria instituição concedente*".

Os verbos ordenar (*mandar, determinar*) e autorizar (*permitir, admitir, aprovar*) têm relação de semelhança entre si, pelo que se trata de tipo misto alternativo, entendido como aquele em que "a Lei estabelece diversos núcleos que, se praticados no mesmo contexto fático, caracterizam o cometimento de apenas um delito.[51]

Desse modo, comete o crime em estudo o Prefeito que ordena ou autoriza operação de crédito em desacordo com essa proibição.

A fórmula final "*ainda que na forma de novação, refinanciamento ou postergação da dívida contraída anteriormente*" enumera alguns atos jurídicos que constituem operação de crédito por extensão, conforme prevê o § 1º do art. 29 da Lei de Responsabilidade Fiscal, o qual prevê que se equipara a operação de crédito a assunção, o reconhecimento ou a confissão de dívidas pelo ente da Federação, sem prejuízo do cumprimento das exigências dos arts. 15 e 16.

A conduta descrita nesse tipo configura crime de responsabilidade previsto no art. 10, número 9, da Lei 1.079/1956.

Pedaladas fiscais: Trata-se de expressão que, grosso modo, significa a prática de atrasar, intencionalmente, o pagamento de compromissos com bancos públicos, destinado para quitação de subvenções de programas públicos. De acordo com o esposado no emblemático acórdão nº 1464/2015, Processo nº 005.335/2015-9, do Tribunal de Contas da União, pedalada fiscal é um termo que se refere a operações orçamentárias realizadas pelo Tesouro Nacional, não previstas na legislação, que consistem em atrasar o repasse de verba a bancos públicos e privados, com a intenção de aliviar a situação fiscal do governo em um determinado mês ou ano, apresentando melhores indicadores econômicos ao mercado financeiro e aos especialistas em contas públicas. Com essa conduta, o repasse atrasado constitui-se em um crédito em decorrência de um inadimplemento contratual.

---

condição ou montante estabelecido em Lei ou em resolução do Senado Federal; II – quando o montante da dívida consolidada ultrapassa o limite máximo autorizado por lei.

51 CUNHA. Rogério Sanches. Manual de direito penal: parte geral (arts. 1 o ao 120). 4. ed. Salvador: JusPodivm, 2016. p. 250.

Aqui surge a polêmica em torno da questão.

Para uma primeira corrente, esse crédito é apto a caracterizar-se como uma operação de crédito, a teor do que prevê o art. 29, inciso II e seu § 1o, da LRF. Seria, portanto, uma manobra para despistar a vedação contida nos arts. 35 e 36 da Lei de Responsabilidade Fiscal, o que é suficiente para caracterizar o elemento normativo do tipo "em desacordo com a lei". Como os bancos públicos são entidades da administração pública indireta, as pedaladas fiscais podem caracterizar infração ao inciso em estudo (inciso XX), ou ainda, dependendo das particularidades do caso, ao inciso XVII.

Para uma segunda corrente, o crédito decorrente desse inadimplemento não caracteriza operação de crédito, porque não tem natureza originária. É mera consequência legal acessória à obrigação original descumprida. Assim sendo, não é possível o alargamento do conceito do art. 29 da LRF para alcançar as pedalas fiscais, uma vez que, no direito penal, é proibida a analogia *in malam partem*.

Entendemos correta a primeira corrente, uma vez que o caso não envolve analogia *in malam partem,* mas interpretação extensiva, integrada por outros institutos jurídicos, como assunção, reconhecimento e confissão de dívida, os quais são definidos pela própria Lei de Responsabilidade Fiscal como forma equiparada de emissão de títulos e de operação de crédito. Além disso, o tipo penal em estudo utiliza redação extensiva que abarca atos capazes de postergar a dívida antes contraída, justamente visando abarcar manobras de várias espécies que atentem contra a austeridade fiscal pretendida pela Lei.

Voluntariedade

O elemento subjetivo é o dolo (direto ou eventual) consistente na vontade livre e consciente de ordenar ou autorizar os atos de abertura de crédito, sem a observância das demais formalidades necessárias descritas no tipo. Não há dolo específico.

Não há modalidade culposa.

Consumação e Tentativa

Trata-se de crime de mera conduta, pois não há previsão de resultado, de modo que o crime se consuma com a mera emissão do ato pelo Prefeito, independentemente da efetiva realização da operação de crédito.

Não admite tentativa, uma vez que a decisão do prefeito, que ordena e autoriza a abertura de crédito nos moldes anteriormente mencionados, é ato administrativo simples, isto é, independe de qualquer outra providência do Prefeito para ser válido. Ademais, é ato perfeito, isto é, reúne nele mesmo todos os elementos capazes de torná-lo manifestação da vontade do prefeito e, por isso, é plenamente exequível a partir dele mesmo. Essas características fazem com que produzam efeitos imediatamente após serem editados, o que consuma a infração em tela.

Aliás, o verbo ordenar contido no tipo já foi analisado pelo insuperável Nelson Hungria, o qual arrematou: "Consuma-se o crime, em relação ao expedidor da ordem ilegal, desde que seja esta expedida, oralmente ou por escrito, isto é, desde que se cria o perigo de ser executada pouco importando que o não seja efetivamente..."[52]

52 HUNGRIA, Nelson. Comentários ao Código Penal. Rio de Janeiro: Forense. 1958. vol. IX. p. 508.

Ação Penal

Nos termos do § 1º. do art. 1º. dessa Lei, trata-se de crime de ação penal pública incondicionada.

> XXI – Captar recursos a título de antecipação de receita de tributo ou contribuição cujo fato gerador ainda não tenha ocorrido;

Bem Jurídico Tutelado

É a Administração Pública municipal, especialmente sob o aspecto da moralidade, probidade e a austeridade das finanças públicas municipais.

Sujeitos do Crime

Sujeito ativo é o Prefeito Municipal. A condição pessoal do agente (de funcionário público) comunica-se ao coautor, porque elementar do crime (CP, art. 30), razão pela qual se admite a coautoria e participação com extraneus, desde que ele tenha conhecimento dessa condição pessoal do autor. Sujeito passivo é o Estado, lesado no seu patrimônio material ou moral.

Condutas

Trata-se de crime inserido no Decreto-Lei 201/1967 pela Lei 10.028/2000, que foi editada com intuito de dar tratamento criminal para o descumprimento das disposições da Lei Complementar n. 101, de 4 de maio de 2000 (Lei de Responsabilidade Fiscal).

A fim de controlar o endividamento do setor público, a Lei de Responsabilidade Fiscal, no art. 37, I, dispõe: "Art. 37: Equiparam-se a operações de crédito e estão vedados: (...) I – captação de recursos a título de antecipação de receita de tributo cujo fato gerador ainda não tenha ocorrido, sem prejuízo do disposto no § 7º do artigo 150 da Constituição."

"A pretensão do legislador foi a de proibir operações de endividamento que tenham por lastro receitas tributárias ainda não realizadas, tendo-se em vista a não ocorrência dos fatos geradores respectivos. As receitas tributárias apenas poderão fazer frente a uma operação de crédito, caso a estimativa prevista na LOA tenha, efetivamente, se concretizado, e tal pode ser aferido pela realização do fato jurídico que resulta na incidência tributária e, assim, no dever do sujeito passivo de recolher o tributo".[53]

A intenção do legislador foi evitar que o Prefeito Municipal, com base em futurologia contábil frente a provável arrecadação tributária, ainda que referente a outros exercícios financeiros, obtenha recursos, utilizando-se da antecipação de receita orçamentária.

"Trata-se de mais um mecanismo que busca assegurar o equilíbrio federativo, evitando-se a existência de pendências financeiras entre os entes. Isso porque a mera expectativa de arrecadar não significa arrecadação efetiva, considerando não só as oscilações econômicas e

53 PISCITELLI, Tathiane. Direito financeiro esquematizado. 4. ed. Rio de Janeiro: Forense, São Paulo: MÉTODO, 2014. p. 177.

financeiras, mas principalmente o fato de sonegação e evasão fiscal pelos mecanismos da imunidade, isenção e não incidência são fatos incontestes".[54]

Por isso, captar (*obter, adquirir, contratar*) recursos por meio de operação de crédito com lastro e garantia que comprometa a receita tributária, sem que o fato gerador tenha ocorrido, configura o crime em estudo.

Para obter recursos por antecipação de receita, o prefeito somente poderá empenhar receita tributária como garantia, quando o fato gerador do tributo já tiver ocorrido.

Voluntariedade

O elemento subjetivo é o dolo (direto ou eventual) consistente na vontade livre e consciente de captar recursos, utilizando-se de receita tributária cujo fato gerador não tenha ocorrido. Não há dolo específico.

Não há modalidade culposa.

Consumação e Tentativa

Da maneira como está redigido, ao contrário de outros tipos, o núcleo verbal destaca a ocorrência do resultado. O crime se consuma com a captação/obtenção dos recursos, pelo que se caracteriza como crime material.

Assim, admite tentativa, como no caso de o prefeito autorizar a captação do recurso por meio da operação de crédito antecipada, utilizando-se de receita tributária sem a ocorrência do fato gerador, mas, antes da efetiva captação do recurso, por circunstâncias alheias à sua vontade, a operação é suspensa.

Ação Penal

Nos termos do § 1º. do art. 1º. dessa Lei, trata-se de crime de ação penal pública incondicionada.

> XXII – Ordenar ou autorizar a destinação de recursos provenientes da emissão de títulos para finalidade diversa da prevista na Lei que a autorizou;

Bem Jurídico Tutelado

É a Administração Pública municipal, especialmente sob o aspecto da moralidade, probidade administrativa e a austeridade das finanças públicas municipais.

Sujeitos do Crime:

Sujeito ativo é o Prefeito Municipal. A condição pessoal do agente (de funcionário público) comunica-se ao coautor, porque elementar do crime (CP, art. 30), razão pela qual se admite a coautoria e participação com extraneus, desde que ele tenha conhecimento dessa condição pessoal do autor.

Sujeito passivo é o Estado, lesado no seu patrimônio material ou moral.

---

54 STOCO, Rui. e outros, Leis Penais Especiais e sua interpretação Jurisprudencial, São Paulo: RT, 7ª. 2002, p. 2745.

Condutas

Trata-se de crime inserido no Decreto-Lei 201/1967 pela Lei 10.028/2000, que foi editada com intuito de dar tratamento criminal para o descumprimento das disposições da Lei Complementar n. 101, de 4 de maio de 2000 (Lei de Responsabilidade Fiscal).

É figura penal que se assemelha à prevista nos incisos III, IV e V do Decreto-Lei 201/1967 e art. 315 do Código Penal, porque também busca punir a alteração, indevida, da destinação de determinada verba pública. Todavia, possui objeto material específico, qual seja, os recursos provenientes da emissão de títulos.

Pratica esse crime o prefeito que ordenar (*mandar, determinar*) e autorizar (*permitir, admitir, aprovar*) a destinação do recurso, oriundo da emissão de título, para a finalidade diferente da prevista na Lei que a autorizou. Há relação de semelhança entre os núcleos verbais, pelo que se trata de tipo misto alternativo, entendido como aquele em que "a Lei estabelece diversos núcleos que, se praticados no mesmo contexto fático, caracterizam o cometimento de apenas um delito."[55]

Como explica Cezar Roberto Bitencourt, "a emissão de títulos da dívida pública depende sempre de Lei que a autorize e será sempre vinculada, isto é, terá destinação específica, ou seja, sua finalidade deverá, necessariamente, constar do texto legal. Essa obrigatoriedade vinculativa ganha mais coercibilidade com a transformação de sua desobediência em crime. A experiência tem demonstrado que é inócuo estabelecer proibições ou criar obrigações aos agentes públicos, se seu descumprimento não vier acompanhado das respectivas sanções".[56]

Os recursos provenientes da emissão de títulos constituem autênticas rendas públicas, isto é, dinheiro percebido pela Fazenda Pública e que se destinam, segundo previsão em lei, a uma finalidade específica.

No crime em estudo, o destinatário do recurso deve ser o próprio ente público. Se a ordem ou autorização destinar o recurso em benefício próprio ou para terceira pessoa, restará caracterizado o crime de Peculato do art. 1º., inciso I, do Decreto-Lei 201/1967, ainda que na forma tentada.

Fosse permitida a destinação do recurso para finalidade diversa da prevista na Lei que autorizou a emissão de títulos, o Prefeito poderia gerir os recursos públicos, sem qualquer tipo de participação ou controle do legislativo e mesmo do cidadão. Isso levaria ao desmoronamento do sistema constitucional de *checks and balences* e de controle da atividade orçamentária.

Voluntariedade

O elemento subjetivo é o dolo (direto ou eventual) consistente na vontade livre e consciente de determinar a destinação dos recursos, oriundos da emissão de títulos, para finalidade diversa à prevista antes na lei. Não há exigência de elemento subjetivo específico (finalidade especial).

Não há modalidade culposa.

---

55 CUNHA. Rogério Sanches. Manual de direito penal: parte geral (arts. 1 o ao 120). 4. ed. Salvador: JusPodivm, 2016. p. 250.

56 BITENCOURT, Cezar Roberto. Tratado de Direito Penal. Parte Especial. Vol. 5. 8ª ed. São Paulo: Saraiva. 2014. p. 550.

Consumação e Tentativa

Trata-se de crime de mera conduta, pois não há previsão de resultado e nem da efetiva abertura do crédito.

Como bem observou Rui Stoco, "preferiu o legislador de agora estabelecer como ação física e núcleo do tipo a conduta expressa pelos verbos 'ordenar' e 'autorizar' a aplicação dos recursos derivados da venda de títulos da dívida pública em projeto diverso do que fora estabelecido, ou seja, desvio de destinação do produto da arrecadação da venda de títulos, deixando claro que a ocorrência, ou não, do resultado material (e não jurídico) mostra-se irrelevante para a realização do tipo".[57]

Esse delito não admite tentativa, uma vez que a decisão do prefeito que ordena e autoriza a abertura de crédito, nos moldes mencionados, é ato administrativo simples, isto é, independe de qualquer outra providência do Prefeito para ser válido. Ademais, é ato perfeito, porque reúne nele mesmo todos os elementos capazes de torná-lo manifestação da vontade do prefeito e, por isso, é plenamente exequível a partir dele mesmo. Essas características fazem com que produzam efeitos imediatamente após serem editados, o que consuma a infração em tela.

Aliás, o verbo ordenar contido no tipo já foi analisado pelo insuperável Nelson Hungria, o qual arrematou: "consuma-se o crime, em relação ao expedidor da ordem ilegal, desde que seja esta expedida, oralmente ou por escrito, isto é, desde que se cria o perigo de ser executada pouco importando que o não seja efetivamente..."[58]

Ação Penal

Nos termos do § 1º. do art. 1º. dessa Lei, trata-se de crime de ação penal pública incondicionada.

> XXIII – Realizar ou receber transferência voluntária em desacordo com limite ou condição estabelecida em lei.

Bem Jurídico Tutelado

É a Administração Pública municipal, especialmente sob o aspecto da moralidade, probidade administrativa e a austeridade das finanças públicas municipais.

Sujeitos do Crime

Sujeito ativo é o Prefeito Municipal. A condição pessoal do agente (de funcionário público) comunica-se ao coautor, porque elementar do crime (CP, art. 30), razão pela qual se admite a coautoria e participação com extraneus, desde que ele tenha conhecimento dessa condição pessoal do autor.

Sujeito passivo é o Estado, lesado no seu patrimônio material ou moral.

57 STOCO, Rui. e outros, Leis Penais Especiais e sua interpretação Jurisprudencial, São Paulo: RT, 7ª. 2002, p. 2747.

58 HUNGRIA, Nelson. Comentários ao Código Penal. Rio de Janeiro: Forense. 1958. vol. IX. p. 508.

Condutas

Trata-se de crime inserido no Decreto-Lei 201/1967 pela Lei 10.028/2000, que foi editada com intuito de dar tratamento criminal para o descumprimento das disposições da Lei Complementar n. 101, de 4 de maio de 2000 (Lei de Responsabilidade Fiscal).

Esse tipo busca tutelar, no âmbito penal, as disposições do art. 25 da LRF, que conceitua transferência voluntária como a entrega de recursos correntes ou de capital, realizado entre entes políticos, a título de cooperação, auxílio ou assistência financeira. É classificada como voluntária porque é originada de um acordo bilateral de vontade dos governos. A LRF exige, para a realização de transferência voluntária, os seguintes requisitos:

I. existência na LOA do ente transferidor de dotação específica;

II. observância da VEDAÇÃO de transferência voluntária de recursos pelos governos federal e estaduais e suas instituições financeiras, para pagamento de despesas com pessoal ativo, inativo e pensionista, dos estados, do Distrito Federal e dos municípios (inciso X, art. 167, da CF/1988);

III. comprovação, por parte do beneficiário (recebedor de recursos), de:

III.1. Adimplência tributária e financeira para com o ente transferidor;

III.2. Cumprimento dos limites constitucionais relativos à educação e à saúde.

A conduta típica, destarte, é realizar (*efetivar, efetuar*) ou receber (*adquirir*) os recursos fruto da transferência voluntária em desacordo com essas disposições. Dada a semelhança entre os núcleos verbais, trata-se de tipo misto alternativo, entendido como aquele em que "a Lei estabelece diversos núcleos que, se praticados no mesmo contexto fático, caracterizam o cometimento de apenas um delito.[59]

Voluntariedade

O elemento subjetivo é o dolo (direto ou eventual) consistente na vontade livre e consciente de determinar a destinação dos recursos, oriundos da emissão de títulos, para finalidade diversa à prevista antes na lei. Não há exigência de elemento subjetivo específico (finalidade especial).

Não há modalidade culposa.

Consumação e Tentativa

Da maneira como está redigido, ao contrário de outros tipos, o núcleo verbal destaca a ocorrência do resultado. O crime se consuma com a realização ou o recebimento efetivo da transferência de recursos, pelo que se caracteriza como crime material.

Assim, admite tentativa, como no caso de o prefeito autorizar a transferência do recurso, mas, antes da efetivação do ato, por circunstâncias alheias à sua vontade, a operação é bancária de transferência do valor é interrompida.

59 CUNHA. Rogério Sanches. Manual de direito penal: parte geral (arts. 1 o ao 120). 4. ed. Salvador: JusPodivm, 2016. p. 250.

Ação Penal

Nos termos do § 1º. do art. 1º. dessa Lei, trata-se de crime de ação penal pública incondicionada.

> §1º Os crimes definidos nêste artigo são de ação pública, punidos os dos itens I e II, com a pena de reclusão, de dois a doze anos, e os demais, com a pena de detenção, de três meses a três anos.

Ação Penal: Dada a relevância dos bens jurídicos tutelados pelos crimes definidos no Decreto-Lei 201/1967, as ações que os veiculam são de iniciativa pública incondicionada, isto é, são promovidas pelo Ministério Público, instituição pública constitucionalmente legitimada para tanto (CF, 129, I).

A disposição é complementar ao disposto no art. 24, § 2º., do Código de Processo Penal, o qual prevê que seja qual for o crime, quando praticado em detrimento do patrimônio ou interesse da União, Estado e Município, a ação penal será pública.

Penas: O Decreto-Lei 201/1967 utiliza técnica pouco comum, fazendo previsão em outro artigo da Lei das penas cabíveis aos seus vários crimes.

Para os crimes previstos nos incisos I e II, a pena é de reclusão de dois a doze anos. Trata-se da mesma pena prevista no peculato do Código Penal e sujeita às mesmas críticas, a começar pela diferença substancial entre pena mínima e máxima, notadamente em situação de violação a interesses coletivos nobres, como são os relacionados a probidade administrativa.

Essa pena impede sejam aplicados a esses tipos penais os institutos despenalizadores da Lei 9.099/1995 e a Suspensão Condicional do Processo (art. 89 da mesma Lei).

Os demais crimes, previstos nos outros incisos, têm pena de detenção de três meses a três anos. Assim, embora não sejam crimes de menor potencial ofensivo, pelo que resta incabível a transação penal, mostra-se possível a suspensão condicional do processo, prevista no art. 89 da Lei 9.099/1995.

Nos delitos apenados com detenção, é vedada a interceptação telefônica, uma vez que tal meio de prova somente pode ser adotado quando o delito é apenado com reclusão (Lei 9.262/96, art. 2º, III). Não há impedimento, porém, ao recurso à interceptação, quando houver conexão com crimes apenados com reclusão, como corrupção ou quadrilha (TRF2, HC 200702010047568/RJ, 30.5.07).

De um modo geral, percebe-se que as penas brandas colaboram para a ineficácia da sanção penal, notadamente pela possibilidade de serem alcançadas pela prescrição da pretensão punitiva.

> § 2º A condenação definitiva em qualquer dos crimes definidos neste artigo, acarreta a perda de cargo e a inabilitação, pelo prazo de cinco anos, para o exercício de cargo ou função pública, eletivo ou de nomeação, sem prejuízo da reparação civil do dano causado ao patrimônio público ou particular.

Perda do cargo: consiste no rompimento do vínculo funcional entre Estado e servidor público, por meio de decisão judicial.

Trata-se do efeito secundário da sentença penal condenatória análogo ao previsto no artigo 92, I, do Código Penal. Outras leis fazem a mesma previsão como art. 1º, § 5º, da Lei 9.455/97 (Lei de Tortura), art. 16 e 18 da Lei n. º 7.716/89 (Lei contra o Racismo), art. 83 da Lei 8.666/1993 e art. 6º, § 3º, "c", da Lei 4.898/65 (Lei do Abuso de Autoridade).

A perda do cargo é automática, isto é, independe de comando expresso na sentença penal condenatória, uma vez que, nos delitos funcionais, insere-se na finalidade da pena. Na verdade, a perda do cargo como efeito secundário de uma sentença penal insere-se no dever do Estado de manter-se representado por pessoas dignas de confiança, como bem explica o Procurador de Justiça Paulo Busato: "quando o Estado reconhece, por seu aparato mais ingente de controle social, que restou evidenciado que um de seus próprios representantes atuou de forma intolerável, não é razoável pretender que o próprio Estado siga sendo representado por tal pessoa. Na verdade, aquele que abraça a vida pública abre mão de parte de sua condição de agente privado, para submeter-se a uma vida de representação. Constitui uma contradição que o Estado seja controlado por violadores de regras que ele próprio se propõe a cumprir, por exigência daquele em função dos quais ele foi criado".[60]

Inabilitação, por cinco anos, para o exercício de cargo ou função pública, eletivo ou de nomeação: Há divergência quanto à natureza dessa pena, se autônoma ou acessória à privativa de liberdade. O STJ tem precedentes nos dois sentidos:

DIREITO PENAL. PENAS ACESSÓRIAS PARA CRIMES DE RESPONSABILIDADE DE PREFEITO FRENTE À PRESCRIÇÃO. Ocorrida a prescrição da pretensão punitiva de crime de responsabilidade de prefeito municipal, não podem ser aplicadas as penas de perda de cargo e de inabilitação para o exercício de cargo ou função pública, previstas no § 2º do art. 1º do Decreto-Lei 201/1967. Com efeito, a Quinta Turma do STJ modificou seu entendimento (Resp. 1.326.452-PR, DJe 2/10/2013), acompanhando a posição já firmada pela Sexta Turma, de modo a considerar que as sanções previstas no referido dispositivo têm caráter acessório, razão pela qual a extinção da pretensão punitiva com relação à aplicação da pena privativa de liberdade impede a aplicação da pena acessória. AgRg no Resp. 1.381.728-SC, Rel. Min. Marco Aurélio Bellizze, j. 17/12/2013 (Informativo nº 0533).

PREFEITO. INABILITAÇÃO. FUNÇÃO PÚBLICA. PENA AUTÔNOMA. A inabilitação para o exercício de função pública, prevista no art. 1º, § 2º, do DL n. 201/1967, foi elevada ao *status* de pena restritiva de direitos, com o advento da Lei n. 7.209/1984, sendo, portanto, autônoma, em relação à privativa de liberdade. Além disso, aquela possui natureza jurídica distinta desta, devendo os seus prazos prescricionais fluírem de forma diversa. Precedentes citados: Resp. 945.828-PR, DJe 18/10/2010; HC 91.954-RJ, DJe 3/8/2009, e Resp. 885.452-PR, DJe 14/4/2008. Resp. 1.182.397-RS, Rel. Min. Gilson Dipp, j. 13/3/2012. (Informativo nº 0493).

As penas de perda do cargo e de inabilitação para o exercício de cargo ou função pública, previstas no art. 1.º, § 2.º, do Decreto-Lei n. º 201/67, são autônomas em relação à pena privativa de liberdade, sendo distintos os prazos prescricionais. Precedentes. [...](AgRg nos EDcl no AREsp 21.137/PR, Rel. Ministra Laurita Vaz, 5ª T., j. 03/05/2012, DJe 10/05/2012).

CRIME. RESPONSABILIDADE. PREFEITO. INABILITAÇÃO. EXERCÍCIO. FUNÇÃO PÚBLICA. PRESCRIÇÃO. Na espécie, o acusado foi incurso nas sanções do delito previsto no art. 1º, I, do DL n. 201/1967, e o Tribunal declarou a extinção da punibilidade pela prescrição da pretensão punitiva. O Min. Relator deu provimento ao recurso, para impor ao acusado a pena

60 BUSATO, Paulo Cesar. Direito Penal. Parte Geral. São Paulo: Atlas. 2ª ed. 2015. p. 1003.

restritiva de direitos de perda do cargo e inabilitação para o exercício de cargo ou função pública, eletiva ou de nomeação, pelo prazo de 5 anos. Ressaltou-se que a jurisprudência do Superior Tribunal se firmou no sentido de que a pena de inabilitação para o exercício de função pública é autônoma relativamente à pena privativa de liberdade, porque possuem naturezas jurídicas diversas, portanto distintos os prazos prescricionais, cada uma prescrevendo a seu tempo. Com esse entendimento, a Turma, ao prosseguir o julgamento, deu provimento ao recurso do Ministério Público. Precedentes citados: Resp. 784.680-SC, DJ 2/5/2006; Resp. 738.891-PR, DJ 19/12/2005, e Resp. 620.958-SC, DJ 6/9/2004. Resp. 778.664-PR, Rel. Min. Paulo Gallotti, j. 24/10/2006. (Informativo nº 0302).

O Supremo Tribunal Federal adota a corrente que entende tratar-se de pena autônoma: "crime de responsabilidade de prefeito municipal, ao qual foram cominadas as penas de multa e de inabilitação para exercício de cargo ou função pública. Reconhecimento da prescrição da pretensão punitiva do réu em relação à pena de multa aplicada, que se tornou definitiva ante a inexistência de recurso da acusação. Hipótese, entretanto, em que o processo deve prosseguir em face da pena restritiva de direito cominada que, por possuir natureza independente e autônoma em relação à pena de multa, prescreve a seu tempo, não sendo alcançada pela prescrição desta. (AI 379.392 QO, rel. min. Ilmar Galvão, j. 25-6-2002, 1ª T, DJde 16-8-2002). No mesmo sentido, são ARE 643.672 AgR, rel. min. Gilmar Mendes, j. 11-9-2012, 2ª T, DJE de 15-10-2012 e ainda AI 742.100 AgR, rel. min. Dias Toffoli, j. 8-2-2011, 1ª T, DJEde 29-3-2011.

Uma vez considerada a pena do art. 1º, § 2º, do Decreto-Lei nº 201/1967 (perda do cargo e inabilitação) como autônoma e levando-se em conta que sua duração é de cinco anos, sua prescrição ocorre em doze anos, por força do art. 109, III, do Código Penal.

Assim, em razão do descompasso entre o prazo prescricional das penas, é possível que seja reconhecida a extinção da punibilidade somente da pena privativa de liberdade (e das restritivas de direito nas quais podem se converter) e da multa, mantendo-se incólume a da inabilitação.

O STJ já entendeu que a inabilitação não está limitada apenas ao Prefeito condenado, abrangendo todos os envolvidos no delito, coautores ou partícipes (STJ, Resp. 905326, Dipp, 5ª T., u., 10.5.07).

Art. 2º. O processo dos crimes definidos no artigo anterior é o comum do juízo singular, estabelecido pelo código de processo penal, com as seguintes modificações:

Competência: Prefeitos possuem, por força da Constituição da República, foro por prerrogativa de função e são julgados pelo Tribunal de Justiça, conforme expressa previsão do art. 29, inciso X.

O Prefeito será julgado pelo TJ, se o crime for de **competência da Justiça Estadual**. Se for da competência da Justiça Federal, será julgado pelo Tribunal Regional Federal e, se for da Justiça Eleitoral, pelo Tribunal Regional Eleitoral. Esse é o entendimento do STF, conforme Súmula 702 STF: a competência do Tribunal de Justiça para julgar prefeitos restringe-se aos crimes de competência da justiça comum estadual; nos demais casos, a competência originária caberá ao respectivo tribunal de segundo grau.

Algumas questões merecem ser esclarecidas.

A competência constitucional não é desfeita, se o prefeito é afastado cautelarmente em ação civil pública, mesmo porque o afastamento é medida cautelar precária.

Caso o Prefeito pratique crime doloso contra a vida, deverá ser julgado no Tribunal de Justiça, considerando tratar-se de regra de competência especial.

Havia entendimento de que caso fosse Prefeito de determinada cidade de um Estado e praticasse crime em outra cidade de outro Estado, deveria ser julgado pelo Tribunal de Justiça do Estado onde se localizava o Município que ele administrava, conforme restou assentado pela Terceira Seção do STJ, no conflito de competência. 120.848-PE, Rel. Min. Laurita Vaz, j. 14/3/2012. Essa situação dificilmente se repetirá visto que, doravante, deverá prevalecer a nova regra decorrente do julgamento da Ação Penal n.º 937, em que o Supremo Tribunal Federal decidiu que o foro por prerrogativa de função aplica-se apenas aos crimes cometidos durante o exercício do cargo e relacionados às funções desempenhadas. Isso porque as normas da Constituição de 1988 que estabelecem as hipóteses de foro por prerrogativa de função devem ser interpretadas restritivamente, aplicando-se apenas aos crimes que tenham sido praticados durante o exercício do cargo e em razão dele. Além disso, mesmo que o crime tenha sido cometido após a investidura no mandato, se o delito não apresentar relação direta com as funções exercidas, também não haverá foro privilegiado (STF. Plenário. AP 937 QO/RJ, Rel. Min. Roberto Barroso, julgado em 03/05/2018).

O crime será de **competência da Justiça Federal**, nos termos do art. 109, IV, da Constituição da República, se praticado em detrimento de bens, serviços ou interesses da União, de suas entidades autárquicas ou empresas públicas.

Caso haja lesão à entidade federal, ou caso haja concurso de crimes, um de competência da justiça estadual e outro da federal, deve ser aplicada a Súmula 122 do STJ, segundo a qual, "compete à Justiça Federal o processo e julgamento unificado dos crimes conexos de competência federal e estadual, não se aplicando a regra do art. 78, II, a, do Código de Processo Penal".

Questão complexa é a definição da competência para processar os crimes que envolvam repasse de **verbas federais**. Mesmo nesses casos, pode ser fixada a competência da justiça estadual, não sendo suficiente, para atrair a competência da justiça federal, a existência de repasse de verbas, em decorrência de convênio da União com Estado-membro. Nesse caso, é aplicável a Súmula 209 do STJ: "compete à Justiça Estadual processar e julgar prefeito por desvio de verba transferida e incorporada ao patrimônio municipal".

Serão, entretanto, da Justiça Federal, os crimes relacionados a verbas federais sujeitas à fiscalização pelo Tribunal de Contas da União ou quando houver efetivo pagamento da despesa pública com verbas da União, situação que evidencia o interesse da União eventualmente violado pelo delito. Essa parece ser a teleologia da Súmula 208 do STJ: "Compete à Justiça Federal processar e julgar prefeito municipal por desvio de verba sujeita a prestação de contas perante órgão federal".

Órgão do Tribunal (especial ou turma): Diante do silêncio da Carta Magna, quanto ao órgão jurisdicional, prevalece que o julgamento deve ser feito pelo órgão fracionário indicado pelo Regimento Interno do Tribunal: "cabe, exclusivamente, ao Regimento Interno do Tribunal de Justiça atribuir competência ao Pleno, ou ao Órgão Especial, ou a órgão fracionário, para processar e julgar Prefeitos Municipais (CF, art. 29, X, e art. 96, I, "a")" (STF – HC 73.232/GO – 2ª Turma – Rel. Min. Maurício Corrêa – DJ 03/05/1996).

Renúncia ao mandato: Em regra, extinto o mandato, mesmo pela renúncia, cessa o foro por prerrogativa de função e o processo deverá ser remetido para julgamento em 1ª instância, afinal, tratando-se de crime comum, praticado por detentores de foro privativo no STF, a competência será dessa Corte somente enquanto durar o cargo ou mandato.

Todavia, o STF já decidiu, excepcionalmente, que não haverá modificação de competência, mesmo com a renúncia do réu, se o julgamento já havia sido iniciado. (...). Uma vez iniciado o julgamento de Parlamentar na Suprema Corte, a superveniência do término do mandato eletivo não desloca a competência para outra instância. (STF. Plenário. Inq 2295, Rel. p/ Acórdão Min. Menezes Direito j. 23/10/2008).

Além dessa exceção, o Supremo também entendeu não haver modificação da competência, se a renúncia se caracterizar como fraude processual e abuso de direito, caracterizada, por exemplo, pela renúncia ao mandato um dia antes da data em que estava marcado o julgamento. Restou assentado que a "(...) Renúncia de mandato: ato legítimo. Não se presta, porém, a ser utilizada como subterfúgio para deslocamento de competências constitucionalmente definidas, que não podem ser objeto de escolha pessoal. Impossibilidade de ser aproveitada como expediente para impedir o julgamento em tempo à absolvição ou à condenação e, neste caso, à definição de penas. 2. No caso, a renúncia do mandato foi apresentada à Casa Legislativa em 27 de outubro de 2010, véspera do julgamento da presente ação penal pelo Plenário do Supremo Tribunal: pretensões nitidamente incompatíveis com os princípios e as regras constitucionais porque exclui a aplicação da regra de competência deste Supremo Tribunal." (STF. Plenário. AP 396/RO, Rel. Min. Carmem Lúcia, j. 28/10/2010). Posteriormente, o Supremo destacou que a fraude é verificável, ainda, quando o processo já esta instruído e pronto para ser julgado, não sendo o caso, quando ainda faltam as alegações finais da defesa, a preparação do voto pelo Relator e ausência de perigo de prescrição da pena em abstrato. (STF. Plenário. AP 536 QO/MG, rel. Min. Roberto Barroso, j. 27/3/2014).

A questão foi consolidada no julgamento da Ação Penal 937 em que o Supremo Tribunal Federal fixou como limite processual para a perpetuação do julgamento na Instância Superior o final da instrução. Decidiu-se: "Após o final da instrução processual, com a publicação do despacho de intimação para apresentação de alegações finais, a competência para processar e julgar ações penais não será mais afetada em razão de o agente público vir a ocupar outro cargo ou deixar o cargo que ocupava, qualquer que seja o motivo (STF. Plenário. AP 937 QO/RJ, Rel. Min. Roberto Barroso, julgado em 03/05/2018).

Importante destacar que o fim do mandato não altera a natureza da infração cometida que foi tipificada pelo Decreto-Lei 201/1967, de modo que continua sendo julgado pelos crimes especiais, desde que praticados durante o mandato. Nesse sentido, são as Súmulas 703 do STF e 164 do STJ.

Súmula 703 do STF: a extinção do mandato do prefeito não impede a instauração de processo pela prática dos crimes previstos no art. 1º do DL 201/1967.

Sumula 164 do STJ: o prefeito municipal, após a extinção do mandato, continua sujeito a processo por crime previsto no art. 1º do Dec.-Lei 201, de 27/02/67.

Investigação dos Crimes Praticados por Prefeitos

O texto constitucional não condiciona a investigação dos crimes praticados por Prefeitos a qualquer tipo de **autorização prévia do Tribunal de Justiça,** até porque esse tipo de exigência viola o art. 129, I e VIII, da Constituição da República. Assim sendo, o Superior Tribunal de

Justiça já decidiu que não há necessidade de prévia autorização do Judiciário, para a instauração de inquérito ou procedimento investigatório criminal contra investigado com foro por prerrogativa de função. Logo, não há razão jurídica para condicionar a investigação de autoridade com foro por prerrogativa de função à prévia autorização judicial (STJ. 5ª Turma. Resp. 1563962/RN, Rel. Min. Reynaldo Soares da Fonseca, j. 08/11/2016).

Todavia, no caso de autoridade com foro por prerrogativa no Supremo Tribunal Federal, exige-se autorização para a instauração da investigação (STF Inq 2411 QO).

Interceptação telefônica e serendipidade:

A simples menção ao nome de autoridades detentoras de prerrogativa de foro, seja em depoimentos prestados por testemunhas ou investigados, seja em diálogos telefônicos interceptados, assim como a existência de informações, até então, fluidas e dispersas a seu respeito, são insuficientes para o deslocamento da competência para o Tribunal hierarquicamente superior. (STF. 2ª Turma. Rcl 25497 AgR/RN, rel. Min. Dias Toffoli, j. 14/2/2017 – Info 854).

Em sentido semelhante: "não é ilícita a interceptação telefônica autorizada por magistrado aparentemente competente ao tempo da decisão e que, posteriormente, venha a ser declarado incompetente. Trata-se da aplicação da chamada 'teoria do juízo aparente'". (STF. 2ª Turma. HC 110496/RJ, rel. Min. Gilmar Mendes, j. 9/4/2013. (Info 701)).

> I – Antes de receber a denúncia, o juiz ordenará a notificação do acusado para apresentar defesa prévia, no prazo de cinco dias. Se o acusado não for encontrado para a notificação, ser-lhe-á nomeado defensor, a quem caberá apresentar a defesa, dentro no mesmo prazo.

O procedimento para o julgamento dos crimes de responsabilidade praticados por Prefeitos, contido no Decreto-Lei 201/1967, deve ser acrescido das disposições da Lei 8.038/1990, que trata do procedimento no âmbito dos Tribunais, foro competente para o julgar os Prefeitos que estiverem no mandato.

As disposições contidas no Decreto-Lei 201/1967 serão aplicadas, portanto, quando compatíveis com o rito previsto pela Lei 8.038/1990, ou caso o réu não ostente mais o foro por prerrogativa de função em decorrência de extinção do mandato eletivo.

A peculiaridade do procedimento é a previsão de notificação do acusado para apresentar defesa prévia, antes da denúncia ser recebida, exatamente como já ocorre no procedimento dos crimes funcionais (art. 514 e ss. do CPP) e da Lei 8.038/1990.

Caso o réu não seja notificado pessoalmente, não é necessária a notificação por edital, devendo ser-lhe nomeado defensor, para apresentar defesa. Trata-se de providência menos onerosa do que a notificação editalícia. Não há que se falar em nulidade, uma vez que, após o recebimento da denúncia, dado o silêncio da lei, deverá ser adotado o rito ordinário. Assim, caso não seja encontrado de novo, será citado por edital, conforme prevê o art. 361 do CPP, que enseja, conforme a situação, a aplicação do art. 366 do CPP.

> II – Ao receber a denúncia, o juiz manifestar-se-á, obrigatória e motivadamente, sobre a prisão preventiva do acusado, nos casos dos itens I e II do artigo anterior, e sobre o seu afastamento do exercício do cargo durante a instrução criminal, em todos os casos.

Nos casos de denúncias por crimes previstos nos incisos I e II do Decreto-Lei 201/1967, que versam sobre os crimes mais graves daquele diploma, o juiz deverá decidir sobre a prisão preventiva do acusado.

Segundo o art. 312 do CPP, a prisão preventiva poderá ser decretada como garantia da ordem pública, da ordem econômica, por conveniência da instrução criminal, ou para assegurar a aplicação da Lei penal, quando houver prova da existência do crime e indício suficiente de autoria.

Ademais, esses delitos satisfazem o pressuposto do art. 313, inciso I, do CPP, que dispõe: "nos termos do art. 312 deste Código, será admitida a decretação da prisão preventiva: I – nos crimes dolosos punidos com pena privativa de liberdade máxima superior a 4 (quatro) anos".

De qualquer forma, a prisão preventiva deve ser decretada, se absolutamente necessária e adequada, e não de forma obrigatória ou automática como induz o dispositivo em estudo.

Afastamento do cargo: Trata-se de medida cautelar diversa da prisão preventiva e que, portanto, deve ser regida pelo art. 282 do CPP, sendo cabível em todos os crimes previstos no Decreto-Lei 201/1967. O afastamento do Prefeito do cargo é espécie de suspensão do exercício de função pública, medida prevista no art. 319, VI, do CPP, cabível, destarte, quando houver justo receio de utilização da função, para a prática de infrações penais.

Para ser decretada, deve ser demonstrado que o agente se utiliza, reiteradamente, das prerrogativas ou vantagens de sua função para a prática do delito ou, pelo menos, para realizá-lo com maior facilidade, com maior lucratividade ou com a certeza de que, nesta condição, serão menores as chances de ser descoberto.

Nesse sentido já decidiu o STJ: "(...) II – O afastamento do cargo público, no caso de prefeito municipal, impõe fundamentação concreta apta a evidenciar a necessidade de utilização da medida extrema. III – In casu, a r. decisão que determinou o afastamento encontra-se devidamente fundamentada no risco de reiteração da conduta delitiva verbis: o "alegado envolvimento dos denunciados em tratativas e fraudes licitatórias que beneficiariam a empresa Viaplan Engenharia Ltda, em troca de vantagens indevidas, revela a impossibilidade de permanência nos cargos, de forma a acautelar a ordem pública. Verificada a necessidade de apuração de delitos supostamente cometidos pelos denunciados, sua permanência nos cargos possibilitaria a reiteração das condutas e a indevida interferência na instrução criminal, devendo-se resguardar nesse momento o interesse público". Ordem denegada. (HC 312.016/SC, Rel. Ministro Felix Fischer, 5ª T., j. 16/04/2015, DJe 05/05/2015).

O descumprimento dessa medida cautelar pode ensejar a decretação da prisão preventiva, conforme prevê o art. 282, § 4º., do CPP.

Ambas as medidas, prisão preventiva e afastamento do cargo, no caso de o prefeito ainda estar no exercício do mandato, devem observar a regra de competência originária e serem decretadas pelo relator da ação penal.

III – Do despacho, concessivo ou denegatório, de prisão preventiva, ou de afastamento do cargo do acusado, caberá recurso, em sentido estrito, para o tribunal competente, no prazo de cinco dias, em autos apartados. O recurso do despacho que decreta a prisão preventiva ou o afastamento do cargo terá efeito suspensivo.

Diferentemente do Código de Processo Penal, o Decreto-Lei 201/1967 prevê a interposição de Recurso em sentido estrito, no caso de decisão que decreta a Prisão Preventiva. De todo modo, mesmo nesses casos, poderá a defesa impetrar *Habeas Corpus*, buscando a desconstituição da prisão decretada.

O prazo de interposição de cinco dias é o mesmo do CPP. Diante do silêncio da lei, aplicado o art. 588 do CPP, o prazo para oferecimento das razões é de dois dias.

Diferentemente do que prevê o art. 584 do CPP, o RESE aqui terá efeito suspensivo.

Caso o prefeito ainda esteja no exercício do mandato eletivo, observada a regra de competência originária do Tribunal de Justiça instituída pela Constituição de 1988, o recurso não será propriamente em sentido estrito. Nos termos do art. 39 da Lei 8.038/1990, da decisão que causa algum gravame ao réu, inclusive a decretação de sua prisão, cabe recurso de agravo regimental, o qual tem a mesma natureza do recurso em sentido estrito, inclusive quanto ao juízo de retratação

> § 1º Os órgãos federais, estaduais ou municipais, interessados na apuração da responsabilidade do prefeito, podem requerer a abertura do inquérito policial ou a instauração da ação penal pelo ministério público, bem como intervir, em qualquer fase do processo, como assistente da acusação.

Trata-se de disposição que reproduz as normas do art. 5º., § 3º, e art. 27, ambos do Código de Processo Penal, que regulamentam a *delatio criminis* consistente na possibilidade de qualquer cidadão levar ao conhecimento das autoridades informações sobre a existência de algum delito.

Assistente de acusação: A Lei prevê, ainda, a possibilidade de esses órgãos intervirem, em qualquer fase do processo, como assistente de acusação.

Trata-se uma das raras hipóteses de intervenção de assistente de acusação recair sobre pessoa jurídica de direito público. A assistência tem natureza acessória, conforme se extrai do art. 268 e ss. do CPP.

O ingresso dessas entidades no processo deve ocorrer como assistentes de acusação. No processo penal, é incabível a figura do *amicus curiae*. Nesse sentido já decidiu o STF: determinado Deputado Federal estava respondendo à ação penal no STF, pela suposta prática do crime de peculato. O partido político que ele integra requereu a sua intervenção no feito como *amicus curiae*. O STF indeferiu o pedido, afirmando que a agremiação partidária, autoqualificando-se como *amicus curiae*, pretendia, na verdade, ingressar numa posição que a relação processual penal não admite, considerados os estritos termos do CPP. STF. 1ª Turma. AP 504/DF, rel. orig. Min. Carmem Lúcia, red. p/ o acórdão Min. Dias Toffoli, j. 9/8/2016 (Info 834).

Considerando o precedente do Superior Tribunal de Justiça (Recurso Especial nº 1.164.017), o qual definiu que a Câmara de Vereadores não possui personalidade jurídica, apenas personalidade judiciária, pelo que só pode demandar em juízo para defender seus interesses institucionais, entendidos como aqueles relacionados ao funcionamento, autonomia e independência do órgão, não é possível que o Parlamento municipal intervenha em ação penal, ainda que se trate de crime contra a administração.

§ 2º Se as previdências para a abertura do inquérito policial ou instauração da ação penal não forem atendidas pela autoridade policial ou pelo Ministério Público estadual, poderão ser requeridas ao Procurador-Geral da República.

O dispositivo procura criar um mecanismo recursal, contra a omissão da autoridade policial ou do membro do Ministério Público, que não promove a abertura do inquérito policial ou a ação penal.

A redação é equivocada por vários motivos.

No caso de omissão da autoridade policial, pode a parte insurgir-se, valendo-se do recurso administrativo previsto no art. 5º., § 4º., do CPP, levando à chefia daquela instituição o conhecimento do caso.

Na hipótese de omissão do Ministério Público Estadual, o fato deve ser levado ao conhecimento do Procurador-Geral de Justiça do respectivo Estado, chefe da instituição em âmbito estadual e não do Procurador-Geral da República, que é o chefe do Ministério Público da União.

Não há que se falar em deslocamento da legitimidade do Ministério Público Estadual para o Ministério Público Federal, porque inexiste a possibilidade desse ramo do *parquet* atuar junto a justiça estadual, exceto em caso de atuação conjunta.

Com efeito, a Constituição Federal dotou os ramos do Ministério Público com autonomia e independência, de modo que inexiste meios do Procurador-Geral de República atuar de forma supletiva, diante da inércia do Ministério Público Estadual.

Art. 3º O vice-prefeito, ou quem vier a substituir o prefeito, fica sujeito ao mesmo processo do substituído, ainda que tenha cessado a substituição.

A redação é ambígua, mas o dispositivo deve ser entendido como norma que procura estabelecer que o vice-prefeito que pratica qualquer dos crimes previstos no Decreto-Lei 201/1967 responde por esses delitos, ainda que deixe o cargo de prefeito em seguida.

"Em resumo, o dispositivo sob exame apenas esclarece que, uma vez exercendo o cargo de prefeito municipal, ainda que de forma esporádica, eventual, a título precário, o substituto deve ser responsabilizado pelos atos praticados na condução da gestão pública municipal".[61]

REFERÊNCIAS BIBLIOGRÁFICAS

ARAÚJO. Sergei Medeiros. A improbidade administrativa em razão do descumprimento do dever fundamental de prestar contas. In "Questões práticas sobre improbidade administrativa". ed. ESMPU, 2011.

BALEEIRO, Aliomar. Aliomar. Uma Introdução à Ciência das Finanças. 9ª ed. Rio de Janeiro: Forense: 1973.

BALTAZAR JUNIOR, José Paulo. Crimes Federais. São Paulo: Saraiva. 10ª. ed. 2015.

61 ROQUE, Fabio. TAVORA, Nestor. ALENCAR, Rosmar Rodrigues. Legislação Criminal para concursos. Salvador: JusPodivm. 2016.p. 1003.

BANDEIRA DE MELLO, Celso Antônio. Curso de direito administrativo. 26ª ed. São Paulo: Malheiros, 2009.

BARROSO, Luís Roberto. Curso de direito Constitucional Contemporâneo. São Paulo: Saraiva. 5ª. ed. 2015.

BITENCOURT, Cezar Roberto. Tratado de Direito Penal. Vol. 1 – Parte Geral, 23ª edição, 2017.

BITENCOURT, Cezar Roberto. Tratado de Direito Penal. Parte Especial. Vol. 5. 8ª ed. São Paulo: Saraiva. 2014.

COSTA, Nelson Nery. Direito municipal brasileiro. 6ª ed. Rio de Janeiro: Forense, 2014.

CUNHA. Rogério Sanches. Manual de direito penal: parte geral (arts. 1 ao 120). 4. ed. Salvador: JusPodivm, 2016.

FRAGOSO, Heleno Cláudio. Lições de Direito Penal, Rio de Janeiro: Forense, 1981. v. 2.

GRECO, Luís. Introdução à dogmática funcionalista do delito. Introdução à dogmática funcionalista do delito (em comemoração aos trinta anos de "Política criminal e sistema jurídico-penal", de Roxin). In: POLETTI, Ronaldo Rebello de Britto (Org.). Revista Notícia do Direito brasileiro. Nova série. n. 7. Brasília: UnB, Faculdade de Direito, 2000.

GRECO, Rogério. Código Penal Comentado. 11. ed. – Niterói: Ímpetos. 2017.

HASSEMER, Winfried. Introdução aos fundamentos do Direito Penal. Traduzido por Pablo Rodrigo Alflen da Silva. Porto Alegre: Sérgio Antonio Fabris. 2005.

HUNGRIA, Nelson. Comentários ao código penal. Rio de Janeiro: Forense. 2. ed. v. 9.

LIMA FILHO, Altamiro de Araújo. Prefeitos e vereadores: crimes e infrações de responsabilidade. Leme-SP: Mundo Jurídico. 4ª. ed., 2012.

MARQUES, José Frederico Marques. *Tratado de direito penal,* v. 1.

MASCARENHAS, Paulo. Improbidade Administrativa e crime de responsabilidade de prefeitos. ed. RCN. 3ª. p. 77/78

MEIRELLES, Hely Lopes. Direito administrativo brasileiro. 25. ed. Sao Paulo: Malheiros, 2000, p. 100/101.

MEIRELLES, Hely Lopes. Direito Municipal Brasileiro. São Paulo: Malheiros. 9ª. ed. 1997.

NORONHA, E. Magalhães de. Direito penal, cit., v. 4,

PISCITELLI, Tathiane. Direito financeiro esquematizado. 4. ed. Rio de Janeiro: Forense, São Paulo : MÉTODO, 2014.

ROQUE, Fabio. TAVORA, Nestor. ALENCAR, Rosmar Rodrigues. Legislação Criminal para concursos. Salvador: JusPodivm. 2016.

SCHÜNEMANN, Bernd; GRECO, Luís. Estudos de direito penal, direito processual penal e filosofia do direito. São Paulo: Marcial Pons, 2013.

STOCO, Rui. e outros, Leis Penais Especiais e sua interpretação Jurisprudencial, São Paulo: RT, 7ª. 2002.

CAPÍTULO 6

Lei de Alimentos – Lei 5.478/1968

Maria Carolina Silveira Beraldo

INTRODUÇÃO

Sobreviver talvez seja o primeiro direito fundamental do ser humano, razão pela qual a garantia aos alimentos surge como princípio da preservação da dignidade humana (CF 1º, III)[1] e tem natureza de direito da personalidade, pois assegura a inviolabilidade do direito à vida e à integridade física.

Aprovada em 1968, a Lei n. 5.478 (lei de alimentos) dispõe sobre a demanda de alimentos, estabelecendo rito específico, forma de execução e prazo prescricional das prestações mensais.

É no contexto da efetividade da execução do acordo de alimentos ou do comando judicial que determina o pagamento de alimentos que se insere o crime contra a administração da justiça tipificado no artigo 22 da lei de alimentos, e que será adiante analisado.

Preliminarmente ao estudo do tipo penal em questão, faz-se necessária breve análise de sua atualidade e vigência, a despeito do Código de Processo Civil de 2015 (CPC) ter expressamente revogado alguns dispositivos da lei de alimentos.

Com efeito, a Lei n. 5.478/68 subsiste parcialmente aplicável no que diz respeito ao rito e ao crime ali cominado, tendo sido revogados apenas os dispositivos atinentes à execução, uma vez que o Código de Processo Civil tratou expressamente sobre o tema.

A parcial vigência do referido artigo 22 se extrai das próprias disposições do CPC. O parágrafo único do artigo 693 do CPC determina que a ação de alimentos observará o procedimento previsto em legislação específica (leia-se a Lei de Alimentos n. 5.478/68), aplicando-se, no que couber, as disposições deste Capítulo.

Ademais, o inciso V do artigo 1.072 do CPC expressamente revogou apenas os arts. 16 a 18 da Lei n. 5.478/68, uma vez que é a lei processual civil que regula o cumprimento de sentença ou acordo de alimentos. Assim, considerando-se a máxima segundo a qual *inclusio unius alterius exclusio*, tem-se a interpretação de que o legislador foi explícito em relação aos dispositivos que pretendia revogar; em não se enquadrando o crime em questão nas revogações, remanesce cabível e aplicável o artigo que o disciplina, nos termos a seguir expostos.

1 DIAS, Maria Berenice. Manual de Direito das Famílias, 12ª ed. São Paulo: Editora Revista dos Tribunais. 2017. p. 582.

Art. 22. Constitui crime contra a administração da Justiça deixar o empregador ou funcionário público de prestar ao juízo competente as informações necessárias à instrução de processo ou execução de sentença ou acordo que fixe pensão alimentícia:

Pena - Detenção de 6 (seis) meses a 1 (um) ano, sem prejuízo da pena acessória de suspensão do emprego de 30 (trinta) a 90 (noventa) dias.

A primeira análise cabível em relação ao dispositivo passa pela constatação de ser o tipo penal em questão específico para o trato i) da obrigação dos empregadores ou funcionários públicos de prestar ao juízo competente as informações necessárias à instrução do processo ou execução de sentença ou acordo que fixe pensão alimentícia, e ii) da obrigação de todo aquele que, de qualquer modo, possa ajudar o devedor a eximir-se ao pagamento de pensão alimentícia judicialmente acordada, fixada ou majorada, de não fazê-lo, bem como de não se recusar ou procrastinar a execução de ordem de descontos em folhas de pagamento, expedida pelo juiz competente.

OBRIGAÇÃO DE PRESTAR INFORMAÇÕES

Constitui crime, nos termos do *caput* do Art. 22 da lei de alimentos, deixar o empregador ou funcionário público de prestar ao juízo competente **informações necessárias à instrução de processo ou execução de sentença ou acordo que fixe pensão alimentícia.**

Veja-se que o dispositivo em questão pune a mera abstenção na prestação de informações relevantes à demanda de alimentos, não se relacionando com a obrigação de prática direta de atos de desconto para pagamento.

A condenação em alimentos pressupõe a fixação do *quantum debeatur*, o qual, como se sabe, é aferido a partir não apenas das necessidades efetivas do alimentando, mas das possibilidades econômicas do alimentante. A análise dessa possibilidade econômica passa necessariamente pela obtenção de informações concretas sobre seus vencimentos e, não raro, diante das escusas e recusas apresentadas pelo devedor, o alimentando e o Juízo devem recorrer a informações prestadas por terceiros.

Em deixando o empregador (particular ou funcionário público) de prestar ao juízo as informações necessárias, estará incurso nas sanções do artigo 22: detenção de 6 (seis) meses a 1 (um) ano, sem prejuízo da pena acessória de suspensão do emprego de 30 (trinta) a 90 (noventa) dias.

Em tema de competência, caso se trate de funcionário público federal no exercício de suas funções e com estas relacionado, sobressai a competência da Justiça Federal para o seu processo e julgamento (STJ, CC 28573 RS 200/0009189-8, DJ 30/10/00, Rel. Min. Gilson Dipp).

Bem jurídico tutelado:

O objeto material tutelado é a informação exigida, que garante direito do alimentando. O bem jurídico é a proteção ao alimentando e, secundariamente, a administração da justiça.

Sujeito ativo do crime:

Trata-se de crime próprio. O sujeito ativo, como explicitado na norma, será o empregador ou o funcionário público.

A locução *empregador* se aplica tanto ao empresário pessoa física quando ao empresário detentor dos atos de gestão, caso se trate de empregador pessoa jurídica.

Voluntariedade:

O elemento subjetivo é o dolo, que é a vontade consciente de deixar de prestar informações judicialmente requisitadas.

Inexiste modalidade culposa.

Consumação e tentativa:

Trata-se de crime omissivo próprio, que se consuma com o esgotamento do prazo para prestação das informações requisitadas pelo Juízo e a omissão do agente, independentemente do conhecimento dessas mesmas informações, *a posteriori*, por outras vias.

Sendo delito unissubsistente, inviável a tentativa, pois a execução não pode ser fracionada em vários atos.

Ação Penal:

Trata-se de crime de ação penal pública incondicionada.

Por ser crime de menor potencial ofensivo, aplicam-se os benefícios da Lei nº 9.099/95. Em caso de condenação, é cabível a substituição da pena privativa por pena restritiva de direitos, observados os requisitos do artigo 44, ou a concessão de *sursis*, nos termos do artigo 77, ambos do Código Penal.

> **Parágrafo único.** Nas mesmas penas incide quem, de qualquer modo, ajuda o devedor a eximir-se ao pagamento de pensão alimentícia judicialmente acordada, fixada ou majorada, ou se recusa, ou procrastina a executar ordem de descontos em folhas de pagamento, expedida pelo juiz competente.

Obrigações de efetuar desconto em folha de pagamento, sem indevida procrastinação, bem como de não auxiliar o devedor a eximir-se do pagamento de pensão alimentícia judicialmente acordada, fixada ou majorada

Em relação ao tipo penal em questão, presente no parágrafo único do art. 22 da lei de alimentos, verifica-se que o legislador pretendeu punir não apenas o empregador que deixa de praticar os atos materiais de desconto em folha de pagamento, para repasse direto ao juízo ou ao alimentando, bem como o empregador que auxilia o devedor a eximir-se do pagamento de pensão alimentícia, praticando atos diretos ou indiretos cooperativos para o não pagamento.

Ocorre que, como explicitado acima, o CPC inovou em matéria de execução de alimentos e, em seus artigos 529 (cumprimento de sentença de alimentos) e 912 (execução de alimentos), trouxe disposições específicas em relação à punição do empregador que deixa de praticar os atos materiais de desconto em folha de pagamento, para repasse direto ao juízo ou alimentando.

Nos termos do CPC, o juiz, a pedido do exequente, oficiará à autoridade, à empresa ou ao empregador, determinando, sob pena de **crime de desobediência**, o desconto a partir da primeira remuneração posterior do executado, a contar do protocolo do ofício.

Assim, tem-se que o CPC passou a prever o crime de desobediência do Art. 330 do Código Penal especificamente para o trato da obrigação dos empregadores ou funcionários públicos de promover atos materiais de desconto e pagamento de pensão alimentícia, fato que anteriormente se encontrava no crime do parágrafo único do Art. 22 da lei de alimentos.

Logo, a omissão na prática de atos materiais de desconto em folha determinada judicialmente caracteriza o delito de desobediência do Código Penal, aplicando-se, *in casu*, as penas lá relacionadas, quais sejam detenção, de 15 (quinze) dias a 6 (seis) meses, e multa.

Já no que diz respeito ao delito imputável a todo aquele que de qualquer modo, ajuda o devedor a eximir-se ao pagamento de pensão alimentícia judicialmente acordada, fixada ou majorada, subsiste íntegra a segunda parte do parágrafo único do art. 22 da lei de alimentos. Assim, o empregador ou funcionário de empresa que atenda à solicitação de baixa da CLT de empregado, ou o que o registre com salário a menor, por exemplo, tudo com fim único de auxiliá-lo a eximir-se da obrigação, continuando a remunerar seu trabalho "por fora" e/ou a maior, pratica diretamente o crime em questão, e deverá por ele ser responsabilizado.

Em tema de competência, caso se trate de funcionário público federal no exercício de suas funções e com estas relacionado, sobressai a competência da Justiça Federal para o seu processo e julgamento (STJ, CC 28573 RS 200/0009189-8, DJ 30/10/00, Rel. Min. Gilson Dipp).

Bem jurídico tutelado:

O objeto material é a lisura da conduta de terceiro (seu bem proceder) legalmente obrigado a atuar para a consecução do bem jurídico. O bem jurídico é a proteção ao alimentando e, secundariamente, a administração da justiça.

Sujeitos ativos do crime:

O sujeito ativo, como explicitado na norma, será o empregador, o funcionário público ou qualquer pessoa que, de qualquer modo, auxilie o devedor a subtrair-se de sua obrigação alimentar.

Voluntariedade:

O elemento subjetivo é o dolo, que é a vontade consciente de ajudar o devedor a eximir-se ao pagamento de pensão alimentícia judicialmente acordada, fixada ou majorada

Inexiste modalidade culposa.

Consumação e tentativa:

O crime pode ser cometido de forma livre, por ação ou omissão, e se consuma quando o devedor se exime do pagamento de pensão alimentícia.

Caso o devedor, mesmo tentando eximir-se do pagamento, não consiga, ainda assim os atos materiais diretos ou indiretos de auxílio constituem tentativa (ex: baixa indevida na CTPS).

Ação Penal:

Trata-se de crime de ação penal pública incondicionada.

Por ser crime de menor potencial ofensivo, aplicam-se os benefícios da Lei nº 9.099/95. Em caso de condenação, é cabível a substituição da pena privativa de liberdade por pena restritiva de direitos, observados os requisitos do artigo 44, ou a concessão de *sursis*, nos termos do artigo 77, ambos do Código Penal.

Pena:

A pena dos delitos em questão varia de detenção de 6 (seis) meses a 1 (um) ano, sem prejuízo da pena acessória de suspensão do emprego de 30 (trinta) a 90 (noventa) dias. Veja-se que a suspensão do emprego, aplicável a servidores públicos, é verdadeira penalidade de caráter sancionatório e, portanto, acaso seja imposta, o será com prejuízo dos vencimentos (diferentemente, portanto, do afastamento cautelar, em que há afastamento do exercício das atividades sem prejuízo da remuneração mensal).

Quadro comparativo dos tipos penais de desobediência em tema de alimentos:

Art. 22, Lei n. 5478/68: Constitui crime contra a administração da Justiça deixar o empregador ou funcionário público de prestar ao juízo competente as informações necessárias à instrução de processo ou execução de sentença ou acordo que fixe pensão alimentícia: Pena - Detenção de 6 (seis) meses a 1 (um) ano, sem prejuízo da pena acessória de suspensão do emprego de 30 (trinta) a 90 (noventa) dias. Parágrafo único. Nas mesmas penas incide quem, de qualquer modo, ajuda o devedor a eximir-se ao pagamento de pensão alimentícia judicialmente acordada, fixada ou majorada, ou se recusa, ou procrastina a executar ordem de descontos em folhas de pagamento, expedida pelo juiz competente.	Art. 529 e 912, CPC: Quando o executado for funcionário público, militar, diretor ou gerente de empresa ou empregado sujeito à legislação do trabalho, o exequente poderá requerer o desconto em folha de pagamento da importância da prestação alimentícia. § 1º Ao proferir a decisão, o juiz oficiará à autoridade, à empresa ou ao empregador, determinando, sob pena de **crime de desobediência**, o desconto a partir da primeira remuneração posterior do executado, a contar do protocolo do ofício. § 2º O ofício conterá o nome e o número de inscrição no Cadastro de Pessoas Físicas do exequente e do executado, a importância a ser descontada mensalmente, o tempo de sua duração e a conta na qual deve ser feito o depósito. § 3º Sem prejuízo do pagamento dos alimentos vincendos, o débito objeto de execução pode ser descontado dos rendimentos ou rendas do executado, de forma parcelada, nos termos do caput deste artigo, contanto que, somado à parcela devida, não ultrapasse cinquenta por cento de seus ganhos líquidos. **Desobediên**cia Art. 330, CP: Desobedecer a ordem legal de funcionário público: Pena - detenção, de quinze dias a seis meses, e multa.

CAPÍTULO 7

Estatuto do Índio – Lei 6.001/1973

Ludmila de Paula Castro Silva

INTRODUÇÃO:

Irrefutável que a política indigenista restou relegada a segundo plano por delongado período no Brasil. A previsão da integração do indígena à sociedade civil ganhou respaldo nas Constituições Federais brasileiras de 1934 e 1967 (Emenda Constitucional nº 1/1969), assim como no Estatuto do Índio, enunciado pela Lei nº 6.001/1973, que em seu artigo 1º traz expressamente o propósito de preservar a cultura dos índios e integrá-los, progressiva e harmoniosamente, à comunhão nacional.

A Constituição Federal de 1988 (CF/1988) demonstrou atenção à política indigenista, quebrando o paradigma integracionista e reconhecendo aos índios sua organização social, costumes, línguas, crenças e tradições, assim como os direitos originários sobre as terras que tradicionalmente ocupam (artigo 231 da CF/1988[1]).

Firmada a nova ordem constitucional, relevante citar outras normas emergentes que buscam a proteção do indígena e de sua cultura: Decreto n. 26, de 4/2/1991, que trata da educação indígena no Brasil; Decreto n. 1.775, de 8/1/1996, que dispõe sobre o processo administrativo de demarcação de terras indígenas; Decreto n. 3156, de 27/8/1999, que estabelece as condições para a prestação de assistência à saúde dos povos indígenas, no âmbito do Sistema Único de Saúde, pelo Ministério da Saúde; e Decreto n. 7.747, de 5/6/2012, que dispõe sobre a política nacional de gestão territorial e ambiental de terras indígenas (PNGATI).

A Convenção nº 169 da Organização Internacional do Trabalho (OIT) sobre Povos Indígenas e Tribais, internalizada no ordenamento brasileiro pelo Decreto nº 5.051/2004, caminha em sintonia também ao preceito constitucional do artigo 215 da CF/1988, que traduz o compromisso do Estado de garantir o pleno exercício dos direitos culturais e acesso às fontes da cultura nacional, bem como apoiar e incentivar a valorização e a difusão das manifestações culturais.

1 O Supremo Tribunal Federal, no Habeas Corpus 79.530, Rel. Min. Ilmar Galvão, DJ de 25-02-2000, estabeleceu que é de natureza civil, e não criminal, a tutela que a CARTA CONSTITUCIONAL ESTABELECEU NO *CAPUT* DO ART. 231, NÃO SE PODENDO CONFUNDIR OS RESPECTIVOS DIREITOS CONCEDIDOS AOS ÍNDIOS COM O DEVER DO ESTADO EM PROTEGER-LHES A VIDA E A INTEGRIDADE FÍSICA, DEVER NÃO RESTRITO A ESTE, MAS ESTENDIDO A TODAS AS DEMAIS PESSOAS.

As disposições da CF/1988, que cuidam da situação do índio, revelam que estes receberam um merecido assento de destaque. A nova ordem constitucional consagrou o relativismo cultural e étnico como eixo norteador das demais normas sobre o tema. Esse reconhecimento converge para a não recepção do artigo 1º do Estatuto do Índio e outros dispositivos, como por exemplo o artigo 7º, que sujeita ao regime tutelar os índios e as comunidades indígenas não integradas à comunhão nacional.

Uma visão geral sobre o Estatuto do Índio em vigor impõe observar que conta com 68 artigos, divididos em 7 títulos, sendo que 30 dispositivos dizem respeito às terras dos índios[2] (Título III) e bens e renda do patrimônio indígena (Título IV). Consta, ainda, previsão quanto aos princípios que regem a matéria (Título I), direitos civis e políticos (Título II), educação, cultura e saúde (Título V), normas penais (Título VI) e disposições gerais (Título VII).

Tramita perante a Câmara dos Deputados, desde 1991, o Projeto de Lei 2.057, que dispõe sobre o Estatuto das Sociedades Indígenas e já recebeu diversos substitutivos. Caso aprovado e sancionado, substituirá o atual Estatuto do Índio. Tal projeto açambarca mudanças significativas no tratamento do indígena e, em que pese não solucione alguns pontos causadores de controvérsias doutrinárias e jurisprudenciais, prestigia o respeito aos usos, costumes e tradições da sociedade indígena em consonância com o relativismo cultural e étnico que marca a Carta de 1988.

Procedidas às considerações preliminares, incumbe tecer comentários sobre as normas penais constantes do Título VI da Lei nº 6.001/1973.

CAPÍTULO I - DOS PRINCÍPIOS

Art. 56. No caso de condenação de índio por infração penal, a pena deverá ser atenuada e na sua aplicação o Juiz atenderá também ao grau de integração do silvícola.

Parágrafo único. As penas de reclusão e de detenção serão cumpridas, se possível, em regime especial de semiliberdade, no local de funcionamento do órgão federal de assistência aos índios mais próximos da habitação do condenado.

Na esteira do artigo 3º da Lei nº 6.001/1973, considera-se índio ou silvícola *todo indivíduo de origem e ascendência pré-colombiana que se identifica e é identificado como pertencente a um grupo étnico cujas características culturais o distinguem da sociedade nacional.*

O mesmo dispositivo define, ainda, comunidade indígena ou grupo tribal como *um conjunto de famílias ou comunidades índias, quer vivendo em estado de completo isolamento em relação aos outros setores da comunhão nacional, quer em contatos intermitentes ou permanentes, sem contudo estarem neles integrados.*

Os índios são classificados, no bojo do artigo 4º da Lei nº 6.001/1973, em: *I - Isolados - Quando vivem em grupos desconhecidos ou de que se possuem poucos e vagos informes através de contatos eventuais com elementos da comunhão nacional; II - Em vias de integração - Quando,*

2 Chama-se indigenato a fonte primária da posse das terras originalmente pertencentes aos índios. Sua origem está no Alvará de 1º de abril de 1680, que foi ratificado e estabeleceu uma reserva de terras aos índios como senhores primários e naturais delas. João Mendes Júnior trata as referidas terras tradicionalmente ocupadas pelos índios como sendo *terras congenitamente possuídas.* (MENDES JÚNIOR, João. *Os indígenas do Brasil, seus direitos individuais e políticos.* São Paulo: Hennies Irmãos, 1912. p. 62 apud BULOS, Uadi Lâmego. *Curso de direito constitucional.* São Paulo: Saraiva, 2007. p. 1.340.

em contato intermitente ou permanente com grupos estranhos, conservam menor ou maior parte das condições de sua vida nativa, mas aceitam algumas práticas e modos de existência comuns aos demais setores da comunhão nacional, da qual vão necessitando cada vez mais para o próprio sustento; III - Integrados - Quando incorporados à comunhão nacional e reconhecidos no pleno exercício dos direitos civis, ainda que conservem usos, costumes e tradições característicos da sua cultura.

Partindo desses conceitos, o *caput* do dispositivo em comento insere o indígena como sujeito ativo de infração penal, determinando que, em caso de condenação, a dosimetria da pena deverá considerar a incidência de atenuante e avaliar o seu grau de integração, respeitando-se os parâmetros estabelecidos no artigo 4º da Lei nº 6.001/1973.

Num primeiro olhar, a norma penal está revestida de simplicidade em sua redação, todavia sua aplicação prática gera celeuma, prevalecendo a jurisprudência no sentido de que a disposição abrange somente o silvícola não integrado à comunhão nacional[3]. A análise do processo de integração ou não do silvícola é algo complexo e parte de variados critérios, diversos do autorreconhecimento, a saber: a fluência na língua portuguesa, o grau de escolaridade, a habilidade para condução de veículos automotores, a qualidade de eleitor, o nível de ingerência em organização criminosa[4], etc.

Ao estudar os julgados sobre a matéria, denota-se que a *ratio decidendi* é convergente a evitar que pessoas que convivem plenamente na sociedade não indígena, ainda que tenham raízes étnicas indígenas, sejam beneficiadas com a atenuação da pena sem respaldo em critério razoável que estabeleça o entrelaçamento adequado com a desequiparação concedida. Em outros termos, a qualificação como silvícola não pode gerar uma atenuação automática da pena,

---

3 AGRAVO REGIMENTAL EM RECURSO ESPECIAL. PENAL. CRIME DE INCÊNDIO. INDÍGENA INTEGRADO À SOCIEDADE BRASILEIRA. PLEITO DE APLICAÇÃO DA ATENUANTE DO ART. 56, PARÁGRAFO ÚNICO DA LEI 6.001/73. IMPOSSIBILIDADE. 1. Este Tribunal Superior possui entendimento de que o art. 56, parágrafo único, da Lei nº 6.0001/73 (Estatuto do Índio), a embasar a pretensão de atenuação da reprimenda, somente se destina à proteção do silvícola não integrado à comunhão nacional; ou seja, esse dispositivo legal não pode ser aplicado em favor do indígena já adaptado à sociedade brasileira. 2. Agravo regimental a que se nega provimento. (STJ. Quinta Turma. Agravo Regimental no Recurso Especial n. 1.361.948/PE. Relator Ministro Marco Aurélio Bellizze. Julgado em 10/9/2013; publicado em 16/9/2013. Decisão unânime.).

PENAL. ROUBO DE VEÍCULO A SERVIÇO DA FUNAI. CONDIÇAO DE INDÍGENA DOS ACUSADOS. COMPLETA INTEGRAÇAO À SOCIEDADE BRASILEIRA. LEI Nº 6.001/73. INAPLICABILIDADE. ATENUAÇAO DA SANÇAO E REGIME DE SEMILIBERDADE. IMPOSSIBILIDADE. DOSIMETRIA DA PENA. MÉTODO TRIFÁSICO. AJUSTE QUANTO A UM DOS RÉUS.1. A simples qualidade de silvícola não é suficiente para que a pena dos acusados seja atenuada e, muito menos, que o regime inicial de seu cumprimento se dê através de semiliberdade, sendo imprescindível, para tanto, que o índio não esteja integralmente adaptado à comunidade nacional.2. Caso em que, apesar de ostentarem a condição de indígenas, os réus estão completamente integrados à civilização, tendo em vista que, além de conhecerem bem o idioma, têm plena capacidade de compreender o caráter ilícito dos seus atos, não lhes sendo aplicável, portanto, as disposições da Lei nº 6.001/73 (Estatuto do Índio).3. As provas apuradas no curso do inquérito e em juízo demonstram, suficientemente, a responsabilidade penal dos acusados quanto ao crime tipificado no art. 157, § 2º, II, do CP (roubo de veículo que estava a serviço da FUNAI).4. Estando devidamente demonstrados a primariedade de um dos acusados, a sua boa conduta social, o grau de culpabilidade e as baixas consequências oriundas da infração, justifica-se a diminuição da pena para o mínimo legal.5. Apelação parcialmente provida. (TRF-5. Segunda Turma. Apelação n. 200683050003400. Relator Desembargador Federal Luiz Alberto Gurgel de Faria. Publicado em 26/11/2008.).

4 Neste sentido: STJ. Quinta Turma. Habeas Corpus n. 30.113/MA. Relator Ministro Gilson Dipp. Julgado em 5/10/2004; publicado em 16/11/2004.

nem mesmo a sua inserção em regime especial de aprisionamento, pelo simples fato de possuir tal raiz étnica.

Conveniente mencionar que, partindo da classificação do artigo 4º do Estatuto do Índio, em vários dispositivos ao longo do diploma há expressa designação ao grau de integração do índio, conforme se vê dos artigos: 2º, inciso II; 6º, parágrafo único; 7º, *caput*; 8º, *caput*; 12, *caput*; 16, §2º; 58, inciso III; e 59.

Nesta senda, inobstante o artigo 56 em comento fazer menção à necessidade de atender ao grau de integração do silvícola, teria sido mais técnico e hialino se fizesse tal especificação como procedeu em outros dispositivos da Lei, já que o índio integrado não perde sua qualidade intrínseca, ainda que passe a conviver em comunhão nacional. Em sentido contrário à jurisprudência consolidada, se fosse avaliada somente a interpretação literal do artigo, face à ausência de designação classificatória, deveria ser a atenuante aplicada a todos os índios – sem prejuízo da incidência da limitação constante do Enunciado de Súmula do Superior Tribunal de Justiça nº 231 –, já que o artigo dispõe que, além de considerá-la na aplicação da pena, o juiz deve *também* observar o grau de integração do silvícola.

Outro aspecto digno de nota circunda a obrigatoriedade ou não de realização de laudo antropológico para aferição do nível de integração do indígena autor de crime, com exame por profissional habilitado de aspectos culturais do povo ou comunidade a que pertence o respectivo indígena[5].

A jurisprudência majoritária aduz ser dispensável o exame antropológico destinado a aferir o grau de integração do índio na sociedade, caso seja possível afirmar sua imputabilidade plena com fundamento na avaliação dos mesmos elementos de convicção supramencionados para fins de incidência da atenuante prevista no *caput*[6].

É compreensível que a jurisprudência caminhe nesse sentido, tendo em vista que vigora no Processo Penal o princípio da verdade real e a liberdade probatória. Deste modo, caso o magistrado entenda ser cabível a perícia antropológica é plenamente possível a sua determinação. Em sentido contrário, caso o juiz se mostre convencido de que se está diante de um silvícola integrado à comunidade, pode ser dispensada a realização da perícia, desde que o faça de forma motivada, atendendo ao mandamento do artigo 93, inciso IX da CF/1988.

No que tange aos fundamentos da teoria do delito, o tratamento jurídico-penal do indígena constitui tema que gera embates ainda hoje no ordenamento brasileiro, especificamente quanto à culpabilidade, em seu aspecto afeto à imputabilidade.

A título elucidativo, Claus Roxin, ao estudar a culpabilidade, afirma que seu conceito está ligado a ideia de acessibilidade normativa, ou seja, agente culpável é aquele que, em virtude de sua constituição psíquica e mental estava, no momento da prática do fato, em condições de

5 O Projeto de Lei 2.057/1991, na tentativa de corrigir a falta de técnica do atual Estatuto do Índio, estabelece, em seu artigo 90, que o juiz deverá realizar a perícia antropológica. Observe-se: "Nos processos criminais contra índios, o juiz ordenará a realização de perícia antropológica, que determinará o grau de consciência da ilicitude do ato praticado, para efeito da aplicação do disposto no Artigo 21 do Código Penal."

6 Neste sentido: STF. Primeira Turma. Habeas Corpus n. 79.530. Relator Ministro Ilmar Galvão. Julgado em 16/12/1999; publicado em 25/2/2000; STF. Primeira Turma. Habeas Corpus n. 85.198. Relator Ministro Eros Grau. Julgado em 17/11/2005; publicado em 9/12/2005; TJMS. RVCR: 14045378820168120000 MS 1404537-88.2016.8.12.000. Relator Desembargador Jairo Roberto de Quadros. Data de Julgamento: 09/08/2017, 2ª Seção Criminal.

atender o apelo da norma. Já Reinhard Merkel trabalha com dois conceitos: receptividade e reatividade. Dessa forma, o agente deve ser receptivo ao ser capaz de sentir o sentido da norma; e depois, ter a capacidade de reagir adequadamente a essa receptividade ou compreensão da norma[7].

Refletindo sobre a condição do silvícola, as lições de roxin e Merkel são perfeitamente aplicáveis, pois as ideias citadas colocam no centro do debate a acessibilidade normativa, que é capaz de superar a antiga discussão sobre a existência ou não da liberdade de vontade ou poder de agir de um silvícola de um ou de outro modo.

Mirabete e Fabbrini entendem que o silvícola pode ser incluído na cláusula de desenvolvimento mental incompleto[8] desde que fique demonstrada sua inadaptação à vida no meio civilizado. Anotam que não se trata de algo patológico ou teratológico, mas da ausência de adaptação à vida social de nosso nível às normas complexas que a regulam e aos critérios de valores de nossos julgamentos que os põem em condição de incapacidade total ou parcial de entendimento e orientação volitiva na qualidade e grau exigidos pela legislação penal. Ressaltam que não basta a condição de silvícola, exigindo-se a demonstração, por perícia, que tenha o agente desenvolvimento mental incompleto.[9]

Pondera Marcela Baudel de Castro que no Estatuto do Índio a questão da culpabilidade é resumida ao critério da inimputabilidade, à luz da divisão já ultrapassada entre índios isolados, integrados e em vias de integração. Conclui, assim, que são inimputáveis os índios isolados, imputáveis os integrados, e a depender de exame antropológico ficará a culpabilidade dos índios em vias de integração, os quais, em sua maioria, apresentam-se como semi-imputáveis. A redução da pena trazida pela Lei nº 6.001/1973 será aplicada a depender do grau de integração do indígena, subsidiariamente à diminuição presente na hipótese de culpabilidade reduzida, prevista no parágrafo único do artigo 26, do Código Penal, que dispõe sobre a redução de pena, se o agente, em virtude de perturbação de saúde mental ou por desenvolvimento mental incompleto ou retardado não era inteiramente capaz de entender o caráter ilícito do fato ou de determinar-se de acordo com esse entendimento.[10]

Leciona Edilson Vitorelli que a aplicação do erro de proibição traduziria a compatibilização do Direito Penal com o respeito constitucional à organização social, costumes, crenças e tradições indígenas[11], visto que a seleção de condutas para serem reprovadas penalmente é

7 ROXIN, Claus; MERKEL, Reinhard. Apud TAVARES, Juarez. *Fundamentos da teoria do delito*. Florianópolis: Tirant lo Blanch, 2018, p.418.

8 Este é o entendimento adotado na Exposição de Motivos do Código Penal de 1940 e assentado na doutrina tradicional, podendo ser citado na mesma linha a lição de Guilherme de Souza Nucci: "O desenvolvimento mental incompleto ou retardado consiste numa limitada capacidade de compreensão do ilícito ou da falta de condições de se autodeterminar, conforme o precário entendimento, tendo em vista ainda não ter o agente atingido a sua maturidade intelectual e física, seja por conta da idade, seja porque apresenta alguma característica particular, como o silvícola não civilizado ou o surdo sem capacidade de comunicação." (*Direito Penal*. 3. ed. São Paulo: Editora Revista dos Tribunais, 2007, p. 290.)

9 MIRABETE, Júlio Fabbrini e FABBRINI, Renato N. *Manual de Direito Penal*, volume 1: parte geral. 28.ed. São Paulo: Atlas, 2012, p.199.

10 *O tratamento jurídico-penal conferido aos indígenas no ordenamento jurídico brasileiro*. Disponível em <http://www.ambito-juridico.com.br/site/?n_link=revista_artigos_leitura&artigo_id=13101>. Acesso em 20/11/2018.

11 O Projeto de Lei 2.057/1991 adota o critério do erro de proibição no que concerne à alocação da culpabilidade do indígena, distanciando-se da mera atribuição de inimputabilidade, conforme seu artigo 90.

marcadamente cultural, de modo que podem não coincidir com os bens eleitos por uma cultura distinta. Entende, portanto, que a reprovação imposta pelo Direito Penal só recairia sobre a conduta do índio que conhecesse os valores tutelados pela norma penal e tivesse vontade livre e consciente de transgredir o bem jurídico.[12]

Para fins do estudo do artigo ora comentado, anotando a premissa de que a imputabilidade situa-se em campo diverso do conceito social referente ao nível de integração do indígena, mister dizer que resta inviável a aplicação concomitante e sobreposta, neste aspecto da dosimetria da pena, do Estatuto do Índio e do Código Penal, porque a mesma circunstância afeta à ausência – ainda que parcial – de compreensão do indígena sobre o caráter ilícito do fato justifica tanto a incidência de atenuante, na forma do artigo 56 da Lei nº 6.001/1973, como a causa de diminuição de pena, com lastro no artigo 26, parágrafo único do Código Penal.

Quanto ao regime de cumprimento de pena a ser fixado, o parágrafo único do artigo 56 traz regra especial em relação ao artigo 33 do Código Penal, determinando que as penas de reclusão e detenção serão cumpridas, se possível, em regime especial de semiliberdade, no local de funcionamento do órgão federal de assistência aos índios mais *próximos*[13] da habitação do condenado.

O espírito da lei remete à manutenção do agente criminoso indígena em local que prestigie contato com sua cultura, encaminhando-o à Fundação Nacional do Índio - FUNAI[14] ou outro órgão federal de assistência aos índios, se houver. O preceito normativo traz comando de difícil execução, pela ausência de estruturação da FUNAI para encarcerar presos, seja no que se refere à deficiência nos quesitos segurança e recursos humanos, seja pela desnaturação de sua função primeva.

Sem olvidar que a intenção do legislador é dar tratamento diferenciado ao indígena para que possa cumprir a pena sem afastar-se de suas origens culturais, importa sobrelevar que o Estatuto do Índio entrou em vigor no ano de 1973, antes da Constituição Federal de 1988 e da Lei dos Juizados Especiais (Lei nº 9.099/1995). Com a edição desta última, houve significativa alteração da sistemática processual dos crimes e contravenções penais de menor potencial ofensivo, de sorte que, em se tratando de crimes abrangidos pela competência do Juizado Especial Criminal ou que tenham pena mínima cominada igual ou inferior a um ano, a aplicação do regime de semiliberdade exclui a oportunidade de o indígena ter acesso a medidas mais brandas e não restritivas da liberdade, como a transação penal e a suspensão condicional do processo.

Levando em consideração que o parágrafo único do artigo 56 da Lei nº 6.001/1973 faz alusão ao *regime de cumprimento de pena*, tem-se que remete à fase de execução, denotando sua inaplicabilidade em caso de prisão cautelar. Deve, ainda, ser ponderado que os fundamentos para decretação desta revestem-se de outro objetivo, com lastro no artigo 312, do Código de Processo Penal, vinculando-se à garantia da ordem pública, da ordem econômica, da aplicação da lei penal e conveniência da instrução criminal.

---

12 *Estatuto do Índio. Lei nº 6.001/1973*. 4.ed. Salvador: Editora JusPodivm, 2018, p. 391.

13 Transcrição feita nos exatos termos que constam na Lei nº 6.001/1973, em que pese o erro de concordância nominal.

14 Foi criada por via da Lei nº 5.371, em 1967, com o intuito de ser o principal órgão oficial indigenista do Brasil. A Funai coordena e executa todas as políticas indigenistas feitas pelo Governo Federal, tendo por objetivo proteger e promover os direitos dos povos indígenas no Brasil, bem como estudos de identificação, demarcação, regularização fundiária e registro de terras tradicionalmente ocupadas pelos povos indígenas.

Art. 57. Será tolerada a aplicação, pelos grupos tribais, de acordo com as instituições próprias, de sanções penais ou disciplinares contra os seus membros, desde que não revistam caráter cruel ou infamante, proibida em qualquer caso a pena de morte.

Partindo de uma perspectiva mais ampla e moderna, pode-se afirmar que a jurisdição tem por função atribuir significado e aplicação dos valores constitucionais. Em outros termos, a jurisdição é a função do Estado que dá resposta às pretensões que lhe são apresentadas, dizendo o direito e dando significado concreto a aplicação dos valores constitucionais[15].

Essa função concentra-se nas mãos do Estado, pois ele detêm o monopólio da violência, todavia, excepcionalmente, em algumas situações pontuais dentro do sistema jurídico, o Estado admite o emprego de sanções por aqueles que não integram seus quadros.

Destarte, a premissa inicial do dispositivo em estudo consiste em considerar possível a aplicação de sanções penais e disciplinares pelos grupos indígenas em relação a seus membros. O artigo coloca, entretanto, a condicionante de que tais sanções não podem ter caráter cruel ou infamante, vedando ainda a pena de morte, o que se coaduna aos preceitos constitucionais previstos no artigo 5º, inciso XLVII, alíneas 'a' e 'e' da Carta Magna.

O dispositivo precisa ser interpretado também à luz dos artigos 5º, inciso XXXV, e 231 da Constituição Federal. Nesse sentido, Edilson Vitorelli leciona que se trata de compatibilizar a aplicação de duas normas constitucionais igualmente originárias. Aduz o autor que apenas na hipótese em que a sanção indígena se mostrar em flagrante desrespeito aos direitos humanos internacionalmente reconhecidos, o Estado deve interferir, cabendo ao Poder Judiciário analisar se a sanção indígena se ateve aos limites dos direitos humanos, não podendo ingressar no mérito de sua justiça.[16]

Convém que a admissão da aplicação de sanções penais e disciplinares como decorrência dos princípios da autonomia e autodeterminação dos povos atente para os graus de integração dos indígenas, pois a tolerância deverá ser teoricamente maior quanto menos integrado seja certo grupo comunitário à comunhão nacional.

Mister, ainda, que sejam observadas as normas de direito internacional, podendo-se citar a Convençao nº 169 da OIT, que em seu artigo 9º, 1, prevê o respeito aos métodos tradicionais dos povos para repressão dos delitos cometidos por seus membros, os quais devem ser compatíveis com o sistema jurídico nacional e com os direitos humanos internacionalmente reconhecidos.

Relevante aduzir que a Convenção Americana sobre Direitos Humanos, em seu artigo 4º, 3, dispõe que "não se pode restabelecer a pena de morte nos Estados que a hajam abolido" e no artigo 5º, 2, prevê que "ninguém deve ser submetido a torturas, nem a penas ou tratos cruéis, desumanos ou degradantes."

Aplicável à espécie o princípio da vedação do retrocesso no que tange à dignidade da pessoa humana lastreada pelos direitos fundamentais garantidos em âmbito nacional e direitos humanos convalidados na seara internacional. Nesta perspectiva, a conduta de grupos tribais de impor

15 NICOLITT, André. *Manual de processo penal.* 5. ed. São Paulo: Revista dos Tribunais, 2013. p. 63.

16 Ibid, p. 399.

sanções de caráter cruel, infamante ou mesmo a pena de morte como forma de castigo constitui crime a ser tipificado de acordo com a conduta praticada.[17]

CAPÍTULO II
DOS CRIMES CONTRA OS ÍNDIOS

Art. 58. Constituem crimes contra os índios e a cultura indígena:

I - escarnecer de cerimônia, rito, uso, costume ou tradição culturais indígenas, vilipendiá-los ou perturbar, de qualquer modo, a sua prática. Pena - detenção de um a três meses;

II - utilizar o índio ou comunidade indígena como objeto de propaganda turística ou de exibição para fins lucrativos. Pena - detenção de dois a seis meses;

III - propiciar, por qualquer meio, a aquisição, o uso e a disseminação de bebidas alcoólicas, nos grupos tribais ou entre índios não integrados. Pena - detenção de seis meses a dois anos.

Parágrafo único. As penas estatuídas neste artigo são agravadas de um terço, quando o crime for praticado por funcionário ou empregado do órgão de assistência ao índio.

BEM JURÍDICO TUTELADO:

O delito em questão tem como objetividade jurídica a tutela da cultura indígena, que pode ser definida como o arcabouço de características (costumes, danças, artes, ritos, tradições, etc) que determinam um grupo, tornando-o singular e particularmente diferenciado da sociedade circundante.

SUJEITOS DOS CRIMES:

Os crimes são comuns, de modo que qualquer pessoa pode ser sujeito ativo. De outro lado, somente o índio ou comunidade indígena pode ser sujeito passivo. Cumpre observar que, diferentemente dos demais incisos, o inciso III do artigo 58 da Lei 6.001/1973 especifica a incidência da norma quando o ofendido for grupo tribal ou índio não integrado, remetendo à noção já mencionada do artigo 4º da Lei 6.001/1973 quanto à divisão dos índios em isolados ou não integrados, em vias de integração e integrados.

Trata-se, por conseguinte, de crime comum no que se refere ao sujeito ativo, e próprio quanto ao ofendido.

17 Nesse sentido: HABEAS CORPUS. PROCESSO PENAL. TORTURA. CRIME EM RAZÃO DE COSTUMES INDÍGENAS. DISPUTA DE TERRAS INDÍGENAS. COMPETÊNCIA DA JUSTIÇA FEDERAL. TIPICIDADE. ORDEM NÃO CONHECIDA. 1. Compete à Justiça Federal o processamento e o julgamento da ação penal quando a motivação do delito envolve questões intrínsecas de direitos e cultura indígenas, como ocorre na hipótese. 2. Nos termos do art. 57 do Estatuto do Índio, não é permitido aos líderes de grupos tribais a imposição de sanções de caráter cruel ou infamante, nem de pena de morte contra seus membros, sendo típica, portanto, a conduta que impôs à vítima intenso sofrimento físico, como forma de aplicar castigo. 3. Fixado pelas instâncias ordinárias, com amplo arrimo no acervo probatório, que a vítima - indígena sob sua autoridade - foi submetida a intenso sofrimento físico, não há como ilidir essa conclusão, pois demandaria revolvimento de provas e fatos, não condizente com a via estreita do remédio constitucional, que possui rito célere e desprovido de dilação probatória. 4. Habeas corpus não conhecido. (STJ-HC 208.634/RS, Rel. Ministro ROGERIO SCHIETTI CRUZ, SEXTA TURMA, julgado em 14/6/2016, DJe 23/6/2016)

O parágrafo único do art. 58 menciona que as penas estatuídas são *agravadas de um terço quando o crime for praticado por funcionário ou empregado do órgão de assistência ao índio.* De fato, consiste em causa especial de aumento de pena, e não agravante conforme termo utilizado no dispositivo. A título de funcionário ou empregado do órgão de assistência ao índio está também abrangido o agente que, ainda de forma temporária e ocasional, recebe delegação para exercício das funções respectivas, nos termos da definição de funcionário público para efeitos penais estabelecida no art. 327 do Código Penal.

CONDUTAS:

O inciso I do dispositivo revela a proteção às cerimônias, ritos, costumes ou tradições culturais indígenas, criminalizando as condutas de *escarnecer*[18], *vilipendiar* ou *perturbar* a sua prática. Por certo, a incidência do Direito Penal, como derradeira trincheira, faz-se necessária visando mormente a perpetuação dos rituais indígenas e, via direta, da sua própria cultura, que acaba por ser desprestigiada pela tendência integracionista à sociedade não indígena que, entre idas e vindas, vigorou por longos anos no histórico constitucional e legislativo brasileiro.

O inciso II do dispositivo antepara a imagem dos índios e comunidades indígenas a fim de que não sejam explorados com intenção de lucro, por via de exposição de qualquer natureza. Ainda que se considere que muitas comunidades indígenas estão fixadas em lugares de belezas esplendorosas, não se pode *utilizar* a figura do índio e sua respectiva imagem como subterfúgio a incrementar o turismo, já que isto traria a noção equivocada de que o índio não detém individualidade e significação humana, mas sim constituiria o ambiente. Eis a importância do tipo penal: resguardar a imagem do indígena com a igualdade a que faz jus na qualidade de ser humano.

O inciso III criminaliza a conduta tendente a viabilizar ou *propiciar* a introdução de bebidas alcoólicas no seio de grupos tribais ou de índios não integrados. Não pune a conduta do indígena que consome bebida alcoólica. Extrai-se que o tipo penal pretende proteger os índios e também grupos tribais que não têm contato com a sociedade externa, de modo que aqueles indígenas integrados ou em vias de integração não estão abrangidos como ofendidos.

Interessante observar que a conduta descrita encontra correspondência, ainda que não exata quanto ao verbo do tipo penal nem quanto ao preceito secundário, no artigo 243 do Estatuto da Criança e do Adolescente (ECA), o que nos rememora a intenção de tutelar o indígena como se incapaz fosse de reger os atos da própria vida, cláusula esta que fora abandonada pela sistemática da Constituição Federal de 1.988.

VOLUNTARIEDADE:

Exige-se o dolo (direto ou eventual), inexistindo a forma culposa.

CONSUMAÇÃO E TENTATIVA:

Os crimes previstos no artigo 58 do Estatuto do Índio são formais e consumam-se com a prática das condutas descritas, independentemente do resultado naturalístico. A tentativa é possível.

18 Significa fazer escárnio, troçar, zombar de algo ou alguém. (FERREIRA, Aurélio Buarque de Holanda. *Novo Dicionário Aurélio da língua portuguesa*. 4.ed. Curitiba: Ed. Positivo, 2009, p.789.)

AÇÃO PENAL:

No silêncio da lei, a ação penal para processamento de tais crimes é pública incondicionada.

Os tipos penais admitem a concessão de suspensão condicional do processo (art. 89, da Lei 9.099/95) e, em se tratando de crimes de menor potencial ofensivo de competência do Juizado Especial Criminal, cabível transação penal (art. 76, da Lei 9.099/95).

> **Art. 59.** No caso de crime contra a pessoa, o patrimônio ou os costumes, em que o ofendido seja índio não integrado ou comunidade indígena, a pena será agravada de um terço.

A Lei 6.001/1973 traz mais uma vez a imprópria denominação de que a pena será *agravada*, sendo que em verdade deve ser o incremento nomeado como causa especial de aumento de pena.

Em que pese o viés integracionista proposto pelo Estatuto do Índio, este não deixou de prever maior reprimenda ao agente que se arvora na ação de atingir a pessoa, o patrimônio e os costumes de índio não integrado ou comunidade indígena. O aumento da pena justifica-se, no primeiro caso, por se tratar de indígena isolado, que em tese desconhece os artifícios e ardis da sociedade em geral, inclusive no que concerne ao mundo da criminalidade.

Se é bem verdade que o critério biopsicológico, que considera o desenvolvimento mental incompleto ou retardado, não é suficiente para abranger toda a complexa questão da (in) imputabilidade dos indígenas, também é verdade que a aculturação destes – ao menos no que concerne aos conhecimentos da sociedade externa – gera maior facilidade de sua captação por agentes criminosos.

No segundo caso, sem prejuízo da utilização do mesmo argumento, tem lastro a exacerbação da reprimenda por atingir não só um indígena, e sim toda uma comunidade indígena, o que pressupõe maior extensão do dano provocado.

Importante observar que existe a possibilidade de aplicação aos índios da Lei nº 2.889/56, que define e pune o crime de genocídio, já que também são identificados como grupos étnicos e, nesta condição, havendo dolo no que concerne a sua destruição, por via de qualquer das condutas descritas no artigo 1º da referida Lei, não será caso, *a priori*[19], de incidência de crime contra a pessoa previsto no Código Penal, sendo adequada a imputação de crime de genocídio, de competência federal, para resguardar o bem jurídico afeto à vida em comum de uma etnia.

---

19 Deve-se fazer análise aprofundada do caso concreto, que poderá trazer nuances que culminem para a incidência de crime contra a pessoa, mormente contra a vida na forma de homicídio, caso o dolo concentre-se em extirpar a vida de pessoa isoladamente considerada, e não de um grupo nacional, étnico, racial ou religioso. Na sistemática do Direito Penal, o dolo do agente constitui o ponto central para definição do tipo penal, delimitando, em ato contínuo, a própria competência jurisdicional, de modo que havendo concurso de crimes de homicídio e genocídio devem ser observados o artigo 5º, inciso XXXVIII, alínea d, da Constituição Federal e artigos 74, §1º e 78, inciso I, do Código de Processo Penal.

Parcelamento do Solo Urbano – Lei 6.766/1979

Ronaldo Vieira Francisco

INTRODUÇÃO

O crescimento desenfreado e desordenado de loteamentos à margem da legislação vigente da época, idealizados por loteadores que agiam em prejuízo das classes menos favorecidas, levou a criação, em 19 de dezembro de 1979, da nova Lei sobre os loteamentos urbanos, conhecida por "*Lei Lehmann*", em homenagem ao senador autor do projeto.

Parcelamento do solo urbano pode ser conceituado como "o processo urbanístico, cuja finalidade é proceder à divisão de gleba, para fins de ocupação, compreendendo o parcelamento, o loteamento e o desmembramento[1]".

Vale destacar que os *possuidores* e os *detentores* não podem promover o parcelamento do solo, mas apenas os *proprietários* ou *coproprietários*.

O *condômino* pode realizar o parcelamento do solo, exigindo-se a anuência de todos os demais condôminos, mediante acordo expresso. Isso porque o condomínio é caracterizado pela multiplicidade de titulares.

O *loteador* pode ser *pessoa jurídica*. Será indispensável, contudo, que o estatuto ou contrato social tenha previsão expressa desse objeto social, e que autorize os representantes a atuar nesse ramo.

Por outro lado, o parcelamento do solo para fins urbanos só é admitido em zonas urbanas, de expansão urbana ou de urbanização específica, áreas estas definidas pelo plano diretor ou aprovadas por Lei municipal (LPSU, art. 3º).

A Lei n. 6.766, de 1979, define o *loteamento urbano* como a divisão voluntária do solo em lotes destinados a edificação, com *abertura de novas vias de circulação*, de logradouros públicos ou prolongamento, modificação ou ampliação das vias existentes, na forma da legislação pertinente.

O *desmembramento* também é conceituado na Lei do Parcelamento como sendo a divisão da gleba em lotes destinados a edificação, *com aproveitamento do sistema viário existente*.

Como se percebe, o *loteamento* e o *desmembramento* são modalidades de parcelamento do solo urbano que diferenciam. Isto porque o desmembramento não implica a abertura de novas

1 SILVA, Edson Jacinto da. Parcelamento e desmembramento do solo urbano. Leme: Led, 1999, p. 4.

vias e logradouros públicos, nem no prolongamento, modificação ou ampliação dos já existentes, o que ocorre em relação ao loteamento.

Segundo HELY LOPES MEIRELES, "*loteamento* é meio de urbanização e só se efetiva por procedimento voluntário e formal do proprietário da gleba, que planeja sua divisão e a submete à aprovação da prefeitura, para subsequente inscrição no Registro Imobiliário, transferência gratuita das áreas das vias públicas e espaços livres ao município e alienação dos lotes aos interessados"

O *desmembramento* continua o autor "... é apenas repartição da gleba, sem atos de urbanização, e tanto pode ocorrer pela vontade do proprietário (venda, doação etc.) como por imposição judicial (arrematação, partilha etc.), em ambos os casos sem qualquer transferência de área ao domínio público[2]".

Portanto, o *loteamento* é a repartição de terra de que resulta a ampliação do sistema urbanístico, enquanto o *desmembramento* sucede dentro do espaço urbano existente, influenciando apenas na densidade de ocupação dos espaços já urbanizados, sem afetar, assim, os delineamentos das vias e logradouros preexistentes.

Outros conceitos possuem relação com o parcelamento do solo urbano.

Arruamento caracteriza-se *unicamente* pela abertura de vias de circulação na gleba, como início de urbanização, a ser realizado pelo proprietário, com aprovação da prefeitura, e transferência gratuita das áreas das ruas ao município.

O ente público local também pode realizar o arruamento, mediante indenização aos titulares do domínio da área, para a interligação das novas ruas ao sistema viário municipal existente. Desse modo, pode ocorrer o arruamento sem loteamento ou desmembramento.

O *arruamento*, portanto, é o traçado definidor das vias públicas e espaços livres da cidade

Em se tratando de *loteamento*, o arruamento é um requisito prévio, como exigência dos municípios para toda área em urbanização.

Outro aspecto relevante do parcelamento do solo urbano diz respeito às áreas públicas constantes de loteamentos privados.

Após a aprovação pela prefeitura municipal do loteamento e de sua inscrição no Registro Imobiliário, as vias e praças, os espaços livres e as áreas destinadas a edifícios públicos e outros equipamentos urbanos, constantes do projeto e do memorial descritivo, passam a integrar o domínio do município, independentemente de título aquisitivo. Isto porque as vias e logradouros são sempre públicos, considerados *bem de uso comum do povo* (LPSU, art. 22, *caput*).

Ademais, mesmo em relação aos *parcelamentos implantados e não registrados*, o município pode requerer, por meio da apresentação da planta do parcelamento elaborada pelo loteador ou aprovada pelo município, o *registro das áreas destinadas a uso público*, que passarão da mesma forma a integrar seu domínio (LPS, art. 22, parágrafo único).

Em recente modificação, a Lei de Parcelamento passou a admitir, de maneira expressa, o *loteamento de acesso controlado*, muito comum nos grandes centros, até então não contemplado na Lei 6.766/1979, mas admitido por leis locais em muitos municípios (art. 2º, § 8º, com redação dada pela Lei n. 13.465, de 2017).

---

2 MEIRELLES, Hely Lopes. *Direito municipal brasileiro*. 14. ed. São Paulo: Malheiros, 2006, p. 558.

Sobre isso HELY LOPES MEIRELLES dizia: "*loteamentos especiais* estão surgindo, principalmente nos arredores das grandes cidades, visando a descongestionar as metrópoles. Para esses loteamentos não há, ainda, legislação superior específica que oriente a sua formação, mas nada impede que os municípios editem normas urbanísticas locais adequadas a essas urbanizações. E tais são os denominados 'loteamentos fechados', 'loteamentos integrados', 'loteamentos em condomínio', com ingresso só permitido aos moradores e pessoas por eles autorizadas e com equipamentos e serviços urbanos próprios, para autossuficiência da comunidade. Essas modalidades merecem prosperar. Todavia, impõe-se um regramento legal prévio para disciplinar o sistema de vias internas (que em tais casos não são bens públicos de uso comum do povo) e os encargos de segurança, higiene e conservação das áreas comuns e dos equipamentos de uso coletivo dos moradores, que tanto podem ficar com a prefeitura como com os dirigentes do núcleo, mediante convenção contratual e remuneração dos serviços por preço ou taxa, conforme o caso[3]".

A Lei n. 13.465, de 2017, também criou o *condomínio de lotes*, inserindo-o no Código Civil, art. 1.358-A. Por essa nova *modalidade de condomínio*, permite-se que, em terrenos, partes sejam designadas de lotes, de propriedade exclusiva, e partes sejam de propriedade comum dos condôminos.

Mais recentemente a Lei n. 13.777, de 20 de dezembro de 2018, criou nova figura jurídica, até então não disciplinada no Brasil, mas conhecida de outros países.

Trata-se da do *condomínio em multipropriedade*, cujos contornos legais foram inseridos nos arts. 1.358-B a a.358-U, todos do Código Civil, e nos arts. 176 e 178 da Lei n. 6.015, de 1973.

Em linhas gerais, **multipropriedade** é o modo de utilização da propriedade em condomínio conhecido por *sistema "time-charing" (tempo repartido) ou propriedade compartilhuda.*

> Nas lições de Gustavo Teppedino, em obra anterior[4] à Lei n. 13.777, de 2018, "... *multipropriedade de forma genérica é a relação jurídica de aproveitamento econômico de uma coisa móvel ou imóvel, repartida em unidades fixas de tempo, de modo que diversos titulares possam, cada qual a seu turno, utilizar-se da coisa com exclusividade e de maneira perpétua. O sistema utilizado para os imóveis é conhecido como time-sharing... No Brasil, tal fenômeno surgiu timidamente sem legislação específica, sendo assim, nasceu a dificuldade de conceituar a multipropriedade como direito real. Nesse sistema, todos os multiproprietários são condôminos, mas esse condomínio somente será exclusivo na unidade autônoma no tempo fixado no pacto. Sem permissão legal, contudo, não pode ser conferido direito real aos multiproprietários. Uma das soluções encontradas, até então, era registrar o empreendimento em nome de pessoa centralizadora de contratos (trustee), que concede e organiza a utilização periódica. Nesse caso, a relação dos multiusuários seria de direito obrigacional com o proprietário da coisa. Outra solução era constar na escritura a aquisição por vários titulares de períodos de* ***07 dias*** *em cada ano, atribuindo-se a cada unidade cinquenta e dois períodos compartilhados. Todos os adquirentes são coproprietários de fração ideal, não se identificando a unidade, a não ser no vínculo obrigacional. Um pacto adjeto meramente contratual o fará. Não existia, desse modo, constituição de unidades autônomas, invocando-se as normas típicas do condomínio ordinário. A relação de tempo fica exposta em regulamento. A administração é atribuída a empresa, que normalmente reserva para si frações ideais, correspondentes a duas semanas do ano todos os apartamentos*"

3 MEIRELLES, Hely Lopes. *Direito municipal brasileiro*. 14. ed. São Paulo: Malheiros, 2006, p. 562.

4 TEPEDINO, Gustavo. *Multipropriedade imobiliária*. São Paulo: Saraiva, 1993, p. 01.

Com a nova Lei n. 13.777, de 20 de dezembro de 2018, a multipropriedade passa a ter disciplina legal no Brasil.

Também relacionada à urbanização é o *desdobro* ou *fracionamento*. Trata-se da divisão da área do lote para formação de novo ou de novos lotes, respeitadas as exigências mínimas de dimensionamento e índices urbanísticos para edificação segundo dispuser a Lei municipal, e respeitada a área mínima dos lotes prevista no art. 4º, II, da Lei 6.766/1979.

A Lei 6.766/1979 não disciplina o desdobro, remetendo aos Municípios ou Distrito Federal sua regulamentação (art. 11 parágrafo único).

A rigor, a *divisão de lotes* nada mais é do que um *desmembramento impróprio*, porque recai sobre a área de lotes, e não na extensão de uma gleba (art. 2º, § 2º, da Lei 6.766/1979).

Por essa razão, ao desdobro não se aplicam os rigores do processo de registro do desmembramento propriamente dito, previsto no art. 18 da Lei de 1979, exceto quando, analisada em concreto, a divisão dos lotes mediante desdobros sucessivos na verdade encobertam verdadeiros loteamentos ou desmembramentos dissimulados.

A doutrina ainda destaca outros conceitos relacionados ao traçado urbano, que são o *alinhamento*, o *nivelamento*, a *salubridade urbana*, a *segurança* e a *funcionalidade*.

Sob outra perspectiva, a competência para legislar sobre Direito urbanístico é concorrente (CF, art. 24, I). Assim, à **União** compete editar **normas gerais** (CF, art. 24, § 1º), enquanto os **Estados-membros** (CF, art. 24, § 2º) e os **Municípios** de (CF, art. 30, I e II) podem complementá-la para atender às peculiaridades regionais e locais.

É o que faz a Lei Federal 6.766/79, no art. 1º, parágrafo único, segundo o qual "os estados, o Distrito Federal e os municípios poderão estabelecer normas complementares relativas ao parcelamento do solo municipal para adequar o previsto nesta Lei às peculiaridades regionais e locais".

Alguns instrumentos contratuais estão previstos no procedimento urbanístico de parcelamento do solo urbano, referindo-se o art. 18, VI, e o art. 26, da Lei n. 6.766/79 aos contratos de *promessa de venda*, *cessão* e *promessa de cessão*.

Um modelo ou exemplar do contrato padrão deve ser depositado em cartório, no momento do registro do loteamento. O loteador pode optar, no momento do depósito, que os contratos para aquisição dos lotes sejam dados por *escritura pública* ou *instrumento particular* (LPS, arts. 18, VI, e 26).

A Lei n. 13.786, de 27 de dezembro de 2018, alterou a Lei de Loteamento Urbano, nela incluindo os art. 26-A e 32-A e conferindo nova redação aos arts. 34 e 35.

De maneira geral, o art. 26-A passa a exigir, em todos os contratos regidos pela Lei n. 6.766/79, a inserção, no campo inicial do instrumento, de um *quadro resumo* do qual conste as cláusulas obrigatórias que especifica, entre elas o preço total a ser pago pelo imóvel (inciso I).

Ausente quaisquer destas cláusulas obrigatórias (art. 26-A, § 1º), e não aditado o contrato para sanar a omissão, em 30 dias, haverá a caracterização de justa causa, apta a rescisão do contrato (art. Art. 26-A, § 1º).

Com relação às cláusulas relacionadas ao *desfazimento da avença*, o legislador passou a exigir *anuência prévia e específica* do adquirente do lote, mediante assinatura junto a essas cláusulas, as quais devem ser redigidas com destaque, permitindo sua imediata e fácil compreensão (art. 26-A, § 2º; CDC, art. 54, § 4º).

O novo art. 32-A da Lei n. 6.766/79, passa a disciplinar a restituição dos valores pagos pelo adquirente, quando a resolução contratual por imputada a ele, enquanto o art. 34 estabelece as diretrizes da indenização pelas *benfeitorias necessárias ou úteis.*

Os contratos referidos na Lei n. 6.766, de 1979, valerão como **título** para o registro da propriedade do lote adquirido, quando acompanhados da respectiva **prova de quitação** (LPS, art. 26, § 6º).

O art. 3º, *caput*, da Lei 6.766/1979, estabelece que "somente será admitido o parcelamento do solo para *fins urbanos* em *zonas urbanas*, de *expansão urbana* ou de *urbanização específica*, assim definidas pelo *plano diretor* ou *aprovadas por Lei municipal*".

A Lei 6.766/1979, portanto, é inaplicável aos loteamentos para *fins rurais ou agrários*, os quais obedecem a legislação própria, que compreende o Estatuto da Terra (Lei 4.504/1964) e seu regulamento (Decreto 59.428/1964), a Lei 5.868/1972, o Decreto-Lei 58/1937 e a Instrução do Incra 17-b/1980.

O Decreto-Lei 58, de 1937, que inicialmente, abrangia os loteamentos urbanos e rurais, acabou por ser derrogado tacitamente pela Lei 6.766/1979, seguindo vigente apenas para regular o parcelamento do solo rural (art. 1º) e a adjudicação compulsória desses imóveis (arts. 16 e 22).

Os *loteamentos agrários* destinam-se à exploração econômica da terra, de natureza agrícola, pecuária, extrativa ou agroindustrial (Estatuto da Terra, art. 4º, I).

De modo diverso, os *loteamentos urbanos* têm por objetivo a urbanização, edificação e ocupação do solo urbano, com a finalidade de habitação, indústria ou comercio.

Para a Lei 6.766/1979 só é loteamento urbano aquele que tenha *finalidade urbana* e que se situe em *zona urbana*, de *expansão urbana* ou de *urbanização específica*, assim definidas pelo plano diretor ou aprovadas por Lei municipal.

Pode-se dizer, assim, que o *loteamento urbano* é aquele que reúne os seguintes requisitos: (a) *finalístico* (devem ser os lotes destinados à moradia, ao lazer, ao comércio, à indústria) e; (b) *espacial* (deve estar situado *situar em zona urbana, de expansão urbana ou de urbanização específica*).

O loteamento rural caracteriza-se por sua *destinação*, pois os lotes servirão para as atividades de exploração extrativa agrícola, pecuária ou agroindustrial (art. 4º, I, do Estatuto da Terra). A destinação econômica define, qualifica e singulariza o imóvel rural, não sendo relevante sua localização, quer se encontre no perímetro urbano ou rural.

Para a doutrina, em referência ao art. 3º, caput, da Lei 6.766/1979,[5] ao município *"não cabe estabelecer os critérios de definição das zonas urbanas ou de expansão urbana"*; a ele compete *"definir os seus contornos, ou seja, para delimitá-los de modo especifico e concreto no âmbito do seu território"* (Mukai, Toschio. *Loteamentos e desmembramentos urbanos*. São Paulo: Sugestões Literárias, 1980, p. 18).

Por meio do zoneamento de seu território, o município estabelece o traçado e delimita as zonas urbanas, de expansão urbana ou de urbanização específica.

5 Art. 3º, *caput*, da Lei 6.766/1979: *"Somente será admitido o parcelamento do solo para fins urbanos em* **zonas urbanas, de expansão urbana** *ou de* **urbanização específica, assim definidas pelo plano diretor** *ou* **aprovadas por Lei municipal",** grifamos.

Em todo caso, contudo, os Municípios devem respeitar as áreas consideradas urbanas ou rurais por Lei federal, como na hipótese do Estatuto da Terra (Lei Federal 4.504, de 1964, art. 4º, I).

Nesse sentido decidiu o STJ, ao afirmar que "é a municipalidade que, com base no art. 30 da Constituição Federal/1988, estabelece a sua zona rural e a sua zona urbana, observado por exclusão o conceito apresentado pelo Estatuto da Terra (Lei 4.504/1964) para imóvel rural para definir os imóveis urbanos. Apesar de o critério de definição da natureza do imóvel não ser a localização, mas a sua *destinação econômica*, os municípios podem, observando a vocação econômica da área, criar zonas urbanas e rurais. Assim, mesmo que determinado imóvel esteja em zona municipal urbana, pode ser, dependendo da sua exploração, classificado como rural" (STJ, AR 3971 / GO).

Interessante que em relação à implantação de *chácaras de lazer ou sítios de recreio* em zona rural, prevalece o entendimento de considerá-los loteamentos urbanos, pois o lazer é uma atividade urbana, e deve obedecer aos preceitos da Lei 6.766/1979. É o que determinam os arts. 94 a 96 do Decreto 59.428, de 1966[6].

Portanto, a natureza do loteamento (rural ou urbana) não se define pelo local onde localizado, mas por sua *finalidade* (moradia, comércio, indústria, fins institucionais) e pela *destinação*. Nesse sentido: STJ, REsp. 783325.

O *plano diretor* ou *plano diretor de desenvolvimento* é o instrumento básico da política de desenvolvimento e de expansão urbana, *obrigatório para cidades com mais de 20 mil habitantes*, devendo ser aprovado pela Câmara Municipal (CR, art. 182, § 1º).

Nas palavras de HELY LOPES MEIRELLES, o plano diretor é o "complexo de normas legais e diretrizes técnicas para o desenvolvimento global constante do município, sob os aspectos físico, social, econômico e administrativo, desejado pela comunidade local. Deve ser a expressão das aspirações dos munícipes quanto ao progresso do território municipal no seu conjunto cidade/campo" (*Direito municipal brasileiro*. 14. ed. São Paulo: Malheiros: 2006, p. 538).

Compete ao município, de maneira privativa e irretratável, por meio de *Lei municipal* ou do *plano diretor*, estabelecer as áreas consideradas *urbanas* ou *urbanizáveis*, de *expansão urbana* e de *urbanização específica*, sobre as quais poderá aprovar o parcelamento do solo.

No que se refere ao conceito das *espécies de solo urbano*, distinta a lição de Sérgio Frazão do Couto, para quem: (i) *solo urbano propriamente dito* – porção territorial onde existem erigidas, continuamente, as moradias dos seus habitantes, as vias de circulação entre as unidades residenciais, os serviços próprios, direção político-administrativa; (ii) *solo de expansão urbana* – porção territorial indefinida aos redor das cidades, para onde possa seu crescimento se dirigir, pela agregação de novos componentes urbanísticos constantes da zona urbana propriamente dita; (iii) *solo urbanizável* – aquele onde as condições geológicas, sanitárias, ecológicas, etc., impedem atualmente sua ocupação pela população, sem riscos para ela, até as correções necessárias para torná-lo habitável (COUTO, Sérgio Frazão do. *Manual prático do parcelamento do solo urbano*. Forense. Rio de Janeiro: 1981, p. 8-11).

---

6 Superior Tribunal de Justiça: As chácaras são consideradas "*loteamentos mistos* (urbano e rural), determinando que a unidade de medida a ser aplicada para as *chácaras loteadas é o metro quadrado*, e para as *chácaras não loteadas é o hectare*" (EDcl no REsp 363900/GO, Rel. Min. Francisco Peçanha Martins, Segunda Turma).

Assevera o autor, ainda, que esses tipos de solo urbano podem sofrer mutações nas categorias classificatórias por força de normas legais pertinentes ou fatos sociais e obras governamentais que incidam sobre eles.

Quanto à competência dos crimes da Lei n. 6.766/79 (Lei de Loteamentos), já se decidiu pela *justiça federal*, quando o loteamento irregular ocorrer em terras de propriedade da União[7]. Porém, há decisões afirmando o processo e julgamento pela *justiça estadual* dos crimes quando inexistente o interesse da União, independentemente do titular do domínio[8] ou mesmo quando o delito, a despeito da área pertencer ao patrimônio da União, tenha consequências restritas aos particulares e aos interesses locais [9].

Por último, na *fixação da pena*, são circunstâncias judiciais desfavoráveis ao réu o parcelamento irregular de área destinada à proteção ambiental, decidiu o Superior Tribunal de Justiça[10]. Feitas estas considerações gerais sobre a Lei do Parcelamento do Solo Urbano, passemos

---

7 CRIMINAL. LOTEAMENTO IRREGULAR. Lei Nº 6.766/79. TERRAS DA UNIÃO.Art. 109, IV, DA CF. COMPETÊNCIA DA JUSTIÇA FEDERAL. Compete à Justiça Federal processar e julgar suposto delito de loteamento irregular (art. 50 da Lei nº 6.766/79) praticado em terreno de propriedade União. Precedentes do STJ e do STF. Conflito conhecido para declarar a competência do Juízo Federal da 12ª Vara da Seção Judiciária do Distrito Federal, o Suscitado. (CC 43.376/DF, Rel. Ministro PAULO MEDINA, TERCEIRA SEÇÃO, julgado em 25/05/2005, DJ 05/09/2005, p. 202).

8 HABEAS CORPUS. CRIME DE PARCELAMENTO DE SOLO. Art. 50 DA Lei N.º 6.766/79. COMPETÊNCIA. TERRA DA UNIÃO. CONTROVÉRSIA EM TORNO DO DESCUMPRIMENTO LEGAL DE REGISTRO. INEXISTÊNCIA DE QUALQUER INTERESSE DA UNIÃO. CONSUNÇÃO AFASTADA NOS AUTOS. JUSTIÇA LOCAL.O descumprimento à norma do Registro Público no caso do parcelamento do solo reclama o interesse local, independentemente da titularidade do domínio, a não ser que demonstrado nos autos o interesse da União para efeito de firmar a competência federal. In casu, toda a discussão volveu-se para o interesse do Município quanto à irregularidade do parcelamento, tendo as decisões condenatórias afastado qualquer outra possibilidade inclusive no tocante a possível consunção. Ordem denegada para manter a competência da Justiça Local.(HC 39.670/RO, Rel. Ministro JOSÉ ARNALDO DA FONSECA, QUINTA TURMA, julgado em 15/02/2005, DJ 07/03/2005, p. 315).

9 CONSTITUCIONAL. PENAL. COMPETÊNCIA. PARCELAMENTO IRREGULAR DO SOLO URBANO. Art. 50 DA Lei N.º 6.766/79. AUSÊNCIA DE PREJUÍZO DIRETO À UNIÃO. COMPETÊNCIA DA JUSTIÇA DO DISTRITO FEDERAL.- Compete à Justiça Estadual ou do Distrito Federal, conforme o caso, processar e julgar ação penal relativa a delito de parcelamento irregular do solo urbano, previsto na Lei 6.766/79, ainda que se trate de área integrante do patrimônio da União, desde que não se verifique prejuízo direto a esta entidade, restringindo-se as conseqüências do crime a particulares e à Administração Municipal ou do Distrito Federal.- Conflito conhecido. Competência do Juízo de Direito do Distrito Federal.(CC 34.454/DF, Rel. Ministro VICENTE LEAL, TERCEIRA SEÇÃO, julgado em 12/06/2002, DJ 01/07/2002, p. 210)

10 HABEAS CORPUS. PARCELAMENTO IRREGULAR DO SOLO URBANO. DOSIMETRIA. PENA-BASE. FIXAÇÃO ACIMA DO MÍNIMO LEGAL. CIRCUNSTÂNCIAS JUDICIAIS.DESFAVORABILIDADE. ÁREA DE PROTEÇÃO AMBIENTAL. FRAUDE EM DOCUMENTOS PÚBLICOS. MAUS ANTECEDENTES. PERSONALIDADE VOLTADA À PRÁTICA CRIMINOSA. FUNDAMENTAÇÃO. EXISTÊNCIA. AUSÊNCIA DE MANIFESTA ILEGALIDADE OU ABUSO DE PODER RECONHECÍVEIS DE PLANO.CONSTRANGIMENTO ILEGAL NÃO EVIDENCIADO.1. A elevação da pena-base encontra-se justificada pela desfavorabilidade de algumas das circunstâncias judiciais, sobretudo porque se trata de parcelamento irregular de área destinada à proteção ambiental, realizado mediante fraude de documentos públicos, por agente que se utilizou de seus conhecimentos profissionais para providenciar documentos fraudulentos que conferissem a aparência de legalidade ao empreendimento e que ostenta em sua folha de antecedentes registros relativos ao envolvimento com outros quatro delitos da mesma espécie.2. Existindo elementos concretos dos autos que apontam para a desfavorabilidade de circunstâncias judiciais, não há o que se falar em ilegalidade a ser sanada através da via eleita na imposição da sanção básica acima do mínimo.3. A revisão da pena imposta pelas instâncias ordinárias via habeas corpus é possível, mas somente em situações excepcionais, de manifesta ilegalidade ou abuso de poder reconhecíveis de plano, sem maiores incursões em aspectos circunstanciais ou fáticos e probatórios, consoante orientação pacificada neste Superior Tribunal, o que, como visto, não é o caso.4. Ordem denegada. (HC 209.121/DF, Rel. Ministro JORGE MUSSI, QUINTA TURMA, julgado em 12/06/2012, DJe 03/10/2012)

à análise, em seguida, de cada figura penal previstas nos artigos 50 a 52, sob os seguintes aspectos: bem jurídico tutelado, sujeitos (ativo e passivo), conduta, voluntariedade, consumação e ação penal.

> **CAPÍTULO IX**
>
> **DISPOSIÇÕES PENAIS**
>
> **Art. 50.** Constitui crime contra a Administração Pública.
>
> I – dar início, de qualquer modo, ou efetuar loteamento ou desmembramento do solo para fins urbanos, sem autorização do órgão público competente, ou em desacordo com as disposições desta Lei ou das normas pertinentes do Distrito Federal, Estados e Municípios;
>
> II – dar início, de qualquer modo, ou efetuar loteamento ou desmembramento do solo para fins urbanos sem observância das determinações constantes do ato administrativo de licença;
>
> III – fazer ou veicular em proposta, contrato, prospecto ou comunicação ao público ou a interessados, afirmação falsa sobre a legalidade de loteamento ou desmembramento do solo para fins urbanos, ou ocultar fraudulentamente fato a ele relativo.
>
> Pena: Reclusão, de 1(um) a 4 (quatro) anos, e multa de 5 (cinco) a 50 (cinqüenta) vezes o maior salário mínimo vigente no País.
>
> Parágrafo único – O crime definido neste artigo é qualificado, se cometido.
>
> I – por meio de venda, promessa de venda, reserva de lote ou quaisquer outros instrumentos que manifestem a intenção de vender lote em loteamento ou desmembramento não registrado no Registro de Imóveis competente.
>
> II – com inexistência de título legítimo de propriedade do imóvel loteado ou desmembrado, ressalvado o disposto no art. 18, §§ 4º e 5º, desta Lei, ou com omissão fraudulenta de fato a ele relativo, se o fato não constituir crime mais grave.
>
> Pena: Reclusão, de 1 (um) a 5 (cinco) anos, e multa de 10 (dez) a 100 (cem) vezes o maior salário mínimo vigente no País.

Bem Jurídico Tutelado

O crime do art. 50, e parágrafo único, da Lei 6.766, de 1979, dispõe sobre as condutas que desrespeitam as normas disciplinadoras do parcelamento do solo urbano.

Não são delitos contra a economia popular, mas sim crimes contra a Administração Pública, de modo que os tipos penais da Lei do Parcelamento Urbano têm como objetividade jurídica a moralidade administrativa, as normas de urbanização, e polícia urbanística.

Sujeitos do Crime

O crime é comum, podendo ser cometido por qualquer pessoa, até mesmo o proprietário da gleba a ser desmembrada ou loteada de maneira irregular.

Sujeito passivo imediato é a Administração Publica (Estado, Município ou Distrito Federal); mediato o adquirente do lote em um loteamento irregular.

Condutas

Nos inciso I, a conduta típica é: *dar início* (envolve a prática de atos concretos preparatórios, tais como terraplanagem, demarcação) de qualquer modo, ou *efetuar* (compreende atos avançados e específicos, como realizar a abertura de ruas, marcação de quadras, lotes) loteamento ou desmembramento do solo para fins urbanos, sem autorização do órgão público competente, ou em desacordo com as disposições desta Lei ou das normas pertinentes do Distrito Federal, Estados e Municípios[11]. O loteamento ou desmembramento deve ser aprovado pela Prefeitura Municipal, ou pelo Distrito Federal, quando for o caso, conforme exige o art. 12 da Lei n. 6.766/79.

Também recai neste crime o desatendimento a outras regras da Lei de Parcelamento, como a que estabelece a necessidade de registro do loteamento ou desmembramento no prazo de 180 dias contados da aprovação (art. 18), ou mesmo a violação de disposições relativas a parcelamento dos Estados, do Distrito Federal e Municípios.

Já decidiu o STJ, ao interpretar o artigo 50, inciso I, da Lei 6.766/1979, que se o loteamento é regularizado antes do oferecimento da denúncia, não se caracteriza o crime previsto no art. 50, I, da Lei n. 6.766/79[12].

Isso porque o loteamento iniciado **sem a autorização do órgão público competente**, entre o momento da investigação ao tempo do oferecimento da denúncia, já estava devidamente regularizado, o que revelaria a atipicidade da conduta a eles imputada[13].

Para a Corte Superior compete à Justiça Federal processar e julgar crime de esbulho referente a loteamento irregular (art. 50 da **Lei** n. 6.766/1979) de terras de propriedade da União, ex vi do art. 109, IV, da CF/1998[14].

Isso porque os delitos de alienação de coisa alheia como própria e o esbulho absorvem o delito de loteamento clandestino de solo urbano (que é da competência do município ou Distrito Federal) e constitui mera desobediência a regramento administrativo constante da Lei de Registros Públicos (art. 50 da Lei n. 6.766/1979), apenas ato preparatório para aquelas outras condutas típicas[15].

---

11 Nesse sentido: "(...) Para a configuração do crime previsto no artigo 50, inciso I, da Lei n. 6.766/97 é necessário que o sujeito ativo realize modificações físicas na área a ser loteada ou desmembrada, ou ao menos dê início a tais alterações, sem que para tanto tenha autorização do órgão público competente, ou o faça em desacordo com a legislação aplicável... " (STJ,.HC 121.718/PR, Rel. Ministro Adilson Vieira Macabu, Rel. p/ Acórdão Ministro Jorge Mussi, Quinta Turma, julgado em 05/06/2012, DJe 31/08/2012).

12 STJ, REsp 555.519-SC, **Rel. Min. Gilson Dipp, julgado em 14/9/2004, Informativo 221**

13 STJ, RHC 33.909/RJ, Rel. Ministro Jorge Mussi, Quinta Turma, julgado em 15/10/2013, DJe 23/10/2013); Ainda: STJ – HC 56726-SP, RHC 11602-SP, REsp 172516-RS.

14 STJ, Informativo 154

15 STJ, CC 35.335-DF, DJ 2/2/2004; CC 36.122-DF, DJ 19/12/2002, e CC 35.744-DF, DJ 28/10/2002. **Em julgado relacionado à Colônia Agrícola Vicente Pires, também firmou o STJ o entendimento pela competência da Justiça Federal. Na hipótese,** trata-se de conflito **de** competência entre a Justiça Federal e a do Distrito Federal quanto à competência para o processo e julgamento **de** ação penal instaurada para apuração **de** possível **crime de** parcelamento irregular **de** solo urbano em terras contidas na Colônia Agrícola Vicente Pires, situada em Taguatinga-DF. A Seção entendeu ser competente a Justiça Federal, por estar configurada efetiva ofensa a bens e interesses da União (art. 109, I, da CF/1988). O fundamento é **de** que a gleba em questão foi desapropriada **de** espólio em ação movida pelo Estado **de** Goiás, que veio a ser substituído pela União Federal, não tendo se incorporado ao patrimônio da Terracap, e **de** que o **crime de loteamento** clandestino (art. 50, I e II, da **Lei** n. 6.766/1979) pode ser considerado como crime-meio para eventual alienação **de** coisa alheia como própria (art. 171, I, do CP) e esbulho do bem da União (art. 20 da **Lei** n. 4.947/1966), podendo ser por esses absorvido, por força do princípio da consumação. Note-se que a conduta delituosa não teve, como objetivo final, a mera desobediência à citada **Lei de** Registros Públicos, mas sim possível fraude decorrente **de** alienação **de** área da União como se fosse própria. CC 35.744-DF, Rel. Min. Gilson Dipp, julgado em 9/10/2002.

No inciso II a conduta é: *dar início* (envolve a prática de atos concretos preparatórios, tais como terraplanagem, demarcação) de qualquer modo, ou *efetuar* (compreende atos avançados e específicos, como realizar a abertura de ruas, marcação de quadras, lotes) loteamento ou desmembramento do solo para fins urbanos *sem observância das determinações constantes do ato administrativo de licença*.

Neste tipo penal, ocorre o *desvio* da licença concedida, atuando o agente de forma não consentida pela administração.

Portanto, se o agente der início a loteamento ou desmembramento sem autorização, ou em desacordo com a Lei nacional ou local de parcelamento, a hipótese é do inciso I; se possui autorização, mas se afasta dos seus termos, a incidência desloca-se para o inciso II.

A conduta no inciso III é seguinte: *fazer* (criar, elaborar, produzir) ou *veicular* (difundir, espalhar, divulgar) em proposta, *contrato* (ajuste, negócio), *prospecto* (folheto, panfleto, volante) ou *comunicação* (anúncio, notícia, nota, mensagens) ao público ou a interessados, afirmação falsa sobre a legalidade de loteamento ou desmembramento do solo para fins urbanos, ou ocultar fraudulentamente fato a ele relativo.

Trata-se aqui de tipo penal misto alternativo, que se verifica quando a Lei estabelece diversos núcleos que, se praticados no mesmo contexto fático, caracterizam o cometimento de apenas um delito.

Na 1ª figura, pune-se a *afirmação falsa* (declaração ou conteúdo inverídico, inexato, inautêntico) sobre a *legalidade* de loteamento ou desmembramento do solo para fins urbanos, ao público ou interessados. Nesse caso, o empreendimento, na verdade, não cumpre o próprio ato da licença, até nem mesmo a possui, ou mesmo descumpre as leis de regência do parcelamento do solo urbano.

Por sua vez, a 2ª figura refere-se a *ocultar fraudulentamente* fato a ele relativo. Aqui se utiliza do engano, do embuste, para manter em erro o público ou interessado na aquisição de lotes, não estando eles legalizados, mediante omissão penalmente relevante.

Com a modificação da Lei de Parcelamento pela Lei n. 13.786, de 2018, tais condutas previstas no art. 50, inciso III, passam a ser facilmente identificadas, notadamente quando praticadas nos contratos.

Isso porque o novo art. 26-A da Lei n. 6.766/79, passou a exigir, nos contratos regidos por esta lei, a inserção de quadro-resumo, logo no início do instrumento, no qual conste o número do registro do loteamento ou do desmembramento, a matrícula do imóvel e a identificação do cartório de registro de imóveis competente (inciso X), de maneira que o próprio adquirente dos lotes ou agentes públicos poderão comparar, de pronto, em mera consulta ao CRI, a legalidade do loteamento ou mesmo se há ocultação fraudulenta de fato a ele relativo.

O parágrafo único do art. 50 contempla duas qualificadoras, que redefinem o *máximo* da pena privativa de liberdade cominada em abstrato nos tipos simples, e duplicam a pena de multa.

No parágrafo único, inciso I, do art. 50 compreendem-se as condutas do alienante praticadas por meio de *venda, promessa de venda* ou *reserva de lote* ou *quaisquer outros instrumentos que manifestem a intenção de vender lote* em loteamento ou desmembramento não registrado no Registro de Imóveis competente.

Ocorrendo o negócio nestas condições, o crime qualificado esta consumado. Inexistindo a intenção de vender, restará configurado o delito em sua forma simples (art. 50, *caput*, I, da Lei n. 6.766/79).

No inciso II, pune com maior severidade quem pratica negócios sem que seja dono (venda a *non domino*), disposição esta inaplicável aos parcelamentos populares precedidos de desapropriação judicial em curso e com imissão provisória na posse (Lei 6.766/1979, art. 18, §§ 4º e 5º). A qualificadora ainda faz referência à omissão fraudulenta de fato relativo à inexistência de título legítimo de propriedade do imóvel loteado ou desmembrado, como ocorre no caso de penhora ou evicção.

Surge a dúvida se estas qualificadoras apenas tornam mais grave o tipo simples, previsto nos incisos I, II e III do art. 50 da Lei n. 6.766/79, ou se são verdadeiros tipos penais autônomos. Para *uma corrente*, as formas do parágrafo único do art. 50 da Lei 6.766 apenas qualificam os crimes simples previstos no caput. *Para outra*, existe a possibilidade de se incorrer unicamente na figura qualificada do art. 50, parágrafo único, inciso I, da Lei 6.766/1979, com isso reconhecendo-se a possibilidade do concurso material de crimes com as condutas previstas no *caput* do art. 50[16].

Outro aspecto relevante dos crimes previstos no art. 50 da Lei Federal 6.766/1979 refere-se ao *termo inicial da prescrição*.

Para a 1ª primeira corrente, entende-se que o crime em questão é **permanente**; para uma 2ª corrente, esse delito é **instantâneo de efeitos permanentes**.

O STJ já se manifestou no sentido de que o crime do art. 50, parágrafo único, inciso I, da Lei 6.766/1979, seria hipótese de crime permanente. Diante desse entendimento, o lapso prescricional começaria a fluir a partir do momento em que cessa a permanência, diretamente relacionada à vontade do sujeito ativo do delito, que pode fazer cessar ou não a consumação dos delitos. Nesse sentido: REsp. 5410/SP; HC 209.195/RJ.

A orientação mais firme do STJ, todavia, caminha no sentido de que os crimes de loteamento irregular do solo urbano *são instantâneos de efeitos permanentes*, coincidindo o **marco inicial do prazo prescricional com a data do início do loteamento**, ou seja, a da **consumação**. Nesse sentido: HC 83.203/PR; REsp. 566.076/DF; RHC 7.821/SP[17].

A respeito da divergência, merece destaque o posicionamento do eminente Rui Rosado De Aguiar Júnior, para quem "[..] O crime é de consumação instantânea, ainda que da ação decorram efeitos permanentes, como no caso de abertura de ruas, placas de propaganda afixadas

---

16 HABEAS CORPUS. PARCELAMENTO IRREGULAR DO SOLO URBANO. CRIME INSTANTÂNEO DE EFEITOS PERMANENTES. FORMA QUALIFICADA. CONSUMAÇÃO COM A REUNIÃO DOS ELEMENTOS QUALIFICADORES. PRESCRIÇÃO.INOCORRÊNCIA. ORDEM DENEGADA.O crime de parcelamento irregular do solo urbano, praticado na forma qualificada, exige elementos normativos não previstos no tipo-base, descritos nos incisos do parágrafo único do artigo 50 da Lei 6.766/79.As circunstâncias qualificadoras integram o tipo penal e sua ocorrência é necessária para que se verifique a consumação do delito, e, em consequência, tenha início o lapso do prazo prescricional. Não decorrido o prazo exigido pelo art. 109 inc. III do Código Penal, impossível decretar-se a extinção da punibilidade pela prescrição da pretensão punitiva. Ordem denegada. (HC 59.411/MG, Rel. Ministro PAULO MEDINA, SEXTA TURMA, julgado em 20/03/2007, DJ 03/09/2007, p. 228)

17 AGRAVOS REGIMENTAIS. RECURSO ESPECIAL. DIREITO PENAL E LEGISLAÇÃO EXTRAVAGANTE. Lei N. 6.766/1979. Lei DO PARCELAMENTO DO SOLO URBANO.MARCO A QUO DA PRESCRIÇÃO. DELITO INSTANTÂNEO DE EFEITOS PERMANENTES. OCORRÊNCIA DE PRESCRIÇÃO IN CASU. RESTABELECIMENTO DA SENTENÇA. EXTINÇÃO DA PUNIBILIDADE VERIFICADA.1. O crime de loteamento irregular de solo urbano possui natureza de crime instantâneo de efeitos permanente, isto é, o marco inicial do prazo prescricional é a data do início do loteamento, ou seja, a da consumação.2. Os agravos regimentais não merecem prosperar, porquanto as razões reunidas nas insurgências são incapazes de infirmar o entendimento assentado na decisão agravada.3. Agravos regimentais improvidos. (AgInt no REsp 1580947/RS, Rel. Ministro SEBASTIÃO REIS JÚNIOR, SEXTA TURMA, julgado em 18/08/2016, DJe 05/09/2016). Ainda, STJ: HC 83203-PR, REsp 566076-DF, RHC 7821-SP.

no local etc. A consumação se dá com a prática da ação de dar início ao parcelamento, através de uma das diversas condutas já enumeradas, e independe da efetiva realização do projeto [..] ("Normas penais sobre o parcelamento do solo urbano", na obra Leis penais especiais e sua interpretação jurisprudencial (Normas penais sobre o parcelamento do solo urbano. In: Pessoa, Álvaro (coord.). Direito do urbanismo: uma visão sociojurídica, São Paulo: Ibam, 1981, p. 212.

No STF o *delito de parcelamento irregular de solo urbano* (Lei 6.766/1979, art. 50) é **instantâneo de efeitos permanentes**, de modo que o prazo prescricional começa a correr da data em que se iniciou o loteamento, não se levando em conta a data da realização das vendas dos lotes irregulares. Nesse sentido: HC 71.259/SP. HC 74.757/SP; HC 76.501/SE.343.

Voluntariedade

Em relação à voluntariedade, em todos os crimes referidos nos incisos I a III do art. 50, *caput*, da Lei n. 6.766/79, exige-se o dolo. Não é previsto o elemento subjetivo específico, e nem tampouco a forma culposa.

Consumação e Tentativa

A consumação do delito previsto no art. 50, inciso I, da Lei n. 6.766/79 ocorre com o início do loteamento ou o desmembramento do solo para fins urbanos sem autorização do órgão público competente, ou em desacordo com as disposições desta Lei ou das normas pertinentes dos Estados, Distrito Federal e Municípios. O delito é de consumação instantânea, mas de efeitos permanentes (ex: abertura de ruas).

Com relação ao inciso II, o momento consumativo coincide com o desvio das determinações que constam do ato administrativo da licença.

No inciso III, consuma-se o crime com a criação ou divulgação da afirmação falsa, independentemente do resultado. Na conduta de ocultação fraudulenta, a consumação se dá com a simples omissão do agente.

Admite-se a tentativa, com exceção da conduta "*dar início*", prevista nos incisos I e II, do art. 50, porque, nesse caso, o crime é de mera conduta.

Ação Penal

No silêncio da lei, a ação penal neste crime é pública incondicionada.

Admite-se a suspensão condicional do processo (art. 89, da Lei 9.099/95), nas figuras simples e qualificadas. Em qualquer caso, havendo condenação, permite-se a substituição da pena privativa de liberdade por restritiva de direitos (CP, art. 44), e é cabível, conforme o caso, a concessão da suspensão condicional da pena (CP, art. 77).

> **Art. 51.** Quem, de qualquer modo, concorra para a prática dos crimes previstos no artigo anterior desta Lei incide nas penas a estes cominadas, considerados em especial os atos praticados na qualidade de mandatário de loteador, diretor ou gerente de sociedade.
>
> Parágrafo único. (VETADO)

Bem Jurídico Tutelado

A norma de extensão do art. 51 da Lei 6.766/79 têm como objetividade jurídica a moralidade administrativa, as normas de urbanização, e polícia urbanística.

Sujeitos do Crime

Trata-se de norma que disciplinadora do concurso agentes (coautores, partícipes) para a prática dos crimes previstos no art. 50 da Lei de Parcelamento. Sendo assim, a norma é especial em relação ao art. 29 do CP.

Condutas

Trata-se de disposição especial em relação à regra de extensão subjetiva prevista no art. 29 do CP, por se referir ao concurso de pessoas que se vinculam subjetivamente para a prática dos crimes previstos no art. 50 da Lei 6.766, de 1979.

Deve-se ter consideração especial pelos atos praticados pelo *mandatário do loteador*, *diretor* ou *gerente de sociedade*, compreendendo o tipo a responsabilidade penal destes agentes nos negócios.

Voluntariedade

Em relação à voluntariedade, em todos os crimes referidos nos incisos I a III do art. 50, *caput*, da Lei n. 6.766/79, exige-se o dolo. Não é previsto o elemento subjetivo específico, e nem tampouco a forma culposa.

Consumação e Tentativa

Trata-se de norma de extensão, valendo para os autores, coautores e participes o que se disse em relação à consumação e tentativa do crime do art. 50, incisos I e II, da Lei n. 6.766/79.

Ação Penal

No silêncio da lei, a ação penal contra os autores, coautores e participes é pública incondicionada.

Também em relação a eles, admite-se a suspensão condicional do processo (art. 89, da Lei 9.099/95), nas figuras simples e qualificadas. Em qualquer caso, havendo condenação, permite-se a substituição da pena privativa de liberdade por restritiva de direitos (CP, art. 44), e é cabível, conforme o caso, a concessao da suspensão condicional da pena (CP, art. 77).

> **Art. 52.** Registrar loteamento ou desmembramento não aprovado pelos órgãos competentes, registrar o compromisso de compra e venda, a cessão ou promessa de cessão de direitos, ou efetuar registro de contrato de venda de loteamento ou desmembramento não registrado.
>
> Pena: Detenção, de 1 (um) a 2 (dois) anos, e multa de 5 (cinco) a 50 (cinqüenta) vezes o maior salário mínimo vigente no País, sem prejuízo das sanções administrativas cabíveis.

Bem Jurídico Tutelado

O crime tem como objetividade jurídica a moralidade administrativa, as normas de urbanização e polícia urbanística.

Sujeitos do Crime

Trata-se de crime de mão própria ou de atuação pessoal, pois só pode ser praticado diretamente pelo *oficial de registro*, os *substitutos designados* ou *escreventes autorizados*, agentes admitidos pela Lei para o "*registro*" de loteamento, desmembramento e contratos que tenham por objeto lotes em parcelamentos urbanos (Lei 6.766, art. 19, § 5º; Lei 8.935, de 1994, art. 20).

Sujeito passivo é a administração publica, de forma imediata, e eventualmente, o particular lesado pelo registro indevido (sujeito mediato).

Condutas

A conduta típica é: *registrar* (transcrever, em livro próprio, como prova de autenticidade) loteamento ou desmembramento *não aprovado* pelos órgãos competentes, registrar o compromisso de compra e venda, a cessão ou promessa de cessão de direitos, ou efetuar registro de contrato de venda de loteamento ou desmembramento *não registrado.*

O preceito abarca os loteamentos ou desmembramentos *não aprovados* (*clandestinos*) e os instrumentos contratuais referentes a loteamentos e desmembramentos que, apesar de aprovados, não foram registrados (*irregulares*).

Voluntariedade

Em relação à voluntariedade, exige-se o dolo. Não é previsto o elemento subjetivo específico, e nem tampouco a forma culposa.

Consumação e Tentativa

A consumação ocorrerá com registro do loteamento ou desmembramento não aprovado pela Prefeitura Municipal (ou Distrito Federal), ou com o registro dos instrumentos contratuais de venda de lote ainda não registrado.

Admite-se tentativa.

Ação Penal

No silêncio da lei, a ação penal neste crime é pública incondicionada.

Admite-se a transação penal e a suspensão condicional do processo (art. 89, da Lei 9.099/95). Em caso de condenação, permite-se a substituição da pena privativa de liberdade por restritiva de direitos (CP, art. 44), e é cabível, conforme o caso, a concessão da suspensão condicional da pena (CP, art. 77).

BIBLIOGRAFIA

ARRUDA ALVIM. Livro introdutório ao Direito das coisas. São Paulo: Forense, 2013.

_____. Novo contencioso cível no CPC/2015. São Paulo: RT, 2016.

ARRUDA ALVIM, José Manuel de ; CAMBLER, Everaldo (coords.). Estatuto da Cidade. São Paulo: Revista dos Tribunais, 2014.

ALEXANDRINO, Marcelo; PAULO, Vicente. Direito administrativo descomplicado. 20. ed. rev. e atual. Rio de Janeiro/São Paulo: Forense/Método, 2012.

BORGES, Paulo Torminn. Institutos básicos de Direito agrário. 10. ed. São Paulo: Saraiva, 1996.

CARVALHO FILHO, José dos Santos. Comentários ao Estatuto da Cidade. 5. ed. São Paulo: Atlas, 2013.

_____. Manual de Direito administrativo. 25. ed. São Paulo: Atlas, 2012.

CENEVIVA, Walter. Lei dos Registros Públicos comentada. 20. ed. São Paulo: Saraiva, 2010.

CHALHUB, Melhim Namem. Direitos reais. São Paulo: Forense, 2003.

CUNHA JR., Dirley da. Curso de Direito administrativo. 11. ed. rev., ampl. e atual. Salvador: Juspodivum, 2012.

DI PIETRO, Maria Sylvia Zanella. Direito administrativo. 26. ed. São Paulo: Atlas, 2013.

FANTI, Alexandre et al. Direito imobiliário: legislação comentada. 2. ed. São Paulo: Terla, 2011.

FARIAS, Cristiano Chaves de; ROSENVALD, Nelson. Direitos reais. 9. ed. Salvador: Juspodivm, 2013.

FIGUEIREDO, Lúcia Valle. Curso de Direito administrativo. 6. ed. rev., ampl. e atual. São Paulo: Malheiros. 2003.

FIORILLO, Celso Antônio Pacheco; FERREIRA, Renata Marques. Estatuto da Cidade comentado. 6. ed. São Paulo: Saraiva. 2014.

GASPARINI, Diógenes. Direito administrativo. 17. ed. São Paulo: Saraiva, 2012.

_____. Município e o parcelamento do solo. 2. ed. São Paulo: Saraiva, 1988.

GONÇALVES, Carlos Roberto. Direito das coisas esquematizado. São Paulo: Saraiva, 2013.

JUSTEN FILHO, Marçal. Direito administrativo. 8. ed. rev., ampl. e atual. Belo Horizonte: Fórum, 2012.

LOUREIRO, Luiz Guilherme. Registros públicos. 3. ed. São Paulo: Método, 2012.

LOURENÇO, Eva; MARCONI, Maria. Ensino superior. 5. ed. Rio de Janeiro: Paz e Terra, 2002.

MACHADO, Paulo Afonso Leme. Direto Ambiental Brasileiro. 11. ed. São Paulo. Malheiros, 2003.

MARINELA, Fernanda. Direito administrativo. 5. ed. rev., ampl., reform. e atual. Niterói: Impetus, 2012.

MAZZA, Alexandre. Manual de Direito administrativo. 3. ed. São Paulo: Saraiva, 2013.

MEDAUAR, Odete. Direito administrativo moderno. 16. ed. rev. e atual. São Paulo: Revista dos Tribunais, 2012.

MELLO, Celso Antônio Bandeira de. Curso de Direito administrativo. 30. ed. rev., atual. e ampl. São Paulo: Malheiros, 2013.

MILARÉ, Édis. Direito do Ambiente. 5. ed. São Paulo, RT, 2005.

MEIRELLES, Hely Lopes. Direito administrativo brasileiro. 39. ed. atual. São Paulo: Malheiros, 2013.

_____. Direito municipal brasileiro. 14. ed. São Paulo: Malheiros, 2014.

MONTEIRO, Washington de Barros. Direito das coisas. 42. ed. São Paulo: Saraiva, 2012.

MOREIRA NETO, Diogo de Figueiredo. Curso de Direito administrativo. 14. ed. rev., ampl. e atual. Rio de Janeiro: Forense, 2006.

NEVES, Daniel Amorim Assumpção. Novo Código de Processo Civil comentado. Salvador: Juspodivm, 2016.

NOHARA, Irene Patrícia. Direito administrativo. 2. ed. atual. e rev. São Paulo: Atlas, 2012.

OPITZ, Oswaldo; OPITZ, Silvia C. B. Curso completo de Direito agrário. 7. ed. São Paulo: Saraiva, 2013.

PINTO, Victor Carvalho. Direito urbanístico: plano diretor e direito de propriedade. 4. ed. São Paulo: Revista dos Tribunais, 2014.

RODRIGUES, Silvio. Direito das coisas. 28. ed. São Paulo: Saraiva, 2009.

RIZZARDO, Arnaldo. Direito das coisas. 7. ed. São Paulo: Forense, 2013.

CAPÍTULO 9

Segurança Nacional – Lei 7.170/1983

Ricardo Silvares

INTRODUÇÃO

A Lei 7.170/1983 foi a última de uma linhagem de textos normativos, normalmente conhecidos como "Leis de Segurança Nacional", que muito serviram aos governos de turno para a repressão da divergência política-ideológica.

Embora a Lei 38/1935 seja normalmente apontada como a primeira dessas leis, pensamos que, na verdade, a linhagem teve início pouco antes, com o Decreto 4.269/1921, criado para regular a "repressão ao anarchismo" (*sic*).

O ápice da tipificação dos crimes contra a segurança nacional, porém, deu-se após o golpe militar de 31 março de 1964, que instaurou tenebroso e duradouro regime de exceção, que viria a se tornar contumaz violador de direitos humanos. Um regime como o então instalado necessitou, naturalmente, de um arcabouço legislativo feito sob medida para o amparo de sua filosofia autoritária.

Naquele contexto, surgiu a primeira Lei de segurança nacional do regime militar, o Decreto-Lei 314/1967, baseado no Ato Institucional 2, substituindo a Lei 1.802/1953, que até então definia os crimes contra a ordem política e social.[1] A Lei de segurança de 1967 sofreu importantes alterações (em especial, pelo Decreto-Lei 510/1969), até ser totalmente substituído pelo Decreto-Lei 898/1969, "texto que procurava definir figuras estranhas, como *guerra psicológica adversa*, fazia menção a conceitos enigmáticos, como *pressões antagônicas*, criminalizava a greve nos serviços públicos e nas atividades essenciais, bem como a *propaganda subversiva*, dentre outras singularidades".[2]

Em seguida, caminhando o regime para uma distensão, houve a edição da Lei 6.620/1978 e, então, da Lei 7.170, ora em comento.

Segundo Heleno Cláudio Fragoso, a Lei 7.170 foi fruto "de enorme campanha movida contra a Lei anterior, na qual se empenharam os partidos de oposição e inúmeras entidades, com intensa mobilização popular. Tornou-se clara a idéia de que a redemocratização do país

1 BARROSO, Luís Roberto. A superação da ideologia da segurança nacional e a tipificação dos crimes contra o estado democrático de direito. *Revista de estudos criminais*, n. 9, vol. 2, p. 72. A Lei revogada, note-se, havia sido editada já sob os auspícios de um regime constitucional democrático.

2 Idem, ibidem.

era incompatível com a Lei em vigor, sendo evidentemente insincero o Governo que falava em abertura democrática e mantinha a Lei infame e tirânica. A Ordem dos Advogados do Brasil destacou-se nessa campanha, pronunciando-se repetidamente sobre a matéria, com críticas contundentes, desde os tempos do Decreto-Lei nº 898".[3]

A Lei 7.170/1983, segundo a ementa oficial, "define os crimes contra a segurança nacional, a ordem política e social, estabelece seu processo e julgamento e dá outras providências". Contém trinta e cinco artigos, divididos em três "títulos": "Disposições Gerais"; "Dos crimes e das penas"; e "Da competência, do processo e das normas especiais de procedimentos".

O PROBLEMA DA RECEPÇÃO PELA CF DE 1988

(A) **Exposição do problema**

A expressão "Lei de Segurança Nacional" ficou impregnada pela memória de um tempo de arbítrio, que se supõe superado desde a promulgação da Constituição Federal de 1988. Segundo Luís Roberto Barroso, o novo texto constitucional "foi a superação histórica do regime que tinha como um de seus fundamentos a ideologia da segurança nacional, e toda carga autoritária que dela decorria. Por tal razão, a própria locução segurança nacional ficou praticamente fora de seu texto, salvo uma intempestiva menção no art. 173, onde se cuida das hipóteses excepcionais de exploração da atividade econômica pelo Estado. No Título V, incorporando o ideário vitorioso, a Carta emprega a terminologia compatível com a nova ordem: 'Da Defesa do Estado e das Instituições Democráticas'".[4]

Por isso, é inevitável que o primeiro ponto de relevo a ser enfrentado nestes comentários à Lei 7.170/1983 diga respeito à sua recepção pela CF/1988, sobretudo porque, em tempos recentes, outra Lei tida por muitos como exemplo de "entulho autoritário", a Lei 5.250/1967 – conhecida como "Lei de Imprensa", mas que se propunha a perigosa tarefa de regular "a liberdade de manifestação do pensamento e de informação" – foi eliminada de nosso ordenamento por decisão do STF na ADPF 130.[5] Temos certeza de que alguns dos argumentos usados pelo STF nessa importante decisão serão invocados em eventual contestação à Lei de Segurança Nacional. Daí a relevância do problema.

---

3 FRAGOSO, Heleno Cláudio. A nova Lei de segurança nacional. *Revista de direito penal*, n. 35, Rio de Janeiro: Forense, 1983, p. 61.

4 BARROSO, Luís Roberto. A superação da ideologia da segurança nacional..., p. 73.

5 ADPF 130-DF, Rel. Min. Carlos Britto, Pleno, j. 30/04/2009. Cf. NUNES, Diego. As iniciativas de reforma à Lei de segurança nacional na consolidação da atual democracia brasileira: da inércia legislativa na defesa do estado democrático de direito à ascensão do terrorismo. *Revista brasileira de ciências criminais*, vol. 107, p. 265-305, São Paulo: Revista dos Tribunais, março-abril, 2014, p. 285-286: "O discurso de que uma Lei seria inválida porque criada sob o manto da ditadura já foi causa de discussão no STF. A ADPF 130-7 retirou a eficácia da Lei de Imprensa, que assim como a LSN continha uma série de dispositivos inadequados à nova ordem constitucional. Tratou-se de uma tentativa isolada de se fugir da imagem do ordenamento jurídico como palimpsesto, conforme a imagem ideada por Boaventura de Sousa Santos. Ou seja, a configuração normativa se dá pela sobreposição de leis de diversas matrizes, no caso brasileiro coloniais, imperiais e republicanas – democráticas e autoritárias. Se de um lado isso demonstra que não há como simplesmente esquecer ou se livrar do passado (normativo) autoritário, de outro não significa a desnecessidade de mudanças. E, no caso da LSN, a experiência do último século demonstra que a forma condiciona o conteúdo. A sombra do passado autoritário ainda não foi superada, ainda que discutida, e necessita ser resolvida também em nível legislativo".

Destacamos o seguinte tópico constante da ementa do acórdão da Suprema Corte, que parece ser o ponto crucial para esse debate: "(...) NÃO RECEPÇÃO EM BLOCO DA Lei 5.250 PELA NOVA ORDEM CONSTITUCIONAL. (...) Incompatibilidade material insuperável entre a Lei nº 5.250/67 e a Constituição de 1988. Impossibilidade de conciliação que, sobre ser do tipo material ou de substância (vertical), contamina toda a Lei de Imprensa: a) quanto ao seu entrelace de comandos, a serviço da prestidigitadora lógica de que para cada regra geral afirmativa da liberdade é aberto um leque de exceções que praticamente tudo desfaz; b) quanto ao seu inescondível efeito prático de ir além de um simples projeto de governo para alcançar a realização de um projeto de poder, este a se eternizar no tempo e a sufocar todo pensamento crítico no País. (...) São de todo imprestáveis as tentativas de conciliação hermenêutica da Lei 5.250/67 com a Constituição, seja mediante expurgo puro e simples de destacados dispositivos da lei, seja mediante o emprego dessa refinada técnica de controle de constitucionalidade que atende pelo nome de 'interpretação conforme a Constituição'. A técnica da interpretação conforme não pode artificializar ou forçar a descontaminação da parte restante do diploma legal interpretado, pena de descabido incursionamento do intérprete em legiferação por conta própria. Inapartabilidade de conteúdo, de fins e de viés semântico (linhas e entrelinhas) do texto interpretado. Caso-limite de interpretação necessariamente conglobante ou por arrastamento teleológico, a pré-excluir do intérprete/aplicador do Direito qualquer possibilidade da declaração de inconstitucionalidade apenas de determinados dispositivos da Lei sindicada, mas permanecendo incólume uma parte sobejante que já não tem significado autônomo. Não se muda, a golpes de interpretação, nem a inextrincabilidade de comandos nem as finalidades da norma interpretada. Impossibilidade de se preservar, após artificiosa hermenêutica de depuração, a coerência ou o equilíbrio interno de uma Lei (a Lei federal nº 5.250/67) que foi ideologicamente concebida e normativamente apetrechada para operar em bloco ou como um todo *pro indiviso*".

Na mesma trilha da citada decisão, caminha a opinião de Luís Roberto Barroso, hoje Ministro do STF: "Produto de uma outra época, a Lei de Segurança Nacional, tanto na sua filosofia como nos princípios e conceitos que utiliza, não se harmoniza com o Estado Democrático de Direito introduzido pela Constituição de 1988. Embora promulgada no período menos agudo do regime militar – após o fim dos atos institucionais e da Lei da Anistia –, ainda foi contemporânea da intolerância política e do conflito ideológico mundial. De fato, em 1984, quando da votação da emenda constitucional destinada à introdução das eleições diretas, a capital federal esteve sob medidas de emergência e o movimento que apoiava a modificação foi, em diversas ocasiões, intimidado e reprimido. O Muro de Berlim, marco simbólico da Guerra Fria, somente veio a ser derrubado mais adiante, em final de 1989, quando já em vigor a nova Carta. (...) Além da inconstitucionalidade explícita de inúmeros de seus preceitos, há também, em relação a boa parte das normas da Lei nº 7.170/83, uma incompatibilidade de sistema com a nova ordem constitucional: os fatos tipificados e os valores nela considerados afastam-se dos princípios e conceitos que inspiraram a reconstrução democrática do país. São, por isso mesmo, incompatíveis com o pluralismo político, previsto como um dos fundamentos da República Federativa do Brasil no art. 1º, V, da Constituição. Há, é certo, residualmente, dispositivos que não são em si inconstitucionais e que tutelam bens jurídicos que devem ser preservados em qualquer circunstância. (...) Mas contaminam-se por integrar um diploma que, no seu conjunto, nao fez validamente a travessia entre a ordem autoritária e a ordem democrática".[6]

6 BARROSO, Luís Roberto. A superação da ideologia da segurança nacional..., p. 73-74.

Não obstante os entendimentos expostos, tomamos a extrema ousadia de discordar da conclusão de que a Lei 7.170 é inteiramente inaplicável sob a nova ordem constitucional, posto não tenhamos dúvida em afirmar que merece urgente substituição por uma legislação que esteja em perfeita harmonia com os preceitos da CF de 1988.[7] Entendemos que alguns de seus dispositivos já foram afastados de nosso ordenamento, de modo tácito, pela nova CF, enquanto outros podem perfeitamente permanecer, sobrevivendo à ordem constitucional iniciada em 1988.[8]

Vejamos porque pensamos desse modo.

(B) **A Lei 7.170/1983 e a doutrina de segurança nacional**

Constitui equívoco considerar não recepcionada pela CF de 1988 determinado corpo legislativo apenas porque surgido no curso de ordem constitucional anterior, de cunho antidemocrático. Afinal, nossos Códigos Penal e de Processo Penal são ambos da década de 40 do século XX, surgidos em meio a outra ditadura, de inspiração fascista, dirigida pelo caudilho Getúlio Vargas.

Não obstante, é inquestionável que ambos os Códigos continuam em vigor até hoje, apesar de terem sido bastante modificados e alguns de seus dispositivos já terem sido considerados incompatíveis com a nova ordem constitucional. O Código Penal, especificamente, conheceu sua maior alteração – a substituição de toda a Parte Geral – em 1984, um ano depois do advento da Lei 7.170 e, portanto, no mesmo período histórico desta última.

Assim, o momento do surgimento de determinada Lei não deve ser fator único para sua exclusão do ordenamento jurídico e para a conclusão de sua incompatibilidade com a CF. O que se deve verificar é, objetivamente, a existência ou não de compatibilidade, total ou parcial, com a nova ordem constitucional.

7 Iniciativas para alteração legislativa é que não faltaram até hoje. Cf. NUNES, Diego. As iniciativas de reforma à Lei de segurança nacional..., p. 270/271: "Houve uma séria de iniciativas de projeto de lei, baseadas em diferentes modelos técnicos e concepções políticas. O presente trabalho voltar-se-á às várias proposições existentes, destacando: a) O Parecer 3/1984, que consiste numa sistematização póstuma dos trabalhos da Comissão parlamentar responsável pela LSN/1983; b) O Anteprojeto de Lei do Executivo realizado entre 1985-1986, a cargo de uma comissão de juristas composta de notáveis advogados defensores de presos políticos – Evandro Lins e Silva (coordenador), Nilo Batista, René Ariel Dotti e Antônio Evaristo de Moraes Filho – denominado 'Lei de Defesa do Estado Democrático'; c) Projeto de Lei 4.873/1990, também de iniciativa do Executivo, que desejava revogar a LSN e incorporar o título 'Crimes contra o Estado Democrático de Direito e a humanidade' ao fim da parte especial do Código Penal vigente; d) O Projeto de Lei 2.462, de 1991, do Deputado Hélio Bicudo, idêntico ao anterior, mas deslocado para uma Lei especial; e) O Projeto de Lei 6.764, de 2002, do Poder Executivo, que insere o Título XII ('Crimes contra o Estado Democrático de Direito') ao Código Penal, realizado por comissão de juristas nomeados pelo então Ministro da Justiça, Prof. Miguel Reale Jr., e composta pelo Ministro do STJ Luiz Vicente Cernicchiaro (coordenador), e pelos juristas Luiz Roberto Barroso, Luiz Alberto Araújo e José Bonifácio Borges de Andrade; e f) O Anteprojeto de novo Código Penal (2012), ora em tramitação no Senado Federal, que não trata especificamente de segurança nacional tampouco de defesa do Estado, mas contém disposições esparsas sobre o tema ao longo da parte especial, com destaque para os crimes contra a paz pública, centradas na categoria 'terrorismo', mas também com disposições nos crimes cibernéticos, nos relativos a estrangeiros, nos crimes de guerra e contra os direitos humanos".

8 É também a opinião de NUCCI, Guilherme de Souza. *Leis penais e processuais penais comentadas, vol. 1.* 10ª ed. Rio de Janeiro: Forense, 2017, p. 814: "Enquanto não se reforma a Lei de Segurança Nacional, adaptando-a, cada vez mais, à égide da Constituição de 1988, ela deve ser aplicada, pois é o instrumento que tutela os crimes políticos, cujo objeto jurídico é a proteção do Estado Democrático de Direito".

Nesse passo, diz-se haver incompatibilidade na Lei em comento, segundo as citações que trouxemos acima, porque toda a Lei 7.170 estaria contaminada pela lógica autoritária da *doutrina de segurança nacional.*[9][10]

No entanto, é importante observar que a Lei 7.170/1983 afastou-se muito da lógica securitária presente nas leis de segurança nacional anteriores, o que não passou despercebido, na época de sua edição, para Heleno Cláudio Fragoso, que então anotou: "A característica mais saliente e significativa da nova Lei é a do abandono da doutrina da segurança nacional. Essa doutrina, profundamente antidemocrática, foi introduzida na Lei de segurança pelo Decreto-Lei nº 314, de 13 de março de 1967. De acordo com essa doutrina, objeto de proteção jurídica passam a ser certos objetivos nacionais permanentes, entre os quais se incluem a paz pública e a prosperidade nacional, elementos que levam a confundir a criminalidade comum com a criminalidade política. A Ordem dos Advogados do Brasil entendeu que a doutrina da segurança nacional ainda subsiste na nova lei, mas os argumentos apresentados não convencem. (...) A nosso ver, está bem claro o abandono da doutrina da segurança nacional desde a epígrafe da lei. E, muito particularmente, pela supressão do conceito de segurança nacional, que constava de todas as leis desde 1967, e sua substituição pela expressa referência a bens-interesses políticos como objeto da tutela jurídica. (...) As leis anteriores limitavam-se à referência a 'segurança

9 Cf. BARROSO, Luís Roberto. A superação da ideologia da segurança nacional..., p. 71-72: "A doutrina de segurança nacional, embora tenha sua origem associada à política francesa durante a Guerra da Argélia, desenvolveu-se sobretudo nas escolas militares dos Estados Unidos da América, no período posterior à Segunda Guerra Mundial. No Brasil, sua importação e adaptação se deveram especialmente à Escola Superior de Guerra, criada em 1949, e que foi o centro de difusão das idéias que deram suporte ao sistema de poder que se implantou no país após o movimento de 1964. A doutrina foi concebida sob o espectro da guerra – da Guerra Fria, da Guerra Revolucionária e da Terceira Guerra Mundial, tida por longo tempo como uma inevitabilidade histórica. Em nome da segurança nacional, disseminou-se nos países periféricos do bloco ocidental um truculento sentimento anticomunista, fundamento da repressão, da censura e da perseguição política. Quase todos os países da América Latina sofreram o impacto antidemocrático da ideologia da segurança nacional, com o colapso das instituições constitucionais e a ascensão de regimes militares". Cf. ZAFFARONI, Eugenio Raúl. Globalização e sistema penal na América Latina: da segurança nacional à urbana. *Discursos sediciosos: crime, direito e sociedade*, v. 2, p. 25-36, Rio de Janeiro: Revan, 1997, p. 32: "A segurança nacional foi uma ideologia de guerra: à desordem provocada pelos incapazes de reconhecer os valores ocidentais e cristãos, na cruzada contra o comunismo internacional que defendia uma guerra contra a civilização em todo o planeta como mal cósmico e que tinha que ser combatido com a força necessária já que, dada a *emergência*, não admitia limites (as emergências são sempre ilusões de perigo iminente para a humanidade que legitimam o poder punitivo ilimitado; sucedem-se ao longo da história desde o séc. XII, no qual se assentou o poder punitivo com o confisco definitivo da vítima)".

10 Cf. BARROS, Marco Antonio. A Lei de segurança nacional e a legislação penal militar. *Justitia*, n. 193, vol. 63, p. 13-37, 2001, p. 13-14: "Logo após o término da Segunda Guerra Mundial, pairava sobre as Nações mais desenvolvidas do mundo um sentimento comum que as movia para a criação de novos organismos políticos destinados a proteger a paz mundial e a proporcionar o avanço do progresso da humanidade. Foi daí que surgiu em 26 de junho de 1945, a Organização das Nações Unidas – ONU, que teve no seu Conselho de Segurança o ponto alto de sua formação e representatividade, sobretudo pelo papel decisivo que passou a desempenhar na concretização de acordos firmados no plano da segurança internacional. Os reflexos desse sistema internacional foram logo sentidos no Brasil, o que restou bem claro com a criação da Escola Superior de Guerra, cuja fundação se deve à Lei nº 785, de 20 de agosto de 1949, que em seu art. 1º indicava quais as metas que visava atingir, visto a destinação que lhe fora dada, ou seja, 'desenvolver e consolidar os conhecimentos necessários para o exercício das funções de direção e para o planejamento da segurança nacional'. Pode-se dizer que os estudos realizados sob a inspiração de tais critérios foram decisivos para a edição da Lei nº 1.802, de 5 de janeiro de 1953, que passou a tratar da Segurança Nacional".

nacional', pois, em face da doutrina que adotavam, essa expressão compreendia toda espécie de ofensa à segurança do Estado. (...) A nova Lei restringiu o conceito de segurança nacional, de acordo com a tendência mais liberal e democrática. Segurança nacional é o que se refere à nação como um todo, e diz respeito à própria existência do Estado e à sua independência e soberania. Trata-se de segurança *nacional*, ou seja, da nação. Ela não se confunde com a segurança do governo ou da ordem política e social, que é coisa bem diversa. Esse conceito de segurança nacional é o que prevalece no direito internacional. Quando o Pacto de Direitos Civis e Políticos permite a derrogação da garantia de direitos humanos, por motivos de segurança nacional (arts. 12 a 14, 19, 21 e 22), essa expressão significa apenas a garantia de bens relativos a toda a nação, com exclusão de atentados ao governo. (...)".[11]

De fato, a comparação da Lei 7.170/1983 com as leis de segurança nacional anteriores revela profundas diferenças entre elas.

Verifiquemos o Decreto-Lei 314/1967. Se sua epígrafe é muito semelhante à da Lei 7.170, o conteúdo é muito diverso. No que tange às disposições preliminares, o referido decreto-Lei trazia afirmações que marcam seu significado ideológico: a) toda pessoa, inclusive as jurídicas, era considerada responsável pela segurança nacional, nos limites da lei; b) a segurança nacional era nada menos que *a garantia da consecução dos objetivos nacionais contra antagonismos, tanto internos como externos*; c) a segurança nacional compreendia medidas destinadas à preservação da segurança externa e interna, inclusive a *prevenção e repressão da guerra psicológica adversa*[12] *e da guerra revolucionária ou subversiva*; d) e a aplicação da Lei deveria ser inspirada nos *conceitos básicos de segurança nacional*. Ou seja, a lógica era totalmente securitária e indisfarçavelmente anticomunista.[13]

Nada mudou na Lei seguinte, trazida pelo Decreto-Lei 898/1969, exceto pelo endurecimento das regras – inclusive com previsão de novos fatos típicos, penas de morte e de prisão perpétua – e do próprio regime, que, já sem vergonha, assumia a face ditatorial.[14]

11 FRAGOSO, Heleno Cláudio. A nova Lei de segurança nacional, p. 61-63. Conclui o conhecido penalista: "A nova Lei de segurança representa um avanço notável que não pode deixar de surpreender os que se opõem ao sistema político em vigor. A doutrina da segurança nacional, elaborada pela Escola Superior de Guerra, parecia ser a alma do sistema. A nova Lei tende a tornar raros os processos por crime contra a segurança do Estado".

12 O § 2º do art. 3º do Decreto-Lei 314 definia *guerra psicológica adversa* como "o emprego da propaganda, da contrapropaganda e de ações nos campos político, econômico, psicossocial e militar, com a finalidade de influenciar ou provocar opiniões, emoções, atitudes e comportamentos de grupos estrangeiros, inimigos, neutros ou amigos, contra a consecução dos objetivos nacionais". Já *guerra revolucionária* era definida pelo § 3º do mesmo dispositivo como "o conflito interno, geralmente inspirado em uma ideologia ou auxiliado do exterior, que visa à conquista subversiva do poder pelo controle progressivo da Nação".

13 Cf. FRANCO SOBRINHO, Manoel de Oliveira. A segurança interna nas cartas constitucionais do Brasil. In: CLÈVE, Clèmerson Merlin; BARROSO, Luís Roberto (organizadores). *Doutrinas essenciais. Direito constitucional*, v. 02. São Paulo: Revista dos Tribunais, 2011, p. 1083: "A *segurança nacional*, porém, tal como está falada na Constituição de 1967, é o resultado do espírito de uma época, das peculiaridades políticas de um período histórico, de uma *fase da civilização* onde a liberdade fragmentada constitui no seu conceito a tendência de um regime".

14 FRANCO SOBRINHO, Manoel de Oliveira. A segurança interna nas cartas constitucionais do Brasil, p. 1087-1088, em tom justificador do regime autoritário instalado, assim comentou a legislação da época: "À medida que as nações de menor poder político e econômico se sentem ameaçadas, elas reagem da mesma maneira que as nações de mais poder, criando para si próprias condições de sobrevivência que são naturais aos homens e às sociedades. A razão política da segurança nacional reside na verdade de que os acontecimen-

A Lei 6.620/1978 reiterou as bases ideológicas do Decreto-Lei 898, mas já era possível perceber algumas – poucas – mudanças. Assim, tal Lei passou a definir segurança nacional como "o estado de garantia proporcionado à Nação, para a consecução dos seus objetivos nacionais, dentro da ordem jurídica vigente". O objetivos nacionais seriam, dentre outros: a soberania nacional, a integridade territorial, o regime representativo e democrático, a paz social, a prosperidade nacional e a harmonia internacional.[15]

Já a Lei 7.170/1983 não cita a locução *segurança nacional* em nenhum de seus dispositivos, já que ela aparece unicamente em sua epígrafe. Por isso, entendemos que, de fato, tal Lei procurou abandonar, tal como entendeu Fragoso, a doutrina de segurança nacional. Em outras palavras, a segurança nacional continuou a ser mencionada como um dos bens jurídicos tutelados – ao lado da ordem política e social –, mas o conteúdo desse conceito mudou, fugindo da sistemática da doutrina trazida pela Escola Superior de Guerra.

De fato, a Lei 7.170 diz, em sua epígrafe, ter sido editada para definir os crimes *contra a segurança nacional, a ordem política e social.* Estes seriam, portanto, os bens jurídicos tutelados, sem apresentar, na aparência, grande novidade em relação à legislação anterior, já mencionada acima.

No entanto, lido atentamente, o Título I ("Disposições Gerais") revela que a Lei delimita o objeto jurídico por ela tutelado, eis que considera atentatórias à segurança nacional e à ordem

tos externos influem nas sociedades nacionais e nos indivíduos, tornando precárias certas linhas de defesa que mantêm certas nações soberanas e independentes. Se a igualdade e a liberdade estão concebidas em têrmos de representação democrática, a tarefa do Estado será sempre oferecer condições ao exercício delas (igualdade e liberdade), dentro de um padrão mínimo de segurança política. Com mais intensidade depois de 1930, com a nação sensibilizada pela emoção continuada dos acontecimentos internacionais, a legislação brasileira, acompanhando outras legislações, sempre procurou definir as obrigações do Estado com respeito à tutela dos direitos políticos. (...) Com a edição do decreto-Lei n. 510, dando nova e outra redação à Lei de Segurança Nacional, acelerou-se o processo judicial, permitindo-se um maior sigilo na apuração dos fatos delituosos. Bem afirmando, ambos os diplomas ocasionalmente se completaram, o decreto-Lei n. 314 e o decreto-Lei n. 510, com a fixação de uma unidade de meios que correspondesse a uma unidade de fins. As alterações havidas, de processo e punibilidade, quanto à divulgação de notícias, com respeito à propaganda subversiva, quanto à suspensão dos direitos políticos, constituem capítulos para isoladamente serem examinados na sua hermenêutica. O objetivo determinante de ambos os diplomas, agora também alterados (decreto-Lei n. 898), não seria pròpriamente o de vencer uma guerra subversiva, mas destruir a vontade e a disposição de resistência do adversário e dominá-lo com ou sem guerra. (...) *Na Exposição de Motivos que apresentou o decreto-Lei n. 510, dando nova redação aos dispositivos do decreto-Lei n. 314, está dito que êle tentou aperfeiçoar 'o sistema atualmente em vigor, tendo em vista dúvidas suscitadas na apreciação judiciária de fatos prejudiciais à segurança interna, integrada na segurança nacional'.* Mas não bastou, quando a nação sofrida se encolhia ante a imprevisibilidade dos *fatos novos*, provocados pela ação clandestina e psicológica, obrigando à tomada de outras posições políticas mais rigorosas, em prejuízo de uma esperada normalização institucional".

15 Cf. BARROS, Marco Antonio. A Lei de segurança nacional e a legislação penal militar: "A novidade é que a condução do inquérito passou a ser atribuída à Polícia Federal, sendo, porém, preservada a instauração de inquérito policial militar nas hipóteses em que o autor do crime fosse militar ou assemelhado, ou quando o crime fosse praticado em detrimento ao patrimônio militar ou em local diretamente sujeito à administração militar". Cf. BATISTA, Nilo. A Lei de segurança nacional: o direito da tortura e da morte. *Revista de direito penal*, n. 34, p. 48-62, Rio de Janeiro: Forense, 1982, p. 54: "Aparecem na Lei os objetivos nacionais: integridade do território, etc. E quem define os objetivos nacionais – é uma crítica comum que se faz – são os militares, a dizer o que são objetivos nacionais, ou seja, os objetivos da Nação. Então, são os militares a afirmar quais são os objetivos de toda a Nação! Isso é sintomático, porque a Lei exibe certos atos falhos. Vejamos. Entre os 'objetivos nacionais' dos militares figura a 'paz social'. Está lá, no art. 2º da lei: 'paz social'. Mas não figura *justiça social.* (...) Saibamos todos, graças à ESG e através da Lei de Segurança Nacional, que a justiça social não é um objetivo da Nação (...)".

política e social apenas condutas que lesem ou exponham a perigo de lesão: (i) *a integridade territorial e a soberania nacional*; (ii) *o regime representativo e democrático, a Federação e o Estado de Direito*; (ii) *a pessoa dos chefes dos Poderes da União* (art. 1º).

Ou seja, embora as locuções segurança nacional e ordem política e social sejam mencionadas na epígrafe, o corpo da Lei evita defini-las do modo como era feito nas leis anteriores e, em geral, evita mesmo repeti-las,[16] preferindo estabelecer os limites de sua aplicação, atrelando-as a outros bens jurídicos de maior significado concreto.

Consequentemente, cabe-nos verificar se tais bens jurídicos encontram fundamento na CF de 1988. Se positiva a resposta, não se poderá afirmar, em nossa opinião, haver completo antagonismo entre a ordem constitucional vigente e a Lei 7.170/1983.

(C) **Os bens jurídicos tutelados na Lei 7.170/1983 e a CF de 1988**

É fundamental que se verifique se os bens jurídicos elencados no art. 1º da Lei de Segurança Nacional possuem fundamento constitucional. Vejamos a razão disso.

Conforme explica Giovanni Fiandaca, entre as décadas de sessenta e setenta do século XX, surge na doutrina alemã posições que tinham em comum o objetivo de edificar um conceito *material* de bem jurídico, tomando-se como base critérios efetivamente capazes de vincular as escolhas de criminalização do legislador. A *fonte* de tais critérios somente poderia ser *jurídica* e, mais ainda, *hierarquicamente superior* à Lei ordinária. Daí para conclusão de que "somente a Constituição está em posição de oferecer o critério de legitimação para uma reedição, em forma vinculante, de teoria 'liberal' do bem jurídico, o passo, na verdade, é relativamente breve".[17]

Dentro dessa perspectiva constitucional, Walter von Sax partiu do pressuposto de que a aplicação da pena implica em violação de valores morais do indivíduo, daí porque somente se justifica em caso de necessidade e merecimento, devendo atuar o direito penal, portanto, como *ultima ratio*.[18] Sax observou que o catálogo dos bens penalmente protegidos "é mais amplo do que aquele dos valores constitucionalmente relevantes",[19] então, o conjunto desses valores "funcionaria como limite intransponível para o legislador ordinário, no sentido de que jamais deveria haver contraste entre sistema constitucional dos valores e sistema penal".[20]

Na mesma linha seguiu Roxin, entendendo que a única restrição previamente imposta ao legislador encontra-se nos *princípios da própria Constituição*.[21] Por isso, para o famoso jurista

---

16 Cf. NUCCI, Guilherme de Souza, op. cit., p. 814-815: "A diferença entre essa Lei e a atual LSN é evidente, a começar pelo fato de ter sido esta última editada pelo Congresso Nacional; ademais, não traz nenhum conceito de segurança nacional, mas somente o critério para se visualizar um *crime político*, o que é correto. (...) A atual Lei de Segurança Nacional pode ser adaptada aos preceitos constitucionais de 1988, tutelando o Estado Democrático de Direito, pois desvinculou-se dos vícios mais graves das anteriores, especialmente porque absteve-se de definir *segurança nacional*".

17 FIANDACA, Giovanni. O "bem jurídico" como problema teórico e como critério de política criminal. In: FRANCO, Alberto Silva; NUCCI, Guilherme de Souza (coordenadores). *Doutrinas essenciais. Direito penal*, v. 2. São Paulo: Editora Revista dos Tribunais, 2010, pp. 526/527.

18 SALOMÃO, Heloisa Estellita. *A tutela penal e as obrigações tributárias na constituição federal*. São Paulo: Editora Revista dos Tribunais, 2001, p. 38.

19 FIANDACA, Giovanni, op. cit., p. 527.

20 Idem, ibidem.

21 ROXIN, Claus. *Derecho penal: parte general – fundamentos. La estructura de la teoría del delito*, tomo 1. Tradução da 2ª ed. alemã por Diego-Manuel Luzón Peña, Miguel Díaz y García Conlledo, Javier de Vicente Remesal. Madrid: Civitas, 2000, p. 55.

alemão, um conceito de bem jurídico vinculante do ponto de vista político-criminal somente pode derivar das *incumbências do Estado de Direito*, baseado na *liberdade do indivíduo, com fundamento constitucional*, por meio do qual são marcados os limites ao poder punitivo do Estado. Para tal jurista, "bens jurídicos são circunstâncias dadas ou finalidades" – e não interesses – "que são úteis para o indivíduo e seu livre desenvolvimento, num marco de um sistema social global estruturado sobre a base desta concepção dos fins ou para o funcionamento do próprio sistema".[22]

Na esteira do pensamento de Roxin – e seguindo a ideia de que o direito penal "tem por fim preservar somente as condições essenciais a uma convivência pacífica"[23] – veio a tentativa de se fornecer uma noção "positiva" de bem jurídico com orientação constitucional. Nesse passo, Hans Joachim Rudolphi definiu os bens jurídicos como "unidades sociais de função", ou seja, "entidades instrumentais", "indispensáveis à 'vida social que se desenvolve no quadro da Constituição': tal seria uma vida social baseada na liberdade e responsabilidade do indivíduo".[24] Ou, como esclarece Heloisa Estellita Salomão, "o Direito Penal somente poderá intervir para a proteção das *condições de vida* de determinada sociedade, que podem ser encontradas no quadro valorativo estabelecido pela Constituição".[25]

Em Portugal, Figueiredo Dias definiu bem jurídico como "a *expressão de um interesse, da pessoa ou da comunidade, na manutenção ou integridade de um certo estado, objecto ou bem em si mesmo socialmente relevante e por isso juridicamente reconhecido como valioso*".[26] E acrescentou que um bem jurídico somente pode ser objeto de tutela pelo direito penal se refletido num "valor jurídico-constitucionalmente reconhecido em nome do sistema social total e que, deste modo, se pode afirmar que 'preexiste' ao ordenamento jurídico-penal".[27] Para o jurista de Coimbra, a ordem jurídico-constitucional constitui o "quadro obrigatório de referência" e o "critério regulativo" da atividade punitiva do Estado.[28] Assim, os valores constitucionais ligados, expressa ou implicitamente, aos direitos e deveres fundamentais concretizam-se em bens jurídicos protegidos pelo direito penal: tornam-se bens jurídicos com "*dignidade jurídico-penal*".[29]

Na Itália, foi Bricola o primeiro a tentar fazer da Constituição o fundamento do direito penal.[30] Com efeito, buscou reconstruir a teoria geral do delito de acordo com os princípios e valores da constituição italiana, que dariam limites formais e substanciais ao legislador penal.[31] Assim, Bricola entende o delito como um fato lesivo de um valor constitucional relevante, de modo que o legislador está vinculado, em sua atividade legislativa, às finalidades do Estado que emergem da própria constituição.[32] Consequentemente: a) o legislador somente pode

22 ROXIN, Claus, op. cit., p. 55-56.

23 Fiandaca, Giovanni, op. cit., p. 529.

24 Idem, ibidem.

25 Op. cit., p. 45.

26 DIAS, Jorge de Figueiredo. *Temas básicos da doutrina penal*. Coimbra: Coimbra Editora, 2001, p. 43.

27 Idem, p. 47.

28 Idem, p. 48.

29 Idem, ibidem.

30 FIANDACA, Giovanni, op. cit., p. 531.

31 SALOMÃO, Heloisa Estellita, op. cit., p. 60.

32 Idem, ibidem.

incriminar condutas lesivas a bens, jamais fatos que representem mero exercício de direitos constitucionais; b) o fato de a pena ter uma função reeducativa – o que também pode ser extraído de dispositivos constitucionais – implica na limitação das escolhas do legislador, pois a ilicitude penal fica restrita a certos bens; c) sendo a sanção penal a *extrema ratio*, "somente pode ser adotada em virtude da lesão de um bem, senão de igual valor àquele sacrificado (a liberdade pessoal), ao menos dotado de relevância constitucional".[33] É verdade que várias foram as objeções às ideias de Bricola, entre as quais, a dificuldade de proceder "a uma hierarquização sistemática dos bens constitucionalmente relevantes".[34]

Exaltando a perspectiva constitucional, após examinar seus principais formuladores, Fiandaca observa ser certo que "os mais recentes esforços de fundamentar uma teoria do bem na Constituição funcionam, mesmo com os relativos limites, como armas teóricas insubstituíveis, colocadas a serviço de programas de reforma" e que, nesse passo, "todas as tentativas examinadas, (...) mais do que representarem elaborações cientificamente completas e inatacáveis, mostram sua verdadeira força ao fornecer a mais autorizada peça de apoio para uma concepção do instrumento penalístico como último recurso da defesa social.[35]

Ainda, Fiandaca ressalta, com Roxin, que o conceito de bem jurídico, mesmo orientado segundo a constituição, não traz, com facilidade – não é uma "varinha mágica", conforme a expressão usada por ele –, uma separação entre as condutas que devem e as que não devem ser penalizadas: trata-se, o bem jurídico, "de um conceito ao qual cabe a função de predispor *diretrizes programáticas de tutela potencialmente vinculantes*".[36]

As lições acima mostram que há importante posicionamento doutrinário no sentido de que os bens jurídicos tutelados por qualquer Lei penal devem ter com fundamento a própria Constituição.

Pois bem, voltemos à Lei 7.170/1983 e à CF de 1988.

Vistos um a um, nenhum dos objetos de tutela da Lei afronta, de modo evidente, a CF de 1988. Ao contrário, pode-se dizer que, estritamente do ponto de vista dos bens jurídicos, a Lei 7.170 encontra fundamento na Carta da República.

Com efeito, o art. 1º, I, da CF eleva a *soberania* – e, consequentemente, a *integridade territorial* – a fundamento da República Federativa do Brasil. Já o art. 4º estabelece que nosso país deve reger-se nas suas relações internacionais, dentre outros, pelo princípio da independência nacional, o que somente é possível se protegidas a soberania e a integridade territorial. Como vimos, a integridade territorial e a soberania são bens jurídicos expressamente tutelados pela Lei 7.170 e certamente continuarão a ser tutelados por qualquer Lei que venha em sua substituição.

De outra parte, a primazia do regime representativo e democrático perpassa toda a CF de 1988, estando a sua tutela penal totalmente de acordo com a nova ordem constitucional.

O mesmo se pode dizer sobre a tutela do *Estado de Direito*, afinal, segundo o art. 1º, *caput* e seu inciso V, o país constitui-se em *Estado Democrático de Direito* e tem como fundamento o *pluralismo político*. São cláusulas pétreas, vale lembrar, o voto direto, secreto, universal e periódico

33 SALOMÃO, Heloisa Estellita, op. cit., p. 60-62.

34 FIANDACA, Giovanni, op. cit., p. 537.

35 Idem, p. 547.

36 Idem, p. 549.

e os direitos e garantias individuais (art. 60, § 4º, II e IV). Além disso, a própria CF, no inciso XLIV do art. 5º, determina que pode ser penalmente tipificada qualquer ação de grupos armados, civis ou militares, contra a ordem constitucional e o Estado Democrático. E a Lei 7.170, como visto, afirma tutelar o regime representativo e democrático, bem como o Estado de Direito, o que não entre em choque com o espírito da CF.

A tutela da Federação também encontra guarida na atual CF, visto ser a República Federativa do Brasil formada pela *união indissolúvel dos Estados e Municípios e do Distrito Federal*, além do que a forma federativa de Estado não pode ser de modo algum abolida por meio de emenda à Constituição (art. 60, § 4º, I). E a Lei 7.170 afirma tutelar, dentre outros bens, "a Federação".

Já a tutela especial aos chefes dos Poderes da União é um pouco mais problemática, eis que pode levantar dúvidas sobre eventual infringência ao princípio da isonomia. Porém, não constitui, por si só, afronta à atual ordem constitucional, desde que se interprete que a conduta atentatória a alguma dessas pessoas tem como objetivo atingir ou colocar em risco também algum dos outros objetos de proteção da lei.

Portanto, em nosso entender, verificados os objetos de tutela delimitados no próprio art. 1º da Lei 7.170/1983, tendo-os como necessariamente atrelados às locuções *segurança nacional e ordem política e social*, não se pode simplesmente afirmar que toda a Lei está contaminada pelo vício autoritário de origem. Preferimos analisar cada um de seus dispositivos, para estabelecer, caso a caso, quais sobreviveram à nova ordem constitucional e, à vista da nova filosofia trazida pela CF de 1988, em como entende-los hoje.

(D) A Lei 7.170/1983 e a interpretação conforme a Constituição

Também discordamos da orientação vencedora dentre os Ministros do STF, na ADPF 130, que afirmou ser a técnica da interpretação conforme à constituição um artificialismo, não se podendo, então, "artificializar ou forçar a descontaminação da parte restante do diploma legal interpretado, pena de descabido incursionamento do intérprete em legiferação por conta própria". É que o papel da interpretação conforme à constituição, com todas as vênias, não é o de *descontaminar* Lei alguma. Na verdade, pode perfeitamente ser usada para revelar quais dispositivos da Lei 7.170/1983 sobreviveram à nova ordem constitucional e quais foram por ela revogados, dando àqueles uma leitura que esteja de acordo com o texto e o espírito da Constituição.

Como se sabe, a interpretação conforme a constituição não é criação brasileira, mas tem origem na jurisprudência alemã, especialmente na Corte constitucional de Karlsruhe, que a trouxe sob tal denominação (no original, *Verfassungskonforme Auslegung*), significando que "nenhuma Lei será declarada inconstitucional quando comportar uma interpretação 'em harmonia com a Constituição' e, ao ser assim interpretada, conservar seu sentido ou significado".[37]

É certo que as doutrinas alemã e brasileira não são unânimes quanto à origem, havendo quem indique o direito norte-americano como precursor da técnica.[38] Entre nós, Gilmar Ferreira Mendes e Ives Gandra da Silva Martins apontam Cooley como possível precursor da ideia, quando este escreveu, ainda no século XIX, que: "The court, if possible, must give the statute

37 BONAVIDES, Paulo. *Curso de direito constitucional*. 11ª ed. São Paulo: Malheiros, 2001, p. 474.

38 LAURENTIIS, Lucas Catib De. *Interpretação conforme a constituição: conceitos, técnicas e efeitos*. São Paulo: Malheiros, 2012, p. 44.

such a construction as will enable it to have effect".[39] Mas Laurentiis mostra como o princípio norteador da interpretação conforme a constituição – a presunção da constitucionalidade das normas criadas pelo Poder Legislativo – é característico do sistema jurídico alemão e não do norte-americano.

O STF vem aplicando a técnica da "interpretação conforme", a entendendo não como simples princípio de interpretação, mas como *modalidade de decisão* no controle de normas.[40] Além disso, o legislador a incluiu expressamente em nosso ordenamento quando a citou no parágrafo único do art. 28 da Lei 9.868, de 10 de novembro de 1999.[41]

De seu turno, José Joaquim Gomes Canotilho entende ser a interpretação conforme a constituição um princípio de controle, tendo como função assegurar a constitucionalidade da interpretação, ganhando relevância autônoma "quando a utilização dos vários elementos interpretativos não permite a obtenção de um sentido inequívoco dentre os vários significados da norma", caso em que "deve dar-se preferência à interpretação que lhe dê um sentido em conformidade com a constituição".[42]

Para Paulo Bonavides, a interpretação conforme a constituição não é um princípio de interpretação da Constituição Federal, mas um princípio de interpretação da Lei ordinária de acordo com a Constituição.[43] É um método – um meio – de interpretação, que contém um princípio conservador da norma, "uma determinação de fazê-la sempre subsistente, de não eliminá-la com facilidade do seio da ordem jurídica, explorando ao máximo e na mais ampla latitude todas as possibilidades de sua manutenção".[44]

Estudando-a como uma forma moderna de interpretação constitucional, Celso Ribeiro Bastos via a interpretação conforme a constituição como uma técnica de decisão, muito mais

39 MARTINS, Ives Gandra da Silva; MENDES, Gilmar Ferreira. *Controle concentrado de constitucionalidade: comentários à Lei n. 9.868, de 10-11-1999.* 3ª ed. São Paulo: Saraiva, 2009, p. 457. Em tradução livre: "A corte, se possível, deve dar à Lei uma tal construção que a permita ter algum efeito". Já Walber de Moura Agra credita o nascimento da técnica aos Estados Unidos, com base na tese criada pelo *justice* Marshall "de que todas as leis devem ser interpretadas em harmonia com a Constituição, *in harmony with the Constitution*, sendo esse princípio agasalhado pela Suprema Corte norte-americana" (*Aspectos controvertidos do controle de constitucionalidade.* Salvador: JusPodivm, 2008, p. 156).

40 MARTINS, Ives Gandra da Silva; MENDES, Gilmar Ferreira, op. cit., p. 460.

41 A referida Lei dispõe sobre o processo e o julgamento da ação direta de inconstitucionalidade (ADI) e da ação declaratória de constitucionalidade (ADC) perante o STF. Diz o dispositivo citado: "A declaração de constitucionalidade ou de inconstitucionalidade, inclusive a interpretação conforme a Constituição e a declaração parcial de inconstitucionalidade sem redução de texto, têm eficácia contra todos e efeito vinculante em relação aos órgãos do Poder Judiciário e à Administração Pública federal, estadual e municipal".

42 CANOTILHO, José Joaquim Gomes. *Direito constitucional e teoria da constituição.* 4ª ed. Coimbra: Almedina, 2001, p. 1189.

43 BONAVIDES, Paulo. *Curso de direito constitucional*, p. 474.

44 *Idem*, p. 475. Em outro texto, Bonavides afirma que: "Os métodos clássicos de interpretação, quais os formulou Savigny, sempre tiveram grande voga na jurisprudência dos séculos XIX e XX. Toda a velha metodologia está, porém, debaixo de pressões reprovadoras. Em nenhum ramo do Direito sua influência se fez mais patente do que no Direito Constitucional. De origem civilista, os métodos clássicos tinham já dificuldades em acomodar-se ao seu objeto – a Constituição – que sobre a dimensão jurídica, comporta uma outra mais lata, de natureza política, entretecida de valores – o que fazia deveras precário o emprego da hermenêutica tradicional" (BONAVIDES, Paulo. O método tópico de interpretação constitucional. In: CLÈVE, Clèmerson Merlin; BARROSO, Luís Roberto (organizadores). *Doutrinas essenciais. Direito constitucional*, v. 1. São Paulo: Revista dos Tribunais, 2011, p. 1117).

do que técnica de salvamento da Lei ou do ato normativo. É uma técnica que permite diversas interpretações conformes à Constituição, que podem inclusive contradizer-se, tendo, porém, "como seus objetivos precípuos excluir as demais interpretações existentes e suprir possível lacuna da lei".[45]

Walber de Moura Agra não nega à interpretação conforme à constituição a natureza de *técnica de hermenêutica*, mas entende que também se trata de uma *técnica de controle de constitucionalidade*, pela qual, "sem alteração da literalidade do texto legal, determina-se sua interpretação para adequação, alinhamento, aos dispositivos da Lei Maior".[46] Através de processos hermenêuticos, busca-se atingir a finalidade de tal técnica, que é a de evitar o surgimento de inconstitucionalidades. Explica que a inconstitucionalidade pode ou não ocorrer na própria norma, pura e simplesmente, mas também "na carga axiológica com a qual ela é interpretada; então, evitam-se interpretações que podem ir de encontro ao espírito da Lei Maior".[47]

Para Luís Roberto Barroso, a interpretação conforme a constituição é um *princípio de interpretação constitucional* e, ao mesmo tempo, um *mecanismo de controle de constitucionalidade*: "1) Trata-se da escolha de uma interpretação da norma legal que a mantenha em harmonia com a Constituição, em meio a outra ou outras possibilidades interpretativas que o preceito admita. 2) Tal interpretação busca encontrar um sentido possível para a norma, que não é o que mais evidentemente resulta da leitura de seu texto. 3) Além da eleição de uma linha de interpretação, procede-se à exclusão expressa de outra ou outras interpretações possíveis, que conduziriam a resultado contrastante com a Constituição. 4) Por via de consequência, a interpretação conforme a Constituição não é mero preceito hermenêutico, mas, também, um mecanismo de controle de constitucionalidade pela qual se declara ilegítima uma determinada leitura da norma legal".[48]

À parte tais diferenças sobre a natureza da interpretação conforme à constituição, em geral, todos concordam que a ideia por trás dela é a de que, se houver uma interpretação da Lei – em sentido lato – que seja compatível com a Constituição, então, tal interpretação deve ser a escolhida e aquelas incompatíveis, afastadas. Preservar-se, assim, a lei, sendo esta a sua finalidade primordial, evitando-se declarações de inconstitucionalidade.[49] Ou, no dizer de Hesse: "[...] uma Lei não deve ser declarada nula quando possa ser interpretada em consonância com a Constituição".[50]

45 BASTOS, Celso Ribeiro. As modernas formas de interpretação constitucional. In: CLÈVE, Clèmerson Merlin; BARROSO, Luís Roberto (organizadores). *Doutrinas essenciais. Direito constitucional*, v. 1. São Paulo: Revista dos Tribunais, 2011, p. 821.

46 Op. cit., p. 156.

47 Idem, p. 157.

48 *Interpretação e aplicação da constituição*. 7ª ed. São Paulo: Saraiva, 2010, p. 194.

49 Como explica Paulo Bonavides. *Curso de direito constitucional*, p. 474: "Uma norma pode admitir várias interpretações. Destas, algumas conduzem ao reconhecimento de inconstitucionalidade, outras, porém, consentem tomá-la por compatível com a Constituição. O intérprete, adotando o método ora proposto, há de inclinar-se por esta última saída ou via de solução. A norma, interpretada 'conforme a Constituição', será, portanto, considerada constitucional. Evita-se por esse caminho a anulação da Lei em razão de normas dúbias nela contidas, desde naturalmente que haja a possibilidade de compatibilizá-las com a Constituição".

50 HESSE, Konrad. *Temas fundamentais de direito constitucional*. Seleção dos textos e tradução: Carlos dos Santos Almeida, Gilmar Ferreira Mendes e Inocêncio Mártires Coelho. São Paulo: Saraiva, 2009, p. 118.

A doutrina nacional e estrangeira divide-se quanto ao fundamento da interpretação conforme, havendo quem o aponte no princípio da unidade do ordenamento jurídico,[51] enquanto outros, na presunção de constitucionalidade.[52]

Hesse filia-se entre os primeiros, entendendo que as leis emanadas sob a vigência da Constituição devem ser interpretadas em consonância com ela e *o direito que lhe for anterior, mas ainda vigente, deve ser adaptado à nova situação constitucional*.[53]

Barroso explica que na doutrina alemã prevalece o entendimento que indica o princípio da unidade do ordenamento jurídico como fundamento da interpretação conforme, enquanto que, em Portugal, consoante a doutrina de Jorge Miranda, é justificada em nome de um princípio de economia do ordenamento ou de máximo aproveitamento dos atos jurídicos.[54] Para Barroso, a interpretação conforme guarda relação com a unidade do ordenamento jurídico e, dentro desta, com a supremacia da Constituição. "Disso resulta", diz o mesmo autor, "que as leis editadas na vigência da Constituição, *assim como as que procedam de momento anterior, devem curvar-se aos comandos da Lei Fundamental e ser interpretadas em conformidade com ela*" (grifos nossos).[55]

De opinião diversa, Eduardo García de Enterría aponta para a presunção de constitucionalidade das leis como sendo o fundamento da interpretação conforme. Mas, alerta o autor, não se trata da simples afirmação formal de que qualquer Lei será considerada válida até que seja declarada inconstitucional, mas algo além disso: primeiro, uma confiança outorgada ao Poder Legislativo para observar e interpretar corretamente os princípios da Constituição; segundo, que uma Lei não pode ser declarada inconstitucional ainda mais quando não haja uma dúvida razoável sobre sua contradição com a Constituição; terceiro, que quando uma Lei estiver redigida em termos tão amplos que permita uma interpretação inconstitucional, dever-se-á

---

51 Cf. BARROSO, *Interpretação e aplicação da constituição*, p. 202: "A despeito da pluralidade de domínios que abrange, a ordem jurídica constitui uma unidade. De fato, é decorrência natural da soberania do Estado a impossibilidade de coexistência de mais de uma ordem jurídica válida e vinculante no âmbito de seu território. Para que possa subsistir como unidade, o ordenamento estatal, considerado na sua globalidade, constitui um *sistema* cujos diversos elementos são entre si coordenados, apoiando-se um ao outro e pressupondo-se reciprocamente. O elo de ligação entre esses elementos é a Constituição, origem comum de todas as normas. É ela, como norma fundamental, que confere unidade e caráter sistemático ao ordenamento jurídico".

52 Cf. BITTENCOURT, C. A. Lúcio. *O controle jurisdicional da constitucionalidade das leis*. Rio de Janeiro: Forense, 1968, p. 91-93: "É princípio assente entre os autores, reproduzindo a orientação pacífica da jurisprudência, que milita sempre em favor dos atos do Congresso a presunção de constitucionalidade. É que ao Parlamento, tanto quanto ao Judiciário, cabe a interpretação do texto constitucional, de sorte que, quando uma Lei é posta em vigor, já o problema de sua conformidade com o Estatuto Político foi objeto de exame e apreciação, devendo-se presumir boa e válida a resolução adotada. [...] Os legisladores – insiste Black – do mesmo modo como os juízes, estão obrigados a obedecer e cumprir a Constituição, e deve-se entender que êles medem e pesam, convenientemente, a validade constitucional dos atos que elaboram. Em conseqüência, tôda presunção é pela constitucionalidade da Lei e qualquer dúvida razoável deve-se resolver em seu favor e não contra ela [...]. Em conseqüência dessa presunção, tem-se entendido, por outro lado, que os tribunais, antes de formular a Lei com a declaração de inconstitucionalidade, devem procurar interpretá-la de tal modo que se torne possível harmonizá-la com a Constituição. E sòmente no caso de se tornar isso de todo impraticável é que se poderá reconhecer a ineficácia do diploma impugnado".

53 Op. cit., p. 119.

54 BARROSO, Luis Roberto. *Interpretação e aplicação da constituição*, p. 197.

55 Idem, ibidem.

presumir, sempre que possível, que o legislador presumiu que a interpretação a ser aplicada seria precisamente aquela cabível nos limites da Constituição.[56]

Por sua vez, Bonavides busca conciliar os dois fundamentos principais acima invocados: "A aplicação desse método parte, por conseguinte, da presunção de que toda Lei é constitucional, adotando-se ao mesmo passo o princípio de que em caso de dúvida a Lei será interpretada 'conforme a Constituição'. Deriva outrossim do emprego de tal método a consideração de que não se deve interpretar isoladamente uma norma constitucional, uma vez que do conteúdo geral da Constituição procedem princípios elementares da ordem constitucional, bem como decisões fundamentais do constituinte, que não podem ficar ignorados, cumprindo levá-los na devida conta por ensejo da operação interpretativa, de modo a fazer a regra que se vai interpretar adequada a esses princípios ou decisões. Daqui resulta que o intérprete não perderá de vista o fato de que a Constituição representa um todo ou uma unidade e, mais do que isso, um sistema de valor.[57]

Por outro lado, a doutrina tem buscado limitar a aplicação da interpretação conforme à constituição, estabelecendo alguns parâmetros para tanto. Vejamos alguns dos limites normalmente mencionados pela doutrina.

Respeito à expressão textual. Quando da realização da interpretação conforme à Constituição, há o risco de se avançar além da literalidade da lei, risco este já verificado pelo Tribunal Constitucional de Karlsruhe, onde, como visto acima, tal técnica de interpretação teve origem: "o juiz, em presença de uma Lei cujo texto e sentido seja claro e inequívoco não deve nunca dar-lhe sentido oposto [...]. Não deve por consequência esse método servir para alterar conteúdos normativos, pois 'isso é tarefa do legislador e não do tribunal constitucional'".[58]

Assim, deve-se primeiro aplicar todos os métodos tradicionais de interpretação do texto legal, para, somente então, chegando-se a diversas interpretações possíveis, aplicar-se aquela compatível com a Constituição. Ou seja, "a aplicação da interpretação conforme a Constituição só deve ocorrer em estados de dúvida fundada que sejam derivados da insuficiência dos métodos tradicionais de interpretação jurídica".[59] Logo, se com a aplicação dos métodos de interpretação chegar o intérprete à conclusão de que a Lei é contrária à Constituição, não pode ser aplicada a técnica da interpretação conforme, mas deve ser reconhecida sua inconstitucionalidade. Do contrário, estará o intérprete deturpando o próprio texto legal e atuando como legislador positivo, isto é, estará criando lei,[60] e invadindo a esfera de competência do Poder Legislativo[61].

56 ENTERRÍA, Eduardo García de. Hermeneutica e supremacia constitucional: el principio de la interpretación conforme a la constituición de todo el ordenamiento. In: CLÈVE, Clèmerson Merlin; BARROSO, Luís Roberto (organizadores). *Doutrinas essenciais. Direito constitucional*, v. 1. São Paulo: Revista dos Tribunais, 2011, p. 830.

57 BONAVIDES, Paulo. *Curso de direito constitucional*, p. 474.

58 BONAVIDES, Paulo. *Curso de direito constitucional*, p. 476. A citação feita pelo autor refere-se à decisão *BverfGE 18,97 (111)*.

59 LAURENTIIS, Lucas Catib De, op. cit., p. 62.

60 É o que afirma LAURENTIIS, Lucas Catib De, op. cit., p. 60: "é preciso convir, com maior razão, que não se admite que a interpretação conforme a Constituição leve qualquer tribunal ou juízo de direito a atuar como legislador positivo. Quando esse fenômeno for verificado, ele decorrerá da utilização incorreta dessa técnica, não de sua própria existência".

61 Adverte, contudo, LAURENTIIS, Lucas Catib De, op. cit., p. 111, que "ao contrário que a primeira vista pode parecer, o argumento que busca afastar a aplicação da interpretação conforme a Constituição como base no cri-

O STF reconhece tal limite, que consta, inclusive, da decisão precursora na aplicação da técnica (Representação de Inconstitucionalidade 1.417-7-DF). Afirmou então o Relator, Ministro Moreira Alves, que: "(...) se a única interpretação possível para compatibilizar a norma com a Constituição contrariar o sentido inequívoco que o Poder Legislativo lhe pretendeu dar, não se pode aplicar o princípio da interpretação conforme a Constituição, que implicaria, em verdade, criação de norma jurídica, o que é privativo do legislador positivo".

Mas, não é apenas este limite que é reconhecido pela doutrina.

Respeito à vontade do legislador. Referindo-se à jurisprudência do STF, Gilmar Ferreira Mendes inclui a vontade do legislador dentre os limites à interpretação conforme a Constituição, mas informa que, na prática de tal Corte, evita-se investigá-la e não se dá a tal limite grande relevância.[62] Esse limite também chegou a ser mencionado na mesma Representação de Inconstitucionalidade 1.417-7-DF já antes referida.

A doutrina nem sempre aceita a possibilidade de que a vontade do legislador possa condicionar a interpretação conforme a constituição, pois, segundo argumenta-se, seria impossível aferir precisamente a vontade histórica dos criadores do texto legal, até mesmo porque pode haver divergências interpretativas nas próprias pesquisas históricas.[63] Mas, se reconhece que, tendo a interpretação conforme a Constituição um "potencial transformador do sentido normativo dos textos legislativos", o tribunal não pode deixar de lado a vontade do legislador, mesmo que esta tenha se mostrado inconstitucional, caso em que a inconstitucionalidade deve ser declarada. E completa: "não é dado às Cortes Constitucionais ignorar os desígnios do legislador democrático, convertendo inconstitucionalidades inequívocas em constitucionalidades frágeis".[64]

Reiterados julgamentos considerando uma norma inconstitucional. Trata-se de limite trazido por Laurentiis e que se revela procedente. Segundo o autor: "(...) isso quer dizer que a existência de reiterados julgamentos afirmando a inconstitucionalidade de uma norma deve impedir a produção de uma decisão de interpretação conforma a Constituição. A única hipótese que excepcionaria essa regra ocorreria em casos que admitam a combinação da decisão de interpretação conforme com uma decisão de nulidade parcial sem redução de texto".[65]

Segundo Laurentiis, a consequência desse raciocínio é o de que a interpretação conforme a constituição não pode ser empregada em ações declaratórias de constitucionalidade (ADC). Isso porque, havendo reiteradas decisões afirmando a inconstitucionalidade de uma lei, o STF

tério da textualidade do dispositivo analisado é bastante complexo. As dificuldades de tal tema começam na definição do objeto sobre o qual incide a interpretação do texto legislado: seria a palavra ou a ideia que a subjaz? [...] Por isso, mesmo casos em que a expressão literal do texto seja clara e sucinta, a interpretação poderá ser complexa e abarcar diversos significados normativos". Mais adiante, faz o mesmo autor estas importantes considerações: "Sendo assim, mesmo fluido e potencialmente indeterminado, o limite da textualidade não pode ser desconsiderado. Há um elemento político e institucional nessa afirmação. A admissão da capacidade criativa dos magistrados que desconsidere completamente a expressão do texto legislado desvirtuaria o que há de mais elementar na função jurisdicional" (op. cit., p. 111).

62 MARTINS, Ives Gandra et al, op. cit., p. 465.

63 LAURENTIIS, Lucas Catib De, op. cit., p. 115.

64 Idem, p. 117.

65 Idem, p. 120.

não teria outras opções senão: a) afastar tais entendimentos e declarar a Lei constitucional; b) aceitá-los e declará-la inconstitucional.[66]

Pois bem.

Em vista de todo o exposto, não compreendemos o motivo pelo qual a técnica de "interpretação conforme" não poderia ser usada na análise dos dispositivos da Lei 7.170/1983, incluindo o seu próprio objeto de tutela.

Nesse passo, propomos que todos os dispositivos da Lei ora em comento sejam analisados com base em alguns critérios:

a) um dispositivo que contrarie frontalmente regra da CF de 1988 deve ser considerado não recepcionado e, consequentemente, revogado;[67]

b) um dispositivo também deve ser considerado revogado, parcial ou integralmente, na medida em que afronte os princípios constitucionais, sobretudo aqueles com reflexos nos direitos penal e processual penal, como o do devido processo legal, da ampla defesa, da ofensividade, da legalidade e seus desdobramentos etc.;[68]

c) todo dispositivo deve ser interpretado à luz da nova ordem constitucional, de modo que seja eliminada qualquer interpretação que contrarie os fundamentos da CF de 1988 e, quando a tarefa se revelar impossível ou criadora de artificialismos, deve-se reconhecer sua revogação.

Concluindo, concordamos com a afirmação de que há, "em relação a boa parte das normas da Lei nº 7.107/83, uma incompatibilidade de sistema com a nova ordem constitucional",[69] mas discordamos de que todos os fatos nela *tipificados* afastam-se dos princípios e conceitos que inspiraram a reconstrução democrática do país.[70] Alguns desses fatos típicos, *mutatis mutandis*,

66 Op. cit., p. 120.

67 BARROSO, Luís Roberto. A superação da ideologia da segurança nacional..., p. 73, aponta dispositivos eivados desse vício: "Dispõe, ainda, a Lei nº 7.170/83 que, na sua aplicação, será observada, no que couber, 'a Parte Geral do Código Penal Militar e, subsidiariamente, a sua Parte Especial'. No plano processual, prevê a competência da Justiça Militar para processar e julgar os crimes nela previstos, com a observância das normas estabelecidas no Código de Processo Penal Militar. Contempla, ademais, a instauração de inquérito policial-militar sendo o agente civil e admite a decretação de prisão pela autoridade que presidir o inquérito. Nenhuma dessas disposições pode subsistir à luz da Constituição de 1988".

68 Parecem fazer parte desse grupo alguns dispositivos apontados por BARROSO, Luís Roberto. A superação da ideologia da segurança nacional..., p. 73: "Na definição de crimes, a Lei nº 7.170/83 emprega a terminologia superada e impregnada de subjetivismo ideológico e facciosismo político, como por exemplo: incitar à subversão da ordem política ou social, à animosidade entre as Forças Armadas e as instituições civis ou à luta com violência entre as classes sociais (art. 23); fazer funcionar partido político ou associação dissolvidos por força de disposição legal ou de decisão judicial (art. 25); imputar ao Presidente da República, do Senado Federal, da Câmara dos Deputados ou do Supremo Tribunal Federal fato definido como crime ou ofensivo à reputação (art. 26, independentemente de ser verdadeiro ou falso".

69 Cf. BARROSO, Luís Roberto. A superação da ideologia da segurança nacional..., p. 74.

70 As opiniões citadas são de BARROSO, Luís Roberto. A superação da ideologia da segurança nacional..., p. 74.

aparecem em projetos que buscam a substituição da atual Lei de segurança ou a inclusão de alguns de seus crimes em um novo código penal.[71]

É verdade, como entende Barroso, que os *valores* subjacentes à Lei 7.170/1983, como não poderia deixar de ser, não se coadunam com os princípios e conceitos da atual ordem constitucional. Isso é inegável. Mas, isso não é novidade para nós, visto ser também inegável que a espinha dorsal de nosso CPP – mantida ainda hoje em algumas partes, notadamente, na fase de investigação – deriva de doutrina autoritária, de cunho fascista, que vigorava quando de sua criação. Nem por isso, vem-se afirmando estar todo o CPP contaminado pela lógica ditatorial do regime que o criou.

Concluindo, aplicando-se os critérios que expusemos acima, incluindo a técnica da "interpretação conforme", entendemos ser possível, ainda hoje, aplicar parcialmente a Lei 7.170/1983, eis que em parte recepcionada pela CF de 1988.[72] É essa a tarefa que nos propomos a fazer a partir de agora.

TÍTULO I
DISPOSIÇÕES GERAIS

Art. 1º Esta Lei prevê os crimes que lesam ou expõem a perigo de lesão:

I – a integridade territorial e a soberania nacional;

II – o regime representativo e democrático, a Federação e o Estado de Direito;

III – a pessoa dos chefes dos Poderes da União.

---

71 BARROSO, Luís Roberto. A superação da ideologia da segurança nacional..., passim. Aliás, o citado autor reconhece: "Há, é certo, residualmente, dispositivos que não são em si inconstitucionais e que tutelam bens jurídicos que devem ser preservados em qualquer circunstância. Poderiam ser citados, apenas como exemplos, o artigo 8º, que pune aquele que entrar em entendimento ou negociação com o governo ou grupo estrangeiro, ou por seus agentes, para provocar guerra ou atos de hostilidade contra o Brasil; ou ainda o artigo 9º, que pune aquele que tentar submeter o Território Nacional, ou parte dele, ao domínio ou à soberania de outro país" (idem, p. 74). No mesmo sentido, BARROS, Marco Antonio, op. cit., p. 18-22. Cf. NUNES, Diego. As iniciativas de reforma à Lei de segurança nacional..., p. 285: "Por fim, cabe lembrar que uma corrente minoritária no congresso pleiteava a simples e completa eliminação da LSN do ordenamento. De tal sorte, chegou-se a apresentar projetos de simples revogação. A hipótese vinha sendo discutida desde antes da aprovação da LSN/1983, mas a opinião majoritária entendia que havia um núcleo de situações que merecia tutela penal, pelo reconhecimento da defesa do Estado Democrático de Direito como um bem jurídico de primeira grandeza. Interessante é que o parecer que entendeu inadequada a mera revogação da LSN fez questão de afirmar a necessidade de inserção de tais normas no Código Penal".

72 Essa também é a opinião de DELMANTO, Roberto. Os *black blocs* e a Lei de segurança nacional. *Boletim do Ibccrim*, n. 253, dezembro/2013, p. 5: "Sabemos que falar em Lei de Segurança Nacional, ainda que seja a de 1983, lembra a ditadura militar, que tanto se utilizou da anterior versão da Lei de Segurança Nacional para prender e torturar. Todavia, em pleno regime democrático, e respeitada a Constituição de 1988, a Lei 7.170 encontra-se em vigor e deve, no que couber, ser aplicada pelas autoridades, observando-se o devido processo legal e todas as garantias constitucionais, a essas pessoas que vêm agindo, de forma deliberada e violenta, contra o regime democrático". Cf. NUNES, Diego. As iniciativas de reforma à Lei de segurança nacional..., p. 268-269: "Não seria a primeira e provavelmente não será a última Lei ditatorial que, mesmo com patente conteúdo autoritário, permaneceria (permanecerá) em vigor já em regime democrático. Assentimos, porém, à ideia de que todo ordenamento jurídico possui memória, o que se demonstra deveras pernicioso no caso em discussão. De fato, a LSN/1983 continua em vigor sem quaisquer alterações legislativas. Todavia, muitos dos efeitos nefastos foram neutralizados pela Constituição de 1988, que devolveu à Justiça Federal a competência de processo e julgamento e não recepcionou a incomunicabilidade dos presos políticos para investigações".

A Constituição Federal reconhece, em alguns dispositivos, o direito de punir do Estado, ou seja, a existência do *ius puniendi*, o que se verifica, por exemplo, na regra que atribui à União competência para legislar sobre direito penal (art. 22, I, da CF), e igualmente na previsão de alguns direitos e garantias elencados no art. 5º da Carta Magna, que pressupõem a existência de delitos e a punição pelo seu cometimento (*v. g.*, ninguém pode ser preso senão por ordem escrita de autoridade judicial ou em flagrante delito; ninguém pode ser considerado culpado enquanto não houver decisão condenatória com trânsito em julgado etc.).

O exercício de tal direito pelo Estado encontra limites, hoje bastante consolidados, entre os quais a ideia de que *não há crime sem Lei anterior que o defina e não há pena sem prévia cominação legal*. É o princípio da legalidade, que, como ensina Andrei Zenkner Schmidt, "consolidou-se como um mecanismo de proteção da sociedade contra os abusos de seus próprios integrantes e, também, do Estado".[73] E conclui o mesmo autor que, como consequência, "passou o cidadão a gozar da tranquilidade de ser punido por seus atos somente nos casos em que um diploma legislativo vislumbrasse tal fato como um delito, afastando-se, assim, as atrocidades medievais atinentes a sanções baseadas exclusivamente em juízos de valor".[74]

No Brasil, referido princípio resta assentado no art. 5º, XXXIX, da CF.

Mas, no âmbito de um Estado Democrático de Direito, apenas a existência do princípio da legalidade não é suficiente para a garantia dos direitos individuais, vez que se faz necessário saber o que, precisamente, se entende por crime. E não se trata tão somente de conhecer o conceito *formal* de crime, mas sua definição *material*, já que inaceitável a noção positivista-legalista segundo a qual crime é tudo aquilo que o legislador considerar como tal.

No entender de Figueiredo Dias, antes de tudo, a busca de um conceito material de crime não passa da procura pela resposta à questão da legitimação material do delito penal, ou seja, "à questão de saber qual a fonte de onde emana a legitimidade para considerar certos comportamentos humanos como crimes e aplicar aos infractores sanções de espécie particular".[75] Em última análise, trata-se de estabelecer o que, afinal, pode ser prescrito em Lei como crime, impondo-se limites ao legislador no momento da criação dos tipos penais.

Não se pode esquecer, aliás, da impossibilidade de afirmar a existência, no decorrer da história, de condutas castigadas em todo tempo e lugar, em razão de se mostrarem opostas à moralidade média, ao sentimento comum ou a outros critérios similares. Pelo contrário, "não existe conduta delituosa que não tenha sido permitida em outros tempos, nem conduta lícita que não tenha sido, outrora, proibida".[76]

73 SCHMIDT, Andrei Zenkner. *O princípio da legalidade penal no estado democrático de direito*. Porto Alegre: Livraria do Advogado, 2001, p. 29.

74 Idem, p. 29.

75 DIAS, Jorge de Figueiredo. *Temas básicos...*, p. 35.

76 FERRAJOLI, Luigi. *Direito e razão: teoria do garantismo penal*. Tradução da 6ª ed. italiana por Ana Paula Zomer, Fauzi Hassan Choukr, Juarez Tavares e Luiz Flávio Gomes, com a colaboração de Alice Bianchini, Evandro Fernandes de Pontes, José Antônio Siqueira Pontes e Lauren Paoletti Stefanini. São Paulo: Editora Revista dos Tribunais, 2002, p. 370.

Nesse ponto, a doutrina de nosso tempo entende, de modo quase pacífico, que o Direito Penal tem como missão principal a proteção a bens jurídicos,[77] cujo conceito – sempre muito variado entre os doutrinadores – remonta à ideia de *bem* do Iluminismo, tendo sido formulado e fundamentado por Feuerbach[78], acabando por ser introduzido na ciência criminal por Birnbaum.[79]

Assim, como salienta Luiz Regis Prado, o bem jurídico ganhou relevantíssimas funções no Direito Penal, notadamente *a de garantia ou de limitação ao direito de punir do Estado* (devem ser tipificadas somente aquelas condutas graves, que lesionem ou coloquem em perigo certos bens jurídicos); *a teleológica ou interpretativa* (atuando como critério de interpretação dos tipos penais, condicionando seu sentido e alcance à finalidade de proteção ao bem jurídico protegido pelo tipo incriminador); *a individualizadora* (sendo um critério de medição da pena, quando de sua aplicação pelo juiz, tendo-se em vista a gravidade da lesão ao bem jurídico); e *a sistemática* (como elemento de classificação na formação dos grupos de tipos da parte especial do Código Penal).[80]

Todavia, confessa a doutrina sua atual incapacidade para indicar uma lista fechada dos bens que devam sempre merecer a proteção do Direito Penal, não obstante os esforços das teorias constitucionalistas nesse sentido.[81]

A respeito disso, escreveu Ferrajoli: "Uma vez excluída a possibilidade de chegar a critérios positivos e absolutos de justificação externa e de legitimação interna dos conteúdos da proibição, pode-se formular critérios negativos ou limitadores, realizáveis somente relativa e tendencialmente, com o valor de condições necessárias, embora não suficientes, de legitimidade. (...) Na realidade, não se pode alcançar uma definição exclusiva e exaustiva da noção de bem jurídico. O que significa que uma teoria do bem jurídico dificilmente pode nos dizer positivamente – e não adiantaria nada que nos dissesse – que uma determinada proposição penal é justa enquanto protege um determinado bem jurídico. Pode nos oferecer, unicamente, uma série de critérios negativos de deslegitimação (...)"[82]

Nesse sentido, como ensina Roxin, os tipos penais não podem trazer cominações arbitrárias (como exigir do cidadão, sob pena de cometer crime, que reverencie um símbolo político, religioso etc.), bem como não podem ter finalidades puramente ideológicas, nem tampouco sancionar meras imoralidades.[83] Mas, adverte o autor alemão: a concepção de bem jurídico

77 JESCHECK, Hans-Heinrich, WEIGEND, Thomas. *Tratado de derecho penal: parte general.* Tradução da 5ª ed. alemã por Miguel Olmedo Cardenete. Granada: Editorial Comares, 2002, p. 7.

78 HASSEMER, Winfried. *Introdução aos fundamentos do direito penal.* Tradução da 2ª ed. alemã por Pablo Alflen da Silva. Porto Alegre: Sergio Antonio Fabris Editor, 2005, p. 56.

79 COSTA, José de Faria. *Noções fundamentais de direito penal* (fragmenta iuris poenalis), 2ª ed. Coimbra: Coimbra Editores, 2010, p. 175.

80 PRADO, Luiz Regis. *Bem jurídico-penal e constituição.* 2ª ed. São Paulo: Editora Revista dos Tribunais, 1997, pp. 48/49.

81 BIANCHINI, Alice; GOMES, Luiz Flávio; MOLINA, Antonio García-Pablos de. *Direito penal, v. 1: introdução e princípios fundamentais.* São Paulo: Editora Revista dos Tribunais, 2007, p. 401.

82 Op. cit., p. 371 e 377.

83 Op. cit., p. 56-57.

não é estática e, observadas suas finalidades constitucionais, está aberta à mudança social e aos progressos do conhecimento científico.[84]

Assim, para que determinado tipo penal esteja de acordo com a CF, é necessário que esteja a tutelar um *bem jurídico relevante*; que a conduta descrita no tipo não represente verdadeiro *exercício de direito fundamental*; e que a reação estatal, ou seja, a própria criminalização e a sanção imposta sejam *proporcionais* à conduta descrita no tipo.

Pois bem. Os bens jurídicos tutelados pela Lei 7.170/1983 são, conforme declarado em sua epígrafe, a *segurança nacional* e a *ordem política e social*, locuções, sem dúvida, por demais abertas, passíveis de receberem os mais variados significados, tanto que, ao longo da evolução legislativa vista no tópico anterior, ganharam os mais estranhos, nefastos e ameaçadores significados, sempre ao gosto do regime de turno. Assim, tutelar a segurança nacional e a ordem política e social pode ser postura legítima ou ilegítima, a depender de seus significados e dos limites impostos – pela CF e pela Lei – ao seu alcance.

Iniciativas de criação de nova Lei a respeito do tema têm preferido a eleição do *Estado Democrático de Direito* como seu objeto de tutela. Esse é um caminho possível e desejável para a inovação legislativa. Há quem aponte, inclusive, à vista da CF de 1988, que o bem jurídico tutelado pela Lei 7.170/1983 deve ser entendido como a própria segurança e estabilidade do Estado Democrático de Direito.[85] Nessa perspectiva: as locuções *segurança nacional* e *ordem política e social* seriam hoje equivalentes a *segurança e estabilidade do Estado Democrático de Direito*.

Realmente, constituindo nossa República em Estado Democrático de Direito (art. 1º, CF) todo atentado à *segurança* da *nação* representa atentado, em última análise, à própria *segurança* do *Estado Democrático de Direito*. Do mesmo modo, a ordem política e social que pode ser atingida por conduta delitiva é a *ordem política e social democrática*, tal como desenhada pelo constituinte de 1988.

Preferimos, porém, não abandonar as locuções *segurança nacional* e *ordem política e social*, pois são aquelas usadas pelo legislador na epígrafe da Lei 7.170. Vistos da perspectiva de um Estado Democrático de Direito, segurança nacional e ordem política e social são, em si mesmos, bens jurídicos relevantes, aptos a merecerem a tutela penal.

E mais: dando concretude, especificando e, assim, limitando o alcance desses conceitos tão fluidos, o texto legal, em seu art. 1º, os atrelou a outros bens jurídicos, a saber: a *integridade territorial* e a *soberania nacional*; o *regime representativo e democrático*, a *federação* e o *estado de direito*; a *pessoa dos chefes dos poderes da União*.[86] E já vimos anteriormente que a tutela de referidos bens jurídicos não está em desacordo com a CF de 1988, mas, ao contrário, encontra fundamento no texto constitucional.

Em resumo: o sentido da locução *segurança nacional* somente pode ser obtido à vista dos bens jurídicos elencados no art. 1º da Lei 7.170, compreendidos em face da CF e, assim, da perspectiva de um Estado Democrático do Direito.

84 Idem, p. 57-58.

85 Cf. NUCCI, Guilherme de Souza, op. cit., p. 817.

86 Assim como o CP, ao tutelar a "pessoa", especifica os bens jurídicos diretamente protegidos, como a vida, a integridade corporal, a honra etc.

Para nós, as condutas que atingem a segurança nacional são aquelas que lesam ou expõem a perigo de lesão os bens jurídicos *integridade territorial*, *soberania nacional*, o *estado de direito* e a *pessoa dos chefes dos poderes da União*.

E quanto à *ordem política e social*? No entender de Fragoso: "*Ordem política* é a estrutura política do Estado, na forma em que a Constituição a estabelece. *Ordem social* é o regime social e econômico que o sistema político estabelecido institui e tutela. A ordem política e social refere-se o que se tem chamado de *segurança interna*".[87] Assim, segundo esse entendimento do conhecido penalista brasileiro, enquanto a *segurança nacional* seria expressão ligada à segurança externa do país, a locução *ordem política e social* está atrelada ao respeito à segurança interna.[88]

Seguindo tal raciocínio, temos que as condutas que atingem a ordem política e social são aquelas que lesão ou expõem a perigo de lesão os bens jurídicos *regime representativo e democrático*, *federação*, *estado de direito* e a *pessoa dos chefes dos poderes da União*.

Vejamos agora alguns aspectos de cada um desses bens jurídicos.

A *integridade territorial* é almejada por qualquer país.[89] Normalmente, os textos constitucionais tendem a proibir a possibilidade de desmembramento do território, ou seja, normalmente não preveem mecanismos que permitam a separação de parte do território, para formar uma nova nação. Se há exceções, o Brasil não faz parte delas, já que a CF não prevê tal possibilidade.[90]

Cumpre lembrar, ademais, que o Brasil não é resultado da união, em Federação ou Confederação, de Estados antes considerados independentes. Ao contrário, nascemos como um Estado unitário e somente depois optamos pela forma federativa. Portanto, sequer temos a possibilidade de os Estados-membros "desistirem" da união com os demais, partindo para a total independência.[91] Aliás, o art. 34, I e II, da CF autoriza a União a intervir nos Estados para "manter a integridade nacional" e "repelir invasão estrangeira".

87 Op. cit., p. 63.

88 Cf. LOBÃO, Célio. Crimes políticos. Crimes contra a segurança do estado. Breves anotações doutrinárias. *Direito militar: revista da associação dos magistrados das justiças militares estaduais – AMAJME*, v. 16, p. 5-8, março-abril, 2013, p. 8: "De acordo com o que ficou exposto, crimes contra a segurança externa do país são os que põem em perigo a soberania do Estado, enquanto os delitos contrários à segurança interna são os que, sem afetar a soberania e a independência, atentam contra a forma de governo, procurando modificar ilicitamente a estrutura político-social do país".

89 Cf. BOBBIO, Norberto. *Estado, governo, sociedade: para uma teoria geral da política*. Rio de Janeiro: Paz e Terra, 1987, p. 95.: "Do ponto de vista de uma definição formal e instrumental, condição necessária e suficiente para que exista um Estado é que sobre um determinado território se tenha formado um poder em condições de tomar decisões e emanar os comandos correspondentes, vinculatórios para todos aqueles que vivem naquele território e efetivamente cumpridos pela grande maioria dos destinatários na maior parte dos casos em que a obediência é requisitada".

90 Segundo noticiado pela imprensa, o Tribunal Regional Eleitoral de Santa Catarina proibiu uma consulta informal realizada pelo movimento "O Sul é Meu País", que pretendia saber dos cidadãos dos três Estados da Região Sul se eles gostariam de se separar do Brasil e formar uma nação independente (disponível em www.conjur.com.br. Acesso em: 29/06/2017).

91 Cf. MORAES, Alexandre. *Constituição do Brasil interpretada e legislação constitucional*. São Paulo: Atlas, 2002, p. 126: "Dessa forma, inadmissível qualquer pretensão de separação de um Estado-membro, do Distrito Federal ou de qualquer Município da Federação, inexistindo em nosso ordenamento jurídico o denominado direito de secessão. A mera tentativa de secessão do Estado-membro permitirá a decretação de intervenção federal (CF, art. 34, I), devendo sempre a Constituição ser interpretada de sorte que não ameace a organiza-

Assim, a integridade territorial é valor abraçado pela CF de 1988 e corretamente tutelado pela Lei 7.170/1983 – assim como deverá, segundo pensamos, continuar a ser protegido em qualquer nova disposição legal que venha a substituí-la.

A *soberania*[92] é, segundo Alexandre de Moraes, "a capacidade de editar suas próprias normas, sua própria ordem jurídica (a começar pela Lei Magna), de tal modo que qualquer regra heterônoma só possa valer nos casos e nos termos admitidos pela própria Constituição".[93]

De outra parte, a *pessoa dos chefes dos poderes da União* – Presidentes da República, do Senado Federal, da Câmara dos Deputados e do Supremo Tribunal Federal – é bem jurídico tutelado pela Lei 7.170/1983, ligado tanto à segurança nacional quanto à ordem política e social. Na verdade, a tutela se dá em alguns aspectos ligados a tal pessoa, como a liberdade, a integridade física e corporal e a vida. Não se olvida da possibilidade de tal tutela vir a ferir o princípio da isonomia, previsto no *caput* do art. 5º da CF, o que, porém, se pode evitar ao exigir-se que a conduta ofensiva a tal bem jurídico seja praticada com o intuito de lesar ou expor a perigo de lesão também algum dos demais bens jurídicos elencados no art. 1º da Lei 7.170, na medida em que a conduta não busque atingir apenas o chefe de um dos poderes, mas também a segurança nacional ou a ordem política e social, realizadas por meio dos valores acima já citados.

ção federal por ela instituída, ou ponha em risco a coexistência harmoniosa e solidária da União, Estados e Municípios".

92 Cf. BOSON, Gerson de Britto Mello. Conceituação jurídica da soberania do estado. In: CLÈVE, Clèmerson Merlin; BARROSO, Luís Roberto (organizadores). *Doutrinas essenciais. Direito constitucional*, v. 2. São Paulo: Revista dos Tribunais, 2011, p. 293: "Soberania é um conceito de elaboração religiosa, metafísica. Historicamente, tem as origens do seu conteúdo vinculadas ao sentido ideológico do poder terreno de um chefe imperial, ao lado do poder cósmico dos deuses, criadores do mundo e da vida. O chefe, na Antigüidade, julgava-se deus, ou descendente direto de deuses nacionais, em nome dos quais exercia os seus encargos e deveres. Essa ascendência – essa representação deífica – dava-lhe poderes incontrastáveis, que nele se encontravam na orla mística de uma encarnação da comunidade governada". Cf. BOBBIO, Norberto. *Estado, governo, sociedade...*, p. 101-102: "Nenhum Estado está só. Todo Estado existe ao lado de outros Estados numa sociedade de Estados. Como as cidades gregas, assim são os Estados contemporâneos. (...) A soberania tem duas faces, uma voltada para o interior, outra para o exterior. Correspondentemente, vai ao encontro de dois tipos de limites: os que derivam das relações entre governantes e governados, e são os limites internos, e os que derivam das relações entre os Estados, e são os limites externos. Entre as duas espécies de limites existe uma certa correspondência, no sentido de que quanto mais um Estado é forte e portanto sem limites no interior, mais é forte e portanto com menores limites no exterior. Mas ao processo de unificação em relação ao interior corresponde um processo de emancipação em relação ao exterior. Quanto mais um Estado consegue vincular-se a seus súditos, mais consegue tornar-se independente de outros Estados".

93 Op. cit., p. 127. Cf. PORTELA, Paulo Henrique Gonçalves. *Direito internacional público e privado*. Salvador: Juspodivm, 2009, p. 155-156: "O território é o espaço geográfico dentro do qual o Estado exerce seu poder soberano. (...) O governo soberano, também chamado de 'poder soberano', é a autoridade maior que exerce o poder político no Estado. A soberania é o atributo do poder estatal que confere a este poder o caráter de superioridade frente a outros núcleos de poder que atuam dentro do Estado, como as famílias e as empresas. (...) No passado, a noção de soberania confundia-se amiúde com a de poder ilimitado. Na atualidade, porém, prevalece a premissa básica do Estado de Direito pela qual o ente estatal atua dentro de certos limites, estabelecidos internamente pela ordem jurídica nacional e, externamente, pelo Direito Internacional. A soberania abrange dois aspectos: interno e internacional. No âmbito interno, refere-se a um poder que tem supremacia sobre pessoas, bens e relações jurídicas dentro de um determinado território. No campo internacional, implica na igualdade entre os poderes dos Estados e na independência do ente estatal em relação a outros, tendo como corolários princípios como o da igualdade jurídica entre os Estados e a não-intervenção nos assuntos internos de outros entes estatais".

O *regime representativo* e *democrático* é a alma do sistema político adotado pela CF de 1988. Notem como o regime que funcionava no país em 1983, quando da promulgação da Lei 7.170, não primava pelo respeito ao regime representativo, tampouco pela democracia. Não obstante, ironicamente, haveria crime contra a ordem política se o regime representativo e a democracia fossem desrespeitados! Vale, portanto, a advertência que, com outros termos, já fizemos: é legítima e constitucional a tutela penal do regime representativo e democrático, mas devemos interpretar tais bens jurídicos não com os olhos da ditadura militar,[94] mas da ordem jurídica democrática iniciada com a CF de 1988.

Assim, o regime representativo tutelado é aquele desenhado pela CF em vigor, com pluralismo político (art. 1º, V), respeito à soberania popular[95] – exercida pelo sufrágio universal e pelo voto direito e secreto, com valor igual para todos (art. 14) e periódico (art. 60, § 4º, II) – e à separação dos poderes (art. 2º). Ao contrário do que ocorria em 1983, hoje votamos para eleger o presidente e o vice-presidente da República, bem como os governadores de todos os Estados e os prefeitos de todos os Municípios.

Atentar contra o regime representativo atinge, a nosso ver, a ordem política e social.

Outro bem jurídico citado, a *federação*, é de extrema relevância para a CF de 1988, tanto assim que ela estabelece, logo no primeiro artigo, que a República *Federativa* do Brasil é formada pela *união indissolúvel* dos Estados e Municípios e do Distrito Federal. Ademais, como é cediço, a forma federativa é cláusula pétrea.

Naturalmente, a federação brasileira tem suas próprias características, que são diversas das encontradas em outros países que também adotam tal forma de Estado. É inútil discutir se nossa federação é melhor ou pior que, por exemplo, a federação norte-americana. Relevante é apenas registrar que a forma federativa é bem jurídico com fundamento constitucional e qualquer conduta que atente contra ela atinge a ordem política.

A Lei 7.170/1983 eleva, também, a bem jurídico tutelado o *estado de direito*. Segundo Canotilho, tal palavra – "Rechtsstaat –, isto é, *Estado de direito*, aparece no início do século XIX como uma dimensão da discutida 'via especial' do constitucionalismo alemão. Pretendia-se com isso significar que o constitucionalismo alemão se situava entre as propostas constitucionais do chamado 'constitucionalismo da restauração' (paradigma: Carta Constitucional de Luís XVIII, de 1812) com o seu princípio estruturante – o princípio monárquico – e o 'constitucionalismo da revolução' com o seu princípio, também estruturante, da soberania nacional (ou popular). Inicialmente, o Estado de direito começou por ser caracterizado, em termos muito abstractos, como 'Estado da Razão', 'Estado limitado em nome da autodeterminação da pessoa'. No final do século, estabilizaram-se os traços jurídicos essenciais deste Estado: o Estado de direito é um *Estado liberal de direito*. Contra a ideia de um *Estado de Polícia* que tudo regula e que assume

94 Cf. BOBBIO, Norberto. *Teoria geral de política: a filosofi política e as lições dos clássicos*. Organizado por Michelangelo Bovero. Tradução de Daniela Beccaccia Versiani. Rio de Janeiro: Campus, 2000, p. 375: "Hoje 'democracia' é um termo que tem uma conotação fortemente positiva. Não há regime, mesmo o mais autocrático, que não goste de ser chamado de democrático. A julgar pelo modo através do qual hoje qualquer regime se autodefine, poderíamos dizer que já não existem no mundo regimes não-democráticos. Se as ditaduras existem, existem apenas, como dizem os autocratas, com o objetivo de restaurar o mais rápido possível a 'verdadeira' democracia, que deverá ser, naturalmente, melhor do que a democracia suprimida pela violência".

95 Cf. BOBBIO, Norberto. *Teoria geral de política...*, p. 380: "Na democracia moderna, o soberano não é o povo, mas são todos os cidadãos. O povo é uma abstração, cômoda, mas também, como já dissemos, falaciosa; os indivíduos, com seus defeitos e seus interesses, são uma realidade".

como tarefa própria a prossecução da 'felicidade dos súbditos', o Estado de direito é um *Estado liberal* no seu verdadeiro sentido. Limita-se à defesa da ordem e segurança públicas ('Estado polícia', 'Estado gendarme', 'Estado guarda nocturno'), remetendo-se os domínios económicos e sociais para os mecanismos da liberdade individual e da liberdade de concorrência. Neste contexto, os *direitos fundamentais liberais* decorriam não tanto de uma declaração revolucionária de direitos, mas do respeito de uma *esfera de liberdade individual*. Compreende-se, por isso, que os dois direitos fundamentais – liberdade e propriedade (*Freiheit und Eigentum*) – só pudessem sofrer intervenções autoritárias por parte da administração quando tal fosse permitido por uma Lei aprovada pela representação popular (*doutrina da Lei protectora dos direitos de liberdade e de propriedade* e *doutrina da reserva de lei*)".[96]

Apenas a tutela do *estado de direito* parece-nos insuficiente em face da nova ordem constitucional, visto que a CF de 1988, logo em sua abertura (art. 1º, *caput*), afirma constituir a República em Estado *Democrático* de Direito. A ligação com a democracia não pode ser ignorada.

Novamente, ensina Canotilho que: "O Estado constitucional não é nem deve ser apenas um Estado de direito. Se o princípio do Estado de direito se revelou como uma 'linha Maginot' entre "Estados que têm uma constituição' e 'Estados que não têm uma constituição', isso não significa que o Estado Constitucional moderno possa limitar-se a ser apenas um Estado de direito. Ele tem de estruturar-se como **Estado de direito democrático**, isto é, como uma ordem de domínio legitimada pelo povo. A articulação do 'direito' e do 'poder' no Estado constitucional significa, assim, que o poder do Estado deve organizar-se e exercer-se em termos democráticos. O princípio da soberania popular é, pois, uma das traves mestras do Estado constitucional. O poder político deriva do 'poder dos cidadãos'".[97]

Assim, entendemos que, à vista da CF de 1988, o bem jurídico protegido é o *estado democrático de direito*: condutas que busquem atingi-lo ou o coloquem em risco atentam contra a segurança nacional e a ordem política e social.

> **Art. 2º** Quando o fato estiver também previsto como crime no Código Penal, no Código Penal Militar ou em leis especiais, levar-se-ão em conta, para a aplicação desta Lei:
>
> I – a motivação e os objetivos do agente;
>
> II – a lesão real ou potencial aos bens jurídicos mencionados no artigo anterior.

O art. 2º da Lei 7.170 é de extrema importância, pois traz um comando explícito para que se adote o critério da *especialidade* na hipótese de conflito aparente de normas. É dizer, havendo aparente conflito entre a Lei em comento e dispositivos do Código Penal, do Código Penal Militar ou de outras leis especiais, deve-se aplicar a Lei 7.170 apenas se: (i) o agente teve a intenção de lesar ou de expor a perigo os bens jurídicos descritos no art. 1º; e (ii) houve lesão ou risco de lesão aos mesmos bens jurídicos.

Afirma-se, inclusive, serem esses os critérios que distinguem os crimes comuns dos crimes políticos: será *político* o delito que, além de estar previsto na Lei 7.170/1983, for cometido

96 Op. cit., p. 96-97.

97 Op. cit., p. 97-98.

com a intenção de lesar ou de expor a perigo de lesão os bens mencionados no art. 1º, bem como se houver lesão real ou potencial a tais bens.[98]

No inciso I, a Lei introduz autêntico *elemento subjetivo do tipo* (antes denominado *dolo específico*), na medida em que exige para a caracterização do crime contra a segurança nacional ou contra a ordem política e social, além do dolo genérico, ou seja, do elemento subjetivo implícito em todos os tipos dolosos, também uma específica finalidade da conduta: atingir ou colocar em risco os citados bens jurídicos citados no art. 1º da Lei de Segurança Nacional.[99]

Um exemplo: há previsão de homicídio doloso no Código Penal, no Código Penal Militar e na Lei 7.170/1983. Mas, como veremos nos comentários específicos ao dispositivo, somente haverá o crime de homicídio do art. 29 da Lei em comento se a conduta atentatória à vida do Presidente da República ou do Senado ou da Câmara dos Deputados ou do STF tiver como motivação ou objetivo, além de atingir a pessoa do chefe de um desses poderes, também de lesar ou expor a perigo de lesão algum dos demais bens jurídicos previstos no art. 1º da mesma lei. Do contrário, estaremos diante do crime de homicídio previsto no art. 121 do Código Penal (ou, conforme o caso, do delito correspondente no CPM).

O inciso II do art. 2º, de outra parte, traz, para a aplicação da Lei 7.170, a exigência da *ofensividade* ou *lesividade*.

Segundo Cezar Roberto Bitencourt, "o *princípio da ofensividade* no Direito Penal tem a pretensão de que seus efeitos tenham reflexos em dois planos: no primeiro, *servir de orientação à atividade legiferante*, fornecendo substratos político-jurídicos para que o legislador adote, na elaboração do tipo penal, a exigência indeclinável de que a conduta proibida represente ou contenha verdadeiro conteúdo ofensivo a bens jurídicos socialmente relevantes; no segundo plano, *servir de critério interpretativo*, constrangendo o intérprete legal a encontrar em cada caso concreto indispensável lesividade ao bem jurídico protegido. Constata-se, nesses termos, que o *princípio da ofensividade* (ou *lesividade*) exerce dupla função no Direito Penal em um Estado Democrático de Direito: a) *função político-criminal* – esta função tem caráter preventivo-informativo, na medida em que se manifesta nos momentos que antecedem a elaboração dos diplomas legislativo-criminais; b) *função interpretativa ou dogmática* – esta finalidade manifesta-se *a posteriori*, isto é, quando surge a oportunidade de operacionalizar-se o Direito Penal, no momento em que se deve aplicar, *in concreto*, a norma penal elaborada. (...) Em outras palavras, a primeira função do princípio da ofensividade é limitadora do *ius puniendi* estatal, dirigindo-se especificamente ao legislador, antes mesmo de realizar sua atividade-fim, qual seja, elaborar

---

98 Cf. NUCCI, Guilherme de Souza, op. cit., p. 817: "(...) há três critérios para se considerar político um delito: a) objetivo, concentrando-se nos bens jurídicos lesados; no caso, os descritos no art. 1º desta Lei; b) subjetivo, enfocando apenas a motivação do agente para atentar contra interesses políticos do Estado; c) misto, considerando-se tanto o bem jurídico afetado quanto a motivação do autor. Nosso sistema adota o critério misto, devendo o agente afetar bem jurídico tutelado nesta Lei, mas associado à sua motivação e ao seu objetivo, consistente em desequilibrar o Estado Democrático de Direito".

99 Cf. LIMA, Renato Brasileiro de. *Manual de processo penal*. 4ª ed., Salvador: JusPodivm, 2016, p. 406: "Como alguns dos delitos previstos na Lei de Segurança Nacional também estão previstos no Código Penal, no Código Penal Militar, ou na legislação especial (...), é imprescindível para a caracterização do crime político a *presença de motivação política e a lesão real ou potencial aos bens juridicamente tutelados*. Subsume-se, pois, inconcebível a configuração de crime contra a segurança nacional e a ordem política e social quando ausente o elemento subjetivo que se traduz no dolo específico: motivação política e objetivos do agente. Assim, caso não demonstrada a destinação de atentar, efetiva ou potencialmente, contra a soberania nacional e a estrutura política brasileira, há de se repelir a existência de crime político".

leis; a segunda configura uma limitação ao próprio Direito Penal, destinando-se ao aplicador da lei, isto é, ao juiz, que é, em última instância, o seu intérprete final".[100]

Com efeito, o dispositivo exige do aplicador da Lei 7.170/1983 que considere a efetiva existência de lesão ou risco de lesão ao bem jurídico tutelado. Ausente a lesão ou o risco – é dizer, ausente a ofensividade –, não se pode considerar caracterizado crime contra a segurança nacional ou a ordem política e social. Vale repetir: os bens jurídicos lesados ou expostos a risco devem ser aqueles previstos no art. 1º.

A exigência de motivação especial e da ofensividade da conduta é reconhecida pelo STF e STJ:

> (...) O Supremo Tribunal Federal, a partir de interpretação sistemática da Lei nº 7.170/83, assentou que, para a tipificação de crime contra a segurança nacional, não basta a mera adequação típica da conduta, objetivamente considerada, à figura descrita no art. 12 do referido diploma legal. 2. Da conjugação dos arts. 1º e 2º da Lei nº 7.170/83, extraem-se dois requisitos, de ordem subjetiva e objetiva: i) motivação e objetivos políticos do agente, e ii) lesão real ou potencial à integridade territorial, à soberania nacional, ao regime representativo e democrático, à Federação ou ao Estado de Direito. (...) (STF, RC 1.472-MG, Rel. Min. Dias Toffoli, Pleno, j. 25/05/2016).
>
> RECURSO ORDINÁRIO CRIMINAL. CRIME CONTRA A SEGURANÇA NACIONAL. ARMA DE FOGO DE USO EXCLUSIVO DAS FORÇAS ARMADAS. Lei 7.170/83. CRIME COMUM. I. – O Plenário do Supremo Tribunal Federal decidiu que, para configuração do crime político, previsto no parágrafo único do art. 12 da Lei 7.170/83, é necessário, além da motivação e os objetivos políticos do agente, que tenha havido lesão real ou potencial aos bens jurídicos indicados no art. 1º da citada Lei 7.170/83. Precedente: RCR 1.468-RJ, Maurício Corrêa para acórdão, Plenário, 23.3.2000. II. – No caso, os recorrentes foram presos portando, no interior do veículo que conduziam, armas de fogo de uso restrito, cuja importação é proibida. III. – Recurso provido, em parte, para, assentada a natureza comum do crime, anular a sentença proferida e determinar que outra seja proferida, observado o disposto na Lei 9.437/97, art. 10, § 2º (STF, RC 1.470-PR, Rel. Min. Carlos Velloso, 2ª T., j. 12/03/2002).
>
> PENAL E PROCESSUAL PENAL – PORTE DE ARMAS DE USO PRIVATIVO DAS FORÇAS ARMADAS – Lei DE SEGURANÇA NACIONAL – NÃO ENQUADRAMENTO. 1. Uma vez não caracterizado crime contra a segurança nacional, vez que o acusado não possuía armamento privativo das Forças Armadas com o intuito de praticar crime político, atentatório à segurança nacional, à soberania do País ou, ainda, contra o regime democrático ou quaisquer Chefes dos Poderes da União, há que ser afastada a competência da Justiça Federal para o julgamento do feito. 2. Conflito conhecido, declarado competente o Juízo de Direito da 2ª Vara Criminal de Jacarepaguá-RJ, o suscitado (STJ, CC 21.835-RJ, Rel. Min. Anselmo Santiago, j. 25/11/1998).
>
> PROCESSUAL PENAL. ARMA DE FOGO DE FABRICAÇÃO CASEIRA. SEGURANÇA NACIONAL. CONTRABANDO. AÇÃO PENAL. – COMPETENCIA. DESPIDA DO

100 Cf. BITENCOURT, Cezar Roberto. *Tratado de direito penal: parte geral, v. 1.* 21ª ed. São Paulo: Saraiva, 2015, p. 61-62. Explica, ainda, o mesmo autor que "o *princípio da ofensividade* não se confunde com o *princípio da exclusiva proteção de bens jurídicos*, segundo o qual não compete ao Direito Penal tutelar valores puramente morais, éticos ou religiosos (...). A diferença entre ambos pode ser resumida no seguinte: no princípio da exclusiva proteção de bens jurídicos, há uma séria limitação aos interesses que podem receber a tutela do Direito Penal; no princípio da ofensividade, somente se admite a configuração da infração penal quando o *interesse* já selecionado (reserva legal) sofre um ataque (ofensa) efetiva, representado por um perigo concreto ou dano".

DOLO ESPECIFICO DE ATENTAR CONTRA A SEGURANÇA NACIONAL, A AÇÃO DELITUOSA ACUSADA SE CONTEM NOS LIMITES COMPETENCIAIS DA JUSTIÇA ESTADUAL (STJ, CC 20.493-RJ, Rel. Min. José Dantas, 3ª Seção, 26/11/1997).

Art. 3º Pune-se a tentativa com a pena correspondente ao crime consumado, reduzida de um a dois terços, quando não houver expressa previsão e cominação específica para a figura tentada.

Parágrafo único – O agente que, voluntariamente, desiste de prosseguir na execução, ou impede que o resultado se produza, só responde pelos atos já praticados.

O art. 3º repete a fórmula para o sancionamento do crime tentado (*caput*) prevista no art. 14, parágrafo único, do Código Penal, deixando apenas explícita a ressalva aplicável aos denominados crimes de atentado ou de empreendimento, em que a tentativa é descrita no próprio tipo penal,[101] ganhando o mesmo *status* da forma consumada. A Lei 7.170 possui alguns tipos penais dessa espécie, podendo ser citado como exemplo o art. 9º.

Já o parágrafo único do art. 3º traz a desistência voluntária e o arrependimento eficaz para os crimes da Lei de Segurança Nacional, tal como o faz o art. 15 do Código Penal para os demais delitos.

A ausência do art. 3º levaria, na verdade, à aplicação, à Lei especial, dos dispositivos semelhantes previstos no Código Penal. Portanto, hoje o art. 3º possui pouca relevância prática.

Art. 4º São circunstâncias que sempre agravam a pena, quando não elementares do crime:

I – ser o agente reincidente;

II – ter o agente:

a) praticado o crime com o auxílio, de qualquer espécie, de governo, organização internacional ou grupos estrangeiros;

b) promovido, organizado ou dirigido a atividade dos demais, no caso do concurso de agentes.

A Lei 7.170/1983 traz seus próprios casos de circunstâncias agravantes genéricas, razão pela qual entendemos não ser possível a aplicação daquelas previstas no Código Penal.

101 GOMES, Luiz Flávio; BIANCHINI, Alice. *Curso de direito penal: parte geral (arts. 1º ao 120)*, v. 1. Salvador: JusPodivm, 2015, p. 353, diferenciam delitos de atentado e de empreendimento, ao contrário do que faz, em geral, a doutrina: "Entende-se por *delitos de atentado* (*versuchsdelikte* ou de *attentato*) os que, com ou sem essa designação expressa na lei, contam na descrição típica com expressões como 'fato dirigido a', 'que atenta contra', 'dirigido a colocar em perigo' etc. O legislador entende plenamente realizado o tipo com a mera execução de atos que *tendem* a produzir lesão ou colocação em perigo concreto do bem jurídico (leia-se: atos que atentam contra o bem jurídico). Exemplificando: Lei 7.170/83 (Lei de Segurança Nacional), art. 16: 'Integrar ou manter associação (...) que tenha por objetivo a mudança do regime vigente ou do Estado de Direito (...)". Não se pode confundir o delito de atentado com o de empreendimento (...). Boa parte da doutrina confunde os dois conceitos. Chama o delito de empreendimento como delito de atentado. Mas são coisas diversas, em nossa opinião. (...) Há um grupo especial de delitos de atentado que está constituído pelos denominados *delitos de empreendimento ou de empresa*, em que o tipo penal equipara (sobretudo para os efeitos da pena – *quoad poenam*) a tentativa de um resultado com a produção real deste resultado. (...) São inúmeros esses delitos na Lei 7.170/1983 (Lei de Segurança Nacional: arts. 9º, 11, 17, 18 etc.), que apresentam sérios problemas de inconstitucionalidade em razão do princípio da proporcionalidade".

A primeira agravante é a *reincidência*, cuja definição deve ser buscada no art. 63 do Código Penal, já que silente a respeito a Lei 7.170: "Verifica-se a reincidência quando o agente comete novo crime, depois de transitar em julgado a sentença que, no País ou no estrangeiro, o tenha condenado por crime anterior".

A Lei ora em comento, além disso, não traz regra alguma sobre os limites da reincidência, não havendo regra semelhante àquela do art. 64 do Código Penal. Pergunta-se: deve esta última ser aplicada?

Pensamos que o inciso I do art. 64 do Código Penal pode ser *integralmente aplicado* aos crimes contra a segurança nacional, visto que se trata de norma limitadora do *ius puniendi*, passível de aplicação por analogia, eis que evidente a lacuna legislativa. Aliás, o art. 12 do Código dispõe que suas regras gerais aplicam-se aos fatos incriminados por Lei especial, se esta não dispuser de modo diverso. E a Lei 7.170 não possui regramento diverso, mas apenas silencia a respeito desse ponto.

Ademais, não podem os efeitos da reincidência ter duração indeterminada, sendo a regra citada aplicável a todo o Direito Penal, não apenas aos crimes previstos no Código respectivo.

Portanto, para efeito de reincidência, não prevalece a condenação anterior, se entre a data do cumprimento ou extinção da pena e a infração posterior tiver decorrido período de tempo superior a 5 anos, computado o período de prova da suspensão ou do livramento condicional, se não ocorrer revogação.

Já o inciso II do art. 64 do Código Penal pode ser apenas *parcialmente aplicado* para limitar os efeitos da reincidência nos crimes contra a segurança nacional. Diz tal inciso que, para efeito de reincidência, não se consideram os crimes militares próprios e políticos.

Quanto à proibição de ser considerada uma condenação anterior por crime militar próprio, não temos dúvida em afirmar que tal vedação deve recair sobre todo o Direito Penal, inclusive sobre as leis especiais, salvo se estas dispuserem de modo contrário. E não há, na Lei 7.170, qualquer dispositivo que disponha de modo diverso. Portanto, tal limitação à reincidência é aplicável aos crimes contra a segurança nacional e a ordem política e social.

Porém, o mesmo não se pode afirmar quanto à limitação relativa aos *crimes políticos*. Ora, o entendimento hoje prevalecente é o de que crimes políticos são aqueles definidos na Lei 7.170/1983[102] e, consequentemente, a condenação por crime contra a segurança nacional pode gerar reincidência específica.

Resumindo: haverá reincidência se alguém, já condenado definitivamente por crime contra a segurança nacional, cometer outro previsto na mesma Lei 7.170.

A pena será igualmente agravada se o agente praticou o crime contra a segurança nacional ou a ordem política e social *com o auxílio, de qualquer espécie, de governo, organização internacional ou grupos estrangeiros.*

Há nessas regras alguns cuidados que devem ser tomados em sua interpretação.

---

102 Esse é o entendimento também de: LIMA, Renato Brasileiro de, op. cit., p. 405; e CUNHA, Rogério Sanches; ROQUE, Fábio. *Crimes federais*. 2ª ed. Salvador: JusPodivm, 2014, p. 20. Segundo LOBÃO, Célio. Crimes políticos., p. 6: "Os crimes políticos são próprios ou diretos e impróprios. Os crimes próprios lesionam o organismo político do Estado, enquanto no impróprio o ato delitivo lesiona bens privados, ao lado da ordem política. O primeiro é crime político propriamente dito, enquanto o segundo é praticado em conexidade ou complexidade com o delito comum".

Auxílio, em nosso entender, deve compreender apenas o *auxílio material*, de qualquer espécie – armas, ferramentas, instrumentos, máquinas, veículos, aeronaves, embarcações, dinheiro, recursos financeiros diversos ou simplesmente informações, apenas para ficarmos com alguns exemplos –, mas não o *auxílio moral*, não incidindo a agravação da pena se o sujeito cometer o crime instigado ou induzido por governo ou organização internacional.

Além disso, a Lei exige, para a agravante, que o auxílio provenha de *governo, organização internacional ou grupos estrangeiros*.

Quanto ao *governo*, deve provir o auxílio de um *Estado estrangeiro*, por meio de instituição oficial vinculada a algum dos poderes constitucionais.[103] Não se deve interpretar tal palavra com um sentido excessivamente restritivo, é dizer, simplesmente como sinônima de Poder Executivo.

Organização internacional é aquela reconhecida pelo direito internacional e pelo Brasil como tal (Organização das Nações Unidas, a Organização dos Estados Americanos etc.).[104]

A maior dificuldade interpretativa está na terceira locução: o que seriam *grupos estrangeiros*? Seriam grupos econômicos? Ou seriam organizações não governamentais estrangeiras? Ou mesmo grupos criminosos comuns, de origem estrangeira? E os grupos estrangeiros considerados terroristas, podem ser considerados *grupos estrangeiros*? Seriam tais grupos pessoas jurídicas? Seriam tais grupos um simples ajuntamento de pessoas, sem personalidade jurídica? Aliás, quantas pessoas devem se reunir para caracterizar um *grupo*?

A locução não traz a clareza necessária para permitir uma interpretação adequada e que traga a mínima segurança jurídica. Basta que se verifique quantas hipóteses foram levantadas nos questionamentos acima para se perceber o quão perigosa é a locução *grupos estrangeiros*.[105]

A nosso ver, o uso de tal expressão para agravar a pena fere o princípio da legalidade, em uma de suas vertentes, a saber, a necessidade de *lex certa* (taxatividade). Façamos, pois, algumas considerações sobre esse tema, visto que o mesmo problema aparece em outros dispositivos da

---

103 Cf. PORTELA, Paulo Henrique Gonçalves, op. cit., p. 153-154: "De nossa parte, conceituamos Estado como o ente formado por um território, uma comunidade humana e um governo soberano, dotado da capacidade de exercer direitos e contrair obrigações e não subordinado juridicamente a qualquer outro poder, externo ou interno".

104 Cf. PORTELA, Paulo Henrique Gonçalves, op. cit., p. 210: "As organizações internacionais são entidades criadas e compostas por Estados por meio de tratado, dotadas de um aparelho institucional permanente e de personalidade jurídica própria, com o objetivo de tratar de interesses comuns por meio da cooperação entre seus membros. Os organismos internacionais são, portanto, formados por entes estatais, que colaboram para sua manutenção e funcionamento com recursos financeiros e humanos. A vontade das organizações internacionais é fruto, pelo menos em parte, das deliberações dos Estados dentro de seus próprios órgãos, onde são celebrados tratados e tomadas decisões sobre as ações da entidade respectiva. (...) Entretanto, as organizações internacionais têm personalidade jurídica própria, podendo ser sujeitos de direitos e de obrigações na ordem internacional independentemente de seus Estados-membros".

105 A palavra grupo reapareceu recentemente em alteração legislativa, que inseriu, no CP, o art. 288-A. Tratando do tema, afirmou CUNHA, Rogério Sanches. *Manual de direito penal: parte especial (arts. 121 ao 361)*. 8ª ed. Salvador: Editora Juspodivm, 2016, p. 652: "*Quantas pessoas devem, no mínimo, integrar o grupo (no caso, organização paramilitar, milícia particular, grupo ou esquadrão)?* O texto é totalmente silente, fomentando a discussão. Duas são as conclusões possíveis. A primeira é no sentido de que o número de agentes deve coincidir com o da associação criminosa (anterior quadrilha ou bando), atualmente três ou mais pessoas. A segunda (à qual nos filiamos) se alinha ao conceito de organização criminosa, definida e tipificada na Lei nº 12.850/13, que exige o número mínimo de quatro pessoas".

Lei 7.170, sobretudo em alguns tipos penais, fulminando-os com a não recepção pela CF de 1988, que abraça, expressamente, o princípio da legalidade e todas suas consequências.

É conhecida a lição de Francisco de Assis Toledo a respeito: "A exigência de Lei certa diz com a clareza dos tipos, que não devem deixar margens a dúvidas nem abusar do emprego de normas muito gerais ou tipos incriminadores genéricos, vazios. Para que a Lei penal possa desempenhar função pedagógica e motivar o comportamento humano, necessita ser facilmente acessível a todos, não só aos juristas".[106]

Ensina, ademais, Andrei Zenkner Schmidt que indeterminação de conceitos e a vagueza nas expressões usadas em tipos penais – ou em normas que possam agravar as sanções – ferem tanto o princípio da legalidade, quanto o da separação de poderes, *verbis*: "Uma Lei penal indeterminada ou imprecisa, em suma, não possui o condão de proteger o cidadão da arbitrariedade, porque não implica uma autolimitação do *jus puniendi* estatal. Também é contrária ao *princípio da separação dos poderes*, visto que permite ao juiz fazer qualquer interpretação que queira, e, com isso, invadir a seara do legislador. Não guarnece de forma eficaz o fundamento feuerbachiano da proibição penal, qual seja, a *prevenção geral negativa*, já que o indivíduo não tem condições de reconhecer, *a priori*, o que se quer proibir. E, por consequência, sua existência tampouco pode proporcionar a base para a reprovação da conduta. Essa foi a razão de Welzel afirmar que 'o verdadeiro perigo que ameaça o princípio do *nulla poena sine lege* não procede da analogia, mas sim das leis penais indeterminadas'".[107]

A expressão *grupos estrangeiros* é um rótulo que permite várias aplicações e sentidos, o que lhe retira o caráter garantista, é dizer, impede que atue a função de garantia dos tipos penais.[108]

---

106 Cf. TOLEDO, Francisco de Assis. *Princípios básicos de direito penal*. 4ª ed. São Paulo: Saraiva, 1991, p. 29. Cf. SCHMIDT, Andrei Zenkner, op. cit., p. 236-237: "Enunciado básico do *positivismo jurídico*, prescreve o *nullum crimen, nulla poena sine lege certa* que a norma penal seja determinada quanto ao seu conteúdo e abrangência, visto que, do contrário, não será dada a possibilidade de o povo tomar conhecimento, *a priori* do verdadeiro limite da ilicitude penal, além do que o exato alcance da proibição penal acabaria sendo delimitado pelo Poder Judiciário, no momento em que a sentença fosse proferida. Pelo respeito ao *princípio da certeza do Direito*, portanto, os associados podem ter do Direito um critério seguro de conduta, somente conhecendo antecipadamente, com exatidão, as conseqüências de seu comportamento. Ora, a certeza só é garantida quando existe um corpo estável e claro de leis, e aqueles que devem resolver as controvérsias se fundam nas normas nela contidas, e não em outros critérios. Caso contrário, a decisão se torna arbitrária e o cidadão não pode mais prever com segurança as conseqüências das próprias ações. (...) A *lex certa*, portanto, é um mecanismo de limitação de abusos não só legislativos, mas também judiciais. Com efeito, uma *política criminal garantista* recomenda ao legislador que se valha, somente, de dispositivos legais taxativos, claros e delimitados, visto que a observância de tal conselho é que irá garantir a integridade do *princípio da separação dos poderes*, afastando ao máximo as possibilidades legais de o juiz, *in concreto*, estabelecer o verdadeiro alcance da norma".

107 Cf. SCHMIDT, Andrei Zenkner, op. cit., p. 238.

108 Cf. SCHMIDT, Andrei Zenkner, op. cit., p. 239: "As características peculiares de um rótulo, por vezes, já se encontram valoradas pela cultura geral de uma sociedade. Os rótulos 'alguém', 'mulher', 'animal', 'fogo', 'morte', 'cadáver', 'sepultura' etc., já possuem, ao menos provisoriamente, características fundamentais próprias ditadas pelo conhecimento popular. Nesse caso, o legislador, ao valer-se de tais termos, não se preocupa em elucidar-lhes o conteúdo, visto ser já preexistente na linguagem popular. Noutros casos, o objeto a ser rotulado não possui características próprias pré-estabelecidas pela linguagem da cultura geral e da ciência, e, nesse caso, a definição impõe-se".

Não estamos aqui a afirmar que a Lei não possa conter termos *vagos*, mas, sim, que o problema está no uso e abuso da *polissemia*,[109] o que infringe o *nullun crimen, nulla poena sine lege certa*: "Nota-se (...) que a *segurança* da linguagem depende, no fundo, de o senso comum tolerar como *genérico* o seu conteúdo, e, assim sendo, o mínimo que se poderá esperar do legislador é que utilize, na medida do possível e do necessário, somente termos *vagos*, mas não também *polissêmicos*. Se a segurança jurídica é uma questão de *linguística*, seremos obrigados a entender que, no Estado Democrático de Direito, a melhor técnica legislativa em matéria penal é aquela que condiciona a punição à subsunção fática de expressões que, se não já determinadas pelos paradigmas comuns, sejam, ao menos, determináveis *genericamente* a todos os associados. A *vagueza* da elementar de um tipo penal incriminador é tolerável sempre que o seu conteúdo possa ser definido – ainda que, posteriormente, pela jurisprudência, pela doutrina ou pelo senso comum – mediante uma *definição explicativa*, ou seja, uma tipificação geral e, portanto, *segura*. (...) Nesse rumo, e fazendo uso da expressão aristotélica, o caminho da excelência moral está na *moderação*, ou seja, no equilíbrio necessário dos meios capazes para a conciliação de duas metas antagônicas: *segurança e justiça*. (...) Uma Lei indeterminada possibilitaria a um juiz coerente, em algumas situações, a maior proximidade possível dos valores de *justiça* enumerados em nosso ordenamento constitucional, mas, a um juiz incoerente, o maior afastamento desses axiomas. Nesse caso, os custos de uma Lei penal incerta seriam muito elevados. Basta lembrar, por exemplo, que uma elementar imprecisa necessita de poucas (senão de nenhuma) provas para demonstração – pois que a íntima convicção não é objeto de prova, mas sim de persuasão. (...) Uma técnica legislativa correta deve, assim, fugir tanto dos conceitos excessivamente vagos, nos quais não é possível estabelecer uma interpretação segura, como das enumerações excessivamente casuísticas, que não permitem abarcar todas as matizes da realizada. A aceitação da *vagueza* de um tipo penal incriminador, como forma de equilíbrio entre tais metas, serve, apenas, para dissipar toda e qualquer *polissemia* da legislação penal, e não, ao contrário, para *autolegitimá-la*. A *vagueza* é tolerável, mas, por também gerar insegurança, não se pode dela abusar. Deve ser ela concebida como uma 'carta-na-manga' do legislador, que, toda vez que outro caminho semântico não lhe for possível, poderá valer-se dela. Isso evidencia, portanto, o caráter *subsidiário* das expressões vagas (...)".[110]

Concluindo: por trazer uma completa indefinição sobre seu alcance e significado, não é possível que seja a pena agravada quando o crime for cometido com auxílio, de qualquer espécie, de *grupo estrangeiro*.

---

109 Cf. SCHMIDT, Andrei Zenkner, op. cit., p. 239-240: "Na maioria das situações (...) o termo empregado pelo legislador não encontra-se devidamente *pré-classificado*. Às vezes, as coisas ou objetos apresentam a propriedade dada pelo critério de definição e, no entanto, o apresentam em diferentes graus com relação a certos casos que a comunidade aceita como paradigmáticos, surgindo, pois, a dúvida se o rótulo é ou não aplicável. Em outras situações, a palavra não comporta uma genérica definição das características consideradas relevantes para a sua caracterização, fazendo destas um variável nas mãos de quem a utiliza. No primeiro caso, estamos diante da *vagueza* de um termo; no segundo, da *polissemia*. Na *vagueza*, o termo não está determinado, mas é determinável *genericamente* mediante uma definição explicativa, ou seja, através da reunião de características tidas como fundamentais pelo intérprete, que, naquele ou em outros casos, poderão servir para (re)defini-lo. Já na *polissemia*, o termo também não está determinado, mas é determinável só *especificamente*, mediante uma definição persuasiva, ou seja, por meio da classificação de propriedades consideradas fundamentais *pelo intérprete para aquele caso*. Em outras palavras: uma expressão *vaga* pode ser determinada por características *conotativas*, enquanto que uma expressão *polissêmica*, só por características *denotativas*".

110 Cf. SCHMIDT, Andrei Zenkner, op. cit., p. 241-245.

Além dessas agravantes genéricas, há outra: a pena será agravada se o agente *promoveu, organizou* ou *dirigiu* a atividade dos demais, no caso de *concurso de agentes*. Trata-se de agravante que, em linhas gerais, também foi adotada pela Parte Geral do CP, em seu art. 62, I, sendo aplicável àqueles que dirigem a empreitada criminosa, a controlam à distância ou *in locu*, que arregimentam outros agentes ou simplesmente figuram como planejadores dela.[111]

Por fim, de se notar que não há na Lei 7.170/1983 previsão alguma de *circunstâncias atenuantes*, mas nada impede que sejam aplicadas, por analogia, aquelas previstas no art. 65 do Código Penal, quando se mostrarem presentes no caso concreto. Por força do disposto no art. 66 do mesmo Código, também aplicável por analogia, qualquer outra circunstância relevante, anterior ou posterior ao crime, embora não prevista em lei, pode levar à atenuação da pena.

Art. 5º Em tempo de paz, a execução da pena privativa da liberdade, não superior a dois anos, pode ser suspensa, por dois a seis anos, desde que:

I – o condenado não seja reincidente em crime doloso, salvo o disposto no § 1º do art. 71 do Código Penal Militar;

II – os seus antecedentes e personalidade, os motivos e as circunstâncias do crime, bem como sua conduta posterior, autorizem a presunção de que não tornará a delinquir.

Parágrafo único – A sentença especificará as condições a que fica subordinada a suspensão.

O art. 5º da Lei 7.170/1983 previu a possibilidade do *sursis* ao condenado por crime nela previsto. Nas leis de segurança nacional anteriores não havia essa possibilidade,[112] podendo tal ponto ser considerado um avanço dessa lei.

Entendemos, porém, que o art. 5º deve ser considerado *revogado* pela nova Parte Geral do CP.

Embora não desconheçamos que o art. 12 do CP dispõe que suas regras gerais não se aplicam aos fatos incriminados por Lei especial, se esta dispuser de modo diverso, deve-se levar em conta que a Lei de Segurança Nacional entrou em vigor antes da reforma da Parte Geral do Código, ocorrida no ano seguinte (1984). E a comparação do art. 5º da Lei 7.170 com a antiga Parte Geral do CP revela que não foi intenção do legislador especial desvincular-se da sistemática adotada, na época, pelo Código. Ao contrário, adotou na Lei de Segurança Nacional exatamente os mesmos requisitos para a concessão da suspensão condicional previstos na antiga Parte Geral e ainda estabeleceu o mesmo período de prova. Apenas silenciou sobre a condenação anterior à pena de multa impedir ou não o benefício, bem como sobre hipóteses de revogação e prorrogação.

Mas, note-se que a reforma da Parte Geral ocorrida em 1984 trouxe total reformulação do *sursis* e a sistemática adotada passou a ser aplicada a todos os crimes, salvo, evidentemente, disposição em contrário prevista em Lei especial. Mas, segundo entendemos, a ressalva do art. 12

111 Cf. ESTEFAM, André. *Direito penal: parte geral*, v.1. São Paulo: Saraiva, 2010, p. 354: "Trata-se do agente que comanda intelectualmente a atividade dos demais. Nosso Código qualifica-o como partícipe (por não realizar a conduta descrita no núcleo do tipo penal) e, apesar dessa condição, sua pena será mais elevada que a dos concorrentes. Para a teoria do domínio do fato, aquele que se enquadrasse nesse inciso considerar-se-ia o autor, pois detém o controle final da situação".

112 Cf. BARROS, Marco Antonio de, op. cit., p. 17.

do CP deve ser seguida apenas se a Lei especial tiver sido promulgada depois da nova Parte Geral do CP ou, caso anterior, se já adotava regras diversas da antiga Parte Geral, deixando claro que o legislador quis seguir caminho diverso das regras gerais do Código.

Portanto, não se pode continuar a adotar, para uma Lei especial, sistemática da Parte Geral já revogada, ignorando-se as disposições que estão em vigor nos arts. 77 a 82 do Código, sobretudo quando se percebe que o legislador especial, quando elaborou a Lei 7.170 quis seguir as mesmas regras aplicáveis aos crimes em geral.

Por isso, com a alteração total da Parte Geral, deve-se continuar a atender à vontade do legislador, seguindo-se a nova sistemática adotada para o *sursis*, pois não há justificativa para que se tenha um regime diferenciado para os crimes contra a segurança nacional. Repita-se: essa não foi a intenção nem mesmo do legislador que criou a Lei ora em comento.

E mais: à falta de qualquer disposição em contrário, entendemos plenamente aplicável aos crimes elencados na Lei 7.170 as disposições do CP relativas à aplicação da pena – incluindo a possibilidade de substituição da pena privativa de liberdade por restritiva de direito e aplicação do livramento condicional – com a ressalva sobre a agravante da reincidência, vista nos comentários ao art. 4º, acima.

Art. 6º Extingue-se a punibilidade dos crimes previstos nesta Lei:

I – pela morte do agente;

II – pela anistia ou indulto;

III – pela retroatividade da Lei que não mais considera o fato como criminoso;

IV – pela prescrição.

O art. 6º acima nada tem de novidade, pois apenas repete algumas das causas de extinção da punibilidade previstas no art. 107 do CP.

A omissão à *graça* no inciso II do art. 6º da Lei especial não tem o efeito de impedir sua concessão, visto que há permissão expressa ao indulto e a graça nada mais é que uma espécie de indulto individual. Assim, a omissão pode ser suprida pelo inciso II, do art. 107 do CP.

De outro lado, como os crimes previstos na Lei 7.170 são de ação penal pública, não haveria razões para qualquer menção à decadência, perempção, renúncia ao direito de queixa e perdão do ofendido. Tampouco seria aplicável a retratação do agente, prevista no inciso VI do art. 107, pois não há qualquer hipótese, dentre os crimes trazidos pela Lei de Segurança Nacional, para que haja tal possibilidade.

Por fim, quanto ao *perdão judicial*, a Lei 7.170 não prevê sua concessão. Porém, entendemos passível de concessão pela via do art. 13 da Lei 9.807/1999, que prevê o perdão judicial aos acusados que, sendo primários, tenham colaborado efetiva e voluntariamente com a investigação e o processo criminal, desde que dessa colaboração tenha resultado: (i) a identificação dos demais coautores ou partícipes da ação criminosa; (ii) a localização da vítima com a sua integridade física preservada; (iii) a recuperação total ou parcial do produto do crime. Sendo concedido o perdão, haverá a extinção da punibilidade.

Art. 7º Na aplicação desta Lei, observar-se-á, no que couber, a Parte Geral do Código Penal Militar e, subsidiariamente, a sua Parte Especial.

> Parágrafo único – Os menores de dezoito anos são penalmente inimputáveis, ficando sujeitos às normas estabelecidas na legislação especial.

O *caput* do art. 7º não foi recepcionado pela CF de 1988.[113] O problema está na determinação de aplicação do Código Penal Militar (CPM), no que couber, aos crimes contra a segurança nacional e a ordem política e social.

A regra do art. 7º fazia todo sentido quando a Lei 7.170 foi promulgada e estava conectada com outra, a do *caput* do art. 30, que previa a competência da Justiça Militar para processar tais crimes, com aplicação subsidiária do Código de Processo Penal Militar (CPPM).

Porém, a CF de 1988 alterou totalmente tal quadro, impossibilitando que os crimes capitulados na Lei 7.170 sejam julgados pela Justiça Militar. Conforme previsto no art. 109, IV, da Carta da República, cabe à Justiça Federal julgar os *crimes políticos*, ou seja, como já assinalamos, justamente os delitos contra a segurança nacional, a ordem política e social.

Logo, não cabe aplicar o CPM a crimes que não sejam militares. Vale lembrar que se um tipo penal previsto na Lei 7.170 for repetido, ainda que com termos diversos, no CPM, haverá crime político – e não crime militar – se o objetivo for o de atingir ou trazer risco de lesão aos bens jurídicos tutelados pela Lei de Segurança Nacional, como já expusemos anteriormente.

Assim, de modo supletivo, devem ser aplicados os Códigos Penal e de Processo Penal.[114]

Por fim, a regra do parágrafo único do dispositivo ora em comento está em perfeito acordo com o previsto no art. 228 da CF, que considera inimputáveis os menores de 18 anos, que estão sujeitos à Lei 8.069/1990 (Estatuto da Criança e do Adolescente). A ressalva da Lei 7.170 fazia-se necessária justamente devido à possibilidade que havia de aplicação do CPM, que permitia a ação penal contra menor de 18 anos, desde que já tivesse completado 16 anos e revelasse "suficiente desenvolvimento psíquico para entender o caráter ilícito do fato e determinar-se de acôrdo com êste entendimento", caso em que a pena seria diminuída de um terço até metade.

TÍTULO II
DOS CRIMES E DAS PENAS

> **Art. 8º** Entrar em entendimento ou negociação com governo ou grupo estrangeiro, ou seus agentes, para provocar guerra ou atos de hostilidade contra o Brasil.
>
> Pena: reclusão, de 3 a 15 anos.
>
> Parágrafo único – Ocorrendo a guerra ou sendo desencadeados os atos de hostilidade, a pena aumenta-se até o dobro.

O crime do art. 8º da Lei 7.170/1983 torna criminoso o ato de iniciar entendimentos ou negociar com governo ou grupo estrangeiro – ou seus agentes – para provocar guerra ou atos de hostilidade contra o Brasil.

---

113 Cf. BARROSO, Luís Roberto. A superação da ideologia da segurança nacional..., p. 73.

114 No mesmo sentido: NUCCI, Guilherme de Souza, op. cit., p. 822-823.

Bem jurídico tutelado

É a segurança nacional (ou segurança do Estado Democrático de Direito), uma vez que a conduta descrita no tipo penal pode lesar a integridade territorial e a soberania do país.

A conduta descrita no art. 8º, com uma ressalva apresentada abaixo, não afronta o texto da CF de 1988, já que é a soberania nacional um dos valores fundantes da República (art. 1º, I, CR), sendo consequência óbvia a preservação da integridade do território.

Lembremos que o art. 84, XIX, da Carta Magna permite que, autorizado pela Congresso Nacional, o Presidente da República declare guerra, sendo motivo para tal drástica medida a *agressão estrangeira*. Já o art. 137 da CF permite a decretação de Estado de Sítio pelo Presidente da República, com autorização do Congresso Nacional, quando houver declaração de guerra ou agressão armada estrangeira. Essas regras mostras que a Carta Magna considera tais situações excepcionalíssimas, a ponto de justificar o Estado de Sítio.

Não fere, portanto, os princípios da intervenção mínima ou da fragmentariedade a tipificação de conduta que criminalize quem trai o próprio país, conspirando com país estrangeiro, para que, ao final, haja um estado de guerra. A utilização do Direito Penal para sancionar tamanha traição é, além disso, absolutamente proporcional.

Sujeitos do crime

Trata-se de crime comum, podendo ser cometido por qualquer pessoa, uma vez que o tipo penal não exige qualquer qualidade especial do sujeito ativo.

O autor ou partícipe da conduta deve ser brasileiro?

Não há necessidade de ser o agente brasileiro, nato ou naturalizado. Como o tipo penal silencia a respeito, é perfeitamente possível que um cidadão estrangeiro negocie com outro país a fim de que este deflagre guerra ou atos de agressão contra o Brasil. Assim, como exemplo, um empresário estrangeiro, por interesse econômico-financeiro, pode entrar em negociação com governo vizinho ao nosso para que este ataque militarmente o território do Brasil, caso em que haverá o crime do art. 8º da Lei 7.170.

Não nos impressionaria o argumento de que, quando o tipo menciona governo *estrangeiro*, necessariamente está colocando o sujeito ativo no campo oposto, ou seja, no campo nacional. Na verdade, o que o tipo exige é que o entendimento ou negociação se dê com governo estrangeiro ou seus agentes, apenas isso, não afirmando que o sujeito ativo deva ser nacional.

Porém, se for brasileiro o autor ou partícipe do delito, é evidente a maior reprovação da conduta, já que a conduta representa verdadeira traição à pátria, permitindo a fixação da pena-base acima do mínimo legal.

Há um problema prático, contudo.

O sujeito ativo só poderá ser processado pelo delito do art. 8º se o crime for cometido em território brasileiro, é dizer, se o entendimento ou negociação com o governo estrangeiro ocorrer no Brasil. A razão disso está nos limites à extraterritorialidade da Lei penal brasileira.

A análise do art. 7º do CP mostra não ser possível aplicar a Lei de Segurança Nacional a fato cometido por estrangeiro fora do país, simplesmente porque a conduta não se enquadra em nenhuma das hipóteses dos incisos I e II, ou do § 3º do art. 7º do Código.

E, sendo brasileiro o sujeito ativo, também não será possível a aplicação da Lei de Segurança, mesmo com base no inciso II do art. 7º do CP (crimes praticados por brasileiro). A razão é simples: o caso é de extraterritorialidade condicionada e uma das condições do § 2º do art. 7º do Código – a de *estar o crime incluído entre aqueles pelos quais a Lei brasileira autoriza a extradição* – jamais poderá ser atingida. Ora, a CF, no art. 5º, LII, não admite a extradição por crime político e o crime em tela, como vimos, é classificado como político. A mesma proibição à extradição também é prevista no inciso VII do art. 82 da Lei 13.445/2017. Portanto, se brasileiro cometer o crime do art. 8º da Lei 7.170 fora do território do Brasil, não será possível a aplicação do dispositivo. Nem se diga que se trata de extraterritorialidade incondicionada, pois não se trata de crime *contra o patrimônio da União*, mas *contra a segurança nacional.*

Haverá o crime em tela mesmo se cometido por membro do Congresso Nacional, não atuando, nesse caso, a imunidade parlamentar, visto não ser atribuição de Deputado Federal ou de Senador da República atuar com vistas a prejudicar a integridade do território ou soberania nacional, além do que negociações com governos estrangeiros – por sinal, a política externa em geral – é de atribuição do Poder Executivo (art. 84, VII, VIII, XIX, XX, CF). Não obstante, tampouco está livre de cometer o crime o próprio Presidente da República, caso cometa tal incrível ato de traição.

O sujeito passivo é o Estado e, de forma secundária, a coletividade, atingida pelos atos de guerra.

Tipicidade objetiva

O núcleo do tipo encontra-se na locução *entrar em entendimento ou negociação.*

Não é tarefa fácil compreender a diferença entre *entrar em entendimento* e *entrar em negociação.* Segundo nos parece, a diferença deve residir no resultado das tratativas havidas entre o sujeito ativo e o governo estrangeiro ou seus agentes.

Assim, o mero ato de *entrar em negociação* com outra nação ou seus agentes para provocar guerra ou atos de hostilidade contra o Brasil, independentemente do sucesso das tratativas – ou seja, da concordância do país estrangeiro com as intenções do sujeito ativo – já configura o crime ora em comento. Logo, é possível que o sujeito ativo inicie negociação com outro país – ou seus agentes – para que este ataque militarmente o Brasil, mas a nação estrangeira, ao final se recuse a fazê-lo: haverá o crime ainda assim.

De outra parte, haverá a infração penal contra a segurança nacional se o sujeito ativo e o país estrangeiro ou seus agentes chegarem a um acordo – a um *entendimento* – sobre o ato de guerra ou hostilidade contra o Brasil, havendo ou não prévia negociação.

Quanto aos demais elementos do tipo, o art. 8º padece de problema algumas vezes presente em dispositivos da Lei 7.170 e já apontado acima, quando dos comentários ao 4º (ao qual remetemos o leitor para as considerações doutrinárias apresentadas, que aqui não serão repetidas).

É que, mais uma vez, aparece a locução *grupo estrangeiro*, também presente no art. 4º (no plural) e já considerado, por nós, dada à ausência de mínima segurança quanto ao seu significado, como atentatório ao princípio da legalidade, do qual deriva a necessidade de *lex certa.* Por isso, nesse ponto específico, o art. 8º não foi recepcionado pela CF. Assim, somente haverá crime se o sujeito ativo entrar em negociação ou entendimento com *governo estrangeiro ou seus agentes*, devendo ser desconsiderada a expressão *grupo estrangeiro.* Há necessidade de urgente alteração da Lei – de preferência, sua total substituição –, tendo em vista que o mundo tem visto agressões a países soberanos, cometidas, não por outros países (ao menos, não oficialmente) mas por grupos sem qualquer personalidade jurídica de direito internacional.[115]

Tipicidade subjetiva

O crime do art. 8º da Lei de Segurança Nacional é doloso, com dolo direto. Somente se configura se o agente tiver a intenção de lesar ou de expor a perigo de lesão a integridade territorial e a soberania da República Federativa do Brasil (e, alternativamente, os demais bens jurídicos tutelados nos incisos II e III do art. 1º da Lei 7.170).

Além disso, há um elemento subjetivo do tipo bem específico: a finalidade também de *provocar guerra ou atos de hostilidade contra o Brasil.*

Note-se que o tipo diferencia *guerra* e *atos de hostilidade*. É que o primeiro costuma ser tratado, tecnicamente, como um *estado formal* de beligerância, no momento em que um dos poderes constitucionais declara, formalmente, o estado de guerra.[116] No Brasil, a guerra é declarada pelo Presidente da República, autorizado pelo Congresso Nacional e a tal declaração deve preceder uma agressão estrangeira.

Portanto, para o cometimento do crime do art. 8º da Lei 7.170, o sujeito ativo deve querer que o Estado estrangeiro declare guerra contra o Brasil ou agrida militarmente nosso país, para que isso desencadeie a declaração do estado de guerra por nosso Presidente. Nos dois casos, terá o agente o objetivo de *provocar guerra*.

Além disso, o objetivo pode ser simplesmente o de convencer o outro país a praticar atos de hostilidade contra o Brasil.[117] A locução é inegavelmente vaga, mas pode-se chegar a um significado que esteja de acordo com o texto constitucional.[118]

Esse ponto é importante. Suponhamos que um empresário brasileiro monte uma indústria de siderurgia em outro país e, a fim de garantir mercado para seus produtos, convença, por exemplo, o governo chinês a boicotar tal tipo de produto vindo do Brasil: teria esse empresário

---

115 Dois exemplos recentes são ilustrativos: a) a tomada de parte do território do Iraque por um grupo intitulado "Estado Islâmico"; b) a tomada de parte do território da Ucrânia por grupo autointitulado "rebelde" (o governo ucraniano alegou serem tropas da Federação Russa; esta afirma serem cidadão de origem étnica russa, que espontaneamente se rebeleram contra o governo local).

116 Cf. CRETELLA NETO, José. *Curso de direito internacional penal*. Ijuí: Unijuí, 2008, p. 390: "É preciso ressaltar que o uso da força militar, ainda hoje, é compatível com o Direito Internacional, em algumas circunstâncias, como, por exemplo, quando autorizada pelo Conselho de Segurança da Nações Unidas ou em legítima defesa". E ainda, segundo o mesmo autor (op. cit., p. 399-400): "Nem sempre, no entanto, Estados formalmente em guerra empregam suas forças armadas diretamente um contra o outro. Uma vez que, tecnicamente, a guerra se inicia, muitas vezes (menos hoje do que no passado, é verdade) por uma declaração formal, é possível que a nação *A* declare guerra ao país *B* e nem um único disparo seja efetuado. Tal ocorreu na 2ª Guerra Mundial, na qual diversos Estados da América Latina declararam guerra à Alemanha, mas jamais enviaram seus exércitos para os campos de batalha. O que se deve considerar, portanto, é o estado de guerra *de facto*, não o *de iure*. Em outros casos, há trocas de tiros – por exemplo, entre soldados de dois países vizinhos, em área de fronteira – mas não se está diante de um estado de guerra, apenas diante de rusgas ocasionais. Sob qualquer aspecto, a guerra é forma típica de conflito entre Estados ou povos, com a violência constituindo sua característica mais marcante".

entrado em entendimento com governo estrangeiro para provocar atos de hostilidade contra nosso país? Pensamos que não.

A chave para a compreensão da expressão *atos de hostilidade*, em nosso ver, está na CF e no bem jurídico tutelado pelo art. 8º da Lei 7.170/1983.

Em primeiro lugar, ato de hostilidade não pode ser qualquer ato contrário aos interesses nacionais, por mais relevantes e cruciais que sejam estes. Na verdade, para que se configure o crime aqui comentado, os atos de hostilidade devem ser apenas aqueles que lesionem ou exponham a perigo de lesão a integridade do território brasileiro ou nossa soberania (art. 1º, I, Lei 7.170). E ato dessa magnitude só pode ser aquilo que a CF denomina *agressão armada* estrangeira, que pode justificar, como resposta, uma declaração de guerra de nossa parte (arts. 84, XIX, e 137, II, CF).

Por sinal, no Direito Internacional, sempre procurou-se tratar atos de agressão como crimes contra a paz, algo distinto dos crimes de guerra.[119]

Logo, por ato de hostilidade entenda-se: ato que consiste em *agressão armada* a porção do território brasileiro, incluindo a ideia de território por extensão, prevista no § 1º do art. 5º do CP, visto que, por exemplo, um ataque a um navio da Marinha de Guerra brasileira, esteja onde estiver a embarcação, será ato de evidente hostilidade. O ataque ao território independe de invasão por tropas terrestres, por embarcações ou por aeronaves tripuladas.[120] Pensamos que

---

117 É verdade que, em certo sentido, ato de hostilidade também pode ser entendido como ato de guerra. Cf. CRETELLA NETO, José, op. cit., p. 400-401: "Uma definição mais consentânea com o que atualmente se entende por *guerra internacional* é a oferecida por Yoran Dienstein: '*Guerra* é a intenção hostil entre dois ou mais Estados, seja num sentido técnico, seja no sentido material. A guerra no sentido técnico é o *status* formal produzido por uma declaração de guerra. A guerra em sentido material é gerada pelo uso da força armada, que deve ser extensiva e realizada por pelo menos uma das partes do conflito'. Essa sofisticada definição põe em relevo o duplo sentido em que deve ser entendida a guerra, e indica uma resposta afirmativa à questão de se, sob a ótica do moderno Direito Internacional, a guerra (ou o conflito armado) constitui um fenômeno jurídico distinto ou se possui um estatuto diferenciado".

118 Para SCHMIDT, Andrei Zenkner, op. cit., p. 246, o termo "atos de hostilidade contra o Brasil" é incondizente com o *nullum crimen, nulla poena sine lege certa*.

119 Cf. CRETELLA NETO, José, op. cit., p. 436-437: "Uma guerra de agressão constitui crime contra a paz, daí emergindo sua responsabilidade internacional. Modernamente essa proibição consta do Artigo 2.4 da Carta das Nações Unidas, dispositivo erigido à condição de princípio de Direito Internacional pela *Declaração sobre os Princípios de Direito Internacional*, aprovada durante a 25ª Sessão da Assembléia Geral da ONU, em 24.10.1970 (...). Isso significa, basicamente, que: 1. a agressão enseja responsabilidade internacional do Estado agressor; 2. os Estados não devem empregar a força ou ameaçar usá-la com o intuito de violar fronteiras existentes para resolver litígios internacionais; 3. os Estados não podem adotar represálias envolvendo o uso da força; 4. os Estados não podem empregar a força para privar qualquer povo de seus direitos à autodeterminação e à independência; e 5. os Estados devem abster-se de organizar, estimular, apoiar ou participar em atos de lutas civis em outros Estados, bem como não devem encorajar a formação de bandos armados para incursões em territórios de outros Estados. Existem exceções a esse dispositivo, na forma de medidas coletivas adotadas pelas Nações Unidas, ou com base na legítima defesa".

120 Cf. CRETELLA NETO, José, op. cit., p. 437-438: "Além disso, a resolução 3.314 (XXIX) [da ONU], de 1970, oferece, no Artigo 3, diversos exemplos de atos de agressão: 'a) a invasão ou ataque, pelas forças armadas de um Estado, do território de outro Estado, ou qualquer ocupação militar, conquanto temporária, resultando dessa invasão ou ataque, ou qualquer anexação por meio do uso da força do território de qualquer Estado ou parte dele; b) bombardeio, por parte das forças armadas de um Estado, do território de outro Estado, ou o uso de quaisquer armas por um Estado contra o território de outro Estado; c) bloqueio de portos ou costas de um Estado pelas forças armadas de outro Estado; d) qualquer ataque, por parte das forças armadas de um Estado, por forças de terra, mar ou ar, contra a marinha ou a força aérea de outro Estado; e) o uso de força

o ataque a determinadas autoridades do governo brasileiro – em sentido lato, podendo incluir, v.g., um Ministro do STF – pode configurar ato de hostilidade caracterizador do tipo do art. 8º, sem prejuízo da configuração do concurso com outros crimes da Lei de Segurança Nacional.

Em resumo, haverá o crime do art. 8º da Lei 7.170 se, pretendendo atingir ou causar risco de lesão à integridade territorial ou à nossa soberania, o sujeito ativo entrar em negociação ou entendimento com governo estrangeiro ou seus agentes a fim de provocar uma declaração de guerra por parte de qualquer dos países envolvidos ou uma agressão armada ao Brasil pela nação estrangeira.

Consumação e tentativa

O crime do art. 8º é formal, consumando-se no momento em que o sujeito ativo tiver iniciado negociações com o governo estrangeiro ou seus agentes, ou quando chegar a um acordo – entrar em entendimento – com eles, havendo ou não prévia negociação. Não há necessidade de que haja a declaração de guerra ou atos de hostilidade, que seriam apenas o exaurimento da conduta, com consequências sobre a pena, que será aplicada em dobro.

A tentativa é possível, eis que o crime normalmente será cometido com diversos atos, ou seja, de modo plurissubsistente.

Assim, caso o agente proponha a um governo estrangeiro que ataque militarmente o Brasil, mas aquele se recuse a negociar ou a entrar em algum tipo de entendimento sobre o assunto, ainda assim haverá a forma tentada do delito, pois o sujeito ativo, efetivamente, *tentou entrar em negociação ou entendimento* com nação estrangeira, devendo a pena ser reduzida de um a dois terços.

Evidentemente, para a configuração da forma tentada, não basta a intenção revelada em discursos ou escritos, sendo necessária a realização de atos concretos (atos de execução) que busquem iniciar negociação com o governo estrangeiro, para a finalidade descrita no dispositivo penal.

Concurso de crimes

É possível o concurso do crime do art. 8º da Lei 7.170 com outros, incluindo crimes militares.

Assim, caso haja mortes durante o ataque ao território nacional, é possível, em tese, que haja concurso entre o art. 8º da Lei especial e o art. 121 do CP ou o art. 205 do CPM, conforme o caso.

Não haverá concurso entre os arts. 8º e 9º da Lei 7.170 (este último prevê a conduta de tentar submeter o território nacional, ou parte dele, ao domínio ou à soberania de outro país):

armada por parte de um Estado, no interior do território de outro Estado que o convidou, quando contrário às condições previstas no acordo ou quando sua presença no território se prolongar além do término do acordo; f) a ação de um Estado, permitindo que seu território, colocado à disposição de outro Estado, para que seja usada por este para perpetrar um ato de agressão contra um terceiro Estado; g) o envio de bandos ou grupos armados, combatentes irregulares ou mercenários, que praticam atos de força armada contra outro Estado, de tal gravidade que se equipara aos atos enumerados antes, ou seu substancial envolvimento nesses atos'. O Artigo 4 esclarece que os atos enumerados não são os únicos que podem ser considerados como atos de agressão, com base nos dispositivos da Carta [das Nações Unidas]" (notas nossas entre colchetes).

o crime do art. 8º será absorvido pelo dispositivo seguinte se a conduta for cometida por meio de agressão armada, visto ser o delito do art. 9º mais grave e seu escopo englobar a finalidade da conduta descrita no artigo precedente.

Art. 9º. Tentar submeter o território nacional, ou parte dele, ao domínio ou à soberania de outro país.

Pena: reclusão, de 4 a 20 anos.

Parágrafo único – Se do fato resulta lesão corporal grave, a pena aumenta-se até um terço; se resulta morte aumenta-se até a metade.

Trata-se de crime mais grave daquele previsto no artigo anterior, pois o objetivo que o sujeito ativo busca atingir é mais amplo e de consequências muito mais sérias e permanentes, quais sejam, a eliminação da integridade do território nacional e de nossa soberania sobre ele.

Bem jurídico tutelado

Novamente, é a segurança nacional (segurança do Estado Democrático de Direito, pois a conduta descrita no tipo penal pode lesar a integridade territorial e a soberania nacional.

A conduta descrita no art. 9º também não afronta o texto da CF de 1988, já que a soberania nacional é um dos valores fundantes da República (art. 1º, I, CR), sendo consequência óbvia a preservação da integridade do território nacional, como já explicado nos comentários ao artigo anterior.

Sujeitos do crime

Trata-se de crime comum, podendo ser cometido por qualquer pessoa, uma vez que o tipo penal não exige qualquer qualidade especial do sujeito ativo.

Assim como no tipo penal anterior, não há necessidade de ser o sujeito ativo brasileiro. Como o tipo penal silencia a respeito, é perfeitamente possível que um cidadão estrangeiro tente submeter todo ou parte do território brasileiro ao domínio ou soberania de outro país.

Porém, se for brasileiro o autor ou partícipe do delito, é evidente a maior reprovação da conduta, já que representa verdadeira traição à pátria, permitindo a fixação da pena-base acima do mínimo legal.

O crime em questão normalmente ocorrerá no âmbito de agressão armada e, portanto, a tentativa de submissão do nosso território a outro Estado dar-se-á aqui mesmo, em nosso território. Por isso, não conseguimos vislumbrar os problemas de extraterritorialidade da Lei penal brasileira vistos nos comentários ao art. 8º, porque não vemos como o crime em comento possa ser praticado fora dos limites de nosso território. É que não há possibilidade de que alguém tente, por meios pacíficos, submeter parte ou todo nosso território à soberania de outro país.[121]

---

121 Cf. PORTELA, Paulo Henrique Gonçalves, op. cit., p. 167: "No passado, era comum a aquisição de território pela 'descoberta', posse e ocupação de terra desabitada (*terra nullius* – 'terra de ninguém') ou habitada por povos que não seguiam o modelo de organização estatal e que não estavam sob o poder de nenhuma soberania. Também ensejava a aquisição territorial a ocupação de terra abandonada por seu antigo soberano (*terra derelicta*). A partir da ocupação da terra desabitada ou abandonada, novos territórios eram adquiridos por contiguidade, ou seja, pelo avanço da ocupação para terras adjacentes até que se encontrasse outra soberana. Meio alternativo de aquisição de território era a conquista de áreas pertencentes a outros Estados.

Nossos limites territoriais são amplamente reconhecidos pela comunidade internacional e nossa soberania totalmente aceita.[122] Portanto, do ponto de vista prático, somente será possível o cometimento do crime do art. 9º por meio de *agressão armada*, com a finalidade de tomada de parte ou de todo o território nacional, com a incorporação dele a outra nação.

O sujeito passivo é o Estado e, secundariamente, a coletividade.

Tipicidade objetiva

A conduta nuclear típica consiste em *tentar submeter* o território nacional ou parte dele ao domínio ou soberania de outro país.

Assim, o crime existirá se o sujeito ativo, em conluio com agentes de outro país, praticar atos que tenham a finalidade de produzir a perda do controle, pelo governo brasileiro, de parte ou de todo o território nacional, de modo a que passe a ser controlado, de fato ou de direito, por outra nação.

Primeiramente, deve haver ato concreto de agressão armada para a tomada do controle de parte ou de todo o território brasileiro. Não vemos, repita-se, como tal crime possa ser hoje praticado sem violência, é dizer, fora do âmbito de uma operação do tipo militar. Não há na comunidade internacional qualquer discussão efetiva sobre a tomada de parte do território brasileiro, cujos limites são tranquilamente reconhecidos. Portanto, sejamos práticos, a forma de cometimento só pode ser uma: a tentativa de tomada, *manu militari*, do território nacional.

Além disso, a agressão pode partir de agentes do estado estrangeiro, em coautoria ou com a participação do sujeito ativo; ou o ato de agressão pode partir do próprio sujeito ativo (em ataque interno, se brasileiro), mas com vistas a atender ao interesse do país estrangeiro.

Território, segundo Paulo Henrique Gonçalves Portela, "é o espaço físico dentro do qual o Estado exerce seu poder soberano. É, portanto, o âmbito geográfico do exercício da jurisdição estatal. O território compõe-se do solo e das águas interiores e fronteiriças, até o limite com o ente estatal vizinho. Entretanto, o Estado exerce jurisdição também sobre o subsolo abaixo da área que ocupa, o espaço aéreo acima de suas fronteiras, o mar territorial, a plataforma continental e a zona econômica exclusiva".[123]

Com a vedação do uso da força e da guerra de conquista nas relações internacionais, tal meio é considerado ilícito. Atualmente, o território pode ser adquirido por negociações internacionais que visem a resolver litígios fronteiriços ou problemas que possa ser solucionados pela cessão de uma parcela da área geográfica de um Estado a outro. O território pode ser obtido por adjudicação, ou seja, a partir de decisão tomada por mecanismo internacional de solução de controvérsias. Nesse sentido, Rezek lembra que a aquisição de território pode ser fruto de decisão de organização internacional. A aquisição de território pode também ocorrer pela acessão, ou seja, a partir da ação exclusiva das forças da natureza (...). Por fim, a aquisição de território pode ser feita a título gratuito ou oneroso, podendo incluir pagamento em dinheiro ou outras contrapartidas. A perda do território normalmente decorre de sua aquisição por outros Estados".

122 É delírio, típico dos que abundam na *internet*, a ideia de que querem tirar-nos a Amazônia ou que certo país reativou uma de suas frotas da Marinha de Guerra para roubar-nos os campos de petróleo marítimo. Não alimentarei esse tipo de discurso.

123 Op. cit., p. 166.

O conceito de território nacional, no caso do art. 9º, não pode englobar a noção de território por extensão, trazido pelo § 1º do art. 5º do CP.[124] No crime ora comentado, trata-se apenas do território limitado por nossa fronteira terrestre e mar territorial (com o respectivo espaço aéreo), que pode ser submetido tanto ao *domínio* quanto à *soberania* de outro país.[125] As embarcações e aeronaves públicas ou a serviço de nosso país são extensão do território brasileiro apenas para fins de verificação do âmbito de validade espacial da Lei penal, mas não necessariamente para definição do que se deva entender por *território*. E não nos parece ser esse o sentido da tutela penal trazida pelo art. 9º da Lei 7.170. A tomada de uma aeronave ou embarcação pública brasileira configurará um ato de agressão ou hostilidade, isso é certo, mas configurador do crime do art. 8º da Lei de Segurança Nacional (já exaurido: parágrafo único), não o do art. 9º.

Tipicidade subjetiva

O crime é doloso, admitindo apenas o dolo direto. Deve haver, portanto, a intenção de lesar a integridade do território brasileiro e a soberania nacional (art. 2º). Não há previsão de forma culposa.

Consumação e tentativa

Trata-se de crime de empreendimento ou de atentado (embora, como vimos mais acima, nem toda a doutrina concorda que sejam classificações sinônimas): pune-se como consumado a própria tentativa de se obter determinado resultado.

Assim, crime formal que é, consuma-se com a realização de atos de agressão ao território brasileiro, que tenham como objetivo transferir seu domínio ou soberania a outro país. A própria tentativa é descrita no tipo penal: tentar submeter o território a controle estrangeiro já representa a consumação da infração penal.

Note-se que se o resultado ocorrer, é dizer, se efetivamente houver a submissão de parte ou de todo o território brasileiro a controle estrangeiro, não haverá aumento de pena, por falta de previsão legal. Porém, é possível que, na primeira fase da aplicação da pena, a obtenção do resultado pretendido seja levado em conta para agravar a reprimenda, tendo em vista a grave consequência advinda do delito. É verdade que, em caso de sucesso, é dizer, havendo a perda de soberania, deixará de haver o crime, por desaparecimento do próprio ordenamento jurídico brasileiro. Porém, insistimos no afirmado no início desse parágrafo, vez que a história mostra que tais ocupações estrangeiras podem ter duração limitada e os colaboracionistas podem, ao final, ser punidos.

124 Cf. PORTELA, Paulo Henrique Gonçalves, op. cit., p. 166: "(...) advertimos que não fazem parte do território do Estado as embaixadas e consulados no exterior, as embarcações e aeronaves militares onde quer que se encontrem e as embarcações e aeronaves civis em áreas internacionais, embora o ente estatal também exerça sua jurisdição sobre tais equipamentos". Em sentido contrário ao nosso, incluindo no conceito de território para fins do art. 9º também "aviões e navios militares ou públicos": NUCCI, Guilherme de Souza, op. cit., p. 824.

125 Na prática, o espaço aéreo pode ser submetido apenas ao *domínio* de outro país, pois não haveria como imaginar que outra nação tivesse a *soberania* sobre nosso espaço aéreo, mas não sobre o território terrestre e marítimo.

A mera concentração de tropas, prontas para invasão, ou mesmo algumas escaramuças na fronteira não configuram atos de execução do crime do art. 9º, mas atos preparatórios. Porém, é quase certo que apenas isso já será o suficiente para configurar o crime do art. 8º ou mesmo do art. 10 da mesma Lei.

Causa de aumento de pena

O parágrafo único do art. 9º prevê aumento da pena de 1/3 se do fato resultar lesão corporal grave; e aumento de até o dobro, se resultar morte.

No caso de ser o crime agravado pelo resultado morte, trata-se de crime preterdoloso? Para Guilherme de Souza Nucci, não, pois entende tal autor que o resultado pode derivar de dolo ou culpa do agente.[126] Discordamos, pois pensamos haver, nesse caso, forma preterdolosa.[127]

Normalmente, quando a Lei usa a expressão "se resulta morte...", tem-se uma forma preterdolosa, sendo exemplos disso no CP: art. 129, § 3º (lesão corporal seguida de morte); art. 133, § 2º (abandono de incapaz qualificado); art. 134, § 2º (abandono ou exposição de recém-nascido qualificado); art. 135, parágrafo único (omissão de socorro majorada); art. 213, § 2º (estupro com resultado morte). O caso do latrocínio (art. 157, § 2º, CP) é exceção: dada a severidade da pena cominada quando ocorre morte no roubo, firmou-se o entendimento de que o resultado mais grave pode derivar tanto de dolo quanto de culpa; do contrário, e seguindo-se simplesmente a sistemática do CP, deveria o latrocínio somente admitir a forma preterdolosa.

Ademais, há um problema no entendimento segundo o qual haverá a forma majorada do art. 9º mesmo que o agente atue com dolo quanto ao resultado mais grave: no caso do crime previsto no parágrafo único do dispositivo em questão, a pena mínima é inferior àquela cominada para a forma qualificada do homicídio. Ora, seguindo-se o entendimento segundo o qual o resultado mais grave pode ser obtido com dolo ou culpa, teremos a seguinte situação: o sujeito que participar de uma tentativa beligerante de submissão do território nacional à soberania estrangeira e, dolosamente, matar alguém nesse episódio, estará sujeito a ser apenado por apenas um crime – com sanção de 6 a 30 anos de reclusão –, não importando as circunstâncias da morte (se obtida com crueldade, mediante emboscada, com explosivo etc.), tampouco o número de fatalidades.

Não concordamos, pois, com esse entendimento. Segundo pensamos, estamos diante de modalidade preterdolosa.

126 Op. cit., p. 825.

127 Cf. MAGALHÃES NORONHA, E. *Do crime culposo*. São Paulo: Saraiva, 1957, p. 134: "Não é de hoje que se multiplicam as teorias que procuram mostrar a essência do preterdolo. Uns procuram ver nêle um misto de *dolo* e *acaso*. O *mais* do evento seria diretamente devido ao *fortuito* e indiretamente a uma vontade antijurídica, o que é insustentável, pois o fortuito romperia o nexo causal entre a ação do agente e o resultado. Outros afirmam que se trata de crime essencialmente doloso; outros culposo; e alguns que a responsabilidade é exclusivamente objetiva, pois deriva tão-sòmente da causalidade material. Juristas há que sustentam que, no preterdolo, o evento mais grave não é querido, mas também não é repelido, já que o agente dêle tem previsão, ainda que longínqua. Conseqüentemente existe vontade, ainda que apenas para colorir o fato. Igualmente essa opinião não satisfaz, pois então não há falar em preterdolo, mas em dolo direito ou eventual". exclusivamente objetivaabilidade afirmam que se trata de crime essencialmente doloso; outros culposo, grau, dolo eventual ou c

Como é cediço, em relação ao resultado mais grave previsto no parágrafo único do art. 9º, pode o agente agir com dolo direito de primeiro grau, dolo direto de segundo grau[128]ou culpa. Vejamos as consequências de cada uma dessas hipóteses.

Agindo com dolo direto de primeiro grau, terá o agente matado ou tentado matar alguém, querendo e buscando tal resultado, durante a execução do crime do art. 9º. Logo, pensamos que deverá responder pelo(s) crime(s) de homicídio (seja do CP ou do CPM, conforme o caso), consumado ou tentado, em concurso com a forma *simples* do crime do art. 9º (não concordamos que se adote, aqui, a mesma solução que parte da doutrina aplica à rixa qualificada – ou seja, responsabilidade sempre pela forma qualificada – visto que haveria verdadeiro *bis in idem*; daí nossa ressalva).

De outra parte, é certo que a conduta do art. 9º poderá atingir a etapa de beligerância, com uso de violência, emprego de aparatos militares e, via de consequência, altíssima probabilidade de fatalidades. Sendo assim, chegando-se a execução do crime a essa etapa, o agente que concorrer para tal delito – ainda que ele mesmo não mate alguém ou não queira que alguém seja morto – tem conhecimento pleno de que sua conduta levará ao emprego de meios que, por sua vez, terão como consequência necessária e inevitável mortes de combatentes ou não-combatentes. Assim sendo, também há dolo em relação ao resultado, mas de segundo grau. Logo, a solução é a mesma: deverá responder pelo(s) crime(s) de homicídio, como coautor ou partícipe, em concurso com a forma simples do delito do art. 9º.

Por fim, a culpa, que nos leva à forma preterdolosa: o agente atua dolosamente para submeter nosso território à soberania estrangeira e ocorre o resultado morte, não tendo agido com dolo – de primeiro ou de segundo grau – em relação a tal desenlace fatal: somente nesse caso, responderá o agente pela forma mais grave do art. 9º da Lei 7.170. Haverá crime único, agravado pelo resultado, não importando quantas mortes ocorrerem.

Concurso de crimes

Como vimos nos comentários ao artigo anterior, não haverá concurso entre os arts. 8º e 9º da Lei 7.170, pois o primeiro normalmente será absorvido pelo dispositivo seguinte, já que, certamente, este último delito será cometido por meio de agressão armada, sendo mais grave que o anterior, possuindo, além do mais, escopo mais amplo, que engloba a própria finalidade da conduta descrita no art. 8º.

Art. 10 Aliciar indivíduos de outro país para invasão do território nacional.

Pena: reclusão, de 3 a 10 anos.

Parágrafo único – Ocorrendo a invasão, a pena aumenta-se até o dobro.

---

128 Cf. BITENCOURT, Cezar Roberto, op. cit., p. 360-361: "O dolo direto em relação ao *fim proposto* e aos *meios escolhidos* é classificado como de primeiro grau, e em relação aos *efeitos colaterais*, representados como *necessários*, é classificado como de segundo grau. (...) Já os efeitos colaterais representados como *necessários* (em face da natureza do fim proposto, ou dos meios empregados) são abrangidos, *mediatamente*, pela vontade consciente do agente, mas a sua *produção necessária* os situa, também, como objetos do dolo direto: não é a relação de *imediatidade*, mas a relação de *necessidade* que os inclui no dolo direto. O agente pode até lamentar, ou deplorar, a sua ocorrência, mas *se os representa* como efeitos colaterais necessários (e, portanto, como parte *inevitável* da ação típica), então constituem objeto do *dolo direto* (...)".

O tipo penal trazido pelo art. 10 é o terceiro de uma série de quatro delitos iniciada no art. 8º, que tem como preocupação principal a mantença da integridade territorial e de nossa soberania. Dos quatro delitos, é o que possui a menor das penas cominadas.

Bem jurídico tutelado

É a segurança nacional (ou do Estado Democrático de Direito), pois a conduta descrita no tipo penal expõe a risco de lesão a integridade territorial e a soberania nacional. Não há afronta alguma ao texto da CF de 1988, já que a soberania nacional é um dos valores fundantes da República (art. 1º, I, CR), sendo consequência óbvia a preservação da integridade do território nacional, como já explicado nos comentários aos artigos anteriores.

Sujeitos do crime

Trata-se de crime comum, podendo ser cometido por qualquer pessoa, seja o agente brasileiro ou estrangeiro.

Temos, nesse ponto, mais uma vez, um problema de ordem prática. Sendo brasileiro o sujeito ativo e cometido o aliciamento totalmente fora do país, não será possível a aplicação da Lei penal brasileira, ainda que se queira aplicar o caso de extraterritorialidade previsto no inciso II do art. 7º do CP (crimes praticados por brasileiro). Notem: sendo hipótese de extraterritorialidade condicionada, uma das condições do § 2º do art. 7º do Código – a de *estar o crime incluído entre aqueles pelos quais a Lei brasileira autoriza a extradição* – jamais poderá ser atingida, já que a CF, no art. 5º, LII, não admite a extradição por crime político e o crime em tela, como vimos, é político. A mesma proibição à extradição é prevista no inciso VII do art. 82 da Lei 13.445/2017. Portanto, se brasileiro cometer o crime do art. 10 da Lei 7.170 fora do território do Brasil, não será possível a aplicação do dispositivo. Mais uma vez: trata-se de crime *contra a segurança nacional*, não *contra o patrimônio da União*, razão pela qual não se pode aplicar a extraterritorialidade incondicionada do art. 7º, I, *b*, do CP.

Porém, caso o agente faça o aliciamento a partir do território brasileiro, com uso de telefone ou qualquer outro meio de comunicação, incluindo *internet*, o crime terá ocorrido no Brasil, ficando afastado o óbice descrito.

Sendo estrangeiro o sujeito ativo e cometendo o crime inteiramente fora de nossas fronteiras, não será possível aplicar o art. 10, simplesmente porque a conduta não se enquadra em nenhuma das hipóteses dos incisos I e II, ou do § 3º do art. 7º do CP quando à extraterritorialidade de nossa Lei penal.

O sujeito passivo é o Estado e, secundariamente, a coletividade.

Tipicidade objetiva

Ensina Guilherme de Souza Nucci que "*aliciar* significa atrair alguém para algo, seduzindo-o com bons argumentos, mesmo que falsos. O objeto dessa conduta são os estrangeiros, com o propósito de invadirem o território nacional. No entanto, o tipo penal não prima pela taxatividade, pois não se menciona a que se destina a invasão. Certamente, pode-se argumentar que o termo *invasão* é intenso suficiente a ponto de espelhar *ato de hostilidade*, mas isso deveria ter ficado bem claro. Afinal, se um brasileiro alicia estrangeiros para invadir o Brasil a fim de participar de um festival de música, o fato é atípico nesta Lei, pois o objeto jurídico não é lesado".[129]

O objetivo do aliciamento de estrangeiros é a invasão do território brasileiro. O problema de taxatividade apontado é facilmente superável se não se perder de vista o contexto em que se insere o art. 10.

Primeiramente, trata-se de crime contra a segurança nacional e que, portanto, somente pode ter como objetivo lesar ou expor a risco de lesão algum dos bens jurídicos elencados no art. 1º da Lei 7.170. Ou seja, a *invasão somente pode ter como objetivo atingir a integridade do território brasileiro ou nossa soberania sobre ele.*

Ademais, parece-nos que o art. 10 traz a criminalização de conduta que normalmente seria mero ato preparatório daquelas descritas nos arts. 9º e 11 da mesma Lei: o agente alicia estrangeiros para a invasão do território brasileiro, com o objetivo de submetê-lo, total ou parcialmente, ao domínio ou à soberania de outro país; ou para provocar o desmembramento de parte do território para constituição de país independente. Se presente qualquer outro objetivo, o fato será atípico do ponto de vista da Lei de Segurança Nacional.

Tipicidade subjetiva

O crime é doloso, admitindo tão-somente o dolo direto. O elemento subjetivo do tipo é a especial intenção de invadir o território brasileiro, para submetê-lo, total ou parcialmente, ao domínio ou à soberania de outro país. Não há previsão de forma culposa.

Consumação e tentativa

Trata-se de crime formal, não se exigindo a ocorrência do resultado para a consumação. Portanto, bastará o aliciamento para que se consume o crime, não havendo necessidade de que se inicie a invasão ao território brasileiro.

A tentativa é possível. A conduta permanecerá na forma tentada se o agente aliciar apenas um indivíduo e falhar quanto a outros (note-se que o tipo penal usa o plural: *indivíduos*).

Causa de aumento de pena

Prevê o parágrafo único do art. 10 que a pena será dobrada caso ocorra a invasão do território nacional.

Pensamos, porém, não ser possível a aplicação de tal dispositivo: se o aliciamento der resultado, já estará consumado o crime descrito no *caput*; havendo também a invasão, estará configurado o crime do art. 9º ou o do art. 11, ambos mais graves, eis que certamente ou estará consumada a busca de submissão do território nacional, ou de parte dele, ao domínio ou à soberania de outro país; ou a tentativa de desmembramento para constituição de país independente. Logo, caraterizada a conduta de aliciamento como *meio* para a prática do delito do art. 9º ou do art. 11, será absorvida por um destes.

Art. 11. Tentar desmembrar parte do território nacional para constituir país independente.
Pena: reclusão, de 4 a 12 anos.

129 Op. cit., p. 825.

É o último dos crimes que tutelam diretamente o território e a soberania nacional.

Bem jurídico tutelado

É a segurança nacional e, eventualmente, a ordem política e social, pois a conduta descrita no tipo penal expõe a risco de lesão não só a integridade territorial e a soberania nacional, mas a Federação e a própria existência de nosso Estado Democrático de Direito. Como vimos antes, a soberania nacional é um dos valores fundantes da República (art. 1º, I, CR), sendo consequência óbvia a preservação da integridade do território nacional.

Sujeitos do crime

O crime é comum, podendo ser cometido por qualquer pessoa, brasileira ou estrangeira. Não vemos como o crime possa ser cometido fora de nosso território, de modo que sempre será possível ser aplicada nossa legislação, sem os problemas de extraterritorialidade vistos em comentários aos arts. 8º e 10.

O sujeito passivo é o Estado e, secundariamente, a coletividade.

Tipicidade objetiva

O Brasil não conhece reinvindicações sérias de desmembramento do território para formação de país independente, como se dá em lugares como Bélgica, Canadá, Reino Unido e Espanha, dentre outros, em que tal questão ou já foi objeto de consulta popular ou já gerou incontáveis atos de violência, inclusive com a formação de grupos terroristas nos dois últimos países.

É verdade que temos grupos de cidadãos que pregam o separatismo, sendo exemplo bastante conhecido aquele que visa à formação de um país independente englobando os três Estados da Região Sul. O óbice para isso é evidente: a Constituição Federal, que impede o desmembramento do território nacional (art. 1º), como já vimos ao tratarmos dos bens jurídicos tutelados pela Lei 7.170.

Seja como for, a simples defesa da ideia da formação de um país independente, por meio do desmembramento do território nacional, não configura a prática do tipo penal do art. 11 da Lei de Segurança Nacional.

Para que este se configure, é necessário que ocorra efetiva *tentativa de desmembramento* do território, ou seja, de separação de parte do território do Brasil, com perda total de sua soberania sobre tal pedaço. Ou seja, deve haver a prática de atos materiais (tentativa de tomada do controle do território, de prédios públicos, de centros de poder ou de comunicação, instalações militares etc.), que busque o desmembramento para a criação de país independente. Sem isso, o fato é totalmente atípico.

E consultas populares informais, constituem o crime ora em comento? Não. É possível que determinado grupo, para disseminar suas ideias separatistas, decida fazer uma consulta informal à população, por meio da *internet* ou mesmo com o oferecimento de urnas e cédulas em "postos de votação". Ora, tais consultas não possuem qualquer valor jurídico e não constituem atos materiais de tentativa de desmembramento, sendo puramente um modo de propagar determinadas ideias. E estas, por mais estranhas que sejam, não podem ser impedidas de circular (eventualmente, poderá incidir outro tipo penal, o que seria o caso de movimento separatista que tivesse como fundamento ideias racistas – vide art. 22 desta Lei).[130]

Porém, situação diversa e caracterizadora do delito do art. 11 seria aquela em que um Estado da Federação, valendo-se do próprio aparato de governo, realizasse consulta à população, de caráter oficial, com vistas a declarar a separação da Federação. Nesse caso, em nosso entender, tratar-se-ia de ato material de tentativa de desmembramento, que poderia gerar dura resposta da União – o art. 34 da CF autoriza a União a intervir nos Estados para "manter a integridade nacional" – e caracterizaria o crime do art. 11.

Tipicidade subjetiva

O crime é doloso e há previsão de elemento subjetivo do tipo: a constituição de um país independente, ou seja, de um sujeito de direito internacional, totalmente distinto da República Federativa do Brasil, com apropriação de parte do território desta.

Consumação e tentativa

Trata-se de crime formal, não se exigindo o resultado, qual seja, o desmembramento do território brasileiro para a constituição de um país independente.

É, ademais, um crime de atentado ou de empreendimento, sendo suficiente a tentativa de desmembramento para que o delito já seja considerado consumado. Discordamos de que o crime desaparecerá se houver sucesso na empreitada, como entende Guilherme de Souza Nucci.[131] Mesmo ocorrendo o desmembramento, a República Federativa do Brasil continuará existindo, seu ordenamento jurídico terá sido violado e continuará a merecer reparação, podendo ser os responsáveis processados pelo cometimento do crime do art. 11: certamente, vistos como

130 Pensamos que qualquer investigação policial em relação a tais grupos, sem a existência de um fato – não de uma ideia – sobre o qual recaia a suspeita de "tentativa de desmembramento" seria abusiva e mera intimidação, o que fere a liberdade de expressão dentro de um Estado Democrático de Direito. Porém, não foi esse o entendimento do STJ, quando instado a decidir sobre tal ponto: "REPUBLICA FEDERATIVA DO BRASIL. INDISSOLUBILIDADE. PRINCIPIO FUNDAMENTAL. CAPUT, DO Art. 1., DA CONSTITUIÇÃO. PROVIDENCIAS DO MINISTRO DA JUSTIÇA TENDENTES A APURAR OS DENOMINADOS MOVIMENTOS SEPARATISTAS. PARTIDO DA REPUBLICA FARROUPILHA. HABEAS CORPUS PREVENTIVO. CONDUTA PREVISTA COMO DELITUOSA. Art. 11, DA Lei N. 7.170/83. CRIME EM TESE. DENEGAÇÃO. I – O MINISTRO DA JUSTIÇA DENTRO DE SUA COMPETENCIA, CUMPRINDO O SEU DEVER DE VELAR PELA INCOLUMIDADE DA CONSTITUIÇÃO, DETERMINOU MEDIDAS PARA APURAR OS DENOMINADOS MOVIMENTOS SEPARATISTAS QUE, ALÉM DE AFRONTAREM O Art. 1. DA CONSTITUIÇÃO, CONSTITUEM, EM TESE, O CRIME PREVISTO NO Art. 11, DA Lei N. 7170, DE 14 DE DEZEMBRO DE 1993 QUE TRATA DOS CRIMES CONTRA A SEGURANÇA NACIONAL, A ORDEM POLITICA E SOCIAL. II – ESTA CONDUTA CARECE ILEGALIDADE OU ABUSO DE PODER, A CONTRARIO SENSU, É LEGITIMO E LOUVAVEL, POR SE TRATAR DE PROVIDENCIA RESPALDADA NA CONSTITUIÇÃO, QUE DEFENDE O PRINCIPIO DA UNIDADE NACIONAL, QUE POR NOS HAVERA DE SER DEFENDIDA A QUALQUER PREÇO, ATÉ MESMO COM A PROPRIA VIDA E CONTRA A MINORIA DE ESTRANGEIROS QUE, BEM RECEBIDOS NO SOLO PATRIO, MAL AGRADECEM E, IMPREGNADOS DE PRECONCEITOS DE RAÇA, PREGAM O ABSURDO DO SEPARATISMO. III – O GRANDE RUI BARBOSA, EM UMA DE SUAS PREGAÇÕES CIVICAS, DISSE QUE "A PATRIA NÃO É NINGUÉM: SÃO O TODOS" E "OS QUE A SERVEM SÃO... OS QUE NÃO CONSPIRAM, OS QUE NÃO SUBLEVAM, OS QUE NÃO DESALENTAM, OS QUE NÃO EMUDECEM, OS QUE NÃO SE ACOVARDAM, MAS RESISTEM, MAS ENSINAM, MAS ESFORÇAM, MAS PACIFICAM, MAS DISCUTEM, MAS PRATICAM A JUSTIÇA, A ADMIRAÇÃO, O ENTUSIASMO". IV – ORDEM DENEGADA" (HC 1.893-RS, Rel. Min. Pedro Acioli, 3ª Seção, j. 03/06/1993).

131 Op. cit., p. 824.

heróis no novo país, aqui deverão ser tratados como criminosos, ainda que, agora, criminosos "estrangeiros".

Concurso de crimes

Não é possível o concurso entre os delitos dos arts. 10 e 11. Se o agente que, pretendendo o desmembramento do território brasileiro para formação de país independente, usar, para obter seu intento, a invasão do território com auxílio de indivíduos estrangeiros, o aliciamento destes foi conduta-meio, que restará absorvida pelo crime-fim, aliás, mais grave.

Art. 12. Importar ou introduzir, no território nacional, por qualquer forma, sem autorização da autoridade federal competente, armamento ou material militar privativo das Forças Armadas.
Pena: reclusão, de 3 a 10 anos.

Parágrafo único – Na mesma pena incorre quem, sem autorização legal, fabrica, vende, transporta, recebe, oculta, mantém em depósito ou distribui o armamento ou material militar de que trata este artigo.

Este é o crime que, sem dúvida, vem sendo responsável pela maior parte dos julgados a respeito da Lei de Segurança Nacional, ao menos no STJ e STF. Isso assim se dá porque há um conflito aparente de normas entre este crime e os delitos dos arts. 17 e 18 da Lei 10.826/2003 (Estatuto do Desarmamento), facilmente solucionado pela aplicação do princípio da especialidade, como veremos adiante.

Bem jurídico tutelado

São a segurança nacional e a ordem política e social (ou a segurança e estabilidade do próprio Estado Democrático de Direito), visto que se busca evitar que armamento ou material militar privativo das Forças Armadas ingressem em território brasileiro e possam, depois, ser usados para o cometimento dos demais crimes previstos na Lei 7.170, em especial aqueles comentados anteriormente.[132] Trata-se de antecipação da ação estatal no âmbito penal, situação que também permeia todo o Estatuto do Desarmamento.[133] As diferenças entre o art. 12 e os delitos tipificados na Lei 10.826 estão, essencialmente, na objetividade jurídica, ou seja, nos bens jurídicos tutelados e na motivação do delito.

Sujeitos do crime

O crime do art. 12 é comum, podendo ser cometido por qualquer pessoa. O sujeito passivo é o Estado e, secundariamente, a coletividade.

132 Há um precedente histórico muito significativo, revelado recentemente: a tentativa de compra, nos EUA, de aviões de combate pelos rebeldes paulistas, para emprego na Revolução Constitucionalista de 1932. O governo de Getúlio Vargas, informado das negociações, impediu a aquisição das aeronaves.

133 Cf. NUCCI, Guilherme de Souza, op. cit., p. 827: "Certamente, acautelando-se, a Lei busca evitar que armamentos e materiais militares em geral cheguem às mãos, *não autorizadas*, de quem pode provocar os demais tipos penais, como desmembrar o território nacional ou provocar outros atos de hostilidade contra o Estado Democrático de Direito. Cuida-se de nítido crime de perigo abstrato".

Tipicidade objetiva

O tipo penal é dividido em duas formas diversas de cometimento, estando uma delas descrita no *caput*, enquanto a outra, no parágrafo único.

(A) *Caput*

Há dois núcleos do tipo: *importar* e *introduzir*, seguidos da locução, *no território nacional*. No caso do primeiro verbo, *importar*, há verdadeiro pleonasmo, visto que já significa trazer algo de outro país para o território brasileiro. *Introduzir* é inserir algo, especificamente, no território nacional. Ora, não vemos qualquer diferença entre os dois núcleos do tipo, pois inserir algo em território brasileiro é importá-lo.[134]

O objeto material é o *armamento ou material militar privativo das Forças Armadas*. Trata-se, evidentemente, de norma penal em branco. Vejamos, pois, como compreender tal locução.

O revogado Decreto 3.665/2000, em seu art. 3º, LX, definia *material de emprego militar* como o *material de emprego bélico, de uso privativo das Forças Armadas*. Não vemos diferença entre as expressões. Logo, *armamento ou material militar* era o mesmo que *material de emprego bélico*.

Segundo Guilherme de Souza Nucci, são aqueles que "nem mesmo os brasileiros podem comprar ou ter à disposição" ou "o armamento ou material militar exclusivo das Forças Armadas".[135]

De forma mais concreta, preferimos afirmar que no conceito de *armamento ou material militar* estão incluídos dois grandes grupos: o das *armas de fogo, munições e acessórios*, sempre *de uso restrito*; e de *outros produtos controlados* que somente as Forças Armadas podem possuir ou deter.

As normas infralegais de regência não usam mais a expressão *de uso privativo*, sendo mencionado, apenas, *uso exclusivo*, no contexto de outro conceito, o *de uso restrito*. O art. 11 do Decreto 5.123/2004 dispõe: "Arma de fogo de uso restrito é aquela de uso exclusivo das Forças Armadas, de instituições de segurança pública e de pessoas físicas e jurídicas habilitadas, devidamente autorizadas pelo Comando do Exército, de acordo com legislação específica".

Não vemos diferença relevante entre *uso exclusivo* e *uso privativo*. Consequentemente, *uso privativo* deve ser entendido como expressão sinônima de *uso restrito*. Logo, as *armas de fogo, munições* e *acessórios de uso restrito* constituem objeto material do crime do art. 12 da Lei de Segurança Nacional.

O Decreto 9.493/2018, que substituiu o revogado, também não usa a expressão trazida pela Lei de Segurança Nacional. Na verdade, o novo decreto inova ao trazer a expressão "Produto Controlado pelo Comando do Exército" ou "PCE". Os PCE são classificados quanto ao grau de restrição, seguindo as conhecidas categorias: de uso proibido, de uso restrito e de uso permitido.

Dentre os produtos de uso restrito encontram-se: a) armas de fogo; b) lançadores de rojões, foguetes mísseis e bombas de qualquer natureza; c) acessórios de arma de fogo; d)

---

134 Cf. NUCCI, Guilherme de Souza, op. cit., p. 827: "(...) *importar* significa trazer algo para dentro do território nacional e *introduzir* quer dizer colocar algo dentro de alguma coisa ou lugar. Portanto, para os fins almejados neste artigo, ambos os verbos possuem destinação semelhante".

135 Op. cit., p. 827.

munições; e) explosivos, iniciadores e acessórios; f) veículos blindados de emprego militar ou policial e de transporte de valores; g) proteções balísticas e veículos automotores blindados; h) agentes lacrimogêneos e os seus dispositivos de lançamento; i) produtos menos-letais; j) fogos de artifícios de uso profissional; k) equipamentos de visão noturna que apresentem particularidades técnicas e táticas direcionadas ao emprego militar ou policial; l) produtos que apresentem particularidades técnicas direcionadas exclusivamente ao emprego militar ou policial; m) redutores de calibre de armas de fogo de emprego finalístico militar ou policial.

Assim, pensamos que o objeto material do crime aqui previsto são aqueles *produtos controlados pelo Comando do Exército de emprego finalístico militar ou de interesse militar* (produto que, mesmo não tendo aplicação militar finalística, apresenta características técnicas e/ou táticas que o torna passível de emprego bélico ou é utilizado no processo de fabrição de produto com aplicação militar).

Apenas como exemplos, citamos:

de carros de combate, canhões, mísseis, aeronaves, embarcações armadas etc., tudo consoante os regulamentos de responsabilidade das próprias Forças Armadas,[136] segundo impossível, nos limites desta obra, apresentar uma relação exaustiva.[137] Note-se que consideramos não ser exaustivo o rol do Decreto 9.493, tanto assim que incluímos aeronaves e embarcações armadas.

Por fim, há outro elemento normativo do tipo: somente haverá crime se a importação do armamento se der sem a autorização da autoridade federal competente.

(B) *Parágrafo único*

O objeto material é o mesmo do *caput*, havendo diferenças apenas quanto aos núcleos do tipo.

No parágrafo único, a conduta típica consiste em, sem autorização legal, *fabricar*, *vender*, *transportar*, *receber*, *ocultar*, *manter em depósito* ou *distribuir* o armamento ou material militar.

Fabricar é manufaturar, produzir algo a partir de matérias-primas. Ou seja, comete o crime quem, a partir de certas substâncias, produz o armamento ou material militar. *Vender* é alienar, transferir o domínio de forma onerosa: o agente entrega o bem a terceiro, havendo uma contraprestação. *Transportar* é transferir o objeto de um local para outro, fora das hipóteses configuradoras do porte ou da detenção. *Receber* significa obter, entrar na posse do objeto, aceitá-lo de alguém, seja como mero possuidor ou já como proprietário. Abrange, portanto, a situação de obtenção não onerosa do bem. *Ocultar* é esconder o armamento ou material

136 Cf. CAPEZ, Fernando. *Curso de direito penal: legislação penal especial, vol. 4*. 9ª ed. São Paulo: Saraiva, 2014, p. 341, é a arma "que não pode ser utilizada em hipótese alguma, ou seja, aquela cuja posse ou porte não podem ser autorizados nem mesmo pelas Forças Armadas. (...) É o caso de um canhão, um tanque de guerra ou de granadas, armamentos que nem mesmo o Exército pode autorizar o particular a ter"

137 Até a Receita Federal possui normas a respeito de material de emprego militar. Basta verificar o que dispõe o art. 2º, § 1º, III, da Instrução Normativa SRF 386/2004, que traz um elucidativo elenco dos equipamentos que compõem o segundo grupo por nós mencionados: aeronaves militares, inclusive seus motores e reatores; navios e embarcações militares; veículos militares blindados ou não; equipamentos ópticos, eletrônicos, optrônicos, de comunicações e similares, integrantes de sistemas de armas ou de comando e controle; ferramental, equipamentos e instrumentos especializados para manutenção; simuladores e outros dispositivos de treinamento; armamento de uso privativo das forças armadas; e mísseis e foguetes.

militar, para que não seja encontrado por outrem. *Manter em depósito* é o mesmo que guardar, manter armazenado o objeto material para seu uso. *Distribuir* é entregar para pessoas diferentes o armamento ou material militar.

Não haverá o crime se, para tais condutas, houver autorização legal, até porque, nesse caso, o fato sequer seria ilícito.

Tipicidade subjetiva

O crime do art. 12 é doloso e, posto o tipo penal não traga um elemento subjetivo específico, não se pode perder de vista que o objetivo do agente deve ser o de lesar ou causar risco de lesão aos bens jurídicos mencionados no art. 1º da Lei de Segurança Nacional.

Esse ponto é essencial, pois será exatamente o que diferenciará o crime ora em comento daqueles previstos nos arts. 17 e 18 do Estatuto do Desarmamento. Sem tal intenção especial, não há o crime contra a segurança nacional.

A jurisprudência reconhece essa especial intenção, sendo exemplos os julgados abaixo, do STF e STJ:

> RECURSO ORDINÁRIO CRIMINAL. CRIME CONTRA A SEGURANÇA NACIONAL. ARMA DE FOGO DE USO EXCLUSIVO DAS FORÇAS ARMADAS. Lei 7.170/83. CRIME COMUM. I. – O Plenário do Supremo Tribunal Federal decidiu que, para configuração do crime político, previsto no parágrafo único do art. 12 da Lei 7.170/83, é necessário, além da motivação e os objetivos políticos do agente, que tenha havido lesão real ou potencial aos bens jurídicos indicados no art. 1º da citada Lei 7.170/83. Precedente: RCR 1.468-RJ, Maurício Corrêa para acórdão, Plenário, 23.3.2000. II. – No caso, os recorrentes foram presos portando, no interior do veículo que conduziam, armas de fogo de uso restrito, cuja importação é proibida. III. – Recurso provido, em parte, para, assentada a natureza comum do crime, anular a sentença proferida e determinar que outra seja proferida, observado o disposto na Lei 9.437/97, art. 10, § 2º (STF, RC 1.470-PR, Rel. Min. Carlos Velloso, 2ª T., j. 12/03/2002).

> PROCESSO PENAL – CONFLITO NEGATIVO DE COMPETÊNCIA – APREENSÃO DE ARMAS ESTRANGEIRAS E NACIONAIS, DE USO RESTRITO DAS FORÇAS ARMADAS – CONTRABANDO OU DESCAMINHO (Art. 334, 'CAPUT', DO CÓDIGO PENAL) NÃO CARACTERIZADO – AUSÊNCIA DE VIOLAÇÃO À Lei 7.170/83 (Lei DE SEGURANÇA NACIONAL) – COMPETÊNCIA DO JUÍZO COMUM ESTADUAL. 1 – Não restando caracterizado o crime previsto no art. 334, "caput", do Código Penal (contrabando ou descaminho), bem como não se verificando qualquer violação à Lei de Segurança Nacional (Lei 7.170/83), a competência para processar e julgar o feito é da Justiça Comum Estadual. 2 – Precedentes (CC nºs 40.393/SP, 36.802/GO e 34.549/SP). 3 – Conflito conhecido e provido para declarar competente o Juízo de Direito da Quarta Vara Criminal de São Paulo – SP, ora suscitado (CC 27.123-SP, Rel. Min. Jorge Scarterzzini, 3ª Seção, j. 12/05/2004).

> CONFLITO DE COMPETÊNCIA. PORTE ILEGAL DE ARMA DE USO RESTRITO DAS FORÇAS ARMADAS. Lei Nº 7.170/83. INAPLICABILIDADE. COMPETÊNCIA DA JUSTIÇA COMUM ESTADUAL. Não restando configurada, em princípio, ofensa à Lei de Segurança Nacional, em razão da ausência de conotação política do delito praticado, compete à Justiça Comum Estadual o processo e julgamento do crime de porte ilegal de arma de uso restrito das Forças Armadas. Conflito conhecido para declarar competente o MM. Juiz de Direito da 4ª Vara Criminal de Luziânia (GO), o suscitado (CC 38.002-GO, Rel. Min. Felix Fischer, 3ª Seção, j. 28/05/2003).

> COMPETENCIA. PENAL. CRIME CONTRA SEGURANÇA NACIONAL. INEXISTENCIA. PORTE DE GRANADA. O PORTE DE GRANADA NÃO PODE CONFIGURAR CRIME CONTRA A SEGURANÇA NACIONAL SE A MOTIVAÇÃO NÃO ERA DE NATUREZA POLITICA. COMPETENCIA DA JUSTIÇA COMUM ESTADUAL. PRECEDENTES DO STJ (CC 16.294/RJ, CC 16.737/RJ, CC 16.472/RJ) E STF (HC 73.451). CONFLITO CONHECIDO (CC 20.376-RJ, Rel. Min. William Patterson, 3ª Seção, j. 22/10/1997).

Note-se que, havendo a intenção de atingir os bens jurídicos previstos no art. 1º da Lei 7.170, estará o agente sujeito a uma pena mínima inferior àquela prevista nos arts. 17 e 18 do Estatuto do Desarmamento; por outro lado, estará sujeito a uma pena máxima superior.

Consumação e tentativa

A conduta do *caput* – importar ou introduzir – consuma-se com a entrada do bem em território nacional, sendo possível a tentativa.

Quanto às condutas do parágrafo único, tendo em vista sua variedade, a consumação dependerá do modo como o delito for praticado. Assim, por exemplo, haverá a consumação, na modalidade de "transportar" quando o agente transferir o objeto material de um local para outro; na modalidade de "receber", quando ocorrer a transferência da posse etc. A tentativa é possível.

De se observar que *transportar*, *manter em depósito* e *ocultar* constituem modalidade delitiva permanente.

> **Art. 13.** Comunicar, entregar ou permitir a comunicação ou a entrega, a governo ou grupo estrangeiro, ou a organização ou grupo de existência ilegal, de dados, documentos ou cópias de documentos, planos, códigos, cifras ou assuntos que, no interesse do Estado brasileiro, são classificados como sigilosos.
>
> Pena: reclusão, de 3 a 15 anos.
>
> Parágrafo único – Incorre na mesma pena quem:
>
> I – com o objetivo de realizar os atos previstos neste artigo, mantém serviço de espionagem ou dele participa;
>
> II – com o mesmo objetivo, realiza atividade aerofotográfica ou de sensoreamento remoto, em qualquer parte do território nacional;
>
> III – oculta ou presta auxílio a espião, sabendo-o tal, para subtraí-lo à ação da autoridade pública;
>
> IV – obtém ou revela, para fim de espionagem, desenhos, projetos, fotografias, notícias ou informações a respeito de técnicas, de tecnologias, de componentes, de equipamentos, de instalações ou de sistemas de processamento automatizado de dados, em uso ou em desenvolvimento no País, que, reputados essenciais para a sua defesa, segurança ou economia, devem permanecer em segredo.

O art. 13 divide-se em duas grandes partes, *caput* e parágrafo único, buscando a punição de condutas que têm como alvo informações sigilosas e sensíveis ao Estado brasileiro, sujeitas a operações estrangeiras de inteligência (espionagem).

Bem jurídico tutelado

É a segurança nacional (ou a segurança do Estado Democrático de Direito), no aspecto que se relaciona com a integridade do território e a soberania nacional, que podem ser atingidos por serviços de inteligência estrangeiros atuando no Brasil para obtenção de informações sigilosas.

Não é segredo que os Estados mantêm serviços de informações, com o intuito de obter dados a respeito dos demais países, em todos os seus aspectos, sobretudo no que tange a informações sobre capacidade militar e econômica. No campo da inteligência, é bom que se diga, não há "nações amigas": recentemente o mundo foi surpreendido com a notícia de que os EUA interceptaram as comunicações de chefes de governo, inclusive da então Presidente da República do Brasil e da Primeira-Ministra da República Federal da Alemanha. Nos anos 1980, houve a prisão e condenação, nos EUA, de agente a serviço do governo de Israel, sendo ambos os países, como é notório, aliados importantes no Oriente Médio. Ou seja, todo cuidado é pouco quando se trata da proteção de informações sensíveis aos interesses nacionais e à segurança do país.

Segundo Guilherme de Souza Nucci: "A maior parte dos países, senão todos, busca guardar em absoluto sigilo alguns informes de sua própria estrutura e de outros países, visando à segurança interna e externa, com propósitos militares ou comerciais. De todo modo, há certos temas que não fazem parte da informação destinada à população em geral, pois dizem respeito à estratégia estatal de atuação internacional. É verdade que se destinam, também, a garantir a segurança interna no sentido de se manter os preceitos básicos do Estado Democrático de Direito. Portanto, esse tipo penal, analisado sob o prisma democrático, tem a sua função positiva".[138]

Sujeitos do crime

As figuras típicas trazidas pelo art. 13 podem ser cometidas por qualquer pessoa, seja brasileiro ou estrangeiro o sujeito ativo.

Não se trata de crime especial, cometido somente por quem detém informação sigilosa em razão de ofício ou profissão. Na verdade, o delito pode ser cometido por qualquer um que obtenha acesso, por qualquer meio, aos objetos materiais descritos no *caput* e parágrafo único, ainda que não tenha o direito de acesso a eles: uma vez que os acessou, não poderá transmitir as informações a país estrangeiro.

O sujeito passivo é o Estado e, secundariamente, toda a coletividade.

Tipicidade objetiva

Convém dividir a análise do tipo penal em partes, tal como faz o próprio art. 13, que traz, na verdade, diversos tipos penais.

(A) *Comunicar, entregar ou permitir a comunicação ou a entrega, a governo ou grupo estrangeiro, ou a organização ou grupo de existência ilegal, de dados, documentos ou cópias de documentos, planos, códigos, cifras ou assuntos que, no interesse do Estado brasileiro, são classificados como sigilosos*

Os núcleos do tipo são *comunicar*, *entregar*, *permitir a comunicação* e *permitir a entrega*. É estranha a opção feita pelo legislador nesse caso, pois não pune o ato, em si, de obtenção não autorizada dos documentos ou demais objetos materiais, o que seria de se esperar, já que, por vezes, o próprio acesso do sujeito ativo a eles já terá o condão de colocar em risco a segurança

138 Op. cit., p. 830.

nacional. Preferiu o legislador, como se vê, punir apenas a transferência da informação a país estrangeiro.

Comunicar é transmitir uma informação a outrem; *permitir a comunicação* é dar licença a que outra pessoa a comunique. *Entregar* é dar algo a alguém, é passar a informação a outra pessoa. *Permitir a entrega* é dar licença a que outra pessoa passe a informação adiante. A diferença entre comunicar e entregar vai depender muito do objeto material: um documento pode ser copiado e enviado para outrem por meio de dispositivo de comunicação (*comunicar*); pode ser simplesmente lido por telefone (*comunicar*); ou pode ser ele mesmo ou uma cópia entregue em mãos (*entregar*).

A quem deve ser entregue o objeto material? Diz o dispositivo legal: *a governo ou grupo estrangeiro, ou a organização ou grupo de existência ilegal.*

Remetemos o leitor aos nossos comentários ao art. 4º, II, *a*, oportunidade em que vimos ferir o princípio da legalidade, no que diz respeito à taxatividade, o emprego da expressão *grupo estrangeiro*. Portanto, nesse ponto, não se pode considerar recepcionado pela CF o art. 13. Logo: somente haverá o crime se o objeto material for comunicado ou entregue a *governo estrangeiro*.

E o que seria *grupo de existência ilegal*? Havia no Brasil, durante longo período, a proibição de funcionamento de determinados partidos políticos. Mesmo antes do regime iniciado em 1964, foi o Partido Comunista Brasileiro tornado ilegal e, durante a ditatura militar, todos os partidos, exceto dois (MDB e ARENA), eram considerados legais. Além disso, outros grupos, como organizações estudantis, também tiveram suas atividades limitadas.

Sob a égide da nova ordem constitucional, o conceito de *grupo de existência ilegal* perdeu quase todo o seu conteúdo, visto estarmos sob regime democrático, em que impera a liberdade de associação para fins lícitos, salvo se possuir caráter paramilitar (art. 5º, XVII, CF).[139] Ou seja, por *grupo de existência ilegal* deve-se entender apenas aquele grupo ou associação, ainda que sem reconhecimento jurídico, brasileiro ou estrangeiro, que tenha caráter paramilitar e com intenção de lesar ou de causar risco de lesão à ordem constitucional e democrática. Não temos conhecimento da atuação de nenhum grupo desse tipo em nosso território.

Quanto ao objeto material, o tipo penal menciona *dados, documentos ou cópias de documentos, planos, códigos, cifras* ou *assuntos que, no interesse do Estado brasileiro, são classificados como sigilosos.*[140]

Dados são informações reunidas em meio eletrônico ou numa base material de qualquer tipo (*documentos*). *Planos* são documentos que contêm as estratégias do país sobre assunto determinado (econômico, militar etc.). *Códigos* e *cifras* são usados para transmissão segura de informação: a transmissão poderá ser lida, ouvida, captada, mas não será compreendida, salvo pelo receptor que detiver a chave para decifrar o código ou conheça previamente a cifra.[141]

---

139 Cf. NUCCI, Guilherme de Souza, op. cit., p. 830: "O destino dos informes sigilosos é o governo ou grupo estrangeiro, bem como a organização ou grupo de existência ilegal. Neste último contexto, encaixava-se a perseguição política aos partidos não legalizados. Hoje, no entanto, o artigo continua válido, pois o Estado brasileiro continua, como qualquer outro, a preservar dados sigilosos para a sua estratégia de defesa e de comércio".

140 Para SCHMIDT, Andrei Zenkner, op. cit., p. 246, o termo "no interesse do Estado brasileiro" é incondizente com o *nullum crimen, nulla poena sine lege certa.*

141 Cf. NUCCI, Guilherme de Souza, op. cit., p. 830, código é uma "linguagem sigilosa", enquanto as cifras são "caracteres não compreendidos por qualquer pessoa". Imagine que a Marinha queira transmitir a seguinte

Quanto aos *assuntos sigilosos*, deve-se ter como parâmetro a Lei 12.527/2011, que classifica as informações sigilosas, conforme o grau e o tempo de duração do sigilo. Assim, a Lei citada considera imprescindíveis à segurança da sociedade ou do Estado e, portanto, passíveis de classificação as informações cuja divulgação ou acesso irrestrito possam: (i) pôr em risco a defesa e a soberania nacionais ou a integridade do território nacional; (ii) prejudicar ou pôr em risco a condução de negociações ou as relações internacionais do País, ou as que tenham sido fornecidas em caráter sigiloso por outros Estados e organismos internacionais; (iii) pôr em risco a vida, a segurança ou a saúde da população; (iv) oferecer elevado risco à estabilidade financeira, econômica ou monetária do País; (v) prejudicar ou causar risco a planos ou operações estratégicos das Forças Armadas; (vi) prejudicar ou causar risco a projetos de pesquisa e desenvolvimento científico ou tecnológico, assim como a sistemas, bens, instalações ou áreas de interesse estratégico nacional; (vii) pôr em risco a segurança de instituições ou de altas autoridades nacionais ou estrangeiras e seus familiares; ou (viii) comprometer atividades de inteligência, bem como de investigação ou fiscalização em andamento, relacionadas com a prevenção ou repressão de infrações. Assim sendo, permite a classificação das informações sigilosas em ultrassecretas, secretas e reservadas.

(B) *Manter serviço de espionagem ou dele participar com o objetivo de realizar os atos previstos no* caput

Não se usa mais, ao menos oficialmente, o termo *espionagem*, mas *inteligência* e *contrainteligência*. Basta verificar a Lei 9.883/1999, que instituiu o Sistema Brasileiro de Inteligência e criou a Agência Brasileira de Inteligência (ABIN).

Tradicionalmente, considera-se espionagem a "investigação realizada por espião, pessoa especialmente designada para vasculhar dados secretos de outros Estados, corporações ou mesmo do inimigo em campo de guerra".[142]

Mas, considerando-se os parâmetros estabelecidos por nossa própria legislação a respeito de nossa agência de "espionagem", preferimos dizer que tal atividade – de inteligência e contrainteligência – consiste, basicamente, em: planejar e executar ações, em geral sigilosas, relativas à obtenção e análise de dados para a produção de conhecimentos destinados a assessorar os poderes constituídos; planejar e executar a proteção de conhecimentos sensíveis, relativos aos interesses e à segurança do Estado e da sociedade; avaliar as ameaças, internas e externas.

Sendo assim, para configuração do crime, deve o sujeito ativo manter (isto é, sustentar, conservar, prover o necessário para que permaneça a atividade[143]) um serviço de inteligência para atuar contra os interesses brasileiros, com a finalidade de comunicar ou entregar a governo estrangeiro ou grupo de caráter paramilitar as informações sigilosas já tratadas no item anterior. Ou, embora não mantenha o serviço de espionagem, deve o agente simplesmente dele *participar*, ou seja, ser um dos espiões, realizando alguma conduta que efetivamente contribua para a atividade de espionagem.

(C) *Realizar atividade aerofotográfica ou de sensoreamento remoto, em qualquer parte do território brasileiro, com o objetivo de realizar os atos previstos no* caput

---

mensagem: "baixo combustível na nau-capitânea". Sabendo que a comunicação será interceptada, a transmite por meio de criptografia avançada, de modo que somente o receptor poderá lê-la, pois possui as chaves. E mais: chamará a nau-capitânea, não por seu nome, mas por outro qualquer, conhecido pelo receptor, que, desse modo, poderá decifrar a mensagem e compreender que tal embarcação está quase sem combustível. Tendo a nação estrangeira conhecimento do código e das cifras, poderá igualmente ler e decifrar a mensagem.

142 Cf. NUCCI, Guilherme de Souza, op. cit., p. 831.

143 Cf. CUNHA, Rogério Sanches. *Manual de direito penal*, p. 497.

Atividade aerofotográfica é a obtenção de imagem fotográfica de determinado local por meio de câmera instalada em aeronave, tripulada ou não. *Sensoreamento remoto* é a extração de informações sobre determinado local, incluindo imagens, realizado por dispositivos como satélites, radares aerotransportados e outros sensores baseados no eletromagnetismo. Os dispositivos de sensoreamento remoto são cada vez mais utilizados nos dias atuais, dado o avanço da tecnologia nesse campo.

O objetivo é o mesmo: a finalidade de comunicar ou entregar a governo estrangeiro ou grupo de caráter paramilitar dados ou informações sigilosas obtidas na atividade.

(D) *Ocultar ou prestar auxílio a espião, sabendo-o tal, para subtraí-lo à ação da autoridade pública*

Trata-se de uma espécie de favorecimento pessoal, em que se busca proteger, da ação das autoridades, o agente de inteligência – o espião – que está a atuar contra os interesses brasileiros, na captação das informações sigilosas mencionadas no *caput* do art. 13. O espião pode ser estrangeiro ou brasileiro, não importa, desde que se dedique à atividade de espionagem contra o Brasil.

Ocultar é esconder o espião; *prestar auxílio* é ajudá-lo de alguma maneira. Nos dois casos, o objetivo é o de evitar que o agente de inteligência seja descoberto ou capturado pela autoridade pública, que normalmente será a Polícia Federal ou a própria ABIN, quando esta atuar em atividade de contrainteligência.

O próprio tipo penal exige que o sujeito ativo tenha total conhecimento de que se trata de agente de inteligência (espião) a pessoa auxiliada ou ocultada.

(E) *Obter ou revelar, para fim de espionagem, desenhos, projetos, fotografias, notícias ou informações a respeito de técnicas, de tecnologias, de componentes, de equipamentos, de instalações ou de sistemas de processamento automatizado de dados, em uso ou em desenvolvimento no País, que, reputados essenciais para a sua defesa, segurança ou economia, devem permanecer em segredo*

O último inciso do parágrafo único do art. 13 traz conduta típica complementar àquela do *caput*.

Obter é conseguir algo; *revelar* é expor algo até então desconhecido.

Os objetos materiais são diversos daqueles do *caput*, consistindo em *desenhos* (ex.: formas básicas da aerodinâmica de uma aeronave militar), *projetos* (ex.: todos os dados técnicos, desenhos, esquemas de um submarino nuclear já construído ou a ser construído), *fotografias* e dados técnicos em geral a respeito de novos métodos de produção, de planejamento, de obtenção de conhecimentos específicos, de lugares onde tais atividades são realizadas, de sistemas informatizados etc. (ou seja, de *notícias ou informações a respeito de técnicas, de tecnologias, de componentes, de equipamentos, de instalações ou de sistemas de processamento automatizado de dados*).

E não é só. O objeto material deve estar *em uso ou em desenvolvimento no País*. Assim, podem dizer respeito tanto a dados ou equipamentos adquiridos de outros países pelo Brasil, e aqui utilizados, como também aqueles desenvolvidos e produzidos aqui mesmo. Além disso, devem ser considerados *essenciais para a defesa, segurança ou economia* nacionais e que, por isso, *devem permanecer em segredo*. Mais uma vez, trata-se de matéria regulada pela Lei 12.527/2011, como vimos ao tratarmos do *caput* deste artigo.

Por fim, deve haver o *fim de espionagem*, ou seja, a obtenção ou revelação do objeto material deve ter o objetivo de servir à produção de conhecimentos destinados a assessorar os poderes constituídos do governo estrangeiro; ou de planejar e executar a proteção de conhecimentos sensíveis, relativos aos interesses e à segurança do Estado estrangeiro; ou de avaliar as ameaças, internas e externas a tal Estado.

Tipo subjetivo

Todas as condutas do art. 13 são dolosas. Há elementos subjetivos específicos em algumas das modalidades trazidas por ele: a) no tipo do inciso I do parágrafo único, há o objetivo de cometer as condutas descritas no *caput*; b) no tipo do inciso II do parágrafo único, também deve haver o objetivo de realizar as condutas descritas no *caput*; c) no tipo do inciso III do mesmo parágrafo, a finalidade especial é a de subtrair o espião à ação da autoridade; d) no tipo do inciso IV, o fim especial é o de espionagem.

Consumação e tentativa

Quanto ao *caput*, o crime se consumará com a realização da *comunicação*, ou seja, com a transmissão da informação, ainda que o receptor não a tenha, ainda, coletado. A consumação da *entrega* dá-se pelo efetivo recebimento do objeto material pelo receptor. Sendo tais formas de cometimento praticadas de modo plurissubsistente, será possível a tentativa. Na modalidade de permitir a comunicação ou a entrega, temos conduta omissiva, que se consuma com a realização do próprio ato, sendo também possível, em tese, a tentativa.

O crime do inciso I do parágrafo único consuma-se quando o serviço de espionagem é colocado em funcionamento, sendo o agente capaz de comunicar ou entregar o objeto material. Trata-se de crime habitual, não sendo possível a forma tentada. Além disso, sendo crime formal, não há necessidade de que haja a comunicação ou entrega da informação ao país estrangeiro, bastando o funcionamento do serviço de espionagem.

O crime do inciso II do mesmo dispositivo consuma-se com a extração de imagem fotográfica por via aérea ou dos dados de sensoreamento remoto, sendo possível a tentativa. Também não há necessidade, para a consumação, de que as imagens ou dados sejam transmitidos ou entregues ao governo estrangeiro.

O crime do inciso III consuma-se com a prestação efetiva de auxílio pelo sujeito ativo. Para nós, trata-se de crime formal, eis que o tipo exige apenas que haja conduta de ocultação ou de prestação de auxílio, com vistas a que o agente de inteligência possa ficar fora do alcance da autoridade: ainda que se não obtenha sucesso em tal intento e a autoridade logre localizar o espião, o crime já estará consumado com o auxílio já prestado.[144] A tentativa, nesse caso, é de difícil configuração, mas possível, salvo se cometido o crime de forma omissiva.

O delito do inciso IV se consuma com a obtenção do objeto material ou com sua revelação a outrem. É crime material, sendo possível a tentativa, salvo se cometido, eventualmente, de modo omissivo.

---

144 É também a opinião de Guilherme de Souza Nucci (op. cit., p. 832). Não desconhecemos a polêmica que há em torno do assunto em crime semelhante do CP, qual seja, o de favorecimento pessoal (art. 348), nem que a posição dominante, no caso, é o de que se trata de crime material. Cf. CUNHA, Rogério Sanches. *Manual de direito penal*, p. 890: "Consuma-se o crime no momento em que, prestado o efetivo auxílio, o criminoso favorecido obtém êxito em sua ocultação, ainda que momentaneamente (crime material), sendo perfeitamente possível a tentativa (neste sentido: Hungria; Noronha; Bitencourt; Damásio de Jesus; e Mirabete). Há, contudo, entendimento minoritário no sentido de ser dispensável o sucesso do favorecimento (delito formal), bastando para a sua consumação um simples ato de prestar auxílio ao criminoso, ficando difícil, na hipótese, aceitar o *conatus*".

Art. 14. Facilitar, culposamente, a prática de qualquer dos crimes previstos nos arts. 12 e 13, e seus parágrafos.

Pena: detenção, de 1 a 5 anos.

O tipo penal retratado pelo art. 14 é tipo penal autônomo em relação aos trazidos pelos arts. 12 e 13. Trata-se de figura anômala dentro da Lei de Segurança Nacional, visto que descreve uma conduta culposa.

Ora, a Lei exige, para caracterização de seus tipos penais, que o agente tenha como *motivação* ou *objetivo* lesar ou expor a perigo de lesão os bens jurídicos elencados no art. 1º. Como vimos, é isso o que estabelece o art. 2º da Lei 7.170. Por sinal, vimos que os crimes políticos se caracterizam pela existência de tal especial intenção e de lesão real ou potencial aos mesmos bens jurídicos. Embora no crime culposo possa haver a lesão, a *intenção* de lesar o bem jurídico é obviamente incompatível com qualquer conduta culposa.

Logo, embora faça parte da Lei 7.170/1983, o tipo penal do art. 14 *não pode ser considerado crime político*.

Bem jurídico tutelado

É a segurança nacional, no que se relaciona com a integridade territorial e a soberania nacional, que podem ser atingidas pelo resultado de uma conduta imprudente, negligente ou imperita do sujeito ativo.

Sujeitos do crime

Verificando-se apenas a descrição típica, tem-se a impressão de se tratar de crime comum, que poderia ser cometido por qualquer pessoa, mesmo por aquelas que não possuam qualquer dever especial de cuidado em relação aos temas tratados nos arts. 12 e 13 da Lei 7.170.

Reside nesse ponto, segundo pensamos, o maior risco deste tipo penal, pois deixa e impressão de existir um correlato dever de cuidado imposto a todas as pessoas, indistintamente, o que não é verdade. Essa ideia até fazia sentido no contexto da doutrina de segurança nacional, que considerava ser um dever de todos zelar pela segurança do país, típico exagero de governos autoritário. Afinal, a imposição de tal dever permitia a punição daqueles que, ainda que culposamente, o descumprissem.

Convenhamos, como poderia um cidadão comum facilitar, culposamente, a importação de material bélico? Na prática, somente certos servidores públicos, especificamente, aqueles que têm o dever de vigiar a entrada de produtos em nosso território, é que podem assumir conduta imprudente, negligente ou imperita, que leve à importação ou introdução indevida do material bélico. Como pode um cidadão comum ser responsabilizado por uma conduta culposa de facilitar que um espião comunique, a governo estrangeiro, o teor de documento sigiloso? Teria qualquer cidadão o dever de cuidado objetivo nesse caso? Se a facilitação se der por omissão, por exemplo, haveria o dever jurídico de evitar o resultado?

Ora, vê-se que o nível de cuidado objetivo exigido para que não ocorram os resultados previstos nos arts. 12 e 13 da Lei de Segurança Nacional não pode ser exigido de qualquer um, mas apenas daqueles que, por dever do cargo, ofício ou profissão, lidam com as atividades subjacentes aos citados dispositivos.[145]

Para as pessoas em geral, os deveres delas exigidos devem estar previstos no ordenamento jurídico ou devem dele decorrer (ainda que sem previsão expressa), pois, é direito fundamental o de somente ser obrigado a fazer ou deixar de fazer alguma coisa em virtude de Lei (art. 5º, II, CF).

Como é cediço, a conduta (não intencional) que causa um resultado danoso ao bem jurídico tutelado não é, em si mesma, típica: a adequação a um tipo culposo somente se perfaz quando há, por parte do sujeito ativo, infringência a um dever objetivo de cuidado, por imprudência, negligência ou imperícia.[146]

E, insista-se, não se pode exigir de qualquer pessoa o cuidado objetivo em relação aos resultados subjacentes aos tipos dos arts. 12 e 13 da Lei de Segurança Nacional. Simplesmente, não há tal dever. O cidadão não é agente do Estado e não lhe cabe vigiar os demais cidadãos, tampouco agir em sociedade como se, a todo o tempo, estivesse a lidar com "inimigos", internos ou externos. Isso é típico de Estado policial e autoritário e contrário ao Estado Democrático de Direito.

Por isso, a fim de se evitar excessiva abertura na aplicação do art. 14, perdendo o tipo penal sua função de garantia; a fim de evitar a incriminação do exercício de um direito fundamental (o de não ser impedido de fazer ou de deixar de fazer algo, senão quando existente um dever legal),[147] *o sujeito ativo deve ficar limitado aos funcionários públicos*, na acepção trazida pelo art. 327 do CP. São estes que podem e devem evitar que haja a introdução de equipamento bélico em nosso território ou que os objetos materiais dos tipos do art. 13 sejam alvo de operações de inteligência de países estrangeiros. O crime deve ser, assim, considerado *próprio*.

O sujeito passivo é o Estado e, secundariamente, toda a coletividade.

---

145 Basta verificar que o Projeto apresentado por comissão formada por importantes juristas, dentre eles, Luís Roberto Barroso, para substituição da Lei de Segurança Nacional, incluía um Título XII ao CP, intitulado "Dos Crimes contra o Estado Democrático de Direito" e, dentro deste, um Capítulo I, tratando dos "Dos Crimes contra a Soberania Nacional", com a previsão de forma culposa do crime denominado *Espionagem*, mas com a seguinte redação: "Facilitar o *funcionário* culposamente a prática de qualquer dos crimes previstos neste artigo" (grifo nosso).

146 Cf. GRECO, Rogério. *Curso de direito penal: parte geral, vol. I*. 12ª ed. Niterói: Impetus, 2010, p. 191: "O homem, em suas relações, não pode fazer tudo aquilo que bem entende, posto que, assim agindo, poderá causar lesões a terceiros. A vida em sociedade impõe-nos determinadas regras de conduta que devem ser obedecidas, por todos, sob pena de gerar o caos social. (...) Esse dever de cuidado objetivo, dirigido a todos nós, faz com que atentemos para determinadas regras de comportamento, mesmo que não escritas ou expressas, a fim de convivermos harmoniosamente em sociedade. Cada membro da sociedade parte do princípio de que esse dever de cuidado objetivo será observado pelo seu semelhante".

147 Cf. RAMOS, André de Carvalho. *Curso de direitos humanos*. 4ª ed. São Paulo: Saraiva, 2017, p. 595-596: "O *direito à liberdade* consiste na possibilidade de o ser humano atuar com autonomia e livre-arbítrio, salvo se existir Lei obrigando-o a fazer ou deixar de fazer algo. Cabe-lhe *liberdade de escolha* até a edição de Lei em sentido contrário. Com isso, uma conduta que interfira com a liberdade e bens de uma pessoa exige Lei prévia que a autorize. Essa *sintonia entre liberdade e legalidade* é fruto de consagração do Estado de Direito. Fica superada a antiga submissão de todos à vontade do monarca, substituída pela vontade da lei. Nesse sentido, entre o governo dos homens ou o governo das leis, o Estado de Direito optou pelo segundo".

Tipo objetivo

Guilherme de Souza Nucci explica assim o tipo penal: "(...) *facilitar* (tornar mais fácil) é o verbo central cujo objeto é composto pelos demais crimes descritos nos arts. 12 e 13, que são dolosos. Essa figura, inserida na Lei de forma autônoma, na realidade, liga-se aos demais delitos, embora no formato culposo. Não se trata de cometer as figuras elencadas nos arts. 12 e 13 de maneira culposa, mas de se prever uma participação imprudente, negligente ou imperita no âmbito daquelas infrações. Em algumas figuras, pode-se encaixar a participação culposa com perfeita adequação, como dar auxílio a espião, ocultando-o, por culpa – e não por dolo. Porém, revelar segredo de Estado, como espião, será sempre doloso, porém, uma pessoa pode *facilitar* tal revelação em face de sua imprudência. Cuida-se, pois, de uma participação culposa em crime doloso, afastando-se a teoria monista".[148]

Assim, o sujeito ativo – para nós, como vimos, o funcionário público, no sentido do art. 327 do CP –, por meio de conduta imprudente, negligente ou imperita, infringe o dever objetivo de cuidado, estabelecendo condições favoráveis ao cometimento dos crimes dolosos dos arts. 12 e 13.

Tipo subjetivo

Como mencionado, é o único tipo culposo da Lei 7.170, que lhe retira o caráter de crime político, embora seja um delito contra a segurança nacional.

Consumação ou tentativa

Sendo culposo o delito, ocorre sua consumação com a ocorrência do resultado da conduta dolosa daquele que pratica o crime do art. 12 ou 13. Deve-se exigir, ademais, a comprovação de nexo de causalidade entre a conduta culposa do sujeito ativo e o resultado, ou seja, que este sobreveio, com a contribuição da conduta imprudente, negligente ou imperita do agente.

Não é possível a modalidade tentada.

Art. 15. Praticar sabotagem contra instalações militares, meios de comunicações, meios e vias de transporte, estaleiros, portos, aeroportos, fábricas, usinas, barragem, depósitos e outras instalações congêneres.

Pena: reclusão, de 3 a 10 anos.

§ 1º – Se do fato resulta:

a) lesão corporal grave, a pena aumenta-se até a metade;

b) dano, destruição ou neutralização de meios de defesa ou de segurança; paralisação, total ou parcial, de atividade ou serviços públicos reputados essenciais para a defesa, a segurança ou a economia do País, a pena aumenta-se até o dobro;

c) morte, a pena aumenta-se até o triplo.

§ 2º – Punem-se os atos preparatórios de sabotagem com a pena deste artigo reduzida de dois terços, se o fato não constitui crime mais grave.

148 Op. cit., p. 834.

O tipo penal do art. 15 da Lei 7.170/1983 traz o crime de *sabotagem*, palavra que não é estranha ao nosso ordenamento jurídico, sendo *nomen juris* de parte da conduta descrita no art. 202 do CP.

Bem jurídico tutelado

É a segurança nacional e a ordem social (ou segurança do Estado Democrático de Direito), atingidas pelas condutas descritas no tipo penal, que podem impedir o normal funcionamento de diversos serviços públicos e do próprio governo, trazendo o caos e rompendo a mínima coesão social, que possibilita o convívio pacífico em sociedade.

Sujeitos do crime

Qualquer pessoa pode ser sujeito ativo do crime de sabotagem. Sujeito passivo é o Estado e, de modo secundário, toda a sociedade.

Tipo objetivo

O art. 15 da Lei de Segurança Nacional não traz uma definição de *sabotagem*, o que seria desejável, visto que a conduta nuclear típica é a de *praticar sabotagem*. É muito importante estabelecer uma definição para tal locução, precisando seu alcance, visto que a História nos revela ser hábito dos regimes autoritários, quando confrontados com o fracasso de suas políticas econômicas ou simplesmente quando veem necessidade de perseguir seus opositores, atribuir a inocentes a culpa por suas próprias falhas, inventando fantasiosos – e, não raro, obscuros ou misteriosos – atos de sabotagem. Além do que, trata-se de uma exigência decorrente do próprio princípio da legalidade.[149]

Outros dispositivos legais em nosso ordenamento igualmente fazem referência a atos de sabotagem e podem, em nosso entender, perfeitamente servir de parâmetro para o correto entendimento da locução.

O primeiro desses dispositivos que podemos citar encontra-se no CP, dentre os crimes contra a organização do trabalho, mais especificamente, na parte final do art. 202. Neste, embora a palavra sabotagem não seja empregada na descrição típica, aparece no *nomen iuris*, possuindo conduta corresponde na derradeira parte do seu preceito primário. Segundo o art. 202 do CP, comete sabotagem aquele que, com o intuito de impedir ou embaraçar o curso normal do trabalho, *danifica* estabelecimento industrial, comercial ou agrícola ou as coisas nele existentes ou delas disponha. Portanto, esse tipo penal do CP acaba por definir *sabotagem* como o ato de *danificar* algo (ou dele *dispor*, o que, dada a natureza dos objetos materiais do tipo do art. 15 em comento, não seria aplicável à Lei de Segurança Nacional).

Já na Lei de Terrorismo – Lei 13.260/2016 –, o art. 2º, § 1º, IV, traz o núcleo do tipo *sabotar*, havendo entendimento de que significa *impedir* ou *perturbar* o funcionamento de determinadas atividades ou instalações.[150]

149 Para SCHMIDT, Andrei Zenkner, op. cit., p. 246, o termo "sabotagem" é incondizente com o *nullum crimen, nulla poena sine lege certa*.

150 Cf. ALMEIDA, Débora de Souza de; ARAÚJO, Fábio Roque; GOMES, Luiz Flávio; CUNHA, Rogério Sanches; PINTO, Ronaldo Batista. *Terrorismo: aspectos criminológicos, político-criminais e comentários à Lei 13.260/2016*. Salvador: JusPodivm, 2017, p. 211.

Portanto, à míngua de definição específica da Lei 7.170, podemos concluir que um dos significados para a locução *praticar sabotagem* é a de *danificar*.[151] E mais: à luz da Lei de Terrorismo, pode-se também entender como sabotagem o ato de *impedir* ou *perturbar o funcionamento* de determinadas atividades ou instalações.

Assim, a conduta típica se verifica quando o sujeito ativo *danifica instalações militares, meios de comunicações, meios e vias de transporte, estaleiros, portos, aeroportos, fábricas, usinas, barragem, depósitos* e *outras instalações congêneres* ou *impede* ou *perturba o funcionamento* de tais atividades ou instalações.

Note-se que a preocupação do legislador foi a de punir atos que atinjam instalações, construções ou atividades importantes para o funcionamento da sociedade ou da economia, ambas hoje muito dependentes dos meios de comunicação e do regular funcionamento do transporte, bem assim das instalações onde se gera energia elétrica ou onde se armazena água para usos urbano e rural, isso sem mencionar as próprias instalações fabris.

Tipo subjetivo

O crime é doloso, não havendo menção a elemento subjetivo do tipo de aplicação específica ao tipo penal.

Não se pode olvidar que o agente deve agir para atingir ou causar risco de lesão a algum dos bens jurídicos citados no art. 1º da Lei de Segurança Nacional, do contrário o fato sairia de seu âmbito de aplicação e ingressaria no âmbito do CP (arts. 163, parágrafo único, III[152], 260[153], 261[154], 265[155]), do CPM (arts. 263[156], 264[157]), da Lei de Terrorismo (art. 2º, § 1º, IV[158]) ou do Código Brasileiro de Telecomunicações (art. 70[160]).

---

151 Cf. HUNGRIA, Nelson; LACERDA, Romão Côrtes de. *Comentários ao código penal, vol. VIII*. Rio de Janeiro: Revista Forense, 1947, p. 42: "*Danificar* é destruir, estragar, inutilizar, total ou parcialmente, coisas móveis ou imóveis". Para BITENCOURT, Cezar Roberto. *Tratado de direito penal: parte especial*, v. 3. 3ª ed. São Paulo: Saraiva, 2006, p. 475: "Danificar significa destruir, inutilizar, deteriorar o objeto de proteção jurídica, no caso, qualquer dos estabelecimentos mencionados".

152 "Destruir, inutilizar ou deteriorar coisa alheia: [...] Parágrafo único – Se o crime é cometido: [...] III – contra o patrimônio da União, Estado, Município, empresa concessionária de serviços públicos ou sociedade de economia mista".

153 "Impedir ou perturbar serviço de estrada de ferro: I – destruindo, danificando ou desarranjando, total ou parcialmente, linha férrea, material rodante ou de tração, obra-de-arte ou instalação; II – colocando obstáculo na linha; III – transmitindo falso aviso acerca do movimento dos veículos ou interrompendo ou embaraçando o funcionamento de telégrafo, telefone ou radiotelegrafia; IV – praticando outro ato de que possa resultar desastre [...]".

154 "Expor a perigo embarcação ou aeronave, própria ou alheia, ou praticar qualquer ato tendente a impedir ou dificultar navegação marítima, fluvial ou aérea".

155 "Atentar contra a segurança ou o funcionamento de serviço de água, luz, força ou calor, ou qualquer outro de utilidade pública".

156 "Causar a perda, destruição, inutilização, encalhe, colisão ou alagamento de navio de guerra ou de navio mercante em serviço militar, ou nele causar avaria".

157 "Praticar dano: I – em aeronave, hangar, depósito, pista ou instalações de campo de aviação, engenho de guerra motomecanizado, viatura em comboio militar, arsenal, dique, doca, armazém, quartel, alojamento ou em qualquer outra instalação militar; II – em estabelecimento militar sob regime industrial, ou centro industrial a serviço de construção ou fabricação militar".

158 "Sabotar o funcionamento ou apoderar-se, com violência, grave ameaça a pessoa ou servindo-se de mecanismos cibernéticos, do controle total ou parcial, ainda que de modo temporário, de meio de comunicação ou

Consumação e tentativa

O crime se consuma com a ocorrência de dano a instalações militares, meios de comunicações, meios e vias de transporte, estaleiros, portos, aeroportos, fábricas, usinas, barragem, depósitos e outras instalações congêneres, ou com a ocorrência de impedimento ou perturbação de seu funcionamento. Não logrando o agente produzir dano ao objeto material ou não conseguindo impedir ou perturbar seu funcionamento, haverá a forma tentada (crime plurissubsistente).

Para Guilherme de Souza Nucci, trata-se de crime formal, não se exigindo o resultado naturalístico que, para referido autor, consiste em causar efetivo prejuízo para o País.[160] Concordamos com tal posicionamento, mas há necessidade de tecermos algumas explicações.

Poder-se-ia argumentar que se trata de crime material: se *praticar sabotagem* é danificar ou impedir ou perturbar o funcionamento do objeto material, o resultado naturalístico só poderia ser o dano àquele, ou o impedimento ou a perturbação de seu funcionamento; fosse formal o crime, teria o legislador incluído no tipo penal um elemento subjetivo específico, tal como fez no art. 202 do CP, perfeito exemplo de crime formal (há previsão de elemento subjetivo do tipo, consistente no intuito de impedir ou embaraçar o curso normal dos trabalhos nos estabelecimentos comerciais, industriais ou agrícolas, de modo que tal impedimento ou paralisação representaria apenas o exaurimento do delito).

Lembremos, porém, que o objetivo da conduta será sempre o de lesar ou expor a perigo de lesão a integridade territorial e a soberania nacional, ou o regime representativo e democrático, ou a Federação e o Estado de Direito (democrático) ou a pessoa dos chefes dos Poderes da União, do contrário, não teremos crime contra a segurança nacional. Ou seja, por meio do dano a instalações militares, meios de comunicações, meios e vias de transporte, estaleiros, portos, aeroportos, fábricas, usinas, barragem, depósitos e outras instalações congêneres, ou com o impedimento ou a perturbação de seu funcionamento, busca o autor lesar ou expor a perigo de lesão os citados bens jurídicos. Já dissemos nos comentários ao art. 2º que este dispositivo introduziu verdadeiro elemento subjetivo do tipo, aplicável a todos os crimes dolosos da Lei de Segurança Nacional, sem prejuízo de algum outro elemento subjetivo mais específico trazido pelo tipo, inexistente no art. 15.

Logo, causando o sujeito ativo dano a uma instalação militar com o objetivo de lesar, por exemplo, a soberania nacional, estará consumado o crime do art. 15, ainda que a soberania reste preservada.

O § 2º do art. 15 em comento permite a punibilidade dos *atos preparatórios*, o que constitui exceção em nosso Direito Penal, que em regra admite a punição apenas se o agente iniciou a execução do crime descrito no tipo penal: não se consumando o delito por circunstâncias alheias à vontade do agente, tem-se a tentativa, normalmente punida com a pena do crime

---

de transporte, de portos, aeroportos, estações ferroviárias ou rodoviárias, hospitais, casas de saúde, escolas, estádios esportivos, instalações públicas ou locais onde funcionem serviços públicos essenciais, instalações de geração ou transmissão de energia, instalações militares, instalações de exploração, refino e processamento de petróleo e gás e instituições bancárias e sua rede de atendimento".

159 "Constitui crime punível com a pena de detenção de 1 (um) a 2 (dois) anos, aumentada da metade se houver dano a terceiro, a instalação ou utilização de telecomunicações, sem observância do disposto nesta Lei e nos regulamentos".

160 Op. cit., p. 835.

consumado, reduzida de um a dois terços. Nos atos preparatórios, há uma antecipação da intervenção estatal na tutela do bem jurídico, tornando típico também o ato anterior à fase executória, mas, evidentemente, havendo o ônus de se demonstrar que a conduta era apta a produzir o resultado caso executada, bem assim que o agente efetivamente pretendia executá-la, ou seja, que pretendia consumar a sabotagem, o que se exige para evitar a punição da mera cogitação.

Pune-se o ato preparatório com a mesma pena do crime consumado, reduzida de dois terços, se o fato não constituir crime mais grave, o que é confissão de subsidiariedade da norma.

Causas de aumento de pena

O § 1º do art. 15 traz três causas de aumento de pena ao crime de sabotagem. Façamos algumas observações sobre elas.

A alínea *a* determina a elevação da pena *até a metade* se do fato resulta lesão corporal grave. Note-se que o teto do aumento é a metade da pena fixada pelo juiz nas duas fases anteriores do procedimento trifásico de aplicação da pena.

A alínea *b* afirma que a pena aumenta-se *até o dobro* se do fato resulta dano, destruição ou neutralização de meios de defesa ou de segurança, paralisação, total ou parcial, de atividade ou serviços públicos reputados essenciais para a defesa, a segurança ou a economia do País. Para Guilherme de Souza Nucci, trata-se do exaurimento do crime como resultado qualificador.[161]

Como mencionados acima, o crime de sabotagem ocorre quando o agente danifica instalações militares, meios de comunicações, meios e vias de transporte, estaleiros, portos, aeroportos, fábricas, usinas, barragem, depósitos e outras instalações congêneres ou impede ou perturba o funcionamento de tais atividades ou instalações.

Assim, se ao causar dano a uma instalação militar ou ao perturbar o agente o seu funcionamento ocorre a destruição ou neutralização de meios de defesa e de segurança, há o resultado mais grave, que justifica a majoração. Do mesmo modo, se o dano ou a perturbação ou impedimento ao funcionamento de meios de comunicações, meios e vias de transporte, estaleiros, portos, aeroportos, fábricas, usinas, barragem, depósitos e outras instalações congêneres resultar em paralisação, total ou parcial, de atividade ou serviços públicos reputados essenciais para a defesa, a segurança ou a economia do País, igualmente será aplicável a majoração da pena.

Se ocorrer morte, diz a alínea *c*, a pena deve ser aumentada *até o triplo*.

No caso de ser o crime agravado pelo resultado morte, trata-se de crime preterdoloso. Para Guilherme de Souza Nucci, não, pois entende tal autor que o resultado pode derivar de dolo ou culpa do agente.[162] Discordamos, pois pensamos haver, nesse caso, forma preterdolosa.

Como já observamos nos comentários ao art. 9º, quando a Lei usa a expressão "se resulta morte...", tem-se uma forma preterdolosa, e citamos alguns exemplos retirados do CP: art. 129, § 3º (lesão corporal seguida de morte); art. 133, § 2º (abandono de incapaz qualificado); art. 134, § 2º (abandono ou exposição de recém-nascido qualificado); art. 135, parágrafo único (omissão de socorro majorada); art. 213, § 2º (estupro com resultado morte). Também observamos que o caso do latrocínio (art. 157, § 2º, CP) é exceção: dada a severidade da pena

161 Op. cit., p. 836.

162 Op. cit., p. 836.

cominada quando ocorre morte no roubo, firmou-se o entendimento de que o resultado mais grave pode derivar tanto de dolo quanto de culpa; do contrário, e seguindo-se simplesmente a sistemática do CP, deveria o latrocínio somente admitir a forma preterdolosa.

Ademais, o mesmo problema que vimos, quando da análise do art. 9º, no entendimento segundo o qual haverá a forma majorada do crime mesmo que o agente atue com dolo quanto ao resultado mais grave aparece também no art. 15: a pena mínima poderá ser inferior às cominadas para as formas simples e qualificada do homicídio, a depender do *quantum* do aumento aplicado. Ora, seguindo-se o entendimento segundo o qual o resultado mais grave pode ser obtido com dolo ou culpa, teremos a seguinte situação: o sujeito que cometer ato de sabotagem e, dolosamente, matar alguém nesse episódio, estará sujeito a ser apenado por apenas um crime – com sanção de, no máximo, 9 a 30 anos de reclusão –, não importando as circunstâncias da morte (se obtida com crueldade, mediante emboscada, com explosivo etc.), tampouco o número de fatalidades.

Não concordamos, pois, com esse entendimento. Segundo pensamos, estamos diante de modalidade preterdolosa.

Como é cediço, em relação ao resultado mais grave previsto no § 1º, alínea *c*, do art. 15, pode o agente agir com dolo direito de primeiro grau, dolo direto de segundo grau ou culpa. Vejamos as consequências de cada uma dessas hipóteses.

Agindo com dolo direto de primeiro grau, terá o agente matado ou tentado matar alguém, querendo e buscando tal resultado, durante a execução do crime da sabotagem. Logo, pensamos que deverá responder pelo(s) crime(s) de homicídio (seja do CP ou do CPM, conforme o caso), consumado ou tentado, em concurso com a forma *simples* do crime do art. 15 (não concordamos que se adote, aqui, a mesma solução que parte da doutrina aplica à rixa qualificada – ou seja, responsabilidade sempre pela forma qualificada – visto que haveria verdadeiro *bis in idem*; daí nossa ressalva).

De outra parte, é certo que, dependendo do meio emprego para a execução da sabotagem ou o alvo desta (pense-se na demolição de uma barragem), pode-se perfeitamente afirmar que o agente tem conhecimento pleno de que sua conduta terá como consequência necessária e inevitável morte de pessoas. Assim sendo, também há dolo em relação ao resultado, mas de segundo grau. Logo, a solução é a mesma: deverá responder pelo(s) crime(s) de homicídio, como coautor ou partícipe, em concurso com a forma simples do delito do art. 15.

Por fim, a culpa, que nos leva à forma preterdolosa: o agente atua dolosamente para a sabotagem, mas ocorre o resultado morte, não tendo agido com dolo – de primeiro ou de segundo grau – em relação a tal desenlace fatal: somente nesse caso, responderá o agente pela forma mais grave do art. 15 da Lei 7.170. Haverá crime único, agravado pelo resultado, não importando quantas mortes ocorrerem.

Art. 16. Integrar ou manter associação, partido, comitê, entidade de classe ou grupamento que tenha por objetivo a mudança do regime vigente ou do Estado de Direito, por meios violentos ou com o emprego de grave ameaça.

Pena: reclusão, de 1 a 5 anos.

Uma primeira e rápida leitura do dispositivo do art. 16 da Lei de Segurança Nacional pode trazer a impressão de não ter sido o dispositivo recepcionado pela CF de 1988, por possível ofensa às liberdades de associação e de expressão.

No entanto, no que tange à liberdade de associação, é importante observar que o inciso XVII do art. 5º do texto constitucional estabelece ser ela plena *para fins lícitos*, além do que veda expressamente a associação de caráter paramilitar. Portanto, se a liberdade de associação é assegurada, há claro limite imposto pelo texto constitucional: a finalidade lícita.[163]

É inevitável que se pergunte: é lícita a finalidade de mudar o regime político vigente ou o Estado de Democrático de Direito, por meio de violência ou de grave ameaça? A resposta deve ser negativa.

A mudança de regime político pode se dar em nosso ordenamento jurídico por meios pacíficos e com uso dos mecanismos previstos na própria Constituição, ou seja, por emendas constitucionais, com ou sem consulta popular (referendo ou plebiscito). Já tivemos, inclusive, a realização de plebiscito, que decidiu pela mantença da República, sendo repudiada a Monarquia; na mesma oportunidade, optou-se pelo sistema presidencialista, afastando-se o parlamentarismo. As portas para eventual mudança ainda encontram-se abertas, desde que sejam seguidas as regras constitucionais, que não preveem mudança violenta ou obtida por coação moral.

O mesmo se diga em relação à "mudança" do Estado de Direito. Afinal, mudar o Estado (Democrático) de Direito implica na instituição da tirania, o que não se revela possível na ordem constitucional vigente.

Por isso, entendemos que houve recepção do dispositivo ora em comento.

Tampouco o dispositivo fere a liberdade de expressão, visto que não atinge propriamente a expressão da ideia de mudar o regime vigente ou o Estado Democrático de Direito. Pode alguém defender que é melhor viver sob uma ditadura do que sob nossa democracia; ou que a Monarquia é muito superior à forma republicana; pode alguém defender que precisamos urgentemente de uma mudança de regime; pode até mesmo defender que uma mudança efetiva somente é possível por via revolucionária, ainda que isso implique no uso de violência. Nada disso, porém, é atingido pelo dispositivo.

A verdade, o art. 16 trata da conduta de associação para fins de mudança violenta do regime político e da ordem democrática: não se pune a ideia em si da mudança violenta, mas a reunião de pessoas com o objetivo, ilícito, de usar a violência ou a grave ameaça para a obtenção da mudança. A associação é o primeiro passo para o cometimento dos atos de violência ou de intimidação para a obtenção da finalidade do grupo, o que configurará o delito do art. 17 da mesma Lei.

---

163 Cf. RAMOS, André de Carvalho, op. cit., p. 689: "A liberdade de associação consiste no *direito de formação de entidades*, não importando a espécie ou natureza (com ou sem fim lucrativo), sendo *proibida* unicamente as de *caráter paramilitar*. O 'caráter paramilitar' expressamente proibido pela Constituição refere-se a associações que buscam organizar e treinar seus membros de forma similar à das Forças Armadas, com uso de hierarquia, disciplina, cadeia de comando (com ou sem fardamento próprio) e voltado a atividades bélicas. A proibição expressa de associações de caráter paramilitar não elimina a possibilidade de proibição também de funcionamento de associações voltadas a *outras* práticas ilícitas, incidindo nesse caso, a ponderação entre o direito de associação e os direitos de terceiros (futuras vítimas das práticas ilícitas)".

Isso não é novidade em nosso ordenamento, que prevê crimes associativos há muito tempo, como se dá com o art. 288 do CP (atualmente denominado "associação criminosa"). Trata-se de uma antecipação da atuação estatal em face da conduta delitiva, criminalizando-se o que normalmente seriam considerados atos preparatórios.

Por fim, o dispositivo do art. 16 da Lei de Segurança Nacional não fere a Convenção Americana de Direitos Humanos (Pacto de São José da Costa Rica[164]), visto que a liberdade de associação nela previsto (coincidentemente, no art. 16 do texto convencional) permite que os Estados signatários imponham certas restrições.

De fato, o item 1 do art. 16 do tratado garante que todas as pessoas têm o direito de associar-se livremente com fins ideológicos, religiosos, políticos, econômicos, trabalhistas, sociais, culturais, desportivos ou de qualquer outra natureza. Porém, o item 2 afirma que o exercício desse direito só pode estar sujeito às restrições previstas pela Lei que sejam necessárias, numa sociedade democrática, no *interesse da segurança nacional*, da *segurança e da ordem públicas*, ou para proteger a saúde ou a moral pública ou os *direitos e as liberdades das demais pessoas*.

Entendemos absolutamente proporcional – e, assim, de acordo com o art. 16 da Convenção – a limitação da liberdade de associação no caso em que o objetivo desta for a mudança violenta do regime ou do Estado Democrático de Direito. Aliás, a tentativa de mudança, como veremos, configurará o crime do art. 17 da Lei de Segurança Nacional, o que traz a inevitável conclusão de que a associação, nesse caso, teria objetivo ilícito e criminoso.

Bem jurídico tutelado

É a segurança nacional e a ordem social (ou segurança do Estado Democrático de Direito), atingidas pelas condutas descritas no tipo penal, que podem levar à conflagração violenta, à guerra civil e à instauração de regime ditatorial. Assim como normalmente ocorre com os crimes de natureza associativa, são de perigo abstrato.

Sujeitos do crime

Qualquer pessoa pode ser sujeito ativo deste crime, que é de concurso necessário. Sujeito passivo é o Estado e, de modo secundário, toda a sociedade.

Tipo objetivo

Há dois núcleos do tipo, que se apresentam em caráter de alternatividade: *integrar* ou *manter*.

É típica a conduta do agente que integra, ou seja, que faz parte de associação, partido, comitê, entidade de classe ou grupamento que tenha por objetivo a mudança do regime vigente ou do Estado de Direito, por meios violentos ou com o emprego de grave ameaça.

Também será típica se o agente simplesmente mantiver tais grupos, ou seja, se os sustentar, conservar, prover, ainda que deles não faça parte formalmente.

164 Cf. GOMES, Luiz Flávio; MAZZUOLI, Valerio de Oliveira. *Direito penal: comentários à convenção americana sobre direitos humanos: pacto de San José da Costa Rica*, v. 4. São Paulo: Revista dos Tribunais, 2008, p. 14. "A Convenção Americana sobre Direitos Humanos foi adotada e aberta à assinatura na Conferência Especializada Interamericana sobre Direitos Humanos, em San José da Costa Rica, em 22 de novembro de 1969, tendo sido aprovada no Brasil pelo Decreto Legislativo 27, de 25 de setembro de 1992, e promulgada pelo Decreto presidencial 678, de 6 de novembro desse mesmo ano".

O tipo do art. 16 menciona algumas espécies de grupos, a saber: associação, partido, comitê, entidade de classe ou grupamento. Quanto à menção a *partido*, por óbvio que a Lei quis se referir a partido político. Porém, hoje em dia, nenhum partido político existirá formalmente e será inscrito na Justiça Eleitoral se tiver como um de seus objetivos a mudança do regime ou o fim do Estado Democrático de Direito, pela violência ou por meio de ameaça. E partido não inscrito na Justiça Eleitoral não passa de uma associação ou de comitê ou simples grupamento de pessoas.

Estão incluídos no conceito do tipo penal os grupos paramilitares, que tenham por objetivo lesar ou colocar em risco a ordem constitucional e democrática.[165] É verdade que o legislador bem que tentou tipificar a formação de tais grupos em dispositivo autônomo (art. 24), mas o fez de modo tão defeituoso que, em nosso entender, tornou-o inaplicável. Assim, se o grupamento tiver as características de uma organização paramilitar e se o objetivo for o de atingir um dos bens jurídicos tutelados por esta Lei, haverá o crime do art. 16. Do contrário, haverá crime de constituição de milícia privada, previsto no art. 288-A do CP que, por sinal, possui patamares mínimo e máximo de pena bem mais elevados, o que é uma incongruência que precisa ser corrigida.

Pode-se dizer, com Rogério Sanches Cunha, que as organizações paramilitares são "associações civis, armadas e com estrutura semelhante à militar. Possuem as características de uma força militar, têm a estrutura e organização de uma tropa ou exército, sem sê-lo".[166]

Tipo subjetivo

O crime do art. 16 é doloso, prevendo o tipo penal um elemento subjetivo específico, qual seja, o objetivo de mudar o regime vigente ou o Estado de Direito por meios violentos ou com o emprego de grave ameaça.

Não se olvide que deve estar presente o intento de atingir ou causar risco de lesão a algum dos bens jurídicos citados no art. 1º da Lei de Segurança Nacional.

Consumação e tentativa

O crime consuma-se com a integração do agente ao grupo ou com atos de subvenção dele que contribua para a mantença do grupo.

---

165 Cf. SNYDER, Timothy. *Sobre a tirania: vinte lições do século XX para o presente*. Tradução de Donaldson M. Garschagen. São Paulo: Companhia das Letras, 2017, p. 41-42: "*Quando pessoas armadas que sempre afirmaram ser contra o sistema começam a usar uniformes e a desfilar com tochas e retratos de um líder, o fim está próximo. Quando o grupo paramilitar favorável ao líder se unir à polícia e às Forças Armadas oficiais, o fim chegou.* A maior parte dos governos, durante a maior parte do tempo, procura deter o monopólio da violência. Se apenas o governo pode, legitimamente, usar a força, e se esse uso for regido pela lei, as formas de política que aceitamos como naturais tornam-se possíveis. É impossível realizar eleições democráticas, julgar causas em tribunais, formular e fazer cumprir leis ou até levar a efeito qualquer outra atividade de governo quando organizações que não sejam do Estado também têm o direito de usar a violência. Justamente por isso as pessoas e os partidos que desejam minar a democracia e o Estado de direito criam e financiam organizações violentas que se envolvem na política. Esses grupos podem assumir a forma de uma ala paramilitar de um partido político, de guarda pessoal de um político ou de iniciativas cívicas aparentemente espontâneas, mas que com o tempo mostram ter sido criadas por um partido ou por seu líder. Os grupos armados primeiro degradam a ordem política, e depois a transformam".

166 *Manual de direito penal...*, p. 653.

É *crime permanente* no que tange à conduta de *integrar*: somente cessarão os atos executórios quando o agente desligar-se do grupo.

Quanto à conduta de *manter*, pensamos se tratar de *crime habitual*, não bastando, para sua consumação, que o agente faça uma isolada contribuição para o sustento da associação.

Não é possível a tentativa, pois não vemos possibilidade de o agente tentar integrar-se a uma associação: ou ele passa a integrá-la, com o que o delito terá encontrado a consumação; ou não consegue dela fazer parte, permanecendo o delito na fase preparatória.

Do mesmo modo, sendo habitual a conduta de manter, não admite tentativa.

> **Art. 17.** Tentar mudar, com emprego de violência ou grave ameaça, a ordem, o regime vigente ou o Estado de Direito.
>
> Pena: reclusão, de 3 a 15 anos.
>
> Parágrafo único – Se do fato resulta lesão corporal grave, a pena aumenta-se até a metade; se resulta morte, aumenta-se até o dobro.

O art. 17 da Lei de Segurança Nacional traz conduta que, no art. 16, permanece apenas na fase de preparação. Aqui, pune-se a própria tentativa de mudança da ordem, do regime ou do Estado Democrático de Direito. Os limites mínimo e máximo da sanção penal são, por isso mesmo, bem superiores ao do tipo penal anterior.

Trata-se de crime imprescritível e inafiançável, por força do que dispõe o inciso XLIV do art. 5º da CF, que serve de fundamento a este tipo penal. Diz referida norma da Carta da República: "constituiu crime inafiançável e imprescritível a ação de grupos armados, civis ou militares, contra a ordem constitucional". O tipo penal do art. 17 corresponde a esse mandamento da Constituição.

Bem jurídico tutelado

Novamente, é a segurança nacional e a ordem social (ou segurança do Estado Democrático de Direito), atingidas pelas condutas descritas no tipo penal, que podem levar à conflagração violenta, à guerra civil e à instauração de regime ditatorial.

Sujeitos do crime

Qualquer pessoa pode ser sujeito ativo deste crime, que é de concurso necessário. Sujeito passivo é o Estado e, de modo secundário, toda a sociedade.

Tipo objetivo

A conduta nuclear é *tentar mudar* o regime e o Estado de Direito, o que corresponde a uma tentativa de golpe de Estado.

É verdade que a palavra *golpe* tem sido impropriamente usada em nosso meio político em tempos mais recentes: a Presidente da República eleita em 2014 sofreu, ao longo de 2016, longo e público processo de *impeachment* por crime de responsabilidade, por meio do qual perdeu o cargo, mas manteve, em afronta à CF, seus direitos políticos, mas, ainda assim alegou ter sofrido um golpe; o Presidente que a sucedeu foi alvo de ações penais contra ele promovidas pelo Procurador-Geral da República, mas, também alegou ser vítima de uma tentativa de golpe.

À parte os discursos ditados pelo *marketing* político, é certo que o Brasil, ao longo de sua história, efetivamente conheceu golpes de Estado. Apenas para ficarmos com os episódios mais recentes, na década de 50 do século XX, tentou-se um golpe de Estado contra o Presidente constitucionalmente eleito, Juscelino Kubitschek, felizmente sem sucesso. Mas, o insucesso durou pouco: em 1964 veio o golpe cívico-militar, instaurando regime que perdurou por mais de duas décadas.

Pode-se dizer que, via de regra, golpe é a mudança de regime por meios violentos ou pela grave ameaça das armas. O art. 17 da Lei de Segurança Nacional busca punir justamente a tentativa dessa mudança inconstitucional e ilegal. É claro que somente pode ser punida a *tentativa* de golpe, visto que, se bem-sucedido o *putsch*, o novo regime jamais puniria seus criminosos.

O objeto material do crime é a *ordem*, o *regime vigente* ou o *Estado (Democrático) de Direito*. Note-se que a *ordem* não é mencionada no tipo penal anteriormente analisado, de caráter associativo. Na verdade, concordamos com Guilherme de Souza Nucci: as três expressões devem ser vistas como faze parte de um só contexto.[167] Logo, "tentar mudar a ordem" deve ser entendido como *tentar mudar a ordem constitucional*.

Em tempos de vigência de uma Carta Constitucional democrática como a de 1988, passado o regime autoritário que promulgou a Lei de Segurança Nacional, deve-se interpretar o dispositivo do art. 17 com vistas ao que ele pretende proteger. E o objeto de tutela é o próprio Estado Democrático de Direito e o regime político que dele decorrer e o honrar, de modo que será punida a conduta que, com violência ou grave ameaça, contra eles atentar, ou seja, será típica a tentativa de golpe violento, pelas armas ou pela intimidação.

Tipo subjetivo

O tipo penal do art. 17 é doloso, não havendo previsão de elemento subjetivo específico.

Consumação e tentativa

O crime consuma-se com a própria tentativa de golpe, ou seja, com a prática de atos concretos, por meio de violência ou grave ameaça, que busque a mudança do regime (democrático) vigente. Não se trata da mera associação de pessoas com tal objetivo, tampouco a realização de discursos ou disseminação dessas ideias. Trata-se, efetivamente, de se tentar o golpe.

Sendo crime de atentado, a tentativa é prevista como a própria conduta típica, não sendo possível a aplicação do art. 14, parágrafo único, do CP.

Diz-se que o crime é formal, não havendo qualquer necessidade de realização do resultado naturalístico, que é a ocorrência da mudança pretendida com o golpe de Estado.

Causa de aumento de pena

O parágrafo único do art. 17 da Lei de Segurança Nacional prevê o aumento de até metade da pena se do fato resultar lesão corporal de natureza grave; e até o dobro, se houver morte.

167 Op. cit., p. 838.

Uma vez mais, discordamos do entendimento segundo o qual, havendo violência contra pessoa para o cometimento do crime, com resultado morte, haverá o aumento ainda que tenha o agente atuado com dolo.[168]

Como já observamos nos comentários aos arts. 9º e 15, quando a Lei usa a expressão "se resulta morte...", tem-se uma forma preterdolosa.

Ademais, a pena mínima poderá ser inferior às cominadas para as formas simples e qualificada do homicídio, a depender do *quantum* do aumento aplicado. Ora, seguindo-se o entendimento segundo o qual o resultado mais grave pode ser obtido com dolo ou culpa, teremos a seguinte situação: o sujeito que usar de violência contra pessoa para tentar a mudança de regime e, dolosamente, matar alguém nesse episódio, estará sujeito a ser apenado por apenas um crime – com sanção de, no máximo, 6 a 30 anos de reclusão –, não importando as circunstâncias da morte (se obtida com crueldade, mediante emboscada, com explosivo etc.), tampouco o número de fatalidades.

Não concordamos, pois, com esse entendimento. Segundo pensamos, estamos diante de modalidade preterdolosa.

Como é cediço, em relação ao resultado mais grave previsto na parte final do parágrafo único do art. 17, pode o agente agir com dolo direito de primeiro grau, dolo direto de segundo grau ou culpa. Vejamos as consequências de cada uma dessas hipóteses.

Agindo com dolo direto de primeiro grau, terá o agente matado ou tentado matar alguém, querendo e buscando tal resultado, durante a execução do golpe de Estado. Logo, pensamos que deverá responder pelo(s) crime(s) de homicídio (seja do CP ou do CPM, conforme o caso), consumado ou tentado, em concurso com a forma *simples* do crime do art. 17 (não concordamos que se adote, aqui, a mesma solução que parte da doutrina aplica à rixa qualificada – ou seja, responsabilidade sempre pela forma qualificada – visto que haveria verdadeiro *bis in idem*; daí nossa ressalva).

De outra parte, é certo que, dependendo do meio emprego para a execução da mudança de regime, pode-se perfeitamente afirmar que o agente tem conhecimento pleno de que sua conduta terá como consequência necessária e inevitável a morte de pessoas. Assim sendo, também há dolo em relação ao resultado, mas de segundo grau. Logo, a solução é a mesma: deverá responder pelo(s) crime(s) de homicídio, como coautor ou partícipe, em concurso com a forma simples do delito do art. 17.

Por fim, a culpa, que nos leva à forma preterdolosa: o agente atua dolosamente para a execução do golpe de Estado, mas ocorre o resultado morte, não tendo agido com dolo – de primeiro ou de segundo grau – em relação a tal desenlace fatal: somente nesse caso, responderá o agente pela forma mais grave do art. 15 da Lei 7.170. Haverá crime único, agravado pelo resultado, não importando quantas mortes ocorrerem.

Art. 18. Tentar impedir, com emprego de violência ou grave ameaça, o livre exercício de qualquer dos Poderes da União ou dos Estados.
Pena: reclusão, de 2 a 6 anos.

168 Cf. NUCCI, Guilherme de Souza, op.cit., p. 836.

A CF de 1988 garante o livre exercício de qualquer dos Poderes da União ou dos Estados. Basta verificar que seu art. 2º diz expressamente que os Poderes Judiciário, Legislativo e Executivo são *independentes e harmônicos entre si*. Além disso, o texto constitucional permite a intervenção da União nos Estados e no Distrito Federal justamente para garantir tal livre exercício nas unidades da Federação. E atentar contra o livre exercício dos Poderes Legislativo e Judiciário, do Ministério Público e dos Poderes constitucionais das unidades da Federação constitui crime de responsabilidade do Presidente da República.

O art. 18 da Lei de Segurança Nacional pune justamente a tentativa de impedimento, por meios violentos ou com grave ameaça, do livre exercício dos três Poderes, seja no âmbito da União, seja dos Estados.

Por tais razões, não vemos qualquer incompatibilidade entre o texto da Lei e a nova ordem constitucional, podendo-se afirmar que houve total recepção pela CF de 1988.

Se o crime for cometido por ação de grupos armados, civis ou militares, será considerado imprescritível e inafiançável, por força do que dispõe o inciso XLIV do art. 5º da CF, pois é inegável que a conduta atenta contra a própria ordem constitucional.

Bem jurídico tutelado

Tutela-se no art. 18 o Estado Democrático de Direito, atingido pela tentativa de impedimento, pelas armas ou pela intimidação, do livre exercício de qualquer de seus Poderes, em qualquer dos âmbitos da Federação (excluídos os Municípios, como veremos).

Sujeitos do crime

O crime em comento pode ser cometido por qualquer pessoa. Sujeito passivo será o Estado e, indiretamente, toda a sociedade.

Tipo objetivo

A conduta nuclear é *tentar impedir* o livre exercício de qualquer dos Poderes da União ou dos Estados. Trata-se de criar obstáculo, bloquear, obstruir, interromper, proibir o exercício pleno dos três Poderes dessas duas unidades da Federação.

O tipo penal exige o emprego de *violência* ou *grave ameaça* para o impedimento do livre exercício dos Poderes Judiciário, Legislativo ou Executivo. Logo, não constitui o crime do art. 18 a realização de discursos para o fechamento do Congresso Nacional ou do Supremo Tribunal Federal, tampouco a disseminação de mensagens com tal tipo de tresloucada e estúpida ideia. O tipo exige o uso da violência ou da intimidação sobre os membros desses Poderes, de modo a que seja bloqueado o exercício das atividades de algum deles. A conduta do art. 18 guarda semelhança com a do dispositivo anterior, pois também representa uma forma de golpe contra o Estado Democrático de Direito.

Tentar impedir o *livre exercício* de um Poder é tentar bloquear a realização de sua atividade(s)-fim.

O tipo penal não menciona os Poderes (Executivo e Legislativo) dos Municípios, tampouco do Distrito Federal e Territórios.

No caso dos Municípios, onde funcionam Poderes Executivo e Legislativo próprios, não obstante terem sido incluídos pelo constituinte de 1988 como unidades da Federação, a omissão do legislador é plenamente justificável: o atentado ao livre exercício do cargo de Prefeito ou das atividades de uma Câmara de Vereadores não chega a atingir a segurança nacional.

Porém, o mesmo não se pode dizer da omissão legislativa quanto ao Distrito Federal. É que o legislador incluiu os Estados no tipo penal, não havendo qualquer sentido em excluir-se essa outra unidade da Federação, dadas as semelhanças entre elas (ao contrário do que ocorre com os Municípios). Parece-nos, assim, que não quis o legislador, de modo deliberado, excluir o Distrito Federal, de modo que, por meio de uma interpretação extensiva, deve-se ampliar o alcance do tipo do art. 18 da Lei de Segurança Nacional para alcançar o atentado ao livre exercício dos Poderes Executivo e Legislativo distritais.

Tipo subjetivo

O crime do art. 18 da Lei de Segurança Nacional é unicamente doloso, não havendo previsão da modalidade culposa.

Não há um elemento subjetivo do tipo específico, mas não custa lembrar que, como todos os delitos dolosos da Lei 7.170, deve haver na conduta, implicitamente, o objetivo de atingir o regime representativo e democrático ou a Federação ou, em resumo, o próprio Estado Democrático de Direito, amputando um de seus Poderes, pela violência ou intimidação.

Esse ponto é importante. Não é incomum que tenhamos manifestações violentas dentro dos recintos do Congresso Nacional em dias de votações importantes, ainda mais nos últimos tempos, em que cresceu o nível de agressividade entre antagonistas políticos. Porém, tais protestos, ainda que com emprego de violência, não configuram o crime do art. 18 ora em comento justamente pela falta do elemento subjetivo implícito a todo tipo penal doloso da Lei 7.170/1983, ou seja, essas manifestações não têm o objetivo de atingir o Estado Democrático de Direito, de obstruir o livre exercício do Poder, mas apenas o de mostrar – ainda que de modo lamentável e reprovável – repúdio a um ato determinado. Pode-se buscar a tipicidade, porém, em outro texto legislativo, como o CP, mas não na Lei de Segurança Nacional, pois crime dessa espécie não haverá nesses casos.

Consumação e tentativa

Trata-se de mais um crime de atentado, em que a consumação ocorre apenas com a prática de atos, violentos ou de grave intimação, que procuram impedir o livre exercício do Poder constituído. Diz-se que o crime é formal, porque não há necessidade da ocorrência do resultado naturalístico, é dizer, do impedimento do exercício do Poder. Ademais, não se aplica o art. 14, parágrafo único, do CP.

> **Art. 19.** Apoderar-se ou exercer o controle de aeronave, embarcação ou veículo de transporte coletivo, com emprego de violência ou grave ameaça à tripulação ou a passageiros.
>
> Pena: reclusão, de 2 a 10 anos.
>
> Parágrafo único – Se do fato resulta lesão corporal grave, a pena aumenta-se até o dobro; se resulta morte, aumenta-se até o triplo.

Nos anos 60, 70 e 80 do século XX, teve início uma nova modalidade de ação criminosa, com as mais diversas finalidades: o sequestro de aeronaves comerciais, com sua tripulação e passageiros. Normalmente, o objetivo era político, como o de chamar atenção para alguma causa ou obter a liberação de prisioneiros, sempre em troca da vida das pessoas presentes na aeronave. Raramente, o objetivo era primordialmente o de causar mortes, embora, por vezes, o final acabava sendo trágico, com perdas de diversas vidas inocentes.

Com o aumento da segurança nos aeroportos, tais ações diminuíram em quantidade, até que voltaram a ser usadas no início do corrente século. E de modo espetacular: impossível esquecer do sequestro simultâneo de aeronaves no espaço aéreo dos EUA, em 11 de setembro de 2001, com o objetivo de serem lançadas contra edifícios simbólicos do poderio militar e econômico de tal país. É também impossível esquecer as consequências desse ato insano, que muito provavelmente mudou o rumo da História.

O artigo em comento trata apenas do sequestro em si, mencionando, além das aeronaves, também as embarcações e os veículos de transporte coletivo.

Bem jurídico tutelado

O bem jurídico tutelado é a segurança nacional, em qualquer de suas manifestações apresentadas no art. 1º da Lei 7.170, ou o próprio Estado Democrático de Direito.

Sujeitos do crime

O crime do art. 18 pode ser cometido por qualquer pessoa, sendo o Estado o sujeito passivo primário e, secundariamente, a sociedade e as pessoas atingida pela ação criminosa, ou seja, os tripulantes e passageiros do veículo de transporte aéreo, aquático ou terrestre.

Tipo objetivo

A conduta nuclear típica é *apoderar-se* ou *exercer o controle* de aeronave, embarcação ou veículo de transporte terrestre. Em outras palavras, trata-se de sequestrar um desses meios de transporte, dominando-o ou de alguma forma controlando-o. O veículo pode estar ou não em movimento quando dominado ou, depois de dominado, pode ser colocado em movimento ou ter sua marcha impedida. Em todos esses casos restará configurada a figura típica do art. 18.

Para configuração do crime há necessidade do emprego de violência ou grave ameaça contra os tripulantes ou passageiros do veículo de transporte. Não importa quantas pessoas há no aparelho, bastando que a violência ou ameaça seja dirigida contra alguma delas. E em momento algum exige o tipo penal que haja o emprego de arma, explosivo etc.

Tipo subjetivo

Trata-se de figura dolosa.

O crime em questão não traz em seu tipo qualquer elemento subjetivo específico. Porém, somente incorrerá neste crime aquele que sequestrar a aeronave, embarcação ou veículo de transporte coletivo com o objetivo de atingir ou colocar em perigo algum dos bens jurídicos citados no art. 1º da Lei 7.170/1983, o que constitui um elemento subjetivo implícito.

Caso o objetivo do(s) autor(es) da conduta seja outra, poderá incorrer em outros tipos penais. Assim, aquele que sequestra um ônibus de transporte urbano de passageiros para fugir de perseguição policial não comete crime contra a segurança nacional; tampouco comete o delito aquele que se apodera de aeronave para cometer suicídio de forma espetacular ou para protestar contra a situação política do país. Para que haja o crime, em suma, o sequestro deve ter o objetivo de atingir a segurança nacional e a ordem política e social.

Consumação e tentativa

Consuma-se o crime em questão no momento em que o agente apodera-se ou passa a exercer o controle da aeronave, embarcação ou veículo de transporte coletivo. A tentativa é perfeitamente possível, eis que a conduta se desdobrará em diversos atos (crime plurissubsistente).

Trata-se de crime instantâneo ou permanente? A menção à palavra sequestro mais acima pode induzir à conclusão de que se trata sempre de crime permanente, o que não é verdade. Portanto, há que se ter cautela com o uso de tal locução.

A conduta pode tomar a forma de sequestro: por meio da ameaça continuada contra os tripulantes ou passageiros, o agente apodera-se e mantém sob seu controle o veículo. Nesse caso, enquanto mantiver consigo algum dos tripulantes ou passageiros, ao mesmo tempo em que controla o aparelho, a consumação do delito estará se prolongando no tempo, assumindo a forma permanente de crime. Entanto, se o agente usa da violência ou grave ameaça para tomar o veículo, levando-o consigo, mas deixando tripulantes e passageiros para trás, com o objetivo, por exemplo, de atirá-lo sobre o Congresso Nacional a fim de matar seus integrantes, terá o crime se consumado no momento do apoderamento, tomando a forma de delito instantâneo, mais semelhante a um roubo que a um sequestro.

Seja como for, trata-se de crime formal, eis que desnecessária a obtenção do resultado jurídico pretendido, ou seja, que seja atingido o Estado Democrático de Direito.

Causas de aumento de pena

O parágrafo único do art. 19 estabelece aumento de pena até o dobro, se do fato resulta lesão corporal grave; e até o triplo, se resulta morte. Assim, nesse último caso, a pena de reclusão pode ter um patamar mínimo de 6 e o máximo de 30 anos.

De novo: discordamos do entendimento segundo o qual haverá o aumento ainda que tenha o agente atuado com dolo.[169]

Como já observamos nos comentários aos arts. 9º, 15 e 17, quando a Lei usa a expressão "se resulta morte...", tem-se uma forma preterdolosa.

Ademais, como visto, a pena mínima poderá ser inferior às cominadas para as formas simples e qualificada do homicídio, a depender do *quantum* do aumento aplicado. Ora, seguindo-se o entendimento segundo o qual o resultado mais grave pode ser obtido com dolo ou culpa, teremos a seguinte situação: o sujeito que tomar uma aeronave, fazendo reféns e, depois, dolosamente, matá-los um a um, estará sujeito a ser apenado por apenas um crime – com sanção de, no máximo, 6 a 30 anos de reclusão –, não importando as circunstâncias das mortes (uso de crueldade, com explosivo etc.).

Não concordamos, pois, com esse entendimento. Segundo pensamos, estamos diante de modalidade preterdolosa.

Agindo com dolo direto de primeiro grau, terá o agente matado ou tentado matar alguém, querendo e buscando tal resultado, durante a execução do delito. Logo, pensamos que deverá

169 Cf. NUCCI, Guilherme de Souza, op.cit., p. 840.

responder pelo(s) crime(s) de homicídio (seja do CP ou do CPM, conforme o caso), consumado ou tentado, em concurso com a forma *simples* do crime do art. 19 (não concordamos que se adote, aqui, a mesma solução que parte da doutrina aplica à rixa qualificada – ou seja, responsabilidade sempre pela forma qualificada – visto que haveria verdadeiro *bis in idem*; daí nossa ressalva).

De outra parte, é certo que, dependendo do meio emprego para a execução do delito, pode-se perfeitamente afirmar que o agente tem conhecimento pleno de que sua conduta terá como consequência necessária e inevitável a morte de pessoas. Assim sendo, também há dolo em relação ao resultado, mas de segundo grau. Logo, a solução é a mesma: deverá responder pelo(s) crime(s) de homicídio, como coautor ou partícipe, em concurso com a forma simples do delito do art. 17.

Por fim, a culpa, que nos leva à forma preterdolosa: o agente atua dolosamente para a execução do delito, mas ocorre o resultado morte, não tendo agido com dolo – de primeiro ou de segundo grau – em relação a tal desenlace fatal: somente nesse caso, responderá o agente pela forma mais grave do art. 19 da Lei 7.170. Haverá crime único, agravado pelo resultado, não importando quantas mortes ocorrerem.

Art. 20. Devastar, saquear, extorquir, roubar, seqüestrar, manter em cárcere privado, incendiar, depredar, provocar explosão, praticar atentado pessoal ou atos de terrorismo, por inconformismo político ou para obtenção de fundos destinados à manutenção de organizações políticas clandestinas ou subversivas.

Pena: reclusão, de 3 a 10 anos.

Parágrafo único – Se do fato resulta lesão corporal grave, a pena aumenta-se até o dobro; se resulta morte, aumenta-se até o triplo.

Antes do advento da Lei 13.260/2016 (Lei de Terrorismo), à indagação sobre se nosso ordenamento havia tipificado o crime de terrorismo, encontrávamos duas respostas: de um lado, a de que o crime, apesar de mencionado na CF (arts. 4º, VIII, e 5º, XLIII), não encontrava correspondência em algum tipo penal recepcionado pela ordem constitucional; de outro, de que o crime de terrorismo era previsto no art. 20 da Lei de Segurança Nacional.

A leitura do art. 20 nos mostra, de fato, que pretendeu o legislador de 1983 tipificar os atos de terrorismo, locução expressamente mencionada dentre as condutas de seu preceito primário.

Porém, adiantemos nosso posicionamento: *o art. 20 não tipifica a prática de terrorismo, já que não foi recepcionado pela CF de 1988*. Vejamos os problemas que são apontados pela doutrina.

A não-recepção pela CF de 1988

(A) **Incompatibilidade com o princípio da taxatividade?**

Antes da promulgação da Lei de Terrorismo, entendia Fernando Capez que o art. 20 da Lei de Segurança Nacional não só tipificava a conduta de terrorismo, como também havia sido recepcionado pela nova ordem constitucional: "Embora parte da doutrina sustente que há ofensa ao princípio da legalidade, em face de sua descrição genérica, entendemos que o terrorismo, atualmente, encontra-se tipificado no art. 20 da Lei de Segurança Nacional. Com efeito, não existe nenhuma ofensa ao princípio da reserva legal nessa previsão normativa. É que, embora o seu tipo definidor seja aberto, isso se justifica plenamente diante da imensa variedade operacional com que essa conduta pode se revestir, sendo impossível ao legislador antever todas as formas de cometimento de ações terroristas. Considerando que o bem jurídico não pode ficar sem proteção, já que a própria Constituição Federal tutela o direito à vida, à segurança, ao patrimônio, entre outros (art. 5º, *caput*), o largo alcance da elementar em questão é perfeitamente aceitável".[170]

Comentando a conduta típica do art. 20, já sob a vigência da Lei de Terrorismo, assim se manifestou Guilherme de Souza Nucci: "(...) *devastar* (...), *saquear* (...), *extorquir* (...), *roubar* (...), *sequestrar* (...), *manter em cárcere privado* (...), *incendiar* (...), *depredar* (...), *provocar explosão* (...), *praticar atentado pessoal* (...), *atos de terrorismo*. Quanto a estes, defendíamos que consistiam no conjunto dos demais, vale dizer, embora sem precisão técnica poderia ser aplicado. No entanto, deixa de ser necessária qualquer extensão interpretativa, pois há a Lei 13.260/2016, tipificando o crime de terrorismo e suas formas de execução. Consiste, pois, em fonte mais segura para a aplicação do art. 20 desta Lei, quando o terrorismo tiver a finalidade política".[171] Ou seja, para este conhecido Magistrado paulista, houve a recepção do art. 20 da Lei de Segurança Nacional, que prevê o crime de terrorismo, mas que atualmente deve ser aplicado segundo os conceitos presentes na Lei de Terrorismo.

Não concordamos com tais posicionamentos, pois entendemos que o problema da tipificação do terrorismo no art. 20 não é propriamente de taxatividade, pois as dificuldades apontadas podem ser superadas. Como adiantamos, não houve, em nosso entender, recepção das condutas previstas no art. 20 da Lei 7.170, que configuram, segundo o pensamento da época, modos de cometimento de atos de terrorismo.

Note-se que o tipo penal prevê múltiplas ações delitivas (devastar, saquear, extorquir, roubar, sequestrar, manter em cárcere privado, incendiar, depredar, provocar explosão, praticar atentado pessoal), seguidas de uma fórmula genérica "atos de terrorismo".

Era evidente que esta última expressão possuía a grave falha da ausência de precisão conceitual. Não por acaso, como visto na citação acima, da obra de Nucci, surgiu entendimento de que atos de terrorismo consistiam "no conjunto" das demais ações típicas. Ou seja, o art. 20 previa o crime de terrorismo, que era praticado por meio de seus diversos núcleos do tipo. Concordamos que essa foi, realmente, a intenção do legislador.

De fato, o regime instaurado em 1964 e ainda no poder em 1983, quando da edição da Lei 7.170, acusava de *subversivos* aqueles que ousassem discordar do regime, aqueles que protestavam contra a ditatura, que a criticavam, enfim, que não permaneciam passivos diante do desmonte e posterior negação do Estado de Democrático de Direito. Mas, quando o subversivo pegava em armas para lutar contra o regime – ainda que para instaurar outro tipo de ditadura –, o regime logo o chamava de *terrorista*.

E o que faziam tais "terroristas"? Roubos eram comuns, a fim de financiar as atividades, sobretudo roubos a instituições bancárias; atentados, algumas vezes com explosivos; sequestros, especialmente de autoridades estrangeiras, a fim de trocá-la por companheiros que estivessem no cárcere etc. Não é por acaso que algumas das ações de tais grupos estejam previstas no art. 20 da Lei de Segurança Nacional, que pretendia justamente tipificar tal tipo de atividade,

170 CAPEZ, Fernando. *Curso de direito penal: legislação penal especial, vol. 4*. 9ª ed. São Paulo: Saraiva, 2014, p. 631.

171 Op. cit. p. 840-841.

tida como terrorista, não obstante, à época, os grupos assim classificados já houvessem sucumbido à repressão violenta do Estado.

Alguns destes verbos têm definição bastante solidificada em nosso ordenamento, como *extorquir*, *roubar*, *sequestrar*, *manter em cárcere privado*, *incendiar* e *provocar explosão*, visto que são condutas já retratadas de há muito em nossa legislação penal. O mesmo não se pode afirmar dos núcleos *devastar* e *saquear*, muito embora seja relativamente fácil chegar-se a um significado para tais verbos. Já *praticar atentado pessoal* é expressão sem qualquer definição precisa, excessivamente aberta,[172] o que torna inviável sua aplicação.

A doutrina, quando tece críticas ao art. 20 da Lei de Segurança Nacional e aponta sua não-recepção pela CF de 1988, normalmente alega justamente infringência ao princípio *nullum crimen, nulla poena sine lege certa*.

Renato Brasileiro de Lima, por exemplo, em texto anterior à edição da Lei de Terrorismo, afirmou: "Apesar de parte da doutrina sustentar que o crime de terrorismo estaria previsto nesse dispositivo legal, no qual o legislador se vale da denominada interpretação analógica, já que, inicialmente, enumera formas de terrorismo como *devastar*, *saquear*, *extorquir*, *roubar*, *sequestrar*, *etc.*, para, depois, fazer menção à expressão genérica *atos de terrorismo*, justificadas pelo inconformismo político ou para a obtenção de fundos voltados à manutenção de organizações políticas clandestinas ou subversivas, parece-nos que o elemento normativo *atos de terrorismo* constante do art. 20 da Lei nº 7.170/83 é tão vago e elástico que não permite ao julgador, por ausência de uma adequada descrição do conteúdo fático desse ato, enquadrar qualquer modalidade de conduta humana. Logo, o crime do art. 20 da Lei nº 7.170/83 não pode ser tratado como terrorismo, sob pena de evidente violação ao princípio da taxatividade (*nullum crimen nulla poena sine lege certa*)".[173]

Em obra coletiva sobre o tema do terrorismo, Débora de Souza de Almeida aponta o mesmo vício no art. 20 ora em comento: "A Lei de Segurança Nacional (Lei 7.170/83), revogadora da Lei 6.620/78, consistiu em mais uma tentativa de definição de terrorismo, e, do mesmo modo que as anteriores, não logrou êxito. Limitando-se a cunhar, em seu art. 20, a expressão 'atos de terrorismo', sem quaisquer especificações, recebeu críticas pela imprecisão e vagueza, sendo denominada uma violação ao princípio da taxatividade (*lex certa*), corolário do princípio da legalidade. (...) Convém observar que nem o art. 1º, que esclarece o objeto da referida lei, foi capaz de afastar esta mácula de cláusula aberta".[174]

Concordamos que a locução *atos de terrorismo* é por demais imprecisa, a começar pela própria definição do que seja terrorismo. Porém, parece-nos que o legislador do art. 20 chegou a revelar o que entendia por *atos* de terrorismo, o fazendo quando previu determinadas condutas (*roubar, extorquir etc.*), como fórmulas casuísticas, seguida da expressão genérica, demandando a realização da interpretação analógica.

Além disso, como apontado por Nucci, em citação acima, a partir da edição da Lei 13.260/2016, a locução ganhou definição legal – embora também sujeita a críticas –, que poderia ser usada como complemento ao texto da Lei de Segurança Nacional.

---

172 Cf. NUCCI, Guilherme de Souza, op. cit., p. 840.

173 *Legislação criminal especial comentada*. 3ª ed. Salvador: JusPodivm, 2015, p. 58.

174 ALMEIDA, Débora de Souza de; ARAÚJO, Fábio Roque; GOMES, Luiz Flávio; CUNHA, Rogério Sanches; PINTO, Ronaldo Batista. *Terrorismo: aspectos criminológicos e político-criminais e comentários à Lei 13.260/2016*. Salvador: JusPodivm, 2017, p. 145.

Segundo a novel legislação (art. 2º, § 1º), são considerados *atos de terrorismo*: (i) usar ou ameaçar usar, transportar, guardar, portar ou trazer consigo explosivos, gases tóxicos, venenos, conteúdos biológicos, químicos, nucleares ou outros meios capazes de causar danos ou promover destruição em massa; (ii) sabotar o funcionamento ou apoderar-se, com violência, grave ameaça a pessoa ou servindo-se de mecanismos cibernéticos, do controle total ou parcial, ainda que de modo temporário, de meio de comunicação ou de transporte, de portos, aeroportos, estações ferroviárias ou rodoviárias, hospitais, casas de saúde, escolas, estádios esportivos, instalações públicas ou locais onde funcionem serviços públicos essenciais, instalações de geração ou transmissão de energia, instalações militares, instalações de exploração, refino e processamento de petróleo e gás e instituições bancárias e sua rede de atendimento; (iii) atentar contra a vida ou a integridade física de pessoa.

Em resumo, além das condutas descritas no art. 20, poder-se-ia utilizar o art. 2º, § 1º, da Lei 13.260 para revelar o conteúdo da expressão *atos de terrorismo*.

Portanto, para nós, o problema do art. 20 da Lei de Segurança Nacional não é propriamente o de afronta ao princípio da taxatividade, mas outros: a incompatibilidade do tratamento do terrorismo como crime político e o tratamento dado a esse fenômeno pela CF; e a complete regulação do tema terrorismo, na esfera criminal, pela Lei 13.260/2016.

(B) **Terrorismo não pode ser tratado como crime político**

A CF usa a locução *terrorismo* em dois momentos no texto constitucional, quais sejam: primeiro, estabelecendo o repúdio do Brasil ao terror (art. 4º, VIII); depois, prevendo que o terrorismo deve ser crime inafiançável e insuscetível de graça ou anistia, equiparando-o, dessa forma, a crimes comuns, como o tráfico de drogas e os crimes hediondos (art. 5º, XLIII).

Logo, não quis o constituinte originário dar ao terrorismo qualquer sombra de dignidade, como o fez com os crimes políticos. Note-se que a CF é extremamente benevolente com os crimes políticos em matéria de extradição, proibindo-a totalmente. Há claramente uma valoração de certo modo positiva do constituinte em relação aos crimes políticos e exatamente oposta em relação ao terrorismo.

Ocorre que a Lei de Segurança Nacional traz, ao menos no que respeita às condutas dolosas nela tipificadas, os crimes que são considerados políticos. É dizer: crimes políticos são aqueles previstos na Lei 7.170/1983, como já tivemos a oportunidade de mostrar. Se considerarmos que o art. 20 da Lei de Segurança Nacional prevê o crime de terrorismo, estaremos considerando este último como crime político, o que é incompatível com a CF.

Vejamos esse ponto sob a ótica do legislador de 2016, quando editou a Lei de Terrorismo. Crucial, aqui, o que dispõe o *caput* de seu art. 2º, que delimita o âmbito de aplicação da noção de terrorismo, para, então, definir o que se deve entender por ato de terrorismo: "O terrorismo consiste na prática por um ou mais indivíduos dos atos previstos neste artigo, *por razões de xenofobia*, *discriminação* ou *preconceito de raça, cor, etnia e religião*, quando cometidos com a finalidade de provocar terror social ou generalizado, expondo a perigo pessoa, patrimônio, a paz pública ou a incolumidade pública" (grifos nossos).

Vejam que a Lei 13.260 fez uma opção claríssima: há ato de terrorismo quando o motivo da ação está ligado à xenofobia, discriminação ou preconceito de raça, cor, etnia e religião. Para os atos de terrorismo cometidos por tais razões a pena é elevada: 12 a 30 anos de reclusão, além das sanções correspondentes à ameaça ou à violência. A Lei de Terrorismo simplesmente não pune as condutas do § 1º do art. 2º quando a motivação for política.

Então, havendo motivação política, seria o caso de se aplicar o art. 20 da Lei 7.170?

É o que pensa Guilherme de Souza Nucci, como vimos acima: tendo o ato de terrorismo razão de xenofobia, discriminação ou preconceito de raça, cor, etnia e religião, aplica-se a Lei de Terrorismo; tendo como objetivo atingir a integridade territorial, a soberania nacional, o regime representativo e democrática, a Federação o Estado (Democrático) de Direito ou a pessoa dos chefes dos Poderes da União, será aplicável a Lei de Segurança Nacional.

Reiteremos nossa discordância desse entendimento: considerar que o art. 20 da Lei 7.170 tipifica o terrorismo quando cometido com finalidade política seria considerá-lo crime político e reconhecer certa dignidade em tal conduta. Note-se que a punição seria bem mais branda: 3 a 10 anos de reclusão, podendo chegar aos patamares de 9 a 30 anos apenas quando ocorrer morte.

Ora, o repúdio da CF ao terrorismo não pode permitir que ao mesmo tempo se reconheça qualquer laivo de dignidade nessa categoria de conduta criminosa.

Imagine-se a seguinte hipótese: um grupo armado sequestra uma pessoa a fim de exigir o pagamento de vultosa quantia como resgate, com o objetivo de financiar suas atividades, que é a de, oportunamente, desferir golpe de Estado. A formação de tal grupo constitui crime político, contra a segurança nacional, tipificado no art. 16 da Lei 7.170. Mas e a ação cometida, seria o crime de terrorismo do art. 20 – na modalidade de sequestrar para obtenção de fundos – ou o crime de extorsão mediante sequestro do art. 159 do CP? Teria sido cometido um crime político, com pena de 3 a 10 anos de reclusão, e com impossibilidade de extradição; ou teria sido cometido crime comum, com pena de 8 a 15 anos de reclusão, hediondo e perfeitamente extraditável. Pensamos que, à vista do que dispõem os arts. 4º, VIII e 5º, XLIII, da CF, tal espécie de conduta só pode ser considerada caracterizadora de crime comum.

Não se nega que o terrorismo, sempre, seja qual for sua motivação de fundo, é ato que busca transmitir uma mensagem que é, em última análise, de natureza política.[175] Não olvidamos que o terror tem pretensões de causar impacto político. Isso, porém, não é suficiente para tornar o terrorismo crime político, com toda a benevolência de seu tratamento e a dignidade que se lhe empresta a categoria.

Em suma, embora possa ter motivação política, o terrorismo não pode ser considerado crime político, mas delito comum e, assim sendo, a tipificação dele na Lei de Segurança Nacional é incompatível com o tratamento dado ao tema na CF. Conclusão inevitável: o art. 20, como tipificador do terrorismo político, não foi recepcionado pela nova ordem constitucional.

Quanto a não ser o terrorismo crime político, eis o entendimento do STF:

> EXTRADIÇÃO – ATOS DELITUOSOS DE NATUREZA TERRORISTA – DESCARACTERIZAÇÃO DO TERRORISMO COMO PRÁTICA DE CRIMINALIDADE POLÍTICA (...) O REPÚDIO AO TERRORISMO: UM COMPROMISSO ÉTICO-JURÍDICO ASSUMIDO PELO BRASIL, QUER EM FACE DE SUA PRÓPRIA CONSTITUIÇÃO, QUER PERANTE A COMUNIDADE INTERNACIONAL.

---

175 Cf. FRAGOSO, Heleno Cláudio. *Terrorismo e criminalidade política*. Rio de Janeiro: Forense, 1981, p. 124: "O terrorismo é fenômeno essencialmente político. Ele constitui agressão à ordem política e social, pretendendo atingir os órgãos supremos do Estado (atentados aos governantes e a quem exerça autoridade) ou provocar a desordem social, dirigindo-se contra a ordem estabelecida, para tornar, como dizem os ativistas da Prima Línea, o sistema inviável".

- Os atos delituosos de natureza terrorista, considerados os parâmetros consagrados pela vigente Constituição da República, não se subsumem à noção de criminalidade política, pois a Lei Fundamental proclamou o repúdio ao terrorismo como um dos princípios essenciais que devem reger o Estado brasileiro em suas relações internacionais (CF, art. 4º, VIII), além de haver qualificado o terrorismo, para efeito de repressão interna, como crime equiparável aos delitos hediondos, o que o expõe, sob tal perspectiva, a tratamento jurídico impregnado de máximo rigor, tornando-o inafiançável e insuscetível da clemência soberana do Estado e reduzindo-o, ainda, à dimensão ordinária dos crimes meramente comuns (CF, art. 5º, XLIII).

- A Constituição da República, presentes tais vetores interpretativos (CF, art. 4º, VIII, e art. 5º, XLIII), não autoriza que se outorgue, às práticas delituosas de caráter terrorista, o mesmo tratamento benigno dispensado ao autor de crimes políticos ou de opinião, impedindo, desse modo, que se venha a estabelecer, em torno do terrorista, um inadmissível círculo de proteção que o faça imune ao poder extradicional do Estado brasileiro, notadamente se se tiver em consideração a relevantíssima circunstância de que a Assembléia Nacional Constituinte formulou um claro e inequívoco juízo de desvalor em relação a quaisquer atos delituosos revestidos de índole terrorista, a estes não reconhecendo a dignidade de que muitas vezes se acha impregnada a prática da criminalidade política.

EXTRADITABILIDADE DO TERRORISTA: NECESSIDADE DE PRESERVAÇÃO DO PRINCÍPIO DEMOCRÁTICO E ESSENCIALIDADE DA COOPERAÇÃO INTERNACIONAL NA REPRESSÃO AO TERRORISMO.

- O estatuto da criminalidade política não se revela aplicável nem se mostra extensível, em sua projeção jurídico-constitucional, aos atos delituosos que traduzam práticas terroristas, sejam aquelas cometidas por particulares, sejam aquelas perpetradas com o apoio oficial do próprio aparato governamental, à semelhança do que se registrou, no Cone Sul, com a adoção, pelos regimes militares sul-americanos, do modelo desprezível do terrorismo de Estado.

- O terrorismo – que traduz expressão de uma macrodelinqüência capaz de afetar a segurança, a integridade e a paz dos cidadãos e das sociedades organizadas – constitui fenômeno criminoso da mais alta gravidade, a que a comunidade internacional não pode permanecer indiferente, eis que o ato terrorista atenta contra as próprias bases em que se apóia o Estado democrático de direito, além de representar ameaça inaceitável às instituições políticas e às liberdades públicas, o que autoriza excluí-lo da benignidade de tratamento que a Constituição do Brasil (art. 5º, LII) reservou aos atos configuradores de criminalidade política.

- A cláusula de proteção constante do art. 5º, LII da Constituição da República – que veda a extradição de estrangeiros por crime político ou de opinião – não se estende, por tal razão, ao autor de atos delituosos de natureza terrorista, considerado o frontal repúdio que a ordem constitucional brasileira dispensa ao terrorismo e ao terrorista.

- A extradição – enquanto meio legítimo de cooperação internacional na repressão às práticas de criminalidade comum – representa instrumento de significativa importância no combate eficaz ao terrorismo, que constitui "uma grave ameaça para os valores democráticos e para a paz e a segurança internacionais (...)" (Convenção Interamericana Contra o Terrorismo, Art. 11), justificando-se, por isso mesmo, para efeitos extradicionais, a sua descaracterização como delito de natureza política. Doutrina.[176]

(C) O tratamento completo da matéria pela Lei de Terrorismo

Se os argumentos acima não convencem, ou seja, ainda que se entenda que o art. 20 foi recepcionado pela CF de 1998, parece-nos inegável que foi depois revogado pela Lei 13.260/2016:

176 STF, Ext. 855-Chile, Rel. Min. Celso de Mello, Pleno, 26/08/2004.

"Devido ao princípio da especialidade (*lex specialis derogat generali*), os atos de terrorismo não devem mais ser enquadrados no art. 20 da Lei de Segurança Nacional (...). Referido dispositivo sempre foi criticado por ser uma cláusula geral, vaga e imprecisa de terrorismo, pois embora trouxesse a expressão 'atos de terrorismo' em seu texto, não os especificava. Assim, mesmo diante de motivação política, ausente na descrição dos atos de terrorismo do art. 2º da Lei 13.260/16, este art. 20 da Lei de Segurança Nacional será inaplicável dada sua invalidade".[177]

Poder-se-ia argumentar que a Lei de Terrorismo tipifica os atos cometidos por razão de xenofobia, discriminação ou preconceito de raça, cor, etnia e religião, enquanto que o art. 20 da Lei de Segurança Nacional trata do terrorismo cometido por razão de inconformismo político ou para a obtenção de fundos destinados à manutenção de organizações políticas clandestinas ou subersivas,[178] sempre com vistas a lesar ou expor a perigo de lesão a integridade territorial, a soberania nacional, o regime representativo e democrático, a Federação, o Estado de Direito ou a pessoa dos chefes dos Poderes da União.

Ou seja, sendo política a motivação do ato terrorista, mostra-se aplicável a Lei de Segurança Nacional, pois seria especial em relação à Lei 13.260, que não trata dessa modalidade de terror.

No entanto, a falta de tratamento pela nova Lei foi proposital: "Fins políticos, como uma das motivações do crime de terrorismo, estavam previstos no substituto ao PLC 101/2015, mais especificamente como 'extremismo político' ('ato que atentar gravemente contra a estabilidade do Estado Democrático, com o fim de subverter o funcionamento de suas instituições'). Todavia, tal móvel foi banido do texto pelos problemas que iria acarretar."[179]

Ou seja, o legislador de 2016 afastou a tipificação do terrorismo quando a motivação for puramente política, o que inclui o "inconformismo político" ou a ação "para obtenção de fundos destinados à manutenção de organizações políticas clandestinas ou subersivas", expressões usadas na Lei de Segurança Nacional. Tais expressões, por si mesmas, já são de difícil definição. O que seria "inconformismo político"? Seria simplesmente não gostar do resultado de uma eleição? Seria não gostar do regime democrático? Seria repudiar a forma republicana de governo? A forma federativa de Estado? Além disso, num regime democrático como o vivido nos dias atuais, não se consegue imaginar a existência de organizações políticas clandestinas ou subversivas, exceto aquelas a que nos referimos nos comentários ao art. 16 desta Lei, ou seja, grupos ou associações que tenham por objetivo a destruição do Estado Democrático de Direito e grupos paramilitares. Notem a ironia: hoje, subversivos são os que querem o fim da democracia.

O legislador, em outras palavras, não quis classificar como terrorismo atos cometidos com motivação política. Entende-se como motivação política o de atingir os bens jurídicos previstos no art. 1º da Lei de Segurança Nacional.

Logo, a Lei 13.260 tratou inteiramente do tema "terrorismo", tipificando todas as condutas referentes a ele e, desse modo, revogando tacitamente os dispositivos que, de algum modo, tratavam do tema, como o art. 20 da Lei 7.170.

---

177 ALMEIDA, Débora de Souza de; ARAÚJO, Fábio Roque; GOMES, Luiz Flávio; CUNHA, Rogério Sanches; PINTO, Ronaldo Batista, op. cit., p. 180.

178 Para SCHMIDT, Andrei Zenkner, op. cit., p. 246, tais expressões do art. 20 são incompatíveis com o princípio da taxatividade.

179 ALMEIDA, Débora de Souza de; ARAÚJO, Fábio Roque; GOMES, Luiz Flávio; CUNHA, Rogério Sanches; PINTO, Ronaldo Batista, op. cit., p. 228.

(D) O "caso Bolsonaro"

Como é de conhecimento geral, durante as eleições de 2018 para a Presidência da República, o então candidato Jair Messias Bolsonaro – ao final, vencedor do pleito – foi alvo de atentado à sua vida, praticado por indivíduo que o esfaqueou, alegando, ao ser preso, não concordar com as ideias de sua vítima.

Logo surgiu a questão: qual crime foi cometido?

O Ministério Público Federal entendeu estar presente a conduta do art. 20 da Lei de Segurança Nacional, eis que o agente criminoso teria "praticado atentado pessoal, por inconformismo político". Assim, para os Procuradores da República, o art. 20 não descreve propriamente crime de terrorismo, mas variadas condutas, guiadas por elemento(s) subjetivo(s) do tipo, dentre as quais a prática de atentado pessoal. Assim, ofereceram denúncia com essa classificação jurídica, que foi recebida pela Justiça Federal de primeiro grau.[180]

Discordamos, respeitosamente, desse entendimento.

Como mostrado acima, o art. 20 não foi recepcionado pela CF de 1988, e é certo que o crime previsto por ele era o de terrorismo e as diversas condutas citadas em seu texto eram formas de seu cometimento. Portanto, não poderiam ser tiradas desse contexto de terrorismo e tratadas separadamente.

Se assim não for, deveríamos reconhecer que temos em nosso ordenamento, por exemplo, o crime de "sequestrar por inconformismo político ou para obtenção de fundos destinados à manutenção de organizações políticas clandestinas ou subversivas", crime este dotado de dignidade, pois tratado como "político", sequer passível de extradição e com pena substancialmente inferior àquela prevista no art. 159 do CP. Porém, reafirmamos que sequestrar por inconformismo político ou para obtenção de fundos destinados à manutenção de organizações políticas clandestinas ou subversivas, no caso do art. 20, era uma das formas que o regime da época da promulgação da lei ora em comento entendia ser modo de praticar terrorismo. Não se pode simplesmente, agora, tirar a conduta desse contexto e aplicá-la de modo avulso, tentando, dessa forma, "salvar" o dispositivo de sua óbvia falta de recepção pela CF e, no mínimo, de sua revogação pela Lei de Terrorismo.

Não bastasse, o que configura "atentado pessoal"? Atentar contra a vida, a incolumidade física, a moral? Puxar os cabelos da vítima é atentar contra sua pessoa? E cuspir no rosto? Estapear? Jogar ovos? Não é possível chegar a uma definição dotada de mínimo significado, o que traz a possibilidade de que qualquer conduta dirigida contra uma pessoa seja considerada um "atentado pessoal".

O que se viu no "caso Bolsonaro" foi uma tentativa de homicídio, ou seja, uma conduta dirigida à eliminação da vida de outro ser humano, simplesmente porque – segundo o que se sabe até o momento – o então candidato à Presidente defendia ideias opostas ao do agente criminoso. A intenção de atingir o regime democrático, segundo nos parece, ficou em último plano.

Art. 21. Revelar segredo obtido em razão de cargo, emprego ou função pública, relativamente a planos, ações ou operações militares ou policiais contra rebeldes, insurretos ou revolucionários.

180 Escrevemos estas linhas em dezembro de 2018, dias antes da posse do Presidente já diplomado Jair Messias Bolsonaro e enquanto o processo criminal segue seu curso. Por óbvio, a defesa do acusado não se insurge contra a classificação jurídica constante da denúncia, pois lhe é bem mais favorável que a hedionda tentativa de homicídio qualificado. Aguardemos o resultado do processo.

Pena: reclusão, de 2 a 10 anos.

O tipo penal do art. 21 da Lei de Segurança Nacional trata da violação de sigilo por parte de servidor público, com o objetivo de colaborar com os membros daqueles grupos a que se referem os arts. 16 e 24 da mesma lei, ou com aqueles que atentam contra a soberania do país, por meio das condutas citadas nos arts. 8º a 12.

Em nosso entender, houve recepção do dispositivo pela CF de 1988, havendo necessidade apenas de uma interpretação adequada do significado das expressões "rebeldes, insurretos ou revolucionários". Veremos esse ponto mais adiante.

Bem jurídico tutelado

O tipo penal em comento tutela a integridade territorial, a soberania nacional, o regime representativo e democrático, a Federação, a pessoa dos chefes dos Poderes da União, enfim, o Estado Democrático de Direito, que pode ser lesado ou colocado em perigo por força de grupos, geralmente armados, que atentam ou pretendem atentar contra o regime constitucional vigente.

Sujeitos do crime

O crime é próprio, visto que somente pode ser cometido por servidor público, de qualquer espécie, que seja detentor de segredo, obtido em razão do cargo, emprego ou função pública.

Não sendo o agente detentor de segredo, mas tomando conhecimento dele de forma indireta, por indiscrição do verdadeiro detentor, e repassando a informação para os grupos citados no tipo penal, não haverá a incidência do art. 21.

O sujeito passivo é o Estado e, de forma secundária, a sociedade.

Tipo objetivo

O núcleo do tipo consiste em *revelar*, ou seja, expor alguma informação não conhecida anteriormente. Tal informação, segundo o tipo do art. 21, deve ser secreta, eis que se exige, para configuração do delito a revelação de *segredo*. Não há necessidade de se buscar em outro texto normativo qualquer complemento para esta expressão, pois aqui não se está a tratar de níveis de sigilo, tal como vimos nos comentários ao art. 13 desta Lei. Basta que a informação seja tratada como sigilosa.

Por sinal, não é qualquer segredo que constitui o objeto deste delito, mas aquele relativo a *planos*, *ações* ou *operações militares ou policiais* contra determinados grupos. É praticamente da natureza desses planos e operações a cobertura do segredo.

De se notar que não se trata de punir a violação do segredo de planos hipotéticos de ações militares. É perfeitamente normal que as forças de segurança de um país, notadamente, suas Forças Armadas, tenham planos sobre como agir contra insurreições dos mais variados tipos. São planos que permanecem, porém, na fase da teoria. O que é objeto do art. 21 da Lei de Segurança Nacional é outra coisa. Pressupõe-se que a polícia já está a agir contra tais grupos e, em tal trabalho de persecução, elabora planos de trabalho ou executa ações ou operações, como incursões para prender pessoas, apreender armas e objetos etc. Tais informações sobre o trabalho policial são objeto da violação do segredo.

Também é importante observar que, havendo a prática de crime contra a segurança nacional, caberá a investigação à Polícia Federal, que poderá, se necessário e excepcionalmente, contar com o apoio das Forças Armadas. Daí porque ainda é pertinente a menção aos militares no tipo do art. 21, que obviamente não inclui somente a Polícia Militar.

Por fim, o tipo penal menciona a natureza dos grupos contra os quais é dirigida a atividade policial: *rebeldes*, *insurretos* ou *revolucionários*.

Durante a ditadura militar instaurada em 1964, diversos grupos foram formados para trazer ao país a luta armada, contra o regime instaurado. Normalmente, tais grupos eram inspirados em experiências estrangeiras, como as que resultaram nas revoluções chinesas e cubanas, bem como na guerra de libertação vietnamita. O método era a guerrilha, urbana ou rural.

Considerando que a Lei 7.170 descende de outras leis de segurança nacional, do tempo em que tais grupos ainda eram ativos, não temos dúvida em afirmar que era desses grupos de guerrilha que se referia o art. 21 quando menciona as expressões "rebeldes, insurretos ou revolucionários". Aliás, o regime que se dizia oriundo de uma "revolução", depois passou a punir a atividade "revolucionária".

Como entender tais expressões nos dias atuais?

Pensamos que devemos ter como ponto de partida o fato de vivermos sob um Estado Constitucional e Democrático de Direito, mas que pode ser ameaçado por ações de grupos que pretendam, pela violência ou ameaça, destruir a atual ordem constitucional e eliminar a Democracia. Países próximos de nós conheceram tal realidade, mesmo quando viviam sob um regime democrático: militares se insurgiram na Argentina e tentaram derrubar o governo instalado depois da queda da ditadura; a Colômbia conheceu – e ainda conhece – a existência de duradoura luta arma em seu território, por grupos que pretendiam ou ainda pretendem a tomada revolucionária e violenta do poder. Ora, isso pode ocorrer em nosso país.

Ademais, note-se que tais grupos podem agir para tentar submeter o território brasileiro ao domínio de outro país (art. 9º); ou tentar desmembrar nosso território (art. 11); ou sabotar as mais diversas instalações crucias para vida de nossa sociedade (art. 15); ou tentar mudar o regime democrático (art. 17), apenas para ficarmos com alguns exemplos, por si mesmos já punidos pela Lei de Segurança Nacional. No art. 21 o que se pude é a ajuda dada a tais grupos por servidores públicos, por meio da revelação de determinado tipo de segredo.

Assim, mesmo durante um regime democrático pode haver a formação e a ação de grupos rebeldes, insurrectos ou revolucionários.

Tipo subjetivo

O tipo penal é doloso e não prevê qualquer elemento subjetivo específico. Mas, vale lembrar que somente haverá o crime se agir o detentor do segredo com o objetivo de lesar ou expor a perigo de lesão a integridade territorial, a soberania nacional, o regime representativo e democrático, a Federação, a pessoa dos chefes dos Poderes da União, enfim, o Estado Democrático de Direito.

A forma culposa não é punida. Portanto, a revelação de segredo em razão de indiscrição ou negligência do seu detentor não configura o crime em tela.

Consumação e tentativa

O crime se consuma no momento em que o segredo é revelado pelo seu detentor. Pode ser cometido em um só ato (unissubsistente), caso em que não se admitirá a tentativa (ex.: a revelação do segredo oralmente); ou em diversos atos (plurissubsistente), quando será possível a tentativa (ex.: o detentor do segredo deixa cópia do plano policial em determinado local, para ser recolhido por outrem, mas a polícia impede a recolha).

Art. 22. Fazer, em público, propaganda:

I – de processos violentos ou ilegais para alteração da ordem política ou social;

II – de discriminação racial, de luta pela violência entre as classes sociais, de perseguição religiosa;

III – de guerra;

IV – de qualquer dos crimes previstos nesta Lei.

Pena: detenção, de 1 a 4 anos.

§ 1º – A pena é aumentada de um terço quando a propaganda for feita em local de trabalho ou por meio de rádio ou televisão.

§ 2º – Sujeita-se à mesma pena quem distribui ou redistribui:

a) fundos destinados a realizar a propaganda de que trata este artigo;

b) ostensiva ou clandestinamente boletins ou panfletos contendo a mesma propaganda.

§ 3º – Não constitui propaganda criminosa a exposição, a crítica ou o debate de quaisquer doutrinas.

O tipo penal do art. 22 da Lei de Segurança Nacional traz, na verdade, duas modalidades delitivas diversas: no *caput*, é tipificada uma espécie de apologia (propaganda) de certos atos ou ideias; no § 2º pune-se a conduta de quem colabora no financiamento ou distribui a propaganda.

O dispositivo, como veremos, não foi completamente recepcionado pela atual ordem constitucional.

Bem jurídico tutelado

O bem jurídico tutelado pelo art. 22 é a integridade territorial, a soberania nacional, o regime representativo e democrático, a Federação, a pessoa dos chefes dos Poderes da União, enfim, o Estado Democrático de Direito.

Sujeitos do crime

O crime é comum, podendo ser cometido por qualquer pessoa. Uma vez mais, o sujeito passivo é o próprio Estado e, secundariamente, a sociedade.

Tipo objetivo: *caput*

Segundo Guilherme de Souza Nucci, *fazer propaganda* é "divulgar algo buscando o convencimento alheio".[181] E observa o autor que propaganda é atividade desenvolvida em público, não em ambiente privado. Diríamos mais: o objetivo é a divulgação de algo para o público, a fim de buscar convencer o maior número de pessoas.

---

181 Op. cit., p. 843.

A propaganda é dirigida a um número indeterminado de pessoas. Se determinado, podemos ter o crime de incitação, previsto no inciso IV do art. 23 da mesma Lei (vide comentários a este).

Quais os objetos da divulgação? Segundo os quatro incisos do art. 22, são os seguintes: (i) processos violentos ou ilegais para alteração da ordem política ou social; (ii) discriminação racial; (iii) luta pela violência entre as classes sociais; (iv) perseguição religiosa; (v) guerra; (vi) qualquer dos crimes previstos na Lei de Segurança Nacional.

É necessário que verifiquemos cada uma dessas hipóteses, já que, segundo acreditamos, a propaganda de algumas delas deve ser considerada lícita, por representar o exercício legítimo da liberdade de expressão, de modo que sua tipificação como crime mostra-se contrária à CF.

(I) **Propaganda de processos violentos ou ilegais para alteração da ordem política ou social**

Como vimos anteriormente, a Lei de Segurança Nacional tipifica as condutas de integrar ou manter associação ou outro tipo de grupo que tenha por objetivo a mudança da ordem constitucional ou do Estado Democrático de Direito, por meios violentos ou com o emprego de grave ameaça (vide comentários ao art. 16); e, também, de tentar mudar, com emprego de violência ou grave ameaça, a ordem, o regime vigente ou o Estado de Direito (vide art. 17). Assim sendo, o emprego de processos violentos ou em desacordo com a ordem constitucional ("ilegais" em sentido amplo) para alteração da ordem política ou social é considerado crime.

O art. 22, I, nesse aspecto, pune a conduta daquele que faz propaganda do emprego da violência ou da intimidação para provocar a mudança da ordem constitucional ou do Estado Democrático de Direito. Enquanto o art. 17 pune a tentativa dessa mudança, e o art. 16 pune a formação de grupos para buscar tal alteração da ilegítima da ordem vigente, o art. 22, I, tipifica, no fundo, a apologia dessas condutas, por meio da propaganda, é dizer, pela divulgação pública da ideia de ruptura institucional ilegítima.

Assim interpretado o inciso I do art. 22 da Lei de Segurança Nacional, pode-se afirmar que foi recepcionado pela CF de 1988, pois não se pode permitir a impune disseminação de ideias que possam levar justamente à quebra da ordem constitucional e democrática.

Tal tipo penal fere a liberdade de expressão? Pensamos que não.

Ensina André de Carvalho Ramos que a liberdade de expressão "consiste no *direito de manifestar, sob qualquer forma, ideias e informações de qualquer natureza.* Por isso, abrange a produção intelectual, artística, científica e de comunicação de quaisquer ideias ou valores. Para o STF, a liberdade de expressão engloba a *livre manifestação do pensamento, a exposição de fatos atuais ou históricos e a crítica* (HC 83.125, Rel. Min. Marco Aurélio, julgamento em 16-9-2003, Primeira Turma, *DJ* de 7-11-2003)".[182]

Porém, lembra o mesmo autor que, ao contrário dos EUA, que adotam uma concepção ultralibertária da liberdade de expressão – que é um fim em si mesma, não se admitido, portanto, restrições –, no Brasil adota-se uma concepção instrumental desse direito: "adotamos a visão da 'liberdade de expressão responsável', ou seja, com limites *explícitos* (por exemplo, a vedação ao anonimato, direito de resposta, indenização proporcional ao dano) e *implícitos*

182 Op. cit., p. 617.

(ponderação com os demais direitos, que, no caso da divulgação de ideias racistas, vulnera o direito à igualdade)".[183]

Nesse passo, permitir-se a propaganda do emprego da violência ou da intimidação para provocar a mudança da ordem constitucional ou do Estado Democrático de Direito é colocar em risco a própria ordem constitucional ou o próprio Estado Democrático de Direito, abrindo caminho para a tirania.[184]

Não se impede a discussão da ideia em si de ruptura constitucional por meio da violência. Até porque, o § 3º do dispositivo em comento afirma não constituir propaganda criminosa, é dizer, não ser típica do ponto de vista do art. 22, a exposição, a crítica ou o debate de quaisquer doutrinas. Típica é a defesa pública, com o objetivo de cooptação, desses meios violentos ou intimidatórios de quebra da ordem constitucional ou do Estado Democrático de Direito.

(II) **Propaganda de discriminação racial**

A CF repudia o racismo, tanto que é um dos poucos casos em que o texto fundador da atual ordem republicana determina que tal conduta discriminatória seja considerada crime imprescritível (art. 5º, XLII).

Além disso, a discriminação racial é crime previsto na Lei 7.716/1989, havendo, ainda, no CP, a tipificação da injúria racial no § 2º do art. 140.

Então, o que faz a discriminação racial na Lei de Segurança Nacional? O racismo pode ser usado como instrumento de propaganda para levar à convulsão social, com vistas à quebra da ordem constitucional e democrática ou ao desmembramento do território brasileiro. O exemplo do nazismo é paradigmático em como a discriminação racial pode ser instrumental para a completa anulação dos controles democráticos sobre o governo e, ao final, do próprio Estado Democrático de Direito. Mas, também, ao longo do século XX, sobretudo, vimos como a propaganda discriminatória em face de certas etnias pode servir de desculpa para desmembramentos de países e territórios.

Cremos que é nesse sentido que se deve encarar tal tipo penal, que foi, assim, recepcionado pela CF de 1988. Aliás, o chamado *discurso de ódio* não encontra amparo na liberdade de expressão.[185] Se tal discurso tiver como objetivo, por exemplo, o de trazer clima propício a

183 Op. cit., p. 622.

184 Consoante as lúcidas lições de SNYDER, Timothy, op cit., p. 13-14: "A história tem o poder de familiarizar e também de advertir. No fim do século XIX, bem como no fim do século XX, a expansão do comércio global gerou expectativas de progresso. No começo do século XX, tal como começo do século XXI, essas esperanças foram ameaçadas por novas visões de políticas de massa em que um líder ou um partido afirmavam representar diretamente a vontade do povo. As democracias europeias descambaram para o autoritarismo de direita ou para o fascismo nas décadas de 1920 e 1930. A União Soviética comunista, criada em 1922, levou seu modelo para a Europa na década de 1940. A história europeia do século XX nos mostra que as sociedades podem ruir, que as democracias podem entrar em colapso, que a ética pode ser aniquilada e que os homens comuns podem se ver diante de valas comuns com armas nas mãos. (...) Tanto o fascismo como o comunismo foram respostas à globalização: às suas desigualdades reais ou presumidas e à incapacidade das democracias de resolvê-las. (...) Poderíamos ser tentados a pensar que nossa herança democrática nos protege automaticamente dessas ameaças. É uma ideia equivocada".

185 Cf. RAMOS, André de Carvalho, op. cit., p. 621: "O discurso de ódio (*hate speech*) consiste na manifestação de valores discriminatórios, que ferem a igualdade, ou de incitamento à discriminação, violência ou a outros atos de violação de direitos de outrem. Essa terminologia acadêmica é de extrema atualidade no Brasil e em diversos países no mundo, em face do discurso neonazista, antissemita, islamofóbico, entre outras manifestações de pensamento odiosas".

uma tentativa de desmembramento do território nacional, haverá o crime aqui tratado, contra a segurança nacional, e não, simplesmente, o de racismo ou injúria racial, conforme o caso.

Como não se trata de crime de racismo, pois este é apenas o discurso usado como instrumento para lesar ou colocar em risco algum dos bens jurídicos previstos no art. 1º da Lei, entendemos que não ingressa o tipo do art. 22, II, na regra constitucional da imprescritibilidade.

(III) **Propaganda de luta pela violência entre as classes sociais**

O regime instalado em 1964 e gerador das sucessivas leis de segurança nacional tinha obsessão pela ideologia de cunho marxista-leninista.[186] Parecia ser um imperativo do regime militar combater tais ideias, de modo a impedir sua disseminação no Brasil. E, a qualquer preço, era preciso impedir que tal ideologia predominasse. Isso explica porque a Lei de Segurança Nacional considerava crime fazer propaganda da *luta pela violência entre as classes sociais*. Karl Marx escreveu sobre classes sociais e considerava uma delas, o "proletariado", uma classe revolucionária.

O problema é que mesmo aqueles que se debruçam ao estudo do tema na obra de Marx têm de se esforçar para entender no que realmente consiste essa luta.[187] Salta aos olhos que a locução "luta entre as classes sociais" expressa um conceito de difícil precisão. A consequência mais óbvia é a seguinte: não há a menor possibilidade de conciliar o emprego de tal expressão, inserida num tipo penal, com o princípio da taxatividade.

Além disso, resta evidente que se tratou da criminalização, pura e simples, de uma ideologia, sem que esta possa ser inserida na categoria de discurso de ódio. Pode-se criticar o conceito marxista da luta de classes, pode-se questionar a ideia, posteriormente desenvolvida por diversas figuras de relevo, como Lênin, da revolução pelas armas, mas não se pode afirmar se

---

186 Cf. WOLKMER, Antonio Carlos. Ideologias políticas contemporâneas. In: CLÈVE, Clèmerson Merlin; BARROSO, Luís Roberto (organizadores). *Doutrinas essenciais. Direito constitucional*, v. 2. São Paulo: Revista dos Tribunais, 2011, p. 70: "A interpretação marxista da história acentua o determinismo econômico, a categoria do 'conflito' e a ditadura do proletariado. Em grande parte, o contexto desta ideologia está sedimentado na concepção revolucionária de um modelo dialético movido pelo materialismo histórico, pelos parâmetros sociais da luta de classes e pela crítica à economia clássica do capitalismo liberal (teoria da mais-valia)".

187 Cf. ARON, Raymond. *O marxismo de Marx*. Tradução de Jorge Bastos. 3ª ed. São Paulo: Arx, 2005, p. 431-433: "(...) quando a maior parte dos marxistas disse que uma classe é determinada por seu lugar no processo de produção tinha perfeita razão, e a teoria marxista das classes, que não está elaborada em *O capital*, é a que resulta do primeiro livro, da oposição entre capitalistas e assalariados, entre comprador da força de trabalho e vendedor da força de trabalho. Digo que, quanto a esse primeiro ponto, não deve haver dúvida. A teoria das classes sociais, no regime capitalista, se deduz da análise do processo de produção do primeiro livro de *O capital* e comporta a oposição fundamental entre os capitalistas e os assalariados. O que infelizmente, ou felizmente, complica a teoria é que a oposição entre os capitalistas e os assalariados está, de fato, na origem da teoria das classes no capitalismo, segundo Marx, mas há, pelo menos, dois ou três fatores de complicação na teoria marxista. A primeira (...), em certos textos de Marx, no início do *Manifesto comunista* em particular, vem de uma teoria universal das classes, e não de uma teoria das classes limitada ao regime capitalista. (...) Uma segunda dificuldade aparece na teoria marxista das classes, tirada do primeiro livro de *O capital*. É a seguinte: é verdade que a oposição fundamental em uma sociedade capitalista, segundo Marx, é a luta entre o capitalista possuidor do capital industrial e os assalariados que só possuem sua força de trabalho. Porém Marx sabe, assim como seus críticos, que as sociedades capitalistas concretas não comportam, de maneira efetiva, apenas dois grupos sociais, que denominaremos de *capitalistas* e *proletariado*. (...) Proponho, então, como uma das interpretações possíveis, uma interpretação que não me parece infiel ao espírito de Marx. (...) O essencial é que haja uma classe explorada que queira derrubar o regime de exploração e que, tendo consciência dessa vontade, se organize como classe. Nesse momento, então, o movimento do capitalismo chega à constituição do proletariado como classe revolucionária".

tratar de algo sequer semelhante ao chamado *hate speech*. Irônico que o próprio regime criador da Lei de Segurança Nacional chegou ao poder, pelas armas, defendendo outra espécie de pensamento e pregando o repúdio ao pensamento marxista-leninista. Tampouco era um discurso de ódio. Porém, não pode o legislador escolher apenas um desses discursos e criminalizá-lo, como ocorreu na Lei em comento.

Logo, não houve recepção pela CF de 1988 dessa figura típica específica constante do inciso II do art. 22 da Lei de Segurança Nacional.

É verdade que o tipo menciona a propaganda de luta *pela violência* entre as classes sociais. Isso nada muda o que acima afirmamos. A Lei em questão não tutela uma etérea harmonia entre "classes sociais", mas os bens jurídicos descritos em seu art. 1º e, em última análise, como vimos, o Estado Democrático de Direito. Logo, a propaganda de métodos violentos de mudança de tal ordem e de eliminação do regime democrático pode configurar o crime do inciso I do art. 22, pouco importando qual o tema de fundo para a busca do convencimento, da cooptação, enfim, qual a ideologia abraçada por quem comete o crime.

(IV) **Propaganda de perseguição religiosa**

A CF de 1988 acolheu a liberdade religiosa, não tendo adotado nenhuma delas como religião oficial do Estado brasileiro. O art. 3º, IV, do texto constitucional não permite qualquer forma de discriminação, incluindo a religiosa; e o inciso VI do art. 5º assegura a inviolabilidade da liberdade de consciência e de crença e o livre exercício dos cultos religiosos e, na forma da lei, a proteção aos locais de culto e a suas liturgia.

Por isso, não vemos qualquer problema de recepção, pela CF, da parte final do inciso II do art. 22 da Lei 7.170.

Porém, assim como se dá no racismo, em que também a propaganda assume o caráter do "discurso de ódio", a discriminação e a perseguição religiosa podem ser usadas como instrumentos de propaganda para levar à convulsão social, com vistas à quebra da ordem constitucional e democrática. Por isso, haverá o crime contra a segurança nacional e a ordem política e social aqui tratado se o objetivo que se busca atingir com tal perseguição for o de lesar ou colocar em risco de lesão quaisquer dos bens jurídicos mencionados na regra do art. 1º desta Lei.

(V) **Propaganda de guerra**

A República brasileira rege-se nas suas relações internacionais pela defesa da paz, diz o art. 4º, VI, da CF. Daí porque a defesa da guerra não é atitude acolhida pelo constituinte.

Todavia, o inciso III do art. 22 da Lei 7.170, que torna típico fazer propaganda da guerra, peca pela imprecisão: afinal, a que guerra se refere o dispositivo? Segundo Guilherme de Souza Nucci, da "luta armada interna ou externa".[188]

Não me parece ser essa a ideia do inciso III, pois a luta armada interna faz parte do tipo do inciso I: fazer propaganda de processos violentos ou ilegais (é o caso da luta armada interna) para alteração da ordem política ou social.

Ou seja, por *guerra*, no inciso III, deve-se entender apenas a guerra externa, do Brasil com outro país. Afinal, não poderia ser crime contra nossa segurança nacional propagar a defesa da guerra entre dois países estrangeiros.

188 Op. cit., p. 843.

Como vimos, a Lei 7.170 pune condutas que podem levar nosso país a um conflito bélico, sendo os casos dos arts. 8º, 9º e 10. Logo, em nosso entender, a propaganda de guerra de que fala o inciso III do art. 22 somente pode estar relacionada a conflito com outra nação, com vistas a provocá-lo, como vistas a lesar um dos bens jurídicos mencionados pelo art. 1º, em especial, a soberania nacional e a integridade territorial. Ou seja, é fazer propaganda da guerra contra os interesses brasileiros.

(VI) **Propaganda de qualquer dos crimes previstos na Lei 7.170/1983**

O legislador trouxe, no inciso IV do art. 22, o crime de apologia a qualquer dos demais delitos previstos na Lei de Segurança Nacional. Serve o dispositivo para abarcar a propaganda daqueles crimes que as demais modalidades de propaganda comentadas acima não tenham atingido.

Trata-se de fazer verdadeira apologia de algum fato criminoso ligado à Lei de Segurança Nacional. Não se trata simplesmente de instigar pessoas a cometerem tais atos, o que configurará o crime do inciso IV do art. 23, que comentaremos a seguir. Trata-se, isto sim, de exaltar certas condutas criminosas, ou seja, de divulgar com o objetivo de convencer as pessoas de sua correção.

Tipo objetivo: § 2º

O § 2º do art. 22 traz conduta verdadeiramente autônoma em relação àquelas descritas nos incisos ligados ao *caput*.

Os núcleos do tipo são dois, alternativos: *distribuir* ou *redistribuir*. No primeiro caso, temos a conduta de "espalhar para acesso a várias pessoas"; na segunda, a de "espalhar novamente".[189]

Um dos objetos materiais possíveis dessa conduta refere-se aos *fundos destinados a realizar a propaganda*. Ou seja, o dispositivo tipifica a conduta daquele que distribui ou redistribui o dinheiro arrecadado para custear as espécies de propaganda discutidas antes. É a conduta do partícipe, alçada a figura típica autônoma. O tipo penal não menciona o ato de financiar ou de custear a propaganda. Não obstante, o financiador irá, evidentemente, distribuir os fundos, incorrendo no delito, assim como qualquer agente que, a partir do recebimento do fundo, distribuí-lo ou redistribuí-lo, de modo a permitir que a propaganda se realize.

Outros objetos materiais são os *boletins* ou *panfletos* contendo a propaganda. Ora, distribuir ou redistribuir tais meios de divulgação escrita da ideia que se quer propagar já constitui *fazer propaganda*. Entretanto, parece-nos que quis o legislador punir todos aqueles que contribuem para a divulgação da ideia, por meios escritos, seja de modo público e ostensivo – como é a propaganda – seja de modo clandestino. Curioso que, hoje, os panfletos vêm caindo em desuso, sendo preferidos os meios eletrônicos de divulgação, que podem ser incluídos no conceito de *boletins*.

Tipo subjetivo

O crime é doloso, não havendo elemento subjetivo específico. As condutas analisadas acima somente configurarão alguma das figuras típicas do art. 22 da Lei 7.170 se forem cometidos com a intenção de lesar ou colocar em risco de lesão os bens jurídicos mencionados no art. 1º

189 Op. cit., p. 844.

da mesma Lei, ou seja, em última análise, quando a intenção da propaganda fora a de atingir, de algum modo, o Estado Democrático de Direito. Do contrário, poderá haver outro crime ou simplesmente será atípico o fato e significará apenas o exercício da liberdade de expressão.

Consumação e tentativa

O momento consumativo do crime dependerá da forma como realizado. Normalmente, assumirá a forma de crime instantâneo, de modo que a consumação se dará no momento em que ocorre a propaganda, a apologia para cooptação de simpatizantes da ideia propagada, feita a um número indeterminado de pessoas, mesmo que não seja atingido o resultado pretendido. Crime formal, portanto.

Se realizada propaganda de mais de um dos objetos materiais do *caput*, haverá, em nosso entender, mais de um crime, em concurso formal.

A tentativa é possível, salvo quando a propaganda for realizada oralmente, pois, nesse caso, assume a forma unissubistente.

No caso das condutas do § 2º, o crime se consuma no momento da distribuição dos fundos, não da mera posse deles. Nesse caso, ainda que provado ser a posse se destinada à futura distribuição, haverá mero ato preparatório. Se, iniciada a distribuição de determinado montante, ela não se completar, ter-se-á o *conatus* delitivo.

Causa de aumento de pena

A pena deve ser aumentada de um terço quando a propaganda for feita *em local de trabalho* ou *por meio de rádio ou televisão*.

No primeiro caso, parece hoje bastante pueril o temor do legislador. Temia-se o "agente subversivo" infiltrado nas fábricas. Por mais ridículo que seja a causa de aumento,[190] sobretudo diante das inovações tecnológicas atuais, muito mais eficazes para disseminação das ideias, é certo que não há qualquer problema de recepção do dispositivo pela CF.

Nas hipóteses da propaganda ser realizada em rádio ou televisão, a causa de aumento de pena faz mais sentido, eis que ambos os meios de comunicação ainda são muito relevantes e atingem grande número de pessoas país afora.

Ficaram de fora, porém, alguns dos meios mais utilizados hoje em dia para a disseminação de ideias, boas ou nefastas: a *internet*, que não existia em 1983, não sofrendo a Lei 7.170, desde então, qualquer atualização ou modificação.

A causa de aumento de pena prevista no § 1º aplica-se também às condutas do § 2º? Apesar do que a localização da majorante pode indicar, pensamentos que sim. É que o § 2º, ao trazer as condutas de distribuir ou redistribuir os fundos destinados à propaganda ou os panfletos ou boletins contendo a propaganda, o faz com a fórmula *sujeita-se à mesma pena quem...* Que pena? Aquela prevista para as condutas do *caput*, ou seja, de detenção, de 1 a 4 anos. Ocorre que, se a propaganda for realizada no local de trabalho ou por meio de rádio ou televisão, tal pena é aumentada de um terço, aumento este que deve ser aplicado à conduta acessória do § 2º.

190 Há quem tente justificá-la. Cf, NUCCI, Guilherme de Souza, op. cit., p. 844: "A propaganda feita no local de trabalho, em tese, não somente prejudica a atividade laborativa, mas também pode ser mais efetiva, pois há uma confiança entre trabalhadores do mesmo setor".

Excludente de tipicidade

Como já comentamos ao longo da análise do tipo penal do art. 22, seu § 3º afasta a tipicidade no caso em que a conduta se resume a uma exposição das doutrinas ligada aos processos violentos ou ilegais para a alteração da ordem política ou social, de discriminação racial, de perseguição religiosa, de guerra externa etc. Também quando a conduta constitui-se em crítica a tais ideias ou simplesmente busca debatê-las.

O cuidado do legislador foi o de deixar claro que tais comportamentos não constituem a propaganda referida no *caput*.

Art. 23. Incitar:

I – à subversão da ordem política ou social;

II – à animosidade entre as Forças Armadas ou entre estas e as classes sociais ou as instituições civis;

III – à luta com violência entre as classes sociais;

IV – à prática de qualquer dos crimes previstos nesta Lei.

Pena: reclusão, de 1 a 4 anos.

O art. 23 da Lei de Segurança Nacional foi quase todo revogado pela ordem constitucional instaurada em 1988, dele sobrevivendo, como fato típico, apenas a conduta de seu inciso IV, que equivale ao delito de incitação ao crime.

Com efeito, *incitar* é induzir, provocar, estimular, instigar.[191] O problema com este dispositivo não tal núcleo do tipo, mas seus objetos. Vejamos.

Segundo o inciso I, é crime incitar *à subversão da ordem política e social.* O que significa "subverter" a ordem política e social? Ainda que se diga se tratar da ordem constitucional e democrática, ainda assim padece o dispositivo de grave vício de constitucionalidade, pois não menciona se a "subversão" defendida pelo incitador deve se dar por meios pacíficos, legítimos do ponto de vista da própria CF, ou com o uso da violência ou ameaça (caso em que a conduta equivaleria àquela prevista no inciso I do artigo imediatamente anterior, já comentado acima).

Consequência: o inciso I do art. 23 não foi recepcionado pela CF de 1988.

O mesmo problema ocorre com o inciso II. Seria conduta típica incitar *à animosidade entre as Forças Armadas ou entre estas e as classes sociais ou as instituições civis.* O que significa "incitar à animosidade"? O tipo não deixa claro se a incitação é ao choque violento entre as Forças Armadas ou entre estas e as "classes sociais" ou as "instituições civis", o que equivaleria a incitar à guerra civil, ou simplesmente se trata de fomentar a discórdia, o que não está fora das possibilidades do discurso democrático e da liberdade de opinião ou de manifestação.

Guilherme de Souza Nucci, contrariando nosso entendimento, defende a constitucionalidade do dispositivo, afirmando que tal incitação não faz parte do discurso democrático.[192] Ocorre que a incitação à animosidade, entendida como rancor, má vontade, aversão, sem incitação à violência ou à intimidação, corresponde, sim, às possibilidades dos discursos em um

191 CUNHA, Rogério Sanches. *Manual de direito penal...*, p. 641.

192 Op. cit., p. 844.

país democrático, ainda que possam mostrar-se deploráveis. Podem ser censuráveis, mas jamais censurados.

Consequência: o inciso II do art. 23 também não foi recepcionado pela CF de 1988.

O inciso III repete a expressão *luta com violência entre as classes sociais*. A fim de não soarmos repetitivos, remetemos o leitor aos comentários feitos à menção feita no art. 22 desta Lei à mesma locução. Concluímos pela falta de recepção também desse inciso III do art. 23 pela CF de 1988.

O inciso IV, que menciona a incitação *à prática de qualquer dos crimes previstos nesta Lei*, foi o único recepcionado pela nova ordem constitucional. Não é estranho tal tipo penal em nosso ordenamento jurídico, sendo uma repetição, com caráter de especialidade, do art. 286 do CP (incitação ao crime).

Assim, os comentários a seguir referem-se apenas ao inciso IV do art. 23.

Bem jurídico tutelado

O tipo penal do inciso IV do art. 23 tutela, não a paz pública, como ocorre com crime semelhante do CP (art. 286), mas os bens jurídicos previstos no art. 1º da Lei 7.170 e, em última análise, o próprio Estado Democrático de Direito.

Sujeitos do crime

Trata-se de crime comum, podendo ser cometido por qualquer pessoa. O sujeito passivo é o Estado e, indiretamente, toda a coletividade.

Tipo objetivo

Como visto antes, *incitar* é induzir, provocar, estimular, instigar. A incitação deve ser pública e dirigida a um número indeterminado de pessoas, podendo ocorrer das mais diversas formas (crime de ação ou forma livre). A incitação feita a pessoa ou pessoas determinadas pode representar, se o crime for colocado em prática pelo instigado, conduta de participação no delito cometido (consumado ou tentado).

Assim, como exemplo, se o agente instigar um número indeterminado de pessoas a tentarem mudar, com violência, o Estado Democrático de Direito, haverá o crime de instigação ao delito previsto no art. 17 da Lei de Segurança Nacional. Porém, quando a instigação for dirigida a pessoas determinadas, poderemos ter algumas situações: (a) prática do crime associativo previsto no art. 16; (b) fora da hipótese anterior e em caso de os instigados colocarem em ação a tentativa de golpe, o instigador deverá responder pelo crime do art. 17, como partícipe; (c) fora da primeira hipótese e em caso de inércia daqueles que se tentou instigar, pensamos ser o fato atípico, pois a conduta acessória, do partícipe, depende de ser a ação principal ao menos tentada.

A incitação não pode ser genérica, mas específica, ou seja, deve o agente dizer, publicamente, qual conduta deveria ser cometida. Não basta dizer que crimes contra a segurança nacional devem ser cometidos, mas deve ser apontada conduta específica, que remeta a algum dos delitos da Lei 7.170/1983.

Notem que o crime não é de apologia a um fato já ocorrido, mas de instigação ao seu cometimento.

Tipo subjetivo

O crime é doloso, não prevendo o tipo qualquer elemento subjetivo específico.

Porém, somente restará configurado o delito do art. 23, IV, da Lei 7.170, se o agente buscar, com sua conduta, atingir algum dos bens jurídicos elencados no art. 1º, incitando um número indeterminado de pessoas a atentarem contra eles. Do contrário, perde-se o caráter especial da conduta, restando apenas a subsunção ao tipo do art. 286 do CP.

Consumação e tentativa

A consumação dá-se com a incitação dirigida a número indeterminado de pessoas, ainda que estas não se convençam ou não venham a cometer crime algum. A tentativa é possível, salvo se a incitação for feita oralmente, pois, nesse caso, assume a forma unissubsistente.

Art. 24. Constituir, integrar ou manter organização ilegal de tipo militar, de qualquer forma ou natureza armada ou não, com ou sem fardamento, com finalidade combativa.

Pena: reclusão, de 2 a 8 anos.

O crime aqui tipificado possui redação que muito dificulta a sua interpretação. Como observa Andrei Zenkner Schmidt, "encontramos uma interessante situação em que o legislador transmuda um termo *vago* em *polissêmico*, pela simples exclusão de características que, *a priori*, não as considera ele como essenciais. Assim, 'organização ilegal de tipo militar' poderia comportar determinação, caso a este rótulo fosse agregadas as características de sua natureza 'estrangeira', 'armada' e 'com fardamento', mas, por expressa exclusão legal, o único elemento interpretativo é a 'finalidade combativa'.[193]

Pensamos que o objetivo do legislador foi o de tipificar a associação de pessoas em grupos paramilitares, o que não está em desacordo com a CF de 1988, que veda a associação com tal caráter (art. 5º, XVII) e a utilização deles pelos partidos políticos (art. 17, § 4º).

A descrição típica, porém, veio defeituosa: a organização deve ser do tipo militar (e, obviamente, ilegal, do contrário, seria parte das polícias militares ou das Forças Armadas), mas, ao mesmo tempo, não dá o legislador importância ao uso ou não de fardas ou se seus integrantes portarem ou não armas. Basta apenas que tenham *finalidade combativa*.

O que significa essa expressão? Combater pode significar sustentar uma luta, guerrear, mas também opor-se contra algo. Combate-se na guerra, fisicamente, tentando eliminar, pela violência, o inimigo. Mas, usa-se tal verbo também para se referir à luta contra a intolerância, o preconceito, a criminalidade etc.

Portanto, há uma grande dificuldade em estabelecer qual a conduta criminosa prevista no art. 24: sabe-se que se pune o ato de constituir, integrar ou manter uma *organização ilegal de tipo militar*, o que bem pode caracterizar uma *organização paramilitar*; porém, quando a essa locução agrega-se a *finalidade combativa*, fica-se sem saber exatamente no que consistem os objetivos de tal agrupamento de pessoas: o uso da violência para atingir algum dos bens jurídicos previstos no art. 1º dessa mesma Lei? O uso da intimidação? Ou uso da retórica?

193 Op. cit., p. 246.

A intenção do legislador certamente foi a de punir a formação de grupos paramilitares, que pudessem usar a violência como meio para abalar o regime, hoje, o Estado Democrático de Direito. Porém, como pode uma organização paralimitar ter finalidade combativa – no sentido de fazer guerra, de sustentar uma luta física e violenta – e, ao mesmo tempo, não usar fardas ou, pelo menos, armas?

Assim, nos parece que o tipo penal ficou esvaziado de conteúdo concreto, dadas as alternativas nele previstos quanto ao uso de armas e fardas, além do que não estabeleceu uma exata finalidade. Por isso, entendemos que o art. 24 fere de morte o princípio da taxatividade e, consequentemente, não foi recepcionado pela nova ordem constitucional.[194]

Como já antecipamos nos comentários ao art. 16, a formação de organização paramilitar – que entendemos ser um grupamento armado, com fardas próprias, ainda que não utilizadas sempre – configura a conduta descrita em tal tipo penal, caso a finalidade seja o de atingir ou trazer risco de lesão a algum dos bens jurídicos tutelados na Lei 7.170. Sem essa finalidade, haverá o crime do art. 288-A do CP. Urge uma atualização da Lei de Segurança Nacional, a fim de que seja corretamente tipificada a formação de tais organizações paramilitares que tenham por objetivo atingir a ordem constitucional e democrática, inclusive para cominar penas mais proporcionais com a enorme gravidade da conduta, como fez o legislador ao estabelecer as sanções possíveis para crime análogo no CP.

Art. 25. Fazer funcionar, de fato, ainda que sob falso nome ou forma simulada, partido político ou associação dissolvidos por força de disposição legal ou de decisão judicial.

Pena: reclusão, de 1 a 5 anos.

O tipo penal do art. 25 da Lei 7.170 perdeu completamente a possibilidade de ser aplicada sob a nova ordem constitucional instalada em 1988.

É fato histórico que, mesmo sob o regime democrático pré-1964, proibiu-se o funcionamento de partidos de ideologia marxista. Porém, tal proibição não os impediu de existir de fato, de funcionar como partido, à margem da ordem legal, o que prosseguiu mesmo durante o regime ditatorial de 1964. É o caso, por exemplo, do Partido Comunista Brasileiro, hoje extinto. Esse tipo de situação era o alvo do art. 25.

Porém, nos dias atuais, há liberdade para a formação de partidos políticos, desde que observados os parâmetros legais. Ainda que se admita que um partido possa ser dissolvido pela Justiça Eleitoral, é certo que não será mais um "partido político", tal como exige o tipo penal, pois, no regime democrático, somente se admite a existência de partidos que tenham inscrição legal. "Partido dissolvido" será mera associação de pessoas, sendo perfeitamente legítima, salvo se sua finalidade for ilícita ou se se tratar de organização paramilitar. Nesses dois casos, presente o objetivo de atentar contra a ordem constitucional e democrática, teremos o crime do art. 16 da Lei de Segurança Nacional.

---

194 Com opinião contrária à nossa, NUCCI, Guilherme de Souza, op. cit., p. 845: "*constituir* (dar início a alguma coisa), *integrar* (tomar parte em algo) ou *manter* (sustentar, prover) são as condutas alternativas cujo objeto é a organização ilegal de tipo militar, armada ou não, fardada ou não, mas com finalidade combativa. Esses grupos paramilitares não fazem parte da democracia e a Constituição Federal não os aprova (...)".

Tudo isso se aplica às "associações dissolvidas", que se tornam, então, agrupamento, o que também pode configurar o crime do art. 16, a depender de seus objetivos.

Notem que o art. 25 nada diz sobre tais objetivos, mostrando que a intenção do tipo penal era a de punir o desafio à decisão do regime de dissolver determinado partido ou associação. A finalidade do dispositivo não encontra qualquer guarida na CF de 1988. Sua finalidade é, portanto, ilegítima.

Pelas razões expostas, reputamos que o art. 25 da Lei 7.170/1983 não foi recepcionado pela CF de 1988, sendo, pois, inaplicável.[195]

Art. 26. Caluniar ou difamar o Presidente da República, o do Senado Federal, o da Câmara dos Deputados ou o do Supremo Tribunal Federal, imputando-lhes fato definido como crime ou fato ofensivo à reputação.

Pena: reclusão, de 1 a 4 anos.

Parágrafo único – Na mesma pena incorre quem, conhecendo o caráter ilícito da imputação, a propala ou divulga.

O art. 26 da Lei de Segurança Nacional procura tipificar a calúnia e a difamação cometidas contra o Presidente da República ou contra os Presidentes do Senado Federal, Câmara dos Deputados Federais e do STF.

Os mesmos crimes são previstos no CP, respectivamente, nos arts. 138 e 139. E mais: o art. 141, I, do mesmo Código estabelece uma causa de aumento de pena quando a vítima for o Presidente da República.

Então, qual a razão para a previsão desses dois crimes no âmbito da Lei de Segurança Nacional?

Costuma a doutrina afirmar que haverá a incidência da Lei 7.170 quando a calúnia ou a difamação tiver "motivação política".[196] Porém, para configuração de qualquer crime da Lei de Segurança Nacional, não basta a "motivação política", mas deve haver o objetivo de lesar ou de expor a perigo de lesão um dos seguintes bens jurídicos: a integridade territorial, a soberania nacional, o regime representativo e democrático, a Federação, o Estado (Democrático) de Direito e a pessoa dos Chefes dos Poderes da União.

Pensamos, todavia, que a pessoa dos Chefes dos Poderes da União, por si mesma, não pode ser alçada à categoria de bem jurídico tutelado pela lei. De modo secundário, a honra delas, sim; a integridade corporal e a saúde, também, o mesmo podendo-se dizer de sua liberdade e da vida. Porém, a fim de que não se tenha, com tais tutelas, um odioso atentado ao princípio da isonomia, há a necessidade de que a conduta atinja não só tais aspectos da pessoa dos Chefes dos Poderes, mas tenha como objetivo final e primordial o de lesar ou colocar em risco algum dos demais bens jurídicos tutelados. Afinal, atuar contra a segurança nacional e a ordem social

195 Em sentido contrário, NUCCI, Guilherme de Souza, op. cit., p. 846: "Este artigo tem limitada atuação, mas não é inviável. Imagine-se um partido ou associação nazista, que tenha sido proibido de funcionar pela Justiça. É aplicável, em tese, esse tipo penal. Além disso, o ponto fulcral é a atividade, que não precisa ser legal, mas de fato. Pode ser até mesmo sob nome falso ou dissimuladamente. Enfim, agrupamentos ilegais não devem atuar no Brasil, pois depõem contra a própria democracia".

196 Dentro outros: CUNHA, Rogério Sanches, *Manual de direito penal...*, p. 182.

e política não pode ser apenas o agir contra a pessoa do Chefe de um dos Poderes da União, mas atentar contra a própria ordem constitucional e democrática.

Visto o dispositivo dessa forma, não vemos problema de recepção pela CF de 1988.

Bem jurídico tutelado

Conforme os comentários acima, tutela o art. 26, primordialmente, algum dos bens jurídicos descritos no art. 1º da Lei 7.170 e, em última análise, o próprio Estado Democrático de Direito. Indiretamente, em razão do meio empregado pelo agente, pode ser atingida também a honra objetiva[197] do Chefe dos Poderes da União. O dano à honra é meio para se atingir os demais bens jurídicos, razão pela qual arriscamo-nos a dizer se tratar de crime complexo.

Sujeitos do crime

Qualquer pessoa pode ser sujeito ativo do delito. Dada a natureza do crime, sujeito passivo é o Estado e, secundariamente, a sociedade e o Chefe do Poder atingido.

Tipo objetivo

O art. 26, quando trata da calúnia, o faz de modo diverso do CP. Neste último, consiste a conduta em caluniar, imputando falsamente fato definido como crime (art. 138). Já na Lei de Segurança Nacional, a conduta de caluniar consiste em imputar fato definido como crime. Notem que faltou no art. 26 a expressão *falsamente*.

Não se pode aceitar que a imputação verdadeira de fato definido como crime possa atentar contra um dos bens jurídicos tutelados na Lei 7.170. Ora, ainda que se considere ser o objetivo primordial do agente, não o de atingir a honra do Chefe de Poder, mas a ordem constitucional e democrática, servindo a calúnia como meio para tal fim, é certo que deve haver no mínimo uma ilegitimidade na imputação feita pelo agente.

Suponha-se que queira o agente provocar a eclosão de um golpe de Estado e, para tanto faz grave, mas verdadeira denúncia contra o Presidente da República, que efetivamente cometeu crime. Seria esse um crime contra a segurança nacional? Pensamos que participar do golpe de Estado, sim, e já tivemos a oportunidade de discorrer sobre o tema principalmente quando comentamos os arts. 16 e 17. Porém, não se pode considerar que calúnia existiu. A imputação feita ao Presidente, nesse exemplo, era legítima, ainda que seus fins fosse ilegítimos. Serviu de meio para prática de crime outro, mas não se tratou, por si só, de crime autônomo.

Não se pode fugir de um conceito tão arraigado em nosso Direito Penal como o de calúnia, que é o ato de imputar a alguém, *falsamente*, a prática de crime. Portanto, somente é aceitável a punição nos termos do art. 26 da Lei 7.170 se a imputação for de crime contra alguém que se sabe inocente.

Já o conceito de difamação da Lei de Segurança Nacional coincide com aquele do art. 139 do CP, que é o de *imputar fato ofensivo à reputação*, que pode, inclusive, ser a imputação de contravenção penal.

Também haverá crime, segundo o parágrafo único do art. 26, naquela conduta de quem, *conhecendo o caráter ilícito da imputação, a propala ou divulga.*

---

197 Cf. CUNHA, Rogério Sanches, *Manual de direito penal...*, p. 176, trata-se da "reputação perante terceiros".

Sendo o fato calunioso, o *caráter ilícito* de que deve ter conhecimento o agente, deve ser entendido como sendo o *caráter falso* da imputação, aliado ao conhecimento também do objetivo de quem criou o fato desonroso, que é o de lesar ou causar risco de lesão à ordem constitucional ou democrática. Sem isso, não há tal modalidade delituosa. Sendo o fato difamatório, basta que aquele que propala ou divulga a imputação tenha conhecimento dos objetivos de lesar ou colocar em risco de lesão os bens jurídicos já citados e que justificam a aplicação da Lei de Segurança Nacional.

Tipo subjetivo

O crime é doloso. Aponta-se a existência de elemento subjetivo específico, consistente no ânimo de caluniar ou difamar.[198]

Mas, à diferença com tais crimes, tais como previstos no CP, tal elemento subjetivo específico tem papel secundário na conduta: utiliza-se a calúnia ou a difamação, é dizer, a agressão à honra da pessoa do Chefe do Poder, como meio para atingir a própria ordem constitucional e democrática.

Consumação e tentativa

O crime é formal, consumando-se no momento em que alguém, que não o caluniado ou difamado, toma conhecimento da imputação. Não há necessidade de que o resultado pretendido (o de atingir a ordem constitucional e democrática) seja atingido, tampouco que a honra seja manchada.

A tentativa é possível se o crime for cometido com mais de modo plurissubsistente, do contrário, como ocorre com a calúnia ou difamação feita oralmente, não será possível o *conatus*.

Art. 27. Ofender a integridade corporal ou a saúde de qualquer das autoridades mencionadas no artigo anterior.

Pena: reclusão, de 1 a 3 anos.

§ 1º – Se a lesão é grave, aplica-se a pena de reclusão de 3 a 15 anos.

§ 2º Se da lesão resulta a morte e as circunstâncias evidenciam que este resultado pode ser atribuído a título de culpa ao agente, a pena é aumentada até um terço.

O tipo penal do art. 27 da Lei 7.170 pune o delito de lesão corporal contra o Presidente da República, do Senado Federal, da Câmara dos Deputados o do STF.

Conduta idêntica já se encontra prevista, no art. 129 e seus parágrafos, no CP. Então, uma vez mais cabe a pergunta: qual a razão para a previsão desse crime no âmbito da Lei de Segurança Nacional?

Costuma a doutrina afirmar que haverá a incidência da Lei 7.170 quando a conduta tiver "motivação política". Porém, como vimos, para configuração de qualquer crime da Lei de Segurança Nacional, não basta a "motivação política", mas deve haver o objetivo de lesar ou de expor a perigo de lesão um dos seguintes bens jurídicos: a integridade territorial, a soberania nacional, o regime representativo e democrático, a Federação, o Estado (Democrático) de Direito e a pessoa dos Chefes dos Poderes da União.

198 Cf. NUCCI, Guilherme de Souza, op. cit., p. 847.

Pensamos, todavia, que a pessoa dos Chefes dos Poderes da União, por si mesma, não pode ser alçada à categoria de bem jurídico tutelado pela lei. De modo secundário, a integridade corporal e a saúde podem receber a tutela. Porém, a fim de que não se tenha um vício de constitucionalidade, por violação ao princípio da isonomia, há a necessidade de que a conduta atinja não só a integridade corporal da pessoa dos Chefes dos Poderes, mas tenha como objetivo final e primordial o de lesar ou colocar em risco algum dos demais bens jurídicos tutelados. Afinal, atuar contra a segurança nacional e a ordem social e política não pode ser apenas o agir contra a pessoa do Chefe de um dos Poderes da União, mas atentar contra a própria ordem constitucional e democrática.

Visto o dispositivo dessa forma, não vemos problema de recepção pela CF de 1988.

Note-se que, mesmo no caso de lesões corporais de natureza leve, não se trata de delito de menor potencial ofensivo, tendo em vista a pena máxima prevista, de 3 anos de reclusão.

Bem jurídico tutelado

O objeto de tutela legal é a integridade territorial, a soberania nacional, o regime representativo e democrático, a Federação, o Estado (Democrático) de Direito e a pessoa do Chefe de Poder da União. A agressão à integridade corporal deste último é meio para se atingir os demais bens jurídicos. Por isso, afirmamos que se trata de crime complexo, ao contrário do que se dá no regime do art. 129 do CP.

Sujeitos do crime

Qualquer pessoa pode ser sujeito ativo do delito do art. 27. O sujeito passivo é o Estado e, secundariamente, a coletividade e a pessoa que sofreu a lesão.

Tipo objetivo

A conduta típica é a de *ofender a integridade corporal ou a saúde*, ou seja, é provocar lesão física ou causar uma enfermidade ou mesmo agravar enfermidade já existente. A Lei não diferencia saúde física e mental, de modo que ambas são incluídas como passíveis de serem ofendidas pela conduta. Pode-se perfeitamente aplicar a este delito as já tradicionais discussões travadas pela doutrina quando do estudo do art. 129 do CP.

Não havendo qualquer dano à incolumidade física do ofendido, não há que se falar neste crime da Lei de Segurança Nacional, visto que as vias de fato não previstas na Lei especial, restando, porém, a aplicação do art. 21 da LCP.

Tipo subjetivo

Não há previsão de forma culposa do crime de lesões corporais na Lei de Segurança Nacional. Logo, o agente deve agir com dolo. Porém, deve não somente agir com intenção de ferir, mas também de lesar ou colocar em risco de lesão os bens jurídicos trazidos nos incisos I e II do art. 1º da Lei 7.170. Sem isso, haverá a incidência da figura típica do CP. Trata-se, pois, de crime complexo.

Consumação e tentativa

O crime do art. 27 consuma-se com a ofensa à integridade corporal ou à saúde do Presidente do Poder. Ousamos discordar do entendimento de que se trata de crime material.[199]

199 Cf. NUCCI, Guilherme de Souza, op. cit., p. 848.

É verdade que o tipo penal descreve, como resultado material, a ofensa à integridade corporal ou a saúde. Porém, o resultado último pretendido pelo agente não é esse, mas o de atingir a ordem constitucional e democrática, ou seja, um dos bens jurídicos previstos nos incisos I e II do art. 1º. Assim, dizemos ser crime formal, porque não há necessidade de que tal resultado seja atingido, bastando que haja a lesão corporal.

Portanto, deve-se ter cautela ao tratar desse ponto quando é analisada a Lei de Segurança Nacional, justamente porque o bem jurídico primariamente tutelado, ao contrário do que se dá no CP, não é a incolumidade pessoal.

A tentativa é possível, pois se trata, em geral, de crime plurissubsistente, muito embora haja enorme dificuldade probatória para sua caracterização.

Formas qualificada a majorada

Os §§ 1º prevê uma qualificadora, enquanto o § 2º, uma majorante. Na primeira, prevê o legislador a ocorrência de lesão grave; na segunda, temos a figura da lesão corporal seguida de morte.

No caso do § 1º, tem-se um tipo aberto, que encontra seu conteúdo nos §§ 1º e 2º do art. 129 do CP. Assim, será grave a lesão quando resultar: Incapacidade para as ocupações habituais, por mais de trinta dias; perigo de vida; debilidade permanente de membro, sentido ou função; aceleração de parto; incapacidade permanente para o trabalho; enfermidade incurável; perda ou inutilização do membro, sentido ou função; deformidade permanente; aborto. Cabem, aqui, todas as tradicionais discussões travadas a respeito dos §§ 1º e 2º do art. 129 do CP, às quais remetemos o leitor, dados os limites deste trabalho.

No caso do § 1º do art. 27, o meio utilizado (o ataque à integridade física do Chefe de um Poder da União) para atingir o fim desejado (lesão, em última análise, à ordem constitucional e democrática) causou ao ofendido direto consequência mais grave, sendo justificada a punição com mais rigor.

O resultado mais grave pode ser desejado pelo agente (dolo direto, salvo no caso de aborto, hipótese em que restará caracterizado o crime do art. 125 do CP), aceito por ele (dolo eventual, salvo no caso de aborto, hipótese em que também restará caracterizado o crime do art. 125 do CP) ou pode decorrer de culpa, quando restará caracterizado forma preterdolosa de delito (o que inclui o aborto como resultado).

A majorante refere-se à hipótese de lesão corporal seguida de morte, em que o agente atua com dolo de lesionar, mas, por culpa, dá causa à morte. É modalidade preterdolosa de crime. A imprevisibilidade do resultado mais grave ou a ocorrência de caso fortuito impede a incidência da forma majorada.

A escolha do legislador diferiu daquela feita no CP. Neste, a lesão corporal seguida de morte, prevista no § 3º do art. 129, é forma qualificada do crime. Na Lei 7.170, trata-se de causa de aumento de pena: a majoração é de até um terço. Portanto, a pena mínima pode chegar a 1 ano e 4 meses de reclusão; e a máxima, a 4 anos. São patamares inferiores ao da lesão grave, o que nos parece desproporcional, havendo evidente proteção deficiente.

A fim de evitar inconstitucionalidade nesse aspecto, deve-se fazer incidir o aumento previsto no § 2º sobre a pena cominada no parágrafo anterior, trazendo à Lei de Segurança Nacional o mesmo sistema de aumento dos patamares da punição, conforme aumenta a gravidade concreta do ato.

Art. 28. Atentar contra a liberdade pessoal de qualquer das autoridades referidas no art. 26.
Pena: reclusão, de 4 a 12 anos.

O art. 28 tipifica o atentado contra a *liberdade pessoal* do Presidente da República, do Senado Federal, da Câmara dos Deputados e do STF.

O problema é que o conceito de *liberdade pessoal* não está devidamente delimitado no tipo. A Parte Especial do CP pode nos dar uma base para definir tal conceito, isto porque, em seu Título I (Dos crimes contra a pessoa), cuidou, em um capítulo inteiro (Capítulo VI), dos "Crimes contra a liberdade individual". Tal capítulo foi dividido em quatro seções: crimes contra a liberdade pessoal, contra a inviolabilidade do domicílio, contra a inviolabilidade de correspondência e contra a inviolabilidade dos segredos.

Assim, como o art. 28 menciona apenas a *liberdade pessoal*, parece-nos que delimita a conduta àquelas figuras típicas que configuram *constrangimento ilegal, ameaça, sequestro e cárcere privado*, visto que não haveria sentido em acreditar, tendo em vista a natureza do ofendido direto, que o legislador quis também incluir a redução à condição análoga a de escravo, figura típica já prevista no CP em 1983.

Como explica Rogério Sanches Cunha: "Liberdade significa, em síntese, ausência de coação. Com esse conceito amplo, protege-se (...) a faculdade do homem de agir ou não agir, querer ou não querer, fazer ou não fazer aquilo que decidir, sem constrangimento, prevalecendo a sua autodeterminação".[200]

Bem jurídico tutelado

São tutelados, como não poderia deixar de ser, a integridade territorial, a soberania nacional, o regime representativo e democrático, a Federação, o Estado (Democrático) de Direito e a pessoa do Chefe de Poder da União. O atentado à liberdade pessoal deste último é meio para se atingir os demais bens jurídicos. Mais uma vez, pensamos que se trata de delito complexo.

Sujeitos do crime

Qualquer pessoa pode ser sujeito ativo do delito do art. 28. O sujeito passivo é o Estado e, secundariamente, a coletividade e a pessoa que sofreu o atentado à sua liberdade pessoal.

Tipo objetivo

O núcleo do tipo está no verbo *atentar*, que tem como objeto a *liberdade pessoal* de um dos Chefes dos Poderes da União.

Trata-se de tipo aberto, havendo necessidade de se buscar no CP as condutas que representam efetivo atentado à liberdade pessoal. Como visto, tal atentado consiste na prática das condutas previstas nas respectivas cabeças dos arts. 146 (constrangimento ilegal), 147 (ameaça) e 148 (sequestro e cárcere privado) do Código.

Não discutiremos, dados os limites do trabalho, os aspectos relacionados a tais figuras típicas. Cabe apenas destacar que o crime é de atentar contra a liberdade pessoal e está tipificado

---

200 *Manual de direito penal...*, p. 199.

no art. 28 da Lei 7.170, mas seu conteúdo, o que realmente significa cometer tal atentado, encontra-se no *caput* de cada um dos dispositivos do CP citados. Remetemos, pois, o leitor ao estudo específico de tais delitos.

Tipo subjetivo

O crime é doloso e o agente utiliza-se do constrangimento ilegal, da ameaça ou do sequestro ou cárcere privado para lesar ou colocar em risco de lesão um dos bens jurídicos descritos nos incisos I e II do art. 1º desta Lei (elemento subjetivo do tipo implícito).

Consumação e tentativa

A consumação do crime e a possibilidade de tentativa dependerá da conduta adotada pelo agente, é dizer, se escolheu a forma do constrangimento ilegal, da ameaça ou do sequestro ou cárcere privado. Assim, o momento consumativo será aquele típico de cada uma dessas modalidades criminosas e a possibilidade do *conatus* dependerá dessa escolha.

Art. 29. Matar qualquer das autoridades referidas no art. 26.
Pena: reclusão, de 15 a 30 anos.

O crime do art. 29 corresponde ao homicídio, também previsto no CP (art. 121) e no CPM (art. 205). Então, uma vez mais cabe a pergunta: qual a razão para a previsão desse crime no âmbito da Lei de Segurança Nacional?

Costuma a doutrina afirmar que haverá a incidência da Lei 7.170 quando a conduta tiver "motivação política". Porém, como vimos, para configuração de qualquer crime da Lei de Segurança Nacional, não basta a "motivação política", mas deve haver o objetivo de lesar ou de expor a perigo de lesão um dos seguintes bens jurídicos: a integridade territorial, a soberania nacional, o regime representativo e democrático, a Federação, o Estado (Democrático) de Direito e a pessoa dos Chefes dos Poderes da União.[201]

Pensamos, todavia, que a pessoa dos Chefes dos Poderes da União, por si mesma, não pode ser alçada à categoria de bem jurídico tutelado pela lei. De modo secundário, sua vida pode receber a tutela. Porém, a fim de que não se tenha um vício de constitucionalidade, por violação ao princípio da isonomia, há a necessidade de que a conduta vise a atingir não só a a vida do Chefe de um dos Poderes, mas tenha como objetivo final e primordial o de lesar ou colocar em risco algum dos demais bens jurídicos tutelados. Afinal, atuar contra a segurança nacional e a

201 Cf. GONÇALVES, Marcel Figueiredo. Atentado ao país? Uma releitura do homicídio como crime contra a segurança nacional. *Revista síntese de direito penal e processual penal*, n. 66, vol. 11, p. 209-213, 2011, p. 209: "Para uma Lei que data de 1983 e se refere a um fato de estatística nula, justificamos nosso breve escrito pela existência de duas afirmações equivocadas trazidas pela *maioria* da (atual) doutrina brasileira. Na primeira delas, lemos a seguinte ideia categórica: 'Caso o sujeito passivo do homicídio seja o Presidente da República, do Senado, da Câmara ou do Supremo Tribunal Federal, estaremos diante de crime contra a segurança nacional, não de homicídio'. Já na segunda, em uma tentativa frustrada de complementar a primeira, lemos: 'Para a descaracterização do homicídio (art. 121 do CP ou art. 205 do CPM) em face do crime contra a segurança nacional (art. 29 da Lei nº 7.170/1983), deve-se verificar se o autor teve 'motivação política' quando do cometimento do ato'".

ordem social e política não pode ser apenas o agir contra a pessoa do Chefe de um dos Poderes da União, mas atentar contra o própria ordem constitucional e democrática.[202]

Portanto, homicídio do Presidente da República, por exemplo, cometido por razões particulares do agente, não configura o crime da Lei de Segurança Nacional, mas o do art. 121 do CP.

Visto o dispositivo dessa forma, não vemos problema de recepção pela CF de 1988.

Note-se que o crime de homicídio previsto no art. 29 da Lei 7.170 não pode ser considerado hediondo, visto não estar previsto no rol da Lei 8.072/1990.

Bem jurídico tutelado

São tutelados a integridade territorial, a soberania nacional, o regime representativo e democrático, a Federação, o Estado (Democrático) de Direito e a pessoa do Chefe de Poder da União. A ofensa à vida deste último é meio para se atingir os demais bens jurídicos. Por isso, ada à multiplicidade dos bens jurídicos envolvidos, pensamos que se trata de delito complexo.

Pensamos que não se trata de crime doloso contra a vida, mas crime contra a segurança nacional e a ordem política e social. Consequentemente, o julgamento não será realizado pelo tribunal do júri.

Sujeitos do crime

Qualquer pessoa pode ser sujeito ativo do delito do art. 29. O sujeito passivo é o Estado e, secundariamente, a coletividade e a pessoa vítima da conduta homicida.

Tipo objetivo

O núcleo do tipo é *matar*, ou seja, tirar a vida de alguém, especificamente, do Presidente da República, do Senado Federal, da Câmara dos Deputados ou do STF.

Não há forma qualificada, de modo que, havendo a morte da vítima, sempre a pena será fixada do patamar mínimo de 15 anos, podendo chegar a 30. A razão é simples: a motivação – atentar, em última análise, contra a ordem constitucional e democrática – está implícita no tipo penal.

Sentimos, porém, a falta de qualificadora ou causa de aumento de pena relacionada ao modo ou meio de execução do crime, visto que nos parece mais grave a conduta de quem, para

---

202 Cf. GONÇALVES, Marcel Figueiredo, op. cit., p. 211-212: "Sabendo-se da simetria constitucional como limite material mais sólido para a aplicação dos tipos penais, perceberíamos uma desigualdade e uma desproporcionalidade evidentes quando da aplicação de uma pena maior pelo simples fato de se estar matando uma daquelas autoridades (mesmo quando na presença das ditas 'motivações políticas'). Portanto, frisa-se, só estaremos diante do crime contra a segurança nacional do art. 29 quando a morte da autoridade ocorrer em vistas de se atingir os outros bens jurídicos protegidos pela Lei (art. 1º, I e II). Assim, querente o sujeito (motivações do agente) e conseguindo atentar contra a *integridade territorial e a soberania nacional, o regime representativo e democrático, a Federação e o Estado de Direito*, e, para tanto, se utiliza da morte de uma daquelas autoridades, estará ele cometendo um crime complexo que justifica, em tese, a pena de 15 a 30 anos. (...) Parece-nos que a doutrina partiu do desvalor da ação e considerou apenas o intuito de se atentar contra a segurança nacional, atingindo a pessoa dos presidentes como bem jurídico inserido nesse contexto. Contudo, matar a autoridade se se verificar um desvalor (concreto) *do resultado* com relação aos outros bens jurídicos significaria aceitarmos a aplicação de uma pena maior sem a própria razão de ser da lei, sem a proteção do bem jurídico por ela mesma tutelado, sem, portanto, uma coerência lógico-sistemática".

cometer o delito, utiliza de meio cruel ou que possa trazer perigo comum, por exemplo. Mas, nada há nesse sentido no tipo do art. 29.

Tipo subjetivo

O crime é doloso, cabendo tanto o dolo direto quanto o eventual. Não há previsão da forma culposa, até porque não teria o menor sentido, em se tratando de crime contra a segurança nacional. Quando muito, será punida a conduta como lesão corporal seguida de morte (art. 27, § 2º), se a intenção inicial tiver sido a de causar lesão.

Note-se que há o elemento subjetivo implícito no tipo penal: de lesar ou colocar em risco de lesão, por meio do homicídio do Chefe de um dos Poderes da União, a integridade territorial, a soberania nacional, o regime representativo e democrático, a Federação ou o Estado (Democrático) de Direito.

Consumação e tentativa

O crime do art. 27 consuma-se com a morte do Presidente do Poder. Ousamos discordar do entendimento de que se trata de crime material.[203]

É verdade que o tipo penal descreve, como resultado material, a morte da pessoa. Porém, tal resultado é meio para atingir a finalidade última do agente, que é, em última análise, atingir a ordem constitucional e democrática, ou seja, um dos bens jurídicos previstos nos incisos I e II do art. 1º. Assim, dizemos ser crime formal, porque não há necessidade de que tal resultado final seja atingido, bastando que haja a morte.

Portanto, deve-se ter cautela ao tratar desse ponto quando é analisada a Lei de Segurança Nacional, justamente porque o bem jurídico primariamente tutelado, ao contrário do que se dá no CP, não é a vida.

A tentativa é possível, bastando que a morte deixe de ocorre por circunstâncias alheias à vontade do agente.

TÍTULO III

DA COMPETÊNCIA, DO PROCESSO E DAS NORMAS ESPECIAIS DE PROCEDIMENTOS

Art. 30. Compete à Justiça Militar processar e julgar os crimes previstos nesta Lei, com observância das normas estabelecidas no Código de Processo Penal Militar, no que não colidirem com disposição desta Lei, ressalvada a competência originária do Supremo Tribunal Federal nos casos previstos na Constituição.

Parágrafo único – A ação penal é pública, promovendo-a o Ministério Público.

O art. 109, IV, da CF diz caber à Justiça Federal julgar os crimes políticos, ou seja, os crimes contra a segurança nacional, a ordem política e social. A regra do *caput* do art. 30 da Lei 7.170 não foi, portanto, recepcionado pela Carta da República.[204]

---

203 Cf. NUCCI, Guilherme de Souza, op. cit., p. 850.

204 Cf. LIMA, Renato Brasileiro de, op. cit., p. 406: "Como a Carta Magna atribui à Justiça Federal a competência para processar e julgar os crimes políticos, forçoso concluir que o art. 30, *caput*, da Lei nº 7.170/83 (...) não foi recepcionado pela Constituição Federal". É também a opinião de BARROSO, Luís Roberto. A superação da

Assim, competirá sempre à Justiça Federal julgar os crimes previstos nesta Lei. No caso de homicídio previsto no art. 29, não haverá necessidade de formação do tribunal do Júri para o julgamento, visto que, conforme explicados, não se trata de crime doloso contra a vida, mas delito complexo, contra a segurança nacional. Deve-se fazer, nesse ponto, o mesmo raciocínio usado pela maioria da doutrina e jurisprudência quanto ao delito de latrocínio, tipificado na parte final do § 3º do art. 157 do CP.

Mesmo no caso do art. 14 – culposo e, assim, não podendo ser considerado crime político – continuará o julgamento sob a responsabilidade da Justiça Federal, tendo em vista a natureza do bem jurídico tutelado.

A ação penal será sempre pública incondicionada nos casos dos crimes previstos na Lei 7.170, a cargo do Ministério Público Federal.

O recurso cabível em caso de julgamento pela Justiça Federal de primeiro grau será o *recurso ordinário constitucional*, de competência do STF – e não a apelação – conforme explicitamente previsto no art. 102, II, *b*, da CF, que será refere ao *crime político*. O STF atuará, portanto, como segunda – e última – instância recursal, o que não fere o princípio do duplo grau de jurisdição.[205]

Art. 31. Para apuração de fato que configure crime previsto nesta Lei, instaurar-se-á inquérito policial, pela Polícia Federal:

I – de ofício;

II – mediante requisição do Ministério Público;

III – mediante requisição de autoridade militar responsável pela segurança interna;

IV – mediante requisição do Ministro da Justiça.

Parágrafo único – Poderá a União delegar, mediante convênio, a Estado, ao Distrito Federal ou a Território, atribuições para a realização do inquérito referido neste artigo.

Sendo o crime de competência da Justiça Federal, deverá ser apurado, a princípio, por meio de inquérito policial presidido por Delegado de Polícia Federal.

A instauração pode se dar de ofício, uma vez que chegue o fato criminoso ao conhecimento da Autoridade Policial; por requisição do Ministério Público; ou por requisição do Ministro da Justiça. Nesse último caso, não se trata, como normalmente acontece, de condição de procedibilidade, mas optou o legislador em dar ao Ministro tal poder de requisição.

O inciso III do art. 31 não foi recepcionado pela CF de 1988, visto não haver mais a "autoridade militar responsável pela segurança interna".

O parágrafo único tampouco foi recepcionado pela nova ordem constitucional, visto que se trata de matéria fixada pela CF, que estabelece a competência da Justiça Federal. Logo, a investigação deve se dar no âmbito da Polícia Judiciária da União.

Por fim, pode o Ministério Público Federal instaurar procedimento próprio, autônomo ou complementar ao inquérito, para investigar o crime.

---

ideologia da segurança nacional..., p. 73; e de BARROS, Marco Antonio de. A Lei de segurança nacional e a legislaçãl penal militar..., p. 17.

205 Ibidem.

Art. 32. Será instaurado inquérito Policial Militar se o agente for militar ou assemelhado, ou quando o crime:

I – lesar patrimônio sob administração militar;

II – for praticado em lugar diretamente sujeito à administração militar ou contra militar ou assemelhado em serviço;

III – for praticado nas regiões alcançadas pela decretação do estado de emergência ou do estado de sítio.

O art. 32 da Lei 7.170 não foi recepcionado pela CF de 1988. Isso porque os crimes descritos na Lei de Segurança Nacional, ainda que cometidos por militar ou em alguma das situações previstas nos incisos do dispositivo ora em comento, são crimes políticos, e não militares.

Assim, somente podem ser investigados por inquérito da Polícia Federal ou por procedimento do Ministério Público Federal, e não por Inquérito Policial Militar.

Guilherme de Souza Nucci reproduz importante julgado do STM nesse sentido:[206]

> Falece atribuição constitucional ao Ministério Público Militar para o oferecimento de denúncia por crime capitulado na Lei 7.170/83 – Lei de Segurança Nacional; (...) A Lei de Segurança Nacional, em seus artigos 1º e 2º adota, respectivamente, a teoria objetiva e subjetiva de proteção ao bem jurídico tutelado. Desse modo, todos os tipos penais descritos na Lei de Segurança Nacional (Lei nº 7.170/83) são crimes políticos objetivamente considerados e devem ser processados e julgados perante a Justiça Federal, ex vi do art. 109, IV, da Carta Magna; (...) As Constituições brasileiras sempre delegaram à Justiça Federal, seja a Comum, seja a Militar, competência para julgar os crimes políticos, sendo que a Constituição Federal de 1988, ao tratar da competência da Justiça Militar (art. 124), a restringiu para o processamento e julgamento dos crimes militares definidos em lei. Tais crimes têm definição no art. 9º do Código Penal Militar, que não inclui os crimes contra a segurança nacional. Via de conclusão, o art. 30 da Lei de Segurança Nacional não foi recepcionado pela nova ordem constitucional; (...) Decisão por maioria.[207]

Essa parece ser a orientação do STJ, conforme se extrai de decisão cuja ementa é a seguinte:

> CONFLITO NEGATIVO DE COMPETÊNCIA. GREVE DOS POLICIAIS MILITARES DA BAHIA. CARACTERIZAÇÃO DE CRIMES DE MOTIM, REVOLTA E CONSPIRAÇÃO. COMPETÊNCIA DA JUSTIÇA MILITAR. POSSÍVEL OCORRÊNCIA DE DELITOS PREVISTOS NA Lei DE SEGURANÇA NACIONAL (Lei N. 7.170/1983). INQUÉRITO POLICIAL JÁ INSTAURADO. COMPETÊNCIA DA JUSTIÇA FEDERAL (Art. 109, INCISO IV, DA CF/88). UNIDADE DOS PROCESSOS. IMPOSSIBILIDADE. Art. 79, I, DO CPP E Art. 102, A, DO CPPM. 1. Constatada a prática, em tese, de crimes de motim, revolta e conspiração, previstos no art. 149, caput e parágrafo único, e art. 152, ambos do CPM, capitulados na denúncia oferecida contra 84 policiais militares que participaram da greve ocorrida na Bahia, nos meses de janeiro e fevereiro de 2012, a competência para processar e julgar tais delitos é da Justiça Militar. 2. **Na eventualidade de se comprovar a ocorrência de crimes previstos na Lei de Segurança Nacional (Lei 7.170/1983) – valendo ressaltar que já existe inquérito policial instaurado para esse fim -, nos termos do que dispõe o art. 109, inciso IV, da CF/88, a competência será da Justiça Federal. Precedentes do STJ**

206 Op. cit., p. 852.

207 CC 2004.02.000316-1-DF, Rel. Min. José Coêlho Ferreira, j. 09-09-2004.

e do STF. 3. Não se mostra possível o julgamento de todas as condutas delitivas no Juízo Federal, em razão do que dispõem os arts. 79, I, do CPP, e 102, alínea a, do CPPM. A conexão e a continência importam na unidade de processo e julgamento, salvo no concurso entre a jurisdição comum e a militar. 4. Conflito conhecido para declarar competente o Juízo Auditor da Auditoria Militar da Bahia, o suscitado, para processar e julgar os crimes militares capitulados na denúncia, consistentes em motim, revolta e conspiração, **reservando-se a competência da Justiça Federal para o processamento de possíveis crimes tipificados na Lei de Segurança Nacional, eventualmente praticados pelos denunciados ou por terceiros.**[208]

Art. 33. Durante as investigações, a autoridade de que presidir o inquérito poderá manter o indiciado preso ou sob custódia, pelo prazo de quinze dias, comunicando imediatamente o fato ao juízo competente.

§ 1º – Em caso de justificada necessidade, esse prazo poderá ser dilatado por mais quinze dias, por decisão do juiz, a pedido do encarregado do inquérito, ouvido o Ministério Público.

§ 2º – A incomunicabilidade do indiciado, no período inicial das investigações, será permitida pelo prazo improrrogável de, no máximo, cinco dias.

§ 3º – O preso ou custodiado deverá ser recolhido e mantido em lugar diverso do destinado aos presos por crimes comuns, com estrita observância do disposto nos arts. 237 a 242 do Código de Processo Penal Militar.

§ 4º – Em qualquer fase do inquérito, a requerimento da defesa, do indiciado, de seu cônjuge, descendente ou ascendente, será realizado exame na pessoa do indiciado para verificação de sua integridade física e mental; uma via do laudo, elaborado por dois peritos médicos e instruída com fotografias, será juntada aos autos do inquérito.

§ 5º – Esgotado o prazo de quinze dias de prisão ou custódia ou de sua eventual prorrogação, o indiciado será imediatamente libertado, salvo se decretadas prisão preventiva, a requerimento do encarregado do inquérito ou do órgão do Ministério Público.

§ 6º – O tempo de prisão ou custódia será computado no de execução da pena privativa de liberdade.

O art. 33 da Lei 7.170 foi recepcionado apenas em parte pela nova ordem constitucional. Vejamos.

Caput **e §§ 1º e 5º**: de acordo com a CF de 1988 e com o CPP, somente se admite duas modalidades de prisão cautelar, quais sejam, as prisões temporária e preventiva, ambas decretadas por autoridade judiciária. Assim, não há possibilidade de que o Delegado Federal mantenha, sem autorização judicial, qualquer pessoa presa durante as investigações. No caso dos crimes contra a segurança nacional, não há possibilidade de decretação da prisão temporária, eis que ausentes do rol do art. 1º, III, da Lei 7.960/1989.

§ 2º: não há mais espaço para a incomunicabilidade de preso ou investigado em nosso ordenamento jurídico, isso porque a CF de 1988, no art. 136, § 3º, IV, a veda expressamente, mesmo em caso de estado de defesa. Assim sendo, não pode admitir a incomunicabilidade em situação de absoluta normalidade institucional.

§ 3º: houve recepção parcial desta regra, que está de acordo com outras disposições de nosso ordenamento, que ordena a separação entre presos, conforme a categoria e espécie de penas. Assim, justificável a determinação de que os presos por força de crime previsto

208 CC 124.133-BA, Rel. Min. Marco Aurélio Bellizze, Terceira Seção, j. 10-04-2013 (grifos nossos).

na Lei de Segurança Nacional sejam mantidos separados dos demais. Há uma objeção: não é mais aplicável o CPPM, nem é possível a mantença do imputado em presídio sob administração militar.

§ 4º: o dispositivo foi recepcionado, pois apenas procura garantir a incolumidade física do investigado. Aliás, quando da prisão, é obrigatória a realização da audiência de custódia. O dispositivo permite ainda mais: a realização, a pedido do defensor ou de membro da família do imputado, de laudo de exame de corpo de delito, em qualquer momento da investigação e quantas vezes forem necessárias.

§ 6º: o dispositivo traz uma regra de detração, já prevista no art. 42 do CP e perfeitamente de acordo com a atual ordem constitucional.

CONSIDERAÇÕES FINAIS

A Lei de Segurança Nacional, ainda parcialmente em vigor, merece ser inteiramente substituída por outro texto, como foi possível perceber pelas dificuldades de interpretação que alguns dispositivos oferecem. Há necessidade urgente de sua atualização e adequação às finalidades e princípios da CF de 1988, inclusive para que se defina e, consequentemente, se delimite o próprio conceito de crime político e os tipos que a ele correspondem, levando em consideração o tratamento constitucional do tema.

Ademais, há questões relacionadas à espionagem que são tratadas de maneira bastante ultrapassada pela nossa lei.

É questão de menor importância se tal mudança deve vir por meio de acréscimo de tipos penais ao CP ou se por intermédio de Lei especial. O importante é que a mudança ocorra.

Embora os crimes vistos acima sejam quase de nenhuma incidência nos dias atuais, há movimentos em nossa sociedade que infelizmente pregam uma ruptura institucional – em outras palavras, um golpe – semelhante àquele ocorrido em 1964.

É comum a disseminação de mensagens, pelas redes sociais e outros meios de comunicação digital, incitando ao ódio entre facções políticas, elogiando regimes ditatoriais, difamando o regime democrático e, assim, criando uma falsa ideia de que a destruição da ordem constitucional e democrática pode ser boa ideia.

Não demora e teremos, no meio político, a defesa franca e aberta de ruptura, com possibilidade de, por meio das urnas, tal pensamento sair vitorioso. Cumpre lembrar que alguns dos piores regimes da história chegaram ao poder pela via legítima. Depois, trataram de, paulatinamente, destruir o Estado Democrático de Direito. As consequências, sempre trágicas e nunca benéficas ao povo, são suficientemente conhecidas e documentadas. Evitemos tal caminho. Uma nova e mais adequada Lei de Segurança Nacional pode ser instrumento útil para a proteção da ordem constitucional e democrática.

BIBLIOGRAFIA

AGRA, Walbert de Moura. *Aspectos controvertidos do controle de constitucionalidade*. Salvador: JusPodivm, 2008.

ALMEIDA, Débora de Souza de; ARAÚJO, Fábio Roque; GOMES, Luiz Flávio; CUNHA, Rogério Sanches; PINTO, Ronaldo Batista. *Terrorismo: aspectos criminológicos, político-criminais e comentários à Lei 13.260/2016*. Salvador: JusPodivm, 2017.

ARON, Raymond. *O marxismo de Marx*. Tradução de Jorge Bastos. 3ª ed. São Paulo: Arx, 2005.

BARROS, Marco Antonio de. A Lei de segurança nacional e a legislação penal militar. *Justitia*, n. 193, vol. 63, p. 13-37, 2001.

BARROSO, Luís Roberto. A superação da ideologia da segurança nacional e a tipificação dos crimes contra o estado democrático de direito. *Revista de estudos criminais*, n. 9, vol. 2, p. 71-79.

__________. *Interpretação e aplicação da constituição*, 7ª ed. São Paulo: Saraiva, 2010.

BASTOS, Celso Ribeiro. As modernas formas de interpretação constitucional. In: CLÈVE, Clèmerson Merlin; BARROSO, Luís Roberto (organizadores). *Doutrinas essenciais. Direito constitucional*, v. 1. São Paulo: Revista dos Tribunais, 2011.

BATISTA, Nilo. A Lei de segurança nacional: o direito da tortura e da morte. *Revista de direito penal*, n. 34, p. 48-62, Rio de Janeiro: Forense, 1982.

BIANCHINI, Alice; GOMES, Luiz Flávio; MOLINA, Antonio García-Pablos de. *Direito penal, v. 1: introdução e princípios fundamentais*. São Paulo: Editora Revista dos Tribunais, 2007.

BITTENCOURT, C. A. Lúcio. *O contrôle jurisdicional da constitucionalidade das leis*. Rio de Janeiro: Forense, 1968.

BITENCOURT, Cezar Roberto. *Tratado de direito penal: parte geral*, v. 1. 21ª ed. São Paulo: Saraiva, 2015.

__________. *Tratado de direito penal: parte especial*, v. 3. 3ª ed. São Paulo: Saraiva, 2006.

BOBBIO, Norberto. *Teoria geral de política: a filosofia política e as lições dos clássicos*. Organizado por Michelangelo Bovero. Tradução de Daniela Beccaccia Versiani. Rio de Janeiro: Campus, 2000.

__________. *Estado, governo, sociedade: para uma teoria geral da política*. Rio de Janeiro: Paz e Terra, 1987.

BONAVIDES, Paulo. *Curso de direito constitucional*. 11ª ed. São Paulo: Malheiros, 2001.

__________. O método tópico de interpretação constitucional. In: CLÈVE, Clèmerson Merlin; BARROSO, Luís Roberto (organizadores). *Doutrinas essenciais. Direito constitucional*, v. 1. São Paulo: Revista dos Tribunais, 2011.

BOSON, Gerson de Britto Mello. Conceituação jurídica da soberania do estado. In: CLÈVE, Clèmerson Merlin; BARROSO, Luís Roberto (organizadores). *Doutrinas essenciais. Direito constitucional*, v. 2. São Paulo: Revista dos Tribunais, 2011.

CANOTILHO, José Joaquim Gomes. *Direito constitucional e teoria da constituição*. 4ª ed. Coimbra: Almedina, 2001.

CAPEZ, Fernando. *Curso de direito penal: legislação penal especial, vol. 4*. 9ª ed. São Paulo: Saraiva, 2014.

COSTA, José de Faria. *Noções fundamentais de direito penal (*fragmenta iuris poenalis*)*, 2ª ed. Coimbra: Coimbra Editores, 2010.

CRETELLA NETO, José. *Curso de direito internacional penal*. Ijuí: Unijuí, 2008.

CUNHA, Rogério Sanches. *Manual de direito penal: parte especial (arts. 121 ao 361)*. 8ª ed. Salvador: Editora Juspodivm, 2016.

__________; ROQUE, Fábio. *Crimes federais*. 2ª ed. Salvador: JusPodivm, 2014.

DELMANTO, Roberto. Os *black blocs* e a Lei de segurança nacional. *Boletim do IBCCrim*, n. 253, dezembro/2013.

DIAS, Jorge de Figueiredo. *Temas básicos da doutrina penal*. Coimbra: Coimbra Editora, 2001.

ENTERRÍA, Eduardo García de. Hermeneutica e supremacia constitucional: el principio de la interpretación conforme a la constituición de todo el ordenamiento. In: CLÈVE, Clèmerson Merlin; BARROSO, Luís Roberto (organizadores). *Doutrinas essenciais. Direito constitucional*, v. 1. São Paulo: Revista dos Tribunais, 2011.

ESTEFAM, André. *Direito penal: parte geral*, v.1. São Paulo: Saraiva, 2010.

FERRAJOLI, Luigi. *Direito e razão: teoria do garantismo penal*. Tradução da 6ª ed. italiana por Ana Paula Zomer, Fauzi Hassan Choukr, Juarez Tavares e Luiz Flávio Gomes, com a colaboração de Alice

Bianchini, Evandro Fernandes de Pontes, José Antônio Siqueira Pontes e Lauren Paoletti Stefanini. São Paulo: Editora Revista dos Tribunais, 2002.

FIANDACA, Giovanni. O "bem jurídico" como problema teórico e como critério de política criminal. In: FRANCO, Alberto Silva; NUCCI, Guilherme de Souza (coordenadores). *Doutrinas essenciais. Direito penal*, v. 2. São Paulo: Editora Revista dos Tribunais, 2010.

FRAGOSO, Heleno Cláudio. A nova Lei de segurança nacional. *Revista de direito penal*, n. 35, p. 61-69, Rio de Janeiro: Forense, 1983.

__________. *Terrorismo e criminalidade política*. Rio de Janeiro: Forense, 1981.

FRANCO SOBRINHO, Manoel de Oliveira. A segurança interna nas cartas constitucionais do Brasil. In: CLÈVE, Clèmerson Merlin; BARROSO, Luís Roberto (organizadores). *Doutrinas essenciais. Direito constitucional*, v. 2. São Paulo: Revista dos Tribunais, 2011.

GOMES, Luiz Flávio; BIANCHINI, Alice. *Curso de direito penal: parte geral (arts. 1º ao 120)*, v. 1. Salvador: JusPodivm, 2015.

GONÇALVES, Marcel Figueiredo. Atentado ao país? Uma releitura do homicídio como crime contra a segurança nacional. *Revista síntese de direito penal e processual penal*, n. 66, vol. 11, p. 209-213, 2011.

GRECO, Rogério. *Curso de direito penal: parte geral, vol. I*. 12ª ed. Niterói: Impetus, 2010.

HASSEMER, Winfried. *Introdução aos fundamentos do direito penal*. Tradução da 2ª ed. alemã por Pablo Alflen da Silva. Porto Alegre: Sergio Antonio Fabris Editor, 2005.

HESSE, Konrad. *Temas fundamentais de direito constitucional*. Seleção dos textos e tradução: Carlos dos Santos Almeida, Gilmar Ferreira Mendes e Inocêncio Mártires Coelho. São Paulo: Saraiva, 2009.

HUNGRIA, Nelson; LACERDA, Romão Côrtes de. *Comentários ao código penal, vol. VIII*. Rio de Janeiro: Revista Forense, 1947.

LIMA, Renato Brasileiro de. *Manual de processo penal*. 4ª ed. Salvador: JusPodivm, 2016.

__________. *Legislação criminal especial comentada*. 3ª ed. Salvador: JusPodivm, 2015.

JESCHECK, Hans-Heinrich, WEIGEND, Thomas. *Tratado de derecho penal: parte general*. Tradução da 5ª ed. alemã por Miguel Olmedo Cardenete. Granada: Editorial Comares, 2002.

LAURENTIIS, Lucas Catib De. *Interpretação conforme a constituição: conceitos, técnicas e efeitos*. São Paulo: Malheiros, 2012.

LOBÃO, Célio. Crimes políticos. Crimes contra a segurança do estado. Breves anotações doutrinárias. *Direito militar: revista da associação dos magistrados das justiças militares estaduais – AMAJME*, v. 16, p. 5-8, março-abril, 2013.

MAGALHÃES NORONHA, E. *Do crime culposo*. São Paulo: Saraiva, 1957.

MARTINS, Ives Gandra da Silva; MENDES, Gilmar Ferreira. *Controle concentrado de constitucionalidade: comentários à Lei n. 9.868, de 10-11-1999*. 3ª ed. São Paulo: Saraiva, 2009.

MORAES, Alexandre. *Constituição do Brasil interpretada e legislação constitucional*. São Paulo: Atlas, 2002.

NUCCI, Guilherme de Souza. *Leis penais e processuais penais cometadas, vol. 1*. 10ª ed. Rio de Janeiro: Forense, 2017.

NUNES, Diego. As iniciativas de reforma à Lei de segurança nacional na consolidação da atual democracia brasileira: da inércia legislativa na defesa do estado democrático de direito à ascensão do terrorismo. *Revista brasileira de ciências criminais*, vol. 107, p. 265-305, São Paulo: Revista dos Tribunais, março-abril, 2014.

PORTELA, Paulo Henrique Gonçalves. *Direito internacional público e privado*. Salvador: Juspodivm, 2009.

PRADO, Luiz Regis. *Bem jurídico-penal e constituição*. 2ª ed. São Paulo: Editora Revista dos Tribunais, 1997.

RAMOS, André de Carvalho. *Curso de direitos humanos*. 4ª ed. São Paulo: Saraiva, 2017.

ROXIN, Claus. *Derecho penal: parte general – fundamentos. La estructura de la teoría del delito*, tomo 1. Tradução da 2ª ed. alemã por Diego-Manuel Luzón Peña, Miguel Díaz y García Conlledo, Javier de Vicente Remesal. Madrid: Civitas, 2000.

SALOMÃO, Heloisa Estellita. *A tutela penal e as obrigações tributárias na constituição federal*. São Paulo: Editora Revista dos Tribunais, 2001.

SCHMIDT, Andrei Zenkner. *O princípio da legalidade penal no estado democrático de direito*. Porto Alegre: Livraria do Advogado, 2001.

SNYDER, Timothy. *Sobre a tirania: vinte lições do século XX para o presente*. Tradução de Donaldson M. Garschagen. São Paulo: Companhia das Letras, 2017.

TOLEDO, Francisco de Assis. *Princípios básicos de direito penal*. 4ª ed. São Paulo: Saraiva, 1991.

ZAFFARONI, Eugenio Raúl. Globalização e sistema penal na América Latina: da segurança nacional à urbana. *Discursos sediciosos: crime, direito e sociedade*, v. 2, p. 25-36, Rio de Janeiro: Revan, 1997.

CAPÍTULO 10

Ação Civil Pública – Lei 7.347/1985

Matheus Kuhn Gonçalves

Art. 10. Constitui crime, punido com pena de reclusão de 1 (um) a 3 (três) anos, mais multa de 10 (dez) a 1.000 (mil) Obrigações Reajustáveis do Tesouro Nacional – ORTN, a recusa, o retardamento ou a omissão de dados técnicos indispensáveis à propositura da ação civil, quando requisitados pelo Ministério Público.

1. INTRODUÇÃO

O Ministério Público é instituição permanente, essencial à função jurisdicional do Estado, incumbindo-lhe a defesa da ordem jurídica, do regime democrático e dos interesses sociais e individuais indisponíveis (art. 127, CF/88).

Segundo o artigo 129 da Constituição Federal, são funções institucionais do Ministério Público, dentre outras: promover o inquérito civil e a ação civil pública, para a proteção do patrimônio público e social, do meio ambiente e de outros interesses difusos e coletivos; expedir notificações nos procedimentos administrativos de sua competência, requisitando informações e documentos para instruí-los; e requisitar diligências investigatórias e a instauração de inquérito policial, indicados os fundamentos jurídicos de suas manifestações processuais.

Sendo guardião da ordem jurídica, do regime democrático e dos interesses sociais e individuais indisponíveis, a Constituição muniu o Ministério Público de uma série de poderes e garantias, a fim de buscar a tutela do interesse público e social. Conferiu-se, então, ao Ministério Público o chamado poder requisitório, ou seja, a possibilidade de requisitar de qualquer organismo público ou particular certidões, informações, exames ou perícias, a fim de instruir e embasar o inquérito civil sob sua presidência.

O poder requisitório do Ministério Público tem natureza de **ordem legal.** Vale dizer, quando o órgão ministerial realiza uma requisição, esta não tem caráter facultativo, não se tratando de um pedido (ou de uma liberalidade concedida ao destinatário). Possui natureza cogente e caráter de ordem legal, de modo que o seu descumprimento poderá ensejar responsabilização civil e criminal. Nesse sentido, Hugo Nigro Mazzilli leciona que:

> Nos procedimentos a seu cargo, o membro do Ministério Público pode expedir **requisição** de diligências, certidões, documentos ou informações. As requisições não são pedidos

> (requerimentos), mas sim consistem em ordem legal para que se entregue, apresente ou forneça algo; daí porque seu desatendimento doloso pode configurar até mesmo infração penal. [...] A falta injustificada ou o retardamento indevido do cumprimento das requisições importará a responsabilidade de quem lhes deu causa. O desatendimento às requisições é sancionado porque, para desincumbir-se de seus misteres em defesa da Constituição e das leis, no zelo de interesses indisponíveis do indivíduo e da coletividade, e no desempenho da ação penal e da ação civil pública, o Ministério Público precisa de instrumentos eficazes como a notificação de pessoas e a requisição de documentos e informações. Se o desatendimento às requisições não fosse sancionado, a norma que lhe confere poderes de investigação teria mero caráter moral, sem força coercitiva ínsita à norma jurídica. Poderá haver crime contra a administração pública, apenas sob forma dolosa, em caso de recusa, retardamento ou omissão de dados técnicos indispensáveis à propositura da ação civil pública, quando regularmente requisitados pelo Ministério Público.[1]

A título de ilustração a respeito do poder requisitório do Ministério Público, é possível que o Promotor de Justiça requisite diretamente da instituição financeira dados da movimentação financeira da conta-corrente do Município, com a finalidade de proteger o patrimônio público, sem que isso viole a intimidade e a vida privada. Vejamos:

> HABEAS CORPUS. DENÚNCIA RECEBIDA NO TRIBUNAL DE JUSTIÇA DO CEARÁ. CRIMES, EM TESE, PRATICADOS POR AGENTES PÚBLICOS CONTRA A ADMINISTRAÇÃO (QUADRILHA, LICITAÇÕES, E DECRETO LEI N. 201/1967). ALEGAÇÃO DE ILICITUDE DA PROVA. QUEBRA DE SIGILO BANCÁRIO SEM AUTORIZAÇÃO JUDICIAL. ENTE PÚBLICO. DESNECESSIDADE. PROTEÇÃO À INTIMIDADE/PRIVACIDADE. INOCORRÊNCIA. PRINCÍPIOS DA PUBLICIDADE E DA MORALIDADE PÚBLICA. REQUISIÇÃO PELO MINISTÉRIO PÚBLICO DE MOVIMENTAÇÃO DA CONTA-CORRENTE DO MUNICÍPIO DE POTENGI/CE. POSSIBILIDADE. 1. Encontra-se pacificada na doutrina pátria e na jurisprudência dos Tribunais Superiores que o sigilo bancário constitui espécie do direito à intimidade/privacidade, consagrado no art. 5º, X e XII, da Constituição Federal. 2. No entanto, as contas públicas, ante os princípios da publicidade e da moralidade (art. 37 da CF), não possuem, em regra, proteção do direito à intimidade/privacidade, e, em consequência, não são protegidas pelo sigilo bancário. Na verdade, a intimidade e a vida privada de que trata a Lei Maior referem-se à pessoa humana, aos indivíduos que compõem a sociedade, e às pessoas jurídicas de Direito privado, inaplicáveis tais conceitos aos entes públicos. 3. Assim, conta-corrente de titularidade de Prefeitura Municipal não goza de proteção à intimidade/privacidade, tampouco do sigilo bancário, garantia constitucional das pessoas naturais e aos entes particulares. 4. Nessa linha de raciocínio, lícita a requisição pelo Ministério Público de informações bancárias (emissão de cheques e movimentação financeira) de titularidade da Prefeitura Municipal de Potengi/CE, com o fim de proteger o patrimônio público, não se podendo falar em quebra ilegal de sigilo bancário. 5. "Operações financeiras que envolvam recursos públicos não estão abrangidas pelo sigilo bancário a que alude a Lei Complementar nº 105/2001, visto que as operações dessa espécie estão submetidas aos princípios da administração pública insculpidos no art. 37 da Constituição Federal" (MS-33.340/STF, Relator Ministro LUIZ FUX, 1ª Turma, DJe de 3/8/2015). 6. Habeas corpus denegado. (STJ- HC 308493/CE).

O não atendimento às requisições do Ministério Público, além de configurar crime, também pode acarretar responsabilização do ato de improbidade administrativa:

---

1 MAZZILLI, Hugo Nigro. **O inquérito civil:** investigações do Ministério Público, compromissos de ajustamento e audiências públicas. São Paulo: Saraiva, 1999, p. 166-167, 170-171.

> PROCESSUAL CIVIL E ADMINISTRATIVO. OFENSA AO ART. 535 DO CPC. INOCORRÊNCIA. IMPROBIDADE ADMINISTRATIVA AMBIENTAL. (OITO) OFÍCIOS ENVIADOS PELO MPF A FIM DE INSTRUIR INQUÉRITO CIVIL COM OBJETIVO DE PROPOSITURA DE AÇÃO CIVIL PÚBLICA PARA CONTENÇÃO DE DEGRADAÇÃO AMBIENTAL. SILÊNCIO INJUSTIFICADO (PELA DEMORA DE TRÊS ANOS) DA PARTE RECORRIDA. ELEMENTO SUBJETIVO DOLOSO. CARACTERIZAÇÃO. ART. 11 DA LEI N. 8.429/92. INCIDÊNCIA. [...] 10. Na esteira do que foi asseverado antes, na espécie, a parte recorrida deixou de responder a diversos ofícios enviados pelo Ministério Público Federal com o objetivo de instruir demanda cujo objetivo era combater danos ambientais. Foram necessários oito ofícios solicitando informações para, somente três anos, depois, a recorrida prestar resposta. 11. É evidente que o prazo de cinco dias usualmente constante dos pedidos remetidos pela parte recorrente poderia ser insuficiente para uma resposta adequada. Tanto que a autoridade recorrida solicitou prorrogação, tendo sido esta deferida pelo próprio órgão oficiante. 12. Nada obstante, a inércia da Diretora-Geral do Conselho de Recursos Ambientais do Estado da Bahia (CRA/BA) por longos três anos manifesta uma falta de razoabilidade sem tamanho, mesmo levando em consideração a distância e o eventual mal-aparelhamento das unidades administrativas. 13. O dolo é abstratamente caracterizável, uma vez que, pelo menos a partir do primeiro ofício de reiteração, a parte recorrida já sabia estar em mora, e, além disto, já sabia que sua conduta omissiva estava impedindo a instrução de inquérito civil e a posterior propositura da ação civil pública de contenção de lesão ambiental. 14. Inclusive, da inicial dos autos, consta que, no último ofício enviado por membro do Ministério Público Federal constavam advertências explícitas e pontuais dirigidas à recorrida a respeito da possível caracterização de crime e improbidade administrativa. (RECURSO ESPECIAL Nº 1.116.964).

Ademais, a criminalização da conduta daquele que deixa de cumprir as requisições do Ministério Público privilegia a celeridade do inquérito civil, a fim de que este não se arraste por demasiado tempo. Nesse sentido é o escólio de Mauro Roberto de Mattos:

> Igualmente, visando dar maior efetividade da instrução do inquérito civil, a proposta do art. 10 em questão considera crime, punindo com pena de reclusão de um a três anos, mais multa de R$ 320,10, a recusa, o retardamento ou a omissão de dados técnicos indispensáveis à propositura da ação civil, quando requisitados pelo presidente do inquérito civil. Essa medida privilegia justamente a celeridade para que o inquérito civil não se arraste por muito tempo.[2]

2. ANÁLISE DO TIPO PENAL

As condutas típicas aptas à caracterização do crime consistem na **recusa,** no **retardamento** ou na **omissão** de dados técnicos indispensáveis à propositura da ação civil, quando requisitados pelo Ministério Público.

Recusar significa negar, não aceitar, rejeitar a requisição da autoridade. Retardar significa atrasar, demorar, protelar, adiar, procrastinar. Omitir significa deixar de fazer, deixar de responder ou de encaminhar os dados requisitados.

A requisição que constitui o crime é aquela de dados técnicos indispensáveis à propositura da ação civil. Sendo assim, se os dados requisitados pelo *Parquet* forem dispensáveis para a

2 MATTOS, Mauro Roberto de. **Inquérito Civil e Ação Civil Pública de Improbidade Administrativa** – Limites à sua Instauração. Rio de Janeiro: Forense, 2014.

propositura da ação, não há que se falar em crime. Hugo Nigro Mazzilli explica o que deve ser entendido por indispensável:

> [...] O absolutamente necessário, não apenas útil. Se a ação puder ser proposta, ainda que não tão perfeitamente, não se poderá afirmar a indispensabilidade do dado sonegado. Em tese, a sonegação de dados úteis poderá ser prevaricação ou desobediência.[3]

Nesse contexto, se ficar demonstrada, no curso do inquérito civil, a ausência de lesão ou risco de lesão ao interesse público e, por consequência, a falta de interesse de agir no ajuizamento de instrumentos de tutela coletiva, não há que se falar no crime do art. 10 da Lei nº 7.347/85, tendo em vista que as informações requisitadas são prescindíveis. Vejamos a posição do Superior Tribunal de Justiça:

> PENAL. PROCESSUAL PENAL. *HABEAS CORPUS* SUBSTITUTIVO DE RECURSO OU DE REVISÃO CRIMINAL. NÃO CABIMENTO. ART. 10 DA LEI Nº 7.347/85. TRANCAMENTO DA AÇÃO PENAL. INÉPCIA. ATIPICIDADE DA CONDUTA. PROMOÇÃO DE ARQUIVAMENTO DE INQUÉRITO CIVIL ANTE A FALTA DE LESÃO OU RISCO DE LESÃO AO INTERESSE PÚBLICO. AUSÊNCIA DE ELEMENTAR DO TIPO PENAL. ATIPICIDADE RECONHECIDA. ORDEM CONCEDIDA DE OFÍCIO. 1. Ressalvada pessoal compreensão diversa, uniformizou o Superior Tribunal de Justiça ser inadequado o *writ* em substituição a recursos especial e ordinário, ou de revisão criminal, admitindo-se, de ofício, a concessão da ordem ante a constatação de ilegalidade flagrante, abuso de poder ou teratologia. 2. O trancamento da ação penal por meio do *habeas corpus* só é cabível quando houver comprovação, de plano, da ausência de justa causa, seja em razão da atipicidade da conduta supostamente praticada pelo acusado, seja da ausência de indícios de autoria e materialidade delitivas, ou ainda da incidência de causa de extinção da punibilidade. 3. Considerando que restou apurado no inquérito civil, a ausência de lesão ou risco de lesão ao interesse público e, por consequência, a falta de interesse de agir no ajuizamento de instrumentos de tutela coletiva, infere-se que se mostravam prescindíveis as informações requisitadas, motivo pelo qual cabível o trancamento da denúncia, por inadequação típica ao art. 10 da Lei 7.347/85 4. *Habeas corpus* não conhecido, mas concedida a ordem, de ofício, para determinar o trancamento da ação penal ante a atipicidade da conduta. (HABEAS CORPUS Nº 370.951 – RJ).

Dados técnicos são aqueles que se referem "a qualquer informação que se vincule diretamente a um conhecimento ou trabalho específico, inerentes a determinado ofício ou profissão."[4] Nesse prisma é o entendimento do Superior Tribunal de Justiça:

> PROCESSUAL PENAL. RECURSO ESPECIAL. CONTRARIEDADE AOS ARTIGOS 1º DO CP, 381, INCISO III, DO CPP E 10 DA LEI Nº 7.347/85. [...] EXPRESSÃO DADOS TÉCNICOS. [...] IV – A expressão "dados técnicos" "se refere a qualquer informação dependente de um conhecimento ou trabalho específico, que seja peculiar de determinado ofício ou profissão" cf. RHC nº 12359/MG, Rel. Min. Gilson Dipp, DJU de 01/07/2002. V – No caso em tela, as informações solicitadas pelo Ministério Público se enquadram no conceito de "dados técnicos", uma vez que dizem respeito aos procedimentos observados na rotina de funcionamento da Prefeitura Municipal de Rio Grande/RS. Isso porque os dados requeridos se referiam, v.g., a contratos celebrados pelo Município, se houve licitação em determinada contratação etc. Recurso parcialmente conhecido e, nesta parte, desprovido.

3 MAZZILLI, Hugo Nigro. **O inquérito civil:** investigações do Ministério Público, compromissos de ajustamento e audiências públicas. São Paulo: Saraiva, 1999, p. 170.

4 NOTA TÉCNICA JURÍDICA Nº 001/2013 – CAOP-CRI – Ministério Público do Estado de Rondônia, p. 07.

(STJ, REsp 785.129/RS, Rel. Ministro Felix Fischer, Quinta Turma, julgado em 29/06/2006, DJ 14/08/2006).

É válido frisar que o art. 10 da Lei nº 7.347/85 não faz qualquer menção específica quanto à necessidade de que os dados possam ser obtidos exclusivamente de determinado ente ou indivíduo que recebeu a requisição, mas somente a respeito da imprescindibilidade dos dados à propositura de ação civil pública. Dessa forma, ainda que a informação possa ser obtida por outro meio ou por outra fonte, ainda existirá o crime se houver a sonegação dos dados técnicos requisitados pelo *Parquet*, uma vez que o citado dispositivo apenas menciona a imprescindibilidade dos dados para a propositura da ação civil pública, e não a exclusividade da fonte.

3. CONFLITO APARENTE DE NORMAS E PRINCÍPIO DA ESPECIALIDADE

Importante esclarecer que outros diplomas legais trazem incriminações semelhantes à descrita no art. 10 da Lei da Ação Civil Pública, surgindo, eventualmente, um conflito aparente de normas.

Inicialmente, o crime previsto na Lei da Ação Civil Pública se configura na hipótese em que houver recusa, retardamento ou omissão de dados técnicos indispensáveis à propositura da ação civil, quando requisitados pelo Ministério Público. Os dados técnicos indispensáveis à propositura da ação civil pública são aqueles correlatos ao disposto no art. 1º da Lei nº 7.347/85. Vale dizer, o objeto da ação civil pública em que os dados foram recusados, omitidos ou retardados deve ser relacionado à defesa do meio ambiente, do consumidor, de bens e direitos de valor artístico, estético, histórico, turístico e paisagístico, de qualquer outro interesse difuso ou coletivo (norma de encerramento), por infração à ordem econômica, à ordem urbanística, à honra e à dignidade de grupos raciais, étnicos ou religiosos e do patrimônio público e social.

Se os dados técnicos recusados, retardados ou omitidos disserem respeito à defesa de pessoas portadoras de necessidades especiais, o crime será o do art. 8º, IV, da Lei nº 7.853/89 (que dispõe sobre o apoio às pessoas portadoras de deficiência), tendo em vista que se trata de norma especial em relação à prevista no artigo 10 da LACP. Vejamos:

> Art. 8º. Constitui crime punível com reclusão de 2 (dois) a 5 (cinco) anos e multa: (Redação dada pela Lei nº 13.146, de 2015)
>
> VI – recusar, retardar ou omitir dados técnicos indispensáveis à propositura da ação civil pública objeto desta Lei, quando requisitados. (Redação dada pela Lei nº 13.146, de 2015)

No mesmo sentido, se a ação ou omissão do agente visa impedir ou embaraçar ação de autoridade judiciária, membro do Conselho Tutelar ou do Ministério Público no exercício de função prevista no Estatuto da Criança e do Adolescente, o crime será o do artigo 236 da Lei nº 8.069/90, que dispõe o seguinte:

> Art. 236. Impedir ou embaraçar a ação de autoridade judiciária, membro do Conselho Tutelar ou representante do Ministério Público no exercício de função prevista nesta Lei:
>
> Pena – detenção de seis meses a dois anos.

Na hipótese de procedimentos investigatórios que não versem sobre os temas tratados na Lei da Ação Civil Pública (Lei nº 7.347/85), no Estatuto da Criança e do Adolescente (Lei nº 8.069/90) e na Lei nº 7.853/89, ou "quando a recusa, o retardamento ou a omissão de fornecimento de dados técnicos não forem **indispensáveis** para a propositura de ações civis públicas ou coletivas relacionadas a tais Leis, o desatendimento à requisição ministerial poderá constituir, conforme o caso, os delitos de **prevaricação** ou **desobediência**, previstos no Código Penal."[5] Nessas hipóteses, se o agente que descumpre a requisição ministerial for servidor público, o crime será o de prevaricação (art. 319 do CP). Contudo, se o agente que descumpre a requisição ministerial for particular, o crime será o de desobediência (art. 330 do CP).

Hugo Nigro Mazzilli bem discorre sobre o tema:

> A lei que dispõe sobre a proteção de pessoas portadoras de deficiência erige a crime punível com reclusão e multa 'recusar, retardar ou omitir dados técnicos indispensáveis à propositura da ação civil objeto desta Lei, quando requisitados pelo Ministério Público'. Nas demais hipóteses, o desatendimento à requisição ministerial poderá configurar, conforme o caso, prevaricação ou desobediência. A Lei da Ação Civil Pública considerou, pois, crime contra a administração pública a ação física consistente em recusa, retardamento ou omissão de dados técnicos indispensáveis à propositura da ação civil, quando requisitados pelo Ministério Público; puniu-a com reclusão de um a três anos, além de multa. Pune-se aí apenas a sonegação de informações ao órgão do Ministério Público, desde que necessárias ao ajuizamento de ação civil pública em defesa de qualquer interesse difuso ou coletivo. Se os dados sonegados disserem respeito à defesa de pessoas portadoras de deficiência, a pena será maior. [...] Assim, estão fora do alcance das normas penais da Lei da Ação Civil Pública e da Lei nº 7.853/89 as requisições feitas pelo Ministério Público em matéria que não verse a defesa de interesses metaindividuais; estão dentro do alcance da Lei nº 7.347/85 as requisições ministeriais de documentos ou informações indispensáveis à propositura de ação civil pública ou coletiva em defesa de quaisquer interesses difusos, coletivos e individuais homogêneos; e pelo princípio da especialidade, estão dentro do alcance da Lei nº 7.853/89 as requisições ministeriais em matéria de defesa de interesses de pessoas portadoras de deficiência. [...] Se **a ação cometida visar a impedir ou embaraçar a ação de representante do Ministério Público no exercício de função prevista no Estatuto da Criança e do Adolescente, poderá haver outro crime.**[6]

4. (DES)NECESSIDADE DA EXISTÊNCIA DE INQUÉRITO CIVIL

Para configuração do crime do art. 10 da Lei da Ação Civil Pública, não há necessidade da existência de inquérito civil público instaurado. Vale dizer, é possível que no bojo de outros procedimentos, a exemplo dos procedimentos investigatórios preliminares ou procedimentos administrativos, haja o descumprimento de requisições ministeriais.

O Ministério Público pode realizar requisições em outras espécies de procedimento, e não somente nos inquéritos civis públicos. Ademais, o artigo 9º da Lei nº 7.347/85 afirma que, se o órgão do Ministério Público, após esgotadas todas as diligências, se convencer da inexistência de fundamento para a propositura da ação civil pública, promoverá o arquivamento do inquérito civil ou das peças informativas, de forma fundamentada. Ora, se o Ministério Público pode arquivar tanto o inquérito civil quanto outras peças informativas, significa dizer que não precisa existir inquérito civil para o manejo da ação civil pública, podendo o membro do *Parquet* fazê-lo com base em outras peças informativas. Sendo assim, o inquérito civil público não é o meio exclusivo de obtenção de provas para propositura da ação civil pública. Desse modo, existindo outros tipos de procedimentos que também são adequados para lastrear o manejo

5 NOTA TÉCNICA JURÍDICA Nº 001/2013 – CAOP–CRI – Ministério Público do Estado de Rondônia, p. 04.

6 MAZZILLI, Hugo Nigro. **O inquérito civil:** investigações do Ministério Público, compromissos de ajustamento e audiências públicas. São Paulo: Saraiva, 1999, p. 166-167, 170-171.

da ação coletiva, sempre que houver sonegação de dados técnicos indispensáveis nesses procedimentos, haverá o crime do art. 10 da Lei nº 7.347/85. Nesse sentido é a Nota Técnica do CAOP-Criminal do Ministério Público do Estado de Rondônia:

> Visto isso, entende-se que o artigo 10 da Lei nº 7.347/85 incide não somente nas hipóteses de desatendimento de requisição originadas em Inquéritos Civis Públicos, mas também em Procedimentos de Investigação Preliminar e Procedimentos Administrativos, desde que as requisições oriundas destes feitos também visem a obtenção de informações essenciais à propositura de ações civis públicas.[7]

5. PRAZO PARA O CUMPRIMENTO DAS REQUISIÇÕES E NECESSIDADE DE ADVERTÊNCIA NO CORPO DA REQUISIÇÃO

É necessário que o membro do Ministério Público conceda o prazo mínimo de 10 (dez) dias úteis para que o agente público ou o particular encaminhe os dados técnicos indispensáveis à propositura da ação civil pública. Isso é o que dispõe o art. 8º, § 1º, da Lei nº 7.347/85:

> § 1º O Ministério Público poderá instaurar, sob sua presidência, inquérito civil, ou requisitar, de qualquer organismo público ou particular, certidões, informações, exames ou perícias, no prazo que assinalar, o qual não poderá ser inferior a 10 (dez) dias úteis.

Além do mais, a Resolução nº 13/2006 do Conselho Nacional do Ministério Público, a qual trata sobre o Procedimento Investigatório Criminal no âmbito do *Parquet*, também estabelece o prazo mínimo de 10 (dez) dias úteis para o atendimento das requisições, no art. 6º, § 2º:

> § 2º O prazo mínimo para resposta às requisições do Ministério Público será de 10 (dez) dias úteis, a contar do recebimento, salvo hipótese justificada de relevância e urgência e em casos de complementação de informações.

Obviamente que, havendo justificada relevância e urgência na obtenção das informações, será possível a redução do prazo de 10 (dez) dias úteis. Diante disso, estando o agente dentro do prazo de 10 (dez) dias úteis, não há que se falar em crime. Havendo a omissão do prazo para resposta no bojo do ofício requisitório ou fixação de prazo menor que 10 (dez) dias (à exceção das hipóteses de justificada relevância e urgência), também não há que se falar em crime.

No mesmo viés, entende-se que é necessária a advertência no corpo da requisição de que o seu não cumprimento poderá acarretar a prática do crime do art. 10 da Lei nº 7.347/85. Isso porque o mencionado crime somente se consuma na modalidade dolosa, não havendo previsão de conduta culposa, devendo, portanto, ter o agente ciência de que sua conduta é ilícita.[8]

---

7 NOTA TÉCNICA JURÍDICA Nº 001/2013 – CAOP–CRI – Ministério Público do Estado de Rondônia, p. 04.

8 O crime previsto no artigo 10 da Lei nº 7.347/85 caracteriza-se com a ciência do acusado acerca da indispensabilidade para a propositura de Ação Civil Pública de dados técnicos requisitados pelo Ministério Público Federal. Se não consta da requisição a informação de que os documentos são imprescindíveis ao ajuizamento da ACP, bem como de que o descumprimento da solicitação configura um ilícito penal, o não atendimento é conduta atípica, em face da ausência de dolo. (TRF – 4ª Região, RecCrSE 2004.70.01.011582-8, PR, Rel. Des. Fed. Luiz Fernando Wowk Penteado, julgado em 03/09/2008).

6. NECESSIDADE DE ENTREGA PESSOAL DA REQUISIÇÃO À AUTORIDADE, AO SERVIDOR OU AO PARTICULAR

Para configuração do delito, é necessária a entrega pessoal da requisição à autoridade, ao servidor público ou ao particular, a fim de que o agente tenha ciência inequívoca do dever de prestar informações ao Ministério Público.

O crime de desobediência exige que a ordem seja transmitida diretamente ao réu, seja por meio escrito ou verbal. Contudo, há necessidade de se demonstrar que ele tinha conhecimento inequívoco da ordem. Por essa razão, é importante que a requisição seja feita em duas vias e entregue pessoalmente ao destinatário, devendo este apor assinatura, a fim de demonstrar sua perfeita ciência. Nesse sentido, já decidiu o Superior Tribunal de Justiça:

> PENAL. PREFEITO MUNICIPAL. PROPOSTA DE TRANSAÇÃO PENAL. ART. 330 DO CP (DESOBEDIÊNCIA). CIÊNCIA PESSOAL DA REQUISIÇÃO EFETIVADA PELO MINISTÉRIO PÚBLICO DO TRABALHO. INEXISTÊNCIA. INTENÇÃO DELIBERADA DE DESCUMPRIR. FALTA DE DEMONSTRAÇÃO. RESPONSABILIZAÇÃO OBJETIVA. AUSÊNCIA DE JUSTA CAUSA CONFIGURADA. 1. Segundo precedentes desta Corte, para configuração do crime de desobediência é necessário que haja a notificação pessoal do responsável pelo cumprimento da ordem, de modo a se demonstrar que teve ciência inequívoca da sua existência e, após, teve a intenção deliberada de não cumpri-la. (STJ, HC 226.512/RJ, Sexta Turma, Rel. Ministro Sebastião Reis Júnior, julgado em 9/10/2012, DJe 30/11/2012).

7. AÇÃO PENAL E BENEFÍCIOS DA LEI Nº 9.099/95

A ação penal é pública incondicionada.

Não é infração de menor pontencial ofensivo, pois a pena máxima é superior a 02 (dois) anos.

É possível a suspensão condicional do processo, tendo em vista que a pena mínima é igual ou inferior a 01 (um) ano.

CAPÍTULO 11

Sistema Financeiro Nacional – Lei 7.492/1986

Rodrigo Leite Ferreira Cabral

INTRODUÇÃO

A Lei dos Crimes contra o Sistema Financeiro Nacional (Lei n. 7.492/96), conhecida como *"Lei dos Crimes do Colarinho Branco"* [1] trata – ainda que de forma pouco sistemática – das quatro principais facetas que marcam a configuração do Sistema Financeiro: **a)** o Mercado Financeiro; **b)** o Mercado de Crédito; **c)** o Mercado de Capitais e **d)** o Mercado de Câmbio[2].

Os delitos criados pela Lei giram, pois, em torno de temas como: **valores mobiliários** (artigos 2º, 7º e 9º); proteção da **instituição financeira**, de suas **operações** e sua respectiva **fiscalização** (artigos 3º, 4º, 5º, 6º, 10, 11, 16, 17, 18, 19, 20 e 23); proteção dos procedimentos de **intervenção, liquidação extrajudicial** e **falência** (artigos 12, 13, 14 e 15) e controle das **operações de câmbio** (artigos 21 e 22).

Ademais, a tutela penal do Sistema Financeiro constitui uma das manifestações mais importantes do denominado Direito penal econômico[3], e, como se verá, um dos aspectos mais importantes para a compreensão dos delitos previstos na Lei 7.492/86 será precisamente a adequada identificação dos bens jurídicos protegidos pelos tipos penais que ela criou.

Nesse particular, é certo afirmar que referida lei utiliza amplamente a técnica de tipificação consistente no uso de delitos de perigo abstrato[4].

---

1 Em referência à conhecida expressão cunhada por SUTHERLAND, fazendo a alusão a empresários e profissionais de estamentos mais abastados da sociedade, que normalmente usam roupas com colarinho branco (em contraposição aos delitos praticados por pessoas das classes operarias, que usam colarinho azul – delitos do colarinho azul). Cf. SUTHERLAND, Edwin H. El Delito de Cuello Blanco. Buenos Aires: BDEF, 2016.

2 NEWLANDS JUNIOR. Carlos Arthur. Sistema Financeiro e Bancário. 5ª ed. São Paulo: Gen, 2015, p. 83 e ss.

3 TIEDEMANN elenca os seguintes blocos legislativos que marcam o Direito penal Econômico: i) Direito penal financeiro; ii) Direito penal dos balanços; iii) Direito penal das sociedades de capital; iv) Direito penal da concorrência; e iv) Direito penal da proteção dos consumidores. Cf.: TIEDEMANN, Klaus. *Manual de Derecho Penal Económico: Parte General y Especial*. Valencia: Tirant lo Blanch, 2010, pp. 79 e ss.

4 Como pontua ROXIN: *"Delitos de perigo abstrato são aqueles em que se pune uma conduta que é, em si, tipicamente perigosa, não se exigindo, no caso concreto, a ocorrência efetiva de um resultado de colocação em perigo."* ROXIN, Claus. Derecho Penal. Parte General. Tomo I. Fundamentos. La estructura de la Teoría del Delito, trad. de Diego Manuel Luzón Peña, Miguel Díaz y García Conlledo y Javier de Vicente Remesal. Madrid: Thomson Civitas, 2003, p. 407.

Assim, uma primeira premissa fundamental para a interpretação dos bens jurídicos tutelados pela Lei em questão é que ela busca proteger e tutelar fundamentalmente a credibilidade do sistema (bem jurídico esse que será, quase sempre, o pano de fundo de muitos delitos).

Aliás, a tutela da integridade do sistema será realizada, de um lado, por meio da proteção de um **bem jurídico coletivo institucionalizado**, não individualizável (que caracteriza os crimes, também, denominados de delitos de bem jurídico intermediário espiritualizado)[5].

De outro, por meio da proteção de um **patrimônio individual**, mas que mediatamente protegerá um bem jurídico supra-individual geral[6].

Em suma, ora a Lei protegerá um bem jurídico coletivo, ora protegerá um bem jurídico individual. O pano de fundo, porém, será frequentemente a proteção da credibilidade do Sistema Financeiro Nacional.

Com isso em mente, é certo que tal diferenciação constituirá critério relevantíssimo para a interpretação dos bens jurídicos tutelados em cada tipo penal criado pela Lei, sempre levando-se em conta que, mediata ou imediatamente, os delitos acabam por tutelar o Sistema Financeiro Nacional.

Por fim, convém fazer uma última observação introdutória. Como recurso didático, para auxiliar a compreensão dos crimes da Lei em comento, optou-se aqui por identificar cada delito examinado com um nome que traduzisse da forma mais adequada possível o objeto da incriminação, apesar da lei não adotar expressamente nenhum *nomen iuris* e nada obstante as dificuldades que tal tarefa releva, já que, muitos delitos, abrangem uma série bastante variada de condutas que, muitas vezes, não podem ser delimitados sob um único conceito.

DO CONCEITO PENAL DE INSTITUIÇÃO FINANCEIRA

Art. 1º Considera-se instituição financeira, para efeito desta lei, a pessoa jurídica de direito público ou privado, que tenha como atividade principal ou acessória, cumulativamente ou não, a captação, intermediação ou aplicação de recursos financeiros (Vetado) de terceiros, em moeda nacional ou estrangeira, ou a custódia, emissão, distribuição, negociação, intermediação ou administração de valores mobiliários.

Parágrafo único. Equipara-se à instituição financeira:

I – a pessoa jurídica que capte ou administre seguros, câmbio, consórcio, capitalização ou qualquer tipo de poupança, ou recursos de terceiros;

II – a pessoa natural que exerça quaisquer das atividades referidas neste artigo, ainda que de forma eventual.

---

5 Sobre esses delitos, RODRÍGUEZ MONTAÑÉS explica que: *"Através dos 'delitos com bem jurídico intermediário espiritualizado', na denominação de SCHÜNEMANN, se protegem bens jurídicos supra-individuais nos quais a tipificação de uma lesão ou colocação concreta em perigo é dificilmente imaginável, pois o menoscabo de tais bens de caráter imaterial se produz mais do que a cada ato individual, mas pela reiteração generalizada de condutas que não respeitam as regras básicas que asseguram o sistema e seu funcionamento."* RODRÍGUEZ MONTAÑÉS, Teresa. Delitos de peligro, dolo e imprudencia. Buenos Aires: Rubinzal-Culzoni, 2004, pp. 354-355.

6 Como afirma MARTÍNEZ-BUJÁN PÉREZ, *"existem outros delitos econômicos (no mais amplo sentido da expressão), cujo bem jurídico diretamente tutelado não é de natureza supra-individual, mas sim puramente individual (o patrimônio), por mais que se considere que mediatamente possam afetar à ordem econômica."* MARTÍNEZ-BUJÁN PÉREZ. Derecho Penal Económico y de la Empresa: parte general. 3ª ed. Valencia: Tirant lo Blanch, 2011, p. 190.

O primeiro artigo da Lei n. 7.492/86 tem o objetivo de fixar, desde o princípio, o conceito penal de instituição financeira, que servirá de parâmetro e limite interpretativo para todos os tipos penais previstos nesta Lei[7].

Na espécie, o legislador adotou um **critério funcional-material** para definir instituição financeira.

Desse modo, não se leva em conta o atributo formal ou mera denominação da instituição financeira, mas sim as funções efetivamente exercidas por ela.

Ademais, o legislador optou por assentar expressamente que determinadas características são irrelevantes para a caracterização ou não da instituição financeira.

Por isso, para o conceito de instituição financeira **não importa** que: **a)** se trate de pessoa física (no conceito por equiparação) ou jurídica, podendo ser, neste caso, uma pessoa jurídica de direito público ou privado; **b)** a atividade realizada seja principal ou acessória, **c)** tal atividade seja realizada cumulativamente ou não com outras; e **d)** as operações sejam feitas em moeda nacional ou estrangeira.

Uma vez assentadas essas premissas iniciais, é possível afirmar-se que o artigo em comento estabelece que o conceito de instituição financeira pode estar caracterizado em três diferentes modalidades: **i)** a instituição financeira propriamente dita; **ii)** a instituição financeira do Mercado de Capitais e **iii)** a instituição financeira por equiparação[8], que serão explicadas a seguir:

i) Instituição financeira propriamente dita: As instituições financeiras propriamente ditas são caracterizadas pela prática das funções que constituem o núcleo central do que normalmente realiza uma Instituição financeira. Trata-se daquelas atividades fiscalizadas diretamente pelo Banco Central (BC). Essa modalidade de instituição financeira vem conceituada pela primeira parte do art. 1º, da Lei n. 7.492/86 (LCSFN).

São três as atividades que marcam essa conceituação: **a)** a **captação** de recursos financeiros de terceiros, consubstanciada pela atração e aglutinação de capital com o objetivo de promover aplicações futuras; **b)** a **intermediação** de recursos financeiros de terceiros, que ocorre com o repasse ou transferência desses recursos de uma instituição para a outra e **c)** a **aplicação** de recursos financeiros de terceiros, que se dá com o investimento dos recursos captados, com o objetivo de obter remuneração[9].

Portanto, captação, intermediação e aplicação são os três verbos que marcam os rasgos característicos das instituições financeiras propriamente ditas.

---

7 Trata-se, pois, de um claro exemplo de interpretação autêntica, em que o legislador estabelece de antemão um conceito penal para esclarecer as hipóteses em que os tipos penais podem ser aplicados.

8 Cf.: TORTIMA, José Carlos. Crimes contra o Sistema Financeiro Nacional: Uma contribuição ao Estudo da Lei n. 7.492/86. 3ª ed. Lumen Juris: Rio de Janeiro, 2011. pp. 13-14.

9 TORTIMA. Crimes contra o Sistema Financeiro Nacional, p. 07. É interessante notar que aqui é imprescindível que se opere com recursos de terceiros (a previsão da inclusão de recursos próprios foi vetada pelo Presidente da República). Assim, constata-se que o conceito penal de instituição financeira **difere daquele previsto na Lei n. 4.595/65**, que estabelece, em seu art. 17 o seguinte conceito de Instituição Financeira: *"Art. 17. Consideram-se instituições financeiras, para os efeitos da legislação em vigor, as pessoas jurídicas públicas ou privadas, que tenham como atividade principal ou acessória a coleta, intermediação ou aplicação de recursos financeiros próprios ou de terceiros, em moeda nacional ou estrangeira, e a custódia de valor de propriedade de terceiros.* Parágrafo único. *Para os efeitos desta lei e da legislação em vigor, equiparam-se às instituições financeiras as pessoas físicas que exerçam qualquer das atividades referidas neste artigo, de forma permanente ou eventual."*

ii) Instituição financeira do Mercado de Capitais: As instituições financeiras do Mercado de Capitais são aquelas cujas atividades são descritas na segunda parte do art. 1º, da LCSFN e que são realizadas fundamentalmente por aquelas instituições responsáveis pela custódia, emissão, distribuição, negociação, intermediação ou administração de **valores mobiliários**[10].

Tais instituições são fiscalizadas principalmente pela Comissão de Valores Imobiliários (CVM) e têm como eixo gravitacional de atividades os valores mobiliários, que, como se verá, constituem o núcleo central de alguns dos delitos previstos pela Lei examinada.

iii) Instituição financeira por equiparação: Por fim, o conceito de instituição financeira por equiparação é aquele estabelecido pelos incisos I e II, do parágrafo único, do art. 1º da LCSFN[11].

O inciso I é voltado para a **pessoa jurídica** e abrange as seguintes ações: captar ou administrar **seguros**[12], **cambio, consórcio**[13], **capitalização** ou qualquer tipo de **poupança** ou recursos de terceiros.

---

10 O conceito de valores mobiliários é estabelecido pelo art. 2º da Lei n. 6.385/76, com redação dada pela Lei n. 10.303/01: *"Art. 2º. São valores mobiliários sujeitos ao regime desta Lei: I – as ações, debêntures e bônus de subscrição; II – os cupons, direitos, recibos de subscrição e certificados de desdobramento relativos aos valores mobiliários referidos no inciso II; III – os certificados de depósito de valores mobiliários; IV – as cédulas de debêntures; V – as cotas de fundos de investimento em valores mobiliários ou de clubes de investimento em quaisquer ativos; VI – as notas comerciais; VII – os contratos futuros, de opções e outros derivativos, cujos ativos subjacentes sejam valores mobiliários; VIII – outros contratos derivativos, independentemente dos ativos subjacentes; e IX – quando ofertados publicamente, quaisquer outros títulos ou contratos de investimento coletivo, que gerem direito de participação, de parceria ou de remuneração, inclusive resultante de prestação de serviços, cujos rendimentos advêm do esforço do empreendedor ou de terceiros. § 1º Excluem-se do regime desta Lei: I – os títulos da dívida pública federal, estadual ou municipal; II – os títulos cambiais de responsabilidade de instituição financeira, exceto as debêntures."*

11 Sobre o conceito de Instituição Financeira por Equiparação, o Supremo Tribunal Federal já assentou que: *"A norma inscrita no art. 1º e respectivo parágrafo único da Lei nº 7.492/86 traduz verdadeira interpretação autêntica dada pelo próprio legislador quando edita diplomas legislativos de caráter geral, inclusive aqueles de conteúdo eminentemente penal. Essa cláusula normativa, em realidade, objetiva explicitar, mediante autêntica interpretação emanada do próprio legislador, o âmbito de incidência material da Lei nº 7.492/86, vinculando a compreensão e a incidência dos tipos penais nela definidos ao sentido claramente abrangente da expressão "instituição financeira", inclusive para efeito de adequação de condutas aos elementos que compõem as estruturas típicas constantes do art. 4º e do art. 16 de referido diploma legislativo. – Consequente legitimidade do enquadramento, na figura típica do art. 4º da Lei nº 7.492/86 (crime de gestão fraudulenta), da conduta de pessoas físicas ou de pessoas jurídicas que operem sem autorização do Banco Central do Brasil (hipótese em que também haverá concurso formal com o delito tipificado no art. 16 de referido diploma legislativo), em razão da equiparação legal de tais pessoas, para fins penais, à instituição financeira (Lei nº 7.492/86, art. 1º, parágrafo único). (...)"* (STF – **RHC 117270** AgR, Relator(a): Min. CELSO DE MELLO, Segunda Turma, julgado em 06/10/2015, PROCESSO ELETRÔNICO DJe-209 DIVULG 19-10-2015 PUBLIC 20-10-2015).

12 Veja-se que o Superior Tribunal de Justiça entende que a atividade das operadoras de plano de saúde não caracteriza atividade de seguradora, conforme o seguinte precedente: *"1. De acordo com a imputação contida na denúncia, o denunciado teria praticado fraudes à frente de uma operadora de plano de saúde, sendo acusado do delito de gestão fraudulenta (Lei nº 7.492/86, art. 4º, caput). 2. As operadoras de planos de saúde não consubstanciam instituições financeiras em sentido próprio – pois não captam, intermedeiam ou aplicam recursos financeiros de terceiros – nem instituições financeiras atuantes no mercado de capitais – dado que não realizam atividade de custódia, emissão, distribuição, negociação, intermediação ou administração de valores mobiliários. Podem, em tese, apenas ser enquadradas como instituições financeiras por equiparação, com fulcro no artigo 1º, parágrafo único, da Lei nº 7.492/86. 3. Operadoras de plano de assistência à saúde não possuem natureza jurídica uniforme, podendo assumir a forma de cooperativas, sociedades simples, sociedades empresárias ou entidades de autogestão. 4. Sociedades seguradoras podem atuar como operadoras de plano de assistência à saúde "desde que estejam constituídas como seguradoras especializadas nesse seguro", de acordo com os artigos 1º e 2º da Lei nº 10.185/2001.*

Já o inciso II é destina-se às **pessoas físicas** que exerçam qualquer das atividades indicadas no inciso I, ainda que essa atividade seja realizada de modo eventual.

DO CRIME DE TÍTULOS OU VALORES MOBILIÁRIOS IRREGULARES

Art. 2º Imprimir, reproduzir ou, de qualquer modo, fabricar ou pôr em circulação, sem autorização escrita da sociedade emissora, certificado, cautela ou outro documento representativo de título ou valor mobiliário:

Pena – Reclusão, de 2 (dois) a 8 (oito) anos, e multa.

Parágrafo único. Incorre na mesma pena quem imprime, fabrica, divulga, distribui ou faz distribuir prospecto ou material de propaganda relativo aos papéis referidos neste artigo.

1. BEM JURÍDICO TUTELADO

A identificação do bem jurídico tutelado pelo tipo penal do art. 2º da Lei n. 7.492/86 não é harmoniosa na doutrina, existindo posições que defendem que ele é caracterizado pela: a) regularidade formal dos processos de emissão e negociação dos valores mobiliários[14] ou b) credibilidade pública dos títulos e valores mobiliários[15].

---

5. Portanto, as seguradoras especializadas em saúde são apenas uma das modalidades de pessoas jurídicas autorizadas a atuar como operadoras de plano de assistência à saúde. A diferença fundamental entre tais seguradoras e as demais operadoras de plano de assistência à saúde consiste na possibilidade que lhes é franqueada de negociarem – captarem e administrarem – seguro-saúde, produto inconfundível com as demais formas de planos privados de assistência à saúde. 6. No caso concreto, a operadora de plano de saúde que teria sido objeto das fraudes não é uma sociedade seguradora, pois não comercializa seguros-saúde e não está constituída sob a forma de sociedade anônima. 7. No direito penal, é vedada a analogia in malan partem, por afronta ao princípio da legalidade (artigo 5º, XXXIX, Constituição, e artigo 1º do Código Penal), de modo que não é legítima a equiparação das demais operadoras de planos privados de assistência à saúde às seguradoras. 8. As condutas narradas podem caracterizar crimes contra o patrimônio – como estelionato e apropriação indébita – ou crimes falimentares, mas não crime contra o sistema financeiro nacional. 9. Conflito conhecido para declarar a competência do Juízo de Direito da 1ª Vara Criminal de Belo Horizonte/MG, ora suscitante." (STJ – **CC 148.110/MG**, Rel. Ministro REYNALDO SOARES DA FONSECA, Rel. p/ Acórdão Ministra MARIA THEREZA DE ASSIS MOURA, TERCEIRA SEÇÃO, julgado em 23/11/2016, DJe 13/12/2016).

13 Já no que diz respeito ao conceito de instituição financeira relativamente à organização de consórcio, o Supremo Tribunal Federal julgou da seguinte maneira: *"CRIME CONTRA O SISTEMA FINANCEIRO NACIONAL – CONSÓRCIO. De acordo com os artigos 1º, parágrafo único e inciso I, e 16 da Lei nº 7.492, de 16 de junho de 1986, consubstanciam crimes contra o Sistema Financeiro Nacional a formação e o funcionamento de consórcio à margem de balizamento legal, de instrução do Banco Central do Brasil. Precedente: Habeas Corpus nº 83.729-8/SC, Primeira Turma, relator ministro Marco Aurélio. LEGISLAÇÃO ORDINÁRIA – FICÇÃO JURÍDICA – CRIME CONTRA O SISTEMA FINANCEIRO NACIONAL – CARTA DA REPÚBLICA. O fato de o Diploma Maior revelar o Sistema Financeiro Nacional, dispondo sobre temas a serem considerados, entre outros, pela legislação complementar, não é de molde a concluir-se não haver sido recebida a Lei nº 7.492/86, no que procedida a equiparação dos consórcios, para efeito penal, à instituição financeira."* (STF – **RHC 84182**, Relator(a): Min. MARCO AURÉLIO, Primeira Turma, julgado em 24/08/2004, DJ 10-09-2004 PP-00059 EMENT VOL-02163-01 PP-00156 RJADCOAS v. 61, 2005, p. 544-547). No mesmo sentido: STF – **HC 83729**, Relator(a): Min. MARCO AURÉLIO, Primeira Turma, julgado em 10/02/2004, DJ 23-04-2004 PP-00025 EMENT VOL-02148-05 PP-01077.

14 BITTENCOURT, Cezar Roberto. Tratado de Direito Penal Econômico. Vol. 1. São Paulo: Saraiva, 2016, p. 232; TORTIMA. Crimes contra o Sistema Financeiro Nacional, p. 19. DE SANTIS, Fausto Martins. Delinquência Econômica e Financeira. Rio de Janeiro: Gen, 2015, p. 41.

15 PRADO, Luiz Régis. Direito Penal Econômico, 6ª ed. São Paulo: RT, 2014, p. 149.

Neste trabalho defende-se que o bem jurídico tutelado pelo tipo penal é a **credibilidade pública dos valores mobiliários**, uma vez que o que a norma pretende tutelar é efetivamente a confiança na circulação dos títulos e valores mobiliários. Isso porque é precisamente a formalização da autorização escrita da sociedade emissora, que assegura essa credibilidade. Em outras palavras, é exatamente essa autorização escrita que outorga a validade necessária para o tráfico dos aludidos documentos.

Não parece correto, pois, identificar o bem jurídico com a regularidade formal dos processos de emissão dos valores imobiliários precisamente porque esse requisito burocrático não é um fim em si mesmo, não é o bem tutelado, mas sim é um instrumento para assegurar a credibilidade do fluxo dos títulos ou valores mobiliários, que é, ao fim e ao cabo, o bem jurídico tutelado pela norma penal.

Do mesmo modo, é de se rechaçar a identificação do bem jurídico com a ideia de boa execução da política econômica do governo, pois a emissão de certificado, cautela ou outros documentos representativos de título ou valor imobiliário não guardam relação direita com eventual política econômica do governo, mas sim, como já dito, com a credibilidade da circulação desses documentos.

2. SUJEITOS DO CRIME

O sujeito ativo do crime pode ser qualquer pessoa, tratando-se, pois, de crime comum, já que o tipo penal não exige nenhuma circunstância ou condição especial do autor.

O sujeito passivo é o Estado, pois é o responsável pelo Sistema Financeiro Nacional e, consequentemente, pela manutenção da credibilidade pública dos títulos e valores mobiliários[16]. Por via reflexa, a empresa, também, é atingida, assim como os investidores em potencial que são expostos aos títulos irregulares ou à sua publicidade.

3. CONDUTAS TÍPICAS (TIPICIDADE OBJETIVA)

Antes de iniciar o comentário a respeito da tipicidade objetiva do delito do art. 2º da LCSFN, é de se ter em conta que, atualmente, grande parte dos títulos e valores mobiliários não ostentam mais a forma escrita, sendo caracterizados preponderantemente por títulos escriturais e informáticos, razão pela qual os verbos imprimir e reproduzir acabam por, de forma bastante significativa, perder sua relevância prática na atualidade[17].

16 BITTENCOURT defende que o sujeito passivo pode ser qualquer pessoa que tenha sido lesionada pelos autores da infração penal. BITTENCOURT. Tratado de Direito Penal Econômico, p. 232. No entanto, considerando-se que o bem jurídico, de acordo com defendido neste trabalho, é a credibilidade pública dos títulos e valores mobiliários, mantém-se aqui que o sujeito passivo que tem seu bem jurídico lesionado é o Estado.

17 A esse respeito, LOBO consigna: *"Antes dos títulos escriturais e da informática era difícil conceber título de crédito que não fosse registrado em papel. Daí, a cartularidade ter sido entendida como registro do conteúdo de um título de crédito mediante linguagem escrita em um papel, quando, na verdade, seu significado é o registro do conteúdo de um título de crédito no documento que o representa, seja esse documento um papel ou lançamento em meio eletrônico ou outra base material hábil que possa surgir com o desenvolvimento da tecnologia. Hoje, grande número de títulos de crédito e valores mobiliários circula no mercado mediante lançamento por meios eletrônicos efetuados pelas instituições financeiras autorizadas sem que jamais tenham sido emitidos papéis para representá-los."* LOBO, Carlos Augusto da Silveira. *Os valores mobiliários*, *in* Doutrinas Essenciais: Direito Empresarial, vol. VIII, Mercado de Capitais. São Paulo: RT, 2011, p. 129.

Feito esse esclarecimento inicial, é correto dizer que o tipo penal previsto no art. 2º consubstancia, em verdade, três condutas distintas, com significados diferentes.

Uma diz respeito à irregularidade na **emissão** dos documentos que demonstram o título ou valor imobiliário (conduta do *caput*, primeira parte), outra diz respeito à **circulação** desses títulos (conduta do *caput*, segunda parte)[18] e, por fim, a última se refere à **publicidade** dos aludidos documentos emitidos irregularmente (conduta descrita no parágrafo único).

Assim, para maior clareza, estudaremos separadamente cada uma dessas condutas.

i) **Produção irregular de título ou valor mobiliário:** A produção de títulos ou valores mobiliários por uma empresa tem uma série de consequências para o seu futuro, vez que envolvem a sua própria credibilidade e nome, o seu valor de mercado, a possibilidade de aporte de novos investimentos, assim como a possibilidade de receber sanções administrativas, penais e civis, além do que envolve o patrimônio de terceiros, titulares dos aludidos títulos e que tenham investido recursos neles.

De tal maneira, a emissão de títulos à revelia dos órgãos competentes da empresa pode representar sério prejuízo à sua credibilidade. Por essa razão, o legislador decidiu criminalizar a conduta de agentes que os emitem de forma irregular.

Assim, a lei penal proíbe a produção de títulos, sem a autorização escrita da sociedade emissora, incriminando as condutas de **imprimir**, **reproduzir** ou, de qualquer modo, **fabricar** os documentos representativos de título ou valor imobiliários.

Alguns autores criticam a redundância dos verbos previstos no tipo penal, que, em muitos casos, se sobrepõem. A verdade, porém, é que o legislador acabou escolhendo pecar pelo excesso, mas sem correr o risco de deixar de criminalizar alguma dessas condutas.

ii) **circulação de título ou valor mobiliário irregular:** Da mesma forma que o legislador pune aquele que emite, sem autorização escrita da sociedade emissora, castiga também aquele que põe em circulação aludidos documentos que foram emitidos irregularmente. Aqui a conduta proibida potencializa a lesão à credibilidade dos títulos emitidos pela empresa, ao jogá-los para circular no mercado.

iii) **publicidade de título ou valor mobiliário irregular:** O art. 2º, em seu parágrafo único, pune, também, a conduta daquele que promove a publicidade dos títulos emitidos irregularmente, ao incriminar a conduta de imprimir, fabricar, divulgar, distribuir ou fazer distribuir prospectos ou material de **propaganda** relativos aos títulos irregulares.

Uma vez mais, o legislador visa coibir que se dê amplo conhecimento da existência desses títulos que, em verdade, são irregulares. Assim, busca-se conter os danos à credibilidade dos títulos da empresa, que acabam sendo potencializados com a publicidade desse material ilegalmente produzido.

18 Nesse sentido, TORTIMA consigna que: *"(...) no contexto da redação dada ao dispositivo sob comento, as duas primeiras expressões, imprimir e reproduzir, estão, na prática, compreendidas no conceito mais abrangente da terceira, fabricar, que deve ser entendida como o ato de criar o documento representativo do título ou valor mobiliário. Aliás, a fórmula redundante do legislador, adotada na redação do dispositivo em análise, recebeu da doutrina merecidas críticas. Duas, portanto, são as condutas incriminadas na cabeça do art. 2º: criar o documento sem autorização da sociedade emissora e, nessas condições, fazê-lo circular."* TORTIMA. Crimes contra o Sistema Financeiro Nacional, pp. 19-20.

Sobre os **elementos normativos do tipo**, é importante consignar que o **certificado** de título ou valor mobiliário é o documento que comprova a titularidade desses documentos, enquanto que a **cautela** nada mais é do que o título provisório da ação, que é utilizando enquanto o documento definitivo não é elaborado (certificado). Por fim, constata-se que o legislador utilizou-se de expressão aberta, ao prever a criminalização da emissão irregular de **outro documento representativo** de título ou valor mobiliário, buscando, com isso, precaver-se contra eventuais alterações de conceituação ou nomenclatura relativamente à propriedade de valores ou títulos mobiliários[19].

Veja-se que o delito em questão é um **crime de perigo abstrato**, não existindo a necessidade, para a sua configuração, da comprovação do efetivo dano à **credibilidade pública dos valores mobiliários**. Ademais, os crimes previstos no art. 2º são, em geral, **crimes materiais**, com exceção das condutas de circulação, divulgar, distribuir ou fazer distribuir, que são de **mera conduta**.

4. TIPICIDADE SUBJETIVA

A imputação subjetiva, relativamente ao delito previsto no art. 2º do LCSFN, somente pode ser feita a título de dolo, uma vez que não há previsão específica para a incriminação das condutas culposas.

Desse modo, deve restar demonstrado que o agente atuou com consciência e vontade de realizar os elementos do tipo objetivo.

É importante registrar que a exigência, exposta no tipo penal, de prévia autorização escrita deixa pouquíssima margem para a alegação de desconhecimento dessa elementar, somente sendo plausível em caso de erro inescusável, como é o caso, por exemplo, da falsificação por terceiro dessa autorização, com entrega ao agente que realiza o verbo típico como instrumento do autor mediato.

Da mesma forma, convém ressaltar que a conduta prevista no parágrafo único, consubstanciada pela propaganda, exige, também, a consciência por parte do agente sobre as irregularidades descritas no tipo penal que atingiam o documento.

5. CONSUMAÇÃO E TENTATIVA

A análise sobre consumação do crime do art. 2º da LCSFN deve ser examinada de acordo com cada uma das hipóteses de sua configuração típica.

Assim, na modalidade de produção irregular de título ou valor mobiliário, o delito se consuma com a sua impressão, reprodução ou fabricação. O crime nessas hipóteses, como visto, é

---

19 A esse respeito, PRADO explica: *"Como elementos normativos do tipo destacam-se os termos* certificado, *que na área de investimento financeiro ou monetário, designa 'os documentos que atestam compra de papéis (v.g. certificado de compra de ações) ou valores (certificado de investimento). Alguns deles (v.g., certificado de depósito bancário – CDB) são negociáveis.* Cautela *'na terminologia das sociedades anônimas, é o termo aplicado para indicar o* título provisório *da ação, enquanto não se extrai o título definitivo. E, por extensão, emprega-se para designar todo título provisório de obrigação, a valer enquanto não é dado o título legal.* Documento *é o escrito especial ou eventualmente destinado à prova de fato jurídico relevante e que, no dispositivo em análise, deve ser representativo do título, o qual certifica a propriedade de um bem ou valor, sendo negociável e apreciável economicamente, ou valor mobiliário, que 'são títulos negociáveis em bolsa que representam a dívida de uma empresa ou de um governo ou controle de um bem."* PRADO, Luiz Régis. Direito Penal Econômico, 6ª ed. São Paulo: RT, 2014, pp. 149-150.

material, pois exige um resultado naturalístico. Nesses casos, também, é admissível a tentativa, já que possível a interrupção do *iter* delitivo.

Na modalidade da circulação de título ou valor mobiliário irregular, o delito se consuma com a mera colocação em circulação (colocação à disposição do mercado) dos documentos, tratando-se, pois, de crime de mera conduta (é prescindível, pois o seu efetivo repasse ou prejuízo a terceiros). A tentativa nesses casos parece rara.

Por fim, o crime na modalidade de publicidade do título ou valor imobiliário, consuma-se com a impressão, fabricação, divulgação, distribuição ou fazer que se distribua prospecto e material de propaganda dos papéis irregulares. Aqui, na ação de imprimir e fabricar é crime material (pois exige a materialização do documento). Nesses casos, é admitida a tentativa.

As ações de divulgar, distribuir ou fazer distribuir são de mera conduta, mas é possível, ainda que difícil, a tentativa, já que os documentos devem alcançar ou chegar a conhecimento de terceiros, podendo existir fracionamento dos atos.

6. AÇÃO PENAL

A ação penal é pública incondicionada.

DO CRIME DE DIVULGAÇÃO DE INFORMAÇÃO FALSA OU PREJUDICIAL

Art. 3º Divulgar informação falsa ou prejudicialmente incompleta sobre instituição financeira:

Pena – Reclusão, de 2 (dois) a 6 (seis) anos, e multa.

1. BEM JURÍDICO TUTELADO:

O bem jurídico protegido pela norma é a higidez e estabilidade do Sistema Financeiro Nacional, pois a circulação de informações confiáveis é fundamental para emprestar credibilidade ao sistema, razão pela qual – para preservar sua estabilidade – é que a norma proíbe a divulgação de informações falsas ou prejudicialmente incompletas sobre instituição financeira[20].

Evidentemente, uma vez violada a higidez e a estabilidade do Sistema podem, reflexamente, ser danificados bens jurídicos individuais das instituições financeiras e dos próprios usuários do sistema em geral.

Sem embargo, deve-se reafirmar aqui que o bem jurídico tutelado pelo tipo penal em questão repousa apenas na higidez do sistema, constituindo-se, pois, **crime de perigo**.

Veja-se que eventual lesão ou colocação em perigo dos bens jurídicos individuais não são exigidos para a caracterização do delito, podem, eventualmente, i se for o caso, constituir crime específico contra o patrimônio privado[21].

20 Nesse sentido: TORTIMA. Crimes contra o Sistema Financeiro Nacional, pp. 19-20, PRADO. Direito Penal Econômico, p. 153.

21 Com outra perspectiva, BITTENCOURT defende que os bens jurídicos protegidos são plúrimos, protegendo a instituição financeira, os investidores em geral e o sistema financeiro. BITTENCOURT. Tratado de Direito Penal Econômico, p. 239.

2. SUJEITOS DO CRIME

O sujeito ativo do crime pode ser qualquer pessoa, tratando-se, pois, de crime comum, já que o tipo penal não exige qualquer circunstância ou condição especial do autor. Assim, pode ser praticado por integrantes da instituição financeira ou por pessoas externas a ela.

No entanto, é de se fazer uma ressalva, pois, para cometer esse delito, o sujeito ativo deve ostentar alguma posição de relevo na instituição ou em sua órbita. Isso porque, caso se trate de uma pessoa que não tenha qualquer relação com a instituição financeira, com o mercado, com órgãos de controle ou que ostente outra condição que lhe empreste relevância (ainda que essa relevância seja obtida de forma fraudulenta), obviamente, não será reconhecida por terceiros qualquer credibilidade nas informações prestadas[22].

Assim, por exemplo, se um transeunte qualquer começa a divulgar informações falsas sobre uma instituição financeira na praça do centro de uma cidade, não ostentará ele qualidades mínimas de credibilidade que sejam necessárias para a configuração do delito.

Por isso, aqui se defende que o tipo penal é de perigo hipotético (ou crime de perigo abstrato-concreto) [23].

Apesar dessa problematização, não é possível afirmar-se de antemão quem pode ou não ser sujeito ativo deste delito (daí porque se trata de crime comum), devendo a situação acima indicada ser avaliada no caso concreto, de acordo com suas circunstâncias e contexto da ação.

O sujeito passivo é o Estado, já que responsável pela preservação do Sistema Financeiro Nacional e, consequentemente, pela manutenção da higidez e estabilidade do Sistema. Por via reflexa, a empresa, também, é atingida, assim como os investidores em potencial que são expostos às informações falsas ou prejudicialmente incompletas.

3. CONDUTAS TÍPICAS (TIPICIDADE OBJETIVA)

O verbo da conduta típica é divulgar, que consiste em, de qualquer modo (verbal, escrito, por internet, etc.), dar a conhecimento de terceiros, tornar públicos, determinados fatos.

Ademais, a divulgação deve veicular: **a)** informação falsa ou **b)** informação prejudicialmente incompleta sobre a instituição financeira.

a) A respeito da concepção de informação falsa, é possível identificar duas perspectivas para a sua caracterização. Uma objetiva, no sentido de que é falsa a informação em que, objetivamente, há uma desconformidade entre o informado e a respectiva situação ou fato ocorrido. Por outro lado, é possível defender-se uma concepção subjetiva, em que existe informação falsa quando o autor não declara aquilo que ele crê ser verdadeiro, mas sim situação diversa. A posição mais adequada, porém, é uma teoria mista a respeito de falsidade. Assim, faz-se necessária a conjugação desses dois critérios (objetivo e subjetivo), ou seja, há informação falsa quando:

22 Cf.: BITTENCOURT. Tratado de Direito Penal Econômico, pp. 240-241.

23 A esse respeito TORIO LÓPEZ consigna que: *"Dentro dos delitos de perigo abstrato, que não exigem um perigo real para o bem jurídico como plus posterior à ação, existem o que denominamos de delitos de perigo hipotético. Neles é necessária, ainda que também suficiente, uma ação perigosa, idônea a causar o perigo para o bem jurídico protegido. (...) O característico desse delito não é a realidade do perigo para o bem jurídico protegido, mas sim a sua possibilidade. Os delitos de perigo hipotético são, pois, delitos de perigo possível."* TORIO LÓPEZ, Angel. Los delitos de peligro hipotético. Anuario de Derecho Penal y Ciencias Penales (ADP). Tomo 34. 1981, p. 838. Cf.: BITTENCOURT. Tratado de Direito Penal Econômico, pp. 240-241.

i) existe uma desconformidade entre o declarado e o ocorrido e ii) o autor tem consciência de tal desconformidade (perspectiva essa que deve ser analisada no âmbito do tipo subjetivo)[24].

b) Já informação prejudicialmente incompleta se faz presente quando a pessoa que divulga a informação deliberadamente omite determinados aspectos relevantes para a sua significação, de modo que tal incompletude distorça a compreensão externa e a qualidade dessa informação.

Nesse caso, a informação dada não é propriamente falsa, mas a omissão de dados relevantes a seu respeito acaba por distorcer o seu sentido verdadeiro, transmitindo uma informação sobre a instituição financeira que não corresponde totalmente ao ocorrido.

Aqui, da mesma forma, é necessário que o autor sabia que a informação efetivamente seja incompleta e que ele saiba dessa circunstância (aspectos esses que devem ser analisados no tipo subjetivo).

É importante consignar, ademais, que tanto a informação falsa quanto a informação incompleta devem fazer referencia a dados relevantes a respeito da instituição financeira, não sendo suficiente para caracterizar o tipo penal a divulgação de dados irrelevantes ou laterais da empresa, que não ostentem sequer potencialidade minimamente suficiente para macular ou distorcer as informações sobre a instituição.

Assim, por exemplo, a divulgação falsa da demissão de determinado funcionário sem função de relevo na empresa e sem reflexos na sua imagem, ainda que seja falsa, não tem dignidade suficiente para caracterizar o delito em questão.

Por fim, não se deve confundir a presente figura típica com o crime do art. 171, § 1º, inciso I, do Código Penal, uma vez que o crime contra o sistema financeiro tem elementares específicas não trazidas pela figura do Código Penal, devendo, no conflito aparente de normas, ser aplicado o princípio da especialidade, ou seja, preenchendo-se as elementares do crime do art. 3º da LCSTN, deve ser este o aplicado.

4. TIPICIDADE SUBJETIVA

A imputação subjetiva do crime somente poderá ser feita a título de dolo, não existindo previsão culposa para o crime.

É perfeitamente possível a caracterização do crime por dolo eventual, quando o agente, apesar da existência de diversos indicativos de que a informação era falsa, assume o risco e a publica assim mesmo.

Além disso, não se faz necessário nenhum elemento subjetivo do tipo diverso do dolo (ou, como equivocadamente se tem denominado, não há necessidade de *"dolo específico"*).

Como visto acima, é essencial que o autor tenha consciência da falsidade da informação e da sua incompletude, conforme o caso.

5. CONSUMAÇÃO E TENTATIVA

O crime consuma-se quando a informação falsa ou prejudicialmente incompleta alcança terceiros, de modo que delito é de **mera conduta**. Ademais, é crime de **perigo hipotético** (uma

24 Esse mesmo raciocínio é empregado na conceituação de falsidade para o crime de falso testemunho, cf.: VIVES ANTÓN, Salvador Tomás. Derecho Penal, Parte Especial, 3ª ed. Valencia: Tirant lo Blanch, 2010, p. 749.

vez que a informação deve ter a potencialidade de causar prejuízo), razão pela qual é prescindível a existência de um efetivo prejuízo à credibilidade da instituição financeira.

Veja-se que, mesmo na modalidade de divulgação de informação prejudicialmente incompleta, entendemos – ao contrário de BITTENCOURT – que o crime também é de **perigo hipotético**, não sendo necessária prova do prejuízo[25].

Na verdade, a incompletude deve prejudicar a qualidade da informação, deve distorcer o seu sentido, não sendo exigível que prejudique a instituição financeira propriamente dita.

Com relação à possibilidade ou não da tentativa, ainda que se trate de um crime de mera conduta, ela é possível, nos específicos casos em que exista um espaço temporal entre a ação do agente e o efetivo alcance da informação a terceiro, oportunidade em que esse *iter* pode, de alguma forma, ser interrompido, caracterizando a tentativa.

6. AÇÃO PENAL

A ação penal é pública incondicionada.

DO CRIME DE GESTÃO FRAUDULENTA E TEMERÁRIA DE INSTITUIÇÃO FINANCEIRA

Art. 4º Gerir fraudulentamente instituição financeira:

Pena – Reclusão, de 3 (três) a 12 (doze) anos, e multa.

Parágrafo único. Se a gestão é temerária:

Pena – Reclusão, de 2 (dois) a 8 (oito) anos, e multa.

1. BEM JURÍDICO TUTELADO

O bem jurídico protegido pelo crime do art. 4º da LCSFN, é a higidez do Sistema Financeiro Nacional, uma vez que tutela a correção das operações financeiras realizadas no sistema, além de proteger o patrimônio privado da própria instituição e dos investidores[26].

---

25 BITTENCOURT afirma: *"Na modalidade de prejudicialmente incompleta, trata-se de perigo concreto, devendo-se demonstrar a potencialidade lesiva da prejudicialidade da informação incompleta, sob pena de não configurar a figura típica."* BITTENCOURT. Tratado de Direito Penal Econômico, p. 247. Nada obstante tal argumentação, a potencialidade lesiva deve existir nas duas figuras, ou seja, abstratamente as informações falsas ou incompletas têm que ter a potencialidade de afetar a higidez do sistema financeiro. Por essa razão é que se trata de crime de perigo hipotético (ou abstrato-concreto). Isso porque, como já dito, informações irrelevantes, ainda que falsas, não são idôneas a caracterizar o delito. Ademais, a exigência dessa potencialidade não quer significar que se trate de um crime de perigo concreto, já que tal técnica de tipificação exige *"que a ação do sujeito ativo cause um resultado consistente na criação de um concreto perigo de lesão para o bem tutelado, ou seja, em condições tais que seja possível afirmar que referido bem jurídico esteve em uma situação muito próxima à lesão"* (MARTÍNEZ-BUJÁN PÉREZ. Derecho Penal Económico y de la Empresa: parte general. 3ª ed. Valencia: Tirant lo Blanch, 2011, p. 192) ou, como afirma ROXIN, *"quando o resultado lesivo não ocorre apenas por casualidade"* (ROXIN, Claus. Derecho Penal. Parte General. Tomo I, p. 405). Cf. também: SCHÜNEMANN, Bernd. Moderne Tendenzen in der Dogmatik der Fahrlässigkeit- und Gefährdungsdelikte, Juristische Arbeitsblätter (JA), 1975, StR, pp. 796-797).

26 Cf.: BITTENCOURT. Tratado de Direito Penal Econômico, p. 250. TORTIMA. Crimes contra o Sistema Financeiro Nacional, p. 32. No mesmo sentido, já decidiu o Supremo Tribunal Federal no **Inq 2589**, Relator(a): Min. LUIZ FUX, Primeira Turma, julgado em 16/09/2014, ACÓRDÃO ELETRÔNICO DJe-200 DIVULG 13-10-2014 PUBLIC 14-10-2014

2. SUJEITOS DO CRIME

O delito em questão é especial, uma vez que somente aqueles agentes descritos no art. 25 do LCSFN poderão ser sujeitos ativos do delito (gestores)[27].

O sujeito passivo é o Estado, já que é o responsável pela preservação do Sistema Financeiro Nacional e, consequentemente, pela manutenção da higidez e estabilidade do Sistema. Por via reflexa, a instituição financeira, também, é atingida, assim como os investidores em potencial que são expostos à gestão fraudulenta ou temerária.

3. CONDUTAS TÍPICAS (TIPICIDADE OBJETIVA)

Antes de adentrar às condutas típicas do art. 4º da LCSFN, é de se fazer dois registros.

O primeiro diz respeito à procedência da crítica existente ao tipo penal no que diz respeito à sua abertura, já que o mais adequado seria que a lei descrevesse com maior detalhamento a conduta típica.

O segundo ponto é que aludido tipo penal consubstancia dois delitos distintos, ainda que guardem semelhança: o crime de gestão fraudulenta e o de gestão temerária.

Assim, as condutas típicas desses dois delitos serão examinadas separadamente:

a) Do crime de gestão fraudulenta:

O tipo penal descreve que a conduta criminosa é a de gerir fraudulentamente instituição financeira.

Gestão aqui significa administrar, dirigir a instituição financeira. Assim, a conduta típica é consubstanciada pela administração da instituição com o emprego de fraude, de engano.

Conforme pontua TORTIMA, a gestão financeira *"é a administração marcada pela fraude, pelo ardil, por manobras desleais, em regra com o objetivo de obter indevida vantagem para o próprio agente ou para outrem, em prejuízo de terceiro de boa-fé (acionistas, sócios, credores etc.)."*[28]

Aqui a fraude por ser exercida de diversas formas, seja por meio de falsificação de documentos fiscais, simulação de contratos, superfaturamento de obras ou serviços, adulteração de registros contábeis[29], societários ou patrimoniais, etc. Em suma, toda e qualquer fraude com o objetivo de gerir de modo fraudulento a instituição financeira[30].

---

e **HC 95515**, Relator(a): Min. ELLEN GRACIE, Segunda Turma, julgado em 30/09/2008, DJe-202 DIVULG 23-10-2008 PUBLIC 24-10-2008 EMENT VOL-02338-04 PP-00758.

27 Nesse sentido, já decidiu o Supremo Tribunal Federal que: *"A interpretação sistemática da Lei nº 7.492/86 afasta a possibilidade de haver gestão fraudulenta por terceiro estranho à administração do estabelecimento bancário."* (HC 93553, Relator(a): Min. MARCO AURÉLIO, Tribunal Pleno, julgado em 07/05/2009, DJe-167 DIVULG 03-09-2009 PUBLIC 04-09-2009 EMENT VOL-02372-02 PP-00422 LEXSTF v. 31, n. 369, 2009, p. 400-414).

28 TORTIMA. Crimes contra o Sistema Financeiro Nacional, p. 36.

29 É dizer, condutas em que o crime do art. 10 é meio para o crime do art. 4º.

30 Alguns outros exemplos de hipóteses de gestão fraudulenta, podem ser vistos no julgamento pelo Plenário do Supremo Tribunal Federal no caso mensalão, verbis: *"GESTÃO FRAUDULENTA DE INSTITUIÇÃO FINANCEIRA (ART. 4º da LEI 7.492/1986). SIMULAÇÃO DE EMPRÉSTIMOS BANCÁRIOS E UTILIZAÇÃO DE DIVERSOS MECANISMOS FRAUDULENTOS PARA ENCOBRIR O CARÁTER SIMULADO DESSAS OPERAÇÕES DE CRÉDITO. ATUAÇÃO COM UNIDADE DE DESÍGNIOS E DIVISÃO DE TAREFAS. PROCEDÊNCIA PARCIAL DO PEDIDO. O crime de gestão fraudulenta de instituição financeira (art. 4º da Lei 7.492/1986) configurou-se com a simulação de empréstimos bancários e a utilização de diversos mecanismos fraudulentos para encobrir o caráter simulado dessas operações de crédito, tais como: (1) rolagem da suposta dívida mediante, por exemplo, sucessivas renovações desses empréstimos fictícios,*

O delito em questão não exige um efetivo prejuízo patrimonial à instituição financeira ou uma debilidade à higidez do sistema, tratando-se, pois, de crime formal[31]. Assim, caso exista algum prejuízo patrimonial para a pessoa física ou jurídica, pode ocorrer eventualmente o concurso de outros delitos, como estelionato, apropriação indébita, dentre outros.

Ademais, é de se ter em conta que, como já decidiu o Supremo Tribunal Federal, *"o delito de gestão fraudulenta tanto pode ser cometido em instituição financeira autorizada quanto em instituição financeira não autorizada pelo Branco Central do Brasil (BACEN), sob pena de atribuir-se inadmissível tratamento privilegiado* àquele *– não importando se pessoa física ou jurídica – que atua, ilegalmente, sem a necessária e prévia autorização do BACEN, nos diversos segmentos abrangidos pelo sistema financeiro nacional: (a) mercado monetário, (b) mercado de crédito, (c) mercado de câmbio e (d) mercado de capitais."* (STF – RHC 117270 AgR, Relator(a): Min. CELSO DE MELLO, Segunda Turma, julgado em 06/10/2015, PROCESSO ELETRÔNICO DJe-209 DIVULG 19-10-2015 PUBLIC 20-10-2015).

Por fim, é de se considerar que não se faz necessária a habitualidade da gestão fraudulenta, bastando um ato fraudulento para tanto. Tal afirmativa decorre do fato de o tipo penal não exigir tal habitualidade, além do que, muitas vezes, um simples ato fraudulento tem altíssima potencialidade lesiva. Ademais, quantos atos são necessários para configurar a habitualidade? Quantas fraudes? Há quanto tempo tais fraudes devem ser praticadas para a caracterização do delito? Não é possível afirmar-se, mesmo porque, como já dito, tal habitualidade não é extraída do tipo penal[32].

---

com incorporação de encargos e realização de estornos de valores relativos aos encargos financeiros devidos, de modo a impedir que essas operações apresentassem atrasos; (2) incorreta classificação do risco dessas operações; (3) desconsideração da manifesta insuficiência financeira dos mutuários e das garantias por ele ofertadas e aceitas pelo banco; e (4) não observância tanto de normas aplicáveis à espécie, quanto de análises da área técnica e jurídica do próprio Banco Rural S/A. Ilícitos esses que também foram identificados por perícias do Instituto Nacional de Criminalística e pelo Banco Central do Brasil. Crime praticado em concurso de pessoas, com unidade de desígnios e divisão de tarefas. Desnecessidade, para a configuração da co-autoria delitiva, de que cada um dos agentes tenha praticado todos os atos fraudulentos que caracterizaram a gestão fraudulenta de instituição financeira. Pela divisão de tarefas, cada co-autor era incumbido da realização de determinadas condutas, cujo objetivo era a realização do delito." (STF – AP 470, Relator(a): Min. JOAQUIM BARBOSA, Tribunal Pleno, julgado em 17/12/2012, ACÓRDÃO ELETRÔNICO DJe-074 DIVULG 19-04-2013 PUBLIC 22-04-2013 RTJ VOL-00225-01 PP-00011).

31 Nesse sentido, afirma FELDENS: *"Uma primeira consideração dogmática em torno dos tipos de gestão fraudulenta e temerária de instituição financeira diz respeito à sua alocação na categoria de crimes de perigo abstrato. É o risco de dano (perigo) ao sistema financeiro nacional o fundamento do delito, requisito necessário para que a conduta adquira contornos típicos."* FELDENS, Luciano. *Gestão Financeira e Temerária de Instituição Financeira:* Contornos identificadores do tipo, *in* Crimes Financeiros e Corretados. São Paulo: Saraiva, 2011, p. 91. A esse respeito, o Supremo Tribunal Federal já decidiu que: *"O tipo penal contido no art. 4 , da Lei n 7.492/86, consiste em crime de perigo, não sendo necessária a produção de resultado naturalístico em razão da gestão fraudulenta. É relevante, para a verificação da adequação típica, que haja conduta fraudulenta do gestor da instituição financeira (ou a ela equiparada), eis que a objetividade jurídica do tipo se relaciona à proteção da transparência, da lisura, da honradez, da licitude na atividade de gestão das instituições financeiras."* (STF – HC 95515, Relator(a): Min. ELLEN GRACIE, Segunda Turma, julgado em 30/09/2008, DJe-202 DIVULG 23-10-2008 PUBLIC 24-10-2008 EMENT VOL-02338-04 PP-00758). No mesmo sentido, já se posicionou o Superior Tribunal de Justiça: *"O tipo penal do art. 4º da Lei 7.492/86 é crime formal consumando-se mediante a comprovação da gestão fraudulenta, independentemente da efetiva lesão ao patrimônio de instituição financeira ou prejuízo dos investidores, poupadores ou assemelhados."* (STJ – AgRg no AREsp 926.372/SP, Rel. Ministro NEFI CORDEIRO, SEXTA TURMA, julgado em 15/12/2016, DJe 02/02/2017).

32 O Supremo Tribunal Federal tem posição firmada a respeito da desnecessidade do requisito habitualidade para a configuração do delito de gestão temerária. Nesse sentido: *"Crime de gestão temerária de instituição*

b) Do crime de gestão temerária:

Com relação ao crime de gestão temerária, da mesma forma, deve-se ter em conta que gerir significa administrar, dirigir, instituição financeira.

Aqui, para a caracterização do delito, deve essa gestão ser temerária, ou seja, deve o autor atuar de modo tal que coloque em risco desarrazoado o patrimônio e a higidez da instituição financeira, ignorando, assim, os elementos objetivos que formam o contexto da ação e que permitem inferir um risco substancial existente na ação que o autor realiza.

As condutas que caracterizam o delito de gestão temerária podem ocorrer por meio de condutas como operações especulativas de desmedido risco, deliberada omissão em dar ciência aos investidoras sobre o risco inerente a determinada operação, a violação de normativa interna sobre os riscos e análises que devem ser feitos antes de determinadas operações financeiras, autorização de empréstimos sem as devidas cautelas, oferecimento de empréstimo para pessoas notoriamente inadimplentes, dispersão de recursos em despesas não operacionais ou meramente supérfluas, a prática de atos de liberalidade com os bens e recursos da instituição, etc.[33].

4. TIPICIDADE SUBJETIVA

A tipicidade subjetiva do delito de gestão fraudulenta é o dolo, de modo que o agente deve agir com consciência e vontade de empregar meio fraudulento para administrar ou dirigir a instituição financeira.

Já a tipicidade subjetiva do crime de gestão temerária merece um estudo mais detalhado. Na verdade, grande parte da doutrina afirma tratar-se de um delito que se pratica com dolo eventual, ou seja, em que o agente assumi o risco para a prática delituosa[34].

Sem embargo de tal posição, defende-se neste trabalho que o mais adequado para compreender a caracterização da tipicidade subjetiva do delito em questão é a invocação do conceito de temeridade, cuja gramática pode ser extraída do conceito de *recklessness* do Direito penal anglo-americano. A temeridade anglo-saxã é uma forma de imputação subjetiva intermediária entre o dolo eventual e a imprudência (culpa) [35].

---

financeira. Lei 7.492/86, art. 4º, parágrafo único. *Crime acidentalmente habitual. Embora um* único *ato seja apto à configuração da conduta tipificada, a sua reiteração não configura pluralidade de delitos. Precedentes. Concessão de habeas corpus de ofício para excluir da condenação o aumento resultante da continuidade delitiva."* (STF – AI 714266 AgR-ED, Relator(a): Min. GILMAR MENDES, Segunda Turma, julgado em 05/02/2013, ACÓRDÃO ELETRÔNICO DJe-040 DIVULG 28-02-2013 PUBLIC 01-03-2013). *"É possível que um único ato tenha relevância para consubstanciar o crime de gestão fraudulenta de instituição financeira, embora sua reiteração não configure pluralidade de delitos. Crime acidentalmente habitual."* (STF – HC 89364, Relator(a): Min. JOAQUIM BARBOSA, Segunda Turma, julgado em 23/10/2007, DJe-070 DIVULG 17-04-2008 PUBLIC 18-04-2008 EMENT VOL-02315-03 PP-00674).

33 Cf.: TORTIMA. Crimes contra o Sistema Financeiro Nacional, p. 37.

34 Cf.: BITTENCOURT. Tratado de Direito Penal Econômico, p. 277. TORTIMA. Crimes contra o Sistema Financeiro Nacional, p. 43. PRADO. Direito Penal Econômico, p. 165.

35 Veja-se que a tipificação dessa figura intermediária, aqui defendida, em que se interacionam dolo eventual e culpa consciente (imprudência), acaba por gerar perplexidade naqueles que não trabalham com a ideia de *recklessness*. Nesse sentido, fica bem clara na dificuldade do Supremo em definir o elemento volitivo do delito de gestão temerária. Vale conferir o HC 90156, em que ora afirma-se tratar de conduta culposa (voto Min. Marco Aurélio) ora de conduta com dolo eventual (voto Min. Sepúlveda Pertence). Cf.: HC 90156, Relator(a): Min. MARCO AURÉLIO, Primeira Turma, julgado em 13/03/2007, DJe-023 DIVULG 24-05-2007 PUBLIC 25-05-2007 DJ 25-05-2007 PP-00077 EMENT VOL-02277-01 PP-00165.

A *recklessness*, como pontua OXMAN, ocorre *"nos casos em que se executa, de modo injustificado, uma ação que demonstra a não consideração de um risco substancial que uma pessoa razoável teria levado em conta no momento da realização de um fato, seja devido ao seu elevado perigo, ou bem, por conta das possíveis consequências danosas ou lesivas de interesses de terceiros que resultam inerentes à realização da conduta."*[36]

Assim, neste último caso, será precisamente essa temeridade na ação que caracterizará o elemento subjetivo do tipo, em que o agente deverá intencionalmente realizar uma ação que contextualmente envolva uma situação de elevado risco e de desconsideração dos eventuais resultados lesivos decorrentes de tal conduta. O agente despreza todos os sinais objetivos que permitem inferir que a ação praticada envolve elevado e desarrazoado risco, no específico contexto da ação.

De tal maneira, para a caracterização do tipo subjetivo do crime de gestão temerária, deverá o agente, com consciência e vontade, agir de forma temerária, conforme explicitado acima. Trata-se, pois, de imputação dolosa.

Dito isso, cumpre frisar que, tanto para o crime de gestão fraudulenta, quanto para o de gestão temerária, não é prevista a modalidade culposa, nem se faz necessária presença de um especial fim de agir.

5. CONSUMAÇÃO E TENTATIVA

O crime de gestão fraudulenta consuma-se com a realização do ato de gestão em que é empregado o meio fraudulento.

O crime de gestão temerária, por sua vez, também, se consuma com a realização do ato temerário de gestão.

Nos dois casos é prescindível a ocorrência de dano ou lesão ao bem jurídico, já que se tratam de crimes de **perigo abstrato**. Além disso, é possível afirmar que os delitos, dependendo do contexto, podem ser crimes materiais ou de mera conduta.

Apesar disso, nos dois delitos é possível a tentativa, quando entre a ação do agente e a realização efetiva do ato de gestão, seja possível identificar um espaço de tempo que autorize a interrupção do *iter* criminal.

6. AÇÃO PENAL

A ação penal é pública incondicionada.

DO CRIME DE APROPRIAÇÃO INDÉBITA FINANCEIRA

Art. 5º Apropriar-se, quaisquer das pessoas mencionadas no art. 25 desta lei, de dinheiro, título, valor ou qualquer outro bem móvel de que tem a posse, ou desviá-lo em proveito próprio ou alheio:

Pena – Reclusão, de 2 (dois) a 6 (seis) anos, e multa.

36 OXMAN, Nicolás. *Sistemas de Imputación subjetiva en Derecho penal*: el modelo angloamericano. Valencia: Tirant lo Blanch, 2016, p. 120. Sobre a *recklessness*, vide também: DRESSLER, Joshua. *Understanding Criminal Law*. 6ª ed. New Providence: LexisNexis, 2012, pp. 130 e ss. ELLIOT, Catherine; QUINN, Frances. Criminal Law. 5ª ed. Harlow: Pearson, 2012, pp. 15 e ss. SIMESTER, A.P; SPENCER, J.R.; SULLIVAN, G.R.; VIRGO, G.J. *Simester and Sullivan's Criminal Law*: Theory and Doctrine. 4ª ed. Oxford/Portland: Hart Publishing, 2010, pp. 134 e ss.

Parágrafo único. Incorre na mesma pena qualquer das pessoas mencionadas no art. 25 desta lei, que negociar direito, título ou qualquer outro bem móvel ou imóvel de que tem a posse, sem autorização de quem de direito.

1. BEM JURÍDICO TUTELADO

Como se sabe, um dos valores mais importantes para a higidez e o bom funcionamento do Sistema Financeiro é a confiança.

Assim, o tipo penal em comento busca reforçar a proteção dessa confiança, de modo que os investidores e demais proprietários de dinheiro, títulos, valores e outros bens, estejam suficientemente seguros e tranquilos para entregar a posse desses bens aos controladores e administradores de instituições financeiras.

Ora, se os investidores ou clientes não têm confiança em entregar a posse de seus bens às instituições financeiras não há higidez do Sistema Financeiro, que entra em colapso.

Por essa razão, ainda que o tipo penal também proteja o patrimônio particular dessas pessoas, a razão para a criação de um tipo específico de apropriação indébita (que transcende a proteção do art. 168 do CP), foi precisamente resguardar a higidez do sistema financeiro.

Aqui, pois, a proteção é plúrima, tanto da propriedade do particular, quanto da higidez do sistema.

2. SUJEITOS DO CRIME

O crime do art. 5º da LCSFN é delito especial (crime próprio), já que o tipo penal exige uma especial qualidade do autor, pois somente pode ser cometido por aquelas pessoas descritas no art. 25 da mesma Lei. É dizer, *"o controlador e os administradores de instituição financeira, assim considerados os diretores, gerentes"* e *"o interventor, o liquidante ou o síndico"*.

É importante consignar que os *"membros de conselhos estatutários"* não poderão ser incluídos como sujeito ativos, já que tal expressão foi objeto de veto pelo Presidente da República.

O sujeito passivo é o Estado, uma vez que é o responsável pelo Sistema Financeiro Nacional e, consequentemente, pela manutenção da higidez e estabilidade do Sistema. Ademais, será, também, sujeito passivo o proprietário dos bens que foram objeto de apropriação indébita e eventuais titulares de direitos reais de garantia, como o usufrutuário ou credor pignoratício, já que a lei expressamente previu como típica, em seu parágrafo único, a negociação sem autorização também dos bens imóveis[37].

3. CONDUTAS TÍPICAS (TIPICIDADE OBJETIVA)

As condutas típicas são materializadas por três verbos: a) **apropriar-se**; b) **desviar** e c) **negociar** sem autorização.

a) A **apropriação** pressupõe **prévia posse** por parte do autor do delito e essa posse tem que ser em nome de outrem e não em nome próprio. É dizer, o autor do delito tinha a posse legítima do bem em razão da entrega feita pelo proprietário ou em nome do proprietário. Uma

37 BITTENCOURT. Tratado de Direito Penal Econômico, p. 290.

vez tendo essa posse, o autor acaba por se apropriar desse bem, passa agir como se dono do bem fosse. Costuma-se falar em inversão do *animus* da posse, mas na verdade – considerando-se a impossibilidade de punir-se meros estados mentais – o que expressa a apropriação nada mais é do que um **comportamento** do autor como se dono do bem fosse, o que pode se materializar por meio do gozo próprio dos bem, sua disponibilidade ou mesmo a negativa da sua devolução. Em suma, existe o delito quando caracterizada a apropriação do bem pelo autor e, como afirma BUSATO, ao comentar o delito similar do Código Penal, *"a expressão apropriar-se só pode significar uma coisa: tomar para si a propriedade. Isso deve ficar claro no ato praticado pelo agente"* [38]. Resumindo, para a configuração da conduta típica da apropriação deve existir **inicialmente** uma **posse legítima** que posteriormente é **transformada em ilegítima** pela apropriação manifestada pelo comportamento *"externo"* do autor, que passa a agir como se dono do bem fosse.

É importante registrar que essa figura delitiva somente é caracterizada quando há apropriação de bens móveis.

b) Já o **desvio** – segunda modalidade de configuração do delito – significa mudar o curso do bem, dar destinação diversa da originariamente atribuída. Aqui, a exemplo do caso anterior, o autor tem a posse legítima. O agente, porém, passa a utilizar-se do bem ultrapassando os limites finalísticos definidos pelo proprietário. Aqui há um uso irregular, *ultra vires*, do bem. Para a caracterização dessa modalidade do delito, não se faz necessária a intenção de apropriação do bem pelo autor, bastando a simples intenção de aplicar o bem em finalidade diversa.

Da mesma forma, essa modalidade do delito somente existe quando se tratam de bens móveis.

c) Por fim, a última forma de caracterização do crime ocorre com a negociação sem autorização do bem. Conforme pontua BITTENCOURT, negociação significa *"comerciar, seja por venda ou permuta, dação em pagamento, empréstimo ou garantia pignoratícia"*[39]. Ou seja, o autor do delito realiza algum negócio jurídico de disposição do bem sem a autorização do proprietário.

Esse negócio deve, pois, ser realizado sem a autorização expressa ou implícita do proprietário e pode abranger tanto bens móveis quanto imóveis.

4. TIPICIDADE SUBJETIVA

O elemento subjetivo do delito é somente o dolo.

Com relação à primeira figura, é importante consignar que o dolo é caracterizado pela consciência e vontade de se apropriar, não existindo qualquer elemento subjetivo diverso do dolo, já que o verbo apropriar-se consubstancia, por si só, uma manifestação da intenção do autor de ser dono do bem[40].

Aliás, como já adiantado, esse ânimo, não pode ser caracterizado por um estado mental ou elemento *"interno"* do sujeito, mas sim por manifestações externas que expressam a intenção do agente de agir como se dono do bem fosse.

---

38 BUSATO, Paulo César. Direito Penal: parte especial 1. São Paulo: Atlas, 2014, p. 512.

39 BITTENCOURT. Tratado de Direito Penal Econômico, p. 294.

40 BUSATO. Direito Penal: parte especial 1, p. 512.

5. CONSUMAÇÃO E TENTATIVA

O crime em questão é material e de lesão. Ele se consuma: **a)** no primeiro caso, com a manifestação externa de uma intenção de apropriação; **b)** na segunda, com a efetiva aplicação do bem em finalidade diversa da autorizada e **c)** na terceira, por meio da realização do negócio jurídico sem a autorização do dono.

Ademais, é de se ter claro que a apropriação indébita não é caracterizada por um mero ato de disposição. É necessário um mínimo de efetividade da disposição. Isto é, ainda que não se tenha adquirido ou transferido o domínio, é imprescindível que exista, pelo menos, um menoscabo do direito de propriedade do seu dono[41].

A tentativa, apesar de difícil caracterização, é possível, nas hipóteses em que entre a conduta e o resultado possa existir algum espaço temporal.

6. AÇÃO PENAL

A ação penal é pública incondicionada.

DO CRIME DE INDUÇÃO OU MANUTENÇÃO EM ERRO A RESPEITO DE OPERAÇÃO OU SITUAÇÃO FINANCEIRA

Art. 6º Induzir ou manter em erro, sócio, investidor ou repartição pública competente, relativamente a operação ou situação financeira, sonegando-lhe informação ou prestando-a falsamente:

Pena – Reclusão, de 2 (dois) a 6 (seis) anos, e multa.

1. BEM JURÍDICO TUTELADO

Aqui, uma vez mais, o bem jurídico protegido é a higidez do Sistema Financeiro Nacional, promovida, neste caso, por meio da transparência das operações e situações financeiras e pela necessária veracidade das informações prestadas, que emprestam credibilidade e confiabilidade ao sistema.

Indiretamente, são, também, protegidos os interesses dos investidores e sócios que são beneficiados pelas informações fidedignas e pela fiscalização das autoridades.

2. SUJEITOS DO CRIME

O crime em questão é um delito especial, uma vez que somente pode praticá-lo quem tem o dever de prestar as informações fidedignas, sendo normalmente cometido pelas pessoas indicadas no art. 25. Apesar de ser possível que pessoas como contadores, auditores ou *compliance officers* tenham por contrato ou por lei, também, o dever de prestar determinadas informações[42].

41 VIVES ANTÓN; GONZÁLEZ CUSSAC. Derecho Penal, Parte Especial, pp. 466-467.

42 BITTENCOURT indaga se esse não seria um *"crime relativamente impróprio"*, precisamente pela possibilidade de que seus autores sejam pessoas diversas das definidas no art. 15, tais como *"auditor, contador ou algo que o valha"*. BITTENCOURT. Tratado de Direito Penal Econômico, p. 301. No entanto, reafirmamos aqui o caráter de delito especial, já que – não existindo o dever de prestar informação – carece o agente da qualidade especial implicitamente prevista no tipo penal.

O sujeito passivo é sempre o Estado, que é o responsável pela manutenção da higidez do sistema. Indiretamente, podem ser atingidos os eventuais investidores ou sócios em relação os quais foi sonegada a informação ou que venham a receber a informação incorreta.

3. CONDUTAS TÍPICAS (TIPICIDADE OBJETIVA)

As condutas típicas são caracterizadas por dois verbos principais: **induzir** ou **manter** em **erro**.

Induzir em erro significa levar a pessoa a uma situação em que ela possa ter uma falsa compreensão ou percepção da realidade. São atos que conduzem alguém a conclusões equivocadas. Aqui a pessoa não estava equivocada, mas com a ação do agente passou a incidir em erro.

Já manter em erro significa a ação levada a cabo pelo agente com o intuito de manter o equívoco da pessoa. Neste caso, a pessoa já estava em erro e a ação do autor impediu que ela se apercebesse desse equívoco, continuando, assim, em uma situação de falsa percepção da realidade, de engano.

O erro aqui, porém, deve estar referido necessariamente a uma operação ou situação financeira[43].

Ademais, esse erro não pode ser obtido por qualquer forma. A causa do erro é vinculada e deve necessariamente decorrer de duas fontes: **a)** da **sonegação** de informações ou **b)** das **informações falsas** que foram prestadas pelo agente.

a) A sonegação de informação não é caracterizada por uma simples omissão em prestar informações. É necessário que o agente negue as informações quando solicitadas ou que as esconda, oculte do interessado quando ele vai buscá-las.

Aqui se faz presente uma ação de ocultação de informações. Nesse caso, como preconiza TIEDEMANN, no contexto alemão, mas em raciocínio perfeitamente aplicável à espécie, *"se tratam nesses casos de informações manipuladoras, que impedem ou dificultam o exame da real situação, por exemplo, quando o agente se esquiva conscientemente de um pedido de informações de um acionista, entregando uma informação objetivamente sem substância."*[44]

b) Já as informações falsas são aquelas que o autor do delito presta em desacordo com a realidade, sabendo de tal situação.

4. TIPICIDADE SUBJETIVA

O elemento subjetivo aqui somente pode ser o dolo, não existindo delito na modalidade culposa, não sendo, do mesmo modo, exigido elemento subjetivo diverso do dolo.

5. CONSUMAÇÃO E TENTATIVA

A consumação se dá no momento em que o agente efetivamente induz a vítima a erro com suas informações falsas ou sonegadas ou quando, com sua intervenção por meio dessas

---

43 PRADO explica que: *"operação financeira é a realização de negócios financeiros, e situação financeira 'exprime o estado, a posição, ou a condição financeira de uma pessoa ou de um estabelecimento, isto é, indica as suas possibilidades ou os recursos pecuniários de que possa dispor'* [Plácido e Silva]". PRADO. Direito Penal Econômico, p. 165.

44 TIEDEMANN, Klaus. *Manual de Derecho Penal Económico: Parte General y Especial.* Valencia: Tirant lo Blanch, 2010, p. 392.

informações falsas ou sonegadas, faça com que o agente permaneça na situação de falsa percepção da realidade.

A tentativa é cabível, bastando, para tanto, que, no *iter* entre a ação do autor de prestar informações falsas ou sonegá-las e a indução ou manutenção em erro, seja a ação interrompida por circunstâncias alheias à vontade do agente.

6. AÇÃO PENAL

A ação penal é pública incondicionada.

DO CRIME DE TÍTULOS OU VALORES MOBILIÁRIOS FRAUDULENTOS

Art. 7º Emitir, oferecer ou negociar, de qualquer modo, títulos ou valores mobiliários:

I – falsos ou falsificados;

II – sem registro prévio de emissão junto à autoridade competente, em condições divergentes das constantes do registro ou irregularmente registrados;

III – sem lastro ou garantia suficientes, nos termos da legislação;

IV – sem autorização prévia da autoridade competente, quando legalmente exigida:

Pena – Reclusão, de 2 (dois) a 8 (oito) anos, e multa.

1. BEM JURÍDICO TUTELADO

A aqui, a exemplo do ocorre com o delito previsto no art. 2º da Lei n. 7.492/86, o bem jurídico protegido é a credibilidade pública dos valores mobiliários, pois se pretende punir a emissão, o oferecimento ou negociação de títulos ou valores mobiliários inidôneos, com o objetivo de assegurar a confiança pública nas transações realizadas com títulos mobiliários.

Reflexamente, o tipo penal, também, protege o patrimônio dos investidores e destinatários dos valores mobiliários.

Vale consignar que se coloca em primeiro plano o bem jurídico da credibilidade dos valores mobiliários, pois o tipo penal não exige um prejuízo aos investidores, sendo que a emissão e circulação já são potencialmente suficientes para contaminar, de forma abstrata, o ambiente sadio que deve imperar no Sistema Financeiro.

2. SUJEITOS DO CRIME

O sujeito ativo do crime pode ser qualquer pessoa, tratando-se, pois, de crime comum, uma vez que o tipo penal não exige nenhuma circunstância ou condição especial do autor.

O sujeito passivo é o Estado, já que responsável pelo Sistema Financeiro Nacional e, consequentemente, pela manutenção da credibilidade pública dos títulos e valores mobiliários. Por via reflexa, os investidores, também, são atingidos, já que em contato com valores mobiliários inidôneos.

3. CONDUTAS TÍPICAS (TIPICIDADE OBJETIVA)

O tipo penal traz três verbos: **emitir**, **oferecer** e **negociar**. Emitir é produzir colocando em circulação ou expedir. Oferecer é apresentar para terceiros. Negociar é celebrar negócios jurídicos com aludidos títulos.

Os títulos podem padecer dos seguintes vícios:

a) ser **falsos** (quando o título é originariamente falso, uma imitação de um título verdadeiro) ou **falsificados** (quando o título era verdadeiro, mas sofreu adulterações para a sua falsificação);

b) não ter registro[45] prévio perante as autoridades competentes, as ter em **condições divergentes** das constantes do registro ou estarem **irregularmente registrados.**

Nesta modalidade, o delito ocorre quando o responsável pela emissão pública de valores mobiliários, o faz sem obter o prévio registro junto à Comissão de Valores Mobiliários, violando o preceituado no art. 19 da Lei n. 6.385/76 (Lei do Mercado de Capitais)[46].

Da mesma forma é caracterizado o crime, se a emissão é feita de maneira **distinta** dos limites previamente estabelecidos pelo registro.

Além disso, caso o registro obtido padeça de alguma **irregularidade**, também, haverá aqui a configuração típica.

Existem, em suma, nesta hipótese, três figuras típicas: i) **falta** de prévio registro para a emissão; ii) emissão de modo **divergente** do previamente registrado; e iii) emissão com registro que padeça de alguma **irregularidade.**

c) não possuírem lastro ou **garantias suficientes**, nos termos da lei. Neste caso, é punível a conduta quando o título não tem um embasamento financeiro que assegure os valores nele contido[47].

---

45 É importante deixar claro que no registro, em regra, não se analisa o mérito da oferta, mas apenas realiza-se uma avaliação a respeito da sua regularidade formal. Sobre esse tema, BUSCHINELLI explica que: *"Normalmente, não compete à CVM analisar o mérito da oferta, mas tão somente atestar o cumprimento dos requisitos formais de registro. O registro por parte da CVM não garante a veracidade das informações prestadas, nem deriva de um julgamento sobre a qualidade da companhia, sua viabilidade, sua administração, sua situação econômico-financeira ou sobre os valores mobiliários a serem distribuídos. Ele é concedido de acordo com critérios formais de legalidade (Instrução CVM 400/03, art. 56, § 7º). A única possibilidade de controle da viabilidade da oferta consta do art. 82, § 2º da Lei das Sociedades Anônimas. Nos termos desse dispositivo, a CVM pode denegar o registro da oferta pública por inviabilidade ou temeridade do empreendimento, ou por inidoneidade de seus fundadores."* BUSCHINELLI, Gabriel Saad Kik. Comentário à Lei do Mercado de Capitais, Lei n. 6.385/76. São Paulo: Quartier Latin. 2015, p. 397.

46 Como consigna BUSCHINELLI, ao comentar referido dispositivo: *"O conceito de emissão pública é central para a delimitação do perímetro de ação regulatória e fiscalizatória da CVM. Interpretando a* contrario sensu *o disposto no art. 19, pode-se afirmar que as emissões privadas não estão sujeitas a registro perante a CVM, circunstância que subtrai do regulador a competência para fiscalizá-las."* BUSCHINELLI. Comentário à Lei do Mercado de Capitais, p. 380. Sobre a discussão a respeito dos critérios de quando se está diante de uma oferta pública ou de uma oferta privada, cf.: BUSCHINELLI. Comentário à Lei do Mercado de Capitais, pp. 383 e ss. Nada obstante tal discussão, relevante consignar o seguinte trecho da exposição de motivos da referida lei: *"Apenas a emissão pública (isto é, a emissão oferecida publicamente) está sujeita a registro. Não se aplica essa norma à emissão particular, como é o caso da emissão negociada com um grupo reduzido de investidores, que tenham acesso ao tipo de informação que o registro visa a divulgar. Se estes, porém, adquirem a emissão com o fim de a colocar no mercado, mediante oferta pública, estão sujeitos às mesmas restrições que a companhia emissora."*

47 Sobre essa hipótese do crime, BITTENCOURT consigna que: *"'Lastro' e 'garantia', seguramente, têm significados distintos, embora ambos signifiquem formas diversas de assegurar que a instituição financeira atua corretamente ao colocar títulos no mercado financeiro. 'Lastro', tem uma definição técnica específica, tem o sentido de respaldo, de cobertura de uma operação por outra. 'Garantia', por sua vez, pode ser real ou pessoal, prevista na legislação. Títulos e valores mobiliários devem ter lastro e garantia suficientes para poderem circular como se 'moeda' fossem do sistema mobiliário."* BITTENCOURT. Tratado de Direito Penal Econômico, p. 316.

d) terem sido **emitidos sem autorização prévia** da autoridade competente, quando for exigido por lei. Neste caso, de acordo com o título ou valor mobiliário de que se trate, existirá, se for o caso, uma autoridade administrativa competente para previamente autorizar a sua emissão. O Banco Central é autoridade administrativa, em geral, com atribuição para autorizar a emissão de títulos ou valores mobiliários (Lei n. 4.728/65, art. 3º, V e VI).

De modo resumido, pode-se afirmar que o crime deste artigo pode ocorrer por **falsidade**, **falta** ou **inadequação** do **registro**, **falta** de **lastro** ou **falta** de **autorização prévia**.

4. TIPICIDADE SUBJETIVA

A imputação subjetiva neste delito somente pode ser feita a título de dolo. Assim, deve existir a intenção de emitir, oferecer ou negociar, de qualquer modo, títulos ou valores mobiliários que padeçam das características descritas no tipo objetivo.

Aqui é necessário que o agente tenha conhecimento: **i)** da falsidade (art. 7º, I); **ii)** da ausência de registro, das condições divergentes do registro e das suas eventuais irregularidades (art. 7º, II); **iii)** da falta de lastro ou garantia suficientes (art. 7º, III) ou, por fim, **iv)** da ausência de autorização prévia, quando exigida.

Esse conhecimento pode se dar, ademais, por meio de dolo eventual, em que o agente, apesar de não ter conhecimento pleno, deliberadamente coloca-se em uma situação de ignorância, assumindo o risco a respeito da presença dos elementos objetivos do tipo penal que deveria conhecer.

5. CONSUMAÇÃO E TENTATIVA

O crime se consuma com a realização das ações de **emitir**, **oferecer** ou **negociar** títulos ou valores mobiliários nas condições estabelecidas pelos incisos do art. 7º.

É possível a tentativa na modalidade negociar, quando, no decorrer da ação de negociação, possa ser ela interrompida, por circunstâncias alheias à vontade do agente, antes de sua consumação[48].

6. AÇÃO PENAL

A ação penal é pública incondicionada.

DO CRIME DE COBRANÇA DE JUROS, COMISSÃO OU REMUNERAÇÃO EM DESACORDO COM A LEGISLAÇÃO

Art. 8º Exigir, em desacordo com a legislação (Vetado), juro, comissão ou qualquer tipo de remuneração sobre operação de crédito ou de seguro, administração de fundo mútuo ou fiscal ou de consórcio, serviço de corretagem ou distribuição de títulos ou valores mobiliários:

Pena – Reclusão, de 1 (um) a 4 (quatro) anos, e multa.

---

48 Como afirma TORTIMA: *"A tentativa será possível unicamente na alternativa de negociar, por se tratar de conduta plurissubsistente. Já as ações de emitir e oferecer os títulos não comportam a tentativa por ser impossível o fracionamento temporal do* iter*, sendo que qualquer antecedente à consumação do ato de emitir ou oferecer os títulos inquinados ficariam no plano dos atos preparatórios, sabidamente impuníveis.* TORTIMA. Crimes contra o Sistema Financeiro Nacional, pp. 67-68.

1. BEM JURÍDICO TUTELADO

Neste caso, entendemos que o bem jurídico tutelado é a higidez e regularidade do Sistema Financeiro Nacional e não o patrimônio privado do usuário[49].

Isso por uma razão muito simples, o tipo penal não exige prejuízo ou lesão ao bem jurídico privado do usuário. O que pretende o tipo penal é debelar a simples prática de exigir juros, comissão ou qualquer tipo de comissão no âmbito do Sistema Financeiro Nacional, de modo a assegurar maior credibilidade ao sistema, garantindo, assim, a sua higidez.

2. SUJEITOS DO CRIME

O sujeito ativo do crime pode ser qualquer pessoa, tratando-se, pois, de crime comum, uma vez que o tipo penal não exige qualquer circunstância ou condição especial do autor.

Apesar disso, é de se reconhecer, que o tipo penal, na prática, somente poderá ser realizado pelas pessoas que estejam em condições de realizar as exigências extorsivas.

O sujeito passivo é o Estado, já que responsável pelo Sistema Financeiro Nacional e, consequentemente, pela manutenção da credibilidade pública dos títulos e valores mobiliários. Por via reflexa, a pessoa que tenha sido sujeitada à cobrança extorsiva.

3. CONDUTAS TÍPICAS (TIPICIDADE OBJETIVA)

O verbo típico do crime aqui em exame é o exigir. Em Direito penal esse verbo demanda uma atitude bastante agressiva do autor, já que *"tem o sentido de obrigar, ordenar, impor ao sujeito passivo o atendimento de sua pretensão, no caso, juro, comissão ou qualquer tipo de remuneração sobre as operações mencionadas no tipo penal"*[50].

No entanto, não se pode reduzir o alcance desse tipo penal aos casos em que há violência física ou psicológica[51], mas, também, naqueles casos em que a vítima esteja premida por uma situação de especial sujeição ao autor do delito, e este, na cobrança, abusa dessa premente necessidade.

Ademais, essa exigência deve estar referida a juro, comissão ou outro tipo de remuneração, que deve derivar de operação de crédito ou de seguro, administração de fundo mútuo ou fiscal, ou de consórcio, serviço de corretagem ou distribuição de lucro ou valores mobiliários.

O problema deste tipo penal, no entanto, diz respeito à elementar *"em desacordo com a legislação"* de modo que para a sua caracterização faz-se necessário que a Lei fixe os limites relativos aos valores de juro, comissão ou remunerações que podem ser cobrados, o que não existe

---

49 BITTENCOURT sustenta *"ardorosamente, que, prioritariamente, neste art. 8º, o objeto jurídico é a proteção do patrimônio dos usuários do sistema financeiro nacional, que acreditam na 'boa execução da política econômica do governo."* BITTENCOURT. Tratado de Direito Penal Econômico, p. 320. No mesmo sentido TORTIMA, muito embora consigne que a tutela do bem jurídico do usuário: *"representa apenas um aspecto do objetivo maior de resguardar a própria confiabilidade do SFN, cujos reflexos na boa execução da política econômica do governo já foram acentuados."* TORTIMA. Crimes contra o Sistema Financeiro Nacional, p. 69. Já PRADO defende que o tipo penal tutela *"a higidez das negociações efetuadas no mercado financeiro e os investidores que tiveram o patrimônio prejudicado."* PRADO. Direito Penal Econômico, p. 171.

50 BITTENCOURT. Tratado de Direito Penal Econômico, p. 321.

51 BITTENCOURT. Tratado de Direito Penal Econômico, p. 321.

na atualidade, de modo que[52]. Assim, a aplicabilidade deste dispositivo, no quadro normativo atual, torna-se na prática impossível.

Ademais, não parece adequado ler esse elemento normativo como se fosse uma forma dizer que o tipo penal proíbe *"vantagem indevida"*[53], uma vez que tal interpretação, nos parece, ultrapassa os limites oferecidos pelo texto do tipo penal.

4. TIPICIDADE SUBJETIVA

O crime em comento somente é punível na figura dolosa.

5. CONSUMAÇÃO E TENTATIVA

O crime em questão é formal, de modo que basta a exigência para a sua consumação.

A tentativa é, em tese, cabível quando entre a ação de exigir seja realizada por meio de atos que temporalmente possam ser interceptados, impedindo a consumação, como é o caso de uma exigência via correio, que acaba sendo interceptado pela polícia antes de chegar à vítima.

6. AÇÃO PENAL

A ação penal é pública incondicionada.

DA FRAUDE POR MEIO DE FALSIDADE IDEOLÓGICA FINANCEIRA

Art. 9º Fraudar a fiscalização ou o investidor, inserindo ou fazendo inserir, em documento comprobatório de investimento em títulos ou valores mobiliários, declaração falsa ou diversa da que dele deveria constar:

Pena – Reclusão, de 1 (um) a 5 (cinco) anos, e multa.

1. BEM JURÍDICO TUTELADO

O bem jurídico protegido pelo tipo penal do art. 9º é a higidez do Sistema Financeiro Nacional, já que busca proteger a fiscalização realizada pelos entes estatais sobre as instituições financeiras, assim como tutelar o investidor contra fraudes.

2. SUJEITOS DO CRIME

O sujeito ativo do crime pode ser qualquer pessoa, tratando-se, pois, de crime comum, uma vez que o tipo penal não exige nenhuma circunstância ou condição especial do autor.

O sujeito passivo é o Estado quando a vítima da fraude for a fiscalização e o é, também, o investidor quando seja ele o diretamente enganado.

52 Sobre a inexistência de qualquer limite previsto em lei para a cobrança de juros, comissão ou remuneração, cf.: TORTIMA. Crimes contra o Sistema Financeiro Nacional, pp. 70 e ss.

53 Nesse sentido, BITTENCOURT afirma: *"A elementar normativa constante do tipo penal – exigência em desacordo com a legislação -, indiscutivelmente, é uma forma diferente de o legislador proibir a obtenção coercitivamente de vantagem indevida, para não dizer ilegal."* BITTENCOURT. Tratado de Direito Penal Econômico, p. 322.

3. CONDUTAS TÍPICAS (TIPICIDADE OBJETIVA)

O verbo típico é fraudar a fiscalização ou investidor, no sentido de enganá-lo, induzi-lo a erro. Essa fraude, porém, deve ser necessariamente realizada por meio de uma falsidade ideológica, ou seja, inserindo (diretamente) ou fazendo inserir (indiretamente, por interposta pessoa) declaração falsa (que não corresponda com a realidade) ou declaração diversa da que deveria constar (que não corresponda com a informação que deveria constar), em documento comprobatório de investimento em títulos ou valores mobiliários.

Para a caracterização do delito, a falsidade ideológica deve ter idoneidade suficiente para enganar, para fraudar. É dizer, deve haver uma causalidade entre a falsidade ideológica e o engano da fiscalização ou do investidor.

4. TIPICIDADE SUBJETIVA

A imputação subjetiva é feita a título de dolo. Deve o agente atuar, pois, com consciência e vontade de fraudar a fiscalização ou o investidor, por meio da falsidade ideológica.

O tipo penal exige especial fim de agir e não prevê a incriminação de conduta culposa.

5. CONSUMAÇÃO E TENTATIVA

A consumação do delito se dá com a fraude. Assim, ocorre no momento em que o agente fiscalizador ou o investidor é enganado pelo documento ideologicamente falso.

Aqui, se trata de crime de lesão, em que é exigido a efetiva violação da fiscalização e do investidor.

É possível a tentativa quando, apesar da falsidade ideológica, o agente não consiga efetivamente enganar a fiscalização ou o investidor.

6. AÇÃO PENAL

A ação penal é pública incondicionada.

DO CRIME DE FALSIFICAÇÃO DE DEMONSTRATIVOS CONTÁBEIS:

Art. 10. Fazer inserir elemento falso ou omitir elemento exigido pela legislação, em demonstrativos contábeis de instituição financeira, seguradora ou instituição integrante do sistema de distribuição de títulos de valores mobiliários:

Pena – Reclusão, de 1 (um) a 5 (cinco) anos, e multa.

1. BEM JURÍDICO TUTELADO

O bem jurídico aqui protegido, também, é o da higidez do Sistema Financeiro Nacional, já que a incriminação busca assegurar a veracidade dos demonstrativos contábeis das instituições financeiras, de modo a oferecer um ambiente transparente e confiável para os negócios jurídicos[54].

54 DI NICOLA, *La falsificazione dei bilanci come strumento di criminalità economica*, in Il diritto penale europeo dell'economia. Roma, 1983, p. 120, *apud* FARALDO CABANA, Patricia. Los delitos societarios, 2ª ed. Valencia:

Sobre a importância de tal modalidade de incriminação, DI NICOLA assevera que: *"não se pode pretender levar a bom termo a luta contra a criminalidade econômica se não se inicia decididamente os ataques contra o mecanismo do qual se valem os delinquentes econômicos para o sucesso de suas atividades delitivas, contra a falsificação dos demonstrativos contábeis."*[55]

2. SUJEITOS DO CRIME

O sujeito ativo do crime pode ser qualquer pessoa, tratando-se, pois, de crime comum, uma vez que o tipo penal não exige nenhuma circunstância ou condição especial do autor.

Na forma omissiva, porém, trata-se de delito especial, pois somente quem tem o dever jurídico de prestar a informação é que pode cometer essa modalidade do crime.

O sujeito passivo é o Estado, considerando sua responsabilidade na tutela do Sistema Financeiro. Indiretamente, o crime pode prejudicar tanto a instituição financeira, que pode ter sua credibilidade abalada ou mesmo ter de responder com seu patrimônio por conta das falsidades, e o investidor eventualmente prejudicado pela informação falsa.

3. CONDUTAS TÍPICAS (TIPICIDADE OBJETIVA)

A tipicidade objetiva é consubstanciada por duas condutas, uma ativa (fazer inserir) e outra omissiva (omitir), dizendo elas respeito às informações constantes (ou que deveriam constar) dos demonstrativos contábeis de instituição financeira, seguradora ou outra instituição integrante do sistema de distribuição de valores mobiliários.

Em poucas palavras, o crime se caracteriza pela falsidade ideológica dos demonstrativos contábeis.

É importante consignar que o legislador, ao tipificar a figura do *"fazer inserir"* evidentemente, evidentemente, englobou também a conduta de inserir diretamente.

Na verdade, fazer inserir significa, em última analise, inserir, muito embora, geralmente, essa locução queira expressar a instrumentalização de terceiro para a prática do delito. No entanto, quem instrumentaliza terceiro, ao fim e ao cabo, acaba praticado o crime com domínio do fato, razão pela qual não há razão para diferenciar a conduta de inserir ou fazer inserir, com o que é de se afirmar que o tipo penal abrange tanto as condutas diretas (autoria), quanto as indiretas (participação ou autoria mediata)[56].

O crime na modalidade omissiva, como visto, somente pode ser realizado por quem tem por lei ou regulamento o dever jurídico de elaborar os demonstrativos contábeis das pessoas jurídicas referidas no tipo penal.

Tirant lo Blanch, 2012, p. 96.

55 Os demonstrativos contábeis, como explica COELHO, têm como função: *"possibilitar o conhecimento, pelos acionistas e por terceiros, de sua situação patrimonial, econômica e financeira, bem como dos resultados positivos ou negativos alcançados pela empresa. Essas demonstrações não são úteis apenas para o direito societário comercial. Servem também a finalidades preceituadas pela legislação tributária, que exige das sociedades anônimas ainda outras demonstrações. São instrumentos valiosos, por outro lado, para a administração da sociedade e o controle gerencial, desempenhando, desse modo, funções não jurídicas também. O estudo dessas demonstrações pelo direito comercial restringe-se aos dados relevantes para o tratamento das relações entre os acionistas e destes com os órgãos de administração."* COELHO, Fábio Ulhoa. Manual de Direito Comercial: Direito da Empresa. 23ª ed. São Paulo: Saraiva, pp. 245-246.

56 Em sentido contrário, cf.: BITTENCOURT. Tratado de Direito Penal Econômico, pp. 336 e ss.

4. TIPICIDADE SUBJETIVA

A responsabilização penal somente pode ser feita, no seu aspecto subjetivo, a título de dolo.

O tipo penal não exige especial fim de agir e não prevê a incriminação de conduta culposa.

5. CONSUMAÇÃO E TENTATIVA

A maior parte da doutrina defende que o crime se consuma com a inserção das informações ideologicamente falsas nos demonstrativos contábeis[57].

No entanto, nos parece que o delito se configura com a efetiva formalização dos demonstrativos contábeis, uma vez que somente a partir desse momento é possível tecnicamente afirmar-se que se está diante de um demonstrativo contábil. Ou seja, quando a inserção da informação e a formalização dos demonstrativos se dá em momentos distintos, somente neste segundo momento é possível falar-se na consumação do delito.

Já na modalidade omissiva, consuma-se o crime no momento em que é formalizado o demonstrativo contábil sem a informação que deveria dele constar.

A tentativa é possível, apesar de difícil caracterização, precisamente naqueles casos em que exista um lapso temporal entre a inserção na planilha e a formalização contábil.

6. AÇÃO PENAL

A ação é pública incondicionada.

DO CRIME DE CONTABILIDADE PARALELA

Art. 11. Manter ou movimentar recurso ou valor paralelamente à contabilidade exigida pela legislação:

Pena – Reclusão, de 1 (um) a 5 (cinco) anos, e multa.

1. BEM JURÍDICO TUTELADO

O bem jurídico tutelado pelo delito do art. 11 é, a exemplo dos crimes anteriores, também, a higidez do Sistema Financeiro Nacional.

Isso porque, a veracidade da contabilidade das empresas é primordial para que o sistema funcione de forma transparente e confiável, além do que a correta contabilização dos recursos é imprescindível para uma cobrança equânime de tributos e, como consequência, uma concorrência mais justa.

2. SUJEITOS DO CRIME

O tipo penal ora estudado não prevê circunstância ou qualidade específica para que a pessoa seja sujeito ativo do crime, razão pela qual não é possível afirmar tratar-se de um delito

57 Cf.: BITTENCOURT. Tratado de Direito Penal Econômico, p. 339; TORTIMA. Crimes contra o Sistema Financeiro Nacional, p. 81; PRADO. Direito Penal Econômico, p. 179.

especial, muito embora os autores previsíveis deste crime sejam as pessoas indicadas no art. 25 da LCSFN.

O sujeito passivo é o Estado, considerando sua responsabilidade na tutela do Sistema Financeiro. Em segundo plano, podem ser os investidores ou outros lesados pela existência de recursos não contabilizados.

3. CONDUTAS TÍPICAS (TIPICIDADE OBJETIVA)

A conduta típica é consubstanciada pela manutenção de contabilidade paralela, não oficial, o vulgarmente chamado *"caixa dois"*. É dizer, a tipicidade objetiva ocorre quando não são registradas na contabilidade oficial da empresa movimentações financeiras que dela deveria constar.

O outro núcleo do tipo é materializado pela movimentação de recursos ou valores sem a devida realização da contabilização oficial por parte da Instituição financeira. Assim, o crime em exame somente incide se praticado no âmbito de uma instituição financeira, nos termos do conceito penal trazido pelo art. 1º.

A contabilidade exigida por lei para as Sociedades Anônimas é a prevista nos artigos 175 a 188 da Lei n. 6.404/76 (Lei das S.A).

4. TIPICIDADE SUBJETIVA

A tipicidade subjetiva somente pode ser consubstanciada pelo dolo, de modo que o agente deve ter consciência e vontade de manter ou movimentar recurso ou valor paralelamente à contabilidade oficial da instituição financeira.

O tipo penal não exige especial fim de agir e não prevê a incriminação de conduta culposa.

5. CONSUMAÇÃO E TENTATIVA

O crime de manter contabilidade paralela se consuma no momento em que a informação deveria constar da contabilidade oficial da instituição financeira, mas tal escrituração não é realizada. Neste caso, os efeitos do delito se protraem no tempo, enquanto não é regularizada a contabilidade, constituindo, pois, crime permanente.

Já com relação ao momento consumativos do crime praticado na modalidade de movimentar recurso não contabilizado apresenta alguma divergência em sua identificação.

Para BITENCOURT, o delito nessa modalidade se consuma no momento da movimentação financeira[58].

No entanto, como ponderação contrária a esse entendimento, é de se afirmar que, entre a realização da movimentação e o momento em que ela deve ser lançada na contabilidade, pode existir um intervalo temporal (máxime quando o lançamento de tais informações não é

58 BITTENCOURT. Tratado de Direito Penal Econômico, p. 344.

automatizado), de modo que o lançamento da informação contábil da movimentação contábil pode ocorrer em momento posterior.

De tal maneira, defende-se aqui que o crime se consuma no preciso momento em que deveria a informação da movimentação ser lançada na contabilidade e tal providência não é tomada.

A tentativa aqui não é admissível, já que o crime se consuma e é realizado no momento em que a informação deveria ser lançada na contabilidade, não havendo, pois, espaço de tempo entre ação e consumação.

6. AÇÃO PENAL

A ação é pública incondicionada.

DO CRIME DE SONEGAÇÃO DE INFORMAÇÕES

Art. 12. Deixar, o ex-administrador de instituição financeira, de apresentar, ao interventor, liqüidante, ou síndico, nos prazos e condições estabelecidas em lei as informações, declarações ou documentos de sua responsabilidade:

Pena – Reclusão, de 1 (um) a 4 (quatro) anos, e multa.

1. BEM JURÍDICO TUTELADO

O crime em tela busca proteger a higidez dos processos de liquidação extrajudicial, intervenção ou falência, pretendendo dar plena transparência a esses procedimentos, de modo a proteger, fundamentalmente, os credores das instituições financeiras. De forma indireta, protege, também, o Sistema Financeiro, já que busca evitar que empresas em situações de dificuldades acabem por contaminar o sistema, o que, muitas vezes, pode, inclusive, gerar um efeito dominó, prejudicando outros atores do SFN.

2. SUJEITOS DO CRIME

O crime do art. 12 da LCSFN é um delito especial (crime próprio), já que a lei expressamente exige uma determinada condição do agente, nomeadamente a condição de ex-administrador, figura essa que inclui, também, os ex-diretores e os ex-gerentes, nos termos do art. 25 e seu parágrafo único da Lei em comento.

O sujeito passivo será a instituição financeira e os investidores. Também são prejudicados o interventor, o liquidante ou o síndico, já que, por conta da sonegação de informações, têm seu trabalho de saneamento da empresa prejudicado ou dificultado. Por fim, em última análise, também é atingido o Estado em seu dever de decidir a respeito da liquidação extrajudicial, da intervenção e da falência, além de ter o dever de preservar a higidez do SFN.

3. CONDUTAS TÍPICAS (TIPICIDADE OBJETIVA)

Inicialmente, é de rigor explicar que as instituições financeiras têm um regime específico de execução concursal. Ela tem natureza extrajudicial, é capitaneada pelo Banco Central e é prevista na Lei n. 6.024/74.

No entanto, tal previsão não impede que a instituição financeira – caso não esteja sob liquidação extrajudicial ou intervenção decretada pelo Banco Central – seja submetida ao processo judicial de falência. Além disso, em casos específicos previstos em lei (LILE, art. 21, "b" e art. 12, "d"), poderá o Banco Central autorizar seja realizado pedido de falência da Instituição financeira em juízo[59].

De tal maneira, é possível afirmar-se que a instituição financeira está sujeita, tanto ao regime de intervenção[60] e liquidação[61] (Lei n. 6.024/74) quanto ao regime de falência (Lei n. 11.101/05).

Feita essa contextualização, verifica-se que a conduta típica aqui examinada **pressupõe** que a instituição financeira encontre-se em situação de **liquidação extrajudicial** (procedimento definido pela Lei n. 6.024/74, que prevê tratamento diferenciado para as Instituições Financeiras que estejam em situação semelhante à falimentar) ou **situação falimentar** (para os casos de instituições equiparadas à instituição financeira, como é o caso dos consórcios)[62].

Estando em tais condições, a conduta típica se consubstancia por uma **omissão**, que pode se dar: **a)** com a **não apresentação** de informações, declarações ou documentos; **b)** com a sua apresentação **fora do prazo exigido**; ou c) com a apresentação **em desacordo** com as condições estabelecidas por lei. Em suma, vê-se que o delito se caracteriza, ao fim e ao cabo, com a não apresentação de informações, declarações ou documentos no prazo e condições estabelecidos lei.

O fato de o agente apresentar as informações, declarações ou documentos fora do prazo ou em desacordo com as informações não transforma o tipo penal em um crime comissivo, já que o relevante não é a ação realizada, mas sim a omissão, ou seja, a conduta que o agente tinha o dever jurídico de realizar.

---

59 COELHO. Manual de Direito Comercial, p. 239.

60 Sobre o procedimento de intervenção, o art. 2º, da Lei n. 6.024/74, prevê o seguinte: *"Art. 2º Far-se-á a intervenção quando se verificarem as seguintes anormalidades nos negócios sociais da instituição: I – a entidade sofrer prejuízo, decorrente da má administração, que sujeite a riscos os seus credores; II – forem verificadas reiteradas infrações a dispositivos da legislação bancária não regularizadas após as determinações do Banco Central do Brasil, no uso das suas atribuições de fiscalização; III – na hipótese de ocorrer qualquer dos fatos mencionados nos artigos 1º e 2º, do Decreto-lei nº 7.661, de 21 de junho de 1945 (lei de falências), houver possibilidade de evitar-se, a liquidação extrajudicial."*

61 Já a respeito do o procedimento de liquidação extrajudicial, o art. 15, da Lei n. 6.024/74, dispõe: *"Art. 15. Decretar-se-á a liquidação extrajudicial da instituição financeira: I – ex officio: a) em razão de ocorrências que comprometam sua situação econômica ou financeira especialmente quando deixar de satisfazer, com pontualidade, seus compromissos ou quando se caracterizar qualquer dos motivos que autorizem a declararão de falência; b) quando a administração violar gravemente as normas legais e estatutárias que disciplinam a atividade da instituição bem como as determinações do Conselho Monetário Nacional ou do Banco Central do Brasil, no uso de suas atribuições legais; c) quando a instituição sofrer prejuízo que sujeite a risco anormal seus credores quirografários; d) quando, cassada a autorização para funcionar, a instituição não iniciar, nos 90 (noventa) dias seguintes, sua liquidação ordinária, ou quando, iniciada esta, verificar o Banco Central do Brasil que a morosidade de sua administração pode acarretar prejuízos para os credores; II – a requerimento dos administradores da instituição – se o respectivo estatuto social lhes conferir esta competência – ou por proposta do interventor, expostos circunstanciadamente os motivos justificadores da medida."*

62 BITTENCOURT. Tratado de Direito Penal Econômico, p. 348.

4. TIPICIDADE SUBJETIVA

Sob o aspecto subjetivo, é punível apenas a conduta realizada dolosamente. Assim, deve o agente, com consciência e vontade, deixar de prestar as informações necessárias ou de prestá-las fora do prazo ou condições estabelecidas por lei.

O tipo penal não exige especial fim de agir e não prevê a incriminação de conduta culposa.

Assim, caso essa omissão decorra de uma violação ao dever objetivo de cuidado (culpa) a conduta será atípica.

Para avaliar se o agente omitiu-se dolosa ou culposamente deverá ser analisado o contexto da omissão, as manifestações do agente, os antecedentes e consequentes do seu não fazer.

5. CONSUMAÇÃO E TENTATIVA

O crime se consuma no momento em que o agente tinha o dever de prestar as informações (quando as deixa de prestar ou as prestas intempestivamente) ou, se apresentada dentro do prazo, mas em desacordo com as condições estabelecidas por lei, o crime se consuma no momento da apresentação das informações.

Tratando-se de crime omissivo próprio não é admissível a tentativa, já que, neste caso, é consubstanciado por um não fazer específico, em que não é possível diferenciar-se temporalmente a omissão e a consumação do delito.

6. AÇÃO PENAL

A ação penal é pública incondicionada.

DO CRIME DE DESVIO DE BENS

Art. 13. Desviar (Vetado) bem alcançado pela indisponibilidade legal resultante de intervenção, liqüidação extrajudicial ou falência de instituição financeira.

Pena – Reclusão, de 2 (dois) a 6 (seis) anos, e multa.

Parágrafo único. Na mesma pena incorra o interventor, o liqüidante ou o síndico que se apropriar de bem abrangido pelo caput deste artigo, ou desviá-lo em proveito próprio ou alheio.

1. BEM JURÍDICO TUTELADO

O crime do art. 13 da LCSFN tutela o patrimônio da instituição financeira e de seus credores, protegendo, também, a higidez dos processos de liquidação, intervenção e falência, uma vez que busca garantir, com o patrimônio dos seus administradores, eventuais dívidas e despesas da instituição. Com isso, protege-se, também, a exemplo do delito anterior, o Sistema Financeiro evitando-se contaminação do sistema com o não pagamento de credores e a deterioração da situação financeira da instituição financeira.

2. SUJEITOS DO CRIME

A figura criminal prevista no *caput* do artigo em exame – apesar de aparentar ser delito comum – é um crime especial, uma vez que somente pode ser cometido pelos administradores da instituição financeira em intervenção, liquidação ou falência, ou, se for o caso, pelas pessoas referidas no § 2º, do 36 da Lei n. 6.024/ 74 (LILE).

Isso porque, aludido artigo da LILE, prevê a indisponibilidade automática dos bens dos administradores das instituições financeiras em intervenção, em liquidação extrajudicial ou em falência, podendo tal indisponibilidade ser estendida a outras pessoas como os gerentes, conselheiros fiscais e demais pessoas que concorreram para a decretação da intervenção ou liquidação extrajudicial[63].

Ademais, o crime previsto no parágrafo único, também, é delito especial, já que somente poderá ser cometido pelo interventor, liquidante ou síndico.

O sujeito passivo será a instituição financeira e seus acionistas, além do Estado que também é atingido, já que tem o seu dever de decidir a respeito da liquidação extrajudicial, da intervenção e da falência das instituições financeiras, além de ter o dever de preservar a higidez do SFN.

3. CONDUTAS TÍPICAS (TIPICIDADE OBJETIVA)

Inicialmente, cumpre consignar que, a exemplo do crime anterior, para a caracterização do delito em questão, é **pressuposto** que tenha sido feita a intervenção pelo Banco Central, tenha sido decretada a liquidação extrajudicial ou a falência.

Dito isso, verifica-se que as condutas típicas podem ser divididas em duas ações fundamentais:

a) a **ação do administrador** (ou outra pessoa referida no § 2º, do 36 da LILE) que desvia bens alcançados pela indisponibilidade legal. Assim, incrimina-se a ação da pessoa que dá destinação diversa à determinada pela indisponibilidade (ou seja, finalidade de garantia) ou tenta burlar os efeitos dessa indisponibilidade, seja ocultando os bens, seja transferindo-os a terceiros.

b) a **ação do interventor, liquidante ou síndico** que – diante da posse dos bens dos administradores atingidos pela indisponibilidade, que passa a ter por conta do exercício de suas funções – acaba por apropriar-se deles ou desviar em proveito próprio ou alheio.

---

63 *"Art. 36. Os administradores das instituições financeiras em intervenção, em liquidação extrajudicial ou em falência, ficarão com todos os seus bens indisponíveis não podendo, por qualquer forma, direta ou indireta, aliená-los ou onerá-los, até apuração e liquidação final de suas responsabilidades. § 1º A indisponibilidade prevista neste artigo decorre do ato que decretar a intervenção, a extrajudicial ou a falência, atinge a todos aqueles que tenham estado no exercício das funções nos doze meses anteriores ao mesmo ato. § 2º Por proposta do Banco Central do Brasil, aprovada pelo Conselho Monetário Nacional, a indisponibilidade prevista neste artigo poderá ser estendida: a) aos bens de gerentes, conselheiros fiscais e aos de todos aqueles que, até o limite da responsabilidade estimada de cada um, tenham concorrido, nos últimos doze meses, para a decretação da intervenção ou da liquidação extrajudicial, b) aos bens de pessoas que, nos últimos doze meses, os tenham a qualquer título, adquirido de administradores da instituição, ou das pessoas referidas na alínea anterior desde que haja seguros elementos de convicção de que se trata de simulada transferência com o fim de evitar os efeitos desta Lei. § 3º Não se incluem nas disposições deste artigo os bens considerados inalienáveis ou impenhoráveis pela legislação em vigor."*

Para a caracterização da apropriação, como visto, faz-se necessária a prévia posse por parte do autor do delito dos bens indisponíveis. Assim, uma vez tendo o administrador essa posse, para a caracterização do delito, deve ele apropriar-se desse bem, agindo como se dono dele fosse.

4. TIPICIDADE SUBJETIVA

O crime somente é punível a título de dolo.

Assim, na figura do *caput*, deve o agente ter conhecimento que o bem foi atingido pela disponibilidade e intenção de desviá-lo. Essa modalidade (prevista no *caput*) não prevê especial fim de agir.

Na figura do parágrafo único, primeira parte, o dolo é caracterizado pela consciência e vontade de se apropriar, não existindo nenhum elemento subjetivo diverso, já que o verbo apropriar-se consubstancia, em si mesmo, uma manifestação da intenção de ser dono do bem.

Aliás, como já comentado no artigo 5º, esse ânimo não pode ser caracterizado por um estado mental ou elemento *"interno"* do sujeito, mas sim por manifestações externas que expressam a intenção do autor de agir como se dono do bem fosse.

Por fim, a conduta prevista na segunda parte, do parágrafo único, exige um especial fim de agir, consistente em desviar o bem em proveito próprio ou alheio. A intenção de apropriação deve ser aqui demonstrada por meio de condutas externas do agente, que passa a agir como se dono fosse do bem apropriado.

No delito em questão não há previsão para a incriminação de conduta culposa.

5. CONSUMAÇÃO E TENTATIVA

As ações tipificadas pelo art. 13 consubstanciam crimes materiais e de lesão e se consumam: **a**) no primeiro caso, com a efetiva aplicação do bem indisponível em finalidade diversa da autorizada; **b**) na segunda (parágrafo único, primeira parte), com a manifestação externa de uma intenção de apropriação e **c**) na terceira, também pelo desvio no emprego do bem, em benefício próprio ou alheio.

A tentativa, apesar de excepcional, é admitida, nas hipóteses em que possa existir algum lapso temporal entre a ação do agente e a efetiva realização do desvio ou apropriação[64].

6. AÇÃO PENAL

A ação penal é pública incondicionada.

64 A esse respeito, BITTENCOURT explica que: *"Tratando-se de crime material, a tentativa é teoricamente, possível, embora de difícil configuração. A despeito da dificuldade de sua comprovação, a identificação da tentativa fica na dependência da possibilidade concreta de se constatar a exteriorização do ato de vontade do sujeito ativo, capaz de demonstrar a alteração da intenção do agente de apropriar-se do bem alheio, invertendo a natureza da posse. Não se pode negar a configuração da tentativa quando, por exemplo, o proprietário surpreende o possuidor efetuando a venda do bem que lhe pretende e somente a intervenção daquele – circunstância alheia à vontade do agente – impede a tradição do objeto ao comprador, desde que nenhum ato anterior tenha demonstrado essa intenção."* BITTENCOURT. Tratado de Direito Penal Econômico, p. 357.

DO CRIME DE APRESENTAÇÃO FALSA DE CRÉDITO OU RECLAMAÇÃO

Art. 14. Apresentar, em liquidação extrajudicial, ou em falência de instituição financeira, declaração de crédito ou reclamação falsa, ou juntar a elas título falso ou simulado:

Pena – Reclusão, de 2 (dois) a 8 (oito) anos, e multa.

Parágrafo único. Na mesma pena incorre o ex-administrador ou falido que reconhecer, como verdadeiro, crédito que não o seja.

1. BEM JURÍDICO TUTELADO

O bem protegido pelo delito em questão é o patrimônio da instituição financeira, uma vez que pretende protegê-la contra tentativas de se criar falsas dívidas para a pessoa jurídica. Tutela-se indiretamente os credores da Instituição que seriam prejudicados caso a ela efetuasse pagamentos de débitos inexistentes, especialmente estando a instituição enfrentando dificuldades, como é o caso das que se encontram em liquidação extrajudicial, intervenção ou falência.

2. SUJEITOS DO CRIME

A figura típica prevista no *caput* do art. 14 é um delito comum, podendo ser cometido por qualquer pessoa.

Já a figura do parágrafo único, estabelece um delito especial, vez que somente o ex-administrador ou o falido podem praticá-lo.

O sujeito passivo é a instituição financeira e os credores. Por via reflexa, o Estado também é atingido, já que responsável pela correção do procedimento de liquidação extrajudicial ou de falência, assim como pela higidez do sistema financeiro.

3. CONDUTAS TÍPICAS (TIPICIDADE OBJETIVA)

Inicialmente, para a caracterização do delito em questão, imprescindível que previamente exista **decretação de liquidação extrajudicial** pelo Banco Central (art. 3º, Lei 6.024/74) ou uma **sentença** que decrete a **falência** (art. 9º, Lei n. 11.101/05).

Cumprido esse pressuposto para a caracterização do delito em comento, verifica-se que a conduta típica pode ser dividida em duas.

a) A primeira conduta é a do **suposto credor** que apresenta **falsa declaração de crédito** ou **reclamação** (figura do *caput* do art. 14). Neste caso, o autor do crime, na habilitação de crédito, apresenta essa declaração ou reclamação falsa.

É importante consignar, porém, que não caracteriza delito o simples fato de uma pessoa apresentar uma pretensão de crédito potencialmente legítimo, ainda que, ao fim, não tenha sido acolhida tal pretensão. Isso significa que não é toda a apresentação de crédito, cuja habilitação tenha sido rejeitada, que dá lugar ao delito. Para que este se aperfeiçoe o crime, faz-se necessária a falsidade do crédito, não a sua controvérsia.

b) A segunda é a do **ex-administrador** ou **falido** que reconhece como verdadeiro **crédito falso**. Assim, nessa hipótese, o ex-administrador ou falido – anteriormente responsável por reconhecer os créditos que lhe eram apresentados -, acaba por reconhecê-los, apesar de saber que se tratava de um crédito falso.

4. TIPICIDADE SUBJETIVA

O crime somente é punível a título de dolo. Tanto na figura do *caput* quanto na do parágrafo primeiro deve o agente ter ciência da falsidade do crédito.

O tipo penal não exige especial fim de agir e não prevê a incriminação de conduta culposa.

5. CONSUMAÇÃO E TENTATIVA

Na primeira figura, o crime se consuma com a apresentação do crédito ou reclamação falsos, sendo prescindível a sua habilitação e pagamento.

Na segunda modalidade, basta o reconhecimento do crédito pelo ex-administrador ou falido para a caracterização do crime, não sendo necessário seu pagamento.

Nas duas hipóteses, considerando que os delitos são de mera conduta e unissubsistentes não é admitida a tentativa, com exceção da modalidade juntar, em que é, em tese, possível a forma tentada.

6. AÇÃO PENAL

A ação é pública incondicionada.

DO CRIME DE MANIFESTAÇÃO FALSA SOBRE INSTITUIÇÃO FINANCEIRA

Art. 15. Manifestar-se falsamente o interventor, o liqüidante ou o síndico, (Vetado) à respeito de assunto relativo a intervenção, liquidação extrajudicial ou falência de instituição financeira:

Pena – Reclusão, de 2 (dois) a 8 (oito) anos, e multa.

1. BEM JURÍDICO TUTELADO

Como já dito aqui, a credibilidade das instituições financeiras é um elemento fundamental para a higidez do Sistema Financeiro. A proteção a essa higidez tem particular relevância quando uma instituição financeira encontra-se sob uma situação de especial vulnerabilidade, como é o caso daquelas que se encontram sob intervenção, liquidação extrajudicial ou falência. Por essa razão é que o tipo penal em exame proíbe que o interventor, o liquidante ou o síndico manifestem-se falsamente a respeito de assunto relativo às suas atividades de socorro e saneamento junto à instituição financeira.

De tal maneira, é possível afirmar que o bem jurídico tutelado é o de assegurar a higidez do Sistema Financeiro por meio da especial proteção aos procedimentos de liquidação extrajudicial, intervenção e falência das instituições financeiras.

2. SUJEITOS DO CRIME

O crime em questão é especial, vez que somente pode ser praticado por determinadas pessoas, ou seja, o interventor, o liquidante ou o síndico.

O sujeito passivo é a instituição financeira e, em última análise, também, o Estado, já que, como visto, tem o dever de tutelar a higidez do SFN e dos procedimentos de liquidação, intervenção e falência.

3. CONDUTAS TÍPICAS (TIPICIDADE OBJETIVA)

Inicialmente, para a caracterização do delito, imprescindível que tenha sido promovida intervenção pelo Banco Central, tenha sido decretada a liquidação extrajudicial ou a falência.

A conduta típica aperfeiçoa-se aqui com uma manifestação do interventor, do liquidante ou do síndico (conforme o caso) a respeito de assunto relativo ao respectivo procedimento, devendo essa manifestação narrar fatos que não correspondem com a verdade (falsos).

Deve ele, pois, expressar-se, de qualquer maneira (escrita, verbal, por gestos, etc.), sobre fatos que sabe que são inverídicos. É dizer, que não tenham ocorrido ou que não correspondam com a situação encontrada na Instituição financeira ou verificada durante o procedimento de liquidação, intervenção ou falência. Ademais, o delito somente ocorre se as informações digam respeito à intervenção, liquidação extrajudicial ou falência da instituição financeira.

Evidentemente, o assunto declarado deve ter alguma relevância no procedimento de intervenção, liquidação ou falência ou na vida da instituição financeira, não caracterizando o delito quando se tratar de fato que não tenha, de modo manifesto, nenhuma importância para a situação em que se encontra a empresa. O delito aqui é pois de perigo hipotético.

Por fim, deve tal informação chegar a conhecimento de terceiros que não estejam envolvidos no procedimento de intervenção, liquidação ou falência.

4. TIPICIDADE SUBJETIVA

O crime somente é punível na modalidade dolosa. Assim, deve o agente ter conhecimento da falsidade do assunto e ter a intenção de manifestar-se sobre ele.

O tipo penal não exige especial fim de agir e não prevê a incriminação de conduta culposa.

5. CONSUMAÇÃO E TENTATIVA

O crime, por se tratar de mera conduta, consuma-se com a simples manifestação.

É possível excepcionalmente a tentativa nos casos em que exista um lapso temporal entre a conduta do agente e o momento em que ela chegue a conhecimento de terceiros. Assim, por exemplo, existe tentativa quando a manifestação é feita por meio de uma carta que acaba sendo interceptada, evitando-se que chegue a conhecimento de terceiros.

6. AÇÃO PENAL

A ação penal é pública incondicionada.

> **DO CRIME DE OPERAÇÃO ILEGAL DE INSTITUIÇÃO FINANCEIRA**
>
> **Art. 16.** Fazer operar, sem a devida autorização, ou com autorização obtida mediante declaração (Vetado) falsa, instituição financeira, inclusive de distribuição de valores mobiliários ou de câmbio:
>
> Pena – Reclusão, de 1 (um) a 4 (quatro) anos, e multa.

1. BEM JURÍDICO TUTELADO

O bem jurídico tutelado pelo delito do art. 16 da LCSFN é a higidez do Sistema Financeiro, já que busca reprimir as operações financeiras realizadas por pessoas físicas e jurídicas que não façam parte de uma instituição financeira legalizada (de acordo com seu conceito penal, previsto no art. 1º desta Lei). É dizer, busca-se reprimir a prática de operações financeiras à margem do sistema ou em desacordo com a sua normativa.

2. SUJEITOS DO CRIME

O delito em questão é comum, podendo, portanto, ter como sujeito ativo qualquer pessoa.

O sujeito passivo é primariamente o Estado e também eventual investidor ou prejudicado pela ação dos sujeitos que atuaram à margem do Sistema Financeiro.

3. CONDUTAS TÍPICAS (TIPICIDADE OBJETIVA)

A conduta típica é caracterizada por fazer operar ilegalmente Instituição financeira.

O primeiro requisito para a configuração típica é que ocorra uma das duas hipóteses:

a) que a atividade seja realizada **sem a devida autorização**. Aqui existe a prática de atos privativos de instituição financeira sem nenhuma autorização ou formalização perante os órgãos fiscalizadores.

b) que a **autorização** tenha sido obtida com base em declaração falsa (ideológica ou materialmente falsa). Aqui o agente tem autorização do Estado para operar. No entanto, tal autorização foi obtida por meio de engano aos órgãos estatais, realizado por meio de falsidade material ou ideológica.

No entanto, para a completa identificação do delito em questão, é fundamental saber quais as atividades exigem uma autorização válida.

Dessa forma, é de rigor socorrer-se do conceito penal de instituição financeira, que, como já visto, é um conceito funcional-material, pois não erige como critério definidor um atributo formal, mas sim as atividades praticadas.

Assim, o conceito penal é que descreverá precisamente as condutas que são praticadas no âmbito de uma instituição financeira e que, portanto, necessitam de uma autorização válida do Banco Central para operar[65].

---

65 Lei n. 4.595/64, art. 10, X e art. 18, *verbis*: *"Art. 10. Compete privativamente ao Banco Central da República do Brasil: (...) X – Conceder autorização às instituições financeiras, a fim de que possam: a) funcionar no País; b) instalar ou transferir suas sedes, ou dependências, inclusive no exterior; c) ser transformadas, fundidas, incorporadas ou encampadas; d) praticar operações de câmbio, crédito real e venda habitual de títulos da dívida pública federal, estadual ou municipal, ações Debêntures, letras hipotecárias e outros títulos de crédito ou mobiliários; e) ter prorrogados os prazos concedidos para funcionamento; f) alterar seus estatutos; g) alienar ou, por qualquer outra forma, transferir o seu controle acionário. (...) Art. 18. As instituições financeiras somente poderão funcionar no País mediante prévia autorização do Banco Central da República do Brasil ou decreto do Poder Executivo, quando forem estrangeiras. § 1º Além dos estabelecimentos bancários oficiais ou privados, das sociedades de crédito, financiamento e investimentos, das caixas econômicas e das cooperativas de crédito ou a seção de crédito das cooperativas que a tenham, também se subordinam às disposições e disciplina desta lei no que for aplicável, as bolsas de valores, companhias de seguros e de capitalização, as sociedades que efetuam distribuição de prêmios em imóveis, mercadorias ou dinheiro, mediante sorteio de títulos de sua emissão ou por qualquer forma, e as pessoas físicas ou jurídicas que exerçam, por conta própria ou de terceiros, atividade relacionada com a compra e venda de ações e outros quaisquer títulos, realizando nos mercados financeiros e de capitais operações ou serviços de natureza dos executados pelas instituições financeiras. § 2º O Banco Central da Republica do Brasil, no exercício da fiscalização que lhe compete, regulará as condições de concorrência entre instituições financeiras, coibindo-lhes os abusos com a aplicação da pena (Vetado) nos termos desta lei. § 3º Dependerão de prévia autorização do Banco Central da República do Brasil as campanhas destinadas à coleta de recursos do público,*

De tal maneira, as condutas que podem caracterizar o presente tipo penal, devem ser as seguintes: **a)** a **captação de recursos financeiros** de terceiros, que consiste na atração e aglutinação de capital com o objetivo de promover-se aplicações futuras; **b)** a **intermediação de recursos financeiros** de terceiros, que ocorre com o repasse ou transferência desses recursos de uma Instituição para a outra; **c) aplicação de recursos financeiros de terceiros**, que se dá com o investimento dos recursos captados, com o objetivo de obter remuneração; **d)** a custódia, emissão, distribuição, negociação, intermediação ou administração de **valores mobiliários**; **e) captação e administração de seguros, cambio, consórcio, capitalização** ou qualquer tipo de **poupança** ou **recursos de terceiros** (por pessoa jurídica); **f)** a prática, por **pessoa física**, ainda que de modo eventual, de **qualquer das atividades acima** descritas; g) por fim, a **distribuição de valores mobiliários** ou **de câmbio** (conforme previsto expressamente na parte final do art. 16).

Como se pode ver, o próprio conceito de instituição financeira permite a sua caracterização, ainda que de modo eventual, razão pela qual não é admissível a posição de determinados autores que exigem a habitualidade como requisito para a configuração do delito em questão, ainda que, em muitos casos, seja precisamente a habitualidade e a relevância da ação que serão os critérios pelos quais será possível inferir de forma clara a prática de ação de operação Instituição financeira.

Aliás, não parece correta a posição que afirma que é a diferença dos verbos típicos (operar e fazer operar) que faz com que se exija o requisito da habitualidade. Isso porque, tal interpretação transcende os limites do texto legal e o uso de tais palavras. Na verdade, a utilização da expressão fazer operar pretende responsabilizar os administradores, os autores mediados ou instigadores (conforme for o caso). As pessoas que têm o poder de mando na empresa que realiza tais operações e não os executores materiais dos fatos, como é o caso dos funcionários.

Como a referida diferença entre os verbos típicos operar e fazer operar nada tem a ver com uma suposta exigência de habitualidade para a caracterização do crime ora examinado.

4. TIPICIDADE SUBJETIVA

A imputação subjetiva do delito em questão somente pode ser feita a título doloso, consistente na consciência e vontade de fazer operar ilegalmente instituição financeira.

O tipo penal não exige especial fim de agir e não prevê a incriminação de conduta culposa.

5. CONSUMAÇÃO E TENTATIVA

O crime se consuma com a simples realização das condutas que caracterizam, para fins penais, uma instituição financeira, prescindindo, pois, de qualquer resultado naturalístico.

A tentativa é possível nos casos em que entre a realização da ação material do agente e a caracterização da conduta existe um espaço de tempo, em que a configuração do delito possa ser interrompida por circunstâncias alheias à vontade do agente[66].

praticadas por pessoas físicas ou jurídicas abrangidas neste artigo, salvo para subscrição pública de ações, nos termos da lei das sociedades por ações."

66 O Superior Tribunal de Justiça já decidiu que: *"O crime de fazer operar instituição financeira sem autorização é delito autônomo, que se consuma com o mero funcionamento da instituição financeira e não compartilha do mesmo fim da conduta de evadir divisas, não tendo invocação o princípio da consunção."* (STJ – AgRg no REsp

6. AÇÃO PENAL

A ação é pública incondicionada.

DO CRIME DE RECEBIMENTO OU CONCESSÃO ILEGAL DE EMPRÉSTIMO OU ADIANTAMENTO

Art. 17. Tomar ou receber crédito, na qualidade de qualquer das pessoas mencionadas no art. 25, ou deferir operações de crédito vedadas, observado o disposto no art. 34 da Lei nº 4.595, de 31 de dezembro de 1964:

Pena – Reclusão, de 2 (dois) a 6 (seis) anos, e multa.

Parágrafo único. Incorre na mesma pena quem:

I – em nome próprio, como controlador ou na condição de administrador da sociedade, conceder ou receber adiantamento de honorários, remuneração, salário ou qualquer outro pagamento, nas condições referidas neste artigo;

II – de forma disfarçada, promover a distribuição ou receber lucros de instituição financeira.

1. BEM JURÍDICO TUTELADO

O bem jurídico tutelado pelo tipo penal do art. 17 é a higidez do Sistema Financeiro, por meio da proteção do patrimônio da instituição financeira contra potenciais lesões, derivadas de uma instrumentalização, em benefício próprio, da posição de mando, e pessoas que orbitam em seu entorno, ou mesmo com abuso de alguma posição de privilégio ou influência sobre a instituição financeira, conforme hipóteses descritas no art. 34 da Lei n. 4.595/64.

Aqui, também, se protege o patrimônio da instituição financeira e, consequentemente, dos seus investidores.

2. SUJEITOS DO CRIME

O delito em exame é especial, pois somente pode ter como sujeito ativo pessoas que detenham uma especial qualidade, no caso, aquelas descritas no art. 25 da LCSFN[67].

O sujeito passivo é o Estado e, indiretamente, a pessoa jurídica e seus acionistas.

1455581/PR, Rel. Ministra MARIA THEREZA DE ASSIS MOURA, SEXTA TURMA, julgado em 17/12/2015, DJe 02/02/2016).

67 Nesse sentido, o Min. Joaquim Barbosa do Supremo Tribunal Federal, ao decidir sobre o crime em questão, assentou que: *"parece-me claro que o crime supostamente praticado pelo paciente é classificado como 'próprio quanto ao sujeito ativo', porque exige deste uma especial qualidade, consistente, por remissão expressa do art. 25 da mesma lei, em ser controlador, administrador, diretor ou gerente de instituição financeira."* (STF – HC 84238, Relator(a): Min. JOAQUIM BARBOSA, Segunda Turma, julgado em 10/08/2004, DJ 10-09-2004 PP-00066 EMENT VOL-02163-01 PP-00164 RT v. 94, n. 831, 2005, p. 525-527 LEXSTF v. 27, n. 313, 2005, p. 484-488). Apesar dessa afirmação constante do corpo do voto, a ementa do julgado acabou ficando um pouco confusa, o que poderia legar a crer, equivocadamente, que o STF entendeu que o delito não é próprio. A ementa foi lançada com o seguinte teor: *"CRIMINAL. HABEAS CORPUS. CRIMES CONTRA O SISTEMA FINANCEIRO. ART. 17 DA LEI 7.492/1986. CIRCUNSTÂNCIA DE CARÁTER PESSOAL. ELEMENTAR DO CRIME. ART. 30 DO CÓDIGO PENAL. Rejeitada a alegação de que o crime tipificado no art. 17 da Lei 7.492/1986 é próprio quanto ao sujeito ativo. Aplicação do art. 30 do Código Penal. Pedido indeferido."* De tal maneira, apesar da possibilidade de confusão, é de se ter claro que o STF entendeu que o delito do art. 17 da LCSFN é especial, é crime próprio.

3. CONDUTAS TÍPICAS (TIPICIDADE OBJETIVA)

As ações tipificadas pelo art. 17 da LCSFN podem ser divididas em quatro modalidades, a saber:

a) a ação do controlador, administrador (diretores e gerentes), interventor, liquidante ou síndico, de **tomar** ou **receber crédito** da instituição financeira, de modo direto ou indireto. Veja-se que, com a reforma do tipo penal, realizada pela n. 13.506/17, o legislador optou por utilizar a expressão crédito, como um gênero. Antes, o legislador limitava a tipicidade a duas espécies de crédito, consistentes no empréstimo ou adiantamento. Desse modo, atualmente o crime abarca toda e qualquer forma de crédito.

Ademais, para a caracterização dessa modalidade do crime, deve o agente, apesar de ostentar uma posição de controle da instituição financeira, vale-se dessa condição para tomar ou receber o crédito.

b) a ação de deferir **crédito em operação vedada pela lei, nos termos do art. 34 da Lei n. 4.595/64.** Referido dispositivo veda a concessão de crédito a uma série de pessoas, físicas e jurídicas, que ostentem alguma posição de privilégio ou influência sobre a instituição financeira (as denominadas partes relacionadas), tais como: seus controladores; seus diretores e membros de órgãos estatutários ou contratuais; os respectivos cônjuge, o companheiro e os parentes, consanguíneos ou afins, até o segundo grau, das citadas pessoas; as pessoas físicas com participação societária qualificada em seu capital; as pessoas jurídicas: com participação qualificada em seu capital; em cujo capital, direta ou indiretamente, haja participação societária qualificada; nas quais haja controle operacional efetivo ou preponderância nas deliberações, independentemente da participação societária; que possuírem diretor ou membro de conselho de administração em comum. Tudo isso, nos termos do aludido art. 34 da **Lei n. 4.595/64**.

Incrimina-se aquele que defere internamente empréstimo às pessoas acima indicadas, o que causa perigo abstrato de comprometer as finanças da empresa, por conta do tratamento privilegiado que as aludidas pessoas normalmente obtém ao obter crédito junto à instituição financeira que esteja, de alguma forma, sob o seu espectro de influência.

c) a ação de, em nome próprio, como controlador ou na condição de administrador da sociedade, **conceder** ou **receber adiantamento** de honorários, remuneração, salário ou qualquer outro pagamento, nas condições referidas no artigo em exame.

Aqui pune-se a conduta da pessoa que exerça a função de controlador ou administrador da instituição financeira e, mesmo assim, se beneficie (receber) ou beneficie a terceiro (conceder) recursos por meio de adiantamento de honorários, remuneração, salario ou qualquer outro pagamento.

Essas condutas muitas vezes ocorrem quando se antevê o risco da instituição financeira passar dificuldades financeiras, sendo que tais administradores acabam por resguardar-se da eventual insolvência, garantindo assim valores que poderiam no futuro ser-lhes devida, prejudicando, dessa maneira, ainda mais a instituição financeira em condições precárias de saúde financeira.

d) a ação de **promover**, de forma disfarçada, **a distribuição** ou **receber lucros de instituição financeira.**

Aqui pune-se, também, a tentativa de burla às proibições contidas nas outras condutas previstas no art. 17, ao incriminar-se a promoção de distribuição ou mesmo o recebimento de lucros da Instituição financeira de forma disfarçada, ou seja, por meio de estratagemas que pretendam esconder o real intuito de beneficiar financeiramente as pessoas indicadas no tipo penal.

Em todas as modalidades, trata-se de delito de perigo abstrato, prescindindo, pois, da prova de efetivo prejuízo à instituição financeira.

4. TIPICIDADE SUBJETIVA

As ações descritas no tipo penal do art. 17 somente são punidas quando realizadas dolosamente, ou seja, com consciência e vontade de realizar as condutas descritas no tipo objetivo.

O tipo não exige um especial fim de agir. Além disso, a modalidade culposa não é punida.

5. CONSUMAÇÃO E TENTATIVA

O crime se consuma: **a)** no momento em que o agente toma ou recebe o empréstimo ou adiantamento (na primeira parte do *caput* do art. 17); **b)** com a ação de deferir o empréstimo ou adiantamento (na segunda parte do *caput* do art. 17); **c)** com a conduta de **conceder** ou **receber adiantamento** de honorários, remuneração, salário ou qualquer outro pagamento, nas condições referidas no artigo em exame; e **d)** com a conduta de promover, de forma disfarçada, a distribuição de lucros ou com o seu recebimento.

A tentativa é cabível apenas nos casos em que for possível a diferença temporal entre a ação e a realização do significado contido no tipo penal.

As ações de deferir e conceder são crimes de mera conduta, prescindindo, pois, de resultado naturalístico.

Já a conduta de promover a distribuição é crime formal, dispensando o resultado naturalístico para a sua consumação.

Por fim, a ação de tomar e receber caracterizam crimes materiais, em que se faz necessário o efetivo resultado naturalístico (de tomar ou receber) para a sua consumação.

6. AÇÃO PENAL

A ação penal é pública incondicionada.

DO CRIME DE VIOLAÇÃO DE SIGILO DE OPERAÇÃO FINANCEIRA

Art. 18. Violar sigilo de operação ou de serviço prestado por instituição financeira ou integrante do sistema de distribuição de títulos mobiliários de que tenha conhecimento, em razão de ofício:

Pena – Reclusão, de 1 (um) a 4 (quatro) anos, e multa.

1. BEM JURÍDICO TUTELADO

O bem jurídico protegido pela norma do art. 18 é o sigilo das operações realizadas por instituições financeiras e, como consequência, também, busca preservar a higidez e credibilidade do Sistema Financeiro.

2. SUJEITOS DO CRIME

O crime em questão é próprio (especial), uma vez que somente pode ter como sujeito ativo pessoa que tenha acesso a informações sigilosas, por exercer alguma função na instituição financeira. Em outras palavras, somente pode praticar o delito quem tenha conhecimento da operação ou serviço prestado por instituição financeira em razão do ofício que exerce.

O sujeito passivo é o titular do sigilo e a própria instituição financeira. Indiretamente, tendo em conta que o delito põe em descrédito instituição do sistema financeiro, o Estado também é afetado.

3. CONDUTAS TÍPICAS (TIPICIDADE OBJETIVA)

A conduta típica é caracterizada pela violação, pela revelação do conteúdo de operação ou serviço prestado por instituição financeira, para terceiros, que não tenham acesso autorizado a ela.

O delito somente se caracteriza se o autor toma conhecimento sobre o teor de operação ou serviço sigiloso em razão do ofício por ele exercido.

Assim, o acesso às informações sigilosas se dá legitimamente, por conta do exercício do ofício. A ilicitude está, pois, na divulgação das informações a terceiros que não tenham acesso lícito a referidos dados.

4. TIPICIDADE SUBJETIVA

O crime somente é punível quando praticado dolosamente. É dizer, quando o agente tem consciência e vontade de violar sigilo de operação ou de serviço. Não é exigido pelo tipo especial fim de agir do agente.

A conduta não é punível a título de imprudência. Assim, caso um funcionário de instituição financeira deixe de observar o dever objetivo de cuidado na tutela da informação e terceira pessoa acaba por acessá-la, em virtude dessa falha, não será delituosa tal conduta (desde que, evidentemente, não seja essa falha deliberada).

5. CONSUMAÇÃO E TENTATIVA

O crime se consuma quando terceira pessoa – não autorizada – tem acesso à informação sigilosa.

É possível a tentativa se entre a ação do agente e o efetivo acesso à ela por terceiro é interrompida por circunstâncias alheias à vontade do autor.

6. AÇÃO PENAL

A ação penal é pública incondicionada.

DO CRIME DE FINANCIAMENTO FRAUDULENTO

Art. 19. Obter, mediante fraude, financiamento em instituição financeira:

Pena – Reclusão, de 2 (dois) a 6 (seis) anos, e multa.

Parágrafo único. A pena é aumentada de 1/3 (um terço) se o crime é cometido em detrimento de instituição financeira oficial ou por ela credenciada para o repasse de financiamento.

1. BEM JURÍDICO TUTELADO

O delito do art. 19 protege fundamentalmente o bem jurídico do patrimônio da instituição financeira. Reflexamente, porém, ataca a higidez do Sistema Financeiro. Isso porque, a concessão fraudulenta de financiamento pode prejudicar a saúde financeira da instituição e tem, também, a potencialidade de abalar a credibilidade do Sistema, já que para *"o bom e regular funcionamento do mercado financeiro, é indispensável assegurar-se a retidão, a correção e a moralidade de todas as suas operações como resultado do controle oficial exercido pelo Governo."*[68]

2. SUJEITOS DO CRIME

O sujeito ativo do delito pode ser qualquer pessoa. Trata-se, pois, de crime comum, já que não é exigida nenhuma qualidade especial para ser seu autor, ou seja, para obter fraudulentamente o financiamento da instituição financeira.

O sujeito passivo é a própria instituição financeira. Reflexamente, seus sócios, acionistas, investidores e o próprio Estado.

3. CONDUTAS TÍPICAS (TIPICIDADE OBJETIVA)

A condutas típica é caracterizada pela obtenção de financiamento junto à instituição financeira mediante o emprego de fraude, que pode ocorrer das formas mais variadas possíveis com o objetivo de incidir ou manter a instituição em erro com relação ao tomador do financiamento[69].

---

68 BITTENCOURT. Tratado de Direito Penal Econômico, p. 409. Para enriquecer a discussão, vale consignar que o §265b do Código Penal alemão (StGB) tem tipificação semelhante, o denominado estelionato de crédito (*Kreditbetrug*). Sobre a questão do bem jurídico protegido, existem três posições, conforme pontua MARTÍNEZ BUJÁN-PÉREZ: *"Desde a sua introdução no CP alemão, a identificação do bem jurídico protegido tem sido objeto de viva discussão. A controvérsia parte do reconhecimento de dois possíveis objeto de tutela: de um lado, o patrimônio do outorgante do crédito, concebido como um interesse individual; de outro lado, o sistema creditício, entendido como um interesse supra-individual de caráter institucional. Como base nesses dois bens jurídicos, é possível distinguir na doutrina alemã todas combinações possíveis, que, se forem conduzidas às suas linhas básicas, poderiam ser resumidas em três posições. A primeira (sem dúvida a que possui menos defensores na doutrina e jurisprudência) sustenta que o bem jurídico primordialmente protegido é o sistema creditício (inclusive, alguns autores, indicam a 'economia nacional'). A segunda posição (que conta com abundantes e relevantes partidários) considera que o §265b tutela os dois bens jurídicos citados e ressalta que o bem institucional, representado pela proteção ao sistema creditício, é um bem jurídico genuíno, que possui, no mínimo, o mesmo alcance do bem individual do patrimônio do outorgante de crédito. A terceira posição (amplamente difundida na doutrina atual e acolhida pela posição do Tribunal Supremo alemão), entende que o único bem jurídico diretamente protegido em sentido técnico, que se situa em primeiro plano do dito preceito, é o patrimônio do outorgante de crédito, sem prejuízo de que se reconheça eventualmente que de forma mediata se pretende tutelar também o sistema creditício como instituição fundamental em uma economia de mercado."* MARTÍNEZ BUJÁN-PÉREZ, Carlos. Estafa de Inversores y de Crédito: El art. 282 bis del Código Penal. Valencia: Tirant lo Blanch, 2012, pp. 51-52. Adotando essa última posição, HELLMANN afirma que o bem jurídico protegido é particular do outorgante de crédito (*Kreditgeber*), sendo que *"a proteção do sistema de crédito é um mero reflexo."* HELLMANN, Uwe. *Nomos-Kommentar zum Strafgesetzbuch. § 265b.* KINDHÄUSER, Urs; NEUMANN, Ulfrid; PAEFFGEN, Hans-Ulrich Ulfrid (org.). Baden-Baden: Nomos-Verl.-Ges., 2010, p. 1919. BITTENCOURT defende que se trata de um delito pluriofensivo, atingido tanto a instituição financeira, seus acionistas, investidores, quando o sistema financeiro: BITTENCOURT. Tratado de Direito Penal Econômico, p. 409.

69 O financiamento, conforme explica ABRÃO: se caracteriza quando *"o numerário é adiantado pelo banco ao cliente para um empreendimento determinado, previamente conhecido por aquele, podendo o fornecedor do dinheiro fiscalizar a aplicação dos fundos (...)"* ABRÃO, Nelson. *Direito Bancário.* 16ª ed. Saraiva: São Paulo, 2016,

A fraude poderá ser obtida, por exemplo, mediante a apresentação falsa de documentos societários, balancetes, quadros patrimonial ou de qualquer outra informação que leve à instituição financeira a conceder o empréstimo em situações que normalmente não o concederia.

A fraude somente ocorre se o tomador do financiamento obtém alguma situação de vantagem em relação a ausência do engano. Em outras palavras, somente resta caracterizado o delito se, com o engano, o tomador do financiamento obtém uma situação mais vantajosa, por exemplo, seja obtendo o crédito que normalmente não obteria, seja obtendo taxas ou condições mais vantajosas das que deveria receber[70].

Assim, o engano tem que ser relevante para a concessão do crédito (*entscheidungserheblichkeit*), devendo existir, pois, uma causalidade entre a fraude e a concessão do financiamento[71].

O tipo penal prevê, ademais, uma majorante, aplicável às hipóteses em que a instituição financeira enganada seja oficial ou por ela credenciada para o repasse de financiamento.

4. TIPICIDADE SUBJETIVA

O tipo penal somente prevê a imputação subjetiva a título de dolo. Não há a exigência de um especial fim de agir e não existe a incriminação de conduta culposa.

5. CONSUMAÇÃO E TENTATIVA

O crime se consuma no momento da concessão do financiamento. Não é necessária a existência, porém, de efetivo prejuízo à instituição.

A tentativa é perfeitamente possível, bastando que entre a ação que pretende ser enganosa e a obtenção do financiamento exista uma interrupção do *iter criminis*. Esse é caso, por exemplo, quando o gerente do banco percebe a falsidade e nega a concessão do crédito.

6. AÇÃO PENAL

A ação penal é pública incondicionada.

pp. 155-156. Ademais, sobre esse tema, consigna que: *"(...) o financiamento para ser concedido e automaticamente liberado depende do exame previamente realizado pela instituição financeira acerca das condições implícitas do negócio, querendo com isso representar uma avaliação da realidade, na viabilidade que disponibiliza o crédito."* ABRÃO. *Direito Bancário*, p. 156. Veja-se que, não tendo a concessão de crédito derivado de financiamento, mas de mero mútuo bancário não resta caracterizado o delito do art. 19 da LCSFN, conforme já decidiu o TRF4: *"PENAL. ART. 19 DA LEI Nº 7.492/86. CONCEITO DE FINANCIAMENTO. COMPETÊNCIA. – Segundo a doutrina comercialista, financiamento é mútuo com finalidade vinculada (COELHO, Fábio Ulhoa. Manual de Direito Comercial. 5 ed. São Paulo: Saraiva, 1997. MARTINS, Fran. Contratos e Obrigações Comerciais. 14 ed. Rio de Janeiro: Forense, 1999), não estando abrangido em seu campo conceitual o contrato de mútuo simples, assim entendido aquele desprovido de qualquer finalidade empreendedora. – Se alguém obtém, mediante fraude, empréstimo em instituição financeira, sem se obrigar a dar ao dinheiro finalidade específica (desenvolvimento de atividade econômica, aquisição de casa própria etc.), comete, em tese, o crime de estelionato, e não aquele previsto no art. 19 da Lei que define os Crimes contra o Sistema Financeiro Nacional. – Competência estadual reconhecida."* (TRF4, RSE 2003.71.00.062833-0, OITAVA TURMA, Relator PAULO AFONSO BRUM VAZ, DJ 05/05/2004).

70 Nesse sentido, também, a doutrina alemã: HELLMANN. *NK*. § *265b*, p. 1919. Caso não esteja presente a vantajosidade, é possível, por exemplo, a caracterização do delito de uso de documento falso.

71 Cf.: HELLMANN. *NK*. § *265b*, pp. 1919-1920.

DO CRIME DE DESVIO DE FINALIDADE NA APLICAÇÃO DE FINANCIAMENTO

Art. 20. Aplicar, em finalidade diversa da prevista em lei ou contrato, recursos provenientes de financiamento concedido por instituição financeira oficial ou por instituição credenciada para repassá-lo:

Pena – Reclusão, de 2 (dois) a 6 (seis) anos, e multa.

1. BEM JURÍDICO TUTELADO

Defende-se aqui que o bem jurídico protegido por este tipo penal é a credibilidade e higidez do Sistema Financeiro Nacional, já que busca assegurar o adequado e correto uso dos valores financiados às finalidades para as quais foi liberado[72].

Um dos pontos caracterizadores do negócio jurídico do financiamento patrocinado por instituição financeira oficial – ou por instituição credenciada para repassá-lo – é a sua vinculação à uma finalidade e precisamente por conta dessa vinculação muitas vezes são oferecidos juros e condições especiais de crédito, para fomentar determinado setor da economia.

Ignorar essas vinculações e aplicar os valores em finalidades diversas prejudica e põe em descrédito todo um programa de prioridades que orienta o Sistema Financeiro Nacional.

2. SUJEITOS DO CRIME

O sujeito ativo do crime é qualquer pessoa que aplique os recursos financiados[73].

O sujeito passivo será o Estado e a instituição financeira.

3. CONDUTAS TÍPICAS (TIPICIDADE OBJETIVA)

A conduta típica resta caracterizada com a efetiva aplicação dos recursos em desconformidade com as finalidades vinculantes previamente previstas no contrato de financiamento ou em lei.

Assim, os termos do contrato ou da lei são como um trilho que deve ser seguido pelo financiado. A aplicação dos recursos em finalidades distintas da trilhada pelo negócio jurídico ou pela legislação caracteriza o tipo objetivo do delito em exame.

É de se ressaltar que o delito somente se caracteriza quando o financiamento é concedido por instituição financeira oficial ou por instituição credenciada para repassá-lo.

---

72 Nesses casos de desvio de finalidade do financiamento, verifica-se que quando: *"o interessado passa a fazer uso distinto (...) mina a possibilidade de terceiros fazerem utilização do valor, complicando a perspectiva de sua credibilidade."* ABRÃO. *Direito Bancário*, p. 157.

73 TORTIMA a esse respeito explica: *"O agente do crime sob comentário poderá ser qualquer pessoa que, habilitando-se ao financiamento, altere a destinação de seu uso. A participação de funcionários da instituição lesada, é perfeitamente possível. É certo que praticam o ilícito, normalmente, os administradores de empresas beneficiárias do financiamento. Mas nada impede que na mesma conduta incida o indivíduo comum, sem vínculos com pessoas jurídicas, como é o caso do pequeno, médio ou eventualmente até grande produtor rural, que obtenha o empréstimo em nome próprio, para suposta aplicação na lavoura."* TORTIMA. Crimes contra o Sistema Financeiro Nacional, p. 128.

Assim, caso exista desvio de finalidade em financiamentos patrocinados por instituições financeiras meramente privadas não estará configurado o crime, mas apenas um ilícito civil[74].

4. TIPICIDADE SUBJETIVA

O crime somente é punido a título de dolo. Assim, deve o agente ter consciência da finalidade prevista em lei ou contrato (normalmente essa consciência é demonstrada por meio do contrato escrito) e ter a intenção de aplicar os recursos em finalidade diversa.

Não é punível a conduta culposa, nem é exigido qualquer especial fim de agir do autor do delito.

5. CONSUMAÇÃO E TENTATIVA

O crime se consuma no preciso momento em que o agente aplica os recursos em finalidade diversa da prevista em lei ou contrato.

A tentativa é possível quando entre a ação do autor e a sua efetiva aplicação exista um lapso temporal que permita a interrupção do *iter* por terceiros ou por outra circunstância alheia à vontade do agente.

6. AÇÃO PENAL

A ação penal é pública incondicionada.

DO CRIME DE FALSA IDENTIDADE

Art. 21. Atribuir-se, ou atribuir a terceiro, falsa identidade, para realização de operação de câmbio:

Pena – Detenção, de 1 (um) a 4 (quatro) anos, e multa.

Parágrafo único. Incorre na mesma pena quem, para o mesmo fim, sonega informação que devia prestar ou presta informação falsa.

1. BEM JURÍDICO TUTELADO

O bem jurídico protegido, uma vez mais, é a higidez do Sistema Financeiro, pois a veracidade da identidade dos que realizam operações de câmbio é imprescindível para o controle e fiscalização do fluxo das reservas cambiais do país.

2. SUJEITOS DO CRIME

O sujeito ativo pode ser qualquer pessoa, tratando-se, pois, de delito comum.

---

74 Veja-se que, de acordo com ABRÃO, *"comprovado que o valor financiado não teve a destinação prevista, será antecipado o vencimento do contrato e, consequentemente, deverá ocorrer o cumprimento da obrigação"* ABRÃO. *Direito Bancário*, p. 157.

O sujeito passivo é o Estado, já que responsável por manter a higidez do Sistema e fiscalizar as operações de câmbio.

3. CONDUTAS TÍPICAS (TIPICIDADE OBJETIVA)

A conduta típica é caracterizada pela ação de, no momento de realizar operação de câmbio, atribuir falsa identidade a si mesmo ou a terceiro[75].

Em outras palavras, no momento em que o agente fizer a troca de moeda nacional por estrangeira, acaba ele por fazer-se passar por outra pessoa.

Caso o agente realize o contrato de câmbio em nome outrem, o delito se aperfeiçoa com a atribuição de identidade falsa a essa terceira pessoa.

No caso, o agente poderá atribuir-se falsa identidade ao responder verbalmente o agente autorizado para a operação de câmbio ou ao preencher pessoalmente o contrato, sendo que essas duas condutas, normalmente, vêm acompanhadas da entrega de documento falso de identificação.

A atribuição de falsa identidade a terceiro, normalmente, vem relacionada à realização de contrato de câmbio por meio de procuração.

Aqui a falsa identidade pode ser realizada para inúmeros fins, mas o tipo penal, como se verá, não exige uma finalidade específica para a sua caracterização. No entanto, tal atribuição de falsa identidade muitas vezes tem por objetivo evitar o rastreamento de dinheiro ilícito.

Além disso, configura conduta típica prevista no parágrafo único, a sonegação de informação que deveria prestar ou a prestação de informação falsa para a realização de operação de câmbio. Neste caso, a lei pune também quem omite ou oculta (ou presta falsamente) informações que deveriam constar do contrato de câmbio.

Com relação ao verbo sonegar, aqui, podem estar incluídas informações relativas à identidade do autor ou de terceiro. Já no que diz respeito ao verbo prestar falsamente evidentemente diz respeito à informações outras que não gravitem em torno da identidade, uma vez que essa conduta já está abarcada pela figura do *caput*.

4. TIPICIDADE SUBJETIVA

O crime somente é praticado quando cometido dolosamente, devendo existir consciência e vontade de atribuir falsa identidade ou sonegar ou prestar informações falsas.

---

75 Para a realização de operação de câmbio, faz-se necessária, em regra, a celebração de um contrato de câmbio, que: *"é um instrumento particular, bilateral, no qual um vendedor se compromete a entregar determinada quantidade de moedas estrangeiras, sob determinadas condições (taxas, prazos, formas de entrega) a um comprador, recebendo em contrapartida o equivalente em moeda nacional.*

O contrato de câmbio é o instrumento por intermédio do qual se efetua a operação de câmbio, tanto o câmbio manual quanto o sacado. Nele, constam necessariamente, dentre outras informações, a moeda estrangeira que o agente do mercado está comprando ou vendendo, a taxa contratada, o valor correspondente em moeda nacional, os nomes do comprador e do vendedor (e respectivas assinaturas). O contrato de câmbio é o documento que formaliza a operação, ou seja, é o comprovante a ser apresentado à fiscalização." NEWLANDS JUNIOR. Sistema Financeiro e Bancário, p. 337. Como visto, um dos requisitos do contrato de câmbio é que conste a identidade das pessoas que o estão celebrando. Tal informação presta-se precisamente para controlar o fluxo das reservas cambiais do país.

Ademais, aqui é imprescindível um elemento subjetivo diverso do dolo, consistente na finalidade da falsa identidade, que é a realização de operação de câmbio. Não exige, porém, o tipo penal nenhuma finalidade específica para a realização da operação de câmbio. Em outras palavras, pouco importa a finalidade pela qual o agente realizou referido contrato, com identidade falsa.

Não há punição a título de culpa.

5. CONSUMAÇÃO E TENTATIVA

O crime se consuma no momento em que é celebrado o contrato de câmbio com a identidade falsa do autor ou de terceiro (*caput*) ou com as outras informações sonegadas ou falsas, que deveriam constar da operação (parágrafo único).

É possível a tentativa, nos casos em que exista um lapso temporal entre a atribuição de identidade falsa, sonegação de informações e prestação de informações falsas e a efetiva celebração do contrato de câmbio e, nesse ínterim, seja interrompida a ação delitiva por circunstâncias alheias à vontade do agente.

6. AÇÃO PENAL

A ação penal é pública incondicionada.

DO CRIME DE EVASÃO DE DIVISAS

Art. 22. Efetuar operação de câmbio não autorizada, com o fim de promover evasão de divisas do País:

Pena – Reclusão, de 2 (dois) a 6 (seis) anos, e multa.

Parágrafo único. Incorre na mesma pena quem, a qualquer título, promove, sem autorização legal, a saída de moeda ou divisa para o exterior, ou nele mantiver depósitos não declarados à repartição federal competente.

1. BEM JURÍDICO TUTELADO

O tipo penal do artigo 21 – um dos mais importantes da Lei dos Crimes contra o Sistema Financeiro – tem como bem jurídico a ser tutelado a higidez do Sistema Financeiro, protegida pelo controle e fiscalização do fluxo das reservas cambiais do país e pelo resguardo da regularidade do mercado de câmbio[76].

76 Nesse sentido, FELDENS e SCHMIDT afirmam: *"As três formas delitivas do artigo 22 da Lei n. 7.492/86 têm uma mesma objetividade jurídica genérica (sendo a generalíssima o Sistema Financeiro Nacional), apesar de cada qual possuir sua própria objetividade jurídica específica. O objetivo jurídico genérico é regular a execução da política cambial estatal, potencialmente lecionável nos casos de moeda nacional ou estrangeira que possa (ou que venha efetivamente a) sair do nosso País à míngua de qualquer controle, assim como na hipótese de disponibilidades mantidas por brasileiros no exterior sem a devida declaração ao órgão competente."* FELDENS, Luciano; SCHMIDT, Andrei Zenkner. *O Delito de Evasão de Divisas 20 anos depois: Sua redefinição típica em face das modificações das políticas cambiais brasileiras*, in Crimes contra o Sistema Financeiro Nacional: 20 anos da Lei n. 7.492/86. Belo Horizonte: Del Rey, 2006, p. 77. Sobre os denominados delitos cambiais, classificação que abarca como um dos exemplos mais evidentes o delito de evasão de divisas, SCHMIDT preconiza que:

2. SUJEITOS DO CRIME

O crime pode ter como sujeito passivo qualquer pessoa, vez que se trata de crime comum, considerando que a lei não prevê nenhuma circunstância especial que deve ostentar o agente para praticá-lo.

O sujeito passivo do delito é o Estado, pois é o responsável pela tutela do Sistema Financeiro e o controle do fluxo das reservas cambiais.

3. CONDUTAS TÍPICAS (TIPICIDADE OBJETIVA)

O crime de evasão de dividas, em verdade, comporta três condutas distintas, que poderiam, inclusive, ser tipificadas em três delitos distintos.

O exame será feito, pois, de acordo com essa tríplice divisão:

a) Operação de câmbio para evasão de dividas:

A primeira conduta tipificada pelo art. 22 incrimina a realização de operações de câmbio ilegais com o intuito de promover evasão (fuga, saída) de divisas do país.

Aqui o que se proíbe é a operação de câmbio não autorizada. Some-se a isso o especial fim de agir consistente no objetivo de promover a evasão de divisas.

Assim, não é necessário para a caracterização do delito em questão que as divisas sejam efetivamente levadas para o exterior, bastando comprovar a operação de câmbio ilegal somada ao objetivo de evasão.

A elementar do tipo é efetuar operações de câmbio, ou seja, realizar a compra e venda de moedas de distintos países.

Ademais, essa operação, para caracterizar delito, não pode evidentemente estar autorizada. Não autorizada aqui significa proibida[77].

"A tutela jurídico-penal sobre operações de câmbio está diretamente relacionada à política monetária, porém no que diz respeito às estratégias de definição de preço da moeda nacional em comparação com as moedas estrangeiras. Por força dessa especialidade, reputamos prudente falar-se em política cambial.
Em países cuja economia ainda necessita de controle administrativo sobre operações de câmbio e entrada e saída de moeda, condutas que afetem significativamente o normal funcionamento do mercado de câmbio podem influenciar variações abruptas na (des)valorização da moeda nacional, segundo a maior ou menor oferta de moeda estrangeira." SCHMIDT, Andrei Zenkner. *Direito Penal Econômico*: Parte Geral. Porto Alegre: Livraria do Advogado, 2015, p. 103.

77 A esse respeito, esclarecem FELDENS e SCHMIDT sobre a elementar "operação de câmbio não autorizada" que: *"(...) a descrição dessa elementar padece, no atual regime, de vício semântico: a adequação típica da conduta não exige a não autorização da operação de câmbio, mas, sim, a sua verificação em desconformidade às normas cambiais incidentes na espécie. A partir da criação do Sisbacen em 1992, o Bacen deixou de exigir autorização prévia para a concretização da grande maioria das operações de câmbio, cuja legislação sujeita-se, desde então, a um controle, a* posteriori, *da transação. Nesse rumo, é incorreto argumentar, como o faz boa parte da jurisprudência brasileira, no sentido de que a tipicidade da conduta pressupõe que a operação de câmbio não seja autorizada."* FELDENS; SCHMIDT. *O Delito de Evasão de Divisas 20 anos depois*, pp. 81-82. Nesse sentido, também, já assentou o STJ: *"Não se exige autorização específica para cada ato concreto de remessa, mas que as operações sejam efetuadas na forma dos atos normativos do Banco Central do Brasil, realizadas por meio de instituições autorizadas e com o registro no Sisbacen."* (STJ – REsp 1390827/PR, Rel. Ministro SEBASTIÃO REIS JÚNIOR, SEXTA TURMA, julgado em 04/09/2014, DJe 23/09/2014).

É importante ressaltar que o tipo penal proíbe tão somente a evasão, a saída de divisas por meio de operações ilícitas de câmbio, sendo que a entrada, o ingresso de tais divisas ilicitamente, ainda que constitua ilícito administrativo, não é criminalizada.

b) Saída de moeda ou divisa para o exterior:

Aqui a conduta incriminada é a evasão de divisas propriamente dita. Assim, o tipo penal proíbe que o autor saia do território nacional com moeda ou divisa, sem autorização legal.

Essa saída pode se dar de duas maneiras: i) via saída física das divisas (transporte hidroviário, aéreo ou terrestre) e ii) via transferência bancária.

A saída do agente de posse dos valores por transporte hidroviário, aéreo ou terrestre somente pode ser feita quando os valores não ultrapassem R$10.000,00 (dez mil reais) ou valor correspondente se o numerário for em moeda estrangeira[78].

Caso o viajante pretenda sair com valores superiores a dez mil, deverá necessariamente realizar uma declaração de porte de valores (DPV), apresentando-se, espontaneamente, antes do início dos procedimentos fiscais, à fiscalização aduaneira destinada à realização do controle de bens de viajante[79].

De tal maneira, qualquer saída de numerário superior a R$ 10.000,00 (dez mil reais) do país, por transporte hidroviário, aéreo ou terrestre, sem a declaração de porte de valores (DPV), é ilícita e caracteriza o delito em questão.

Evidentemente que qualquer tentativa de burla a esse limite, caso comprovada, caracteriza, também, o tipo penal em questão. Nesse sentido, caso o autor divida os valores com sua esposa e filhos menores, estará caracterizado o delito. Da mesma forma, operações similares ao *smurfing*[80] da lavagem de dinheiro, em que o agente divide em várias viagens (na via aquática, aérea ou terrestre), com o objetivo de escapar-se ao controle das autoridades, também, constitui

78 Nesse sentido é o art. 65 da Lei nº 9.069/1995: *"Art. 65. O ingresso no País e a saída do País, de moeda nacional e estrangeira serão processados exclusivamente através de transferência bancária, cabendo ao estabelecimento bancário a perfeita identificação do cliente ou do beneficiário. § 1º Excetua-se do disposto no caput deste artigo o porte, em espécie, dos valores: I – quando em moeda nacional, até R$ 10.000,00 (dez mil reais); II – quando em moeda estrangeira, o equivalente a R$ 10.000,00 (dez mil reais); III – quando comprovada a sua entrada no País ou sua saída do País, na forma prevista na regulamentação pertinente. § 2º O Conselho Monetário Nacional, segundo diretrizes do Presidente da República, regulamentará o disposto neste artigo dispondo, inclusive, sobre os limites e as condições de ingresso no País e saída do País da moeda nacional. § 3º A não observância do contido neste artigo, além das sanções penais previstas na legislação específica, e após o devido processo legal, acarretará a perda do valor excedente dos limites referidos no § 1º deste artigo, em favor do Tesouro Nacional." (redação anterior à Lei 12.865/13)."*

79 Confira-se a Instrução Normativa RFB nº 1385, de 15 de agosto de 2013, mais especificamente os seus arts. 7º e 8º, *verbis*: *"Art. 7º O viajante que ingressar no País ou dele sair com recursos em espécie, em moeda nacional ou estrangeira, em montante superior a R$ 10.000,00 (dez mil reais) ou o equivalente em outra moeda, também deverá declará-los para a RFB mediante registro da e- DBV. Art. 8º O viajante deverá apresentar-se espontaneamente à fiscalização aduaneira na área destinada à realização do controle de bens de viajante, antes do início dos procedimentos fiscais, requerer o registro da correspondente e-DBV transmitida e manifestar que está portando valores em espécie, para fins de verificação."*

80 Sobre essa técnica, nos delitos de lavagem de dinheiro, MENDRONI explica que: *"O agente divide o 'bolo de dinheiro' em muitas quantias pequenas, no limite permitido pela legislação, fazendo vários depósitos bancários em várias contas para depois, oportunamente, reuni-los de volta."* MENDRONI, Marcelo Batlouni. *Crime de Lavagem de Dinheiro*. 3ª ed. São Paulo: Atlas, 2015, p. 188.

o delito, já que, ao fim e ao cabo, todas essas pequenas evasões constituem uma mera divisão de uma ação global única[81].

Por sua vez, a transferência eletrônica de valores, que, como visto, deve ser feita sempre via sistema de transmissão bancaria, também, deve ser realizada pelo sistema financeiro formal, no qual deverá ser providenciada a comunicação ao Banco Central[82].

A saída de divisas virtual (que não seja física) deverá ser feita sempre via sistema oficial bancário, pouco importando o valor da operação.

Assim, sempre que a **saída virtual ou escritural** seja **feita fora do sistema oficial** estará caracterizado o crime em questão, mesmo que os valores sejam inferiores aos dez mil reais.

---

81 Com a mesma opinião, FELDENS e SCHMIDT afirmam: *"A rigor, não há limite para o número de operações de transferência de moeda nacional ou estrangeira em espécie cujo valor não exceda o limite legal. Assim, não pratica, por exemplo, o crime de evasão de divisas aquele que, em duas ou três oportunidades, venha a sair do Brasil, independentemente da declaração ao Bacen, com valores inferiores ao equivalente a R$ 10.000,00, em cada viagem. Cremos necessária a ressalva, entretanto, para o caso da evasão-formiga, em que alguém que pretenda enviar ao exterior valores superiores ao limite legalmente estabelecido para a exigência de transferência bancária decida fracionar a evasão em diversas remessas de valores inferiores a esse limite, a pretexto de burlar a necessidade do controle da transferência. Nesse caso, nada obsta a incidência do caput ou da primeira parte do parágrafo* único *do artigo 22 da Lei n. 7.492/86, conforme o caso."* FELDENS; SCHMIDT. *O Delito de Evasão de Divisas 20 anos depois*, p. 100.

82 Sobre a saída de divisas pelo sistema financeiro, entende-se não configurado o delito, quando o agente efetua compras com cartões de crédito internacional: *"3. A figura típica descrita no art. 22, parágrafo* único, *da Lei nº 7.492/86, consiste em "Efetuar operação de câmbio não autorizada, com o fim de promover evasão de divisas do país" e, nos termos do referido parágrafo* único, *"Incorre na mesma pena quem, a qualquer título, promove, sem autorização legal, a saída de moeda ou divisa para o exterior, ou nele mantiver depósitos não declarados à repartição federal competente". In casu, não ficou configurado o intuito do apelado de promover a evasão de divisas do país que não resta tipificada apenas através de compras no exterior efetuadas com cartões de créditos internacionais obtidos de administradoras nacionais. 4. Apelação desprovida."* (TRF1 – APELAÇÃO 00289665020104013300, JUIZ FEDERAL HENRIQUE GOUVEIA DA CUNHA (CONV.), – QUARTA TURMA, e-DJF1 DATA:27/10/2016 PAGINA:.). Em caso similar, veja-se o seguinte julgado do TRF3: *"V- Não parece controverso – posto que o próprio réu as confirma – a realização dos saques em moeda estrangeira fora do Brasil, em diversas oportunidades, reconhecendo até sua eventual clandestinidade, sob o pretexto de "girar" seu capital, ingressando com o montante no país (acima do limite legal), trocando aqui a moeda, ganhando tempo em razão da cotação dólar-real da época, efetuando o pagamento do cartão somente na data do vencimento da sua fatura. VI – Diante da inexistência de provas em contrário que o réu tenha efetuado a operação com objetivo final (ou* único*) de transferir numerário ao estrangeiro de forma clandestina, sendo essas operações sujeitas ao controle por parte do Banco Central. VII- A saída de divisas por meio de pagamento via cartão de crédito é contrária* àquelas *hipóteses em que há remessas de divisas à margem de controles cambiais ou fazendários, pois a saída de divisas, feita daquela forma, não permite a ocultação da operação para as autoridades competentes."* (...) (TRF3, ACR 00001777020034036003, Segunda Turma, Rel. Des. Federal Cecilia Mello, e-DJF3 Judicial 1 29.08.2013;). Na mesma toada, existe decisão monocrática do Min. Nefi Cordeiro, ao consignar que: *"Com efeito, o acórdão hostilizado consignou que, conforme documentado pelo Banco Central, essa autarquia acompanhou as operações, não havendo burla ao sistema de controle cambial. Importante ressaltar que a evasão deve ser entendida como a saída clandestina do numerário, o que não se configurou na hipótese. Nesse contexto, a movimentação financeira controlada não representa evasão de divisas, sempre clandestina, não cabendo revaloração de concreta clandestinidade, tendo em vista o óbice do enunciado sumular n. 7 deste Superior Tribunal de Justiça."* (STJ, REsp 1.216.803/CE, Rel. Min. Nefi Cordeiro, decisão: 14.04.2015, publicação: 12.06.2015).

Nesse sentido, a realização das operações denominadas dólar-cabo[83], o uso do denominado sistema hawala[84] ou mesmo o uso de sistema paralelo ou clandestino de remessas utilizando-se de outros sistemas ou métodos[85] sempre caracterizará o crime de evasão de divisas, pouco importando o valor.

Repita-se, nesses casos de dólar-cabo e hawala, pouco importa os valores evadidos. Não há limite livre de controle, uma vez que a transferência de todo e qualquer valor, pelo sistema que não seja o físico, deve ser feita via sistema financeiro e devidamente declarado[86].

Por fim, é importante consignar que ser irrelevante que – nas operações do tipo dólar-cabo ou hawala – o dinheiro não saia efetivamente do país. Isso porque, na transferência virtual ou escritural o dinheiro, da mesma forma, *"não vai ao exterior"*.

---

83 Sobre o sistema dólar-cabo, MENDRONI ensina que: *"A transferência de dinheiro através dos meios chamados 'dólar-cabo' ou 'euro-cabo', muito utilizados por pessoas ou empresas que querem promover a lavagem de dinheiro, implica na utilização de doleiros – pessoas físicas e/ou jurídicas, autorizadas ou não a realizar as operações, em um sistema de compensações de depósitos sem a remessa efetiva de valores. Exemplificando: A, residente no Brasil, quer depositar o equivalente a US$ 100 mil em sua conta em um banco em Nova York. Contacta o doleiro brasileiro, que aciona o intermediador residente nos EUA. Este providencia o depósito dos US$ 100mil, de lá mesmo dos EUA, na conta de A. Em compensação, aquele intermediador norte-americano conhece um residente nos EUA que quer depositar os mesmos US$ 100mil (convertidos para reais) no Brasil. Então o doleiro brasileiro providencia o depósito do valor, em reais, equivalente aos US$ 100mil depositados em Nova York, na conta designada pelo intermediador norte-americano. O dinheiro não viajou. Não houve transferência do dinheiro do Brasil aos EUA e nem dos EUA para o Brasil, operou-se um sistema de compensações, onde os depósitos ocorreram dentro dos EUA e dentro do Brasil, pelos valores equivalentes, conforme as orientações dos clientes.*

Trata-se de sistema que impossibilita ou dificulta o rastreamento dos depósitos, pela própria razão da inexistência de transferências por parte do próprio interessado." MENDRONI. *Crime de Lavagem de Dinheiro*, p. 207.

84 O sistema hawala é bastante similar ao dólar-cabo, no entanto, como destaca MENDRONI: *"Os componentes essenciais do hawala e que o distinguem de outros sistemas de remessas são a confiança e o uso extensivo de conexões, como as relações familiares ou associações regionais. Ao contrário dos bancos tradicionais ou mesmo o 'chop system', o hawala torna mínimo (muitas vezes nenhum) o uso de qualquer tipo de instrumentos ativos negociáveis. As transferências de dinheiro são efetuadas com base na comunicação entre membros de uma rede de Hawaladars ou de 'concessionários hawala'."* MENDRONI. *Crime de Lavagem de Dinheiro*, p. 208.

85 Nesse sentido, o TRF4 já consignou: *"Configura-se o crime de evasão de divisas tipificado no art. 22, parágrafo único, 1ª parte, da Lei 7.492/86, quando o agente se utiliza da estrutura de uma instituição financeira clandestina ou de "doleiro" para realizar operações dólar-cabo. 5. Configura-se o crime de operação não autorizada de instituição financeira quando o agente se utiliza da estrutura de uma instituição financeira clandestina para realizar operações dólar-cabo em favor de terceiros."* (TRF4, ACR 5058507-37.2012.404.7100, OITAVA TURMA, Relator LEANDRO PAULSEN, juntado aos autos em 24/10/2016).

86 Nesse sentido, veja-se o seguinte julgado do Superior Tribunal de Justiça: *"4. A legislação autoriza, em relação ao valor inferior a R$ 10.000,00 (ou seu equivalente em moeda estrangeira), apenas a saída física de moeda sem comunicação às autoridades brasileiras. No caso de transferência eletrônica, saída meramente escritural da moeda, a lei exige, de forma exclusiva, o processamento através do sistema bancário, com perfeita identificação do cliente ou beneficiário (Lei nº 9.069/1995, art. 65, caput). 5. No caso das operações "dólar-cabo" existe uma grande facilidade na realização de centenas ou até milhares de operações fragmentadas seqüenciais. É muito mais simples do que a transposição física, por diversas vezes, das fronteiras do país com valores inferiores a R$ 10.000,00. Admitir a atipicidade das operações do tipo "dólar-cabo" com valores inferiores a R$ 10.000,00 é fechar a janela, mas deixar a porta aberta para a saída clandestina de divisas. 6. A evasão de divisas pode ser praticada de diversas formas, desde meios muito rudimentares – como a simples saída do país com porte de dinheiro em valor superior a dez mil reais sem comunicação às autoridades brasileiras – até a utilização de complexos esquemas de remessas clandestinas. 7. Não se mostra justo punir da mesma forma condutas tão distintas como a mera saída física do país na posse de valores não declarados e um sofisticado esquema de remessa ilícita de valores como o demonstrado no caso concreto. 8. Recurso parcialmente provido, apenas no que se refere à fixação do valor do dia-multa."* (STJ – REsp 1535956/RS, Rel. Ministra MARIA THEREZA DE ASSIS MOURA, SEXTA TURMA, julgado em 01/03/2016, DJe 09/03/2016).

Isso porque, como é sabido, o sistema bancário trabalha com compensações e créditos, mesmo porque o dinheiro é fungível.

O que atribui natureza criminosa a essas ações reside precisamente na movimentação financeira para o exterior **sem controle**, em um sistema paralelo ao sistema bancário oficial.

Em outras palavras, o agente passa a ter a disponibilidade financeira de valores no exterior que anteriormente somente tinha no Brasil e tal "*transferência*" se deu à margem da lei e do Sistema Financeiro Nacional[87].

c) Manutenção de depósitos não declarados:

A última conduta prevista para o crime de evasão de divisas é consubstanciada pelo comportamento descrito no parágrafo único, segunda parte, do art. 22 da LCSFN.

A rigor, aqui não é incriminada a evasão de divisas, mas sim a **mera manutenção de valores depositados no exterior**, não declarados à repartição federal competente.

Assim, os valores depositados podem ser oriundos de: (i) evasão de divisas (ou seja, chegaram ao exterior por meio da conduta descrita na primeira parte do parágrafo único) ou (ii) uma fonte de moedas ou divisas situada no exterior (caso em que, a rigor, não há uma evasão de divisas propriamente dita).

O termo depósito, referido pela lei, abarca moedas ou divisas *"como investimento direto, empréstimos, financiamentos etc. Compreende-se nessa conceituação, portanto, as disponibilidades financeiras (divisas ou moeda local depositada em conta bancária) ou os títulos que lhe sejam correspondentes por uma relação de liquidez imediata (v.g., aplicações em poupança, fundos de*

---

87 Sobre a caracterização do delito de evasão de divisas (art. 22, parágrafo único, primeira parte), com as operações de dólar-cabo é pacífica a jurisprudência atual do STF e do STJ. O STF já decidiu que: *"Para configuração do crime de evasão de divisas não é necessário que a saída da moeda ou divisa tenha origem em solo nacional."* (**STF – RE 866722 AgR-ED**, Relator(a): Min. GILMAR MENDES, Segunda Turma, julgado em 04/08/2015, PROCESSO ELETRÔNICO DJe-195 DIVULG 29-09-2015 PUBLIC 30-09-2015). *"AGRAVO REGIMENTAL NO RECURSO EXTRAORDINÁRIO. PROCESSUAL PENAL. IMPOSSIBILIDADE DE REEXAME DE PROVA. SÚMULA N. 279 DO SUPREMO TRIBUNAL FEDERAL. EVASÃO DE DIVISAS. OPERAÇÕES DÓLAR-CABO: JULGADO RECORRIDO HARMÔNICO COM A JURISPRUDÊNCIA DO SUPREMO TRIBUNAL FEDERAL. ALEGADA CONTRARIEDADE AO ART. 93, INC. IX, DA CONSTITUIÇÃO NÃO CONFIGURADA. AGRAVO REGIMENTAL AO QUAL SE NEGA PROVIMENTO."* (**STF – RE 876692 AgR**, Relator(a): Min. CÁRMEN LÚCIA, Segunda Turma, julgado em 12/05/2015, PROCESSO ELETRÔNICO DJe-096 DIVULG 21-05-2015 PUBLIC 22-05-2015). *"A materialização do delito de evasão de divisas prescinde da saída física de moeda do território nacional. Por conseguinte, mesmo aceitando-se a alegação de que os depósitos em conta no exterior teriam sido feitos mediante as chamadas operações "dólar-cabo", aquele que efetua pagamento em reais no Brasil, com o objetivo de disponibilizar, através do outro que recebeu tal pagamento, o respectivo montante em moeda estrangeira no exterior, também incorre no ilícito de evasão de divisas. Caracterização do crime previsto no art. 22, parágrafo único, primeira parte, da Lei 7.492/1986, que tipifica a conduta daquele que, "a qualquer título, promove, sem autorização legal, a saída de moeda ou divisa para o exterior"*. (**STF – AP 470**, Relator(a): Min. JOAQUIM BARBOSA, Tribunal Pleno, julgado em 17/12/2012, ACÓRDÃO ELETRÔNICO DJe-074 DIVULG 19-04-2013 PUBLIC 22-04-2013 RTJ VOL-00225-01 PP-00011). No mesmo sentido, são, a título de exemplo, os seguintes julgados do STJ: **REsp 1367650/RS**, Rel. Ministro SEBASTIÃO REIS JÚNIOR, SEXTA TURMA, julgado em 23/08/2016, DJe 08/09/2016; **STJ – AgRg no REsp 1573577/RS**, Rel. Ministro REYNALDO SOARES DA FONSECA, QUINTA TURMA, julgado em 21/06/2016, DJe 29/06/2016; **STJ – REsp 1535956/RS**, Rel. Ministra MARIA THEREZA DE ASSIS MOURA, SEXTA TURMA, julgado em 01/03/2016, DJe 09/03/2016; **STJ – REsp 1390827/PR**, Rel. Ministro SEBASTIÃO REIS JÚNIOR, SEXTA TURMA, julgado em 04/09/2014, DJe 23/09/2014.

investimentos, títulos do tesouro de um determinado país, ações em bolsas de valores, certificados de depósito bancário, etc."[88]

Veja-se que a autoridade federal competente a que faz alusão o tipo penal é o Banco Central, nos termos do Decreto-lei n. 1.060/69, que dispõe, dentre outras coisas, sobre a declaração de bens, dinheiros ou valores, existentes no estrangeiro[89].

A obrigação de declaração a que faz referência o tipo penal em questão vem prevista por regulamentação do Banco Central (trata-se, pois, de norma penal em branco).

Nesse sentido, houve a elaboração pelo Banco Central de várias circulares que estabelecem um valor abaixo dos quais fica dispensada a declaração de valores ao Bacen, que são as seguintes: a) **circular n. 3.071/01** (dispensa a declaração dos detentores de ativos cujo total, em 31 de dezembro de 2001, seja inferior ao equivalente a R$10.000,00); b) **circular n. 3.110/02** (dispensa a declaração dos detentores de ativos cujo total, em 31 de dezembro de 2001, seja inferior ao equivalente a R$200.000,00); c) **circular n. 3.181/03** (dispensa a declaração dos detentores de ativos cujo total, em 31 de dezembro de 2002, seja inferior ao equivalente a R$ 300.000,00); d) **circular n. 3.225/04** (dispensa a declaração dos detentores de ativos cujo total, em 31 de dezembro de 2003, seja inferior ao equivalente a US$ 100.000,00); e) **circular n. 3.278/05** (dispensa a declaração dos detentores de ativos cujo total, em 31 de dezembro de 2004, seja inferior ao equivalente a US$ 100.000,00); f) **circular n. 3.313/06** (dispensa a declaração dos detentores de ativos cujo total, em 31 de dezembro de 2005, seja inferior ao equivalente a US$ 100.000,00); g) **circular n. 3.345/07** (dispensa a declaração dos detentores de ativos cujo total, em 31 de dezembro de 2006, seja inferior ao equivalente a US$ 100.000,00); h) **circular n. 3.384/08** (dispensa a declaração dos detentores de ativos cujo total, em 31 de dezembro de 2007, seja inferior ao equivalente a US$ 100.000,00); i) **circular n. 3.442/09** (dispensa a declaração dos detentores de ativos cujo total, em 31 de dezembro de 2008, seja inferior ao equivalente a US$ 100.000,00).

---

88 FELDENS; SCHMIDT. *O Delito de Evasão de Divisas 20 anos depois*, p. 90. Nesse sentido, o art. 3º da Resolução n 3.854/10, do Bacen, consigna que: *"A declaração de bens e valores de que trata esta Resolução compreenderá informações relacionadas às seguintes modalidades: I – depósito; II – empréstimo em moeda; III – financiamento; IV arrendamento mercantil financeiro; V – investimento direto; VI – investimento em portfólio, VII – aplicação em instrumentos financeiros derivativos; e VIII – outros investimentos, incluindo imóveis e outros bens."*

89 O seu art. 1º dispõe o seguinte: *"Art. 1º Sem prejuízo das obrigações previstas na legislação do impôsto de renda, as pessoas físicas ou jurídicas ficam obrigadas, na forma, limites e condições estabelecidas pelo Conselho Monetário Nacional, a declarar ao Banco Central do Brasil, os bens e valôres que possuírem no exterior, podendo ser exigida a justificação dos recursos empregados na sua aquisição. Parágrafo único. A declaração deverá ser atualizada sempre que houver aumento ou diminuição dos bens, dinheiros ou valôres, com a justificação do acréscimo ou da redução."* Já a medida provisória n. 2.224/01 estabelece multa em caso de não declaração desses valores ao Banco Central. Apesar da previsão do Decreto-lei n. 1.060/69, deve-se ter em mente o corretamente decidido pelo Superior Tribunal de Justiça, no sentido de que: *"(...). 2. O dever de informação ao Banco Central já se impunha, em tese, desde o Decreto-Lei n. 1.060/1969. Entretanto, o referido dispositivo legal carecia de regulamentação que estabelecesse a maneira e as condições para declaração. Assim, a obrigação de declarar valores depositados no exterior, até o ano de 2001, ficou a cargo da Receita Federal, porquanto era obrigatório que constasse tal informação na declaração de imposto de renda, hipótese dos autos. 3. Somente em 2001 é que sobreveio a edição da Circular n. 3.071/2001 do Banco Central (autorizada pela Resolução n. 2.911/2001 do Conselho Monetário Nacional), a qual previa que os depósitos mantidos no ano de 2001 deveriam ser declarados ao Bacen. A partir de então, o Banco Central passou a ser o destinatário exclusivo da declaração de que trata o parágrafo único do art. 22 da referida lei (foram editadas, anualmente, sucessivas circulares tratando da questão), o que se mostra consentâneo com a própria natureza do bem jurídico tutelado e com as diretrizes do art. 1º do Decreto-Lei n. 1.060/1969. 4. Agravo regimental não provido."* (STJ – AgRg no REsp 1134047/PR, Rel. Ministro ROGERIO SCHIETTI CRUZ, SEXTA TURMA, julgado em 25/04/2017, DJe 04/05/2017).

Finalmente, no ano de **2010**, foi editada a **Resolução n. 3.854**, que estabeleceu regulamentação global (e não específica para cada ano), impondo o dever de informação "*quando os bens e valores do declarante no exterior totalizarem, nessa data, quantia igual ou superior a US$100.000,00*"[90]

É importante registrar, ainda, que o momento em que se deve avaliar se os valores depositados no exterior devem ser declarados ao Banco Central é precisamente a data-base das regulamentações do Bacen, ou seja, no dia 31 de dezembro de cada ano.

Nesse sentido, decidiu o Plenário do Supremo Tribunal Federal, no caso do mensalão, *verbis:*

> *"MANUTENÇÃO DE DEPÓSITOS NÃO DECLARADOS NO EXTERIOR (ART. 22, PARÁGRAFO ÚNICO, SEGUNDA PARTE, DA LEI 7.492/1986). SALDO INFERIOR A US$ 100.000,00 NAS DATAS-BASE FIXADAS PELO BANCO CENTRAL DO BRASIL. DESNECESSIDADE, NESSE CASO, DE DECLARAÇÃO DOS DEPÓSITOS EXISTENTES. IMPROCEDÊNCIA DO PEDIDO. A manutenção, ao longo de 2003, de conta no exterior com depósitos em valor superior aos cem mil dólares americanos previstos na Circular nº 3.225/2004 e na Circular nº 3.278/2005 do Banco Central do Brasil não caracteriza o crime descrito no art. 22, parágrafo único, segunda parte, da Lei 7.492/1986, se o saldo mantido nessa conta era, em 31.12.2003 e em 31.12.2004, inferior a US$ 100.000,00, o que dispensa o titular de declarar ao Banco Central os depósitos existentes, conforme excepcionado pelo art. 3º dessas duas Circulares."* (STF – AP 470, Relator(a): Min. JOAQUIM BARBOSA, Tribunal Pleno, julgado em 17/12/2012, ACÓRDÃO ELETRÔNICO DJe-074 DIVULG 19-04-2013 PUBLIC 22-04-2013 RTJ VOL-00225-01 PP-00011).

No entanto, deve-se ressaltar que a cada data-base que o agente deixa de declarar os depósitos que tem no exterior, comete um delito de evasão de divisas, previsto no parágrafo único, segunda parte, do art. 22 da LCSFN, ainda que se possa, eventualmente, reconhecer uma continuidade delitiva (CP, art. 71)[91].

d) Do Regime Especial de Regularização Cambial e Tributária (RERCT) e o delito de evasão de divisas:

---

90 O art. 2º tem a seguinte redação: *"Art. 2º A declaração de que trata o art. 1o, inclusive suas retificações, deve ser prestada anualmente, por meio eletrônico, na data-base de 31 de dezembro de cada ano, quando os bens e valores do declarante no exterior totalizarem, nessa data, quantia igual ou superior a US$100.000,00 (cem mil dólares dos Estados Unidos da América), ou seu equivalente em outras moedas. § 1o Sem prejuízo do disposto no caput deste artigo, as pessoas a que se refere o art. 1o ficam obrigadas a prestar declaração nas datas-bases de 31 de março, 30 de junho e 30 de setembro de cada ano, quando os bens e valores do declarante no exterior totalizarem, nessas datas, quantia igual ou superior a US$100.000.000,00 (cem milhões de dólares dos Estados Unidos da América), ou seu equivalente em outras moedas. § 2º O Banco Central do Brasil estabelecerá os períodos de entrega da declaração. § 3º Estão dispensadas de prestar a declaração de que trata esta Resolução as pessoas que, nas datas referidas no caput e no § 1º deste artigo, possuírem bens e valores em montantes inferiores aos ali indicados. § 4º Caso os bens e valores sejam mantidos em conta conjunta de depósitos ou, por qualquer outra forma, pertençam em condomínio a duas ou mais pessoas físicas ou jurídicas, os limites referidos no caput e no § 1o deste artigo devem ser apurados em vista do valor integral dos ativos detidos nessas situações, independentemente da quantidade de titulares da conta ou de condôminos, considerando-se cada um deles responsável pela declaração de que trata esta Resolução."*

91 Nesse sentido, posicionam-se: ESTELITA, Heloisa; BOTTINI, Pierpaolo Cruz. Extinção da Punibilidade no RERCT: Figuras penais contempladas e (algumas) das excluídas, *in* Regime Especial de Regularização Cambial e Tributária (RERCT): Aspectos práticos. São Paulo: Noeses, 2016, p. 242.

Em janeiro de 2016, entrou em vigor a Lei n. 13.254/16[92], que dispõe sobre o Regime Especial de Regularização Cambial e Tributária (RERCT) de recursos, bens ou direitos de origem lícita, não declarados ou declarados incorretamente, remetidos, mantidos no exterior ou repatriados por residentes ou domiciliados no País[93].

Referida Lei, estabeleceu uma série de condições para que interessados aderissem ao programa, consistentes fundamentalmente na declaração dos recursos, bens e valores existentes no exterior de forma ilícita e no pagamento das multas.

Assim, uma vez cumpridos os requisitos do aludido programa (inclusive o prazo para a sua adesão[94]), o art. 5º[95] previu a extinção da punibilidade para uma lista fechada de delitos (*numerus clausus*), na qual está incluído o crime de evasão de divisas, seja na figura do *caput*, seja nas do parágrafo único (art. 5º, inciso VI), desde que os recursos tenham origem lícita (art. 5º, § 5º)[96], que não tenha, ainda, havido condenação pelo delito previsto na lei (art. 1º, § 5º, II)

92 Referida Lei foi regulamentada pela Instrução Normativa 1665/06, da Receita Federal. Ademais, importante consignar que ela foi impugnada via Ação Direta de Inconstitucionalidade proposta pelo Partido Popular Socialista (PPS) perante o Supremo Tribunal Federa (ADI 5496).

93 Uma vez mais o legislador mostra-se benevolente com os criminosos de colarinho branco, boa vontade essa raramente vista para os crimes praticados pelas camadas mais pobres (*blue collars crimes*). Nese sentido, DE GRANDIS: *"A concessão de benefícios a uma específica classe de delitos pode suscitar fricções ao princípio constitucional da igualdade e isonomia quando inexistir justificativa racional ou correlação lógica para a discriminação empreendida e o tratamento diferenciador não encontrará fundamento no sistema normativo. Nos últimos anos, a criação de beneplácitos penais pelo legislador brasileiro tem sido direcionada preponderantemente aos crimes econômicos. Os maiores exemplos residem nos crimes contra a ordem tributária da Lei 8.137/90 e nos delitos do art. 168-A (não repasse de contribuição previdenciária) e 337-A (sonegação de contribuição previdenciária) do CP.*

É necessário reconhecer, conduto, que essa postura leniente tem passado ao largo de outras modalidades delituosas. Nos crimes patrimoniais tradicionais (furto, roubo, etc.), por exemplo, não se tem notícia da concessão de benesses similares àquelas atribuídas aos crimes tributários e contra a ordem previdenciária, à exceção do raramente aplicado art. 16 do Código Penal." DE GRANDIS, Rodrigo. *Aspectos Penais e Processuais Penais do Regime Especial de Regularização Cambial e Tributária de Recursos (RERCT)*, *in* Regime Especial de Regularização Cambial e Tributária (RERCT): Aspectos práticos. São Paulo: Noeses, 2016, p. 459.

94 *"Art. 7º A adesão ao RERCT poderá ser feita no prazo de 210 (duzentos e dez) dias, contado a partir da data de entrada em vigor do ato da RFB de que trata o art. 10, com declaração da situação patrimonial em 31 de dezembro de 2014 e o consequente pagamento do tributo e da multa."*

95 *"Art. 5º A adesão ao programa dar-se-á mediante entrega da declaração dos recursos, bens e direitos sujeitos à regularização prevista no caput do art. 4o e pagamento integral do imposto previsto no art. 6o e da multa prevista no art. 8o desta Lei. § 1o O cumprimento das condições previstas no caput antes de decisão criminal, em relação aos bens a serem regularizados, extinguirá a punibilidade dos crimes previstos: § 1o O cumprimento das condições previstas no caput antes de decisão criminal extinguirá, em relação a recursos, bens e direitos a serem regularizados nos termos desta Lei, a punibilidade dos crimes a seguir previstos, praticados até a data de adesão ao RERCT: (Redação dada pela Lei nº 13.428, de 2017) (...) VI – no caput e no parágrafo único do art. 22 da Lei no 7.492, de 16 de junho de 1986; (...) § 2º A extinção da punibilidade a que se refere o § 1o: I – (VETADO); II – somente ocorrerá se o cumprimento das condições se der antes do trânsito em julgado da decisão criminal condenatória; III – produzirá, em relação à administração pública, a extinção de todas as obrigações de natureza cambial ou financeira, principais ou acessórias, inclusive as meramente formais, que pudessem ser exigíveis em relação aos bens e direitos declarados, ressalvadas as previstas nesta Lei. § 3º (VETADO). § 4º (VETADO).* § 5º Na hipótese dos incisos V e VI do § 1º, a extinção da punibilidade será restrita aos casos em que os recursos utilizados na operação de câmbio não autorizada, as divisas ou moedas saídas do País sem autorização legal ou os depósitos mantidos no exterior e não declarados à repartição federal competente possuírem origem lícita ou forem provenientes, direta ou indiretamente, de quaisquer dos crimes previstos nos incisos I, II, III, VII ou VIII do § 1º."

96 Apesar da tentativa da legislação de estabelecer que os recursos devem ser lícitos, tal requisito da licitude, não há dúvidas, será muitas vezes burlado. Isso porque, a regulamentação não exigiu uma prova efetiva da

[97] e que o beneficiário não seja detentor de cargos, empregos e funções públicas de direção ou eletivas, nem ao respectivo cônjuge e aos parentes consanguíneos ou afins, até o segundo grau ou por adoção (art. 11).

4. TIPICIDADE SUBJETIVA

O elemento subjetivo do tipo relativamente às três condutas descritas no art. 22 é o dolo.

Assim, deve o agente ter consciência e vontade de: i) promover a evasão de divisas do país (*caput*); ii) promover a saída de moeda ou divisa para o exterior; ou iii) manter depósitos no exterior não declarados ao Banco Central.

Veja-se que no caso do transporte físico (hidroviário, terrestre ou aéreo) de numerários para o exterior, é perfeitamente possível a existência do dolo eventual com relação ao elemento cognitivo do dolo. É dizer, o agente deliberadamente se coloca em uma situação de ignorância (elemento cognitivo), com o objetivo de não saber se aquilo que faz é lícito ou ilícito, ainda que existam uma série de elementos de informação dando sério indicativo de que o que transportava é ilícito[98]. Trata-se aqui de figura semelhante à denominada teoria da cegueira deliberada[99].

---

licitude desses bens, bastando, para tanto, uma mera declaração do interessado (IN-RFB n. 1627/16, art. 7º, IV). De tal maneira, o RERCT poderá se prestar como uma excelente forma para tentar *"esquentar"* bens de origem ilícita. Apesar da necessidade de uma mera declaração, parece plenamente possível que se exija, antes da declaração da extinção da punibilidade pelos delitos, que o interessado tenha que comprovar a licitude de tais bens no processo penal ou fase pré-processual, uma vez que um dos requisitos legais para tanto, como visto, é que os bens sejam lícitos. Evidentemente é que compete ao interessado comprovar tal licitude no processo penal para que possa gozar do benefício legal (CPP, art. 156), não sendo possível exigir-se do Ministério Público ou do Poder Judiciário a aceitação pura e simples de uma declaração do acusado, sem nenhuma documentação ou comprovação. Ademais, se o MP não fiscalizar o efetivo cumprimento do requisito da licitude, uma vez declarada a extinção da punibilidade, ficará de mãos atadas, já que não é cabível revisão criminal em favor da acusação. Assim, correta GROCH ao afirmar que: *"Por uma questão de coerência e segurança no aconselhamento jurídico a ser oferecido, não bastará a simples declaração. A recomendação tem sido a de se preparar um relatório documental que ampare a declaração feita, até para efeitos de uma possível (provável?) fiscalização durante os 05 anos posteriores (...)"* GROCH, Ludmila de Vasconcelos Leite. *A prescrição dos crimes que podem ser objeto de anistia, in* Regime Especial de Regularização Cambial e Tributária (RERCT): Aspectos práticos. São Paulo: Noeses, 2016, p. 327.

97 Veja-se que a lei não exige que a sentença penal condenatória tenha transitado em julgado. Sobre esse tema, parece adequada a interpretação proposta por DE GRANDIS: *"É de duvidosa constitucionalidade o art. 1 º, § 5º, II, da Lei 13.254/16, que obsta a incidência do RERCT* àqueles *que tiverem sido condenados em ação penal cujo objeto se refira aos recursos, bens ou direitos a serem regularizados. Com efeito, sob a perspectiva do princípio constitucional da presunção da inocência (art. 5 º, LVII, CR/88), que prescreve que ninguém será considerado culpado até o trânsito em julgado de sentença penal condenatória, o art. 1º, § 5º, II, da Lei 13.254/16, efetua discriminação que não guarda nenhum fundamento racional no texto constitucional e, assim, limita gratuitamente o exercício de direito pelo contribuinte.*

Não obstante, tendo em vista o que decidiu recentemente o Supremo Tribunal Federal no julgamento do Habeas Corpus *126.292, relatado pelo Ministro Teori Zavaski, uma interpretação constitucionalmente conforme do art. 1 º, § 5º, II, da Lei 13.254/16, caminhará no sentido de que a vedação para a adesão ao RERCT incidirá apenas sobre aqueles contribuintes condenados em segunda instância de jurisdição, em virtude de ação penal cujo objeto seja um dos crimes listados no § 1º, do art. 5º, da Lei 13.254/16."* DE GRANDIS. *Aspectos Penais e Processuais Penais do Regime Especial de Regularização Cambial e Tributária de Recursos (RERCT)*, pp. 466-467.

98 Sobre a possibilidade dessa modalidade de dolo eventual (dolo eventual referido ao elemento cognitivo do dolo), cf.: CABRAL, Rodrigo Leite Ferreira. *Dolo y lenguaje: hacia una nueva gramática del dolo desde la Filosofía del Lenguaje*. Valência: Tirant lo Blanc, 2017, pp. 284 e ss.

99 Sobre essa teoria, RAGUÉS I VALLÈS explica que: *"A doutrina da ignorância deliberada provém do Direito penal anglo-americano, onde ela é conhecida há mais de um século como "wilful blindness' (literalmente, 'cegueira*

No caso do *caput*, além do dolo, faz-se necessária a presença de um elemento subjetivo diverso do dolo, consistente na finalidade de promover a evasão de divisas. É dizer, a operação de câmbio deve ter esse especial fim de agir, que deve ser demonstrado pelo contexto da ação, pelos antecedentes à essa ação e as condutas posteriores, bem como pelas explicações do acusado.

Nas demais figuras delitivas (parágrafo único do art. 22), não é exigido pelo tipo penal qualquer especial fim de agir[100].

A lei não pune as condutas realizadas na modalidade culposa.

5. CONSUMAÇÃO E TENTATIVA

O delito consuma-se nos seguintes momentos, em cada uma das figuras típicas previstas no art. 22:

i) com relação ao *caput*, o crime se consuma com a efetiva saída do numerário dos limites físicos país (quando na modalidade física) ou no caso da evasão virtual ou escritural (não física), com a disponibilidade do numerário no exterior.

---

intencional'). Em termos gerais, esta doutrina sustenta a equiparação, para fins de atribuir-se responsabilidade subjetiva, entre os casos de conhecimento efetivo dos elementos objetivos que configuram uma conduta delitiva e aqueles casos de desconhecimento intencional ou deliberado com relação a referidos elementos. Tal equiparação à conduta de quem conhece, não é inferior à daquele sujeito que, podendo e devendo conhecer, prefere manter-se na ignorância." RAGUÉS I VALLÈS, Ramon. La responsabilidad penal del testaferro en delitos cometidos a través de sociedades mercantiles. En Anuario de Derecho Penal Económico y de la Empresa, ADPE, 2 (2012), p. 170. Também sobre o tema, afirma WILLIAMS que: *"Uma Corte pode reconhecer a cegueira deliberada somente quando se pode quase dizer que o acusado realmente sabia. Ele suspeitava do fato; ele se deu conta de sua probabilidade; mas ele se absteve de obter a confirmação final, uma vez que queria, no caso, ser capaz de negar o conhecimento. Isso, e somente isso, é cegueira deliberada."* WILLIAMS, Glanville. Criminal Law: The General Part. 2a ed., London: Stevens & Sons Ltd, 1961, p. 159. Ainda sobre o tema, DRESSLER explica – ainda que não exista consenso nesse sentido – que normalmente os requisitos para a *wilful blindness* estão presentes quando o autor: "(1) é consciente da alta probabilidade da existência do fato em questão, e (2a) age deliberadamente no sentido de evitar a confirmação do fato, ou (2b) deliberadamente deixa de buscar saber, com o objetivo de evitar a confirmação do fato. DRESSLER, Joshua. Understanding Criminal Law, p. 128. Assim, também, já se decidiu no caso *Mattingly versus United States*, que: *"o elemento do conhecimento pode ser inferido de atos deliberados que equivalem à cegueira deliberada."* Mattingly v. United States, 924 F.2d 785, 792 (8th Cir. 1991). Ademais, o *Model Penal Code* dos Estados Unidos prevê expressamente a figura do *wilful blindness*, em seu parágrafo 2.02(7), que dipõe: *"Quando o conhecimento da existência de um determinado fato é um elemento de um delito, tal conhecimento se estabelece se uma pessoa é consciente com uma alta probabilidade de sua existência, a menos que realmente o sujeito realmente acredite que tal elemento não exista."* Ainda sobre o tema, vale conferir: OXMAN. Nicolás. Sistemas de Imputación Subjetiva en Derecho Penal: el modelo angloamericano. Valencia: Tirant lo Blanch, 2016, pp. 282 e ss; RAGUÉS I VALLÈS, Ramon. La ignorancia deliberada en Derecho Penal. Barcelona: Atelier, 2007. A respeito da aplicação dessa concepção especificamente para o delito de evasão de divisas, o TRF4 já decidiu: *"O transportador possui o dever civil de recusar a coisa cujo transporte não seja permitido ou que esteja desacompanhada da documentação legal e regulamentar (artigo 747 do Código Civil). No bojo de circunstâncias que nitidamente permitiriam ao transportador tomar conhecimento de que participava da saída criminosa de dinheiro para o exterior, a evitação consciente desse dever configura dolo de evasão de divisas, na forma de ignorância deliberada."* (TRF4, ACR 5035939-36.2012.404.7000, SÉTIMA TURMA, Relator MÁRCIO ANTÔNIO ROCHA, juntado aos autos em 06/02/2017).

100 Nesse sentido, veja-se o seguinte julgado do Superior Tribunal de Justiça: *"A conduta tipificada na primeira parte do parágrafo único do artigo 22, da Lei nº 7.492/86, diversamente daquela descrita no caput do artigo 22 da Lei dos Crimes contra o Sistema Financeiro Nacional, não exige elemento subjetivo próprio para que consumado o delito, bastando o envio de moeda para o exterior sem a devida autorização legal."* (STJ – AgRg no REsp 1543200/RS, Rel. Ministra MARIA THEREZA DE ASSIS MOURA, SEXTA TURMA, julgado em 27/10/2015, DJe 13/11/2015).

ii) Já no que diz respeito à primeira parte do parágrafo único, o delito se consuma com a realização da operação de câmbio.

ii) Por fim, com relação a conduta do parágrafo único, segunda parte, o crime se consuma tão logo tenha transcorrido a data-base (31 de dezembro) para a declaração dos valores, sem que o autor o tenha feito.

Aqui, a tentativa é admitida nas modalidades previstas no *caput* e primeira parte do parágrafo único, já que é possível separar-se a ação da consumação.

A esse respeito, deve-se ter claro que, no caso da evasão física, tão logo ingresse o autor na área da fronteira ou do aeroporto em que já não é mais possível a declaração (ou seja, o autor já ultrapassou a área destinada à apresentação da declaração), já inicia-se a execução do delito, sendo que, caso seja o agente ali interceptado, estará caracterizada a tentativa do crime de evasão de divisas[101].

6. AÇÃO PENAL

A ação penal é pública incondicionada.

DO CRIME DE PREVARICAÇÃO FINANCEIRA

Art. 23. Omitir, retardar ou praticar, o funcionário público, contra disposição expressa de lei, ato de ofício necessário ao regular funcionamento do sistema financeiro nacional, bem como a preservação dos interesses e valores da ordem econômico-financeira:

Pena – Reclusão, de 1 (um) a 4 (quatro) anos, e multa.

1. BEM JURÍDICO TUTELADO

O tipo penal do art. 23 protege o bem jurídico da probidade administrativa e a higidez e regularidade do Sistema Financeiro Nacional.

2. SUJEITOS DO CRIME

O delito em questão é especial, pois somente pode ser praticado por funcionário público (sujeito ativo).

Já o sujeito passivo é o Estado e reflexamente a pessoa eventualmente prejudicada pela prevaricação.

3. CONDUTAS TÍPICAS (TIPICIDADE OBJETIVA)

A conduta típica pode ser caracterizada por três verbos: a) omitir (deixar de fazer o que é devido); b) retardar (atrasar deliberadamente a prática de ato); c) praticar (realizar) ato.

101 Assim, também, entende a jurisprudência, conforme se vê do seguinte precedente do TRF4: *"Pratica o delito de evasão de divisas, na modalidade tentada, o agente que é flagrado pela Polícia Federal, na área de embarque para voo internacional, quando já ultrapassado o controle aduaneiro, transportando em seu corpo elevada quantia em moeda estrangeira, sem declarar às autoridades alfandegárias."* (TRF4, ACR 5026243-05.2014.404.7000, OITAVA TURMA, Relator JOÃO PEDRO GEBRAN NETO, juntado aos autos em 17/12/2015).

Tais verbos devem estar referidos a atos de ofício necessários ao regular funcionamento do sistema financeiro nacional ou dos interesses e valores da ordem econômico-financeira.

Ademais, devem eles ter sido praticados ou deixar de ser praticados em afronta à disposição expressa de lei.

4. TIPICIDADE SUBJETIVA

O crime somente é punível na modalidade dolosa, devendo ser executado com consciência e vontade.

Aqui, diferentemente do tipo penal de prevaricação do Código Penal (art. 219), não se faz necessário o especial fim de agir (no caso para satisfação de interesse pessoal), bastando a intenção de omitir, retardar ou praticar ato de ofício.

Não há punição para a modalidade culposa.

5. CONSUMAÇÃO E TENTATIVA

Na modalidade omitir, o crime se consuma no preciso momento em que deveria o funcionário público agir.

Já na ação de retardar, consuma-se o delito quando o agente atrasa a realização do ato.

Por fim, com relação ao verbo praticar, o crime se consome com a simples ação de realizar ato contrário à expressa disposição legal.

Nas duas primeiras modalidades, não é possível a tentativa, vez que não há espaço temporal entre a conduta do agente e a realização do verbo típico. Já na modalidade comissiva, a tentativa é possível, quando exista espaço temporal suficiente para ser interrompida antes da realização do verbo típico.

6. AÇÃO PENAL

A ação penal é pública incondicionada.

Art. 24. (VETADO).

DA RESPONSABILIDADE PELA ATUAÇÃO EM NOME DE TERCEIRO

Art. 25. São penalmente responsáveis, nos termos desta lei, o controlador e os administradores de instituição financeira, assim considerados os diretores, gerentes (Vetado).

§ 1º Equiparam-se aos administradores de instituição financeira (Vetado) o interventor, o liqüidante ou o síndico.

O artigo 25 e seu § 1º tem causado certa polêmica na doutrina, uma vez que alguns autores têm se referido a esse artigo como uma possível hipótese: a) de responsabilidade objetiva, o que claramente violaria o princípio da culpabilidade[102] ou b) de *"presunção relativa de participação"*[103].

102 Cf.: BITTENCOURT. Tratado de Direito Penal Econômico, pp. 494-495;

103 Cf.: DE SANTIS, Fausto Martins. Delinquência Econômica e Financeira. Rio de Janeiro: Gen, 2015, p. 138.

No entanto, o que dispõe referido artigo é, na verdade, aquilo que é denominado pela doutrina de cláusula de extensão da autoria.

Referida cláusula foi criada precisamente por que *"boa parte dos delitos econômicos são delitos especiais. Tratam-se, ademais, de delitos especiais cujo intraneus é a pessoa jurídica empresário. Com efeito, somente nesta concorrem as condições subjetivas de autoria."*[104]

Precisamente por essa razão, para evitar-se lacunas de impunidade, é que o legislador optou por expressamente criar uma cláusula de extensão. Para que as pessoas físicas que atuam em nome da pessoa jurídica possam preencher os requisitos típicos de autor nos delitos especiais. Dessa maneira, por conta dessa extensão, o controlador e os administradores da instituição financeira, assim considerados os diretores, gerentes, assim como o interventor, o liquidante e o síndico, passam a ostentar o requisito especial previsto por diversos tipos penais da presente lei[105].

Portanto, o dispositivo em comento nada tem de inconstitucional e não importa em responsabilidade objetiva, mas presta-se tão somente para atribuir a condição especial de autor (que sem isso seria atribuída apenas à pessoa jurídica), também aos administradores.

DA COLABORAÇÃO PREMIADA

Art. 25. (...)

§ 2º Nos crimes previstos nesta Lei, cometidos em quadrilha ou co-autoria, o co-autor ou partícipe que através de confissão espontânea revelar à autoridade policial ou judicial toda a trama delituosa terá a sua pena reduzida de um a dois terços. (Incluído pela Lei nº 9.080, de 19.7.1995)

O § 2º, do art. 25 da Lei dos Crimes Contra o Sistema Financeiro foi o diploma legislativo que, pela primeira vez, trouxe a previsão expressa sobre a possibilidade de realizar-se colaboração premiada.

Tal instituto, oriundo do direito anglo-americano, tem como finalidade o oferecimento de incentivos (prêmios) aos agentes que colaborarem com o Ministério Público para o esclarecimento da trama criminosa, apresentando elementos de informação, provas ou indicativos de onde buscá-los com o objetivo de possibilitar a persecução penal de novos integrantes da

104 SILVA SANCHEZ, Jesus-María. *Fundamentos del Derecho Penal de la empresa.* 2ª ed. Madrid: Edisofer, 2016, p. 40.

105 Nesse sentido, preconiza MARTÍNEZ-BUJÁN PÉREZ: *"(...) era evidente que a lacuna de punibilidade podia se colmatada estendendo-se explicitamente a autoria* àquelas *pessoas físicas que atuavam no lugar das pessoas jurídicas. Somente assim se podia solucionar o problema da falta de tipicidade que importava em qualificar como autores as pessoas físicas que não reuniam as características especiais exigidas pela correspondente figura do delito. No entanto, essa tarefa de extensão da autoria podia ser realizada de duas formas: a primeira, era incluir cláusulas particulares de extensão de autoria em todas aquelas figuras delitivas da Parte especial, em que isso era considerado necessário (assim, se manifestou MUÑOZ CONDE, 1977, pp. 152 e ss.); a segunda, era introduzir um* único *preceito na Parte geral, incorporado entre as normas referentes a autoria e participação, que regulasse de forma global o fenômeno do atuar em nome de outro."* MARTÍNEZ-BUJÁN PÉREZ. Derecho Penal Económico y de la Empresa: parte general, p. 487.

organização criminosa e a descoberta de novos fatos a respeito dos quais não existia elementos de informação suficientes para possibilitar um bom desenvolvimento da persecução penal[106].

No presente caso, a lei estabeleceu a possibilidade de redução de penas, num patamar entre 1/3 a 2/3 da pena aplicável.

---

106 Sobre o tema da colaboração premiada, o Plenário do Supremo Tribunal Federal assentou: *"EMENTA Habeas corpus. Impetração contra ato de Ministro odo Supremo Tribunal Federal. Conhecimento. Empate na votação. Prevalência da decisão mais favorável ao paciente (art. 146, parágrafo único, do Regimento Interno do Supremo Tribunal Federal). Inteligência do art. 102, I, i, da Constituição Federal. Mérito. Acordo de colaboração premiada. Homologação judicial (art. 4º, § 7º, da Lei nº 12.850/13). Competência do relator (art. 21, I e II, do Regimento Interno do Supremo Tribunal Federal). Decisão que, no exercício de atividade de delibação, se limita a aferir a regularidade, a voluntariedade e a legalidade do acordo. Ausência de emissão de qualquer juízo de valor sobre as declarações do colaborador. Negócio jurídico processual personalíssimo. Impugnação por coautores ou partícipes do colaborador. Inadmissibilidade. Possibilidade de, em juízo, os partícipes ou os coautores confrontarem as declarações do colaborador e de impugnarem, a qualquer tempo, medidas restritivas de direitos fundamentais adotadas em seu desfavor. Personalidade do colaborador. Pretendida valoração como requisito de validade do acordo de colaboração. Descabimento. Vetor a ser considerado no estabelecimento das cláusulas do acordo de colaboração – notadamente na escolha da sanção premial a que fará jus o colaborador -, bem como no momento da aplicação dessa sanção pelo juiz na sentença (art. 4º, § 11, da Lei nº 12.850/13). Descumprimento de anterior acordo de colaboração. Irrelevância. Inadimplemento que se restringiu ao negócio jurídico pretérito, sem o condão de contaminar, a priori, futuros acordos de mesma natureza. Confisco. Disposição, no acordo de colaboração, sobre os efeitos extrapenais de natureza patrimonial da condenação. Admissibilidade. Interpretação do art. 26.1 da Convenção das Nações Unidas contra o Crime Organizado Transnacional (Convenção de Palermo), e do art. 37.2 da Convenção das Nações Unidas Contra a Corrupção (Convenção de Mérida). Sanção premial. Direito subjetivo do colaborador caso sua colaboração seja efetiva e produza os resultados almejados. Incidência dos princípios da segurança jurídica e da proteção da confiança. Precedente. Habeas corpus do qual se conhece. Ordem denegada. 1. Diante do empate na votação quanto ao conhecimento de habeas corpus impetrado para o Pleno contra ato de Ministro, prevalece a decisão mais favorável ao paciente, nos termos do art. 146, parágrafo único, do Regimento Interno do Supremo Tribunal Federal. Conhecimento do habeas corpus, nos termos do art. 102, I, "i", da Constituição Federal. 2. Nos termos do art. 21, I e II, do Regimento Interno do Supremo Tribunal Federal, o relator tem poderes instrutórios para ordenar, monocraticamente, a realização de quaisquer meios de obtenção de prova (v.g., busca e apreensão, interceptação telefônica, afastamento de sigilo bancário e fiscal). 3. Considerando-se que o acordo de colaboração premiada constitui meio de obtenção de prova (art. 3º da Lei nº 12.850/13), é indubitável que o relator tem poderes para, monocraticamente, homologá-lo (art. 4º, § 7º, da Lei nº 12.850/13). 4. A colaboração premiada é um negócio jurídico processual, uma vez que, além de ser qualificada expressamente pela lei como "meio de obtenção de prova", seu objeto é a cooperação do imputado para a investigação e para o processo criminal, atividade de natureza processual, ainda que se agregue a esse negócio jurídico o efeito substancial (de direito material) concernente à sanção premial a ser atribuída a essa colaboração. 5. A homologação judicial do acordo de colaboração, por consistir em exercício de atividade de delibação, limita-se a aferir a regularidade, a voluntariedade e a legalidade do acordo, não havendo qualquer juízo de valor a respeito das declarações do colaborador. 6. Por se tratar de negócio jurídico personalíssimo, o acordo de colaboração premiada não pode ser impugnado por coautores ou partícipes do colaborador na organização criminosa e nas infrações penais por ela praticadas, ainda que venham a ser expressamente nominados no respectivo instrumento no "relato da colaboração e seus possíveis resultados" (art. 6º, I, da Lei nº 12.850/13). 7. De todo modo, nos procedimentos em que figurarem como imputados, os coautores ou partícipes delatados – no exercício do contraditório – poderão confrontar, em juízo, as declarações do colaborador e as provas por ele indicadas, bem como impugnar, a qualquer tempo, as medidas restritivas de direitos fundamentais eventualmente adotadas em seu desfavor. 8. A personalidade do colaborador não constitui requisito de validade do acordo de colaboração, mas sim vetor a ser considerado no estabelecimento de suas cláusulas, notadamente na escolha da sanção premial a que fará jus o colaborador, bem como no momento da aplicação dessa sanção pelo juiz na sentença (art. 4º, § 11, da Lei nº 12.850/13). 9. A confiança no agente colaborador não constitui elemento de existência ou requisito de validade do acordo de colaboração. 10. Havendo previsão em Convenções firmadas pelo Brasil para que sejam adotadas "as medidas adequadas para encorajar" formas de colaboração premiada (art. 26.1 da Convenção de Palermo) e para "mitigação da pena" (art. 37.2 da Convenção de Mérida), no sentido de abrandamento*

Essa regência embrionária e bastante tímida, atualmente, pode ser interpretada sistematicamente com o disposto na Lei n. 12.850/13, especialmente o disposto nos seus artigos 4º a 7º, integrando-se, assim, a um microssistema de direito premial existente em nossa legislação.

DA AÇÃO PENAL E COMPETÊNCIA

Art. 26. A ação penal, nos crimes previstos nesta lei, será promovida pelo Ministério Público Federal, perante a Justiça Federal.

Parágrafo único. Sem prejuízo do disposto no art. 268 do Código de Processo Penal, aprovado pelo Decreto-lei nº 3.689, de 3 de outubro de 1941, será admitida a assistência da Comissão de Valores Mobiliários – CVM, quando o crime tiver sido praticado no âmbito de atividade sujeita à disciplina e à fiscalização dessa Autarquia, e do Banco Central do Brasil quando, fora daquela hipótese, houver sido cometido na órbita de atividade sujeita à sua disciplina e fiscalização.

Os crimes previstos na presente Lei n. 7.492/86 terão a investigação criminal supervisionada pela Justiça Federal, que será o órgão jurisdicional competente para processar (*notio*) e julgar (*juditio*) os processos penais, cuja deflagração deverá ser levada a cabo pelo Ministério Público Federal.

Isso porque, a Constituição da República expressamente prevê que, em seu art. 109, inciso VI que: *"Aos juízes federais compete processar e julgar: VI – os crimes contra a organização do trabalho e, nos casos determinados por lei, contra o sistema financeiro e a ordem econômico-financeira."*

Veja-se que essa competência inclui todos os delitos previstos nesta Lei, inclusive aqueles que atingem em primeiro lugar o patrimônio particular das instituições financeiras, já que todos os crimes nela dispostos, ainda que de forma subsidiária, atingem bem jurídico vinculado ao Sistema Financeiro Nacional[107].

---

das consequências do crime, o acordo de colaboração, ao estabelecer as sanções premiais a que fará jus o colaborador, pode dispor sobre questões de caráter patrimonial, como o destino de bens adquiridos com o produto da infração pelo agente colaborador. 11. Os princípios da segurança jurídica e da proteção da confiança tornam indeclinável o dever estatal de honrar o compromisso assumido no acordo de colaboração, concedendo a sanção premial estipulada, legítima contraprestação ao adimplemento da obrigação por parte do colaborador. 12. Habeas corpus do qual se conhece. Ordem denegada." (STF – HC 127483, Relator(a): Min. DIAS TOFFOLI, Tribunal Pleno, julgado em 27/08/2015, PROCESSO ELETRÔNICO DJe-021 DIVULG 03-02-2016 PUBLIC 04-02-2016).

107 Nesse sentido, inúmeros são os julgados do Supremo Tribunal Federal: STF – **RE 592264** AgR, Relator(a): Min. AYRES BRITTO, Segunda Turma, julgado em 24/08/2010, DJe-190 DIVULG 07-10-2010 PUBLIC 08-10-2010 EMENT VOL-02418-07 PP-01558; STF – **HC 93733**, Relator(a): Min. CARLOS BRITTO, Primeira Turma, julgado em 17/06/2008, DJe-064 DIVULG 02-04-2009 PUBLIC 03-04-2009 EMENT VOL-02355-02 PP-00366 RTJ VOL-00211-01 PP-00362; STF – **RE 446908**, Relator(a): Min. MENEZES DIREITO, Primeira Turma, julgado em 02/09/2008, DJe-222 DIVULG 20-11-2008 PUBLIC 21-11-2008 EMENT VOL-02342-06 PP-01079 RTJ VOL-00208-03 PP-01234 LEXSTF v. 31, n. 362, 2009, p. 481-489; STF – **RE 502915**, Relator(a): Min. SEPÚLVEDA PERTENCE, Primeira Turma, julgado em 13/02/2007, DJe-004 DIVULG 26-04-2007 PUBLIC 27-04-2007 DJ 27-04-2007 PP-00069 EMENT VOL-02273-20 PP-04195 RCJ v. 21, n. 136, 2007, p.147-148; STF – **RE 503422 AgR**, Relator(a): Min. RICARDO LEWANDOWSKI, Primeira Turma, julgado em 28/11/2006, DJ 19-12-2006 PP-00040 EMENT VOL-02261-08 PP-01586 RB v. 19, n. 519, 2007, p. 31-32 RT v. 96, n. 860, 2007, p. 544-546; STF – **RE 454735**, Relator(a): Min. ELLEN GRACIE, Segunda Turma, julgado em 18/10/2005, DJ 18-11-2005 PP-00025 EMENT VOL-02214-05 PP-00856 LEXSTF v. 28, n. 325, 2006, p. 323-328; STF – **RE 198488**, Relator(a): Min. CARLOS VELLOSO, Segunda Turma, julgado em 05/11/1996, DJ 11-12-1998 PP-00011 EMENT VOL-01935-03 PP-00504.

As únicas exceções à regra de que a competência é da Justiça Comum Federal é: **a)** para os casos em que o investigado ou réu tem foro especial por prerrogativa de função em Tribunal Nacional, como são o Supremo Tribunal Federal e o Superior Tribunal de Justiça; e **b)** para os casos em que o investigado ou réu é Membro do Ministério Público Estadual ou Juiz Estadual, uma vez que referidas autoridades tem foro especial por prerrogativa de função junto ao Tribunal de Justiça a que são vinculados (CR, art. 96, inciso III)[108], mesmo que se trate de crime que originariamente seria da competência da Justiça Federal[109].

DA CVM E BANCO CENTRAL COMO ASSISTENTES DA ACUSAÇÃO

Art. 26. (...)

Parágrafo único. Sem prejuízo do disposto no art. 268 do Código de Processo Penal, aprovado pelo Decreto-lei nº 3.689, de 3 de outubro de 1941, será admitida a assistência da Comissão de Valores Mobiliários – CVM, quando o crime tiver sido praticado no âmbito de atividade sujeita à disciplina e à fiscalização dessa Autarquia, e do Banco Central do Brasil quando, fora daquela hipótese, houver sido cometido na órbita de atividade sujeita à sua disciplina e fiscalização.

O parágrafo único do art. 26 da LCSFN prevê a possibilidade da Comissão de Valores Mobiliários (CVM) e do Banco Central (BC) ingressarem como assistentes da acusação nos delitos praticados no âmbito das atividades sujeitas à disciplina e a fiscalização das referidas entidades.

Com o referido dispositivo, a LCSFN acaba por ampliar o espectro de legitimidade daqueles que podem atuar como assistentes de acusação (ordinariamente limitados às pessoas descritas no art. 268 do Código de Processo Penal).

É importante ressaltar, porém, que, apesar dessa possibilidade de atuar como assistentes de acusação, jamais referidas entidades poderão ingressar com ação penal privada subsidiária da pública, uma vez que a Constituição de 1988 atribuiu o monopólio da ação penal, em seu

---

108 *"Art. 96. Compete privativamente: (...) III – aos Tribunais de Justiça julgar os juízes estaduais e do Distrito Federal e Territórios, bem como os membros do Ministério Público, nos crimes comuns e de responsabilidade, ressalvada a competência da Justiça Eleitoral."*

109 Nesse sentido, vem decidindo o Pleno do Supremo Tribunal Federal: *"CONSTITUCIONAL. PENAL. PROCESSUAL PENA. HABEAS CORPUS. FALTA DE RECOLHIMENTO DE CONTRIBUIÇÕES PREVIDENCIÁRIAS. LEI 8.212, de 24/7/91. NOMEAÇÃO DE UM DOS RÉUS PARA O CARGO DE JUIZ DE DIREITO ESTADUAL. PRERROGATIVA DE FORO. C.F., ART. 96, III, CO-RÉ. CONEXÃO. EXTENSÃO DA COMPETÊNCIA À CO-RÉ. CPP, ART. 78, III. I. – Nulidade dos atos praticados pela Justiça Federal e pelo Tribunal Regional Federal após o ingresso do réu na magistratura estadual. II. – Nos termos do art. 96, III, da Constituição, compete aos Tribunal de Justiça julgar os juízes estaduais, mesmo quando acusados de crimes de competência da Justiça Federal. (...)".* (STF – **HC 77558**, Rel. Min. CARLOS VELLOSO, 2ª Turma, julgado em 16/03/1999, DJ 07.05.99). No mesmo sentido: *"HABEAS CORPUS. CRIMES DE QUADRILHA, PECULATO E APROPRIAÇÃO INDÉBITA PRATICADOS CONTRA O INSTITUTO NACIONAL DO SEGURO SOCIAL (INSS) E SEGURADOS POR ACIDENTE DE TRABALHO, IMPUTADOS A JUIZ DE DIREITO, SERVENTUÁRIOS DA JUSTIÇA, SERVIDORES DE AUTARQUIA FEDERAL E ADVOGADOS. DENÚNCIA OFERECIDA PERANTE O TRIBUNAL DE JUSTIÇA. PRISÃO PREVENTIVA DO PACIENTE, DO ROL DOS ADVOGADOS DENUNCIADOS, DECRETADA PELO RELATOR E CONFIRMADA PELA CORTE. ALEGADA INCOMPETÊNCIA DA CORTE ESTADUAL PARA PROCESSAR E JULGAR O PACIENTE. Denúncia acertadamente oferecida perante o Tribunal de Justiça, contra todos os acusados e por todos os crimes, federais e estaduais, em face dos princípios da conexão e continência, e tendo em vista, ainda, a jurisdição de maior graduação (art. 78, III, do CPP), reconhecida aquela Corte por força da norma do art. 96, III, da CF/88, dada a presença, entre os acusados, de um Juiz de Direito. Precedente do STF: **HC 68.846-2**. Ordem denegada."* (**STF – HC 68935**, Relator(a): Min. ILMAR GALVÃO, Tribunal Pleno, julgado em 02/10/1991, DJ 25-10-1991 PP-15029 EMENT VOL-01639-02 PP-00227 RTJ VOL-00138-03 PP-00819).

art. 129, inciso I, que dispõe: *"São funções institucionais do Ministério Público: I – promover, privativamente, a ação penal pública, na forma da lei;"* Isso porque, nenhum órgão ou instituição pública poderá substituir-se ao Ministério Público. A ação penal privada subsidiaria da pública é apenas para pessoas privadas.

Assim, a atuação do Banco Central e da CVM deve limitar-se aos poderes conferidos aos assistentes da acusação (natureza acessória), não sendo possível assumir a posição de autor, já que essa função (titular da ação penal pública) somente pode ser exercida pelo Ministério Público.

DA RECLAMAÇÃO AO PROCURADOR-GERAL DA REPÚBLICA

Art. 27. Quando a denúncia não for intentada no prazo legal, o ofendido poderá representar ao Procurador-Geral da República, para que este a ofereça, designe outro órgão do Ministério Público para oferecê-la ou determine o arquivamento das peças de informação recebidas.

O dispositivo em questão prevê uma espécie de avocatória a ser realizada pelo Procurador-Geral da República, caso o Membro do Ministério Público não ofereça acusação penal dentro do prazo previsto em lei.

Entretanto, referido dispositivo não foi recepcionado pela Constituição da República, uma vez que em manifesta afronta ao princípio da independência funcional, previsto no seu art. 127, § 1º.

De tal maneira, no Brasil, considerando-se o princípio da independência funcional, a função do Procurador-Geral no comando da Instituição tem vinculação exclusiva à ideia de organização e comando administrativo, em que o chefe do Ministério Público tem a prerrogativa política de escolher os melhores caminhos administrativos a serem seguidos pela Instituição, mas não pode expressar de modo vinculante essas mesmas opções políticas no exercício da atividade-fim dos demais integrantes dela. Assim, todos e cada um dos membros do Ministério Público, no exercício da atividade-fim, falam em nome de uma mesma instituição[110].

Por essa razão é de rigor afirmar, por ser cristalino, que o art. 27 da Lei n. 7.492/86 **não foi recepcionado** pela Constituição, mais precisamente por seu art. 127, § 1º.

DO DEVER DE COMUNICAÇÃO DE CRIMES AO MINISTÉRIO PÚBLICO FEDERAL

Art. 28. Quando, no exercício de suas atribuições legais, o Banco Central do Brasil ou a Comissão de Valores Mobiliários – CVM, verificar a ocorrência de crime previsto nesta lei, disso deverá informar ao Ministério Público Federal, enviando-lhe os documentos necessários à comprovação do fato.

Parágrafo único. A conduta de que trata este artigo será observada pelo interventor, liqüidante ou síndico que, no curso de intervenção, liqüidação extrajudicial ou falência, verificar a ocorrência de crime de que trata esta lei.

110 Como preconiza Mazzilli: *"Em face das peculiaridades de nosso Ministério Público, hierarquia, portanto, só se concebe num sentido administrativo, pela natural chefia exercida na instituição pelo procurador-geral (poderes de designação na forma da lei, disciplina funcional, solução de conflitos de atribuições, etc.). Diante da independência funcional dos órgãos do Ministério Público, não se pode cogitar, pois, de hierarquia em sentido funcional"* MAZZILLI, Hugo Nigro. Regime Jurídico do Ministério Público. 8ª ed. São Paulo: Saraiva, 2014, p. 133.

O dispositivo em questão criou um dever de comunicação de crimes ao Ministério Público, imposto aos servidores do Banco Central e da Comissão de Valores Mobiliários, a exemplo do imposto aos juízes e tribunal pelo art. 40 do CPP.

Ademais, criou o mesmo dever a agentes privados, mas que estejam no exercício de função com relevância pública, como é o caso dos interventores, liquidantes ou síndicos, a respeito dos fatos que tenham tomado conhecimento no curso de intervenção extrajudicial, liquidação ou falência, reafirmando, assim, a importância dada pela legislação para essas situações especiais e críticas que eventualmente a instituição financeira esteja atravessando.

DO PODER DE REQUISIÇÃO DO MINISTÉRIO PÚBLICO FEDERAL E SIGILO

Art. 29. O órgão do Ministério Público Federal, sempre que julgar necessário, poderá requisitar, a qualquer autoridade, informação, documento ou diligência, relativa à prova dos crimes previstos nesta lei.

Parágrafo único O sigilo dos serviços e operações financeiras não pode ser invocado como óbice ao atendimento da requisição prevista no caput deste artigo.

Aqui a lei estabeleceu os poderes requisitórios do Ministério Público Federal como instrumentos para a sua boa atuação na persecução penal dos delitos contra o Sistema Financeiro Nacional, seja na fase investigatória, seja na fase processual.

Ademais, claramente afastou a possibilidade dos destinatários das requisições de invocarem a objeção de sigilo. Evidentemente, quando se tratar de informação submetida à cláusula de reserva jurisdicional, deverá o Ministério Público Federal postular em juízo para ter acesso a esses dados.

Veja-se que o poder de requisição previsto no art. 29 da Lei dos Crimes Contra o Sistema Financeiro Nacional foi largamente ampliado por leis posteriores, em especial pela Lei Orgânica do Ministério Público da União, em seus artigos 7º e 8º, que evidentemente são perfeitamente aplicáveis, também, à persecução penal dos delitos contra o Sistema Financeiro Nacional.

DA MAGNITUDE DA LESÃO CAUSADA COMO REQUISITO ADICIONAL PARA A DECRETAÇÃO DA PRISÃO PREVENTIVA

Art. 30. Sem prejuízo do disposto no art. 312 do Código de Processo Penal, aprovado pelo Decreto-lei nº 3.689, de 3 de outubro de 1941, a prisão preventiva do acusado da prática de crime previsto nesta lei poderá ser decretada em razão da magnitude da lesão causada (Vetado).

O artigo 30 da LCSFN estabelece um novo requisito para possibilitar a decretação da prisão preventiva, afora os já estabelecidos pelo art. 312 do Código de Processo Penal: trata-se do requisito da magnitude da lesão causada.

Apesar disso, considerando-se a necessidade de que a prisão preventiva expresse uma função cautelar, entende-se aqui que o requisito da magnitude da lesão causada não pode, por si só, fundamentar a prisão preventiva, devendo, pois, estar combinado com algum dos outros requisitos consagrados da prisão preventiva (ordem pública, conveniência da instrução criminal ou assegurar a aplicação da lei penal) [111].

Assim, ainda que isoladamente a magnitude da lesão causada pelo crime contra o Sistema Financeiro Nacional não possa ser utilizada – a partir de uma perspectiva constitucional de proporcionalidade – como fundamento para a decretação da prisão preventiva, indubitavelmente tal elemento constitui relevante dado a ser examinado pelo juiz, especialmente para realizar um juízo de prognose a respeito do risco da prática de novos delitos, o que pode ser extraído da gravidade concreta do fato, conforme vem decidindo o Supremo Tribunal Federal[112].

DA INAFIANÇABILIDADE E DO RECOLHIMENTO À PRISÃO PARA APELAR

Art. 31. Nos crimes previstos nesta lei e punidos com pena de reclusão, o réu não poderá prestar fiança, nem apelar antes de ser recolhido à prisão, ainda que primário e de bons antecedentes, se estiver configurada situação que autoriza a prisão preventiva.

O artigo em questão assenta duas questões relevantes:

a) Apesar de inafiançável o delito, poderá o juiz conceder eventual liberdade provisória. Assim, para a manutenção da prisão devem estar presentes os requisitos para a prisão preventiva[113];

b) É requisito para a interposição do recurso de apelação o prévio recolhimento do acusado à prisão. Tal dispositivo, porém, é inconstitucional, conforme já decidido pelo Supremo Tribunal Federa[114].

---

111 Solução semelhante foi adotada pelo Tribunal Constitucional alemão que promoveu interpretação conforme a constituição do o § 112, parágrafo 3º, do CPP Alemão (StPO), que prevê a possibilidade de decretação da prisão preventiva por conta da gravidade do crime (Kapitaldelikte). No caso, exigiu-se pelo menos a existência de um perigo de reiteração, perigo de fuga ou risco à instrução processual (*verdunkelungsgefahr*) para a decretação da prisão preventiva para esses delitos. Nesse sentido: BVerfGE 19, 342 e VOLK, Klaus. *Grundkurs StPO*. München: Beck, 2008, pp. 58-59.

112 A título de exemplo, veja-se o seguinte julgado: *"A gravidade em concreto do crime e a periculosidade do agente, evidenciada pelo modus operandi, constituem fundamentação idônea para a decretação da custódia cautelar. Precedentes."* (STF – HC 141547 AgR, Relator(a): Min. ROBERTO BARROSO, Primeira Turma, julgado em 02/06/2017, PROCESSO ELETRÔNICO DJe-128 DIVULG 14-06-2017 PUBLIC 16-06-2017). Aliás, conforme afirma o Min. Barroso, no corpo do citado julgado: *"o entendimento deste Tribunal é pacifico no sentido de que a gravidade em concreto do crime e a periculosidade do agente, evidenciada pelo modus operandi, constituem fundamentação idônea para a decretação da custódia cautelar (vg. HC 134.394, Rel. Min. Gilmar Mendes; HC 130.778-AgR, Rel. Min. Luiz Fux; HC 1347.635-AgR, Rel. Min. Teori Zavscki)."*

113 Nesse sentido, é posição do STF: *"A inafiançabilidade da prisão, mesmo em flagrante (inciso XLIII do art. 5º da CF), quer apenas significar que a lei infraconstitucional não pode prever como condição suficiente para a concessão da liberdade provisória o mero pagamento de uma fiança. A prisão em flagrante não pré-exclui o benefício da liberdade provisória, mas, tão-só, a fiança como ferramenta da sua obtenção. A inafiançabilidade de um crime não implica, necessariamente, vedação do benefício à liberdade provisória, mas apenas sua obtenção pelo simples dispêndio de recursos financeiros ou bens materiais. Tudo vai depender da concreta aferição judicial da periculosidade do agente, atento o juiz aos vetores do art. 312 do Código de Processo Penal."* (STF – HC 110844, Relator(a): Min. AYRES BRITTO, Segunda Turma, julgado em 10/04/2012, PROCESSO ELETRÔNICO DJe-119 DIVULG 18-06-2012 PUBLIC 19-06-2012).

114 Nesse sentido, já é antiga a jurisprudência do Supremo Tribunal Federal, estando ela até hoje sedimentada. Na verdade, não existe sequer discussão atual defendendo a constitucionalidade desse dispositivo, uma

Em suma, a respeito desse artigo, é possível afirmar que, ainda que sejam inafiançáveis os delitos previstos nessa lei, poderá ser concedida liberdade provisória ao acusado, quando não estejam previstos os requisitos para a prisão preventiva. Além disso, é inconstitucional a exigência de prévio recolhimento à prisão como pressuposto do recurso de apelação.

Art. 32. (VETADO).

§ 1º (VETADO).

§ 2º (VETADO).

§ 3º (VETADO).

DA FIXAÇÃO DA PENA DE MULTA

Art. 33. Na fixação da pena de multa relativa aos crimes previstos nesta lei, o limite a que se refere o § 1º do art. 49 do Código Penal, aprovado pelo Decreto-lei nº 2.848, de 7 de dezembro de 1940, pode ser estendido até o décuplo, se verificada a situação nele cogitada.

Como é sabido a aplicação da pena de multa segue duas fases. A primeira tem por finalidade identificar a quantidade de dias-multa que deve ser aplicada ao autor do fato, devendo ser estabelecida em número mínimo de 10 (dez) e, no máximo, de 360 (trezentos e sessenta) dias-multa (CP, art. 49).

A fixação desses dias-multa deve utilizar como baliza os mesmos critérios empregados pelo juiz para a fixação da pena privativa de liberdade (o critério trifásico do art. 59 e seguintes do Código Penal).

Uma vez estabelecida a quantidade de dias-multa a serem aplicadas ao autor do fato, deverá ser iniciada a segunda fase do procedimento de aplicação da pena de multa, consistente na determinação do valor a ser atribuído a cada dia-multa.

---

vez que a decretação da prisão como forma de acesso ao Tribunal de Apelação, claramente viola a ideia de cautelaridade, que deve ser ínsita às prisões que não decorram do cumprimento da pena (seja da pena definitiva, seja da provisória fixada ou mantida em segundo grau). Sobre o tema, confirma-se o seguinte julgado: *"DIREITO PROCESSUAL PENAL. HABEAS CORPUS. PENA DE DESERÇÃO. ART. 595, CPP. NÃO-RECEPÇÃO PELA CF/88. OBRIGATORIEDADE DA APRECIAÇÃO DA APELAÇÃO. CONCESSÃO DA ORDEM. 1. A questão de direito em debate neste writ consiste na vigência (ou não) da regra contida no art. 595, do Código de Processo Penal, ou seja, a declaração de deserção da apelação quando o réu foge após a interposição do recurso. 2. A previsão de pressuposto recursal relacionado à exigência da prisão do condenado para poder apelar (CPP, art. 594), na atualidade, se revela violadora dos princípios constitucionais do devido processo legal, do contraditório e da ampla defesa (CF, art. 5º LIV e LV), eis que somente se admite a prisão cautelar quando houver a presença dos pressupostos e condições da prisão preventiva (CPP, art. 312). 3. O mesmo raciocínio é válido na leitura interpretativa do art. 595, do Código de Processo Penal, eis que se reconhecida a inconstitucionalidade da exigência de recolhimento do condenado à prisão para poder apelar, também o será a norma que repute a fuga como causa para a deserção da apelação anteriormente interposta. A fuga, assim, seria um pressuposto negativo de admissibilidade do recurso. 4. Não há mais legitimidade na restrição à interposição de apelação criminal consistente na obrigatoriedade do recolhimento à prisão em razão de sentença condenatória e na deserção na eventualidade de fuga do condenado após a interposição da apelação. 5. Ordem concedida."* (STF – HC 91945, Relator(a): Min. ELLEN GRACIE, Segunda Turma, julgado em 24/06/2008, DJe-152 DIVULG 14-08-2008 PUBLIC 15-08-2008 EMENT VOL-02328-02 PP-00416). Assim, também, STF – **HC 92008**, Relator(a): Min. JOAQUIM BARBOSA, Segunda Turma, julgado em 06/05/2008, DJe-112 DIVULG 19-06-2008 PUBLIC 20-06-2008 EMENT VOL-02324-03 PP-00616.

Nessa segunda fase, o critério a ser utilizado é a condição econômica do condenado (CP, art. 68)[115].

Assim, será precisamente nessa segunda fase da aplicação da pena de multa que poderá incidir o art. 33 da LCSFN, que dispõe que o juiz – considerando-se a situação econômica do condenado – poderá estender o valor dos dias-multa *"até o décuplo, se verificada a situação nele cogitada"*.

A razão de ser do presente dispositivo é justamente dar um tratamento repressivo dos dias-multa proporcional ao poderio econômico normalmente ostentado por autores dos delitos contra o sistema financeiro, criando, assim, regras específicas que transcendem à regência dos crimes tradicionais. Em outras palavras, para o legislador os delitos econômicos merecem uma reprovação pecuniária mais acentuada e proporcional à capacidade financeira de seus autores.

Art. 34. Esta lei entra em vigor na data de sua publicação.

Art. 35. Revogam-se as disposições em contrário.

REFERÊNCIAS BIBLIOGRÁFICAS

ABRÃO, Nelson. Direito Bancário. 16a ed. Saraiva: São Paulo, 2016.

BITTENCOURT, Cezar Roberto. Tratado de Direito Penal Econômico. Vol. 1. São Paulo: Saraiva, 2016.

BUSATO, Paulo César. Direito Penal: parte especial 1. São Paulo: Atlas, 2014.

BUSCHINELLI, Gabriel Saad Kik. Comentário à Lei do Mercado de Capitais, Lei n. 6.385/76. São Paulo: Quartier Latin. 2015.

CABRAL, Rodrigo Leite Ferreira. Dolo y lenguaje: hacia una nueva gramática del dolo desde la Filosofía del Lenguaje. Valencia: Tirant lo Blanc, 2017.

COELHO, Fábio Ulhoa. Manual de Direito Comercial: Direito da Empresa. 23a ed. São Paulo: Saraiva.

DE GRANDIS, Rodrigo. Aspectos Penais e Processuais Penais do Regime Especial de Regularização Cambial e Tributária de Recursos (RERCT), in Regime Especial de Regularização Cambial e Tributária (RERCT): Aspectos práticos. São Paulo: Noeses, 2016.

DE SANTIS, Fausto Martins. Delinquência Econômica e Financeira. Rio de Janeiro: Gen, 2015.

DRESSLER, Joshua. Understanding Criminal Law. 6a ed. New Providence: LexisNexis, 2012.

ELLIOT, Catherine; QUINN, Frances. Criminal Law. 5a ed. Harlow: Pearson, 2012.

ESTELITA, Heloisa; BOTTINI, Pierpaolo Cruz. Extinção da Punibilidade no RERCT: Figuras penais contempladas e (algumas) das excluídas, in Regime Especial de Regularização Cambial e Tributária

---

115 Sobre a aplicação da pena de multa, assim sintetiza GALVÃO: *"Para a apuração do quantum da pena de multa, seja quando é única a aplicada ou nas hipóteses em que sua aplicação é cumulativa, duas etapas distintas devem ser percorridas pelo juiz. Na primeira etapa, o juiz deve estabelecer a quantidade de dias-multa; na segunda, o valor de cada dia-multa. Para a apuração da quantidade de dias-multa, deve o magistrado realizar as operações descritas no art. 68 do CP, de forma que as circunstâncias atenuantes e agravantes, bem como as causas de aumento ou diminuição, possam alterar a pena-base inicialmente fixada. Para a fixação do valor do dia-multa, o juiz deve atentar para as condições econômicas do condenado. Multiplicando-se os números de dias-multa pelo valor pecuniário obtém-se o valor final da multa a ser paga. Em uma fórmula simples, a quantidade de dias-multa expressa a capacidade econômica do condenado."* GALVÃO, Fernando. *Direito Penal: Parte Geral*, 5ª ed. São Paulo: Saraiva, 2013, p. 680.

(RERCT): Aspectos práticos. São Paulo: Noeses, 2016.

FARALDO CABANA, Patricia. Los delitos societarios, 2ª ed. Valencia: Tirant lo Blanch, 2012.

FELDENS, Luciano; SCHMIDT, Andrei Zenkner. O Delito de Evasão de Divisas 20 anos depois: Sua redefinição típica em face das modificações das políticas cambiais brasileiras, in Crimes contra o Sistema Financeiro Nacional: 20 anos da Lei n. 7.492/86. Belo Horizonte: Del Rey, 2006.

FELDENS, Luciano. Gestão Financeira e Temerária de Instituição Financeira: Contornos identificadores do tipo, in Crimes Financeiros e Corretados. São Paulo: Saraiva, 2011.

GALVÃO, Fernando. Direito Penal: Parte Geral, 5a ed. São Paulo: Saraiva, 2013.

GROCH, Ludmila de Vasconcelos Leite. A prescrição dos crimes que podem ser objeto de anistia, in Regime Especial de Regularização Cambial e Tributária (RERCT): Aspectos práticos. São Paulo: Noeses, 2016.

HELLMANN, Uwe. Nomos-Kommentar zum Strafgesetzbuch. § 265b. KINDHÄUSER, Urs; NEUMANN, Ulfrid; PAEFFGEN, Hans-Ulrich Ulfrid (org.). Baden-Baden: Nomos-Verl.-Ges., 2010.

LOBO, Carlos Augusto da Silveira. Os valores mobiliários, in Doutrinas Essenciais: Direito Empresarial, vol. VIII, Mercado de Capitais. São Paulo: RT, 2011.

MARTÍNEZ BUJÁN-PÉREZ, Carlos. Estafa de Inversores y de Crédito: El art. 282 bis del Código Penal. Valencia: Tirant lo Blanch, 2012.

MARTÍNEZ-BUJÁN PÉREZ. Derecho Penal Económico y de la Empresa: parte general. 3ª ed. Valencia: Tirant lo Blanch, 2011.

MAZZILLI, Hugo Nigro. Regime Jurídico do Ministério Público. 8ª ed. São Paulo: Saraiva, 2014.

MENDRONI, Marcelo Batlouni. Crime de Lavagem de Dinheiro. 3a ed. São Paulo: Atlas, 2015.

NEWLANDS JUNIOR. Carlos Arthur. Sistema Financeiro e Bancário. 5a ed. São Paulo: Gen, 2015.

OXMAN, Nicolás. Sistemas de Imputación subjetiva en Derecho penal: el modelo angloamericano. Valencia: Tirant lo Blanch, 2016.

PRADO, Luiz Régis. Direito Penal Econômico, 6a ed. São Paulo: RT, 2014.

RAGUÉS I VALLÈS, Ramon. La ignorancia deliberada en Derecho Penal. Barcelona: Atelier, 2007.

RAGUÉS I VALLÈS, Ramon. La responsabilidad penal del testaferro en delitos cometidos a través de sociedades mercantiles. En Anuario de Derecho Penal Económico y de la Empresa, ADPE, 2 (2012).

RODRÍGUEZ MONTAÑÉS, Teresa. Delitos de peligro, dolo e imprudencia. Buenos Aires: Rubinzal-Culzoni, 2004.

ROXIN, Claus. Derecho Penal. Parte General. Tomo I. Fundamentos. La estructura de la Teoría del Delito, trad. de Diego Manuel Luzón Peña, Miguel Díaz y García Conlledo y Javier de Vicente Remesal. Madrid: Thomson Civitas, 2003.

SCHMIDT, Andrei Zenkner. Direito Penal Econômico: Parte Geral. Porto Alegre: Livraria do Advogado, 2015.

SCHÜNEMANN, Bernd. Moderne Tendenzen in der Dogmatik der Fahrlässigkeit- und Gefährdungsdelikte, Juristische Arbeitsblätter (JA), 1975, StR.

SILVA SANCHEZ, Jesus-María. Fundamentos del Derecho Penal de la empresa. 2a ed. Madrid: Edisofer, 2016.

SIMESTER, A.P; SPENCER, J.R.; SULLIVAN, G.R.; VIRGO, G.J. Simester and Sullivan's Criminal Law: Theory and Doctrine. 4ª ed. Oxford/Portland: Hart Publishing, 2010.

SUTHERLAND, Edwin H. El Delito de Cuello Blanco. Buenos Aires: BDEF, 2016.

TIEDEMANN, Klaus. Manual de Derecho Penal Económico: Parte General y Especial. Valencia: Tirant lo Blanch, 2010.

TORIO LÓPEZ, Angel. Los delitos de peligro hipotético. Anuario de Derecho Penal y Ciencias Penales (ADP). Tomo 34. 1981, p. 838.

TORTIMA, José Carlos. Crimes contra o Sistema Financeiro Nacional: Uma contribuição ao Estudo da Lei n. 7.492/86. 3a ed. Lumen Juris: Rio de Janeiro, 2011.

VIVES ANTÓN, Salvador Tomás. Derecho Penal, Parte Especial, 3ª ed. Valencia: Tirant lo Blanch, 2010.

VOLK, Klaus. Grundkurs StPO. München: Beck, 2008.

WILLIAMS, Glanville. Criminal Law: The General Part. 2a ed., London: Stevens & Sons Ltd, 1961.

CAPÍTULO 12

Preconceito de Raça ou de Cor – Lei 7.716/1989

Mariano Paganini Lauria

1. À GUISA DE INTRODUÇÃO: DA FUNDAMENTAÇÃO CONSTITUCIONAL DE CRIMINALIZAÇÃO

O Estado Democrático de Direito surgiu no afã de conjugar o ideal democrático ao Estado de Direito, não como uma mera junção de conceitos, mas sob um conteúdo particular, presentes as conquistas democráticas, as garantias jurídico-legais e uma efetiva preocupação social, tendo como missão primordial a transformação do *status quo*. Assim, o conteúdo da legalidade – princípio ao qual permanece vinculado – assume a forma de busca incessante de concretização da igualdade, notadamente através de intervenções que impliquem diretamente uma alteração benéfica na situação da comunidade.[1-2]

Com efeito, no Estado Democrático de Direito, tem-se uma releitura dos direitos fundamentais reconhecidos no Estado Liberal e no Estado Social, sendo que a igualdade não é mais vista apenas em seu viés liberal (igualdade formal – perante a lei), tampouco de maneira homogeneizante, tal qual no Estado Social.

A grande pretensão do Estado Social (ou de Bem-Estar) era a de conferir melhores condições de vida às pessoas. Todavia, esta promessa não foi cumprida, conseguindo tal modelo, no máximo, arregimentar uma clientela estatal acostumada a receber tudo de graça, não importando a qualidade dos serviços efetivamente prestados.[3]

1 MORAIS, Luis Bolzan de; STRECK, Lenio Luiz. *Ciência Política e Teoria do Estado*. 8. ed. Porto Alegre: Livraria do Advogado, 2014, p. 98.

2 Destacando a importância do princípio da igualdade (como direito-chave) no Estado Democrático de Direito, Paulo Bonavides assim se posicionou, *in verbis*: *"O centro medular do Estado Social e de todos os direitos de sua ordem jurídica é indubitavelmente o princípio da igualdade. Com efeito, materializa ele a liberdade da herança clássica. Com esta compõe um eixo ao redor do qual gira toda a concepção do Estado democrático contemporâneo. De todos os direitos fundamentais a igualdade é o que mais tem subido de importância no Direito Constitucional de nossos dias, sendo, como não poderia deixar de ser, o direito-chave, o direito guardião do Estado Social"*. BONAVIDES, Paulo. *Curso de Direito Constitucional*. 25. ed. São Paulo: Malheiros, 2010, p. 376.

3 OMNATI, José Emílio Medauar. *A igualdade no paradigma do Estado Democrático de Direito*. Porto Alegre: Sérgio Antônio Fabris, 2004, p. 84.

Já no Estado Democrático de Direito, o princípio da igualdade é entendido como catalisador do respeito às diferenças e à pluralidade, devendo, pois, o ente estatal atuar de forma a reduzir as desigualdades sociais e assegurar que as minorias tenham seus direitos respeitados.[4]

A Constituição Federal, na cabeça do seu artigo 5º, prevê o direito fundamental à igualdade, nos seguintes termos: "*Todos são iguais perante a lei, sem distinção de qualquer natureza, garantindo-se aos brasileiros e aos estrangeiros residentes no País a inviolabilidade do direito à vida, à liberdade, à igualdade, à segurança e à propriedade, nos termos seguintes*".

Assim, a Carta Magna se preocupou com a igualdade formal – ao dizer que todos são iguais perante a lei –, mas também com a material ao prever que são garantidos direitos básicos como a vida, a liberdade e a própria igualdade, sendo esta de feição distributiva.[5]

Por conseguinte, podemos afirmar que o direito fundamental à igualdade é verdadeiro direito-chave do Estado Democrático Brasileiro, sendo dele extraídas inúmeras dimensões subjacentes aos valores encartados na Constituição Cidadã.

Entretanto, não se pode afirmar, aprioristicamente, que exista uma correlação lógica entre o princípio da igualdade e a vedação absoluta de discriminação[6], na medida em que, em determinados casos, tal discrímen deve ser inclusive fomentado. Surgem, neste sentido, as discriminações positivas ou inversas (a exemplo das "ações afirmativas"), que devem ser pautadas por critérios objetivos, proporcionais e justificáveis do ponto de vista jurídico, transformando-se, assim, em franca concretização da própria isonomia e configurando, ainda, vetor de integração igualitária de todos os cidadãos no Estado e na própria sociedade. Servem, pois, as discriminações positivas à construção e à ampliação da cidadania, como mecanismo jurídico-político de inclusão social.[7]

Nada obstante, impende ressaltar que o elemento discriminador escolhido como causa de desequiparação deve estar predisposto ao alcance de uma finalidade. Esta, por seu turno, deve corresponder exatamente a algum objetivo encampado pelo sistema jurídico-constitucional, seja expressa ou implicitamente.[8-9]

4 LOBO, Bárbara Natália Lages. *O direito à igualdade na Constituição brasileira*: comentários ao Estatuto da Igualdade Racial e a constitucionalidade das ações afirmativas. Belo Horizonte: Fórum. 2013, p. 63.

5 VIEIRA, Oscar Vilhena. *Direitos Fundamentais*: uma releitura da jurisprudência do STF. São Paulo: Malheiros, 2006, p. 287.

6 A doutrina aponta que historicamente o princípio da igualdade tem desempenhado uma função negativa e uma função positiva. A primeira (a negativa), de cunho liberal, consiste na vedação de discriminação e privilégios, limitando basicamente ações geradoras de desigualdades injustas, como, por exemplo, discriminações de raça. Já a função positiva, de viés social, demanda a atuação do Estado a fim de intervir materialmente nas desigualdades com o objetivo de minorá-las ou extingui-las. O fato é que, em verdade, essas tradicionais funções apontadas ao princípio da igualdade pouco acrescentam ao que já foi desenvolvido no que tange aos conceitos de igualdade formal e material. GUEDES, Jéfferson Carús. *Igualdade e Desigualdade*: introdução conceitual, normativa e histórica dos princípios. São Paulo: Revista dos Tribunais, 2014, p. 222-226.

7 NEVES, Marcelo. *Entre Têmis e Leviatã*: uma relação difícil. São Paulo: Martins Fontes, 2006, p. 175.

8 TAVARES, André Ramos. *Curso de Direito Constitucional*. 6. ed. São Paulo: Saraiva, 2008, p. 553.

9 Em célebre monografia sobre o tema, o professor Celso Antônio Bandeira de Melo estabelece critérios para definir quando situações de discriminação estão em conformidade com o direito fundamental à igualdade, destaca-se um trecho fundamental da obra, conforme segue: "*[...] as discriminações são recebidas como compatíveis com a cláusula igualitária apenas e tão somente quando existe um vínculo de correlação lógica entre a*

Robert Alexy, citando a jurisprudência do Tribunal Constitucional alemão, aponta que "*uma diferenciação arbitrária ocorre se não é possível encontrar um fundamento razoável, que decorra da natureza das coisas, ou uma razão objetivamente evidente para a diferenciação ou para o tratamento igual feitos pela lei*".[10]

De fato, a célebre fórmula da arbitrariedade, cunhada pelo Tribunal Constitucional alemão, deixa claro que, para o tratamento igual perante a lei (regra geral básica), não é necessário qualquer esforço argumentativo. No entanto, a desigualdade de tratamento exige uma fundamentação racional e sólida a fim de justificar constitucionalmente a desequiparação. Neste contexto, a tarefa primordial da igualdade em seu viés material consiste em investigar a característica a ser levada em conta no juízo de diferenciação, analisando o quão decisivas são as desigualdades reais, principalmente econômicas e sociais, a fim de justificar ou não a adoção de tal postura.[11]

Ora, se as discriminações positivas somente são consentâneas com o direito à igualdade quando a desequiparação tem algum escopo encampado pelo ordenamento jurídico, podemos afirmar que discriminações pautadas por preconceito e intolerância (racistas) são ofensivas ao direito fundamental em voga, logo inaceitáveis.

Tal raciocínio é baseado em duas nítidas premissas: a uma, o racismo é objeto de mandado expresso de criminalização pela Carta Maior, previsto no art. 5.º, inciso XLII, indicando a manifesta opção de repúdio do Estado brasileiro a sua ocorrência; a duas, o racismo "*põe em execução práticas de inferiorização e de exclusão*"[12] de pessoa ou grupo, indo de encontro aos valores promovidos pela ordem jurídico-constitucional do Estado Democrático.

Saliente-se, ainda, que a Constituição proclamou, como um dos objetivos da República, "*promover o bem de todos, sem preconceitos de origem, raça, sexo, cor, idade e quaisquer outras formas de discriminação*" (art. 3º, IV, da Constituição Federal).

Portanto, podemos afirmar que existe um direito de não-discriminação ou de antidiscriminação, decorrente do próprio direito fundamental à igualdade.[13]

Como dito, a Constituição Federal preocupou-se em criminalizar o racismo, e de forma severa, determinando que fosse, inclusive, considerado um delito imprescritível, inafiançável e punido com reclusão.

Estabelecendo uma necessária contextualização acerca dos direitos fundamentais, destacamos a sua multifuncionalidade, pois, hodiernamente, não são mais concebidos apenas em sua clássica função subjetiva – como direitos de resistência ou prestacionais de seus titulares –,

---

peculiaridade diferencial acolhida por residente no objeto, e a desigualdade de tratamento em função dela conferida, desde que tal correlação não seja incompatível com interesses prestigiados na Constituição". MELO, Celso Antônio Bandeira. *O Conteúdo Jurídico do Princípio da Igualdade*. 3. ed. São Paulo: Malheiros, 2013, p. 17.

10 ALEXY, Robert. *Teoria dos Direitos Fundamentais*. Trad. Virgílio Afonso da Silva. 2. ed. São Paulo: Malheiros, 2015, p. 403.

11 RIOS, Roger Raupp. *O Princípio da igualdade e a discriminação por orientação sexual*: a homossexualidade no direito brasileiro e norte-americano. São Paulo: Revista dos Tribunais, 2002, p. 48-49/54.

12 WIEVIORKA, Michel. *O racismo, uma introdução*. Trad. Fany Kon. São Paulo: Perspectiva, 2007. p. 9

13 Humberto Ávila, em sua preeminente Teoria dos Princípios, adota o entendimento de que a igualdade é um postulado normativo, sendo que poderia funcionar inclusive como regra – nesta hipótese – prevendo a proibição de tratamento discriminatório. ÁVILA, Humberto. *Teoria dos Princípios*: da definição à aplicação dos princípios. 15 ed. São Paulo: Malheiros, 2014. p. 192.

com o passar do tempo e a evolução doutrinária e jurisprudencial, ganharam uma faceta adicional, consubstanciada no que se convencionou chamar de dimensão objetiva, especialmente no que tange ao dever do Estado de eficazmente tutelá-los por intermédio de inúmeros mecanismos, inclusive recorrendo ao Direito Penal.

A aludida dimensão objetiva produz notáveis consequências, primeiro porque os direitos fundamentais não são mais aplicados apenas sob uma perspectiva individualista, mas sim considerando que os bens jurídicos por eles tutelados possam ser entendidos como valores em si, a serem preservados e fomentados. Além disso, enseja por parte do Estado um dever de proteção contra agressões dos próprios poderes públicos ou de particulares (a célebre eficácia horizontal), devendo o ente estatal adotar até mesmo medidas de ordem penal que protejam efetivamente os direitos fundamentais.

Consequentemente: "*Essa dimensão objetiva dos direitos fundamentais tem reflexo direto no campo do direito penal, notadamente porque este constitui um dos mais importantes meios pelos quais o Estado realiza a proteção de direitos fundamentais*".[14-15]

Releva salientar que o fato de a Constituição Federal ser eminentemente uma carta de liberdades não impediu, em algumas passagens, o recurso à figura do Direito Penal como mecanismo de proteção de direitos fundamentais. Trata-se dos chamados mandados de criminalização (espécie de dever fundamental dirigido ao próprio Estado), tema este muito pouco abordado pela doutrina jurídica até os dias de hoje.

Faz-se perceptível a existência de uma íntima conexão entre a Constituição Federal e o Direito Penal. Tal relação tanto se descortina no que tange aos princípios jurídico-penais dispostos na carta constitucional (legalidade estrita, irretroatividade da lei penal, presunção de inocência, dentre outros), quanto, e especialmente, no fato de que a Carta Magna constitui o principal fundamento material no processo de criminalização de condutas.

Logo, podemos afirmar que existe uma relação de circularidade entre a Constituição e o Direito Penal. Assim, o desenvolvimento contemporâneo da compreensão jurídica haverá de conceber na Constituição a primordial ordenação axiológica da qual deriva o processo de criminalização[16]. Surge, portanto, o que Luciano Feldens denomina de Constituição Penal, concebida "*como o conjunto de diretrizes normativas estabelecidas à organização e ao funcionamento do sistema jurídico-penal requerido pela Constituição*".[17]

---

14 GAVIÃO, Juliana Venturela Nahas. *A proibição de proteção deficiente*. Porto Alegre: Revista do Ministério Público do RS, n. 61, maio/out. 2008, p. 96.

15 Neste viés, interessante lembrar da Lei Maria da Penha (Lei 11.340/06), nítida ação estatal afirmativa que recorre ao direito penal visando à concretização do direito fundamental à igualdade de gênero – em seu viés substancial – no ambiente de relações interpessoais, objetivando proteger a mulher vítima de violência doméstica praticada pelo homem, através do recrudescimento das penas e rigores legais (como a proibição da aplicação dos institutos despenalizadores da transação penal e suspensão condicional do processo, entre outros). Dito por palavras menos congestionadas, o Estado para reafirmar um direito (de igualdade de gênero), acaba lançando mão do direito penal.

16 AZEVEDO, André Mauro Lacerda; NETO Orlando Faccini. *O Bem Jurídico-Penal*: duas visões sobre a legitimação do direito penal a partir da teoria do bem jurídico. Porto Alegre: Livraria do Advogado, 2013, p. 82.

17 FELDENS, Luciano. *Direitos Fundamentais e direito penal*: a constituição penal. 2. ed. Porto Alegre: Livraria do Advogado, 2012, p. 60.

É sabido que o Direito Penal tem o viés de intervenção mínima[18] e a função de garantir os valores fundamentais de determinada sociedade. Tais valores são, inicialmente, o que se convencionou chamar de bens jurídicos e, posteriormente, quando assumem relevância ao direito penal, cumprindo um escopo político-criminal de delimitação do que é efetivamente relevante e passível de criminalização, transmudam-se em bens jurídico-penais.

Por isso, o moderno Direito Penal se compromete fortemente com a legitimação do bem jurídico, justamente por estabelecer limites à definição de novas incriminações, motivo pelo qual o legislador deve estar necessariamente alinhado às pautas sociais essenciais, preocupando-se em proteger somente aqueles bens indispensáveis ao livre desenvolvimento do indivíduo.[19]

Os mandados de criminalização ou de tutela penal, por seu turno, encontram guarida na teoria dos deveres fundamentais, e são exigências claras de intervenção estatal pela via do Direito Penal – nestes casos, a opção política já foi determinada pelo próprio constituinte. Em tais hipóteses, a Constituição Federal funciona como verdadeiro fundamento normativo no processo de criminalização, selando pontos de não retorno (o mandado de criminalização do racismo, por exemplo) e de concretização indispensável pelo legislador infraconstitucional, no afã de garantir direitos fundamentais que lhe são subjacentes.[20]

Nesse esteio, o aludido mandado de criminalização do racismo, epigrafado no inciso XLII da Carta Maior, apresenta a seguinte redação: "*a prática do racismo constitui crime inafiançável e imprescritível, sujeito à pena de reclusão, nos termos da lei*".

Eis aí o mandado de criminalização do racismo dirigido ao legislador ordinário, por força de uma clara opção política da Constituição Federal (dever fundamental de criminalização), que inclusive o definiu como crime não sujeito à regra geral da prescritibilidade e afiançabilidade, punido com a espécie de pena privativa de liberdade mais severa do ordenamento (reclusão).

Sendo assim, na exata medida em que a Constituição Federal se ocupou do racismo de forma tão eloquente, fazendo dele inclusive um mandado de criminalização expresso, parece intuitivo que tal prática viola uma norma fundamental de notável importância, qual seja, o princípio da igualdade em seu viés negativo (proibitivo de discriminações injustas).

Comentando o teor e a finalidade protetiva da norma fundamental em lume (mandado de criminalização do racismo), José Afonso da Silva[21] assevera que: "*Os incisos aqui considerados constituem garantias penais dos direitos fundamentais – incluindo o princípio democrático –, consubstanciado no art. 1.º. Protegem, especialmente, o direito de igualdade, configurado no caput do art. 5.º ("Todos são iguais perante a lei, sem distinção de qualquer natureza...", e*

18 Neste sentido, Rogério Sanches Cunha pontua que: "*O Direito Penal só deve ser aplicado quando estritamente necessário, de modo que a sua intervenção fica condicionada ao fracasso das demais esferas de controle (caráter subsidiário), observando somente os casos de relevante lesão ou perigo de lesão ao bem juridicamente tutelado (caráter fragmentário)*". CUNHA, Rogério Sanches. *Manual de Direito Penal*. Parte Geral. Volume Único. 4. ed. rev., ampl. e atual. Salvador: JusPodivm, 2016, p. 69-70.

19 AZEVEDO, André Mauro Lacerda; NETO Orlando Faccini. *O Bem Jurídico-Penal*: duas visoes sobre a legitimação do direito penal a partir da teoria do bem jurídico. Porto Alegre: Livraria do Advogado, 2013, p. 17.

20 FELDENS, Luciano. *Direitos Fundamentais e direito penal*: a constituição penal. 2. ed. Porto Alegre: Livraria do Advogado, 2012, 73-74.

21 SILVA, José Afonso. *Comentário Contextual à Constituição*. 7. ed. São Paulo: Malheiros. 2010, p. 142-143.

correlacionam-se com os incisos III e IV do art. 3.º, com a diferença de que a ação punitiva protege o direito de igualdade de forma negativa".

De nossa parte, parece inquestionável que, a partir do que Canotilho denominou de "*dimensão objetiva do princípio à igualdade*"[22], a Constituição proclamou um dever fundamental de criminalização correlato a tal preceito, estabelecendo uma garantia penal abrangente com o fim de mitigar a discriminação racial negativa, na medida em que tal prática promove ações de inferiorização prejudiciais ao indivíduo ou grupo, contribuindo sobremaneira para acentuar as desigualdades e a subordinação social.

2. A DOGMÁTICA JURÍDICA DO RACISMO NO BRASIL: BREVE ESCORÇO HISTÓRICO

É digno de registro que o primeiro diploma normativo dessa natureza foi a Lei 1.390, de 03 de julho de 1951, conhecida como Lei Afonso Arinos (autor do projeto[23]), editada sob a égide da Constituição Federal de 1946, que "*inclui entre as contravenções penais a prática de atos resultantes de preconceito de raça ou de cor*".

A partir da alcunhada "Lei Afonso Arinos", o Brasil recebeu um marco legal que tipificava como infração penal – apesar de ter preferido a espécie contravenção, menos grave – a prática de discriminações com contornos raciais, o que inegavelmente representou um avanço legislativo, pois, na prática, tal atitude corresponde ao posicionamento oficial do Estado brasileiro de que o racismo é um problema real e sistêmico, desafiando ações concretas (inclusive repressivas), já que até então era invisível aos olhos da grande população – muito em razão do mito da democracia racial – e totalmente alijado da agenda política governamental.[24]

Assim, a Lei 1.390/51, no curso de seus nove artigos, disciplinou como contravenção penal, punida com pena de prisão simples máxima de um ano (cumulada ou não com multa), as seguintes condutas: negativa de atendimento em estabelecimento comercial ou de ensino (art. 1º); recusa de hospedagem em hotéis, pensões e congêneres (art. 2º); recusa de venda de mercadorias ou serviços em restaurantes, bares, confeitarias e locais assemelhados, desde que abertos ao público (art. 3º); negativa de atendimento em locais de diversões ou esporte, barbearias ou cabeleireiros (art. 4º); recusa de inscrição de aluno em estabelecimento de ensino de qualquer curso (art. 5º); óbice de acesso a cargos e empregos públicos ou nas forças armadas (art. 6º); negativa de trabalho em autarquias, concessionárias, empresas públicas e de economia mista,

---

22 CANOTILHO, José Joaquim Gomes. *Direito Constitucional e Teoria da Constituição*. 7. ed. Coimbra: Livraria Almedina, 2003, p. 432.

23 *"Um número significativo de fontes aponta como fato catalisador da elaboração da primeira lei penal antirracista do Brasil a indignação do então deputado federal mineiro Afonso Arinos de Mello Franco. O parlamentar mineiro, ao entrar em uma confeitaria no Rio de Janeiro acompanhado de seu chauffeur negro, teve este seu funcionário barrado em função de sua cor."* FARIAS, Vilson. *Racismo à luz do Direito Criminal* (com incursão no Direito Comparado): Aspectos materiais, processuais e sociológicos. Pelotas: Livraria Mundial, 2015, p. 55.

24 Interessante a justificativa apresentada ao projeto de lei pelo seu autor, o Deputado Afonso Arinos, senão vejamos: *"Por mais que se proclame a inexistência, entre nós, do preconceito de raça, a verdade é que êle existe, e com perigosa tendência a se ampliar. [...] Nada justifica, pois, que continuemos disfarçadamente a fechar os olhos à prática de atos injustos de discriminação racial que a ciência condena, a justiça repele, a Constituição proíbe, e que podem conduzir a monstruosidade como os "pogrooms" hitleristas ou a situações insolúveis como da grande massa negra norte-americana." (sic)* SILVEIRA, Fabiano Augusto Martins. *Da criminalização do racismo*: aspectos sociocriminológicos. Belo Horizonte: Del Rey, 2006, p. 63.

bem como empresas privadas. Além disso, o artigo 8º do aludido diploma normativo previa que, nos casos de reincidência, ocorridos em empresas e estabelecimentos particulares, o juiz poderia determinar a suspensão das atividades por prazo não superior a três meses.

Todavia, para além de alguns aspectos gerais de ineficácia comuns às leis antirracistas brasileiras (os quais serão abordados mais adiante), percebeu-se que a Lei Afonso Arinos pecou pela casuística, limitando as condutas contravencionais a espaços determinados (como bares, restaurantes, hotéis, *etc.*) ou locais acessíveis ao público em geral, fazendo transparecer a ideia segundo a qual a discriminação é tolerada em espaços privados, fato que afetou irremediavelmente a sua aplicação.

Ademais, a jurisprudência firmou o entendimento de que deveria restar comprovado um "especial fim de agir" na conduta da pessoa que praticava a discriminação, o que, aliado à restrição espacial das hipóteses e suportes fáticos previstos na lei, bem como à modificação da forma de agir dos discriminadores durante o processo (a maioria no curso da persecução penal acabavam por negar que tivessem sido impelidos por motivos racistas ou se retratavam com os discriminados), findou por tornar a lei em voga praticamente ineficaz, gerando pouquíssimos casos de condenações pela prática de tais contravenções.[25]

Apesar da baixíssima efetividade da Lei Afonso Arinos, por muitos anos acabou sendo ela o único instrumento legislativo disponível no ordenamento jurídico brasileiro a fim de coibir penalmente práticas racistas. Tal panorama só veio a ser alterado após a promulgação da Constituição Federal de 1988, conforme será examinado a seguir.

3. ANÁLISE DA CONCRETIZAÇÃO INFRACONSTITUCIONAL DO MANDADO DE CRIMINALIZAÇÃO INSERIDO NO ARTIGO 5º, INCISO XLII, DA CONSTITUIÇÃO FEDERAL DE 1988

Consoante já abordado anteriormente, a Constituição Federal de 1988 inseriu, no inciso XLII do seu artigo 5º, o mandado expresso de criminalização do racismo, determinando ao legislador infraconstitucional, de forma imperativa, que as práticas de discriminação racial deveriam ser tratadas como crimes inafiançáveis e imprescritíveis, sujeitas às penas de reclusão, na forma da lei ordinária.

Por consequência, menos de três meses depois da promulgação da atual Carta Constitucional, o Poder Legislativo editou um novel diploma antidiscriminatório. O autor de tal projeto foi o Deputado Carlos Alberto Caó[26], motivo pelo qual a Lei 7.716, de 05 de janeiro de 1989, acabou sendo conhecida como "*Lei Caó*", definindo "*os crimes resultantes de preconceito de raça ou de cor*".

Mais extensa do que a Lei Afonso Arinos, a Lei Caó foi composta originalmente por vinte e um artigos (sendo que quatro acabaram vetados pelo então Presidente da República, José Sarney, notadamente os artigos 2º, 15, 17 e 19), prevendo sanções com penas máximas de até cinco anos de reclusão.

25 SILVA, Kátia Elenise Oliveira da. *O papel do Direito Penal no enfrentamento da discriminação*. Porto Alegre: Livraria do Advogado, 2001, p. 31.

26 O constituinte, deputado, jornalista e advogado baiano, Carlos Alberto Caó de Oliveira, foi militante e uma das mais importantes lideranças do movimento em favor da igualdade das pessoas negras no Brasil, falecido recentemente em 04 de fevereiro de 2018.

Se por um lado o diploma normativo em comento teve como grande mérito transformar em crime o que até então era tratado apenas como mera contravenção penal, por outro, em que pese ter ampliado os espaços nos quais as condutas discriminatórias puníveis poderiam ocorrer, acabou por manter a casuística da Lei Afonso Arinos, sendo essa uma das principais falhas em sua redação original.

Posteriormente, visando à ampliação do campo de atuação e repressão em âmbito penal do racismo, foi editada a Lei 8.081, de 21 de setembro de 1990, que estabeleceu "*os crimes e as penas aplicáveis aos atos discriminatórios ou de preconceito de raça, cor, religião, etnia ou procedência nacional, praticados pelos meios de comunicação ou por publicação de qualquer natureza*", inserindo, no artigo 20 da Lei Caó, a punição de atos discriminatórios (não mais apenas em razão de raça ou cor, mas agora também por religião, etnia ou procedência nacional) cometidos através de veículos de comunicação ou publicações de qualquer natureza. Nesse passo, por meio da nova lei foram introduzidos outros espaços – os meios de comunicação – ao campo de incidência dos comandos repressivos, mitigando a limitação arquitetônica verificada até então.[27]

Adiante, verificou-se outra substancial alteração, promovida pela Lei 9.459, de 13 de maio de 1997, ampliando ainda mais o suporte fático do referido artigo 20 do diploma de combate à discriminação, o qual restou assim delineado: "*Art. 20. Praticar, induzir ou incitar a discriminação ou preconceito de raça, cor, etnia, religião ou procedência nacional. Pena: reclusão de um a três anos e multa*".

Nota-se, pois, que o legislador infraconstitucional inovou ao criar um tipo penal aberto para os crimes de "racismo" (termo aqui utilizado em uma acepção ampla), desde que tenham sido cometidos envolvendo discriminação acerca dos elementos raça, cor, etnia, religião ou procedência nacional. Ademais, a Lei 9.459/97 ainda fez surgir uma nova figura penal atinente à discriminação encetada a partir dos mencionados elementos, qual seja, a injúria racial. Nada obstante, determinou que tal crime fosse inserido no Código Penal, acarretando consequências extremamente relevantes, consoante será demonstrado mais adiante.

4. ANÁLISE DA ATUAL REDAÇÃO DA LEI 7.716/89

Art. 1º Serão punidos, na forma desta Lei, os crimes resultantes de discriminação ou preconceito de raça, cor, etnia, religião ou procedência nacional. (Redação dada pela Lei nº 9.459, de 15/05/97).

Art. 2º (Vetado).

4.1. Dos aspectos gerais

Discriminação e preconceito

Apesar de serem temas relacionados, discriminação e preconceito não se confundem. Por preconceito, designam-se as percepções mentais negativas em face de indivíduos e de grupos

27 SILVA, Kátia Elenise Oliveira da. *O papel do Direito Penal no enfrentamento da discriminação*. Porto Alegre: Livraria do Advogado, 2001. p. 71.

socialmente inferiorizados, bem como as representações sociais ligadas a tais percepções. O preconceito é materializado, no plano social e fático, pela discriminação.[28] Em síntese, podemos afirmar que discriminar, "*como regra, significa estabelecer diferença entre seres e coisas, com prejudicialidade para a parte inferiorizada*".[29]

Portanto, o preconceito (subjetivo), nada mais é do que a formação de uma opinião prévia (pré-julgamento), sedimentada sem a devida avaliação ou conhecimento sobre os fatos que lhe são correspondentes, sendo, na prática, materializado pelo ato discriminatório.

O preconceito racista pode trazer inúmeros abalos psíquico em suas vítimas, especialmente se já forem integrantes de um grupo socialmente colocado à margem da sociedade, causando impactos negativos inclusive à autoestima, pois o modo como a sociedade enxerga tais pessoas pode fazer com que elas internalizem uma visão negativa de si mesmas, acarretando efeitos devastadores.[30] De fato, o preconceito tem uma forte conotação psicológica, podendo até mesmo, nestes casos raciais, consolidar-se como uma representação social negativa de determinado grupo[31], dificultando o acesso às oportunidades.

Meditando acerca da questão racial, mesmo por breves instantes, chegamos a irretorquível conclusão de que uma das maiores violações as quais se pode praticar contra alguém consiste em inferiorizá-lo por algo que o diferencie de seu observador – já alertava o adágio popular: "*Narciso acha feio aquilo que não é espelho*" –, mormente pela cor da pele, opção religiosa, sexualidade, *et coetera*. Vivemos em uma sociedade preconceituosa e homogeneizante, marcada pela intolerância às diferenças, pródiga em discriminar aqueles que destoam (seja de forma inata como ocorre com a cor, ou voluntária tal qual a orientação religiosa) do padrão "normal", de homem branco, cristão e heterossexual.

Os negros, por exemplo, historicamente foram tratados como grupos minoritários (ao lado dos índios, homossexuais, entre outros) haja vista o confinamento na base da pirâmide e hierarquia sociais. Apesar disso, os últimos dados estatísticos de relevo mostraram que atualmente são, em verdade, a maioria da população brasileira (tal levantamento engloba nesse número pessoas definidas como pardas).[32]

Com efeito, se os não-brancos são a maioria da população, por qual motivo é extremamente reduzido o número de profissionais negros nos postos de trabalho de maior destaque ou

28 RIOS, Roger Raupp. *Direito da Antidiscriminação*: discriminação direta, indireta e ações afirmativas. Porto Alegre: Livraria do Advogado, 2008, p. 15.

29 NUCCI, Guilherme de Souza. *Leis penais e processuais penais comentadas*. 2. ed. São Paulo: Revista dos Tribunais, 2007, p. 265.

30 SARMENTO, Daniel. Direito Constitucional e Igualdade Étnico-Racial. *In*: PIOVESAN, Flávia; SOUZA, Douglas de (Coord.). *Ordem Jurídica e Igualdade Étnico-Racial*. Brasil. Secretaria Especial de Políticas de Promoção da Igualdade Racial da Presidência da República. Rio de Janeiro: Lumen Juris. 2008, p. 97.

31 As representações sociais são as formas pelas quais o senso comum expressa seu pensamento. ALMEIDA, Saulo Teles, PEREIRA, Cícero, ROSAS, Ana Raquel Torres. *Um Estudo do Preconceito na Perspectiva das Representações Sociais*: Análise da Influência de um Discurso Justificador da Discriminação no Preconceito Racial. Psicologia: Reflexão e Crítica. v. 16, n. 01, 2003. Universidade Federal do Rio Grande do Sul. Porto Alegre. p. 96. Disponível em: <http://www.scielo.br/pdf/prc/v16n1/16801.pdf>.

32 Pela primeira vez na história do Brasil, o censo indicou que a população negra e parda é a maioria no país: 50,7% de um total de 190.732.694 pessoas. O Censo 2010 revelou que a maior parte da população negra se concentra no Norte e Nordeste do país, e sofre a maior taxa de analfabetismo na faixa etária acima dos 15 anos (entre 24,7% e 27,1%). *Censo demográfico 2010*. Características gerais da população. Rio de Janeiro: IBGE, 2012. Disponível em: <https://pt.globalvoicesonline.org/2011/11/24/brasil-censo-populacao-negra/>.

ascendência social e econômica, tais como, operadores do Direito, professores universitários, profissionais liberais com nível superior e assim por diante? Ao passo que basta apenas um breve olhar aos centros urbanos das cidades brasileiras para perceber que homens e mulheres negros estão em toda parte como motoristas, faxineiros, cozinheiros, seguranças, garçons, entre outras profissões normalmente de menor remuneração e que não exigem qualificação profissional tão elevada. Será coincidência? Ou há uma subordinação econômica e social da população negra no Brasil, esteada em grande medida sob a chaga do racismo?

Como dito, atualmente a maior parte da população brasileira é negra (não se coadunando mais com o conceito estrito de minoria populacional), todavia, tais pessoas ainda continuam sendo uma minoria nas instâncias de poder e de legitimação social, pois as profundas desigualdades em que vivem, especialmente no que tange à educação formal e renda, não possibilitam que, via de regra, ocupem os espaços públicos e econômicos mais relevantes, contribuindo decisivamente para isso um tumor perniciosamente arraigado em nossa sociedade – tida como plural, porquanto miscigenada –, denominado racismo[33], engendrado a partir de um conceito de raça/cor socialmente construído, já que cientificamente desacreditado. Fenômeno que é ainda mais grave, haja vista que, no Brasil, silencioso e não confessado, obnubilado pelo pálio falacioso de uma suposta democracia racial.

Justamente objetivando mitigar o cenário antes explicitado, a partir de inúmeras discussões teóricas, consolidaram-se iniciativas de combate à discriminação, notadamente no universo acadêmico estadunidense, surgindo um ramo de conhecimento próprio, lá denominado *anti-discrimination law* (e recebido pela doutrina brasileira como direito da antidiscriminação), descrito por Roger Raupp Rios da seguinte forma: "*Trata-se, com efeito, da compreensão do princípio da igualdade como proibição de discriminação, atenta para as formas pelas quais o fenômeno discriminatório opera, bem como para a formulação de medidas positivas de sua superação decorrentes desta consciência*"[34].

33 O racismo é um fenômeno multifacetado. A palavra racismo possui vários significados na literatura especializada (sociologia e antropologia), ainda que sejam correlatos. Racismo pode ser entendido como uma doutrina, quer seja dita como "ciência", quer não, por meio do qual se sustenta a existência de raças humanas (o que hodiernamente não tem sustentáculo científico mínimo), com diferentes qualidades e habilidades, ordenadas de tal modo a formar um gradiente hierárquico de qualidades morais, psicológicas, físicas e intelectuais aptas a fomentar um quadro de classificações em grupos racializados. Além da doutrina, o racismo é ainda referido como sendo um corpo (ou sistema) de atitudes, preferências e gostos animados pela ideia de superioridade racial. As pessoas que consideram, por exemplo, os negros menos inteligentes ou menos trabalhadores, são tidas como racistas, popularmente se diz que tais pessoas têm preconceito de cor. Outrossim, chama-se, ainda, de racismo, o sistema de desigualdades de oportunidades, arraigado na estrutura de uma sociedade, podendo ser verificado estatisticamente e gerando um complexo quadro de iniquidades raciais, seja na educação, no lazer, na saúde pública, no emprego e renda, na moradia, *et coetera*. Tal panorama, apesar de não existir sem seus agentes – os cidadãos de determinada sociedade, não pode ser confundido, ainda que esteja imbricado, com o sistema de atitudes ou comportamentos individuais concretos, isso porque algum indivíduo de raça ou cor que historicamente desfrute de menos oportunidades não necessita obrigatoriamente, para acabar em uma posição de inferioridade na hierarquia social, ser discriminado, sofrer preconceitos ou ser diminuído, vez que o próprio sistema de desigualdade racial se encarrega de (re)produzir a inferioridade fática, bastando, em tese, para tanto, que tal indivíduo venha a nascer ou se socializar em uma família típica desta situação racial. *In* GUIMARÃES, Antônio Sérgio Alfredo. *Preconceito e Discriminação*: queixas de ofensas e tratamento desigual dos negros no Brasil. 2. ed. São Paulo: Editora 34, 2004, p. 17/19.

34 RIOS, Roger Raupp. *Direito da Antidiscriminação*: discriminação direta, indireta e ações afirmativas. Porto Alegre: Livraria do Advogado, 2008, p. 14.

Raça, cor, etnia, religião e procedência nacional

Não há definição na lei do que seja raça, cor, etnia, religião ou procedência nacional, fato que acarreta uma indisfarçável abertura dos tipos penais no diploma normativo em voga.

Um dos temas mais tormentosos na análise do diploma em testilha vem a ser o **significado de raça**, sendo que a melhor exegese aponta para um conceito amplo, socialmente construído, e não biológico, tendo em vista que o conjunto de caracteres genéticos que diferenciam os seres humanos, tais como cor do cabelo, dos olhos e da pele, não autoriza a categorização de raças humanas, haja vista o atual entendimento científico acerca do tema.

Apesar da dificuldade apontada, cremos imprescindível a análise ilustrativa de um julgado emblemático sobre o tema, em razão da força simbólica de tal precedente e sua importância à consolidação do conceito amplo ao crime de racismo.

Trata-se do celebremente conhecido "*caso Ellwanger*" – em que pese não ter efeitos vinculantes *erga omnes*, pois foi prolatado pelo Supremo Tribunal Federal em âmbito de um habeas corpus (n.º 82.424/RS) – resultando em verdadeiro marco paradigmático ao afirmar que o conceito de racismo foi socialmente construído.[35]

---

35 O julgado foi assim ementado (suprimimos alguns trechos de menor importância dada a extensão desta). EMENTA: HABEAS-CORPUS. PUBLICAÇÃO DE LIVROS: ANTI-SEMITISMO. RACISMO. CRIME IMPRESCRITÍVEL. CONCEITUAÇÃO. ABRANGÊNCIA CONSTITUCIONAL. LIBERDADE DE EXPRESSÃO. LIMITES. ORDEM DENEGADA. 1. Escrever, editar, divulgar e comerciar livros "fazendo apologia de ideias preconceituosas e discriminatórias" contra a comunidade judaica (Lei 7716/89, artigo 20, na redação dada pela Lei 8081/90) constitui crime de racismo sujeito às cláusulas de inafiançabilidade e imprescritibilidade (CF, artigo 5º, XLII). 2. Aplicação do princípio da prescritibilidade geral dos crimes: se os judeus não são uma raça, segue-se que contra eles não pode haver discriminação capaz de ensejar a exceção constitucional de imprescritibilidade. Inconsistência da premissa. 3. Raça humana. Subdivisão. Inexistência. Com a definição e o mapeamento do genoma humano, cientificamente não existem distinções entre os homens, seja pela segmentação da pele, formato dos olhos, altura, pelos ou por quaisquer outras características físicas, visto que todos se qualificam como espécie humana. Não há diferenças biológicas entre os seres humanos. Na essência são todos iguais. 4. Raça e racismo. A divisão dos seres humanos em raças resulta de um processo de conteúdo meramente político-social. Desse pressuposto origina-se o racismo que, por sua vez, gera a discriminação e o preconceito segregacionista. 5. Fundamento do núcleo do pensamento do nacional-socialismo de que os judeus e os arianos formam raças distintas. Os primeiros seriam raça inferior, nefasta e infecta, características suficientes para justificar a segregação e o extermínio: inconciabilidade com os padrões éticos e morais definidos na Carta Política do Brasil e do mundo contemporâneo, sob os quais se ergue e se harmoniza o estado democrático. Estigmas que por si só evidenciam crime de racismo. Concepção atentatória dos princípios nos quais se erige e se organiza a sociedade humana, baseada na respeitabilidade e dignidade do ser humano e de sua pacífica convivência no meio social. Condutas e evocações aéticas e imorais que implicam repulsiva ação estatal por se revestirem de densa intolerabilidade, de sorte a afrontar o ordenamento infraconstitucional e constitucional do País. 6. Adesão do Brasil a tratados e acordos multilaterais, que energicamente repudiam quaisquer discriminações raciais, aí compreendidas as distinções entre os homens por restrições ou preferências oriundas de raça, cor, credo, descendência ou origem nacional ou étnica, inspiradas na pretensa superioridade de um povo sobre outro, de que são exemplos a xenofobia, "negrofobia", "islamafobia" e o anti-semitismo. 7. A Constituição Federal de 1988 impôs aos agentes de delitos dessa natureza, pela gravidade e repulsividade da ofensa, a cláusula de imprescritibilidade, para que fique, ad perpetuam rei memoriam, verberado o repúdio e a abjeção da sociedade nacional à sua prática. 8. Racismo. Abrangência. Compatibilização dos conceitos etimológicos, etnológicos, sociológicos, antropológicos ou biológicos, de modo a construir a definição jurídico-constitucional do termo. Interpretação teleológica e sistêmica da Constituição Federal, conjugando fatores e circunstâncias históricas, políticas e sociais que regeram sua formação e aplicação, a fim de obter-se o real sentido e alcance da norma. [...] Prevalência dos princípios da dignidade da pessoa humana e da igualdade jurídica. [...] Ordem denegada. BRASIL. Supremo Tribunal Federal. Habeas Corpus nº 82.424/RS. Tribunal

Siegfried Ellwanger Castan, escritor gaúcho e proprietário de uma editora denominada Revisão Editora Ltda., situada em Porto Alegre/RS, publicou obras suas e de terceiros, pretensamente científicas, adotando a linha conhecida como "revisionismo", a fim de apresentar uma nova versão acerca do Holocausto, perpetrado pelo governo nacional-socialista alemão (partido nazista) e que culminou no extermínio de aproximadamente seis milhões de judeus. Tal autor qualificou o Holocausto como a "*mentira do século*", negando sua existência, bem como difundindo ideários e imprecações antissemitas.[36]

Segundo o Ministério Público do Estado do Rio Grande do Sul (MPERS), as obras de Ellwanger Castan sustentaram mensagens antissemitas e racistas, disseminando a discriminação racial, sentimentos de ódio e desprezo contra o povo de origem judaica. A denúncia foi oferecida em 12 de novembro de 1991, imputando ao acusado a prática do crime inserido no art. 20 da Lei 7.716/89, com a redação determinada pela Lei 8.081/90, de seguinte teor: "*Praticar, induzir ou incitar, pelos meios de comunicação social ou por publicação de qualquer natureza, a discriminação ou preconceito de raça, por religião, etnia ou procedência nacional. Pena: reclusão de dois a cinco anos*".

A exordial acusatória foi recebida e a respectiva ação penal tramitou perante o Juízo de Direito da 8ª Vara Criminal da capital gaúcha, que, em primeira instância, absolveu o réu por entender que não se tratava de crime de racismo, mas sim manifestação da opinião do autor, devidamente amparada em seu direito fundamental à liberdade de expressão.

Houve, então, recurso de apelação ao Tribunal de Justiça do Estado do Rio Grande do Sul (TJRS), manejado pelos assistentes da acusação[37]: a Federação Israelita do RS e o Sr. Mauro Juarez Nadvorny, integrante da comunidade judaica. O TJRS, por sua Terceira Câmara Criminal – com parecer favorável ao recurso exarado pelo Ministério Público em segunda instância – entendeu por bem condenar Ellwanger Castan a dois anos de reclusão pela prática do tipo penal anteriormente transcrito.

A defesa, irresignada com a condenação imposta pelo Tribunal gaúcho, impetrou Habeas Corpus perante o Superior Tribunal de Justiça (STJ), alegando que o fato cometido não se coadunava ao conceito de racismo constitucionalmente determinado, sendo, no máximo, hipótese de discriminação, na medida em que os judeus não podem ser considerados como uma raça. Assim, postulou pela concessão da ordem com o afastamento da imprescritibilidade no caso concreto e a consequente declaração da extinção da punibilidade pela prescrição. O STJ denegou a ordem, vencido apenas o Ministro Edson Vidigal.

Novamente a defesa impetrou ordem de Habeas Corpus, agora perante o Supremo Tribunal Federal, que, por maioria, também o denegou – vencidos os Ministros Barbosa Moreira (relator originário) e Marco Aurélio, que afastavam o crime de racismo e declaravam extinta a punibilidade (pela prescrição), bem como o Ministro Ayres Brito, que concedia a ordem por entender que o fato era atípico.

Pleno. Relator Originário: Ministro Moreira Alves. Relator para o Acórdão: Ministro Maurício Corrêa. DJ nº 54 em 19/03/2004.

36 MARTINS, Leonardo. *Bioética à luz da liberdade científica*: estudo de caso baseado na decisão do STF sobre a constitucionalidade da Lei de Biossegurança e no direito comparado alemão. São Paulo: Atlas, 2014. p. 212.

37 O Ministério Público em primeiro grau acabou pleiteando a absolvição do acusado em fase de alegações finais.

Conforme o voto vencido do Ministro Ayres Britto, Ellwanger teria elaborado uma revisão de um determinado fato histórico, expressando, assim, a sua opinião, ainda que carregada de uma nítida ideologia. Nada obstante, não poderia ser considerada criminosa tal postura ideológica, restando respaldada pelo princípio constitucional do pluralismo político e pelo direito fundamental à liberdade de expressão.

Todavia, prevaleceu a posição no sentido de que, em consonância com o princípio da convivência das liberdades públicas, nenhum direito é absoluto, portanto, o direito fundamental à liberdade de expressão deve observar os limites estabelecidos pela própria Constituição, não podendo abarcar manifestações que impliquem em ilicitude penal, notadamente quando essas são ofensivas à dignidade humana e à igualdade.

Ademais, – e aqui está a conclusão mais relevante do julgado analisado, no trilhar dos objetivos ora propostos –, restou assentado um conceito amplo ao crime de racismo, sendo afirmado que a Constituição Federal não definiu o conteúdo dos tipos penais relacionados a sua prática, delegando, como não poderia deixar de ser, esse mister à legislação infraconstitucional.

Por consequência, o STF corroborou que a divisão dos seres humanos em raças resulta de um processo de conteúdo político-social, motivo por que, mesmo que o povo judeu não constitua efetivamente uma raça (até porque resta cientificamente refutada tal divisão da espécie humana), não quer dizer que esteja excluída a possibilidade de ser sujeito passivo de discriminação racial. Com efeito, o racismo configura um fenômeno social, ao passo que a raça consubstancia um termo socialmente construído; ambos expressam valorações negativas de determinado grupo, tal qual ocorreu no caso em voga em relação à comunidade judaica.

Em arremate, importa destacar que entendemos acertada a decisão ora examinada, ainda que passemos ao largo da análise mais profunda acerca da complexa questão referente à liberdade de expressão de Ellwanger. O certo é que a conclusão do Supremo Tribunal Federal considerou o racismo um fenômeno social multifacetado e a "raça" um conceito socialmente construído, sendo, pois, tarefa da legislação ordinária estabelecer os parâmetros e o alcance das normas penais incriminadoras que objetivam tutelar o direito fundamental à igualdade na perspectiva da proibição de discriminação racial negativa, uma vez que a norma infraconstitucional possui mais condições de acompanhar o contínuo processo de evolução social.

Caso contrário, restaria totalmente esvaziado o mandado constitucional expresso de criminalização do racismo, na medida em que a ciência já refutou a utilização biológica do termo raça. Logo, a legislação penal não poderia estar atrelada ao conceito científico do termo (já que inexistente), tornando-se, assim, imprescindível que o crime abarque a concepção socialmente construída, sob pena de tornar-se letra morta.

Cor está relacionada à coloração da pele das pessoas (branca, preta, vermelha, amarela, parda, *etc.*). Segundo a classificação adotada pelo IBGE as cores são características declaradas pelas pessoas de acordo com as seguintes opções: branca, preta, amarela, parda ou indígena[38].

Etnia significa coletividade de indivíduos que se diferenciam por sua especificidade sociocultural (conceito mais adotado e recomendado pela sociologia hodiernamente para designar o que antes era entendido por "raça"), ou seja, são os grupos humanos, demonstrando-se, principalmente, em aspectos comuns, tais como língua, religião e maneiras de agir. Atualmente,

38 Disponível em: http://www.ibge.gov.br/home/estatistica/populacao/condicaodevida/indicadoresminimos/conceitos.shtm

há inclusão de fatores de natureza política no conceito de etnia (por exemplo: índios[39], árabes, judeus, *et coetera*).

Religião é a crença ou culto praticado por um grupo social, ou ainda a manifestação de crença por meio de doutrinas e rituais próprios (p. ex., católica, protestante, espírita, muçulmana, islamita *etc.*). Religião pode ser conceituada como conjunto de crenças relacionadas ao divino e sagrado, permeada por uma série de rituais e códigos morais derivados de tais convicções. Não se inclui o ateísmo (ausência de crença religiosa), prevalecendo o entendimento que este é justamente a negação da crença na existência de uma divindade superior, motivo pelo qual não poderia ser equiparado à religião, constituindo-se em espécie de doutrina filosófica. A discriminação por ateísmo seria, assim, fato atípico.

Procedência nacional significa o lugar de origem da pessoa, de onde se origina o indivíduo (p. ex., americano, espanhol, italiano, venezuelano, *et coetera*), incluindo a procedência interna de determinado País (por exemplo: nordestino, potiguar, gaúcho, mineiro, entre outros).

Outrossim, deve ser ressaltado que inexiste no Brasil, até o momento, legislação específica criminalizando o preconceito ou discriminação por orientação sexual (homofobia), o qual, todavia, pode caracterizar crime contra a honra (previsto no Código Penal), a depender das circunstâncias. Neste sentido: ***Discriminação por orientação sexual: atipicidade*** *e reprovabilidade. Ante a atipicidade da conduta, a 1ª Turma não recebeu denúncia oferecida contra Deputado Federal que teria publicado na rede social "twitter" manifestação de natureza discriminatória em relação aos homossexuais. A Turma destacou que o artigo 20 da Lei 7.716/1989 — assim como toda norma penal incriminadora — possui rol exaustivo de condutas tipificadas, cuja lista não contempla a discriminação decorrente de opção sexual ("Art. 20. Praticar, induzir ou incitar a discriminação ou preconceito de raça, cor, etnia, religião ou procedência nacional. Pena: reclusão de um a três anos e multa"). Nesse sentido, ressaltou que a clareza do ditame contido no art. 5º, XXXIX da CF impediria que se enquadrasse a conduta do deputado como crime, em que pesasse à sua reprovabilidade ("Art. 5º, XXXIX. Não há crime sem lei anterior que o defina, nem pena sem prévia cominação legal"). O Ministro Roberto Barroso consignou que o comentário do parlamentar teria sido preconceituoso, de mau gosto e extremamente infeliz. Aduziu, entretanto, que a liberdade de expressão não existiria para proteger apenas aquilo que fosse humanista, de bom gosto ou inspirado. Ressaltou que seria razoável entender que o princípio da dignidade da pessoa humana (CF, art. 1º, III) impusesse um mandamento ao legislador para que tipificasse condutas que envolvessem manifestações de ódio ("hate speech"). Ponderou que haveria um projeto de lei nesse sentido em discussão no Congresso Nacional. O Ministro Luiz Fux acrescentou que o STF, ao julgar a legitimação da união homoafetiva, entendera que a homoafetividade seria um traço*

---

39 Neste sentido: DIREITO PENAL. **CRIME DE RACISMO CONTRA** ÍNDIOS PERPETRADO POR MEIO DE ARTIGOS JORNALÍSTICOS. **IMPRESCRITIBILIDADE**. DIREITO FUNDAMENTAL DE LIBERDADE DE EXPRESSÃO. EXERCÍCIO ARBITRÁRIO. CONTINUIDADE DELITIVA. I- O delito de racismo é imprescritível, conforme o disposto no art. 5º, XLII, da Constituição da República. II- O direito de liberdade de expressão não deve ser exercido de modo absoluto, irrestrito, sob pena de violação a outros valores igualmente relevantes, como o princípio da dignidade da pessoa humana. III- Se o réu, de forma consciente e voluntária, por meio de artigos publicados em jornal, praticou, induziu e incitou a discriminação contra os índios, incorreu no tipo penal de racismo, descrito no art. 20, § 2º, da Lei 7.716-89. IV- E cabível o reconhecimento da continuidade delitiva, incidindo a causa de aumento de pena prevista no art. 71 do Código Penal, se os artigos jornalísticos por meio dos quais o crime foi perpetrado foram publicados em curto intervalo de tempo. V- Recurso desprovido. (TRF-2 – ACR: 5456 RJ 2000.50.01.003187-6, Relator: Desembargador Federal ANDRÉ FONTES, Data de Julgamento: 06/05/2009, SEGUNDA TURMA ESPECIALIZADA, Data de Publicação: DJU – Data:14/05/2009 – Página: 64/65)

da personalidade e que, portanto, ela não poderia trazer nenhum discrime, de sorte que a fala do parlamentar, ao mesmo tempo, ultrajaria o princípio da dignidade da pessoa humana e o da isonomia. (STF. Inq 3590/DF, rel. Min. Marco Aurélio, 12.8.2014. Informativo n.º 754. Agosto de 2014.)

Crime formal ou de mera conduta: sua consecução independe dos efeitos que venham a ocorrer, isto é, não há necessidade de resultado naturalístico (em que pese todo crime ter resultado jurídico) para que se consume. No crime formal há previsão de resultado (embora despicienda a ocorrência deste para sua consumação); no crime de mera conduta sequer há previsão de resultado naturalístico no tipo penal.

Elemento subjetivo específico. Basicamente existem duas correntes principais diametralmente opostas:

Uma defende a necessidade da existência de elemento subjetivo específico consistente na vontade declarada de discriminar, segregar, mostrar-se superior, parecendo ser esta a majoritária, em que pese nossa posição rumar em sentido intermediário (depende da análise no caso concreto), pois, ainda que seja necessária muita cautela a fim de não exacerbar a criminalização, corre-se o risco de desproteger o bem jurídico tutelado, qual seja: o direito à igualdade da pessoa ofendida, ao exigirmos, em todos os casos e aprioristicamente, a demonstração inequívoca de uma finalidade especial para configuração dos crimes da lei em comento, porquanto existem situações em que tal violação já é presumida pela força e facticidade do próprio ato/manifestação praticado.

Segundo Nucci não há crime na crítica ou mera brincadeira (*animus jocandi*)[40].

> Veja-se o seguinte julgado afirmando a imprescindibilidade da demonstração do dolo específico: PENAL E PROCESSUAL PENAL. CRIME DE RACISMO. ART. 20, PARÁGRAFO 2º, DA LEI Nº 7.716/89. AUTORIA E MATERIALIDADE INCONTESTES. DOLO ESPECÍFICO NA CONDUTA. COMPROVAÇÃO. DOSIMETRIA DA PENA. IMPOSSIBILIDADE DE DIMINUIÇÃO DA PENA-BASE FIXADA NO MÍNIMO LEGAL. SÚMULA 231, DO STJ. APELAÇÃO NÃO PROVIDA. 1. Apelação criminal interposta por Rodolfo Dagoberto Rocha do Bú Strucker, pugnando por sua absolvição do delito de racismo, capitulado no art. 20, parágrafo 2º, da Lei nº 7.716/89. 2. Autoria e materialidade incontestes, tendo em vista que o réu não apela de tais constatações judiciais. 3. Dolo específico comprovado, porquanto o réu, com livre e consciente vontade, utilizou-se dos sítios eletrônicos do "Orkut" e "Flogão" para disseminar discursos de ódio e segregação contra supostas raças inferiores à ariana. 4. Incabível a diminuição da pena-base fixada no mínimo legal por conta de outras atenuantes contidas no art. 65 do CPB. Súmula 231 do STJ. 5. Apelação não provida. (TRF-5 - ACR: 00011768720114058201 PB, Relator: Desembargador Federal Élio Wanderley de Siqueira Filho (Convocado), Data de Julgamento: 19/01/2016, Quarta Turma, Data de Publicação: Diário da Justiça Eletrônico TRF5 (DJE) - 18/02/2016 - Página 116) (Grifos nossos).

Recentemente, o atual Presidente da República, Jair Messias Bolsonaro, antes de ser eleito para a presidência e quando ainda exercia o cargo de Deputado Federal, foi denunciado pela Procuradoria-Geral da República (PGR) nos autos do Inquérito n. 4694. Segundo a PGR, o então parlamentar teria cometido o crime de racismo em razão de menções ofensivas dirigidas aos quilombolas indígenas, refugiados, mulheres e LGBTs (lésbicas, gays, bissexuais, travestis,

40 NUCCI, Guilherme de Souza. *Leis Penais e Processuais Penais Comentadas*. Vol I. 8. ed. rev. atual. ampl. Rio de Janeiro: Forense, 2014. p. 269.

transexuais e transgêneros), durante palestra realizada no Rio de Janeiro. Todavia, a denúncia foi rejeitada por apertada maioria (3x2), prevalecendo o entendimento de que as manifestações estavam abrangidas pela imunidade parlamentar, pois se relacionavam às funções parlamentares de fiscalização, tendo sido proferidas sem conteúdo discriminatório (ausente o comentado elemento subjetivo específico), mas sim em contexto de crítica às políticas públicas, como as de demarcação de terras indígenas e quilombolas[41].

No entanto, como dito anteriormente, há uma segunda corrente em polo extremo, dispensando, em qualquer caso, a demonstração do elemento subjetivo específico e considerando crime de racismo até mesmo as manifestações jocosas que acarretem discriminação. Nessa linha: "PENAL. CRIME DE RACISMO. SUPOSTA "BRINCADEIRA" DE MAU GOSTO. CONDUTA TÍPICA. DELITO DE AÇÃO MÚLTIPLA. CRIME FORMAL. POTENCIALIDADE LESIVA. DOLO EVENTUAL. CONFISSÃO. 1. Ainda que pretensamente envolto por ares de simples troça, o acusado pressupõe uma condição subumana com relação à etnia Yanomami, inferindo-se de sua conduta o desdém, o menoscabo, a atribuição de inferioridade, a saber, elementos próprios do crime de racismo. 2.Vê-se na manifestação preconceituosa do réu a conformação do tipo penal na modalidade "praticar", e, cuidando-se de crime de ação múltipla, faz-se bastante para a consumação a realização de um dos verbos nucleares. 3. Tem-se em questão crime formal, de mera conduta, que, por assim ser, prescinde de resultado material para sua consubstanciação. 4. A potencialidade lesiva se denota em face da gravidade do cometimento de ato segregacionista numa localidade onde já se viu o irrompimento de violentos embates entre a população índia e a não-índia. 5. Considerando-se que o réu se defende dos fatos que lhe são imputados, é bastante para o reconhecimento da confissão espontânea que admita ter percorrido o iter criminis descrito na denúncia. 6. Apelação desprovida. (TRF-1 - ACR: 1505 RR 2003.42.00.001505-0, Relator: DESEMBARGADOR FEDERAL OLINDO MENEZES, Data de Julgamento: 08/10/2007, TERCEIRA TURMA, Data de Publicação: 26/10/2007 DJ p.34) (Grifos nossos).

Tipo objetivo: os tipos penais inseridos nos artigos 3.º a 14.º da presente lei, os quais dispõem casuisticamente as condutas discriminatórias vedadas, devem ser interpretados em conjunto com os elementos normativos previstos no ora comentado art. 1.º.

Objetividade jurídica e disciplina constitucional: princípio da dignidade da pessoa humana (art. 1º, III), objetivo de promover o bem de todos sem discriminação (art. 3º, IV), direito à igualdade (art. 5.º, *caput*), crime inafiançável e imprescritível, sujeito à pena de reclusão, nos termos da lei (art. 5, XLII).

Características gerais do crime de racismo

Inafiançável: não será concedida liberdade provisória mediante pagamento de fiança. No entanto, pode ser concedida liberdade provisória sem o pagamento de fiança (o que, na prática, é mais favorável ao autor do delito), quando não estiverem presentes os requisitos da prisão preventiva, tornando, basicamente, ineficaz o dispositivo que tem assento constitucional expresso.

Imprescritível: a pena é perene, não ficando o Estado impedido de punir a qualquer tempo o autor do delito. O Estado, por expressa disposição constitucional, não perde o direito de punir o autor do delito.

41 Supremo Tribunal Federal. INQ. 4694/DF. Relator: Ministro Marco Aurélio. Primeira Turma, j. 11.9.2018. Informativo 915 do STF. Disponível em: <http://www.stf.jus.br/arquivo/informativo/documento/informativo915.htm#Imunidade%20parlamentar%20e%20liberdade%20de%20express%C3%A3o%20-%202>

Penas de Reclusão: todos os crimes da lei em comento têm previsão de penas de reclusão, também por expressa disposição constitucional.

Alerte-se, contudo, sob o viés pragmático, que tais rigores – principalmente a imprescritibilidade – trazem alguma disfunção ao sistema de responsabilização criminal (consoante será comentado nas considerações acerca da tutela penal do crime de racismo), sem que, muitas vezes, promovam a tutela mais eficaz do bem jurídico subjacente, servindo, em verdade, como uma legislação muito mais simbólica do que protetiva.

4.2 Dos crimes em espécie na Lei 7.716/89

Art. 3º Impedir ou obstar o acesso de alguém, devidamente habilitado, a qualquer cargo da Administração Direta ou Indireta, bem como das concessionárias de serviços públicos.

Parágrafo único. Incorre na mesma pena quem, por motivo de discriminação de raça, cor, etnia, religião ou procedência nacional, obstar a promoção funcional. (Incluído pela Lei nº 12.288, de 2010)

Pena: reclusão de dois a cinco anos.

Bem jurídico tutelado

O direito à igualdade da pessoa ofendida em seu viés proibitório de discriminação negativa, tendo em vista que a discriminação estaria baseada na manifestação por preconceito.

Sujeitos do crime

Crime próprio[42]. No polo ativo, só pode ser realizado pela pessoa (da administração direta, indireta ou concessionária de serviço público) que detém o poder de obstar o acesso (ingresso), por manifestação de preconceito, ao cargo (e tendo em vista que o tipo amplia às concessionárias, entendemos – assim como Nucci[43] –, que estão abrangidas todas as formas de contratação do serviço público previstas no art. 37, II e IX, da Constituição Federal, como os empregos públicos e até mesmo a contratação temporária[44]) de pessoa legalmente habilitada (o indivíduo que preenche todos os requisitos para postular o acesso ao cargo, emprego ou função pública, portanto, se a pessoa é impedida justamente pelo fato de não cumprir esta ou aquela exigência legal, como possuir aprovação em curso superior, por exemplo, em cargo que seja requisito indispensável, não está configurado o crime). Podemos citar como exemplo o examinador de concurso público que, em banca de prova oral, reprova o candidato por discriminação em razão da sua cor. Da mesma forma ocorre com o delito previsto no parágrafo único, o qual só pode ser cometido pela pessoa que tem o poder de promover o funcionário,

---

42 Importante ressaltar a existência de corrente doutrinária que entende serem todos os crimes inseridos nos artigos 3.º a 14 comuns, pois poderiam ser praticados por qualquer pessoa (posição com a qual não concordamos). Nesse sentido, vide: BALTAZAR JR, José Paulo. *Crimes Federais*. 10. ed. rev. atual. ampl. São Paulo: Saraiva. 2015, p.754.

43 NUCCI, Guilherme de Souza. *Leis Penais e Processuais Penais Comentadas*. Vol I. 8. ed. rev. atual. ampl. Rio de Janeiro: Forense, 2014. p.270.

44 Em sentido contrário, entendendo pela atipicidade quando a conduta está relacionada ao emprego público ou função pública (ou, no máximo, incidindo no tipo subsidiário do art. 20, na modalidade praticar). BALTAZAR JR, José Paulo. *Crimes Federais*. 10. ed. rev. atual. ampl. São Paulo: Saraiva. 2015, p.754.

todavia causa embaraço à promoção deste por discriminação em razão da sua raça, cor, etnia, religião ou procedência. Como exemplo ilustrativo, o superior hierárquico que tem atribuição para promover a pessoa (funcionário subalterno), mas cria obstáculo unicamente em razão de preconceito por ela ser muçulmana.

No polo passivo figuram o Estado, como sujeito passivo formal, mediato e constante, além da pessoa discriminada, como sujeito passivo imediato (titular do bem jurídico). Lembrando que tal pessoa discriminada é aquela legalmente habilitada ao acesso do cargo (emprego ou função) ou, no caso do parágrafo único, o funcionário que tem sua promoção embaraçada.

Condutas

As condutas nucleares são: *impedir* ou *obstar*. Impedir é proibir, bloquear de qualquer maneira, o acesso de alguém (o vocábulo alguém está relacionado a pessoa determinada, não havendo crime no impedimento coletivo ou direcionado a grupo indeterminado), que esteja habilitado a qualquer cargo nas entidades aludidas. Obstar é opor-se, causar embaraço ou dificuldade. O parágrafo único também apresenta o mencionado verbo *obstar*, mas aqui embaraço está relacionado à promoção funcional (movimentação na carreira) da pessoa discriminada. O tipo é misto alternativo, ou seja, o sujeito ativo pode praticar uma ou mais condutas previstas no tipo penal, porém incidirá em apenas um crime.

Suposto conflito aparente de normas: para aqueles que entendem pela recepção parcial da Lei 7.437/85 – e aqui registre-se que entendemos pela sua revogação em tudo o que diz respeito ao racismo, sem exceção, já que o mandado de criminalização do racismo é claro ao dispor que se trata de crime imprescritível, inafiançável e sujeito a penas de reclusão. Não obstante, os artigos 8º e 9º da aludida lei tratam como contravenção, sujeita à pena de prisão simples: *"Art. 8º. Obstar o acesso de alguém a qualquer cargo público civil ou militar, por preconceito de raça, de cor, de sexo ou de estado civil. Pena – perda do cargo, depois de apurada a responsabilidade em inquérito regular, para o funcionário dirigente da repartição de que dependa a inscrição no concurso de habilitação dos candidatos. Art. 9º. Negar emprego ou trabalho a alguém em autarquia, sociedade de economia mista, empresa concessionária de serviço público ou empresa privada, por preconceito de raça, de cor, de sexo ou de estado civil. Pena – prisão simples, de 3 (três) meses a 1 (um) ano, e multa de 1 (uma) a 3 (três) vezes o maior valor de referência (MVR), no caso de empresa privada; perda do cargo para o responsável pela recusa, no caso de autarquia, sociedade de economia mista e empresa concessionária de serviço público"*. Para os que advogam pela recepção parcial da lei, somente poderiam ser aplicados tais dispositivos à discriminação em razão de sexo ou estado civil.

Voluntariedade

Quanto à voluntariedade, exige-se o dolo, inexistindo a forma culposa. Entretanto, não se pode esquecer o comentário realizado na análise dos aspectos gerais, pertinente ao dissenso jurisprudencial que se posiciona pela necessidade da presença do elemento subjetivo específico consistente na vontade de discriminar o ofendido.

Consumação e tentativa

O delito se consuma com a prática discriminatória, independentemente da obtenção do resultado naturalístico posterior, que pode ou não vir a acontecer. Crime formal.

Conforme a posição majoritária da doutrina, admite-se a tentativa na forma plurissubsistente (quando cometido por mais de um ato). Exemplifica-se com a hipótese do agente que, inicialmente adota atos à negativa da inscrição de uma pessoa em concurso público por discriminação da cor, mas logo em seguida, pressionado pelo próprio candidato, realiza o ato registrando o aspirante ao cargo (tentativa, tendo em vista que o acesso lhe foi ao final permitido)[45]. Entretanto, para nós, há que se ter muito cuidado, vez que o crime pode se consumar considerando o verbo nuclear obstar, que significa, como vimos, embaraçar. Assim, numa seguinte hipótese ilustrativa, de um examinador de uma banca de prova oral que reprova candidato em razão de discriminação racial, mesmo que após, por intermédio de recurso administrativo ou judicialmente, o candidato logre o acesso ao cargo, entendemos consumado o crime na modalidade obstar (caso contrário, não faria sentido a lei utilizar dois verbos distintos, quais sejam, impedir ou obstar).

Ação penal

Ação Penal Pública incondicionada.

Não se aplicam os benefícios da Lei 9.099/95 (transação ou suspensão condicional do processo), haja vista a pena mínima ser de dois anos e a máxima de cinco anos de reclusão.

> **Art. 4º** Negar ou obstar emprego em empresa privada.
>
> Pena: reclusão de dois a cinco anos.
>
> **§ 1.º** Incorre na mesma pena quem, por motivo de discriminação de raça ou de cor ou práticas resultantes do preconceito de descendência ou origem nacional ou **étnica:** (Incluído pela Lei nº 12.288, de 2010)
>
> I – deixar de conceder os equipamentos necessários ao empregado em igualdade de condições com os demais trabalhadores; (Incluído pela Lei nº 12.288, de 2010)
>
> II – impedir a ascensão funcional do empregado ou obstar outra forma de benefício profissional; (Incluído pela Lei nº 12.288, de 2010)
>
> III – proporcionar ao empregado tratamento diferenciado no ambiente de trabalho, especialmente quanto ao salário. (Incluído pela Lei nº 12.288, de 2010)
>
> **§ 2.º** Ficará sujeito **às** penas de multa e de prestação de serviços **à** comunidade, incluindo atividades de promoção da igualdade racial, quem, em anúncios ou qualquer outra forma de recrutamento de trabalhadores, exigir aspectos de aparência próprios de raça ou etnia para emprego cujas atividades não justifiquem essas exigências. (Incluído pela Lei nº 12.288, de 2010)

Bem jurídico tutelado

O direito à igualdade da pessoa ofendida em seu viés proibitório de discriminação negativa, tendo em vista que a discriminação estaria baseada na manifestação por preconceito.

Sujeitos do crime

Crime próprio. Semelhante ao anterior, só que neste caso no polo ativo pode ser realizado apenas pelo proprietário da empresa privada ou pessoa responsável pela contratação (*caput*). Da

45 SILVA, Amaury; SILVA, Artur Carlos. *Crimes de Racismo*. Leme: J.H. Mizuno. 2012 p. 59.

mesma forma ocorre com o crime previsto no parágrafo primeiro, o qual só pode ser cometido pela pessoa encarregada de conceder os equipamentos ao empregado, promovê-lo (ascensão funcional do trabalhador), conceder benefício profissional (exercer uma função com adicional, por exemplo) ou por quem tiver algum tipo de ascendência (um gerente ou coordenador) que proporcione um tratamento diferenciado, especialmente no que tange ao salário (mas aqui a lei é exemplificativa, abrangendo qualquer tipo de tratamento diferenciado relevante em razão da cor, etnia, *et coetera*), a exemplo de determinado trabalhador que foi escolhido para exercer suas atividades em local da empresa mais desagradável (como um ambiente descoberto, sob sol forte) simplesmente em razão de ser estrangeiro.

No polo passivo figuram o Estado, como sujeito passivo formal, mediato e constante, além da pessoa discriminada, como sujeito passivo imediato (titular do bem jurídico). Lembrando que tal pessoa é discriminada na relação laboral com empresa privada, sendo esta entendida como o trabalho, com o fim de receber remuneração, adotado em sentido amplo, podendo ser temporário ou ainda que não possua vínculo formal ("carteira assinada"). No entanto, há posições em sentido contrário, adotando postura mais restritiva, esteada a partir do vocábulo emprego (*art. 3º da CLT – considera-se empregado toda pessoa física que prestar serviços de natureza não eventual a empregador, sob a dependência deste e mediante salário*), utilizado pela lei.[46]

Condutas

As condutas nucleares (do *caput*) são: *negar* ou *obstar*. Negar é recusar e obstar é criar obstáculo, obstruir de qualquer maneira, o acesso de alguém que esteja habilitado a emprego em empresa privada (por conseguinte, não configura o crime a negativa por inabilitação técnica, devendo, para tipificar o delito, estar necessariamente relacionada a ato de discriminação, em consonância com os elementos normativos do art. 1.º). Consoante anotado por Christiano Jorge Santos[47], estão incluídas no conceito de empresa privada a pessoa jurídica ou física que exerce atividade em âmbito não público voltada à produção ou circulação de bens ou serviços, portanto estão abrangidos no conceito, o empresário individual, a sociedade empresária e até mesmo profissionais liberais. Todavia estão excluídos os condomínios, cooperativas, sindicatos, já que não exercem atividade empresarial propriamente dita. Nada obstante o aludido ensinamento doutrinário, importante consignar que há precedente antigo entendendo que condomínio pode ser equiparado para efeito da conduta delitiva em voga, senão vejamos: "*Síndico de edifício (condomínio) que pagou para que fosse publicado anúncio ofertando emprego de recepcionista a pessoa habilitada, com expressa referência a candidato de cor branca – conduta dolosa comprovada – Configuração do crime previsto no art. 4.º da Lei 7.716/89. [..] inserem-se no conceito de empresa privada, em decorrência de aplicação do princípio de interpretação sistemática, condomínio, sindicatos, fundações e outras onde se exercem atividades que possibilitem a ação discriminatória prevista no art. 4.º da Lei 7.716/89. Não prevalece a exegese baseada em conceito particular circunscrito a determinado ramo do direito, por conflitar com o espírito norteador da referida norma penal.*" (TJSP. Ap. 141.820-3/2. Rel. Franco de Godoi. Julgamento: 10.02.1995 – *JTJ* 172/326).

46 Nesse sentido: BALTAZAR JR, José Paulo. *Crimes Federais*. 10. ed. rev. atual. ampl. São Paulo: Saraiva. 2015, p.758.

47 SANTOS, Christiano Jorge. *Crimes de preconceito e de discriminação*. 2 ed. São Paulo: Saraiva. 2010, p. 99-100.

O parágrafo primeiro apresenta condutas equiparadas: "*incorre na mesma pena quem, por motivo de discriminação de raça ou de cor ou práticas resultantes do preconceito de descendência ou origem nacional ou étnica*".

I – deixar de conceder os equipamentos necessários ao empregado em igualdade de condições com os demais trabalhadores;

Conduta omissiva praticada pela pessoa responsável pelo fornecimento de equipamentos (tais como maquinários, luvas, capacetes, botas, *etc.*) ao trabalhador – que deixa (não fornece, se omite) de fazê-lo em razão de ato discriminatório.

II – impedir a ascensão funcional do empregado ou obstar outra forma de benefício profissional;

Aqui em razão da conduta discriminatória o trabalhador deixa de progredir no plano de carreira da empresa (deixa de ser promovido) ou lhe é negado algum benefício, tais como: assistência médica, transporte, cursos de aperfeiçoamento, *etc.*

III – proporcionar ao empregado tratamento diferenciado no ambiente de trabalho, especialmente quanto ao salário.

Inciso mais genérico das condutas equiparadas. O trabalhador recebe um tratamento diferenciado negativo (discriminatório), deixando de receber tratamento isonômico em relação aos demais, especialmente no que tange a sua remuneração.

Registre-se, ainda, a inclusão – pela Lei 12.288/2010 – do parágrafo segundo ao artigo em comento: "*§ 2.º Ficará sujeito às penas de multa e de prestação de serviços à comunidade, incluindo atividades de promoção da igualdade racial, quem, em anúncios ou qualquer outra forma de recrutamento de trabalhadores, exigir aspectos de aparência próprios de raça ou etnia para emprego cujas atividades não justifiquem essas exigências*".

Consoante posicionamento predominante, trata-se de um novo tipo penal com previsão de modalidades de apenamento mais brandas, ou seja, sem previsão de pena privativa de liberdade, o que para nós – apesar de ser posição minoritária, registre-se – pode acarretar a inconstitucionalidade do dispositivo, haja vista que se tal conduta é uma espécie de crime de racismo e o mandado de criminalização impõe o apenamento obrigatório com a espécie de pena privativa de liberdade mais gravosa, qual seja, a reclusão, o legislador infraconstitucional não poderia prever apenas hipóteses de penas restritivas de direitos e multa, esbarrando no viés da proporcionalidade que proíbe a proteção insuficiente dos direitos fundamentais.

Prevê o mencionado dispositivo apenas a pena de multa e a prestação de serviços à comunidade de forma autônoma (quebrando a tradição de serem, via de regra, substitutivas das privativas de liberdade), sem, contudo, estabelecer balizas temporais mínima e máxima (a doutrina majoritária considera que o parâmetro da pena privativa constante no *caput* – dois a cinco anos – subordina também o parágrafo em exame, argumentando que seria uma previsão aplicável a todo artigo globalmente considerado). Incluem-se dentre as sanções atividades de promoção da igualdade racial para quem, em anúncio (mensagem levada a conhecimento público) ou qualquer outra forma de recrutamento de trabalhadores (cláusula genérica que abrange todo tipo de arregimentação de trabalhadores), exigir aspectos de aparência (fatores externos do corpo humano, tais como cor de cabelo, pele, olhos, altura) próprios de raça ou etnia para emprego cujas atividades não justifiquem essas exigências.

Exemplifica-se com a seguinte ilustração: colocar em anúncio de jornal vaga para camareira de hotel com exigência de que a pessoa interessada seja branca, alta, loira, *etc.* Obviamente nessa atividade não se tem qualquer necessidade de tais características relativas à aparência para o bom exercício das funções. Entretanto, deve ser destacado que entendemos – ainda que não seja recomendável ou legítimo selecionar trabalhadores pela aparência – que a costumeira "exigência" em anúncios de postos de trabalho da genérica "boa aparência" não configura o delito em testilha, pois tal exigência, por si só, não tem qualquer relação à raça, etnia e os demais elementos normativos.

Entretanto, não podemos afirmar que em todos os casos as exigências de tais aspectos configurem o crime em voga, basta pensar em algumas situações em que tais imposições sejam justificadas pela própria atividade a ser desempenhada, como em uma seleção de ator para protagonizar determinado papel em filme de samurais ou ninjas, nos quais seria razoável selecionar pessoa com características orientais que tenham habilidades em artes marciais.

Ademais, a inexistência de previsão de pena privativa de liberdade acarreta algumas consequências importantes para além da possível inconstitucionalidade anteriormente comentada, a saber: não é possível a prisão de qualquer natureza, mesmo diante do descumprimento da pena restritiva; não é cabível a utilização do Habeas Corpus, consoante entendimento arraigado na jurisprudência (Súmula n.º 693, STF: *não cabe habeas corpus contra decisão condenatória a pena de multa, ou relativo a processo em curso por infração penal a que a pena pecuniária seja a única cominada.)*, haja vista que não há possibilidade, ainda que remota, de se afetar a liberdade ambulatorial do agente e atrai a incidência integral da Lei 9.099/95 (crime de menor potencial ofensivo, processamento no Juizado Especial Criminal).

Por fim, devemos sempre ter como norte uma interpretação alinhada às finalidades teleológicas do diploma legal ora estudado e ao bem jurídico por ele tutelado (o direito à igualdade na perspectiva da vedação de discriminação negativa), logo, medidas consentâneas com o vetor de igualdade material, devidamente justificadas por critérios racionais, objetivos e pragmaticamente demonstráveis (como são os diversos indicadores sociais aptos a apontar que a população negra têm menos acesso ao emprego formal e renda no Brasil), a exemplo das chamadas discriminações positivas/ou inversas ("ações afirmativas", tais como as cotas nas universidades e cargos públicos destinados a determinados grupos sociais), não podem ser vedadas com base na interpretação fria e literal do presente parágrafo segundo - totalmente dissociada da interpretação sistemática e teleológica, se considerarmos os métodos hermenêuticos mais clássicos, já em uma análise mais contemporânea, podemos lançar mão do conceito de âmbito normativo, que vai muito além do mero programa, este último mais identificado com a literalidade do texto, consoante os ensinamentos da Teoria Estruturante de Friedrich Muller -, sob pena de subverter a própria lógica das coisas, motivo pelo qual entendemos que iniciativas como a prevista na Nota Técnica n. 01/2018 do GT de Raça da Coordigualdade do Ministério Público do Trabalho[48], ao fomentarem a abertura e anúncios de vagas destinadas especificamente à população negra no mercado profissional,

48 Em síntese, conclui a aludida Nota Técnica: *"Com efeito, verifica-se que anúncios específicos, plataformas específicas, dentre outros, desde que expressamente assim o indiquem, são condições sine qua non de efetivação da igualdade material, que deve permear um Estado Democrático de Direito, já que são instrumentos necessários para promover as ações afirmativas e, portanto, compatíveis com o ordenamento jurídico pátrio.* Disponível em: <http://portal.mpt.mp.br/wps/wcm/connect/portal_mpt/46e580df-62cf-4bbd-9c8898eb806dcbd1/Nota+Te%CC%81cnica++GT+de+Rac%CC%A7a.pdf?MOD=AJPERES&CONVERT_TO=url&CACHEID=ROOTWORKSPACE.Z18_395C1BO0K89D40AM2L613R2000-46e580df-62cf-4bbd-9c88-98eb806dcbd1-msJnaWw>

são totalmente adequadas aos objetivos da Lei 7.716/89 e, em verdade, salutares mecanismos de redução das desigualdades sociais.

Jurisprudência:

> *"RACISMO – Caracterização – Réu que manda publicar anúncio de emprego em periódico, expressando preferência a candidatos de cor branca – Agente que, mesmo alertado sobre a ilicitude do ato, persistiu em cometê-lo – Menção, ademais, à existência de outros empregados e filho adotivo da raça negra evidenciando preconceito contra pessoas dessa etnia – Recurso não provido"* (TJSP – Ap. Crim. 141.820-3 – Araçatuba – Rel. Franco de Godoy – 3ª Câm. Crim. – v. u. – 10-2-1995).

Suposto conflito aparente de normas: para aqueles que entendem pela recepção parcial da Lei 7.437/85 – e aqui, registre-se que entendemos pela sua revogação em tudo o que diz respeito ao racismo, sem exceção, já que o mandado de criminalização é claro ao dispor que se trata de crime imprescritível, inafiançável e sujeito a penas de reclusão. Todavia, o artigo 9º da aludida lei trata como contravenção, sujeita à pena de prisão simples: "*Negar emprego ou trabalho a alguém em autarquia, sociedade de economia mista, empresa concessionária de serviço público ou empresa privada, por preconceito de raça, de cor, de sexo ou de estado civil. Pena – prisão simples, de 3 (três) meses a 1 (um) ano, e multa de 1 (uma) a 3 (três) vezes o maior valor de referência (MVR), no caso de empresa privada; perda do cargo para o responsável pela recusa, no caso de autarquia, sociedade de economia mista e empresa concessionária de serviço público*". Para os que advogam pela recepção parcial da lei, somente poderia ser aplicado tal dispositivo à discriminação em razão de sexo ou estado civil.

Voluntariedade

Quanto à voluntariedade, exige-se o dolo, inexistindo a forma culposa. Entretanto, não se pode esquecer o comentário realizado na análise dos aspectos gerais, pertinente ao dissenso jurisprudencial que se posiciona pela necessidade da presença do elemento subjetivo específico consistente na vontade de discriminar o ofendido.

Consumação e tentativa

O delito se consuma com a prática discriminatória, independentemente da obtenção de resultado naturalístico (como efetivo prejuízo do trabalhador/vítima, além daquele ínsito no próprio ato discriminatório), embora pode ser que aconteça. Crime formal.

Conforme a posição majoritária da doutrina, admite-se a tentativa na forma plurissubsistente (quando cometido por mais de um ato). Exemplifica-se com a seguinte situação hipotética: determinada pessoa objetivando recrutar empregados elabora anúncio para ser veiculado em jornal contendo exigências discriminatórias relacionadas à raça, paga o valor solicitado pelo periódico e encaminha à publicação, ocorre que o editor do jornal verifica o conteúdo racista e proíbe a publicação e circulação do aludido anúncio.

Ação penal

Ação Penal Pública incondicionada.

Não se aplicam os benefícios da Lei 9.099/95 (transação ou suspensão condicional do processo), haja vista a pena mínima ser de dois anos e a máxima de cinco anos de reclusão, salvo com relação ao parágrafo segundo, considerando a inexistência de pena privativa de liberdade (crime de menor potencial ofensivo, atraindo a incidência integral da Lei 9.099/95).

Art. 5º Recusar ou impedir acesso a estabelecimento comercial, negando-se a servir, atender ou receber cliente ou comprador.

Pena: reclusão de um a três anos.

Bem jurídico tutelado

O direito à igualdade da pessoa ofendida em seu viés proibitório de discriminação negativa, tendo em vista que a discriminação estaria baseada na manifestação por preconceito.

Sujeitos do crime

Crime próprio. O sujeito ativo é o comerciante ou prestador de serviços em geral, seja proprietário ou não (pode ser um gerente ou funcionário), que impede ou se nega a servir, atender ou receber o cliente discriminado.

No polo passivo figuram o Estado, como sujeito passivo formal, mediato e constante, além da pessoa discriminada, como sujeito passivo imediato (titular do bem jurídico). Qualquer cliente ou comprador que se dirige a um estabelecimento comercial sendo impedido de ingressar ou sofrendo recusa em ser atendido, servido e recebido. Por fim, ainda que a pessoa não compre efetivamente nada, se tiver a negativa de atendimento baseada em ato discriminatório, igualmente está configurado o delito.

Condutas

As condutas nucleares são: *recusar* ou *impedir* o acesso. Recusar (não aceitar, se opor), impedir é proibir, bloquear de qualquer maneira o acesso de alguém ao estabelecimento comercial. Permitir o ingresso, mas não atender, servir, ou receber, motivado por preconceito, também configura o crime. O tipo é misto alternativo, o sujeito ativo pode praticar uma ou mais condutas previstas no tipo penal, porém incidirá em apenas um crime.

Suposto conflito aparente de normas: revogação da Lei 7.437/85 em tudo o que diz respeito ao racismo, sem exceção, já que o mandado de criminalização é claro ao dispor que se trata de crime imprescritível, inafiançável e sujeito à pena de reclusão. Todavia, como já explicitado alhures, a aludida lei trata de condutas idênticas como contravenção, passível de pena de prisão simples, motivo pelo qual a entendemos inconstitucional. De outro norte, pode restar configurado o crime contra as relações de consumo, previsto no art. 7.º, I, da Lei 8.137/90 no caso de preferência, sem justa causa, de cliente por outro motivo que não os elementos abarcados pela lei ora comentada (raça, cor, etnia, *etc.*), como comprador que aparenta maior condição econômica, consoante o seguinte exemplo: um determinado fornecedor prefere vender um produto de alto custo de forma parcelada a uma pessoa que está trajando roupas de marca, em detrimento de outra – discriminada – que está com vestes mais simples, muito embora igualmente preencha os requisitos de crédito, presumindo que o primeiro irá pagar pontualmente o compromisso assumido.

Voluntariedade

Quanto à voluntariedade, exige-se o dolo, inexistindo a forma culposa. Entretanto, não se pode esquecer o comentário realizado na análise dos aspectos gerais, pertinente ao dissenso jurisprudencial que se posiciona pela necessidade da presença do elemento subjetivo específico consistente na vontade de discriminar o ofendido.

Consumação e tentativa

O delito se consuma com a prática discriminatória de impedir o acesso ou recusar o atendimento, independentemente de prejuízo à vítima, embora possa ocorrer. Crime formal.

Conforme a posição majoritária da doutrina, admite-se a tentativa na forma plurissubsistente (quando cometido por mais de um ato). Exemplifica-se com um gerente de estabelecimento que tenta impedir o acesso à loja de pessoa negra, mas é contido pelo proprietário que determina a recepção e o pronto atendimento de tal pessoa.

Ação penal

Ação Penal Pública incondicionada.

Cabe a aplicação do artigo 89 da Lei 9.099/95, que prevê a suspensão condicional do processo, haja vista a pena mínima não ultrapassar o patamar de um ano.

Art. 6º Recusar, negar ou impedir a inscrição ou ingresso de aluno em estabelecimento de ensino público ou privado de qualquer grau.

Pena: reclusão de três a cinco anos.

Parágrafo único. Se o crime for praticado contra menor de dezoito anos a pena é agravada de 1/3 (um terço).

Bem jurídico tutelado

O direito à igualdade da pessoa ofendida (no caso o aluno) em seu viés proibitório de discriminação negativa, tendo em vista que a discriminação estaria baseada na manifestação por preconceito. Além disso, o acesso universal à educação previsto no art. 205 da Constituição Federal.

Sujeitos do crime

Crime próprio. O sujeito ativo é o responsável por receber a inscrição ou permitir o ingresso de alunos no estabelecimento de ensino público ou privado, podendo ser o proprietário, diretor ou até mesmo um encarregado de receber a inscrição ou aceitar a admissão do aluno (ou até mesmo um porteiro da escola que impede o ingresso físico do aluno).

No polo passivo o Estado como sujeito passivo formal, mediato e constante, além da pessoa discriminada como sujeito passivo imediato (titular do bem jurídico), no caso o aluno (ou pretendente à admissão).

Condutas

As condutas nucleares são: *recusar, negar* ou *impedir* a inscrição ou ingresso do aluno. Recusar (não aceitar, se opor), negar (mesmo sentido de recusar), impedir (proibir, criar obstáculo, obstruir), a inscrição, que é o ato de se habilitar (matrícula) ou o acesso (aqui entendida como a entrada no espaço físico da instituição de ensino) do aluno (pessoa que pretende receber instrução) em estabelecimento público ou privado de qualquer grau. Pode-se exemplificar com as seguintes situações hipotéticas: determinada pessoa não é aceita (admitida) em uma universidade porque é negra ou determinada criança é impedida de ingressar no espaço físico da escola por ser e trajar vestes muçulmanas. O tipo é misto alternativo, o sujeito ativo pode praticar uma ou mais de uma das condutas previstas no tipo penal, porém incidirá em apenas um crime.

Com relação à elementar normativa "estabelecimento público ou privado de ensino de qualquer grau", consoante bem destacado por Christiano Jorge Santos: "*são aqueles inseridos no sistema nacional de ensino previsto na Lei 9.394, de 20-12-1996 (Lei de Diretrizes e Bases da Educação), bem como as instituições que se disponham a participar do processo de formação ou do desenvolvimento intelectual de pessoas, em unidades próprias, onde serão transmitidos conhecimentos de assuntos específicos ou genéricos, como, por exemplo, cursos de idiomas, de história da arte, preparatórios para vestibulares ou para concursos públicos, etc, embora não fiscalizados pelos órgão públicos da educação. Dentre os primeiros, podem se destacar as instituições de ensino básico, superior, de educação profissional e cursos supletivos. [...]. De qualquer grau: hodiernamente, não mais há a divisão das instituições de ensino em graus, mas sim em educação básica e superior, como acima exposto, de algumas das instituições de ensino previstas na Lei n.º 9.394/96, tornando irrelevantes as elementares.*"[49]

Questão interessante é a relacionada às escolas privadas que professam determinada crença religiosa, como instituições de ensino adventistas, luteranas, israelitas, entre outras, poderiam estas recusar alunos praticantes de outras religiões? Pensamos que o tipo penal em testilha incide em tais casos, haja vista que é claro ao abranger instituições privadas de ensino. Logicamente, não se impede a liberdade de crença, incluindo até mesmo o proselitismo em favor de determinada doutrina religiosa, motivo pelo qual é totalmente lícito que possam existir locais privados de ensino (se fossem públicos a conclusão seria diversa, haja vista o princípio do Estado laico), os quais professem determinada fé e os preceitos de sua respectiva crença aos alunos. Nada obstante, parece ilegal (configurando a conduta criminosa ora analisada) que recusem estudantes baseados em pura discriminação religiosa, como no caso de aluno que, apesar de estar disposto a frequentar as atividades relacionadas à religião diversa professadas no estabelecimento de ensino, ainda assim é impedido de ser matriculado.

Suposto conflito aparente de normas: revogação da Lei 7.437/85 em tudo o que diz respeito ao racismo, sem exceção, já que o mandado de criminalização é claro ao dispor que se trata de crime imprescritível, inafiançável e sujeito à pena de reclusão. Todavia, como já explicitado alhures, a aludida lei trata condutas idênticas como contravenção penal, passível de pena de prisão simples, motivo pelo qual a entendemos inconstitucional.

Voluntariedade

Quanto à voluntariedade, exige-se o dolo, inexistindo a forma culposa. Entretanto, não se pode esquecer o comentário realizado na análise dos aspectos gerais, pertinente ao dissenso jurisprudencial que se posiciona pela necessidade da presença do elemento subjetivo específico consistente na vontade de discriminar o ofendido.

Consumação e tentativa

O delito se consuma com a prática discriminatória, independentemente da obtenção do resultado de efetivamente ser recusado o acesso ou inscrição do aluno (pela presença do verbo

49 SANTOS, Christiano Jorge. *Crimes de preconceito e de discriminação*. 2 ed. São Paulo: Saraiva. 2010, p. 107-108.

impedir, que é entendido como criar obstáculo), embora este possa vir a acontecer. Crime formal. Conforme a posição majoritária da doutrina, admite-se a tentativa na forma plurissubsistente (quando cometido por mais de um ato) com relação a conduta de impedir.

Ação penal

Ação Penal Pública incondicionada.

Não se aplicam os benefícios da Lei 9.099/95 (transação ou suspensão condicional do processo), haja vista a pena mínima ser de dois anos e a máxima de cinco anos de reclusão.

Registre-se a causa especial de aumento de pena prevista no parágrafo único, quando o crime for praticado contra menor de dezoito anos, sendo a sanção penal aumentada em 1/3 (um terço). Tal aumento ocorre por razões de política criminal, haja vista que a pessoa em formação, além do trauma inerente à prática discriminatória em si, pode ainda sofrer prejuízos em razão da possibilidade de ficar privada (mesmo que momentaneamente) de receber educação formal.

> **Art. 7º** Impedir o acesso ou recusar hospedagem em hotel, pensão, estalagem, ou qualquer estabelecimento similar.
>
> Pena: reclusão de três a cinco anos.

Bem jurídico tutelado

O direito à igualdade da pessoa ofendida em seu viés proibitório de discriminação negativa, tendo em vista que a discriminação estaria baseada na manifestação por preconceito.

Sujeitos do crime

Crime próprio. O sujeito ativo é o proprietário ou responsável (gerente ou funcionário) pela hospedagem em hotel, pensão, estalagem ou similares que impede o acesso ou opõe negativa à pessoa discriminada.

No polo passivo o Estado como sujeito passivo formal, mediato e constante, além da pessoa discriminada como sujeito passivo imediato (titular do bem jurídico).

Condutas

As condutas nucleares são: *impedir* o acesso (entrada) ou recusar (a hospedagem). Recusar é não aceitar, não admitir. Impedir é criar obstáculo, obstruir, proibir, bloquear, de qualquer maneira, a hospedagem (serviço de fornecimento de alojamento) ao hotel (local no qual a pessoa se hospeda, geralmente alugando quarto por diárias), pensão (similares a hotéis, porém geralmente de administração familiar), estalagem (locais mais simples onde igualmente são recebidos hóspedes) e assemelhados. Note-se a possibilidade de interpretação analógica a partir de cláusula de abertura, tendo em vista que a lei estabelece a expressão: "*ou qualquer estabelecimento similar*" (por exemplo, motéis, *flats*, etc). O tipo é misto alternativo, ou seja, o sujeito ativo pode praticar uma ou mais condutas previstas no tipo penal, porém incidirá em apenas um crime.

Interessante anotar que atualmente crescem o número de hotéis e pousadas (como as nominadas "pousadas de charme") as quais se negam a receber crianças como hóspedes, em tais lugares existe uma praxe comercial de aceitar apenas adultos a fim de que tenham supostamente momentos de maior tranquilidade. Tal hipótese poderia estar abrangida pela liberdade empresarial, sendo certo que não configura o crime em comento, notadamente considerando que o discrímen etário não está relacionado aos elementos cor, raça, etnia, religião ou procedência nacional.

Suposto conflito aparente de normas: revogação da Lei 7.437/85 em tudo o que diz respeito ao racismo, sem exceção, já que o mandado de criminalização é claro ao dispor que se trata de crime imprescritível, inafiançável e sujeito à pena de reclusão. Todavia, como já explicitado alhures, a aludida lei trata condutas idênticas como contravenção, passível de pena de prisão simples, motivo pelo qual a entendemos inconstitucional.

Voluntariedade

Quanto à voluntariedade, exige-se o dolo, inexistindo a forma culposa. Entretanto, não se pode esquecer o comentário realizado na análise dos aspectos gerais, pertinente ao dissenso jurisprudencial que se posiciona pela necessidade da presença do elemento subjetivo específico consistente na vontade de discriminar o ofendido.

Consumação e tentativa

O delito se consuma com a prática discriminatória de impedir o acesso ou recusar a hospedagem, independentemente de prejuízo à vítima, embora possa ocorrer. Crime formal.

Conforme a posição majoritária da doutrina, admite-se a tentativa na forma plurissubsistente (quando cometido por mais de um ato). Exemplifica-se com a seguinte situação: um funcionário responsável pela recepção em determinado hotel, ao ver que ingressaria família de pessoas negras, ordena que estas procurem outro lugar, no intuito de barrar o ingresso em tal estabelecimento, mas é prontamente advertido pelo gerente que presencia tal situação e as recebe normalmente.

Ação penal

Ação Penal Pública incondicionada.

Não se aplicam os benefícios da Lei 9.099/95 (transação ou suspensão condicional do processo), haja vista a pena mínima ser de dois anos e a máxima de cinco anos de reclusão.

Art. 8º Impedir o acesso ou recusar atendimento em restaurantes, bares, confeitarias, ou locais semelhantes abertos ao público.

Pena: reclusão de um a três anos.

Bem jurídico tutelado

O direito à igualdade da pessoa ofendida em seu viés proibitório de discriminação negativa, tendo em vista que a discriminação estaria baseada na manifestação por preconceito.

Sujeitos do crime

Crime próprio. O sujeito ativo é o comerciante ou funcionário, seja proprietário ou não, o qual impede a entrada ou se nega a atender nos bares, confeitarias, ou outros locais assemelhados, desde que abertos ao público.

No polo passivo o Estado como sujeito passivo formal, mediato e constante, além da pessoa discriminada como sujeito passivo imediato (titular do bem jurídico).

Condutas

As condutas nucleares são: *impedir* o acesso ou *recusar* o atendimento (serviço). Recusar é negar. Impedir é criar obstáculo, obstruir, proibir. Permitir o ingresso, mas não atender (não querer servir a pessoa), motivado por preconceito, também configura o crime. Restaurantes são locais onde se servem refeições mediante contraprestação pecuniária, bares são locais nos quais geralmente são vendidas bebidas e gêneros alimentícios, já confeitarias são estabelecimentos em que se vendem doces e salgados, confeitos, guloseimas, *etc*. Note-se a possibilidade de interpretação analógica a partir de cláusula de abertura, tendo em vista que a lei estabelece a expressão: "*locais semelhantes abertos ao público*", tais como padarias, lojas de conveniência, entre outros, desde que prestem serviço assemelhado em local no qual é franqueada a entrada ao público em geral. O tipo é misto alternativo, ou seja, o sujeito ativo pode praticar uma ou mais condutas previstas no tipo penal, porém incidirá em apenas um crime.

Jurisprudência:

> *CRIME DE RACISMO. ART. 8º DA LEI 7.716/89. SENTENÇA CONDENATÓRIA MANTIDA. Os insultos, ainda que existentes, não fazem a essência do bem jurídico tutelado, mas é seu meio de manifestação discriminatória. A incriminação visa combater a discriminação, manifestado, na hipótese, pelas palavras do agente como meio, mas, principalmente, pela recusa de vender ao cliente, em face de sua tez, produtos de seu estabelecimento. Recurso improvido, por maioria.* (TJRS Apelação Crime nº 70017531229, Quinta Câmara Criminal, Relator: Des. Aramis Nassif, Julgado em 13/06/2007).

Suposto conflito aparente de normas: revogação da Lei 7.437/85 em tudo o que diz respeito ao racismo, sem exceção, já que o mandado de criminalização é claro ao dispor que se trata de crime imprescritível, inafiançável e sujeito à penas de reclusão. Todavia, como já explicitado alhures, a aludida lei trata condutas idênticas como contravenção, passível de pena de prisão simples, motivo pelo qual a entendemos inconstitucional.

Voluntariedade

Quanto à voluntariedade, exige-se o dolo, inexistindo a forma culposa. Entretanto, não se pode esquecer o comentário realizado na análise dos aspectos gerais, pertinente ao dissenso jurisprudencial que se posiciona pela necessidade da presença do elemento subjetivo específico consistente na vontade de discriminar o ofendido.

Consumação e tentativa

O delito se consuma com a prática das condutas discriminatórias vedadas (impedir o acesso ou recusar atendimento), independentemente de resultado naturalístico posterior à vítima (como a demonstração de algum prejuízo), embora possa ocorrer. Crime formal.

Conforme a posição majoritária da doutrina, admite-se a tentativa na forma plurissubsistente (quando cometido por mais de um ato).

Ação penal

Ação Penal Pública incondicionada.

Cabe a aplicação do artigo 89 da Lei 9.099/95, que prevê a suspensão condicional do processo, haja vista a pena mínima não ultrapassar o patamar de um ano.

> **Art. 9º** Impedir o acesso ou recusar atendimento em estabelecimentos esportivos, casas de diversões, ou clubes sociais abertos ao público.
> Pena: reclusão de um a três anos.

Bem jurídico tutelado

O direito à igualdade da pessoa ofendida em seu viés proibitório de discriminação negativa, tendo em vista que a discriminação estaria baseada na manifestação por preconceito.

Sujeitos do crime

Crime próprio. O sujeito ativo é o proprietário ou funcionário do local, desde que responsável pelo controle de acesso ou atendimento nos estabelecimentos esportivos, casas de diversões ou clubes sociais abertos ao público, o qual impede a entrada ou se nega a atender a pessoa discriminada.

No polo passivo o Estado como sujeito passivo formal, mediato e constante, além da pessoa discriminada como sujeito passivo imediato (titular do bem jurídico).

Condutas

As condutas nucleares são: *impedir* o acesso ou *recusar* o atendimento (serviço). Recusar é negar. Impedir é criar obstáculo, obstruir. Permitir o ingresso, mas não atender, motivado por preconceito, também configura o crime. Estabelecimentos esportivos são locais nos quais se praticam as diversas modalidades esportivas; casa de diversões é conceito extremamente aberto, que abrange todo local destinado ao lazer, a exemplo de teatros, cinemas, casas de shows, entre outros; clubes sociais são entidades geralmente associativas, utilizadas para atividades de recreação e convivência. Veja-se que o tipo em comento dispõe acerca da necessidade de que os clubes sejam abertos ao público. Os clubes privados, teoricamente, não se incluem, pois a pessoa para ser aceita pode ter que preencher determinados critérios associativos, como pertencer a tal categoria (como clubes do exército, dos funcionários de determinada empresa ou ente público, *etc.*), pagar determinado valor, entre outros. Caso não preenchidos os requisitos previstos, geralmente em regras estatutárias, não será franqueado o acesso ao indivíduo. Nada obstante, pode configurar o crime de racismo – conforme jurisprudência do Superior Tribunal de Justiça, colacionada adiante – a negativa de acesso de sócio ou pretendente por motivos discriminatórios albergados pela proteção da lei em voga. Exemplo: pessoa que preenche todos os critérios associativos, mas não tem sua admissão permitida pelo fato de ser negra. O tipo é misto alternativo, ou seja, o sujeito ativo pode praticar uma ou mais condutas previstas no tipo penal, porém incidirá em apenas um crime.

Jurisprudência:

RECURSO ORDINÁRIO EM HABEAS CORPUS. DIREITO PROCESSUAL PENAL. INÉPCIA DA DENÚNCIA. CRIME DE PRECONCEITO DE RAÇA OU DE COR. AUSÊNCIA DE JUSTA CAUSA. INOCORRÊNCIA. 1. A denúncia que se mostra ajustada ao artigo 41 do Código de Processo Penal, ensejando o pleno exercício da garantia constitucional da ampla defesa, não deve, nem pode, ser tida e havida como inepta. ***2. A recusa de admissão no quadro associativo de clube social, em razão de preconceito de raça ou de cor, caracteriza o tipo inserto no artigo 9º da Lei nº 7.716/89, enquanto modo da conduta impedir, que lhe integra o núcleo.*** *3. A faculdade, estatutariamente atribuída* **à** *diretoria, de recusar propostas de admissão em clubes sociais, sem declinação dos motivos, não lhe atribui a natureza especial de fechado, de maneira a subtraí-lo da incidência da lei. 4. A pretensão de exame de prova é estranha, em regra, ao âmbito do habeas corpus. 5. Recurso improvido.* (STJ. RHC 12809. Relator: Ministro Hamilton Carvalhido. Sexta Turma. Julgamento: 22/03/2005. DJ 11/04/2005 p. 381) *(Grifos nossos)*

"*Ficando comprovado que era impedido o acesso de pessoas à pista de dança de baile aberto ao público, por motivo de serem negras, caracterizado está o crime do art. 9.º da Lei 7.719/89*" (TARS. Ap. 294.121.793. Rel. Délio Spalding de Almeida Wedy. Julgamento: 25.08.1994. *RT* 738/525.)

Suposto conflito aparente de normas: revogação da Lei 7.437/85 em tudo o que diz respeito ao racismo, sem exceção, já que o mandado de criminalização é claro ao dispor que se trata de crime imprescritível, inafiançável e sujeito à pena de reclusão. Todavia, como já explicitado alhures, a aludida lei trata condutas idênticas como contravenção, passível de pena de prisão simples, motivo pelo qual a entendemos inconstitucional.

Voluntariedade

Quanto à voluntariedade, exige-se o dolo, inexistindo a forma culposa. Entretanto, não se pode esquecer o comentário realizado na análise dos aspectos gerais, pertinente ao dissenso jurisprudencial que se posiciona pela necessidade da presença do elemento subjetivo específico consistente na vontade de discriminar o ofendido.

Consumação e tentativa

O delito se consuma com a prática das condutas discriminatórias vedadas (impedir o acesso ou recusar atendimento), independentemente de resultado naturalístico posterior à vítima (como a demonstração de algum prejuízo), embora possa ocorrer. Crime formal.

Conforme a posição majoritária da doutrina, admite-se a tentativa na forma plurissubsistente (quando cometido por mais de um ato).

Ação penal

Ação Penal Pública incondicionada.

Cabe a aplicação do artigo 89 da Lei 9.099/95, que prevê a suspensão condicional do processo, haja vista a pena mínima não ultrapassar o patamar de um ano.

Art. 10. Impedir o acesso ou recusar atendimento em salões de cabeleireiros, barbearias, termas ou casas de massagem ou estabelecimento com as mesmas finalidades.

Pena: reclusão de um a três anos.

Bem jurídico tutelado

O direito à igualdade da pessoa ofendida em seu viés proibitório de discriminação negativa, tendo em vista que a discriminação estaria baseada na manifestação por preconceito.

Sujeitos do crime

Crime próprio. O sujeito ativo é o proprietário ou responsável pelo atendimento nos salões de cabeleireiros, barbearias, termas, casas de massagem ou estabelecimento com as mesmas finalidades.

No polo passivo o Estado como sujeito passivo formal, mediato e constante, além da pessoa discriminada como sujeito passivo imediato (titular do bem jurídico).

Condutas

As condutas nucleares são: *impedir* o acesso ou *recusar* o atendimento (serviço). Recusar significa negar, opor-se. Impedir é criar obstáculo, obstruir. Permitir o ingresso, mas não atender, motivado por preconceito, também configura o crime. Cabeleireiros e barbearias são locais especializados no trato do cabelo e demais serviços correlatos, tais como corte de barba, penteados, entre outros; termas é uma expressão antiga que designa locais públicos para banhos e locais de águas termais; casas de massagem são locais destinados à massagem terapêutica. Note-se a possibilidade de interpretação analógica a partir de cláusula de abertura, tendo em vista que a lei estabelece a expressão: "*ou estabelecimento com as mesmas finalidades*", tais como institutos de embelezamento, *spas*, saunas, entre outros, desde que prestem serviço assemelhado. O tipo é misto alternativo, ou seja, o sujeito ativo pode praticar uma ou mais condutas previstas no tipo penal, porém incidirá em apenas um crime.

Suposto conflito aparente de normas: revogação da Lei 7.437/85 em tudo o que diz respeito ao racismo, sem exceção, já que o mandado de criminalização é claro ao dispor que se trata de crime imprescritível, inafiançável e sujeito à pena de reclusão. Todavia, como já explicitado alhures, a aludida lei trata condutas idênticas como contravenção, passível de pena de prisão simples, motivo pelo qual a entendemos inconstitucional.

Voluntariedade

Quanto à voluntariedade, exige-se o dolo, inexistindo a forma culposa. Entretanto, não se pode esquecer o comentário realizado na análise dos aspectos gerais, pertinente ao dissenso jurisprudencial que se posiciona pela necessidade da presença do elemento subjetivo específico consistente na vontade de discriminar o ofendido.

Consumação e tentativa

O delito se consuma com a prática das condutas discriminatórias vedadas (impedir o acesso ou recusar atendimento), independentemente de resultado naturalístico posterior à vítima (como a demonstração de algum prejuízo), embora possa ocorrer. Crime formal.

Conforme a posição majoritária da doutrina, admite-se a tentativa na forma plurissubsistente (quando cometido por mais de um ato).

Ação penal

Ação Penal Pública incondicionada.

Cabe a aplicação do artigo 89 da Lei 9.099/95, que prevê a suspensão condicional do processo, haja vista a pena mínima não ultrapassar o patamar de um ano.

> **Art. 11.** Impedir o acesso **às** entradas sociais em edifícios públicos ou residenciais e elevadores ou escada de acesso aos mesmos:
>
> Pena: reclusão de um a três anos.

Bem jurídico tutelado

O direito à igualdade da pessoa ofendida em seu viés proibitório de discriminação negativa, tendo em vista que a discriminação estaria baseada na manifestação por preconceito.

Sujeitos do crime

Crime próprio. O sujeito ativo é a pessoa que exerce atividades nos prédios públicos ou residenciais, responsável pela disciplina e/ou controle de entrada e saída de pessoas, a exemplo de porteiros, síndicos, agentes de segurança e vigilantes.

No polo passivo o Estado como sujeito passivo formal, mediato e constante, além da pessoa discriminada como sujeito passivo imediato (titular do bem jurídico).

Condutas

A conduta nuclear é: *impedir* o acesso (entrada, ingresso). Impedir é proibir, vedar, criar obstáculo às entradas sociais (entrada principal onde geralmente se controla o acesso de pessoas em serviço como, por exemplo, entregadores) em edifícios públicos (prédios que servem a alguma finalidade pública e sediam entidades estatais ou, ainda, aqueles que estão afetados à alguma utilidade pública, a exemplo das sedes de concessionárias de serviços públicos) ou residenciais (locais que servem como moradia de particulares) e elevadores ou escadas de acesso aos mesmos. É importante ressaltar que a mera existência de normas de acesso (sem relação com a discriminação) ou de convenções sociais de boa convivência não configuram o crime. É muito comum que nos edifícios seja vedado o acesso a pessoas sem camisa ou em trajes inapropriados (como utilizar o elevador social em traje de banho, sem camisa, de sunga ou biquíni), além de ser frequente que pessoas em serviço tenham que ingressar por determinada entrada (comumente conhecida como entrada ou elevador "de serviço"). Ademais, por questões de segurança, tem se verificado (principalmente em grandes condomínios) a proibição apriorística do acesso de entregadores em geral aos apartamentos ou casas, sendo que, nesses casos, o próprio morador se desloca para receber a encomenda na área comum. Em suma, não foi essa a preocupação do legislador no artigo em comento. Nada obstante, estará configurado o crime em testilha naquelas situações em que a distinção (proibição de acesso à entrada, elevador ou escadas sociais) seja feita levando em consideração os elementos discriminatórios vedados pela Lei 7.716/89, tal como estabelecer uma entrada específica para judeus, prever o condomínio o acesso de pessoas negras pelo elevador de serviço ou, ainda, no caso de ser vedado, por questões de "segurança", o ingresso de árabes e muçulmanos, *etc.*

De outra banda, parece que o tipo em destaque cometeu um grave equívoco pela omissão ao não tratar expressamente dos edifícios privados comerciais, tais como prédios nos quais são sediados inúmeros serviços disponíveis ao público em geral. Considerando que o texto é claro ao prever tão somente edifícios *públicos* ou *residenciais,* em casos de negativa de acesso aos prédios (ou entradas principais) comerciais em razão de ato discriminatório albergado pela lei, a conduta não pode ser subsumida ao crime ora analisado, incidindo, a depender das circunstâncias do espaço arquitetônico, no tipo do art. 5.º (por exemplo na negativa de acesso a um *shopping center*, vez que pode ser considerado estabelecimento comercial) ou, ainda, ao tipo mais abrangente (subsidiário) da lei 7.716/89, qual seja, o art. 20 *caput.*

Jurisprudência:

> *"Irresignação do autor com as exigências relativas às vestimentas, para adentrar nas dependências da demandada. Procedimento de rotina, adotado para com todos os clientes. Ausência de discriminação racial, pelo fato de o autor ser negro. Os funcionários agiram no estrito cumprimento do dever legal."* (TJRS. Ap. 70011545498, 10.ª Câm. Cível, rel. Luiz Ary Vessini de Lima, j. em 1.º.09.2005).

Voluntariedade

Quanto à voluntariedade, exige-se o dolo, inexistindo a forma culposa. Entretanto, não se pode esquecer o comentário realizado na análise dos aspectos gerais, pertinente ao dissenso jurisprudencial que se posiciona pela necessidade da presença do elemento subjetivo específico consistente na vontade de discriminar o ofendido.

Consumação e tentativa

O delito se consuma com a prática discriminatória de vedar o acesso às entradas sociais em razão de discriminação (não há necessidade de demonstração de resultado naturalístico posterior à vítima). Crime formal.

Conforme a posição majoritária da doutrina, admite-se a tentativa na forma plurissubsistente (quando cometido por mais de um ato).

Ação penal

Ação Penal Pública incondicionada.

Cabe a aplicação do artigo 89 da Lei 9.099/95, que prevê a suspensão condicional do processo, haja vista a pena mínima ser de um ano.

Art. 12. Impedir o acesso ou uso de transportes públicos, como aviões, navios barcas, barcos, **ônibus,** trens, metrô ou qualquer outro meio de transporte concedido.

Pena: reclusão de um a três anos.

Bem jurídico tutelado

O direito à igualdade da pessoa ofendida em seu viés proibitório de discriminação negativa, tendo em vista que a discriminação estaria baseada na manifestação por preconceito.

Sujeitos do crime

Crime próprio. O sujeito ativo é a pessoa que exerce atividade ampla de controle de acesso nos transportes públicos, a exemplo do funcionário que emite bilhetes de trens e metrôs, daquele que trabalha em balcão de *check in* de companhias aéreas, além de pilotos, motoristas, fiscais, cobradores, etc.

No polo passivo o Estado como sujeito passivo formal, mediato e constante, além da pessoa discriminada como sujeito passivo imediato (titular do bem jurídico).

Condutas

A conduta nuclear é: *impedir* o acesso (entrada, ingresso) ou o uso (utilização). Impedir é proibir, vedar, criar obstáculo, obstruir a entrada em transportes públicos (aqueles acessíveis e utilizados pela coletividade em geral). O artigo em comento cita diversos transportes públicos, tais como aviões, navios (grande porte), barcas (geralmente destinada ao transporte de pessoas e cargas), barcos (de menor porte que os navios), ônibus (transporte coletivo de via terrestre), trens, metrôs, além de trazer a cláusula de abertura "*qualquer outro meio de transporte concedido*", por exemplo os táxis. O tipo é misto alternativo, ou seja, o sujeito ativo pode praticar uma ou mais condutas previstas no tipo penal, porém incidirá em apenas um crime.

Em recente diploma legal, qual seja, a Lei 13.460/07 (dispondo sobre participação, proteção e defesa dos direitos do usuário dos serviços públicos), foi previsto expressamente como direito básico a igualdade no tratamento aos usuários de serviços públicos, sendo vedado qualquer tipo de discriminação injustificada (art. 5.º, V), o que reputamos ser medida salutar, totalmente em consonância com os objetivos da lei antidiscriminação (7.716/89) em análise.

Voluntariedade

Quanto à voluntariedade, exige-se o dolo, inexistindo a forma culposa. Entretanto, não se pode esquecer o comentário realizado na análise dos aspectos gerais, pertinente ao dissenso jurisprudencial que se posiciona pela necessidade da presença do elemento subjetivo específico consistente na vontade de discriminar o ofendido.

Consumação e tentativa

O delito se consuma com a prática discriminatória de impedir o acesso ou uso dos meios de transporte público (não há necessidade de demonstração de resultado naturalístico posterior à vítima). Crime formal.

Conforme a posição majoritária da doutrina, admite-se a tentativa na forma plurissubsistente (quando cometido por mais de um ato).

Ação penal

Ação Penal Pública incondicionada.

Cabe a aplicação do artigo 89 da Lei 9.099/95, que prevê a suspensão condicional do processo, haja vista a pena mínima não ultrapassar o patamar de um ano.

Art. 13. Impedir ou obstar o acesso de alguém ao serviço em qualquer ramo das Forças Armadas.

Pena: reclusão de dois a quatro anos.

Bem jurídico tutelado

O direito à igualdade da pessoa ofendida em seu viés proibitório de discriminação negativa, tendo em vista que a discriminação estaria baseada na manifestação por preconceito.

Sujeitos do crime

Crime próprio. No polo ativo, só pode ser realizado pela pessoa que detém o poder de impedir ou obstar o acesso (ingresso) de pessoa nas Forças Armadas. Pode tanto ser o funcionário responsável pela seleção como um Oficial (Marinha, Exército ou Aeronáutica) que tenha dado ordem discriminatória para a eliminação do pretendente (ou ambos, caso tenham concorrido para tal situação). Ademais, conforme bem destacado por Nucci[50], estão incluídos no tipo penal em comento as polícias militares e os corpos de bombeiros, posição à qual nos filiamos[51].

No polo passivo o Estado como sujeito passivo formal, mediato e constante, além da pessoa discriminada como sujeito passivo imediato (titular do bem jurídico). Lembrando que tal pessoa discriminada pode ser tanto o candidato a prestar o serviço militar voluntariamente quanto o serviço militar obrigatório, previsto no art. 143 da Constituição Federal, além do candidato a ingressar nas polícias militares e corpos de bombeiros.

Condutas

As condutas nucleares são: *impedir* ou *obstar*. Impedir é vedar, proibir de qualquer maneira o acesso de alguém que esteja habilitado a prestar o serviço militar. Obstar é opor-se, causar embaraço ou dificuldade ao ingresso. O tipo é misto alternativo, ou seja, o sujeito ativo pode praticar uma ou mais condutas previstas no tipo penal, porém incidirá em apenas um crime.

Questão deveras interessante está relacionada ao direito fundamental à liberdade de consciência e de crença, considerando que a própria Constituição Federal – como uma das garantias de tais direitos fundamentais – salvaguarda a denominada escusa de consciência (art. 5.º, VIII), ao permitir que determinada pessoa possa invocar convicções de ordem religiosa para se eximir de prestar obrigação imposta à coletividade, sendo sempre lembrada (muito embora não seja a única possibilidade) a recusa ao serviço militar obrigatório. Com efeito, na medida em que tal escusa de consciência ampara a abstenção do indivíduo ao serviço militar obrigatório, poderia ocorrer o lado inverso da moeda? Seria legítimo o Estado – por intermédio das Forças Armadas – recusar, no serviço militar, o indivíduo em razão da

50 NUCCI, Guilherme de Souza. *Leis Penais e Processuais Penais Comentadas*. Vol I. 8. ed. rev. atual. ampl. Rio de Janeiro: Forense, 2014, p. 288-289.

51 Em sentido diverso: BALTAZAR JR, José Paulo. *Crimes Federais*. 10. ed. rev. atual. ampl. São Paulo: Saraiva, 2015. p. 762.

sua crença religiosa? A abstenção de determinadas condutas pelo indivíduo em razão de suas convicções morais seria motivo justificável para a dispensa do serviço militar, mesmo contra sua vontade? Pensamos que não. Tal situação já ocorreu na vida real, sendo recentemente retratada em um notável filme chamado *Hacksaw Ridge* (2016, dirigido por Mel Gibson), traduzido para o português como "*Até o último homem*". O filme retrata a história verídica do norte-americano Desmond Doss, primeiro objetor de consciência a ser agraciado com a medalha de honra do Congresso americano por ato de bravura no campo de batalha ao salvar a vida de dezenas de companheiros no combate de Okinawa (cerca de setenta e cinco). Desmond era socorrista e lutou na Segunda Guerra Mundial sem nunca disparar um tiro, pois suas convicções religiosas (era adventista do sétimo dia) o impediam de sequer pegar em armas. Ocorre que antes de servir no campo de batalha, durante o treinamento e preparação dos recrutas para guerra, Desmond (que se alistou voluntariamente) sofreu todo o tipo de óbices, pressões, perseguições e até mesmo violência física de seus colegas e superiores visando à desistência, justamente por suas convicções religiosas que o impediam de pegar em armas, chegando, inclusive, a ser julgado pela Corte Marcial por esse motivo. Importando o caso para a realidade brasileira, pensamos que situação similar poderia configurar o crime do artigo em análise.

Voluntariedade

Quanto à voluntariedade, exige-se o dolo, inexistindo a forma culposa. Entretanto, não se pode esquecer o comentário realizado na análise dos aspectos gerais, pertinente ao dissenso jurisprudencial que se posiciona pela necessidade da presença do elemento subjetivo específico consistente na vontade de discriminar o ofendido.

Consumação e tentativa

O delito se consuma com a prática discriminatória de impedir o acesso ou diante do óbice ao ingresso nas Forças Armadas (não há necessidade de demonstração de resultado naturalístico posterior à vítima). Crime formal.

Conforme a posição majoritária da doutrina, admite-se a tentativa na forma plurissubsistente (quando cometido por mais de um ato), em que pese de difícil ocorrência, mormente tendo em vista que não é necessário para consumação delitiva ser a pessoa efetivamente impedida de ingressar, bastando para a consumação a mera criação do obstáculo (dificuldade) ao acesso às Forças Armadas por motivo discriminatório (em razão do verbo nuclear *obstar*).

Ação penal

Ação Penal Pública incondicionada.

Não se aplicam os benefícios da Lei 9.099/95 (transação ou suspensão condicional do processo), haja vista a pena mínima ser de dois anos e a máxima de quatro anos de reclusão.

> **Art. 14.** Impedir ou obstar, por qualquer meio ou forma, o casamento ou convivência familiar e social.
>
> Pena: reclusão de dois a quatro anos.

Bem jurídico tutelado

O direito à igualdade da pessoa ofendida em seu viés proibitório de discriminação negativa, tendo em vista que a discriminação estaria baseada na manifestação por preconceito.

Sujeitos do crime

Crime comum, pois pode ser cometido por qualquer pessoa, sendo desnecessária a ocorrência de especial condição do sujeito ativo.

No polo passivo figuram o Estado, como sujeito passivo formal, mediato e constante, além da pessoa discriminada, como sujeito passivo imediato (titular do bem jurídico).

Condutas

As condutas nucleares são: *impedir* ou *obstar*. Impedir é criar obstáculo, proibir; obstar é opor-se, causar embaraço ou dificuldade, de qualquer forma ou por qualquer meio (cláusula genérica que permite seja cometido por qualquer modo e pessoa), ao casamento (ato solene de união afetiva, conforme as prescrições da lei civil), à convivência familiar (união estável de pessoas do mesmo sexo ou diverso, além de elos de afetividade ou parentesco, seja consanguíneo ou por afinidade, natural ou civil), bem como à própria convivência social (nesse ponto entendemos que a intenção do legislador é conferir proteção ampla, podendo ser qualquer tipo de convivência, como relacionamento de intimidade/afinidade e até mesmo uma amizade). O tipo é misto alternativo, ou seja, o sujeito ativo pode praticar uma ou mais condutas previstas no tipo penal, porém incidirá em apenas um crime.

Jurisprudência:

> *Crime de Racismo – Ocorrência – Hipótese em que o acusado afirmou que a mulher de seu sobrinho era negra – Termo utilizado para desmerecimento e humilhação – Ação que tentou impedir a convivência em comum – Elemento interior de preconceito devidamente comprovado. O racismo se caracteriza pela impossibilidade de determinadas pessoas conviverem com outras de outros grupos étnicos. Esta sua inaptidão é fundamentada em uma pseudo superioridade racial. Assim sendo, ao tentar com a sua ação impedir que seu sobrinho fosse residir com a mulher que escolheu, tudo por causa de sua cor, configurou-se o crime, eis que não é necessário que a ação tenha obtido o resultado. Sua ação foi apta para obstacularizar a convivência. É o que basta para configurar o crime que tem por fundamento não o resultado, mas sim o elemento interior que moveu o agente.* (TJSP. Ap. 198.868-3/2. Rel. Almeida Sampaio. Julgamento: 17.09.1997)

Voluntariedade

Quanto à voluntariedade, exige-se o dolo, inexistindo a forma culposa. Entretanto, não se pode esquecer o comentário realizado na análise dos aspectos gerais, pertinente ao dissenso jurisprudencial que se posiciona pela necessidade da presença do elemento subjetivo específico consistente na vontade de discriminar o ofendido.

Consumação e tentativa

O delito se consuma com a prática discriminatória de impedimento ou óbice ao casamento, convivência familiar ou social, sem necessidade de que disso efetivamente resulte um rompimento de tal relação (ou outro resultado naturalístico). Crime formal.

Conforme a posição majoritária da doutrina, admite-se a tentativa na forma plurissubsistente (quando cometido por mais de um ato), em que pese de difícil ocorrência.

Ação penal

Ação Penal Pública incondicionada.

Não se aplicam os benefícios da Lei 9.099/95 (transação ou suspensão condicional do processo), haja vista a pena mínima ser de dois anos e a máxima de quatro anos de reclusão.

Art. 15. (Vetado).

Art. 16. Constitui efeito da condenação a perda do cargo ou função pública, para o servidor público, e a suspensão do funcionamento do estabelecimento particular por prazo não superior a três meses.

Art. 17. (Vetado).

Art. 18. Os efeitos de que tratam os arts. 16 e 17 desta Lei não são automáticos, devendo ser motivadamente declarados na sentença.

Art. 19. (Vetado).

Os supramencionados artigos 16 e 18 versam sobre os efeitos da sentença penal em razão da condenação pelo cometimento de crimes previstos na presente Lei. Tendo em vista que estão relacionados, serão abordados conjuntamente.

Os efeitos extrapenais genéricos da sentença penal condenatória estão previstos nos artigos 91 e 92 do Código Penal. Todavia, o legislador ordinário, por ocasião da edição da Lei em comento (7.716/89), estipulou alguns efeitos específicos, quais sejam: *a)* se o sujeito ativo que praticou o crime é agente público (*lato sensu*) poderá perder o cargo ou função (e, logicamente, o emprego público, que tem um caráter menor de estabilidade do que o cargo público); *b)* se o crime for praticado em estabelecimento privado – a exemplo dos tipos penais de negativa de atendimento em estabelecimentos comerciais – poderá tal local ter sua suspensão decretada por período não superior a 3 (três) meses (a lei não estabeleceu prazo mínimo, havendo posicionamento doutrinário que seria de um mês).

Nada obstante, com relação à suspensão do funcionamento dos estabelecimentos particulares por até três meses, necessário fazer uma reflexão mais acurada acerca da constitucionalidade da medida (efeito específico da sentença penal condenatória), pois é sabido que o estabelecimento empresarial (a pessoa jurídica de direito privado) invariavelmente tem personalidade diversa de seus proprietários e sócios. Dito por palavras menos congestionadas, tudo indica tratar-se de verdadeira hipótese de responsabilidade penal (e objetiva) da pessoa jurídica à míngua de expressa previsão constitucional (lembrando que a Constituição Federal prevê categoricamente a responsabilização penal das pessoas jurídicas pelo cometimento de crimes ambientais no parágrafo 3.º do art. 225). Com efeito, inegavelmente estamos diante de pena que será suportada pela própria pessoa jurídica, da mesma forma que a sanção restritiva de direitos prevista no art. 22, I (suspensão das atividades) da Lei de Crimes Ambientais (9.605/98). Ocorre que, diferentemente da Lei de Crimes Ambientais, nas hipóteses dos crimes da Lei 7.716/89 não há previsão constitucional autorizativa. Além disso, a pessoa jurídica sequer irá figurar como ré na respectiva ação penal (ao revés do que acontece nos crimes ambientais), motivo pelo qual entendemos que o dispositivo em voga é inconstitucional. Caso aplicado incorreria em afronta à impossibilidade de transcendência da pena à pessoa do condenado, insculpido no art. 5.º, XLV, da Constituição Federal.

Outrossim, note-se que anteriormente utilizamos propositadamente o verbo **poderá**, considerando, justamente, o comando normativo inserto no art. 18. Ou seja, tais efeitos **não são automáticos**, devendo constar – necessariamente – de pronunciamento judicial expresso, devidamente motivado, consoante preconiza a garantia prevista no art. 93, IX, da Constituição Federal.

Em que pese o silêncio da doutrina, bem como diante da escassez de casos concretos na jurisprudência pátria, entendemos que o juiz criminal deverá, a partir de um juízo de correlação e proporcionalidade, aplicar o efeito ao funcionário público quando vislumbrar algum liame entre o fato criminoso praticado e o cargo (emprego ou função) do servidor desviante. Como, por exemplo, quando o crime é cometido em razão ou no ofício, tal qual um superior hierárquico que obsta a promoção funcional de seu subalterno (o qual estava totalmente habilitado, preenchendo todos os requisitos legais), tendo em vista a adoção de postura preconceituosa no que tange à religião deste último (a conduta seria capitulada no art. 3º, parágrafo único, da lei em testilha). Em casos tais, não temos dúvida quanto à possibilidade de aplicação do efeito extrapenal em comento, sob pena de se tornar letra morta a previsão legal mencionada. Ademais, importa ressaltar, ainda, que a perda do cargo tem caráter irrevogável após o trânsito em julgado da sentença penal condenatória, acarretando a extinção definitiva do vínculo do agente naquele cargo, emprego ou função específico, não podendo ser restabelecido sequer por meio de reabilitação criminal. Entretanto, não há pena perpétua em nosso ordenamento jurídico, sendo factível que tal agente possa, posteriormente, acessar a outro cargo público, consoante os meios constitucionais legítimos de investidura.

Por fim, cumpre frisar que qualquer crime previsto na presente lei poderá, teoricamente, acarretar a aplicação do efeito extrapenal específico, vez que o artigo 16 não faz referência a este ou aquele crime da Lei 7.716/89. Portanto, consoante o bom ensinamento hermenêutico, o intérprete não pode restringir o que a norma não fez.

Art. 20. Praticar, induzir ou incitar a discriminação ou preconceito de raça, cor, etnia, religião ou procedência nacional. (Redação dada pela Lei nº 9.459, de 15/05/97)

Pena: reclusão de um a três anos e multa. (Redação dada pela Lei nº 9.459, de 15/05/97)

Bem jurídico tutelado

O direito à igualdade em seu viés proibitório de discriminação negativa, tendo em vista que a discriminação estaria baseada na manifestação por preconceito.

Sujeitos do crime

Crime comum, pois pode ser cometido por qualquer pessoa, sendo desnecessária a ocorrência de especial condição do sujeito ativo.

No polo passivo figuram o Estado, como sujeito passivo formal, mediato e constante, além da pessoa ou grupo de pessoas, como sujeito passivo imediato (titular do bem jurídico).

Condutas

Inicialmente, cumpre observar que o tipo penal é extremamente aberto, considerando que traz uma proibição genérica de discriminação (a partir de preconceito de raça, cor, etnia, *etc.*). Sendo assim, qualquer conduta prevista nos artigos anteriores não deixaria de, teoricamente, incidir também no artigo 20 *caput* (de aplicação subsidiária, portanto). Tal situação deve ser resolvida pelo critério de solução de conflitos normativos consubstanciado na especialidade. Destarte, praticando o agente uma conduta discriminatória (em razão de raça, cor, etnia, religião ou procedência nacional) prevista especificamente em um dos tipos penais anteriores, deve prevalecer pelo critério da especialidade, caso contrário incidirá (subsidiariamente, repita-se) o artigo 20 *caput*.

As condutas nucleares são: *praticar, induzir* ou *incitar*. Praticar é executar o ato, realizar, fazer; induzir significa dar a ideia (a ideia não existia até então); incitar relaciona-se à instigação, reforçar uma ideia que já existia. Aquele que realiza (executa) o ato discriminatório responde pelo crime praticado. Além disso, os agentes que induzem ou incitam também são responsáveis pelo delito. Em verdade, estes dois últimos verbos nucleares seriam dispensáveis, pois traduzem a figura da participação moral, já punida pelo Código Penal (*Art. 29 – Quem, de qualquer modo, concorre para o crime incide nas penas a este cominadas, na medida de sua culpabilidade.*) Portanto, criou-se uma exceção à regra da participação, assim, um agente que instiga a prática de um homicídio, por exemplo, responderá como partícipe, conforme a supramencionada norma de extensão do art. 29, do Código Penal, podendo, inclusive, ser reconhecida a causa de diminuição de pena inserida no parágrafo primeiro do art. 29 do CP (a conhecida participação de menor importância, reduzindo a pena de um sexto a um terço). Nada obstante, quem incita a prática de um crime de discriminação prevista no artigo em voga responderá como coautor, sem prejuízo, logicamente, de receber uma reprimenda penal menor (quando comparado àquele que executou a discriminação) por ocasião da individualização da pena, a ser realizada pelo magistrado em sentença. Trata-se, no mínimo, de mais uma impropriedade legislativa.

Com relação ao conceito de discriminação e preconceito, lembramos que a primeira é exteriorização do segundo (o preconceito é subjetivo, interior, está no intelecto da pessoa, configura um pré-julgamento negativo com relação a outro indivíduo ou grupo; quando exteriorizado por atos materiais, torna-se discriminação), consoante já explicitado nos comentários dos aspectos gerais do presente diploma legal. Com efeito, bastaria ao tipo penal a previsão de discriminação, que, repita-se, é a materialização do ato, vez que o Estado não pode punir o indivíduo por aquilo que ele é ou pensa (por mais preconceituoso que seja). Em outros termos, o indivíduo deve exteriorizar uma conduta criminosa, sendo que, geralmente, a punibilidade começa quando o agente inicia a prática dos atos executórios (salvo quando a lei pune expressamente os atos preparatórios), motivo pelo qual, na prática, o termo preconceito torna-se desnecessário no tipo penal em lume. Outrossim, no que tange aos elementos normativos raça, cor, etnia, religião ou procedência nacional, não há nada a ser acrescentado, razão pela qual remetemos o estimado leitor aos comentários dos aspectos gerais.

Cotejo com a injúria racial

A Lei 9.459/97 inseriu no Código Penal uma forma qualificada de injúria, *in verbis*:

> ***Art. 140 – Injuriar alguém, ofendendo-lhe a dignidade ou o decoro:***
>
> ***[...] § 3.º Se a injúria consiste na utilização de elementos referentes a raça, cor, etnia, religião, origem ou a condição de pessoa idosa ou portadora de deficiência:***
>
> ***Pena – reclusão de um a três anos e multa.***

Prima facie, podemos imaginar um conflito aparente de normas com o crime inserido no artigo 20 da Lei 7.716/89, especialmente quando a discriminação injuriosa é motivada por um dos quatro elementos destacados anteriormente (raça, cor, etnia ou origem, sendo que os dois últimos, condição de pessoa idosa ou portadora de deficiência, não guardam relação com o tema aqui abordado). Por esse motivo (suposto conflito de normas), apressadamente a doutrina buscou estabelecer critérios para a definição e solução dessa aparente antinomia.

Sendo assim, resta assentado, de forma bastante pacificada até então (mas não imune a críticas), o seguinte: a injúria racial é a exteriorização de uma ofensa à honra subjetiva da vítima, atingindo o conceito que esta tem de si própria; já no crime do art. 20, há uma afronta ao direito do ofendido, a partir de uma concepção de igualdade com outrem[52]. Ademais, recorrentemente tem sido destacado que as diferenças (entre um e outro tipo penal) estão basicamente na afetação de um bem jurídico individualíssimo (honra subjetiva) e no sujeito passivo determinado ou determinável (na injúria racial), enquanto no crime de racismo (artigo 20 da Lei 7.716/89), o agente generaliza o ato discriminatório atingindo toda uma coletividade[53]. Nesse esteio, a jurisprudência está pacificada, senão vejamos:

> *PROCESSUAL PENAL. RECURSO ORDINÁRIO EM HABEAS CORPUS. ART. 20, DA LEI Nº 7.716/89. ALEGAÇÃO DE QUE A CONDUTA SE ENQUADRARIA NO ART. 140, § 3º, DO CP. IMPROCEDÊNCIA. TRANCAMENTO DA AÇÃO PENAL. FALTA DE JUSTA CAUSA. INOCORRÊNCIA. I – O crime do art. 20, da Lei nº 7.716/89, na modalidade de praticar ou incitar a discriminação ou preconceito de procedência nacional, não se confunde com o crime de injúria preconceituosa (art. 140, § 3º, do CP). Esta tutela a honra subjetiva da pessoa. Aquele, por sua vez, é um sentimento em relação a toda uma coletividade em razão de sua origem (nacionalidade). II – No caso em tela, a intenção dos réus, em princípio, não era precisamente depreciar o passageiro (a vítima), mas salientar sua humilhante condição em virtude de ser brasileiro, i.e., a ideia foi exaltar a superioridade do povo americano em contraposição à posição inferior do povo brasileiro, atentando-se, dessa maneira, contra a coletividade brasileira. Assim, suas condutas, em tese, subsumem-se ao tipo legal do art. 20, da Lei nº 7.716/86. III [...]. Writ denegado.* (STJ. RHC 19166/RJ. Relator: Min. Felix Fischer. Quinta Turma. Julgamento: 24/10/2006. DJ 20/11/2006 p. 342).
>
> *PENAL. RACISMO E INJÚRIA RACIAL. DISTINÇÃO. EXPRESSÕES OFENSIVAS COM ALUSÃO À RAÇA DA OFENDIDA. CONDENAÇÃO PELO CRIME DE INJÚRIA RACIAL QUALIFICADA. 1. No crime de racismo, o ofensor visa a atingir um número indeterminado de pessoas, enquanto na injúria racial ele atinge a honra de determinada pessoa, valendo-se de elementos referentes à raça, cor, etnia, religião, origem ou à condição de pessoa idosa ou portadora de deficiência. 2. Comete o crime de injúria racial qualificada o réu que, na fila do caixa para comprar ingresso para o cinema, na frente de diversas pessoas, profere palavras ofensivas à ofendida, responsável pela venda de ingressos, com alusão à sua raça, dizendo-lhe que "é muito grossa, por isso é "dessa cor" e "volta para a África", para cuidar de orangotangos. 3. Recurso do Ministério Público parcialmente provido para condenar o réu por injúria racial*

---

52 SILVA Amaury; SILVA, Artur Carlos. *Crimes de Racismo*. Leme: J. H. Mizuno, 2012, p. 110.

53 SILVEIRA, Fabiano Augusto Martins. *Da criminalização do racismo*: aspectos sociocriminológicos. Belo Horizonte: Del Rey, 2006. p. 236.

qualificada e desprovido o do réu. (TJDF – APR: 20120110758157, Relator: JOÃO BATISTA TEIXEIRA, Data de Julgamento: 02/10/2014, 3ª Turma Criminal, Data de Publicação: Publicado no DJE: 10/10/2014.)

APELAÇÃO PENAL CRIME DE RACISMO NÃO CONFIGURAÇÃO DESCLASSIFICAÇÃO PARA O DELITO DE INJÚRIA RACIAL PROCEDÊNCIA OFENSAS QUE SE DESTINAVAM A DENEGRIR TÃO SOMENTE A HONRA SUBJETIVA DA VÍTIMA E NÃO DE UM GRUPO DETERMINADO DE PESSOAS POR CONTA DA COR DA PELE. EXTINÇÃO DA PUNIBILIDADE PELA DECADÊNCIA QUEIXA CRIME QUE NÃO PODE MAIS SER OFERECIDA NO PRAZO LEGAL RECURSO CONHECIDO E PROVIDO DECISÃO UNÂNIME. 1. Desclassificação do crime de racismo para o de injúria racial. Opera-se a desclassificação do crime de racismo para o de injúria racial quando as provas contidas nos autos demonstram que as ofensas proferidas pela apelante, embora com conotação racial, se dirigiram tão somente contra a honra subjetiva do ofendido e não de segregar pessoas em razão da cor da pele, ou seja, não ficou configurado o dolo do delito previsto no art. 20 da Lei nº 7716/89. Doutrina e precedente do STJ. 2. Extinção da punibilidade pela decadência. A ação penal pelo crime de injúria racial tem natureza privada, sujeita, portanto, à decadência. Desse modo, após desclassificada a infração para este tipo penal e tendo o fato ocorrido em 15/10/2001, não é mais possível o oferecimento da respectiva queixa crime, pois já transcorreu o prazo decadencial de 06 (seis) meses, previsto no art. 38 do CPP. 3. Recurso conhecido e provido. Decisão unânime. (TJPA – APL: 201230207305 PA, Relator: ROMULO JOSE FERREIRA NUNES, Data de Julgamento: 09/04/2013, 2ª CÂMARA CRIMINAL ISOLADA, Data de Publicação: 15/04/2013)

Todavia, ainda que a discriminação seja proferida a apenas uma pessoa, se ficar caracterizada que se destina à ofensa da coletividade ou grupo (exemplos: "*os negros são ladrões*", "*os* árabes *são assassinos*"), incidirá o artigo 20, *caput*, da Lei 7716/89. Confira-se: "*PENAL – PRECONCEITO DE RAÇA OU COR – LEI 7.716/89 – ALEGAÇÃO DE AUSÊNCIA DE DOLO PELA DEFESA – CONDENAÇÃO MANTIDA – RECURSO DESPROVIDO. Configura crime de racismo, a oposição indistinta à raça ou cor, perpetradas através de palavras, gestos, expressões, dirigidas a indivíduo, em alusão ofensiva a determinada coletividade, agrupamento ou raça que se queira diferenciar. Comete o crime de racismo, quem emprega palavras pejorativas, contra determinada pessoa, com a clara pretensão de menosprezar ou diferenciar determinada coletividade, agrupamento ou raça*" (TJSC. Ap. 2004.031024-0. Primeira Câmara, Relator: Amaral e Silva, Julgamento: 15.02.2005)".

A nós (em que pese advertirmos ser posição minoritária) parece ser a aludida diferenciação meramente sofística, não servindo para afastar, em absoluto, a conotação de verdadeiro crime racial da injúria em exame, até mesmo porque a Lei 7.716/89 (e suas posteriores alterações) traz inúmeras condutas cometidas contra apenas uma pessoa ou sujeitos determinados/determináveis (inclusive tal possibilidade não resta afastada pela interpretação literal do artigo 20). Caso não bastasse, por óbvio uma das características mais marcantes em crimes deste jaez é a ofensa à igualdade em seu viés proibitório de discriminação negativa, constituindo-se como marca nos crimes raciais (e não somente da injúria) o fato de a vítima ser atingida em sua autoestima ao sofrer inferiorização perpetrada pelo discriminador.

Se analisado atentamente, perceberemos que o raciocínio ora defendido não é negado, ainda que muitas vezes inconscientemente, pelos próprios doutrinadores que se esforçam para fazer a distinção de tais figuras típicas, aceitando (até como forma de legitimar) a opção política adotada no sentido de excluir a injúria real da legislação antirracista específica. A propósito, veja-se o seguinte trecho ilustrativo: "*Não há como ignorar que a injúria racial denota uma atitude profundamente discriminatória,* ***sendo talvez a forma mais corriqueira pela qual o racismo*** *se deixa descobrir nas situações de conflito interpessoal*"[54].

Portanto, não resta outra alternativa viável senão admitir que o legislador ordinário deixou de incluir a injúria racial no bojo da Lei 7.716/89 por mera opção de política criminal (muito embora tal opção não seja imune às críticas), talvez porque estes casos sejam a grande maioria das situações de conflitos motivados por discriminação racial que aportam no sistema de justiça criminal, acarretando, assim, na práxis jurisprudencial, o afastamento dos rigores constitucionais de inafiançabilidade e imprescritibilidade, pois há muito tempo os tribunais de justiça têm aplicado as regras gerais de prescrição do Código Penal à injúria racial.[55]

Nada obstante, importantíssimo registrar que estamos diante de uma concreta **possibilidade de mudança radical acerca do tema**, pois, recentemente, a Sexta Turma do STJ, ao apreciar Agravo Regimental em Recurso Especial, baseando-se nos ensinamentos de Guilherme Nucci – que defende ser a **injúria racial uma espécie do crime de racismo**, posição que se alinha ao entendimento ora esposado –, por unanimidade, afastou a prescrição em caso de injúria racial, **declarando, no caso concreto, tal delito imprescritível**, conforme segue: "*PENAL E PROCESSO PENAL. AGRAVO REGIMENTAL NO AGRAVO EM RECURSO ESPECIAL. INJÚRIA RACIAL. CERCEAMENTO DE DEFESA. NÃO OCORRÊNCIA. EXISTÊNCIA NOS AUTOS DE CERTIDÃO EMITIDA POR SERVENTUÁRIO DA JUSTIÇA ABRINDO PRAZO PARA A RESPOSTA AO REFERIDO RECURSO. TEMPESTIVIDADE DO AGRAVO AFERIDA EM CONFORMIDADE COM A SÚMULA N.448 DO SUPREMO TRIBUNAL FEDERAL – STF. DECISÃO EXTRA PETITA. INEXISTÊNCIA. VIOLAÇÃO DE ARTIGOS DA CONSTITUIÇÃO FEDERAL. INVIABILIDADE EM RECURSO ESPECIAL.* ***IMPRESCRITIBILIDADE DO DELITO DE INJÚRIA RACIAL.*** *DECADÊNCIA. INEXISTÊNCIA, IN CASU. RECURSO DESPROVIDO [...] 4. Não cabe, na via do recurso especial, a análise de suposta violação de artigos da Constituição Federal.* ***De acordo com o magistério de Guilherme de Souza Nucci, com o advento da Lei n.9.459/97, introduzindo a denominada injúria racial, criou-se mais um delito no cenário do racismo, portanto, imprescritível, inafiançável e sujeito à pena de reclusão.*** *5. A injúria racial é crime instantâneo, que se consuma no momento em que a vítima toma conhecimento do teor da ofensa. No presente caso a matéria ofensiva foi postada e permaneceu disponível na internet por largo tempo, não sendo possível descartar a veracidade do que alegou a vítima, vale dizer, que dela se inteirou tempos após a postagem (elidindo-se a decadência). O ônus de provar o contrário é do ofensor. 6. A dúvida sobre o termo inicial da contagem do prazo decadencial, na hipótese, deve ser resolvida em favor do processo. Agravo Regimental desprovido.* (STJ. AgRg

54 SILVEIRA, Fabiano Augusto Martins. *Da criminalização do racismo*: aspectos sociocriminológicos. Belo Horizonte: Del Rey, 2006. p. 230. Em idêntico sentido: "*Ou seja, embora haja nítida demonstração de racismo ou outra forma de preconceito por parte do autor do delito, o crime em si não é classificado como delito de "racismo", por não fazer parte da Lei específica.*" SANTOS, Christiano Jorge. *Crimes de Preconceito e de Discriminação*. 2. ed. São Paulo: Saraiva. 2010, p. 143.

55 Neste sentido: "*APELAÇÃO CRIMINAL. INJÚRIA RACIAL. PRESCRIÇÃO. Chamar o ofendido de "negro baderneiro", "negro bandido" e "negro quadrilheiro" não constitui crime de racismo, mas sim de injúria qualificada. Desde o recebimento da queixa-crime, em 01.04.2003,* ***decorreu lapso temporal superior a oito anos sem o advento de qualquer dos marcos interruptivos da prescrição. Extinção da punibilidade pela incidência da prescrição****, com base na pena em abstrato, forte no art. 107, inciso IV, c/c art. 109, inciso VI, todos do Código Penal. Exame do mérito prejudicado. EXTINÇÃO DA PUNIBILIDADE PELA PRESCRIÇÃO.* (TJRS. Apelação Crime nº 70026731083, Segunda Câmara Criminal, Relator: Osnilda Pisa, Julgado em 29/01/2013)

no AREsp 686965/DF. Rel. ERICSON MARANHO (Des. convocado do TJ/SP). Sexta turma. Julgamento: 18/08/2015. DJe 31/08/2015) (Grifos Nossos)

O aludido precedente – paradigmático – do Superior Tribunal de Justiça, já produz algum eco na jurisprudência nacional, senão vejamos: *APELAÇÃO CRIMINAL – INJÚRIA RACIAL (ART. 140, § 3º, DO CP) – SENTENÇA CONDENATÓRIA – APELO DEFENSIVO. 1) PRELIMINAR DE PRESCRIÇÃO DA PRETENSÃO PUNITIVA ESTATAL – INOCORRÊNCIA – INTERPRETAÇÃO SISTEMÁTICA DO ORDENAMENTO JURÍDICO – IMPRESCRITIBILIDADE DO DELITO DE INJÚRIA RACIAL – PRECEDENTE DO STJ – PRELIMINAR REJEITADA. 2) MÉRITO – 2.1) PLEITO ABSOLUTÓRIO – SUSTENTADA INEXISTÊNCIA DE PROVA E DE DOLO ESPECÍFICO – INVIABILIDADE – ELEMENTOS PROBATÓRIOS APTOS A AMPARAR A CONDENAÇÃO – ANIMUS INJURIANDI DEMONSTRADO NOS AUTOS – DELITO CONFIGURADO – 2.2) PLEITO SUBSIDIÁRIO DE REDUÇÃO DA PENA – IMPOSSIBILIDADE – PRESENÇA DA ATENUANTE QUANTO À IDADE DO ACUSADO NA DATA DA SENTENÇA (MAIOR DE 70 ANOS) – SÚMULA 231 DO STJ. RECURSO DESPROVIDO, EM PARCIAL CONSONÂNCIA COM O PARECER MINISTERIAL.* ***1 – Considera-se imprescritível o crime de injúria racial, em respeito aos princípios da dignidade da pessoa humana e da igualdade jurídica, eis que idêntica a base do crime de racismo, também, imprescritível (precedente do STJ);*** *2.1 – Descabe o pedido de absolvição se o conjunto fático-probatório aponta, com segurança, a prova da existência do delito, sua correspondente autoria e o dolo específico, conforme declarações da vítima e testemunhas que presenciaram o exato momento da consumação; 2.2 – Outrossim, incabível a redução da reprimenda, na segunda etapa dosimétrica pela atenuante da senilidade (art. 65, I do CP), em respeito à Súmula 231 do STJ. (TJ-MT – APL: 00003048620138110090 154462/2016, Relator: DES. RONDON BASSIL DOWER FILHO, Data de Julgamento: 21/06/2017, SEGUNDA CÂMARA CRIMINAL, Data de Publicação: 27/06/2017).*

Ademais, ainda que em *obiter dictum* de decisão monocrática adotada no âmbito de Ação Cautelar – com escopo de conferir efeito suspensivo ao Recurso Extraordinário manejado justamente pela defesa daquele réu condenado na ação penal que originou o precedente paradigmático no STJ –, o Supremo Tribunal Federal, por intermédio do Ministro Roberto Barroso, sinalizou favoravelmente à adoção da tese sobre a imprescritibilidade do crime de injúria racial, *in verbis: Ementa: PENAL E PROCESSO PENAL. AÇÃO CAUTELAR. EFEITO SUSPENSIVO A RECURSO EXTRAORIDINÁRIO. 1. O Supremo Tribunal Federal não realizou, ainda, o juízo de admissibilidade do recurso extraordinário com agravo ao qual se pretende conferir efeito suspensivo, de modo que se mostra inviável a cautelar requerida. 2. Ademais, o entendimento firmado pelo STF no HC 126.292 permite a execução da pena, inclusive restritivas de direitos, antes do julgamento dos recursos excepcionais, se exigindo, para tanto, que o réu tenha sido condenado nas instâncias de origem. 3.Liminar indeferida. 1. Trata-se ação cautelar, com pedido liminar, ajuizada com o fim de atribuir efeito suspensivo ao ARE 983.531, em razão da plausibilidade do direito nele pleiteado e do perigo de dano irreparável consistente na possibilidade de execução de pena por fato cuja punibilidade estaria extinta. 2. Sustenta o autor ter sido condenado pelo Superior Tribunal de Justiça ao cumprimento da pena de 1 (um) ano e 8 (oito) meses de reclusão, substituída por pena restritiva de direitos, em razão da prática do crime de injúria racial. Alega que as instâncias ordinárias, a 5ª Vara Criminal de Brasília e a 3ª Turma Criminal do Tribunal de Justiça do Distrito Federal e Territórios, proferiram decisões a ele favoráveis, tendo sido condenado apenas pelo Superior Tribunal de Justiça em sede de recurso especial interposto pelo Ministério*

Público do Distrito Federal e Territórios. Aduz, ainda, que a tese utilizada pelo Superior Tribunal de Justiça para condená-lo é inconstitucional, em razão de ter estendido ao crime de injúria racial a imprescritibilidade atribuída pela Constituição ao crime de racismo. Diante disso, ajuizou recurso extraordinário em face dessa decisão do STJ, o qual não foi admitido pela Presidência daquela Corte e, em virtude disso, interpôs agravo em recurso extraordinário, tombado no Supremo Tribunal Federal sob o n. 983.531. É a esse processo, o ARE 983.531, que o autor pretende atribuir efeito suspensivo. 3. A ação foi distribuída inicialmente ao Min. Teori Zavascki. Como foi ajuizada no recesso, a ação cautelar foi remetida à Presidência, que não conheceu do pedido, sem prejuízo de ulterior apreciação pelo juiz natural do feito. Ainda no recesso, o autor requereu a reconsideração da decisão. 4. Em razão da suspeição do Min. Teori Zavascki, os autos foram redistribuídos para este Relator. É o essencial a relatar. Decido. 5. A pretensão do autor se funda na plausibilidade do direito invocado, em razão de, no seu entendimento, ser inconstitucional a equiparação de injúria racial a racismo no que toca à imprescritibilidade. O perigo na demora, por sua vez, decorre do entendimento firmado por esta Corte no HC 126.292, que permitiu a execução da pena a partir do acórdão condenatório de 2ª instância, pois, segundo sustenta, o STJ teria remetido os autos ao Juízo da 5ª Vara Criminal de Brasília a pedido do Ministério Público, o que poderia resultar na execução da pena. 6. A decisão da Presidência no recesso teve como fundamento o fato de que sequer fora protocolizado o recurso extraordinário com agravo ao qual se pretendia conferir efeito suspensivo. No pedido de reconsideração, o autor sustentou que o mencionado ARE já havia sido protocolizado, sob o n. 983.531 e que o risco de execução da pena tornou-se concreto, uma vez que o Juízo da 5ª Vara Criminal de Brasília determinou a expedição de carta de guia provisória a fim de que se inicie a execução das penas impostas ao requerente. 7. A jurisprudência do Supremo Tribunal Federal é firme no sentido de que a concessão de cautelar para atribuir efeito suspensivo a recurso extraordinário depende da presença dos seguintes requisitos: (i) juízo de admissibilidade do recurso extraordinário pelo Tribunal de origem ou do recurso extraordinário com agravo pelo Supremo Tribunal Federal; (ii) viabilidade processual do recurso extraordinário; (iii) plausibilidade jurídica da tese veiculada nele veiculada; (iv) periculum in mora na sua apreciação. (AC 3808-MC-AgR, sob minha relatoria; AC 3451 ED, Rel. Min. Luiz Fux; AC 2725 ED, Rel. Min. Cármen Lúcia). 8. No presente caso, conforme assentado pelo Min. Presidente em sua decisão, ainda não foi realizado o juízo de admissibilidade do recurso extraordinário com agravo ao qual se pretende conferir efeito suspensivo. Ainda que já tenha sido protocolado (ARE 983.531), o juízo de admissibilidade ainda não foi realizado, de modo que se mostra inviável a concessão do efeito suspensivo pretendido. ***9. Além disso, ressalto que a probabilidade do direito invocado pelo requerente não se mostra tão evidente, em razão de ser defensável a tese que o crime de injúria racial possa ser alcançado pelo conceito constitucional de racismo, prática a qual a Constituição atribui a imprescritibilidade.*** *10. Ademais, vale ressaltar que o entendimento desta Corte, firmado no HC 126.292, não se restringe às penas privativas de liberdade ou apenas aos casos em que o réu tenha sido condenado pelas instâncias de origem. Na verdade, a tese firmada tem o objetivo de permitir que a pena seja executada antes do julgamento dos recursos excepcionais. Dessa forma, a execução da pena imposta, ainda que decorrente de condenação imposta pelo Superior Tribunal de Justiça, não afronta o entendimento do Supremo Tribunal Federal sobre execução da pena. 11. Diante do exposto, indefiro a liminar. Encaminhem-se os autos ao Ministério Público Federal para manifestação de mérito. Publique-se. Int. Brasília, 19 de setembro de 2016 Ministro Luís Roberto Barroso Relator (STF, AC n. 4216 DF, Relator: Min. Roberto Barroso, Data de Julgamento: 19/09/2016, Data de Publicação: DJe-201 21/09/2016).*

De outro giro, a injúria qualificada prevista no Código Penal acarreta, ainda, a alteração do tipo de ação penal (no racismo a ação penal é pública incondicionada, podendo o Ministério Público agir de ofício; todavia, na injúria racial, é condicionada à representação do ofendido)[56], salientando-se que a Constituição Federal não fez distinção de formas, meios de execução e sujeitos passivos (pessoa determinada/determinável ou grupo) por ocasião do mandado expresso de criminalização do racismo, já devidamente examinado.

Voluntariedade

Quanto à voluntariedade, exige-se o dolo, inexistindo a forma culposa. Entretanto, não se pode esquecer o comentário realizado na análise dos aspectos gerais, pertinente ao dissenso jurisprudencial que se posiciona pela necessidade da presença do elemento subjetivo específico consistente na vontade de discriminar o ofendido.

Consumação e tentativa

A conduta de praticar, assim como as de induzir ou incitar, consumam-se independentemente da ocorrência de resultado naturalístico, bastando para tanto a prática discriminatória. Crime formal, portanto.

Importante ressaltar, considerando a previsão das condutas nucleares *induzir* e *incitar* no próprio tipo penal, que basta a sua ocorrência (indução ou incitação) para a configuração do crime previsto no *caput* do art. 20, ainda que a pessoa induzida ou incitada não chegue efetivamente a praticar o ato discriminatório, diferentemente do modelo adotado (como regra geral) nos casos de participação do Código Penal, em que a punição do partícipe se condiciona ao início da execução pelo autor (*Art. 31 – O ajuste, a determinação ou instigação e o auxílio, salvo disposição expressa em contrário, não são puníveis, se o crime não chega, pelo menos, a ser tentado*"). Exemplo: se João instiga José a cometer um homicídio, caso José não chegue a iniciar a execução, o fato é atípico, não sendo punível a conduta de João. Nada obstante, se João incitar José à prática de um ato discriminatório contra a comunidade judaica de sua cidade, ainda que José não faça nada, já restou configurada a prática da infração penal prevista no *caput* do art. 20 da Lei 7.716/89 para João.

Conforme a posição majoritária da doutrina, admite-se a tentativa na forma plurissubsistente (quando cometido por mais de um ato), embora de difícil ocorrência.

Ação penal

Ação Penal Pública incondicionada.

Cabe a aplicação do artigo 89 da Lei 9.099/95, que prevê a suspensão condicional do processo, haja vista a pena mínima não ultrapassar o patamar de um ano.

> § 1º Fabricar, comercializar, distribuir ou veicular símbolos, emblemas, ornamentos,

---

56 *"A injúria qualificada é delito afiançável, prescritível, e de ação penal pública condicionada à representação do ofendido (CP, art. 145, parágrafo único, com redação dada pela Lei 12.033/2009), enquanto o racismo, de ação penal pública incondicionada, por mandamento constitucional expresso, constitui-se em crime inafiançável e imprescritível."* MASSON, Cléber Rogério. *Direito Penal Esquematizado*: parte especial. v. II. 3. ed. São Paulo: Método, 2011, p. 184.

distintivos ou propaganda que utilizem a cruz suástica ou gamada, para fins de divulgação do nazismo. (Redação dada pela Lei nº 9.459, de 15/05/97)

Pena: reclusão de dois a cinco anos e multa. (Incluído pela Lei nº 9.459, de 15/05/97)

Bem jurídico tutelado

O direito à igualdade dos seres humanos, haja vista que a ideologia nazista pregava a superioridade da raça ariana (etnia branco-caucasiana), além disso objetiva resguardar a paz social.

Sujeitos do crime

Crime comum, pois pode ser cometido por qualquer pessoa, sendo desnecessária a ocorrência de especial condição do sujeito ativo.

No polo passivo o Estado como sujeito passivo formal, mediato e constante, além de ser crime vago, ou seja, a coletividade é o sujeito passivo imediato (titular do bem jurídico).

Condutas

As condutas nucleares são: *fabricar*, *comercializar*, *distribuir* ou *veicular*. Fabricar é construir, manufaturar; comercializar significa negociar; distribuir, tem o sentido de disponibilizar; veicular significa difundir, propagar. Tais condutas devem estar relacionadas aos objetos materiais do crime, quais sejam, o símbolo (sinal representativo), emblema (está relacionado à identificação visual, não deixando de ser uma figura simbólica representativa de algo), ornamentos (são objetos de embelezamento, adereços), distintivos (sinal indicativo de algum cargo ou posto), propaganda (divulgação de ideias ou preceitos), os quais utilizem (usem) a cruz suástica ou gamada (antigo símbolo religioso em forma de cruz grega com as extremidades das hastes prolongadas em ângulo reto, que foi adotado como símbolo do regime nazista, tendo como líder supremo o *Führer* Adolf Hitler). Outrossim, para a configuração do crime em liça, é necessário que tais objetos sejam utilizados para fins de divulgação do nazismo (aqui há necessidade do elemento subjetivo específico). Logo, nos casos em que restar ausente tal elemento subjetivo específico (finalidade de divulgação do nazismo), como em objetos e artefatos de colecionadores, historiadores, museus e exposições (desde que, repita-se, tais materiais não sejam utilizados ainda que veladamente para propaganda do nazismo), a conduta será atípica.

Voluntariedade

Quanto à voluntariedade, exige-se o dolo, inexistindo a forma culposa. Aqui é indiscutível, pela própria formatação do tipo penal, que para a configuração do crime em voga faz-se imprescindível que tais objetos sejam utilizados *para fins de divulgação do nazismo* (elemento subjetivo específico).

Consumação e tentativa:

Crime de mera conduta. Basta para sua configuração a prática de uma (ou mais) das condutas nucleares, desde que motivada pelo especial fim de agir *para fins de divulgação do nazismo* (elemento subjetivo específico). O tipo é misto alternativo, ou seja, o sujeito ativo pode praticar uma ou mais condutas previstas no tipo penal, porém incidirá em apenas um crime.

É plenamente possível a tentativa, notadamente na forma plurissubsistente (quando cometido por mais de um ato). Ilustramos com a seguinte situação: uma pessoa pretende fabricar material de propaganda nazista contendo os respectivos símbolos do partido e a cruz suástica, para posterior distribuição e divulgação de tais ideários; tal pessoa adquire os insumos, mas é surpreendida durante o processo de manufatura e acaba sendo impedida de consumar seu desiderato criminoso. Pode-se afirmar que, neste caso, está plenamente configurada a tentativa.

Ação penal

Ação Penal Pública incondicionada.

Não se aplicam os benefícios da Lei 9.099/95 (transação ou suspensão condicional do processo), haja vista a pena mínima ser de dois anos e a máxima de cinco anos de reclusão.

§ 2º Se qualquer dos crimes previstos no *caput* **é** cometido por intermédio dos meios de comunicação social ou publicação de qualquer natureza: (Redação dada pela Lei nº 9.459, de 15/05/97)

Pena: reclusão de dois a cinco anos e multa. (Incluído pela Lei nº 9.459, de 15/05/97)

Não se trata de um tipo penal autônomo, mas sim um meio de execução das condutas previstas no *caput* (*"praticar, induzir ou incitar a discriminação ou preconceito de raça, cor, etnia, religião ou procedência nacional*"). Em verdade a presente norma é uma qualificadora da conduta prevista na cabeça do artigo. Optou o legislador por aumentar a reprimenda penal (restam, portanto, incabíveis os institutos despenalizadores da transação penal e *sursis* processual), haja vista que, uma vez cometida a conduta por intermédio de quaisquer meios de comunicação (rádio, televisão, internet, etc.) ou mediante publicação (em revistas, jornais, periódicos), há uma potencialidade muito maior, pois a prática discriminatória torna-se de fácil acesso a um infindável número de pessoas.

Interessante caso foi julgado recentemente pelo Supremo Tribunal Federal, (trata-se do RHC n.º 134682/BA) no bojo do qual aludido colegiado trancou ação penal movida pelo Ministério Público do Estado da Bahia em desfavor de sacerdote da Igreja Católica, autor de livro em que professava sua doutrina cristã (a obra tem o seguinte título: *Sim, sim! Não, não! Reflexões de cura e libertação*), e, conforme a acusação, praticava ato discriminatório em relação à religião espírita. A denúncia capitulou o fato justamente no art. 20, § 2º da Lei 7.716/1989. Na oportunidade restou assentado que a liberdade de manifestação e crença engloba o proselitismo religioso (liberdade de escolher determinada religião, professar sua fé, exaltar as "qualidades" de sua crença, externando a superioridade desta em relação a outras, objetivando convencer ou arregimentar seguidores), conforme se demonstra no resumo do julgado: "*A Primeira Turma, por maioria, deu provimento a recurso ordinário em "habeas corpus" para trancar ação penal em que se imputa ao recorrente a suposta prática de crime de racismo, por meio de incitação à discriminação religiosa (Lei 7.716/1989, art. 20, § 2º). No caso, sacerdote da Igreja Católica Apostólica Romana publicou livro no qual, segundo a acusação, explicitou conteúdo discriminatório a atingir a doutrina espírita. O Colegiado equacionou que, em um cenário permeado por dogmas com fundamentos emocionais, os indivíduos tendem a crer que professam sua fé dentro da religião correta e que aquela é a melhor, e essa certeza contém intrínseca hierarquização. Nesse ambiente, é necessário avaliar a observância dos limites do exercício das liberdades constitucionais. Por sua vez, não cabe ao Judiciário censurar manifestações de pensamento. Assim, eventual infelicidade de declarações e explicitações escapa do espectro de atuação estatal. Ponderou que a liberdade religiosa possui expressa proteção constitucional (CF, art. 5º, VI e VIII) e abrange o livre exercício de consciência, crença e culto. Além disso, alcança a escolha de convicções, de optar por determinada religião ou por nenhuma delas, de empreender proselitismo e de explicitar atos próprios de religiosidade. Assim, a liberdade de expressão funciona como condição de tutela efetiva da liberdade religiosa, assegurando-se a explicitação de compreensões religiosas do indivíduo e atuações conforme a crença. Caso contrário, em vez de liberdade, haveria mera indiferença religiosa. Por outro lado, a liberdade religiosa não ostenta caráter absoluto e deve ser exercitada de acordo com a delimitação constitucional, segundo o princípio da convivência das liberdades públicas. Nessa perspectiva, o repúdio ao racismo figura como um dos princípios que regem o País em suas relações internacionais (CF, art. 4º, VIII). Ademais, o tipo penal em debate decorre de mandamento de criminalização expresso no art. 5º, XLII, da CF. No caso, cumpre perquirir se as opiniões explicitadas pelo recorrente estão em conformidade com a Constituição ou se desbordam dos limites do exercício das liberdades constitucionalmente asseguradas. A Turma assinalou que a característica plural da Constituição impõe que determinados interesses, na hipótese em que colidentes, sejam contrastados a fim de alcançar a máxima efetividade de ambos. É necessário que as posições divergentes sejam mutuamente respeitadas, reclamando-se tolerância em relação ao diferente. Por sua vez, os limites de discursos religiosos não coincidem, necessariamente, com explicitações atinentes aos demais elementos normativos do tipo em questão, quais sejam, raça, cor, etnia ou procedência nacional.* ***A mensagem religiosa não pode ser tratada exatamente da mesma forma que a não religiosa. Sob esse aspecto, diversas religiões ostentam caráter universalista, ou seja, almejam converter o maior número possível de pessoas. Em especial, o catolicismo e o cristianismo perseguem esse objetivo. Nessa medida, tolher o proselitismo indispensável à consecução das finalidades de religiões universalistas configura ataque ao núcleo essencial da liberdade de expressão religiosa. O proselitismo religioso, em diversas oportunidades, é implementado à luz de um contraste entre as mais diversas religiões. O indivíduo que busca a conversão de outrem geralmente o faz sob argumentos de hierarquização entre religiões, almejando demonstrar a superioridade de suas próprias crenças, de modo que, corriqueiramente, as religiões pretendem assumir contornos de doutrinas de primeira ordem. Esse proselitismo, portanto, ainda que acarrete incômodas comparações religiosas, não materializa, por si só, o espaço normativo dedicado à incriminação de condutas preconceituosas. Essa ação constitui não apenas desdobramento da liberdade de expressão religiosa, mas figura como núcleo essencial desse direito, de modo que negar sua prática configuraria excessiva restrição às liberdades constitucionais. Assim, eventual animosidade decorrente de observações desigualadoras não configura, necessariamente, preconceito ou discriminação. No contexto religioso, a tentativa de convencimento pela fé, sem contornos de violência ou desrespeito à dignidade humana, está dentro das balizas da tolerância.*** *[...] Vencido o ministro Luiz Fux, que não trancava a ação penal por entender não haver elementos suficientes para tanto.*" Informativo n.º 849, 28 de novembro a 2 de dezembro de 2016. RHC 134682/BA, rel. Min. Edson Fachin, julgamento em 29.11.2016. (Grifou-se)

Por outro lado, envolvendo discriminação movida por crenças religiosas, encontramos condenação mantida pelo Tribunal de Justiça do Estado do Rio de Janeiro, sendo provido parcialmente o recurso defensivo somente com relação à adequação da pena de multa (além disso, no âmbito do Superior Tribunal de Justiça, houve a impetração de Habeas Corpus que sequer foi conhecido em sede de decisão monocrática[57]): "APELAÇÃO CRIMINAL - PENAL E PROCESSUAL PENAL - PRECONCEITO RELIGIOSO (LEI 7.716/89)- EPISÓDIO OCORRIDO NA COMARCA DA CAPITAL - DUPLA DE AGENTES MEMBROS DA IGREJA PENTECOSTAL GERAÇÃO JESUS CRISTO, VINDO O IMPUTADO TUPIRANI A EXERCER A FUNÇÃO DE PASTOR DA REFERIDA CONGREGAÇÃO, ENQUANTO QUE AFONSO É UM DOS FREQÜENTADORES DESTA E, ASSUMINDO TAIS PAPÉIS, É QUE AMBOS PASSARAM A PRATICAR E A INCITAR A DISCRIMINAÇÃO RELIGIOSA, INCLUSIVE SE UTILIZANDO PARA TANTO DO MANEJO DE MEIOS DE COMUNICAÇÃO, PORQUANTO TUPIRANI MANTÉM NA REDE MUNDIAL DE COMPUTADORES UMA PÁGINA EM FORMATO CONHECIDO COMO "BLOG" VINDO NESTA A PUBLICAR TEXTOS COM O OBJETIVO DE PREGAR O FIM DAS IGREJAS ASSEMBLÉIA DE DEUS E IGUALMENTE A PRÁTICA DA INTOLERÂNCIA RELIGIOSA CONTRA JUDEUS, ENQUANTO QUE AFONSO, QUEM SE AUTO INTITULA MEMBRO DE UMA 'NOVA GERAÇÃO DE VALENTES', POSTA VÍDEOS NO SÍTIO WWW.YOUTUBE.COM, TENDO SIDO UM DESTES DISPONIBILIZADO NO MÊS DE ABRIL DE 2009, NO QUAL SE VANGLORIAVA DE HAVER DESTRUÍDO IMAGENS RELIGIOSAS QUE SE ENCONTRAVAM NO INTERIOR DO CENTRO ESPÍRITA CRUZ DE OXALÁ, FATO ESTE OCORRIDO NO DIA 02 DE JUNHO DE 2008, SEM PREJUÍZO DE, NESTE MESMO VÍDEO, DEFENDER EXPLICITAMENTE A DISCRIMINAÇÃO DE SEGUIDORES DE OUTRAS RELIGIÕES, DENOMINANDO-OS DE 'SEGUIDORES DO DIABO', 'ADORADORES DO DEMÔNIO', BEM COMO ASSOCIANDO PEJORATIVAMENTE AS FIGURAS DE PAIS DE SANTO À CONDIÇÃO DE HOMOSSEXUAIS, COM O INTUITO DE MENOSPREZAR A TODOS QUE OS TEM AQUELE TÍTULO RELIGIOSO, E, NÃO SATISFEITO, AINDA OFENDE, TAMBÉM NO AMBIENTE DESTES MESMOS MEIOS DE COMUNICAÇÃO, A AUTORIDADES PÚBLICAS E A SEGUIDORES DE OUTRAS MANIFESTAÇÕES DE FÉ ESPIRITUAL - IRRESIGNAÇÃO DEFENSIVA DE AMBOS OS IMPLICADOS, DIANTE DO DESENLACE CONDENATÓRIO [...]" (TJRJ. Apelação Criminal nº 0153479-93.2009.8.19.0001. Sexta Câmara Criminal. Relator: DES. LUIZ NORONHA DANTAS. j. 17/12/2013).

Atualmente **a internet** tem sido utilizada como meio frequente da prática do crime. Houve, durante algum tempo, certa oscilação acerca da competência para o processamento da ação penal em crimes deste jaez. Contudo, o Superior Tribunal de Justiça, pacificou a questão, posicionando-se pela regra geral de competência da **Justiça Estadual**. Afirmando que só restaria competência à **Justiça Federal**[58] em caso de transnacionalidade demonstrada, como, por exemplo, grupos de apoiadores do nazismo (os neonazistas) no Brasil e de outro país estivessem atuando em conjunto para a prática das condutas previstas no *caput*, ou um grupo brasileiro distribuindo material para outros países. Vejamos julgado do STJ:

---

57 Nesse esteio, *in verbis*: *"Considerando as circunstâncias fáticas estabelecidas pelas instâncias ordinárias, bem como o conteúdo da denúncia, não se mostra possível o acolhimento das teses defensivas de atipicidade por ausência de dolo, bem como exercício do direito à liberdade de culto e de expressão. Ante exposto, não conheço do presente habeas corpus."* (STJ - HC: 424402 RJ 2017/0291635-7, Relator: Ministro JOEL ILAN PACIORNIK, Data de Publicação: DJ 11/09/2018)

58 Baltazar Jr. sistematiza didaticamente quais ilícitos penais da Lei 7.716.89 – teoricamente – seriam da competência da Justiça Federal, senão vejamos: *a) nos casos do art. 13, que envolve as Forças Armadas; b) nos casos dos artigos 3.º e 6.º quando se der em órgão federal; c) quando o crime do art. 20 é praticado em razão de disputa sobre direitos indígenas e d) quando presente a internacionalidade do delito.* BALTAZAR JR, José Paulo. Crimes Federais. 10. ed. rev. atual. ampl. São Paulo: Saraiva. 2015, p. 771.

CONFLITO NEGATIVO DE COMPETÊNCIA. JUSTIÇA FEDERAL X JUSTIÇA ESTADUAL. INQUÉRITO POLICIAL. RACISMO EM COMENTÁRIO VEICULADO NA INTERNET. DIZERES OFENSIVOS RELACIONADOS A PESSOA DETERMINADA. ***AUSÊNCIA DE CARÁTER TRANSNACIONAL. COMPETÊNCIA DA JUSTIÇA ESTADUAL.*** *1. A Justiça Federal é competente, conforme disposição do inciso V do art. 109 da Constituição da República quando se tratar de infrações previstas em tratados ou convenções internacionais, como é caso do racismo, previsto na Convenção Internacional sobre a Eliminação de todas as Formas de Discriminação Racial, da qual o Brasil é signatário (CC 132.984/MG, Rel. Ministro GURGEL DE FARIA, Rel. p/ Acórdão Ministro MOURA RIBEIRO, TERCEIRA SEÇÃO, julgado em 28/05/2014, DJe 02/02/2015). 2. Isso não obstante, o mero fato de o delito de racismo ter sido praticado pela internet não atrai, automaticamente, a competência da Justiça Federal, sendo necessário demonstrar a internacionalidade da conduta e/ou de* ***seus resultados, assim como a intenção de atingir coletividade.*** *Precedente: AgRg nos EDcl no CC 120.559/DF, Rel. Ministro JORGE MUSSI, TERCEIRA SEÇÃO, julgado em 11/12/2013, Dje 19/12/2013.3. Situação em que os comentários racistas e ofensivos foram dirigidos a pessoa nacional determinada. 4. Conflito conhecido, para declarar a competência do Juízo de Direito da 2ª Vara Criminal da Comarca de Porto Velho/RO, o suscitado.* (STJ. Conflito de Competência 145938/RO, Relator: Ministro REYNALDO SOARES DA FONSECA. TERCEIRA SEÇÃO. Julgamento: 27/04/2016. DJe 04/05/2016) (Grifos nossos)

Recentemente, o Superior Tribunal de Justiça, em Conflito de Competência, entendeu presente a transnacionalidade apta a atrair a competência da Justiça Federal, em um caso de determinado colunista que teceu comentários discriminatórios contra nordestinos em programa veiculado em canal de televisão a cabo, assistido por telespectadores dentro e fora do país, conforme segue: *CONFLITO NEGATIVO DE COMPETÊNCIA. JUSTIÇA FEDERAL X JUSTIÇA ESTADUAL. INQUÉRITO POLICIAL. COMENTÁRIOS EM TESE DISCRIMINATÓRIOS DO POVO NORDESTINO EMITIDOS POR ESCRITOR/COLUNISTA EM PROGRAMA DE TV A CABO. ART. 20 DA LEI 7.716/89. DÚVIDA SOBRE A TIPICIDADE DA CONDUTA. POSSIBILIDADE DE CONCESSÃO DE HABEAS CORPUS DE OFÍCIO DURANTE O EXAME DE CONFLITO DE COMPETÊNCIA EM SITUAÇÃO DE EXCEPCIONALIDADE. CASO CONCRETO EM QUE O TRANCAMENTO DAS INVESTIGAÇÕES NESTA INSTÂNCIA SE REVELARIA PREMATURO. OFENSA A COLETIVIDADE E RESULTADO TRANSNACIONAL DA CONDUTA EVIDENCIADOS. COMPETÊNCIA DA JUSTIÇA FEDERAL. COMPETÊNCIA TERRITORIAL FIXADA PELA PREVENÇÃO. 1. Tendo em mente a natureza e a finalidade do conflito de competência, a discussão sobre a tipicidade do delito investigado ou sobre o mérito da questão discutida no feito em que suscitado o conflito somente é possível em caráter excepcional, quando se revela como prejudicial necessária ao estabelecimento da competência para o julgamento do processo, ou quando se vislumbra a possibilidade, também excepcional, de concessão de habeas corpus de ofício diante de nítido constrangimento ilegal. 2. Entretanto, a concessão do habeas corpus de ofício durante o exame de conflito de competência deve ser feita cum grano salis, diante da proibição de supressão de instância, que tem em mente não só a valorização da atividade judicante de cada uma das instâncias como também o objetivo de resguardar a atividade revisional típica do segundo grau e a função uniformizadora do entendimento da lei federal e da Constituição, característica das instâncias superiores, de modo que cada instância possa se ater à sua tarefa precípua. 3. Situação em que conhecido colunista, num contexto em que comentava a vitória do Partido dos Trabalhadores, nas eleições presidenciais de 2014, qualificou o povo nordestino, que teria votado maciçamente no mencionado partido, de retrógrado, governista, bovino, subalterno em relação ao poder, atrasado, pouco educado e repressor da imprensa. 4. Ainda que a "discriminação étnico-racial", tal como definida no art. 1º, parágrafo único, I, Lei 12.288/2010, somente seja punível na medida em que tenha por objetivo ou efeito "anular ou restringir o reconhecimento, gozo ou exercício, em igualdade de condições, de direitos humanos e liberdades fundamentais nos campos político, econômico, social, cultural ou em qualquer outro campo da vida pública ou privada", a conduta descrita no art. 20, caput e § 2º, da Lei 7.716/89 pune, também, a prática, indução ou incitação de "preconceito", cuja caracterização não é expressamente delimitada na lei. 5. Com tudo isso em mente, revela-se desaconselhável a concessão de habeas corpus de ofício no caso concreto, seja porque as investigações ainda estão em estágio muito incipiente, sem que tenha sido ouvido o investigado de ordem a melhor se poder discernir o seu animus ao tecer comentários sobre os nordestinos, seja diante da desnecessária supressão de instância, seja diante dos vários precedentes da Terceira Seção do STJ, que, em situações análogas, não reconheceram, de plano, a atipicidade da conduta (discriminação ou preconceito) e resolveram apenas o Conflito de Competência suscitado. A título exemplificativo: CC 150.564/MG, Rel. Ministro REYNALDO SOARES DA FONSECA, TERCEIRA SEÇÃO, julgado em 26/04/2017, DJe 02/05/2017; CC 145.938/RO, Rel. Ministro REYNALDO SOARES DA FONSECA, TERCEIRA SEÇÃO, julgado em 27/04/2016, DJe 04/05/2016; AgRg no AREsp 381.205/RS, Rel. Ministro JORGE MUSSI, QUINTA TURMA, julgado em 12/08/2014, DJe 21/08/2014. 6. Sobre o tema da tipicidade penal e da possibilidade de seu afastamento em sede de habeas corpus, o chamado realismo jurídico, destacado, a título exemplificativo, por Oliver Wendell Holmes, Karl Liewelyn, Jerome Frank e Felix Cohen, não permite o esquecimento, de plano, da diretriz jurisprudencial contida nos julgamentos do HC 388.051/RJ, Rel. Ministro JOEL ILAN PACIORNIK, QUINTA TURMA, julgado em 25/04/2017, DJe 04/05/2017 e do HC 143.147/BA, Rel. Ministro ERICSON MARANHO - DESEMBARGADOR CONVOCADO DO TJ/SP -, SEXTA TURMA, julgado em 17/03/2016, DJe 31/03/2016, bem como de célebre caso que tramitou no Supremo Tribunal Federal (HC 82424, Relator (a) p/ Acórdão: Ministro MAURÍCIO CORRÊA, TRIBUNAL PLENO, julgado em 17/09/2003, DJ 19-03-2004 PP-00017 EMENT VOL-02144-03 PP-00524). 7. Esta Corte, interpretando o disposto no art. 109, V, da CF, tem entendido, como regra geral, ser competência da Justiça Federal o julgamento de infrações penais que apresentem fortes indícios de internacionalidade da conduta e/ou de seus resultados e que estejam previstas em tratado ou convenção internacional, como é caso do racismo, previsto na Convenção Internacional sobre a Eliminação de todas as Formas de Discriminação Racial, da qual o Brasil é signatário. 8. Evidenciado que as palavras do investigado atingiram uma coletividade e que o programa foi assistido por telespectadores dentro e fora do país, produzindo resultados transnacionais, revela-se indiscutível a competência da Justiça Federal para conduzir a investigação. Precedentes. 9. Desconhecido o local da infração, posto que a opinião supostamente preconceituosa foi manifestada em programa de televisão de canal fechado cujo local de gravação é incerto, e desconhecido o local de domicílio do réu, deve ser fixada a competência territorial com base na regra da prevenção (do § 2º do art. 72 do CPP), sendo admissível a declaração da competência de um terceiro juízo que não figure no conflito de competência. 10. Conflito conhecido, para declarar a competência de um terceiro Juízo, o Juízo Federal da 13ª Vara da Seção Judiciária de Pernambuco, para a condução e julgamento do Procedimento Investigatório.* (STJ - CC: 146983 RJ 2016/0147383-6, Relator: Ministro FELIX FISCHER, Data de Julgamento: 24/05/2017, S3 - TERCEIRA SEÇÃO, Data de Publicação: DJe 29/06/2017).

Jurisprudência:

APELAÇÃO CRIMINAL. PRECONCEITO DE RAÇA, COR, ETNIA, RELIGIÃO OU PROCEDÊNCIA NACIONAL. LEI N. 7.716/89. RECURSO DEFENSIVO PRETENDENDO A ABSOLVIÇÃO. VEICULAÇÃO POR MEIO DA INTERNET DE ARTIGOS, SÍMBOLOS E TRANSCRIÇÕES DE LIVROS RELATIVOS AO NAZISMO. AGENTE QUE DISCRIMINOU, INDUZIU E INCITOU O ANTI-SEMITISMO E O RACISMO CONTRA A COMUNIDADE JUDAICA. APOLOGIA AO REGIME NAZISTA CARACTERIZADA. AUTORIA E MATERIALIDADE DEMONSTRADAS. MANUTENÇÃO DO ÉDITO CONDENATÓRIO. APELO DA ACUSAÇÃO. PLEITO DE AUMENTO DA PENA-BASE. AUSÊNCIA DE CIRCUNSTÂNCIAS JUDICIAIS NEGATIVAS PARA MAJORÁ-LA NA PRIMEIRA FASE DA DOSIMETRIA. PRETENDIDA APLICAÇÃO DA CONTINUIDADE DELITIVA. UNICIDADE DE CONDUTAS. MANUTENÇÃO DO TRATAMENTO JURÍDICO DE CRIME

ÚNICO. *RECURSOS DESPROVIDOS*. (TJSC, Apelação Criminal n. 2008.030302-7, de Lages, rel. Des. Torres Marques, j. 29-07-2008).

CRIME DE RACISMO. ARTIGO 20, § 2º, DA LEI N. 7.716/89. PUBLICAÇÃO DE CHARGE EM JORNAL. SENTENÇA ABSOLUTÓRIA. RECURSO DA ACUSAÇÃO. ILUSTRAÇÃO PEJORATIVA. VINCULAÇÃO DO NASCIMENTO DE CRIANÇAS AFRODESCENDENTES À CRIMINALIDADE. CONTEÚDO RACISTA MANIFESTO. COLISÃO DE PRINCÍPIOS. LIBERDADE DE EXPRESSÃO, DIGNIDADE DA PESSOA HUMANA E IGUALDADE. SOLUÇÃO QUE SE DÁ ATRAVÉS DA UTILIZAÇÃO DO PRINCÍPIO DA PROPORCIONALIDADE. PREVALÊNCIA DOS ÚLTIMOS INEQUIVOCAMENTE APLICÁVEL AO CASO CONCRETO. RECURSO PROVIDO. Ilustração de recém nascidos afrodescendentes em fuga de sala da parto, associado aos dizeres de um personagem (supostamente médico) de cor branca "Segurança!!! É uma fuga em massa!!!", configura a prática do crime de racismo. A Constituição Federal de 1988 dispõe, em seu artigo 3º, entre os objetivos fundamentais da República, a "promoção do bem de todos, sem preconceito de origem, raça, sexo, cor, idade e quaisquer outras formas de discriminação". Ademais, no capítulo referente aos direitos e garantias individuais, estabelece a "igualdade" como garantia fundamental do indivíduo sendo a prática do racismo crime inafiançável e imprescritível (artigo 5º, inciso XLII). Havendo colisão de normas constitucionais entre a que impõe a igualdade entre os indivíduos e a liberdade de pensamento, deve prevalecer aquela, pois não é possível que o exercício do direito de opinião ofenda outros valores constitucionais, mormente a dignidade humana, fundamento do princípio da igualdade. [...] não se pode atribuir primazia absoluta à liberdade de expressão, no contexto de uma sociedade pluralista, em face de valores outros como os da igualdade e da dignidade humana. [...] Ela encontra limites, também no que diz respeito às manifestações de conteúdo discriminatório ou de conteúdo racista. Trata-se, como já assinalado, de uma elementar exigência do próprio sistema democrático, que pressupõe a igualdade e a tolerância entre os diversos grupos. (HC 82424, Relator: Min. MOREIRA ALVES, Relator para Acórdão: Min. MAURÍCIO CORRÊA, Tribunal Pleno, julgado em 17/09/2003). DOSIMETRIA. CHARGISTA, AUTOR DA ILUSTRAÇÃO. PENA FIXADA EM 2 (DOIS) ANOS DE RECLUSÃO. REGIME INICIAL ABERTO. SUBSTITUIÇÃO DA PENA PRIVATIVA DE LIBERDADE POR DUAS RESTRITIVAS DE DIREITOS. EDITOR CHEFE EM EXERCÍCIO. PARTICIPAÇÃO DE MENOR IMPORTÂNCIA. PENA DEFINITIVA EM 1 (UM) ANO E 4 (QUATRO) MESES DE RECLUSÃO. REGIME INICIAL ABERTO. PENA CORPORAL IGUALMENTE SUBSTITUÍDA. [...] partícipe é quem concorre para que o autor ou coautores realizem a conduta principal, ou seja, aquele que, sem praticar o verbo (núcleo) do tipo, concorre de algum modo para a produção do resultado. Assim, (...) pode-se dizer que o agente que exerce a vigilância sobre o local para que seus comparsas pratiquem o delito de roubo é considerado partícipe, pois, sem realizar a conduta principal (não subtraiu, nem cometeu violência ou grave ameaça contra a vítima), colaborou para que os autores lograssem a produção do resultado. Dois aspectos definem a participação: a) vontade de cooperar com a conduta principal, mesmo que a produção do resultado fique na inteira dependência do autor; b) cooperação efetiva, mediante uma atuação concreta acessória da conduta principal (CAPEZ, Fernando. Curso de direito penal – parte geral. 10. ed. São Paulo: Saraiva, 2006. p. 338-339). PRESCRIÇÃO. IMPOSSIBILIDADE DE RECONHECIMENTO. CRIME IMPRESCRITÍVEL. INTELIGÊNCIA DO ART. 5º, INCISO XLII, DA CONSTITUIÇÃO FEDERAL. (TJSC, Apelação Criminal n. 2012.016841-9, de Lages, rel. Des. Jorge Schaefer Martins, j. 23-05-2013).

§ 3º No caso do parágrafo anterior, o juiz poderá determinar, ouvido o Ministério Público ou a pedido deste, ainda antes do inquérito policial, sob pena de desobediência: (Redação dada pela Lei nº 9.459, de 15/05/97)

I – o recolhimento imediato ou a busca e apreensão dos exemplares do material respectivo; (Incluído pela Lei nº 9.459, de 15/05/97)

II – a cessação das respectivas transmissões radiofônicas, televisivas, eletrônicas ou da publicação por qualquer meio; (Redação dada pela Lei nº 12.735, de 2012)

III – a interdição das respectivas mensagens ou páginas de informação na rede mundial de computadores. (Incluído pela Lei nº 12.288, de 2010)

O parágrafo terceiro trata de medidas cautelares (ou assecuratórias) que visam à interrupção da potencialidade delitiva ou da própria conduta *aparentemente* criminosa em si considerada. Salientamos aparentemente haja vista que, para a decretação de uma ou mais cautelares, não é necessária a comprovação cabal da conduta criminosa, bastando a presença dos requisitos *fumus comissi delicti* (aparência do cometimento de um delito) e perigo da demora. São medidas cautelares extremamente oportunas considerando os objetivos protetivos preconizados pela presente legislação. Podem ser determinadas durante a persecução penal, incluindo aqui o curso do inquérito policial, ou até mesmo antes dele. Importante ressaltar que o Ministério Público, se não for o requerente, necessariamente deverá ser ouvido, considerando ser o titular da ação penal pública. As cautelares em comento deverão ser apreciadas e (se for o caso da presença de seus requisitos) decretadas pela Autoridade Judiciária (juiz criminal teoricamente competente para a futura ação penal).

Cautelares em espécie: (I) recolhimento imediato ou busca e apreensão dos exemplares do material respectivo (o recolhimento ocorre nos casos em que o material está em local público acessível à polícia, tal como uma banca de jornal; já a busca e apreensão é necessária quando o material encontra-se em local sujeito a alguma cláusula de inviolabilidade, tal como um domicílio de terceiro); (II) cessação das respectivas transmissões radiofônicas, televisivas, eletrônicas ou da publicação por qualquer meio (interrupção das transmissões de conteúdo ilícito divulgadas em rádio, televisão ou em circulação eletrônica); (III) interdição das respectivas mensagens ou páginas de informação na rede mundial de computadores (inciso voltado exclusivamente à mensagens ou informações ilícitas que circulam via internet, tais como um perfil de rede social ou página da web, considerando o altíssimo potencial difuso e célere de propagação na internet).

§ 4º Na hipótese do § 2º, constitui efeito da condenação, após o trânsito em julgado da decisão, a destruição do material apreendido. (Incluído pela Lei nº 9.459, de 15/05/97)

Trata-se de efeito automático da condenação, após o trânsito em julgado da sentença penal condenatória, oportunidade em que os materiais apreendidos (como um panfleto de propaganda nazista, por exemplo) devem ser destruídos.

Art. 21. Esta Lei entra em vigor na data de sua publicação.

Regra de aplicação da lei: entrada em vigor imediata após a publicação; não houve previsão de *vacatio legis*, tendo a Lei 7.716/89, em sua redação original, entrado em vigor a partir de sua publicação no Diário Oficial da União ocorrida em 06.01.1989.

Art. 22. Revogam-se as disposições em contrário.

Regra de revogação expressa de leis em sentido diverso.

5. CONSIDERAÇÕES ACERCA DA TUTELA PENAL AO CRIME DE RACISMO

Apesar dos esforços do constituinte e do legislador ordinário, que, ao longo dos anos, tentou ampliar o âmbito de incidência da Lei 7.716/89, a realidade inescapável é que o Direito Penal não conseguiu, por si só, refluir os casos de discriminação racial.

Podemos apontar algumas causas explicativas para tal constatação, a saber:

Talvez a principal delas seja a cultural. No Brasil, o racismo ainda é tratado cinicamente graças ao mito – não totalmente desconstruído – da democracia racial[59], apesar de estar verdadeiramente disseminado na sociedade (racismo estrutural)[60]. Assim, na medida em que assimilamos a premissa de que "*o controle penal intervém sobre os efeitos e não sobre as causas da violência, isto é, sobre determinados comportamentos através dos quais se manifestam os conflitos, e não sobre os conflitos propriamente ditos*"[61], a legislação criminal, quando não acompanhada de outras políticas públicas promocionais, acaba tendo uma função muito mais simbólica do que efetiva[62].

---

59 A escravidão deixou marcas indeléveis na estrutura social brasileira e, apesar do racismo ser condenado como "politicamente incorreto" e até como conduta criminosa, continua permeando as relações sociais travadas no Brasil. A lógica do racismo não foi abolida e tem sua refração moderna percebida nos elevadores de serviço e quartos de empregado(a)s doméstico(a)s. O mito da democracia racial teve sua origem no século XX, apresentando como grande marco a obra de Gilberto Freyre, *Casa Grande e Senzala*, a partir da qual foi difundida a ideia de que as relações sociais no Brasil seriam menos opressivas do que aquelas vivenciadas em outros países de tradição escravocrata (a exemplo dos Estados Unidos), apontando como causa supostas razões históricas e culturais, tais como o grande grau de miscigenação que teria acarretado a inexistência de uma separação rígida entre "raças" em nosso país. SARMENTO, Daniel. Direito Constitucional e Igualdade Étnico-Racial. In: PIOVESAN, Flávia; SOUZA, Douglas de (Coord.). *Ordem Jurídica e Igualdade* Étnico-Racial. Brasil. Secretaria Especial de Políticas de Promoção da Igualdade Racial da Presidência da República. Rio de Janeiro: Lumen Juris. 2008, p. 60.

60 Joaquim Barbosa critica o fato de no Brasil ser pouco utilizado o elemento estatístico como forma de comprovar a existência endêmica do racismo e discriminação. Segundo o citado jurista, isso ocorre em razão da sociedade brasileira ser extremamente conservadora e ter sempre reservado um papel secundário ao negro. Aduz que se os operadores do direito (juízes, advogados, promotores de justiça, *et coetera*) tivessem a coragem e disposição intelectual para utilizar a técnica estatística de aferição da discriminação em nosso cotidiano, mercado de trabalho e sistema educacional, por exemplo, os resultados seriam devastadores, invalidando completamente o argumento de que no Brasil a discriminação tem corte social e não racial, tão ao gosto do *mainstream* brasileiro. Com efeito, o mencionado autor propõe um perspicaz e revelador raciocínio, tomando como parâmetro setores do mercado de trabalho nos quais a formação universitária não tem papel preponderante – a fim de refutar o argumento corrente de que as desigualdades no Brasil não tem origem racial, mas sim em razão das poucas oportunidades educacionais e econômicas – com efeito, sustenta que um breve passeio pelos nossos *shoppings centers* nos levaria a impressionante constatação que raríssimos negros trabalham em estabelecimentos comerciais de produtos de maior sofisticação; já nos restaurantes mais elegantes, nos indicaria uma quase total ausência de negros em serviços que demandam um contato mais próximo com o cliente, como *maitre* ou garçom. Em contrapartida, nesses mesmos espaços, será abundante a presença de negros em funções que realçam claramente a sua inferioridade, como manobristas, seguranças, faxineiros, entre outras, transmitindo, ainda que de forma sutil, a ideia da imprestabilidade do negro para tarefas que exijam um grau maior de civilidade. *In* GOMES, Joaquim B. Barbosa. *Ação Afirmativa & Princípio Constitucional da Igualdade*. O direito como instrumento de transformação social. A experiência dos EUA. Rio de Janeiro: Renovar, 2001, p. 32-33.

61 BARATTA, Alessandro. *Direitos Humanos: entre a violência estrutural e a violência penal*. Trad. Ana Lúcia Sabadell. Fascículos de Ciências Penais. Porto Alegre, v. 6, n. 2, p. 44-61, abr./maio/jun., 1993, p. 50. *Apud* SILVA, Kátia Elenise Oliveira da. O papel do Direito Penal no enfrentamento da discriminação. Porto Alegre: Livraria do Advogado, 2001, p. 89.

62 Gustavo Távora Rodrigues elabora perspicaz crítica ao referir que o Constituinte acreditou que o poder originário que detinha poderia, através de uma norma superior, por si só, mudar a realidade ao estabelecer que

Ademais, no Brasil, está arraigada uma cultura de benevolência com o desviante (uma espécie de "coitadismo" ao reverso), uma inversão de papéis no momento de se aplicarem as punições, sendo que o criminoso vira quase uma vítima de um "sistema leviatânico". Isso se verifica diuturnamente diante de crimes como os raciais, tidos, no fundo, como "normais ou naturais" por grande parcela da população – principalmente pelos brancos, que, não por coincidência, são a grande maioria dos operadores do direito.

Logo, considerando os rigores previstos constitucionalmente (e disciplinados pelo legislador infraconstitucional), como, por exemplo, a imprescritibilidade, a inafiançabilidade, e as penas relativamente altas previstas na modalidade de reclusão (ainda que, como dito alhures, sob o viés pragmático tais rigores – principalmente a imprescritibilidade – tragam alguma disfunção ao sistema, sem que, no mais das vezes, promovam a tutela mais eficaz do bem jurídico subjacente, servindo, em verdade, como uma legislação muito mais simbólica), na maioria dos casos, não se quer colocar o "fardo" de uma pesada condenação (de algo que é dissimuladamente tolerado socialmente) sob os ombros de um único acusado (réu) daquela respectiva ação penal.

Caso não bastassem tais fatores "culturais", somam-se, ainda, questões de ordem processual, as quais servem, também, para inibir sobremaneira a eficácia da legislação antidiscriminatória, por exemplo: dificuldades investigatórias e probatórias, já que na maioria das vezes tais crimes não deixam vestígios ou testemunhas (como provar que determinado aluno não foi aceito porque é judeu? Ou que determinado candidato a uma vaga em concurso público foi preterido por sua cor?); complexidade em comprovar o dolo no curso das ações penais, restando a condenação quase que exclusivamente dependente da confissão do acusado; além disso, os casos de injúria racial – de grande recorrência nos conflitos interpessoais – são dependentes da iniciativa de representação do ofendido, que, seja por desconhecimento ou mesmo para evitar uma revitimização no curso do processo, ou em razão do curto prazo decadencial de seis meses[63], acaba muitas vezes não o fazendo, ficando, assim, o órgão ministerial de mãos atadas em casos tais.

BIBLIOGRAFIA

ALEXY, Robert. *Teoria dos Direitos Fundamentais*. Trad. Virgílio Afonso da Silva. 2. ed. São Paulo: Malheiros, 2015.

ALMEIDA, Saulo Teles, PEREIRA, Cícero, ROSAS, Ana Raquel Torres. *Um Estudo do Preconceito na Perspectiva das Representações Sociais*: Análise da Influência de um Discurso Justificador da Discriminação no Preconceito Racial. Psicologia: Reflexão e Crítica. v. 16, n. 01, 2003. Universidade Federal do Rio Grande do Sul. Porto Alegre. p. 96. Disponível em: <http://www.scielo.br/pdf/prc/v16n1/16801.pdf>.

ÁVILA, Humberto. *Teoria dos Princípios*: da definição à aplicação dos princípios. 15 ed. São Paulo: Malheiros, 2014.

o racismo é crime grave, inafiançável e imprescritível, o que não é possível. Muitos acreditaram cegamente no que leram. Todavia, quando a norma está separada de sua funcionalidade, não gera efeitos em uma sociedade potencialmente voltada à prática de tal delito. RODRIGUES, Gustavo Távora. O racismo escondido sob o manto da lei. *Revista de Direito e Práxis*, v. 03, n. 05, UERJ – Rio de Janeiro. 2012, p. 71-75.

63 Art. 103 do Código Penal – *Salvo disposição expressa em contrário, o ofendido decai do direito de queixa ou de representação se não o exerce dentro do prazo de 6 (seis) meses, contado do dia em que veio a saber quem é o autor do crime, ou, no caso do § 3º do art. 100 deste Código, do dia em que se esgota o prazo para oferecimento da denúncia.*

AZEVEDO, André Mauro Lacerda; NETO Orlando Faccini. *O Bem Jurídico-Penal*: duas visões sobre a legitimação do direito penal a partir da teoria do bem jurídico. Porto Alegre: Livraria do Advogado, 2013.

BALTAZAR JR, José Paulo. *Crimes Federais*. 10. ed. rev. atual. ampl. São Paulo: Saraiva, 2015.

BARATTA, Alessandro. *Direitos Humanos*: entre a violência estrutural e a violência penal. Trad. Ana Lúcia Sabadell. Fascículos de Ciências Penais. Porto Alegre, v. 6, n. 2, p. 44-61, abr./maio/jun., 1993, p. 50. *Apud* SILVA, Kátia Elenise Oliveira da. O papel do Direito Penal no enfrentamento da discriminação. Porto Alegre: Livraria do Advogado, 2001.

BONAVIDES, Paulo. *Curso de Direito Constitucional*. 25. ed. São Paulo: Malheiros, 2010.

CANOTILHO, José Joaquim Gomes. *Direito Constitucional e Teoria da Constituição*. 7. ed. Coimbra: Livraria Almedina, 2003.

CUNHA, Rogério Sanches. *Manual de Direito Penal*. Parte Geral. Volume Único. 4. ed. rev., ampl. e atual. Salvador: JusPodivm, 2016.

FARIAS, Vilson. *Racismo à luz do Direito Criminal* (com incursão no Direito Comparado): Aspectos materiais, processuais e sociológicos. Pelotas: Livraria Mundial, 2015.

FELDENS, Luciano. *Direitos Fundamentais e direito penal*: a constituição penal. 2. ed. Porto Alegre: Livraria do Advogado, 2012.

GAVIÃO, Juliana Venturela Nahas. *A proibição de proteção deficiente*. Porto Alegre: Revista do Ministério Público do RS, n. 61, maio/out. 2008.

GOMES, Joaquim B. Barbosa. *Ação Afirmativa & Princípio Constitucional da Igualdade*. O direito como instrumento de transformação social. A experiência dos EUA. Rio de Janeiro: Renovar, 2001.

GUEDES, Jéfferson Carús. *Igualdade e Desigualdade*: introdução conceitual, normativa e histórica dos princípios. São Paulo: Revista dos Tribunais, 2014.

GUIMARÃES, Antônio Sérgio Alfredo. *Preconceito e Discriminação*: queixas de ofensas e tratamento desigual dos negros no Brasil. 2. ed. São Paulo: Editora 34, 2004.

LOBO, Bárbara Natália Lages. *O direito à igualdade na Constituição brasileira*: Comentários ao Estatuto da Igualdade Racial e a constitucionalidade das ações afirmativas. Belo Horizonte: Fórum, 2013.

MARTINS, Leonardo. *Bioética à luz da liberdade científica*: estudo de caso baseado na decisão do STF sobre a constitucionalidade da Lei de Biossegurança e no direito comparado alemão. São Paulo: Atlas, 2014.

MASSON, Cléber Rogério. *Direito Penal Esquematizado*: parte especial. v. II. 3. ed. São Paulo: Método, 2011.

MELO, Celso Antônio Bandeira. *O Conteúdo Jurídico do Princípio da Igualdade*. 3 ed. São Paulo: Malheiros, 2010.

MORAIS, Luis Bolzan de; STRECK, Lenio Luiz. *Ciência Política e Teoria do Estado*. 8. ed. Porto Alegre: Livraria do Advogado, 2014.

NEVES, Marcelo. *Entre Têmis e Leviatã*: uma relação difícil. São Paulo: Martins Fontes, 2006.

NUCCI, Guilherme de Souza. *Leis penais e processuais penais comentadas*. 2. ed. São Paulo: Revista dos Tribunais, 2007.

______. *Leis Penais e Processuais Penais Comentadas*. Vol. I. 8. ed. rev. atual. ampl. Rio de Janeiro: Forense, 2014.

OMNATI, José Emílio Medauar. *A igualdade no paradigma do Estado Democrático de Direito*. Porto Alegre: Sérgio Antônio Fabris, 2004.

RIOS, Roger Raupp. *Direito da Antidiscrimnação*: discriminação direta, indireta e ações afirmativas. Porto Alegre: Livraria do Advogado, 2008.

______. *O Princípio da igualdade e a discriminação por orientação sexual*: a homossexualidade no direito brasileiro e norte-americano. São Paulo: Revista dos Tribunais, 2002.

RODRIGUES, Gustavo Távora. *O racismo escondido sob o manto da lei*. Revista de Direito e Práxis, v. 03, n. 05, UERJ – Rio de Janeiro, 2012.

SANTOS, Christiano Jorge. *Crimes de preconceito e de discriminação.* 2 ed. São Paulo: Saraiva, 2010.

SARMENTO, Daniel. Direito Constitucional e Igualdade Étnico-Racial. In: PIOVESAN, Flávia; SOUZA, Douglas de (Coord.). *Ordem Jurídica e Igualdade Étnico-Racial.* Brasil. Secretaria Especial de Políticas de Promoção da Igualdade Racial da Presidência da República. Rio de Janeiro: Lumen Juris, 2008.

SILVA, Amaury; SILVA, Artur Carlos. *Crimes de Racismo*. Leme: J.H. Mizuno, 2012.

SILVA, Kátia Elenise Oliveira da. *O papel do Direito Penal no enfrentamento da discriminação*. Porto Alegre: Livraria do Advogado, 2001.

SILVA, José Afonso. *Comentário Contextual à Constituição*. 7. ed. São Paulo: Malheiros, 2010.

SILVEIRA, Fabiano Augusto Martins. *Da criminalização do racismo*: aspectos sociocriminológicos. Belo Horizonte: Del Rey, 2006.

TAVARES, André Ramos. *Curso de Direito Constitucional.* 6. ed. São Paulo: Saraiva, 2008.

VIEIRA, Oscar Vilhena. *Direitos Fundamentais*: uma releitura da jurisprudência do STF. São Paulo: Malheiros, 2006.

WIEVIORKA, Michel. *O racismo, uma introdução*. Trad. Fany Kon. São Paulo: Perspectiva, 2007.

CAPÍTULO 13

Agrotóxicos – Lei 7.802/1989

Júlia Flores Schütt

INTRODUÇÃO:

Saúde e sustentabilidade são dois dos temas que mais sensibilizam a população nos dias de hoje. Garantias constitucionais distintas, mas umbilicalmente atreladas. O direito ao meio ambiente equilibrado, clamado como "mínimo existencial socioambiental", é indispensável à tutela da vida e, também, como não poderia deixar de o ser, ao direito à saúde pública.

Imprescindível à concretude das referidas garantias, todavia, dialética imediata com a realidade. A população mundial passou de 3 bilhões de habitantes nos anos sessenta para 7.3 bilhões no ano de 2016, e, de acordo com a Organização das Nações Unidas, este número tende a alcançar 9.7 bilhões em 2050[1]. O significativo crescimento populacional na Terra é, sem dúvida, a principal mola propulsora do desenvolvimento da agricultura moderna visando ao aumento significativo na produtividade, que, há mais de cinco décadas, vem implica utilização de eficientes técnicas no combate a pragas[2] - estas muitas vezes capazes de dizimar lavouras. Vital[3] destaca que até a década de cinquenta, quando predominavam as soluções caseiras para enfrentar pragas, as perdas, conforme dados do Ministério da Agricultura, Pecuária e Abastecimento (MAPA)[4], chegavam a 30% da produçao brasileira. A ineficiência daquelas, portanto,

1 ORGANIZAÇÃO DAS NAÇÕES UNIDAS. **Gráficos:** estimativas. Disponível em: <https://population.un.org/wpp/Graphs/Probabilistic/POP/TOT/>. Acesso em: 26 out. 2018.

2 De acordo com Luís Eduardo Pacifici Rangel, praga é "qualquer forma de vida vegetal ou animal, ou qualquer agente patogênico daninho ou potencialmente daninho para os vegetais ou produtos vegetais" em seu artigo (RANGEL, Luís Eduardo Pacifici. **O paradoxo do controle fitossanitário: conceito legal e prático**; Disponível em: <http://www.cnpma.embrapa.br/down_site/forum/Luis_Eduardo_Rangel.pdf>. Acesso em: 27 out. 2018).

3 VITAL, Nicholas. **Agradeça aos agrotóxicos por estar vivo**. São Paulo: Record, 2017. p. 36.

4 Compete ao MAPA (por intermédio da Secretaria de Defesa Agropecuária – DAS), atendendo às disposições do art. 3º da Lei 7.802/89 e artigos 2º a 7º do Decreto nº 4.074/02, assim como aos Ministérios do Meio Ambiente (por intermédio do Instituto Brasileiro do Meio Ambiente e dos Recursos Naturais Renováveis – IBAMA) e da Saúde (por intermédio da Agência Nacional de Vigilância Sanitária – ANVISA) proceder às devidas avaliações para a concessão do registro do agrotóxico (ato complexo), de modo que venham a ser produzidos, exportados, importados, comercializados e utilizados no Brasil (art. 3º da Lei 7.802/89). Sucintamente explanando, atribui-se ao MAPA a avaliação da eficiência agronômica do produto, ao IBAMA a avaliação do impacto do agrotóxico no meio ambiente e à ANVISA a avaliação toxicológica e os respectivos

desponta como causa principal do *sucesso* dos agrotóxicos[5]. Já na década de sessenta, com a popularização dos agroquímicos no Brasil, o cenário mudou significativamente, período conhecido por recepcionar a Revolução Verde (ver nota de rodapé nº. 05).

Vital[6] refere que "os mais *radicais* chamam de veneno. Os *neutros* se referem a eles como agroquímicos ou pesticidas. Para a indústria, são defensivos agrícolas. No meio científico, são tratados como praguicidas. Mas no Brasil – e só no Brasil – esses produtos são popularmente conhecidos como agrotóxicos, nome que acabou oficializado no país pela Lei 7.802, de 11 de julho de 1989". Têm como precípua função a proteção da flora e da fauna contra ataques de espécies tidas por nocivas. Para o autor, são verdadeiros remédios das plantas.

Paracelso[7] (1493-1541), *pai* da toxicologia, é conhecido pela seguinte assertiva: "Todas as substâncias são venenos, não existe nada que não seja veneno. Somente a dose correta diferencia o veneno do remédio[8]".

Antunes[9] tem como significado da palavra agrotóxico "produtos químicos destinados à utilização pela agricultura com a finalidade de 'proteção' contra praga ou destinados a aumentar a produtividade de determinadas culturas".

A crescente utilização de agrotóxicos no meio agrícola tem sido alvo, não de agora, de preocupação quanto à possibilidade de consequências desconhecidas e nocivas ao meio ambiente e à saúde pública. Já em 1963, foi criado o *Codex Alimentarius*[10], organismo intergovernamental que tem por escopo normatizar o uso da química na produção de alimentos. Dentre os vários grupos de assessoramente científico que compõem o organismo está o

---

impactos na saúde pública. Tem-se, pois, avaliação tripartite do agrotóxico que pretende ter seu registro efetuado no Brasil, de modo a fiscalizar de forma prévia questões de ordem fitossanitária, periculosidade ambiental e sanitária.

5 É possível dizer que a agricultura moderna está diretamente relacionada às duas grandes guerras mundiais, tendo, na primeira (1914-18), havido o desenvolvimento do que hoje se entende por agrotóxico. É, contudo, com o fim da Segunda Guerra Mundial (1945), que a agricultura passou por verdadeiras *adaptações*. Isto porque os *resíduos* da guerra – inclusive tanques e máquinas – passaram a ser utilizados na produção agrícola. Dentre os restos, o que de fato fez desenvolver a produção de agrotóxicos foram sobras de "armas químicas", que sofreram adaptações para ter seu uso voltado ao aumento da produtividade agrícola (há quem sintetize tal informação indicando que, enquanto durante a guerra os agrotóxicos eram usados como armas químicas, no pós-guerra passaram a ser utilizados como defensivos agrícolas). Trata-se de um dos vértices daquilo que ficou conhecido como Revolução Verde, que, rasteiramente falando, equivaleria à verdadeira industrialização da agricultura, revolução que tinha dentre seus principais objetivos erradicar a fome no mundo. No Brasil, é possível indicar que, na década de 1960, o incentivo ao uso de agrotóxicos passou, inclusive, por isenção de impostos, conforme ensina Pes. (PES, João Hélio Ferreira. Desenvolvimento sustentável e uso intenso de agrotóxicos. **Revista Internacional de Direito Ambiental**, v. 7, n. 20, maio/ago. 2018. p. 164).

6 VITAL, Nicholas. **Agradeça aos agrotóxicos por estar vivo**. São Paulo: Record, 2017. p. 41.

7 PARACELSO: cientista da saúde. Disponível em: <https://brasilescola.uol.com.br/quimica/paracelso-cientista-saude.htm>. Acesso em: 2018.

8 Como os remédios, destaca Nicholas Vital em sua obra "Agradeça aos agrotóxicos por estar vivo", importante referir que os agrotóxicos não são todos iguais, dividindo-se os defensivos agrícolas em distintas categorias, a exemplo de: (1) inseticidas (combatem insetos), (2) herbicidas (controlam as plantas invasoras), (3) fungicidas (inibem a ação dos fungos), (4) acaricidas (combatem ácaros), (5) formicidas (evitam ataques de formigas), entre outros. (VITAL, Nicholas. **Agradeça aos agrotóxicos por estar vivo**. São Paulo: Record, 2017. p. 53).

9 ANTUNES, Paulo de Bessa. **Direito ambiental.** 12. ed. Rio de Janeiro: Lumen Juris, 2010. p. 645.

10 http://www.fao.org/fao-who-codexalimentarius/about-codex/history/en/ Acesso em: 27 out. 2018.

Comitê de Especialistas sobre Resíduos de Pesticidas da Organização das Nações Unidas para a Alimentação e a Agricultura (FAO) e da Organização das Nações Unidas e a Organização Mundial da Saúde (OMS), responsável por avaliar resíduos em alimentos e por recomendar Limites Máximos de Resíduos (LMR) de agrotóxicos permitidos, ou seja, indicar a quantidade máxima de resíduos de agrotóxicos autorizada em um alimento. Trata-se, portanto, de organismo que é ponto de referência internacional para a solução de disputas sobre segurança alimentar e proteção do consumidor.

O cenário brasileiro permite afirmar que a preocupação do nosso legislador para com a normatização do uso (*lato sensu*) de agrotóxicos não é vã. Em 2009, o Brasil desbancou os EUA e assumiu a liderança em vendas de agrotóxicos, posição que ocupa até hoje. Naquele ano a indústria brasileira movimentou aproximadamente US$ 7,1 bilhões, enquanto a americana ficou na marca aproximada de US$ 6,6 bilhões[11]. Conforme Vigna[12], a taxa de crescimento do mercado brasileiro de agrotóxicos, entre os anos de 2000 e 2010, foi de 190% contra 93% do mercado mundial.

Vê-se, portanto, o porquê de muitos nominarem, nos dias de hoje, o Brasil como celeiro do mundo. Nosso país transformou-se em verdadeira potência agrícola[13], e a legislação pertinente à utilização de agrotóxicos mais do que nunca merece destaque, a fim de atender diretrizes constitucionais atinentes ao desenvolvimento sustentável e à saúde da população. Cristalina a necessidade de normatização capaz de, simultaneamente, proteger o equilíbrio ambiental e a saúde pública e garantir à agricultura nacional desenvolvimento pleno e sadio.

A promoção do desenvolvimento sustentável (binômio econômica/meio ambiente) é o grande desafio que vem sendo enfrentado neste novo século. Somente uma visão global do pretendido desenvolvimento possibilitará avaliar o complexo elo que une a natureza e o homem, autorizando convívio saudável e ecologicamente equilibrado[14] de modo a viabilizar eficazmente a tutela do bem jurídico meio ambiente[15][16] – indispensável à vida (e, consequentemente, à

---

11 BRASIL lidera uso mundial de agratóxicos. Disponível em: <https://economia.estadao.com.br/noticias/geral,brasil-lidera-uso-mundial-de-agrotoxicos,414820>. Acesso em: 27 out. 2018.

12 VIGNA, Edélcio. **Consea pede proibição de agrotóxicos vedados em outros países**. Disponível em: <http://www.inesc.org.br/noticias/noticias-do-inesc/2013/julho/consea-pede-proibicao-de-agrotoxicos-vedados-em-outros-paises>. Acesso em: 27 out. 2018.

13 FAO-OCDE: Brasil está preparado para ser maior produtor de alimentos do mundo... Disponível em: <https://economia.uol.com.br/noticias/afp/2015/07/15/fao-ocde-brasil-esta-preparado-para-ser-maior-produtor-de-alimentos-do-mundo.htm>. Acesso em: 27 out. 2018.

14 "Numa escalada, pode-se dizer que se protegem os elementos bióticos e abióticos e sua respectiva interação, para se alcançar a proteção do meio ambiente ecologicamente equilibrado, porque esse bem é responsável pela conservação de todas as formas de vida. Possui importância fundamental a identificação do meio ambiente ecologicamente equilibrado como sendo um bem autônomo e juridicamente protegido, de fruição comum (dos elementos que o formam), porque, em última análise, o dano ao meio ambiente é aquele que agride o *equilíbrio ecológico*, e uma eventual reparação deve ter em conta a recuperação desse mesmo equilíbrio ecológico" (RODRIGUES, Marcelo Abelha. **Instituições de direito ambiental**. São Paulo: Max Limonad, 2002. v. 1. p. 58)

15 Lei 6938/81: Art. 3º - Para os fins previstos nesta Lei, entende-se por: I - meio ambiente, o conjunto de condições, leis, influências e interações de ordem física, química e biológica, que permite, abriga e rege a vida em todas as suas formas; [...]

16 Édis Milaré leciona que dois podem ser os conceitos jurídicos de meio ambiente. Um primeiro restrito, segundo o qual meio ambiente nada mais seria do que "a expressão do patrimônio natural e as relações com e entre seres vivos", e outra concepção ampla para a qual o meio ambiente abrangeria "toda a natureza

saúde) das presentes e futuras gerações[17]. Não é por menos que a Constituição Federal de 1988, cunhada de "verde", visa a estipular a convivência *harmoniosa* entre o homem e a natureza.

A Carta de 1988 é verdadeiro marco à legislação ambiental nacional. Do seu art. 225 o direito ambiental ramificou-se dando ensejo, especialmente, à Lei dos Crimes Ambientais (9.605/98) e à Lei de Agrotóxicos (7.802/89).

Amparado, assim, no pilar constitucional da sustentabilidade, o legislador infraconstitucional, ao editar a Lei de Agrotóxicos (LA), objetivou a harmonização do uso seguro, eficaz e econômico daquelas substâncias com o aumento da competitividade da produção agrícola brasileira. Trata-se de verdadeira ponderação entre os anseios da ordem financeira e econômica (art. 170 da Constituição Federal) e os bens jurídicos meio ambiente e saúde pública – *saúde ambiental*[18].

Para este estudo, merece destaque outro instrumento com lastro constitucional do qual se valeu o legislador infraconstitucional para normatizar o *proceder* com agrotóxicos: o denominado *mandado expresso de criminalização*[19][20].

A criminalização de condutas que atentem contra as prescrições normativas relacionadas à utilização de agrotóxicos está diretamente vinculada à globalização, que, em termos rasos, consagra o encurtamento dos espaços. Pode-se afirmar que, assim como as grandes navegações

original (natural) e artificial, assim como os bens culturais correlatos". Continua o Professor apontando que "de um lado, com o meio ambiente natural, ou físico, constituído pelo solo, pela água, pelo ar, pela energia, pela fauna e pela flora; e, do outro, com o meio ambiente artificial (ou humano), formado pelas edificações, equipamentos e alterações produzidos pelo homem, enfim, os assentamentos de natureza urbanística e demais construções". (MILARÉ, Édis. **Direito do ambiente.** 5. ed. São Paulo: Revista dos Tribunais, 2007. p. 110-111). De forma sintética, José Afonso da Silva afirma que o meio ambiente, como bem comum do povo, equivaleria à interação "do conjunto de elementos naturais, artificiais e culturais que propiciem o desenvolvimento equilibrado da vida em todas as suas formas". (SILVA, José Afonso da. **Direito ambiental constitucional**. 4. ed. São Paulo: Malheiros, [2000?] p. 20)

17 PES, João Hélio Ferreira. Desenvolvimento sustentável e uso intenso de agrotóxicos. **Revista Internacional de Direito Ambiental**, v. 7, n. 20, maio/ago. 2018.

18 Vaz destaca que a "questão do uso de agrotóxicos, enquanto agentes químicos altamente impactantes, é, eminentemente, de *saúde ambiental*. Todos os aspectos do meio ambiente afetam potencialmente a saúde. Destarte, a saúde deve ser tratada a partir das variáveis ambiental e econômica". Andou, portanto, muito bem o legislador ao objetivar com a Lei 7.802/89 a proteção de ambos os bens jurídicos: saúde e meio ambiente, até mesmo porque faticamente indissociáveis. O meio ambiente ecologicamente equilibrado – bem comum de *titularidade* das presentes e futuras gerações – é vital à tutela da saúde da população – saúde ambiental (conjunto de fatores concernentes à saúde humana e ambiental). (VAZ, Paulo Afonso Brum. **O direito ambiental e os agrotóxicos.** Porto Alegre: Livraria do Advogado, 2006. p. 38.)

19 § 3º As condutas e atividades consideradas lesivas ao meio ambiente sujeitarão os infratores, pessoas físicas ou jurídicas, a sanções penais e administrativas, independentemente da obrigação de reparar os danos causados.

20 PRADO, Luiz Regis. **Direito penal do ambiente.** São Paulo: Revista dos Tribunais, 2005. p. 80), ao tratar do assunto, destaca que "Desse modo, não se limita simplesmente a fazer declaração formal de tutela do meio ambiente, mas, na esteira da melhor doutrina e legislação internacionais, estabelece a imposição de medidas coercitivas aos transgressores do mandamento constitucional. Assinala-se a proteção jurídico-penal, com a obrigação ou mandado expresso de criminalização. Com tal previsão, a Carta Brasileira afastou, acertadamente, qualquer eventual dúvida quanto à indispensabilidade de uma proteção penal do ambiente. Reconhecem-se a existência e a relevância do ambiente para o homem e sua autonomia como bem jurídico, devendo, para tanto o ordenamento jurídico lançar mão inclusive da pena, ainda quem em *ultima ratio*, para garanti-lo".

do século XV, a globalização proporciona notável alargamento de horizontes e, na esfera do mundo jurídico, um "diálogo normativo" entre legislações de diferentes países.

Esta análise global de diferentes ordenamentos jurídicos não passou batida pelo Professor Jesús-Maria Silva Sánchez[21], que constatou tendência mundial dominante de os Estados introduzirem em seus respectivos ordenamentos jurídicos *novos* tipos penais. Mais do que isto, Sánchez enfatiza que a identificação de novos "bens jurídico-penais" é a principal causa de expansão do espectro de tutela do direito penal, uma vez que se trata de instrumento qualificado à proteção daqueles.

Há de se frisar que a ampliação do leque de tutela do direito criminal – exigência de uma sociedade cada vez mais complexa, por sua vez, tende a entrar em rota de colisão com princípio norteador dessa ciência: o da intervenção mínima[22].

O que se extrai, todavia, é que tal ampliação está sustentada numa verdadeira demanda social por maior proteção. O cidadão passou a identificar o direito penal como verdadeiro instrumento de tutela de seus interesses, não apenas daqueles tido por individuais, mas também como técnica capaz de amparar os novos bens jurídicos caracterizados na *sociedade de risco*[23].

Não há dúvida de que entre os "novos delitos" desta sociedade tida por complexa estão aqueles que visam a proteger os recursos naturais. Especialmente quanto ao bem jurídico meio ambiente – um daqueles que compõem a objetividade jurídica dos delitos de agrotóxicos, Sánchez dá como causa de seu ingresso ao manto de proteção da tutela penal a *deterioração de realidades tradicionalmente abundantes*. Quer-se com isso dizer que a identificação de sua suscetibilidade à escassez agregou ao meio ambiente valor que antes não lhe correspondia.

Tem-se, ademais, que a sociedade pós-industrial institucionalizou, de forma objetiva, com base na aceitação da tomada de riscos em prol do desenvolvimento, a insegurança. "O emprego de meios técnicos, a comercialização de produtos ou a utilização de substâncias cujos possíveis efeitos nocivos são ainda desconhecidos e, em última análise, manifestar-se-ão anos depois da realização da conduta, introduzem um importante fator de incerteza na vida social[24]." Esta

---

21 SÁNCHEZ, Jesús-Maria Silva. **A expansão do direito penal**. Tradução de Luiz Otávio de Oliveira Rocha. São Paulo: Revista dos Tribunais, [2000?]. p. 21.

22 "A função do Direito Penal consiste em garantir a seus cidadãos uma existência pacífica, livre e socialmente segura, sempre e quando estas metas não possam ser alcançadas com outras medidas político-sociais que afetem em menor medida a liberdade dos cidadãos" (ROXIN, Claus. **A proteção de bens jurídicos como função do direito penal**. Tradução: de André Luís Callegari, Nereu Giacomolli. 2. ed. Porto Alegre: Livraria do Advogado, 2009, p. 16-17). O princípio da intervenção mínima, destinado especialmente ao legislador, recomenda cautela à eleição de bens jurídicos suscetíveis à tutela penal, devendo apenar ser colocados sob cuidado deste manto jurídico aqueles incapazes de receber o devido "castigo" pelos demais ramos do direito. Ademais, cumpre salientar conclusão de Roxin ao tratar do tema: "é evidente que nada favorece tanto a criminalidade como a penalização de qualquer bagatela". (ROXIN, Claus. **Problemas fundamentais de direito penal**. Tradução de Ana Paula dos Santos e Luíz Natscheradetz. 3. ed. Lisboa: Veja, 2004. p. 29).

23 "Desde a enorme difusão da obra de Ulrich Beck, é lugar comum caracterizar o modo social pós-industrial em que vivemos como "sociedade do risco" ou "sociedade de riscos" (*Risikogesellschaft*). Com efeito, a sociedade atual aparece caracterizada, basicamente, por um âmbito econômico rapidamente variante e pelo aparecimento de avanços tecnológicos sem paralelo em toda a história da humanidade. O extraordinário desenvolvimento da técnica teve, e continua tendo, obviamente, repercussões diretas em um incremento do bem-estar individual". (SÁNCHEZ, Jesús-Maria Silva. **A expansão do direito penal**. Tradução de Luiz Otávio de Oliveira Rocha. São Paulo: Revista dos Tribunais, [2000?]. p. 28-29)

24 SÁNCHEZ, Jesús-Maria Silva. **A expansão do direito penal**. Tradução de Luiz Otávio de Oliveira Rocha. São Paulo: Revista dos Tribunais, [2000?]. p. 30.

realidade de incerteza acerca da relação de causa/efeito – especialmente em relação às possíveis consequências lesivas decorrentes de determinada conduta, além de ser fundamento ao princípio da precaução[25] no âmbito do direito ambiental, é fundamento para a cada vez mais frequente tipificação de crimes de perigo abstrato, a exemplo do que é identificado nos tipos penais da lei brasileira de agrotóxicos. Trata-se de verdadeiras normas penais de segurança, que tem por objetivo antecipar a fronteira da proteção penal.

Os crimes tipificados na Lei de Agrotóxicos são fruto da reconhecida demanda da sociedade de risco. A técnica legislativa adotada para edição de tais delitos autoriza dar trânsito à identificação de transição dos crimes de lesão a bens jurídicos individuais ao modelo de delitos de perigo para os bens supraindividuais[26].

A vigente previsão legal da responsabilização criminal por condutas que violem instruções normativas regulamentadoras do uso de agrotóxicos, tipificação que atende ao comando constitucional expresso de criminalização, é fruto de evolução legislativa a respeito da temática, o que se passa, de forma sucinta, a apresentar.

BREVE ANÁLISE DA EVOLUÇÃO HISTÓRICA DA LEGISLAÇÃO BRASILEIRA DE AGROTÓXICOS:

Conforme ensina Cleber Folgado[27], a "atual Lei de Agrotóxicos, 7.802[28], de 11 de julho de 1989, tem como embrião a Lei Estadual do Rio Grande do Sul nº. 7.747, de 22 de dezembro de 1982.", lei esta que teve sua constitucionalidade questionada no Supremo Tribunal Federal (STF) pela Associação Nacional de Defensivos Agrícolas (ANDEF), que, por sua vez, teve seu

25 PRINCÍPIO DA PRECAUÇÃO: diferentemente do princípio da prevenção, que alcança postura que visa a prevenir a ocorrência de consequência conhecidas de determinados ato (ou seja, em que o nexo causal encontra-se cientificamente comprovado ou decorre da lógica), o princípio da precaução busca tratar com cautela o incerto – especialmente quanto às consequências de determinada ação ou aplicação científica em relação ao ambiente, no espaço ou no tempo – estará presente sempre em situações de incerteza científica. (FIORILLO, Celso Antônio Pacheco. **Curso de direito ambiental brasileiro.** São Paulo: Saraiva, 2000. p. 209).

26 Não se pode desconsiderar que a esta transição são feitas críticas por parte da doutrina apontando que a técnica sugeriria espécie de *administrativização* do Direito Penal, uma vez que deixaria de reagir contra um fato lesivo individualmente delimitado para se converter em direito de gestão de riscos gerais. Miguel Reale Junior, em artigo publicado na Folha de São Paulo, ao se referir à Lei de Crimes Ambientais (Lei 9.605/1998) como a "Hedionda Lei dos Crimes Ambientais" teceu severas críticas àquilo que ele entendeu como evidente mutação de ilícitos administrativos em tipos penais. (REALE JÚNIOR, Miguel. **A lei hedionda dos crimes ambientais.** Disponível em: <https://www1.folha.uol.com.br/fsp/opiniao/fz06049809.htm>. Acesso em: 28 out. 2018).

27 FOLGADO, Cleber Adriano Rodrigues. Sistema **Normativo de agrotóxicos**: elementos de contextualização histórica e reflexão crítica". direito e agrotóxico. reflexões críticas sobre o sistema normativo. Rio de Janeiro: Lumen Juris, 2017. p. 19.

28 A lei federal 7.802 de 11 de julho de 1089, que dispõe sobre a pesquisa, a experimentação, a produção, a embalagem e rotulagem, o transporte, o armazenamento, a comercialização, a propaganda comercial, a utilização, a importação, a exportação, o destino final dos resíduos e embalagens, o registro, a classificação, o controle, a inspeção e a fiscalização de agrotóxicos, seus componentes e afins, e dá outras providências.

pleito parcialmente atendido (Representações nº 1.150[29] e 1.153-4[30]). Antenor Ferrari[31] ressalta que, "embora tenha determinado cortes que desfiguram parcialmente a Lei Estadual de Agrotóxicos, a decisão do STF acabou por reconhecer explicitamente a competência dos Estados para legislar supletivamente sobre agrotóxicos".

Outros Estados como, por exemplo, Paraná (Lei nº 7.827/83) e São Paulo (Lei nº 4.002/84), seguindo a linha do RS, editaram legislações que tinham por objeto regulamentar o uso dos agrotóxicos. Pode-se, sem titubear, afirmar que, além da superveniência de leis estaduais versando sobre o tópico, a conscientização da população brasileira sobre a vital necessidade de tutela do meio ambiente e a promulgação da Constituição Federal de 1988 foram os principais móveis à edição da Lei Federal nº 7.802/89.

O constituinte apenas em uma oportunidade fez menção expressa ao termo "agrotóxicos" no texto constitucional ao trabalhar o capítulo da Comunicação Social[32][33]. Na oportunidade, em patamar constitucional, os agrotóxicos foram considerados nocivos à saúde e ao meio ambiente.

Entretanto, conforme ensina Celso Antônio Pacheco Fiorillo[34], de forma não expressa o constituinte, no inciso V do §1º do art. 225 da CF[35], "viabilizou a constitucionalização da

---

29 Disponível em: <http://stf.jus.br/portal/jurisprudencia/listarJurisprudencia.asp?s1=%281150+E+AGROTOXICOS%29&base=baseAcordaos&url=http://tinyurl.com/y6uedcc4>. Acesso em: 02 nov. 2011.

30 EMENTA: Representação de inconstitucionalidade da Lei Estadual n. 7.747, de 22 de Dezembro de 1982, em conjunto com os Decretos números 30.787, de 22/7/1982 e 30.811, de 23/8/82, todos do Estado do Rio Grande do Sul. Competência constitucional da União para legislar sobre normas gerais de defesa e proteção a saúde (artigo 8º, XVII, 'c', da CF), e, supletivamente, dos Estados (parágrafo único do artigo 8º). Supremacia da Lei Federal. Limites. Caráter supletivo da lei estadual, de modo que supra hipóteses irreguladas, preenchendo o 'vazio', o 'branco' que restar, sobretudo quanto as condições locais. Existência, *'in casu'*, de legislação federal que regula a espécie. Inconstitucionalidade da definição de agrotóxicos e outros biocidas por lei estadual; ou da fixação de normas gerais e parâmetros para a classificação toxicológica. Competência da uniao para estabelecer proibições a produção, comercio e consumo de mercadorias que contenham substancias nocivas. Poder de policia do Estado - limites. [...] (BRASIL. Supremo Tribunal Federal. **Representação nº 1.153-RS**. Tribunal Pleno. 16 maio 1985).

31 FERRARI, Antenor. **Agrotóxicos:** a praga da dominação. Porto Alegre. Mercado Aberto. 1985. p. 74.

32 Art. 220. A manifestação do pensamento, a criação, a expressão e a informação, sob qualquer forma, processo ou veículo não sofrerão qualquer restrição, observado o disposto nesta Constituição. [...] § 3º Compete à lei federal: [...] II - estabelecer os meios legais que garantam à pessoa e à família a possibilidade de se defenderem de programas ou programações de rádio e televisão que contrariem o disposto no art. 221, bem como da propaganda de produtos, práticas e serviços que possam ser **nocivos à saúde e ao meio ambiente**. § 4º A propaganda comercial de tabaco, bebidas alcoólicas, **agrotóxicos**, medicamentos e terapias estará sujeita a restrições legais, nos termos do inciso II do parágrafo anterior, e conterá, sempre que necessário, advertência sobre os malefícios decorrentes de seu uso.

33 "A Constituição Federal também tratou da questão dos agrotóxicos, indiretamente, em matéria ambiental, mas também diretamente, ao restringir sua propaganda comercial, alertando para seus malefícios. No mesmo sentido, a sanção de condutas que ponham em risco o meio ambiente e a saúde da população, relacionadas à produção, ao comércio e ao uso de substâncias agrotóxicas, exige uma interpretação e aplicação do ordenamento jurídico de caráter preventivo e repressivo, que desestimule e responsabiliza os agentes infratores". (SILVA FILHO, Cláudio. **Direito penal e agrotóxicos**: direito e agrotóxicos. Rio de Janeiro: Lumen Juris, 2017. p. 236-237).

34 FIORILLO, Celso Antônio Pacheco. **Curso de direito ambiental brasileiro.** São Paulo: Saraiva, 2000. p. 231.

35 Art. 225. Todos têm direito ao meio ambiente ecologicamente equilibrado, bem de uso comum do povo e essencial à sadia qualidade de vida, impondo-se ao Poder Público e à coletividade o dever de defendê-lo e preservá-lo para as presentes e futuras gerações. § 1º Para assegurar a efetividade desse direito, incumbe ao

matéria referente às substâncias agrotóxicas". O autor prossegue destacando que "o Texto Constitucional permitiu o seu emprego, mas tratou de responsabilizar o Poder Público pelo controle das atividades, a fim de assegurar a efetividade do meio ambiente. Dessa maneira, a Magna Carta obrigou os entes federados a estarem presentes na atividade de controle, não deixando livre a negociação entre produtores e consumidores".

Tem-se, portanto, que a própria Constituição Federal de 1988 traçou norte para a tutela contra os danos causados à saúde humana e ao meio ambiente provocados por agrotóxicos, pavimentando o caminho para edição da Lei 7.802, editada logo no ano seguinte à publicação da Magna Carta.

Assim, em 11 de julho de 1989, o PL 1.924 foi sancionado pelo então Presidente da República, José Sarney, como a Lei Federal 7.802, que se converteu em pedra angular do sistema normativo brasileiro de agrotóxicos ao passar a dispor sobre a pesquisa, a experimentação, a produção, a embalagem e rotulagem, o transporte, o armazenamento, a comercialização, a propaganda comercial, a utilização, a importação, a exportação, o destino final dos resíduos e embalagens, o registro, a classificação, o controle, a inspeção e a fiscalização de agrotóxicos, seus componentes e afins. A nova lei objetivou dar coerência e harmonia às diversas espécies normativas esparsas sobre o tema.

Dos avanços em termos de proteção à saúde e à preservação do meio ambiente trazidos pela Lei 7.802/89 merecem destaque: (1) a possibilidade de impugnação ou cancelamento do registro do produto por solicitação de entidades representativas da sociedade civil (art. 5º[36]), hipótese que remete à participação popular e à democracia como formas de controle do uso de agrotóxicos; (2) a proibição do registro, caso o Brasil não disponha de métodos de desativação da ação dos componentes tóxicos sobre o homem e o meio ambiente (art. 3º[37]); (3) a proibição do registro de novos agrotóxicos, caso a ação tóxica dele não seja igual ou menor do que a de outros produtos já existentes destinados a um mesmo fim (art. 3º,§5º[38]); (4) o cadastro compulsório de produtores, comerciantes e aplicadores dos produtos nos órgãos competentes dos Estados ou Municípios, no intuito de maior rastreabilidade das infrações causadas pelos agrotóxicos (art. 4º[39]); (5) a estipulação de normas quanto aos padrões das embalagens, assim como normas, padrões e instruções para os rótulos dos produtos, previsão que foi aprimorada

---

Poder Público: V - controlar a produção, a comercialização e o emprego de técnicas, métodos e substâncias que comportem risco para a vida, a qualidade de vida e o meio ambiente;

36 Art. 5º Possuem legitimidade para requerer o cancelamento ou a impugnação, em nome próprio, do registro de agrotóxicos e afins, arguindo prejuízos ao meio ambiente, à saúde humana e dos animais: [...] III - entidades legalmente constituídas para defesa dos interesses difusos relacionados à proteção do consumidor, do meio ambiente e dos recursos naturais.

37 Art. 3º Os agrotóxicos, seus componentes e afins, de acordo com definição do art. 2º desta Lei, só poderão ser produzidos, exportados, importados, comercializados e utilizados, se previamente registrados em órgão federal, de acordo com as diretrizes e exigências dos órgãos federais responsáveis pelos setores da saúde, do meio ambiente e da agricultura.

38 § 5º O registro para novo produto agrotóxico, seus componentes e afins, será concedido se a sua ação tóxica sobre o ser humano e o meio ambiente for comprovadamente igual ou menor do que a daqueles já registrados, para o mesmo fim, segundo os parâmetros fixados na regulamentação desta Lei.

39 Art. 4º As pessoas físicas e jurídicas que sejam prestadoras de serviços na aplicação de agrotóxicos, seus componentes e afins, ou que os produzam, importem, exportem ou comercializem, ficam obrigadas a promover os seus registros nos órgãos competentes, do Estado ou do Município, atendidas as diretrizes e exigências dos órgãos federais responsáveis que atuam nas áreas da saúde, do meio ambiente e da agricultura.

com a Lei 9.974/00 (art. 7º[40]); e (6) a responsabilização administrativa, civil e penal por dano causado pelos agrotóxicos (art. 14[41])[42]. Trata-se de conquistas que conferem perfil protetivo à Lei nº 7.802/89.

Ademais, com base em breve leitura da Lei 7.802/89, verifica-se que o legislador delegou pormenores à edição de regulamento, atendendo à exigência que o tema impõe, uma vez que se

---

40 Art. 7º Para serem vendidos ou expostos à venda em todo o território nacional, os agrotóxicos e afins são obrigados a exibir rótulos próprios e bulas, redigidos em português, que contenham, entre outros, os seguintes dados: (Redação dada pela Lei nº 9.974, de 2000)

I - indicações para a identificação do produto, compreendendo: a) o nome do produto; b) o nome e a percentagem de cada princípio ativo e a percentagem total dos ingredientes inertes que contém; c) a quantidade de agrotóxicos, componentes ou afins, que a embalagem contém, expressa em unidades de peso ou volume, conforme o caso; d) o nome e o endereço do fabricante e do importador; e) os números de registro do produto e do estabelecimento fabricante ou importador; f) o número do lote ou da partida; g) um resumo dos principais usos do produto; h) a classificação toxicológica do produto;

II - instruções para utilização, que compreendam: a) a data de fabricação e de vencimento; b) o intervalo de segurança, assim entendido o tempo que deverá transcorrer entre a aplicação e a colheita, uso ou consumo, a semeadura ou plantação, e a semeadura ou plantação do cultivo seguinte, conforme o caso; c) informações sobre o modo de utilização, incluídas, entre outras: a indicação de onde ou sobre o que deve ser aplicado; o nome comum da praga ou enfermidade que se pode com ele combater ou os efeitos que se pode obter; a época em que a aplicação deve ser feita; o número de aplicações e o espaçamento entre elas, se for o caso; as doses e os limites de sua utilização; d) informações sobre os equipamentos a serem usados e a descrição dos processos de tríplice lavagem ou tecnologia equivalente, procedimentos para a devolução, destinação, transporte, reciclagem, reutilização e inutilização das embalagens vazias e efeitos sobre o meio ambiente decorrentes da destinação inadequada dos recipientes; (Redação dada pela Lei nº 9.974, de 2000)

III - informações relativas aos perigos potenciais, compreendidos: a) os possíveis efeitos prejudiciais sobre a saúde do homem, dos animais e sobre o meio ambiente;b) precauções para evitar danos a pessoas que os aplicam ou manipulam e a terceiros, aos animais domésticos, fauna, flora e meio ambiente; c) símbolos de perigo e frases de advertência padronizados, de acordo com a classificação toxicológica do produto; d) instruções para o caso de acidente, incluindo sintomas de alarme, primeiros socorros, antídotos e recomendações para os médicos;

IV - recomendação para que o usuário leia o rótulo antes de utilizar o produto.

41 Art. 14. As responsabilidades administrativa, civil e penal pelos danos causados à saúde das pessoas e ao meio ambiente, quando a produção, comercialização, utilização, transporte e destinação de embalagens vazias de agrotóxicos, seus componentes e afins, não cumprirem o disposto na legislação pertinente, cabem: (Redação dada pela Lei nº 9.974, de 2000) a) ao profissional, quando comprovada receita errada, displicente ou indevida; b) ao usuário ou ao prestador de serviços, quando proceder em desacordo com o receituário ou as recomendações do fabricante e órgãos registrantes e sanitário-ambientais; (Redação dada pela Lei nº 9.974, de 2000) c) ao comerciante, quando efetuar venda sem o respectivo receituário ou em desacordo com a receita ou recomendações do fabricante e órgãos registrantes e sanitário-ambientais; (Redação dada pela Lei nº 9.974, de 2000)d) ao registrante que, por dolo ou por culpa, omitir informações ou fornecer informações incorretas; e) ao produtor, quando produzir mercadorias em desacordo com as especificações constantes do registro do produto, do rótulo, da bula, do folheto e da propaganda, ou não der destinação às embalagens vazias em conformidade com a legislação pertinente; (Redação dada pela Lei nº 9.974, de 2000) f) ao empregador, quando não fornecer e não fizer manutenção dos equipamentos adequados à proteção da saúde dos trabalhadores ou dos equipamentos na produção, distribuição e aplicação dos produtos.

42 FRANCO, Carolina da Rocha. **A formulação da política de agrotóxicos no Brasil.** Dissertação (Mestrado) – Pós-Graduação em Políticas Públicas, Universidade Federal do Paraná, Curitiba, 2014. Disponível em: <https://acervodigital.ufpr.br/bitstream/handle/1884/35661/R%20-%20D%20-%20CAROLINE%20DA%20ROCHA%20FRANCO.pdf?sequence=1&isAllowed=y>. Acesso em 21 out. 2018. p. 71-72

trata de matéria em constante processo de evolução[43], sendo mais bem regulada pela elasticidade/efetividade regulamentar. Não se desconhece que minúcias de natureza técnica demandam tratamento regulamentar, porque a rigidez da lei é incompatível com a velocidade das mudanças tecnológicas. Esse fundamento justifica, do mesmo modo, a identificação dos tipos penais previstos na Lei de Agrotóxicos como leis penais em branco.

O decreto regulamentador da lei telada, inicialmente, foi o de nº 98.816/89. Atualmente o decreto responsável por regular a Lei de Agrotóxicos é o de nº 4.074/02, norma que passou por alteração considerável a partir da edição do Decreto nº 5.981/06.

Mais relevante para o foco desta obra, em termos específicos de evolução legislativa, é, sobretudo, a Lei Federal nº 9.974 de 6 de junho de 2000, que alterou em parte a Lei nº. 7.802/89, e, em especial, parcialmente os tipos penais trazidos naquela: artigos 15 e 16. A lei, sem sombra de dúvida, mostrou preocupação especial com a destinação das embalagens dos agrotóxicos, mas, especialmente, como adiante será mais bem analisado, veio a "pôr pá de cal" sobre a discussão atinente à vigência dos crimes previstos na Lei de Agrotóxicos com a superveniência da Lei dos Crimes Ambientais (Lei 9.605/1998).

Cumpre, por fim, frisar, no que tange à evolução legislativa acerca do tema, que, atualmente, mais de um projeto tramita no Congresso Nacional objetivando alterações nas normativas que regem o *manejo* de agrotóxicos, a exemplo do Projeto de Lei nº. 3200/15[44], o qual visa à substituição da atual Lei de Agrotóxicos, que é revogada pelo texto, prevendo, inclusive, a substituição do nome "agrotóxico" por "defensivos fitossanitários e produtos de controle ambiental" e a tipificação de novos delitos[45].

43 Sobre o tema Carolina da Rocha Franco, em sua dissertação "A formulação da política de agrotóxicos no Brasil", destaca que "É fundamental ressaltar que a política pública de agrotóxicos não foi inaugurada com todas as alternativas e soluções previstas na Lei nº 7.802/89. Ela permanece em formulação por meio de decretos e regulamentos esparsos, os quais estabelecem parâmetros, incrementam registros preferenciais junto ao setor regulado e instituem procedimentos de reavaliação de produtos, que podem inclusive ser banidos do comércio nacional por meio de resolução". (FRANCO, Carolina da Rocha. **A formulação da política de agrotóxicos no Brasil.** Dissertação (Mestrado) – Pós-Graduação em Políticas Públicas, Universidade Federal do Paraná, Curitiba, 2014. Disponível em: <https://acervodigital.ufpr.br/bitstream/handle/1884/35661/R%20-%20D%20-%20CAROLINE%20DA%20ROCHA%20FRANCO.pdf?sequence=1&isAllowed=y>. Acesso em 21 out. 2018. p. 81).

44 Dispõe sobre a Política Nacional de Defensivos Fitossanitários e de Produtos de Controle Ambiental, seus Componentes e Afins, bem como sobre a pesquisa, a experimentação, a produção, a embalagem e rotulagem, o transporte, o armazenamento, a comercialização, a propaganda comercial, a utilização, a importação, a exportação, o destino final dos resíduos e embalagens, o registro, a classificação, o controle, a inspeção e a fiscalização de defensivos fitossanitários e de produtos de controle ambiental, seus componentes e afins, e dá outras providências. Disponível em: <https://www.camara.gov.br/proposicoesWeb/fichadetramitacao?idProposicao=1996620#marcacao-conteudo-portal>. Acesso em: 29 out. 2018.

45 CAPÍTULO XII DOS CRIMES E DAS PENAS: **Art. 70**. Produzir, armazenar, transportar, importar ou disponibilizar para venda produtos defensivos fitossanitários, de controle ambiental ou afins não registrados: Pena – reclusão, de 2 (dois) a 4 (quatro) anos, e multa. **Art. 71**. Produzir, comercializar, transportar, aplicar, prestar serviço, der destinação a sobras e embalagens vazias de produto defensivo fitossanitário, de controle ambiental ou afins em desacordo com as normas estabelecidas na regulamentação desta Lei, pela CTNFito e pelos órgãos de registro e fiscalização: Pena – reclusão, de 1 (um) a 3 (três) anos, e multa. **Art. 72**. Deixar o empregador, profissional responsável ou o prestador de serviço, de promover as medidas necessárias de proteção à saúde e ao meio ambiente: Pena - reclusão de 1 (um) a 3 (três) anos, e multa.

LEI 7.802/89 E A RESPONSABILIDADE TRIPARTITE PELA UTILIZAÇÃO IRREGULAR DE AGROTÓXICOS:

Art. 14. As responsabilidades administrativa, civil e penal pelos danos causados à saúde das pessoas e ao meio ambiente, quando a produção, comercialização, utilização, transporte e destinação de embalagens vazias de agrotóxicos, seus componentes e afins, não cumprirem o disposto na legislação pertinente, cabem: (Redação dada pela Lei nº 9.974, de 2000)

a) ao profissional, quando comprovada receita errada, displicente ou indevida;

b) ao usuário ou ao prestador de serviços, quando proceder em desacordo com o receituário ou as recomendações do fabricante e órgãos registrantes e sanitário-ambientais; (Redação dada pela Lei nº 9.974, de 2000)

c) ao comerciante, quando efetuar venda sem o respectivo receituário ou em desacordo com a receita ou recomendações do fabricante e órgãos registrantes e sanitário-ambientais; (Redação dada pela Lei nº 9.974, de 2000)

d) ao registrante que, por dolo ou por culpa, omitir informações ou fornecer informações incorretas;

e) ao produtor, quando produzir mercadorias em desacordo com as especificações constantes do registro do produto, do rótulo, da bula, do folheto e da propaganda, ou não der destinação às embalagens vazias em conformidade com a legislação pertinente; (Redação dada pela Lei nº 9.974, de 2000)

f) ao empregador, quando não fornecer e não fizer manutenção dos equipamentos adequados à proteção da saúde dos trabalhadores ou dos equipamentos na produção, distribuição e aplicação dos produtos.

Atendendo ao comando constitucional do art. 225, §3º, o legislador, ao editar a Lei 7.802/89, estipulou três sistemas de responsabilização que se aplicam de forma autônoma e cumulativamente. Assim, a responsabilização pelas condutas que atentem contra as normativas relacionadas ao *uso* de agrotóxicos poderá ter repercussão nas esferas administrativa, cível e criminal. Dedicou-se complexo arsenal jurídico de modo a atender às expectativas de um sistema que objetiva tutelas preventiva, conservadora e de responsabilização pelos danos causados com as condutas que violem o arcabouço regulamentar brasileiro atinente a agrotóxicos.

Extrai-se, portanto, do art. 14 da Lei 7.802/89, que, quando a potencialidade lesiva ao meio ambiente é o agrotóxico, a proteção jurídica deferida àquele não destoa da ampla tutela *pregada* pelo Constituinte no art. 225, §3º, da Constituição 1988. Lecionando acerca da responsabilidade tripartite, Benjamin afirma que, identificada "a degradação do meio ambiente, o ordenamento jurídico, via Direito Ambiental, não se contenta, pois, com a reparação do prejuízo causado (admitindo-se que, na hipótese, isso seja possível), estabelecendo, em acréscimo, como resposta social ao comportamento ilícito, sancionamento penal e administrativo. No Brasil, os três sistemas de responsabilização – civil, administrativo e penal se aplicam autônoma e cumulativamente. Objetivando resultados diversos, são considerados autônomos. Assim é porque um sistema completo de preservação e conservação do meio ambiente supõe necessariamente a responsabilização dos causadores de danos ambientais e da maneira mais ampla possível[46]".

46 BENJAMIN, Antonio Hermann V. **Crimes contra o meio ambiente:** uma visão geral. Ministério Público e Democracia: livro de teses. 12º Congresso do Ministério Público. Fortaleza. 1998. p. 391.

A aplicação deste *arsenal legislativo*, todavia, não se dará, necessariamente, de forma integral a todo e qualquer ilícito violador das normativas de agrotóxicos. A fim de melhor delinear o que se pretende enfatizar, traça-se paralelo com outra hipótese de degradação ambiental: a poluição. Pode-se afirmar que "nem toda poluição implica reconhecimento de dano ambiental. E nem todo o dano ambiental consubstancia, necessariamente, crime ambiental. Apenas condutas que atinjam os bens jurídicos tutelados pela norma penal é que constituem crime ambiental[47]". Trata-se de verdadeiro corolário lógico do reconhecimento do direito penal como *ultima ratio*[48].

Atendendo ao pilar da intervenção mínima, segundo o qual apenas quando verificada a insuficiência das esferas administrativa e cível sobressai a atuação do Estado como detentor do *jus puniendi*, a Lei de Agrotóxicos traz em seu bojo dois diferentes tipos penais. Passa-se, portanto, ao objeto específico deste trabalho, qual seja, a análise da responsabilização criminal delineada na Lei de Agrotóxicos.

DOS CRIMES DA LEI DE AGROTÓXICOS

BENS JURÍDICOS[49] TUTELADOS PELOS CRIMES DOS ARTIGOS 15 E 16 DA LEI 7.802/89.

Uma vez que se aproxima da plenitude a identificação entre os objetos jurídicos substanciais tutelados pelos tipos penais trazidos pelos artigos 15 e 16 da Lei 7.802/89, far-se-á, quanto ao tópico, abordagem conjunta introdutória para ambos, sendo, posteriormente, apenas naquilo que vier a ser compreendido como específico, objeto de análise no detalhamento do respectivo tipo penal.

Conforme anunciado ao longo da introdução deste texto, o objeto de tutela da Lei de Agrotóxicos é complexo. Assim, acompanhando a inteligência da legislação telada, as condutas delituosas tipificados nos artigos 15 e 16 da Lei 7.802/89 são pluriofensivas, já que têm o condão de ofender, concomitantemente, ao menos, o meio ambiente[50] e a saúde pública[51].

---

47 VAZ, Paulo Afonso Brum. **O direito ambiental e os agrotóxicos.** Porto Alegre: Livraria do Advogado, 2006. p. 157.

48 "O direito penal, - como já notara Binding, - não encerra um sistema exaustivo de proteção a bens jurídicos, mas um sistema descontínuo de ilícitos decorrente da necessidade de criminalizá-los, por ser este o meio indispensável de tutela jurídica". (LUISI, Luiz. **Os princípios constitucionais penais.** 2. ed. Porto Alegre: Fabris, 2003. p. 40).

49 O Professor Walter Coelho faz relevante distinção entre objeto jurídico formal e substancial. Enquanto o primeiro equivaleria à própria norma penal (a regra de conduta que é infringida pela ação delituosa), o objeto jurídico substancial equivaleria ao interesse jurídico penalmente tutelado (objeto de estudo do presente tópico). O renomado autor, na mesma toada, distingue objeto jurídico do objeto material do crime. Afirma que este último diz respeito à coisa corporal ou à pessoa física sobre as quais incide, materialmente, a ação criminosa. Conclui o autor, feitas tais distinções, que "todo o crime tem objeto jurídico, mas nem todo o crime tem, necessariamente, objeto material. Tal objeto só existe nos crimes materiais, não podendo, obviamente, ser encontrado nos crimes formais ou de mera atividade". (COELHO, Walter. **Teoria geral do crime,** 2. ed. Porto Alegre, 1998. v. 1. p. 59-60)

50 Art. 225. Todos têm direito ao meio ambiente ecologicamente equilibrado, bem de uso comum do povo e essencial à sadia qualidade de vida, impondo-se ao Poder Público e à coletividade o dever de defendê-lo e preservá-lo para as presentes e futuras gerações.

51 Art. 196. A saúde é direito de todos e dever do Estado, garantido mediante políticas sociais e econômicas que visem à redução do risco de doença e de outros agravos e ao acesso universal e igualitário às ações e serviços para sua promoção, proteção e recuperação.

Vê-se, portanto, que a tutela que o legislador objetivou imprimir, ao tipificar as condutas arroladas nestes artigos, é plural, pois, a um só tempo, visa a reprimir penalmente práticas que atentem contra valores ambientais e contra a saúde pública[52]. Frisa-se, todavia, que, embora complexa a objetividade jurídica, o direito ao meio ambiente equilibrado está diretamente relacionado à garantia à vida saudável e, por consequência, ao bem jurídico saúde pública. Bens jurídicos distintos, porém com interdependência cristalina.

Oportuno destacar que a redação dos tipos penais trazidos na Lei de Agrotóxicos sofre forte influência de diretriz norteadora do direito ambiental: o princípio prevenção[53]. Não se desconhece que a reparação do dano ambiental é objeto de demasiada preocupação do legislador (conforme se extrai, exemplificativamente, dos requisitos adicionais estipulados nos artigos 27 e 28 da Lei dos Crimes Ambientais para a concessão dos benefícios da transação penal e da suspensão condicional do processo, previstos, respectivamente, nos artigos 76 e 89 da Lei 9.099/95, quando o delito em tela tiver como bem jurídico tutelado o meio ambiente), mas, definitivamente, a compensação é preterida caso se logre êxito com a *evitação*. Como consequência dessa premissa de direito ambiental, é possível identificar na tutela criminal ambiental a frequente edição de crimes de perigo abstrato[54].

Alguns conceitos clássicos do direito penal acabam, portanto, por ser revistos quando o bem jurídico (ou, como no caso da Lei de Agrotóxicos, um dos bens jurídicos) violado por conduta criminosa é o meio ambiente, uma vez que a idealização pela tutela preventiva (e não apenas repressiva, ou seja, *pós dano*) autoriza a antecipação da resposta penal com a criação de crimes de perigo concreto ou, ainda, abstrato[55]. Para Fiorillo[56], boa parte da legislação ambiental foi estabelecida para evitar danos irreversíveis que tornassem inócua a tutela penal ambiental. Vê-se, dessa forma, que o legislador, ao valer-se da técnica normativa de tipificação de crimes de perigo abstrato, consagrando o princípio da prevenção, visa à defesa de bem que, quando de fato agredido, é de difícil recuperação.

---

52 "Saúde pública é a expressão usada para indicar o estado de sanidade da população de um país, de uma região, de uma zona ou de uma cidade. Em seu amplo sentido jurídico, em princípio, considera-se saúde um bem público de interesse nacional, caracterizado pelo estado de pleno bem-estar físico e biológico, psíquico ou mental, social (em seus diversos aspectos educacionais, econômicos, familiares, espirituais, morais), cultural e ambiental da pessoa humana, individual, coletiva e publicamente considerada. Em resumo, saúde constitui um bem público constitucionalmente assegurado, garantido e protegido ao pleno bem-estar de todos". (CUSTÓDIO, Helita Barreiro. Direito à saúde e problemática dos agrotóxicos. **Revista de Direito Sanitário,** v. 2, n. 3, nov. 2002. p. 12-13).

53 "Da mesma forma que a Lei de Crimes Ambientais, a Lei 7.802/89 é fortemente marcada pelo princípio da prevenção ou precaução. A construção doutrinária do Direito Penal Ambiental deve combinar os princípios do Direito Ambiental, especialmente da precaução e do poluidor-pagador, com garantias e princípios do Direito Penal". (SILVA FILHO, Cláudio. **Direito penal e agrotóxicos**: direito e agrotóxicos. Rio de Janeiro: Lumen Juris, 2017. p. 238).

54 Nos ensinamentos de Nélson Hungria, "exposto a perigo, o bem ou interesse jurídico não é substancialmente lesado, mas sofre uma turbação no seu estado de segurança: é colocado, embora transitoriamente, numa situação de precariedade, de incerteza, de instabilidade". (HUNGRIA, Nélson; FRAGOSO, Heleno Cláudio. **Comentários ao Código Penal**. 5. ed. Rio de Janeiro: Forense, 1978. v.1, t. 2: Artigos 11 a 27. p. 14-15).

55 "Nos crimes de perigo concreto a existência do perigo deve ser averiguada caso a caso, enquanto nos crimes de perigo abstrato prescinde-se dessa verificação, pois o mesmo é deduzido dos próprios termos em que a conduta é definida". (FERREIRA, Ivette Senise. **Tutela penal do patrimônio cultural.** São Paulo: Revista dos Tribunais, 1995. p. 98)

56 FIORILLO, Celso Antônio Pacheco. **Curso de direito ambiental brasileiro.** São Paulo: Saraiva, 2000. p. 13.

Art. 15. Aquele que produzir, comercializar, transportar, aplicar, prestar serviço, der destinação a resíduos e embalagens vazias de agrotóxicos, seus componentes e afins, em descumprimento às exigências estabelecidas na legislação pertinente estará sujeito à pena de reclusão, de dois a quatro anos, além de multa. (Redação dada pela Lei nº 9.974, de 2000)

ARTIGO 15 DA LEI DE AGROTÓXICOS (LA) E A SUPERVENIÊNCIA DA LEI 9.605 DE 1998 (LEI DOS CRIMES AMBIENTAIS - LCA)

A Lei de Crimes Ambientais, no ano de 1998, trouxe em seu rol de tipos penais o art. 56 que assim dispõe:

Art. 56. Produzir, processar, embalar, importar, exportar, comercializar, fornecer, transportar, armazenar, guardar, ter em depósito ou usar produto ou substância tóxica, perigosa ou nociva à saúde humana ou ao meio ambiente, em desacordo com as exigências estabelecidas em leis ou nos seus regulamentos: Pena - reclusão, de um a quatro anos, e multa.

Logo que editada a LCA, pairou divergência doutrinária sobre eventual revogação tácita pela nova lei do crime previsto, desde 1989, no art. 15 Lei 7.802. Duas correntes antagônicas se formaram sobre o tema: a primeira, encabeçada, entre outros, por Édis Milaré[57] e Paulo Afonso Leme Machado[58], sustentava que as condutas previstas no art. 15 da Lei 7.802/89 haviam sido objeto de tipificação no art. 56 da LCA, razão pela qual, atendendo ao postulado de que lei nova revoga a anterior[59], estaria aquela norma, portanto, revogada.

A segunda, por sua vez, sustentava a manutenção da vigência do art. 15 da LA com base no princípio da especialidade. Vladimir e Gilberto Passos de Freitas[60] destacam que, "muito embora a redação desse tipo penal (art. 56 da LCA) se assemelhe à do art. 15 da Lei 7.802/89, nele não há qualquer menção expressa a agrotóxicos, seus componentes e afins. Ora, a conclusão a que se chega é de que o art. 15 da Lei 7.802/89 foi preservado. E tanto é verdade que a Lei nº 9.605 não faz qualquer menção, explícita ou implícita, ao outro crime da Lei 7.802/89, ou seja, à conduta prevista no art. 16".

Esta discussão, todavia, caiu de vez por terra quando sobreveio a edição da Lei nº 9.974 de 2000 que deu nova redação ao art. 15 da Lei de Agrotóxicos, demonstrando, assim, que o legislador, a partir da edição da LCA, não pretendeu paralelamente revogar o art. 15 da Lei nº 7.802/89, uma vez que artigo que eventualmente tivesse sido objeto de revogação tácita jamais seria, posteriormente, objeto de reformulação por lei nova.

Importante salientar que a segunda corrente, que já tendia a preponderar na jurisprudência dos tribunais antes mesmo da entrada em vigor da Lei 9.974/00, amparou-se,

57 MILARÉ, Édis. **Direito do ambiente.** 5. ed. São Paulo: Revista dos Tribunais, 2007. p. 955.

58 MACHADO, Paulo Afonso Leme. **Direito ambiental brasileiro.** São Paulo: Malheiros, 2004. p. 689.

59 Art. 2º, §1º, da Lei de Introdução às Normas do Direito Brasileiro: "§ 1º A lei posterior revoga a anterior quando expressamente o declare, quando seja com ela incompatível ou quando regule inteiramente a matéria de que tratava a lei anterior".

60 FREITAS, Vladimir Passos de; FREITAS, Gilberto Passos de. **Crimes contra a natureza.** São Paulo: Revisra dos Tribunais, 1998. p. 188-189.

fundamentalmente, na identificação de elemento especializante[61] na redação do art. 15 da Lei de Agrotóxicos. Identificada a substância como não *meramente* tóxica, mas agrotóxica, tem-se aí a qualificação exigida pelo legislador para afastar a norma geral[62] (art. 56 da LCA). Ou seja, enquanto a LCA se dirige a sancionar quem pratica conduta delituosa contra o meio ambiente valendo-se do manejo de substância tóxica, o delito descrito no art. 15 da Lei 7.802/89 exige que tal substância seja agrotóxica.

Merece destaque, por outro lado, a compreensão esboçada por Maciel[63] acerca do tema. O autor entende tratar-se de nítido caso de repristinação do art. 15 da LA, afirmando que o "art. 15 da Lei 7.802/89 foi tacitamente revogado pelo art. 56 da Lei 9.605/98, pois os agrotóxicos se incluem entre as substâncias tóxicas, perigosas ou nocivas previstas no tipo penal da Lei Penal Ambiental. Com a Lei 9.974/2000, porém, o art. 56 foi tacitamente derrogado na parte em que se aplicava aos agrotóxicos, voltando então a viger o mencionado art. 15, com a nova redação recebida. Assim, o art. 15 da Lei 7.802/89 nos parece em vigor, devendo ser aplicado nos casos específicos envolvendo *agrotóxicos*". Na prática, para o Professor Maciel, atualmente estaria *novamente* em vigor o art. 15 da LA, contudo com a seguinte ressalva acerca da aplicação da sanção penal: "A pena, porém, deverá ser a prevista no art. 56 da Lei 9.605/98, para não se ofender o princípio da proporcionalidade".

Ainda que de modo indireto, Vaz[64] aborda a temática da incidência (ou não) do princípio da proporcionalidade quando contrastadas as duas normas ora em análise. Entende o autor, ao desenvolver acerca da possibilidade de concessão dos benefícios da Lei 9.099/95 (artigo 89[65] da Lei 9.099/95 c/c art. 28[66] da LCA) aos crimes da lei de agrotóxicos, que essas medidas de despenalização "*não podem ser adotadas na hipótese do cometimento do crime previsto no art. 15 da Lei 7.802/89, pois a pena mínima é de 2 anos, e a máxima, de 4 anos. Assim, quem agride o meio ambiente utilizando-se de substância tóxica diversa, incidindo na vedação do art. 56 da Lei 9.605/98 (delito assemelhado), terá o benefício do sursis processual ainda que o produto possa ser mais agressivo do que o agrotóxico*". De modo a indicar a incongruência do sistema, diante da saliente *disparidade* de instrumentos legais estipulados para crimes distintos, mas de gravidade

---

61 A regulamentação especial tem a finalidade, precisamente, de excluir a lei geral, e, por isso, deve precedê-la. *"A lei especial reúne todos os elementos da lei geral, acrescidos de mais alguns, denominados especializantes. Por isso, a caracterização de um tipo penal incriminador especial implica sempre a caracterização do tipo geral"*. (GALVÃO, Fernando. **Direito penal:** parte geral. 4. ed. Rio de Janeiro: Lumen Juris, 2011. p.155).

62 Conforme destaca Cláudio Silva Filho, "a Lei de Crimes Ambientais e a Constituição Federal devem servir de norteadores interpretativos para aplicação do Direito Penal Ambiental. É o caso da Lei 7.802/89, cujos art. 15 e 16 tipificam condutas especificamente relacionadas aos agrotóxicos e que devem ser interpretados em conformidade com a Lei 9.605/98 e a Carta Constitucional". (SILVA FILHO, Cláudio. **Direito penal e agrotóxicos**: direito e agrotóxicos. Rio de Janeiro: Lumen Juris, 2017. p. 239).

63 MACIEL, Silvio; GOMES, Luiz Flávio. **Lei de crimes ambientais.** 2. ed. São Paulo: Método, 2015. p. 245.

64 VAZ, Paulo Afonso Brum. **O direito ambiental e os agrotóxicos.** Porto Alegre: Livraria do Advogado, 2006. p. 161.

65 Art. 89. Nos crimes em que a pena mínima cominada for igual ou inferior a um ano, abrangidas ou não por esta Lei, o Ministério Público, ao oferecer a denúncia, poderá propor a suspensão do processo, por dois a quatro anos, desde que o acusado não esteja sendo processado ou não tenha sido condenado por outro crime, presentes os demais requisitos que autorizariam a suspensão condicional da pena (art. 77 do Código Penal).

66 Art. 28. As disposições do art. 89 da Lei nº 9.099, de 26 de setembro de 1995, aplicam-se aos crimes de menor potencial ofensivo definidos nesta Lei, com as seguintes modificações [...].

abstrata similar, conclui o autor: "*Estamos necessitando de atuação legislativa que atualize o tipo penal de agrotóxicos ao novo contexto jurídico da matéria ambiental*".

Em que pese a se respeitar posição em sentido contrário, o preceito secundário do delito previsto no art. 15 da Lei de Agrotóxicos não deve, de modo algum, ser balizada pelos patamares de apenamento do art. 56 da Lei 9.605/98. Está-se diante de tipos delitivos distintos com preceitos secundários próprios. Cumpre frisar que a jurisprudência[67] não parece titubear acerca do tema, chancelando trânsito à aplicação integral do art. 15 da Lei 7.802/89 – preceitos primário (conduta) e secundário (pena).

BEM JURÍDICO TUTELADO:

O presente tópico foi objeto de análise preliminar ("BENS JURÍDICOS TUTELADOS PELOS CRIMES DOS ARTIGOS 15 e 16 DA LEI 7.802/89"). Acrescenta-se àquele a informação de que a própria Lei de Agrotóxicos traz de forma expressa os bens jurídicos que pretende ver tutelados pelos seus tipos penais no *caput* do art. 14: "*As responsabilidades administrativa, civil e penal pelos danos causados à* ***saúde das pessoas*** *e* ***ao meio ambiente*** (...)".

SUJEITOS DO CRIME:

SUJEITO ATIVO: trata-se de crime comum (aquele para o qual não se exige qualquer condição especial ao agente). Pode-se observar que o legislador optou por autorizar a responsabilização de diversos segmentos da sociedade pelo manejo ilícito de agrotóxicos. Assim, fabricantes, agricultores, comerciantes, consumidores, ou seja, todo e qualquer sujeito que venha a praticar os verbos nucleares do art. 15 da Lei 7.802/89 pode figurar como autor do delito telado, não exigindo o tipo qualquer qualidade específica ao sujeito ativo.

RESPONSABILIDADE PENAL DA PESSOA JURÍDICA E A LEI DE AGROTÓXICOS

Importante, de plano, destacar que não há, nem em nossos tribunais nem no âmbito doutrinário, interpretação uniforme quanto à matéria. A divergência principal paira sobre a possibilidade de extensão da aplicabilidade da norma do art. 3º[68] da Lei de Crimes Ambientais aos crimes da Lei de Agrotóxicos, de modo, consequentemente, a reconhecer ou não a pessoa jurídica como sujeito ativo desses delitos.

Sem pretensão de analisar com profundidade o tema da responsabilidade penal da pessoa jurídica, o que foi objeto, com minúcia, do capítulo 22 (Crimes Ambientais) desta obra, pode-se asseverar que o constituinte, na edição da Carta de 1988, no art. 225, §3º, adotou a Teoria

67 "[...] 3. Os agrotóxicos, mencionados na Lei 7.802/89, enquadram-se no conceito de substância tóxica elencado na Lei Ambiental, sendo possível depreender incidência de ambos os tipos penais. Contudo, em sendo o artigo 15 da Lei 7.802/89 especial em relação ao preceito geral constante do artigo 56 da Lei 9.605/98, nos casos em que as ações nucleares da regra especial e da regra geral são coincidentes, aplica-se o princípio da especialidade. [...]" TRF-4-RCCR: 50043351720134047002, Relator Victor Luiz dos Santos Laus – 8ª Turma. DJ 14/11/2013.

68 Art. 3º As pessoas jurídicas serão responsabilizadas administrativa, civil e penalmente conforme o disposto nesta Lei, nos casos em que a infração seja cometida por decisão de seu representante legal ou contratual, ou de seu órgão colegiado, no interesse ou benefício da sua entidade.

da Realidade[69] ao estipular mandado expresso de criminalização às pessoas jurídicas que incorram em tipos penais que tutelem o meio ambiente[70].

Atendendo àquele mandado, o legislador editou a Lei dos Crimes Ambientais que, com base no artigo 3º, passou a disciplinar a forma (*modo de aplicação*) dessa responsabilização. Hodiernamente, ao menos em termos jurisprudenciais[71], parece ter ficado pacificada a tese de que a pessoa jurídica é suscetível a incorrer em crimes que violem valores ambientais, o que, contudo, já foi alvo de muito debate doutrinário[72].

Superado o forte enfrentamento doutrinário[73] havido quanto ao reconhecimento pelo legislador brasileiro da capacidade de ser a pessoa jurídica responsabilizada criminalmente por crimes ambientais, outro *empecilho* passou a restringir a responsabilização daquela: a teoria da dupla imputação[74]. De acordo com esta, haveria condicionamento da responsabilização penal da pessoa jurídica à simultânea identificação e persecução penal de pessoa física responsável.

Entretanto, como dito anteriormente, embora ainda haja críticas de parcela da doutrina quanto à possibilidade de a pessoa jurídica sofrer reprimenda de cunho criminal, tal debate, há muito, foi superado pelos nossos tribunais, da mesma forma como o foi (ao menos de forma predominante) a exigência do atendimento à teoria da dupla imputação[75], conforme já teve oportunidade de decidir o STF:

---

69 Esta teoria, sustentada, sobretudo, por Otto Gierke, identifica possível a responsabilização penal da pessoa jurídica, reconhecendo nela capacidade de atuação. Tal teoria se contrapõe à da ficção, sustentada, por sua vez, por Savigny (MACIEL, Silvio; GOMES, Luiz Flávio. **Lei de crimes ambientais.** 2. ed. São Paulo: Método, 2015. p. 28).

70 A exigência de a pessoa jurídica ser penalizada pela seara criminal é verdadeira exigência da evolução da criminalidade societária no mundo contemporâneo: "A responsabilização criminal das pessoas jurídicas é uma tendência do Direito Penal contemporâneo, que reflete a preocupação com a realidade social da agressão a importantes valores sociais por parte desses sujeitos jurídicos. O ambiente ecologicamente equilibrado é, inegavelmente, um desses valores e sua agressão por pessoas jurídicas é uma triste evidência que o Direito Penal não saberia ignorar". Ademais, irrazoável seria o Direito oferecer "uma ampla possibilidade de atuação das pessoas jurídicas, o que potencializa os perigos decorrentes dessa atuação (veja-se, a propósito, a capacidade de atuação econômica das empresas, em escala inimaginável para uma pessoa física), mas pretenda limitar a respectiva responsabilidade ao campo extra criminal, ou seja, excluir a responsabilidade penal das pessoas jurídicas. Direitos e deveres, bônus e ônus devem compor a equação jurídica. (ROTHENBURG, Walter Claudius. A responsabilidade penal da pessoa jurídica. In: CRIMES ambientais: comentários à Lei 9.605/98. Porto Alegre: Livraria do Advogado, 2013. p. 55 e p. 60).

71 Para fins de exemplificação, transcreve-se parcela da ementa do didático julgado do Supremo Tribunal Federal: HC 92.921 "I - Responsabilidade penal da pessoa jurídica, para ser aplicada, exige alargamento de alguns conceitos tradicionalmente empregados na seara criminal, a exemplo da culpabilidade, estendendo-se a elas também as medidas assecuratórias, como o habeas corpus." Relator: Min. Ricardo Lewandowski, **19 ago.** 2008.

72 O Professor Walter Coelho chegou a nominar a inovação legislativa – responsabilização penal da pessoa jurídica – como "heresia jurídica". Para ele, "além de doutrinariamente insustentável, vai de encontro ao princípio constitucional da individualização da pena". Continua dizendo que "na prática, essa teratologia dogmática de responsabilizar penalmente a pessoa jurídica terá como consequência a problemática de uma lei inexequível, ensejando, outrossim, a arguição de sua inconstitucionalidade". (COELHO, Walter. **Teoria geral do crime.** 2. ed. Porto Alegre, 1998. v. 1. p. 64)

73 Argumentava-se, basicamente que a pessoa jurídica não poderia delinquir, uma vez que lhe faltaria capacidade de conduta, por ausência (1) de vontade e de (2) culpabilidade.

74 Ver: STJ 5ª Turma, RMS 37.293/SP. Relator Laurita Vaz, DJ em 02/05/2013.

75 Neste sentido também o STJ, Quinta Turma, AgRg no RMS 48.085/PA, Rel. Ministro Gurgel de Faria, julgado em 05/11/2015, DJe 20/11/2015: "PROCESSUAL PENAL. CRIME AMBIENTAL. DESNECESSIDADE DE DUPLA

> *RECURSO EXTRAORDINÁRIO. DIREITO PENAL. CRIME AMBIENTAL. RESPONSABILIDADE PENAL DA PESSOA JURÍDICA. CONDICIONAMENTO DA AÇÃO PENAL À IDENTIFICAÇÃO E À PERSECUÇÃO CONCOMITANTE DA PESSOA FÍSICA QUE NÃO ENCONTRA AMPARO NA CONSTITUIÇÃO DA REPÚBLICA. 1.* ***O art. 225, § 3º, da Constituição Federal não condiciona a responsabilização penal da pessoa jurídica por crimes ambientais à simultânea persecução penal da pessoa física em tese responsável no âmbito da empresa. A norma constitucional não impõe a necessária dupla imputação.*** *2. As organizações corporativas complexas da atualidade se caracterizam pela descentralização e distribuição de atribuições e responsabilidades, sendo inerentes, a esta realidade, as dificuldades para imputar o fato ilícito a uma pessoa concreta. 3.* ***Condicionar a aplicação do art. 225, §3º, da Carta Política a uma concreta imputação também a pessoa física implica indevida restrição da norma constitucional, expressa a intenção do constituinte originário não apenas de ampliar o alcance das sanções penais, mas também de evitar a impunidade pelos crimes ambientais frente às imensas dificuldades de individualização dos responsáveis internamente às corporações, além de reforçar a tutela do bem jurídico ambiental.*** *4. A identificação dos setores e agentes internos da empresa determinantes da produção do fato ilícito tem relevância e deve ser buscada no caso concreto como forma de esclarecer se esses indivíduos ou órgãos atuaram ou deliberaram no exercício regular de suas atribuições internas à sociedade, e ainda para verificar se a atuação se deu no interesse ou em benefício da entidade coletiva. Tal esclarecimento, relevante para fins de imputar determinado delito à pessoa jurídica,* ***não se confunde, todavia, com subordinar a responsabilização da pessoa jurídica à responsabilização conjunta e cumulativa das pessoas físicas envolvidas.*** *Em não raras oportunidades, as responsabilidades internas pelo fato estarão diluídas ou parcializadas de tal modo que não permitirão a imputação de responsabilidade penal individual. 5. Recurso Extraordinário parcialmente conhecido e, na parte conhecida, provido.* <u>RE 548181</u>. **Ministra Rosa Weber.** *PUBLIC 30-10-2014*

Traçadas essas considerações preliminares, passa-se à questão específica: uma vez que os crimes da Lei de Agrotóxicos estão tipificados em norma distinta daquela que regulamentou o mandado constitucional expresso de criminalização da pessoa jurídica por condutas que atentem contra valores do meio ambiente (Lei 9.605/98), possível o enquadramento da conduta de ente jurídico nos crimes previstos nos artigos 15 e 16 da Lei nº. 7.802/89?

Defende-se que sim. O artigo 3º da Lei dos Crimes Ambientais (LCA) se dedica a regulamentar o *método* de responsabilização criminal do ente coletivo por condutas delitivas, não excluindo possibilidade que outros diplomas legais, que tenham como objeto jurídico a tutela do meio ambiente (atendendo, assim, ao mandado expresso constitucional de criminalização), bebam daquela normatização para imputar à pessoa jurídica a prática de crime contra aquele que é bem comum do povo. Ademais, qualquer restrição nesse sentido atentaria contra a própria constituição, que "predeterminou" a extensão da responsabilização criminal quando o bem jurídico protegido é o meio ambiente.

IMPUTAÇÃO. DESCRIÇÃO PORMENORIZADA DA CONDUTA DOS GESTORES DA EMPRESA. PRESCINDIBILIDADE. ART. 54 DA LEI N. 9.605/1998. CRIME FORMAL. POTENCIALIDADE EVIDENCIADA. LAUDO QUE ATESTA VÍCIOS NA ESTRUTURA UTILIZADA PELA EMPRESA. RESPONSABILIDADE QUE NÃO SE AFASTA EM RAZÃO DE CULPA OU DOLO DE TERCEIROS. 1. A Primeira Turma do Supremo Tribunal Federal, no julgamento do RE 548.181/PR, de relatoria da em. Ministra Rosa Weber, decidiu que o art. 225, § 3º, da Constituição Federal não condiciona a responsabilização penal da pessoa jurídica por crimes ambientais à simultânea persecução penal da pessoa física em tese responsável no âmbito da empresa. 2. Abandonada a teoria da dupla imputação necessária, eventual ausência de descrição pormenorizada da conduta dos gestores da empresa não resulta no esvaziamento do elemento volitivo do tipo penal (culpa ou dolo) em relação à pessoa jurídica [...]".

Ademais, não se pode olvidar que a Constituição Federal e a LCA são verdadeiros nortes interpretativos para a aplicação da legislação criminal ambiental. Do próprio texto do art. 3º da Lei nº 9.605/98 é possível extrair que aquele funciona como norma de extensão apta a dar concretude ao mandado expresso de criminalização do art. 225, §3º, da CF não exclusivamente para o rol de crimes previstos na Lei dos Crimes Ambientais, mas como verdadeiro instrumento capaz de atender ao bem jurídico meio ambiente e, assim, regulamentar a responsabilização criminal ambiental da pessoa jurídica em relação a todos os delitos que visem à tutela de valores ambientais.

Neste sentido leciona Antunes[76]:

A responsabilidade decorrente da utilização de agrotóxicos se estende às pessoas físicas e **jurídicas que serão responsabilizadas** administrativa, civil e **penalmente** conforme o disposto nas Leis nºs 7..802, de 1989, e 9.605, de 12 de fevereiro de 1998, e ainda nos regulamentos pertinentes, nos casos em que a infração seja cometida por decisão de seu representante legal ou contratual, pessoa individual ou órgão colegiado, no interesse ou em benefício da sua entidade, conforme previsto no artigo 83 do Regulamento.[77]

Rothenburg[78], da mesma forma, defende que "além dos crimes previstos na Lei 9.605/98, mesmo em matéria ambiental é possível a responsabilização das pessoas jurídicas por crimes que sejam previstos em outras leis ambientais".

Dissertando sobre o sujeito ativo do delito do art. 15 da Lei nº 7.802/89, a doutrina de Vaz milita em favor da possibilidade de responsabilização da pessoa jurídica na espécie, mencionando que, em se tratando de crime comum, "o sujeito ativo pode ser a pessoa física ou jurídica".[79] Para o autor, "a **responsabilização da pessoa jurídica tem aplicação genérica a todas as condutas lesivas ao meio ambiente, estejam elas elencadas ou não na Lei 9.605/98.** Embora este diploma legal disponha que 'as pessoas jurídicas serão responsabilizadas administrativa, civil e penalmente conforme o disposto nesta Lei', esta referência diz respeito apenas ao modo de aplicação, ao aspecto processual previsto na lei e não aos tipos nela contemplados". Assim, conclui Vaz: "Consagrada na legislação que disciplina as atividades com agrotóxicos a responsabilização penal da pessoa jurídica, nos termos da Lei dos Crimes Ambientais"[80]. [81]

---

76 ANTUNES, Paulo de Bessa. **Direito ambiental**. 18. ed. São Paulo: Atlas, 2016. p. 1217.

77 O "Regulamento" à que o autor faz menção é o Decreto nº 4.074/02, quando, em seu art. 83, dispõe: "As pessoas jurídicas serão responsabilizadas administrativa, civil e penalmente conforme o disposto nas Leis nºs 7.802, de 1989, e 9.605, de 12 de fevereiro de 1998, e nos regulamentos pertinentes, nos casos em que a infração seja cometida por decisão de seu representante legal ou contratual, pessoa individual ou órgão colegiado, no interesse ou em benefício da sua entidade".

78 ROTHENBURG, Walter Claudius. A responsabilidade penal da pessoa jurídica. In: CRIMES ambientais: comentários à Lei 9.605/98. Porto Alegre: Livraria do Advogado, 2013. p. 67.

79 VAZ, Paulo Afonso Brum. Crimes de agrotóxicos. **Revista Doutrina TRF4.** Disponível em: <http://www.revistadoutrina.trf4.jus.br/index.htm?http://www.revistadoutrina.trf4.jus.br/artigos/edicao008/paulo_vaz.htm>. Acesso em: 13 abr. 2017.

80 VAZ, Paulo Afonso Brum. **O direito ambiental e os agrotóxicos.** Porto Alegre: Livraria do Advogado, 2006. p. 163.

81 Merece, entretanto, enfatizar que o renomado autor já entendeu em sentido inverso ao tratar sobre a sujeição ativa do art. 15 da Lei 7.802/89: *"É de se indagar, neste tópico, sobre a possibilidade de incriminação da pessoa jurídica pela prática do crime em questão. A constituição preconizou a responsabilização penal da pessoa jurídica por crime ambiental. (art. 225, parágrafo terceiro), dispositivo implementado no plano da lei ordinária pelo art. 3º da Lei nº 9.605/98. A lei nº 7.802/89 (Lei dos Agrotóxicos), não trouxe referência a responsabilização*

Os tribunais brasileiros já tiveram a oportunidade de decidir acerca da temática. Como se extrai dos poucos julgados abaixo colacionados, todavia, a jurisprudência muito diverge acerca da possibilidade de o ente coletivo figurar como autor dos crimes da Lei de Agrotóxicos:

> *APELAÇÃO CRIME. CRIME AMBIENTAL. PRESCRIÇÃO. COMERCIALIZAÇÃO DE AGROTÓXICO (ART. 15, DA LEI 7.802/89). Não havendo limites mínimo e máximo para o cumprimento das penas restritivas de direitos e prestação de serviços à comunidade impostas* às *pessoa* ***jurídicas pelo cometimento de delitos ambientais****, deve ser utilizado o prazo mínimo prescricional de dois anos previsto no Código Penal. APELO NÃO PROVIDO. (Apelação Crime* Nº 70035519289, Sexta Câmara Criminal, Tribunal de Justiça do RS, Relator: Cláudio *Baldino Maciel, Julgado em 07/10/2010).[grifo aposto]*

> *APELAÇÃO CRIMINAL. CRIMES CONTRA O MEIO AMBIENTE. COMERCIALIZAÇÃO DE PRODUTOS AGROTÓXICOS. ARTIGO 15 DA LEI Nº 7.802/89. SUFICIÊNCIA PROBATÓRIA. RESPONSABILIDADE DA PESSOA JURÍDICA. RECONHECIMENTO. PRESCRIÇÃO. [...] POSSIBILIDADE DE RESPONSABILIZAÇÃO DA PESSOA JURÍDICA. A pessoa jurídica não se beneficia do decreto absolutório declarado em favor do adminsitrador, máxime diante do seu fundamento cronológico. Autonomia punitiva da pessoa jurídica reconhecida. Possibilidade constitucional expressa da pessoa jurídica se submeterá responsabilidade penal. Inteligência do artigo 225, §3º, da Constituição Federal, e do artigo 3º da Lei 9.605/98. SUFICIÊNCIA PROBATÓRIA. [...]. INCIDÊNCIA TÍPICA.* ***A responsabilidade da pessoa jurídica só pode ser declarada nas infrações previstas na Lei 9.605/98, não sendo permitida a sua aplicação em tipos penais especiais que não contemplam essa espécie de responsabilização.*** *[...] (Apelação Crime Nº 70074429721, Quarta Câmara Criminal, Tribunal de Justiça do RS, Relator: Sandro Luz Portal, Julgado em 30/08/2018)*

> *PENAL E PROCESSO PENAL. RECURSO EM SENTIDO ESTRITO. ART. 15 DA LEI 7.802/89 E ART. 56 DA LEI 9.605/98. MANUTENÇÃO DA DECISÃO QUE NÃO* RECEBEU A DENÚNCIA. [...] ***A tipificação possível para a espécie seria a do art. 15 da Lei 7.802/89, porém incabível por não poder ser responsabilizada a pessoa jurídica****. 2. É de ser responsabilizado os sócios das empresas Jojanil Agrícola Comércio e Representações Ltda., Jinil Agrícola Comércio e Representações e Nova Fronteira Agrícola S/A pela prática do delito do art. 15 da Lei 7.802/89, em razão da comercialização de produtos agrotóxicos. 3. Recurso improvido.* (TRF-5ª - RSE Nº 1656/PE. Relator DES. FEDERAL EDILSON PEREIRA NOBRE JÚNIOR. Julgado em 26/06/2012).

O STJ, por sua vez, ao analisar recurso em *Habeas Corpus*, em que pese tenha determinado o trancamento da ação penal objeto daquele, não afastou a possibilidade de o ente coletivo figurar no polo passivo de demanda criminal que veicule crime de agrotóxicos, conforme ementa que segue:

---

penal da pessoa jurídica, embora constado no seu decreto regulamentar (Decreto nº 4.074, de 04 de janeiro de 2002) referência a propósito e remissão às disposições da Lei nº 9.605/98: 'Art. 83. As pessoas jurídicas serão responsabilizadas administrativa, civil e penalmente, conforme o disposto nas Leis nºs 7.802, de 1989, e 9.605, de 12 de fevereiro de 1998, e nos regulamentos pertinentes, nos casos em que a infração seja cometida por decisão de seu representante legal ou contratual, pessoa individual ou órgão colegiado, no interesse ou em benefício da entidade.' **Vê-se, primeiro, o problema da definição da responsabilidade penal por decreto, dispondo de forma a ampliar o conteúdo da lei regulamentada, que não trata da matéria; segundo, a circunstância de não oferecer o decreto disciplina para apenas aplicáveis, o que, não fosse o vício de forma, por siso, já impediria figurasse a pessoa jurídica como ré no processo-crime. A simples alusão aos termos da Lei dos Crimes Ambientais não parece ser suficiente**." (VAZ, Paulo Afonso Brum de. Crimes de agrotóxicos. In: BALTAZAR JUNIOR, José Paulo; SILVA, Fernando Quadros da (Org.). **Crimes ambientais.** São Paulo: Verbo Jurídico, 2012. p. 397-430).

RECURSO ORDINÁRIO EM HABEAS CORPUS. COMERCIALIZAÇÃO E TRANSPORTE DE PRODUTOS ***AGROTÓXICOS*** *EM DESCUMPRIMENTO ÀS EXIGÊNCIAS ESTABELECIDAS NA LEGISLAÇÃO PERTINENTE. INÉPCIA DA DENÚNCIA. AUSÊNCIA DE DESCRIÇÃO DA LIGAÇÃO DO RECORRENTE COM A SOCIEDADE EMPRESÁRIA POR MEIO DA QUAL O DELITO TERIA SIDO PRATICADO. NEXO CAUSAL NÃO NARRADO. INEXISTÊNCIA DE MENÇÃO ÀS LEIS QUE TERIAM SIDO DESRESPEITADAS. TIPO* ***PENAL*** *EM BRANCO. NECESSIDADE DE MENÇÃO À NORMA COMPLEMENTADORA. AMPLA DEFESA PREJUDICADA. CONSTRANGIMENTO ILEGAL EVIDENCIADO. 1. A hipótese em apreço cuida de denúncia que narra suposto delito praticado por intermédio de* ***pessoa jurídica,*** *a qual, por se tratar de sujeito de direitos e obrigações, e por não deter vontade própria, atua sempre por representação de uma ou mais* ***pessoas*** *naturais. 2. A tal peculiaridade deve estar atento o órgão acusatório, pois embora existam precedentes desta própria Corte Superior de Justiça admitindo a chamada denúncia genérica nos delitos de autoria coletiva e nos crimes societários, não lhe é dado eximir-se da* ***responsabilidade*** *de descrever, com um mínimo de concretude, como os imputados teriam agido, ou de que forma teriam contribuído para a prática da conduta narrada na peça acusatória. [...] 4. A denúncia em análise atribuiu à determinada* ***pessoa jurídica*** *a comercialização e o transporte de produtos* ***agrotóxicos*** *em desacordo com as exigências estabelecidas na legislação pertinente, tendo o recorrente sido incluído no pólo passivo da ação* ***penal*** *sem que fosse indicado o liame que possuiria com a referida empresa, sem que fosse descrita qualquer conduta que pudesse relacioná-lo ao crime narrado, e sem que fosse especificada a norma cujo teor não teria sido cumprido, circunstâncias que, de fato, impedem o exercício de sua defesa em juízo na amplitude que lhe é garantida pela Carta Magna. [...] 2. Recurso provido para determinar o trancamento da Ação* ***Penal*** *n. 0000380-62.2008.8.08.0028.* **RHC 40098.** Min. LEOPOLDO DE ARRUDA RAPOSO (DESEMBARGADOR CONVOCADO DO TJ/PE). 09/09/2015. STJ

Chancelando a possibilidade, também já decidiu o Tribunal de Justiça de Rondônia:

Apelação Criminal. Agrotóxicos. Crime Ambiental. Direito Penal e Processual Penal. [...] Bens e Valores da Vida humana no Planeta. Descrição dos Fatos. Capitulação. Lei de Crimes Ambientais. Conflito Aparente de Normas. Princípio da Especialidade. Mesmo fato Naturalístico. Emendatio Libelli. Possibilidade de Correção pelo Tribunal. Adequação Típica. ***Crime da Lei de Agrotóxicos****. Vigência. Norma Penal em Branco. Indicação da Norma Integrativa. Desnecessidade. Crime de Perigo Abstrato. Presunção de Perigo. Consumação. Prescindibilidade do Dano.* ***Responsabilidade Penal da Pessoa Jurídica****. [...] Aquele que* ***armazena ou descarta embalagens de agrotóxicos*** *às margens de rios, córregos, fora de local apropriado ou dá destinação a resíduos de agrotóxicos em* ***descumprimento às exigências pertinentes*** *(NBR 9843/04 da ABNT) pratica um dos núcleos típicos dos verbos do art. 15 da Lei nº 7.802/89, regra especial punitiva que deve incidir sobre referida conduta. O crime do art. 15 da Lei 7.802/89 não foi revogado pela Lei de Crimes Ambientais, e, por ser norma especial em relação a esta, prevalece na forma do princípio da especialidade que rege o conflito aparente de normas no Direito Penal. Não há necessidade, outrossim, que a norma especial seja mais grave ou mais ampla que a geral, basta que seja especial. O artigo 15 da Lei 7.802/89 é crime de perigo abstrato, presumido, onde não é necessária a ocorrência de dano (poluição). O simples mau uso do agrotóxico o caracteriza. Trata-se, ademais, de norma penal em branco cujo preceito primário necessita de complementação. [...] O simples fato de integrarem como sócios pessoa jurídica sem a descrição de conduta, não autoriza a condenação das pessoas naturais pelo crime STJ RHC 34957/PA).* ***Tal fato, no entanto, não impede a responsabilidade da pessoa jurídica, pois a CF não impõe a dupla responsabilização*** *(STF RE 548181).* (TJ-RO - APL: 00033271820118220021 RO 0003327-18.2011.822.0021, Relator: Desembargador Miguel Monico Neto, Data de Julgamento: 11/11/2015, 2ª Câmara Criminal, Data de Publicação: Processo publicado no Diário Oficial em 25/11/2015.)

Dúvida não há de que o tópico é alvo de divergência tanto na doutrina como na jurisprudência. Defende-se, contudo, visando à consolidação da ideia de construção/fortalecimento de microssistema normativo de tutela do meio ambiente, capaz de conferir maior eficácia ao postulado da sustentabilidade, a adoção das diretrizes da Lei dos Crimes Ambientais (Lei 9.605/98), que, nos seus artigos 3º e seguintes, atendendo à previsão constitucional, regulamenta a responsabilização penal da pessoa jurídica e disciplina a respectiva aplicação da pena, de modo a viabilizar que o ente coletivo figure como sujeito ativo dos crimes da Lei 7.802/89.

Não bastassem os argumentos até então esboçados para sustentar o cabimento de a pessoa jurídica ser enquadrada como sujeito ativo dos crimes da lei de agrotóxicos, há que se recordar que o meio ambiente, um dos bens jurídicos tutelados pela norma telada, é direito fundamental e, portanto, conforme ensina Bonavides[82], não deve ser interpretado, mas concretizado, de modo que todos os comandos extraídos do art. 225 da Constituição Federal (como o é a Lei de Agrotóxicos) sejam aplicados valendo-se do critério *in dubio pro natura*[83].

SUJEITO PASSIVO: é a coletividade (interesse coletivo) – seguindo a regra geral quando se trata de crimes contra o meio ambiente. Interessante frisar, todavia, que, em se tratando de crime pluriofensivo, em que também se tutela a saúde pública[84], o uso ilegal de agrotóxicos, componentes e afins, além de causar danos ao meio ambiente, tem potencial de ocasionar danos à saúde das pessoas.

Cumpre observar, especialmente para fins de análise de competência, que o delito analisado pode também atingir bens e interesses de pessoas jurídicas de direito público. Atingidos bens de propriedade da União Federal (art. 20, III, da CF) a competência será deslocada conforme entendimento que prevalece no Superior Tribunal de Justiça (a *contrario sensu*):

> *PENAL E PROCESSO PENAL. CONFLITO NEGATIVO DE COMPETÊNCIA. JUSTIÇA ESTADUAL X JUSTIÇA FEDERAL. 1. CRIME DE TRANSPORTE DE AGROTÓXICOS DE ORIGEM ESTRANGEIRA. ART. 15 DA LEI N. 7.802/1989. INEXISTÊNCIA DE PROCESSO PARA INVESTIGAR SUPOSTO CONTRABANDO.* ***AUSÊNCIA DE AFRONTA A BENS, SERVIÇOS OU INTERESSE DA UNIÃO.*** *2. AUSÊNCIA DE ELEMENTOS QUE COMPROVEM TRANSNACIONALIDADE DA CONDUTA.* ***PROCEDÊNCIA ESTRANGEIRA DO AGROTÓXICO. FATO QUE NÃO ATRAI, POR SI SÓ, A COMPETÊNCIA DA JUSTIÇA FEDERAL.*** *3. CONFLITO CONHECIDO, PARA DECLARAR A COMPETÊNCIA DA JUSTIÇA ESTADUAL, A SUSCITANTE. [...] 2. Admitir, de forma peremptória, que todo crime que tenha relação com produtos trazidos de outro país seja da competência da Justiça Federal, independentemente da vulneração imediata, e não meramente reflexa, de bens, serviços e interesses da União, e sem que efetivamente se verifique a transnacionalidade da conduta, desvirtuaria a competência fixada constitucionalmente. 3. Conheço do conflito para declarar competente o Juízo de Direito da 3ª Vara Criminal de Foz do Iguaçu/PR, o suscitante.* CC 125.263/PR, Rel. Ministro Walter de Almeida Guilherme - Desembargador Convocado do TJ/SP), TERCEIRA SEÇÃO, DJe 30/10/2014)

---

82 BONAVIDES, Paulo. **Curso de direito constitucional.** 8. ed. São Paulo: Malheiros, 1998. p. 545.

83 Recurso Especial nº 2009/0115262-9. Ministro Herman Benjamin. STJ. DJ 27/09/2011.

84 Há que se ressaltar que não se está a tratar de ataque corporal de uma única pessoa: "o bem jurídico penalmente tutelado é a saúde pública, compreendida como a preservação das condições saudáveis de subsistência e desenvolvimento da coletividade como um todo". (MASSON, Cleber. **Direito penal.** 7. ed. Rio de Janeiro: Método, [2000?]. v. 3. p. 313)

CONDUTA (ELEMENTOS DO TIPO)

I. **VERBOS NUCLEARES**: Trata-se de tipo penal misto alternativo[85], quer dizer, tipo de conteúdo variável/ com condutas diversas. Tal característica demonstra a preocupação do legislador em alcançar todas as formas de ação envolvendo agrotóxicos - desde a produção inicial até o destino final, inclusive quanto às respectivas embalagens.

- PRODUZIR[86]: gerar, criar, dar origem (trazer ao mundo substância nova/ não registrada segundo suas propriedades físico-químicas). Qualquer alteração nas propriedades que foram objeto do registro do agrotóxico equivale a produzir. "O ato de produzir não é próprio do fabricante, podendo ser praticado por qualquer pessoa que se proponha a dar origem a uma substância que se enquadre no conceito amplo de agrotóxico [87]".
- COMERCIALIZAR[88]: comprar, vender, permutar, repassar de forma onerosa (intuito lucrativo). Importante referir que, em não se tratando de crime próprio, irrelevante ser o comércio regular ou irregular, figurando o comerciante irregular, portanto, como sujeito ativo do crime.

Quem, por sua vez, fornecer, gratuitamente, agrotóxicos, terá sua conduta enquadrada no delito tipificado no art. 56 da LCA (conforme será mais bem abordado no tópico do *conflito aparente de normas*).

- TRANSPORTAR: deslocar, conduzir de local a outro.
- APLICAR: empregar de qualquer forma (manualmente, via aérea ou por intermédio de maquinário).
- PRESTAR SERVIÇO: "diz respeito às atividades das pessoas físicas e jurídicas que executam o trabalho de prevenção, destruição e controle de seres vivos, considerados nocivos, aplicando agrotóxicos, seus componentes e afins" [89]. Pratica a conduta aquele que, ao cumprir obrigação de fazer consistente na prevenção, na destruição e no controle de *pragas* em prol da agricultura, descumpre as normativas regulamentares atinentes ao devido manejo de agrotóxicos.

---

85 Tem-se o tipo misto alternativo quando a "lei penal descreve duas ou mais condutas como hipóteses de realização de um mesmo crime, de maneira que a prática sucessiva dos diversos núcleos caracteriza um único delito". (MASSON, Cleber. **Direito penal.** 7. ed. Rio de Janeiro: Método, [2000?]. v. 3. p. 296)

86 Decreto nº 4.074/02: Art. 1º Para os efeitos deste Decreto, entende-se por: XXXIII – produção - processo de natureza química, física ou biológica para obtenção de agrotóxicos, seus componentes e afins;

87 VAZ, Paulo Afonso Brum. **O direito ambiental e os agrotóxicos.** Porto Alegre: Livraria do Advogado, 2006. p. 165.

88 Decreto nº 4.074/02: Art. 1º Para os efeitos deste Decreto, entende-se por: VI - comercialização - operação de compra, venda ou permuta dos agrotóxicos, seus componentes e afins;

89 VAZ, Paulo Afonso Brum. **O direito ambiental e os agrotóxicos.** Porto Alegre: Livraria do Advogado, 2006. p. 165.

- DAR DESTINAÇÃO A RESÍDUOS E EMBALAGENS VAZIAS[90-91]

II. "*DESCUMPRINDO AS EXIGÊNCIAS ESTABELECIDAS NA LEGISLAÇÃO PERTINENTE*"[92]: trata-se de elemento normativo do tipo "referente à ausência de uma causa de justificação que, presente, exclui a tipicidade e a ilicitude da conduta. Está-se diante de norma penal em branco que é complementada por outros dispositivos legais[93]".

Pertinente destacar que, sendo os Estados e Municípios também legitimados a legislar sobre agrotóxicos (art. 24, VI e VIII, da Constituição[94]), o descumprimento de tais normas também faz incidir os crimes previstos na Lei de Agrotóxicos[95].

Extrai-se, portanto, dessa elementar que o crime somente ocorrerá quando as ações trazidas no tipo contrariarem o estipulado em lei ou regulamento (ex.: comercialização de agrotóxicos cuja embalagem não esteja devidamente rotulada). Há que se frisar que *descumprir* compreende tanto a conduta de quem não esteja autorizado a manipular agrotóxicos quanto a de quem, embora com autorização regular emitida pelos órgãos públicos, venha *utilizar* o produto em desconformidade com as instruções normativas.

NORMA PENAL EM BRANCO: como se extrai do texto do art. 15, este se enquadra perfeitamente no conceito de norma penal em branco, qual seja, aquela que, embora apresente preceito secundário completo, depende o primário de complementação.

Como já analisado na introdução do presente texto, esta técnica legislativa é cada vez mais utilizada naquilo que se concebeu por sociedade de risco. Exigindo respostas cada vez mais céleres, inclusive no âmbito criminal, não pode o ordenamento jurídico, especialmente em seara

---

90 A inclusão desta conduta foi uma das duas substancias alterações na seara da responsabilização criminal havida a partir da edição da Lei 9.974/00, que alterou a lei de agrotóxicos. Na oportunidade, além da preocupação do legislador com a destinação dada a resíduos e a embalagens, excluiu a forma culposa do delito telado. Ademais, a parte não criminal da Lei 7.802/89, a partir da sua edição no ano 2000, passou, em seu artigo 6º, a trazer rígida disciplina à destinação das embalagens dos agrotóxicos, a exemplo do seu §2º, que assim dispõe: Os usuários de agrotóxicos, seus componentes e afins deverão efetuar a devolução das embalagens vazias dos produtos aos estabelecimentos comerciais em que foram adquiridos, de acordo com as instruções previstas nas respectivas bulas, no prazo de até um ano, contado da data de compra, ou prazo superior, se autorizado pelo órgão registrante, podendo a devolução ser intermediada por postos ou centros de recolhimento, desde que autorizados e fiscalizados pelo órgão competente. (Incluído pela Lei nº 9.974, de 2000)

91 Para fins de análise, na prática, deste verbo nuclear interessante a leitura do julgado do TRF2 2005.51.04.002742-5 de relatoria do Desembargador MESSOD AZULAY NETO datada de 16/02/2017.

92 "Na maioria das infrações penais ambientais, o fato é ilícito porque o agente atuou sem autorização legal, sem licença ou em desacordo com as determinações legais. Vale dizer que o agente é punido não por ter praticado o fato ou exercido tal ou qual atividade considerada danosa ao meio ambiente, mas sim por não ter obtido a autorização ou licença para tanto ou, ainda – mesmo quando devidamente habilitado, com autorização ou licença, por não ter observado suas condicionantes e/ou determinações legais ou regulamentares". (MILARÉ, Édis. **Direito do ambiente.** 5. ed. São Paulo: Revista dos Tribunais, 2007. p. 922)

93 PRADO, Luiz Regis. **Direito penal do ambiente.** São Paulo: Revista dos Tribunais, 2005. p. 465.

94 Art. 24. Compete à União, aos Estados e ao Distrito Federal legislar concorrentemente sobre: [...] VI - florestas, caça, pesca, fauna, conservação da natureza, defesa do solo e dos recursos naturais, proteção do meio ambiente e controle da poluição; [...] VIII - responsabilidade por dano ao meio ambiente, ao consumidor, a bens e direitos de valor artístico, estético, histórico, turístico e paisagístico.

95 FREITAS, Vladimir Passos de; FREITAS, Gilberto Passos de. **Crimes contra a natureza.** São Paulo: Revisra dos Tribunais, 1998. p. 226.

suscetível à evolução tecnológica constante - como o é a de agrotóxicos, ficar engessado ao tradicional rito de elaboração de leis[96]. Assim, vale-se de diplomas administrativos para complementar o tipo penal, de modo a, com menor formalidade à chancela de mutações (maior dinamicidade), tutelar de forma mais eficaz os bens jurídicos objeto da Lei de Agrotóxicos.

A norma administrativa, atualmente em vigor, responsável por complementar, em regra, o tipo penal telado é o Decreto nº. 4.074/2002 (*legislação pertinente*), competindo-lhe regulamentar as atividades que envolvam o trato com agrotóxicos, seus componentes e afins. Pertinente destacar alteração de posicionamento na jurisprudência do Superior Tribunal de Justiça quanto à necessidade de indicação, no bojo da denúncia, da norma complementar integrativa do tipo penal em branco. Como se extrai, exemplificativamente, do AREsp. 279012, publicado em novembro de 2014, até aquela data (ao menos) prevalecia na Corte que bastaria a descrição da conduta vedada para o recebimento da denúncia. Atualmente o posicionamento é diverso[97], consoante julgado que segue:

> *RECURSO ORDINÁRIO EM HABEAS CORPUS. COMERCIALIZAÇÃO E TRANSPORTE DE PRODUTOS AGROTÓXICOS EM* ***DESCUMPRIMENTO ÀS EXIGÊNCIAS ESTABELECIDAS NA LEGISLAÇÃO PERTINENTE.*** *INÉPCIA DA DENÚNCIA. AUSÊNCIA DE DESCRIÇÃO DA LIGAÇÃO DO RECORRENTE COM A SOCIEDADE EMPRESÁRIA POR MEIO DA QUAL O DELITO TERIA SIDO PRATICADO. NEXO CAUSAL NÃO NARRADO.* ***INEXISTÊNCIA DE MENÇÃO ÀS LEIS QUE TERIAM SIDO DESRESPEITADAS. TIPO PENAL EM BRANCO. NECESSIDADE DE MENÇÃO À NORMA COMPLEMENTADORA.*** *AMPLA DEFESA PREJUDICADA. CONSTRANGIMENTO ILEGAL EVIDENCIADO (...) 3. Nos tipos penais em branco, é necessária a menção, na incoativa, da respectiva legislação complementar, de modo a possibilitar ao réu a correta compreensão da acusação. Precedentes. 4. A denúncia em análise atribuiu à determinada pessoa jurídica a comercialização e o transporte de produtos agrotóxicos em desacordo com as exigências estabelecidas na legislação pertinente, tendo o recorrente sido incluído no pólo passivo da ação penal sem que fosse indicado o liame que possuiria com a referida empresa, sem que fosse descrita qualquer conduta que pudesse relacioná-lo ao crime narrado, e sem que fosse especificada a norma cujo teor não teria sido cumprido, circunstâncias que, de fato, impedem o exercício de sua defesa em juízo na amplitude que lhe é garantida pela Carta Magna.* STJ RHC 40098. 09/09/2015. Min. LEOPOLDO DE ARRUDA RAPOSO.

III. RESÍDUOS, AGROTÓXICOS, SEUS COMPONENTES E AFINS:

A Lei nº. 7.802, de 11 de julho de 1989 traz, em seu artigo 2º, I, (redação idêntica à do art. 1º, IV, do Decreto nº. 4.074/02), a definição de agrotóxicos e afins:

a) os produtos e os agentes de processos físicos, químicos ou biológicos, destinados ao uso nos setores de produção, no armazenamento e beneficiamento de produtos agrícolas, nas pastagens, na proteção de florestas, nativas ou implantadas, e de outros ecossistemas e também de ambientes urbanos, hídricos e industriais, cuja finalidade seja alterar a composição da flora ou da fauna, a fim de preservá-las da ação danosa de seres vivos considerados nocivos;

96 "É impossível à norma jurídica descer a minúcias, que podem e devem ser cambiantes". (CARMELLO JÚNIOR, Carlos Alberto; FREITAS, Gilberto Passos. A cidade sustentável e o direito penal ambiental. **Revista de Direito Ambiental**, v. 17, n. 68, out./dez. 2012. p. 30-31).

97 Neste sentido também é o entendimento majoritário do Tribunal de Justiça do Estado do Rio Grande do Sul. Vide apelação criminal nº. 70059326397 de agosto de 2014.

b) substâncias e produtos, empregados como desfolhantes, dessecantes, estimuladores e inibidores de crescimento;

No art. 2º, II, da Lei de Agrotóxicos (redação idêntica à do art. 1º, VII, do Decreto nº. 4.074/02), por sua vez, está a definição de "componentes":

> II - componentes: os princípios ativos, os produtos técnicos, suas matérias-primas, os ingredientes inertes e aditivos usados na fabricação de agrotóxicos e afins.

VOLUNTARIEDADE

O elemento subjetivo é o dolo, ou seja, a vontade livre e consciente de desobedecer à norma legal ou regulamentar. A modalidade culposa, prevista na antiga redação do art. 15, foi suprimida pela Lei 9.974/2000[98]. A nova lei, portanto, com base no princípio da retroatividade da lei penal mais benigna, funcionou como verdadeira *abolitio criminis* ao eliminar a modalidade culposa deste dispositivo.

A supressão da modalidade culposa do art. 15 da Lei de Agrotóxicos representa incongruência do nosso sistema legislativo ambiental criminal, uma vez que, diante da vigente previsão da forma culposa (§3º) para o delito do art. 56 da LCA, é possível, por exemplo, que um agente, ao transportar de forma imprudente substância tóxica menos nociva do que agrotóxico venha a ser responsabilizado criminalmente, ao passo que aquele que o fizer com substância agrotóxica estará imune à responsabilização criminal.

Por outro lado, perfeitamente admissível o dolo eventual, quando o agente, com a sua conduta (ação ou omissão), assumir o risco de expor o bem jurídico a perigo de dano. Destaca-se, ademais, que o dolo exigido é o de perigo, uma vez que, como abaixo será mais bem analisado, para a consumação do delito do art. 15 da Lei 7.802/89 não é exigível qualquer resultado naturalístico.

CONSUMAÇÃO E TENTATIVA

Dá-se no momento em que descumprida a norma legal ou regulamentar, sendo desnecessária a ocorrência do dano que se pretende evitar. Trata-se de delito formal (assim, malgrado seja possível um resultado danoso, é desnecessário à consumação), para o qual é irrelevante o resultado naturalístico (o que poderá ser *sopesado* para fins de dosimetria da pena[99]). *Contenta*-se, portanto, o delito com a conduta comissiva ou omissiva do agente.

---

98 Tal alteração, no entender do Professor Paulo Afonso Brum Vaz, corresponde a verdadeiro retrocesso à tutela da saúde ambiental (VAZ, Paulo Afonso Brum. **O direito ambiental e os agrotóxicos.** Porto Alegre: Livraria do Advogado, 2006. p. 159).

99 Sustenta-se, na hipótese, a possibilidade de o intérprete se valer da Lei 9.605/98, mais especificamente da segunda parte do inc. I do art. 6º daquela (Para imposição e gradação da penalidade, a autoridade competente observará: I - a gravidade do fato, tendo em vista os motivos da infração e suas consequências para a saúde pública e para o meio ambiente;), para fins de cálculo da pena referente à condenação por crime da Lei de Agrotóxicos, funcionando aquela legislação como verdadeiro norte interpretativo (método) para aplicação de leis penais que tenha, dentre seus bens jurídicos tutelados, o meio ambiente. Tal entendimento já foi adotado pelo TJ/RS: "APELAÇÃO CRIME. CRIMES CONTRA O MEIO AMBIENTE. ARTIGOS 15 E 16, DA LEI Nº 7.802/89. [...] PENA. DOSIMETRIA. REDUÇÃO. Pena-base para cada fato fixada no mínimo legal, de dois anos de reclusão, diante das circunstâncias judiciais do artigo 6º, da Lei 9.605/98 e as do artigo 59 do Código Penal. Pena reduzida em 1/3 pelo reconhecimento do erro de proibição evitável, restando para cada fato a

Está-se diante de crime de perigo abstrato, em que a lei presume que a conduta do agente causa risco ao bem jurídico tutelado, sendo, portanto, passível de reprimenda de índole criminal. Reconhece-se tal técnica legislativa criminal como de natureza preventiva ou inibitória. Identifica-se intento preventivo, conforme Paulo José da Costa Júnior já teve a oportunidade de lecionar:

"Sempre que a lei transfira o momento consumativo do crime da 'lesão' para aquele da 'ameaça', aperfeiçoando-se o crime no instante em que o bem tutelado encontrar-se numa condição objetiva de possível ou provável lesão. Obtém-se dessa forma a confortadora perspectiva de avançar a fronteira protetora de bens e valores, merecedores de especial tutela. De um ponto de vista político-criminal, portanto, o recurso aos crimes de perigo permite realizar conjuntamente finalidades de repressão e prevenção, sendo certo que o progresso da vida moderna está aumentando em demasia as oportunidades de perigo comum, não estando a sociedade em condições de refrear certas atividades perigosas, tidas como condições essenciais do desenvolvimento que se processa. Em tal contexto, torna-se evidente que uma **técnica normativa** assentada na incriminação do perigo é mais adequada a enfrentar as ameaças multíplices trazidas de muitas partes e por meios estranhos ao sistema ecológico[100]".

A prescindibilidade de resultado naturalístico não equivale à ausência de resultado. Destaca-se, neste sentido, lição do mestre Hungria[101] quando assevera que não existe crime sem resultado:

"A toda ação ou omissão penalmente relevante corresponde um *eventus damni* ou um *eventus periculi*, embora, às vezes, não seja perceptível pelos sentidos (como, por exemplo, a 'ofensa à honra', no crime de injúria). É de se enjeitar a distinção entre crimes de resultado (*Erfolgsdelikte*) e crimes de simples atividade (*Reinetätigkeitsdealikte*). Todo crime produz um dano (real, efetivo) ou um perigo de dano (relevante possibilidade de dano, dano potencial), isto é, cria uma alteração do mundo externo que afeta à existência ou à segurança do bem ou interesse que a lei protege com a *ultima ratio* da sanção penal. É inegável que o **perigo de dano também representa um resultado**, isto é, um evento no mundo objetivo. Segundo a impecável definição de Rocco, 'perigo é a modificação do mundo exterior (resultado) voluntariamente causada ou não impedida (ação ou omissão), contendo a potencialidade (idoneidade, capacidade) de produzir a perda ou diminuição de um bem, o sacrifício ou a restrição de um interesse (dano)'".

A jurisprudência[102] reconhece que a consumação do crime previsto no art. 15 da Lei de Agrotóxicos independe de resultado naturalístico. Imperioso destacar, entretanto, que, embora

pena de um ano e quatro meses de reclusão. Em razão do concurso formal, acréscimo de 1/6 [...]". (Apelação Crime Nº 70032900193, Oitava Câmara Criminal, Tribunal de Justiça do RS, Relator: Isabel de Borba Lucas, Julgado em 01/12/2010). Uma leitura conjunta destas duas normas – alinhadas a outras que visem a tutelar valores ambientais - permitirá construir verdadeiro microssistema normativo de tutela do meio ambiente. Tal diálogo de fontes viabilizará, que, diante da aplicação de determinada norma ao caso concreto, seja ela iluminada/interpretada, de forma sistemática, dentro de complexo normativo, de modo a conferir maior eficácia ao postulado constitucional da sustentabilidade.

100 COSTA JÚNIOR, Paulo José da. **Direito penal ecológico**. Rio de Janeiro: Forense Universitária, 1996. p. 74-75.

101 HUNGRIA, Nélson; FRAGOSO, Heleno Cláudio. **Comentários ao Código Penal**. 5. ed. Rio de Janeiro: Forense, 1978. v.1, t. 2: Artigos 11 a 27. p. 13.

102 APELAÇÃO-CRIME. ART. 15 , DA LEI Nº 7.802 /89. DESTINAÇÃO A RESÍDUOS E EMBALAGENS VAZIAS DE AGROTÓXICOS, SEM OBSERVAR AS EXIGÊNCIAS ESTABELECIDAS NA LEGISLAÇÃO PERTINENTE. CRIME DE PERIGO

dispensável o resultado lesivo para sua consumação, não está afastada a necessidade de perícia destinada à identificação das propriedades do agrotóxico (prova da materialidade), conforme já teve oportunidade de julgar o Tribunal de Justiça do Rio Grande do Sul:

> *APELAÇÃO. CRIME AMBIENTAL. ART. 15, DA LEI Nº 7.802/89. AUSÊNCIA DE MATERIALIDADE. **Não existindo perícia técnica para confirmar que o produto apreendido se constituía efetivamente em agrotóxico a ser utilizado mediante prévia autorização,** correta a sentença que absolveu o réu pela ausência da materialidade delitiva. APELO DESPROVIDO. (Apelação Crime Nº 70056908841, Quarta Câmara Criminal, Tribunal de Justiça do RS, Relator: Rogerio Gesta Leal, Julgado em 21/11/2013).*

Quanto à possibilidade de tentativa, adota-se a regra geral aplicável aos crimes formais. Assim, admite-se tentativa desde que se trate de delito plurissubsistente. Ademais, é de se recordar que nos crimes formais a possibilidade de tentativa está atrelada não à ausência de resultado naturalístico (do qual independem para a consumação), mas à ausência de aperfeiçoamento de todos os elementos do tipo penal. Em sendo, dessa forma, o crime do art. 15 da Lei de Agrotóxicos formal, cuja redação apresenta seis diferentes verbos nucleares ("produzir", "comercializar", "transportar", "aplicar", "prestar serviço", "dar destinação a resíduos e embalagens vazias"), somente nas hipóteses em que a conduta se enquadrar em crime unissubsitente não será admitida a tentativa.

AÇÃO PENAL Pública incondicionada. Apesar do silêncio da Lei 7.802/89 acerca do tema, a doutrina reconhece a aplicação do art. 26[103] da Lei dos Crimes Ambientais como regra geral a ser aplicada ao caso.

Inadmissível, em razão dos patamares de pena cominados ao delito telado, o oferecimento dos benefícios da Lei 9.099/95 (transação penal e suspensão condicional do processo) conjugados com as especificidades da LCA ao agente.

Na prolação de sentença condenatória, é dado ao magistrado, com base no art. 20[104] da LCA, impor ao réu a obrigação de reparar o dano causado com a conduta delituosa enquadrada no art. 15 da Lei 7.802/89. Não bastasse tal fundamento, o próprio Código Penal, de forma genérica, em seu art. 91, I, prevê como efeito automático da condenação tornar certa a obrigação de reparar o dano oriundo do crime.

ABSTRATO. O réu mantinha embalagens vazias de agrotóxicos e fungicidas dispostas diretamente no solo, fora do abrigo que possuía, desobedecendo a norma técnica pertinente, a NBR 9843/04-ABNT, que regula o armazenamento, a movimentação e o gerenciamento de agrotóxicos em armazéns, depósitos e laboratórios. **O tipo penal do art. 15 , da Lei nº 7.802 /89, é de perigo abstrato, prescindindo de resultado lesivo para a sua consumação, valendo o registro de que o mau uso de agrotóxicos altera fortemente o meio ambiente**. APELAÇÃO DESPROVIDA. (Apelação Crime Nº 70055236921, Quarta Câmara Criminal, Tribunal de Justiça do RS, Relator: Rogerio Gesta Leal, Julgado em 01/08/2013). No mesmo sentido: TRF-4, 10/04/2018, Apelação Criminal 5002239-44.2014.4.04.7115 – "[...] Tratando-se de infração à legislação ambiental, que tem o objetivo de salvaguardar interesses coletivos e difusos, deve-se ter máxima cautela em despenalizar tais condutas, em face da relevância do interesse protegido. Ademais, tratando-se de crime de perigo abstrato, a potencialidade lesiva é presumida pelo próprio tipo penal [...]".

103 Art. 26. Nas infrações penais previstas nesta Lei, a ação penal é pública incondicionada.

104 Art. 20. A sentença penal condenatória, sempre que possível, fixará o valor mínimo para reparação dos danos causados pela infração, considerando os prejuízos sofridos pelo ofendido ou pelo meio ambiente. Parágrafo único. Transitada em julgado a sentença condenatória, a execução poderá efetuar-se pelo valor fixado nos termos do *caput*, sem prejuízo da liquidação para apuração do dano efetivamente sofrido.

COMPETÊNCIA Como regra geral, a competência é da justiça comum (residual). Todavia, identificado interesse da União Federal, conforme já abordado quando analisado o sujeito passivo do delito telado, haverá deslocamento da competência para a Justiça Federal. Ou seja, quando forem atingidos pelo delito bens, serviços ou interesses da União[105] (relacionados ao meio ambiente ou à saúde pública), de suas autarquias, fundações ou empresas públicas, consoante disciplina o art. 109, IV, da Constituição Federal, ter-se-á como competente a Justiça Federal.

Identificada, da mesma forma, a transnacionalidade da conduta delitiva, a competência será da Justiça Federal. Frisa-se, contudo, que o fato de o agrotóxico objeto do delito ser de origem estrangeira não é capaz de, por si só, configurar a exigida transnacionalidade e, consequentemente, ensejar o deslocamento da competência à Justiça Federal, conforme julgado que segue:

> *DIREITO PENAL. CRIMES AMBIENTAIS. AGROTÓXICOS. ARTIGO 56 DA LEI Nº 9.605/1998. ARTIGO 15 DA LEI Nº 7.802/1989. TRANSNACIONALIDADE DA CONDUTA. NÃO CONFIGURAÇÃO. COMPETÊNCIA DECLINADA PARA A JUSTIÇA ESTADUAL. 1. Imputando a denúncia condutas correspondentes a manter "em depósito produtos* [de origem estrangeira] *tóxicos à saúde humana e ao meio ambiente, em desacordo com as exigências estabelecidas em lei", capitulada no artigo 56 da Lei nº 9.605/1998, e dar "destinação a resíduos e embalagens vazias de agrotóxicos* [de origem nacional], *em descumprimento às exigências estabelecidas na legislação pertinente", classificada no artigo 15 da Lei nº 7.802/1989, tem-se ausente a* ***internacionalidade necessária para a atração da competência da Justiça Federal****. 2. A transnacionalidade da mercadoria não se confunde com a transnacionalidade da conduta, não havendo falar em competência da Justiça Federal em razão tão somente do armazenamento de mercadorias estrangeiras. Precedentes do Superior Tribunal de Justiça (CC nº 125263/PR, Terceira Seção, Relator Ministro Walter De Almeida Guilherme, Desembargador convocado do TJ/SP, julgado em 22-10-2014, DJe 30-10-2014; CC nº 114148/PR, Terceira Seção, Relator Ministro Marco Aurélio Bellizze, julgado em 09-4-2014, DJe 22-4-2014)* (TRF4, ACR 5004443-13.2013.4.04.7110, SÉTIMA TURMA, Relator GILSON LUIZ INÁCIO, juntado aos autos em 21/06/2016).

Neste sentido também já decidiu o STJ[106]:

> "Tão somente o fato de o produto (agrotóxico) encontrado na propriedade do investigado ter procedência estrangeira não atrai a competência da Justiça Federal para processar e julgar a ação penal que, em razão dele, eventualmente vier a ser instaurada, salvo se houver provas ou fortes indícios da transnacionalidade da conduta delitiva ou de conexão probatória. [...]."

Art. 16. O empregador, profissional responsável ou o prestador de serviço, que deixar de promover as medidas necessárias de proteção à saúde e ao meio ambiente, estará sujeito à pena de reclusão de 2 (dois) a 4 (quatro) anos, além de multa de 100 (cem) a 1.000 (mil)

---

105 Salienta-se que o Superior Tribunal de Justiça tem exigido que o interesse capaz de autorizar o deslocamento de competência à Justiça Federal seja *específico* e *concreto* (não genérico): [...] Com o cancelamento do enunciado n. 91 da Súmula STJ, após a edição da Lei n. 9.605/98, esta Corte tem entendido que a competência federal para julgamento de crimes contra a fauna demanda demonstração de que a ofensa atingiu **interesse direto e específico** da União, de suas entidades autárquicas ou de empresas públicas federais. Precedentes. [...]. CC 154859 / SP. DJ 29/11/2017. Ministro Reynaldo Soares da Fonseca.

106 CC 127183. Ministro Newton Trisotto. DJe 01 set. 2015.

MVR. Em caso de culpa, será punido com pena de reclusão de 1 (um) a 3 (três) anos, além de multa de 50 (cinqüenta) a 500 (quinhentos) MVR.

BEM JURÍDICO TUTELADO:

Embora já examinado o tópico de forma preliminar para ambos os crimes previstos na Lei 7.802/89, há especificidade quanto ao presente delito que merece destaque – tríplice objetividade jurídica. Assim, o art. 16 tutela, além dos valores atrelados ao meio ambiente e à saúde pública, os **direitos dos trabalhadores**. O dispositivo tem por escopo a proteção do meio ambiente laboral e da saúde dos trabalhadores, ou seja, o dispositivo também visa a zelar pela higidez do ambiente de trabalho.

SUJEITOS DO CRIME

SUJEITO ATIVO: trata-se de crime próprio, uma vez que o tipo penal exige ser o agente portador de uma qualificação especial (situação fática ou jurídica diferenciada por parte do sujeito ativo). Podem, portanto, responder pela prática do crime do art. 16 da Lei de Agrotóxicos:

- EMPREGADOR: tal conceito vem expresso no art. 2º da Consolidação das Leis Trabalhistas[107]. Àquele acrescem-se as figuras dos empregadores doméstico e rural, que, embora não se enquadrem no conceito de empresa, mantêm empregados a serviço da unidade familiar sem fins lucrativos. Irrelevante, ademais, para a tipificação do delito, a regularidade ou não da relação de emprego.
- PROFISSIONAL RESPONSÁVEL: trata-se da pessoa habilitada a dar assistência técnica (via expedição do receituário exigido pelo art. 13[108] da Lei) àqueles que pretendem operar com agrotóxicos, ou seja, engenheiro agrônomo ou técnico agrícola[109].
- PRESTADOR de SERVIÇO: *pessoas físicas e jurídicas que executam trabalho de prevenção, destruição e controle de seres vivos, considerados nocivos, aplicando agrotóxicos, seus componentes e afins* (art. 4º, parágrafo único, da Lei 7.802/89) ou, ainda, *a pessoa física ou jurídica habilitada a executar trabalho de aplicação de agrotóxicos e afins* (art. 1º, XXXII, do Decreto 4.074/02).

Há que se salientar que, embora se trate de crime próprio, nada impede que, em concurso de agentes, atendidos os requisitos do art. 29 do Código Penal, terceiro que não se enquadre

107 Art. 2º - Considera-se empregador a empresa, individual ou coletiva, que, assumindo os riscos da atividade econômica, admite, assalaria e dirige a prestação pessoal de serviço. § 1º - Equiparam-se ao empregador, para os efeitos exclusivos da relação de emprego, os profissionais liberais, as instituições de beneficência, as associações recreativas ou outras instituições sem fins lucrativos, que admitirem trabalhadores como empregados.

108 Art. 13. A venda de agrotóxicos e afins aos usuários será feita através de receituário próprio, prescrito por profissionais legalmente habilitados, salvo casos excepcionais que forem previstos na regulamentação desta Lei.

109 AgInt nos EDcl no AREsp 1235116 / SP: "2. A jurisprudência do Superior Tribunal de Justiça pacificou o entendimento no sentido de que os técnicos agrícolas possuem habilitação legal para expedir receituário agronômico, inclusive de produtos agrotóxicos, nos termos da Lei nº 5.524/68 e Decreto nº 90.922/85, com redação dada pelo Decreto nº 4.560/2002." DJe 18 set. 2018.

numa das qualificações acima descritas figure como sujeito ativo do art. 16 na condição de coautor ou partícipe[110].

SUJEITO PASSIVO: o tipo penal em questão não se restringe a tutelar os interesses da coletividade e a saúde das pessoas (como o faz o art. 15 desta Lei), objetivando também assegurar a saúde do empregado, que, de forma subordinada, desempenha suas funções com o manejo de agrotóxicos. Assim, podem, além da coletividade, ser sujeito passivo do crime telado (1) empregados com vínculo de subordinação ou, até mesmo, (2) trabalhadores sem vínculo empregatício que lidam direta ou indiretamente com agrotóxicos[111].

CONDUTA

DEIXAR DE PROMOVER AS MEDIDAS NECESSÁRIAS DE PROTEÇÃO À SAÚDE E AO MEIO AMBIENTE: Trata-se de crime omissivo, ou seja, que se dá por meio de conduta negativa, de uma inação, de um não fazer.

Tem-se que a principal distinção quanto ao delito previsto no art. 15, cuja pena – na modalidade dolosa - é a mesma, é que, enquanto o art. 16 pune a omissão de forma genérica por determinada gama de sujeitos passivos, aquele incrimina a prática de determinadas condutas ("produzir", "comercializar", "transportar", "aplicar", "prestar serviço", "dar destinação a resíduos e embalagens vazias") por sujeitos indeterminados[112]. Incorre, exemplificativamente, no tipo penal do art. 16, o profissional responsável pela expedição de receita agronômica que deixar de promover as medidas necessárias de proteção à saúde e ao meio ambiente, conforme já teve oportunidade de decidir o Tribunal de Justiça do Paraná:

> *EMENTA: APELAÇÃO CRIMINAL - CRIME AMBIENTAL (ARTIGOS 14, ALÍNEA "A" C/C 16, DA LEI 7.802/89) - **PRESCRIÇÃO**, PELOS APELANTES, **DE RECEITA AGRONÔMICA SEM RESPEITAR AS DISPOSIÇÕES** CONTIDAS NO ESTABELECIMENTO DO "VAZIO SANITÁRIO" COMO MEDIDA PREVENTIVA PARA O CONTROLE DA PRAGA CAUSADORA DA FERRUGEM ASIÁTICA, **DEIXANDO DE PROMOVER AS MEDIDAS NECESSÁRIAS DE PROTEÇÃO À SAÚDE E O MEIO AMBIENTE** - 1. PLEITO DE ABSOLVIÇÃO PELA INSUFICIÊNCIA DE PROVAS - IMPOSSIBILIDADE - AUTORIA E MATERIALIDADE COMPROVADAS - ACERVO PROBATÓRIO COERENTE, SUFICIENTE A ENSEJAR UM DECRETO CONDENATÓRIO - 2. PEDIDO DE DIMINUIÇÃO DA PENA - DESCABIMENTO - CONDUTA QUE NÃO SE AMOLDA À MODALIDADE CULPOSA - MANUTENÇÃO DA SENTENÇA - RECURSO DESPROVIDO.1. Não se faz necessária a comprovação do dano ao meio ambiente para a configuração dos crimes previstos nos 2artigos*

---

110 STJ: REsp. 975962. Ministro Felix Fischer. DJe 23 mar. 2009: "[...] por se tratar de crime próprio ou especial, admite co-autoria ou participação [...]"

111 SILVA FILHO, Cláudio. **Direito penal e agrotóxicos**: direito e agrotóxicos. Rio de Janeiro: Lumen Juris, 2017. p. 258.

112 O delito do art. 16 é subsidiário em relação ao delito do art. 15, mais abrangente sob o aspecto subjetivo do que aquele. Contempla, de forma ampla, as condutas cometidas pelos sujeitos nele referidos que não possam ser subsumidas no art. 15. Devemos lembrar que as condutas contrárias à lei que se amoldam ao referido art. 15 pressupõem a presença do elemento anímico dolo, vale dizer, intenção preordenada para o cometimento da infração penal. Exsurge desta circunstância a redobrada importância do art. 16, que, também punindo condutas omissivas culposas, serve como norma de fechamento do sistema, pois que, criminalizando as situações não contempladas no art. 15, possibilita a proteção mais eficaz da saúde e do meio ambiente. (VAZ, Paulo Afonso Brum. **O direito ambiental e os agrotóxicos.** Porto Alegre: Livraria do Advogado, 2006. p. 175).

> *14, alínea "a" combinado com 16 da Lei 7.802/89, isto porque, o **crime imputado não é material**, já que **se consuma quando da simples abstenção daquele que tem o dever de zelar pelo meio ambiente**.3. [...] Ao revés, as provas produzidas nos autos são claras a comprovar que os apelantes, **cientes da ilicitude de suas condutas, deixaram de promover as medidas necessárias de proteção à saúde e ao meio ambiente, conscientemente emitindo receituário agronômico de produtos agrotóxicos indicados para a cultura do soja, quando não se poderia ter cultivada esta cultura, ainda que como venda antecipada, realizada de forma irregular**. Relator: Luís Carlos Xavier Processo: 1311165-0. Data Publicação: 25/05/2015.*

Mais uma vez se está diante de norma penal em branco, como a do delito do artigo 15, devendo, portanto, ser complementada com preceitos de outros atos normativos que especifiquem quais são as *medidas necessárias de proteção à saúde e ao meio ambiente*. Os atos normativos capazes de complementar o tipo penal telado não necessariamente são leis. Aliás, em sua maioria, são atos infralegais federais, estaduais ou municipais. Merece destaque, como foi feito no tópico equivalente quando foi feita a análise do tipo penal do art. 15, que, em regra, a norma a complementar o tipo aberto do art. 16 será o Decreto nº 4.074/02.

VOLUNTARIEDADE

De acordo com Freitas[113], o dolo exigido na primeira parte do art. 16 é de perigo, ou seja, haveria a intenção de omitir-se com a ciência do perigo que tal inação representaria. Vê-se, portanto, que, assim como para o art. 15, o dolo exigido é o de perigo, visto que se está diante de crime que, para sua consumação, é independente de resultado naturalístico.

O tipo telado, por outro lado, admite a forma culposa. Conjugar o crime culposo à conduta omissiva sugere, por sua vez, que a modalidade de culpa passível de identificação ao caso é a negligência, porquanto, em princípio, a imperícia e a imprudência pressupõem um agir.

Merece destaque questão atinente à responsabilização da pessoa jurídica (o que foi objeto de análise dentro do tópico "sujeito ativo" do crime previsto no art. 15 da Lei de Agrotóxicos) especificamente no que tange à prática de crime culposo. Rothenburg[114] assenta que não haveria para o caso maiores especificidades. Salienta, nesse sentido, que "o *interesse* que move a pessoa jurídica a atuar ilicitamente pode se manifestar no dolo eventual e no comportamento culposo da omissão". Extrai-se dessa assertiva que os deveres de cuidado e de atenção, cujo desatendimento enseja responsabilização criminal na forma culposa, são exigíveis das pessoas jurídicas.

Maciel[115], por sua vez, entende que "será possível responsabilizar a pessoa jurídica por crime culposo apenas quando restar devidamente comprovado nos autos que houve uma decisão culposa (imprudente, imperita ou negligente) do representante ou do órgão colegiado da empresa (...)". Continua o autor enfatizando que, "como se trata de responsabilidade penal reflexa, a pessoa jurídica pode ser punida por crime culposo se ficar demonstrado no processo o comportamento culposo de seu representante legal ou órgão colegiado e o nexo de causalidade com o resultado".

---

113 FREITAS, Vladimir Passos de; FREITAS, Gilberto Passos de. **Crimes contra a natureza.** São Paulo: Revisra dos Tribunais, 1998. p. 228.

114 ROTHENBURG, Walter Claudius. A responsabilidade penal da pessoa jurídica. In: CRIMES ambientais: comentários à Lei 9.605/98. Porto Alegre: Livraria do Advogado, 2013. p. 68.

115 MACIEL, Silvio; GOMES, Luiz Flávio. **Lei de crimes ambientais.** 2. ed. São Paulo: Método, 2015. p. 38.

Em sentido contrário, todavia, Édis Milaré[116] leciona acerca da impossibilidade de o ente coletivo sofrer imputação criminal quando se tratar de delito culposo, em virtude da leitura do art. 3º da Lei 9.605/98. Para tanto sustenta que "se o domínio do fato se encontra com as pessoas físicas que detêm a capacidade diretiva na empresa, e se não existe tal domínio sem o dolo – aqui entendido como a vontade livre e consciente de praticar atos que compõem o tipo legal -, as pessoas jurídicas só podem ser responsabilizadas pela prática de crimes dolosos".[117]

Longe de se tratar de tema pacífico no âmbito doutrinário, o tema da responsabilidade criminal da pessoa jurídica por delito culposo foi de forma professoral trabalhada no seguinte julgado do TRF-4[118]:

> *PENAL. MANDADO DE SEGURANÇA. CRIME CONTRA O MEIO AMBIENTE. RESPONSABILIDADE PENAL DA PESSOA JURÍDICA. POSSIBILIDADE. EVOLUÇÃO HISTÓRICA DO CONCEITO DE PESSOA JURÍDICA. PASSAGEM DA CRIMINALIDADE INDIVIDUAL OU CLÁSSICA PARA OS CRIMES EMPRESARIAIS. CRIMINALIDADE DE EMPRESAS E DAS ORGANIZAÇÕES CRIMINOSAS. [...] IMPUTAÇÃO PENAL ÀS PESSOAS JURÍDICAS. CAPACIDADE DE REALIZAR A AÇÃO COM RELEVÂNCIA PENAL. [...]* ***POSSIBILIDADE DA PESSOA JURÍDICA PRATICAR CRIMES DOLOSOS, COM DOLO DIRETO OU EVENTUAL, E CRIMES CULPOSOS.*** *[...] PESSOA JURÍDICA PODE CONSUMAR TODOS OS CRIMES DEFINIDOS NOS ARTIGOS 29 E SEGUINTES DA LEI 9.605/98. [...] 20. A* ***pessoa jurídica****, através de seu centro de decisão,* ***poderá praticar*** *crimes dolosos, com dolo direto ou eventual, e* ***crimes culposos****. Como se sabe, segundo a teoria da adequação exige-se um comportamento social adequado do cidadão, que se deve comportar segundo o nível de cuidado exigível. Superar o limite do cuidado sinaliza a superação do permitido, sendo objeto da inculpação. [...] O colegiado mantém o poder decisório, direciona a ação final da pessoa jurídica, os rumos do investimento. A decisão sobre a conduta adequada, dentro da margem de risco permitida, parte da gerência. 21. Quando são vários os indivíduos encarregados da administração,* ***basta que um dirija a vontade da empresa para certa atividade, sem a previsão exigível, para que se considere consumado o crime culposo da pessoa jurídica****. Tal não acontecerá, certamente, se o administrador tiver traído os objetivos contratuais, regulamentares ou regras costumeiras do empreendimento. Mas se apenas cumpriu o seu papel na direção do empreendimento, presume-se a ação em proveito da sociedade. [...] O principal é estabelecer o cordão umbilical entre a ação imprudente do preposto ou empregado e a extensão do poder decisório do colegiado. [...] 34.Ressalte-se que não há qualquer ressalva nos tipos criados pela Lei 9.605/98 no que se refere à imputação da pessoa jurídica. Em princípio, ela poderá consumar todos os crimes definidos nos artigos 29 e seguintes. [...] Do mesmo modo, a atribuição da forma de culpabilidade. Se a decisão do colegiado caracterizou dolo direto ou eventual, o crime será doloso.* ***Tendo dita decisão faltado com o cuidado exigível, a negligência implicará a realização do tipo culposo que estiver expressamente previsto.***

116 MILARÉ, Édis. **Direito do ambiente.** 5. ed. São Paulo: Revista dos Tribunais, 2007. p. 931.

117 MANDADO DE SEGURANÇA. CRIME AMBIENTAL. PESSOA JURÍDICA. LEI Nº 9.605/98. Ausência de normas disciplinadoras do processo penal na Lei nº 9.605/98. Não há ilegalidade, face o artigo 79 desse diploma, que prevê aplicação subsidiária do CPC. Pessoa jurídica, ré no processo penal, onde se lhe responsabiliza por crime ambiental. Em não tendo a infração sido cometida por decisão do seu representante legal ou contratual, ou de seu órgão colegiado, no interesse ou benefício de entidade (art. 3º da Lei 9605/98), mas tratando-se de acidente que em nada beneficiou a pessoa jurídica, não há justa causa para a ação penal. Ação penal trancada, por maioria de votos, em relação à Petrobrás. Mandado de segurança concedido. TRF2 2001.02.01.046636-8. 21 out. 2002. Relator Antônio Ivan Athié.

118 MANDADO DE SEGURANÇA Nº 2002.04.01.013843-0/PR. RELATOR: DES. FEDERAL JOSÉ LUIZ B. GERMANO DA SILVA. 7ª Turma. Julgamento 10 dez. 2002.

CONSUMAÇÃO E TENTATIVA

O crime imputado não é material, já que se consuma na simples abstenção daquele que deveria promover as medidas necessárias de proteção à saúde e ao meio ambiente. Ou seja, basta que um dos sujeitos qualificados no preceito primário do delito deixe de promover as medidas necessárias de proteção à saúde, ao meio ambiente ou ao direito dos trabalhadores para que haja a transgressão do art. 16 da Lei de Agrotóxicos. Tratando-se de crime formal, em que a periculosidade da conduta é presumida pelo legislador, prescindível resultado danoso.

Como crime omissivo próprio e, portanto, unissubsistente (isto é, aquele cuja conduta é *composta* por um exclusivo ato), não admite a forma tentada[119].

AÇÃO PENAL Pública incondicionada (inteligência da aplicação extensiva do art. 26 da Lei dos Crimes Ambientais).

O delito telado em sua modalidade culposa admite a concessão do benefício da suspensão condicional do processo previsto no art. 89 da Lei 9.099/95[120]. Devem, todavia, para ser ofertado na hipótese do art. 16 da Lei de Agrotóxicos, àquele dispositivo, ser acrescidos os requisitos estipulados no art. 28 da LCA, uma vez que, entre os bens jurídicos tutelados no art. 16, está o meio ambiente. Reiteram-se aqui os argumentos expendidos na nota de rodapé 99, na qual se defende análise global das normas que visem à tutela dos valores ambientais, identificando-se nesse conjunto espécie de microssistema normativo de tutela ambiental apto a implementar o que se entende por diálogo das fontes[121].

Atenção: de forma inusitada o legislador, para delito culposo, estipulou pena de reclusão.

PRINCÍPIO DA INSIGNIFICÂNCIA E OS CRIMES DE AGROTÓXICOS

A jurisprudência[122] *pátria tem mantido a orientação no sentido de que, ordinariamente, o princípio da insignificância não alberga os crimes perpetrados em detrimento do meio ambiente. O instituto da bagatela não encontra terreno fértil em matéria ambiental, porquanto o bem jurídico ostenta titularidade difusa*, e o dano, cuja relevância não pode ser mensurada, lesiona o ecossistema, pertencente à coletividade[123].

---

119 MASSON, Cleber. **Direito penal.** 7. ed. Rio de Janeiro: Método, [2000?]. v. 3. p. 222.

120 "O princípio do poluidor-pagador igualmente norteia a tutela penal do meio ambiente. Além de exigir a reparação do dano ao ambiente comprovada via laudo pericial para a extinção da punibilidade nas hipóteses de suspensão condicional do processo (art. 28,I), a Lei de Crimes Ambientais impõe a prévia composição do dano ambiental como pré-requisito à transação penal (art. 27) e considera atenuante penal a espontânea reparação do dano ou limitação significativa da degradação ambiental causada". (CAPPELLI, Sívia; MARCHESAN, Ana Maria Moreira. Introdução. In: CRIMES ambientais: comentários à Lei 9.605/98. Porto Alegre: Livraria do Advogado, 2013. p. 17).

121 Trata-se de teoria que visa a fomentar a ideia de que o ordenamento jurídico deve ser interpretado como um todo de forma sistemática e coordenada. Dela extrai-se que uma norma jurídica não exclui a aplicação da outra, de modo que o *diálogo* entre elas permita interpretação coerente, evitando incongruências injustas.

122 **Princípio da Insignificância.** Não é o caso de aplicação do **princípio da insignificância.** Os bens jurídicos tutelados pela infração penal do art. 15 **da** Lei 7.802/89 são a saúde pública e o meio ambiente, de relevância para toda a coletividade, de modo que a lesividade **das** condutas não é mensurável pelo valor econômico do objeto material do delito, por não ser de natureza patrimonial. RECURSO ESPECIAL Nº 1.484.836 - MS (2014/0239386-8) Publicação 08 ago. 2018.

123 "Cremos, todavia, que o aludido princípio da insignificância deva ser utilizado, com muita reserva, em matéria de crimes ambientais; isto porque, conforme se extrai do pensamento exposto pelo biólogo americano

A relevância da conduta que se visa a reprimir por meio da legislação criminal está diretamente atrelada ao valor social protegido pela norma violada. Para identificação da tipicidade material no caso concreto há que se verificar se presente ou não a ofensa ao bem jurídico tutelado. Os crimes de agrotóxicos, tendo o legislador se inspirado no preceito constitucional/ambiental da prevenção, são de perigo abstrato, descabendo, portanto, o reconhecimento do princípio da insignificância meramente pela inocorrência de resultado naturalístico.

Alfredo Falcão Junior[124] leciona que o lugar desse princípio, nos crimes de perigo abstrato, está "reservado a condutas irrisórias, que não acarretem qualquer ameaça de perigo ao bem jurídico albergado pela norma".

Por sua vez, Vaz assevera inaplicável o princípio da insignificância aos crimes da Lei de Agrotóxicos. Segundo o autor, não seria possível, "em se tratando de presunção absoluta, afirmar-se que a conduta não oferece perigo ao bem jurídico tutelado, ainda que, por exemplo, seja ínfima a quantidade de agrotóxicos manipulada"[125].

No que tange ao entendimento jurisprudencial predominante, em que pese não se possa afirmar que inadmite aplicação do instituto da bagatela aos delitos ora analisados, quando o faz toma graduada cautela. Nesse sentido, inclusive, recente decisão do TRF-4[126] pregando necessidade de máxima cautela na aplicação do princípio da insignificância em matéria ambiental, dado o interesse coletivo envolvido e o cunho preventivo conferido à tutela do meio ambiente.

Mais um fundamento apto a afastar a viabilidade de aplicação do princípio da insignificância aos crimes de agrotóxicos é o seu enquadramento naquilo que Sánchez[127] classificou como "delito de acumulação". Tem-se que a punição de crimes de perigo abstrato é possível ainda que a conduta penalmente relevante não seja em si própria lesiva ao bem jurídico, porquanto há probabilidade de que, sendo tal ação também realizada por outros sujeitos, o conjunto dessas condutas culminará por lesionar certamente o correspondente bem jurídico. São os chamados "delitos cumulativos". Trata-se de casos em que a conduta individualmente considerada não provoca um risco relevante, enquanto a sua pluralidade (acumulação) pode ser danosa. A acumulação, por sua vez, não se trata de hipotético, senão elemento real que leva de antemão a realização de condutas similares por múltipla variedade de sujeitos.

Assim, na medida em que a *acumulação* de condutas tem o condão de produzir consequências lesivas, entende-se que identificada em cada uma delas não somente a tipicidade formal, senão a própria tipicidade material. Apesar de não constar de forma expressa tal fundamento no julgado, o TRF-4 apontou como elemento apto a afastar o reconhecimento do

---

Edward O. Wilson, em ecologia não se pode pensar só em termos de presente, mas deve-se olhar, com maior ênfase, para o futuro: a eliminação desnecessária de um só espécime da fauna silvestre, nos dias atuais, refletirá de forma catastrófica em tempos vindouros, podendo ocasionar um desastre ecológico nas próximas décadas". (CONSTANTINO, Carlos Ernani. **Delitos ecológicos.** 3. ed. São Paulo: Lemos e Cruz, 2005. p. 273).

124 FALCÃO JUNIOR, Alfredo Carlos Gonzaga. Agrotóxicos e responsabilidade criminal. **Revista dos Tribunais,** v. 98, n. 889, nov. 2009. p. 473.

125 VAZ, Paulo Afonso Brum. **O direito ambiental e os agrotóxicos.** Porto Alegre: Livraria do Advogado, 2006. p. 180.

126 Apelação criminal nº. 5001437-19.2013.4.04.7103/RS, datada de abril de 2017, de relatoria do Desembargador Marco Antônio Rocha.

127 SÁNCHEZ, Jesús-Maria Silva. **A expansão do direito penal**. Tradução de Luiz Otávio de Oliveira Rocha. São Paulo: Revista dos Tribunais, [2000?]. p. 121-122.

princípio da insignificância em caso concreto o "crescimento populacional" e, consequentemente, a maior incidência de ações ilegais relacionadas ao manejo com agrotóxicos:

> IMPORTAÇÃO E TRANSPORTE DE AGROTÓXICOS DE PROCEDÊNCIA ESTRANGEIRA. [...]. TIPICIDADE MATERIAL. [...]. 3. As infrações penais ambientais, em princípio, não admitem a aplicação do princípio da insignificância, considerando que o bem jurídico agredido é o ecossistema, constitucionalmente tutelado pelo artigo 225 da CF/88, de relevância imensurável, seja porque o meio ambiente é bem jurídico de titularidade difusa, seja porque as condutas que revelam referidos crimes assumem uma potencialidade lesiva que se protrai no tempo e pode afetar as gerações futuras, seja porque as violações ao meio ambiente, por menores que sejam, revelam-se demais preocupantes, na medida em que o aumento da destruição é proporcionalmente maior de acordo com o crescimento da população, tornando-se cada vez mais difícil de controlar, motivo pelo qual não se pode mais admitir transigência e deve-se cobrar de todos a máxima preservação. 4. Inaplicabilidade do princípio da insignificância, porquanto demonstrada a potencialidade lesiva da conduta criminosa. [...]. (TRF4, ACR 5000309-32.2011.404.7103, Oitava Turma, Relator p/ Acórdão Victor Luiz dos Santos Laus, juntado aos autos em 09/01/2015)

CONFLITO APARENTE DE NORMAS ENVOLVENDO OS CRIMES DE AGROTÓXICOS

Sendo o ordenamento jurídico um sistema que demanda unidade e harmonia, não se concebe um conflito real de normas, mas meramente aparente, para o qual são apontados princípios interpretativos capazes de oferecer uma resposta jurídica determinada (norma) ao caso concreto. Assim, diante de um fato delituoso que aparentemente enseje a incidência de mais de um tipo penal, os princípios identificados pela doutrina como capazes de solucionar o conflito são: (1) *especialidade*; (2) *subsidiariedade*; (3) *consunção*; e (4) *alternatividade*. Destes deve o intérprete se valer para solucionar aqueles que são reconhecidos como os principais conflitos aparentes de normas envolvendo os crimes de agrotóxicos, os quais se passa a expor.

1) Art. 15 da Lei de Agrotóxicos e art. 56 da Lei dos Crimes Ambientais

Tem-se que, conforme já asseverado, atualmente ambos os dispositivos (art. 15 da LA e art. 56 da LCA) estão em vigor. Entretanto, enquanto o art. 15 conta com seis verbos nucleares ("**produzir**", "**comercializar**", "**transportar**", "aplicar", "prestar serviço", "dar destinação a resíduos e embalagens vazias"), o art. 56 da LCA possui doze ("**produzir**", "processar", "embalar", "importar", "exportar", "**comercializar**", "fornecer", "**transportar**", "armazenar", "guardar", "ter em depósito" e "usar"). Daqueles seis, três estão repetidos no crime do art. 56 da LCA. Quando houver coincidência ("produzir", "comercializar", "transportar"), aplica-se o princípio da especialidade. Do contrário, será a conduta desempenhada pelo infrator que viabilizará o correto enquadramento típico.

Constata-se, portanto, que o art. 15 da LA é verdadeira norma especial (cujo elemento *especializante* é a figura dos "*agrotóxicos, componentes e afins*"), que prevalecerá quando a conduta criminosa se *encaixar* num de seus verbos nucleares[128]. Ademais, qualquer conduta que

---

128 Aquele que mantém agrotóxicos em depósito tem sua conduta absorvida pelo crime do art.15 da Lei 7.802/89, **quando verificada a finalidade de sua comercialização** (TRF4, AC 2007.70.05.000625-0PR), Penteado, 8ª T., u., 18.2.09), uma vez que o agrotóxico é considerado substância tóxica (TRF4, AC 200071010025332, Penteado, 8ª T., u., 9.9.09).

não tipifique um daqueles seis verbos – ainda que atrelada a agrotóxicos, seus componentes e afins, deverá ser residualmente convertida na tipificação do art. 56 da Lei 9.605/98.

Ou seja, afasta-se a aplicação do princípio da especialidade, quando o verbo nuclear do tipo não estiver previsto no art. 15 da Lei de Agrotóxicos, como no caso da conduta "importar". Assim, se o agente importou agrotóxicos (em desacordo com as exigências legais), não prevalece a aplicação da especialidade, pois o citado verbo não integra as ações nucleares previstas na Lei de Agrotóxicos, sendo, neste caso, aplicável a Lei 9.605/98 – art. 56. Mas, por outro lado, se houver, tão somente, o transporte dessas mesmas substâncias, aplicar-se-á a regra especial constante da Lei 7.802/89, uma vez que o verbo "transportar" consubstancia o núcleo de ambos os tipos em análise. Nesse sentido já decidiu o Superior Tribunal de Justiça (STJ):

> RECURSO ESPECIAL. DIREITO PENAL. IMPORTAÇÃO DE SUBSTANCIA TÓXICA (ARTIGO 56 DA LEI Nº 9.605/98) E TRANSPORTE DE AGROTÓXICO (ARTIGO 15 DA LEI Nº 7.802/89). ADEQUAÇÃO TÍPICA. 1. Inexistindo elementos no sentido de que o denunciado, tendo recebido na rodoviária de Foz de Iguaçu mala com produto que sabia ter procedência estrangeira para transporte dentro do território nacional, tenha ajustado ou aderido à importação antes da sua consumação, não se pode falar em participação na importação de substância tóxica (artigo 56 da Lei nº 9.605/98), mas em delito autônomo de transporte de agrotóxico (artigo 15 da Lei nº 7.802/89). [...] RECURSO ESPECIAL Nº 1.449.266 – PR. Relatora: MINISTRA MARIA THEREZA DE ASSIS MOURA, em 26/08/2015.

No mesmo sentido já decidiu o TRF-4, ao reconhecer que a conduta de "*transportar agrotóxicos*" descrita no art. 15 da Lei nº 7.802/89 é especial em relação à do artigo 56 da Lei nº 9.605/98, aplicando-se aquela, desde que o acusado não tenha reconhecida, no caso concreto, sua participação no delito antecedente de *importar* substância tóxica, quando, em razão de tal verbo nuclear não estar descrito no tipo penal do art. 15, deverá a responsabilização penal se dar por meio do art. 56 da LCA[129]:

> *PENAL. PROCESSUAL PENAL. RECURSO CRIMINAL EM SENTIDO ESTRITO. EMENDATIO LIBELLI. POSSIBILIDADE. AGROTÓXICOS. APLICABILIDADE DA LEI AMBIENTAL E DA LEI 7.802/89. IMPORTAÇÃO DE AGROTÓXICOS. CONDUTA PREVISTA APENAS NA LEI 9.605/98. [...] 3. Os agrotóxicos, mencionados na Lei 7.802/89, enquadram-se no conceito de substância tóxica elencado na Lei Ambiental, sendo possível depreender incidência de ambos os tipos penais. Contudo, em sendo o* ***artigo 15 da Lei 7.802/89 especial em relação ao preceito geral constante do artigo 56 da Lei 9.605/98****, nos casos em que as ações nucleares da regra especial e da regra geral são coincidentes, aplica-se o* ***princípio da especialidade****. 4. A conduta de importar não integra as ações nucleares previstas na Lei dos*

129 Neste sentido aponta Baltazar Junior: "Aquele que, após importar e fazer uso do agrotóxico, o descarta a céu aberto (Lei 7.802/89, art. 15), quando não há prova de designo autônomo, caso em que prevalece a LCA, embora com apenamento menor, porque mais abrangente em condutas, sendo considerada uma lei nova mais benigna (TRF4, AC 200471010034594), Néfi Cordeiro, 7ª T., u., 8.4.08)". Destaca, por outro lado que: "Diversa é a situação em que, sem ter introduzido o agrotóxico em solo pátrio, encontra-se o agente a transportá-lo (internamente), hipótese em que estará descumprindo a regra do art. 15 da Lei nº 7.802;89 (TRF4, AC 200671160006862, Paulo Afonso, 8ªT., u., 15.7.09)". (BALTAZAR JUNIOR, José Paulo. **Crimes federais:** abuso de autoridade – crimes contra a administração pública, a ordem tributária, a previdência social, as telecomunicações, o meio ambiente, o sistema financeiro nacional – crimes de responsabilidade de prefeitos – crimes nas licitações – crimes no estatuto do índio e no estatuto do estrangeiro – estelionato – genocídio- interceptação telefônica – invasão de terras da união- lavagem de dinheiro- moeda falsa- organizações criminosas – Preconceito ou discriminação – quadrilha ou bando – tortura- trabalho escravo - tráfico transnacional de armas, drogas, crianças e pessoas. 8. ed. Porto Alegre: Livraria do Advogado, 2012. p. 795).

> *Agrotóxicos, razão pela qual enseja aplicação da Lei 9.605/98. Havendo indícios da ciência do acusado quanto à procedência estrangeira das mercadorias transportadas, bem como da participação no iter criminis da importação irregular, impõe-se a incidência da referida legislação.* (TRF4 -5004335-17.2013.4.04.7002 – Recurso em Sentido Estrito. Relator Desembargador Victor Luiz dos Santos Laus. 06/11/2013).

Cumpre fazer menção, todavia, a precedente em que o TRF-4, em que pese tenha julgado extinta a punibilidade do recorrido, chancelou a condenação de agente, em concurso de crimes, pelos artigos 15 da Lei 7.802/89 e 56 da Lei 9.605/98:

> *PENAL E PROCESSUAL PENAL. IMPORTAÇÃO* E COMERCIALIZAÇÃO DE AGROTÓXICOS SEM O REGISTRO NO ÓRGÃO COMPETENTE. ARTIGOS 56, DA *LEI Nº. 9.605/98* E 15, DA *LEI* Nº 7.802/89. CONCURSO MATERIAL DE CRIMES. EXTINÇÃO DA PUNIBILIDADE. ARTIGO 107, INCISO IX, DO CÓDIGO PENAL. DA DENÚNCIA. Configurando o «agrotóxico» (*Lei* 7.802/89) uma espécie de substância tóxica (artigo 56, *Lei* 9.605/98), deve incidir no caso o artigo 15 daquele Diploma Legal, pelo princípio da especialidade. O ato de importar agrotóxicos estrangeiros de forma sabidamente ilícita preenche tanto os elementos típicos do crime do artigo 334, §1º, alínea ‹c›, do Código Penal quanto do artigo 56 da *Lei 9.605/98, configurando um conflito aparente de crimes a ser resolvido também pelo princípio da especialidade. O artigo 15 da Lei* 7.809/89 e 56 da *Lei* dos Crimes Ambientais consistem em crimes de perigo abstrato nos quais a consumação prescinde de um dano efetivo ao meio ambiente porquanto as próprias normas presumem, de forma absoluta, que a realização das condutas típicas implica a presença de um risco substancialmente relevante à nat*ureza. [...]* APELAÇÃO CRIMINAL Nº 2000.70.05.005761-5/PR. Relator: Marcelo Malucelli. Em 14.01.2010.

O reconhecimento, num mesmo contexto fático, do concurso de crimes no que se refere às condutas de importar substância tóxica (art. 56 da LCA) e de transportar agrotóxicos (art. 15 da LA), todavia, parece não preponderar naquela Corte consoante julgado recente[130]:

> PENAL E PROCESSO PENAL. CRIME AMBIENTAL. ART. 56, CAPUT, DA LEI 9.605/98. IMPORTAÇÃO E TRANSPORTE DE SUBSTÂNCIA PERIGOSA OU NOCIVA AO MEIO AMBIENTE. AGROTÓXICO DE PROCEDÊNCIA ESTRANGEIRA. PRINCÍPIO DA INSIGNIFICÂNCIA. INAPLICABILIDADE. MATERIALIDADE, AUTORIA E DOLO COMPROVADOS. DOSIMETRIA. AGRAVANTES. DO ART. 15, II, "A", DA LEI 9.605/98. ATENUANTE DA CONFISSÃO. [...] 2. Comprovados a materialidade, a autoria e o dolo na prática do crime de importação e transporte irregular de agrotóxicos, e não demonstrada a existência de causas excludentes da antijuridicidade e da culpabilidade, o réu deve ser condenado como incurso no art. 56, caput, da Lei 9.605/98. [...] TRF-4. Apelação criminal nº. 5001437-19.2013.4.04.7103/RS, datada de abril de 2017, de relatoria do Desembargador Marco Antônio Rocha.

Outro exemplo é a conduta de ceder gratuitamente agrotóxicos. Não há verbo nuclear do art. 15 da LA que recepcione tal conduta, devendo, portanto, aquele que cede agrotóxicos em desconformidade com as normas regulamentares ser enquadrado no art. 56 da LCA pela conduta "fornecer".

130 Neste sentido: O *"agente que, após pessoalmente importar agrotóxico em desobediência à legislação pertinente, transporta-o no interior do território brasileiro"* (TRF4, AC 200671160006862, Paulo Afonso, 8ª T., u., 15.7.09). Na hipótese o transporte é tido como pós-fato impunível (TRF4, AC 200771100052367, Élcio Pinheiro de Castro, 8ªT., u., 17.6.09; TRF4, 200671160006862, Paulo Afonso, 8ª T., u., 15.7.09).

2) Crime de contrabando, a Lei de Agrotóxicos e o art. 56 da LCA

Quanto ao crime de contrabando de agrotóxicos, o conflito aparente de normas é resolvido com a prevalência do art. 56 da Lei de Crimes Ambientais, uma vez que é norma especial[131], quando se faz, de forma abstrata, o cotejo com o art. 334-A do Código Penal (CP)[132].

Quer-se com isso dizer que quem introduz em solo nacional substância agrotóxica sem autorização legal para dessa forma proceder não responde pelo crime de contrabando, visto que tal conduta encontra previsão no tipo penal do art. 56 da Lei nº 9.605/98, cuja aplicabilidade, à luz do princípio da especialidade, deve prevalecer diante do crime do art. 334-A do CP. Ademais, a competência para julgamento desse delito, assim como o dos subsequentes à importação de substância agrotóxica, é da Justiça Federal, consoante entendimento já firmado pelo STJ (CC 114.148/PR. Rel. Ministro Marco Aurélio Bellize, Terceira Seção. DJe 22/04/2014; CC 127.183/MS. Rel. Min. Newton Trisotto. Terceira Seção. DJe 01/09/2015).

Por outro lado, tem-se afastada a norma do art. 15 da Lei de Agrotóxicos, pois, como visto no tópico acima analisado, tal tipo penal não traz em seu bojo o verbo nuclear "importar".

3) Dos crimes contra a saúde pública (artigos 270[133] e 271[134] do Código Penal) e art. 15 da Lei 7.802/89

A tutela penal da saúde pública (estado de sanidade da população de determinada localidade) está disciplinada de forma primária entre os artigos 267 a 285 do Código Penal, rol de dispositivos que tem por objetivo prevenir e punir condutas tendentes a pô-la em risco. Frisa-se que, para incidir as normas dispostas no Capítulo III do Título VIII do Código Penal, imprescindível que a conduta delituosa acarrete periclitação da saúde de coletividade de pessoas[135].

Ensina Alfredo Gonzaga[136] que o artigo 15 da Lei de Agrotóxicos, diante dos tipos penais previstos nos artigos 270 e 271 do Código Penal, funciona como "soldado de reserva", porquanto descreve fato menos amplo e menos grave do que a reprimenda destacada pelos citados dispositivos. Complementa o autor asseverando que, em sendo as normas do Código Penal tidas por primárias, a aplicação da Lei de Agrotóxicos se dá apenas de forma subsidiária.

---

131 "Uma norma se considera especial em relação à outra (*geral*) quando, referindo-se ambas ao mesmo fato, a primeira, entretanto, tem em conta uma particular condição (objetiva ou subjetiva) e apresenta, por isto mesmo, um *plus* ou um *minus* de severidade. Desde que se realize tal condição (elemento *especializante*), fica excluída a aplicação da norma geral". (HUNGRIA, Nelson. **Comentários ao Código Penal.** Rio de Janeiro: Forense, 1955. v. 1. t. 1. p. 134).

132 Art. 334-A. Importar ou exportar mercadoria proibida: Pena - reclusão, de 2 (dois) a 5 (cinco) anos.

133 Envenenamento de água potável ou de substância alimentícia ou medicinal - Art. 270 - Envenenar água potável, de uso comum ou particular, ou substância alimentícia ou medicinal destinada a consumo: Pena - reclusão, de dez a quinze anos. (Redação dada pela Lei nº 8.072, de 25.7.1990).

134 Corrupção ou poluição de água potável - Art. 271 - Corromper ou poluir água potável, de uso comum ou particular, tornando-a imprópria para consumo ou nociva à saúde: Pena - reclusão, de dois a cinco anos.

135 "A nota marcante destas infrações penais é o dano ou o perigo de dano à saúde de um número indeterminado de pessoas. Não há ataque à integridade corporal de uma única pessoa [...]". (MASSON, Cleber. **Direito penal.** 7. ed. Rio de Janeiro: Método, [2000?]. v. 3. p. 313)

136 FALCÃO JUNIOR, Alfredo Carlos Gonzaga. Agrotóxicos e responsabilidade criminal. **Revista dos Tribunais**, v. 98, n. 889, nov. 2009. Segunda Seção. p. 474.

Deve, portanto, o intérprete se valer do princípio da subsidiariedade[137] para afastar o ora analisado aparente conflito de normas, de modo que o emprego de agrotóxicos com o fim de envenenar (adicionar substância tóxica) ou de corromper (alterar, desnaturar, estragar) água potável faz tipificar, respectivamente, os delitos previstos nos artigos 270 e 271 do Código Penal.

Vê-se que, neste *conflito*, o art. 15 da Lei 7.802/89 é norma subsidiária, considerando que prevê conduta menos grave e com reduzida amplitude se comparada com aquelas descritas nos crimes que tutelam primariamente a saúde pública no Código Penal brasileiro (artigos 270 e 271).

Impende destacar que, diferentemente do que se extrai da atual redação do art. 15 da LA, os crimes dos artigos 270 e 271 do CP trazem em seus parágrafos previsão dos respectivos delitos na modalidade culposa (artigos 270, §2º, e 271, parágrafo único, do Código Penal).

CRIME DE POLUIÇÃO (ART. 54 DA LCA[138]) E LEI DE AGROTÓXICOS: POSSIBILIDADE DE CONCURSO FORMAL.

Aquele que praticar qualquer das condutas vedadas pelos artigos 15 e 16 da Lei nº 7.802/89, delitos de perigo e que não exigem resultado naturalístico, poderá, também, causar poluição, incidindo no tipo penal previsto no art. 54 da Lei dos Crimes Ambientais.

Cláudio Silva Filho[139] defende, exemplificativamente, a possibilidade de concurso formal (próprio ou impróprio, a depender da consciência do agente em realizar pluralidade de crimes), caso o autor dos fatos, ao dar destinação a resíduos e embalagens em descumprimento às exigências previstas na legislação (art. 15 da Lei 7.802/89), cause poluição de qualquer natureza em níveis tais que possam resultar ou resultem em danos à saúde humana, ou que provoquem a mortandade de animais ou a destruição significativa da flora (art. 54 da Lei 9.605/98).

Parece-nos perfeitamente sustentável a incidência do concurso formal de crimes (próprio ou impróprio a depender do caso concreto) quando da prática da conduta tipificada na lei de agrotóxicos (artigos 15 ou 16) resultar poluição.

Extrai-se, todavia, do atual entendimento do STJ, que, para a consumação do delito tipificado na primeira parte do art. 54 da LCA, prescinde-se de resultado naturalístico, tratando-se, ao menos em parte ("Causar poluição de qualquer natureza em níveis tais que ... possam resultar em danos à saúde humana..."), de crime formal[140].

---

137 Pelo princípio da subsidiariedade entende-se que determinado preceito penal só terá aplicação residual caso não identificada a aplicação de outro tipo por de incidência primária (*Lex primaria derrogat legi subsidiariae*).

138 Art. 54. Causar poluição de qualquer natureza em níveis tais que resultem ou possam resultar em danos à saúde humana, ou que provoquem a mortandade de animais ou a destruição significativa da flora: Pena - reclusão, de um a quatro anos, e multa.

139 SILVA FILHO, Cláudio. **Direito penal e agrotóxicos**: direito e agrotóxicos. Rio de Janeiro: Lumen Juris, 2017. p. 253.

140 [...] ART. 54 DA LEI N. 9.605/1998. CRIME FORMAL. POTENCIALIDADE EVIDENCIADA. LAUDO QUE ATESTA VÍCIOS NA ESTRUTURA UTILIZADA PELA EMPRESA. [...] 3. De acordo com o entendimento deste Tribunal, a Lei de Crimes Ambientais deve ser interpretada à luz dos princípios do desenvolvimento sustentável e da prevenção, indicando o acerto da análise que a doutrina e a jurisprudência têm conferido à parte inicial do art. 54, da Lei n. 9.605/1998, de que a mera possibilidade de causar dano *à saúde humana é suficiente para configurar o crime de poluição, dada a sua natureza formal ou, ainda, de perigo abstrato.* 4. Concretização

Conferindo a jurisprudência natureza de delito formal à primeira parte do delito tipificado no art. 54 da LCA, ou seja, reconhecendo sua consumação independe de resultado naturalístico, defende-se que não é todo e qualquer crime de poluição que autoriza o concurso formal com os crimes da lei de agrotóxicos. Tem-se que, diante da natureza dúplice do crime de poluição, apenas na parte em que reconhecido como **de dano** admissível o concurso de crimes ora analisado.

Sustenta-se, portanto, que, para que se reconheça o concurso de crimes entre os previstos na Lei de Agrotóxicos e o estipulado no art. 54 da LCA, além de se identificar conduta que descumpra as normas reguladoras do *uso* de agrotóxicos, que desta, necessariamente, resulte materialmente em poluição. Ou seja, sustenta-se que apenas haverá concurso formal entre os delitos analisados quando o crime de poluição derivado da prática do crime de agrotóxicos seja delito material e, portanto, responsável por resultado naturalístico ("Causar poluição de qualquer natureza em níveis tais que resultem [...] em danos à saúde humana, ou que provoquem a mortandade de animais ou a destruição significativa da flora").

Assim, exemplificativamente, aquele que utilize agrotóxicos sem o atendimento às normas do Decreto nº. 4.074/04 (art. 15 da LA), conduta que poderia resultar em dano à saúde humana (1ª parte do art. 54 da LCA), responderá, com base na aplicação do princípio da especialidade, exclusivamente pelo crime da Lei de Agrotóxicos, não sendo admissível, no nosso entender, que o agente responda por ambos os delitos de perigo abstrato no caso concreto.

REFERÊNCIAS BIBLIOGRÁFICAS

ANTUNES, Paulo de Bessa. **Direito ambiental.** 12. ed. Rio de Janeiro: Lumen Juris, 2010.

ANTUNES, Paulo de Bessa. **Direito ambiental.** 18. ed. São Paulo: Atlas, 2016.

BALTAZAR JUNIOR, José Paulo. **Crimes federais:** abuso de autoridade – crimes contra a administração pública, a ordem tributária, a previdência social, as telecomunicações, o meio ambiente, o sistema financeiro nacional – crimes de responsabilidade de prefeitos – crimes nas licitações – crimes no estatuto do índio e no estatuto do estrangeiro – estelionato – genocídio- interceptação telefônica – invasão de terras da união- lavagem de dinheiro- moeda falsa- organizações criminosas – Preconceito ou discriminação – quadrilha ou bando – tortura- trabalho escravo - tráfico transnacional de armas, drogas, crianças e pessoas. 8. ed. Porto Alegre: Livraria do Advogado, 2012.

BENJAMIN, Antonio Hermann V. **Crimes contra o meio ambiente:** uma visão geral. Ministério Público e Democracia: livro de teses. 12º Congresso do Ministério Público. Fortaleza. 1998.

BONAVIDES, Paulo. **Curso de direito constitucional.** 8. ed. São Paulo: Malheiros, 1998.

BRASIL lidera uso mundial de agratóxicos. Disponível em: <https://economia.estadao.com.br/noticias/geral,brasil-lidera-uso-mundial-de-agrotoxicos,414820>. Acesso em: 27 out. 2018.

CAPPELLI, Sívia; MARCHESAN, Ana Maria Moreira. Introdução. In: CRIMES ambientais: comentários à Lei 9.605/98. Porto Alegre: Livraria do Advogado, 2013.

---

do dano que evidencia a potencialidade preexistente. [...] (STJ, Quinta Turma, AgRg no RMS 48.085/PA, Rel. Ministro Gurgel de Faria, julgado em 05/11/2015, DJe 20/11/2015). Neste sentido também: DIREITO PENAL E PROCESSUAL PENAL. EMBARGOS DE DIVERGÊNCIA. DISSÍDIO CONFIGURADO. CRIME DO ART. 54 DA LEI N. 9.605/98. AUTORIA E MATERIALIDADE COMPROVADAS. NATUREZA FORMAL DO DELITO. REALIZAÇÃO DE PERÍCIA. DESNECESSIDADE. POTENCIALIDADE DE DANO À SAÚDE. EMBARGOS DE DIVERGÊNCIA PROVIDOS. RECURSO ESPECIAL DESPROVIDO. 1. O delito previsto na primeira parte do artigo 54 da Lei n. 9.605/1998 possui natureza formal, sendo suficiente a potencialidade de dano *à saúde humana para configuração da conduta delitiva, não se exigindo, portanto, a realização de perícia. Embargos de Divergência providos, recurso especial desprovido.* (EREsp **1417279** / SC. Ministro JOEL ILAN PACIORNIK. DJe 20/04/2018)

CARMELLO JÚNIOR, Carlos Alberto; FREITAS, Gilberto Passos. A cidade sustentável e o direito penal ambiental. **Revista de Direito Ambiental**, v. 17, n. 68, out./dez. 2012.

COELHO, Walter. **Teoria geral do crime.** 2. ed. Porto Alegre, 1998. v. 1.

CONSTANTINO, Carlos Ernani. **Delitos ecológicos.** 3. ed. São Paulo: Lemos e Cruz, 2005.

COSTA JÚNIOR, Paulo José da. **Direito penal ecológico**. Rio de Janeiro: Forense Universitária, 1996.

CUSTÓDIO, Helita Barreiro. Direito à saúde e problemática dos agrotóxicos. **Revista de Direito Sanitário,** v. 2, n. 3, nov. 2002.

FALCÃO JUNIOR, Alfredo Carlos Gonzaga. Agrotóxicos e responsabilidade criminal. **Revista dos Tribunais,** v. 98, n. 889, nov. 2009.

FALCÃO JUNIOR, Alfredo Carlos Gonzaga. Agrotóxicos e responsabilidade criminal. **Revista dos Tribunais**, v. 98, n. 889, nov. 2009.

FAO-OCDE: Brasil está preparado para ser maior produtor de alimentos do mundo... Disponível em: <https://economia.uol.com.br/noticias/afp/2015/07/15/fao-ocde-brasil-esta-preparado-para-ser--maior-produtor-de-alimentos-do-mundo.htm>. Acesso em: 27 out. 2018.

FERRARI, Antenor. **Agrotóxicos:** a praga da dominação. Porto Alegre. Mercado Aberto. 1985.

FERREIRA, Ivette Senise. **Tutela penal do patrimônio cultural.** São Paulo: Revista dos Tribunais, 1995.

FIORILLO, Celso Antônio Pacheco. **Curso de direito ambiental brasileiro.** São Paulo: Saraiva, 2000.

FOLGADO, Cleber Adriano Rodrigues. Sistema **Normativo de agrotóxicos:** elementos de contextualização histórica e reflexão crítica". direito e agrotóxico. reflexões críticas sobre o sistema normativo. Rio de Janeiro: Lumen Juris, 2017.

FRANCO, Carolina da Rocha. **A formulação da política de agrotóxicos no Brasil.** Dissertação (Mestrado) – Pós-Graduação em Políticas Públicas, Universidade Federal do Paraná, Curitiba, 2014. Disponível em: <https://acervodigital.ufpr.br/bitstream/handle/1884/35661/R%20-%20D%20-%20CAROLINE%20DA%20ROCHA%20FRANCO.pdf?sequence=1&isAllowed=y>. Acesso em 21 out. 2018.

FREITAS, Vladimir Passos de; FREITAS, Gilberto Passos de. **Crimes contra a natureza.** São Paulo: Revisra dos Tribunais, 1998.

GALVÃO, Fernando. **Direito penal:** parte geral. 4. ed. Rio de Janeiro: Lumen Juris, 2011.

HUNGRIA, Nelson. **Comentários ao Código Penal.** Rio de Janeiro: Forense, 1955. v. 1. t. 1.

HUNGRIA, Nélson; FRAGOSO, Heleno Cláudio. **Comentários ao Código Penal.** 5. ed. Rio de Janeiro: Forense, 1978. v.1, t. 2: Artigos 11 a 27.

LUISI, Luiz. **Os princípios constitucionais penais.** 2. ed. Porto Alegre: Fabris, 2003.

MACHADO, Paulo Afonso Leme. **Direito ambiental brasileiro.** São Paulo: Malheiros, 2004.

MACIEL, Silvio; GOMES, Luiz Flávio. **Lei de crimes ambientais.** 2. ed. São Paulo: Método, 2015.

MASSON, Cleber. **Direito penal.** 7. ed. Rio de Janeiro: Método, [2000?]. v. 3.

MILARÉ, Édis. **Direito do ambiente.** 5. ed. São Paulo: Revista dos Tribunais, 2007.

MILARÉ, Édis. **Direito do ambiente.** 5. ed. São Paulo: Revista dos Tribunais, 2007.

ORGANIZAÇÃO DAS NAÇÕES UNIDAS. **Gráficos:** estimativas. Disponível em: <https://population.un.org/wpp/Graphs/Probabilistic/POP/TOT/>. Acesso em: 26 out. 2018.

PARACELSO: cientista da saúde. Disponível em: <https://brasilescola.uol.com.br/quimica/paracelso--cientista-saude.htm>. Acesso em: 2018.

PES, João Hélio Ferreira. Desenvolvimento sustentável e uso intenso de agrotóxicos. **Revista Internacional de Direito Ambiental**, v. 7, n. 20, maio/ago. 2018.

PRADO, Luiz Regis. **Direito penal do ambiente.** São Paulo: Revista dos Tribûnais, 2005.

RANGEL, Luís Eduardo Pacifici. **O paradoxo do controle fitossanitário: conceito legal e prático**; Disponível em: <http://www.cnpma.embrapa.br/down_site/forum/Luis_Eduardo_Rangel.pdf>. Acesso em: 27 out. 2018.

REALE JÚNIOR, Miguel. **A lei hedionda dos crimes ambientais.** Disponível em: <https://www1.folha.uol.com.br/fsp/opiniao/fz06049809.htm>. Acesso em: 28 out. 2018.

RODRIGUES, Marcelo Abelha. **Instituições de direito ambiental.** São Paulo: Max Limonad, 2002. v. 1.

ROTHENBURG, Walter Claudius. A responsabilidade penal da pessoa jurídica. In: CRIMES ambientais: comentários à Lei 9.605/98. Porto Alegre: Livraria do Advogado, 2013.

ROXIN, Claus. **A proteção de bens jurídicos como função do direito penal**. Tradução: de André Luís Callegari, Nereu Giacomolli. 2. ed. Porto Alegre: Livraria do Advogado, 2009.

ROXIN, Claus. **Problemas fundamentais de direito penal**. Tradução de Ana Paula dos Santos e Luíz Natscheradetz. 3. ed. Lisboa: Veja, 2004.

SÁNCHEZ, Jesús-Maria Silva. **A expansão do direito penal**. Tradução de Luiz Otávio de Oliveira Rocha. São Paulo: Revista dos Tribunais, [2000?].

SILVA FILHO, Cláudio. **Direito penal e agrotóxicos**: direito e agrotóxicos. Rio de Janeiro: Lumen Juris, 2017.

SILVA, José Afonso da. **Direito ambiental constitucional.** 4. ed. São Paulo: Malheiros, [2000?].

VAZ, Paulo Afonso Brum de. Crimes de agrotóxicos. In: BALTAZAR JUNIOR, José Paulo; SILVA, Fernando Quadros da (Org.). **Crimes ambientais.** São Paulo: Verbo Jurídico, 2012. p. 397-430.

VAZ, Paulo Afonso Brum. Crimes de agrotóxicos. **Revista Doutrina TRF4.** Disponível em: <http://www.revistadoutrina.trf4.jus.br/index.htm?http://www.revistadoutrina.trf4.jus.br/artigos/edicao008/paulo_vaz.htm>. Acesso em: 13 abr. 2017.

VAZ, Paulo Afonso Brum. **O direito ambiental e os agrotóxicos.** Porto Alegre: Livraria do Advogado, 2006.

VIGNA, Edécio. **Consea pede proibição de agrotóxicos vedados em outros países**. Disponível em: <http://www.inesc.org.br/noticias/noticias-do-inesc/2013/julho/consea-pede-proibicao-de-agrotoxicos-vedados-em-outros-paises>. Acesso em: 27 out. 2018.

VITAL, Nicholas. **Agradeça aos agrotóxicos por estar vivo**. São Paulo: Record, 2017.

CAPÍTULO 14

Criança e Adolescente – Lei 8.069/1990

Rafael Schwez Kurkowski

TÍTULO VII
DOS CRIMES E DAS INFRAÇÕES ADMINISTRATIVAS
CAPÍTULO I
DOS CRIMES
Seção I
Disposições Gerais

Art. 225. Este Capítulo dispõe sobre crimes praticados contra a criança e o adolescente, por ação ou omissão, sem prejuízo do disposto na legislação penal.

De início, esclarece-se que o art. 2º do ECA define criança como a pessoa até doze anos de idade incompletos e adolescente aquela entre doze e dezoito anos de idade.

A tutela penal da criança e do adolescente decorre do **mandado expresso de criminalização**[1] previsto no art. 227, § 4º, da CF. "A Constituição de 1988 contém significativo elenco de normas que, em princípio, não outorgam direitos, mas que, antes, determinam a criminalização de condutas (CF, art. 5º, XLI, XLII, XLIII, XLIV; art. 7º, X; art. 227, § 4º). Em todas essas é possível identificar um mandado de criminalização expresso, tendo em vista os bens e valores envolvidos" (STF, 2ª T., HC 102087, Rel. Celso de Mello, J. em 28/02/2012).

O princípio da legalidade reclama quatro condições para a instituição de um crime: *lex praevia* (exigência de lei anterior); *lex scripta* (exclusão de costumes para a incriminação); *lex stricta* (exclusão da analogia in malam partem); e *lex certa* (clareza na redação do tipo).[2]

1 "Mandados expressos de criminalização são disposições constitucionais que impõem a criminalização de certas ações. Não por acaso, esses mandados vêm expressos no título de garantias fundamentais da Constituição Federal, o que permite a conclusão de que a criminalização de certas de certas condutas pelo legislador infraconstitucional representa um direito fundamental coletivo" (FRISCHEISEN, Luiza Cristina Fonseca. GARCIA, Mônica Nicida. GUSMAN, Fábio. Execução provisória da pena. Um contraponto à decisão do Supremo Tribunal Federal no Habeas Corpus 84.078. In: CALABRICH, Bruno. FISCHER, Douglas. PELELLA, Eduardo (Org.). *Garantismo penal integral*: questões penais e processuais, criminalidade moderna e aplicação do modelo garantista no Brasil. 3. ed. São Paulo: Atlas, 2015. p. 491-517).

2 TOLEDO, Francisco de Assis. *Princípios básicos de direito penal*. 5. ed. São Paulo: Saraiva, 1994. p. 23-29.

Rememora-se que o crime pode ser comissivo (ação), omissivo próprio (omissão) ou omissivo impróprio, sinônimo de comissivo por omissão ou omissivo qualificado, aquele em que, para sua configuração, é preciso que o agente possua um dever de agir para evitar o resultado, hipótese na qual a doutrina o chama de garante (ou garantidor)[3]. Por exemplo, é possível que a mãe, a qual figura pela lei como garante do seu filho (criança), responda pela prática de estupro de vulnerável em razão de haver permitido ou tolerado que o seu companheiro praticasse ato libidinoso com o filho dela. Nesse caso, a legislação considera que a mãe é autora do crime de estupro de vulnerável que praticou por omissão (art. 217-A c/c art. 13, § 2º, ambos do CP), enquanto o seu companheiro é autor do crime de estupro de vulnerável comissivo que ele praticou (art. 217-A do CP). Não há, assim, concurso de agentes, embora os crimes sejam objeto de apenas uma denúncia por força de conexão (art. 76, I e III, do CPP).

Sublinha-se que a tutela penal da criança e do adolescente não se limita aos crimes previstos nos arts. 228 a 244-B do ECA. Há tipos previstos no Código Penal que protegem, em caráter específico ou geral, o recém-nascido, a criança e/ou o adolescente (arts. 123, 133, 134, 135, 136, 217-A, 245, 246, 247, 248 e 249, todos do CP).

Sob pena de ***bis in idem***, frisa-se que a agravante prevista no art. 61, II, *h*, do CP (quando se refere a criança), não se aplica aos crimes tipificados pelo ECA, pois a condição de ser criança já constitui elementar desses crimes. Assim, a aplicação dessa agravante aos crimes previstos no ECA representaria dupla punição pelo mesmo fato.

Giza-se que o presente capítulo cuida de crimes praticados contra crianças e adolescentes, vale dizer, crimes nos quais o menor figura como vítima (sujeito passivo). Quando o adolescente pratica ato infracional equiparado a crime, figurando como sujeito ativo, ele se sujeita à aplicação das medidas socioeducativas previstas no art. 112, sob o procedimento previsto nos arts. 171 a 190. A criança, por sua vez, ao praticar ato infracional, conforme previsão inserta no art. 105, sujeita-se às medidas de proteção previstas no art. 101.

Ainda sobre crimes praticados contra crianças e adolescentes, calha registrar o efeito decorrente da Lei 13.715/2018, que alterou os seguintes dispositivos legais, os quais devem ser lidos conjuntamente: art. 92, II, do CP (causa de incapacitação do exercício do poder familiar); art. 23, § 2º, do ECA (causa de **destituição do poder familiar**); e art. 1638, parágrafo único, do CCB (causa de perda do poder familiar). O art. 23, § 2º, do ECA, tem o mesmo sentido que o art. 92, II, do CP: é efeito específico da sentença criminal, devendo ser expressamente declarado nela, a perda do poder familiar por parte do seu titular (ex.: pai) que é condenado por crime doloso punido com pena de reclusão cometido contra outro titular do mesmo poder familiar (ex.: mãe) ou contra filho ou outro descendente. Por exemplo: o pai que for condenado pela prática homicídio tentado contra a sua esposa perderá o poder familiar em relação ao filho comum do casal.

A legislação não exige a avaliação judicial sobre a pertinência para a destituição do poder familiar. Uma interpretação literal do art. 23, § 2º, do ECA, e do art. 92, II, do CP, sugere que basta a condenação pelos crimes previstos neles para suceder a destituição do poder familiar. Assim se manifesta parte da doutrina quanto à redação anterior do art. 92, II, do CP ("Art. 92 - São também efeitos da condenação: II – a incapacidade para o exercício do pátrio poder, tutela ou curatela, nos crimes dolosos, sujeitos à pena de reclusão, cometidos contra filho, tutelado ou

3 GRECO, Rogério. *Código penal comentado*. 6. ed. Niterói: Impetus, 2012. p. 46-47.

curatelado").[4] Todavia, a interpretação teleológica do presente art. 23, § 2º, do ECA, e do art. 92, II, do CP, levando-se em conta ainda a especial proteção conferida pela Constituição Federal à família e, especialmente, à criança e ao adolescente (arts. 226 e 227, ambos da CF), evidencia que a destituição do poder familiar é medida facultativa, devendo a sentença penal condenatória avaliar a sua pertinência. A finalidade da destituição, no caso do art. 23, § 2º, consiste em evitar uma convivência insuportável entre o genitor e o filho que foi vítima de algum crime praticado por aquele. Se, apesar da prática do crime, essa convivência for possível, a medida não deve ser decretada. Exemplificativamente: deve ser decretada a destituição do poder familiar na hipótese do pai que comete o crime de homicídio tentado contra o seu filho; todavia, em princípio, não deve ser destituído do poder familiar o pai que se arrependeu profunda e verdadeiramente de castigar, para fins de educação, o seu filho de dezesseis anos de idade, tendo provocado nele uma lesão corporal grave que o incapacitou para as suas ocupações habituais por mais de trinta dias (art. 129, § 1º, I, do CP).[5]

A destituição do poder familiar (art. 23, § 2º) pode ocorrer em relação aos outros filhos que não foram atingidos pelo crime praticado pelo genitor? Comentando sobre a incapacitação para o exercício do poder familiar (art. 92, II, do CP), Nucci advoga que ela ocorre somente em relação ao filho vítima: "embora não esteja expresso no Código Penal, parece-nos que a mais lógica aplicação do dispositivo deva dizer respeito ao filho ofendido pela prática criminosa e não a todos os descendentes do infrator. Não se deve fazer uma interpretação extensiva neste caso, pois injustificável. O pai que agredir um de seus seis filhos, por exemplo. Condenado por lesão corporal grave a uma pena de um ano de reclusão, pode o juiz determinar a incapacidade para o exercício do poder familiar em relação àquela vítima. Os outros cinco filhos podem perfeitamente continuar sob sua tutela".[6] Contudo, a teleologia da nova redação do art. 23, § 2º, do ECA, e do art. 92, II, do CP, aponta que a medida em questão pode ser adotada também em relação aos outros filhos que não foram vítimas do crime perpetrado pelo titular do poder familiar. Se essa nova redação permite a destituição do poder familiar mesmo quando os filhos não são vítimas do crime praticado pelo pai – no exemplo em que o pai comete o crime de homicídio tentado ou consumado contra a mãe dos três filhos comuns do casal, ocorrerá a destituição do poder familiar do pai, embora esses três filhos não sejam vítimas –, é intuitivo que, se um dos filhos for vítima de crime praticado pelo genitor, poderá haver a destituição do poder familiar em relação a todos os filhos. A título de exemplo, menciona-se o pai que estupra uma das suas três filhas mulheres, menores de idade. Esse pai perderá o poder familiar quanto à filha vítima e poderá perdê-lo quanto às demais, tudo a depender da análise fundamentada a ser feita pela sentença condenatória. Além disso, quanto à redação anterior do art. 92, II, do CP, a doutrina majoritária reconhece que a incapacitação

4 BITENCOURT, Cezar Roberto. *Código penal comentado*. Livro eletrônico. 9. ed. São Paulo: Saraiva, 2015. p. 372; COSTA, Álvaro Mayrink da. *Código penal comentado*: parte geral; parte especial. Rio de Janeiro: LMJ Mundo Jurídico, 2013. p. 249.

5 No sentido da facultatividade da destituição do poder familiar previsto no art. 23, § 2º, ver: NUCCI, Guilherme de Souza. *Estatuto da criança e do adolescente comentado*: em busca da constituição federal das crianças e dos adolescentes. 3. ed. Rio de Janeiro: Forense, 2017. No sentido da facultatividade da incapacidade para o exercício do poder familiar prevista no art. 92, II, do CP, vide: DELMANTO, Celso et. al. *Código Penal comentado*. Livro eletrônico. 9. ed. São Paulo: Saraiva, 2016. p. 338; MASSON, Cleber. *Código penal comentado*. 3. ed. Rio de Janeiro: Forense, 2015. p. 432.

6 NUCCI, Guilherme de Souza. *Código penal comentado*. 17. ed. Rio de Janeiro: Forense, 2017

do exercício do poder familiar pelo genitor ocorre em relação ao filho que ostenta a condição de vítima bem como em relação aos demais filhos. Ainda, segundo essa doutrina, a reabilitação restabelece apenas o poder familiar quanto aos filhos que não foram vítimas, segundo a interpretação do art. 93, parágrafo único, do CP.[7]

Já o art. 1.638, parágrafo único, do CCB, menciona que perderá o poder familiar aquele que "praticar" os crimes nele previstos. Em vez de descrever as condutas, o referido artigo empregou o *nomen iuris* de tipos previstos no CP: homicídio, feminicídio, lesão corporal de natureza grave ou seguida de morte, estupro ou outro crime contra a dignidade sexual sujeito à pena de reclusão. O conceito desses tipos, principalmente a descrição da sua conduta, é apresentado pelo CP. Todavia, somente o juízo criminal tem competência funcional para, mediante a sentença condenatória, reconhecer a prática de um desses crimes; o juízo cível, não. Qual o propósito do aludido dispositivo legal então? Comparando-se a redação do art. 1638, parágrafo único, com o art. 1637, parágrafo único, ambos do CCB, percebe-se que, quando é necessária a sentença condenatória criminal, o CCB faz referência expressa a isso. Assim, a única interpretação que confere alguma utilidade para o dispositivo legal em tela é a seguinte: o art. 1638, parágrafo único, permite ao juízo cível reconhecer a prática da conduta – ou seja, do verbo nuclear –, relativa aos crimes nele especificados. Por exemplo, o juízo cível não poderá reconhecer a prática do crime de homicídio pelo titular do poder familiar, mas apenas que ele "matou" alguém. A interpretação ora sugerida, no entanto, é de escassa utilidade, por dois motivos: a) dada a independência relativa entre as instâncias penal e cível, se aquela reconhecer a prática do crime, que o crime não existiu ou que o titular do poder familiar não foi o autor da conduta, essa decisão vinculará o juízo cível; e b) se já não existir inquérito policial ou ação penal para perquirir o fato alegado no pedido de perda do poder familiar fundamentado no art. 1638, parágrafo único, do CP, o Ministério Público deverá cumprir essas providências; então, o resultado posterior da investigação criminal e da ação penal poderá vincular o juízo cível, nos termos das letra "a" já exposta.

Em outro tópico, registra-se que, se a vítima de crime que deixa vestígio (quando o crime deixa vestígios, ele é classificado como crime não transeunte; quando não deixa, transeunte) for criança e adolescente, estes têm **prioridade na realização do exame de corpo de delito**, segundo o art. 158, II, do CPP, na redação conferida pela Lei nº 13.721/2018. Rememora-se que o exame de corpo de delito pode ser direto, quando os peritos realizam a perícia de forma direta sobre os vestígios deixados pelo crime (ex.: laudo cadavérico), ou indireto, quando os peritos realizam a perícia de forma indireta sobre o corpo de delito (ex.: em caso de aborto, o laudo confeccionado pelos peritos com base no prontuário médico atinente ao atendimento médico prestado à vítima). Vale dizer: o exame de corpo de delito, direto ou indireto, sempre é feito por peritos e materializado num laudo. Sublinha-se que o exame indireto não se confunde com a substituição do exame de corpo de delito, direito ou indireto, pela prova oral, nos termos do art. 167 do CPP (ex.: desaparecidos os vestígios da lesão corporal, na hipótese em que não se registrou o prontuário médico, a respectiva prova é produzida, em audiência, com base na inquirição do médico que prestou o atendimento à vítima).

7 Nesse sentido: GOMES, Luiz Flávio; BIANCINI, Alice. Curso de direito penal: parte geral (arts. 1º a 120). Salvador: Juspodivm, 2015. p. 532; MASSON, Cleber. *Código penal comentado*. 3. ed. Rio de Janeiro: Forense, 2015. p. 432; MARIMOTO, Daniel. Arts. 91 e 92. In: JALIL, Maurício Schaun; GRECO FILHO, Vicente. (Org.). *Código Penal comentado*: doutrina e jurisprudência. Livro eletrônico. Barueri: Manole, 2016. p. 276.

A **emancipação do menor** (art. 5º, parágrafo único, do CCB) não lhe retira a condição de vítima dos crimes previstos no ECA, tampouco lhe torna autor de crime, em vez de ato infracional. Isso porque a emancipação confere ao menor, somente, capacidade para a prática de certos *atos civis*. Ela não tem o condão de alterar o regime de imputabilidade penal previsto no art. 228 da CF. Ademais, ela não altera o critério biológico adotado pelo ECA para caracterizar como sujeito passivo dos crimes que ele prevê as crianças e/ou adolescentes.

Havendo **violência de gênero** contra a criança e adolescente do sexo feminino, também se aplica a Lei n. 11.340/06, inclusive por força da Lei n. 13.431/2017 (art. 6º, parágrafo único).

Quanto à **competência** do Juizado da Infância e Juventude (art. 148, I), legalmente estabelecida para "conhecer de representações promovidas pelo Ministério Público, para apuração de ato infracional atribuído a adolescente, aplicando as medidas cabíveis", aduz-se o posicionamento do STF (STF, 2ª T., HC n. 113018, Rel. Ricardo Lewandowski, J. em 29/10/2013) permissivo de que leis estaduais ampliem a competência da Vara da Infância e Juventude para incluir nelas o julgamento de crimes praticados contra crianças e adolescentes.

Por fim, observa-se que a **justiça federal pode ter competência** para julgar crimes tipificados no ECA. Basta a presença de uma das hipóteses do art. 109 da CF. Assim decidiu o TRF da 4ª Região: "1 – Compete à Justiça Federal processar e julgar réus acusados de crimes contra menores praticados no interior de campus de Universidade Federal, uma vez que agindo eles na condição de vigias do local, atingiram com sua ação delituosa interesses da autarquia federal" (TRF4, 1ª T., ACR 1998.04.01.011209-4, Rel. Vladimir Passos de Freitas). Diversamente, anota-se que a Justiça Federal nunca terá competência para julgar atos infracionais praticados por adolescentes, mesmo que equiparados a crimes cuja competência seria da sua competência: "Ainda que a conduta praticada determine a competência da justiça federal, por caracterizar ofensa aos interesses da União, sendo o autor dos fatos inimputável não há que se falar em crime, mas, sim, ato infracional, afastando a aplicação do art. 109, IV da Constituição Federal" (STJ, 3ª S., CC 145166/MG, Rel. Ribeiro Dantas, J. em 14.12.16).

Art. 226. Aplicam-se aos crimes definidos nesta Lei as normas da Parte Geral do Código Penal e, quanto ao processo, as pertinentes ao Código de Processo Penal.

A aplicação subsidiária do Código Penal e do Código de Processo Penal é intuitiva, inclusive por força do art. 12 do CP e do art. 1º, *caput*, do CPP. Admite-se igualmente a aplicação analógica das normas de direito penal material, desde que em benefício do sujeito ativo do crime (vedação da analogia *in pejus*), com base no art. 4º. do Decreto-Lei n. 4.657/42. Já as normas de direito processual penal podem ser aplicadas por analogia, no âmbito do ECA, tanto para beneficiar como para prejudicar o réu. Nucci ensina que, "no processo penal, a analogia pode ser usada contra ou a favor do réu, pois não se trata de norma penal incriminadora, protegida pelo princípio da reserva legal".[8]

Na área de direito material, afigura-se de suma importância a aplicação subsidiária do art. 20 do CP, que trata sobre o **erro de tipo**. Nos crimes previstos no ECA com sujeito passivo

8 NUCCI, Guilherme de Souza. *Código de processo penal comentado*. 5. ed. São Paulo: Revista dos Tribunais, 2006. p. 73.

determinado, o sujeito ativo deve saber ou ter condições de saber que a vítima é menor de idade, sob pena de, incorrendo em erro de tipo, a sua conduta resultar em atipicidade, relativa ou absoluta. Esta se verifica quando, extraída do tipo a elementar sobre a qual o agente errou, o fato torna-se atípico. É o que ocorre, por exemplo, no caso da corrupção de menores (art. 244-B), quando o sujeito ativo pratica infração penal em concurso com um adolescente, porém ignora, de forma invencível, a sua menoridade. Nessa hipótese, o fato atinente à corrupção torna-se atípico. Já na atipicidade relativa, a conduta continua sendo punida criminalmente, mas por outro tipo. Por exemplo: no contexto do crime do art. 231, se se constata que o sujeito apreendido não é menor de idade, como supunha o agente, este responderá pelo crime previsto no art. 4º, *c*, da Lei n. 4.898/65, na hipótese de não realizar a comunicação do flagrante à autoridade judiciária e à família do conduzido.

Por essa razão, é essencial a **comprovação, nos autos, da idade da vítima**. Nesse ponto, a jurisprudência, atualmente, tem flexibilizado a exigência constante do art. 155, parágrafo único, do CPP, que limita a prova sobre o estado da pessoa. O STJ tem admitido, para fins de prova da menoridade da vítima, outros documentos que não a certidão de nascimento: "1. Nos termos da Súmula n. 74 do STJ, certo é que a certidão de nascimento ou a cédula de identidade não são os únicos documentos válidos para fins de comprovação da menoridade, podendo esta ser demonstrada por meio de outro documento firmado por agente público – dotado, portanto, de fé pública – atestando a idade do menor. 2. A menoridade da vítima foi devidamente atestada por meio do boletim de ocorrência, do relatório psicológico e dos termos de declaração, todos dotados de fé pública, em que consta a data de nascimento da ofendida" (STJ, 6ª T., AgRg no AREsp 1013254/SC, Rel. Rogerio Schietti Cruz, J. em 15/12/2016). Sobre essa questão, vide também os comentários ao sujeito passivo sobre o crime tipificado no art. 244-B.

Esclarece-se que, como o ECA não prevê um procedimento especial para os crimes nele previstos, se utiliza o procedimento comum previsto no art. 394 do CPP.

Quanto à inquirição da vítima ou testemunha de crime que seja criança ou adolescente ("depoimento sem dano"), confiram-se os comentários à Lei nº 13.431/17, nesta obra.

Art. 227. Os crimes definidos nesta Lei são de ação pública incondicionada.

O art. 227 é ocioso, tendo em vista o disposto no art. 100, *caput*, do CP, e no art. 24, *caput*, do CPP, no sentido de que a ação penal é sempre pública incondicionada, salvo se a lei exigir representação (ação penal pública condicionada) ou queixa-crime (ação penal privada). Os seguintes dispositivos legais, por essa mesma razão, também são desnecessários: art. 100 da Lei n. 8.666/93 (Licitações); art. 185 da Lei n. 9.472/97 (Telecomunicações); art. 26 da Lei n. 9.635/98 (Crimes Ambientais); art. 95, primeira parte, da Lei n. 10.741/03 (Idoso); e art. 184 da Lei n. 11.101/05 (Falência).

Admite-se, aliás, a **ação penal privada subsidiária da pública** (ou ação penal supletiva), conforme o art. 5º, LXI, da CF, e o art. 29 do CPP, para os crimes tipificados no ECA, desde que neles haja um sujeito passivo determinado. Assim, nos crimes vagos, não se admite esse tipo de ação. Ademais, para o cabimento da ação penal supletiva, exige-se que ocorra inércia do Ministério Público, ou seja, que o Ministério Público, no prazo legal, não adote nenhuma providência em relação ao inquérito policial, termo circunstanciado ou peças de informação. Logo, se o Ministério Público promover o arquivamento da investigação ou requisitar diligências à autoridade policial, por exemplo, não se caracteriza a inércia, razão por que não terá lugar a ação penal supletiva.

O mesmo raciocínio vale para o cabimento do **assistente do Ministério Público** (arts. 268 a 273 do CPP), ou seja, ele só é admitido nas ações penais que tenham uma vítima determinada. Admite-se, inclusive, que a pessoa jurídica (desde que seja vítima determinada) possa ser assistente de acusação. Apesar de o interesse primordial do assistente na ação penal ser patrimonial, o STJ admite que o assistente recorra visando ao aumento da pena aplicada ao réu, questão que, sob a óptica patrimonial, lhe é irrelevante (STJ, 5ª T., HC 137.339/RS, Rel. Jorge Mussi, J. em 09/11/2010).

Por fim, Ishida proporciona uma visão global dos tipos previstos no ECA: a) artigos 228 e 229: delitos relacionados a hospitais, centros de saúde etc.; b) artigos 230 a 235: delitos ligados aos procedimentos relacionados a atos infracionais e pessoas envolvidas neles; c) artigo 236: criminalização de condutas que obstaculizam a ação do autoridade judiciária, do membro do Ministério Público ou do conselheiro tutelar; d) artigos 238 e 239: crimes relacionados à colocação irregular do menor em família substituta; e e) artigos 240 a 244-E: outros crimes.[9]

Seção II
Dos Crimes em Espécie

Art. 228. Deixar o encarregado de serviço ou o dirigente de estabelecimento de atenção à saúde de gestante de manter registro das atividades desenvolvidas, na forma e prazo referidos no art. 10 desta Lei, bem como de fornecer à parturiente ou a seu responsável, por ocasião da alta médica, declaração de nascimento, onde constem as intercorrências do parto e do desenvolvimento do neonato:

Pena – detenção de seis meses a dois anos.

Parágrafo único. Se o crime é culposo:

Pena – detenção de dois a seis meses, ou multa.

Bem Jurídico Tutelado

O objeto jurídico tutelado consiste na proteção do direito à vida, à saúde e à informação do recém-nascido e da gestante deste. Estes têm a necessidade de conhecer as intercorrências do parto bem como a possibilidade da existência de alguma doença no recém-nascido.

Sujeitos do Crime

Tratando-se de crime próprio, é sujeito ativo o encarregado de serviço ou o dirigente de estabelecimento de saúde. Contudo, sob pena de responsabilidade penal objetiva, é necessário identificar, no caso concreto, se tais pessoas têm, efetivamente, as funções de promover o registro previsto, no art. 10, I, ou de fornecer a declaração de nascimento prevista no art. 10, IV.

O sujeito passivo são o recém-nascido e a parturiente, já que todos têm direito às informações sobre a gestação e o nascimento. Sobre a parturiente: "É direito da parturiente ou seu responsável, por ocasião da alta médica, receber da instituição hospitalar e do médico a declaração

9 ISHIDA, Valter Kenji. *Estatuto da criança e do adolescente:* doutrina e jurisprudência. 17. ed. Salvador: Juspodivm, 2016. p. 677.

de nascimento onde constem as intercorrências do parto e do desenvolvimento do neonato" (TJRS, 8ª C. Cível, Apelação cível n. 598212215, Rel. Alzir Felippee Schmitz, J. em 13/04/2000).

Condutas

Desde logo, registra-se que, enquanto o art. 228 penaliza o descumprimento das incumbências previstas no art. 10, I e IV, o art. 229 tipifica a violação das obrigações descritas no art. 10, II e III. Por sua vez, a infração aos deveres previstos no art. 10, V e VI, não constitui ilícito criminal.

O art. 228 pune basicamente duas condutas omissivas próprias. Na sua primeira parte, pune o agente que *deixa* (omitir-se, abster-se, não considerar) de *manter* (conservar) o registro das atividades realizadas quanto à gestação e ao parto, na forma do art. 10, I. Vale dizer: pune-se o responsável que não confecciona ou que descarta o devido prontuário médico, comprometendo, assim, o registro das atividades desenvolvidas.

Já na sua segunda parte, o art. 228 pune aquele que *deixa* (omitir-se, abster-se, não considerar) de *fornecer* (entregar) à parturiente ou a seu responsável a declaração de nascimento da criança, da qual constem as informações sobre o nascimento, sobre o parto e sobre o desenvolvimento do recém-nascido, nos termos do art. 10, IV. Aqui, objetiva-se evitar a omissão quanto à entrega da "declaração de nascido vivo" – DNV. Esta é regulamentada pela Lei n. 12.662/12 e tem validade em todo o território nacional até que seja lavrado o assento do registro do nascimento.

Sublinha-se que, embora o art. 228 empregue o verbo *manter*, característico de crime habitual, ele não representa, no caso, um crime dessa natureza, pois o verbo nuclear reitor é *deixar*, o qual comumente caracteriza crime omissivo.

O objeto material sobre o qual incide a conduta são o registro das atividades desenvolvidas e a declaração de nascido vivo.

Voluntariedade

O crime do art. 228 é doloso. Não há previsão de finalidade especial (elemento subjetivo específico) na conduta do agente.

O art. 228, parágrafo único, prevê a culpa, a qual ocorrerá, geralmente, sob a forma de negligência ou, se houver a necessidade de alguma habilitação específica por parte do sujeito ativo, imperícia.

Consumação e Tentativa

O crime consuma-se quando ocorre a omissão em relação às providências descritas na norma.

Porque se trata de crime omissivo, não admite tentativa (*conatus*). A forma culposa também é incompatível com a tentativa.

Cuidando do prazo prescricional, Nucci anota uma incongruência do ECA quanto à primeira parte do art. 228, que exige que o responsável mantenha o prontuário por dezoito anos. "Deixar de manter esse registro (imagine-se que, logo após o parto, ele foi descartado ou nem houve qualquer anotação) durante 18 anos vai muito além do que o prazo prescricional do delito em abstrato, que é de 4 anos. Portanto, se o encarregado se desfizer de tais registros logo após o parto, quatro anos depois já não responderá por crime algum. O contrassenso nasce quando se contata que o responsável pelo registro, ao descartá-lo após 17 anos, ainda poderá ser punido, pois o delito se consuma no exato momento em que as anotações são desperdiçadas – e deveriam ficar arquivadas por precisos 18 anos. Passa a correr a prescrição a partir daí (17 anos depois), enquanto o outro encarregado, muito mais negligente, nem mesmo anotou o que deveria durante o parto, embora quatro anos depois já se possa considerar impune."[10]

Ação Penal

Todos os crimes previstos no ECA são de ação penal pública incondicionada (art. 227).

Tanto a forma dolosa quanto a culposa constituem crime de menor potencial ofensivo (art. 61 da Lei n. 9.099/95), admitindo também a suspensão condicional do processo (art. 89 da Lei n. 9.099/95).

Art. 229. Deixar o médico, enfermeiro ou dirigente de estabelecimento de atenção à saúde de gestante de identificar corretamente o neonato e a parturiente, por ocasião do parto, bem como deixar de proceder aos exames referidos no art. 10 desta Lei:

Pena – detenção de seis meses a dois anos.

Parágrafo único. Se o crime é culposo:

Pena – detenção de dois a seis meses, ou multa.

Bem Jurídico Tutelado

Na primeira parte do art. 229, o bem jurídico tutelado consiste na identificação do recém-nascido e da gestante (art. 10, II), com o objetivo de reduzir as chances de troca de recém-nascidos na maternidade. Na segunda parte do art. 229, o bem jurídico respeita à vida e à saúde do recém-nascido e da gestante, mediante a realização dos exames referidos no art. 10, III.

Sujeitos do Crime

Tratando-se de crime próprio, é sujeito ativo o médico, o enfermeiro ou o dirigente do estabelecimento de atenção à saúde de gestante. A advertência quanto à responsabilidade penal objetiva lançada nos comentários do art. 228 aplica-se ao presente caso.

O sujeito passivo são o recém-nascido e a gestante, já que todos têm direito às informações sobre a gestação e o nascimento, inclusive para fins da sua saúde e identificação. O genitor, outrossim, figura como sujeito passivo tendo em vista o seu interesse na correta identificação do seu filho. Além disso, dada a possível influência sobre o registro civil decorrente da identificação errônea do recém-nascido, o Estado também pode figurar sujeito passivo mediato.

Condutas

Desde logo, registra-se que, enquanto o art. 228 penaliza o descumprimento das incumbências previstas no art. 10, I e IV, o art. 229 tipifica a violação das obrigações descritas no art. 10, II e III. Por sua vez, a infração aos deveres previstos no art. 10, V e VI, não constitui ilícito criminal.

10 NUCCI, Guilherme de Souza. *Estatuto da criança e do adolescente comentado:* em busca da constituição federal das crianças e dos adolescentes. 3. ed. Rio de Janeiro: Forense, 2017. p. 41.

O art. 229 pune basicamente duas condutas omissivas próprias. Na sua primeira parte, pune o agente que *deixa* (omitir-se, abster-se, não considerar) de *identificar* corretamente (precisar as características individuais de uma pessoa) o neonato (recém-nascido), mediante o registro da sua impressão plantar (exame do "pezinho"), como exige o art. 10, II, e de *identificar* a parturiente, por intermédio da impressão digital, consoante exige o art. 10, II, sem prejuízo de outras formas normatizadas pela autoridade administrativa competente. A previsão de dessas outras formas de identificação torna constitui norma penal em branco.

Já na sua segunda parte, o art. 229 pune o agente que *deixa* (omitir-se, abster-se, não considerar) de *proceder* (realizar) os exames de diagnóstico e terapêutica de anormalidades no metabolismo do recém-nascido, previstos no art. 10, III.

O objeto material sobre o qual incide a conduta são os documentos que permitem a identificação correta do recém-nascido e da parturiente bem como os exames de diagnóstico e terapêutica de anormalidades no metabolismo do recém-nascido.

Voluntariedade

O art. 229, *caput*, prevê o dolo (direto ou eventual). Já o art. 229, parágrafo único, prevê a culpa, a qual ocorrerá, geralmente, sob a forma de negligência ou, se houver a necessidade de alguma habilitação específica por parte do sujeito ativo, de imperícia.

O tipo não prevê finalidade especial (elemento subjetivo específico) na conduta do agente.

Consumação e Tentativa

O crime consuma-se quando ocorre a omissão em relação às providências descritas na norma.

Porque se trata de crime omissivo, não admite tentativa (*conatus*). A forma culposa também é incompatível com a tentativa.

Ação Penal

Todos os crimes previstos no ECA são de ação penal pública incondicionada (art. 227).

Tanto a forma dolosa quanto a culposa constituem crime de menor potencial ofensivo (art. 61 da Lei n. 9.099/95), admitindo também a suspensão condicional do processo (art. 89 da Lei n. 9.099/95).

Art. 230. Privar a criança ou o adolescente de sua liberdade, procedendo à sua apreensão sem estar em flagrante de ato infracional ou inexistindo ordem escrita da autoridade judiciária competente:

Pena – detenção de seis meses a dois anos.

Parágrafo único. Incide na mesma pena aquele que procede à apreensão sem observância das formalidades legais.

Bem Jurídico Tutelado

O bem jurídico tutelado consiste na liberdade da criança e do adolescente. **A liberdade da criança é garantida pela impossibilidade jurídica da sua apreensão**. Uma vez praticado ato infracional pela criança, a ela serão aplicadas, conforme preceitua o art. 105, as medidas de proteção previstas no art. 101, destacando-se que as medidas compreendidas entre os incisos I a VII são atribuição do Conselho Tutelar, conforme dispõe o art. 136. Então, cometido algum ato infracional por criança, ela deve ser conduzida ao Conselho Tutelar, que a encaminhará aos pais ou responsáveis, mediante termo de responsabilidade, sendo defesa a sua apreensão. Logo, a apreensão da criança é sempre ilegal, dada a sua impossibilidade jurídica. Isso não impede, todavia, que a criança seja conduzida à autoridade policial para prestar depoimento na condição de testemunha de algum crime, observando-se que, no processo penal, não há limite de idade para ser testemunha (art. 202 do CPP), diferentemente do processo civil (art. 447, § 1º, III, do NCPC).

A liberdade do adolescente, por sua vez, é garantida pelas formalidades da sua apreensão e pela limitação desta a duas hipóteses: flagrante de ato infracional[11], em analogia às hipóteses do art. 302 do CPP; e ordem escrita e fundamentada da autoridade judiciária. Afora essas hipóteses, a apreensão do adolescente é ilegal.

Sujeitos do Crime

Embora o cumprimento do mandado de apreensão seja ato desempenhado por policial civil ou militar ou pela própria autoridade policial, a apreensão pela prática de ato infracional em flagrante pode ser realizada por qualquer do povo (art. 301 do CPP). Logo, trata-se de crime comum, resultando que o sujeito ativo pode ser qualquer pessoa.

O sujeito passivo será a criança, cuja apreensão é sempre ilegal, na linha do exposto acima, e o adolescente.

Condutas

O art. 230 veda a apreensão que corresponda à "prisão para averiguação", a qual, segundo Renato Brasileira Lima, "consiste no arrebatamento de pessoas pelos órgãos de investigação para aferir a vinculação das mesmas a uma infração, ou para investigar a sua vida pregressa, independentemente de situação de flagrância ou de prévia autorização judicial".[12]

O art. 230 incrimina a conduta consistente em *privar* (impedir, tolher, retirar) a criança ou o adolescente da sua liberdade justamente mediante a sua apreensão ilegal. Quanto à criança, conforme exposto no item "bem jurídico tutelado" relativo ao art. 230, a sua apreensão será sempre ilegal, dada a sua impossibilidade jurídica. Reconhece-se a pertinência da crítica de Ishida ao presente dispositivo legal: "Trata-se de má redação da norma primária do tipo penal. Melhor seria que o tipo falasse no que concerne à criança em 'privar a criança de sua liberdade, em qualquer hipótese', separando-a das hipóteses legais de permissão da restrição da liberdade do adolescente".[13]

No tocante ao adolescente, o agente priva-o do seu direito fundamental à liberdade mediante: a) conduta comissiva: realizar a apreensão sem estado de flagrância ou sem mandado judicial; ou b) conduta omissiva: não observar as formalidades legais inerentes à apreensão (arts. 106 a 109, 171 a 176 e 178).

---

11 Ato infracional consiste na conduta típica, ilícita e culpável, praticada por criança ou adolescente, que é equiparada a algum tipo penal. Confira-se o art. 103 do ECA: Considera-se ato infracional a conduta descrita como crime ou contravenção penal.

12 LIMA, Renato Brasileiro de. *Legislação criminal especial comentada*. 3. ed. Salvador: Juspodivm, 2015. p. 664.

13 ISHIDA, Valter Kenji. *Estatuto da criança e do adolescente*: doutrina e jurisprudência. 17. ed. Salvador: Juspodivm, 2016. p. 684.

Exemplificativamente, incide no art. 230 o "[d]elegado de Polícia que apreende dois adolescentes e os leva para Delegacia, sem flagrante e sem ordem judiciária para tanto, para obter informação ou confissão sobre suposto furto ocorrido." (TJRS, 5ª C. Crim., Apelação Crime n. 70052849254, Rel. Ivan Bruxel, J. em 26/02/2014). No mesmo sentido: "Incidem nas penas cominadas no art. 230 do Estatuto da Criança e do Adolescente os policiais que, a descoberto de ordem judicial, invadem residência durante a madrugada, apreendem adolescente suspeito de haver furtado um deles e o espancam durante sua condução à delegacia" (TJDFT, 2ª. C. Criminal, Acórdão n.153510, 20000350009054APR, Rel. Getúlio Pinheiro, J. em 14/03/2002).

A privação a que se refere o art. 230 deve ser **momentânea, passageira**, embora não haja um marco legal definido. Caso o ato perdure um tempo considerável, juridicamente relevante, haverá a caracterização do crime de sequestro ou cárcere privado, tipificado no art. 148, § 1º, IV, do CP. Para esse concurso aparente de normas, é exatamente esta a solução apresentada por Nucci: "quem fizer apreensão do menor, sem as formalidades legais (cf. art. 106 desta Lei), incide na figura do art. 230. Aquele que privar o menor de 18 anos de sua liberdade, inserindo-o em cárcere, deve responder pelo art. 148, § 1º, IV, do Código Penal, com pena mais grave. Insistimos: a mera apreensão (retenção, prisão por algumas horas, detenção para averiguação) configura o delito do art. 230; outras formas mais duradouras de privação de liberdade equivalem, em nosso entendimento, ao sequestro ou cárcere privado".[14] A interpretação sistemática justifica plenamente esse entendimento: tendo em vista o objetivo da proteção do menor, seria incongruente que, para uma privação de liberdade duradoura, se aplicasse o ECA, que tipifica crime cuja pena máxima é de dois anos, em vez do CP, que tipifica crime cuja pena mínima é de dois anos.

Não obstante, é admitida a **restrição efêmera de criança e adolescente**, quando do exercício da busca referida no art. 244 do CPP: "A busca pessoal independerá de mandado, no caso de prisão ou quando houver fundada suspeita de que a pessoa esteja na posse de arma proibida ou de objetos ou papéis que constituam corpo de delito, ou quando a medida for determinada no curso de busca domiciliar." Por exemplo, os policiais que provocam uma restrição efêmera em adolescentes que estão em transporte coletivo para, diante da atitude suspeita deles, fazerem busca por drogas e armas não incorrem no crime sob estudo. Assim, nota-se que o essencial para essa restrição efêmera não tipificar o crime é a sua finalidade cautelar.

A autoridade policial que viola o prazo de cinco dias previsto no art. 185, § 2º, incorre na prática do crime tipificado no art. 235, para cujos comentários se remete o leitor.

Por outro lado, no concurso aparente entre o art. 230 do ECA e o art. 4º, *a*, da Lei n. 4.898/65 (abuso de autoridade), envolvendo menor, aquele prevalece em atenção ao princípio da especialidade.

O objeto material sobre o qual incide a conduta é a criança ou o adolescente ilegalmente apreendido.

Voluntariedade

O crime do art. 230 é doloso. Não há previsão de finalidade especial (elemento subjetivo específico) na conduta do agente tampouco de culpa.

---

14 NUCCI, Guilherme de Souza. *Estatuto da criança e do adolescente comentado:* em busca da constituição federal das crianças e dos adolescentes. 3. ed. Rio de Janeiro: Forense, 2017. p. 757.

No entanto, principalmente na hipótese de apreensão do adolescente em flagrante de ato infracional, deve-se atentar para a possibilidade do cometimento de **erro de tipo** pelo agente. Vale dizer: a suposição razoável pelo agente sobre o flagrante de ato infracional torna o crime – apreensão ilegal do adolescente – atípico.

Consumação e Tentativa

A consumação ocorre a partir do momento em que se realiza a apreensão indevida. Tratando-se de crime permanente, a consumação prolonga-se enquanto perdurar a privação da liberdade da vítima.

Na conduta comissiva (art. 230, *caput*), por se tratar de crime plurissubsistente, a tentativa (*conatus*) é possível; já a conduta omissiva (art. 230, parágrafo único) é incompatível com a tentativa.

Ação Penal

Todos os crimes previstos no ECA são de ação penal pública incondicionada (art. 227).

As figuras típicas previstas no art. 230 constituem crime de menor potencial ofensivo (art. 61 da Lei n. 9.099/95), admitindo também a suspensão condicional do processo (art. 89 da Lei n. 9.099/95).

No tocante à competência material, a Justiça Estadual, em regra, é competente, salvo se bem ou interesse federais forem atingidos (TRF4, 1ª T., ACR 1998.04.01.011209-4, Rel. Vladimir de Freitas, J. em 08/06/1999).

Art. 231. Deixar a autoridade policial responsável pela apreensão de criança ou adolescente de fazer imediata comunicação à autoridade judiciária competente e à família do apreendido ou à pessoa por ele indicada:

Pena – detenção de seis meses a dois anos.

Bem Jurídico Tutelado

O bem jurídico tutelado consiste no direito fundamental à liberdade do adolescente, o qual é reforçado pela comunicação da sua apreensão ao Poder Judiciário à sua família (art. 107 do ECA). A comunicação da segregação de qualquer pessoa à autoridade judiciária e aos seus familiares, por prejudicar o exercício da ampla defesa, é tão importante que a sua ausência constitui causa de relaxamento da prisão em flagrante (art. 306, *caput*, do CPP).

Embora se afigure desejável que essa mesma comunicação seja realizada ao membro do Ministério Público, tal como ocorre em relação à prisão em flagrante (art. 306, *caput*, do CPP), a sua ausência, no âmbito da apreensão do adolescente, não ostenta tipicidade em razão do princípio da legalidade, considerando que art. 231 do ECA não exige tal comunicação. A propósito, não se deve olvidar de que, pelo princípio da legalidade, é descabida a analogia *in malam partem*.

Em razão da atecnica legislativa, deve ser excluída a criança da previsão do art. 231, já que, como explicado no item "bem jurídico tutelado" atinente ao art. 230, é impossível juridicamente a apreensão de criança, a qual, se surpreendida na prática de ato infracional, deve ser encaminhada ao Conselho Tutelar. Assim, caso a autoridade policial deixe de comunicar a apreensão da criança à família desta e ao magistrado, ela incorrerá na prática do crime tipificado no art. 230.

Sujeitos do Crime

Tratando-se de crime próprio, o sujeito ativo somente pode ser a autoridade policial (delegado de polícia civil) responsável pela apreensão do adolescente.

O sujeito passivo, por sua vez, é o adolescente apreendido.

Condutas

O art. 231 pune a conduta praticada pela autoridade policial responsável pela apreensão do adolescente que *deixa* (omitir-se, abster-se, não considerar) de *fazer* (realizar, proceder) a imediata (de logo, sem intervalo) comunicação a respeito da apreensão do adolescente infrator ao Poder Judiciário e aos familiares seus ou pessoa por ele indicada.

Sublinha-se a **diferença**: no art. 230, a apreensão do menor em si é ilegal, desde a origem; já no art. 231, a apreensão do adolescente, originalmente, é legal, ou seja, ocorre por força de mandado judicial ou em flagrante de ato infracional, porém não é realizada a devida comunicação a seu respeito. Não obstante, o TJMG já reconheceu a existência de concurso entre os crimes dos arts. 230 e 231: "A apreensão do menor em operação policial sem a simultânea apresentação em juízo ou ao órgão ministerial, deixando-o em estabelecimento prisional da Delegacia, constitui crime dos artigos 230 e 231 do ECA" (TJMG, 2ª C. Criminal, Apelação Criminal n. 1.0267.04.910501-3/001, Rel. Reynaldo Carneiro, J. em 07/04/2005).

Em relação à comunicação dos familiares do adolescente apreendido ou da pessoa por ele indicada, a conduta será atípica quando, ausente a sua identificação civil, o adolescente recusar-se ou não souber informar a qualificação dessas pessoas, circunstância que deve ser certificada nos autos.

Por outro lado, no concurso aparente entre o art. 231 do ECA e o art. 4º, *c*, da Lei n. 4.898/65 (abuso de autoridade), envolvendo menor, aquele prevalece por força do princípio da especialidade.

O objeto material sobre o qual incide a conduta é o adolescente cuja apreensão não foi comunicada à sua família e à autoridade judiciária.

Voluntariedade

O crime do art. 231 é doloso. É pertinente destacar, contudo, que, embora inexista a forma culposa, a omissão negligente da autoridade policial pode ensejar a sua responsabilidade disciplinar, inclusive, como já decidiu o STJ, por improbidade administrativa (STJ, AREsp n. 883671, Decisão Monocrática, Rel. Magalhães, J. em 05/05/2016).

O tipo não prevê finalidade especial (elemento subjetivo específico) na conduta do agente.

Consumação e Tentativa

O crime previsto no art. 231 consuma-se no momento em que, finalizado o procedimento da apreensão, a autoridade policial responsável não realiza as comunicações devidas. Apesar de não haver um prazo legalmente estabelecido, a interpretação do adjetivo "imediata", constante do *caput*, considerando ainda a restrição à liberdade provocada pela apreensão, implica que as comunicações em questão devam ser realizadas tão logo o adolescente apreendido seja apresentado à autoridade policial.

Cuidando-se de crime omissivo próprio, não cabe tentativa (*conatus*).

Ação Penal

Todos os crimes previstos no ECA são de ação penal pública incondicionada (art. 227).

A figura típica prevista no art. 231 constitui crime de menor potencial ofensivo (art. 61 da Lei n. 9.099/95), admitindo também a suspensão condicional do processo (art. 89 da Lei n. 9.099/95).

> **Art. 232.** Submeter criança ou adolescente sob sua autoridade, guarda ou vigilância a vexame ou a constrangimento:
>
> Pena – detenção de seis meses a dois anos.

Bem Jurídico Tutelado

O bem jurídico tutelado consiste na integridade física, psíquica e moral da criança e do adolescente, bem como na sua dignidade. Há relação aqui com os arts. 17 e 18, ambos do ECA, e com o art. 227 da CF.

Sujeitos do Crime

Tratando-se de crime próprio, o sujeito ativo somente pode ser a pessoa que exerça autoridade (relação de subordinação), guarda (pessoa que detém o termo judicial de guarda e responsabilidade ou os pais, conforme os arts. 1.566, IV, e 1.634, II, ambos do CCB) ou vigilância (poder de controle de fato sobre o menor) sobre a criança ou o adolescente. Exemplificativamente, podem ser sujeitos ativos, portanto, o tutor (autoridade), o guardião (guarda) e o professor em sala de aula (vigilância).

O sujeito passivo, por sua vez, é a criança ou adolescente que, vinculado ao sujeito ativo por uma relação de autoridade, guarda ou vigilância, é submetido a vexame ou constrangimento.

Quanto aos sujeitos, segundo Rita Lopes da Silva, essencial faz-se "a existência de uma situação de subordinação entre sujeitos ativo e passivo, sendo que este último, necessariamente, será a criança ou adolescente".[15]

Condutas

O art. 232 incrimina a conduta do agente que, por força de relação de autoridade, guarda ou vigilância, *submete* (sujeitar, expor, subjugar) a criança ou adolescente à situação de vexame (vergonha, humilhação) ou de constrangimento (coação física – *vis corporalis* – ou coação psicológica – *vis moralis*). É a hipótese, por exemplo, de diretora de escola que "submeteu diversos

15 SILVA, Rita de Cássia Lopes da. *Estatuto da criança e do adolescente. Lei 8.069, de 13 de julho de 1990*. In: PRADO, Luiz Regis. (Coord.). Leis Penais Especiais Parte II. São Paulo: Revista dos Tribunais, 2009. p. 88.

alunos do estabelecimento de ensino citado a constrangimento e vexame, retirando-os das salas de aula e das filas para entrar nas salas, sem qualquer motivo justificável, sob o falso pretexto de não estarem com o uniforme da Escola, impedindo e privando-os de estudar, bem como expondo estes ao ridículo na frente de seus colegas de aula" (TJSC, Apelação n. 2007.045055-0, Rel. Roberto Pacheco, J. em 10/06/2008). Na mesma linha: "Com certeza o ato de desferir tapas no rosto de aluno, acompanhado da restrição de liberdade do mesmo para fins de punição, e imposição de disciplinar demonstram à saciedade o elemento subjetivo (dolo) exigido para configuração da figura penal do art. 232 do ECA" (TJRS, 5ª C. Criminal, Apelação Crime n. 70022003362, Rel. Aramis Nassif, J. em 15/05/08).

O **uso de algemas**, finalmente, foi disciplinado pelo Decreto n. 8.858, de 26 de setembro de 2016, o qual foi expedido para regulamentar o art. 199 da LEP, que é de 1984. O art. 2º desse Decreto, repetindo basicamente o enunciado n. 11 da Súmula Vinculante do STF, dispõe que é "permitido o emprego de algemas apenas em casos de resistência e de fundado receio de fuga ou de perigo à integridade física própria ou alheia, causado pelo preso ou por terceiros, justificada a sua excepcionalidade por escrito". Assim, existente um desses motivos, é lícito o uso de algemas em adolescente infrator, como, aliás, já decidiu o STJ, em 2010 (STJ, 5ª T., HC 140.982/RJ, Rel. Napoleão Nunes Maia Filho, J. em 19/11/2009).

No concurso aparente entre o art. 232 do ECA e o art. 4º, *b*, da Lei n. 4.898/65 (abuso de autoridade), envolvendo menor, aquele prevalece em função do princípio da especialidade.

Já no concurso aparente com o art. 146 do CP, considerando como vítima pessoa menor, o art. 232 do ECA prevalece porque é especial. Ademais, o dispositivo legal do Código Penal exige o elemento subjetivo específico ("não fazer o que a lei permite, ou a fazer o que ela não manda") não previsto no art. 232 do ECA.

O objeto material sobre o qual incide a conduta consiste na criança ou no adolescente que é submetido a vexame ou constrangimento por força da relação de autoridade, guarda ou vigilância que tem com o sujeito ativo.

Voluntariedade

O crime do art. 232 é doloso. Não há previsão de finalidade especial (elemento subjetivo específico) na conduta do agente tampouco de culpa.

Consumação e Tentativa

O tipo do art. 232 é comissivo, consumando-se com a ocorrência do resultado material. Sendo crime plurissubsistente, admite a tentativa (*conatus*).

Ação Penal

Todos os crimes previstos no ECA são de ação penal pública incondicionada (art. 227).

A figura típica prevista no art. 232 constitui crime de menor potencial ofensivo (art. 61 da Lei n. 9.099/95), admitindo também a suspensão condicional do processo (art. 89 da Lei n. 9.099/95).

Art. 233. (Revogado pela Lei nº 9.455, de 7.4.1997)

O art. 233 do ECA foi revogado pela Lei n. 9.455/97 (art. 4º), que dispõe sobre os crimes de tortura (STJ, 6ª T., RHC 10049 CE 2000/0047292-1, Rel. Vicente Leal, J. em 06/12/01). Remete-se o leitor, portanto, aos comentários existentes nesta obra sobre a Lei n. 9.455/97.

Art. 234. Deixar a autoridade competente, sem justa causa, de ordenar a imediata liberação de criança ou adolescente, tão logo tenha conhecimento da ilegalidade da apreensão:
Pena – detenção de seis meses a dois anos.

Bem Jurídico Tutelado

O bem jurídico tutelado consiste no direito fundamental à liberdade do menor, a qual é violada quando a sua apreensão ilegal é mantida. Na linha dos comentários sobre o art. 230, a apreensão – instituto reservado apenas ao adolescente – da criança será sempre ilegal.

Sujeitos do Crime

Tratando-se de crime próprio, o sujeito ativo somente pode ser a pessoa que tem a competência/atribuição de determinar a liberação do adolescente. Nesse caso, o art. 234 refere-se ao magistrado e à autoridade policial (posição sustentada por Rogério Sanchez[16], Nucci[17] e Rita Lopes da Silva[18]). Ishida[19] e Cláudia Canto Condack[20] acrescentam que o membro do Ministério do Público pode ser o sujeito ativo. Isso pode ocorrer quando da apresentação, pela autoridade policial ao Promotor de Justiça, do adolescente apreendido em flagrante (art. 175). Se o Promotor de Justiça constatar a ilegalidade da apreensão, deve determinar à autoridade policial a liberação do adolescente.

O sujeito passivo é a criança ou o adolescente submetido à apreensão ilegal.

Condutas

O art. 234 pune a conduta do magistrado ou da autoridade policial que, sem justa causa, *deixa* (omitir-se, abster-se, não considerar) de *ordenar* (mandar, determinar) a imediata liberação do menor que esteja ilegalmente apreendido. A imediatidade da ordem de liberação ("tão logo tenha conhecimento") deve ser interpretada literalmente, pois a apreensão restringe um direito fundamental do menor. Nessa restrição, toda interpretação deve privilegiar o fim perseguido pela norma protetiva. Logo, assim que o sujeito ativo tiver conhecimento da ilegalidade da apreensão, ele deve ordenar a soltura do menor.

---

16 ROSSATO, Luciano Alves. LÉPORE, Paulo Eduardo. SANCHEZ, Rogério. *Estatuto da criança e do adolescente:* Lei n. 8.069/90 comentada artigo por artigo. 8. ed. São Paulo: Saraiva, 2016. p. 578.

17 NUCCI, Guilherme de Souza. *Estatuto da criança e do adolescente comentado*: em busca da constituição federal das crianças e dos adolescentes. 3. ed. Rio de Janeiro: Forense, 2017. p. 762.

18 SILVA, Rita de Cássia Lopes da. *Estatuto da criança e do adolescente. Lei 8.069, de 13 de julho de 1990.* In: PRADO, Luiz Regis. (Coord.). Leis Penais Especiais Parte II. São Paulo: Revista dos Tribunais, 2009. p. 89.

19 ISHIDA, Valter Kenji. *Estatuto da criança e do adolescente*. doutrina e jurisprudência. 17. ed. Salvador: Juspodivm, 2016. p. 692.

20 CONDACK, Claudia Canto. *Dos crimes*. In: MACIEL, Kátia Regina. F. L. A. (Coord.). Curso de Direito da Criança e do Adolescente. 9. ed. São Paulo: Saraiva, 2016. p. 1227.

O elemento normativo "sem justa causa", em regra, diz respeito à licitude ou ilicitude da conduta prevista. Todavia, como anota Nucci, quando a expressão "sem justa causa" é trazida para o interior do tipo, no preceito primário, ela influi na tipicidade.[21] Ademais, segundo Greco, uma vez inserida no tipo, a expressão "sem justa causa" passa a ser "um elemento de natureza normativa, que dá ensejo a um juízo de valor que será realizado caso a caso".[22] Por isso, se a apreensão do adolescente (lembra-se que a apreensão de criança é sempre ilegal) for legal, a não liberação dele não constitui apenas estrito cumprimento do dever legal (nível da ilicitude), mas fato atípico (nível da tipicidade).

Se o sujeito ativo ignorar a ilegalidade da apreensão, haverá erro de tipo quanto à não liberação do adolescente, não havendo responsabilização do agente. Essa situação ocorre, por exemplo, quando os condutores do adolescente omitem a ilegalidade da apreensão, hipótese em que a autoridade competente não incorrerá na prática do presente crime; já esses condutores responderão pelo crime tipificado no art. 230.

No concurso aparente de normas entre o art. 234 do ECA e o art. 4º, *d*, da Lei n. 4.898/65 (abuso de autoridade), envolvendo menor como sujeito passivo, prevalece aquele em atenção ao princípio da especialidade.

Se o prazo do art. 108 é excedido, a conduta tipifica o crime do art. 235, para cujos comentários se remete o leitor.

O objeto material sobre o qual incide a conduta é a própria criança, cuja apreensão será sempre ilegal, ou o adolescente, cuja apreensão sem estado de flagrância, sem ordem judicial ou sem observar as formalidades previstas no ECA, é ilegal.

Voluntariedade

O crime do art. 234 é doloso. Não há previsão de finalidade especial (elemento subjetivo específico) na conduta do agente tampouco de culpa.

Consumação e Tentativa

A consumação ocorre no exato momento em que a autoridade policial, quando recebe o adolescente apreendido pela polícia militar, p. ex., ou o magistrado, quando recebe oficialmente a informação sobre a apreensão, toma conhecimento da ilegalidade e, inobstante, deixa de ordenar a liberação do menor.

Cuidando-se de crime omissivo próprio, não cabe a tentativa (*conatus*).

Ação Penal

Todos os crimes previstos no ECA são de ação penal pública incondicionada (art. 227).

A figura típica prevista no art. 234 constitui crime de menor potencial ofensivo (art. 61 da Lei n. 9.099/95), admitindo também a suspensão condicional do processo (art. 89 da Lei n. 9.099/95).

---

21 NUCCI, Guilherme de Souza. *Estatuto da criança e do adolescente comentado:* em busca da constituição federal das crianças e dos adolescentes. 3. ed. Rio de Janeiro: Forense, 2017. p. 762.

22 GRECO, Rogério. *Código penal comentado*. 6. ed. Niterói: Impetus, 2012. p. 771.

Art. 235. Descumprir, injustificadamente, prazo fixado nesta Lei em benefício de adolescente privado de liberdade:
Pena – detenção de seis meses a dois anos.

Bem Jurídico Tutelado

O bem jurídico tutelado consiste no direito fundamental à liberdade do adolescente apreendido, que é violada quando se excedem os prazos fixados no ECA em favor do adolescente privado da sua liberdade.

Os prazos previstos no ECA em favor do adolescente apreendido são os seguintes: a) arts. 108 e 183 – prazo máximo da internação provisória (45 dias); b) art. 121 – prazo máximo da internação (3 anos, com reavaliação da necessidade da medida em, no máximo, 6 meses, e com liberação compulsória aos 21 anos de idade); c) art. 122, § 1º – prazo da internação por descumprimento reiterado e injustificável da medida anteriormente imposta (3 meses); d) art. 175 – prazo para a apresentação do adolescente apreendido em flagrante pela autoridade policial ao Ministério Público (24 horas); e) art. 179 – prazo para o membro do Ministério Público ouvir informalmente o adolescente apreendido em flagrante e, sendo possível, os seus familiares (no dia da apresentação); e f) art. 185, § 2º – prazo para a transferência do adolescente internado provisoriamente em unidade policial, em seção separada da dos adultos, para a entidade de atendimento (5 dias).

Especificamente quanto à internação provisória (arts. 108 e 183), não obstante a previsão legal acerca da sua improrrogabilidade, se ela for prorrogada por força de decisão judicial, não haverá crime. Há jurisprudência de Tribunais de Justiça (como a Justiça Federal não tem competência para o julgamento de atos infracionais, consoante o art. 109, IV, da CF, não há decisões dos Tribunais Regionais Federais a respeito – v. comentários ao art. 225) que, com base na proporcionalidade e na colisão entre os valores alusivos à internação provisória, admite essa prorrogação: a) TJSE, C. Criminal, AI nº 201300309851 nº único 0004704-35.2013.8.25.0000, Rel. Luiz Mendonça, J. em 30/07/2013; b) TJRS, 7ª C. Cível, HC nº 70070953229, Rel. Jorge Dall'Agnol, J. em 26/10/2016; c) TJMG, 2ª C. Cível, Apelação Cível 1.0223.10.013329-5/001, Rel. Afrânio Vilela, J. em 10/06/2014. Em sentido contrário, no entanto, têm decido o STJ e o STF: d) STJ, 6ª T., HC 306.667/SP, Rel. Rogerio Schietti Cruz, J. em 24/02/2015; e) STJ, 5ª T., HC 131.770/RS, Rel. Napoleão Maia Filho, J. em 26/05/2009; f) STJ, 5ª T., RHC 27.268/RS, Rel. Laurita Vaz, J. em 18/02/2010; e g) STF, HC 96629 reconsideração/PI, Rel. Celso de Mello, J. em 26/11/2008.

Sujeitos do Crime

Tratando-se de crime próprio, pode ser sujeito ativo apenas o agente que tem a atribuição (autoridade policial ou membro do Ministério Público) ou competência (juiz de direito) para praticar atos que influam sobre a liberdade do adolescente apreendido. Diante disso, constata-se que o art. 235 se destina, principalmente ao magistrado e à autoridade policial, pois eles praticam a maioria dos atos que interferem sobre a liberdade do adolescente, a exemplo dos arts. 183 e 175, respectivamente. O membro do Ministério Público pode ser responsabilizado pelo descumprimento do art. 179, cuja omissão não é, inicialmente, passível de verificação pelo juízo para os fins de liberar o adolescente; eventual descumprimento dos outros prazos a que o membro do Ministério Público se submete não ostenta tipicidade pela ausência de dano material, destacando-se que o crime do art. 235 é material. Por exemplo, se o promotor de justiça tardar em oferecer as alegações finais em processo que imputa a prática de ato infracional a adolescente que se encontra apreendido, o juiz pode conceder a liberdade a este, não havendo assim prejuízo material ao adolescente.

O sujeito passivo é o adolescente apreendido. O ECA, no presente dispositivo legal, observou a **impossibilidade jurídica de a criança ser apreendida**, conforme já exposto nos comentários do item "bem jurídico tutelado" relativo ao art. 230. Já o adolescente que responde ao processo ("representação") por ato infracional em liberdade não pode ser sujeito passivo, visto que o descumprimento dos prazos não implica prejuízos à sua liberdade.

Condutas

O art. 235 pune a conduta do agente que *descumpre* (deixar de executar, desobedecer), sem justificativa (elemento normativo do tipo), prazo fixado em favor do adolescente apreendido.

A inserção do elemento normativo *injustificadamente*, no âmbito do tipo, revela que, se houver justificativa para descumprir o prazo fixado em favor do adolescente apreendido, a conduta será atípica (v. comentários no item "condutas" referente ao art. 234 do ECA). "Por exemplo: adolescente infrator internado provisoriamente em repartição separada na Cadeia Pública da Comarca de Teodoro Sampaio, distante mais de 600 km da unidade de internação (Comarca de São Paulo), sendo impossível o cumprimento do prazo de cinco dias."[23]

No conflito aparente entre o art. 235 do ECA e o art. 4º, *i*, da Lei n. 4.898/95 (abuso de autoridade), prevalece aquele em respeito ao princípio ou critério da especialidade (*lex specialis derogat generali*).

O objeto material sobre o qual incide a conduta é o prazo fixado no ECA em favor do menor que se encontra apreendido.

Voluntariedade

O crime do art. 235 é doloso. Não há previsão de finalidade especial (elemento subjetivo específico) na conduta do agente tampouco de culpa.

Consumação e Tentativa

A consumação ocorre a partir do momento do vencimento do prazo, sem a prática do respectivo ato devido, fixado em favor do adolescente apreendido.

Cuidando-se de crime omissivo próprio, não cabe a tentativa (*conatus*).

Ação Penal

Todos os crimes previstos no ECA são de ação penal pública incondicionada (art. 227).

A figura típica prevista no art. 235 constitui crime de menor potencial ofensivo (art. 61 da Lei n. 9.099/95), admitindo também a suspensão condicional do processo (art. 89 da Lei n. 9.099/95).

---

23 ISHIDA, Valter Kenji. *Estatuto da criança e do adolescente*: doutrina e jurisprudência. 17. ed. Salvador: Juspodivm, 2016. p. 694.

Art. 236. Impedir ou embaraçar a ação de autoridade judiciária, membro do Conselho Tutelar ou representante do Ministério Público no exercício de função prevista nesta Lei:
Pena – detenção de seis meses a dois anos.

Bem Jurídico Tutelado

O bem jurídico tutelado consiste na administração da justiça, especialmente a da infância e juventude. É a mesma objetividade jurídica dos crimes previstos no Capítulo III do Título XI da Parte Especial do Código Penal (arts. 338 a 359 do CP).

Sujeitos do Crime

Tratando-se de crime comum, o sujeito ativo pode ser qualquer pessoa que intervenha negativamente na ação do Poder Judiciário, do Ministério Público ou do Conselho Tutelar.

O sujeito passivo é o Estado, representado, no caso, pela autoridade judiciária, pelo membro do Conselho Tutelar ou pelo representante do Ministério Público. Frisa-se que a expressão "autoridade judiciária" não designa apenas o magistrado, como já decidiu o STF: "Estatuto da Criança e do Adolescente – Artigo 236 – Alcance da expressão "Autoridade Judiciária". A expressão envolve toda e qualquer autoridade judiciária no desempenho da função, não se restringindo à figura do juiz da Vara da Infância e do Adolescente" (STF, 1ª T., HC 84394, Rel. Marco Aurélio, J. em 03/08/2004).

Condutas

O crime do art. 236 pune a conduta do agente que *impede* (obstar, interromper, não permitir) ou *embaraça* (perturbar, atrapalhar) a ação da autoridade judiciária, do membro do Conselho Tutelar ou do representante do Ministério Público no desempenho das suas funções previstas pelo ECA. Destacam-se as seguintes funções: a) autoridade judiciária: arts. 148 e 149; b) Conselho Tutelar: art. 136; c) Ministério Público: art. 201.

Trata-se de tipo misto alternativo, motivo pelo qual a prática das duas condutas, impedir e embaraçar, no mesmo contexto, caracteriza crime único, não havendo que se cogitar em concurso de crimes. No tipo misto alternativo, a realização de mais de um verbo nuclear é sopesada na primeira fase da dosimetria da pena (art. 59 do CP), razão pela qual o agente que pratica mais de um verbo nuclear merece uma pena mais elevada do que aquele que pratica apenas um.

O verbo nuclear "impedir" não apresenta dificuldades, pois traduz a ideia de alguma conduta do sujeito ativo que, de fato, obstaculize a ação do sujeito passivo, retirando-lhe inclusive meios alternativos para o desempenho da sua ação. Por sua vez, o verbo "**embaraçar**" apresenta complexidade maior, pois consiste em alguma conduta do sujeito ativo que, realmente, atrapalhe a ação que deve ser desempenhada pelo sujeito passivo. Logo, incorre na prática deste crime o réu que nega "ao Conselho Tutelar desta cidade a disponibilidade do veículo cedido pela municipalidade ao referido conselho, comportamento que, por si só, tipifica o fato apurado neste caderno processual, posto que acabou por embaraçar a atuação dos membros do Conselho Tutelar desta cidade" (TJPR, Turma Recursal Única, Apclação 20070010343-3, Rel. Cristiane Leite, J. em 19/10/2007). Nota-se, assim, que o essencial para tipificar o presente crime é o dolo do sujeito ativo direcionado a que o sujeito passivo não realize a sua ação. Por isso, xingamentos e manifestação de descontentamento lançados pelo sujeito ativo ao passivo, se não voltados ao embaraço da ação que por este deve ser desempenhada, não caracterizam o crime. A propósito: "APELAÇÃO CRIME. IMPEDIR A AÇÃO DE CONSELHEIRO TUTELAR. ARTIGO 236, DA LEI Nº 8.069/90. Diante da prova judicializada não se constata na atuação dos recorridos, o dolo inerente ao tipo penal denunciado, ou seja, a intenção de impedir ou embaraçar a ação de membros do Conselho Tutelar no exercício de função prevista na Lei nº 8.069/90. Além disso, a obstrução deve ser evidente e objetiva, não caracterizando o tipo penal em comento a manifestação de descontentamento, falta de educação ou o comportamento hostil. RECURSO PROVIDO" (TJRS, Turma Recursal Criminal, Recurso Crime n. 71006363386, Rel. Luis Piccinin, J. em 30/01/2017).

O objeto material sobre o qual incide a conduta é a ação da autoridade judiciária, do membro do Conselho Tutelar ou do representante do Ministério Público que foi impedida ou embaraçada pelo sujeito ativo.

O crime do art. 236 do ECA assemelha-se ao tipificado no art. 329 do CP (resistência). Este, todavia, exige o emprego de violência ou ameaça. Além disso, o crime do art. 236 do ECA é especial em relação ao do art. 329 do CP porque a conduta nele prevista se dirige ao impedimento ou embaraço de determinadas pessoas apenas (autoridade judiciária, membro do Conselho Tutelar ou representante do Ministério Público que esteja no exercício de função prevista no ECA).

Voluntariedade

O crime do art. 236 é doloso. Não há previsão de finalidade especial (elemento subjetivo específico) na conduta do agente tampouco de culpa.

Consumação e Tentativa

Quanto ao verbo nuclear *impedir*, o crime consuma-se com o efetivo impedimento da ação do agente público. Se a conduta empregada pelo sujeito ativo for comissiva, é possível a tentativa (*conatus*); se a conduta for omissiva, a tentativa é impossível.

Quanto ao verbo nuclear *embaraçar*, valem as mesmas observações. Deve-se observar, contudo, que a tentativa de impedir poder caracterizar a conduta de embaraçar. Acertadamente, Rita Lopes da Silva sustenta que "deve ser considerado que a tentativa de impedir caracteriza a segunda modalidade criminosa, ou seja, embaraçar; quem tenta impedir a realização de um ato acaba por atrapalhar a sua realização".[24] Em resumo: na conduta omissiva, a tentativa é descabida; na conduta comissiva, a tentativa de impedir geralmente caracterizará a consumação da ação de embaraçar.

Ação Penal

Todos os crimes previstos no ECA são de ação penal pública incondicionada (art. 227).

A figura típica prevista no art. 236 constitui crime de menor potencial ofensivo (art. 61 da Lei n. 9.099/95), admitindo também a suspensão condicional do processo (art. 89 da Lei n. 9.099/95).

Art. 237. Subtrair criança ou adolescente ao poder de quem o tem sob sua guarda em virtude de lei ou ordem judicial, com o fim de colocação em lar substituto:

24 SILVA, Rita de Cássia Lopes da. *Estatuto da criança e do adolescente. Lei 8.069, de 13 de julho de 1990*. In: PRADO, Luiz Regis. (Coord.). Leis Penais Especiais Parte II. São Paulo: Revista dos Tribunais, 2009. p. 92.

Pena – reclusão de dois a seis anos, e multa.

Bem Jurídico Tutelado

O bem jurídico tutelado consiste no direito da criança e do adolescente a ser criado pela sua família. Também inclui o direito dos genitores (incluindo o guardião e o tutor) em ter consigo o filho menor.

Sujeitos do Crime

Tratando-se de crime comum, o sujeito ativo pode ser qualquer pessoa que não detenha a guarda, legal (pais) ou judicial (guardião), da criança ou adolescente. Por isso, o genitor destituído do poder familiar sobre o filho menor pode ser sujeito ativo. No HC 203.405/MS, o STJ reconheceu a validade de interceptação telefônica determinada em processo cível envolvendo a busca e apreensão de menor, em trâmite perante Vara de Família, para averiguação do possível cometimento do crime tipificado no art. 237 do ECA pelo pai do menor (STJ, 3ª T., HC 203.405/MS, Rel. Sidnei Beneti, J. em 28/06/2011).

O sujeito passivo é tanto o menor subtraído quanto a pessoa que detém a guarda sobre ele.

Condutas

O art. 237 incrimina a conduta de *subtrair* (retirar) o menor ao poder de quem tenha, na forma da lei, a sua guarda, com a finalidade especial de colocá-lo em outra família. De fato: "Comete, em tese, o delito previsto no art. 237 do Estatuto da Criança e do Adolescente o agente que apanha criança que estava sob os cuidados do guardião e a leva para residir consigo" (TJSC, 2ª C. Crim., Conflito de Jurisdição n. 1001847-21.2016.8.24.0000, Rel. Sérgio Rizelo, J. em 08/11/2016).

A finalidade especial do sujeito ativo (com o fim de colocação em lar substituto) é característica essencial do tipo e consiste na justificativa para prevalecer o art. 237 do ECA quando em conflito aparente com o art. 249 do CP ("Ré que admitiu a subtração de seu neto, porém sem a finalidade de colocá-lo em lar substituto. Desclassificação para o crime previsto no artigo 249 do Código Penal" – TJSP, 16ª C. Crim., Ap. n. 0010930-45.2011.8.26.0664, Rel. Pedro Menin; J. em 25/09/2012). Além disso, se a subtração for praticada com outra finalidade, haverá a tipificação de outro delito, a exemplo dos crimes previstos nos arts. 148 ou 159, ambos do CP.

Contudo, sustenta-se, em opinião própria, a atipicidade da **retirada do menor da sua família, diante da suspeita da prática de algum crime praticado contra ele**. É o caso, por exemplo, do conselheiro tutelar que, acionado por médico que atende o menor, suspeita que este é vítima de crime sexual praticado pelos seus genitores e, mesmo contra a vontade destes, o recolhe às dependências do Conselho Tutelar ou o encaminha a uma instituição de acolhimento, de tudo comunicando o Ministério Público. Essa conduta representa típico caso de legítima defesa de terceiro, sendo plenamente justificada e respaldada pelo princípio da proteção integral adotado pelo ECA. Ademais, o menor tem verdadeiro "direito de refúgio" (art. 16, VII), que pode ser exercido, em casos extremos, inclusive contra a sua família. O art. 16, VII, aliás, "significa deixar claro a terceiros a viabilidade de uma criança ou adolescente *fugir de casa* (ou do abrigo), quando sofrer maus-tratos, podendo encontrar proteção noutro lugar (vizinho, parente, amigo), sem que essa pessoa possa ser processada pelos pais do *refugiado* (ou pelo responsável pelo abrigo)".[25] Segundo Ishida: "Refúgio significa local seguro. Isso permite que a criança e o adolescente saiam até da sua família em caso de necessidade, como, por exemplo, a violência física".[26] Enfim, não há de se comprometer a integridade física e/ou psíquica de um menor apenas para serem respeitadas formalidades legais. De todo modo, nesse exemplo recém fornecido, o conselheiro não atua com dolo, o que impede a criminalização da sua conduta.

O objeto material sobre o qual incide a conduta é a criança ou o adolescente.

Voluntariedade

O crime do art. 237 é doloso, com exigência da finalidade especial (elemento subjetivo do tipo) consistente no objetivo de colocar o menor em lar substituto.

O tipo não prevê a forma culposa.

Consumação e Tentativa

A consumação ocorre com a efetiva subtração da criança ou do adolescente, independentemente da colocação em lar substituto, que, se ocorrer, representa mero exaurimento. Neste, o agente leva o crime já consumado a consequências mais lesivas ao bem jurídico protegido, razão por que, na primeira fase da dosimetria da pena (art. 59), a circunstância judicial "consequências do crime" lhe é valorada negativamente.

Tratando-se de crime plurissubsistente, a tentativa (*conatus*) é possível.

Ação Penal

Todos os crimes previstos no ECA são de ação penal pública incondicionada (art. 227).

Tendo em vista as penas mínima e máxima, o crime sob estudo não constitui infração de menor potencial ofensivo (art. 61 da Lei n. 9.099/95) tampouco admite o *sursis* processual (art. 89 da Lei n. 9.099/95).

> **Art. 238.** Prometer ou efetivar a entrega de filho ou pupilo a terceiro, mediante paga ou recompensa:
>
> Pena – reclusão de um a quatro anos, e multa.
>
> Parágrafo único. Incide nas mesmas penas quem oferece ou efetiva a paga ou recompensa.

Bem Jurídico Tutelado

O bem jurídico tutelado consiste no direito fundamental do filho ou pupilo, que deve ser criança ou adolescente, à convivência saudável em situação familiar regular. É igualmente

25 NUCCI, Guilherme de Souza. *Estatuto da criança e do adolescente comentado*: em busca da constituição federal das crianças e dos adolescentes. 3. ed. Rio de Janeiro: Forense, 2017. p. 63.

26 ISHIDA, Valter Kenji. *Estatuto da criança e do adolescente:* doutrina e jurisprudência. 17. ed. Salvador: Juspodivm, 2016. p. 68.

protegida a dignidade humana[27] do menor, o qual é "coisificado", ou seja, equiparado a um objeto ou a uma coisa, ao ser comercializado. Por fim, tutela-se também o sistema jurídico da adoção, pois a prática do presente crime implica prejuízo ao sistema nacional de adoção.

Sujeitos do Crime

Como o crime previsto no art. 238, *caput*, é próprio, o sujeito ativo são, somente, os genitores, o guardião ou o tutor. No caso do art. 238, parágrafo único, que constitui crime comum, o sujeito ativo pode ser qualquer pessoa.

O sujeito passivo é o filho ou o pupilo cuja entrega é prometida ou efetivada a terceiro mediante paga ou recompensa. Anota-se que, para a caracterização do presente tipo, o filho deve ser menor, vale dizer, criança ou adolescente; se o filho for maior, a sua entrega prometida ou efetivada é atípica. Rememora-se que o pupilo, por definição legal (art. 1728, *caput*, do CCB), é sempre pessoa menor de idade.

O nascituro está compreendido no conceito de filho e, para o STJ, pode ostentar a condição de sujeito passivo. Confira-se: "O vocábulo 'filho', empregado no tipo penal do art. 238 da lei 8.069/90, abrange tanto os nascidos como os nascituros" (STJ, 5ª T., REsp 48.119/RS, Rel. Assis Toledo, J. em 20/03/1995). Esse entendimento pode ser justificado no princípio da proteção integral da criança e do adolescente, o qual, por sua vez, acolhe a teoria concepcionista da personalidade[28], segundo a qual o nascituro tem direitos reconhecidos desde a concepção.

Condutas

O art. 238, *caput*, incrimina a conduta do sujeito ativo (genitores, guardião ou tutor) que *promete* (obrigar-se, vincular-se) ou *efetiva* (concretizar, realizar) a entrega de filho ou pupilo a terceiro, com a finalidade especial de receber pagamento ou recompensa de cunho econômico.

O art. 238, *caput*, exige a existência de um sujeito ativo que ofereça e/ou efetive o pagamento. Essa conduta é incriminada pelo art. 238, parágrafo único, que pune o sujeito ativo que *oferece* (promoter, propor) ou *efetiva* (realizar, concretizar) a paga ou recompensa.

O crime sob estudo visa combater o chamado "tráfico de crianças", que envolve a comercialização de crianças para serem entregues a outras famílias. Também se evita a "barriga de aluguel"[29], quando a mulher, com base em interesse econômico, promete a entrega do nascituro a terceiros, o que costuma ocorrer em casais cuja mulher é infértil.

No concurso aparente entre o art. 238 do ECA e o 245, *caput*, do CP, se houver a finalidade especial de obter paga ou recompensa, prevalece aquele; se excluído o interesse econômico, o destinatário da entrega oferecer risco material e/ou moral ao menor, prevalece este; se, por fim, não houver interesse econômico e risco material e/ou moral ao menor, o fato é atípico. Essa terceira hipótese ocorre, por exemplo, quando a genitora, reconhecendo a sua incapacidade material e/ou moral para criar o seu filho menor, entrega este, graciosamente, a um casal

27 Sobre o princípio da dignidade da pessoa humana, v.: BARROSO, Luís Roberto. Aqui, lá e em todo lugar: a dignidade humana no direito contemporâneo e no discurso transnacional. *Revista dos Tribunais*. Ano 101, v. 919, maio/2012, p. 127-196.

28 TARTUCE, Flávio. *Manual de direito civil*. 2. ed. Rio de Janeiro: Forense, 2012. p. 72.

29 O Conselho Federal de Medicina, pela sua Resolução CFM n. 2.121/2015, adotou normas éticas para a utilização das técnicas de reprodução assistida.

idôneo com o único propósito de que o menor seja criado em melhores condições. Esse casal, na sequência, registra o filho como se fosse seu, situação, aliás, que caracteriza a "adoção à brasileira", conforme a doutrina.[30] Enquanto o fato praticado pela genitora é atípico, a conduta praticada pelo casal encontra possível tipificação no art. 242 do CP.

Não é de grande importância a divergência doutrinária atinente à revogação tácita operada do art. 245, § 1º, do CP, quanto à intenção de obter lucro, pelo art. 238 do ECA. Independentemente do dispositivo legal que prevaleça, as penas são iguais, ou seja, de um a quatro anos de reclusão.

O objeto material sobre o qual incide a conduta é o filho menor ou o pupilo objeto da promessa ou da efetiva entrega a terceiros.

Voluntariedade

O crime do art. 238 é doloso e exige finalidade especial (elemento subjetivo específico) consistente no objetivo econômico.

O tipo não prevê a forma culposa.

Consumação e Tentativa

No respeitante à conduta *prometer* (art. 238, *caput*), o crime é formal, ocorrendo a consumação no momento em que a promessa é realizada, independentemente da efetiva entrega do menor ou do recebimento do pagamento. A tentativa (*conatus*), de difícil ocorrência na prática, ocorreria, por exemplo, na interceptação da carta remetida pelo genitor ao terceiro interessado contendo a promessa de entrega do filho mediante pagamento.

Quanto ao verbo nuclear *efetivar* (art. 238, *caput*), o crime é material, sucedendo a consumação no momento em que a criança é realmente entregue. Tratando-se de crime plurissubsistente, admite a tentativa.

O recebimento pelo sujeito ativo da paga ou recompensa, no caso do art. 238, *caput*, representa mero exaurimento (v. comentários ao item "consumação e tentativa" ao art. 237).

No atinente à conduta *oferecer* (art. 238, parágrafo único), o crime é formal, ocorrendo a consumação quando é realizada a oferta de paga ou recompensa. A tentativa, de difícil ocorrência na prática, ocorreria, por exemplo, na interceptação da carta remetida pelo terceiro interessado contendo o oferecimento de pagamento ao genitor.

No tocante ao verbo nuclear *efetivar* (art. 238, parágrafo único), o crime é material, sucedendo a consumação quando o pagamento é realizado. Tratando-se de crime plurissubsistente, a tentativa é admissível.

Ação Penal

Todos os crimes previstos no ECA são de ação penal pública incondicionada (art. 227).

---

30 FARIAS, Cristiano Chaves. ROSENVALD, Nelson. *Curso de direito civil:* famílias, volume 6. 7. ed. São Paulo: Atlas, 2015. p. 925-926. Anota-se, no entanto, que, para Digiácomo, a "adoção à brasileira" é criminosa (DIGIÁCOMO, Murillo José. *Estatuto da criança e do adolescente anotado e interpretado*. 6. ed. Curitiba: Ministério Público do Estado do Paraná. Centro de Apoio Operacional das Promotorias da Criança e do Adolescente, 2013. p. 18-19. Disponível em: <http://www.crianca.mppr.mp.br/arquivos/File/publi/caopca/eca_anotado_2013_6ed.pdf>. Acesso em: 17 mar. 2017.

O presente crime configura infração de médio potencial ofensivo, pois, apesar de permitir o benefício da suspensão condicional do processo em razão de a pena mínima ser igual a um ano (art. 89 da Lei n. 9.099/95), a pena máxima é superior a dois anos, o que afasta a competência do Juizado Especial Criminal (art. 61 da Lei n. 9.099/95).

Art. 239. Promover ou auxiliar a efetivação de ato destinado ao envio de criança ou adolescente para o exterior com inobservância das formalidades legais ou com o fito de obter lucro:

Pena – reclusão de quatro a seis anos, e multa.

Parágrafo único. Se há emprego de violência, grave ameaça ou fraude.

Pena – reclusão, de 6 (seis) a 8 (oito) anos, além da pena correspondente à violência.

Bem Jurídico Tutelado

O bem jurídico tutelado consiste na proteção conferida pelo ordenamento jurídico à família da criança ou do adolescente. Tutela-se também a dignidade humana do menor (v. comentários ao item "bem jurídico tutelado" do art. 238).

Sujeitos do Crime

Tratando-se de crime comum, o sujeito ativo pode ser qualquer pessoa. Todavia, tem razão Ishida ao excluir os genitores da condição de sujeito ativo: "Se os pais cometerem o crime relacionado não respondem pelo delito do art. 239 do ECA. Se houver a entrega a pessoa com perigo material e moral, respondem pelo delito do art. 245 do CP. Se a entrega não for acompanhada desse perigo, respondem pelo delito do art. 238 do ECA".[31] Sublinha-se que esse entendimento pode ser estendido ao guardião e tutor, no caso do art. 238.

O sujeito passivo é a criança ou o adolescente sobre o qual recai a conduta.

Condutas

O art. 239 coíbe o tráfico internacional de menores, enquanto o art. 238 proíbe o tráfico nacional. Destaca-se que o Brasil é signatário da Convenção Interamericana sobre Tráfico Internacional de Menores (Decreto 2.740, de 20 de agosto de 1998). O art. 2º, *b*, desta Convenção, entende o tráfico internacional de menores como "a subtração, a transferência ou retenção, ou a tentativa de subtração, transferência ou retenção de um menor, com propósitos ou por meios ilícitos".

A propósito, Murillo Digiácomo sintetiza bem os diplomas internacionais sobre o tráfico de menores de que o Brasil é signatário: "Princípio 9º, segunda parte, da Declaração dos Direitos da Criança, de 1959; arts. 11 e 35, da Convenção da ONU sobre os Direitos da Criança, de 1989; Dec. Legislativo nº 230/2003, de 29/05/2003, que aprovou o texto do Protocolo Facultativo à Convenção sobre os Direitos da Criança referente à venda de crianças, à prostituição infantil e à pornografia infantil, adotado em Nova Iorque em 25/05/2000, promulgado pelo Decreto nº 5007/2004, de 02/03/2004 e o Dec. Legislativo nº 231/2003, de 29/05/2003, que aprova o texto do Protocolo

31 ISHIDA, Valter Kenji. *Estatuto da criança e do adolescente:* doutrina e jurisprudência. 17. ed. Salvador: Juspodivm, 2016. p. 701.

Adicional à Convenção das Nações Unidas contra o Crime Organizado Transnacional Relativo à Prevenção, Repressão e Punição do Tráfico de Pessoas, em Especial Mulheres e Crianças, adotado em Nova Iorque em 15/11/2000, promulgado pelo Decreto nº 5007/2004, de 02/03/2004. Vide também o Decreto nº 2.740/1998, de 20/08/1998, que promulgou a Convenção Interamericana sobre Tráfico Internacional de Menores, assinada na Cidade do México em 18/03/1994 e Decreto nº 3.413/2000, de 14/04/2000, que promulgou a Convenção sobre os Aspectos Civis do Sequestro Internacional de Crianças, concluída na cidade de Haia, em 25/10/1980".[32]

O art. 239 incrimina a conduta do sujeito ativo que *promove* (executar, impulsionar) ou *auxilia* (ajudar, facilitar) a realização de ato que se destina ao envio de criança ou adolescente para o exterior, ou com inobservância das formalidades legais, *ou* com a finalidade especial de obter lucro.

A finalidade especial do tipo, "com o fito de obter lucro", é **alternativa** ao elemento normativo "com inobservância das formalidades legais", e não cumulativa. Exatamente por isso: "Comete crime quem promove o envio de adolescente para o exterior com o fito de obter lucro, nos termos do art. 239 do ECA, ainda que a documentação tenha sido regular" (TRF4, 8ª T., ACR 5001277-36.2014.404.7207, Rel. Leandro Paulsen, J. em 05/04/2017). Tratando-se de crime formal, igualmente dispensa-se a saída do menor do país. Confira-se, a propósito, o STJ: "O delito tipificado no art. 239 do Estatuto da Criança e do Adolescente é formal, porque consuma-se com a simples conduta de auxiliar na efetivação de atos destinados ao envio de criança ao exterior, sem a observância das formalidades legais ou com a finalidade de obter lucro, não sendo exigido o efetivo envio do menor ao exterior" (STJ, 6ª T., REsp 1023002/PE, Rel. Alderita Oliveira, J. em 09/08/2012).

Se, para a realização das condutas previstas no art. 239, *caput*, houver o emprego de violência, grave ameaça ou fraude (artifício, engodo, ardil), a pena é maior. "[A] fraude que qualifica o delito no seu parágrafo único pode se configurar na falsidade material e ideológica perpetrada para a consecução do objetivo criminoso, podendo ser empregada tanto contra a criança quanto contra a Administração Pública e seus agentes" (STJ, 6ª T., REsp 1202292/RJ, Rel. Maria Moura, J. em 21/05/2013). Já no caso específico da violência, haverá concurso material[33] com o crime correlato.

Constituem exemplos de formalidades legais para o envio de criança ou adolescente ao exterior: arts. 46, 51 a 52 e 165 a 170 (regras para a adoção internacional); arts. 84 a 85 (autorização para viagem ao exterior).

No conflito aparente entre o art. 239 do ECA e o art. 245, §2º, do CP, prevalece aquele em função do critério da especialidade.

Se, independentemente da observância das formalidades legais e do intuito de lucro, o envio do menor ao exterior tiver por finalidade especial (i) a remoção de órgãos, tecidos ou partes do corpo, (ii) a submissão dele a trabalho em condições análogas à de escravo, (iii) a submissão dele qualquer tipo de servidão, (iv) sua adoção ilegal, ou (v) sua exploração sexual, prevalece, em atenção ao critério da especialidade, o crime tipificado no art. 149-A, § 1º, II e IV, do CP.

---

32 DIGIÁCOMO, Murillo José. *Estatuto da criança e do adolescente anotado e interpretado*. 6. ed. Curitiba: Ministério Público do Estado do Paraná. Centro de Apoio Operacional das Promotorias da Criança e do Adolescente, 2013. p. 327. Disponível em: <http://www.crianca.mppr.mp.br/arquivos/File/publi/caopca/eca_anotado_2013_6ed.pdf>. Acesso em: 17 mar. 2017.

33 No preceito secundário do presente artigo bem como no dos arts. 208, 209, 230, 329 e 338, todos do CP, há a previsão de concurso material, conforme ensina Bitencourt (BITENCOURT, Cezar Roberto. *Código penal comentado*. 7. ed. São Paulo: Saraiva, 2012. p. 903; 1000-1001).

O objeto material sobre o qual incide a conduta é o ato destinado ao envio da criança ou do adolescente ao exterior.

Voluntariedade

O crime do art. 239 é doloso. Pode exigir a finalidade especial (elemento subjetivo específico) consistente no intuito de lucro.

O tipo não prevê a forma culposa.

Consumação e Tentativa

O crime do art. 239 é formal, ou seja, a despeito de prever um resultado naturalístico – a saída da criança ou adolescente ao exterior –, dispensa a sua ocorrência. Assim, a sua consumação ocorre com a prática de qualquer ato que se destina ao envio de criança ou adolescente ao exterior. A efetiva saída da criança ou adolescente representa mero exaurimento (v. comentários ao item "consumação e tentativa" ao art. 237). O STJ decidiu neste sentido já:

> AGRAVO REGIMENTAL NO AGRAVO EM RECURSO ESPECIAL. TRÁFICO INTERNACIONAL DE CRIANÇAS E ADOLESCENTES. ART. 239, DO ECA. CRIME FORMAL. EFETIVO ENVIO DA VÍTIMA AO EXTERIOR. EXAURIMENTO DO CRIME.
>
> I – O crime de tráfico internacional descrito no art. 239, do ECA, não exige, para a sua consumação, a saída da criança ou adolescente para o exterior, contentando-se com a execução de qualquer ato de promoção ou auxílio da efetivação de ato destinado ao envio da vítima ao estrangeiro, sem as formalidades legais, ou com o fito de obter lucro.
>
> II – Trata-se de crime formal, que se consuma com a simples prática de qualquer ato destinado ao envio de criança ou adolescente ao exterior, com ou sem obtenção de lucro, nas circunstâncias referidas no tipo penal. Precedentes do STJ.
>
> III – Agravo improvido.
>
> (STJ, 5ª T., AgRg no AREsp 160.951/RJ, Rel. Regina Helena Costa, J. em 17/09/2013)

O crime é plurissubsistente, o que torna possível a tentativa (*conatus*).

Ação Penal

Todos os crimes previstos no ECA são de ação penal pública incondicionada (art. 227).

Tendo em vista as penas mínima e máxima em abstrato, não cabem os benefícios da Lei n. 9.099/95.

Considerando que o Brasil é signatário da Convenção Interamericana sobre Tráfico Internacional de Menores, a competência material é da Justiça Federal em razão do art. 109, V, da CF.

LEI N. 13.441/2017 – INFILTRAÇÃO DE AGENTES DE POLÍCIA PARA A INVESTIGAÇÃO DE CRIMES RELATIVOS À DIGNIDADE SEXUAL DE CRIANÇAS E ADOLESCENTES COMETIDOS PELA INTERNET[34]

A Lei n. 13.441/2017 autoriza a infiltração digital/virtual de agentes de polícia, na rede mundial de computadores, com o objetivo de investigar crimes relacionados à dignidade sexual

34 O presente tópico auxilia o estudo dos artigos 240, 241, 241-A, 241-B, 241-C e 241-D, todos do ECA.

de crianças e adolescentes que sejam praticados pela internet. Aproveita-se o presente tópico para, sem repetir a literalidade da lei, apresentar comentários sobre essa forma de investigação, no âmbito dos crimes tipificados no ECA.

Originalmente, a infiltração de agente de polícia era prevista, de forma acanhada, na revogada Lei n. 9.034/1995. Após, o art. 53, I, da Lei n. 11.343/2006 (Lei de Drogas), também de forma tímida, passou a prever a infiltração. Apenas com a Lei n. 12.850/2013, a infiltração de agentes de polícia foi disciplinada de forma minimamente satisfatória. Já se adianta que se admite a aplicação subsidiária da Lei n. 12.850/2013 quanto à infiltração prevista no ECA.

A Lei n. 13.441/2017 acrescentou os seguintes artigos ao ECA:

> *Art. 190-A. A infiltração de agentes de polícia na internet com o fim de investigar os crimes previstos nos arts. 240, 241, 241-A, 241-B, 241-C e 241-D desta Lei e nos arts. 154-A, 217-A, 218, 218-A e 218-B do Decreto-Lei nº 2.848, de 7 de dezembro de 1940 (Código Penal), obedecerá às seguintes regras:*
>
> *I – será precedida de autorização judicial devidamente circunstanciada e fundamentada, que estabelecerá os limites da infiltração para obtenção de prova, ouvido o Ministério Público;*
>
> *II – dar-se-á mediante requerimento do Ministério Público ou representação de delegado de polícia e conterá a demonstração de sua necessidade, o alcance das tarefas dos policiais, os nomes ou apelidos das pessoas investigadas e, quando possível, os dados de conexão ou cadastrais que permitam a identificação dessas pessoas;*
>
> *III – não poderá exceder o prazo de 90 (noventa) dias, sem prejuízo de eventuais renovações, desde que o total não exceda a 720 (setecentos e vinte) dias e seja demonstrada sua efetiva necessidade, a critério da autoridade judicial.*
>
> *§ 1º A autoridade judicial e o Ministério Público poderão requisitar relatórios parciais da operação de infiltração antes do término do prazo de que trata o inciso II do § 1º deste artigo.*
>
> *§ 2º Para efeitos do disposto no inciso I do § 1º deste artigo, consideram-se:*
>
> *I – dados de conexão: informações referentes a hora, data, início, término, duração, endereço de Protocolo de Internet (IP) utilizado e terminal de origem da conexão;*
>
> *II – dados cadastrais: informações referentes a nome e endereço de assinante ou de usuário registrado ou autenticado para a conexão a quem endereço de IP, identificação de usuário ou código de acesso tenha sido atribuído no momento da conexão.*
>
> *§ 3º A infiltração de agentes de polícia na internet não será admitida se a prova puder ser obtida por outros meios.*
>
> *Art. 190-B. As informações da operação de infiltração serão encaminhadas diretamente ao juiz responsável pela autorização da medida, que zelará por seu sigilo.*
>
> *Parágrafo único. Antes da conclusão da operação, o acesso aos autos será reservado ao juiz, ao Ministério Público e ao delegado de polícia responsável pela operação, com o objetivo de garantir o sigilo das investigações.*
>
> *Art. 190-C. Não comete crime o policial que oculta a sua identidade para, por meio da internet, colher indícios de autoria e materialidade dos crimes previstos nos arts. 240, 241, 241-A, 241-B, 241-C e 241-D desta Lei e nos arts. 154-A, 217-A, 218, 218-A e 218-B do Decreto-Lei nº 2.848, de 7 de dezembro de 1940 (Código Penal).*
>
> *Parágrafo único. O agente policial infiltrado que deixar de observar a estrita finalidade da investigação responderá pelos excessos praticados.*
>
> *Art. 190-D. Os órgãos de registro e cadastro público poderão incluir nos bancos de dados próprios, mediante procedimento sigiloso e requisição da autoridade judicial, as informações necessárias à efetividade da identidade fictícia criada.*

Parágrafo único. O procedimento sigiloso de que trata esta Seção será numerado e tombado em livro específico.

Art. 190-E. Concluída a investigação, todos os atos eletrônicos praticados durante a operação deverão ser registrados, gravados, armazenados e encaminhados ao juiz e ao Ministério Público, juntamente com relatório circunstanciado.

Parágrafo único. Os atos eletrônicos registrados citados no caput deste artigo serão reunidos em autos apartados e apensados ao processo criminal juntamente com o inquérito policial, assegurando-se a preservação da identidade do agente policial infiltrado e a intimidade das crianças e dos adolescentes envolvidos.

Observa-se que a infiltração digital, que tem natureza jurídica de medida cautelar e de técnica especial de investigação, é cabível para a investigação dos seguintes crimes: arts. 240, 241, 241-A, 241-B, 241-C e 241-D, todos desta Lei; e arts. 154-A, 217-A, 218, 218-A e 218-B, todos do CP. Não obstante, a infiltração prevista na Lei n. 12.850/2013, desde que atendidos os seus requisitos, continua aplicável, mesmo no âmbito do ECA.

A infiltração digital pode apenas ser realizada por agente policial, o que afasta a possibilidade de ser desempenhada por particulares ou por outros servidores públicos que não componham a polícia, a exemplo de integrantes da Agência Brasileira de Inteligência – ABIN.

No tocante ao seu procedimento, a infiltração digital, que é sigilosa, depende de decisão judicial que, fixando os limites da medida, defira a representação da autoridade policial (cabível apenas durante a fase da investigação policial), com a oitiva prévia do Ministério Público, ou o requerimento deste (cabível tanto na fase policial quanto na judicial) que postulem a medida. Certamente haverá divergência quanto à possibilidade de o juízo, na fase judicial, decretar de ofício a medida. Na fase policial, é certo que ele não pode porque a sua atuação, nesse estágio, se limita a resguardar os direitos fundamentais do investigado que venham a ser restringidos pela investigação. Não obstante, afigura-se correto o entendimento que permite ao juízo decretar de ofício a infiltração digital, na fase judicial, porque, uma vez angularizada a relação processual, ele é o diretor do processo penal, devendo formar a sua convicção, mediante persuasão racional, para então decidir. Nessa linha, a infiltração digital é uma ferramenta à disposição do juízo para ele formar essa convicção, podendo inclusive a prova então obtida fundamentar a absolvição do réu. Vale dizer: o princípio do livre convencimento motivado autoriza a decretação de ofício, na fase judicial, da infiltração digital. Esta, aliás, é a mesma posição de Renato Brasileiro quanto à possibilidade da decretação de infiltração de ofício pelo juízo em sede da Lei n. 12.850/2013.[35]

Enquanto medida cautelar, a representação ou o requerimento pela infiltração digital devem demonstrar a sua necessidade imperiosa, observado o seu descabimento quando existir meio alternativo menos gravoso de investigação (v. art. 190-A, § 3º). O raciocínio é o mesmo adotado para o deferimento da interceptação telefônica (art. 2º, II, da Lei n. 9.296/1996). Devem demonstrar, outrossim, o alcance das tarefas que serão desempenhadas pelo agente infiltrado e os dados pessoais, incluindo dados cadastrais e de conexão, que permitam a identificação da(s) pessoa(s) investigada(s). Como medida cautelar, é imprescindível a demonstração ao juízo acerca do *fumus comissi delicti* (materialidade e indícios de autoria).

35 LIMA, Renato Brasileiro de. *Legislação criminal especial comentada*. 3. ed. Salvador: Juspodivm, 2015. p. 584.

Quanto ao seu prazo de duração, a infiltração digital não poderá exceder 90 dias, sem prejuízo de renovações, respeitado o prazo total de 720 dias. Para cada renovação, é necessário requerimento (Ministério Público) ou representação (autoridade policial), com a demonstração da persistência da necessidade da medida.

Em função do controle externo da atividade policial (art. 129, VII, da CF), o Ministério Público pode fiscalizar a execução da medida a qualquer tempo. Enquanto garante dos direitos do investigado, o juízo também pode acompanhar a medida. O sigilo, todavia, deve ser garantido em qualquer um desses casos (art. 190-B).

O art. 190-C estabelece ser atípica a conduta que venha a ser praticada pelo agente policial infiltrado no curso da medida. Assim, não é possível incriminar o agente infiltrado pela prática do crime previsto no art. 154-A do CP (invasão de dispositivo informático), por exemplo. Caso não existisse esse art. 190-C, a conduta do agente infiltrado seria lícita em função do estrito cumprimento do dever legal, sem prejuízo da incidência da excludente prevista no art. 241-A, § 2º, do ECA.

Caso o agente infiltrado ultrapasse os limites da medida, cometendo excessos, responderá criminalmente (art. 190-C, parágrafo único, do ECA).

No mais, o agente infiltrado que, no curso da medida, presencia a prática do crime sob investigação e, mesmo podendo, não realiza a prisão em flagrante, não responde por crime algum, a exemplo do crime de prevaricação (art. 319 do CP). O raciocínio aqui é o mesmo que se aplica à ação controlada, regulamentada nos arts. 8º e 9º da Lei n. 12.850/2013. Para o agente policial que presencia um crime e pode realizar a prisão do sujeito ativo, o flagrante é compulsório (art. 301 do CPP). Então, caso não existisse a previsão legal sobre a infiltração digital (e a ação controlada), o agente policial seria obrigado realizar a prisão em flagrante do autor do fato, sob pena de ele – o agente policial – cometer crime por deixar de cumprir a sua função. Todavia, justamente porque existe a medida legal de infiltração digital que equivale à verdadeira autorização para o policial não realizar a prisão, se o agente policial deixar de realizar a prisão em flagrante para continuar a coleta de provas (*rectius*: elementos de informação), a sua conduta será atípica porque respaldada pela lei.

Art. 240. Produzir, reproduzir, dirigir, fotografar, filmar ou registrar, por qualquer meio, cena de sexo explícito ou pornográfica, envolvendo criança ou adolescente:

Pena – reclusão, de 4 (quatro) a 8 (oito) anos, e multa.

§ 1º Incorre nas mesmas penas quem agencia, facilita, recruta, coage, ou de qualquer modo intermedeia a participação de criança ou adolescente nas cenas referidas no *caput* deste artigo, ou ainda quem com esses contracena.

§ 2º Aumenta-se a pena de 1/3 (um terço) se o agente comete o crime:

I – no exercício de cargo ou função pública ou a pretexto de exercê-la;

II – prevalecendo-se de relações domésticas, de coabitação ou de hospitalidade; ou

III – prevalecendo-se de relações de parentesco consangüíneo ou afim até o terceiro grau, ou por adoção, de tutor, curador, preceptor, empregador da vítima ou de quem, a qualquer outro título, tenha autoridade sobre ela, ou com seu consentimento.

Bem Jurídico Tutelado

A Lei n. 11.829/08 alterou os arts. 240 e 241 e criou os tipos previstos nos arts. 241-A, 241-B, 241-C e 241-D. Houve um maior alcance e detalhamento das condutas ligadas a desejos sexuais por menores, com a constante proteção da integridade psíquica e moral da criança e do adolescente. O objetivo é evitar a exploração sexual, em qualquer sentido, das vítimas. Em relação ao registro visual de cenas de sexo envolvendo crianças e adolescentes, o ECA proibiu todo o seu ciclo: a sua formação/construção (arts. 240 e 243), a sua circulação (arts. 241 e 241-A) e a sua posse (art. 241-B).

A associação de tais crimes à **pedofilia** não obedece ao conceito médico desta. Na literatura médica, a pedofilia é uma das espécies de parafilias, que "são expressões anormais da sexualidade, que podem variar de um comportamento quase normal a um comportamento destrutivo ou danoso somente para a própria pessoa ou também para o parceiro, até um comportamento considerado destrutivo ou ameaçador para a comunidade como um todo".[36] Especificamente, ainda segundo a literatura médica, na pedofilia, por um período mínimo equivalente a seis meses, ocorrem fantasias sexuais excitantes, impulsos sexuais ou comportamentos intensos e recorrentes envolvendo atividade sexual com menor(es) pré-púbere(s), com treze anos de idade ou menos; o pedófilo tem, no mínimo, dezesseis anos de idade e é, pelo menos, cinco anos mais velhos do que a(s) vítima(s)[37]. Percebe-se, assim, que o senso comum do legislador do ECA ampliou o conceito médico-psiquiátrico de pedofilia.

O bem jurídico tutelado neste artigo consiste na integridade física, psíquica e moral da criança e do adolescente.

Sujeitos do Crime

Tratando-se de crime comum, o sujeito ativo pode ser qualquer pessoa.

O sujeito passivo é a criança ou o adolescente envolvido.

Condutas

De início, registra-se que as condutas dos arts. 240 a 241-D caracterizam violência sexual, nos termos da novel Lei n. 13.431/17 (art. 4º, III).

Esquematiza-se o registro (gravação) da conduta sexual envolvendo criança ou adolescente da seguinte forma: o art. 240 proíbe condutas relacionadas à sua realização (filmagem ou fotografia); o art. 241, à sua venda (alienação); o art. 241-A, ao seu oferecimento em sentido amplo (disponibilização ou troca); e o art. 241-B, à sua aquisição (compra) e à sua posse *lato sensu* (armazenamento).

O art. 240, *caput*, que cuida de tipo misto alternativo (v. comentários ao item "condutas" relativo ao art. 236 do ECA), incrimina a conduta do sujeito ativo que *produz* (realizar, originar, criar), *reproduz* (tornar a produzir), *dirige* (coordenar, comandar), *fotografa* (reproduzir uma imagem por meio de fotografia), *filma* (registrar a imagem por meio de sistema áudio-visual) ou *registra* (alocar em uma base de dados que permita posterior acesso), por qualquer meio (interpretação ampla, envolvendo a internet e novas tecnologias, p. ex.), cena de sexo explícito ou

36 SADOCK, Benjamin James. *Compêndio de psiquiatria*: ciências do comportamento e psiquiatria clínica. Tradução: Claudia Oliveira Dorneles et al. 9. ed. Dados eletrônicos. Porto Alegre: Artmed, 2007. p. 766.

37 SADOCK, Benjamin James. *Compêndio de psiquiatria:* ciências do comportamento e psiquiatria clínica. Tradução: Claudia Oliveira Dorneles et al. 9. ed. Dados eletrônicos. Porto Alegre: Artmed, 2007. p. 768.; American Psychiatric Association. *Manual diagnóstico e estatístico de transtornos mentais.* Tradução: Maria Inês Corrêa Nascimento et al. 5. ed. Dados eletrônicos. Porto Alegre: Artmed, 2014. p. 698.

pornográfica (interpretação autêntica no art. 241-E) que envolva criança ou adolescente. Com razão, Nucci anota que, pela expressão "por qualquer meio", o ECA objetivou abranger toda e qualquer maneira de lidar, manipular ou construir registros de imagens em geral.[38]

Se o sujeito ativo, depois de registrar, por algum modo, as cenas a que se referem o *caput*, as armazena ou as possui, ele incorre apenas no crime tipificado no art. 240, *caput*. Não há concurso com o crime tipificado no art. 241-B porque a armazenagem ou a posse da mesma cena que já foi registrada (se for outra cena, há crime autônomo) constitui um *post factum* impunível. Pós-fato impunível, para Francisco de Assis Toledo, ajusta-se ao critério da consunção: ocorre, geralmente, com os atos de exaurimento do crime consumado, os quais estão previstos também como crimes autônomos, destacando-se que a punição do primeiro absorve a do último.[39] Ao revés, se as cenas armazenadas não são as mesmas que foram registradas, há **concurso de crimes**: "A responsabilização pelo art. 241-B do ECA refere-se a inúmeras fotos e arquivos com diversas crianças e adolescentes (de identidade é desconhecida) em cenas de sexo ou de pornografia, cuja origem e autoria são incógnitas, que o condenado possuía e armazenava, as quais não se confundem com as imagens que ele mesmo fotografou em sua residência com o adolescente W. (art. 240 do ECA). Condutas independentes, de modo que são plenamente puníveis todos os fatos narrados na denúncia" (TJRS, 6ª C. Crim., Apelação Crime n. 70068206101, Rel. Bernadete Friedrich, J. em 02/06/2016).

Sublinha-se que, na linha do STJ, o "**consentimento da vítima**, ainda que existente, não afastaria ocorrência do delito do art. 240 do Estatuto da Criança e do Adolescente, que se consuma pelas condutas de produzir, reproduzir, dirigir, fotografar, filmar ou registrar, por qualquer meio, cena de sexo explícito ou pornográfica, envolvendo criança ou adolescente para fins sexuais. Isso porque a vítima não possui disponibilidade do bem jurídico tutelado pela norma penal em questão e, por essa razão, o crime se consuma com a realização das condutas, mesmo que consentidas" (STJ, 6ª. T., REsp 1334405/BA, Rel. Sebastião Reis Júnior, J. em 22/09/2015).

O respectivo registro e a encenação pornográfica ou de sexo explícito envolvendo **pessoa que se finge de adolescente ou criança** não tipifica o crime sob estudo. Ademais, se esse ato, que constitui verdadeira simulação, não envolver "adulteração, montagem ou modificação de fotografia, vídeo ou qualquer outra forma de representação visual", o crime do art. 241-C também restará afastado. Essa é a razão da atipicidade, por exemplo, dos filmes pornográficos que, com atores maiores de idade e sem a utilização de qualquer edição ou montagem, sugerem a prática de sexo com estudantes menores de idade do ensino médio ou do período inicial da faculdade.

O art. 240, § 1º, que igualmente cuida de tipo misto alternativo, pune a conduta do sujeito ativo que *agencia* (tratar com terceiros), *facilita* (reduzir a exigência de esforço), *recruta* (convocar, angariar adepto), *coage* (constranger, forçar) ou, de qualquer modo, *intermedeia* (interceder, promover o contato entre duas pessoas) a participação de criança ou adolescente nas cenas referidas no *caput*.

Além disso, o art. 240, § 1º, pune a conduta do sujeito ativo que *contracena* com a criança ou o adolescente. Nesse caso, se, antes ou depois da contracena, houver a prática de conjunção

38 NUCCI, Guilherme de Souza. *Estatuto da criança e do adolescente comentado:* em busca da constituição federal das crianças e dos adolescentes. 3. ed. Rio de Janeiro: Forense, 2017. p. 776-777.

39 TOLEDO, Francisco de Assis. *Princípios básicos de direito penal*. 5. ed. São Paulo: Saraiva, 1994. p. 54.

carnal ou outro ato libidinoso com menor de catorze anos, haverá **concurso material (art. 69 do CP) entre o art. 240, §1º, do ECA, e o art. 217-A do CP**. O TJRS já reconheceu a existência desse concurso material: "Caso dos autos em que restou amplamente demonstrado que o inculpado, em duas oportunidades, praticou conjunção carnal com a vítima, menor de quatorze anos, resultando, dos abusos, gravidez. Irrelevante possível 'consentimento' por parte da ofendida, uma vez que a presunção de violência é de caráter absoluto. Da mesma forma, restou evidenciado que o denunciado, após abusar sexualmente da vítima, coagiu-a, para que fosse fotografada por ele em cenas pornográficas" (TJRS, 8ª C. Crim., Apelação Crime n. 70059233726, Rel. José Luiz dos Santos, J. em 25/11/2015). Se ambas as condutas forem realizadas pelo mesmo sujeito ativo, ou seja, a prática de conjunção carnal ou outro ato libidinoso concomitante à contracena, haverá concurso formal impróprio (art. 70, *caput*, *in fine*, do CP). Por outro lado, se um terceiro registra (grava ou fotografa, por exemplo) a contracena de um maior que pratica ato libidinoso com criança, ele responderá pela prática crime tipificado nesse art. 240, *caput*, enquanto o maior, ciente que a relação está sendo gravada, deve responder pela prática dos crimes tipificados no art. 240, *caput*, do ECA, c/c art. 217-A, do CP, em concurso material (art. 69 do CP); e se, além do registro, o terceiro houver, por alguma maneira, instigado ou induzido o maior a praticar o estupro de vulnerável, ele – o terceiro – responderá também como partícipe (art. 29 do CP) do crime do art. 217-A do CP.

Sobre as majorantes previstas no art. 240, § 2º, que aumentam a pena no equivalente à terça parte, observa-se que:

I) Cargo público consiste no plexo de atribuições conferidas ao servidor público, criadas por lei, em número certo e com denominação própria; função pública consiste na atribuição pelo Estado aos servidores públicos para realizarem serviços sem ocupar cargo ou emprego públicos; Nucci observa corretamente que, "por interpretação extensiva, necessária para conferir lógica ao sistema, deve-se incluir, também, o emprego público, que é o posto criado por lei, na estrutura hierárquica da administração, com denominação própria e padrão de vencimentos específico, ocupado por servidor com vínculo contratual diverso do estatutário. A previsão legal é correta: o agente encontra-se no exercício do cargo, função ou emprego público ou, mesmo que não esteja, vale-se disso para a prática do crime (a pretexto de exercê-la)".[40]

II) Relações domésticas são estabelecidas entre participantes de uma mesma vida familiar, com ou sem laços sanguíneos; relações de coabitação são estabelecidas entre os moradores do mesmo teto, mesmo que não tenham amizade ou intimidade entre si (ex.: moradores de uma mesma pensão); relações de hospitalidade são estabelecidas entre o morador e o visitante. A relação de confiança proporcionada por essas situações é que justifica o aumento de pena.

III) Relações de parentesco consanguíneo ou afim até o terceiro grau (tio e sobrinho, sogra e sogro, irmãos), por adoção (o art. 227 da CF proíbe qualquer discriminação quanto à filiação por adoção), tutor (art. 1.728 do CCB), curador (1.767 do CCB), preceptor (professor particular), empregador (pessoa que contrata a vítima para trabalhar para si) da vítima ou relação que confira autoridade para o sujeito ativo sobre

---

40 NUCCI, Guilherme de Souza. *Estatuto da criança e do adolescente comentado*: em busca da constituição federal das crianças e dos adolescentes. 3. ed. Rio de Janeiro: Forense, 2017. p. 781.

a vítima: o que fundamenta a majoração da pena é exatamente a relação de autoridade, que envolve submissão da vítima ao sujeito ativo.

Ishida pondera, com pertinência, que o **registro de ato sexual do próprio agente com adolescente com idade igual ou superior a catorze anos** é ato atípico, pela ausência de tipicidade material em decorrência da inexistência de dano.[41] Acrescenta-se outra razão: o ECA protege a dignidade sexual da pessoa maior de catorze anos, mas respeita a sua capacidade de discernimento e a sua vontade. Por tal razão, o art. 241-D exclui as pessoas a partir de catorze anos de idade da tutela penal. Assim, o adolescente com catorze anos de idade ou mais pode, validamente, querer que a comunicação (art. 241-D) ou o registro (art. 240) integrem o próprio ato sexual. A propósito, assim já decidiu o TJRS: "Situação em que não há condenar o réu pelo fato de ter filmado a relação sexual mantida com a vítima, sua namorada na época dos fatos, então com 16 anos de idade, tendo em vista a maturidade apresentada pela vítima que consentiu com o ato" (TJRS, 7ª C. Crim., Apelação Crime n. 70068554682, Rel. José Kurtz de Souza, J. em 04/08/2016).

Frisa-se que, para a caracterização do art. 240 do ECA, diante da sua literalidade, "é desnecessário o compartilhamento do vídeo envolvendo cena de sexo com criança ou adolescente, bastando a produção ou filmagem ou a prática de qualquer outro verbo nuclear do tipo" (TJRS, 6ª C. Crim., Apelação Crime n. 70072502008, Rel. Vanderlei Kubiak, J. em 13/12/2017).

Por outro lado, anota-se que, pelo critério da especialidade, prevalece o art. 240, § 1º, do ECA, no conflito aparente com o art. 146 do CP.

O objeto material é o meio que contém o registro da cena de sexo explícito ou pornográfico envolvendo criança ou adolescente.

Voluntariedade

O crime do art. 240 é doloso. Não há previsão de finalidade especial (elemento subjetivo específico) na conduta do agente tampouco de culpa.

Consumação e Tentativa

A consumação ocorre a partir do momento em que os verbos nucleares são praticados.

Por se tratar de crime plurissubsistente, a tentativa (*conatus*) é admissível.

Ação Penal

Todos os crimes previstos no ECA são de ação penal pública incondicionada (art. 227).

Tendo em vista a elevada pena prevista em abstrato, não cabem os benefícios da Lei n. 9.099/95.

Art. 241. Vender ou expor à venda fotografia, vídeo ou outro registro que contenha cena de sexo explícito ou pornográfica envolvendo criança ou adolescente:

Pena – reclusão, de 4 (quatro) a 8 (oito) anos, e multa.

41 ISHIDA, Valter Kenji. *Estatuto da criança e do adolescente:* doutrina e jurisprudência. 17. ed. Salvador: Juspodivm, 2016. p. 707.

Bem Jurídico Tutelado

O bem jurídico tutelado neste artigo consiste na integridade psíquica e moral da criança ou do adolescente.

Sujeitos do Crime

Cuidando-se de crime comum, o sujeito ativo pode ser qualquer pessoa.

O sujeito passivo é a criança ou o adolescente cuja imagem foi registrada.

Condutas

De início, registra-se que as condutas dos arts. 240 a 241-D caracterizam violência sexual, nos termos da Lei n. 13.431/17 (art. 4º, III).

Esquematiza-se o registro (gravação) da conduta sexual envolvendo criança ou adolescente da seguinte forma: o art. 240 proíbe condutas relacionadas à sua realização (filmagem ou fotografia); o art. 241, à sua venda (alienação); o art. 241-A, ao seu oferecimento em sentido amplo (disponibilização ou troca); e o art. 241-B, à sua aquisição (compra) e à sua posse *lato sensu* (armazenamento).

O art. 241, que cuida de tipo misto alternativo (v. comentários ao item "condutas" relativo ao art. 236 do ECA), pune a conduta do sujeito ativo que *vende* (alienar, transferir a propriedade mediante um preço) ou *expõe à venda* (anunciar para a alienação) qualquer forma de registro que contenha cena de sexo explícito ou pornográfica (interpretação autêntica no art. 241-E) de criança ou adolescente. Pautando-se pelo princípio da legalidade estrita, deve-se observar que o tipo exige imagem que envolva criança ou adolescente. Assim, se o registro envolver um ator que finja ser criança ou adolescente, a conduta de quem vende ou expõe à venda esse registro será atípica.

Há conflito aparente de normas entre o presente art. 241 ("Vender ou expor à venda fotografia, vídeo ou outro registro que contenha cena de sexo explícito ou pornográfica envolvendo criança ou adolescente") e o art. 218-C do CP, que, entre outros verbos nucleares, tipifica a conduta de "vender ou expor à venda [...] fotografia, vídeo ou outro registro audiovisual que contenha cena de estupro ou de estupro de vulnerável ou que faça apologia ou induza a sua prática, ou, sem o consentimento da vítima, cena de sexo, nudez ou pornografia". O conflito é resolvido pela especialidade, importando a distinção se a pessoa retratada na cena é, de um lado, criança, adolescente ou vulnerável por motivo de idade; de outro lado, pessoa maior de idade ou vulnerável por outro motivo que não a idade. Observa-se ainda que o referido art. 218-C do CP é expressamente subsidiário, com previsão de pena de reclusão de 1 a 5 anos, enquanto a pena do crime do presente art. 241 é de reclusão, de 4 a 8 anos. A solução do conflito aparente dá-se nos seguintes termos: se a cena de sexo explícito envolver criança ou adolescente ou pessoa que é vulnerável por ter menos de 14 anos de idade, trata-se do crime tipificado no art. 241 ora comentado; se a cena envolver indivíduo maior de idade ou pessoa vulnerável que, por enfermidade ou deficiência mental, não tem o necessário discernimento para a prática do ato, ou que, por qualquer outra causa, não pode oferecer resistência, cuida-se do crime tipificado no art. 218-C do CP.

O objeto material sobre o qual incide a conduta é o registro da cena.

No mais, sobre a infiltração de agentes de polícia para a investigação de crimes relativos à dignidade sexual de crianças e adolescentes, autorizada pela Lei n. 13.441/2017, vide o tópico anterior ao art. 240 desta Lei.

Voluntariedade

O crime do art. 241 é doloso. É desnecessária a previsão da intenção especial de lucro como elemento subjetivo específico porque ela é implícita e inerente à venda e à exposição à venda. Se o agente não quiser vender, mas apenas distribuir graciosamente, ele incorrerá no art. 241-A.

O tipo não prevê a forma culposa.

Consumação e Tentativa

Vender consuma-se com a efetiva tradição (entrega) do meio que contém o registro da cena de sexo com criança ou adolescente. *Expor à venda*, que não se trata de crime habitual, consuma-se com a simples exposição de, ao menos, um registro da cena de sexo, sendo desnecessário que haja a aquisição por parte de algum interessado.

Por se tratar de crime plurissubsistente, admite a tentativa (*conatus*).

Ação Penal

Todos os crimes previstos no ECA são de ação penal pública incondicionada (art. 227).

Tendo em vista a elevada pena prevista em abstrato, não cabem os benefícios da Lei n. 9.099/95.

No atinente à **competência** em razão da matéria, o STF, no Recurso Extraordinário n. 628.624 (STF, RE 628624, Tribunal Pleno, Rel. Marco Aurélio, J. em 29/10/2015, Acórdão Eletrônico Repercussão Geral – Mérito), com repercussão geral, fixou a seguinte tese: "Compete à Justiça Federal processar e julgar os crimes consistentes em disponibilizar ou adquirir material pornográfico envolvendo criança ou adolescente (arts. 241, 241-A e 241-B da Lei nº 8.069/1990) quando praticados por meio da rede mundial de computadores". O aresto esclarece: basta que "o material pornográfico envolvendo crianças ou adolescentes tenha estado acessível por alguém no estrangeiro, ainda que não haja evidências de que esse acesso realmente ocorreu". Impõe-se a máxima atenção neste ponto: a *contrario sensu*, exclui-se a competência da Justiça Federal quando, a despeito da internet, não existe o caráter internacional: "Não se constata o caráter de internacionalidade, ainda que potencial, quando o panorama fático envolve apenas a comunicação eletrônica havida entre particulares em canal de comunicação fechado, tal como ocorre na troca de e-mails ou conversas privadas entre pessoas situadas no Brasil". Nessa linha, o STJ decidiu que é da competência da Justiça Estadual o crime de divulgação de imagem pornográfica de adolescente (art. 241-A) via o aplicativo *Whatsapp* e o *chat* privado da rede virtual de relacionamentos *Facebook*, uma vez ausentes provas de que tenha ocorrido livre acesso à imagem (STJ, 3ª S., CC 150.564/MG, Rel. Reynaldo Fonseca, J. em 26/04/2017). No mesmo sentido: "Aliciamento de criança para fins de prática de ato libidinoso (art. 241-D do ECA). Crime praticado por meio de aplicativo de conversa em rede social. Inexistência de indícios de transnacionalidade, inclusive potencial. Conversa fechada. Acesso restrito aos interlocutores. Competência da Justiça Estadual. Precedentes do STJ e do STF (STJ, Decisão Monocrática no CC. n. 160136/MG, Rel. Sebastião Reis Júnior, J. em 31/08/2018).

Já a **competência territorial**, quando o meio utilizado é a internet, é do local onde os registros foram carregados (*upload*) na rede mundial. O princípio do interesse público justifica esse entendimento, pois o local do carregamento é onde ocorreu a maior repercussão do fato, além de facilitar a produção de provas. Desde 2007, assim tem decidido o STJ (STJ, 3ª S., CC 29.886/SP, Rel. Maria Moura, J. em 12/12/2007; STJ, 3ª S., CC 136.257/PR, Rel. Néfi Cordeiro, J. em 11/03/2015).

Art. 241-A. Oferecer, trocar, disponibilizar, transmitir, distribuir, publicar ou divulgar por qualquer meio, inclusive por meio de sistema de informática ou telemático, fotografia, vídeo ou outro registro que contenha cena de sexo explícito ou pornográfica envolvendo criança ou adolescente:

Pena – reclusão, de 3 (três) a 6 (seis) anos, e multa.

§ 1º Nas mesmas penas incorre quem:

I – assegura os meios ou serviços para o armazenamento das fotografias, cenas ou imagens de que trata o caput deste artigo;

II – assegura, por qualquer meio, o acesso por rede de computadores às fotografias, cenas ou imagens de que trata o caput deste artigo.

§ 2º As condutas tipificadas nos incisos I e II do § 1º deste artigo são puníveis quando o responsável legal pela prestação do serviço, oficialmente notificado, deixa de desabilitar o acesso ao conteúdo ilícito de que trata o caput deste artigo.

Bem Jurídico Tutelado

O bem jurídico tutelado neste artigo é a integridade psíquica e moral da criança e do adolescente.

Sujeitos do Crime

Cuidando-se de crime comum, o sujeito ativo pode ser qualquer pessoa.

O sujeito passivo é a criança ou o adolescente envolvido no registro da cena de sexo.

Condutas

De início, registra-se que as condutas dos arts. 240 a 241-D caracterizam violência sexual, nos termos da Lei n. 13.431/17 (art. 4º, III).

Esquematiza-se o registro (gravação) da conduta sexual envolvendo criança ou adolescente da seguinte forma: o art. 240 proíbe condutas relacionadas à sua realização (filmagem ou fotografia); o art. 241, à sua venda (alienação); o art. 241-A, ao seu oferecimento em sentido amplo (disponibilização ou troca); e o art. 241-B, à sua aquisição (compra) e à sua posse *lato sensu* (armazenamento).

O art. 241-A, *caput*, que cuida de tipo misto alternativo (v. comentários ao item "condutas" relativo ao art. 236 do ECA), incrimina a conduta do sujeito ativo que *oferece* (ofertar como presente, apresentar para aceitação), *troca* (substituir uma coisa por outra), *disponibiliza* (permitir o acesso), *transmite* (enviar de um lugar a outro), *distribui* (proporcionar a entrega indiscriminadamente a várias pessoas), *publica* (tornar público) ou *divulga* (propagar, difundir), por qualquer meio de sistema de informática (computadores) ou telemático (união da informática com as telecomunicações) registro que contenha cena de sexo explícito ou pornográfico (interpretação autêntica no art. 241-E) envolvendo criança ou adolescente.

Especificamente quanto à conduta "**disponibilizar**", o TRF da 4ª Região tratou adequadamente a questão: o "armazenamento de pornografia infantojuvenil, associado à existência de programas que permitam o efetivo compartilhamento desses dados, é suficiente para que as imagens e vídeos pedófilos sejam colocados à disposição ou ao alcance de terceiros, o que perfaz o verbo-núcleo 'disponibilizar', tipificado no artigo 241-A da Lei 8.069/90" (TRF4, 7ª T., ACR 5005522-19.2011.404.7006, Rel. Márcio Rocha, J. em 08/09/2015).

Há conflito aparente de normas entre o presente art. 241-A, *caput*, ("Oferecer, trocar, disponibilizar, transmitir, distribuir, publicar ou divulgar [...] fotografia, vídeo ou outro registro que contenha cena de sexo explícito ou pornográfica envolvendo criança ou adolescente") e o art. 218-C do CP, que, entre outros verbos nucleares, tipifica a conduta de "oferecer, trocar, disponibilizar, transmitir, distribuir, publicar ou divulgar [...] fotografia, vídeo ou outro registro audiovisual que contenha cena de estupro ou de estupro de vulnerável ou que faça apologia ou induza a sua prática, ou, sem o consentimento da vítima, cena de sexo, nudez ou pornografia". O referido art. 218-C do CP é expressamente subsidiário, com previsão de pena de reclusão de 1 a 5 anos, enquanto a pena do presente art. 241-A é de reclusão, de 3 a 6 anos. O conflito é resolvido pela especialidade, da seguinte forma, importando a distinção se a pessoa retratada na cena é, de um lado, criança, adolescente ou vulnerável por motivo de idade; de outro lado, pessoa maior de idade ou vulnerável por outro motivo que não a idade: se a cena de sexo explícito envolver criança ou adolescente ou pessoa que é vulnerável por ter menos de 14 anos de idade, trata-se do crime tipificado no art. 241-A ora comentado; se a cena envolver indivíduo maior de idade ou pessoa vulnerável que, por enfermidade ou deficiência mental, não tem o necessário discernimento para a prática do ato, ou que, por qualquer outra causa, não pode oferecer resistência, cuida-se do crime tipificado no art. 218-C do CP.

Já o art. 241-A, §1º, pune a conduta do agente que *assegura* (garantir, proporcionar a realização de algo) os meios ou serviços para o armazenamento dos registros a que se refere o *caput*; esse sujeito não propaga os registros, mas disponibiliza ao sujeito ativo do *caput* as ferramentas para o armazenamento desses registros. O dispositivo legal em questão também reprova a conduta do agente que *assegura* (garantir, proporcionar a realização de algo) ao sujeito ativo do *caput* o acesso, por rede de computadores, às cenas de sexo; esse é caso, por exemplo, do provedor de internet que hospeda, na rede mundial de computadores, fotografias, permitindo o acesso a elas por meio de endereços eletrônicos.

Para evitar a odiosa responsabilidade penal objetiva (punição do agente independentemente da sua culpa *lato sensu*), o art. 241-A, § 2º, criou uma ***condição objetiva de punibilidade***.[42] Ele condicionou a punibilidade dos sujeitos a que se refere o art. 241-A, §1º, I e II, ao desatendimento à sua notificação oficial que solicita a desabilitação do acesso aos registros ilícitos envolvendo sexo. Referida notificação oficial, por envolver o *status libertatis* do agente, deve: a) ser expedida por autoridade competente (Ministério Público, Polícia Civil etc.); b) ser encaminhada ao sujeito que tenha o poder de mando para desabilitar o acesso; c) ser entregue mediante comprovante

42 Segundo Boschi, "as condições objetivas de punibilidade funcionam como requisitos inerentes à tipicidade e, nessa condição, todas atuam como importantes determinantes práticas contra iniciativas ministeriais natimortas, isto é, fadadas ao insucesso" (BOSCHI, José Antônio Paganella. *Ação penal*: as fases administrativa e judicial da persecução penal. Porto Alegre: Livraria do Advogado, 2010. p. 203). Damásio ensina a diferença: a ausência de uma condição de procedibilidade implica a nulidade da ação penal, enquanto a falta de uma condição objetiva de punibilidade conduz à improcedência da ação penal, com a consequente absolvição do réu (JESUS, Damásio Evangelista de. *Prescrição penal*. 17. ed. São Paulo: Saraiva, 2008. p. 6-7).

de recebimento pessoal; d) assinar um prazo curto, mas razoável, para o destinatário promover a desabilitação do acesso (Nucci sugere o prazo de 24 a 48 horas).[43]

Consigna-se que a inexistência do art. 241-A, §1º, I e II, não impediria a punição dos sujeitos a que ele se refere, os quais seriam responsabilizados com base na regra de extensão do art. 29 do CP (participação), desde que comprovados o seu dolo.

O objeto material é o meio que permite o acesso ao registro das cenas envolvendo sexo com crianças ou adolescentes.

No mais, sobre a infiltração de agentes de polícia para a investigação de crimes relativos à dignidade sexual de crianças e adolescentes, autorizada pela Lei n. 13.441/2017, vide o tópico anterior ao art. 240 desta Lei.

Voluntariedade

O crime do art. 241-A é doloso. Não há previsão de finalidade especial (elemento subjetivo específico) na conduta do agente tampouco de culpa.

Consumação e Tentativa

Registrando-se que o tipo cuida de crime formal, a consumação ocorre com a prática de qualquer um dos verbos nucleares, independentemente do efetivo acesso aos registros por terceiros. As condutas *disponibilizar* e *divulgar*, dependendo do meio empregado pelo agente, podem ser permanentes, hipótese em que a consumação se prolonga no tempo.

Afora o art. 241-A, § 2º, cuja conduta é omissiva, as ações previstas no art. 241-A, *caput*, admitem a tentativa (*conatus*).

Ação Penal

Todos os crimes previstos no ECA são de ação penal pública incondicionada (art. 227).

Tendo em vista a elevada pena prevista em abstrato, não cabem os benefícios da Lei n. 9.099/95.

No atinente à competência jurisdicional, vide o item "ação penal" nos comentários sobre o art. 241.

Art. 241-B. Adquirir, possuir ou armazenar, por qualquer meio, fotografia, vídeo ou outra forma de registro que contenha cena de sexo explícito ou pornográfica envolvendo criança ou adolescente:

Pena – reclusão, de 1 (um) a 4 (quatro) anos, e multa.

§ 1 A pena é diminuída de 1 (um) a 2/3 (dois terços) se de pequena quantidade o material a que se refere o caput deste artigo.

§ 2º Não há crime se a posse ou o armazenamento tem a finalidade de comunicar às autoridades competentes a ocorrência das condutas descritas nos arts. 240, 241, 241-A e 241-C desta Lei, quando a comunicação for feita por:

I – agente público no exercício de suas funções;

II – membro de entidade, legalmente constituída, que inclua, entre suas finalidades institucionais, o recebimento, o processamento e o encaminhamento de notícia dos crimes referidos neste parágrafo;

43 NUCCI, Guilherme de Souza. *Estatuto da criança e do adolescente comentado:* em busca da constituição federal das crianças e dos adolescentes. 3. ed. Rio de Janeiro: Forense, 2017. p. 790.

III – representante legal e funcionários responsáveis de provedor de acesso ou serviço prestado por meio de rede de computadores, até o recebimento do material relativo à notícia feita à autoridade policial, ao Ministério Público ou ao Poder Judiciário.

§ 3º As pessoas referidas no § 2º deste artigo deverão manter sob sigilo o material ilícito referido.

Bem Jurídico Tutelado

O bem jurídico tutelado neste artigo é a integridade psíquica e moral da criança e do adolescente.

Sujeitos do Crime

Tratando-se de crime comum, o sujeito ativo pode ser qualquer pessoa.

O sujeito passivo é a criança ou o adolescente retratado na cena de sexo.

Condutas

De início, registra-se que as condutas dos arts. 240 a 241-D caracterizam violência sexual, nos termos da Lei n. 13.431/17 (art. 4º, III).

Esquematiza-se o registro (gravação) da conduta sexual envolvendo criança ou adolescente da seguinte forma: o art. 240 proíbe condutas relacionadas à sua realização (filmagem ou fotografia); o art. 241, à sua venda (alienação); o art. 241-A, ao seu oferecimento em sentido amplo (disponibilização ou troca); e o art. 241-B, à sua aquisição (compra) e à sua posse *lato sensu* (armazenamento).

O art. 241-B, que constitui tipo misto alternativo (v. comentários ao item "condutas" relativo ao art. 236 do ECA), incrimina a conduta do sujeito ativo que *adquire* (obter algo a título gratuito ou oneroso), *possui* (ter consigo) ou *armazena* (guardar), por qualquer meio, qualquer forma de registro de cena de sexo explícito ou pornográfico (interpretação autêntica no art. 241-E) que envolva criança ou adolescente.

Segundo o art. 241-B, § 1º, é minorada a pena relativa à conduta do agente que tem pequena quantidade do registro a que se refere o *caput*. O *quantum* da diminuição de pena é inversamente proporcional à quantidade de fotos: quanto menor a quantidade, maior a redução. Além disso, a previsão legal que determina a punição do consumo desses registros, mesmo que de pequena quantidade, torna descabida a aplicação do princípio da bagatela, o qual, aliás, é incompatível com crimes de perigo abstrato (STJ, 6ª T., AgRg no AREsp 665.254/SC, Rel. Rogério Schietti Cruz, J. em 16/02/2017; STJ, 6ª T., AgRg no HC 382.844/BA, Rel. Antônio Palheiro, J. em 21/02/2017), condição ostentada pelo crime sob exame.

O art. 241-B, § 2º, embora mantenha a tipicidade do ato, torna lícita a conduta dos indivíduos mencionados nos seus incisos I, II e III. Nesse caso, a posse ou o armazenamento tem a finalidade de comunicar às autoridades a prática de um dos fatos previstos nos arts. 240, 241, 241-A e 241-C. Sublinha-se que a conduta de possuir ou armazenar os registros de cenas de sexo envolvendo menores praticada por outras pessoas que não as mencionadas nesse dispositivo legal, se destinadas exclusivamente à comunicação sobre a prática do crime às autoridades, também se torna lícita com base no exercício regular de direito (art. 23, III, do CP). Idêntico raciocínio deve ser estendido à conduta de adquirir.

Contudo, se, apesar da finalidade de comunicar a ocorrência do crime às autoridades, o sujeito não guardar sigilo em relação aos registros, responderá pelo crime tipificado no art. 241-A, exatamente como ocorreu no processo criminal n. 201404556332, distribuído perante a Comarca de Niquelândia (GO). Nesse processo, apurou-se que um jornalista "divulgou, por meio de sistema telemático, vídeo contendo cena de sexo explícito envolvendo criança de aproximadamente 02 anos de idade na época". O vídeo foi divulgado no âmbito do aplicativo *whatsapp*, em um grupo de conversas que "noticiava crimes, prisão, festas religiosas, assim como diversos assuntos do interesse da sociedade". O réu reconheceu a prática do ato, alegando que divulgara "o vídeo como forma de alerta para os participantes do grupo, incluindo ainda um texto explanando sobre os riscos que as crianças correm". Contudo, acertadamente, a juíza de direito não acolheu a tese defensiva, tendo fundamentado: "No que tange à alegação do Acusado de que desconhecia a ilicitude de sua conduta, tenho que esta não merece amparo, haja vista que as condições socioeconômicas do acusado permitem inferir que possui um grau cultural suficiente para entender a ilegalidade de sua conduta. Trata-se de um jornalista, que deve exercer o seu ofício com responsabilidade e denodo, não havendo razoabilidade na alegação de que veiculara o vídeo tão somente com caráter pedagógico. Ademais, trata-se de pessoa com acesso a todo tipo de mídia social, razão pela qual a tese de erro de proibição não encontra amparo mínimo. Ausentes os elementos caracterizadores do chamado erro de proibição. Não basta alegar desconhecimento da lei. No caso em comento, é possível concluir que o agente tinha, ou poderia ter, conhecimento da ilicitude do fato, expressão cunhada pela doutrina como 'a ciência da proibição na esfera do profano'". Como resultado, o réu foi condenado pela prática do crime tipificado no art. 241-A, *caput*, do ECA, não tendo interposto recurso contra a sentença.

Acerca do possível concurso entre os crimes do art. 240 e 241-B, v. comentários ao item "condutas" referentes ao art. 240. Por outro lado, se o agente armazena imagens pornográficas envolvendo menores (crime-meio) para disponibilizá-las (as mesmas imagens) na internet (crime-fim), o art. 241-B pode ser consumido pelo art. 241-A (TJDFT, 1ª T., n. 20130710408203APR, Rel. Romão Oliveira, J. em 14/05/2015). Contudo, o TRF da 1ª Região já reconheceu a inaplicabilidade da consunção neste caso: "3. Não há que se falar em concurso aparente de normas a ser resolvido pelo princípio da consunção, porque os crimes de compartilhamento via internet – art. 241-A do ECA – e armazenamento – art. 241-B do ECA – de material pornográfico infantojuvenil são independentes entre si, sobretudo quando as fontes de geração – computador pessoal e celular – também o são e os resultados das perícias técnicas em ambas são distintos. 4. É inviável a consunção neste caso, uma vez que o crime de armazenamento é permanente, ou seja, a potencialidade lesiva não se encerra com a transmissão" (TRF1, 3ª T., ACR 0087362-33.2014.4.01.3800/MG, Rel. Ney Bello, J. em 05/04/2017).

No mais, sobre a infiltração de agentes de polícia para a investigação de crimes relativos à dignidade sexual de crianças e adolescentes, autorizada pela Lei n. 13.441/2017, vide o tópico anterior ao art. 240 desta Lei.

Voluntariedade

O crime do art. 241-A é doloso. Não há previsão de finalidade especial (elemento subjetivo específico) na conduta do agente tampouco de culpa.

Consumação e Tentativa

A consumação ocorre no exato instante em que ocorre a prática dos verbos nucleares. Anota-se que as condutas *possuir* e *armazenar* são permanentes, hipótese em que a consumação se prolonga no tempo, admitindo assim a prisão em flagrante a qualquer momento. (TJSC, 1ª C. Crim., Apelação Crime n. 0009770-21.2017.8.24.0020, Rel. Carlos Alberto Civinski), J. em 12/07/2018).

Por se tratar de crime plurissubsistente, a tentativa (*conatus*) é possível.

Ação Penal

Todos os crimes previstos no ECA são de ação penal pública incondicionada (art. 227).

O presente crime configura infração de médio potencial ofensivo, pois, apesar de permitir o benefício da suspensão condicional do processo em razão de a pena mínima ser igual a um ano (art. 89 da Lei n. 9.099/95), a pena máxima é superior a dois anos, o que afasta a competência do Juizado Especial Criminal (art. 61 da Lei n. 9.099/95).

No atinente à competência jurisdicional, vide o item "ação penal" nos comentários sobre o art. 241.

Art. 241-C. Simular a participação de criança ou adolescente em cena de sexo explícito ou pornográfica por meio de adulteração, montagem ou modificação de fotografia, vídeo ou qualquer outra forma de representação visual:

Pena – reclusão, de 1 (um) a 3 (três) anos, e multa.

Parágrafo único. Incorre nas mesmas penas quem vende, expõe à venda, disponibiliza, distribui, publica ou divulga por qualquer meio, adquire, possui ou armazena o material produzido na forma do caput deste artigo.

Bem Jurídico Tutelado

O bem jurídico tutelado neste artigo é a integridade psíquica e moral da criança e do adolescente, a qual é colocada em xeque com a criação de qualquer forma de material pornográfico que os envolva.

Sujeitos do Crime

Tratando-se de crime comum, o sujeito ativo pode ser qualquer pessoa.

O sujeito passivo é a criança ou o adolescente cuja participação em representação visual envolvendo sexo foi simulada.

Condutas

De início, registra-se que as condutas dos arts. 240 a 241-D caracterizam violência sexual, nos termos da Lei n. 13.431/17 (art. 4º, III).

O art. 241-C incrimina a conduta do sujeito ativo que *simula* (fazer parecer real o que por si não é) a participação de criança ou adolescente em cena de sexo explícito ou pornográfica (interpretação autêntica no art. 241-E) por meio de *adulteração* (falsificação), *montagem* (reunião de imagens) ou *modificação* (alteração, transformação) de fotografia, vídeo ou qualquer outra forma de representação visual.

Tal como já explicado nos comentários ao art. 240, é atípica a simulação de sexo envolvendo adolescentes realizada em filmes pornográficos nos quais contracenam atores maiores de idade, pois essa simulação não ocorre mediante "adulteração, montagem ou modificação de fotografia, vídeo ou qualquer outra forma de representação visual", mas pela simples interpretação e atuação dos atores. Nesses termos, afigura-se essencial compreender que a **simulação**, prevista no art. 241-C, somente tipifica o crime se ocorrer mediante adulteração, montagem ou modificação; se a simulação ocorrer por outras formas que não essas três, o fato não caracterizará o crime sob estudo.

Também se incriminam, conforme o art. 241-C, parágrafo único, que cuida de tipo misto alternativo (v. comentários ao item "condutas" relativo ao art. 236 do ECA), as condutas do sujeito ativo que *vende* (alienar, transferir a propriedade mediante um preço), *expõe à venda* (anunciar para a alienação), *disponibiliza* (permitir o acesso), *distribui* (proporcionar a entrega indiscriminadamente a várias pessoas), *publica* (tornar público) ou *divulga* (propagar, difundir) por qualquer meio, *adquire* (obter algo a título gratuito ou oneroso), *possui* (ter consigo) ou *armazena* (guardar) o material a que se refere o *caput*. Se a representação visual for verdadeira, o agente incorre na prática do art. 241-A ou 241-B. Embora não previsto como no art. 241-B, § 2º, se o agente adquire, possui ou armazena o material pornográfico com a única finalidade de comunicar as autoridades competentes sobre a prática do crime, a sua conduta é ilícita, com base no art. 23, III, do CP.

Como sustentam Rogério Sanchez[44] e Ishida[45], a **simulação grosseira**, na qual se percebe imediatamente que não há criança ou adolescente envolvido, é punível, pois constitui meio capaz de atingir a integridade moral e psíquica da criança ou do adolescente sujeito da simulação.

O objeto material sobre o qual incide a conduta é a representação visual que contém a simulação.

No mais, sobre a infiltração de agentes de polícia para a investigação de crimes relativos à dignidade sexual de crianças e adolescentes, autorizada pela Lei n. 13.441/2017, vide o tópico anterior ao art. 240 desta Lei.

Voluntariedade

O crime do art. 241-C é doloso. Não há previsão de finalidade especial (elemento subjetivo específico) na conduta do agente tampouco de culpa.

Consumação e Tentativa

No art. 241-C, *caput*, a consumação sucede no momento em que ocorre a simulação. Por ser crime plurissubsistente, admite a tentativa (*conatus*).

No art. 241-C, parágrafo único, a consumação ocorre quando é praticado qualquer um dos seus verbos nucleares. Acrescenta-se que, dependendo do meio utilizado, as condutas *disponibilizar* e *divulgar* podem ser permanentes, caso em que a consumação se prolonga no tempo. A tentativa também é admissível.

Ação Penal

Todos os crimes previstos no ECA são de ação penal pública incondicionada (art. 227).

---

44 ROSSATO, Luciano Alves. LÉPORE, Paulo Eduardo. SANCHEZ, Rogério. *Estatuto da criança e do adolescente:* lei n. 8.069/90 comentada artigo por artigo. 8. ed. São Paulo: Saraiva, 2016. p. 591.

45 ISHIDA, Valter Kenji. *Estatuto da criança e do adolescente:* doutrina e jurisprudência. 17. ed. Salvador: Juspodivm, 2016. p. 718-719.

O presente crime configura infração de médio potencial ofensivo, pois, apesar de permitir o benefício da suspensão condicional do processo em razão de a pena mínima ser igual a um ano (art. 89 da Lei n. 9.099/95), a pena máxima é superior a dois anos, o que afasta a competência do Juizado Especial Criminal (art. 61 da Lei n. 9.099/95).

No atinente à competência jurisdicional, para as condutas previstas no art. 241-C, parágrafo único, que envolvam a internet, vide o item "ação penal" nos comentários sobre o art. 241.

Art. 241-D. Aliciar, assediar, instigar ou constranger, por qualquer meio de comunicação, criança, com o fim de com ela praticar ato libidinoso:

Pena – reclusão, de 1 (um) a 3 (três) anos, e multa.

Parágrafo único. Nas mesmas penas incorre quem:

I – facilita ou induz o acesso à criança de material contendo cena de sexo explícito ou pornográfica com o fim de com ela praticar ato libidinoso;

II – pratica as condutas descritas no caput deste artigo com o fim de induzir criança a se exibir de forma pornográfica ou sexualmente explícita.

Bem Jurídico Tutelado

O bem jurídico tutelado é a integridade psíquica e moral da criança. Tendo em vista ainda o caráter eminentemente preventivo do tipo, também se tutela a integridade física.

Sujeitos do Crime

Tratando-se de crime comum, o sujeito ativo pode ser qualquer pessoa.

O sujeito passivo é a criança. A exclusão do adolescente da tutela penal é acertada. Ele já tem discernimento para refutar o assédio do pedófilo. Ademais, não se deve olvidar que a relação sexual voluntária com pessoa maior de catorze anos não constitui crime.

Condutas

De início, registra-se que as condutas dos arts. 240 a 241-D caracterizam violência sexual, nos termos da Lei n. 13.431/17 (art. 4º, III).

O art. 241-D, *caput*, que constitui tipo misto alternativo (v. comentários ao item "condutas" relativo ao art. 236 do ECA), incrimina a conduta do sujeito ativo que *alicia* (atrair, seduzir), *assedia* (importunar, perseguir), *instiga* (fomentar, induzir) ou *constrange* (coagir, forçar), por qualquer meio de comunicação, a criança, com a finalidade especial de com ela praticar ato libidinoso. É comum a utilização da internet para esse crime: "igualmente inequívoco é o fato de o recorrente ter se valido das redes sociais (*facebook*) para se aproximar de crianças, utilizando-se, para tanto, de perfil fictício, logrando, dessa forma, encaminhar imagens contendo pornografia infantil a crianças e adolescentes, com o fim último de incutir-lhes o falso juízo de que tal proceder se tratava de uma conduta normal, e, consequentemente, conseguir aliciá-las ou instigá-las à prática de atos libidinosos. Sob esse prisma, ressai inquestionável a incursão, também, no crime previsto no artigo 241-D, da Lei 8.069/90" (TRF5, 2ª T., apelação n. 00019424420144058102, ACR12473/CE, Rel. Vladimir Carvalho, J. em 22/11/2016).

Já o art. 241-D, parágrafo único, pune a conduta do sujeito ativo que (I) *facilita* (reduzir a exigência de esforço) ou *induz* (sugerir, dar a ideia) o acesso à criança de cena de cunho sexual com a finalidade especial de com ela praticar ato libidinoso; e (II) *pratica* as condutas do *caput* com a finalidade especial de que a criança se exiba de forma pornográfica ou sexualmente explícita (interpretação autêntica no art. 241-E).

Contudo, observa-se a atipicidade da conduta do agente que, nos termos do art. 241-D, I, com a finalidade de praticar ato libidinoso com criança, facilita ou induz o acesso a esta de material contendo cena de sexo explícito ou pornográfica envolvendo pessoas maiores de idade em vez de crianças ou adolescentes. Com base na interpretação literal do art. 241-E, que define o conceito de "cena de sexo explícito ou pornográfica" como aquela que envolve, necessariamente, crianças ou adolescentes, verifica-se que esse tipo de cena não existe, para os fins do ECA, quando nela participam pessoas maiores de idade. Vale dizer: nos termos do ECA, só é cena de sexo explícito ou de pornografia se nela houver participação de criança e/ou adolescente; ao revés, a participação de pessoas maiores de idade não caracteriza cena de sexo explícito ou de pornografia. Em consequência, por falha da legislação, que disse menos do que queria, tendo em vista o seu objetivo de proteger integralmente o menor, pode-se punir o agente que, com a finalidade de praticar ato libidinoso com a criança, a convida para assistir a um filme pornográfico envolvendo crianças e/ou adolescentes, o que é raro, na realidade, tendo em vista que os filmes pornográficos que são comercializados de forma oficial empregam apenas atores com idade igual ou superior a dezoito anos. Todavia, não se pode punir o agente que, com a mesma finalidade, convida a criança para assistir a um filme pornográfico cujos atores são maiores de idade. Não obstante, se ocorrer o ato libidinoso com a criança, restará tipificado o estupro de vulnerável previsto no art. 217-A do CP.

Tendo em vista o princípio da legalidade que vigora no direito penal, o qual proíbe o recurso à analogia *in malam partem*, a solução para permitir a punição do agente que, com a finalidade de praticar ato libidinoso, convida uma criança para com ela assistir a filme pornográfico gravado por atores maiores de idade é de *lege ferenda*, com duas opções: a) alteração do conceito "cena de sexo explícito ou pornográfica" no art. 241-E, o que impactaria a interpretação de todos os artigos do ECA que trabalham com esse conceito, razão pela qual não se afigura a medida mais recomendável; ou b) acréscimo à redação do art. 241-D, I, de que a "cena de sexo explícito ou pornográfica" também pode envolver pessoas maiores de idade.

Nota-se que o art. 241-D, ostentando a qualidade de crime de perigo, tipificou possíveis atos preparatórios do estupro de vulnerável (art. 217-A do CP). A punição de atos preparatórios ocorre "quando o legislador eleva à categoria de infração autônoma um ato que, por sua natureza, seria considerado preparatório ao cometimento de outra infração penal".[46] Na mesma linha, constata-se o caráter eminentemente preventivo do tipo em questão, cuja finalidade é evitar que a situação evolua para o estupro de vulnerável (arts. 217-A do CP), o qual, se ocorrer, absorve a conduta do art. 241-D pelo critério da absorção/subsidiariedade.

O objeto material sobre o qual incide a conduta é a própria criança.

No mais, sobre a infiltração de agentes de polícia para a investigação de crimes relativos à dignidade sexual de crianças e adolescentes, autorizada pela Lei n. 13.441/2017, vide o tópico anterior ao art. 240 desta Lei.

Voluntariedade

O crime do art. 241-D é doloso. Exige a finalidade especial (elemento subjetivo específico) consistente na prática de ato libidinoso com a criança (art. 241-D, *caput* e parágrafo único, I)

46 GRECO, Rogério. *Curso de direito penal*. 11. ed. Rio de Janeiro: Impetus, 2009. p. 251-252.

(TJRS, 5ª C. Crim., Apelação Crime n. 70071794044, Rel. Cristina Gonzales, J. em 21/02/2017) ou na exibição em cunho sexual da criança (art. 241-D, parágrafo único, II).

O tipo não prevê a forma culposa.

Consumação e Tentativa

A consumação ocorre quando é praticada qualquer uma das condutas previstas no tipo.

Por se tratar de crime plurissubsistente, é cabível a tentativa (*conatus*).

Ação Penal

Todos os crimes previstos no ECA são de ação penal pública incondicionada (art. 227).

O presente crime configura infração de médio potencial ofensivo, pois, apesar de permitir o benefício da suspensão condicional do processo em razão de a pena mínima ser igual a um ano (art. 89 da Lei n. 9.099/95), a pena máxima é superior a dois anos, o que afasta a competência do Juizado Especial Criminal (art. 61 da Lei n. 9.099/95).

Art. 241-E. Para efeito dos crimes previstos nesta Lei, a expressão "cena de sexo explícito ou pornográfica" compreende qualquer situação que envolva criança ou adolescente em atividades sexuais explícitas, reais ou simuladas, ou exibição dos órgãos genitais de uma criança ou adolescente para fins primordialmente sexuais.

O art. 241-E contém interpretação autêntica sobre em que consiste cena de sexo explícito ou pornográfica. "Diz-se autêntica a interpretação realizada pelo próprio texto legal. Em determinadas situações, a lei, com a finalidade de espancar quaisquer dúvidas quanto a este ou àquele tema, resolve, ela mesma, no seu corpo, fazer a sua interpretação."[47]

Eventual limitação no conceito do art. 241-E decorrente da impossibilidade de o legislador prever todos os fatos possíveis resta compensada pela segurança jurídica que se obtém. Assim, a crítica lançada por Nucci no sentido de que "a tentativa de tornar mais clara a redação dos tipos incriminados trouxe a redução do contexto da pornografia"[48] perde força, pois o STJ tem reconhecido que eventual incompletude do art. 241-E pode ser suprida por uma interpretação ampliativa do Poder Judiciário:

> (...) CRIME DE ARMAZENAR FOTOGRAFIAS DE CONTEÚDO PORNOGRÁFICO ENVOLVENDO CRIANÇA OU ADOLESCENTE (ART. 241-B DO ESTATUTO DA CRIANÇA E DO ADOLESCENTE). PORNOGRAFIA INFANTIL. ART. 241-E DO ESTATUTO DA CRIANÇA E DO ADOLESCENTE. DEFINIÇÃO INCOMPLETA. TIPOS PENAIS ABERTOS. ENFOQUE NOS ÓRGÃOS GENITAIS, AINDA QUE COBERTOS, E POSES SENSUAIS. SEXUALIDADE EXPLORADA. CONOTAÇÃO OBSCENA E FINALIDADE SEXUAL E LIBIDINOSA. MATERIALIDADE DOS DELITOS.
>
> (...)

47 GRECO, Rogério. *Curso de direito penal*. 11. ed. Rio de Janeiro: Impetus, 2009. p. 36.

48 NUCCI, Guilherme de Souza. *Estatuto da criança e do adolescente comentado:* em busca da constituição federal das crianças e dos adolescentes. 3. ed. Rio de Janeiro: Forense, 2017. p. 790.

> 5. A definição legal de pornografia infantil apresentada pelo artigo 241-E do Estatuto da Criança e do Adolescente não é completa e deve ser interpretada com vistas à proteção da criança e do adolescente em condição peculiar de pessoas em desenvolvimento (art. 6º do ECA), tratando-se de norma penal explicativa que contribui para a interpretação dos tipos penais abertos criados pela Lei nº 11.829/2008, sem contudo restringir-lhes o alcance.
>
> 6. É típica a conduta de fotografar cena pornográfica (art. 241-B do ECA) e de armazenar fotografias de conteúdo pornográfico envolvendo criança ou adolescente (art. 240 do ECA) na hipótese em que restar incontroversa a finalidade sexual e libidinosa das fotografias, com enfoque nos órgãos genitais das vítimas – ainda que cobertos por peças de roupas –, e de poses nitidamente sensuais, em que explorada sua sexualidade com conotação obscena e pornográfica.
>
> 7. Recurso especial improvido.
>
> (STJ, 6ª T., REsp 1543267/SC, Rel. Maria Thereza de Assis Moura, J. em 03/12/2015)

Impõe-se um esclarecimento quanto à situação que envolva criança ou adolescente em atividades sexuais explícitas ser real ou simulada. Evidentemente, a atividade sexual real abrangendo criança ou adolescente caracteriza cena de sexo explícito.

A pornografia diz respeito a algo que desperta a libido, que induz ou instiga a ideia sexual. Por consequência, a **simulação** da participação de criança ou adolescente em atividade sexual explícita constitui pornografia, o que, por si só, caracteriza cena de sexo explícito, para os fins do art. 241-E. Na linha dos comentários expendidos aos arts. 240 e 241-C, é atípica a simulação de crianças e adolescentes quando realizada por atores; diferentemente, a simulação a que se refere o art. 241-E ocorre com criança e/ou adolescente verdadeiros, mas em situação de fato que simula sexo.

Na mesma linha, o foco sobre poses sensuais da criança ou adolescente caracteriza cena de sexo explícito, como observado no recurso especial cuja ementa foi acima colacionada.

Já a exibição de órgãos genitais de crianças e adolescentes, desde que para fins sexuais, também caracteriza o tipo de cena em estudo. Por isso, na linha do recurso especial já mencionado, o foco sobre órgãos genitais de crianças e adolescente, mesmo que cobertos, preenche o conceito de cena de sexo explícito, desde que para fins sexuais. Aliás, a previsão dessa finalidade – para fins sexuais – exclui a tipicidade do registro de órgãos genitais de menores para fins científicos ou de estudos, por exemplo.

> **Art. 242.** Vender, fornecer ainda que gratuitamente ou entregar, de qualquer forma, a criança ou adolescente arma, munição ou explosivo:
>
> Pena – reclusão, de 3 (três) a 6 (seis) anos.

Bem Jurídico Tutelado

O bem jurídico tutelado consiste na integridade física da criança ou adolescente e das pessoas que tenham contato com elas.

Sujeitos do Crime

Tratando-se de crime comum, o sujeito ativo pode ser qualquer pessoa.

O sujeito passivo é a criança ou adolescente que recebe a arma de fogo, a munição ou o explosivo.

Condutas

Posteriormente à Lei n. 10.764/03, que conferiu nova redação ao tipo sob exame, entrou em vigor o Estatuto do Desarmamento (Lei n. 10.826/03), que, no seu art. 16, V, incrimina, com pena de três a seis anos de reclusão e multa, a conduta do agente que: vender, entregar ou fornecer, ainda que gratuitamente, arma de fogo, acessório, munição ou explosivo a criança ou adolescente. Em consequência, houve uma **revogação tácita do art. 242 naquelas condutas que têm como objeto material arma de fogo, a respectiva munição e explosivo**. Assim, se o objeto material forem os mencionados na Lei n. 10.826/03, aplica-se o art. 16, V, do ED (TJRS, 4ª C. Crim., Apelação Crime n. 70065966954, Rel. Ivan Bruxel, J. em 25/02/2016); se o objeto material for arma imprópria ou arma própria, desde que não de fogo, aplica-se o art. 242 do ECA.

Esclarece-se que arma própria consiste naquele instrumento destinado, originalmente, a causar dano a outrem; logo, arma de fogo sempre é classificada como arma própria. Arma imprópria, por sua vez, consiste naquele instrumento não projetado, originalmente, para fazer dano a outrem; todavia, segundo a sua utilização feita pelo homem, ele é capaz produzir o dano. Uma faca é típico exemplo de arma imprópria.

Tendo em conta essa limitação, percebe-se que o art. 242, que cuida de tipo misto alternativo (v. comentários ao item "condutas" relativo ao art. 236 do ECA), incrimina a conduta do agente que *vende* (alienar, transferir a propriedade mediante um preço), *fornece ainda que gratuitamente* (abastecer) ou *entrega* (fazer chegar algo a alguém) arma imprópria ou, desde que não seja de fogo, própria, e a respectiva munição (material para abastecer o funcionamento dessas armas já referidas) para criança ou adolescente.

Evidentemente, a interpretação deve ser compatível com a realidade social. A entrega de uma enxada (arma imprópria) para um adolescente de quinze anos de idade, numa área rural, é fato atípico, pois se trata de instrumento de trabalho; o fornecimento, por sua vez, de um facão com lâmina superior a trinta centímetros para uma criança de dez anos de idade, em pleno centro urbano, caracteriza o tipo em questão.

Esclarece-se que não há por que fazer confusão entre os seguintes tipos penais: a) o **art. 242 do ECA**: conduta comissiva e dolosa que incide sobre armas impróprias e, desde que não sejam de fogo, armas próprias e as respectivas munições; b) **art. 16, V, do ED**: conduta comissiva e dolosa que incide sobre armas de fogo, a respectiva munição e explosivos; c) **art. 13, *caput*, do ED**: conduta omissiva e negligente que incide sobre arma de fogo.

O objeto material sobre o qual incide a conduta é a arma imprópria ou, desde que não de fogo, própria e a respectiva munição.

Voluntariedade

O crime do art. 242 é doloso. Não há previsão de finalidade especial (elemento subjetivo específico) na conduta do agente tampouco de culpa.

Consumação e Tentativa

A consumação ocorre no exato instante da prática um dos verbos nucleares.

Por se tratar de crime plurissubsistente, a tentativa (*conatus*) é possível.

Ação Penal

Todos os crimes previstos no ECA são de ação penal pública incondicionada (art. 227).

Tendo em conta as penas mínima e máxima em abstrato, não cabem os benefícios da Lei n. 9.099/95.

> **Art. 243.** Vender, fornecer, servir, ministrar ou entregar, ainda que gratuitamente, de qualquer forma, a criança ou a adolescente, bebida alcoólica ou, sem justa causa, outros produtos cujos componentes possam causar dependência física ou psíquica:
>
> Pena – detenção de 2 (dois) a 4 (quatro) anos, e multa, se o fato não constitui crime mais grave.

Bem Jurídico Tutelado

O bem jurídico tutelado consiste na integridade física e psíquica da criança ou do adolescente, que é colocada em xeque mediante o seu contato precoce com álcool ou substâncias que provoquem dependência.

Sujeitos do Crime

Sendo crime comum, o sujeito ativo pode ser qualquer pessoa.

O sujeito passivo é a criança ou o adolescente que tem contato com álcool ou substância que causa dependência.

Condutas

O art. 243, que cuida de tipo misto alternativo (v. comentários ao item "condutas" relativo ao art. 236 do ECA), incrimina a conduta do sujeito ativo que *vende* (alienar, transferir a propriedade mediante um preço), *fornece* (abastecer), *serve* (oferecer), *ministra* (fazer tomar) ou *entrega* (fazer chegar algo a alguém), ainda que gratuitamente (é desnecessário qualquer tipo de contraprestação), de qualquer forma, para criança ou adolescente, bebida alcoólica ou, sem justa causa, outros produtos cujos componentes possam causar dependência física ou psíquica.

O elemento normativo "sem justa causa" interfere na tipicidade (v. comentários no item "condutas" referente ao art. 234 do ECA). "Portanto, se o agente ministra, como médico, por exemplo, uma droga capaz de gerar dependência física ou psíquica, com o intuito de curar qualquer enfermidade de criança ou adolescente, o fato é atípico."[49] Deve-se atentar, também, pela literalidade do tipo, que a "justa causa" não exclui a tipicidade da conduta cujo objeto seja o álcool, vale dizer, não há justificativa para fornecer bebida alcoólica para criança ou adolescente.

Quanto ao **conflito com o art. 63, I, do Decreto-Lei n. 3.688/41** (Lei das Contravenções Penais – LCP), Rogério Sanchez é percuciente, ao sustentar que não ocorreu a *abolitio criminis* da conduta que caracterizava essa contravenção: "Ocorreu o fenômeno do princípio da continuidade normativo-típica. Qual a diferença entre os dois institutos? A *abolitio criminis* não se

49 NUCCI, Guilherme de Souza. *Estatuto da criança e do adolescente comentado:* em busca da constituição federal das crianças e dos adolescentes. 3. ed. Rio de Janeiro: Forense, 2017. p. 802.

confunde com o princípio da continuidade normativo-típica. A abolitio representa supressão formal e material da figura criminosa, expressando o desejo do legislador em não considerar determinada conduta como criminosa. É o que aconteceu com o crime de adultério e sedução, revogados, formal e materialmente, pela Lei n. 11.106/2005. O princípio da continuidade normativo-típica, por sua vez, significa a manutenção do caráter proibido da conduta, porém com o deslocamento do conteúdo criminoso para outro tipo penal. A intenção do legislador, nesse caso, é que a conduta permaneça proibida pelo Direito Penal. Percebe-se esse fenômeno quando a conduta de vender bebida alcoólica, permanecendo infração penal, migra da Lei das Contravenções para o ECA, como crime".[50]

Sublinha-se que a Lei n. 13.106/15, que conferiu nova redação ao tipo, pôs fim ao entendimento do STJ anteriormente consolidado. Em interpretação sistemática do então vigente art. 63, I, da LCP, do art. 81, II e III, do ECA e do art. 243 do ECA (na sua antiga redação), o STJ entendia que o fornecimento de bebida alcoólica a menor de idade caracterizava a contravenção penal já referida (STJ, 5ª T., HC 329.786/RS, Rel. Jorge Mussi, J. em 02/02/2016).

Frisa-se que o art. 243 é expressamente **subsidiário**, ou seja, somente se aplica na inexistência de outro crime mais grave. Exemplo típico é o tráfico de drogas: o fornecimento de droga a criança ou adolescente não caracteriza o presente crime sob estudo, mas aquele tipificado no art. 33 c/c art. 40, VI, ambos da Lei n. 11.343/06.

Aliás, há um **conflito aparente entre o art. 243 do ECA**, que proíbe a condutas relacionadas a "produtos cujos componentes possam causar dependência física ou psíquica", a Lei n. 11.343/06, que considera "como drogas as substâncias ou os produtos capazes de causar dependência" (art. 1º, *caput*), assim especificados na Portaria SVS/MS no 344, de 12 de maio de 1998 (art. 66), e o art. 278 do CP, o qual envolve substância nociva à saúde. A solução passa pelo critério da especialidade: se o produto estiver catalogado na referida Portaria, trata-se de tráfico de drogas; se o produto não estiver catalogado na Portaria e, oferecendo a possibilidade de gerar dependência física ou psíquica, se destinar a criança ou adolescente, trata-se do crime previsto no art. 243 do ECA; se a conduta não visar a criança ou adolescente e não envolver droga, mas produto nocivo à saúde, independentemente da possibilidade de causar dependência, trata-se do crime tipificado no art. 278 do CP.

O objeto material sobre o qual incide a conduta são a bebida alcoólica ou outros produtos cujos componentes possam causar dependência física ou psíquica. "[É] considerada bebida alcoólica aquela que contiver 0.5 grau Gay-Lussac ou mais de concentração, incluindo-se aí bebidas destiladas, fermentadas e outras preparações, como a mistura de refrigerantes e destilados, além de preparações farmacêuticas que contenham teor alcoólico igual ou acima de 0.5 grau Gay-Lussac" (Anexo I, item III, 5, do Decreto n. 6.117/07 da Presidência da República).

Porque o crime do art. 243 deixa vestígios, é necessária, em princípio, a realização de prova pericial, na forma do art. 158 do CPP, para constatar a possibilidade da causação de dependência. Todavia, o magistrado, amparado pelo princípio da persuasão racional (ou livre convencimento motivo) – no qual as provas não têm hierarquia tampouco valor preestabelecido –, em análise do contexto probatório, pode entender pela desnecessidade dessa prova.

50 ROSSATO, Luciano Alves. LÉPORE, Paulo Eduardo. SANCHEZ, Rogério. *Estatuto da criança e do adolescente*: lei n. 8.069/90 comentada artigo por artigo. 8. ed. São Paulo: Saraiva, 2016. p. 598.

O objeto material sobre o qual incide a conduta são a bebida alcoólica ou os produtos cujos componentes possam causar dependência física ou psíquica, desde que não constituam droga. Em relação a esses produtos, ainda, destacam-se os seguintes entendimentos:

a) **Cigarro**: a venda de cigarro a menor de idade caracteriza o crime do art. 243. Confira-se o TJSC: "Apelação criminal. Crime previsto no estatuto da criança e do adolescente. Venda de cigarros a adolescentes (art. 243 da lei n. 8.069/90). Sentença absolutória. Recurso do ministério público. Acolhimento. Materialidade e autoria delitiva demonstradas. Prova indiciária que foi corroborada por uma das vítimas e conselheira tutelar em juízo" (TJSC, Apelação Criminal 2015.051926-8, Rel. Cinthia Schaefer, J. em 03/12/2015). Também o TJRS: "O tipo penal previsto no art. 243 do ECA trata de crime de mera conduta, não exigindo resultado naturalístico. Então, a simples venda de cigarros à vítima, ainda que para uso de sua genitora, não tem o condão de afastar a tipicidade da conduta desenvolvida pelo do embargante" (TJRS, 3º Grupo de C. Crim., Embargos Infringentes e de Nulidade n. 70068417385, Rel. Bernadete Friedrich, J. em 15/04/2016).

b) **Cola de sapateiro**: "Estatuto da Criança e do Adolescente. Cola de Sapateiro. Fornecimento a adolescente. Recurso Ministério Público. Previsão. Resolução ANVISA. Tipicidade evidenciada. Condenação. Substância tida como causadora de dependência por resolução publicada pela ANVISA, confirma a tipicidade da conduta. Recurso Provido" (TJRO, 1ª C. Crim., Ap. n. 0002390-05.2011.822.0701, Rel. Hiram Marques, J. em 05/06/2014).

c) "**Loló**": "O clorofórmio, componente do loló, não foi definido como substância que causa dependência física e/ou psíquica pela Portaria 344/98 (SVS/MS), atualizada pela RDC nº 63/07. Não sendo a substância definida como causadora de dependência física e/ou psíquica, mas que causa dano à saúde, não há que se falar na incidência de infração prevista no art. 243 do ECA, mas sim no tipo penal capitulado no art. 278 do Código Penal" (TJPE, 4ª C. Crim., ACR 168873 PE 00005355620058170760, Rel. Alexandre Assunção, J. em 01/04/2009).

d) ***Thinner***: segundo a Resolução RDC nº 345, de 15 de dezembro de 2005 da ANVISA e o Centro Brasileiro de Informações sobre Drogas Psicotrópicas (CEBRID)[51], o *thinner* constitui um solvente que pode causar dependência. Logo, quando passado ao menor, ele caracteriza a prática do crime do art. 243 do ECA.

Voluntariedade

O crime do art. 243 é doloso. Não há previsão de finalidade especial (elemento subjetivo específico) na conduta do agente tampouco de culpa.

Consumação e Tentativa

A consumação ocorre no instante em que a conduta expressa por um dos verbos nucleares é praticada. Tratando-se de crime formal, o tipo não exige que a criança ou adolescente destinatário da bebida ou produto consuma estes.

Cuidando-se de crime plurissubsistente, a tentativa (*conatus*) é admissível.

---

51 Disponível em: <http://www2.unifesp.br/dpsicobio/cebrid/quest_drogas/solventes.htm>. Acesso em: 21 mar. 2017.

Ação Penal

Todos os crimes previstos no ECA são de ação penal pública incondicionada (art. 227).

Tendo em vista a elevada pena prevista em abstrato, não cabem os benefícios da Lei n. 9.099/95.

> **Art. 244.** Vender, fornecer ainda que gratuitamente ou entregar, de qualquer forma, a criança ou adolescente fogos de estampido ou de artifício, exceto aqueles que, pelo seu reduzido potencial, sejam incapazes de provocar qualquer dano físico em caso de utilização indevida:
>
> Pena – detenção de seis meses a dois anos, e multa.

Bem Jurídico Tutelado

O bem jurídico tutelado consiste na integridade física da criança e do adolescente bem como das pessoas que com eles se relacionam, a qual é posta em risco em razão da ausência de supervisão sobre o menor que utilize fogos de artifício ou de estampido. Administrativamente, há proteção desse bem jurídico no art. 81, IV.

Sujeitos do Crime

Tratando-se de crime comum, o sujeito ativo pode ser qualquer pessoa.

O sujeito passivo é a criança ou o adolescente para quem é repassado o fogo de artifício ou de estampido.

Condutas

O art. 244, que constitui tipo misto alternativo (v. comentários ao item "condutas" relativo ao art. 236 do ECA), incrimina a conduta do sujeito ativo que *vende* (alienar, transferir a propriedade mediante um preço), *fornece ainda que gratuitamente* (abastecer) ou *entrega* (fazer chegar algo a alguém) fogos de artifício (pirotecnia que produz efeito visual, acompanhada ou não de efeito sonoro) ou fogos de estampido (pirotecnia que produz efeito sonoro, apenas).

O Decreto n. 9493/2018 da Presidência da República (que revogou o Decreto n. 3665/2000 da Presidência da República) regulamenta a fiscalização de produtos controlados, entre os quais estão os fogos de artifício e de estampido. Fogos de artifício, segundo o Decreto n. 9493/2018, "é um artigo pirotécnico destinado para ser utilizado em entretenimento". Fogos de estampido, pelo atual Decreto n. 9493/2018, podem ser conceituados como artifício pirotécnico: "qualquer artigo, que contenha substâncias explosivas ou uma mistura explosiva de substâncias, concebido para produzir um efeito calorífico, luminoso, sonoro, gasoso ou fumígeno, ou uma combinação destes efeitos; devido a reações químicas exotérmicas autossustentadas".

Se os fogos de artifício ou de estampido forem de reduzida capacidade, incapazes de provocar qualquer dano físico em caso de utilização indevida, o fato é atípico. São exemplos os fogos conhecidos como "são joão", "birimbinha", "busca-pé". O "traque de massa", por exemplo, que constitui fogo de estampido, pode ser estourado entre os dedos e não causa danos. Na mesma linha estão aquelas velas colocadas geralmente sobre bolos de aniversário que, quando acionadas, produzem faíscas coloridas. Daí resta evidente a necessidade de perícia (art. 158 do CPP) para apurar se os fogos de artifício ou de estampido têm capacidade de causar danos.

O objeto material sobre o qual incide a conduta é o fogo de estampido ou o fogo de artifício.

Voluntariedade

O crime do art. 244 é doloso. Não há previsão de finalidade especial (elemento subjetivo específico) na conduta do agente tampouco de culpa.

Consumação e Tentativa

A consumação ocorre no instante em que a conduta representada por um dos verbos nucleares é realizada. Observando-se, todavia, que o tipo cuida de crime formal, não se exige que a criança ou o adolescente acionem o fogo de artifício ou de estampido que tenham recebido.

Cuidando-se de crime plurissubsistente, admite a tentativa (*conatus*).

Ação Penal

Todos os crimes previstos no ECA são de ação penal pública incondicionada (art. 227).

O tipo constitui crime de menor potencial ofensivo (art. 61 da Lei n. 9.099/95) e admite também a suspensão condicional do processo (art. 89 da Lei n. 9.099/95).

> **Art. 244-A.** Submeter criança ou adolescente, como tais definidos no caput do art. 2º desta Lei, à prostituição ou à exploração sexual:
>
> Pena – reclusão de quatro a dez anos e multa, além da perda de bens e valores utilizados na prática criminosa em favor do Fundo dos Direitos da Criança e do Adolescente da unidade da Federação (Estado ou Distrito Federal) em que foi cometido o crime, ressalvado o direito de terceiro de boa-fé.
>
> § 1º Incorrem nas mesmas penas o proprietário, o gerente ou o responsável pelo local em que se verifique a submissão de criança ou adolescente às práticas referidas no caput deste artigo.
>
> § 2º Constitui efeito obrigatório da condenação a cassação da licença de localização e de funcionamento do estabelecimento.

O art. 244-A do ECA foi revogado tacitamente pelo art. 218-B do CP, instituído pela Lei n. 12.015/09, o qual, sendo mais recente do que o art. 244-A e dispondo sobre todo o conteúdo deste, tem a seguinte redação:

> Favorecimento da prostituição ou de outra forma de exploração sexual de criança ou adolescente ou de vulnerável.
>
> Art. 218-B. Submeter, induzir ou atrair à prostituição ou outra forma de exploração sexual alguém menor de 18 (dezoito) anos ou que, por enfermidade ou deficiência mental, não tem o necessário discernimento para a prática do ato, facilitá-la, impedir ou dificultar que a abandone:
>
> Pena – reclusão, de 4 (quatro) a 10 (dez) anos
>
> § 1º Se o crime é praticado com o fim de obter vantagem econômica, aplica-se também multa.
>
> § 2º Incorre nas mesmas penas:
>
> I – quem pratica conjunção carnal ou outro ato libidinoso com alguém menor de 18 (dezoito) e maior de 14 (catorze) anos na situação descrita no *caput* deste artigo;
>
> II – o proprietário, o gerente ou o responsável pelo local em que se verifiquem as práticas referidas no *caput* deste artigo.

§ 3º Na hipótese do inciso II do § 2º, constitui efeito obrigatório da condenação a cassação da licença de localização e de funcionamento do estabelecimento.

A despeito dessa revogação (tácita) do art. 244-A, a Lei n. 13.440/17 modificou este artigo para apenas acrescentar à pena privativa de liberdade a perda de bens e valores utilizados na prática criminosa, em favor do Fundo dos Direitos da Criança e do Adolescente do Estado em que foi cometido o crime, ressalvado o direito de terceiro de boa-fé. Essa alteração é estéril, pois idêntica providência pode ser obtida pela aplicação do art. 91 do CP sobre o art. 218-B, § 3º. Pela conjugação desses dispositivos legais, permite-se a perda dos produtos do crime ou de qualquer bem ou valor que constitua proveito auferido com a prática criminosa. Não obstante o art. 91 do CP se refira à União, o juiz sentenciante pode, considerando o local do crime e com base na utilidade e na função social da pena, determinar que a perda se dê em favor do Fundo dos Direitos da Criança e do Adolescente do Estado.

Diante da revogação tácita em comento, apresentam-se os **comentários sobre o crime previsto no art. 218-B do CP.**

Bem Jurídico Tutelado

O bem jurídico tutelado consiste na integridade física, psíquica e moral da criança, do adolescente ou do maior incapaz posto sob prostituição ou outra forma de exploração sexual.

Sujeitos do Crime

Tratando-se de crime comum, o sujeito ativo pode ser qualquer pessoa, incluindo os genitores da vítima, que podem ser autores por comissão ou, na forma do art. 13, § 2º, do CP, por omissão comissiva.

O sujeito passivo é a criança, o adolescente ou a pessoa que, por enfermidade ou deficiência mental, não tem o necessário discernimento para a prática do ato. No caso do art. 218-B, § 2º, I, do CP, o sujeito passivo apenas pode ser adolescente maior de catorze anos e menor do que dezoito anos de idade que se encontre na situação descrita no *caput*.

Condutas

O art. 218-A, *caput*, do CP, que cuida de tipo misto alternativo (v. comentários ao item "condutas" relativo ao art. 236 do ECA), incrimina a conduta do sujeito ativo que *submete* (sujeitar, expor, subjugar), *induz* (sugerir, dar a ideia) ou *atrai* (aliciar, seduzir) à prostituição ou outra forma da exploração sexual criança, adolescente ou pessoa que não tem o necessário discernimento para a prática do ato. Igualmente é incriminada a conduta do agente que *facilita* (reduzir a exigência de esforço) que o sujeito passivo ingresse na prostituição ou exploração social ou *impede* (obstar, interromper, não permitir) ou *dificulta* (impor obstáculos) que o sujeito passivo abandone essa prática.

Prostituição e outra forma de exploração sexual são elementos normativos do tipo de valoração comum, profana. A prostituição envolve o comércio sexual do corpo com finalidade econômica, não necessariamente monetária em espécie. Exige habitualidade, por isso, "no caso da prostituição, não se pode considerar uma mulher como prostituta se uma única vez teve relação sexual por dinheiro ou qualquer outro ganho material (jantar, joia, carro etc.)".[52]

52 GRECO, Rogério. *Código penal comentado*. 6. ed. Niterói: Impetus, 2012. p. 708.

"Por outro lado, a exploração sexual não exige esse caráter duradouro. O agente que se vale de criança ou adolescente, obrigando-o, por domínio moral, à prática de prostituição ou de atos sexuais isolados, porém lucrativos, encaixa-se nesse tipo penal. O mesmo se diga do autor que, valendo-se de fraude ou engodo, consegue levar o menor à prática sexual."[53]

Se a conduta tiver a especial intenção de obter vantagem econômica, além da pena privativa de liberdade, aplica-se a pena de multa.

Enquanto o art. 218-A, *caput*, do CP, pune o "agenciador" da vítima, pelo art. 218-B, §2º, I, do CP, a pena é estendida ao agente que pratica conjunção carnal ou outro ato libidinoso com vítima maior de catorze e menor de dezoito anos de idade que se encontra na situação do *caput*, ou seja, sob prostituição ou outra forma de exploração sexual. Aqui, pune-se o agente que tem relação sexual com a vítima. É evidente que, sob pena de responsabilidade penal objetiva, é necessário que o agente tenha conhecimento da idade e da situação de prostituição ou outra forma de exploração sexual a que está submetida a vítima. Não obstante, se a vítima for pessoa maior, mas incapaz (ausência de discernimento), ou pessoa menor de catorze anos, o agente que mantém relação sexual com essa pessoa, sabendo ou não da sua submissão à prostituição ou outra forma de exploração, responderá por estupro de vulnerável (art. 217-A do CP).

O art. 218-B, § 2º, II, do CP, estende a pena ao proprietário do estabelecimento onde ocorrem as práticas descritas no *caput*, o qual, se inexistisse a regra em comento, seria punido como partícipe. Novamente para evitar a responsabilidade penal objetiva, exige-se a prova do dolo por parte do proprietário, que exige a sua ciência sobre a prática do crime no seu estabelecimento. Comprovada tal ciência, além da pena privativa de liberdade, a conduta do sujeito ativo é sancionada com a cassação da licença de localização e de funcionamento (art. 218-B, § 3º, do CP).

Sobre eventual **consentimento por parte da vítima**, confira-se o STJ: "Para configurar esse delito, não se exige que o sujeito ativo afronte a vítima com a possível utilização da força, tampouco é relevante o seu consentimento, uma vez que a ofendida não tem capacidade para assentir. Por essa razão, o argumento de que as menores eram remuneradas pelos programas realizados e recebiam comissão pela venda de bebidas não tem o condão de afastar a incidência do tipo" (STJ, 5ª T., AgRg no REsp n. 1075052/RS, Rel. Laurita Vaz, J. em 18/12/2012). A posição do STJ é pacífica tanto que já é matéria sujeita a decisão monocrática: "Submissão de adolescente à prostituição ou exploração sexual. Ausência de ato coercitivo. Consentimento. Irrelevância. Tipicidade da conduta. Acórdão recorrido em conformidade com o entendimento desta corte" (STJ, Decisão Monocrática, Ag no REsp n. 979.903/RS, Rel. Ministra Maria Moura, J. em 29/09/2016).

Há coincidência entre o objeto material e a vítima.

Voluntariedade

O crime do art. 218-B do CP é doloso. Não há previsão de finalidade especial (elemento subjetivo específico) na conduta do agente tampouco de culpa.

Consumação e Tentativa

Prepondera, na doutrina, que o crime do art. 218-B do CP é condicionado. Assim, nas condutas de *subjugar*, *induzir*, *atrair* e, com alguma divergência, *facilitar*, o crime consuma-se quando a vítima ingressa na prostituição ou outra forma de exploração sexual. O cabimento

53 NUCCI, Guilherme de Souza. *Estatuto da criança e do adolescente comentado:* em busca da constituição federal das crianças e dos adolescentes. 3. ed. Rio de Janeiro: Forense, 2017. p. 806.

da tentativa (*conatus*) para essas condutas, todavia, não é pacífico: Greco[54], justificando que o crime é plurissubsistente, Ishida[55] e Cláudia Condack[56] admitem-na; já Nucci[57], não.

Por sua vez, as condutas *impedir* ou *dificultar* consumam-se com a prática de qualquer ato, tendo em vista que a vítima já se encontra sob prostituição ou outra forma de exploração sexual. Ademais, a tentativa é admissível.

Ação Penal

O crime tipificado no art. 218-B do CP é de ação penal pública incondicionada.

Tendo em vista a elevada pena prevista em abstrato, não cabem os benefícios da Lei n. 9.099/95.

Art. 244-B. Corromper ou facilitar a corrupção de menor de 18 (dezoito) anos, com ele praticando infração penal ou induzindo-o a praticá-la:

Pena – reclusão, de 1 (um) a 4 (quatro) anos.

§ 1º Incorre nas penas previstas no caput deste artigo quem pratica as condutas ali tipificadas utilizando-se de quaisquer meios eletrônicos, inclusive salas de bate-papo da internet.

§ 2º As penas previstas no caput deste artigo são aumentadas de um terço no caso de a infração cometida ou induzida estar incluída no rol do art. 1º da Lei nº 8.072, de 25 de julho de 1990.

Bem Jurídico Tutelado

O bem jurídico tutelado consiste na formação moral da criança e do adolescente, a qual resta comprometida com o seu ingresso ou a sua permanência no mundo delituoso.

Sujeitos do Crime

Tratando-se de crime comum, o sujeito ativo pode ser qualquer pessoa.

O sujeito passivo é a criança ou o adolescente submetido à corrupção. Remotamente, a família e a sociedade são vítimas, pois são interessadas na boa formação do menor. Nucci tem posicionamento isolado no sentido de que o **menor já corrompido**, por constituir um meio absolutamente ineficaz, representaria crime impossível, conforme o art. 17 do CP. Esse entendimento, contudo, está divorciado do STJ, que sumulou a matéria no enunciado 500 da sua Súmula: "A configuração do crime do art. 244-B do ECA independe da prova da efetiva corrupção do menor, por se tratar de delito formal". Aliás, o STJ é contundente: "ECA. Art. 244-b da lei n. 8.069/1990. Corrupção de menores. Delito formal. Adolescente já corrompido. Irrelevância. Reforma do acórdão *a quo*. Precedentes. Restabelecimento da sentença condenatória" (STJ, 6ª T., AgRg no REsp 1624118/SP, Rel. Sebastião Reis Júnior, J. em 14/02/2017). Além disso, a tese de Nucci apresenta uma inadequação frente ao espírito do ECA: a presunção de que um menor

54 GRECO, Rogério. *Código penal comentado*. 6. ed. Niterói: Impetus, 2012. p. 708.

55 ISHIDA, Valter Kenji. *Estatuto da criança e do adolescente:* doutrina e jurisprudência. 17. ed. Salvador: Juspodivm, 2016. p. 733.

56 CONDACK, Claudia Canto. *Dos crimes*. In: MACIEL, Kátia Regina. F. L. A. (Coord.). Curso de Direito da Criança e do Adolescente. 9. ed. São Paulo: Saraiva, 2016. p. 1227.

57 NUCCI, Guilherme de Souza. *Estatuto da criança e do adolescente comentado:* em busca da constituição federal das crianças e dos adolescentes. 3. ed. Rio de Janeiro: Forense, 2017. p. 1258.

já estaria completamente corrompido a ponto de não ser mais possível o seu restabelecimento contraria o princípio da proteção integral, levando ao abandono do intento de recuperação social desse menor.

Para a caracterização do crime de corrupção de menores, é essencial a **existência de prova, nos autos, de que a vítima é menor de idade**. Essa exigência tem respaldo no Enunciado n. 74 da Súmula do STJ: "Para efeitos penais, o reconhecimento da menoridade do réu requer prova por documento hábil". No caso específico, o STJ tem flexibilizado a formalidade dos documentos constantes do rol do art. 2º da Lei n. 12.037/09 e a literalidade do art. 155, parágrafo único, do CPP, admitindo outros para fins da comprovação da idade da vítima: "2. É assente na jurisprudência este Superior Tribunal o entendimento de que a certidão de nascimento não é o único documento idôneo para comprovar a idade do adolescente corrompido, que também pode ser atestada por outros documentos oficiais, dotados de fé pública, emitidos por órgãos estatais de identificação civil e cuja veracidade somente pode ser afastada mediante prova em contrário. 3. No caso, outros documentos dotados de fé pública – o boletim de ocorrência policial e a confirmação da carteira de identidade – foram colacionados aos autos para comprovar a idade do adolescente, vítima do crime de corrupção de menores. A menoridade foi, portanto, devidamente atestada por meio do inquérito policial, em que consta a qualificação do menor" (STJ, 6ª T., AgRg no HC 374.209/MG, Rel. Rogério Schietti Cruz, J. em 14/02/2017). O STF já decidiu nesse mesmo sentido: "1. A menoridade para fins de tipificação do crime previsto no artigo 244-B da Lei nº 8.069/90 pode ser comprovada por outros meios idôneos, não se exigindo seja realizada somente por certidão de nascimento ou carteira de identidade. Precedentes: HC 92.014, Rel. Min. Menezes de Direito, Primeira Turma, DJe 21/11/2008, e HC 121.709, Rel. Min. Ricardo Lewandowski, Segunda Turma, DJe 12/06/2014" (STF, 1ª T., HC 124132, Rel. Luiz Fux, J. 28/10/2014).

Condutas

O crime do art. 244-B, que cuida de tipo misto alternativo (v. comentários ao item "condutas" relativo ao art. 236 do ECA), pune a conduta do sujeito ativo que *corrompe* (estragar, perverter) ou *facilita a corrupção* (tornar mais fácil a corrupção) de criança ou adolescente. O meio para o agente corromper a vítima ou facilitar a sua corrupção pode ser: a) praticar a infração penal (crime ou contravenção penal) conjuntamente, hipótese em que o agente é coautor; ou b) induz (sugerir, dar a ideia) ao menor a prática de infração penal (crime ou contravenção penal), situação em que o agente é partícipe. Mesmo que as condutas previstas no *caput* sejam praticadas por meios eletrônicos, incluindo a internet, o fato é punido pelo art. 244-B, § 1º.

Ademais, se a infração penal objeto da corrupção estiver incluída no art. 1º da Lei n. 8.078/90, ou seja, for crime hediondo, a pena é aumentada em um terço. Registra-se aqui o lapso do legislador ao não incluir o tráfico de drogas como majorante, tendo em vista que, além de o tráfico corromper sensivelmente o menor, pois abre uma gama de novos caminhos criminosos (crimes contra o patrimônio e porte ilegal de arma de fogo, p. ex.), ele é equiparado a crime hediondo por força do art. 5º, XLIII, da CF, o que demanda um tratamento mais rigoroso do que aquele devido aos crimes não hediondos.

Destaca-se, outrossim, que ocorre **concurso formal (art. 70 do CP)** entre a corrupção (ou facilitação para corrupção) e a infração penal que venha a ser praticada pelo sujeito ativo juntamente com o menor. Então, se o sujeito ativo comete um crime de roubo majorado pelo concurso de duas ou mais pessoas, ele responderá pelo crime tipificado no art. 157, § 2º, II, do

CP, em concurso formal (art. 70 do CP) com o crime tipificado no art. 244-B do ECA (TJSP, 8ª C. Crim., Ap. 0051290-79.2015.8.26.0050, Rel. Cesar Castro; J. em 09/03/2017).

Por outro lado, se o agente pratica o crime juntamente com dois menores, ele, mediante uma ação, pratica dois crimes de corrupção de menores (art. 244-B), em **concurso formal (art. 70 do CP)**. Assim decidiu o STJ: "Participação de dois adolescentes na empreitada criminosa. Prática de dois delitos de corrupção de menores. Existência de dois bens jurídicos tutelados violados. Princípios da prioridade absoluta e do interesse da criança e do adolescente. Concurso formal" (STJ, 6ª T., RESP n. 1680114/GO, Rel. Sebastião Reis Júnior, J. em 10/10/2017).

O objeto material sobre o qual incide a conduta é o menor de dezoito anos.

Voluntariedade

O crime do art. 244-B é doloso. Não há previsão de finalidade especial (elemento subjetivo específico) na conduta do agente tampouco de culpa. Logo, se o agente induzir, culposamente, o menor a praticar infração penal, o fato é atípico.

Consumação e Tentativa

Tratando-se de crime formal (STJ, 6ª T., AgRg no REsp 1384409/DF, Rel. Antonio Palheiro, J. em 16/02/2017) e de perigo abstrato, a consumação ocorre quando o sujeito ativo pratica a infração juntamente com o menor ou quando logra induzi-lo a cometê-la. Nesse último caso, contudo, a prova é dificílima, pois depende da consciência subjetiva do menor.

Embora de difícil configuração para a conduta induzir, a tentativa (*conatus*) é admissível.

Ação Penal

Todos os crimes previstos no ECA são de ação penal pública incondicionada (art. 227).

A conduta capitulada no art. 244-B, *caput* e § 1º, configura infração de médio potencial ofensivo, pois, apesar de permitir o benefício da suspensão condicional do processo em razão de a pena mínima ser igual a um ano (art. 89 da Lei n. 9.099/95), a pena máxima é superior a dois anos, o que afasta a competência do Juizado Especial Criminal (art. 61 da Lei n. 9.099/95). Já na hipótese do art. 244-B, §2º, não cabe nenhum benefício da Lei n. 9.099/95.

BIBLIOGRAFIA CONSULTADA

AMERICAN PSYCHIATRIC ASSOCIATION. *Manual diagnóstico e estatístico de transtornos mentais*. Tradução: Maria Inês Corrêa Nascimento et al. 5. ed. Dados eletrônicos. Porto Alegre: Artmed, 2014.

BARROSO, Luís Roberto. Aqui, lá e em todo lugar: a dignidade humana no direito contemporâneo e no discurso transnacional. *Revista dos Tribunais*. Ano 101, v. 919, maio/2012, p. 127-196.

BITENCOURT, Cezar Roberto. *Código penal comentado*. 7. ed. São Paulo: Saraiva, 2012.

BITENCOURT, Cezar Roberto. *Código penal comentado*. Livro eletrônico. 9. ed. São Paulo: Saraiva, 2015.

BOSCHI, José Antônio Paganella. *Ação penal*: as fases administrativa e judicial da persecução penal. Porto Alegre: Livraria do Advogado, 2010.

COSTA, Álvaro Mayrink da. *Código penal comentado*: parte geral; parte especial. Rio de Janeiro: LMJ Mundo Jurídico, 2013.

DELMANTO, Celso et. al. *Código Penal comentado*. Livro eletrônico. 9. ed. São Paulo: Saraiva, 2016.

DIGIÁCOMO, Murillo José. *Estatuto da criança e do adolescente anotado e interpretado*. 6. ed. Curitiba: Ministério Público do Estado do Paraná. Centro de Apoio Operacional das Promotorias da Criança e do Adolescente, 2013. p. 327. Disponível em: <http://www.crianca.mppr.mp.br/arquivos/File/publi/caopca/eca_anotado_2013_6ed.pdf>. Acesso em: 17 mar. 2017.

FARIAS, Cristiano Chaves. ROSENVALD, Nelson. *Curso de direito civil:* famílias, volume 6. 7. ed. São Paulo: Atlas, 2015.

FRISCHEISEN, Luiza Cristina Fonseca. GARCIA, Mônica Nicida. GUSMAN, Fábio. Execução provisória da pena. Um contraponto à decisão do Supremo Tribunal Federal no Habeas Corpus 84.078. In: CALABRICH, Bruno. FISCHER, Douglas. PELELLA, Eduardo (Org.). *Garantismo penal integral*: questões penais e processuais, criminalidade moderna e aplicação do modelo garantista no Brasil. 3. ed. São Paulo: Atlas, 2015. p. 491-517.

GOMES, Luiz Flávio; BIANCINI, Alice. *Curso de direito penal*: parte geral (arts. 1º a 120). Salvador: Juspodivm, 2015.

GRECO, Rogério. *Código penal comentado*. 6. ed. Niterói: Impetus, 2012.

GRECO, Rogério. *Curso de direito penal*. 11. ed. Rio de Janeiro: Impetus, 2009.

ISHIDA, Valter Kenji. *Estatuto da criança e do adolescente*: doutrina e jurisprudência. 17. ed. Salvador: Juspodivm, 2016.

JESUS, Damásio Evangelista de. *Prescrição penal*. 17. ed. São Paulo: Saraiva, 2008.

LIMA, Renato Brasileiro de. *Legislação criminal especial comentada*. 3. ed. Salvador: Juspodivm, 2015.

MACIEL, Kátia Regina. F. L. A. (Coord.). *Curso de Direito da Criança e do Adolescente*. 9. ed. São Paulo: Saraiva, 2016.

MARIMOTO, Daniel. Arts. 91 e 92. In: JALIL, Maurício Schaun; GRECO FILHO, Vicente. (Org.). *Código Penal comentado*: doutrina e jurisprudência. Livro eletrônico. Barueri: Manole, 2016.

MASSON, Cleber. *Código penal comentado*. 3. ed. Rio de Janeiro: Forense, 2015.

NUCCI, Guilherme de Souza. *Código de processo penal comentado*. 5. ed. São Paulo: Revista dos Tribunais, 2006.

NUCCI, Guilherme de Souza. *Código penal comentado*. 17. ed. Rio de Janeiro: Forense, 2017.

NUCCI, Guilherme de Souza. *Estatuto da criança e do adolescente comentado:* em busca da constituição federal das crianças e dos adolescentes. 3. ed. Rio de Janeiro: Forense, 2017.

ROSSATO, Luciano Alves. LÉPORE, Paulo Eduardo. SANCHEZ, Rogério. *Estatuto da criança e do adolescente:* Lei n. 8.069/90 comentada artigo por artigo. 8. ed. São Paulo: Saraiva, 2016.

SADOCK, Benjamin James. *Compêndio de psiquiatria*: ciências do comportamento e psiquiatria clínica. Tradução: Claudia Oliveira Dorneles et al. 9. ed. Dados eletrônicos. Porto Alegre: Artmed, 2007.

SILVA, Rita de Cássia Lopes da. *Estatuto da criança e do adolescente. Lei 8.069, de 13 de julho de 1990*. In: PRADO, Luiz Regis. (Coord.). Leis Penais Especiais Parte II. São Paulo: Revista dos Tribunais, 2009.

TARTUCE, Flávio. Manual de direito civil. 2. ed. Rio de Janeiro: Forense, 2012.

TOLEDO, Francisco de Assis. *Princípios básicos de direito penal*. 5. ed. São Paulo: Saraiva, 1994.

VERONESE, Josiane Rose Petry. SILVEIRA, Mayra. *Estatuto da criança e do adolescente comentado*. São Paulo: Conceito Editorial, 2011.

CAPÍTULO 15

Crime Hediondo – Lei 8.072/1990

Rogério Sanches Cunha
Ronaldo Batista Pinto

Art. 1º São considerados hediondos os seguintes crimes, todos tipificados no Decreto-lei 2.848, de 7 de dezembro de 1940 – Código Penal, consumados ou tentados:

I – homicídio (art. 121), quando praticado em atividade típica de grupo de extermínio, ainda que cometido por um só agente, e homicídio qualificado (art. 121, § 2º, I, II, III, IV e V);

I-A – lesão corporal dolosa de natureza gravíssima (art. 129, § 2º) e lesão corporal seguida de morte (art. 129, § 3º), quando praticadas contra autoridade ou agente descrito nos arts. 142 e 144 da CF, integrantes do sistema prisional e da Força Nacional de Segurança Pública, no exercício da função ou em decorrência dela, ou contra seu cônjuge, companheiro ou parente consanguíneo até terceiro grau, em razão dessa condição (incluído pela Lei 13.142/15).

II – latrocínio (art. 157, § 3º, *in fine*);

III – extorsão qualificada pela morte (art. 158, § 2º);

IV – extorsão mediante sequestro e na forma qualificada (art. 159, *caput*, e §§ 1º, 2º e 3º);

V – estupro (art. 213, *caput* e §§ 1º e 2º); (*Redação dada pela Lei 12.015, de 2009*)

VI – estupro de vulnerável (art. 217-A, *caput* e §§ 1º, 2º, 3º e 4º); (*Redação dada pela Lei 12.015/2009*)

VII – epidemia com resultado morte (art. 267, § 1º);

VII-A – (*Vetado*.)

VII-B – falsificação, corrupção, adulteração ou alteração de produto destinado a fins terapêuticos ou medicinais (art. 273, *caput* e § 1º, § 1º-A e § 1º-B, com a redação dada pela Lei 9.677, de 2 de julho de 1998).

VIII – favorecimento da prostituição ou de outra forma de exploração sexual de criança ou adolescente ou de vulnerável (art. 218-B, caput, e §§ 1º e 2º); (Incluído pela Lei nº 12.978, de 2014)

Parágrafo único – Consideram-se também hediondos o crime de genocídio previsto nos arts. 1º, 2º e 3º da Lei nº 2.889, de 1º de outubro de 1956, e o de posse ou porte ilegal de arma de fogo de uso restrito, previsto no art. 16 da Lei nº 10.826, de 22 de dezembro de 2003, todos tentados ou consumados. (*Redação dada pela Lei 13.497/2017*)

1. CONCEITO DE CRIME HEDIONDO

Imprescindível, num primeiro momento, definirmos o que se entende por *crime hediondo* e quais os critérios utilizados para se etiquetar um determinado comportamento a esta categoria de delitos.

Identificamos, para tanto, três sistemas trabalhando na sua definição:

a) legal: compete ao legislador enumerar, num rol taxativo, quais os delitos considerados hediondos;

b) judicial: é o juiz quem, na apreciação do caso concreto, diante da gravidade do crime ou da forma como foi executado, decide se a infração praticada é ou não hedionda;

c) misto: num primeiro momento, o legislador apresenta um rol exemplificativo de delitos hediondos, permitindo ao juiz, na análise do caso concreto, encontrar outros fatos assemelhados (interpretação analógica).

O Brasil adotou o critério legal,[1] conclusão que se extrai da simples leitura do art. 5.º, XLIII, da CF:

> "A lei considerará crimes inafiançáveis e insuscetíveis de graça ou anistia a prática de tortura, o tráfico ilícito de entorpecentes e drogas afins, o terrorismo e os definidos como crimes hediondos, por eles respondendo os mandantes, os executores e os que, podendo evitá-los, se omitirem".

Limitando benefícios aos seus agentes, o texto constitucional não trouxe quais as infrações penais consideradas hediondas, preferindo tão somente mencionar as figuras a elas equiparadas: a prática de tortura, o tráfico ilícito de entorpecentes e drogas afins e o terrorismo. Trata-se, pois, de norma de eficácia limitada, outorgando ao legislador infraconstitucional a tarefa de elencar os delitos a serem revestidos de maior repulsa.

Para tanto, criou-se a Lei 8.072/90 que, logo no seu art. 1.º, em rol taxativo, enumerou os fatos típicos considerados aterrorizantes, alarmantes (hediondos). A partir da vigência desse diploma legal, bem como daqueles que se destinaram a complementá-lo (ou a corrigi-lo), incontáveis críticas foram dirigidas às constantes falhas praticadas pelo legislador.

A redação original do art. 1.º vem sendo constantemente alterada. Vejamos.

A Lei 8.930/94 acrescentou ao rol de crimes hediondos o homicídio simples, quando praticado em atividade típica de grupos de extermínio (denominado homicídio condicionado), e o qualificado, em qualquer das hipóteses previstas no § 2.º do art. 121 do CP. A

---

1 Para nós nenhum dos critérios é justo: o primeiro (legal) trabalha somente com gravidade do fato em abstrato, desconsiderando, lamentavelmente, o caso concreto; o segundo (judicial) deixa ao exclusivo império do juiz a análise da hediondez, ferindo, consequentemente, o mandamento da certeza e segurança jurídica (um comportamento tido como hediondo para um juiz pode, nas mesmas circunstâncias, não ser para outro); o terceiro (misto), a exemplo do anterior, não garante a necessária segurança ao cidadão, partindo de exemplos dado pelo legislador, podendo o magistrado encontrar outros casos semelhantes (ignora a taxatividade). Diante desse quadro, sugerimos um quarto sistema, mais justo (e seguro), no qual o legislador, num primeiro momento, enuncia num rol taxativo (portanto, sem possibilidade de ampliação) os crimes hediondos, cabendo ao juiz apenas confirmar, na análise do caso concreto, a hediondez do fato praticado. Entendendo não reunir os predicados de um crime hediondo, o juiz deixa de aplicar os consectários da Lei ao caso em julgamento.

inclusão se deu, certamente, em razão da desaprovação em relação à redação original do dispositivo, que, ao mesmo tempo em que garantia maior rigor na punição de crimes patrimoniais, contra a liberdade sexual e alguns de perigo comum, ignorava o bem jurídico mais valioso, ou seja, a vida. Esta mesma lei aboliu da categoria o crime de envenenamento de água potável ou de substância alimentícia ou medicinal qualificado pela morte (art. 270 c.c. art. 285 do CP).[2]

A Lei 9.695/98, por sua vez, acrescentou ao rol a falsificação, corrupção, adulteração ou alteração de produto destinado a fins terapêuticos ou medicinais, tipificada no art. 273 do CP.[3]

A Lei 12.015/09 – que promoveu importantes alterações na disciplina dos crimes sexuais – modificou os incisos V e VI do art. 1º. No inciso V passou a constar menção expressa ao *caput* e aos parágrafos (formas qualificadas) do crime de estupro. Isso pôs fim à discussão – tratada abaixo, no item 9 – a respeito de quais formas do estupro deveriam ser consideradas hediondas. O inciso VI foi modificado para incluir no lugar do atentado violento ao pudor (cujo tipo foi revogado pela mesma Lei 12.015/09) o estupro de vulnerável (art. 217-A do CP) em todas as suas formas.

A Lei 12.978/14 incluiu no rol dos hediondos o crime de favorecimento da prostituição ou de outra forma de exploração sexual de criança ou adolescente ou de vulnerável (art. 218-B, *caput*, e §§ 1º e 2º).

Há ainda as Leis 13.104 e 13.142 – ambas de 2015 –, que incluíram entre os hediondos, respectivamente, o homicídio qualificado por ter sido cometido contra a mulher por razões da condição de sexo feminino (feminicídio) e por ter sido cometido contra autoridade ou agente descrito nos arts. 142 e 144 da Constituição Federal, integrantes do sistema prisional e da Força Nacional de Segurança Pública, no exercício da função ou em decorrência dela, ou contra seu cônjuge, companheiro ou parente consanguíneo até terceiro grau, em razão dessa condição. A segunda lei também tornou hedionda a lesão corporal gravíssima (art. 129, § 2º do CP) e a lesão corporal seguida de morte (art. 129, § 3º) quando cometida contra agentes de segurança pública ou familiares.

Por fim, a Lei 13.497/17 alterou o parágrafo único do art. 1º para tornar hediondo o crime de posse ou porte ilegal de arma de fogo de uso restrito (art. 16 da Lei 10.826/03).

---

2 É importante frisar que não houve (e nem foi a intenção do legislador) *abolitio criminis*, já que o tipo permanece intacto no Código Penal. A alteração acarreta a impossibilidade de aplicação das normas penais e processuais inerentes aos crimes hediondos nos casos em que esse delito é praticado, bem como a retroatividade para atingir os fatos já praticados, beneficiando os indiciados, réus ou condenados sob a égide da redação anterior da Lei 8.072/90.

3 O projeto de lei também previa outro acréscimo, vetado pelo Presidente da República por contrariedade ao interesse público, que elevaria à categoria dos crimes hediondos a corrupção, adulteração, falsificação ou alteração de substância ou produto alimentício destinado a consumo, tornando-o nocivo à saúde ou reduzindo-lhe o valor nutritivo. O veto se baseou, em especial, na última situação descrita no tipo, que é a redução do valor nutritivo da substância. Como argumento, utilizou-se a afronta à razoabilidade e à proporcionalidade, já que a alteração insignificante de um alimento, que tivesse seu valor nutritivo reduzido, seria considerada hedionda, desvirtuando e banalizando o mecanismo criado pelo constituinte, e incrementado pelo legislador ordinário, para coibir a prática de crimes cuja repercussão social fosse dotada de maior seriedade (Mensagem 976, de 20 de agosto de 1998).

2. HOMICÍDIO PRATICADO EM ATIVIDADE TÍPICA DE GRUPO DE EXTERMÍNIO

Dos *crimes contra a pessoa*, destacam-se aqueles que eliminam a *vida* humana, considerada o bem jurídico mais importante do homem, razão de ser de todos os demais interesses tutelados, merecendo inaugurar a parte especial do nosso Código. É evidente que essa colocação não implica o estabelecimento de hierarquia entre as normas incriminadoras, mas serve para extrair a importância do capítulo.

Na busca do conceito de homicídio, trazemos a clássica definição de Nélson Hungria:

> "O homicídio é o tipo central de crimes contra a vida e é o ponto culminante na orografia dos crimes. É o crime por excelência. É o padrão da delinquência violenta ou sanguinária, que representa como que uma reversão atávica às eras primevas, em que a luta pela vida, presumivelmente, se operava com o uso normal dos meios brutais e animalescos. É a mais chocante violação do senso moral médio da humanidade civilizada" (*Comentários ao Código Penal*, vol. V, p. 26, 1958).

O homicídio simples, quando praticado em atividade típica de grupo de extermínio (chacina, matança generalizada), mesmo que por um único executor, é etiquetado como crime hediondo (art. 1.º, I, da Lei 8.072/90, com redação dada pela Lei 8.930/94), sofrendo a majorante do § 6º. do art. 121 do CP. Esse crime é classificado pela doutrina como *homicídio condicionado*, pois depende da verificação de um requisito (ou condição) para que seja considerado hediondo.[4]

Por fim, nota-se que o homicídio simples praticado em atividade típica de milícia, apesar de também sofrer a majorante do § 6º. do art. 121, não está elencado entre os crimes hediondos. A lacuna não pode ser suprida pelo interprete, sob pena de integração em prejuízo do réu (analogia "in malam partem"), vedada pelo princípio da legalidade.

3. HOMICÍDIO QUALIFICADO

O art. 121, § 2º, do CP descreve certas qualificadoras, umas ligadas aos motivos determinantes do crime, indiciários de depravação espiritual do agente (incisos I, II, V, VI e VII – circunstâncias subjetivas), e outras com o modo maligno que acompanham o ato ou fato em sua execução (incisos III e IV – circunstâncias objetivas).

Essa forma de homicídio (a exemplo do anterior) foi etiquetado como hediondo somente com o advento da Lei 8.930/94, sofrendo, a partir de então, todos os consectários traçados pela Lei 8.072/90.

4 Temos doutrina negando ao homicídio *praticado em atividade típica de grupo de extermínio* o rótulo de "simples". Guilherme Nucci, por exemplo, lembra que grupos de extermínio buscam promover a justiça por suas próprias mãos, eliminando a vida de indivíduos que, em sua visão, são criminosos. Nestes casos, argumenta, o crime sempre será qualificado pela torpeza, sendo certo que a inserção de um motivo torpe no homicídio simples se afigura clara contradição. E conclui da seguinte forma: "Em suma, se o matador agiu como 'exterminador', porque recebeu pagamento ou promessa de pagamento ou porque pretendia 'limpar' um bairro ou uma área da cidade de 'marginais', estamos diante de homicídio qualificado pela torpeza. Porém, se buscou eliminar uma quadrilha que vendia drogas e viciava vários alunos de um determinado colégio, embora possa até figurar sua atitude como típica de *extermínio*, o fim buscado é diverso, podendo consistir em motivo de relevante valor social ou moral. E, se assim for considerado, é homicídio privilegiado, portanto, não será hediondo" (*Leis Penais e Processuais Penais Comentadas*, p. 296 297).

Apesar de o legislador haver expressado, claramente, que todas as formas qualificadas do homicídio são hediondas, buscando evitar interpretações restritivas a respeito de sua abrangência, há doutrinadores sustentando que a tipificação total (sem exceções) ignora os princípios da proporcionalidade e da razoabilidade, criando situações em que, pelas circunstâncias da prática delitiva, embora incidente uma das qualificadoras, não esteja presente a característica fática que enseje maior severidade da reprimenda, o que, por conseguinte, ocasionará punição desproporcional. Como exemplo, podemos citar duas hipóteses: em uma situação, visando simplesmente eliminar a vida de um desafeto, o agente o mata com requintes de crueldade, empregando tortura. Certamente será este um crime dotado de hediondez, pois que demonstra o caráter frívolo e desumano daquele que o pratica. Em outra situação, por motivos banais, dois indivíduos se envolvem em um entrevero, terminando um por matar o outro. Embora se possa admitir a qualificadora do motivo fútil, essa conduta não poderia ser tida como hedionda, pois que, embora profundamente reprovável, não causaria no meio social o sentimento de repulsa que justificaria a aplicação dos efeitos da Lei 8.072/90. Note-se que, neste caso, a proporcionalidade é atingida não pela quantidade da pena a ser aplicada (já que o juiz, ao analisar a gravidade de cada uma das condutas, deverá aplicar a pena adequada), mas, sim, pelas consequências penais e processuais trazidas pela Lei dos Crimes Hediondos. Guilherme de Souza Nucci, a exemplo do que já pugnamos acima, entende que, para se evitar essa situação, "o ideal seria a conjugação da indicação legislativa com a avaliação judicial para deduzir a hediondez de um delito." (op. cit., p. 297).

4. HOMICÍDIO QUALIFICADO-PRIVILEGIADO

O homicídio privilegiado está previsto no art. 121, § 1.º do CP e pode se configurar quando o agente o pratica impelido por motivo de relevante valor social ou moral, ou sob domínio de violenta emoção, logo em seguida a injusta provocação da vítima. As qualificadoras do homicídio, como já destacado, integram o § 2.º do art. 121.

Apesar da sua posição topográfica, é perfeitamente possível a coexistência das circunstâncias privilegiadoras (§ 1.º), todas de natureza subjetiva, com qualificadoras de natureza objetiva (§ 2.º, III e IV). Nesse sentido, aliás, é firme a jurisprudência, inclusive dos Tribunais Superiores, tendo o STF, a propósito, decidido:

A jurisprudência do STF admite a possibilidade de homicídio privilegiado-qualificado, desde que não haja incompatibilidade entre as circunstâncias do caso. O recurso utilizado para atingir a vítima "é realidade objetiva, pertinente à mecânica do agir do infrator" (HC 77.347, HC 69.524, HC 61.074). Daí a inexistência de contradição no reconhecimento da qualificadora, cujo caráter é objetivo (modo de execução do crime), e do privilégio, afinal reconhecido (sempre de natureza subjetiva). (HC 89921-PR, Rel. Min. Carlos Britto, 1ª T., *DJ* 27.04.2007).

O STJ também já concluiu da mesma forma:

> "Não há incompatibilidade na coexistência de qualificadora de caráter objetivo, como a prevista no art. 121, § 2º, IV, do Código Penal (modo de execução do crime), com a forma privilegiada do homicídio, cuja natureza é sempre subjetiva (precedentes desta Corte e do Pretório Excelso)" (REsp 1.274.563/MT, j. 21/06/2016).

Nesse caso, surge uma questão: o crime será hediondo? A doutrina é divergente.

Uma primeira corrente sustenta que o primeiro argumento é relativo à tipicidade, pois a Lei 8.072/90 não faz qualquer menção ao homicídio privilegiado, e, portanto, é impossível caracterizá-lo como hediondo, ainda que concorra uma qualificadora. Além disso, o homicídio qualificado-privilegiado somente poderá ocorrer com a combinação de circunstâncias privilegiadoras, que, sendo de caráter subjetivo, dizem respeito sempre ao móvel do crime, com qualificadoras de caráter objetivo, que se relacionam à forma de execução. Logo, ainda que o crime seja praticado com emprego de meio cruel, se o for por motivo de relevante valor social, não poderá ser considerado repugnante, isto é, que cause sentimento de verdadeira repulsa na sociedade. Ou o motivo é de relevante valor ou é de tal reprovação que enseja a aplicação de reprimenda mais severa, pois há clara incompatibilidade entre a hediondez e os motivos determinantes desse crime. Neste sentido é a lição de Guilherme de Souza Nucci (op. cit., p. 297) e é também o que decidiu o STJ:

> "Por incompatibilidade axiológica e por falta de previsão legal, o homicídio qualificado--privilegiado não integra o rol dos denominados crimes hediondos (Precedentes)" (HC 153.728/SP, j. 13/04/2010).

Há também posicionamento que, fazendo analogia com o disposto no art. 67 do CP, entende preponderar o privilégio, desnaturando a hediondez do delito. O Tribunal de Justiça de São Paulo, aliás, já decidiu com base na conjugação desse argumento com o anterior: "A Lei 8.072/90 tacha de hediondo o homicídio qualificado, não podendo, salvo vedada interpretação extensiva da norma, ampliar-se a incidência para abrigar também o homicídio qualificado-privilegiado; não é compatível com a finalidade do mencionado diploma legislativo, exacerbar-se, de uma certa forma, a resposta social ao crime, estabelecendo o regime integralmente fechado para aquele que agiu com motivação menos danosa. Ademais, segundo o art. 67 do CP, a circunstância subjetiva se sobrepõe à de caráter objetivo, descaracterizando o homicídio qualificado." (TJSP, RC 27017933200, rel. Walter Guilherme, j. 15.08.2000).

Outros, no entanto, lecionam que o art. 67 aplica-se somente para agravantes e atenuantes, e, não fazendo a Lei 8.930/94 qualquer ressalva, entendem que o homicídio qualificado-privilegiado permanece hediondo. Nesse sentido, leciona Edgar de Oliveira Santos Cardoso que "uma vez reconhecida a figura híbrida do homicídio qualificado-privilegiado, poder-se-á considerar a hediondez, sob o argumento de que as circunstâncias do privilégio, interferem na quantidade da pena e não na qualidade ou natureza do delito. Ao demais, o art. 1.º, I da Lei 8.072, contém uma qualificação legal absoluta de hediondez, pouco importando ao legislador a quantidade concreta da pena. Destarte, considerada tal natureza, a eventual incidência de uma causa de diminuição da quantidade da resposta penal em face de circunstâncias subjetivas não terá força excludente da qualificação legal" (A Nova lei sobre crimes hediondos. *RT* 711/288, São Paulo, v. 84, jan. 1995).

5. LESÃO CORPORAL DOLOSA DE NATUREZA GRAVÍSSIMA (ART. 129, § 2º) E LESÃO CORPORAL SEGUIDA DE MORTE (ART. 129, § 3º), QUANDO PRATICADAS CONTRA AUTORIDADE OU AGENTE DESCRITO NOS ARTS. 142 E 144 DA CF, INTEGRANTES DO SISTEMA PRISIONAL E DA FORÇA NACIONAL DE SEGURANÇA PÚBLICA, NO EXERCÍCIO DA FUNÇÃO OU EM DECORRÊNCIA DELA, OU CONTRA SEU CÔNJUGE, COMPANHEIRO OU PARENTE CONSANGUÍNEO ATÉ TERCEIRO GRAU, EM RAZÃO DESSA CONDIÇÃO.

A Lei 13.142/15 alterou o art. 129 do Código Penal para acrescentar o § 12, que majora a pena da lesão corporal (dolosa, leve, grave, gravíssima ou seguida de morte) de um a dois terços quando praticada contra autoridade ou agente descrito nos arts. 142 e 144 da Constituição Federal, integrantes do sistema prisional e da Força Nacional de Segurança Pública, no exercício da função ou em decorrência dela, ou contra seu cônjuge, companheiro ou parente consanguíneo até 3º. grau, em razão dessa condição. Por meio deste mesmo diploma, a Lei 8.072/90 foi alterada para que no rol dos crimes hediondos fossem inseridas duas modalidades de lesão corporal: a dolosa de natureza gravíssima (art. 129, § 2º) e a seguida de morte (art. 129, § 3º), quando praticadas contra qualquer dos agentes de que trata a mencionada majorante.

Trata-se de norma penal em branco, pois deve ser complementada pelos artigos 142 e 144 da Constituição Federal, que nos indicam alguns dos agentes de segurança pública contra os quais a lesão corporal gravíssima ou seguida de morte é hedionda. Vejamos a seguir cada uma das situações que atraem a hediondez:

a) o art. 142 da CF/88 abrange as Forças Armadas, constituídas pela Marinha, pelo Exército e pela Aeronáutica, instituições nacionais permanentes e regulares, organizadas com base na hierarquia e na disciplina, sob a autoridade suprema do Presidente da República, e destinam-se à defesa da Pátria, à garantia dos poderes constitucionais e, por iniciativa de qualquer destes, da lei e da ordem;

b) o art. 144 disciplina os órgãos de segurança pública: polícia federal, polícia rodoviária federal, polícia ferroviária federal, polícias civis, polícias militares e corpos de bombeiros militares.

Entendemos que o crime cometido contra os guardas civis (municipais ou metropolitanos) se insere na hediondez. O dispositivo se refere a crimes praticados contra autoridades ou agentes descritos nos arts. 142 e 144 da Constituição Federal, e o art. 144, mais precisamente no seu § 8º, descreve os guardas como atores de segurança pública, anunciando competir aos Municípios o poder de constituir guardas municipais destinadas à proteção de seus bens, serviços e instalações, conforme dispuser a lei. Desde de 2014 temos o Estatuto Geral das Guardas Municipais. Esse importante documento, no seu art. 5º, parágrafo único, dispõe que, no exercício de suas competências, a guarda municipal poderá colaborar ou atuar conjuntamente com órgãos de segurança pública da União, dos Estados e do Distrito Federal ou de congêneres de Municípios vizinhos.

O mesmo pode ser dito a respeito dos agentes de segurança viária, pois, a exemplo do que ocorre com os guardas civis, o art. 144 da Constituição Federal, agora no § 10, dispõe que "A segurança viária, exercida para a preservação da ordem pública e da incolumidade das pessoas e do seu patrimônio nas vias públicas: I – compreende a educação, engenharia e fiscalização de trânsito, além de outras atividades previstas em lei, que assegurem ao cidadão o direito à mobilidade urbana eficiente; e II – compete, no âmbito dos Estados, do Distrito Federal e dos Municípios, aos respectivos órgãos ou entidades executivos e seus agentes de trânsito, estruturados em Carreira, na forma da lei".

c) integrantes do sistema prisional: aqui estão abrangidos não apenas os agentes presentes no dia-a-dia da execução penal (diretor da penitenciária, agentes penitenciários, guardas, etc.), mas também aqueles que atuam em certas etapas da execução (comissão técnica de classificação, comissão de exame criminológico, conselho penitenciário etc.).

d) integrantes da Força Nacional de Segurança Pública: o Departamento da Força Nacional de Segurança Pública ou Força Nacional de Segurança Pública (FNSP), criado em 2004, com sede em Brasília/DF, é um programa de cooperação de segurança pública brasileiro, coordenado pela Secretaria Nacional de Segurança Pública (SENASP), do Min. da Justiça. É, em resumo, um agrupamento de polícia da União que assume o papel de polícia militar em distúrbios sociais ou em situações excepcionais nos estados brasileiros, sempre que a ordem pública é posta em situação concreta de risco. É composta pelos quadros mais destacados das polícias de cada Estado e da Polícia Federal.

e) lesão cometida contra cônjuge, companheiro ou parente consanguíneo até 3º grau de algum dos agentes acima mencionados: o crime é também hediondo quando cometido contra o cônjuge, companheiro ou parente consanguíneo até 3º grau dos agentes de segurança antes descritos. Alerta o legislador, entretanto, ser indispensável que o crime tenha sido praticado em razão dessa condição, ou seja, que o agente tenha escolhido lesionar aquela vítima exatamente em razão da ligação familiar com o policial.

6. LATROCÍNIO

O § 3.º do art. 157 do CP traz a qualificadora do crime de roubo:

> "§ 3º Se da violência resulta:
>
> I – lesão corporal grave, a pena é de reclusão de 7 (sete) a 18 (dezoito) anos, e multa;
>
> II – morte, a pena é de reclusão de 20 (vinte) a 30 (trinta) anos, e multa"[5].

Note-se que o dispositivo prevê duas formas por meio das quais o crime é qualificado (lesão corporal grave e morte). Todavia, somente a subtração seguida da morte da vítima sofre a incidência das disposições da Lei 8.072/90 (é o denominado *latrocínio*).

Para a ocorrência desta qualificadora, o resultado morte deve ter sido causado ao menos culposamente (dolo ou culpa, *RT* 413/113), sendo perfeitamente possível o *conatus* no caso em que o agente, com a intenção de provocar a morte, não a consuma por circunstâncias alheias à sua vontade. Então, dependendo da sua intenção, responderá por tentativa de latrocínio ou tentativa de roubo qualificado pela lesão grave.

Utilizando a lei a expressão "*se da violência resulta ...*", entende-se que não há latrocínio quando o resultado qualificador decorre do emprego de grave ameaça, hipótese em que haverá crime de roubo em concurso com homicídio, podendo este ser doloso ou culposo, dependendo das circunstâncias fáticas.[6]

---

5 Apesar de a Lei 8.072/90 etiquetar como hediondo o § 3º., "in fine", percebam que a Lei 13.654/18 alterou a estrutura do parágrafo. Agora está dividido em dois incisos. A expressão "in fine" se relaciona somente com o inc. II (resultado morte), sem qualquer outra repercussão.

6 Há decisões, minoritárias, no sentido de que, mesmo sendo a morte decorrência da grave ameaça, caracteriza latrocínio, bastando o nexo causal objetivo (nesse sentido, *RT* 620/333). Do mesmo modo, há julgados reconhecendo o latrocínio quando, durante o assalto, a vítima sai correndo na direção de rodovia, sendo atropelada (*JTJ* 158/304).

Para que haja latrocínio é necessário, também, que a morte decorra da violência empregada durante (fator tempo) e em razão (fator nexo causal) da subtração. Ausente qualquer desses pressupostos, o agente responderá por crime de homicídio doloso em concurso com o roubo.

Firmou-se a jurisprudência do STF no sentido de que o coautor que participa do roubo armado responde pelo latrocínio, ainda que o disparo tenha sido efetuado só pelo comparsa (RHC 133.575/PR, j. 21/02/2017). E de que é desnecessário saber qual dos coautores desferiu o tiro, pois todos respondem pelo fato (*RTJ* 633/380).

A doutrina entende haver também concurso de roubo e homicídio – e não latrocínio – quando um dos assaltantes mata o outro, para, por exemplo, ficar com todo o dinheiro subtraído, ainda que a morte ocorra durante o assalto. Isso porque, no caso, o resultado morte atingiu o próprio sujeito ativo do roubo. Por outro lado, se o agente efetua um disparo para matar a vítima, mas, por erro de pontaria, acaba atingindo e matando seu comparsa, o crime é de latrocínio. Nesse caso, ocorreu a chamada *aberratio ictus* (art. 73), em que o agente responde como se tivesse atingido a pessoa que visada.

Se a intenção inicial do agente era apenas a morte da vítima, mas após a consumação do crime de homicídio, resolve subtrair os bens da vítima, responderá pelo crime de homicídio em concurso com furto.

No tocante à consumação, deve ser observado:

1) morte consumada, subtração consumada, gera latrocínio consumado, estando o tipo perfeito.

2) morte consumada, subtração tentada, configura, de acordo com entendimento sumulado no STF (610), latrocínio consumado. Rogério Greco discorda dessa conclusão e explica:

> "Por entendermos que, para a consumação de um crime complexo, é preciso que se verifiquem todos os elementos que integram o tipo, ousamos discordar das posições de Hungria e do STF e nos filiamos à posição de Frederico Marques, concluindo que, havendo homicídio consumado e subtração tentada, deve o agente responder por tentativa de latrocínio e não por homicídio qualificado ou mesmo por latrocínio consumado" (ob. cit. v. III, p. 95).

3) morte tentada e subtração tentada, não há dúvida de que o latrocínio será também tentado (nos termos do art. 14, II, do CP, houve início de execução de um tipo, que não se perfez por circunstâncias alheias à vontade do agente).

4) morte tentada e subtração consumada, há tentativa de latrocínio (se o latrocínio se consuma apenas com a morte, não havendo morte o tipo complexo do latrocínio não se perfaz).

Havendo pluralidade de vítimas numa só subtração, há também pluralidade de crimes? Não. Sendo o latrocínio crime complexo, a pluralidade de vítimas não implica pluralidade de latrocínios. É através da quantidade de subtrações que se afere a quantidade de roubos. O número de vítimas (feridas ou ameaçadas numa única subtração) serve apenas na fixação da pena. Nesse sentido, explana Bitencourt:

> "É desnecessário que a vítima da violência seja a mesma da subtração da coisa alheia, desde que haja conexão entre os dois fatos; nesse caso, tratando-se de vítima da violência distinta

daquela da subtração, haverá dois sujeitos passivos, sem desnaturar a unidade do crime complexo, que continua único" (ob. cit., v. 3, p. 109).[7]

Sabendo que no latrocínio o agente mata para roubar (a morte é o *meio* para atingir o patrimônio), atente-se à Súmula 603 do Supremo Tribunal Federal:

> *Súmula 603 – A competência para o processo e julgamento de latrocínio é do Juiz singular e não do Tribunal do Júri.*

Por fim, deve ser lembrado que as circunstâncias majorantes do § 2.º têm exclusiva aplicação aos crimes de roubo próprio (*caput*) e impróprio (§ 1.º), não as de latrocínio tratados no § 3.º, seja por uma questão topográfica onde não se aplica preceito antecedente ao subsequente, salvo expressa disposição a respeito, seja porque tal majoração não corresponde ao real anseio do legislador na repressão do delito em questão, posto que já tratado com toda severidade (*RT* 780/583).

7. EXTORSÃO QUALIFICADA PELA MORTE

O art. 158, § 2.º, do CP, a estabelece a figura qualificada para o delito de extorsão, fazendo expressa remissão ao disposto no roubo qualificado (§ 3.º do art. 157), dividido em duas partes: a primeira refere-se ao resultado lesão corporal de natureza grave (não rotulada como hedionda); a segunda, ao resultado morte, esta sim sujeita aos consectários da Lei 8.072/90. Valem, portanto, os mesmos comentários despendidos no inciso anterior, como as devidas adaptações.

7.1. Sequestro relâmpago (art. 158, § 3º, CP)[8]

O § 3.º do art. 158, introduzido pela Lei 11.923/2009, qualifica o crime de extorsão quando cometido mediante a restrição da liberdade da vítima, e essa condição é necessária[9] para a obtenção da vantagem econômica. A pena de reclusão passa a ser de 6 (seis) a 12 (doze)

---

7 Há julgados reconhecendo a continuidade delitiva (art. 71 do CP): "Se apenas um patrimônio foi atingido pelo assaltante ao abater marido e mulher para roubar, é de ser reconhecida a continuidade delitiva em seu comportamento" (*RT* 591/319). O STJ tem decidido que a pluralidade de mortes dolosas atrai as regras do concurso formal impróprio, ainda que haja apenas uma subtração (RvCr 3539/MG, j. 13/09/2017).

8 Eduardo Cabette bem alerta que: "A reiteração de certas modalidades de condutas criminosas em que o infrator, para subtrair bens da vítima ou obter vantagens patrimoniais desta, a mantém em situação de restrição de liberdade, acabou ensejando o surgimento da nomenclatura de apelo midiático e uso no jargão policial e forense de 'sequestro relâmpago'. Inexiste tal expressão como *nomen juris* de qualquer conduta típica prevista no Código Penal ou na legislação esparsa. Contudo, a Lei 11.923/2009 teve a inconveniência e o mau gosto de utilizar o termo em sua ementa, afirmando que se destina a tipificar o chamado 'sequestro relâmpago'. Diz-se 'mau gosto' porque a lei formal deve ser técnica, utilizar uma linguagem culta e não se deixar contaminar por jargões que beiram à gíria. Se a coisa continuar nessa toada, qualquer dia acorda-se com uma reforma do Código de Processo Penal, referindo-se à 'confissão' como 'papo reto' (*sic*)! Ou quem sabe, numa nova Lei de Abuso de Autoridade, essa modalidade criminosa ganhe o *nomen juris* de 'esculacho' (*sic*)! Para arrematar, poderia ser dada nova redação ao homicídio como: 'Zerar' (*sic*) alguém!". (Cabette, Eduardo Luiz Santos. *A Lei 11.923/2009 e o famigerado "sequestro relâmpago"*: afinal, que "raio" de crime é esse? Disponível em http://www.lfg.com.br. 17 de maio de 2009).

9 Se a restrição for desnecessária, o agente responderá pelo crime de extorsão (art. 158 do CP) em concurso material com sequestro ou cárcere privado (art. 148 do CP), raciocínio já aplicado pela jurisprudência quando se trata de roubo (art. 157 do CP).

anos, além da multa. Se resulta lesão corporal grave ou morte, aplicam-se as penas previstas no art. 159, §§ 2.º e 3.º, respectivamente.[10]

Antes da novel lei, a tipificação do sequestro relâmpago gerava indisfarçável controvérsia (na doutrina e na jurisprudência), havendo três correntes:

a) art. 157, § 2.º, V, do CP (privação da liberdade como causa de aumento);
b) art. 158 do CP (restrição da liberdade como circunstância judicial desfavorável);
c) art. 159 do CP (privação da liberdade como elementar do tipo).

Não era incorreto o entendimento de que referido comportamento (popularmente chamado de sequestro relâmpago) configurava qualquer um dos três tipos penais, a depender do *modus operandi* utilizado pelo agente:

a) se, para subtrair a coisa alheia móvel, o agente precisou privar a vítima da sua liberdade de locomoção, temos o crime de roubo majorado pelo sequestro;
b) se, para receber a indevida vantagem econômica, o agente, dependendo da colaboração da vítima, restringe sua liberdade de locomoção, configurado estará o crime de extorsão (hoje, qualificada pelo sequestro);
c) se a vantagem depender do comportamento de terceiro, servindo a rápida privação da liberdade da vítima como forma de coagi-lo a entregar a recompensa exigida, extorsão mediante sequestro.

Essa também parece ser a conclusão de Eduardo Cabette: "(...) o texto da ementa, referindo-se à suposta tipificação do ´sequestro relâmpago', dá a entender que todos os casos que têm recebido esse nome informal seriam necessariamente abrangidos pelo novo texto legal. Tal impressão é absolutamente falsa. A Lei 11.923/2009 não cria um crime autônomo que seria chamado doravante de 'sequestro relâmpago'. Aliás, somente menciona a infeliz expressão em sua ementa, sem criar um tipo penal novo, com distinto *nomen juris*. O que fez efetivamente a Lei 11.923/2009, como já mencionado alhures, é apenas e tão somente acrescer um § 3.º ao crime de extorsão (art. 158, CP). Nesse § 3.º prevê a novel legislação uma modalidade de extorsão qualificada pelo fato de ser o crime 'cometido mediante a restrição de liberdade da vítima', sendo que 'essa condição é necessária para a obtenção da vantagem econômica'".

---

10 Comparando as penas dos crimes de roubo e extorsão, quando praticados com privação da liberdade da vítima, temos doutrina tecendo severas críticas, alegando desproporcionalidade. Nucci discorda e assim justifica: "Outra polêmica gerada pela Lei 11.923/2009, inserindo a figura típica do art. 158, § 3.º, do Código Penal, é a pretensa lesão ao princípio da proporcionalidade. Diz-se que as penas são muito elevadas e não estariam em harmonia com outros delitos. Para a figura simples, prevê-se sanção de reclusão de 6 a 12 anos. Em nosso entendimento, há perfeita proporcionalidade. A extorsão cometida com emprego de arma ou por duas ou mais pessoas pode redundar na pena de 5 anos e 4 meses a 15 de reclusão. Ora, a extorsão com restrição da liberdade que, invariavelmente, é cometida com emprego de arma e mediante concurso de duas ou mais pessoas, atinge 6 a 12 anos. Está aquém do mal prometido contra a vítima, que, além de sofrer o constrangimento mediante emprego de arma e concurso de pessoas, como regra, ainda tem a liberdade restringida, sofrendo trauma psicológico em grande parte das vezes ". (*Manual de Direito Penal*, 5. ed., São Paulo: RT, 2009, p. 720).

Em resumo, com a nova Lei, a privação/restrição da liberdade da vítima pode servir como meio para a prática de três crimes patrimoniais: roubo (art. 157, § 2.º, V), extorsão comum (art. 158, § 3.º) e extorsão mediante sequestro (art. 159).

ROUBO	EXTORSÃO COMUM	EXTORSÃO MEDIANTE SEQUESTRO
NÚCLEO: Subtrair com violência	**NÚCLEO:** Constranger com violência	**NÚCLEO:** Sequestrar
COLABORAÇÃO DA VÍTIMA: Dispensável	**COLABORAÇÃO DA VÍTIMA:** Indispensável (a vantagem depende de seu comportamento)	**COLABORAÇÃO DA VÍTIMA:** Dispensável (a vantagem depende de comportamento de terceira pessoa)

7.2. Art. 158, § 3.º e a Lei dos Crimes Hediondos

Já se discute na doutrina se o sequestro relâmpago do art. 158, § 3.º, com resultado morte, é ou não crime hediondo.

Guilherme de Souza Nucci leciona que o descuido do legislador não permite considerar o sequestro relâmpago como crime hediondo, em nenhuma de suas formas: "A forma eleita para transformar delitos em hediondos é a inserção no rol do art. 1.º da Lei 8.072/90. É o critério enumerativo (...). Não constar desse rol elimina a infração penal do elenco dos hediondos. A falha é, pois, evidente. São hediondos o roubo com resultado morte (mas não o roubo com resultado lesão grave), a extorsão qualificada pela morte (mas não a extorsão com resultado lesão grave), a extorsão mediante sequestro, com resultado lesão grave ou morte. Não se menciona a extorsão com restrição à liberdade, mesmo que com resultado lesão grave ou morte (art. 158, § 3.º, CP) (...). O novo delito do sequestro relâmpago, com resultado lesão grave ou morte da vítima, tem penas compatíveis com a gravidade do fato, mas não ingressa no contexto da Lei 8.072/90." (*Manual de Direito Penal*, 5.ed., São Paulo: RT, 2009, p. 720).

Ousamos discordar. Realmente a extorsão do § 3.º não está (explicitamente) catalogada no rol exaustivo da Lei 8.072/90 como delito hediondo, sendo vedada analogia contra o acusado. Se o fato resulta na vítima lesão corporal grave, o crime não se converte em hediondo, aplicando-se, tão somente, as penas previstas no art. 159, § 2.º (é extorsão mediante sequestro *quod poenam*). Na extorsão, em nenhuma hipótese de lesão corporal o crime é hediondo.

Situação diversa ocorre na provocação (dolosa ou culposa) da morte da vítima, hipótese em que o crime será, sim, hediondo, visto que nada mais é que desdobramento formal do tipo do art. 158, § 2.º, tendo o legislador preservado a matéria criminosa, explicitando, somente, seu mais novo *modus operandi*. O tipo penal do § 3.º não é autônomo, ao contrário, é derivado e meramente explicitativo de uma forma de extorsão. Em outras palavras, a nova qualificadora (com resultado morte) já estava contida no parágrafo anterior, especificando-se, no derradeiro parágrafo, um meio de execução próprio (restrição da liberdade de locomoção da vítima).

A interpretação literal deve ser acompanhada da interpretação racional possível (teleológica), até o limite permitido pelo Estado humanista – legal, constitucional e internacional – de Direito. As regras aplicadas ao delito geral (art. 158, § 2.º) devem ser mantidas ao crime específico (art. 158, § 3.º), permanecendo hediondo (quando ocorre o resultado morte). Porque o

§ 3.º não criou crime novo, não disciplinou outro injusto distinto da extorsão (apenas explicitou a forma de execução).

Se a extorsão (simples, genérica) com resultado morte constitui crime hediondo, que sentido teria afirmar que a extorsão (qualificada, específica) não o seria?

De que modo podemos admitir a conclusão de que a extorsão do § 3.º do art. 158, com resultado morte, é crime hediondo? Por meio da interpretação extensiva (que não se confunde com a analogia nem com a progressiva). Qual é a diferença entre elas? A seguinte: (a) a interpretação extensiva não foge nem ultrapassa a vontade do legislador; (b) na analogia aplica-se a um fato análogo ("B") o que o legislador previu para outra situação ("A"); (c) na interpretação progressiva atualiza-se a letra da lei feita para a situação "A" em relação a uma situação "B". Não é vontade do legislador abarcar o fato análogo ou posterior. Daí a impossibilidade de analogia e interpretação progressiva contra o réu. O aplicador da lei penal não pode fazer uso da analogia ou da interpretação progressiva contra o réu porque falta, nesse caso, a vontade da lei. Da interpretação extensiva ele pode fazer uso, desde que seja inequívoca a vontade da lei.

Disse o legislador (na Lei dos Crimes Hediondos, art. 1.º – Lei 8.072/90) que a extorsão com morte é crime hediondo. Ora, se a extorsão com morte é crime hediondo, pouco importa a forma de execução do delito (com privação ou sem privação ou restrição da liberdade da vítima). Toda extorsão com morte (por vontade do legislador e da lei) é crime hediondo. O § 3.º do art. 158 apenas detalhou uma forma de execução do delito (com privação ou restrição da liberdade da vítima). O que vale para a extorsão (simples) com morte, vale também para a extorsão (específica) com morte. Note-se: em nada se alterou o *substractum* do delito (do injusto penal). O conteúdo do injusto é substancialmente o mesmo. A extorsão simples com morte e a extorsão qualificada com morte são fatos idênticos no princípio e no fim. O que altera é o meio de execução. Não há dúvida que o meio faz parte dos dados essenciais do delito (*essentialia delicti*), mas, no caso, não chega a alterar a natureza do injusto. Por isso que o tratamento jurídico-penal deve ser idêntico. Quando um determinado conteúdo (uma elementar ou circunstância) altera o delito, é coisa distinta. Por exemplo: uma coisa é o roubo e outra é o latrocínio. Essa distinção inequívoca não pode ser vislumbrada quando se considera a extorsão simples com morte e a extorsão qualificada (pelo meio) e a morte. Na essência os delitos são idênticos. E o que é idêntico não pode ter tratamento penal distinto (os iguais devem ser tratados igualmente, os desiguais desigualmente).

O que fez o § 3.º foi (apenas) especificar uma das várias formas de execução do delito de extorsão. Ele não criou delito novo. Sim, apenas explicitou uma das suas múltiplas possibilidades de execução. Sem ele (sem o § 3.º) já era possível encaixar o sequestro relâmpago no art. 158 (aliás, muitos já faziam isso). Na medida em que esse § 3.º não inovou o ordenamento jurídico-penal, criando *ex novo* um distinto delito, tendo apenas explicitado uma das formas de execução da extorsão prevista no art. 158, seu regime jurídico segue o que está estabelecido no art. 158 e seus parágrafos, com as correções punitivas do § 3.º.

Visão legalista *versus* visão constitucionalista: qual é o problema da visão legalista do Direito penal? É que ela se prende exageradamente nas formas literais ou gramaticais (ou seja: nos meandros da literalidade), sem atinar para o substrato (para a essência) das coisas. O penalista legalista (da Escola técnico-jurídica de Rocco, Binding etc.) foi treinado para decifrar as minúcias linguísticas e simbólicas da lei. Vê as árvores, mas não consegue enxergar a floresta. Vê o acessório, sem às vezes conseguir vislumbrar o principal. Ele se perde nos meandros formais. Perde a noção do proporcional e do razoável. Tem dificuldade de distinguir os âmbitos possíveis de interpretação de um dispositivo legal. Aliás, não é que perde a perspectiva da proporcionalidade, muitas vezes nem chega a conquistá-la.

Se a extorsão genérica (ou simples) com morte é crime hediondo, como se pode negar que a extorsão qualificada (ou especificada) com morte não o seja? Não se trata de violar o princípio da legalidade: essa garantia formal não pode nunca ser esquecida ou aniquilada, dentro do Estado humanista de Direito. Mas se o legislador, na lei, já escreveu que a extorsão com morte é crime hediondo, claro que a nova forma delitiva explicitada no § 3.º do art. 158 constitui crime hediondo (quando ocorre morte). Isso nada mais representa que um desdobramento do injusto típico do § 2.º. O legislador, no § 3.º, não inovou *ex abrupto* o ordenamento jurídico.

Qual constitui outro erro dessa visão legalista? Para além de não captar o sentido do proporcional e do razoável, dentro, evidentemente, dos limites permitidos pelo princípio da legalidade, a visão legalista cai num outro equívoco que é o seguinte: ela acompanha, subscreve e apoia tudo quanto é bobagem (e arbitrariedades) que o legislador escreve nas leis. Veja o paradoxo: o legalista positivista é capaz de negar a aplicação da mesma lei para fatos substancialmente idênticos e, ao mesmo tempo, aceitar um mundo de atrocidades e arbitrariedade escritas pelo legislador na lei (sem nenhum senso crítico).

Visão constitucionalista: numa visão constitucionalista, o fundamental é respeitar a vontade da lei (garantia formal da legalidade), porém, sempre submetida aos critérios limitadores da razoabilidade, proporcionalidade etc.

A extorsão (especificada no § 3.º, quando resulta morte) é crime hediondo? Sim, por força de uma interpretação extensiva (que ainda atende a vontade da lei, sem entrar na analogia, que é vedada no Direito penal, contra o réu). Mas atenção: daí cabe inferir que todas as disposições da Lei dos Crimes Hediondos devem, então, ter incidência contra o réu (que praticou uma extorsão específica com resultado morte)? Vamos devagar: nem tudo que o legislador projetou para os crimes hediondos é válido. Ao legislar sobre os crimes hediondos ele foi além do que podia (escreveu mais do que devia). Ao proibir liberdade provisória, ao proibir progressão de regime etc., foi muito além do que lhe competia. Ou seja: quem tem o domínio da visão constitucionalista do Direito consegue distinguir o que é legítimo (válido) e o que é ilegítimo (inválido) (consoante Ferrajoli). Esse exercício de proporcionalidade, razoabilidade, é que falta ao legalista (que é muito simplista, muito subsuntivista, muito formalista, gramaticalista ou literalista). O constitucionalista trabalha com outro parâmetro de referência: que é a ponderação, a equidade, o equilíbrio, a razoabilidade etc.

Concluindo: o crime de extorsão previsto no § 3.º do art. 158 do CP, quando resulta morte, é crime hediondo, por força de uma interpretação extensiva do § 2.º. Mas nem todas as disposições da Lei dos Crimes Hediondos são aplicáveis, ou seja, somente as constitucionalmente legítimas é que podem ser sustentadas no Estado humanista de Direito, que é a síntese do Estado legal, constitucional e internacional de Direito.

8. EXTORSÃO MEDIANTE SEQUESTRO

A extorsão mediante sequestro, diferentemente dos tipos anteriores, é sempre rotulada como delito hediondo, seja na forma simples, seja na forma qualificada. Na sua execução não há, necessariamente, emprego de violência ou grave ameaça, mas a privação da liberdade da vítima como meio para obtenção da vantagem. Justifica-se, desse modo, a sua etiqueta de hediondo, tendo em vista que as consequências de um delito dessa natureza são avassaladoras, não só para a vítima, que sofre momentos de intenso sofrimento físico e psicológico, como também para seus familiares e amigos, que, embora em menor intensidade, são igualmente submetidos a traumas dificilmente superáveis.

9. ESTUPRO

O vocábulo *estupro*, no Brasil, se limitava a incriminar o constrangimento de mulher à conjunção carnal. Outros atos libidinosos estavam tipificados como atentado violento ao pudor, que protegia, também, o homem. Resolveu o legislador, com a edição da Lei 12.015/2009, seguir a sistemática de outros países (México, Argentina e Portugal), reunindo os dois crimes num só tipo penal, gerando, desse modo, uma nova acepção ao vocábulo *estupro*, hoje significando não apenas conjunção carnal violenta, contra homem ou mulher (estupro em sentido estrito), mas também o comportamento de obrigar a vítima, homem ou mulher, a praticar ou permitir que com o agente se pratique outro ato libidinoso.

Antes da novel Lei discutia-se se a forma simples do crime era também hedionda ou se somente a qualificada o seria, havendo divergência:

1.ª) O estupro e o atentado violento ao pudor só sofrerão os consectários da Lei 8.072/90 quando qualificados pelos resultados lesão corporal de natureza grave ou morte (art. 223, *caput* e parágrafo único). Por isso, a forma simples dos crimes não é considerada hedionda. Esse posicionamento já foi majoritário nos tribunais superiores, que, no entanto, modificaram sua orientação.

2.ª) O estupro e o atentado violento ao pudor, cometidos com violência real, são hediondos, seja na forma típica simples, seja na modalidade qualificada:

> "Firmou-se a jurisprudência desta Corte no sentido de que os delitos de estupro e de atentado violento ao pudor, nas suas formas simples e qualificada, estão incluídos no rol de crimes hediondos desde a edição da Lei n. 8.072/1990, não se exigindo a ocorrência de morte ou lesão corporal grave da vítima para que seja caracterizada a hediondez (AgRg no REsp 1187176/RS, Rel. Ministro Sebastião Reis Júnior, Sexta Turma, DJe 19/03/2012)" (AgRg no REsp 1.627.093/MG, j. 26/09/2017).

O Supremo Tribunal Federal, no *Habeas Corpus* 81.288, submetido a julgamento pelo Pleno, iniciou precedente que passou a ser amplamente adotado em julgados posteriores. Destacamos, para a adequada análise da questão, o voto da Ministra Ellen Gracie:

> "A Lei 8.072, de 25 de julho de 1990, ao relacionar quais os delitos considerados hediondos, foi expressa ao referir o estupro, apondo-lhe, entre parênteses, a capitulação legal: art. 213 e sua combinação com o art. 223, *caput* e parágrafo único. Vale dizer, foi intenção do legislador, ao utilizar-se da conjunção coordenativa aditiva, significar que são considerados hediondos: (1) o estupro em sua forma simples, que, na definição legal, corresponde a: constranger a mulher à conjunção carnal, mediante violência ou grave ameaça; (2) o estupro de que resulte lesão corporal de natureza grave; e (3) o estupro do qual resulte a morte da vítima.
>
> "A análise sistêmica do art. 1.º da Lei 8.072/90 revela a correção desta assertiva, pelo tratamento dado a outros delitos igualmente classificados entre os que merecem especial repúdio do corpo social. Assim, na extorsão (art. 158, § 2.º), no roubo (art. 157, § 3.º, *in fine*), na epidemia (art. 267, § 1.º), o legislador delimitou a reprimenda exclusivamente para a forma qualificada. Não o fez relativamente ao delito de estupro. Assim deliberando, mostrou-se o

> legislador atento à efetiva gravidade desse crime, raras vezes denunciado, e que produz em suas vítimas tantas sequelas, tão graves e de tão extensa duração. Creio ser possível afirmar, com base científica, não haja no rol do Código Penal, excetuado o próprio homicídio, outra conduta agressiva que sujeite a respectiva vítima a tamanhas consequências nefastas e que tanto se prolonguem no tempo.
>
> "Até mesmo a pura análise gramatical, ou literal, do dispositivo nos leva à mesma conclusão. Compõe-se a redação do inciso como segue: "*V – estupro (art. 213 e sua combinação com o art. 223, caput, parágrafo único)*". Vale dizer, após o *nomem júris* genérico do delito e, entre parênteses, encontra-se o número que o artigo assumiu no corpo do Código Penal. Seguem-se (e aí estão, a meu sentir, as duas palavras de cuja exata apreensão semântico/estrutural depende a perfeita interpretação de todo o artigo e o deslinde da *mens legis*), a conjunção *e* e o pronome *sua* (combinação etc).
>
> "Na língua portuguesa, a conjunção "e" pode assumir significado aditivo quanto adversativo.
>
> (...)
>
> "No inciso de que estamos tratando é possível ler: 'V – estupro (art. 213 e, *mais ainda*, sua combinação com...'; ou 'V – estupro (art. 213 e, *além dele*, sua combinação com...'. Todavia, é impossível fazer a leitura substituindo o *e* por *mas* ou *porém*. Donde concluir-se que, no caso, a conjunção tem significado inegavelmente aditivo."

A doutrina majoritária também se posicionava de acordo com a segunda orientação: Delmanto, "Código Penal comentado", Rio de Janeiro, Renovar, 5.ª ed., 2000, p. 412 e 417; Paulo José da Costa Júnior, "Curso de Direito Penal", Parte Especial, São Paulo, Saraiva, 1991, vol. 3, p. 4 e 5; Alberto Zacharias Toron, "Crimes hediondos", São Paulo, RT, 1996, p. 99; Luiz Regis Prado e Cezar Roberto Bitencourt, "Código Penal anotado", São Paulo, RT, 2. ed., 1999, p. 694 (parte anotada por Cezar Roberto Bitencourt); Mirabete, "Manual de Direito Penal", Parte Geral, São Paulo, Atlas, 1998, I:135, 3.6.22; João José Leal, "Crimes hediondos", São Paulo, Atlas, 1996, p. 24 e 76; Antonio Scarance Fernandes, "Aspectos da Lei dos Crimes Hediondos", Justiça Penal, São Paulo, RT, 1993, p. 70, nota 2; Antonio José Miguel Feu Rosa, "Direito Penal", Parte Especial, São Paulo, RT, 1995, p. 545. Em sentido contrário: Alberto Silva Franco, op. cit., p. 1230-1232.

Com a nova redação do art. 1º, V, da Lei 8.072/90 abrangendo o *caput* e os parágrafos do art. 213, foi colocada uma pá de cal na discussão, não havendo mais campo para divergência: o estupro, qualificado ou não, será sempre hediondo.

10. ESTUPRO DE VULNERÁVEL

O art. 217-A do CP tutela a dignidade sexual do vulnerável.

Antes da Lei 12.015/2009 o ato sexual com pessoa vulnerável configurava, a depender do caso, estupro (art. 213) ou atentado violento ao pudor (art. 214), mesmo que praticado sem violência física ou moral, pois presumida (de forma absoluta de acordo com a maioria) no art. 224 do CP. Este dispositivo (art. 224) agora está expressamente revogado[11], subsumindo-se a conduta ao disposto no art. 217-A do CP.

---

11 A Lei 8.072/90, em seu art. 9º, determina que as penas previstas para prática dos crimes de latrocínio, extorsão qualificada pela morte, extorsão mediante sequestro, *estupro e do atentado violento ao pudor*, em todas as suas formas, sejam aumentadas da metade quando a vítima encontrar-se em qualquer das

Sempre se discutiu (na doutrina e jurisprudência) se o estupro contra vulnerável, sem violência ou grave ameaça, era ou não hediondo (antigo art. 224 do CP). A Lei 12.105/2009 colocou uma pá de cal na discussão, incluindo, expressamente, o art. 217-A no rol de delitos hediondos. No entanto, para aqueles que negavam o caráter hediondo ao crime, a mudança é irretroativa. Nesse sentido decidiu a 6ª. T do STJ:

> "*Habeas corpus*. Atentado violento ao pudor, cometido mediante violência presumida. Conduta anterior à Lei 12.015/2009. Afastamento da hediondez. Agravante da reincidência. Constitucionalidade. Roubo circunstanciado. Emprego de arma. Necessidade de apreensão. Afastamento da causa de aumento. 1. A partir do julgamento do *Habeas Corpus* 88.664/GO, houve uma mudança no entendimento da Sexta Turma, para que não mais se considerassem hediondos os crimes de estupro ou atentado violento ao pudor praticados antes da Lei 12.015/2009 quando cometidos mediante violência presumida."[12].

A 3ª Seção da Corte Superior, com composição mais ampla, firmou entendimento diverso, autorizando a aplicação dos consectários da Lei 8.072/90 para os crimes sexuais praticados com violência presumida, mesmo que anteriores a Lei nº 12.015/09:

> "Os crimes de estupro e atentado violento ao pudor praticados anteriormente à Lei nº 12.015/2009, ainda que mediante violência presumida, configuram crimes hediondos. Precedentes desta Corte e do Supremo Tribunal Federal. 2. Embargos de divergência acolhidos a fim de reconhecer a hediondez do crime praticado pelo Embargado" (EREsp 1225387/RS, rel. Min. Laurita Vaz, DJe 04/09/2013).

11. EPIDEMIA COM RESULTADO MORTE

O crime de epidemia foi tipificado nos vários ordenamentos jurídicos mundiais após a Primeira Guerra Mundial, evento que contou que a utilização de germes patogênicos como arma de combate, prática, hoje, vedada por convenções internacionais após o armistício, e que não se repetiu no segundo grande conflito.

Consiste o crime em causar *epidemia* (surto de uma doença transitória que ataca simultaneamente número indeterminado de indivíduos em certa localidade), mediante a *propagação* (difusão, disseminação) de *germes patogênicos* (todos os elementos capazes de produzir moléstias infecciosas, pouco importando que já estejam biologicamente identificados).[13]

---

hipóteses referidas no art. 224 do CP. Com a revogação deste dispositivo, parece clara a conclusão de que referida majorante também foi abolida. Consequência: antes da Lei 12.015/2009, se o estupro ou atentado ao pudor de pessoa vulnerável fosse praticado sem violência real, incidia a presunção do art. 224 do CP, respondendo o agente pelo art. 213 ou 214, a depender do caso, com pena de 6 a 10 anos, não incidindo, de acordo com a maioria, o aumento de 1/2 trazido pelo art. 9º da Lei 8.072/90 (evitando *bis in idem*). A nova Lei, portanto, nessa hipótese, é mais gravosa, não alcançado os fatos anteriores. Havendo violência real, dispensava-se a presunção do art. 224, respondendo o agente pelo crime do art. 213 ou 214, conforme a conduta, majorado de 1/2 de acordo com determinação prevista no art. 9º da Lei dos Crimes Hediondos, gerando uma baliza punitiva de 9 a 15 anos. A nova pena é mais benéfica (8 a 15 anos), retroagindo (art. 2º, parágrafo único, do CP). No sentido da inaplicabilidade da causa de aumento em virtude da revogação do art. 224 do Código Penal, decidiu o STF (HC 111.246/AC, rel. Min. Dias Toffoli, DJe 18/03/2013).

12 HC 128.648, 6.ª T, rel. Min. Og Fernandes, *DJe* 03.11.2009.

13 Não se confunde a epidemia com a *endemia* (moléstia infecciosa que ocorre habitualmente e com incidência significativa em determinada população) e *pandemia* (enfermidade amplamente disseminada, ou seja, que atinge várias nações). Também se deve ter em consideração que somente a propagação de doença humana

O § 1.º do art. 267 qualifica o delito se da conduta resultar morte, hipótese que em que crime passa a ser hediondo, sofrendo o agente todas as consequências previstas no art. 2.º da Lei 8.072/90.

12. FALSIFICAÇÃO, CORRUPÇÃO, ADULTERAÇÃO OU ALTERAÇÃO DE PRODUTO DESTINADO A FINS TERAPÊUTICOS OU MEDICINAIS

O crime do art. 273 do CP se resume na falsificação, corrupção, adulteração ou alteração de produto destinado a fins terapêuticos ou medicinais (*caput*), ou na importação, venda, exposição à venda, manutenção para venda ou, de qualquer forma, distribuição ou entrega a consumo o produto já falsificado, corrompido, adulterado ou alterado (§ 1.º).

O § 1.º-A equipara aos produtos referidos no *caput* os medicamentos (substância utilizada no tratamento de enfermidade), as matérias-primas (substâncias a partir das quais são fabricados os medicamentos), os insumos farmacêuticos (outros componentes da produção dos medicamentos), os cosméticos (produtos que se destinam a manter ou melhorar a aparência), os saneantes (produtos purificadores, desinfetantes) e os de uso em diagnóstico (usados para se a busca da cura e da causa da afecção).

Já o § 1.º-B determina que também se sujeita às mesmas penas do *caput* quem pratica as ações previstas no § 1.º em relação a produtos em qualquer das seguintes condições:

> I – sem registro, quando exigível, no órgão de vigilância sanitária competente;
>
> II – em desacordo com a fórmula constante do registro previsto no inciso anterior;
>
> III – sem as características de identidade e qualidade admitidas para a sua comercialização;
>
> IV – com redução de seu valor terapêutico ou de sua atividade;
>
> V – de procedência ignorada;
>
> VI – adquiridos de estabelecimento sem licença da autoridade sanitária competente.

Ocorre que a Lei 8.072/90, no seu art. 1.º, VII-B, sem observar as visíveis diferenças apresentadas pelas várias figuras típicas, considerou hediondas todas as formas dolosas do crime, abrangendo *caput* e §§ . Questiona-se a constitucionalidade dessa abrangência, pois, segundo nos parece, afronta o princípio da razoabilidade, principalmente quando tratamos do art. 273, § 1.º-B, hipótese em que o legislador sequer exige nocividade do produto.

Guilherme de Souza Nucci assim não pensa, lecionando que, "se exagero houve, foi na fixação da pena elevada, que varia de dez a quinze anos. No mais, é preciso verificar que um cosmético entra em contato direto com o organismo humano, tanto quanto um medicamento, de forma que os danos à saúde podem ser de igual monta, caso sejam adulterados ou falsificados. O mesmo se diga dos saneantes, que servem à higienização de muitos locais, como hospitais, clínicas e consultórios, ligando-se diretamente à questão da saúde." (op. cit. p. 933). Julgando *habeas corpus* que versava sobre a conduta tipificada no § 1º-B, inciso V, o STJ considerou inconstitucional a pena cominada em razão da desproporcionalidade em relação a condutas muito mais graves, como a extorsão mediante sequestro e o estupro de vulnerável. Concluiu o

---

é que configura o crime, já que em se tratando de enfermidade que atinja plantas ou animais, o crime será o do art. 61 da Lei 9.605/98.

tribunal que, no lugar da reprimenda estabelecida no Código Penal, deve-se aplicar a do art. 33, *caput*, da Lei 11.343/06 (AI no HC 239.363/PR, Rel. Min. Sebastião Reis Júnior, DJe 10/4/2015).

13. FAVORECIMENTO DA PROSTITUIÇÃO OU DE OUTRA FORMA DE EXPLORAÇÃO SEXUAL DE CRIANÇA OU ADOLESCENTE OU DE VULNERÁVEL (ART. 218-B, *CAPUT*, E §§ 1º E 2º)

A Lei 12.015/2009, reunindo no art. 218-B os artigos 244-A do ECA e 228, § 1º, do Código Penal, criou o delito de favorecimento da prostituição ou outra forma de exploração sexual de vulnerável. A Lei 12.978/14 modificou o *nomen iuris* do art. 218-B, que é atualmente rotulado como "favorecimento da prostituição ou de outra forma de exploração sexual de criança ou adolescente ou de vulnerável".

Além disso, o novo diploma incluiu o art. 218-B, em todas as suas formas, no rol dos crimes hediondos. Esta última modificação tem relevância no tema "lei penal no tempo". Com efeito, consiste o crime em *submeter* (sujeitar), *induzir* (inspirar, instigar), *atrair* (aliciar) a vítima à prostituição ou outra forma de exploração sexual, *facilitá-la* (proporcionar meios, afastar dificuldades), *impedir* (opor-se) ou *dificultar* (criar obstáculos) que alguém a abandone. Como se vê, das seis figuras criminosas que compõem o tipo, duas delas traduzem modalidade de crime permanente (*impedir* e *dificultar*). Nestas modalidades, o delito se consuma no momento em que a vítima decide abandonar a prostituição e o agente a impede ou dificulta a sua saída, protraindo-se a consumação até o momento em que cessar o embaraço. Desta forma, os agentes que iniciaram o ato de impedir ou de dificultar que a vítima abandonasse a prostituição antes da entrada em vigor da lei, e que assim permaneceram, devem sofrer os consectários da Lei nº 8.072/90, aplicando-se, neste caso, a súmula nº 711 do STF.

14. GENOCÍDIO

A repressão mundial ao genocídio se iniciou após o término da Primeira Guerra Mundial, com o Tratado de Versalhes, assinado entre a Alemanha e as nações aliadas em junho de 1918, embora essa prática se tenha verificado desde as primevas eras da antiguidade, como ocorreu na devastação de Cartago pelos romanos.

Em seguida, inúmeras foram as medidas internacionais levadas a efeito no sentido de impedir essa prática, como a promulgação de declarações pelas Nações Unidas, denunciando o assassinato em massa a que estavam sendo submetidos os judeus pelo regime nazista (estima-se que mais de 6.000.000 de judeus foram mortos durante o período que, sem dúvida alguma, consiste em uma das maiores catástrofes promovidas pelo homem).

A partir daí, passou a ser traçado o caminho para que a ONU aprovasse a Convenção para a Prevenção e Castigo do Crime de Genocídio, em dezembro de 1948, à qual aderiu o Brasil no ano de 1952, sendo que, em 1956, promulgou-se a Lei 2.889, que trata da punição para o delito de genocídio, arrolado, pela Lei 8.072/90, como hediondo nas formas descritas nos arts. 1.º, 2.º e 3.º, analisadas, a seguir, isoladamente.

> *Art. 1.º Quem, com a intenção de destruir, no todo ou em parte, grupo nacional, étnico, racial ou religioso, como tal:*
>
> *a) matar membros do grupo;*
>
> *b) causar lesão grave à integridade física ou mental de membros do grupo;*

c) submeter intencionalmente o grupo a condições de existência capazes de ocasionar-lhe a destruição física total ou parcial;

d) adotar medidas destinadas a impedir os nascimentos no seio do grupo;

e) efetuar a transferência forçada de crianças do grupo para outro grupo;

Será punido:

Com as penas do art. 121, § 2.º, do Código Penal, no caso da letra a;

Com as penas do art. 129, § 2.º, no caso da letra b;

Com as penas do art. 270, no caso da letra c;

Com as penas do art. 125, no caso da letra d;

Com as penas do art. 148, no caso da letra e;

Este dispositivo repete os termos do art. 2.º da mencionada Convenção, acrescentando somente a previsão abstrata de pena. No entanto, embora louvável a aderência ao movimento internacional para a repressão desse crime, pode-se verificar a infelicidade do legislador de 1956 ao estabelecer as reprimendas, pois que procedeu à remissão a dispositivos já existentes no Código Penal, quando, ao contrário, deveria ter considerado que o genocídio, embora se aproxime das figuras do homicídio, da lesão corporal etc., possui objetividade jurídica muito mais abrangente, não se limitando à vida humana ou à integridade física do indivíduo. Antonio Lopes Monteiro, a esse respeito, leciona o seguinte: "O que se tutela com essa norma não é num primeiro momento a vida do indivíduo considerado em si mesmo, mas sim a vida de grupos de pessoas em sua totalidade; dito de outra forma, protege-se a vida em comum dos grupos de homens, na comunidades dos povos." (op. cit., p. 89).

Para que se configure o crime de genocídio, basta que o agente dirija sua conduta à finalidade de destruir, no todo ou em parte, grupo nacional, étnico, racial ou religioso, sem que haja necessidade de que seja atingido número elevado de pessoas.

Art. 2.º Associarem-se mais de 3 (três) pessoas para prática dos crimes mencionados no artigo anterior:

Pena: Metade da cominada aos crimes ali previstos.

Discute-se a continuidade da aplicação do art. 2.º da Lei 2.889/56. A discussão tem lugar diante do que dispõe o art. 8.º da Lei 8.072/90, que prevê novos limites de pena para o art. 288 do CP nos casos em que os agentes se reúnem com a finalidade de praticar crimes hediondos. Como o genocídio é etiquetado como tal, o art. 2.º da Lei 2.889/56 teria sido revogado pela nova disposição legal. Neste sentido é a lição de Alberto Silva Franco: "A associação criminosa, quando se tratar de crimes hediondos, prática de tortura, tráfico ilícito de entorpecentes e drogas afins ou terrorismo, possui uma sanção punitiva própria: a pena reclusiva variável entre seis e três anos. Ora, a associação de mais de três pessoas para o fim de praticar qualquer das modalidades de genocídio, descritas no art. 1.º da Lei 2.889/56, será agora punida com a pena cominada no art. 8.º da Lei 8.072/90 e não mais de acordo com as sanções previstas no art. 2.º da Lei 2.889/56." (op. cit., p. 1271).

Art. 3.º Incitar, direta e publicamente alguém a cometer qualquer dos crimes de que trata o art. 1.º:

Pena: Metade das penas ali cominadas.

§ 1.º A pena pelo crime de incitação será a mesma de crime incitado, se este se consumar.

§ 2.º A pena será aumentada de 1/3 (um terço), quando a incitação for cometida pela imprensa.

A Lei 8.072/90 também considera hedionda a prática prevista no art. 3.º da Lei 2.889/90, que trata de uma modalidade especial de incitação ao crime.

O § 1.º estabelece a pena idêntica à prevista para a prática dos crimes previstos no art. 1.º se, com a incitação, tais se consumarem. O § 2.º prevê uma causa de aumento de pena para os casos em que a incitação ocorrer por meio da imprensa.

15. POSSE OU PORTE ILEGAL DE ARMA DE FOGO DE USO RESTRITO

Dentre os delitos tipificados na Lei 10.826/03, há o do art. 16, que pune, no *caput*, as condutas de possuir, deter, portar, adquirir, fornecer, receber, ter em depósito, transportar, ceder, ainda que gratuitamente, emprestar, remeter, empregar, manter sob sua guarda ou ocultar arma de fogo, acessório ou munição de uso proibido ou restrito, sem autorização e em desacordo com determinação legal ou regulamentar.

O tipo, que contém um elemento normativo – pois só há o crime se o agente atua sem autorização e em desacordo com determinação legal ou regulamentar –, pode ser classificado como norma penal em branco, porque deve-se recorrer ao regulamento da Lei 10.826/03 para que seja possível obter o conceito de arma de fogo, acessório ou munição de *uso proibido* ou *restrito*.

A regulamentação se dá pelo Decreto 3.665/00, revogado pelo Dec. 9.493/2018. De acordo com seu art. 3º, inciso XVIII, arma de uso restrito é aquela "que só pode ser utilizada pelas Forças Armadas, por algumas instituições de segurança, e por pessoas físicas e jurídicas habilitadas, devidamente autorizadas pelo Exército, de acordo com legislação específica". E, segundo o inciso LXXX, "a antiga designação 'de uso proibido' é dada aos produtos controlados pelo Exército designados como 'de uso restrito'". E o art. 16 do Decreto especifica quais são as armas de uso restrito.

Mas o art. 16 da Lei 10.826/03 contém um parágrafo com condutas equiparadas, mas que, na realidade, não têm – ou não precisam ter – direta relação com aquelas das quais derivam. São elas:

> I – suprimir ou alterar marca, numeração ou qualquer sinal de identificação de arma de fogo ou artefato;
>
> II – modificar as características de arma de fogo, de forma a torná-la equivalente a arma de fogo de uso proibido ou restrito ou para fins de dificultar ou de qualquer modo induzir a erro autoridade policial, perito ou juiz;
>
> III – possuir, detiver, fabricar ou empregar artefato explosivo ou incendiário, sem autorização ou em desacordo com determinação legal ou regulamentar;
>
> IV – portar, possuir, adquirir, transportar ou fornecer arma de fogo com numeração, marca ou qualquer outro sinal de identificação raspado, suprimido ou adulterado;
>
> V – vender, entregar ou fornecer, ainda que gratuitamente, arma de fogo, acessório, munição ou explosivo a criança ou adolescente;
>
> VI – produzir, recarregar ou reciclar, sem autorização legal, ou adulterar, de qualquer forma, muniçao ou explosivo.

Pois bem, a Lei 13.497/17 alterou a Lei 8.072/90 para dispor que o crime de posse ou porte ilegal de arma de fogo de uso restrito ou proibido passa a ser hediondo. Surge, então, uma dúvida diante da menção genérica ao art. 16: todas as formas nele tipificadas passam a ser tratadas como hediondas, ou só a forma básica, tipificada no *caput*?

Se analisarmos as justificativas do projeto de lei, tanto no Senado quanto na Câmara dos Deputados, veremos que a intenção era punir com mais rigor a conduta tipificada no *caput*. Com efeito, as referências dos parlamentares que advogavam a aprovação do projeto eram todas à crescente violência ligada à posse e ao porte de armamentos por criminosos, que normalmente fazem uso de artefatos com grande poder de fogo, não raro maior do que os de que dispõem as forças policiais, razão pela qual o maior rigor na punição seria um esforço a ser somado no combate a prática tão nefasta. E, se analisarmos as condutas tipificadas no parágrafo único do art. 16, veremos que algumas delas não estão necessariamente ligadas às circunstâncias descritas nas justificativas parlamentares, como ocorre com os incisos I, IV, V e VI.

De fato, o maior perigo causado pela posse ou pelo porte de uma arma de uso restrito não tem nenhuma relação com o ato de suprimir marca, numeração ou sinal de identificação de arma de fogo, tanto que esta conduta pode ser cometida inclusive sobre armas de uso permitido. Exatamente o mesmo pode ser dito dos demais incisos citados, pois todas as condutas neles tipificadas podem se fundamentar tanto em armas de uso permitido quanto em armas de uso restrito.

Vislumbramos, neste caso, o surgimento de discussão semelhante àquela antes travada – e já tratada no item 9, acima – na doutrina e na jurisprudência a respeito da hediondez dos crimes de estupro e de atentado violento ao pudor. Tratava-se, naquele caso, de redação mais detalhada do que a referência feita agora ao art. 16 do Estatuto do Desarmamento, mas que não impediu o debate sobre se as formas básicas daqueles delitos deveriam ser também incluídas entre os crimes hediondos.

No caso da Lei 13.497/17 há mais motivos para o debate, justamente em virtude da referência genérica ao art. 16 do Estatuto do Desarmamento e à frágil relação lógica que se estabelece entre as figuras do *caput* e algumas das dispostas no parágrafo único.

Parece-nos, todavia, não ser possível limitar a incidência das disposições relativas aos crimes hediondos apenas à conduta do *caput* do art. 16. O projeto da Lei 13.497/17 tramitou, entre o Senado e a Câmara, por mais de três anos e foi objeto de extenso debate, tanto que foram diversas as modificações promovidas ao longo do caminho (originalmente, aliás, o projeto contemplava o comércio ilegal e o tráfico internacional de armas de fogo, que lamentavelmente acabaram não sendo incluídos). Fosse para limitar a incidência do maior rigor ao *caput*, temos de supor que o legislador o teria feito expressamente.

Além disso, limitar a incidência da Lei dos Crimes Hediondos a uma parte do tipo penal criaria uma situação desproporcional. Ora, ainda que se considere a natureza diversa de algumas das condutas tipificadas no parágrafo único, trata-se de figuras equiparadas ao *caput* por expressa disposição legal. Se, ao elaborar tipo do art. 16, o legislador utilizou a fórmula "nas mesmas penas incorre", isso se deu porque as condutas ali elencadas eram consideradas da *mesma gravidade* das anteriores. É, afinal, o que fundamenta as formas equiparadas nos tipos penais. Ignorar isso e destacar, para os efeitos da hediondez, o *caput* do parágrafo único seria nada mais do que conferir tratamento diferenciado a figuras penais que o legislador erigiu à categoria de equivalentes. Diante disso, qualquer conduta do art. 16, *caput* e parágrafo único, da Lei 10.826/03 passa a atrair os consectários relativos aos crimes hediondos. Nesse sentido, aliás, decidiu recentemente o STJ (HC 460.910 - PR 2018/0184654-0).

Art. 2º Os crimes hediondos, a prática da tortura, o tráfico ilícito de entorpecentes e drogas afins e o terrorismo (1) são insuscetíveis de:

I – anistia, graça e indulto; (2)

II – fiança. (3)

§ 1º A pena por crime previsto neste artigo será cumprida inicialmente em regime fechado. (4)

§ 2º A progressão de regime, no caso dos condenados pelos crimes previstos neste artigo, dar-se-á após o cumprimento de 2/5 (dois quintos) da pena, se o apenado for primário, e de 3/5 (três quintos), se reincidente, observado o disposto nos §§ 3º e 4º do art. 112 da Lei nº 7.210, de 11 de julho de 1984 (Lei de Execução Penal). (5-6)

§ 3º Em caso de sentença condenatória, o juiz decidirá fundamentadamente se o réu poderá apelar em liberdade. (7)

§ 4º A prisão temporária, sobre a qual dispõe a Lei 7.960, de 21 de dezembro de 1989, nos crimes previstos neste artigo, terá o prazo de 30 (trinta) dias, prorrogável por igual período em caso de extrema e comprovada necessidade. (8)

1. CRIMES EQUIPARADOS AOS HEDIONDOS

A Lei 8.072/90, no *caput* do art. 2.º, previu (seguindo mandamento constitucional) três figuras não propriamente hediondas, mas são a elas equiparadas. Trata-se da tortura, do tráfico ilícito de entorpecentes e drogas afins e do terrorismo, que a Constituição Federal, no art. 5.º, XLIII, mencionou expressamente como inafiançáveis e insuscetíveis de graça ou anistia.

À tortura aplicam-se as disposições da Lei 9.455/97. No que tange ao tráfico de drogas, temos a Lei 11.343/2006. Para o terrorismo, a Lei 13.260/16. Estes estatutos estão comentados nesta obra, para onde, aliás, remetemos o leitor.

2. VEDAÇÃO A ANISTIA, GRAÇA E INDULTO

O inciso I do art. 2.º da Lei 8.072/90 determina que os crimes hediondos e equiparados são insuscetíveis de anistia, graça e indulto.

A Constituição Federal, contudo, é menos restritiva, já que, no inciso XLIII do art. 5.º, impede somente a concessão de anistia e graça, nada mencionando acerca da proibição do indulto.

Diante desse quadro, inevitável o questionamento: a ampliação pelo legislador ordinário é constitucional?

Pela impossibilidade de ampliação, leciona Alberto Silva Franco (op. cit., p. 1182/1183). Se as causas extintivas da punibilidade vedadas no texto constitucional eram duas, não poderia a lei infraconstitucional estatuir uma terceira limitação. Observa-se, ainda, que a concessão do indulto está entre as atribuições privativas do Presidente da República, não podendo o legislador ordinário limitá-lo no exercício dessa atribuição.

Em sentido contrário, o Supremo Tribunal Federal firmou entendimento no sentido de ser o indulto modalidade do poder de graça do Presidente da República, e, por isso, alcançado pela vedação constitucional. Não bastasse, a Constituição Federal trouxe vedações mínimas, permitindo ao legislador ordinário ampliá-las:

> "*Habeas corpus* – Vedação ao benefício da comutação da pena – Constrangimento ilegal – Inocorrência – *Habeas corpus* indeferido. O disposto no art. 5.º, inciso XLIII, da Constituição Federal, bem como o art. 2.º, inciso I, da Lei 8.072/90, vedam a concessão de graça ou anistia aos condenados pela prática dos crimes definidos como hediondos. A questão do presente *writ* já foi largamente discutida por esta Corte, encontrando-se pacificado, em ambas as Turmas, o entendimento de que, sendo a comutação da pena espécie de indulto parcial, o Decreto Presidencial 3.226, de 29.10.1999, não se aplica ao condenado pela prática de crime hediondo. Precedentes. Ordem indeferida." (HC 86.615/RJ, 2.ª T., rel. Min. Joaquim Barbosa, *DJ* 24.11.2006).

Aliás, o Pretório Excelso entende haver ampla aplicação tanto do texto constitucional quanto da Lei 8.072/90 até mesmo para os crimes praticados anteriormente à sua vigência:

> "Tratando-se o indulto de ato discricionário do Presidente da República, restrito, portanto, às condições estabelecidas em decreto presidencial, a vedação de sua concessão aos apenados por crimes hediondos, ainda que cometidos antes da vigência das Leis 8.072/1990 e 8.930/1994, não configura violação do princípio da irretroatividade da lei penal mais gravosa. Precedentes" (HC 117.938/SP, j. 10/12/2013).

3. VEDAÇÃO DA FIANÇA

Em sua redação original, o inciso II do art. 2.º da Lei 8.072/90 vedava a concessão de fiança e liberdade provisória para crimes hediondos, a prática de tortura, o tráfico ilícito de entorpecentes e drogas afins e o terrorismo.

Com o advento da Lei 11.464, de 28 de março de 2007, dentre outras modificações, o inciso em comento só vedou a fiança (retirando o óbice à liberdade provisória). O STF chegou a aderir à tese de que a vedação à liberdade provisória para estes crimes advinha da própria Constituição Federal, que estabelece a inafiançabilidade (HC 98.143/MG, j. 02/02/2010). Atualmente, no entanto, a orientação do tribunal é de que vedações em abstrato à concessão da liberdade provisória contrariam a Constituição Federal, razão pela qual, aliás, julgou inconstitucional a expressão "e liberdade provisória" contida no art. 44 da Lei 11.343/06 (104.339/SP (j. 10/05/2012).

É a mesma orientação que vem sendo seguida pelo STJ:

> "O Supremo Tribunal Federal, ao julgar o HC 104.339/SP, declarou a inconstitucionalidade da expressão "e liberdade provisória", constante do art. 44, caput, da Lei n. 11.343/06, afastando o óbice à concessão da liberdade provisória aos acusados da prática de crimes hediondos e equiparados, razão pela qual a decretação da prisão preventiva sempre deve ser fundamentada na presença dos requisitos do art. 312 do Código de Processo Penal – CPP" (HC 424.988/SP, j. 20/02/2018).

A orientação anterior, de fato, não fazia sentido. A uma, porque os dois institutos tecnicamente não se confundem, sendo bastante comum indigitados autores beneficiados pela liberdade provisória sem fiança (se uma implicasse na outra esse quadro seria inviável). A duas, ao cuidar de medida privativa de direitos, a lei merece interpretação restritiva, não havendo espaço para proibições implícitas.

Constantemente alertamos sobre o equívoco de se vedar benefícios penais e/ou processuais a determinados crimes em abstrato, ignorando as circunstâncias que rodeiam o caso concreto, técnica que transforma o magistrado num autômato, fazendo preponderar um positivismo cego, em claro detrimento da Justiça.

4-5. PROGRESSÃO DE REGIME

A Lei 11.464/2007 modificou a redação do § 1.º do art. 2.º da Lei 8.072/90, abolindo o regime integralmente fechado.

A alteração ocorreu para amoldar o texto legal ao entendimento pacífico do Supremo Tribunal Federal no sentido de que o regime fechado, do início ao fim, violava uma série de garantias constitucionais, destacando-se a individualização da pena, a dignidade da pessoa humana, a razoabilidade, a proporcionalidade, a isonomia dentre outras.

Note-se, no entanto, que mesmo a regra do regime inicialmente fechado abstratamente imposto a todos os autores de crimes hediondos e equiparados foi considerada inconstitucional pelo Supremo Tribunal Federal:

> "(...) 2. Se a Constituição Federal menciona que a lei regulará a individualização da pena, é natural que ela exista. Do mesmo modo, os critérios para a fixação do regime prisional inicial devem-se harmonizar com as garantias constitucionais, sendo necessário exigir-se sempre a fundamentação do regime imposto, ainda que se trate de crime hediondo ou equiparado. 3. Na situação em análise, em que o paciente, condenado a cumprir pena de seis (6) anos de reclusão, ostenta circunstâncias subjetivas favoráveis, o regime prisional, à luz do art. 33, § 2º, alínea b, deve ser o semiaberto. 4. Tais circunstâncias não elidem a possibilidade de o magistrado, em eventual apreciação das condições subjetivas desfavoráveis, vir a estabelecer regime prisional mais severo, desde que o faça em razão de elementos concretos e individualizados, aptos a demonstrar a necessidade de maior rigor da medida privativa de liberdade do indivíduo, nos termos do § 3º do art. 33, c/c o art. 59, do Código Penal. 5. Ordem concedida tão somente para remover o óbice constante do § 1º do art. 2º da Lei nº 8.072/90, com a redação dada pela Lei nº 11.464/07, o qual determina que "[a] pena por crime previsto neste artigo será cumprida inicialmente em regime fechado". Declaração incidental de inconstitucionalidade, com efeito ex nunc, da obrigatoriedade de fixação do regime fechado para início do cumprimento de pena decorrente da condenação por crime hediondo ou equiparado" (111.840/ES (j. 27/06/2012).

De qualquer forma, ao determinar regime inicial fechado, o legislador autorizou a progressão de regime, estipulando no § 2.º o pressuposto temporal para a concessão do benefício, qual seja, 2/5 da pena, se o agente for primário, e 3/5, se reincidente. Previu-se, portanto, requisito diferenciado, mais rigoroso do que aquele estipulado aos delitos em geral, contentando-se a lei, nesses casos, com o cumprimento de 1/6 da pena (art. 112 da LEP). Deve ser observado, contudo, que os crimes hediondos (ou equiparados) praticados antes da Lei 11.464/2007 continuam observando a regra geral (1/6), evitando, com isso, a retroatividade maléfica. Não podemos ignorar que o Supremo Tribunal Federal já havia declarado inconstitucional o § 1.º do art. 2.º, permitindo, antes do advento da novel Lei, progressão de regime com o cumprimento de 1/6 da pena. Neste sentido é a súmula 471 do STJ:

> "Os condenados por crimes hediondos ou assemelhados cometidos antes da vigência da Lei n. 11.464/2007 sujeitam-se ao disposto no art. 112 da Lei n. 7.210/1984 (Lei de Execução Penal) para a progressão de regime prisional".

E também a súmula vinculante 26:

> "Para efeito de progressão de regime no cumprimento de pena por crime hediondo, ou equiparado, o juízo da execução observará a inconstitucionalidade do art. 2º da Lei n. 8.072, de 25 de julho de 1990, sem prejuízo de avaliar se o condenado preenche, ou não, os requisitos objetivos e subjetivos do benefício, podendo determinar, para tal fim, de modo fundamentado, a realização de exame criminológico".

Por fim, alertamos que na análise do pressuposto temporal não se considera o máximo de trinta anos de que trata o art. 75 do CP, mas sim o tempo total da reprimenda aplicada, tal como determina a Súmula 715 do Supremo Tribunal Federal:

> "A pena unificada para atender ao limite de 30 (trinta) anos de cumprimento, determinado pelo art. 75 do Código Penal, não é considerada para a concessão de outros benefícios, como o livramento condicional ou o regime mais favorável de execução."

6. PROGRESSÃO DE REGIME PARA PRESAS GESTANTES E MÃES OU RESPONSÁVEIS POR CRIANÇAS OU PESSOAS COM DEFICIÊNCIA

A Lei 13.769/18 promoveu alterações em três dispositivos da Lei de Execução Penal.

O art. 112, que trata da progressão de regime, passa a contar com o § 3º para disciplinar de forma específica a progressão da mulher gestante, mãe ou responsável por crianças ou pessoas com deficiência. Neste caso, são requisitos **cumulativos** para a progressão:

> *I – não ter cometido crime com violência ou grave ameaça a pessoa;*
>
> *II – não ter cometido o crime contra seu filho ou dependente;*
>
> *III – ter cumprido ao menos 1/8 (um oitavo) da pena no regime anterior;*
>
> *IV – ser primária e ter bom comportamento carcerário, comprovado pelo diretor do estabelecimento;*
>
> *V – não ter integrado organização criminosa.*

A fração de pena a ser cumprida é menor do que a regra estabelecida no *caput* do art. 112 (um sexto da pena), mas há outros requisitos que devem ser atendidos **conjuntamente** e que não compõem a regra geral do sistema progressivo de pena, como a primariedade e a inexistência de violência ou grave ameaça.

O § 4º do art. 112 – também inserido pela Lei 13.769/18 – estabelece que o cometimento de novo crime doloso ou falta grave implica "a revogação do benefício previsto no § 3º", ou seja, provoca a regressão de regime. Sem implicar na violação do princípio da presunção de inocência – ou de não culpa –, não se exige – assim como ocorre na regressão disposta no art. 118 da LEP – sentença condenatória transitada em julgado, bastando prova, no incidente próprio, de que a condenada praticou crime ou fato definido como falta grave.

A Lei 13.769/18 também alterou a progressão de regime nos crimes hediondos e equiparados se a condenada é gestante, mãe ou responsável por crianças ou pessoas com deficiência. Segundo a nova redação do art. 2º, § 2º, da Lei 8.072/90, a progressão de regime deve observar as regras estabelecidas nos §§ 3º e 4º do art. 112 da LEP. Cria-se, pois, uma progressão de regime mais branda para crimes de natureza hedionda tendo em consideração as condições pessoais da condenada.

Dada a redação do § 4º do art. 112, uma dúvida pode surgir: "revogação do benefício" quer dizer apenas a regressão de regime ou também a impossibilidade de que nova progressão seja concedida com base nas regras mais amenas? Trata-se, pensamos, de vedação a nova progressão de regime com base no § 3º do art. 112. Caso a condenada cumpra os requisitos do § 3º, progrida de regime e cometa novo crime ou falta grave, deverá regredir e cumprir os requisitos gerais – da LEP ou da Lei 8.072/90 – para que possa progredir de regime novamente. Assim é porque não faria sentido se referir a "revogação do benefício" se a intenção fosse apenas a regressão, que já uma consequência necessária do cometimento de crime ou falta grave durante a execução da pena, como estabelece o art. 118, I, da LEP. Como o § 3º do art. 112 estabelece uma forma de progressão especial, devem ser beneficiadas somente as condenadas que se mostrem aptas à ressocialização, pois, caso contrário, não se justifica o tratamento menos severo.

Por fim, o art. 72 da LEP, que trata das atribuições do Departamento Penitenciário Nacional, passa contar com o inciso VII, que impõe ao órgão a obrigação de "acompanhar a execução da pena das mulheres beneficiadas pela progressão especial de que trata o § 3º do art. 112, monitorando sua integração social e a ocorrência de reincidência, específica ou não, mediante a realização de avaliações periódicas e de estatísticas criminais". Pretende-se com isso, diante das regras menos severas para a progressão de regime, garantir que as finalidades da pena sejam cumpridas e que as intenções da execução penal mais moderada (cuidados com a gestação, o filho ou a pessoa dependente) sejam alcançadas.

E o § 2º do art. 72 – também inserido pela Lei 13.769/18 – dispõe que "Os resultados obtidos por meio do monitoramento e das avaliações periódicas previstas no inciso VII do caput serão utilizados para, em função da efetividade da progressão especial para a ressocialização das mulheres de que trata o § 3º do art. 112, avaliar eventual desnecessidade do regime fechado de cumprimento de pena para essas mulheres nos casos de crimes cometidos sem violência ou grave ameaça". Considerando que as mulheres que são monitoradas já foram beneficiadas pela progressão mais branda, o que torna dispensável a avaliação da desnecessidade do regime fechado, a nosso ver este dispositivo cria um procedimento de política criminal em que a efetividade da ressocialização de mulheres que progrediram de regime com base na regra especial do § 3º do art. 112 pode indicar a desnecessidade de que se imponha o regime inicial fechado nas futuras condenações de outras mulheres que estejam na mesma condição e que tenham cometido crimes sem violência ou grave ameaça. Dessa forma, provando-se efetiva a progressão especial criada pela Lei 13.769/18, seria possível, mesmo diante da quantidade da pena aplicada, que o juiz afastasse o regime inicial fechado e determinasse desde logo o acompanhamento da condenada pelos órgãos incumbidos da fiscalização da execução penal.

7. RECURSO DO RÉU EM LIBERDADE

Preliminarmente alertamos o leitor para alguns equívocos estampados no dispositivo que ora se comentará.

Vejamos.

Em se tratando de crime hediondo (ou equiparado), extrai-se do parágrafo que, *em regra*, o condenado deverá apelar preso, salvo se o juiz, aquilatando o caso concreto, entender que o réu poderá recorrer em liberdade. A conclusão acima, fruto de mera interpretação literal do texto legal, hoje vem sendo corrigida pela jurisprudência, para quem a prisão processual, medida de exceção (sempre), deve ser decretada somente quando presentes – e *motivadamente reconhecidos* – os fundamentos da prisão preventiva.

Dentro desse espírito, temos:

> #Réu processado **preso** → em **regra** recorre **preso;**
>
> #Réu processado **preso** → **excepcionalmente** recorre **solto**, caso desapareça o motivo que ensejou a prisão provisória (ex: necessidade de resguardar escorreita instrução);
>
> #Réu processado **solto** → em **regra** recorre **solto;**
>
> #Réu processado **solto** → **excepcionalmente** recorre **preso**, caso reconhecido algum dos fundamentos da preventiva (art. 312, CPP);

Percebam que apelar é um direito das partes processuais inconformadas com uma decisão judicial, esta da lavra de ser humano, passível de erro. A primeira condenação não pode, por si só, ser motivo suficiente para privar alguém da sua liberdade, principalmente num Estado Democrático de Direito, que garante a todos o direito de não ser considerado culpado até final decisão condenatória transitada em julgado (princípio da não culpabilidade).

O legislador ordinário, criando na presente hipótese a regra (implícita) de que todos os condenados provisórios por crime hediondo (ou equiparado) devem responder ao processo presos, desconsiderou princípios basilares previstos na Constituição Federal. Como bem adverte Pacelli, a imposição de prisão provisória por sentença penal condenatória recorrível só é possível quando determinada pelo Poder Judiciário e jamais pelo Poder Legislativo. É o caso concreto que vai apontar a necessidade ou não dessa prisão. Ao legislador, não compete ultrapassar o plano da abstração.[14]

Não bastasse, parece que o legislador só impõe ao juiz o dever (que é constitucional) de fundamentar as decisões quando decide pelo direito do condenado apelar em liberdade (a *contrario sensu*, se a decisão for denegatória do direito, dispensa-se a exposição dos motivos!). Entendemos dever do Magistrado fundamentar sua decisão, sempre, explicando às partes se presentes (ou não) os fundamentos da medida extrema. O seu silêncio, sem sombra de dúvidas, deve ser interpretado em favor do condenado, isto é, se preso, será solto; se solto, assim permanecerá. A respeito, destaca-se o seguinte julgado do STJ:

> I – A prisão cautelar deve ser considerada exceção, já que, por meio desta medida, priva-se o réu de seu jus libertatis antes do pronunciamento condenatório definitivo, consubstanciado na sentença transitada em julgado. É por isso que tal medida constritiva só se justifica caso demonstrada sua real indispensabilidade para assegurar a ordem pública, a instrução criminal ou a aplicação da lei penal, ex vi do artigo 312 do Código de Processo Penal. A prisão preventiva, portanto, enquanto medida de natureza cautelar, não pode ser utilizada como instrumento de punição antecipada do indiciado ou do réu, nem permite complementação de sua fundamentação pelas instâncias superiores (HC 93498/MS, Segunda Turma, Rel. Min. Celso de Mello, DJe de 18/10/2012). II – In casu, a sentença condenatória que impôs a segregação cautelar aos recorrentes não apresenta fundamentação idônea, uma vez que a simples invocação da gravidade genérica do delito não se revela suficiente para autorizar a segregação cautelar com fundamento na garantia da ordem pública (HC 114661/MG/STF, Primeira Turma, Rel. Min. Marco Aurélio, DJe de 1º/8/2014). Recurso ordinário provido para relaxar as prisões preventivas decretadas em desfavor dos recorrentes, salvo se por outro motivo estiverem presos" (RHC 54.418/SP, j. 16/04/2015).

8. PRISÃO TEMPORÁRIA

A prisão temporária, como é sabido, está disciplinada na Lei 7.960/89. De acordo com orientação da maioria, só pode ser decretada quando imprescindível para as investigações do

---

14 Eugênio Pacelli de Oliveira, *Curso de Processo* Penal. 3. ed. Belo Horizonte: Del Rey, 2004, p. 535.

inquérito policial (art. 1.º, I) ou quando o investigado não tiver residência fixa ou não fornecer elementos ao esclarecimento de sua identidade (art. 1.º, II), pressupondo, em qualquer caso, fundadas razões de autoria ou participação do investigado nos seguintes crimes (art. 1.º, III):

a) homicídio doloso;

b) sequestro ou cárcere privado;

c) roubo;

d) extorsão;

e) extorsão mediante sequestro;

f) estupro;

g) atentado violento ao pudor (hoje, com o advento da Lei 12.015/09, migrou para o art. 213 como modalidade de estupro);

h) rapto violento (apesar de o art. 219 do CP haver sido revogado pela Lei 11.106/05, não houve *abolitio criminis*. A conduta está agora tipificada no art. 148, § 1.º, V, do mesmo Código);

i) epidemia com resultado de morte;

j) envenenamento de água potável ou substância alimentícia ou medicinal qualificado pela morte;

l) quadrilha ou bando (atualmente denominado *associação criminosa*);

m) genocídio, em qualquer de suas formas típicas;

n) tráfico de drogas;

o) crimes contra o sistema financeiro;

p) crimes previstos na Lei de Terrorismo.

Estamos diante de medida cautelar (e excepcional) de privação de liberdade de locomoção, por tempo determinado, destinada a possibilitar a investigação de crime grave, cabível apenas durante a fase inquisitiva da persecução penal.

O prazo desta prisão, de acordo com o art. 2.º da Lei 7.960/89, será de cinco dias, prorrogável por igual período.

O § 4.º amplia o período de restrição no caso de crime hediondo (ou equiparado), permitindo prisão temporária pelo prazo de 30 (trinta) dias, prorrogável por igual período, pressupondo, sempre, extrema e comprovada necessidade. Se atentarmos para sua redação, logo perceberemos que o parágrafo em estudo ampliou não apenas o prazo, mas também o rol dos delitos passíveis de prisão temporária. Percebam que faz referência aos crimes definidos na Lei 8.072/90. Até 1998 todos os delitos hediondos (ou equiparados) estavam também no rol do art. 1.º da Lei 7.960/89 (coincidência total). Contudo, com o tempo foram inseridos novos delitos ao grupo dos hediondos: lesão corporal dolosa de natureza gravíssima (art. 129, § 2º) e lesão corporal seguida de morte (art. 129, § 3º), quando praticadas contra autoridade ou agente de segurança pública no exercício da função ou em decorrência dela, ou contra seu cônjuge, companheiro ou parente consanguíneo até terceiro grau, em razão dessa condição; falsificação, corrupção, adulteração ou alteração de produto destinado a fins terapêuticos ou medicinais; favorecimento da prostituição ou de outra forma de exploração sexual de criança ou adolescente ou de vulnerável; posse ou porte ilegal de arma de fogo de uso restrito). A ampliação nos parece possível, pois a Lei dos Crimes Hediondos, da espécie ordinária, tem a mesma hierarquia da Lei da Prisão Temporária, aliada ao fato de ser posterior (princípio da posterioridade).

> **Art. 3º** A União manterá estabelecimentos penais, de segurança máxima, destinados ao cumprimento de penas impostas a condenados de alta periculosidade, cuja permanência em presídios estaduais ponha em risco a ordem ou incolumidade pública. (1)

1. PRESÍDIOS FEDERAIS

De acordo com o art. 3.º da Lei 8.072/90, a União deve manter estabelecimentos penais de segurança máxima, destinados ao cumprimento de penas por condenados cuja periculosidade ponha em risco a ordem ou a incolumidade pública em caso de permanência nos presídios estaduais. A falta de presídios federais, além de acarretar o risco à ordem e à incolumidade públicas, ocasiona a transferência diuturna de presos, não somente entre estabelecimentos do próprio Estado, como também entre diversas Unidades da Federação, como já pudemos testemunhar, o que traz, sem nenhuma dúvida, despesas e riscos muito elevados, que podem ser evitados se o sistema dispõe de estabelecimentos adequados para que a lei seja devidamente cumprida.

Nessa esteira, desde 2006, com a construção da primeira penitenciária federal em Catanduvas, no Estado do Paraná, a União vem, na medida do possível, engendrando esforços para criar a estrutura necessária para a inclusão de presos no sistema penitenciário federal. Por enquanto, são quatro presídios federais, que, segundo dados divulgados pelo Ministério da Justiça, em janeiro de 2018 tinham taxa de ocupação de 59%, em claro contraste com penitenciárias estaduais, que normalmente são superlotadas.

Dado o propósito de acolher presos de alta periculosidade, os presídios federais são mais bem estruturados do que os estabelecimentos estaduais. A forma como os presos são instalados e os sistemas de segurança tornam muito difícil – para não dizer impossível – a ocorrência de episódios muito comuns no sistema estadual, como fugas, comunicação externa e rebeliões.

Para disciplinar com maior rigor o funcionamento dos estabelecimentos penais federais, editou-se a Lei 11.671/08, que especifica as condições para a inclusão do preso no sistema. Nesses estabelecimentos, são os juízes federais os responsáveis pela execução penal (art. 2º), que abrange apenas as situações em que a medida se justifique no interesse da segurança pública ou do próprio preso, condenado ou provisório (art. 3º). O art. 3º do Decreto 6.877/09 – que regulamenta a lei – estabelece que a inclusão no sistema federal ocorre nas situações em que o preso esteja inserido em ao menos uma das seguintes circunstâncias:

> I – ter desempenhado função de liderança ou participado de forma relevante em organização criminosa;
>
> II – ter praticado crime que coloque em risco a sua integridade física no ambiente prisional de origem;
>
> III – estar submetido ao Regime Disciplinar Diferenciado – RDD;
>
> IV – ser membro de quadrilha ou bando, envolvido na prática reiterada de crimes com violência ou grave ameaça;
>
> V – ser réu colaborador ou delator premiado, desde que essa condição represente risco à sua integridade física no ambiente prisional de origem; ou

VI – estar envolvido em incidentes de fuga, de violência ou de grave indisciplina no sistema prisional de origem.

A transferência deve ser previamente admitida pelo próprio juiz federal com jurisdição sobre o estabelecimento penal (art. 4º), sendo que no caso de prisão provisória o juízo de origem depreca apenas a execução e a fiscalização da medida, mantendo-se competente para o processo. Excepcionalmente, em caso de extrema necessidade, o juiz federal pode autorizar a inclusão do preso no estabelecimento antes do processo de instrução da transferência (art. 5º, § 6º), que pode ser provocado, após admissibilidade pelo juiz da origem, pela autoridade administrativa, pelo o Ministério Público e pelo próprio preso, cabendo à Defensoria Pública da União prestar a assistência judiciária necessária.

A inclusão do preso no sistema penitenciário federal não pode superar o período de 360 dias, excepcionalmente renovável, desde que por solicitação motivada pelo juízo de origem, observados os mesmos requisitos que fundamentaram a transferência (art. 10).

Destaca-se, por fim, que o art. 11 proíbe que a lotação máxima dos estabelecimentos seja desobedecida. E, além disso, estabelece que o número de presos fique, sempre que possível, abaixo da lotação, isto para permitir a inclusão de presos em situações de emergência.

Art. 4. (*Vetado.*)

Art. 5.º Ao art. 83 do Código Penal é acrescido o seguinte inciso:

> **"Art. 83.** ...
>
> V – cumpridos mais de dois terços da pena, nos casos de condenação por crime hediondo, prática de tortura, tráfico ilícito de entorpecentes e drogas afins, tráfico de pessoas e terrorismo, se o apenado não for reincidente específico em crimes dessa natureza (alterado pela Lei 13.344/16).

1. LIVRAMENTO CONDICIONAL

O art. 5.º da Lei 8.072/90 acrescentou ao art. 83 do CP o inciso V, prevendo, para o caso de crime hediondo (ou equiparado), requisito temporal diferenciado para a concessão do livramento condicional. Esse dispositivo foi alterado pela Lei 13.344/16, acrescentado ao rol dos crimes que devem cumprir tempo maior de pena para a liberdade antecipada o delito de tráfico de seres humanos. Em momento algum o legislador rotulou esse crime (tráfico de pessoas) hediondo ou equiparado. Quis somente impor ao condenado maior tempo de cumprimento de pena para conquistar o livramento condicional, vedando ao reincidente específico o benefício.

Percebam que além do cumprimento de 2/3 da pena a lei exige que o apenado não seja reincidente específico *em crimes dessa natureza*. Todavia, não definiu o que significa *reincidência específica*, surgindo daí três posicionamentos: a) é a prática de novo crime, qualquer daqueles tratados na Lei 8.072/90; b) é a prática de um novo crime, com a mesma objetividade jurídica do anterior (extorsão + latrocínio); c) é a prática do mesmo crime anteriormente cometido.

Mirabete, partidário da primeira corrente, com razão observa:

> "Não há que se cogitar aqui da reincidência específica prevista originalmente no Código Penal de 1940, em que a lei se referia a "crimes da mesma natureza" (os previstos no mesmo dispositivo ou que, embora em dispositivos diversos, apresentassem caracteres

> fundamentais comuns). Revogados há muito os dispositivos (antigo art. 47, § 1.º, II e § 2.º), deve-se deduzir novo conceito para a expressão do próprio texto da lei. O que se fez, foi criar uma categoria especial de reincidência, a qual a lei chama de "específica", em que o crime antecedente e o posterior são "da mesma natureza", ou seja, estão ambos entre os citados no inciso V do art. 83 do CP, criado com o art. 5.º da Lei 8.072/90." (*Manual de Direito Penal – Parte Geral – Vol. I*, p. 309, 2006).

Alberto Silva Franco, interpretando a expressão de forma restritiva, discorda e logo explica ser reincidente específico "quem praticou, obedecidos os termos do art. 63 do CP, dois estupros ou dois atentados violentos ao pudor, ou quem realizou um latrocínio e, depois, uma extorsão qualificada pelo resultado morte. Fora de hipótese que preserve a identidade conceitual da reincidência específica, não há como reconhecer tal qualificação subjetiva." (op. cit., p. 1.187).

Note-se que o crime de associação para o tráfico não está, ao contrário do tráfico, entre os crimes equiparados a hediondos, pois não figura expressamente no rol legal taxativo (STJ: HC 429.672/SP, DJe 27/08/2018). Em razão disso, o STJ tem sido provocado a decidir a respeito da fração da pena a ser cumprida para a concessão do livramento condicional. Argumenta-se que, não se tratando de crime equiparado a hediondo, a regra aplicável deve ser a do Código Penal, isto é, cumprimento de mais de um terço da pena, caso o agente não seja reincidente em crime doloso e tenha bons antecedentes, ou mais de metade, se for reincidente em crime doloso. O tribunal, no entanto, refuta a tese sob o fundamento de que o livramento condicional nos crimes relativos a drogas é disciplinado inteiramente pelo parágrafo único do art. 44 da Lei 11.343/06, que estabelece o cumprimento de ao menos dois terços da pena, ainda que o agente não seja reincidente e não se trate de delito equiparado a hediondo:

> "O entendimento do Superior Tribunal de Justiça é firme de que, embora o delito de associação ao tráfico de drogas não integre o rol dos delitos hediondos ou a ele equiparados, persiste a necessidade de cumprimento de 2/3 da pena para a obtenção do livramento condicional, a teor do disposto no parágrafo único do art. 44 da Lei n. 11.343/2006, por se tratar de regra determinada pela lei especial, que se sobrepõe a regra geral (art. 83 do CP)" (HC 381.202/SP, j. 27/04/2017).

Art. 6.º Os arts. 157, § 3.º; 159, *caput* e seus §§ 1.º, 2.º e 3.º; 213; 214; 223, *caput* e seu parágrafo único; 267, *caput* e 270; *caput*, todos do Código Penal, passam a vigorar com a seguinte redação: (1)

"Art. 157. ...

§ 3.º Se da violência resulta lesão corporal grave, a pena é de reclusão, de cinco a quinze anos, além da multa; se resulta morte, a reclusão é de vinte a trinta anos, sem prejuízo da multa.

...

Art. 159. ...

Pena – reclusão, de oito a quinze anos.

§ 1.º ...

Pena – reclusão, de doze a vinte anos.

§ 2.º ...

Pena – reclusão, de dezesseis a vinte e quatro anos.

§ 3.º ...

Pena – reclusão, de vinte e quatro a trinta anos.

Art. 213. ...

Pena – reclusão, de seis a dez anos.

Art. 214. ...

Pena – reclusão, de seis a dez anos.

Art. 223. ...

Pena – reclusão, de oito a doze anos.

Parágrafo único. ...

Pena – reclusão, de doze a vinte e cinco anos.

Art. 267. ...

Pena – reclusão, de dez a quinze anos.

Art. 270. ...

Pena – reclusão, de dez a quinze anos.

1. NOVA REDAÇÃO A DISPOSITIVOS DA PARTE ESPECIAL DO CÓDIGO PENAL

O art. 6.º da Lei 8.072/90 alterou a redação de diversos dispositivos do Código Penal.

As alterações consistiram no estabelecimento de novos patamares de pena para os crimes de: a) roubo qualificado pela lesão corporal grave e pela morte; b) extorsão mediante sequestro, em todas as suas formas; c) estupro simples e qualificado pela lesão corporal de natureza grave e pela morte; d) atentado violento ao pudor simples e qualificado pela lesão corporal de natureza grave e pela morte (hoje, formalmente revogado pela Lei 12.015/09; e) epidemia; f) envenenamento de água potável ou de substância alimentícia ou medicinal.

Art. 7.º Ao art. 159 do Código Penal fica acrescido o seguinte parágrafo:

"Art. 159. ...

§ 4.º Se o crime é cometido por quadrilha ou bando, o coautor que denunciá-lo à autoridade, facilitando a libertação do sequestrado, terá sua pena reduzida de um a dois terços." (1)

1. DELAÇÃO PREMIADA

O art. 7.º da Lei 8.072/90 acrescentou ao art. 159 do CP a figura da delação premiada, premiando membro de associação criminosa com diminuição de pena se decidir denunciar os coautores à autoridade, facilitando a libertação do sequestrado.

Ao mencionar "crime cometido por quadrilha ou bando", afastou do benefício a extorsão mediante sequestro praticada em concurso de agentes (por duas ou mais pessoas, sem estabilidade).

A Lei 9.269/96 corrigiu essa discriminação, modificando a redação do § 4.º do art. 159, fazendo constar, no lugar de "quadrilha ou bando" e "coautor", os termos "em concurso" e "concorrente":

> *Art. 159, § 4.º Se o crime é cometido em concurso, o concorrente que o denunciar à autoridade, facilitando a libertação do sequestrado, terá sua pena reduzida de um a dois terços.*

Alertamos desde já que o tema em exame – colaboração premiada – vem analisado, minuciosamente, no capítulo desta obra que trata da lei do Crime Organizado (Lei nº 12.850/2013), razão pela qual convidamos o leitor à sua consulta.

A colaboração premiada poderia ser definida como a possibilidade que detém o autor do delito em obter a redução da pena, desde que, de forma eficaz e voluntária, auxilie na obtenção dos resultados previstos em lei. O art. 159, § 4º é absolutamente omisso quanto ao procedimento para implantação do benefício. Não aponta, com efeito, quem seria legitimado para propor a delação (enquanto a Lei n. 12.850/2013, em seu art. 4º, *caput*, indica o Ministério Público e a autoridade policial). Não prevê a suspensão do prazo para oferta da denúncia até que sejam cumpridas as medidas de colaboração (a lei mencionada, no art. 4º, § 3º, prevê um prazo de seis meses, prorrogável por mais seis meses, em que se suspende o processo, bem como o prazo prescricional). Tampouco contempla a possibilidade de o Ministério Público deixar de ofertar a denúncia, em hipótese expressamente contida no art. 4º, § 4º, da Lei n. 12.850/2013. É também lacunoso quanto à homologação do acordo pelo juiz e a obrigatoriedade da assistência de um advogado durante todo o curso da delação (a lei que trata da criminalidade organizada é novamente expressa nesse sentido, como se vê do teor de seu art. 4º, §§ 7º e 15). Nada diz quanto à possibilidade de colaboração posterior à sentença, ao contrário da lei mencionada (art. 4º, § 5º).

Por conta de tais omissões, sustentamos que se deva aplicar, quanto à delação, o regramento contido na Lei n. 12.850/2013, que cuida do crime organizado, ainda que o crime de extorsão mediante sequestro cometido não esteja relacionado à criminalidade organizada, nos termos em que a define o art. 1º, § 1º, do mencionado diploma. É dizer: perpetrado o crime, *v.g.*, por três pessoas – fator que não configura uma organização criminosa, que reclama a associação de pelo menos quatro pessoas – ainda assim terá lugar a adoção do, por assim dizer, *procedimento* previsto na Lei n. 12.850/2013. Isso, inclusive, por importar na salvaguarda dos direitos do colaborador, bastando que se confira, nesse sentido, o teor do art. 5º da mencionada lei.

Também o prêmio concedido ao colaborador, nessa ordem de ideias e sob nossa compreensão, não deve se limitar à redução da pena de um a dois terços, como previsto no art. 159, § 4º, cumprindo ser adotada a mercê legal do art. 4º da Lei n. 12.850/2013, que autoriza, além da mesma redução da pena, sua substituição por restritiva de direitos ou mesmo o perdão judicial, com a consequente extinção da punibilidade do agente. O dispositivo da Lei do Crime Organizado – posterior à Lei dos Crimes Hediondos – como se vê, é mais favorável ao agente, devendo, bem por isso, ser adotado, ainda que – insistimos – a conduta do agente, relacionada à extorsão mediante sequestro, não esteja catalogada dentre aquelas que configuram a criminalidade organizada. Além disso, a concessão de um benefício de maior amplitude, pode, em termos práticos, importar em sua adoção de maneira mais frequente e eficaz, ao invés da timidez que ainda hoje se verifica. Vale atentar, a propósito, que o art. 13, da Lei n. 9.807/1999, que prevê uma série de medidas de proteção à vítima e à testemunha, permite a concessão do perdão judicial e a consequente extinção da punibilidade "ao acusado que, sendo primário, tenha colaborado efetiva e voluntariamente com a investigação e o processo criminal, desde que dessa colaboração tenha resultado", sem formular qualquer distinção quanto à natureza do crime.

Art. 8.º Será de três a seis anos de reclusão a pena prevista no art. 288 do Código Penal, quando se tratar de crimes hediondos, prática da tortura, tráfico ilícito de entorpecentes e drogas afins ou terrorismo. (1)

Parágrafo único. O participante e o associado que denunciar à autoridade o bando ou quadrilha, possibilitando seu desmantelamento, terá a pena reduzida de um a dois terços. (2)

1. ASSOCIAÇÃO CRIMINOSA

A Lei 8.072/90, em seu art. 8.º, estabelece limites de pena específicos para a associação criminosa[15] que tem a finalidade de praticar crimes hediondos ou equiparados. Não se trata aqui de nova figura criminosa, mas de previsão de outros patamares de pena sobre os quais deve se basear o juiz.

Com o advento da Lei 11.343/2006, o artigo não se aplica mais à associação para o tráfico, agora disciplinada no art. 35 da lei especial.

2. DELAÇÃO PREMIADA NA ASSOCIAÇÃO CRIMINOSA

O parágrafo único do art. 8.º traz a hipótese de redução de pena da associação criminosa constituída para o fim de praticar crimes hediondos ou equiparados, quando o participante e o associado denunciá-la à autoridade, possibilitando seu desmantelamento.

Reiteramos aqui as mesmas observações feitas acima, nos comentários ao § 4º do art. 159 do CP, a respeito da aplicação do microssistema de colaboração premiada disciplinado pela Lei 12.850/13.

Art. 9.º As penas fixadas no art. 6.º para os crimes capitulados nos arts. 157, § 3.º, 158, § 2.º, 159, *caput* e seus §§ 1.º, 2.º e 3.º, 213, *caput* e sua combinação com o art. 223, *caput* e parágrafo único, 214 e sua combinação com o art. 223, *caput* e parágrafo único, todos do Código Penal, são acrescidas de metade, respeitado o limite superior de trinta anos de reclusão, estando a vítima em qualquer das hipóteses referidas no art. 224 também do Código Penal. (1)

1. CAUSA DE AUMENTO DE PENA

O art. 224 do CP previa três hipóteses em que a violência, nos crimes sexuais, era presumida, considerando-se, em todos os casos, vítima incapaz de consentir de forma válida ou de oferecer resistência: 1) *vítima não maior de 14 anos;* 2) *vítima alienada ou débil mental; 3) e vítima incapaz, por qualquer outra causa, de oferecer resistência.*

Com a revogação do art. 224 do CP, parece clara a conclusão de que referida majorante também foi (tacitamente) abolida, retroagindo para alcançar os fatos pretéritos (art. 2.º, parágrafo único, do CP).

---

15 Note-se que embora o art. 8º se refira, ainda, ao crime de quadrilha ou bando, a Lei nº 12.850/13 altero o *nomen iuris* do delito insculpido no art. 288 para *associação criminosa*, além de lhe modificar o número mínimo de integrantes, que passou a ser de três. Na prática, todavia, nenhuma alteração ocorre no trato da matéria.

Art. 10. O art. 35 da Lei 6.368, de 21 de outubro de 1976, passa a vigorar acrescido de parágrafo único, com a seguinte redação:

"Art. 35. ...

Parágrafo único. Os prazos procedimentais deste capítulo serão contados em dobro quando se tratar dos crimes previstos nos arts. 12, 13 e 14."

A Lei 6.368/76 foi expressamente revogada pela Lei 11.343/2006, razão pela qual o presente artigo perdeu eficácia.

CAPÍTULO 16

Consumidor – Lei 8.078/1990

Fábio André Guaragni

Rodrigo Leite Ferreira Cabral

INTRODUÇÃO

A tutela penal das relações de consumo apresenta-se como uma das mais expressivas manifestações do direito penal econômico em sentido amplo. Esta frase exige um conjunto de considerações introdutórias.

O critério dominante para identificação do âmbito de crimes que compõem o direito penal econômico é o da ofensa ao bem jurídico. Segundo ele, são crimes econômicos aqueles que ofendem o bem jurídico supraindividual "ordem econômica". Resta defini-lo.

Quando do surgimento do direito penal econômico, na virada do século XIX para o XX, a ordem econômica era concebida como intervenção do estado na economia. À época, armava-se, no cenário político internacional, um ambiente de confronto entre estados nacionais, que eclodiria nas grandes guerras mundiais. Este ambiente era marcado pela programação estatal da maneira de viver das coletividades, com grande destaque para a defesa de modelos de produção rivais entre si, como o capitalista e socialista, bem como por nacionalismos extremados. Nesta quadra, ergueram-se estados intervencionistas, impondo à população formatos de ordem social e econômica. O direito penal foi empregado como um dos recursos para realização dos programas intervencionistas estatais, a partir da superação dos modelos liberais já ao fim do século XIX (de que é exemplo a Lei Antitruste americana, de 1890) e, sobretudo, a partir dos marcos da 1ª Guerra Mundial (1914) e, pouco após, do *crash* de 1929[1]. O direito penal econômico, enquanto mecanismo de proteção da intervenção estatal na economia, teve aí sua gênese.

Este direito penal econômico de primeira geração é comumente denominado direito penal econômico *em sentido estrito*. Nele, o beneficiário da proteção penal parece ser o próprio detentor do poder punitivo: o Estado. Afinal, trata-se do uso da normativa penal para proteção das

1 DIAS, Jorge de Figueiredo e ANDRADE, Manuel da Costa. "Problemática geral das infracções contra a economia nacional". In: Temas de Direito Penal Econômico. Coord. Roberto Podval. São Paulo: Revista dos Tribunais, 2000, pp. 69-72. A guerra determinou o papel estatal de "responsável maior pela vida econômica" (op. cit., p. 69). v. também GUARAGNI, Fábio André. "Direito Penal Econômico: antecedentes medievais e sua primeira geração no contexto da Modernidade". In: Perspectivas das ciências criminais: coletânea em homenagem aos 55 anos de atuação profissional do Prof. Dr. René Ariel Dotti. Coord. Paulo César Busato, Priscilla Placha Sá e Gustavo Britta Scandelari. Rio de Janeiro: GZ Editora, 2016, pp. 726-729.

interferências que realiza na ordem econômica, como que assegurando a respectiva obediência. Não se percebe, portanto, que avulte o consumidor como foco de tutela penal.

Após a segunda grande guerra, o conceito de ordem econômica sofre modificação. Surgem os modelos de estado de bem-estar social, como expressões de compromisso entre uma ordem econômica em que se garante a livre iniciativa, e uma ordem social marcada pela presença estatal. O Estado assume limites positivos de atuação ou imperativos de tutela, voltados sobretudo ao benefício de universalidades de pessoas, em situações de hipossuficiência e vulnerabilidade. Há impactos no direito criminal, seja pela emergência constitucional de comandos ou cláusulas de criminalização, seja pela percepção de que há uma dupla face no princípio da proporcionalidade, como vedação de excesso e vedação de proteção deficiente ou insuficiente[2]. A primeira, voltada aos imputados; a segunda, às vítimas.

Para além deste movimento no âmbito político da teoria geral do estado, dois outros motivos de caráter extrapenal e interdisciplinar explicam a modificação do conceito de ordem econômica: a emergência, na filosofia, do paradigma da linguagem e, na sociologia, do paradigma do risco.

Da filosofia da linguagem, que centraliza nos processos comunicativos toda a marcha civilizatória humana, ressai o reconhecimento da importância do outro (alteridade). Afinal, ações comunicativas exigem no mínimo dois, um emitente e um receptor[3]. Num mundo dotado de sentido por ações comunicativas, a própria existência humana depende de que outro a reconheça. Eu só existo porque outro me percebe e constitui, mediante linguagem. Neste sentido, eu preciso do outro para existir. Isto reforça a necessidade da presença do outro, impondo seu reconhecimento e preservação.

Supera-se um modelo de direitos individuais, centrado no sujeito enquanto primeira pessoa (ego), pela própria superação da herança cartesiana de que minha existência só depende

---

2 O STF vem afirmando a incidência do princípio da vedação de proteção deficiente de vítimas em direito penal, através do endosso das constitucionais criminalizadoras. A mais significativa, a nosso sentir, é aquela que houve pela constitucionalidade do crime de porte ilegal de arma desmuniciada, da qual se colhe o seguinte: "A Constituição de 1988 contém um significativo elenco de normas que, em princípio, não outorgam direitos, mas que, antes, determinam a criminalização de condutas (CF, art. 5º, XLI, XLII, XLIII, XLIV; art. 7º, X; art. 227, § 4º). Em todas essas normas é possível identificar um mandato (sic) de criminalização expresso, tendo em vista os bens e valores envolvidos. Os direitos fundamentais não podem ser considerados apenas como proibições de intervenção (Eingriffsverbote), expressando também um postulado de proteção (Schutzgebote). Pode-se dizer que os direitos fundamentais expressam não apenas uma proibição do excesso (Übermassverbote), como também podem ser traduzidos como proibições de proteção insuficiente ou imperativos de tutela (Untermassverbote). Os mandatos (sic) constitucionais de criminalização, portanto, impõem ao legislador, para o seu devido cumprimento, o dever de observância do princípio da proporcionalidade como proibição de excesso e como proibição de proteção insuficiente." v. BRASIL. Supremo Tribunal Federal. Habeas Corpus nº 104.410. Segunda Turma. Relator: Min. Gilmar Mendes. Rio Grande do Sul, 06 mar. 2012Disponível em: <http://www.stf.jus.br>. Autenticação número 1842330. Acesso em: 04 fev. 2014.

3 HABERMAS, Jürgen. O discurso filosófico da modernidade. Trad. Luiz Sergio Repa e Rodnei Nascimento. São Paulo: Martins Fontes, 2000, p. 414."...deixa de ser privilegiada aquela atitude objetivante em que o sujeito cognoscente se dirige a si mesmo como a entidades do mundo. Ao contrário, no paradigma do entendimento recíproco é fundamental a atitude performativa dos participantes da interação que coordenam seus planos de ação ao se entenderem entre si sobre algo no mundo. O ego ao realizar um ato de fala, e o alter ao tomar posição sobre este, contraem uma relação interpessoal."

de mim (*"cogito, ergo sum"*)[4]. O outro (alter) ganha importância. A mesma postura dá-se dele para mim. Nestes termos, como que batemos às portas do direito dizendo: direito, atenta para a proteção de interesses que sejam comuns a todos nós! Afinal, a existência minha depende da do outro... A reação do universo jurídico – inclusive, jurídico-penal – é tutelar bens individuais ou supraindividuais? Naturalmente, a segunda opção. Daí voltar-se o direito penal desde as últimas décadas do século XX, para a tutela de interesses supraindividuais.

Neste contexto, desenvolveu-se a tutela penal das relações de consumo, enquanto bem de proteção supraindividual, marcadamente voltado aos interesses do consumidor, na relação que mantém com o fornecedor.

Já a sociologia do risco coloca em evidência o aumento da percepção dos riscos, sobretudo aqueles derivados de tecnologias, para a tomada de decisões políticas. Episódios trágicos do fim do século XX, como os desastres de Chernobyl e Bhopal, deram mostra de que a controlabilidade dos riscos derivados da exploração de conhecimentos tecnológicos escaparam às mãos humanas. A partir daí, um olhar confiante acerca do modelo de vida cunhado a partir da Primeira Modernidade – enquanto modo de viver cunhado na Europa em meados do século XVI, derivado do abraço do capitalismo com a revolução industrial (Giddens)[5] -, deu lugar à desconfiança típica de uma Segunda Modernidade, dita reflexiva[6], em que a pretensão de redução de patamares de risco assume tons intensos, já que "consequências dos êxitos da modernização se converteram, por causa de sua velocidade e radicalidade, em tema. O risco adquire um novo caráter porque parte das condições de seu cálculo e processamento institucional falha" (Beck)[7].

O direito, como um todo, é empregado pelas agências estatais para esta tarefa. A política criminal, como parte da política *in genere*, igualmente experimenta esta influência. A pretensão de restrição de riscos mediante direito penal alinha-se com a tutela de interesses supraindividuais, uma vez que os riscos submetem multitudes de pessoas. Este panorama se replica, diuturnamente, no âmbito das relações de consumo, considerando-se o conteúdo de riscos derivados de tecnologias embutidas em produtos e serviços. Ganha cancha, sobretudo, a responsabilidade penal pelo produto[8].

Enfim, a valorização do outro, mediante o reforço da ideia de alteridade, a partir da filosofia da linguagem, e o aumento da percepção dos riscos tecnológicos, pelo veio da sociologia do

---

4 Esta superação do mundo atomizado herdado da Modernidade aparece, por exemplo, em TODOROV, Tzvetan. A Conquista da América. Trad. Beatriz Perrone-Moisés. São Paulo: Martins Fontes, 2003, pp. 357 e ss. (epílogo), sobretudo quando exalta a etnologia atual, como "um diálogo em que ninguém tem a última palavra, em que nenhuma das vozes reduz outra ao status de mero objeto, e no qual se tira vantagem de sua exterioridade ao outro (...) uma nova exotopia (...), uma afirmação da exterioridade do outro que vem junto com seu reconhecimento enquanto sujeito. Talvez haja aí não somente uma nova maneira de viver a alteridade, mas também um traço característico do nosso tempo, como eram o individualismo e autotelismo em relação à época cujo fim começamos a divisar".

5 GIDDENS, Anthony. As consequências da modernidade. São Paulo: Unesp, p. 61.

6 BECK, Ulrich. Modernização Reflexiva. São Paulo: Unesp, 1995, p. 16. Também BECK, Ulrich. La sociedad del riesgo global. Madrid: Siglo Veintiuno de España Editores, 2002, p. 114-116, explicativo dos dois momentos da modernização reflexiva, como "auto-confrontação": primeiro, os efeitos do projeto de vida vitorioso da modernidade escapam ao controle, refletindo contra a humanidade; após, a humanidade reflete literalmente sobre o projeto, para conter os riscos cujo controle parecem ter escapado das mãos.

7 BECK, Ulrich. La sociedad del Riesgo Mundial. Barcelona: Paidós, 2008, p 23.

8 SARRABAYROUSE, Eduardo C. Responsabilidad penal por el producto. Buenos Aires: Ad Hoc, 2007, passim, traça belo panorama sobre o tema, a partir do direito argentino.

risco, incrementou a existência de bens e interesses supraindividuais. De um lado, o reconhecimento da importância do outro (terceira pessoa) em lugar do eu (primeira pessoa). De outro, a constatação de que os riscos são democráticos. Todos estão expostos. "A fome é hierárquica (na Segunda Guerra Mundial nem todos passaram fome), mas o aquecimento climático é igualitário e nesta medida, democrático", afirmava BECK[9]. Do mesmo modo, os riscos derivados da distribuição ao consumo de bens e serviços em escala de massa, sem devidas testagens!

Como consequência, os ordenamentos jurídicos criaram soluções voltadas à proteção conjunta de coletividades, em lugar das mecânicas tradicionais de tutela de bens e interesses individuais. No Brasil, são exemplos disso tanto a Lei de ação civil pública, como o Código de Defesa do Consumidor – Lei 8.078/90.

Neste cenário, o próprio conceito de ordem econômica modificou-se. Deixou de corresponder à intervenção do estado na economia. Ordem econômica passou a ser, *lato sensu*, a regularidade da produção, distribuição e consumo de bens e serviços. O direito penal econômico em sentido estrito deu lugar ao direito penal econômico em sentido amplo, pois o bem de proteção ganhou amplitude. Trata-se de um direito penal econômico de segunda geração.

De fato, mais do que uma ampliação da concepção de ordem econômica, mudou o próprio destinatário da proteção penal. Quem é o interessado na regularidade da produção, distribuição e consumo de bens e serviços? A totalidade das pessoas, que desempenham papéis num e/ou noutro polo do ciclo da economia. No lugar do Estado proteger a si mesmo através do direito penal, garantindo respeito da sua intervenção na economia (direito penal econômico em sentido estrito, ou de primeira geração), eclode um modelo de tutela penal dirigido às pessoas em escala supraindividual. Todos pretendem um ciclo de produção, distribuição e consumo respeitador de marcos regulatórios. Neste sentido, há um ganho de legitimidade para o direito penal econômico, cujos contornos de primeira geração eram bastante criticáveis: assumiam feição autoritária, vez que propiciavam o uso do poder penal pelo Estado para proteção de sua intervenção na economia, *rectius,* um direito penal empregado pelo Estado para proteger a si mesmo.

Pois bem: a ponta do ciclo da economia representada pela regularidade do consumo de bens e serviços, em que os consumidores, na escala supraindividual, são destinatários de proteção, firma a parcela do direito penal econômico compreendido como tutela penal das relações de consumo. Neste passo, a tutela penal das relações de consumo avulta como parte da proteção da ordem econômica em sentido amplo, no bojo de um direito penal econômico de segunda geração.

É evidente que os marcos em que se dá a regularidade do consumo de bens e serviços variam de país a país, segundo as pretensões e princípios conducentes de sua ordem econômica. De fato, o conceito de ordem econômica não é unívoco nem universalizável[10]. No Brasil, a tutela penal das relações de consumo, com especial foco na proteção do consumidor, arranca das seguintes bases constitucionais: a) art. 5º, XXXII, em que consta o seguinte imperativo de tutela: "O Estado promoverá, na forma da lei, a defesa do consumidor". Nesta perspectiva, a proteção do consumidor é direito fundamental; b) art. 170, dispositivo que

---

9 BECK, Ulrich. La sociedad del Riesgo Mundial. Barcelona: Paidós, 2008, p. 63.

10 CERVINI, Raúl e ADRIASOLA, Gabriel. El derecho penal de la empresa desde una visión garantista. Montevideo: BdF, 2005, p. 83.

assinala no caput a existência digna como finalidade da ordem econômica, segundo ditames de justiça social, erguendo a "defesa do consumidor" à posição de princípio no inciso v.

Com estes contornos, compreende-se a tutela penal das relações de consumo como mecânica legislativa voltada à proteção do consumidor, de modo a realizar-se o direito fundamental estatuído pelo legislador originário. A posição de vulnerabilidade do consumidor, em termos, é acolhida também pelo direito penal. É nele – em escala supraindividual, na perspectiva de direitos consumeristas difusos, coletivos e individuais homogêneos – que está firmada a mira de proteção legal.

Assim introduzida a matéria da tutela penal das relações de consumo, seguem-se comentários ao Título II da Lei 8.078/90 – Código de Defesa do Consumidor.

Um aspecto metodológico: acrescentamos rubricas identificando cada delito. Porém, os crimes catalogados no CDC não as apresentam. Assim, não se trata do *nomen juris* de cada delito, mas uma mera suma, livremente criada, para o efeito didático de facilitar a apresentação e compreensão dos tipos de injusto e suas diferenças.

DAS INFRAÇÕES PENAIS

Art. 61. Constituem crimes contra as relações de consumo previstas neste código, sem prejuízo do disposto no Código Penal e leis especiais, as condutas tipificadas nos artigos seguintes.

Trata-se de disposição enunciativa da sequência de doze tipos penais contidos no Título II do CDC.

Os tipos estão distribuídos nos art. 63 a art. 74. A leitura dos preceitos primários dos tipos permite identificar três subgrupos, segundo o aspecto das relações de consumo que têm por foco: a) arts. 63 a 65: tipos penais ligados aos aspectos da nocividade e periculosidade de produtos e serviços; b) arts. 66 a 69: crimes alusivos à publicidade e corretas informações trazidas pelo fornecedor ao consumidor; c) arts. 72 e 73: crimes alusivos às informações mantidas em cadastros, bancos de dados, fichas e registros sobre consumidores. Os tipos penais contidos nos arts. 70, 71 e 74 não são passíveis de inserção nos subgrupos destacados, já que se voltam a âmbitos variados das relações de consumo, ligando-se, respectivamente, às peças de reparo, cobranças abusivas ou vexatórias e termos de garantia.

O Título II, para além de tipos penais, contém disposição respectiva ao concurso de agentes (art. 75), elenco de agravantes para a segunda fase da dosimetria da pena (art. 76), disposições específicas sobre a pena de multa (art. 77) e as penas restritivas de direitos (art. 78), além de disposições processuais penais acerca da fiança (art. 79) e da legitimidade para atuação na assistência da acusação (art. 80).

Para além da característica enunciativa do catálogo de crimes que a ele se segue, o art. 61 do CDC importa para três efeitos centrais:

a) definir a natureza jurídica das infrações penais, definidas como crimes. De fato, a pena privativa de liberdade cominada para todo o elenco criminal é a detenção. Segue-se o critério da consequência penal, distintivo de crimes e contravenções, erigido não art. 1° da Lei de Introdução ao Código Penal. O CDC não contém previsão de contravenção penal, punível com prisão simples;

b) definir o bem jurídico: o dispositivo deixa claro que os crimes são praticados contra as relações de consumo. Trata-se de bem jurídico supraindividual e ideal, caracterizado como unidade funcional regente do âmbito da vida social tangente às relações consumeristas. Engloba o conjunto de órgãos, mecânicas e regulamentos reitores da relação entre fornecedor e consumidor, enquanto mecanismo voltado à compensação da vulnerabilidade deste e, pois, à sua defesa.

Nesta perspectiva, o consumidor nutre com referido mecanismo protetivo uma relação de disponibilidade[11] para, na perspectiva das interações de caráter consumerista que mantém com fornecedores, ter sua dignidade – concentrada na ideia de autopertencimento[12] – preservada e desenvolvida. O bem jurídico relações de consumo, enquanto unidade funcional, volta-se para a salvaguarda de direitos do consumidor: à tutela da sua saúde, segurança e interesses econômicos, fomentando sua qualidade de vida, no bojo de relações consumeristas transparentes e harmônicas[13].

Os contornos para adequada compreensão do bem de proteção penal arrancam dos objetivos da política nacional das relações de consumo traçadas no art. 4º, CDC. Do mesmo modo, os princípios que guiam a política nacional das relações de consumo servem como horizonte de apreensão do conteúdo material dos ilícitos penais contidos entre os artigos 63 e 74 do CDC.

Seguindo modelo usual do direito penal econômico, o bem jurídico relações de consumo é espiritualizado e mediato[14], sendo representado em cada tipo penal por uma concreta faceta das relações consumeristas, enquanto bem de proteção imediato. Por exemplo, no art. 63, o concreto aspecto da correta informação sobre a nocividade ou periculosidade de um produto,

11 Sobre os bens jurídicos como relações de disponibilidade entre sujeitos e objetos, ZAFFARONI, Eugenio Raul. SLOKAR, Alejandro. ALAGIA, Alejandro. Derecho Penal: Parte General. 2.ed. Buenos Aires: Ediar, 2005, p. 489.

12 MAIHOFER, Werner. Estado de derecho y dignidad humana. Montevideo: BdF, 2008, pp. 10-11, liga a dignidade humana à confiança que o indivíduo nutre nele mesmo e no mundo. O fato da dignidade humana reside na "certeza de existência que nos serve de sustento e representa, no saber indubitável da fundamental indisponibilidade do nosso eu para os demais, a razão existencial de minha personalidade, como também, a seu turno, constitui a razão existencial da minha solidariedade, na crença evidente na fundamental disposição dos demais a vir em minha ajuda." (op. cit., p. 11). Confia-se no "pertencimento do meu eu", ou autopertencimento, e no "socorro dos demais", para o que também estou disposto.

13 Crítico, KALIL, José Arthur Di Spirito. O consumidor e o direito penal econômico. Rio de Janeiro: Lumen Juris, 2014, p. 96-98, sustenta a impossibilidade de defesa de funções de Estado pelo direito penal e do uso da norma penal para tutela de outras normas, em espécie de "tutela de deveres para com o Estado". Justificável a preocupação com a delimitação do bem jurídico-penal, tarefa difícil por sua característica supraindividual, de fronteiras pouco definidas. As relações de consumo, todavia, dirigem-se claramente à proteção de interesses de consumidores, num amplo arco que engloba saúde, segurança, vida, patrimônio, dentre outros. Assim, não se revela, nas relações de consumo, pura tutela de um instrumento, como fim em si, tampouco de exclusivos deveres para com o Estado, a pesarem sobre o fornecedor, usual sujeito ativo dos delitos.

14 MARTÍNEZ-BUJÁN PÉREZ. Carlos. Derecho penal económico. Parte general. Valencia: Tirant lo Blanch, 2ª. ed. Valencia: 2007, pp. 159-160. Assinala que "a vulneração do bem jurídico mediato não aparece incorporada ao tipo de injusto da infração correspondente, e, portanto, o intérprete não tem porque acreditar que no caso concreto produziu-se uma lesão ou colocação em perigo deste bem". Noutra passagem, assinala que "é unicamente o bem jurídico imediato (...) o que se incorpora no tipo de injusto", de modo que a vulneração abarcada pelo dolo a ele se dirigirá. Para o autor, o bem imediato poderá até ser individual, como o patrimônio da vítima.

de parte do fornecedor, é o bem jurídico imediato, representando as relações de consumo enquanto bem jurídico mediato;

c) evidenciar que o catálogo de crimes contido no CDC não esgota o sistema brasileiro de tutela penal do consumidor. O texto legal é explícito sobre o caráter não exaustivo dos crimes do CDC, ao ressalvar a existência *de lege lata et ferenda* de crimes tutelares das relações de consumo tanto no Código Penal, como em textos de legislação extravagante. E, realmente, a tutela do consumidor efetuada mediante as incriminações do CDC, além de não ter caráter exaustivo, mostra-se até mesmo secundária, diante do papel desempenhado pela Lei 8.137/90, através do seu art. 7º.

A Lei 8.137/90, editada alguns meses após o CDC, contém o núcleo central da tutela penal das relações de consumo no Brasil. Prevê nove tipos penais, aglutinados nos incisos do art. 7º (tratam-se de tipos penais reunidos, por acumulação, em única disposição), com pena detentiva de 2 a 5 anos para as formas dolosas (admite-se, em três hipóteses, a forma culposa). Já os doze crimes previstos no CDC são todos de menor potencial ofensivo, com pena máxima igual ou inferior a 2 anos, sujeitos à competência dos Juizados Especiais Criminais (art. 98, CR c.c art. 61, Lei 9.099/95).

O Código Penal não contém um capítulo destinado à tutela das relações de consumo – e nem poderia, já que confeccionado em 1940, época em que a tutela penal de interesses supraindividuais mostrava-se tímida, ainda que já existente (v.g., fé pública). Porém, alguns crimes, de marcado caráter pluriofensivo (ou seja, ofensivos de mais de um bem jurídico), têm protagonismo na tutela penal do consumidor. Avultam aqueles contra a saúde pública, em especial, os arts. 272 e 273 do CP, que tratam da corrupção de alimentos e medicamentos, respectivamente. Afinal, a aquisição de produtos alimentícios ou médicos (e equiparados, como saneantes, cosméticos, etc.), estejam ou não corrompidos, adulterados, falsificados ou alterados, dá-se primordialmente no bojo de relações de consumo.

Para além de alguns tipos de injusto contidos no CP, a legislação extravagante contém outras incriminações voltadas à tutela do consumidor, valendo recordar a Lei de Economia Popular 1521/51, além de tipos penais esparsos situados em diversos diplomas legais, como o art. 7º da Lei 7492/86 e a Lei 6766/79, art. 50, III, que versa sobre informação falsa acerca da regularidade de loteamento ou desmembramento de solo (não obstante a Lei apontar a administração pública como bem jurídico, há plurionfesividade, pois o falso atinge as relações de consumo).

Acrescente-se que o art. 12, CP, faz com que as disposições codificadas se apliquem aos temas regidos pela legislação extravagante em caráter subsidiário. Para tanto, exige-se o silêncio da legislação extravagante no ponto. Nestes termos, valem para os crimes do CDC, no silêncio deste, as regras do Código Penal.

Art. 62. (Vetado).

O dispositivo continha a seguinte redação:

> *"Art. 62. Colocar no mercado, fornecer ou expor para fornecimento produtos ou serviços impróprios:*
>
> *Pena – detenção de seis meses a dois anos e multa.*

1º – Se o crime é culposo:

Pena – detenção de três meses a um ano ou multa.

2º – As penas deste artigo são aplicáveis sem prejuízo das correspondentes à lesão corporal e à morte."

O veto presidencial deu-se por conta do caráter genérico da expressão "produtos ou serviços impróprios". A indefinição do elemento normativo do tipo *impróprios* foi corretamente reputada ofensiva ao princípio da reserva legal, art. 5º, XXXIV, CR. Efetivamente, a expressão não atendia, dada sua abertura, à função de garantia do cidadão contra a norma penal estatal incerta. O princípio da reserva legal reclama, numa das suas projeções – *nullum crimen, nulla poena sine lege certa* – o emprego de termos semanticamente precisos e claros. Trata-se do princípio da taxatividade da norma penal ou do mandado de certeza.

Alude-se ao fato de que a Lei 8.137/90 prevê tipo penal similar no art. 7º, IX[15]. Na verdade, há similitude apenas parcial, já que o art. 7º, IX, não se dirige ao objeto material serviços, bem como restringe os produtos a mercadorias e matérias-primas. O emprego da expressão "em condições impróprias ao consumo" repete aquela contida no art. 18, parágrafo 6º, CDC[16], empregando técnica de reenvio, consistente em uso de elemento normativo jurídico no tipo objetivo. Enquanto elemento definido em Lei (normativo jurídico), o grau de incerteza se reduz, em atendimento ao princípio da taxatividade da norma penal. Assim, a disposição do art. 7º, IX, Lei 8.137/90, mostra-se compatível com a ideia de reserva legal.

DO CRIME DE OMISSÃO DE INFORMAÇÕES SOBRE NOCIVIDADE OU PERICULOSIDADE DO PRODUTO ANTES DA COLOCAÇÃO NO MERCADO

Art. 63. Omitir dizeres ou sinais ostensivos sobre a nocividade ou periculosidade de produtos, nas embalagens, nos invólucros, recipientes ou publicidade:

Pena – Detenção de seis meses a dois anos e multa.

§ 1º Incorrerá nas mesmas penas quem deixar de alertar, mediante recomendações escritas ostensivas, sobre a periculosidade do serviço a ser prestado.

§ 2º Se o crime é culposo:

Pena – Detenção de um a seis meses ou multa.

Bem Jurídico Tutelado

A tutela penal dirige-se, mediatamente, ao bem jurídico relações de consumo, unidade funcional que compreende um conjunto de órgãos, mecanismos e regulamentos reitores da relação entre fornecedores e consumidores, voltado à defesa destes e compensação das respectivas vulnerabilidades.

Há um bem jurídico imediato, com função de representação das relações de consumo, consistente no direito que o consumidor tem à informação sobre a nocividade ou periculosidade

15 BEDNARSKI, José Luiz. "Consumidor". In: Legislação Criminal Especial. Coord. Luiz Flávio Gomes e Rogério Sanchez Cunha. São Paulo: RT, 2009, p. 19.

16 Na jurisprudência, alguns precedentes negam que o art. 18, 6º, CDC, deva servir como norma integradora do 7º, IX, porquanto teria efeitos apenas administrativos. Porém, dentro do quadro geral de um sistema de tutela do consumidor mediante direito administrativo e penal, as leis devem ser interpretadas de modo integrado.

do produto, na perspectiva do art. 6º, III, CDC. É este o aspecto subjacente à regularidade das relações de consumo a que se volta, especificamente, o art. 63. Neste crime, a ofensa ao direito à informação, por parte do consumidor, dá-se antes do ingresso do produto ou serviço (no caso do parágrafo 1º) no mercado[17].

A correta informação do consumidor acerca da nocividade ou periculosidade de produtos converge para o cumprimento da política nacional das relações de consumo, no escopo da proteção coletiva da vida, saúde e segurança do consumidor. O consumidor "esclarecido, consciente dos riscos inerentes aos produtos e serviços potencial e naturalmente perigosos, terá menos chance de se lesionar"[18], observa Kalil. Atenta-se para os parâmetros do art. 4º, caput e inciso IV, e para os direitos do consumidor contidos no art. 6º, I, ambos do CDC.

Sujeitos do Crime

O sujeito ativo é o fornecedor de produtos, sobre o qual recai o dever de informar o consumidor acerca da respectiva nocividade ou periculosidade. Os contornos da norma mandamental partem da conjugação dos arts. 8º e 9º do CDC. Trata-se de delito especial próprio[19], uma vez que a subjetividade ativa está restrita ao círculo das pessoas que realizam o papel social de fornecedores de produtos.

A definição de fornecedor contida no art. 3º, CDC serve, exclusivamente quando à pessoa natural, para o delineamento dos contornos da subjetividade ativa. Fornecedor, para o art. 63, será toda pessoa física que desenvolver atividade de produção, montagem, criação, construção, transformação, importação, exportação, distribuição ou comercialização de produtos, com o antecitado dever de informar.

Assim, é preciso localizar, caso a caso, dentre os fornecedores envolvidos no ciclo que vai da produção do bem à sua comercialização, aqueles sobre quem pesa o concreto dever de colocar informações em embalagens, recipientes e invólucros. Do mesmo modo, o dever de informar sobre a periculosidade ou nocividade de produtos na publicidade, ou sobre a

17 BENJAMIN, Antonio Herman v. et alii. Comentários ao Código de Defesa do Consumidor. 5ª. ed. São Paulo: Thomson Reuters – RT, 2017, p. 1671.

18 KALIL, José Arthur Di Spirito. O consumidor e o direito penal econômico. Rio de Janeiro: Lumen Juris, 2014, p. 101.

19 Os ilícitos penais, quanto ao sujeito ativo, podem ser classificados em comuns ou especiais. Os comuns têm por sujeito ativo qualquer pessoa. Os especiais são aqueles que nem "toda pessoa pode ser autor", cf. GIMBERNAT ORDEIG, Enrique. Autor y cómplice en derecho penal. 2ª. ed. Montevideo: BdF, 2012, p. 199. Concernem a tipos penais que exigem qualidades do sujeito ativo, de índole profissional, posições sociais, biológicas, etc. Nestes casos, a subjetividade ativa é restrita a um grupo de pessoas, circunscrita no preceito primário do tipo. Os delitos especiais podem ser próprios ou impróprios. Os próprios (ou puros) são delitos que só existem em função dos ocupantes da posição de subjetividade ativa (v.g., prevaricação, art. 319, CP). Os impróprios (impuros) são aqueles que possuem uma versão típica dirigida à generalidade das pessoas (por ex., o furto) e outra dirigida a grupo especial de autores, como o peculato furto (art. 312, CP), voltado a funcionários públicos. Neste caso, esclarece BATISTA, Nilo. Concurso de agentes: uma investigação sobre os problemas de autoria e de participação no direito penal brasileiro. 3ª. ed. Rio de Janeiro: Lumen Juris, 2005, p. 96, a "qualificação do sujeito representa uma quantificação (a maior ou menor) de um ilícito comum", realizável por qualquer pessoa.

periculosidade do serviço (forma equiparada do parágrafo 1º). O sujeito ativo não é definido de antemão, mas na situação concreta, observadas as regras extrapenais do CDC[20].

Por exemplo, se o produto for industrializado, o dever de informação é somente do fabricante (art. 8º, parágrafo 1º). Porém, se retirado da embalagem pelo comerciante, ele assume o dever, conforme aponta Herman Benjamin, que arremata: "Se o produto não for industrializado (carnes, legumes, peixes, frutas, entre outros), são sujeitos ativos potenciais todos os integrantes da cadeia de produção e comercialização"[21]. No caso de legumes, frutas e peixes, produtores (pescadores, no último caso), atacadistas e varejistas[22].

As situações concretas são variadas. Pode ocorrer uma decisão de empresário pela não informação, para redução do custo de embalagem. Ou, mesmo, a não vigilância sobre empregado que deixa de realizar a informação física no invólucro (v.g., mediante carimbos ou etiquetas) para prejudicar a empresa. Neste caso, dá-se a responsabilidade culposa do fornecedor[23], prevista no parágrafo 2º do art. 63.

Na forma equiparada do art. 63, parágrafo 1º, o sujeito ativo é o fornecedor de serviços. Avultam, aqui, os profissionais liberais, como médicos, advogados e arquitetos[24].

Não há, no CDC, um sistema de responsabilidade penal do ente coletivo. Todavia, é recomendável *de lege ferenda*, haja vista as relações de consumo serem travadas usualmente com pessoas jurídicas.

Sujeitos passivos do crime são os consumidores potenciais dos produtos acerca dos quais se omitem informações sobre a nocividade ou periculosidade. Trata-se de delito-massa, atingindo uma generalidade indefinida de vítimas. Uma antiga expressão tratava crimes com sujeito passivo indeterminado como "crimes vagos". Tem-se a incorreta impressão de que são crimes sem vítimas, quando o fenômeno é exatamente o avesso: atinge-se multitude de pessoas, em escala supraindividual difusa.

Condutas Típicas (Tipicidade Objetiva)

O núcleo do tipo é o verbo omitir. Trata-se de crime omissivo próprio, em que o fornecedor deixa de prestar informações – sob a forma de dizeres ou sinais ostensivos – acerca da nocividade ou periculosidade de produtos.

O objeto material, enquanto suporte físico sobre o qual recai a omissão, concerne às embalagens, invólucros, recipientes ou à publicidade respectiva a produtos nocivos ou perigosos. Neles deveriam constar informações, mediante dizeres ou sinais, acerca da periculosidade ou nocividade dos produtos. A respectiva ausência dará materialidade à ocorrência do tipo de injusto.

---

20 FONSECA, Antonio Cezar Lima da. Direito Penal do Consumidor. Porto Alegre: Livraria do Advogado, 1996, pp. 160.

21 BENJAMIN, Antonio Herman v. et alii. Comentários ao Código de Defesa do Consumidor. 5ª. ed. São Paulo: Thomson Reuters – RT, 2017, p. 1673.

22 Idem, p. 1.673.

23 Cf. FONSECA, Antonio Cezar Lima da. Direito Penal do Consumidor. Porto Alegre: Livraria do Advogado, 1996, pp. 160-1.

24 KALIL, José Arthur Di Spirito. O consumidor e o direito penal econômico. Rio de Janeiro: Lumen Juris, 2014, p. 145.

Os dizeres são frases, ao passo que os sinais "marcas que poderão suprir a advertências escrita", como "uma caveira, ou o átomo em movimento, que simboliza o perigo nuclear"[25]. São mecânicas de informação alternativas para o fornecedor. O CDC condiciona aspectos da informação em duas hipóteses: a) quando referente a produtos industriais: neste caso, o fornecimento de informações deve ocorrer mediante impressos, segundo o art. 8º, parágrafo 1º; b) quando da existência de risco de contaminação derivado de equipamentos e utensílios destinados a fornecer produtos e serviços: nesta hipótese, referido risco constitui específico objeto de informação ostensiva e adequada (8º, parágrafo 2º).

A correta compreensão da tipicidade objetiva do art. 63, caput, exige a leitura conjugada do tipo com o art. 9º do CDC: "O fornecedor de produtos e serviços potencialmente nocivos ou perigosos à saúde ou segurança deverá informar, de maneira ostensiva e adequada, a respeito da sua nocividade ou periculosidade, sem prejuízo da adoção de outras medidas cabíveis em cada caso concreto." Esta disposição cria o dever de informar, já em perspectiva extrapenal.

A conciliação do art. 63 com o art. 9º evidencia que há uma exigência legal de informação, do fornecedor ao consumidor, acerca de produtos nocivos ou perigosos. Assim, a tipicidade objetiva exigirá:

a) como situação típica, que o fornecedor esteja em momento imediatamente anterior à disponibilização, ao consumo, de embalagens, invólucros ou recipientes contendo produtos nocivos ou perigosos, ou que esteja a realizar publicidade respectiva a tais produtos, antes de colocá-los à disposição de consumidores;
b) que tenha a possibilidade física – direta ou indireta (mediante ordens ou comandos) – de informar nas embalagens, recipientes, invólucros e na publicidade do produto, acerca da nocividade ou periculosidade;
c) que pratique um *aliud agere*, i.e, um agir diverso do devido, consistente em informar.

As embalagens, recipientes, invólucros ou a publicidade concernem a um produto nocivo ou perigoso. Produto é elemento normativo jurídico do tipo, com definição no art. 3º, I, CDC: "produto é qualquer bem, móvel ou imóvel, material ou imaterial." Trata-se de conceito amplo. O CDC não refere qualidades que delimitem o que se compreende por produto, tratando-se de qualquer "bem objeto de relação de consumo"[26].

As elementares do tipo "nocividade" e "periculosidade" constituem elementos normativos culturais. O CDC não as define. A nocividade implica em dano efetivo, já a periculosidade se dirige ao perigo de dano[27]. O art. 9º, porém, indica que nocivos ou perigosos são os produtos que podem atingir a saúde ou a segurança do consumidor. *A fortiori*, a própria vida do consumidor é protegida.

25 COSTA JÚNIOR, Paulo José e COSTA, Fernando José da. Crimes contra o consumidor. 2ª ed. São Paulo: Atlas, 2008, p. 9.

26 EFING, Antonio Carlos. Fundamentos do Direito Penal Brasileiro das Relações de Consumo. Curitiba: Juruá, 2013. p. 90.

27 BEDNARSKI, José Luiz. "Consumidor". In: Legislação Criminal Especial. Coord. Luiz Flávio Gomes e Rogério Sanchez Cunha. São Paulo: RT, 2009, p. 21. Contra, BENJAMIN, Antonio Herman v. et alii. Comentários ao Código de Defesa do Consumidor. 5ª. ed. São Paulo: Thomson Reuters – RT, 2017, p. 1674, apontando nocividade e periculosidade como expressões sinônimas.

A periculosidade pode ser inerente ao produto ou adquirida. Inerentes são aquelas "normais e previsíveis, em decorrência de sua natureza e fruição", consoante art. 8º, caput, CDC. Acerca delas, referida disposição também erige o dever de informação para o fornecedor. Adquirida é a periculosidade derivada de "defeitos" decorrentes "de projeto, fabricação, construção, montagem, fórmulas, manipulação, apresentação ou acondicionamento"[28].

Destaque-se, finalmente, que o art. 63, caput não estatui qualquer responsabilidade penal pelo produto, mas responsabilidade penal derivada da ausência de informações sobre o produto.

A eventual lesão à vida, saúde e segurança de consumidor concreto não impedirá a responsabilidade penal pela omissão prevista no art. 63, CDC. Afinal, a quebra do dever de informar frustra o correlato direito de um indefinido número de consumidores e os coloca, todos, em risco respectivo à vida, saúde e segurança. Neste sentido, a efetiva lesão sofrida por um não absorve a exposição a perigo de lesão que submete os demais. Convivem, pois, sem relação de consunção, o art. 63 e eventuais ofensas concretas à vida (art. 121, CP), saúde (art. 129, CP) ou segurança de consumidores. Esta conclusão se reforça quando da percepção de que o aspecto das relações de consumo visado pelo art. 63 diz com o direito do consumidor à informação sobre nocividade e periculosidade de produtos.

O parágrafo 1º do art. 63 contém forma típica equiparada ao caput, para efeito de pena. Trata-se também de tipo de injusto omissivo próprio, recaindo sobre o prestador de serviços o dever de alertar, mediante recomendações escritas ostensivas, sobre a periculosidade de serviços a serem prestados. Como exemplos, serviços de dedetização, espargimento de defensivos agrícolas[29], reformas de imóveis

Diversamente do caput, dirige-se a serviços perigosos. O tipo objetivo de injusto se realiza quando: a) há situação típica, para o prestador de serviços, consistente em estar prestes a realizar serviço perigoso para o consumidor (de fato, exige-se que a falta de informação se dê antes da prestação do serviço); b) há possibilidade física de fornecer recomendações escritas ostensivas acerca da respectiva periculosidade; c) o agente deixa de alertar, acerca destas condições, ao destinatário do serviço.

Repare-se na norma mandamental anteposta ao tipo: ela ordena alertar, por escrito e de modo ostensivo, acerca da periculosidade de serviço a ser prestado. Portanto, *ex ante factum*, por escrito e de modo expresso, deverá o prestador alertar acerca da periculosidade. O tipo cria a necessidade de o prestador de serviços apresentar ao destinatário verdadeiro termo, escrito e expresso, acerca dos perigos do serviço que prestará.

A exposição de terceiros a perigo, alheios à relação de consumo, refoge ao âmbito de tutela do tipo, voltado à relação de consumo e, pois, a quem nela está envolvido. Eventual falta de informação para terceiros é indiferente penal. Porém, o fornecedor de serviços poderá responder pela exposição de outrem a perigo, na forma do art. 132, CP (desde que haja sujeito passivo determinado) ou, mesmo, por crimes dolosos ou culposos de dano para a vida ou saúde de pessoa atingida.

---

28 BENJAMIN, Antonio Herman v. et alii. Comentários ao Código de Defesa do Consumidor. 5ª. ed. São Paulo: Thomson Reuters – RT, 2017, p. 1672.

29 Ambos citados por FILOMENO, José Geraldo Brito et alii. Código brasileiro de defesa do consumidor. 11ª. ed. Rio de Janeiro: Forense, 2017, p. 727.

Tipicidade Subjetiva

Tanto o caput, como o tipo equiparado do parágrafo 1º, admitem forma dolosa e culposa, por força do parágrafo 2º do dispositivo.

A omissão dolosa de informações sobre nocividade ou periculosidade de produtos é bastante factível, podendo associar-se à pretensão empresarial de redução de custos de embalagem, ou mesmo ao incremento da capacidade de convencimento do consumidor quanto à compra, em se tratando de omissão associada à publicidade.

Repare-se que, nos tipos omissivos dolosos, discute-se acerca da estrutura do dolo: numa perspectiva tradicional, de caráter psicológico, "não há lugar no terreno da omissão para a vontade de realização e, por extensão, para um dolo genuíno", operando a categoria do "quase-dolo"[30] (Kaufmann), composto tão só do elemento cognitivo da situação típica. Porém, prevalece a norma definitória do art. 18, I, CP, que não se ajusta à figura do "quase-dolo", pois não dispensa cargas volitivas nem para as hipóteses de dolo direto (de primeiro e segundo graus), nem para o dolo eventual (em que a carga volitiva vem estruturada pela teoria da conformação[31]).

Consumação e Tentativa

O caput do art. 63 consuma-se com o agir diverso da informação, ao consumidor, acerca do caráter nocivo ou perigoso do produto. Até que o produto esteja disponível ao consumidor, o agir devido é possível e o crime não está consumado. Porém, ultrapassado o momento em que se o disponibiliza, sem que estejam prestadas as informações devidas, o agir diverso consumativo do crime estará caracterizado.

Não há necessidade de dano efetivo, com alguém experimentando lesões ou, mesmo, perigo de dano concreto[32]. O crime é de mera (in)atividade, quanto ao resultado naturalístico, bem como de perigo abstrato e comum, quanto ao resultado jurídico.

Não há espaço para o "conatus": ou o agir devido pode ser realizado, e o crime não está consumado, ou o agir diverso se aperfeiçoa, e com ele o conjunto de elementares típicas.

Quanto ao parágrafo 1º, a consumação se opera com o agir diverso do alerta ostensivo, por escrito, acerca da periculosidade do serviço. Enquanto não se inicia a prestação respectiva, o agir devido é possível. Iniciado o serviço, sem o alerta devido, dá-se a consumação, consolidando-se o *aliud agere*.

Ação Penal

A ação penal é pública incondicionada. Atente-se para a titularidade dos órgãos da administração pública direta ou indireta de defesa do consumidor – avultando os Procons – e associações de defesa do consumidor para figurarem como assistentes da acusação (v. arts. 80 e 82, III e IV, CDC, combinados).

---

30 KAUFMANN, Armin. Dogmática de los delitos de omisión. Madrid: Marcial Pons, 2006, p. 142: "...atuar com tendência subjetiva a cumprir o mandado exclui a tipicidade de omissão (...) [e] justifica, desde a perspectiva do desvalor – e só dela – em paralelo com os delitos comissivos, caracterizar ao delito de omissão de que aqui se trata [omissão própria] como "quase-doloso"

31 DIAS, Jorge de Figueiredo. Direito Penal. Parte Geral. Tomo I. Coimbra: Coimbra Editora, 2004, pp. 354-357.

32 Iguais, COSTA JÚNIOR, Paulo José e COSTA, Fernando José da. Crimes contra o consumidor. 2ª ed. São Paulo: Atlas, 2008, p. 11.

Trata-se de infração de menor potencial ofensivo, sujeita à competência dos Juizados Especiais Criminais. Comporta o *favor rei* da transação (art. 76, Lei 9.099/95), uma vez satisfeitos os requisitos. Também é possível a aplicação da suspensão condicional do processo (art. 89, Lei 9.099/95).

DO CRIME DE OMISSÃO DE INFORMAÇÕES SOBRE NOCIVIDADE OU PERICULOSIDADE DO PRODUTO APÓS COLOCAÇÃO NO MERCADO

Art. 64. Deixar de comunicar à autoridade competente e aos consumidores a nocividade ou periculosidade de produtos cujo conhecimento seja posterior à sua colocação no mercado:

Pena – Detenção de seis meses a dois anos e multa.

Parágrafo único. Incorrerá nas mesmas penas quem deixar de retirar do mercado, imediatamente quando determinado pela autoridade competente, os produtos nocivos ou perigosos, na forma deste artigo.

Bem Jurídico Tutelado

O bem jurídico mediato concerne à unidade funcional relações de consumo, compreensiva de órgãos, mecanismos e regulamentos que regem a relação entre fornecedores e consumidores, compensando a vulnerabilidade destes.

Assim como no art. 63, o bem jurídico imediato, com função de representação das relações de consumo, é o direito do consumidor à informação sobre a nocividade ou periculosidade do produto, na perspectiva do art. 6º, III, CDC. Porém, a ofensa ao direito à informação, titularizado pelo consumidor, ocorre após o ingresso do produto no mercado[33].

A proteção coletiva da vida, saúde e segurança do consumidor deriva da correta informação do consumidor acerca da nocividade ou periculosidade de produtos.

Há, também, tutela da administração pública das relações de consumo, haja vista o dever de comunicação à autoridade estatal. Nesta perspectiva, o tipo penal se revela pluriofensivo.

O parágrafo único contém tipo penal equiparado cujo bem jurídico diferencia-se daquele tutelado no caput. Em vez de voltar-se à proteção do direito à informação, a pretensão é de tutelar a relação de disponibilidade dos consumidores com a tutela administrativa estatal do consumo. De fato, a administração pública, no que voltada à proteção do consumidor, é preservada contra a desobediência dos fornecedores que omitem a retirada do mercado de produtos nocivos ou perigosos.

Sujeitos do Crime

O sujeito ativo é o fornecedor de produtos que colocou produtos nocivos ou perigosos no mercado. Sobre ele recai o dever de comunicar, à autoridade competente e aos consumidores, a respeito. Os contornos da norma mandamental ligam-se aos deveres estatuídos pelo art. 10, parágrafos 1º e 2º do CDC. Trata-se de delito especial próprio, já que a subjetividade ativa está restrita ao círculo das pessoas que realizam o papel social de fornecedores de produtos.

33 BENJAMIN, Antonio Herman v. et alii. Comentários ao Código de Defesa do Consumidor. 5ª. ed. São Paulo: Thomson Reuters – RT, 2017, p. 1671.

A norma definitória do art. 3º, CDC delineia, exclusivamente quando à pessoa natural, os contornos da subjetividade ativa. Fornecedor, para o art. 64, será toda pessoa física que: a) desenvolver atividade de produção, montagem, criação, construção, transformação, importação, exportação, distribuição ou comercialização de produtos; b) tiver conhecimento de que apresentam nocividade ou periculosidade, após colocá-los no mercado. A norma dirige-lhe o dever de comunicação de que cuida o art. 64.

Note-se que o dever de comunicação não recairá necessariamente sobre o produtor. O comerciante que constata a periculosidade ou nocividade tem o mesmo dever de comunicação dirigido àquele. Por exemplo, o vendedor de concessionária que percebe a reiterada reclamação sobre periculosidade adquirida do veículo. A propósito, recorde-se o famoso exemplo do veículo VW Fox, cujo sistema de rebatimento de banco traseiro provocava a decepagem de dedos de usuários. No ano de 2008, mais de 500,000 unidades foram recolhidas para ajuste, tendo o problema surgido cerca de dois anos antes[34].

Na forma equiparada do art. 64, parágrafo único, o sujeito ativo é o fornecedor que, no ciclo da produção e distribuição do produto ao consumo, sofrer a determinação, por parte da autoridade pública, de retirar o produtor do mercado.

De lege ferenda, convinha que a legislação estendesse a responsabilidade penal da pessoa jurídica aos delitos previstos no CDC, porquanto, em regra, praticados através de entes coletivos.

Sujeitos passivos do crime do art. 64, caput, CDC, são os consumidores potenciais de produtos nocivos ou perigosos, a quem o fornecedor tem o dever de comunicação erigido no art. 10, parágrafos 1º e 2º. Trata-se de delito-massa, atingindo generalidade indefinida de vítimas.

Para além, o Estado[35], enquanto titular das competências relativas à administração pública das relações de consumo – em particular, de velar pela garantia de segurança de produtos, a que alude a Política Nacional das Relações de Consumo no art. 4º, II, d, CDC – e de deveres de informação sobre produtos nocivos ou perigosos similares aos do fornecedor, na forma do art. 10, 3º, CDC, também é diretamente ofendido, tanto pela via do art. 64, caput, como pela forma de desobediência do parágrafo único.

Condutas Típicas (Tipicidade Objetiva)

O núcleo do tipo é "deixar de comunicar". Trata-se de crime omissivo próprio, em que o fornecedor deixa de comunicar à generalidade dos consumidores e às autoridades sobre a nocividade ou periculosidade de produtos, de que venha a ter conhecimento após havê-lo colocado no mercado.

O objeto da omissão de comunicação é constituído pelos anúncios publicitários, através da imprensa, rádio e televisão, a que se obriga o fornecedor que constatar a nocividade ou periculosidade dos produtos. O art. 10, parágrafo 2º, determina: "Os anúncios publicitários a que

34 Disponível em http://www.proteste.org.br/institucional/imprensa/press-release/2008/depois-de-dois-anos-vw-faz-recall-do-fox. Acessado em 17.04.18. O exemplo é recordado por FILOMENO, José Geraldo Brito et alii. Código brasileiro de defesa do consumidor. 11ª. ed. Rio de Janeiro: Forense, 2017, p. 725.

35 BEDNARSKI, José Luiz. "Consumidor". In: Legislação Criminal Especial. Coord. Luiz Flávio Gomes e Rogério Sanchez Cunha. São Paulo: RT, 2009, p. 23.

se refere o parágrafo anterior serão veiculados na imprensa, rádio e televisão, às expensas do fornecedor do produto ou serviço."

Produtos, segundo definido no art. 3º, CDC, são bens, móveis ou imóveis, materiais ou imateriais. Note-se que, ao contrário do art. 63, parágrafo 1º, o art. 64 não tem se refere a serviços.

A nocividade concerne ao efetivo dano produzido pelo produto, ao passo que a periculosidade diz com o perigo de dano. Conquanto a periculosidade possa ser inerente ou adquirida, o art. 64 incidirá, em regra, sobre a última espécie[36]. A primeira, porque inerente, normalmente é de conhecimento do fornecedor antes da colocação do produto no mercado – excepcionem-se, apenas, situações em que o estado da técnica atestava o caráter inócuo de um produto. Tempos após, a percepção revela-se errada. É famoso o exemplo do medicamento Contergan, em que o princípio ativo talidomida, ministrado a mulheres grávidas, no final dos anos 50, causou o nascimento de crianças com malformações congênitas, além de danos neurológicos quando receitado a adultos, tendo sido atingidas cerca de 5.000 pessoas em cada grupo de casos[37]. Quando do lançamento, acreditava-se na inocuidade do fármaco.

A periculosidade adquirida, derivada de defeitos decorrentes de projeto, fabricação, construção, montagem, fórmulas, manipulação, apresentação e embalagem, costuma vir ao conhecimento do fornecedor quando já lançou o produto ao consumo. Frise-se novamente: ao contrário do art. 63, em que a ciência sobre a nocividade ou periculosidade do produto, por parte do fornecedor, antecede a colocação do produto no mercado, no caso do art. 64, esta ciência ocorre *a posteriori*.

A colocação no mercado não exige a imediata disponibilidade do produto ao consumidor. Trata-se de, no ciclo da distribuição, o fornecedor passá-lo adiante. Assim, quando o fornecedor entrega o produto a despachante ou transportador, esta condição prevista no tipo se aperfeiçoa[38].

Assim, a tipicidade objetiva exigirá:

a) como situação típica, que o fornecedor tenha disponibilizado ao consumo produtos nocivos ou perigosos, vindo a tomar ciência disto posteriormente;
b) que tenha a possibilidade física – direta ou indireta (mediante ordens ou comandos) – de comunicar autoridades competentes e consumidores sobre a nocividade ou periculosidade;
c) que pratique um *aliud agere*, i.e, um agir diverso do devido, consistente em realizar a comunicação.

---

36 A maior incidência do art. 64 sobre hipóteses de periculosidade adquirida parece ser, também, a posição de FONSECA, Antonio Cezar Lima da. Direito Penal do Consumidor. Porto Alegre: Livraria do Advogado, 1996, pp. 169 e 170, bem como de FILOMENO, José Geraldo Brito et alii. Código brasileiro de defesa do consumidor. 11ª. ed. Rio de Janeiro: Forense, 2017, p. 723 (e também p. 725), ao referir-se à "periculosidade além do que normalmente se esperaria".

37 Para detalhes acerca SARRABAYROUSE, Eduardo C.. Responsabilidad penal por el producto. Buenos Aires: Ad Hoc, 2007, pp. 38-50.

38 Como corretamente destaca KALIL, José Arthur Di Spirito. O consumidor e o direito penal econômico. Rio de Janeiro: Lumen Juris, 2014, p. 175.

O art. 64, caput não prevê responsabilidade penal pelo produto, mas aquela proveniente da ausência de comunicação sobre a nocividade ou periculosidade do produto. Tudo gira em torno do direito à informação erigido em favor do consumidor. A título de exemplo, imagine-se um produto que contenha componente químico capaz de causar intoxicações, a exemplo de vernizes, solventes, etc., vindo a ciência acerca desta condição perigosa a dar-se após a disponibilidade ao consumo. Especificamente, cite-se o caso alemão, objeto de processos dos anos 60 aos 80, dos vernizes de madeira para interiores com lindano e PCP (pentaclorofenol), causadores de alterações na saúde de consumidores e trabalhadores que os manipulavam, historiado por Sarrabayrouse[39].

A eventual lesão à vida, saúde e segurança de consumidor concreto não impedirá a responsabilidade penal pela omissão prevista no art. 64, CDC. A frustração do dever de comunicação viola o direito de um indefinido número de consumidores e coloca em risco a vida, saúde e segurança de todos. A efetiva lesão sofrida por um não absorve a exposição a perigo de lesão que submete os demais. Não há relação de consunção entre o crime do art. 64, caput, e eventuais ofensas concretas à vida (art. 121, CP), saúde (art. 129, CP) ou segurança de consumidores.

Quando o fornecedor omitir a comunicação a que se refere o art. 64, caput, CDC, e vender, expuser à venda ou tiver em depósito para venda o produto nocivo ou perigoso (periculosidade adquirida), responderá somente pelo art. 7º, IX, Lei 8.137/90 (ou, mesmo, arts. 272, 273, CP, a depender do objeto material – alimentos ou medicamentos e equiparados, respectivamente). Afinal, a comunicação sobre a nocividade ou periculosidade do produto dá-se para a ulterior preservação da vida, saúde, segurança do consumidor. Se há venda, exposição à venda ou manutenção em depósito, a lesão destes bens se apresenta mais intensa. Porém, em outro grupo de casos, no qual o fornecedor não estiver mais com o produto, pois transferido a terceiros na cadeia de distribuição, poderá responder pelo crime do art. 64, caput, CDC. Os terceiros, que também revistam a posição de fornecedores, a seu turno, responderão pelo art. 7º, IX, Lei 8.137/90, uma vez que pratiquem as condutas nele previstas.

O parágrafo único do art. 64 prevê forma especializada de desobediência[40], com pena equiparada ao caput. Trata-se de tipo de injusto omissivo próprio, recaindo sobre o fornecedor que deixar de realizar *recall*, retirando produtos nocivos ou perigosos do mercado, imediatamente ao recebimento de determinação de autoridade competente. Aqui, há uso de técnica de reenvio, pois o tipo depende da existência de ato concreto da administração pública. Observa Herman Benjamin que a ordem pode ser geral, e não especificamente dirigida ao infrator, de modo que comete o crime comerciante que, expondo o produto à venda, "ouvindo no rádio

39 V. SARRABAYROUSE, Eduardo C.. Responsabilidad penal por el producto. Buenos Aires: Ad Hoc, 2007, pp. 64 e ss..

40 FONSECA, Antonio Cezar Lima da. Direito Penal do Consumidor. Porto Alegre: Livraria do Advogado, 1996, pp. 178, entende que o fornecedor pode responder pelo art. 64, parágrafo único, em concurso com o art. 330, CP. Discorda-se desta proposição, pois o art. 64 opera como lex specialis, afastando a norma genérica, em solução de conflito aparente de normas. Ademais, estendemos ao art. 64 o posicionamento segundo o qual a sanção criminal exige a inexistência de prévia sanção de ordem administrativa, seguindo reiterada posição do C. STJ, pela qual o crime de desobediência é de natureza subsidiária, tomando o princípio da intervenção em ultima ratio legis como norte. Vide: AgRg no AREsp 699637 / SP. AGRAVO REGIMENTAL NO AGRAVO EM RECURSO ESPECIAL 2015/0101265-7, 5ª. T., Rel. Min. Reynaldo Soares da Fonseca, DJ 27.04.17, DP 05.05.17, a título de exemplo.

a ordem de *recall*, deixa de cumpri-la".[41] Com efeito, o ato concreto da administração pública efetivamente pode ser dirigido a um conjunto de administrados – no caso, os sujeitos que forneçam produtos ao mercado que, *a posteriori*, revelem-se perigosos.

O tipo objetivo de injusto se realiza quando: a) há situação típica, para o fornecedor, consistente em receber determinação de autoridade para a retirada do produto; b) há possibilidade física de realizar a retirada (deve-se verificar a situação da distribuição, em massa, do produto no ambiente de varejo); c) o agente deixa de recolher o produto com imediatidade.

Acaso a ordem de retirada do produto provenha de autoridade incompetente, o tipo não se perfaz. A elementar "imediatamente" é de caráter normativo, ligando-se ao prazo administrativo assinalado pela autoridade de quem proveio a ordem de retirada.

Como é usual no elenco dos crimes do CDC, o tipo apresenta íntima conexão com normas consumeristas extrapenais. No caso, o art. 64, parágrafo único, evoca o direito do consumidor contido no art. 6º, VI, CDC, atinente à "efetiva prevenção e reparação de danos patrimoniais e morais, individuais, coletivos e difusos".

Tipicidade Subjetiva

Tanto o caput, como o tipo equiparado do parágrafo único, admite somente a forma dolosa.

Consumação e Tentativa

O crime do art. 64, caput, consuma-se com o agir diverso da comunicação, ao consumidor ou à autoridade, acerca do caráter nocivo ou perigoso do produto. Após o produto estar disponível ao consumidor, o dever de comunicação surgirá para o fornecedor assim que adquirir ciência sobre a nocividade ou periculosidade. Havendo dúvida sobre o caráter nocivo ou perigoso, para efeitos criminais, o dever de agir não se impõe. Porém, tornar-se-á impositivo com a certeza da nocividade ou periculosidade.

Acaso o fornecedor realize a comunicação somente aos consumidores, mas não à autoridade – ou vice-versa – o crime estará consumado. O dever de comunicação erigido pelo tipo tem dois destinatários. Não são destinatários alternativos[42].

Uma vez que o tipo não fixa o prazo para a comunicação, e tendo em conta que o art. 10, parágrafos 1º e 2º, CDC, exige a realização da publicidade "imediatamente", o aperfeiçoamento do agir diverso ocorrerá quando nenhuma providência for adotada para a realização publicitária, durante o razoável hiato destinado a prepará-la. Se houver, neste período, tomada de providências por parte do fornecedor, ainda que a publicidade não tenha se aperfeiçoado, caracteriza-se o dever de agir imposto pela norma, que exonera de responsabilidade o sujeito

41 BENJAMIN, Antonio Herman v. et alii. Comentários ao Código de Defesa do Consumidor. 5ª. ed. São Paulo: Thomson Reuters – RT, 2017, p. 1681.

42 No sentido do texto, SILVA JÚNIOR, José. "Defesa do Consumidor". In: Leis penais especiais e sua interpretação jurisprudencial. 7ª. ed. São Paulo: RT, 2002, p. 1.392; BENJAMIN, Antonio Herman v. et alii. Comentários ao Código de Defesa do Consumidor. 5ª. ed. São Paulo: Thomson Reuters – RT, 2017, p. 1680; FONSECA, Antonio Cezar Lima da. Direito Penal do Consumidor. Porto Alegre: Livraria do Advogado, 1996, pp. 174. Contra: COSTA JÚNIOR, Paulo José e COSTA, Fernando José da. Crimes contra o consumidor. 2ª ed. São Paulo: Atlas, 2008, p. 14; KALIL, José Arthur Di Spirito. O consumidor e o direito penal econômico. Rio de Janeiro: Lumen Juris, 2014, p. 175.

ativo. Afinal, a publicidade apresentará variações, conforme a amplitude de locais de oferta do produto, o porte do fornecedor, as características culturais do consumidor, etc. Trata-se de um conjunto de providências que encerra a complexidade de reunir vários atos parciais.

Observado o tempo destinado a amoldar a publicidade às demandas da situação concreta, a adoção de providências publicitárias há de ser imediata, pois "a comunicação posterior não tem o condão de afastar o crime", podendo influir na dosagem da pena[43].

Não há necessidade de dano efetivo, com alguém sofrendo lesões ou perigo de dano concreto. O crime é de mera (in)atividade, quanto ao resultado naturalístico, bem como de perigo abstrato e comum, quanto ao resultado jurídico.

Não há espaço para a tentativa[44], pois ou o agir devido pode ser realizado, e o crime não está consumado, ou o agir diverso se aperfeiçoa, e com ele o conjunto de elementares típicas.

Quanto ao parágrafo único, a consumação se opera com o agir diverso da retirada do produto do mercado, imediata à determinação neste sentido recebida de autoridade pública. Há de se observar o prazo contido na determinação administrativa para a caracterização do crime[45].

Ação Penal

A ação penal é pública incondicionada. Há titularidade dos órgãos da administração pública direta ou indireta de defesa do consumidor – Procons, notadamente – e associações de defesa do consumidor para figurarem como assistentes da acusação (v. arts. 80 e 82, III e IV, CDC, combinados).

Cuida-se de infração de menor potencial ofensivo, sujeita à competência dos Juizados Especiais Criminais, comportando transação (art. 76, Lei 9.099/95), uma vez satisfeitos os requisitos. Ainda, é possível a aplicação da suspensão condicional do processo (art. 89, Lei 9.099/95).

DO CRIME DE EXECUÇÃO PROIBIDA DE SERVIÇOS COM ALTO GRAU DE PERICULOSIDADE

Art. 65. Executar serviço de alto grau de periculosidade, contrariando determinação de autoridade competente:

Pena Detenção de seis meses a dois anos e multa.

§ 1º As penas deste artigo são aplicáveis sem prejuízo das correspondentes à lesão corporal e à morte. (Redação dada pela Lei nº 13.425, de 2017)

§ 2º A prática do disposto no inciso XIV do art. 39 desta Lei também caracteriza o crime previsto no caput deste artigo. (Incluído pela Lei nº 13.425, de 2017)

---

43 Assim, FONSECA, Antonio Cezar Lima da. Direito Penal do Consumidor. Porto Alegre: Livraria do Advogado, 1996, pp. 171.

44 ANDREUCCI, Ricardo Antonio. Legislação Penal Especial. 3ª. ed. São Paulo: Saraiva, 2007, p. 330; KALIL, José Arthur Di Spirito. O consumidor e o direito penal econômico. Rio de Janeiro: Lumen Juris, 2014, p. 176.

45 Igual, FONSECA, Antonio Cezar Lima da. Direito Penal do Consumidor. Porto Alegre: Livraria do Advogado, 1996, pp. 179.

Bem Jurídico Tutelado

Mediatamente, protegem-se as relações de consumo, enquanto unidade funcional que engloba órgãos, mecanismos e regulamentos que regem a relação entre fornecedores e consumidores, buscando compensar a vulnerabilidade destes.

O bem jurídico imediato, com função de representação das relações de consumo, é o direito do consumidor à vida, saúde e segurança frente a serviços com alta periculosidade, segundo deriva da imediata conexão do tipo penal com o art. 10, caput, do CDC. Trata-se de exposição destes bens do consumidor a perigo abstrato. A ideia de alto grau de periculosidade evidencia estar embutido, no serviço, o perigo de lesão, sem necessidade de constatação da efetiva exposição de alguém *ex post factum*[46]. Há, também, tutela da administração pública no âmbito da regência das relações de consumo.

O parágrafo 2º indica que a violação ao art. 39, XIV, CDC também "caracteriza o crime previsto no caput" do art. 65. Ocorrerá quando o fornecedor "permitir o ingresso em estabelecimentos comerciais ou de serviços de um número maior de consumidores que o fixado pela autoridade administrativa como máximo". Trata-se de expressa criminalização de uma das práticas abusivas arroladas em *numerus apertus* (rol exemplificativo) no citado art. 39.

A meta do art. 39, XIV, CDC, não está restrita à preservação da saúde ou segurança do consumidor, porquanto a abusividade se caracteriza já pela ausência de conforto ou condições adequadas de fruição de atividade comercial ou serviço colocado no mercado pelo fornecedor. Por exemplo, serviço de espetáculo teatral que exija, pelas condições do local, que a assistência dê-se em posição sentada, revestirá abusividade se o excesso de público implicar em que a plateia fique em pé, com comprometimento integral ou parcial da visualização do espetáculo.

A perspectiva do art. 65, 2º, CDC, não é a mesma. O alinhamento da forma típica equiparada ao caput, em interpretação sistemática, indica que o parágrafo 2º trata de superlotação capaz de expor a perigo abstrato a vida, a saúde ou a segurança do público, no todo ou em parte. Este é o conjunto de aspectos da relação de consumo erigido como bem de proteção. Só nesta perspectiva a conduta do fornecedor torna-se equiparável à execução de serviço de alto grau de periculosidade, à revelia de determinação da administração pública. A ideia é evitar que a superlotação intensifique riscos à saúde, segurança e vida derivados de situações como incêndios, pisoteamentos, etc.

De outro lado, uma mera proteção de conforto do consumidor não parece revestir a necessária magnitude para merecer proteção penal, bastando a proteção administrativa ou, mesmo, consumerista civil. Portanto, a violação do art. 39, XIV, enquanto realização do tipo penal do art. 65, 2º, CDC, exige interpretação restritiva do conteúdo material de injusto, como costuma ocorrer em situações de administrativização do direito penal[47], recorrentes no direito penal econômico. Trata-se de empenho do intérprete que, na *praxis,* separa o conteúdo das normas penais daquele havido por normas puramente administrativas.

---

46 Contra, PRADO, Luiz Regis. Direito Penal Econômico. São Paulo: RT, 2004, p. 117.

47 Sobre a administrativização do direito penal, v. SILVA SÁNCHEZ, Jesús-María. A expansão do Direito Penal: Aspectos da política criminal nas sociedades pós-industriais. 2ª ed. São Paulo: Revista dos Tribunais, 2011, p 148; GUARAGNI, Fábio André. "A intensificação do uso de técnicas de reenvio em Direito Penal: Motivos político-criminais". In: Revista Jurídica Cesumar – Mestrado, [S.l.], v.12, b.1, p. 35-47, jan./jul. Maringá, pp. 36-37, 2012.

Para além, também no parágrafo 2º, dá-se tutela da administração pública, num dos particulares aspectos com que rege as relações de consumo.

Sujeitos do Crime

Ambos os delitos são especiais de autor, dirigindo-se ao polo fornecedor da relação de consumo. No caput, o sujeito ativo é o fornecedor de serviços. Quando se trata do parágrafo 2º, é o fornecedor responsável pelo estabelecimento comercial ou de serviços. Repare-se, quanto à definição de autoria, que são delitos de infração de deveres.

Tratando-se de estrutura empresarial, a execução do comportamento típico costuma não ser realizada diretamente pelo sujeito ativo, mas por subordinados. A atribuição do fato a estes – já que produzem o risco de dano para o bem jurídico coibido pelos tipos – também ocorre[48]. Sem prejuízo de tratar-se de delito de infração de dever, tais subordinados, quando da atuação típica dolosa, integram-se no polo fornecedor das relações de consumo. Demais auxiliares da conduta de prestação de serviços respondem, neste delito de infração de dever praticado por fornecedores[49], na condição de partícipes, por não revestirem as exigências de subjetividade ativa exigidas pelos preceitos incriminadores. Atente-se, aqui, para a incidência da regra do art. 30, CP.

Os sujeitos passivos são os consumidores, destinatário final do serviço de alta periculosidade, bem como os intervenientes na relação de consumo, a que se refere o art. 2º, parágrafo único. Observa-se, com razão, que se o consumidor final for pessoa jurídica, enquanto *fictio juris,* ainda assim há crime, já que "composta de pessoas físicas que têm bens a serem protegidos pela norma, a saúde, a segurança e a integridade"[50].

Também o Estado apresenta-se como sujeito passivo[51] imediato, porquanto veda a execução dos serviços ou limita a frequência do estabelecimento (parágrafo 2º) e não é atendido.

Terceiros que possam ser atingidos são prejudicados, já que sofrem consequências do delito (perigo de dano) sem titularizarem o bem jurídico, enquanto polo da relação de consumo, ou nela intervirem.

Condutas Típicas (Tipicidade Objetiva):

O art. 65, caput, é tipo ativo ou comissivo. O tipo objetivo do caput aperfeiçoa-se com o verbo "executar". Trata-se de verbo com carga semântica fraca, similar a "praticar" ou

48 FONSECA, Antonio Cezar Lima da. Direito Penal do Consumidor. Porto Alegre: Livraria do Advogado, 1996, p. 186.

49 O que é plenamente possível, como anota DONNA, Edgardo Alberto. La autoría y la participación criminal. 3ª. ed. Santa Fé: Rubinzal Culzoni, 2009, p. 118. Abre-se, na doutrina, discussão acerca de qual é a pena aplicável ao partícipe, se a do delito especial de autor ou a do delito base, sem o acréscimo de pena do tipo referido à subjetividade ativa especial, em casos de delitos especiais impróprios (quando há um tipo penal correlato também para aqueles que não revestem a qualidade típica, como no caso da apropriação indébita, em relação ao peculato). Porém, no sistema brasileiro, a pena do crime do agente qualificado é aplicada ao partícipe, por força da decisão legislativa constante do art. 30, CP, tanto nos delitos especiais de autor próprios, como nos impróprios.

50 FONSECA, Antonio Cezar Lima da. Direito Penal do Consumidor. Porto Alegre: Livraria do Advogado, 1996, p. 186.

51 MIRAGEM, Bruno. Curso de direito do consumidor. 6ª. ed. São Paulo: RT, 2016, p. 888. Do mesmo modo, BENJAMIN, Antonio Herman v. et alii. Comentários ao Código de Defesa do Consumidor. 5ª. ed. São Paulo: Thomson Reuters – RT, 2017, p. 1.684.

"realizar"[52]. A determinação de certeza depende, grandemente, da identificação do objeto material da execução.

A seu turno, o objeto material é um serviço de alto grau de periculosidade, cuja execução ocorre em afronta à determinação de autoridade competente. O tipo não trata de produtos. "Serviço" é elementar normativa jurídica, cujos contornos constam da norma definitória do CDC, art. 3º, parágrafo 2º: "Serviço é qualquer atividade fornecida no mercado de consumo, mediante remuneração, inclusive as de natureza bancária, financeira, de crédito e securitária, salvo as decorrentes das relações de caráter trabalhista."

A adjetivação do serviço dá-se através de elemento normativo. A periculosidade está atada, necessariamente, à saúde ou segurança do consumidor, conforme art. 10, caput, CDC. Porém, o diploma legal não define quando a periculosidade se dá em "alto grau". O CDC apenas registra que é defeso colocar no mercado serviço que a ostente (art. 10, caput), incidindo a correlata ameaça penal do preceito secundário do art. 65 para quem violar a proibição. Surge aí outro problema de indeterminação, para além do verbo típico.

Há tentativas em doutrina de preenchimento do conteúdo da elementar, com apelo à ideia de periculosidade exacerbada, exigente de "atenção, cuidados, equipamentos e instalações especiais", a exemplo de serviços de "dedetizações, os parques de diversões, as escolas de paraquedismo, o transporte aéreo, os serviços hospitalares" (Herman Benjamin)[53].

Inegável que tais serviços apresentam perigos, somados a milhares de outros. A questão é que o apelo à linguagem, mediante adjetivações sobre o caráter "exacerbado" da periculosidade, não preenche a carga significativa exigida pelo princípio da reserva legal. Haverá ausência de *lex certa* (princípio da taxatividade, determinação típica ou do mandado de certeza)[54], acaso a elementar "alto grau de periculosidade" seja considerada normativa cultural, a depender de fechamento judicial. Há inevitável insegurança jurídica. Assim, é necessário que se crie norma definitória extrapenal, ou mesmo voltada a efeitos penais, de quando há o alto grau de periculosidade, estipulando, sobretudo, se a execução do serviço é sempre proibida ou somente quando ultrapassados determinados patamares de risco.

Nada obstante, a execução de serviços que possam implicar em mortes ou lesões, com ofensa à normativa extrapenal efetivamente vigente destinada à contenção destes riscos, poderá, pontualmente, servir à caracterização do conteúdo significativo da expressão "alto grau de periculosidade". Há bom exemplo de Brito Filomeno, relativo à contratação de serviço de desratização, por siderúrgica no Estado de São Paulo, em que o emprego de veneno proscrito por legislação sanitária nacional, causou a morte de três operários e intoxicou inúmeros outros[55].

Convém, no caso de serviços cuja execução torne-se altamente perigosa quando da inobservância de normas de contenção de riscos, que a respectiva realização dependa de prévia

52 BATISTA, Nilo. Introdução crítica ao direito penal brasileiro. Rio de Janeiro: Revan, 1990, p. 81.

53 BENJAMIN, Antonio Herman v. et alii. Comentários ao Código de Defesa do Consumidor. 5ª. ed. São Paulo: Thomson Reuters – RT, 2017, p. 1.685.

54 PRADO, Luiz Regis. Direito Penal Econômico. São Paulo: RT, 2004, p. 117; COSTA JÚNIOR, Paulo José e COSTA, Fernando José da. Crimes contra o consumidor. 2ª ed. São Paulo: Atlas, 2008, p. 15; FONSECA, Antonio Cezar Lima da. Direito Penal do Consumidor. Porto Alegre: Livraria do Advogado, 1996, p. 184.

55 FILOMENO, José Geraldo Brito et alii. Código brasileiro de defesa do consumidor. 11ª. ed. Rio de Janeiro: Forense, 2017, p. 726.

licença, integrando-se a norma geral definidora do alto grau de periculosidade com o ato administrativo de efeitos concretos tangente à autorização ou não.

E, de fato, o tipo objetivo contém elemento negativo: só se caracteriza o crime quando havia uma prévia determinação de autoridade pública competente – administrativa, legal ou judicial[56] – vedando a execução do serviço (mediante, mesmo, a não concessão de autorização ou licença) ou traçando patamares de rebaixamento de seu alto risco de periculosidade, de modo a viabilizar a respectiva prestação. No silêncio prévio de autoridade, a realização de serviço com alto grau de periculosidade viola a norma extrapenal do art. 10, caput, CDC, mas não se subsume ao preceito primário do tipo. Por outro lado, a vedação da realização de dado serviço por autoridade, para não importar em puro exercício de arbítrio, deve conter evidência técnica da alta periculosidade, com suporte normativo. Como dito acima, referido suporte mostra-se, até o momento, ausente do panorama normativo.

A determinação de autoridade é ato administrativo de efeitos concretos da autoridade pública, ao qual o tipo penal realiza reenvio. O ato pode ser destinado a um singular fornecedor de serviços. Acaso a determinação de autoridade sobrevenha sobre forma de regramento – ato administrativo com efeitos normativos – destinado a uma generalidade de fornecedores, *in abstracto*, a determinação de autoridade passa a caracterizar norma de complementação de branco constante do preceito primário. Neste caso, o caput do art. 65 assimilará característica de Lei penal em branco, técnica de reenvio distinta da remissão a ato concreto da administração pública[57].

Note-se, por fim, que se houver ordem ou determinação de autoridade pública incompetente, no sentido de vedar a realização do serviço ou rebaixar-lhe o patamar de risco, o respectivo desatendimento também não terá adequação típica.

O art. 65, parágrafo 2º, contém técnica legislativa pouco usual. Trata-se de preceito primário erigido de modo remissivo ao art. 39, XIV, CDC. Tanto o parágrafo 2º quanto o inciso XIV foram adicionados em 2017, através da Lei 13.425, que trata da prevenção de incêndios e desastres em local em estabelecimentos, edificações e áreas de reunião de público. A Lei teve impulso a partir da conhecida tragédia da Boate Kiss, na cidade de Santa Maria-RS, em janeiro de 2013, que resultou em mais de duas centenas de mortes.

A princípio, a leitura do parágrafo 2º indica que se caracteriza o crime do caput quando o fornecedor "permitir o ingresso em estabelecimentos comerciais ou de serviços de um número maior de consumidores que o fixado pela autoridade administrativa como máximo" (letra do art. 39, XIV, CDC). Porém, quando desta permissão, o fornecedor não está executando serviço de alto grau de periculosidade, senão permitindo excessivo ingresso de pessoas em local de execução de serviços ou atividades comerciais. É preferível, portanto, interpretar o parágrafo 2º como uma forma típica equiparada ao caput.

56 É o registro de BENJAMIN, Antonio Herman v. et alii. Comentários ao Código de Defesa do Consumidor. 5ª. ed. São Paulo: Thomson Reuters – RT, 2017, p. 1.684, exemplificando com ordem judicial de suspensão de atividades de UTI pela falta de instalações ou adequados equipamentos. Insistimos, porém, que a definição do alto grau de periculosidade não pode ser efetuada segundo o "prudente arbítrio" do magistrado, i.e, apelando-se a certo sentido natural da linguagem para atribuir às decisões judiciais o preenchimento, sem mais, do conteúdo da elementar normativa.

57 Considerando a determinação normalmente como genérica, mediante ato regulamentar, e visualizando Lei penal em branco no preceito primário do tipo, BENJAMIN, Antonio Herman v. et alii. Comentários ao Código de Defesa do Consumidor. 5ª. ed. São Paulo: Thomson Reuters – RT, 2017, p. 1680.

Nesta perspectiva, o crime, de forma ativa ou comissiva, ocorre com o núcleo do tipo permitir. O agente permite a entrada de consumidores em acréscimo ao limite fixado por autoridade. Novamente, ato normativo anômalo de autoridade pública ou ato administrativo de efeitos concretos, dirigido ao comerciante ou grupo de comerciantes, deve existir previamente, fixando a lotação máxima do local. Há, aqui, novo emprego de técnicas de reenvio, pela via da Lei em branco ou da remissão a atos concretos, conforme as características da normativa administrativa de complementação.

Tipicidade Subjetiva

Os tipos penas do caput e parágrafo 2º somente se aperfeiçoam mediante dolo. Quanto ao caput, a ausência de cognição acerca do elemento normativo tangente ao alto grau de periculosidade determinará erro de tipo (art. 20, caput, CP), sem que haja punibilidade do erro vencível, uma vez ausente forma culposa.

Consumação e Tentativa

O caput do art. 64 está consumado com execução do serviço com alto grau de periculosidade. Trata-se de crime formal ou de consumação antecipada, não exigindo qualquer resultado naturalístico lesivo derivado do serviço perigoso.

A eventual superveniência de resultado comprometedor da vida ou saúde de consumidores implica na respectiva tipificação mediante os usuais delitos de homicídio ou lesões corporais. Em regra, incidirão sob as modalidades culposas (mas não necessariamente). Neste caso, o art. 65 é aplicado cumulativamente, segundo expressa determinação do parágrafo 1º, a afastar de modo expresso eventual compreensão de que o crime em análise tenha caráter subsidiário, na perspectiva do conflito aparente de normas[58]. Para alguns, a aplicação cumulativa dos tipos deve ocorrer por concurso material[59]. Parece-nos, diferentemente, que o parágrafo 1º afasta a incidência de princípios resolutivos de conflito aparente de normas, impondo a consideração da norma do CDC em conjunto com demais crimes de homicídio ou lesões. Porém, a observância da pena do preceito secundário do art. 65, caput, pode se dar mediante cúmulo material (concurso real ou material) ou exasperação sobre a pena mais grave (concurso ideal ou formal), segundo as nuances do caso concreto.

Se o agente tiver dolo de realizar o serviço defeso, gerador de perigo abstrato para indefinido número de pessoas, e ainda a pretensão de expor a perigo concreto vítima determinada, dá-se concurso com o art. 132, CP. Porém, se o elemento subjetivo for somente o dolo dirigido à vítima singularizada, e não houver exposição *in genere* de consumidores, prevalece apenas o último.

A tentativa é possível, bastando que circunstâncias alheias à vontade do agente interrompam os atos executórios, compreendidos não só como o núcleo do tipo, mas também como o último ato

---

58 À medida que o art. 65 expõe a perigo um indeterminado número de pessoas, enquanto os arts. 121 e 129 são dirigidos a vítimas determinadas, o concurso de crimes teria que incidir, ainda que ausente a ressalva do parágrafo 1º. Afinal, a não incidência do crime de perigo abstrato, dando lugar ao puro emprego do delito de dano, é adequada a situações em que o sujeito passivo das duas formas típicas é a mesma e singularizada vítima.

59 SILVA JÚNIOR, José. "Defesa do Consumidor". In: Leis penais especiais e sua interpretação jurisprudencial. 7ª. ed. São Paulo: RT, 2002, p. 1.394; FONSECA, Antonio Cezar Lima da. Direito Penal do Consumidor. Porto Alegre: Livraria do Advogado, 1996, p. 187; FILOMENO, José Geraldo Brito et alii. Código brasileiro de defesa do consumidor. 11ª. ed. Rio de Janeiro: Forense, 2017, p. 728.

anterior ao núcleo, segundo o plano concreto do autor, nos termos da teoria objetivo individual, empregada para distinção entre atos preparatórios e executórios[60].

Ação Penal

A ação penal é pública incondicionada, com titularidade dos órgãos da administração pública direta ou indireta de defesa do consumidor (Procons) e associações de defesa do consumidor para figurarem como assistentes da acusação (v. arts. 80 e 82, III e IV, CDC, combinados).

Tratando-se de infração de menor potencial ofensivo, fica sob a competência dos Juizados Especiais Criminais, permitindo transação (art. 76, Lei 9.099/95). Cabe também o favor legal da suspensão condicional do processo (art. 89, Lei 9.099/95).

DO CRIME DE MARKETING NÃO PUBLICITÁRIO ENGANOSO

Art. 66. Fazer afirmação falsa ou enganosa, ou omitir informação relevante sobre a natureza, característica, qualidade, quantidade, segurança, desempenho, durabilidade, preço ou garantia de produtos ou serviços:

Pena – Detenção de três meses a um ano e multa.

§ 1º Incorrerá nas mesmas penas quem patrocinar a oferta.

§ 2º Se o crime é culposo;

Pena Detenção de um a seis meses ou multa.

Bem Jurídico Tutelado

Mediatamente, o bem jurídico tutelado concerne às relações de consumo, unidade funcional voltada à tutela do consumidor, na perspectiva da compensação de sua vulnerabilidade.

Como bem jurídico imediato, com papel de representação das relações de consumo e individualizando um de seus aspectos, protege-se o direito do consumidor à correta informação acerca dos produtos e serviços que lhe são ofertados no âmbito do mercado, evitando que surjam crenças erradas acerca da respectiva aptidão[61]. Os bens jurídicos são relações de disponibilidade entre sujeitos e objetos. Nesta perspectiva, consumidores, enquanto sujeitos em escala supraindividual, nutrem relações de disponibilidade com a veracidade e correção das informações acerca de produtos e serviços que lhes são ofertados. O art. 66 é exemplo de tutela penal de bens e interesses de natureza difusa.

A realização de uma política nacional de relações de consumo transparente, nos termos do art. 4º, caput, CDC, passa pela veracidade das informações respectivas aos produtos e serviços. O art. 6º do CDC enumera, dentre os direitos do consumidor, "a informação adequada e clara sobre os diferentes produtos e serviços, com especificação correta de quantidade, características, composição, qualidade, tributos incidentes e preço" (inciso III, primeira parte).

60 ZAFFARONI, Eugenio Raúl e PIERANGELLI, José Henrique. Da tentativa. 3ª. ed. São Paulo: RT, 1992, pp. 55-56.

61 FILOMENO, José Geraldo Brito et alii. Código brasileiro de defesa do consumidor. 11ª. ed. Rio de Janeiro: Forense, 2017, p. 741, traça interessante quadro de diferenças entre o tipo e o crime de falsidade ideológica, após apontar a intimidade entre ambos. E, efetivamente, a ideia de fé pública dos crimes de falso apresenta-se como meta de tutela no art. 66.

Teleologicamente, o art. 66 está emparelhado com estas disposições extrapenais do CDC, avultando ainda a regra do art. 31, necessária à correta compreensão do tipo objetivo.

Refere-se Herman Benjamin ao fato de que, *lato sensu,* toda a informação ou oferta relacionada a produto ou serviço constitui *marketing,* cujas espécies são: a) publicitário, normalmente criado por profissional e veiculado em mídia de massa – constitui objeto dos arts. 67 a 69; b) não publicitário, correspondente àquele que "acompanha o fornecimento (...) É o vendedor imediato, que afirma ter seu produto tais e tais qualidades..." Configura o objeto do art. 66. O *marketing* publicitário tem maior capacidade de lesão, por ser veiculada mediante *mass midia.* Há casos em que é difusa a fronteira entre uma e outra espécie. De toda sorte, aponta corretamente o Herman Benjamin, as reações penais são de igual montante [62].

Sujeitos do Crime

Sujeitos ativos são os fornecedores, definidos no art. 3º do CDC (exceto pessoas jurídicas), responsáveis pelas informações acerca de produtos e serviços, quando ofertados ou apresentados ao público consumidor. Trata-se de delito especial de autor.

No ciclo da produção, distribuição e consumo de bens, em regra, os sujeitos ativos do art. 66 figurarão na etapa final, atinente à comercialização. Em alguns casos, porém, a subjetividade ativa incidirá sobre fornecedores que atuam previamente à comercialização, principalmente quando a normativa onerar-lhes com deveres de informação. É o caso do art. 31, parágrafo único, CDC, que obriga o fornecedor à gravação indelével (i. é, que não se pode apagar) acerca de informações atinentes a produtos refrigerados – prazos de validade, sobretudo. Neste caso, a aferição do período para degradação do produto precisa ocorrer no início do ciclo econômico, quando do beneficiamento ou manipulação para distribuição no varejo. Do contrário, dá-se omissão enquadrada no art. 66, 2ª parte.

Em regra, a oferta de produtos e serviços ao consumo dá-se no âmbito de pessoas jurídicas. Costuma ocorrer acompanhada de afirmações positivas sobre o objeto ofertado. Abrem-se, aí, dois compromissos: a) de que tais afirmações não sejam falsas ou enganosas (art. 66, 1ª parte); b) de prestação de informações sobre os objetos ofertados (art. 66, 2ª parte). Assim, o gestor (diretor, administrador, gerente, nos termos do art. 75, CDC), responsável pelo anúncio falso ou enganoso, ou a quem incumbe o dever de informação dos dados acerca do objeto ofertado, será sujeito ativo, na posição de autor, ainda que a execução da oferta – com atos concretos de exposição, como colocação de produtos em gôndolas – incumba a subordinados. Estes, enquanto ofertantes, são posicionados pelo tipo como sujeitos ativos, integrados à relação de consumo, no polo fornecedor.

Quando a oferta do produto ou serviço vier acompanhada de informação falsa ou enganosa realizada por pura iniciativa de vendedor, subordinado na escala hierárquica da pessoa jurídica, sem que haja promoção, aprovação ou permissão desta atitude por superior com encargo de gestão, não haverá crime por parte deste (ausente elemento subjetivo), mas exclusivamente daquele, que – a efeitos penais – assume a posição de fornecedor. A solução típica, ao posicionar o ofertante como sujeito ativo, revela encaixe, na definição de fornecedor, de todos os empregados da base estrutural hierárquica do ente coletivo que realizem, dolosa ou culposamente, a afirmação falsa.

62 Tudo conforme BENJAMIN, Antonio Herman v. et alii. Comentários ao Código de Defesa do Consumidor. 5ª. ed. São Paulo: Thomson Reuters – RT, 2017, p. 1687-8.

Acaso o superior tenha descurado de orientar ou mesmo vigiar adequadamente o subordinado que falseia ou engana consumidores quanto ao bem ofertado, poderá responder pela forma culposa (art. 66, parágrafo 2º).

O parágrafo 1º estende a subjetividade ativa ao patrocinador da oferta. Volta-se a situações na qual o ofertante não é o próprio fornecedor. Porém, para que não se erija espécie de responsabilidade objetiva, vedada pelo princípio jurídico-penal da culpabilidade, a subjetividade ativa do patrocinador exigirá a demonstração de que vinculou-se subjetivamente ao ofertante, no sentido de falsear as afirmações sobre o objeto da oferta, ou sonegá-las, quando relevantes.

Sujeitos passivos são os consumidores, enquanto coletividades, destinatários da informação falsa ou enganosa sobre produtos ou serviços (1ª parte do preceito primário) ou da respectiva oferta, conquanto ausentes informações relevantes sobre a natureza, característica, quantidade, qualidade, segurança, desempenho, durabilidade, preço ou garantia (2ª parte do preceito primário)[63].

Condutas Típicas (Tipicidade Objetiva)

O tipo objetivo divide-se em duas partes: a) a primeira, de forma ativa, tem como núcleo o verbo "fazer". O objeto material é "afirmação" sobre produtos ou serviços, adjetivada com dois elementos normativos do tipo: "falsa ou enganosa"; b) a segunda apresenta abertura típica omissiva própria. O núcleo típico é "omitir". A omissão recai sobre "informação relevante" acerca de diversos aspectos de produtos ou serviços.

Em relação ao art. 66, 1ª parte, importa definir quando a afirmação realizada acerca do produto ou serviço é falsa ou enganosa. Falsa é aquela não veraz, que não guarda correspondência com a realidade do objeto. Enganosa é aquela que se dá "com malícia ou subterfúgio, escondendo a verdade"[64]. Ambas possuem aptidão para induzir o destinatário da afirmação a erro, de modo a formar cognição sobre o objeto da afirmação desassociada da realidade.

O ambiente do *marketing* não publicitário, em que o crime se configura, integra "informações de balcão, assim como as constantes de rótulos, bulas, termos de garantia, notas fiscais, cartas endereçadas aos consumidores, manuais de instrução e instrumentos contratuais."[65] Situação comum é o preço de produtos, na gôndola, constar em montante etiquetado inferior ao que é cobrado no caixa (RT 768/594 – TACRIM-SP, HC 3388001, Rel. Ubiratan de Arruda, j. 15.04.99)[66].

Quanto à segunda parte do dispositivo, apresenta norma mandamental anteposta determinante de que o fornecedor preste "informação relevante" sobre nove aspectos dos produtos ou serviços: "natureza, característica, qualidade, quantidade, segurança, desempenho, durabilidade, preço ou garantia". Bom exemplo é aquele do vendedor de automóveis que, pelo estado do

63 Parece-nos equivocada a ideia de que sujeito passivo seria o consumidor ludibriado, opção adotada por COSTA JÚNIOR, Paulo José e COSTA, Fernando José da. Crimes contra o consumidor. 2ª ed. São Paulo: Atlas, 2008, p. 21.

64 PRADO, Luiz Regis. Direito Penal Econômico. São Paulo: RT, 2004, p. 122.

65 BENJAMIN, Antonio Herman v. et alii. Comentários ao Código de Defesa do Consumidor. 5ª. ed. São Paulo: Thomson Reuters – RT, 2017, p. 1689.

66 Apud BENJAMIN, Antonio Herman v. et alii. Comentários ao Código de Defesa do Consumidor. 5ª. ed. São Paulo: Thomson Reuters – RT, 2017, p. 1693.

veículo, conclui que o marcador de quilometragem rodada foi desligado em algum momento, mas silencia a respeito diante do consumidor[67].

Dúvida inicial reside em definir a elementar normativa "informação relevante". O CDC não contém norma definitória da expressão, opção que tensiona a taxatividade da norma (vertente da reserva legal exigente de *lex certa*). Herman Benjamin apela à ideia de que relevante é a informação que tem em vista "a expectativa legítima do consumidor"[68]. Tal critério é inseguro, variando de consumidor a consumidor, albergando aspectos do produto ou serviço centrais ou não – sobre todos podem-se fundar expectativas – e de difícil aquilatação, uma vez que encerrado na subjetividade do destinatário da oferta.

Outra tentativa vem com Dotti: informação relevante é aquela "necessária e fundamental para a formação de um convencimento a propósito da natureza, das características, condições e demais aspectos do produto ou do serviço. É a informação evidente e considerada como principal para a relação de consumo"[69]. Enfim, apela-se aqui à ideia de uma informação "principal", para dar concretude à expressão de carga semântica fraca eleita pelo legislador.

Um caminho mais promissor, como costuma ocorrer com os crimes do CDC, é atar a compreensão do tipo a normas extrapenais, espalhadas em toda a Lei 8.078/90. No caso, o art. 66 coliga-se ao art. 31, CDC: "A oferta e apresentação de produtos ou serviços devem assegurar informações corretas, claras, precisas, ostensivas e em língua portuguesa sobre suas características, qualidades, quantidade, composição, preço, garantia, prazos de validade e origem, entre outros dados, bem como sobre os riscos que apresentam à saúde e segurança dos consumidores."

De todo modo, mesmo com o apelo à citada regra extrapenal, não se elucida quando a informação pode ser reputada "relevante". Isto importa: afinal, a omissão de informação acerca de aspecto irrelevante não permite a adequação típica. Deixar ao talante do Ministério Público ou do Poder Judiciário referida definição desatende a postulados necessários de segurança jurídica.

O rol de nove aspectos exigentes de informações, por parte do fornecedor, é fechado (*numerus clausus*). Este rol tem parcial coincidência com a relação exemplificativa de dados de produtos ou serviços presente no art. 31. Porém, dentre os aspectos enumerados no art. 66, caput, 2ª parte, refere-se a "característica" do produto ou serviço. A carga semântica desta expressão é genérica, de modo que a limitação do poder punitivo derivada do rol taxativo mostra-se inconsistente.

O parágrafo 1º, no tipo objetivo, limita-se a estender a subjetividade ativa do caput do art. 66 ao patrocinador, nos casos em que o ofertante do produto ou serviço dele se distingue, recordando-se que o art. 30, CDC, define o que vem a ser a oferta.

O tipo penal do art. 66 dirige-se a toda sorte de afirmações ou informações relevantes sobre produtos e serviços, exceto aquelas veiculadas através de publicidade[70]. Para hipóteses de publi-

67 BENJAMIN, Antonio Herman v. et alii. Comentários ao Código de Defesa do Consumidor. 5ª. ed. São Paulo: Thomson Reuters – RT, 2017, p. 1691.

68 BENJAMIN, Antonio Herman v. et alii. Comentários ao Código de Defesa do Consumidor. 5ª. ed. São Paulo: Thomson Reuters – RT, 2017, p. 1691.

69 DOTTI, René Ariel. "Das infrações penais". In: Comentários ao Código de Defesa do Consumidor. (Coord. René Ariel Dotti e José Cretela Júnior). Rio de janeiro: Forense, 1992, p. 255.

70 PRADO, Luiz Regis. Direito Penal Econômico. São Paulo: RT, 2004, p. 121.

cidade, "que é uma espécie peculiar de oferta dirigida ao público em geral, por intermédio de anúncios veiculados em algum tipo de mídia, tal como internet, jornal, comerciais de televisão, rádio, etc."[71], incidem as regras do CDC elencadas nos arts. 67 a 69.

Tipicidade Subjetiva

O tipo apresenta forma ativa dolosa (1ª parte) e omissiva própria dolosa (2ª parte).

Admite-se ainda a forma culposa, através do parágrafo 2º. Repare-se que a realização de afirmações falsas por vendedores de uma empresa, quando da oferta, sem o conhecimento dos administradores, gerentes ou diretores, somente poderá levar à responsabilidade penal destes pela via culposa, sobretudo por violação de deveres de vigilância sobre subordinados.

Consumação e Tentativa

O art. 66, caput, 1ª parte, consuma-se com a afirmação falsa ou enganosa. Não é preciso que algum consumidor tenha sua boa-fé ilaqueada, crendo em propriedades do produto ou serviço não ostentadas. Basta que se pronunciem afirmações com caráter falso ou enganoso para aperfeiçoamento dos elementos típicos. Trata-se de crime formal, ou de consumação antecipada, que dispensa qualquer resultado naturalístico (universo do ser). Na perspectiva axiológica (universo do dever-ser), trata-se de crime de perigo abstrato para a relação de disponibilidade do consumidor com corretas informações sobre produtos ou serviços, no âmbito das relações de consumo.

A tentativa pode ocorrer, bastando que circunstância alheia impeça a veiculação da oferta, interrompendo-a no início ou no último ato anterior a ela, segundo o plano concreto do autor (critério objetivo-individual de separação entre atos preparatórios e executórios), como no exemplo do agente que, como último ato anterior à divulgação, prepara etiquetas ou rótulos contendo indicações falsas sobre o peso do produto (quantidade) ou sua espécie (qualidade)[72].

Já a segunda parte do art. 66 consuma-se com o *aliud agere* (agir diverso) da prestação da informação relevante sobre o produto ou serviço. A prestação de informação é um processo comunicativo, exigente de emissor e receptor. Enquanto o consumidor (receptor) não está presente, ainda que de modo potencial e indeterminado, o agir diverso não ocorre. A presença do consumidor, enquanto destinatário da informação relevante e polo do processo comunicativo, ocorre com a oferta do produto ou serviço. É este o momento do dever de informar, e sua frustração se consumará com o agir diverso. A prestação da informação relevante, de modo retardado em relação à oferta, não interfere no aperfeiçoamento prévio dos elementos do tipo.

Como é usual em crimes omissivos próprios, a segunda parte do art. 66 não admite tentativa. Ou o *aliud agere* está caracterizado, com a consumação, ou há um irrelevante penal, à vista da possibilidade da ação devida. *Tertium non datur.*

Acaso o agente afirme falsamente sobre dado aspecto do produto e ainda omita informação relevante acerca de aspecto distinto, o crime é um só. Afinal, trata-se de modalidade múltiplo-alternativa.

71 BEDNARSKI, José Luiz. "Consumidor". In: Legislação Criminal Especial. Coord. Luiz Flávio Gomes e Rogério Sanchez Cunha. São Paulo: RT, 2009, p. 26.

72 Sugerido por PRADO, Luiz Regis. Direito Penal Econômico. São Paulo: RT, 2004, p. 127.

Não é preciso que o consumidor experimente qualquer forma de prejuízo para que o art. 66 esteja caracterizado. Acaso ocorra, afigurando-se, v.g., estelionato, haverá concurso com o delito do CDC[73], porquanto o crime patrimonial cinge-se ao interesse da vítima, enquanto o art. 66 atinge indefinido número de pessoas. O art. 171, CP, não esgota a proteção dos interesses das vítimas em caráter supraindividual.

Ação Penal

A ação penal é pública incondicionada. Recorde-se a titularidade dos órgãos da administração pública direta ou indireta de defesa do consumidor (Procons) e associações de defesa do consumidor para figurarem como assistentes da acusação (v. arts. 80 e 82, III e IV, CDC, combinados).

O crime é da competência dos Juizados Especiais Criminais, permitindo transação (art. 76, Lei 9.099/95). Cabe também o favor legal da suspensão condicional do processo (art. 89, Lei 9.099/95).

DO CRIME DE MARKETING PUBLICITÁRIO ENGANOSO

Art. 67. Fazer ou promover publicidade que sabe ou deveria saber ser enganosa ou abusiva:

Pena – Detenção de três meses a um ano e multa.

Parágrafo único. (Vetado).

Bem Jurídico Tutelado

O bem jurídico mediato tutelado concerne às relações de consumo, plexo funcional voltado à tutela do consumidor, para compensação de sua vulnerabilidade.

O aspecto das relações de consumo imediatamente tutelado, enquanto bem jurídico com função de representação, é a veracidade e correção da publicidade acerca de produtos ou serviços, realizada pelos fornecedores. Trata-se de interesse difuso subjacente ao bem de proteção penal.

A meta de proteção do art. 67 alinha-se com a transparência, enquanto objetivo da política nacional de relações de consumo, nos termos do art. 4º, caput, CDC, bem como com os direitos do consumidor, assegurados no art. 6º, inciso IV, 1ª parte, atinentes à "proteção contra a publicidade enganosa e abusiva".

Na primeira metade do século XXI, assiste-se à explosão do neuromarketing, ferramenta de associação entre neurociências e marketing, chave para a revelação plena da lógica do consumo, isto é, "pensamentos, sentimentos e desejos subconscientes que impulsionam as decisões de compra que tomamos em todos os dias de nossas vidas"[74]. A revelação dá-se, sobretudo, pelo emprego da ressonância magnética, que "fotografa" a atividade cerebral humana diante de

73 FILOMENO, José Geraldo Brito et alii. Código brasileiro de defesa do consumidor. 11ª. ed. Rio de Janeiro: Forense, 2017, p. 743.

74 LINDSTROM, Martin. A lógica do consumo – verdades e mentiras sobre por que compramos. Rio de Janeiro: Nova Fronteira: 2009, p. 13.

determinados estímulos e permite o jogo contrário: que se produza o estímulo para obtenção do estado mental que conduz à compra. O direito sempre está atrasado face às ciências duras. O emprego abusivo dos métodos de neuromarketing – que deve constituir, *de lege ferenda*, preocupação para o universo jurídico-penal – passa distante da letra do art. 67, CDC.

Do mesmo modo, a imensa expansão do alcance das mensagens publicitárias parece ter sido subestimada pelo legislador, à medida que equipara a resposta penal dada no art. 67 àquela do art. 66. Nesta disposição, a mera oferta, acompanhada de mensagem falsa ao consumidor, costuma restringir-se à situação concreta. Ao contrário, a publicidade é propagada de maneira ampla. Ainda que nos dois casos, haja ofensa ao consumidor em escala supraindividual, o *marketing* publicitário tem projeção bem mais disseminada[75].

Sujeitos do Crime

Os delitos do CDC são especiais de autor, pois praticados por fornecedores enquanto polo das relações de consumo. No caso do art. 67, sujeitos ativos são os fornecedores, definidos no art. 3º do CDC (exceto pessoas jurídicas), que fazem ou publicidade enganosa ou abusiva acerca de produtos e serviços, na qualidade de anunciantes. Não há uma etapa mais frequente de ocorrência de publicidade no ciclo da produção, distribuição e consumo de bens e serviços. A publicidade – no bojo da qual se dá o crime – é efetuada, usualmente, nas três etapas, patrocinada por produtores, distribuidores e varejistas.

No ambiente de mercado contemporâneo, a publicidade dá-se como iniciativa para a divulgação dos bens e serviços distribuídos em massa por pessoas jurídicas. Neste panorama, há de se identificar, como autor, o administrador (art. 75, CDC) responsável pela aprovação da publicidade. Os executores da publicidade – da criação à efetiva divulgação – são profissionais especializados, que podem figurar dentre os empregados da empresa, ou serem contratados externos. O tipo penal, sensível à dinâmica do mercado de publicidade, coloca tais profissionais igualmente como sujeitos do delito especial. Do mesmo modo, os responsáveis pela divulgação da publicidade nos veículos de mídia de massa, enquanto promotores, serão sujeitos ativos do delito, desde que estejam subjetivamente vinculados ao anunciante[76].

Sujeitos passivos são as coletividades de consumidores, destinatárias da publicidade enganosa ou abusiva. Trata-se de delito-massa, voltado à proteção de bens e interesses difusos, em que a subjetividade passiva é indeterminada.

Condutas Típicas (Tipicidade Objetiva)

Trata-se de tipo ativo[77] que, quanto ao número de verbos, é múltiplo alternativo. Aperfeiçoa-se com qualquer dos verbos núcleos do tipo, "fazer" ou "promover". O primeiro caracteriza a

75 MIRAGEM, Bruno. Curso de direito do consumidor. 6ª. ed. São Paulo: RT, 2016, p. 890, realiza adequadamente esta crítica.

76 Corretos, pois, COSTA JÚNIOR, Paulo José e COSTA, Fernando José da. Crimes contra o consumidor. 2ª ed. São Paulo: Atlas, 2008, p. 31, ao sintetizarem como sujeitos ativos o publicitário e o responsável pelo veículo de mídia.

77 PRADO, Luiz Regis. Direito Penal Econômico. São Paulo: RT, 2004, p. 139, visualiza possibilidade da responsabilização do fornecedor/anunciante que omita informações relevantes, a partir da composição do tipo com o art. 37, 2º, CDC: "a publicidade é enganosa por omissão quando deixar de informar sobre dado essencial do produto ou serviço." Esta regra, de fato, erige um dever de evitação de resultado jurídico para o con-

publicidade em si, com os atos concretos que levam aos consumidores publicidade enganosa ou abusiva. Já a conduta de promover dá-se pela veiculação da publicidade, atando-se à sua divulgação mediante mídia de massa. Corretamente, Luisi diferenciava os verbos assim: "Trata-se de fazer, ou seja, realizar concretamente a publicidade, ou de promovê-la, isto é, levar outrem a executá-la"[78].

O objeto material dos verbos típicos é a publicidade. Se a informação ao consumidor der-se sem uso de *marketing* publicitário, a subsunção da conduta opera-se pelo art. 66.

A publicidade serve à criação da necessidade de demanda no consumidor, embutindo fins de persuasão. Não se confunde com propaganda, "destituída de conotação negocial"[79], ligada mais a interesses ideológicos, políticos, religiosos, a exemplo da divulgação de campanhas de interesse público por parte do Estado, como vacinações, campanhas eleitorais, etc.

Segundo o art. 8º do Código Brasileiro de Autorregulamentação Publicitária, define-se publicidade como "toda atividade destinada a estimular o consumo de bens e serviços, bem como promover instituições, conceitos e ideias". Tem tripla dimensão: a) a mensagem, atinente ao conteúdo divulgado; b) o modo com que veiculada (verbal, imagética, escrita); c) o meio empregado (veículo de mídia de massa utilizado na divulgação, como redes sociais de internet, televisão, etc.),[80] tudo enquanto expressão de liberdade de expressão amoldada às exigências dos princípios regentes da ordem econômica (art. 170, CR).

O tipo objetivo exige que a publicidade seja enganosa ou abusiva. Uma ou outra conformarão o tipo. São elementos normativos jurídicos do tipo, pois definidos em lei. No caso, o próprio CDC proíbe toda publicidade enganosa ou abusiva, através do art. 37, caput, tratando de defini-las em seguida.

Segundo o art. 37, 1º, enganosa é "qualquer modalidade de informação ou comunicação de caráter publicitário, inteira ou parcialmente falsa, ou, por qualquer outro modo, mesmo por omissão, capaz de induzir em erro o consumidor a respeito da natureza, características, qualidade, quantidade, propriedades, origem, preço e quaisquer outros dados sobre produtos e serviços." O coração da publicidade enganosa reside na capacidade de enganar o consumidor sobre quaisquer aspectos ligados aos produtos e serviços ofertados, de modo a forma compreensão falseada a respeito. Nesta quadra, servem como exemplos "milagrosos métodos para emagrecimento, elixires de potência sexual infalíveis, tônicos que fazem crescer cabelos, qualquer que seja a causa de sua perda...", promessa de vistas para o mar em imóveis, quando só uma fresta há, dentre outros, registrados por Brito Filomeno[81].

A seu turno, pelo art. 37, 2º, é abusiva, "dentre outras, a publicidade discriminatória de qualquer natureza, a que incite à violência, explore o medo ou a superstição, se aproveite da

---

sumidor, consistente em formar convicção errônea sobre produto ou serviço. Somente se a interpretação das posições de garante do art. 13, 2º, CP, ligar-se não a resultados naturalísticos (crimes materiais), mas se normativize, ligando-se a resultados jurídicos, não só de dano, mas de perigo (abstrato, no tipo em análise) para o bem jurídico, será possível erigir a posição de garante para o anunciante com base na norma do CDC, constituindo a abertura típica omissiva imprópria. Não há, no art. 67, CDC, abertura típica omissiva própria.

78 LUISI, Luiz. Os princípios constitucionais penais. Porto Alegre: Fabris, 1991, p. 61.

79 PRADO, Luiz Regis. Direito Penal Econômico. São Paulo: RT, 2004, p. 137.

80 PRADO, Luiz Regis. Direito Penal Econômico. São Paulo: RT, 2004, p. 132.

81 FILOMENO, José Geraldo Brito et alii. Código brasileiro de defesa do consumidor. 11ª. ed. Rio de Janeiro: Forense, 2017, p. 741.

deficiência de julgamento e experiência da criança, desrespeita valores ambientais, ou que seja capaz de induzir o consumidor a se comportar de forma prejudicial ou perigosa à sua saúde ou segurança." Aqui, a abusividade não radica em dados falsos sobre produtos ou serviços. Revela o descompromisso com uma série de valores diversos caros ao tecido social. Pela ordem, e a título de exemplos:

a) O caráter discriminatório manifesta-se quando da veiculação de preconceitos de origem, raça, cor, sexo, idade ou outros, seguindo-se as referências da CR, art. 3º, IV. Em 2006, a 7ª Câmara de Direito Público do TJSP manteve multa dada pelo Procon-SP à Cervejaria Skol por campanha publicitária que propunha "imaginar" a clonagem da "musa do verão", pela empresa, de modo a torná-la disponível para o público masculino. A "musa" era levada ao consumidor em carrinhos de transporte de caixas de cerveja, em clara objetalização da mulher[82]. Outro exemplo: academia divulgou seus serviços a partir da chamada "cansado de ser feio e gordo? Seja só feio"[83]. Reportagem a respeito tratou a publicidade como caso de "gordofobia".

b) Exemplo de incitação à violência, sob forma de *bullying*, foi detectado pelo Procon carioca em ovos de páscoa da empresa Lacta, que continham em seu interior adesivos com expressões como "nerd", "morto de fome", para que crianças "sacaneassem" os colegas[84].

c) É abusiva a exploração de medo ou superstição pelo "uso de fobias das pessoas, suas inseguranças, ou ainda, cenas de horror ou sobrenaturais"[85] para o convencimento do consumidor, como promessas alusivas ao poder de pedras ou cristais sobre o destino das pessoas.

d) O proveito de deficiência ou julgamento de criança apresenta-se na publicidade de brinquedos. Foi o que entendeu o Procon-SP quando multou a empresa Mattel pela linha de brinquedos Max Steel, que sugeria às crianças que bonecos se movimentassem sozinhos, como se possuíssem vida[86].

e) Também é abusiva a publicidade que desrespeita valores ambientais, como comerciais em que se sugira jogar lixo na rua, dispensando-se produto de concorrente.

Abusiva, por fim, em observância ao art. 37, 2º, CDC, é a publicidade capaz de induzir o consumidor a agir de modo prejudicial à sua saúde ou segurança. Porém, esta modalidade de publicidade foi destacada do art. 67, de modo a constituir exclusivo objeto do art. 68 do CDC, com resposta penal mais severa.

---

82 Disponível em: <http://www.migalhas.com.br/Quentes/17,MI240979,91041-Skol+devera+pagar+multa+por+propaganda+ofensiva+as+mulheres>. Acesso em 22 de abril de 2018.

83 Disponível em: <http://www.gazetadopovo.com.br/justica/procon-autua-dono-de-academia-por-gordofobia-08vt8hsef7p67gvqs4ggohm8r>. Acesso em 22 de abril de 2018.

84 Disponível em: <http://www.vermelho.org.br/noticia/239467-1> Acesso em 22 de abril de 2018

85 BENJAMIN, Antonio Herman v. et alii. Comentários ao Código de Defesa do Consumidor. 5ª. ed. São Paulo: Thomson Reuters – RT, 2017, p. 1708.

86 Disponível em <https://exame.abril.com.br/marketing/procon-multa-mattel-em-mais-de-r-400-mil/>. Acesso em 22 de abril de 2018.

Tipicidade Subjetiva

Trata-se de crime doloso. Destaca-se uma peculiaridade: o tipo subjetivo se aperfeiçoa tanto quando o agente sabe acerca do caráter enganoso ou abusivo da publicidade, como quando "deveria saber". Noutros termos: o texto legal equipara ao elemento cognitivo efetivo do dolo – cognição das elementares do tipo objetivo –, um elemento potencial, derivado da obrigação da ciência. Considera doloso o comportamento quando o agente obrou em situação na qual deveria saber sobre as elementares do tipo objetivo.

Tradicionalmente, situações em que o sujeito ativo deveria compreender elementos do tipo objetivo, mas não os compreendeu, dão lugar – desde que expressamente previstas – às formas culposas. Afirma Jakobs que "a culpa é, portanto, aquela forma da evitabilidade na qual falta o conhecimento atual do que se há de evitar."[87] Por isso, todo crime culposo é um erro de tipo vencível. Realmente: o erro de tipo evitável, exigente do desconhecimento efetivo dos elementos do tipo objetivo, pelo agente, é punível na forma culposa, quando prevista (art. 20, caput, CP).

Tudo deriva do fato de que os tipos culposos possuem a previsibilidade objetiva, associada à ausência de previsão por parte do agente, como um de seus elementos. Com estas características, tem lugar a culpa inconsciente: o agente não prevê o que lhe era previsível. São situações em que deveria saber sobre os elementos do tipo objetivo, mas não soube, i.e, não os alcançou. A previsibilidade objetiva é estabelecida segundo capacidades de pessoa mediana hipoteticamente colocada na situação (teoria dos dois patamares, em que as qualidades concretas do agente são apreciadas na culpabilidade) ou segundo o que faria alguém com as mesmas capacidades do envolvido (teoria individualizadora)[88]. A forma culposa implica em menor desvalor de ação, dando lugar à menor censura.

No caso do art. 67, rompe-se este modelo. A regra equipara ao dolo situações em que falta ao agente elemento cognitivo tangente aos elementos do tipo objetivo, conquanto se apresentasse, para si, certo dever de conhecê-los. Neste caso, mesmo ausente a cognição acerca do caráter abusivo ou enganoso da publicidade (e, pois, a própria vontade, na perspectiva de que "todo o querer pressupõe um conhecer"[89]), o agente responderá a título doloso.

Anota Jakobs que aquele que atua sem conhecimento das consequências de seu atuar, por desprezar o âmbito em que podem se dar[90], quando havia previsibilidade, responderá usualmente na forma culposa. Há, aí, um defeito de solução jurídica em muitos casos, porquanto a

---

87 JAKOBS, Günther. Derecho Penal. Parte General. Trad. Joaquim Cuello Contreras e Jose Luis Serrano Gonzales de Murillo. Madrid: Marcial Pons, 1995, p. 382.

88 Sobre as teorias do duplo patamar e individualizadora, v. ROXIN, Claus. Derecho Penal. Parte General. Tomo I. Madrid: Civitas, 1997, pp. 1.013-1.018. O autor entende que, quando envolvida pessoa superavitária em relação à situação concreta (v.g., um cirurgião cardíaco), deve-se usar a segunda teoria; já a primeira tem lugar no caso de sujeito ativo concreto deficitário em relação ao campo da vida em que se dá a conduta (motorista com deficiência visual). A solução busca evitar déficits de proteção de bens jurídico-penais.

89 ZAFFARONI, Eugenio Raúl e PIERÂNGELI, José Henrique. Manual de Direito Penal Brasileiro. São Paulo: RT, 1997, p. 483.

90 JAKOBS, Günther. Derecho Penal. Parte General. Trad. Joaquim Cuello Contreras e Jose Luis Serrano Gonzales de Murillo. Madrid: Marcial Pons, 1995, p. 313. Exemplifica com o sujeito que atropela um policial de trânsito que barrava a passagem por não antever o resultado previsível, simplesmente porque "a vida de um policial não lhe parece algo digno de consideração", atuará sob a modalidade culposa.

"cegueira ante os fatos" pode ocorrer por motivos que pesam contra o agente (em Jakobs, ligado ao seu papel social). Aponta, então, que

> "quando a Lei equipara os marcos penais dos fatos dolosos e culposos nos casos em que o desconhecimento da realização do tipo praticamente sempre reside em motivos que pesam [sobre o agente], fá-lo para resolver o problema mencionado"[91].

Nestes termos, o tipo subjetivo do art. 67 evidencia que pesam sobre o agente motivos sérios para conhecer acerca da abusividade ou enganosidade da publicidade. Dizem com a posição dele, enquanto responsável pela campanha publicitária, e com a responsabilidade típica do papel, já que dirige o marketing a um número indeterminável de pessoas, que podem ser seriamente prejudicadas.

Trata-se de um claro exemplo da adoção, pelo direito brasileiro, de um modelo de dolo normativo-atributivo, em lugar de um dolo de caráter descritivo-psíquico[92]. O dolo, enquanto categoria dogmática: a) deixa de expressar a descrição de certo estado mental do agente quando do evento, como um elemento subjetivo do tipo que tenta extrair da mente do agente o que nela se passou (universo do ser); b) passa a resultar de uma mecânica de atribuição, ao agente, de um componente subjetivo, realizada a partir de uma norma (universo do dever-ser), mediante expressa determinação da regra legal, ou através da respectiva interpretação[93]. De modo simples, ao invés do dolo vir da mente do indivíduo para o intérprete, vai do intérprete, a partir da norma, para a mente do indivíduo. A norma atribui a alguém ter agido com dolo em dadas situações da vida, por ela recortadas. No caso, a norma atribui dolo ao agente toda vez que deveria saber sobre o caráter enganoso ou abusivo de publicidade.

O agente que tem o dever de buscar ciência sobre a publicidade, de modo a verificar se é ou não enganosa ou abusiva, quando não o faz de propósito, encontra-se em situação de cegueira evitável e deliberada. Neste caso, ao imaginar que o resultado da publicidade pode ser abusivo ou enganoso, mas deixa de constatar se a situação concreta efetivamente assim se revela, levando adiante o plano de realização consistente em fazer ou promover a publicidade,

---

91 JAKOBS, Günther. Derecho Penal. Parte General. Trad. Joaquim Cuello Contreras e Jose Luis Serrano Gonzales de Murillo. Madrid: Marcial Pons, 1995, p. 314.

92 PUPPE, Ingeborg. A distinção entre Dolo e Culpa. Barueri: Manole, 2004, pp. 31-33. Assinala que "em sentido normativo-atributivo, a transição entre querer e não querer o resultado é fluida, não podendo ser determinada de modo unívoco, uma vez que as relações fáticas entre comportamento do autor e resultado das quais se faz depender a valoração do resultado como querido ou não querido são quantificáveis. Já em sentido descritivo-psicológico, por outro lado, há uma oposição contraditória entre o querido e o não-querido." (op. cit., p. 33). Referida fluidez derivado do fato de que a constatação do dolo é produto de uma valoração, feita pelo intérprete e atribuída ao agente, segundo as circunstâncias em que atou e, sobretudo, segundo um recorte fático que a norma indica como correspondente a situações em que, segundo ela – norma -, dá-se um agir com dolo. Afinal, "para esta tendência, o que se faz para determinar o dolo não é mais que atribuir ou imputar a alguém o conhecimento e a vontade de realização do fato delitivo. BUSATO, p. C.; MARTÍNEZ- BUJÁN PEREZ, C.; DÍAZ PITA, M. M. Modernas Tendências sobre o Dolo em Direito penal. 1. ed. Rio de Janeiro: Lumen Juris, 2008, p. 105. No caso do modelo de dolo delineado por PUPPE, enfatiza-se somente o elemento cognitivo, construído sobre a base normativo-atributiva. E, sobre esta base, pode-se literamente equiparar o "dever saber" a um saber efetivo. É o que ocorre no art. 67, CDC.

93 Num modelo de dolo normativo-atributivo – e sob a perspectiva de que a interpretação vivifica a norma – não é preciso que uma regra legal expressamente atribua o dolo a alguém, segundo um quadro objetivo em que o agente esteja inserido. Esta atribuição pode resultar do trabalho de exegese do operador do direito penal.

assume o risco da produção do resultado típico objetivo. Trata-se de hipótese em que a cegueira deliberada equipara-se ao dolo eventual[94].

Porém, o tipo vai além. Apanha situações em que o agente não delibera, propriamente, ficar em posição de cegueira. Há casos em que o destinatário do dever de verificação do caráter enganoso ou abusivo da publicidade simplesmente não percebe estar em referida posição. Suponha-se que, por leviandade pura, ou má compreensão dos encargos de sua atividade profissional, o agente sequer cogite ter que realizar a checagem da publicidade, de modo a evitar seja enganosa ou abusiva. Na perspectiva tradicional, de um dolo descritivo-psíquico, não assume qualquer risco de realização do resultado típico, porquanto – para assumi-lo – deve antes concebê-lo (elemento cognitivo exigido pelo dolo eventual). Afinal, o agente só pode assumir um risco tendo-o, antes, representado. Trata-se de situação concreta de imprudência.

Porém, o tipo do art. 67 declara a existência de tipicidade subjetiva dolosa. Atribui dolo ao agente que não assumiu, propriamente, qualquer risco. A declaração da existência do dolo deriva do papel social do agente, cujos contornos incumbiam a ele dever de fiscalizar a publicidade. Esta posição deriva de um princípio de *neminem laedede*[95]: não é dado a ninguém, na gerência de seu círculo de organização, configurá-lo de modo tal a lesionar terceiros, ou causar-lhes perigo de lesão. A norma do art. 67 declara que o infrator do papel social impositivo do dever de verificar o caráter abusivo ou enganoso da publicidade, por objetivamente descumpri-lo, agiu com dolo.

Na composição do papel social, especificamente no tocante aos profissionais encarregados da criação da publicidade, bem como os responsáveis pelo veículo através da qual ocorre, entram em conta o Código de Autorregulamentação Publicitária editado pelo CONAR – mecânica de autorregulação regulada adotada pelos fornecedores para formatação sustentável da publicidade – e a Lei 4.680/65, regulamentar da profissão de publicitário e atividades correlatas.[96]

Portanto, o descumprimento do dever de verificação do caráter abusivo da publicidade pode derivar de decisão deliberada pela cegueira ou de imprudência absolutamente inconsciente[97]. Entre uma e outra situação, várias matizações da cegueira do agente podem se dar[98]:

---

94 Na doutrina, há autores que afirmam ter ocorrido, no art. 67, uma equiparação do dolo eventual ao direto, a exemplo de ANDREUCCI, Ricardo Antonio. Legislação Penal Especial. 3ª. ed. São Paulo: Saraiva, 2007, 332; SILVA JÚNIOR, José. "Defesa do Consumidor". In: Leis penais especiais e sua interpretação jurisprudencial. 7ª. ed. São Paulo: RT, 2002, p. 1.403; PRADO, Luiz Regis. Direito Penal Econômico. São Paulo: RT, 2004, p. 141, KALIL, José Arthur Di Spirito. O consumidor e o direito penal econômico. Rio de Janeiro: Lumen Juris, 2014, p. 183, dentre outros. Porém, há casos concretos do art. 67 em que isto ocorre, e outros em que há equiparação da forma culposa à dolosa.

95 RAGUÉS I VALLÈS, Ramon. La ignorancia deliberada en Derecho Penal. Barcelona: Atelier, p. 157.

96 Tudo bem enfatizado por FILOMENO, José Geraldo Brito et alii. Código brasileiro de defesa do consumidor. 11ª. ed. Rio de Janeiro: Forense, 2017, pp. 755-757.

97 Não é por outra razão que, na doutrina brasileira, alguns veem no art. 67 equiparação da forma culposa à dolosa, como BENJAMIN, Antonio Herman v. et alii. Comentários ao Código de Defesa do Consumidor. 5ª. ed. São Paulo: Thomson Reuters – RT, 2017, p. 1673; LUISI, Luiz. Os princípios constitucionais penais. Porto Alegre: Fabris, 1991, p. 62; MIRAGEM, Bruno. Curso de direito do consumidor. 6ª. ed. São Paulo: RT, 2016, p. 890. Do modo como está redigido o art. 67, esta conclusão encontra-se autorizada.

98 RAGUÉS I VALLÈS, Ramon. La ignorancia deliberada en Derecho Penal. Barcelona: Atelier, p. 187, assinala que nem todas são equiparáveis ao dolo. Para tanto, é preciso que somem-se suspeita prévia por parte do agente acerca da realização de ilícito ou ato lesivo a terceiros, persistência da decisão de desconhecimento,

agente que atribua o dever de checagem a terceiro, como o contratante da campanha publicitária que entende seja a evitação de uma publicidade abusiva ou enganosa dever do publicitário; agente que sabe de seu dever, mas por excesso de afazeres, não se desincumbe dele a prazo, de modo que a campanha publicitária enganosa ou abusiva acaba veiculada sem sua intervenção; agente que confia em seu grupo... Todas esta hipóteses levarão ao preenchimento do tipo subjetivo, por atribuição normativa.

Este movimento dogmático, típico de um direito penal que abandona a ontologia e se orienta ao mundo dos valores, sugere um novo olhar sobre o princípio da culpabilidade, enquanto exigência de responsabilidade subjetiva. E evoca um sinal amarelo, no senso de não colocá-lo em posição de sacrifício[99].

Consumação e Tentativa

O crime se consuma no momento em que o sujeito faz ou promove a publicidade enganosa ou abusiva. Quanto ao resultado naturalístico, é delito formal ou de consumação antecipada, dispensando-o. De fato, não é preciso que algum consumidor experimente prejuízos derivados da publicidade, ou mesmo que ela conforme suas convicções (se isto ocorre, a subsunção típica tem lugar pelo art. 7º, VII, Lei 8.137/90[100]).

O resultado jurídico de perigo abstrato para as relações de consumo, violador do bem consistente na correta informação dos consumidores, enquanto público potencial e indeterminado, gera-se com a promoção ou feitura da publicidade.

Admite-se a tentativa, bastando que a "peça publicitária pronta não seja veiculada, isto é, não chegue aos consumidores por circunstâncias alheias à vontade do publicitário ou fornecedor.[101]" Estas circunstâncias, porém, devem operar no último ato anterior ao núcleo do tipo de fazer ou promover a publicidade, segundo o plano dos autores.

Ação Penal

A ação penal é pública incondicionada. Lembre-se da titularidade concedida aos órgãos da administração pública direta ou indireta de defesa do consumidor (Procons) e associações de defesa do consumidor para figurarem como assistentes da acusação (v. arts. 80 e 82, III e IV, CDC, combinados).

Como todos os crimes do CDC, também este é da competência dos Juizados Especiais Criminais, permitindo transação (art. 76, Lei 9.099/95). Cabe também a oferta de suspensão condicional do processo, respeitados os requisitos do art. 89, Lei 9.099/95.

---

busca de benefícios pessoais sem riscos e evitação de responsabilidades, tudo a revelar um grave "grau de indiferença do sujeito ante o interesse lesionado".

99 COSTA JÚNIOR, Paulo José e COSTA, Fernando José da. Crimes contra o consumidor. 2ª ed. São Paulo: Atlas, 2008, p. 33, enxergam verdadeira presunção de culpabilidade, repudiada pela usual vedação da responsabilidade objetiva pura em direito penal.

100 KALIL, José Arthur Di Spirito. O consumidor e o direito penal econômico. Rio de Janeiro: Lumen Juris, 2014, p. 183.

101 FONSECA, Antonio Cezar Lima da. Direito Penal do Consumidor. Porto Alegre: Livraria do Advogado, 1996, p. 216.

DO CRIME DE MARKETING PUBLICITÁRIO PREJUDICIAL OU PERIGOSO

Art. 68. Fazer ou promover publicidade que sabe ou deveria saber ser capaz de induzir o consumidor a se comportar de forma prejudicial ou perigosa a sua saúde ou segurança:

Pena – Detenção de seis meses a dois anos e multa:

Parágrafo único. (Vetado).

Bem Jurídico Tutelado

O bem jurídico mediato tutelado concerne às relações de consumo, na perspectiva da compensação da vulnerabilidade do polo consumidor.

Como bem jurídico imediato ou com função de representação, tutelam-se dois bens: a saúde e a segurança de consumidores. Estes bens são protegidos em face de uma específica modalidade de publicidade abusiva: aquela idônea a induzir o consumidor a expô-los mediante comportamento prejudicial ou perigoso. Como ressalta Benjamin, "apenas a relação jurídica de consumo sanitária"[102] é atingida pelo art. 68. Tendo em conta o contexto da tutela, não é errado concluir que também o direito do consumidor à informações corretas é tutelado[103].

O universo de proteção projetado pelo tipo deriva da preservação da saúde e segurança dos consumidores, como meta da política nacional das relações de consumo contida no art. 4º, caput, CDC. Também evoca direitos do consumidor, assegurados no art. 6º, inciso IV, 1ª parte, atinentes à "proteção contra a publicidade enganosa e abusiva".

Note-se que, na hipótese, o bem jurídico supraindividual das relações de consumo ganha representação mediante saúde e segurança, enquanto bens supraindividuais, penalmente tutelados, caracterizados como individuais homogêneos (CDC, art. 81, parágrafo único, inciso III). De fato, embora a proteção se dirija a indefinido público de consumidores, individualizam-se em cada ser humano os respectivos quinhões de saúde e segurança. Noutros termos: trata de bem pertencente a um grupo, mas individualizam-se os campos de interesses de cada pessoa.

É possível, portanto, sustentar uma classificação trinária do bem jurídico, como objetivo de proteção pelo direito penal: a) bens individuais: b) bens estatais (desde que se voltem à realização de atividades úteis à comunidade de indivíduos, como a administração pública ou da justiça, e não como fins em si mesmos – do contrário, periclita a legitimidade do direito penal, porquanto o Estado passa ao uso do poder punitivo para autoproteção); c) bens supraindividuais, subdivididos segundo a regra do art. 81, parágrafo 1º, do CDC em individuais homogêneos, coletivos e difusos.

A inspiração no art. 81, parágrafo 1º, CDC, ancora o catálogo das espécies de bens supraindividuais, dando sustentação à aproximação entre o direito penal e este grupo de bens, típica das últimas três décadas do século XX, e fortemente caracterizadora do direito penal econômico, como um todo.

É usual sintetizar classificar as espécies de bens jurídicos que cabem ao direito penal tutelar em três grupos: a) teorias monistas individuais: os bens jurídicos tuteláveis em direito penal são

102 BENJAMIN, Antonio Herman v. et alii. Comentários ao Código de Defesa do Consumidor. 5ª. ed. São Paulo: Thomson Reuters – RT, 2017, p. 1711.

103 Conforme sugere MIRAGEM, Bruno. Curso de direito do consumidor. 6ª. ed. São Paulo: RT, 2016, p. 892.

necessariamente individuais (com concessões a bens coletivos, desde que reconduzam ao indivíduo); b) teorias monistas estatais: os bens são de titularidade do Estado, basicamente coincidindo com a norma jurídica (modelo que retrocede à compreensão da norma como bem jurídico típica do positivismo jurídico do século XIX, emblematicamente representado pelo pensamento de Binding); c) teorias dualistas: a proteção penal dirige-se tanto à tutela de bens individuais, como coletivos. Tais bens coletivos eram inicialmente compreendidos como estatais. Tal percepção é, atualmente, insustentável, desde o adensamento da diferença entre interesses públicos primários e secundários, cujo desconhecimento não cabe ao direito penal. Sugere-se que uma classificação trinária, aos moldes delineados, revela adequadamente a amplitude das pretensões de tutela penal e tem, nos crimes do CDC, uma fotografia exemplificativa.

Sujeitos Do Crime

Como já exposto, os crimes do CDC são especiais de autor, uma vez praticados por fornecedores, enquanto polo das relações de consumo. No art. 68, sujeitos ativos são os fornecedores, cujos contornos estão na norma definitória do art. 3º do CDC (salvo pessoas jurídicas). Na qualidade de anunciantes, fazem a modalidade de publicidade abusiva apontada no preceito primário. Responderão, nestes termos, os agentes que estão no ápice da organização empresarial, i.e, diretores, gerentes, administradores responsáveis por fazerem a publicidade.

Ela pode ocorrer nas três etapas do ciclo da economia (produção, distribuição e consumo de bens e serviços), patrocinada por produtores, distribuidores e varejistas, enquanto anunciantes. De regra, pessoas jurídicas – que não são sujeitos ativos nos crimes do CDC (o que seria desejável *de lege ferenda*, pois, como ninguém, integram o universo dos prestadores de serviço e agentes de mercado, no polo fornecedor) – realizam publicidade através de profissionais especializados. Estes também são sujeitos ativos do crime, por fazerem materialmente a publicidade, da criação à divulgação. São os literais executores da publicidade abusiva. Integram o fornecedor organicamente – pouco importando se empregados ou terceirizados contratados. Figuram no panorama das relações de consumo, enquanto agentes indutores da aquisição de produtos e serviços.

O tipo fala ainda em promover a publicidade. Quem a promove são os responsáveis pela divulgação da publicidade nos veículos de mídia de massa, contratados para tanto. Os contratantes em nome das rádios, televisões ou sites de internet, por exemplo, serão sujeitos ativos do delito, desde que estejam subjetivamente vinculados ao anunciante[104].

Sujeitos passivos: coletividades de consumidores, destinatárias da publicidade abusiva especificamente tratada no art. 68[105]. O tipo não exige que alguém seja induzido, particularmente, para tornar-se vítima. As vítimas são todos os consumidores potenciais expostos à publicidade abusiva de que trata o dispositivo, sejam induzidos ou não.

Condutas Típicas (Tipicidade Objetiva)

O preceito primário do art. 68 contém tipo ativo que, quanto ao número de verbos, mostra-se múltiplo alternativo. Aperfeiçoa-se com um ou outro dos verbos núcleos do tipo, "fazer"

104 Novamente, recorde-se a síntese de COSTA JUNIOR, Paulo José e COSTA, Fernando José da. Crimes contra o consumidor. 2ª ed. São Paulo: Atlas, 2008, p. 35: sujeitos ativos são o publicitário e o publicitário.

105 Referem-se ao "consumidor induzido", como sujeito passivo, COSTA JÚNIOR, Paulo José e COSTA, Fernando José da. Crimes contra o consumidor. 2ª ed. São Paulo: Atlas, 2008, p. 35. Pontualmente, diverge-se.

ou "promover". O primeiro diz com a realização concreta da publicidade, da criação à divulgação de uma específica forma de publicidade abusiva. Já o verbo "promover" dá-se com a veiculação da publicidade, através da respectiva divulgação pela *mass midia*. Promover a publicidade é "levar a outrem a executá-la"[106].

O objeto material dos verbos típicos é uma particular modalidade de publicidade abusiva. Portanto, acaso a informação que possa induzir o consumidor a comportar-se de modo perigoso ou prejudicial à própria saúde ou segurança não ocorrer pelo emprego de *marketing* publicitário, eventualmente poderá incidir o art. 66 (ex.: falsa informação, no ato da venda, sobre qualidades de frenagem que um veículo não possui).

Como dito, o art. 68 coíbe uma específica forma de publicidade abusiva: aquela capaz de induzir o consumidor a comportar-se de modo prejudicial ou perigoso à sua saúde ou segurança. Trata-se de uma locução composta de elementos normativos do tipo, remissiva à definição de publicidade abusiva constante do art. 37, 2º, *in fine*, CDC[107]. As demais formas de publicidade abusiva, contidas no citado art. 37, 2º, dão objeto ao art. 67 do CDC. Nesta perspectiva, o art. 68 parece constituir um desdobramento do art. 67, com pena maior (seis meses a dois anos, contra três meses a um ano do art. 67), pois voltado à forma de publicidade abusiva que se mostra mais preocupante quanto aos efeitos concretos projetados. Por força desta comunhão entre as disposições, são válidas as observações efetuadas no art. 67, CDC, também aqui, sobre as distinções entre publicidade e propaganda, bem como sobre a definição de publicidade.

Só será abusiva a publicidade que dá objeto ao tipo penal se possuir aptidão para induzir um usuário de produtos ou destinatário de serviços a comportar-se de modo prejudicial – ou seja, causador de prejuízos efetivos – ou perigoso (expondo a riscos) para a saúde ou segurança. Induzir é instar ideias ou decisões previamente inexistentes na mente do induzido (diversamente de instigar, em que só há reforço do quadro mental do instigado).

Como exemplo, a sugestão em publicidade de que se empregue um veículo de motor potente em excesso de velocidade[108], de que se realizem rachas ou "manobras perigosas ("cavalo de pau")[109], de que o cinto seria dispensável por equipamentos de segurança diversos do veículo, é capaz de induzir o usuário a agir de modo perigoso para a saúde ou segurança.

---

106 FONSECA, Antonio Cezar Lima da. Direito Penal do Consumidor. Porto Alegre: Livraria do Advogado, 1996, p. 219.

107 Não há que se confundir elemento normativo jurídico do tipo com Lei penal em branco. A propósito, GUARAGNI, Fábio André e BACH, Marion. Norma penal em branco e outras técnicas de reenvio em direito penal. São Paulo: Almedina, 2014, pp. 38 e 186. V., ainda, SCHMIDT, Andrey Zenkner. O princípio da legalidade penal no Estado Democrático de Direito. Porto Alegre: Livraria do Advogado, 2001, p. 157; MENDONÇA, Tarcísio Maciel Chaves de. Lei penal em branco. Rio de Janeiro: Lumen Juris, 2016, p. 65; GATTA, Gian Luigi. Abolitio criminis e successione di norme `integratrici´: teoria e prassi. Milano: Giuffrè, 2008, p. 93. Na primeira hipótese, conquanto haja reenvio à norma diversa para obtenção (a) da definição das elementares ou (b) de seus contornos, o tipo ora está incompleto ((a) remissão a normas definitórias, caso do art. 68), ora completo ((b) contornos), caso em que a norma extrapenal é falsamente integradora. Já na Lei penal em branco, sempre o tipo é incompleto. Assim, discordamos de ANDREUCCI, Ricardo Antunes. Legislação Penal Especial. 3ª. ed. São Paulo: Saraiva, 2007, p. 333, ao afirmar que a hipótese é de Lei em branco, pela evocação que o art. 68 faz ao 37, 2º, CDC. Trata-se apenas de elemento normativo do tipo, que reenvia a uma norma definitória.

108 MIRAGEM, Bruno. Curso de direito do consumidor. 6ª. ed. São Paulo: RT, 2016, p. 894.

109 BENJAMIN, Antonio Herman v. et alii. Comentários ao Código de Defesa do Consumidor. 5ª. ed. São Paulo: Thomson Reuters – RT, 2017, p. 1.711. Acrescenta o bom exemplo da indução à automedicação.

Já a publicidade que gira em torno do consumo de substâncias capazes de causar dependência, como bebidas alcoólicas, tabaco, insta o consumidor a usos efetivamente prejudiciais à saúde. Assim, o encargo legal de informar a respeito dos males derivados de usos excessivos, no bojo de campanhas publicitárias, aparece como mecânica acautelatória da abusividade.

Há sérias críticas, na doutrina, à imprecisão do texto para designar o objeto material da modalidade de publicidade abusiva de que trata o art. 68, com comprometimento da reserva legal, pela ausência de taxatividade da norma penal[110]. Em contraponto, Miragem sugere, "no exame sobre a capacidade de indução da publicidade (...) o reconhecimento de critérios técnicos, envolvendo os conhecimentos das áreas de psicologia, comunicação social e medicina", bem como atenção ao art. 33 do Código Brasileiro de Autorregulamentação, editado pelo CONAR[111].

Efetivamente, a definição de que a publicidade seja capaz de induzir ao comportamento perigoso ou prejudicial contém imprecisão e passa pela exigência de conhecimentos que não são usuais na formação dos operadores do direito penal. De compensatório desta indefinição, a interpretação deve se restritiva e atenta a patamares de risco induzido pela publicidade: a) que transcendam aqueles riscos permitidos, derivados do uso comum do objeto ou do proveito do serviço (o torque e a velocidade de um veículo podem ser explorados na publicidade, desde que não se sugira, com isto, a prática de ilícitos de trânsito que prejudiquem o próprio consumidor e terceiros) ou b) que turbem a cognição do consumidor acerca dos patamares de periculosidade ou prejudicialidade de seu comportamento. O comportamento prejudicial ou perigoso do consumidor, induzido pela publicidade, deve ostentar um destes dois aspectos.

O último critério (b) enfrenta a necessidade de redução de excesso de paternalismo estatal, que despreze a autodeterminação do próprio consumidor. Se a publicidade sugere comportamentos de risco pelo consumidor dentro de patamares permitidos e não o induz a crer em condições de segurança que o produto ou serviço não oferecem, a escolha do consumidor está antecedida da compreensão plena dos limites de periculosidade ou prejudicialidade que o produto ou serviço por ele adquiridos podem produzir. Neste sentido, ainda que a publicidade sirva como ponto de partida para a aquisição do produto ou serviço, induzindo-a, o âmbito de autodeterminação do adquirente encontrar-se-á pleno. A punição, nesta moldura, representaria intervenção excessiva do Estado, substituindo-se ao consumidor, mesmo que preservada sua autodeterminação. Ainda que na perspectiva de um direito penal orientado por desvalor de ação, voltado à preservação de papeis, calha a observação de Jakobs, segundo a qual "pode ser que a configuração de um contato social seja de competência não só do autor, mas também da vítima". Ou seja, a vítima também possui uma competência a ser observada quando da imputação objetiva[112].

Por exemplo, a publicidade de um esporte de aventura, como tirolesa, rapel, salto de paraquedas, concita a emoção da atividade e serve para induzir o consumidor a realizá-lo, a partir da oferta respectiva, normalmente realizada em locais turísticos. Da mesma forma, publicidade

110 KALIL, José Arthur Di Spirito. O consumidor e o direito penal econômico. Rio de Janeiro: Lumen Juris, 2014, p. 192; COSTA JÚNIOR, Paulo José e COSTA, Fernando José da. Crimes contra o consumidor. 2ª ed. São Paulo: Atlas, 2008, p. 35 com apoio em Manoel Pedro Pimentel.

111 MIRAGEM, Bruno. Curso de direito do consumidor. 6ª. ed. São Paulo: RT, 2016, p. 893.

112 JAKOBS, Günther. A imputação objetiva no direito penal. 2ª. ed. Trad. André Luís Callegari. São Paulo: RT, 2007, p. 31.

de academias de artes marciais. Desde que a publicidade sugira a prática do esporte dentro das balizas de segurança que devem cercá-lo e sem informações que minorem os patamares de risco na consciência do destinatário, evidenciando seguranças efetivamente inexistentes, não haverá o crime. E, não obstante, haverá inegável publicidade capaz de induzir o consumidor a comportamento arriscado para sua saúde ou segurança, do qual precisamente deriva a emoção do esporte radical e a própria razão de adquirir o serviço. Nestes casos, eventual comportamento do consumidor, convencido pela publicidade, de aventurar-se, é ação a próprio risco, com autocompreensão e autorresponsabilidade preservadas. Afasta-se a imputação objetiva do próprio perigo de dano subjacente ao anúncio publicitário[113].

Tipicidade Subjetiva

Trata-se de crime doloso, com equiparação do agente que deveria saber acerca do caráter abusivo da publicidade, enquanto capaz de induzir o consumidor a comportamentos perigosos ou prejudiciais, ao agente que efetivamente sabe a respeito. Assim, o elemento subjetivo se caracteriza quando o agente fizer ou promover a publicidade que "sabe ou deveria saber" ser capaz de causar a indução.

Nesta senda, tem-se dolo normativo-atributivo, que iguala potência de consciência à consciência efetiva. Todo o comentário sobre o tipo subjetivo do art. 67, do qual o art. 68 é desdobramento, tem cabimento aqui. Remete-se o leitor a ele.

Consumação e Tentativa

O crime se consuma no momento em que o sujeito faz ou promove a publicidade abusiva que dá objeto ao preceito primário. Dispensa-se resultado naturalístico, de modo que não é necessário evidenciar, como resultado da indução, que um dado consumidor comportou-se de modo prejudicial ou perigoso à própria saúde ou segurança. O crime é formal ou de consumação antecipada, bastando que se faça ou promova a publicidade abusiva.

Acaso o consumidor sofra prejuízos derivados da publicidade, ou pelo só fato de ser efetivamente induzido em suas convicções, pode ter lugar o art. 7º, VII, Lei 8.137/90, exigindo-se porém que o consequente comportamento perigoso ou prejudicial do consumidor derive dos dados falsos requeridos por esta forma de injusto típico.

Discordamos da ideia de que, em havendo a efetiva situação de perigo a partir do comportamento do consumidor, caracterize-se o crime do art. 132, CP[114], porquanto tipo penal de perigo concreto contra vítima determinada, enquanto a exposição a marketing publicitário é difusa. Por outro lado, a eventual responsabilidade do anunciante pela efetiva morte ou lesão derivada do comportamento perigoso do consumidor exigirá, na avaliação da imputação objetiva, se o tipo alcança o ato de fazer publicidade, por força da autocolocação em perigo por parte da vítima. Afinal, conforme o precedente alemão BGHSt 32, 262, trazido por Roxin,

113 ROXIN, Claus. Funcionalismo e Imputação Objetiva. Trad. Luís Greco. Rio de Janeiro/São Paulo: Renovar, 2002, p. 354, nota 187, recorda que "inexiste qualquer fundamento para limitar a liberdade de ação dos participantes se ninguém estiver sendo colocado em perigo contra a sua vontade."

114 Sugere-a FONSECA, Antonio Cezar Lima da. Direito Penal do Consumidor. Porto Alegre: Livraria do Advogado, 1996, p. 227.

> "autocolocações em perigo realizadas e queridas de modo responsável não se enquadram no tipo do delito de lesões corporais ou homicídio, ainda que o risco que conscientemente se corre realize-se em um resultado. Aquele que provoca, possibilita ou facilita uma tal autocolocação em perigo não é punível pelo delito de lesões corporais ou homicídios."[115]

O resultado jurídico para as relações de consumo, violador dos bens consistentes na saúde ou segurança do consumidor de produtos e serviços, enquanto público potencial e indeterminado, gera-se com a promoção ou feitura da publicidade. Emprega-se técnica legislativa de perigo concreto[116], em que a verificação da aptidão da publicidade para induzir ao comportamento perigoso ou prejudicial deve ser evidenciada *ex post factum*, pelo juízo, analisando os contornos da publicidade.

Aqui, é preciso clareza: não é necessário que ninguém seja induzido efetivamente pela publicidade para o crime ocorrer. Como já dito, no mundo do ser, o tipo dispensa resultado naturalístico. Porém, no plano axiológico do dever ser, não há regras de experiência, estatística ou ciência que, de antemão, definam o comportamento descrito no art. 68 como perigoso. Ou seja, os filtros de validação dos crimes de perigo abstrato inexistem. Isto deriva da indeterminação do comportamento descrito no preceito primário.

Assim, se há publicidade dizendo sobre dada capacidade incomum de frenagem de um veículo, a induzir o consumidor a confiar no aparato de segurança, perícia indicará a correspondência entre a promessa embutida na oferta e a mecânica do automóvel. Ainda, a capacidade de indução efetivamente presente no material publicitário pode (a depender do caso, deve) ser submetida a testes de verificação da reação neurológica de pessoas a ele expostas, utilizando as tecnologias disponíveis de ressonância magnética. Tudo compõe o mosaico de exegese restritiva do tipo, haja vista sua indeterminação.

Admite-se a tentativa, bastando que a publicidade não seja veiculada por circunstâncias alheias à vontade do agente, incidentes necessariamente a partir do último ato anterior ao núcleo do tipo de fazer ou promover a publicidade, segundo o plano concreto dos autores (teoria objetivo-individual definitória de atos executórios).

Ação Penal

A ação penal é pública incondicionada. Há titularidade prevista para os órgãos da administração pública direta ou indireta de defesa do consumidor (Procons) e associações de defesa do consumidor para figurarem como assistentes da acusação (v. arts. 80 e 82, III e IV, CDC, combinados).

Como todos os crimes do CDC, a competência para o processo e julgamento do art. 68 é dos Juizados Especiais Criminais, permitindo-se transação (art. 76, Lei 9.099/95). Cabe ainda a oferta de suspensão condicional do processo, respeitados os requisitos do art. 89, Lei 9.099/95.

---

115 ROXIN, Claus. Funcionalismo e Imputação Objetiva. Trad. Luís Greco. Rio de Janeiro/São Paulo: Renovar, 2002, pp. 357-8.

116 DOTTI, René Ariel. "Das infrações penais". In: Comentários ao Código de Defesa do Consumidor. (Coord. René Ariel Dotti e José Cretela Júnior). Rio de janeiro: Forense, 1992, p. 273. Contra, considerando crime de perigo abstrato: PRADO, Luiz Regis. Direito Penal Econômico. São Paulo: RT, 2004, p. 148; BENJAMIN, Antonio Herman v. et alii. Comentários ao Código de Defesa do Consumidor. 5ª. ed. São Paulo: Thomson Reuters – RT, 2017, p. 1712.

DO CRIME DE OMISSÃO DE ORGANIZAÇÃO DE DADOS DE MARKETING PUBLICITÁRIO

Art. 69. Deixar de organizar dados fáticos, técnicos e científicos que dão base à publicidade:

Pena Detenção de um a seis meses ou multa.

Bem Jurídico Tutelado

Mediatamente, protegem-se as relações de consumo.

A representar estas relações, no contexto do tipo, aparece claramente bem jurídico concernente à relação de disponibilidade dos consumidores com informações transparentes, claras e verazes sobre os produtos e serviços ofertados mediante marketing publicitário[117]. É mais uma hipótese de tutela penal de bem jurídico supraindividual difuso contida no CDC. Insista-se que o direito penal pode tutelar bens individuais, estatais (desde que claro o interesse dos membros do tecido social que tais bens visem proteger) e supraindividuais, sejam individuais homogêneos, coletivos ou difusos, respeitada a própria tábua classificatória contida no art. 81, parágrafo 1º, CDC.

De fato, os consumidores são sujeitos de um objeto consistente na informação transparente, clara e verdadeira sobre os bens ofertados no mercado. Assim como nos artigos 66 e 67, a pretensão de tutela do art. 69 volta-se para a transparência[118], enquanto objetivo da política nacional de relações de consumo, nos termos do art. 4º, caput, CDC. Liga-se, também, aos direitos do consumidor estatuídos no art. 6º, inciso III e IV, atinentes à "informação adequada e clara sobre os diferentes produtos e serviços, com especificação correta de quantidade, características, composição, qualidade, tributos incidentes e preço, bem como sobre os riscos que apresentem" e, novamente, à "proteção contra a publicidade enganosa e abusiva" e, especificamente, à regra consumerista do art. 36, parágrafo único.

Emprega-se no preceito primário técnica de tipificação de perigo abstrato. Tônica no direito penal econômico, representa antecipação da intervenção do direito penal em relação ao momento do dano. A antecipação do momento da tutela está fortemente atada à extensão de vítimas atingidas pelas relações de consumo e, pois, à prevenção do conjunto devastador de consequências, acaso a norma devesse esperar pelo dano efetivo. Se e quando este ocorre, é multiplicado aos milhares, no ambiente de mercado de massa.

A organização dos dados fáticos, técnicos e científicos da publicidade, por parte do fornecedor, dá plenitude ao acesso de informações sobre o produto ou serviço ofertado.

Conquanto o direito penal econômico costume antecipar o momento da intervenção penal, mediante técnica de perigo abstrato, como antes mencionado, não se pode deixar de verificar na incriminação desta conduta certo exagero legislativo. Convinha que a hipótese fosse

117 "Só digo o que sei e o que posso provar" é o princípio regente dos contornos do bem de proteção, cf. BENJAMIN, Antonio Herman v. et alii. Comentários ao Código de Defesa do Consumidor. 5ª. ed. São Paulo: Thomson Reuters – RT, 2017, p. 1.713.

118 BEDNARSKI, José Luiz. "Consumidor". In: Legislação Criminal Especial. Coord. Luiz Flávio Gomes e Rogério Sanchez Cunha. São Paulo: RT, 2009, p. 32.

constitutiva de mera infração administrativa[119]. É que a antecipação da tutela distancia-se contundentemente do dano efetivo. Veja-se: a ideia é que, ao final da relação de consumo, ninguém seja ofendido quanto à vida, saúde, integridade física, patrimônio ou bem individual diverso. Para tanto, cria-se um direito de informação em favor do consumidor, anteposto à aquisição de produtos e serviços, para colocar cerco já nos atos publicitários e evitar que exponham os citados bens individuais a perigo. Para acautelar a correção desta publicidade, exige-se do fornecedor que organize, como espécie de guardião, dados fáticos, técnicos e científicos empregados na publicidade. Então, há um perigo de uso de dados inconsistentes em publicidade, que gerará um perigo para o direito à correta informação do consumidor, que, acaso adquira um bem, correrá perigo quanto a bens individuais, que são os interesses – ao fim e ao cabo – centrais. Um perigo de perigo de perigo.

Ainda que os delitos de perigo abstrato tenham legitimidade, quando suportam filtros de validação, como regras de experiência, ciência e evidências estatísticas indicativas de que o comportamento considerado perigoso costuma degenerar em dano efetivo, no caso ocorre um distanciamento demasiado da lesividade por efetivo menoscabo do bem jurídico. Trata-se de exemplo claro da administrativização do direito penal, enquanto evidência de que normas penais vão ganhando feição de normas administrativas[120], porquanto esvazia-se o conteúdo material de injusto adequado ao mais repressivo ramo do direito.

Sujeitos do Crime

O sujeito ativo é o fornecedor, segundo a definição do art. 3º, CDC (exceto pessoa jurídica), enquanto polo das relações de consumo. Especificamente no art. 69, somente será sujeito ativo o fornecedor que realizar publicidade de produtos ou serviços. Trata-se de mais um delito especial de autor contido no CDC. A norma mandamental anteposta ao tipo do art. 69 incumbe-lhe de organizar os dados fáticos, técnicos e científicos subjacentes a respectiva campanha publicitária, para que fiquem disponíveis, satisfazendo em plenitude o direito à informação do consumidor.

É usual que a publicidade de produtos e serviços ocorra no âmbito de pessoas jurídicas. Neste contexto, devem ser identificados, internamente, os responsáveis pela organização e guarda dos dados publicitários. Normalmente, serão os profissionais publicitários do setor da organização empresarial responsável pelo marketing. Deixando de cumprirem o dever de organização, são sujeitos ativos do delito. Também seus superiores hierárquicos podem ser sujeitos ativos, desde que, na posição apical (ápice da pirâmide hierárquica) de diretores, administradores ou gerentes (art. 75, CDC), deixem de controlar os subordinados e cobrá-los quanto ao cumprimento de seus deveres. A norma mandamental do art. 69, nesta perspectiva, a eles se estende. Todos são integrantes, organicamente, do polo fornecedor, destinatários dos deveres do art. 36, parágrafo único. É esta disposição que identifica os destinatários do dever.

119 Contra, argumentando em favor da magnitude penal do comportamento, BEDNARSKI, José Luiz. "Consumidor". In: Legislação Criminal Especial. Coord. Luiz Flávio Gomes e Rogério Sanchez Cunha. São Paulo: RT, 2009, p. 32; FILOMENO, José Geraldo Brito et alii. Código brasileiro de defesa do consumidor. 11ª. ed. Rio de Janeiro: Forense, 2017, p. 763. Ambos, porém, não analisam a questão sob o prisma do alargamento excessivo da ideia de lesividade contida no tipo.

120 SILVA SÁNCHEZ, Jesús-María. A expansão do Direito Penal: Aspectos da política criminal nas sociedades pós-industriais. 2ª ed. São Paulo: Revista dos Tribunais, 2011, p 148, é novamente a referência central.

Enfim, a subjetividade ativa, na posição de autoria, estende-se a todos estes autores especiais.

Se os responsáveis pela publicidade forem contratados externos, como publicitários de uma agência, o dever de organização subjacente ao tipo só pode atingi-los como partícipes ativos na omissão dos anunciantes que contrataram a campanha publicitária[121] São *extranei*. Recorde-se que a participação é possível por parte de todo o agente que, não possuindo o dever contido no tipo, contribua para a inexistência da organização de dados, v.g., jogando-os fora, apagando-os do sistema informático, etc.. Evidentemente, devem estar vinculados subjetivamente ao evento, bem como conhecer a qualidade pessoal de destinatário de dever de agir ostentada pelos fornecedores anunciantes, na forma do art. 30, CP. Observe-se que inexiste participação omissiva em crime omissivo.

A subjetividade passiva é ostentada por todo o conjunto de consumidores, considerados de modo indeterminado, ante quem se ofertam, mediante marketing publicitário, produtos e serviços.

Condutas Típicas (Tipicidade Objetiva)

Trata-se de crime omissivo próprio, de forma simples, uma vez que contém um verbo núcleo do tipo: "deixar". Antepõe-se ao tipo norma mandamental de organizar dados basilares de publicidade.

Assim, a ordem legal desatendida pelo agente dirige-se a objeto material consistente nos "dados fáticos, técnicos e científicos" que dão base à realização de marketing publicitário. O dever legal estampado no tipo espelha a regra do CDC prevista no art. 36, parágrafo único: "Art. 36. A publicidade deve ser veiculada de tal forma que o consumidor, fácil e imediatamente, a identifique como tal. Parágrafo único. O fornecedor, na publicidade de seus produtos ou serviços, manterá, em seu poder, para informação dos legítimos interessados, os dados fáticos, técnicos e científicos que dão sustentação à mensagem." Os interessados, para além dos consumidores, são os órgãos fiscais, como assinala Fonseca[122].

A alusão a "dados fáticos, técnicos e científicos" constitui um conjunto de elementos normativos culturais do tipo. Não são elementares normativas jurídicas porque não encontram definição em lei. A respectiva compreensão não é difícil, pois as cargas semânticas são consistentes: dados fáticos dizem "com o cotidiano", como a afirmação de que o produto é líder de mercado; técnicos dizem com o "modo de funcionamento do bem ou com suas qualidades intrínsecas", enquanto científicos remetem à pesquisa, como uma "fórmula revolucionária"[123]. O agente que anuncia que dado creme dental combate com mais eficiência a placa bacteriana que

121 FONSECA, Antonio Cezar Lima da. Direito Penal do Consumidor. Porto Alegre: Livraria do Advogado, 1996, p. 234, também restringe ao fornecedor o dever de organização. Do mesmo modo, BENJAMIN, Antonio Herman v. et alii. Comentários ao Código de Defesa do Consumidor. 5ª. ed. São Paulo: Thomson Reuters – RT, 2017, p. 1.713, afirmando que publicitários só serão sujeitos ativos se de "agência publicitária do próprio anunciante". Contra, incluindo os publicitários sem ressalvas, BEDNARSKI, José Luiz. "Consumidor". In: Legislação Criminal Especial. Coord. Luiz Flávio Gomes e Rogério Sanchez Cunha. São Paulo: RT, 2009, p. 32.

122 FONSECA, Antonio Cezar Lima da. Direito Penal do Consumidor. Porto Alegre: Livraria do Advogado, 1996, p. 230.

123 Definições e exemplos de BENJAMIN, Antonio Herman v. et alii. Comentários ao Código de Defesa do Consumidor. 5ª. ed. São Paulo: Thomson Reuters – RT, 2017, p. 1.713-4.

os concorrentes, deve "estar previamente munido dos relatórios técnicos que fundamentam a informação", assinala Bednarski[124]. Do mesmo modo, deve organizar dados comprobatórios técnicos agente que anuncia não ser inflamável certo produto químico, ou dados científicos aquele que anuncia a cura do câncer, exemplifica Regis Prado[125].

Quando o publicitário ou anunciante realiza publicidade[126] (cuja existência é pressuposto do delito), oferta produtos e serviços sobre os quais apoia determinadas afirmações e, mesmo, promessas. Exalta as aptidões do bem ofertado. Nesta senda, deve cercar-se de evidências de fato, técnicas e científicas que deem suporte aos termos com que veiculada a publicidade. Não o fazendo, infringe a norma preceptiva típica, frustrando a verdadeira e transparente informação destinada aos "legítimos interessados".

Para que o crime se realize, são três os elementos: a) situação fática consistente em realização, passada ou atual, de campanha publicitária por parte do fornecedor; b) possibilidade física da ação devida de organizar os mencionados dados, direta ou indiretamente (no contexto da organização empresarial, através de setor e empregados próprios, ou como dever de terceiro contratado); c) realização de um agir diverso do devido (*aliud agere*), presente em qualquer conduta distinta daquela devida.

O art. 38, CDC, fechando os contornos do regramento consumerista da publicidade, assinala que "o ônus da prova da veracidade e correção da informação ou comunicação publicitária cabe a quem as patrocina". Trata-se de regra processual civil[127]. O crime do art. 69 não pretende punir o fornecedor porque não organizou dados basilares da publicidade para acautelar seu ônus probatório. Seria como punir alguém que não fez bem a si. O artigo não deve ser compreendido desta forma, mas como reforço ao direito do consumidor a informações fidedignas e transparentes sobre bens e serviços que lhe são ofertados.

Tipicidade Subjetiva

O tipo penal admite somente a forma dolosa, inexistindo no tipo subjetivo elementos subjetivos diversos do dolo.

Consumação e Tentativa

A consumação ocorre com o agir diverso do devido, sem necessidade de qualquer modificação no mundo exterior, enquanto resultado naturalístico (que, aliás, não pode existir em

124 BEDNARSKI, José Luiz. "Consumidor". In: Legislação Criminal Especial. Coord. Luiz Flávio Gomes e Rogério Sanchez Cunha. São Paulo: RT, 2009, p. 32. O exemplo é esmiuçado por FILOMENO, José Geraldo Brito et alii. Código brasileiro de defesa do consumidor. 11ª. ed. Rio de Janeiro: Forense, 2017, p. 761, a partir de caso concreto.

125 PRADO, Luiz Regis. Direito Penal Econômico. São Paulo: RT, 2004, p. 152. O autor faz interessante consideração de que não será obrigado a exibir os dados o fornecedor que produz sob segredo industrial de fórmula. É discutível se o direito de preservar segredo industrial se sustenta ante necessidade de confirmar a inocuidade de produto, por exemplo, para a saúde do consumidor.

126 Deve, pois, existir publicidade, como anota MIRAGEM, Bruno. Curso de Direito do Consumidor. 6ª. ed. São Paulo: Thomson Reuters/RT, 2016, p. 894.

127 O que também é destacado por FONSECA, Antonio Cezar Lima da. Direito Penal do Consumidor. Porto Alegre: Livraria do Advogado, 1996, p. 229.

crimes omissivos próprios, à vista da máxima *ex nihilo nihil fit*[128]). Trata-se de crime de mera inatividade, observado o princípio da inversão[129], incidente na elaboração dogmática dos delitos omissivos.

Até quanto é possível praticar o agir devido, situação em que o crime ainda não se caracterizou? Até o lançamento da publicidade aos consumidores. "O crime depende da efetiva veiculação do anúncio", assinala Benjamin[130]. A organização dos respectivos dados fáticos, técnicos e científicos deve ser realizada até este momento. Após lançada a campanha publicitária, seja na pendência dela, seja já realizada, o direito à informação do consumidor, como contrapartida da organização dos dados, é pleno e mostra-se frustrado acaso ocorra a omissão[131]. Sem prejuízo, dificilmente a organização tardia dos dados, até mesmo derivada de cobrança de autoridade ou de algum consumidor singular, será descoberta, causando dificuldades no campo probatório processual penal.

Trata-se de crime de perigo abstrato, presumindo-se de maneira absoluta a violação da disponibilidade, pelo consumidor, de informações verazes e transparentes, sempre que o fornecedor não organiza os dados que dão objeto ao tipo.

O crime não admite tentativa[132]: ou o agir devido é possível, e há um indiferente penal, ou o respectivo momento é ultrapassado, consumando-se o crime.

Ação Penal

A ação penal é pública e incondicionada, sujeitando-se à competência do Juizado Especial Criminal, assim como os demais crimes do CDC. Comporta transação (art. 76, Lei 9.099/95) e, também, suspensão condicional do processo (art. 89, Lei 9.099/95), acaso frustrada a primeira.

DO CRIME DE EMPREGO NÃO AUTORIZADO DE PEÇAS OU COMPONENTES DE REPOSIÇÃO

128 Nos crimes omissivos impróprios, há uma causalidade normativa, definida pelo 13, 2º, CP, estranha ao delito em análise, que é omissivo puro ou próprio. BENJAMIN, Antonio Herman v. et alii. Comentários ao Código de Defesa do Consumidor. 5ª. ed. São Paulo: Thomson Reuters – RT, 2017, p. 1.713, posiciona o fornecedor-anunciante como "garante". Também SILVA JÚNIOR, José. "Defesa do Consumidor". In: Leis penais especiais e sua interpretação jurisprudencial. 7ª. ed. São Paulo: RT, 2002, p. 1.409. Certamente, não o fazem no sentido jurídico-penal, já que garantes são os sujeitos ativos dos crimes omissivos impróprios ou impuros, ou ainda comissivos por omissão, combinando-se tipos comissivos com a norma de extensão típica do art. 13, 2º, CP.

129 KAUFMANN, Armin. Dogmática de los delitos de omisión. Madrid: Marcial Pons, 2006, p. 104: "Desde o ponto de vista da função dogmática cabe formular assim este princípio de inversão: no delito omissivo aparece o mesmo efeito jurídico que no delito comissivo se, em relação com a ação omitida, concorre a estrutura inversa que há na ação cometida."

130 BENJAMIN, Antonio Herman v. et alii. Comentários ao Código de Defesa do Consumidor. 5ª. ed. São Paulo: Thomson Reuters – RT, 2017, p. 1.713.

131 Observa FONSECA, Antonio Cezar Lima da. Direito Penal do Consumidor. Porto Alegre: Livraria do Advogado, 1996, p. 230, que a organização e guarda de dados deve ocorrer até esgotado o prazo prescricional, atualmente em 3 anos (art. 109, VI, CP) da data da consumação. Esta ocorre a partir do lançamento da campanha, pois é a partir daí que os dados podem ser cobrados. Portanto, a observação é correta e importante, à míngua de prazo no CDC para a preservação dos dados organizados.

132 É posição usual em doutrina, a exemplo de FILOMENO, José Geraldo Brito et alii. Código brasileiro de defesa do consumidor. 11ª. ed. Rio de Janeiro: Forense, 2017, p. 762; PRADO, Luiz Regis. Direito Penal Econômico. São Paulo: RT, 2004, p. 153.

Art. 70. Empregar na reparação de produtos, peça ou componentes de reposição usados, sem autorização do consumidor:

Pena – Detenção de três meses a um ano e multa.

Bem Jurídico Tutelado

O bem jurídico mediante é o mesmo de todo o rol de delitos do CDC: as relações de consumo, na perspectiva da proteção do polo consumidor, compensando sua vulnerabilidade.

A função de representação das relações de consumo, de modo imediato, dá-se pelos interesses patrimoniais do consumidor[133] singularmente afetado. O art. 4º, CDC, insere a proteção dos interesses econômicos do consumidor na esfera da política nacional de relações de consumo. Na hipótese, o emprego de peça ou componente usado em reparo de produto cria perigo abstrato para o patrimônio do consumidor.

Acaso o uso ulterior do produto, pelo desgaste da peça ou componente, possa ameaçar a saúde ou segurança do consumidor[134], tais bens jurídicos também entram em consideração, revelando-se a pluriofensividade da conduta. De toda maneira, quanto ao modo de lesão do bem jurídico imediato, tem-se um delito de perigo abstrato.

No âmbito dos delitos econômicos, dos quais fazem parte aqueles que tutelam o consumidor, não há problema no fato de um bem jurídico individual ser tutelado. Como anota Martínez-Buján, "no marco dos chamados delitos socioeconômicos em sentido amplo algumas figuras delitivas que preservam tecnicamente um bem patrimonial individual inserem-se nesta categoria precisamente pela sua projeção mediata sobre a ordem econômica"[135].

Aqui, a ordem econômica, demarcada pelo fascículo das relações de consumo, mostra-se vulnerada. Afinal, o crime evidencia estar integrado, no ambiente das relações de consumo, fornecedor de serviços que realiza prática abusiva, ao empregar peças e componentes usados nos reparos de bens, à revelia do destinatário. A leitura do art. 70 conjuga-se parcialmente com: a) o direito do consumidor contido no art. 6º, IV, CDC, atinente à "proteção contra (...) métodos comerciais coercitivos ou desleais, bem como contra práticas e cláusulas abusivas ou impostas no fornecimento de produtos e serviços"; b) o dever do fornecedor de serviços de reparação de produtos, extraído do art. 21, CDC, de "empregar componentes de reposição

133 COSTA JÚNIOR, Paulo José e COSTA, Fernando José da. Crimes contra o consumidor. 2ª ed. São Paulo: Atlas, 2008, 40. Consideram, entretanto, que o delito exige lesão efetiva ao patrimônio, tratando-se de modalidade de estelionato (op. cit., p. 40). Ora, o tipo não reclama qualquer dano patrimonial efetivo. Nem teria sentido criar-se espécie de estelionato privilegiado, justamente no bojo das relações de consumo, que implicam em lesividade multiplicada pelo número de consumidores que podem ser vítimas no universo de consumo de bens e serviços ofertados em massa.

134 Aspecto ressaltado por BENJAMIN, Antonio Herman v. et alii. Comentários ao Código de Defesa do Consumidor. 5ª. ed. São Paulo: Thomson Reuters – RT, 2017, p. 1715-6, que destaca endereçar-se primacialmente o tipo à tutela do direito de informação do consumidor. Temos que o preceito primário transcende tal interesse, para tutela do patrimônio, até porque a proteção da informação dá-se, no CDC, quando evoca o campo criminal, em escala supraindividual, ao passo que o art. 70 dirige-se a consumidores isoladamente considerados.

135 MARTÍNEZ-BUJÁN PÉREZ. Carlos. Derecho penal económico. Parte general. Valencia: Tirant lo Blanch, 2ª. ed. Valencia: 2007, pp. 163. Recorde-se que, nos delitos econômicos, o bem jurídico imediato, com função de representar o mediato, pode ser individual ou supraindividual.

originais adequados e novos, ou que mantenham as especificações técnicas do fabricante, salvo, quanto a estes últimos, autorização em contrário do consumidor."

Sujeitos do Crime

O sujeito ativo é o fornecedor de serviços de reparos de bens, segundo o recorte do art. 3º do CDC, exceto pessoas jurídicas. Trata-se de delito especial de autor.

Acaso a prestação de serviços não se dê em relação direta entre fornecedor, como pessoa natural, e consumidor, mas em situação de consumo em que este contrate pessoa jurídica para o reparo no qual tem interesse, é preciso verificar a subjetividade ativa no interior do ente coletivo.

Dentro da organização, o direto executor do serviço com peças e componentes usados de uso não autorizado pelo consumidor responderá pelo delito. Integra o fornecedor, para efeito de relação consumerista. Os membros do ente coletivo que ocupam posição de vértice, na qualidade de diretores, administradores ou gerentes, responderão pelo crime quando determinarem, aprovarem ou permitirem o emprego ilegal dos componentes e peças usados (art. 75, CDC). É típico de delitos empresariais que a atribuição da posição de autor dê-se a partir de modelos dogmáticos *top-down, "com responsabilidade preferente de administradores e dirigentes"*[136], estendida a mandantes intermediários e demais encarregados, em vez de *bottom-up.* A subjetividade ativa, na posição de autor, deve incidir com mais razão sobre agentes em posição apical (ápice da pirâmide hierárquica) que sobre os subalternos. Pode dar-se que estes nem saibam acerca da inexistência de autorização do consumidor para o uso de peça ou componente usado[137]. Neste caso, incide erro de tipo (art. 20, CP).

No mais, respondem os que contribuem para o reparo ilegal de bens, desde que subjetivamente alinhados com os autores. Trata-se da posição de partícipe, derivada da combinação dos arts. 29, CP e 75, 1ª parte, CDC.

Sujeito passivo é o consumidor singularmente considerado[138]. De fato, o elemento negativo do tipo "sem autorização do consumidor" indica que deve haver uma concreta relação de consumo em que o destinatário do serviço de reparos não autoriza o emprego de peça ou componente usado. Esta autorização é dada ou negada caso a caso. O tipo destina-se à proteção de consumidor singular, e não a grupo indeterminado de pessoas. Os crimes do CDC usualmente tutelam sujeitos passivos em escala supraindividual. O art. 70 contém uma opção distinta.

---

136 PEÑARANDA RAMOS, Enrique. "Autoría y participación en la Empresa". In: Derecho penal de la empresa: del derecho penal económico del estado social al derecho penal de la empresa globalizado." Coord. Luis Arroyo Zapatero, Carlos Lascano e Adán Nieto Martín. Buenos Aires: Ediar, 2012, p. 169.

137 Destaca esta hipótese de fato BENJAMIN, Antonio Herman v. et alii. Comentários ao Código de Defesa do Consumidor. 5ª. ed. São Paulo: Thomson Reuters – RT, 2017, p. 1.716.

138 Contrariamente, é preciso registrar que a maioria da doutrina considera a coletividade de consumidores como sujeitos passivos. Assim, PRADO, Luiz Regis. Direito Penal Econômico. São Paulo: RT, 2004, p. 155; FONSECA, Antonio Cezar Lima da. Direito Penal do Consumidor. Porto Alegre: Livraria do Advogado, 1996, p. 245; BENJAMIN, Antonio Herman v. et alii. Comentários ao Código de Defesa do Consumidor. 5ª. ed. São Paulo: Thomson Reuters – RT, 2017, p. 1716. Porém, a necessidade de uma específica ausência de autorização na prestação concreta de serviços não é abordada pelos autores quando definem o titular do bem ofendido. Alinhado com nosso ponto de vista, BEDNARSKI, José Luiz. "Consumidor". In: Legislação Criminal Especial. Coord. Luiz Flávio Gomes e Rogério Sanchez Cunha. São Paulo: RT, 2009, p. 33.

Condutas Típicas (Tipicidade Objetiva)

O tipo objetivo do art. 70 é ativo, com um único núcleo (tipo simples)[139], consistente no verbo "empregar", dirigido a produto, enquanto objeto material. O sujeito ativo, em relação de consumo destinada à prestação de serviços, recebe do consumidor produto para reparo. Procedendo-o, emprega peça ou componente de reposição usado. Trata-se de espécie de fraude no comércio[140].

A peça é parte integrante do mecanismo de funcionamento do produto ou de que depende seu emprego útil, na destinação que lhe é própria. Os componentes mecânicos de motores servem como exemplo. Num automóvel, pense-se ainda nas pastilhas de freio. Há precedente da troca de um motor de geladeira por outro, igualmente velho, do qual resultou condenação[141]. O componente é acessório acoplado ao produto, sem o qual seu uso parcial ou integral torna-se inviável. São exemplos baterias, expansores de memória de dados.

Não haverá o crime se a peça (ou componente) for diversa daquela indicada pelo consumidor, inclusive não original[142], porém nova (o que não impede a subsunção da conduta em tipo diverso, inclusive o estelionato, acaso derive prejuízo efetivo para a vítima). É preciso que o componente ou peça já tenha sido usado, ou seja, empregado em produto similar. Por outro lado, não afasta a tipicidade o fato da peça ou componente usado estar em condições de funcionamento[143], após recondicionamento[144], ou estar em estado de novo. Afinal, o tipo não exige qualquer prejuízo efetivo, por parte do lesado, como resultado naturalístico, tampouco dano como resultado jurídico. É crime de perigo abstrato, como já afirmado, caracterizando-se mesmo que a peça tenha desempenho melhor que uma nova, como anota Benjamin[145].

O tipo objetivo contém elemento negativo do tipo, consistente na expressão "sem autorização do consumidor". Havendo autorização, escrita ou verbal, o consentimento afastará a própria tipicidade formal objetiva, pela falta do elemento negativo. Assim, não é preciso chegar ao plano analítico da imputação objetiva do resultado jurídico de perigo de lesão patrimonial,

139 PRADO, Luiz Regis. Direito Penal Econômico. São Paulo: RT, 2004, p. 155.

140 MIRAGEM, Bruno. Curso de direito do consumidor. 6ª. ed. São Paulo: RT, 2016, p. 895; FILOMENO, José Geraldo Brito et alii. Código brasileiro de defesa do consumidor. 11ª. ed. Rio de Janeiro: Forense, 2017, p. 764. Ambos recordam o art. 175 do CP, cujo horizonte é ampliado pela regra penal do CDC.

141 FILOMENO, José Geraldo Brito et alii. Código brasileiro de defesa do consumidor. 11ª. ed. Rio de Janeiro: Forense, 2017, p. 766: trata-se da Ap. Crim. 965.419/7, TACRIM-SP.

142 Como assinalam corretamente PRADO, Luiz Regis. Direito Penal Econômico. São Paulo: RT, 2004, p. 154; MIRAGEM, Bruno. Curso de direito do consumidor. 6ª. ed. São Paulo: RT, 2016, p. 895; FONSECA, Antonio Cezar Lima da. Direito Penal do Consumidor. Porto Alegre: Livraria do Advogado, 1996, p. 238, pois a ligação do art. 70 com o 21 do CDC é apenas parcial.

143 Igual, FONSECA, Antonio Cezar Lima da. Direito Penal do Consumidor. Porto Alegre: Livraria do Advogado, 1996, p. 239.

144 BENJAMIN, Antonio Herman v. et alii. Comentários ao Código de Defesa do Consumidor. 5ª. ed. São Paulo: Thomson Reuters – RT, 2017, p. 1716; FILOMENO, José Geraldo Brito et alii. Código brasileiro de defesa do consumidor. 11ª. ed. Rio de Janeiro: Forense, 2017, p. 765, assinala a usual prática criminal de colocação de peça recondicionada em lugar de nova. Contra, PRADO, Luiz Regis. Direito Penal Econômico. São Paulo: RT, 2004, p. 156, considera inexistir o crime acaso a peça recondiciona opere adequadamente.

145 BENJAMIN, Antonio Herman v. et alii. Comentários ao Código de Defesa do Consumidor. 5ª. ed. São Paulo: Thomson Reuters – RT, 2017, p. 1717. Porém, não por isso chega-se à conclusão de que a tutela se dirige ao direito de informação do consumidor. Trata-se, apenas, de decorrência do enquadramento do delito como de perigo abstrato.

excluindo-a pela autocolocação em perigo da vítima, quando esta concorda com a execução do reparo mediante emprego de peça ou componente usado. A alusão formal do tipo à falta de autorização do destinatário do serviço desloca esta análise ao campo da tipicidade formal objetiva.

Quando o local de reparos opera somente com peças usadas, havendo evidências disso em cartazes, anúncios, a discussão probatória poderá evidenciar a ciência e o aval do consumidor. Ao deixar, nestas condições, o produto para conserto, anui com o emprego de peça usada.

Note-se que o tipo se aperfeiçoa quando o consumidor: a) expressamente não autoriza o uso de peça ou componente usado, uma vez previamente consultado a respeito; b) encomenda o reparo e simplesmente não tem ciência de que foi empregado componente ou peça usada. Nos dois casos, não há autorização do destinatário do serviço. Afinal, recorde-se que o art. 21, CDC, impõe a obrigação, declarada pela Lei "implícita" em toda prestação de serviços, do emprego de peça ou componente novo.

No plano probatório processual penal, a evidência de que a peça ou componente era usado demandará verificação pericial[146], capaz de evidenciar o uso pretérito, através de elementos como desgaste, vida útil, lacres de fábrica, etc. A rigor, havendo vestígios do uso prévio, a regra processual do art. 158, CPP, impõe o exame de corpo de delito – em claro atavismo de um sistema de provas legal ou tarifado, excepcional ao sistema de livre convencimento vinculado. A exigência do exame pericial não desfaz o fato de se tratar de crime de perigo abstrato. O exame, justamente, dará evidência de que a conduta, presumida perigosa pelo legislador *ex ante factum* e *juris et de jure*, consistiu naquela que efetivamente a Lei concebe como produtora de perigo.

Tipicidade Subjetiva

O tipo subjetivo conta com um único elemento, o dolo.

Consumação e Tentativa

A consumação do delito ocorre quando o agente emprega a peça ou componente usado no reparo de produto. Trata-se de crime formal ou de consumação antecipada. Afinal, pode até ocorrer efetivo prejuízo patrimonial (ou mesmo para a saúde ou segurança) derivado do uso ulterior do produto reparado, por parte do consumidor. Porém, o crime se consuma antes disso. E, naturalmente, não depende do prejuízo efetivo experimentado pelo destinatário do serviço.

A eventual concordância do consumidor com o emprego de peça usada, em conserto já realizado, não descaracteriza o crime. No plano fático, o aval ulterior ao reparo, feito pelo consumidor, ao ser avisado de que houve emprego de peça usada, poderá implicar na não ciência da conduta por integrantes do sistema penal (sobretudo, agentes policiais e ministeriais). Porém, dogmaticamente, o crime está aperfeiçoado[147].

146 FONSECA, Antonio Cezar Lima da. Direito Penal do Consumidor. Porto Alegre: Livraria do Advogado, 1996, p. 239, evidencia a dificuldade: a) do leigo descobrir que a peça ou componente é usado, sobretudo quando "lustrada, polida, apresentada como se nova fosse"; b) do Ministério Público na obtenção da prova pericial acaso em locais nos quais não haja pessoas com habilitação técnica para a confecção da prova.

147 Discorda-se, portanto, de que a autorização a posteriori implica em afastamento da incriminação, posição sustentada por FONSECA, Antonio Cezar Lima da. Direito Penal do Consumidor. Porto Alegre: Livraria do Advogado, 1996, p. 242, apoiado em lição de Manoel Pedro Pimentel, constante de RT 661/254; MIRAGEM,

A tentativa é possível[148], bastando que circunstância alheia à vontade do agente interrompa o emprego ou colocação de peça ou componente no produto sujeito ao reparo.

Eventual prejuízo efetivo experimentado pelo agente, de ordem patrimonial, pode caracterizar estelionato (com absorção do crime em análise, que representa claro exemplo de antecipação de momento de tutela), uma vez que o consumidor tenha sido induzido a crer que o reparo dera-se com componentes ou peças novas. É possível, mesmo, a imputação de lesões ou homicídio ao prestador de serviços, acaso ocorram pelo uso ulterior do produto sem aptidão para emprego nos fins próprios, derivada do desgaste da peça ou componente. A evidência de culpa ou dolo eventual, pela assunção de risco pelo prestador, dependerá dos contornos do caso. Pelas razões já indicadas, o art. 70, CDC, restará consunto ou absorvido.

Por fim, a afirmação falsa de que foi feito uso de peça nova, induzindo o consumidor ao erro, quando não causar prejuízo, levará à responsabilidade do fornecedor pelo art. 7º, VII, Lei 8.137/90[149], dando-se possível cúmulo de delitos com o art. 70, CDC. Aqui, há concurso, já que o bem protegido pelo primeiro concerne à qualidade de informação, não coincidindo com o bem de proteção imediata do art. 70.

Ação Penal

Todos os delitos do CDC, inclusive o art. 70, têm persecução mediante ação penal pública incondicionada. Há titularidade dos órgãos da administração pública direta ou indireta de defesa do consumidor (Procons) e associações de defesa do consumidor para figurarem como assistentes da acusação (v. arts. 80 e 82, III e IV, CDC, combinados).

O crime é da competência dos Juizados Especiais Criminais, permitindo transação (art. 76, Lei 9.099/95). Cabe também a suspensão condicional do processo (art. 89, Lei 9.099/95), acaso infrutífera a transação (por recusa ou descumprimento).

DO CRIME DE COBRANÇA ABUSIVA DE DÍVIDAS

Art. 71. Utilizar, na cobrança de dívidas, de ameaça, coação, constrangimento físico ou moral, afirmações falsas incorretas ou enganosas ou de qualquer outro procedimento que exponha o consumidor, injustificadamente, a ridículo ou interfira com seu trabalho, descanso ou lazer:

Pena Detenção de três meses a um ano e multa.

Bem Jurídico Tutelado

O bem jurídico mediato é constituído pelas relações de consumo, no que voltadas à compensação da vulnerabilidade do consumidor.

Bruno. Curso de direito do consumidor. 6ª. ed. São Paulo: RT, 2016, p. 897; BEDNARSKI, José Luiz. "Consumidor". In: Legislação Criminal Especial. Coord. Luiz Flávio Gomes e Rogério Sanchez Cunha. São Paulo: RT, 2009, p. 33 para quem o "fato se torna lícito".

148 MIRAGEM, Bruno. Curso de direito do consumidor. 6ª. ed. São Paulo: RT, 2016, p. 896.

149 Igual, BENJAMIN, Antonio Herman v. et alii. Comentários ao Código de Defesa do Consumidor. 5ª. ed. São Paulo: Thomson Reuters – RT, 2017, p. 1715, aludindo inclusive a casos de falsa informação de que a peça é original; MIRAGEM, Bruno. Curso de direito do consumidor. 6ª. ed. São Paulo: RT, 2016, p. 895.

Representando-as, o bem jurídico imediato consiste na tutela da dignidade do consumidor. Busca-se preservar o autopertencimento[150] de pessoas endividadas, protegendo-as em âmbitos variados: a) tranquilidade (violada quando de ameaças e interferências no cotidiano de trabalho, descanso e lazer); b) liberdade (ofendida diante de coações); c) honra e autoimagem, integrantes do patrimônio moral do consumidor (molestada por constrangimentos e exposições vexatórias); d) plenitude de informação (atingida por afirmações falsas). Assim, a dignidade do consumidor, cuja incolumidade exige atenção a todas estas dimensões, encontra-se no raio de proteção do tipo[151].

Não se exige a efetiva ofensa destes bens, mas a exposição a perigo abstrato, típica de toda a situação em que a cobrança emprega os meios abusivos contidos no tipo.

Novamente, o esteio da construção do bem tutelado é extrapenal, arrancando – como, de resto, nos demais crimes do CDC – do art. 5º, XXXII, CF, que erige a tutela do consumidor como direito fundamental. O art. 4º, caput, CDC, traça a tutela da dignidade do consumidor como parte integrante da política nacional das relações de consumo. Em consonância, o art. 6º, ao enumerar exemplificativamente direitos do consumidor, destaca no inciso IV a proteção contra "métodos comerciais coercitivos ou desleais, bem como contra práticas e cláusulas abusivas", de que são exemplos os meios de cobrança incriminados no art. 71. O tipo auxilia na "prevenção e reparação de danos (...) morais, individuais, coletivos e difusos", dando guarida ao direito do consumidor estatuído no art. 6º, VI, CDC.

A leitura do preceito primário conjuga-se – como sói ocorrer nos crimes do CDC – a específicos campos de tutela extrapenal do consumidor. Particularmente, exalta-se o art. 42, CDC: "Na cobrança de débitos, o consumidor inadimplente não será exposto a ridículo, nem será submetido a qualquer tipo de constrangimento ou ameaça." A tutela penal mostra-se ampliada, no cotejo com a norma extrapenal.

Destaque-se que a tutela emanada do tipo pode compreender bens imediatos individuais (consumidor atingido em sua honra), individuais homogêneos (grupo de consumidor atingido por dada prática abusiva de cobrança, uniformemente a todos dirigida), coletivos (a exposição de grupo determinado a situação vexatória) ou, na perspectiva difusa, o interesse indeterminado de consumidores potenciais de, diante de dado fornecedor, não serem alvo de práticas abusivas de cobrança ao com ele contraírem dívidas.

O tipo capta situação de imensa repercussão no cotidiano de consumidores, à vista do fenômeno do superendividamento[152], lastreado no modelo de capitalismo financeiro fomentado a partir dos anos 90 no ambiente global e, no Brasil, impulsionado pelo surgimento de

---

150 MAIHOFER, Werner. Estado de derecho y dignidad humana. Montevideo: BdF, 2008, p. 11, destacava o "pertencimento do meu eu" a mim como parte integrante da ideia de dignidade, conforme anteriormente destacado.

151 PRADO, Luiz Regis. Direito Penal Econômico. São Paulo: RT, 2004, p. 159, também enumera honra, enquanto reputação havida pelo consumidor no meio social, dignidade, decoro, liberdade física e psíquica do consumidor; MIRAGEM, Bruno. Curso de direito do consumidor. 6ª. ed. São Paulo: RT, 2016, p. 897

152 Os valores do individualismo e felicidade pelo consumo marcam o ambiente cultural neoliberal forjado do final dos anos 80 em diante. O corpo é centro das experiências mais extremas que o bolso possa adquirir, de modo a que cada indivíduo torne-se a finalidade de si mesmo. Esta é a tônica da sociedade de consumo. Os consumidores são "procuradores de sensações", na expressão de MINESTRONI, Laura. Comprendere il consumo. Società e cultura daí classici al postmoderno. Milão: FrancoAngeli, 2006, p. 327. Assinalava BAUDRILLARD, Jean. A sociedade de consumo. Lisboa: Edições 70, 2007, p. 25, que, na sociedade doe consumo, o

linhas de crédito subsidiadas a partir da primeira década do século XXI. Trata-se de paradigma econômico em que "a financeirização funcionou como substituto da acumulação"[153]. Este ambiente facilita a aquisição de bens e serviços mediante crediário, elevando todavia as taxas de endividamento familiares[154] e reduzindo, proporcionalmente, esforços de entesouramento. De outro lado, a necessidade de cobrança dos valores devidos impulsiona o quadro factual de práticas abusivas por parte de credores.

Sujeitos do Crime

O sujeito ativo é o fornecedor de produtos e serviços, na forma do art. 3º, CDC (exceto pessoas jurídicas), necessariamente posicionado como credor. Trata-se de mais um delito especial de autor, pois o tipo cinge ao fornecedor a subjetividade ativa.

Usualmente, contrai-se dívida para financiamento de compras junto a pessoas jurídicas, que oferecem linhas de crédito próprias ou de terceiros (bancos e financeiras). Nesta moldura, não é usual que coincida, na pessoa natural, a posição de credor e, ao mesmo tempo, executor direto da cobrança. Comum é haver uma pessoa jurídica credora, cujos diretores, gerentes ou administradores promovam, aprovem ou permitam o emprego de meios abusivos de cobrança de dívidas. A partir da deliberação, dá-se determinação da execução da cobrança a subordinado. Todos responderão como sujeitos ativos, integrando organicamente o polo fornecedor das relações de consumo. Observe-se, quando aos primeiros, o art. 75, CDC.

Repare-se que o subordinado, quando do cumprimento de ordem, pode não ter a plena cognição da abusividade do meio empregado, situação em que poderá evocar o erro de tipo.

Dirigentes de empresas de cobrança[155] e respectivos subordinados, ao procederem as práticas coibidas no dispositivo, também serão sujeitos ativos, integrando o polo fornecedor, por agirem em seu nome.

Enfim, tanto nas situações em que o crediário não é direto com o fornecedor da relação de consumo de que deriva a dívida – relação de consumo básica, fundamental ou primária[156] -, como quando este terceiriza a cobrança, o cobrador será sujeito ativo. Como esclarece Benjamin, "pode ou não ser o fornecedor do produto ou serviço que deu origem ao débito de consumo", uma vez que "o legislador, *ope legis*, cria (...) outra relação, igualmente de consumo, cujos referenciais subjetivos são o consumidor e o cobrador de seu débito"[157].

"lugar do consumo: é a vida cotidiana. Esta não é apenas a soma dos factos e gestos diários, a dimensão da banalidade e da repetição: é um sistema de interpretação".

153 MAGATTI, Mauro. Cambio di paradigma. Uscire dalla crisi pensando il futuro. Milano: Feltrinelli, 2017, p. 32.

154 A Confederação Nacional do Comércio divulgou, em janeiro de 2018, o panorama de endividamento brasileiro do ano anterior, revelando que 60,8% das famílias possuíam dívidas, com a alta taxa de 25,4% de inadimplência na média anual. Disponível em <http://www.valor.com.br/brasil/ 5258773/proporcao-de-brasileiros-endividados-volta-crescer-em-2017-diz-cnc.> Acesso em 30.04.2018.

155 Assim também FILOMENO, José Geraldo Brito et alii. Código brasileiro de defesa do consumidor. 11ª. ed. Rio de Janeiro: Forense, 2017, p. 769; PRADO, Luiz Regis. Direito Penal Econômico. São Paulo: RT, 2004, p. 160; MIRAGEM, Bruno. Curso de direito do consumidor. 6ª. ed. São Paulo: RT, 2016, p. 897.

156 BENJAMIN, Antonio Herman v. et alii. Comentários ao Código de Defesa do Consumidor. 5ª. ed. São Paulo: Thomson Reuters – RT, 2017, p. 1719.

157 BENJAMIN, Antonio Herman v. et alii. Comentários ao Código de Defesa do Consumidor. 5ª. ed. São Paulo: Thomson Reuters – RT, 2017, p. 1719. Contra: FONSECA, Antonio Cezar Lima da. Direito Penal do Consumidor. Porto Alegre: Livraria do Advogado, 1996, p. 252.

Sujeitos passivos são os consumidores, enquanto coletividade, cuja contração potencial de dívida junto ao fornecedor abusivo possa expô-los às práticas de cobrança ilegais. Naturalmente, um consumidor ou concretos grupos de consumidores são, também, sujeitos passivos, quando efetivamente contraírem dívidas de que resulte a cobrança abusiva. Porém, quando um fornecedor – enquanto *player* de mercado – passa à prática de cobranças abusivas, todo o conjunto de consumidores potenciais fica sob perigo de dano[158].

Condutas Típicas (Tipicidade Objetiva)

O tipo é ativo e simples, contando com o verbo "utilizar" como núcleo. O sujeito ativo utiliza – usa, maneja – meios abusivos para a cobrança de dívidas. Como bem indicado por Bruno Miragem, não se pune a cobrança de dívida – que é justa – mas o meio empregado para tanto[159].

Tais meios são descritos pelo tipo, caracterizando crime de forma vinculada. As formas abusivas de cobrança de dívida devem ocorrer no universo de uma relação de consumo[160]. Assim, parece-nos falho, por exemplo, o precedente TACRIM-SP/RT 720/450[161], em que locador dirigiu-se ao local de trabalho do locatário para ridicularizá-lo ostentando placa no pescoço em que estava escrito "cobrador". Não havia, aí, relação de consumo. Também não há esta relação quando da cobrança de taxa de condomínio, podendo o abuso caracterizar crime diverso[162].

Os modais de realização da cobrança abusiva de dívidas, contidos no tipo, são:

a) ameaça, enquanto promessa de mal futuro, capaz de atemorizar o destinatário[163]. O mal prometido não precisa ser grave e injusto, diversamente daquele que caracteriza o crime de ameaça do CP, art. 147. Cuide-se, lado outro, que cobrar a dívida é justo, mas a ameaça que acompanha a cobrança pode ser injusta, como uma promessa de agressão. Dando-se a ameaça com os contornos requeridos pelo art. 147, CP, haverá concurso de crimes, pois o tipo do art. 71, CDC, transcende o bem jurídico

---

158 Corretamente, a maior parte da doutrina coloca como sujeito passivo a coletividade de consumidores e aquele efetivamente atingido, a exemplo de MIRAGEM, Bruno. Curso de direito do consumidor. 6ª. ed. São Paulo: RT, 2016, p. 897; PRADO, Luiz Regis. Direito Penal Econômico. São Paulo: RT, 2004, p. 160; ANDREUCCI, Ricardo Antonio. Legislação Penal Especial. 3ª. ed. São Paulo: Saraiva, 2007, p. 335. Entendendo que a subjetividade passiva reside exclusivamente na coletividade de consumidores, SILVA JÚNIOR, José. "Defesa do Consumidor". In: Leis penais especiais e sua interpretação jurisprudencial. 7ª. ed. São Paulo: RT, 2002, p. 1.412; BENJAMIN, Antonio Herman v. et alii. Comentários ao Código de Defesa do Consumidor. 5ª. ed. São Paulo: Thomson Reuters – RT, 2017, p. 1719. A exclusão do consumidor individual é inadequada, porquanto este com mais razão é ofendido. Em sentido diametralmente oposto, há opção exclusiva de identificar como sujeitos passivos os consumidores atingidos, o que pressupõe a efetiva e pretérita contração da dívida, em autores como FILOMENO, José Geraldo Brito et alii. Código brasileiro de defesa do consumidor. 11ª. ed. Rio de Janeiro: Forense, 2017, p. 769; BEDNARSKI, José Luiz. "Consumidor". In: Legislação Criminal Especial. Coord. Luiz Flávio Gomes e Rogério Sanchez Cunha. São Paulo: RT, 2009, p. 35; COSTA JÚNIOR, Paulo José e COSTA, Fernando José da. Crimes contra o consumidor. 2ª ed. São Paulo: Atlas, 2008, 42.

159 MIRAGEM, Bruno. Curso de direito do consumidor. 6ª. ed. São Paulo: RT, 2016, p. 896.

160 PRADO, Luiz Regis. Direito Penal Econômico. São Paulo: RT, 2004, p. 161.

161 ANDREUCCI, Ricardo Antonio. Legislação Penal Especial. 3ª. ed. São Paulo: Saraiva, 2007, p. 336. Precedente também citado por PRADO, Luiz Regis. Direito Penal Econômico. São Paulo: RT, 2004, p. 165.

162 BEDNARSKI, José Luiz. "Consumidor". In: Legislação Criminal Especial. Coord. Luiz Flávio Gomes e Rogério Sanchez Cunha. São Paulo: RT, 2009, p. 34.

163 MIRAGEM, Bruno. Curso de direito do consumidor. 6ª. ed. São Paulo: RT, 2016, p. 897.

individual, protegendo a dignidade dos consumidores potenciais do fornecedor envolvido[164].

b) coação, que pode ser física, dirigida à constrição da vontade de ação do devedor ou, mais usualmente, moral, reduzindo o campo de liberdade da vontade do devedor. O tipo é de perigo abstrato. Acaso resulte efetivo dano à saúde física ou psíquica, derivado das lesões, dá-se concurso de crimes entre o art. 129, CP, e o art. 71, CDC, observando-se que o campo de atuação deste transcende a esfera de bens jurídicos individuais do devedor lesionado.

c) constrangimento físico ou moral. Interessante precedente de processo civil teria subsunção no art. 71, por este método de cobrança abusiva. Trata-se do STJ RESP 124581-2/RS, Rel. Min. Herman Benjamin, 2ª. T., DJ 21.06.11, DJE 01.09.11, no qual a fornecedora de energia elétrica cortou a luz de usuária portadora de HIV (com necessidade de energia elétrica incrementada pela necessidade de manutenção refrigerada de medicamentos) para cobrar dívida de usuário anterior do ponto de luz instalado na habitação[165].

Repare-se que o pagamento de dívida é algo imposto por lei, de modo a distinguir-se a hipótese em análise daquela do art. 146, CP, que concerne a obrigar a vítima a fazer o que não determinado em Lei ou deixar de fazer o que ela permite. Havendo ofensa a dimensões da liberdade, recortadas como objeto de tutela mais estreita em lei, como a liberdade de ir e vir, protegida pelo art. 148, CP, estabelece-se o concurso entre este e o art. 71 (que transcende o bem jurídico individual). Por exemplo, casa noturna em que o consumidor é trancado em sala, por seguranças do estabelecimento, como método para compeli-lo ao pagamento.

Conquanto a eventual ocorrência de privação de liberdade de um consumidor possa servir como meio para o fim da cobrança abusiva, não se trata de relação entre crime meio e crime fim capaz de conduzir à consunção daquele por este. Para que haja este efeito, deve haver relação entre os tipos penais de *minus* a *plus* na perspectiva da proteção penal que o direito penal pretende destinar a dado bem jurídico. Opera-se pela norma mais ampla a meta de proteção da mais estreita. O homicídio, *verbi gratia*, esgota o campo de proteção das lesões e o encampa. O estelionato, ainda que muitas vezes tenha pena mais branda, esgota o campo de lesividade do falso, quando este se exaure naquele (súmula 17, STJ); não se exaurindo, pela potência de lesão que o documento possui de atingir mais vítimas, dá-se o concurso. Pois bem: no art. 71, não se esgota em plenitude a tutela da liberdade de ir e vir da vítima. Esta incidentalmente, e não necessariamente, pode ser atingida. A disposição foi criada para tutela mediata das relações

164 BENJAMIN, Antonio Herman v. et alii. Comentários ao Código de Defesa do Consumidor. 5ª. ed. São Paulo: Thomson Reuters – RT, 2017, p. 1718-9, considera incidir sempre o concurso entre o art. 71 e o crime que, eventualmente praticado a partir do modal de cobrança abusiva, ofenda bem jurídico individual. Não consideramos que haja necessidade de descartar o devedor concretamente submetido à cobrança abusiva, como sujeito passivo, para afirmar os concursos materiais ou formais de crimes (variam caso a caso). Já FONSECA, Antonio Cezar Lima da. Direito Penal do Consumidor. Porto Alegre: Livraria do Advogado, p. 257, após anotar a variedade de posições doutrinárias alusivas ao tema do concurso de crimes – situação derivada das múltiplas modalidades de cobrança vexatória evocadas no preceito primário do art. 71 -, coloca-se dentre autores que entendem haver "ora concurso de crimes, ora concurso aparente de normas penais".

165 Referido por BENJAMIN, Antonio Herman v. et alii. Comentários ao Código de Defesa do Consumidor. 5ª. ed. São Paulo: Thomson Reuters – RT, 2017, p. 1721.

de consumo e da liberdade de número indeterminado de consumidores, quando no mercado opera um fornecedor que usa de método de cobrança similar.

Convém distinguir, por fim, o constrangimento que dá margem à cobrança abusiva de dívida daquele que caracteriza o art. 158, CP. Este crime, para além de envolver necessariamente violência ou grave ameaça, diz com obtenção de vantagem indevida. No art. 71, CDC, a vantagem é devida, pois a restituição do valor devido é justa. O modo empregado para obtê-la é que não é, no caso do emprego de meios abusivos.

d) afirmações falsas, incorretas ou enganosas[166], como a falsidade do nome, CPF ou CNPJ do fornecedor, ou endereço, exigidos nos documentos de cobranças de débitos, conforme art. 42-A, CDC[167]. Pune-se o art. 71, CDC, sem prejuízo da proteção da fé pública tutelada pelos tipos penais de falso, incidentes em concurso. A cobrança de débito inexistente, desde que dolosa, associada à ameaça de inscrição em serviço de proteção de crédito, dá margem à subsunção no art. 71, CDC[168];

e) procedimento que "exponha o consumidor, injustificadamente, a ridículo", evidenciando-se adiantamento da análise da ilicitude para o interior do tipo neste modal, com uso de elemento normativo de valoração global do injusto – acaso haja ameaça de protesto de título, meio legal de cobrança – o crime não se aperfeiçoa[169]. A exposição a ridículo pode dar-se em ambiente físico, como a exposição de cheques sem fundos no caixa do estabelecimento, ou virtual, como páginas de internet[170]. Qualquer modo de exposição, desde que produza o efeito vexatório, caracteriza o delito.

f) procedimento qualquer que interfira com o "trabalho, descanso ou lazer" do consumidor. A cobrança no trabalho, propositalmente feita frente a colegas, superiores ou subordinados, tem caráter abusivo pela evidente pretensão de associar a cobrança a certa vergonha a que se expõe o devedor. Ligações telefônicas insistentes, em horários usualmente destinados ao sono (primeiras horas da manhã ou horários tardios), são exemplificativas da interferência abusiva no descanso. Enfim, há um método de cobrança, consistente em causar perturbação ao agente, seja pela exposição indevida da imagem, seja pela quebra de seu repouso. Acaso não se vislumbre este componente

---

166 FONSECA, Antonio Cezar Lima da. Direito Penal do Consumidor. Porto Alegre: Livraria do Advogado, 1996, p. 252, anota que o emprego de documento falso, material ou ideologicamente, caracterizará o concurso de crimes.

167 MIRAGEM, Bruno. Curso de direito do consumidor. 6ª. ed. São Paulo: RT, 2016, p. 896. A inserção do art. 42-A, CDC, pretende dar ao consumidor clareza de quem lhe cobra, abrindo em seu favor um canal de contato. Afinal, difícil em muitos casos a identificação do fornecedor, como em sites virtuais de compras. V., a propósito, FILOMENO, José Geraldo Brito et alii. Código brasileiro de defesa do consumidor. 11ª. ed. Rio de Janeiro: Forense, 2017, p. 768.

168 SILVA JÚNIOR, José. "Defesa do Consumidor". In: Leis penais especiais e sua interpretação jurisprudencial. 7ª. ed. São Paulo: RT, 2002, p. 1.414. Trata-se do precedente TACRIM-SP AC 948.621, Rel. Ivan Marques, DJ 21.06.95. Porém, a colocação de devedor inadimplente em serviço de proteção ao crédito, dentro dos limites legais, é exercício de direito, na forma do art. 23, CP. Do mesmo modo, o protesto de título de crédito, como exemplifica BEDNARSKI, José Luiz. "Consumidor". In: Legislação Criminal Especial. Coord. Luiz Flávio Gomes e Rogério Sanchez Cunha. São Paulo: RT, 2009, p. 34.

169 FONSECA, Antonio Cezar Lima da. Direito Penal do Consumidor. Porto Alegre: Livraria do Advogado, 1996, p. 253.

170 FONSECA, Antonio Cezar Lima da. Direito Penal do Consumidor. Porto Alegre: Livraria do Advogado, 1996, p. 254.

como método, não há crime[171]. Noutros termos: alguém receber cobrança, telefônica, por mensagens telemáticas, ou até pessoalmente, durante o horário de trabalho, *per si*, não é crime. Aliás, acaso ninguém pudesse ser cobrado por dívidas em horário de labor ou repouso, quando seria cobrada?

Pressuposto para realização do tipo é a existência de endividamento de ao menos um consumidor, para que ocorra o emprego de meios abusivos de cobrança. Porém, o expediente empregado transcende o devedor específico, atingindo a comunidade de consumidores, potencial contratante do fornecedor ou responsável pela cobrança.

A mera ocorrência de ofensas no curso da cobrança pode dar margem a crime contra a honra, mas não necessariamente ao delito em análise. Para que incida o art. 71, CDC, deve integrar-se como método de cobrança, expondo a ridículo ou turbando a paz do consumidor dever.

Tipicidade Subjetiva

O elemento do tipo subjetivo é unicamente o dolo.

Consumação e Tentativa

Consuma-se o crime com a utilização de um dos meios abusivos previstos no tipo para a cobrança da dívida (ameaça, coação, constrangimentos, afirmações falsas), com a exposição do consumidor a ridículo ou com a interferência no seu trabalho, descanso ou lazer. Trata-se de crime formal ou de consumação antecipada, em que aperfeiçoam-se os elementos do tipo com o emprego do meio abusivo, antes de eventual modificação no mundo exterior daí derivada. Por exemplo, o emprego de coação física violenta não precisa implicar em lesão efetiva. O delito do art. 71, CDC, consuma-se antes.

A tentativa é admissível, variando a configuração conforme o modal utilizado para a cobrança abusiva. Exemplo: acaso o fornecedor seja impedido de utilizar megafone ou aparelhagem sonora potente na frente do local de trabalho do devedor, em zona urbana e horário comercial, para constrangê-lo ao pagamento, momentos antes do início da exposição vexatória, está caracterizado o *conatus*.

Ação Penal

O art. 71 prevê delito cuja persecução ocorre por ação penal pública incondicionada. Os órgãos da administração pública direta ou indireta de defesa do consumidor (Procons) e associações de defesa do consumidor podem figurar como assistentes da acusação (v. arts. 80 e 82, III e IV, CDC, combinados).

O crime é da competência dos Juizados Especiais Criminais, cabendo transação (art. 76, Lei 9.099/95) e, também, suspensão condicional do processo (art. 89, Lei 9.099/95), acaso infrutífera a primeira, por recusa ou descumprimento.

DO CRIME DE CRIAR IMPEDIMENTO OU DIFICULDADE DE ACESSO AO ARQUIVO DE CONSUMO

171 No mesmo sentido, MIRAGEM, Bruno. Curso de direito do consumidor. 6ª. ed. São Paulo: RT, 2016, p. 897.

Art. 72. Impedir ou dificultar o acesso do consumidor às informações que sobre ele constem em cadastros, banco de dados, fichas e registros:

Pena Detenção de seis meses a um ano ou multa.

Bem Jurídico Tutelado

O tipo penal do art. 72 do Código de Defesa do Consumidor tem como especial preocupação garantir ao consumidor o acesso aos bancos de dados (*latu sensu*) existentes a seu respeito.

O bem jurídico protegido pelo referido crime é a autodeterminação informativa[172], na sua faceta de acesso à informação.

Referido bem jurídico decorre do princípio constitucional, previsto no art. 5º, inciso X, da Constituição, que dota de especial proteção a vida privada do cidadão[173].

Sobre o tema, incide, também, a proteção constitucional prevista pela alínea "a", do inciso LXII, do art. 5º, que prevê a possibilidade da impetração da ação constitucional do *Habeas Data*, e que tem o seguinte teor: "*LXXII – conceder-se-á habeas data: a) para assegurar o conhecimento de informações relativas à pessoa do impetrante, constantes de registros ou bancos de dados de entidades governamentais ou de caráter público*"

O do acesso à informação sobre o consumidor alcançou, nos dias de hoje, uma importância que, imagina-se, sequer era possível antever quando da entrada em vigor do Código de Defesa do Consumidor.

A informática e especialmente a internet alçou o tema da autodeterminação informativa a patamares de elevadíssima importância em nossa sociedade, sendo relevante lembrar que foi precisamente a busca pelo fortalecimento exponencial da capacidade de oferta e de promoção das relações de consumo que constituiu, sem sombra de dúvidas, uma das maiores forças

172 A expressão é oriunda especialmente da Alemanha, tendo grande relevância um julgado de 1983, do Tribunal Constitucional alemão (BVerfGE 27,1). Sobre esse julgado, ensina SILVA que: "Todas as conclusões do julgado derivam do estabelecimento de que o tratamento de informações de um indivíduo é questão constitucional, uma matéria incluída na temática dos direitos fundamentais. O tratamento de dados inconsentidos não é mais um tema de defesa simplesmente por meio de legislação infraconstitucional. Na dignidade humana (Art. 1 I GG) em conjunto com o direito de livre desenvolvimento da personalidade (Art. 2 I GG) encontrava-se o fundamento de um direito à autodeterminação informativa (Recht auf informationelle Selbstbestimmung). Quem desconhece quem, o que e quando conhece sobre si e sua existência, perde a segurança de atuar socialmente de se expressar sem restrições. Daí que autodeterminar o fluxo dos dados pessoais é um requisito, uma exigência, ao livre desenvolvimento da personalidade. Mas não somente a esfera individual é favorecida com o direito à autodeterminação informativa, já que igualmente a liberdade para exercer a cidadania ativa é preservada, e assim, as próprias pré-condições ao regime democrático. Há, portanto, um forte viés em evitar-se um sentimento geral de coação que poderia causar no indivíduo a ausência de autodeterminação informativa." SILVA, Carlos Bruno Ferreira da. Proteção de Dados e Cooperação Transnacional: Teoria e Prática na Alemanha, Espanha e Brasil. Belo Horizonte: Arraes, 2014, p. 40. Também, defendem que o bem jurídico protegido pelo tipo penal do art. 72, CDC, é a autodeterminação informativa: PRADO, Luiz Régis. Direito Penal Econômico, 6ª ed. São Paulo: RT, 2014, p. 115; BITTENCOURT, Cezar Roberto. Tratado de Direito Penal Econômico. Vol. 1. São Paulo: Saraiva, 2016, p. 577. Sobre a autodeterminação informativa, como uma das esferas de abrangência dos direitos da personalidade, no direito alemão, confira-se: JARASS, Hans D; PIEROTH, Bodo. GG, Grundgesetz für die Bundesrepublik Deutschland, Kommentar. 10ª ed. Munique: Beck, 2009, pp. 73-75.

173 Nesse sentido, de que o direito fundamental à privacidade abrange a proteção contra eventuais abusos em bancos de dados, cf.: SILVA, José Afonso da. Curso de Direito Constitucional Positivo. 25ª ed. São Paulo: Malheiros, 2005, pp. 209-210. Assim, também, SILVA, Carlos Bruno Ferreira da. Proteção de Dados e Cooperação Transnacional: Teoria e Prática na Alemanha, Espanha e Brasil. Belo Horizonte: Arraes, 2014, pp. 55 e ss.

motrizes que impulsionou a abrangência, celeridade e profundidade que ostenta hoje em dia a captação, o armazenamento e a difusão de informação sobre os consumidores.

Sujeitos do Crime

O sujeito ativo do delito é todo aquele que seja responsável por banco de dados, cadastros, fichas ou registros contendo informações a respeito de consumidores, efetivos ou potenciais.

Defende-se aqui que o delito é especial, uma vez que deve o agente constar do polo de uma relação de consumo. Nesse sentido, ainda que normalmente seja praticado por fornecedores, é perfeitamente possível a sua caracterização por pessoas que administrem empresas que têm como função a manutenção, atualização e venda desses bancos de dados, precisamente porque presente essa relação consumerista[174].

Aliás, mesmo que uma pessoa jurídica, de modo informal, passe a administrar e atualizar bancos de dados sobre o assunto (o que é bastante facilitado hoje, com o advento da internet), inclusive, repassando a terceiros, poderão os agentes que atuam em nome dela incidir no delito em questão, já que expostos os consumidores às práticas derivadas da relação de consumo.

Da mesma forma, pode ser o autor do crime algum funcionário, que, à revelia da administração da empresa, acabe, pelo motivo que for, impedindo o acesso do consumidor aos dados existentes sobre ele[175].

Em todos esses casos, se faz presente essa conexão especial de armazenamento de dados vinculados a uma relação, ainda que potencial, de consumo.

O sujeito passivo é a coletividade de consumidores, podendo, também, ser atingidos consumidores individuais, dependendo do contexto do caso.

A caracterização dessa coletividade de consumidores não leva em conta apenas aqueles que já tenham efetivado relações de consumo com eventual fornecedor, uma vez que o delito abrange, também, todas as pessoas eventualmente atingidas pelo armazenamento de informações.

Em outras palavras, para a compreensão da coletividade de consumidores deve-se levar em conta, não só o conceito de consumidor previsto no art. 2º, mas, também, o conceito estabelecido pelo seu parágrafo único, pelo art. 17 e pelo art. 29, todos, do Código de Defesa do Consumidor. Assim, a compreensão dessas palavras deve abranger o consumidor *estrito sensu* e os consumidores por equiparação, uma vez que expostos à relação de consumo[176].

Condutas Típicas (Tipicidade Objetiva)

O centro da incriminação prevista no tipo penal do art. 72 do Código de Defesa do Consumidor repousa sobre as condutas que pretendem evitar ou tornar mais difícil o acesso do

174 PRADO defende tratar-se de um delito especial, cf.: PRADO, Luiz Régis. Direito Penal Econômico, 6ª ed. São Paulo: RT, 2014, p. 115.

175 BITTENCOURT, Cezar Roberto. Tratado de Direito Penal Econômico. Vol. 1. São Paulo: Saraiva, 2016, p. 578.

176 "Art. 2º Consumidor é toda pessoa física ou jurídica que adquire ou utiliza produto ou serviço como destinatário final. Parágrafo único. Equipara-se a consumidor a coletividade de pessoas, ainda que indetermináveis, que haja intervindo nas relações de consumo. (...) Art. 17. Para os efeitos desta Seção, equiparam-se aos consumidores todas as vítimas do evento. (...) Art. 29. Para os fins deste Capítulo e do seguinte, equiparam-se aos consumidores todas as pessoas determináveis ou não, expostas às práticas nele previstas."

consumidor às informações registradas a seu respeito. Esse delito constitui, pois, como afirma BENJAMIN, *"a contraface penal do art. 43, caput, e de seu § 1º. Ambos asseguram o 'direito de acesso' do consumidor aos arquivos de consumo."* [177]

É nesse âmbito do direito ao acesso à informação que se encontra a tutela da autodeterminação informativa. Precisamente porque, uma das facetas desse direito, consiste na prerrogativa do consumidor de ter conhecimento sobre o teor das informações, que constem dos arquivos de consumo, a seu respeito[178].

Os verbos típicos são impedir (impossibilitar o acesso) e dificultar (embaraçar, tornar mais dificultoso o acesso, colocar barreiras, adicionais ao necessário, para se ter acesso) e fazem referência às seguintes formas de armazenamento de informação: banco de dados, cadastros, fichas e registros.

O banco de dados, que constitui a expressão mais genérica e abrangente da técnica de armazenamento de dados, se materializa com qualquer recopilação organizada de dados. Normalmente, fornece um acervo dos mais variados dados sobre os consumidores, que podem constituir desde simples dados cadastrais, situação financeira, nível de inadimplência até preferências e padrões de consumo[179].

Já o cadastro nada mais do que as informações prestadas pelo consumidor, normalmente em formulários, quando da postulação ou celebração de um negócio jurídico consumerista. A organização dos dados informados nos cadastros insere-se, também, no conceito de banco de dados.

A ficha, por sua vez, é o simples registro de informações do consumidor, de forma manual e escrita, normalmente utilizadas por empresas menos profissionalizadas, uma vez que o arquivamento de fichas constitui técnica ultrapassada e pouco eficiente. A organização de fichas pode, também, caracterizar a criação de um banco de dados, ainda que de modo pouco eficiente.

---

177 BENJAMIN, Antonio Herman et alii. Comentários ao Código de Defesa do Consumidor. 4ª. ed. São Paulo: Thomson Reuters – RT, 2013, p. 1523.

178 Como consigna BENJAMIN: "Os arquivos de consumo são uma novidade da sociedade de massa, baseada no anonimato do consumidor e na utilização massiva de crédito. Mas se os arquivos de consumo por um lado facilitaram enormemente o crédito ao consumidor, por outro trouxeram uma invasão de sua privacidade e, com ela, inúmeros abusos." BENJAMIN, Antonio Herman et alii. Comentários ao Código de Defesa do Consumidor. 4ª. ed. São Paulo: Thomson Reuters – RT, 2013, p. 1523.

179 Uma diferenciação importante para a compreensão do tema é a que existe entre "dados", "informação" e "conhecimento". SILVA as expõe da seguinte maneira: "(...) um dado só se torna propriamente uma informação quando agrega ao seu conteúdo a identificação da pessoa a que se refere, daí permite interpretações. Essa informação, a princípio atomizada, organizada dentro de um contexto e com objetivos minimamente definidos transforma-se em conhecimento." SILVA, Carlos Bruno Ferreira da. Proteção de Dados e Cooperação Transnacional: Teoria e Prática na Alemanha, Espanha e Brasil. Belo Horizonte: Arraes, 2014, p. 22. E continua o mesmo autor sobre o tema em exame: "Dados soltos, sem qualquer reflexo em pessoas físicas, são de nenhuma utilidade no campo dos direitos fundamentais. Ao inverso, qualquer elemento que caracterize ao ser humano, por menor que seja, e respeitadas as diferentes gravidades, deve ser protegido. Pois o dado transformado em conhecimento transforma-se em Poder para quem o detém e pode significar constrangimentos e até subjugação para aquele que se torna um pouco mais desvelado." SILVA, Carlos Bruno Ferreira da. Proteção de Dados e Cooperação Transnacional: Teoria e Prática na Alemanha, Espanha e Brasil. Belo Horizonte: Arraes, 2014, pp. 23-24.

Por fim, os registros são qualquer forma de apontamento contendo informações a respeito do consumidor. Os registros organizados podem, da mesma forma, constituir um banco de dados.

Tipicidade Subjetiva

O tipo penal do art. 72 do Código de Defesa do Consumidor somente é punido quando praticado dolosamente, com consciência e vontade de impedir ou dificultar o acesso ao banco de dados, cadastros, fichas e registros.

Não é exigida para a configuração da tipicidade subjetiva a presença de elementos subjetivos diversos do dolo. Nenhuma finalidade específica precisa ser buscada com o impedimento ou imposição de dificuldades ao acesso ao consumidor.

Não há punição na modalidade culposa, de modo que se o consumidor tem dificuldades de acesso por conta da desorganização não intencional ou burocracia natural dos serviços, decorrente, por exemplo, de um excesso inesperado e involuntário da demanda por informações, não restará caracterizado o crime.

Consumação e Tentativa

A doutrina tem entendido que o crime do art. 72 do CDC é um delito de perigo abstrato[180].

No entanto, verifica-se que, o mesmo tipo penal do art. 72 do CDC, veicula tanto um delito de perigo abstrato e de mera conduta, quanto um crime de lesão e de resultado.

Na modalidade impedir, faz-se necessária existência de ação do agente que efetivamente obtenha um resultado de impedimento do consumidor à informação que pretende ter conhecimento. Aqui, há delito de resultado – vez que exige uma ação e um resultado – e há delito de lesão, já que uma das facetas da sua autodeterminação informativa é efetivamente menoscabada, pois o consumidor acaba sendo privado do seu direito de ter acesso ao conteúdo do arquivo consumerista.

Em complementação a esse verbo, porém, existe a ação de dificultar. Nesse caso, trata-se de um delito de perigo abstrato, já que se incrimina a conduta por si só, independentemente da violação concreta ao bem jurídico tutelado (autodeterminação informativa). Ademais, o delito, neste caso, constitui um crime de mera conduta, vez que a simples ação de embaraçar, colocar obstáculos sem justa causa, já constitui o delito, independentemente de resultado.

É incabível a tentativa do crime do art. 72 do CDC. Isso porque, ainda que o verbo impossibilitar indique a possibilidade de interrupção do *iter criminis*, a ação frustrada de impedimento já consubstancia a ação de dificultar, de modo que já restaria consumado o delito.

Ação Penal

A ação penal é pública incondicionada. Ademais, trata-se de infração de menor potencial ofensivo, sujeita à competência dos Juizados Especiais Criminais. Comporta o *favor rei* da transação (art. 76, Lei 9.099/95), uma vez satisfeitos os requisitos. Também é possível a aplicação da suspensão condicional do processo (art. 89, Lei 9.099/95).

180 Cf.: PRADO, Luiz Régis. Direito Penal Econômico, 6ª ed. São Paulo: RT, 2014, p. 115; BITTENCOURT, Cezar Roberto. Tratado de Direito Penal Econômico. Vol. 1. São Paulo: Saraiva, 2016, p. 579.

DO CRIMES DE OMISSÃO NA CORREÇÃO DE INFORMAÇÃO CONSTANTE DE ARQUIVO DE CONSUMO

Art. 73. Deixar de corrigir imediatamente informação sobre consumidor constante de cadastro, banco de dados, fichas ou registros que sabe ou deveria saber ser inexata:

Pena Detenção de um a seis meses ou multa.

Bem Jurídico Tutelado

O tipo penal do art. 73 do Código de Defesa do Consumidor tem como foco a tutela da veracidade das informações constantes dos arquivos de consumo.

Aqui, a exemplo do que ocorre como art. 72, CDC, o bem jurídico protegido é a autodeterminação informativa, muito embora o art. 73 incida sobre a faceta do direito à preservação da veracidade das informações constantes dos bancos de dados, cadastro, fichas ou registros.

Esse bem jurídico, como já consignado anteriormente, decorre do princípio constitucional da privacidade, previsto no art. 5º, inciso X, da Constituição da República, no que tange à proteção da vida privada do cidadão.

Ademais, incide, também, como marco protetivo, outro dispositivo constitucional que busca exatamente preservar a veracidade das informações constantes de arquivos públicos ou de caráter público. Trata-se da aliena "b", do inciso LXXII, art. 5º, que consagra o direito à ação constitucional de *Habeas Data*, e que tem a seguinte redação: *"LXXII - conceder-se-á habeas data: (...) b) para a retificação de dados, quando não se prefira fazê-lo por processo sigiloso, judicial ou administrativo."*

Como se pode ver, o tipo penal do art. 72 do CDC protege a conteúdo da alínea "a" do inciso LXXII, do art. 5º da Constituição, enquanto que o crime do art. 73 do CDC, tutela a norma da alínea "b", da mesma norma constitucional.

Sujeitos do Crime

O crime do art. 73 do Código de Defesa do Consumidor é um delito especial, aplicando-se a ele, pois, a teoria do da infração do dever, e não a do domínio do fato, para a identificação dos seus autores e partícipes.

Esse delito é especial – ao contrário do previsto no art. 72, CDC – precisamente porque exige uma especial condição do agente para ser autor.

Essa condição consiste precisamente na existência de um dever de corrigir as informações, que somente é atribuído à pessoa que tenha o controle das informações constantes do banco de dados, seja como responsável pela informação (normalmente o fornecedor)[181], seja

181 Nesse sentido, o Superior Tribunal de Justiça já decidiu que: "É do credor, e não do devedor, o ônus da baixa da indicação do nome do consumidor em cadastro de proteção ao crédito, em virtude do que dispõe o art. 43, § 3º, combinado com o art. 73, ambos do CDC. A propósito, este último, pertencente às disposições penais, tipifica como crime a não correção imediata de informações inexatas acerca de consumidores constantes em bancos de dados." (STJ – AgRg no AREsp 307.336/RS, Rel. Ministro LUIS FELIPE SALOMÃO, QUARTA TURMA, julgado em 22/10/2013, DJe 25/11/2013). Assim também: STJ – AgRg no Ag 1373920/SP, Rel. Ministro LUIS FELIPE SALOMÃO, QUARTA TURMA, julgado em 22/05/2012, DJe 28/05/2012.

como arquivista (pessoa responsável pela inserção, exclusão e correção dos dados constantes dos arquivos de consumo)[182].

O sujeito passivo é o consumidor desde uma perspectiva coletiva, podendo, sem embargo, também, atingir o consumidor individualmente.

Condutas Típicas (Tipicidade Objetiva)

O crime do art. 73 do Código de Defesa do Consumidor é um crime omissivo próprio, de modo que a sua tipicidade objetiva é consubstanciada por um não fazer o que a norma determina (*aliud agere*).

Cria-se, pois, um dever jurídico ao agente de corrigir ou determinar a correção imediata de informações incorretas constantes dos arquivos de consumo, seja porque não correspondem à realidade, seja porque, apesar de verdadeiras, não poderiam constar, pelo motivo que for, dos registros.

Assim, a tipicidade objetiva exigirá que:

a) o titular do dever de correção tenha conhecimento (ou deveria ter conhecimento) que a informação é incorreta;

b) tenha a possibilidade – direta ou indireta (mediante ordens ou comandos) – de corrigir (ou mandar corrigir) as informações;

c) realize um *aliud agere*, é dizer, um agir diverso do devido, consistente em qualquer conduta que não importe na correção das informações.

Sobre os conceitos de banco de dados, cadastro, fichas e registros, faz-se aqui referência ao já consignado no comentário do artigo 73, sendo certo, porém, que todos eles dizem respeito a dados sobre o consumidor.

Por fim, com relação ao advérbio de tempo "*imediatamente*" que consta do tipo penal, deve ele ser compreendido como uma determinação de correção tão logo tenha o agente acesso ao arquivo de consumo ou tão logo possa ter acesso ele. Não pode o agente, pois, postergar deliberadamente, a correção dessas informações[183].

Tipicidade Subjetiva

O crime somente é punido se praticado dolosamente, ou seja, deve o agente, com consciência e vontade, deixar de corrigir as informações incorretas sobre consumidor.

---

182 A expressão arquivista é a utilizada pelo Código de Defesa do Consumidor, no § 3º, art. 43: "O consumidor, sempre que encontrar inexatidão nos seus dados e cadastros, poderá exigir sua imediata correção, devendo o arquivista, no prazo de cinco dias úteis, comunicar a alteração aos eventuais destinatários das informações incorretas."

183 Há quem defenda que o arquivista tem o prazo de 05 (cinco) dias para proceder à retificação, com base no § 3º, art. 43 ("O consumidor, sempre que encontrar inexatidão nos seus dados e cadastros, poderá exigir sua imediata correção, devendo o arquivista, no prazo de cinco dias úteis, comunicar a alteração aos eventuais destinatários das informações incorretas.") do Código de Defesa do Consumidor. No entanto, o prazo dado pela Lei é para a comunicação dos destinatários, não para a correção dos dados, que, como visto no tipo penal em comento, impõe a correção imediata. Sobre essa discussão, confira-se: PRADO, Luiz Régis. Direito Penal Econômico, 6ª ed. São Paulo: RT, 2014, pp. 118-119. Sem embargo, no que diz respeito exclusivamente aos arquivos previstos na Lei do Cadastro Positivo (Lei n. 12.414/11), entende-se que o arquista tem o prazo de 02 (dois) dias, quando a informação é impugnada

Ademais, chama a atenção um outro aspecto relativo ao tipo subjetivo. A norma consigna que configura o tipo penal quando o agente *"sabe ou deveria saber"* que a informação era inexata.

Assim, adota-se expressamente aqui a denominada teoria da cegueira deliberada[184]. É dizer, o agente deliberadamente se coloca em uma situação de ignorância (elemento cognitivo), com o objetivo de não saber se as informações constantes dos arquivos de consumo são inexatas. Nesses casos, apesar de existirem uma série de elementos de informação dando sério indicativo de que as informações eram inexatas, o agente prefere ignorar esses sinais, mantendo-se deliberadamente em uma situação de ignorância[185].

Essa previsão, muito embora tenha uma importante função de reforço argumentativo, poderia, inclusive, ser dispensada, uma vez que se entende possível a existência de dolo eventual, em que o agente deliberadamente assume o risco sobre a existência ou não de determinado elemento do tipo objetivo[186].

---

184 AMBOS, ao examinar o art. 28 (2) do Estatuto de Roma, que tem expressão semelhante (devia saber – should have known), defende, também, que se trata de uma previsão expressa a respeito da aplicação da teoria da cegueira deliberada. Nesse sentido, afirma: "Segue de pé a questão sobre como entender o tradicional critério do 'deveria saber' (should have known) que difere do novo critério para os superiores civis do artigo 28 (2) (a.). Como resposta, entende-se que esse novo critério repete o conhecido critério do Common Law e dos juízos sobre crimes de guerra, consistente no enterrar sua cabeça no buraco (wilful blindness). O critério do cego voluntário constitui exceção ao requisito do conhecimento positivo, ao considerá-lo presente, quando existe a cegueira deliberada – em relação a um fato em particular – 'quando uma pessoa é consciente da alta probabilidade de sua existência, a menos que acredite que não existe'." AMBOS, Kai. Estudios de Derecho Penal Internacional. Caracas: Ucab, 2005, p. 120.

185 Sobre essa teoria, RAGUÉS I VALLÈS explica que: "A doutrina da ignorância deliberada provém do Direito penal anglo-americano, onde ela é conhecida há mais de um século como "wilful blindness' (literalmente, 'cegueira intencional'). Em termos gerais, esta doutrina sustenta a equiparação, para fins de atribuir-se responsabilidade subjetiva, entre os casos de conhecimento efetivo dos elementos objetivos que configuram uma conduta delitiva e aqueles casos de desconhecimento intencional ou deliberado com relação a referidos elementos. Tal equiparação à conduta de quem conhece, não é inferior à daquele sujeito que, podendo e devendo conhecer, prefere manter-se na ignorância." RAGUÉS I VALLÈS, Ramon. La responsabilidad penal del testaferro en delitos cometidos a través de sociedades mercantiles. En Anuario de Derecho Penal Económico y de la Empresa, ADPE, 2 (2012), p. 170. Também sobre o tema, afirma WILLIAMS que: "Uma Corte pode reconhecer a cegueira deliberada somente quando se pode quase dizer que o acusado realmente sabia. Ele suspeitava do fato; ele se deu conta de sua probabilidade; mas ele se absteve de obter a confirmação final, uma vez que queria, no caso, ser capaz de negar o conhecimento. Isso, e somente isso, é cegueira deliberada." WILLIAMS, Glanville. Criminal Law: The General Part. 2a ed., London: Stevens & Sons Ltd, 1961, p. 159. Ainda sobre o tema, DRESSLER explica – ainda que não exista consenso nesse sentido – que normalmente os requisitos para a wilful blindness estão presentes quando o autor: "(1) é consciente da alta probabilidade da existência do fato em questão, e (2a) age deliberadamente no sentido de evitar a confirmação do fato, ou (2b) deliberadamente deixa de buscar saber, com o objetivo de evitar a confirmação do fato. DRESSLER, Joshua. Understanding Criminal Law, p. 128. Assim, também, já se decidiu no caso Mattingly versus United States, que: "o elemento do conhecimento pode ser inferido de atos deliberados que equivalem à cegueira deliberada." Mattingly v. United States, 924 F.2d 785, 792 (8th Cir. 1991). Ademais, o Model Penal Code dos Estados Unidos prevê expressamente a figura do wilful blindness, em seu parágrafo 2.02(7), que dipõe: "Quando o conhecimento da existência de um determinado fato é um elemento de um delito, tal conhecimento se estabelece se uma pessoa é consciente com uma alta probabilidade de sua existência, a menos que realmente o sujeito realmente acredite que tal elemento não exista." Ainda sobre o tema, vale conferir: OXMAN, Nicolás. Sistemas de Imputación Subjetiva en Derecho Penal: el modelo angloamericano. Valencia: Tirant lo Blanch, 2016, pp. 282 e ss; RAGUÉS I VALLÈS, Ramon. La ignorancia deliberada en Derecho Penal. Barcelona: Atelier, 2007.

186 Sobre a possibilidade dessa modalidade de dolo eventual (dolo eventual referido ao elemento cognitivo do dolo), cf.: CABRAL, Rodrigo Leite Ferreira. Dolo y lenguaje: hacia una nueva gramática del dolo desde la Filosofía del Lenguaje. Valência: Tirant lo Blanc, 2017, pp. 284 e ss.

Note-se que, uma vez estando presentes os indicativos no sentido de que a informação é inexata, o dever saber continua hígido, mesmo em relação aos agentes que sequer cogitem acerca dessa inexatidão, pois tinham que fazê-lo, uma vez que a legislação impõe aqui um cuidado objetivo devido derivado do papel que exerce o autor.

Ademais, verifica-se que o tipo penal não exige nenhum elemento subjetivo diverso do dolo, além do que não são puníveis as condutas decorrentes de mera culpa.

Consumação e Tentativa

O crime do art. 73 é de mera conduta, consumando-se no preciso momento em que o agente tomou conhecimento da inexatidão da informação e devia e podia alterá-la, mas acabou omitindo-se, ao realizar ação diversa.

Na modalidade do devia saber, consuma-se no momento em que o agente se depara com sérios elementos indicativos da inexatidão da informação e ele, deliberadamente, prefere manter-se em estado de ignorância, deixando de corrigir as informações, que deveria e poderia alterar.

O delito em questão não admite tentativa, uma vez que é um crime unissubsistente, não sendo possível, pois, a interrupção do *iter criminis*, uma vez que este se esgota com a própria omissão o autor do delito.

Ação Penal

A ação penal é pública incondicionada. O delito constitui infração de menor potencial ofensivo, sujeito à competência dos Juizados Especiais Criminais. Objetivamente é cabível a transação penal (art. 76, Lei 9.099/95) e a suspensão condicional do processo (art. 89, Lei 9.099/95).

DO CRIME DE OMISSÃO NA ENTREGA OU DE INADEQUAÇÕES DO TERMO DE GARANTIA

Art. 74. Deixar de entregar ao consumidor o termo de garantia adequadamente preenchido e com especificação clara de seu conteúdo:

Pena Detenção de um a seis meses ou multa.

Bem Jurídico Tutelado

O tipo penal do art. 74 do Código de Defesa do Consumidor pretende dar proteção penal aos direitos decorrentes da garantia contratual contratada pelo consumidor.

Dessa maneira, é possível afirmar que o bem jurídico tutelado é tanto o seu patrimônio individual (uma vez que busca assegurar a eventual utilização da garantia contratada pelo consumidor, com a efetiva entrega do termo de garantia), como, também, o seu direito à informação, considerando-se que não basta a entrega do termo de garantia, deve ele estar preenchido e o seu conteúdo deve conter informações claras[187].

187 Assim também: PRADO, Luiz Régis. Direito Penal Econômico, 6ª ed. São Paulo: RT, 2014, p. 120.

Sujeitos do Crime

O sujeito ativo do delito é aquele que tem o dever de elaborar adequadamente o termo de garantia e entregá-lo, quando ela for contratada. Assim, pode ser tanto o fornecedor, quanto o eventual fabricante que venda diretamente ao consumidor[188].

No entanto, o certo é que se trata de delito especial, pois o tipo penal exige que o agente tenha essa especial característica, é dizer, o dever de elaborar adequadamente o termo de garantia contratual e entregá-lo adequadamente preenchido.

O sujeito passivo é o consumidor, a nosso sentir, individualmente considerado. Isso porque, o tipo penal exige que a conduta atinja um consumidor determinado[189].

Condutas Típicas (Tipicidade Objetiva)

O crime do art. 74 do CDC estabelece um delito omissivo próprio, de modo que, para a caracterização da conduta incriminada, é imprescindível a presença de um *aliud agere*, é dizer, um agir distinto do previsto pela norma penal.

Desse modo, é punida a conduta do agente, quando preenchidos os seguintes requisitos cumulativos:

a) contratação pelo consumidor de garantia, vinculada a um negócio jurídico consumerista principal (natureza acessória da garantia contratual). Para a caracterização do delito deve existir, pois, uma garantia contratual. Isso porque, o tipo penal do art. 74, CDC, prevê um reforço protetivo à norma do art. 50 do Código de Defesa do Consumidor, de modo que esse crime se aplica tão apenas aos casos em que há garantia contratual, que é complementar à garantia legal, uma vez que esta (garantia legal) independe de termo expresso (CDC, art. 24)[190]. Veja-se que, com garantia legal, surge o dever do fornecedor de: i) entregar o termo de garantia; e ii) o conteúdo desse termo de garantia deve estar adequadamente preenchido e a informação nele contida deve especificar claramente os direitos do consumidor;

b) deve o fornecedor ter a possibilidade física – direta ou indireta (mediante ordens ou comandos) – de entregar o termo de garantia, preenchê-lo e elaborar seu conteúdo de forma clara;

---

188 BENJAMIN, Antonio Herman et alii. Comentários ao Código de Defesa do Consumidor. 4ª. ed. São Paulo: Thomson Reuters – RT, 2013, p. 1530.

189 Parte da doutrina que defende se tratar de sujeito passivo coletivo. Cf.: PRADO, Luiz Régis. Direito Penal Econômico, 6ª ed. São Paulo: RT, 2014, p. 121; BENJAMIN, Antonio Herman et alii. Comentários ao Código de Defesa do Consumidor. 4ª. ed. São Paulo: Thomson Reuters – RT, 2013, p. 1531). BENJAMIN sustenta nesse sentido que: "Mesmo quando o consumidor individual não sofre qualquer dano (a garantia é cumprida independentemente da existência de termo), há crime, pois o legislador penal levou em consideração o risco que a omissão na entrega do termo produz no mercado de consumo como um todo e, a partir daí, para a coletividade de consumidores." (op. cit., p. 1531). No entanto, tal argumentação se presta para sustentar que o delito em questão é de perigo abstrato e não um delito de dano. Na espécie, o bem jurídico atingido abstratamente é apenas do consumidor específico, por isso defende-se aqui que o tipo penal do art. 74, CDC, protege o consumidor individualmente. Uma vez mais, afigura-se uma excepcionalidade, já que, em regra, os delitos do CDC tutelam bens jurídicos coletivos.

190 BENJAMIN, Antonio Herman et alii. Comentários ao Código de Defesa do Consumidor. 4ª. ed. São Paulo: Thomson Reuters – RT, 2013, p. 1529.

c) realize o agente um *aliud agere*, é dizer, um agir diverso do devido, consistente em qualquer conduta diversa do preenchimento claro do termo de garantia e sua entrega ao consumidor. Veja-se que o conteúdo claro preenchido e a entrega do termo são requisitos cumulativos. Não basta o agente entregar um termo com um conteúdo claro e não estar preenchido. Ou estar o termo preenchido e ser entregue, mas o seu conteúdo é extremamente obscuro. Ou, ainda, ter um conteúdo claro, estar preenchido, mas não ser entregue ao consumidor.

Desse modo, a rigor, são três condutas omissivas que podem caracterizar o crime: a) não entregar o termo; b) entregar o termo sem estar preenchido; ou c) entregar o termo com cláusulas que não estejam claramente especificadas[191].

É importante frisar que a garantia contratual nada mais é do que uma cláusula do negócio jurídico principal ou um negócio jurídico acessório, em que são fornecidos ao consumidor – as vezes mediante pagamento adicional – garantias complementares às legalmente estabelecidas, seja estendendo o tempo da garantia legal, seja estipulando, ao consumidor, benefícios adicionais aos já previstos no próprio Código de Defesa do Consumidor.

Já o termo de garantia é a materialização padronizada e escrita, em um documento físico ou virtual, dos benefícios complementares que são dados ao consumidor pela garantia contratual[192].

Tipicidade Subjetiva

A conduta somente é punida a título de dolo. Deve, pois, o agente ter consciência e vontade de não realizar as condutas devidas. Em outras palavras, a omissão deve ser intencional.

Ademais, como não há punição a título de culpa, eventual realização do tipo objetivo por violação ao bem jurídico de cuidado, não caracteriza o crime do art. 74, CDC, por ausência de tipicidade subjetiva.

Por fim, é importante frisar que a Lei não exige um especial fim de agir na conduta do agente, de modo que não há a necessidade da presença de um elemento subjetivo diverso do dolo.

Consumação e Tentativa

O delito do art. 74 é de mera conduta ou de mera inatividade. Por essa razão, consuma-se no momento em que deveria o agente agir, mas acaba omitindo-se (deixando de realizar o devido).

---

191 BENJAMIN, Antonio Herman et alii. Comentários ao Código de Defesa do Consumidor. 4ª. ed. São Paulo: Thomson Reuters – RT, 2013, p. 1530.

192 Sobre os requisitos que devem constar do termo de garantia, são aqueles previstos no parágrafo único do art. 50, CDC, verbis: "Art. 50. A garantia contratual é complementar à legal e será conferida mediante termo escrito. Parágrafo único. O termo de garantia ou equivalente deve ser padronizado e esclarecer, de maneira adequada em que consiste a mesma garantia, bem como a forma, o prazo e o lugar em que pode ser exercitada e os ônus a cargo do consumidor, devendo ser-lhe entregue, devidamente preenchido pelo fornecedor, no ato do fornecimento, acompanhado de manual de instrução, de instalação e uso do produto em linguagem didática, com ilustrações."

Na omissão em entregar o termo, a consumação ocorre, normalmente, quando da contratação do negócio jurídico consumerista principal. Às vezes, quando há entrega a distância, deverá, usualmente, ser encaminhado o termo com a mercadoria. Será o contexto da ação, porém, que deixará claro o momento em que deveria ter o termo sido entregue.

Já na modalidade não preencher ou preencher de modo inadequado, a consumação ocorre no momento da entrega do termo de garantia, oportunidade em que se verifica a omissão em entregar o termo de garantia *"adequadamente preenchido e com especificação clara de seu conteúdo"*.

É importante registrar que o crime do art. 74, CDC, é de perigo abstrato. Assim, não se faz necessário o descumprimento, por parte do agente, da garantia contratual. O tipo penal não exige esse resultado, basta a não entrega do termo ou a entrega naquelas hipóteses previstas no tipo penal.

Assim, mesmo que o fornecedor, por exemplo, cumpra a garantia contratual, pode estar caracterizado o delito, caso ele incida nas condutas incriminadas pelo artigo 74, CDC.

Ação Penal

A ação penal é pública incondicionada. O crime do art. 74, CDC, é de menor potencial ofensivo, sujeito à competência dos Juizados Especiais Criminais. Objetivamente é cabível a transação penal (art. 76, Lei 9.099/95) e a suspensão condicional do processo (art. 89, Lei 9.099/95).

DA RESPONSABILIDADE PENAL

Art. 75. Quem, de qualquer forma, concorrer para os crimes referidos neste código, incide as penas a esses cominadas na medida de sua culpabilidade, bem como o diretor, administrador ou gerente da pessoa jurídica que promover, permitir ou por qualquer modo aprovar o fornecimento, oferta, exposição à venda ou manutenção em depósito de produtos ou a oferta e prestação de serviços nas condições por ele proibidas.

O teor do art. 75 do Código de Defesa do Consumidor não ostenta nenhuma relevância especial, já que deixa intacta a estrutura do Código Penal, na parte em que dispõe sobre autoria e participação.

Pensando em alguma função que o seu conteúdo pode ostentar, na verdade, pode identificar-se o mero reforço comunicativo das seguintes diretrizes sobre a responsabilidade penal: **a)** nosso sistema adota a responsabilidade pessoal e subjetiva; **b)** os diretores, administradores, gerentes da pessoa jurídica não estão imunes à responsabilidade penal, de modo que, seja na eventual condição de garante, seja na de omitente, seja na responsabilidade por ação deverão ser responsabilizados, caso estejam preenchidos os requisitos penais para tanto.

Aliás, não é demais reforçar que o art. 75 do Código de Defesa do Consumidor perdeu uma importante oportunidade de estabelecer, também, a responsabilidade penal da pessoa jurídica, caso em que – daí sim – ganharia importância transcendental na responsabilização pela prática de delitos contra o consumidor.

DAS CIRCUNSTÂNCIAS AGRAVANTES

Art. 76. São circunstâncias agravantes dos crimes tipificados neste código:

I – serem cometidos em época de grave crise econômica ou por ocasião de calamidade;

II – ocasionarem grave dano individual ou coletivo;

III – dissimular-se a natureza ilícita do procedimento;

IV – quando cometidos:

a) por servidor público, ou por pessoa cuja condição econômico-social seja manifestamente superior à da vítima;

b) em detrimento de operário ou rurícola; de menor de dezoito ou maior de sessenta anos ou de pessoas portadoras de deficiência mental interditadas ou não;

V – serem praticados em operações que envolvam alimentos, medicamentos ou quaisquer outros produtos ou serviços essenciais.

Estabelece do art. 76 do Código de Defesa do Consumidor uma série de circunstâncias agravantes, que devem ser aplicadas no segundo momento, do método trifásico de aplicação da pena (CP, art. 68), relativamente aos crimes previstos neste Código[193].

Essas agravantes são complementares àquelas previstas no Código Penal, uma vez que o Código de Defesa do Consumidor não criou uma regência própria para a aplicação das agravantes, mesmo porque nada falou sobre as atenuantes (CP, art. 65), nem sobre as agravantes previstas para o concurso de pessoas (CP, art. 62), que tem especial relevância nos delitos econômicos, como os previstos no CDC[194].

Passamos, pois, a analisar cada uma dessas agravantes:

Inciso I, art. 76 (grave crise econômica e calamidade): A norma prevê como circunstância agravante o fato de o crime contra o consumidor ser cometido durante duas situações excepcionais:

a) grave crise econômica: normalmente existente quando se está diante, por exemplo, de elevada taxa de desemprego, grave recessão, hiperinflação e grande dívida pública, devendo o juiz analisar fundamentadamente a existência dessa circunstância agravante;
b) calamidade: se faz presente em casos de graves desastres que dificultem sobremaneira a vida normal das pessoas por determinado período de tempo. Uma vez mais, deve ser devidamente fundamentada a existência da situação excepcional. Normalmente, a calamidade pública provoca a expedição formal, por ato do chefe do executivo municipal, estadual ou da União, de um decreto reconhecendo essa situação.

O fundamento dessa agravante repousa na especial fragilidade em que se encontra o consumidor nessas situações excepcionais, de modo que se torna muito mais reprovável o abuso dessas situações para a prática de delitos consumeristas.

Inciso II, art. 76 (grave dano individual ou coletivo): Incide a agravante quando a magnitude do dano causado, individual ou coletivamente, é grave. Para a aplicação da agravante,

193 Veja-se que se tratam de agravantes bastante semelhantes às previstas para o crime de usura, no § 2º, art. 2º, da Lei n. 1.521/51.

194 No sentido de que se aplicam, também, as agravantes do Código Penal, cf.: FILOMENO, José Geraldo Brito. Manual de Direitos do Consumidor. 14ª ed. São Paulo: Atlas, 2016, p. 396.

deverá sempre ter-se em conta a situação contextual do delito, levando-se em consideração as condições financeiras e sociais das vítimas atingidas, a relevância dos danos causados.

A justificativa para a agravante repousa na violação mais contundente dos bens jurídicos tutelados.

Inciso III, art. 76 (dissimulação): Quando o agente emprega recurso que dificulta a defesa da vítima, consistente na dissimulação. Assim, resta caracterizada a garante quando são utilizados meios que escondam o objetivo criminoso da conduta, passem a falsa impressão de que se trata de uma conduta lícita. Com isso, a vítima torna-se mais vulnerável, razão pela qual se justifica a agravante.

Inciso IV, art. 76 (cometidos por determinadas pessoas e contra determinadas vítimas): Deve, também, ser a pena agravada quando o delito for cometido por servidor público ou por pessoa com condição econômica claramente superior à da vítima. No caso do servidor público entende-se que deve ter um maior senso de proteção a coletividade e do interesse público, especialmente no exercício de suas funções. Já com relação à assimetria econômica entre autor e vítima, entendeu o legislador ser mais censurável a conduta daquele que se vale de sua capacidade econômica para subjugar consumidores economicamente hipossuficientes.

Da mesma forma, incide a agravante quando o crime for cometido contra operário ou rurícola, buscando o legislador proteger tanto o trabalhador braçal da cidade, quanto do campo.

Incide, também, a agravante quando delito é praticado contra menor de dezoito anos, tendo em conta a sua reduzida inexperiência na celebração de relações de consumo. Quando é cometido contra pessoas maiores de sessenta anos, incide, também, a agravante, considerando as dificuldades das pessoas idosas na compreensão mais adequada de como são realizadas as relações de consumo, especialmente as de massa e pela internet.

No mesmo sentido, agrava-se a pena quando o crime é praticado contra pessoa com deficiência, seja ela interditada ou não. É que, obviamente, essa condição, muitas vezes, dificulta a defesa da vítima e facilita a prática do delito.

Inciso VI, art. 76 (cometidos por determinadas pessoas e contra determinadas vítimas): Por fim, sempre agravará a pena quando os produtos e serviços que são objeto da relação de consumo envolvam alimentos, medicamentes ou outros produtos ou serviços essenciais. Estão excluídos, portanto, os bens relacionados ao mero lazer e os supérfluos.

DA PENA PECUNIÁRIA

Art. 77. A pena pecuniária prevista nesta Seção será fixada em dias-multa, correspondente ao mínimo e ao máximo de dias de duração da pena privativa da liberdade cominada ao crime. Na individualização desta multa, o juiz observará o disposto no art. 60, § 1º do Código Penal.

O art. 77 do Código de Defesa do Consumidor trata, em verdade, da pena de multa (e não da pena restritiva de direito da prestação pecuniária – CP, art. 43, I, e 54), trazendo uma regência distinta da prevista pelo Código Penal.

Isso porque, o art. 49 do Código Penal estabelece como marcos mínimos e máximos para a pena de multa o valor de 10 (dez) e de 360 (trezentos e sessenta) dias-multa.

Já com relação aos delitos tipificados pelo CDC, o art. 77 estipula a pena de multa terá como marcos mínimos e máximos o mesmo número de dias previstos para a pena privativa de liberdade cominada em abstrato, só que transformada em dias-multa.

Assim, por exemplo, no caso da prática do tipo penal do art. 71, cuja pena privativa de liberdade é de três meses a um ano, a pena mínima da multa corresponderá a 90 (noventa) dias-multa e a pena máxima a 360 (trezentos e sessenta) dias-multa.

Essa disciplina diferenciada acaba por promover de forma mais adequada a ideia de proporcionalidade entre a pena de multa e a pena privativa de liberdade, facilitando, inclusive, a aplicação da pena de multa.

Veja-se, porém, que na identificação do valor do dia-multa, deverá o julgador seguir a regência do art. 60 do Código Penal, em que se deve levar em consideração, fundamentalmente, a situação econômica do réu, podendo, pois, variar entre 1/30 (um trigésimo) do salário mínimo até 05 (cinco) vezes o seu valor (CP, art. 49, § 1º).

Ademais, como dispõe o próprio art. 77, CDC, poderá ser aplicada aos delitos do CDC, a regra do art. 60, § 1º, que permite que o julgador aumente o valor da multa até o triplo, caso *"considerar que, em virtude da situação econômica do réu, é ineficaz, embora aplicada no máximo."*

DAS PENAS RESTRITIVAS DE DIREITO

Art. 78. Além das penas privativas de liberdade e de multa, podem ser impostas, cumulativa ou alternadamente, observado o disposto nos arts. 44 a 47, do Código Penal:

I – a interdição temporária de direitos;

II – a publicação em órgãos de comunicação de grande circulação ou audiência, às expensas do condenado, de notícia sobre os fatos e a condenação;

III – a prestação de serviços à comunidade.

Como se sabe, a aplicação de penas restritivas de direito, em nosso Código Penal, é prevista como forma substitutiva da pena de prisão (CP, art. 44).

Sem embargo, quando da prática dos crimes previstos no Código de Defesa do Consumidor, o art. 78 prevê a possibilidade de sua aplicação (i) alternativa ou (ii) cumulativa.

(i) Na forma alternativa, já no início da operação de aplicação da pena, quando cominadas alternativamente penas privativas de liberdade ou outra (multa ou restritiva de direito), como na espécie, deverá o juiz escolher se aplica a pena privativa de liberdade ou a restritiva de direito, nos termos do inciso I, do art. 59 do Código Penal, sempre partindo de uma ideia de proporcionalidade da pena com a gravidade do fato, sempre verificando se o grau de gravidade da pena é "necessário e suficiente para reprovação e prevenção do crime" (CP, art. 59, *caput*).

Nesse caso, entendo o juiz ser aplicável à espécie a aplicação de pena restritiva de direito prevista no art. 78 do Código de Defesa do Consumidor, deverá quantificar essa pena restritiva utilizando-se como baliza o método trifásico de aplicação da pena privativa de liberdade, que servirá de parâmetro para as penas restritivas de direito[195].

195 Nessa hipótese, deve-se ter em mente a súmula n. 171, do Superior Tribunal de Justiça: "Cominadas cumulativamente, em Lei especial, penas privativas de liberdade e pecuniária, é defeso a substituição da prisão por multa."

(ii) Na forma aplicação cumulativa da restritiva de direito, é dizer, em que o juiz aplica – além da pena privativa de liberdade – pena restritiva de direito, deverá, da mesma forma, o julgador utilizar como parâmetro a fixação da pena privativa de liberdade para a determinação do *quantum* da restritiva de direito.

Veja-se que, nessas hipóteses, poderá o juiz praticamente dobrar a pena aplicada. No entanto, muito embora saia do padrão estabelecido pelo Código Penal, é certo que – apesar de poder-se criticar o sistema aqui adotado – não há que se falar em *bis in idem*, vez que o art. 78 pode ser lido como uma extensão do preceito secundário de cada tipo penal, estando satisfeito, pois, o princípio da legalidade[196].

Com relação ao conteúdo das penas restritivas de direitos, elas poderão ser de: a) interdição temporária de direitos; b) publicação em órgãos de comunicação de grande circulação ou audiência, às expensas do condenado, de notícia sobre os fatos e a condenação; c) a prestação de serviços à comunidade.

Com relação à pena de interdição temporária de direitos vem prevista no art. 47 do Código Penal, sendo que, as únicas que guardam alguma relação com os delitos contra o consumidor, são as de proibição do exercício de profissão, atividade ou ofício que dependam de habilitação especial, de licença ou autorização do poder público (CP, art. 47, II).

A publicação em órgãos de comunicação de grande circulação ou audiência, às expensas do condenado, de notícia sobre os fatos e a condenação pode ser importante como forma de prevenção geral, além de reforçar o direito à informação do consumidor, uma vez que torna público nome de fornecedor que cometeu delito contra o consumidor[197].

Essa pena é bastante comum no direito penal comparado, especialmente na criminalidade que orbita entorno dos delitos relativos à concorrência, sendo, também, reconhecido pela doutrina estrangeira como punição especialmente adaptada à personalidade do delinquente econômico[198].

Atente-se que deve constar da publicação notícia sobre os fatos e a condenação. Assim, caso eventualmente a notícia atinja, também, a pessoa jurídica, não há que se falar em violação ao princípio da transcendência, uma vez que se trata de mero reflexo indireto da sanção penal.

Por fim, a pena de prestação de serviços à comunidade deve ser executada nos termos do art. 46 do Código Penal, com a advertência de que ela pode ser aplicada de forma cumulativa

---

196 Defende ocorrer bis in idem: BITTENCOURT, Cezar Roberto. Tratado de Direito Penal Econômico. Vol. 1. São Paulo: Saraiva, 2016, p. 606.

197 BENJAMIN, Antonio Herman et alii. Comentários ao Código de Defesa do Consumidor. 4ª. ed. São Paulo: Thomson Reuters – RT, 2013, p. 1539.

198 MARTÍNEZ-BUJÁN PÉREZ, Carlos. Derecho Penal Económico, Parte Especial. 5ª ed. Tirant lo Blanch Valencia: 2015, p. 384. Nesse sentido também explica TIEDEMANN que a pena de publicação da sentença ("Urteilsbekanntmachung"), apesar de não ser utilizada pelo Direito Penal alemão (mas tão apenas pelo tribunal administrativo federal de cartéis – "Bundeskartellamts"), é frequentemente utilizada no direito penal europeu. TIEDEMANN, Klaus. Wirtschaftsstrafrecht: Einführung und Allgemeiner Teil, mit wichtigen Rechtstexten. 4a ed. Munique: Vahlen, 2014, pp. 195-196. Dispositivo similar ao ora examinado pode ser encontrado no art. 288 do Código Penal Espanhol, verbis: "En los supuestos previstos en los artículos anteriores se dispondrá la publicación de la sentencia en los periódicos oficiales y, si lo solicitara el perjudicado, el Juez o Tribunal podrá ordenar su reproducción total o parcial en cualquier otro medio informativo, a costa del condenado."

à pena privativa de liberdade, sem a restrição da pena mínima ter sido estipulada em período superior seis meses.

DA FIANÇA

Art. 79. O valor da fiança, nas infrações de que trata este código, será fixado pelo juiz, ou pela autoridade que presidir o inquérito, entre cem e duzentas mil vezes o valor do Bônus do Tesouro Nacional (BTN), ou índice equivalente que venha a substituí-lo.

Parágrafo único. Se assim recomendar a situação econômica do indiciado ou réu, a fiança poderá ser:

a) reduzida até a metade do seu valor mínimo;

b) aumentada pelo juiz até vinte vezes.

No art. 79 do Código de Defesa do Consumidor, o legislador estabeleceu uma disciplina própria relativa aos parâmetros mínimos e máximos para a fixação da fiança, é dizer, entre cem e duzentas mil vezes o valor do Bônus do Tesouro Nacional (BTN).

No entanto, a Lei 8.177/91, no inciso II, do art. 3º, acabou por extinguir a BTN, de modo que se perdeu o parâmetro financeiro previsto do artigo em comento, esvaziando-se o seu conteúdo.

Dessa forma, melhor seguir-se a regra do artigo 325 do Código de Processo Penal, que já estabelece de forma bastante adequada o valor da fiança, estabelecendo, inclusive, a possibilidade de sua majoração em até mil vezes, se necessário.

Ademais, é certo que a regra do art. 79 teria aplicação bastante reduzida, uma vez que todos os delitos previstos no Código de Defesa do Consumidor são de menor potencial ofensivo, de competência, pois, do juizado especial criminal, em que, normalmente, não se impõe a prisão em flagrante, nem se exige fiança, nos termos do parágrafo único do art. 69 da Lei n. 9.099/95.

DOS ASSISTENTE DE ACUSAÇÃO

Art. 80. No processo penal atinente aos crimes previstos neste código, bem como a outros crimes e contravenções que envolvam relações de consumo, poderão intervir, como assistentes do Ministério Público, os legitimados indicados no art. 82, inciso III e IV, aos quais também é facultado propor ação penal subsidiária, se a denúncia não for oferecida no prazo legal.

O artigo 80 do Código de Defesa do Consumidor traz duas regras distintas, uma relativa à assistência de acusação e outra sobre a ação penal subsidiária.

A primeira regra estabelece a possibilidade de os legitimados indicados no art. 82, incisos III e IV, do CDC – é dizer, as entidades e órgãos da Administração Pública, direta ou indireta, ainda que sem personalidade jurídica, especificamente destinados à defesa dos interesses e direitos protegidos por este código e as associações legalmente constituídas há, pelo menos, um ano e que incluam entre seus fins institucionais a defesa dos interesses e direitos protegidos por este código, dispensada a autorização assemblear – atuarem como assistentes do Ministério Público nos processos penais que imputem a prática de delitos que envolvam relação de consumo.

Com o referido dispositivo, o Código de Defesa do Consumidor acaba por ampliar o espectro de legitimidade daqueles que podem atuar como assistentes de acusação (ordinariamente limitados às pessoas descritas no art. 268 do Código de Processo Penal).

Ademais, da leitura do art. 80, verifica-se que essa regra não diz respeito a apenas os crimes previstos no CDC, mas também a outros crimes e contravenções penais cujo bem jurídico protegido gravite entorno das relações de consumo, como é o caso, por exemplo, do art. 7º da Lei n. 8.137/90.

A segunda regra, de outro lado, estabelece a possibilidade da atuação dos legitimados indicados acima referidos exercitarem a ação penal subsidiária da pública.

No entanto, referido dispositivo padece de inconstitucionalidade, na parte em que outorga tal legitimidade a órgãos públicos, tais como as entidades e órgãos da Administração Pública, direta ou indireta, ainda que sem personalidade jurídica, especificamente destinados à defesa dos interesses e direitos protegidos por este código.

Isso porque, jamais referidas entidades poderão ingressar com ação penal subsidiária da pública, uma vez que a Constituição de 1988 atribuiu o monopólio da ação penal, em seu art. 129, inciso I, que dispõe: *"São funções institucionais do Ministério Público: I – promover, privativamente, a ação penal pública, na forma da lei;"* Isso porque, nenhum órgão ou instituição pública poderá substituir-se ao Ministério Público. A ação penal privada subsidiaria da pública é apenas para pessoas privadas.

Desse modo, ao outorgar a possibilidade da propositura de ação penal subsidiária por órgão público, acaba por violar o princípio do monopólio da ação penal pública. Para ter-se a natureza pública da ação penal, basta que ela seja promovida por órgão público, o que, em nosso sistema, somente pode ser feito pelo Ministério Público.

Aliás, em harmonia com o disposto no art. 129, inciso I, a Constituição expressamente estabeleceu que ação penal subsidiária somente poderá ser privada, conforme se verifica do inciso LIX, do art. 5º, da Constituição: *"será admitida ação privada nos crimes de ação pública, se esta não for intentada no prazo legal"*.

Assim, qualquer atribuição de legitimidade que viole esse monopólio (ainda que subsidiariamente) para a propositura da ação penal pública, padece de inconstitucionalidade, como o art. 80, CDC, ora em comento, na parte em que possibilita que as entidades públicas previstas no art. 82, incisos III, CDC, proponham ação penal subsidiária.

REFERÊNCIAS BIBLIOGRÁFICAS

AMBOS, Kai. Estudios de Derecho Penal Internacional. Caracas: Ucab, 2005.

ANDREUCCI, Ricardo Antonio. Legislação Penal Especial. 3a. ed. São Paulo: Saraiva, 2007.

BATISTA, Nilo. Introdução crítica ao direito penal brasileiro. Rio de Janeiro: Revan, 1990.

________. Concurso de agentes: uma investigação sobre os problemas de autoria e de participação no direito penal brasileiro. 3a. ed. Rio de Janeiro: Lumen Juris, 2005.

BAUDRILLARD, Jean. A sociedade de consumo. Lisboa: Edições 70, 2007.

BECK, Ulrich. Modernização Reflexiva. São Paulo: Unesp, 1995.

________. La sociedad del riesgo global. Madrid: Siglo Veintiuno de España Editores, 2002.

________. La sociedad del riesgo mundial. Barcelona: Paidós, 2008.

BEDNARSKI, José Luiz. "Consumidor". In: Legislação Criminal Especial. Coord. Luiz Flávio Gomes e Rogério Sanchez Cunha. São Paulo: RT, 2009.

BENJAMIN, Antonio Herman et alii. Comentários ao Código de Defesa do Consumidor. 4a. ed. São Paulo: Thomson Reuters – RT, 2013.

BENJAMIN, Antonio Herman v. et alii. Comentários ao Código de Defesa do Consumidor. 5a. ed. São Paulo: Thomson Reuters – RT, 2017.

BITTENCOURT, Cezar Roberto. Tratado de Direito Penal Econômico. Vol. 1. São Paulo: Saraiva, 2016.

BRASIL. Supremo Tribunal Federal. Habeas Corpus nº 104.410. Segunda Turma. Relator: Min. Gilmar Mendes. Rio Grande do Sul, 06 mar. 2012. Disponível em: <http://www .stf.jus.br>. Autenticação número 1842330. Acesso em: 04 fev. 2014.

BUSATO, Paulo César; MARTÍNEZ- BUJÁN PEREZ, Carlos; DÍAZ PITA, María del Mar. Modernas tendências sobre o dolo em direito penal. Rio de Janeiro: Lumen Juris, 2008.

CABRAL, Rodrigo Leite Ferreira. Dolo y lenguaje: hacia una nueva gramática del dolo desde la Filosofía del Lenguaje. Valência: Tirant lo Blanc, 2017.

CERVINI, Raúl e ADRIASOLA, Gabriel. El derecho penal de la empresa desde una visión garantista. Montevideo: BdF, 2005.

COSTA JÚNIOR, Paulo José e COSTA, Fernando José da. Crimes contra o consumidor. 2a ed. São Paulo: Atlas, 2008.

DIAS, Jorge de Figueiredo e ANDRADE, Manuel da Costa. "Problemática geral das infracções contra a economia nacional". In: Temas de Direito Penal Econômico. Coord. Roberto Podval. São Paulo: Revista dos Tribunais, 2000.

DIAS, Jorge de Figueiredo. Direito Penal. Parte Geral. Tomo I. Coimbra: Coimbra Editora, 2004.

DONNA, Edgardo Alberto. La autoría y la participación criminal. 3a. ed. Santa Fé: Rubinzal Culzoni, 2009.

DOTTI, René Ariel. "Das infrações penais". In: Comentários ao Código de Defesa do Consumidor. (Coord. René Ariel Dotti e José Cretela Júnior). Rio de janeiro: Forense, 1992.

DRESSLER, Joshua. Understanding Criminal Law. 6a ed. New Providence: LexisNexis, 2012,

EFING, Antonio Carlos. Fundamentos do Direito Penal Brasileiro das Relações de Consumo. Curitiba: Juruá, 2013.

FILOMENO, José Geraldo Brito et alii. Código brasileiro de defesa do consumidor. 11a. ed. Rio de Janeiro: Forense, 2017.

FILOMENO, José Geraldo Brito. Manual de Direitos do Consumidor. 14ª ed. São Paulo: Atlas, 2016.

FONSECA, Antonio Cezar Lima da. Direito Penal do Consumidor. Porto Alegre: Livraria do Advogado, 1996.

GATTA, Gian Luigi. Abolitio criminis e successione di norme `integratrici´: teoria e prassi. Milano: Giuffrè, 2008.

GIDDENS, Anthony. As consequências da modernidade. São Paulo: UNESP, 1991.

GIMBERNAT ORDEIG, Enrique. Autor y cómplice en derecho penal. 2a. ed. Montevideo: BdF, 2012.

GUARAGNI, Fábio André. "Direito Penal Econômico: antecedentes medievais e sua primeira geração no contexto da Modernidade". In: Perspectivas das ciências criminais: coletânea em homenagem aos 55 anos de atuação profissional do Prof. Dr. René Ariel Dotti. Coord. Paulo César Busato, Priscilla Placha Sá e Gustavo Britta Scandelari. Rio de Janeiro: GZ Editora, 2016.

________. "A intensificação do uso de técnicas de reenvio em Direito Penal: Motivos político-criminais". In: Revista Jurídica Cesumar – Mestrado, v.12, p. 35-47, jan./jul. Maringá, 2012.

________ e BACH, Marion. Norma penal em branco e outras técnicas de reenvio em direito penal. São Paulo: Almedina, 2014.

HABERMAS, Jürgen. O discurso filosófico da modernidade. Trad. Luiz Sergio Repa e Rodnei Nascimento. São Paulo: Martins Fontes, 2000.

JAKOBS, Günther. Derecho Penal. Parte General. Trad. Joaquim Cuello Contreras e Jose Luis Serrano Gonzales de Murillo. Madrid: Marcial Pons, 1995.

____________. A imputação objetiva no direito penal. 2a. ed. Trad. André Luís Callegari. São Paulo: RT, 2007.

JARASS, Hans D; PIEROTH, Bodo. GG, Grundgesetz für die Bundesrepublik Deutschland, Kommentar. 10a ed. Munique: Beck, 2009.

KALIL, José Arthur Di Spirito. O consumidor e o direito penal econômico. Rio de Janeiro: Lumen Juris, 2014.

KAUFMANN, Armin. Dogmática de los delitos de omisión. Madrid: Marcial Pons, 2006.

LINDSTROM, Martin. A lógica do consumo – verdades e mentiras sobre por que compramos. Rio de Janeiro: Nova Fronteira: 2009.

LUISI, Luiz. Os princípios constitucionais penais. Porto Alegre: Fabris, 1991.

MAGATTI, Mauro. Cambio di paradigma. Uscire dalla crisi pensando il futuro. Milano: Feltrinelli, 2017.

MAIHOFER, Werner. Estado de derecho y dignidad humana. Montevideo: BdF, 2008.

MARTÍNEZ-BUJÁN PÉREZ, Carlos. Derecho Penal Económico, Parte Especial. 5ª ed. Tirant lo Blanch Valencia: 2015.

____________. Derecho penal económico. Parte general. Valencia: Tirant lo Blanch, 2a. ed. Valencia: 2007.

MENDONÇA, Tarcísio Maciel Chaves de. Lei penal em branco. Rio de Janeiro: Lumen Juris, 2016.

MINESTRONI, Laura. Comprendere il consumo. Società e cultura daí classici al postmoderno. Milão: FrancoAngeli, 2006.

MIRAGEM, Bruno. Curso de direito do consumidor. 6a. ed. São Paulo: RT, 2016.

OXMAN. Nicolás. Sistemas de Imputación Subjetiva en Derecho Penal: el modelo angloamericano. Valencia: Tirant lo Blanch, 2016.

PEÑA, Miguel Díaz y Garcia Conlledo, Javier de Vicente Remesal. Madrid: Civitas, 1997.

____________. Funcionalismo e Imputação Objetiva. Trad. Luís Greco. Rio de Janeiro/São Paulo: Renovar, 2002.

PEÑARANDA RAMOS, Enrique. "Autoria y participación en la Empresa". In: Derecho penal de la empresa: del derecho penal económico del estado social al derecho penal de la empresa globalizado." Coord. Luis Arroyo Zapatero, Carlos Lascano e Adán Nieto Martín. Buenos Aires: Ediar, 2012.

PRADO, Luiz Régis. Direito Penal Econômico, 6a ed. São Paulo: RT, 2014.

PRADO, Luiz Regis. Direito Penal Econômico. São Paulo: RT, 2004.

PUPPE, Ingeborg. A distinção entre Dolo e Culpa. Barueri: Manole, 2004.

RAGUÉS I VALLÈS, Ramon. La ignorancia deliberada en Derecho Penal. Barcelona: Atelier, 2007.

RAGUÉS I VALLÈS, Ramon. La responsabilidad penal del testaferro en delitos cometidos a través de sociedades mercantiles. En Anuario de Derecho Penal Económico y de la Empresa, ADPE, 2 (2012).

ROXIN, Claus. Derecho Penal. Parte General. Tomo I. Trad. Diego-Manuel Luzón Peña, Miguel Díaz y Garcia Conlledo, Javier de Vicente Remesal. Madrid: Civitas, 1997.

SARRABAYROUSE, Eduardo C. Responsabilidad penal por el producto. Buenos Aires: Ad Hoc, 2007.

SCHMIDT, Andrey Zenkner. O princípio da legalidade penal no Estado Democrático de Direito. Porto Alegre: Livraria do Advogado, 2001.

SILVA JÚNIOR, José. "Defesa do Consumidor". In: Leis penais especiais e sua interpretação jurisprudencial. Coord. Alberto Silva Franco e Rui Stoco. 7a. ed. São Paulo: RT, 2002.

SILVA SÁNCHEZ, Jesús María. A expansão do Direito Penal: Aspectos da política criminal nas sociedades pós-industriais. 2ª ed. São Paulo: Revista dos Tribunais, 2011.

SILVA, Carlos Bruno Ferreira da. Proteção de Dados e Cooperação Transnacional: Teoria e Prática na Alemanha, Espanha e Brasil. Belo Horizonte: Arraes, 2014.

SILVA, José Afonso. Curso de Direito Constitucional Positivo. 25ª ed. São Paulo: Malheiros, 2005.

TIEDEMANN, Klaus. Wirtschaftsstrafrecht: Einführung und Allgemeiner Teil, mit wichtigen Rechtstexten. 4a ed. Munique: Vahlen, 2014.

TODOROV, Tzvetan. A Conquista da América. Trad. Beatriz Perrone-Moisés. São Paulo: Martins Fontes, 2003.

WILLIAMS, Glanville. Criminal Law: The General Part. 2a ed., London: Stevens & Sons Ltd, 1961.

ZAFFARONI, Eugenio Raúl e PIERANGELLI, José Henrique. Da tentativa. 3a. ed. São Paulo: RT, 1992.

___________. Manual de Direito Penal Brasileiro. São Paulo: RT, 1997.

___________. SLOKAR, Alejandro. ALAGIA, Alejandro. Derecho Penal: Parte General. 2.ed. Buenos Aires: Ediar, 2005.

CAPÍTULO 17

Ordem Tributária, Econômica e Relações de Consumo – Lei 8.137/1990

Rodrigo Leite Ferreira Cabral

INTRODUÇÃO

A configuração normativa que a Constituição de 1988 deu ao Estado Brasileiro, impondo-lhe o dever de atuar como verdadeiro Estado Social, com amplas obrigações prestacionais, nomeadamente de direitos sociais, tais como *"educação, a saúde, a alimentação, o trabalho, a moradia, o transporte, o lazer, a segurança, a previdência social, a proteção à maternidade e à infância, a assistência aos desamparados"* (CR, art. 6º), impôs à União, Estados e Municípios brasileiros um sério ônus, cujo cumprimento demanda grande aporte de recursos para poder fazer frente a esses deveres.

De tal maneira, ganham especial relevância o Direito Tributário de um lado e o Direito Penal Tributário de outro, uma vez que o primeiro é incumbido de viabilizar os aportes financeiros para o cumprimento dessas promessas e o segundo de proteger penalmente a ordem tributária existente.

O Direito Penal Tributário constitui, sem sombra de dúvidas, um dos mais importantes ramos de atuação do denominado Direito Penal Econômico[1] e, em um país desigual como o Brasil, revela-se como um importante ponto de inflexão na política criminal e de persecução penal, já que referido ramo do Direito Penal atinge em cheio pessoas que normalmente não são alcançadas pelos braços do Sistema Penal, é dizer, as camadas mais ricas da população.

---

1 Sobre o tema, GALÁN MUÑOZ explica que: *"Os delitos contra a Fazenda Pública e a Seguridade Social são possivelmente um dos exemplos mais claros do que se poderia denominar de Direito penal econômico em sentido estrito, porquanto contemplam figuras que buscam proteger dois dos instrumentos mais clássicos de que dispõe o Estado na hora de orientar e dirigir a economia do país. Por um lado, está a Fazenda Pública considerada como mecanismo arrecadador, mas também de gasto que dispõe a Administração Pública, tanto para arrecadar fundos que necessita para desempenhar suas funções, como para incentivar determinados setores ou atividades econômicas mediante a concessão de auxílios ou subvenções; enquanto que, por outro lado, encontra-se a Seguridade Social, sistema estatal que também arrecada fundos através da cobrança de cotas dos trabalhadores e dos empregados, fundos esses que estão, sem embargo, especificamente destinados a fazer frente aos gastos que geram as prestações e proteções sociais que todo Estado Social verdadeiro deve conceder a seus cidadãos (subsídios para desempregados, aposentadoria, etc....)."* GALÁN MUÑOZ, Alfonso. Manual de Derecho Penal Económico y de la Empresa. Valencia: Tirant lo Blanch, 2017, p. 221.

Essa inversão na lógica tradicional da repressão penal, infelizmente, não passa ilesa ao senso de conservação dos donos do poder. E isso é facilmente notado no tratamento penal leniente que, muitas vezes, a legislação concede aos envolvidos nesse tipo de práticas delitivas, outorgando, por exemplo, uma série de benefícios e chances aos delinquentes de colarinho branco, que normalmente não são concedidos àqueles envolvidos na denominada criminalidade tradicional.

O certo que é que a persecução penal dos delitos tributários é marcada por uma série de tentativas frustradas, já que, normalmente, ela é interrompida por algum benefício de extinção de punibilidade ou tratamento penal mais benéfico, além de ser permanentemente instrumentalizada por supostos e imaginários benefícios arrecadatórios que, em verdade, esfacelam, nesses casos, qualquer ideia de pretensão geral positiva[2].

Assim, tem se constatado que o Direito Penal Tributário, normalmente, só chega a se materializar em uma sentença penal condenatória naqueles casos em que os agentes são claramente avessos à qualquer forma de reparação dos valores sonegados. Claro, isso se não sobrevier a prescrição da pretensão punitiva ou alguma interpretação judicial mais benevolente.

Ademais, sobre essa forma de criminalização, é fundamental deixar-se bem claro que os crimes contra a ordem tributária envolvem a prática de condutas fraudulentas, normalmente com o intuito de suprimir ou reduzir tributos, não constituindo – uma vez que vedado pela Constituição – mero instrumento de cobrança mais agressiva de dívidas tributárias[3].

---

2 Com razão FISCHER, ao denunciar a falácia do argumento de que essa política criminal benevolente com os autores de crimes contra a ordem tributária tem objetivos arrecadatórios: *"Compreende-se que, jurídica e faticamente, essas regras não servem como forma de incrementar eventualmente a arrecadação tributária espontânea. O efeito é contrário: estimulam o aumento das práticas criminosas, ocorrendo o chamado efeito espiral. A genérica afirmativa de um suposto interesse arrecadatório não procede. Compreende-se que a aplicação dessas regras implica, em verdade, uma desproteção aos bens jurídicos fundamentais estampados na Constituição, gerando, em verdade, impunidade (culminando com injustiça)."* FISCHER, Douglas. O manifesto equívoco técnico, dogmático, sistêmico e lógico da súmula vinculante 24 do STF, *in* Direito Penal Econômico: Temas essenciais para a compreensão da macrocriminalidade atual. Salvador: Juspodivm, 2017, p. 243-244. Ademais, jamais se pode esquecer que a Lei trata de condutas criminosas, em que há fraude ou engano, não abrangendo a mera inadimplência, como explicado, com maior detalhamento, na próxima nota.

3 Como consigna FERRÉ OLIVÉ: *"No direito penal tributário surge necessariamente a ideia de fraude, com o que é sinalizado o necessário desvalor de ação. E a constatação do desvalor de resultado deriva da lesão dolosa ao bem jurídico protegido, que diferencia claramente as responsabilidades penais e tributário-administrativas"*. FERRÉ OLIVÉ, Juan Carlos. Tratado de los delitos contra la hacienda pública y contra la seguridad social. Valencia: Tirant lo Blanch, 2018, p. 42. Assim, também, GALÁN MUÑOZ: *"(...) a mera inadimplência de impostos ou a utilização de deduções indevidas não são delitivas por si só, se não vêm precedidas da realização de alguma conduta enganosa que leve à sua obtenção, o que leva à conclusão de que caso exista inadimplência, com reconhecimento da existência da dívida, não se constada a prática de crime; apesar de que, é importante deixar claro, a mera apresentação de uma declaração de impostos não exclui a possibilidade da caracterização do crime, caso se constate, por qualquer outro meio, que a declaração apresentada era enganosa e, portanto, fraudulenta e visando pagar menos impostos do que o devido."* GALÁN MUÑOZ. Manual de Derecho Penal Económico y de la Empresa, pp. 223-224. No mesmo sentido, desde uma perspectiva da legislação brasileira, BALTAZAR JUNIOR explica que: *"(...) é importante deixar bem claro que a conduta de deixar de pagar tributos, por si só, não constitui crime. Assim, se o contribuinte declara todos os fatos geradores à repartição fazendária, de acordo com a periodicidade exigida em lei, cumpre todas as obrigações tributárias acessórias e tem escrita contábil regular, mas não paga o tributo, não há crime algum, mas mero inadimplemento (STJ, AgRg REsp 1158834, Moura, 6ª T., u., 19.2.13; TRF4, AC 200771100020007, Rocha, 7ª T., u., 31.5.11). O crime contra a ordem tributária, com exceção da apropriação indébita, como será visto no exame do inc. II do art. 2º, pressupõe, além do inadimplemento, alguma forma de fraude, que poderá estar consubstanciada na omissão de alguma declaração, na falsidade material ou*

Aliás, adotando essa perspectiva, o Supremo Tribunal Federal assentou o seguinte: *"O Tribunal reconheceu a existência de repercussão geral da matéria debatida nos presentes autos, para reafirmar a jurisprudência desta Corte, no sentido de que os crimes previstos na Lei 8.137/1990 não violam o disposto no art. 5º, LXVII, da Constituição. II – Julgamento de mérito conforme precedentes."* (STF – ARE 999425 RG, Relator(a): Min. RICARDO LEWANDOWSKI, julgado em 02/03/2017, PROCESSO ELETRÔNICO REPERCUSSÃO GERAL – MÉRITO DJe-050 DIVULG 15-03-2017 PUBLIC 16-03-2017).

Em nosso sistema jurídico, o Direito Penal Tributário é tratado fundamentalmente pela Lei n. 8137/90, constituindo seus artigos 1º, 2º e 3º a suma tríade da repressão penal brasileira aos ilícitos fiscais.

Nada obstante, referida Lei não trata exclusivamente dos crimes contra a ordem tributária. Ela estabelece, também, a repressão penal dos crimes contra a Ordem Econômica (art. 4º) e as Relações de Consumo (art. 7º).

O crime contra a ordem econômica previsto pela Lei n. 8137/90 consubstancia nada mais, nada menos, que a criminalização do cartel em nosso país, constituindo – desde uma perspectiva penal – relevante instrumento de proteção à livre concorrência, trazendo um reforço repressivo às condutas normalmente sancionadas administrativas pelos órgãos de proteção à ordem econômica, notadamente pelo CADE (Conselho Administrativo de Defesa Econômica), vinculado ao Ministério da Justiça[4].

Na proteção aos consumidores, não seria exagero afirmar que a Lei n. 8137/90, apesar da existência de tipos penais previstos pelo Código de Defesa do Consumidor, constitui – principalmente pela relevância das penas cominadas e pela frequência de sua ocorrência – a mais relevante regência normativa em matéria penal de proteção ao consumidor, superando, inclusive, no aspecto de importância os tipos penais do CDC.

Feita essa brevíssima introdução, passaremos a examinar cada um dos artigos das Lei n. 8137/90, oportunidade em que serão comentados os crimes contra a ordem tributária, contra a Ordem Econômica e as Relações de Consumo, ademais dos outros dispositivos veiculados pela referida Lei.

---

ideológica de documentos, no uso de documento material ou ideologicamente falsos, na simulação, etc. As condutas fraudulentas estão descritas nos incisos dos arts. 1º e 2º da Lei 8.137. Eis aí a distinção entre inadimplência e sonegação: a fraude." BALTAZAR JUNIOR, José Paulo. Crimes Federais, 11ª ed. São Paulo: Saraiva, 2017, p. 797.

4 Alguns sistemas, como o alemão, optam pela repressão das condutas de cartel, apenas através de uma espécie de direito administrativo sancionador (previstas no *Nationales Kartellordnungswidrigkeitenrecht)*. Nesse sentido, cf.: WITTIG, Petra. Wirtschaftsstrafrecht. 3ª ed. München: Beck, 2014, pp. 503 e ss.

Sobre o tema, GALÁN MUÑOZ explica que: *"Os delitos contra a Fazenda Pública e a Seguridade Social são possivelmente um dos exemplos mais claros do que se poderia denominar de Direito penal econômico em sentido estrito, porquanto contemplam figuras que buscam proteger dois dos instrumentos mais clássicos de que dispõe o Estado na hora de orientar e dirigir a economia do país. Por um lado, está a Fazenda Pública considerada como mecanismo arrecadador, mas também de gasto que dispõe a Administração Pública, tanto para arrecadar fundos que necessita para desempenhar suas funções, como para incentivar determinados setores ou atividades econômicas mediante a concessão de auxílios ou subvenções; enquanto que, por outro lado, encontra-se a Seguridade Social, sistema estatal que também arrecada fundos através da cobrança de cotas dos trabalhadores e dos empregados, fundos esses que estão, sem embargo, especificamente destinados a fazer frente aos gastos que geram as prestações e proteções sociais que todo Estado Social verdadeiro deve conceder a seus cidadãos (subsídios para desempregados, aposentadoria, etc....)."* GALÁN MUÑOZ, Alfonso. Manual de Derecho Penal Económico y de la Empresa. Valencia: Tirant lo Blanch, 2017, p. 221.

CAPÍTULO I
DOS CRIMES CONTRA A ORDEM TRIBUTÁRIA
SEÇÃO I
DOS CRIMES PRATICADOS POR PARTICULARES

Art. 1º Constitui crime contra a ordem tributária suprimir ou reduzir tributo, ou contribuição social e qualquer acessório, mediante as seguintes condutas:

I – omitir informação, ou prestar declaração falsa às autoridades fazendárias;

II – fraudar a fiscalização tributária, inserindo elementos inexatos, ou omitindo operação de qualquer natureza, em documento ou livro exigido pela Lei fiscal;

III – falsificar ou alterar nota fiscal, fatura, duplicata, nota de venda, ou qualquer outro documento relativo à operação tributável;

IV – elaborar, distribuir, fornecer, emitir ou utilizar documento que saiba ou deva saber falso ou inexato;

V – negar ou deixar de fornecer, quando obrigatório, nota fiscal ou documento equivalente, relativa a venda de mercadoria ou prestação de serviço, efetivamente realizada, ou fornecê-la em desacordo com a legislação.

Pena – reclusão de 2 (dois) a 5 (cinco) anos, e multa.

Parágrafo único. A falta de atendimento da exigência da autoridade, no prazo de 10 (dez) dias, que poderá ser convertido em horas em razão da maior ou menor complexidade da matéria ou da dificuldade quanto ao atendimento da exigência, caracteriza a infração prevista no inciso V.

1. BEM JURÍDICO TUTELADO

Na identificação do bem jurídico protegido pelos crimes contra ordem tributária, tradicionalmente, existe uma disputa entre duas teorias: as patrimonialistas e as funcionalistas[5].

As teorias patrimonialistas defendem que o bem jurídico tutelado pelos crimes tributários gravitam entorno da defesa de interesses patrimoniais supraindividuais do Estado, realçando, pois, que referidos delitos buscam proteger o patrimônio publico, a fazenda pública, a arrecadação tributária[6].

Por outro lado, as teorias funcionalistas são aquelas que rejeitam uma conotação meramente patrimonial dos bens jurídicos protegidos, centrando, assim, a atenção nas funções que deve cumprir o tributo[7].

Existem, ademais, as denominadas teorias ecléticas, que aceitam a especificidade da ordem tributária e a funcionalidade do tributo. Entendem que essas particularidades são importantes para dar os contornos a um bem jurídico genérico, à *ratio legis* dos tipos penais. Apesar disso, as teorias ecléticas realçam que a caraterística mais marcante desses delitos é precisamente a

5 Sobre essa disputa, confira-se: FERRÉ OLIVÉ. Tratado de los delitos contra la hacienda pública y contra la seguridad social, p. 109 e ss; MARTÍNEZ BUJÁN-PÉREZ, Carlos. Derecho Penal, parte especial, 3ª ed., Valencia: Tirant lo Blanch, 2010, pp. 525-526; BITTENCOURT, Cezar Roberto. Tratado de Direito Penal Econômico. Vol. 1. São Paulo: Saraiva, 2016, pp. 679-680.

6 FERRÉ OLIVÉ. Tratado de los delitos contra la hacienda pública y contra la seguridad social, p. 113.

7 MARTÍNEZ BUJÁN-PÉREZ. Derecho Penal, parte especial, p. 526.

existência de um bem jurídico específico e imediato, que é consubstanciado pelos interesses patrimoniais do estado[8].

Adota-se, neste trabalho, esta última posição eclética[9], uma vez que, conforme bem pontua FERRÉ OLIVÉ:

> *"O cumprimento das obrigações fiscais dá conteúdo a uma exigência de solidariedade social, que se materializa, em boa medida, quando, por meio de uma correta criação de tributos, estes cumprem sua missão de justiça, igualdade, progressividade e não confisco. (...)*
>
> *Nesse contexto, se configura o bem jurídico como um interesse que excede os conteúdos meramente individuais. Tutela-se um bem supra-individual ou coletivo, que recebe proteção penal por tratar de interesses sociais gerais, que pertencem ao conjunto de indivíduos que integram a comunidade."* [10]

Com efeito, como consignado na introdução deste trabalho, a arrecadação tributária tem natureza instrumental, uma vez que existe precisamente para fazer cumprir o amplo espectro de deveres que um Estado Social deve cumprir.

Assim, a fraude que acarreta a supressão ou diminuição dos tributos não afeta apenas os interesses meramente patrimoniais do Estado, mas atinge em cheio a capacidade estatal de cumprir a missão estabelecida pela Constituição, gerando, ademais, um prejuízo bastante concreto e palpável à população, especialmente àquela que depende com maior profundidade do Estado para levar uma vida digna.

Em suma, aqui se propugna que uma perspectiva patrimonial, ainda que extremamente importante e preponderante, não é a única que deve ser levada em conta como bem jurídico protegido, já que a função Estatal ostenta especial relevância para a compreensão dos crimes contra a ordem tributária.

Assentadas essas premissas, afigura-se importante, ainda no tema do bem jurídico, analisar a questão da aplicação do **princípio da insignificância**, dada sua grande transcendência prática para o tema.

Inicialmente, é de se afirmar que, uma vez adotando-se a ideia de que o bem jurídico tutelado pelos delitos contra a ordem tributária não é exclusivamente patrimonial, a consequência necessária é concluir que o critério isolado do valor sonegado não poderia ser o único determinante para avaliar se uma conduta tem ou não dignidade suficiente para violar o bem jurídico protegido.

Apesar disso, é certo que a jurisprudência pacífica dos Tribunais Superiores adota como critério unicamente o valor do dano causado aos cofres públicos.

---

8 FERRÉ OLIVÉ. Tratado de los delitos contra la hacienda pública y contra la seguridad social, p. 113.

9 No Brasil, há divergências. Existem aqueles que defendem que o bem jurídico protegido pelo tipo penal é a ordem tributária (v.g. MACHADO, Hugo de Brito. Crimes contra a Ordem Tributária, 4ª ed. São Paulo: Atlas, 2015, pp. 328-333), mas a maioria adota uma posição patrimonialista, em que o bem jurídico é o patrimônio do Estado (v.g. BITTENCOURT. Tratado de Direito Penal Econômico. Vol. 1, p. 680; BALTAZAR JUNIOR. Crimes Federais, p. 798; PRADO, Luiz Régis. Direito Penal Econômico, 6ª ed. São Paulo: RT, 2014, p. 267; HARADA, Kioshi. Crimes contra a Ordem Tributária, 2ª ed. São Paulo: Atlas, 2015, p. 215; DECOMAIN, Pedro Roberto. Crimes contra a Ordem Tributária, 5ª ed. Belo Horizonte: Forum, 2010, pp. 65-66; VELOSO, Roberto Carvalho. Crimes Tributários. São Paulo: Quartier Latin, 2011, p. 74).

10 FERRÉ OLIVÉ. Tratado de los delitos contra la hacienda pública y contra la seguridad social, p. 111.

E o que é pior. Para aferir a incidência ou não do princípio da insignificância renuncia a analisar o caso concreto, suas vicissitudes e características, para adotar um critério puramente objetivo relacionado apenas ao valor do tributo sonegado.

Ademais, a jurisprudência elegeu para a fixação desse parâmetro objetivo os critérios de política fiscal, adotados pelos respectivos órgãos fazendários. É dizer, a jurisprudência leva em consideração para a análise da caracterização da tipicidade penal tão somente as balizas utilizadas pelo executivo para decidir se propõe ou não execuções fiscais.

Desse modo, o mesmo critério utilizado para a cobrança de contribuintes inadimplentes pelo fisco é utilizado para decidir se o Ministério Público pode perseguir penalmente criminosos, que fraudaram a Fazenda Pública.

Nesse sentido, a jurisprudência do Superior Tribunal de Justiça, inicialmente, assentou que, nos crimes materiais contra a ordem tributária, o valor para a consideração ou não da insignificância penal da conduta era de R$ 10.000,00 (dez mil reais), ou seja, precisamente o valor estipulado pela Fazenda Pública da União para o arquivamento ou não propositura de execuções fiscais. Essa posição, aliás, estava, inclusive, assentada no tema n. 157 dos Recursos Repetitivos[11].

No entanto, recentemente, seguindo a jurisprudência do Supremo Tribunal Federal[12], o Superior Tribunal de Justiça modificou o referido tema 157, para o fim de assentar que o parâmetro da insignificância é o de R$ 20.000,00 (vinte mil reais), nos crimes tributários materiais praticados contra a União, conforme se verifica do seguinte julgado paradigma:

> *"RECURSO ESPECIAL AFETADO AO RITO DOS REPETITIVOS PARA FINS DE REVISÃO DO TEMA n. 157. APLICAÇÃO DO PRINCÍPIO DA INSIGNIFICÂNCIA AOS CRIMES TRIBUTÁRIOS FEDERAIS E DE DESCAMINHO, CUJO DÉBITO NÃO EXCEDA R$ 10.000,00*

11 O julgado que assentou o originariamente o tema 157 foi o seguinte: *"RECURSO ESPECIAL REPETITIVO REPRESENTATIVO DA CONTROVÉRSIA. Art. 105, III, A E C DA CF/88. PENAL. Art. 334, § 1º, ALÍNEAS C E D, DO CÓDIGO PENAL. DESCAMINHO. TIPICIDADE. APLICAÇÃO DO PRINCÍPIO DA INSIGNIFICÂNCIA. I – Segundo jurisprudência firmada no âmbito do Pretório Excelso – 1ª e 2ª Turmas – incide o princípio da insignificância aos débitos tributários que não ultrapassem o limite de R$ 10.000,00 (dez mil reais), a teor do disposto no art. 20 da Lei nº 10.522/02. II – Muito embora esta não seja a orientação majoritária desta Corte (vide EREsp 966077/GO, 3ª Seção, Rel. Min. Laurita Vaz, DJe de 20/08/2009), mas em prol da otimização do sistema, e buscando evitar uma sucessiva interposição de recursos ao c. Supremo Tribunal Federal, em sintonia com os objetivos da Lei nº 11.672/08, é de ser seguido, na matéria, o escólio jurisprudencial da Suprema Corte. Recurso especial desprovido."* (STJ – REsp 1112748/TO, Rel. Ministro FELIX FISCHER, TERCEIRA SEÇÃO, julgado em 09/09/2009, DJe 13/10/2009).

12 A título de exemplo, confira-se os seguintes julgados do Supremo Tribunal Federal: **HC 136843**, Relator(a): Min. RICARDO LEWANDOWSKI, Segunda Turma, julgado em 08/08/2017, PROCESSO ELETRÔNICO DJe-232 DIVULG 09-10-2017 PUBLIC 10-10-2017; **HC 139393**, Relator(a): Min. RICARDO LEWANDOWSKI, Segunda Turma, julgado em 18/04/2017, PROCESSO ELETRÔNICO DJe-089 DIVULG 28-04-2017 PUBLIC 02-05-2017; **HC 136958**, Relator(a): Min. RICARDO LEWANDOWSKI, Segunda Turma, julgado em 04/04/2017, PROCESSO ELETRÔNICO DJe-087 DIVULG 26-04-2017 PUBLIC 27-04-2017; **HC 136769**, Relator(a): Min. RICARDO LEWANDOWSKI, Segunda Turma, julgado em 18/10/2016, PROCESSO ELETRÔNICO DJe-236 DIVULG 04-11-2016 PUBLIC 07-11-2016; **HC 123519**, Relator(a): Min. MARCO AURÉLIO, Relator(a) p/ Acórdão: Min. EDSON FACHIN, Primeira Turma, julgado em 18/10/2016, PROCESSO ELETRÔNICO DJe-236 DIVULG 16-10-2017 PUBLIC 17-10-2017; **HC 121659**, Relator(a): Min. MARCO AURÉLIO, Relator(a) p/ Acórdão: Min. EDSON FACHIN, Primeira Turma, julgado em 20/09/2016, PROCESSO ELETRÔNICO DJe-236 DIVULG 16-10-2017 PUBLIC 17-10-2017; **HC 124369**, Relator(a): Min. MARCO AURÉLIO, Relator(a) p/ Acórdão: Min. EDSON FACHIN, Primeira Turma, julgado em 20/09/2016, PROCESSO ELETRÔNICO DJe-236 DIVULG 16-10-2017 PUBLIC 17-10-2017; **HC 123032**, Relator(a): Min. RICARDO LEWANDOWSKI, Segunda Turma, julgado em 05/08/2014, PROCESSO ELETRÔNICO DJe-164 DIVULG 25-08-2014 PUBLIC 26-08-2014.

> *(DEZ MIL REAIS). Art. 20 DA Lei N. 10.522/2002. ENTENDIMENTO QUE DESTOA DA ORIENTAÇÃO CONSOLIDADA NO STF, QUE TEM RECONHECIDO A ATIPICIDADE MATERIAL COM BASE NO PARÂMETRO FIXADO NAS PORTARIAS n. 75 E 130/MF – R$ 20.000,00 (VINTE MIL REAIS). ADEQUAÇÃO. 1. Considerando os princípios da segurança jurídica, da proteção da confiança e da isonomia, deve ser revisto o entendimento firmado, pelo julgamento, sob o rito dos repetitivos, do REsp n. 1.112.748/TO – Tema 157, de forma a adequá-lo ao entendimento externado pela Suprema Corte, o qual tem considerado o parâmetro fixado nas Portarias n. 75 e 130/MF – R$ 20.000,00 (vinte mil reais) para aplicação do princípio da insignificância aos crimes tributários federais e de descaminho. 2. Assim, a tese fixada passa a ser a seguinte: incide o princípio da insignificância aos crimes tributários federais e de descaminho quando o débito tributário verificado não ultrapassar o limite de R$ 20.000,00 (vinte mil reais), a teor do disposto no art. 20 da Lei n. 10.522/2002, com as atualizações efetivadas pelas Portarias n. 75 e 130, ambas do Ministério da Fazenda. 3. Recurso especial improvido. Tema 157 modificado nos termos da tese ora fixada."* (STJ – REsp 1688878/SP, Rel. Ministro SEBASTIÃO REIS JÚNIOR, TERCEIRA SEÇÃO, julgado em 28/02/2018, DJe 04/04/2018).

No entanto, quando se tratar de crime material contra a ordem tributária em que as vítimas são as outras pessoas jurídicas de direito público, o critério para a insignificância será o valor previsto nas respectivas legislações, para arquivamento ou não propositura de executivos fiscais, conforme se vê do seguinte julgado:

> *"Não obstante esta Corte Superior de Justiça tenha entendimento pacificado no sentido de aplicar o princípio da insignificância aos crimes contra a ordem tributária nos quais o valor da exação suprimido ou reduzido não ultrapasse a quantia de R$ 10.000,00 (dez mil reais), é certo que a referida construção jurisprudencial encontra arrimo no disposto no artigo 20 da Lei 10.522/2002, que trata do Cadastro Informativo dos créditos não quitados de órgãos e entidades federais. 2. O fato da União, por razões políticas ou administrativas, optar por autorizar o pedido de arquivamento das execuções fiscais que não ultrapassam o referido patamar não permite, por si só, que a mesma liberalidade seja estendida aos demais entes federados, o que somente poderia ocorrer caso estes também legislassem no mesmo sentido, tendo em vista que são dotados de autonomia. 3. Dentre os critérios elencados pela jurisprudência dominante para a incidência do princípio da insignificância encontra-se a inexpressividade da lesão jurídica ocasionada pela conduta, parâmetro que pode variar a depender do sujeito passivo do crime. 4. No caso dos autos, o valor do tributo elidido é superior ao quantum permitido pelo art. 1º da Lei n. 7.772/13 do Estado do Pará, para fins de incidência do princípio da insignificância, razão pela qual mantém-se o afastamento da atipicidade material da conduta narrada na exordial acusatória. Precedentes."* (STJ – AgRg no RHC 70.842/PA, Rel. Ministro JORGE MUSSI, QUINTA TURMA, julgado em 21/09/2017, DJe 27/09/2017).

No mesmo sentido: STJ – **AgInt no HC 331.387**/SC, Rel. Ministro ANTONIO SALDANHA PALHEIRO, SEXTA TURMA, julgado em 14/02/2017, DJe 21/02/2017; **RHC 101.910/MG**, Rel. Ministro FELIX FISCHER, QUINTA TURMA, julgado em 02/10/2018, DJe 08/10/2018.

Além disso, essa mesma jurisprudência assenta que, para a aferição do valor sonegado, não deverá ser levada em conta a incidência de juros e multa, mas tão apenas o valor do crédito tributário no momento de sua constituição (cf.: REsp 1306425/RS, Rel. Ministra MARIA THEREZA DE ASSIS MOURA, SEXTA TURMA, julgado em 10/06/2014, DJe 01/07/2014), posição essa que nos parece acertada.

2. SUJEITOS DO CRIME

Sobre o sujeito ativo dos crimes do art. 1º da Lei n. 8.137/90, pode-se afirmar que há certa oscilação na doutrina. Existe um debate se o crime consubstancia um delito comum, podendo ser praticado por qualquer pessoa ou se é delito especial, que somente pode ser cometido por pessoas que ostentem determinadas características.

A leitura do *caput* do art. 1º, porém, permite concluir que o tipo penal não faz nenhuma limitação do círculo de autores que podem praticar esses delitos, de modo que aqui se defende que esse tipo penal veicula um crime comum, podendo ser praticado por qualquer pessoa[13].

Nada obstante tal afirmação, é certo que, normalmente, o crime será cometido ou pelo contribuinte (sujeito passivo direto) ou pelo responsável tributário (sujeito passivo indireto)[14], sendo certo que, como o próprio nome da seção indica, são crimes praticados por particulares.

Além deles, poderá ser sujeito ativo do delito o representante do contribuinte ou o responsável tributário, uma vez que atuam em nome de outro, assumindo, assim uma posição de garante (art. 13 CP), podendo, inclusive, ser utilizado como norte interpretativo o disposto nos artigos 134 e 135 do Código Tributário Nacional[15].

Sobre o tema da atuação em nome de outro, vale trazer a lição de FERRÉ OLIVÉ, que pode perfeitamente ser aplicável ao contexto brasileiro:

> *"Os representantes legais ou voluntários (art. 45 e 46 LGT) podem ser perfeitamente sujeitos ativos do delito, pela via de atuar em nome de outro (art. 31 do CP), na medida que a fórmula legal os coloca diretamente na posição de garante do bem jurídico tutelado. Os pais*

---

13 Nesse mesmo sentido, por exemplo: BALTAZAR JUNIOR. Crimes Federais, pp. 799-780; DECOMAIN. Crimes contra a Ordem Tributária, pp. 136-137; MACHADO. Crimes contra a Ordem Tributária, pp. 359-360. Em sentido contrário, defendendo tratar-se de delito especial: BITTENCOURT. Tratado de Direito Penal Econômico. Vol. 1, p. 724.

14 Como ensina PRADO: *"Contribuinte é aquele que tem relação direta e pessoal com o fato gerador de uma obrigação tributária, enquanto o responsável é quem faz parte da relação jurídica tributária em decorrência de disposição legal expressa. Este último tem um liame indireto com o fato gerador e, em face da conceituação dada pelo Código, é sempre um terceiro. Permite também o dispositivo legal que, eleito este, seja excluída a responsabilidade do contribuinte ou que seja esta mantida subsidiariamente, na hipótese de o terceiro não cumprir total ou parcialmente a obrigação, quando é então chamado para suprir ou complementar o pagamento. Responsável é o termo genérico utilizado pelo legislador para designar os casos de sujeição passiva indireta, e abrange a substituição e a transferência (sucessão). No primeiro caso, a Lei institui um terceiro para ocupar o lugar da pessoa que naturalmente seria definível como contribuinte, isto é, a obrigação tributária já nasce com o polo passivo ocupado por um substituto legal tributário. Por outro lado, na transferência, a obrigação de um devedor (contribuinte ou responsável) é deslocada para outra pessoa, em razão de algum evento (v.g. falecimento de pessoa física). Opera-se aqui uma modificação subjetiva passiva. Podem ocorrer também casos de solidariedade, que não se enquadram nem na hipótese de substituição nem na de transferência, pois na solidariedade um devedor é identificado sem que se exclua da relação de débito a figura do outro. Há, na verdade, uma extensão da subjetividade passiva, em razão da qual passam a figurar como devedores da obrigação dois ou mais indivíduos."* PRADO, Luiz Régis. Direito Penal Econômico, 6ª ed. São Paulo: RT, 2014, pp. 268-269.

15 *"Art. 134. Nos casos de impossibilidade de exigência do cumprimento da obrigação principal pelo contribuinte, respondem solidariamente com este nos atos em que intervierem ou pelas omissões de que forem responsáveis: I – os pais, pelos tributos devidos por seus filhos menores; II – os tutores e curadores, pelos tributos devidos por seus tutelados ou curatelados; III – os administradores de bens de terceiros, pelos tributos devidos por estes; IV – o inventariante, pelos tributos devidos pelo espólio; V – o síndico e o comissário, pelos tributos devidos pela massa falida ou pelo concordatário; VI – os tabeliães, escrivães e demais serventuários de ofício, pelos tributos devidos sobre os atos praticados por eles, ou perante eles, em razão do seu ofício; VII – os sócios, no caso de liquidação de sociedade de pessoas. Parágrafo único. O disposto neste artigo só se aplica, em matéria de penalidades, às de caráter moratório. Art. 135. São pessoalmente responsáveis pelos créditos correspondentes a obrigações tributárias resultantes de atos praticados com excesso de poderes ou infração de lei, contrato social ou estatutos: I – as pessoas referidas no artigo anterior; II – os mandatários, prepostos e empregados; III – os diretores, gerentes ou representantes de pessoas jurídicas de direito privado."*

que administram o patrimônio dos seus filhos, ou os cônjuges que administram legalmente o patrimônio de outro são autores diretos do delito de defraudação tributária se realizam as ações de evasão proibidas pela Lei penal. Também serão penalmente responsáveis pelos delitos aqui analisados os diretores que atuam em nome da empresa, uma vez que tomam parte ativa na sua execução. Essa solução permite, como acertadamente aponta Martínez-Buján, que não fiquem impunes os casos em que se utiliza o representante como instrumento doloso não qualificado, hipótese que levaria ao fracasso da persecução penal, com relação a todos os intervenientes." [16]

Veja-se que o fato de o tipo penal do art. 1º ser um delito comum implica na aplicação à espécie da teoria do domínio do fato (para aqueles que a adotam), de modo que o autor será precisamente aquele que tem domínio sobre as ações descritas no tipo penal[17].

De tal maneira, é perfeitamente possível responsabilizar penalmente, pela prática dos delitos do art. 1º, aquele agente que, valendo-se de laranjas ou testas de ferro[18], tenha efetivamente o domínio do fato, muito embora não conste formalmente como contribuinte, responsável tributário ou seus representantes.

Por fim, é importante fazer uma matização a respeito da argumentação de que os delitos do art. 1º da Lei 8.137/90 constituem crime comum.

---

16 FERRÉ OLIVÉ. Tratado de los delitos contra la hacienda pública y contra la seguridad social, p. 447.

17 Veja-se que, caso se adote a posição de que o crime do art. 1º é delito especial, existem importantes consequências no que diz respeito à autoria e participação nesses delitos. Isso porque, para os delitos especiais, não se aplica a teoria do domínio do fato, mas sim a teoria da infração do dever. Nesses casos, o autor do delito não é quem realiza propriamente a ação ou quem tem o domínio do fato, mas é *"quem infringe o dever pré-típico que lhe incumbe e desse modo contribui para a ação ou omissão do resultado"*. ROXIN, Claus. Derecho Penal, Parte General, Tomo II: especiales formas de aparición del delito. Madrid: Thomson Reuter, 2014, p. 180. Com maior profundidade sobre o tema (teoria da infração do dever), cf.: ROXIN, Claus. Autoría y dominio del hecho en derecho penal. 7ª ed. Trad. Cuello Contreras/Gonçalez de Murillo. Marcial Pons: Madrid/Barcelona, 2000, p. 385 e ss. Veja-se que, de acordo com a teoria da infração de dever, o contribuinte, o responsável ou aquele que esteja atuando em nome desses será sempre o autor (mesmo que não tenha realizado a ação ou que não tenha o domínio do fato), sendo que seriam partícipes aqueles que *"cooperam com a realização do tipo, sem vulnerar o dever especial extrapenal fundamentador da autoria."* ROXIN. Autoría y dominio del hecho en derecho penal, p. 397.

18 Sobre a função de testa de ferro, RAGUÉS I VALLÈS consigna que: *"Entre as atividades que essa figura frequentemente se envolve encontram-se a assunção de titularidade ou administração de sociedades comerciais, quando, por diversas razões, quem tem o domínio real de uma empresa não está interessado em aparecer perante terceiros, como sócio ou administrador formal. Em alguns casos, quem se presta a semelhante papel pode ser um familiar ou pessoa próxima do administrador real; em outros, entretanto, trata-se de um serviço retribuído, que, para alguns indivíduos, chega a tornar-se um verdadeiro* modus vivendi. *Assim, não é raro encontrar exemplos em que um único sujeito aparece nos registros públicos como único sócio e administrador de centenas de sociedades das quais nada sabe."* RAGUÉS I VALLES, Ramón. "La responsabilidad penal del testaferro en delitos cometidos a través de sociedades mercantiles: problemas de imputación subjetiva", InDret, 3/2008, p. 04. Nesse sentido, veja-se os seguintes julgados do Superior Tribunal de Justiça: *"Hipótese de paciente que, na qualidade de empregado, atuava como sócio fictício em empresa de fachada, agindo como "testa de ferro", recebendo remuneração para isso, além de prestar auxílio ao patrão e corréu cumprindo ordens e alertando-o contra fiscalizações."* (STJ – HC 185.599/BA, Rel. Ministro GILSON DIPP, QUINTA TURMA, julgado em 17/03/2011, DJe 04/04/2011). (...) *"CRIMES DE COLARINHO BRANCO. Fatos praticados, em geral, por interpostas pessoas, testas de ferro, homens de palha, fantasmas, para dissimular a participação dos verdadeiros mentores ou beneficiários da trama. Hipótese em que não se deve trancar as investigações com base na regularidade aparente dos negócios suspeitos. Notícia de crime em tese que, nas circunstancias, merece apuração adequada."* (STJ – REsp 20.748/SP, Rel. Ministro ASSIS TOLEDO, QUINTA TURMA, julgado em 21/10/1992, DJ 09/11/1992, p. 20380).

Aqui defende-se que, tanto o crime previsto no art. 1º, inciso V, quanto o previsto no seu parágrafo único, constituem delitos especiais, uma vez que o tipo penal expressamente limita o círculo de autores àquelas pessoas que têm o dever de apresentar a nota fiscal ou documento equivalente nos moldes previstos na legislação, quando obrigatório[19].

Da mesma forma, somente pode cometer o crime do parágrafo único aquela determinada pessoa que tem o dever de atender às exigências da autoridade competente.

Em suma, pode-se afirmar que os crimes previstos nos incisos I, II, III e IV do art. 1º da Lei 8.137/90 são crimes comuns, aplicando-se-lhes a teoria do domínio do fato, enquanto que os crimes previstos no inciso V e do parágrafo único do art. 1º da Lei 8.137/90 são delitos especiais, devendo ser aplicada para a identificação dos seus autores e partícipes, a teoria da infração de dever.

Por fim, o sujeito passivo do delito será a União, Estados, Distrito Federal, Municípios, podendo, também, eventualmente atingir outra pessoa jurídica de direito público, que tenha capacidade tributária ativa, nos termos do art. 119 do Código Tributário Nacional[20].

3. CONDUTAS TÍPICAS (TIPICIDADE OBJETIVA)

Como já se pode inferir da análise do item anterior, relativo ao sujeito ativo dos delitos previstos no art. 1º da Lei 8.137/90, é possível identificar, em verdade, que existem dois grupos de delitos distintos no aludido dispositivo.

De um lado, estão os crimes previstos nos incisos I, II, III e IV do art. 1º da Lei 8.137/90, que são crimes materiais e comuns, vinculados à ideia principal de supressão ou diminuição de tributos.

De outro, existem os crimes tipificados pelo inciso V e pelo parágrafo único do art. 1º da Lei 8.137/90, que são delitos especiais e formais.

Em atenção a essas diferenças é que se analisará a seguir a tipicidade objetiva dos delitos previstos no art. 1º da Lei 8.137/90.

---

19 Nesse sentido, também, a jurisprudência do Superior Tribunal de Justiça, que assenta que: *"O comprador não sonega ICMS por intermédio da específica conduta descrita no inciso V, do artigo 1º, da Lei 8.137/90, qual seja, deixando de emitir nota fiscal, ou documento equivalente, pelo simples motivo de que a responsabilidade pelo cumprimento dessa obrigação tributária é do vendedor da mercadoria."* (STJ – HC 45.107/SP, Rel. Ministro PAULO MEDINA, SEXTA TURMA, julgado em 04/04/2006, DJ 02/05/2006, p. 393). Assim, também, confira-se o REsp 120.819/GO, Rel. Ministro ANSELMO SANTIAGO, SEXTA TURMA, julgado em 01/07/1998, DJ 21/09/1998, p. 234.

20 *"Art. 119. Sujeito ativo da obrigação é a pessoa jurídica de direito público, titular da competência para exigir o seu cumprimento."* Veja-se, como advertido pelo STJ, que: *"Não há que se confundir a competência tributária com a capacidade tributária ativa. A União, no caso, detém a competência tributária, podendo legislar sobre a contribuição previdenciária. Mas, quem detém a capacidade tributária ativa para gerenciar, exigir e cobrar a contribuição previdenciária é a autarquia federal INSS. Ilegitimidade passiva da União para participar de demanda que visa a compensar contribuições previdenciárias por empresas vinculadas ao SIMPLES"* (STJ – AgRg no REsp 444.136/PR, 1ª Turma, Rel. Min. José Delgado, DJ de 16.12.2002). Sobre o tema, também, já decidiu o Supremo Tribunal Federal o seguinte: *"CONSTITUCIONAL. TRIBUTÁRIO. TAXA. CLASSIFICAÇÃO DE PRODUTOS VEGETAIS. D.L. 1.899/81. I. – Hipótese em que se configura exercício do poder de polícia a justificar a instituição da taxa. Capacidade tributaria ativa: possibilidade de delegação. A competência tributaria, que se distingue da capacidade tributaria, e que é indelegável. II. – agravo regimental improvido."* (STF – AI 133645 AgR, Relator(a): Min. CARLOS VELLOSO, Segunda Turma, julgado em 13/11/1990, DJ 14-12-1990 PP-15112 EMENT VOL-01606-02 PP-00294).

a) **Os crimes dos incisos I, II, III e IV do art. 1º:** A nota característica de todos os crimes que, agora, são estudados é a supressão ou redução de tributo ou qualquer acessório, sendo que os incisos I, II, III e IV detalham a forma como deve ocorrer tal supressão ou redução para a caracterização do crime[21].

Inicialmente, deve ação ou omissão do autor **fraudar** (burla, defraudação), **enganar** (causar em alguém uma falsa percepção da realidade) ou **ocultar** (esconder algo) informações com o objetivo de não pagar tributo ou pagar valor a menor do devido[22].

Esses verbos, como se verá com mais detalhes a seguir, devem acarretar, para a configuração do delito, um dos dois seguintes resultados:

i) **Supressão do tributo:** Aqui o agente deixa de pagar, não paga nada, do tributo devido, precisamente por ter realizado alguma ação ou omissão que impediu ou prejudicou a plena constatação da ocorrência do fato gerador por parte das autoridades fazendárias.

ii) **Redução do tributo:** O agente, ao realizar algumas das manobras descritas nos incisos I a IV, paga valor inferior ao montante de tributo (ou acessório) que era devido.

Em suma, **supressão** é abstenção total do pagamento, enquanto que a **redução** é o pagamento a menor.

Assim, é possível afirmar que – precisamente por exigirem para a sua consumação a existência de um resultado – os crimes previstos nos incisos I a IV do art. 1º são efetivamente crimes materiais.

Desse modo, para a configuração do delito, que é material, deve existir um efetivo prejuízo econômico para a pessoa jurídica de direito público.

Nesse sentido, o Supremo Tribunal Federal editou a súmula vinculante n. 24, que preconiza que: *"Não se tipifica crime material contra a ordem tributária, previsto no art. 1º, incisos I a IV, da Lei nº 8.137/90, antes do lançamento definitivo do tributo.*[23]*"*

---

21 A Lei fala, também, em contribuição social. No entanto, tal referência é desnecessária, uma vez que referida contribuição é abrangida pelo conceito de tributo. Cf.: MACHADO. Crimes contra a Ordem Tributária, p. 339.

22 Sobre o tema, consigna MACHADO o seguinte: *"A palavra tributo, portanto, na definição do crime de supressão ou redução significa a relação jurídica obrigacional que se instaura com a concretização da hipótese de incidência tributária. Concretizada a hipótese normativa, vale dizer, fatos indicados pela Lei como aptos a demonstrar que nasceu o tributo, como elemento normativo do tipo penal que se cuida, quer dizer impedir que seja demonstrado o seu nascimento. Impedir a constatação do fato gerador da obrigação tributária. E reduzir o tributo significa, nesse mesmo contexto, fazer com que seja demonstrado o nascimento de um tributo com expressão econômica menor do que o decorrente dos fatos efetivamente ocorridos."* MACHADO. Crimes contra a Ordem Tributária, p. 342.

23 Veja-se, porém, que o simples ajuizamento de ação com o objetivo de desconstituir o crédito tributário não impede a persecução penal. Nesse sentido: STJ - RHC 88.672/GO, Rel. Ministro JOEL ILAN PACIORNIK, QUINTA TURMA, julgado em 13/11/2018, DJe 28/11/2018. Não impede, também, a persecução a simples oposição de exceção de pré-executividade que não afeta a higidez do título (STJ- RHC 101.200/PR, Rel. Ministro JORGE MUSSI, QUINTA TURMA, julgado em 18/09/2018, DJe 26/09/2018). Ademais, é importante ter-se claro que o prazo prescricional somente começa a correr após o lançamento definitivo (v.g. STJ - AgRg no AREsp 1318169/SP, Rel. Ministro JORGE MUSSI, QUINTA TURMA, julgado em 16/10/2018, DJe 14/11/2018). Nesse sentido, como consigna o STJ: "A jurisprudência desta Corte Superior firmou no sentido de que o artigo 111, inciso I, do Código Penal, prevê como termo inicial da prescrição a data da consumação do delito, que, no caso de crime material contra a ordem tributária, é a data da constituição definitiva do crédito, con-

No entanto, verifica-se aqui que o Supremo Tribunal Federal acabou confundindo dois conceitos (resultado e liquidação administrativa do valor sonegado).

Assim, em vez de exigir, para a caracterização do delito, tão somente a necessidade de um resultado derivado da ação ou omissão do agente (supressão ou redução), o STF passou a exigir, também, a liquidação administrativa do valor da sonegação de tributo[24]. É dizer, a constatação administrativa do resultado criminoso, com a sua devida liquidação.

Ora, parece curial que, com o simples não pagamento ou pagamento a menor do tributo (resultado decorrente da ação ou omissão), no momento que ele deveria ter sido feito, já seria suficiente para a caracterização da materialidade do delito. O resultado nada tem a ver, como dito, com a liquidação administrativa dos valores devidos[25]. Nesse sentido, aliás, é que preconiza o art. 116, incisos I e II, do Código Tributário Nacional[26].

Feitos esses primeiros esclarecimentos, se pode agora estudar cada uma das condutas descritas nos incisos I a IV do art. 1º, que consubstanciam fraude, engano e ocultação[27].

Antes, porém, é importante fazer um alerta. Muitas vezes, para a supressão ou redução de um tributo, o agente pratica diversas condutas, que, não raramente, se subsomem, cumulativamente, a mais de um inciso do art. 1º da Lei n. 8.137/90.

Nesses casos, deve-se levar em conta o contexto de cada uma dessas ações ou omissões para avaliar se houve ou não concurso de delitos.

---

forme o Enunciado n. 24 da Súmula Vinculante do STF". (STJ - AgRg no REsp 1688397/PR, Rel. Ministro JORGE MUSSI, QUINTA TURMA, julgado em 23/08/2018, DJe 31/08/2018).

24 Na Espanha a liquidação administrativa não é condição para a investigação criminal, nem para a instauração de processo penal, devendo, nesses casos, o próprio juiz penal analisar se houve ou não a supressão ou redução tributária. Nesse sentido, FERRÉ OLIVÉ consigna que: *"No nosso ordenamento jurídico, a liquidação administrativa não é um pressuposto para iniciar as atuações penais pelo delito de sonegação fiscal, ainda que dita liquidação possa se materializar pela inspeção administrativa, de acordo com o marco normativo vigente. Um requisito obrigatório dessa natureza levou ao mais completo fracasso na regulação do delito fiscal anterior ao ano de 1985."* FERRÉ OLIVÉ. Tratado de los delitos contra la hacienda pública y contra la seguridad social, pp. 481-482. Da mesma forma, na Alemanha, *"a quantia do imposto devido é fixada pelo juiz penal, de acordo com os princípios gerais, vez que, diferentemente das autoridades fazendárias, não pode estimá-las."* TIEDEMANN, Klaus. Manual de Derecho Penal Económico: Parte General y Especial. Valencia: Tirant lo Blanch, 2010, p. 267.

25 Com uma crítica contundente à súmula, confira-se: FISCHER. O manifesto equívoco técnico, dogmático, sistêmico e lógico da súmula vinculante 24 do STF, pp. 221-263.

26 *"Art. 116. Salvo disposição de Lei em contrário, considera-se ocorrido o fato gerador e existentes os seus efeitos: I – tratando-se de situação de fato, desde o momento em que o se verifiquem as circunstâncias materiais necessárias a que produza os efeitos que normalmente lhe são próprios; II – tratando-se de situação jurídica, desde o momento em que esteja definitivamente constituída, nos termos de direito aplicável. Parágrafo único. A autoridade administrativa poderá desconsiderar atos ou negócios jurídicos praticados com a finalidade de dissimular a ocorrência do fato gerador do tributo ou a natureza dos elementos constitutivos da obrigação tributária, observados os procedimentos a serem estabelecidos em Lei ordinária."*

27 Na Alemanha o delito de sonegação fiscal é crime material e pode se caracterizar das seguintes maneiras: "O tipo básico da defraudação tributária (§ 370 da Ordenação Tributária, parágrafo 1) compreende comunicações inexatas ou incompletas sobre fatos tributariamente relevantes – é impune a manifestação de opiniões jurídicas incorretas -, mas também a comissão do fato por omissão, quando o não atuar é antijurídico, é dizer, quando infringe os deveres de declaração e colaboração. De todo modo, deve ocorrer o resultado da redução de tributos (§ 370, parágrafo 1, da redação anterior). Por isso a defraudação tributária é formalmente um delito de resultado. A obtenção das vantagens ilegítimas se constitui, de igual modo, pelo mesmo preceito, ou seja, tem que se basear nas comunicações inexatas ou incompletas ou no omitir antijurídico." TIEDEMANN. Manual de Derecho Penal Económico, p. 267.

Se, como citado, numa só sonegação o agente incide em mais de um inciso, atingindo apenas um bem jurídico, configurado está apenas um crime.

Por outro lado, se com uma ação, atinge-se o patrimônio de mais de uma pessoa jurídica, que tenha capacidade tributária ativa, constata-se o concurso formal crimes[28].

Dito isso, passamos à análise das condutas incriminadas nos incisos do art. 1º da Lei n. 8.137/90.

Condutas do Inciso I, do art. 1º ("omitir informação, ou prestar declaração falsa às autoridades fazendárias")

As duas condutas nucleares, previstas no inciso I, são **omitir informações** ou **prestar declarações falsas** às autoridades fazendárias.

No primeiro caso, trata-se de conduta **omissiva**, em que o agente, ao deixar de informar à autoridade fazendária, acaba por enganá-la, uma vez que a autoridade passa a pressupor que determinado fato gerador de tributo não ocorreu, quando em verdade ele aconteceu.

Diante dessa conclusão equivocada da autoridade fazendária – que decorre precisamente da falta de informações – acaba o agente do delito deixando de pagar o tributo devido ou pagando ele em valor menor; ou, da mesma forma, acaba por deixar de pagar valor acessório ou pagá-lo a menor. Tudo isso porque não informou corretamente as autoridades a respeito de fatos geradores de tributos que tinha o dever de comunicar.

Para a configuração dessa conduta omissiva, deve restar caracterizado que o agente podia e devia prestar as informações referidas pelo tipo penal[29].

---

28 Sobre o tema, já decidiu o Superior Tribunal de Justiça: *"RECURSO ESPECIAL. DIREITO PENAL E PROCESSUAL PENAL. CRIME CONTRA A ORDEM TRIBUTÁRIA. SUPRESSÃO DE MAIS DE UM TRIBUTO. CONCURSO FORMAL. INOCORRÊNCIA. CRIME ÚNICO. 1. No crime de sonegação fiscal o bem jurídico tutelado não é o patrimônio ou erário de cada pessoa jurídica de direito público titular de competência para instituir e arrecadar tributos – fiscais (entes federativos) ou parafiscais (entidades autárquicas) – mas, sim, a ordem jurídica tributária como um todo. 2. A conduta consistente em praticar qualquer uma ou todas as modalidades descritas nos incisos I a V do art. 1 da Lei nº 8.137/90 (crime misto alternativo) conduz à consumação de crime de sonegação fiscal quando houver supressão ou redução de tributo, pouco importando se atingidos um ou mais impostos ou contribuições sociais. 3. Não há concurso formal, mas crime único, na hipótese em que o contribuinte, numa única conduta, declara Imposto de Renda de Pessoa Jurídica com a inserção de dados falsos, ainda que tal conduta tenha obstado o lançamento de mais de um tributo ou contribuição. 4. Recurso improvido."* (STJ – REsp 1294687/PE, Rel. Ministra MARIA THEREZA DE ASSIS MOURA, SEXTA TURMA, julgado em 15/10/2013, DJe 24/10/2013). Estamos de acordo com essa posição, desde que se trate de apenas uma vítima, como no caso foi a União. No entanto, se, com uma mesma ação, atinge-se a União e um Estado, por exemplo, a nosso ver, claramente deve ser aplicado o concurso formal.

29 Resumindo a incidência da norma penal espanhola, nos crimes contra a ordem tributária derivados de omissão, FERRÉ OLIVÉ consigna o seguinte, que pode perfeitamente servir de parâmetro para o caso brasileiro: *"(...) para verificar-se a defraudação tributária por omissão, devem concorrer os seguintes requisitos: – Situação típica. O pressuposto de fato está integrado pelas seguintes circunstâncias objetivas: a) Existência de uma relação jurídico-tributária, que nasce como consequência da realização de um fato impunível, do qual deriva a incidência de um tributo. B) A mencionada relação gera a posição de garante do contribuinte, seu substituto ou responsável, em relação ao bem jurídico tutelado, o que permitirá fundamentar a sanção por omissão. – Ausência de realização da ação devida. O sujeito deve defraudar por meio de um comportamento omissivo, que possibilite que as suas bases tributárias fiquem ocultas ou indeterminadas. A indeterminação do tributo será mais provável quando se omita a apresentação da declaração tributária. – O sujeito deve ter capacidade pessoal de executar a ação e de evitar a produção do resultado. – O resultado deve ser objetivamente imputável ao comportamento em relação*

Por outro lado, no segundo caso, o agente presta declarações à autoridade, mas essas informações são falsas, não correspondem à realidade.

Diante dessas informações falsas, a autoridade fazendária acaba por chegar a conclusões equivocadas no sentido de que determinado fato gerador não ocorreu ou ocorreu de outro modo, diminuindo, assim, a incidência de tributo ou acessório.

As duas condutas (ativa e omissiva) se referem a situações fáticas que têm relevância tributária, sendo que a sua ocultação do fisco, como já consignado, devem acarretar a supressão ou diminuição de tributo ou acessório.

Em suma, é possível afirmar que o delito resta caracterizado quando a ação ou omissão do agente impeça ou dificulte a quantificação da dívida tributária, de modo que a fazenda pública não possa ter conhecimento dos fatos ou os tenha de modo apenas parcial. Não é necessário sempre um engano da fazenda pública, mas apenas que a conduta enganadora do agente (não prestar informações ou prestar de forma equivocada) acarrete uma efetiva supressão ou diminuição do tributo, precisamente porque a conduta incriminada impediu que ela desenvolvesse a suas funções ordinárias de arrecadar e liquidar as obrigações tributárias[30].

Veja-se que, o inciso em questão, abrange tanto a conduta omissiva, quanto a ativa, pretendendo assegurar a veracidade das informações que chegam ou deviam chegar a conhecimento do fisco.

Ademais, as incriminações previstas no inciso I, têm especial relevância, uma vez que a cobrança de muitos tributos dependem da declaração do próprio contribuinte, como é o caso do lançamento por declaração (atualmente muito pouco usado)[31] e o lançamento por homologação (utilizado com maior frequência)[32].

---

ao qual deve-se levar em conta o fim de proteção da norma e os deveres que pesam sobre o sujeito ativo do delito." FERRÉ OLIVÉ. Tratado de los delitos contra la hacienda pública y contra la seguridad social, p. 416.

30 AYALA GÓMEZ, Ignacio. Los "delitos contra la hacienda pública" relativos a los ingresos tributarios: el llamado "delito fiscal" del artículo 305 del código penal, in Delitos e infracciones contra la hacienda pública. Valencia: Tirant lo Blanch, 2009, p. 121.

31 Sobre o tema, dispõe o art. 147 do Código Tributário Nacional: *"Art. 147. O lançamento é efetuado com base na declaração do sujeito passivo ou de terceiro, quando um ou outro, na forma da legislação tributária, presta à autoridade administrativa informações sobre matéria de fato, indispensáveis à sua efetivação. § 1º A retificação da declaração por iniciativa do próprio declarante, quando vise a reduzir ou a excluir tributo, só é admissível mediante comprovação do erro em que se funde, e antes de notificado o lançamento. § 2º Os erros contidos na declaração e apuráveis pelo seu exame serão retificados de ofício pela autoridade administrativa a que competir a revisão daquela."*

32 O lançamento por homologação é previsto pelo art. 150 do Código Tributário Nacional: *"Art. 150. O lançamento por homologação, que ocorre quanto aos tributos cuja legislação atribua ao sujeito passivo o dever de antecipar o pagamento sem prévio exame da autoridade administrativa, opera-se pelo ato em que a referida autoridade, tomando conhecimento da atividade assim exercida pelo obrigado, expressamente a homologa. § 1º O pagamento antecipado pelo obrigado nos termos deste artigo extingue o crédito, sob condição resolutória da ulterior homologação ao lançamento. § 2º Não influem sobre a obrigação tributária quaisquer atos anteriores à homologação, praticados pelo sujeito passivo ou por terceiro, visando à extinção total ou parcial do crédito. § 3º Os atos a que se refere o parágrafo anterior serão, porém, considerados na apuração do saldo porventura devido e, sendo o caso, na imposição de penalidade, ou sua graduação. § 4º Se a Lei não fixar prazo a homologação, será ele de cinco anos, a contar da ocorrência do fato gerador; expirado esse prazo sem que a Fazenda Pública se tenha pronunciado, considera-se homologado o lançamento e definitivamente extinto o crédito, salvo se comprovada a ocorrência de dolo, fraude ou simulação."*

Como casuística, é relevante citar os seguintes casos que configuram o tipo penal previsto no art. 1º, inciso I, da Lei n. 8.137/90:

i) Empresa com relevante faturamento não declarado ao fisco (TRF3 ACR 00090884120114036181 DESEMBARGADOR FEDERAL HÉLIO NOGUEIRA, PRIMEIRA TURMA e-DJF3 Judicial 1, data 19/05/2016).

ii) Omissão na informação à Receita Federal de relevantes movimentações bancárias na conta do agente, com origem não comprovada (STJ – AgRg no REsp 1321677/PR, Rel. Ministra LAURITA VAZ, QUINTA TURMA, julgado em 07/08/2014, DJe 22/08/2014)[33]. No mesmo sentido, STF – HC 121125, Relator(a): Min. GILMAR MENDES, Segunda Turma, julgado em 10/06/2014, PROCESSO ELETRÔNICO DJe-172 DIVULG 04-09-2014 PUBLIC 05-09-2014. Mesmo em se tratando de movimentação financeira comprovadamente ilícita, incide o tipo penal em questão, quando há omissão na declaração (STJ - AgRg no REsp 1589291/PB, Rel. Ministro JOEL ILAN PACIORNIK, QUINTA TURMA, julgado em 05/06/2018, DJe 13/06/2018).

iii) Empresa que apresentou declaração de inatividade, para fins de apuração do Imposto de Renda de Pessoa Jurídica – IRPJ, visando suprimir tributos federais, considerando que obteve faturamento no aludido ano (TRF5 ACR 00133228120164058300 Desembargador Federal Frederico Dantas Terceira Turma DJE – Data:17/11/2017 – Página: 91) (TRF3, ACR 00044721220064036112, DESEMBARGADOR FEDERAL LUIZ STEFANINI, QUINTA TURMA, e-DJF3 Judicial 1 DATA:06/05/2014).

iv) Apresentação de declaração de exportação subfaturada com o objetivo de reduzir tributo (STJ – REsp 908.704/RS, Rel. Ministra LAURITA VAZ, QUINTA TURMA, julgado em 15/10/2009, DJe 09/11/2009)[34].

v) Empresa que apresenta declaração de endereço falso em município cuja alíquota de ISS é inferior ao da sede efetiva da pessoa jurídica. Nesse sentido: *"Conjunto probatório suficiente à condenação, tendo em vista que ficou comprovado que a ré fraudulentamente, emitia suas notas fiscais ideologicamente falsas consignando como sua sede o endereço fictício em Barueri e lá recolhia o ISS reduzindo sua carga tributária, na medida em que em aludido município a alíquota era de 2% (dois por cento) – Recurso*

33 Veja-se que, em casos que tais, o Superior Tribunal de Justiça assentou o seguinte: *"A presunção relativa de omissão de receita, prevista no art. 1.º, inciso I, da Lei n.º 8.137/90, é admitida por esta Corte Superior de Justiça, quando o Agente não registra na declaração de ajuste anual, enviada à Receita Federal, as movimentações de valores realizadas em contas bancárias. Nesse contexto, cabe ao Réu o ônus de provar que os recursos não lhe pertenciam, de modo a afastar a exigência do imposto sobre a renda. Inexistente violação ao art. 156 do Código de Processo Penal."* (STJ – AgRg no REsp 1321677/PR, Rel. Ministra LAURITA VAZ, QUINTA TURMA, julgado em 07/08/2014, DJe 22/08/2014). Na verdade, o mais tecnicamente correto seria afirmar que as provas produzidas pelo acusado não foram suficientes para abalar o juízo de certeza sobre a existência do delito, decorrente da constatação das movimentações bancárias nas contas do réu e da verificação de que o acusado deixou de informá-las em sua declaração de Imposto de Renda.

34 Caracteriza, também, o delito quando: *"o contribuinte lançar na nota fiscal valor inferior ao efetivamente pago pelo consumidor final, além de lançar este valor no Livro de Registro de Saída de Mercadorias, a fim de reduzir o valor do tributo devido ao Estado. Esta conduta enquadra-se no art. 1º, inc. I e II, da Lei nº 8.137/90."* MANUAL DE ORIENTAÇÃO FUNCIONAL. Corregedoria-Geral do Ministério Público do Estado do Paraná. Curitiba, 2009, item 229.

não provido." (TJSP; Apelação 0019597-14.2014.8.26.0050; Relator (a): Borges Pereira; Órgão Julgador: 16ª Câmara de Direito Criminal; Foro Central Criminal Barra Funda – 3ª Vara Criminal; Data do Julgamento: 15/08/2017; Data de Registro: 16/08/2017)[35].

vi) Movimentação de valores em contas bancárias não declaradas à receita, mas resultante de atividades ilícitas[36].

Condutas do Inciso II, do art. 1º ("fraudar a fiscalização tributária, inserindo elementos inexatos, ou omitindo operação de qualquer natureza, em documento ou livro exigido pela Lei fiscal")

A marca que define o tipo penal do inciso II, é a **fraude** em documento ou livro exigido pela Lei fiscal, que pode se dar: **a)** por meio da inserção de **elementos inexatos**; **b)** pela **omissão** de **operações** de qualquer natureza.

Assim, o agente emprega fraudes nos documentos ou livros exigidos pela Lei fiscal, que têm precisamente a função de materializar as práticas que podem constituir fato gerador de tributo ou acessório.

É certo que a contabilidade de uma empresa tem fundamental importância para documentar e demonstrar a situação patrimonial de uma empresa permitindo, inclusive, a atuação fiscalizadora do Fisco.

De tal maneira, os livros da empresa são documentos complexos e devem ser elaborados de acordo com técnicas contábeis, devendo registrar todos os fatos mais relevantes das atividades empresariais. Esses registros devem ser feitos sempre de forma clara e exata. Imprescindivelmente devem guardar fidelidade com os fatos jurídicos relevantes que efetivamente ocorreram no histórico da empresa[37].

---

35 Sobre o tema, vide também: MANUAL DE ORIENTAÇÃO FUNCIONAL. Corregedoria-Geral do Ministério Público do Estado do Paraná. Curitiba, 2009, item 229. Para uma perspectiva espanhola do *"traslado simulado de la residencia fiscal"*, cf.: FERRÉ OLIVÉ. Tratado de los delitos contra la hacienda pública y contra la seguridad social, p. 443.

36 Nesse sentido, já decidiu o Supremo Tribunal Federal: *"Habeas corpus. Penal. Processual penal. Crime contra a ordem tributária. Artigo 1º, inciso I, da Lei nº 8.137/90. Desclassificação para tipo previsto no art. 2º, inciso I, da indigitada lei. Questão não analisada pelo Superior Tribunal de Justiça. Supressão de instância. Inadmissibilidade. Precedentes. Alegada atipicidade da conduta baseada na circunstância de que os valores movimentados nas contas bancárias do paciente seriam provenientes de contravenção penal. Artigo 58 do Decreto-Lei nº 6.259/44 – Jogo do Bicho. Possibilidade jurídica de tributação sobre valores oriundos de prática ou atividade ilícita. Princípio do Direito Tributário do non olet. Precedente. Ordem parcialmente conhecida e denegada. 1. A pretendida desclassificação do tipo previsto no art. 1º, inciso I, para art. 2º, inciso I, da Lei nº 8.137/90 não foi analisada pelo Superior Tribunal de Justiça. Com efeito sua análise neste ensejo configuraria, na linha de precedentes, verdadeira supressão de instância, o que não se admite. 2. A jurisprudência da Corte, à luz do art. 118 do Código Tributário Nacional, assentou entendimento de ser possível a tributação de renda obtida em razão de atividade ilícita, visto que a definição legal do fato gerador é interpretada com abstração da validade jurídica do ato efetivamente praticado, bem como da natureza do seu objeto ou dos seus efeitos. Princípio do non olet. Vide o HC nº 77.530/RS, Primeira Turma, Relator o Ministro Sepúlveda Pertence, DJ de 18/9/98. 3. Ordem parcialmente conhecida e denegada."* (STF – HC 94240, Relator(a): Min. DIAS TOFFOLI, Primeira Turma, julgado em 23/08/2011, DJe-196 DIVULG 11-10-2011 PUBLIC 13-10-2011 EMENT VOL-02606-01 PP-00026 RT v. 101, n. 917, 2012, p. 584-597).

37 FERRÉ OLIVÉ. Tratado de los delitos contra la hacienda pública y contra la seguridad social, p. 599.

Além dos livros, o tipo penal faz referência a documentos, ou seja, quaisquer declarações escritas e validadas, que podem estar materializadas tanto em papel, quanto em meio eletrônico, devendo ter, para a configuração do crime, relevância para fins tributários[38].

Como se pode ver, o tipo penal dispõe a respeito do documentos ou livros estabelecidos por lei. Assim, podem ser tanto os livros e documentos previstos para as respectivas empresas na sua Lei de regência, quanto em livros ou documentos específicos estabelecidos por norma tributária. Trata-se, pois, de uma norma penal em branco, cujo conteúdo deve ser buscado em outra Lei para avaliar quais são os documentos e livros obrigatórios.

O tipo penal do inciso II diferencia-se do estabelecido no inciso I precisamente por seu objeto. Isso porque, enquanto que no inciso I, a sonegação recai sobre a declaração, no dispositivo em comento (inciso II) ela recai sobre os documentos ou livros mantidos pela empresa[39].

Estudando especificamente a forma de caracterização do crime, verifica-se que, na hipótese do crime se dar pela inserção de elementos inexatos, deve o agente falsificar os livros ou documentos fiscais, inserindo neles informações inexatas, é dizer, elementos informativos que não correspondam com as atividades efetivamente realizadas pela empresa.

Essa falsificação pode ser tanto ideológica, quanto material, uma vez que o que importa para a caracterização do delito é apenas que exista um descompasso entre os elementos que constam dos livros e a realidade[40].

Assim, é a falta de fidelidade do livro ou documento com o efetivamente ocorrido que consubstancia as informações inexatas, que dão corpo à fraude com supressão ou redução do tributo.

Já na segunda hipótese prevista no tipo penal, o agente deixa de lançar operações nos aludidos livros ou documentos, omitindo-se, assim, na materialização dos fatos geradores idôneos a justificar a incidência de tributos.

Aqui, para a caracterização do delito deve: i) existir um suporte fático que caracterize uma relação tributária, em que nasce a obrigação tributária; ii) existir um dever jurídico do agente de prestar as informações e iii) o agente poder prestar essas informações na forma devida.

Assim, a supressão ou diminuição do tributo decorre precisamente dessa omissão na declaração em documento ou escrituração no livro dessa operação da qual resulta a obrigação tributária.

A título de exemplo, é possível indicar as seguintes condutas que configuram o delito em questão (ainda que possam configurar, também, outros incisos do art. 1º, como advertido no início do comentário deste artigo):

i) Supressão de ICMS mediante fraude, em virtude da omissão de operações comerciais em livro exigido pela Lei fiscal (deliberadamente não escriturou regulamente notas fiscais nos livros de registro de saídas). (TJSP; Apelação 0000767-42.2009.8.26.0125; Relator (a): Carlos Monnerat; Órgão Julgador: 9ª Câmara de Direito Criminal; Foro

38 BALTAZAR JUNIOR cita os seguintes exemplos de documentos: *"DCTF (Declarações de Débitos e Créditos Tributários), DIPJ (Declaração de Informações Econômico-Fiscais da Pessoa Jurídica) ou Declarações de Imposto de Renda."* BALTAZAR JUNIOR. Crimes Federais, p. 817.

39 Nesse mesmo sentido, cf.: BALTAZAR JUNIOR. Crimes Federais, p. 817.

40 Assim, também, é a posição de: MACHADO. Crimes contra a Ordem Tributária, p. 348.

de Capivari – 2ª. Vara Judicial; Data do Julgamento: 23/11/2017; Data de Registro: 29/11/2017). Assim, também, sobre a omissão na escrituração de notas fiscais, suprimindo ICMS (TJPR – 2ª C.Criminal – AC – 1696209-7 – Curitiba – Rel.: José Mauricio Pinto de Almeida – Unânime – j. 08.02.2018).

ii) Supressão de tributo e creditamento indevido de ICMS, mediante a emissão de notas fiscais apurando diferentes valores, realizando a conduta conhecida como "nota vazada" ou "nota espelhada", é dizer, uma nota fiscal que ostenta informações diversas em cada uma das vias (TJSP; Apelação 0008502-32.2010.8.26.0533; Relator (a): Ely Amioka; Órgão Julgador: 8ª Câmara de Direito Criminal; Foro de Santa Bárbara D'Oeste – 1ª. Vara Criminal; Data do Julgamento: 09/11/2017; Data de Registro: 10/11/2017).

Um dos exemplos mais conhecidos se dá mediante a utilização de *"nota fiscal calçada"*, que é consubstanciada pela seguinte ação: *"(...) consiste em consignar nas primeiras vias da nota fiscal que acompanha a mercadoria e é entregue aos destinatários preços e valores do imposto efetivamente cobrados, enquanto que na via fixa no talão, que serve de base para a escrituração fiscal e apuração do tributo a ser pago pela empresa emitente são consignados preços e valores de imposto significativamente inferiores (no caso, somente 10% do total)"* (TJSP; Apelação Criminal 9103428-50.1997.8.26.0000; Relator (a): Debatin Cardoso; Órgão Julgador: 6ª Câmara de Direito Criminal; Foro de São Carlos – 1ª. Vara Criminal; Data do Julgamento: N/A; Data de Registro: 03/11/1999).

iii) Inscrição de dado inexato, em livro obrigatório, referente a operações de entrada de mercadorias tributadas, acompanhadas de notas fiscais falsificadas ou inidôneas (TJSP; Apelação 0015533-33.2012.8.26.0566; Relator (a): Luiz Fernando Vaggione; Órgão Julgador: 2ª Câmara de Direito Criminal; Foro de São Carlos – 2ª Vara Criminal; Data do Julgamento: 24/07/2017; Data de Registro: 26/07/2017).

iv) Emissão de notas fiscais com informações inexatas, com redução de ICMS (TJSP; Apelação 0009249-73.2009.8.26.0320; Relator (a): Otávio de Almeida Toledo; Órgão Julgador: 16ª Câmara de Direito Criminal; Foro de Limeira – 3ª Vara Criminal; Data do Julgamento: 14/11/2017; Data de Registro: 17/11/2017).

v) Omissão na escrituração de operações tributáveis (TJSP; Apelação 0002094-87.2009.8.26.0168; Relator (a): Ivana David; Órgão Julgador: 9ª Câmara Criminal Extraordinária; Foro de Dracena – 3ª. Vara Judicial; Data do Julgamento: 18/08/2017; Data de Registro: 28/08/2017). Ocorre, também, com a redução e supressão de ICMS decorrente da omissão, na escrituração contábil da empresa e em livro próprio, de operações tributadas, vindo, ainda, a escriturar incorretamente operações tributadas informando-as como se não o fossem. (TJSP; Apelação 0001690-61.2014.8.26.0103; Relator (a): Pinheiro Franco; Órgão Julgador: 5ª Câmara de Direito Criminal; Foro de Caconde – Vara Única; Data do Julgamento: 26/10/2017; Data de Registro: 26/10/2017).

vi) Omissão de informações dos tributos devidos nos livros fiscais e no preenchimento das guia de informação e apuração zerada (TJPR – 2ª C.Criminal – AC – 1612910-5 – Curitiba – Rel.: José Carlos Dalacqua – Unânime – j. 03.08.2017).

vii) Utilização irregular de notas fiscais emitidas por empresa de outro Estado da Federação, com a ocultação de verdadeira operação de importação realizada pela empresa, suprimindo o ICMS devido na operação, além de creditar indevidamente valores referentes ao ICMS obtidos com tais notas fiscais. (TJSP; Apelação 0000021-15.2012.8.26.0144; Relator (a): Pinheiro Franco; Órgão Julgador: 5ª Câmara de Direito Criminal; Foro de Conchal – Vara Única; Data do Julgamento: 23/11/2017; Data de Registro: 23/11/2017).

viii) Deixar de emitir notas fiscais relativas à venda de mercadorias, com a consequente redução do ICMS (TJPR – 2ª C.Criminal – AC – 1545268-5 – Região Metropolitana de Maringá – Foro Central de Maringá – Rel.: José Mauricio Pinto de Almeida – Unânime – j. 30.03.2017).

ix) Deixar de lançar notas fiscais de saída, com sonegação fiscal (TJSP; Apelação 0000242-16.2011.8.26.0602; Relator (a): Lauro Mens de Mello; Órgão Julgador: 6ª Câmara de Direito Criminal; Foro de Sorocaba – 4ª Vara Criminal; Data do Julgamento: 24/08/2017; Data de Registro: 29/08/2017).

Ademais, configura o delito deixar de emitir notas fiscais relativas à venda de mercadorias, com a consequente redução do ICMS (TJPR – 2ª C.Criminal – AC – 1545268-5 – Região Metropolitana de Maringá – Foro Central de Maringá – Rel.: José Mauricio Pinto de Almeida – Unânime – j. 30.03.2017). No mesmo sentido: TJPR – 2ª C.Criminal – AC – 1233782-3 – Curitiba – Rel.: Marcel Guimarães Rotoli de Macedo – Unânime – j. 21.05.2015.

x) Realização de compra e venda de veículos usados, sendo que, mediante fraude, deixava-se de emitir notas fiscais das operações realizadas (TJSP; Apelação 0000843-86.2014.8.26.0482; Relator (a): Euvaldo Chaib; Órgão Julgador: 4ª Câmara de Direito Criminal; Foro de Presidente Prudente – 1ª Vara Criminal; Data do Julgamento: 26/09/2017; Data de Registro: 28/09/2017).

xi) Manipulação de resultados contábeis (*earning managements*), em que a empresa realiza uma contabilidade criativa ou promove maquiagens na contabilidade de modo a promover a supressão ou, o que é mais normal, a redução de tributos. Para tanto, busca-se registrar em documentos ou livros contábeis resultados da atividade econômica que diferem da realidade[41].

Condutas do Inciso III, do art. 1º ("falsificar ou alterar nota fiscal, fatura, duplicata, nota de venda, ou qualquer outro documento relativo à operação tributável")

Neste inciso, o foco da incriminação repousa sobre a falsificação ou alteração de documentos relativos às operações tributáveis, tais como nota fiscal, fatura, duplicata, nota de venda ou qualquer outro documento com tal finalidade.

A distinção com relação ao delito do inciso anterior repousa, também, no específico objeto sobre o qual recai a falsidade.

No inciso II, a incriminação recai sobre documentos ou livros exigidos por lei.

Já no inciso III ela recai especificamente sobre nota fiscal, fatura, duplicata, nota de venda, ou qualquer outro documento relativo à operação tributável[42].

41 FERRÉ OLIVÉ. Tratado de los delitos contra la hacienda pública y contra la seguridad social, pp. 440-441.

42 Sobre o conceito de tais documentos, BALTAZAR JUNIOR esclarece o seguinte: *"Nota fiscal é o documento que registra uma operação de compra e venda de mercadorias ou prestação de serviços. Fatura é o documento emitido pelo vendedor no qual figuram a descrição da mercadoria ou serviço prestados, as condições gerais do*

Em muitos casos, poderá a conduta subsumir-se tanto ao inciso II, quanto ao inciso III, como, por exemplo, é o caso da falsificação de nota fiscal (cujo conceito inclui-se, também, no de documento).

Para solucionar esse conflito de normas, deve-se aplicar o princípio da especialidade[43].

Isso porque, ainda que, por exemplo, seja possível afirmar que a nota fiscal é um documento exigido pela Lei fiscal (o que tornaria possível a incidência do inciso II), é certo que o inciso III expressamente indica esse documento como passível de constituir o delito em questão.

Assim, se o agente consigna valor ideologicamente falso numa nota fiscal com a finalidade de suprimir ou reduzir tributo, caracterizado está o delito do inciso III.

Da mesma forma, se realiza alterações materiais, ainda que parciais, nos aludidos documentos, também, configurado está o delito em questão.

Veja-se que a conduta prevista neste inciso III incrimina tanto a falsidade ideológica, quanto a material.

Como exemplos da configuração deste delito podem ser citados os seguintes:

i) Falsificação de notas fiscais e inserção de elementos inexatos em livros fiscais com o objeto de suprimir ou reduzir tributo. (TJSP; Apelação 0018657-15.2011.8.26.0451; Relator (a): Camargo Aranha Filho; Órgão Julgador: 15ª Câmara de Direito Criminal; Foro de Piracicaba – 1ª Vara Criminal; Data do Julgamento: 18/05/2017; Data de Registro: 19/05/2017).

ii) Emissão de notas fiscais que indicavam conteúdo falso quanto ao estabelecimento de destino da venda de combustível. (TJSP; Apelação 0006207-75.2012.8.26.0428; Relator (a): Reinaldo Cintra; Órgão Julgador: 7ª Câmara de Direito Criminal; Foro de Paulínia – 2ª Vara; Data do Julgamento: 28/02/2018; Data de Registro: 01/03/2018); Assim, também, TJSP; Apelação 0008447-08.2010.8.26.0428; Relator (a): Leme Garcia; Órgão Julgador: 16ª Câmara de Direito Criminal; Foro de Paulínia – 2ª Vara; Data do Julgamento: 03/10/2017; Data de Registro: 04/10/2017.

Condutas do Inciso IV, do art. 1º ("elaborar, distribuir, fornecer, emitir ou utilizar documento que saiba ou deva saber falso ou inexato"):

As condutas descritas no inciso IV, gravitam entorno dos documentos falsos ou inexatos.

Procurou o legislador incriminar toda a eventual cadeia de ações necessárias à falsificação material ou ideológica de documentos que possam ser utilizados para finalidades fiscais.

---

negócio e o valor a ser pago pelo comprador ou contratante (Lei n. 5.474/68, art. 1º a 20). Duplicata é o título de crédito emitido juntamente com a fatura para circulação com efeito comercial 'para documentar o saque do vendedor pela importância faturada ao comprador' ou prestação de serviço (Lei n. 5.474/68, art. 2º a 20). A parte final do inciso, ao referir qualquer outro documento relativo à operação tributável, abre espaço para a interpretação analógica, abrangendo documentos como o conhecimento de transporte, além de possibilitar o reconhecimento do crime caso algum outro tipo de registro seja criado, como, por exemplo, a nota fiscal eletrônica." BALTAZAR JUNIOR. Crimes Federais, p. 818.

43 O princípio da especialidade é aplicado quando existe a possibilidade da aplicação de duas normas, mas um dos tipos legais (*lex specialis*) ostenta determinadas características adicionais que o outro não detém (*lex generalis*), devendo, portanto, ser aplicado o tipo especial (*lex specialis derogat legi generali*). Cf.: FIGUEIREDO DIAS, Jorge de. Direito Penal. Parte Geral, Tomo I. 1. ed. brasileira, 2. ed. portuguesa. São Paulo: Coimbra/RT, 2007, p. 994.

O tipo penal abrange, pois, a sua elaboração (confecção do documento), distribuição (entrega do documento a várias pessoas), fornecimento (entrega do documento a terceira pessoa), emissão (produção formal do documento) e uso do documento falso ou inexato, que deve necessariamente ser utilizado pelo agente como instrumento para a supressão ou redução do tributo.

Como condutas que se subsomem ao tipo penal do inciso IV, pode-se citar as seguintes:

i) Utilizar notas ficais contrafeitas, com a finalidade de obter, em razão disso e indevidamente, crédito tributário de ICMS (TJSP; Apelação 0003781-89.2011.8.26.0472; Relator (a): Pinheiro Franco; Órgão Julgador: 7ª Câmara Criminal Extraordinária; Foro de Porto Ferreira – 1ª. Vara Judicial; Data do Julgamento: 11/10/2017; Data de Registro: 11/10/2017). No mesmo sentido: TJSP; Apelação 0004380-96.2012.8.26.0050; Relator (a): Pinheiro Franco; Órgão Julgador: 5ª Câmara de Direito Criminal; Foro Central Criminal Barra Funda – 12ª Vara Criminal; Data do Julgamento: 22/02/2018; Data de Registro: 22/02/2018. Seguindo o mesmo caminho, é o caso da utilização de notas fiscais falsas para obter indevidamente crédito de ICMS (TJSP; Apelação 0002416-77.2012.8.26.0144; Relator (a): Gilberto Ferreira da Cruz; Órgão Julgador: 15ª Câmara de Direito Criminal; Foro de Conchal – Vara Única; Data do Julgamento: 07/12/2017; Data de Registro: 15/12/2017). Na mesma linha, constatou-se a escrituração de entrada de mercadoria e creditamento de ICMS com base em notas fiscais de venda falsas (TJSP; Apelação 0046749-13.2009.8.26.0050; Relator (a): Andrade Sampaio; Órgão Julgador: 9ª Câmara de Direito Criminal; Foro Central Criminal Barra Funda – 16ª Vara Criminal; Data do Julgamento: 31/08/2017; Data de Registro: 12/09/2017). Assim, também, TJSP; Apelação 0002322-19.2011.8.26.0095; Relator (a): Gilberto Ferreira da Cruz; Órgão Julgador: 15ª Câmara de Direito Criminal; Foro de Brotas – 1ª Vara; Data do Julgamento: 29/06/2017; Data de Registro: 14/07/2017. Caso em que houve a constatação do uso de notas fiscais frias, para gerar créditos indevidos de ICMS, veja-se: TJPR – 2ª C. Criminal – AC – 1545733-7 – Região Metropolitana de Maringá – Foro Regional de Nova Esperança – Rel.: José Carlos Dalacqua – Unânime – j. 20.04.2017).

ii) Apresentação de recibos falsificados à Receita Federal para comprovação de despesas com serviços médicos supostamente realizados que foram inseridas nas declarações anuais de ajuste (IRPF) (TRF1, APELAÇÃO 00005485220134013800, DESEMBARGADOR FEDERAL TOURINHO NETO, TERCEIRA TURMA, e-DJF1 DATA:05/04/2013 PAGINA:309). Assim, também, já entendeu o Superior Tribunal de Justiça, ao consignar que: *"Enquanto a conduta do contribuinte que utiliza atestado médico falso para suprimir ou reduzir tributo configura crime contra a ordem tributária, a conduta do médico consistente em emitir e comercializar os recibos ideologicamente falsos configura crime de falsidade ideológica."* (STJ – REsp 1259101/DF, Rel. Ministra MARIA THEREZA DE ASSIS MOURA, SEXTA TURMA, julgado em 15/10/2013, DJe 24/10/2013). Veja-se que, neste último caso, a nosso sentir, é perfeitamente possível que o médico, caso tenha conhecimento que os recibos têm a finalidade de suprimir tributo (não se caracterizando mera ação neutra), é perfeitamente possível imputar-lhe a participação no crime contra a ordem tributária.

iii) Utilização de notas fiscais com numeração dúplice (TJPR – 2ª C. Criminal – AC – 1475034-6 – Umuarama – Rel.: Naor R. de Macedo Neto – Unânime – j. 03.03.2016). Tal fraude consiste na ação em que o contribuinte, sozinho ou em colaboração com a gráfica, *"imprime dois blocos de notas fiscais com a mesma numeração e série, fazendo constar no rodapé do documento fiscal um número de AIDF106, verdadeiro ou fictício, e, quando da venda de mercadoria ao consumidor final, o contribuinte preenche a nota paralela que não é contabilizada na empresa (lançada nos livros obrigatórios de saída de mercadorias e de apuração de ICMS), suprimindo, assim, o tributo devido ao Estado naquela operação. Tal conduta se enquadra nos incisos III e IV do art. 1º da Lei nº 8.137/90"*[44].

b) O crime do inciso V, do art. 1º ("negar ou deixar de fornecer, quando obrigatório, nota fiscal ou documento equivalente, relativa a venda de mercadoria ou prestação de serviço, efetivamente realizada, ou fornecê-la em desacordo com a legislação"):

O crime tipificado pelo inciso V do art. 1º da Lei n. 8.137/90 está sendo estudado de forma separada, pois – ao contrário das condutas descritas no incido I a IV do art. 1º – constitui delito formal e não material, como os anteriores.

Assim, para a sua consumação não se faz necessária a caracterização da efetiva supressão ou redução do tributo, bastando que se realize as condutas descritas no inciso em comento.

Dessa forma, verifica-se que o legislador antecipa o momento consumativo do crime, não exigindo – como faz nos demais delitos – o efetivo prejuízo ao erário público.

Evidentemente, caso – ademais da realização das condutas descritas no inciso V – também reste configurada a sonegação fiscal ou a diminuição do tributo tal fato constitui mero exaurimento do delito, podendo ser utilizado para aumento da pena-base na primeira fase da aplicação da pena (CP, art. 59).

Uma das principais consequências decorrentes deste delito contra a ordem tributária ser formal é que ele prescinde do prévio esgotamento das instâncias administrativas.

Aliás, essa é conclusão que se extrai da leitura da própria súmula vinculante n. 24, que claramente deixa de fora o inciso V do art. 1º da Lei nº 8.137/90[45].

Não bastasse o teor da súmula, o Supremo Tribunal Federal vem reafirmando a desnecessidade desse prévio exaurimento[46], no que vem sendo acompanhado pelo Superior Tribunal

44 MANUAL DE ORIENTAÇÃO FUNCIONAL. Corregedoria-Geral do Ministério Público do Estado do Paraná. Curitiba, 2009, item 229

45 *"Não se tipifica crime material contra a ordem tributária, previsto no art. 1º, incisos I a IV, da Lei nº 8.137/90, antes do lançamento definitivo do tributo."*

46 Nesse sentido, confira-se os seguintes julgados: *"CRIME CONTRA A ORDEM TRIBUTÁRIA – NEGATIVA EM FORNECER DOCUMENTO OBRIGATÓRIO – PRESCINDIBILIDADE DE PROCESSO ADMINISTRATIVO. O crime previsto no inciso V do artigo 1º da Lei nº 8.137/90 – "negar ou deixar de fornecer, quando obrigatório, nota fiscal ou documento equivalente, relativa a venda de mercadoria ou prestação de serviço, efetivamente realizada, ou fornecê-la em desacordo com a legislação" – prescinde do processo administrativo-fiscal e a instauração deste não afasta a possibilidade de imediata persecução criminal."* (STF – HC 96200, Relator(a): Min. MARCO AURÉLIO, Primeira Turma, julgado em 04/05/2010, DJe-096 DIVULG 27-05-2010 PUBLIC 28-05-2010 EMENT VOL-02403-02 PP-00796 LEXSTF v. 32, n. 378, 2010, p. 365-370 RT v. 99, n. 900, 2010, p. 501-504). *"AÇÃO PENAL – JUSTA CAUSA. O trancamento da ação penal por falta de justa causa pressupõe que as práticas descritas na denúncia não consubstanciem crime. DENÚNCIA – INÉPCIA. Descabe cogitar de inépcia da denúncia quando narrados fatos a viabilizar o exercício do direito de defesa. CRIME TRIBUTÁRIO – PROCESSO ADMINISTRATIVO – DISPENSA. Uma vez versada situação concreta em que, mediante o exercício do poder de polícia, deu-se a apreensão de mercadoria acompanhada de notas fiscais e guias falsas, possível é a propositura da ação penal, independentemente da responsabilidade administrativo-fiscal. CRIME – RESPONSABILIDADE. No julgamento de habeas corpus, não se pode assentar a improcedência da imputação, havendo de se aguardar a instrução do processo-crime e a prolação da*

de Justiça, que reconhece expressamente que *"o delito do art. 1º, inciso V, da Lei n.º 8.137/90 é formal, não estando incluído na exigência da referida Súmula Vinculante"*. (HC 195.824/DF, Rel. Ministra LAURITA VAZ, QUINTA TURMA, julgado em 28/05/2013, DJe 06/06/2013)[47].

Especificamente, no que diz respeito à conduta incriminada, verifica-se que ela ocorre quando o agente nega (o que pressupõe um pedido do interessado e o dever de fornecer) ou deixa de fornecer (o que pressupõe o dever de fornecer) nota fiscal ou documento equivalente, relativos à venda de mercadoria ou prestação de serviço, efetivamente realizada.

No mesmo delito incorre quem, apesar de fornecer a nota fiscal ou documento equivalente, acaba fornecendo-a em desacordo com o determinado pela legislação.

Como casuística, pode-se apresentar os seguintes casos:

i) Deixar de fornecer, nas dependências de revendedora de veículos usados, nota fiscal relativa a entrada de mercadoria (TJSP; Recurso em Sentido Estrito 0002169-96.2014.8.26.0477; Relator (a): Cesar Mecchi Morales; Órgão Julgador: 3ª Câmara de Direito Criminal; Foro de Praia Grande – 1ª Vara Criminal; Data do Julgamento: 22/11/2016; Data de Registro: 06/12/2016).

ii) Deixar de fornecer nota fiscal relativa a venda de uma cozinha planejada e acessórios (TJSP; Apelação 0005226-59.2013.8.26.0477; Relator (a): Marcos Correa; Órgão Julgador: 6ª Câmara de Direito Criminal; Foro de Praia Grande – 1ª. Vara Criminal; Data do Julgamento: 04/08/2016; Data de Registro: 08/08/2016).

iii) Constatação, por agentes fiscais, de contratos particulares de compromisso de compra e venda de carros e motocicletas, celebrados pelo agente, sem a respectiva emissão das notas fiscais, relativas às operações (TJSP; Apelação 0021948-88.2008.8.26.0625; Relator (a): Silmar Fernandes; Órgão Julgador: 3ª Câmara Criminal Extraordinária; Foro de Taubaté – 1ª. Vara Criminal; Data do Julgamento: 13/11/2015; Data de Registro: 16/11/2015).

iv) Gráfica que deixa de emitir notas fiscais relativas a serviços prestados (TJSP; Apelação 0511845-26.2010.8.26.0000; Relator (a): Pedro Menin; Órgão Julgador: 16ª Câmara de Direito Criminal; Foro de Ribeirão Preto – 5ª. Vara Criminal; Data do Julgamento: 21/06/2011; Data de Registro: 05/07/2011).

c) O crime do parágrafo único do art. 1º ("A falta de atendimento da exigência da autoridade, no prazo de 10 (dez) dias, que poderá ser convertido em horas em razão da maior

---

sentença." (STF – HC 90795, Relator(a): Min. MARCO AURÉLIO, Primeira Turma, julgado em 04/12/2007, DJe-036 DIVULG 28-02-2008 PUBLIC 29-02-2008 EMENT VOL-02309-02 PP-00238 RTJ VOL-00205-03 PP-01295).

47 A jurisprudência do Superior Tribunal de Justiça já se assentou nesse sentido, é dizer de que o delito previsto no inciso V é formal e prescinde do prévio esgotamento da via administrativa. Nesse sentido: **RHC 76.937/MG**, Rel. Ministro REYNALDO SOARES DA FONSECA, QUINTA TURMA, julgado em 21/02/2017, DJe 24/02/2017; **AgRg no REsp 1477691/DF**, Rel. Ministro NEFI CORDEIRO, SEXTA TURMA, julgado em 11/10/2016, DJe 28/10/2016; **RHC 31.062/DF**, Rel. Ministro RIBEIRO DANTAS, QUINTA TURMA, julgado em 02/08/2016, DJe 12/08/2016; **AgRg no REsp 1534688/SP**, Rel. Ministra MARIA THEREZA DE ASSIS MOURA, SEXTA TURMA, julgado em 15/03/2016, DJe 28/03/2016; **HC 260.354/PE**, Rel. Ministra MARIA THEREZA DE ASSIS MOURA, Rel. p/ Acórdão Ministro ROGERIO SCHIETTI CRUZ, SEXTA TURMA, julgado em 02/09/2014, DJe 25/09/2014; **HC 232.877/CE**, Rel. Ministra LAURITA VAZ, QUINTA TURMA, julgado em 26/08/2014, DJe 02/09/2014; **HC 195.824/DF**, Rel. Ministra LAURITA VAZ, QUINTA TURMA, julgado em 28/05/2013, DJe 06/06/2013.

ou menor complexidade da matéria ou da dificuldade quanto ao atendimento da exigência, caracteriza a infração prevista no inciso V"):

Para finalizar os tipos penais previstos no artigo 1º da Lei em comento, cumpre examinar o crime do seu parágrafo único.

Referido delito destina-se à proteção da fiscalização realizada pelos órgãos estatais sobre a ordem tributária.

De tal maneira, aqui o objetivo é viabilizar e proteger a efetiva fiscalização pelos agentes do estado do cumprimento pelo contribuinte, responsável ou delegado das obrigações tributárias.

Assim, o crime resta caracterizado quando o agente descumpre requisição da autoridade fiscal para que o sujeito passivo preste informações ou entregue documentos a respeito de atividades que gravitam entorno de atividades tributárias.

Trata-se de crime de mera conduta, em que o simples descumprimento da requisição já é suficiente para a sua consumação.

Nesse sentido, o Superior Tribunal de Justiça já decidiu o seguinte: "*HABEAS CORPUS. CRIME CONTRA ORDEM TRIBUTÁRIA. PARÁGRAFO ÚNICO DO Art. 1º DA Lei N. 8.137/1993. CRIME DE MERA CONDUTA. ORDEM NÃO CONHECIDA. 1. A falta de atendimento da exigência feita pela autoridade fiscal, para que seja apresentada a documentação solicitada, é o que basta para a configuração do crime previsto no parágrafo único do art. 1º da Lei n. 8.137/1990. A consumação do crime ocorre com a simples inobservância à exigência da autoridade fiscal (falta de atendimento dessa exigência). 2. O referido delito guarda semelhantes características com o crime de desobediência, previsto no art. 330 do Código Penal. Entretanto, o tipo penal em tela destina-se especificamente à ordem emitida pela autoridade fazendária, no curso de suas atribuições legais. 3. A imposição da necessidade de resultado naturalístico, que se daria com a constituição definitiva do crédito tributário, revelar-se-ia verdadeira incongruência, na medida em que a inércia no fornecimento dos documentos fiscais obrigatórios, se não impediria, dificultaria sobremaneira a apuração, pelas autoridades fazendárias, do provável valor reduzido ou suprimido relativamente às operações que porventura tenham sido perfectibilizadas pelo sujeito passivo (contribuinte ou responsável fiscal) da obrigação tributária. 4. Voltando-se o olhar para o inciso V do art. 1º da Lei n. 8.137/1990, constata-se que a referência feita pelo legislador, no parágrafo único, não parece haver sido despropositada, haja vista a semelhança de objetivo do agente com tais condutas, a desaguar, tal como ocorre com o próprio inciso V, na prescindibilidade de procedimento administrativo fiscal prévio. 5. Habeas corpus não conhecido.*" (STJ – HC 241.770/RJ, Rel. Ministro ROGERIO SCHIETTI CRUZ, SEXTA TURMA, julgado em 21/06/2016, DJe 29/06/2016).

Veja-se que, como se trata de crime de mera conduta e pelo que se infere da própria leitura do dispositivo, não se faz necessária a ocorrência de supressão ou redução do tributo, que, aliás, sequer é possível de ocorrer em virtude da desobediência prevista no parágrafo único, mas tão somente da prática de alguma das condutas descritas nos incisos do artigo 1º.

Como exemplo, pode-se citar a conduta do agente que, apesar de receber notificações, deixou de apresentar livros e documentos fiscais exigidos pela lei, desatendendo a requisição dos agentes fiscais. (TJSP; Apelação 0100957-73.2011.8.26.0050; Relator (a): Pinheiro Franco; Órgão Julgador: 5ª Câmara de Direito Criminal; Foro Central Criminal Barra Funda – 7ª Vara Criminal; Data do Julgamento: 03/08/2017; Data de Registro: 04/08/2017).

4. TIPICIDADE SUBJETIVA

O delito em exame pressupõe a existência de dolo. É dizer, consciência e vontade de realizar os elementos objetivos do tipo penal.

Além disso, não se faz necessário nenhum elemento subjetivo do tipo diverso do dolo (ou, como equivocadamente se tem denominado, não há necessidade de *"dolo específico"*).

É precisamente nesse sentido a jurisprudência do Superior Tribunal de Justiça que assentou que: *"Em crimes de sonegação fiscal e de apropriação indébita de contribuição previdenciária, este Superior Tribunal de Justiça pacificou a orientação no sentido de que sua comprovação prescinde de dolo específico sendo suficiente, para a sua caracterização, a presença do dolo genérico consistente na omissão voluntária do recolhimento, no prazo legal, dos valores devidos"* (AgRg no AREsp 493.584/SP, Rel. Ministro REYNALDO SOARES DA FONSECA, QUINTA TURMA, julgado em 02/06/2016, DJe 08/06/2016)[48].

Não há tipificação de crime no art. 1º, quando a conduta decorra de eventual violação ao dever objetivo de cuidado. É dizer, não há punição a título de culpa.

5. CONSUMAÇÃO E TENTATIVA

Conforme já acima adiantado, a consumação dos delitos previstos nos incisos I a IV do art. 1º somente ocorre com a constituição definitiva do crédito tributário.

Precisamente por conta disso – uma verdadeira ficção jurídica decorrente de uma construção jurisprudencial – não há como, na prática, constatar a tentativa, muito embora se trate de um crime material.

Ademais, caso o agente promovesse alguma das condutas descritas nos incisos I e II e não obtivesse o resultado, não estaríamos diante de um crime tentado, uma vez que, forte no princípio da especialidade, estaria caracterizada a conduta prevista no inciso I, do art. 2º.

Caso praticasse a conduta do inciso III, sem obter o resultado, poderia estar eventualmente caracterizado o crime de falsidade material ou ideológica, tipificados pelo Código Penal. Da mesma forma, a conduta do inciso IV pode, também, eventualmente caracterizar o delito de uso de documento falso.

Com relação ao crime previsto no inciso V, do art. 1º, por se tratar de um crime formal, a sua consumação se dá quando o agente nega ou deixa de fornecer nota fiscal ou documento equivalente ou se consuma no momento em que a fornece, em desacordo com a legislação.

Caso da prática da conduta prevista no inciso V, decorra efetiva supressão ou redução de tributo, tal resultado constituirá mero exaurimento do delito.

É possível a tentativa, na hipótese do inciso v.

Por fim, com relação ao delito previsto no parágrafo único do artigo 1º, por se tratar de crime de mera conduta, a sua consumação ocorre no momento em que vence o prazo assinalado pela autoridade, sem o devido atendimento da exigência da autoridade. Aqui, também, incabível a tentativa.

---

48 Nesse sentido, também, vide, por exemplo, os seguintes julgados: **AgRg no AREsp 1225680/PR**, Rel. Ministro JOEL ILAN PACIORNIK, QUINTA TURMA, julgado em 14/08/2018, DJe 24/08/2018; **AgRg no REsp 1479574/SP**, Rel. Ministro JOEL ILAN PACIORNIK, QUINTA TURMA, julgado em 05/12/2017, DJe 15/12/2017; **AgRg no REsp 1504695/RS**, Rel. Ministra MARIA THEREZA DE ASSIS MOURA, SEXTA TURMA, julgado em 01/12/2015, DJe 11/12/2015.

6. AÇÃO PENAL

A ação penal é pública incondicionada (art. 15). Nesse sentido, aliás, é a Súmula 609 do STF, que preceitua que: "*É pública incondicionada a ação penal por crime de sonegação fiscal*", ainda que tenha sido editada no contexto da Lei anterior (Lei n. 4.729/65) [49].

Considerando que a pena cominada ao delito do art. 1º da Lei n. 8.137/90 é de reclusão de 2 (dois) a 5 (cinco) anos, e multa, verifica-se ser incabível o benefício da transação penal (art. 76, Lei 9.099/95) e da suspensão condicional do processo (art. 89, Lei 9.099/95).

O juízo competente para apreciar os casos penais derivados do delito em questão pode ser a Justiça Comum Estadual ou a Justiça Comum Federal, dependendo do fato de o bem jurídico atingido ser da União, de suas entidades autárquicas ou empresas públicas (Justiça Federal) ou dos Estados ou Municípios (Justiça Estadual).

Art. 2º Constitui crime da mesma natureza: (Vide Lei nº 9.964, de 10.4.2000)

I – fazer declaração falsa ou omitir declaração sobre rendas, bens ou fatos, ou empregar outra fraude, para eximir-se, total ou parcialmente, de pagamento de tributo;

II – deixar de recolher, no prazo legal, valor de tributo ou de contribuição social, descontado ou cobrado, na qualidade de sujeito passivo de obrigação e que deveria recolher aos cofres públicos;

III – exigir, pagar ou receber, para si ou para o contribuinte beneficiário, qualquer percentagem sobre a parcela dedutível ou deduzida de imposto ou de contribuição como incentivo fiscal;

IV – deixar de aplicar, ou aplicar em desacordo com o estatuído, incentivo fiscal ou parcelas de imposto liberadas por órgão ou entidade de desenvolvimento;

V – utilizar ou divulgar programa de processamento de dados que permita ao sujeito passivo da obrigação tributária possuir informação contábil diversa daquela que é, por lei, fornecida à Fazenda Pública.

Pena – detenção, de 6 (seis) meses a 2 (dois) anos, e multa.

1. BEM JURÍDICO TUTELADO

O bem jurídico protegido pelo tipo penal do art. 2º, é, a exemplo do art. 1º, não apenas o patrimônio do Estado, mas também, mediatamente, a sua capacidade de cumprir a missão constitucional, que deve ser materializada com o auxílio dos recursos oriundos da arrecadação tributária. Se interpretado nessa perspectiva, é possível, inclusive, dizer que o bem jurídico protegido é a ordem tributária.

No tipo penal em comento, o legislador optou por utilizar uma técnica de proteção[50] distinta da empregada no artigo 1º, uma vez que escolheu valer-se de delitos de perigo abstrato.

---

49 Há precedente, já na vigência da Lei em comento, que reafirma, implicitamente, estar, ainda, em vigor referida súmula: STF – **HC 84942**, Relator(a): Min. MARCO AURÉLIO, Primeira Turma, julgado em 08/03/2005, DJ 15-04-2005 PP-00028 EMENT VOL-02187-03 PP-00541 LEXSTF v. 27, n. 318, 2005, p. 415-418 RT v. 94, n. 838, 2005, p. 496-497.

50 Como consigna GRECO: *"(...) o problema dos crimes de perigo abstrato pouco tem a ver com a questão do bem jurídico. A legitimação dos crimes de perigo abstrato não deve ser discutida à luz de considerações sobre o bem jurídico, e sim sobre outro tópico, que alguns autores começam a chamar de "estrutura do delito" (Deliktstruktur). Ao tratar do bem jurídico, está-se diante da pergunta: o que proteger? Ao tratar da estrutura do delito, o problema*

2. SUJEITOS DO CRIME

Da mesma forma que ocorreu no artigo anterior, o dispositivo em comento é delito comum, uma vez que pode ser praticado por qualquer pessoa. Muito embora, em regra, os autores do delito sejam o contribuinte, o responsável ou seu representante, além dos eventuais administradores de fato ou das pessoas que tenham o domínio sobre a ação.

O sujeito passivo do delito será a União, Estados, Distrito Federal, Municípios, ou pessoa jurídica de direito público que tenha capacidade tributária ativa.

3. CONDUTAS TÍPICAS (TIPICIDADE OBJETIVA)

Como explica ROXIN, os delitos de perigo abstrato *"são aqueles em que se pune uma conduta tipicamente perigosa como tal, sem que, no caso concreto, seja necessária a produção de um resultado de colocação em perigo"*.[51]

De tal maneira, o legislador brasileiro, no seu art. 2º, tipificou aquelas condutas que envolvem, ainda que abstratamente, a colocação em risco a ordem tributária.

Feitos esses esclarecimentos iniciais, cumpre agora analisar cada uma das condutas tipificadas pelos incisos do art. 2º da Lei n. 8.137/90.

Condutas do Inciso I, do art. 2º ("fazer declaração falsa ou omitir declaração sobre rendas, bens ou fatos, ou empregar outra fraude, para eximir-se, total ou parcialmente, de pagamento de tributo")

O presente dispositivo funciona como uma espécie de criminalização de ato preparatório do delito previsto no inciso I, do art. 1º, da Lei n. 8.137/90.

Desse modo, para a caracterização do delito do inciso I, do art. 2º, da Lei n. 8.137/90, basta que o agente faça a declaração falsa ou omita declaração de rendas, bens ou fatos para a sua caracterização.

De tal maneira, antes mesmo da supressão ou diminuição do tributo, já esta devidamente configurado o delito do art. 2º, I, tratando-se, pois, de delito formal.

E não é só isso. O inciso I do art. 2º pune, também, a mera prática de uma ação fraudulenta, desde que realizada com o objetivo de eximir-se, total ou parcialmente, do tributo (especial fim de agir)

Nesse caso, também, é dispensada, para a configuração do crime, a superveniência de um efetivo prejuízo, uma vez que a sua consumação é antecipada, por se tratar de delito formal.

A respeito do inciso I, do art. 2º, ora em exame, o Superior Tribunal de Justiça já asseverou que: "*Ao contrário dos crimes previstos no artigo 1º da Lei 8.137/1990, os delitos dispostos no artigo 2º são formais, pois não exigem a ocorrência do resultado para a sua consumação, motivo pelo qual é desnecessário o esgotamento da via administrativa para que seja iniciada a persecução penal.*" (STJ – **HC 278.248/SC**, Rel. Ministro JORGE MUSSI, QUINTA TURMA, julgado em 12/08/2014, DJe 12/09/2014)[52]. Esse mesmo entendimento é adotado pelo Supremo Tribunal Federal, no **RHC**

---

já não é mais o que proteger, e sim: como proteger?" GRECO, Luís. *'Princípio da Ofensividade' e Crimes de Perigo Abstrato* – Uma Introdução ao Debate sobre o Bem Jurídico e as Estruturas do Delito. En Modernização do Direito Penal, Bens Jurídicos Coletivos e Crimes de Perigo Abstrato. Rio de Janeiro: Lumen Juris, 2011, p. 97.

51 ROXIN. Derecho Penal. Parte General. Tomo I, p. 407.

52 No mesmo sentido: STJ – HC 294.833/SC, Rel. Ministro FELIX FISCHER, QUINTA TURMA, julgado em 23/06/2015, DJe 03/08/2015;

90532 ED, Relator(a): Min. JOAQUIM BARBOSA, Tribunal Pleno, julgado em 23/09/2009, DJe-208 DIVULG 05-11-2009 PUBLIC 06-11-2009 EMENT VOL-02381-03 PP-00728 RDDT n. 172, 2010, p. 161-164 RT v. 99, n. 892, 2010, p. 515-519[53].

Ademais, o STJ consigna que: *"A conduta típica albergada no inciso I do art. 2º da Lei 8.137/90, consistente em fazer declaração falsa ou omitir declaração sobre rendas, para eximir-se, total ou parcialmente, do pagamento do tributo, trata-se de crime formal, vale dizer, independe de um resultado naturalístico para sua consumação, sendo que sua aplicabilidade se dá justamente naqueles casos em que a apuração fiscal identificou a omissão ou a declaração falsa antes do dano. A finalidade da conduta prevista no art. 2º, inciso I, é eximir-se do pagamento (total ou parcialmente) do tributo devido, de modo que, caso haja a descoberta anterior a produção do resultado pretendido (delito-fim previsto no art. 1º), pelos órgão de fiscalização, estará configurado o delito do art. 2º (delito-meio)."* (REsp 1177354/MT, Rel. Ministra LAURITA VAZ, QUINTA TURMA, julgado em 15/10/2013, DJe 25/10/2013).

Entrando agora na casuística do crime em questão, verifica-se a caracterização do delito em questão, num caso em que agentes públicos transmitiram declarações à Secretaria da Receita Federal, informando a existência de créditos a compensar em favor do Município, que, na verdade, já estariam extintos, referentes à contribuição do PASEP (STJ – REsp 1177354/MT, Rel. Ministra LAURITA VAZ, QUINTA TURMA, julgado em 15/10/2013, DJe 25/10/2013).

Da mesma forma, configurado está o delito quando o agente emite cheque para pagamento de mercadorias vendidas por empresa com atividades encerradas, com o objetivo de forjar despesas buscando prejudicar o fisco (STF – Inq 1636, Relator(a): Min. ELLEN GRACIE, Tribunal Pleno, julgado em 08/09/2005, DJ 09-12-2005 PP-00006 EMENT VOL-02217-1 PP-00144 LEXSTF v. 28, n. 327, 2006, p. 491-498).

Assim, também, aplica-se o art. 2º, I, da Lei n. 8.137/90 aos agentes que entregaram à Receita Federal/SE declarações contrafeitas, uma vez que não eram taxistas em Japoatã/SE (TRF5, ACR 200985000034145, Desembargador Federal André Luis Maia Tobias Granja, Primeira Turma, DJE – Data: 23/11/2017 – Página: 29).

Condutas do Inciso II, do art. 2º ("deixar de recolher, no prazo legal, valor de tributo ou de contribuição social, descontado ou cobrado, na qualidade de sujeito passivo de obrigação e que deveria recolher aos cofres públicos")

Por sua vez, a conduta descrita no inciso II, do art. 2º, da Lei n. 8.137/90, guarda semelhanças com o tipo penal de apropriação indébita previdenciária (CP, art. 168-A), uma vez que tem como característica a imposição ao agente de um dever de recolher tributo, que não é, porém, por ele devido.

---

53 Tendo o julgado recebido a seguinte ementa: *"Art. 2º, inc. I, da Lei nº 8.137/90. Crime formal. Desnecessidade de conclusão do procedimento administrativo para a persecução penal. Visando os embargos declaratórios à modificação do provimento embargado, impõe-se, considerado o devido processo legal e a ampla defesa, a ciência da parte contrária para, querendo, apresentar contra-razões. O tipo penal previsto no artigo 2º, inc. I, da Lei 8.137/90, é crime formal e, portanto, independe da consumação do resultado naturalístico correspondente à auferição de vantagem ilícita em desfavor do Fisco, bastando a omissão de informações ou a prestação de declaração falsa, não demandando a efetiva percepção material do ardil aplicado. Dispensável, por conseguinte, a conclusão de procedimento administrativo para configurar a justa causa legitimadora da persecução. Embargos declaratórios providos."* (STF – RHC 90532 ED, Relator(a): Min. JOAQUIM BARBOSA, Tribunal Pleno, julgado em 23/09/2009, DJe-208 DIVULG 05-11-2009 PUBLIC 06-11-2009 EMENT VOL-02381-03 PP-00728 RDDT n. 172, 2010, p. 161-164 RT v. 99, n. 892, 2010, p. 515-519).

É dizer, é imposto ao agente uma obrigação acessória de recolher um tributo, efetuando esse pagamento com valores que não lhe pertencem, mas cuja posse lhe é entregue.

Por isso a semelhança com a apropriação indébita, já que, para a configuração do crime em questão, o agente, de posse dos valores que devem ter destinação certa, em vez de recolher o tributo, acaba por não fazê-lo.

Aqui, o crime é omissivo próprio, uma vez que se aperfeiçoa quando o agente deixa de recolher, no prazo legal, o valor do tributo, descontado ou cobrado. Isso, desde que exista um dever jurídico do agente fazê-lo na qualidade de sujeito passivo da obrigação tributária.

Sobre o crime do art. 2º, inciso II, BALTAZAR JUNIOR expõe as duas modalidades de sua caracterização, citado aqui integralmente por se tratar de exposição bastante didática:

> *"O inciso menciona duas possibilidades: tributo descontado ou cobrado. Quanto ao IRRF, que é descontado, o funcionamento é o seguinte: a fonte pagadora do rendimento (empregador ou contratante) é obrigada a reter uma parcela desse rendimento e fazer o recolhimento para a Receita Federal. Se a fonte fizer o desconto e não recolher, o crime se consuma, e o sujeito ativo é o responsável tributário (empregador ou contratante), uma vez que o tributo foi descontado do sujeito passivo da obrigação, que é o empregado ou prestador de serviço (TRF4, AC 20047105000177-0, Penteado, 8ª T., u., 22.11.06). O IPI, ao contrário, é cobrado. O modo, em rápidas linhas, é o seguinte: quando uma operação é sujeita à cobrança do IPI, como, por exemplo, a compra de uma mercadoria, o consumidor paga o valor da mercadoria mais o valor do tributo. Se a mercadoria vale 100 reais, o vendedor deve cobrar 110, porque 10 reais são devidos de IPI. O valor de 10 reais, cobrado em razão do IPI, não pertence ao vendedor, mas sim à União, para quem esse valor deve ser recolhido."*[54]

Como se vê, no crime em questão, o agente efetivamente tem a posse de valores alheios, sobre os quais recaía um dever de repasse, mediante pagamento do tributo, à pessoa jurídica de direito público, que tinha a capacidade tributária ativa para receber os valores.

O crime do inciso II, do art. 2º, da Lei n. 8.137/90, é formal, configurando-se com o mero inadimplemento, com a mera omissão em cumprir o seu dever de efetuar o pagamento. Nesse sentido, cf.: STJ – **RHC 83.103/RS**, Rel. Ministra MARIA THEREZA DE ASSIS MOURA, SEXTA TURMA, julgado em 01/06/2017, DJe 09/06/2017[55].

Condutas do Inciso III, do art. 2º ("exigir, pagar ou receber, para si ou para o contribuinte beneficiário, qualquer percentagem sobre a parcela dedutível ou deduzida de imposto ou de contribuição como incentivo fiscal")

O inciso III, do art. 2º da 8.137/90 tem como foco a repressão de práticas que distorcem os objetivos subjacentes à concessão de incentivos fiscais.

Os incentivos fiscais têm por objetivo fomentar determinada atividade, setor ou região, mediante o abatimento total ou parcial dos tributos, conforme previsão legal, e de acordo com a política de incentivos realizadas pelo poder público[56].

---

54 BALTAZAR JUNIOR. Crimes Federais, pp. 842-843.

55 Nesse sentido: *"A Terceira Seção do Superior Tribunal de Justiça, no julgamento do HC n.º 399.109/SC, concluiu que o não recolhimento do ICMS em operações próprias é fato típico"*. (STJ - AgRg no HC 442.398/GO, Rel. Ministra LAURITA VAZ, SEXTA TURMA, julgado em 25/09/2018, DJe 11/10/2018).

56 DECOMAIN. Crimes contra a Ordem Tributária, pp. 385 e ss.; PRADO. Direito Penal Econômico, p. 291. Veja-se que os incentivos fiscais não se confundem com as isenções tributárias, conforme pontua DECOMAIN: *"Na isenção, o contribuinte ou responsável simplesmente não paga nada. Já no incentivo fiscal (...) continua efetuando um pagamento, com a diferença de que este não é destinado ao Estado, mas sim aquela atividade que*

O delito em questão é voltado exclusivamente para agentes privados (o agente público responde, eventualmente, pelo delito do art. 3º, inciso II) que exija, pague ou receba qualquer vantagem sobre a parcela dedutível ou deduzida do tributo relativa ao incentivo fiscal. Trata-se de uma das poucas modalidades, em nosso país, de incriminação semelhantes à denominada corrupção privada[57].

Com relação aos verbos do tipo, (i) exigir significa solicitar num contexto de ameaça ou eventual represália, sejam elas veladas ou explícitas (a exemplo do que ocorre na concussão, mas praticadas aqui por agente privado); (ii) solicitar é simplesmente pedir, sem contexto de ameaça ou represália e (iii) receber é quando o contribuinte o agente efetivamente passa a ter a posse ou disponibilidade dos percentuais pagos.

Como exemplo da primeira hipótese (exigir), pode citar-se um funcionário de determinada entidade civil de utilidade pública, após a entidade ser beneficiada com doação dedutível do Imposto de Renda, nos termos do inciso II do § 2º do artigo 13 da Lei n. 9.249/95, acaba por exigir determinada percentagem para a entrega dos documentos que comprovem a doação, que justificou a obtenção do incentivo fiscal.

Aqui, existe um contexto de represália, pois, caso o contribuinte não efetue o pagamento para o funcionário, pode eventualmente ver glosados os abatimentos que realizou.

Na segunda hipótese (verbo solicitar), o mesmo funcionário pode pedir esse percentual, mas sem contexto de ameaça ou represália. Aqui, normalmente, o contribuinte beneficiário efetua aludido pagamento com o objetivo de, evidentemente, obter alguma vantagem fiscal indevida. O tipo penal, porém, não exige que ocorra essa vantagem fiscal indevida (hipótese que pode caracterizar o tipo penal do art. 1º), contentando-se com o simples pagamento (crime de mera conduta), punindo, pois, um ato antecedente ou preparatório de eventual crime de sonegação fiscal.

Por fim, a terceira hipótese (verbo receber), incrimina-se o ato de receber aludido valor, constituindo o outro lado da moeda da conduta de pagar. Desse modo, o tipo penal antecipa a punição tanto daquele que paga eventual percentual, como aquele que recebe tal valor. São punidas, pois, as condutas normalmente antecedentes de um delito de sonegação fiscal, por meio da técnica de tipificação dos delitos de perigo abstrato. É dizer, criminaliza-se essas condutas que normalmente configuram uma fase prévia ao crime de sonegação fiscal, especialmente vinculado às práticas de obtenções fraudulentas de benefícios fiscais.

Condutas do Inciso IV, do art. 2º ("deixar de aplicar, ou aplicar em desacordo com o estatuído, incentivo fiscal ou parcelas de imposto liberadas por órgão ou entidade de desenvolvimento"):

Aqui a conduta tipificada continua orbitar entorno das concessões de incentivo fiscal. Na verdade, o que se pune no inciso IV, do art. 2º, da Lei n. 8.137/90, é mais precisamente o desvio

---

este, por força justamente do incentivo fiscal, pretende estimular. Quando o valor pago a título de incentivo fiscal é abatido do valor do próprio imposto, os pagamentos na verdade continuam iguais, mudando apenas o destinatário. Isso pode acontecer também quando o pagamento feito a título de incentivo fiscal é abatido da base de cálculo do tributo, mas, neste caso, somente se com tal abatimento, somado ou não a outros legalmente previsto, o contribuinte consegue passar a situar-se em faixa de valores de base de cálculo que o isentam de pagamento ao fiscal, por conta do tributo considerado." PRADO. Direito Penal Econômico, p. 387.

57 TEIXEIRA cita outros dois exemplos de condutas similares à da corrupção privada: o crime de concorrência desleal (art. 195, incisos IX e X da Lei n. 9.279/96) e de gestão fraudulenta (art. 4º da Lei n. 7.492/86). Cf.: TEIXEIRA, Adriano. Crimes de Corrupção: Considerações introdutórias sobre o crime de corrupção privada, *in* Direito Penal Econômico Brasileiro. Belo Horizonte: D'Plácido, 2018, pp. 533-534.

de finalidade na aplicação dos valores recebidos por pessoas jurídicas de direito privado, decorrentes do fomento realizado com base nos incentivos fiscais.

A Lei que institui os benefícios fiscais deve estabelecer, também, os critérios e finalidades a serem buscadas pelas entidades beneficiadas, precisamente para que os objetivos subjacentes ao incentivo sejam cumpridos.

Desse modo, o tipo penal do inciso IV, do art. 2º, da Lei n. 8.137/90, resta caracterizado quando: (i) a entidade beneficiada deixe de aplicar os recursos recebidos ou (ii) aplique referidos recursos em finalidades distintas das determinadas por Lei.

Como casuística do crime do inciso IV, do art. 2º, da Lei n. 8.137/90, pode-se citar o fato de o agente deixar de aplicar recursos próprios da SUDAM, que foram aprovados mediante projeto, e quem tinha por objetivo *"a produção e beneficiamento de cereais e gêneros alimentícios, comércio, exportação e importação de produtos de origem vegetal, cerais e gêneros alimentícios, bem como mecanização agrícola, com recursos do FINAM"*, na forma do art. 5º, da Lei n. 8.167/91[58].

Outro exemplo de cometimento do aludido tipo penal, é a conduta do agente que aplicou, de forma diversa do que deveria, recursos provenientes do FINOR (Fundo de Investimento do Nordeste), que foram obtidos mediante aprovação de projeto de implantação junto à SUDENE (Superintendência de Desenvolvimento do Nordeste). (TRF/1ª Região, 2004.33.00.009417-0/BA, Rel. Juiz Federal Marcelo Rebello Pinheiro, Julg. 26 de outubro 2016. No mesmo sentido: TRF/1ª Região, ACR 0005987-73.2001.4.01.3700 / MA, Rel. DESEMBARGADOR FEDERAL CATÃO ALVES, TERCEIRA TURMA, e-DJF1 p.93 de 02/08/2013).

Condutas do Inciso V, do art. 2º ("utilizar ou divulgar programa de processamento de dados que permita ao sujeito passivo da obrigação tributária possuir informação contábil diversa daquela que é, por lei, fornecida à Fazenda Pública")

O tipo penal do inciso V, do art. 2º, da Lei n. 8.137/90 tem por objetivo proteger a fidelidade e veracidade das informações repassadas à Fazenda Pública por meio de programas

58 Nesse sentido, confira-se a seguinte decisão do Superior Tribunal de Justiça: *"PENAL. AGRAVO REGIMENTAL EM RECURSO ESPECIAL. MÁ APLICAÇÃO DE INCENTIVOS FISCAIS. ESTELIONATO. NÃO OCORRÊNCIA. CRIME PREVISTO NO Art. 2º, IV, DA Lei N. 8.137/90. 1. Tratando-se de malversação de incentivos fiscais repassados pela SUDAM para o Projeto Agromaster, não há falar em crime de estelionato, mas sim no delito tipificado no art. 2º, IV, da Lei n. 8.137/90. 2. Agravo regimental a que se nega provimento."* (STJ = AgRg no REsp 864.976/DF, Rel. Ministra ALDERITA RAMOS DE OLIVEIRA (DESEMBARGADORA CONVOCADA DO TJ/PE), SEXTA TURMA, julgado em 04/10/2012, DJe 11/10/2012). Assim, também, o seguinte julgado: *"CRIMINAL. HABEAS CORPUS. CRIME CONTRA O SISTEMA FINANCEIRO NACIONAL. PLEITO DE DESCLASSIFICAÇÃO DA CONDUTA PARA O TIPO PENAL PREVISTO NO Art. 2º, INC. IV, DA Lei DE CRIMES CONTRA A ORDEM TRIBUTÁRIA. PROCEDÊNCIA. ORDEM CONCEDIDA. I. Hipótese na qual o paciente foi condenado nos termos do art. 20 da Lei n.º 7.492/86 por malversação de incentivos fiscais provenientes de convênio firmado entre a PLASTICOL e a SUDAM. II. Tratando-se, a SUDAM, de autarquia destinada à promoção do desenvolvimento da área prevista na Lei que a instituiu e, não, de instituição que visa captar, intermediar ou aplicar recursos financeiros de terceiros, não se enquadra na descrição de instituição financeira. III. Fato típico que corresponde ao previsto no inc. IV, do art. 2.º, da Lei n.º 8.137/90, segundo o qual comete crime contra a ordem tributária aquele que "deixar de aplicar, ou aplicar em desacordo com o estatuído, incentivo fiscal ou parcelas de imposto liberadas por órgão ou entidade de desenvolvimento". IV Pleito de desclassificaçao da conduta que se acolhe, por tratar-se de ilegalidade flagrante, devendo os autos retornarem ao TRF para a adequação da pena aos termos do tipo penal descrito no art.2º, inc IV da Lei nº8.137/90. VI. Ordem concedida, nos termos do voto do Relator."* (STJ – HC 178.011/AM, Rel. Ministro GILSON DIPP, QUINTA TURMA, julgado em 14/02/2012, DJe 26/03/2012).

informáticos e, em última análise, evitar a sonegação de tributos por meio de fraudes nesses sistemas.

Na verdade, a incriminação antecipa a punibilidade da conduta por meio de um crime formal, consistente no simples uso ou divulgação de programas que permitam que o sujeito passivo da obrigação de tributária obtenha informações contábeis diversas daquelas que, por lei, deveria ter.

Nesse caso, o programa informático fraudulento permite que o sujeito passivo da obrigação manipule as informações tributárias, permitindo, assim, ao agente que repasse informação contábil diversa daquela que seria a correta, como é o caso dos programas que possibilitam a criação de contabilidade paralela ou a sonegação de informações que deveriam ser prestadas ao fisco.

Como exemplos, pode-se citar aqueles programas informáticos que permitem que se apague determinadas informações relevantes para a tributação, acarretando omissões contábeis ou mesmo operações reais, mas cujos valores sejam subfaturados, assim como aqueles que permitam a contabilização de informações irreais, que não correspondam com o efetivamente ocorrido.

Desse modo, quem se utilize (fazer uso efetivo de suas funcionalidades) de aludidos programas ou divulgue (dar conhecimento a terceiros) a sua existência (normalmente, com o intuito de vendê-los, ainda que tal finalidade não seja imprescindível) incorrerá no delito.

Ressalte-se que a mera "posse" do programa, é dizer, a instalação do programa nos computadores da empresa não caracteriza, ainda, o crime, sendo, pois, necessário para a configuração do delito na modalidade usar, que seja efetivamente comprovada a utilização de tal sistema informático pelo agente.

4. TIPICIDADE SUBJETIVA

Todos os crimes previstos no artigo 2º da Lei n. 8.137/90 são punidos somente a título de dolo, é dizer, exigem que o agente tenha consciência e vontade de realizar os elementos do tipo objetivo.

Assim, as condutas que decorram de culpa, de violação ao dever objetivo de cuidado, não são puníveis.

Ademais, para a configuração do crime do inciso I, do artigo 2º da Lei n. 8.137/90, exige-se, além do dolo, também, um especial fim de agir (elemento subjetivo diverso do dolo). Isso porque o crime deve ser praticado com o especial fim de eximir-se, total ou parcialmente, de pagamento de tributo. Esse elemento subjetivo diverso do dolo, sem embargo, não é exigido para os demais incisos, uma vez que o tipo penal não criou esse requisito[59].

5. CONSUMAÇÃO E TENTATIVA

Os crimes previstos nos incisos I, II, IV e V, do artigo 2º da Lei n. 8.137/90, são de mera conduta. Também o é crime previsto no inciso III, na modalidade exigir.

59 Sobre a conduta do inciso II, do art. 2º, vale consignar que: *"A Terceira Seção do Superior Tribunal de Justiça, no julgamento do HC n.º 399.109/SC, firmou o entendimento de que o elemento subjetivo especial, no crime de apropriação indébita tributária (art. 2.º, inciso II, da Lei n.º 8.137/90), é prescindível, sendo suficiente para a configuração do crime a consciência (ainda que potencial) de não recolher o valor do tributo devido"*. (STJ - AgRg nos EREsp 1635341/SC, Rel. Ministra LAURITA VAZ, TERCEIRA SEÇÃO, julgado em 10/10/2018, DJe 26/10/2018).

Assim, a simples realização da ação ou omissão previstas nos tipos penais já importa na consumação do delito.

Em geral esses delitos não admitem a tentativa, salvo, em determinados casos específicos, em que seja possível interromper-se o *iter criminis*.

Já o crime do inciso III, do artigo 2º da Lei n. 8.137/90, na modalidade pagar e receber, é material – uma vez que exige-se o resultado naturalístico para a sua consumação – sendo, ademais, perfeitamente possível a tentativa.

6. AÇÃO PENAL

A ação penal é pública incondicionada. Considerando que a pena cominada ao delito do art. 2º da Lei n. 8.137/90 é de detenção, de 6 (seis) meses a 2 (dois) anos, e multa, concluir-se que se trata de infração de menor potencial ofensivo, sendo que seu processamento e julgamento submete às regras da Lei n. 9.099/95, sendo, ademais, possível a concessão do benefício da transação penal (art. 76) e da suspensão condicional do processo (art. 89).

O juízo competente para apreciar os casos penais derivados do delito em questão pode ser a Justiça Comum Estadual ou a Justiça Comum Federal, dependendo do fato de o bem jurídico atingido ser da União (Justiça Federal) ou dos Estados ou Municípios (Justiça Estadual).

SEÇÃO I

DOS CRIMES PRATICADOS POR FUNCIONÁRIOS PÚBLICOS

Art. 3º Constitui crime funcional contra a ordem tributária, além dos previstos no Decreto-Lei nº 2.848, de 7 de dezembro de 1940 – Código Penal (Título XI, Capítulo I):

I – extraviar livro oficial, processo fiscal ou qualquer documento, de que tenha a guarda em razão da função; sonegá-lo, ou inutilizá-lo, total ou parcialmente, acarretando pagamento indevido ou inexato de tributo ou contribuição social;

II – exigir, solicitar ou receber, para si ou para outrem, direta ou indiretamente, ainda que fora da função ou antes de iniciar seu exercício, mas em razão dela, vantagem indevida; ou aceitar promessa de tal vantagem, para deixar de lançar ou cobrar tributo ou contribuição social, ou cobrá-los parcialmente. Pena – reclusão, de 3 (três) a 8 (oito) anos, e multa.

III – patrocinar, direta ou indiretamente, interesse privado perante a administração fazendária, valendo-se da qualidade de funcionário público. Pena – reclusão, de 1 (um) a 4 (quatro) anos, e multa.

1. BEM JURÍDICO TUTELADO

O bem jurídico protegido pelo tipo penal do art. 3º da Lei n. 8.137/90, como o dos artigos anteriores tutela o patrimônio do Estado e a sua capacidade de cumprir a missão constitucional, materializada pela capacidade arrecadatória e pela ordem tributária.

No entanto, aqui há, ademais, outro bem jurídico a ser tutelado que é o bom funcionamento da administração pública tributária, inclusive, especialmente no caso do inciso II, que protege a integridade e probidade pública.

2. SUJEITOS DO CRIME

O crime do art. 3º da Lei n. 8.137/90 é especial, uma vez que a Lei limita o círculo de autores aos funcionários públicos.

O sujeito passivo do delito será administração pública da União, Estados, Distrito Federal, Municípios, ou da pessoa jurídica de direito público que tenha capacidade tributária ativa.

3. CONDUTAS TÍPICAS (TIPICIDADE OBJETIVA):

O artigo 3º da Lei n. 8.137/90, que trata dos crimes praticados por funcionários públicos, estabelece três condutas distintas: (i) uma se refere à proteção de documentos, livros ou processos fiscais; (ii) outra trata da combinação entre o crime de concussão e corrupção passiva tributária e (iii) a última trata da advocacia administrativa tributária.

A seguir examinaremos com maior detalhe cada uma dessas incriminações, que constituem modalidades específicas dos delitos previstos no art. 314, 316, 317 e 321, todos, do Código Penal.

Conduta do Inciso I, do art. 3º ("extraviar livro oficial, processo fiscal ou qualquer documento, de que tenha a guarda em razão da função; sonegá-lo, ou inutilizá-lo, total ou parcialmente, acarretando pagamento indevido ou inexato de tributo ou contribuição social")

O delito previsto no inciso I, caracteriza-se com o extravio (tornar desconhecida a sua localização), a sonegação (ocultar, negar a entrega, deixar de devolver ao local adequado) e a inutilização (tornar impróprio para o uso a que se destina), total ou parcial, de livro oficial, processo fiscal ou qualquer outro documento cujo uso seja vinculado à atuação tributária do Estado.

Para a configuração do crime, deve o funcionário público ter a posse dos livros, processos ou documentos, em razão do exercício de suas funções (*ratione officii*) e, uma vez os recebendo, acaba por praticar alguma das condutas descritas no tipo penal.

Ademais, o extravio, sonegação ou inutilização devem constituir uma causa, enquanto que o pagamento inexato ou indevido de tributos, deve ser o seu efeito.

Deve existir, pois, um nexo causal entre a conduta (extravio, sonegação ou inutilização) e o resultado (pagamento inexato ou indevido).

Diante disso, é possível afirmar que o delito em exame é um crime material, cujo resultado (pagamento inexato ou indevido de tributos) deve derivar necessariamente do extravio, sonegação ou inutilização.

O pagamento do tributo pode ser tanto a maior quanto a menor, o que é imprescindível é que ele seja inexato ou indevido.

Conduta do Inciso II, do art. 3º ("exigir, solicitar ou receber, para si ou para outrem, direta ou indiretamente, ainda que fora da função ou antes de iniciar seu exercício, mas em razão dela, vantagem indevida; ou aceitar promessa de tal vantagem, para deixar de lançar ou cobrar tributo ou contribuição social, ou cobrá-los parcialmente")

O inciso II, do art. 3º, criminaliza em um só tipo penal, condutas semelhantes ao crime de concussão (CP, art. 312) e de corrupção passiva (CP, art. 317), consolidando-as num tipo penal vinculado à atuação de funcionários públicos com atuação tributária, aplicável por força do princípio da especialidade[60].

No que diz respeito aos verbos do tipo, é certo que a ação de **exigir** pode se dar:

(i) com uma determinação, uma ordem, uma imposição mais enérgica, mas que não chega a configurar violência ou grave ameaça, mas também não se trata de simples pedido ou solicitação

(ii) como uma solicitação num contexto de *metus publicae potestatis*, em que a vítima, dadas as circunstâncias do fato, pode estar perante de uma situação objetiva de receio de que – diante da negativa da solicitação – possa sofrer alguma represália do agente público, configurando, assim, a exigência a que alude o tipo penal. Assim, o agente tributário que pede dinheiro, alegando que o empresário pode sofrer multas pesadíssimas, em caso contrário, está claramente exigindo (e não simplesmente) solicitando valores.

O mesmo tipo penal pude, ainda, a ação de **solicitar**, que se caracteriza quando o agente pede dinheiro para deixar de realizar ato de ofício (no caso, deixar de lançar ou cobrar tributo ou cobrá-los parcialmente), nos casos em que a adesão ou não do particular ocorre livremente, não estando submetida ao constrangimento decorrente do risco de represália (aqui não há o *metus publicae potestatis*). Aqui, como o próprio verbo está a indicar, basta a solicitação para a consumação do delito.

O verbo **receber** se consubstancia com a aceitação de vantagem indevida entregue por particular, em que o agente público efetivamente pega, coleta, embolsa, goza da vantagem indevida.

Por fim, o verbo **aceitar** (promessa) se manifesta com o simples assentimento, concordância do agente público (ainda que por meio de gestos ou códigos) com o recebimento da vantagem indevida prometida.

A exigência, a solicitação, o recebimento e a aceitação de benefício indevido podem ser realizadas tanto diretamente pelo funcionário público, quanto por interposta pessoa, que comunica a exigência, a solicitação, a aceitação ou recebe a vantagem indevida.

Essa vantagem, ainda que normalmente tenha caráter econômico, não precisa necessariamente ter essa natureza, podendo se consubstanciar em outros benefícios que interessem ao agente público, como favores sexuais, benefícios de emprego ou ascensão funcional na carreira de amigos ou parentes, dentre outras benesses. Em poucas palavras, é possível afirmar que a Lei não restringiu a vantagem indevida a benefícios de natureza patrimonial.

Ademais, é importante frisar que deve existir uma relação causal entre a função pública (ainda que o agente não a esteja exercendo ou mesmo antes do seu exercício) e a exigência, solicitação, aceitação ou recebimento da vantagem. É dizer, tais ações típicas devem guardar uma relação de pertinência com o exercício (mesmo que passado ou futuro) das funções.

60 Nesse sentido, o Superior Tribunal de Justiça já preconizou que: *"O delito do artigo 317 do Código Penal viola a moralidade administrativa em geral enquanto o crime do artigo 3º, inciso II, da Lei nº 8.137/90 viola a moralidade da administração tributária e econômica, tendo induvidosa aplicação a Lei especial por força do princípio da especialidade."* (STJ – AgRg no REsp 1444444/SP, Rel. Ministra MARIA THEREZA DE ASSIS MOURA, SEXTA TURMA, julgado em 16/02/2016, DJe 24/02/2016).

No entanto, conforme já decidiu o Supremo Tribunal Federal, o tipo penal do art. 3º, inciso II, *"não exige que o servidor tenha a atribuição específica de lançamento tributário"*[61].

Por fim, deve-se deixar bem claro que o tipo penal em questão é formal, não se exigindo, para a sua consumação, que se deixe de lançar ou cobrar, total ou parcialmente, tributo[62].

Conduta do Inciso III, do art. 3º ("patrocinar, direta ou indiretamente, interesse privado perante a administração fazendária, valendo-se da qualidade de funcionário público")

Trata-se aqui do crime de advocacia administrativa tributária. O crime se caracteriza com o patrocínio, com apadrinhamento, com a defesa de interesses privados perante a administração pública fazendária, utilizando-se, para tanto, das facilidades de acesso e de influência que o servidor público tem em virtude do exercício do seu cargo.

O crime se caracteriza quando essa advocacia administrativa de interesses privados é realizada diretamente pelo servidor público ou quando é realizada por interposta pessoa (indiretamente).

O interesse privado aqui protegido pode ser legítimo ou ilegítimo, pois o que se pude é precisamente a deslealdade do servidor em promover, com preferência e de forma não isonômica, determinados interesses privados, utilizando-se do acesso privilegiado que tem com as instâncias administrativas para patrocinar um interesse particular.

4. TIPICIDADE SUBJETIVA

Os crimes tipificados pelo art. 3º da Lei n. 8.137/90 somente são punidos quando praticados dolosamente. É dizer, com consciência e vontade de realizar os elementos do tipo objetivo.

No caso do inciso I, não há especial fim de agir, uma vez que o resultado *"pagamento indevido ou inexato de tributo"* deve estar abarcado pelo dolo (pelo menos eventual) do agente.

Com relação ao tipo penal do inciso II, ademais do dolo, exige-se um especial fim de agir, consistente no objetivo de deixar de lançar ou cobrar tributos (ou cobrá-los de forma parcial).

Para a configuração da tipicidade subjetiva da conduta do inciso III, tampouco exige-se um especial fim de agir, sendo suficiente o dolo.

Não há punição a título de culpa.

---

61 STF – RHC 108822, Relator(a): Min. GILMAR MENDES, Segunda Turma, julgado em 19/02/2013, ACÓRDÃO ELETRÔNICO DJe-046 DIVULG 08-03-2013 PUBLIC 11-03-2013.

62 Nessa esteira, confira-se o seguinte julgado do Superior Tribunal de Justiça: *"1. O delito previsto no artigo 3º, inciso II, da Lei 8.137/1990, ao contrário do previsto no inciso I do artigo 1º, é formal, não se exigindo, para a sua caracterização, que o crédito tributário esteja devidamente constituído na via administrativa. 2. Destaque-se, ainda, que mesmo que o tributo seja pago, ou que haja a extinção da punibilidade do contribuinte, remanesce a responsabilidade penal do funcionário público, já que os crimes previstos no artigo 3º da Lei 8.137/1990 não ofendem apenas a ordem tributária, mas também a moralidade administrativa, constituindo verdadeiros delitos contra a Administração Pública previstos em legislação especial. 3. A materialidade do ilícito atribuído ao paciente, em razão da sua natureza, independe da comprovação da efetiva lesão ao Erário – já que a moralidade administrativa também é tutelada pelo tipo -, circunstância que afasta a alegada inépcia da exordial acusatória, bem como evidencia a prescindibilidade de conexão com eventual ação deflagrada para apuração da sonegação fiscal decorrente da conduta em análise."* (STJ – HC 137.462/RJ, Rel. Ministro JORGE MUSSI, QUINTA TURMA, julgado em 17/11/2011, DJe 19/12/2011).

5. CONSUMAÇÃO E TENTATIVA

Art. 3º, inciso I: O crime previsto no inciso I, do art. 3º da Lei n. 8.137/90 exige para a sua consumação a concreção de um resultado, consistente no pagamento indevido ou inexato de tributo. Trata-se, pois, de crime material.

No entanto, apesar de ser material, não se aplica ao delito em questão a súmula vinculante n. 24 do STF, uma vez que: **a)** a redação da súmula faz referência exclusiva aos tipos penais do art. 1º, incisos I a IV, da Lei n. 8.137/90; e **b)** o crime do inciso I, do art. 3º é funcional, razão pela qual a liquidação do débito tributário para apurar o valor sonegado é irrelevante para a sua consumação, pois a conduta central que o tipo penal pune é a do servidor e não do contribuinte (o funcionário sempre será o autor do delito, nos termos da teoria da infração do dever).

Em outras palavras, não se busca punir o contribuinte que sonega tributos, mas sim o servidor público, cuja conduta acarreta pagamentos inexatos ou indevidos. Veja-se que o crime se consuma, ainda que o pagamento efetuado seja a maior do devido, já que é incriminado o pagamento inexato, tanto para mais, quanto para menos.

A tentativa é possível quando iniciada a execução do crime, sem que o resultado *"pagamento indevido ou inexato de tributo"* tenha ocorrido, por circunstâncias alheias à vontade do agente.

Art. 3º, inciso II: O crime tipificado no inciso II, do art. 3º, da Lei n. 8.137/90, é crime formal, consumando-se com a simples exigência, solicitação ou aceitação de benefício indevido, não sendo necessário o efetivo recebimento dos valores. Na modalidade receber o crime é material, devendo ser comprovado o efetivo recebimento ou gozo do benefício.

A tentativa é possível quando o *iter criminis* possa ser interrompido por circunstâncias alheias à vontade do agente.

Art. 3º, inciso III: Para a configuração do tipo penal do inciso III, do art. 3º, da Lei n. 8.137/90, basta que o agente público realize, direta ou indiretamente, qualquer ação que importe no patrocínio, na defesa, de interesse privado perante a administração fazendária, valendo-se, para tanto, de sua qualidade de funcionário público. Trata-se, pois, de crime de mera conduta.

A tentativa é possível naquelas hipóteses em que o *iter criminis* pode ser interrompido, especialmente naqueles casos em que se busca o patrocínio por interposta pessoa (indiretamente).

6. AÇÃO PENAL

A ação penal é pública incondicionada (art. 15).

O tipo penal do art. 2º da Lei n. 8.137/90 traz, curiosamente, dois preceitos secundários.

Para as condutas previstas nos incisos I e II, do art. 2º da Lei n. 8.137/90, é cominada a pena de reclusão, de 3 (três) a 8 (oito) anos, e multa.

Assim, incabível o benefício da transação penal (art. 76, Lei 9.099/95) ou da suspensão condicional do processo (art. 89, Lei 9.099/95).

Já para o crime do inciso II, do art. 3º da Lei n. 8.137/90, é cominada a pena de reclusão, de 1 (um) a 4 (quatro) anos, e multa.

Nesse caso, apesar de incabível a transação penal (art. 76, Lei 9.099/95), será objetivamente possível a suspensão condicional do processo, tendo em conta que a pena mínima é igual a um ano (art. 89, Lei 9.099/95).

O juízo competente para apreciar os casos penais derivados do delito em questão pode ser a Justiça Comum Estadual ou a Justiça Comum Federal. Isso dependerá caso se trate de servidor público federal ou de suas entidades autárquicas ou empresas públicas (Justiça Federal) ou de outro servidor público (Justiça Estadual).

CAPÍTULO II
DOS CRIMES CONTRA A ORDEM ECONÔMICA E AS RELAÇÕES DE CONSUMO

Art. 4º Constitui crime contra a ordem econômica:

I – abusar do poder econômico, dominando o mercado ou eliminando, total ou parcialmente, a concorrência mediante qualquer forma de ajuste ou acordo de empresas; (Redação dada pela Lei nº 12.529, de 2011).

II – formar acordo, convênio, ajuste ou aliança entre ofertantes, visando: (Redação dada pela Lei nº 12.529, de 2011).

a) à fixação artificial de preços ou quantidades vendidas ou produzidas; (Redação dada pela Lei nº 12.529, de 2011).

b) ao controle regionalizado do mercado por empresa ou grupo de empresas; (Redação dada pela Lei nº 12.529, de 2011).

c) ao controle, em detrimento da concorrência, de rede de distribuição ou de fornecedores. (Redação dada pela Lei nº 12.529, de 2011).

Pena – reclusão, de 2 (dois) a 5 (cinco) anos e multa.

1. BEM JURÍDICO TUTELADO

O crime do art. 4º da Lei n. 8.137/90 tem como bem jurídico tutelado a ordem econômica, especialmente na sua faceta de proteção à livre concorrência, que constitui um dos seus princípios constitucionais fundantes (CR, art. 170, inciso IV).

2. SUJEITOS DO CRIME

O sujeito ativo do delito é aquele que exerce atividade empresarial. Trata-se de um conceito funcional, não sendo, pois, imprescindível uma condição formal de empresário. Caracteriza, pois, crime comum, aplicando-se, assim, com relação à identificação dos autores e partícipes, a teoria do domínio do fato.

O sujeito passivo é constituído pelos demais empresários que atuam num mercado viciado e pelos consumidores que são prejudicados por pagarem preços artificialmente fixados, numa relação de consumo nociva, vez que limitado o seu direito de livre escolha.

Indiretamente, o Estado também é atingido, uma vez que tem o dever de proteger a livre concorrência e promover a defesa do consumidor.

3. CONDUTAS TÍPICAS (TIPICIDADE OBJETIVA)

O artigo 4º da Lei n. 8.137/90 criminaliza as violações ilícitas ao princípio constitucional da livre concorrência. Com essa tipificação, o Estado manifesta, também, a concretização de parte do compromisso formal que o constituinte assumiu de: reprimir *"o abuso do poder econômico que vise à dominação dos mercados, à eliminação da concorrência e ao aumento arbitrário dos lucros"* (CR, art. 174, §4º).

Feito esse primeiro esclarecimento, cumpre, agora, analisar as condutas especificamente criminalizadas pelo art. 4º da Lei n. 8.137/90.

Condutas do Inciso I, do art. 4º ("abusar do poder econômico, dominando o mercado ou eliminando, total ou parcialmente, a concorrência mediante qualquer forma de ajuste ou acordo de empresas")

O delito previsto no inciso I, é caracterizado, primordialmente, pelo abuso do poder econômico, que consubstancia a extrapolação dos limites normativamente aceitáveis para o exercício do poder econômico.

Para a caracterização do delito, o abuso do poder econômico pode ser empregado para: **i)** dominar o mercado ou **ii)** eliminar, total ou parcialmente, a concorrência mediante qualquer forma de juste ou acordo de empresas.

Inciso I, primeira parte, do art. 4º: Na primeira hipótese, a empresa de forma isolada domina o mercado, ao abusar do seu poderio econômico.

Domínio do mercado, de acordo com TIGRE MAIA, se caracteriza pela reunião dos *"poderes necessários para direta ou indiretamente interferir, manipular e/ou controlar mecanismos envolvidos na formação dos preços dos bens e/ou serviços, quer atuando na angulação da oferta, quer na demanda, mercê da aquisição de capacidade (seja na esfera da concorrência existente, seja naquela da potencial iniciativa) para influenciar as atividades destinadas à produção, à circulação e ao consumo destas utilidades no mercado."* [63]

Na verdade, em última análise, é possível afirmar que a caracterização do crime, nesta primeira parte do inciso I, do art. 4º, da Lei n. 8.137/90, ocorre quando existe um abuso do poder dominante.

Em outras palavras, determinado agente econômico encontra-se em posição dominante e efetivamente abusa dela, sujeitando as demais empresas e os consumidores ao seu poderio econômico.

A respeito dessa posição dominante, FORGIONI ensina que:

> *"A empresa que se encontra em posição dominante tende a adotar o comportamento típico monopolista, aumentando preços no limite máximo, não prezando pela qualidade de seu produto ou serviço e ainda impondo a outros práticas que não seriam adotadas caso houvesse concorrência. Basta a influencia, o poder de determinar as regras do jogo de forma unilateral, independente e autônoma, neutralizando as forças normais que regeriam o mercado."* [64]

No entanto, é importante realçar que o só fato de a empresa encontrar-se em posição dominante não é por si só suficiente para caracterizar o delito em questão. É necessário mais, é necessário que ocorra o abuso dessa posição[65].

63 TIGRE MAIA, Rodolfo. Tutela Penal da Ordem Econômica: O crime de formação de cartel. São Paulo: Malheiros, 2008, p. 165.

64 FORGIONI, Paula A. Os Fundamentos do Antitruste. 6ª ed. São Paulo: Revista dos Tribunais, 2013, pp. 259-260.

65 Nesse sentido, também, afirma TIGRE MAIA: *"Importante ressaltar que a ocupação e/ou aquisição de uma posição dominante, com ou sem domínio do mercado, não caracteriza, em si mesma, qualquer ilicitude desde que tal posicionamento seja obtido e/ou mantido sem a violação das normas concorrenciais. (...) A dominação ilegítima do mercado é caracterizada, pois, pela aquisição de certo status de poder de mercado que, embora possa teoricamente resultar de imediato de dado ajuste ou acordo, se visto como mera soma dos poderes de mercado*

Veja-se que a caracterização penal desse abuso da posição dominante, porém, com atual a redação do inciso I, do art. 4º, da Lei n. 8.137/90, acabou ficando demasiadamente genérica, de modo que o intérprete deverá se valer de outros critérios para a sua identificação.

Um bom ponto de apoio será precisamente o art. 36 da Lei n. 12.529/11 que estabelece uma série de condutas que caracterizam infração da ordem econômica, que deverão, no caso concreto, ser contrastadas com o constatação material de um efetivo abuso do poder econômico para dominar o mercado.

Nesse sentido, o § 2º, do art. 36 da Lei n. 12.529/11, consubstancia relevantíssimo critério para essa constatação material, ao preconizar o seguinte: "*§ 2º Presume-se posição dominante sempre que uma empresa ou grupo de empresas for capaz de alterar unilateral ou coordenadamente as condições de mercado ou quando controlar 20% (vinte por cento) ou mais do mercado relevante, podendo este percentual ser alterado pelo Cade para setores específicos da economia.*"

Evidentemente que, para fins penais, jamais o juiz poderá valer-se de presunções, como acima indicado. É certo, porém, que o controle de 20% (vinte por cento) ou mais do mercado relevante parece ser um sério indicativo e um bom critério interpretativo para a identificação da posição dominante. Além disso, não há dúvidas, que deverá o Ministério Público comprovar a efetiva existência de um domínio do mercado, valendo-se, além desse critério objetivo, de outros indicativos nesse sentido[66].

---

preexistentes em mãos dos pactuantes, na prática apenas se demonstra existente diante da exteriorização deste poder através de interferências concretas do cartel nos preços." TIGRE MAIA. Tutela Penal da Ordem Econômica, p. 181. Apesar do autor se referir a cartel, aqui, como se vê, defende-se que o abuso criminoso do poder dominante pode ocorrer sem a formação de cartel, mas com a simples obtenção de posição dominante, em que o agente ilicitamente abusa desse *status*. Adotando esta mesma posição aqui defendida, no sentido de que o inciso I veicula duas condutas distintas, cf.: PRADO. Direito Penal Econômico, pp. 44 e ss. Sem embargo, não há dúvidas que – o ajuste entre concorrentes – também pode caracterizar a primeira figura do inciso I, uma vez que pode configurar abuso do poder econômico, com a finalidade de dominar o mercado.

66 Ao explicar o tema, FORGIONI consigna que *"O processo de determinação da existência de posição dominante de uma empresa deve partir da consideração de que a diferença entre um mercado concentrado e um mercado competitivo é questão apenas de grau. Não há métodos de interpretação jurídicos ou fórmulas matemáticas que levem à conclusão segura e definitiva sobre a existência de posição dominante em determinado mercado, não obstante a tentativa de economistas nesse sentido. A posição dominante é um fato, nem sempre fácil de constatar. Tanto do ponto de vista da teoria econômica quanto da jurídica, o primeiro passo normalmente adotado para a determinação da existência de posição dominante, como vimos, é a delimitação do mercado relevante de que estávamos tratando, para posteriormente analisarmos sua estrutura. Passada a primeira etapa, por si só plena de percalços hermenêuticos, as dificuldades permanecem. Dentro da complexa realidade do mercado relevante em que atua a empresa cujo comportamento se analisa, há alguns aspectos que podem e devem ser considerados. Tratamos com várias faces da mesma realidade, buscando delimitar os contornos da estrutura do mercado relevante. Não se poderá considerá-las, pois, individualmente, fora do contexto maior em que se inserem, sob pena de chegar-se a resultado completamente enviesado."* FORGIONI. Os Fundamentos do Antitruste, p. 271. Na continuação, a autora apresenta os seguintes critérios para avaliar a existência de posição dominante: i) análise do *market share* (parcela que possui do mercado) e *market power* (poder de afetar o mercado) da empresa; ii) existência de concorrência potencial e de barreiras à entrada de novos agentes econômicos; iii) comportamento/dependência dos consumidores e/ou fornecedores; iv) potência econômica da empresa; v) estrutura avançada da empresa, com alto grau de verticalização; vi) domínio da tecnologia; vii) grau de crescimento do setor; viii) domínio temporal do mercado; ix) vantagens da *"primeira jogada"* e existência de consumidores cativos; e x) domínio dos canais de distribuição. FORGIONI. Os Fundamentos do Antitruste, pp. 272-282. Consigna, ainda, a mesma autora que esses indicativos devem ser interpretados de forma conjugada e que se deve analisar, também, o comportamento da empresa no contexto da estrutura do mercado. FORGIONI. Os Fundamentos do Antitruste, pp. 282-283.

Em suma, é possível afirmar que, para a caracterização dessa modalidade de delito, o agente, abusando de seu poder econômico, acaba por impor ao mercado condições que lesem a livre concorrência, com a manipulação de preços, de oferta, de demanda, influenciando a produção, a circulação e o consumo de bens e serviços.

O delito em comento é, a nosso sentir, crime material, uma vez que deverá restar demonstrado o dano efetivo à livre concorrência com o abuso da posição dominante. É dizer, deve-se comprovar um vício concorrencial, alguma condição artificial de benefício para quem exerce a posição dominante, com relação às empresas dominadas e ao mercado em geral.

Inciso I, segunda parte, do art. 4º: A outra conduta criminalizada pelo inciso I, do art. 4º, da Lei n. 8.137/90, ocorre quando o abuso do poder econômico é materializado mediante o acordo ou ajuste entre empresas, eliminando, total ou parcialmente, a concorrência. Trata-se do denominado cartel.

Sobre o tema, TIGRE MAIA afirma que o cartel, em geral, designa *"o arranjo efetuado entre empresas concorrentes para limitar ou eliminar a competição entre elas, que se manifesta através da divisão do mercado ou da fixação conjunta de preços, ou da divisão de clientelas ou da limitação da produção etc. Isso sempre é feito com o escopo precípuo de organizar as condições da participação de empresas cartelizadas no âmbito do mercado de modo que estas logrem atingir um controle do mesmo que lhes possibilite otimizar seus ganhos, para além do que ocorreria em uma situação normal de concorrência, e sem oferecer aos consumidores qualquer vantagem objetiva adicional."*[67]

Nessa hipótese, o abuso do poder econômico se dá mediante qualquer forma de ajuste ou acordo entre as empresas que causa a eliminação total ou parcial da concorrência.

Assim, deve existir: **i)** um ajuste entre as empresas; **ii)** que gera um poder econômico e **iii)** que causa a eliminação total ou parcial das concorrências. Deve existir, pois, uma relação causal entre o ajuste e a eliminação da concorrência, que deve estar materialmente caracterizada.

Esse delito, uma vez mais, é material, já que exige resultado (eliminação total ou parcial da concorrência) para a sua configuração.

Condutas do Inciso II, do art. 4º ("formar acordo, convênio, ajuste ou aliança entre ofertantes, visando: a) à fixação artificial de preços ou quantidades vendidas ou produzidas; b) ao controle regionalizado do mercado por empresa ou grupo de empresas; c) ao controle, em detrimento da concorrência, de rede de distribuição ou de fornecedores.")

Aqui, a exemplo do previsto na segunda parte do inciso I, do art. 4º, a caracterização do delito pressupõe um prévio acordo entre empresários ofertantes.

Na espécie, porém, o acordo deve ter finalidades específicas (especiais fins de agir):

i) a fixação artificial de preços ou quantidades vendidas ou produzidas;

ii) o controle regionalizado do mercado por empresa ou grupo de empresas; ou

iii) o controle, em detrimento da concorrência, de rede de distribuição ou de fornecedores.

Para a caracterização do delito não é necessário que nenhuma dessas consequências sejam efetivamente obtidas. Basta que o ajuste seja feito com essa especial finalidade.

67 TIGRE MAIA. Tutela Penal da Ordem Econômica, p. 37.

Obviamente, que deverá ser comprovado o ajuste e deverá ser constatada a externalização daqueles objetivos descritos na lei. Não é necessária, porém, a sua efetivação.

A conduta aqui é semelhante à da associação criminosa, com a diferença que o ajuste não é para praticar crimes, mas sim para realizar as condutas anticoncorrenciais especificamente previstas no tipo penal.

Assim, é possível afirmar que se trata de crime de perigo abstrato e crime formal, uma vez que é desnecessário o resultado para a sua consumação.

Veja-se que existem autores que defendem a inutilidade do tipo penal do inciso II, do art. 4º, da Lei n. 8.137/90, sob o argumento de que as condutas ali descritas já estariam abrangidas pela tipificação do inciso I do mesmo artigo[68].

No entanto, discordamos dessa posição. Isso porque, como visto, a conduta em exame é um delito de perigo abstrato, uma vez que basta o ajuste com determinadas finalidades para a sua caracterização, não sendo, pois, necessária a obtenção de nenhum resultado de prejudicialidade à livre concorrência[69]. Já a conduta do inciso I, como já registrado, exige para a sua configuração um efetivo dano à concorrência. Daí porque, importante a manutenção do tipo penal do inciso II, do art. 4º, da Lei n. 8.137/90, ainda que se possa criticar a atribuição da mesma pena para um delito de perigo e de lesão, com o mesmo bem jurídico protegido.

4. TIPICIDADE SUBJETIVA

O crime em questão somente pode ser praticado dolosamente. Deve, pois, estar provado que o agente atuou com consciência e vontade de praticar os elementos do tipo objetivo.

Na hipótese do inciso II, do art. 4º, porém, exige-se, ainda, um especial fim de agir.

Assim, o acordo, convênio, ajuste ou aliança entre ofertantes devem buscar:

- **i)** a fixação artificial de preços ou quantidades vendidas ou produzidas, é dizer, devem buscar um acordo sobre os preços, de modo a evitar que a competição entre os fornecedores permita que as leis do mercado influam na fixação dos preços;
- **ii)** o controle regionalizado do mercado por empresa ou grupo de empresas, que ocorre quando há uma divisão geográfica das áreas de fornecimento, de modo a delimitar a atuação da competição entre os fornecedores de acordo com critérios de localização, impedindo, assim, que a fixação dos preços e a qualidade dos bens e produtos seja configurada pela competição entre fornecedores;
- **iii)** o controle, em detrimento da concorrência, de rede de distribuição ou de fornecedores, que ocorre quando os agentes acordam buscar tão somente determinados distribuidores ou fornecedores, prejudicando assim a concorrência nesse âmbito da cadeia empresarial.

É de se consignar, ainda, que nenhuma dessas condutas pode ter decorrido de simples violação ao dever objetivo de cuidado, é dizer, não se incrimina as ações culposas (ao contrário do

---

68 Nesse sentido: NUCCI, Guilherme de Souza. Leis Penais e Processuais Penais Comentadas, vol. 1, 10ª ed. Rio de Janeiro: Forense, 2017, p. 708.

69 Como já decido pelo Superior Tribunal de Justiça: *"O delito do art. 4º, II, da Lei 8.137/90 exige a demonstração que os acordos, ajustes ou alianças entre os ofertantes tinham por objetivo domínio de mercado."* (STJ – REsp 1683839/SP, Rel. Ministro NEFI CORDEIRO, SEXTA TURMA, julgado em 12/12/2017, DJe 19/12/2017).

que ocorre com as infrações administrativas, que, inclusive, independem de culpa, nos termos do art. 36 da Lei n. 12.529/11).

5. CONSUMAÇÃO E TENTATIVA

O crime tipificado na primeira parte do inciso I, do art. 4º da Lei n. 8.137/90, consuma-se com o menoscabo da livre concorrência derivado da posição dominante de mercado.

Já o crime da segunda parte do inciso I, do art. 4º, consuma-se com a eliminação, total ou parcial, da concorrência, decorrente do ajuste ou acordo de empresas.

Como se vê e conforme já aditado, os crimes do inciso I são materiais, exigindo efetivo resultado para a sua consumação.

A tentativa nessas hipóteses é cabível quando interrompido o *iter criminis* por circunstâncias alheias à vontade dos agentes.

Por sua vez, o crime do inciso II, do art. 4º da Lei n. 8.137/90, consuma-se com a simples convergência de vontades. É dizer, com a simples realização do acordo, convênio, ajuste ou aliança entre ofertantes, prescindindo, pois, de qualquer resultado naturalístico para a sua consumação. Isso porque se trata de crime de perigo abstrato e formal.

Ademais, é de se consignar que se trata de crime permanente, de modo que, enquanto existir o acordo de vontades, está em consumação o crime, podendo, inclusive, ocorrer a prisão em flagrante dos envolvidos (CPP, art. 303).

A tentativa, em princípio, não parece ser possível, por se tratar de crime unissubsistente, uma vez que o acordo de vontades, por si só, já aperfeiçoa a prática criminosa.

6. AÇÃO PENAL

A ação penal é pública incondicionada.

Ademais, considerando que a pena cominada ao delito do art. 4º da Lei n. 8.137/90 é de reclusão, de 2 (dois) a 5 (cinco) anos e multa, verifica-se ser incabível o benefício da transação penal (art. 76, Lei 9.099/95) e da suspensão condicional do processo (art. 89, Lei 9.099/95).

É possível, porém, a celebração de acordo de leniência com relação ao delito em questão, hipótese em que se suspende o prazo prescricional criminal e o Ministério Público fica impedido de oferecer denúncia com relação ao beneficiário do acordo, sendo que, uma vez cumprido o acordo, fica extinta a punibilidade, tudo isso nos termos do art. 87 da Lei n. 12.529/2011[70].

Obviamente que aludido dispositivo, para que possa ter alguma validade e para que possa surtir os efeitos nele descritos, deve ser submetido à uma interpretação conforme a Constituição, para o fim de compatibilizá-lo com o disposto no art. 129, inciso I, da CF, de modo que esse acordo de leniência, para ter efeitos penais, não pode ser firmado tão somente pelo CADE, mas

70 *"Art. 87. Nos crimes contra a ordem econômica, tipificados na Lei no 8.137, de 27 de dezembro de 1990, e nos demais crimes diretamente relacionados à prática de cartel, tais como os tipificados na Lei no 8.666, de 21 de junho de 1993, e os tipificados no art. 288 do Decreto-Lei nº 2.848, de 7 de dezembro de 1940 – Código Penal, a celebração de acordo de leniência, nos termos desta Lei, determina a suspensão do curso do prazo prescricional e impede o oferecimento da denúncia com relação ao agente beneficiário da leniência. Parágrafo único. Cumprido o acordo de leniência pelo agente, extingue-se automaticamente a punibilidade dos crimes a que se refere o caput deste artigo."*

deve ser acordado, também, com o Ministério Público Federal ou Estadual, caso contrário uma autarquia federal estaria a usurpar a titularidade da ação penal pública do MP.

Aliás, a esse respeito, é certo que a regra da competência para processar e julgar o delito previsto no art. 4º é, em regra, da Justiça Estadual, salvo nos casos em que restar efetivamente demonstrada a violação a bens jurídicos da pessoas jurídicas indicadas no art. 109 da Constituição[71].

Art. 5º (...) Revogado pela Lei nº 12.529, de 2011.

Art. 6º (...) Revogado pela Lei nº 12.529, de 2011.

Art. 7º Constitui crime contra as relações de consumo:

I – favorecer ou preferir, sem justa causa, comprador ou freguês, ressalvados os sistemas de entrega ao consumo por intermédio de distribuidores ou revendedores;

II – vender ou expor à venda mercadoria cuja embalagem, tipo, especificação, peso ou composição esteja em desacordo com as prescrições legais, ou que não corresponda à respectiva classificação oficial;

III – misturar gêneros e mercadorias de espécies diferentes, para vendê-los ou expô-los à venda como puros; misturar gêneros e mercadorias de qualidades desiguais para vendê-los ou expô-los à venda por preço estabelecido para os demais mais alto custo;

IV – fraudar preços por meio de:

a) alteração, sem modificação essencial ou de qualidade, de elementos tais como denominação, sinal externo, marca, embalagem, especificação técnica, descrição, volume, peso, pintura ou acabamento de bem ou serviço;

b) divisão em partes de bem ou serviço, habitualmente oferecido à venda em conjunto;

c) junção de bens ou serviços, comumente oferecidos à venda em separado;

d) aviso de inclusão de insumo não empregado na produção do bem ou na prestação dos serviços;

V – elevar o valor cobrado nas vendas a prazo de bens ou serviços, mediante a exigência de comissão ou de taxa de juros ilegais;

VI – sonegar insumos ou bens, recusando-se a vendê-los a quem pretenda comprá-los nas condições publicamente ofertadas, ou retê-los para o fim de especulação;

71 Nesse sentido, o Supremo Tribunal Federal já decidiu: "*2. A teor do art. 109, VI, CF, compete à Justiça Federal processar e julgar os crimes contra o sistema financeiros e a ordem econômico-financeira, desde que haja previsão legal nesse sentido. 3. A mera atribuição administrativa de ente federal para fiscalizar determinado setor econômico, por configurar interesse indireto, não traduz hipótese configuradora da competência da Justiça Federal. Precedentes.*" (STF – RHC 121985 AgR, Relator(a): Min. EDSON FACHIN, Primeira Turma, julgado em 02/09/2016, PROCESSO ELETRÔNICO DJe-207 DIVULG 27-09-2016 PUBLIC 28-09-2016). Assim, também, o STJ já decidiu: "*A jurisprudência desta Corte Superior possui entendimento no sentido de que os crimes contra a ordem econômica, previstos na Lei n.º 8.137/90, são, em regra, de competência da Justiça Estadual, salvo se comprovada a efetiva lesão a bens, interesses ou serviços da União, a teor do artigo 109, inciso IV, da Constituição Federal, não demonstrada na espécie, à luz do que se destacou na denúncia.*" (STJ – AgRg no HC 269.029/DF, Rel. Ministro MARCO AURÉLIO BELLIZZE, QUINTA TURMA, julgado em 26/11/2013, DJe 04/12/2013). Há entendimento do Superior Tribunal de Justiça, também, no sentido de que "*pela magnitude da atuação do grupo econômico ou pelo tipo de atividade desenvolvida, o ilícito tenha a propensão de abranger vários Estados da Federação, prejudicar setor econômico estratégico para a economia nacional ou o fornecimento de serviços essenciais.*" (STJ – HC 117.169/SP, Rel. Ministro NAPOLEÃO NUNES MAIA FILHO, QUINTA TURMA, julgado em 19/02/2009, DJe 16/03/2009). No entanto, esse critério isolado, a nosso sentir, não encontra respaldo no art. 109 da Constituição, servindo tão somente para fixar a atribuição da Polícia Federal e, como consignado na ementa acima transcrita proferida pelo Min. Fachin, ele não traduz hipótese configuradora da competência da Justiça Federal.

VII – induzir o consumidor ou usuário a erro, por via de indicação ou afirmação falsa ou enganosa sobre a natureza, qualidade do bem ou serviço, utilizando-se de qualquer meio, inclusive a veiculação ou divulgação publicitária;

VIII – destruir, inutilizar ou danificar matéria-prima ou mercadoria, com o fim de provocar alta de preço, em proveito próprio ou de terceiros;

IX – vender, ter em depósito para vender ou expor à venda ou, de qualquer forma, entregar matéria-prima ou mercadoria, em condições impróprias ao consumo;

Pena – detenção, de 2 (dois) a 5 (cinco) anos, ou multa.

Parágrafo único. Nas hipóteses dos incisos II, III e IX pune-se a modalidade culposa, reduzindo-se a pena e a detenção de 1/3 (um terço) ou a de multa à quinta parte.

1. BEM JURÍDICO TUTELADO

O bem jurídico tutelado pelo art. 7º da Lei n. 8.137/90 sãos os interesses patrimoniais e sociais do consumidor, em geral, visto desde uma perspectiva coletiva, de titularidade difusa, ainda que, em um ou outro caso, como se verá, tutelem, também, bens de natureza patrimonial individual do consumidor. Indiretamente, podem os crimes proteger a vida, saúde, o patrimônio ou mercado[72].

2. SUJEITOS DO CRIME

O sujeito ativo do crime é o fornecedor. Trata-se, pois, de delito especial, uma vez que exige para a sua caracterização essa determinada qualidade, ainda que não seja compreendida desde uma perspectiva formal, mas sim funcional, no sentido de que é fornecedor aquele que efetivamente realiza tal atividade, nos termos do art. 3º, *caput*, do Código de Defesa do Consumidor[73].

Já o sujeito passivo do crime é o consumidor compreendido desde uma perspectiva coletiva ou difusa, ainda, que, em determinadas hipóteses possa, também, ser um consumidor individual.

---

72 PRADO. Direito Penal Econômico, 125. Sobre esse aspecto, relativo ao bem jurídico tutelado dos crimes contra o consumidor no direito espanhol, cf.: GALÁN MUÑOZ. Manual de Derecho Penal Económico y de la Empresa, p. 133.

73 *"Art. 3º Fornecedor é toda pessoa física ou jurídica, pública ou privada, nacional ou estrangeira, bem como os entes despersonalizados, que desenvolvem atividade de produção, montagem, criação, construção, transformação, importação, exportação, distribuição ou comercialização de produtos ou prestação de serviços."* Sobre o conceito de fornecedor, FILOMENO explica que: *"Em vez de consignar como tal o 'industrial', ou então o 'vendedor', 'prestador de serviços' ou com qualquer outro termo restritivo, cada qual dentro de uma dada concepção ligada à natureza da operação praticada, temos para nós que o termo fornecedor, tanto de bens como de serviços, seja o vocábulo mais apropriado. E, com efeito, ao definir fornecedor, assim se manifesta Plácido e Silva (1986, v. 1; 138): 'derivado do francês 'fournir' (fornecer, prover), de que se compôs 'fornisseur' (fornecedor), entende-se todo comerciante ou estabelecimento que abastece ou fornece habitualmente uma casa ou um outro estabelecimento dos gêneros e mercadorias necessários a seu consumo'. E, nesse sentido, por certo, que são compreendidos todos quantos propiciem a oferta de bens e serviços no mercado de consumo, de molde a atender às suas necessidades, pouco importando a que título, tendo a relevância a distinção, apenas, como se verá, quando se cuidar da responsabilidade de cada 'fornecedor' em casos de danos aos consumidores, ou então para os próprios fornecedores, na via regressa e em cadeia dessas responsabilidades, eis que vital a solidariedade para a obtenção efetiva da proteção que se almeja para os consumidores."* FILOMENO, José Geraldo Brito. Manual de Direitos do Consumidor. 14ª ed. São Paulo: Atlas, 2016, p. 43.

3. CONDUTAS TÍPICAS (TIPICIDADE OBJETIVA)

O artigo 7º da Lei n. 8.137/90 tipifica diversas condutas que buscam proteger o consumidor, principalmente, desde uma perspectiva difusa.

A seguir serão analisadas as distintas formas de incriminação previstas no aludido dispositivo.

Condutas do Inciso I, do art. 7º ("favorecer ou preferir, sem justa causa, comprador ou freguês, ressalvados os sistemas de entrega ao consumo por intermédio de distribuidores ou revendedores")

A conduta incriminada se caracteriza por dois verbos, que têm como raiz comum a concessão, pelo fornecedor, de um tratamento privilegiado a determinados clientes em detrimento de outros.

O verbo **favorecer** aqui significa a concessão de benefícios específicos a determinados consumidores, não concedidos a outros que se encontrem em situação de igualdade, como, por exemplo, preço ou qualidade diferenciados de determinados produtos. A conduta aqui tem mais a ver com a concessão de conteúdo mais vantajoso na relação de consumo para uma ou mais pessoas, em relação às demais.

Já o verbo **preferir** tem uma noção mais vinculada à ideia de prioridade, com o atendimento em primeiro lugar, desde uma perspectiva de tempo, seja na venda, seja no momento de atendimento, a determinados consumidores, em detrimento de outros. Aqui existe mais uma relação de prioridade temporal no oferecimento ou adimplemento da relação de consumo.

O tipo penal afasta a configuração do delito quando existir **justa causa** para o favorecimento ou tratamento privilegiado, como ocorre, por exemplo, nos casos de clientes fidelizados, com direito a algum bônus, os clientes denominados VIPs, ou mesmo àqueles que, por Lei ou por circunstancias especiais, mereçam um tratamento prioritário, como pessoas idosas ou mulheres grávidas.

Assim, deverá se analisada, no caso concreto, a presença ou não de justa causa para o tratamento diferenciado, sendo certo que o que se pretende com o tipo penal é evitar preconceitos, humilhações ou eventuais retaliações a determinados tipos de clientes.

É importante lembrar que, caso esse tratamento diferenciado tenha algum componente racial ou de cor, poderá o agente ser responsabilizado pela prática de alguns tipos penais da Lei n. 7.716/89, especialmente os delitos previstos nos artigos 5º, 7º 8º, 9º, 10 e 12 da referida Lei.

Com relação aos conceitos de comprador e freguês, há quem defenda que a palavra comprador remete a uma ideia de consumidor eventual, enquanto que a de freguês a de consumidor habitual[74].

No entanto, discordamos dessa interpretação, uma vez que esses conceitos devem ser interpretados à luz do conceito de consumidor previsto no art. 2º, no seu parágrafo único, no art. 17 e no art. 29, todos, do Código de Defesa do Consumidor. Assim, a compreensão dessas palavras deve abranger o consumidor estrito sensu e os consumidores por equiparação, uma vez que expostos à relação de consumo[75].

---

74 PRADO. Direito Penal Econômico, pp. 126-127.

75 *"Art. 2º Consumidor é toda pessoa física ou jurídica que adquire ou utiliza produto ou serviço como destinatário final. Parágrafo único. Equipara-se a consumidor a coletividade de pessoas, ainda que indetermináveis,*

Assim, parece mais adequado dizer que **comprador** é a pessoa que efetivamente adquire ou utiliza o produto (conceito estrito sensu de consumidor – art. 2º do CDC), enquanto que **freguês** é aquela pessoa que compõe a coletividade de pessoas (art. 2º, paragrafo único), as vítimas do tratamento discriminatório (art. 17 do CDC) ou as pessoas determináveis ou não, expostas às práticas discriminatórias.

Com efeito, não teria sentido, por exemplo, numa longa fila de restaurante, em que, sem justa causa, se *"fura a fila"* em favor de determinado cliente, exigir que somente poderiam ser atingidos pelo crime aqueles que efetivamente já adquirissem o produto e serviços oferecidos pelo estabelecimento. De modo que, parece mais correto, considerar como pessoas atingidas todos que se encontravam na fila e que foram preteridos, ainda que, após esse evento, acabassem indo para casa, com o que acabariam, ao fim e ao cabo, não sendo consumidores em sentido estrito, já que não consumiram os produtos e serviços ali oferecidos. Nesse caso, defende-se aqui que essas pessoas estariam abrangidas pelo conceito de freguês.

Por fim, vale lembrar que o tipo penal expressamente exclui a caracterização do crime quando o favorecimento ou preterição ocorrer no âmbito de sistema de entregas ao consumo por intermédio de distribuidores ou revendedores.

Condutas do Inciso II, do art. 7º ("vender ou expor à venda mercadoria cuja embalagem, tipo, especificação, peso ou composição esteja em desacordo com as prescrições legais, ou que não corresponda à respectiva classificação oficial")

Essa tipificação pretende que se respeite fielmente os parâmetros normativos estabelecidos para a venda ou exposição à venda de determinados produtos.

Desse modo, proíbe-se que o fornecedor venda ou exponha a venda produto cuja embalagem, tipo, especificação, peso ou composição, encontre-se em uma dessas duas situações: **i)** esteja em desacordo com as determinações legais ou **ii)** não corresponda à respectiva classificação oficial.

Trata-se, pois, claramente de norma penal em branco, sendo que, para a sua configuração, se deverá buscar a normativa que estabelece os requisitos de cada um dos aludidos componentes, bem como a classificação oficial eventualmente existentes com relação a eles.

Por exemplo, o art. 33 do CDC estabelece que, no caso de oferta ou venda por telefone ou reembolso postal, deve constar da embalagem o nome do fabricante e o seu endereço. Assim, uma vez ocorrendo a venda nessas condições e não constando da embalagem tais informações, configurado estará o tipo objetivo do crime em questão.

Condutas do Inciso III, do art. 7º ("misturar gêneros e mercadorias de espécies diferentes, para vendê-los ou expô-los à venda como puros; misturar gêneros e mercadorias de qualidades desiguais para vendê-los ou expô-los à venda por preço estabelecido para os demais mais alto custo")

Essa norma penal busca proteger o consumidor específico (vender) e difuso (expor à venda) de fraudes relacionadas ao conteúdo e a qualidade de mercadorias inseridas nas relações de consumo.

---

que haja intervindo nas relações de consumo. (...) Art. 17. Para os efeitos desta Seção, equiparam-se aos consumidores todas as vítimas do evento. (...) Art. 29. Para os fins deste Capítulo e do seguinte, equiparam-se aos consumidores todas as pessoas determináveis ou não, expostas às práticas nele previstas."

O verbo típico é o **misturar**, que significa mesclar, juntar elementos diferentes.

Para a configuração do tipo, o agente pode **misturar** gêneros e mercadorias:

a) de **espécies diferentes** para vendê-los ou expô-los à veda como se puros (sem mistura) fossem. Aqui, os elementos misturados são de natureza diferente, mas são vendidos como se puros fossem. Analisa-se, pois, a pureza do gênero e mercadoria. Por exemplo, configura o delito em questão misturar café com milho torrado. Há a mistura do café com outra substância de espécie diferente e, no caso, de preço inferior.

b) de **qualidades diferentes** para vendê-los ou expô-los à venda por preço estabelecido para os demais mais alto custo. Aqui, os elementos misturados são da mesma natureza, mas de qualidade diferente. Assim, são vendidos como se fossem compostos apenas do gênero ou mercadoria da qualidade mais cara. Por exemplo, a mistura do café do tipo Arábica, oriundo da Etiópia, com café brasileiro de baixa qualidade, vendendo-o como se fosse café puro da Etiópia. Há a mistura de café com café, mas um é de maior qualidade e preço.

Condutas do Inciso IV, do art. 7º ("fraudar preços por meio de: a) alteração, sem modificação essencial ou de qualidade, de elementos tais como denominação, sinal externo, marca, embalagem, especificação técnica, descrição, volume, peso, pintura ou acabamento de bem ou serviço; b) divisão em partes de bem ou serviço, habitualmente oferecido à venda em conjunto; c) junção de bens ou serviços, comumente oferecidos à venda em separado; d) aviso de inclusão de insumo não empregado na produção do bem ou na prestação dos serviços;")

A conduta aqui incriminada centra-se na fraude de preços. É dizer, o agente, com sua conduta, cria artificialmente um engano para poder cobrar preço superior ao do que seria cobrado pela mercadoria efetivamente devida.

O inciso IV detalha como pode ocorrer essa fraude de preços, a saber:

a) Alteração, sem modificação essencial ou de qualidade, de elementos tais como denominação, sinal externo, marca, embalagem, especificação técnica, descrição, volume, peso, pintura ou acabamento de bem ou serviço.

O agente aqui pratica uma fraude, mediante a alteração do produto ou serviço, que pode recair sobre os seguintes elementos: denominação (nome do bem ou serviço); sinal externo (existem empresas que vendem produtos ou prestam serviços que são conhecidos por determinado sinal externo); marca (é a identificação de uma determinada empresa); embalagem (é o invólucro de determinado produto); especificação técnica (é o detalhamento técnico); descrição (é a explicação sobre o produto ou serviço); volume (é a quantidade ou extensão); peso (quantidade expressada em medida de peso); pintura (revestimento de tinta da superfície de um produto) ou acabamento (etapa final da tarefa de produção).

Como se pode ver, a fraude consiste numa clara violação ao dever de transparência (art. 31 do CDC) e pode ocorrer a partir da alteração: **i)** de **aspectos externos do produto ou serviço**, enganando o consumidor ao dar informações falsas sobre eles. É importante frisar que esse engano não pode se dar sobre a essência ou qualidade do produto, mas somente sobre as informações que normalmente agregam algum valor a ele. Aqui, incluem-se, a denominação, sinal externo, marca, embalagem, especificação técnica, descrição, pintura ou acabamento de bem ou serviço. Por exemplo se o agente vender um sabão em pó de uma marca genérica, com a embalagem de uma marca de prestígio, incorrerá no tipo penal em questão; **ii)** da **extensão do produto**, que acaba por não corresponder ao informado. Essa informação falsa pode ser relativa ao volume ou peso do produto. Por exemplo, um achocolatado que, na sua embalagem consta pesar 500 gramas, na verdade têm em seu interior apenas 400.

b) Divisão em partes de bem ou serviço, habitualmente oferecido à venda em conjunto.

O engano ao consumidor neste caso consiste no fracionamento de produtos ou serviços que devem ser vendidos conjuntamente, mas, com o objetivo de aumentar, sem justa causa o preço, o agente acaba por vendê-los separadamente. Aí repousa a fraude de preços.

c) Junção de bens ou serviços, comumente oferecidos à venda em separado.

Nessa hipótese, o engano ao consumidor é realizado por meio da operação inversa à anterior. O agente expõe a venda ou vende produtos de forma unitária, conjunta, bens ou serviços que deveriam ser oferecidos separadamente, acarretando, assim, a fraude de preços, com a cobrança, sem justa causa, de valor superior àquele deveria ser cobrado, caso fossem vendidos como deveriam ser, ou seja, separadamente.

d) Aviso de inclusão de insumo não empregado na produção do bem ou na prestação dos serviços.

Essa conduta criminosa se caracteriza na cobrança de valores a maior (fraude de preços) por meio da informação (aviso) de que foram incluídos na produção de determinado bem ou na prestação de determinado serviço, produtos, insumos, que, em verdade, não foram utilizados. Como exemplo, pode-se citar a cobrança, na revisão anual do veículo, de produtos que não foram colocados no veículo (v.g. troca de alguma peça) ou de serviços que não foram prestados (v.g. necessidade de limpeza de alguma peça).

Condutas do Inciso V, do art. 7º ("elevar o valor cobrado nas vendas a prazo de bens ou serviços, mediante a exigência de comissão ou de taxa de juros ilegais")

A ação incriminada consubstancia-se a partir de uma conduta central que é a elevação do preço nas vendas a prazo (ou seja, vendas em que a quitação é feita em parcelas pagas durante determinado período de tempo).

Essa elevação do valor cobrado é criminosa quando o agente exige:

i) Comissão ilegal: ocorre quando algum intermediário do negócio jurídico exige nas vendas a prazo determinado percentual da venda – que não se insere no conceito de juros – precisamente por ter sido a venda à prazo[76].

---

76 Sobre o tema DELMANTO *et ali*, explicam que, nessa hipótese, *"(...) o agente cobra, além dos juros referentes ao financiamento, uma comissão, que pode ser entendida como 'porcentagem do valor de uma transação comercial, paga sempre que há um intermediário, a título de honorários por seus serviços (Paul Sandroni, ob. cit. p. 112). O valor total do preço acaba, pois, sendo elevado em razão da cobrança da dita comissão (p. ex., 'comissão pela abertura de linha de crédito' ou equivalente), a qual, na verdade, pode ser uma forma indireta de cobrar juros acima do valor de mercado."* DELMANTO, Roberto; DELMANTO JUNIOR, Roberto; DELMANTO, Fabio M. de

ii) **Juros ilegais**: aqui há de se ter em conta que o tipo penal veicula uma norma penal em branco. No entanto, com a revogação do § 3º, do art. 193 da Constituição da República, pela Emenda Constitucional n. 40/2003, deixou de existir a fixação de um teto de juros para os negócios jurídicos consumeristas. Isso, porém, não significa que não exista a cobrança de juros ilegais. Um exemplo claro se dá com a cobrança capitalizada de juros nos contratos de mútuo, quando não previsão no contrato. Nesse sentido, é a conclusão do Superior Tribunal de Justiça, que, em Recurso Especial, em recurso repetitivo, com base na legislação federal, assentou a tese de que: *"A cobrança de juros capitalizados nos contratos de mútuo é permitida quando houver expressa pactuação."* (REsp 1388972/SC, Rel. Ministro MARCO BUZZI, SEGUNDA SEÇÃO, julgado em 08/02/2017, DJe 13/03/2017). Em outras palavras, não havendo pactuação em casos que tais, a taxa de cobrança dos juros capitalizada é ilegal, caracterizando, pois, o tipo objetivo do inciso V, do art. 7º da Lei n. 8.137/90.

Condutas do Inciso VI, do art. 7º ("sonegar insumos ou bens, recusando-se a vendê-los a quem pretenda comprá-los nas condições publicamente ofertadas, ou retê-los para o fim de especulação")

O inciso VI, do art. 7º da Lei n. 8.137/90 materializa a repressão de duas condutas distintas, ainda que veiculadas pelo mesmo verbo: **sonegar** (ocultação, não fornecimento).

Na primeira hipótese, o legislador se preocupou em incriminar ofertas não isonômicas de insumos ou bens.

Assim, pune-se a sonegação de insumos ou bens, publicamente ofertados, para determinados consumidores.

Por isso é que, uma vez feita a oferta pública de insumos ou bens, é dever do empresário fornecê-los, sem qualquer forma de preconceito ou prevenção. Existe, pois, uma verdadeira obrigação de contratar do fornecedor, extraída da interpretação sistema dos artigos 30, 32, II e 35, todos, do Código de Defesa do Consumidor[77].

Na segunda hipótese, pretende-se reprimir a especulação, consistente na retenção de insumos e bens, em determinadas circunstâncias (des)favoráveis, com o objetivo de fazer artificialmente aumentar os preços, por conta da escassez forçada de produtos no mercado. Aqui, ao contrário da primeira hipótese, não se faz necessária a prévia oferta pública, bastando, para tanto, que o fornecedor tenha em estoque ou disponível para venda imediata esses bens, sonegando-os à oferta com os objetivos especulativos.

Condutas do Inciso VII, do art. 7º ("induzir o consumidor ou usuário a erro, por via de indicação ou afirmação falsa ou enganosa sobre a natureza, qualidade do bem ou

Almeida. Leis Penais Especiais comentadas. 2ª ed. São Paulo: Saraiva, 2014, p. 253). Veja-se que, no âmbito trabalhista, o próprio empregado somente tem direito a receber as comissões a medida que as prestações vão sendo quitadas, nos termos do art. 466 § 1º da Consolidação das Leis Trabalhistas.

77 Nesse sentido, é a posição de MARQUES, ao comentar o art. 32, inciso II, do Código de Defesa do Consumidor, oportunidade em que afirma que referido dispositivo: *"(...) se interpretado sistematicamente com os arts. 30 e 35 do mesmo capítulo (Das práticas comerciais), pode levar à conclusão de que o CDC institui uma verdadeira obrigação de contratar para o fornecedor."* MARQUES, Claudia Lima. Comentários ao Código de Defesa do Consumidor. 4ª ed. São Paulo: Revista dos Tribunais, 2013, p. 892. Esse dever, ademais, ganha substancial reforço do Direito penal, conforme se verifica do tipo penal em comento.

serviço, utilizando-se de qualquer meio, inclusive a veiculação ou divulgação publicitária")

O inciso VII evita, uma vez mais, o emprego de enganos ao consumidor, materializado pela indicação ou afirmação falsa ou enganosa que pode se dar por qualquer meio, inclusive de veiculação ou divulgação publicitária.

Assim, para a caracterização do crime em exame, devem concorrer os seguintes requisitos:

i) **fazer indicação ou afirmação falsa ao consumidor:** É dizer, pratique atos comunicativos com relação ao consumidor veiculando informações que não correspondam à realidade;

ii) **por qualquer meio (inclusive publicitário):** estão abarcadas todas as formas comunicativas, que pode realizar o fornecedor com o consumidor, seja por meios publicitários (comunicação coletiva e difusa), seja por comunicação individual (específica), podendo ser verbal, escrita, audiovisual ou outro meio possível de transferência de significados;

iii) **que efetivamente induza o consumidor ou usuário a erro:** Não basta aqui a potencialidade de indução, faz-se necessária a comprovação de que algum consumidor efetivamente incorreu em erro sobre a informação, ainda que não seja exigida a efetiva realização do negócio jurídico consumerista.

iv) **sobre a natureza ou a qualidade do bem ou serviço:** a informação falsa, para a caracterização do delito, deve exclusivamente dizer respeito à natureza (tipo, modelo, espécie) ou qualidade (propriedades, características) do bem ou serviço.

Como casuística da prática do delito previsto pelo inciso VII, do art. 7º, pode-se citar os seguintes precedentes:

> *"No presente caso, a peça inaugural explicita que os recorridos, na condição de gerente e representantes legais da empresa em questão, agindo em concurso e unidade de desígnios, afixaram, na gôndola em que expostos os produtos à venda aos consumidores, etiqueta contendo seu preço como sendo R$ 0,75 (setenta e cinco centavos de real), entretanto, o preço registrado pelo caixa quando do pagamento era de R$ 0,89 (oitenta e nove centavos de real), enganando número indeterminável de consumidores, que foram induzidos em erro quanto ao preço do produto, o que configuraria a prática do crime do art. 7º, inciso VII, da Lei nº 8.137/90, razão pela qual não há que se falar em defeito na inicial acusatória."* (STJ – AgRg no REsp 1504697/SP, Rel. Ministro REYNALDO SOARES DA FONSECA, QUINTA TURMA, julgado em 27/09/2016, DJe 05/10/2016)

> *"1. A denúncia permite concluir que se imputa ao Paciente a promoção, organização e direção da atividade ilícita desenvolvida pelos co-denunciados, que veicularam anúncios publicitários em mídia impressa, oferecendo carta de crédito para aquisição de veículo no valor de R$ 24.400,00; garantiram às vítimas a liberação da carta de crédito no prazo máximo de sete dias, firmando contrato com pelo menos 2 vítimas que jamais receberam os seus veículos. Posteriormente, as vítimas descobriram que, na verdade, celebraram contrato de consórcio, embora acreditassem tratar-se de financiamento, conforme prometido pelos denunciados. 2. Ao cotejar-se os tipos penais incriminadores indicados na denúncia conforme previsto no art. 7.º, inciso VII, da Lei n.º 8.137/90 ("Art. 7.º Constitui crime contra as relações de consumo: [...] VII – induzir o consumidor ou usuário a erro, por via de indicação ou afirmação falsa ou enganosa sobre a natureza, qualidade do bem ou serviço, utilizando-se de qualquer*

meio, inclusive a veiculação ou divulgação publicitária; [...]") com a conduta imputada ao Paciente, vê-se que a acusação atende aos requisitos legais do art. 41 do Código de Processo Penal, de forma suficiente para a deflagração da ação penal e para o pleno exercício de sua defesa." (STJ – RHC 32.418/MG, Rel. Ministra LAURITA VAZ, QUINTA TURMA, julgado em 26/06/2012, DJe 01/08/2012).

Condutas do Inciso VIII, do art. 7º ("destruir, inutilizar ou danificar matéria-prima ou mercadoria, com o fim de provocar alta de preço, em proveito próprio ou de terceiros")

Esse tipo penal guarda relação com a segunda hipótese do inciso VI, do art. 7º, uma vez que se pretende evitar uma provocação artificial de alta de preços.

Sem embargo, enquanto que, no inciso VI, a conduta incriminava a sonegação de insumos e bens, aqui, no inciso VIII, a conduta proibida ocorre por meio da **destruição** (extinção, eliminação), **inutilização** (tornar algo impróprio para o seu uso) ou **danificação** (avariar, deteriorar) de matéria-prima ou mercadoria, quando se encontrem presentes determinadas circunstâncias, em que tais ações possam levar ao aumento forçado de preços.

Isso ocorre, porque, com a imprestabilidade da matéria-prima ou mercadoria, derivada da ação do empresário, provoca-se intencionalmente uma situação de falta de oferta, gerando, pois, o substrato circunstancial necessário para a elevação de preços, que é proibida pela norma penal.

Condutas do Inciso IX, do art. 7º ("vender, ter em depósito para vender ou expor à venda ou, de qualquer forma, entregar matéria-prima ou mercadoria, em condições impróprias ao consumo")

O tipo penal do inciso IX, do art. 7º, da Lei n. 8.137/90, quem sabe, seja o delito de proteção ao consumidor com maior incidência prática, dada a reiteração dessas condutas e da não incidência da Lei 9.099/95 (como ocorre com os delitos previstos no Código de Defesa do Consumidor), o que leva a existir vários precedentes nos Tribunais brasileiros, inclusive nos superiores.

A conduta típica é manifestada por quatro condutas distintas: **i) vender** (negócio jurídico bilateral oneroso); **ii) ter em depósito** (armazenar, conservar, estocar) para a venda; **iii) expor** (exibir, colocar no mostruário, deixar bens à disposição do público) **à venda** e **iv) entregar** (transmitir a posse de algo, realizar a tradição, passar às mãos) de qualquer forma (pessoalmente, via correio, via entregador, etc.).

Todas essas ações – vender, ter em depósito, expor à venda e entregar – devem estar vinculadas à matéria-prima ou mercadoria que esteja em **condições impróprias para o consumo**.

Esse elemento normativo do tipo – condições improprias para o consumo – seguramente constitui o maior motivo de polêmicas no estudo e aplicação do crime penal do inciso IX, do art. 7º, da Lei n. 8.137/90.

A grande questão é: faz-se necessária a realização de perícia para a constatação de que uma mercadoria ou matéria-prima é imprópria?

Inicialmente, é possível afirmar que existe na doutrina e jurisprudência um conflito de posições para responder a essa indagação, uns no sentido de que é imprescindível a realização de perícia[78], outros tendo-a como dispensável[76].

No entanto, aqui se defende que a resposta à essa pergunta não é tão simples assim, não sendo possível adotar-se posições tão contundentes num ou em outro, como se verá a seguir.

Para explicar esse raciocínio, porém, gostaria, inicialmente, de assentar duas premissas.

A primeira é a de que o tipo penal do inciso IX, do art. 7º, da Lei n. 8.078/90, veicula efetivamente uma **norma penal em branco** (a rigor, não se trata de norma penal em branco, mas sim de **norma de reenvio**), uma vez que o exame do que consistiriam essas *"condições impróprias para o consumo"* exige necessariamente que o intérprete se socorra de outra norma. Isso porque, tal elemento normativo, isoladamente estudado é dotado de uma abertura semântica que praticamente inviabilizaria a aplicação do tipo penal.

A segunda premissa, é a de que a complementação da referida norma de reenvio é feita pelo art. 18, § 6º do Código de Defesa do Consumidor, que, aliás, emprega expressão quase idêntica à do tipo penal, que fala em *"condições impróprias ao consumo"*, enquanto que a complementação utiliza a expressão *"impróprios ao uso e consumo"*.

78 NUCCI consigna que: *"(...) cremos indispensável a realização do exame pericial para atestar que a mercadoria ou matéria-prima, realmente, pela avaliação de especialistas, é imprópria para o consumo. Não pode essa questão ficar restrita à avaliação do juiz, que se serviria de testemunhas e outras provas subjetivas para essa avaliação."* NUCCI. Leis Penais e Processuais Penais Comentadas, vol. 1, p. 722. Assim, também, DELMANTO; DELMANTO JUNIOR; DELMANTO. Leis Penais Especiais comentadas, p. 262. Nesse sentido, também, os seguintes julgados do Supremo Tribunal Federal: *"Agentes que fabricam e mantém em depósito, para venda, produtos em desconformidade com as normas regulamentares de fabricação e distribuição. Imputação do crime do inciso IX do art. 7º da Lei no 8.137/90. Norma penal em branco, a ter seu conteúdo preenchido pela norma do inciso II do § 6º do art. 18 da Lei no 8.078/90. 2. São impróprios para consumo os produtos fabricados em desacordo com as normas regulamentares de fabricação, distribuição ou apresentação. A criminalização da conduta, todavia, está a exigir do titular da ação penal a comprovação da impropriedade do produto para uso. Pelo que imprescindível, no caso, a realização de exame pericial para aferir a nocividade dos produtos apreendidos. 3. Ordem concedida."* (STF – **HC 90779**, Relator(a): Min. CARLOS BRITTO, Primeira Turma, julgado em 17/06/2008, DJe-202 DIVULG 23-10-2008 PUBLIC 24-10-2008 EMENT VOL-02338-02 PP-00244). Na mesma senda, são os julgados a seguir do Superior Tribunal de Justiça: *"Da leitura do artigo 7º, inciso IX, da Lei 8.137/90, percebe-se que se trata de delito contra as relações de consumo não transeunte, que deixa vestígios materiais, sendo indispensável, portanto, a realização de perícia para a sua comprovação, nos termos do artigo 158 do Código de Processo Penal. Doutrina. Precedentes do STJ e do STF."* (STJ – **RHC 49.221/SC**, Rel. Ministro JORGE MUSSI, QUINTA TURMA, julgado em 16/04/2015, DJe 28/04/2015). Assim, também, são, por exemplo, os seguintes julgados: STJ – AgRg no AREsp 333.459/SC, Rel. Ministro MARCO AURÉLIO BELLIZZE, QUINTA TURMA, julgado em 22/10/2013, DJe 04/11/2013; STJ – **AgRg no REsp 1175679/RS**, Rel. Ministro SEBASTIÃO REIS JÚNIOR, SEXTA TURMA, julgado em 13/03/2012, DJe 28/03/2012; STJ – **HC 132.257/SP**, Rel. Ministra LAURITA VAZ, QUINTA TURMA, julgado em 23/08/2011, DJe 08/09/2011; STJ – **REsp 1184240/TO**, Rel. Ministro HAROLDO RODRIGUES (DESEMBARGADOR CONVOCADO DO TJ/CE), SEXTA TURMA, julgado em 12/04/2011, DJe 20/06/2011.

79 Nesse sentido, vide o seguinte julgado do Supremo Tribunal Federal: *"A tipificação da figura penal definida no art. 7º, IX, da Lei nº 8.137/90, por ser norma penal em branco, foi adequadamente preenchida pelo art. 18, § 6º, I, do Código de Defesa do Consumidor, que define como impróprio ao uso e consumo produto cujo prazo de validade esteja vencido. A exposição à venda de produto em condições impróprias ao consumo já configura o delito, que é formal e de mera conduta, consumando-se com a simples ação do agente, sendo dispensável a comprovação da impropriedade material. Recurso de Habeas Corpus improvido."* (STF – **RHC 80090**, Relator(a): Min. ILMAR GALVÃO, Primeira Turma, julgado em 09/05/2000, DJ 16-06-2000 PP-00044 EMENT VOL-01995-02 PP-00284). Do Superior Tribunal de Justiça existem os seguintes precedentes defendendo a prescindibilidade da perícia: *"A conduta do comerciante que expõe à venda a matéria-prima ou mercadoria, com o prazo de validade*

Na verdade, considerando-se que a Lei penal ora em comento (Lei n. 8.137, de dezembro de 1990) é poucos meses posterior à sanção (não vigência) do Código de Defesa do Consumidor (Lei n. 8.078, de setembro de 1990), tudo leva a crer que o legislador penal desenhou o tipo objetivo do inciso IX, do art. 7º, já levando em consideração a complementação existente no CDC[80].

Nesse sentido, aliás, o Supremo Tribunal Federal, nos dois julgados que tem sobre o tema, aceita, também, como corretas essas duas premissas, ao assentar o seguinte: *"Imputação do crime do inciso IX do art. 7º da Lei no 8.137/90. Norma penal em branco, a ter seu conteúdo preenchido pela norma do inciso II do § 6º do art. 18 da Lei no 8.078/90."* (STF – HC 90779, Relator(a): Min. CARLOS BRITTO, Primeira Turma, julgado em 17/06/2008, DJe-202 DIVULG 23-10-2008 PUBLIC 24-10-2008 EMENT VOL-02338-02 PP-00244). *"A tipificação da figura penal definida no art. 7º, IX, da Lei nº 8.137/90, por ser norma penal em branco, foi adequadamente preenchida pelo art. 18, § 6º, I, do Código de Defesa do Consumidor, que define como impróprio ao uso e consumo produto cujo prazo de validade esteja vencido."* (STF – RHC 80090, Relator(a): Min. ILMAR GALVÃO, Primeira Turma, julgado em 09/05/2000, DJ 16-06-2000 PP-00044 EMENT VOL-01995-02 PP-00284).

Uma vez assentadas essas duas premissas, chega-se ao momento de responder a questão: Afinal, para a caracterização do crime do inciso IX, do art. 7º da Lei n. 8.137 é necessária ou não a realização de perícia? A resposta mais adequada, nos parece é: depende.

Depende do específico inciso do § 6º, do art. 18, CDC, e hipótese utilizados como complementação da norma penal em branco do art. 7º, inciso IX, da Lei n. 8.137/90.

Isso porque, nem todos os referidos incisos demandam algum conhecimento específico, que exija o auxílio de perito.

Nesse sentido, é possível afirmar que o Código de Defesa do Consumidor caracteriza as matérias-primas ou mercadorias como impróprios para o consumo, quando:

i) **estejam com o prazo de validade vencido (CDC, art. 18, § 6º, I):** Nesse caso, é extremamente fácil identificar, com a simples apreensão da coisa, se o produto está ou não impróprio para o consumo, não havendo, pois, necessidade de nenhum conhecimento especial que demande a intervenção de um perito;

ii) **estejam deterioradas, alteradas, adulteradas, avariadas, falsificadas, corrompidas, fraudadas, nocivas à saúde, perigosas (CDC, art. 18, § 6º, II, primeira parte):** Nesses casos, efetivamente, faz-se imprescindível a intervenção de um perito para,

---

vencido, configura, em princípio, a figura típica do art. 7º, inciso IX da Lei nº 8.137/90 c/c o art. 18 § 6º, inciso I, da Lei nº 8.078/90, sendo despicienda, para tanto, a verificação pericial, após a apreensão do produto, de ser este último realmente impróprio para o consumo. O delito em questão é de perigo presumido (precedentes do STJ e do c. Pretório Excelso)." (STF – AgRg no AgInt no REsp **1538154/SC**, Rel. Ministro FELIX FISCHER, QUINTA TURMA, julgado em 06/12/2016, DJe 15/02/2017). No mesmo sentido, são os seguintes outros exemplos de julgados: STJ – **REsp 620.237/PR**, Rel. Ministro FELIX FISCHER, QUINTA TURMA, julgado em 21/10/2004, DJ 16/11/2004, p. 315; STJ – **RHC 42.499/SP**, Rel. Ministro JORGE MUSSI, QUINTA TURMA, julgado em 10/12/2013, DJe 03/02/2014; STJ – **HC 115.650/SP**, Rel. Ministra LAURITA VAZ, QUINTA TURMA, julgado em 26/10/2010, DJe 22/11/2010.

80 O Código de Defesa do Consumidor foi sancionado no dia 12.09.1990 (DOU). Só entrou em vigor, porém, 180 (cento e oitenta dias) depois dessa publicação (CDC, art. 118). Já a Lei n. 8.137/90 foi sancionada e entrou em vigor no dia 28.12.1990 (DOU), portanto, entrou em vigor antes do CDC.

desde uma perspectiva técnico-científica, informar ao juiz se aludidas impropriedades encontram-se presentes ou não;

iii) **estejam em desacordo com as normas regulamentares de fabricação, distribuição ou apresentação (CDC, art. 18, § 6º, II, segunda parte):** Trata-se de um dado objetivo, que prescinde de conhecimentos técnicos para a sua constatação, bastando, para tanto, que se recorra a normativa correta aplicável ao caso;

iv) **se revelem, por qualquer motivo, inadequadas ao fim a que se destinam (CDC, art. 18, § 6º, III):** Nesse caso, em algumas hipóteses haverá a necessidade de uma análise pericial (v.g. exposição à venda de máquinas esterilizadoras, que se desconfia não cumprirem sua função). Haverá, porém, outras situações em que a perícia é perfeitamente dispensável (v.g. exposição à venda de uma série livros, em que grande parte das suas folhas encontra-se com a impressão borrada e ilegível, não se prestando, pois, aos seus fins).

Em poucas palavras, é possível afirmar que a avaliação da necessidade ou não da realização de perícia, para a caracterização do crime do inciso IX, do art. 7º da Lei n. 8.137, dependerá de qual modalidade de impropriedade padece o produto. Não é possível, portanto, afirmar-se taxativamente que a perícia é sempre necessária, ou que ela nunca é necessária. Depende sempre do caso.

Por fim, é importante consignar que, da leitura do tipo penal, verifica-se que, em nenhum momento, é exigido dano ou perigo concreto de dano para a consumação do crime, razão pela qual é fácil concluir que se trata de delito de perigo abstrato.

4. TIPICIDADE SUBJETIVA

Como regra, somente é punível a conduta quando o agente pratica com consciência e vontade os elementos do tipo objetivo. É dizer, em regra somente é punida a ação ou omissão dolosa.

Sem embargo, relativamente aos tipos penais previstos pelos incisos II[81], III[82] e IX[83] do art. 7º, incrimina-se, também, a conduta realizada culposamente, quando decorrer de uma violação ao dever objetivo de cuidado. Isso tendo em conta do disposto expressamente no parágrafo único do art. 7º da Lei n. 8.137/90.

Ademais, com relação aos delitos dolosos, é importante consignar que, em geral, os tipos penais art. 7º da Lei n. 8.137/90 não exigem um elemento subjetivo diverso do dolo.

É exigido, porém, o especial fim de agir, em três hipóteses: **i)** no caso do **inciso III**, o agente, ao misturar os gêneros ou mercadorias, deve estar imbuído do propósito de vendê-los ou expô-los à venda como puros ou pelo preço mais alto; **ii)** no caso do **inciso VI**, em que se faz necessário comprovar que a conduta de sonegar, se negar a vender ou reter, foi realizada *"para*

81 *"II – vender ou expor à venda mercadoria cuja embalagem, tipo, especificação, peso ou composição esteja em desacordo com as prescrições legais, ou que não corresponda à respectiva classificação oficial".*

82 *"III – misturar gêneros e mercadorias de espécies diferentes, para vendê-los ou expô-los à venda como puros; misturar gêneros e mercadorias de qualidades desiguais para vendê-los ou expô-los à venda por preço estabelecido para os demais mais alto custo".*

83 *"IX – vender, ter em depósito para vender ou expor à venda ou, de qualquer forma, entregar matéria-prima ou mercadoria, em condições impróprias ao consumo".*

o fim de especulação" e **iii)** no caso do **inciso VIII**, em que se deve demonstrar que a destruição, inutilização ou danificação foram feitas *"com o fim de provocar alta de preço"*.

É importante frisar que nem o dolo, nem o elemento subjetivo diverso do dolo são consubstanciados por estados mentais insondáveis, devendo estar caracterizados por meio de ações ou omissões *"exteriorizadas"*[84].

5. CONSUMAÇÃO E TENTATIVA

Sobre o momento consumativo e a possibilidade de tentativa dos crimes previstos pelo art. 7º da Lei n. 8.137/90, é possível afirmar o que segue:

Inciso I, do art. 7º: Consuma-se com o mero **favorecimento** ou **preferência** de um consumidor em relação ao outro. Assim, a simples exteriorização de ação ou omissão que consubstancie esse tratamento privilegiado importa na consumação do delito. Entende a doutrina que esse delito não comporta tentativa, uma vez que a simples manifestação de preferência ou favorecimento já seria idônea a consumação do crime, que prescinde do gozo efetivo pelo consumidor do benefício oferecido[85].

Inciso II, do art. 7º: Se consuma com a **venda** (momento em que há o acordo de vontade, não sendo necessária a tradição, que se vincula à ideia de adimplemento contratual[86]) ou com a simples **exposição à venda**, que pode se dar inclusive mediante oferta (sobre a oferta, vide artigos 30 a 35 do CDC). Nesta última hipótese (exposição à veda), o crime é permanente, permitindo, inclusive, a prisão em flagrante (CPP, art. 303). A tentativa é perfeitamente possível, quando interrompido o *iter criminis* por circunstâncias alheias à vontade do agente.

Inciso III, do art. 7º: A consumação se dá com a simples **mistura** de gêneros e mercadorias de espécies diferentes ou de qualidades desiguais. Deve, porém, como já visto, estar evidenciado o propósito de vendê-los ou expô-los à venda como puros ou pelo preço mais alto. A constatação desse elemento subjetivo diverso do dolo, deve ocorrer por meio do exame dos atos exteriorizados e pelo contexto da ação. Por exemplo, quando a mistura se dá nos fundos de uma empresa que vende a mercadoria, resta evidente ao intuito de expô-las à venda.

Inciso IV, do art. 7º: Consuma-se o crime com a simples **fraude** do preço, derivada de uma das condutas previstas no referido tipo penal. Não é necessária a efetiva venda do produto

---

84 Uma crítica ampla contra as concepções psicológicas do dolo e uma proposta apresentada a partir da filosofia da linguagem, podem ser encontradas em: CABRAL, Rodrigo Leite Ferreira. *Dolo y lenguaje: hacia una nueva gramática del dolo desde la Filosofía del Lenguaje*. Valencia: Tirant lo Blanch, 2017.

85 Sobre o tema explica PRADO: *"(...) essa conduta, como acertadamente adverte a doutrina, não admite tentativa, tanto na modalidade favorecer, como na de preferir. De fato, se o sujeito ativo inicia a ação de favorecer e é advertido por outra pessoa (consumidor ou não), o delito já se consuma por meio da modalidade típica 'preferir'. Desse modo, quem inicia a prática de atos de favorecimento já manifesta sua preferência, consumando o delito. O mesmo raciocínio se aplica à modalidade preferencia."* PRADO. Direito Penal Econômico, p. 136.

86 É o que dispõe o art. 482 do Código Civil (*"Art. 482. A compra e venda, quando pura, considerar-se-á obrigatória e perfeita, desde que as partes acordarem no objeto e no preço."*). Aliás, esse é o entendimento do Superior Tribunal de Justiça, ao decidir que: *"O contrato de compra e venda, de natureza pessoal, não se subordina à transferência de domínio do objeto contratado, aperfeiçoando-se com o mero concerto de vontades entre as partes capazes. Desse modo, a ausência de pagamento e de tradição configuram inadimplemento contratual e não dão causa à anulação do negócio jurídico. Precedentes."* (STJ – **REsp 1513190/DF**, Rel. Ministro MARCO AURÉLIO BELLIZZE, TERCEIRA TURMA, julgado em 28/03/2017, DJe 07/04/2017). Tal interpretação é perfeitamente aplicável ao Código de Defesa do Consumidor.

(delito de perigo abstrato). É admitida a tentativa, quando interrompido o *iter* criminoso, nos termos do art. 14, inciso II, CP.

Inciso V, do art. 7º: A consumação do tipo penal em questão ocorre com **elevação do preço**, decorrente da exigência ilegal. Aqui, também, não é necessário que o consumidor efetivamente celebre o negócio jurídico de compra a prazo. Basta a elevação do preço (perigo abstrato). É possível a tentativa.

Inciso VI, do art. 7º: A consumação do crime se dá com a mera **recusa** à venda do bem a quem pretenda comprá-lo ou com a sua **retenção** para fins especulativos (ou seja, estando o bem no momento adequado para a sua exposição à venda, o agente deixa de fazê-lo com finalidades especulativas). A tentativa é possível.

Inciso VII, do art. 7º: Ocorre a consumação quando o usuário ou consumidor é **induzido a erro**, por meio da indicação ou afirmação falsa ou enganosa sobre a natureza, qualidade do bem ou serviço. Veja-se que a conduta aqui incriminada é distinta da dos artigos 66 e 67 do CDC, em que não é necessário o erro do consumidor, bastando a realização das atividades descritas nos referidos tipos penais (crime formal)[87]. O delito em questão é material. É admitida a tentativa.

Inciso VIII, do art. 7º: O crime é material e se consuma com a **destruição, inutilização** ou **dano** à matéria-prima ou mercadoria, com a finalidade de provocar alta de preço, em proveito próprio ou de terceiros. Possível, também, a tentativa.

Inciso IX, do art. 7º: A exemplo do já afirmado por ocasião do comentário ao inciso II, consuma-se com a **venda** (acordo de vontade – desnecessária a tradição) ou com a simples **exposição** do bem **à venda**, inclusive mediante oferta (CDC, arts. 30 a 35). Na modalidade exposição à venda o crime é permanente, sendo possível a prisão em flagrante (CPP, art. 303). A tentativa é perfeitamente possível, quando interrompido o *iter criminis* por circunstâncias alheias à vontade do agente, nos termos do art. 14, inciso II, do Código Penal.

6. AÇÃO PENAL

A ação penal é pública incondicionada (art. 15).

Ademais, considerando que a pena cominada ao tipo penal do art. 7º da Lei n. 8.137/90, para os delitos dolosos, é de detenção de 2 (dois) a 5 (cinco) anos, ou multa, verifica-se ser incabível o benefício da transação penal (art. 76, Lei 9.099/95) e da suspensão condicional do processo (art. 89, Lei 9.099/95)[88].

Para os crimes culposos, a pena é de detenção de 01 (um) ano e 04 (quatro) meses a 03 (três) anos e 04 (quatro) meses [*"pune-se a modalidade culposa, reduzindo-se a pena e a detenção*

87 Cf.: PRADO. Direito Penal Econômico, pp. 137-138, inclusive afastando a alegação de eventual revogação do tipo penal do art. 67 do Código de Defesa do Consumidor.

88 Nesse sentido, é a jurisprudência do Superior Tribunal de Justiça que assentou: *"Para a aplicação da transação penal é necessário que a pena máxima cominada ao delito não exceda à dois anos, sendo irrelevante a previsão legal de pena de multa na forma alternativa ou cumulativa."* (STJ – **HC 29.328/SP**, Rel. Ministro JORGE SCARTEZZINI, QUINTA TURMA, julgado em 18/03/2004, DJ 10/05/2004, p. 313). Nesse sentido, confira-se: STJ – **AgRg no REsp 1208989/TO**, Rel. Ministra LAURITA VAZ, QUINTA TURMA, julgado em 06/12/2011, DJe 19/12/2011.

de 1/3 (um terço) ou a de multa à quinta parte"]. Assim, também, incabíveis a transação penal e a suspensão condicional do processo para os delitos culposos do art. 7 da Lei n. 8.137/90.

A Justiça Estadual é a competente para apreciar os casos penais derivados do delito em questão[89].

CAPÍTULO III
DAS MULTAS

Art. 8º Nos crimes definidos nos arts. 1º a 3º desta lei, a pena de multa será fixada entre 10 (dez) e 360 (trezentos e sessenta) dias-multa, conforme seja necessário e suficiente para reprovação e prevenção do crime.

Parágrafo único. O dia-multa será fixado pelo juiz em valor não inferior a 14 (quatorze) nem superior a 200 (duzentos) Bônus do Tesouro Nacional BTN.

Exclusivamente para os crimes contra a ordem tributária, previstos nos artigos 1º a 3º da Lei n. 8.137/90, o legislador estabeleceu que a fixação dos dias-multa – que nos termos do art. 60 do Código Penal deve ser feito de acordo com a capacidade econômica do sentenciado – deveria ser feita em BTN (Bônus do Tesouro Nacional), sendo que o valor mínimo era de 14 (quatorze) BTNs e o valor máximo de 200 (duzentos) BTNs (art. 8º, paragrafo único, da Lei n. 8.137/90).

Nesse aspecto, difere do Código Penal, que prevê como critério o salário mínimo mensal ao tempo do fato, com valor mínimo de 1/30 (um trinta avos) e máximo de 05 (cinco) salários mínimos (CP, art. 60, § 1º).

No entanto, a Lei 8.177/91, no inciso II, do art. 3º, acabou por extinguir a BTN, de modo que se perdeu o parâmetro financeiro previsto do artigo em comento, esvaziando-se o seu conteúdo.

---

89 Com relação à competência territorial, interessantes os seguintes precedentes: "CONFLITO NEGATIVO DE COMPETÊNCIA. PROCESSUAL PENAL. APURAÇÃO DO DELITO DO Art. 7º, IX, DA Lei N. 8.137/90, C.C. O Art. 18, § 6º, II, DA Lei N. 8.078/90. CRIME CONTRA AS RELAÇÕES DE CONSUMO. VENDA DE PRODUTO IMPRÓPRIO PARA O CONSUMO. DELITO FORMAL. COMPETÊNCIA FIRMADA PELO LUGAR DA INFRAÇÃO. Art. 70 DO CÓDIGO DE PROCESSO PENAL. ECONOMIA PROCESSUAL. CONFLITO CONHECIDO PARA DECLARAR COMPETENTE O JUÍZO SUSCITADO. 1. O crime previsto no art. 7º, IX, da Lei n. 8.137/90, consistente na venda de produto impróprio para o consumo, deve ser processado e julgado perante o foro em que se aperfeiçoou a relação consumerista, tendo em vista o bem juridicamente tutelado por essa norma. 2. Tendo o cidadão consumidor realizado a compra do leite questionado em Paranoá/DF, este é o local competente para a persecução criminal. 3. É este, ademais, o local onde reunida a maior quantidade de provas: presença do consumidor final e daqueles que atuaram na empresa diretamente realizadora da venda, onde formalizada denúncia ao DECON e realizada a perícia no material, assim justificando a mais econômica persecução neste foro, ainda que antes e inicialmente ofertado produto à venda em Hidrolândia/GO. 4. Conflito conhecido para declarar competente o juízo suscitado." (STJ – **CC 107.342/GO**, Rel. Ministro NEFI CORDEIRO, TERCEIRA SEÇÃO, julgado em 13/08/2014, DJe 21/08/2014). *"CONFLITO DE COMPETÊNCIA. DIREITO PENAL E PROCESSUAL PENAL. Art. 7º DA Lei 8.137/90. CRIME FORMAL. CONSUMAÇÃO NO LOCAL DO CONSTRANGIMENTO. 1. O delito previsto no art. 7º da Lei nº 8.137/90 é de natureza formal e consuma-se no lugar em que o consumidor foi enganado, independentemente do local onde estão situadas as contas bancárias beneficiárias dos depósitos e a sede da empresa que ofertou o serviço. 2. Na hipótese, o delito praticado consumou-se em Campo Grande/MS, onde o consumidor foi levado a erro, devendo ser reconhecida a competência do Juízo daquele local. 3. Conflito conhecido para declarar competente o Juízo de Direito da 2ª Vara Criminal de Campo Grande/MS, o suscitado."* (STJ – **CC 119.495/MG**, Rel. Ministra ALDERITA RAMOS DE OLIVEIRA (DESEMBARGADORA CONVOCADA DO TJ/PE), TERCEIRA SEÇÃO, julgado em 08/05/2013, DJe 15/05/2013).

Desse modo, deve-se voltar a aplicar a regra do Código Penal (art. 60, § 1º). Além disso, inadmissível a tese de que a extinção da BTN importa na inaplicabilidade da pena de multa para esses delitos, uma vez que o preceito secundário dos artigos 1º a 3º da Lei n. 8.137/90, continuam preservados.

Sobre o tema, Superior Tribunal de Justiça já tem jurisprudência consolidada, conforme assinalado no seguinte julgado: *"O entendimento deste Tribunal Superior é no sentido de que a extinção da BTN, a que faz referência o artigo 8º, parágrafo único, da Lei nº 8.137/90, não conduz à inaplicabilidade da pena de multa, pois tratando-se dos crimes contra a ordem tributária, aplica-se, subsidiariamente, a regra geral contida no artigo 49, § 1º do Código Penal."* (STJ – AgRg no REsp 1531334/DF, Rel. Ministra MARIA THEREZA DE ASSIS MOURA, SEXTA TURMA, julgado em 01/10/2015, DJe 23/10/2015).

Além disso, é importante consignar que a redação do *caput* do art. 8º da Lei n. 8.137/90, jamais teve transcendência alguma, uma vez que traz regência idêntica à do Código Penal, no que diz respeito ao mínimo e máximo dos dias multa (10 a 360 dias-multa).

Art. 9º. A pena de detenção ou reclusão poderá ser convertida em multa de valor equivalente a:

I – 200.000 (duzentos mil) até 5.000.000 (cinco milhões) de BTN, nos crimes definidos no art. 4º;

II – 5.000 (cinco mil) até 200.000 (duzentos mil) BTN, nos crimes definidos nos arts. 5º e 6º;

III – 50.000 (cinquenta mil) até 1.000.000 (um milhão de BTN), nos crimes definidos no art. 7º.

Aqui, da mesma forma do consignado no comentário ao art. 8º, a aplicabilidade do dispositivo resta prejudicada por conta da extinção da BTN, de modo que deve ser aplicada a regência da pena restritiva de direito de prestação pecuniária, prevista no art. 45, § 1º, do Código Penal, ou seja, com balizas entre 01 (um) a 360 (trezentos e sessenta) salários mínimos.

Art. 10. Caso o juiz, considerado o ganho ilícito e a situação econômica do réu, verifique a insuficiência ou excessiva onerosidade das penas pecuniárias previstas nesta lei, poderá diminuí-las até a décima parte ou elevá-las ao décuplo.

O art. 10 da Lei n. 8.137/90 possibilita ao juiz – na aplicação da pena de multa (aqui não se trata da pena restritiva de direito, substitutiva da privativa de liberdade) – a alteração do valor final fixado, para menor ou para maior.

Assim, inicialmente, deverá o juiz identificar o valor final da pena de multa. Depois, poderá alterá-lo caso verifique as seguintes situações cumulativas: **i)** situação econômica do réu (precariedade ou grande poder econômico); e **ii)** insuficiência da pena de multa ou excessiva onerosidade.

De tal maneira, poderá o juiz, no caso de onerosidade, diminuir a pena de multa até a sua décima parte ou, em caso de insuficiência, elevá-la ao décuplo.

O montante da diminuição ou o montante do aumento deverá guardar proporcionalidade com o grau de carência ou grau de poderio econômico que o réu ostentar. Assim, quanto mais pobre o réu, maior a diminuição e quanto mais rico, maior deverá ser o aumento da pena de multa.

O objetivo aqui é precisamente modular os efeitos da pena de multa, de forma a evitar que a pena leve os carentes à miserabilidade ou que se torne demasiadamente branda para os mais ricos.

CAPÍTULO IV
DAS DISPOSIÇÕES GERAIS

Art. 11. Quem, de qualquer modo, inclusive por meio de pessoa jurídica, concorre para os crimes definidos nesta lei, incide nas penas a estes cominadas, na medida de sua culpabilidade.

Parágrafo único. Quando a venda ao consumidor for efetuada por sistema de entrega ao consumo ou por intermédio de outro em que o preço ao consumidor é estabelecido ou sugerido pelo fabricante ou concedente, o ato por este praticado não alcança o distribuidor ou revendedor.

DA RESPONSABILIDADE PENAL

O disposto no art. 11 da Lei n. 8.137/90 era perfeitamente dispensável, uma vez que não altera a disciplina geral do Código Penal a respeito da autoria e participação.

Na verdade, a única função que pode ter é a de lembrar o intérprete que: **a**) em nosso sistema penal, a responsabilidade penal é subjetiva; **b**) mesmo que ação ou omissão seja praticada no âmbito da pessoa jurídica, é possível a responsabilização da pessoa física; e **c**) não é possível atribuir-se a responsabilidade penal por ato exclusivamente de terceiro, como no caso de a venda ser feita por sistema de entrega (ou outro), em que o preço é estabelecido ou sugerido por terceiro (fabricante ou concedente) e o distribuidor ou revendedor não tenham nenhuma participação nesse ato.

Aliás, tendo em conta a ideia de responsabilidade pessoal, é importante que nas denúncias relativas aos crimes econômicos venha descrita a ação ou omissão de cada um dos denunciados de forma mais precisa possível.

Isso porque, ainda que a jurisprudência venha se inclinado pela aceitação das denominadas denúncias genéricas nos delitos econômicos[90], é certo que existe uma forte tendência em rechaçar essas práticas, inclusive, reconhecendo a inépcia da acusação[91].

---

90 Nesse sentido, confira-se os seguintes precedentes do STF: *"Este Supremo Tribunal Federal sufraga o entendimento no sentido de que nos crimes societários, é prescindível que conste da denúncia a descrição minuciosa de cada acusado, mostrando-se consentâneo com os postulados do contraditório e da ampla defesa que se exponha o vínculo dos acusados com a sociedade comercial e que se narre as condutas delituosas de forma a possibilitar o exercício do direito de defesa."* (ST – HC 149328 AgR, Relator(a): Min. LUIZ FUX, Primeira Turma, julgado em 01/12/2017, PROCESSO ELETRÔNICO DJe-289 DIVULG 14-12-2017 PUBLIC 15-12-2017). *"A denúncia, na hipótese de crime societário, não precisa conter descrição minuciosa e pormenorizada da conduta de cada acusado, sendo suficiente que, demonstrando o vínculo dos indiciados com a sociedade comercial, narre as condutas delituosas de forma a possibilitar o exercício da ampla defesa. Precedentes: HC 103.104, Primeira Turma, Relator o Ministro Marco Aurélio, DJe de 14.02.12; HC 101.754, Segunda Turma, Relatora a Ministra Ellen Gracie, DJe de 25.06.10; HC 101.286, Primeira Turma, Relator o Ministro Dias Toffoli, DJe de 25.08.11; HC 97.259, Primeira Turma, Relator o Ministro Ricardo Lewandowski, DJe de 26.02.10; HC 98.840, Segunda Turma, Relator o Ministro Joaquim Barbosa, DJe de 25.09.09."* (STF – RHC 117173, Relator(a): Min. LUIZ FUX, Primeira Turma, julgado em 18/02/2014, PROCESSO ELETRÔNICO DJe-045 DIVULG 06-03-2014 PUBLIC 07-03-2014).

91 Nessa linha, são os seguintes julgados do STF: *"Habeas corpus. Penal. Processo Penal. 2. Denúncia genérica. Crime societário. Art. 1º, inciso I, da Lei 8.137/1990 (Crimes contra a ordem tributária, econômica e contra as relações de*

Art. 12. São circunstâncias que podem agravar de 1/3 (um terço) até a metade as penas previstas nos arts. 1º, 2º e 4º a 7º:

I – ocasionar grave dano à coletividade;

II – ser o crime cometido por servidor público no exercício de suas funções;

III – ser o crime praticado em relação à prestação de serviços ou ao comércio de bens essenciais à vida ou à saúde.

DAS MAJORANTES PARA OS DELITOS DO ARTIGO 1º, 2º E 4º A 7º DESTA LEI

O artigo 12 da Lei n. 8.137/90 estabelece – para os delitos previstos no art. 1º, 2º, 4º e 7º – três hipóteses de majorantes, que devem ser aplicadas no terceiro momento, do método trifásico de aplicação da pena (CP, art. 68).

Passamos, pois, a analisar cada uma dessas majorantes:

Inciso I, art. 12 (grave dano à coletividade): A norma prevê como hipótese majorante da pena quando o crime *"ocasionar grave dano à coletividade"*.

De plano, já se verifica que o legislador optou por não apresentar um valor numérico--objetivo do que se consideraria grave dano à coletividade ou qual extensão do dano é apta a caracterizar referida gravidade, o que, de certa forma, gera uma dificuldade interpretativa, muito embora afigure-se a melhor opção dadas as dificuldades que uma tarefa que tal poderia acarretar.

Para entender de forma mais adequada essa majorante, parece extremamente relevante dividir sua aplicação de acordo com os bens jurídicos protegidos pelo delito, uma vez que será ele a referência para dimensionar a gravidade.

Esse estudo será, assim, feito para os crimes contra a ordem tributária (art. 1º e 2º), crimes contra a ordem econômica (art. 4º) e crimes contra o consumidor (art. 7º).

a) A majorante do grave dano à coletividade nos crimes contra a ordem tributária (art. 1º e 2º da Lei n. 8.137/90):

---

consumo). É fundamental que o mínimo de individualização da conduta esteja contido na denúncia para permitir o recebimento. Caso que apresenta peculiaridades, que demonstram que um esforço de identificação da contribuição dos envolvidos para o suposto crime seria particularmente relevante. 3. Ordem concedida, para extinguir a ação penal, por inépcia da denúncia." (STF – **HC 127415**, Relator(a): Min. GILMAR MENDES, Segunda Turma, julgado em 13/09/2016, PROCESSO ELETRÔNICO DJe-206 DIVULG 26-09-2016 PUBLIC 27-09-2016). *"Mudança de orientação jurisprudencial, que, no caso de crimes societários, entendia ser apta a denúncia que não individualizasse as condutas de cada indiciado, bastando a indicação de que os acusados fossem de algum modo responsáveis pela condução da sociedade comercial sob a qual foram supostamente praticados os delitos. Precedentes: HC no 86.294-SP, 2a Turma, por maioria, de minha relatoria, DJ de 03.02.2006; HC no 85.579-MA, 2a Turma, unânime, de minha relatoria, DJ de 24.05.2005; HC no 80.812-PA, 2a Turma, por maioria, de minha relatoria p/ o acórdão, DJ de 05.03.2004; HC no 73.903-CE, 2a Turma, unânime, Rel. Min. Francisco Rezek, DJ de 25.04.1997; e HC no 74.791-RJ, 1a Turma, unânime, Rel. Min. Ilmar Galvão, DJ de 09.05.1997. 5. Necessidade de individualização das respectivas condutas dos indiciados. 6. Observância dos princípios do devido processo legal (CF, art. 5o, LIV), da ampla defesa, contraditório (CF, art. 5o, LV) e da dignidade da pessoa humana (CF, art. 1o, III). Precedentes: HC no 73.590-SP, 1a Turma, unânime, Rel. Min. Celso de Mello, DJ de 13.12.1996; e HC no 70.763-DF, 1a Turma, unânime, Rel. Min. Celso de Mello, DJ de 23.09.1994. 7. No caso concreto, a denúncia é inepta porque não pormenorizou, de modo adequado e suficiente, a conduta dos pacientes. 8. Habeas corpus deferido"* (STF – HC 85327, Relator(a): Min. GILMAR MENDES, Segunda Turma, julgado em 15/08/2006, DJ 20-10-2006 PP-00088 EMENT VOL-02252-02 PP-00266 RTJ VOL-00201-03 PP-00993 LEXSTF v. 28, n. 336, 2006, p. 393-409 RDDT n. 135, 2006, p. 220-221).

Com relação a esses delitos, afigura-se adequado trabalhar-se com os seguintes critérios:

i) **Capacidade Econômica da Vítima:** Nos crimes tributários, para considerar a gravidade do dano, deve-se considerar a capacidade econômica da vítima. Assim, um valor que não é considerado grave para a União, pode muito bem ser considerado grave para um pequeno município. Quanto menor a capacidade econômica do ente público vítima do delito, menores serão as balizas para a caracterização da aludida majorante.

ii) **Valor Sonegado ou Valor Potencialmente Sonegado:** Como se viu, os crimes contra a ordem tributária previstos na Lei n. 8.137/90, são de dano (art. 1º) ou de perigo (art. 2º), de modo que um critério bastante importante para a identificação do grave dano à coletividade é o valor sonegado, no caso do art. 1º, ou o valor potencialmente sonegado, no caso do art. 2º, reconhecendo-se que, neste último caso, muitas vezes será difícil dimensionar tal potencialidade, sendo que nessas hipóteses, em caso de dúvida, o mais cauteloso é afastar a aplicação da majorante.

Para verificar esse valor, inicialmente, deve-se identificar o valor sonegado (ou potencialmente sonegado) e contextualizá-lo no momento da sentença, de modo que se atualize o valor sonegado ou se considere o dimensão do seu valor, contextualizada à data dos fatos. Assim, o julgador tem a ideal dimensão do quão grave foi a lesão (ou perigo) causada pelo delito. No entanto, não devem entrar nesse cálculo os acessórios, como multa e juros, uma vez que não dizem respeito ao efetivo dano causado (ou potencialmente causado).

Ademais, uma vez atualizado o valor ou contextualizado no momento da prática delitiva, é possível verificar-se que a jurisprudência já tem alguns parâmetros relativo a valores do dano, que podem ser utilizados para a apreciação da gravidade ou não do dano à coletividade.

Os valores que podem ser utilizados como parâmetros são os seguintes, conforme julgados do Supremo Tribunal Federal e Superior Tribunal de Justiça:

a) **R$ 154.149,04** (valores referentes a 2003, 2004 e 2005) (STJ – AgRg REsp n. 1.194.509 /MG, Rel. Ministro JOEL ILAN PACIORNIK, 27/11/2017);

b) **R$ 463.497,92** (valores atualizados em fevereiro/2010) (STJ – AgRg nos EDcl no AREsp 465.222/SC, Rel. Ministro REYNALDO SOARES DA FONSECA, QUINTA TURMA, julgado em 23/08/2016, DJe 29/08/2016);

c) **R$ 429.004,15** (valores de março de 2007) (STF – HC 130269, Relator(a): Min. GILMAR MENDES, julgado em 13/06/2016, publicado em PROCESSO ELETRÔNICO DJe-124 DIVULG 15/06/2016 PUBLIC 16/06/2016);

d) **R$ 301.664,95** (trezentos e um mil, seiscentos e sessenta e quatro reais e noventa e cinco centavos), calculado até 28/4/2006, realizada contra a União (ou seja, com maior capacidade econômica) (STJ – AREsp. 587.620/SP, Min. SEBASTIÃO REIS JÚNIOR, Sexta Turma, DJ de 5/11/2015).

e) **R$530.220,79**, realizada contra a União (maior capacidade econômica). (STJ – AgRg no REsp 1134070/ES, Rel. Ministra MARIA THEREZA DE ASSIS MOURA, SEXTA TURMA, julgado em 26/02/2013, DJe 05/03/2013).

Ademais, sobre o tema, deve-se considerar que: i) *"A descrição, na denúncia, do valor do crédito tributário sonegado é suficiente para que o juízo delibere sobre o grave dano à coletividade e, consequentemente, sobre a incidência da causa de aumento do art. 12, I, da Lei n. 8.137/1990. Precedente."* (STJ – AgRg no AREsp 1058190/RJ, Rel. Ministro ROGERIO SCHIETTI CRUZ, SEXTA TURMA, julgado em 21/11/2017, DJe 28/11/2017); e que ii) *"A continuidade delitiva, não se confunde com a causa de aumento de pena relativa ao grave dano à coletividade. De fato, é possível que certo agente pratique apenas um crime contra a ordem tributária e cause grave dano à coletividade. Assim como, é possível o cometimento de diversos delitos e não se fazer aplicar a causa de aumento prevista no art. 12, inciso I da Lei 8.137/90."* (STJ – AgRg no REsp 1134070/ES, Rel. Ministra MARIA THEREZA DE ASSIS MOURA, SEXTA TURMA, julgado em 26/02/2013, DJe 05/03/2013).

Por fim, o valor do dano poderá ser considerado na fase do art. 59 do Código Penal, conforme já decidiu o Supremo Tribunal Federal, ao consignar que: *"(...) em se tratando de infrações penais contra a ordem tributária, a extensão do dano causado pode ser invocada na primeira fase da dosimetria, como critério para exasperação da pena-base, sem que tanto implique bis in idem."* (STF – HC 128446, Relator(a): Min. TEORI ZAVASCKI, Segunda Turma, julgado em 15/09/2015, PROCESSO ELETRÔNICO DJe-194 DIVULG 28-09-2015 PUBLIC 29-09-2015).

É com base nesses critérios que se defende aqui seja avaliada, em cada caso concreto, se restou ou não caracterizada a majorante do grave dano à coletividade nos crimes contra a ordem tributária.

b) A majorante do grave dano à coletividade nos crimes contra a ordem econômica (art. 3º da Lei n. 8.137/90):

Com relação a crimes contra a ordem econômica, o intérprete deve verificar os seguintes critérios, considerando-se que o bem jurídico protegido é a defesa da livre concorrência, que gera prejuízos tanto aos demais empresários, quanto aos consumidores expostos ao mercado viciado:

i) **o aspecto geográfico do cartel ou do abuso do poder econômico:** Assim, caso o cartel ou abuso transcenda a mera atuação em determinada região restrita, atingindo municípios inteiros, quando estes forem de menor porte, ou grandes extensões em municípios maiores, restará caracterizada a majorante do grave dano à coletividade. Da mesma forma, se o cartel atuar em mais de um município ou estados, também, estará caracterizada a majorante.

ii) **aspecto econômico do cartel ou do abuso do poder econômico:** se o cartel ou abuso tiver uma limitada atuação geográfica, mas importante em termos econômicos, causando grandes prejuízos à saúde do mercado, também, poderá restar caracterizada a majorante.

iii) **aspecto temporal do cartel ou do abuso do poder econômico:** do mesmo modo, ainda que o cartel ou o abuso seja limitado geograficamente e os valores mensais dos negócios sejam pequenos, poderá estar caracterizada a majorante caso essas práticas venham sendo praticadas por um largo período de tempo.

b) A majorante do grave dano à coletividade nos crimes contra os consumidores (art. 7º da Lei n. 8.137/90):

Considerando-se que o tipo penal do art. 7º tutela os direitos patrimoniais e sociais do consumidor, é possível levar-se em conta os seguintes critérios:

i) **o aspecto geográfico do crime contra o consumidor:** Quando os danos aos consumidores se estenderem por limites territoriais que transcendam o simplesmente paroquial, como são aqueles que atingem um município, vários municípios ou mesmo estados, poderá incidir a majorante do inciso I, do art. 12 da Lei n. 8.137/90.

ii) **aspecto econômico do crime contra o consumidor:** Da mesma forma, ainda que geograficamente limitado, caso a conduta gere grande prejuízo econômico, perfeitamente possível a incidência da majorante.

iii) **aspecto temporal do crime contra o consumidor:** além disso, quando a conduta danosa se protraia por longo período de tempo, causando grave lesão, por sua reiteração, também, aplicável a majorante.

Inciso II, art. 12 (crime praticado por funcionário público, no exercício de suas funções): Quando quaisquer dos delitos previstos nos artigos 1º, 2º, 4º e 7º da Lei n. 8.137/90 forem praticados por funcionário público, no exercício de suas funções caracterizada está a majorante em questão. Dificilmente, porém, será caracterizada essa majorante nos crimes contra a ordem tributária, uma vez que podem configurar o tipo penal do art. 3º ou outro delito contra a administração pública.

Inciso III, art. 12 (crime em relação à serviços e comercio de bens essenciais à vida e à saúde): Esta majorante – por questões de lógica – somente pode ser aplicada aos crimes contra a ordem econômica (art. 4º) ou contra o consumidor (7º), de modo que, caso esses delitos digam respeito à serviços ou comércio de bens essenciais à vida (v.g. alimentação) ou à saúde (v.g. serviços hospitalares), restará caracterizada a majorante do art. 12, inciso III, da Lei n. 8.137/90.

Como bens essenciais à vida e à saúde, propõe-se aqui entender os bens e serviços necessários à subsistência dos seres humanos, considerados aqui os gêneros alimentícios e os produtos e serviços que gravitam em torno da saúde humana, excetuados aqueles produtos e serviços supérfluos.

Por fim, com relação ao *quantum* da majoração, que pode ser estabelecida na franja de 1/3 (um terço) até a metade, é certo que se deve levar em consideração a extensão do dano (inciso I), o grau de envolvimento da função pública na prática delitiva (inciso II) e o quão essenciais à vida e a saúde eram os serviços e comércio atingidos pela prática delitiva.

Além disso, caso concorram mais de uma majorante, é perfeitamente possível, também, justificar o maior aumento com base nessa circunstância. No entanto, considerando-se, inclusive, o teor da súmula n. 443-STJ, deve-se realizar uma fundamentação concreta para o caso, inclusive em obediência ao contido no parágrafo único, do art. 68 do Código Penal.

Art. 13. (Vetado).

Art. 14. (Revogado pela Lei nº 8.383, de 30.12.1991)

Art. 15. Os crimes previstos nesta Lei são de ação penal pública, aplicando-se-lhes o disposto no art. 100 do Decreto-Lei nº 2.848, de 7 de dezembro de 1940 – Código Penal.

DA AÇÃO PENAL PARA OS DELITOS PREVISTOS NESTA LEI

Os crimes previstos na Lei n. 8.137/90 são todos de ação penal pública incondicionada, sendo que o art. 15 procurou deixar isso bem claro, evitando-se qualquer dúvida interpretativa.

Art. 16. Qualquer pessoa poderá provocar a iniciativa do Ministério Público nos crimes descritos nesta lei, fornecendo-lhe por escrito informações sobre o fato e a autoria, bem como indicando o tempo, o lugar e os elementos de convicção.

DA *NOTITIA CRIMINIS* AO MINISTÉRIO PÚBLICO

O *caput* do art. 16 da Lei n. 8.137/90 – outro dispositivo a nosso ver desnecessário – só reforça a possibilidade de qualquer pessoa apresentar notícia criminal ao Membro do Ministério Público, devendo, para tanto, apresentar elementos mínimos que possam autorizar o início de uma investigação criminal.

Veja-se que, apesar de a Lei estipular que a representação deve ser feita por escrito, com a indicação do tempo, lugar e elementos de convicção, a ausência de alguma dessas características, não impede a instauração de investigação.

Ora, é dever do Membro do Ministério Público receber *"notícias de irregularidades, petições ou reclamações de qualquer natureza"* e *"promover as apurações cabíveis que lhes sejam próprias e dar-lhes as soluções adequadas"* (LONMP, art. 27, par. único, I), *devendo "dar andamento, no prazo de trinta dias, às notícias de irregularidades, petições ou reclamações referidas no inciso I"* (LONMP, art. 27, par. único, III), sendo que o disposto no art. 16 deve ser interpretado nesse contexto.

Ademais, é importante registrar que a atual jurisprudência do Supremo Tribunal Federal, inclusive no regime de repercussão geral (RE 601.314 - Tema 225), seguida pelo Superior Tribuanl de Justiça, tem admitido o compartilhamento de informações pelo fisco com o Ministério Público para fins de responsabilização criminal, independentemente de prévia autorização judicial[92].

92 Nesse diapasão, veja-se os seguintes julgados do STF: *"AGRAVO REGIMENTAL NO RECURSO EXTRAORDINÁRIO. MATÉRIA CRIMINAL. DADOS OBTIDOS PELA RECEITA FEDERAL MEDIANTE INFORMAÇÕES REPASSADAS POR INSTITUIÇÕES FINANCEIRAS. COMPARTILHAMENTO COM MINISTÉRIO PÚBLICO. POSSIBILIDADE. AGRAVO REGIMENTAL DESPROVIDO. 1. A jurisprudência do STF consolidou-se no sentido de que é lícita a utilização de dados obtidos pela Receita Federal, mediante informações repassadas por instituições financeiras, para fins de persecução penal, a teor do que decidido no RE 601.314 (Tema 225 de repercussão geral, Pleno, DJe 16.09.2016). Precedentes. 2. Agravo regimental desprovido."* (STF - RE 1064544 AgR, Relator(a): Min. EDSON FACHIN, Segunda Turma, julgado em 19/11/2018, ACÓRDÃO ELETRÔNICO DJe-261 DIVULG 04-12-2018 PUBLIC 05-12-2018). Também: **STF - RE 1043002 AgR**, Relator(a): Min. ROBERTO BARROSO, Primeira Turma, julgado em 01/12/2017, ACÓRDÃO ELETRÔNICO DJe-288 DIVULG 13-12-2017 PUBLIC 14-12-2017; **RE 1041285 AgR-AgR**, Relator(a): Min. ROBERTO BARROSO, Primeira Turma, julgado em 27/10/2017, ACÓRDÃO ELETRÔNICO DJe-258 DIVULG 13-11-2017 PUBLIC 14-11-2017. O Superior Tribunal de Justiça vinha entendendo em sentido contrário (STF - HC 393.824/RS, Rel. Ministra MARIA THEREZA DE ASSIS MOURA, SEXTA TURMA, julgado em 15/08/2017, DJe 24/08/2017; RHC 75.532/SP, Rel. Ministro JOEL ILAN PACIORNIK, QUINTA TURMA, julgado em 09/05/2017, DJe 17/05/2017), inclusive em decisões mais recentes (AgRg no AREsp 1118753/SP, Rel. Ministro NEFI CORDEIRO, SEXTA TURMA, julgado em 03/05/2018, DJe 15/05/2018). Sem embargo, a tendência atual parece ser no sentido de seguir a orientação jurisprudência do Supremo Tribunal Federal. Nesse sentido: STJ - **HC 422.473/SP**, Rel. Ministro SEBASTIÃO REIS JÚNIOR, SEXTA TURMA, julgado em 20/03/2018, DJe 27/03/2018; STJ - **AgRg no AREsp 1035285/ES**, Rel. Ministro NEFI CORDEIRO, SEXTA TURMA, julgado em 04/09/2018, DJe 13/09/2018; **AgRg no HC 453.176/SC**, Rel. Ministro NEFI CORDEIRO, SEXTA TURMA, julgado em 09/10/2018, DJe 29/10/2018; **AgRg no AREsp 1197067/PE**, Rel. Ministro JORGE MUSSI, QUINTA TURMA, julgado em 04/10/2018, DJe 26/10/2018; **AgRg no REsp 1601127/SP**, Rel. Ministro RIBEIRO DANTAS, Rel. p/ Acórdão Ministro FELIX FISCHER, QUINTA TURMA, julgado em 20/09/2018, DJe 26/09/2018.

Art. 16. (...)

Parágrafo único. Nos crimes previstos nesta Lei, cometidos em quadrilha ou co-autoria, o co-autor ou partícipe que através de confissão espontânea revelar à autoridade policial ou judicial toda a trama delituosa terá a sua pena reduzida de um a dois terços. (Parágrafo incluído pela Lei nº 9.080, de 19.7.1995)

DA COLABORAÇÃO PREMIADA

O parágrafo único do art. 16 da Lei n. 8.137/90 estabelece expressamente a possibilidade da celebração de colaboração premiada.

Tal instituto, oriundo do direito anglo-americano, tem como finalidade o oferecimento de incentivos (prêmios) aos agentes que colaborarem com o Ministério Público para o esclarecimento da trama criminosa, apresentando elementos de informação, provas ou indicativos de onde buscá-los com o objetivo de possibilitar a persecução penal de novos integrantes da organização criminosa e a descoberta de novos fatos a respeito dos quais não existia elementos de informação suficientes para possibilitar um bom desenvolvimento da persecução penal[93].

A regência da Lei em exame é bastante embrionária e tímida, de modo que ela pode ser interpretada sistematicamente com o disposto na Lei n. 12.850/13, especialmente o disposto nos seus artigos 4o a 7o, integrando-se, assim, a um microssistema de direito premial existente em nossa legislação.

Nesse sentido, é importante destacar que a colaboração premiada constitui uma técnica especial de investigação, em que há todo um procedimento, não se limitando, portanto, a um só ato.

Desse modo, é possível falar-se que o procedimento de colaboração premiada pode seguir as seguintes etapas: 1) manifestação de interesse; 2) termo de confidencialidade; 3) celebração; 4) homologação e 5) avaliação do cumprimento ou não.

1) Manifestação de interesse e tratativas prévias: Nesta fase, a defesa ou o Ministério Público manifestam o interesse em eventualmente celebrar acordo colaboração premiada, além disso é importante que o pretenso colaborador dê uma mostra do que exatamente tem a oferecer[94].

2) **Termo de Confidencialidade**: Havendo convergência de interesses, apesar de não ser uma exigência legal, é interessante que as partes firmem um termo de confidencialidade, que constitui o marco oficial das tratativas para o acordo. A partir desse momento existe uma garantia formal de que as informações que surjam nesta negociação não poderão ser utilizadas caso seja frustrado o acordo[95].

93 Como consignam CUERDA ARNAU, GORRIZ GOYO e VIVES ANTÓN, sobre o tema da colaboração premiada: *"entre as razões que a existência de ditas cláusulas, encontram-se uma função utilitária, ainda que sua ratio responda, ainda, à função e ao conteúdo dos fins da pena. Concretamente, radicaria na menor necessidade de pena que, tanto desde a perspectiva de prevenção geral como especial, pressupõe a realização das condutas que estão vinculadas ao benefício"*. CUERDA ARNAU, María Luisa; GORRIZ GOYO, Elena; VIVES ANTÓN, Salvador Tomás. La Colaboración del imputado en los delitos de tráfico de drogas, in Tráfico de drogas y delincuencia conexa. Valencia: Tirant lo Blanch, 2014, p. 139.

94 FONSECA, Cibele Benevides Guedes da. Colaboração Premiada. Belo Horizonte: Del Rey, 2017, p. 109.

95 FONSECA, Cibele Benevides Guedes da. Colaboração Premiada. Belo Horizonte: Del Rey, 2017, pp. 110 e ss.

3) **Celebração**: Havendo interesse, existindo a viabilidade e um horizonte promissor de elementos de informação e de provas, chega-se, efetivamente, ao momento da celebração, em que o Ministério Público e o investigado/acusado, realizam um negócio jurídico processual, que deve ter a forma escrita (art. 6º Lei n. 12850/13), devendo ter, dentre outros elementos, o seguinte conteúdo: o relato detalhado e coerente dos fatos, as condições do acordo de colaboração premiada, a declaração de aceitação livre do acordo pelas partes e, inclusive, eventuais medidas de proteção ao acusado e sua família, se for o caso[96].

4) **Homologação**: Uma vez celebrado o acordo de colaboração, deverá ser ele encaminhado ao Juiz, que deverá avaliar se a sua regularidade (análise sobre o cumprimento da forma legal), legalidade (avaliação sobre a adequação do caso às hipóteses previstas em lei e se o acordo está conforme o figurino legal) e voluntariedade (verificação se a celebração do acordo decorreu de manifestação livre de vontade do investigado). Para avaliar este último aspecto, poderá o juiz, se assim entender necessário, ouvir de forma sigilosa o colaborador, na presença de seu advogado (art. 4º § 7º, Lei n. 12850/13). Caso preenchidos esses requisitos, deverá o juiz homologar a colaboração. Se houve alguma desconformidade, poderá o juiz recusar a homologação ou, caso seja uma irregularidade sanável, determinar a sua correção ou adequação. Não pode, porém, imiscuir-se no juízo de oportunidade e conveniência subjacente à colaboração.

5) **Avaliação do cumprimento da colaboração**: Ao final do processo penal, cumprirá ao juiz examinar se o colaborador efetivamente cumpriu as cláusulas do acordo que havia se comprometido. O momento dessa avaliação é na sentença de mérito do processo penal condenatório em que foi celebrado o acordo de colaboração. Assim, cumprirá ao juiz, em primeiro lugar, verificar se houve prova da culpabilidade do acusado e, em caso positivo, condená-lo, realizando a respectiva aplicação da pena. Além disso, deverá avaliar o grau de colaboração do acusado e se as provas e colaborações que ele se comprometeu foram efetivamente concretizadas e, em que medida, essas provas ajudaram a persecução penal. Com base nesse critério é que o juiz realizará a redução da pena, sendo que, no caso a Lei estabeleceu a possibilidade de redução de penas, num patamar entre 1/3 a 2/3 da pena aplicável. A maior ou menor diminuição será proporcional à maior ou menor contribuição e colaboração do agente[97].

---

96 Veja-se que o Plenário do Supremo Tribunal Federal, por maioria de votos, julgou improcedente a Ação Direta de Inconstitucionalidade n. 5508, em que a Procuradoria-Geral da República postulou a declaração da inconstitucionalidade do § 2º e do § 6º do art. 4º da Lei 12.850/13, com o objetivo de ter-se como incompatível com o princípio acusatório a possibilidade da polícia judiciaria celebrar acordo de colaboração premiada, sem a prévia participação e concordância do Ministério Público com o acordo. O acórdão não foi, ainda, publicado, mas é certo que o Supremo Tribunal parece ter se equivocado ao permitir que a polícia acabe por dispor de algo que constitucionalmente não lhe é privativo, é dizer, a titularidade da ação penal pública.

97 Sobre o tema da colaboração premiada, o Plenário do Supremo Tribunal Federal assentou: "EMENTA Habeas corpus. Impetração contra ato de Ministro odo Supremo Tribunal Federal. Conhecimento. Empate na votação. Prevalência da decisão mais favorável ao paciente (art. 146, parágrafo único, do Regimento Interno do Supremo Tribunal Federal). Inteligência do art. 102, I, i, da Constituição Federal. Mérito. Acordo de colaboração premiada. Homologação judicial (art. 4º, § 7º, da Lei nº 12.850/13). Competência do relator (art. 21, I e II, do Regimento Interno do Supremo Tribunal Federal). Decisão que, no exercício de atividade de delibação, se limita a aferir a regularidade, a voluntariedade e a legalidade do acordo. Ausência de emissão de qualquer juízo de valor sobre as declarações do colaborador. Negócio jurídico processual personalíssimo. Impugnação por coautores ou partícipes do colaborador. Inadmissibilidade. Possibilidade de, em juízo, os partícipes ou os coautores confrontarem as declarações do colaborador e de impugnarem, a qualquer tempo, medidas restritivas de direitos fundamentais adotadas em seu desfavor. Personalidade do colaborador. Pretendida

Art. 17. Compete ao Departamento Nacional de Abastecimento e Preços, quando e se necessário, providenciar a desapropriação de estoques, a fim de evitar crise no mercado ou colapso no abastecimento.

Art. 18. (...) (Revogado pela Lei nº 8.176, de 8.2.1991)

---

valoração como requisito de validade do acordo de colaboração. Descabimento. Vetor a ser considerado no estabelecimento das cláusulas do acordo de colaboração - notadamente na escolha da sanção premial a que fará jus o colaborador -, bem como no momento da aplicação dessa sanção pelo juiz na sentença (art. 4º, § 11, da Lei nº 12.850/13). Descumprimento de anterior acordo de colaboração. Irrelevância. Inadimplemento que se restringiu ao negócio jurídico pretérito, sem o condão de contaminar, a priori, futuros acordos de mesma natureza. Confisco. Disposição, no acordo de colaboração, sobre os efeitos extrapenais de natureza patrimonial da condenação. Admissibilidade. Interpretação do art. 26.1 da Convenção das Nações Unidas contra o Crime Organizado Transnacional (Convenção de Palermo), e do art. 37.2 da Convenção das Nações Unidas Contra a Corrupção (Convenção de Mérida). Sanção premial. Direito subjetivo do colaborador caso sua colaboração seja efetiva e produza os resultados almejados. Incidência dos princípios da segurança jurídica e da proteção da confiança. Precedente. Habeas corpus do qual se conhece. Ordem denegada. 1. Diante do empate na votação quanto ao conhecimento de habeas corpus impetrado para o Pleno contra ato de Ministro, prevalece a decisão mais favorável ao paciente, nos termos do art. 146, parágrafo único, do Regimento Interno do Supremo Tribunal Federal. Conhecimento do habeas corpus, nos termos do art. 102, I, "i", da Constituição Federal. 2. Nos termos do art. 21, I e II, do Regimento Interno do Supremo Tribunal Federal, o relator tem poderes instrutórios para ordenar, monocraticamente, a realização de quaisquer meios de obtenção de prova (v.g., busca e apreensão, interceptação telefônica, afastamento de sigilo bancário e fiscal). 3. Considerando-se que o acordo de colaboração premiada constitui meio de obtenção de prova (art. 3º da Lei nº 12.850/13), é indubitável que o relator tem poderes para, monocraticamente, homologá-lo (art. 4º, § 7º, da Lei nº 12.850/13). 4. A colaboração premiada é um negócio jurídico processual, uma vez que, além de ser qualificada expressamente pela lei como "meio de obtenção de prova", seu objeto é a cooperação do imputado para a investigação e para o processo criminal, atividade de natureza processual, ainda que se agregue a esse negócio jurídico o efeito substancial (de direito material) concernente à sanção premial a ser atribuída a essa colaboração. 5. A homologação judicial do acordo de colaboração, por consistir em exercício de atividade de delibação, limita-se a aferir a regularidade, a voluntariedade e a legalidade do acordo, não havendo qualquer juízo de valor a respeito das declarações do colaborador. 6. Por se tratar de negócio jurídico personalíssimo, o acordo de colaboração premiada não pode ser impugnado por coautores ou partícipes do colaborador na organização criminosa e nas infrações penais por ela praticadas, ainda que venham a ser expressamente nominados no respectivo instrumento no "relato da colaboração e seus possíveis resultados" (art. 6º, I, da Lei nº 12.850/13). 7. De todo modo, nos procedimentos em que figurarem como imputados, os coautores ou partícipes delatados - no exercício do contraditório - poderão confrontar, em juízo, as declarações do colaborador e as provas por ele indicadas, bem como impugnar, a qualquer tempo, as medidas restritivas de direitos fundamentais eventualmente adotadas em seu desfavor. 8. A personalidade do colaborador não constitui requisito de validade do acordo de colaboração, mas sim vetor a ser considerado no estabelecimento de suas cláusulas, notadamente na escolha da sanção premial a que fará jus o colaborador, bem como no momento da aplicação dessa sanção pelo juiz na sentença (art. 4º, § 11, da Lei nº 12.850/13). 9. A confiança no agente colaborador não constitui elemento de existência ou requisito de validade do acordo de colaboração. 10. Havendo previsão em Convenções firmadas pelo Brasil para que sejam adotadas "as medidas adequadas para encorajar" formas de colaboração premiada (art. 26.1 da Convenção de Palermo) e para "mitigação da pena" (art. 37.2 da Convenção de Mérida), no sentido de abrandamento das consequências do crime, o acordo de colaboração, ao estabelecer as sanções premiais a que fará jus o colaborador, pode dispor sobre questões de caráter patrimonial, como o destino de bens adquiridos com o produto da infração pelo agente colaborador. 11. Os princípios da segurança jurídica e da proteção da confiança tornam indeclinável o dever estatal de honrar o compromisso assumido no acordo de colaboração, concedendo a sanção premial estipulada, legítima contraprestação ao adimplemento da obrigação por parte do colaborador. 12. Habeas corpus do qual se conhece. Ordem denegada." (STF - HC 127483, Relator(a): Min. DIAS TOFFOLI, Tribunal Pleno, julgado em 27/08/2015, PROCESSO ELETRÔNICO DJe-021 DIVULG 03-02-2016 PUBLIC 04-02-2016).

Art. 19. O caput do art. 172 do Decreto-Lei nº 2.848, de 7 de dezembro de 1940 – Código Penal, passa a ter a seguinte redação:

"**Art. 172.** Emitir fatura, duplicata ou nota de venda que não corresponda à mercadoria vendida, em quantidade ou qualidade, ou ao serviço prestado.

Pena – detenção, de 2 (dois) a 4 (quatro) anos, e multa".

Art. 20. O § 1º do art. 316 do Decreto-Lei nº 2 848, de 7 de dezembro de 1940 Código Penal, passa a ter a seguinte redação:

"**Art. 316.**...

§ 1º Se o funcionário exige tributo ou contribuição social que sabe ou deveria saber indevido, ou, quando devido, emprega na cobrança meio vexatório ou gravoso, que a Lei não autoriza;

Pena – reclusão, de 3 (três) a 8 (oito) anos, e multa".

Art. 21. O art. 318 do Decreto-Lei nº 2.848, de 7 de dezembro de 1940 Código Penal, quanto à fixação da pena, passa a ter a seguinte redação:

"**Art. 318.**...

Pena – reclusão, de 3 (três) a 8 (oito) anos, e multa".

Art. 22. Esta Lei entra em vigor na data de sua publicação.

Art. 23. Revogam-se as disposições em contrário e, em especial, o art. 279 do Decreto-Lei nº 2.848, de 7 de dezembro de 1940 – Código Penal.

REFERÊNCIAS BIBLIOGRÁFICAS

AYALA GÓMEZ, Ignacio. Los "delitos contra la hacienda pública" relativos a los ingresos tributarios: el llamado "delito fiscal" del artículo 305 del código penal, in Delitos e infracciones contra la hacienda pública. Valencia: Tirant lo Blanch, 2009.

BALTAZAR JUNIOR, José Paulo. Crimes Federais, 11ª ed. São Paulo: Saraiva, 2017.

BITTENCOURT, Cezar Roberto. Tratado de Direito Penal Econômico. Vol. 1. São Paulo: Saraiva, 2016.

CABRAL, Rodrigo Leite Ferreira. *Dolo y lenguaje: hacia una nueva gramática del dolo desde la Filosofía del Lenguaje*. Valencia: Tirant lo Blanch, 2017.

DECOMAIN, Pedro Roberto. Crimes contra a Ordem Tributária, 5ª ed. Belo Horizonte: Forum, 2010.

DELMANDO, Roberto; DELMANTO JUNIOR, Roberto; DELMANTO, Fabio M. de Almeida. Leis Penais Especiais comentadas. 2ª ed. São Paulo: Saraiva, 2014.

FERRÉ OLIVÉ, Juan Carlos. Tratado de los delitos contra la hacienda pública y contra la seguridad social. Valencia: Tirant lo Blanch, 2018.

FIGUEIREDO DIAS, Jorge de. Direito Penal. Parte Geral, Tomo I. 1. ed. brasileira, 2ª. ed. portuguesa. São Paulo: Coimbra/RT, 2007.

FILOMENO, José Geraldo Brito. Manual de Direitos do Consumidor. 14ª ed. São Paulo: Atlas, 2016.

FISCHER, Douglas. O manifesto equívoco técnico, dogmático, sistêmico e lógico da súmula vinculante 24 do STF, *in* Direito Penal Econômico: Temas essenciais para a compreensão da macrocriminalidade atual. Salvador: Juspodivm, 2017.

FORGIONI, Paula A. Os Fundamentos do Antitruste. 6ª ed. São Paulo: Revista dos Tribunais, 2013.

GALÁN MUÑOZ, Alfonso. Manual de Derecho Penal Económico y de la Empresa. Valencia: Tirant lo Blanch, 2017.

GRECO, Luís. *'Princípio da Ofensividade' e Crimes de Perigo Abstrato* – Uma Introdução ao Debate sobre o Bem Jurídico e as Estruturas do Delito. En Modernização do Direito Penal, Bens Jurídicos Coletivos e Crimes de Perigo Abstrato. Rio de Janeiro: Lumen Juris, 2011.

HARADA, Kioshi. Crimes contra a Ordem Tributária, 2ª ed. São Paulo: Atlas, 2015.

MACHADO, Hugo de Brito. Crimes contra a Ordem Tributária, 4ª ed. São Paulo: Atlas, 2015.

MANUAL DE ORIENTAÇÃO FUNCIONAL. Corregedoria-Geral do Ministério Público do Estado do Paraná. Curitiba, 2009.

MARQUES, Claudia Lima. Comentários ao Código de Defesa do Consumidor. 4ª ed. São Paulo: Revista dos Tribunais, 2013.

MARTÍNEZ BUJÁN-PÉREZ, Carlos. Derecho Penal, parte especial, 3ª ed., Valencia: Tirant lo Blanch, 2010.

NUCCI, Guilherme de Souza. Leis Penais e Processuais Penais Comentadas, vol. 1, 10ª ed. Rio de Janeiro: Forense, 2017.

WITTIG, Petra. Wirtschaftsstrafrecht. 3ª ed. München: Beck, 2014.

PRADO, Luiz Régis. Direito Penal Econômico, 6ª ed. São Paulo: RT, 2014.

RAGUÉS I VALLES, Ramón. "La responsabilidad penal del testaferro en delitos cometidos a través de sociedades mercantiles: problemas de imputación subjetiva", InDret, 3/2008.

ROXIN, Claus. Autoría y dominio del hecho en derecho penal. 7ª ed. Trad. Cuello Contreras/Gonçalez de Murillo. Marcial Pons: Madrid/Barcelona, 2000.

ROXIN, Claus. Derecho Penal, Parte General, Tomo II: especiales formas de aparición del delito. Madrid: Thomson Reuter, 2014.

TEIXEIRA, Adriano. Crimes de Corrupção: Considerações introdutórias sobre o crime de corrupção privada, *in* Direito Penal Econômico Brasileiro. Belo Horizonte: D'Plácido, 2018.

TIEDEMANN, Klaus. Manual de Derecho Penal Económico: Parte General y Especial. Valencia: Tirant lo Blanch, 2010.

TIGRE MAIA, Rodolfo. Tutela Penal da Ordem Econômica: O crime de formação de cartel. São Paulo: Malheiros, 2008.

VELOSO, Roberto Carvalho. Crimes Tributários. São Paulo: Quartier Latin, 2011.

CAPÍTULO 18

Improbidade Administrativa – Lei 8.429/1992

Matheus Kuhn Gonçalves

Art. 19. Constitui crime a representação por ato de improbidade contra agente público ou terceiro beneficiário, quando o autor da denúncia o sabe inocente.

Pena: detenção de seis a dez meses e multa.

Parágrafo único. Além da sanção penal, o denunciante está sujeito a indenizar o denunciado pelos danos materiais, morais ou à imagem que houver provocado.

1. INTRODUÇÃO

A ação de improbidade administrativa tem cabimento nas hipóteses de enriquecimento ilícito, dano ao erário e violação aos princípios da Administração Pública. Trata-se de medida que acarreta sanções gravíssimas, a exemplo da perda dos bens ou valores acrescidos ilicitamente ao patrimônio, do ressarcimento integral do dano, da perda da função pública, da suspensão dos direitos políticos, do pagamento de multa civil e da proibição de contratar com o Poder Público ou receber benefícios ou incentivos fiscais ou creditícios, direta ou indiretamente, ainda que por intermédio de pessoa jurídica da qual seja sócio majoritário. Por essa razão, o manejo dessa ação deve ser realizado de forma consciente.

Dessa forma, o legislador houve por bem instituir como crime, punido com detenção de seis a dez meses e multa, a conduta do agente que imputa ato de improbidade contra quem o sabe inocente. Nesse cenário, Eurico Ferraresi leciona que:

> A disputa pelo poder entre grupos políticos adversários por vezes se mostra indecorosa e sem escrúpulos. O apotegma de que os fins justificam os meios nunca se expôs de forma tão clara quanto na esfera da contenda política. Para alçar à chefia do Executivo todos os expedientes são utiliza-dos, até mesmo imputar ao adversário a prática de desvios administrativos inexistentes. O que de fato move esses supostos paladinos momentâneos da probidade administrativa é a finalidade de provocar alguma notícia bombástica na mídia contra seu opositor, sobretudo atingindo sua honra e credibilidade como gestor público. Não raro, referidos grupos exteriorizam-se por intermédio de associações civis ou órgãos

> não governamentais de fachada. A atuação consiste em fazer repetidas representações contra o rival, o qual ocupa cargo na Administração Pública.[1]

Assim, com o intuito de evitar desvios de finalidade, é salutar a existência da previsão do crime do art. 19 da Lei de Improbidade Administrativa.

2. BEM JURÍDICO TUTELADO

O bem jurídico tutelado é a administração da justiça, para que os órgãos da persecução não sejam movimentados desnecessariamente. Além disso, secundariamente, tutela-se a honra e a integridade moral do agente público.

3. SUJEITOS DO CRIME

Em relação ao sujeito ativo, trata-se de crime comum, podendo ser praticado por qualquer pessoa.

Quanto ao sujeito passivo, tem-se o agente público, nos moldes do art. 2º da Lei n.º 8.249/92.[2]

4. ELEMENTO SUBJETIVO

O elemento subjetivo é o dolo direto. Exige-se que o autor da representação tenha ciência da inocência do representado. Nesse sentido, Waldo Fazzio Júnior orienta que "o dolo direto é o elemento subjetivo deste crime que se consuma com a instauração da investigação, processo administrativo ou inquérito civil. O representante sabe que a imputação dirigida ao agente público improcede. Daí por que a representação que tem etiologia em noticiário da Internet, televisão ou jornais e revistas repele a tipificação do ilícito."[3].

Não há previsão de modalidade culposa.

5. REPRESENTAÇÃO

A representação a que se refere o artigo 19 da Lei de Improbidade Administrativa é a possibilidade que qualquer pessoa possui de instar/comunicar a existência de ato de improbidade à autoridade competente para sua investigação. Portanto, para os fins do artigo 19, deve-se levar em consideração o disposto no art. 14 da Lei n.º 8.429/92:

> Art. 14. Qualquer pessoa poderá representar à autoridade administrativa competente para que seja instaurada investigação destinada a apurar a prática de ato de improbidade.
>
> § 1º A representação, que será escrita ou reduzida a termo e assinada, conterá a qualificação do representante, as informações sobre o fato e sua autoria e a indicação das provas de que tenha conhecimento.

---

1 FERRARESI, Eurico. **Improbidade Administrativa – Lei 8.429/1992 Comentada.** São Paulo: Método, 2011, p. 221.

2 Art. 2. Reputa-se agente público, para os efeitos desta lei, todo aquele que exerce, ainda que transitoriamente ou sem remuneração, por eleição, nomeação, designação, contratação ou qualquer outra forma de investidura ou vínculo, mandato, cargo, emprego ou função nas entidades mencionadas no artigo anterior.

3 FAZZIO JR., Waldo. **Improbidade Administrativa**. 4. ed. São Paulo: Atlas, 2016, p. 391.

> § 2º A autoridade administrativa rejeitará a representação, em despacho fundamentado, se esta não contiver as formalidades estabelecidas no § 1º deste artigo. A rejeição não impede a representação ao Ministério Público, nos termos do art. 22 desta lei.
>
> § 3º Atendidos os requisitos da representação, a autoridade determinará a imediata apuração dos fatos que, em se tratando de servidores federais, será processada na forma prevista nos arts. 148 a 182 da Lei nº 8.112, de 11 de dezembro de 1990 e, em se tratando de servidor militar, de acordo com os respectivos regulamentos disciplinares.

Segundo Emerson Garcia, trata-se do:

> consectário do direito de petição constitucionalmente consagrado (art. 5º, XXXIV), a faculdade de representar ao Poder Público com vistas à apuração de supostos atos de improbidade constitui-se num importante instrumento de combate aos desmandos administrativos, investindo o indivíduo e a própria sociedade no papel de fiscais dos atos praticados na gestão da coisa pública, dimensionando, inclusive, o próprio conceito de cidadania.[4]

6. MOMENTO CONSUMATIVO

Para configuração do crime do art. 19, não se exige a instauração de procedimento administrativo para apuração do ato de improbidade falsamente imputado. Trata-se de crime formal, consumando-se com a representação falsa, ainda que não haja procedimento apuratório instaurado.

Importante, ainda, que a falsa representação se destine a pessoa certa e determinada. O tipo penal exige que o autor da representação impute fato "de que o sabe inocente". Sendo assim, é necessário pessoa certa e determinada. Eurico Ferraresi ensina que:

> Não se impõe a qualificação completa do representado; é suficiente que existam elementos que permitam sua identificação. Desse modo, quando o autor da representação afirma que o prefeito ou o secretário de sua cidade cometeu ato de improbidade administrativa, sabendo que as acusações são falsas, é o quanto basta para que o crime se configure, porquanto todos sabem quem são as autoridades mencionadas.[5]

7. PRINCÍPIO DA ESPECIALIDADE

O art. 339 do Código Penal institui o crime de denunciação caluniosa, que dispõe o seguinte:

> Art. 339. Dar causa à instauração de investigação policial, de processo judicial, instauração de investigação administrativa, inquérito civil ou ação de improbidade administrativa contra alguém, imputando-lhe crime de que o sabe inocente: (Redação dada pela Lei nº 10.028, de 2000)
>
> Pena – reclusão, de dois a oito anos, e multa.
>
> § 1º A pena é aumentada de sexta parte, se o agente se serve de anonimato ou de nome suposto.
>
> § 2º A pena é diminuída de metade, se a imputação é de prática de contravenção.

---

4 GARCIA, Emerson. **Improbidade administrativa.** 8. ed. São Paulo: Saraiva, 2014, p. 793.

5 FERRARESI, Eurico. **Improbidade Administrativa – Lei 8.429/1992 Comentada.** São Paulo: Método, 2011, p. 223.

Embora o delito de denunciação caluniosa tenha incriminação semelhante à do art. 19, com ele não se confunde. Para configuração do crime do art. 339 do Código Penal, exige-se que o ato de improbidade falsamente imputado também se caracterize como crime ou contravenção penal. Além disso, o Código Penal ainda exige que o agente dê causa à **instauração** de investigação de inquérito civil ou ação de improbidade administrativa contra alguém.

Já o delito do art. 19 se configura quando o ato de improbidade falsamente imputado não se caracteriza como crime ou contravenção. Ademais, a mera falsa representação já consuma o crime, ainda que não haja instauração de procedimento.

Nesse sentido, Rogério Sanches Cunha afirma que:

> também novidade originada da Lei 10.028/2000, entendeu o legislador por bem punir como denunciação caluniosa a conduta daquele que dá causa à instauração de ação de improbidade administrativa, sabendo que o denunciado é inocente. Aqui, como nas duas hipóteses precedentes, o fato injustamente imputado ao terceiro deve estar definido como crime. Ocorre que nem todos os atos de improbidade administrativa são tipificados como delitos. Se estes últimos não estiverem presentes na denunciação, o agente incorrerá somente nas penas previstas no art. 19 da Lei 8.429/92 [...].[6]

Sobre o tema, existem precedentes no Superior Tribunal de Justiça:

> *HABEAS CORPUS* SUBSTITUTIVO DE RECURSO ORDINÁRIO. DESCABIMENTO. COMPETÊNCIA DO SUPREMO TRIBUNAL FEDERAL E DESTE SUPERIOR TRIBUNAL DE JUSTIÇA. MATÉRIA DE DIREITO ESTRITO. MODIFICAÇÃO DE ENTENDIMENTO DO STJ, EM CONSONÂNCIA COM O DO STF. REPRESENTAÇAO TEMERÁRIA. CONDUTA DOS PACIENTES QUE, EM TESE, AMOLDA-SE AO PARADIGMA TIPIFICADO NO Art. 19, *CAPUT* , DA Lei N.º 8.429/92. AUSÊNCIA DE ILEGALIDADE. IMPOSSIBLIDADE DE CONCESSAO DA ORDEM DE OFÍCIO. *HABEAS CORPUS* NÃO CONHECIDO. 1. O Excelso Supremo Tribunal Federal, em recente alteração jurisprudencial, retomou o curso regular do processo penal, ao não mais admitir o *habeas corpus* substitutivo do recurso ordinário. Precedentes: HC 109.956/PR, 1.ª Turma, Rel. Min. MARCO AURÉLIO, julgado em 07/08/2012, DJe de 10/09/2012; HC 104.045/RJ, 1.ª Turma, Rel. Min. ROSA WEBER, julgado em 28/08/2012, DJe de 05/09/2012. Decisões monocráticas dos ministros LUIZ FUX e DIAS TOFFOLI, respectivamente, nos autos do HC 114.550/AC (DJe de 27/08/2012) e HC 114.924/RJ (DJe de 27/08/2012). 2. Sem embargo, mostra-se precisa a ponderação lançada pelo Ministro MARCO AURÉLIO, no sentido de que, "no tocante a *habeas* já formalizado sob a óptica da substituição do recurso constitucional, não ocorrerá prejuízo para o paciente, ante a possibilidade de vir-se a conceder, se for o caso, a ordem de ofício." **3. Na hipótese, a conduta dos Pacientes de requererem a inclusão de terceiro no pólo passivo de ação civil pública instaurada para apurar atos de improbidade administrativa amolda-se ao paradigma do art. 19, caput , da Lei n.º 8.429/92 (representação temerária). Referido tipo visa a impedir o ajuizamento de ações aventureiras. Doutrina.** 4. É entendimento pacífico na Jurisprudência dos Tribunais Pátrios o de que o trancamento da ação penal, bem assim do inquérito policial, é medida de exceção, possível somente quando inequívoca a ausência de justa causa o que não é o caso. 5. Ausência de ilegalidade flagrante que permita a concessão da ordem de ofício. 6. *Habeas corpus* não conhecido. HABEAS CORPUS Nº 225.599/SP – STJ.

---

6 CUNHA, Rogério Sanches. **Manual de direito penal:** parte especial (arts. 121 ao 361). 9. ed. rev., ampl. e atual. Salvador: JusPodivm, 2017, p. 896.

8. REPARAÇÃO PELOS DANOS MATERIAIS E MORAIS

Além da sanção penal, o autor da falsa representação também está sujeito a indenizar o denunciado pelos danos materiais, morais ou à imagem que houver provocado. Para Eurico Ferraresi:

> A bem dizer, a regra do parágrafo único do art. 19 é supérflua, pois decorre do próprio sistema jurídico nacional a garantia da indenização por danos material, moral ou à imagem. A CF/1988 reza que é 'assegurado o direito de resposta, proporcional ao agravo, além da indenização por dano material, moral ou à imagem' (art. 5.º, V), e que 'são invioláveis a intimidade, a vida privada, a honra e a imagem das pessoas, assegurado o direito a indenização pelo dano material ou moral decorrente de sua violação' (art. 5.º, X).[7]

9. AÇÃO PENAL E BENEFÍCIOS DA LEI N.º 9.099/95

A ação penal é pública incondicionada.

Trata-se de infração de menor pontencial ofensivo, pois a pena máxima é inferior a 02 (dois) anos. Por essa razão, admite-se a transação penal.

É possível a suspensão condicional do processo, tendo em vista que a pena mínima é inferior a 01 (um) ano.

---

7 FERRARESI, Eurico. **Improbidade Administrativa – Lei 8.429/1992 Comentada.** São Paulo: Método, 2011, p. 224.

CAPÍTULO 19

Licitações – Lei 8.666/1993

Renee do Ó Souza

INTRODUÇÃO

A Constituição Federal prevê, no artigo 37, XXI, o princípio da obrigatoriedade da licitação, de modo a assegurar igualdade de condições a todos os concorrentes, com cláusulas que estabeleçam obrigações de pagamento, mantidas as condições efetivas da proposta, nos termos da lei. Somente por meio de um processo licitatório, será possível assegurar as exigências de qualificação técnica e econômica indispensáveis à garantia do cumprimento das obrigações.

Trata-se de norma constitucional que foi regulamentada inicialmente pela Lei 8.666/1993 e, posteriormente, por várias leis, a seguir identificadas: Lei 10.520/2002, que regula a modalidade do pregão; Lei 8.987/1995, que regula os certames para contratos de concessões e permissões de serviços públicos; Lei 11.079/2004, que estabelece regras de licitação para os contratos de parceria público-privada; Lei Complementar n. 123/2006, que dispõe sobre o Estatuto da Microempresa e da Empresa de Pequeno Porte; Lei nº 12.232/2010, que dispõe sobre as normas gerais para licitação e contratação pela Administração Pública de serviços de publicidade, prestados por intermédio de agências de propaganda; Lei 12.462/2011, que dispõe sobre Regime Diferenciado de Contratações Públicas e, recentemente, pela Lei 13.303/2016, que instituiu o Estatuto das Estatais.

A norma constitucional deixa claro que a licitação é instituto republicano que busca tutelar a igualdade e a livre concorrência (CF, arts. 5º. e 170), além da economicidade (CF, art. 70) decorrente da seleção da proposta mais vantajosa para a Administração.

Além dessas regras constitucionais, como bem anota José Paulo Baltazar Junior, "há um mandamento internacional para a prevenção de crimes em licitações, oriundo da Convenção da ONU contra a corrupção, cujo art. 9º vem assim redigido: "cada Estado Participante, em conformidade com os princípios fundamentais de seu ordenamento jurídico, adotará as medidas necessárias para estabelecer sistemas apropriados de contratação pública, baseados na transparência, na competência e em critérios objetivos de adoção de decisões, que sejam eficazes, entre outras coisas, para prevenir a corrupção."[1]

Licitar, do latim *licitare*, significa pôr em leilão, isto é, ofertar, publicamente, a oportunidade de um negócio. Na definição de José Carvalho Filho, licitação é o procedimento administrativo vinculado, por meio do qual os entes da Administração Pública e aqueles por ela controlados selecionam a melhor proposta entre as oferecidas pelos vários interessados, com

1 BALTAZAR JUNIOR, José Paulo. Crimes Federais. São Paulo: Saraiva. 10ª. ed. 2015. p. 885.

dois objetivos – a celebração de contrato, ou a obtenção de melhor trabalho técnico, artístico ou científico.[2]

A licitação é norteada pelos princípios gerais da administração, previstos no *caput* do artigo 37 da Constituição Federal, quais sejam, legalidade, moralidade, publicidade, impessoalidade e eficiência.

Além desses, visa assegurar os princípios setoriais previstos no artigo 3º da Lei 8.666/93, quais sejam, da probidade administrativa, da vinculação ao instrumento convocatório, do julgamento objetivo e dos que lhes são correlatos, bem como os princípios da obrigatoriedade (art. 2.º); do sigilo das propostas (art. 3.º, § 3.º); do procedimento formal (art. 4.º, parágrafo único); da competitividade (art. 3º, §1º, I); da indistinção (art. 3º, §1º, II) e o da inalterabilidade do edital (art. 41).

Foram a nobreza e a preponderância constitucional desses interesses que comunicaram ao legislador à necessidade de proteção suficiente por meio do direito penal, até porque, não raro, as licitações envolvem altas cifras e pessoas poderosas.[3]

A proteção penal por uma escorreita realização das licitações é gênero de primeira necessidade em nosso país, uma vez que o setor público, por meio de contratos públicos, maneja parcela significativa do Produto Interno Bruto brasileiro. Como destaca Jessé Torres Pereira Junior, "o campo das licitações públicas, por envolver vultosas somas de verbas pertencentes ao erário, sempre esteve entregue ao apetite dos interesses escusos, constituindo-se num dos muitos ralos pelos quais escoam os recursos públicos que irão faltar ao atendimento de programas e investimentos de relevância social".[4]

Na mesma direção, lembra-nos Fábio Medina Osório: "lamentavelmente, os processos licitatórios têm se prestado ao perverso papel de veículos de corrupção e de fraudes no setor público, na medida em que as informações privilegiadas parecem constituir o principal instrumento de trabalho de empresas especializadas em assessorar terceiros que competem em certames licitatórios. Esses, por sua vez, passam a cumprir tarefas de blindagem formal de responsabilidades. Não precisamos lembrar as dívidas de campanha ou das alianças eleitorais na base de licitações fraudulentas, formalmente corretas substancialmente viciadas por favorecimentos indevidos. Nem seria necessário recordar dos editais que direcionam vantagens e fecham o certame a determinados atores".[5]

Essa íntima relação das licitações com desvios de recursos públicos, altas autoridades públicas em grandes posições de poder e grandes empresas situam as condutas criminosas que as fraudam dentro dos chamados **crimes do colarinho branco**. "É nesse contexto que estão

2 CARVALHO FILHO, J. S. Manual de Direito Administrativo. São Paulo, Atlas, 2015, p.240.

3 Não é de hoje que o problema é alvo de alertas. Delmanto e outros chegam a afirmar que "é nas licitações públicas que grande parte da corrupção do Brasil ocorre, desde pequenas prefeituras e grandes contratações de Estados e da União. O assalto aos cofres públicos em nosso país encontra raízes históricas, sendo um verdadeiro 'câncer' nacional que aqui se instalou antes mesmo de o Brasil tornar-se independente de Portugal". (DELMANTO, Roberto; DELMANTO JUNIOR, Roberto; DELMANTO, Fabio M. de Almeida. *Leis penais especiais comentadas*. São Paulo: Saraiva, 2014. p. 291).

4 PEREIRA JUNIOR, Jessé Torres. Comentários à Lei das licitações e contratações da administração pública. Rio de Janeiro: Renovar. 8ª. ed., 2009. p. 836.

5 OSÓRIO, Fábio Medina. Teoria da Improbidade administrativa: má gestão pública: corrupção: ineficiência. 3.ed. São Paulo: Editora Revista dos Tribunais, 2013, p. 288.

inseridos os delitos praticados na licitação. Indivíduos com alto poder econômico atuam por meio de empresas legalmente constituídas ou por meio de *empresas de fachada*, geralmente corrompendo funcionários públicos ou agentes políticos do alto escalão do governo, fraudando procedimentos licitatórios e contratos e, dessa forma, auferindo vantagens indevidas. É comum a criação de *empresas fantasmas*, o uso de *laranjas*, a declaração de endereços inexistentes ou do mesmo endereço para diversas empresas e a emissão de documentos falsos (como notas fiscais e faturas), além de modificações rotineiras no quadro social das empresas - inclusive com o uso de empresas estrangeiras (localizadas nos chamados paraísos fiscais, o que dificulta a identificação dos responsáveis), - tudo para criar uma aparência de legalidade a uma realidade ilícita e facilitar a prática de crimes contra a Administração Pública."[6]

Nessa linha, temos a lamentar a dificuldade colocada pela legislação vigente para uma investigação suficiente dos casos de infrações às licitações realizadas em nosso país, a começar pelo fato de serem os delitos de licitação apenados com detenção, o que, inegavelmente, cria empecilho na sua investigação, pela inviabilidade, à primeira vista, do recurso à interceptação telefônica, uma vez que tal meio de prova somente pode ser adotado quando o delito é apenado com reclusão (Lei 9.262/96, art. 2º, III). Não há impedimento, porém, de recurso à interceptação, quando houver conexão com crimes apenados com reclusão, como corrupção ou quadrilha (TRF2, HC 200702010047568/RJ, 30.5.07).

Além disso, a maioria dos delitos da Lei de Licitações, à luz do que dispõe o art. 313, I, do CPP, não admite a prisão cautelar, pois tem apenamento de até quatro anos, com exceção dos crimes previstos nos arts. 89 e 96.

Por não constarem no rol legal taxativo da Lei 7.960/1989, também não admitem prisão temporária.

Aliás, cumpre lembrar que a legislação brasileira não contempla nenhum crime funcional como hediondo ou inafiançável.

Esse quadro, propício para a frutificação de absolvições de culpados sob os mais variados argumentos, engrossa o chamado erro judiciário negativo e o denominado "Complexo de Pilatos", bem delineado por Edilson Mougenout Bonfim:

> "O 'complexo de Pilatos' se instala no selo da Justiça, quando não se busca com eficiência a solução de suas dúvidas; esta a própria concepção do pecado, que enquanto original precisa ser purgado. Tais e terríveis 'erros' poderiam ser evitados, onde as culpas bem poderiam ser esclarecidas, evidenciadas, assim como os próprios inocentes teriam mais garantias às suas sentenças, à prova da inocência, com uma prova a mais que pudesse ter sido realizada. Quanto de justiça, por exemplo, não se perdeu no curso desta história, onde não se permitia a escuta telefônica ou a quebra do sigilo bancário?".[7]
>
> "De todo modo, verifica-se que as penas, brandas, colaboram para a ineficácia da sanção penal, notadamente porque permitem, de regra, acesso aos maiores benefícios da Lei Penal e a não aplicação da pena privativa de liberdade aos infratores. Isso estimula a prática de delitos dessa natureza, garante o posterior desfrute do patrimônio desviado por essa classe especial de criminosos, verdadeiramente letal à sociedade brasileira. Recorde-se, aqui, a

6 VICENTE, Juliano Dessimoni. CRIMES PRATICADOS NA LICITAÇÃO: NECESSIDADE DE READEQUAÇÃO DA POLÍTICA CRIMINAL. Revista Jurídica da Escola Superior do Ministério Público de São Paulo, v. 10, n. 2, 2017. p. 96.

7 BONFIM, Edilson Mougenout. Direito Penal da sociedade. São Paulo: Oliveira Mendes. 1998. p. 136.

> histórica dificuldade de recuperação de ativos desviados dos cofres públicos, devido ao sigilo bancário e à facilidade de camuflar seu destino. Basta uma retirada em espécie na boca do caixa que não se consegue mais rastrear o destino dado ao dinheiro. Não bastasse, essa criminalidade elitizada encontra ampla facilidade de conseguir 'laranjas' entre a classe mais pobre da população e, assim, pulverizar os valores desviados em pequenos depósitos bancários ou mesmo saindo fisicamente com o dinheiro do país, sem falar das inúmeras outras possibilidades concretas de lavagem de dinheiro em atividades comerciais "lícitas" (é corrente a mescla de valores lícitos e ilícitos nos fluxos de caixa). Portanto, apostar na punição patrimonial não deve ser a única alternativa de resposta do Estado. (...).

Há necessidade de majoração dos marcos penais cominados nos preceitos secundários dos tipos penais previstos na Lei de Licitações, bem como da conversão, de detenção para reclusão, da modalidade de pena privativa de liberdade neles prevista. Motivam-na, dentre outros fatores: a) o impacto supraindividual desses delitos, transcendente ao patrimônio e administração pública, porquanto lesivo de toda a ordem econômica; b) a tradição de dosimetria de pena em mínimos legais, firmada na jurisprudência brasileira, amiúde apoiada na primariedade e bons antecedentes (habituais para delinquentes de colarinho branco), que descura a severa magnitude de injusto penal e a alta culpabilidade de ato, costumeira nesses delitos; c) a incidência sistemática de prescrição retroativa nesse nicho de criminalidade; d) a necessidade de viabilizar o uso de interceptações telefônicas como meio probatório, à medida que, em crimes vagos, a falta de rosto e de voz da vítima dificulta a produção de prova; e) a ausência de harmonia entre os fundamentos de minimalização do direito penal e este setor de criminalidade".[8]

Independentemente da necessidade de um tratamento penal legislativo mais adequado, capaz de dissuadir os crimes contra as licitações, impende destacar que já se consolidou na jurisprudência que o grau de elaboração e sofisticação no cometimento do crime, bem como a maior determinação dos réus em esconder e dificultar aos órgãos de fiscalização o descobrimento das irregularidades cometidas, durante a execução da empreitada conveniada, devem pesar negativamente nas circunstâncias do crime (TRF4, APN 2004.04.01.017043-6, Quarta Seção, Relator Paulo Afonso Brum Vaz, D.E. 15/09/2010).

Mas não só de alterações legislativas se ressente o Brasil para o enfrentamento eficaz dos crimes contra as licitações. Na verdade, o combate à corrupção deve ser elevado a uma política pública capaz de imprimir um enfrentamento uniforme do problema em todo território nacional, sobretudo quando verificamos que a corrupção é interestadual (e internacional). Essa uniformidade teria a capacidade dissuasiva suficiente para debelar, nos agentes dos atos de corrupção, a racionalidade deliberada que os impele ao ilícito, afinal, sob uma análise de custo-benefício, na perspectiva da racionalidade da corrupção, as graves consequências de serem pegos serviriam (ou deveriam servir) de incentivo à honestidade[9].

---

8 BERTONCINI, Mateus Eduardo; GUARAGNI, Fábio André. Crimes Licitatórios e Atividade Empresarial: Revisão Das Penas Como Parte Do Programa De Combate À Corrupção Lato Sensu No Brasil. Teses do XXI Congresso Nacional do Ministério Público: Os Desafios e Oportunidades do Ministério Público Brasileiro na Era Digital. Rio de Janeiro: AMPERJ. 2015. p. 49-60.

9 "Além disso, estamos dispostos a argumentar que um aumento na probabilidade de punição (p) é a variável mais importante no estabelecimento do nível de equilíbrio atual de corrupção, pois decresce exponencialmente o numerador e exponencialmente incrementa o denominador na equação 4. Em consequência, o efeito de um aumento na probabilidade de punição é um aumento maior da renda "R" necessária para que a corrupção seja realmente interessante para o agente corruptor. Essa conclusão é consistente com vários estudos em análise econômica do direito que indicam que os melhores resultados na luta contra o crime

Como lembra Silva Sánchez: "(...) a delinquência da globalização é econômica, em sentido amplo (ou, em todo caso, lucrativa, ainda que se ponham em perigo outros bens jurídicos). Isso significa que a reflexão jurídico-penal tem, pela primeira vez, como objeto essencial de estudo delitos claramente diversos do paradigma clássico (o homicídio ou a delinquência patrimonial tradicional). Trata-se de delitos qualificados criminologicamente como crimes *ofthepowerfull*; de delitos que têm uma regulação legal insuficientemente assentada; e de delitos cuja dogmática se acha parcialmente pendente de elaboração. E tudo isso há de redundar em uma configuração dos mesmos sobre as bases significativamente diversas daquelas do Direito Penal clássico (da delinquência passional ou dos crimes *ofthepowerless*)"[10].

Enquanto uma política pública geral não vem, ressentimo-nos, como lembra Deltan Dallagnol, de uma teoria da decisão com maior elasticidade na valoração da prova indireta, apta a ensejar uma condenação no processo penal, notadamente nos casos de difícil comprovação, como soa ser nesses crimes. "A generalizada absolvição por insuficiência de provas para crimes complexos e de prova difícil, embora bastante cômoda para o juiz, liberando-o da carga de sua tarefa, é nociva para a justiça. Não se está aqui defendendo, de modo algum, que o juiz deva baixar o seu grau de exigência para condenar a qualquer custo. A prova para uma condenação criminal deve ser sempre consistente. A questão é que o estabelecimento de um *standard* muito elevado para crimes bastantes complexos é tão nocivo para a sociedade quanto a inexistência de previsão normativa de tais crimes seria. O princípio a ser aplicado é de que não se pode exigir um *standard* de prova necessário para a comprovação de um estupro praticado às escondidas, de um complexo crime financeiro, de um intrincado processo de lavagem de dinheiro, ou mesmo de uma silenciosa corrupção. Não se pode exigir o mesmo nível de demonstração para um fato que se apresenta externamente, com um estelionato, e para algo invisível e impalpável como o dolo".[11]

Anote-se que o procedimento licitatório produz efeitos jurídicos, mesmo depois de concluído, projetando-se durante o desenvolvimento do contrato, ainda que executado.

Por isso, nos delitos a seguir estudados, verifica-se a tipificação de condutas reprováveis não só durante o procedimento licitatório, mas também durante a realização e execução dos contratos.

De um modo geral, o bem jurídico categorial (ou geral), tutelado pelo legislador, é o regular funcionamento da Administração Pública. Entretanto verifica-se também tutela da preservação da probidade administrativa, além da idoneidade e lisura das licitações e contratações públicas. Trata-se, como anota Bernd Schünemann, em relação aos tipos de corrupção, de proteção do **bem jurídico de confiança**, categoria cunhada por Hefendehl, que compreende os bens coletivos cuja existência depende da confiança dos cidadãos em certo estado de coisas, na probidade nos serviços e nas instituições públicas.[12]

---

são alcançados por meio de um aumento na probabilidade de ser preso e condenado" (DE ALENCAR, Carlos Higino Ribeiro; JUNIOR, Ivo Teixeira Gico. Corrupção e judiciário: a (in) eficácia do sistema judicial no combate à corrupção. Revista Direito GV, v. 7, n. 1, p. 075-098, 2011. p. 80).

10 SÁNCHEZ, Jesús-María Silva. A expansão do Direito Penal: aspectos da política criminal nas sociedades pós-industriais. Editora Revista dos Tribunais, vol. 11, São Paulo, 2002. p.76-77.

11 DALLAGNOL, Deltan Martinazzo. A lógica das provas no processo: prova indireta, indícios e presunções. Porto Alegre: Livraria do Advogado. 2015. p. 285.

12 SCHÜNEMANN, Bernd; GRECO, Luís. Estudos de direito penal, direito processual penal e filosofia do direito. São Paulo: Marcial Pons, 2013. p. 63.

Em razão disso, algumas das questões relativas à exigência de dano econômico nos parecem anacrônicas, visto que a violação às regras da licitação pública não enseja unicamente danos ao erário[13].

Os delitos em estudo violam também a norma constitucional da Livre Concorrência, corolário do Princípio da Livre Iniciativa, fundamento da República Federativa do Brasil presente nos arts. 1º, IV e 170, IV, que consiste, sinteticamente, em dar a todos a oportunidade de pôr em prática qualquer iniciativa empreendedora, sem que nenhuma delas goze de privilégios indevidos.

O recebimento indevido de um incentivo (ou mesmo de contrato) do Poder Público, com a celebração de um contrato viciado, viola esses preceitos, uma vez que renega oportunidade semelhante aos demais empreendedores.

Esse tipo de ilicitude não afeta somente governos, mas, indistintamente, cidadãos, entidades públicas e instituições privadas, provocando uma concorrência desleal, comprometendo o crescimento econômico e afugentando novos investimentos.

Para controlar a corrupção, é preciso conjugar esforços de cidadãos, empresas e governo para um mesmo propósito: promover um ambiente de integridade na esfera pública e na esfera privada.

A responsabilização e participação do setor privado no enfrentamento do problema assume relevância. Isso porque, as práticas de corrupção, ao criarem, em curto prazo, aparentes vantagens às empresas, levam à falsa percepção, ao menos na perspectiva dos agentes dos atos de corrupção, de que a corrupção pode ser vantajosa. Entretanto, a corrupção distorce a competitividade, estabelecendo formas de concorrência desleal, e deteriora os mecanismos de livre mercado, o que gera insegurança no meio empresarial, afugenta novos investimentos, encarece produtos e serviços e destrói a ética nos negócios.

A corrupção, portanto, compromete o desenvolvimento sustentável do mercado e afasta qualquer possibilidade de lucratividade consistente a longo prazo. Por esse motivo, nos últimos anos, à noção de responsabilidade social empresarial foi incorporado, também, o compromisso das empresas de lutarem pela integridade e contra a corrupção, implementando preceitos de boa governança corporativa e combatendo práticas ilegais e antiéticas de concorrência.

Também por isso, com o objetivo de atrair a atenção do empresariado quanto a sua responsabilidade no combate à corrupção, foi incluído o 10º princípio ao Pacto Global das Nações

13 Todavia, mesmo na perspectiva exclusivamente econômico-financeira, parece possível vislumbrar razoável prejuízo ao erário, bastando, para tanto, ter em mente a *teoria da perda de uma chance*, segundo a qual, a frustração de uma expectativa legítima, apta a produzir uma vantagem ou um prejuízo, é ato danoso indenizável. Assim, grosso modo, a perda da chance de a administração contratar com outra pessoa, por valor, hipoteticamente mais favorável, ensejará o dever de reparar o dano constituído pela própria chance perdida, isto é, pela oportunidade, que se dissipou, de obter no futuro a vantagem, ou de evitar o prejuízo que veio a acontecer. O TJPE tem interessante julgado em que aplicou referida teoria em caso de licitação: *"O juiz a quo estabeleceu indenização de acordo com a teoria da perda de uma chance, pois não se teria como saber se a empresa autora ganharia a licitação, mas a transportadora impediu que a autora pelo menos participasse de tal processo licitatório. Verifica-se, portanto, a Responsabilidade Civil da apelante, independentemente de culpa, pelos danos à empresa Concrepoxi Engenharia, segundo o teor do art. 14, caput, do CDC.* (TJ-PE – APL: 10347912201081700001 PE 0103479-12.2010.8.17.0001, Relator: Antônio Fernando de Araújo Martins, Data de Julgamento: 26/04/2012, 6ª Câmara Cível, Data de Publicação: 87).

Unidas, o qual estabelece que "as empresas devem combater a corrupção em todas as suas formas, inclusive extorsão e propina".

Essa pluriofensividade dos crimes da Lei de licitação compõe, suficientemente, o necessário dano social, inerente ao estudo do conceito de crime na contemporaneidade a que se refere Bernd Schünemann, dano que é infligido aos bens naturais ou sociais dos membros da comunidade, de que todos necessitam e que são protegidos no interesse de todos.[14]

Mas cada um dos tipos apresenta bens jurídicos específicos, cada qual relacionado a um aspecto mais peculiar do procedimento licitatório, conforme adiante se verificará[15].

CAPÍTULO IV
DAS SANÇÕES ADMINISTRATIVAS E DA TUTELA JUDICIAL
Seção I
DISPOSIÇÕES GERAIS

Art. 81. A recusa injustificada do adjudicatário em assinar o contrato, aceitar ou retirar o instrumento equivalente, dentro do prazo estabelecido pela Administração, caracteriza o descumprimento total da obrigação assumida, sujeitando-o às penalidades legalmente estabelecidas.

Parágrafo único. O disposto neste artigo não se aplica aos licitantes convocados nos termos do art. 64, § 2º desta Lei, que não aceitarem a contratação, nas mesmas condições propostas pelo primeiro adjudicatário, inclusive quanto ao prazo e preço.

Art. 82. Os agentes administrativos que praticarem atos em desacordo com os preceitos desta Lei ou visando a frustrar os objetivos da licitação sujeitam-se às sanções previstas nesta Lei e nos regulamentos próprios, sem prejuízo das responsabilidades civil e criminal que seu ato ensejar.

Trata-se de disposição que deixa claro que a responsabilidade criminal independe da análise do fato, em outras esferas de responsabilidade.

A **independência das instâncias** é decorrência do princípio republicano, de modo que, não raro, o agente que realiza uma conduta ilícita pode ser responsabilizado na esfera civil, penal, administrativa e política.

É disposição que reforça o sistema constitucional da independência de instâncias vigentes no Brasil, previsto, por exemplo, nos artigos 935 do CC, 64 do CPP, 315 do CPC e 12 da Lei n. º 8.429/92. Anote-se que o sistema vigente no país é da incomunicabilidade relativa, de modo que a absolvição no processo criminal será considerada irrelevante para a esfera cível no caso de (a) insuficiência de provas; (b) extinção da punibilidade ou (c) extinção por questões processuais. Por outro lado, a sentença penal tem caráter prejudicial à esfera cível (1) no caso de absolvição por excludente penal (art. 65 do CPP) ou no caso de ser reconhecida a inexistência material do fato

---

14 SCHÜNEMANN, Bernd; GRECO, Luís. Estudos de direito penal, direito processual penal e filosofia do direito. São Paulo: Marcial Pons, 2013. p. 49.

15 Nesse exato sentido, ensina Cezar Roberto Bitencourt: "A despeito de se poder identificar uma *objetividade jurídica genérica* nos crimes licitatórios, qual seja, preservar os princípios básico da legalidade, da impessoalidade, da moralidade, da igualdade, da publicidade e da probidade administrativa, não se pode olvidar que cada tipo penal possuía a sua própria objetividade jurídica, sem, contudo, afastar-se do amplo contexto em que está inserido" (BITENCOURT, Cezar Roberto. Direito penal das licitações. São Paulo: Saraiva, 2012, p.132).

(art. 66 do CPP) e, (2) no caso de sentença condenatória que afirmar a ocorrência do crime e sua autoria (art. 63 do CPP e 935 do CC).

Em decorrência desse sistema de independência das instâncias, eventual aprovação do ato, na esfera dos **Tribunais de Contas,** não prejudica sua análise na esfera penal. Como bem observa Guilherme Nucci, a avaliação feita pelos Tribunais de Contas "não é considerada condição objetiva de punibilidade, nem tampouco de procedibilidade. A ação penal independe da conclusão do Tribunal de Contas, ainda que aprovando as contas do ente administrativo.[16] É a posição do STJ: "tenho entendido em diferentes oportunidades anteriores que as iniciativas sancionatórias penais que tenham por fundamento a prática de ilícitos potencialmente ocorridos no âmbito administrativo, como nos procedimentos de licitação, aplicação de verbas públicas, improbidade administrativa e/ou malversação de recursos do Erário, devem ter por suporte o pronunciamento do Tribunal de Contas (HC 88.370-RS, *DJU*28.10.2008), tal qual se dá nos crimes contra a ordem tributária, cuja condição objetiva de punibilidade reside na conclusão administrativa definitiva do ilícito fiscal (RHC 22.300-RJ, *DJU* 05.05.2008). 2.Todavia, resta consolidado nesta Corte Superior e no Pretório Excelso o entendimento de que o fato de o Tribunal de Contas eventualmente aprovar as contas a ele submetidas, não obsta, em princípio, diante da alegada independência entre as instâncias administrativa e penal, a persecução criminal promovida pelo Ministério Público, bem como a correspondente responsabilização dos agentes envolvidos em delitos de malversação de dinheiros públicos. Precedentes do STJ e do STF. 3. Considerando a missão constitucional desta Corte de uniformizar a Jurisprudência nacional, ressalvo, com o maior respeito, o meu ponto de vista, para acompanhar a orientação jurídica consolidada" (HC 156.234-DF, 5.ª T., rel. Napoleão Nunes Maia Filho, 06.04.2010, v.u.) (Op. Cit. p. 527/528).

Contudo, embora a decisão do Tribunal de Contas seja indiferente para a caracterização do crime, pode servir como **alerta** suficiente da ilegalidade da conduta ou de dolo, tema a que voltaremos mais à frente, na obra. Nesse sentido, já apontou o STF: "a prática dos atos reputados ilícitos pelo denunciado posteriormente à decisão do Tribunal de Contas competente, que concluiu pela irregularidade, é suficiente para denotar, ao menos em sede de cognição sumária, o dolo do agente." (Inq. 2.588, rel. min. Luiz Fux, j. 25-4-2013).

A independência de instâncias não impede, todavia, que uma prova produzida em um processo seja compartilhada e transportada para outro processo. Em outras palavras, é admitida a **prova emprestada,** tanto para apuração dos crimes, como das infrações administrativas e extrapenais a que está sujeito o agente público. Nesse sentido, já decidiu o STF: "é possível compartilhar as provas colhidas em sede de investigação criminal para serem utilizadas, como prova emprestada, em inquérito civil público e em outras ações decorrentes do fato investigado. Esse empréstimo é permitido, mesmo que as provas tenham sido obtidas por meio do afastamento ("quebra") judicial dos sigilos financeiro, fiscal e telefônico" (1ª Turma. Inq 3305 AgR/RS, Rel. Min. Marco Aurélio, red. p/ o acórdão Min. Roberto Barroso, j. 23/2/2016 (Info 815))[17].

---

16 NUCCI, Guilherme de Souza. Leis Penais e Processuais Penais Comentadas. Vol. 01. 8ª ed. Forense: Rio de Janeiro. 2014. nota 21-A. p. 527.

17 Sobre a prova emprestada, cabe fazer o registro de que o STJ já entendeu possível a prova ser emprestada, mesmo que a parte contra a qual ela será utilizada não tenha participado do processo originário em que foi produzida, desde que assegurado o contraditório. Restou registrado que a prova emprestada não pode se restringir a processos em que figurem partes idênticas, sob pena de se reduzir excessivamente sua aplicabi-

Crimes de licitação, improbidade administrativa e Lei anticorrupção: Tendo em vista que o direito penal é conformado, dentre outros, pelo princípio da intervenção mínima, que se pauta pelos princípios da subsidiariedade e fragmentariedade, observa-se que as condutas tipificadas pela Lei 8.666/1993 também caracterizam, inexoravelmente, atos de improbidade administrativa. A Lei de Improbidade Administrativa (Lei 8.429/1992) é Lei de natureza extrapenal, manifestação de outra espécie de controle social, pretendido pelo Estado, para proteger os bens jurídicos ligados ao direito fundamental, à probidade administrativa, dentre os quais, está o princípio da obrigatoriedade da licitação e todo o regime constitucional da administração pública.

Com relação à Lei Anticorrupção Empresarial, verifica-se que apenas as condutas previstas nos arts. 89, 90, 93, 95 e 96 da Lei 8.666/1993 correspondem a atos ilícitos nela tipificados.

De todo modo, é necessário registrar que a independência de instâncias é possível porque, ao legislador, é legítimo incrementar a proteção a determinados bens jurídicos de diferentes maneiras.

Art. 83. Os crimes definidos nesta Lei, ainda que simplesmente tentados, sujeitam os seus autores, quando servidores públicos, além das sanções penais, à perda do cargo, emprego, função ou mandato eletivo.

Perda do cargo: consiste no rompimento do vínculo funcional entre Estado e servidor público, por meio de decisão judicial. Trata-se do efeito secundário automático da sentença penal condenatória, análogo ao previsto no artigo 92, I, do Código Penal. Outras leis fazem a mesma previsão, como os artigos 1º, § 5º, da Lei 9.455/97 (Lei de Tortura), art. 16 e 18 da Lei n. º 7.716/89 (Lei contra o Racismo), art. 1º, § 2º, do Decreto-Lei 201/1967 (crime de Responsabilidade dos Prefeitos) e art. 6º, § 3º, "c", da Lei 4.898/65 (Lei do Abuso de Autoridade). A perda do cargo como efeito secundário de uma sentença penal insere-se no dever do Estado de manter-se representado por pessoas dignas de confiança, como bem explica o Procurador de Justiça Paulo Busato: "quando o Estado reconhece, por seu aparato mais ingente de controle social, que restou evidenciado que um de seus próprios representantes atuou de forma intolerável, não é razoável pretender que o próprio Estado siga sendo representado por tal pessoa. Na verdade, aquele que abraça a vida pública abre mão de parte de sua condição de agente privado, para submeter-se a uma vida de representação. Constitui uma contradição que o Estado seja controlado por violadores de regras que ele próprio se propõe a cumprir, por exigência daquele em função dos quais ele foi criado".[18]

Como bem observa Vicente Greco Filho, "como determinado nesse dispositivo, o efeito independe da quantidade da pena, sendo norma especial, portanto, em face do art. 92, I, do Código Penal. Este, ao revés, exige que seja satisfeito, no que diz respeito à quantidade da pena, um entre dois requisitos: a) aplicação da pena privativa de liberdade por tempo igual ou superior a um ano nos crimes praticados com abuso de poder ou violação de dever para com a administração pública; ou b) aplicação de pena privativa de liberdade por tempo superior a quatro anos

---

lidade, sem justificativa razoável para isso. (STJ. Corte Especial. EREsp 617.428-SP, Rel. Min. Nancy Andrighi, j. 4/6/2014 (Info 543).

18 BUSATO, Paulo Cesar. Direito Penal. Parte Geral. São Paulo: Atlas. 2ª ed. 2015. p. 1003.

nos demais casos. Além disso, outra diferença é que os efeitos extrapenais específicos previstos no art. 92 do Código Penal (entre eles a perda do cargo, função ou mandado eletivo) não são automáticos e devem, por essa razão, ser motivados na sentença condenatória (art. 92, parágrafo único, do CP), ao passo que, no art. 83 da lei, nada foi previsto a esse respeito, tratando-se, portanto, de um efeito automático da sentença".[19]

Em sentido contrário, porém, entende o STJ que "a perda do cargo prevista no art. 83 da Lei de Licitação se refere apenas ao cargo ocupado pelo condenado, por ocasião do crime cometido e não a eventuais outros cargos exercidos pelo réu no momento da condenação. Os efeitos previstos no art. 83 NÃO são automáticos. Assim, para que haja perda do cargo, emprego, função ou mandato eletivo é indispensável que a decisão condenatória motive concretamente a necessidade do afastamento". (STJ. 6ª Turma. Resp. 1.244.666-RS, Rel. Min. Sebastião Reis Júnior, j. 16/8/2012).

Mesmo que o servidor tenha sido demitido ou exonerado administrativamente da função pública, considerando o princípio da independência da instância penal, é possível a decretação da perda da função pública como consequência da sentença penal condenatória. Nesse sentido, "(...) a demissão na seara administrativa não impede a perda do emprego, enquanto efeito específico da condenação (CP, Art. 92, I, 'a'), uma vez considerada a independência das esferas, especialmente, tendo em conta que a determinação revela-se necessária para obstar eventual reintegração." (TRF-5 – Apelação Criminal: ACR 5948 AL 0002934-35.2005.4.05.8000. 1ª. T. DJE 21/05/2010 – Página: 175 – Ano: 2010. Rel. Desembargador Federal Rogério Fialho Moreira).

A menção aos crimes tentados, embora desnecessária, serve para destacar que o resultado naturalístico financeiro ou econômico não é ponto central dos tipos penais que buscam tutelar os valores republicanos da Lei de Licitações. Por isso é inaplicável o **princípio da insignificância,** uma vez que o bem juridicamente tutelado vai muito além do mero prejuízo financeiro e econômico causado pelas condutas. Os crimes da Lei 8.666/1993 são pluriofensivos e muitos deles de mera conduta.

Embora haja precedente do STJ, admitindo a aplicação do princípio da insignificância no crime de peculato, diante da especificidade dos crimes da Lei 8.666/1993, que tutelam diretamente o princípio constitucional da obrigatoriedade da licitação (CF, art. 37, XXI), a incidência do princípio deve ser refutada, afinal, "o princípio da insignificância surge como instrumento de interpretação restritiva do tipo penal que, de acordo com a dogmática moderna, não deve ser considerado apenas em seu aspecto formal, de subsunção do fato à norma, mas, primordialmente, em seu conteúdo material, de cunho valorativo, no sentido da sua efetiva lesividade ao bem jurídico tutelado pela norma penal, consagrando os postulados da fragmentariedade e da intervenção mínima. Indiscutível a sua relevância, na medida em que exclui da incidência da norma penal aquelas condutas cujo desvalor da ação e/ou do resultado (dependendo do tipo de injusto a ser considerado) impliquem uma ínfima afetação ao bem jurídico. Hipótese em que o recorrente, valendo-se da condição de funcionário público, subtraiu produtos médicos da Secretaria Municipal de Saúde de Cachoeirinha-RS, avaliados em R$ 13,00, é inaplicável o princípio da insignificância nos crimes contra a Administração Pública, ainda que o valor da lesão possa ser considerado ínfimo, porque a norma busca resguardar não somente o aspecto patrimonial, mas moral administrativa, o que torna inviável afirmação do desinteresse

19 GRECO FILHO, Vicente. Dos crimes da Lei de licitações. São Paulo: Saraiva, 2ª. ed., 2007. p. 27.

estatal à sua repressão" (STJ: Resp. 106.2533/RS, rel. Min. Arnaldo Esteves Lima, 5ª Turma, j. 05.02.2009). No mesmo sentido: STJ: HC 132.021/PB, rel. Min. Celso Limongi (Desembargador convocado do TJSP), 6ª Turma, j. 20.10.2009, noticiado no *Informativo* 412. A matéria foi sumulada em 20/11/2017, pelo Superior Tribunal de Justiça, com o seguinte verbete: "Súmula 599: O princípio da insignificância é inaplicável aos crimes contra a Administração Pública".

Vale destacar uma característica peculiar nesse tipo de crime. Como bem lembra Guilherme de Souza Nucci, os crimes da Lei 8.666/1993 comumente são antecedentes às infrações à Lei 9.613/1998 (Lei de Lavagem de Dinheiro): "os delitos previstos na Lei 8.666/93, relativos às licitações e contratos administrativos ilegalmente realizados, constituindo infrações penais contra a Administração Pública, permitem a subsequente prática do crime de lavagem de dinheiro. Aliás, não é raro que tal situação efetivamente ocorra. Quem concretiza negócio fraudulento, normalmente envolvendo altas cifras, com órgãos públicos, busca ocultar a origem ou o destino do montante atingido. O mesmo se diga do administrador, quando participa da ilegalidade com o particular".[20]

Art. 84. Considera-se servidor público, para os fins desta Lei, aquele que exerce, mesmo que transitoriamente ou sem remuneração, cargo, função ou emprego público.

§ 1º. Equipara-se a servidor público, para os fins desta Lei, quem exerce cargo, emprego ou função em entidade paraestatal, assim consideradas, além das fundações, empresas públicas e sociedades de economia mista, as demais entidades sob controle, direto ou indireto, do Poder Público.

§ 2º A pena imposta será acrescida da terça parte, quando os autores dos crimes previstos nesta Lei forem ocupantes de cargo em comissão ou de função de confiança em órgão da Administração direta, autarquia, empresa pública, sociedade de economia mista, fundação pública, ou outra entidade controlada direta ou indiretamente pelo Poder Público.

Trata-se de norma penal explicativa análoga a do artigo 327 do Código Penal, com pequenas diferenças.

O "caput" do artigo 84 prevê o chamado servidor público típico. De forma didática, ensina Rogério Greco que "*funcionário público*, para efeitos penais, não somente é aquele ocupante de um *cargo*, que poderíamos denominar de funcionário público em sentido estrito, mas também aquele que exerce emprego ou função pública. *Emprego público* é a expressão utilizada para efeitos de identificação de uma relação funcional regida pela Consolidação das Leis do Trabalho, geralmente para o exercício de atividades temporárias. *Função*, de acordo com as precisas lições de José dos Santos Carvalho Filho, 'é a atividade em si mesma, ou seja, função é sinônimo de atribuição e corresponde às inúmeras tarefas que constituem o objeto dos serviços prestados pelos servidores públicos'".[21]

O §1º do art. 84 da Lei de Licitações prevê o chamado servidor público atípico. O dispositivo utiliza-se da equiparação, para tornar funcionais os crimes cometidos por pessoas que mantém vínculo com pessoas jurídicas de direito privado. Há uma diferença significativa com

20 NUCCI, Guilherme de Souza. Leis Penais e Processuais Penais Comentadas. Vol. 1. 8ª ed. Rio de Janeiro: Forense. 2014. p. 520.

21 GRECO, Rogério. Código Penal: comentado. Niterói, RJ: Impetus, 11. ed. 2017. p. 1674.

a norma do Código Penal, o qual, no §1º do artigo 327 do CP[22], menciona "execução de atividade típica da Administração Pública", enquanto o que o artigo 84 da Lei nº 8.666/93 não faz essa restrição.

Sobre o alcance do conceito legal de servidor público, na Lei de Licitações, o Professor Vicente Greco Filho ensina que "se a entidade está sob qualquer forma de controle, inclusive o contratual, direto ou indireto, da União, Estados, Distrito Federal ou Municípios e, em virtude desse controle, está sujeita às normas da licitação pública, também estarão os seus agentes sujeitos aos crimes da lei. Se não, não há a incidência dos crimes especiais, restando, eventualmente, a ocorrência de algum crime do Código Penal. Observe-se que algumas entidades têm regulamentos próprios de licitação, que estão sujeitos aos princípios a ela inerentes e também estão sob a fiscalização dos respectivos Tribunais de Contas, de modo que a seus agentes se aplicam os crimes especiais, porque estão sob o controle de entidade pública."[23]

O § 2º. do art. 84 revela possibilidade de aumento de pena, semelhante ao que se prevê no art. 327, § 2º, do Código Penal, e se justifica na medida em que os cargos em comissão ou de função de confiança são os que exercem chefia, direção e assessoramento junto à administração pública. Geralmente, esses servidores ocupam posição hierárquica elevada, com amplo poder decisório e dever de fiscalizar a atividade desenvolvida por servidores de escala inferior. Esse nobre plexo de atribuições funcionais é proporcional ao nível de comprometimento e responsabilidade exigido dessa categoria de servidores, o que justifica a majoração da pena e o incremento protetivo do direito penal, tendo em vista a confiança e responsabilidade que sobre eles é depositada.

Sobre essa causa de aumento, confiram-se os precedentes: "a causa de aumento de pena prevista no § 2º do art. 327 incide a todos aqueles que, à época do delito, detinham cargos de confiança, tendo em vista que o aumento da pena decorre da maior reprovabilidade do agente que, no exercício de função pública e nela ocupando cargo que demanda com maior rigor a retidão da sua conduta funcional, vale-se de sua posição para a prática de conduta ilícita."(STJ, Resp. 819168/PE, Rel. Min. Gilson Dipp, 5ª T., *DJ* 5/2/2007, p. 356)

"O exercício de função de confiança enseja a aplicação de aumento da pena em 1/3 no crime de peculato (art. 312, § 1º, c/c art. 327, § 2º, do Código Penal). O elemento essencial da qualificadora é o fato de o acusado exercer função comissionada, independentemente de ter ou não se utilizado dela para o cometimento do delito, eis que o legislador não determinou, para fins de aplicação da majorante, qualquer vinculação entre a utilização da função de confiança e a realização do fato criminoso". (TRF, 1ª Reg., ACr. 2000.34.00.028261-1/DF, Rel. Olindo Menezes, 3ª T., *DJ* 27/10/2006, p. 37)

Art. 85. As infrações penais previstas nesta Lei pertinem às licitações e aos contratos celebrados pela União, Estados, Distrito Federal, Municípios, e respectivas autarquias, empresas públicas, sociedades de economia mista, fundações públicas, e quaisquer outras entidades sob seu controle direto ou indireto.

---

22 § 1º – Equipara-se a funcionário público quem exerce cargo, emprego ou função em entidade paraestatal, e quem trabalha para empresa prestadora de serviço contratada ou conveniada para a execução de atividade típica da Administração Pública.

23 GRECO FILHO, Vicente. Dos crimes da Lei de licitações. São Paulo: Saraiva, 2ª. ed., 2007 p. 26.

A norma define que as pessoas jurídicas que têm o dever de licitar são as vítimas diretamente atingidas pelas condutas descritas nos crimes previstos na Lei 8.666/1993.

O dispositivo tem utilidade e ligação com as disposições do art. 24, § 2º. e 37 ambos do Código de Processo Penal, conforme comentários feitos mais adiante, no art. 100 dessa Lei, que trata da natureza pública da ação penal que veicula os crimes nela definidos.

Ao mencionar as pessoas jurídicas atingidas pelas infrações penais previstas na Lei 8.666/1993, o art. 85 aponta para o principal critério para fixação das regras de **competência para o processamento dos crimes da Lei de licitações**.

O caso será de **competência da Justiça Federal**, nos termos do art. 109, IV, da Constituição da República, se o crime for praticado em detrimento de bens, serviços ou interesse da União, de suas entidades autárquicas ou empresas públicas.

Caso a fraude seja em licitação realizada por ente estadual, mas o agente se utilize de certidão falsa emitida por órgão federal, a competência será da justiça estadual, se houver ausência de lesão à entidade federal. Aplica-se, nesse caso, a mesma *ratio* da Súmula 107 do STJ que dispõe: "compete à Justiça Comum Estadual processar e julgar crime de estelionato praticado mediante falsificação das guias de recolhimento das contribuições previdenciárias, quando não ocorrente lesão à autarquia federal".

Contudo, caso haja lesão à entidade federal, ou caso haja concurso de crimes, um de competência da justiça estadual e outra da federal, deve ser aplicada a Súmula 122 do STJ, segundo a qual, "compete à Justiça Federal o processo e julgamento unificado dos crimes conexos de competência federal e estadual, não se aplicando a regra do art. 78, II, a, do Código de Processo Penal".

No caso de **crime praticado por meio da rede mundial de computadores (Internet)**, *v.g.*, fraude em um pregão eletrônico, entendemos que deve ser observado o local onde foram praticados os atos executórios da conduta criminosa. Não sendo identificado esse local, a competência recairá ao juízo que iniciou as investigações correlatas. Nas hipóteses em que seja verificada a transnacionalidade do delito, a competência será da Justiça Federal.

Questão complexa é a definição da competência para processar os crimes relacionados a certames realizados por órgãos estaduais e municipais, quando envolvido **repasse de verbas federais**. Mesmo nesses casos, pode ser fixada a competência da justiça estadual, não sendo suficiente, para atrair a competência da justiça federal, a existência de repasse de verbas em decorrência de convênio entre a União e Estado-membro. Nesse caso, é aplicável a Súmula 209 do STJ: *"compete à Justiça Estadual processar e julgar prefeito por desvio de verba transferida e incorporada ao patrimônio municipal", como no caso de fraude em licitação, com desvio de verba proveniente do Fundo de Participação do Município, de recurso do Fundef ou recursos oriundos de convênios firmados entre município e FNDE (STF, RE 464621, 2ª. T., 14.10.2008) e, ainda, em caso de fraude com desvio de verba do Fundescola, vinculado ao Fundo Nacional de Desenvolvimento da Educação (STJ, HC 200601562996, Arnaldo Lima, 5ª. T., 12.3.2007).*

Serão, entretanto, da Justiça Federal, os crimes relacionados a licitações e contratos, envolvendo verbas federais sujeitas à fiscalização pelo Tribunal de Contas da União ou sujeitas à prestação de contas a órgão da administração superior, situação que evidencia o interesse da União eventualmente violado pelo delito. Essa parece ser a teleologia da Súmula 208 do STJ: "**compete à Justiça Federal processar e julgar prefeito municipal por desvio de verba sujeita a prestação de contas perante órgão federal**".

Crimes Licitatórios praticados por militares: Embora o STJ já tenha decidido que compete à Justiça Comum Federal – e não à Justiça Militar – processar e julgar a suposta prática, por **militar da ativa**, de crime previsto apenas na Lei nº 8.666/93 (Lei de Licitações), ainda que praticado contra a administração militar. (STJ. 3ª Seção. CC 146.388-RJ, Rel. Min. Felix Fischer, j. 22/6/2016 (Info 586), referido entendimento não deverá prevalecer.

Isso porque, a Lei 13.491, de 13 de outubro de 2017, que alterou o Código Penal Militar, mais especificadamente o art. 9º, que define os crimes militares em tempo de paz. Antes da alteração, o art. 9º, II, do Código Penal Militar previa o seguinte:

> "II – Os crimes previstos neste Código, embora também o sejam com igual definição na lei penal comum, quando praticados:"

Após a mencionada lei, passou a prever que:

> "II – Os crimes previstos neste Código e os previstos na legislação penal, quando pra-ticados:" (Redação dada pela Lei nº 13.491, de 2017).

Com essa modificação, houve uma ampliação dos crimes de natureza militar, visto que, não apenas os crimes previstos no próprio CPM, mas também aqueles cominados no restante da legislação penal, poderão ser da competência da Justiça Militar – a depender do preenchimento de uma das condições previstas no inciso II do art. 9º do Código Penal Mili-tar.

Assim, os crimes da Lei de Licitações, que não estão previstos no CPM e, portanto, eram processados na Justiça Comum, passam agora a ser da competência da justiça castrense, quando praticados por militares.

E no caso de licitação internacional? Entende-se como licitação internacional aquela cuja divulgação se dá no exterior, regulada pelo art. 42, § 1º ao 6º, da Lei 8.666/1993. No mesmo sentido ensina Lucas Rocha Furtado: "cumpre observar que é considerada licitação internacional aquela em que a Administração promove sua divulgação no exterior, convocando empresas regidas e constituídas por leis de países estrangeiros, para participar do certame. Lembramos que em uma licitação normal (que não seja internacional), para a aquisição pela Administração de determinados produtos, nada impede que empresas estrangeiras apresentem propostas. Somente quando a divulgação do certame for feita no exterior, será ela considerada internacional".[24]

Observe-se que, nos casos de licitação internacional, a entidade licitante brasileira deve obedecer às regras licitatórias estabelecidas pela Lei 8.666/1993, de modo que eventuais condutas que infringem essas regras, se encontrarem tipificação penal, poderão ensejar a caracterização dos crimes em estudo, ainda que praticadas em território estrangeiro e ainda que cometidas juntamente por estrangeiros.

Incide nesses casos a regra prevista no art. 7º, I, "b" ou "c", do Código Penal, que prevê um caso de aplicação extraterritorial incondicionada da Lei penal brasileira, justificada pelo direito do Estado brasileiro de defender todos os seus bens jurídicos internos, públicos ou privados.[25]

---

24 FURTADO, Lucas Rocha. Curso de licitações e contratos administrativos: teoria, prática e jurisprudência, São Paulo: Atlas, 2001, p. 107-108.

25 "Art. 7º – Ficam sujeitos à Lei brasileira, embora cometidos no estrangeiro:

I – Os crimes:

(...)

Nesses casos, deve-se aplicar o art. 88 do CPP que dispõe: "no processo por crimes praticados fora do território brasileiro, será competente o juízo da Capital do Estado onde houver por último residido o acusado. Se este nunca tiver residido no Brasil, será competente o juízo da Capital da República".

Embora haja divergência jurisprudencial, o melhor entendimento é de que, nesses casos de extraterritorialidade, o processo criminal deve tramitar na justiça federal apenas se presentes uma das situações contidas no art. 109 da Constituição Federal[26]. Caso contrário, especialmente se o crime foi inteiramente praticado no exterior, o processo deve ser de competência da justiça estadual[27].

No mesmo sentido, defende Edilson Mougenout Bonfim: "assim, se o delito cometido no exterior ao qual é aplicável a legislação brasileira for de competência da Justiça Federal, deve ser processado e julgado por uma das varas criminais federais da seção judiciária da capital do estado-membro onde por último tiver residido o agente. No entanto, se nunca tiver residido no Brasil, competente será uma das varas criminais federais de Brasília. Já se o crime perpetrado no estrangeiro for de competência da Justiça Estadual, competirá a uma das varas criminais da capital do estado-membro onde por último tiver residido o agente. Da mesma forma, caso jamais tenha residido no Brasil, a competência será de uma das varas criminais situadas na Capital Federal. Não obstante, existe posicionamento doutrinário e jurisprudencial no sentido de que qualquer crime cometido no exterior – para o qual seja aplicável a Lei brasileira – é da competência da Justiça Federal".[28]

SEÇÃO III
DOS CRIMES E DAS PENAS

Art. 89. Dispensar ou inexigir licitação fora das hipóteses previstas em lei, ou deixar de observar as formalidades pertinentes à dispensa ou à inexigibilidade:

Pena – detenção, de 3 (três) a 5 (cinco) anos, e multa.

Parágrafo único. Na mesma pena incorre aquele que, tendo comprovadamente concorrido para a consumação da ilegalidade, beneficiou-se da dispensa ou inexigibilidade ilegal, para celebrar contrato com o Poder Público.

---

b) contra o patrimônio ou a fé pública da União, do Distrito Federal, de Estado, de Território, de Município, de empresa pública, sociedade de economia mista, autarquia ou fundação instituída pelo Poder Público;
c) contra a administração pública, por quem está a seu serviço"

26 Como no caso relatado neste julgado: Os crimes apurados foram supostamente cometidos por estrangeiro perante o Consulado--Geral do Brasil em Xangai, na China, tratando-se, portanto, de crimes contra a fé pública nacional, hipótese de extraterritorialidade incondicionada, descrita no art. 7º, inc. I, alínea 'b', do Código Penal. Nos termos do art. 88, primeira parte, do Código de Processo Penal, constatado que o investigado já residiu no Brasil, a competência será do Juízo Federal da Capital do Estado de seu último domicílio, no caso, a cidade de São Paulo (STJ, CC 122119/DF, Rel. Min. Marco Aurélio Bellizze, 3ª Seção, *DJe*15/8/2012).

27 Em situação semelhante, o STJ já decidiu ser da competência da justiça estadual crime cometido inteiramente no exterior: Informativo nº 402 do STJ – CC 104.342/SP, 3ª Seção – Rel. Min. Laurita Vaz, j. 12/08/2009. No sentido de que crime de tortura praticado integralmente em território estrangeiro contra brasileiros não se subsumi, em regra, a nenhuma das hipóteses de competência da Justiça Federal, previstas no art. 109 da CF, recai sobre a Justiça Comum Estadual, portanto, a competência para o processo e julgamento do feito: STJ, 3ª Seção, CC 107.397/DF, Rel. Min. Néfi Cordeiro, j. 24/9/2014.

28 BONFIM, Edilson Mougenout. Código de processo penal anotado. 4. ed. São Paulo: Saraiva, 2012. Comentários ao art. 88. p. 297/298.

Bem Jurídico Tutelado

São tutelados, nesse tipo penal, o princípio da obrigatoriedade da licitação, além do princípio da igualdade entre os licitantes e a observância do caráter competitivo do certame. Para o STJ, "o tipo penal descrito no art. 89 da Lei de Licitações busca proteger uma série variada de bens jurídicos além do patrimônio público, tais como a moralidade administrativa, a legalidade, a impessoalidade e, também, o respeito ao direito subjetivo dos licitantes ao procedimento formal previsto em lei" (Resp. 1073676-MG, 5.ª T., rel. Napoleão Nunes Maia Filho, 23.02.2010, v.u.). Secundariamente também é tutelado o patrimônio do ente público.

Sujeitos do Crime

O crime é próprio porque somente os servidores públicos investidos de capacidade e função de decidir pela dispensa ou inexigibilidade de licitação podem praticá-lo. Essa competência é prevista em cada órgão ou entidade da Administração Pública brasileira de modo que, para identificá-la, será necessário observar o organograma de cada entidade. Normalmente essa competência é exercida pelo ordenador de despesas ou pela autoridade máxima da unidade demandante, desde que essas funções estejam previstas em norma interna de divisão de competências.

A condição pessoal do agente (de servidor público) comunica-se ao coautor, porque elementar do crime (CP, art. 30), razão pela qual admite-se a coautoria e participação de extraneus, desde que ele tenha conhecimento dessa condição pessoal do autor.

Entendemos que, mesmo que o agente seja Prefeito Municipal, deverá ser-lhe aplicado esse tipo penal e não o do art. 1º., inciso XI do Decreto-Lei 201/1967[29] que restou tacitamente revogado. Todavia, o STJ já decidiu que "o Prefeito Municipal, como ordenador de despesas, não pode deixar de ser responsabilizado criminalmente, nos termos do art. 89, da Lei nº 8.666/93, quando burla a exigência de licitação, através de expedientes fraudulentos, como o fracionamento de despesa ou, ainda, quando frauda o próprio certame, com propostas contendo data anterior à do convite, condutas estas, ademais, diversas da descrita no art. 1º, XI, do Decreto-Lei nº 201/67, pelo que não há falar em *bis in idem*." (Resp. 504.785/PB, José Arnaldo, 5ª T., u., 2.10.03).

O parágrafo único é norma de extensão que estabelece a regra do concurso de pessoas, de modo que, se o particular concorrer para o crime, deverá ser por ele corresponsável. A redação do dispositivo parece condicionar a corresponsabilidade à consumação da ilegalidade ou à celebração do contrato com o Poder Público. Todavia, ainda que inexistentes essas circunstâncias, o particular pode ser coautor ou partícipe, tendo em vista a incidência do artigo 29 do Código Penal, aplicável à Lei especial, considerando o disposto no artigo 12 do Estatuto Repressivo.

É possível a corresponsabilidade do **parecerista** ou agente público equivalente que deu causa à dispensa ou a inexigibilidade indevida, desde que detectada dolosa atuação deficiente, seja em termos de embasamento jurídico (doutrinário, legal e jurisprudencial), com adoção de

29 Que dispõe: Art. Art. 1º São crimes de responsabilidade dos Prefeitos Municipal, sujeitos ao julgamento do Poder Judiciário, independentemente do pronunciamento da Câmara dos Vereadores:

(...)

XI – Adquirir bens, ou realizar serviços e obras, sem concorrência ou coleta de preços, nos casos exigidos em lei".

tese jurídica inaceitável ou teratológica, que implique distorção intencional do direito vigente, seja em razão da presença de flagrantes vícios de forma que deveriam ser apontados. Nesse sentido: " (...). Flagrante ilegalidade do ato. Correta responsabilidade conjunta dos acusados diante do nexo de causalidade. Parecer de natureza obrigatória, emitido com manifesta afronta à lei. Erro grosseiro. Por outro viés, crime de mera conduta. Tipo penal que prescinde de dolo específico de lesar a administração tampouco de comprovação de efetivo dano ao erário. Indubitável ofensa aos princípios licitatórios da legalidade, impessoalidade, moralidade e publicidade (...)" (TJSC – Processo: 2013.049860-7 (Acórdão). Relator: Leopoldo Augusto Brüggemann. 3ª. Câmara Criminal. 12/08/2014).

Por outro lado, ausentes referidas circunstâncias e, no caso de existir divergência doutrinária ou jurisprudencial sobre a matéria, não há que se falar em responsabilização do autor do parecer, quando opta, de forma fundamentada, por um dos entendimentos aceitáveis, ainda que conduza a uma contratação inadequada, sob pena da adoção da responsabilidade objetiva e violação à independência do profissional. Nesse sentido, o Tribunal Regional da 1ª Região firmou entendimento de que "a prática de ato delituoso por agente público que tenha causado dano ao erário, ainda que fundamentado em parecer de consultoria jurídica, não gera como consequência necessária a responsabilidade, seja civil, administrativa ou penal, do profissional da advocacia pública que subscreveu a peça jurídica. É imprescindível a existência de dolo (conluio com os agentes políticos) ou de culpa grave, revelando que o profissional agiu de má-fé ou foi grosseiramente equivocado ou desinteressado pelo estudo da causa ou do direito, a ponto de não conseguir se escusar do ato ilícito". (TRF 1ª Região, Apelação Criminal nº 0008289-69.2011.4.01.4300/TO).

No mesmo sentido, já decidiu o STJ em caso em que a imputação se baseava unicamente em parecer divergente da manifestação de outro colega. Aduziu-se que, além de apresentar motivação adequada para sua discordância, a denunciada não teve qualquer capacidade decisória sobre as manifestações apresentadas. Concluiu-se, portanto, que não se pode imputar à paciente a prática de conduta delituosa, apenas por ter emitido parecer opinativo discordante de outro Procurador. (HC 185.591-DF, Rel. Min. Adilson Vieira Macabu (Desembargador Convocado do TJ/RJ), j. em 20/10/2011).

Sujeito passivo é a entidade cuja licitação foi indevidamente dispensada ou inexigida – vide artigo 85 da Lei 8.666/1993.

Condutas

As condutas típicas são *dispensar (isentar)*, *inexigir (deixar de exigir, não promover ou obrigar)* ou *deixar de observar (desprezar)* licitação fora das hipóteses legais ou sem as formalidades legais. Trata-se de tipo misto alternativo, entendido como aquele em que "a Lei estabelece diversos núcleos que, se praticados no mesmo contexto fático, caracterizam o cometimento de apenas um delito".[30]

Como se sabe, excepcionalmente, é admitida a contratação direta com o Poder Público, nos casos em que há dispensa ou inexigibilidade de licitação, pelo que estamos diante de uma norma penal em branco.

30 CUNHA. Rogério Sanches. Manual de direito penal: parte geral (arts. 1 o ao 120). 4. ed. Salvador: JusPodivm, 2016. p. 250.

A licitação será **dispensada** quando a realização do certame em si é inconveniente. As hipóteses de dispensa estão expressamente previstas em lei, como o rol dos artigos 17 e 24 da Lei 8.666/1993, art. 5º, § 3º, da Lei 10.973/2004 e art. 29 da Lei 13.303/2016, sendo vedado ao administrador a ampliação das hipóteses.

O **fracionamento ilegal de despesas** de previsíveis contratações ou aquisições de mesma natureza[31], em idêntico exercício, cujos valores globais excedam o limite legal previsto para dispensa de licitação, demonstra falta de planejamento e, em regra, caracteriza infração ao artigo 89 da Lei 8.666/1993.[32] Nesse sentido: " (...) Responde pelo delito previsto no art. 89 da Lei nº 8.666/93 o dirigente que, visando eximir-se da realização de certame, fraciona a realização de serviços de reforma no prédio sede de conselho profissional, mormente quando há previsão orçamentária, naquele ano, para a execução de todo o projeto. " (TRF4, APELAÇÃO CRIMINAL, 2003.71.00.073774-9, Oitava Turma, Relator Paulo Afonso Brum Vaz, D.E. 11/04/2007) ou "quando frauda o próprio certame, com propostas contendo data anterior à do convite, condutas estas, ademais, diversas da descrita no art. 1º, XI, do Decreto-Lei nº 201/67, pelo que não há falar em *bis in idem.* " (STJ, Resp. 504785/PB, 5ª Turma, Rel. José Arnaldo da Fonseca, j. 2/10/2003, DJU 28/10/2003, p. 338). Isso porque "a Lei autoriza o fracionamento de compras e serviços (art. 24, II da Lei nº 8.666/93), mas veda o emprego de tal expediente para burlar os limites de inexigibilidade ou dispensa da licitação. É perfeitamente válido (eventualmente, obrigatório) promover o fracionamento de contratações. Não se admite, porém, que o fracionamento conduza à dispensa de licitação. É inadmissível que se promova dispensa de licitação, fundando-se no valor de contratação que não é isolada. Existindo pluralidade de contratos homogêneos, de objeto similar, considera-se seu valor global, tanto para fins de aplicação do art. 24, inc. I e II, como relativamente à determinação da modalidade cabível de licitação." (Marçal Justen Filho. Comentários à Lei de Licitações e Contratos Administrativos, 11ª ED, dialética, p. 235.) (TJPR, Ap. Crim. 546325-8, Acórdão nº 24822, Toledo, 2ª Câmara Criminal, Rel. Lilian Romero, DJPR 24/7/2009, p. 200).

A licitação será **inexigível**, por outro lado, quando há inviabilidade de competição, porque não é possível garantir a pluralidade de interessados ou a fixação de critérios objetivos de julgamento. Resumidamente, entende-se que a inviabilidade de competição para a contratação de serviços técnicos decorre da presença simultânea de quatro requisitos: 1) Serviço técnico especializado previsto no art. 13 da Lei 8.666/1993; 2) Natureza singular do serviço, isto é, não seja serviço comum, rotineiro, que possa ser prestado por qualquer empresa; 3) Notória especialização do contratado; 4) O serviço não seja de publicidade ou divulgação. As hipóteses de inexigibilidade estão elencadas no rol exemplificativo dos artigos 25 da Lei 8.666/1993 e 30 da Lei 13.303/2016.

Assim, a dispensa ou inexigibilidade da licitação, fora dessas hipóteses configura o crime em análise. O crime incide também quando o agente, de modo fraudulento, simular a presença das hipóteses para a contratação direta.

---

31 O Tribunal de Contas da União, no Acórdão nº 1.874/2011 – 2ª Câmara, determinou à Administração "abster-se de fracionar despesas que pela sua natureza, possam ser objeto de programação tempestiva, visando sua aquisição por meio de regular processo licitatório".

32 O projeto de Lei 559/2014, aprovado no Senado federal e que visa reformar a Lei 8.666/1993 elevou o planejamento à principal característica da fase preparatória dos certames licitatórios, que deve abordar todas as considerações técnicas, mercadológicas e de gestão que podem interferir na contratação (art. 16).

Além disso, para dispensar ou inexigir a licitação, a legislação impõe **formalidades imprescindíveis ao ato** que, descumpridas, ensejam a caracterização da última figura prevista nesse tipo penal. As formalidades a que se refere o tipo são as previstas no artigo 7º, § 9º[33] e 26, ambos da Lei 8.666/1993.

Anote-se que os Estados e Municípios podem editar leis específicas relativas à licitação, desde que não contrariem as normas gerais contidas na Lei 8.666/1993. As entidades paraestatais, conforme autoriza o art. 119, também podem editar regulamentos próprios, com disposições específicas, desde que também obedeçam aos limites das normas gerais da Lei de Licitações. Essas normas específicas podem prever outras formalidades complementares para o processo de dispensa ou inexigibilidade de licitação, de modo que a inobservância dessas formalidades também pode caracterizar o crime em análise.

Caso o agente público realize **prorrogação de contrato celebrado fruto de dispensa ou inexigibilidade de licitação** indevida, haverá novo crime. Com percuciência, Jessé Torres Pereira Junior rebate o precedente do STJ que entendeu inexistir crime neste caso: "(...). Em primeiro lugar porque parece induzir a conclusão de que o servidor público está dispensado, ao determinar a renovação do contrato em que tal cláusula dele já faça parte, de examinar a legalidade do ato, esquecida, talvez a Corte especial da regra de que à Administração Pública é sempre lícito desfazer seus próprios atos eivados de ilicitude. E, em segundo lugar, porque não se pode concordar com a posição esposada no julgado quanto a não se conter na conduta de determinar a renovação do pacto a de reafirmar a dispensa ou a inexigibilidade do torneio. Quando o servidor dispõe pela renovação da avença, nas condições observadas na hipótese que foi posta sob exame da Corte, induvidosamente reafirma a dispensa ou a inexigibilidade da licitação. E, se o faz, 'fora das hipóteses previstas em lei' ou passando por sobre 'as formalidades pertinentes', *data venia* do que decidiu a Corte Especial do STJ, viola o preceito imperativo do artigo 89".[34]

No caso de todo o procedimento licitatório ser uma farsa, verdadeira simulação do processo licitatório para encobrir a subtração de valores dos cofres públicos, forçoso reconhecer que inexiste propriamente uma "fraude em licitação". Nesse caso, a simulação é mero expediente fraudulento para a prática do crime de peculato. É o caso de falsificação de uma carta-convite para a contratação de obra ou de serviço executado diretamente por funcionários do ente público, já executado por outra empresa anteriormente contratada ou simplesmente não executado, limitando-se o suposto vencedor do certame a receber o respectivo valor. Nesse caso, além do peculato, poderá o agente responder pela falsidade de documentos públicos, pois os momentos consumativos e os objetos jurídicos são diversos, além de serem delitos praticados mediante condutas autônomas e distintas entre si.

---

33 Grosso modo, são formalidades elencadas por estes dispositivos: projeto básico aprovado pela autoridade competente e disponível para exame dos interessados em participar do processo licitatório; projeto executivo; orçamento detalhado em planilhas que expressem a composição de todos os seus custos unitários; previsão de recursos orçamentários que assegurem o pagamento das obrigações decorrentes de obras ou serviços, de acordo com o respectivo cronograma; previsão do produto do certame nas metas estabelecidas no Plano Plurianual de que trata o art. 165 da Constituição Federal, quando for o caso; proibição de inclusão de bens e serviços sem similaridade ou de marcas, características e especificações exclusivas, salvo nos casos em que for tecnicamente justificável; publicação na imprensa oficial da dispensa ou inexigibilidade.

34 PEREIRA JUNIOR, Jessé Torres. Comentários à Lei das licitações e contratações da administração pública. Rio de Janeiro: Renovar. 8ª. ed., 2009. p. 901.

Contratação de serviços advocatícios com inexigibilidade de licitação: O Supremo Tribunal Federal, ao apreciar uma ação penal por infração ao dispositivo em estudo, por meio do Voto do relator Ministro Roberto Barroso, consignou que a contratação direta de escritório de advocacia deve observar os seguintes parâmetros: a) necessidade de procedimento administrativo formal; b) notória especialização do profissional a ser contratado; c) natureza singular do serviço; d) demonstração da inadequação da prestação do serviço pelos integrantes do Poder Público; e e) cobrança de preço compatível com o mercado para o serviço. Inq 3074/SC, rel. Min. Roberto Barroso, 26.8.2014.

Voluntariedade

Quanto à tipicidade subjetiva, exige-se o **dolo** (direto ou eventual), consistente na vontade livre e consciente de dispensar ou inexigir a licitação, fora das hipóteses legais, ou deixar de observar as formalidades que a Lei exige.

O STJ já entendeu que o crime previsto no art. 89 da Lei n. 8.666/1993 exigia dolo específico e efetivo dano ao erário. No caso concreto, a prefeitura fracionou a contratação de serviços referentes à festa de carnaval na cidade, de forma que, em cada um dos contratos realizados, fosse dispensável a licitação. O Ministério Público não demonstrou a intenção da prefeita de violar as regras de licitação, tampouco foi constatado prejuízo à Fazenda Pública, motivos pelos quais a denúncia foi julgada improcedente. (APn 480-MG, Rel. originária Min. Maria Thereza de Assis Moura, Rel. para acórdão Min. Cesar Asfor Rocha, j. 29/3/2012).

Não parece ser a melhor interpretação do dispositivo. É desnecessário elemento subjetivo especial ("dolo específico"), conclusão que se extrai da simples comparação com o crime previsto no artigo 90 da Lei nº 8.666/1993. A ausência de qualquer expressão como "com o fim de", "com o intuito de", "a fim de", é eloquente. Os motivos que levaram o agente a dispensar ou inexigir a licitação, fora das hipóteses previstas em lei, é de análise desnecessária. O dolo está na mera dispensa ou afirmação de que a licitação é inexigível, fora das hipóteses previstas em lei, tendo o agente consciência dessa circunstância.

> "Mesmo nos casos em que o administrador não pretenda prejudicar o erário ou beneficiar favorito seu, mas se nega a cumprir a legislação por capricho, conveniência, comodidade pessoal ou até aversão pela burocracia, optando por contratar seus serviços e fornecedores diretamente, sem prévia licitação, a atuação persiste manifestamente reprovável, pois, consciente de que está descumprindo a lei, prefere administrar a coisa pública como se sua fosse, elegendo seus contratados sem qualquer critério objetivo e sem a mínima formalidade para a dispensa/inexigibilidade de licitação".[35]

Além disso, fosse necessária a intenção de causar prejuízo ao erário mediante desvio de recursos, haveria confusão com o crime de peculato tentado.

Recentemente, o Ministro Luiz Fux, no Inq. 3674/RJ, em julgamento em 21.2.2017, aventou como critério para aferir o dolo desse crime a análise da existência de parecer jurídico lavrado idoneamente pelo órgão competente, sem indício de que constitua etapa da suposta empreitada criminosa, apto a conferir embasamento jurídico ao ato, inclusive quanto à observância das formalidades do procedimento. O parecer jurídico favorável à inexigibilidade,

---

35 MENDES JÚNIOR, José Francisco Seabra. Desnecessidade de efetivo prejuízo ao erário e dolo específico para configuração do crime do art. 89, *caput*, da Lei 8.666/93. 2014. Disponível em: <http://www.mprs.mp.br/areas/criminal/arquivos/seabralicit.pdf >. Acesso em: 09 out. 2014.

segundo o ministro, impede a tipificação criminosa da conduta, precisamente por afastar, desde que inexistentes outros indícios em contrário, a clara ciência da ilicitude da inexigibilidade e determina o erro do agente quanto a elemento do tipo, qual seja, a circunstância "fora das hipóteses legais" (CP, art. 20) (*sic*). A tese não é nova. No mesmo sentido, já decidiu antes o STF: "o dolo, consubstanciado na vontade livre e consciente de praticar o ilícito penal, não se faz presente quando o acusado da prática do crime do art. 89 da Lei n. 8.666/93 ('Dispensar ou inexigir licitação fora das hipóteses previstas em lei, ou deixar de observar as formalidades pertinentes à dispensa ou à inexigibilidade') atua com fulcro em parecer da Procuradoria Jurídica no sentido da inexigibilidade da licitação" (STF, Tribunal Pleno, Inq. 2.482/MG, rel. Min. Ayres Britto, DJe, 16 fev. 2012).

Ponderamos, entretanto que o parecer prévio da consultoria jurídica, previsto no art. 38, VI, da Lei 8.666/1993, embora obrigatório, não é vinculante, situação que restaura a plena consciência da ilicitude do fato ao agente, ao decidir pela dispensa ou inexigibilidade da licitação. O erro capaz de afastar o dolo é aquele fruto da falta de conhecimento atual e potencial da ilicitude. Por outro lado, o erro não é capaz de afastar o dolo, quando do agente público é exigível padrão de conduta condizente com senso de responsabilidade compatível com sua gama de funções e com os princípios que regem a matéria. É injustificável que, no atual estágio de desenvolvimento da administração pública, o gestor aja sem empenho para se (in)formar ou conhecer adequadamente a possível gama de ilegalidades que margeiam seus atos. Logo, se a busca pela informação é viável e o agente não se motiva para acessá-la, naquilo que Günter Jakobs denomina de "infidelidade ao ordenamento jurídico"[36], e mais do que isso, em casos em que é seu dever inerente à função pública, não há que se falar em erro de proibição escusável.

Tem aplicação, nesses casos, a **teoria da cegueira deliberada** (*willfulblindness, consciousavoidance ou deliberateignorance*) que inclui na responsabilidade penal subjetiva, além dos casos de conhecimento efetivo dos elementos objetivos que configuram uma conduta criminosa, aqueles cujo desconhecimento foi, intencionalmente, pretendido pelo agente. Em outras palavras, nesses casos, o agente pode e deve conhecer os elementos objetivos da conduta criminosa, mas prefere, deliberadamente, pôr-se ou manter-se na ignorância. O agente não toma ciência das ilegalidades, porque deliberadamente se esquiva de conhecê-las.

Desse modo, mesmo diante de um parecer jurídico favorável à inexigibilidade ou à dispensa da licitação, é dever do agente público pautar sua decisão pelas regras do regime jurídico da administração, tais como, economicidade, planejamento[37], finalidade, etc[38]. É seu dever

---

36 Nas lições do professor alemão "O decisivo não é que o defeito seja percebido conscientemente na mente do autor, e sim que deva situar-se ali, e isto ocorre sempre que o autor impediu de haver concorrido uma motivação dominante de evitar infrações do direito. " E completa "Se tivesse tal motivação dirigida à evitação – trata-se de uma evitação suposta, porque de fato sempre falta em quem se comporta culpavelmente, inclusive que se encontra imerso em uma situação de ignorância evitável -, adquiria consciência de seu poder de evitação ao dar-se conta do *déficit* de conhecimento de que sofria com anterioridade..." (JAKBOS, Günther. Tradução André Luís Callegari. Fundamentos do direito penal. São Paulo: RT. 2003. p. 33).

37 O projeto de Lei 559/2014, aprovado no Senado federal e que visa reformar a Lei 8.666/1993 elevou o planejamento à principal característica da fase preparatória dos certames licitatórios, que deve abordar todas as considerações técnicas, mercadológicas e de gestão que podem interferir na contratação (art. 16).

38 Pertinentes os questionamentos levantados pelo Ministro Marco Aurélio no julgamento do Inq. 2.482: "Apontou-se que haveria um parecer, mas indago: o parecer é um bill de indenidade? É um escudo invulnerável do prefeito quanto ao crime previsto no art. 89? O prefeito está obrigado a seguir essa peça, que é opinativa, mas que também gera responsabilidade para quem a emite, como está na Lei de Licitações?

adotar medidas para conhecer e informar-se sobre os inúmeros e multidisciplinares riscos, sejam de natureza contábil, financeira, jurídica ou social, capazes de levar à ilicitude da conduta. A ausência desse tipo de cautela é apta a compor a consciência direta do tipo subjetivo como, por exemplo, em casos em que parecer se utiliza de embasamento jurídico (doutrinário, legal e jurisprudencial) ou tese jurídica inaceitável ou teratológica, ou não aponta flagrantes vícios, de forma que maculam a legalidade do ato.

Além disso, no crime ora em comento, a ilegalidade da dispensa ou inexigibilidade da licitação é objetivamente aferível, porque seus pressupostos estão previstos textualmente na Lei 8.666/1993, o que, na maioria das vezes, permite ao agente público prever e evitar a conduta proibida.

Sob essas circunstâncias fáticas objetivas, é possível ao julgador aferir o conhecimento, a intenção ou o propósito do crime em análise, exatamente como preconizado na Convenção das Nações Unidas contra a Corrupção, conhecida como Convenção de Mérida contra a Corrupção, internalizada no Brasil por meio do Decreto 5.687/2006 e Decreto Legislativo 348/2005, que prevê no art. 28: "o conhecimento, a intenção ou o propósito que se requerem como elemento de um delito qualificado de acordo com a presente Convenção poderão inferir-se de circunstâncias fáticas objetivas".[39]

Alaor Leite faz importante observação quanto aos limites do parecer que eventualmente seja apto a afastar a ilicitude da conduta: "se, de um lado, o parecer jurídico pode servir de base para a atuação para o consulente, de outro, os limites da opinião jurídica contida no parecer demarcam os limites da legitimidade dessa atuação. O sujeito não pode, pois, exceder-se em sua atuação".[40]

Inexiste a forma culposa.

Consumação e Tentativa

O crime consuma-se, mais precisamente, no momento em que o agente público profere a decisão de dispensa ou inexigibilidade da licitação e determina a contratação direta, independentemente, porém, da realização do contrato administrativo.

Ele está compelido a observar o parecer? A resposta é negativa. Até mesmo a ordem natural das coisas direciona no sentido de assentar-se que a prefeitura não contrataria oito bandas sem a ordem do chefe do Poder Executivo local. O Prefeito, de qualquer forma, é o responsável-mor, maior quanto à administração do município. É o ordenador de despesas, é quem responde, na prestação de contas, ao término do exercício, pelas despesas havidas" (voto do Min. Marco Aurélio, p. 30).

39 "Ora, dizer que o dolo deve ser comprovado a partir das circunstâncias objetivas é dizer nada mais do que o óbvio, que já é reconhecido há mais de séculos pela doutrina. Como elemento interno, invisível, imaterial, impalpável, ele é sempre inferido de elementos e circunstâncias objetivas, salvo quando declarado pelo próprio criminoso. No entanto, essas proposições vêm sendo ressaltadas bastante pela doutrina e jurisprudência especializada em lavagem de dinheiro. O fato é que inferir o dolo em crimes mais simples, como a homicídio, a partir de 10 facadas desferidas contra a vítima, é muito mais fácil do que inferir o dolo a partir de circunstâncias objetivas parecem estar dirigidas a frisar a dificuldade de provar o dolo em tais casos e a recomendar, para usar a feliz expressão da Ministra Rosa Weber, uma atenuação na rigidez da valoração" (DALLAGNOL, Deltan Martinazzo. A lógica das provas no processo: prova indireta, indícios e presunções. Porto Alegre: Livraria do Advogado. 2015. p. 288).

40 LEITE, Alaor. Dolo e o crime de dispensa ou inexigência ilegal de licitação (art. 89 da Lei 8.666/1993) interpretação restritiva do tipo penal, responsabilidade penal do Gestor Público e a relevância jurídica da opinião técnica da Procuradoria do Município (STF, Inq. 2.482). Revista brasileira de ciências criminais, ISSN 1415-5400, Nº. 104, 2013, p. 20.

A decisão de dispensa e inexigibilidade implica uma simultânea adjudicação, que é o ato final pelo qual a Administração atribui ao 'licitante' o objeto da licitação. Por isso, é essa decisão, e não o contrato administrativo eventualmente celebrado, que compõe a **materialidade do delito.**

Nas duas modalidades iniciais do tipo, dispensar e inexigir licitação fora das hipóteses legais, o crime comporta fracionamento na conduta ilícita e, por isso, admite tentativa.

A última modalidade (deixar de observar) é de crime omissivo e como tal não admite tentativa.

Questão controvertida é a **exigência de danos ao erário** para a configuração do delito.

A jurisprudência já decidiu de forma antagônica, ora entendendo necessário o dano ao erário (STJ, HC 377.711/SC, j. 09/03/2017 e 2ª Turma do STF, Info 813[41]), ora entendendo-o desnecessário (1ª Turma do STF, Info 856[42] – Inq 3674/RJ, j. 7/3/2017).

Com propriedade, ensina Alaor Leite: "ocorre que essa interpretação, de que o prejuízo econômico é de se exigir, afasta-se em muito da redação do tipo. Não há nenhum indício, a partir do sentido literal possível, de que o tipo exija um prejuízo concreto à Administração Pública e, como já se sabe, o ponto de partida da interpretação é a redação do tipo, e não a referência ao bem jurídico protegido. Estamos diante de um caso em que, com muita evidência, a jurisprudência criou, sem se apoiar na decisão do legislador, um requisito típico, fato que não pode ser negado apenas pela circunstância de que essa exigência se reverte, primariamente, em favor do acusado. Pode-se criticar, sem dúvida, a redação um tanto lacônica do legislador, mas introduzir inauguralmente um requisito típico, sem que sejam oferecidas fortíssimas razões jurídicas, não é permitido ao juiz".[43]

Vicente Greco Filho defende que se trata de "crime de perigo abstrato, ou seja, não se indaga se o contrato celebrado ou a ser celebrado com a Administração venha a causar-lhe prejuízo. O contrato pode ser necessário e adequado. A incriminação está na dispensa ou inexigibilidade da licitação, independentemente de prejuízo".[44]

Realmente parece ser a melhor exegese. O tipo penal dispensa o resultado naturalístico de modo que a conduta, mesmo que não implique prejuízo financeiro ou economicamente mensurável, fere valores da atuação administrativa e o dever de probidade do administrador. Mesmo a confiança do cidadão no funcionamento escorreito e impessoal da administração é

41 "Para que haja a condenação pelo crime do art. 89 da Lei nº 8.666/93, exige-se a demonstração de que houve prejuízo ao erário e de que o agente tinha a finalidade específica de favorecimento indevido. Assim, mesmo que a decisão de dispensa ou inexigibilidade da licitação tenha sido incorreta, isso não significa necessariamente que tenha havido crime, sendo necessário analisar o prejuízo e o dolo do agente" (Info 813 – STF).

42 "Deverão ser analisados três critérios para se verificar se o ilícito administrativo configurou também o crime do art. 89: 1º) existência ou não de parecer jurídico autorizando a dispensa ou a inexigibilidade. A existência de parecer jurídico é um indicativo da ausência de dolo do agente, salvo se houver circunstâncias que demonstrem o contrário; 2º) a denúncia deverá indicar a existência de especial finalidade do agente de lesar o erário ou de promover enriquecimento ilícito; 3º) a denúncia deverá descrever o vínculo subjetivo entre os agentes" (INFO 856 DO STF).

43 LEITE, Alaor. Dolo e o crime de dispensa ou inexigência ilegal de licitação (art. 89 da Lei 8.666/1993) interpretação restritiva do tipo penal, responsabilidade penal do Gestor Público e a relevância jurídica da opinião técnica da Procuradoria do Município (STF, Inq. 2.482). Revista brasileira de ciências criminais, ISSN 1415-5400, Nº. 104, 2013, p. 16.

44 GRECO FILHO, Vicente. Dos crimes da Lei de licitações. São Paulo: Saraiva, 2ª. ed., 2007, p. 60.

atingida pela dispensa ou inexigibilidade indevida da licitação. Alaor Leite também defende que se trata de crime de perigo abstrato: "ao desrespeitar o procedimento legal, o Gestor Público pratica uma ação que, em si, coloca em perigo o bem jurídico 'higidez da Administração Pública'. O procedimento legal visa exatamente proteger este bem jurídico, e já o desrespeito ao procedimento representa, na visão do legislador, um perigo a esse bem jurídico".[45]

A própria Lei n. º 4.717/1965, ao regular a ação popular, sempre classificou como hipóteses autônomas e igualmente lesivas, de um lado, a compra de bens por preço "superior ao corrente no mercado" e, de outro, a celebração de contratos "sem prévia concorrência pública ou administrativa", mediante processo cujo caráter competitivo foi indevidamente reduzido ou com "desobediência a normas legais" ou "regulamentares" (Art. 4º, III, "a", "b", "c", e V, "a" e "b").

A exigência de dano, muitas vezes impossível de ser apurado, leva a uma proteção deficiente do bem jurídico tutelado pela norma, além de ausência de desejável efeito dissuasivo do direito penal.

O STJ, desde 2008, vem proferindo decisões de que o crime do artigo 89 da Lei de Licitações, por proteger uma série variada de bens jurídicos além do patrimônio público, tais como a moralidade administrativa, a legalidade, a impessoalidade e também o respeito ao direito subjetivo dos licitantes ao procedimento formal previsto em lei, é de **mera conduta**, não exigindo qualquer resultado naturalístico para a consumação, como, por exemplo, o efetivo prejuízo ao erário (HC 94.720/PE, Rel. Min. Felix Fisher, DJ 18.08.2008 e 113.067/PE, Rel. Min. Og Fernandes, Dje 10.11.2008; Resp. 1073676/MG, Rel. Min. Napoleão Nunes Maia Filho, 5ª T, j. 23/02/2010, DJe 12/04/2010; HC 113067/PE, Rel. Min. Og Fernandes, 6ª T, j. 21/10/2008, DJe 10/11/2008 e HC 171.152/SP, DJe 11/10/2010).

E se houver **alteração dos limites de dispensa ou inexigibilidade**, por meio de alteração legislativa?[46] Nesse caso, a alteração do complemento não torna atípica a conduta imputada ao agente, de modo que não há se falar em *abolitio criminis* ou retroatividade de Lei mais benéfica. Segundo o Supremo Tribunal Federal, "a alteração do complemento da norma penal em branco só tem influência quando importe em real modificação da figura abstrata do direito penal e não quando importe a mera modificação de circunstância que, na realidade, deixa subsistente a norma" (HC 73.168, Rel. Moreira Alves, sessão de 21.11.95). O STJ também já entendeu que a mera alteração dos limites de dispensa e inexigibilidade, sem alteração do tipo previsto, não implica descriminalização da conduta, sendo inaplicável ao caso o art. 3º. do CP (Resp. 474.989, Gilson Dipp, 5ª. T, 21.10.2003).

Em se tratando de hipótese de inexigibilidade, de forma semelhante já se decidiu: "O recorrente, na qualidade de prefeito, sofreu denúncia em razão da suposta prática do crime do art. 89 da Lei n. 8.666/1993, pois teria afastado a necessária licitação para a contratação de serviços de radiodifusão. Nesse contexto, não prospera a alegação de que sua conduta seria atípica devido ao advento da posterior Lei n. 9.648/1998 (alterou os valores que tornam inexigível a licitação), haja vista o ato tido por criminoso dever ser analisado pela legislação vigente à época. Não se está a desconhecer que a norma penal que venha a beneficiar o réu deve retroagir, pois a

45 LEITE, Alaor. Dolo e o crime de dispensa ou inexigência ilegal de licitação (art. 89 da Lei 8.666/1993)interpretação restritiva do tipo penal, responsabilidade penal do Gestor Público e a relevância jurídica da opinião técnica da Procuradoria do Município (STF, Inq. 2.482). Revista brasileira de ciências criminais, ISSN 1415-5400, Nº. 104, 2013, p. 17.

46 A alteração dos limites financeiros de dispensa da licitação foi feita, recentemente, pelo Decreto Federal nº 9.412/2018, o que ensejará a aplicação das lições a seguir expostas.

análise detida do sentido da norma em questão denota que ela não alberga situações como a da hipótese. A novel legislação veio atualizar os parâmetros monetários referentes aos limites que impunham a inexigibilidade da licitação, pois se deve levar em conta a época em que a moeda perdia valor mensalmente. Nesse cenário, era imprescindível a atuação periódica do legislador para proceder aos necessários ajustes. Do contrário, estaria convalidada verdadeira burla ao sistema de inexigibilidades, pois, sempre durante o julgamento das ações penais, seria cabível acolher a atipicidade da conduta, em virtude da atualização legal dos valores. Daí não se aplicar a retroação da Lei n. 9.648/1998. Quanto à falta de dolo específico, conforme precedentes, ele é irrelevante para a configuração dos crimes previstos na Lei de Licitações." Precedentes citados: HC 122.011-PR, DJe 28/6/2010, e HC 113.067-PE, DJe 10/11/2008" (STJ – Resp. 1.058.261-RS, Rel. Min. Jorge Mussi, j. 16/12/2010).

Ação Penal

Nos termos do artigo 100 da Lei de Licitações, trata-se de crime de ação penal pública incondicionada.

> **Art. 90.** Frustrar ou fraudar, mediante ajuste, combinação ou qualquer outro expediente, o caráter competitivo do procedimento licitatório, com o intuito de obter, para si ou para outrem, vantagem decorrente da adjudicação do objeto da licitação:
> Pena – detenção, de 2 (dois) a 4 (quatro) anos, e multa.

Bem Jurídico Tutelado

São tutelados nesse tipo penal a moralidade administrativa, a boa-fé, a lisura do processo de licitação, e, mais especificamente, o princípio da igualdade entre os licitantes e a observância do caráter competitivo do certame (vide art. 3º da Lei de Licitações). Secundariamente também é tutelado o patrimônio do ente público.

Sujeitos do Crime

O sujeito ativo desse tipo pode ser tanto o servidor público quanto o particular que tenha interesse em participar do processo licitatório.

Sujeito passivo é a entidade cuja licitação foi frustrada ou fraudada – vide artigo 85 da Lei 8.666/1993. Secundariamente, os sujeitos passivos são os possíveis concorrentes da licitação alheios à fraude.

Condutas

Os núcleos verbais são frustrar (*fazer falhar*) ou fraudar (*enganar ou trapacear*). Novamente, trata-se de tipo penal misto alternativo, entendido como aquele em que "a Lei estabelece diversos núcleos que, se praticados no mesmo contexto fático, caracterizam o cometimento de apenas um delito".[47]

Como se sabe, a competição entre os licitantes assegura a seleção da proposta mais vantajosa para a administração pública. Mas para ser real, a competição pressupõe respeito ao

47 CUNHA. Rogério Sanches. Manual de direito penal: parte geral (arts. 1 *o* ao 120). 4. ed. Salvador: JusPodivm, 2016. p. 250.

princípio da isonomia, a existência de mais de um interessado e que a escolha do vencedor (licitante) seja realizada por meio da análise de critérios objetivos de julgamento.

O crime em estudo, portanto, consiste em qualquer conduta que macule o caráter competitivo do procedimento licitatório, seja atingindo a isonomia, seja manipulando o número de interessados, seja beneficiando a proposta de um dos interessados no certame.

A preocupação da Lei 8.666/1993 com o caráter competitivo do certame é tamanho que, em seu artigo 3º, § 1º, cria deveres específicos de supervisão aos agentes públicos, a fim de extirpar qualquer ato que o macule. A Lei chega mesmo a proibir que os agentes públicos tolerem atos desse tipo, razão pela qual cria uma obrigação jurídica inescusável, o que caracteriza o dispositivo como norma de extensão para omissões penalmente relevantes. Assim, se um edital de licitação contém uma cláusula discriminatória que comprometa, restrinja ou frustre o caráter competitivo do certame, mas o agente público se omite e nada faz para saná-la, face o dever imposto pela norma do art. 3º, § 1º, da Lei 8.666/1993, pode ser penalmente responsabilizado por sua omissão imprópria.

Qualquer tipo de ajuste, combinação ou outro malicioso expediente que atinja o real caráter competitivo da licitação pode caracterizar o delito em tela. Trata-se de crime de ação livre que admite, ante a redação final do tipo, interpretação extensiva.

O ajuste, a combinação ou o expediente capaz de frustrar ou fraudar a competição podem ser realizados com ou sem a participação do servidor público, bem como podem ser meramente parciais.

Os casos mais comuns de fraude à licitação são:

- *Sobrepreço* – É a fixação de preços superiores aos de mercado. O artigo 31, § 1º, I, da Lei 13.303/16 define que há sobrepreço quando os preços orçados para a licitação ou os preços contratados são expressivamente superiores aos preços referenciais de mercado, podendo se referir ao valor unitário de um item, se a licitação ou a contratação for por preços unitários de serviço, ou ao valor global do objeto, se a licitação ou a contratação for por preço global ou por empreitada.
- *Direcionamento da licitação* – A estratégia consiste na exigência de qualificações técnicas específicas desnecessárias para um serviço ou produto, beneficiando assim apenas um dos concorrentes. Outra maneira de direcionar é impedir o conhecimento da licitação, deixando de publicar seu edital no *Diário Oficial* ou chamamento reiterado das mesmas empresas ou de empresas que sabidamente não tem condições de competir com o fornecedor beneficiado pelo acordo.
- *Cobertura ou rodízio* – Faz-se um acordo entre o responsável pela licitação e um dos concorrentes ou entre os próprios concorrentes. No primeiro caso, uma das empresas que participa da licitação consegue informações privilegiadas, que lhe garantem a vitória. Os concorrentes também podem combinar entre si as propostas ou retirá-las em cima da hora, para que um deles garanta a vitória, com a vantagem, na maioria dos casos, de fechar o negócio com propostas superfaturadas.
- *Empresas ligadas ao mesmo grupo econômico ou familiar* – Espécie de fraude relacionada às licitações na modalidade convite. Consiste na convocação de empresas administradas pelas mesmas pessoas para participarem do certame.

- *"Escada" e o "mergulho"* – São espécies de fraudes ligadas ao pregão. Consistem no prévio ajuste e na atuação conjunta de empresas para manipular o resultado da licitação. Como se sabe, no pregão, há inversão das fases de análise das propostas e da habilitação, além do oferecimento de lances verbais para a obtenção da melhor proposta. Nele, serão classificados para a fase de lances verbais apenas o autor da proposta de valor mais baixo e os das ofertas com preços até 10% (dez por cento) superior àquela, ou, não havendo pelos menos 03 (três) em tais condições, os autores das melhores propostas, até o máximo de 03 (três), quaisquer que sejam os preços oferecidos. Previamente ajustados, os licitantes apresentam propostas com valores muito próximos, alcançando juntos a fase de lances verbais, excluindo da competição outros licitantes estranhos ao grupo, o que permite, como se utilizassem de uma escada, que alcancem essa etapa do procedimento. Esse expediente é geralmente conjugado com o "mergulho", que consiste na apresentação, por um dos participantes, de proposta com valores bem reduzidos ou até mesmo inexequíveis para assegurar que apenas os licitantes previamente ajustados realmente cheguem à fase de lances. Posteriormente, o "mergulhador" é considerado inabilitado ou não atende à convocação da Administração para assinar o contrato, o qual é celebrado com o segundo colocado pelo valor de sua proposta, nos termos do artigo 4º, inciso XXIII, da Lei nº 10.520/02. O expediente do "mergulho" também é utilizado no pregão por via eletrônica, o qual, segundo o Decreto nº 5.450/05, prevê que todos os licitantes cujas propostas forem consideradas em conformidade com as exigências do edital serão classificados para a fase de lances, na forma digital. Os licitantes somente oferecem lances inferiores aos últimos ofertados e registrados pelo sistema eletrônico. Assim, os licitantes previamente ajustados se valem do "mergulho" oferecendo dois lances sucessivos, sendo o último inexequível e que encerra a disputa. Em seguida, é utilizado o mesmo expediente aplicado no pregão presencial: o "mergulhador" é considerado inabilitado ou não atende à convocação da Administração para assinar o contrato, o qual é celebrado com o segundo colocado pelo valor de sua proposta.
- *Julgamento das propostas em desconformidade com o instrumento convocatório*: Espécie de fraude ligada a todas as modalidades de licitação, consistente na violação do princípio da vinculação ao instrumento convocatório estabelecido no artigo 41 da Lei nº 8.666/1993, beneficiando um proponente ajustado com o agente público responsável pelo certame.
- *Participação de pessoas jurídicas inexistentes ou "empresas fantasmas"*: Fraude ligada às licitações na modalidade de convite. Consiste na convocação pela Administração de empresas fisicamente inexistentes para a participação no certame apenas para atingir o número mínimo exigido pelo artigo 22, § 3º, da Lei nº 8.666/1993 e, dessa forma, possibilitar a contratação do proponente previamente ajustado com o agente público responsável pela licitação.
- *Convocação de empresas de ramo de atividade diverso do objeto da licitação ou incapazes de executar o objeto do contrato*: Fraude ligada às licitações na modalidade de convite. Consiste na convocação de empresas de ramo diverso do objeto do contrato ou que não possuem condições de executá-lo que, em razão disso, não apresentarão propostas ou serão desclassificadas, sagrando-se vencedora do certame a empresa previamente ajustada com os agentes públicos responsáveis pelo certame.

Segundo Marçal Justen Filho[48], para a configuração da frustração ou da fraude do certame não é necessário o comprometimento total da eficácia da licitação, bastando que alguns de seus aspectos sejam atingidos.

Essa conduta pode configurar também infração à Lei de Improbidade Administrativa (art. 10, VIII, da Lei 8.429/1992) e Lei Anticorrupção Empresarial (art. 5º., IV, 'a', ou, 'f', da Lei 12.846/13), que são esferas de responsabilidade extrapenal, autônomas entre si e independentes da esfera de responsabilidade criminal.[49]

Voluntariedade

O tipo tem previsão de dolo específico, que nada mais são do que elementos específicos do tipo, que é o de obter, para si ou para outrem, vantagem decorrente da adjudicação (STF, HC 116.680/DF, 2ª T., Rel. Min. Teori Zavascki, DJe de 12-02-2014) e STJ (STJ, AgRg nº 983.730/RS, Rel. Min. Napoleão Nunes Maia Filho, DJe de 04.05.2009).

Entende-se como adjudicação o ato pelo qual a autoridade competente atribui ao licitante vencedor o objeto da licitação. Tem natureza constitutiva, isto é, por meio desse ato, a pessoa beneficiária passa a ter preferência na contratação. A adjudicação produz os seguintes efeitos: 1) coloca o adjudicatário em uma posição especial, pois cria para ele uma expectativa contratual; 2) impede a contratação de terceiros para executar o objeto adjudicado, salvo no caso de recusa do próprio adjudicatário; e 3) libera os demais licitantes dos compromissos assumidos.

Note-se que o dolo específico, partindo do que está descrito no tipo, se satisfaz com o intuito de obter a vantagem decorrente da adjudicação, o que não se confunde com a contratação propriamente dita.

Não se admite a forma culposa.

Consumação e Tentativa

Trata-se de crime formal. O delito consuma-se com a prática da conduta apta a frustrar ou fraudar o caráter competitivo, sendo desnecessária, porém, a obtenção da vantagem decorrente da adjudicação do objeto da licitação. Assim, o crime será consumado se o agente utiliza o expediente ilícito, frauda ou frustra o certame, mas não consegue obter a vantagem decorrente da adjudicação do objeto da licitação, por circunstâncias alheias à sua vontade. Neste sentido já decidiu o STJ: ""O delito do art. 90 da Lei 8.666/93 tem natureza formal, ocorrendo sua consumação mediante o mero ajuste, combinação ou adoção de qualquer outro expediente com o fim de fraudar ou frustrar o caráter competitivo da licitação, independentemente da obtenção da vantagem (adjudicação do objeto licitado para futura e eventual contratação). Precedentes do STF e do STJ" (REsp 1.623.985, j. 17/05/2018).

A obtenção de vantagem com a adjudicação do objeto da licitação é mero exaurimento do crime.

Exatamente por isso, o STJ decidiu que: "a anulação do certame licitatório, em razão do evidente ajuste prévio entre os licitantes, não afasta a tipicidade da conduta prevista no

48 JUSTEN FILHO, Marçal. Comentários à Lei de licitações e contratos administrativos. 16ª ed. São Paulo: RT, 2014. p.1178.

49 Sobre a natureza da responsabilidade instituída pela Lei 12.846/2013 e seus tipos legais, vide nossa obra Lei Anticorrupção Empresarial. Rogério Sanches Cunha e Renee Souza. Salvador: JusPodivm, 2017.

art. 90 da Lei 8.666/93." (RHC 18.598/RS, 5ª T., rel. Min. Laurita Vaz, j. em 06.11.2007, DJ de 10.12.2007).

Tentativa é admissível, quando o agente atua mediante ajuste, combinação ou outro expediente, mas não consegue frustrar ou fraudar o caráter competitivo do procedimento licitatório. Nesse caso, é necessário que o expediente seja idôneo a ludibriar o certame, pois, em caso contrário, deverá ser reconhecido o crime impossível (art. 17 do CP), em face da ineficácia absoluta do meio de execução.

Não configura *bis in idem* a condenação pela prática da conduta tipificada no art. 90 da Lei 8.666/1993 (fraudar o caráter competitivo do procedimento licitatório) em concurso formal com a do art. 96, I, da mesma Lei (fraudar licitação mediante elevação arbitrária dos preços). STJ. 5ª Turma. Resp. 1.315.619-RJ, Rel. Min. Campos Marques (Desembargador convocado do TJ-PR), j. 15/8/2013 (Info 530).

Ação Penal

Nos termos do artigo 100 da Lei de Licitações, trata-se de crime de ação penal pública incondicionada.

> **Art. 91.** Patrocinar, direta ou indiretamente, interesse privado perante a Administração, dando causa à instauração de licitação ou à celebração de contrato, cuja invalidação vier a ser decretada pelo Poder Judiciário:
>
> Pena – detenção, de 6 (seis) meses a 2 (dois) anos, e multa.

Bem Jurídico Tutelado

São tutelados, nesse tipo penal, a moralidade e impessoalidade da administração pública, além do normal desempenho do cargo público, o qual exige que o agente público esteja a serviço exclusivo do Estado. Secundariamente também é tutelado o patrimônio do ente público.

Sujeitos do Crime

Trata-se de crime próprio, pois o sujeito ativo desse tipo somente pode ser o servidor público, nos termos do artigo 84 da lei.

A condição pessoal do agente (de servidor público) comunica-se ao coautor, porque elementar do crime (CP, art. 30), razão pela qual se admite a coautoria e participação com extraneus, desde que ele tenha conhecimento dessa condição pessoal do autor.

Sujeito passivo é o Estado.

Condutas

O núcleo verbal é patrocinar, que significa *postular, pleitear ou defender* pretensão de particular perante a Administração Pública.

A atuação é feita no interesse privado o que caracteriza o desvio de finalidade do servidor público.

Trata-se de crime especial de **advocacia administrativa**, previsto também no art. 321 do Código Penal, art. 3º, III, Lei 8.137/90 e art. 334 do Código Penal Militar.

Nesse tipo especial, porém, o legislador exigiu que o favorecimento ou proteção prestados pelo agente público resultem na instauração de processo licitatório ou celebração de contrato.

Além disso, como **condição de punibilidade**, o tipo ainda exige que a licitação e o contrato sejam invalidados pelo Poder Judiciário, condição objetiva de punibilidade, tal qual a sentença de falência para os crimes falimentares. Caso a anulação seja feita pela própria administração, eventualmente, pode restar análise da conduta à luz do crime do art. 321 do Código Penal.

Ao contrário do crime do Código Penal, esse tipo não exige que o funcionário se valha da função pública para prática do crime, o que é adequado ante a especificidade da postulação. Ademais, como lembra Jessé Torres Pereira Junior, "o interesse advogado é de ser privado, estranho, portanto, ao interesse público e, necessariamente, alheio, porquanto é impossível o servidor ser titular de interesse próprio que importe abertura de certame licitatório ou celebração de contrato com o Poder Público, vez que a norma estatutária lhe veda o exercício de atividade comercial".[50]

O crime pode ser executado diretamente, isto é, pelo próprio servidor público, ou indiretamente, por meio de interposta pessoa.

Voluntariedade

O elemento subjetivo é o dolo, consistente na vontade livre e consciente de patrocinar os interesses do particular junto à Administração. Exige-se o dolo específico consistente em promover a instauração de processo licitatório ou celebração de contrato.

Inexiste forma culposa.

Consumação e Tentativa

Trata-se de crime material e que se consuma com a instauração da licitação ou a celebração do contrato, aliados à invalidação pelo Poder Judiciário.

Não admite a forma tentada, uma vez que o tipo penal subordina a sua caracterização à invalidação pelo Poder Judiciário. Assim, caso o agente realize o patrocínio do interesse privado, mas, por circunstâncias alheias à sua vontade, sua atuação não resulte na instauração da licitação ou celebração do contrato, diante da falta de objeto a ser invalidado pelo Poder Judiciário, não haverá satisfação à condição objetiva de punibilidade e, portanto, não haverá crime tentado.

Ação Penal

Nos termos do artigo 100 da Lei de Licitações, trata-se de crime de ação penal pública incondicionada.

Por se tratar de crime de menor potencial ofensivo, aplicam-se os benefícios da Lei nº 9.099/95. Em caso de condenação, é cabível a substituição da pena privativa por pena restritiva de direitos, observados os requisitos do artigo 44, ou a concessão de *sursis*, nos termos do artigo 77, ambos do Código Penal.

50 PEREIRA JUNIOR, Jessé Torres. Comentários à Lei das licitações e contratações da administração pública. Rio de Janeiro: Renovar. 8ª. ed., 2009. p. 910.

Art. 92. Admitir, possibilitar ou dar causa a qualquer modificação ou vantagem, inclusive prorrogação contratual, em favor do adjudicatário, durante a execução dos contratos celebrados com o Poder Público, sem autorização em lei, no ato convocatório da licitação ou nos respectivos instrumentos contratuais, ou, ainda, pagar fatura com preterição da ordem cronológica de sua exigibilidade, observado o disposto no art. 121 desta Lei:

Pena – detenção, de dois a quatro anos, e multa.

Parágrafo único. Incide na mesma pena o contratado que, tendo comprovadamente concorrido para a consumação da ilegalidade, obtém vantagem indevida ou se beneficia, injustamente, das modificações ou prorrogações contratuais.

Bem Jurídico Tutelado

Tutela o princípio da manutenção do equilíbrio econômico-financeiro do contrato, que se encontra consagrado no art. 37, XXI, da Constituição da República, o qual estabelece a necessidade de manutenção das "condições efetivas da proposta" vencedora na licitação ou na contratação direta (regido pelo art. 41 da Lei 8.666/1993). São protegidos também a moralidade administrativa, a boa-fé e a lisura do contrato administrativo, e mais especificamente, o princípio da igualdade entre os credores da administração pública. Secundariamente ainda é tutelado o patrimônio do ente público[51].

Sujeitos do Crime

Trata-se de crime próprio, porque é sujeito ativo desse crime somente o servidor público competente para admitir (por exemplo, gestor que decide), possibilitar (por exemplo, profissional que dá parecer justificando a decisão) ou dar causa (por exemplo, engenheiro que faz a medição da obra) à modificação contratual é que pode praticá-lo.

O parágrafo único é norma de extensão que estabelece a regra do concurso de pessoas de modo que, se o particular concorrer para o crime, deverá ser por ele corresponsável. A condição pessoal do agente (de servidor público) comunica-se ao coautor, porque elementar do crime (CP, art. 30), razão pela qual se admite a coautoria e participação com extraneus, desde que ele tenha conhecimento dessa condição pessoal do autor.

A redação do dispositivo parece condicionar a corresponsabilidade à consumação da ilegalidade ou à obtenção da vantagem indevida decorrente da prorrogação do contrato com o Poder Público. Todavia, ainda que inexistentes essas circunstâncias, o particular pode ser coautor ou partícipe considerando a incidência do artigo 29 do Código Penal, aplicável à Lei especial ante o disposto no artigo 12 do Estatuto Repressivo.

Sujeito passivo é a entidade cujo contrato foi modificado ou prorrogado – vide artigo 85 da Lei 8.666/1993.

---

51 Especificadamente quanto ao crime de pagamento antecipado, colhe-se do trabalho de Reuder Motta que "A tolerância ao descumprimento do artigo 5º da Lei nº 8.666/92 é capaz de causar uma série de distorções na Administração Pública, inclusive, colocando-a em situação de vulnerabilidade a lesões decorrentes de atos de corrupção" (MOTTA, Reuder Cavalcante. A ordem cronológica de pagamentos na Administração Pública e a nova transparência. *Fórum de Contratação e Gestão Pública – FCGP*, Belo Horizonte, ano 12, n.133, jan. 2013. Disponível em: <http://www.bidforum.com.br/bid/PDI0006.aspx?pdiCntd=84258>. Acesso em: 31 maio 2017)

No caso de infração à segunda parte do tipo (*pagamento em violação à ordem cronológica*) os credores preteridos também são sujeitos passivos do crime.

Condutas

Há, na verdade, **dois crimes no tipo penal**.

No **primeiro, de modificação ilegal do contrato,** são três núcleos verbais: admitir *(aceitar, acolher, concordar)*, possibilitar *(permitir, dar condições)* ou dar causa (*causar, criar, realizar*). Nesse primeiro grupo de ações, verifica-se relação de prejudicialidade entre as condutas, caracterizando-se como tipo misto alternativo, entendido como aquele em que "a Lei estabelece diversos núcleos que, se praticados no mesmo contexto fático, caracterizam o cometimento de apenas um delito".[52]

Após a adjudicação, a regra é a de que o contrato celebrado pela Administração deve ser cumprido tal como negociado (art. 66 da Lei 8.666/1993). A alteração do contrato é medida excepcional. Qualquer alteração contratual deve, obviamente, ser motivada pela autoridade administrativa, ficando vinculada aos fundamentos alegados.

Por isso, esse delito pressupõe a realização de uma licitação, recaindo as condutas típicas sobre a correta execução do contrato dela decorrente.

As causas legais de modificações e prorrogações dos contratos administrativos estão previstas nos artigos 57 e 65 da Lei 8.666/1993. O artigo 81 da Lei 13.303/2016 possui casos específicos de alteração dos contratos. As modificações e prorrogações só são admissíveis nessas hipóteses legais e, além disso, se previstas no edital e no instrumento contratual, conforme prevê o tipo penal, inclusive.

As modificações e prorrogações contatuais são mecanismos que buscam manter o equilíbrio econômico-financeiro do contrato e asseguram a equação financeira inicial do ajuste, estabelecida a partir da proposta vencedora na licitação, a qual deve ser preservada durante toda a vigência do contrato.

"A alteração no curso da execução do contrato pode frustrar a competitividade e a isonomia na medida em que outros podem ter deixado de concorrer ou perdido, por conta de maior preço, vindo a modificação posterior a alterar as condições da competição e favorecer, irregularmente, o contratado".[53]

Por isso, as alterações somente são aceitáveis nas hipóteses de fatos supervenientes à fase de apresentação das propostas ou preexistentes e completamente desconhecidos, tanto da Administração como do contratado, sob pena de caracterização de fraude por violação aos princípios da licitação, previstos no artigo 3º da Lei nº 8.666/1993.[54]

Não se admite, por óbvio, que, em caso de modificação, seja inserido objeto novo no contrato anteriormente pactuado. A contratação assim feita equivalerá à contratação sem licitação.

O agente público que admite, possibilita ou dá causa às modificações ou prorrogações dos contratos administrativos, fora das hipóteses legais, está incurso nesse delito.

---

52 CUNHA. Rogério Sanches. Manual de direito penal: parte geral (arts. 1 *o* ao 120). 4. ed. Salvador: JusPodivm, 2016. p. 250.

53 BALTAZAR JUNIOR, José Paulo. Crimes Federais. São Paulo: Saraiva. 10ª. ed. 2015. p. 896.

54 A Lei 4.717/1965 (Lei da Ação Popular) prevê, textualmente, a nulidade das prorrogações contratuais indevidas no artigo 4º., inciso IV.

Como bem observa Vicente Greco Filho, "em parte essas situações são devidas à falta de planejamento da Administração, que nem sempre tem condições, ao licitar e contratar, de dimensionar corretamente, em todos os seus aspectos, a obra ou o serviço, mas também, em muitos casos, tanto o administrador quanto o contratado sabem que o contrato original é inviável, mas celebram-no contando com prorrogações, alterações e aditamentos, evidentemente com burla do procedimento licitatório e sacrifício do interesse público e da moralidade administrativa".[55]

Embora seja crime de ação livre, a Lei 13.303/16, no artigo 31, § 1º, II, alíneas "a" a "d", prevê alguns exemplos de condutas que caracterizam o delito em estudo, tais como modificações ou prorrogações de contratos (a) pela medição de quantidades superiores às efetivamente executadas ou fornecidas; (b) pela deficiência na execução de obras e serviços de engenharia que resulte em diminuição da qualidade, da vida útil ou da segurança; (c) por alterações no orçamento de obras e de serviços de engenharia que causem o desequilíbrio econômico-financeiro do contrato em favor do contratado; e (d) por outras alterações de cláusulas financeiras que gerem recebimentos contratuais antecipados, distorção do cronograma físico-financeiro, prorrogação injustificada do prazo contratual com custos adicionais para a empresa pública ou a sociedade de economia mista ou reajuste irregular de preços.

A vantagem obtida pelo adjudicatário é a mera modificação ou prorrogação indevida do contrato, independentemente de haver superfaturamento.

A **segunda parte** do artigo, **"pagar fatura com preterição da ordem cronológica de sua exigibilidade"**, tipifica outra conduta que não guarda relação direta com a anterior, de modo que, nesse caso, caracteriza-se como tipo misto cumulativo, entendido como aquele em que "a Lei estabelece várias condutas nucleares que, se praticadas seguidamente, ainda que em contexto único, ensejam o concurso material".[56]

A conduta é pagar (*quitar, saldar*) a fatura, entendida aqui como a dívida expressa por meio de documento que atesta a dívida, sem obediência à ordem cronológica estabelecida pelo artigo 5º. da Lei 8.666/1993, que dispõe: "todos os valores, preços e custos utilizados nas licitações terão como expressão monetária a moeda corrente nacional, ressalvado o disposto no art. 42 desta Lei, devendo cada unidade da Administração, no pagamento das obrigações relativas ao fornecimento de bens, locações, realização de obras e prestação de serviços, obedecer, para cada fonte diferenciada de recursos, a estrita ordem cronológica das datas de suas exigibilidades, salvo quando presentes relevantes razões de interesse público e mediante prévia justificativa da autoridade competente, devidamente publicada".

O dispositivo tem a mesma ideia contida no art. 100 da Constituição Federal que instituiu a ordem cronológica de pagamento dos precatórios.

Parte-se do princípio de que, em respeito aos princípios constitucionais da impessoalidade, da moralidade e transparência, deve o pagamento dos credores do Poder público ser feito mediante obediência a uma ordem (sequência) de sua exigibilidade. Obedecer a uma ordem cronológica de pagamento, prevista na parte final do art. 37 da Lei 4.320/1964, é prática que se

55 GRECO FILHO, Vicente. Dos crimes da Lei de licitações. São Paulo: Saraiva, 2ª. ed., 2007. p. 87.

56 CUNHA. Rogério Sanches. Manual de direito penal: parte geral (arts. 1 o ao 120). 4. ed. Salvador: JusPodivm, 2016. p. 250.

insere na condução impessoal da administração pública, que deve agir sem protecionismos ou retaliações aos seus credores.

Relembre-se que a Lei 4.320/64 regulamenta o processo de pagamento com os seguintes passos: prévio empenho (arts. 58 a 61), em que ocorre o reconhecimento formal da existência do débito; identificação do credor lançado em documento específico (nota de empenho); a liquidação, que é a verificação do direito do credor em face dos títulos e documentos comprobatórios do crédito (art. 63); e o pagamento, que nada mais é que a entrega do numerário ao credor, mediante quitação, na forma e condições legais (arts. 62, 64 e 67).

O tipo penal em estudo utiliza a expressão "fatura", que é documento emitido pelo fornecedor, com propósito de expressar a entrega/fornecimento do produto/serviço, documento cuja confecção se insere, nesse processo legal, na fase de liquidação.

Ora, a liquidação consiste na **verificação** do direito adquirido do credor, por meio da comprovação de que o bem fornecido ou serviço prestado está em total conformidade com as condições de entrega, critérios de qualidade, quantidade e valor dispostos na nota de empenho, nota fiscal, contrato, convênio, acordo ou ajuste (arts. 15, § 8º, 73, inciso II, § 1º e 74, todos da Lei nº 8.666/1993).

Por isso, segundo o TCDF, "*o marco inicial para contagem da ordem cronológica de que trata o art. 5º da Lei 8.666/1993 é* **o registro da liquidação da despesa**"[57], sob a **responsabilidade de cada unidade, de modo que l**iquidada a despesa, ocorre o ingresso na ordem cronológica de pagamento da unidade e por fonte de recursos.

Assim, no caso de existirem vários particulares contratados, todos aguardando a quitação de parcelas e obrigações de contratos administrativos, deve o pagamento ser feito mediante obediência a uma ordem (sequência) de sua exigibilidade.

O pagamento antecipado ou invertido dessa ordem cronológica caracteriza o crime em tela.

Observe-se que o § 3º do artigo 5º da Lei 8.666/1993 estabelece regra especial para o pagamento de obrigações cujo valor não ultrapasse o limite de que trata o inciso II do artigo 24.

Trata-se do **crime de pagamento antecipado**, semelhante ao tipo penal previsto no art. 1º, inciso XII, do Decreto-Lei 201/1967, porque ambos tipificam a conduta do gestor que, na essência, descumprem a ordem cronológica de pagamento. O crime do Decreto-Lei utiliza-se de elementares mais abertas, mas é especial porque se refere exclusivamente aos credores do município e tem como sujeito ativo apenas o Prefeito Municipal.

Essa conduta pode configurar também infração à Lei Anticorrupção Empresarial (art. 5º, IV, 'f', ou, 'g', da Lei 12.846/13), que instituiu a responsabilização administrativa e civil de pessoas jurídicas pela prática de atos contra a administração pública, nacional ou estrangeira.

Voluntariedade

Quanto ao elemento subjetivo, exige-se o dolo (direto ou eventual). O dolo está na conduta livre e consciente de praticar um dos núcleos verbais do tipo.

57 TCDF, Alínea "b", item VII, da Decisão nº 5.545/16.

Desnecessário elemento subjetivo especial ("dolo específico"), conclusão que se extrai da simples comparação com o crime previsto no artigo 90 da Lei nº 8.666/1993. A ausência de qualquer expressão como "com o fim de", "com o intuito de", "a fim de", é eloquente.

Os motivos que levaram o agente a admitir, possibilitar ou dar causa a modificação ou prorrogação contratual, fora das hipóteses previstas em lei, é de análise desnecessária.

Do mesmo modo, os motivos que o levaram a pagar a fatura com preterição da ordem cronológica também são indiferentes para aferição do dolo em sua conduta.

Além disso, fosse necessária a intenção de causar prejuízo ao erário mediante desvio de recursos, haveria confusão com o crime de peculato tentado.

Eventualmente, o **parecer jurídico que antecede a decisão** do servidor público pode levar à configuração do erro de proibição (CP, art. 21). Para tanto, necessária a análise acerca da idoneidade do parecer, inexistência de indício de que constitua etapa da suposta empreitada criminosa e aptidão para conferir embasamento jurídico ao ato, inclusive quanto à observância das formalidades do procedimento.

Anote-se, porém, que o parecer prévio da consultoria jurídica não é vinculante, situação que restaura a plena consciência da ilicitude do fato ao agente, ao decidir pela dispensa ou inexigibilidade da licitação. O erro capaz de afastar o dolo é aquele fruto da falta de conhecimento atual e potencial da ilicitude. Por outro lado, o erro não é capaz de afastar o dolo, quando do agente público é exigível padrão de conduta condizente com senso de responsabilidade compatível com sua gama de funções e com os princípios que regem a matéria. É injustificável que, no atual estágio de desenvolvimento da administração pública, o gestor aja sem empenho em se (in)formar ou conhecer adequadamente a possível gama de ilegalidades que margeiam seus atos. Logo, se a busca pela informação é viável, e mais do que isso, é dever inerente à função pública, não há que se falar em erro de proibição escusável.

Tem aplicação, nesses casos, a teoria da cegueira deliberada (*willfulblindness, consciousavoidance ou deliberateignorance*) que inclui na responsabilidade penal subjetiva, além dos casos de conhecimento efetivo dos elementos objetivos que configuram uma conduta criminosa, aqueles cujo desconhecimento foi, supostamente e intencionalmente, pretendido pelo agente. Em outras palavras, nesses casos, o agente pode e deve conhecer os elementos objetivos da conduta criminosa, mas prefere, deliberadamente, pôr-se ou manter-se na ignorância. O agente não toma ciência das ilegalidades, porque deliberadamente se esquiva de conhecê-las.

Desse modo, mesmo diante de um parecer jurídico favorável a prorrogação ou modificação de um contrato, é dever do agente público pautar sua decisão pelas regras do regime jurídico da administração, tais como, economicidade, planejamento, finalidade, etc. É seu dever adotar medidas para conhecer e informar-se sobre os inúmeros e multidisciplinares riscos, sejam de natureza contábil, financeira, jurídica ou social, capazes de levar à ilicitude da conduta. A ausência desse tipo de cautela é apta a compor a consciência direta do tipo subjetivo como, por exemplo, em casos em que o parecer utiliza-se de embasamento jurídico (doutrinário, legal e jurisprudencial) e tese jurídica inaceitável ou teratológica, ou não aponta manifestos vícios, de forma que maculam a legalidade do ato.

Além disso, no crime ora em comento, a ilegalidade da modificação ou prorrogação do contrato é objetivamente aferível, uma vez que seus pressupostos estão previstos textualmente na Lei 8.666/1993, o que permite ao agente público prever e evitar a conduta e riscos proibidos.

Inexiste a forma culposa.

Consumação e Tentativa

Trata-se de crime formal que se aperfeiçoa independentemente da verificação de prejuízo econômico e que se consuma com a prática de atos tendentes a modificar ou prorrogar o contrato, objetivando a obtenção da vontade ou, no caso da segunda parte do tipo, com a decisão de autorização do pagamento antecipado da fatura.

É possível tentativa no caso das condutas comissivas (admitir, possibilitar e pagar). É inadmissível, contudo, na conduta omissiva (dar causa).

Ação Penal

Nos termos do artigo 100 da Lei de Licitações, trata-se de crime de ação penal pública incondicionada.

> **Art. 93.** Impedir, perturbar ou fraudar a realização de qualquer ato de procedimento licitatório:
>
> Pena – detenção, de 6 (seis) meses a 2 (dois) anos, e multa.

Bem Jurídico Tutelado

São tutelados, nesse tipo penal, a moralidade administrativa, a boa-fé, a lisura do processo de licitação, e, mais especificamente, o regular funcionamento da administração pública.

Sujeitos do Crime

O sujeito ativo do delito pode ser qualquer pessoa, inclusive o servidor público.

O sujeito passivo é a entidade cuja licitação foi perturbada – vide artigo 85 da Lei 8.666/1993. É sujeito passivo secundário o licitante prejudicado pelo ato.

Condutas

Trata-se de delito que revogou tacitamente o artigo 335 do Código Penal.

Há três verbos no tipo. "Impedir" (*opor óbices*); "perturbar" (*atrapalhar, confundir*) e fraudar (*simular, falsear*). Trata-se de tipo misto alternativo, entendido como aquele em que "a Lei estabelece diversos núcleos que, se praticados no mesmo contexto fático, caracterizam o cometimento de apenas um delito".[58]

O delito pune qualquer ato que prejudica o desenvolvimento de cada uma das etapas que compõe o procedimento licitatório.

São tutelados os atos parcelares do procedimento licitatório, desde os iniciais, ainda que internos, como a estimativa de preço, ou externos, como a abertura do edital, até os atos finais, como os de julgamento[59] e adjudicação[60].

---

58 CUNHA. Rogério Sanches. Manual de direito penal: parte geral (arts. 1 o ao 120). 4. ed. Salvador: JusPodivm, 2016. p. 250.

59 É a fase/ato decisório em que é feito o confronto das ofertas, classificação das propostas e determinação do vencedor.

60 Ato final pelo qual a Administração atribui ao 'licitante', o objeto da licitação.

Como bem lembra Sidney Bittencourt, "resta acrescentar que a obstacularização legal do certame, por intermédio dos mecanismos que a Lei oferece, não está, evidentemente, sendo maculada por essa regra. Os interesses legítimos, motivados e fundamentados, devem ser preservados sempre que necessário".[61]

Todavia, trata-se de crime eminentemente subsidiário, cedendo lugar sempre que o ato praticado que prejudica o desenvolvimento da licitação se subsuma a outro tipo penal, mais específico, como os dos artigos 94 e 95 da Lei de Licitações.

Essa conduta pode configurar infração à Lei de Improbidade Administrativa (art. 10, VIII, da Lei 8.429/1992) e Lei Anticorrupção Empresarial (art. 5º., IV, b, da Lei 12.846/13) que são esferas de responsabilidade extrapenal, independentes entre si e independentes da esfera de responsabilidade criminal.

Voluntariedade

O elemento subjetivo é o dolo, que é a vontade livre e consciente de praticar um dos núcleos verbais do tipo.

Inexiste modalidade culposa.

Consumação e Tentativa

A consumação opera-se com prática da conduta que impede, perturba ou frauda o ato do procedimento licitatório. Trata-se de delito formal.

É admissível a tentativa.

Ação Penal

Nos termos do artigo 100 da Lei de Licitações, trata-se de crime de ação penal pública incondicionada.

Por tratar-se de crime de menor potencial ofensivo, aplicam-se os benefícios da Lei nº 9.099/95. Em caso de condenação, é cabível a substituição da pena privativa por pena restritiva de direitos, observados os requisitos do artigo 44, ou a concessão de *sursis*, nos termos do artigo 77, ambos do Código Penal.

> **Art. 94.** Devassar o sigilo de proposta apresentada em procedimento licitatório, ou proporcionar a terceiro o ensejo de devassá-lo:
>
> Pena – detenção, de 2 (dois) a 3 (três) anos, e multa.

Bem Jurídico Tutelado

São tutelados, nesse tipo penal, a moralidade administrativa, a boa-fé, a lisura do processo de licitação e, mais especificamente, o princípio do sigilo das propostas, consagrado no art. 3º, § 3º, da Lei 8.666/1993, que ressalva a publicidade quanto às propostas, até sua abertura e visa

61 BITTENCOURT, Sidney. Licitação passo a passo. Belo Horizonte: Fórum. 7ª. ed., 2014. p. 707.

impedir que um licitante fique em situação de vantagem perante os demais, por conhecer uma ou mais de uma proposta de seus concorrentes.

Sujeitos do Crime

Trata-se de crime comum. Qualquer pessoa que tenha acesso à proposta sigilosa pode ser o sujeito ativo. É a posição de Guilherme de Souza Nucci: "qualquer pessoa pode acessar os envelopes – embora mais comum, nesses casos, seja de a alçada do servidor público fazê-lo –, tomando conhecimento do seu conteúdo sigiloso. E, também, qualquer pessoa pode tornar oportuno a terceiro que tenha conhecimento da proposta".[62]

O sujeito passivo é a entidade cuja licitação foi devassada – vide artigo 85 da Lei 8.666/1993. É sujeito passivo secundário o licitante prejudicado pelo ato.

Condutas

Há dois verbos centrais: Devassar (*violar*) ou proporcionar (*promover, facilitar, permitir*). Trata-se de tipo misto alternativo, entendido como aquele em que "a Lei estabelece diversos núcleos que, se praticados no mesmo contexto fático, caracterizam o cometimento de apenas um delito".[63]

As condutas típicas recaem sobre o sigilo da proposta apresentada em procedimento licitatório, que constitui o objeto material do delito. Qualquer ato que implique o conhecimento da proposta sigilosa antes do momento oportuno, geralmente, a fase de abertura e julgamento, caracteriza o delito em estudo, desde que a proposta já esteja sob a guarda e responsabilidade do ente da Administração Pública.

O artigo 94 da Lei de Licitações revogou tacitamente o artigo 326 do Código Penal.

Referindo-se ao crime do Código Penal, mas aplicável ao caso, Nelson Hungria ensina que "é bem de ver que o devassamento terá de ser praticado em tempo útil, isto é, antes de expirado o prazo do edital ou antes do momento seletivo, de modo a permitir ou possibilitar a insídia de substituições ou alterações, ou quebra de normalidade da concorrência".[64]

A redação do artigo é confusa, mas a segunda parte deve ser entendida como a conduta daquele que permite a terceiro a oportunidade de devassar o sigilo da proposta, hipótese em que a conduta é omissiva.

Caso o terceiro efetivamente devasse o sigilo, haverá concurso de pessoas, e ambos respondem pela primeira parte do tipo.

Voluntariedade

O elemento subjetivo é o dolo, que é a vontade livre e consciente de praticar um dos núcleos verbais do tipo.

Inexiste modalidade culposa.

---

62 NUCCI, Guilherme de Souza. Leis Penais e Processuais Penais Comentadas. Rio de Janeiro: Forense. 8ª. ed., 2014. p. 536.

63 CUNHA. Rogério Sanches. Manual de direito penal: parte geral (arts. 1 *o* ao 120). 4. ed. Salvador: JusPodivm, 2016. p. 250.

64 HUNGRIA, Nelson. Comentários ao Código Penal. Ed. Forense. 2ª. 1958. p. 396.

Consumação e Tentativa

Quanto à primeira parte, o crime consuma-se com o devassar da proposta, independentemente de qualquer prejuízo à Administração. Nesse caso, é crime material, porque depende da quebra do sigilo da proposta.

É admissível a tentativa.

Na segunda modalidade, o crime é formal e omissivo, razão pela qual não admite tentativa.

Ação Penal

Nos termos do artigo 100 da Lei de Licitações, trata-se de crime de ação penal pública incondicionada.

Em caso de condenação, é cabível a substituição da pena privativa por pena restritiva de direitos, observados os requisitos do artigo 44, ou a concessão de *sursis*, nos termos do artigo 77, ambos do Código Penal.

> **Art. 95.** Afastar ou procurar afastar licitante, por meio de violência, grave ameaça, fraude ou oferecimento de vantagem de qualquer tipo:
>
> Pena – detenção, de 2 (dois) a 4 (quatro) anos, e multa, além da pena correspondente à violência.
>
> Parágrafo único. Incorre na mesma pena quem se abstém ou desiste de licitar, em razão da vantagem oferecida.

Bem Jurídico Tutelado

São tutelados, nesse tipo penal, a moralidade administrativa, a boa-fé, a lisura do processo de licitação e, mais especificamente, o princípio da igualdade entre os licitantes e a observância do caráter competitivo do certame. Secundariamente também são tutelados o patrimônio do ente público e a liberdade de ação dos licitantes.

Sujeitos do Crime

É crime comum, porque pode ser sujeito ativo qualquer pessoa.

O sujeito passivo é a entidade cuja licitação foi devassada – vide artigo 85 da Lei 8.666/1993. É sujeito passivo secundário o licitante prejudicado pelo ato.

Condutas

Trata-se de tipo penal que revogou tacitamente o artigo 335 do Código Penal.

Há dois núcleos verbais: afastar (*eliminar, separar ou retirar*) ou procurar afastar (*tentar tirar do caminho*). É outro tipo misto alternativo, entendido como aquele em que "a Lei estabelece diversos núcleos que, se praticados no mesmo contexto fático, caracterizam o cometimento de apenas um delito".[65]

65 CUNHA. Rogério Sanches. Manual de direito penal: parte geral (arts. 1 *o* ao 120). 4. ed. Salvador: JusPodivm, 2016. p. 250.

O modo de agir é bastante variável no tipo.

A violência (*vis absoluta*) é o emprego da força física, seja vias de fato, seja lesão corporal.

Grave ameaça (*vis relativa)* é a promessa de grave e iminente mal a ser provocado no licitante. Pode-se dar por promessa de morte, lesão ou prática de outro tipo de violência.

Fraude é o artifício, simulação, ardil, engodo ou outro qualquer outro expediente que mantém outrem em erro.

Oferecimento de vantagem é a disposição de pagamento em pecúnia ou outra vantagem como emprego, cargo, função, promoção ou apoio eleitoral diretamente a pessoa do licitante ou terceiro por ele indicado.

O ato de afastar o interessado em participar do certame poderá ocorrer em qualquer fase do processo licitatório.[66] Configura o crime, por exemplo, oferecer vantagem para empresa concorrente retirar a sua proposta, afastando-se do processo logo no seu nascedouro, ou quando, regularmente convocada, não assine o contrato. Anota Sidney Bittencourt: "atendendo-se ao sentido literal da regra legal, a conduta criminosa afasta, de forma ilícita, o licitante que está efetivamente participando da licitação, com a apresentação de envelopes. Não parece ter sido essa a única intenção do legislador. A finalidade, que deve ser procurada, independentemente de se tratar de regra penal (e não administrativa), foi, com clareza, alcançar também o afastamento, através da conduta desleal, daquele que possui condições legítimas de licitar e pretende participar do certame".[67]

O parágrafo único tipifica a conduta do licitante que aceita a vantagem oferecida e se afasta do certame. Embora fosse possível sustentar que ofertante e beneficiário responderiam pelo mesmo crime, tendo em vista a teoria monista ou unitária, segundo a qual todos os envolvidos em um fato ilícito devem responder pelo mesmo delito, o legislador fez a previsão expressa de corresponsabilidade do beneficiário da vantagem. Trata-se de tipificação salutar para proteção dos valores constitucionais que norteiam a licitação, notadamente ante a proteção que é dada ao seu caráter competitivo.

Trata-se de rara hipótese de tipificação da corrupção privada que procura punir atos de subornos praticados sem a presença de funcionários públicos, mas que produzem danos sociais graves.[68]

---

66 Como se sabe, a licitação tem uma fase interna e outra externa. A fase interna do certame inicia-se na repartição interessada quando a autoridade administrativa determina a realização da licitação, define seu objeto e indica os recursos hábeis para a despesa. A seguir, tem-se a fase externa com a audiência pública, fixação do edital ou envio do convite de convocação, recebimento da documentação e propostas, habilitação, julgamento das propostas, adjudicação e homologação

67 BITTENCOURT, Sidney. Licitação passo a passo. Belo Horizonte: Fórum. 7ª. ed., 2014. p. 710.

68 Anote-se que o Brasil é signatário da Convenção das Nações Unidas contra a Corrupção, firmada em novembro de 2009, pela qual se obrigou, conforme o art. 21, a tipificar o suborno no setor privado. Em razão disso, causa espécie a reação doutrinária brasileira contra a existência deste crime do art. 95 da Lei de Licitações. A corrupção privada é combatida no mundo todo e até mesmo de forma transnacional. Cita-se, como exemplo, o *Foreign Corrupt Practices Act (FCPA)*, Lei federal norte-americana promulgada em 1977. Destaca-se ainda o moderno *Bribery Act 2010*, legislação do Reino Unido, por meio do qual são puníveis pagamentos de suborno ou propina entre particulares, visando a vantagens indevidas. Trata-se do chamado *private-to-private bribery*, com até 10 (dez) anos de prisão e/ou multa. No Brasil, tramita no Congresso Nacional o Projeto de Lei nº 5.895/16, que tipifica o crime de corrupção no setor privado, por meio de alterações na Lei nº 9.279/96 que prevê como crime de concorrência desleal, a conduta do ente privado que prometer ou oferecer, receber ou aceitar vantagem para desviar clientela ou celebrar contratos de outro ente privado poderá ser apenado com

Jessé Torres Pereira Junior faz importante anotação: "se a deserção do licitante decorre de outro motivo que não o oferecimento da vantagem, inexiste tipicidade na conduta, sobretudo se decorrente de causa justificada em razão de fatos supervenientes somente conhecidos após o julgamento, como previsto no artigo 43, § 6º".[69]

Essa conduta pode configurar infração à Lei de Improbidade Administrativa, notadamente se houver fraude (art. 10, VIII, da Lei 8.429/1992) e à Lei Anticorrupção Empresarial (art. 5º., IV, c, da Lei 12.846/13), que são esferas de responsabilidade extrapenal, independentes entre si e independentes da esfera de responsabilidade criminal.

Voluntariedade

O elemento subjetivo é o dolo, que é a vontade livre e consciente de praticar um dos núcleos verbais do tipo.

Inexiste modalidade culposa.

Consumação e Tentativa

A figura do *caput* consuma-se com a mera tentativa de eliminação ou retirada do licitante. Trata-se de crime de atentado, segundo o qual a pena aplicada, independentemente da consumação da conduta, é a do crime consumado.

Já a figura do parágrafo único se consuma no momento em que o licitante se abstém ou desiste de licitar, pelo que se configura como crime material. Essa modalidade admite tentativa. Em razão da parte final do tipo (em razão da vantagem oferecida), vislumbra-se a desnecessidade de o licitante desistente ter efetivamente recebido a vantagem, sendo esse evento mero exaurimento do *iter criminis*.

Ação Penal

Nos termos do artigo 100 da Lei de Licitações, trata-se de crime de ação penal pública incondicionada.

Em caso de condenação, é cabível a substituição da pena privativa por pena restritiva de direitos, observados os requisitos do artigo 44, ou a concessão de *sursis*, nos termos do artigo 77, ambos do Código Penal.

Art. 96. Fraudar, em prejuízo da Fazenda Pública, licitação instaurada para aquisição ou venda de bens ou mercadorias, ou contrato dela decorrente:

I – Elevando arbitrariamente os preços;

II – Vendendo, como verdadeira ou perfeita, mercadoria falsificada ou deteriorada;

III – Entregando uma mercadoria por outra;

IV – Alterando substância, qualidade ou quantidade da mercadoria fornecida;

---

detenção, de 3 (três) meses a 1 (um) ano ou multa. Além desse, o projeto do Novo Código Penal (Projeto de Lei do Senado nº 236, de 2012) também tipifica a corrupção privada, ao trazer a chamada "Corrupção entre particulares", em seu art. 167, cuja pena prevista é de prisão, de 1 (um) a 4 (quatro) anos. De se destacar, todavia, que a pena é consideravelmente inferior àquelas previstas no atual Código Penal para os crimes de corrupção (reclusão, de 2 (dois) a 12 (doze) anos, e multa).

69 PEREIRA JUNIOR, Jessé Torres. Comentários à Lei das licitações e contratações da administração pública. Rio de Janeiro: Renovar. 8ª. ed., 2009. p. 930.

> V – Tornando, por qualquer modo, injustamente, mais onerosa a proposta ou a execução do contrato:
>
> Pena – detenção, de 3 (três) a 6 (seis) anos, e multa.

Bem Jurídico Tutelado

São tutelados, nesse tipo penal, a moralidade administrativa, a boa-fé e a lisura do processo de licitação, além do patrimônio do ente público.

Sujeitos do Crime

O sujeito ativo desse tipo pode ser tanto o servidor público quanto o particular licitante ou já contratado que venha a agir por meio ardil, fazendo com que a Administração Pública escolha a sua proposta por crer ser a mais vantajosa.

Sujeito passivo é a entidade cuja licitação foi frustrada ou fraudada – vide artigo 85 da Lei 8.666/1993. Secundariamente, os sujeitos passivos são os possíveis concorrentes da licitação alheios à fraude.

Condutas

O núcleo verbal é fraudar (*enganar ou trapacear*) razão pela qual o crime pode ser chamado de "estelionato licitatório".

Nesse crime, a fraude recai sobre a licitação ou execução do contrato e visa produzir prejuízo à Fazenda Pública, de modo que deve provocar danos. A licitação deve estar instaurada no momento da conduta, isto é, a fraude deve ser empregada enquanto a licitação tramita, muito embora as operações contratuais elencadas nos incisos ocorram no decorrer da execução do contrato.

A conduta de quem frauda licitação destinada à **contratação de serviços** não se enquadra no art. 96 da Lei nº 8.666/1993, pois esse tipo penal contempla apenas licitação que tenha por objeto aquisição ou venda de bens e mercadorias. Para que a punição da contratação de serviços fraudulentos fosse possível, seria necessário que esta conduta estivesse expressamente prevista no tipo, uma vez que o Direito Penal deve obediência ao princípio da taxatividade, não podendo haver interpretação extensiva em prejuízo do réu. Neste sentido STF. 1ª Turma. Inq 3331, Rel. Min. Edson Fachin, j. 01/12/2015 e STJ. 6ª Turma. Resp. 1.571.527-RS, Rel. Min. Sebastião Reis, j. 16/10/2016 (Info 592). Nada impede, contudo, que a fraude sobre licitação de obras ou serviços, eventualmente, configure outro delito, como o do art. 90.

O *caput* do artigo 96 está ligado a cada uma das hipóteses descritas nos cinco incisos seguintes, que, aliás, descrevem o modo de agir do agente. Caso a fraude empregada não seja praticada, mediante nenhuma das condutas descritas nos incisos, a conduta poderá se amoldar ao crime previsto no artigo 90 da Lei de Licitações.

Assim sendo, as cinco hipóteses elencadas pelo tipo são taxativas.

No **inciso I**, a modalidade prevista é a de elevar arbitrariamente os preços. Cabe destacar que, de acordo com o previsto no *caput*, a majoração desmotivada dos preços somente será típica se praticada mediante fraude. O agente engana a administração pública e eleva os preços do contrato de forma arbitrária. Por isso, não há como sustentar que a livre concorrência permita ao contratado plena liberdade para formular propostas e praticar os preços que melhor lhe aprouver, uma vez que o artifício e o ardil, ínsitos à fraude, induzem e mantêm a Fazenda Pública em erro, situação que vicia a regularidade do negócio jurídico entabulado de maneira reprovável.

Não configura *bis in idem* a condenação pela prática da conduta tipificada no art. 90 da Lei 8.666/1993 (fraudar o caráter competitivo do procedimento licitatório) em concurso formal com a do art. 96, I, da mesma Lei (fraudar licitação mediante elevação arbitrária dos preços). STJ. 5ª Turma. Resp. 1.315.619-RJ, Rel. Min. Campos Marques (Desembargador convocado do TJ-PR), j. 15/8/2013 (Info 530).

O **inciso II** tipifica a conduta de vender, como verdadeira ou perfeita, mercadoria falsificada (não autêntica) ou deteriorada (mercadoria autêntica, mas danificada). O delito aqui se aperfeiçoa com a entrega do objeto da contratação, falsificado ou deteriorado.

O **inciso III** é mais genérico e trata de entrega de uma mercadoria por outra. Cumpre salientar que se terá a conduta, se a troca se der por mercadoria inferior.

O **inciso IV** trata da alteração de substância, qualidade ou quantidade da mercadoria fornecida. Nessa hipótese, o agente, fraudulentamente, modifica a mercadoria. Essa alteração pode recair sobre a substância (natureza da coisa fornecida, por exemplo, mercadoria de vidro no lugar de cristal ou latão dourado no lugar de ouro), sobre a qualidade (mercadoria da mesma espécie, mas de qualidade inferior) ou sobre a quantidade (tamanho ou peso menores).

O **inciso V** tipifica a conduta de tornar, por qualquer modo, injustamente, mais onerosa a proposta ou a execução do contrato. Não se pode esquecer de que só há crime se houver a fraude como conduta antecedente. O elemento normativo do tipo (injustamente) diz respeito à falta de autorização legal para a majoração da proposta ou do contrato e "que implique proveito para o contratado e prejuízo para a administração".[70]

Em todas as hipóteses, as operações devem visar, conforme exige o *caput*, ao prejuízo para a Administração Pública. O tipo não exige que o agente obtenha vantagem indevida com o emprego da fraude, bastando para tanto o prejuízo para a Administração Pública. Em sentido contrário, porém, já se decidiu: "o tipo previsto no art. 96, III da Lei 8.666/93 exige a caracterização de prejuízo da Fazenda Pública, associada à vantagem econômica auferida pelo licitante. Não restando comprovado o prejuízo nem tampouco a obtenção de vantagem econômica, impõem-se reconhecer a atipicidade da conduta do acusado" (Ap. 2000.050.00.037482-0 – PB, Tribunal Regional Federal da 5ª Região, 1ª Turma. 22/11/2001. Relatora Des. Margarida Cantarelli, DJU 24/01/2002).

Essa conduta pode configurar infração à Lei de Improbidade Administrativa (art. 10, VIII, da Lei 8.429/1992) e à Lei Anticorrupção Empresarial (art. 5º., IV, 'd', da Lei 12.846/13) que são esferas de responsabilidade extrapenal, independentes entre si e independentes da esfera de responsabilidade criminal.

Voluntariedade

A tipicidade subjetiva é o dolo, consistente da vontade livre e consciente de fraudar a licitação instaurada, mediante algumas das condutas descritas nos incisos.

70 BALTAZAR JUNIOR, José Paulo. Crimes Federais. São Paulo: Saraiva. 10ª. ed. 2015. p. 904.

Há no tipo previsão de dolo específico, qual seja, visando ao prejuízo da Fazenda Pública. Não é admitida a forma culposa.

Consumação e Tentativa

Trata-se de crime formal, pois se consuma com o emprego da fraude, independentemente do prejuízo efetivo causado à Administração Pública.

Nesse sentido já se decidiu que a entrega, pela empresa vencedora do certame, de mercadoria diversa da especificada no edital configura crime de fraude à licitação, previsto no art. 96, inc. III, da Lei nº 8.666/93, classificando-o como crime de natureza formal, que se concretiza com a entrega de mercadoria diversa da licitada, independentemente da demonstração de prejuízo à Administração. (TRF da 4ª. Região. Apelação Criminal nº 5023449-50.2010.404.7000). O STJ, porém, já entendeu tratar-se de crime material: ""(...) 2. O tipo penal do art. 96 da Lei 8.666/93, por se tratar de delito material, exige a ocorrência do resultado naturalístico, com descrito prejuízo à Fazenda Pública. 3. Ausente a demonstração do prejuízo causado à Fazenda Pública, sequer descrito, mormente porque a empresa que adjudicou o objeto da licitação não integrava o cartel referido na denúncia, vê-se a atipicidade da conduta imputada (...)." (REsp 1.683.839/SP, j. 12/12/2017).

A tentativa é admissível em todas as hipóteses. É cabível nos casos em que o agente já tenha dado início à execução do delito, emprega a fraude, mas não consegue enganar a administração pública. Nesse caso, é necessário que o meio fraudulento não seja totalmente inidôneo, sob pena de o fato ser considerado atípico, por ter havido crime impossível por absoluta ineficácia do meio.

Ação Penal

Nos termos do artigo 100 da Lei de Licitações, trata-se de crime de ação penal pública incondicionada.

> **Art. 97.** Admitir à licitação ou celebrar contrato com empresa ou profissional declarado inidôneo:
>
> Pena – detenção, de 6 (seis) meses a 2 (dois) anos, e multa.
>
> Parágrafo único. Incide na mesma pena aquele que, declarado inidôneo, venha a licitar ou a contratar com a Administração.

Bem Jurídico Tutelado

São tutelados, nesse tipo penal, a moralidade administrativa, a boa-fé, a lisura do processo de licitação e, mais especificamente, o princípio da igualdade entre os licitantes. Protege, ainda, a autoridade da decisão, administrativa ou judicial, que decretou a inidoneidade ou a suspensão de pessoas de participar de licitações ou celebrar contratos.

Sujeitos do Crime

Trata-se de crime próprio, uma vez que é sujeito ativo desse delito somente o servidor público competente para admitir a licitação, como por exemplo, membros da comissão, pregoeiros ou aquele que profere a decisão pela celebração do contrato, como servidor que pactua e assume as obrigações decorrentes da adjudicação.

O parágrafo único prevê que é sujeito ativo do crime o próprio participante que tenha contra si uma declaração de inidoneidade e que venha a se candidatar à licitação ou celebrar contrato. Não há nenhum exagero do legislador ao criminalizar essa conduta, afinal, as pessoas, físicas ou jurídicas, têm o dever de cumprir decisões estatais, sejam as administrativas, sejam as judiciais. Trata-se de norma de extensão que estabelece a regra do concurso de pessoas, de modo que se o particular concorrer para o crime deverá ser por ele corresponsável. É disposição desnecessária, visto que o particular pode ser coautor ou partícipe, face a incidência do artigo 29 do Código Penal, aplicável à Lei especial, ante o disposto no artigo 12 do Estatuto Repressivo.

Sujeito passivo é a entidade cuja licitação e contrato foram prejudicados pela admissão do sujeito inidôneo – vide artigo 85 da Lei 8.666/1993. É sujeito passivo secundário o licitante ou contratados preteridos ou prejudicados pelo ato.

Condutas

Trata-se de tipo especial com alguns pontos de semelhança com os crimes previstos no art. 205 e 359 do Código Penal.

Há dois modos de realizar o crime em tela.

O primeiro é admitir (*aceitar, habilitar*) empresa ou profissional declarado inidôneo à licitação. O segundo é celebrar (*pactuar*) contrato com empresa ou profissional declarado inidôneo. Trata-se também de tipo misto alternativo, entendido como aquele em que "a Lei estabelece diversos núcleos que, se praticados no mesmo contexto fático, caracterizam o cometimento de apenas um delito".[71]

A declaração de inidoneidade é sanção administrativa prevista no art. 87, IV e 88, III, da Lei 8.666/1993, art. 33, V, da Lei 12.527/2011, art. 73, III, da Lei 13.019/2014 e art. 84, III, da Lei 13.303/2016. Será aplicada a quem tenha praticado atos ilícitos visando frustrar os objetivos de licitação ou a execução de contrato, conforme previsto no art. 81 da Lei 8.666/1993.

A declaração de inidoneidade dura enquanto perdurarem os motivos determinantes da punição ou até que seja promovida a reabilitação, perante a própria autoridade que aplicou a penalidade, que será concedida sempre que o contratado ressarcir a Administração pelos prejuízos resultantes e após decorrido o prazo da sanção aplicada com base no inciso anterior.

Há divergência quanto à amplitude da sanção de inidoneidade, aplicada perante as diferentes esferas da Administração. O STJ já decidiu que "infere-se da leitura dos dispositivos que o legislador conferiu maior abrangência à declaração de inidoneidade ao utilizar a expressão Administração Pública, definida no art. 6º da Lei 8.666/1993. (...) A norma geral da Lei 8.666/1993, ao se referir à inidoneidade para licitar ou contratar com a Administração Pública, aponta para o caráter genérico da referida sanção, cujos efeitos irradiam por todas as esferas de governo. A sanção de declaração de inidoneidade é aplicada em razão de fatos graves, que demonstram a falta de idoneidade da empresa para licitar ou contratar com o Poder Público em geral, em razao dos princípios da moralidade e da razoabilidade. O Superior Tribunal

71 CUNHA. Rogério Sanches. Manual de direito penal: parte geral (arts. 1 *o* ao 120). 4. ed. Salvador: JusPodivm, 2016. p. 250.

de Justiça tem entendimento de que o termo utilizado pelo legislador – Administração Pública, no dispositivo concernente à aplicação de sanções pelo ente contratante, deve se estender a todas as esferas da Administração, e não ficar restrito àquela que efetuou a punição." (Resp. 550.553-RJ, Rel. Min. Hermann Benjamin, DJ 03.11.2009). No mesmo sentido entende o TCU (Acórdão nº 2.218/2011, 1ª Câmara, Rel. Min. José Múcio, DOU de 19.04.2011).

Além da declaração de inidoneidade prevista nas leis citadas, existe sanção homônima prevista no art. 46 da Lei Orgânica do Tribunal de Contas da União (Lei nº 8.443/92), a qual dispõe que "verificada a ocorrência de fraude comprovada à licitação, o Tribunal declarará a inidoneidade do licitante fraudador para participar, por até cinco anos, de licitação na Administração Pública Federal". Trata-se de sanção diversa e que visa penalizar o particular que, comprovadamente, tenha fraudado a licitação, seno que a competência para aplicá-la é do TCU.

O tipo penal não faz distinção entre as espécies, de modo que a inidoneidade declarada em qualquer uma dessas hipóteses pode caracterizar a infração penal em estudo.

O tipo, por utilizar a expressão "inidôneo", que se constitui, então, em elemento normativo do tipo, abrange normas que criam outros tipos de sanções administrativas de suspensão temporária de participação em licitação ou impedimento de contratar com a administração, como as previstas no art. 87, III, da Lei 8.666/1993, art. 72, § 8º., V, da Lei 9.605/1998, art. 7º. da Lei 10.520/2002, art. 21, XII, da Lei 11.105/2005, art. 47 da Lei 12.462/11, art. 33, IV, da Lei 12.527/2011, art. 38, II, da Lei 12.529/2011, art. 12, V, da Lei 12.761/2012 e art. 39, V, b, da Lei 13.019/2014.

Assim também ocorre com as sanções judiciais de suspensão temporária de participação em licitação ou impedimento de contratar com a administração pública, como as previstas, por exemplo, na Lei 8.429/1992, art. 81, § 3º, da Lei nº 9.504/97 e art. 22, III, da Lei 9.605/1998.

Não se pode olvidar, ainda, do art. 195, § 3º, da Constituição Federal, que, conquanto não expresse o termo licitação, também possui conexão direta com o tema, pois impede que pessoas jurídicas em débito com a seguridade social contratem com o Poder Público, impedindo-as de participar de certames licitatórios.

A verificação obrigatória dos registros impeditivos de contratação pode ser feita por meio de pesquisa realizada no Cadastro Nacional de Empresas Inidôneas e Suspensas/CGU, disponível no Portal da Transparência (http://www.portaltransparencia.gov.br) ou no site do Conselho Nacional de Justiça, no endereço eletrônico http://www.cnj.jus.br/improbidade_adm/consultar_requerido.php. Estes sítios consolidam a relação das empresas e pessoas físicas que sofreram sanções pelos órgãos e entidades da Administração Pública das diversas esferas federativas.

Todas essas sanções têm efeito *ex nunc*. de modo que o efeito da sanção inibe a empresa de "licitar ou contratar com a Administração Pública" (Lei n. 8.666/1993, art. 87), sem, no entanto, acarretar automaticamente a rescisão de contratos administrativos já aperfeiçoados juridicamente e em curso de execução, notadamente os celebrados perante outros órgãos administrativos não vinculados à autoridade impetrada ou integrantes de outros entes da Federação. (Estados, Distrito Federal e Municípios) (MS 13.964/DF, STJ – Primeira Seção, Rel. Min. Teori Albino Zavascki, julgamento 13.05.2009, *DJ* 25.05.2009)

Voluntariedade

Quanto ao elemento subjetivo, exige-se o dolo (direto ou eventual).

Desnecessário suposto elemento subjetivo especial ("dolo específico"). A ausência de qualquer expressão como "com o fim de", "com o intuito de", "a fim de", é eloquente. Os motivos que levaram a admitir ou celebrar contrato com pessoa inidônea é de análise desnecessária. O dolo está na conduta livre e consciente de admitir a licitação ou celebrar o contrato com pessoa inidônea.

Não haverá dolo se o servidor não tiver conhecimento da inidoneidade do licitante ou pessoa contratada.

Todavia, tendo em vista que é obrigação da administração realizar as consultas prévias acerca da condição dos licitantes e pessoas contratadas, é injustificável que o gestor aja sem empenho em se (in)formar ou conhecer adequadamente a possível gama de ilegalidades que margeiam seus atos. Logo, se a busca pela informação é viável, e mais do que isso, é dever inerente à função pública, não há que se falar em erro de proibição escusável.

Tem aplicação nesses casos a teoria da cegueira deliberada (*willfulblindness, consciousavoidance ou deliberateignorance*) que inclui na responsabilidade penal subjetiva, além dos casos de conhecimento efetivo dos elementos objetivos que configuram uma conduta criminosa, aqueles cujo desconhecimento foi, supostamente e intencionalmente, pretendido pelo agente. Em outras palavras, nesses casos, o agente pode e deve conhecer os elementos objetivos da conduta criminosa, mas prefere, deliberadamente, pôr-se ou manter-se na ignorância. O agente não toma ciência das ilegalidades, porque deliberadamente se esquiva de conhecê-las.

É dever do servidor competente adotar medidas para conhecer e informar-se sobre os inúmeros e multidisciplinares riscos, sejam de natureza contábil, financeira, jurídica ou social, capazes de levar à ilicitude da conduta. A ausência desse tipo de cautela é apta a compor a consciência direta do tipo subjetivo.

Do mesmo modo, exige-se dolo do declarado inidôneo que venha a licitar ou a contratar com a administração.

É possível que o particular responda por esse crime, independentemente do servidor público, caso esse, ainda que tomadas as cautelas legais, não tenha conhecimento da inidoneidade.

Caso os sócios de uma empresa sancionada anteriormente como inidônea constituam uma nova pessoa jurídica com o objetivo de burlar a efetividade das sanções, tendo em vista o emprego da fraude, respondem pelo crime do artigo 90 da Lei 8.666/1993.

Inexiste forma culposa.

Consumação e Tentativa

Na primeira modalidade, o crime consuma-se com a admissão da pessoa inidônea na licitação, independentemente de ela sagrar-se vencedora do certame.

Na segunda modalidade, a celebração do contrato com pessoa inidônea consuma infração. Cabe anotar que essa segunda modalidade não exige a celebração de instrumento de contrato, o qual, em alguns casos, é dispensado pela Lei (art. 62 e seu § 4º. da Lei 8.666/1993).

Trata-se de crime formal.

A tentativa é possível.

Acordo de Leniência: O art. 17 da Lei 12.846/2013 (Lei Anticorrupção Empresarial) prevê a possibilidade de atenuação e isenção das sanções administrativas, previstas nos arts. 86 a 88 da Lei 8.666/1993, caso seja celebrado o Acordo de Leniência.

Em outra oportunidade discorremos: "O instituto da Leniência pode ser definido como a possibilidade que detém a empresa, diretamente envolvida em ato lesivo à administração pública, de temperar os rigores das penalidades legais, desde que, de forma eficaz, auxilie na identificação de eventuais outros envolvidos na infração e na obtenção célere de informações e documentos que comprovem o ilícito sob apuração. O Acordo de leniência tem natureza jurídica de ato administrativo bilateral. Trata-se de poderoso instrumento de combate aos atos lesivos perpetrados em face do patrimônio (material e imaterial) da administração pública (nacional ou estrangeira), sobretudo quando, com sua concretização, se possa evitar que outras infrações se repitam e que cesse o curso daquelas que estão em marcha. Não se pode olvidar, ainda, que, nos atos de corrupção em geral, vigora a Lei do silêncio e quase não há testemunhas presenciais, não sendo raro que as únicas pessoas que tem conhecimento do fato são os envolvidos no ilícito. Em muitos casos, considerando os obstáculos decorrentes da própria natureza das pessoas jurídicas e de estruturas empresariais cada vez mais complexas, sem esse acordo, ficaria quase impossível entender com exatidão os fatos e identificar com precisão os responsáveis. Trata-se de instituto com nítida feição instrumental, cuja eficácia está relacionada a obtenção de resultados socialmente úteis".[72]

A celebração do Acordo de Leniência que leva à isenção da sanção administrativa de inidoneidade, de suspensão temporária de participação em licitação ou impedimento de contratar com a administração, é irrelevante para a caracterização do crime em estudo, uma vez que opera efeitos *ex nunc*, isto é, não retroage à data em que foi praticada a conduta.

Ação Penal

Nos termos do artigo 100 da Lei de Licitações, trata-se de crime de ação penal pública incondicionada.

Por ser crime de menor potencial ofensivo, aplicam-se os benefícios da Lei nº 9.099/95. Em caso de condenação, é cabível a substituição da pena privativa por pena restritiva de direitos, observados os requisitos do artigo 44, ou a concessão de *sursis*, nos termos do artigo 77, ambos do Código Penal.

> **Art. 98.** Obstar, impedir ou dificultar, injustamente, a inscrição de qualquer interessado nos registros cadastrais ou promover indevidamente a alteração, suspensão ou cancelamento de registro do inscrito:
>
> Pena – detenção, de 6 (seis) meses a 2 (dois) anos, e multa.

Bem Jurídico Tutelado

São tutelados, nesse tipo penal, a moralidade administrativa, a boa-fé, a lisura do processo de licitação e, mais especificamente, o princípio da igualdade entre os licitantes e a observância do caráter competitivo do certame. Secundariamente também são tutelados o patrimônio do ente público e a liberdade de ação dos licitantes.

Sujeitos do Crime

Trata-se de crime próprio, porque somente o servidor público que colocar óbices, embaraços ou tornar dificultosa a inscrição de interessado nos registros cadastrais ou, ainda, aquele que dá causa à alteração, suspensão ou cancelamento do referido registro pode praticar o delito em análise.

72 CUNHA, Rogério Sanches. SOUZA, Renee. Lei Anticorrupção Empresarial. Salvador: JusPodivm, 2017. p. 118/119.

A condição pessoal do agente (de servidor público) comunica-se ao coautor, porque é elementar do crime (CP, art. 30), razão pela qual se admite a coautoria e participação com extraneus, desde que ele tenha conhecimento dessa condição pessoal do autor.

O sujeito passivo é a entidade cujo registro foi prejudicado – vide artigo 85 da Lei 8.666/1993. É sujeito passivo secundário, o interessado prejudicado pelo ato, isto é, aquele que teve a sua inscrição no registro cadastral impedida ou modificada.

Condutas

O tipo penal é dividido em duas partes.

Na primeira parte há três verbos nucleares: "Obstar" (*atrapalhar, confundir*); "impedir" (*opor óbices, negar, inviabilizar*) ou "dificultar" (*por empecilho*), que se referem às condutas realizadas antes de efetivado o registro cadastral do interessado. Trata-se de tipo misto alternativo, entendido como aquele em que "a Lei estabelece diversos núcleos que, se praticados no mesmo contexto fático, caracterizam o cometimento de apenas um delito".[73]

A segunda parte, cujo núcleo verbal é "promover" (*criar, dar impulso*), refere-se às condutas realizadas depois de efetivado o registro cadastral do interessado e que se destinam a alterar, suspender ou cancelar o registro do inscrito. Verifica-se, assim, uma relação consequencial com a primeira parte, de modo que se mantém como tipo misto alternativo, entendido como aquele em que "a Lei estabelece diversos núcleos que, se praticados no mesmo contexto fático, caracterizam o cometimento de apenas um delito".[74]

As Leis de Licitações possuem previsão de determinados registros cadastrais, para fins de habilitação dos interessados (Lei 8.666/1993, art. 34; Lei 12.462/2011, art. 31 e Lei 13.303/2016, art. 65), os quais devem ser amplamente divulgados e abertos aos interessados. São compostos após a análise de determinados servidores (ou comissão) acerca dos documentos que credenciam os interessados para disputar o certame e servem para simplificar e agilizar o trâmite das licitações.

Assim, condutas desses servidores que, indevidamente, impedem os interessados de acessar esses registros cadastrais caracterizam o crime em estudo.

Comete o crime o agente público que, por exemplo, sonega o edital de divulgação, impedindo a habilitação tempestiva do interessado ao cadastro ou decide pela exclusão de interessado habilitado que não apresentava vício na documentação apresentada.

Caso o servidor público empregue fraude capaz de afastar o interessado do registro cadastral, induzindo-o a erro, deve ser responsabilizado pelo crime previsto no art. 95 da Lei 8.666/93.

O tipo possui os elementos normativos do tipo "injustamente" e "indevidamente" os quais dizem respeito à falta de autorização legal para impedir a inscrição, alterar ou excluir o interessado do registro cadastral.

Voluntariedade

O elemento subjetivo é o dolo, que é a vontade livre e consciente de praticar um dos núcleos verbais do tipo.

Inexiste modalidade culposa.

---

73 CUNHA. Rogério Sanches. Manual de direito penal: parte geral (arts. 1ºao 120). 4. ed. Salvador: JusPodivm, 2016. p. 250.

74 CUNHA. Rogério Sanches. Manual de direito penal: parte geral (arts. 1ºao 120). 4. ed. Salvador: JusPodivm, 2016. p. 250.

Consumação e Tentativa

O crime consuma-se no momento em que o agente cria o óbice ou a dificuldade, ainda que o interessado se inscreva no registro cadastral. Na modalidade impedir, consuma-se quando o interessado não consegue inscrever-se no registro.

A segunda parte consuma-se quando o agente realiza a alteração, a suspensão ou cancelamento do registro do inscrito.

Trata-se, dessa forma, de crime formal.

Admite tentativa, desde que os atos de execução realizados não impliquem a dificultação do interessado em inscrever-se no registro cadastral, caso em que o crime já está consumado. Seria a hipótese de crime tentado a conduta do agente que é flagrado prestando a informação incorreta para o interessado, mas esse, antes de estar convencido, obtém a informação correta de outro servidor público.

Ação Penal

Nos termos do artigo 100 da Lei de Licitações, trata-se de crime de ação penal pública incondicionada.

Por ser crime de menor potencial ofensivo, aplicam-se os benefícios da Lei nº 9.099/95. Em caso de condenação, é cabível a substituição da pena privativa por pena restritiva de direitos, observados os requisitos do artigo 44, ou a concessão de *sursis*, nos termos do artigo 77, ambos do Código Penal.

> **Art. 99.** A pena de multa cominada nos arts. 89 a 98 desta Lei consiste no pagamento de quantia fixada na sentença e calculada em índices percentuais, cuja base corresponderá ao valor da vantagem efetivamente obtida ou potencialmente auferível pelo agente.
>
> § 1º. Os índices a que se refere este artigo não poderão ser inferiores a 2% (dois por cento), nem superiores a 5% (cinco por cento) do valor do contrato licitado ou celebrado com dispensa ou inexigibilidade de licitação.
>
> § 2º O produto da arrecadação da multa reverterá, conforme o caso, à Fazenda Federal, Distrital, Estadual ou Municipal.

Pena de Multa

A pena de multa é prevista, cumulativamente, em todos os crimes da Lei 8.666/93.

Trata-se de sanção que implica a obrigação do condenado de entregar determinado valor pecuniário, pelo que, embora tenha caráter patrimonial, mantém natureza penal aflitiva, conforme expressamente prevê o art. 5º., XLVI, "c", da Constituição Federal.

Na Lei de Licitações, é inaplicável a regra do dia-multa (art. 49 e seguintes do Código Penal), destacando-se que a pena de multa possui um cálculo especial que inclui:

> 1 – Identificação do valor da vantagem efetivamente obtida ou potencialmente auferível pelo agente, que será usado como base de cálculo;
>
> 2 – Fixação do índice percentual que será aplicado sobre a base de cálculo, devendo referido índice variar entre 2% a 5% do valor do contrato licitado ou celebrado com dispensa ou inexigibilidade de licitação.

Ao contrário do sistema do Código Penal, a Lei de Licitações procurou adotar, como ponto de partida para a fixação da pena de multa, o valor da vantagem auferida ou valor da vantagem potencialmente auferível pelo agente, opção bastante criticável ante a dificuldade em identificar referidos valores.

Com efeito, em alguns tipos da Lei 8.666/1993, essa tarefa é praticamente impossível, principalmente em casos em que não há conclusão da licitação ou celebração de contrato. Assim, por exemplo, se o agente permite que seja devassado o sigilo da licitação, incorre no crime do art. 94 da Lei 8.666/1993, mesmo que a licitação seja revogada pela administração pública, no exercício legítimo de autotutela.

Nesses casos, deve ser adotada a sistemática prevista no § 1º, de modo que a base de cálculo corresponderá ao valor do contrato licitado ou celebrado, o qual serve, na maioria dos casos, como parâmetro da vantagem pretendida pelos licitantes ou contratantes.

Como a base de cálculo é única, a multa será aplicada em valor único, sem a possibilidade de fracionamento em dias-multa, o que desloca a aplicação do princípio da individualização da pena e seu consequente processo judicial de dosimetria para a fixação do índice percentual que será aplicado sobre a base de cálculo.

O índice deve variar entre 2% e 5%, conforme previsto no citado § 1º do artigo 99 citado, ajustável à gravidade da conduta delituosa e devidamente fundamentado na sentença.

Ronny Charles propõe outra sistemática para o cálculo da pena de multa da Lei 8.666/1993:

> "Deve-se atentar que os percentuais de 2% e 5%, previstos no § 1º, têm relação com o valor do contrato e servem como limite, e não como percentual da aferição da multa a ser aplicada. Os percentuais estipulados pelo *caput* serão escolhidos em razão da quantia fixada pela sentença, que terá como base o valor da vantagem efetivamente obtida ou potencialmente auferível pelo agente. Assim, os percentuais "indeterminados" do caput é que têm relação direta com a quantia fixada, sendo limitados pelos percentuais determinados pelo § 1º".[75]

A pena de multa aplicada em decorrência dos crimes da Lei 8.666/93 deve ser destinada para as entidades lesadas, regra também distinta da tradicional, prevista no Código Penal, o qual a destina ao Fundo Penitenciário. Mesmo diante dessa disposição, não há que se falar em caráter indenizatório da pena de multa, uma vez que a reparação do dano, assim como a perda do valor que se constitua em proveito do crime, são efeitos da sentença penal condenatória, conforme prevê o artigo 91 do Código Penal.

Essa configuração da pena de multa, na Lei 8.666/1993, caracteriza-a como sanção eminentemente dissuasiva, visto que busca impedir que o agente, sob o cálculo do custo-benefício entre a sanção e o lucro advindos do ato, opte, deliberadamente, pelo ato ilícito.

A Lei 8.666/93 não prevê a possibilidade de substituição da pena privativa de liberdade por multa, razão pela qual a ela é aplicável a Súmula n. 171 do STJ: "*cominadas cumulativamente, em Lei especial, penas privativas de liberdade e pecuniária, é defeso a substituição da prisão por multa*".

A multa deve ser atualizada, nos termos do art. 149, § 2º, do Código Penal, e na forma da Súmula n. 43 do STJ, segundo a qual "a correção monetária decorrente de dívida de ato ilícito deve incidir da data do efetivo prejuízo".

---

75 TORRES, Ronny Charles Lopes de. Leis de licitações públicas comentadas. Salvador: JusPodivm. 7ª. ed. 2015. p. 740.

Por fim, conforme decisão proferida em 13/12/2018, o Supremo Tribunal Federal, em um julgamento conjunto de uma questão de ordem na Ação Penal 470 e a ADI 3150, estabeleceu que, em virtude da natureza de sanção penal – não alterada pela Lei 9.268/96 –, a pena de multa deve ser executada pelo Ministério Público na própria Vara de Execuções Penais (LEP, art. 164). Entendeu-se que somente no caso de o Ministério Público não adotar as providências para a cobrança no prazo de noventa dias é que o juiz da Vara de Execuções Penais deve cientificar a Fazenda Pública para que proceda à cobrança perante a Vara de Execuções Fiscais e com base na Lei 6.830/80.

SEÇÃO IV
DO PROCESSO E DO PROCEDIMENTO JUDICIAL

Art. 100. Os crimes definidos nesta Lei são de ação penal pública incondicionada, cabendo ao Ministério Público promovê-la.

Dada a relevância dos bens jurídicos tutelados pelos crimes definidos na Lei 8.666/1993, as ações que os veiculam são de iniciativa pública incondicionada, isto é, são promovidas pelo Ministério Público, instituição pública constitucionalmente legitimada para tanto (CF, 129, I).

A disposição é complementar ao disposto no art. 24, §, 2º., do Código de Processo Penal, o qual prevê que, seja qual for o crime, quando praticado em detrimento do patrimônio ou interesse da União, Estado e Município, a ação penal será pública.

A ação penal não está subordinada à conclusão de procedimento administrativo no TCU (TRF1, HC 20070100031521-0, Ítalo, 4ª. T., 27.11.2007).

Art. 101. Qualquer pessoa poderá provocar, para os efeitos desta Lei, a iniciativa do Ministério Público, fornecendo-lhe, por escrito, informações sobre o fato e sua autoria, bem como as circunstâncias em que se deu a ocorrência.

Parágrafo único. Quando a comunicação for verbal, mandará a autoridade reduzi-la a termo, assinado pelo apresentante e por duas testemunhas.

Trata-se de disposição que reproduz as normas do art. 5º., § 3º. e 27, ambos do Código de Processo Penal, os quais regulamentam a *delatio criminis* consistente na possibilidade de qualquer cidadão levar ao conhecimento das autoridades informações sobre a existência de algum delito. Trata-se, na verdade, de manifestação do direito de petição, previsto no art. 5º, XXXIV, alínea "a", da Constituição da República.

O parágrafo único cria condição inexistente no Código de Processo Penal, mas que não deve ser elevado a um formalismo capaz de justificar a inércia da autoridade pública que recebe as informações delatadas. Talvez a preocupação do legislador tenha sido evitar a proliferação de denúncias anônimas caluniosas, que podem produzir resultados danosos à administração pública, ante a paralisação de licitações escorreitas que possam estar em andamento.

Sobre a questão, o Supremo Tribunal Federal já assentou que as notícias apócrifas ("denúncias anônimas") não autorizam, por si sós, a propositura de ação penal ou mesmo, na fase de investigação preliminar, o emprego de métodos invasivos de investigação, como interceptação telefônica ou busca e apreensão. Entretanto, elas podem constituir fonte de informação e de provas que não podem ser simplesmente descartadas pelos órgãos do Poder Judiciário. Desse modo, o procedimento a ser adotado pela autoridade pública, em caso de "denúncia anônima", é: 1) Realizar investigações preliminares para confirmar a credibilidade da "denúncia"; 2) Sendo confirmado que a "denúncia anônima" possui aparência mínima de procedência, instaura-se inquérito policial ou investigação; 3) Instaurada a investigação, a autoridade pública deverá buscar outros meios de prova que não a interceptação telefônica (esta é a *ultimaratio*). Se houver indícios concretos contra os investigados, mas a interceptação se revelar imprescindível para provar o crime, poderá ser requerida a quebra do sigilo telefônico ao magistrado. STF. 1ª Turma. HC 106152/MS, Rel. Min. Rosa Weber, j. 29/3/2016 (Info 819). Assim também já entendeu a 2ª Turma Pretório Excelso no HC 133148/ES, Rel. Min. Ricardo Lewandowski, j. 21/2/2017 (Info 855).[76]

Caso a denúncia anônima seja levada ao conhecimento da própria entidade pública que realiza a licitação, segundo já decidiu o STJ, não há ilegalidade na instauração de processo administrativo para apurar o fato, tendo em vista o poder-dever de autotutela imposto à Administração e, por via de consequência, ao administrador público. 2ª Turma. AgRg no Resp. 1307503/RR, Rel. Min. Mauro Campbell Marques, j. 06/08/2013.

O dispositivo busca, portanto, estimular a participação do cidadão na gestão pública, além de assegurar-lhe textualmente uma excludente da ilicitude (exercício regular de um direito), no caso de sofrer uma medida regressiva qualquer.

Especificadamente sobre validade de ação penal, que teve, na sua origem, uma comunicação por meio de denúncia anônima, já decidiu o STJ: "no *habeas corpus*, sustenta a impetração a nulidade da ação penal, alegando que tanto a denúncia quanto a condenação basearam-se exclusivamente em dados colhidos em correspondência apócrifa, ou seja, denúncia anônima mediante e-mail e, por isso, ela deveria ser considerada prova ilícita". No entanto, segundo o Min. Relator, ao contrário do que afirma a impetração, os autos demonstram que o Ministério Público Federal, legitimado para averiguar a regularidade dos contratos administrativos denunciados, somente formou sua *opinio delicti*, depois de verificar a existência de elementos mínimos e colher, de forma idônea, todos os dados informativos, para então determinar a instauração da investigação criminal. Por outro lado, a condenação da paciente por fraude à licitação (art. 90 da Lei n. 8.666/1993) fundou-se em acervo probatório composto por depoimento de testemunhas e dos réus, informações prestadas pela Superintendência do Incra, cópia do procedimento administrativo de licitação sob suspeita e outros documentos; todos comprovaram que somente uma empresa foi contactada para fornecer orçamento prévio, servindo de base a elaboração de edital licitatório, e, depois, a mesma empresa foi vencedora, apesar de não poder participar do certame por estar em dívida com a Receita Federal. Dessa forma, concluiu o Min. Relator que, pelos documentos constantes dos autos, não há, de plano, comprovação que possa evidenciar ser a exordial acusatória ou a sentença condenatória embasadas apenas em denúncia anônima. Assim, até por ser inviável ampla dilação probatória em HC, não há como acatar a irresignação da impetração. Diante do exposto, a Turma denegou a ordem, em consonância com o parecer da Subprocuradoria-Geral da República. Precedentes citados: HC 44.649-SP, DJ 8/10/2007, e HC 93.421-RO, DJe 9/3/2009. HC 191.797-PA, Rel. Min. Napoleão Nunes Maia Filho, j. 21/6/2011.

---

76 No mesmo sentido já decidiu a 6ª Turma do STJ. RHC 38.566/ES, Rel. Min. Ericson Maranho (Des. Conv. do TJ/SP), j. 19/11/2015.

A legislação brasileira, aliás, deve avançar para romper o preconceito quanto às denúncias feitas pelo cidadão que tomam conhecimento de irregularidades na administração pública, notadamente nos crimes de licitação. Como se sabe, as fraudes e os atos de corrupção são ilícitos consensuais, contam com a Lei do silêncio e, em razão disso, têm relativa dificuldade de serem descobertos. Por isso, essa participação é crucial para o combate desses ilícitos. Adequado, nesse quadro, a adoção pela legislação brasileira do *whistleblower*, em sentido literal, "sopradores de apito"[77], que são os indivíduos que levam ao conhecimento das autoridades públicas informações relevantes de ilícitos em troca de recompensas vultuosas[78]. Trata-se de técnica de incentivo de participação existente em vários países. Não se confunde com a figura do *Compliance officer*, profissional responsável pela fiscalização do programa de *Compliance*, imprescindível no ambiente corporativo, que funciona como um guardião da empresa e teria por principal função garantir que a empresa permaneça dentro da legalidade.[79] Recentemente, a Lei 13.608/2018 dispôs sobre a possibilidade de recompensas pelo oferecimento de informações que auxiliem nas investigações de crimes ou ilícitos administrativos, o que parece contemplar, ao menos no plano normativo, o *whistleblower*, no Brasil.

É certo, porém, que, caso a denúncia tenha motivação espúria, como na hipótese do comunicante que sabe inexistir qualquer irregularidade e com o propósito de prejudicar os implicados, não há mais como invocar a excludente porque, nesse caso, passa a praticar ato ilícito.

Como bem lembram Fábio Roque Araújo e outros, embora não seja exigida formalidade na representação, "isto não significa dizer, todavia, que não caiba ao MP exercer juízo de valor acerca da verossimilhança da representação. Por outras palavras, não significa que o só fato de haver a representação fará com que o Ministério Público, em quaisquer casos, requisite a instauração de um inquérito policial, por exemplo. Ao revés, deve o Ministério Público, de forma criteriosa, aferir a pertinência da representação, sob pena de se permitir que esse importante instrumento de apuração de responsabilidade seja banalizado ou utilizado como instrumento de perseguições e injustiças".[80]

Art. 102. Quando em autos ou documentos de que conhecerem, os magistrados, os membros dos Tribunais ou Conselhos de Contas ou os titulares dos órgãos integrantes do sistema de controle interno de qualquer dos Poderes verificarem a existência dos crimes definidos nesta Lei, remeterão ao Ministério Público as cópias e os documentos necessários ao oferecimento da denúncia.

Trata-se de norma que cria verdadeiro dever de comunicação de crimes de que esses agentes públicos, no exercício regular de suas funções, tomam conhecimento. Busca-se, assim, assegurar a persecução dos crimes da Lei 8.666/1993 que, como dito, são de iniciativa pública.

77 Tal qual um árbitro esportivo que sopra o apito para coibir as jogadas ilegais praticadas pelos jogadores, ao verificar quaisquer irregularidades ou mesmo infrações perpetradas no seio empresarial, os *whistleblowers* "soprariam o apito" divulgando tais práticas para apuração pelas autoridades públicas competentes.

78 Trata-se de mecanismo de investigação pouco conhecido no Brasil que foi, recentemente, fomentado pela ENCCLA, oportunidade que foi batizado como Reportante. Para mais detalhes: http://enccla.camara.leg.br/acoes/acoes-de-2016. Acessado em 25/01/2017.

79 Sobre o programa de integridade ou *Compliance* e sobre o *Compliance Officer*, ver nossa obra Lei Anticorrupção Empresarial. Rogério Sanches Cunha e Renee Souza. Salvador: JusPodivm, 2017.

80 ROQUE, Fabio. TAVORA, Nestor. ALENCAR, Rosmar Rodrigues. Legislação Criminal para concursos. Salvador: JusPodivm. 2016. p. 90.

Outras leis já fazem previsão semelhante, como as previstas no art. 40 do Código de Processo Penal, art. 7º. da Lei 7.347/85, art. 15 da Lei 8.429/92, art. 15 da Lei 12.846/13.

Art. 103. Será admitida ação penal privada subsidiária da pública, se esta não for ajuizada no prazo legal, aplicando-se, no que couber, o disposto nos arts. 29 e 30 do Código de Processo Penal.

Como afirmado no art. 100 desta Lei, os crimes da Lei 8.666/1993 são de ação pública incondicionada. Todavia, caso a ação penal não seja ajuizada no prazo legal, admite-se a ação penal privada subsidiária da pública, que pode ser proposta pelo ofendido ou seu representante legal.

A ação penal privada subsidiária da pública tem assento constitucional no art. 5º., LIX e está prevista nos arts. 29 e 30 do Código de Processo Penal e art. 100, § 3º., do Código Penal.

O prazo legal para o Ministério Público oferecer a denúncia criminal, que é a petição inicial deflagradora da ação penal, é variável, conforme se tratar de caso envolvendo réu preso ou solto. No caso de réu solto, o prazo é de 15 dias. No caso de réu preso, é de 05 dias. (CPP, art. 46)

A legitimidade da ação penal privada subsidiária da pública é do ofendido. Nos crimes da Lei 8.666/1993, em regra, os ofendidos são pessoas jurídicas, que podem ser as entidades mencionadas no artigo 85, sejam os interessados, licitantes, adjudicatários ou contratados, os quais, ainda que secundariamente, são ofendidos pelas condutas criminosas.

Nesse caso, deve a pessoa jurídica, representada por quem seu estatuto prever, figurar como autora da ação penal, *ex vi*, art. 37 do Código de Processo Penal.

A ação penal privada subsidiária da pública só é cabível em caso de inércia do Ministério Público (STF – RE 274115). É, todavia, incabível, caso tenha sido promovido o arquivamento da investigação ou esteja promovendo alguma diligência investigatória, casos em que não haverá inércia.

Art. 104. Recebida a denúncia e citado o réu, terá este o prazo de 10 (dez) dias para apresentação de defesa escrita, contado da data do seu interrogatório, podendo juntar documentos, arrolar as testemunhas que tiver, em número não superior a 5 (cinco), e indicar as demais provas que pretenda produzir.

Art. 105. Ouvidas as testemunhas da acusação e da defesa e praticadas as diligências instrutórias deferidas ou ordenadas pelo juiz, abrir-se-á, sucessivamente, o prazo de 5 (cinco) dias a cada parte para alegações finais.

Art. 106. Decorrido esse prazo, e conclusos os autos dentro de 24 (vinte e quatro) horas, terá o juiz 10 (dez) dias para proferir a sentença.

Art. 107. Da sentença cabe apelação, interponível no prazo de 5 (cinco) dias.

Art. 108. No processamento e julgamento das infrações penais definidas nesta Lei, assim como nos recursos e nas execuções que lhes digam respeito, aplicar-se-ão, subsidiariamente, o Código de Processo Penal e a Lei de Execução Penal.

A Lei 8.666/1993 prevê um procedimento especial, o qual, à luz da ressalva contida no art. 394, § 2º., do Código de Processo Penal, afasta a incidência do procedimento comum (ordinário, sumário ou sumaríssimo).

Por outro lado, em cumprimento ao que dispõe o § 4º. do art. 394 do Código de Processo Penal, a aplicação dos arts. 395 a 398, que se referem à rejeição da denúncia, defesa inicial e hipóteses de absolvição sumária, essas fases devem ser inseridas ao procedimento ora em estudo.

Assim, após o recebimento da denúncia, será adotado o rito especial que, segundo a redação do art. 104 da Lei 8.666/1993, o réu é citado para comparecer em audiência em que será interrogado, para, só depois, começar a correr o prazo para oferecer a defesa prévia.

Trata-se de disposição semelhante à antiga sistemática, dos antigos arts. 394 e 395 do CPP, os quais previam que, recebida a denúncia, o juiz designava interrogatório e citava o réu. O prazo para oferecimento da defesa prévia começava a correr da audiência designada. Essa sistemática foi modificada e não deve mais prevalecer, visto que a Lei 11.719/2008 deslocou o interrogatório do réu como último ato realizado na audiência de instrução e julgamento.

O Plenário do E. Supremo Tribunal Federal decidiu que **a regra do artigo 400, do Código de Processo Penal, a qual estabelece ser o interrogatório do acusado o derradeiro ato da audiência de instrução e julgamento, aplica-se ao Código de Processo Penal Militar (Decreto Lei nº 1.002/69) e aos demais procedimentos dispostos em leis especiais, por se tratar** de norma posterior mais benéfica ao réu e condizente com o *sistema acusatório democrático* da Constituição Federal de 1988. (STF, HC 127.900/AM, rel. Min. Dias Toffoli, 3.3.2016, DJE 03.08.2016).

As demais disposições estabelecem regras procedimentais simples, quase em repetição àquelas previstas no Código de Processo Penal.

REFERÊNCIAS BIBLIOGRÁFICAS

BALTAZAR JUNIOR, José Paulo. Crimes Federais. São Paulo: Saraiva. 10ª. ed. 2015.

BERTONCINI, Mateus Eduardo; GUARAGNI, Fábio André. Crimes Licitatórios E Atividade Empresarial: Revisão Das Penas Como Parte Do Programa De Combate À Corrupção Lato Sensu No Brasil. Teses do XXI Congresso Nacional do Ministério Público: Os Desafios e Oportunidades do Ministério Público Brasileiro na Era Digital. Rio de Janeiro: AMPERJ. 2015.

BITENCOURT, Cezar Roberto. Direito penal das licitações. São Paulo: Saraiva, 2012.

BITTENCOURT, Sidney. Licitação passo a passo. Belo Horizonte: Fórum. 7ª. ed., 2014.

BONFIM, Edilson Mougenout. Direito Penal da sociedade. São Paulo: Oliveira Mendes. 1998.

BONFIM, Edilson Mougenout. Código de processo penal anotado. 6ª ed. São Paulo: Saraiva, 2017.

BUSATO, Paulo Cesar. Direito Penal. Parte Geral. São Paulo: Atlas. 2ª ed. 2015.

CARVALHO FILHO, j. S. Manual de Direito Administrativo. São Paulo, Atlas, 2015.

CAPEZ, Fernando. Curso de Processo Penal. São Paulo: Saraiva. 23ª. ed., 2016.

CUNHA. Rogério Sanches. Manual de direito penal: parte geral (arts. 1 *o* ao 120). 4. ed. Salvador: JusPODIVM, 2016.

CUNHA. Rogério Sanches. SOUZA, Renee. Lei Anticorrupção Empresarial. Salvador: JusPodivm, 2017.

DALLAGNOL, Deltan Martinazzo. A lógica das provas no processo: prova indireta, indícios e presunções. Porto Alegre: Livraria do Advogado. 2015.

DE ALENCAR, Carlos Higino Ribeiro; JUNIOR, Ivo Teixeira Gico. Corrupção e judiciário: a (in) eficácia do sistema judicial no combate à corrupção. Revista Direito GV, v. 7, n. 1, p. 075-098, 2011.

DELMANTO, Roberto; DELMANTO JUNIOR, Roberto; DELMANTO, Fabio M. de Almeida. Leis penais especiais comentadas. São Paulo: Saraiva, 2014.

FURTADO, Lucas Rocha. *Curso de licitações e contratos administrativos*: teoria, prática e jurisprudência, São Paulo: Atlas, 2001.

GRECO, Rogério. Código Penal: comentado. Niterói, RJ: Impetus, 11. ed. 2017

GRECO FILHO, Vicente. Dos crimes da Lei de licitações. São Paulo: Saraiva, 2ª. ed., 2007.

HUNGRIA, Nelson. Comentários ao Código Penal. Ed. Forense. 2ª. 1958.

JUSTEN FILHO, Marçal. Comentários à Lei de licitações e contratos administrativos. 16ª ed. São Paulo: RT, 2014.

LEITE, Alaor. Dolo e o crime de dispensa ou inexigência ilegal de licitação (art. 89 da Lei 8.666/1993) interpretação restritiva do tipo penal, responsabilidade penal do Gestor Público e a relevância jurídica da opinião técnica da Procuradoria do Município (STF, Inq. 2.482). Revista brasileira de ciências criminais, ISSN 1415-5400, Nº. 104, 2013, págs. 13-30.

NUCCI, Guilherme de Souza. Leis Penais e Processuais Penais Comentadas. Vol. 01. 8ª ed. Forense: Rio de Janeiro. 2014.

PEREIRA JUNIOR, Jessé Torres. Comentários à Lei das licitações e contratações da administração pública. Rio de Janeiro: Renovar. 8ª. ed., 2009.

MENDES JÚNIOR, José Francisco Seabra. Desnecessidade de efetivo prejuízo ao erário e dolo específico para configuração do crime do art. 89, *caput*, da Lei 8.666/93. 2014. Disponível em: <http://www.mprs.mp.br/areas/criminal/arquivos/seabralicit.pdf >. Acesso em: 09 out. 2014.

MOTTA, Reuder Cavalcante. A ordem cronológica de pagamentos na Administração Pública e a nova transparência. Fórum de Contratação e Gestão Pública – FCGP, Belo Horizonte, ano 12, n.133, jan. 2013. Disponível em: <http://www.bidforum.com.br/bid/PDI0006.aspx?pdiCntd=84258>. Acesso em: 31 maio 2017.

OSÓRIO, Fábio Medina. Teoria da Improbidade administrativa: má gestão pública: corrupção: ineficiência. 3.ed. São Paulo: Editora Revista dos Tribunais, 2013.

ROQUE, Fabio. TAVORA, Nestor. ALENCAR, Rosmar Rodrigues. Legislação Criminal para concursos. Salvador: JusPodivm. 2016.

SÁNCHEZ, Jesús-María Silva. A expansão do Direito Penal: aspectos da política criminal nas sociedades pós-industriais. Editora Revista dos Tribunais, vol. 11, São Paulo, 2002.

SCHÜNEMANN, Bernd; GRECO, Luís. Estudos de direito penal, direito processual penal e filosofia do direito. São Paulo: Marcial Pons, 2013.

TORRES, Ronny Charles Lopes de. Leis de licitações públicas comentadas. Salvador: JusPodivm. 7ª. ed. 2015.

VICENTE, Juliano Dessimoni. CRIMES PRATICADOS NA LICITAÇÃO: NECESSIDADE DE READEQUAÇÃO DA POLÍTICA CRIMINAL. Revista Jurídica da Escola Superior do Ministério Público de São Paulo, v. 10, n. 2, 2017.

CAPÍTULO 20

Discriminação Durante a Gravidez – Lei 9.029/1995

Mariano Paganini Lauria

1. CONSIDERAÇÕES GERAIS

O presente diploma legal também foi editado visando à concretização – na relação de trabalho – de um dos objetivos da República Federativa do Brasil, inserido no art. 3.º, IV, da Constituição Federal, *in verbis*: "*promover o bem de todos, sem preconceitos de origem, raça, sexo, cor, idade e quaisquer outras formas de discriminação*", além da proteção específica ao mercado de trabalho da mulher, prevista no art. 7.º, XX, da CF/88.[1]

Com esse desiderato, para além da previsão de condutas penais (descritas especificamente no art. 2.º da Lei em voga, sendo estas o foco primordial de nossos comentários, haja vista os objetivos propostos na presente obra), o aludido diploma legislativo, traz ainda em seu bojo a previsão de infrações administrativas pelo cometimento do ato discriminatório pelo empregador (multa e proibição de obter empréstimos ou financiamento junto a instituições financeiras oficiais) e reparações ao trabalhador que tiver a relação de trabalho rompida em razão de discriminação negativa injustificada (dano moral e, à sua escolha, a readmissão com ressarcimento integral de todo o período de afastamento com correção monetária e juros legais ou a percepção em dobro de sua remuneração relativa ao período, igualmente corrigida monetarlamente e acrescida de juros legais).[2]

---

1 *"XX – proteção do mercado de trabalho da mulher, mediante incentivos específicos, nos termos da lei;"*

2 *Art. 3.º Sem prejuízo do prescrito no art. 2.º desta Lei e nos dispositivos legais que tipificam os crimes resultantes de preconceito de etnia, raça, cor ou deficiência, as infrações ao disposto nesta Lei são passíveis das seguintes cominações: (Redação dada pela Lei nº 13.146, de 2015)*

I – multa administrativa de dez vezes o valor do maior salário pago pelo empregador, elevado em cinquenta por cento em caso de reincidência;

II – proibição de obter empréstimo ou financiamento junto a instituições financeiras oficiais.

Art. 4.º O rompimento da relação de trabalho por ato discriminatório, nos moldes desta Lei, além do direito à reparação pelo dano moral, faculta ao empregado optar entre: (Redação dada pela Lei nº 12.288, de 2010)

I – a reintegração com ressarcimento integral de todo o período de afastamento, mediante pagamento das remunerações devidas, corrigidas monetariamente e acrescidas de juros legais; (Redação dada pela Lei nº 13.146, de 2015)

II – a percepção, em dobro, da remuneração do período de afastamento, corrigida monetariamente e acrescida dos juros legais.

Art. 5º Esta lei entra em vigor na data de sua publicação.

Art. 6º Revogam-se as disposições em contrário.

Ademais, cumpre salientar que o diploma normativo em comento teve o campo de incidência de seu artigo inicial (uma espécie de parte geral) elastecido com a edição do Estatuto da Pessoa com Deficiência, que incluiu expressamente a proteção contra prática discriminatória ou limitativa na relação de trabalho à pessoa com deficiência, bem como àquela que passou por reabilitação profissional, senão vejamos: "*Art. 1.º É proibida a adoção de qualquer prática discriminatória e limitativa para efeito de acesso à relação de trabalho, ou de sua manutenção, por motivo de sexo, origem, raça, cor, estado civil, situação familiar, deficiência, reabilitação profissional, idade, **entre outros**[3], ressalvadas, nesse caso, as hipóteses de proteção à criança e ao adolescente previstas no inciso XXXIII do art. 7.º da Constituição Federal. Redação dada pela Lei nº 13.146, de 2015*".

Todavia, tal alteração não trouxe reflexos à incidência penal, prevista no artigo 2.º, comentado adiante.

2. CRIMES EM ESPÉCIE

Art. 2º Constituem crime as seguintes práticas discriminatórias:

I – a exigência de teste, exame, perícia, laudo, atestado, declaração ou qualquer outro procedimento relativo à esterilização ou a estado de gravidez;

II – a adoção de quaisquer medidas, de iniciativa do empregador, que configurem:

a) indução ou instigamento à esterilização genética;

b) promoção do controle de natalidade, assim não considerado o oferecimento de serviços e de aconselhamento ou planejamento familiar, realizados através de instituições públicas ou privadas, submetidas às normas do Sistema Único de Saúde (SUS).

Pena: detenção de um a dois anos e multa.

Parágrafo único. São sujeitos ativos dos crimes a que se refere este artigo:

I – a pessoa física empregadora;

---

3 As repercussões que desbordam da tutela penal não são o escopo primordial da presente obra, entretanto, faz-se interessante ilustrar que, a partir da cláusula de abertura *"entre outros"*, a jurisprudência trabalhista tem aplicado conceito bem ampliativo do artigo em destaque para fins de vedar quaisquer práticas discriminatórias limitativas na relação de emprego, conforme o seguinte exemplo: ***Tribunal Superior do Trabalho. Ação civil pública – Processo seletivo – Banco HSBC – Pesquisa prévia da situação financeira dos candidatos ao emprego – SPC e Serasa – Dano moral coletivo.*** *[...] Para Firmino Alves Lima, 'há discriminação nas relações de trabalho quando um ato ou comportamento do empregador, ocorrido, antes, durante e depois da relação de trabalho, implica uma distinção, exclusão, restrição ou preferência, baseado em uma característica pessoal ou social, sem motivo razoável ou justificável, que tenha por resultado a quebra do igual tratamento e a destruição, o comprometimento, o impedimento, o reconhecimento ou o usufruto de direitos e vantagens trabalhistas assegurados, bem como direitos fundamentais de qualquer natureza, ainda que não vinculados ou integrantes da relação de trabalho (LIMA, Firmino Alves. Mecanismos antidiscriminatórios nas relações de trabalho. São Paulo: LTr, 2006. p. 135).* ***A interpretação adequada do artigo 1º da Lei nº 9029/1995 deve ser feita de forma ampliativa no sentido de que é vedada 'qualquer prática discriminatória'.*** *Neste aspecto, portanto, deve-se coibir qualquer espécie de prática discriminatória. (Fica proibida a adoção de qualquer prática discriminatória limitativa para eleito de acesso à relação de emprego, ou sua manutenção, por motivo de sexo, origem, raça, cor, estado civil, situação familiar ou idade, ressalvadas, neste caso, as hipóteses de proteção ao menor previstas no inciso XXXIII do artigo 7o da Constituição Federal'.)* (TST. Recurso de Revista 3990200-19.2008.5.09.0002. 2ª Turma. Relator: Ministro Renato de Lacerda Paiva. Publicação: DEJT 20.02.2015. Revista Fórum Trabalhista – RFT. Belo Horizonte, ano 4, n. 16, jan/mar. 2015).

II – o representante legal do empregador, como definido na legislação trabalhista;

III – o dirigente, direto ou por delegação, de órgãos públicos e entidades das administrações públicas direta, indireta e fundacional de qualquer dos Poderes da União, dos Estados, do Distrito Federal e dos Municípios.

BEM JURÍDICO TUTELADO

O direito à igualdade e ao livre acesso ao mercado de trabalho (especialmente da mulher), vedando-se práticas discriminatórias negativas injustificadas.

SUJEITOS DO CRIME

Crime próprio com relação ao sujeito ativo, pois exige condição especial do agente. Note-se que o parágrafo único é claro ao dispor as pessoas que podem cometer a infração penal: *I – a pessoa física empregadora; II – o representante legal do empregador, como definido na legislação trabalhista* (a pessoa natural, representante legal que praticou a conduta criminosa, haja vista que não há hipótese de responsabilização penal da pessoa jurídica pelo cometimento deste crime, tampouco responsabilidade penal objetiva da empresa); *III – o dirigente, direto ou por delegação, de órgãos públicos e entidades das administrações públicas direta, indireta e fundacional de qualquer dos Poderes da União, dos Estados, do Distrito Federal e dos Municípios* (portanto, a infração penal pode também ser praticada no âmbito do poder público, sendo que a responsabilidade é pessoal do diretor ou agente público que adotar as medidas ilegais vedadas). Admite-se coautoria e participação nos moldes tradicionais do Código Penal.

No polo passivo figura o Estado, como sujeito passivo formal, mediato e constante, além da pessoa discriminada, como sujeito passivo imediato (titular do bem jurídico). Com relação à exigência de esterilização genética, pode ser qualquer pessoa, tanto o homem (possível beneficiário de uma licença paternidade) quanto a mulher (possível beneficiária de uma licença maternidade). Logicamente que, em se tratando de exigência relacionada ao estado de gravidez, somente a mulher pode figurar como sujeito passivo (aqui o crime é próprio também em relação ao sujeito passivo).

CONDUTAS

A conduta nuclear do inciso I é *exigir* (determinar, ordenar, impor), cingindo-se à ação do empregador que impõe como condição da contratação que o empregado(a) ou candidato(a) apresente: teste (verificação de caráter mais amplo), exame (verificação médica), perícia (análise pericial), laudo (documento elaborado por perito), atestado (afirmação documentada), declaração (manifestação solene) ou qualquer outro procedimento (qualquer método de verificação, cláusula de abertura) relativo à esterilização (incapacidade de gerar filhos) ou a estado de gravidez (estado biológico da mulher de gestação de descendente que inicia desde a concepção do embrião[4]).

---

4 Neste sentido, a jurisprudência trabalhista reconhece direito à estabilidade da empregada gestante desde o momento da concepção, conforme segue: *RECURSO DE REVISTA –* ***ESTABILIDADE DA GESTANTE – PROTEÇÃO À GRAVIDEZ DESDE A CONCEPÇÃO*** *– EFICÁCIA DO PRECEITO CONSTITUCIONAL. O art. 10, inciso II, alínea*

Já o inciso II prevê a adoção (prática, implementação) de quaisquer medidas (cláusula de abertura), de iniciativa (por parte) do empregador que configurem (se caracterizem como):

a) *indução ou instigamento:* induzir significa dar a ideia – não existente até então – e instigar relaciona-se à incitação (incentivo), reforçando uma ideia que já existia, com relação à esterilização genética (intervenção cirúrgica, realizada no homem – vasectomia – ou na mulher – laqueadura), ou seja, à impossibilidade do(a) empregado(a) gerar filhos.

b) promoção do controle de natalidade: adotar o empregador medidas que configurem a promoção (impulso) do controle de natalidade (domínio com relação ao nascimento de filhos[5]) em relação ao empregador.

Todavia, a própria alínea em comento excluiu a tipicidade formal de serviços de aconselhamento e planejamento familiar submetidos às normas do Sistema Único de Saúde ("[..] *assim não considerado o oferecimento de serviços e de aconselhamento ou planejamento familiar, realizados através de instituições públicas ou privadas, submetidas às normas do Sistema Único de Saúde (SUS)*". Em síntese, a intenção legislativa foi de resguardar o trabalhador de pressões (notadamente ameaças de dispensa) do empregador com relação ao seu planejamento familiar (ou até mesmo à total ausência dele, se for assim a sua vontade). Por conseguinte, e conforme a ressalva anteriormente demonstrada, pensamos que não configura fato típico a hipótese do empregador que aconselha ou auxilia (com total isenção de ameaças, ainda que veladas em caso de negativa) o empregado a buscar (caso seja de seu interesse) os programas oficiais de planejamento familiar, principalmente naqueles casos de pessoas mais humildes e com menor esclarecimento acerca dos serviços públicos disponíveis, que, não raro, já possuem muitos filhos e poucas condições materiais para prover o adequado sustento e amparo de sua prole.

Segundo dados do manual de planejamento familiar para os profissionais da saúde, em consonância as orientações da Organização Mundial de Saúde, milhões de pessoas tentam evitar a paternidade e maternidade, porém não têm regular acesso aos métodos contraceptivos. Diversos motivos são apontados para explicar essa frustração de expectativas, sendo o principal a falha do Estado quanto à oferta de uma educação mais eficaz, além da pequena

---

b, do ADCT veda, em termos expressos e inequívocos, ***a dispensa arbitrária ou imotivada da empregada gestante, desde a confirmação da gravidez até cinco meses após o parto****. Ao fazê-lo, portanto, a norma constitucional em tela estabelece a responsabilidade objetiva do empregador pelos salários e garantias próprias ao contrato de trabalho, durante todo o período ao longo do qual é assegurada a estabilidade, e o único pressuposto para que a empregada tenha reconhecido seu direito é a gravidez. A matéria já está pacificada no âmbito desta Corte uniformizadora, em que a Súmula nº 244 traduz a exegese da fonte formal do direito, sem aludir a qualquer condição a que possa estar sujeita, pois se cuida de responsabilidade objetiva, cujo março é o início da gravidez. Recurso de revista conhecido e provido.* (TST – RR: 1039320105020254 103-93.2010.5.02.0254, Relator: Luiz Philippe Vieira de Mello Filho, Data de Julgamento: 15/05/2013, 7ª Turma, Data de Publicação: DEJT 24/05/2013).

5 Importante ressaltar que a Constituição Federal garante que o planejamento familiar é uma livre decisão do casal (não pode ser imposto pelo Estado, tampouco pelo empregador), *in verbis: "art. 226, § 7º Fundado nos princípios da dignidade da pessoa humana e da paternidade responsável, o planejamento familiar é livre decisão do casal, competindo ao Estado propiciar recursos educacionais e científicos para o exercício desse direito, vedada qualquer forma coercitiva por parte de instituições oficiais ou privadas."*

oferta de contraceptivos e insumos que ainda não atende a toda demanda.[6]

Por fim, cumpre deixar vincado que o planejamento familiar não se confunde com o controle de natalidade, sendo aquele conceito mais amplo do que esse, estando (o primeiro) atrelado à ideia de liberdade de escolha consciente e de paternidade/maternidade responsável, visando, em última análise, à garantia da dignidade da pessoa humana[7]. Neste esteio, a lei do planejamento familiar (9.263/96), que concretizou no plano infraconstitucional o § 7º do art. 226 da Constituição Federal, apresenta o seguinte conceito normativo, *in verbis*: "*entende-se planejamento familiar como o conjunto de ações de regulação da fecundidade que garanta direitos iguais de constituição, limitação ou aumento da prole pela mulher, pelo homem ou pelo casal*". Já o controle de natalidade, por seu turno, relaciona-se a apenas à redução de nascimentos.

VOLUNTARIEDADE

Quanto à voluntariedade, exige-se o dolo, inexistindo a forma culposa. Não se faz necessário para configuração do tipo penal em testilha elemento subjetivo específico (especial finalidade de agir).

CONSUMAÇÃO E TENTATIVA

O delito se consuma com a prática discriminatória prevista no tipo penal, independentemente da ocorrência de efetivo prejuízo à vítima. Crime formal, portanto.

O crime restará consumado com a mera exigência do teste, exame, declaração perícia, laudo, atestado ou outro procedimento de esterilização (ou induzimento/instigação à esterilização) ou gravidez, independentemente da aceitação ou recusa do(a) trabalhador(a)/candidato(a) ao posto de trabalho (e tampouco sem a necessidade da vontade específica de discriminar do empregador), bastando que pratique a conduta nuclear (exigir, induzir ou instigar) com consciência e vontade (dolo).

Apesar de ser de difícil ocorrência, admite-se a tentativa na forma plurissubsistente (quando cometido por mais de um ato, como, por exemplo, quando a exigência ocorrer por escrito e for interceptada antes de chegar ao destinatário final).

AÇÃO PENAL

Ação Penal Pública incondicionada.

Infração de menor potencial ofensivo, tendo em vista que a pena máxima não ultrapassa o patamar de dois anos. Aplicação integral da Lei 9.099/95, tanto com relação à competência (Juizado Especial Criminal), quanto no que tange à possibilidade (a depender do preenchimento dos requisitos legais pelo agente) de aplicação dos institutos penais despenalizadores (transação penal e *sursis* processual).

---

6 BORGO, Alexandre de Oliveira. *O direito ao planejamento familiar como garantia da dignidade da pessoa humana.* Liberdade de escolha versus negligência dos pais versus omissão do Estado: uma investigação sobre a causa primária de acolhimentos protetivos de crianças e adolescentes. Vitória: Ed. do Autor, 2015. p. 64.

7 *Ibidem*, p. 69-70.

BIBLIOGRAFIA

BORGO, Alexandre de Oliveira. *O direito ao planejamento familiar como garantia da dignidade da pessoa humana*. Liberdade de escolha versus negligência dos pais versus omissão do Estado: uma investigação sobre a causa primária de acolhimentos protetivos de crianças e adolescentes. Vitória: Ed. do Autor, 2015.

NUCCI, Guilherme de Souza. Leis Penais e Processuais Penais Comentadas. Vol I. 8. ed. rev. atual. ampl. Rio de Janeiro: Forense, 2014.

CAPÍTULO 21

Juizados Especiais Criminais – Lei 9.099/1995

Antonio Henrique Graciano Suxberger

INTRODUÇÃO

A Constituição de 1988, preocupada com a incapacidade do Poder Judiciário de assegurar o devido tratamento a infrações penais mais simples e de menor relevância quanto ao bem jurídico tutelado, trouxe a previsão de criação dos juizados especiais. O Constituinte, no art. 98, inciso I, trouxe as bases sobre as quais o legislador ordinário deveria estabelecer os juizados. No texto constitucional, estão previstos: (i) a possibilidade de atuação de juízes leigos; (ii) a nomenclatura então inédita de "crimes de menor potencial ofensivo"; (iii) a nomenclatura de "sumaríssimo" para o procedimento dos juizados, a ser caracterizado pela oralidade; (iv) o instituto da transação penal; (v) órgãos incumbidos de apreciar recursos a serem compostos por juízes de primeiro grau.

Essas balizas lançadas pela Constituição mostravam-se, desde logo, inafastáveis para a criação dos Juizados Especiais Criminais. Se a existência de um órgão de jurisdição incumbido do julgamento de pequenas causas já era realidade na esfera cível desde meados da década de 1980, por meio – dentre outras – da Lei n. 7.244 de 1984, a novidade trazida pela Constituição consistiu na previsão de um órgão incumbido do julgamento de "pequenas causas" criminais, isto é, uma estrutura jurisdicional que conseguisse dar resposta formalizada a um tipo de criminalidade que, até então, não dispunha de qualquer possibilidade de concorrer com infrações de maior gravidade. E, por isso, acabavam relegadas a soluções que muitas vezes frustravam as próprias razões de justificação para a intervenção penal do Estado ou que serviam apenas para demonstrar o inegável caráter seletivo do sistema de justiça criminal.

Essas balizas, então, foram lançadas ao legislador ordinário. O preceito estabelecido no art. 98, inc. I, da Constituição claramente tem a sua eficácia limitada, isto é, sua concretização dependia de detalhamento a ser realizado pelo legislador ordinário. Coube a ele dar conteúdo a esses institutos nominados na Constituição. Afinal, como materializar a participação de juízes leigos? O que incumbiria a eles sem que tal tarefa maculasse a reserva da jurisdição outorgada aos juízes togados? Qual o conceito a ser aplicado para o chamado "crime de menor potencial ofensivo"? Qual o desenho procedimental para o procedimento sumaríssimo – expressão superlativa que bem demonstra a intenção constituinte para que fosse criado algo informado pela simplicidade, pela informalidade, pela celeridade e, especialmente, pela oralidade. Diante de tantas opções de acordos processuais presentes no direito comparado, como o Brasil poderia trazer tal contribuição para concretizar a transação penal? Por fim, seria possível estabelecer órgãos recursais que escapassem da já inchada estrutura dos Tribunais ordinários (Tribunais Regionais Federais e Tribunais de Justiça estaduais)? Eram essas as perguntas a serem respondidas pelo legislador ordinário após a promulgação do texto constitucional em 1988.

Em 1989, a discussão que redundaria na edição da Lei n. 9.099 em 1995 inicia-se por meio do Projeto de Lei n. 1.480, apresentado pelo então Deputado Federal Michel Temer. A proposição resultou de uma série de debates e estudos promovidos por um grupo de trabalho composto por integrantes do Tribunal de Justiça do Estado de São Paulo e pelos professores Ada Pellegrini Grinover, Antônio Magalhães Gomes Filho e Antônio Scarance Fernandes da Universidade de São Paulo. Os estudos ainda aproveitaram o chamado Anteprojeto Gagliardi e Marques da Silva. O Projeto experimentou inúmeras contribuições e sugestões de redação, até a aprovação e a sanção do texto final da Lei n. 9.099 em 1995.

A Lei n. 9.099 possui uma estrutura simples. São quatro Capítulos, dos quais o primeiro e o último se referem tanto ao Juizado Especial Cível quanto ao Criminal. O Capítulo I, além de reproduzir o texto da Constituição a respeito da competência da União e dos Estados para a criação dos Juizados, estabelece desde logo os critérios que orientarão os processos nos Juizados: oralidade, simplicidade, informalidade, economia processual e celeridade. Ainda, preceitua claramente que o objetivo da Lei é mesmo promover a conciliação entre os envolvidos ou a transação, conforme o caso e sempre que possível. O Capítulo II, então, cuida do Juizado Cível. E o Capítulo III da Lei, dividido em seis seções, refere-se ao Juizado Especial Criminal (JECRIM). A Lei ainda dispõe de um último capítulo, o de número IV, que estabelece os prazos para instalação dos Juizados na União, nos Estados e no Distrito Federal. Interessa-nos exatamente o Capítulo III. Dividido em seis seções, não só detalha o procedimento sumaríssimo e os institutos aplicáveis aos crimes de menor potencial ofensivo, como igualmente traz disposições que se estenderão a todo o ordenamento processual penal (representação para a ação penal pelo crime de lesões leves e a suspensão condicional do processo).

DISPOSIÇÕES GERAIS

Art. 60. O Juizado Especial Criminal, provido por juízes togados ou togados e leigos, tem competência para a conciliação, o julgamento e a execução das infrações penais de menor potencial ofensivo, respeitadas as regras de conexão e continência.

Parágrafo único. Na reunião de processos, perante o juízo comum ou o tribunal do júri, decorrentes da aplicação das regras de conexão e continência, observar-se-ão os institutos da transação penal e da composição dos danos civis.

O artigo 60, que inicia as disposições a respeito dos Juizados Especiais Criminais reproduz, em grande parte, o texto constitucional, especificamente o comando inserto no art. 98, inciso I, da Constituição.

A previsão de participação de juízes togados e leigos nos Juizados Especiais Criminais foi resolvida por meio da participação de conciliadores, mediadores ou também chamados de atermadores. Como se verá a seguir, o procedimento do JECRIM guarda uma fase de conciliação, cujo objetivo maior é a composição dos danos civis causados pela prática da infração criminosa. Essas tratativas que buscarão o atendimento aos interesses da vítima serão, em regra, conduzidas por um juiz leigo, isto é, um conciliador previamente cadastrado no Juizado

Especial Criminal que, embora não integra os quadros da magistratura, cuidará de promover a composição entre os envolvidos, nomeadamente o autor do fato e a vítima.

Essa composição a ser promovida pelo conciliador, posteriormente, será objeto de homologação pelo juiz togado. As consequências desse acordo assim reconhecido pelo juiz togado serão vistas a seguir, particularmente nos arts. 72 a 74 da Lei n. 9.099. Desde logo, adianta-se que, se atendidos os interesses patrimoniais da vítima nessa composição, ter-se-á a solução da questão criminal nos casos de infrações penais que sejam de ação penal pública condicionada à representação ou de ação penal privada (queixa-crime). Isso porque a composição dos danos civis implicará a renúncia ao direito de representação ou de queixa pelo ofendido. A renúncia, nos termos do art. 107, inciso V, do Código Penal, é causa de extinção da punibilidade do fato.

Assim, a presença do conciliador é estimulada no JECRIM, mas se limita à fase preliminar, isto é, a fase em que se procede à composição dos danos civis entre autor do fato e vítima. O detalhamento da participação dos mediadores e o modo pelo qual serão eles recrutados observarão a competência estadual para as respectivas normas de organização judiciária, bem assim os atos normativos do respectivo Tribunal.

O art. 60 ainda autoriza que o JECRIM tenha competência não só para o processo do crime de menor potencial ofensivo, mas também para a execução das sentenças proferidas no Juizado. Essa definição da competência, por certo, observa as normas de organização judiciária de cada Estado ou mesmo da Justiça Federal. Mas a presença do autorizativo, para que o Juizado exerça as funções de juízo de conhecimento e de execução, guarda consonância com a simplicidade e a informação que hão de informar todo o funcionamento do JECRIM. O art. 60 ainda apresenta a expressão "infração de menor potencial ofensivo", cujo conceito será expressado no artigo seguinte.

O art. 60, em sua parte final, ressalva a observância dos institutos da conexão e da competência para a fixação da competência do JECRIM. Conexão e continência são conceitos legalmente estabelecidos nos arts. 76 e 77 do Código de Processo Penal (CPP). Interessa-nos as consequências do reconhecimento desses fenômenos processuais.

Com efeito, a presença de conexão ou continência implica a reunião de processos perante um mesmo juízo e, se possível, o processamento e julgamento conjunto das ações. Trata-se da regra insculpida no art. 79, *caput*, do CPP. Em se tratando de infrações penais que sejam de competência da jurisdição comum, haverá sempre a reunião dos feitos e a presença desse critério de definição de competência do juízo. As consequências da conexão e da continência, especialmente aquela que se refere à definição da competência do juízo, só serão afastadas em duas situações: no concurso entre jurisdição penal e infracional, isto é, na presença de fatos conexos ou continentes que se refiram à competência da jurisdição criminal e à competência da justiça infracional (a Vara da Infância e Juventude, nos termos do art. 148, inc. I, da Lei n. 8.069/1990); e na presença entre concurso entre jurisdição comum e jurisdição militar.

A previsão da Lei n. 9.099 que ressalva a observância das regras de conexão e continência foi inserta pela Lei n. 11.313, de 28 de junho de 2006. Seguidamente a essa alteração, muito se discutiu sobre a prevalência, ou não, da competência do JECRIM, ao argumento de que a competência prevista para os Juizados Especiais seria uma competência constitucionalmente estabelecida.

A consequência da compreensão segundo a qual a competência do JECRIM seria estabelecida constitucionalmente seria a impossibilidade de prevalência de regras legais sobre competência em detrimento do comando constitucional. É dizer: se a Constituição estabeleceu a competência do JECRIM para os crimes de menor potencial ofensivo, não haveria sentido em atribuir prevalência à regra prevista no CPP que determinaria a observância de conexão e continência como critérios definidores da competência. Por isso, tão logo foi editada a Lei n. 11.313/2006, vários autores se apressaram em reputá-la como inconstitucional, por suposta ofensa ao disposto no art. 98, inciso I, da Constituição Federal. Para quem reputa inconstitucional a alteração promovida em 2006 na Lei n. 9.099, a solução seria o desmembramento dos feitos que reunissem crimes de menor potencial ofensivo, para que estes sejam processamos e julgados no JECRIM, e os demais fatos criminosos observem a competência do juízo criminal comum.

Nessa linha de argumentos, a Procuradoria-Geral da República ajuizou a ação direta de inconstitucionalidade (ADI) n. 5.240 em fevereiro de 2015, argumentando que os institutos da conexão e da continência, previstos na legislação infraconstitucional, não podem ser utilizados como pretexto para contrariar as regras de competência fixadas na Carta Magna. A ação encontra-se na pauta de julgamento do Plenário do STF para apreciação e sua relatoria incumbe à Ministra Carmen Lúcia.

A par do transcurso do tempo, é possível aventar que a alteração promovida pela Lei n. 11.313 não padeça de inconstitucionalidade. Afinal, uma coisa é a definição de jurisdições distintas, tais como as jurisdições especiais, que abrangem a Justiça Eleitoral, a Justiça Militar da União e a jurisdição política excepcionalmente exercida pelo Senado Federal nos crimes de responsabilidade das autoridades a ele submetidas, em face da chamada jurisdição comum. Esta, como se sabe, abrange as competências da Justiça estadual e federal. Nela, jurisdição comum, ainda se encontra a instituição do tribunal do júri, cuja competência igualmente tem sede e definição constitucional.

No entanto, é preciso salientar que, ao definir a competência do JECRIM, a Constituição limitou-se a afirmar que ela abarcaria os crimes de menor potencial ofensivo, cuja definição veio a ser implementada pelo legislador ordinário. No aparente conflito entre competências de jurisdição comum, a própria jurisprudência do Supremo Tribunal Federal tem reconhecido a necessária observância das regras de conexão e continência.

É o que se dá, por exemplo, na lição extraída do enunciado n. 704 da súmula do STF, que afirma o seguinte: "Não viola as garantias do juiz natural, da ampla defesa e do devido processo legal a atração por continência ou conexão do processo do corréu ao foro por prerrogativa de função de um dos denunciados". Em casos assim, embora o foro por prerrogativa de função, as mais das vezes, guarde sede constitucional, o fato atraído à jurisdição de maior hierarquia por conexão ou continência será lá julgado sem que isso implique contrariedade a preceitos processuais que são estabelecidos também no texto constitucional.

Por conseguinte, embora o tema se encontre pendente de definição pelo Supremo Tribunal Federal, não é demasiado projetar que a Corte pode muito bem reconhecer a constitucionalidade da alteração promovida pela Lei 11.313 de 2006 ao argumento de que a alteração legislativa não desrespeita a competência definida para o JECRIM. Afinal, tal competência só cederá em favor de regras legais – conexão e continência – que impõem a competência do juízo comum e a reunião dos feitos sem prejuízo de que incidam, para os crimes de menor potencial ofensivo, os institutos da transação penal e da composição dos danos civis com todas as suas consequências jurídico-penais.

A mudança legislativa, portanto, guarda sentido compatível com a Constituição justamente por conta da ressalva veiculada no parágrafo único do art. 60 da Lei n. 9.099, com a redação estabelecida pela Lei n. 11.313/2006. Ao afirmar a possibilidade de aplicação dos institutos próprios do JECRIM no juízo criminal comum, o legislador resguardou a maior preocupação estabelecida no texto constitucional: dar ao crime de menor potencial ofensivo o tratamento que permita a conciliação dos envolvidos e, especialmente, a possiblidade de incidência do benefício da transação penal. Se tais benefícios podem ser aplicados mesmo diante do juízo criminal comum, não há razão maior que justifique a não incidência das regras de conexão e continência. Essas regras, aliás, prestam-se para assegurar não só a segurança jurídica como também a resposta estatal adequada a fatos que guardem razão jurídica para tratamento conjunto num único feito e perante um mesmo juízo.

Um exemplo ilustra bem essa previsão do parágrafo único do art. 60 da Lei n. 9.099. Havendo conexão entre um crime de lesão corporal leve, que é infração de menor potencial ofensivo e cuja persecução se dá por ação penal pública condicionada a representação do ofendido, e um crime de furto qualificado, ambos os fatos serão processados perante o juízo criminal singular. É o que determina o *caput* do art. 60 da Lei n. 9.099. No entanto, deve-se assegurar a oportunidade de composição dos danos civis entre ofendido e autor do fato. Se alcançada a composição, a persecução penal do crime de lesões leves não se aperfeiçoará, pois a composição implicará renúncia ao direito de representação do ofendido e, por consequência, o Ministério Público carecerá da necessária condição de procedibilidade para o exercício da ação penal pelo crime de lesão corporal leve. O caso, então, será de arquivamento da investigação em relação ao crime de lesão corporal leve, na forma do inciso II do art. 395 do CPP, e regular oferecimento da ação penal pelo crime de furto qualificado.

Para conclusão, espera-se a palavra final do STF sobre a constitucionalidade da redação do art. 60 da Lei n. 9.099/1995, cuja redação foi alterada pela Lei n. 11.313/2006. No entanto, caso o Tribunal proceda à distinção entre a definição das jurisdições no texto constitucional e a definição de competências a partir de conceitos estabelecidos pelo legislador ordinário, a tendência é de afirmação da constitucionalidade da redação atual da Lei n. 9.099/1995.

Art. 61. Consideram-se infrações penais de menor potencial ofensivo, para os efeitos desta Lei, as contravenções penais e os crimes a que a lei comine pena máxima não superior a 2 (dois) anos, cumulada ou não com multa.

O conceito de crime de menor potencial ofensivo, tal como estabelecido na Lei n. 9.099/1995, abrangia "as contravenções penais e os crimes a que a lei comine pena máxima não superior a um ano, excetuados os casos em que a lei preveja procedimento especial". A redação, foi então, alterada pela Lei n. 10.259/2001, que fracassou ao pretender estabelecer um conceito de crime de menor potencial ofensivo distinto (mais amplo) para a Justiça comum federal em relação ao conceito então previsto para a Justiça comum estadual. O conceito mais abrangente estabelecido para o JECRIM na esfera federal mostrou-se um claríssimo exemplo de previsão que veiculou exclusão de benefício incompatível com o princípio da igualdade. Desse modo, apesar da dicção restritiva, o conceito mais amplo trazido pela Lei de 2001 imediatamente foi estendido aos casos da Justiça comum estadual.

A solução veio com a redação imposta ao artigo pela Lei n. 11.313/2006. Foi ela que trouxe a atual definição do crime de menor potencial ofensivo: "Consideram-se infrações penais de menor potencial ofensivo, para os efeitos desta Lei, as contravenções penais e os crimes a que a lei comine pena máxima não superior a 2 (dois) anos, cumulada ou não com multa".

O primeiro ponto a destacar refere-se ao fato de que a Constituição de 1988 inovou na nomenclatura das infrações penais então presente no direito pátrio. A Lei de Introdução ao Código Penal, o Decreto-Lei n. 3.914, de 9/12/1941, estabelece a clássica classificação dualista para as infrações penais no Brasil (art. 1.º). De um lado, o crime, infração penal que traz cominação de pena de reclusão ou de detenção, isolada, cumulativa ou alternativamente com pena de multa. De outro lado, a contravenção penal, infração penal cujo preceito sancionatório traz isoladamente pena de prisão simples ou de multa ou ambas, alternativa ou cumulativamente. De forma clara, então, se a infração penal trazia previsão de pena de reclusão ou detenção, tratava-se de crime. Se a infração penal trazia previsão de prisão simples, tratava-se de contravenção penal.

A Lei n. 9.099/1995 estabeleceu, então, o conceito de crime de menor potencial ofensivo, relevantíssimo para a incidência do procedimento sumaríssimo e, em especial, dos benefícios processuais com consequências jurídico-penais da composição dos danos civis e da transação penal.

Afinal, qual o conceito de crime de menor potencial ofensivo? O legislador estabeleceu o critério da pena máxima para a sua compreensão. Se a infração penal trouxer no seu preceito sancionatório pena privativa de liberdade (conceito que abrange as penas de prisão simples, detenção e reclusão) que não seja superior a dois anos, teremos crime de menor potencial ofensivo. Veja que a previsão de multa é desimportante para essa definição, pois, havendo ou não a previsão da multa, é mesmo a pena privativa de liberdade que importará para a incidência do conceito.

Veja-se que o critério legal é o da pena privativa de liberdade *máxima* cominada ao delito. Por conseguinte, se o critério é o da pena, importará para a sua compreensão que elucidemos por completo a pena prevista para o fato, em especial se incidente preceitos legais de extensão do tipo penal, de concurso de penas e tudo mais que importe para a definição da pena do fato submetido à competência do JECRIM e seus respectivos institutos.

Cabe aqui uma explicação: quando o legislador menciona a *classificação legal* do fato, a exemplo do que ocorre no art. 41 do CPP, que versa sobre os requisitos da ação penal, interessa ao aplicador do Direito indicar com precisão todos os preceitos legais que se referem à incidência do tipo penal descrito pelo legislador. Nessa linha de ideias, vale rememorar que nossa legislação traz figuras básicas ou nucleares que podemos nominar como *delitos-tipos* ou *tipos básicos*. As redações do art. 121, do art. 155, do art. 180, todos do Código Penal, são exemplos de tipos básicos, isto é, descrições típicas na sua conformação mais simplificada. Contudo, um mesmo tipo básico pode ensejar diversos *tipos de delito* ou *tipos derivados*. As figuras descritas nas qualificadoras do homicídio ou mesmo nas qualificadoras do furto são exemplos de tipos de delito. São igualmente tipos de delito aquelas figuras que reclamam *normas de extensão*, como o que ocorre com a previsão do art. 14, inc. II, do CP, nos crimes tentados, ou com a previsão do art. 29, *caput*, do CP, para a tipificação da conduta exteriorizada pelo partícipe.

Essa lembrança se mostra relevante porque, afinal, a previsão da classificação legal é requisito a ser observado na ação penal. Mas, aqui o destaque, não é a classificação legal do delito que importa para a definição do crime de menor potencial ofensivo. A definição é aquela estabelecida para a pena do delito.

Se o critério para definição do crime de menor potencial ofensivo é da pena cominada ao delito, incidirão nesse caso até mesmo as regras atinentes ao concurso de penas. Afinal, só mesmo depois das regras próprias do concurso de penas é que se saberá qual a pena prevista à infração. O concurso de penas é descrito nos arts. 69 (concurso material), 70 (concurso formal) e 71 (crime continuado) do CP. A consequência da incidência do concurso de penas varia entre o cúmulo material das sanções e a exasperação da pena mais grave cominada aos delitos.

Para a definição do crime de menor potencial ofensivo, então, interessa a pena privativa de liberdade descrita para a infração penal. E, se houver mais de uma infração penal, reunida no mesmo feito por força de conexão e/ou continência, incidirão necessariamente as regras do concurso de penas para subsunção, ou não, ao conceito de crime de menor potencial ofensivo. Afinal, como já destacado, o critério de incidência do conceito é mesmo o da pena cominada. E, afinal, só se sabe a pena cominada após a observância da classificação legal do fato e a incidência das regras atinentes ao concurso de penas.

Assim compreendido o conceito, mostra-se de fácil compreensão um tema que já foi bastante discutido na doutrina e também nos Tribunais. Diante de vários fatos isoladamente considerados de menor potencial ofensivo, por força da classificação legal desses delitos, é possível concluir pela competência do JECRIM e, por conseguinte, pela incidência dos institutos previstos na Lei n. 9.099?

A resposta é simples: será de menor potencial ofensivo o fato que, após o cálculo decorrente do concurso de penas (cúmulo material ou exasperação, a depender de cada caso), alcançar pena privativa de liberdade que não seja superior a dois anos. Se o cálculo daí resultante ultrapassar dois anos, a consequência será o deslocamento da competência do JECRIM em favor do juízo criminal singular, com observância das regras de competência do CPP e das normas de organização judiciária respectivas.

O Superior Tribunal de Justiça editou o verbete n. 243 de sua súmula, que versa sobre o instituto da suspensão condicional do processo. O conceito da infração de médio potencial ofensivo, isto é, aquela que admite o *sursis* processual não se confunde com o da infração de menor potencial ofensivo. Porém, há um critério em comum: o da *pena* prevista ao fato. No *sursis* processual, o critério é o da pena mínima; no crime de menor potencial ofensivo, o critério é o da pena máxima. E, em ambos os casos, a aferição desse critério se dá após a incidência das regras legais de concurso de penas. Confira-se a redação do enunciado 243 da súmula do STJ: "O benefício da suspensão do processo não é aplicável em relação às infrações penais cometidas em concurso material, concurso formal ou continuidade delitiva, quando a pena mínima cominada, seja pelo somatório, seja pela incidência da majorante, ultrapassar o limite de um (01) ano".

Se fôssemos reproduzir a lição do verbete para o crime de menor potencial ofensivo, teríamos o seguinte: O benefício da transação penal e a competência do JECRIM, próprios dos crimes de menor potencial ofensivo, serão observados em relação às infrações penais cometidas em concurso material, concurso formal ou continuidade delitiva, quando a pena máxima cominada, seja pelo somatório, seja pela incidência da majorante, ultrapassar o limite de dois anos.

Interessa, então, a inteligência do enunciado, isto é, a lição que dele se extrai: para se alcançar a pena cominada ao fato, deve-se previamente observar as regras do concurso de penas em casos que reúnam mais de uma infração. Se, ainda assim, a pena não for superior a dois anos, teremos crime de menor potencial ofensivo. Caso contrário, a hipótese implicará deslocamento da competência em favor do juízo criminal singular.

Art. 62. O processo perante o Juizado Especial orientar-se-á pelos critérios da oralidade, simplicidade, informalidade, economia processual e celeridade, objetivando, sempre que possível, a reparação dos danos sofridos pela vítima e a aplicação de pena não privativa de liberdade.

O art. 62 estabelece uma série de critérios que orientarão o procedimento sumaríssimo e o JECRIM em geral, além de fixar, desde logo, os dois objetivos da Lei.

Como critérios, o legislador indica a oralidade. Atributo próprio do modelo acusatório, a oralidade é usualmente detalhada nos postulados da imediatidade, da concentração e da identidade física do juiz. A imediatidade consiste na ausência de intermediários entre a prática dos atos processuais e o juiz e as partes. É dizer: busca-se o contato próprio do julgador e também das partes com tudo que diga respeito ao processo. Já a concentração se refere à reunião, tanto quanto possível, de todos os atos processuais numa única assentada. Os atos devem ser reunidos numa única audiência e, se esta, por alguma razão, não contiver todos atos do processo, os demais atos que lhe seguirem serão tomados como continuação da audiência inicial (e não como outras audiências subsequentes). A identidade física do juiz, por sua vez, refere-se à necessária vinculação do juiz que presidiu a instrução do feito em relação à sentença a ser proferida. Positivada no CPP pela reforma de 2008, justamente no § 2.º do art. 399 em relação ao procedimento comum ordinário ("O juiz que presidiu a instrução deverá proferir a sentença"), a previsão expressa da identidade física do juiz não costa da Lei n. 9.099. No entanto, observado o procedimento tal como estabelecido, isto é, com estrita observância da concentração dos atos em duas oportunidades (uma fase preliminar e uma fase litigiosa), seguramente o mesmo juiz que presidiu a instrução será o que proferirá a sentença no feito. A ausência da norma expressa, contudo, impede que se afirme a identidade física do juiz no procedimento sumaríssimo. Logo, caso outro juiz, diverso daquele que presidiu a instrução, venha a sentenciar o processo, não haverá vício ou mácula na decisão, conquanto seja de todo desejável e até mesmo recomendável, ao menos nesse ponto, a observância da previsão expressa da norma subsidiária, qual seja, o CPP.

O art. 62 ainda positiva a simplicidade como critério orientador do procedimento sumaríssimo. A inclusão desse critério foi feita pela Lei n. 13.603, de 9 de janeiro de 2018. A alteração legislativa, rigorosamente, não trouxe inovação normativa. A modificação justificou-se apenas para assegurar à Lei n. 9.099 homogeneidade nos procedimentos cível e criminal. Com efeito, a simplicidade é critério previsto na Lei n. 9.099 desde a sua redação original, como podemos verificar na redação do art. 2.º: "O processo orientar-se-á pelos critérios da oralidade, simplicidade, informalidade, economia processual e celeridade, buscando, sempre que possível, a conciliação ou a transação". Parece fora de dúvidas que a simplicidade já era um critério a ser observado no procedimento sumaríssimo mesmo antes da inserção textual promovida pela Lei n. 13.603. No entanto, a previsão legislativa de 2018 robustece a preocupação de que a condução e a marcha processuais devem se dar da maneira mais simples possível, isto é, afastando-se as formalidades desnecessárias em favor da observância dos objetivos da própria Lei n. 9.099, que são explicitados na parte final do mesmo artigo 62.

A informalidade, como critério a ser observado no sumaríssimo, permite que os atos processuais se vejam livres de rituais ou mesmo formalidades que não digam respeito necessariamente às finalidades a serem atingidas. Tal previsão guardará importância fundamental especialmente para as comunicações dos atos processuais, que poderão se valer dos recentes avanços tecnológicos, como redes sociais, comunicações telemáticas e toda sorte de facilidade, desde que a finalidade do ato seja alcançada. A informalidade deve ser prestigiada, inclusive, na construção da linguagem dos atos do processo e até mesmo na apresentação física do JECRIM. Trata-se de ambiente que deve buscar solução rápida, simples e célere, com atenção aos reclamos da vítima e de modo a evitar, no que seja possível, a estigmatização e as mazelas próprias da degradante resposta penal formalizada pelo Estado. Assim, arquitetura diferenciada, apresentação despojada dos ambientes, aproximação pessoal dos serventuários e das pessoas envolvidas – tudo deve confluir para um ambiente em que a intervenção estatal se mostre convergente com as finalidades de modo simples e informal.

A economia processual é, igualmente, critério a ser observado. Para o enfrentamento da criminalidade de menor potencial ofensivo, o legislador atenta-se para a ideia de que a relevância de tais fatos há de ser considerada em cotejo com o necessário dimensionamento dos (parcos) recursos do Estado. É dizer: sem olvidar da importância que a instância de controle penal formalizada materializa, como é o JECRIM, os recursos materiais de realização da justiça criminal devem mesmo se ocupar dos focos social e repressivo. O desenho do JECRIM, pois, há de guardar critério de economicidade e eficiência, de modo a conjugar os custos dessa justiça com os objetivos por ela perseguidos. E isso se dará desde as soluções dogmáticas que se construirão aos seus temas como também na eleição das possibilidades do Estado para a realização dessa resposta processual.

Por fim, a celeridade exsurge como critério que em muito adianta a preocupação estampada na alteração constitucional que se operou com a Emenda Constitucional n. 45/2004: a duração razoável do processo e a criação de meios que assegurem a celeridade de sua tramitação (art. 5.º, inc. LXXVIII, da CF). Se o JECRIM cuida dos crimes de menor potencial ofensivo, isto é, aqueles crimes de sanção mais branda na nossa legislação, não faz sentido que a resposta a esses crimes tarde a ponto de frustrar as próprias razões que juridicamente justificam a existência da intervenção penal. Se a resposta penal ocorre para retribuir o mal causado pela infração e para prevenir que outras infrações penais ocorram, o fator tempo passa a substanciar razão inafastável de vinculação aos discursos de legitimação da resposta penal. Assim, se a resposta tardia já se mostra em geral injusta, com maior razão a demora nos crimes de menor potencial ofensivo sobrelevam a frustração da resposta penal do Estado. Se tardia, não haverá razão penal que justifique a incidência da resposta, seja como medida de resguardo aos interesses da vítima, seja como medida de prevenção de novos delitos, tanto na dimensão coletiva como, especialmente, na dimensão individual. Por isso, o desenho simplificado, célere, de resposta quase imediata do procedimento sumaríssimo.

Os objetivos estabelecidos pela Lei n. 9.099 trazem, por um lado, um protagonismo da vítima que há muito se via relegada pelo legislador e, por outro lado, a preocupação oriunda inclusive do plano internacional de que a resposta penal se dê por forma diversa da tradicional pena privativa de liberdade. Se o JECRIM se mostra, do ponto de vista criminológico, uma resposta criminalizante do Estado, pois formaliza a resposta do controle penal para fatos até então largados à sorte da chamada cifra negra, as opções da Lei n. 9.099 mostram-se em tudo vinculadas a uma resposta penal que privilegie sanções alternativas.

A Lei, pois, se mostra criminalizante, mas despensalizadora. Formaliza o controle penal do Estado para a criminalidade de menor potencial ofensivo, mas se vale de resposta que busca sempre afastar a tradicional pena privativa de liberdade.

A Lei, então, ocupa-se de assegurar a reparação dos danos civis à vítima. A composição dos danos civis é estimulada sempre e, nos casos em que a infração seja de ação penal privada ou de ação penal pública condicionada a representação da vítima, a composição alcançada no JECRIM fulminará a própria possibilidade de resposta penal, por meio da renúncia ao direito de queixa ou de representação. Mesmo a proposta de transação penal, quando considerado o rol de penas alternativas a serem lançadas pelo Ministério Público, igualmente deverá se dirigir à satisfação do ofendido à medida que tal preocupação encontre convergência com a mensuração de suficiência e de necessidade da medida. De resto, se inevitável o processo, que a pena a ser perseguida prestigie a solução diversa da privação de liberdade, relegando essa resposta mais grave do Estado aos casos em que efetivamente tal gravidade esteja presente.

DA COMPETÊNCIA E ATOS PROCESSUAIS

Art. 63. A competência do Juizado será determinada pelo lugar em que foi praticada a infração penal.

Após a definição de competência trazida pela Constituição, segundo a qual ao JECRIM cabe o processamento e o julgamento dos crimes de menor potencial ofensivo, e após a definição do conceito do que venha a ser crime de menor potencial ofensivo, a Lei n. 9.099 traz a definição dos critérios de fixação da competência territorial.

É dizer: estabelecida a competência *ratione materiae* do JECRIM, segue-se à compreensão da competência *ratione loci*, ou seja, a competência estabelecida segundo o local. A Lei n. 9.099 sabidamente afasta-se do critério estabelecido no CPP para a definição da competência territorial. O CPP, em seu art. 70, estabelece a teoria do resultado para definir a competência territorial do juízo criminal comum: "A competência será, de regra, determinada pelo lugar em que se consumar a infração, ou, no caso de tentativa, pelo lugar em que for praticado o último ato de execução".

Já a Lei n. 9.099, atenta aos reclamos de uma investigação preliminar muitíssimo simplificada e de uma resposta do Judiciário tanto quanto possível a ser realizada de forma imediata, estabelece a competência territorial de acordo com a teoria da atividade. Interessa, então, para a definição de qual o JECRIM competente para processar e julgar o fato, o local em que realizada a ação criminosa, ainda que outro seja o lugar em que se opere o resultado.

A definição da competência territorial requer do intérprete o conhecimento de tema que é próprio da teoria do delito no Direito Penal. Trata-se da compreensão do *iter criminis*, isto é, o caminho percorrido pelo agente criminoso quando delineia o injusto típico. As etapas do *iter criminis* são, em apertada síntese: a *cogitação* da prática criminosa, a *preparação* dos atos necessários ao crime, a *execução* do fato propriamente dita (com a conjugação dos núcleos descritos no tipo penal) e, alcançada a *consumação* do delito, a eventual prática de atos de *exaurimento*.

Cada crime tem seu *iter criminis* esclarecido a partir da consideração de que a perfectibilização da conduta criminosa exija, ou não, resultado materialístico ou normativo ou, ainda, se o crime se mostra aperfeiçoado e completo apenas com a exteriorização da conduta típica independentemente de resultado. Trata-se, respectivamente, dos chamados crimes materiais, formais e de mera conduta.

Nessa linha de ideias, anote-se que é desimportante para a fixação da competência do JECRIM o local onde o crime material produz seu resultado ou onde o crime formal evidencia o resultado normativo da conduta. Interessa apenas e tão-somente o local onde é exteriorizada a conduta típica pelo autor do fato. A eleição de tal critério mostra-se afinada com a apresentação de um instrumento de investigação preliminar de confecção imediata, simplificada e com destacada projeção à oralidade, que é o termo circunstanciado mencionado no art. 69 a ser explicitado adiante.

Vale registrar que toda a discussão sobre o conteúdo absoluto da competência do JECRIM refere-se à projeção da definição de sua competência como material e funcional. Em outras palavras, a fixação da competência absoluta do JECRIM refere-se à presença do crime de menor potencial ofensivo (competência material) e à atribuição a órgão judiciário específico da competência de JECRIM a ser por ele exercida (competência funcional). De resto, aquilo que se referir à competência territorial será mesmo matéria de competência relativa e, portanto, prorrogável, nos casos em que o juízo não reconhecer tal incompetência de ofício ou se as partes não indicarem o desrespeito à norma de competência na primeira oportunidade de manifestação no respectivo feito.

Art. 64. Os atos processuais serão públicos e poderão realizar-se em horário noturno e em qualquer dia da semana, conforme dispuserem as normas de organização judiciária.

A publicidade dos atos processuais é regra constitucional expressamente positivada no art. 93, inciso IX, da Constituição da República. O JECRIM, por óbvio, não escapa dessa determinação. A Lei n. 9.099, porém, vai além. Estabelece a possibilidade de que os atos processuais do JECRIM se realizem em período noturno e até mesmo nos feriados e finais de semana.

A previsão de publicidade dos atos processuais no JECRIM, contudo, não afasta a possibilidade de determinação judicial de restrição a essa publicidade. De fato, a Lei n. 9.099 não dispõe de preceito que reproduza o que estabelece o art. 792, § 1.º, do CPP ("Se da publicidade da audiência, da sessão ou do ato processual, puder resultar escândalo, inconveniente grave ou perigo de perturbação da ordem, o juiz, ou o tribunal, câmara, ou turma, poderá, de ofício ou a requerimento da parte ou do Ministério Público, determinar que o ato seja realizado a portas fechadas, limitando o número de pessoas que possam estar presentes"). A razão ensejadora da restrição da publicidade do ato processual sempre se vincula à presença de um motivo próprio de interesse público. Assim, se a publicidade do processo atende a um reclamo igualmente de interesse público (transparência, controle social), a eventual restrição dessa publicidade deve derivar da precedência, no caso concreto, de igual razão de interesse público que imponha a observância da intimidade ou da não circulação de informações resguardadas por sigilo legal.

A tutela da intimidade, por derivar de preceito constitucional (art. 5.º, inc. X, da CF), não é algo que diga respeito apenas ao particular que tem, por qualquer razão, sua intimidade exposta em demasia em atos de persecução penal. Há casos em que a própria ordem jurídica vem em socorro dessa tutela da intimidade e, por isso, conquanto de titularidade do particular, o interesse em jogo reveste-se, sim, de razão pública. É essa razão pública, pois, que orientará, no caso concreto, a motivação da decisão que afaste a incidência da publicidade constitucionalmente assegurada aos atos processuais.

A imediatidade dos atos realizados no JECRIM guarda consonância, e até mesmo necessidade, com a previsão de funcionamento em horário noturno e em dias que não sejam necessariamente de expediente forense. Isso porque, verificada a prática do crime de menor potencial ofensivo, a Lei expressamente estabelece que as partes serão imediatamente encaminhadas à presença da autoridade judicial, para a prática de atos que reclamam a presença de membro do Ministério Público e de advogado.

Logo, é esperado que, no exercício da competência regulamentar igualmente mencionada na parte final do art. 64 da Lei n. 9.099, os Tribunais assegurem ao JECRIM o funcionamento regular para todos os atos, incluídas as audiências e as conciliações, tanto no horário noturno quanto nos finais de semana. A competência para tal detalhamento será dos Tribunais de Justiça Estaduais e, no caso da Justiça Federal, dos Tribunais Regionais Federais em conjunto com o Conselho da Justiça Federal.

Art. 65. Os atos processuais serão válidos sempre que preencherem as finalidades para as quais foram realizados, atendidos os critérios indicados no art. 62 desta Lei.

§ 1º Não se pronunciará qualquer nulidade sem que tenha havido prejuízo.

§ 2º A prática de atos processuais em outras comarcas poderá ser solicitada por qualquer meio hábil de comunicação.

§ 3º Serão objeto de registro escrito exclusivamente os atos havidos por essenciais. Os atos realizados em audiência de instrução e julgamento poderão ser gravados em fita magnética ou equivalente.

A simplicidade e a informalidade, como critérios orientadores do JECRIM, sobrelevam o postulado da instrumentalidade das formas a uma verdadeira diretriz de todo o procedimento sumaríssimo. O tradicional brocardo francês *pas de nullité sans grie*" (não há nulidade sem prejuízo), tradicionalmente positivado no art. 563 do CPP ("Nenhum ato será declarado nulo, se da nulidade não resultar prejuízo para a acusação ou para a defesa"), aparece com destacada importância na Lei n. 9.099. A expressão literal do aforismo encontra-se no § 1.º do art. 65. Já o *caput* consagra justamente a consequência desse aforismo, qual seja, a chamada instrumentalidade das formas.

Todos os atos processuais decerto materializam a exteriorização do modo pelo qual o processo marcha e deve alcançar seus objetivos. A consequência dessa compreensão teleologicamente orientada dá-se justamente na percepção de que, se um ato processual, ainda que realizado fora do estrito figurino legal, alcançar a sua finalidade, não haverá razão para o desfazimento de seus efeitos e a repetição desse mesmo ato.

É certo que tal compreensão deve guardar compatibilidade com o a ideia de que a forma do processo é a garantia prevista às partes de que as regras previamente estabelecidas ao processo serão observadas. A forma processual, pois, é a exteriorização procedimental do próprio devido processo legal. No entanto, num procedimento em que a simplicidade, a informalidade e, sobretudo, os objetivos a serem alcançados pela Lei sejam a composição entre os envolvidos e a resposta distinta da tradicional privação da liberdade, parece evidente que essa orientação dirigida aos resultados e suas consequências deve se sobrepor à preocupação exclusivamente voltada à observância das formalidades dos atos processuais.

A chave de compreensão para o tema, portanto, reside justamente na distinção necessária a ser feita entre forma e formalidade. Na medida em que aquela substancia a própria exteriorização do devido processo legal, esta por sua vez é apenas o figuro legal estabelecido para que o ato processual atinja as suas finalidades. Se essas finalidades são atingidas, ainda que sem observância desse figurino, não haver razão para se decretar a ineficácia do ato e a sua possível repetição.

Nessa mesma preocupação de simplificação procedimental, prevê o § 2.º do art. 65 a possibilidade de atos processuais serem praticados fora da competência territorial do juízo sem a expedição de carta precatória.

Carta precatória é o instrumento por meio do qual o juiz solicita a outro, que responda por juízo em competência territorial diversa daquele em que o juiz solicitante se encontra, que realize algum ato necessário ao andamento do processo. É necessário que haja essa solicitação quando o ato processual a ser efetuado deva se realizar fora da competência territorial do juízo correspondente. São comuns as expedições de deprecatas para atos como citação, oitiva de testemunhas, acareações, enfim, todo ato processual que reclama atuação judicial fora da competência do juízo.

Na previsão do CPP e seu texto já anacrônico em face das inovações tecnológicas, a carta precatória é expedida por meio físico. O Código de Processo Civil (CPC – Lei 13.105/2015) trouxe a previsão de que a carta precatória seja expedida, tramitada e processada "por meio eletrônico, por telefone ou por telegrama" (art. 264). A Lei n. 9.099 antecipou-se a essa necessidade de atualização tecnológica para autorizar que a deprecata se dê "por qualquer meio hábil de comunicação". É dizer: para o JECRIM, a prática de atos processuais fora de sua competência territorial comportará todo e qualquer meio de comunicação que, na compreensão do que consta no *caput* do art. 65, atinja as finalidades do ato. Assim, instrumentos como aplicativos para comunicação simultânea por via telemática (como os aplicativos de interação como *telegram*, *whatsapp*, *messenger* e outros), comunicações por SMS ou qualquer outro meio de comunicação serão instrumentos hábeis a permitir essa interação comunicacional e, por conseguinte, assegurar que os atos processuais a serem realizados fora da competência territorial do JECRIM igualmente observem os critérios que orientam esse procedimento célere, simplificado e informal.

O § 3.º do art. 65 ainda determina que os atos do processo sejam objeto de registro em mídia, de modo que apenas os atos essenciais sejam registrados por escrito. O que seriam esses atos essenciais? Tais atos abrangem a indicação daqueles que responderam ao pregão, isto é, aqueles que se encontram presentes ao ato processual, a suma do que ocorreu na assentada e a eventual indicação dos atos praticados, a peça acusatória e, se o caso, os termos da fundamentação, da conclusão e da aplicação da pena a ser realizada em sentença. De resto, os demais atos devem ser objeto de registro em mídia, como forma de bem resguardar a oralidade que informa o JECRIM.

> **Art. 66.** A citação será pessoal e far-se-á no próprio Juizado, sempre que possível, ou por mandado.
>
> Parágrafo único. Não encontrado o acusado para ser citado, o Juiz encaminhará as peças existentes ao Juízo comum para adoção do procedimento previsto em lei.

A citação é o ato processual por meio do qual se dá ciência ao acusado de que contra ele pesa uma acusação formalizada em juízo e igualmente se dá a ele a oportunidade de responder a essa imputação. É ato processual, pois, que cumpre finalidade dúplice: dá ciência do que consta em desfavor do acusado e dá a ele oportunidade de reagir a essa imputação. A citação é ato de comunicação processual que materializa a um só tempo os postulados do contraditório e da ampla defesa.

Na dicção tradicional do CPP, a citação observará, como regra, a forma pessoal, por meio de mandado – é o que se infere do art. 351 do CPP. Se o réu estiver fora da competência territorial do juízo, a citação observará carta precatória e o cumprimento da diligência, igualmente, se fará por mandado. A citação ficta só terá lugar quando o réu se ocultar para não ser citado (art. 362 do CPP) ou quando não se souber o local onde ele possa ser encontrado (art. 363, § 1.º, do CPP). Já na Lei n. 9.099, privilegia-se a presença pessoal do autor do fato no próprio JECRIM e, por isso, a citação será feita pessoalmente. O ato pode ser aperfeiçoar no próprio balcão de atendimento ou nas dependências do JECRIM. Se observada a literalidade do procedimento sumaríssimo, em que a ação penal é ofertada, como regra, oralmente na audiência preliminar, o autor do fato já sai da audiência citado. Afinal, ele acompanhou pessoalmente a própria oferta da ação penal e já sairá dali devidamente notificado a comparecer na data designada para a audiência própria da fase litigiosa do procedimento.

Merece destaque a dicção do parágrafo único do art. 66 da Lei n. 9.099. É essa a previsão que afasta a possibilidade de que, no JECRIM, ocorra a citação ficta, isto é, aquela realizada segundo as previsões dos arts. 362 e 363, § 1.º, do CPP (respectivamente, citação por hora certa e citação por edital).

Assim, se o acusado não é encontrado no endereço por ele próprio fornecido quando da lavratura do termo circunstanciado, o caso será de deslocamento da competência para o juízo criminal singular. Uma vez distribuído perante o juízo criminal comum, o feito seguirá sem a observância do procedimento sumaríssimo, de modo que, em casos assim, se operará o procedimento sumário, tal como mencionado no art. 394, § 1.º, inciso II, e regulado no art. 531 e seguintes do CPP. O *locus* de observância do procedimento sumaríssimo é mesmo o JECRIM, de sorte que, afastada a competência do JECRIM, o procedimento comum sumário servirá como de incidência subsidiária. O afastamento da competência do JECRIM, contudo, não impede a incidência dos institutos previstos na Lei n. 9.099/1995 (composição dos danos civis, transação penal, representação do ofendido como condição para o exercício da ação penal no crime de lesões leves, *sursis* processual).

Trata-se, portanto, de hipótese superveniente de deslocamento de competência, de sorte a afastar a competência material e funcional do JECRIM, cujo procedimento sumaríssimo se mostra incompatível com as providências de citação ficta (hora certa e edital).

As hipóteses de aplicação do parágrafo único do art. 66 podem ensejar reflexão que remete aos postulados do JECRIM. Tome-se, por hipótese, situação em que, deslocada a competência do JECRIM para o juízo criminal singular em razão o autor do fato não tiver sido encontrado para citação, o processo tramitou e alcançou sentença (condenatória ou absolutória) no juízo criminal singular.

O procedimento observado, perante o juízo criminal singular, será o sumário, por conta da observância do art. 394, § 1.º, inciso II, do CPP. A observância do sumaríssimo decorre da pena cominada em abstrato para o crime de menor potencial ofensivo. Dado que o procedimento sumaríssimo só tem lugar perante o JECRIM, o processamento do feito perante o juízo criminal singular dará azo ao procedimento sumário, que na hipótese funciona como um procedimento de aplicação subsidiária, dada a impossibilidade de incidência do sumaríssimo fora do JECRIM. Rememore-se que, mesmo fora da competência do JECRIM, a incidência dos institutos despenalizantes da Lei n. 9.099 é plenamente possível (com especial ênfase à composição dos danos civis e à transação penal, como expressamente prevê o parágrafo único do art. 61 da Lei n. 9.099).

Levando a hipótese adiante, tomemos em consideração a situação em que seja aviado recurso contra a sentença proferida em processo tramitado no juízo criminal singular que versava sobre crime de menor potencial ofensivo. Seria possível que o recurso fosse remetido e julgado pelas Turmas Recursais do JECRIM, em lugar do Tribunal de Justiça ou Tribunal Regional Federal (que são instância *ad quem* dos casos julgados pelo juízo criminal singular)? Essa situação peculiar foi enfrentada pelo Tribunal de Justiça do Estado de São Paulo, no processo 0021135-60.2010.8.26.0344, entre outros. Foram basicamente dois os argumentos em confronto na espécie.

De um lado, a compreensão de que a remessa dos autos ao juízo comum, na hipótese do art. 66, parágrafo único, da Lei n. 9.099/1995, exaure a competência do JECRIM, que não se restabelecerá com a localização do acusado. De outro lado, o argumento segundo o qual a remessa dos autos ao juízo comum, na hipótese do art. 66, parágrafo único, da Lei n. 9.099/1995, não retira do delito seu caráter de menor potencial ofensivo, devendo ser restabelecida a competência do Juizado em sede recursal.

O tema ainda não foi objeto de análise mais detida pelos Tribunais Superiores (STJ e STF), isto é, não há notícia de casos que tenham ensejado discussão específica pelos respectivos colegiados a respeito da solução a ser tomada. Se a fixação da competência do órgão julgador, dado se tratar de competência funcional e, por conseguinte, inalterável no curso do processo, parece indicar igualmente a competência do órgão revisor (instância *ad quem*) sem maiores razões para se retornar às Turmas Recursais; é preciso igualmente considerar que a *expertise* e a celeridade desejadas das Turmas Recursais parecem recomendar o prestígio dos postulados que orientam o JECRIM (nos termos do art. 61). Exemplo disso, para ilustrar apenas uma peculiaridade, dá-se com a intimação via imprensa do Ministério Público e da Defensoria Pública nas Turmas Recursais, bem assim a tramitação célere da lavratura dos acórdãos, quando a decisão unânime é registrada unicamente com a ata sem maiores trâmites para revisão dos demais vogais.

Desse modo, ainda que em detrimento da observância estrita dos cânones que orientam a fixação da competência jurisdicional, quer-nos parecer que há razões relevantes, igualmente positivadas em nosso ordenamento, que militam em favor da competência das Turmas Recursais, para processamento e julgamento dos crimes de menor potencial ofensivo em sede recursal, ainda que a competência em primeira instância tenha sido fixada no juízo criminal singular. Por conseguinte, se o deslocamento da competência do JECRIM dá-se apenas por força da previsão do parágrafo único do art. 61 da Lei n. 9.099, parece razoavelmente justificado que o recurso deduzido contra a sentença proferida pelo juízo criminal singular se dirija às Turmas Recursais, e não ao Tribunal de Justiça ou Tribunal Regional Federal respectivo, tudo de molde a assegurar maior prestígio aos valores de celeridade, economia processual, simplicidade e informalidade positivados no art. 62 da mesma Lei. Anote-se que, mesmo que a solução de encaminhamento do recurso à Turma Recursal seja adotada, o recurso ainda será deduzido segundo a disciplina descrita no CPP, e não aquela mencionada no art 82 da Lei n. 9.099.

O tema merece acompanhamento cuidado nos Tribunais. De qualquer sorte, veja-se que essa discussão sobre o *locus* de fixação da competência recursal pouco altera o regime das garantias asseguradas às partes no processo penal. Em rigor, o tema mais se aproxima da modelagem de funcionamento dos Tribunais e Turmas Recursais, o que é próprio da exteriorização da política judiciária de funcionamento das Cortes, que efetivamente da preocupação das partes em relação à observância das faculdades e prerrogativas legais que lhes assistem.

Art. 67. A intimação far-se-á por correspondência, com aviso de recebimento pessoal ou, tratando-se de pessoa jurídica ou firma individual, mediante entrega ao encarregado da recepção, que será obrigatoriamente identificado, ou, sendo necessário, por oficial de justiça, independentemente de mandado ou carta precatória, ou ainda por qualquer meio idôneo de comunicação.

Parágrafo único. Dos atos praticados em audiência considerar-se-ão desde logo cientes as partes, os interessados e defensores.

A intimação, nos termos do CPP, observa como regra a forma pessoal. Trata-se da previsão inserta no art. 370 do CPP. A Lei n. 9.099, contudo, autoriza desde logo a intimação por correspondência como regra. A intimação pessoal é regra de aplicação subsidiária no JECRIM. De qualquer modo, a parte final do art. 67 da Lei n. 9.099 estabelece a liberdade de forma, para autorizar que a comunicação se dê por qualquer meio idôneo, o que hoje abrange vias telemáticas, aplicativos de internet e toda sorte de meios que facilitem essa comunicação.

O parágrafo único do art. 67 estabelece a imediatidade da comunicação às partes dos atos praticados em audiência. Significa dizer que as partes, uma vez presentes na audiência, serão consideradas desde logo intimadas em relação a atos já ocorridos ou notificadas a realizados atos futuros. Tal determinação mostra-se relevante, pois obvia muitas das comunicações processuais realizadas no JECRIM. Por exemplo, se a ação penal é ofertada oralmente, como prevê o art. 77 da Lei n. 9.099, o autor do fato já sai da audiência citado do teor da ação penal e devidamente notificado a comparecer na data designada para a audiência da fase litigiosa do procedimento. A vítima e eventuais testemunhas, igualmente, já saem notificadas a comparecerem a essa segunda audiência própria da fase litigiosa. Afasta-se, assim, a expedição desnecessária de mandados ou outras comunicações em relação ao que já havido em audiência com a presença das partes, vítima e eventuais testemunhas.

Art. 68. Do ato de intimação do autor do fato e do mandado de citação do acusado, constará a necessidade de seu comparecimento acompanhado de advogado, com a advertência de que, na sua falta, ser-lhe-á designado defensor público.

Todos os atos praticados pelo autor do fato no JECRIM reclamam que seja ele, autor do fato, devidamente assistido por advogado. A simplicidade e a informalidade do JECRIM não autorizam que possa o autor do fato praticar atos, tais como a transação penal, a audiência de instrução ou mesmo o seu interrogatório, sem a presença de seu advogado constituído ou nomeado para tal fim pelo juízo. A necessária observância do postulado constitucional da ampla defesa, na sua dimensão de defesa técnica, reclama que o autor do fato se veja assistido, querendo ou não, por advogado. Trata-se de projeção indisponível da garantia constitucionalmente assegurada.

Portanto, independentemente de indicação de advogado pelo próprio autor do fato, ser-lhe-á nomeado um defensor dativo pelo juiz. Tal indicação pode recair sobre a Defensoria Pública, instituição-garantia a quem por excelência incumbe a prestação de assistência jurídica ao hipossuficiente, se estruturada e presente no JECRIM, ou por quem lhe faça as vezes na prestação de assistência judiciária ao autor do fato. O processo do JECRIM é um processo de partes e, nesse ponto, o autor do fato, para figurar como sujeito processual, deve necessariamente ser assistido por profissional regularmente habilitado (advogado).

DA FASE PRELIMINAR

Art. 69. A autoridade policial que tomar conhecimento da ocorrência lavrará termo circunstanciado e o encaminhará imediatamente ao Juizado, com o autor do fato e a vítima, providenciando-se as requisições dos exames periciais necessários.

Parágrafo único. Ao autor do fato que, após a lavratura do termo, for imediatamente encaminhado ao juizado ou assumir o compromisso de a ele comparecer, não se imporá prisão em flagrante, nem se exigirá fiança. Em caso de violência doméstica, o juiz poderá determinar, como medida de cautela, seu afastamento do lar, domicílio ou local de convivência com a vítima. (Redação dada pela Lei nº 10.455, de 13.5.2002)

A Lei n. 9.099 estabelece um procedimento próprio para a formalização da investigação preliminar que ampare a persecução penal no JECRIM. Trata-se do termo circunstanciado. Em lugar do vetusto e anacrônico inquérito policial, o JECRIM conta com um instrumento simplificado que põe de lado a formalidade da escritura que tradicionalmente sempre inteirou o inquérito policial.

O termo circunstanciado é a narrativa elaborada pela autoridade policial, em que, sem a necessidade de elaboração de termos de declarações ou mesmo de realização do tradicional interrogatório minudenciado no CPP, são registradas *sponte propria* os elementos de informação sobre o crime de menor potencial ofensivo que chegou ao seu conhecimento. É dizer: em lugar do conjunto de termos de declarações prestadas diante de si e de escrivão, a autoridade policial simplesmente narra de per si o que lhe chegou ao conhecimento, sem a necessidade de transcrição ou escritura formalizada. O termo circunstanciado prestigia, a um só tempo, a narrativa oriunda da oitiva realizada pela autoridade, bem assim otimiza o trabalho policial, que dispensa a vetusta função do escrivão e a excessiva "cartorialização" da atividade investigativa. Admite-se como termo circunstanciado até mesmo o minudenciamento do histórico lançado no boletim ou registro de ocorrência.

Discute-se, em algumas unidades da Federação, a possibilidade de o termo circunstanciado ser lavrado por policiais militares ou mesmo unidades da Polícia Rodoviária Federal. Colhe-se exemplo consolidado de tal prática no Estado de Santa Catarina, a título ilustrativo. O tema carece de uma manifestação definitiva pelas Cortes Superiores no Brasil. O argumento presente na interpretação de que somente delegados de polícia (Polícia Federal ou Polícia Civil) poderiam lavrar o termo circunstanciado seria encontrado na Lei n. 12.830/2013, que expressamente nomina a autoridade policial como o delegado de polícia de carreira. Anteriormente à edição da Lei n. 12.830, considerável parcela da doutrina não só admitia a lavratura do termo circunstanciado a todas as autoridades reconhecidas por lei, de modo a abranger a Polícia Militar, mas até mesmo a possibilidade de o termo circunstanciado ser elaborado pela secretaria do JECRIM a partir do registro de ocorrência.

Assim, de um lado, há interpretação mais ampla sobre a quem incumbe a lavratura do termo circunstanciado, para sustentar que a expressão "autoridade policial" do art. 69 da Lei n. 9.099 refira-se a qualquer autoridade pública que tome conhecimento da infração penal no exercício do poder de polícia. Tal compreensão, então, atribuiria legitimidade à Polícia Militar, à Polícia Civil, à Polícia Federal, à Polícia Rodoviária, à Força Nacional de Segurança Pública, às Polícias do Poder Legislativo e também às guardas municipais. De outro lado, há quem entenda que essa leitura do art. 69 sobre a autoridade policial incumbida do termo circunstanciado deva se restringir apenas e tão-somente ao Delegado de polícia de carreira. A primeira posição, em rigor, parece melhor escorar-se nos critérios legalmente estabelecidos para o JECRIM e, em verdade, orientar-se a um mínimo arranjo institucional para a resposta ao crime de menor potencial ofensivo.

Em que pese a determinação do art. 69, não há proibição a que, em casos de maior complexidade, haja a instauração do inquérito policial ou qualquer outro procedimento investigatório formalizado. Isso porque a previsão do termo circunstanciado é uma possibilidade de simplificação da formalização da investigação preliminar. Porém, se recomendável, a autoridade sempre disporá da possibilidade de instaurar uma investigação formalizada, mediante procedimento próprio, específico e mais elaborado.

Anote-se que o regime legal de arquivamento – e também para desarquivamento – do termo circunstanciado é igual àquele observado para o inquérito policial ou mesmo ao procedimento de investigação criminal a cargo do Ministério Público. Significa dizer que o termo circunstanciado, uma vez arquivado, poderá ser objeto de desarquivamento, se de outras provas tiver notícia a autoridade. E, se o fato ali apurado ensejar o manejo de ação penal, o juízo de recebimento da ação penal deverá ser acrescentado de análise que indique a existência de nova prova em face do contexto em que, anteriormente, se determinou o arquivamento do apuratório.

Art. 70. Comparecendo o autor do fato e a vítima, e não sendo possível a realização imediata da audiência preliminar, será designada data próxima, da qual ambos sairão cientes.

A regra do JECRIM é que a audiência preliminar se realize tão logo sejam as partes encaminhadas ao juízo. Não sendo possível a realização da audiência, contudo, a Lei n. 9.099 prevê a designação de data para a audiência. As partes e envolvidos, nesse caso, já sairão dali notificados para comparecem à audiência designada.

Art. 71. Na falta do comparecimento de qualquer dos envolvidos, a Secretaria providenciará sua intimação e, se for o caso, a do responsável civil, na forma dos arts. 67 e 68 desta Lei.

A regra no JECRIM, como afirmado, é que os envolvidos já saiam notificados/intimados do ato processual de que participem, caso designada outra data para a assentada. O art. 71, porém, refere-se à situação em que, caso autor do fato ou vítima não compareçam, a secretaria do juízo poderá expedir intimação pessoal para o faltante. Em caso extremado, até mesmo a providência da condução coercitiva, medida extremada estabelecida, entre outros, no art. 260 do CPP, poderá ser determinada no JECRIM, como forma de assegurar que não se frustre a audiência ali prevista.

Art. 72. Na audiência preliminar, presente o representante do Ministério Público, o autor do fato e a vítima e, se possível, o responsável civil, acompanhados por seus advogados, o Juiz esclarecerá sobre a possibilidade da composição dos danos e da aceitação da proposta de aplicação imediata de pena não privativa de liberdade.

O art. 72 versa sobre a audiência preliminar e sobre as possibilidades de sua solução processual. Na audiência, em que se farão presentes o autor do fato, o patrono do autor do fato (advogado), a vítima (ou o responsável civil da vítima), o membro do Ministério Público e o juiz. O juiz, então, esclarecerá a todos os presentes no que consiste a composição dos danos civis e suas consequências jurídicas para a persecução penal. Além disso, explicará o significado da transação penal, isto é, a proposta de aplicação imediata de pena restritiva de direitos ou multa ao autor do fato.

Essa explicação, então, alerta e esclarece os envolvidos sobre a própria finalidade da Lei n. 9.099: a reparação dos danos experimentados pela vítima e a aplicação de pena diversa da privação de liberdade. A composição dos danos civis, justamente por força do objetivo estabelecido em lei, deve ser buscada sempre, independentemente da consequência jurídica que dela advirá para a persecução penal.

Com efeito, na sequência dos próximos artigos, teremos que a composição dos danos alcançada nas infrações de ação penal privada e de ação penal pública condicionada à representação implica a renúncia ao direito do ofendido de representar ou exercitar o direito de ação. Por conseguinte, alcançada a composição, a consequência será a extinção da punibilidade do fato nessas infrações. No entanto, embora a composição dos danos não prejudique ou impeça a persecução penal nas infrações de ação penal pública incondicionada, ela ainda assim deve ser incentivada e promovida. Afinal, essa composição não só será considerada em eventual transação penal como, até mesmo em caso de condenação do autor do fato ao fim do processo, poderá se prestar para incidência da causa de diminuição da pena prevista no art. 16 do Código Penal (arrependimento posterior). Por isso, a par das distintas consequências, que dependem do tipo de infração a que se refere o caso, a composição dos danos civis deve ser buscada e promovida sempre.

Art. 73. A conciliação será conduzida pelo Juiz ou por conciliador sob sua orientação.

Parágrafo único. Os conciliadores são auxiliares da Justiça, recrutados, na forma da lei local, preferentemente entre bacharéis em Direito, excluídos os que exerçam funções na administração da Justiça Criminal.

Quando a Constituição autorizou que juízes leigos igualmente atuassem com os juízes togados no JECRIM, deixou o detalhamento dessa atuação ao legislador ordinário. A Lei n. 9.099, então, estabeleceu que essa participação do juiz leigo se desse justamente na figura do conciliador ou mediador. Incumbe a ele, previamente à apresentação do caso ao juiz togado, promover a composição dos danos civis entre autor do fato e ofendido.

É relevantíssima a atuação do conciliador. Ele será a primeira expressão dos objetivos da Lei n. 9.099. Afinal, incumbirá a ele explicar aos envolvidos no que consistem os institutos próprios do JECRIM e, especialmente, como se operam os objetivos da Lei n. 9.099. A ele caberá, igualmente, apresentar a verdadeira mudança de paradigma operada pela Lei n. 9.099: em lugar da tradicional e vetusta justiça criminal reduzida às penas de privação de liberdade e ao processo criminal formalista e estigmatizante, o procedimento do JECRIM volta suas atenções aos reclamos da vítima, busca resposta célere e, se possível, imediata para responsabilização do autor do fato e, isso tudo, por meio de atos marcados pela informalidade, pela celeridade e pela simplicidade.

A Lei n. 9.099 situa o juiz leigo fora do quadro de serventuários da Justiça. O conciliador, portanto, não guarda vínculo de emprego ou de cargo público com o Poder Judiciário. Cada

Estado, para o JECRIM estadual, e os Tribunais Regionais Federais e o Conselho da Justiça Federal para o JECRIM federal cuidarão de detalhar o modo pelo qual serão recrutados os conciliadores. No entanto, ao vedar a participação dos serventuários da Justiça, a Lei n. 9.099 estabelece o caráter leigo dessas funções.

O caráter "leigo" do conciliador não deriva necessariamente do seu desconhecimento em relação aos temas do Direito. Em verdade, a Lei n. 9.099 estabelece até mesmo **preferência** de que o conciliador tenha formação jurídica, isto é, seja bacharel em Direito. O adjetivo "leigo", mencionado na Constituição e também no texto legal, refere-se ao fato de que o conciliador é mesmo um estranho, alheio à estrutura formal do Judiciário. O caráter "leigo" de sua atuação se contrapõe ao fato de que o juiz de carreira é aquele investido em suas funções (jurisdição) após aprovação em concurso público de provas e títulos. Já o juiz leigo, recrutado sem vínculo celetista ou estatuário com o Poder Judiciário, exercerá função de auxiliar da Justiça, mas seguirá formalmente estranho aos seus quadros.

Art. 74. A composição dos danos civis será reduzida a escrito e, homologada pelo Juiz mediante sentença irrecorrível, terá eficácia de título a ser executado no juízo civil competente.

Parágrafo único. Tratando-se de ação penal de iniciativa privada ou de ação penal pública condicionada à representação, o acordo homologado acarreta a renúncia ao direito de queixa ou representação.

O art. 74 versa sobre o primeiro dos quatro institutos que fundamentalmente são a novidade da Lei n. 9.099: a composição dos danos civis. A composição dos danos em boa hora atende aos reclamos de Vitimologia para que, além da solução do caso penal, a intervenção do sistema de justiça criminal igualmente atribua um mínimo de satisfação à vítima.

A tendência de ampliação da jurisdição penal para nela incluir a possibilidade de satisfação mínima do interesse patrimonial da vítima é tendência então revelada pela Lei n. 9.099 e, seguidamente, confirmada pelas Leis que se lhe seguiram. É essa a inspiração que, por exemplo, autorizou que a sentença penal condenatória estabeleça desde logo valor mínimo para reparação dos danos experimentados pela vítima em razão do crime, nos termos do inciso IV do art. 387 do CPP, com a redação estabelecida na reforma de 2008 (Lei n. 11.719). Igualmente, a destinação do valor recolhido a título de fiança em favor do ofendido, nos termos da redação do art. 336 do CPP, cuja redação foi estabelecida pela Lei n. 12.403 de 2011.

Além disso, a reparação do dano ao ofendido, ainda no âmbito processual, como se verá a seguir, é condição para o reconhecimento da extinção da punibilidade do fato por força do cumprimento das condições impostas na suspensão do processo (art. 89 da Lei n. 9.099/1995). Na esfera penal, a reparação do dano ao ofendido, se ocorre antes do recebimento da ação penal, é causa de diminuição da pena (arrependimento posterior – art. 16 do CP).

Demais disso, colhendo a presença do autor do fato e também do ofendido perante o juiz, o legislador atua com nítida preocupação de economia processual. É certo que o ofendido dispõe de pretensão para exigir, do autor do fato na esfera cível, a reparação dos danos por ele experimentados por conta do ilícito. No entanto, ao obviar a satisfação dessa pretensão desde logo no juízo criminal, o legislador acertadamente evita a proliferação de demandas desnecessárias perante o já abarrotado sistema de justiça. Nessa linha de ideias, toda antecipação que satisfaça desde logo aos interesses patrimoniais do ofendido, mesmo que na esfera penal, é bem-vinda – o limite de tal preocupação situa-se justamente na ausência de vinculação dessa preocupação com a determinação de culpa do autor do fato.

A composição dos danos civis, então, é objetivo a ser perseguido no JECRIM sem qualquer antecipação ou aceitação de culpa pelo autor do fato. A realização dessa composição dos danos resolve o que seria o exercício da pretensão do ofendido também na esfera cível.

A realização da composição dos danos civis enseja a formação de título executivo **judicial**, nos termos do que dispõe o art. 57 da própria Lei n. 9.099. Significa dizer, então, que esse acordo homologado se inclui no rol descrito no art. 515 do Código de Processo Civil (Lei n. 13.105/2015), exatamente no inciso II, que menciona "a decisão homologatória de autocomposição judicial".

Um ponto de destaque: a composição dos danos civis antecede a manifestação acerca da *opinio delicti*. Significa isso que ela pode ser promovida e alcançada ainda que o caso noticiado no termo circunstanciado não enseje a realização de atos de persecução penal. Um exemplo ilustra essa assertiva: imaginemos que a composição civil dos danos ocorra num termo circunstanciado que noticia crime de ação penal pública incondicionada. A eventual promoção de arquivamento do termo circunstanciado pelo Ministério Público, por entender este que o caso não autoriza o exercício da ação penal numa das situações descritas no art. 395 do CPP, em nada prejudica ou condiciona a possibilidade de as pessoas ali indicadas como vítima e autor do fato alcançarem um acordo que será homologado pelo juiz do JECRIM. Repita-se: a promoção da composição dos danos civis dá-se antes do juízo a respeito da viabilidade de se promover persecução penal na espécie.

O parágrafo único do art. 74, por sua vez, assegura efeitos penais para a realização da composição civil dos danos nos casos de ação penal de iniciativa do ofendido e nas ações penais públicas condicionadas à representação do ofendido. Alcançada a composição dos danos, a Lei estabelece que esse acordo implica **renúncia** ao direito de queixa e de representação pelo ofendido.

Nos crimes de ação penal privada e nos crimes de ação penal pública condicionada à representação, a persecução penal depende da iniciativa do próprio ofendido. No primeiro caso, a legislação outorga ao ofendido, extraordinariamente, legitimidade para promover o próprio *jus persequendi* em juízo. A ação penal de iniciativa privada é instituto em nítido declínio: ampara-se na compreensão de que, muitas infrações, a promoção da ação penal atende mais a uma preocupação do ofendido que do próprio Estado. E isso se dá mais por força das consequências experimentadas pela realização do processo criminal que pela ideia de que o crime ali noticiado seja desimportante ou oriundo de preocupação exclusivamente particular. De *lege ferenda,* isto é, considerando a própria produção das normas penais, é certo que a preocupação que orienta o protagonismo do ofendido para a promoção da persecução penal deve se centrar nas consequências negativas experimentadas por força do próprio processo penal. Afinal, se a preocupação se referir à ausência de relevância do próprio fato criminoso em si, aí a atenção não deve se dirigir ao deslocamento da titularidade da ação penal, mas à própria descriminalização do fato criminoso.

Por isso, são poucos os casos na legislação brasileira em que ainda remanesce a titularidade de ofendido para a promoção da ação penal. De maior interesse ao JECRIM, destacam-se os crimes contra a honra (art. 145 do CP), os crimes de esbulho possessório, alteração de limites e usurpação de águas, desde que realizados sem violência (art. 161, § 3.º, do CP), as figuras oriundas do crime de dano (art. 167 do CP), fraude à execução (art. 179, parágrafo único, do CP), violação de direito autoral (art. 186, inc. I, do CP), induzimento a erro essencial no casamento e ocultação de impedimento (art. 236, parágrafo único, do CP – ação penal privada personalíssima), exercício arbitrário das próprias razões (art. 345, parágrafo único, do CP), entre outros.

A representação do ofendido, nos casos de ação penal pública condicionada a essa manifestação, é condição de procedibilidade para o exercício da ação penal. Essa manifestação pode ser colhida das mais diversas formas, desde que se tenha claro que o ofendido expressou sua vontade no sentido de que o fato criminoso seja objeto de persecução penal. Sem essa manifestação, que verdadeiramente condiciona o exercício da ação penal, não pode o Ministério Público promover o *jus persequendi* em juízo, nos termos do art. 395, inciso II, do CPP.

Assim, a composição dos danos civis tem por consequência a renúncia pelo ofendido do direito de representar ou deduzir a queixa-crime. A renúncia pode ser deduzida de forma expressa ou tácita (art. 104 do CP). Esta ocorre quando o ofendido pratica ato incompatível com a vontade de promover a persecução penal em desfavor do autor do fato. O CPP expressamente afirma que a demonstração desse fato incompatível com o direito de representar ou deduzir queixa-crime poderá ser feita por "todos os meios de prova" (art. 57 do CPP).

Cabe, no entanto, uma explanação mais detida para os casos em que a vítima realize composição dos danos civis nos casos em que o fato criminoso tenha sido realizado por mais de uma pessoa. O art. 49 do CPP preceitua que "renúncia ao exercício do direito de queixa, em relação a um dos autores do crime, a todos se estenderá". Trata-se justamente do chamado princípio de indivisibilidade que se impõe à ação penal de iniciativa do ofendido, isto é, o ofendido, se desejar promover a persecução penal, fica obrigado a promove-la contra todos aqueles que realizaram a prática criminosa. O ofendido, na ação penal privada, não pode livremente escolher contra quem se voltar: se desejar promover a ação penal, fica obrigado a fazê-lo em desfavor de todos. Se não atender a essa regra, a consequência é claríssima: estará o ofendido renunciado ao exercício do próprio direito de queixa.

A pergunta, então, que se impõe é a seguinte. Imaginemos que o crime é de ação penal de iniciativa do ofendido e vários são os autores do fato. A composição dos danos civis com apenas um dos autores do fato implicará a renúncia ao direito de queixa em relação a todos os demais? É dizer, se houver composição dos danos civis, ainda que não seja ela alcançada em face de todos os autores do fato, a persecução penal ficará prejudicada pela renúncia ao direito de queixa integralmente pelo ofendido? A resposta é negativa.

Com efeito, se o crime é de ação penal de iniciativa do ofendido e vários são os autores do fato, a composição dos danos civis implicará a renúncia apenas em face daquele autor do fato que assim se compuser com o ofendido, sem que isso prejudique a possibilidade de manejo da queixa-crime em face dos demais autores do fato que não realizaram a composição dos danos civis. A solução do caso deriva do que estabelece a segunda parte (*in fine*) do parágrafo único do art. 104 do CP: "Importa renúncia tácita ao direito de queixa a prática de ato incompatível com a vontade de exercê-lo; **não a implica, todavia, o fato de receber o ofendido a indenização do dano causado pelo crime**".

Assim, nos crimes cuja persecução penal dependa de queixa-crime, a composição dos danos civis deve ser buscada, claro, em face de todos os autores do fato. No entanto, se alcançada apenas em relação a um ou alguns deles, isso não prejudicará a possibilidade de queixa-crime ser manejada em face dos demais. A extinção da punibilidade pela renúncia ao direito de queixa, nesse caso, não se estenderá a todos os autores do fato, limitando-se, pois, apenas ao autor do fato que compôs civilmente os danos com o ofendido.

Art. 75. Não obtida a composição dos danos civis, será dada imediatamente ao ofendido a oportunidade de exercer o direito de representação verbal, que será reduzida a termo.

Parágrafo único. O não oferecimento da representação na audiência preliminar não implica decadência do direito, que poderá ser exercido no prazo previsto em lei.

Caso a composição dos danos civis não seja alcançada, o ofendido, na sequência, tem a oportunidade de manifestar sua representação.

O CPP estabelece, para a representação do ofendido, que o prazo é "contado do dia em que vier a saber quem é o autor do crime" (art. 38). A Lei n. 9.099 trabalha com a lógica de que o procedimento derive da situação em que os envolvidos (autor do fato e vítima) sejam encaminhados ao JECRIM seguidamente à verificação do fato, isto é, seguidamente ao que seria a situação flagrancial do crime. Caso assim não ocorra, a contagem do prazo para o exercício da representação efetivamente se dará a partir do momento em que o ofendido saiba quem é o autor do crime de menor potencial ofensivo.

A previsão veiculada no art. 75 da Lei n. 9.099 não traz antinomia ou juízo derrogatório da disposição veiculada no art. 38 do CPP. Trata-se apenas de um esclarecimento a respeito do momento em que o ofendido poderá deduzir seu direito de representação. Caso não o faça imediatamente no JECRIM, frente ao juiz leigo ou togado, ainda disporá do prazo de seis meses para fazê-lo. Aliás, é esse o prazo mencionado na parte final do parágrafo único do art. 75: o "prazo previsto em lei" ali mencionado é aquele estabelecido no art. 38 do CPP.

Veja-se, então, que a decadência do direito de representação ou de queixa, caso não alcançada a composição dos danos civis, só se dará após o escoamento do prazo de seis meses para tal exercício pelo ofendido. Isso deve ser levado em consideração para as rotinas judiciais a respeito do termo circunstanciado. Isso porque a ausência de composição dos danos civis seguida da ausência de manifestação do ofendido jamais conduzirá ao arquivamento do termo circunstanciado por extinção da punibilidade do fato. Isso porque a decadência só poderá ser reconhecida após o transcurso do prazo decadencial. São duas, então, as possibilidades de rotina judiciária para o termo circunstanciado nos casos em que o crime seja de ação penal pública condicionada à representação ou mesmo de ação penal de iniciativa do ofendido. A primeira, e melhor opção, é o aguardo em cartório do transcurso do prazo decadencial para o exercício do direito de queixa ou representação. Escoado o prazo sem a representação ou a queixa, o caso será de extinção da punibilidade do fato (art. 107, inciso IV, do CP) e arquivamento do termo circunstanciado na forma do inciso II do art. 395 do CPP. A segunda, que aparentemente dá solução imediata ao termo circunstanciado, mas cuja definitividade se mostra condicionada, é o arquivamento do termo circunstanciado por ausência de condição de procedibilidade para o exercício da ação penal. Nessa segunda hipótese, caso a representação seja exercida dentro do prazo decadencial, o termo circunstanciado deverá ser desarquivado para o exercício dos atos subsequentes de persecução penal pelo Ministério Público (transação penal ou oferecimento de ação penal, conforme o caso). Quando se tratar de crime de ação penal pública de iniciativa do ofendido, somente a primeira opção se mostra possível, isto é, os autos necessariamente aguardarão em cartório até o transcurso do prazo decadencial.

Convém registrar que, ainda que não alcançada a composição dos danos civis, nada impede que o ofendido venha a renunciar – expressa ou tacitamente – ao direito de representar ou de ofertar queixa-crime. Nesse caso, a renúncia implicará a extinção da punibilidade (art. 107, inciso IV, do CP) e, por conseguinte, o arquivamento do termo circunstanciado (art. 395, inciso II, do CPP).

Art. 76. Havendo representação ou tratando-se de crime de ação penal pública incondicionada, não sendo caso de arquivamento, o Ministério Público poderá propor a aplicação imediata de pena restritiva de direitos ou multas, a ser especificada na proposta.

§ 1º Nas hipóteses de ser a pena de multa a única aplicável, o Juiz poderá reduzi-la até a metade.

§ 2º Não se admitirá a proposta se ficar comprovado:

I – ter sido o autor da infração condenado, pela prática de crime, à pena privativa de liberdade, por sentença definitiva;

II – ter sido o agente beneficiado anteriormente, no prazo de cinco anos, pela aplicação de pena restritiva ou multa, nos termos deste artigo;

III – não indicarem os antecedentes, a conduta social e a personalidade do agente, bem como os motivos e as circunstâncias, ser necessária e suficiente a adoção da medida.

§ 3º Aceita a proposta pelo autor da infração e seu defensor, será submetida à apreciação do Juiz.

§ 4º Acolhendo a proposta do Ministério Público aceita pelo autor da infração, o Juiz aplicará a pena restritiva de direitos ou multa, que não importará em reincidência, sendo registrada apenas para impedir novamente o mesmo benefício no prazo de cinco anos.

§ 5º Da sentença prevista no parágrafo anterior caberá a apelação referida no art. 82 desta Lei.

§ 6º A imposição da sanção de que trata o § 4º deste artigo não constará de certidão de antecedentes criminais, salvo para os fins previstos no mesmo dispositivo, e não terá efeitos civis, cabendo aos interessados propor ação cabível no juízo cível.

O art. 76 trata do instituto da transação penal. Dentre diversas alternativas possíveis ao legislador brasileiro, para dar conteúdo ao preceito constitucional que mencionou "transação penal", a Lei n. 9.099 preferiu a alternativa que, a um só tempo, mais se aproximasse do que usualmente informa o próprio exercício da ação penal pelo Ministério Público e, o mais importante, evitasse o tradicional processo-crime.

Foram de plano descartadas, na discussão havida no plano legislativo, as opções despenalizantes que concretizassem a oportunidade ou a discricionariedade no exercício da ação penal. O legislador, ao elaborar a Lei n. 9.099, houve por bem em se afastar do que previram o sistema norte-americano, que conjuga não só a oportunidade mas também acordos penais (por meio da chamada *plea bargaining*); o francês (art. 40 do Código de Processo Penal francês); o alemão (§ 153 do Código de Processo Penal alemão – StPO); o então Projeto de Código de Processo Penal argentino (apresentado ao Congresso argentino em 1987, especialmente no art. 371 e seguintes); e até mesmo o Código de Processo Penal tipo para a América Latina (art. 371 e seguintes). Manteve-se fiel à "tradição" brasileira de indisponibilidade da ação penal e de obrigatoriedade do seu exercício pelo Ministério Público.

O instituto da transação penal, portanto, não materializa oportunidade no exercício da ação penal pelo Ministério Público. Trata-se de alternativa que se coloca, nos crimes de menor potencial ofensivo, para se evitar o manejo da ação penal. Se cabível o benefício, sua oferta é tarefa de rigor a ser realizada pelo Ministério Público. E, como hipótese de manejo pelo titular da ação penal de solução alternativa ao processo, considerada a obrigatoriedade dessa atuação, a transação só terá lugar quando afirmativo o juízo de *opinio delicti* realizado pelo Ministério Público.

Desse modo, previamente à proposta a que se refere o art. 76, o Ministério Público deverá certificar-se da análise que sempre se dará diante de *notitia criminis*: requisitar diligências ou mesmo a instauração de investigação para melhor informar sua *opinio delicti*, promover desde logo o arquivamento do apuratório ou concluir que o caso é de exercício da ação penal e seguidamente promover os respectivos atos de persecução em juízo.

Tal advertência se mostra relevantíssima porque só caberá a transação penal nos casos que assim autorizarem o exercício da ação penal pelo Ministério Público. A análise da viabilidade de exercício da ação penal, portanto, sempre **antecede** a apreciação a respeito do cabimento da transação penal. Assim, só se poderá cogitar de transação penal se o caso autorizar o exercício da própria ação penal.

Muito se discutiu, quando da edição da Lei n. 9.099, a respeito da natureza jurídica do instituto da transação penal e o critério orientador do juízo no tocante à formulação da proposta. Por ocasião da apresentação do Projeto de Lei n. 1.480/1999, que originou a Lei do JECRIM, já se esclarecia que se cuidava de uma "discricionariedade controlada", também chamada de "discricionariedade regrada". Essa compreensão impunha, pois, que a análise do cabimento do benefício compete, verdadeiramente, ao titular da ação (no caso da ação penal pública, o Ministério Público).

No entanto, tal titularidade na aferição do cabimento do benefício não implica que possa ele decidir sobre a oferta ou não da proposta. Cabe a ele, sim, verificar se o caso autoriza o exercício da transação penal e, na hipótese de resposta afirmativa, a subsequente oferta do benefício ao autor do fato é medida de rigor. Logo, a chamada "discricionariedade" não se confunde com oportunidade. Aplica-se, para a transação penal, a inteligência insculpida na primeira parte do art. 24 do CPP, que estabelece o seguinte: "Nos crimes de ação pública, esta será promovida por denúncia do Ministério Público". No JECRIM, então, a partir de uma interpretação extensiva do que consta no CPP, tem-se que, nos crimes de ação penal pública, a transação penal será promovida por oferta de aplicação imediata de pena restritiva de direitos ou multa pelo Ministério Público.

Entende-se que o manejo da transação penal pelo Ministério Público substancia um verdadeiro **poder-dever**, orientado, então, pela obrigatoriedade de sua oferta se o caso assim autorizar. Tal compreensão nos leva imediatamente à solução cabível em caso de recusa injustificada de oferta da proposta pelo Ministério Público.

Por ocasião da edição da Lei n. 9.099, alguns autores minoritariamente sustentaram que, por se tratar de benefício com aptidão de extinguir a punibilidade do fato imputado ao agente criminoso (autor do fato), a recusa do Ministério Público em ofertar a proposta poderia ser suprida pela oferta deduzida pelo próprio juiz da causa. Isso se daria porque a transação penal seria um direito público subjetivo do autor do fato.

Ainda que argumentando pelo cabimento da proposta no caso, não poderá o juiz se sobrepor à manifestação negativa do Ministério Público e ofertar a proposta de transação penal. Nas hipóteses de incidência das medidas despenalizadoras, cuja oferta dependa do Ministério

Público (transação penal e *sursis* processual), a solução para a negativa de proposta pelo Ministério Público encontra-se na interpretação extensiva do que dispõe o art. 28 do CPP: "[...] **o juiz, no caso de considerar improcedentes as razões invocadas [pelo membro do Ministério Público], fará remessa do inquérito ou peças de informação ao procurador-geral**, e este oferecerá a denúncia [*rectius*, a proposta de transação penal ou suspensão condicional do processo, conforme o caso], designará outro órgão do Ministério Público para oferecê-la, ou insistirá no pedido de arquivamento [*rectius*, na recusa de oferta da proposta], ao qual só então estará o juiz obrigado a atender".

A previsão do art. 28 do CPP, ao estabelecer o modo pela qual se soluciona a desinteligência ou discordância entre juiz e membro do Ministério Público, no exercício dos atos que sejam de titularidade deste, resguarda a atuação judicial imparcial e, ao mesmo tempo, assegura revisibilidade dos atos realizados pelo Ministério Público. O STF, atento a isso, editou o verbete de súmula n. 696, que, embora se refira expressamente à suspensão condicional do processo, tem aplicação igualmente nos casos de discordância quanto ao cabimento da transação penal. Confira-se a redação do verbete: "Reunidos os pressupostos legais permissivos da suspensão condicional do processo, mas se recusando o promotor de justiça a propô-la, o juiz, dissentindo, remeterá a questão ao Procurador-Geral, aplicando-se por analogia o art. 28 do Código de Processo Penal".

Ainda a título ilustrativo, o STF já destacou: "É firme a jurisprudência deste Supremo Tribunal Federal a respeito da impossibilidade de o Poder Judiciário conceder os benefícios previstos no art. 76 e 89 da Lei n.º 9.099/95 sem que o titular da ação penal tenha oferecido a proposta" (Inq 3438, Rel. Min. Rosa Weber, 1.ª Turma, julgado em 11/11/2014, DJe-027 de 10/02/2015).

Logo, a par de se compreender a transação penal como um direito público subjetivo do autor do fato, não se permite que o juiz, por isso, promova ele próprio a oferta de transação penal. Deverá, então, remeter os autos ao procurador-geral que, então, promoverá ele próprio a oferta, designará membro do Ministério Público para fazê-lo em seu nome (*longa manus*) ou insistirá na recusa em ofertar a transação penal. Neste último caso, então, estará o juiz vinculado a essa recusa e o caso será mesmo de se prosseguir na persecução penal com a oferta da correspondente ação penal.

A dicção estrita do art. 76 estabelece que a transação penal é instituto próprio da ação penal pública, isto é, o benefício da aplicação imediata de pena restritiva de direitos ou multa se restringiria apenas aos crimes de ação penal pública. Os crimes de ação penal de iniciativa do ofendido, pela disposição literal do *caput* art. 76, não admitiriam o benefício da transação. A jurisprudência, contudo, tratou de estender o cabimento da transação penal também aos crimes de ação penal privada.

O STJ já se manifestou em diversas oportunidades sobre a extensão da transação penal para os crimes de ação penal de iniciativa do ofendido. No STJ, merecem destaque o que decidiu a Corte Especial na APN 566/BA (Rel. Min. Hamilton Carvalhido, DJe de 26/11/2009) e na APN 634/RJ (Rel. Min. Felix Fischer, DJe de 3/4/2012). No STF, o entendimento é idêntico: apesar do silêncio da Lei n. 9.099, o instituto da transação penal é aplicável também aos crimes de ação penal de iniciativa do ofendido.

Admitida a aplicação, surge, no entanto, outra questão, consistente em saber a quem caberia, neste caso, a legitimidade para a proposta. Uma vez admitida a possibilidade, como o fez a jurisprudência tanto do STJ quanto do STF, a atribuição para o exercício da proposta de transação penal, inquestionavelmente, deve recair sobre o ofendido. Isso porque, se ele é o legitimado, na condição de substituto processual (legitimação extraordinária), para ajuizar a ação penal e, assim, exercer o *jus persequendi*, nada mais lógico que se lhe transfira o encargo que, nas ações penais públicas, pertence ao Ministério Público com exclusividade. Neste caso (no âmbito da ação penal privada), aliás, o Ministério Público funciona tão-somente como fiscal da lei, e não como parte.

Neste ponto reside o problema decorrente dessa leitura ampliativa da jurisprudência sobre a transação penal nos crimes de ação penal privada: como proceder na hipótese de recusa injustificada ou indevida do querelante em ofertar a transação penal? Se todo o desenho normativo do instituto se dirige a afirmá-lo como um **poder-dever** do titular da ação, o que farão o juiz ou o autor do fato, se cabível o benefício e o autor do fato tenha interesse, diante do querelante que simplesmente não formule a proposta? O STF já teve oportunidade de destacar que, nesse caso, a oferta da transação penal encontra-se inserida no âmbito da vontade do querelante, isto é, caso ele entenda por bem em não deduzir a proposta, a persecução penal seguirá com seus ulteriores atos, qual seja, a oferta e análise da ação penal privada deduzida pelo ofendido.

A transação penal pressupõe acordo entre as partes. O próprio STF já teve oportunidade de salientar essa lição em diversas oportunidades. A título ilustrativo, confiram-se os arestos RE 492.087/SP, 1.ª Turma, Rel. Min. Ayres Britto, DJe de 22/6/2007, e RE 468.161/GO, 1.ª Turma, Rel. Min. Sepúlveda Pertence, DJ de 31/3/2006). Por se tratar de acordo, não se pode, então, compelir o querelante a ofertar proposta que não seja de seu interesse ou não derive de sua manifestação de vontade. Ainda, vale rememorar que a ação penal de iniciativa do ofendido é orientada pelos postulados da oportunidade e da disponibilidade. Assim, também a proposta de transação penal se inseriria no exercício da conveniência e da oportunidade do querelante na sua formulação.

Em suma, quando a jurisprudência estendeu às ações penais privadas a possibilidade de transação penal, o fez em razão do que entendeu ser uma lacuna da lei, que somente previa a aplicação do instituto para as ações penais públicas. A partir de então, admitiu-se o que antes não era permitido. Não se pretendeu nem poderia, todavia, que para seu âmbito fossem transportadas as regras que se aplicam ao Ministério Público. Significa dizer, o ofendido pode, ou não, oferecer a proposta.

Dessa forma, dá-se ao querelante a opção de formular, ou não, a proposta de transação penal. Esse juízo é informado pela igual conveniência que informa se ajuizará, ou não, a queixa. Contudo, não se pode forçá-lo a oferecê-la, ainda que sob o argumento de preenchimento dos requisitos por parte do autor do fato, sob pena de desnaturar o instituto que, importado para a ação privada, exige mútuo consentimento das partes.

Assim, a ausência de manifestação por parte do querelante, por evidenciar falta de interesse na transação, acarreta o prosseguimento do feito, com a consequente deliberação sobre o recebimento da queixa. Nesse sentido, confira-se o que decidiu no STJ na já mencionada APN 634/RJ, Corte Especial, Rel. Min. Felix Fischer, DJ de 3/4/2012.

Cabe, no entanto, uma crítica à essa orientação ampliativa da jurisprudência. Ao enxergar lacuna onde, de fato, não havia – o legislador lidimamente entendeu por bem em prever a transação penal apenas aos crimes de ação penal pública –, o entendimento jurisprudencial ensejou solução que se afasta do que a Lei n. 9.099 preceitua como objetivo. Deixar ao alvedrio do ofendido o manejo da ação penal é algo compreensível em face dos interesses em jogo na ação penal. No entanto, estender essa manifestação de vontade à oferta de benefício que materializa objetivo legalmente expresso do procedimento sumaríssimo – evitar a imposição de solução penalizadora, por meio de instituto que evita o processo-crime na sua conformação tradicional – parece afastar-se das próprias razões que informam a Lei n. 9.099. Melhor teria andado a jurisprudência se tivesse preservado a intenção inicial do legislador de observar a transação penal somente aos crimes de ação penal pública. Mas, ainda que estendendo o benefício da transação aos crimes de ação promovida pelo ofendido, diante da negativa deste em ofertar a transação, que deixasse a cargo do Ministério Público a oferta da proposta, a fim de assegurar ao juiz a possibilidade de, em caso de recusa injustificada, valer-se do art. 28 do CPP.

Nada obstante, considerando que o tema é objeto de jurisprudência já reiterada das nossas Cortes, a crítica aqui lançada presta-se apenas como admoestação a uma situação já consolidada.

CONTEÚDO DA PROPOSTA DE TRANSAÇÃO PENAL

O art. 76 menciona que a proposta será de aplicação imediata de pena restritiva de direitos ou multa. Não há maior detalhamento sobre o *quantum* dessa proposta. Há a definição da natureza da pena a ser especificada na proposta. Afinal, o que deve orientar o conteúdo da proposta?

A resposta é fornecida pelas disposições que versam sobre a aplicação da pena em geral no Direito Penal brasileiro. Os arts. 59 e 68 do Código Penal positivam o modo trifásico de aplicação de pena no ordenamento pátrio. Quando o juiz, ao proferir sentença condenatória, escolhe dentre as penas possíveis qual(is) a(s) pena(s) aplicável(is) na espécie. Na sequência, estabelece o *quantum* dessa(s) pena(s). Ao final, estabelece o regime de cumprimento da reprimenda.

A fixação do *quantum* da pena observa o critério trifásico: primeiro a pena-base, depois as circunstâncias atenuantes e agravantes e, então, as causas de diminuição e de aumento da pena. A pena-base é estabelecida a partir dos critérios estabelecidos no próprio art. 59 do CP, as chamadas circunstâncias judiciais. Atenderá, portanto "à culpabilidade, aos antecedentes, à conduta social, à personalidade do agente, aos motivos, às circunstâncias e consequências do crime, bem como ao comportamento da vítima, estabelecerá, conforme seja necessário e suficiente para reprovação e prevenção do crime". Segundo esses critérios, observará o patamar sancionatório do preceito secundário do tipo penal (penas mínima e máxima) e ali estabelecerá a pena-base. Na sequência, as segunda e terceira fases de aplicação da pena.

Transpondo esse raciocínio à transação penal, vê-se que o legislador de plano já afirmou que as penas que serão veiculadas na proposta são restritivas de direitos ou multa. Por óbvio, excluem-se de saída as penas privativas de liberdade. As penas restritivas de direitos encontram-se enumeradas no art. 43 do CP: prestação pecuniária; perda de bens e valores; limitação de fim de semana; prestação de serviço à comunidade ou a entidades públicas; interdição temporária de direitos; limitação de fim de semana.

No entanto, a medida da pena restritiva de direitos impõe o raciocínio a partir da previsão da pena privativa de liberdade prevista ao crime de menor potencial ofensivo. É dizer: o titular da proposta realiza verdadeira projeção do que seria a pena cabível no caso, para então convertê-la em pena restritiva de direitos e alcançar *quantum* condizente com o caso proposto.

Um exemplo serve para ilustrar esse raciocínio. Tomemos por hipótese um termo circunstanciado que noticia a prática do crime de lesões corporais leves pelo autor do fato. Considerando que não houve composição dos danos civis e que a representação do ofendido foi devidamente ofertada, o Ministério Público avalia se o caso autoriza, ou não, o exercício da ação penal. Em caso de resposta afirmativa, aprecia, então, se o caso autoriza a transação penal. Se, novamente, a resposta é afirmativa, passa a deduzir o conteúdo da proposta.

O patamar sancionatório do crime de lesões leves, nos termos do art. 129 do CP, é de detenção de 3 meses a 1 ano e multa. Imagine que o caso não desborda do que ordinariamente prevê o tipo penal. O autor do fato, no exemplo aqui considerado, após desentendimento verbal com a vítima sobre uma vaga de estacionamento, a agrediu com um soco no rosto. Não há maiores razões, no caso, que tornem o fato de maior censurabilidade que aquilo já considerado no tipo penal. A pena, então, projetada seria de 3 meses de detenção e não há razões que imponham a consideração de que a sua aplicação desbordaria do mínimo legal. Quais as penas possíveis? Não haveria por que aplicar, no exemplo aqui delineado, a perda de bens e valores (inciso II do art. 43 do CP), pois não há qualquer conteúdo material economicamente quantificável na infração noticiada. A interdição temporária de direitos (inciso V) faria sentido se o crime noticiado se referisse a algum exercício de direito específico e, no exemplo ilustrado, não é o caso. A limitação de finais de semana (inciso III do art. 43 do CP) faria sentido se o próprio fato tivesse vinculação com isso – afinal, a pena deve guardar sentido com o que seja necessário para a reprovar e prevenir o crime. A redação do inciso III do art. 44 do CP é útil, quando menciona que a substituição observa "a culpabilidade, os antecedentes, a conduta social e a personalidade do condenado, bem como os motivos e as circunstâncias [a] indicarem que essa substituição seja suficiente".

Restam, no exemplo aqui considerado, apenas a prestação pecuniária (inciso I do art. 43 do CP) e a prestação de serviços à comunidade ou a entidades públicas (inciso IV do art. 43 do CP). A prestação de serviços à comunidade ou a entidades públicas, embora guarde sentido com o tipo de fato noticiado, carece de aplicação porque, se o caso não enseja aplicação de pena igual ou superior a seis meses de detenção, não há base legal para essa pena restritiva de direitos. Vale lembrar o que dispõe o art. 46, *caput*, do CP, quando diz que esse tipo de pena só "é aplicável às condenações superiores a seis meses de privação da liberdade".

Sobra, então, apenas a pena de prestação pecuniária para o singelo exemplo noticiado. A conversão de 3 meses de detenção em prestação pecuniária deve considerar as forças econômicas do autor do fato e também o destinatário de tal prestação. É o que estabelece o § 1.º do art. 45 do CP: "A prestação pecuniária consiste no pagamento em dinheiro à vítima, a seus dependentes ou a entidade pública ou privada com destinação social, de importância fixada pelo juiz, não inferior a 1 (um) salário mínimo nem superior a 360 (trezentos e sessenta) salários mínimos. O valor pago será deduzido do montante de eventual condenação em ação de reparação civil, se coincidentes os beneficiários". Se crimes de até quatro anos de reclusão autorizam a conversão em pena restritiva de direitos e, no exemplo aqui apresentado, estamos falando de 3 meses de detenção, um valor razoável seria a imposição de 2 a 3 salários mínimos. Apenas a título ilustrativo, vale mencionar que uma "regra de três" (48 meses para 360 salários mínimos, quanto se alcançaria para 3 meses?) entre o máximo de pena e o equivalente a 3 meses de detenção alcançaria o valor de 22,5 salários mínimos. No entanto, também é preciso destacar que, tal como ocorre na aplicação da pena pelo juiz, não se cuida de simples operação matemática. Há de se observar o caso concreto e, sobretudo, o atendimento às finalidades da Lei 9.099. Não faz sentido que a proposta que busque obviar a persecução penal por meio de ação penal se traduza em algo muito mais gravoso que a eventual sanção penal a ser alcançada após o penoso (e custoso) processo judicial.

Toda proposta de transação penal, portanto, deve observar essa (aparentemente) complexa operação mental de projeção sobre a pena que seria possivelmente aplicada ao caso e sua conversão a uma ou mais das penas enumeradas no art. 43 do CP. Tal *iter* a ser observado pelo proponente da transação penal deve ser igualmente considerado pelo autor do fato e seu advogado, para que igualmente tenham eles alguma base para negociar, acordar, transacionar a aplicação imediata de pena restritiva de direitos no caso.

A proposta que traga como conteúdo pena de multa observa igual raciocínio que projeta a pena que seria alcançada na espécie. A pena de multa parte da fixação do dia-multa que incidirá na quantidade de pena privativa de liberdade prevista. No exemplo ora apresentado, incumbiria ao membro do Ministério Público, na forma do art. 49, *caput* e § 1.º, do CP, projetar quantos dias de multa seriam aplicáveis num patamar sancionatório que vai de 10 a 360 dias-multa. E o valor individualizado de cada dia-multa variaria de 1/30 do salário mínimo a 5 vezes esse mesmo valor, considerado o salário mínimo na data do fato.

Como se vê, há balizas legais claras para o conteúdo da proposta. O exercício, pois, da discricionariedade regrada que informa a proposta de transação penal não se traduz num patamar sancionatório arbitrariamente indicado pelo titular da ação penal. Ao revés, há regras a serem observadas e, eventuais abusos (para propostas excessivamente onerosas ao autor do fato ou que traduzam resposta insuficiente ao fato noticiado) serão rechaçados justamente na aferição juiz que, como se verá, atentará na homologação judicial a eventual abuso ou deficiência na manifestação voluntária das partes.

CONDIÇÕES PARA O CABIMENTO DA PROPOSTA

O legislador estabeleceu como regra o cabimento da proposta de transação penal para os crimes de menor potencial ofensivo assim definidos na própria Lei n. 9.099. No entanto, estabeleceu algumas proibições de incidência do benefício nos incisos do § 2.º do art. 76. É dizer: a incidência da transação penal é a regra para os crimes de menor potencial ofensivo. A inviabilidade de proposta só ocorrerá se incidente uma ou mais das hipóteses proibitivas do benefício.

Tal destaque se mostra relevante como orientação dirigida ao titular da ação penal, que se orienta, como já afirmado, por uma discricionariedade regrada ou controlada. A regra geral: se o crime é de menor potencial ofensivo, incidirá o benefício. A exceção, pois, que afasta o benefício encontra razão nos incisos do § 2.º e, excepcionalmente, quando inviável a oferta, a justificativa do titular da ação penal deve guardar fundamentação que se ampare em uma ou mais das hipóteses ali descritas.

A primeira delas refere-se a eventual condenação anterior do autor do fato. Diz o legislador que a proposta de transação penal é inviável quando o autor do fato já tiver sofrido condenação definitiva por crime e, mais, que a ele tenha sido imposta pena privativa de liberdade. Nem toda condenação criminal impõe pena privativa de liberdade. Para ilustrar com um exemplo, imagine-se alguém condenado pela prática do crime descrito no art. 28 da Lei de Drogas (Lei n. 11.343/2006). Nenhuma das sanções ali descritas refere-se a pena privativa de liberdade. Nesse caso, ainda que condenado definitivamente por prática de crime, não haverá óbice nesse sentido a que incida o benefício da transação penal.

É preciso distinguir a hipótese de reincidência, tal como tecnicamente definida no Código Penal, da vedação trazida na Lei n. 9.099. A reincidência, definida no art. 63 do Código Penal, é instituto que se refere ao agente que "comete novo crime, depois de transitar em julgado a sentença que, no País ou no estrangeiro, o tenha condenado por crime anterior". Já a vedação da Lei n. 9.099 exige algo a mais: que a condenação tenha sido a pena privativa de liberdade. Assim, ainda que reincidente, se a condenação anterior não tiver imposto pena privativa de liberdade, o autor do fato fará jus à transação penal.

A reincidência deixa de ser considerada após o transcurso do prazo de 5 (cinco) anos entre a data do cumprimento da pena ou da extinção da punibilidade do fato por qualquer outro motivo e o novo crime praticado. Na contagem desse prazo, computam-se os tempos de suspensão condicional da pena (*sursis*) e de livramento condicional, desde que não tenha ocorrido a revogação desses benefícios no período. Trata-se da disposição veiculada no inciso I do art. 64 do Código Penal.

Embora o preceito legal se refira à reincidência especificamente, mostra-se bastante razoável a interpretação extensiva da disposição para que ela abranja igualmente as situações de condenação anterior a pena privativa de liberdade como impeditivo da transação penal. Se o legislador considera que cinco anos é tempo suficiente para afastar a agravante penal da reincidência no momento de aferição da pena de alguém que sofre condenação criminal, por que razão a vedação a instituto que assume caráter efetivamente despenalizante não poderia ser afastada se igualmente transcorrido esse prazo da condenação anterior? Com maior razão, nos parece, a vedação mencionada no inciso I do § 2.º do art. 76 da Lei n. 9.099 igualmente deve ser afastada se transcorridos 5 cinco anos entre a condenação a pena privativa de liberdade e o crime de menor potencial ofensivo analisado para fins de transação penal. Veja-se que o próprio legislador considera o prazo de 5 anos para igualmente permitir novo benefício de transação penal ao autor do fato que já tenha sido beneficiado pelo instituto anteriormente (§ 4.º do art. 76). Também por essa razão, portanto, robustece-se a compreensão de que a interpretação extensiva dessa "desconsideração" da condenação anterior mostra-se razoável.

O STJ já decidiu em sentido contrário ao que aqui defendemos. Em julgamento de 16/2/2006, a 5.ª Turma estabeleceu que "Evidenciado que o art. 76, § 2º, inciso I, da Lei n.º 9.099/95 não faz referência alguma à reincidência, torna-se inaplicável à espécie, o disposto no art. 64, inciso I, do Código Penal. Apesar de não estar configurada a reincidência, a existência de condenação anterior, com trânsito em julgado, pode caracterizar a presença de maus antecedentes do réu, impedindo o oferecimento da proposta de transação penal, bem como de suspensão condicional do processo" (HC 44.327, Rel. Min. Gilson Dipp, DJ de 13/3/2006). Aqui cabe uma crítica ao julgado: a fundamentação confunde a apreciação do requisito objetivo, referente à condenação anterior, com o requisito subjetivo, atinente ao que previsto no inciso III do § 2.º do art. 76 da Lei n. 9.099. A perfeita identificação de um ou outro requisito mostra-se relevante, especialmente para verificação do correto fundamento que eventualmente impeça o benefício. Ao misturar as hipóteses, a Corte não esclarece a possibilidade de interpretação extensiva e traz ao debate requisito que guarda razões próprias e não necessariamente coincidentes com a condenação anterior a pena privativa de liberdade.

O STF, entretanto, tem entendimento justamente no sentido da posição aqui sustentada. A título ilustrativo, confira-se o HC 86.646, julgado pela 1.ª Turma em 11/4/2006, Rel. Min. Cesar Peluzo, RTJ 200/933: "O limite temporal de cinco anos, previsto no art. 64, I, do Código Penal, aplica-se, por analogia, aos requisitos da transação penal e da suspensão condicional do processo". Assim, podemos afirmar que a compreensão que melhor se amolda à vedação estabelecida no mencionado inciso I do § 2.º do art. 76 da Lei n. 9.099 é aquela que a afasta caso se verifique o transcurso do prazo de 5 anos entre o crime de menor potencial ofensivo e a condenação anterior.

O inciso II do § 2.º do art. 76 cuida da hipótese em que o autor do fato já tenha sido beneficiado por transação penal anterior. Nesse caso, para que não haja a incidência da vedação, é necessário que tenha ocorrido o transcurso do prazo de 5 anos entre a transação penal anterior e a apreciação do crime de menor potencial ofensivo atual. A contagem de tal prazo, é importante destacar, dá-se com termo inicial na data em que ofertada, aceita e homologada a transação penal. Não se conta o prazo de 5 anos da data em que extinta a punibilidade do fato criminoso pelo cumprimento da transação, tampouco de eventual afastamento do benefício em razão do descumprimento de suas cláusulas. A literalidade do dispositivo não deixa margem a dúvidas: "no prazo de cinco anos, **pela aplicação de pena restritiva ou multa**, nos termos deste artigo". A aplicação dá-se no momento em que a proposta é aceita e homologada pelo Juízo. Logo, o termo para contagem do prazo é mesmo o da homologação da proposta.

Já o inciso III do § 2.º do art. 76 estabelece requisitos de ordem subjetiva que eventualmente tornem a proposta de transação penal inaplicável no caso. O preceito legal menciona "os antecedentes, a conduta social e a personalidade do agente, bem como os motivos e as circunstâncias" e exige do titular que coteje essas razões de ordem subjetiva com a **necessidade** e a **suficiência** da transação penal no caso.

A nítida inspiração do dispositivo é o art. 59 do Código Penal, que enumera as condições judiciais que orientam o juiz na fixação da pena-base na condenação do acusado. São razões próprias de censurabilidade da conduta, momento em que o julgador afere, dentro dos patamares mínimo e máximo do preceito sancionatório, aquilo que melhor concretize a individualização da pena no caso concreto. A margem deixada pelo legislador permite que a fixação da pena no caso concreto se amolde ao que seja a reprovabilidade do fato de modo contextualizado. Se num momento anterior, o próprio legislador estabelece o que entende a melhor conformação possível para a reprovação do fato criminoso, é no caso concreto que tal censurabilidade ganha substância e adequação ao que seja necessário e suficiente "para reprovação e prevenção do crime" (art. 59 do CP).

Na Lei n. 9.099, por óbvio, o legislador não trouxe a menção veiculada na parte final do *caput* do art. 59 do CP ("reprovação e prevenção do crime"). Nem poderia: afinal, a transação penal é instituto que busca evitar o processo-crime e, nessa linha, não impõe juízo condenatório ou de reprovação em face do crime de menor potencial ofensivo. Afinal, não se reconhece na proposta qualquer mácula à presunção de inocência que milita em favor do autor do fato. No entanto, é certo que tais requisitos só podem se referir ao fato noticiado no termo circunstanciado. É dizer: a aferição dos requisitos subjetivos é feita justamente para permitir uma proposta que seja factível e adequada à notícia do fato criminoso. E tal juízo, é claro, só pode mesmo guardar pertinência com o que seja dirigido à retribuição (em tese) do fato criminoso e prevenção de novos delitos. Assim, apesar da ausência de menção a essas razões teleológicas, só mesmo a elas podem se referir o que orientará a formulação da proposta pelo titular da ação penal. Elas informarão a possibilidade da proposta, fundamentadamente, e também o *quantum* da proposta, tema a que já nos referimos no tópico anterior.

A vedação de transação penal por razões subjetivas é situação de franca excepcionalidade. E, por isso, reclama fundamentação concreta e idônea do titular da ação penal que recuse a formulação da proposta por essa razão. De qualquer modo, a vedação de incidência de benefício penal por razões de aferição subjetiva do autor do fato, do acusado ou do condenado é algo comum na nossa legislação. Isso acontece, por exemplo, para o *sursis* da pena (art. 77, inciso II, do CP), para a substituição da pena privativa de liberdade por penas restritiva de direitos (art. 44, inciso III, do CP), para a suspensão condicional do processo (como veremos a seguir). A peculiaridade, na transação penal, é mesmo a titularidade da aferição desses requisitos de ordem subjetiva: em lugar do juiz, como ocorre nos outros institutos, a aferição é do titular da ação penal. Ainda assim, a fundamentação – base para que se realize o controle desse juízo – é medida inafastável e de rigor. O controle dessa aferição, vale dizer, dá-se, nos crimes de ação penal pública, por meio da aplicação do art. 28 do CPP, caso o juiz não repute fundadas as razões de recusa para oferta do benefício pelo Ministério Público. Nos crimes de ação penal privada, a recusa do titular da ação em ofertar a transação não admite atuação judicial, como já mencionamos *supra*, pois tal atuação insere-se na oportunidade que informa o *jus persequendi* outorgado extraordinariamente ao ofendido.

O STJ já teve oportunidade de destacar em inúmeros julgados que, diante de fundamentação idônea, mostra-se correta a recusa do Ministério Público em ofertar o benefício da transação penal quando desfavoráveis as razões de ordem subjetiva ao autor do fato. A título ilustrativo, confira-se o seguinte precedente, que se referia a um caso de abuso de autoridade (Lei n. 4.898/1965): "O Ministério Público, ao não ofertar os benefícios da Lei 9.099/95, deve fundamentar adequadamente a sua recusa. A recusa concretamente motivada não acarreta, por si, ilegalidade sob o aspecto formal" (RHC 60.445, Rel. Ministro Felix Fischer, 5.ª Turma, julgado em 26/4/2016, DJe de 13/5/2016). Em outro julgado, também da 5.ª Turma do STJ, a Corte assentou o seguinte: "1. A transação penal insere-se no âmbito das medidas despenalizadoras, de sorte que o órgão acusatório deve fundamentar adequadamente a sua recusa, não ficando essas razões alheias ao exame judicial. 2. No caso concreto, a recusa do Parquet fundou-se em motivação idônea, visto que os antecedentes criminais, a personalidade e a conduta social do Recorrente não indicaram ser necessária e suficiente a adoção da medida, consoante a exegese do art. 76, § 2.º, inciso III, da Lei n.º 9.099/95." (RHC 34.866, Rel. Ministra Laurita Vaz, julgado em 17/12/2013, DJe de 3/2/2014). Assim, se presente fundamentação idônea, não há qualquer ilegalidade na recusa de proposta de transação penal fundada em razões de ordem subjetiva desfavoráveis ao autor do fato.

PAPEL DO JUIZ NA APRECIAÇÃO DA TRANSAÇÃO PENAL

Ofertada a proposta de transação penal, sua aceitação reclama manifestação afirmativa do autor do fato e também de seu advogado. Não se admite desinteligência entre autor do fato e advogado. Se houver discordância de um deles, será inviável a realização do acordo. Assim, é mesmo necessário que a concordância se dê tanto pelo autor do fato como também de seu patrono.

Havendo recusa na aceitação da proposta, o caso é de oferecimento da ação penal pelo titular do *jus persequendi*. Afinal, como já destacamos, a proposta só será formulada se prévio e afirmativo o juízo sobre o cabimento da ação penal na espécie pelo *dominus litis*.

Aceita, então, a proposta formulada, aí sim ela é submetida ao juiz para aferi-la e, se o caso, homologá-la. Ao juiz nao é dado imiscuir-se nos termos do acordo. Sua imparcialidade, característica inafastável do exercício da jurisdição criminal, impede que participe da negociação sobre os termos do acordo. O juízo atua como instância de controle e aferição da legalidade, da voluntariedade e da regularidade dos termos do acordo processual.

Ainda assim, não quer isso dizer que seja o julgador um espectador inerte de um acordo processual que eventualmente desborde do figurino legal. Ao revés: se verificar que o conteúdo da proposta ou mesmo a forma de sua celebração traga alguma contrariedade aos preceitos legais, o caso é de recusa de homologação da transação penal. Recusando-se o juiz a homologar o acordo desejado pelas partes, disporão elas de instrumentos de impugnação dessa decisão.

A ausência de previsão de recurso contra a decisão que recusa a homologação do acordo não impede seja o tema levado à instância recursal. No procedimento sumaríssimo, as únicas previsões de recurso referem-se à apelação e aos embargos de declaração. Resta, no entanto, a possibilidade de se manejar o *habeas corpus*, que é ação autônoma de impugnação de tutela da liberdade ambulatória (direito de ir e vir). O gravame experimentado pelo autor do fato pela ação penal, que é a providência seguinte à frustração da transação penal, justifica e autoriza o manejo do *habeas corpus* tanto pelo autor do fato quanto pelo próprio Ministério Público em favor do autor do fato que entenda ser beneficiário da transação penal.

Assim, em situações de proposta que claramente traga cláusula fora do figurino legal ou quando houver proposta em situação que, patentemente, não autoriza o exercício da própria ação penal, o caso é de recusa de homologação pelo juiz. Afinal, para homologar transação penal, só mesmo nos casos em que ela seja cabível e seu conteúdo se amolde ao que prescreve o *caput* do art. 76 da Lei n. 9.099.

O juiz, assim, pode recusar a homologação, mas não pode alterar os termos da proposta de transação penal. Excepcionalmente, previu o legislador que o juiz poderá reduzir a proposta de transação penal quando ela versa sobre pena de multa. Essa redução poderá se dar até a metade, segundo a literalidade do art. 76, § 1.º: "Nas hipóteses de ser a pena de multa a única aplicável, o Juiz poderá reduzi-la até a metade".

A expressão "ser a pena de multa a única aplicável" refere-se a duas situações distintas. A primeira, quando o preceito sancionatório da infração penal for unicamente multa. A segunda, quando a proposta de transação penal tiver por conteúdo unicamente a pena de multa. Seja num, seja noutro caso, incide a excepcional hipótese de redução da multa até a metade pelo Juiz. São poucos os casos de infrações penais que trazem, no preceito sancionatório, apenas a pena de multa. A título exemplificativo, tomemos as condutas descritas nos arts. 22, 29, 30, 32, 37, 38, 43, 44, 46, 49, 57, 61, 66, 68, da Lei de Contravenções Penais. São infrações cujas penas jamais admitem a conversão em pena privativa de liberdade, por força da redação do art. 51 do CP. O móvel do legislador é claro: a pena de multa não dispõe de parâmetros tão claros para sua quantificação como se observa das penas privativas de liberdade. Por isso, o legislador autoriza o juiz, se verificar exagero na proposta, decotá-la, para adequá-la ao caso por meio da redução até a metade.

A fundamentação para quantificação da pena de multa observa as razões para quantificação da pena privativa de liberdade. Assim, quando a pena de multa é a única possível, máxime quando se tem em conta a absoluta desatualização dos valores lançados nos preceitos da Lei de Contravenções Penais, faz sentido autorizar excepcionalmente o juiz a reduzir eventual excesso ou abuso na quantificação da proposta de transação penal que verse exclusivamente sobre pena de multa.

CONSEQUÊNCIAS DA TRANSAÇÃO PENAL

Verificadas, então, a regularidade e a legalidade dos termos da proposta de transação penal, bem assim a voluntariedade das partes na realização do acordo, o juiz homologa a transação penal e aplica a pena ali acordada.

A Lei n. 9.099 explicita desde logo que o ato homologatório da transação penal e que aplica a pena é mesmo uma sentença. Ainda que não determine a extinção do "processo", o que só ocorrerá após o cumprimento do acordo e o reconhecimento da extinção da punibilidade do fato, há uma apreciação de pena aplicada ao acusado. De fato, trata-se de decisão que guarda força de definitividade sobre o fato criminoso ali noticiado, ainda que condicionada ao cumprimento do acordado pelas partes.

A discussão quanto à natureza jurídica da sentença que homologa a transação penal e aplica a pena ao autor do fato guarda estrita importância com as consequências advindas do não cumprimento do acordado. Veremos isso no tópico seguinte. Por ora, vale apenas destacar que, cumprida a transação penal, isto é, se cumprida a pena aplicada ao autor do fato, seguidamente juiz declarará a extinção da punibilidade do fato. E essa extinção, vale dizer, não importará para quaisquer efeitos de reincidência ou mesmo de maus antecedentes, salvo para impedir que esse autor do fato seja beneficiado por nova transação penal no prazo de 5 anos contados da sentença homologatória.

É importante esclarecer que as únicas sanções impostas ao autor do fato beneficiário de transação penal são aquelas estabelecidas na proposta aceita pelo autor do fato e homologada pelo juiz. Não se admite, por exemplo, que as consequências acessórias ou secundárias da condenação criminal incidam nos casos de transação penal.

A advertência ganha importância quando, por exemplo, se questiona a possibilidade de incidirem na transação penal as disposições veiculadas nos arts. 91 e 92 do Código Penal (efeitos da condenação). Não se admite, por exemplo, que se imponha o confisco de bens, incapacidade para exercício de direitos ou inabilitação para dirigir veículo. Os casos em que a perda de bem cuja posse ou titularidade, em si, seja ilícita escapam dessa assertiva. Armas, substância entorpecente: são objetos cuja posse e titularidade, fora da regulamentação legal, ensejam perda independentemente de condenação criminal.

No entanto, não se pode estender os efeitos de condenação criminal à transação penal. O tema já foi objeto de tese decidida em repercussão geral pelo STF: "Os efeitos jurídicos previstos no art. 91 do Código Penal são decorrentes de sentença penal condenatória. Tal **não** se verifica, portanto, quando há transação penal (art. 76 da Lei 9.099/95), cuja sentença tem natureza homologatória, sem qualquer juízo sobre a responsabilidade criminal do aceitante. As consequências da homologação da transação são aquelas estipuladas de modo consensual no termo de acordo" (RE 795567 RG, Rel. Min. Teori Zavascki, Tribunal Pleno, julgado em 28/5/2015, DJe de 9/9/2015).

O legislador, preocupado com o efeito estigmatizante do processo penal na vida do indivíduo, teve o cuidado de destacar que a transação penal é informação acessível apenas aos atores do sistema de justiça criminal. A homologação da transação penal e a respectiva solução são informações que não se encontram amplamente acessíveis nos conteúdos públicos armazenados pelo Poder Judiciário ou mesmo pela Polícia (Civil ou Federal). O § 6.º do art. 76 traz proibição expressa de que a transação penal seja mencionada na arcaica certidão de antecedentes criminais, expedida pelos órgãos de Polícia, e também nas chamadas certidões de "nada consta" que são obtidas perante as serventias judiciárias responsáveis pela distribuição de feitos. A informação, pois, é classificada, isto é, mostra-se acessível apenas e para os fins da Justiça Criminal, em especial para permitir a incidência da vedação mencionada no inciso II do § 2.º do art. 76 da Lei n. 9.099 (vedação de transação penal a quem já tiver sido beneficiado por ela no prazo inferior a 5 anos, contado da sentença que aplicou a pena).

Além disso, o legislador, para obviar eventuais discussões, deixou claro que a sentença homologatória da transação penal (e, por extensão, também a extinção da punibilidade pelo cumprimento do acordo processual) não se confunde com a "sentença condenatória transitada em julgado" mencionada no inciso VI do art. 515 do Código de Processo Civil ou mesmo com qualquer acordo que assegure às cláusulas ali lançadas qualquer alcance cível. Conquanto a Lei n. 9.099 verdadeiramente tenha por objetivo a reparação dos danos experimentados pelo ofendido, **a transação penal não projetará qualquer efeito para além da esfera em que celebrada e homologada**. As penas ali aplicadas não guardaram qualquer consequência para fins de reparação do dano em instância diversa da criminal. Assim, eventuais interessados na reparação ou compensação patrimonial, por força do crime de menor potencial ofensivo, deverão buscar o juízo cível para tanto, pois a transação penal realmente apenas cuida da solução penal para o crime ali noticiado.

RECURSO CONTRA A HOMOLOGAÇÃO DA TRANSAÇÃO PENAL

A Lei n. 9.099 traz a possibilidade de manejo do recurso de apelação pelas partes contra a sentença que homologa a transação penal. O âmbito do recurso de apelação é a devolução à Turma Recursal (ou, Tribunal, quando a transação penal se dê em juízo diverso do Juizado Especial Criminal) da mesma matéria afeita ao juiz quando submetida a este o acordo processual para homologação.

Não disporá a Turma Recursal, na apreciação do recurso de apelação, de mais possibilidades decisórias do que já dispõe o juiz quando a ele é submetida a transação penal. É dizer: apreciará a legalidade do conteúdo da proposta, a regularidade de sua oferta e aceitação no curso do procedimento sumaríssimo e aferirá a voluntariedade das partes na sua proposta e na aceitação.

É curioso perceber que haja a previsão de um recurso contra a decisão que homologou acordo celebrado pelas partes. Em termos simples: pode causar estranheza imaginar que a parte, num momento, concordo com os termos da proposta e sua submissão ao juiz para homologação. E, seguidamente, deduzir irresignação, por meio de apelação, contra a homologação do acordo.

De fato, lida assim, a previsão do recurso de apelação contra a homologação do acordo parece contrariar a voluntariedade do recurso e até mesmo a regra do interesse recursal, pois a parte estaria se voltando contra a homologação de um acordo por ela mesma encetado. Seguramente, contudo, a previsão de recurso contra o acordo não se dirige exatamente à mudança de vontade ou opinião das partes quanto ao acordo. Parece guardar pertinência, verdadeiramente, com a possibilidade (indesejável, mas possível) de o juiz impor a aplicação da pena a título de transação penal em caso que, verdadeiramente, os ditames da transação penal não tenham sido observados.

É dizer: não é porque a sentença que aplica a pena na transação penal deva derivar de acordo que não se permite visualizar eventual erro ou abuso na homologação. Assim, se há erro no exercício da função judicante quando o acordo é submetido ao julgador, faz sentido que o legislador traga a previsão de recurso, para devolver a apreciação da matéria ao órgão jurisdicional (no caso, a Turma Recursal).

Se o recurso de apelação derivar apenas da intenção do autor do fato de rever os termos do acordo com que anteriormente aquiesceu, trata-se de recurso cabível, mas que dificilmente observará provimento. Em conclusão, não faria muito sentido que alguém concordasse com os termos de um acordo e, seguidamente, buscasse afastar os efeitos dessa homologação.

De qualquer modo, andou bem o legislador em prever o cabimento de irresignação contra a homologação da transação penal, seja pela providência relevantíssima trazida pela sentença que aplica pena ao autor do fato, seja pela aptidão dessa mesma sentença para afastar o exercício da ação penal na espécie.

CONSEQUÊNCIA DO DESCUMPRIMENTO DA TRANSAÇÃO PENAL

O tema das consequências do descumprimento da transação penal seguramente foi o que mais ensejou debates doutrinários e divergência jurisprudencial desde a edição da Lei n. 9.099. Para além da novidade de uma pena aplicada sem juízo condenatório do acusado – o que até hoje enseja vozes doutrinárias contrárias ao instituto, a exemplo de Geraldo Prado (*Elementos para uma análise crítica da transação penal.* Rio de Janeiro: Lumen Juris, 2003) –, a transação penal trouxe muitíssimas discussões quanto às soluções para o caso em que realizado o acordo e descumprido pelo autor do fato.

De um lado, houve quem defendesse que o juízo procedesse à conversão da pena aplicada na transação penal a pena privativa de liberdade. Para tanto, seria necessário compreender a homologação da transação penal e a imposição da pena estipulada no acordo como algo próximo à condenação definitiva alcançada após o devido processo. De outro lado, houve até quem defendesse que o descumprimento da proposta não poderia ensejar qualquer gravame ao acusado, pois, afinal, não haveria a possibilidade de imposição de pena ao acusado sem o devido processo materializado pela acusação em juízo e ampla defesa perante juiz imparcial.

Certo é que a transação penal é manifestação do devido processo legal para os crimes de menor potencial ofensivo que autorizem o benefício. Trata-se de solução peculiar à tradição do direito pátrio, pois, de fato, há imposição de pena sem juízo condenatório. Mas, por outro lado, consideradas as mazelas do sistema de justiça criminal brasileiro, é medida centrada numa preocupação despenalizante, isto é, que afasta a figura da persecução penal e todas as suas pechas estigmatizantes, para autorizar solução que responsabilize o autor do fato sem que isso implique restrição ambulatória absoluta.

O STF, por seu Pleno em 16/10/2014, aprovou o verbete n. 35 de sua súmula vinculante: "A homologação da transação penal prevista no artigo 76 da Lei 9.099/1995 não faz coisa julgada material e, descumpridas suas cláusulas, retoma-se a situação anterior, possibilitando-se ao Ministério Público a continuidade da persecução penal mediante oferecimento de denúncia ou requisição de inquérito policial".

Assim, o verbete sumular estabelece, a um só tempo, que a aplicação da pena realizada na homologação da transação penal não guarda caráter de definitividade. Em rigor, a definitividade só é alcançada quando implementada condição muito clara: o cumprimento do acordo. Se cumprida a pena aplicada ao autor do fato, o caso será de extinção da punibilidade do fato noticiado. No entanto, se descumprido o acordo e frustrada a pena aplicada ao autor do fato, afasta-se o instituto da transação penal para autorizar o exercício da ação penal pelo *dominus litis*. Se a transação penal buscava evitar justamente a ação penal, sua frustração pelo autor do fato ensejará justamente o exercício dessa ação penal em juízo.

O caráter vinculante do enunciado sumular autoriza, é bom lembrar, o manejo pelas partes da reclamação prevista na alínea "l" do inciso I do art. 102 da Constituição Federal, diretamente endereçada ao Supremo Tribunal Federal, para assegurar a autoridade e o cumprimento do que estabelecido pela Corte.

DO PROCEDIMENTO SUMARÍSSIMO

Art. 77. Na ação penal de iniciativa pública, quando não houver aplicação de pena, pela ausência do autor do fato, ou pela não ocorrência da hipótese prevista no art. 76 desta Lei, o Ministério Público oferecerá ao Juiz, de imediato, denúncia oral, se não houver necessidade de diligências imprescindíveis.

§ 1º Para o oferecimento da denúncia, que será elaborada com base no termo de ocorrência referido no art. 69 desta Lei, com dispensa do inquérito policial, prescindir-se-á do exame do corpo de delito quando a materialidade do crime estiver aferida por boletim médico ou prova equivalente.

§ 2º Se a complexidade ou circunstâncias do caso não permitirem a formulação da denúncia, o Ministério Público poderá requerer ao Juiz o encaminhamento das peças existentes, na forma do parágrafo único do art. 66 desta Lei.

§ 3º Na ação penal de iniciativa do ofendido poderá ser oferecida queixa oral, cabendo ao Juiz verificar se a complexidade e as circunstâncias do caso determinam a adoção das providências previstas no parágrafo único do art. 66 desta Lei.

Resolvida a questão atinente à composição dos danos civis ou mesmo à transação penal, a Lei n. 9.099 passa a descrever o procedimento sumaríssimo.

Como regra, autor do fato e ofendido estarão já reunidos em assentada judicial (audiência) na sequência da negativa de oferta de transação penal ou mesmo de sua negativa pelo autor do fato. A oferta da ação penal, portanto, é mesmo a medida subsequente a ser tomada no procedimento.

A novidade na Lei n. 9.099 refere-se à possibilidade de que a ação penal seja ofertada oralmente. Ainda que os atos da audiência sejam registrados por meio audiovisual, a ação penal deverá ser reduzida a termo, isto é, será formalizada por escrito na ata de audiência.

Tal cuidado deve-se à necessária observância dos requisitos previstos no art. 41 do CPP. Ainda que orientado pelos critérios da simplicidade, da informalidade e da instrumentalidade das formas, o procedimento sumaríssimo não pode abrir mão da descrição do fato com todas as suas circunstâncias e os demais requisitos próprios da inicial acusatória estabelecidos no art. 41 do CPP.

O que se afere, desses requisitos do art. 41 do CPP, não é apenas o atendimento a requisitos legais de uma ação, mas sim o devido respeito à ampla defesa e à gestão das provas pelas partes. Isso porque, como sabido, o acusado no processo-crime se defende do fato que lhe é imputado na ação penal, e não de sua capitulação legal. Por isso, o cuidado para que a ação penal seja reduzida a termo e autorize o denunciado a ela ter acesso, conhecê-la e, eventualmente, sobre ela se manifestar.

Em que pese a previsão de que a ação penal será ofertada oralmente, aproveitando a presença do autor do fato e do Ministério Público na assentada, nada impede que a ação penal seja ofertada por escrito posteriormente. Para melhor prestígio à oralidade e economia processual, melhor que a denúncia seja ofertada na própria audiência em que reunidos todos os atores processuais. No entanto, trata-se de uma possibilidade autorizada em lei que não impede a observância da fórmula tradicional disciplinada no CPP de oferta da ação penal em peça escrita e endereçada ao juízo.

Embora o art. 77, *caput*, mencione apenas a denúncia, isto é, a ação penal pública deduzida pelo Ministério Público, não há óbice a que a ação penal de iniciativa do ofendido – a queixa-crime – igualmente seja ofertada na assentada seguidamente à frustração da composição dos danos civis e da transação penal. Ao contrário, a previsão do § 3.º do mesmo art. 77 autoriza seja a queixa-crime ofertada pelo querelante oralmente.

A preocupação maior é que a ação penal atenda aos ditames do que estabelece o art. 41 do CPP. Se, mesmo que ofertada oralmente, ela é reduzida a termo, o que se espera da ação penal resta atendido. É dizer: ainda que ofertada oralmente, ela se prestará a que o acusado tenha conhecimento da imputação que é ofertada contra ele. Além disso, a oferta da peça oral na própria assentada guarda coerência com os critérios da oralidade, da simplicidade e da economia que orientam o procedimento sumaríssimo.

Os parágrafos do art. 77 retomam o que estabeleceu o art. 69 da Lei n. 9.099 sobre o termo circunstanciado como meio de formalização da investigação preliminar dos crimes de menor potencial ofensivo. Para os crimes processados no Juizado Especial Criminal, a investigação preliminar será, em regra, formalizada pelo termo lavrado por autoridade sem a necessidade de formalização ou escritura dos elementos de informação reunidos sobre a infração penal.

O § 1.º do art. 77 estabelece a prescindibilidade do laudo de exame de corpo de delito "quando a materialidade do crime estiver aferida por boletim médico ou prova equivalente". É importante destacar que o preceito legal não afirma propriamente uma exceção ao que estabelece o art. 158 do CPP, quando este estabelece a indispensabilidade do exame de corpo de delito quando a infração deixar vestígios. O exame de corpo de delito, como sabido, é o exame técnico a respeito de qualquer vestígio material deixado pela prática da infração penal. Sua formalização dá-se por meio de um laudo, firmado por perito oficial ou, na ausência deste, por duas pessoas idôneas com conhecimento na área técnica relacionada com o que ali se analisa (§ 1.º do art. 159 do CPP).

Ao afirmar que o boletim médico ou equivalente servem para demonstrar a materialidade do crime de menor potencial ofensivo, a Lei n. 9.099 assegura leitura específica ao regime da prova técnica no procedimento sumaríssimo. É dizer: não estabelece o suprimento da prova técnica para a demonstração da materialidade, mas verdadeiramente estende os critérios da simplicidade, da economia processual e da celeridade também à demonstração *técnica* da materialidade da infração. Por isso, a consideração como suficiente do que seja o boletim médico ou equivalente para demonstração da materialidade do crime. Ainda assim, não há óbice a que, se necessário, seja determinada a realização de perícia formal. A ideia prevalente é a dispensabilidade do laudo, em atenção aos critérios da simplicidade e da celeridade, embora se exija algo equivalente (boletim médico ou prova equivalente) para demonstração técnica da materialidade da infração penal.

Haveria propriamente uma exceção ao que estabelece o art. 158 do CPP, caso se admitisse que declarações suprissem por completo a prova técnica sobre a materialidade do delito. Não é o caso. Para excepcionar a exigência de prova técnica (laudo) ou equivalente (nos termos da Lei n. 9.099), é preciso que o caso atraia a incidência do art. 167 do CPP, quando este autoriza que a prova oral supra a ausência da prova técnica apenas "por haverem desaparecido os vestígios da infração".

Uma vez que o critério da simplicidade orienta todo o procedimento sumaríssimo, a ausência dessa simplicidade na aferição da infração penal, ainda que seja ela de menor potencial ofensivo, torna seu processamento no JECRIM tarefa inviável. Atento a isso, o legislador expressamente autoriza o deslocamento da competência do JECRIM para o juízo criminal singular se o caso guardar complexidade tal a ponto de tornar sua persecução, nos termos do procedimento sumaríssimo, dificultosa ou mesmo inviável. Tem-se, pois, a extensão da norma autorizativa do deslocamento da competência também para os casos de maior complexidade do feito, nos termos do § 2.º do art. 77 da Lei n. 9.099.

Não há regras previamente estabelecidas para a aferição dessa complexidade. Trata-se de decisão a ser estabelecida caso a caso, isto é, que considere as peculiaridades, o contexto e, enfim, a situação concretamente ofertada no termo circunstanciado, para que se tenha o deslocamento da competência. Mesmo a prévia instauração de inquérito policial, no lugar do termo circunstanciado, não torna o deslocamento da competência, só por isso, obrigatório. A decisão de deslocamento depende da aferição do juízo a respeito do prejuízo ao procedimento sumaríssimo – à luz dos seus critérios orientadores – por força de eventual complexidade da causa. O STF, por sua Primeira Turma, já teve oportunidade de destacar que "O reconhecimento de complexidade da matéria não significa, necessariamente, submissão ao rito ordinário, notadamente quando o Juiz afirma que a controvérsia pode ser dirimida no rito estabelecido pela Lei n. 9.099/95" (HC 86.049, Rel. Min. Eros Grau, julgado em 27/9/2005, Ementário 2.211/258). De qualquer modo, como já destacamos no comentário ao art. 60, o eventual deslocamento da competência para o juízo criminal singular não afastará a incidência dos institutos despenalizantes da composição dos danos civis e, especialmente, da transação penal.

Art. 78. Oferecida a denúncia ou queixa, será reduzida a termo, entregando-se cópia ao acusado, que com ela ficará citado e imediatamente cientificado da designação de dia e hora para a audiência de instrução e julgamento, da qual também tomarão ciência o Ministério Público, o ofendido, o responsável civil e seus advogados.

§ 1º Se o acusado não estiver presente, será citado na forma dos arts. 66 e 68 desta Lei e cientificado da data da audiência de instrução e julgamento, devendo a ela trazer suas testemunhas ou apresentar requerimento para intimação, no mínimo cinco dias antes de sua realização.

§ 2º Não estando presentes o ofendido e o responsável civil, serão intimados nos termos do art. 67 desta Lei para comparecerem à audiência de instrução e julgamento.

§ 3º As testemunhas arroladas serão intimadas na forma prevista no art. 67 desta Lei.

Quando a ação penal é ofertada oralmente na própria audiência, ela é reduzida a termo na mesma assentada. O denunciado ou querelado, então, recebe cópia da ata da audiência, na qual consta os termos formalizados da acusação. Essa comunicação realizada *in faciem*, isto é, pessoal e diretamente ao autor do fato na própria audiência vale justamente como citação. Como sabido, a citação é o ato processual por meio do qual se dá ciência ao acusado da imputação formalizada que pesa contra ele e, em especial, dá-se oportunidade a ele para que exercite a sua defesa (indisponível).

Tão logo seja deduzida oralmente a ação penal, o Juiz já designa data para a audiência em que serão realizadas a admissibilidade dessa acusação, a instrução do feito e o julgamento da causa. Assim, a citação do autor do fato (doravante denominado "acusado") já traz para ele a data para se apresentar ao juízo na assentada que, espera-se, solucionará a questão ali deduzida. Rememore-se que o autor do fato, a quem não se impôs a prisão em flagrante, está compromissado a comparecer a todos os atos processuais a que for chamado (nos termos do art. 69 da Lei n. 9.099). Mais do que isso, o autor do fato denunciado ou querelado fica desde logo ciente de que deverá comparecer acompanhado das pessoas que se prestarão como testemunhas defensivas. Caso a intimação (*rectius*, notificação) dessas pessoas se faça necessária, para assegurar o comparecimento na audiência, o acusado deverá promover a intimação delas. Essa "promoção" é entendida como o pedido a que o juízo as notifique para comparecerem à audiência. É de incumbência do acusado fornecer o endereço ou os meios pelos quais essas pessoas serão contactadas.

O número de testemunhas no procedimento sumaríssimo é de, no máximo, 5 (cinco). São as chamadas testemunhas numerárias, isto é, aquelas pessoas indicadas pelas partes para serem ouvidas na qualidade de testemunha em juízo. Nesse número não são contabilizados o próprio ofendido ou mesmo as testemunhas cuja oitiva se der por determinação do juízo (nos termos do art. 209 do CPP). Além disso, as testemunhas numerárias são assim contabilizadas em consideração a cada um dos fatos imputados ao acusado. Assim, se imputados dois fatos ao acusado, o número de cinco testemunhas deverá ser considerado como limite a cada um desses fatos.

É preciso, igualmente, assegurar a presença do ofendido e do responsável civil do acusado, se o caso, na audiência de instrução e julgamento. Isso porque são diversas as possibilidades que poderão implicar a reparação dos danos ao ofendido (que é um dos objetivos do procedimento sumaríssimo, nunca é demais recordar) na própria audiência: seja na renovação da oportunidade de composição, seja na eventual possibilidade de suspensão condicional do processo. Acrescente-se que a sentença condenatória, por força do que hoje estabelece a redação do art. 387, inciso IV, do CPP, poderá fixar o dever de indenizar materialmente o ofendido. Por isso, a exigência de presença do responsável civil do autor do fato nas assentadas que poderão resolver o caso.

Essa notificação do ofendido e do responsável civil para comparecimento à audiência, nos termos do que estabelece o art. 67, observará livre forma: comunicação telefônica, telemática, correspondência, etc. O importante é que a finalidade da comunicação processual seja atendida, livre da exigência de formalidade ou de estrita comunicação via mandado cumprido por oficial de justiça.

Também as testemunhas numerárias serão notificadas com liberdade de forma. Assegurada a realização da comunicação, qualquer seja o meio da comunicação, será ela válida para assegurar o dever da testemunha de comparecer e ser ouvida sobre o fato imputado ao acusado, nos estritos termos do art. 206 do CPP (em especial, a primeira parte do preceito legal).

> **Art. 79.** No dia e hora designados para a audiência de instrução e julgamento, se na fase preliminar não tiver havido possibilidade de tentativa de conciliação e de oferecimento de proposta pelo Ministério Público, proceder-se-á nos termos dos arts. 72, 73, 74 e 75 desta Lei.

Na abertura da audiência de instrução e julgamento, própria do que se chama de "fase litigiosa" do procedimento sumaríssimo, há a possibilidade de *renovação* da fase conciliatória do procedimento. Estabelece o art. 79 que, se por qualquer razão, não tiver se procedido à fase conciliatória, o juiz, na abertura da assentada, poderá questionar o autor do fato, ofendido e, seguidamente, o Ministério Público, sobre a possibilidade de composição dos danos civis e, se o caso, transação penal.

Há um ponto importante: a previsão do art. 79 não significa que a renovação do procedimento conciliatório é medida de rigor ou sempre inafastável por ocasião da abertura da audiência de instrução. Trata-se de previsão que prestigia justamente os objetivos do Juizado Especial Criminal: reparação dos danos do ofendido e medidas despenalizantes. Por isso, se por qualquer razão a fase de conciliatória não foi observada, autoriza-se a renovação, ainda que simplificada, logo na abertura da audiência de instrução. Não quer isso dizer que essa renovação seja uma etapa necessária da audiência. A necessidade de renovação da possibilidade de conciliação só surge se não houve possibilidade de realizá-la anteriormente. Tal situação é bem diversa daquela em que, promovida a fase conciliatória, as partes não se compuseram ou, a respeito da transação penal, não foi ela ofertada justificadamente pelo *dominus litis* ou foi a proposta recusada pelo autor do fato. Assim, a renovação só se mostra medida de rigor, repita-se, quando por qualquer razão não houve oportunidade para a conciliação anterior.

A previsão do art. 79 assume fundamental importância quando se coteja a sua previsão com o que autoriza o art. 61, parágrafo único da Lei n. 9.099: a incidência dos institutos despenalizantes do JECRIM em feitos que não sejam processados no JECRIM. Explica-se: os institutos da composição dos danos civis e da transação penal são aplicáveis mesmo perante o juízo criminal singular (ou, imagine-se, nos procedimentos dos crimes de competência originária dos Tribunais nos casos de foro por prerrogativa de função). Em casos assim, não há propriamente um momento procedimental para a realização dessa fase conciliatória. O procedimento comum não prevê a realização de uma audiência previamente ao juízo de admissibilidade da ação penal. Mesmo em procedimentos especiais que observam contraditório prévio ao juízo de admissibilidade da ação penal (Lei de Drogas, Lei n. 8.038, art. 514 do CPP), esse exame não se dá numa audiência específica. Assim, nesses casos, como materializar a oportunidade a que autor do fato e ofendido componham os danos civis? Ou mesmo como permitir a manifestação sobre o cabimento de transação penal e eventual manifestação do autor do fato (e de seu advogado) sobre os termos da proposta e eventual aceitação?

O art. 79, em situações assim, funciona como mecanismo de extensão e solução. Isso porque, mesmo fora da audiência especialmente prevista para tanto, ele autoriza que se proceda à incidência desses institutos: basta que tal possibilidade seja exercitada **antes** do juízo de admissibilidade da ação penal. Afinal, depois de admitida a ação penal e formalmente instaurado o processo-crime, não há mais falar em composição dos danos civis com aptidão de provocar renúncia ao direito de queixa ou representação ou mesmo em transação penal.

Desse modo, muito por força do art. 79, permite-se que seja designada audiência previamente ao juízo de admissibilidade da ação penal em procedimentos que, em regra, não demandam tal audiência. A oportunidade dessa assentada dirige-se exatamente para permitir a incidência dos institutos próprios da fase conciliatória, cuja aplicação pode se dar inclusive fora do JECRIM: a composição dos danos civis e a transação penal.

> **Art. 80.** Nenhum ato será adiado, determinando o Juiz, quando imprescindível, a condução coercitiva de quem deva comparecer.

O art. 80 autoriza a possibilidade de condução coercitiva daqueles que estão obrigados a comparecer à audiência de instrução e julgamento. A previsão destaca a preocupação com a celeridade do procedimento sumaríssimo: deve-se evitar o adiamento dos atos processuais, para que o procedimento não se veja frustrado no tempo. A previsão de condução coercitiva encontra-se difundida em diversos artigos do CPP. Porém, ao fixá-la também na Lei n. 9.099, o legislador destaca a importância de que seja observada a concentração dos atos processuais, que é corolário dos mais relevantes da adoção da oralidade no procedimento sumaríssimo.

Art. 81. Aberta a audiência, será dada a palavra ao defensor para responder à acusação, após o que o Juiz receberá, ou não, a denúncia ou queixa; havendo recebimento, serão ouvidas a vítima e as testemunhas de acusação e defesa, interrogando-se a seguir o acusado, se presente, passando-se imediatamente aos debates orais e à prolação da sentença.

§ 1º Todas as provas serão produzidas na audiência de instrução e julgamento, podendo o Juiz limitar ou excluir as que considerar excessivas, impertinentes ou protelatórias.

§ 2º De todo o ocorrido na audiência será lavrado termo, assinado pelo Juiz e pelas partes, contendo breve resumo dos fatos relevantes ocorridos em audiência e a sentença.

§ 3º A sentença, dispensado o relatório, mencionará os elementos de convicção do Juiz.

Aberta a audiência de instrução e julgamento, após a (eventual) renovação do procedimento conciliatório mencionado no art. 79, a primeira providência da assentada refere-se ao contraditório prévio ao recebimento da ação penal. Oportuniza-se a manifestação da defesa antes do juízo de admissibilidade da ação penal.

Tal manifestação, portanto, tem por objetivo justamente a rejeição da ação penal e, em regra, se dirigirá a indicar a incidência, na espécie, de uma das causas de rejeição da ação penal tal como estabelecidas nos incisos do art. 395 do CPP. A ação penal será rejeitada quando (i) ela for inepta, isto é, quando ela não atender aos requisitos do art. 41 do CPP, (ii) faltar um dos pressupostos ou uma das condições para o exercício do direito de ação em juízo ou (iii) não houver justa causa para a instauração de processo-crime em desfavor do denunciado ou querelado.

Como ocorre no processo penal em geral, o juízo de admissibilidade é orientado em favor da judicialização da questão ali posta, de modo que, na dúvida quanto à presença de pressupostos ou condições para o exercício da ação penal ou mesmo quanto à materialidade da infração penal e os elementos informativos que indicam sua possível autoria, o juiz receberá a ação penal para que possa, sob o crivo do contraditório e observando a gestão da prova precipuamente exercitada pelas partes, formar seu convencimento. A dúvida, pois, milita em favor da instauração da persecução penal também no procedimento sumaríssimo.

A Lei n. 9.099 não fornece maiores detalhes sobre o modo pelo qual a manifestação defensiva se dará. E tal detalhamento, reconheça-se, realmente não se mostra necessário. No entanto, tomando por baliza a manifestação as alegações finais orais, que no procedimento comum ordinário tomam a previsão de 20 minutos (art. 403, *caput*, do CPP), tem-se aí uma boa base para a consideração dessa manifestação. De relevante, vale anotar que os critérios que orientam o procedimento sumaríssimo igualmente deverão dirigir a atuação processual das partes. Assim, esperam-se manifestações informadas pela simplicidade, pela economia, pela informalidade e pela celeridade.

Embora todo o procedimento – máxime a audiência – seja orientado pela oralidade, a Lei n. 9.099 determina expressamente que haja registro por escrito do ocorrido em audiência, por meio de termo próprio, que será assinado pelo juiz e pelas partes. De qualquer modo, veja-se que também esse termo é informado pelos critérios do sumaríssimo. Assim, basta que o termo contenha resumidamente o ocorrido na assentada, pois os atos de modo mais detalhado serão objeto de registro em mídia. Para um retrato fiel do ocorrido na audiência, então, especialmente quanto às provas a serem ali produzidas, o acervo para consulta será mesmo o registro audiovisual, pois a ata da assentada tratará apenas o resumo do ocorrido.

A sentença, que se espera seja proferida na própria audiência, fica dispensada dos rigores do que estabelece o art. 381 do CPP. Estabelece este artigo legal que a sentença conterá: "I – os nomes das partes ou, quando não possível, as indicações necessárias para identificá-las; II – a exposição sucinta da acusação e da defesa; III – a indicação dos motivos de fato e de direito em que se fundar a decisão; IV – a indicação dos artigos de lei aplicados; V – o dispositivo; VI – a data e a assinatura do juiz". No procedimento sumaríssimo, não se exigirá da sentença a exposição de relatório do que ocorreu no processo, ou seja, fica a sentença ali proferida dispensada de indicar o que estabelecem os incisos I e II do art. 381 do CPP. Deveras, não há sentido que um procedimento orientado pela simplicidade e pela economia exija do julgador a formalização e registro da narrativa processual que, se observado o procedimento na sua estrita dicção legal, acabou de ocorrer exatamente em frente ao juiz prolator da sentença.

É certo que o procedimento sumaríssimo deve se orientar pelos critérios da simplicidade, da oralidade, da economia processual e da celeridade, como já repetimos exaustivamente, nos termos do art. 62 da Lei n. 9.099. No entanto, a fundamentação da sentença é requisito próprio que deriva de comando constitucional, exatamente o inciso IX do art. 93 da Constituição Federal. Tal advertência se presta a indicar que, ainda que os atos do JECRIM guardem maior simplicidade, a fundamentação da sentença observa o mesmo rigor de apreciação e motivação concreta, contextualizada e calcada na prova dos autos, que toda e qualquer sentença criminal ostenta. É dizer: a simplicidade do JECRIM não torna o ato decisório menos fundamentado ou de menor rigor na justificativa das razões pelas quais o julgador se convenceu da procedência ou improcedência do pedido condenatório.

Recebida a ação penal pelo juiz, que o fará fundamentadamente, ainda que mencione sucintamente as razões que o levam a instaurar o processo-crime, a ordem dos trabalhos é assemelhada ao que estabelecido no CPP para o procedimento comum ordinário e sumário. Vale lembrar: o regramento dos procedimentos ordinário e sumário foram estabelecidos na reforma havida no CPP em 2008. Por conseguinte, o desenho procedimental estabelecido no CPP, permite-se afirmar, foi buscar inspiração no que já estabelecia o procedimento sumaríssimo desde 1995. Aliás, essa ordem de trabalhos melhor conforma a oralidade no processo penal e, verdadeiramente, concretiza o processo penal de cariz acusatório estabelecido na Constituição Federal de 1988.

Assim, instaurado o processo-crime, os atos de instrução processual em audiência se dão inicialmente com a oitiva do ofendido, nos termos do art. 201 do CPP. Na sequência, serão ouvidas as testemunhas arroladas na peça acusatória e, depois, as testemunhas defensivas. Somente após a oitiva das testemunhas é que se procederá ao interrogatório do acusado.

As disposições que asseguram à vítima o direito de ser comunicada dos atos relativos a eventual prisão e soltura do acusado (providência dificilmente verificável nos crimes de menor potencial ofensivo, vale dizer), sentença e decisões proferidas em sede recursal quanto ao acusado são igualmente de observância obrigatória no JECRIM. Deve-se observar, igualmente, o cuidado para que o ofendido aguarde o ato processual e também acompanhe a audiência em espaço próprio, reservado. Também o juiz, no sumaríssimo, cuidará para que a vítima seja encaminhada, se o caso, "para atendimento multidisciplinar, especialmente nas áreas psicossocial, de assistência jurídica e de saúde, a expensas do ofensor ou do Estado", nos termos do § 5.º do art. 201 do CPP. Além disso, ainda que se cuide de crime de menor potencial ofensivo, há de se ter em conta a necessidade de preservação da intimidade, vida privada, honra e imagem do ofendido. Assim, o juiz dispõe não só da possibilidade de limitar a publicidade da audiência, mas também limitar o acesso a informações constantes dos autos, justamente para a preservação dos interesses da vítima. As disposições de caráter protetivo da vítima, pois, guardam inteira aplicação no JECRIM. Aliás, com até maior preocupação, dado que o objetivo expresso do sumaríssimo é a atenção com a vítima.

Embora todos os atos da audiência se deem de modo concentrado, é importante destacar a necessidade de se assegurar ao acusado a observância de todas as disposições do CPP que lhe garantam o exercício da autodefesa. Nessa linha de pensamento, então, deve o juiz perquirir do acusado se teve oportunidade de se entrevistar prévia e reservadamente com seu defensor antes do interrogatório. E, se o caso, deve o juiz assegurar ao acusado o exercício dessa entrevista antes do interrogatório. Nos termos do CPP, o interrogatório guardará duas partes. A primeira, dirigida à identificação do acusado e às suas informações de caráter pessoal. A segunda, própria daquilo que interessa à imputação penal que é deduzida contra ele. É nessa segunda parte do interrogatório que o acusado, devidamente advertido e orientado quanto ao exercício do direito ao silêncio, terá a oportunidade de se calar ou, assim querendo, dar sua própria versão para o fato que lhe é imputado em juízo.

A natureza mista do interrogatório, que autoriza tomá-lo como meio de prova e predominantemente como meio de defesa, igualmente se mostra presente no procedimento sumaríssimo. Dado que o acusado só é chamado a formalizar sua própria versão para o fato que lhe é imputado à luz de todo o arcabouço probatório produzido, ele poderá melhor aquilatar como proceder em favor de sua própria defesa. O interrogatório, claro, deverá ser objeto de consideração e valoração do juiz para formação de seu convencimento sobre a pretensão acusatório ali exercida na ação penal, mas o silêncio do acusado não poderá ser considerado prejudicialmente ao próprio acusado. A vedação de consideração do silêncio, contudo, não implica um vetor de direcionamento na valoração do interrogatório. O juiz é livre para bem considerá-lo, motivadamente, para a formação de seu convencimento. Por isso, se sobreleva a natureza de meio de defesa do interrogatório quanto ao momento de seu exercício e quanto à possibilidade de se valer do silêncio, ainda resta presente sua força de elemento probante, dado que o juiz o considerará contextualizando-o e o cotejando em face de todo o conjunto probatório produzido no curso do processo.

Colhido o interrogatório, passa-se imediatamente para os debates orais. Neles, que materializam a manifestação derradeira das partes antes da sentença, as partes oralmente dizem sobre o trâmite processual e, enfim, cotejam a imputação deduzida em desfavor do acusado com o conjunto probatório produzido no curso do processo. É o momento oportuno para alegação de eventuais nulidades que tenham ocorrido no curso do processo, ainda que a arguição tenha se dado igualmente no próprio momento em que ocorrida a nulidade na audiência. Incidem, pois, também no procedimento sumaríssimo, as disposições do art. 571 do CPP, que estabelecem que as nulidades devem ser arguidas pelas partes no momento em que ocorrem na audiência e também nas alegações finais.

A Lei n. 9.099 não estabeleceu tempo para esses debates orais. Embora se cuide de disposição legal posterior à Lei n. 9.099, o art. 403 do CPP pode ser aqui tomado como preceito de intepretação extensiva. Diz o CPP, quando se refere ao procedimento comum ordinário, que as partes dispõem de 20 minutos para os debates orais, prorrogáveis por até mais 10 minutos.

Trata-se de baliza importante para solucionar eventual esgotamento do tempo para manifestação oral das partes antes da sentença.

Questão relevante que pode se apresentar no procedimento sumaríssimo diz respeito à eventual necessidade de diligências a serem realizadas antes da sentença a ser proferida. O procedimento sumaríssimo não traz, expressamente, uma disposição como aquela veiculada no art. 402 do CPP, própria do procedimento comum ordinário. Nos termos do art. 402 do CPP, "Produzidas as provas, ao final da audiência, o Ministério Público, o querelante e o assistente e, a seguir, o acusado poderão requerer diligências cuja necessidade se origine de circunstâncias ou fatos apurados na instrução".

Diante do silêncio da Lei n. 9.099, há um ponto claro: não há necessidade de que o juiz oportunize manifestação das partes sobre eventuais requerimentos probatórios antes dos debates orais. Se houver a necessidade de diligências, estas só serão realizadas se imprescindíveis à formação do convencimento do julgador e, nos termos do que dispõe o já mencionado art. 402 do CPP, as partes deverão demonstrar que a necessidade de essa produção probatória se origine de circunstância ou fato surgido no curso da instrução.

A previsão inserta no art. 402 do CPP é oportunidade que, ao mesmo tempo, autoriza o esclarecimento de circunstância ou fato relevante ao processo e conforma a ideia de que muitas vezes essa circunstância ou fato a ser esclarecido possa ter surgido apenas no curso da própria instrução. No entanto, é importante frisar, não se trata de uma renovação da fase postulatória do processo, isto é, não se cuida de uma "segunda oportunidade" às partes para que requeiram provas. A oportunidade de diligências probatórias já foi exercida: ao Ministério Público ou querelante, por ocasião do oferecimento da ação penal; à defesa, por ocasião dos requerimentos probatórios que deverão anteceder a audiência de instrução e julgamento. Caso contrário, se a possibilidade de diligências a serem realizadas após a colheita da prova oral não guardar caráter de excepcionalidade, vulnera-se a própria concentração dos atos em uma única audiência, que é um comando derivado da adoção da oralidade para o procedimento comum (ordinário, sumário e sumaríssimo).

Assim, a possibilidade de realização de diligências após o interrogatório do acusado deve realmente guardar caráter de excepcionalidade. E essa excepcionalidade é justamente informada pela necessidade de que circunstância ou fato surgido no curso da instrução seja devidamente apurado antes da manifestação derradeira das partes e subsequente prolação da sentença pelo juiz. O silêncio da Lei n. 9.099 reforça o caráter de excepcionalidade que esse requerimento de diligências assume. Seu deferimento, pois, guarda vinculação com a imprescindibilidade de esclarecimento para que a causa seja decidida pelo julgador. Para além da necessidade, é preciso também que tal pleito de diligências observe a cláusula inserta na parte final do art. 402 do CPP ("... cuja necessidade se origine de circunstâncias ou fatos apurados na instrução").

Art. 82. Da decisão de rejeição da denúncia ou queixa e da sentença caberá apelação, que poderá ser julgada por turma composta de três Juízes em exercício no primeiro grau de jurisdição, reunidos na sede do Juizado.

§ 1º A apelação será interposta no prazo de dez dias, contados da ciência da sentença pelo Ministério Público, pelo réu e seu defensor, por petição escrita, da qual constarão as razões e o pedido do recorrente.

§ 2º O recorrido será intimado para oferecer resposta escrita no prazo de dez dias.

§ 3º As partes poderão requerer a transcrição da gravação da fita magnética a que alude o

§ 3º do art. 65 desta Lei.

§ 4º As partes serão intimadas da data da sessão de julgamento pela imprensa.

§ 5º Se a sentença for confirmada pelos próprios fundamentos, a súmula do julgamento servirá de acórdão.

O sistema recursal do JECRIM é substancialmente mais simples que o estabelecido para os demais procedimentos penais. Há a previsão expressa de apenas duas espécies recursais: o recurso de apelação e os embargos de declaração.

O recurso de apelação, nos termos do que dispõe o CPP, é o principal recurso de toda a sistemática processual penal do direito pátrio. É recurso de ampla devolução da matéria ao Tribunal e não guarda efeito iterativo, isto é, não admite juízo de retratação do órgão prolator da decisão recorrida. Na sistemática do JECRIM, o recurso de apelação pode ser manejado nas seguintes situações: contra a decisão que rejeita a ação penal, contra a decisão que homologa a transação, contra a sentença que condena ou absolve o acusado, contra a decisão que, por qualquer outra razão, extinguir a punibilidade do fato.

O prazo recursal no procedimento sumaríssimo difere da sistemática recursal estabelecida no CPP. Neste, a parte é chamada a interpor o recurso num primeiro momento e, só depois, apresentar as respectivas razões. Na sistemática do CPP, é o termo de interposição do recurso que permite a aferição de sua tempestividade. Já na Lei n. 9.099, a sistemática recursal reproduz a tradicional formulação recursal do Direito Processual Civil, ou seja, há um único momento para a parte deduzir sua irresignação, apresentando desde logo a irresignação e as respectivas razões.

O prazo, igualmente, para a interposição do recurso no procedimento sumaríssimo é distinto daquele estabelecido no CPP. Ao passo que o recurso de apelação na sistemática do CPP observa o prazo de 5 dias para sua apresentação e 8 dias para a oferta das respectivas razões, na Lei n. 9.099 temos um prazo único para o recurso e suas razões – 10 dias.

A forma de contagem é a mesma do CPP, isto é, observa o regime estabelecido no art. 798 do CPP: prazos correm em cartório, são contínuos e peremptórios, não se interrompem por férias, domingo ou feriado. Não se computa o dia do começo e considera-se incluído no prazo o dia do vencimento. Caindo em dia que não tenha expediente forense, o prazo é prorrogado para o dia útil imediato. No processo penal, vale lembrar, os prazos são contados da efetivação da comunicação, e não da formalização ou documentação dessa comunicação nos autos.

Vale destacar, neste ponto, que a recente alteração da Lei n. 9.099 pela Lei n. 13.728, de 31 de outubro de 2018, não implicou qualquer alteração no cômputo dos prazos processuais *penais*. Com efeito, a Lei n. 13.728 incluiu o art. 12-A na Lei n. 9.099, cujo texto é o seguinte: "Na contagem de prazo em dias, estabelecido por lei ou pelo juiz, para a prática de qualquer ato processual, inclusive para a interposição de recursos, computar-se-ão somente os dias úteis".

Essa alteração, vale dizer, conforma a contagem dos prazos processuais cíveis da Lei n. 9.099 ao que dispõe o Código de Processo Civil de 2015, especialmente no seu art. 219, que preceitua que "Na contagem de prazo em dias, estabelecido por lei ou pelo juiz, computar-se-ão somente os dias úteis" (*caput*), além de destacar que "O disposto neste artigo aplica-se somente aos prazos processuais" (parágrafo único).

A alteração, contudo, não se projeta à contagem dos prazos processuais penais. Tal raciocínio ampara-se na previsão expressamente veiculada no Código de Processo Penal. De fato, o

CPP expressamente determina, no livro próprio que cuida dos procedimentos, que as previsões veiculadas no CPP projetam-se inclusive aos procedimentos previstos em leis esparsas, como é o caso do procedimento sumaríssimo. Cuida-se justamente da previsão inserta no § 5.º do art. 394 do CPP: "Aplicam-se subsidiariamente aos procedimentos especial, sumário e sumaríssimo as disposições do procedimento ordinário".

Como acréscimo a esse raciocínio, vale destacar, deve ter em conta que o procedimento sumaríssimo é espécie do gênero "procedimento comum" (art. 394, § 1.º, inciso III, do CPP), o que, mais uma vez, corrobora a compreensão de que o diploma legal de exegese sobre a contagem dos prazos da Lei n. 9.099 deve ser efetivamente o CPP, e não as disposições que cuidam do Juizado Especial Cível. Assim, a forma de contagem dos prazos processuais da Lei n. 9.099 é mesmo aquela estabelecida no art. 798 do CPP, sem que a alteração promovida pela Lei n. 13.728/2018 tenha qualquer efeito nessa conclusão.

A parte recorrida disporá de igual prazo – 10 dias – para oferta das contrarrazões. Vale lembrar que, em se tratando de recurso contrário à defesa, a oferta de contrarrazões mostra-se imprescindível. Desse modo, caso o defensor do acusado não oferte as contrarrazões, o juiz deverá possibilitar ao acusado que constitua outro patrono ou, sucessivamente, nomear defensor dativo para que as ofereça.

O recurso de apelação no JECRIM, pois, é recurso de ampla devolução e, não havendo limitações pela parte recorrente do que se devolverá à turma recursal, o âmbito de cognição recursal será o mais amplo possível.

O § 3.º do art. 65 da Lei n. 9.099 permite que a parte requeira a degravação do registro audiovisual dos atos processuais. Ao tempo da edição da Lei, em 1995, tal cautela se justificava. Afinal, o registro audiovisual dos atos em audiência se apresentava como medida inovadora e, em rigor, até mesmo o uso dos instrumentos para tanto ainda não se mostrava devidamente confiável. Era uma inovação na arraigada cultura processual brasileira de formalidade e escritura de todos os atos processuais.

Passadas mais de duas décadas de JECRIM, tomando-se em consideração as alterações que se sucederam da legislação processual como um todo, tal providência não mais se revela atual ou mesmo necessária. Quando menciona o procedimento comum ordinário, o legislador, por força da reforma operada em 2008, estabeleceu expressamente que o registro dos atos em audiência se daria minimamente por escrito e, em regra, por registro audiovisual que assegure fidelidade ao que ali produzido. O § 2.º do art. 405 do CPP é claro: "No caso de registro por meio audiovisual, será encaminhado às partes cópia do registro original, sem necessidade de transcrição". É dizer: o legislador estabeleceu a desnecessidade da degravação como regra. Excepcionalmente, pois, deve-se proceder ao registro por escrito (degravação) do que ocorrido na audiência do procedimento comum.

Quando menciona o procedimento especial dos crimes dolosos contra a vida, o legislador teve o cuidado de autorizar a degravação. Trata-se da disposição inserta no art. 475, parágrafo único, do CPP. No entanto, é bom destacar, tal cuidado se limitou ao que produzido no *judicium causae*, isto é, no Plenário do Tribunal do Júri. Faz sentido: muitas vezes, a aferição dos argumentos deduzidos pelas partes sobre eventual nulidade ou consideração de tese acusatória ou defensiva pelo jurado depende justamente do que falado, discutido ou mencionado no curso do plenário do júri. No entanto, de resto, há a prevalência da regra geral estabelecida para o procedimento comum, isto é, desnecessidade de formalização por escrito do que registrado em meio audiovisual.

Embora a Lei n. 9.099 guarde especialidade em face do que dispõe o CPP, nesse particular ao menos, não há como deixar de reconhecer que a disposição veiculada no CPP deve orientar a exegese do que estabelece o § 3.º do art. 65 da Lei n. 9.099. Ora, se o procedimento comum, ordinário e sumário, autoriza o registro dos atos em meio audiovisual e torna despicienda a transcrição do que ali ocorrido (degravação), por que razão se proceder à degravação num procedimento ainda mais orientado pela oralidade, pela simplicidade e, especialmente, pela economia processual.

Não se quer dizer com isso que o CPP, nesse ponto, tenha derrogado a disposição da Lei n. 9.099. No entanto, a sucessão de leis no tempo a respeito do tema "procedimento comum" – rememore-se que o procedimento sumaríssimo é espécie do procedimento comum estabelecido no CPP – parece guardar influência e diretriz interpretativa a respeito da degravação do que ocorrido na assentada judicial. A degravação do que ocorrido na audiência do procedimento sumaríssimo, portanto, mostra-se possível, como autoriza o § 3.º do art. 82, mas essa degravação deve guardar justificativa de extrema necessidade. Afinal, o próprio § 3.º do art. 83 faz referência ao § 3.º do art. 65 e ali encontramos também a concepção de que somente o que seja estritamente necessário deverá guardar registro escrito formalizado.

Assim, tem-se que as disposições do CPP, nomeadamente aquelas estabelecidas pela reforma de 2008, orientam e robustecem uma interpretação *restritiva* sobre a possibilidade de degravação dos atos que tenham sido registrados em meio audiovisual. É dizer: a parte, para pleitear a degravação, deverá indicar a necessidade de que o ato seja objeto de registro formalizado por escrito. É essa a interpretação que conforma a possibilidade de degravação com o que estabelecem a primeira parte do § 3.º do art. 65 da Lei 9.099 e a disposição do CPP acerca do procedimento comum (art. 405, § 2.º).

Já o § 3.º do art. 82 traz importante disposição sobre a comunicação dos atos processuais no JECRIM: ele determina que as partes serão intimadas da data de sessão do julgamento da apelação na turma recursal pela imprensa.

O CPP estabelece regime próprio para a comunicação dos atos processuais. O Ministério Público, por disposição específica de suas leis de regência (Lei Complementar n. 75/1993 e Lei n. 8.625/1993 –, e a Defensoria Pública – por força da Lei Complementar n. 80/1994 – gozam da prerrogativa de intimação pessoal com vista dos autos em todos os feitos que atuam.

A Lei n. 9.099, contudo, possui caráter de especialidade e, por isso, entende-se que a sua previsão de que a intimação se dê pela imprensa da data da sessão de julgamento alcança até mesmo o Ministério Público e a Defensoria Pública, a despeito das previsões legais que versam sobre as prerrogativas institucionais. A questão foi resolvida pelo STF, em seu Pleno, quando do julgamento do HC 76.915, de relatoria do Min. Marco Aurélio, em 17/6/1998. Estabeleceu o STF nesse julgamento: "O critério da especialidade é conducente a concluir-se pela inaplicabilidade, nos juizados especiais, da intimação pessoal prevista nos artigos 370, § 4º, do Código de Processo Penal (com redação dada pelo artigo 1º da Lei nº 9.271, de 17 de abril de 1996) e 5º, § 5º, da Lei nº 1.060/50 (com a redação introduzida pela Lei nº 7.871/89)." Desde então, entende-se que essa intimação pela imprensa é mesmo a regra, independentemente da presença do Ministério Público, da Defensoria Pública ou de defensor dativo nos autos.

Se a previsão de intimação pessoal com vista dos autos é afastada para os casos de atuação da Defensoria Pública no JECRIM, o mesmo não se pode dizer quanto à prerrogativa da contagem em dobro de seus prazos. O defensor público disporá da contagem dos prazos processuais em dobro por força da prerrogativa legal estabelecida na já mencionada Lei Complementar 80/1994.

Já o defensor dativo, em que pese a redação expressa do § 5.º do art. 5º da Lei n. 1.060/1950, não dispõe da prerrogativa de contagem em dobro dos prazos, porque, na dicção do STJ, "por não integrar o quadro estatal de assistência judiciária; usufrui apenas da intimação pessoal" (6.ª Turma, AgRg no AREsp 947.520, Rel. Min. Rogerio Schietti Cruz, julgado em 13/12/2016, DJe de 19/12/2016 – em igual sentido, 5.ª Turma, AgRg no AREsp 880.892, Rel. Min. Ribeiro Dantas, julgado em 6/12/2016, DJe de 12/12/2016). A prerrogativa do prazo em dobro, portanto, depende da vinculação a serviço público de assistência judiciária. Tal previsão mostra-se relevante, porque acaba alcançando os Núcleos de Prática Jurídica e outros serviços que prestam assistência judiciária sem prejuízo da atuação institucional da Defensoria Pública.

O § 5.º do art. 82, atento à simplicidade e à economia processual, dispensa a turma recursal do JECRIM de acrescer fundamentos à sentença que seja simplesmente "confirmada", isto é, quando o julgamento da apelação ensejar a afirmação de que a decisão lançada em primeira instância se mostra correta e sem necessidade de reparos ou acréscimos. É certo que há crítica técnica quanto ao uso da expressão "confirmada", para designar o julgamento do colegiado que afirma acertada a decisão recorrida. Afinal, se conhecido o recurso, a decisão proferida pelo colegiado passa a substituir aquela recorrida, razão pela qual não se trata propriamente de uma "confirmação", mas da afirmação de uma decisão, agora proferida pelo órgão recursal, ainda que de idêntico conteúdo.

No entanto, considerada a praxe forense, que consagrou a utilização da expressão "confirmação", naqueles casos em que admitido e conhecido o recurso, mas desprovido, não haveria razão para desprestigiar essa compreensão. Ao revés, ela se presta justamente para autorizar que o julgamento do colegiado, que se materializa num acórdão, não traga necessariamente acréscimos se a decisão proferida foi de reconhecimento do acerto da decisão atacada. Assim, em lugar do registro escrito dos votos proferidos pela turma recursal, a súmula do julgamento, que é a síntese do que ali lançado, com os nomes e indicações dos presentes e suas respectivas posições, se prestará como acórdão do julgamento.

A decisão, então, proferida pela turma recursal será composta da própria sentença recorrida e da súmula do julgamento dela turma recursal.

Art. 83. Cabem embargos de declaração quando, em sentença ou acórdão, houver obscuridade, contradição ou omissão.

§ 1º Os embargos de declaração serão opostos por escrito ou oralmente, no prazo de cinco dias, contados da ciência da decisão.

§ 2º Os embargos de declaração interrompem o prazo para a interposição de recurso.

§ 3º Os erros materiais podem ser corrigidos de ofício.

Além do recurso de apelação, o procedimento sumaríssimo autoriza o manejo dos embargos declaratórios. Estes são recurso de efeito iterativo, isto é, que devolve a apreciação da matéria ao próprio órgão prolator da decisão atacada, naqueles casos em que a decisão recorrida ostente omissão, contradição ou obscuridade. Entende-se por omissão a ausência de enfrentamento na decisão de questão ou tema por si capaz de afetar a conclusão sobre a pretensão deduzida pelas partes. Já a contradição ocorre quando os fundamentos ou razões indicadas na decisão não guardam coerência entre si. A obscuridade, por sua vez, refere-se à falta de clareza da decisão, a ponto de prejudicar a correta interpretação do *decisum* e, por conseguinte, dos efeitos que se espera da decisão.

Os embargos de declaração foram objeto de aprimoramento redacional promovido pelo Código de Processo Civil de 2015 (Lei n. 13.105/2015). A Lei que estabeleceu o CPC/2015 colheu a oportunidade para melhor enumerar as hipóteses de cabimento dos embargos (caput do art. 83) e solucionar a questão atinente aos efeitos dos embargos para a contagem dos prazos de outros recursos (§ 2.º do mesmo art. 83). Assim, opostos os embargos de declaração pela parte, o prazo para a interposição de outros recursos (apelação, recurso extraordinário, reclamação correicional, etc.) é interrompido, isto é, ele é devolvido à parte integralmente quando da intimação da decisão proferida nos embargos.

A Lei n. 9.099 autoriza a oposição dos embargos declaratórios oralmente ou por escrito. Quando ofertados oralmente, as razões da parte serão reduzidas a termo sinteticamente na própria assentada ou em termo próprio lavrado pelo serventuário diante de quem a parte assim manifestar sua irresignação. Tecnicamente, os embargos de declaração são *opostos*, e não interpostos, embora nada impeça que se mencione a *interposição* do *recurso* de embargos de declaração.

Os erros materiais poderão ser corrigidos pelo juiz de ofício ou também por meio de embargos de declaração. Os erros materiais são aqueles aferíveis de plano, facilmente perceptíveis. Não se referem a equívoco de critério ou desvio de pensamento do ato decisório. São aqueles que resultam de inexatidão material ou defeito de expressão. São corrigíveis de ofício, ou mediante provocação por meio dos embargos declaratórios, justamente porque não afetam a substância do ato decisório, isto é, não altera, amplia ou reduz os efeitos da decisão. Por isso, tratando-se de mera retificação material, não há que se falar em preclusão ou óbice a que o julgador reconheça *sponte propria* o erro material.

DA EXECUÇÃO

Art. 84. Aplicada exclusivamente pena de multa, seu cumprimento far-se-á mediante pagamento na Secretaria do Juizado.

Parágrafo único. Efetuado o pagamento, o Juiz declarará extinta a punibilidade, determinando que a condenação não fique constando dos registros criminais, exceto para fins de requisição judicial.

Como vimos, a pena de multa pode se prestar como conteúdo da proposta de transação penal como também pode derivar da condenação imposta pela prática do crime de menor potencial ofensivo. Sua incidência deriva da observância dos arts. 49 e seguintes do Código Penal.

A imposição da pena de multa hoje substancia dívida de valor, nos termos da redação do art. 51 do Código Penal, tal como determinada pela Lei n. 9.268/1996: "Transitada em julgado a sentença condenatória, a multa será considerada dívida de valor, aplicando-se-lhes as normas da legislação relativa à dívida ativa da Fazenda Pública, inclusive no que concerne às causas interruptivas e suspensivas da prescrição".

De qualquer modo, caso o pagamento se dê voluntariamente no JECRIM, o juiz desde logo reconhecerá a extinção da punibilidade em favor do autor do fato ou condenado.

Art. 85. Não efetuado o pagamento de multa, será feita a conversão em pena privativa da liberdade, ou restritiva de direitos, nos termos previstos em lei.

A previsão do art. 85 da Lei n. 9.099 foi claramente derrogada pela Lei n. 9.268/1996, que lhe é posterior e dá tratamento distinto ao tema.

A respeito da ausência do pagamento da multa, vale destacar que o STF, em 13 de dezembro de 2018, finalmente resolveu a questão da legitimidade para o ajuizamento da execução em caso de inadimplemento. Trata-se da decisão proferida pelo Pleno do Tribunal nos autos da 12.ª questão de ordem da AP 470, apreciada em conjunto com a ADI 3150.

A redação atual do Código Penal, em especial o art. 51, cujo texto foi estabelecido pela Lei n. 9.269/1996, apresentava aparente conflito com o preceito contido na Lei de Execução Penal. A controvérsia envolvia o artigo 164 da Lei de Execução Penal, que, de um lado, afirma: extraída certidão da sentença condenatória com trânsito em julgado, que valerá como título executivo judicial, o Ministério Público requererá, em autos apartados, a citação do condenado para, no prazo de 10 (dez) dias, pagar o valor da multa ou nomear bens à penhora. De outro lado, a redação do art. 51 do Código Penal fixa que, depois do trânsito em julgado da sentença condenatória, a multa será considerada dívida de valor, devendo ser cobrada de acordo com as normas da legislação relativa à dívida ativa da Fazenda Pública.

O STF, então, decidiu que a alteração da redação do Código Penal, embora estabeleça a multa como dívida de valor (sem possibilidade, diante de seu inadimplemento, ser convertida em pena privativa de liberdade), não retirou dela sua natureza penal. A decisão do STF pode ser resumida em três pontos: (i) o Ministério Público é o órgão legitimado a promover a execução da pena de multa perante a Vara de Execução Criminal; (ii) caso o titular da ação penal, devidamente intimado, não proponha a execução da multa no prazo de 90 dias, o juízo da execução penal dará ciência do feito para o órgão competente da Fazenda Pública, que procederá à cobrança perante o juízo de execução fiscal, com base na Lei da Dívida Ativa.

Assim, tem-se que o preceito veiculado no art. 85 da Lei n. 9.099 encontra-se **revogado**. O inadimplemento da pena de multa, dadas as previsões do Código Penal e da Lei de Execução Penal, ensejará dívida de valor, a ser executada pelo Ministério Público. Caso este não promova a execução da pena, a titularidade para a promoção dessa excussão patrimonial passa à Fazenda Pública, pela respectiva Procuradoria de Estado (nos Estados e Distrito Federal, pelos Procuradores de Estado; na União, pela Procuradoria da Fazenda Nacional).

A afirmação da pena de multa como pena, ainda que afastada a possibilidade de conversão em pena privativa de liberdade por força de inadimplesmente, ainda guarda peculiaridades em relação ao reconhecimento de eventual prescrição ou indulto.

Até o entendimento sufragado pelo Plenário do Supremo Tribunal Federal no final do ano de 2018, a competência para o reconhecimento de prescrição ou mesmo para reconhecer o alcance de indulto sobre a pena de multa, segundo o entendimento então majoritário, era da autoridade fazendária (e não mais da autoridade jurisdicional). Nesse sentido, a título ilustrativo, confira-se o que decidiu o STF no ano de 2012:

> "[...] não há falar em competência do Juízo da Execução Penal para decidir a respeito da pena de multa convertida em dívida de valor. Destarte, independentemente da origem penal da sanção, a multa restou convolada em obrigação de natureza fiscal e, por essa razão, a competência para passou a ser da autoridade fiscal, por força da Lei n. 9.268/96, que deu nova redação ao art. 51 do Código Penal." (HC 115405 AgR, Rel. Min. Luiz Fux, 1.ª Turma, julgado em 13/11/2012, DJe de 17/12/2012).

Com a afirmação, pelo Plenário da Corte, de que a pena de multa não perde sua natureza penal, ainda que seu inadimplemento não autorize a conversão da multa em pena privativa de liberdade, não guarda coerência jurídica a compreensão de que as decisões sobre indulto ou mesmo prescrição incidente sobre a pena de multa estejam a cargo do juízo fazendário. Se é pena, o juízo deve ser próprio da jurisdição penal. A ver, então, se o próprio STF ou se as demais Cortes promoverão um realinhamento dessa compreensão, para se coadunarem com o tema decidido no final do ano de 2018 sobre a natureza da multa como pena.

Art. 86. A execução das penas privativas de liberdade e restritivas de direitos, ou de multa cumulada com estas, será processada perante o órgão competente, nos termos da lei.

O art. 86 da Lei n. 9.099 resguarda a competência do juízo da execução penal para as penas impostas no JECRIM. O preceito da Lei n. 9.099, portanto, coaduna-se com o que dispõe o art. 65 da Lei de Execução Penal (LEP), quando estabelece que "A execução penal competirá ao Juiz indicado na lei local de organização judiciária e, na sua ausência, ao da sentença". É dizer: trata-se de matéria própria da organização judiciária do Estado ou da União (para a Justiça Federal e para a Justiça do Distrito Federal), conforme o caso.

Embora o texto constitucional (art. 98, inc. I, da Constituição Federal) e também a Lei n. 9.099 (art. 60) estabeleçam a competência do JECRIM "para a conciliação, o julgamento e a execução das infrações penais de menor potencial ofensivo", nota-se que a preocupação está em centralizar no Juizado a observância das penas aplicadas em transação penal e, como se verá adiante, em eventual suspensão condicional do processo. Quando se cuidar da execução de pena decorrente de sentença condenatória, a competência a ser observada deverá ser aquela estabelecida para a execução penal propriamente dita, nos termos do art. 65 da LEP.

DAS DESPESAS PROCESSUAIS

Art. 87. Nos casos de homologação do acordo civil e aplicação de pena restritiva de direitos ou multa (arts. 74 e 76, § 4º), as despesas processuais serão reduzidas, conforme dispuser lei estadual.

Atenta aos aspectos e consequências práticos dos institutos da composição dos danos civis e da transação penal, a Lei n. 9.099, acertadamente, cuida também de fomentar esses institutos despenalizadores por meio da redução das despesas processuais.

É certo que, no Brasil, os valores próprios de despesas processuais na seara criminal não reproduzem preocupações presentes com altos valores, como ocorre na realidade norte-americana ou mesmo de países europeus. No entanto, também por esse aspecto, nota-se que há toda uma rede de incentivos a que as partes envolvidas na notícia do crime de menor potencial ofensivo optem pela utilização dos institutos que, a uma só vez, permitem a incidência de resposta diversa da pena privativa de liberdade e que afastem o aspecto estigmatizante e indesejado da persecução penal tradicional com ação, instrução e sentença criminal.

De qualquer modo, o minudenciamento dessa diretriz dirigida ao legislador estadual (ou poder regulamentar federal, no caso da Justiça Federal e da Justiça do Distrito Federal) incumbirá ao exercício da competência estabelecida no inciso IV do art. 24 da Constituição Federal, segundo o qual a competência para legislar sobre "custos dos serviços forenses" é concorrente.

É dizer: normas gerais da União seguidas de normas suplementares dos Estados e do Distrito Federal. Essa previsão, então, inserta no art. 87 da Lei n. 9.099, deriva justamente dessa competência da União para estabelecer norma geral a ser observada para os serviços que toquem o JECRIM.

DISPOSIÇÕES FINAIS

Art. 88. Além das hipóteses do Código Penal e da legislação especial, dependerá de representação a ação penal relativa aos crimes de lesões corporais leves e lesões culposas.

A disciplina legal da "ação penal", como regra, é feita pelo Direito Penal material e, por isso, é tratada pelo Código Penal tanto na parte geral quanto na parte especial. Já o detalhamento procedimental, a enumeração das condições para o seu exercício e, enfim, a materialização do exercício da ação penal em juízo é mesmo tema para o Direito Processual Penal. O título VII do Código Penal, exatamente nos arts. 100 a 106, cuida justamente dessa disciplina legal.

É no art. 100 do CP que colhemos a regra geral do exercício da ação penal: "A ação penal é pública, salvo quando a lei expressamente a declara privativa do ofendido". No silêncio da lei, portanto, a infração penal será objeto de ação penal pública incondicionada, isto é, a ação penal será de titularidade do Ministério Público (conforme dispõe o art. 129, inciso I, da Constituição Federal).

Segundo tal dicção, a leitura isolada do art. 129 do Código Penal asseguraria aos crimes de lesões leves e lesões culposas a disciplina da ação penal pública incondicionada. É a previsão do art. 88 da Lei n. 9.099, portanto, que assegura a esses dois crimes que a persecução penal seja condicionada pela necessidade de representação do ofendido. A representação do ofendido é condição de procedibilidade para o exercício da ação penal e, como vimos, também para a própria proposta de transação penal.

Desse modo, nos crimes de lesões leves e de lesões culposas, a eventual composição dos danos civis implica a renúncia ao direito de representação do ofendido e, por conseguinte, a extinção da punibilidade do fato. Além disso, passa-se a observar o prazo decadencial de seis meses, contado do conhecimento da autoria do fato, para que o ofendido manifeste sua autorização a que o Estado promova a persecução penal. Enfim, toda a disciplina da ação penal pública condicionada a representação passa a viger em relação a esses crimes.

A previsão do art. 88 tem sua incidência assegurada independentemente da afirmação da competência do JECRIM ou mesmo do cabimento dos institutos da transação penal ou da suspensão condicional do processo. Para que fique claro: a disciplina da ação penal nos crimes de lesões corporais leves e culposas independem de incidência do procedimento sumaríssimo ou mesmo da competência do Juizado Especial Criminal.

Trata-se de previsão legislativa deslocada. Tecnicamente, decerto, tal previsão deveria ser objeto de disposição veiculada no próprio Capítulo II da Parte Especial do Código Penal (especificamente no art. 129, por exemplo, por meio de um parágrafo específico). No entanto, a previsão apartada do Código Penal em nada prejudica a disciplina legal da ação penal nesses casos. Há de se ter em conta, porém, dois destaques específicos sobre essa condição para o exercício da ação penal nesses crimes.

O primeiro se refere à projeção da representação do ofendido também para a contravenção penal de vias de fato. A Lei de Contravenções Penais (Decreto-Lei n. 3.688/1941) estabelece em seu art. 21 a infração de vias de fato: "Praticar vias de fato contra alguém". A pena expressamente condiciona a incidência do tipo à observância de subsidiariedade, isto é, teremos a contravenção de vias de fato apenas "se o fato não constitui crime". As vias de fato são a altercação física que ameaça a integridade física por meio de ataque ou violência contra a pessoa. No entanto, se dessa altercação física resultam lesões, incidirá a figura mais grave, o crime de lesões corporais. Trata-se, pois, de infração penal expressamente sujeita à cláusula de subsidiariedade. Como atos agressivos praticados contra alguém, são exemplos de vias de fato: sacudir, rasgar ou arrancar roupas, empurrar, dar socos ou pontapés, puxar cabelo, arremessar objetos – desde que tais ações não culminem em lesões corporais.

A pena para a contravenção de vias de fato é de prisão simples, de quinze dias a três meses, ou multa, desde que, repita-se, não se alcancem lesões corporais. A sanção é aumentada em um terço se as vias de fato são praticadas em desfavor de idoso, isto é, vítima maior de 60 anos de idade.

Como toda contravenção penal, as vias de fato são, em regra, objeto de ação penal pública incondicionada (art. 17 da Lei de Contravenções Penais). E nisso reside o problema: não faz sentido que o crime de subsidiariedade expressa e menos grave que as lesões corporais leves ou culposas observe disciplina de ação penal mais gravosa que o crime comparativamente mais grave. Estamos diante de solução de franca iniquidade quando as vias de fato não observam todos os institutos que alcançam a representação do ofendido nos crimes de ação penal pública condicionada: a decadência do direito de representação, a renúncia, os efeitos da composição dos danos civis, a possibilidade de retratação do ofendido até o oferecimento da ação penal, etc.

Sobre o tema, o STF ostenta diversos julgados nos quais se atém à literalidade dos dispositivos e, por isso, fixa que, com amparo no art. 88 da Lei n. 9.099, somente os crimes de lesões leves ou culposas passaram a ser de ação penal pública condicionada. A contravenção de vias de fato, pois, nos termos do art. 17 da LCP, seguiria como de ação penal pública incondicionada. Nesse sentido, confira-se o que decidiu a Corte, por sua 1.ª Turma em 20/3/2001, no HC 80.617: "A regra do art. 17 LCP – segundo a qual a persecução das contravenções penais se faz mediante ação pública incondicionada – não foi alterada, sequer com relação à de vias de fato, pelo art. 88 L. 9.099/95, que condicionou à representação a ação penal por lesões corporais leves" (Rel. Min. Sepúlveda Pertence, Ementário 2.029/733). Para o STF, portanto, a contravenção penal de vias de fato segue como infração penal de ação penal pública incondicionada. O STJ perfilha do mesmo entendimento, como se observa do seguinte excerto de julgado: "1. O artigo 88 da Lei n.º 9.099/95, que tornou condicionada à representação a ação penal por lesões corporais leves e lesões culposas, não se estende à persecução das contravenções penais. A contravenção penal de vias de fato, insculpida no artigo 21 da Lei de Contravenções Penais (Decreto Lei n.º 3.688/41), ainda que de menor potencial ofensivo em relação ao crime de lesão corporal, não foi incluída nas hipóteses do artigo 88 da Lei n.º 9.099-95. 2. A Lei de Contravenções Penais (Decreto Lei n.º 3.688/41) continua em pleno vigor e nela há expressa previsão legal de que a ação penal é pública incondicionada, conforme disciplina o seu artigo 17." (RHC 47.253, Rel. Min. Maria Thereza de Assis Moura, 6.ª Turma, julgado em 4/12/2014, DJe de 17/12/2014).

Essa solução dos Tribunais Superiores, embora fortemente atrelada à literalidade dos dispositivos legais, máxime em prestígio aos arts. 100 do CP e 17 da LCP, muitas vezes não é observada no trabalho diuturno dos juizados país afora. Não são poucos os casos em que a contravenção de vias de fato se mostra em contexto de prática também de lesões corporais. Um exemplo ilustra isso: imagine-se uma confusão generalizada em que algumas pessoas praticam vias de fato e outras, lesões corporais leves. Ao serem submetidas ao JECRIM, os que praticaram vias de fato, ainda que componham civilmente os danos ao ofendido, passarão pelo escrutínio de transação penal ou mesmo de ação penal promovida pelo Ministério Público. Já aqueles que praticaram lesões leves – crime mais grave –, se alcançarem composição dos danos civis com o ofendido, serão beneficiados pela extinção da punibilidade decorrente da renúncia ao direito de representação (art. 74 da Lei n. 9.099). O exemplo bem ilustra o quadro de iniquidade, no qual a infração menos grave receberá resposta mais grave do Estado. Justamente por isso, adotamos a compreensão de que também a contravenção penal das vias de fato deve observar o que dispõe o art. 88 da Lei n. 9.099. Afinal, se a infração penal de que a contravenção é expressamente subsidiária passou a observar, desde 1995, disposição penal mais benéfica ao agente criminoso, não haveria razão jurídica, considerada a sucessão de diplomas legais e a urgente necessidade de revisão legislativa da Lei de Contravenções Penais, a afastar tal benefício da contravenção de vias de fato. De qualquer modo, vale a advertência: não é esse o entendimento dos Tribunais Superiores.

O segundo destaque específico se refere aos casos em que incide a Lei n. 11.340/2006, a Lei Maria da Penha. Esta, como se sabe, conforma entre nós a preocupação com a violência doméstica e familiar praticada contra a mulher e observa as determinações hauridas tanto da Convenção sobre a Eliminação de Todas as Formas de Discriminação contra as Mulheres quanto da Convenção Interamericana para Prevenir, Punir e Erradicar a Violência contra a Mulher. Em disposição expressa, a Lei n. 11.340 estabelece sem margem para dúvidas: "Aos crimes praticados com violência doméstica e familiar contra a mulher, independentemente da pena prevista, não se aplica a Lei no 9.099, de 26 de setembro de 1995".

Os crimes de lesões leves e culposas têm sua disciplina de ação penal pública condicionada por força de disposição veiculada na Lei n. 9.0999. A literalidade da Lei Maria da Penha, mais uma vez, é de clareza solar: se os crimes de lesões leves ou de lesões culposas são praticados em situação que faça incidir a Lei n. 11.340/2006, a persecução penal desses fatos observará ação penal pública incondicionada. A previsão de incidência do diploma protetivo encontra-se no art. 5.º da Lei Maria da Penha. Entende-se por violência doméstica e familiar contra a mulher toda infração penal e, portanto, insuscetível de atrair a disciplina legal da Lei n. 9.099, toda infração penal praticada nas seguintes circunstâncias: "I – no âmbito da unidade doméstica, compreendida como o espaço de convívio permanente de pessoas, com ou sem vínculo familiar, inclusive as esporadicamente agregadas; II – no âmbito da família, compreendida como a comunidade formada por indivíduos que são ou se consideram aparentados, unidos por laços naturais, por afinidade ou por vontade expressa; III – em qualquer relação íntima de afeto, na qual o agressor conviva ou tenha convivido com a ofendida, independentemente de coabitação".

É bem verdade que o conceito de violência estabelecido na Lei Maria da Penha não guarda estrita identidade com figuras penais. O desenho normativo estabelecido na Lei n. 11.340 busca justamente observar a complexidade do fenômeno da violência, para ali descrever espécies de violência estrutural, simbólica e toda sorte de ações que não necessariamente guardam estrito juízo de tipicidade. E assim faz porque a descrição das hipóteses de incidência da Lei Maria da Penha não deriva do juízo de competência informado pela espécie de infração penal, mas das <u>circunstâncias</u> em que praticado o fato criminoso.

Assim, se qualquer infração for praticada nas circunstâncias descritas no art. 5.º da Lei Maria da Penha, não haverá a incidência de qualquer previsão da Lei n. 9.099 e, por conseguinte, ficam afastados os institutos nela previstos que de algum modo toquem o *jus puniendi* estatal, nomeadamente: a composição dos danos civis, a transação penal, a representação para a ação penal nos crimes de lesões culposas e leves, a suspensão condicional do processo.

Em que pese a literalidade do preceito legal, o tema observou dissídio jurisprudencial por muitos anos nas Cortes brasileiras. Atualmente, contudo, não há mais que se mencionar controvérsia. STF e STJ, em diversas oportunidades, já afirmaram e destacaram a higidez e a validade da proibição de incidência da Lei n. 9.099 para os casos de violência doméstica e familiar contra a mulher. Assim, se os crimes de lesões leves e corporais forem praticados em situação de violência doméstica e familiar contra a mulher, a persecução penal será de ação penal pública incondicionada.

O STJ, por sua 3.ª Seção, em decisão proferida segundo o incidente de recurso repetitivo, estabeleceu em 24/2/2010, que "A ação penal nos crimes de lesão corporal leve cometidos em detrimento da mulher, no âmbito doméstico e familiar, é pública condicionada à representação da vítima" (REsp 1097042/DF, Rel. Min. Napoleão Nunes Maia Filho, Rel. para o acórdão Min. Jorge Mussi, julgado em 24/2/2010, DJe de 21/5/2010).

O STF, em decisão dotada de efeito vinculante, reconheceu expressamente a constitucionalidade da proibição estabelecida no art. 41 da Lei Maria da Penha. No julgamento da ADI 4.4214, em 9/2/2012, afirmou: "A ação penal relativa a lesão corporal resultante de violência doméstica contra a mulher é pública incondicionada" (Tribunal Pleno, Rel. Min. Marco Aurélio, DJe de 1.º/8/2014). No mesmo dia, em julgamento de ação declaratória da constitucionalidade do mencionado preceito legal, também asseverou: "O artigo 41 da Lei n.º 11.340/06, a afastar, nos crimes de violência doméstica contra a mulher, a Lei nº 9.099/95, mostra-se em consonância com o disposto no § 8º do artigo 226 da Carta da República, a prever a obrigatoriedade de o Estado adotar mecanismos que coíbam a violência no âmbito das relações familiares" (ADC 19, Rel. Min. Marco Aurélio, Tribunal Pleno, julgado em 9/2/2012, DJe de 29/4/2014).

Logo, incidente a Lei Maria da Penha, isto é, se o crime é praticado em situação de violência doméstica e familiar contra a mulher, afasta-se a aplicação do art. 88 da Lei n. 9.099. Com maior razão, nesse caso, também não há que se falar em representação do ofendido para a contravenção penal de vias de fato praticada em contexto de violência doméstica e familiar contra a mulher.

Art. 89. Nos crimes em que a pena mínima cominada for igual ou inferior a um ano, abrangidas ou não por esta Lei, o Ministério Público, ao oferecer a denúncia, poderá propor a suspensão do processo, por dois a quatro anos, desde que o acusado não esteja sendo processado ou não tenha sido condenado por outro crime, presentes os demais requisitos que autorizariam a suspensão condicional da pena (art. 77 do Código Penal).

§ 1º Aceita a proposta pelo acusado e seu defensor, na presença do Juiz, este, recebendo a denúncia, poderá suspender o processo, submetendo o acusado a período de prova, sob as seguintes condições:

I – reparação do dano, salvo impossibilidade de fazê-lo;

II – proibição de frequentar determinados lugares;

III – proibição de ausentar-se da comarca onde reside, sem autorização do Juiz;

IV – comparecimento pessoal e obrigatório a juízo, mensalmente, para informar e justificar suas atividades.

§ 2º O Juiz poderá especificar outras condições a que fica subordinada a suspensão, desde que adequadas ao fato e à situação pessoal do acusado.

§ 3º A suspensão será revogada se, no curso do prazo, o beneficiário vier a ser processado por outro crime ou não efetuar, sem motivo justificado, a reparação do dano.

§ 4º A suspensão poderá ser revogada se o acusado vier a ser processado, no curso do prazo, por contravenção, ou descumprir qualquer outra condição imposta.

§ 5º Expirado o prazo sem revogação, o Juiz declarará extinta a punibilidade.

§ 6º Não correrá a prescrição durante o prazo de suspensão do processo.

§ 7º Se o acusado não aceitar a proposta prevista neste artigo, o processo prosseguirá em seus ulteriores termos.

A suspensão condicional do processo é instituto consagrado na Lei n. 9.099, mas que não guarda pertinência apenas com o procedimento sumaríssimo ou mesmo com crimes de menor potencial ofensivo. Sua previsão legislativa alcança todos os crimes que se amoldem ao que estabelece o art. 89, com exceção, como já indicamos, daquelas infrações praticadas em situação de violência doméstica e familiar contra a mulher.

A inspiração da suspensão condicional do processo vem da *probation*, própria dos países de *common law* e que ganhou ampla recepção nos países de tradição de *civil law*, como Portugal, Argentina, Chile, entre outros, com destaque para a sua previsão no relevante trabalho que culminou no Projeto de Código de Processo Penal Modelo para a América Latina, cujas diretivas até hoje não foram integralmente inseridas no direito pátrio.

Trata-se de instituto que bem se insere na lógica da Lei n. 9.099: tem caráter despenalizante na medida em que busca afastar o processo penal e, com isso, atenuar os efeitos estigmatizantes que a simples instauração de persecução penal possa trazer à pessoa formalmente acusada da prática de infração penal em juízo. Atende, pois, aos reclamos de desburocratização da Justiça penal, bem assim à preocupação com a celeridade e a efetividade do sistema de justiça criminal como um todo no tratamento das infrações penais que lhe são noticiadas. Insere-se na já mencionada *discricionariedade regulada*, que igualmente orienta a transação penal, isto é, o manejo da suspensão condicional do processo situa-se justamente como projeção do exercício do próprio direito de ação penal e tal assertiva ganha reflexo na titularidade daquele que oferta a proposta. Incumbe, pois, ao titular do direito de ação em juízo avaliar a possibilidade de seu cabimento e, em caso afirmativo, propô-la ao acusado que, aceitando-a, permitirá a submissão do acordo processual ao juízo.

A suspensão condicional do processo, também nominada *sursis* processual, é acordo processual que se dá após a formal instauração da persecução penal em juízo. Como indica a própria nomenclatura, tem lugar quando já estamos diante de um processo-crime formalizado, isto é, após o juízo afirmativo da admissibilidade da ação penal. Assim, na suspensão condicional do processo, já temos formalmente a figura do acusado ou réu, pois a ação penal deduzida contra si já foi objeto de admissibilidade pelo juiz (prelibação).

SOLUÇÃO PARA A RECUSA DE OFERTA DA PROPOSTA DE SUSPENSÃO CONDICIONAL DO PROCESSO

A proposta é formulada pelo Ministério Público, nos termos do art. 89 da Lei n. 9.099. O preceito legal fala expressamente de *denúncia*, nomenclatura consagrada no CPP para a ação penal de titularidade do Ministério Público. No entanto, como já vimos, a jurisprudência estende o instituto da suspensão condicional do processo também aos crimes de ação penal privada. Nesse caso, a proposta deve ser formulada pelo querelante.

Caso o titular do direito de ação (*dominus litis*) se recuse injustificadamente a ofertar a proposta de suspensão condicional do processo ou indique razões manifestamente improcedentes para essa recusa, a solução do caso **depende da titularidade do direito de ação**.

Se a recusa (ou improcedência das razões para recusa) dá-se nos casos de titularidade do Ministério Público, incumbe ao juiz, vislumbrando o cabimento do instituto na espécie, remeter os autos ao Procurador-Geral de Justiça (ou Procurador-Geral da República, nos casos de atribuição do Ministério Público Federal) para que este dê resposta final sobre o caso. A solução deriva da intepretação extensiva atribuída ao que prescreve o art. 28 do CPP: tal preceito, como se sabe, serve como solução aos casos em que se mostre necessária a provocação de revisão dos atos de atribuição própria do Ministério Público. O tema encontra-se consolidado no enunciado 696 da súmula do STF: "Reunidos os pressupostos legais permissivos da suspensão condicional do processo, mas se recusando o Promotor de Justiça a propô-la, o Juiz, dissentindo, remeterá a questão ao Procurador-Geral, aplicando-se por analogia o art. 28 do Código de Processo Penal" (Pleno, 24/9/2003).

Já quando a recusa de formulação da proposta é do querelante, nos termos dos julgados noticiados nos comentários ao art. 76 da Lei n. 9.099 (*supra*), entende-se que tal manifestação insere-se no exercício da oportunidade e da disponibilidade do exercício do direito de ação atribuído ao querelante. Por isso, em casos assim, não haveria instrumento de revisão desse ato e, diante da negativa do querelante em formular a proposta, o feito seguiria seu regular trâmite com observância do procedimento respectivo.

Independentemente da titularidade para promover a ação penal em juízo e, por conseguinte, formular a proposta de suspensão condicional do processo, é certo que não é dado ao juiz formular a proposta sobrepondo-se ao *dominus litis*. Ou provoca a própria instância do Ministério Público, no caso da oferta ser de titularidade deste, nos termos do art. 28 do CPP, ou impulsiona o feito regularmente, no caso de recusa do querelante em formular a proposta de suspensão condicional do processo.

MOMENTO DA PROPOSTA DE SUSPENSÃO CONDICIONAL DO PROCESSO

A proposta de suspensão condicional acompanha a própria ação penal ofertada em juízo. Usualmente, a proposta de suspensão é formulada na cota que acompanha a peça acusatória. A acusação, pois, fica formalizada em peça própria, que será, inclusive, objeto de autuação dos autos sob nova denominação e, então, a peça acusatória passará a figurar no início do processo. A cota, por sua vez, é acostada aos autos na sequência temporalmente estabelecida das folhas.

Por ocasião da citação do acusado, que, em regra, nos termos do procedimento comum estabelecido no CPP, dá-se após a admissibilidade da ação penal, dar-se-á oportunidade para o acusado dizer sobre a aceitação da proposta.

Embora a Lei n. 9.099 não estabeleça expressamente, mostra-se de todo conveniente que a incidência do benefício seja materializada numa audiência específica para tanto. Não há óbice a que a suspensão condicional do processo ocorra por meio de manifestações sucessivas das partes por escrito. No entanto, em prestígio à oralidade e, sobretudo, quando se tem em conta a conveniência de se admoestar o acusado quanto às condições que lhe são impostas para o benefício, melhor que se realize tal instituto em audiência específica.

Vale dizer que o instituto da suspensão condicional da pena, cuja formatação legal serve muito de base para a suspensão condicional do processo, dá-se justamente com uma audiência, na qual o juiz procede à leitura da sentença condenatória ao condenado, "advertindo-o das consequências de nova infração penal e do descumprimento das condições impostas" (art. 160 da Lei de Execução Penal).

Assim, mostra-se de todo conveniente que, recebida a ação penal, determinada a citação do acusado, seja ele desde logo notificado a comparecer em audiência, para dizer expressamente sobre a proposta de suspensão condicional do processo e, então, admoestado sobre o próprio instituto e suas obrigações correlatas.

Havendo recusa do acusado em relação à proposta ou se incabível a sua formulação, o processo segue de acordo com o procedimento a ser observado para a persecução penal. No procedimento comum – ordinário e sumário -, seguidamente, o juiz aprecia a possibilidade de absolvição sumária do acusado e, em caso de resposta negativa à incidência das previsões veiculadas no art. 397 do CPP, designa data para a audiência de instrução e julgamento (art. 399 do CPP).

Cabe a indagação sobre a possibilidade de o instituto da suspensão condicional do processo operar-se depois da tramitação regular do feito com a instrução processual. Como regra geral, a resposta é negativa. Se afastada a proposta tão logo tenha sido instaurado o processo-crime, isto é, após a admissibilidade da ação penal, não há razão para se falar mais em suspensão condicional do processo, porque tal etapa processual já estará ultrapassada. Se o instituto não se realizou por impossibilidade de incidência, seja pela ausência de oferta da proposta pela parte, seja pela recusa do acusado em aceitá-la, o feito segue seu regular curso e não há mais que se falar na suspensão.

No entanto, se o óbice para a proposta refere-se à classificação legal atribuída ao fato pelo titular da ação penal no momento do oferecimento da denúncia ou da queixa-crime, isto é, se a classificação legal indica infração penal que, em princípio, não autorizaria a incidência do instituto, é possível se falar no *sursis* processual por ocasião da solução quanto a essa classificação legal. Trata-se da previsão veiculada no art. 383 do CPP, que cuida justamente da *emendatio libelli*.

Como projeção dos aforismos *jura novit curia* e *narrat mihi factum, dabo tibi jus*, a *emendatio libelli* é procedimento de sentença que autoriza o julgador, quando forma sua convicção sobre o fato, dar a ele a classificação legal que entenda aplicável e correta. Desde que não proceda à alteração da descrição do fato imputado na denúncia ou na queixa-crime, o juiz "poderá atribuir-lhe definição jurídica diversa" (art. 383 do CPP). Em casos assim, é possível que a classificação legal deduzida em atenção ao art. 41 do CPP no momento do oferecimento da ação penal tenha se prestado de óbice à formulação da proposta.

O juiz, então, entendendo pela alteração da definição jurídica desse fato em favor de infração que, em tese, permita a incidência do instituto da suspensão condicional do processo, em lugar de proferir sentença de plano, indicará a desclassificação e determinará a abertura de vista dos autos para o titular do direito de ação dizer sobre a possibilidade de propor o *sursis* processual.

Tal providência, vale dizer, materializa exatamente a preocupação ensejadora do enunciado 337 da súmula do STJ: "É cabível a suspensão condicional do processo na desclassificação do crime e na procedência parcial da pretensão punitiva" (julgada em 9/5/2007, RSTJ 206/527).

Isso porque a suspensão condicional do processo é instituto que sempre se mostra mais vantajoso ao acusado porque, repita-se, evita a prolação de sentença que aprecia o mérito da imputação. Logo, se o julgador está a indicar alteração na classificação legal dada ao fato que é descrito na imputação, mostra-se consentâneo justamente com as razões do instituto facultar que este incida antes de o juiz apreciar o mérito da imputação para condenar ou absolver o acusado.

Assim, excepcionalmente, portanto, a suspensão condicional do processo pode ter lugar depois de transcorrido o feito com sua instrução criminal: quando o juiz entender pela desclassificação da infração ou pela procedência parcial do pedido condenatório que implique a alteração da capitulação para preceito que autorize a incidência do *sursis* processual.

Diga-se que tal providência, que autoriza a incidência do instituto antes da prolação de sentença que aprecia o mérito da imputação, igualmente tem lugar quando o juiz, ao ter os autos consigo para sentenciá-lo, entende que o caso é de *mutatio libelli*, isto é, que o caso demanda oportunização ao Ministério Público para, querendo aditar a ação penal, a fim de descrever elemento ou circunstância da infração penal vislumbrada no curso da instrução criminal e não deduzida na denúncia. Vale lembrar que a *mutatio libelli* é instituto que só incide nos crimes de ação penal pública e consiste na provocação do juiz para que o Ministério Público adite a peça acusatória, de sorte a permitir que o ato decisório se dê em respeito ao postulado da correlação ou da congruência, ou seja, que o juiz não aprecie fato diverso ou além daquele que se encontra descrito na peça acusatória. Quando o aditamento da ação penal implicar alteração da classificação legal da infração penal, de modo que tal alteração passe a autorizar a incidência do *sursis* processual, o juiz, após a admissibilidade positiva do aditamento, oportunizará ao Ministério Público a oferta da proposta. Trata-se, exatamente, do que prevê o § 3.º do art. 384 do CPP, que faz referência à previsão do § 1.º do artigo anterior, que cuida justamente da proposta extemporânea de suspensão condicional do processo.

Se a desclassificação do crime ou a procedência parcial da pretensão punitiva, contudo, ocorre já em sede recursal, ainda assim, o STJ tem entendimento no sentido de que também teria lugar a incidência do que estabelece o enunciado 337 de sua súmula. É dizer: se no julgamento de recurso ou mesmo ação autônoma de impugnação (habeas corpus), o Tribunal entende que o crime remanescente da apreciação judicante autoriza a suspensão condicional do processo, permite a incidência do instituto, por afirmá-lo mais benéfico que a sentença de mérito proferida em desfavor do acusado. Confira-se, a título ilustrativo, o que decidido no HC 367.779, "Ainda que a prescrição da pretensão punitiva em relação a um dos crimes denunciados tenha sido reconhecida no segundo grau de jurisdição, tem aplicabilidade o entendimento firmado no enunciado n. 337 da Súmula desta Corte Superior de Justiça, sendo devida a análise da possibilidade de suspensão condicional do processo, caso o delito remanescente se amolde ao requisito objetivo previsto no artigo 89 da Lei n. 9.099/95" (5.ª Turma, Rel. para o acórdão Min. Jorge Mussi, julgamento em 7/2/2017, DJe de 17/2/2017).

CONDIÇÕES PARA O CABIMENTO DA PROPOSTA

A suspensão condicional do processo é admitida para as chamadas infrações de médio potencial ofensivo. A infração penal que admite a suspensão condicional do processo é aquela cuja pena mínima cominada seja igual ou inferior a um ano. O critério é o da pena mínima. Como anotado nos comentários *supra* sobre a transação penal, se o critério é o da pena (e não da classificação legal), faz-se necessário perquirir sobre a incidência das regras de concurso de penas quando um mesmo caso traga mais de uma infração penal.

Trata-se justamente da inteligência lançada no enunciado 243 da súmula do STJ: "O benefício da suspensão do processo não é aplicável em relação às infrações penais cometidas em concurso material, concurso formal ou continuidade delitiva, quando a pena mínima cominada, seja pelo somatório, seja pela incidência da majorante, ultrapassar o limite de um (01) ano" (Corte Especial, julgado em 11/12/2000, DJ de 5/2/2001). Para a problematização do que estabelece o enunciado, remetemos o leitor aos comentários lançados sobre o art. 76 da Lei n. 9.099.

Merece destaque, ainda sobre a infração que autoriza a incidência do instituto da suspensão condicional do processo, uma extensão do benefício estabelecida pela jurisprudência dos Tribunais Superiores. A formulação do preceito sancionatório da infração penal é tarefa outorgada ao legislador. No direito pátrio, o legislador em regra estabelece patamares mínimo e máximo para a pena cominada ao delito. Dado que o critério legal para o *sursis* processual é o da pena mínima, não há maiores indagações para se verificar o cabimento do instituto para além da leitura do preceito sancionatório.

No entanto, há casos em que o preceito sancionatório guarda fórmula de alternatividade entre a pena corporal (pena privativa de liberdade) e a pena de multa. Em casos assim, dada a possibilidade de afastamento integral da pena corporal, entende a jurisprudência que seria possível a incidência do *sursis* processual sempre que presente essa alternatividade, ainda que o patamar da pena mínima da sanção corporal (privação de liberdade) seja superior a um ano. Confira-se, porque bastante ilustrativo, a seguinte lição do STF sobre o tema: "Quando para o crime seja prevista, alternativamente, pena de multa, que é menos gravosa do que qualquer pena privativa de liberdade ou restritiva de direito, tem-se por satisfeito um dos requisitos legais para a suspensão condicional do processo" (HC 83.926, 2.ª Turma, Rel. Min. Cesar Peluzo, julgado em 7/8/2007, DJe de14/9/2007).

É o que ocorre, ilustrativamente, com o crime descrito no art. 7.º da Lei 8.137/1990, no qual todas as figuras descritas nos seus incisos são apenados com "detenção de 2 (dois) a 5 (cinco) anos, ou multa". Assim, embora o patamar da pena privativa de liberdade, em princípio, não autorize o benefício da suspensão condicional do processo, ele incidirá por força da previsão de alternatividade com a pena de multa. Se presente essa alternatividade com a pena de multa, independentemente do patamar sancionatório da pena corporal, o benefício do *sursis* processual será cabível.

O patamar sancionatório da infração é o requisito objetivo para a incidência do *sursis* processual. Para além dele, é necessário que o acusado atenda aos **requisitos necessários à suspensão condicional da pena**, tal como estabelecidos no art. 77 do Código Penal e, principalmente, que **não esteja respondendo a outro processo-crime e que não tenha sido condenado por outro crime**.

Os requisitos que se referem ao *sursis* penal, que são igualmente incidentes para a suspensão condicional do processo, refere-se à proibição desses institutos para o **reincidente em crime doloso**, para os casos em que as **condições judiciais não sejam favoráveis** ao acusado ("a culpabilidade, os antecedentes, a conduta social e personalidade do agente, bem como os motivos e as circunstâncias autorizem a concessão do benefício") ou quando o **crime noticiado na acusação envolver violência contra a pessoa**.

Trata-se justamente da previsão dos incisos do art. 77 do Código Penal e, por indicação expressa do que ali consta, dos incisos do art. 44 do mesmo Código.

É válido lembrar que a reincidência em crime doloso fica afastada com o transcurso do prazo de cinco anos após a definitividade da condenação ensejadora dessa reincidência, por força do que dispõe o art. 64, inciso I, do CP, aqui também aplicável.

Já a indicação de que as condições subjetivas descritas no inciso II do art. 77 do CP sejam desfavoráveis ao acusado reclama fundamentação concreta e idônea do Ministério Público, para que este se recuse a formular a proposta de suspensão condicional do processo pelas razões ali expostas. A presença de violência contra a pessoa, óbice da substituição da pena privativa de liberdade por pena restritiva de direitos e, por remissão expressa, também do *sursis* penal e do *sursis* processual guarda razão com a gravidade manifestada pelo crime que se realize com *vis* moral ou real contra o indivíduo.

A aferição da presença desses requisitos para a proposta é do titular dessa mesma proposta. É dizer: na ação penal pública, é o Ministério Público que afirma a presença ou ausência desses requisitos fundamentadamente. Na ação penal de iniciativa privada, tal incumbência cabe ao querelante, embora o juiz, nesse caso, não disponha de alternativa para a recusa injustificada do querelante em formular a proposta.

CONTEÚDO DA PROPOSTA DO MINISTÉRIO PÚBLICO

Mas, afinal, no que consiste a suspensão condicional do processo? Pelo instituto, o processo fica suspenso de dois a quatro anos, a depender do que proposto pelo titular da ação penal. Nesse período, o acusado fica sujeito à observância de condições estabelecidas em lei e, como se verá adiante, de outras condições que eventualmente sejam impostas pelo juiz. Se atendidas essas condições ao fim do período de suspensão – compreendido este como um verdadeiro período de prova –, o acusado será beneficiado pela extinção da punibilidade do fato.

A proposta pode variar de dois a quatro anos, a depender da manifestação do titular do direito de ação que a deduz. No entanto, se a proposta indica suspensão por período superior ao mínimo legal, essa extensão deve guardar fundamentação concreta e específica por parte daquele que a propõe (em regra, o Ministério Público), amparada justamente naquelas circunstâncias mencionadas no inciso II do art. 77 do Código Penal ("a culpabilidade, os antecedentes, a conduta social e personalidade do agente, bem como os motivos e as circunstâncias autorizem a concessão do benefício"). Se mais gravosas as circunstâncias em face do acusado, faz sentido que o período de prova guarde maior extensão.

Vale dizer que a extensão do período de prova, para a suspensão condicional do processo, pode se dar também após o escoamento do prazo inicial mencionado na proposta. Tal ocorre naqueles casos em que o acusado não tenha implementado, no prazo, as condições a ele impostas por ocasião da celebração do acordo. Certo é, contudo, que eventuais prorrogações não poderão extrapolar o prazo de 4 anos de suspensão do processo.

A proposta do Ministério Público tem conteúdo parte fixo e parte ajustável. O conteúdo ajustável da proposta refere-se justamente ao prazo da suspensão condicional do processo. Já o conteúdo fixo refere-se à observância das condições legais estabelecidas nos incisos do § 1.º do art. 89, quais sejam: " I – reparação do dano, salvo impossibilidade de fazê-lo; II – proibição de frequentar determinados lugares; III – proibição de ausentar-se da comarca onde reside, sem autorização do Juiz; IV – comparecimento pessoal e obrigatório a juízo, mensalmente, para informar e justificar suas atividades".

As condições estabelecidas para o *sursis* processual guardam ajuste adequado ao caso concreto. Por exemplo, a definição dos lugares cuja proibição fica estabelecida, a compreensão de afastamentos ou viagens que sejam justificadas pelo acusado a depender de sua peculiar situação, a fixação de prazos mais longos para o comparecimento ao juízo. Enfim, são condições inafastáveis, mas ajustáveis às peculiaridades do caso concreto.

DA ACEITAÇÃO DA PROPOSTA DE SUSPENSÃO CONDICIONAL DO PROCESSO

A aceitação da proposta formulada pelo Ministério Público (e, excepcionalmente, pelo querelante) é ato que exige manifestação de vontade complexa, isto é, a aceitação da proposta deve ser manifestada pelo acusado e também por seu defensor. A exigência de manifestação complexa, isto é, que reúna tanto a vontade do acusado quanto do defensor já indica como se dá a solução em caso de eventual desinteligência entre o acusado e seu próprio defensor.

Pode ocorrer, admitamos por hipótese, que o acusado tenha interesse na aceitação da proposta, mas ela seja recusada por seu defensor. Nesse caso, resta inviável a formalização da suspensão condicional do processo. É certo que, como corolário da ampla defesa constitucionalmente assegurada, o direito à defesa técnica prestigia o patrono constituído pelo próprio acusado. Por isso, fica a critério do próprio acusado, em caso de desinteligência ou qualquer sorte de desacordo com seu próprio patrono, indicar outro advogado de sua confiança. Certo é, porém, que, para a formalização do acordo processual, será necessário que para ele aquiesçam o acusado e seu defensor.

POSSIBILIDADE DE IMPOSIÇÃO DE OUTRAS CONDIÇÕES PELO JUIZ

O § 2.º do art. 89 da Lei n. 9.099 estabelece a possibilidade de o juiz "especificar outras condições a que fica subordinada a suspensão, desde que adequadas ao fato e à situação pessoal do acusado". O preceito de inspiração é o que estabelece o art. 79 do CP quando cuida do *sursis* penal: "A sentença poderá especificar outras condições a que fica subordinada a suspensão, desde que adequadas ao fato e à situação pessoal do condenado".

No caso do *sursis* penal, trata-se de possibilidade deixada a cargo do julgador para proceder à melhor individualização da pena, ainda que incidente o benefício da suspensão condicional da pena. É dizer: para melhor considerar o caso concreto e estabelecer solução penal adequada, o juiz poderá estabelecer condição específica. A exigência é que tal imposição guarde fundamentação que relacione tal imposição com a peculiaridade estabelecida no fato e à situação pessoal do próprio condenado.

De igual inspiração é a previsão dessa condição judicial no *sursis* processual. O juiz poderá, após a manifestação de aceitação da proposta formulada pelo Ministério Público, estabelecer condição que entenda adequada ao caso concreto e compatível com a situação pessoal do acusado. A preocupação que deve orientar tal condição é que a resposta ao acusado, ainda que por meio do instituto despenalizante, se mostre adequada à reprovação do fato e à prevenção de delitos. Ainda que busque justamente afastar a resposta tradicional do processo-crime e a eventual imposição de sentença condenatória, a suspensão condicional do processo é instituto que a toda evidência realiza modo de *responsabilização* do acusado, ainda que por meio diverso da tradição imposição de pena por sentença condenatória. Por isso, a intervenção judicial, também nesse caso, se orienta pela regra insculpida no art. 59 do Código Penal, *caput*, *in fine*, do CP: "conforme seja necessário e suficiente para reprovação e prevenção do crime". Afinal, por que outra razão se moveria o julgador que não pelos critérios de suficiência e necessidade da resposta penal do Estado?

O minudenciamento da condição judicial não raro guarda similitude ou mesmo identidade com eventual pena alternativa descrita na Seção II do Capítulo I do Título V do Código Penal (Das penas – Das espécies de pena – Das penas restritivas de direitos). Há crítica doutrinária no sentido de que a eventual imposição de condição que guarde similitude ou coincidência com pena restritiva de direito estabelecida no Código Penal implicaria violação ao princípio da legalidade penal (*nullum crime, nulla poena, sine praevia lege*). O argumento: estar-se-ia diante da imposição de pena estranha ao que preceitua o próprio tipo penal e, o mais importante, sem a observância do processo, que, aliás, o instituto do *sursis* processual busca exatamente evitar. O tema chegou aos Tribunais que, claramente, fizeram opção clara no sentido de prestigiar a construção de resposta adequada ao caso concreto por meio da intervenção judicial na imposição da condição descrita no § 2.º do art. 89 da Lei n. 9.099, a exemplo, aliás, do que se entende a respeito da condição judicial imposta no *sursis* da pena. Confira-se o seguinte julgado do STF a respeito do tema: "Não é inválida a imposição, como condição para a suspensão condicional do processo, de prestação de serviços ou prestação pecuniária, desde que "adequadas ao fato e à situação pessoal do acusado" e fixadas em patamares distantes das penas decorrentes de eventual condenação" (HC 123.324, 1.ª Turma, Rel. Min. Rosa Weber, DJe de 7/11/2014). Ainda, veja-se também este aresto: "Ambas as Turmas desta Corte já assentaram o entendimento de que a imposição de prestação pecuniária como condição para a suspensão condicional do processo é válida, desde que adequada ao fato e à situação do acusado, justamente como se observa no caso concreto" (HC 115.721, 2.ª Turma, Rel. Min. Ricardo Lewandovski, DJe de 28/6/2013).

O tema, vale dizer, já foi objeto de decisão proferida pelo STJ segundo o rito específico para recurso repetitivo, no qual se firmou a seguinte tese: "Não há óbice a que se estabeleçam, no prudente uso da faculdade judicial disposta no art. 89, § 2º, da Lei n. 9.099/1995, obrigações equivalentes, do ponto de vista prático, a sanções penais (tais como a prestação de serviços comunitários ou a prestação pecuniária), mas que, para os fins do *sursis* processual, se apresentam tão somente como condições para sua incidência" (REsp 1498034, Rel. Min. Rogerio Schietti Cruz, 3.ª Seção, julgado em 25/11/2015, DJe de 2/12/2015).

Assim, o juiz poderá (*rectius*, deverá), quando adequado ao caso concreto e atento às condições pessoais do acusado, impor condição específica para a suspensão condicional do processo, que integrará os termos do que acordado pelas partes para o período de prova.

Por fim, registre-se que a condição que escapa daquelas enumeradas no § 1.º do art. 89 só pode ser aquela imposta pelo juízo. Na prática das audiências criminais, dada a atribuição do Ministério Público de fiscalizar fundações e entidades de interesse social em geral, não raro os dados de entidades que sejam indicadas como beneficiárias de prestações pecuniárias, serviços voluntários e outras atividades encontram-se de posse do promotor de justiça ou procurador da república presente no ato processual. Por isso, mostra-se relativamente comum que a condição descrita no § 2.º do art. 89 derive, na audiência, de manifestação apresentada pelo Ministério Público. Em situações assim, é bom destacar, tal manifestação assume o caráter de alvitre, sugestão ou recomendação do Ministério Público. Isso porque a condição é mesmo do juízo e, ainda que sugerida pelo Ministério Público na assentada, ela será imposta ao acusado apenas se acolhida pelo juiz. É dizer: ela não se insere no âmbito da proposta do titular da ação penal. Ainda que manifestada pelo Ministério Público, se for imposta no caso concreto, assim ocorrerá porque o juiz acolheu tal sugestão (e não porque o Ministério Público titularize a oferta de tal condição no *sursis* processual).

REVOGAÇÃO DO BENEFÍCIO

Os parágrafos 3.º e 4.º estabelecem, respectivamente, as causas de revogação obrigatória e facultativa do benefício da suspensão condicional do processo.

Se o acusado, no período da suspensão do processo, vier a ser processado por outro crime, o benefício será necessariamente revogado pelo juiz e a persecução penal que se buscava evitar retomará o seu curso. A expressão "ser processado por outro crime" refere-se ao caso em que o acusado tem contra si a ação penal recebida pelo juízo. Afinal, a instauração do processo-crime ocorre quando afirmativo o juízo de prelibação (admissibilidade) da ação penal.

De igual modo, se o acusado não repara o dano ensejado pela prática criminosa, quando lhe é possível fazê-lo, também essa razão é causa obrigatória de revogação do benefício. Veremos logo adiante que a verificação dessa condição pode se dar mesmo após o escoamento do prazo da suspensão condicional do processo. Por ora, contudo, sigamos na apreciação das hipóteses de revogação do benefício.

Se o acusado vier a ser processado criminalmente por contravenção penal (e não crime) ou se vier a descumprir as demais condições descritas nos incisos II, III e IV do § 1.º (proibição de frequentar determinados lugares, proibição de ausentar-se da comarca sem prévia autorização do juízo, comparecimento periódico ao juízo para informar e justificar suas atividades), o juiz apreciará a possibilidade de revogar o benefício. São situações em que a revogação é facultativa, isto é, depende de decisão motivada do juiz que, nesses casos, conjugará a falta do acusado em face das condições que lhe foram impostas, as razões eventualmente apresentadas para tanto e a frustração (ou não) do benefício como medida despenalizante e que evita a resposta própria da persecução penal tradicional.

Como se vê, a reparação do dano e a vedação de que o acusado venha a ser processado por crime no curso do *sursis* são razões obrigatórias de revogação do benefício. Já o descumprimento das demais condições legais ou impostas pelo juízo ou, ainda, a instauração de processo-crime por suposta prática de contravenção penal reclamarão do juízo a aferição sobre a necessidade, ou não, de revogação do benefício. O critério orientador dessa decisão é mesmo aquele lançado para a imposição de condição judicial ao acusado: a imposição de resposta que seja adequada ao fato e à situação pessoal do acusado. Essa resposta pode variar desde a desconsideração da falta, à prorrogação do prazo de suspensão do processo ou, em última análise, à revogação do benefício.

VERIFICAÇÃO DO CUMPRIMENTO DAS CONDIÇÕES

O acusado, então, na suspensão condicional do processo observa o prazo que pode variar de dois a quatro anos. Ele dispõe desse prazo para: observar as condições que lhe foram impostas por ocasião da concessão do benefício e cumprir as obrigações decorrentes dessas condições. A mais relevante delas, máxime quando se tem em conta a atenção que a Lei n. 9.099 teve com os reclamos de Vitimologia, é realmente a reparação do dano experimentado pelo ofendido por força do fato criminoso noticiado na ação penal.

A jurisprudência ao longo dos anos mostrou-se controvertida sobre a verificação da implementação da condição atinente à reparação do ano. Em particular, a 6.ª Turma do STJ chegou a ostentar o entendimento de que não se poderia exigir do acusado a comprovação do cumprimento da condição atinente à reparação do dano após o escoamento do prazo da suspensão.

Tal compreensão criava situação francamente incompreensível. Isso porque o acusado, de fato, dispõe do prazo da suspensão do prazo para cumprir essa condição legal. Quando lhe era exigido o implemento da condição, o acusado poderia alegar que o prazo ainda não havia se escoado. Porém, se escoado o prazo, segundo essa compreensão, não mais se poderia exigir do acusado o implemento de tal condição. Criar-se-ia a esdrúxula – e até mesmo risível – situação em que o acusado passaria o prazo da suspensão alegando que ainda dispõe de prazo para implementar a condição e, após o escoamento do prazo, diria que o prazo para dele se exigir o cumprimento da obrigação... acabou.

Atento a isso, pois, o STJ, por sua 3.ª Seção, em julgamento de recurso tomado como repetitivo em 25/11/2015, fixou a seguinte tese: "Se descumpridas as condições impostas durante o período de prova da suspensão condicional do processo, o benefício poderá ser revogado, mesmo se já ultrapassado o prazo legal, desde que referente a fato ocorrido durante sua vigência." (REsp 1498034, Rel. Min. Rogerio Schietti Cruz, 3.ª Seção, julgado em 25/11/2015, DJe de 2/12/2015).

Assim, o acusado poderá ser chamado a comprovar que cumpriu a condição atinente ao dever de reparar o dano mesmo depois do escoamento do prazo para a suspensão do processo. E, se não demonstrar o implemento de sua obrigação ou a impossibilidade de fazê-lo, o benefício será necessariamente revogado, com a consequente retomada do processo-crime e sua marcha procedimental.

TRANSCURSO DO PRAZO E EXTINÇÃO DA PUNIBILIDADE

A Lei n. 9.099, para evitar que a incidência do instituto da suspensão condicional do processo milite contra a efetividade da resposta penal, determina que, durante o curso do período de suspensão, o prazo prescricional fica suspenso.

Sabemos que o primeiro marco interruptivo da prescrição, cuja contagem se inicia da data do fato criminoso, é o recebimento da ação penal em juízo, com a consequente instauração do processo-crime (art. 117, inc. I, do CP).

O próximo marco interruptivo da prescrição ocorrerá apenas por meio da decisão de pronúncia (inciso II), decisão própria do procedimento dos crimes dolosos contra a vida, ou por meio da publicação da sentença condenatória ou acórdão condenatório (inciso III). Após tais marcos, só mesmo o início do cumprimento da reprimenda ou a ocorrência do instituto da reincidência é que permitirão a interrupção do prazo prescricional (incisos V e VI do art. 117 do CP).

Quando se tem em conta que o crime de médio potencial ofensivo, se tem pena privativa de liberdade mínima não superior a um ano, dificilmente terá prazo de prescrição superior a cinco anos, logo se vê que as disposições sobre prescrição, em regra, serão aquelas veiculadas nos incisos IV, V e VI do art. 109 do CP (oito, quatro e três, respectivamente, para a prescrição), a suspensão do prazo prescricional realmente se mostra medida necessária para que o benefício do *sursis* não se converta em fomento à frustração da resposta penal.

Anote-se que a disposição trazida pelo § 6.º do art. 89, claramente, por implicar a suspensão do prazo prescricional <u>em desfavor do acusado</u>, materializa norma de direito material mais gravosa ao acusado (a exemplo do que previsto no art. 366 do CPP, com a redação estabelecida pela Lei n. 9.271/1996). Por conseguinte, tal preceito legal só encontrou aplicação aos fatos praticados já na sua vigência.

Transcorrido o prazo da suspensão do processo e, se o acusado não deu causa à incidência de razão para a revogação do benefício, bem assim demonstrou o implemento da reparação do dano (ou a impossibilidade de fazê-lo) e também da condição judicial, teremos que o benefício se perfectibiliza. Assim, atendido o período de prova sem razões para afastamento do benefício, o caso será de extinção da punibilidade do fato.

Veja-se que a extinção da punibilidade do fato pelo cumprimento das condições da suspensão do processo, nos termos do art. 89 da Lei n. 9.099, não se dá em nenhuma das hipóteses descritas no art. 107 do CP. Trata-se de uma razão própria, estabelecida no próprio art. 89 da Lei n. 9.099 e, por conseguinte, ausente razão de menção a qualquer das hipóteses descritas no CP. O juiz proferirá sentença terminativa do feito, definitiva, afastando todos os efeitos deletérios que a existência de processo criminal em desfavor do acusado pudesse trazer. O acusado, pois, resguarda a sua primariedade, seus bons antecedentes e, diferentemente do que ocorre na transação penal, não haverá qualquer vedação objetivamente considerada de incidência do benefício novamente tão logo seja o processo devidamente extinto e arquivado.

Art. 90. As disposições desta Lei não se aplicam aos processos penais cuja instrução já estiver iniciada. (Vide ADIN nº 1.719-9)

A disposição veiculada no art. 90 da Lei n. 9.099, passados mais de vinte anos de vigência do diploma legal, perdeu muito de sua relevância prática. Trata-se de preceito legal que versa sobre a aplicação das disposições trazidas pela Lei n. 9.099 no tempo.

Como vimos, a Lei n. 9.099 traz disposições de caráter processual, mas também enumera diversos preceitos que guardam reflexos no direito material. Os institutos da composição dos danos civis, da transação penal, da representação para o processamento da ação penal nos crimes de lesões leves e culposas e a suspensão condicional do processo são institutos processuais que têm o condão de extinguir a punibilidade do fato criminoso. Por isso, são normas de conteúdo dúplice: processual (adjetiva) e penal (material).

Os regimes de aplicação da lei penal e processual penal no tempo diferem entre si. A norma penal, como se sabe, se mais gravosa ao agente criminoso, só pode incidir para os fatos praticados na sua vigência. A norma penal mais benéfica que seja posterior ao fato retroage para que seus efeitos atinjam fatos realizados mesmo antes de sua vigência. Tudo, nos termos do art. 2.º do Código Penal.

Já a norma processual penal aplica-se desde logo, concretizando o aforismo *tempus regit actum*. Não se questiona se mais benéfica ou gravosa ao agente criminoso: sua incidência abrange os atos processuais praticados na sua vigência.

Com a nítida pretensão de escapar da discussão procedimental que o surgimento da Lei n. 9.099 seguramente traria, dada a multiplicidade de disposições de direito material e processual penal, o legislador previu que a Lei n. 9.099 só teria aplicação aos processos criminais cuja instrução (em juízo) não tivesse se iniciado.

A *mens legislatoris*, contudo, não resistiu ao escrutínio judicial. É que, apesar da literalidade do art. 90, não haveria como evitar que as disposições de caráter material, se mais benéficas ao agente criminoso, retroagissem para atingir fatos praticados antes de sua vigência independentemente do estágio processual em que estivessem os respectivos feitos. O preceito, pois, foi objeto de ação direta de inconstitucionalidade: afinal, é a Constituição Federal que determina que "a lei penal não retroagirá, salvo para beneficiar o réu" (art. 5.º, inc. XL).

Desse modo, ao pretender restringir a incidência do preceito constitucional, o art. 90 incidiu em vício de inconstitucionalidade. O âmbito de aplicação do preceito legal, pois, trazia em seu espectro de aplicação hipótese contrária ao que estabelece a Constituição. O Judiciário, então, valendo-se da técnica de interpretação conforme a Constituição, excluiu da determinação veiculada no art. 90 da Lei n. 9.099 as disposições de Direito Penal material dessa Lei que fossem mais benéficas ao réu. Vale transcrever o excerto da lição do STF: O art. 90 da lei 9.099/1995 determina que as disposições da lei dos Juizados Especiais não são aplicáveis aos processos penais nos quais a fase de instrução já tenha sido iniciada. Em se tratando de normas de natureza processual, a exceção estabelecida por lei à regra geral contida no art. 2º do CPP não padece de vício de inconstitucionalidade. Contudo, as normas de direito penal que tenham conteúdo mais benéfico aos réus devem retroagir para beneficiá-los, à luz do que determina o art. 5º, XL da Constituição federal. Interpretação conforme ao art. 90 da Lei 9.099/1995 para excluir de sua abrangência as normas de direito penal mais favoráveis ao réu contidas nessa lei." (ADI 1.1719, Pleno, Rel. Min. Joaquim Barbosa, julgamento em 18/6/2007, DJe de 3/8/2007).

Atualmente, repita-se, tal discussão encontra-se esvaziada e a discussão sobre o preceito guarda interesse histórico e de exemplo concreto do que estabelece o nosso regime jurídico sobre a aplicação da lei penal e da lei processual no tempo.

Art. 90-A. As disposições desta Lei não se aplicam no âmbito da Justiça Militar. (Artigo incluído pela Lei nº 9.839, de 27.9.1999)

Num primeiro momento, a Lei n. 9.099 não trouxe qualquer ressalva quanto a sua extensão aos casos de incidência do Código de Processo Penal Militar.

No entanto, atento aos valores da hierarquia e da disciplina, fundamentos na vida castrense, entendeu por bem o legislador em afastar os institutos despenalizantes estabelecidos na Lei n. 9.099 do âmbito da Justiça Militar.

Tal vedação, portanto, alcança não só a Justiça Militar da Uniao, que se refere às Forças Armadas (Exército, Marinha e Aeronáutica), mas também a Justiça Militar dos Estados, que cuida das corporações militares da Polícia Militar e do Corpo de Bombeiros Militar. Nesses casos, pois, a incidência apenas do Código de Processo Militar será de rigor. Havendo, contudo, razão de deslocamento da competência para a Justiça comum (estadual ou federal), não haverá óbice à incidência dos institutos da Lei n. 9.099 e também do procedimento sumaríssimo nela detalhado.

Nesse sentido, vale dizer, o STF consolidou sua compreensão, *verbis*: "O Supremo Tribunal Federal firmou entendimento no sentido da aplicação à Justiça Militar da Lei nº 9.099/95. A Lei nº 9.839, de 27.09.99, que acrescentou o art. 90-A à Lei nº 9.099/95 e afastou a aplicação das suas disposições no âmbito da Justiça Militar, embora consubstancie disposição processual, tem efeitos de direito material, na medida em que obsta a aplicação de normas despenalizadoras de caráter preponderantemente penal. Tratando-se de condenação anterior à referida lei, seus efeitos não podem prejudicar o réu." (STF, HC 80.177, 1.ª Turma, Rel. Min. Ilmar Galvão, Ementário 2007/403). No mesmo sentido, ilustrativamente, também no STF: HC 80.054 e HC 79.988.

Art. 91. Nos casos em que esta Lei passa a exigir representação para a propositura da ação penal pública, o ofendido ou seu representante legal será intimado para oferecê-la no prazo de trinta dias, sob pena de decadência.

Também o art. 91 da Lei n. 9.099 trouxe norma de direito intertemporal e sua relevância prática restou esvaziada hoje por força do decurso do tempo. Afirmou o legislador que, nos casos de persecução penal dos crimes de lesões leves ou culposas (art. 88), o ofendido ou seu representante legal seria notificado a deduzir, no prazo de 30 dias, a representação cujo direito de exercício lhe foi reconhecido na Lei n. 9.099.

Se o crime antes era de ação penal pública incondicionada e, com a previsão trazida no art. 88, passou a ser de ação penal pública condicionada a representação, andou bem o legislador em prever expressamente o prazo para o exercício desse direito. Além disso, igualmente permitiu, desse modo, a incidência dos institutos da composição dos danos civis, da transação e também da suspensão condicional do processo. É que, no silêncio da Lei, isto é, caso não trouxesse a Lei n. 9.099 a previsão inserta no art. 91, teríamos que a alteração do regime da ação penal era disposição de direito material mais benéfica ao agente criminoso e, portanto, incidente naqueles crimes cuja ação penal ainda não tivesse sido exercitada.

A disposição do art. 91, então, exerceu lídimo espaço de conformação legislativa do instituto, prevenindo controvérsias e dúvidas sobre a incidência da Lei n. 9.099 no tempo, em especial a disposição do art. 88 (representação para os crimes de lesões leves e culposas).

Art. 92. Aplicam-se subsidiariamente as disposições dos Códigos Penal e de Processo Penal, no que não forem incompatíveis com esta Lei.

O art. 92 estabeleceu a subsidiariedade de aplicação do CPP e do CP também aos fatos e processos sobre os quais versa a Lei n. 9.099. O referido dispositivo, assim, guarda conformidade com o que dispõe o art. 1.º do CPP, que estabelece a observância do CPP para todo o processo penal em território brasileiro, ressalvada eventual legislação especial que com ele seja incompatível. Também as disposições do Código Penal guardam caráter de subsidiariedade em face do que dispõe a Lei n. 9.099.

A Lei n. 9.099, como vimos ao longo dos comentários de seus dispositivos, antecedeu, influenciou e materializou diversas inovações no Direito Processual Penal brasileiro. Muitas delas, bem recebidas, deixaram de ser peculiaridade para se tornarem a regra procedimental no processo penal pátrio. Ainda assim, é importante observar, diante de eventual ponto em que a Lei n. 9.099 traga disposição diversa e especial aparentemente conflitante com o que dispõe o CPP, a precedência é mesmo da norma especial.

CAPÍTULO 22

Interceptação Telefônica – Lei 9.296/1996

Fábio Ianni Goldfinger

PRECEDENTES HISTÓRICOS

Na Constituição do Império o sigilo das comunicações e das correspondências era absoluta, pois não havia menção às exceções.

A Constituição de 1937 previa a inviolabilidade do domicílio e da correspondência, salvo nas hipóteses excepcionais previstas em lei.

Por sua vez, a Constituição de 1946 não fez menção ao sigilo das comunicações telefônicas, porém previu a inviolabilidade do sigilo da correspondência, conforme o art. 141, § 6º.

Na Constituição Federal de 1967, com a redação dada pela Emenda n. 1 de 17/10/69, o art. 153, § 9º, dispôs sobre a **inviolabilidade da correspondência** e das **comunicações telegráficas e telefônicas.**

Já no âmbito legislativo, em 1962, surgiu o Código Brasileiro de Telecomunicações (Lei n. 4.117), regulamentado pelo Decreto n. 5.761/66, que previa a admissibilidade de utilização da interceptação telefônica mediante autorização judicial (art. 57)[1].

Havia, à época, um evidente conflito entre a Constituição de 1969 que considerava absoluta a inadmissibilidade da interceptação e o art. 57 do Código Brasileiro de Telecomunicações.

A doutrina sustentava a admissibilidade da interceptação, desde que fosse atendido os requisitos previstos no art. 57 da Lei n. 4.117/62.

---

1 Art. 57. Não constitui violação de telecomunicação:

I – A recepção de telecomunicação dirigida por quem diretamente ou como cooperação esteja legalmente autorizado;

II – O conhecimento dado:

a) ao destinatário da telecomunicação ou a seu representante legal;

b) aos intervenientes necessários ao curso da telecomunicação;

c) ao comandante ou chefe, sob cujas ordens imediatas estiver servindo;

d) aos fiscais do Govêrno junto aos concessionários ou permissionários;

e) ao juiz competente, mediante requisição ou intimação dêste.

Parágrafo único. Não estão compreendidas nas proibições contidas nesta lei as radiocomunicações destinadas a ser livremente recebidas, as de amadores, as relativas a navios e aeronaves em perigo, ou as transmitidas nos casos de calamidade pública.

Em 1988 com a promulgação da Constituição Cidadã, houve mudança no quadro constitucional sobre o tema, pois o **art. 5º, inc. XII**, passou a admitir a interceptação telefônica, mediante o preenchimento de alguns parâmetros que fossem postos através de uma lei específica.

Ai então, iniciou-se a discussão se o art. 57 da Lei n. 4.117/62 havia sido recepcionado pela ordem constitucional vigente. Havia posicionamento doutrinário sustentando a recepção e outros não, causando autorizações controvertidas, de forma a trazer insegurança jurídica sobre o direito fundamental à intimidade.

Após oito anos, foi então publicada a **Lei n. 9.296/96.**

INTERCEPTAÇÃO TELEFÔNICA NO DIREITO COMPARADO

Inglaterra

Na **Inglaterra**, no sistema da *common law,* mantem-se a concepção tradicional de que toda a prova será válida, desde que a mesma seja relevante.

Há algumas leis esparsas, como o *Wireless Telegraphy Act* de 1949, prevendo como crime o uso de aparelhos de radiotelecomunicação com a finalidade de obter conhecimento do conteúdo, dos comunicadores, à semelhança da interceptação telefônica.

Não é praxe dos ingleses a utilização da escuta como meio de prova em juízo, apenas como forma de investigação.

Itália

Na Constituição da Itália há previsão da inviolabilidade do sigilo das correspondências e das comunicações, sendo que somente poderão ser autorizadas a captação da prova através de decisão judicial motivada e com as garantias previstas em lei (art. 15).

A Lei n. 517, de 18/6/55 surgiu algumas normativas legais. Posteriormente, a Lei n. 98/74, atendendo à previsão do art. 15 da Constituição Italiana, surgiu a Lei n. 98, que disciplinou as interceptações, inserindo no art. 226 do Código de Processo Penal e trouxe uma série de garantias indispensáveis à concessão da medida, tais como:

> "a) Só é admitida a interceptação nos crimes dolosos com peã superior a cinco anos e infrações relativas a entorpecentes, armas e explosivos, contrabando, injúria, ameaça e perturbação mediante telefone;
>
> b) Existência de sérios e concretos indícios de infração penal, bem como a efetiva impossibilidade de obter a prova por outro meio;
>
> c) Modalidade e duração da medida, bem como sua anotação junto ao Poder Judiciário e ao Registro Público competente;
>
> d) Lavratura de auto e remessa das gravações à autoridade judiciária, intimação dos defensores, para que possam examinar os autos, triagem das gravações e termos com a destruição do que for impertinente;
>
> e) Cominação de nulidade absoluta da prova obtida por interceptações ilegais. O artigo excluía a disciplina das interceptações de conversa entre presentes (escuta ambiental) e as gravações clandestinas, mas, atualmente, pelo Código de Processo Penal de 1988, no n. 2 do art. 226, foram incluídas as escutas ambientais e gravações clandestinas."[2].

2 Mendes, Maria Gilmaíse de Oliviera. Direito à intimidade e interceptação telefônica. Belo Horizonte: Mandamentos. 1999. p. 154/151.

No sistema italiano, a interceptação será requerida pelo Ministério Público (art. 267 do CPP) ao Juiz que possuir competência, que deverá decidir de forma motivada a respeito do deferimento da medida.

Ainda, nesse sistema, poderá o Ministério Público, caso haja urgência e fundado motivo de demora na colheita da prova, de modo a prejudicar as investigações, poderá determinar a interceptação telefônica. Contudo, o Juiz deverá ser comunicado no prazo de 24 horas, cuja decisão será pela convalidação ou não do ato do Ministério Público, consoante dispõe o art. 267, n. 2 do CPP Italiano.

França

Já no sistema Francês, não há legislação específica sobre interceptações telefônicas, contudo, prevê a Declaração de 1789 garante, no art. 11, a liberdade das comunicações.

Porém, há uma interpretação elaborada pela doutrina e a jurisprudência, do ao art. 81, *caput*, do CPP, que confere ao Juiz instrutor a possibilidade de proceder a todos os atos instrutórios necessários à apuração da verdade, de conformidade com a lei, admitindo a prerrogativa dos órgãos policiais de "controlar telefonemas".

Embora haja o entendimento acima mencionado, importante destacar que o art. 8º da Comissão Europeia dos Direitos Humanos (CEDH) só admite a ingerência da autoridade pública com a finalidade de interceptação com a presença de lei, ainda inexistente no ordenamento jurídico da França.

Suíça

Por sua vez, na Suíça, a inviolabilidade do sigilo postal e telegráfico está previsto no art. 36 da Constituição Federal da Suíça. Assim, entende a doutrina e a jurisprudência que nesse dispositivo constitucional se inclui a proteção às comunicações telefônicas. Porém, a legitimação para a utilização da interceptação telefônica, ocorreu com a legislação de 1922, permitindo apenas nos casos de crimes de natureza grave, e ainda limitando as autoridades que podem autorizá-la.

Suécia

Na Suécia é possível a autorização das interceptações telefônicas em casos de crimes com previsão de pena com menos de dois anos de reclusão, quando se tratar de fatos contra a segurança do Estado e contra a segurança pública, mediante comunicação ao Tribunal, conforme preceitua o atual Código de Processo Penal sueco, modificado pelas leis de 1962 e 1969.

DIREITO INTERTEMPORAL E CONVALIDAÇÕES DE INTERCEPTAÇÕES ANTERIORES A LEI DE INTERCEPTAÇÃO

Como se trata de uma Lei de caráter processual penal, sua **aplicação será imediata**, conforme estabelece o art. 2º do CPP. Portanto, a Lei n. 9.296/96 deve ser aplicada aos processos já em curso na época da vigência da Lei, abrangendo inclusive os processos por crimes praticados antes da vigência da Lei, não havendo em que se falar em retroatividade, pois trata-se de norma de puro caráter **processual**, não regendo sobre o fato criminoso.

Contudo, o disposto no art. 10 da Lei n. 9.296/96 não se trata de norma processual, e sim de norma penal, tratando-se de uma *novatio legis* incriminadora, portanto, irretroativa.

As interceptações telefônicas realizadas antes da Lei n. 9.296/96 será considerada **ilícita**, segundo já decidiu o STF (HC 69.912-0/RS, rel. Min. Sepúlveda Pertence), não alcançando para fins de validade, a edição de nova lei.

Art. 1º A interceptação de comunicações telefônicas, de qualquer natureza, para prova em investigação criminal e em instrução processual penal, observará o disposto nesta Lei e dependerá de ordem do juiz competente da ação principal, sob segredo de justiça.

Parágrafo único. O disposto nesta Lei aplica-se à interceptação do fluxo de comunicações em sistemas de informática e telemática.

FUNDAMENTO CONSTITUCIONAL

O **art. 5º, inc. XII, da CF**, estabelece que:

> XII – **é** inviolável o sigilo da correspondência e das comunicações telegráficas, de dados e das comunicações telefônicas, salvo, no **último** caso, por ordem judicial, nas hipóteses e na forma que a lei estabelecer para fins de investigação criminal ou instrução processual penal;

Ao estudar as questões envolvendo interceptações telefônicas, importante manter a concepção de que não há direito ou garantia de **caráter absoluto**.

Assim, desde que seja obtida a autorização judicial, será possível toda e qualquer interceptação, atentando-se que seja para fins de investigação e processo criminal, sempre se observando a previsão legal.

Questiona-se a expressão "salvo, no último caso", prevista no dispositivo constitucional acima citado, conferindo-lhe duas possibilidades de interceptação. A primeira **somente as interceptações telefônicas** poderiam ser interceptadas, na forma da Lei, sendo as demais absolutamente preservadas. Outro entendimento, admite que as **comunicações telefônicas e as demais** poderão ser interceptadas mediante ordem judicial, desde que para fins criminais.

De acordo com previsão constitucional, qualquer forma de interceptação poderá ser realizada, podendo abranger a comunicação telefônica, de dados ou ainda telegráficas, desde que tenha os fins constitucionais mencionados.

Na linha da proteção ao direito à intimidade, além da disposição constitucional, o Brasil é signatário de alguns tratados internacionais, os quais protegem a vida privada do cidadão e a inviolabilidade na correspondência.

Entre eles, o Brasil é signatário do Pacto de São José da Costa Rica, conforme Decreto n. 678/92.

O art. 11 do referido pacto não permite que o cidadão seja violado de forma abusiva ou arbitrária em sua vida privada e sua "correspondência":

> "ARTIGO 11 Proteção da Honra e da Dignidade
>
> 1. Toda pessoa tem direito ao respeito de sua honra e ao reconhecimento de sua dignidade.
>
> 2. Ninguém pode ser objeto de ingerências arbitrárias ou abusivas em sua vida privada, na

de sua família, em seu domicílio ou em sua correspondência, nem de ofensas ilegais à sua honra ou reputação.

3. Toda pessoa tem direito à proteção da lei contra tais ingerências ou tais ofensas.".

Ainda o Brasil é signatário do Pacto Internacional sobre Direitos Civis e Políticos, conforme Decreto n. 592/92. De acordo com referido Pacto, em seu art. 17:

"1. Ninguém poderá ser objetivo de ingerências arbitrárias ou ilegais em sua vida privada, em sua família, em seu domicílio ou em sua correspondência, nem de ofensas ilegais às suas honra e reputação.

2. Toda pessoa terá direito à proteção da lei contra essas ingerências ou ofensas.".

Com fundamento na normativa constitucional, a Lei n. 9.296/96 tratou da autorização, regulamentação e também dos limites para que pudessem ser realizadas interceptações telefônicas como **meio de prova** no curso da persecução penal.

De acordo com as expressões contidas tanto na CF/88, como no art. 1º da Lei n. 9.296/96, a interceptação telefônica abrange as duas fases da persecução criminal, quais sejam, o **inquérito policial** e a **ação penal.**

PROJETO DE LEI QUE MODIFICA O CÓDIGO DE PROCESSO PENAL

Está em tramite junto à Câmara dos Deputados o Projeto de Lei n. 8045/2010 que estabelece um novo Código de Processo Penal. Nesse novo projeto de lei há uma **sessão específica** que trata sobre a interceptação telefônica, de modo a **revogar** a atual Lei n. 9. 296/96, através do arts. 245 a 263.

No decorrer dos comentários dos artigos da Lei n. 9.296/96, serão mencionados os dispositivos propostos pelo projeto de Lei n. 8.045/10, como forma de comparar a atual legislação, os entendimentos doutrinários e jurisprudenciais sobre o tema e a proposição legislativa em trâmite.

Márcio Berclaz e Sandro Rollo apresentam um resumo das principais propostas de modificações encetadas no projeto de Lei n. 8.045/10:

1) "É estabelecido um conceito de interceptação telefônica: considera-se interceptação das comunicações telefônicas a escuta, gravação, transcrição, decodificação ou qualquer outro procedimento que permita a obtenção das informações e dados que compreenda o conteúdo de conversas, sons, dados e quaisquer outras informações transmitidas ou recebidas no curso das ligações telefônicas (art. 126, §);
2) Definição de uma previsão genérica e aberta a permitir a interceptação de outras formas de comunicação por transmissão de dados, sinais, sons ou imagens (art. 126, inciso II);
3) É ampliado o potencial campo de ação da medida, excluindo apenas os crimes de menor potencial ofensivo, a não ser quando a conduta delituosa for realizada exclusivamente por meio dessa modalidade de comunicação (art. 247);
4) Protege-se, de forma absoluta, as conversas telefônicas entre o investigado ou acusado e seu defensor, quando este estiver no exercício da atividade profissional (248);
5) Suspensão da possibilidade de o juiz, de ofício, determinar a interceptação telefônica;

6) Adicionamento da legitimidade da defesa fazer requerimento de interceptação (art. 249);

7) Ampliação dos requisitos que deverão constar no pedido de interceptação telefônica (art. 249);

8) Imposição legal de segredo de justiça do requerimento ou da representação (art. 250);

9) Estabelecimento de apenas uma hipótese para o pedido verbal de interceptação (quando a vida de uma pessoa estiver em risco), podendo haver dispensa momentânea dos requisitos do art. 249, obrigando-se a redução a termo apenas em momento posterior;

10) Estipulação do agravo como recurso que indeferir o pedido de interceptação (art. 251);

11) Ampliação dos prazos da diligência, fixando-os em 60 dias, renováveis por mais 60 até o limite de 360, salvo quando o crime for permanente (art. 252);

12) Estipulação da forma de cumprimento da ordem judicial (artigos 253/255);

13) Supressão da determinação (art. 6º, § 1º, da Lei 9296/96) da transcrição das gravações;

14) Estabelece-se o prazo de 60 dias para a autoridade policial encaminhar ao juiz todo o material produzido, acompanhado de auto circunstanciado (art. 256);

15) Estabelece-se o prazo de 60 dias, contados do encaminhamento do auto circunstanciado, para que o juiz determine a inutilização do material que não interessar o processo. Além disso, determina-se que o juiz, para tanto, também deverá ouvir a defesa (art. 256, § 1º);

16) Estipulação de ciência ao Ministério Público de todo o material produzido, para que, caso queira, no prazo de 10 dias, requeira diligência complementares (art. 257). Após, determina-se ao juiz que intime o investigado ou acusado para que se manifeste, fornecendo-lhe cópia do material produzido, com especificação das partes que se referem a sua pessoa (art. 258);

17) Determinação para conservação em cartório, sob segredo de justiça, das fitas magnéticas ou quaisquer outras formas de registro das comunicações interceptadas até o trânsito em julgado da sentença, quando serão destruídas na forma a ser indicada pelo juiz, de modo a preservar a intimidade dos envolvidos (art. 259);

18) Determinação para que, finda a instrução processual, dê-se ciência a todas as pessoas que tiverem conversas telefônicas interceptadas, tenham ou não sido indicadas ou denunciadas, salvo se o juiz entender, por decisão fundamentada, que a providência poderá prejudicar outras investigações em curso (art. 260);

19) Estipulação de que as dúvidas a respeito da autenticidade ou da integridade do material produzido serão dirimidas pelo juiz (art. 261);

20) Determinação de que, na hipótese de a interceptação das comunicações telefônicas revelar indícios de crime diverso daquele para o qual a autorização foi dada e que não lhe seja conexo, o Delegado de Polícia deverá remeter ao Ministério Público os documentos necessários para as providências cabíveis (art. 262);

21) Impedimento absoluto da utilização das informações obtidas por meio da interceptação de comunicações telefônicas realizada sem observância dos procedimentos definidos no Anteprojeto (art. 263);

22) Supressão de disposição semelhante àquela prevista no art. 8º da Lei nº 9.296/96, referente ao momento de apensação da interceptação aos autos, e

23) Revogação da Lei nº 9296/96 (art. 755) e, portanto, do delito previsto no seu art. 10."[3]

MEIO DE PROVA

O conteúdo da lei possui uma predominância na **matéria processual penal**, salvo o art. 10, onde se trata de uma **tipificação penal**.

O objeto da lei é regulamentar a obtenção de um **meio de prova**, servindo o material interceptado dentro do processo, como mais um elemento de prova, não podendo o mesmo ser sobreposto sobre nenhuma outra prova.

CONCEITOS

Interceptar possui o significado de cortar a passagem de alguma coisa, interrupção de fluxo.

A interceptação telefônica é a **captação de conversas telefônicas** por terceiros, ocorrendo quando os interlocutores, em nenhum momento possuem conhecimento da gravação da conversa. Assim, aquele interceptador, capta a comunicação entre pessoas estranhas a ele.

Por sua vez, na **escuta telefônica**, um dos interlocutores possuem ciência da gravação por terceiro.

A **gravação telefônica** ocorre quando um dos interlocutores realiza a gravação, sem o conhecimento do outro. A gravação da conversa, através de um dos interlocutores, é considerada como prova lícita (STJ: RHC 19136/MG).

Nesse sentido também o STF: "A gravação de conversa telefônica feita por um dos interlocutores, sem conhecimento do outro, quando ausente causa legal de sigilo ou de reserva da conversação não é considerada prova ilícita." (AI 578.858 AgR, rel. min. Ellen Gracie, j. 4-8-2009, 2ª T, *DJE* de 28-8-2009. e RE 630.944 AgR, rel. min. Ayres Britto, j. 25-10-2011, 2ª T, *DJE* de 19-12-2011).

INTERCEPTAÇÃO AMBIENTAL

A interceptação além da telefônica, pode-se realizar através de denominada interceptação ambiental.

A interceptação ambiental ocorre quando alguém capta a conversa realizada entre duas ou mais pessoas, em qualquer lugar, público ou privado, porém, fora do telefone.

Esse tipo de interceptação pode ocorrer:

a) de forma a captar conversa mantida em lugar público;

---

3 Berclaz, Márcio Soares; e Rollo, Sandro Cavalcanti. Capítulo X – Prova Testemunhal. *In:* O Projeto do Novo Código de Processo Penal. Editora JusPodivm: Salvador/BA. 2012. p. 308/310.

b) de forma a captar conversa em lugar público, mas em caráter sigiloso, expressamente admitido por qualquer dos interlocutores; e

c) de forma a captar conversa mantida em lugar privado.

ESCUTA E GRAVAÇÃO CLANDESTINA

A captação de conversas por terceiros ainda pode ser na forma de escuta telefônica e a gravação clandestina.

A **escuta telefônica** pode ocorrer por duas formas: **a**) telefônica: quando duas pessoas conversam, onde terceiro ouve e/ou grava a conversa, porém com o conhecimento e ciência de um dos interlocutores; e **b**) ambiental: quando duas pessoas conversam fora do telefone, em qualquer recinto, onde terceiro ouve a conversa, com a ciência e o conhecimento de um dos interlocutores.

Em ambas as hipóteses não há interceptação, pois, um terceiro toma conhecimento da conversa com o consentimento e ciência de um dos interlocutores.

A utilização dessa prova no processo dependerá do caso concreto, pois na hipótese da conversa mantida entre duas pessoas, senão houver o **caráter sigiloso**, expressamente imposto por uma delas, poderá ser ela gravada.

O STF já decidiu que a "gravação de conversa telefônica feita por um dos interlocutores, sem conhecimento do outro, quando ausente causa legal de sigilo ou de reserva da conversação não é considerada prova ilícita." (AI 578.858 AgR, rel. min. Ellen Gracie, j. 4-8-2009, 2ª T, *DJE* de 28-8-2009. e RE 630.944 AgR, rel. min. Ayres Britto, j. 25-10-2011, 2ª T, *DJE* de 19-12-2011).

Não há tipificação penal que configure crime a escuta telefônica.

A **gravação clandestina**, por sua vez, ocorre quando duas pessoas estão conversando, seja por telefone ou em um recinto, enquanto há a gravação por uma das pessoas. Será clandestina a gravação porque uma das pessoas não sabe que está sendo gravada. Não há crime nessa hipótese.

Como já mencionado acima, a utilização da gravação clandestina como prova dependerá da análise do caso concreto, contudo, a questão pode ser analisada em três hipóteses:

a) a conversa não possui caráter sigiloso: portanto, ainda que o outro desconheça que está sendo gravado, tal gravação poderá ser utilizada como prova lícita em qualquer processo;

b) a conversa possui caráter sigiloso, imposto de forma expressa por uma das partes: dessa forma não poderá haver uma gravação lícita da conversa entre as partes, razão pela qual não poderá ser utilizada como prova, sendo que, uma vez utilizada, trata-se de prova ilegítima.

c) a conversa possui caráter sigiloso, porém fornece prova da inocência de algum réu ou de um dos interlocutores: será validade a prova, pois trata-se de hipótese de estado de necessidade, que torna legitima a captação.

O STJ já decidiu que a "escuta telefônica é a captação de conversa feita por um terceiro, com o conhecimento de apenas um dos interlocutores. A gravação telefônica é feita por um dos interlocutores do diálogo, sem o consentimento ou a ciência do outro. A escuta e a gravação telefônicas, por não constituírem interceptação telefônica em sentido estrito, não estão sujeitas à Lei 9.296/1996, podendo ser utilizadas, a depender do caso concreto, como prova no processo.". (HC 161.053-SP, Rel. Min. Jorge Mussi, julgado em 27/11/2012).

Esclareça-se, ainda, segundo já decidiu o STJ, uma interceptação telefônica, sem autorização judicial, não poderá ser transformada em uma gravação, com **posterior consentimento** de um dos interlocutores, para a sua utilização como prova: "O fato de um dos interlocutores dos diálogos gravados de forma clandestina ter consentido posteriormente com a divulgação dos seus conteúdos não tem o condão de legitimar o ato, pois no momento da gravação não tinha ciência do artifício que foi implementado pelo responsável pela interceptação, não se podendo afirmar, portanto, que, caso soubesse, manteria tais conversas pelo telefone interceptado." (HC 161.053-SP, Rel. Min. Jorge Mussi, julgado em 27/11/2012.).

O STJ, sobre a conversa captada pela polícia pelo **sistema viva-voz do telefone celular**, já decidiu, no caso concreto, tratar-se de **prova ilícita**: "(...) 1. O Tribunal de origem considerou que, embora nada de ilícito houvesse sido encontrado em poder do acusado, a prova da traficância foi obtida em flagrante violação ao direito constitucional à não autoincriminação, uma vez que aquele foi compelido a reproduzir, contra si, conversa travada com terceira pessoa pelo sistema viva-voz do celular, que conduziu os policiais à sua residência e culminou com a arrecadação de todo material estupefaciente em questão. 2. Não se cogita estar diante de descoberta inevitável, porquanto este fenômeno ocorre quando a prova derivada seria descoberta de qualquer forma, com ou sem a prova ilícita, o que não se coaduna com o caso aqui tratado em que a prova do crime dependeu da informação obtida pela autoridade policial quando da conversa telefônica travada entre o suspeito e terceira pessoa. 3. O relato dos autos demonstra que a abordagem feita pelos milicianos foi obtida de forma involuntária e coercitiva, por má conduta policial, gerando uma verdadeira autoincriminação. Não se pode perder de vista que qualquer tipo de prova contra o réu que dependa dele mesmo só vale se o ato for feito de forma voluntária e consciente. 4. Está-se diante de situação onde a prova está contaminada, diante do disposto na essência da teoria dos frutos da árvore envenenada (fruits of the poisonous tree), consagrada no art. 5º, inciso LVI, da Constituição Federal, que proclama a nódoa de provas, supostamente consideradas lícitas e admissíveis, mas obtidas a partir de outras declaradas nulas pela forma ilícita de sua colheita. (...)" (REsp 1630097/RJ, Rel. Ministro JOEL ILAN PACIORNIK, QUINTA TURMA, julgado em 18/04/2017, DJe 28/04/2017).

AUTORIZAÇÃO JUDICIAL

Como já visto, a interceptação telefônica constitui-se uma restrição ao **direito à intimidade**, bem como ao sigilo das comunicações telefônicas.

Dessa forma, somente o Poder Judiciário através do Juiz, por ser investido de imparcialidade e isenção, caberá restringir tais direitos, de forma a avaliar, no caso concreto, a necessidade dessa restrição através da interceptação telefônica.

A exigência da autorização judicial busca evitar **abusos e excessos** do Estado, de forma proteger os direitos fundamentais, pois a intervenção prévia do Poder Judiciário controlará e prevenirá qualquer tipo de violação de um direito fundamental.

Dessa forma, o STJ já decidiu que caso não exista "prévia autorização judicial, tampouco configurada a hipótese de gravação de comunicação telefônica, já que nenhum dos interlocutores tinha ciência de tal artifício no momento dos diálogos interceptados, se faz imperiosa a declaração de nulidade da prova, para que não surta efeitos na ação penal." (HC 161.053-SP, Rel. Min. Jorge Mussi, julgado em 27/11/2012.).

COMPETÊNCIA E PROCESSO CRIMINAL

Decorre do princípio do Juízo natural, previsto no **art. 5º, inc. XXXVII e LIII, da CRF/88**, a previsão da necessidade de autorização da interceptação telefônica decorrer de um **Juiz competente**.

A competência do magistrado para apreciar o pedido será regida pelas **normas processuais penais** e pelas normas de organização judiciária, dirigindo-se ao magistrado que possuir competência para fiscalizar o andamento do inquérito policial e determinar as medidas jurisdicionais urgentes.

Dispõe o art. 2º, *caput,* da Resolução n. 59/08 do CNJ que:

"Os pedidos de interceptação de comunicação telefônica, telemática ou de informática, formulados em sede de investigação criminal e em instrução processual penal, serão encaminhados à Distribuição da respectiva Comarca ou Subseção Judiciária, em envelope lacrado contendo o pedido e documentos necessários.".

Uma vez recebido o procedimento de investigação telefônica, nos moldes dos envelopes lacrados descritos na Resolução n. 59/08 do CNJ, o Responsável pela Distribuição ou, na sua ausência, o seu substituto, abrirá o envelope menor e efetuará a distribuição, cadastrando no sistema informatizado local apenas o número do procedimento investigatório e a delegacia ou o órgão do Ministério Público de origem.

Após a realização da distribuição por meio do sistema informatizado local, a medida cautelar sigilosa será remetida ao Juízo competente, imediatamente, **sem violação do lacre** do envelope (art. 9º, *caput,* da Resolução n. 59/08 do CNJ.

Recebido o envelope lacrado pela serventia do Juízo competente, somente o Escrivão ou o responsável pela autuação do expediente e registro dos atos processuais, previamente autorizado pelo Magistrado, poderá abrir o envelope e fazer conclusão para apreciação do pedido (art. 8º, parágrafo único da Resolução n. 59/08 do CNJ).

Disciplina ainda a Resolução n. 59/08 do CNJ a apreciação de medidas cautelares no **Plantão Judiciário**. Na hipótese de concessão de medidas cautelares durante o Plantão Judiciário, caso deferidas ou indeferidas, deverão ser encaminhadas ao Serviço de Distribuição da respectiva comarca, devidamente lacradas (art. 13 da Resolução n. 59/08 do CNJ).

A Resolução do CNJ não admite pedido de prorrogação de prazo de medida cautelar de interceptação de comunicação telefônica, telemática ou de informática **durante o plantão judiciário**, salvo na hipótese de risco iminente e grave à integridade ou à vida de terceiros, bem como durante o Plantão de Recesso previsto artigo 62 da Lei nº 5.010/66.

No julgamento da ADI 4145 do STF (j. 26/04/2018), de relatoria do Min. Edson Fachin, foi declarada a inconstitucionalidade do art. 13, par. 1º, da Resolução nº 59/08 do CNJ. O Plenário do STF decidiu, por maioria de votos, declarar inconstitucional o dispositivo da Resolução 59/2008 do Conselho Nacional de Justiça (CNJ) que não admite a prorrogação de interceptação telefônicas durante o plantão judiciário (como recesso e feriados longos), a não ser em caso de risco à integridade ou à vida de terceiros. Segundo a maioria da Corte Suprema, a limitação trazida à baila pela Resolução do CNJ configura uma interferência na legislação processual bem como na atividade do magistrado, além de carecer de razoabilidade. Dessa forma há possibilidade de riscos em relações às investigações cujas interceptações telefônicas necessitem ser prorrogadas no período vedado pela resolução e o receio de que o dispositivo poderia conduzir, se mantido, a uma passividade do juiz de plantão.

Dessa forma, permitiu o STF que o juiz de plantão poderá prorrogar interceptação telefônica.

Por fim, sobre as medidas apreciadas pelo Plantão Judicial, dispõe o art. 13, § 2º: "Na Ata do Plantão Judiciário constará, apenas, a existência da distribuição de "medida cautelar sigilosa", sem qualquer outra referência, não sendo arquivado no Plantão Judiciário nenhum ato referente à medida.".

O STJ possui o entendimento de que caso não sejam observadas as recomendações previstas na Resolução n. 59/2008 do CNJ, caracterizada está a **mera irregularidade**, pois não haverá condução ao reconhecimento de nulidade, "desde que atendido o comando legal imposto pela Lei n. 9.296/96 (...)" (RHC n. 78.587/SC, Quinta Turma, Rel. Min. Joel Ilan Paciornik, DJe de 7/6/2017)." (HC 339.407/RJ, Rel. Ministro FELIX FISCHER, QUINTA TURMA, julgado em 03/08/2017, DJe 15/08/2017).

Caso haja **outros fatos** a serem apurados não se impede posteriormente a remessa do material interceptado a outros juízes.

A interceptação telefônica poderá ter natureza de medida cautelar, assim, o requerimento será distribuído, de forma livre, a um dos Juízos criminais que possuem competência para processar e julgar o crime. Nessa hipótese, esse Juízo ficará **prevento** para o futuro processo a ser instaurado, de acordo com as normas processuais previstas nos arts. 75 e 83 do CPP.

Na hipótese da concessão de medida cautelar de interceptação telefônica, a regra de competência há de ser vista e aplicada com temperamentos, assim, o deferimento da medida realizada por um juiz federal, não será induzida na ilicitude da prova, caso o mesmo venha, posteriormente, ser declarado incompetente (HC 81.260, rel. min. Sepúlveda Pertence, j. 14-11-2001, P, *DJ* de 19-4-2002 e MS 24.803, rel. min. Joaquim Barbosa, j. 29-10-2008, P, *DJE* de 5-6-2009).

Assim, a **declinação de competência** não possui o condão de invalidar a interceptação telefônica autorizada por Juízo que, inicialmente, era considerado competente. (HC 228.860/SP, Rel. Ministra LAURITA VAZ, QUINTA TURMA, julgado em 03/09/2013, DJe 10/10/2013).

Há que se verificar, nas hipóteses de medidas cautelares, o cuidado de não haver burla ao princípio constitucional do juiz natural. Dessa forma, serão consideradas nulas as diligências autorizadas em contrariedade a norma procedimental penal, como na hipótese de Magistrado manifestamente carente de competência territorial, bem como não se tratam de hipótese de alteração de competência por impedimento ou suspeição. Nesse sentido o STJ: RHC 46.084/MS, Rel. Ministro REYNALDO SOARES DA FONSECA, QUINTA TURMA, julgado em 12/04/2016, DJe 20/04/2016.

A decisão de validade ou legalidade da prova caberá a cada um dos juízes do feito a decidir a respeito, tornando-se, assim, autoridade a figurar como coatora, em eventual *habeas corpus*.

Nesse sentido já decidiu o STF: "Interceptação telefônica. Deferimento por juízo do DF, em investigação preliminar. Desmembramento ulterior e redistribuição dos feitos. Remessa de todo o conjunto probatório recolhido a outro órgão. Arquivamento dos autos originais. Ilegalidade que deveria arguida perante o juízo da ação penal instaurada com base naquela prova. Inexistência de ato coator do primeiro juízo. HC denegado. Recurso improvido. Se o juízo que, originalmente, deferiu interceptação telefônica, remeteu, por incompetência reconhecida perante as investigações ulteriores, os autos do procedimento a outro órgão, não pode ser tido como coator em relação à ação penal subseqüente, cuja denúncia se fundou nessa prova". (RHC 87198, Relator (a): Min. CEZAR PELUSO, Segunda Turma, julgado em 25/11/2008, DJe-025 DIVULG 05-02-2009 PUBLIC 06-02-2009 EMENT VOL-02347-02 PP-00329 LEXSTF v. 31, n. 362, 2009, p. 337-344).

Dessa forma, a interceptação telefônica poderá ser **ratificada** se demonstrado no processo que a medida foi decretada por um juiz que era **aparentemente competente**. Por tal razão, não será considerada ilícita a interceptação telefônica autorizada por um juiz que à época da decisão era aparentemente competente para decidir, consoante prevê a **teoria do juízo aparente.** Nesse sentido já decidiu o STF: "Asseverou-se que o precedente mencionado não se aplicaria à espécie, porquanto aquela ação penal tramitara na justiça estadual e não na federal. Destacou-se que, à época dos fatos, o tema relativo à prerrogativa de foro dos vereadores do Município do Rio de Janeiro seria bastante controvertido, mormente porque, em 28.5.2007, o Tribunal de Justiça local havia declarado a inconstitucionalidade do art. 161, IV, d-3, da Constituição estadual. Observou-se que, embora essa decisão não tivesse eficácia erga omnes, seria paradigma para seus membros e juízes de primeira instância. Nesse contexto, obtemperou-se não ser razoável a anulação de provas determinadas pelo juízo federal de primeira instância. Aduziu-se que, quanto à celeuma acerca da determinação da quebra de sigilo pelo juízo federal posteriormente declarado incompetente – em razão de se identificar a atuação de organização criminosa, a ensejar a remessa do feito à vara especializada –, aplicar-se-ia a teoria do juízo aparente. Vencido o Min. Celso de Mello, que concedia a ordem. Ressaltava que, embora a jurisprudência do STF acolhesse a mencionada teoria, essa apenas seria invocável se, no momento em que tivessem sido decretadas as medidas de caráter probatório, a autoridade judiciária não tivesse condições de saber que a investigação fora instaurada em relação a alguém investido de prerrogativa de foro. Pontuava que o juízo federal, ao deferir as interceptações, deixara claro conhecer o envolvimento, naquela investigação penal, de três vereadores, dois dos quais do Rio de Janeiro, cuja Constituição outorgava a prerrogativa de foro perante o Tribunal de Justiça. Frisava que a decisão que decretara a medida de índole probatória fora emanada por autoridade incompetente." (HC 110496/RJ, rel. Min. Gilmar Mendes, 9.4.2013).

Já decidiu o STJ que será de competência da Justiça Federal e não da Justiça Militar, "decidir pedido de quebra de sigilo telefônico requerido no **âmbito** de inquérito policial instaurado para apurar a suposta prática de crime relacionado ao uso de artefato incendiário contra o edifício-sede da Justiça Militar da União, quando o delito ainda não possua autoria estabelecida e não tenha sido cometido contra servidor do Ministério Público Militar ou da Justiça Militar. Isso porque a CF estabelece que a Justiça Militar da União é órgão do Poder Judiciário da União. Desse modo, o edifício-sede da Justiça Militar da União não integra patrimônio militar nem está subordinado à administração castrense, circunstância que afasta a incidência da alínea "a" do inciso III do art. 9º do CPM. Além disso, o ilícito praticado não foi cometido contra servidor do Ministério Público Militar ou da Justiça Militar. Em verdade, o evento delituoso em análise – sem autoria estabelecida – atingiu apenas a edificação em si, sem dano contra pessoa, razão pela qual a hipótese em foco não se subsume à alínea "b" do inciso III do art. 9º do CPM." (CC 137.378-RS, Rel. Min. Sebastião Reis Júnior, julgado em 11/3/2015, DJe 14/4/2015.).

Se durante as interceptações telefônicas, for identificada a participação criminosa de agente que possui **foro por prerrogativa de função**, deverá haver o deslocamento, com o declínio de competência para o juízo competente. Contudo, há que se verificar a existência de indícios suficientes da participação e envolvimento da autoridade com foro privilegiado, sendo que a sua **simples participação** não será motivo para o imediato deslocamento da medida, bem como não será causa de nulidade da medida deferida.

Sobre o tema já decidiu o STJ, no esclarecedor voto do Ministro Sebastião Reis Jr., por ocasião do julgamento do REsp. 1474086/AL (Rel. Ministro SEBASTIÃO REIS JÚNIOR, SEXTA TURMA, julgado em 15/12/2016, DJe 02/02/2017): "(...) a depender do caso concreto, a autoridade judicial não está obrigada a determinar de forma imediata o deslocamento do foro de julgamento em razão da prerrogativa de função de agente público incidentalmente identificado no natural desdobramento da investigação iniciada em primeiro grau, ou seja, a existência de proximidade *espúria da autoridade pública com a pessoa investigada somente ganha contornos claros de ocorrência de ilicitudes penais na medida em que a investigação caminha, porquanto* ***nem sempre*** é ***possível*** à ***autoridade delimitar, de pronto, a extensão e as implicações desse relacionamento****. A lógica dessa conclusão decorre da circunstância de que a interceptação telefônica, ao monitorar diretamente a comunicação verbal entre pessoas, necessariamente acaba por envolver terceiros, de regra não investigados, no campo de sua abrangência. E é, eventualmente, a continuidade por determinado período, razoável, das interceptações telefônicas que permite se alcançarem resultados mais concludentes sobre o conteúdo das conversas interceptadas* [...] (HC n. 307.152/GO, Relator para o Acórdão Ministro Rogerio Schietti Cruz, Sexta Turma, DJe 15/12/2015 – grifo nosso).

Portanto, somente quando houver **indícios**[4] de envolvimento da participação de autoridades com foro de prerrogativa de função, **é** que os autos deverão ser imediatamente remetidos ao juízo competente, sob pena de ser declarada **inválida** as interceptações telefônicas e as provas delas derivadas. Nesse sentido o STF: "Interceptações telefônicas realizadas em primeiro grau de jurisdição. Operação Vegas. Surgimento de indícios do envolvimento de senador da República, detentor de prerrogativa de foro, em fatos criminosos em apuração. Competência do Supremo Tribunal Federal para processar e julgar originariamente a causa (...). Necessidade de imediata remessa dos autos à Corte. Não ocorrência. Usurpação de sua competência constitucional configurada. Prosseguimento das investigações em primeiro grau. Tentativa de arrecadar maiores elementos de informação por via oblíqua sem a autorização do Supremo Tribunal Federal. Violação do princípio do juiz natural (...). Operação Monte Carlo. Surgimento de indícios do

---

4 Indício no conceito de Maria Thereza Rocha Assis Moura: "Indício é todo rastro, vestígio, sinal e, em geral, todo fato conhecido, devidamente provado, suscetível de conduzir ao conhecimento de um fato desconhecido, a ele relacionado, por meio de um raciocínio indutivo- dedutivo. É imperativo que o *factum probans* esteja completamente provado, conhecido, induvidoso, para poder revelar o *factum probandum*. Caso contrário, a interferência não poderá ser estabelecida. A relação do indício com o fato que se quer provar é outra exigência. Há de existir uma conexão lógica entre os dois fatos e uma relação de causalidade, a permitir o conhecimento do fato ignorado. O raciocínio faz-se pelas regras da experiência e da lógica, resultando no conhecimento provável acerca da existência de outro fato. (Moura, Maria Thereza Rocha de Assis Moura. Aprova por indícios no processo penal. Editora Lumen Juris: Rio de Janeiro. 2009. p. 41).

envolvimento de detentor de prerrogativa de foro nos fatos em apuração. Sobrestamento em autos apartados dos elementos arrecadados em relação ao referido titular de prerrogativa. Prosseguimento das diligências em relação aos demais investigados. Desmembramento caraterizado. Violação de competência exclusiva da Corte, juiz natural da causa. Invalidade das interceptações telefônicas relacionadas ao recorrente nas operações Vegas e Monte Carlo e das provas diretamente delas derivadas. Teoria dos frutos da árvore envenenada (*fruit of the poisonous tree*).". [RHC 135.683, rel. min. Dias Toffoli, j. 25-10-2016, 2ª T, *DJE* de 3-4-2017.].

Conclui-se, assim, que a eventual ilicitude declarada na quebra de sigilos telefônico e telemático, autorizada por autoridade incompetente, porquanto alguns investigados detinham prerrogativa de função, **não se estende** aos demais não possuidores desta. (RHC 83.262/SP, Rel. Ministro NEFI CORDEIRO, SEXTA TURMA, julgado em 14/11/2017, DJe 23/11/2017).

O simples fato de haver uma gravação de conversa de autoridade com foro de prerrogativa no STJ, em razão do ambiente da interceptação, "não torna a prova ilícita, notadamente se, conforme demonstrado pelo caderno processual, estava ela em diálogo com o alvo da investigação e não havia qualquer suspeita de sua participação no evento delituoso." (HC 388.451/RO, Rel. Ministra MARIA THEREZA DE ASSIS MOURA, SEXTA TURMA, julgado em 05/10/2017, DJe 13/10/2017).

COMPETÊNCIA DE JUIZ CÍVEL E INTERCEPTAÇÃO TELEFÔNICA

Em caso isolado, o STJ decidiu que em casos excepcionais, será possível a interceptação telefônica em **investigação de natureza cível**.

Assim, no caso concreto decidiu o STJ: "1.- A possibilidade de quebra do sigilo das comunicações telefônicas fica, em tese, restrita às hipóteses de investigação criminal ou instrução processual penal. No entanto, o ato impugnado, embora praticado em processo cível, retrata hipótese excepcional, em que se apuram evidências de subtração de menor, crime tipificado no art. 237 do Estatuto da Criança e do Adolescente. 2.- Não toca ao paciente, embora inspirado por razões nobres, discutir a ordem judicial alegando direito fundamental que não é seu, mas da parte processual. Possibilitar que o destinatário da ordem judicial exponha razões para não cumpri-la é inviabilizar a própria atividade jurisdicional, com prejuízo para o Estado Democrático de Direito. 3.- Do contexto destes autos não se pode inferir a iminência da prisão do paciente. Nem mesmo há informação sobre o início do processo ou sobre ordem de prisão cautelar. Ausentes razões que fundamentariam o justo receio de restrição iminente à liberdade de ir e vir, não é cabível o pedido de habeas corpus. 4.- Habeas corpus não conhecido." (HC 203.405/MS, Rel. Ministro SIDNEI BENETI, TERCEIRA TURMA, julgado em 28/06/2011, DJe 01/07/2011).

PROVA EMPRESTADA EM PROCESSO DISCIPLINAR

É possível que seja utilizada a interceptação telefônica como prova emprestada em **processo administrativo disciplinar**[5]. Assim, já decidiu o STJ: "O Superior Tribunal de Justiça tem

5 O art. 263 do Projeto de Lei n. 8045/2010 que estabelece um novo Código de Processo Penal, possui a seguinte redação: "As informações obtidas por meio da interceptação de comunicações telefônicas realizada sem a observância dos procedimentos definidos no presente Capítulo não poderão ser utilizadas em nenhuma investigação, processo ou procedimento, seja qual for sua natureza."

acolhido a legitimidade do uso excepcional de interceptação telefônica em processo disciplinar, desde que seja também observado no âmbito administrativo o devido processo legal, respeitados os princípios constitucionais do contraditório e ampla defesa, bem como haja expressa autorização do Juízo Criminal, responsável pela preservação do sigilo de tal prova, de sua remessa e utilização pela Administração (RMS 16.429/SC, Rel.Min. MARIA THEREZA DE ASSIS MOURA, DJU 23.6.2008). Tendo sido a interceptação telefônica concretizada nos exatos termos da Lei 9.296/1996, haja vista que o impetrante também responde criminalmente por sua conduta, não há que se falar em ilegalidade do uso desta prova para instruir o PAD. (AgRg no RMS 35.573/RJ, Rel. Ministro NAPOLEÃO NUNES MAIA FILHO, PRIMEIRA TURMA, julgado em 16/06/2016, DJe 28/06/2016).

Sobre o tema prova emprestada, o STJ editou o enunciado da Súmula n. 591:

> É permitida a "prova emprestada" no processo administrativo disciplinar, desde que devidamente autorizada pelo juízo competente e respeitados o contraditório e a ampla defesa.

Quando houver a devida autorização do juízo criminal, o qual é responsável pelo sigilo da prova, é **lícito o cabimento da prova emprestada** no âmbito de um processo administrativo disciplinar, não havendo proibição da prova da interceptação telefônica nesse processo, tratando-se de medida excepcional e ainda com observância do devido processo legal no processo administrativo disciplinar.

De igual entendimento já se manifestou o STF: "(...) Dados obtidos em interceptação de comunicações telefônicas, judicialmente autorizadas para produção de prova em investigação criminal ou em instrução processual penal, bem como documentos colhidos na mesma investigação, podem ser usados em procedimento administrativo disciplinar, contra a mesma ou as mesmas pessoas em relação às quais foram colhidos, ou contra outros servidores cujos supostos ilícitos teriam despontado à colheita dessas provas." (Pet 3683 QO, Relator (a): Min. CEZAR PELUSO, Tribunal Pleno, julgado em 13/08/2008, DJe-035 DIVULG 19-02-2009 PUBLIC 20-02-2009 EMENT VOL-02349-05 PP-01012 RMDPPP v. 5, n. 28, 2009, p. 102-104). No mesmo sentido STF-RMS 28.774, rel. p/ o ac. min. Roberto Barroso, j. 9-8-2016, 1ª T, *DJE* de 25-8-2016. Ainda STF – MS 30361 AgR, Relator(a): Min. ROSA WEBER, Primeira Turma, julgado em 29/08/2017, PROCESSO ELETRÔNICO DJe-018 DIVULG 31-01-2018 PUBLIC 01-02-2018.

Sobre a questão da prova emprestada, voltaremos a tratar abaixo.

SIGILO *VERSUS* A LIBERDADE DE IMPRENSA

A interceptação telefônica, após sua gravação (ou transcrição), deve ser realizada a juntada aos autos de inquérito policial ou do processo, sob **segredo de justiça.** Assim, somente os atores diretamente relacionados ao processo (juiz, membro do Ministério Público, advogado da parte) poderão ter acesso aos dados colhidos.

Dessa forma, a interceptação telefônica só pode ser realizada mediante autorização judicial, em segredo de justiça, ou seja, sem a divulgação a qualquer pessoa. Contudo, após a colheita dos dados e sua consequente juntada aos autos de inquérito ou do processo, o sigilo não será mais considerado necessário.

Contudo, caso o Magistrado tenha decretado nos autos segredo de justiça, continuará proibida a divulgação da conversa telefônica por qualquer meio de comunicação.

A violação desse segredo acarretará o **crime** previsto no art. 10 da Lei n. 9.296/96. Ainda poderá haver responsabilidade civil pelos danos causados, caso haja divulgação pela empresa de comunicação. A interceptação telefônica realizada de forma clandestina também poderá configurar o crime previsto no art. 10.

A **divulgação** pela imprensa das informações obtidas através da interceptação telefônica dependerá da situação concreta, contudo, pode-se concluir que:

a) os dados colhidos em segredo de justiça, posteriormente, junto aos autos de inquérito policial ou processo, tramitando igualmente em segredo de justiça, decretado pelo juiz, não poderão ser divulgados pela imprensa, sob pena da prática do crime previsto no art. 10, pois nessa hipótese, há a preponderância do direito à intimidade, sobre o direito à informação;

b) nos dados colhidos em segredo de justiça, mas juntado em autos de inquérito policial ou processo, que não estão tramitando em sigilo, podem ser divulgados pela imprensa, pois tratam-se de provas como outras quaisquer;

c) caso haja interceptação telefônica obtida de forma criminosa, divulgada pela imprensa, não há crime para o jornalista, mas sim para quem realizou as interceptações ilegais;

d) nas hipóteses de interceptações e captações ambientais, de forma geral, caso sejam ofensivas à intimidade, será considerado crime tanto para quem as faz, mas não será para o jornalista que as divulga, salvo na hipótese em que o jornalista seja partícipe do crime, quando este incentiva a sua realização, antes que esta ocorra;

e) as interceptações e captações ambientais, caso sejam realizadas em lugares públicos, sem que haja segredo declarado, poderão ser divulgadas, pois não haverá crime para quem as faz, nem para quem divulga.

PROVA ILÍCITA

Caso não sejam respeitados os requisitos previstos na Lei em análise, a interceptação será considerada como **prova ilícita**.

A prova ilícita e sua **aceitação** como prova em processo penal, tem gerado debates doutrinários, formando-se algumas correntes sobre a sua admissibilidade:

1.ª) A prova ilícita é admitida quando não houver impedimento na própria lei processual, punindo-se quem produziu a prova pelo crime eventualmente cometido (CORDERO, TORNAGHI, MENDONÇA LIMA);

2.ª) O ordenamento jurídico é uma unidade e, assim, não é possível consentir ser aceita no âmbito processual (NUVOLONE, FREDERICO MARQUES, FRAGOSO, PESTANA DE AGUIAR);

3.ª) É inadmissível a prova obtida mediante violação de norma de conteúdo constitucional porque será inconstitucional (CAPPELLETTI, VIGORITI, COMOGLIO);

4.ª) Admite-se a produção de prova obtida em violação de norma constitucional em situações excepcionais quando, no caso, objetiva-se proteger valores mais relevantes do que aqueles infringidos na colheita da prova e também constitucionalmente protegidos (BAUR,

BARBOSA MOREIRA, RENATO MACIEL, HERMANO DUVAL, CAMARGO ARANHA, MONIZ ARAGÃO).

A rigidez constitucional provocada pelo disposto no art. 5º, inc. LVI, da CF, que vedou de forma expressa a admissibilidade no processo, de provas obtidas por meios ilícitos, vem sendo flexibilizado pelo **princípio da proporcionalidade**, de forma a proteger um valor maior também garantido pela CF.

Se o réu obtém uma prova ilícita, mediante interceptação telefônica não autorizada, de forma contrária à CF/88, sendo essa a única forma que dispõe para provar a sua inocência, tal prova seria válida?

A análise de tal caso deve ser inclinada sobre a ótica do **princípio da proporcionalidade**, gerando um conflito entre dois valores fundados constitucionalmente, o primeiro a vedação à prova ilícita (art. 5º, inc. LVI) e o segundo a garantia à ampla defesa e os recursos a ela inerente (art. 5º, inc. LV). É, portanto, aceita doutrinariamente à tese de que na hipótese de prova de inocência do réu, é possível a prova produzida com violação à garantia constitucional.

Adotada a linha de que a prova ilícita que favorecer o réu deverá permanecer no processo, admitindo-a como meio eficaz para que seja evitada uma condenação injusta, não deverá tal prova ilícita ser desentranhada, pois sem ela o réu poderia ser condenado, estaria, dessa forma, aplicando-se o princípio da proporcionalidade.

Porém, anote-se que a prova ilícita não poderá ser produzida ou deverá ser excluída. O juiz deverá, ainda que de ofício, **não autorizar** a produção de prova ilícita, e não permitir que a mesma ingresse nos autos.

Dessa forma, as interceptações realizadas **sem ordem judicial**, serão consideradas ilícitas, assim como todo o arcabouço probatório dela decorrente.

O STJ já decidiu que: "A ausência de autorização judicial para excepcionar o sigilo das comunicações macula indelevelmente a diligência policial das interceptações em causa, ao ponto de não se dever – por causa dessa mácula – sequer lhes analisar os conteúdos, pois obtidos de forma claramente ilícita. (...)". (EDcl no HC 130.429/CE, Rel. Ministro NAPOLEÃO NUNES MAIA FILHO, QUINTA TURMA, julgado em 27/04/2010, DJe 17/05/2010).

Ainda que não seja impetrado medida judicial de forma a obstruir a formação de uma prova ilícita, produzida mediante interceptação telefônica, deverá o membro do Ministério Público, requerer a declaração da ilicitude da prova, o desentranhamento, e caso não se possa sustentar a persecução penal, deverá requer, em seguida, o arquivamento da investigação criminal, se for o caso.

Caso a prova seja obtida após a denúncia ou ainda queixa, a questão sobre a prova ilícita poderá ser levantada a qualquer momento, através de qualquer intervenção no processo, seja por petição ou em alegações finais, devendo o juiz promover o **desentranhamento** da prova ilícita dos autos antes da sentença, para não seja influenciado na decisão de mérito.

Caso seja deferido o desentranhamento dos autos das provas ilícitas, **não há recurso cabível** a ser interposto pelo Ministério Público para a impugnação de referida decisão.

É fato que caso a sentença seja proferida com as provas ilícitas no bojo do processo, mas tais provas não contaminaram os demais elementos de prova, será desnecessário o seu desentranhamento dos autos. Nesse sentido já decidiu o STF: "(...) 1. A prova tida como ilícita não contaminou os demais elementos do acervo probatório, que são autônomos, não havendo motivo para a anulação da sentença. 2. Desnecessário o desentranhamento dos autos da prova declarada ilícita, diante da ausência de qualquer resultado prático em tal providência, considerado, ademais que a ação penal transitou em julgado. (...)". (HC 89032, Relator (a): Min. MENEZES DIREITO, Primeira Turma, julgado em 09/10/2007, DJe-147 DIVULG 22-11-2007 PUBLIC 23-11-2007 DJ 23-11-2007 PP-00079 EMENT VOL-02300-03 PP-00552).

E na hipótese de **processos do júri?** Como saber em que medida tal prova ilícita fou utilizada pelos jurados, de modo a influenciar o resultado do processo?

Tal situação se reveste de complexidade ímpar, pois os jurados não fundamentam seus votos, dessa forma, impossível verificar qual foi o grau de influência sobre os jurados pela prova ilícita. Sustenta Antônio Scarance[6] que sendo a prova obtida antes do encerramento da primeira fase, na hipótese de pronúncia, deverá ser determinado o desentranhamento das provas ilícitas, não podendo a mesma ser utilizada em sua decisão. Caso permaneça no processo, ou ainda seja produzida após a pronúncia, ocorrendo o julgamento pelos jurados, o Tribunal poderá determinar o desentranhamento das provas e ainda determinar que outro julgamento se realize.

Ainda, na hipótese de interceptação realizada antes da vigência da lei, a prova será considerada ilícita, sendo considerada **nula** a ação penal caso o réu tenha sido condenado somente com fundamento nas escutas obtidas (STF: HC 81154/SP, Rel. Min. Maurício Corrêa, j. 2-10-2001).

SERENDIPIDADE

A decisão judicial deverá indicar: a) a descrição clara da situação objeto da investigação (parte objetiva – fática); e b) seja indicado e qualificado os investigados (parte subjetiva – pessoas).

Contudo, poderá ocorrer fatos que sejam penalmente relevantes, diferentes do objeto a que se destina a interceptação telefônica, sendo que tais fatos podem envolver tanto os investigados, como terceiras pessoas. Trata-se do que a doutrina denomina de **"encontro fortuito"**[7].

O encontro fortuito de provas, também conhecido como serendipidade[8], ocorre na hipótese em que a prova de uma infração penal é descoberta partindo de uma investigação de outra

6 Fernandes, Antônio Scarance. Processo Penal Constitucional. 6º ed. rev. atual. e ampl. São Paulo: RT. 2010. p. 90/91.

7 O art. 262 do Projeto de Lei n. 8045/2010 que estabelece um novo Código de Processo Penal, possui a seguinte redação: "Na hipótese de a interceptação das comunicações telefônicas revelar indícios de crime diverso daquele para o qual a autorização foi dada e que não lhe seja conexo, o delegado de polícia deverá remeter ao Ministério Público os documentos necessários para as providências cabíveis."

8 "O encontro fortuito pode ser denominado de serendipidade: trata-se de um neologismo que significa "algo como sair em busca de coisa e descobrir outra (ou outras), às vezes até mais interessante e valiosa. Vem do inglês serendipity (de acordo com o Dicionário Houaiss), onde tem o sentido de descobrir coisas por acaso. Serendip era o antigo nome da ilha do Ceilão (atual Sri Lanka). A palavra foi cunhada em 1754 pelo escritor inglês Horace Walpole, no conto de fadas Os três príncipes Serendip, que sempre faziam descobertas de

infração penal. Ainda tal situação é denominada de **crime achado**, ou seja, aquele em que a autoridade investigadora toma conhecimento por acaso, enquanto realiza diligências para apuração de um fato completamente diverso.

Do encontro fortuito nos procedimentos de interceptação telefônica podem decorrer algumas situações, conforme leciona Luiz Flávio Gomes:

> "a) É autorizada interceptação para apuração de determinado crime, praticado por determinada pessoa (ou determinadas pessoas) e são descobertos outros crimes praticados por essa mesma pessoa (ou mesmas pessoas);
>
> b) É autorizada interceptação para apuração de determinados crimes, praticado por determinada pessoa; é descoberto apenas o crime pretendido, mas o envolvimento de outras pessoas, coautoras ou partícipes desse crime (continência);
>
> c) É autorizada interceptação para apuração de determinados crimes, praticado por determinada pessoa; são descobertos apenas os crimes pretendidos, mas o envolvimento de outras pessoas, coautoras ou partícipes dessas mesmas infrações (ou de algumas delas) (conexão ou continência);
>
> d) É autorizada para apuração de determinado crime, praticado por determinada pessoa; é descoberto outro crime praticado por outra pessoa (que eventualmente utilizou a linha telefônica interceptada) ou outros crimes praticados por outras pessoas."[9].

Na primeira hipótese a **prova será válida** em relação aos novos crimes, desde que **sejam conexos** com o crime objeto da interceptação. No caso da segunda e da terceira hipóteses, a prova será válida em relação aos novos crimes, pois considera-se como concurso na mesma infração ou ainda nas mesmas infrações que são objeto da interceptação telefônica, tratando-se, assim, de situações processuais que envolvem a conexão e a continência.

Segundo o referido autor, na última hipótese a **prova não será válida**, pois descobre-se um crime ou um criminoso diverso do objeto da interceptação, servindo a interceptação telefônica apenas como um *notitia criminis.* Trata-se de **serendipidade** ou **encontro fortuito de segundo grau**[10].

Sobre a temática, a jurisprudência pátria tem aceitado **a tese da admissão de provas** na interceptação telefônica em relação ao novo crime ou criminoso descoberto de forma fortuita, seja na hipótese de haver conexão ou continência com o fato investigado, ou mesmo quando não há.

Nessa esteira já decidiu o STJ: "(...) 4. É lícita a prova de crime diverso, obtida por meio de interceptação de ligações telefônicas de terceiro não mencionado na autorização judicial de escuta, desde que relacionada com o fato criminoso objeto da investigação. Precedentes. (...)". (HC 33.462/DF, Rel. Ministra LAURITA VAZ, QUINTA TURMA, julgado em 27/09/2005, DJ 07/11/2005, p. 316).

---

coisas que não procuravam". In: Gomes, Luiz Flávio e Maciel, Sílvio. Interceptação telefônica: comentários à Lei n. 9.296, de 24.07.1996. São Paulo: Editora RT, 2011. p. 106.

9 Gomes, Luiz Flávio e Maciel, Sílvio. Interceptação telefônica: comentários à Lei n. 9.296, de 24.07.1996. São Paulo: Editora RT, 2011. p. 107.

10 Gomes, Luiz Flávio e Maciel, Sílvio. Interceptação telefônica: comentários à Lei n. 9.296, de 24.07.1996. São Paulo: Editora RT, 2011. p. 108.

Em outro sentido, mais recentemente, já decidiu o STJ: "(...) I. Configurada a hipótese de encontro fortuito de provas, decorrente de medida de interceptação telefônica judicialmente autorizada, não há irregularidade na investigação levada a efeito para identificar novas pessoas acidentalmente reveladas pela prova, notadamente quando se trata de investigação relacionada a membros de uma organização criminosa com várias ramificações, responsáveis pela prática de vários delitos em diversos setores (ut, RHC 70.123/SP, Rel. Ministro NEFI CORDEIRO, Sexta Turma, Dje 13/09/2016) (...)" (AgRg no AREsp 981.437/SP, Rel. Ministro REYNALDO SOARES DA FONSECA, QUINTA TURMA, julgado em 21/02/2017, DJe 24/02/2017).

Em outra decisão do STJ sobre o tema: "(...) 2. Este Superior Tribunal consolidou a orientação de que a descoberta, em interceptação telefônica judicialmente autorizada, do envolvimento de pessoas diferentes daquelas inicialmente investigadas – o denominado encontro fortuito de provas (serendipidade) – é fato legítimo, não gerando irregularidade do inquérito policial, tampouco ilegalidade na instauração da ação penal. (...)" (RHC 81.964/RS, Rel. Ministro ANTONIO SALDANHA PALHEIRO, SEXTA TURMA, julgado em 09/05/2017, DJe 15/05/2017).

O STF, sobre o tema, manifestou-se no seguinte sentido: "(...) A prova encontrada, fortuitamente, durante a investigação criminal é válida, salvo se comprovado vício ensejador de sua nulidade. Nulidade da interceptação telefônica determinada por autoridade judicial incompetente, nos termos do art. 102, I, *b*, da Constituição da República e do art. 1º da Lei 9.296/1996. Ausência de remessa dos autos da investigação para o Supremo Tribunal Federal, depois de apresentados elementos mínimos caracterizadores da participação, em tese, de ministro do Tribunal de Contas da União e de membro do Congresso Nacional na prática de ilícito objeto de investigação. Contaminação das provas produzidas, por derivação, por não configuradas as exceções previstas no § 1º e no § 2º do art. 157 do CPP. Denúncia rejeitada, por não estar comprovada, de forma lícita, a existência de justa causa para o exercício da ação penal, caracterizando a hipótese prevista no art. 395, inc. III, daquela lei processual. (...)" (Inq 3.732, rel. min. Cármen Lúcia, j. 8-3-2016, 2ª T, *DJE* de 22-3-2016).

Em outra decisão o STJ decidiu: "A sentença de pronúncia pode ser fundamentada em indícios de autoria surgidos, de forma fortuita, durante a investigação de outros crimes no decorrer de interceptação telefônica determinada por juiz diverso daquele competente para o julgamento da ação principal. Nessa situação, não há que se falar em incompetência do Juízo que autorizou a interceptação telefônica, tendo em vista que se trata de hipótese de encontro fortuito de provas. Além disso, a regra prevista no art. 1º da Lei 9.296/1996, de acordo com a qual a interceptação telefônica dependerá de ordem do juiz competente da ação principal, deve ser interpretada com ponderação, não havendo ilegalidade no deferimento da medida por Juízo diverso daquele que vier a julgar a ação principal, sobretudo quando autorizada ainda no curso da investigação criminal. Precedente citado: RHC 32.525-AP, Sexta Turma, DJe 4/9/2013." (REsp 1.355.432-SP, Rel. Min. Jorge Mussi, Rel. para acórdão Min. Marco Aurélio Bellizze, julgado em 21/8/2014).

Não poderão ser utilizadas as provas encontradas como fundamento para **embasar** uma eventual condenação. Contudo, o encontro fortuito das provas servirá como uma ***notitia criminis***, cujos fatos deverão ser investigados com os meios de provas existentes para essa nova apuração. Assim, nesses termos, já se manifestou o STJ na APn 690/TO, Rel. Ministro JOÃO OTÁVIO DE NORONHA, CORTE ESPECIAL, julgado em 15/04/2015, DJe 22/05/2015.

O que ocorrerá se houver a descoberta de um crime que **não preenche** os requisitos para a autorização da interceptação telefônica, como por exemplo, um crime punido com detenção ou uma contravenção penal?

Trata-se de uma situação de enorme complexidade que não possui uma definição, contudo, a jurisprudência pátria vem **admitindo a prova**, na hipótese de haver conexão entre as infrações.

Nesse sentido o STJ: "(...) XII. Se, no curso da escuta telefônica – deferida para a apuração de delitos punidos exclusivamente com reclusão – são descobertos outros crimes conexos com aqueles, punidos com detenção, não há porque excluí-los da denúncia, diante da possibilidade de existirem outras provas hábeis a embasar eventual condenação. (...)". (RHC 13.274/RS, Rel. Ministro GILSON DIPP, QUINTA TURMA, julgado em 19/08/2003, DJ 29/09/2003, p. 276).

No mesmo sentido o STF: (...) 1. O Supremo Tribunal Federal, como intérprete maior da Constituição da República, considerou compatível com o art. 5º, XII e LVI, o uso de prova obtida fortuitamente através de interceptação telefônica licitamente conduzida, ainda que o crime descoberto, conexo ao que foi objeto da interceptação, seja punido com detenção. (...)" (AI 626214 AgR, Relator(a): Min. JOAQUIM BARBOSA, Segunda Turma, julgado em 21/09/2010, DJe-190 DIVULG 07-10-2010 PUBLIC 08-10-2010 EMENT VOL-02418-09 PP-01825 RTJ VOL-00217-01 PP-00579 RT v. 100, n. 903, 2011, p. 492-494).

Porém, registre-se que não é o entendimento de Luiz Flávio Gomes[11], pois este sustenta tratar-se de hipótese de violação flagrante à CF/88 e à Lei de Interceptação, portanto, considera tal **prova inválida**, pois não se pode fazer uma interpretação extensiva.

SISTEMAS DE INFORMÁTICA E TELEMÁTICA

O parágrafo único do art. 1º, da Lei n. 9.296/96 determina que seja aplicada o disposto nessa Lei à interceptação do fluxo de comunicações em sistemas de informática e telemática.

Na hipótese das comunicações telemáticas, por telefone, como por exemplo, na hipótese de comunicação *modem by modem,* ou ainda, pela via *internet*, não é questionável a aplicação da Lei, pois trata-se, em sentido amplo, de comunicação telefônica.

Há divergência doutrinária sobre a constitucionalidade ou não do disposto no art. 1º, parágrafo único da Lei n. 9.296/96. Surgiram duas correntes a respeito do tema, a primeira sustentando a inconstitucionalidade do dispositivo, a outra defendendo a constitucionalidade "restrita".

Entre os defensores da primeira corrente encontra-se Vicente Greco Filho. Luiz Flávio Gomes[12] resume os argumentos sustentados pela primeira corrente: "a) Constituição (inc. XII) só permitiu a quebra de sigilo telefônico, assegurando de modo irrestrito o sigilo das correspondências, comunicações telegráficas e de dados; b)"comunicação telefônica" consiste somente na comunicação de voz entre interlocutores; c) que toda comunicação em sistema de informática e telemática implica a transmissão de "dados", e quanto a estes o sigilo é absoluto; d) como o texto constitucional é de redação duvidosa e como restringe a liberdade de

11 Gomes, Luiz Flávio e Maciel, Sílvio. Interceptação telefônica: comentários à Lei n. 9.296, de 24.07.1996. São Paulo: Editora RT, 2011. p. 113.

12 Gomes, Luiz Flávio e Maciel, Sílvio. Interceptação telefônica: comentários à Lei n. 9.296, de 24.07.1996. São Paulo: Editora RT, 2011. p. 84/85.

comunicação, deve ser interpretado restritivamente; e) que o parágrafo viola a intimidade e, portanto, será ilícita a prova colhida com base nele.".

Entre os defensores da tese de que há uma constitucionalidade "restrita" encontra-se Damásio de Jesus e Antônio Scarance. Da mesma forma, Luiz Flávio Gomes[13] elenca os argumentos da segunda corrente: "a) Que o dispositivo é válido no que se relaciona com a comunicação telemática feita por telefone (combinação da informática com a telefonia), porque nesse caso o que existe é uma comunicação telefônica; b) que a locução "comunicação telefônica" não se restringe à "conversão telefônica"; c) que também a comunicação de dados, desde que associada à telefonia, está sujeita à interceptação.".

Contudo, Luiz Flávio Gomes[14] sustenta pela plena **constitucionalidade** do dispositivo ora comentado.

O STJ já decidiu pela possibilidade e, portanto, pela constitucionalidade, do parágrafo único do art. 1º da Lei n. 9.296/1996: "(...) 1. O sigilo da comunicação de dados por meios informáticos, assim como os demais direitos individuais, não é absoluto, podendo ser afastado para a apuração de crime por meio de decisão judicial devidamente fundamentada. Doutrina. Jurisprudência. 2. O parágrafo único do artigo 1º da Lei 9.296/1996, cuja inconstitucionalidade os impetrantes alegam, encontra-se em vigor desde 1996, jamais tendo sido expungido do ordenamento jurídico pelos Tribunal Superiores, o que reforça a inexistência de ilegalidade a ser reparada por meio do remédio constitucional. (...)" (HC 276.132/PR, Rel. Ministro LEOPOLDO DE ARRUDA RAPOSO (DESEMBARGADOR CONVOCADO DO TJ/PE), QUINTA TURMA, julgado em 18/08/2015, DJe 01/09/2015).

DA CAPTAÇÃO AMBIENTAL DE SINAIS ELETROMAGNÉTICOS, ÓPTICOS OU ACÚSTICOS PREVISTOS NA LEI N. 12.850/13

O art. 3º, II, da Lei n. 12.850/13, dispõe sobre a **captação ambiental** de sinais eletromagnéticos, ópticos ou acústicos, nas hipóteses de crimes de organização criminosa.

Tal instituto revela-se **diferente** da figura jurídica da interceptação telefônica, prevista na Lei n. 12.850/13:

- na Lei n. 12.850/13 o legislador mencionou expressamente a captação ambiental, o que não ocorreu na Lei n. 12.850/13;
- na hipótese da captação ambiental da Lei n. 12.850/13 não há prazo para a duração da medida, ao contrário da Lei sobre interceptação telefônica, que prevê a duração de 15 dias, podendo ser renovada, desde que comprovada a indispensabilidade da medida;
- a prova da captação ambiental na Lei n. 12.850/13 poderá ser realizada de forma incondicional, enquanto na hipótese de interceptação telefônica, o legislador condiciona sua validade, caso não haja outro meio disponível para o recolhimento de provas, conferindo a medida, a natureza de meio subsidiário de prova;

---

13 Gomes, Luiz Flávio e Maciel, Sílvio. Interceptação telefônica: comentários à Lei n. 9.296, de 24.07.1996. São Paulo: Editora RT, 2011. p. 85.

14 Gomes, Luiz Flávio e Maciel, Sílvio. Interceptação telefônica: comentários à Lei n. 9.296, de 24.07.1996. São Paulo: Editora RT, 2011. p. 85/88.

▶ na Lei n. 12.850/13 autoriza-se a captação ambiental para a investigação de qualquer infração criminal, desde que relacionada a organização criminosa, enquanto na interceptação telefônica somente poderá ser autorizada nas hipóteses de investigação de delitos com penas de reclusão.

REGISTROS CADASTRAIS DO USUÁRIO

Não se confundem assim, com a interceptação telefônica, a **requisição de dados secundários**, do tipo de bilhetagem, georreferenciamento, registros cadastrais do usuário, que existem nos arquivos das operadoras de telefonia. Nesse sentido já se manifestou o STF: "(...) Não se confundem comunicação telefônica e registros telefônicos, que recebem, inclusive, proteção jurídica distinta. Não se pode interpretar a cláusula do artigo 5º, XII, da CF, no sentido de proteção aos dados enquanto registro, depósito registral. A proteção constitucional é da comunicação de dados e não dos dados. 2.3 Art. 6º do CPP: dever da autoridade policial de proceder à coleta do material comprobatório da prática da infração penal. Ao proceder à pesquisa na agenda eletrônica dos aparelhos devidamente apreendidos, meio material indireto de prova, a autoridade policial, cumprindo o seu mister, buscou, unicamente, colher elementos de informação hábeis a esclarecer a autoria e a materialidade do delito (dessa análise logrou encontrar ligações entre o executor do homicídio e o ora paciente). Verificação que permitiu a orientação inicial da linha investigatória a ser adotada, bem como possibilitou concluir que os aparelhos seriam relevantes para a investigação. (...)" (HC 91867, Relator(a): Min. GILMAR MENDES, Segunda Turma, julgado em 24/04/2012, ACÓRDÃO ELETRÔNICO DJe-185 DIVULG 19-09-2012 PUBLIC 20-09-2012). A jurisprudência do Supremo Tribunal Federal direciona-se no sentido de que "(...) a proteção a que se refere o art. 5º, XII, da Constituição, é da comunicação 'de dados' e não dos 'dados em si mesmos'" (RE 418.416, Rel. Min. Sepúlveda Pertence, Plenário)". (HC 124322 AgR, Relator(a): Min. ROBERTO BARROSO, Primeira Turma, julgado em 09/12/2016, PROCESSO ELETRÔNICO DJe-268 DIVULG 16-12-2016 PUBLIC 19-12-2016).

As informações contidas na **Estação Rádio-Base** também não estão abrangidas pela inviolabilidade do sigilo, segundo já decidiu o STJ: "(...) 2. O teor das comunicações efetuadas pelo telefone e os dados transmitidos por via telefônica são abrangidos pela inviolabilidade do sigilo – artigo 5.º, inciso XII, da Constituição Federal –, sendo indispensável a prévia autorização judicial para a sua quebra, o que não ocorre no que tange aos dados cadastrais, externos ao conteúdo das transmissões telemáticas. 3. Não se constata ilegalidade no proceder policial, que requereu à operadora de telefonia móvel responsável pela Estação Rádio-Base o registro dos telefones que utilizaram o serviço na localidade, em dia e hora da prática do crime. 4. A autoridade policial atuou no exercício do seu mister constitucional, figurando a diligência dentre outras realizadas ao longo de quase 7 (sete) anos de investigação. 5. Ademais, eventuais excessos praticados com os registros logrados podem ser submetidos posteriormente ao controle judicial, a fim de se verificar qualquer achincalhe ao regramento normativo pátrio. [...]" (Habeas corpus não conhecido (HC 247.331/RS, Rel. Ministra MARIA THEREZA DE ASSIS MOURA, Sexta Turma, julgado em 21/8/2014, DJe 3/9/2014).

Ainda, o **número de IP – Internet Protocol** também poderá ser fornecido, pois não se enquadra no conceito de sigilo constitucional protegido, conforme STJ (HC 83.338/DF, Rel. Ministro HAMILTON CARVALHIDO, SEXTA TURMA, julgado em 29/09/2009, DJe

26/10/2009) e STJ (REsp 879.181/MA, Rel. Ministro SIDNEI BENETI, TERCEIRA TURMA, julgado em 08/06/2010, DJe 01/07/2010).

Ainda não se caracteriza interceptação telefônica, sendo desnecessária a autorização judicial, a verificação de mensagens na caixa de aparelho de celular do réu que corroboram as demais provas do crime, não havendo que se falar em nulidade dos elementos probatórios carreados nos autos (STJ, HC 201.746/SP, Rel. Min. Gilson Dipp, 5ª T. julg. em 26/06/2012).

WHATSAPP E INTERCEPTAÇÃO TELEFÔNICA

Os dados armazenados em mensagens de **textos arquivadas por WhatsApp**, embora ***não esteja protegida pela Lei n. 9.296/1996 nem pela Lei n. 12.965/2014***, haja vista não se tratar de quebra sigilo telefônico por meio de interceptação telefônica, precisam de autorização judicial ou ainda a prévia autorização do investigado, pois trata-se de violação da garantia de inviolabilidade das comunicações, prevista no art. 5º, inciso XII, da CF, revelando-se a prova ilícita, nos termos do art. 157 do CPP. (RHC 89.981/MG, Rel. Ministro REYNALDO SOARES DA FONSECA, QUINTA TURMA, julgado em 05/12/2017, DJe 13/12/2017).

Na hipótese da entrega pela esposa do celular do marido falecido é possível a colheita da prova. Nesse sentido o STJ: "**Não há ilegalidade na perícia de aparelho de telefonia celular pela polícia, sem prévia autorização judicial, na hipótese em que seu proprietário – a vítima – foi morto, tendo o referido telefone sido entregue à autoridade policial por sua esposa.**" STJ. 6ª Turma. RHC 86.076-MT, Rel. Min. Sebastião Reis Júnior, Rel. Acd. Min. Rogerio Schietti Cruz, julgado em 19/10/2017.

Por sua vez, os aparelhos apreendidos em ordens de busca e apreensão não precisam de autorização judicial ou do proprietário para o acesso as mensagens, pois a ordem judicial já permite o acesso aos celulares. Assim decidiu o STJ:

> **"Se o telefone celular foi apreendido em busca e apreensão determinada por decisão judicial, não há óbice para que a autoridade policial acesse o conteúdo armazenado no aparelho, inclusive as conversas do whatsapp. Para a análise e a utilização desses dados armazenados no celular não é necessária nova autorização judicial. A ordem de busca e apreensão determinada já é suficiente para permitir o acesso aos dados dos aparelhos celulares apreendidos."** STJ. 5ª Turma. RHC 77.232/SC, Rel. Min. Felix Fischer, julgado em 03/10/2017.

Art. 2º Não será admitida a interceptação de comunicações telefônicas quando ocorrer qualquer das seguintes hipóteses:

I – não houver indícios razoáveis da autoria ou participação em infração penal;

II – a prova puder ser feita por outros meios disponíveis;

III – o fato investigado constituir infração penal punida, no máximo, com pena de detenção.

Parágrafo único. Em qualquer hipótese deve ser descrita com clareza a situação objeto da investigação, inclusive com a indicação e qualificação dos investigados, salvo impossibilidade manifesta, devidamente justificada.

REQUISITOS

Para que a interceptação telefônica seja válida, ou seja, considerada como um meio de prova lícito, deve-se obrigatoriamente ser observados todos os parâmetros estipulados pela Lei n. 9.296/96:

- autorização judicial;
- não incidência nas hipóteses descritas no art. 2º, incs. I, II e III, da mencionada lei;
- possuir fins de investigação criminal ou instrução processual penal[15].

Os incisos do art. 2º da Lei n. 9.296/96 estabeleceram as hipóteses em que **não cabem** a interceptação telefônica. É certo que legislador poderia prever as hipóteses em que seria cabível a medida, contudo, não o fez.

Assim, não são será cabível a interceptação telefônica nas seguintes **hipóteses**:

I – Ausência de indícios razoáveis de autoria ou participação em infração penal: faz-se necessária a existência de indícios de autoria e participação do agente no delito a ser investigado;

II – A prova não pode ser feita por outros meios: trata-se da subsidiariedade desse meio de prova;

III – fato investigado constituir infração penal punida com pena de detenção: só será admitida a interceptação telefônica para investigações de infrações penais punidas com reclusão.

Em resumo, somente será admitida a medida de interceptação telefônica nos seguintes casos: **a)** a existência de indícios suficientes de autoria; **b)** a impossibilidade de colher a prova por outro meio; e **c)** o crime a ser investigado deve ser apenado com reclusão.

Sobre os **requisitos legais** para a concessão da interceptação telefônica já se manifestou o STJ: "(...) 1. O Poder Constituinte Originário resguardou o sigilo das comunicações telefônicas, erigindo-o à categoria de garantia individual, prevista no artigo 5º, inciso XII, da Constituição Federal, admitindo, de forma excepcional, a sua flexibilidade, nos termos da Lei n. 9.296/96, para fins de investigação criminal ou instrução processual penal. 2. Além da necessidade do ilícito em apuração ser apenado com reclusão, o legislador ordinário estabeleceu ainda como critérios para a utilização da interceptação telefônica, a *contrario sensu*, a existência de indícios acerca da autoria ou participação na infração penal, bem como a demonstração de inviabilidade de produção da prova por outros meios. (...)" (HC 128.087/SP, Rel. Ministro JORGE MUSSI, QUINTA TURMA, julgado em 27/10/2009, DJe 14/12/2009).

O STJ já decidiu que o *habeas corpus* não é medida cabível para questionar **validade** de uma prova que fundamente a medida. Nesse sentido: "(...) Não **é** possível, no veio restrito e mandamental do habeas corpus, substituir-se ao juízo de primeiro grau para aferir se uma ou outra prova levada em consideração para deferir a quebra do sigilo telefônico **é** mais ou menos valiosa e legitimadora ou não da medida invasiva. O que se analisa **é** apenas a legalidade da diligência. (...)". (RHC 72.065/RS, Rel. Ministra MARIA THEREZA DE ASSIS MOURA, SEXTA TURMA, julgado em 07/03/2017, DJe 17/03/2017).

15 O art. 245 do Projeto de Lei n. 8045/2010 que estabelece um novo Código de Processo Penal, possui a seguinte redação: "Esta Seção disciplina a interceptação, por ordem judicial, de comunicações telefônicas, para fins de investigação criminal ou instrução processual penal.".

INDÍCIOS DE AUTORIA E MATERIALIDADE

Para que seja deferida a medida de interceptação telefônica é necessário que estejam presentes elementos probatórios mínimos de indícios de autoria ou participação do agente no delito que será investigado.

É certo que a Lei não exige a prova de materialidade do crime, sendo suficiente para a concessão da medida que haja indícios razoáveis de autoria.

DENÚNCIA ANÔNIMA E INTERCEPTAÇÃO

Não é sustentável que uma investigação criminal **se inicie** a partir de uma interceptação telefônica, pois, fatalmente, não estarão presentes indícios mínimos de autoria do crime que possam justificar o cabimento da medida. Sobre essa questão já decidiu o STJ: "(...) 1. Não comporta conhecimento o *mandamus* no que diz respeito à alegação de nulidade das interceptações trazida sob o argumento de que a investigação policial teria se iniciado a partir de denúncias anônimas, pois a tese foi afastada pela Sexta Turma quando do julgamento do HC n. 119.702/PE. 2. O Juízo de primeiro grau, ao deferir as interceptações telefônicas, fundamentou o cabimento da medida em elementos colhidos pela autoridade policial – tais como declaração de testemunhas e documentos apreendidos quando da prisão em flagrante de um dos investigados –, os quais demonstravam de que forma aqueles que teriam suas ligações interceptadas atuavam na organização criminosa. 3. A quebra do sigilo telefônico não foi a primeira medida efetivada pela autoridade policial. Pelo contrário, tal providência teve suporte em elementos já colhidos e que demonstravam que as investigações em curso levantaram indícios da prática criminosa e apontavam para a imprescindibilidade do deferimento da medida excepcional, segundo o disposto no art. 2º da Lei n. 9.296/1996. (...)". (HC 130.054/PE, Rel. Ministro SEBASTIÃO REIS JÚNIOR, SEXTA TURMA, julgado em 07/02/2012, DJe 21/03/2012).

Assim, não será possível que o procedimento de interceptação telefônica seja iniciado mediante uma **denúncia apócrifa (anônima)**, pois a interceptação telefônica somente poderá ser deferida quando for o último **mecanismo** para a obtenção de provas, o que não pode ser demonstrando na hipótese de não haver uma investigação iniciada. Apenas depois de corroborada a denúncia anônima, através de uma investigação prévia, poderá ser instaurada uma investigação criminal e realizar, caso necessário, a interceptação telefônica.

Caso contrário, a prova será considerada ilícita e, por consequência, serão declaradas nulas. Nesse sentido o STF: "(...) 3. Ordem concedida para se declarar a ilicitude das provas produzidas pelas interceptações telefônicas, em razão da ilegalidade das autorizações, e a nulidade das decisões judiciais que as decretaram amparadas apenas na denúncia anônima, sem investigação preliminar. (...)". (HC 108147, Relator (a): Min. CÁRMEN LÚCIA, Segunda Turma, julgado em 11/12/2012, PROCESSO ELETRÔNICO DJe-022 DIVULG 31-01-2013 PUBLIC 01-02-2013).

Não é possível a denominada **"interceptação de prospecção"**, quando a interceptação não está fundamentada em um fato delituoso, ou seja, não há indícios suficientes, de forma a utilizar-se da medida para saber se o sujeito está ou não praticando crime.

O STJ já decidiu que a denúncia anônima poderá justificar a "necessidade de quebra do sigilo das comunicações como forma de aprofundamento das investigações policiais, desde que acompanhada de outros elementos que confirmem a necessidade da medida excepcional." (RHC 64.910/RS, Rel. Ministro ANTONIO SALDANHA PALHEIRO, SEXTA TURMA, julgado em 04/04/2017, DJe 17/04/2017).

SUBSIDIARIEDADE DA MEDIDA

A interceptação telefônica é medida que restringe o direito fundamental à intimidade, ao sigilo das comunicações telegráficas e de dados, e das comunicações telefônicas, por isso, o caráter subsidiário da medida. Assim, a interceptação telefônica tem que ser considerada o único meio de prova capaz de servir para a evolução da investigação criminal de um determinado delito.

Nessa linha já decidiu o STJ: "(...) 4. Na hipótese em apreço, constata-se a existência de flagrante ilegalidade, pois, para o desencadeamento de medida cautelar extrema, como a quebra do sigilo telefônico, deve-se esmiuçar a sua imprescindibilidade, de modo a pormenorizar a assertiva de não dispor de procedimentos investigatórios outros, menos invasivos, para a obtenção de provas aptas a robustecer eventual imputação delitiva. 5. A decretação da medida cautelar de interceptação não atendeu aos pressupostos e fundamentos de cautelaridade, visto que, não obstante os crimes investigados serem punidos com reclusão e haver investigação formalmente instaurada, descurou-se da demonstração da necessidade da medida extrema e da dificuldade para a sua apuração por outros meios, carecendo, portanto, do fumus comissi delicti e do periculum in mora. (...)" (HC 251.540/SP, Rel. Ministra MARIA THEREZA DE ASSIS MOURA, SEXTA TURMA, julgado em 05/08/2014, DJe 18/08/2014).

Poderá a defesa alegar que há outros meios investigativos alternativos para a elucidação dos fatos, hipótese em que poderá ser demonstrado o não cabimento da medida. Nesse teor a decisão do STJ: "(...) 1. Demonstrada, no caso concreto, a ocorrência de medidas investigatórias prévias à decretação da interceptação telefônica. Relatório do COAF, bem como quebras de sigilos bancários e fiscal corroboraram a existência de indícios de delitos noticiados por autoridades alfandegárias estrangeiras. O primeiro período de interceptação telefônica, por sua vez, reforçou as suspeitas e a extensão da interceptação ao recorrente se mostrou adequada e respaldada por elementos colhidos anteriormente. 2. A defesa alega violação ao disposto no artigo 2º, inciso II, da Lei 9.296/1996, mas não demonstra que existiam, de fato, meios investigativos alternativos às autoridades para a elucidação dos fatos à época na qual a medida invasiva foi requerida. Precedentes. (...)". (RHC 65.550/SP, Rel. Ministra MARIA THEREZA DE ASSIS MOURA, SEXTA TURMA, julgado em 23/02/2016, DJe 02/03/2016).

Ainda, segundo já decidido pelo STJ, trata-se de **uma obrigação processual da defesa**, demonstrar que não existiam outros meios de investigação para a elucidação do crime: "(...) É ônus da defesa, quando alega violação ao disposto no artigo 2º, inciso II, da Lei 9.296/1996, demonstrar que existiam, de fato, meios investigativos alternativos às autoridades para a elucidação dos fatos à época na qual a medida invasiva foi requerida, sob pena de a utilização da interceptação telefônica se tornar absolutamente inviável. (RHC 38.617/BA, Rel. Ministro LEOPOLDO DE ARRUDA RAPOSO (DESEMBARGADOR CONVOCADO DO TJ/PE), QUINTA TURMA, julgado em 23/06/2015, DJe 03/08/2015). No mesmo sentido o STJ – RHC 66.056/SC, Rel. Ministro JORGE MUSSI, QUINTA TURMA, julgado em 28/11/2017, DJe 06/12/2017.

CRIMES DE RECLUSÃO

Admite-se, segundo o dispositivo legal, a interceptação telefônica nas hipóteses em que há **infração penal punidas com reclusão**[16].

Trata-se da hipótese dos denominados **crimes de catálogo**.

16 O art. 247 do Projeto de Lei n. 8045/2010 que estabelece um novo Código de Processo Penal, possui a seguinte redação: "A interceptação de comunicações telefônicas não será admitida na investigação criminal

A classificação dos denominados crimes de catálogo surgiu em Portugal, e relaciona-se com todas as infrações penais que permitem a interceptação telefônica, para os devidos fins de investigação ou ainda de instrução processual. A expressão foi utilizada pelo Min. Joaquim Barbosa ao ementar o HC 100.524. (HC 100524, Relator(a): Min. JOAQUIM BARBOSA, Segunda Turma, julgado em 27/03/2012, ACÓRDÃO ELETRÔNICO DJe-102 DIVULG 24-05-2012 PUBLIC 25-05-2012).

A doutrina critica tal limitação, pois não há nenhum argumento razoável para que o legislador impusesse tal limitação legal.

Não obstante a limitação legal, a jurisprudência admite a interceptação telefônica desde que sejam **conexas aos crimes** cuja pena seja de reclusão.

Nesse sentido o STF: "(...) Uma vez realizada a interceptação telefônica de forma fundamentada, legal e legítima, as informações e provas coletas dessa diligência podem subsidiar denúncia com base em crimes puníveis com pena de detenção, desde que conexos aos primeiros tipos penais que justificaram a interceptação. Do contrário, a interpretação do art. 2º, III, da L. 9.296/96 levaria ao absurdo de concluir pela impossibilidade de interceptação para investigar crimes apenados com reclusão quando forem estes conexos com crimes punidos com detenção. Habeas corpus indeferido." (HC 83515, Relator (a): Min. NELSON JOBIM, Tribunal Pleno, julgado em 16/09/2004, DJ 04-03-2005 PP-00011 EMENT VOL-02182-03 PP-00401 RTJ VOL-00193-02 PP-00609).

De igual sorte a decisão do STJ: "(...) 2. Inadmissível a interceptação de comunicações telefônicas quando o fato investigado constituir infração penal punida, no máximo, com pena de detenção. Contudo, é possível se autorizar a quebra do sigilo para apurar crime punível com detenção desde que conexo com outros delitos puníveis com reclusão. Precedente. (...)" (HC 186.118/RS, Rel. Ministro SEBASTIÃO REIS JÚNIOR, SEXTA TURMA, julgado em 05/06/2014, DJe 29/10/2014).

Não será admitida a medida de interceptação telefônica nas hipóteses de **contravenções penais**, como no caso do jogo do bicho, pois as contravenções penais não são apenadas com reclusão. Também em crimes de ameaça realizados por telefone, embora a própria vítima possa gravar, de forma lícita.

O STF já decidiu que não há ilicitude nas gravações feita por vítimas de crimes, por se tratar de hipótese de **legítima defesa**, não podendo a inviolabilidade das comunicações servir de proteção para a prática de crimes. Nesse sentido: "(...) Utilização de gravação de conversa telefônica feita por terceiro com a autorização de um dos interlocutores sem o conhecimento do outro quando há, para essa utilização, excludente da antijuridicidade. - Afastada a ilicitude de tal conduta - a de, por legítima defesa, fazer gravar e divulgar conversa telefônica ainda que não haja o conhecimento do terceiro que está praticando crime -, é ela, por via de conseqüência, lícita e, também conseqüentemente, essa gravação não pode ser tida como prova ilícita, para invocar-se o artigo 5º, LVI, da Constituição com fundamento em que houve violação da intimidade (art. 5º, X, da Carta Magna). (...)" (HC 74678, Relator(a): Min. MOREIRA ALVES, Primeira Turma, julgado em 10/06/1997, DJ 15-08-1997 PP-37036 EMENT VOL-01878-02 PP-00232).

---

ou instrução processual de crimes de menor potencial ofensivo, assim definidos no art. 288, salvo quando a conduta delituosa for realizada exclusivamente por meio dessa modalidade de comunicação.".

Já na hipótese de **crimes tributários**, não será possível a interceptação telefônica antes de ser concluído o procedimento administrativo fiscal, que é condição objetiva de punibilidade. Nesse sentido já decidiu o STJ: "(...)1. A existência do crédito tributário é condição absolutamente indispensável para que se possa dar início à persecução penal pela prática de delito dessa natureza. O lançamento definitivo do tributo é condição objetiva de punibilidade dos crimes definidos no artigo 1º, da Lei 8.137/90. 2. A autorização judicial para quebra do sigilo das comunicações telefônicas e telemáticas, para o efeito de investigação de crime de sonegação de tributo, é ilegal se deferida antes de configurada a condição objetiva de punibilidade de delito. Constrangimento ilegal verificado. 3. Não se pode entender "na esfera da oportunidade e da conveniência" da Polícia ou do Ministério Público a investigação de conduta NÃO PUNÍVEL – ou não punível enquanto não se cumprir a condição legal para o aperfeiçoamento da punibilidade, sob pena de ferir de morte a segurança jurídica, signo do Estado Democrático de Direito. 4. O emprego de qualquer meio para a prática da sonegação somente adquire relevo, do ponto de vista da tipicidade das condutas descritas no artigo 1º, da Lei 8.137/90, se houver imposto a ser pago. A própria tentativa – realização incompleta da conduta típica – está irremediavelmente adstrita à condição de existência do tributo em concreto. 5. Ordem concedida para anular todas as decisões autorizativas da interceptação das comunicações telefônicas e de dados, aí incluídas as decisões de prorrogação do prazo fixado originalmente e, conseqüentemente, determinar o desentranhamento, dos autos da ação penal já instaurada, de todo e qualquer elemento originado das decisões que ora se anulam." (HC 57.624/RJ, Rel. Ministro PAULO MEDINA, SEXTA TURMA, julgado em 12/09/2006, DJ 12/03/2007, p. 332).

Sobre a questão tratou a **Súmula Vinculante nº 24 do STF:**

> Não se tipifica crime material contra a ordem tributária, previsto no art. 1º, incisos I a IV, da Lei nº 8.137/90, antes do lançamento definitivo do tributo.

É POSSÍVEL A INTERCEPTAÇÃO TELEFÔNICA NAS HIPÓTESES DE CRIME DE RESPONSABILIDADE CUJA SANÇÃO SERÁ O "IMPEACHMENT" (PERDA DO CARGO)?

Mirabete, citado por Luiz Flávio Gomes[17], sustenta não ser possível a interceptação telefônica em razão da sanção prevista. Lênio Streck discorda, justificando que a finalidade da lei é punir os crimes de colarinho branco. Luiz Flávio Gomes adota a posição intermediária, entendendo que os crimes de responsabilidade também são descritos e punidos pelo direito comum, conforme a Lei n. 1.079/50. Dessa forma, caso o crime de responsabilidade **corresponda a uma infração comum punida por reclusão**, será admitida a interceptação.

PROVA EMPRESTADA

Todos os dados resultantes da interceptação telefônica, autorizados judicialmente, produzidos como prova em investigação criminal ou instrução processual penal, poderão ser utilizados como **prova emprestada**.

---

17 Gomes, Luiz Flávio e Maciel, Sílvio. Interceptação telefônica: comentários à Lei n. 9.296, de 24.07.1996. São Paulo: Editora RT, 2011. p. 100.

Entende o STJ que a prova emprestada não está limitada apenas aos processos em que se figuram parte idêntica, de modo "que a prova emprestada sob pena de se reduzir excessivamente sua aplicabilidade, sem justificativa razoável para tanto. Independentemente de haver identidade de partes, o contraditório é o requisito primordial para o aproveitamento da prova emprestada, de maneira que, assegurada às partes o contraditório sobre a prova, isto é, o direito de se insurgir contra a prova e de refutá-la adequadamente, afigura-se válido o empréstimo." (HC 292.800/SC, Rel. Ministro REYNALDO SOARES DA FONSECA, QUINTA TURMA, julgado em 02/02/2017, DJe 10/02/2017).

Ademais, a prova emprestada decorre dos **princípios da economia processual, da unidade da jurisdição e da garantia constitucional da duração razoável do processo** (art. 5º, LXXVIII, da CF) (EDcl no AgRg no REsp 1343856/DF, Rel. Ministro SEBASTIÃO REIS JÚNIOR, SEXTA TURMA, julgado em 01/12/2016, DJe 14/12/2016).

É possível que seja utilizada a interceptação telefônica como prova emprestada em **ação de improbidade administrativa**, segundo já decidiu o STJ: "(...) Embora a determinação judicial de interceptação telefônica somente caiba no âmbito de inquérito ou instrução criminal (Lei 9.296/1996), isso não impede que, a partir da sua realização, haja pertinente utilização como prova emprestada em Ações de Improbidade que envolvem os mesmos fatos, assegurado o direito à ampla defesa e ao contraditório. (...)". (REsp 1122177/MT, Rel. Ministro HERMAN BENJAMIN, SEGUNDA TURMA, julgado em 03/08/2010, DJe 27/04/2011).

Ainda a utilização de interceptação telefônica como prova emprestada foi utilizada para apuração de **cunho disciplinar** envolvendo o Parlamento. Nesse sentido o STF: "(...) 1. A medida pleiteada pelo Conselho de Ética e Decoro Parlamentar da Câmara dos Deputados se mostra adequada, necessária e proporcional ao cumprimento dos objetivos do parágrafo 2º do artigo 55 da Constituição Federal de 1988. 2. Possibilidade de compartilhamento dos dados obtidos mediante interceptação telefônica, judicialmente autorizada, para o fim de subsidiar apurações de cunho disciplinar. Precedente específico: Segunda Questão de Ordem no Inquérito 2.424 (Ministro Cezar Peluso). 3. Questão de Ordem que se resolve no sentido do deferimento da remessa de cópia integral dos autos ao Sr. Presidente do Conselho de Ética e Decoro Parlamentar da Câmara dos Deputados, a quem incumbirá a responsabilidade pela manutenção da cláusula do sigilo de que se revestem as informações fornecidas." (Inq 2725 QO, Relator(a): Min. CARLOS BRITTO, Tribunal Pleno, julgado em 25/06/2008, DJe-182 DIVULG 25-09-2008 PUBLIC 26-09-2008).

Em outra decisão, o STF valida a tomada de prova emprestada de outro processo-crime no qual observadas as balizas da Lei de regência da interceptação telefônica – de nº 9.296/1996. (HC 137044, Relator(a): Min. MARCO AURÉLIO, Primeira Turma, julgado em 10/10/2017, PROCESSO ELETRÔNICO DJe-265 DIVULG 22-11-2017 PUBLIC 23-11-2017)

Importante destacar que o tema prova emprestada ainda possui **divergência em doutrina**, não sendo admitida por parte da doutrina.

Luiz Flávio Gomes[18] sustenta a impossibilidade de que seja emprestada prova produzida no âmbito de interceptação telefônica, pois a mesma somente poderá ser **produzida para fins criminais**, sendo que, por tratar-se de normas restritivas de direitos fundamentais, estas devem

---

18 Gomes, Luiz Flávio e Maciel, Sílvio. Interceptação telefônica: comentários à Lei n. 9.296, de 24.07.1996. São Paulo: Editora RT, 2011. p. 61.

ser interpretadas restritivamente. No sentido da impossibilidade o STF: "Consoante dispõe o inciso XII do art. 5º da CF, mostra-se inadequado o compartilhamento de prova que, no campo da exceção – afastamento da privacidade –, implicou interceptação telefônica determinada por órgão judicial e para efeito específico, ou seja, investigação criminal ou instrução processual penal." (Inq 3.014 AgR, rel. min. Marco Aurélio, j. 13-12-2012, P, *DJE* de 23-9-2013).

OBJETO DA INVESTIGAÇÃO – INVASÃO DE PRIVACIDADE

A autorização para a interceptação telefônica deve ser requerida de forma a especificar o objeto da investigação, de modo a impedir que sejam realizadas escutas em conversas alheias que não estejam relacionadas diretamente com os fatos a serem apurados.

Além da descrição do objeto da investigação, necessária se faz a indicação e **qualificação dos investigados**, salvo quando for manifestamente impossível de fazê-lo, de maneira fundamentada. Tal descrição, funda-se no controle judicial sobre a legalidade e legitimidade da medida, pois caso não se especifique o objetivo e o objeto da interceptação, a prova poderá ser considerada ilícita.

Nesse sentido já decidiu o STJ que a impossibilidade de identificar todos os envolvidos, se fundamentado, não é óbice para a validação das interceptações: "Em síntese, a medida foi determinada no bojo de uma investigação criminal diante de indícios razoáveis de autoria de infração penal punida com reclusão, restando devidamente descrita a situação objeto da investigação, não sendo possível, contudo, proceder a indicação e qualificação dos investigados, pois que o modus operandi da empreitada criminosa praticada, em tese, dentre outros, por policiais impossibilitou, naquele momento, a perfeita identificação de todos os envolvidos, fato que, inclusive, demonstrava a imprescindibilidade de adoção da medida restritiva da intimidade dos envolvidos." (RHC 22.198/MG, Rel. Ministro FELIX FISCHER, QUINTA TURMA, julgado em 10/02/2009, DJe 23/03/2009).

Insta ainda registrar que o STF já decidiu não ser possível vingar a tese de que a interceptação telefônica dos investigados fere o **direito constitucional ao silêncio**, a não autoincriminação. [HC 103.236, voto do rel. min. Gilmar Mendes, j. 14-6-2010, 2ª T, *DJE* de 3-9-2010.].

> As interceptações telefônicas e a **"barriga de aluguel"** – no contexto das interceptações telefônicas a "barriga de aluguel" consiste na inclusão de números de telefones de pessoas que não fazem parte da investigação, para que se apure fatos diversos daquele apontado como necessário para o deferimento da interceptação. Por ocasião da CPI das Escutas Telefônicas, o de deputado Nelson Pellegrino (PT-BA) fez a sugestão de que fosse incluído na legislação a necessidade do Juiz fundamentar um a um as linhas telefônicas apresentadas, de forma a evitar a interceptação de homônimos e a "barriga de aluguel".

INTERCEPTAÇÃO ENTRE DIÁLOGOS DE ADVOGADOS

O advogado possui a denominada imunidade judiciária, respaldado no disposto no art. 133 da CF, onde confere ao advogado a condição de indispensável à administração da justiça, sendo inviolável, nos limites da lei, por suas manifestações e seus atos.

Por sua vez, o Estatuto da Advocacia (Lei n. 8.906/94), assegura ao advogado a inviolabilidade "de seu escritório ou local de trabalho, bem como de seus instrumentos de trabalho, de sua correspondência escrita, eletrônica, telefônica e telemática, desde que relativas ao exercício da advocacia." (art. 7º, inc. II).

Contudo, há exceções, conforme se observa no **art. 7º, § 6º, do Estatuto da Advocacia.**

Prevê o referido texto legal que:

> "Presentes indícios de autoria e materialidade da prática de crime por parte de advogado, a autoridade judiciária competente poderá decretar a quebra da inviolabilidade de que trata o inciso II do **caput** deste artigo, em decisão motivada, expedindo mandado de busca e apreensão, específico e pormenorizado, a ser cumprido na presença de representante da OAB, sendo, em qualquer hipótese, vedada a utilização dos documentos, das mídias e dos objetos pertencentes a clientes do advogado averiguado, bem como dos demais instrumentos de trabalho que contenham informações sobre clientes.".

Ainda, o art. 7º, § 7º, do Estatuto da Advocacia, ressalva o parágrafo anteriormente mencionado, ao estabelecer que "não se estende a clientes do advogado averiguado que estejam sendo formalmente investigados como seus partícipes ou co-autores pela prática do mesmo crime que deu causa à quebra da inviolabilidade.".

Dessa forma, em razão das inviolabilidades do advogado, bem como do sigilo profissional, poderá ser considerada válida a prova obtida por intermédio de uma interceptação telefônica que flagra a conversa de um advogado com um alvo de uma investigação criminal[19]?

Como regra, não é possível que as conversas entre um advogado e o acusado ou investigado sejam utilizadas como provas para incriminá-lo, pois o sigilo profissional do advogado, no exercício da profissão, alinha-se com a própria garantia do devido processo legal. Nesse sentido o STJ: "(...) 2. Conversa pessoal e reservada entre advogado e cliente tem toda a proteção da lei, porquanto, entre outras reconhecidas garantias do advogado, está a inviolabilidade de suas comunicações. (...) 5. É, portanto, ilícita a prova oriunda de conversa entre o advogado e o seu cliente. O processo não admite as provas obtidas por meios ilícitos. (...)" (HC 59.967/SP, Rel. Ministro NILSON NAVES, SEXTA TURMA, julgado em 29/06/2006, DJ 25/09/2006, p. 316).

A resposta alinha-se com as exceções já mencionadas acima, previstas no art. 7º e os parágrafos 6º e 7º, do Estatuto da Advocacia. Na hipótese de uma conversa entre o advogado e o seu cliente, onde aquele passa orientações, não se poderá utilizar como prova os diálogos interceptados. Contudo, caso o **advogado esteja envolvido em práticas criminosas**, ou seja, envolvido com a prática de infrações penais investigadas, a prova obtida através da interceptação telefônica será válida. Dessa forma, não poderá ser objeto de interceptação entre os diálogos profissionais do acusado e o advogado, mas será possível caso o advogado também estiver sendo investigado como coautor ou ainda partícipe dos fatos que são objetos da investigação.

Nesse sentido o STJ: "(...) 1. Como se sabe, não existem direitos absolutos no ordenamento jurídico pátrio, motivo pelo qual a suspeita de que crimes estariam sendo cometidos por profissional da advocacia permite que o sigilo de suas comunicações telefônicas seja afastado,

19 O art. 248 do Projeto de Lei n. 8045/2010 que estabelece um novo Código de Processo Penal, possui a seguinte redação: "Em nenhuma hipótese poderão ser utilizadas para fins de investigação ou instrução processual as informações resultantes de conversas telefônicas entre o investigado ou acusado e seu defensor, quando este estiver no exercício da atividade profissional.".

notadamente quando ausente a demonstração de que as conversas gravadas se refeririam exclusivamente ao patrocínio de determinado cliente. 2. Há que se considerar, ainda, que o exercício da advocacia não pode ser invocado com o objetivo de legitimar a prática delituosa, ou seja, caso os ilícitos sejam cometidos utilizando-se da qualidade de advogado, nada impede que os diálogos sejam gravados mediante autorização judicial e, posteriormente, utilizados como prova em ação penal, tal como sucedeu no caso dos autos. Precedentes do STJ e do STF. (...)" (HC 141.062/RS, Rel. Ministro JORGE MUSSI, QUINTA TURMA, julgado em 20/09/2011, DJe 03/11/2011).

Na mesma esteira o STF: "(...) 3. A comunicação entre o paciente e o advogado, alcançada pela escuta telefônica devidamente autorizada e motivada pela autoridade judicial competente, não implica nulidade da colheita da prova indiciária de outros crimes e serve para a instauração de outro procedimento apuratório, haja vista a garantia do sigilo não conferir imunidade para a prática de crimes no exercício profissional. (...)". (HC 106225, Relator (a): Min. MARCO AURÉLIO, Relator (a) p/ Acórdão: Min. LUIZ FUX, Primeira Turma, julgado em 07/02/2012, PROCESSO ELETRÔNICO DJe-059 DIVULG 21-03-2012 PUBLIC 22-03-2012).

Quando o advogado se torna suspeito, poderá ainda ser alvo de escuta ambiental ou outra captação ambiental, ainda que ela ocorra dentro de seu próprio escritório. Assim, já decidiu o STF: "(...) PROVA. Criminal. Escuta ambiental e exploração de local. Captação de sinais óticos e acústicos. Escritório de advocacia. Ingresso da autoridade policial, no período noturno, para instalação de equipamento. Medidas autorizadas por decisão judicial. Invasão de domicílio. Não caracterização. Suspeita grave da prática de crime por advogado, no escritório, sob pretexto de exercício da profissão. Situação não acobertada pela inviolabilidade constitucional. Inteligência do art. 5º, X e XI, da CF, art. 150, § 4º, III, do CP, e art. 7º, II, da Lei nº 8.906/94. Preliminar rejeitada. Votos vencidos. Não opera a inviolabilidade do escritório de advocacia, quando o próprio advogado seja suspeito da prática de crime, sobretudo concebido e consumado no âmbito desse local de trabalho, sob pretexto de exercício da profissão. (...)" (Inq 2424, Relator(a): Min. CEZAR PELUSO, Tribunal Pleno, julgado em 26/11/2008, DJe-055 DIVULG 25-03-2010 PUBLIC 26-03-2010 EMENT VOL-02395-02 PP-00341).

É certo que, no curso da interceptação telefônica, poderão ser captadas conversas entre advogado/cliente, fato esse que, por si só, não gerará nulidade da medida, pois não caberá aos executores da medida filtrar as conversas, pois tal valoração e eventual exclusão caberá ao magistrado que é o destinatário da prova. Nesse sentido o STF: "Na hipótese, o magistrado de primeiro grau, por reputar necessária a realização da prova, determinou, de forma fundamentada, a interceptação telefônica direcionada às pessoas investigadas, não tendo, em momento algum, ordenado a devassa das linhas telefônicas dos advogados dos pacientes. Mitigação que pode, eventualmente, burlar a proteção jurídica. Sucede que, no curso da execução da medida, os diálogos travados entre o paciente e o advogado do corréu acabaram, de maneira automática, interceptados, aliás, como qualquer outra conversa direcionada ao ramal do paciente. Inexistência, no caso, de relação jurídica cliente-advogado. Não cabe aos policiais executores da medida proceder a uma espécie de filtragem das escutas interceptadas. A impossibilidade desse filtro atua, inclusive, como verdadeira garantia ao cidadão, porquanto retira da esfera de arbítrio da polícia escolher o que é ou não conveniente ser interceptado e gravado. Valoração, e eventual exclusão, que cabe ao magistrado a quem a prova é dirigida" [HC 91.867, rel. min. Gilmar Mendes, j. 24-4-2012, 2ª T, *DJE* de 20-9-2012.].

MOMENTO PARA QUESTIONAMENTO PARA A ILEGALIDADE DA INTERCEPTAÇÃO

Segundo decisões das Cortes Superiores as ilicitudes das interceptações telefônicas não podem ser questionadas nas instâncias superiores, caso não tenham sido **arguidas nas instâncias inferiores**, sob pena de suprir as instâncias.

Nessa linha já decidiu o STF: "(...) 5. Nulidade das interceptações telefônicas. Dupla supressão de instância. Matéria não apreciada pelo Tribunal de origem, nem pelo STJ. Precedentes. Matéria não conhecida. 6. Ausência de constrangimento ilegal a ser reparado. Ordem parcialmente conhecida e nesse ponto, denegada. (...)" (HC 140733, Relator(a): Min. GILMAR MENDES, Segunda Turma, julgado em 09/05/2017, PROCESSO ELETRÔNICO DJe-105 DIVULG 19-05-2017 PUBLIC 22-05-2017).

Nesse sentido o STJ: "(...) O eg. Tribunal a quo sequer apreciou a irresignação concernente à eventual existência de outros meios prévios que impediriam a realização da interceptação telefônica, em suposta nulidade ao disposto no art. 2º, inciso II, da Lei 9.296/1996, razão pela qual a análise da quaestio diretamente por esta Corte configuraria indevida supressão de instância.(...)" (HC 378.285/MS, Rel. Ministro FELIX FISCHER, QUINTA TURMA, julgado em 04/04/2017, DJe 25/04/2017).

Ainda o STJ: "(...) 4. É inviável a análise de questão não apreciada pela Corte de origem e suscitada em petições avulsas após a impetração, sob pena de indevida supressão de instância. (...)" (HC 365.399/RS, Rel. Ministro REYNALDO SOARES DA FONSECA, QUINTA TURMA, julgado em 21/02/2017, DJe 24/02/2017).

Também já decidiu o STJ que caso não seja contestada a prova colhida, a matéria estará **preclusa**: "(...) 5. Hipótese em que a defesa teve inúmeras oportunidades antes da prolação da sentença condenatória de contestar a prova colhida por meio das interceptações telefônicas. Assim, não o fazendo em tempo oportuno, incabível agora o seu deferimento, encontrando-se preclusa a matéria, nos termos do art. 571, I, do CPP. (...)" (HC 352.850/PR, Rel. Ministro RIBEIRO DANTAS, QUINTA TURMA, julgado em 02/05/2017, DJe 08/05/2017).

Contudo, o STF[20] já decidiu que é exceção à supressão de instâncias, as hipóteses de **evidente ilegalidade**, ou seja, quando há uma **decisão teratológica**. Assim, tal situação poderá ser aplicada nas hipóteses de interceptação telefônica onde tal situação por ocasião, se assemelhar.

Art. 3º A interceptação das comunicações telefônicas poderá ser determinada pelo juiz, de ofício ou a requerimento:

I – da autoridade policial, na investigação criminal;

II – do representante do Ministério Público, na investigação criminal e na instrução processual penal.

---

20 STF: "(...) 1. À vista da Súmula 691/STF, de regra, não cabe ao Supremo Tribunal Federal conhecer de habeas corpus impetrado contra decisão do relator pela qual, em habeas corpus requerido a tribunal superior, não se obteve a liminar, sob pena de indevida – e, no caso, dupla – supressão de instância. Sabe-se, porém, que a jurisprudência desta Corte admite seu abrandamento em casos excepcionais (v.g., entre outros, HC 122.670, Relator(a): Min. RICARDO LEWANDOWSKI, Segunda Turma, julgado em 05/08/2013, DJe 15-08-2014; HC 121.181, Relator(a): Min. LUIZ FUX, Primeira Turma, julgado em 22/04/2014, DJe 13-05-2014), quando a decisão impugnada é teratológica, manifestamente ilegal ou abusiva (...)". (HC 129148, Relator(a): Min. TEORI ZAVASCKI, Segunda Turma, julgado em 20/10/2015, PROCESSO ELETRÔNICO DJe-022 DIVULG 04-02-2016 PUBLIC 05-02-2016).

CONTROLE JUDICIAL PRÉVIO DA LEGALIDADE

Somente através de "ordem judicial" poderá ser deferida a medida de interceptação telefônica. Trata-se de **atividade judicial exclusiva**, não podendo fazê-la nem a autoridade policial, tampouco o Ministério Público.

Dessa forma, adotou-se o **sistema de verificação prévia de controle da legalidade**, e não o controle da verificação posterior de legalidade.

Assim, será o juiz quem controlará a legalidade da medida, antes dela determinada, de modo que, ainda que na hipótese de urgência, a medida não poderá ser determinada pelo Ministério Público, ou outra Instituição, para posterior análise do Poder Judiciário, para fins de verificação da legalidade.

Não basta que seja uma medida a ser determinada por um juiz, esse juiz deve ser um juiz "competente", de acordo com as normas constitucionais de competência penal e as normas processuais penais sobre o tema.

Importante ainda diferenciar o controle judicial, do **controle operacional**, sendo o último conferido à autoridade policial, nos termos em que determina o art. 6º da Lei n. 9.296/96.

LEGITIMIDADE

Segundo disposição legal, são legitimados para propor a realização de interceptação telefônica:

a) o Juiz, de ofício;

b) requerida pela autoridade policial, na investigação criminal; e

c) pelo membro do Ministério Público, no âmbito da investigação criminal ou do processo penal[21].

Sobre a possibilidade de **concessão de ofício**, pelo Juiz, da medida de interceptação telefônica, maiores comentários serão tecidos abaixo.

A autoridade policial possui a pertinência de realizar a representação de interceptação telefônica na fase de investigação criminal. Muito embora não haja previsão legal, se faz

---

21 O art. 249 do Projeto de Lei n. 8045/2010 que estabelece um novo Código de Processo Penal, possui a seguinte redação: "O pedido de interceptação de comunicações telefônicas será formulado por escrito ao juiz competente, mediante requerimento do Ministério Público ou da defesa, ou por meio de representação do delegado de polícia, ouvido, neste caso, o Ministério Público, e deverá conter:

I – a descrição precisa dos fatos investigados;

II – a indicação de indícios suficientes de materialidade do crime investigado;

III – a qualificação do investigado ou acusado, ou esclarecimentos pelos quais se possa identificá-lo, salvo impossibilidade manifesta devidamente justificada;

IV – a demonstração da estrita necessidade da interceptação e de que informações essenciais à investigação ou instrução processual não poderiam ser obtidas por outros meios;

V – a indicação do código de identificação do sistema de comunicação, quando conhecido, e sua relação com os fatos investigados;

VI – a indicação do nome da autoridade responsável por toda a execução da diligência."

necessária a **oitiva do Ministério Público** em referidos pedidos, nas mesmas situações em que ocorre nas hipóteses de prisão temporária, prisão preventiva, na medida em que se trata do titular da ação penal pública e o destinatário de toda a investigação.

A **Resolução n. 36/09 do CNMP**, prevê que o membro do Ministério Público deverá acompanhar o procedimento de interceptação telefônica feito em inquérito policial, sendo obrigatória sua cientificação, de acordo com o artigo 6º da Lei nº 9.296/96, devendo manifestar-se, expressamente, sobre a legalidade do pedido.

Ainda, segundo a referida Resolução, nos inquéritos policiais em que houver quebra de sigilo de comunicações, deferida na forma da lei, necessariamente, o membro do Ministério Público deverá manter o controle sobre o prazo para sua conclusão, devendo, esgotado o prazo legal do inquérito policial, requisitar da autoridade policial responsável a remessa imediata dos autos ao juízo competente.

DA LEGITIMIDADE DO MINISTÉRIO PÚBLICO

O Ministério Público, por sua vez, poderá requerer a interceptação telefônica tanto na fase policial, como na fase processual.

Tendo que em vista que a jurisprudência[22] tem admitido o poder de investigação criminal pelo Ministério Público, não há óbices para que possa ser requerida a interceptação telefônica no âmbito de um procedimento investigatório próprio do Ministério Público. Ou seja, não há necessidade que o pedido de interceptação telefônica seja realizado dentro de inquérito policial já em andamento.

Também não há ilegalidade caso a interceptação telefônica tenha sido realizada fora de um inquérito policial, segundo já decidiu o STJ: "(...) Não se constata qualquer ilegalidade no deferimento da quebra de sigilo telefônico sem a prévia instauração de inquérito policial, já que a medida cautelar foi deferida no âmbito de procedimento investigatório deflagrado pela Polícia Federal com a participação do Ministério Público Estadual. Precedentes. (...)" (RHC 79.999/MG, Rel. Ministro JORGE MUSSI, QUINTA TURMA, julgado em 21/02/2017, DJe 03/03/2017).

A Resolução n. 36/09 do CNMP regulamenta os pedidos de interceptação telefônica no âmbito do Ministério Público.

O art. 1º, *caput,* da Resolução n. 36/09 do CNMP, estabelece que o membro do Ministério Público, ao requerer ao juiz competente da ação principal, na investigação criminal ou na instrução processual penal, medida cautelar, de caráter sigiloso em matéria criminal, que tenha por objeto a interceptação de comunicação telefônica, de telemática ou de informática e,

---

22 O STF já decidiu, em repercussão geral reconhecida, que o Ministério Público possui competência e autoridade própria para **promover**, por um prazo razoável, **investigação de natureza penal**, desde que respeitados os direitos e garantias constitucionais que assistem a quaisquer pessoas que estejam sendo investigadas pelo Estado (RE 593727, Relator(a): Min. CEZAR PELUSO, Relator(a) p/ Acórdão: Min. GILMAR MENDES, Tribunal Pleno, julgado em 14/05/2015, ACÓRDÃO ELETRÔNICO REPERCUSSÃO GERAL – MÉRITO DJe-175 DIVULG 04-09-2015 PUBLIC 08-09-2015). Ainda, a tese do poder investigatório também tem acolhida no STJ, ressaltando que o Ministério Público possui a prerrogativa de instaurar **procedimento administrativo de investigação** e conduzir diligências investigatórias cíveis e criminais (HC 351.763/AP, Rel. Ministro REYNALDO SOARES DA FONSECA, QUINTA TURMA, julgado em 24/05/2016, DJe 01/06/2016).

ao acompanhar o procedimento de interceptação feito pela autoridade policial, nos termos do artigo 6º, da Lei nº 9.296/96, deverá observar o disposto na Resolução mencionada.

Por algum tempo foi questionada a constitucionalidade da possibilidade de que ocorra a interceptação telefônica no âmbito do Ministério Público.

No julgamento da ADI 4363, o Plenário do Supremo Tribunal Federal (STF) declarou a validade constitucional da Resolução 36/2009, do Conselho Nacional do Ministério Público (CNMP), que dispõe sobre o pedido e a utilização das interceptações telefônicas pelos membros do Ministério Público, nos termos da Lei 9.296/1996 (Lei das Interceptações Telefônicas).

Havia um questionamento junto à Procuradoria-Geral da República (PGR), alegando que o CNMP agiu além de sua competência constitucional de regulamentar, tanto com invasão da autonomia funcional dos membros do Ministério Público, como por ter inovado o ordenamento jurídico.

O relator do julgamento, ministro Luís Roberto Barroso, seguido pela maioria, firmou entendimento de que a resolução se baseia na lei e, portanto, o CNMP não exorbitou do poder regulamentador que lhe foi atribuído pela Constituição Federal. A resolução questionada apenas disciplinou a conduta do Ministério Público nas hipóteses de interceptação telefônica, não criando normas materiais de direito penal ou de direito processual penal, pois não há qualquer previsão de nulidade, apenas eventuais sanções administrativas para o membro do Ministério Público que venha a descumpri-la.

Ainda segundo a decisão, se o Conselho Nacional do Ministério Público tem competência para punir o membro do Ministério Público que atue em desconformidade com a normatização adequada, o Conselho evidentemente também tem a competência para definir, em abstrato, qual é o comportamento exigido. Ficou decidido que a resolução não cria requisitos formais de validade para a interceptação, apenas normas administrativas que servirão para nortear a atuação do Ministério Público nos casos de interceptação telefônica, sendo tal medida benéfica ao jurisdicionado, em razão de uniformizar procedimentos destinados a manter o dever de sigilo, um dos deveres funcionais dos membros do MP.

O pedido realizado no juízo competente, pelo membro do Ministério Público, em procedimento de investigação criminal ou na instrução de processo penal, **deverá conter no mínimo**:

I – a fundamentação do pedido e a documentação necessária;

II – a indicação dos números dos telefones a serem interceptados, e/ou o nome do usuário, a identificação do e-mail, se possível, no caso de quebra de sigilo de informática e de telemática, ou, ainda, outro elemento identificador no caso de interceptação de dados;

III – o prazo necessário da interceptação requerida;

IV – a indicação dos titulares dos referidos números;

V – os nomes dos membros do Ministério Público, também responsáveis pela investigação criminal, e dos servidores que terão acesso às informações.

De forma excepcional, o membro do Ministério Público poderá formular o pedido de interceptação **verbalmente**, observando os requisitos acima, que deverão ser reduzidos a termo.

O membro do Ministério Público responsável pela investigação criminal, pelo pedido durante a instrução processual penal ou pelo acompanhamento do procedimento requerido pela autoridade policial, poderá requisitar os serviços e os técnicos especializados às concessionárias de serviço público, nos termos do artigo 129, incisos VI, VIII e IX, da Constituição Federal.

Caso haja necessidade de pedido de prorrogação, o membro do Ministério Público deverá apresentar ao Juiz competente ou ao servidor que for indicado os áudios (CD/DVD) com o inteiro teor das comunicações interceptadas, indicando neles os trechos das conversas relevantes à apreciação do pedido de prorrogação e o relatório circunstanciado das investigações que está a proceder, com o seu resultado.

Na hipótese de receber ou movimentar, ou ainda guardar os autos e documentos sigilosos, quando recebidos em carga, mediante recibo, o membro do Ministério Público deverá tomar as medidas cabíveis para que o acesso aos dados atenda às cautelas necessárias à segurança das informações e ao sigilo legal.

Se houver violação do sigilo, o Ministério Público deverá **requisitar** as medidas destinadas à sua apuração, e, na hipótese dos fatos ocorrem no âmbito do Ministério Público, deverá ser comunicada à respectiva Corregedoria-Geral e ao Procurador-Geral.

Após o cumprimento da medida solicitada, seja no prazo assinalado ou no prazo prorrogado, o membro do Ministério Público, nos procedimentos de investigação criminal que está promovendo, deverá encaminhar ao Juiz competente o resultado da interceptação, acompanhado de relatório circunstanciado, que deverá conter o resumo das diligências e procedimentos adotados, bem como as medidas judiciais consequentes a este meio de prova.

RÉU, VÍTIMA E ASSISTENTE DE ACUSAÇÃO

A defesa não possui previsão no rol de legitimados para formular o pedido de interceptação telefônica, de acordo com o texto legal. O réu, através de seu advogado, em **requerimento formulado pela defesa**, poderá requerer ao Magistrado, a interceptação telefônica, em homenagem ao princípio da ampla defesa. Ainda é possível que a defesa requeira ao Juiz a interceptação telefônica de terceiro, ainda que não corréu, que poderá contribuir para a inocência do acusado[23]. Esse é o entendimento de Nucci.

Luiz Flávio Gomes[24] também sustenta que a defesa poderá, em razão do princípio da paridade de tratamento, ainda que de forma excepcional, requerer a interceptação telefônica para defesa de um direito do suspeito ou acusado, pois segundo o texto constitucional, a interceptação telefônica deve atender aos fins criminais, não distinguindo se para a acusação ou para a defesa.

Contudo, em **posicionamento contrário**, Renato Brasileiro[25] sustenta que o silêncio do legislador foi eloquente, ou seja, **não** é **permitido** a defesa requer, diretamente, ao Juiz a interceptação telefônica, contudo, pode o acusado ou defensor instar a autoridade policial ou o Ministério Público para que exerçam a sua legitimidade.

A Lei também não prevê a possibilidade de a vítima realizar o pedido de interceptação telefônica, seja habilitado ou não no processo como assistente. O assistente de acusação poderia

---

23 Nucci, Guilherme de Souza. Leis Penais e Processuais Penais Comentadas vol. 1. 10ª ed. rev. ampl. e atual. Rio de Janeiro: Forense, 2017.p. 573.

24 Gomes, Luiz Flávio e Maciel, Sílvio. Interceptação telefônica: comentários à Lei n. 9.296, de 24.07.1996. São Paulo: Editora RT, 2011. p. 41.

25 Brasileiro, Renato. Legislação Criminal Especial Comentada. 3ºed. rev. ampl. e atual. Salvador: JusPodivm. p. 162.

pleitear ao Juiz, de forma direta, a realização da prova. Contudo, sustenta Vicente Greco Filho que o pedido do assistente para a realização de interceptação telefônica deverá ser solicitado a autoridade policial ou ao promotor de Justiça, para estes encaminharem ao Juiz o pleito[26]. A vítima por sua vez, poderá sugerir tanto à autoridade policial, como ao Ministério Público que realizem a diligência.

CRIMES DE AÇÃO PENAL PRIVADA

Como titular do polo ativo da demanda, na hipótese de ação penal privada exclusiva ou subsidiária da pública, o querelante está legitimado a fazer o requerimento de interceptação telefônica diretamente ao Juiz. Nesse sentido defende Guilherme Nucci[27].

RECURSOS CONTRA (IN) DEFERIMENTO DO PEDIDO DE INTERCEPTAÇÃO TELEFÔNICA

Caso haja o **indeferimento** da interceptação telefônica não seria possível a interposição do recurso em sentido estrito, pois não estão presentes as hipóteses do art. 581 do CPP, bem como não seria caso de apelação, pois não se trata de questão que envolve mérito, nem decisão com força de definitiva[28].

Já decidiu o STJ que **não cabe o recurso de apelação** contra a decisão que indefere medida cautelar de interceptação telefônica. Nesse sentido o STJ: "(...) No caso, o ora recorrente interpôs apelação, na origem, contra decisão que indeferiu pedidos de interceptação telefônica realizados pela autoridade policial para investigar eventual prática de tráfico de armas (fls. 7/8). Ao examinar a insurgência, o acórdão recorrido estabeleceu: "tratando-se de decisão de natureza interlocutória, diversamente do que ocorre no processo civil, em que podem ser impugnadas pelo agravo (CPC, art. 522), no processo penal a regra é sua irrecorribilidade, com as exceções previstas no art. 581 do CPP e em algumas leis especiais. Poderão ser examinadas por ocasião do recurso, pois não serão atingidas pela preclusão, ou, então, impugnadas por habeas corpus, mandado de segurança, correição parcial ou reclamação." (fls. 41) Nesse contexto, o Tribunal de origem entendeu que a decisão que indeferiu o pedido de cautelar "trata-se de decisão interlocutória" e não de decisão com força de definitiva (fls. 33). Logo, incabível apelação, *in casu*. Diante disso, não merece reparo o decisum estadual, consoante a jurisprudência do STJ: "A apelação interposta não teria realmente condições de seguir adiante, pois a decisão objurgada não é definitiva e nem tem força para tanto." (REsp 230.003/RO, Rel. Ministro José Arnaldo da Fonseca, Quinta Turma, DJ 04/02/2002) A doutrina pátria, sobre o tema, leciona: "a decisão

---

26 Nucci, Guilherme de Souza. Leis Penais e Processuais Penais Comentadas vol. 1. 10ª ed. rev. ampl. e atual. Rio de Janeiro: Forense, 2017.p. 573.

27 Nucci, Guilherme de Souza. Leis Penais e Processuais Penais Comentadas vol. 1. 10ª ed. rev. ampl. e atual. Rio de Janeiro: Forense, 2017.p. 573.

28 O art. 251 do Projeto de Lei n. 8045/2010 que estabelece um novo Código de Processo Penal, possui a seguinte redação: "Contra decisão que indeferir o pedido de interceptação caberá agravo, na forma do art. 474, podendo o relator na instância ad quem, em decisão fundamentada, autorizar liminarmente o início da diligência.
Parágrafo único. O agravo tramitará em segredo de justiça e será processado sem a oitiva do investigado ou acusado, a fim de resguardar a eficácia da investigação.".

interlocutória resolve questão incidente, como está expresso no art. 162, § 2º, do CPC. Isso significa que a decisão incide sobre questões que são resolvidas para uma adequada preparação do julgamento final, ou para completá-lo." (MARQUES, José Frederico. "Manual de Direito Processual Civil", 1ª ed., v. III, nº. 537). Diante disso, sobre a pretensão acerca do cabimento de apelação contra decisão interlocutória, não assiste razão ao recorrente. (...)". (STJ - RECURSO ESPECIAL Nº 931.484 - SC (2007/0048844-8) RELATOR: MINISTRO CELSO LIMONGI - DESEMBARGADOR CONVOCADO DO TJ/SP).

Segundo Luiz Flávio Gomes[29] não restaria outra medida senão a impetração de **mandado de segurança**. Já na hipótese do indeferimento de representação da autoridade policial, tal decisão será irrecorrível. No mesmo sentido Renato Brasileiro[30], quando preenchidos todos os requisitos previstos na Lei e a decretação da interceptação for medida que se impõe, caso indeferido o pedido, restaria a hipótese de manejar o mandado de segurança.

Contudo, na hipótese de impetração de mandado de segurança, não seria possível a aplicação da Súmula n. 701 do STF[31]. **Não** será possível que seja determinada a realização da **citação do acusado,** para figurar como litisconsorte passivo necessário, pois do contrário, o mesmo tomaria ciência prévia da interceptação telefônica e inutilizará a medida recursal para fins da medida citada.

Sustenta Nucci[32] que caberá **correição parcial**, pois trata-se de uma forma de tumultuar a colheita de provas.

A correição parcial cabe para corrigir, em procedimentos judiciais ou processos, ato, omissão ou despacho do juiz, decorrente de erro, omissão, abuso ou ato tumultuário (*error in procedendo*) e para os quais não há previsão de outro recurso.

Nos estados a previsão da correição parcial deverá estar em constituições estaduais, leis estaduais, em especial nas leis de organização judiciária, além dos regimentos internos dos tribunais.

Na hipótese da justiça federal há previsão no art. 6º, inc. I, da Lei federal n º 5.010/66[33].

O art. 498 do Código de Processo Penal Militar[34] também prevê expressamente a correição parcial.

29 Gomes, Luiz Flávio e Maciel, Sílvio. Interceptação telefônica: comentários à Lei n. 9.296, de 24.07.1996. São Paulo: Editora RT, 2011. p. 42.

30 Brasileiro, Renato. Legislação Criminal Especial Comentada. 3ºed. rev. ampl. e atual, Salvador: JusPodivm. p. 162.

31 Súmula n. 701 do STF: "No mandado de segurança impetrado pelo Ministério Público contra decisão proferida em processo penal, é obrigatória a citação do réu como litisconsorte passivo.".

32 Nucci, Guilherme de Souza. Leis Penais e Processuais Penais Comentadas vol. 1. 10ª ed. rev. ampl. e atual. Rio de Janeiro: Forense, 2017.p. 572.

33 "Art. 6º Ao Conselho da Justiça Federal compete:
I – Conhecer de correição parcial requerida pela parte ou pela Procuradoria da República, no prazo de cinco dias, contra ato ou despacho do Juiz de que não caiba recurso, ou comissão que importe êrro de ofício ou abuso de poder. (...)".

34 "Art. 498. O Superior Tribunal Militar poderá proceder à correição parcial:
a) a requerimento das partes, para o fim de ser corrigido êrro ou omissão inescusáveis, abuso ou ato tumultuário, em processo, cometido ou consentido por juiz, desde que, para obviar tais fatos, não haja recurso previsto neste Código; (...)"

Por outro norte, caso seja deferida o pedido de interceptação telefônica é possível que seja interposto *habeas corpus*. É certo que a defesa, nem o investigado serão intimados da decisão, contudo, posteriormente, após realizada a interceptação, poderá a defesa discutir a legalidade da medida, como, por exemplo, a questão da competência do juiz.

SENHAS GENÉRICAS

Não será possível o fornecimento de **senhas genéricas** pelo Poder Judiciário às autoridades civis, pois as mesmas não se submetem a um controle específico e dificultam o controle judicial dos dados sigilosos, muito embora, tais senhas facilitavam o trabalho policial.

Nesse sentido o STJ: "(...) Não há que se falar em concessão de senha genérica à Autoridade Policial, uma vez que restou claro tratar-se de senha pessoal e intransferível, para uso exclusivo, no interesse da referida investigação, restando expressamente vedados o fornecimento de senha de acesso indiscriminado dos agentes aos dados telefônicos e a interceptação de outros números não especificados na decisão judicial, sendo de inteira responsabilidade do seu usuário a utilização indevida dela. (...)". (HC 224.442/SP, Rel. Ministro CAMPOS MARQUES (DESEMBARGADOR CONVOCADO DO TJ/PR), QUINTA TURMA, julgado em 19/02/2013, DJe 22/02/2013).

SISTEMA ACUSATÓRIO E A DETERMINAÇÃO DE OFÍCIO PELO JUIZ

Ao permitir que o Juiz inicie de ofício uma interceptação telefônica, questiona-se se **há violação ao sistema acusatório.**

No sistema acusatório possui como característica fundamental a existência do *actum trium personarum*, dividindo-se entre os atores do processo penal as funções de acusar, julgar e defender, atribuindo-as as pessoas distintas.

Alguns, como Luiz Flávio Gomes[35], sustentam a inconstitucionalidade do dispositivo, na parte da fase pré-processual, pois há ofensa ao princípio da imparcialidade do juiz e ao sistema acusatório de processo.

Sobre a produção de provas na fase pré processual e a ofensa ao sistema acusatório, esclarecedora a doutrina de Renato Brasileiro[36]:

> "Na fase investigatória, portanto, deve o magistrado agir somente quando provocado, atuando como garante das regras do jogo. O que não se deve lhe permitir, nessa fase preliminar, é uma atuação de ofício. E isso porque, pelo simples fato de ser humano, não há como negar que, após realizar diligências de ofício na fase investigatória, fique o magistrado envolvido psicologicamente com a causa, colocando-se em posição propensa a julgar favoravelmente a ela, com grave prejuízo a sua imparcialidade. A partir do momento em que uma mesma pessoa concentra as funções de investigar e colher as provas, além do poder de julgar o acusado, estará comprometido *a priori* com a tese da culpabilidade do acusado. Essa discussão quanto à atuação do magistrado de ofício na fase investigatória não é novidade no Brasil. Quando entrou em vigor a Lei n. 9.034/95, também conhecida como Lei das Organizações Criminosas, o art. 3º previa que, na hipótese de quebra do sigilo de dados

35 Gomes, Luiz Flávio e Maciel, Sílvio. Interceptação telefônica: comentários à Lei n. 9.296, de 24.07.1996. São Paulo: Editora RT, 2011. p. 141.

36 Brasileiro, Renato. Código de Processo Penal Comentado. Salvador: JusPodivm. 2016. p. 515.

> fiscais, bancários, financeiros e eleitorais, a diligência seria realizada pelo juiz, adotado o mais rigoroso segredo de justiça. Como se percebe, o dispositivo conferia ao magistrado poderes para diligenciar pessoalmente na obtenção de elementos informativos pertinentes à persecução penal de ilícitos decorrentes da atuação de organizações criminosas, com dispensa do auxílio da Polícia Judiciária e do Ministério Público, criando uma espécie de juiz inquisidor. O Supremo Tribunal Federal, foi chamado a analisar a constitucionalidade do dispositivo, tendo concluído que o art. 3º seria parcialmente inconstitucional. No tocante aos sigilos bancário e financeiro, entendeu a Suprema Corte que o art. 3º teria sido revogado pelo advento da Lei Complementar n. 102/01, que passou a regulamentar a matéria. Em relação aos dados fiscais e eleitorais, todavia, o Supremo reconheceu a inconstitucionalidade do art. 3º, por flagrante violação ao princípio da imparcialidade e consequente violação ao devido processo legal. Se o Supremo Tribunal Federal concluiu pela inconstitucionalidade do juiz inquisidor previsto no art. 3º da revogada Lei n. 9.034/95, conclusão semelhante deverá se dar em relação à nova redação do art. 156, inciso I, do CPP".

Há uma Ação Direta de Inconstitucionalidade (ADI n. 3.450) no STF, proposta pelo Procurador-Geral da República, em face do art. 3º, da Lei n. 9.296/96, afim de que seja declarada a inconstitucionalidade parcial, se redução de texto, de forma que o Juiz, na fase de investigações, seja excluído de determinar de ofício a interceptação de comunicações telefônicas.

Já na fase processual, há que ser interpretado o art. 3º da Lei n. 9.296/96, com o art. 156, inc. II do CPP, na medida em que o juiz somente poderá agir de ofício em matéria probatória de forma supletiva. Nota-se que tal dispositivo somente autoriza o juiz a "dirimir dúvidas sobre ponto relevante", concluindo-se que a atividade probatória do juiz será apenas complementar.

COMISSÃO PARLAMENTAR DE INQUÉRITO

Não está autorizado à Comissão Parlamentar de Inquérito realizar a interceptação telefônica, ainda que o art. 58, § 3º, da CF/88 estabeleça que estas possuam poderes de investigação próprios das autoridades judiciais.

Assim, nas hipóteses em que a Constituição Federal exija de forma expressa ordem judicial, tal ordem somente pode ser dada por um magistrado ou um Tribunal, por força do **princípio da reserva da jurisdição.**

Dessa forma, as medidas de decretação de indisponibilidade de bens e relatórios e degravações originários de interceptação telefônica, por exigirem ordem judicial, não podem ser decretadas pelas Comissões Parlamentares de Inquérito. (MS 27483 MC-REF, Relator (a): Min. CEZAR PELUSO, Tribunal Pleno, julgado em 14/08/2008, DJe-192 DIVULG 09-10-2008 PUBLIC 10-10-2008 EMENT VOL-02336-01 PP-00189 RTJ VOL-00207-01 PP-00298).

A quebra de sigilos bancário, fiscal e telefônico podem ser realizados pela Comissão Parlamentar de Inquérito, desde que não sejam utilizados como instrumento de devassa indiscriminada, além de dever estar apoiada em decisão devidamente fundamentada. (MS 23851, Relator (a): Min. CELSO DE MELLO, Tribunal Pleno, julgado em 26/09/2001, DJ 21-06-2002 PP-00098 EMENT VOL-02074-02 PP-00308).

Contudo, a fundamentação exigida das Comissões Parlamentares de Inquérito quanto à quebra de sigilo bancário, fiscal, telefônico e telemático não possuem os mesmos contornos exigidos às decisões judiciais, pois requer-se que constem da deliberação as razões pelas quais veio a ser determinada a medida. (MS 24749, Relator (a): Min. MARCO AURÉLIO, Tribunal

Pleno, julgado em 29/09/2004, DJ 05-11-2004 PP-00006 EMENT VOL-02171-01 PP-00142 RTJ VOL-00196-01 PP-00186 LEXSTF v. 26, n. 312, 2005, p. 166-170).

Art. 4º O pedido de interceptação de comunicação telefônica conterá a demonstração de que a sua realização é necessária à apuração de infração penal, com indicação dos meios a serem empregados.

§ 1º Excepcionalmente, o juiz poderá admitir que o pedido seja formulado verbalmente, desde que estejam presentes os pressupostos que autorizem a interceptação, caso em que a concessão será condicionada à sua redução a termo.

§ 2º O juiz, no prazo máximo de vinte e quatro horas, decidirá sobre o pedido.

REQUISITOS PARA O JUIZ COMPETENTE

A Lei n. 9.296/96, em seu art. 4º, trata dos requisitos necessários para o endereçamento do pedido de interceptação telefônica a ser dirigida ao Juiz competente.

Expressamente, prevê o dispositivo legal, a demonstração de que a medida seja necessária para a apuração da infração penal, bem como sejam indicados os meios a serem empregados.

Tal dispositivo deverá ser interpretado conjuntamente com o disposto no art. 2º. I, devendo demonstrar não haver outros meios possíveis para a apuração da infração penal.

REQUERIMENTO VERBAL

Autoriza a lei o **requerimento verbal** para a interceptação telefônica, devendo o mesmo ser reduzido a termo[37].

Embora seja somente justificado para medidas de interceptação telefônica urgentes, tal procedimento não dispensa a observação dos requisitos necessários para o deferimento da medida.

Critica-se tal dispositivo a necessidade de se reduzir a termo, pois após verbalizado, há necessidade de se colocar tudo mediante um termo, como se fosse um depoimento e depois ser assinada pela parte legitimada. Assim, a celeridade haveria caso o pleito fosse realizado verbalmente e, após concedido, fosse reduzido entregue de modo escrito ou reduzido a termo.

O art. 10, § 1º, da Resolução n. 59/08 do CNJ:

"Nos casos de formulação de pedido verbal de interceptação (artigo 4º, § 1º, da Lei 9.296/96), o servidor autorizado pelo magistrado deverá reduzir a termo os pressupostos que autorizem a interceptação, tais como expostos pela autoridade policial ou pelo representante do Ministério Público.".

---

37 Os parágrafos 1º, 2º e 3º, do art. 250 do Projeto de Lei n. 8045/2010 que estabelece um novo Código de Processo Penal, possuem a seguinte redação:

"§ 1º Admite-se, de modo excepcional, que o pedido de interceptação seja formulado verbalmente quando a vida de uma pessoa estiver em risco, podendo o juiz dispensar momentaneamente um ou mais requisitos previstos no art. 249.

§ 2º Na hipótese do § 1º deste artigo, o juiz exigirá a posterior redução a termo do pedido.

§ 3º Despachado o pedido verbal, os autos seguirão para manifestação do Ministério Público e retornarão ao juiz, que, em seguida, reapreciará o pedido.".

PROCEDIMENTO PREVISTO NA RESOLUÇÃO N. 59/08 DO CNJ

Os procedimentos de interceptação telefônica deverão ser encaminhados ao juízo competente através de um envelope lacrado contendo os pedidos e os documentos necessários.

No envelope, em sua parte exterior, deverá ser colada uma folha de rosto contendo:

I – "medida cautelar sigilosa";

II – delegacia de origem ou órgão do Ministério Público; e

III – comarca de origem da medida (art. 3º, da Resolução n. 59/08 do CNJ).

Está proibida a indicação do nome do requerido, da natureza da medida ou qualquer outra anotação na folha de rosto acima mencionada.

Ainda o art. 5º da Resolução n. 58/08 do CNJ estabelece que:

"Outro envelope menor, também lacrado, contendo em seu interior apenas o número e o ano do procedimento investigatório ou do inquérito policial, deverá ser anexado ao envelope lacrado referido no artigo 3º.".

Por sua vez, o art. 6º do mesmo diploma normativo prevê que:

"É vedado ao Distribuidor e ao Plantão Judiciário receber os envelopes que não estejam devidamente lacrados na forma prevista nos artigos 3º e 5º desta Resolução.".

PRAZO PARA DECISÃO

Uma vez protocolado o requerimento, o Juiz terá o prazo de **24 horas** para decidir sobre a sua concessão ou não[38].

Trata-se de um prazo **processual impróprio**, pois não há nenhuma sanção caso o prazo não seja respeitado.

É certo que a demora na concessão ou não da medida poderá comprometer as investigações, via de regra já em andamento, pois trata-se da produção de uma **prova urgente**, por isso a exiguidade do prazo.

O momento para a contagem do prazo será a partir do termo de conclusão dos autos apartados ao juiz. O juiz poderá, uma vez declarado um motivo justo, exceder por mais 24 horas o prazo (art. 800, § 3º, do CPP[39]). Caso tenha extrapolado o prazo de 48 horas, sem motivo justo, poderá o juiz perder seus vencimentos, tantos dias quantos forem os excedidos (art. 801 do CPP[40]).

---

38 O art. 250 do Projeto de Lei n. 8045/2010 que estabelece um novo Código de Processo Penal, possui a seguinte redação: "O requerimento ou a representação será distribuído e autuado em separado, sob segredo de justiça, devendo o juiz competente, no prazo máximo de 24 (vinte e quatro) horas, proferir decisão fundamentada, que atentará para o preenchimento, ou não, de cada um dos requisitos previstos no art. 249, indicando, se a interceptação for autorizada, o prazo de duração da diligência.".

39 Art. 800, § 3º do CPP: "Em qualquer instância, declarando motivo justo, poderá o juiz exceder por igual tempo os prazos a ele fixados neste Código.".

40 Art. 801 do CPP: "Findos os respectivos prazos, os juízes e os órgãos do Ministério Público, responsáveis pelo retardamento, perderão tantos dias de vencimentos quantos forem os excedidos. Na contagem do tempo de serviço, para o efeito de promoção e aposentadoria, a perda será do dobro dos dias excedidos.".

Art. 5º A decisão será fundamentada, sob pena de nulidade, indicando também a forma de execução da diligência, que não poderá exceder o prazo de quinze dias, renovável por igual tempo uma vez comprovada a indispensabilidade do meio de prova.

FUNDAMENTAÇÃO DA DECISÃO

É preceito constitucional que toda a decisão judicial deverá ser **fundamentada**, conforme previsão do art. 93, IX, da CF:

> "todos os julgamentos dos órgãos do Poder Judiciário serão públicos, e fundamentadas todas as decisões, sob pena de nulidade, podendo a lei limitar a presença, em determinados atos, às próprias partes e a seus advogados, ou somente a estes, em casos nos quais a preservação do direito à intimidade do interessado no sigilo não prejudique o interesse público à informação;"

Quando as decisões não são fundamentadas, estas são passíveis de **nulidade**[41]. A fundamentação deverá ser sobre as circunstâncias concretas, apontando a necessidade fática da medida.

Não tratou de forma diferente a Lei n. 9.296/96, estabelecendo que a decisão que decreta a interceptação telefônica deverá ser fundamentada, sob pena de nulidade.

Nesse sentido já decidiu o STJ:

> "1. É exigida da gravosa decisão que defere a interceptação telefônica a concreta indicação dos requisitos legais de justa causa e imprescindibilidade dessa prova, que por outros meios não pudesse ser feita. 2. Diante da ausência de fundamentação casuística, em genérico decreto de quebra cabível a qualquer procedimento investigatório, é reconhecida a nulidade dessa decisão e das decisões subsequentes de prorrogação, assim como das provas derivadas, estas a serem aferidas pelo juiz do processo. 3. Calcando-se a decisão em questão de caráter objetivo, mister a extensão dos efeitos benéficos do julgado aos demais corréus atingidos pela decisão ora anulada, nos moldes do art. 580 do CPP. 4. Habeas corpus não conhecido, porém concedida a ordem de ofício para declarar nula a decisão que deferiu a medida de interceptação telefônica, assim como as subsequentes prorrogações e, bem assim, das provas consequentes, estas a serem aferidas pelo magistrado na origem, devendo o material respectivo ser retirado dos autos, estendendo-se seus efeitos aos demais corréus atingidos pela decisão de quebra do sigilo telefônico ora anulada, sem prejuízo do prosseguimento da ação penal com base em outras provas ou de nova decretação da medida em decisão devidamente fundamentada." (HC 336.285/SP, Rel. Ministro NEFI CORDEIRO, SEXTA TURMA, julgado em 22/11/2016, DJe 28/11/2016).

É admitida, tanto pelo STF, como pelo STJ, a fundamentação *per relationem*, como se observa a esclarecedora decisão: "(...) A fundamentação *per relationem* é admitida pelo Superior Tribunal de Justiça, bem como pelo Supremo Tribunal Federal, sendo imprescindível, no entanto, que o julgador agregue fundamentos próprios. No caso dos autos, o Tribunal de origem assentou que "a adoção do parecer do Ministério Público como razão de decidir (*per*

41 A decisão judicial tem de ser fundamentada (art. 93, IX), ainda que sucintamente, sendo prescindível que a mesma se funde na tese suscitada pela parte. Precedente: AI-QO-RG 791.292, Rel. Min. Gilmar Mendes, Tribunal Pleno, DJe de 13/8/2010. (HC 133706 AgR, Relator(a): Min. LUIZ FUX, Primeira Turma, julgado em 20/09/2016, PROCESSO ELETRÔNICO DJe-242 DIVULG 14-11-2016 PUBLIC 16-11-2016).

relationem), por si só, não acarreta a nulidade do decisum, se no texto reproduzido há exame de todas as teses recursais e fundamentação suficiente para o deslinde da quaestio, como aconteceu no caso em tela". Ademais, o Magistrado de origem agregou fundamentos próprios, consignando expressamente "que a diligência requerida mostra-se pertinente e necessária para a investigação do delito em investigação de tráfico de entorpecentes". Portanto, devidamente fundamentada a medida. (...)". (RHC 61.438/RS, Rel. Ministro REYNALDO SOARES DA FONSECA, QUINTA TURMA, julgado em 25/10/2016, DJe 07/11/2016).

Sobre a fundamentação ***per relacionem***, ainda acresce o STJ, que "constitui medida de economia processual e não malfere os princípios do juiz natural e da fundamentação das decisões." (REsp 1.443.593/RS, Rel. Ministro NEFI CORDEIRO, SEXTA TURMA, julgado em 02/06/2015, DJe 12/06/2015)". (RHC 83.938/RJ, Rel. Ministro RIBEIRO DANTAS, QUINTA TURMA, julgado em 14/11/2017, DJe 22/11/2017).

É certo que apenas a **mera alusão** à manifestação do Ministério Público não será suficiente para que seja fundamentada a decisão judicial para o deferimento da interceptação telefônica, tornando, assim, ilícita a prova ali produzida.

Nesse sentido o STF: "imperioso concluir que a mera alusão ao "requerimento" do Parquet e/ou da autoridade policial não se mostra suficiente para legitimar a quebra dos sigilos telefônico e bancário dos pacientes. A referência – argumento de autoridade – não passa pelo crivo da proporcionalidade, na medida em que não apresenta motivação idônea para fazer ceder a essa situação excepcional de ruptura da esfera da intimidade de quem se encontra sob investigação. Na espécie, em momento algum, o magistrado de primeiro grau aponta fatos concretos que justifiquem a real necessidade da quebra desses sigilos. (...) Nesse diapasão, por reputar que as decisões judiciais prolatadas pelo juízo de origem encontram-se destituídas da devida fundamentação – o que as tornam desvestidas de eficácia jurídica –, entendo que as interceptações telefônicas e as informações financeiras obtidas constituem provas ilícitas, devendo, dessa forma, ser desentranhadas do processo." [HC 96.056, voto do rel. min. Gilmar Mendes, j. 28-6-2011, 2ª T, *DJE* de 8-5-2012.].

O STJ também já decidiu que a decisão judicial pode ser **sucinta**, embora haja algumas observações necessárias: "(...) 2. Não é ilegal a decisão judicial de interceptação telefônica que, embora sucinta, expõe devidamente a necessidade da medida, nos termos da lei de regência, com amparo na existência de indícios razoáveis, indicados pelos relatórios policiais apresentados, que apontavam a indispensabilidade das escutas para aprofundamento das investigações. (...)" (AgRg no REsp 1633434/SP, Rel. Ministra MARIA THEREZA DE ASSIS MOURA, SEXTA TURMA, julgado em 06/04/2017, DJe 20/04/2017).

A **ausência de fundamentação**, através de um genérico decreto de quebra de sigilo, causará a **nulidade** da decisão, porém, nos mesmos autos, caso exista provas autônomas, desvinculadas daquelas decorrentes das decisões consideradas ilegais, não impedirá a manutenção do decreto condenatório (HC 374.585/SC, Rel. Ministro NEFI CORDEIRO, SEXTA TURMA, julgado em 09/03/2017, DJe 16/03/2017).

Ainda, insta esclarecer que a mera repetição dos termos legais referentes aos requisitos da interceptação telefônica não significa fundamentação, há que se indicar de forma real e concreta todos os requisitos necessários para a concessão da medida de quebra de sigilo.

A decisão em interceptação telefônica é concedida *inaudita altera pars*, cuja decretação não necessita da oitiva do investigado. Dessa forma será preservada a eficácia da medida investigativa, razão pela qual tanto o investigado ou seu defensor não poderão tomar conhecimento da circunstância de estar sendo efetivada a medida[42].

Na lição de Luiz Flávio Gomes[43] deverá haver um **controle judicial prévio** de conteúdo da decisão, de forma que seja verificado:

> "a) quais são os concretos indícios de autoria ou de participação (art. 2º, I);
>
> b) quais são as provas existentes a respeito da infração penal (materialidade) (art. 2º, I); c) que se trata de infração punida com reclusão (art. 2º, III);
>
> d) que a interceptação é necessária em virtude da inexistência de outros meios disponíveis para obtenção da prova (art. 2º, II, e art. 4º);
>
> e) a descrição com clareza da situação objeto da investigação (delimitação fática da medida, isto é, qual é o crime, onde está ocorrendo, desde quando vem ocorrendo etc.) (art. 2º, parágrafo único);
>
> f) indicação e, se possível, a qualificação do sujeito passivo da medida (identificação do investigado ou dos investigados (art. 2º, parágrafo único);
>
> g) individualização da linha telefônica que servirá de fonte para a captação da comunicação;
>
> h) quais meios serão empregados para a execução da medida (quais recursos tecnológicos, quais operações serão feitas) (art. 4º);
>
> i) qual será a forma de execução da diligência – recursos próprios da polícia, recursos da concessionária, técnicos da concessionária etc. (art. 5º);
>
> j) qual é a duração da medida (o prazo não pode exceder quinze dias);
>
> l) qual é a intensidade da medida (captação de todas as comunicações ou só das chamadas recebidas, ou ambas, apenas constatação das chamadas sem importar o conteúdo etc.);
>
> m) que a interceptação é proporcional no caso concreto, em razão da gravidade da infração, da necessidade da prova, dos interesses afetados etc.;
>
> n) que tudo deve ser feito "sob segredo de justiça" (art. 1º).".

Por ocasião da decisão, o Juiz deverá constar expressamente, nos termos em prevê o art. 10 da Resolução n. 59/08 do CNJ:

I – a autoridade requerente

II – o relatório circunstanciado da autoridade requerente;

III – os indícios razoáveis da autoria ou participação em infração criminal apenada com reclusão;

---

42 O art. 253 Projeto de Lei n. 8045/2010 que estabelece um novo Código de Processo Penal, possui a seguinte redação: "Do mandado judicial que determinar a interceptação de comunicações telefônicas deverá constar a qualificação do investigado ou acusado, quando identificado, ou o código de identificação do sistema de comunicação, quando conhecido.

§ 1º O mandado judicial será expedido em 2 (duas) vias, uma para a prestadora responsável pela comunicação e outra para a autoridade que formulou o pedido de interceptação.

§ 2º O mandado judicial poderá ser expedido por qualquer meio idôneo, inclusive o eletrônico ou similar, desde que comprovada sua autenticidade.".

43 Gomes, Luiz Flávio e Maciel, Sílvio. Interceptação telefônica: comentários à Lei n. 9.296, de 24.07.1996. São Paulo: Editora RT, 2011. p. 151/152.

IV – as diligências preparatórias realizadas, com destaque para os trabalhos mínimos de campo, com exceção de casos urgentes, devidamente justificados, em que as medidas iniciais de investigação sejam inviáveis;

V – os motivos pelos quais não seria possível obter a prova por outros meios disponíveis;

VI – os números dos telefones ou o nome de usuário, *e-mail* ou outro identificador no caso de interceptação de dados;

VII – o prazo da interceptação, consoante o disposto no art. 5º da Lei 9.296/1996;

VIII – a imediata indicação dos titulares dos referidos números ou, excepcionalmente, no prazo de 48 (quarenta e oito) horas;

IX – a expressa vedação de interceptação de outros números não discriminados na decisão;

X – os nomes de autoridades policiais e de membros do Ministério Público responsáveis pela investigação, que terão acesso às informações;

XI – os nomes dos servidores do cartório ou da secretaria, bem assim, se for o caso, de peritos, tradutores e demais técnicos responsáveis pela tramitação da medida e expedição dos respectivos ofícios, no Poder Judiciário, na Polícia Judiciária e no Ministério Público, podendo reportar-se à portaria do juízo que discipline a rotina cartorária.

Também a Resolução n. 59/08 do CNJ estabelece de forma expressa que a decisão judicial deverá ser **sempre escrita e fundamentada** (art. 10, § 2º).

PRAZO DE DURAÇÃO, PRORROGAÇÃO E PRORROGAÇÃO SUCESSIVA

A Lei estabelece o prazo máximo de **15 dias** para a duração da interceptação telefônica, prazo este computado a partir de quando a interceptação é efetivada, e não do dia em que a autorização é autorizada judicialmente[44].

Vencidos os 15 dias iniciais de prazo há possibilidade da **prorrogação da medida** de interceptação telefônica. Para a prorrogação deve haver um **novo pedido** de interceptação telefônica, mostrando a indispensabilidade da medida. A prorrogação também deverá ser decidida de forma fundamentada, bem como será conferido o prazo de 24 horas para que o Juiz decida sobre o pedido de prorrogação.

44 O art. 253 e seus parágrafos, do Projeto de Lei n. 8045/2010 que estabelece um novo Código de Processo Penal, possui a seguinte redação: "O prazo de duração da interceptação não poderá exceder a 60 (sessenta) dias, permitidas prorrogações por igual período, desde que continuem presentes os pressupostos autorizadores da diligência, até o máximo de 360 (trezentos e sessenta) dias, salvo quando se tratar de crime permanente, enquanto não cessar a permanência.
§ 1º O prazo correrá de forma contínua e ininterrupta e será contado a partir da data do início da interceptação, devendo a prestadora responsável pelo serviço comunicar imediatamente esse fato ao juiz, por escrito.
§ 2º Para cada prorrogação será necessária nova decisão judicial fundamentada, observado o disposto no caput deste artigo.".

O art. 14 da Resolução n. 59/08 do CNJ dispõe sobre a possibilidade de prorrogação dos pedidos de interceptação telefônica. De acordo com o referido artigo a formulação de eventual pedido de prorrogação de prazo pela autoridade competente deverá observar os estritos termos e limite de 15 dias, apresentando-se, também, os áudios (CD/DVD) com o inteiro teor das comunicações interceptadas, as transcrições integrais das conversas relevantes à apreciação do pedido de prorrogação e o relatório circunstanciado das investigações com seu resultado, de modo a comprovar a indispensabilidade da prorrogação da medida excepcional.

Ainda o art. 14, § 1º, da Resolução n. 59/08 do CNJ prevê que uma vez comprovada a indispensabilidade da prorrogação, o magistrado responsável pelo deferimento da medida original deverá proferir nova decisão, sempre escrita e fundamentada, observando o disposto no art. 5º da Lei 9.296/1996.

Por sua vez, o art. 14, § 2º, da Resolução n. 59/08 do CNJ, estabelece que: "Sempre que possível, os áudios, as transcrições das conversas relevantes à apreciação do pedido de prorrogação e os relatórios serão gravados de forma sigilosa, encriptados com chaves de conhecimento do Magistrado condutor do processo criminal.". Ainda o § 3º prescreve que: "Os documentos acima referidos serão entregues pessoalmente pela autoridade responsável pela investigação ou por seu representante, expressamente autorizado, ao Magistrado competente ou ao servidor por ele indicado.".

Contudo, anote-se que a Lei não estabelece prazo para que sejam **iniciadas** as interceptações, uma vez elas sejam deferidas.

Nesse sentido já decidiu o STJ: "A Lei n. 9.296/1996, que regula a quebra de sigilo das comunicações telefônicas, estabelece em 15 dias o prazo para duração da interceptação, porém não estipula termo inicial para cumprimento da ordem judicial. No caso, a captação das comunicações via telefone iniciou-se pouco mais de três meses após o deferimento, pois houve greve da Polícia Federal no período, o que interrompeu as investigações. A Turma entendeu que não pode haver delonga injustificada para o começo da efetiva interceptação e deve-se atentar sempre para o princípio da proporcionalidade, mas, na hipótese, sendo a greve evento que foge ao controle direto dos órgãos estatais, não houve violação do mencionado princípio. Assim, a alegação de ilegalidade das provas produzidas, por terem sido obtidas após o prazo de 15 dias, não tem fundamento, uma vez que o prazo é contado a partir do dia em que se iniciou a escuta, e não da data da decisão judicial que a autorizou. Precedente citado: HC 135.771-PE, DJe 24/8/2011." (HC 113.477-DF, Rel. Min. Maria Thereza de Assis Moura, julgado em 20/3/2012).

Em outra decisão, entendeu o STJ que me razão da omissão legal, para o prazo inicial à implementação das providências interceptivas tão logo emane a ordem judicial autorizando-a, há que se socorrer, "à luz do art. 4º da Lei de Introdução às normas do Direito Brasileiro, à analogia, aos costumes e aos princípios gerais de direito, respectivamente. Nessa esteira, inviabilizados os dois primeiros institutos, nos escoraremos no princípio da proporcionalidade, como já assentado pela jurisprudência desta Sexta Turma (HC 113.477/DF, Rel. Ministra Maria Thereza de Assis Moura, julgado em 20/03/2012, DJe 16/04/2012)." (RHC 74.187/RJ, Rel. Ministro ANTONIO SALDANHA PALHEIRO, SEXTA TURMA, julgado em 26/09/2017, DJe 13/10/2017).

Muito se discute sobre as **prorrogações sucessivas**.

Atualmente, a jurisprudência **admite** que sejam conferidas prorrogações sucessivas da interceptação telefônica, sem que seja imposto um **limite de vezes**, desde que seja demonstrada a necessidade para a colheita de prova.

Nesse sentido o STJ: "(...) De acordo com a jurisprudência há muito consolidada deste Tribunal Superior, as autorizações subsequentes de interceptações telefônicas, uma vez evidenciada a necessidade das medidas e a devida motivação, podem ultrapassar o prazo previsto em lei, considerado o tempo necessário e razoável para o fim da persecução penal. (...)" (AgRg no REsp 1620209/RS, Rel. Ministra MARIA THEREZA DE ASSIS MOURA, SEXTA TURMA, julgado em 09/03/2017, DJe 16/03/2017).

Certo que para a prorrogação da medida, será necessária uma decisão devidamente motivada. Assim já se manifestou o STJ: "(...) O sigilo das comunicações telefônicas **é** garantido no inciso XII do artigo 5º da Constituição Federal, e para que haja o seu afastamento exige-se ordem judicial que, também por determinação constitucional, precisa ser fundamentada (artigo 93, inciso IX, da Carta Magna). 2. De acordo com o artigo 2º, inciso I, da Lei 9.296/1996, não será admitida a interceptação telefônica quando não houver indícios razoáveis da autoria ou participação em infração penal. (...)". (RHC 43.947/RJ, Rel. Ministro JORGE MUSSI, QUINTA TURMA, julgado em 18/02/2016, DJe 23/02/2016).

Para a sucessão de autorização de interceptação telefônica não há necessidade da apresentação de **inéditos fundamentos** para a continuidade das investigações. Nesse sentido o STJ: "(...) **É** desnecessário que cada sucessiva autorização judicial de interceptação telefônica apresente inéditos fundamentos motivadores da continuidade das investigações, bastando que estejam mantidos os pressupostos que autorizaram a decretação da interceptação originária (precedentes). (...)". (HC 339.553/SP, Rel. Ministro FELIX FISCHER, QUINTA TURMA, julgado em 21/02/2017, DJe 07/03/2017).

O tema, em verdade, **é** polêmico.

Sobre o número de vezes em que se permite a renovação do prazo da interceptação telefônica, Renato Brasileiro[45] levanta **4 correntes diferentes**:

1 – a renovação somente poderá ocorrer apenas uma vez, ou seja, a duração da interceptação telefônica seria apenas de 30 dias (posição de Luiz Francisco Torquato Avolio);

2 – a renovação só poderá ocorrer uma **única** vez, contudo, quando houver necessidade, ou seja, a medida for absolutamente necessária, bem como for justificável exaustivamente o excesso, desde que não ofenda ao princípio da razoabilidade (HC 76.686/PR, Rel. Ministro NILSON NAVES, SEXTA TURMA, julgado em 09/09/2008, DJe 10/11/2008);

3 – teria um limite máximo de 60 dias, posicionamento sustentado levando-se em consideração o prazo temporal de duração quando decretado o Estado de Defesa (art. 136 c.c art. 136, § 2º, ambos da CF) (posição de Vicente Greco Filho);

4 – o prazo poderá ser renovado de forma indefinida, desde que seja comprovada a indispensabilidade de meio de prova (posição predominante no STJ) (HC 287.013/SP, Rel. Ministro REYNALDO SOARES DA FONSECA, QUINTA TURMA, julgado em 07/02/2017, DJe 10/02/2017). No mesmo sentido o STF (INQ 2424, Tribunal Pleno, Rel. Min. Cezar Peluso, julg. E, 26.11.2008, DJe-055 Divulg. 25.03.2010, Publ. 26.03.2010).

A jurisprudência dos Tribunais Superiores tem afastado a tese de **nulidade** em razão das **interceptações sucessivas**: "(...) Não são nulas as sucessivas prorrogações da diligência, que

45 Brasileiro, Renato. Legislação Criminal Especial Comentada. 3ºed. rev. ampl. e atual. Salvador: JusPodivm. p. 165.

perduraram por cerca de três meses, na decorrência lógica do aprofundamento das investigações e no contexto da originária quebra do sigilo telefônico. (...)". (RHC 72.065/RS, Rel. Ministra MARIA THEREZA DE ASSIS MOURA, SEXTA TURMA, julgado em 07/03/2017, DJe 17/03/2017).

No **âmbito** do **direito comparado**, a questão relacionada **às** interceptações telefônicas sucessivas também não possui uma uniformidade de entendimento.

Assim, no direito europeu, alguns países adotam um sistema mais liberal e outros estabelecem algumas regras mais rígidas sobre a prorrogação dos prazos de interceptação telefônica. O Código de Processo Penal espanhol (art. 579) estabelece que o prazo será de três meses para a interceptação, com prorrogação por igual período sem haver a limitação de prorrogações.

O Código de Processo Penal italiano (art. 267) prevê que a interceptação telefônica seja realizada no prazo de quinze dias, podendo ser prorrogado de forma sucessiva.

Por sua vez, o Código de Processo Penal francês (art. 100-2), prevê a interceptação telefônica pelo período de quatro meses, podendo haver prorrogação nas mesmas condições de forma e duração.

Ainda o Código de Processo Penal português (art. 188) não estabelece qualquer prazo de duração da interceptação telefônica, deixando **à** jurisprudência portuguesa referir que caberá ao magistrado, no despacho de interceptação, determinar qual o prazo necessário.

Por fim, na legislação alemã, estabelece no Código de Processo Penal alemão (§ 100b), que a interceptação telefônica tem o prazo de três meses, havendo a possibilidade de apenas uma prorrogação por igual período.

Na América Latina pode ser mencionado o Código de Processo Penal argentino (art. 236), onde não há uma referência legal sobre o prazo máximo para a primeira interceptação telefônica, havendo uma tese jurisprudencial no sentido de que o prazo deverá ser no máximo de seis meses, utilizando-se de forma analógica o disposto no art. 207 do CPP, em prevê o prazo de seis meses para a instrução penal. Ainda, no Chile, o Código Penal chileno (art. 222), o prazo previsto para a primeira interceptação telefônica será de sessenta dias, podendo ser prorrogado, sem que esteja estabelecido um limite máximo de tempo.

PREVENÇÃO

Será considerado prevento para o conhecimento de futura ação penal, o Juiz que, durante as fases investigatórias, **determinar a interceptação telefônica**, nos termos em que dispõe o art. 75, par. único, c.c art. 83, do CPP. Assim já se manifestou o STF: "(...) Tem prevenção para a ação penal o Juiz que primeiro toma conhecimento da causa e examina a representação policial relativa aos pedidos de prisão temporária, busca e apreensão e interceptação telefônica, nos termos do art. 75, parágrafo único, c/c art. 83 do Código de Processo Penal. (HC 88214, Relator (a): Min. MARCO AURÉLIO, Relator (a) p/ Acórdão: Min. MENEZES DIREITO, Primeira Turma, julgado em 28/04/2009, DJe-152 DIVULG 13-08-2009 PUBLIC 14-08-2009 EMENT VOL-02369-04 PP-00815 RJSP v. 57, n. 382, 2009, p. 390-396).

Em caso concreto, nessa esteira já decidiu o STJ: "(...) 3. Uma vez que o Juízo da Vara Criminal da Comarca de São Pedro da Aldeia – RJ foi o primeiro a ser instado a prestar jurisdição – haja vista que, ainda na fase de investigação policial, autorizou a realização de interceptações telefônicas e de outras medidas cautelares –, dúvidas não há de que é competente para processar e julgar o feito, em decorrência da prevenção. (...)". (RHC 67.558/RJ, Rel. Ministro ROGERIO SCHIETTI CRUZ, SEXTA TURMA, julgado em 06/10/2016, DJe 21/10/2016).

Art. 6º Deferido o pedido, a autoridade policial conduzirá os procedimentos de interceptação, dando ciência ao Ministério Público, que poderá acompanhar a sua realização.

§ 1º No caso de a diligência possibilitar a gravação da comunicação interceptada, será determinada a sua transcrição.

§ 2º Cumprida a diligência, a autoridade policial encaminhará o resultado da interceptação ao juiz, acompanhado de auto circunstanciado, que deverá conter o resumo das operações realizadas.

§ 3º Recebidos esses elementos, o juiz determinará a providência do art. 8º, ciente o Ministério Público.

CONDUÇÃO DO PROCEDIMENTO (EXECUÇÃO)

O art. 6º da Lei n. 9.629 menciona que apenas à autoridade policial, enquanto no exercício da polícia judiciária, poderá realizar os procedimentos de interceptação.

Baseado no estrito sentido do princípio da legalidade, sustenta Nucci[46] que quem deve conduzir as interceptações telefônicas é a **Polícia Civil**, a qual exerce a função de Polícia Judiciária. Por tal razão, o referido autor não concorda com a tarefa exercida tanto pela Polícia Militar, como pelo Ministério Público.

Contudo, diversas decisões das Cortes Superiores mantiveram posicionamento divergente.

O STJ já decidiu que é possível a **polícia rodoviária federal** fazê-lo: "(...) O art. 1º, inciso X, do Decreto nº 1.655 de 03/10/1995, autorizou a polícia rodoviária federal a: "colaborar e atuar na prevenção e repressão aos crimes contra a vida, os costumes, o patrimônio, a ecologia, o meio ambiente, os furtos e roubos de veículos e bens, o tráfico de entorpecentes e drogas afins, o contrabando, o descaminho e os demais crimes previstos em lei." III – O Pretório Excelso, ao julgar a medida cautelar na ADI 1.413/DF, manteve na íntegra o texto do referido Decreto. IV – Ante as peculiaridades do caso em tela, há que se autorizar à polícia rodoviária federal auxiliar nas investigações. (HC 45.630/RJ, Rel. Ministro FELIX FISCHER, QUINTA TURMA, julgado em 16/02/2006, DJ 10/04/2006, p. 242).

Ainda decidiu o STJ que é possível a execução da interceptação telefônica pelo **Centro de Inteligência do Sistema Penitenciário do Estado do Rio de Janeiro – CISP**. Segundo ressaltou o STJ, através dos artigos 6º e 7º da Lei 9.296/1996, não há como extrair que a autoridade policial seja a única autorizada a proceder às interceptações telefônicas, até mesmo porque o legislador não teria como antever, diante das diferentes realidades encontradas nas unidades da Federação, quais órgãos ou unidades administrativas teriam a estrutura necessária, ou mesmo as maiores e melhores condições para executar a medida. Assim, já decidiu que não se pode interpretar de maneira restrita o artigo 6º da Lei 9.296/1996, sob pena de se inviabilizar a

46 Nucci, Guilherme de Souza. Leis Penais e Processuais Penais Comentadas vol. 1. 10ª ed. rev. ampl. e atual. Rio de Janeiro: Forense, 2017.p. 570.

efetivação de interceptações telefônicas. (HC 131.836/RJ, Rel. Ministro JORGE MUSSI, QUINTA TURMA, julgado em 04/11/2010, DJe 06/04/2011).

O **Ministério Público** também pode, utilizando de sua estrutura, conduzir e realizar interceptação telefônica. Nesse sentido o STJ: "(...) 3. É lícito ao Parquet promover, por autoridade própria, atos de investigação penal, pois esses compõem o complexo de funções institucionais do Ministério Público e visam instrumentalizar e tornar efetivo o exercício das competências que lhe foram expressamente outorgadas pelo próprio texto constitucional – poderes implícitos –, respeitadas – não obstante a unilateralidade do procedimento investigatório – todas as limitações que incidem sobre o Estado em tema de persecução penal. 4. Na espécie, além da possibilidade, em abstrato, da colheita da prova pelo Ministério Público, a medida foi justificada nas peculiaridades da hipótese, acentuando o Tribunal Estadual que por tratar-se "de crime organizado, envolvendo servidores públicos que sucumbem a pedidos de presos para introdução de celulares nas unidades penitenciárias para dar continuidade ao cometimento de crimes, em troca de dinheiro, muito mais coerente que a atividade investigatória seja realizada pelo Ministério Público, por meio de um grupo de Promotores especializados no combate a esse tipo de criminalidade (GAECO)". Frise-se que o Superior Tribunal de Justiça já decidiu acerca da impossibilidade de se interpretar restritivamente o art. 6º da Lei 9.296/1996 - que cuida da condução das escutas pela autoridade policial –, sob pena de se inviabilizar a efetivação das interceptações telefônicas, até mesmo porque o legislador não teria como efetuar a distinção necessária entre as variadas condições de estrutura e aparelhamento das unidades da Federação no que concerne à investigação penal, especialmente em época de criminalidade organizada, não raras vezes chefiada por agentes estatais, como é o caso dos autos. 5. Entretanto, para que a possibilidade de colheita da prova diretamente pelo Ministério Público – em razão da necessidade de adequação dos instrumentos de investigação penal à atual realidade criminal do país – seja não só legal, como também legítima no caso concreto, o exercício da discricionariedade motivada no momento da valoração da prova não basta, pois se fará imprescindível que a atividade jurisdicional adeque-se frente a esse moderno modelo de investigação, exercendo a fiscalização da prova com maior profundidade – isto é: quando do deferimento, da colheita e da apreciação da prova –, a fim de impedir distorções e desigualdades em sua aquisição, ferindo de morte o princípio da paridade de armas, que garante um processo penal justo e equilibrado. Para tanto, repita-se: exigir-se-á do hodierno julgador – inclusive em maior grau e amplitude do que se exigia antes – elevado controle e rigor na admissão, produção (e introdução no processo) e valoração da prova requerida e realizada pelo Parquet. 6. A eventual escuta e posterior transcrição das interceptações pelos servidores do Ministério Público não têm o condão de macular a mencionada prova, pois não passa de mera divisão de tarefas dentro do próprio órgão que, por assim dizer, apenas se refere à organização administrativa da instituição, divisão de tarefas essa que não retirou dos promotores de justiça a responsabilidade pela condução das diligências, tanto que consta expressamente do acórdão atacado – e dos demais documentos juntados aos autos – que as interceptações ficaram sob a responsabilidade de dois promotores de justiça especialmente designados. (HC 244.554/SP, Rel. Ministro MARCO AURÉLIO BELLIZZE, QUINTA TURMA, julgado em 09/10/2012, DJe 17/10/2012).

O STF já decidiu a possibilidade, ainda que excepcional, da **polícia militar**, mediante ordem judicial, sob a supervisão do Ministério Público, executar interceptações telefônicas, em hipóteses justificadas, como, por exemplo, quando haja suspeita de envolvimento de autoridades policiais da delegacia local. (HC 96986, Relator (a): Min. GILMAR MENDES, Segunda

Turma, julgado em 15/05/2012, ACÓRDÃO ELETRÔNICO DJe-181 DIVULG 13-09-2012 PUBLIC 14-09-2012).

A jurisprudência do STJ é assente no sentido de que "não implica ilegitimidade da polícia militar – agência de inteligência – na execução da medida constritiva de interceptação telefônica, desde que autorizada, como ocorreu in casu, sob pena de ineficácia dos trabalhos.". (AgRg no REsp 1380658/RS, Rel. Ministro JOEL ILAN PACIORNIK, QUINTA TURMA, julgado em 14/11/2017, DJe 24/11/2017).

Em nova decisão, o STF dispõe expressamente que a execução material da interceptação das comunicações telefônicas não é de exclusividade da autoridade policial. (HC 130860 AgR, Relator(a): Min. ALEXANDRE DE MORAES, Primeira Turma, julgado em 16/10/2017, PROCESSO ELETRÔNICO DJe-247 DIVULG 26-10-2017 PUBLIC 27-10-2017).

PARTICIPAÇÃO DO MINISTÉRIO PÚBLICO

A realização da interceptação poderá ser acompanhada pelo Ministério Público. Entendeu o legislador que a participação do Ministério Público no acompanhamento das diligências é **facultativa**, não deixando obrigatória a presença nestes atos.

É certo que o Ministério Público, como titular da ação penal, além de fiscalizar a atuação policial, no exercício do controle externo da atividade policial (art. 129, inc. VII, da CF), pode acompanhar qualquer diligência efetivada pela autoridade policial[47].

Insta esclarecer que a participação do Ministério Público na fase de investigação não acarreta o impedimento ou suspeição para o oferecimento da denúncia, de acordo com a Súmula nº 234 do STJ.

Nessa linha está estabelecida a atuação do Ministério Público, de acordo com o disposto no art. 11 e seus parágrafos, da Resolução n. 36/09 do CNMP:

> "O membro do Ministério Público que, nos termos do artigo 6º, da Lei nº 9.296/96, for cientificado do deferimento de quebra de sigilo telefônico, telemático ou informático em sede de inquérito policial, deverá exercer o controle externo da legalidade do procedimento, nos termos do artigo 129, inciso VII, da Constituição Federal, e do artigo 4º, inciso VIII, da Resolução nº 20/CNMP.
>
> **§ 1º** No exercício do controle externo da legalidade do procedimento, o membro do Ministério Público poderá fazer uso do poder requisitório previsto na Constituição Federal.
>
> **§ 2º** O membro do Ministério Público responsável pela investigação criminal ou instrução penal deverá, no exercício do controle externo da atividade policial, adotar as providências necessárias quando constatar a omissão da autoridade policial em efetuar a comunicação de que dispõe o artigo 6º da Lei nº 9.296/96.".

Porém, sob pena de **nulidade relativa**, é obrigatória a ciência dos procedimentos operacionais ao Ministério Público.

---

47 O art. 255 do Projeto de Lei n. 8045/2010 que estabelece um novo Código de Processo Penal, possui a seguinte redação: "A execução das operações técnicas necessárias à interceptação das comunicações telefônicas será fiscalizada diretamente pelo Ministério Público.".

Sobre o tema já decidiu o STJ: "(...) 4. A ausência de prévia oitiva do Ministério Público para as determinações de quebra de sigilo telefônico e de busca e apreensão não redunda em pecha, haja vista que as medidas podem ser decretadas de oficio pela autoridade judicial, consoante preceituam os artigos 3.º da Lei n.º 9.296/1996 e 242 do Código de Processo Penal, avultando-se, ademais, que o Parquet, tomando ciência das diligências, não apontou qualquer eiva no deferimento/execução das medidas cautelares. (...)" (HC 367.956/AC, Rel. Ministra MARIA THEREZA DE ASSIS MOURA, SEXTA TURMA, julgado em 06/12/2016, DJe 16/12/2016).

Somente o **acompanhamento das diligências** é considerado **facultativo.**

GRAVAÇÃO E TRANSCRIÇÃO DA CONVERSA

Ao texto literal da Lei n. 9.296/96, nos termos do art. 6º, § 1º, uma vez gravada a interceptação, é obrigatória a sua **transcrição**, passando, dessa forma a integrar no processo como elemento probatório.

Sobre a questão referida no dispositivo mencionado, o STF e o STJ, interpretaram-na de forma a **relativizar** a necessidade da transcrição integral dos diálogos gravados, admitindo a **transcrição parcial**. Nesse sentido o STJ: "(...) Ao interpretar o disposto no § 1º do art. 6º da Lei n. 9296/1996, o Pleno do Supremo Tribunal Federal, por ocasião do julgamento do Inq n. 3.693/PA (DJe 30/10/2014), de relatoria da Ministra Cármen Lúcia, decidiu ser prescindível a transcrição integral dos diálogos obtidos por meio de interceptação telefônica, bastando que haja a transcrição do que seja relevante para o esclarecimentos dos fatos e que seja disponibilizada às partes cópia integral das interceptações colhidas, de modo que possam elas exercer plenamente o seu direito constitucional à ampla defesa. 4. Não se mostra razoável exigir, sempre e de modo irrestrito, a degravação integral das escutas telefônicas, haja vista o prazo de duração da interceptação e o tempo razoável para dar-se início à instrução criminal, porquanto há diversos casos em que, ante a complexidade dos fatos investigados, existem mais de mil horas de gravações. Assim, há de ser feita uma seleção daquilo que deve, realmente, constar dos autos para a defesa e para a acusação, sendo dispensável a transcrição de tudo aquilo irrelevante para a persecução criminal. (AgRg no AgRg no AREsp 273.103/SP, Rel. Ministro ROGERIO SCHIETTI CRUZ, SEXTA TURMA, julgado em 15/12/2016, DJe 02/02/2017).

Portanto, verifica-se que não há necessidade de degravação integral das gravações efetuadas, desde que seja assegurada às partes o acesso integral dos registros. Ao final do procedimento, muitas conversas são captadas que pouco ou nada acrescentam às investigações, além de expor e colocar em risco a **inviolabilidade da honra e da vida privada** daquelas pessoas que não figuram como investigadas no procedimento.

Em caso concreto, o STF entendeu que só será exigível a transcrição integral de tudo aquilo que seja **relevante para esclarecimentos dos fatos**, ou seja, tudo aquilo em que se apoiou a denúncia, desde que seja garantida à defesa ao meio magnético em que são gravadas as conversas. Assim decidiu o STF: "(...) PROVA. Criminal. Interceptação telefônica. Transcrição da totalidade das gravações. Desnecessidade. Gravações diárias e ininterruptas de diversos terminais durante período de 7 (sete) meses. Conteúdo sonoro armazenado em 2 (dois) DVDs e 1 (hum) HD, com mais de quinhentos mil arquivos. Impossibilidade material e inutilidade prática de reprodução gráfica. Suficiência da transcrição literal e integral das gravações em que se apoiou a denúncia. Acesso garantido às defesas também mediante meio magnético, com reabertura de prazo. Cerceamento de defesa não ocorrente. Preliminar repelida. Interpretação do art. 6º, § 1º, da Lei nº 9.296/96. Precedentes. Votos vencidos. O disposto no art. 6º, § 1º, da Lei federal nº 9.296, de 24 de julho de 1996, só comporta a interpretação sensata de que, salvo para fim ulterior, só é exigível, na formalização da prova de interceptação telefônica, a transcrição integral de tudo aquilo que seja relevante para esclarecer sobre os fatos da causa sub iudice. (...)" (Inq 2424, Relator(a): Min. CEZAR PELUSO, Tribunal Pleno, julgado em 26/11/2008, DJe-055 DIVULG 25-03-2010 PUBLIC 26-03-2010 EMENT VOL-02395-02 PP-00341).

O STJ ainda entende que declaração de "(...) nulidade atinente à transcrição parcial das interceptações telefônicas, assim como as demais nulidades processuais, exige demonstração de eventual prejuízo concreto suportado pela parte. (...)" (AgRg no REsp 1171305/SC, Rel. Ministro RIBEIRO DANTAS, QUINTA TURMA, julgado em 06/06/2017, DJe 14/06/2017).

Importante mencionar que o STF, em decisão Plenária, já decidiu que a degravação consubstancia formalidade essencial a que os dados alvo da interceptação sejam considerados como prova – artigo 6º, § 1º, da Lei nº 9.296/96, vencidos os Ministros Teori Zavascki, Rosa Weber, Luiz Fux e Gilmar Mendes, os quais consideraram legítima a degravação parcial, desde que seja dado amplo acesso aos interessados da totalidade da mídia eletrônica. (AP 508 AgR, Relator(a): Min. MARCO AURÉLIO, Tribunal Pleno, julgado em 07/02/2013, ACÓRDÃO ELETRÔNICO DJe-161 DIVULG 16-08-2013 PUBLIC 19-08-2013 RTJ VOL-00227-01 PP-00011).

Não gerará nulidade a **ausência de juntada do cd-rom** das gravações das interceptações telefônicas, quando houver o acesso às degravações, pois o agente se defenderá do conteúdo das gravações e não do cd-rom, que é mero instrumento utilizado para a gravação das conversas. (STJ – HC 136.583/RS, Rel. Ministro CELSO LIMONGI (DESEMBARGADOR CONVOCADO DO TJ/SP), SEXTA TURMA, julgado em 02/02/2010, DJe 22/02/2010).

Como já mencionado acima, é possível que seja declarada a nulidade das **transcrições parciais**, desde que seja comprovado prejuízo. Aponta no mesmo sentido, outra decisão do STJ: "(...) Para se declarar a nulidade atinente à transcrição parcial das interceptações telefônicas, deve haver – o que não houve *in casu* – a demonstração irrefutável de eventual prejuízo concreto suportado pela parte, mormente quando se alcança a finalidade a que o ato se destina, ou seja, a gravação telefônica, consoante o disposto no art. 563 do Código de Processo Penal. (...)". (REsp 1474086/AL, Rel. Ministro SEBASTIÃO REIS JÚNIOR, SEXTA TURMA, julgado em 15/12/2016, DJe 02/02/2017).

AUTO CIRCUNSTANCIADO DA DILIGÊNCIA

Todo o resultado da interceptação deverá ser encaminhado ao Juiz, através de um documento formalizado que contenha o conteúdo da comunicação interceptada e os detalhes da diligência[48].

---

48 O Art. 256 do Projeto de Lei n. 8045/2010 que estabelece um novo Código de Processo Penal, possui a seguinte redação: "Findas as operações técnicas, a autoridade encaminhará, no prazo máximo de 60 (sessenta) dias, ao juiz competente, todo o material produzido, acompanhado de auto circunstanciado, que detalhará todas as operações realizadas.

§ 1º Decorridos 60 (sessenta) dias do encaminhamento do auto circunstanciado, o juiz, ouvidos o Ministério Público e a defesa, determinará a inutilização do material que não interessar ao processo.

§ 2º A inutilização do material será assistida pelo Ministério Público, sendo facultada a presença do acusado ou da parte interessada, bem como de seus representantes legais.".

Caso haja um encaminhamento equivocado dos autos ao Ministério Público, ao invés do encaminhamento ao Juiz, não haverá nulidade, pois trata-se de **mera irregularidade**. Nesse sentido já decidiu o STJ: "(...) I. O fato das degravações, juntamente com as fitas obtidas através da interceptação telefônica, terem sido encaminhadas ao Ministério Público e não ao Juízo, configura mera irregularidade II. Evidenciado que o Órgão ministerial, ao reconhecer a incorreção no recebimento do resultado da interceptação, encaminhou o material ao Magistrado, requerendo o apensamento deste ao processo, resta sanada a incorreção do procedimento. III. O auto circunstanciado não é elemento essencial para a validade da prova, tratando-se de documento secundário, incapaz de macular a interceptação telefônica. (HC 44.169/DF, Rel. Ministro GILSON DIPP, QUINTA TURMA, julgado em 13/09/2005, DJ 03/10/2005, p. 304).

No caso de ausência ou ainda vício do circunstanciado poderá ocorrer uma **nulidade relativa**, conforme já se manifestou o STF: "(...) O auto circunstanciado previsto no § 2º do artigo 6º da Lei nº 9.296/96 é formalidade essencial à valia da prova resultante de degravações de áudio e interceptação telefônica. (...) A nulidade surge relativa, devendo ser articulada no prazo do artigo 500 do Código de Processo Penal – inteligência dos artigos 571, inciso II, e 572 do mesmo Diploma. (...)". (HC 87859, Relator (a): Min. MARCO AURÉLIO, Primeira Turma, julgado em 12/06/2007, DJe-101 DIVULG 13-09-2007 PUBLIC 14-09-2007 DJ 14-09-2007 PP-00044 EMENT VOL-02289-02 PP-00391 RTJ VOL-00202-01 PP-00217 LEXSTF v. 29, n. 345, 2007, p. 454-458 RT v. 97, n. 867, 2008, p. 535-537).

Segundo já decidiu o STJ, não é ilegal as **transcrições interpretativas** elaboradas nos autos circunstanciados, pois "é de praxe o relatório da autoridade policial acerca das interceptações telefônicas realizadas ser intercalado entre a transcrição de diálogos e as explicações da autoridade que atuou no caso, a fim de contextualizar os acontecimentos e permitir a compreensão das conversas gravadas. Esse tipo de comentário não tem o condão de induzir a compreensão dos julgadores do caso, mas, simplesmente, de facilitar o entendimento do contexto sob o qual se deu o diálogo interceptado" (REsp 1422045/RJ, Rel. Ministro Rogerio Schietti Cruz, Sexta Turma, julgado em 15/08/2017, DJe 24/08/2017)." (AgRg no REsp 1322181/SC, Rel. Ministro REYNALDO SOARES DA FONSECA, QUINTA TURMA, julgado em 12/12/2017, DJe 18/12/2017).

Não haverá também nulidade na hipótese de **aposição de tarjas pretas** em trechos de relatório das interceptações, ainda mais quando a Defesa possui acesso integral aos autos da interceptação telefônica, não representando, assim, qualquer prejuízo, a sobreposição de tarjas pretas em alguns dos elementos transportados para o Inquérito, a fim de preservar o segredo de justiça quanto a pessoas não investigadas. (RHC 74.191/AC, Rel. Ministro FELIX FISCHER, QUINTA TURMA, julgado em 24/10/2017, DJe 30/10/2017).

SUBMISSÃO DA DEGRAVAÇÃO À PERÍCIA

Não há previsão legal de que as degravações sejam submetidas a **exame pericial**. Também, nas hipóteses de transcrições das gravações resultantes das interceptações telefônicas não é necessário que seja feita por peritos oficiais, pois não se trata de uma tarefa que exige conhecimentos técnicos especializados, podendo ser realizada pelos próprios policiais que atuaram na investigação. (HC 66.967/SC, Rel. Ministra LAURITA VAZ, QUINTA TURMA, julgado em 14/11/2006, DJ 11/12/2006, p. 402 e HC 136.096/RJ, Rel. Ministro ARNALDO ESTEVES LIMA, QUINTA TURMA, julgado em 18/05/2010, DJe 07/06/2010).

O STJ também já decidiu que não há nulidade, pois não se verifica prejuízo a defesa, incidindo o disposto no art. 563 do CPP, na hipótese de "(...) perícia efetuada em interceptações telefônicas, diante da ausência de intimação prévia dos advogados e assistentes técnicos para acompanharem a sua realização, uma vez que após a referida perícia houve a notificação da defesa para que se manifestasse acerca da diligência realizada. Com vista da prova pericial, as partes de manifestaram e as questões acerca de possíveis vícios foram enfrentadas pelo d. magistrado, além de terem sido apresentados quesitos suplementares pela defesa, que teve acesso ao auto circunstanciado revisado. (...)" (RHC 75.544/SC, Rel. Ministro FELIX FISCHER, QUINTA TURMA, julgado em 02/02/2017, DJe 22/02/2017).

É importante ainda destacar que **não há necessidade** de que sejam **identificados os interlocutores** por meio de **perícia técnica**, pois não há exigência legal. Nesse sentido o STJ: "(...) Esta Corte Superior já afirmou a desnecessidade da realização genérica de perícia para a identificação das vozes captadas nas interceptações telefônicas, mormente quando não há contestação sobre quem são os interlocutores (HC 262.971/SP, Rel. Min. NEFI CORDEIRO, Sexta Turma, DJe 25/2/2016). (...)". (AgRg no AREsp 683.775/RN, Rel. Ministro REYNALDO SOARES DA FONSECA, QUINTA TURMA, julgado em 17/11/2016, DJe 28/11/2016). Segundo firme jurisprudência do STJ, é **prescindível** a realização de perícia para a identificação das vozes captadas nas interceptações telefônicas, especialmente quando pode ser aferida por outros meios de provas e diante da ausência de previsão na Lei n. 9.296/1996. Ademais, caso não haja contestação sobre quem são os interlocutores, não há falar em cerceamento de defesa. (HC 349.999/SP, Rel. Ministro RIBEIRO DANTAS, QUINTA TURMA, julgado em 18/10/2016, DJe 08/11/2016).

Por fim, já decidiu o STJ que é descabido o argumento da necessidade de realização de perícia para **verificação da autoria dos diálogos** se, em um total de 6.000 (seis mil), foram impugnados apenas 3 (três) que, inclusive, foram expungidos pela sentença condenatória sem que se adentrasse ao mérito da sua autenticidade, porquanto o juiz sentenciante os considerou desinfluentes para a solução do caso. (HC 30.545/PR, Rel. Ministro FELIX FISCHER, QUINTA TURMA, julgado em 20/11/2003, DJ 15/12/2003, p. 340).

Art. 7º Para os procedimentos de interceptação de que trata esta Lei, a autoridade policial poderá requisitar serviços e técnicos especializados às concessionárias de serviço público.

REQUISIÇÃO DOS SERVIÇOS E DOS TÉCNICOS ESPECIALIZADOS

Será de responsabilidade das concessionárias a obrigação de ver atendidas as requisições das autoridades policiais, uma vez que a concretização da medida de interceptação telefônica envolve conhecimentos técnicos especializados, os quais os órgãos que investigam não têm[49].

49 O art. 254 e seus parágrafos, do Projeto de Lei n. 8045/2010 que estabelece um novo Código de Processo Penal, possuem a seguinte redação: "A prestadora de serviços de telecomunicações deverá disponibilizar, gratuitamente, os recursos e meios tecnológicos necessários à interceptação, indicando ao juiz o nome do profissional que prestará tal colaboração.
§ 1º A ordem judicial deverá ser cumprida no prazo máximo de 24 (vinte e quatro) horas, sob pena de multa diária até o efetivo cumprimento da diligência, sem prejuízo das demais sanções cabíveis.

O dispositivo legal ora em comento utiliza-se o termo **requisitar**, ou seja, trata-se de uma exigência que deve ser cumprida, trata-se de **ordem**. Assim, caso não atendida, abrirá espaço para que seja instaurado inquérito policial pela prática do crime de desobediência, ou ainda, poderá ser lavrado o auto de prisão em flagrante delito, conforme a situação.

De acordo com o art. 11 da Resolução n. 59/08 do CNJ, todos os ofícios expedidos às operadoras em cumprimento à decisão judicial que deferir a medida cautelar sigilosa deverão ser gerados pelo sistema informatizado do respectivo órgão jurisdicional ou por meio de modelos padronizados a serem definidos pelas respectivas Corregedorias locais, dos quais deverão constar:

I – número do ofício sigiloso;

II – número do protocolo,

III – data da distribuição;

IV – tipo de ação;

V – número do inquérito ou processo;

VI – órgão postulante da medida (Delegacia de origem ou Ministério Público);

VII – número dos telefones que tiveram a interceptação ou quebra de dados deferida;

VIII – a expressa vedação de interceptação de outros números não discriminados na decisão;

IX – advertência de que o ofício-resposta deverá indicar o número do protocolo do processo ou do Plantão Judiciário, sob pena de recusa de seu recebimento pelo cartório ou secretaria judicial, e

X – advertência da regra contida no artigo 10 da Lei nº 9.296/96.

Sempre que recebido o ofício da autoridade judicial, a operadora de telefonia tem o **dever** de confirmar com o Juízo os números cuja efetivação fora deferida e a data em que foi efetivada a interceptação, para fins do controle judicial do prazo (art. 12, *caput*, Resolução n. 59/08 do CNJ).

Ainda, de forma semestral, as operadoras indicarão em ofício a ser enviado à Corregedoria Nacional de Justiça os nomes das pessoas, com a indicação dos respectivos registros funcionais, que por força de suas atribuições, têm conhecimento de medidas de interceptações telefônicas deferidas, bem como os dos responsáveis pela operacionalização das medidas, arquivando-se referido ofício em pasta própria na Corregedoria Nacional (art. 12, § 1º, Resolução n. 59/08 do CNJ).

Art. 8º A interceptação de comunicação telefônica, de qualquer natureza, ocorrerá em autos apartados, apensados aos autos do inquérito policial ou do processo criminal, preservando-se o sigilo das diligências, gravações e transcrições respectivas.

---

§ 2º No caso de ocorrência de qualquer fato que possa colocar em risco a continuidade da interceptação, incluindo as solicitações do usuário quanto à portabilidade ou alteração do código de acesso, suspensão ou cancelamento do serviço e transferência da titularidade do contrato de prestação de serviço, a prestadora deve informar ao juiz no prazo máximo de 24 (vinte e quatro) horas contado da ciência do fato, sob pena de multa diária, sem prejuízo das demais sanções cabíveis.".

Parágrafo único. A apensação somente poderá ser realizada imediatamente antes do relatório da autoridade, quando se tratar de inquérito policial (Código de Processo Penal, art.10, § 1º)[50] ou na conclusão do processo ao juiz para o despacho decorrente do disposto nos arts. 407[51], 502[52] ou 538[53] do Código de Processo Penal[54].

SEGREDO DE JUSTIÇA

Para a eficácia deste meio de investigação, o **sigilo** para a pessoa investigada é fundamental, sob pena de frustrar a produção de prova. A diligência deverá ser levada a efeito de **segredo de justiça**, seja em forma de medida cautelar ou autorizada durante as investigações criminais ou durante a instrução processual penal, pois assim, será a única forma de que seja garantida sua utilidade[55].

O art. 16 da Resolução n. 59/08 do CNJ estabelece que quando do recebimento, movimentação e guarda de feitos e documentos sigilosos, as unidades do Poder Judiciário deverão tomar as medidas para que o acesso atenda às cautelas de segurança previstas nesta norma, sendo os servidores responsáveis pelos seus atos na forma da lei. Caso surja alguma situação em que se

---

50 Art. 10. O inquérito deverá terminar no prazo de 10 dias, se o indiciado tiver sido preso em flagrante, ou estiver preso preventivamente, contado o prazo, nesta hipótese, a partir do dia em que se executar a ordem de prisão, ou no prazo de 30 dias, quando estiver solto, mediante fiança ou sem ela.

§ 1º A autoridade fará minucioso relatório do que tiver sido apurado e enviará autos ao juiz competente.

51 Art. 407. As exceções serão processadas em apartado, nos termos dos arts. 95 a 112 deste Código.

52 Revogado pela Lei nº 11.719/2008.

53 Art. 538. Nas infrações penais de menor potencial ofensivo, quando o juizado especial criminal encaminhar ao juízo comum as peças existentes para a adoção de outro procedimento, observar-se-á o procedimento sumário previsto neste Capítulo.

54 Os arts. 257, 258 e 259, do Projeto de Lei n. 8045/2010 que estabelece um novo Código de Processo Penal, possuem a seguinte redação:

"Art. 257. Recebido o material produzido, o juiz dará ciência ao Ministério Público para que requeira, se julgar necessário, no prazo de 10 (dez) dias, diligências complementares."

"Art. 258. Não havendo requerimento de diligências complementares ou após a realização das que tiverem sido requeridas, o juiz intimará o investigado ou acusado para que se manifeste, fornecendo-lhe cópia do material produzido, com especificação das partes que se referem a sua pessoa."

"Art. 259. Conservar-se-ão em cartório, sob segredo de justiça, as fitas magnéticas ou quaisquer outras formas de registro das comunicações interceptadas até o trânsito em julgado da sentença, quando serão destruídas na forma a ser indicada pelo juiz, de modo a preservar a intimidade dos envolvidos.".

55 O art. 246 e seus parágrafos, do Projeto de Lei n. 8045/2010 que estabelece um novo Código de Processo Penal, possuem a seguinte redação: "O sigilo das comunicações telefônicas compreende o conteúdo de conversas, sons, dados e quaisquer outras informações transmitidas ou recebidas no curso das ligações telefônicas.

§ 1º Considera-se interceptação das comunicações telefônicas a escuta, gravação, transcrição, decodificação ou qualquer outro procedimento que permita a obtenção das informações e dados de que trata o caput deste artigo.

§ 2º Quanto aos registros de dados estáticos referentes à origem, destino, data e duração das ligações telefônicas, igualmente protegidos por sigilo constitucional, observar-se-ão as disposições da Seção II do Capítulo III do Título VIII deste Livro.

§ 3º As disposições desta Seção também se aplicam à interceptação:

I – do fluxo de comunicações em sistemas de informática e telemática;

II – de outras formas de comunicação por transmissão de dados, sinais, sons ou imagens.".

enquadre em violação de sigilo, o magistrado responsável pelo deferimento da medida determinará a imediata apuração dos fatos.

O art. 17 da mencionada Resolução ainda não permite ao Magistrado e ao servidor fornecer quaisquer informações, direta ou indiretamente, a terceiros ou a órgão de comunicação social, de elementos sigilosos contidos em processos ou inquéritos regulamentados por esta Resolução, ou que tramitem em segredo de Justiça, sob pena de responsabilização nos termos da legislação pertinente.

Quando a violação de sigilo ocorrer por **integrantes do Poder Judiciário** ou por **membros de outras instituições**, dentre as quais a polícia, o Ministério Público e a advocacia, o Magistrado responsável pelo deferimento da medida requisitará a imediata apuração dos fatos pelas autoridades competentes, sob pena de responsabilização. Após decorrido um prazo razoável, o Magistrado solicitará informações sobre o andamento das investigações.

Após encerrada a medida, será deflagrada a fase do contraditório (contraditório diferido) e à ampla defesa com todos os recursos a ela inerentes, sendo franqueado ao investigado ou ao defensor o acesso ao conteúdo integral das gravações, de modo que se possa impugnar a prova produzida, em legítimo **direito à ampla defesa**. Sobre a questão, esclarecedora a decisão do STJ: "(...) Conforme recente orientação firmada pelo Pretório Excelso, não se pode negar o acesso do advogado constituído, aos autos de procedimento investigatório, ainda que nele decretado o sigilo. Contudo, tal prerrogativa não se estende a atos que por sua própria natureza não dispensam a mitigação da publicidade, como v.g. a futura realização de interceptações telefônicas, que, por sua vez, não se confundem com o seu resultado." (Precedentes do c. STF e desta Corte). (MS 11.568/SP, Rel. Ministro FELIX FISCHER, TERCEIRA SEÇÃO, julgado em 14/03/2007, DJ 21/05/2007, p. 541).

Sobre a questão do contraditório já decidiu o STJ que na "interceptação telefônica, por sua natureza cautelar incompatível com a prévia ciência do agente alvo da medida, o contraditório é diferido para a fase judicial, permitindo, inclusive, manifestação da defesa antes da apresentação das alegações finais, mesmo na hipótese de juntada tardia." (RHC 73.263/SP, Rel. Ministro NEFI CORDEIRO, SEXTA TURMA, julgado em 04/10/2016, DJe 17/10/2016).

Em caso concreto, já decidiu o STJ pela nulidade da decisão de pronúncia, pois a disponibilização do conteúdo das escutas telefônicas ocorreu somente após a mencionada decisão e sem a prévia manifestação defensiva. Assim, configura-se constrangimento ilegal, porquanto não foi garantido o amplo acesso à defesa, configurando efetivo prejuízo, tendo em vista que não restou assegurado o contraditório. Dessa forma, anula-se a decisão de pronúncia, para que, após o efetivo acesso às mídias das interceptações, seja apresentada pela defesa novas alegações finais, para posterior decisão judicial. (HC 368.008/PE, Rel. Ministro NEFI CORDEIRO, SEXTA TURMA, julgado em 17/11/2016, DJe 29/11/2016).

Ainda que levantado o segredo de justiça para o investigado e o defensor, não há que se falar em publicidade do material colhido com a interceptação telefônica, pois há que se preservar os valores constitucionais do direito à intimidade e à vida privada do acusado, bem como das pessoas que mantiveram comunicação com o investigado.

Apensação somente se dará no **final do processo**, ou seja, no momento imediatamente anterior à apresentação da sentença. O dispositivo legal determina que o apensamento ocorrerá após as alegações legais das partes.

Dessa forma, assim que as diligências estejam concluídas deve ser assegurada à defesa o acesso às interceptações telefônicas, pois do contrário, caso franqueada as interceptações somente no final do processo, haveria violação ao princípio do contraditório e da ampla defesa, pois impossibilitaria a parte investigada de produzir contra-prova dos elementos que foram obtidos junto à interceptação.

O STF já decidiu que a partir do momento em que é designado os interrogatórios dos investigados, é necessário assegurar à defesa o amplo acesso aos dados da interceptação telefônica. (HC 92331, Relator (a): Min. MARCO AURÉLIO, Primeira Turma, julgado em 18/03/2008, DJe-142 DIVULG 31-07-2008 PUBLIC 01-08-2008 EMENT VOL-02326-03 PP-00586).

JUNTADA AOS AUTOS

Para manter os autos de interceptação telefônica junto com os autos de processo ou mesmo do inquérito policial, a Lei determina que o conteúdo das interceptações telefônicas sejam objeto de **autos apartados**.

Caso seja apontada a ausência de autos apartados, deverá ser indicado o prejuízo existente, pois se trata de hipótese de **nulidade relativa**.

A última peça da investigação criminal será o relatório do delegado de polícia que presidiu o inquérito policial, por isso, antes dele, se junta o apenso relativo à interceptação telefônica.

Já na hipótese do processo criminal, a juntada do apenso ocorre após as alegações finais das partes e antes do juiz dar a sua decisão. Assim, as partes deverão se valer do apenso para conhecer o conteúdo da interceptação telefônica para a formulação das alegações finais ou ainda para os debates orais, pois senão, haveria violação aos princípios da ampla defesa e do contraditório.

O parágrafo único do dispositivo ora comentado foi alterado pela reforma de trazida pelas Leis n. 11.689/2008 e Lei n. 11.719/2008. Portanto, no procedimento do júri referido no dispositivo mencionado (art. 407) trata-se do atual art. 411, § 9º, do CPP, já em relação aos ritos ordinário e sumário do procedimento comum (arts. 502 e 538), tratam dos arts. 403 e 534 do CPP[56].

Na hipótese dos procedimentos especiais previstos no CPP, bem como nas leis extravagantes, aplica-se por analogia o art. 8º, parágrafo único da Lei de Interceptação Telefônica. Já em relação ao procedimento previsto na Lei dos Juizados Especiais Criminais, a juntada deve ocorrer **antes da audiência** única do procedimento sumaríssimo, por analogia ao que ocorre nos procedimentos sumários.

IMPUGNAÇÃO DA DEFESA

Quando a defesa ter acesso ao resultado da diligência, poderá ser **arguida a licitude ou ilicitude da prova**, onde poderá ser requerido o desentranhamento dos autos, fundado no disposto do art. 157, *caput*, do CPP[57].

56 O art. 260 do Projeto de Lei n. 8045/2010 que estabelece um novo Código de Processo Penal, possui a seguinte redação: "Finda a instrução processual, dar-se-á ciência a todas as pessoas que tiveram conversas telefônicas interceptadas, tenham ou não sido indiciadas ou denunciadas, salvo se o juiz entender, por decisão fundamentada, que a providência poderá prejudicar outras investigações em curso.".

57 Art. 157. São inadmissíveis, devendo ser desentranhadas do processo, as provas ilícitas, assim entendidas as obtidas em violação a normas constitucionais ou legais.

Importante destacar que a defesa não poderá discutir a prova colacionada pela interceptação telefônica no momento em que julgar conveniente, pois, na primeira oportunidade possível, após o contato com a prova, deverá haver a manifestação, sob pena de **preclusão**. Nesse sentido já decidiu o STJ: "(...) Segundo entendimento pacífico desta Corte Superior, o reconhecimento de nulidades no curso do processo penal reclama uma efetiva demonstração do prejuízo à parte, sem a qual prevalecerá o princípio da instrumentalidade das formas positivado pelo art. 563 do CPP (*pas de nullité sans grief*). 5. Hipótese em que a defesa teve inúmeras oportunidades antes da prolação da sentença condenatória de contestar a prova colhida por meio das interceptações telefônicas. Assim, não o fazendo em tempo oportuno, incabível agora o seu deferimento, encontrando-se preclusa a matéria, nos termos do art. 571, I, do CPP. (...)" (HC 352.850/PR, Rel. Ministro RIBEIRO DANTAS, QUINTA TURMA, julgado em 02/05/2017, DJe 08/05/2017).

Lembrando que por se tratar de uma medida cautelar *inaudita altera parte*, a parte contrária somente se manifestará (exercerá o contraditório e ampla defesa) após a sua concretização, daí porque a doutrina, como já visto acima, denomina de **contraditório diferido, postergado, adiado ou *posticipato***. Ressalte-se que não há inconstitucionalidade neste retardamento do contraditório, desde que, claro, estejam presentes todos os pressupostos legais para a concessão da medida.

Ainda poderá ser questionada a idoneidade técnica da interceptação telefônica, a autenticidade da prova documental, a identificação de voz, entre outras provas[58].

Não será nesse momento que o Juiz valorará a produção de prova, pois há um momento específico para que seja valorado o resultado obtido na interceptação. Distingue-se da admissibilidade da prova.

Pode ser que a pessoa com quem se converse não reconheça a voz como sendo sua, podendo ser necessário que seja realizado exame pericial, com a comparação de vozes.

A prova da perícia de **comparação de voz** deve ser avaliada de acordo com cada caso concreto, porém, será considerada prova inócua, se o **próprio requerente confessa** que fez a ligação e ainda confirmar que a voz do áudio era sua. (Nesse sentido STJ: RHC 068512, Ministro ROGERIO SCHIETTI CRUZ, 08/03/2016).

Gustavo Badaró[59] sustenta que caso o imputado conteste sua voz deverá ser realizada a perícia. O Tribunal Supremo da Espanha[60] já adota algum tempo esse posicionamento, sendo que o cotejo de vozes pela perícia deverá ser realizado sempre que o imputado negar que a voz interceptada e gravada seja sua.

Sobre essa questão, o STJ já decidiu que a **Lei n.º 9.296/96 nada dispõe** sobre a necessidade de realização de perícia para a identificação das vozes gravadas, reforçando o entendimento de que a eventual ausência de vista do laudo de comparação de voz à Defesa não constitui nulidade absoluta, desde que haja outros elementos probatórios colhidos na instrução do feito,

58 A O art. 261 do Projeto de Lei n. 8045/2010 que estabelece um novo Código de Processo Penal, possui a seguinte redação: "As dúvidas a respeito da autenticidade ou da integridade do material produzido serão dirimidas pelo juiz.".

59 LOPES, Fábio Motta. Aspectos Jurídicos da Interceptação Telefônica na visão do STF e do STJ. Revista Síntese: Direito Penal e Processo Penal, Porto Alegre, v. 16, n. 94, out/Nov.2015. p. 72.

60 LOPES, Fábio Motta. Aspectos Jurídicos da Interceptação Telefônica na visão do STF e do STJ. Revista Síntese: Direito Penal e Processo Penal, Porto Alegre, v. 16, n. 94, out/Nov.2015. p. 73.

que demonstram ser suficientes para embasar a condenação. (Nesse sentido: HC 234.836/MG, Rel. Ministra LAURITA VAZ, QUINTA TURMA, julgado em 13/08/2013, DJe 23/08/2013).

Assim, caso o investigado **negue a própria voz**, outros meios de provas, além do espectograma da voz poderão ser utilizados para que seja provada a voz.

Assim, caso seja deferido um eventual pedido da defesa para a realização de perícia para que seja constatada se a voz é ou não do réu, o acusado deve fornecer um padrão de voz que seja efetuada a comparação. Na hipótese do réu se negar a fornecer esse padrão, não será considerada uma confissão ou uma prova inequívoca de que a voz é do réu.

Art. 9º A gravação que não interessar à prova será inutilizada por decisão judicial, durante o inquérito, a instrução processual ou após esta, em virtude de requerimento do Ministério Público ou da parte interessada.

Parágrafo único. O incidente de inutilização será assistido pelo Ministério Público, sendo facultada a presença do acusado ou de seu representante legal.

INUTILIZAÇÃO DE GRAVAÇÕES

Toda a parte da interceptação telefônica que não mais interessar como elemento probatório para a investigação, deverá ser **inutilizado**, através de ordem judicial.

Trata-se de uma obrigatoriedade judicial (e não faculdade) de forma a preservar o direito fundamental à intimidade e ao sigilo das comunicações telegráficas de dados e das comunicações telefônicas.

REQUISITOS PARA INUTILIZAÇÃO

Para a inutilização do material interceptado, tem que haver um requerimento do Ministério Público ou ainda da parte interessada (indiciado ou réu), exigindo-se uma decisão judicial, para permitir um controle mais rígido sobre a inutilização do material. Ainda um terceiro que tenha se comunicado com o sujeito interceptado também possui legitimidade.

A destruição ou a inutilização deverá ocorrer após uma **decisão judicial** fundamentada e ainda a manifestação da parte contrária, que em regra, será a defesa.

Da inutilização ou destruição deverá ser lavrado um **auto circunstanciado**, para fins de ser registrado todo os eventos que cercam o ato concreto, de forma semelhante ao que ocorre nas hipóteses de destruição das drogas, com previsão no art. 50, § 5º, da Lei n. 11.343/06.

INUTILIZAÇÃO *EX OFICIO*

Não há previsão legal para o Juiz determine de ofício a inutilização. Em verdade, não teria o Juiz condições de verificar a necessidade ou não do conteúdo das provas produzidas pela interceptação telefônica. Essa atividade probatória, de verificar a utilidade ou não do que fora produzido pela interceptação telefônica, somente será dada às partes, não ao Juiz, que deve ser imparcial e isento, não podendo se manifestar no interesse ou não de determinada prova.

A Lei não estabelece um momento para a inutilização. Por isso, interpretando o disposto na Lei, será a **qualquer tempo**, até o trânsito em julgado.

PRESENÇA DO MINISTÉRIO PÚBLICO

O dispositivo legal reveste da obrigação do Ministério Público de participação no incidente de inutilização, conferindo ao acusado ou ao seu representante legal a faculdade de sua presença.

Dispõe o art. 9º, § 1º, da Resolução n. 36/09 do CNMP, dispõe que os membros do Ministério Público, nos pedidos feitos nos procedimentos de investigação criminal, durante a instrução processual penal e no acompanhamento do inquérito policial, deverão requerer ao Juiz competente a inutilização da gravação que **não interessar à prova**.

Ainda, a referida Resolução determina que o membro do Ministério Público acompanhe a instauração do incidente de inutilização da gravação que não interessar à prova (art. 9º, § 2º, da Resolução n. 36/09 do CNMP).

Sobre os fatos já decidiu o STJ que: "(...) É facultativa, não é obrigatória ou garantida pelo parágrafo único do art. 9º da Lei n. 9.296/1996, a presença do acusado ou de seu representante legal no incidente de inutilização da gravação feita por meio de interceptação telefônica autorizada judicialmente que não interessar à prova. 2. Tratar eventual ausência da defesa no procedimento de inutilização como causa de nulidade absoluta das provas então produzidas seria irrazoável, tanto mais se, como no caso, não se cuidava sequer de acusado, mas de mero investigado. (...)". (RHC 55.821/RJ, Rel. Ministro SEBASTIÃO REIS JÚNIOR, SEXTA TURMA, julgado em 17/11/2015, DJe 04/12/2015).

RECURSO CABÍVEL

Caso seja indeferida ou deferida a medida de inutilização das interceptações telefônicas, caberá o **recuso de apelação**, pois trata-se de decisão com força de definitiva, enquadrando-se no rol previsto no art. 581 do CPP.

Contudo, é possível que a medida seja urgente, em razão da irreversibilidade da situação, ou seja, o material será inutilizado, destruído, razão pela qual é possível que seja impetrado **mandado de segurança**, que permite seja concedida liminar, de forma a evitar prejuízo irreversível, vez que a apelação apenas possui efeito devolutivo, como regra.

Já o terceiro que tenha interesse na destruição das gravações das conversas que sejam irrelevantes ou impertinentes para a prova, na hipótese de seu pedido não ser atendido pelo juiz, caberá a impetração de mandado de segurança contra tal ato judicial, como forma de garantir a pretensão à preservação de sua intimidade.

> **Art. 10.** Constitui crime realizar interceptação de comunicações telefônicas, de informática ou telemática, ou quebrar segredo da Justiça, sem autorização judicial ou com objetivos não autorizados em lei.
>
> Pena: reclusão, de dois a quatro anos, e multa.

OBJETIVIDADE JURÍDICA

É a inviolabilidade da comunicação telefônica e do direito à intimidade.

SUJEITO ATIVO

Como se trata de crime comum, qualquer pessoa.

Sobre o sujeito ativo, interessante decisão do STF sobre o acesso às interceptações telefônicas por jornalistas:

> "O relator, entretanto, vislumbrou a presença de flagrante constrangimento ilegal a autorizar a ordem de ofício. Destacou que jornalista, no exercício da profissão, não poderia ser sujeito ativo do crime descrito no art. 10, segunda parte, da citada lei. Frisou que, como o jornalista não teria acesso legítimo ao procedimento de interceptação telefônica e ao seu resultado, não poderia ser sujeito ativo desse crime específico. Salientou que, na quebra de segredo de justiça, seria possível distinguir duas condutas: a intrusão (quebra na modalidade violação), consistente no acesso indevido, por qualquer pessoa, ao conteúdo do procedimento de interceptação; e a divulgação, consistente na indevida revelação desse conteúdo, por quem a tivesse acesso legítimo. Na espécie, não haveria o mais tênue indício de que o jornalista tivesse concorrido para a quebra do segredo de justiça na modalidade intrusão, uma vez que os elementos de prova indicariam que ele se limitara a receber de um terceiro o material que conteria informações sobre as conversas telefônicas interceptadas judicialmente. Observou que a própria requisição da instauração de inquérito teria sido motivada exclusivamente pela publicação, ou seja, pela revelação do conteúdo do procedimento de interceptação telefônica, e não pela intrusão de dados sigilosos. Como a modalidade revelação de dados sob segredo de justiça constituiria crime próprio, que somente poderia ser praticado por quem legitimamente os detivesse ou a eles tivesse acesso, seria atípica a conduta do jornalista. Portanto, seria manifesta a falta de justa causa para a persecução penal, razão pela qual se cumpriria determinar o trancamento do inquérito policial contra ele instaurado, de modo a tornar sem efeito seu indiciamento. Ponderou, contudo, que, se o jornalista, ao invés de atuar como mero receptor passivo da informação sigilosa, tivesse concorrido, de qualquer modo, mediante ajuste, induzimento, instigação ou auxílio, para que um dos titulares do dever de sigilo o violasse, poderia, em tese, praticar o crime em questão, haja vista que o tipo penal admitiria participação. De toda sorte, não obstante a liberdade de informação jornalística cumprisse relevantes funções, não legitimaria a obtenção, por meios ilícitos, de informações sigilosas nem imunizaria jornalistas contra a prática de crimes no exercício da profissão. Consignou que, nas condições já retratadas, a investigação criminal encontraria limite constitucional intransponível no sigilo de fonte (CF, art. 5º, XIV), que não poderia ser violado direta ou obliquamente. Assim, deveria ser reconhecida a ilicitude de toda prova obtida mediante o afastamento do sigilo de dados telefônicos do jornalista e da empresa de publicidade, com sua consequente inutilização. O Ministro Teori Zavascki acompanhou o relator para negar provimento ao agravo regimental, todavia, divergiu quanto à concessão da ordem de "habeas corpus" de ofício. Pontuou que a cognição seria muito restrita no âmbito da reclamação, o que dificultaria o exame dos fatos em sua inteireza. Em seguida, pediu vista o Ministro Gilmar Mendes. **Rcl 19464/SP, rel. Min. Dias Toffoli, 22.9.2015. (Rcl-19464)**

SUJEITO PASSIVO

As pessoas que serão interceptadas.

CONDUTAS TÍPICAS

Realizar interceptação – significa a efetivação da quebra de um fluxo de comunicação entre pessoas diversas. Quebrar segredo – significa a conduta de divulgar uma informação coberta por algum sigilo, ocorrendo, assim, a violação do sigilo imposto no art. 1º.

Analisando o dispositivo penal, em verdade, três são as condutas delituosas distintas:

- realizar interceptação de comunicações telefônicas, de informática ou telemática sem autorização judicial;

- realizar interceptação de comunicações telefônicas, de informática ou telemática com objetivos não autorizados em lei;
- quebrar segredo da Justiça.

Em um caso concreto já decidiu o STJ:

> "Foram realizadas **interceptações telefônicas** com diálogos de diversas autoridades da República, **sem** que houvesse a devida **autorização** judicial. Por isso, o recorrente, servidor público, e outros corréus foram denunciados como incursos no art. 10 da Lei n. 9.296/1996. Sua reprimenda foi fixada pelo juiz em três anos e quatro meses de reclusão, computada aí a agravante genérica do art. 61, II, **g**, do CP. No tribunal *a quo*, mediante recurso do MP, o relator, por entender insuficiente a sanção, propôs aumentar a pena em quatro meses. Contudo, seu revisor entendeu fixar a pena-base em quatro anos (pena máxima), além de aduzir a possibilidade de aumentá-la por força da agravante, no que foi acompanhado parcialmente pelos demais componentes, que apenas afastaram a exasperação acima do máximo. Assim, prevaleceu o voto médio que fixou a reprimenda em quatro anos com fundamento nas circunstâncias judiciais da culpabilidade, motivos, circunstâncias e consequências do **crime.** Nesta instância especial, a Turma, por unanimidade, não viu nulidade na oitiva de testemunha que, segundo o recorrente, deveria ser nominada de corréu, pois se disponibilizou a contradita de todas as informações que advieram dessa oitiva e integraram as provas dos autos, não se vislumbrando qualquer prejuízo ao recorrente. Também teve por ausente interesse jurídico e legitimidade para o questionamento da concessão de perdão judicial a um dos envolvidos no delito em razão de sua delação eficaz, visto que discutir esse tema em nada atenuaria ou agravaria a responsabilidade penal do recorrente. Contudo, a Turma, por maioria, firmou que o voto médio restrito ao *quantum* da pena não reclamaria a interposição de embargos infringentes para efeito de admissão do especial, visto que definitivo e unânime o acolhimento pelo tribunal *a quo* da tese de exasperação da pena, tanto que expressamente declarada essa unanimidade na certidão de julgamento do acórdão da apelação, além de confirmada no julgamento de posteriores embargos de declaração. Também por maioria a Turma entendeu reduzir a pena de reclusão aos limites fixados pela sentença, a ter como não fundamentado o aumento feito pelo tribunal *a quo*. O Min. Honildo Amaral de Mello Castro (desembargador convocado do TJ-AP), em voto vista (o vencedor), trouxe a tese de que, para a máxima majoração da pena-base, seria necessária a fundamentação no tocante à presença de todas as circunstâncias judiciais, o que não foi considerado pelo tribunal *a quo*, pois, como já dito, ateve-se a apenas algumas das oito circunstâncias previstas no art. 59 do CP. O voto vencido entendia não haver a unanimidade quanto à fixação da reprimenda, a obstar a interposição do especial quanto ao tema **sem** a oposição de embargos infringentes. Outrossim, tinha por suficientemente fundamentada, nas circunstâncias judiciais já apontadas, a exasperação da pena-base, que observou, a seu ver, o princípio da proporcionalidade, considerada a invasão de privacidade de importantes autoridades. Precedentes citados: HC 97.796-SP, DJe 26/5/2008; HC 60.166-SP, DJ 9/10/2006, e HC 89.755-SP, DJe 10/3/2008. **REsp 1.077.975-RJ, Rel. originário Min. Napoleão Nunes Maia Filho, Rel. para acórdão Min. Honildo Amaral de Mello Castro (Desembargador convocado do TJ-AP), julgado em 21/9/2010.**"

Em tese ainda pode-se configurar o crime em questão a **violação de correio eletrônico**, nessa esteira o STJ: "1. A conduta imputada ao réu que, segundo narra a denúncia, teria acessado o provedor de serviço de correio eletrônico da ex-esposa, abrindo as comunicações a ela dirigidas de modo reiterado e continuado, realizando monitoramento das mensagens privadas sem autorização judicial, constitui, em tese, fato típico previsto no artigo 10 da Lei nº 9.296/96 (interceptação de comunicações). 2. Sendo em princípio típica a conduta descrita na inicial acusatória, é incabível o prematuro trancamento da ação penal, mormente pela via do habeas corpus que é medida excepcional e somente se justifica quando há flagrante constrangimento ilegal demonstrado por prova inequívoca e pré-constituída de não ser o denunciado o autor do delito, estar extinta a punibilidade, inexistir suporte probatório mínimo a justificar a propositura de ação penal ou o fato não constituir crime, inocorrente na espécie. 3. Recurso provido. (REsp 1428961/SP, Rel. Ministra MARIA THEREZA DE ASSIS MOURA, SEXTA TURMA, julgado em 16/06/2015, DJe 25/06/2015).

CONSUMAÇÃO

Consuma-se com a efetivação da interceptação telefônica ou com a quebra do sigilo, independente do resultado ulterior, tratando-se de crime formal.

TENTATIVA

É possível.

CLASSIFICAÇÃO

Trata-se de crime comum, embora há quem sustente, na forma "quebrar segredo da Justiça", ser crime próprio, somente podendo ser praticado por funcionário público; crime formal, pois não depende da ocorrência de qualquer prejuízo; crime de forma livre, pode ser praticado por qualquer forma; crime comissivo, o dispositivo indicam prática de ações; crime instantâneo, na modalidade quebrar segredo, pois a consumação ocorre em um momento definido, enquanto será crime permanente, na modalidade realizar interceptação, pois a consumação se protrai no tempo; crime plurissubsistente, pois praticado, em regra por mais de um ato, nessa forma admitindo a tentativa, e na modalidade quebra de sigilo, trata-se de crime unissubsistente, pois cometido em um único ato.

AÇÃO PENAL

A ação penal é pública incondicionada.

PENAS

A pena será de reclusão de 2 a 4 anos, além da multa.

BENEFÍCIOS

Não será possível a suspensão condicional do processo prevista no art. 89, da Lei n. 9.099/95, pois a pena mínima ultrapassa 1 ano.

Contudo, em razão da branda penalidade, tanto mínima como máxima, vários outros benefícios penais podem ser auferidos, de forma que seja evitada a prisão. Caso a pena seja aplicada no mínimo legal, pode-se aplicar o *sursis*, previsto no art. 77 do CP. Ainda, pela pena aplicada, seja no mínimo ou no máximo, será possível a substituição da pena privativa de liberdade pelas penas restritivas direitos, conforme previsto no art. 44 do CP. Por fim, o regime inicial da pena, caso aplicada a pena privativa de liberdade, será, em tese, o regime aberto (art. 33, § 2º, c, do CP).

VIOLAÇÃO DE COMUNICAÇÃO TELEFÔNICA (ART. 151, § 1º, INC. II, DO CP) *VERSUS* ART. 10 DA LEI N. 9.296/96

É discutida em sede doutrinária a possível **derrogação** do art. 152, § 1º, inc. II, do CP, em razão do art. 10 da Lei n. 9.296/96.

Dispõe o art. 152, § 1º, inc. II, do CP:

> Art. 151. Devassar indevidamente o conteúdo de correspondência fechada, dirigida a outrem:
>
> Pena – detenção, de um a seis meses, ou multa.
>
> § 1º – Na mesma pena incorre:
>
> **Violação de comunicação telegráfica, radioelétrica ou telefônica**
>
> (...)
>
> II – quem indevidamente divulga, transmite a outrem ou utiliza abusivamente comunicação telegráfica ou radioelétrica dirigida a terceiro, ou conversação telefônica entre outras pessoas;

Na hipótese da primeira parte do mencionado dispositivo do CP, não há que se falar em revogação do delito, pois este tipo penal pune não a interceptação, mas sim a indevida divulgação ou ainda a transmissão do conteúdo da comunicação **telegráfica, radioelétrica ou telefônica** dirigida a terceiro, ou ainda a conversação telefônica de outras pessoas.

A segunda parte do tipo penal previsto no CP, tipificando a conduta daquele que, uma vez autorizado judicialmente a realizar a interceptação telefônica, quebra o sigilo inerente ao procedimento, divulgando o conteúdo da diligência a pessoa alheia ao ato. Assim, parece também não haver conflito, pois o tipo penal do CP prevê um delito próprio, ou seja, somente poderá ser praticado por agentes que possuam algum tipo de participação no procedimento judicial (juiz, promotor de justiça, delegado de polícia, escrivão, perito, advogado etc.), enquanto na Lei n. 9.296/96, qualquer pessoa poderá praticar o crime.

COMPETÊNCIA

Em regra, será de competência da Justiça Estadual, mas se afetar diretamente bens ou interesses da União, a competência será da Justiça Federal.

Assim já decidiu o STJ: "(...) Compete à Justiça Estadual Comum julgar e processar suposto delito de interceptação telefônica sem autorização judicial, pois não se evidencia lesão a serviços, bens ou interesses da União ou Entidades Federais. Conflito conhecido para declarar a competência do Juízo Estadual, ora Suscitado." (CC 40.113/SP, Rel. Ministro PAULO MEDINA, TERCEIRA SEÇÃO, julgado em 26/05/2004, DJ 01/07/2004, p. 174).

CAPÍTULO 23

Transplante de Órgãos – Lei 9.434/1997

Ronaldo Vieira Francisco

INTRODUÇÃO

O direito à integridade física compreende a proteção jurídica ao próprio corpo vivo ou morto, abrangendo não apenas sua totalidade, mas ainda as partes dele destacáveis, que são os tecidos, órgãos e as partes suscetíveis de separação e individualização.

No plano constitucional, historicamente as Cartas de 1824, 1891, 1934, 1937, 1946, 1967 e a EC n.º 1, de 1969, silenciaram a respeito da remoção de órgãos, tecidos e partes do corpo humano, deixando para a legislação infraconstitucional as disposições a respeito.

Diferentemente, a Constituição de 1988 incorporou em seu texto, na seção dedicada a saúde (arts. 196 a 200), o art. 199, § 4º, segundo o qual "a lei disporá sobre as condições e os requisitos que facilitem a remoção de órgãos, tecidos e substâncias humanas para fins de transplante, pesquisa e tratamento, bem como a coleta, processamento e transfusão de sangue e seus derivados, sendo vedado todo tipo de comercialização".

Como veremos mais abaixo, a Lei n. 9.434/97[1] complementou aludida norma da Constituição Cidadã, e passou a disciplinar o *transplante* no seu texto, observadas suas formalidades. Antes dessa, todavia, outras leis, em sentido formal, dispuseram sobre a remoção de órgãos, tecidos e partes do corpo.

Sob esta perspectiva, a Lei n. 4.280, de 06 de novembro de 1963, foi a dispor sobre o tema, com duas características bem marcantes, sendo uma a de permitir apenas as remoções "*post mortem*", e a outra, a ausência no texto legal de tipos penais.

A Lei n. 5.479, de 10 de agosto de 1968, diferentemente, admitiu a retirada de partes do corpo *em vida*, para fins humanitários e terapêuticos, bem como tipificou algumas condutas, como a de quem deixasse de recompor condignamente o cadáver (arts. 6º e 11).

Apenas em 1992, sob a égide da Constituição de 1988, foi publicada a Lei n. 8.489, de 18 de novembro de 1992, regulamentada pelo Decreto n. 879, de 22 de julho de 1993, que de maneira geral, permitiu a disposição gratuita do corpo, *em vida* e *após a morte*, bem como

1 Nesse sentido o art. 1º do Decreto n. 9.175, de 18 de outubro de 2017.

ampliou o rol de infrações penais por inobservância dos procedimentos prévios e contemporâneos à remoção e ao transplante tecidual (arts. 2º, 3º, 5º, 6º, 7º, 8º, 10 e 11).

Pouco tempo depois foi publicada a Lei n. 9.434, de 04 de fevereiro de 1997, que revogando a anterior, passou a dispor sobre a remoção de órgãos, tecidos e partes do corpo humano, para fins de transplante e tratamento.

Nestes pouco mais de 20 anos de sua vigência, a Lei de Transplantes (LT) sofreu duas alterações, uma pela Lei n. 10.211, de 23 de março de 2001, e outra pela Lei n. 11.633, de 27 de dezembro de 2007.

A Lei n. 9.434/97 foi regulamentada pelo Decreto n. 9.175, de 18 de outubro de 2017.

Sob a ótica da Lei n. 9.434/97, o conceito de tecidos compreende os órgãos e partes do corpo humano, de maneira que ficam de fora o sangue, o esperma e o óvulo, diz seu art. 1º, parágrafo único.

Alguns conceitos também merecem destaque.

Assim, *transplante* é uma técnica médica de transferência de células, tecidos, **órgãos**, ou de partes do corpo de uma pessoa (doador) para outra (receptor), com a finalidade de restabelecer uma função do corpo do receptor. Os órgãos, por sua vez, são o conjunto de tecidos que evoluiu para realizar uma determinada função biológica.

É vedada a comercialização de órgãos, tecidos e partes do corpo, de maneira que a disposição destes, em vida ou após a morte, é sempre gratuita, e na forma da lei (L. 9.434, art. 1º, *caput*).

A proibição de comercialização vem estampada, também, na parte final do art. 199, § 4º, da Constituição de 1988, mais abrangente, alcançando órgãos, tecidos e substâncias humanas, sangue e seus derivados, observando-se que este último não é considerado tecido.

O Código Civil de 2002, por sua vez, nos arts. 13 e 14, inseridos no capítulo dos direitos da personalidade, estabelece algumas diretrizes para a disposição do corpo, em vida e após a morte.

Para Miguel Reale, sobre a importância do capitulo próprio do Código Civil, para tratar dos diretos da personalidade (arts. 11 a 21) teve por fim "à sua salvaguarda, sob múltiplos aspectos, desde a proteção dispensada ao nome e à imagem até o direito de se dispor do próprio corpo para fins científicos ou altruísticos[2]".

No dizer de Francisco Amaral, pode-se definir os direitos da personalidade como os "direitos subjetivos que têm por objeto os bens e valores essenciais da pessoa, no seu aspecto físico, moral e intelectual"[3].

Isso significa que, para além do direito à vida, ao nome, à imagem, à honra e à liberdade, o direito ao próprio corpo é considerado um dos direitos da personalidade, conservando, em razão dessa posição jurídica, os caracteres próprios do instituto[4].

2 GONÇALVES, Carlos Roberto. Direito Civil Esquematizado. 2 ed. Saraiva. São Paulo: 2012, p. 155.

3 Op. cit. pg. 155.

4 São caracteres dos direitos da personalidade: intransmissibilidade, irrenunciabilidade, indisponibilidade relativa, absolutismo, não limitação, imprescritibilidade, impenhorabilidade, não sujeição à desapropriação e a vitaliciedade.

Com relação à característica da *vitaliciedade*, os direitos da personalidade inatos são adquiridos no instante da concepção e acompanham a pessoa até a morte, e por isso são vitalícios. Contudo, mesmo após a morte, alguns direitos são resguardados, como o direito ao próprio corpo, à honra ou a memória do falecido.

Nesse propósito, o art. 14 do Código Civil trata da disposição *post mortem* gratuita do corpo, afirmando o seguinte: "é válida, com objetivo científico, ou altruístico, a disposição gratuita do próprio corpo, no todo ou em parte, para depois da morte".

A Lei n. 9.434/97, nos arts. 3º ao 8º, disciplina a retirada *post mortem* de tecidos, órgãos ou partes do corpo humano, destinados a transplante ou tratamento.

Nesse caso, a retirada das partes doadas deverá ser precedida de diagnóstico de morte encefálica (*e não morte cerebral*) constatada e registrada na forma do art. 3º, §§ 1º a 3º, da Lei n. 9.434/97, sendo esta uma condição legal a ser obrigatoriamente cumprida. O artigo estabelece que a examinação de morte encefálica observará os critérios clínicos e tecnológicos definidos por resolução do Conselho Federal de Medicina, atualmente a Resolução n. 2.173, de 23 de novembro de 2017.

Precede à certificação de morte encefálica, porém, analisar se a pessoa capaz, em vida, manifestou a vontade de doar partes do próprio corpo.

Consagra-se, assim, o *princípio do consenso afirmativo*, segundo o qual cada um deve declarar sua opção de doar seus órgãos e tecidos para depois de sua morte, com objetivo científico ou terapêutico.

Compreende-se neste princípio não só a declaração de doar como o direito de, a todo tempo, revogar livremente essa escolha, para tornar-se eficaz após a morte.

Em caso de silêncio do potencial doador, a retirada de tecidos, órgãos e partes do corpo de pessoas falecidas para transplantes ou outra finalidade terapêutica, dependerá da autorização do cônjuge ou parente, maior de idade, obedecida a linha sucessória, reta ou colateral, até o 2º grau inclusive (irmãos).

A autorização deve expressa, dada em documento, público ou particular, subscrito por duas (02) testemunhas especiais, presentes à verificação da morte (Lei n. 9.434/97, art. 4º). Com a nova redação dada ao art. 4º da Lei n. 9.434/92 pela Lei n. 10.211/2001, que passou a exigir autorização dos familiares do falecido para realizar a retirada dos órgãos e tecidos, afasta-se a presunção legal de que todas as pessoas são doadoras potenciais.

Ademais, a manifestação dos familiares dos termos do art. 4º da Lei n. 9.434/97 não pode contrariar a manifestação expressa do doador, sendo restrita sua aplicação aos casos de silêncio do disponente.

Nesse sentido o Enunciado n. 277 da IV Jornada de Direito Civil, do CJF, segundo o qual "o art. 14 do Código Civil, ao afirmar a validade da disposição gratuita do próprio corpo, com objetivo científico ou altruístico, para depois da morte, determinou que a manifestação expressa do doador de órgãos em vida prevalece sobre a vontade dos familiares, portanto, a aplicação do art. 4º da Lei n. 9.434/97 ficou restrita à hipótese de silêncio do potencial doador".

Assim, se em vida a pessoa manifestou a vontade expressa de não ser doadora de órgãos, a retirada destes não se realizará, nem mesmo com a autorização dos familiares.

Em se tratando de pessoa juridicamente incapaz, a remoção poderá ser feita apenas quando permitida expressamente por ambos os pais, ou por seus responsáveis legais (Lei n. 9.434/97, art. 5º).

As hipóteses de incapacidade da pessoa estão previstas nos arts. 3º e 4º do Código Civil, modificados pela Lei n. 13.146, de 2016 (Estatuto do Deficiente). É importante lembrar que os textos atuais destes artigos são objeto do Projeto de Lei do Senado (PLS) n. 757, de 2015.

Além das alterações promovidas no Código Civil, destaca-se que o art. 6º, *caput*, da Lei n. 13.146/2016 (Estatuto do Deficiente), estabelece que a "(...) *deficiência não afeta a plena capacidade civil da pessoa*". Mais à frente, no art. 85, § 1º, enuncia o Estatuto do Deficiente que a "definição da curatela não alcança o direito ao próprio corpo (...)".

Feitas estas observações, é inegável que o deficiente pode declarar-se, por ato próprio, e validamente, doador de órgãos, exceto quando, assim como as demais pessoas adultas, for declarado, por ato judicial, relativamente incapaz, caso em que se exige a permissão expressa dos pais ou responsáveis legais.

Por outro lado, o deficiente ou qualquer pessoa menor de 16 anos, absolutamente incapaz, nos termos do art. 3º do CC, só podem ser doadores de órgãos se expressamente os pais ou responsáveis legais assim o permitirem.

Há três regras especiais na Lei n. 9.434, 1997, que merecem atenção, referentes ao corpo e às condições da morte.

A primeira se refere ao *corpo de pessoa não identificada*, em relação ao qual o art. 6º da Lei n. 9.434/97 veda a remoção *post mortem* de tecidos, órgãos ou partes do corpo.

A segunda, da *morte sem assistência médica*, de óbito *em decorrência de causa mal definida* ou de *outras situações nas quais houver indicação de verificação da causa médica da morte*. Em tais situações, a remoção de tecidos, órgãos ou partes de cadáver para fins de transplante ou terapêutica somente poderá ser realizada após a autorização do patologista do serviço de verificação de óbito, responsável pela investigação e citada em relatório de necropsia (art. 7º, parágrafo único, da Lei n. 9.434/97). Neste caso, a necropsia será postergada para o momento imediato após a retirada de tecidos, órgãos e partes.

A última estabelece que, em qualquer caso de remoção de tecidos, órgãos e parte do corpo, o cadáver deve ser condignamente recomposto para ser entregue, em seguida, aos parentes do morto ou seus responsáveis legais para sepultamento (art. 8º da Lei n. 9.434/1997).

Com relação aos tipos penais, as infrações previstas na Lei n. 9.434, de 1997, são, punidas, em sua maioria, a título de reclusão, com penas mínimas que variam entre 6 meses, 1, 2, 3, 4 e 8 anos, e pena máxima de 2, 6, 8, 10, 12 a 20 anos.

Também é prevista a pena de multa para crime previsto no art. 20 da Lei n. 9.434/97, entre 100 e 200 dias multa.

Nos delitos cuja pena mínima for igual ou inferir a 1 ano de reclusão, admitirão, em tese, o benefício da suspensão condicional do processo, estampado no art. 89 da Lei n. 9.099/95.

Naqueles crimes considerados infrações penais de menor potencial ofensivo, pena máxima não superior a 2 anos, cumulada ou não com multa, será permitida a transação penal, nos termos do art. 76 da Lei n. 9.099/95.

Importante observar que nem sempre os crimes de remoção de tecidos e órgão são de competência da justiça federal, devido ao interesse da União, por ser ela gestora do Sistema Nacional de Transplante e organizadora da lista única nacional.

Isso porque não é pelo fato de o Ministério da Saúde exercer as funções de órgão central do Sistema Nacional de Transplante que se requer, em todo e qualquer caso de remoção (tecidos, órgão e parte do corpo em desacordo com as disposições da citada lei), pronuncie-se a Justiça Federal.

Já decidiu o STJ estabelecer a competência do juízo estadual na hipótese em que a remoção dos órgãos foi consequência da ação de homicídio, que é a ação principal[5].

Feitas estas breves observações da Lei n. 9.434/97, partiremos para análise, em seguida, de cada um dos sete tipos penais nela previstos, sob os seguintes aspectos: bem jurídico tutelado, sujeitos (ativo e passivo), conduta, voluntariedade, consumação e ação penal.

CAPÍTULO V
DAS SANÇÕES PENAIS E ADMINISTRATIVAS

Art. 14. Remover tecidos, órgãos ou partes do corpo de pessoa ou cadáver, em desacordo com as disposições desta Lei:

Pena – reclusão, de dois a seis anos, e multa, de 100 a 360 dias-multa.

§ 1.º Se o crime é cometido mediante paga ou promessa de recompensa ou por outro motivo torpe:

Pena – reclusão, de três a oito anos, e multa, de 100 a 150 dias-multa.

§ 2.º Se o crime é praticado em pessoa viva, e resulta para o ofendido:

I – incapacidade para as ocupações habituais, por mais de trinta dias;

II – perigo de vida;

III – debilidade permanente de membro, sentido ou função;

IV – aceleração de parto:

Pena – reclusão, de três a dez anos, e multa, de 100 a 200 dias-multa

§ 3.º Se o crime é praticado em pessoa viva e resulta para o ofendido:

I – Incapacidade para o trabalho;

II – Enfermidade incurável ;

III – perda ou inutilização de membro, sentido ou função;

IV – deformidade permanente;

V – aborto:

---

5 Remoção de órgãos, tecidos e partes do corpo humano. Sistema Nacional de Transplante. Lei nº 9.434/97. Decreto nº 2.268/97.Competência federal/estadual.1. O sistema organizado pelo Decreto nº 2.268/97, ao dispor que o Ministério da Saúde exercerá as funções de órgão central, não remeteu à Justiça Federal toda a competência para as questões penais daí oriundas.2. No caso, a remoção dos órgãos ou partes do cadáver foi consequência da ação de homicídio, essa a ação principal. A precedência do homicídio para a remoção de órgãos ou partes de cadáver, portanto, foi a mais ampla possível tanto em relação à censurabilidade das condutas quanto no que diz respeito à ordem natural dos acontecimentos. 3. Sendo, pois, hipótese de homicídio, o caso é de competência estadual. 4. Conflito do qual se conheceu, declarando-se competente o suscitante. (STJ, 45.483-RJ, DJ 9/2/2005. CC 103.599-MG, Rel . Min. Nilson Naves, julgado em 24/6/2009).

Pena – reclusão, de quatro a doze anos, e multa, de 150 a 300 dias-multa.

§ 4.º Se o crime é praticado em pessoa viva e resulta morte:

Pena – reclusão, de oito a vinte anos, e multa de 200 a 360 dias-multa.

BEM JURÍDICO TUTELADO

O crime previsto no art. 14 da Lei n. 9.434/97 tem como objetividade jurídica a preservação da incolumidade física e a saúde da pessoa, conforme posicionamento adotado pelo STJ[6].

SUJEITOS DO CRIME

O crime é comum, podendo ser praticado por qualquer pessoa. Há quem sustente tratar-se de crime próprio (*intranei*), pois, na forma do art. 2º da Lei de Transplante, somente o médico, com coautoria ou participação (*extranei*) pode praticá-lo. Nessa visão, se quem remove órgãos, tecidos ou parte do corpo não é médico, haveria crime comum, de homicídio ou lesão corporal.

O sujeito passivo, por outro lado, é a pessoa que teve removido órgão, tecido ou parte de seu corpo; se a remoção foi efetivada em cadáver, a família e a coletividade.

Cadáver é aquele que teve morte encefálica. No encéfalo, estão o cérebro, o cerebelo e o tronco encefálico. Portanto, a morte encefálica é a morte de todas as funções[7]. Por essa razão, se difere da morte cerebral.

Importante observar que como consequência da prática desse crime, o estabelecimento de saúde e as equipes médico-cirúrgicas envolvidas, poderão sofrer sanções administrativas, tais como ser desautorizadas temporária ou permanentemente pelas autoridades competentes, de realizar os procedimentos de remoção de órgãos e tecidos, diz o art. 21 da Lei n. 9.434/97.

Se a instituição é particular, a autoridade competente poderá multá-la, e, em caso de reincidência, suspender suas atividades temporária ou definitivamente, sem direito a qualquer indenização ou compensação por investimentos realizados. Podem ser ainda proibidas de estabelecer contratos ou convênios com entidades públicas, ou de se beneficiar de créditos oriundos de instituições governamentais ou daquelas em que o Estado é acionista, pelo prazo de 5 anos.

CONDUTAS

A conduta típica do art. 14, caput, da Lei de Transplantes, é *remover* (*extrair, retirar, tirar, recolher*) tecido, órgão, parte do corpo de pessoa viva ou cadáver, sem a observância das disposições legais contidas na própria Lei n. 9.434/97 e em seu regulamento, o Decreto n. 9.175, de 18 de outubro de 2017.

O corpo humano é formado de sistemas (digestivo, muscular, respiratório, etc.), que são formados de órgãos, que são constituídos de tecidos, que por sua vez são formados de células.

---

6 STJ, AgRg no AREsp 260787 / PB

7 NUCCI, GUILHERME DE SOUZA. *Leis Penais e Processuais Penais Comentadas*. 5 ed., RT, 2010, pág. 1029.

Tecidos, assim, é um conjunto de células especializadas, iguais ou diferentes entre si, que realizam determinada função num organismo multicelular.

Órgão é um grupo de tecidos que formam uma função específica ou grupo de funções.

Parte do corpo, por sua vez, envolve a clássica divisão do corpo humano, que compreende a cabeça, o tronco e os membros. A cabeça se divide em face e crânio. O tronco em pescoço, tórax e abdome. Os membros em superiores e inferiores. Os membros superiores são divididos em ombro, braço, antebraço e mão. Os membros inferiores são divididos em quadril, coxa, perna e pé.

O sangue, o esperma e o óvulo *não estão compreendidos* entre os tecidos e as células a que se referem à Lei n. 9.434/97 e seu respectivo Decreto regulamentador, n. 9.175/2017, mas a outros textos legais (ex: Lei 10.205/2001; Lei 11.105/2005).

A não observância das regras para a remoção de tecidos, órgãos ou partes do corpo, como as que estabelecem o consenso prévio, a constatação de morte encefálica, é uma exigência da tipicidade deste crime.

Trata-se, assim, de *norma penal em branco.*

A *norma penal em branco* é um preceito incompleto, genérico ou indeterminado, que precisa da complementação de outras normas. As normas penais em branco podem ser consideradas em *sentido lato* e em *sentido estrito.*

Normas penais em branco em sentido lato (ou homogênea) são aquelas cujo complemento é originário da mesma fonte formal da norma incriminadora. Estas podem ser divididas em *homovitelinas* e *heretovitelinas*, conforme o complemento se localize dentro da própria lei da norma em branco (ex: art. 327 do CP) ou em lei diversa.

As *normas penais em branco em sentido estrito (ou heterogênea)* por sua vez, são aquelas cuja complementação é originária de *outra instância legislativa*, diversa da norma a ser complementada. Há, portanto, heterogeneidade de fontes, apenas porque existe a diversidade de origem legislativa.

As *normas penais em branco* não se confundem com os *tipos penais abertos*. Isso porque enquanto aquelas demandam complemento *normativo* (ex: leis, regulamentos, etc.), nestas a suplementação é *interpretativa*, cabendo ao juiz essa tarefa (ex: crime culposo).

O crime descrito no art. 14 da Lei n. 9.434/97 não se confunde com aquele do art. 211 do Código Penal, que prevê a conduta de destruir, subtrair ou ocultar cadáver ou parte dele.

Objetivamente, o tipo especial compreende a remoção de tecidos, órgãos e parte do corpo de **pessoa** e **cadáver**, sem a observância de suas regras, enquanto o crime do CP só se refere ao cadáver, protegendo-o em si, em relação às condutas que especifica. Subjetivamente, haverá a incidência do art. 211 do CP quando, ainda que mediante a remoção de órgãos e tecidos, o agente tiver por fim a destruição do cadáver.

Nesse aspecto o dolo do agente no art. 14 da lei especial é de remover tecidos, órgãos ou partes do corpo de pessoa ou cadáver, para fins de transplante e tratamento, em desacordo com as regras estabelecidas na Lei n. 9.434/97.

Também em decorrência do elemento subjetivo o art. 14 da Lei de Transplante não se confunde com os crimes de lesão corporal dolosa (CP, art. 129) e de homicídio doloso (CP, art. 121), delitos de forma livre que podem ser praticados mediante a remoção de algum tecido, órgão ou parte do corpo da pessoa.

A *lesão corporal* tem como elemento subjetivo a mera ofensa à integridade física e a saúde de outrem (*animus laedendi*), enquanto no homicídio a vontade do agente se dirige à interrupção da vida de alguém (*animus necandi*).

Em nenhum deles, porém, existe a intenção de *remover* tecidos, *órgãos* ou partes do corpo de pessoa, violando as regras da Lei n. 9.434/97 e de seu regulamento.

A forma qualificada é admitida no art. 14 da Lei de Transplante, nos casos dos §§ 1º, 2º, 3º e 4º. Enquanto a qualificadora inicial admite que a conduta recaia sobre *partes do corpo de pessoa* ou *cadáver*, as demais pressupõem *pessoa viva*.

A qualificadora do art. 14, § 1º, da Lei n. 9.434/97, ocorre sempre que o crime for cometido mediante paga ou promessa de recompensa ou por outro motivo torpe, compreendo a mesma redação encontrada no art. 121, § 2º, I, do CPB. Para que se reconheça a qualificadora, a remoção de tecidos, órgãos ou partes do corpo ou cadáver, em conflito com a lei, deve ser precedida do recebimento de dinheiro (paga) ou da promessa de recompensa futura de pagamento.

Torpe é qualquer motivo que seja moralmente reprovável, abjeto, desprezível, vil, que demonstra perversão do sujeito e que desenvolve a aversão e repulsa geral. A qualificadora é subjetiva, porque diz respeito ao motivo e não ao modo de execução do crime.

A *interpretação analógica* é permitida, pois há no texto legal uma enumeração casuística (*paga, promessa de recompensa*), à qual segue uma formulação genérica (*ou qualquer outro motivo torpe*), que deve ser interpretada de acordo com os casos anteriormente elencados.

Por último, tratando-se de circunstância de caráter pessoal, a qualificadora em análise não se comunica ao partícipe. Por essa mesma razão, **a** qualificadora **da** *paga ou promessa de recompensa* **em relação ao executor do homicídio não se comunica automaticamente ao mandante, ou** aos coautores do crime, conforme o art. 30 do CP[8].

Há *concurso de agentes necessário*, quando, de um lado, tem-se a figura do mandante, aquele que oferece a recompensa, e, de outro, socorre a figura do executor do delito, aquele que aceita a promessa de recompensa. A despeito disso, este pode incidir no referido dispositivo, caso o motivo que o tenha levado a empreitar o óbito alheio seja *torpe*.

No art. 14, § 2º, incisos I a IV, da Lei n. 9.434/97, o legislador qualificou o crime o de remoção ilegal de órgãos e tecidos com o mesmo desenho jurídico do art. 129, I a IV, do Código Penal, com exceção da pena, muito maior na lei especial, de reclusão de 3 a 10 anos.

Deve ser observado que é possível que coexistam as diversas qualificadoras da *remoção grave* de tecidos, órgãos ou partes de do corpo de pessoa viva. Nesse caso, deve o juiz levá-las em consideração na fixação da pena base (CP, art. 59).

No inciso I do art. 14, § 2º, é prevista a qualificadora da *incapacidade para as ocupações habituais por mais de 30 dias*. Trata-se de qualificadora que compreende as ocupações laborais como também as atividades costumeiras, como a recreação. Não necessita, assim, que a atividade seja lucrativa; do contrário, estariam excluídos os aposentados, os enfermos e as crianças.

---

8 STJ, REsp 1.209.852-PR, Rel. Min. Rogerio Schietti Cruz.

Mas é importante que a atividade seja lícita. Desse modo, estão excluídas as atividades criminosas, ilegais. Porém, a ocupação habitual imoral não impede o reconhecimento da qualificadora. A imputação do resultado agravador, em decorrência do período de incapacidade, pode decorrer de dolo ou culpa do agente.

Como a lei fixa um prazo mínimo que deve durar a incapacidade para que se dê o reconhecimento da qualificadora (por mais de 30 dias), faz-se necessário o laudo pericial complementar, tão logo decorra esse prazo, na forma do art. 168, § 2º, do CPP.

Tem-se aqui o emprego da analogia em relação ao estabelecido para o crime de lesão corporal (CP, art. 129, § 1º, I). A falta do exame complementar poderá ser suprida pela prova testemunhal (CPP, art. 168, § 3º), e não pela palavra da vítima[9].

Pelo art. 14, § 2º, inciso II, é qualificada a remoção ilegal de órgãos e tecidos da qual resulte *perigo de vida*. Para efeitos da exasperação penal, o perigo deve ser efetivo e concreto. Logo, sem a probabilidade real e legítima do resultado letal, em decorrência do procedimento criminoso praticado, a figura qualificada deve ser afastada. A qualificadora só permanece se a vida do sujeito passivo esteve verdadeiramente em perigo. Para tanto, é necessário que a perícia demonstre e descreva em que consistiu o risco, dispensado o exame complementar.

Por sua vez, art. 14, § 2º, incido III, qualifica o crime quando a *remoção* ilegal resultar em *debilidade permanente* de *membro*, *sentido* ou *função*. *Debilidade* consiste na diminuição, enfraquecimento de alguma capacidade funcional do corpo, que não necessita ser perpétua, sendo suficiente que seja permanente ou duradora.

Logo, a qualificadora configura-se ainda que seja passível a correção da debilidade por meio de intervenção cirúrgica ou tratamentos diversos, inclusive a colocação de próteses para disfarce. *Membros* são as partes do corpo que se prendem ao tronco. Podem ser superiores (*braços, mãos e antebraço*) e inferiores (pernas, cochas e pés). *Sentido* é a faculdade de percepção pela qual sentimos o mundo exterior (audição, visão, tato, audição e paladar). *Função* é a atividade própria de um órgão, circulatória, respiratória, reprodutora, digestiva, locomotora, etc.

Quando o membro ou órgão duplo, em razão da remoção ilegal, se reduz a um apenas, ocorre a debilidade funcional do organismo, e não a abolição dessa função. É o que ocorre, por exemplo, se a pessoa viva perde um olho ou um rim, casos em que se estará diante da qualificadora em comento. Diferentemente, a perda da visão dupla caracteriza a *remoção ilegal gravíssima*, conforme o § 3º, III, do art. 14 da Lei n. 9.434/97.

No inciso IV, último previsto no art. 14, § 2º, da Lei de Transplante, o legislador penaliza mais severamente a remoção ilegal de órgãos e tecidos da qual resulte *aceleração de parto*.

Trata-se de uma decorrência da remoção feita em desconformidade com as regras da Lei n. 9.434/97, e seu regulamento, o Decreto n. 9.175/2017, produzida na gestante, pela qual se antecipa o termo final esperado da gravidez, ou melhor, o feto é expulso precocemente do útero da mãe.

O feto deve nascer com vida e sobreviver. Caso contrário, a remoção será *gravíssima*, em razão do *abordo* (Lei n. 9.434/97, art. 14, § 3º, V).

---

9 STF, RT, 607/386-7

Por se tratar de infração dolosa, o agente deve ter conhecimento da gravidez, senão responderá por remoção ilegal na forma *simples* (art. 14, *caput*).

A Lei n. 9.434, 1997, no art. 14, § 3º, incisos I a V, comina mais gravemente os resultados qualificadores que especifica (reclusão de 4 a 12 anos), levando em conta o legislador às consequências mais danosas produzidas pelo crime de remoção ilegal de órgãos e tecidos.

Importante observar que é possível que coexistam as diversas qualificadoras previstas neste parágrafo, caso em que o juiz observará uma delas para qualificar o crime e as demais na fixação da pena-base (CP, art. 59). Pode ocorrer, por exemplo, a incapacidade permanente para o trabalho (art. 14, § 3º, I) e ao mesmo tempo a enfermidade incurável (inciso II).

As qualificadoras elencadas neste parágrafo podem ser dolosas ou preterdolosas, à exceção daquela prevista no inciso V (*aborto*), que é necessariamente preterdolosa.

Segundo o art. 14, § 3º, inciso I, o crime de remoção ilegal de órgãos e tecidos é qualificado quando, praticado em pessoa viva, resulta para o ofendido a *incapacidade para o trabalho*. É importante observar que o art. 14, § 2º, I, visto acima, faz referência às "ocupações habituais", enquanto aqui ao "trabalho". *Trabalho* é o exercício de uma atividade lucrativa, em sentido amplo, não o exercendo algumas pessoas em função da condição pessoal, como as crianças e os deficientes sem capacidade laboral.

Diferentemente da qualificadora prevista no art. 129, § 2º, I, do CPB, a qual se refere à incapacidade *"permanente"* para o trabalho, o tipo qualificado da lei especial não exige a presença deste elemento normativo de tempo. Desse modo, a incapacidade para o trabalho, ainda que momentânea, de curta duração, qualifica o crime de remoção ilegal de órgãos e tecidos. A impossibilidade para o trabalho, em consequência do procedimento extrajurídico, deve ser genérica, ou seja, a vítima deve ficar privada de exercer qualquer atividade lucrativa, e não somente a atividade anteriormente desempenhada.

No art. 14, § 3º, inciso II, qualifica-se o crime de remoção ilícita de órgãos, tecidos ou partes do corpo da qual resulte para a pessoa viva *enfermidade incurável*. Compreende-se nesta qualificadora toda *doença* para a qual a medicina não ofereça cura. Para tanto, não se exige um juízo de certeza, mas de mera probabilidade, afirmado pericialmente, com o prognóstico que afirme a ineficácia dos tratamentos disponíveis naquele momento para a supressão da moléstia. A possibilidade de intervenção cirúrgica ou de tratamento médico de alto risco, incerto ou penoso, não tem o condão de afastar a incidência da qualificadora, pois ninguém pode ser constrangido a submeter-se, com risco de vida, a estes procedimentos (CC, art. 15).

O inciso III do art. 14, § 3º, estabelece a qualificadora da *perda ou inutilização de membro, sentido ou função*. De início, uma breve comparação: enquanto o art. 14, § 2º, III, da Lei de Transplante, que fala em "debilidade" da pessoa, o presente dispositivo pronuncia como resultado do crime para o ofendido a "perda ou inutilização", circunstâncias estas mais graves do que a anterior.

Perda é a extirpação, a eliminação, de uma parte do corpo (ex.: mutilação, amputação). *Inutilização* é a incapacidade ou a inaptidão de um órgão em relação à sua função específica. Na *perda* ocorre a separação física do membro ou órgão do corpo, ele é literalmente retirado, enquanto na *inutilização*, o membro ou órgão permanece anatomicamente unido à pessoa, mas, por outro lado, totalmente inapto à sua função, como ocorre se verificada a paralisia de membros inferiores (pernas).

Com relação aos órgãos duplos, se ambos se perderem (ex.: os olhos), levando à cegueira completa, a subsunção recai nesta qualificadora; se apenas um dos olhos ou mesmo a acuidade visual sofrer limitação, a situação se amolda à debilidade, fazendo incidir a qualificadora prevista no inciso III do art. 14, § 2º.

A qualificadora da *deformidade permanente* é prevista no inciso IV do art. 14, § 3º, da Lei n. 9.434/97. *Deformidade* é qualquer *dano estético* de razoável extensão. Para que incida a qualificadora em consequência da remoção ilegal de tecidos, órgãos ou parte do corpo, ainda é necessário que seja *permanente* o dano, indelével, irreparável, que não é possível de ser reparada pelo transcurso do tempo.

Os artifícios ou disfarces utilizados para encobrir a deformidade não bastam para excluí-la. Olhos de vidro, mãos que mecânicas, são exemplos. Igualmente, a vítima não é obrigada a submeter-se a procedimento cirúrgico estético. Porém, caso o faça, e a deformidade seja corrigida, deixa de existir a qualificadora.

A deformidade deve ser visível, e de certa monta, pouco importando onde se fixe; braços, pernas, rosto. Pequenas cicatrizes, notadamente aquelas que exigem especial percepção, não qualificam o crime. Mas é preciso analisar cada caso, para não se exigir como deformidade tão somente danos estéticos monstruosos. Aqueles vexatórios, humilhantes e que causam desconforto aos olhos alheios, bem situam a qualificadora. O laudo pericial deve vir instruído de fotografias da deformidade, as quais permitiram a análise de sua extensão.

A última qualificadora prevista no art. 14, § 3º, inciso V, diz respeito ao crime de remoção ilícita de órgãos e tecidos que tem como resultado o *aborto*. Trata-se qualificadora preterdolosa, ou seja, há dolo com relação à retirada do órgão, e culpa quanto ao resultado agravador. O agente também deve conhecer da gravidez da ofendida, pois o desconhecimento constitui erro de tipo, que exclui o dolo. Se o aborto foi querido e praticado por terceiro, a subsunção penal se altera para o art. 125 ou 126 do CPB, a depender da existência ou não do consentimento da gestante.

No art. 14, § 4º, a Lei de Transplante estabelece o crime de remoção ilegal de órgãos e tecidos de pessoa viva *seguida de morte*. O crime aqui é preterdoloso, punindo-se a remoção a título de dolo (crime antecedente) e a morte pela culpa (evento consequente). Se a morte foi querida, ainda que eventualmente, o crime é de homicídio doloso. A morte, no crime da lei especial, advém porque o agente não a previa, embora fosse previsível. Porém, se a morte ocorreu por algum fortuito, rompendo o nexo de causalidade, o agente responderá tão só pela remoção ilegal na sua forma simples (art. 14, *caput*).

Não se admite a *tentativa* de remoção ilegal seguida de morte, pois não há vontade conscientemente dirigida a esse resultado.

VOLUNTARIEDADE

Quanto à voluntariedade, exige-se o dolo (direto ou eventual) e inexiste a forma culposa.

Nas qualificadoras do art. 14, § 3º, V, e § 4º, o resultado que agrava o crime antecedente (remoção ilegal) sobrevém a título de culpa (aborto e morte). São hipóteses de delito preterdoloso.

CONSUMAÇÃO E TENTATIVA

A consumação do crime ocorre no momento da remoção de tecidos, órgãos ou partes do corpo de pessoa ou cadáver, em desacordo com as disposições da Lei n. 9.434, de 1997.

O fracionamento da remoção pode ocorrer em vários atos – *crime plurissubsistente* – e a tentativa mostra-se perfeitamente possível.

AÇÃO PENAL

No silêncio da lei, a ação penal neste crime é pública incondicionada.

Não se admite a transação penal e a suspensão condicional do processo (arts. 76 e 89, da Lei 9.099/95), quer na forma simples, quer na forma qualificada, em razão das penas mínima e máxima previstas.

> **Art. 15.** Comprar ou vender tecidos, órgãos ou partes do corpo humano:
>
> Pena – reclusão, de três a oito anos, e multa, de 200 a 360 dias-multa.
>
> Parágrafo único. Incorre na mesma pena quem promove, intermedeia, facilita ou aufere qualquer vantagem com a transação.

BEM JURÍDICO TUTELADO

O tipo penal tem por objetividade jurídica vedar todo tipo de comercialização de tecidos, órgãos ou partes do corpo humano, de pessoa viva ou cadáver. A norma penal concebe eficácia ao art. 199, § 4º, parte final, da CF/1988.

SUJEITOS (ATIVO E PASSIVO)

O crime é comum, podendo ser cometido por qualquer pessoa, dispensando condição especial do agente ou algum vínculo deste com a vítima.

Sujeito passivo é o Estado.

CONDUTA

A conduta típica é a *compra e a venda* de tecidos, órgãos ou parte do corpo.

Trata-se de espécie de contrato pelo qual um dos contratantes se obriga a transferir o domínio de certa coisa, e o outro, a pagar-lhe certo preço em dinheiro (CC, art. 481).

Todo fluxo de tecidos, órgãos e parte do corpo será gratuito, estabelece o art. 199, § 4º, da CF-1988, que assim enuncia: "a lei disporá sobre as condições e os requisitos que facilitem a remoção de órgãos, tecidos e substâncias humanas para fins de transplante, pesquisa e tratamento, bem como a coleta, processamento e transfusão de sangue e seus derivados, sendo vedado todo tipo de comercialização".

A redação do art. 1º, da Lei n. 9.434/97, por sua vez, diz expressamente que a disposição, em vida ou para depois da morte, de órgãos, tecidos e parte do corpo, será *gratuita*.

Nesse sentido o Código Civil (arts. 13 e 14) informa o caráter humanitário de que se reveste a disposição do corpo, ou parte dele, em vida, ou após a morte, ao tratar dos direitos da personalidade.

Diante deste sistema normativo, a norma penal veda a disposição onerosa do corpo, no todo ou em parte, impedindo obtenção de vantagem com a *compra e venda*.

No parágrafo único, a norma prevê a mesma pena de 3 a 8 anos de reclusão para quem *promove* (propicia, viabiliza, fomenta, oferece, alavanca, incrementa), *intermedeia* (intercede, medeia), *facilita* (simplifica, ajuda, colabora) ou *afere* (obtém, recebe, ganha) qualquer *vantagem com a transação* (patrimonial ou não).

Mesmo que ausente o parágrafo único, não haveria consequências maiores, pois a imputação do crime aos coautores e partícipes possui regra geral de ampliação subjetiva no Código Penal (CP, arts. 29 a 31).

VOLUNTARIEDADE

Exige-se o dolo[10] (direto ou eventual) e inexiste a forma culposa.

CONSUMAÇÃO E TENTATIVA

O crime se consuma no momento do ajuste da coisa e do preço.

Prulissubjetivo (concurso necessário), a consumação ocorre no momento do *acerto* do negócio, entre o comprador e o vendedor, tendo por objeto o tecido, órgão ou parte do corpo humano, independentemente da concreta quitação do débito e do recebimento da coisa, eventos de mero exaurimento.

No parágrafo único, a consumação ocorre com a prática de uma das ações previstas[11].

A tentativa é possível.

---

10 O Tribunal de origem, após minuciosa análise dos fatos e provas dos autos, concluiu de forma clara e fundamentada que o réu, **com vontade livre e consciente, praticou a conduta tipificada no art. 15, parágrafo** único, **da Lei nº 9.434/97, com o intuito de obter vantagem pecuniária**, **o que, por si só, é suficiente para afastar a tese de que tenha praticado os referidos atos no exercício regular do direito.** Desse modo, mostra-se totalmente improcedente a alegada existência de omissão no aresto impugnado. Não obstante o acórdão tenha feito menção à obtenção da vantagem pecuniária, pode-se observar que, em relação à culpabilidade, essa também foi considerada desfavorável em razão do acusado menosprezar os interesses e sentimentos dos familiares da vítima, o que também constituiu fundamentação apta e suficiente para a exasperação da reprimenda. Do mesmo modo, quanto aos motivos do crime, verifica-se que o aresto recorrido levou em consideração o desprezo do réu, que é médico, pelos dogmas que regem o exercício da medicina. Desse modo, não se constata o alegado bis in idem, estando o acórdão corretamente fundamentado quanto à dosimetria da pena..." (STJ, AgRg no AREsp 781.965/MG, Rel. Ministro RIBEIRO DANTAS, QUINTA TURMA, julgado em 03/10/2017, DJe 11/10/2017)

11 HABEAS CORPUS. PROCESSO PENAL. FORMAÇÃO DE QUADRILHA. ART. 288 DO CÓDIGO PENAL. TRÁFICO DE ÓRGÃOS HUMANOS (RINS). **CRIME PREVISTO NO ART. 15, PARÁGRAFO ÚNICO, DA LEI N.º 9.434/97 (PROMOVER, INTERMEDIAR, FACILITAR OU AUFERIR VANTAGEM COM A TRANSAÇÃO)**.INSTÂNCIAS ORDINÁRIAS QUE CONCLUÍRAM PELA CONFIGURAÇÃO DOS DELITOS. HABEAS CORPUS. VIA IMPRÓPRIA PARA ALTERAR TAL ENTENDIMENTO. NECESSIDADE DE EXAME APROFUNDADO DO CONJUNTO PROBATÓRIO. WRIT DENEGADO.1. Se para a configuração do delito de quadrilha basta a convergência de vontades, sem que sequer ocorram efetivamente os delitos visados pelo bando – por se tratar de crime formal –, com razão mostra-se correta a condenação do Paciente por tal infração penal, pois na hipótese se demonstrou a existência de sofisticado esquema de tráfico de órgãos humanos, claramente por ele integrado.2. **Os condutas proibidas pelo art. 15, da Lei n.º 9.434/97, são a de "[c]omprar ou vender tecidos, órgãos ou partes do corpo humano", incorrendo em delito também, segundo o parágrafo único do mesmo artigo, "quem promovc, intermedeia, facilita ou aufere qualquer vantagem com a transação." No caso, o Paciente participava ativamente do grupo e, como entenderam os graus de jurisdição soberanos na matéria fático-probatória, com sua essencial tarefa, incorreu nos elementos do tipo promover, intermediar, facilitar ou auferir qualquer vantagem com a transação.**3. Outrossim, a tese de falta de elementos de autoria e materialidade para os delitos demandaria, inevitavelmente, profundo reexame do material cogni-

AÇÃO PENAL

No silêncio da lei, a ação penal neste crime é pública incondicionada.

Incabível a transação penal e a suspensão do processo, nos termos da Lei n. 9.099, de 1995.

Art. 16. Realizar transplante ou enxerto utilizando tecidos, órgãos ou partes do corpo humano de que se tem ciência terem sido obtidos em desacordo com os dispositivos desta Lei:

Pena – reclusão, de um a seis anos, e multa, de 150 a 300 dias-multa.

BEM JURÍDICO TUTELADO

A objetividade jurídica do delito em questão é a de tutela da integridade física e a saúde das pessoas.

SUJEITOS DO CRIME

O crime é comum, logo, qualquer pessoa pode praticá-lo. A equipe médica ou o particular, que, mesmo sem ter qualificação profissional, contribui para a realização do procedimento.

Sujeito passivo é a pessoa que teve seu órgão, tecido ou parte do corpo removido e utilizado no transplante ou enxerto, contrariando as disposições da Lei n. 9.434/97 e o Decreto n. 9.175/2017.

Importante lembrar o disposto no art. 3º da Lei n. 9.434/97, ou seja, a equipe médica que remove o tecido, p. ex., não poderá transplantá-lo. Assim, enquanto o art. 14 pune o médico que remove os tecidos, o art. 16 sanciona aquele que efetua o transplante.

CONDUTAS

As condutas típicas são: *realizar (*efetivar, proceder, executar*)*, *transplante* (ato de colher um órgão, tecido ou parte do corpo humano, e implantá-lo em outro indivíduo, para neste organismo cumprir as mesmas funções) ou *enxerto* (procedimento cirúrgico de retirada de uma porção de organismo para implante em si mesmo ou terceiro; são tecidos estes sem exercício de função autônoma e nutrição sanguínea. Ex.: enxertos de pele, osso, nervos, tendões e córnea).

VOLUNTARIEDADE

Exige-se o dolo, na forma direta, que é a vontade livre e consciente de realizar o transplante ou enxerto, mais o dolo específico contido na *ciência* de que se trata de tecido, órgão ou parte

tivo produzido nos autos, o que, como é sabido, não se coaduna com a via estreita do writ. Precedentes.4. No caso, ainda, determinou a Suprema Corte que sirva o presente writ para verificar constrangimento ilegal na decisão que não admitiu o recurso especial interposto pelo Paciente. É correta, porém, a conclusão do Tribunal a quo referentemente a tal tocante, pois a pretensão defensiva de afastar os elementos de autoria e materialidade, no caso, esbarram no entendimento sedimentado na Súmula n.º 07 desta Corte.5. Habeas corpus denegado.(HC 128.592/PE, Rel. Ministra LAURITA VAZ, QUINTA TURMA, julgado em 06/12/2011, DJe 19/12/2011)

do corpo obtido em desacordo com as normas legais que regem esses procedimentos (Lei n. 9.434/97; Decreto n. 9.175/2017).

Não há previsão no tipo da forma culposa.

CONSUMAÇÃO E TENTATIVA

O crime se consuma no momento em que o agente realiza o transplante ou enxerto em desacordo com as disposições legais.

A tentativa é admitida.

AÇÃO PENAL

Diante do silêncio da lei, a ação penal neste crime é pública incondicionada.

Admite-se a suspensão condicional do processo (art. 89, da Lei 9.099/95).

> **Art. 17.** Recolher, transportar, guardar ou distribuir partes do corpo humano de que se tem ciência terem sido obtidos em desacordo com os dispositivos desta Lei:
>
> Pena – reclusão, de seis meses a dois anos, e multa, de 100 a 250 dias-multa.

BEM JURÍDICO TUTELADO

Mais uma vez o bem jurídico que se tutela nesta figura penal é a integridade física e a saúde da pessoa.

SUJEITOS DO CRIME

Sujeito ativo deste crime pode ser qualquer pessoa.

Sujeito passivo a pessoa que teve parte do corpo removida em desacordo com os dispositivos legais pertinentes.

CONDUTAS

As condutas típicas são: *recolher* (buscar, retirar), *transportar* (significa levar algo de um local para outro que não seja por meio pessoal), *guardar* (é conservar ou manter o objeto material consigo para uso próprio futuro, mas longe das vistas) ou *distribuir* (entregar o objeto material para indeterminado número de pessoas. Feita a uma só pessoa ou para um grupo determinado de pessoas, a conduta poderá ser a de vender) partes do corpo humano de que se tem ciência terem sido obtidos em desacordo com a Lei de Transplantes.

A distribuição não tem caráter de venda, pois, nesse caso, o agente incorrerá no art. 15 da Lei n. 9.434/97.

O tipo penal não faz referência aos órgãos e tecidos, mas apenas a *partes do corpo humano*. Por consequência, as condutas de recolher, transportar, guardar ou distribuir órgãos ou *tecidos* não tipifica o crime em comento, em razão do princípio da legalidade.

VOLUNTARIEDADE

Quanto à voluntariedade, exige-se o dolo direto e uma intenção especial do agente. Quanto ao dolo específico, o art. 17 da Lei n. 9.434/97 faz essa imposição, quando se refere à *ciência* de que partes do corpo foram obtidas em desacordo com os seus ditames.

Trata-se de *tipo penal incongruente*, aquele que exige além do dolo genérico uma intenção especial, um requisito subjetivo transcendental.

Não há previsão da forma culposa.

CONSUMAÇÃO E TENTATIVA

Dar-se-á a consumação com a prática de qualquer das condutas alternativas previstas no tipo penal.

Assim, temos que na conduta de *recolher* o crime se consuma com o apanhar do objeto material. A tentativa é possível, quando o sujeito tem interrompida a conduta por circunstâncias alheias à sua vontade.

Na conduta de *guardar*, o crime se consuma no momento em que o objeto material é recebido para ser acondicionado para uso próprio futuro. É possível a tentativa, quando o objeto material não é recebido por circunstâncias alheias à vontade do agente.

Também na conduta de *transportar*, o crime se consuma com o deslocamento do objeto material. É possível a tentativa, quando há a interrupção da conduta de transporte antes que ele realmente seja iniciado.

Por fim, com a *distribuição*, ocorre a consumação do crime a partir do instante que as partes do corpo é espalhada ou colocada a disposição. A tentativa igualmente é possível, se interrompido o *iter criminis* por circunstâncias alheias à vontade do agente.

AÇÃO PENAL

A ação penal neste crime é pública incondicionada.

Admite-se a transação penal e a suspensão condicional do processo (arts. 76 e 89 da Lei 9.099/95).

> **Art. 18.** Realizar transplante ou enxerto em desacordo com o disposto no art. 10 desta Lei e seu parágrafo único:
> Pena – detenção, de seis meses a dois anos.

BEM JURÍDICO TUTELADO

Protege-se a incolumidade física e a saúde do receptor.

SUJEITOS DO CRIME

O crime é próprio; logo, sujeito ativo é o médico ou a equipe médica autorizada a realizar o procedimento.

O art. 11 do Decreto n. 9.175, de 2017, estabelece que "o transplante, o enxerto ou a retirada de órgãos, tecidos, células e partes do corpo humano somente poderão ser realizados em estabelecimentos de saúde, públicos ou privados, por equipes especializadas, prévia e expressamente autorizados pelo órgão central do SNT".

O sujeito passivo é o receptor submetido ao transplante ou enxerto em desacordo com o art. 10 da Lei n. 9.434, de 1997.

CONDUTAS

As condutas típicas são: *realizar (*efetivar, proceder, executar*) transplante* (procedimento de colher e implantar em outro indivíduo, para neste organismo cumprir as mesmas funções) ou *enxerto* (procedimento cirúrgico de retirada de uma porção de organismo sem função autônoma para implante), em desacordo com o art. 10 e seu parágrafo único da Lei n. 9.434, de 1997.

O art. 10, *caput*, da Lei n. 9.434/97, proclama que o transplante ou enxerto só se fará com o *consentimento expresso* do receptor, assim inscrito em lista única *de espera*, após *aconselhamento* sobre a *excepcionalidade* e os *riscos* do procedimento.

Por sua vez, o parágrafo único do art. 10 da Lei n. 9.434/97 foi renumerado para o § 1º, em 2001, pela Lei n. 10.211, sem qualquer modificação redacional. Por este dispositivo, nos casos em que o receptor seja *juridicamente incapaz* ou cujas *condições de saúde* impeçam ou comprometam a manifestação válida da sua vontade, o consentimento de que trata este artigo será dado por *um de seus pais* ou *responsáveis legais.*

Se o procedimento médico de transplante ou enxerto ocorrer sem observância destas condicionantes, que podem ser resumidas no *consentimento expresso, respeito* à *lista* única *de espera de receptores* e *aconselhamento*, ocorrerá o crime em espécie.

VOLUNTARIEDADE

Quanto à voluntariedade, exige-se o dolo (direto ou eventual) e inexiste a forma culposa.

CONSUMAÇÃO E TENTATIVA

O delito se consuma com a prática do transplante ou enxerto sem a observância do art. 10, *caput*, e § 1º, da Lei n. 9.434/97.

A tentativa é possível.

AÇÃO PENAL

No silêncio da lei, a ação penal neste crime é pública incondicionada.

A transação penal e a suspensão condicional do processo são admitidas (arts. 76 e 89 da Lei 9.099/95).

Art. 19. Deixar de recompor cadáver, devolvendo-lhe aspecto condigno, para sepultamento ou deixar de entregar ou retardar sua entrega aos familiares ou interessados:

Pena – detenção, de seis meses a dois anos.

BEM JURÍDICO TUTELADO

Com o presente delito resguardar o sentimento e o respeito aos familiares do morto.

SUJEITOS DO CRIME

Sujeito ativo é o responsável pela recomposição e entrega do cadáver.

Sujeitos passivos imediatos são os familiares ou interessados; mediato a coletividade.

CONDUTAS

A conduta típica é *deixar* (desatender, abstrair, ignorar) de *recompor* (restaurar, restabelecer) cadáver, devolvendo-lhe aspecto condigno, para sepultamento ou *deixar de entregar* (abster-se) ou *retardar* (atrasar, demorar, tardar) sua entrega aos familiares ou interessados.

Trata-se de crime omissivo próprio ou puro, informado pelo verbo "deixar de" ou "retardar".

A *recomposição condigna* é uma exigência legal.

O art. 8º, 2ª parte, da Lei n. 9.434/97, estabelece que após a retirada de tecidos, órgãos e partes, o cadáver será condignamente recomposto para ser entregue, em seguida, aos parentes do morto ou seus responsáveis legais para sepultamento.

A exigência ainda é vista no Decreto n. 9.175, de 2017, art. 26, ao afirmar que efetuada a retirada de órgãos, tecidos, células e partes do corpo humano e a necropsia, na hipótese em que seja necessária, o cadáver será condignamente recomposto, de modo a recuperar tanto quanto possível a sua aparência anterior.

Logo, a *recomposição condigna* significa a recuperar o cadáver tal qual era sua aparência antes da remoção dos órgãos, tecidos ou partes do corpo.

A norma faz outra imposição. Após a retirada dos órgãos, tecidos ou partes do corpo, o cadáver deve ser entregue em "seguida" aos familiares ou interessados (art. 8º, 2ª parte).

Portanto, a ausência ou atraso da entrega do cadáver aos familiares ou interessados do morto, o que deve ocorrer o mais breve possível, viola a 2ª parte do art. 19 da Lei n. 9.434/97.

VOLUNTARIEDADE

Com relação à voluntariedade, exige-se o dolo (direto ou eventual) e inexiste a forma culposa.

CONSUMAÇÃO E TENTATIVA

A consumação ocorre quando o agente deixa de recompor condignamente o cadáver, e com a recusa e atraso injustificado na devolução do cadáver aos familiares ou interessados.

Não se admite a tentativa.

AÇÃO PENAL

A ação penal é pública incondicionada.

Admite-se a transação penal e suspensão condicional do processo (Lei n. 9.099/95, arts. 76 e 89).

Art. 20. Publicar anúncio ou apelo público em desacordo com o disposto no art. 11:

Pena – multa, de 100 a 200 dias-multa.

BEM JURÍDICO TUTELADO

Disciplinar a veiculação de anúncios ou apelos públicos que contrariem os fins sociais e humanitários do transplante de órgãos, tecidos ou parte do corpo.

SUJEITOS DO CRIME

O crime é comum, e pode ser praticado por qualquer pessoa.

A coletividade é o sujeito passivo.

CONDUTAS

São típicas as condutas de: *publicar anúncio* (veicular, divulgar, popularizar) ou *apelo público* (pedido, solicitação, pedido) em desacordo com o art. 11 da Lei n. 9.434/97.

O anuncio ou apelo pode ser escrito ou verbal, pela imprensa tradicional, redes sociais ou internet.

Disciplina o art. 11 da Lei n. 9.434/97 que é proibida a veiculação, através de qualquer meio de comunicação social de anúncio que configure: (a) publicidade de estabelecimentos autorizados a realizar transplantes e enxertos, relativa a estas atividades; (b) apelo público no sentido da doação de tecido, órgão ou parte do corpo humano para pessoa determinada identificada ou não, ressalvado o disposto no parágrafo único; (c) apelo público para a arrecadação de fundos para o financiamento de transplante ou enxerto em benefício de particulares.

O parágrafo único do art. 11 da Lei n. 9.434/97 apenas aos órgãos de gestão nacional, regional e local do SUS a realização periódica, através dos meios adequados de comunicação social, de campanhas de esclarecimento público dos benefícios esperados a partir de sua vigência e de estímulo à doação de órgãos.

A sanção prevista é a multa.

VOLUNTARIEDADE

Quanto à voluntariedade, exige-se o dolo (direto ou eventual) e inexiste a forma culposa.

CONSUMAÇÃO E TENTATIVA

O delito se consuma com a publicação do anúncio ou apelo público, independentemente da quantidade de pessoas que tenham acesso ao conteúdo.

Diante disso, na prática, parece-nos impossível a tentativa, ainda que na forma escrita, que, mesmo interceptada antes de eventual divulgação pública, sempre chegará ao conhecimento de quem interceptou.

AÇÃO PENAL

Diante do silêncio da lei, a ação penal neste crime é pública incondicionada.

Admite a transação penal e a suspensão condicional do processo (arts. 76 e 89, da Lei 9.099/95).

BIBLIOGRAFIA

BANDEIRA, Ana Cláudia Pirajá. Consentimento no Transplante de Órgão. São Paulo: Juruá, 2001

CAPEZ, Fernando. *Curso de Direito Penal, Parte Especial*, vol.3. 4 ed. São Paulo: Saraiva, 2006

FRANCO, Alberto Silva. *Leis Penais Especiais e sua Interpretação Jurisprudencial*. São Paulo: RT, 2002.

GENOFRE, Geraldo da Silva e outros. *Leis Penais Especiais Anotadas*. Campinas: Milennium, 2008

GONÇALVES, Victor Eduardo Rios. Direito Penal, vol. 8. 14 ed. São Paulo: Saraiva, 2011

JESUS, DAMÁSIO E. *Código Penal Anotado*. 17 ed. São Paulo: Saraiva, 2005

MIRABETE, Julio Fabbrini. *Manual de Direito Penal, Parte Geral*. São Paulo: Atlas, 1996.

MIRABETE, Julio Fabbrini. *Manual de Direito Penal, Parte Especial*. São Paulo: Atlas, 1996.

MIRABETE, Julio Fabbrini. *Código Penal Interpretado*. 4 ed. São Paulo: Atlas, 2003.

NUCCI, Guilherme de Souza. *Leis Penais e Processuais Penais Comentadas*. 4 ed. São Paulo: RT, 2009.

NUCCI, Guilherme de Souza. *Código Penal Anotado*. São Paulo: RT, 2008.

CUNHA, Rogério Sanches e outros. *Legislação Criminal Especial*. São Paulo: RT, 2010.

DELMANTO, Celso e Outros. *Código Penal Comentado*. 8 ed. São Paulo: Saraiva, 2010.

DELMANTO, Roberto e Outros. *Leis Penais Especiais Comentadas*. 3 ed. São Paulo: Saraiva, 2018.

CAPÍTULO 24

Tortura – Lei 9.455/1997

Rogério Sanches Cunha
Ronaldo Batista Pinto

Art. 1º Constitui crime de tortura (1):

I – constranger alguém com emprego de violência ou grave ameaça, causando-lhe sofrimento físico ou mental (2):

a) com o fim de obter informação, declaração ou confissão da vítima ou de terceira pessoa;

b) para provocar ação ou omissão de natureza criminosa;

c) em razão de discriminação racial ou religiosa;

II – submeter alguém, sob sua guarda, poder ou autoridade, com emprego de violência ou grave ameaça, a intenso sofrimento físico ou mental, como forma de aplicar castigo pessoal ou medida de caráter preventivo (3).

Pena – reclusão, de 2 (dois) a 8 (oito) anos.

§ 1º Na mesma pena incorre quem submete pessoa presa ou sujeita a medida de segurança a sofrimento físico ou mental, por intermédio da prática de ato não previsto em lei ou não resultante de medida legal. (4)

§ 2º Aquele que se omite em face dessas condutas, quando tinha o dever de evitá-las ou apurá-las, incorre na pena de detenção de 1 (um) a 4 (quatro) anos. (5)

§ 3º Se resulta lesão corporal de natureza grave ou gravíssima, a pena **é** de reclusão de 4 (quatro) a 10 (dez) anos; se resulta morte, a reclusão **é** de 8 (oito) a 16 (dezesseis) anos. (6)

§ 4º Aumenta-se a pena de 1/6 (um sexto) até 1/3 (um terço); (7)

I – se o crime **é** cometido por agente público;

II – se o crime **é** cometido contra criança, gestante, portador de deficiência, adolescente ou maior de 60 (sessenta) anos;

III – se o crime **é** cometido mediante sequestro.

§ 5º A condenação acarretará a perda do cargo, função ou emprego público e a interdição para seu exercício pelo dobro do prazo da pena aplicada. (8)

§ 6º O crime de tortura **é** inafiançável (9) e insuscetível de graça ou anistia (10).

§ 7º O condenado por crime previsto nesta Lei, salvo a hipótese do **§** 2º, iniciará o cumprimento da pena em regime fechado. (11)

1. CONSIDERAÇÕES GERAIS

Após a Segunda Guerra Mundial, nasce um movimento de repúdio à tortura, com a aprovação de várias convenções e tratados (alguns ratificados pelo Brasil), até que, em 1988, a Constituição Federal consagrou como direito fundamental do cidadão que "ninguém será submetido a tortura nem a tratamento desumano ou degradante" (art. 5.º, III).[1]

Com fundamento nesta disposição constitucional, a Lei 12.847/13 instituiu o Sistema Nacional de Prevenção e Combate à Tortura, regido pelos princípios da proteção da dignidade da pessoa humana, da universalidade, da objetividade, da igualdade, da imparcialidade, da não seletividade e da não discriminação (art. 4º). Composto pelo Comitê Nacional de Prevenção e Combate à Tortura - CNPCT (arts. 6º e 7º), pelo Mecanismo Nacional de Prevenção e Combate à Tortura - MNPCT (arts. 8º a 11), pelo Conselho Nacional de Política Criminal e Penitenciária - CNPCP, pelo órgão do Ministério da Justiça e por outros órgãos e entidades - como o Ministério Público e a Defensoria Pública -, este sistema de proteção tem o objetivo de fortalecer a prevenção e o combate à tortura por meio de articulação e atuação cooperativa de seus integrantes permitindo a troca de informações e o intercâmbio de boas práticas.

Ao contrário do que ocorre em outros países, onde a tortura foi tipificada como um crime especial, traduzindo-se num comportamento abusivo de poder no trato dos direitos fundamentais do cidadão, colocando em mira a conduta de funcionários públicos, a Lei 9.455/97, em regra, etiquetou a tortura como delito comum, isto é, pode praticado por qualquer pessoa (não exigindo qualidade ou condição especial do torturador)[2]. Desse modo, o bem jurídico tutelado, como explicado por Alberto Silva Franco, tem um caráter bifronte, ou seja, busca-se a proteção às "garantias constitucionais básicas do cidadão não apenas em relação aos

1 Sabemos que, em regra, nenhum direito ou garantia fundamental – nem mesmo a vida – é absoluto. Sempre se ensinou, contudo, que a garantia de não submissão à tortura não comporta nenhuma forma de exceção no ordenamento jurídico brasileiro. Mas, ultimamente, discute-se na doutrina a legitimidade do emprego da tortura na iminência de um ato terrorista (*Ticking bomb scenario*). Trata-se da situação extrema e emergencial na qual um agente estatal, com o propósito de obter informações específicas e essenciais, tortura suspeitos de conhecer ou integrar planos de ataques terroristas iminentes – que, portanto, expõem a perigo a vida de um grande número de pessoas –, a fim de que se possa prevenir a ocorrência de tais ataques.
Há quem sustente ser admissível o emprego de tortura para impedir um ato terrorista iminente sob o argumento de que, no âmbito dos direitos e garantias fundamentais, nada pode ser mais importante do que a vida. É fato que, no geral, o arcabouço normativo de tutela dos direitos humanos obsta que o Estado lance mão de métodos cruéis de investigação, mas, diante de situações nas quais dezenas, centenas ou milhares de vidas são expostas a perigo iminente, justifica-se a flexibilização dessa tutela para a preservação de um bem maior. A tortura é, portanto, um mal menor. Em outras palavras, quando o Estado se vê diante de dois males, a solução é escolher – não sem a imposição de controles e limites – aquele capaz de produzir o menor dano e de proporcionar o maior benefício às pessoas.
Por outro lado, há quem argumente ser absolutamente inadmissível o emprego de tortura, ainda que se trate de prevenir um ataque terrorista iminente. Sustenta-se que o sistema de proteção aos direitos humanos não admite nenhuma exceção para a imposição de métodos cruéis de investigação, que, uma vez permitidos, tendem a se expandir perigosamente independentemente da disposição inicial para que se estabeleçam limites.

2 Assim agindo, o legislador pátrio destoa do que subscrito pelo Brasil na Convenção contra a Tortura e outros Tratamentos ou Penas Cruéis, Desumanas ou Degradantes, de 1984, oportunidade em que foi convencionado que o crime de tortura seria aquele infligido por funcionário público ou outra pessoa no exercício de funções públicas, ou por sua instigação ou com o seu consentimento ou aquiescência. No mesmo sentido foi a Convenção Interamericana para Prevenir e Punir a Tortura (1985). Sabendo-se que os tratados internacionais, que versam sobre direitos humanos, por força dos §§ 1.º e 2.º, do art. 5.º, da Constituição Federal, têm status de norma constitucional, entende também Alberto Silva Franco que a legislação penal brasileira não poderia contrariar as definições contidas nas convenções internacionais acima referidas. Assim, lei ordinária que desfigure a tortura de forma a torná-la um delito comum, e não próprio, está eivada de inconstitucionalidade (op. cit., p. 3.100-3.101).

agravos realizados por funcionários públicos, mas também no que tange aos abusos praticados por qualquer pessoa." (Leis Penais Especiais: doutrina e jurisprudência. São Paulo: RT, 2007, p. 3.100). Esse detalhe foi reconhecido pelo STJ:

> "De início, cumpre esclarecer que o conceito de tortura, tomado a partir dos instrumentos de direito internacional, tem um viés estatal, implicando que o crime só poderia ser praticado por agente estatal (funcionário público) ou por um particular no exercício de função pública, consubstanciando, assim, crime próprio. A despeito disso, o legislador pátrio, ao tratar do tema na Lei n. 9.455/1997, foi além da concepção estabelecida nos instrumentos internacionais, na medida em que, ao menos no art. 1º, I, ampliou o conceito de tortura para além da violência perpetrada por servidor público ou por particular que lhe faça as vezes, dando ao tipo o tratamento de crime comum. A adoção de uma concepção mais ampla do tipo supracitado, tal como estabelecida na Lei n. 9.455/1997, encontra guarida na Convenção contra a Tortura e outros Tratamentos ou Penas Cruéis, Desumanos ou Degradantes, que ao tratar do conceito de tortura estabeleceu –, em seu art. 1º, II –, que: o presente artigo não será interpretado de maneira a restringir qualquer instrumento internacional ou legislação nacional que contenha ou possa conter dispositivos de alcance mais amplo" (REsp 1.738.264-DF, Rel. Min. Sebastião Reis Júnior, por maioria, julgado em 23/08/2018, DJe 14/09/2018).

2. ESPÉCIES DE TORTURA

A lei não define o que é tortura, mas explicita, desde logo, o que constitui tortura. O tipo traz, inicialmente, a conduta de *constranger alguém com emprego de violência* (agressão física, partindo desde vias de fato, passando por lesão corporal, até chegar ao homicídio) ou *grave ameaça* (promessa de mal injusto e grave), causando no torturado sofrimento físico ou mental.

Como já destacamos, qualquer pessoa pode praticar o crime (delito comum), não exigindo, igualmente, qualidade especial do sujeito passivo.

O inc. I contém três alíneas, definindo modalidades diferentes de tortura:

a) *com o fim de obter informação, declaração ou confissão da vítima ou de terceira pessoa* (tortura-prova).

Na presente hipótese age o torturador com o fim de obter informação, declaração ou confissão da vítima ou de terceira pessoa. Sendo crime comum, estarão incluídas tanto a conduta do policial que pratica a violência contra uma pessoa para dela obter uma informação, como a do particular (credor) que se utiliza da violência para conseguir de alguém (devedor) a confissão de uma dívida.

O crime se consuma com o constrangimento causador de sofrimento à vítima, dispensando a efetiva obtenção da informação almejada.

Por se tratar de crime plurissubsistente, a tentativa é perfeitamente possível.

b) *para provocar ação ou omissão de natureza criminosa* (tortura para a prática de crime).

Aqui o constrangimento, nas condições especificadas na lei, objetiva provocar ação ou omissão de natureza criminosa. Como exemplo, citamos a hipótese daquele que submete uma testemunha a choques elétricos para que não conte o que sabe em juízo sobre crime que presenciou.

Para alguns, a expressão "natureza criminosa" compreende também a contravenção. Neste sentido é a lição de Mauro Faria de Lima:

> "A contravenção, apesar de não ser crime (estrito senso), tem natureza criminosa, vez que é aquilo que se chama na doutrina "crime anão". Não havendo, pois, diferença ontológica entre crime e contravenção, ambos têm a mesma natureza." (*Crimes de Tortura*, p. 34, 1997).

Há doutrinadores, não sem razão, ensinando que, tratando-se de norma penal, é vedada a interpretação extensiva, fazendo com que se exclua essa espécie de infração.

O crime em comento se consuma com o constrangimento da vítima, desde que ocorra o sofrimento físico ou mental, conhecida a vontade do agente, sem que seja necessário que o torturado pratique a ação ou omissão criminosa.

Assim como na hipótese anterior, a tentativa é possível.

No que diz respeito ao torturado que, em razão da violência ou grave ameaça, praticou o crime, não ocorrerá, obviamente, punição, havendo duas hipóteses possíveis: no caso de coação física irresistível, não há conduta; se moral irresistível, não há culpabilidade (art. 22 do CP).

Já o torturador, além da tortura, responde pelo crime praticado pelo torturado, na condição de autor mediato, em concurso material de delitos (art. 69 do CP).

c) *em razão de discriminação racial ou religiosa* (tortura discriminatória).

Ao contrário do que ocorre nos dispositivos anteriores, neste o agente não tortura a vítima esperando dela alguma conduta (positiva ou negativa). Tortura apenas por preconceito à sua raça ou religião.

A consumação se perfaz com o constrangimento da vítima, juntamente com seu sofrimento, sendo perfeitamente possível a tentativa.

Mencionando o dispositivo somente a discriminação racial ou religiosa, omitindo a econômica, social ou sexual, havendo constrangimento neste sentido não se aplica a Lei 9.455/97 por se tratar de analogia *in malam partem*.

3. TORTURA CASTIGO

O inciso II pune a conduta daquele que submete alguém, sob sua guarda, poder ou autoridade, com emprego de violência ou grave ameaça, a intenso sofrimento físico ou mental, como forma de aplicar castigo pessoal ou medida de caráter preventivo (tortura castigo).

Esta forma criminosa, ao contrário da anterior, é própria, exigindo qualidade ou condição especial do agente, qual seja, a presença de uma prévia relação jurídica entre o torturador e a vítima. O sujeito ativo, aqui, se encontra na posição de garante (pela lei ou outra relação jurídica), somente podendo praticá-lo quem tem a guarda (de direito ou de fato), vigilância, poder (de direito público ou privado) ou autoridade sobre o torturado.

Conforme decidiu o STJ:

> "Ressalta-se, porém, que a possibilidade de tipificar a conduta na forma do art. 1º, II, da referida lei (tortura-castigo), ao contrário da tortura elencada no inciso I, não pode ser perpetrada por qualquer pessoa, pois a circunstância de que a violência ocorra contra vítima submetida à guarda, poder ou autoridade, afasta a hipótese de crime comum, firmando a conclusão de que o crime é próprio. Nítido, pois, que, no referido preceito, há um vínculo preexistente, de natureza pública, entre o agente ativo e o agente passivo do crime. Logo, o delito até pode ser perpetrado por um particular, mas ele deve ocupar posição de garante

(obrigação de cuidado, proteção ou vigilância), seja em virtude da lei ou de outra relação jurídica (REsp 1.738.264-DF, Rel. Min. Sebastião Reis Júnior, por maioria, julgado em 23/08/2018, DJe 14/09/2018).

Igualmente, tem como sujeito passivo pessoa especial (pessoa que acha sob a guarda, de direito ou de fato, poder ou autoridade do torturador).

Além dos sujeitos, diferencia-se do inciso anterior porque refere a *intenso* sofrimento físico ou mental. Esta expressão não pode ser desprezada, pois engloba a ideia de um sofrimento atroz, martirizante, insuportável, que, no caso concreto, desperta certa dificuldade de aferição.

O intenso sofrimento físico ou mental, aliás, é o que diferencia este tipo daquele insculpido no art. 136 do CP.

O que se visa com a prática dessa espécie de tortura é a submissão de alguém, pelo agente, a aplicação de castigo pessoal ou medida de caráter preventivo (finalidade especial). É crime, pois, submeter o preso a tratamento degradante como forma de punição arbitrária pelo delito praticado.

Essa espécie de tortura se consuma com a submissão da vítima a intenso sofrimento físico ou mental, mediante violência ou grave ameaça, atrelada às finalidades previstas no tipo penal em apreço, sendo possível a tentativa (delito plurissubsistente).

4. FIGURA EQUIPARADA

O § 1.º do art. 1.º da Lei 9.455/97 determina que na mesma pena dos incs. I e II (2 a 8 anos) incorre quem submete pessoa presa ou sujeita a medida de segurança a sofrimento físico ou mental, por intermédio da prática de ato não previsto em lei ou não resultante de medida legal.

O dispositivo constitui expressão do art. 5.º, XLIX, da CF, que dispõe: "é assegurado aos presos o respeito à integridade física e moral".

O sujeito ativo pode ser qualquer pessoa (crime comum). Exige-se, no entanto, uma qualidade especial do sujeito passivo: estar preso (provisório ou definitivo, compreendendo-se também os jovens infratores apreendidos, internados ou em estado de semiliberdade) ou submetido à medida de segurança (internação ou tratamento ambulatorial).

Pune-se a submissão de pessoa presa ou sujeita a medida de segurança a sofrimento físico ou mental, por intermédio da prática de ato não previsto em lei ou não resultante de medida legal.

Aqui o tipo subjetivo se contenta com o dolo, não exigindo finalidade especial animando o agente.

O crime se consuma com a submissão da vítima a sofrimento físico ou mental, e, por se tratar de crime plurissubsistente, mostra-se possível a tentativa.

5. CONDUTA OMISSIVA

O § 2.º pune a conduta daquele que se omite em face de quaisquer das ações anteriores, quando tinha o dever de *evitá-las* (omissão imprópria) ou *apurá-las* (omissão própria).

A primeira forma criminosa diz respeito àquele que se omite em face das condutas anteriormente descritas, quando tinha o dever de evitá-las. Figura como sujeito ativo o garante ou garantidor (pai, o tutor, o curador, o professor, o médico, o enfermeiro etc.). Sujeito passivo, por sua vez, será o ofendido por qualquer uma das condutas criminosas.

Quis o legislador explicitar o que já explicitado pelo art. 13, § 2.º, do CP, mas, infelizmente, agiu mal. Vejamos.

O art. 5.º, XLIII, da CF, determina ao garante os mesmos consectários do executor.

No entanto, o legislador ordinário, de forma desastrosa, previu ao omitente pena bem mais branda (detenção de um a quatro anos) do que aquela estabelecida para punir o executor ou mandante da tortura (reclusão de dois a oito anos). Assim, em face deste omitente não pode ser decretada prisão preventiva, admite-se (pasmem!) a suspensão condicional do processo e não há equiparação a crime hediondo.

Melhor seria o silêncio. Assim, contrariando a CF/88, para nós o executor e omitente devem ficar sujeitos às mesmas consequências (seguindo mandamento constitucional), evitando-se proteção deficiente do Estado na tutela do bem jurídico.

Há, todavia, entendimento doutrinário (buscando resolver o desastre legislativo) no sentido de que essa figura deve ser interpretada como uma modalidade culposa:

"Uma outra interpretação possível para o dispositivo em análise é considerar a sua aplicação somente àquele que foi negligente em evitar a tortura, mas não a quis, nem a aceitou, bem como àquele que, tomando conhecimento após a prática da tortura, nada fez para apurar os fatos. Se o omitente tinha o dever legal de agir antes de o crime ser cometido, ou aceitar o risco de sua produção, responderá pela tortura. Tal entendimento ajusta-se ao disposto no art. 5.º, XLIII, da CF" (Fábio Ramazzini Bechara, *Legislação Penal Especial*, p. 119).

A segunda conduta tipificada no § 2.º diz respeito àquele que se omite em face das condutas anteriores (incs. I e II), quando tinha o dever de apurá-las.

O sujeito ativo aqui não é o garante, mas quem tem a obrigação de apurar a ocorrência de quaisquer das infrações penais descritas nesta Lei. Cuida-se, nessa hipótese, de crime omissivo próprio, consumando-se com um não fazer, não admitindo a tentativa (crime de mera conduta) e coautoria (somente a participação).

6. FORMAS QUALIFICADAS

O § 3.º traz duas hipóteses em que a tortura será qualificada: a) se resulta lesão corporal de natureza grave ou gravíssima (reclusão de quatro a dez anos); b) se resulta morte (reclusão é de oito a dezesseis anos).

Discute-se a natureza da qualificadora. Para Mauro Faria de Lima, cuida-se de forma preterdolosa do crime (dolo no antecedente – tortura – e culpa no consequente – lesão grave ou morte). Se houver, por parte do agente, dolo também em relação ao resultado mais grave, teremos concurso de crimes. Solução diversa acarretaria resultados absurdos: se o agente desejava também a morte da vítima, e não for considerado o concurso, será punido pela tortura qualificada, cuja pena varia de oito a dezesseis anos, ao passo que o homicídio qualificado pela tortura tem pena de doze a trinta anos de reclusão (op. cit., p. 50). Guilherme de Souza Nucci, no entanto, discorda, argumentando que o resultado mais grave pode ser tanto doloso quanto culposo, pois, se o legislador desejasse uma figura preterdolosa, procederia como no art. 129, § 3.º, do CP (Leis Penais e Processuais Penais Comentadas. São Paulo: RT, p. 741).

Entendemos que a qualificadora atinge todas as modalidades da tortura, salvo a segunda figura do §2.º, que trata da omissão na apuração da tortura. Nesta, não é possível que o omitente responda pelo resultado, pois, se deixou de apurar o crime de tortura já consumado, o concurso de pessoas não pode se configurar. Alertamos, porém, que a maioria da doutrina subtrai do alcance do parágrafo qualquer das espécies omissivas, limitando sua incidência ao executor da tortura. Neste sentido é a lição de Paulo Juricic: "somente o torturador ativo é que poderá responder pela forma qualificada pelo resultado e jamais o omitente que, em qualquer caso, sofrerá, apenas, a sanção mais benéfica da detenção. Assim sendo, não quis o legislador que o omitente respondesse da mesma forma que o torturador, no caso de crime preterintencional; aqui o executor responde pela forma qualificada e o omitente, não." (*Crime de Tortura*, p. 75, 2003).

7. CAUSAS DE AUMENTO DE PENA

O § 4.º prevê três hipóteses em que a pena da tortura será aumentada de um sexto até um terço.

No caso do inc. I, na busca do real significado de agente público a doutrina se socorre do art. 327 do CP.

Para ocorrer o aumento é necessário que o agente público atue nessa qualidade ou em razão dela.

Nas situações em que o crime é próprio (exigindo do agente qualidade funcional), entende Alberto Silva Franco que não se aplica a presente causa de aumento, sob pena de incidência em *bis in idem* (op. cit. p., 3.108). Guilherme de Souza Nucci leciona de forma diversa: "Ora, a fonte do dever jurídico de agir está no art. 13, § 2.º, do Código Penal, que, segundo o disposto no art. 12 do mesmo Código, é aplicável à legislação especial, salvo quando esta dispuser em sentido contrário, o que não constitui o caso presente. Logo, a posição de garante pode ser assumida tanto pelo agente público como por outra pessoa (ex.: o pai, que não impede, podendo fazê-lo, a tortura sofrida pelo filho numa dependência policial para extração da confissão). Por isso, quando o omitente for agente público deve sofrer pena mais severa, justamente pela posição que ocupa, em regra, atuando em defesa da sociedade." (op. cit., p. 742).

De fato, a figura omissiva da tortura não é necessariamente cometida por agente público, mas, diferentemente da figura comissiva, o fato de o autor ser agente público fundamenta, no caso concreto, a tipificação. Um particular pode torturar alguém para obter a confissão de um crime (art. 1º, I, *a*) tanto quanto pode fazê-lo um policial, mas, no caso deste último, a conduta é mais grave, razão pela qual incide o aumento. Por outro lado, um particular que, nas dependências de uma delegacia, presencie alguém sendo torturado para confessar um crime e se mantenha inerte, não pode responder pela omissão imprópria (art. 1º, § 2º), pois não há, de sua parte, o dever de agir. Mas imaginemos a situação na qual o delegado de polícia toma ciência de que um policial tortura um preso naquele local. Se o delegado não atua para fazer cessar ou para apurar a tortura, sua condição de agente público – que atrai o dever de agir – faz com que responda pela omissão imprópria. Neste caso, a incidência do aumento caracteriza o *bis in idem* porque a condição de agente público serve tanto para tipificar a conduta quanto para aumentar a pena. A respeito, já decidiu o STJ:

"A figura típica prevista no § 2.º, do art. 1.º, da Lei de Tortura, constitui-se em crime próprio, porquanto exige condição especial do sujeito. Ou seja, é um delito que somente pode ser praticado por pessoa que, ao presenciar tortura, omite-se, a despeito do "dever de evitá-las ou apurá-las " (como é o caso do carcereiro policial). Em tais casos, a incidência da circunstância agravante prevista no art. 61, inciso II, alínea g, do Código Penal, e da majorante de pena estabelecida no art. 1.º, § 4.º, inciso I, da Lei n.º 9.455/1997 ("se o crime é cometido por agente público"), constitui evidente *bis in idem* na valoração da condição pessoal do sujeito ativo" (HC 131.828/RJ, DJe 02/12/2013).

No inc. II, para o conceito de *criança* devemos buscar as disposições da Lei 8.069/90 (art. 2º), que assim considera o indivíduo com 12 anos incompletos, ao passo que adolescente é aquele que conta com 18 anos incompletos. A tortura praticada contra o maior de sessenta anos também tem a pena elevada, sendo que esta causa de aumento foi introduzida pelo Estatuto do Idoso (Lei 10.741/2003). Também majora a pena do crime o fato de a tortura ser intentada contra gestante e portador de deficiência.

Note-se que tais condições devem ingressar no dolo do agente.

O inc. III aumenta a pena se a tortura é praticada por meio de sequestro, que engloba também o cárcere privado.

Apesar de haver certa divergência, entende a maioria que as causas de aumento se aplicam às qualificadoras.

8. EFEITOS DA CONDENAÇÃO

Determina o § 5.º que a condenação acarretará a perda do cargo, função ou emprego público e a interdição para o seu exercício pelo dobro do prazo da pena aplicada.

Temos aqui uma consequência administrativa da condenação por crimes tipificados nesta lei. Diferentemente do que ocorre nos arts. 91 e 92 do CP (em que se exige manifestação expressa do juiz a respeito dos efeitos da condenação), aqui os efeitos são automáticos, não sendo necessário que constem da sentença.[3]

Há doutrina no sentido de que, no caso do § 2.º, em que o agente é submetido a pena de detenção, a perda do cargo não deve ser automática, pois, diante das circunstâncias fáticas, a medida pode se revelar desproporcional em relação ao ato praticado.

Reconhece-se o acerto do legislador ao limitar o tempo de interdição (o dobro da pena aplicada), por não existir no nosso ordenamento nenhuma pena de caráter perpétuo. Logo, decorrido o prazo, o condenado poderá assumir novo cargo, emprego ou função, porém jamais reintegrar-se na situação anterior (apesar do silêncio da lei, trata-se de decorrência lógica do art. 93, parágrafo único, do CP).

3 Esse é o entendimento é da 5.ª Turma do Superior Tribunal de Justiça. A Turma negou o pedido de um policial militar que pretendia anular a perda do cargo e da interdição de exercício. A relatora foi a Ministra Laurita Vaz. De acordo com a ministra, não é necessário fundamentar na sentença de condenação por crime de tortura (Lei 9.455/97) a perda do cargo, função ou emprego público. O efeito é automático. Outro efeito automático e obrigatório da condenação é a interdição para a prática de outra função pública por período duas vezes mais longo do que o tempo da pena privativa de liberdade. O policial alegou afronta ao art. 93, IX, da CF. Segundo o inciso, "todos os julgamentos dos órgãos do Poder Judiciário serão públicos, e fundamentadas todas as decisões, sob pena de nulidade". O policial foi condenado a três anos e seis meses de reclusão em regime fechado pela prática do crime de tortura. A relatora explicou que a necessidade de motivação para a perda do cargo, função ou emprego público é estabelecida no art. 92, I, c.c. o art. 92, parágrafo único, ambos do CP. Na Lei de Tortura, o efeito é automático da condenação e não depende de fundamentação (HC 92.247). É a mesma orientação que vem sendo aplicada pela 6.ª Turma do tribunal: "A perda do cargo, função ou emprego público é efeito automático da condenação pela prática do crime de tortura, não sendo necessária fundamentação concreta para a sua aplicação" (AgRg no AgRg no AREsp 1.079.767/SE, DJe 27/10/2017).

9. FIANÇA

A tortura é crime inafiançável, alertando a doutrina que essa proibição não impede a liberdade provisória. O STF, porém – muito embora tenha decidido pela inconstitucionalidade da vedação à liberdade provisória contida no art. 44 da Lei 11.343/06 –, tem decisões no sentido de que a inafiançabilidade acarreta a proibição da liberdade provisória em crimes hediondos e equiparados:

> "A proibição de liberdade provisória, nos casos de crimes hediondos e equiparados, decorre da própria inafiançabilidade imposta pela Constituição da República à legislação ordinária (Constituição da República, art. 5º, inc. XLIII): Precedentes. O art. 2º, inc. II, da Lei n. 8.072/90 atendeu o comando constitucional, ao considerar inafiançáveis os crimes de tortura, tráfico ilícito de entorpecentes e drogas afins, o terrorismo e os definidos como crimes hediondos. Inconstitucional seria a legislação ordinária que dispusesse diversamente, tendo como afiançáveis delitos que a Constituição da República determina sejam inafiançáveis. Desnecessidade de se reconhecer a inconstitucionalidade da Lei n. 11.464/07, que, ao retirar a expressão 'e liberdade provisória' do art. 2º, inc. II, da Lei n. 8.072/90, limitou-se a uma alteração textual: a proibição da liberdade provisória decorre da vedação da fiança, não da expressão suprimida, a qual, segundo a jurisprudência deste Supremo Tribunal, constituía redundância. Mera alteração textual, sem modificação da norma proibitiva de concessão da liberdade provisória aos crimes hediondos e equiparados, que continua vedada aos presos em flagrante por quaisquer daqueles delitos" (HC 109.236/SP, DJe 14/02/2012).

10. GRAÇA E ANISTIA

A Lei 8.072/90 vedou aos crimes hediondos e equiparados (categoria esta na qual se inclui a tortura) anistia, graça e *indulto*. Nota-se que a Lei 9.455/97 foi mais benevolente, proibindo à tortura somente anistia e graça (silenciando sobre o indulto). Essa postura do legislador despertou discussão na doutrina. Para Ricardo Antonio Andreucci "é certo que a Lei de Tortura, posterior, específica, vedou apenas a concessão de *graça ou anistia*, silenciando a respeito do indulto, o que revela o intuito do legislador de permitir tal benefício (*Legislação Penal Especial*, p. 354). Guilherme de Souza Nucci, por sua vez, ensina que, "onde se lê *graça*, deve-se ler igualmente *indulto*, pois este nada mais é do que o perdão coletivo (igualmente concedido pelo Presidente da República, por decreto, a quem queira). Aliás, não fosse essa a melhor interpretação e o Presidente não poderia conceder graça, pois esta modalidade de perdão não está elencada dentre as suas atribuições (o art. 84 da CF menciona somente indulto e comutação). Mas, por certo, tanto pode o Chefe do Executivo conceder um (graça) como o outro (indulto) – e assim vem sendo feito desde a edição da Constituição de 1988. Logo, é vedada concessão tanto de um (graça) quanto de outro (indulto) à tortura, por força do art. 5.º, XLIII, da CF." (op. cit. p. 744).

11. REGIME DE CUMPRIMENTO DE PENA

A Lei de Tortura, que entrou em vigor no ano de 1997, trouxe no art. 1.º, § 7.º, a regra de que o condenado por crime nela previsto, com exceção da hipótese do § 2.º, iniciará o cumprimento da pena em regime fechado.

À época, intensa discussão doutrinária e jurisprudencial se iniciou, pois a Lei 8.072/90, que trata dos crimes hediondos e equiparados, vedava expressamente a progressão de regime para os condenados por tortura. Para alguns, a Lei 9.455/97 havia revogado tacitamente a determinação de cumprimento de pena em regime integralmente fechado, estendendo o benefício a todos os crimes hediondos e equiparados (Silva Franco. Alberto, op. cit., p. 3.110-3.111).

O Supremo Tribunal Federal, no entanto, firmou entendimento, por meio da Súmula 698, de que a progressão de regime se aplicava somente à tortura.

Atualmente, contudo, a controvérsia encontra-se superada, já que a nova redação do art. 2.º, § 1.º, da Lei 8.072/90, dada pela Lei 11.464/2007, permite a progressão de regime para todos os crimes hediondos e equiparados. Fica somente a dúvida: a tortura, que sempre admitiu progressão, demanda cumprimento de 1/6 da pena (regra geral) ou 2/5, se primário, ou 3/5, se reincidente, como determina a Lei dos Crimes Hediondos? Entendemos que os fatos praticados antes da Lei 11.464/2007 continuam progredindo com 1/6 da pena efetivamente cumprida; já a tortura praticada após a vigência da referida Lei só admite a progressão depois de cumprido 2/5 ou 3/5 da pena. É que o § 2.º do art. 2.º da Lei 8.072/90 se refere aos crimes referidos no seu *caput*, dispositivo que abrange, expressamente, a tortura.

Ainda a respeito da fixação do regime inicial de cumprimento, devemos ressaltar que o STF, nos autos do HC nº 111.840, em decisão do Tribunal Pleno, julgou inconstitucional o regime inicial obrigatoriamente fechado para os condenados por crimes hediondos ou equiparados (art. 2º, § 1º, da Lei nº 8.072/90), determinando ao juiz que analise as circunstâncias do caso concreto para a fixação do (justo) regime inicial. O mesmo tribunal, no entanto, decidiu, quanto ao crime de tortura, ser possível aplicar a regra do regime inicialmente fechado estabelecida no art. 1º, § 7º, da Lei 9.455/97. De acordo com a decisão, não é possível "articular com a Lei de Crimes Hediondos, pois a regência específica (Lei 9.455/1997) prevê expressamente que o condenado por crime de tortura iniciará o cumprimento da pena em regime fechado, o que não se confundiria com a imposição de regime de cumprimento da pena integralmente fechado. Assinalou que o legislador ordinário, em consonância com a CF/1988, teria feito uma opção válida, ao prever que, considerada a gravidade do crime de tortura, a execução da pena, ainda que fixada no mínimo legal, deveria ser cumprida inicialmente em regime fechado, sem prejuízo de posterior progressão. Os Ministros Roberto Barroso e Rosa Weber acompanharam o relator, com a ressalva de seus entendimentos pessoais no sentido do não conhecimento do "writ". O Ministro Luiz Fux, não obstante entender que o presente "habeas corpus" faria as vezes de revisão criminal, ante o trânsito em julgado da decisão impugnada, acompanhou o relator (HC 123316/SE, rel. Min. Marco Aurélio, 9.6.2015).

Art. 2º O disposto nesta Lei aplica-se ainda quando o crime não tenha sido cometido em território nacional, sendo a vítima brasileira ou encontrando-se o agente em local sob jurisdição brasileira. (1)

1. EXTRATERRITORIALIDADE

O art. 2º da Lei 9.455/97 traz uma hipótese de extraterritorialidade incondicionada, determinando que o ali disposto aplica-se ainda quando o crime não tenha sido cometido em território nacional, sendo a vítima brasileira ou encontrando-se o agente em local sob jurisdição brasileira.

É evidente que o escopo do legislador foi o de garantir a punição da prática repulsiva da tortura independentemente da localização da vítima (sendo ela brasileira) ou da nacionalidade do agente (estando ele sob jurisdição brasileira). Todavia, essa regra em nada modifica as hipóteses de extraterritorialidade já previstas no art. 7.º do CP, que no § 3.º determina a aplicação da lei brasileira também ao crime cometido por estrangeiro contra brasileiro fora do Brasil, se não foi pedida a extradição ou se houve requisição do Ministro da Justiça, se reunidas as condições do § 2.º.

A única diferença existente entre as duas disposições legais é a de que, na Parte Geral, a extraterritorialidade é condicionada, enquanto na Lei 9.455/97 nenhuma condição é prevista para a aplicação da lei brasileira no exterior. Essa distinção, aliás, é o que justifica a previsão da extraterritorialidade na Lei Especial, pois que, do contrário, seria apenas uma repetição inútil.

Art. 3º Esta Lei entra em vigor na data de sua publicação.

Art. 4º Revoga-se o art. 233 da Lei 8.069, de 13 de julho de 1990 – Estatuto da Criança e do Adolescente.

CAPÍTULO 25

Trânsito – Lei 9.503/1997

Fernando Célio de Brito Nogueira

I. INTRODUÇÃO: ANTES E DEPOIS DO CÓDIGO DE TRÂNSITO (LEI FEDERAL N. 9.503/97)

Até 22 de janeiro de 1998, não tínhamos disposições criminais previstas no Código de Trânsito Brasileiro.

Passamos a tê-las somente no dia 23 de janeiro de 1998, quando entrou em vigor o Código de Trânsito Brasileiro, instituído pela Lei Federal n. 9.503, de 1997.

Até então, as condutas que caracterizavam crimes de trânsito subsumiam-se principalmente aos arts. 121, § 3º e 129, § 6º, do Código Penal (homicídio culposo e lesão corporal culposa) e às contravenções penais dos arts. 32 e 34, da Lei das Contravenções Penais, estabelecida pelo Decreto-lei 3.688/41. O disposto no Código Penal não se aplica mais aos crimes de trânsito genuínos. Com o novo Código de Trânsito, a lei das contravenções penais também foi derrogada, subsistindo somente na parte que trata da pilotagem não habilitada de embarcação em águas públicas (art. 32) e da pilotagem perigosa de embarcação também em águas públicas (art. 34).

A triste cifra que cabe ao Brasil, que ocupa a posição de um dos países do mundo com maior número de mortes por ano em acidentes de trânsito, foi fator determinante da inclusão de tipos penais próprios do trânsito, no Código de Trânsito que passou a vigorar no início de 1998, com o fim de trazer um horizonte em que haja diminuição do número de mortes e das sequelas graves causadas cotidianamente por acidentes de trânsito.

O Código de Trânsito estabelece em seu art. 1º, § 2º, que o trânsito em condições seguras é um direito de todos e, em seu art. 28, dispõe que é dever de todo condutor dirigir de forma segura

A OMS – Organização Mundial de Saúde – divulgou em 19 de maio de 2016 que o Brasil ocupa a quarta posição entre os países que mais matam por acidentes de trânsito: são 23,4 mortes para cada 100 mil habitantes. O Brasil tem o quarto pior desempenho do continente americano, depois de Belize, República Dominicana e Venezuela, esta última campeã em mortes no trânsito, com 45,1 mortes por 100 mil habitantes. As projeções são de que, até 2030, um milhão de pessoas tenham perdido suas vidas em acidentes de trânsito no Brasil. Informações disponíveis em: http:// www1.folha.uol.com.br/ cotidiano/2016/05/1772858 – brasil- e-o-quarto-pais-com-mais-mortes-no-transito-na-america-diz-oms.shtml – acesso em 4 de janeiro de 2017.

A ONU proclamou, em 2011, a década de ações mundiais em prol da segurança do trânsito. Em 2012, editou resolução, reforçando a preocupação mundial com a temática. A meta é ambiciosa. Reduzir pela metade as mortes por acidentes de trânsito no mundo até o ano de 2020. E nós, para variar, somente agora, formalmente, aderimos a esta meta.

O Brasil, finalmente, em 2018 despertou para a gravidade do tema e resolveu, oficialmente, encampar as proposições da ONU, anunciadas desde 2011.

A Lei Federal n. 13.614/18, publicada no dia 12 de janeiro de 2018, criou o Plano Nacional de Redução de Mortes e Lesões no Trânsito (Pnatrans) e acrescentou dispositivo à Lei 9.503/97 (Código de Trânsito Brasileiro), para dispor sobre regime de metas de redução de índice de mortos no trânsito por grupos de habitantes e de índice de mortos no trânsito por grupos de veículos.

O objetivo principal da nova lei, que veio quase 7 anos depois do anúncio da Década Mundial em prol da segurança no trânsito da ONU, é ao final do prazo de 10 anos reduzir pela metade, no mínimo, o índice nacional de mortos por grupos de veículos e o índice nacional de mortos por grupos de habitantes, relativamente aos índices apurados no ano da entrada em vigor da lei que cria o Plano Nacional de Redução de Mortes e Lesões no Trânsito (Pnatrans) (art. 326-A, § 1º, do Código de Trânsito Brasileiro).

A nova lei entrou em vigor, no dia 13 de março de 2018, 60 dias depois de oficialmente publicada.

Sabemos, contudo, que apenas os Governos e o Estado, isoladamente, não solucionarão a questão. A punição nas esferas administrativa e criminal é irrenunciável. Porém, apenas a punição não resolverá o problema. É necessário um conjunto de medidas que incluam constante e diuturna educação para o trânsito, engenharia de tráfego, melhoria das vias, fiscalização e orientação permanentes, além de maior certeza de punição nas esferas administrativa e criminal. Somente esse conjunto de ações, aliado a campanhas educativas permanentes, poderá talvez reverter paulatinamente o trágico quadro de mortes e acidentes graves que a mídia noticia diariamente. É necessária a participação da sociedade civil, por suas organizações não governamentais, no sentido de fomentar sempre uma cultura de respeito e maior civilidade no trânsito. Além disso, é necessário cobrar prevenção dos Administradores e repressão da Polícia, do Ministério Público e do Poder Judiciário. A mídia exerce papel fundamental nessa tarefa. Porém, muitas vezes o acidente é noticiado quando acontece e, depois, nem sempre a população tem conhecimento do desfecho dado ao caso.

Nos cabe aqui traçar ideias sobre o Direito Penal do Trânsito, um conjunto de normas gerais e criminais, que visam proteger bens jurídicos fundamentais, no contexto do trânsito pelas vias terrestres.

Trataremos das normas gerais aplicáveis aos crimes de trânsito (arts. 291 a 301, do Código de Trânsito) e dos crimes de trânsito em espécie (arts. 302 a 312, do Código de Trânsito).

II. DAS NORMAS GERAIS APLICÁVEIS AOS CRIMES DE TRÂNSITO E DOS CRIMES DE TRÂNSITO EM ESPÉCIE

1. As Normas Gerais: Arts. 291 a 301, do Código de Trânsito

CAPÍTULO XIX
DOS CRIMES DE TRÂNSITO
SEÇÃO I
DISPOSIÇÕES GERAIS

Art. 291. Aos crimes cometidos na direção de veículos automotores, previstos neste Código, aplicam-se as normas gerais do Código Penal e do Código de Processo Penal, se este Capítulo não dispuser de modo diverso, bem como a Lei 9.099, de 26 de setembro de 1995, no que couber.

§ 1º Aplica-se aos crimes de trânsito de lesão corporal culposa o disposto nos arts. 74, 76 e 88 da Lei nº 9.099, de 26 de setembro de 1995, exceto se o agente estiver: (Renumerado do parágrafo único pela Lei 11.705, de 2008)

I – sob a influência de álcool ou qualquer outra substância psicoativa que determine dependência; (Incluído pela Lei 11.705, de 2008)

II – participando, em via pública, de corrida, disputa ou competição automobilística, de exibição ou demonstração de perícia em manobra de veículo automotor, não autorizada pela autoridade competente; (Incluído pela Lei 11.705, de 2008)

III – transitando em velocidade superior à máxima permitida para a via em 50 km/h (cinqüenta quilômetros por hora). (Incluído pela Lei 11.705, de 2008)

§ 2º Nas hipóteses previstas no § 1º deste artigo, deverá ser instaurado inquérito policial para a investigação da infração penal. (Incluído pela Lei 11.705, de 2008)

§ 3º (VETADO na Lei 13.546, de 19/12/2017)[1]

§ 4º O juiz fixará a pena-base segundo as diretrizes previstas no art. 59 do Decreto-Lei 2.848, de 7 de dezembro de 1940 (Código Penal), dando especial atenção à culpabilidade do agente e às circunstâncias e consequências do crime. (Parágrafo acrescido pela Lei 13.546/2017, em vigor 120 dias após a publicação, ou seja, no dia 19 de abril de 2018)

1.1. Regra de Integração

A norma do "caput" é regra de integração, que prevê a aplicação supletiva das normas gerais do Código Penal e do Código de Processo Penal aos crimes praticados na condução de veículos automotores, naquilo em que o capítulo XIX do Código de Trânsito, lei especial, não disponha de forma diversa.

2. A Supressão do Parágrafo Único, do Art. 291, e a Nova Previsão do Parágrafo 1º, I, II e III

O legislador, ciente da embaraçosa redação original do art. 291, § único, do Código de Trânsito (que parecia – numa primeira leitura, adotada a interpretação puramente literal ou gramatical –, estender a composição civil extintiva da punibilidade, a transação penal e a exigência da representação aos crimes de lesão corporal culposa de trânsito, embriaguez e racha),

1 O texto original previa um parágrafo 3º no art. 291, com a seguinte redação:
"§ 3º Nos casos previstos no § 3º do art. 302, no § 2º do art. 303 e nos §§ 1º e 2º do art. 308 deste Código, aplica-se a substituição prevista no inciso I do caput do art. 44 do Decreto-Lei nº 2.848, de 7 de dezembro de 1940 (Código Penal), quando aplicada pena privativa de liberdade não superior a quatro anos, atendidas as demais condições previstas nos incisos II e III do caput do referido artigo."
As razões do veto são comentadas no item 5 abaixo.

por meio da Lei 11.708, de 2008, suprimiu por completo o parágrafo único e editou o parágrafo 1º.

No art. 291, parágrafo 1º, do Código de Trânsito, restringiu-se a composição civil **extintiva da punibilidade** *e a exigência de representação ao crime de lesão corporal culposa de trânsito* (arts. 74 e 76, da Lei 9.099/95), limitando-se ainda – e de forma clara e expressa – o âmbito de sua incidência, de modo que os institutos da composição civil extintiva da punibilidade, a transação penal e a exigência de representação somente serão aplicáveis:

a) *se o agente não estiver embriagado ou sob influência de álcool;*

b) *não estiver participando de racha;*

c) *não tiver excedido em 50 km horários a velocidade máxima permitida para a via.*

Presente qualquer uma dessas situações (isolada ou cumulativamente), ainda que se trate de lesão corporal culposa de trânsito, não caberão a composição civil *extintiva da punibilidade*, nem a transação penal e *a ação penal será pública incondicionada*, ou seja, não haverá exigência de representação da vítima. E o fato deverá ser apurado em inquérito policial.

Como as penas máximas cominadas para os crimes de embriaguez ao volante e racha são de 3 anos de detenção e multa, não se tratam mais de infrações penais de menor potencial ofensivo, que são somente aquelas cuja pena máxima prevista não ultrapasse 2 anos, isolada ou cumulativamente com outras penas, sujeitas ou não a procedimento especial (art. 61, da Lei 9.099/95).

Somente o crime de lesão corporal culposa de trânsito (art. 303, do Código de Trânsito) continua *em princípio* a ser infração de menor potencial ofensivo, pois a pena máxima prevista não ultrapassa 2 anos de detenção.

Mas tal crime – é importante observar – somente será tratado como infração penal de menor potencial ofensivo se não houver, em sua prática, nenhuma das situações previstas no art. 291, § 1º, I, II e III, do Código de Trânsito.

Não havendo nenhuma dessas situações, o delito do art. 303 será crime de menor potencial ofensivo e será exigível a representação da vítima. Será apurado mediante termo circunstanciado.

E também não havendo nenhuma das situações acima, o delito do art. 303 será passível de transação penal.

Presente *qualquer uma das situações* previstas, o delito do art. 303, do Código de Trânsito, será crime de ação penal pública incondicionada, não caberão exigência de representação, transação penal, nem composição civil *extintiva da punibilidade*.

Ou seja, presente qualquer uma das situações do parágrafo 1º, o crime de lesão corporal culposa de trânsito não será mais tratado como infração de menor potencial ofensivo.

3. Embriaguez ao Volante e Racha (Arts. 306 e 308, do Código de Trânsito): não Cabimento da Exigência de Representação, da Composição Civil Extintiva da Punibilidade e da Transação Penal

Os crimes de embriaguez ao volante e racha (arts. 306 e 308, do Código de Trânsito) não admitirão nenhum dos institutos, em nenhuma hipótese, por sua própria natureza e por absoluta ausência de previsão legal.

São crimes de ação penal pública incondicionada. O delito de embriaguez ao volante tem pena máxima prevista de 3 anos e multa (art. 306).

O crime de racha (art. 308), em sua modalidade fundamental, tem pena máxima prevista de 3 anos e multa.

A figura do parágrafo 1º dispõe que, se do crime resultar lesão corporal de natureza grave e as circunstâncias não revelarem dolo direto ou eventual, a pena máxima prevista será de 6 anos, sem prejuízo de outras penas previstas no artigo. A figura do parágrafo 2º prevê que, se do crime de racha resultar morte e as circunstâncias não revelarem dolo direto ou eventual, a pena máxima prevista será de 10 anos, sem prejuízo de outras penas previstas no artigo.

Não são infrações penais de menor potencial ofensivo. Portanto, não admitem a transação penal. Devem ser apurados em inquérito policial.

Poderão admitir a suspensão condicional do processo, nos termos do art. 89, da Lei 9.099/95, desde que em suas modalidades simples, fundamentais, conforme tratado no item seguinte.

3.1. Cabimento da Suspensão Condicional do Processo nos Crimes de Lesão Corporal Culposa de Trânsito, Embriaguez ao Volante e Racha (Arts. 303, 306 e 308, do Código de Trânsito (este em sua Forma Simples)

Como *a pena mínima prevista* para os delitos versados não é superior a um ano, nos três crimes referidos (lesão corporal culposa de trânsito, embriaguez ao volante e racha, este em sua forma simples, *sem resultado morte ou lesão grave*)[2] será cabível, em tese, a suspensão condicional do processo, nos termos do art. 89, da Lei 9.099/95, desde que o acusado não esteja processado por outro fato, não seja reincidente em crime doloso, não tenha condenação anterior à pena privativa da liberdade e os antecedentes, conduta social, motivos e circunstâncias do crime façam presumir que a suspensão processual acordada será medida suficiente e necessária diante do fato.

3.2. Cabimento da Substituição do Art. 44, do Código Penal, nos Crimes de Trânsito, do 'Sursis' do Art. 77 e Seguintes, do Código Penal, e do Regime Inicial Aberto

A substituição do art. 44, do Código Penal, com a aplicação de penas restritivas de direitos, em lugar das privativas da liberdade, será cabível em tese na grande maioria dos crimes de trânsito, em que a pena aplicada não seja superior a 4 anos e desde que presentes os requisitos dos incisos I, II e III do dispositivo legal mencionado:

No homicídio culposo de trânsito, somente em sua forma simples (art. 302, "caput"); na lesão corporal culposa de trânsito (art. 303); na omissão de socorro (art. 304); na evasão para evitar responsabilidade civil ou criminal (art. 305); na embriaguez ao volante (art. 306); no crime de violação da suspensão ou proibição da obtenção do direito de dirigir (art. 307); no crime de racha (art. 308), *exceto quando lesão grave ou morte, pois nestes casos a pena é 3 a 6 anos e de 5 a 10 anos de reclusão, respectivamente*; no crime de direção não habilitada com perigo de dano (art. 309); no crime de permissão, confiança ou entrega indevidas da direção (art. 310); no crime de velocidade incompatível com a segurança (art. 311) e no crime de fraude processual (art. 312).

2 Se houver lesão grave em decorrência do racha, a pena será de 3 a 6 anos de reclusão. Se houver morte, de 5 a 10 anos de reclusão.

O Juiz, porém, poderá *motivadamente* negar a conversão da pena privativa da liberdade em restritivas de direitos, se ausente algum dos requisitos legais (art. 44, I, II e III, do Código Penal).

A suspensão condicional da pena privativa da liberdade, conhecida como "sursis" (art. 77 e seguintes do Código Penal), será também em tese cabível em todos os crimes de trânsito, **desde que presentes os requisitos do art. 77, do Código Penal, e desde que a pena fixada não seja superior a 2 anos**: no homicídio culposo, se não houver causa de aumento de pena ou influência de álcool; na lesão corporal culposa de trânsito; no crime de omissão de socorro; no delito de evasão do local do acidente para evitar responsabilidade civil ou criminal; no crime de embriaguez ao volante; no crime de violação da suspensão do direito de dirigir; no crime de racha *se não houver lesões graves ou morte;*[3] no crime de direção não habilitada; no crime de entrega indevida da direção; no crime de velocidade incompatível e ainda no delito de fraude processual.

O Juiz, porém, poderá motivadamente negar a aplicação do "sursis", ausente qualquer dos requisitos legais, ainda que a pena fixada não seja superior a 2 anos.

Se cabíveis no caso concreto a substituição da pena privativa da liberdade por restritivas de direitos ou o "sursis", em tese caberá também, nos casos de aplicação de pena não superior a 4 anos, o regime inicial aberto, nos termos do art. 33, § 3º, c.c. art. 59, do Código Penal.

O Juiz poderá, porém, ainda que se trate de pena não superior a 4 anos, aplicar fundamentadamente regime inicial mais severo, se a gravidade, circunstâncias e consequências do fato, culpabilidade exacerbada, conduta social e personalidade do autor do fato assim exigirem. E também negar "sursis" ou substituição, como já dito.

O regime inicial de cumprimento da pena não é estabelecido tão somente com base na pena fixada. Nesse sentido, o pensamento do Supremo Tribunal Federal:

> EMENTA: HABEAS CORPUS. SUBSTITUTIVO DO RECURSO CONSTITUCIONAL. INADEQUAÇÃO DA VIA ELEITA. EXTORSÃO MEDIANTE SEQUESTRO. DOSIMETRIA. REGIME INICIAL DE CUMPRIMENTO DE PENA. CIRCUNSTÂNCIAS DESFAVORÁVEIS. 1. Contra a denegação de habeas corpus por Tribunal Superior prevê a Constituição Federal remédio jurídico expresso, o recurso ordinário. Diante da dicção do art. 102, II, "a", da Constituição da República, a impetração de novo habeas corpus em caráter substitutivo escamoteia o instituto recursal próprio, em manifesta burla ao preceito constitucional. 2. A dosimetria da pena submete-se à certa discricionariedade judicial. O Código Penal não estabelece rígidos esquemas matemáticos ou regras absolutamente objetivas para a fixação da pena. Cabe às instâncias ordinárias, mais próximas dos fatos e das provas, fixar as penas. Às Cortes Superiores, no exame da dosimetria das penas em grau recursal, compete o controle da legalidade e da constitucionalidade dos critérios empregados, bem como a correção de eventuais discrepâncias, se gritantes ou arbitrárias, nas frações de aumento ou diminuição adotadas pelas instâncias anteriores. 3. **A fixação do regime inicial de cumprimento da pena não está condicionada somente ao *quantum* da reprimenda, mas também ao exame das circunstâncias judiciais do art. 59 do Código Penal, conforme remissão do art. 33, § 3º, do mesmo diploma legal. Precedentes** 4. Habeas corpus extinto sem resolução do mérito.
>
> (HC 116462, Relator(a): Min. ROSA WEBER, Primeira Turma, julgado em 21/05/2013, PROCESSO ELETRÔNICO DJe-105 DIVULG 04-06-2013 PUBLIC 05-06-2013) (grifamos).

3 Se houver lesões graves, a pena será de 3 a 6 anos de reclusão. Se houver morte, de 5 a 10 anos de reclusão.

E a motivação com base em elementos do caso concreto para adoção do regime mais rigoroso do que aquele em princípio indicado pela quantidade de pena será sempre necessária, a teor do disposto nas Súmulas 718 e 719,[4] ambas do Supremo Tribunal Federal, e ainda em face do enunciado da Súmula 440 do Superior Tribunal de Justiça.[5]

4. As Novas Condições para as Penas Restritivas de Direitos, Trazidas pela Lei 13.281/16, no Art. 312-A, do Código de Trânsito

Aqui, uma vez mais, o legislador não atentou para a sistematização dada aos crimes de trânsito e às normas gerais que lhes são aplicáveis. Ou seja, em lugar de colocar as novas regras para a substituição por penas restritivas de direitos entre as normas gerais aplicáveis aos crimes de trânsito (do art. 291 ao 301), preferiu criar um art. 312-A, que não guarda nenhuma relação direta ou indireta com o crime de fraude processual de trânsito, previsto no art. 312, do Código de Trânsito.

Melhor teria feito se tivesse obedecido à sistematização dada ao tema nas normas gerais e inserido as novas regras entre os arts. 291 a 301. Mesmo porque as novas regras – ao que nos parece – se situam nesse contexto, de normas gerais.

4.1. Atividades a Serem Estabelecidas pelo Juiz ao Aplicar a Substituição da Pena Privativa da Liberdade por Restritivas de Direitos, nos Crimes de Trânsito, por Força do Art. 312-A, Trazido pela Lei 13.281, DE 2016

Art. 312-A. Para os crimes relacionados nos arts. 302 a 312 deste Código, nas situações em que o juiz aplicar a substituição de pena privativa de liberdade por pena restritiva de direitos, esta deverá ser de prestação de serviço à comunidade ou a entidades públicas, em uma das seguintes atividades: (Incluído pela Lei 13.281, de 2016) (Vigência)

I – trabalho, aos fins de semana, em equipes de resgate dos corpos de bombeiros e em outras unidades móveis especializadas no atendimento a vítimas de trânsito; (Incluído pela Lei 13.281, de 2016) (Vigência)

II – trabalho em unidades de pronto-socorro de hospitais da rede pública que recebem vítimas de acidente de trânsito e politraumatizados; (Incluído pela Lei 13.281, de 2016) (Vigência)

III – trabalho em clínicas ou instituições especializadas na recuperação de acidentados de trânsito; (Incluído pela Lei 13.281, de 2016) (Vigência)

IV – outras atividades relacionadas ao resgate, atendimento e recuperação de vítimas de acidentes de trânsito. (Incluído pela Lei 13.281, de 2016)

4 STF: **SÚMULA 718**

A opinião do julgador sobre a gravidade em abstrato do crime não constitui motivação idônea para a imposição de regime mais severo do que o permitido segundo a pena aplicada.

STF: **SÚMULA 719**

A imposição do regime de cumprimento mais severo do que a pena aplicada permitir exige motivação idônea.

5 STJ: SÚMULA 440

Fixada a pena-base no mínimo legal, é vedado o estabelecimento de regime prisional mais gravoso do que o cabível em razão da sanção imposta, com base apenas na gravidade abstrata do delito.

As penas privativas de liberdade não superiores a 4 anos poderão ser substituídas por penas restritivas de direitos, nos termos do art. 44, do Código Penal, desde que não se trate de crime cometido com violência ou grave ameaça, desde que o agente não seja reincidente em crime doloso e desde que os motivos, circunstâncias e conduta social do agente autorizem crer que a substituição seja necessária e suficiente à prevenção e repressão do fato.

Nos crimes culposos, qualquer que seja a quantidade de pena, a substituição será sempre admitida.

4.2. Atividades Especiais para o Autor de Crimes de Trânsito

A lei previu as atividades acima elencadas, visando relacionar a prestação de serviços à comunidade aos resultados da conduta criminosa do agente.

Ou seja, a lei quer que o agente contribua exatamente nos setores da atividade humana relacionados a acidentes de trânsito, auxiliando equipes de resgate aos finais de semana, trabalhando em prontos-socorros ou clínicas que atendam vítimas de acidentes de trânsito ou ainda atuando noutras atividades de resgate, atendimento e recuperação de vítimas de acidentes de trânsito.

Digna de elogio a formatação que a lei especial pretende dar à atividade de prestação de serviços à comunidade a ser desempenhada pelas pessoas que incorram em crimes de trânsito.

Porém, sua aplicação há de ocorrer com parcimônia.

Imagine-se, por exemplo, uma pessoa sem a menor noção de primeiros socorros dispondo-se a movimentar um pedestre atropelado, com fraturas graves. Ou então alguém totalmente alheio ao ambiente hospitalar, sem a menor noção de enfermagem ou trabalho de paramédico (que sequer existe no Brasil), dispondo-se a auxiliar técnicos de enfermagem, enfermeiros ou médicos...

Para que o acusado seja engajado numa das atividades previstas, primeiro é necessário que lhe seja destinada tarefa compatível com sua formação, condição física e intelectual. Segundo, seja ele orientado e supervisionado todo o tempo. Terceiro, que ele, assistido de advogado, aceite prestar serviços nas atividades previstas e declare, ainda, que tem plena ciência delas.

4.3. Crítica à Prestação de Serviços nas Atividades Elencadas. Da Relativização da Obrigatoriedade de sua Aplicação. Proposta de Viabilização de Aplicação do Preceito

A lei traz um sentido de obrigatoriedade para o Juiz, que não teria, aparentemente, a faculdade de deixar de impor prestação de serviços de outra natureza, além daquelas elencadas no art. 312-A, e também para o próprio autor de crimes de trânsito, que num primeiro momento não poderia recusar tal prestação de serviços, bem específica e relacionada aos crimes de trânsito.

Porém, a lei há de ser interpretada em conformidade com o caso concreto e com a realidade sabidamente difícil de nossos prontos-socorros públicos, hospitais, clínicas e entidades que atendem vítimas de acidentes de trânsito. E ainda há de ser adequada à própria situação pessoal do agente, que muitas vezes poderá – por motivos de saúde física, mental, alcoolismo, uso de drogas etc. –, não reunir condições mínimas para prestar serviços em nenhuma das atividades ora previstas.

Nesse caso, o Juiz, de forma fundamentada, poderá impor outras penas restritivas de direitos, fora do rol constante do art. 312-A.

Sob pena de, a pretexto de se pretender punir adequadamente quem causou acidente de trânsito com vítima, criarmos outros problemas graves, com sério risco à saúde e à integridade corporal das vítimas e ainda com prejuízo evidente aos serviços e atividades a que se refere o art. 312-A. E também com prejuízo ao próprio acusado, a quem a pena criminal, seja ela privativa da liberdade ou restritiva de direitos, em tese busca reeducar, além de seu sentido de prevenção geral.

No melhor dos mundos, poderíamos imaginar que o art. 312-A, do Código de Trânsito, antes de lançar – amadoristicamente – o autor de crimes de trânsito à prestação das atividades previstas, deva fazê-lo passar, primeiro, por um curso de primeiros socorros, com noções básicas, a ser ministrado por pessoas especializadas e credenciadas para tanto.

Mas no Brasil, o legislador ao editar a lei normalmente se esquece da realidade: a carroça, não raro, é posta na frente dos bois. E os resultados são desastrosos. Ou a lei "não pega" ou de sua aplicação não surtem os efeitos que deveriam surtir ou ainda dela resultam situações tão graves ou ainda mais graves, se comparadas àquelas que a lei visava eliminar ou atenuar.

Muitas novidades são previstas em nosso cipoal de leis, erguem-se "paredes" sem que os alicerces sejam devidamente preparados para que a edificação se desenvolva de forma segura e com resultados proveitosos para todos.

Isso, lamentavelmente, leva a uma situação de descrédito nas leis, em quem as elabora, representando o povo eleitor – titular de todo o poder – e nas instituições incumbidas de aplicá-las.

É de se esperar, portanto, que a Polícia Civil, Polícia Militar, Corpo de Bombeiros, SAMUs, Ministério Público e Poder Judiciário possam desenvolver ações conjuntas com os órgãos integrantes do Sistema de Trânsito, com os órgãos do Sistema de Saúde Pública e com as instituições de saúde públicas e privadas, no sentido de que se torne viável a concretização do comando do art. 312-A, do Código de Trânsito, para que as atividades ali previstas sejam prestadas pelos autores de crimes de trânsito com resultados positivos para todos: para as entidades e serviços elencados; para os autores de crimes de trânsito e para as vítimas dos acidentes de tráfego, principalmente. E quem sabe ainda no sentido de auxiliar a disseminar uma cultura de prevenção de acidentes.

5. Obrigatoriedade do Inquérito Policial

Para que não haja mais dúvidas, o Código de Trânsito estabeleceu em seu art. 291, § 2º, a obrigatoriedade de instauração de inquérito policial sempre que estivermos diante de alguma ou algumas das hipóteses do art. 291, § 1º, I, II e III, acima comentadas.

A Autoridade Policial não poderá, portanto, instaurar mero termo circunstanciado em tais casos, pois não teremos mais infrações penais que devam ser tratadas como de menor potencial ofensivo, se estiverem presentes as situações impeditivas acima apontadas.

6. Análise do Texto Vetado no Art. 291, § 3º e Razões do Veto

O texto original previa um parágrafo 3º no art. 291, com a seguinte redação:

> "§ 3º Nos casos previstos no § 3º do art. 302, no § 2º do art. 303 e nos §§ 1º e 2º do art. 308 deste Código, aplica-se a substituição prevista no inciso I do **caput** do art. 44 do

Decreto-Lei nº 2.848, de 7 de dezembro de 1940 (Código Penal), quando aplicada pena privativa de liberdade não superior a quatro anos, atendidas as demais condições previstas nos incisos II e III do **caput** do referido artigo."

Houve, porém, acertado veto presidencial, pelos motivos abaixo elencados. Em resumo, o § 3º do art. 302 do Código de Trânsito, que tratava do homicídio culposo agravado pela influência de álcool ou pela participação em racha já havia sido revogado, para que subsistissem – como de fato subsistiu – o crime de racha agravado pelo resultado morte (art. 308, § 2º) e o homicídio culposo qualificado pela influência do álcool (art. 302, § 3º), solucionando grande celeuma. Além disso, a remissão às figuras qualificadas do art. 308 no sentido da substituição da pena privativa da liberdade por penas restritivas de direitos esbarraria no art. 44, do Código Penal, pois duas delas preveem penas mínimas de 5 anos de reclusão, incompatíveis com a substituição.[6]

7. O § 4º do Art. 291 e a Remissão ao Art. 59, do Código Penal

A previsão não era a rigor necessária, pois o Juiz, na tarefa de fixação da pena, já deveria valer-se das circunstâncias judiciais, estabelecidas pelo art. 59, do Código Penal, em sua parte geral, cuidando-se de norma geral, matéria não regulada de forma expressa e específica pelo Código de Trânsito. O art. 291, "caput", do Código de Trânsito, em sua primeira parte, já o permitia.

Segundo o novo parágrafo, acrescentado pela Lei 13.546/17, em vigor a partir de 19 de abril de 2018, o juiz fixará a pena-base segundo as diretrizes do art. 59, do Código Penal, dando especial atenção à culpabilidade do agente e às circunstâncias e consequências do crime.

A disposição é vista positivamente, pois confere ao julgador diretrizes sólidas para fixar a pena: o maior ou menor desvalor que deve ser dado à conduta do agente, segundo a maior ou menor culpabilidade inerente ao seu comportamento no caso concreto; as circunstâncias que rodearam o cometimento do crime de trânsito; as consequências do crime, que podem ir desde o perigo abstrato a lesões de natureza leve, sequelas incapacitantes e morte.

---

6 MENSAGEM 538, DE 19 DE DEZEMBRO DE 2017.

Senhor Presidente do Senado Federal,

Comunico a Vossa Excelência que, nos termos do § 1º do art. 66 da Constituição, decidi vetar parcialmente, por contrariedade ao interesse público, o Projeto de Lei nº 5.568, de 2013 (nº 144/15 no Senado Federal), que "Altera dispositivos da Lei nº 9.503, de 23 de setembro de 1997 (Código de Trânsito Brasileiro), para dispor sobre crimes cometidos na direção de veículos automotores".

Ouvido, o Ministério das Cidades manifestou-se pelo veto ao seguinte dispositivo:

§ 3º do art. 291 da Lei nº 9.503, de 23 de setembro de 1997 (Código de Trânsito Brasileiro), acrescido pelo art. 2º do projeto de lei

Razões do veto

"O dispositivo apresenta incongruência jurídica, sendo parcialmente inaplicável, uma vez que, dos três casos elencados, dois deles preveem penas mínimas de reclusão de 5 anos, não se enquadrando assim no mecanismo de substituição regulado pelo Código Penal. Assim, visando-se evitar insegurança jurídica, impõe-se o veto ao dispositivo".

Essas, Senhor Presidente, as razões que me levaram a vetar o dispositivo acima mencionado do projeto em causa, as quais ora submeto à elevada apreciação dos Senhores Membros do Congresso Nacional.

Este texto não substitui o publicado no DOU de 20.12.2017.

8. A Suspensão ou Proibição da Obtenção do Direito de Dirigir

Art. 292. A suspensão ou a proibição de se obter a permissão ou a habilitação para dirigir veículo automotor pode ser imposta isolada ou cumulativamente com outras penalidades. (Redação dada pela Lei 12.971, de 2014)

8.1. Alcance

Disposição que estabelece a autonomia da suspensão ou proibição de se obter a permissão para dirigir veículo automotor.

Esta pena, de natureza administrativa, poderá ser imposta isolada ou de forma cumulada com outras penas, como a privativa da liberdade e a de multa, por exemplo, sempre que expressamente prevista no preceito secundário das normas penais incriminadoras.

8.2. A Suspensão do Direito de Dirigir e o Motorista Profissional: Posições sobre o Tema

A matéria está sob julgamento perante o STF, em sede de repercussão geral.[7]

Entendemos, porém, que a pena de suspensão do direito de dirigir pode perfeitamente ser aplicada ao motorista profissional, se violar tipos penais que prevejam esta pena cumulativamente.

Não faria sentido, em face do postulado da igualdade de todos perante a lei, criarmos uma categoria profissional imune àquela pena, sob o frágil argumento de que lhe estaria sendo tolhido o direito ao trabalho.

Muitas outras pessoas que sofrem esta penalidade, embora não sejam motoristas profissionais, também dependem do carro para trabalhar e desenvolver várias atividades pessoais, familiares e também profissionais. O postulado constitucional da igualdade, portanto, não admite esse tratamento desigual, por vezes presente em alguns julgados.

E, embora a matéria esteja sob discussão perante o STF, isso por si só não impede o Juiz de aplicar a pena de suspensão do direito de dirigir, no caso concreto. E de sua aplicação não decorre violação ao direito ao trabalho. É a nossa posição.

Nesse sentido, o pensamento do Superior Tribunal de Justiça:

> AGRAVO REGIMENTAL EM AGRAVO EM RECURSO ESPECIAL. HOMICÍDIO CULPOSO NA DIREÇÃO DE VEÍCULO AUTOMOTOR. IMPOSIÇÃO DA PENA DE SUSPENSÃO DA HABILITAÇÃO PARA DIRIGIR VEÍCULO AUTOMOTOR. MOTORISTA

7 REPERCUSSÃO GERAL NO RECURSO EXTRAORDINÁRIO 607.107 MINAS GERAIS RELATOR: MIN. JOAQUIM BARBOSA RECTE.(S):MINISTÉRIO PÚBLICO DO ESTADO DE MINAS GERAIS PROC.(A/S)(ES):PROCURADOR-GERAL DE JUSTIÇA DO ESTADO DE MINAS GERAIS RECDO.(A/S):FRANCISCO CARLOS DE OLIVEIRA ADV.(A/S):-DAPHNE DE EMÍLIO CIRCUNDE VIEIRA ANDRADE – EMENTA: MATÉRIA CRIMINAL. HOMICÍDIO CULPOSO NA DIREÇÃO DE VEÍCULO AUTOMOTOR. SUSPENSÃO DE HABILITAÇÃO. MOTORISTA PROFISSIONAL. VIOLAÇÃO DO DIREITO CONSTITUCIONAL AO TRABALHO. EXISTÊNCIA DE REPERCUSSÃO GERAL. Possui repercussão geral a discussão sobre a hipótese de violação do direito constitucional ao trabalho no caso de suspensão da habilitação de motorista profissional condenado por homicídio culposo na direção de veículo automotor. Disponível em http:\\ http://redir.stf.jus.br/paginadorpub/paginador.jsp?docTP=TP&docID=1637676. Acesso em 5 de outubro de 2015.

PROFISSIONAL CABIMENTO. RECURSO DESPROVIDO. AGRAVO REGIMENTAL IMPROVIDO.

1. Nos termos da jurisprudência desta Corte, o fato de o agravante ser motorista profissional não impede a imposição da pena de suspensão do direito de dirigir veículo automotor, prevista no art. 302 do Código de Trânsito Brasileiro, que não apresenta qualquer exceção à regra imposta. Incidência da Súmula 83/STJ.

2. O reconhecimento de repercussão geral da matéria pelo STF não impede o julgamento do recurso especial pelo STJ. A suspensão dos recursos que tratam de idêntica controvérsia, prevista no artigo 543-C do CPC/1973, dirige-se aos Tribunais de Justiça e Tribunais Regionais (AgInt no REsp 1573980/PE, Rel. Ministro MAURO CAMPBELL MARQUES, SEGUNDA TURMA, julgado em 20/09/2016, DJe 23/09/2016).

3. Agravo regimental improvido.

(AgRg no AREsp 462.937/PR, Rel. Ministro NEFI CORDEIRO, SEXTA TURMA, julgado em 17/11/2016, DJe 29/11/2016).

PENAL. RECURSO ESPECIAL. ART. 302 DA LEI N.º 9.503/97 – CÓDIGO DE TRÂNSITO BRASILEIRO. MOTORISTA PROFISSIONAL. APLICAÇÃO DA PENA DE SUSPENSÃO DA HABILITAÇÃO PARA DIRIGIR. POSSIBILIDADE. PRECEDENTES DESTA CORTE. A imposição da pena de suspensão ao direito de dirigir é exigência legal, conforme previsto no art. 302 da Lei 9.503/97. O fato de o paciente ser motorista profissional de caminhão não conduz à substituição dessa pena restritiva de direito por outra que lhe seja preferível" (HC 66.559/SP. 5.º Turma, Rel. Min. Arnaldo Esteves. DJU de 07/05/2007 – Recurso provido).

"DIREITO PENAL. HABEAS CORPUS. HOMICÍDIO NA DIREÇÃO DE VEÍCULO AUTOMOTOR. SUSPENSÃO DA HABILITAÇÃO. MOTORISTA PROFISSIONAL. ILICITUDE DA APLICAÇÃO DA PENA. CONSTRANGIMENTO. AUSÊNCIA. 1. A cominação da pena de suspensão da habilitação decorre de opção política do Estado, cifrada na soberania popular. O fato de o condenado ser motorista profissional não infirma a aplicação da referida resposta penal, visto que é justamente de tal categoria que mais se espera acuidade no trânsito. 2. Ordem denegada. (STJ; HC 110892 / MG – Rel. Maria Thereza de Assis Moura (1131) julgado em: 05/03/2009 – Sexta Turma).

Há, por outro lado, julgados em sentido contrário, considerando inconstitucional a aplicação da suspensão do direito de dirigir ao motorista profissional, sob o entendimento de que viola o exercício do direito constitucional ao trabalho:

Tribunal de Justiça do Distrito Federal:

"PENAL: HOMICÍDIO CULPOSO – CRIME DE AUTOMÓVEL – MOTORISTA PROFISSIONAL QUE AO ULTRAPASSAR COLETIVO ESTACIONADO EM PARADA DE ÔNIBUS LOGRA ATINGIR PASSAGEIRO QUE AO DELE SAIR TENTAVA ATRAVESSAR A PISTA. (...) SUA PRETENSÃO DE SUBSTITUIÇÃO DA PENA DE SUSPENSÃO DE SEU DIREITO DE DIRIGIR PROCEDE ÀS ESCÂNCARAS, POIS SENDO O MESMO MOTORISTA PROFISSIONAL UMA PENA NESTE SENTIDO O LEVARIA AO DESEMPREGO, E ISSO EFETIVAMENTE NÃO É DO INTERESSE DO LEGISLADOR NEM DO OPERADOR DO DIREITO, QUE DEVEM ATENDER AO INTERESSE MAIOR DO ESTADO EM RECUPERAR OS VIOLADORES DA LEI PERMITINDO-LHES UM MELHOR CONVÍVIO COM OS DEMAIS MEMBROS DA SOCIEDADE, SEM QUE ISSO, TODAVIA, SIGNIFIQUE QUALQUER ESPÉCIE DE IMPUNIDADE. SUSPENDER SIMPLESMENTE O DIREITO DO MOTORISTA PROFISSIONAL DE DIRIGIR EM VEZ DE CORRIGIR AQUELES QUE PORVENTURA TENHAM INFRINGIDO POR UMA ÚNICA VEZ A LEI, NÃO LEVA A NADA E A PENA VAI SERVIR PARA ENGROSSAR A MASSA DE DESEMPREGADOS NESTE PAÍS (...)"(Apelação Criminal 6382-0 – TJDF, 1ª Turma Criminal – Rel. P. A Rosas de Farias, DJU 04.09.2002).

Tribunal de Justiça do Rio Grande do Sul:

"EMENTA: APELAÇÃO-CRIME. TRÂNSITO. HOMICÍDIO. CULPA. CARACTERIZAÇÃO. RESPONSABILIDADE OBJETIVA. INEXISTÊNCIA. MAJORANTE. PENA. MOTORISTA PROFISSIONAL. SUSPENSÃO DA HABILITAÇÃO. EXCLUSÃO. (...) TRATA-SE DE SANÇÃO QUE ATINGE O DIREITO AO TRABALHO, GARANTIA CONSTITUCIONAL DE TODO CIDADÃO BRASILEIRO (...)" (Apelação Cr. 353719-8 – Tribunal de Justiça do Rio Grande do Sul – 2ª Câmara Criminal – Rel. Walter Jobin Neto)

Tribunal de Justiça de Minas Gerais:

"PENAL E PROCESSO PENAL – PRELIMINAR – LESÕES CORPORAIS CULPOSAS – DIREITO DE REPRESENTAÇÃO – DECADÊNCIA – RECONHECIMENTO – PRELIMINAR ACOLHIDA – MÉRITO – HOMICÍDIOS CULPOSOS NO TRÂNSITO – EXCESSO DE VELOCIDADE – IMPRUDÊNCIA – ALEGAÇÃO DE IMPRUDÊNCIA DA VÍTIMA – IRRELEVÂNCIA – IMPOSSIBILIDADE DE COMPENSAÇÃO DE CULPAS – RECURSO A QUE SE DÁ PARCIAL PROVIMENTO. v.v.p: APELAÇÃO – HOMICÍDIO CULPOSO – MOTORISTA PROFISSIONAL – PENA DE SUSPENSÃO DO DIREITO DE DIRIGIR – INCONSTITUCIONALIDADE – DECOTAÇÃO. A pena de suspensão do direito de dirigir veículos aplicada ao motorista profissional viola o direito ao trabalho, assegurado constitucionalmente, no art. 5º XVII, devendo, em tais casos, ser declarada inconstitucional e decotada da condenação." (Apelação Criminal, TJMG 1.0024.04.462734-7, Relator: HÉLCIO VALENTIM, Data de Julgamento: 15/05/2007, Data de Publicação: 02/06/2007).

8.3 A Lei nº 13.804/19, que previu novos crimes aos quais se aplicam a cassação ou proibição da obtenção do direito de dirigir por 5 anos

A Lei n. 13.804, de 10 de janeiro de 2019, acrescentou o art. 278-A, ao Código de Trânsito Brasileiro, dispondo que o condutor de veículo, condenado pela prática de crime de receptação, descaminho, contrabando (arts. 180, 334 e 334-A do Código Penal), "terá cassado seu documento de habilitação ou será proibido de obter a habilitação para dirigir veículo automotor pelo prazo de 5 (cinco) anos".

Além disso, permite, em seu § 2º, que o condutor de veículo, preso em flagrante, na prática de tais crimes, tenha decretada pelo juiz, de ofício ou mediante representação da autoridade policial ou requerimento do Ministério Público, "a suspensão da permissão ou da habilitação para dirigir veículo automotor, ou a proibição de sua obtenção."

No aspecto positivo, a norma é boa, pois passa a prever a medida de cassação do direito de dirigir ou a proibição de sua obtenção aos autores de crimes de receptação, descaminho e contrabando que envolvam a direção de veículo automotor por seus autores.Porém, há falhas e perdemos a oportunidade de avançar.

A Lei nº 13.804/19 contém gritante omissão, pois embora o preâmbulo da lei refira também os crimes de furto e roubo, estes não constaram da redação do art. 278-A. Esquecimento do legislador? Falha de revisão? Perdeu, ainda, o nosso legislador a oportunidade de incluir no preceito outros crimes graves, que também comportariam a medida de cassação do direito de dirigir ou a proibição de sua obtenção, desde que relacionados à condução de veículo automotor por seus autores: tráfico de drogas, extorsão, extorsão mediante sequestro, sequestro, homicídio, lavagem de dinheiro, organização criminosa, crimes praticados com violência doméstica ou familiar contra a mulher, crimes contra o idoso, contra a criança e o adolescente, crimes contra a dignidade sexual, entre outros.

9. Prazo da Suspensão ou Proibição de Obtenção da Permissão ou Habilitação

Art. 293. A penalidade de suspensão ou de proibição de se obter a permissão ou a habilitação, para dirigir veículo automotor, tem a duração de dois meses a cinco anos.

§ 1º Transitada em julgado a sentença condenatória, o réu será intimado a entregar à autoridade judiciária, em quarenta e oito horas, a Permissão para Dirigir ou a Carteira de Habilitação.

§ 2º A penalidade de suspensão ou de proibição de se obter a permissão ou a habilitação para dirigir veículo automotor não se inicia enquanto o sentenciado, por efeito de condenação penal, estiver recolhido a estabelecimento prisional.

9.1. Alcance

O *caput* estabelece a duração da penalidade de suspensão ou proibição de se obter a permissão ou a habilitação, para dirigir veículo automotor: de 2 meses a 5 anos. A gradação da pena ocorrerá de acordo com a gravidade, motivos, circunstâncias e consequências do delito.

O Juiz se pautará pelos critérios norteadores estabelecidos pelo art. 59, do Código Penal, autorizado pelo art. 291, § 4º, do Código de Trânsito.

Nesse sentido a jurisprudência do Superior Tribunal de Justiça:

> "A fixação da pena restritiva de direitos prevista no art. 302 do CTB (com redação anterior à Lei 12.971/14) – suspensão ou proibição de se obter a permissão ou a habilitação para dirigir veículo automotor – deve ser fundamentada em dados concretos, em eventuais circunstâncias desfavoráveis do art. 59 do Código Penal – que não a própria gravidade do delito – e demais circunstâncias a ela relativas. Diante do reconhecimento da inexistência de condições desfavoráveis ao réu, a suspensão da habilitação para dirigir deve ser fixada em seu mínimo legal, seguindo a reprimenda corporal, que restou estabelecida também no seu patamar mínimo. Recurso provido, nos termos do voto do relator" (STJ, REsp 1286511 – MG – 5ª T., Rel. Min. Gilson Dipp, 17.04.2010, v.u.).

> "A pena de suspensão do direito ou proibição de se obter habilitação ou permissão para dirigir veículo automotor deve guardar proporção com a gravidade do fato típico, dentre os crimes de trânsito que preveem essa penalidade, observadas as circunstâncias judiciais, causas de diminuição ou aumento de pena" (HC 112536 – MS – 5ª T., Rel. Min. Arnaldo Esteves Lima, 19.02.2009, m.v.).

Tribunal de Justiça de São Paulo:

> "Em relação à pena de suspensão do direito de dirigir, esta merece pequeno reparo. Isto porque há de existir uma necessária proporcionalidade entre esta e a pena privativa de liberdade. Nos termos do art. 293 do CTB, a penalidade de suspensão da habilitação terá a duração de 2 meses a 5 anosa. Deve-se, portanto, valer-se, aqui, dos mesmos critérios utilizados para a dosimetria da pena privativa de liberdade. Desta feita, a reprimenda fica estabelecida no mínimo legal" (Apelação 9138086-80.2009.8.26.0000, 16ª C. Crim., Rel. Des. Souza Nucci, 05.02.2013, v.u.).

9.2. A Imprescindível Fundamentação das Decisões

A imposição de qualquer penalidade, mesmo de natureza administrativa, deve ser amparada por motivação idônea, nos termos do art. 93, IX, da Constituição Federal. A fundamentação das decisões do Estado é que lhes confere legitimidade no meio social e permite aos jurisdicionados o controle de sua legalidade. É imperativo do Estado Democrático de Direito consagrado pela Constituição Federal de 1988.

A motivação do ato deve existir, não somente para justificar a imposição da pena, mas também o prazo estabelecido para seu cumprimento.

Evidente que essa motivação poderá ser feita de forma sucinta e objetiva, com base em evidências que demonstrem a gravidade concreta do fato.

Hoje é assente a ideia de que assertivas genéricas, alicerçadas em noções em abstrato sobre a gravidade do crime, não servem de fundamentação idônea em decisões que imponham penas ou medidas constritivas em geral.

No Estado Democrático de Direito, a motivação das decisões administrativas e judiciais que imponham penas é direito daquele que é julgado.

Essa penalidade, como prevista no art. 292, do Código de Trânsito, será aplicada de forma isolada ou cumulativamente com outras penas cominadas em lei.

9.3. Intimação para Entrega da Habilitação e não Cumprimento da Suspensão Enquanto o Sentenciado Estiver, por Efeito de Condenação Penal, Recolhido a Estabelecimento Prisional (§§ 1º e 2º)

O parágrafo 1º do art. 293 prevê que uma vez transitada em julgado a sentença condenatória, o réu será intimado a entregar à autoridade judiciária, em 48 horas, a permissão para dirigir ou a carteira nacional de habilitação.

Nesse sentido:

> Tribunal de Justiça do Mato Grosso:
>
> "Tendo sido o agravado condenado à pena de suspensão da utilização da Carteira Nacional de Habilitação, imprescindível a entrega desta ao Juízo competente, nos termos do artigo 293, § 1º, da Lei 9.503/97, em razão de ser a retenção do referido documento a única maneira de garantir que a pena imposta ao condenado seja efetivamente cumprida" (Agr. 97.963/06, 3ª C., Rel. Des. Cirio Miotto, 12.03.2007, v.u.).

No parágrafo 2º, a lei se preocupa em garantir a efetividade da pena restritiva de direito, pois, como observa Guilherme de Souza Nucci,

> "Não teria sentido, se o réu estivesse cumprindo a pena em regime fechado, entregar a carteira de habilitação, valendo como restrição do direito de dirigir veículo automotor. Encontrando-se preso, é natural que não possa mesmo dirigir. Logo, para que se torne pena efetivamente aplicada, aguarda-se que o sentenciado esteja em liberdade, ainda que continue a cumprir pena, por exemplo, no regime aberto" (Leis Penais, p. 831).

10. A medida cautelar de suspensão da permissão ou habilitação e de proibição de sua obtenção

> **Art. 294.** Em qualquer fase da investigação ou da ação penal, havendo necessidade para a garantia da ordem pública, poderá o juiz, como medida cautelar, de ofício, ou a requerimento do Ministério Público ou ainda mediante representação da autoridade policial, decretar, em decisão motivada, a suspensão da permissão ou da habilitação para dirigir veículo automotor, ou a proibição de sua obtenção.
>
> Parágrafo único. Da decisão que decretar a suspensão ou a medida cautelar, ou da que indeferir o requerimento do Ministério Público, caberá recurso em sentido estrito, sem efeito suspensivo.

10.1. Alcance

De forma inovadora, o Código de Trânsito estabeleceu a possibilidade de o magistrado decretar, de ofício ou a requerimento do Ministério Público, em decisão fundamentada, a suspensão da permissão ou da habilitação para dirigir veículo automotor ou ainda a proibição de sua obtenção.

E cuidou de prever ainda a possibilidade de interposição de recurso tanto da decisão que decretar a medida cautelar, como daquela que indeferir o requerimento do Ministério Público.

Se o Juiz, autorizado por lei, pode decretar até mesmo de ofício a medida cautelar, a Autoridade Policial também poderá requerê-la ao magistrado. E em face das reformas do processo penal de 2008, que visaram depurar o nosso sistema acusatório, em conformidade com as diretrizes emanadas da Constituição Federal de 1988, o melhor é que o Juiz defira a medida a requerimento da Autoridade Policial ou do Ministério Público.

Medida importante, que visa resguardar a segurança viária, principalmente nos crimes de trânsito mais graves, como homicídio culposo de trânsito, embriaguez ao volante e racha, dependendo das circunstâncias do caso concreto. E se trata de medida ainda pouco utilizada na prática, muitas vezes esquecida, embora o Código de Trânsito de 1997 já tenha completado seus mais de 20 anos de vigência.

E talvez a medida não seja tão utilizada nos inquéritos policiais e em ações penais também porque muitas vezes é decretada, antes, na esfera administrativa, por provocação da Autoridade Policial que teve o primeiro contato com o fato criminoso.

Nesse sentido, a jurisprudência:

> TRF-4ª Região:
>
> "É plenamente justificável a suspensão cautelar da habilitação de motorista que evidencia, de forma acintosa, ser imprudente e perigoso, colocando em risco a segurança da coletividade. Além disso, o comportamento do acusado demonstra descaso frente à autoridade policial e ao Judiciário, pelo fato de ter providenciado irregularmente segunda via da CNH, apesar de apreendida a original em razão da medida decretada pelo juízo monocrático" (RESE 2000.70.03.000146-11, 8ª Turma, Rel. Des. Élcio Pinheiro de Castro, 11.03.2002, v.u.).

Em sentido contrário, julgado do TACrimSP, absorvido pelo TJSP, por força da EC 45/2004:

> "No delito do art. 302 da Lei 9.503/97, é desnecessário o recolhimento da carteira de habilitação antes do trânsito em julgado da condenação na hipótese em que o acusado é primário, sem antecedentes e celebrou acordo para ressarcimento da família da vítima em contrapartida da gravidade da culpa, sendo certo que o art. 294 da Lei 9.503/97 dispõe que tal suspensão pode ser determinada em qualquer fase da investigação ou da ação penal" (MS 393064-6, 3ª C., Rel. Ciro Campos, 09.10.2007, v.u.).

10.2. Cabimento do Recurso em Sentido Estrito da Decisão que Conceda ou Negue a Medida

A decisão que conceda ou negue a medida é atacável por recurso em sentido estrito. O julgado acima demonstra, também, o cabimento de mandado de segurança, para evitar dano a direito líquido e certo, caso a suspensão seja decretada sem a indispensável fundamentação ou sem amparo na gravidade concreta do delito. Nesse sentido, o pensamento de Guilherme de Souza Nucci (Leis Penais e Processuais Penais, p. 832-833).

Observe-se que embora o rol taxativo do art. 581, do Código de Processo Penal, não preveja hipótese de interposição de recurso em sentido estrito contra a decisão que conceda ou negue a medida cautelar de suspensão ou proibição do direito de dirigir, o parágrafo único do art. 294, norma especial do Código de Trânsito, prevê.

11. Comunicação da Suspensão ou Proibição de Obtenção da Permissão ou Habilitação

Art. 295. A suspensão para dirigir veículo automotor ou a proibição de se obter a permissão ou a habilitação será sempre comunicada pela autoridade judiciária ao Conselho Nacional de Trânsito – CONTRAN, e ao órgão de trânsito do Estado em que o indiciado ou réu for domiciliado ou residente.

11.1. Noção

Previsão da comunicação da suspensão do direito de dirigir e da proibição de obtenção da permissão ou da habilitação, pela Autoridade Judiciária, ao Conselho Nacional de Trânsito e à Ciretran – Circunscrição Regional de Trânsito do Estado em que o investigado ou acusado seja domiciliado ou residente e ainda àquela a que estiver vinculada sua permissão ou habilitação para dirigir.

12. Reincidência em Crime de Trânsito: Aplicação Obrigatória da Penalidade de Suspensão da Permissão ou Habilitação

Art. 296. Se o réu for reincidente na prática de crime previsto neste Código, o juiz aplicará a penalidade de suspensão da permissão ou habilitação para dirigir veículo automotor, sem prejuízo das demais sanções penais cabíveis. (Redação dada pela Lei 11.705, de 2008)

12.1. Noção

Prevê a obrigatoriedade de aplicação da penalidade de suspensão da permissão ou da habilitação para dirigir veículo automotor, sempre que o réu for reincidente na prática de crime previsto no Código de Trânsito.

Em sua redação anterior, este preceito dizia que o juiz *poderia* aplicar a pena referida, em caso de reincidência em delito previsto no Código de Trânsito.

Pela redação atual, tornou-se *obrigatória* (*o juiz aplicará...*) a aplicação da pena administrativa cumulativamente com as demais penas (privativa da liberdade e de multa), sempre que houver reincidência nos delitos previstos no Código de Trânsito.

E se o preceito secundário do crime de trânsito praticado não contiver a previsão de aplicação dessa pena? Cremos que por força do princípio da legalidade, nesse caso o juiz não poderá aplicá-la, nem mesmo ao réu reincidente.

A reincidência se verificará nos termos do art. 63, "caput", e 64, I, do Código Penal, quando alguém cometer novo crime de trânsito, antes de decorridos 5 anos do trânsito em julgado da condenação pelo delito de trânsito anterior ou se da extinção da pena atinente ao crime anterior e o novo fato não tiverem decorrido 5 anos.

Vale observar que condenação anterior atingida pela prescrição *da pretensão punitiva* não gera mais reincidência, pois esta forma de prescrição apaga o próprio fato. Mas se a prescrição for *da pretensão executória da pena imposta*, a condenação anterior subsistirá, inclusive para efeito de gerar reincidência.

13. A Multa Reparatória

Art. 297. A penalidade de multa reparatória consiste no pagamento, mediante depósito judicial em favor da vítima, ou seus sucessores, de quantia calculada com base no disposto no § 1º do art. 49 do Código Penal, sempre que houver prejuízo material resultante do crime.

§ 1º A multa reparatória não poderá ser superior ao valor do prejuízo demonstrado no processo.

§ 2º Aplica-se à multa reparatória o disposto nos arts. 50 a 52 do Código Penal.

§ 3º Na indenização civil do dano, o valor da multa reparatória será descontado.

13.1. *Alcance Limitado ao Prejuízo Material*

Também de forma inovadora, foi prevista a multa reparatória em favor da vítima ou de seus sucessores, em qualquer crime de trânsito de que decorra prejuízo material.

A multa reparatória será calculada com base nos critérios previstos pelo Código Penal, no que concerne à pena pecuniária.

O valor da multa reparatória imposta será deduzido de eventual reparação civil buscada em ação indenizatória.

O Código de Trânsito não previu que a multa reparatória abranja o dano moral, limitando-a apenas ao *dano material*. Assim, caso a vítima ou seus sucessores pretendam a reparação por dano moral, deverão ajuizar ação civil de reparação.

13.2. *Não Cabimento da Multa Reparatória na Sentença, se não Houver Pedido no Curso da Ação Penal e Discussão da Matéria no Processo*

A doutrina e a jurisprudência têm se orientado no sentido de que a multa reparatória não poderá ser aplicada se não houver pedido expresso e discussão do tema no curso da ação penal.

De fato, sua imposição por critérios puramente judiciais ferirá a ampla defesa e o contraditório, assim como o princípio da correlação entre o pedido e a sentença. Trata-se ainda de pena, ainda que de natureza reparatória, cuja aplicação somente ocorrerá com observância do devido processo legal. Confira-se, nesse sentido, citação doutrinária constante do item abaixo.

13.3. *Constitucionalidade da Multa Reparatória*

A multa reparatória não ofende a Constituição Federal e pode continuar a ser aplicada, mesmo em face da prestação reparatória estabelecida pelo Código de Processo Penal (art. 387, IV), lei geral em relação ao Código de Trânsito, este lei especial e que dispõe de forma própria sobre o tema.

Guilherme de Souza Nucci sustenta a constitucionalidade do instituto:

> "Nenhuma ofensa existe ao devido processo legal e seus corolários (ampla defesa e contraditório). Como se disse anteriormente, o réu pode se defender e apresentar provas em relação ao valor da multa reparatória, discutindo se houve dano material e qual o seu montante. Naturalmente, para que se preserve o direito de defesa, torna-se indispensável que o órgão acusatório ou o assistente de acusação peça, ainda durante a instrução, a fixação da multa reparatória. No mínimo, por se tratar de antecipação de indenização civil, deve o magistrado indagar das partes se pretendem discutir acerca desse tema e, consequentemente, do valor devido. Se as partes refutarem o debate, não pode o juiz fixar de ofício a multa

reparatória na sentença. Se resolverem discutir a respeito, a provocação que o juiz faça, durante a instrução, não é ofensiva ao princípio da iniciativa das partes, pois o magistrado se limita a instar os interessados a manifestar interesse em calcular eventual indenização civil..." (Lei Penais e Processuais Penais Comentadas, v. 2, p. 834-835).

14. Circunstâncias Agravantes da Pena dos Crimes de Trânsito

Art. 298. São circunstâncias que sempre agravam as penalidades dos crimes de trânsito ter o condutor do veículo cometido a infração:

I – com dano potencial para duas ou mais pessoas ou com grande risco de grave dano patrimonial a terceiros;

II – utilizando o veículo sem placas, com placas falsas ou adulteradas;

III – sem possuir Permissão para Dirigir ou Carteira de Habilitação;

IV – com Permissão para Dirigir ou Carteira de Habilitação de categoria diferente da do veículo;

V – quando a sua profissão ou atividade exigir cuidados especiais com o transporte de passageiros ou de carga;

VI – utilizando veículo em que tenham sido adulterados equipamentos ou características que afetem a sua segurança ou o seu funcionamento de acordo com os limites de velocidade prescritos nas especificações do fabricante;

VII – sobre faixa de trânsito temporária ou permanentemente destinada a pedestres.

14.1. Agravantes Especiais da Pena dos Crimes de Trânsito

O legislador deixou a critério do magistrado definir o *quantum* da agravação da pena, caso incida alguma ou algumas das circunstâncias agravantes previstas, segundo as diretrizes estabelecidas pelo art. 59, do Código Penal.

14.1.1. Grave Dano Potencial para Pessoas ou Patrimônio de Outrem

O grave dano potencial para duas ou mais pessoas ou o risco de grave dano patrimonial a terceiros se verificará **sempre que não for circunstância elementar dos crimes** de perigo previstos no Código de Trânsito.

Ocorrerá em crimes que ponham duas ou mais pessoas em risco – no que diz respeito à sua vida e à sua integridade corporal – ou ainda, por exemplo, nos casos de direção perigosa em que o veículo avance contra muros, construções, estabelecimentos de comércio, postos de combustíveis, outros veículos estacionados etc.

Observe-se que a lei fala em *grave dano potencial ou grande risco de grave dano patrimonial.*

Por dano potencial ou grande risco de grave dano patrimonial se deve entender o *perigo de dano.* O que está a agravar a pena, em tais situações, *não é o dano em si, mas o risco de sua produção.*

Se houver *dano efetivo*, este resultado ou consequência do crime poderá ser considerado na dosagem da pena (art. 59, do Código Penal), na imposição de eventual multa reparatória (art. 294, do Código de Trânsito), mas não caracterizará a agravante, pois os crimes de dano normalmente absorvem os de perigo.

Se o dano potencial ou o risco de grave dano patrimonial integrarem o tipo penal, não há incidência da agravante, pois é proibida dupla punição por uma mesma circunstância (*ne bis in idem*).

Assim, há quem sustente que a causa de aumento referida somente se configurará nos crimes de dano do Código de Trânsito, que são o homicídio culposo de trânsito e a lesão corporal culposa de trânsito (artigos 302 e 303, do Código de Trânsito). Nesse sentido, a lição de Guilherme de Souza Nucci:

> "Dano potencial e grande risco: a dupla menção a situações de perigo concreto, uma ligada à possibilidade de ocorrência de dano a pessoas, outra vinculada à probabilidade de concretização de grave dano patrimonial, somente são viáveis para os crimes de dano (homicídio culposo e lesões culposas). É preciso considerar que os outros delitos de trânsito são de perigo, logo, considerar a probabilidade de dano potencial para pessoas ou grave dano patrimonial a terceiros seria o indevido *bis in idem*. Afinal, o perigo já serviu para a tipificação da infração penal, não podendo ser utilizada, novamente, para agravar a pena. Porém, se o autor de homicídio culposo (ou lesões culposas), além de atingir a vítima, colocar em risco duas ou mais pessoas, bem como provocar a probabilidade de dano patrimonial a terceiros, incidiria a agravante prevista neste inciso" (Leis Penais e Processuais Penais Comentadas, vol. 2, p. 836).

Embora respeitemos a posição do eminente doutrinador, pensamos que a agravante poderá conviver com crimes de perigo como a embriaguez ao volante e o racha, *pois o risco de grave dano patrimonial não integra o tipo penal de tais figuras.*

Pode ser que o delito de embriaguez ao volante e o crime de racha (arts. 306 e 308) impliquem risco de grave dano patrimonial a terceiros, caso se verifiquem, por exemplo, num posto de combustíveis. A mesma assertiva nos parece adequada em relação aos crimes de direção não habilitada e velocidade incompatível com a segurança (arts. 309 e 311). *O risco de grave dano patrimonial não integra a estrutura do tipo penal de tais delitos, mas poderá estar presente entre as circunstâncias da conduta criminosa. Se estiver, nos parece justificável incidir a causa de aumento de pena mencionada.*

14.1.2. Utilização de Veículo sem Placas ou com Placas Falsas ou Adulteradas

A utilização de veículo sem placas agrava a pena, pois dificulta a identificação do condutor do veículo, o que também ocorre se o veículo utilizado tiver placas falsas ou adulteradas.

Porém, se ao condutor se imputar – em face das provas reunidas – o crime de adulteração de sinal identificador de veículo automotor (art. 311, do Código Penal), não incidirá esta agravante, para que não haja dupla punição por uma mesma circunstância.

14.1.3. Falta de Permissão ou Habilitação e Habilitação para Veículo de Categoria Diversa

A ausência de permissão ou habilitação para dirigir agrava a pena, sempre que não tipificar o delito do art. 309, do Código de Trânsito (conduzir veículo, sem possuir permissão ou habilitação legal, pela via pública, gerando perigo de dano).

A agravante incide porque a ausência de permissão ou de habilitação gera presunção de imperícia do condutor, que não se submeteu aos exames teórico, prático, médico e psicológico previstos pela legislação, rebaixando, por isso, o nível de segurança viária.

O mesmo ocorre quando o condutor for habilitado para categoria diversa do veículo que estiver dirigindo.

14.1.4. Exercício de Atividade Profissional que Imponha Cuidados Especiais no Transporte de Pessoas e de Cargas

O exercício de atividade profissional que exija cuidados especiais no transporte de pessoas e de determinadas cargas agrava a pena. Isso porque a atividade de trabalho desses condutores, por si só, já exige cautelas específicas em seu exercício, como acontece, por exemplo, com aqueles que dirigem veículos de transporte de passageiros, caminhões, treminhões, veículos que transportem combustíveis, gás, materiais químicos, explosivos, corrosivos etc.

14.1.5. Veículo com Adulteração de Equipamentos ou Itens de Segurança

A adulteração ou modificação de equipamentos de segurança do veículo, como, por exemplo, pneus, freios, suspensão, potência do motor, que descumpram os limites de velocidades prescritos nas especificações do fabricante, agravará as penas.

Mas se as modificações forem devidamente autorizadas e homologadas pela autoridade de trânsito, desde que não estejam em desacordo com o estabelecido pelo fabricante, no tocante à velocidade, não haverá incidência da agravante.

14.1.6. Sobre Faixa Temporária ou Permanente de Pedestres

A existência de faixas de pedestre, sejam temporárias ou permanentes, é fator que por si mesmo deve fazer com que o condutor redobre suas cautelas ao passar por elas, normalmente em esquinas, junto aos semáforos, diante das entradas de estabelecimentos de ensino, imediações de hospitais, teatros, cinemas, shopping centers etc. Por isso, a lei agrava a pena se o condutor incorrer em crime de trânsito numa dessas faixas.

15. Do Cabimento do Perdão Judicial nos Crimes de Trânsito, embora Tenha Sido Vetado o Art. 300, que o Previa Expressamente

A matéria não comporta maior controvérsia, pois a regra de integração do art. 291 prevê expressamente a possibilidade de aplicação das regras gerais do Código Penal e do Código de Processo Penal, naquilo em que a lei especial, ou seja, o Código de Trânsito, não dispuser de forma diversa. E o Código Penal prevê expressamente no art. 121 o perdão judicial em seu parágrafo 5º.

Assim, nos crimes de trânsito em geral será cabível o perdão judicial, causa extintiva da punibilidade, sempre que o fato atingir o seu autor de forma tão grave que torne desnecessária a aplicação da pena criminal. Aplicação analógica do disposto no Código Penal. A sentença que concede o perdão judicial é declaratória da extinção da punibilidade, nos termos da Súmula 18 do Superior Tribunal de Justiça.

16. Não Imposição de Prisão em Flagrante e Inexigibilidade de Fiança ao Condutor que Preste Pronto e Integral Socorro à Vítima

> **Art. 301.** Ao condutor de veículo, nos casos de acidentes de trânsito de que resulte vítima, não se imporá a prisão em flagrante, nem se exigirá fiança, se prestar pronto e integral socorro àquela.

16.1. Alcance

Disposição que visa estimular o condutor a prestar pronto e integral socorro às vítimas do acidente de trânsito em que se envolver, livrando-o da prisão em flagrante e da exigência de fiança. E, via de consequência, tem por finalidade desestimular a omissão de socorro, por vezes tão comum em acidentes de trânsito em geral.

Mas se o delito tiver resultado mais grave (mortes ou lesões graves ou gravíssimas), relação com embriaguez por álcool ou outras drogas, por exemplo, a Autoridade Policial, ainda que o condutor preste socorro às vítimas (o que é obrigação de todo condutor), não estará proibida de lavrar auto de prisão em flagrante delito, tampouco de arbitrar fiança compatível com a gravidade do crime e com o potencial econômico do infrator, pois – caso delibere pela lavratura do auto de prisão em flagrante delito –, em tal situação estarão normalmente (em tese) presentes os requisitos da prisão preventiva, nos termos do art. 312, do Código de Processo Penal.

17. Bens Jurídicos Protegidos pelos Crimes de Trânsito

17.1. Bem Jurídico-Penal: Conceito Controvertido na Doutrina

Segundo Luiz Regis Prado, "apesar de o postulado de que o delito lesa ou ameaça de lesão bens jurídicos ter a concordância quase total e pacífica dos doutrinadores, o mesmo não se pode dizer a respeito do conceito de bem jurídico, onde reina grande controvérsia. Aliás, a falta de clareza do significado do bem jurídico (termo equívoco) encontra correspondência na ausência de precisão de seu conceito" (Bem jurídico penal e Constituição. 7 ed. São Paulo: Revista dos Tribunais, 2014, p. 46).

Em seu acurado estudo, o autor menciona que originariamente, com base no pensamento neokantiano, bem jurídico é concebido como valor cultural. A cultura, em sentido amplo, é vista como sistema normativo.

Numa visão objetivista, Welzel aponta o bem jurídico como "bem vital da comunidade ou do indivíduo, que por sua significação social é protegido juridicamente" (p. 46-47).

Prosseguindo, lembra que para Muñhoz Conde, bens jurídicos são "os pressupostos de que a pessoa necessita para sua autorrealização na vida social" (p. 48).

Lembra que Rudolphi os define como "conjuntos funcionais valiosos constitutivos da nossa vida em sociedade, na sua forma concreta de organização".

Recorre a Bettiol, que considera que bem jurídico "é a posse ou a vida, isto é, o valor que a norma jurídica tutela, valor que jamais pode ser considerado como algo de material, embora encontrado na matéria o seu ponto de referência" (p. 48).

Lembra que Battaglini se manifesta em sentido oposto, depois de fazer uma divisão entre objeto jurídico formal e substancial, apontando que o primeiro é a norma penal contrariada pelo crime e o segundo o interesse que a norma protege (p. 49).

Visita o alemão Claus Roxin, para quem bens jurídicos são "pressupostos imprescindíveis para a existência em comum, que se caracterizam numa série de situações valiosas, como, por exemplo, a vida, a integridade física, a liberdade de atuação, ou a propriedade, que toda a gente conhece e, na sua opinião, o Estado social deve também proteger penalmente..." (p. 49).

Vai ainda a Eugenio Raul Zaffaroni, mestre argentino para quem o bem jurídico penalmente tutelado "é a relação de disponibilidade de uma pessoa com um objeto, protegida pelo Estado, que revela seu interesse mediante normas que proíbem determinadas condutas que as afetam, aquelas que são expressadas com a tipificação dessas condutas".

E depois de visitar os pensadores estrangeiros, o autor lembra que a doutrina nacional também se divide sobre a conceituação de bem jurídico:

Para Aníbal Bruno, bens jurídicos são "valores de vida individual ou coletiva, valores da cultura". Francisco de Assis Toledo acentua que bens jurídicos são "valores ético-sociais que o direito seleciona, com o objetivo de assegurar a paz social, e coloca sob sua proteção para que não sejam expostos a perigo de ataque ou a lesões efetivas".

Lembra que Heleno Fragoso dizia que "o bem jurídico não é apenas um esquema conceitual visando proporcionar uma solução técnica para a nossa questão: é o bem humano ou da vida social que se procura preservar, cuja natureza e qualidade dependem, sem dúvida, do sentido que a norma tem ou que a ela é atribuído, constituindo, em qualquer caso, uma realidade contemplada pelo direito. Bem jurídico é um bem protegido pelo direito: é, portanto, um valor da vida humana que o direito reconhece, e a cuja preservação é disposta a norma".

Acentua que Edgard Magalhães Noronha definia bem jurídico como o "bem interesse protegido pela norma penal". (p. 50).

Lembra o autor que Antonio E. Pérez Luño preleciona que, para a mais plena intelecção do objeto da conduta (ou simplesmente ação), duas linhas de pensamento se impõem: a primeira, preconizada por Von Liszt, segundo a qual o objeto da ação ou material é uma entidade pertencente ao mundo biofísico, ao mundo naturalístico, enquanto a noção de bem jurídico pertence ao mundo normativo. A segunda concepção considera o aspecto normativo do objeto material: o objeto da conduta (ou do fato) referido pela ação típica, enquanto o bem jurídico é obtido por via interpretativa, referente à função de tutela da norma penal (ob. cit., p. 52).

Nos crimes de trânsito, o legislador protege a vida, a integridade corporal das pessoas, o espírito de solidariedade humana, a persecução penal na polícia e em juízo, a segurança no trânsito, a Administração Pública e a Administração da Justiça.

18. Classificação Doutrinária dos Crimes de Trânsito: Crimes de Dano, de Perigo (Abstrato e Concreto) e Omissivos

A classificação doutrinária dos crimes de trânsito é bastante ampla.

Nos limitaremos, neste trabalho, àquela classificação que interessa à temática objeto deste estudo, ou seja, aos crimes de trânsito.

Crimes de dano são aqueles crimes de conduta e resultado, em que é produzida uma modificação no mundo naturalístico.

Temos nos crimes de trânsito duas figuras típicas que têm essa classificação: o crime de homicídio culposo de trânsito (art. 302) e o crime de lesão corporal culposa de trânsito (art. 303), em que o resultado se traduzirá respectivamente em morte e lesões corporais.

Crimes de perigo são aqueles em que o bem jurídico não chega a ser lesionado, mas é posto em situação de risco, de perigo de dano. Os crimes de perigo se subdividem em: a) crimes de perigo abstrato, que são aqueles em que o perigo é presumido por lei, não precisa ser comprovado no caso concreto; b) crimes de perigo concreto, que são aqueles em que há necessidade de comprovação do perigo, caso a caso.

Nos crimes de perigo abstrato, o legislador se refere ao perigo, *sem implementar nenhuma outra exigência*, pois a experiência daquilo que na vida de comum ocorre autoriza a lei a presumir perigosos certos comportamentos, independentemente da necessidade de prova do perigo no caso concreto.

Há quem sustente a inconstitucionalidade dos crimes de perigo abstrato, sob o argumento de que ferem o princípio constitucional da lesividade, pois implicam antecipação da tutela penal antes mesmo de a conduta representar algum perigo concreto para o bem jurídico. Pensamos, porém, que a Constituição Federal não proíbe o legislador ordinário de prever crimes de perigo abstrato, em nome da proteção dos bens jurídicos fundamentais que a própria Constituição assegura, por força do princípio implícito da proibição da proteção deficiente de bens jurídicos.

Nessa direção, o pensamento de André Estefam:

> "Muito embora a questão seja cercada de polêmica, acreditamos serem válidos os crimes de perigo abstrato ou presumido. Isto porque o legislador age conforme a Constituição quando seleciona condutas socialmente perniciosas e potencialmente lesivas, incriminando-as em seus estágios iniciais. Cuida-se de atividade legislativa decorrente da soberania estatal, que não ofende a dignidade humana ou a presunção de não culpabilidade, pelo contrário, trata-se de agir de modo preventivo, antes que a lesão ao bem esteja consumada. Com

efeito, a maneira mais eficaz de prevenir o roubo ou o homicídio não é prender o assassino ou o ladrão, algo reconhecidamente necessário, mas evitar que ele saque a arma ou a dispare" (Direito Penal. Parte Geral, volume 1. 6 ed. São Paulo: Saraiva, 2017, p. 98).

Nos crimes de perigo concreto, o legislador exige expressamente no tipo penal a produção de perigo concreto de dano, por meio das elementares *gerando perigo de dano, expondo a perigo de dano a incolumidade pública e privada* etc.

No Código de Trânsito, são de perigo abstrato, presumido pelo legislador com base naquilo que na vida de comum ocorre: a) o crime de embriaguez ao volante (art. 306), o crime de permissão, confiança ou entrega indevidas da direção a quem não possa dirigir com segurança (art. 310).

E são de perigo concreto, que precisa ser aferido e provado em cada caso concreto: a) o crime de competição não autorizada ou racha (art. 308); b) o crime de direção não habilitada (art. 309); c) o crime de velocidade incompatível em determinados locais (art. 311). Em tais crimes, o legislador expressamente previu o perigo concreto como elementar.

O crime omissivo é aquele em que o sujeito deixa de agir, incorre num não fazer que a ordem jurídica não lhe permitia, nas circunstâncias, ou seja, deixa de agir quando era obrigado a fazê-lo. Temos um crime omissivo no art. 304 (omissão de socorro de trânsito) e também no art. 307, § único, quando o sujeito deixa de entregar a carteira nacional de habilitação no prazo estabelecido.

Os crimes de trânsito são crimes comuns, ou seja, podem ser cometidos por qualquer pessoa. Em geral, a lei não exige condição especial do sujeito ativo. Porém, em alguns tipos penais, o legislador prevê que será aquele que estiver na direção de veículo automotor, como no homicídio culposo de trânsito, na lesão corporal culposa de trânsito, na omissão de socorro, na embriaguez, no racha, na velocidade incompatível.

No crime de inovação artificiosa de trânsito, poderá ser qualquer pessoa o autor, o condutor do veículo ou pessoa distinta. Cuida-se de crime formal, ou seja, aquele crime cuja consumação independe da produção de evento ou resultado naturalístico. Feita a inovação artificiosa, o crime se consuma, ainda que o agente não alcance a finalidade pretendida: induzir a erro o perito ou o juiz.

Temos ainda crimes de dupla subjetividade passiva: em vários delitos, serão vítimas a pessoa atingida e a coletividade; a pessoa ou pessoas atingidas e a segurança viária, como um todo.

III. OS CRIMES DE TRÂNSITO

1. O Crime de Homicídio Culposo de Trânsito

Seção II
Dos Crimes em Espécie

Art. 302. Praticar homicídio culposo na direção de veículo automotor:

Penas – detenção, de dois a quatro anos, e suspensão ou proibição de se obter a permissão ou a habilitação para dirigir veículo automotor.

§ 1º No homicídio culposo cometido na direção de veículo automotor, a pena é aumentada de 1/3 (um terço) à metade, se o agente: (Incluído pela Lei 12.971, de 2014) (Vigência)

I – não possuir Permissão para Dirigir ou Carteira de Habilitação; (Incluído pela Lei 12.971, de 2014) (Vigência)

II – praticá-lo em faixa de pedestres ou na calçada; (Incluído pela Lei 12.971, de 2014) (Vigência)

III – deixar de prestar socorro, quando possível fazê-lo sem risco pessoal, à vítima do acidente; (Incluído pela Lei 12.971, de 2014) (Vigência)

IV – no exercício de sua profissão ou atividade, estiver conduzindo veículo de transporte de passageiros. (Incluído pela Lei 12.971, de 2014) (Vigência)

~~§ 2º Se o agente conduz veículo automotor com capacidade psicomotora alterada em razão da influência de álcool ou de outra substância psicoativa que determine dependência ou participa, em via, de corrida, disputa ou competição automobilística ou ainda de exibição ou demonstração de perícia em manobra de veículo automotor, não autorizada pela autoridade competente.~~

~~Penas – reclusão de 2 (dois) a 4 (quatro) anos, e suspensão ou proibição de se obter a permissão ou a habilitação para dirigir veículo automotor~~ (Parágrafo incluído pela Lei 12.971/2014 e revogado pela Lei 13.281/2016. Redação anterior à Lei 13.546/2017)

§ 3º Se o agente conduz veículo automotor sob a influência de álcool ou de qualquer outra substância psicoativa que determine dependência:

Penas – reclusão, de cinco a oito anos, e suspensão ou proibição do direito de se obter a permissão ou a habilitação para dirigir veículo automotor. (Parágrafo incluído pela Lei 13.546/2017, em vigor 120 dias após a publicação, no dia 19 de abril de 2018)

1.1. Bem Jurídico Tutelado

É a vida humana extrauterina, desde o nascimento com vida.

Sustentamos ainda que o legislador, ao prever a figura típica do homicídio culposo de trânsito, protege ainda a segurança no trânsito, que é direito de todos e dever dos condutores e dos órgãos integrantes do Sistema Nacional de Trânsito.

A Constituição Federal, em seu art. 5º, "caput", assegura a todos o direito à vida. E o legislador infraconstitucional, ao prever o homicídio culposo de trânsito, faz valer o comando da lei maior, num contexto em que cada vez mais pessoas perdem suas vidas, ou seja, no trânsito em vias terrestres.

1.2. Sujeitos do Crime

O crime é comum e pode ser cometido por qualquer pessoa.

Exige-se apenas que o autor do crime esteja na direção de veículo automotor. Ou seja, fazendo funcionar, movimentando, dirigindo e guiando o veículo automotor.

Sujeito passivo poderá ser qualquer pessoa, desde o nascimento com vida.

Se o homicídio culposo que tiver como vítima a gestante, por exemplo, produzir aborto, esse aspecto poderá ser considerado na dosimetria da pena, pelo magistrado, entre as circunstâncias judiciais do art. 59, do Código Penal, no tocante às consequências do crime.

Mas a produção de aborto, como consequência do crime, não é prevista na lei especial nem mesmo como causa especial de aumento, qualificadora ou agravante da pena, como se verifica no crime de lesão corporal dolosa (art. 129, do Código Penal).

1.3. Condutas

Estar o agente na direção de veículo automotor[8], ou seja, movimentando, acionando, dirigindo o veículo automotor, ainda que esteja ingressando na via naquele momento do acidente. E é necessário que o faça com culpa, imprevisão diante do previsível.

---

8 Anexo I, do Código de Trânsito:
VEÍCULO AUTOMOTOR – todo veículo a motor de propulsão que circule por seus próprios meios, e que serve normalmente para o transporte viário de pessoas e coisas, ou para a tração viária de veículos utilizados para o transporte de pessoas e coisas. O termo compreende os veículos conectados a uma linha elétrica e que não circulam sobre trilhos (ônibus elétrico).

Desde a primeira edição deste trabalho, sustentamos que o legislador não se houve com a melhor técnica ao redigir o preceito, pois melhor teria feito se tivesse dito matar alguém, por culpa, na direção de veículo automotor, em lugar de dizer praticar homicídio culposo na direção de veículo automotor. A imperfeição, contudo, não acarreta a inaplicabilidade do preceito por ofensa aos princípios da legalidade e da taxatividade no direito penal, como chegaram a sustentar alguns estudiosos, despropositadamente a nosso ver.

Vale destacar que a conduta deverá ocorrer, de todo modo, *na direção de veículo automotor*. Ou seja, não basta que o sujeito ativo esteja parado, posicionado ao banco do motorista, para que o crime se perfaça.

É necessário que ele esteja conduzindo, dirigindo e movimentando o veículo na via. Assim, se o condutor, por exemplo, com o veículo já estacionado junto ao meio fio, abrir a porta e der causa a acidente, atingindo ciclista ou motociclista, ele responderá por homicídio culposo ou lesão corporal culposa nos termos do Código Penal (arts. 121, § 3º, e 129, § 6º, do Código Penal). Tal adequação típica se dará porque ele não estava dirigindo, movimentando, guiando o veículo automotor. Porém, se ele causa o acidente quando saía do local em que o veículo estava estacionado, nesse caso sim responderá nos termos do Código de Trânsito.

A lei não exige que o fato se dê na via pública,[9] como acontece na figura típica do art. 308, do Código de Trânsito (crime de racha).

Nesse sentido, adequada a lição de Victor Eduardo Rios Gonçalves e Fernando Capez:

"Não obstante o art. 1º do Código estabeleça que "o trânsito de qualquer natureza *nas vias terrestres* do território nacional, abertas à circulação, rege-se por este Código", e o art. 2º defina via terrestre de forma a excluir as *vias particulares* (estacionamentos privados, pátio de postos de gasolina, vias internas de fazendas particulares), entende-se que devem ser aplicados os crimes de homicídio e lesão culposa do Código de Trânsito ainda que o fato não ocorra em via pública. Com efeito, quando o legislador quis exigir que o fato delituoso fosse caracterizado apenas quando ocorresse em via pública, o fez de forma expressa, como nos crimes de.... participação em competição não autorizada (art. 308) e direção sem habilitação (art. 309). Assim, fica evidente a intenção do legislador em excepcionar a regra, para permitir a aplicação dos crimes de homicídio e lesão corporal culposa qualquer que seja o local do delito, desde que o agente esteja na direção de veículo automotor" (Aspectos Criminais do Código de Trânsito Brasileiro, p. 34).

1.3.1. A Condução de Veículo Sob Influência do Álcool ou Outra Substância Psicoativa que Cause Dependência – Lei 13.456/17, em Vigor a Partir do dia 19 de Abril de 2018

Trata-se de figura especial de homicídio culposo qualificado pela influência do álcool ou outra substância psicoativa que cause dependência. As penas previstas para a nova figura são de 5 a 8 anos de reclusão, além de suspensão do direito de dirigir e proibição de sua obtenção.

---

9 Código de Trânsito:

Art. 2º São vias terrestres urbanas e rurais as ruas, as avenidas, os logradouros, os caminhos, as passagens, as estradas e as rodovias, que terão seu uso regulamentado pelo órgão ou entidade com circunscrição sobre elas, de acordo com as peculiaridades locais e as circunstâncias especiais.

Como se trata de norma pena mais gravosa, só vale para fatos ocorridos a partir do dia 19 de abril de 2018, por força do princípio constitucional da *irretroatividade* da lei penal mais severa (art. 5º, XL, da Constituição Federal).

O legislador penal, na nova norma, disse mais do que precisava ter dito. Nem todas as substâncias psicoativas causam necessariamente dependência. Assim, teremos problemas de adequação da conduta à norma penal se o agente comprovar, por exemplo, por meio de laudo científico, que a substância psicoativa sob cujo efeito se encontrava não era daquelas que causam dependência física ou psíquica. Há quem sustente que o LSD, ácido lisérgico, por exemplo, não causa dependência[10]. A informação é dada a título científico e com o intuito de demonstrar que o legislador, nesse passo, disse mais do que precisava ter dito. Bastaria ter dito "álcool ou outra substância psicoativa" e ponto final.

1.3.2. Constitucionalidade da Figura Típica

Houve quem dissesse que a figura típica do homicídio culposo de trânsito seria ofensiva ao texto da Constituição Federal, por implicar tratamento mais gravoso para o crime de homicídio culposo, em afronta ao postulado da igualdade.

Porém, isso não se verifica. A Constituição em nenhum momento proibiu que seja dado tratamento penal mais rigoroso a condutas que sejam mais gravosas. Trata-se de, como preconizava o grande Ruy Barbosa, de tratar os desiguais com desigualdade à medida que se desigualam.

Não se pode tratar da mesma forma, em termos de conformação da conduta à norma penal e mesmo em termos de resultado punitivo, comportamentos culposos que se verifiquem em contextos distintos. E as condutas de imprudência, negligência e imperícia em acidentes de trânsito terrestre, pelos graves resultados que têm produzido, justificam o tratamento dado pela lei especial.

Nesse sentido, o pensamento do Supremo Tribunal Federal:

> "A questão central, objeto do recurso extraordinário interposto, cinge-se à constitucionalidade (ou não) do disposto no art. 302, parágrafo único, da Lei 9.503/1997 (CTB), eis que passou a ser dado tratamento mais rigoroso às hipóteses de homicídio culposo causado em acidente de veículo. É inegável a existência de maior risco objetivo em decorrência da condução de veículos nas vias públicas -- conforme dados estatísticos que demonstram os alarmantes números de acidentes fatais ou graves nas vias públicas e rodovias públicas -- impondo-se aos motoristas maior cuidado na atividade. O princípio da isonomia não impede o tratamento diversificado das situações quando houver elemento de *discrímen* razoável, o que efetivamente ocorre no tema em questão. A maior frequência de acidentes de trânsito, com vítimas fatais, ensejou a aprovação do projeto de lei, inclusive com o tratamento mais rigoroso contido no art. 302, parágrafo único, da Lei 9.503/1997. A majoração das margens penais -- comparativamente ao tratamento dado pelo art. 121, § 3º, do CP -- demonstra o enfoque maior no desvalor do resultado, notadamente em razão da realidade

10 "O LSD não é considerado substância que causa dependência. Em estudos realizados com animais, por exemplo, as cobaias não passam a usá-lo compulsivamente. Apesar de a droga causar tolerância quando é usada em dias consecutivos, com a interrupção do uso crônico, a tolerância vai embora aos poucos, e a sensibilidade à droga volta depois de algumas semanas sem consumi-la. A droga não causa, no entanto, síndrome de abstinência" (Tarso Araújo. Almanaque das Drogas, São Paulo: Texto Editores Ltda, 2012, p. 308).

> brasileira envolvendo os homicídios culposos provocados por indivíduos na direção de veículo automotor." (RE 428.864, rel. min. Ellen Gracie, julgamento em 14-10-2008, Segunda Turma, *DJE* de 14-11-2008.) No mesmo sentido: AI 831.778-AgR, rel. min. Cármen Lúcia, julgamento em 15-2-2011, Primeira Turma, *DJE* de 4-3-2011; AI 797.370-AgR, rel. min. Ayres Britto, julgamento em 23-11-2010, Segunda Turma, *DJE* de 2-3-2011.

O homicídio culposo de trânsito é crime material, de dano, de conduta e resultado, instantâneo de efeitos permanentes.

1.4. Voluntariedade

Basta a culpa, a imprevisão diante do que era previsível. Culpa é a imprevisão grosseira diante daquilo que era previsível.

A culpa inconsciente é a culpa comum, a imprevisão em sua forma mais tosca e grosseira. Exemplo: desrespeitar sinal de parada obrigatória, sinal vermelho etc.

A culpa consciente, por outro lado, é um passo além. Na culpa consciente o agente *antevê* a possibilidade de produção de resultado danoso, mas *não assente* à sua ocorrência. Tem consciência de que poderá acarretar o dano, mas não crê que vá produzi-lo.

Conduta culposa é aquela que se manifesta por uma das três modalidades de culpa conhecidas: imprudência, imperícia ou negligência.

Imprudência: a prática de um fato perigoso, como por exemplo desrespeitar sinal de parada obrigatória, o sinal vermelho no semáforo, transitar pela contramão, em excesso de velocidade, ultrapassar em local e momento inoportunos etc.

Negligência: a falta de precauções comuns, ordinariamente exigíveis do homem médio: transitar com o veículo sem iluminação traseira, sem freios, com pneus totalmente gastos, faróis ou lanternas traseiras defeituosos, passageiros sem cinto de segurança, deixar de fazer com que os passageiros usem o cinto etc.

Imperícia: a falta de habilidade para o exercício de arte, técnica, ofício ou profissão: o condutor não ser capaz de manter o veículo em trajetória retilínea, não saber fazer uma curva sem invadir o passeio dos pedestres, não saber frear ao se aproximar do sinal fechado etc.

1.5. Consumação e Tentativa

A consumação do delito se verifica com a morte da vítima, a cessação da atividade cerebral, aferida pelo eletrencefalograma linear ou outros meios médicos disponíveis.

A tentativa não é compatível com a estrutura dos crimes genuinamente culposos, pois nestes não existe a vontade deliberada de realização do comportamento previsto no tipo penal culposo. Logo, não se verifica.

Segundo Heleno Cláudio Fragoso, "(...) dada a estrutura do crime culposo, não é possível a tentativa nessa espécie de infração penal. Não pode o agente tentar alcançar o resultado se não tem vontade a ele dirigida". Para Nelson Hungria, (...) como esforço consciente para um fim antijurídico, a tentativa não é compatível, *per definitionem*, com os crimes genuinamente culposos, pois nestes não há nexo entre a vontade e o resultado, senão apenas entre a vontade e a ação (ou omissão) (*Comentários ao Código Penal.* 6. ed. Rio de Janeiro: Forense, 1980, v. 1, t. 1, p. 66).

1.5.1. A Reparação do Dano: Efeitos

No que tange ao homicídio culposo, tem sido admitida a aplicação do arrependimento posterior, nos termos do art. 16, do Código Penal, que permite a redução da pena de um a dois terços nos crimes cometidos sem violência ou grave ameaça, *quando a reparação do dano é concretizada antes do recebimento da denúncia.* Considera-se que, no homicídio culposo, por ser involuntária a violência, não se afasta a possibilidade de incidência de referida causa de diminuição de pena. Nesse sentido, Victor Eduardo Rios Gonçalves e Fernando Capez (Aspectos Criminais do Código de Trânsito Brasileiro, p. 37).

Os ilustres autores referem ainda que as opiniões da doutrina divergem acerca do critério a ser utilizado para que se determine a fração de redução da pena: para Damásio de Jesus, deve ser considerada a presteza da reparação do dano, ou seja, quanto mais rápida, maior a diminuição da pena. Segundo Heleno Fragoso, a redução deve manter relação de proporcionalidade com a reparação prestada. Gonçalves e Capez se inclinam pelo primeiro critério (ob. cit., p. 37-38).

No sentido do entendimento de Damásio de Jesus, o Superior Tribunal de Justiça:

> "RECURSO ESPECIAL. PENAL. CAUSA DE DIMINUIÇÃO DE PENA. ARREPENDIMENTO POSTERIOR. ARTIGO 16 DO CÓDIGO PENAL. NECESSIDADE DE REPARAÇÃO INTEGRAL DO DANO. PRECEDENTES. QUANTUM DE REDUÇÃO DA PENA. CELERIDADE NO RESSARCIMENTO À VITIMA.
>
> 1. Somente há falar em aplicação da causa de diminuição de pena relativa ao arrependimento posterior (art. 16 do Código Penal) se houver a integral reparação do dano ou restituição da coisa antes do recebimento da denúncia, variando o índice de redução da pena de acordo com a maior ou menor celeridade no ressarcimento do prejuízo à vítima.
>
> 2. Recurso especial provido".
>
> (REsp 1282696/RS, Rel. Min. MARIA THEREZA DE ASSIS MOURA, SEXTA TURMA, DJe 13/12/2013).

A matéria, porém, não é pacífica. Confira-se, nesse sentido, decisão do STJ, que não admitiu a aplicação do art. 16, do Código Penal, em crime de trânsito, por considerá-la cabível somente em crimes de natureza patrimonial:

> Superior Tribunal de Justiça:
>
> RECURSO ESPECIAL. PENAL. HOMICÍDIO CULPOSO NA DIREÇÃO DE VEÍCULO AUTOMOTOR. ART. 312 DO CTB. CAUSA DE DIMINUIÇÃO DA PENA. ARREPENDIMENTO POSTERIOR. ART. 16 DO CP. REPARAÇÃO DO DANO. APLICÁVEL APENAS NOS CRIMES PATRIMONIAIS. PLEITO SUBSIDIÁRIO. RECONHECIMENTO DE ATENUANTE. ART. 65, III, B, DO CP. PENA-BASE FIXADA NO MÍNIMO. SÚMULA 231/STJ.
>
> 1. O Superior Tribunal de Justiça possui entendimento de que, para que seja possível aplicar a causa de diminuição de pena prevista no art. 16 do Código Penal, faz-se necessário que o crime praticado seja patrimonial ou possua efeitos patrimoniais.
>
> 2. As Turmas especializadas em matéria criminal do Superior Tribunal de Justiça firmaram a impossibilidade material do reconhecimento de arrependimento posterior nos crimes não patrimoniais ou que não possuam efeitos patrimoniais.
>
> 3. *In casu*, a composição pecuniária da autora do homicídio culposo na direção de veículo automotor (art. 302 do CTB) com a família da vítima, por consectário lógico, não poderá surtir proveito para a própria vítima, morta em decorrência da inobservância do dever de cuidado da recorrente.
>
> 4. A existência de causa de aumento verificável na terceira fase da dosimetria não permite retorno para a fase anterior para reconhecer atenuantes, sob pena de subversão do sistema trifásico de dosimetria da pena. Súmula 231/STJ.

> 5. Recurso especial improvido, com determinação de imediato início de cumprimento da pena, vencidos, apenas quanto à execução provisória da pena, o Relator e a Sra. Ministra Maria Thereza de Assis Moura.
>
> (REsp 1561276/BA, Rel. Ministro SEBASTIÃO REIS JÚNIOR, SEXTA TURMA, julgado em 28/06/2016, DJe 15/09/2016).

1.6. Ação Penal

A ação penal, em tema de homicídio culposo de trânsito, será pública incondicionada, ou seja, independerá de qualquer manifestação de vontade dos sucessores da vítima para que a persecução penal se desenvolva do inquérito policial ao processo penal.

Não será cabível a suspensão condicional do processo, porque a pena mínima prevista para o delito é superior a um ano, a teor da regra constante do art. 89, "caput", da Lei Federal 9.099/95 (a Lei do Juizado Especial Criminal).

Se a pena fixada não superar 2 anos, presentes os demais requisitos do art. 77 e seguintes do Código Penal, poderá caber a suspensão condicional da pena privativa da liberdade, o "sursis".

A substituição da pena privativa da liberdade por restritivas de direitos (art. 44, do Código Penal) será cabível em todos os crimes em que a pena máxima não supere 4 anos, seja de reclusão ou detenção, presentes os demais requisitos legais que permitam concluir que a pena substitutiva seja necessária, suficiente e adequado ao fato e seu autor. E caberá também em todos os crimes culposos, independentemente da quantidade de pena.

E, pela quantidade de reprimenda, caberá também em tese o regime inicial aberto para todas as penas não superiores a 4 anos, muito embora a quantidade de pena não seja o único vetor a ser considerado pelo juiz na fixação do regime inicial de cumprimento da pena, conforme art. 33, § 3º, c.c. art. 59, do Código Penal.

1.7. Causas Especiais de Aumento de Pena

1.7.1. Noção

Cuidou o legislador de prever causas especiais de aumento de pena que incidirão nas situações acima ventiladas: ausência de permissão ou habilitação para dirigir; cometimento do delito em faixa de pedestres ou na calçada; omissão de socorro; condução de veículo de transporte de passageiros.

E, conforme as circunstâncias do caso concreto, poderão existir isolada ou cumulativamente tais causas de aumento de pena.

A fração de aumento da pena adotada na sentença será obrigatoriamente motivada (art. 93, IX, da Constituição Federal). E também deverá ser considerada na fração de aumento a presença de uma ou mais causas de aumento de pena.

Não se justifica, por exemplo, o aumento mínimo se mais de uma ou todas as causas de aumento de pena estiverem configuradas no caso concreto.

1.8. O Homicídio Culposo Qualificado pela Participação em Corrida, Disputa, Competição Automobilística ou Exibição ou Demonstração de Perícia, Preceito Revogado pela Lei 13.281, de 4 de maio de 2016

O preceito do § 2º, do art. 302,[11] previa duas hipóteses de homicídio culposo qualificado, em síntese: a) pela influência do álcool ou de outra substância psicoativa e b) pela participação, em via, de corrida, disputa ou competição automobilística ou ainda de exibição ou demonstração de perícia em manobra.

O preceito foi revogado em boa hora pela Lei 13.281/16 pois conflitava de forma óbvia com a norma incriminadora do art. 308, § 2º, do Código de Trânsito (racha qualificado pelo resultado morte, com pena de 5 a 10 anos de reclusão).

Houve quem considerasse que se tratava de uma mesma conduta prevista em dois dispositivos diversos: homicídio culposo qualificado pelo racha e racha qualificado pelo resultado morte. Nesse sentido, o pensamento de Luiz Flávio Gomes:

> "O problema: aqui no art. 308 o resultado morte provocado culposamente aparece como qualificadora do delito de participação em 'racha'. Já no art. 302 (homicídio culposo), é a participação em 'racha' que o torna qualificado (mais grave). No delito de participação em 'racha', é a morte que o qualifica. No delito de homicídio, é a participação em racha que o qualifica. Mas tudo isso é a mesma coisa!" (Texto disponível em: HTTP://m.migalhas.com.br/depeso/200729/nova-lei-de-transito-barbeiragem-e-deparragem-do-legislador- acesso em 1º/1/2017).

Em nossa visão, com a devida vênia, eram dois delitos distintos. Neste (art. 302), não se exigia que o fato ocorresse *em via pública*. Bastava que se verificasse *em via*. Naquele (art. 308), havia e há a previsão expressa desse elemento espacial, ou seja, o crime do art. 308 somente se verificará se a conduta se der *em via pública*. Nesse mesmo sentido, lecionavam Fernando Capez e Victor Eduardo Rios Gonçalves (Aspectos Criminais do Código de Trânsito Brasileiro. 3 ed. São Paulo: Saraiva, 2015, p. 60).

Além disso, podíamos afirmar que o legislador optou por conferir desvalor maior (juízo de censura mais rigoroso) à conduta daquele que incorria em racha com resultado morte, em relação àquele que praticava homicídio culposo participando de racha.

Enfim, revogado o preceito do art. 302, § 2º, do Código de Trânsito, sempre que houver racha com resultado morte, **sem que a conduta tipifique o homicídio doloso, simples ou qualificado, por dolo direto ou eventual (que não é crime de trânsito, mas crime doloso contra a vida, de competência do Tribunal do Júri)**, o agente responderá pelo crime do art. 308, § 2º, do Código de Trânsito, por racha qualificado pelo resultado morte, punido com pena de 5 a 10 anos de reclusão, além da suspensão ou proibição de obtenção do direito de dirigir.

1.9. Causas Especiais de Aumento de Pena: Consequência

A presença de qualquer delas implica agravamento da pena de 1/3 até a metade, pois a conduta – nas situações previstas – é mais grave e mais lesiva ao bem jurídico.

A fração de aumento será dosada considerando a presença de uma ou mais causas de aumento, no caso concreto.

11 § 2º – se o agente conduz veículo automotor com capacidade psicomotora alterada em razão da influência de álcool ou de outra substância psicoativa que determine dependência ou participa, em via, de corrida, disputa ou competição automobilística ou ainda de exibição ou demonstração de perícia em manobra de veículo automotor, não autorizada pela autoridade competente:

1.10. *Homicídio Doloso, por Participação em Racha, não É Crime de Trânsito, mas Crime Doloso Contra a Vida*

Nesse passo, cumpre lembrar que se a conduta configurar homicídio doloso simples ou qualificado, *por dolo eventual*, em virtude da participação em racha, não estaremos diante de crime de trânsito, mas de crime doloso contra a vida, cujo juiz natural é o Tribunal do Júri, conforme previsto na Constituição Federal (art. 5º, LXXVIII).

As circunstâncias do caso concreto e as provas reunidas sobre o fato é que orientarão a formação da *opinio delicti* do órgão do Ministério Público, que dirá na denúncia se o fato se ajusta tipicamente ao homicídio doloso (art. 121, "caput", ou art. 121, § 2º, do Código Penal) ou ao crime de racha qualificado pelo resultado morte (art. 308, do Código de Trânsito).

Na jurisprudência, inclusive dos Tribunais Superiores, identifica-se forte tendência de se considerar a participação em racha de que resulte morte como homicídio doloso, por dolo eventual.

Nesse sentido, o Supremo Tribunal Federal:

> EMENTA RECURSO ORDINÁRIO EM HABEAS CORPUS. HOMICÍDIO NA DIREÇÃO DE VEÍCULO AUTOMOTOR. DOLO EVENTUAL. CULPA CONSCIENTE. PRONÚNCIA. TRIBUNAL DO JÚRI. 1. Admissível, em crimes de homicídio na direção de veículo automotor, o reconhecimento do dolo eventual, a depender das circunstâncias concretas da conduta. Precedentes. 2. Mesmo em crimes de trânsito, definir se os fatos, as provas e as circunstâncias do caso autorizam a condenação do paciente por homicídio doloso ou se, em realidade, trata-se de hipótese de homicídio culposo ou mesmo de inocorrência de crime é questão que cabe ao Conselho de Sentença do Tribunal do Júri. 3. Não cabe na pronúncia analisar e valorar profundamente as provas, pena inclusive de influenciar de forma indevida os jurados, de todo suficiente a indicação, fundamentada, da existência de provas da materialidade e autoria de crime de competência do Tribunal do Júri. 4. Recurso ordinário em habeas corpus a que se nega provimento. (RHC 116950, Relator(a): Min. ROSA WEBER, Primeira Turma, julgado em 03/12/2013, PROCESSO ELETRÔNICO DJe-031 DIVULG 13-02-2014 PUBLIC 14-02-2014).
>
> "Direito penal e processual penal. *Habeas corpus*. Crime de competência do Tribunal do Júri. Racha automobilístico. Homicídio doloso. Dolo eventual. No caso concreto, a narração contida na denúncia dá conta de que o paciente e o corréu conduziam seus respectivos veículos, realizando aquilo que coloquialmente se denominou 'pega' ou 'racha', em alta velocidade, em plena rodovia, atingindo um terceiro veículo (onde estavam as vítimas). O dolo eventual não poderia ser descartado ou julgado inadmissível" (STF, 2ª T., Habeas corpus 91.159/MG., Rel. Min. Elen Gracie, *DJ* 24.10.2008).
>
> Ementa: PENAL E PROCESSO PENAL. CONSTITUCIONAL. HABEAS CORPUS SUBSTITUTIVO DE RECURSO ORDINÁRIO. HOMICÍDIO. "PEGA" OU "RACHA" EM VIA MOVIMENTADA. DOLO EVENTUAL. PRONÚNCIA. FUNDAMENTAÇÃO IDÔNEA. ALTERAÇÃO DE ENTENDIMENTO DE DESEMBARGADORA NO SEGUNDO JULGAMENTO DO MESMO RECURSO, ANTE A ANULAÇÃO DO PRIMEIRO. AUSÊNCIA DE ILEGALIDADE. EXCESSO DE LINGUAGEM NO ACÓRDÃO CONFIRMATÓRIO DA PRONÚNCIA NÃO CONFIGURADO. DOLO EVENTUAL X CULPA CONSCIENTE. PARTICIPAÇÃO EM COMPETIÇÃO NÃO AUTORIZADA EM VIA PÚBLICA MOVIMENTADA. FATOS ASSENTADOS NA ORIGEM. ASSENTIMENTO QUE SE DESSUME DAS CIRCUNSTÂNCIAS. DOLO EVENTUAL CONFIGURADO. AUSÊNCIA DE REVOLVIMENTO DO CONJUNTO FÁTICO-PROBATÓRIO. REVALORAÇÃO DOS FATOS. ORDEM DENEGADA. 1. O habeas corpus impetrado como substitutivo de recurso ordinário revela sua utilização promíscua e deve ser combatido, sob pena de

banalização da garantia constitucional, tanto mais quando não há teratologia a eliminar, como no caso sub judice. I – DA ALEGADA FALTA DE FUNDAMENTAÇÃO DA PRONÚNCIA 2. A fundamentação da sentença de pronúncia deve observar os limites inerentes ao juízo de admissibilidade da acusação, restringindo-se a declinar as razões para o convencimento acerca da materialidade do fato e de indícios suficientes de autoria. Precedentes: HC 94274/SP, rel. Min. Carlos Britto, 1ª Turma, DJ de 4/2/2010; AI 458072-ED/CE rel. Min. Joaquim Barbosa, 2ª Turma, DJ de 15/10/2009; RE 521813/PB, rel. Min. Joaquim Barbosa, 2ªTurma, DJ de 19/3/2009. 3. A fórmula ideal para a fundamentação da sentença de pronúncia encontra-se no art. 413, § 1º do CPP, na redação da Lei 11.689/2008, que aperfeiçoou a redação outrora disposta no art. 408 do CPP, atentando para o problema do excesso de linguagem discutido amplamente na doutrina e para os julgados do Supremo e do STJ acolhendo a tese. 4. In casu, o Juízo pronunciante acautelou-se o quanto possível para não incidir em excesso de linguagem, e indicou os elementos que motivaram o seu convencimento acerca da materialidade do crime e dos indícios de autoria, apontando peças, declarações e testemunhos, por isso que a fundamentação declinada mostrou-se robusta e harmônica com a jurisprudência desta Corte. II – NULIDADES APONTADAS NO SEGUNDO JULGAMENTO QUANTO À ALTERAÇÃO DO VOTO DE DESEMBARGADORA 5. O sistema do livre convencimento motivado ou da persuasão racional permite ao magistrado revelar o seu convencimento sobre as provas dos autos livremente, desde que demonstre o raciocínio desenvolvido. 6. Verificada a anulação do primeiro julgamento, nada impede que o mesmo magistrado, participando de nova apreciação do recurso, revele convencimento diverso, desde que devidamente motivado, até porque o primeiro, ante a anulação, não surte qualquer efeito – muito menos o de condicionar a manifestação do Órgão Julgador. 7. *Utile per inutile non vitiatur*, por isso que ainda que a Desembargadora tivesse mantido o seu voto anterior, isto não implicaria em qualquer benefício para o paciente, porquanto já estava formada a maioria desprovendo o recurso. Vale dizer: se a declaração da nulidade pretendida não trará qualquer benefício à defesa, é de se concluir que o suposto vício não importou em prejuízo ao paciente, atraindo a incidência do art. 563 do CPP: "Nenhum ato será declarado nulo, se da nulidade não resultar prejuízo para a acusação ou para a defesa." III – EXCESSO DE LINGUAGEM NO ACÓRDÃO CONFIRMATÓRIO DA PRONÚNCIA 8. A Lei 11.689/08, conferindo nova redação ao art. 478, inciso I, do CPP, vedou a alusão à sentença de pronúncia ou à decisão que a confirme em Plenário do Júri, justamente a fim de evitar a influência no ânimo dos jurados, fragilizando sobremaneira a tese do excesso de linguagem da pronúncia, uma vez que a referência a tais atos, na sessão do Júri, gera nulidade que pode ser alegada oportunamente pela defesa. Precedentes: HC 94274/SP, rel. Min. Carlos Britto, 1ª Turma, DJ de 4/2/2010; HC 86414/PE, rel. Min. Marco Aurélio, 1ª Turma, DJ de 5/2/2009. 9. In casu, a fundamentação do voto condutor do acórdão confirmatório da pronúncia observou os limites inerentes à espécie de provimento jurisdicional, assentando a comprovação da materialidade do fato e dos indícios suficientes de autoria, conforme dispunha o art. 408 do CPP, então em vigor. 10. O aprofundamento maior no exame das provas, no afã de demonstrar que havia elementos no sentido de tratar-se de delito praticado com dolo eventual, dada a relevância da tese então levantada pela defesa e a sua inegável repercussão sobre o *status libertatis* do paciente cumpre o postulado constitucional da motivação das decisões judiciais. É que, para afastar a competência do Tribunal do Júri, faz-se mister um juízo de certeza acerca da ausência de dolo. Nesse sentido a doutrina de Eugênio Pacelli de Oliveira: "O que se espera dele [juiz] é o exame do material probatório ali produzido, especialmente para a comprovação da inexistência de quaisquer das possibilidades legais de afastamento da competência do Tribunal do Júri. E esse afastamento, como visto, somente é possível por meio de convencimento judicial pleno, ou seja, por meio de juízo de certeza, sempre excepcional nessa fase." (Curso de Processo Penal, 10. ed., Lumen Juris, Rio de Janeiro: 2008, pp. 575-576) IV – ELEMENTO SUBJETIVO DO TIPO 11. O caso sub judice distingue-se daquele revelado no julgamento do HC 107801 (rel. min. Luiz Fux, 1ª Turma, DJ de 13/10/2011), que cuidou de paciente sob o efeito de bebidas alcoólicas, hipótese na qual gravitava o tema da imputabilidade, superada tradicionalmente na doutrina e na jurisprudência com a aplicação da teoria da *actio libera in causa*, viabilizando a responsabilidade penal de agentes alcoolizados em virtude de ficção que, levada às últimas consequências, acabou por implicar em submissão automática ao Júri em se tratando de homicídio na direção de veículo automotor. 12. A banalização do crime de homicídio doloso, decorrente da sistemática aplicação da teoria da "ação livre na causa" mereceu, por esta Turma, uma reflexão maior naquele julgado, oportunidade em que se limitou a aplicação da mencionada teoria aos casos de embriaguez preordenada, na esteira da doutrina clássica. 13. A precompreensão no sentido de que todo e qualquer homicídio praticado na direção de veículo automotor é culposo, desde não se trate de embriaguez preordenada, é assertiva que não se depreende do julgado no HC 107801. 14. A diferença entre o dolo eventual e a culpa consciente encontra-se no elemento volitivo que, ante a impossibilidade de penetrar-se na psique do agente, exige a observação de todas as circunstâncias objetivas do caso concreto, sendo certo que, em ambas as situações, ocorre a representação do resultado pelo agente. 15. Deveras, tratando-se de culpa consciente, o agente pratica o fato ciente de que o resultado lesivo, embora previsto por ele, não ocorrerá. Doutrina de Nelson Hungria (Comentários ao Código Penal, 5. ed. Rio de Janeiro: Forense, 1980, v. 1., p. 116-117); Heleno Cláudio Fragoso (Lições de Direito Penal – parte geral, Rio de Janeiro: Forense, 2006, 17. ed., p. 173 – grifo adicionado) e Zaffaroni e Pierangelli (Manual de Direito Penal, Parte Geral, v. 1, 9. ed – São Paulo: RT, 2011, pp. 434-435 – grifos adicionados). 16. A cognição empreendida nas instâncias originárias demonstrou que o paciente, ao lançar-se em práticas de expressiva periculosidade, em via pública, mediante alta velocidade, consentiu em que o resultado se produzisse, incidindo no dolo eventual previsto no art. 18, inciso I, segunda parte, verbis: ("Diz-se o crime: I – doloso, quando o agente quis o resultado ou assumiu o risco de produzi-lo" – grifei). 17. A notória periculosidade dessas práticas de competições automobilísticas em vias públicas gerou a edição de legislação especial prevendo-as como crime autônomo, no art. 308 do CTB, *in verbis*: "Art. 308. Participar, na direção de veículo automotor, em via pública, de corrida, disputa ou competição automobilística não autorizada pela autoridade competente, desde que resulte dano potencial à incolumidade pública ou privada:". 18. O art. 308 do CTB é crime doloso de perigo concreto que, se concretizado em lesão corporal ou homicídio, progride para os crimes dos artigos 129 ou 121, em sua forma dolosa, porquanto seria um contra-senso transmudar um delito doloso em culposo, em razão do advento de um resultado mais grave. Doutrina de José Marcos Marrone (Delitos de Trânsito Brasileiro: Lei n. 9.503/97. São Paulo: Atlas, 1998, p. 76). 19. É cediço na Corte que, em se tratando de homicídio praticado na direção de veículo automotor em decorrência do chamado "racha", a conduta configura homicídio doloso. Precedentes: HC 91159/MG, rel. Min. Ellen Gracie, 2ª Turma, DJ de 24/10/2008; HC 71800/RS, rel. Min. Celso de Mello, 1ªTurma, DJ de 3/5/1996. 20. A conclusão externada nas instâncias originárias no sentido de que o paciente participava de "pega" ou "racha", empregando alta velocidade, momento em que veio a colher a vítima em motocicleta, impõe reconhecer a presença do elemento volitivo, vale dizer, do dolo eventual no caso concreto. 21. A valoração jurídica do fato distingue-se da aferição do mesmo, por isso que o exame da presente questão não se situa no âmbito do revolvimento do conjunto fático-probatório, mas importa em mera revaloração dos fatos postos nas instâncias inferiores, o que viabiliza o conhecimento do habeas corpus. Precedentes: HC 96.820/SP, rel. Min. Luiz Fux, j. 28/6/2011; RE 99.590, Rel. Min. Alfredo Buzaid, DJ de 6/4/1984; RE 122.011, relator o Ministro Moreira Alves, DJ de 17/8/1990. 22. Assente-se, por fim, que a alegação de que o Conselho de Sentença teria rechaçado a participação do corréu em "racha" ou "pega" não procede, porquanto o que o Tribunal do Júri afastou com relação àquele foi o dolo ao responder negativamente ao quesito: "Assim agindo, o acusado assumiu o risco de produzir o resultado morte na vítima?", concluindo por prejudicado o quesito alusivo à participação em manobras perigosas. 23. Parecer do MPF pelo indeferimento da ordem. 24. Ordem denegada.

(HC 101698, Relator(a): Min. LUIZ FUX, Primeira Turma, julgado em 18/10/2011, ACÓRDÃO ELETRÔNICO DJe-227 DIVULG 29-11-2011 PUBLIC 30-11-2011).

E o Superior Tribunal de Justiça também tem confirmado decisões de pronúncia em casos semelhantes, remetendo a matéria ao julgamento de seu juiz natural, o Tribunal do Júri:

> PENAL. PROCESSO PENAL. AGRAVO REGIMENTAL NO RECURSO ESPECIAL. HOMICÍDIO. CONDUÇÃO DE VEÍCULO AUTOMOTOR EM ALTA VELOCIDADE (RACHA) E SOB O EFEITO DE ÁLCOOL. DOLO EVENTUAL. DESCARACTERIZAÇÃO. COMPETÊNCIA DO TRIBUNAL DO JÚRI. INEXISTÊNCIA DE PROVAS DA CONDUTA DOLOSA. NECESSIDADE DE REEXAME DO CONJUNTO FÁTICO-PROBATÓRIO. IMPOSSIBILIDADE. ÓBICE DA SÚMULA 7/STJ. PRONÚNCIA. NULIDADE. EXCESSO DE LINGUAGEM NÃO CONFIGURADO.
>
> 1. A decisão de pronúncia não revela juízo de mérito mas apenas de admissibilidade da acusação, direcionando o julgamento da causa para o Tribunal do Júri, órgão competente para julgar os crimes dolosos contra a vida. Para tanto, basta a demonstração da materialidade do fato e a existência de indícios suficientes de autoria ou de participação, conforme disciplina o art. 413 do Código de Processo Penal.
>
> 2. Verificando-se que a imputação diz respeito a morte ocasionada por acidente de trânsito em suposto contexto de "racha", tem-se a materialidade, consistente na morte da vítima, bem como os indícios de autoria, uma vez que o recorrente conduzia o outro veículo envolvido na disputa. É isso que se requer, sucintamente, para autorizar o juízo de pronúncia.
>
> 3. Assim, tratando-se de crime contra a vida, presentes indícios da autoria e materialidade, deve o acusado ser pronunciado, em homenagem ao princípio do *in dubio pro societate*, cabendo ao Tribunal do Júri respectivo proferir o juízo de mérito aplicável ao caso, bem como se o crime aconteceu com dolo eventual ou culpa.
>
> 4. Ademais, o pedido de reconhecimento da inexistência absoluta de provas de que tenha o recorrente assumido conduta dolosa, com a consequente desclassificação da conduta para culposa, não prescinde de acurado revolvimento do acervo fático-probatório, vedado em sede de recurso especial, nos moldes da Súmula 7/STJ.
>
> 5. Não prospera a alegação de excesso de linguagem por ocasião da sentença de pronúncia, pois a leitura do acórdão recorrido e da própria sentença de pronúncia demonstra justamente o contrário, isto é, que o decisum limitou-se à demonstração da materialidade do fato e à indicação da existência de indícios suficientes de autoria.
>
> 6. No presente caso, verifica-se que o julgador de primeiro grau foi detalhista, analisando ponto a ponto, porém, em momento algum, declinou um juízo de convicção a respeito da culpabilidade da recorrente, cuidando apenas de apresentar elementos de prova mínimos – e estritamente necessários – para reconhecer a prova da materialidade e indícios da autoria e participação de crime doloso contra a vida, a ser julgado pelo Tribunal do Júri. Nesse contexto, não há que se falar em excesso de linguagem, se o decisum limitou-se a apontar as provas que dão suporte à acusação.
>
> 7. Agravo regimental não provido.
>
> (AgRg no REsp 1525082/SP, Rel. Ministro REYNALDO SOARES DA FONSECA, QUINTA TURMA, julgado em 24/05/2016, DJe 01/06/2016).
>
> PENAL E PROCESSO PENAL. HABEAS CORPUS. 1. IMPETRAÇÃO SUBSTITUTIVA DO RECURSO PRÓPRIO. NÃO CABIMENTO. 2. HOMICÍDIO NO TRÂNSITO. INDÍCIOS DE PRÁTICA DE RACHA. NÃO COMPROVAÇÃO DE TOQUE ENTRE OS CASOS (sic – CARROS). PACIENTE IMPRONUNCIADO NA ORIGEM. 3. REFORMA DE DECISÃO. PRONÚNCIA PROFERIDA PELA CORTE DE ORIGEM. CONSTATAÇÃO DA MATERIALIDADE DO FATO. EXISTÊNCIA DE INDÍCIOS SUFICIENTES DE AUTORIA. PREENCHIMENTO DOS ELEMENTOS DO ART. 413 DO CPP. 4. EXISTÊNCIA

DE DÚVIDA RAZOÁVEL SOBRE A DINÂMICA DOS FATOS. CONTEXTO QUE DEVE SER ANALISADO PELO JÚRI. JUIZ NATURAL DA CAUSA. IN DUBIO PRO SOCIETATE. 5. HABEAS CORPUS NÃO CONHECIDO.

1. A Primeira Turma do STF e as Turmas que compõem a Terceira Seção do STJ, diante da utilização crescente e sucessiva do habeas corpus, passaram a restringir a sua admissibilidade quando o ato ilegal for passível de impugnação pela via recursal própria, sem olvidar a possibilidade de concessão da ordem, de ofício, nos casos de flagrante ilegalidade.

2. O paciente foi denunciado em virtude da morte de dois jovens em acidente de carro, decorrente de disputa conhecida como "racha", da qual fazia parte. O Magistrado de origem entendeu que a ausência de prova do toque entre os carros envolvidos na disputa automobilística inviabilizava o julgamento do paciente pelo Tribunal do Júri, razão pela qual o impronunciou.

3. Pronúncia proferida pelo Tribunal de origem que considerou que "o nexo de causalidade entre a conduta do apelado – participação na disputa automobilística não autorizada (racha), mediante aceitação e instigação realizada reciprocamente entre este e a vítima Daiki – e o resultado (acidente fatal) possui total relevância".

4. A decisão de pronúncia não revela juízo de mérito mas apenas de admissibilidade da acusação, direcionando o julgamento da causa para o Tribunal do Júri, órgão competente para julgar os crimes dolosos contra a vida. Para tanto, basta a demonstração da materialidade do fato e a existência de indícios suficientes de autoria ou de participação, conforme disciplina o art. 413 do Código de Processo Penal. Ao Juiz de origem cabe analisar apenas as dúvidas pertinentes à própria admissibilidade da acusação. As incertezas existentes sobre o mérito propriamente dito devem ser encaminhadas ao Júri, por ser este o Juiz natural da causa. É esse o contexto em que se revela o brocardo *in dubio pro societate.*

5. Habeas corpus não conhecido.

(HC 267.068/SC, Rel. Ministro REYNALDO SOARES DA FONSECA, QUINTA TURMA, julgado em 23/02/2016, DJe 29/02/2016).

HABEAS CORPUS SUBSTITUTO DE RECURSO ESPECIAL. NÃO CABIMENTO. HOMICÍDIO QUALIFICADO, LESÃO CORPORAL E ARTS. 304 E 305 DO CÓDIGO DE TRÂNSITO BRASILEIRO. PRONÚNCIA. DOLO EVENTUAL. PRETENSÃO DE DESCONSTITUIÇÃO DO ELEMENTO SUBJETIVO. IMPROCEDÊNCIA. TRANCAMENTO DA AÇÃO PENAL. MEDIDA EXCEPCIONAL QUE NÃO SE VERIFICA. QUALIFICADORA DO CRIME DE HOMICÍDIO. EXCLUSÃO. IMPOSSIBILIDADE. HABEAS CORPUS NÃO CONHECIDO.

Vistos, relatados e discutidos os autos em que são partes as acima indicadas, acordam os Ministros da Quinta Turma do Superior Tribunal de Justiça, por unanimidade, não conhecer do pedido, nos termos do voto do Sr. Ministro Relator.

1. O Superior Tribunal de Justiça, seguindo o entendimento firmado pela Primeira Turma do Supremo Tribunal Federal, não admite a impetração de habeas corpus em substituição ao recurso próprio previsto no ordenamento jurídico.

Contudo, nos casos de flagrante ilegalidade, a ordem poderá ser concedida de ofício.

2. O dolo eventual, abrigado na segunda parte do art. 18, inciso I, do Código Penal, caracterizado na conduta do agente que assente no resultado representado, tem sido, atualmente, reconhecido com grande frequência nos delitos de trânsito, como resultado das inúmeras campanhas realizadas, demonstrando o risco da direção perigosa e a necessidade de punir o motorista que revela seu desapego à incolumidade alheia.

3. Na hipótese, ao contrário do que alega o impetrante, o Tribunal de origem, ao confirmar a pronúncia, fundamentou que há relevantes indícios a indicar que o paciente conduzia seu veículo em alta velocidade, sem respeitar a sinalização e sob influência de álcool, além de

estar com sua habilitação suspensa para dirigir por embriaguez ao volante e ter se evadido do local do acidente sem prestar socorro, de forma a submetê-lo ao Tribunal do Júri. Consta no acórdão impugnado, outrossim, que não é evidente a tese de ausência de dolo eventual.

4. Nesse contexto, deve ser submetido ao Conselho de Sentença as teses de desclassificação para delito culposo e exclusão da qualificadora (com emprego de meio que possa resultar perigo comum).

Com efeito, com relação à majorante do homicídio, somente é cabível a exclusão da pronúncia quando manifestamente improcedente ou descabida, para se garantir a constitucional competência do Júri.

5. Este Colendo Tribunal já decidiu que o trancamento da ação penal, na via estreita do *habeas corpus*, faz-se possível, em caráter excepcional, quando se comprovar, de forma inequívoca, a falta de justa causa, a atipicidade da conduta ou a extinção da punibilidade, o que não se verifica no caso sob exame.

6. Habeas Corpus não conhecido.

(HC 296.621/DF, Rel. Ministro WALTER DE ALMEIDA GUILHERME (DESEMBARGADOR CONVOCADO DO TJ/SP), QUINTA TURMA, julgado em 06/11/2014, DJe 11/11/2014).

No mesmo sentido, o Tribunal de Justiça de Santa Catarina:

"Pronúncia. Homicídio e lesões corporais. Dolo eventual. O autor que, dirigindo um caminhão, com carga pesada, em uma reta, com condições climáticas favoráveis, pretende ultrapassar um veículo longo que trafega em velocidade razoável, depara-se com um ônibus que lhe dá sinais luminosos, indicando a impossibilidade de ultrapassagem e não toma conhecimento, obrigando aquele veículo a deslocar-se para o acostamento, e, na sequência, outros dois coletivos procedem do mesmo modo, sem que o acusado desista da manobra e vem a chocar-se com um quarto ônibus, matando vinte e uma pessoas e ferindo outras trinta e cinco, age com dolo eventual, devendo responder perante o Tribunal do Júri, eis que ultrapassou os limites da culpa consciente" (Recurso Criminal 9.698/94, Rel. Des. Cláudio Marques, j. 24.5.1994).

E ainda o Tribunal de Justiça do Paraná:

"Acidente de trânsito. Pretensão de desclassificação dos fatos para o tipo de delito culposo de trânsito. Não é o caso quando da realidade da ação desenvolvida resultam evidenciados indícios de que o motorista pode ter potencializado risco suficiente para configurar o dolo eventual no momento em que mediante manobra conhecida como cavalo de pau arremessou o veículo sobre o passeio e deu ensejo ao resultado lesivo do bem jurídico..." (Apelação Criminal 643353-2, Rel. Des. Francisco Cardozo de Oliveira, DJ 23.4.2010).

1.11. Embriaguez, Isoladamente, não Prova o Dolo Eventual

A matéria suscita controvérsias conforme as circunstâncias do caso concreto, de modo que a embriaguez ao volante, por si só, não gera presunção de dolo eventual contra o agente. O dolo eventual há de ser aferido nas circunstâncias do caso concreto. Não precisa ser lido na mente do agente.

Nesse sentido o Supremo Tribunal Federal:

"Penal. *Habeas corpus*. Tribunal do Júri. Pronúncia por homicídio qualificado a título de dolo eventual. Desclassificação para homicídio culposo na direção de veículo automotor...2. O homicídio na forma culposa na direção de veículo automotor (art. 302, *caput*, do CTB) prevalece se a capitulação atribuída ao fato como homicídio doloso decorre de mera presunção ante a embriaguez alcoólica eventual. 3. A embriaguez alcoólica que conduz à responsabilização a título doloso é apenas a preordenada, comprovando-se que o agente se embebedou para praticar o ilícito ou assumir o risco de produzi-lo. 4. *In casu*, do exame da descrição dos fatos empregada nas razões de decidia da sentença e do acórdão do TJSP, não restou demonstrado que o paciente tenha ingerido bebida alcoólica no afã de produzir o resultado morte..." (STF, 1ª Turma, *Habeas corpus* 107.801-SP, Rel. Min. Luis Fux, DJ 13.10.2011).

No mesmo sentido, o Superior Tribunal de Justiça:

"Em delitos de trânsito, não é possível a conclusão automática de ocorrência de dolo eventual com base apenas em embriaguez do agente. Sendo os crimes de trânsito em regra culposos, impõe-se a indicação dos elementos concretos dos autos que indiquem o oposto, demonstrando que o agente tenha assumido o risco do advento do dano, em flagrante indiferença ao bem jurídico tutelado" (HC 58826 – RS, 6ª T., Rel. Min. Maria Thereza de Assis Moura, 29.06.2009, v.u.).

Na mesma direção, o Tribunal de Justiça do Ceará:

"Configura-se crime de homicídio culposo quando o agente, ao dirigir veículo embriagado, provoca acidente causando lesão corporal em uma vítima e morte em outra. No caso, o apelante, ao dirigir veículo, violando o dever objetivo de cuidado, ao deixar de prestar atenção e guardar a distância segura do veículo à sua frente, embriagado, agindo com imprudência, colidiu com a parte traseira de uma motocicleta, lesionando o seu condutor, causando, ainda, a morte do garupeiro, por traumatismo craniano" (Apelação Criminal 51310200580601761, Rel. Des. Francisca Adelineide Viana, j. 16.2.2012).

E ainda o Tribunal de Justiça de São Paulo:

RECURSO EM SENTIDO ESTRITO. Triplo homicídio simples, dois deles na forma tentada, no trânsito. Embriaguez ao volante. Materialidade devidamente comprovada. Dolo indireto eventual. Pleito de desclassificação. Recorrente que havia ingerido bebida alcoólica e colidiu seu veículo contra outro que trafegava em sentido contrário da rodovia, resultando numa morte e em duas tentativas. Assunção do risco de causar o infortúnio não implica, compulsoriamente na aceitação da produção do resultado. O dolo eventual demanda um e outro, ao passo que a culpa consciente se caracteriza pela previsão objetiva do resultado e na certeza que não se verificará. Elementos indiciários insuficientes de que o condutor do veículo automotor tenha assumido o risco anuindo em produzir o resultado morte. Desclassificação. Recurso Provido, com Determinação.

(Relator(a): Camargo Aranha Filho; Comarca: Monte Alto; Órgão julgador: 15ª Câmara de Direito Criminal; Data do julgamento: 01/12/2016; Data de registro: 05/12/2016).

1.11.1 Embriaguez pode Apontar para o Dolo Eventual: Compete ao Tribunal do Júri a Decisão

Tribunal de Justiça de São Paulo:

Recurso em sentido estrito – Homicídio qualificado consumado, por duas vezes, em concurso formal com homicídio qualificado tentado – Motivo fútil e meio cruel – Crimes praticados na direção de veículo automotor – Acusado que confessou estar embriagado – Preliminar de nulidade da sentença de pronúncia por cerceamento de defesa consistente na falta de intimação da defesa para manifestação sobre os laudos de dosagem alcoólica e do local dos fatos – Não acolhimento – Juntada dos citados exames em momento anterior ao oferecimento das alegações finais – Recurso defensivo visando a desclassificação da imputação inicial para os crimes de homicídio culposo e lesão corporal – Circunstâncias do fato que impedem a conclusão quanto à não caracterização do dolo eventual – Necessidade de submissão da acusação, tal como reconhecida na decisão de pronúncia, à análise do Conselho de Sentença – Pretendido afastamento das qualificadoras – Compatibilidade entre o motivo fútil e a figura do dolo eventual – Recurso improvido.

(Relator(a): Otavio Rocha; Comarca: Eldorado; Órgão julgador: 7ª Câmara de Direito Criminal; Data do julgamento: 22/09/2016; Data de registro: 28/09/2016).

1.11.2. *Nota Doutrinária sobre o Dolo Eventual*

A culpa consciente e o dolo eventual têm um traço em comum: a previsibilidade do resultado. Em ambos, o agente prevê a possibilidade de produção de resultado danoso. Na culpa consciente, ele tem a certeza de sua não ocorrência, não assente à produção do resultado. No dolo eventual, pela teoria do assentimento, o agente tolera a produção do resultado, anui, aquiesce à sua ocorrência.

Elucidativa, nesse sentido, a autorizada lição de André Estefam:

> "*Não se pode confundir culpa consciente com dolo eventual.* Em ambos, o agente prevê o resultado, mas *não* deseja que ele ocorra; porém, na culpa consciente, ele tenta evitá-lo, enquanto no dolo eventual mostra-se indiferente quanto à sua ocorrência, não tentando impedi-lo. Assim, por exemplo, se o agente dirige um veículo perigosamente e em alta velocidade e vê um pedestre atravessando a rua, tentando, sem êxito, evitar o atropelamento, teremos culpa consciente. Se, nas mesmas circunstâncias, em vez de buscar evitar o acidente, o motorista continua com sua direção imprudente, pensando "se morrer, morreu", haverá dolo eventual" (Direito Penal. Parte Geral. 5ª ed. São Paulo: Saraiva, 2016, p. 223).

Segundo Cezar Roberto Bitencourt,

> "Haverá *dolo eventual* quando o agente não quiser diretamente a realização do tipo, mas a aceitar como possível ou até provável, *assumindo o risco* da produção do resultado (art. 18, I, *in fine*, do CP). No dolo eventual o agente prevê o resultado como *provável* ou, ao menos, como *possível*, mas, apesar de prevê-lo, age aceitando o risco de produzi-lo. Como afirmava Hungria, *assumir o risco* é alguma coisa mais que ter consciência de correr o risco: é consentir previamente no resultado, caso este venha efetivamente a ocorrer. Essa espécie de dolo tanto pode existir quando a intenção do agente dirige-se a um *fim penalmente típico* como quando dirige-se a um resultado extratípico.
>
> A *consciência e a vontade*, que representam a essência do dolo direto, como seus elementos constitutivos, também devem estar presentes no *dolo eventual.* Para que este se configure é insuficiente a mera *ciência da probabilidade do resultado* ou a atuação consciente da possibilidade concreta da produção desse resultado, como sustentam os defensores da *teoria da probabilidade.* É indispensável uma determinada *relação de vontade* entre o resultado e o agente e é exatamente esse *elemento volitivo* que distingue o dolo da culpa. Como lucidamente sustenta Alberto Silva Franco: "Tolerar o resultado, consentir em sua produção, estar a ele conforme, assumir o risco de produzi-lo não passam de formas diversas de expressar um único momento, o de aprovar o resultado alcançado, enfim, o de querê-lo". Com todas as expressões – aceita, anui, assume, admite o risco ou o resultado – pretende-se descrever um *complexo processo psicológico* em que se misturam elementos intelectivos e volitivos, conscientes e inconscientes, impossíveis de serem reduzidos a um conceito unitário de dolo. No entanto, como a distinção entre *dolo eventual e culpa consciente* paira sob uma penumbra, uma zona gris, é fundamental que se estabeleça com a maior clareza possível essa região fronteiriça, diante do tratamento jurídico diferenciado que se dá às duas categorias.
>
> O dolo eventual não se confunde com a *mera esperança* ou simples desejo de que determinado resultado ocorra, como no exemplo trazido por Wezel, do sujeito que manda seu desafeto a um bosque, durante uma tempestade, na esperança de que seja atingido por um raio. No entanto, se o agente não conhece com certeza os elementos requeridos pelo tipo objetivo, mas, mesmo na dúvida sobre sua existência, age, aceitando essa possibilidade, estará configurado o dolo eventual" (Tratado de Direito Penal, Parte Geral 1. 14 ed. São Paulo: Saraiva, 2009, p. 290).

1.11.3. Distinção entre Dolo Eventual e Culpa Consciente

Segundo Cezar Roberto Bitencourt,

> "Os *limites fronteiriços* entre dolo eventual e culpa consciente constituem um dos problemas mais tormentosos da Teoria do Delito. Há entre ambos um traço comum: *a previsão* do resultado proibido. Mas, enquanto no *dolo eventual* o agente anui ao advento desse resultado, *assumindo o risco* de produzi-lo, em vez de renunciar à ação, na *culpa consciente*, ao contrário, repele a hipótese de superveniência do resultado, na esperança convicta de que este não ocorrerá, avalia e age mal.
>
> ....
>
> Duas teorias, fundamentalmente, procuram distinguir dolo eventual e culpa consciente: *teoria da probabilidade* e *teoria da vontade* ou do consentimento. Para a primeira, diante da dificuldade de demonstrar o *elemento volitivo*, o querer o resultado, admite a existência do *dolo eventual* quando o agente representa o resultado como de muito provável execução e, apesar disso, atua, admitindo a sua produção. No entanto, se a produção do resultado for menos provável, isto é, pouco provável, haverá *culpa consciente*. Para a segunda é insuficiente que o agente represente o resultado como de provável ocorrência, sendo necessário que a probabilidade da produção do resultado seja incapaz de remover a vontade de agir, ou seja, o valor positivo da ação é mais forte para o agente do que o valor negativo do resultado, que, por isso, assume o risco de produzi-lo. Haveria *culpa consciente* se, ao contrário, desistisse da ação, estando convencido da probabilidade do resultado. No entanto, não estando convencido, calcula mal e age, produzindo o resultado. Como se constata, a *teoria da probabilidade* desconhece o elemento volitivo, que é fundamental na distinção entre dolo eventual e culpa consciente, e que, por isso mesmo, é melhor delimitado pela *teoria do consentimento*.
>
> Por fim, a distinção entre dolo eventual e culpa consciente resume-se à aceitação ou rejeição da possibilidade de produção do resultado. Persistindo a dúvida entre uma e outra, dever-se-á concluir pela solução menos grave: pela *culpa consciente*" (ob. cit., p. 309-310).

1.11.4. Compete ao Tribunal do Júri Decidir se Há Dolo Eventual ou Culpa Consciente

Nossos Tribunais Superiores têm entendido que compete ao Tribunal do Júri decidir se no caso concreto há dolo eventual ou culpa consciente, uma vez presentes os requisitos mínimos para a pronúncia.

Supremo Tribunal Federal:

> Ementa: HABEAS CORPUS. AÇÃO PENAL. HOMICÍDIO NA DIREÇÃO DE VEÍCULO AUTOMOTOR. DENÚNCIA POR HOMICÍDIO DOLOSO. EMBRIAGUEZ AO VOLANTE. PRETENSÃO DE DESCLASSIFICAÇÃO PARA DELITO CULPOSO. EXAME DO ELEMENTO SUBJETIVO. ANÁLISE DE MATÉRIA FÁTICO-PROBATÓRIA. INVIABILIDADE DA VIA. NECESSIDADE DE ENFRENTAMENTO INICIAL PELO JUÍZO COMPETENTE. TRIBUNAL DO JÚRI. ORDEM DENEGADA. 1. Apresentada denúncia por homicídio na condução de veículo automotor, na modalidade de dolo eventual, havendo indícios mínimos que apontem para o elemento subjetivo descrito, tal qual a embriaguez ao volante, a alta velocidade e o acesso à via pela contramão, não há que se falar em imediata desclassificação para crime culposo antes da análise a ser perquirida pelo Conselho de Sentença do Tribunal do Júri. 2. O enfrentamento acerca do elemento subjetivo do delito de homicídio demanda profunda análise fático-probatória, o que, nessa medida, é inalcançável em sede de habeas corpus. 3. Ordem denegada, revogando-se a liminar anteriormente deferida.
>
> (HC 121654, Relator(a): Min. MARCO AURÉLIO, Relator(a) p/ Acórdão: Min. EDSON FACHIN, Primeira Turma, julgado em 21/06/2016, PROCESSO ELETRÔNICO DJe-222 DIVULG 18-10-2016 PUBLIC 19-10-2016).

EMENTA HABEAS CORPUS. SUBSTITUTIVO DO RECURSO CONSTITUCIONAL. INADEQUAÇÃO DA VIA ELEITA. HOMICÍDIO DOLOSO. TRÂNSITO. PRONÚNCIA. 1. O habeas corpus tem rica história, constituindo garantia fundamental do cidadão. Ação constitucional que é, não pode ser amesquinhado, mas também não é passível de vulgarização, sob pena de sua descaracterização como remédio heroico. Contra a denegação de habeas corpus por Tribunal Superior prevê a Constituição Federal remédio jurídico expresso, o recurso ordinário. Diante da dicção do art. 102, II, a, da Constituição da República, a impetração de novo habeas corpus em caráter substitutivo escamoteia o instituto recursal próprio, em manifesta burla ao preceito constitucional. Precedente da Primeira Turma desta Suprema Corte. 2. Não cabe na pronúncia analisar e valorar profundamente as provas, pena inclusive de influenciar de forma indevida os jurados, de todo suficiente a indicação, fundamentada, da existência de provas da materialidade e autoria de crime de competência do Tribunal do Júri. 3. Mesmo em crimes de trânsito, definir se os fatos, as provas e as circunstâncias do caso autorizam a condenação do paciente por homicídio doloso ou se, em realidade, trata-se de hipótese de homicídio culposo ou mesmo de inocorrência de crime é questão que cabe ao Conselho de Sentença do Tribunal do Júri. 4. Habeas corpus extinto sem resolução do mérito.

(HC 109210, Relator(a): Min. MARCO AURÉLIO, Relator(a) p/ Acórdão: Min. ROSA WEBER, Primeira Turma, julgado em 21/08/2012, PROCESSO ELETRÔNICO DJe-154 DIVULG 07-08-2013 PUBLIC 08-08-2013).

Superior Tribunal de Justiça:

HABEAS CORPUS. HOMICÍDIO TRIPLAMENTE QUALIFICADO. ALEGAÇÃO DE INCOMPATIBILIDADE ENTRE O DOLO EVENTUAL E AS QUALIFICADORAS DO HOMICÍDIO. PEDIDO DE RECONHECIMENTO DO HOMICÍDIO CULPOSO.

CONSTRANGIMENTO ILEGAL INEXISTENTE. ORDEM DENEGADA.

1. Consta que o Paciente foi denunciado pela prática, em tese, de homicídio triplamente qualificado (motivo fútil, emprego de meio cruel e recurso que impossibilitou a defesa da vítima), por duas vezes, em concurso formal, uma vez que "a denúncia sustenta que o paciente praticou homicídio doloso, na modalidade de dolo eventual, ao assumir o risco de produzir o resultado, ao conduzir veículo automotor, qual seja, camionete Toyota Hilux, em alta velocidade, aproximadamente 134 km/h, em local cuja velocidade regulamentar é de 40 km/h", além do que "o paciente se encontrava em estado de embriaguez".

2. Quanto ao pedido de reconhecimento do crime de homicídio culposo, nos termos do art. 302 da Lei n.º 9.503/97, as instâncias ordinárias reconheceram a existência de dolo eventual, motivo pelo qual, nesse contexto, modificar tal entendimento implicaria a reavaliação do conjunto fático-probatório, inviável na estreita via do writ.

Precedente.

3. Quanto ao pedido de exclusão das qualificadoras descritas na denúncia, sustenta a impetração a incompatibilidade entre o dolo eventual e as qualificadoras do homicídio. Todavia, o fato de o Paciente ter assumido o risco de produzir o resultado morte, aspecto caracterizador do dolo eventual, não exclui a possibilidade de o crime ter sido praticado por motivo fútil, uma vez que o dolo do agente, direto ou indireto, não se confunde com o motivo que ensejou a conduta, não se afigurando, em princípio, a apontada incompatibilidade. Precedente.

4. As qualificadoras só podem ser excluídas quando, de forma incontroversa, mostrarem-se absolutamente improcedentes, sem qualquer apoio nos autos – o que não se vislumbra in casu –, sob pena de invadir a competência constitucional do Tribunal do Júri.

Precedente.

5. Ordem denegada.

(HC 118.071/MT, Rel. Ministra LAURITA VAZ, QUINTA TURMA, julgado em 07/12/2010, DJe 01/02/2011).

HOMICÍDIO NO TRÂNSITO. ANÁLISE DOS ELEMENTOS CONSTANTES NO ACÓRDÃO RECORRIDO. REEXAME DE MATERIAL FÁTICO/PROBATÓRIO. AUSÊNCIA. DOLO EVENTUAL x CULPA CONSCIENTE. COMPETÊNCIA. TRIBUNAL DO JÚRI. RESTABELECIMENTO DA SENTENÇA DE PRONÚNCIA.

1. O restabelecimento do decisum que remeteu o agravante à Júri Popular não demanda reexame do material fático/probatório dos autos, mas mera revaloração dos elementos utilizados na apreciação dos fatos pelo Tribunal local e pelo Juiz de primeiro grau.

2. A decisão de pronúncia encerra simples juízo de admissibilidade da acusação, exigindo o ordenamento jurídico somente o exame da ocorrência do crime e de indícios de sua autoria, não se demandando aqueles requisitos de certeza necessários à prolação de um édito condenatório, sendo que, nessa fase processual, as questões resolvem-se a favor da sociedade.

3. Afirmar se o Réu agiu com dolo eventual ou culpa consciente é tarefa que deve ser analisada pela Corte Popular, juiz natural da causa, de acordo com a narrativa dos fatos constantes da denúncia e com o auxílio do conjunto fático/probatório produzido no âmbito do devido processo legal.

4. Na hipótese, tendo a provisional indicado a existência de crime doloso contra a vida – embriaguez ao volante, excesso de velocidade e condução do veículo na contramão de direção, sem proceder à qualquer juízo de valor acerca da sua motivação, é caso de submeter o Réu ao Tribunal do Júri.

5. Recurso especial provido para restabelecer a sentença de pronúncia.

(REsp 1279458/MG, Rel. Ministro JORGE MUSSI, QUINTA TURMA, julgado em 04/09/2012, DJe 17/09/2012).

PENAL. AGRAVO REGIMENTAL NO RECURSO ESPECIAL. HOMICÍDIO. ACIDENTE DE TRÂNSITO. EMBRIAGUEZ AO VOLANTE. AFERIÇÃO DO ELEMENTO SUBJETIVO DO TIPO. ANÁLISE DA EVENTUAL CARACTERIZAÇÃO DE CULPA CONSCIENTE OU DOLO EVENTUAL. COMPETÊNCIA DO TRIBUNAL DO JURI. SENTENÇA DE PRONÚNCIA RESTABELECIDA.

1. O deslinde da controvérsia sobre o elemento subjetivo do crime, especificamente, se o acusado atuou com dolo eventual ou culpa consciente, fica reservado ao Tribunal do Juri, juiz natural da causa, onde a defesa poderá exercer amplamente a tese contrária à imputação penal. Precedentes.

2. Havendo elementos indiciários que subsidiem, com razoabilidade, as versões conflitantes acerca da existência de dolo, ainda que eventual, a divergência deve ser solvida pelo Conselho de Sentença, evitando-se a indevida invasão da sua competência constitucional.

3. Agravo regimental desprovido.

(AgRg no REsp 1588984/GO, Rel. Ministro ANTONIO SALDANHA PALHEIRO, SEXTA TURMA, julgado em 25/10/2016, DJe 18/11/2016).

1.12. *Execução Provisória da Pena, por Homicídio Culposo de Trânsito, em Face de Decisão Condenatória Confirmada em Segunda Instância*

Supremo Tribunal Federal:

Agravo regimental em recurso extraordinário com agravo. 2. Homicídio culposo por acidente de trânsito (art. 302, parágrafo único, incisos II e III e art. 306, ambos do Código de Trânsito Brasileiro). 3. Suspensão da habilitação para dirigir aos condenados em homicídio culposo. Repercussão geral reconhecida no RE 607.107/MG. Pendência de julgamento. 4.Trânsito em julgado em relação às outras penas aplicadas. Execução provisória da pena. O Plenário, em recente julgamento do HC 126.292/SP, relatoria do Min. Teori Zavascki

(Ata 2, DJe 19.2.2016), firmou entendimento no sentido de ser possível o início da execução da pena na pendência de recurso extraordinário ou especial. Isso porque, no plano legislativo, o art. 637 do CPP afirma que os recursos extraordinários não têm efeito suspensivo. Logo, uma decisão condenatória de segunda instância poderia ser executada na pendência do recurso. Precedentes. 5. Agravo regimental a que se nega provimento.

(ARE 737305 AgR, Relator(a): Min. GILMAR MENDES, Segunda Turma, julgado em 28/06/2016, ACÓRDÃO ELETRÔNICO DJe-167 DIVULG 09-08-2016 PUBLIC 10-08-2016)

Superior Tribunal de Justiça:

HABEAS CORPUS SUBSTITUTIVO DE RECURSO PRÓPRIO. INADEQUAÇÃO DA VIA ELEITA. HOMICÍDIO CULPOSO DE TRÂNSITO. EXECUÇÃO PROVISÓRIA DA PENA DETERMINADA PELO TRIBUNAL. POSSIBILIDADE. RECENTE ENTENDIMENTO DO SUPREMO TRIBUNAL FEDERAL. AUSÊNCIA DE VIOLAÇÃO DO PRINCÍPIO DA PRESUNÇÃO DE INOCÊNCIA. CONSTRANGIMENTO ILEGAL NÃO CONFIGURADO.

1. O Superior Tribunal de Justiça, seguindo entendimento firmado pelo Supremo Tribunal Federal, passou a não admitir o conhecimento de habeas corpus substitutivo de recurso próprio. No entanto, deve-se analisar o pedido formulado na inicial, tendo em vista a possibilidade de se conceder a ordem de ofício, em razão da existência de eventual coação ilegal.

2. O Plenário do Supremo Tribunal Federal, por maioria de votos, entendeu que A execução provisória de acórdão penal condenatório proferido em grau de apelação, ainda que sujeito a recurso especial ou extraordinário, não compromete o princípio constitucional da presunção de inocência afirmado pelo artigo 5º, inciso LVII da Constituição Federal (STF, HC n. 126.292, Rel. Min. TEORI ZAVASCKI, Tribunal Pleno, DJe 17/05/2016).

3. No particular, encerrada a jurisdição das instâncias ordinárias (bem como a análise dos fatos e provas que assentaram a culpa do condenado), é possível dar início à execução provisória da pena antes do trânsito em julgado da condenação, sem que isso importe em violação do princípio constitucional da presunção de inocência.

4. Impende registrar que a prisão decorrente de decisão confirmatória de condenação do Tribunal de apelação não depende do exame dos requisitos previstos no art. 312 do CP. Está na competência do juízo revisional e independe de recurso da acusação.

5. Como efeito, diante da guinada jurisprudencial do STF, acima indicada, não se discute mais, nesta fase processual, os pressupostos legais da prisão cautelar. Trata-se de execução provisória da pena, que somente poderá ser sustada se concedido efeito suspensivo ao recurso especial interposto.

6. Habeas corpus não conhecido.

(HC 366.880/RS, Rel. Ministro REYNALDO SOARES DA FONSECA, QUINTA TURMA, julgado em 22/11/2016, DJe 02/12/2016).

2. O Crime de Lesão Corporal Culposa de Trânsito

Art. 303. Praticar lesão corporal culposa na direção de veículo automotor:

Penas – detenção, de seis meses a dois anos e suspensão ou proibição de se obter a permissão ou a habilitação para dirigir veículo automotor.

§ 1º Aumenta-se a pena de 1/3 (um terço) à metade, se ocorrer qualquer das hipóteses do § 1º do art. 302. (Renumerado do parágrafo único pela Lei 13.546/2017. Vigência em 19 de abril de 2018).

§ 2º A pena privativa de liberdade é de reclusão de dois a cinco anos, sem prejuízo das outras penas previstas neste artigo, se o agente conduz o veículo com capacidade psicomotora alterada em razão da influência de álcool ou de outra substância psicoativa que determine dependência, e se do crime resultar lesão corporal de natureza grave ou gravíssima. (Incluído pela Lei 13.546/2017. Vigência em 19 de abril de 2018).

2.1. Bem Jurídico Tutelado

O legislador, no crime de lesão corporal culposa de trânsito, protege a saúde e a integridade corporal das pessoas.

Protege, ainda, a segurança viária, direito de todos, dever dos condutores e órgãos integrantes do Sistema Nacional de Trânsito.

2.2. Sujeitos do Crime

O sujeito ativo é comum, ou seja, qualquer pessoa poderá incorrer no crime de lesão corporal culposa de trânsito, desde que esteja na condução de veículo automotor, na via pública ou não, pois o tipo penal não exige o elemento de natureza espacial

O sujeito passivo é o ser humano, nascido com vida.

2.3. Condutas

Conduzir veículo automotor em via, agindo com culpa. Trata-se da produção de ofensa à integridade corporal de outra (s) pessoa (s), por conduta culposa do condutor de veículo automotor, que tenha agido com imprudência, negligência ou imperícia, na direção de veículo automotor.

Sobre as definições de imprudência, imperícia e negligência, remetemos o leitor ao exposto no item 1.1 acima.

Crime material, de dano, de conduta e resultado.

A circunstância de o crime produzir lesões leves, graves ou gravíssimas é irrelevante no tocante à configuração do delito, mas poderá ser considerada na fixação da pena, nos termos do art. 59, do Código Penal, no que concerne às consequências do crime.

Cabe aqui a mesma crítica feita à técnica de redação utilizada pelo legislador, idêntica à empregada ao prever o crime de homicídio culposo de trânsito. Melhor seria se o legislador tivesse dito *ofender a integridade corporal de alguém, por culpa, na direção de veículo automotor*. Mas a imperfeição, como dito acima, não gera a inaplicabilidade do preceito, por ofensa aos princípios da legalidade e da taxatividade no direito penal, como chegaram a sustentar alguns estudiosos, sem sucesso.

2.4. Voluntariedade

É elemento subjetivo do tipo a culpa, por imprudência, negligência ou imperícia, culpa consciente ou inconsciente. Sobre tais aspectos, remetemos o leitor ao exposto no item 1.1 acima.

2.5. Consumação e Tentativa

O crime se consuma com a produção de dano à saúde e à integridade corporal de outra pessoa, seja em virtude de lesões, leves, graves ou gravíssimas, decorrentes do acidente.

A tentativa não é possível, cuidando-se de crime culposo, pois o nexo – nos crimes culposos – se verifica entre a conduta e a ação ou omissão, não entre a conduta e o resultado.

2.5.1. Reparação do Dano: Efeitos

A reparação do dano, antes do recebimento da denúncia, no crime de lesão corporal culposa de trânsito, implicará renúncia ao direito de representação e extinção da punibilidade, nos termos do art. 74, § único, da Lei 9.099/95 (Lei do Juizado Especial Criminal), conforme prevê o art. 291, § 1º, do Código de Trânsito, **desde que não haja**: a) embriaguez, influência do álcool ou de outra substância psicoativa; b) disputa de corrida ou competição não autorizada (racha); c) excesso de mais de 50 km/h em relação à velocidade estabelecida para a via (incisos I, II e III). Trata-se da denominada composição civil extintiva da punibilidade.

No tocante ao arrependimento posterior (art. 16, do Código Penal), são válidas as observações constantes do item 1.5.1, acima.

2.6. Ação Penal

a) Poderá ser **pública condicionada à representação do ofendido** desde que não haja nenhuma das situações do art. 291, § 1º, do Código de Trânsito: a) embriaguez, influência do álcool ou de outra substância psicoativa; b) disputa de corrida ou competição não autorizada; c) excesso de mais de 50 km/h em relação à velocidade estabelecida para a via.

Nesse caso, o fato poderá ser apurado mediante termo circunstanciado, na forma da Lei 9.099/95.

Estaremos diante de crime de menor potencial ofensivo, passível de transação penal e de suspensão condicional do processo (arts. 76 e 89, da Lei 9.099/95), assim como da composição civil extintiva da punibilidade (art. 74, § único, da Lei 9.099/95).

b) Porém, se houver embriaguez, racha ***ou*** excesso de mais de 50 km/h em relação à velocidade da via, **a ação penal será pública incondicionada**. O fato deverá ser apurado em inquérito policial e não caberão a composição civil do art. 74, nem a transação penal do art. 76, da Lei 9.099/95.

Mas, em tese, continuará a ser cabível a aplicação da suspensão condicional do processo, nos termos do art. 89, da Lei 9.099/95, por se tratar de crime cuja pena mínima prevista não é superior a um ano.

A suspensão condicional do processo, porém, poderá ser recusada motivadamente, se o Ministério Público, titular da ação penal pública, a quem cabe formular a proposta, entender que a conduta social, motivos e circunstâncias do crime, além de suas consequências, não indicarem que a medida seja suficiente e adequada ao caso concreto. A recusa será sempre motivada.

O juiz, discordando, não poderá propor a suspensão de ofício. Mas deverá aplicar, por analogia, o disposto no art. 28, do Código de Processo Penal, para que o Procurador-Geral de Justiça decida sobre a questão, nos termos da Súmula 696[12] do Supremo Tribunal Federal.

2.7. Causas de Aumento de Pena

O legislador cuidou de remeter às mesmas causas de aumento de pena aplicáveis ao crime de homicídio culposo de trânsito, previstas no art. 302, § 1º. Medida adequada, pela

12 Súmula 696 do STF: Reunidos os pressupostos legais permissivos da suspensão condicional do processo, mas se recusando o Promotor de Justiça a propô-la, o Juiz, dissentindo, remeterá a questão ao Procurador-Geral, aplicando-se por analogia o art. 28 do Código de Processo Penal.

sistematização aplicada, cuidando-se de dois crimes culposos assemelhados, embora o desvalor da conduta evidentemente seja maior no homicídio culposo de trânsito, que suprime o bem da vida.

A nova lei 13.456/17 trouxe ainda a lesão corporal culposa de trânsito qualificada, se o agente conduz o veículo com capacidade psicomotora alterada em razão da influência de álcool ou de outra substância psicoativa que determine dependência, e se do crime resultar lesão corporal de natureza grave ou gravíssima (§ 2º).

As penas, nesse caso, serão de 2 a 5 anos de reclusão, sem prejuízo de outras penas previstas neste artigo. Já se afasta, de antemão, a aplicação do art. 89, da Lei 9.099/95, que prevê a suspensão condicional do processo acordada entre o Ministério Público e o acusado, assistido por seu defensor, pois a pena mínima prevista supera um ano.

Mas persiste, em tese, a possibilidade de aplicação de penas restritivas de direitos, se atendidos todos os requisitos do art. 44, I, II e III, do Código Penal. Assim como de regime inicial aberto, se a pena aplicada não for superior a 4 anos e os motivos e circunstâncias não apontarem para a necessidade de regime inicial mais rigoroso (art. 33, § 3º, c.c. art. 59, ambos do Código Penal).

Importante assinalar, contudo, que a figura típica da lesão corporal culposa de trânsito qualificada do parágrafo 2º somente será aplicada para fatos ocorridos a partir do dia 19 de abril de 2018, quando entraram em vigor as modificações trazidas ao Código de Trânsito pela Lei 13.546/17, mais gravosas em relação à lei anterior.

3. Crime de Omissão de Socorro de Trânsito

Art. 304. Deixar o condutor do veículo, na ocasião do acidente, de prestar imediato socorro à vítima, ou, não podendo fazê-lo diretamente, por justa causa, deixar de solicitar auxílio da autoridade pública:

Penas – detenção, de seis meses a um ano, ou multa, se o fato não constituir elemento de crime mais grave.

Parágrafo único. Incide nas penas previstas neste artigo o condutor do veículo, ainda que a sua omissão seja suprida por terceiros ou que se trate de vítima com morte instantânea ou com ferimentos leves.

» **INFRAÇÕES ADMINISTRATIVAS RELACIONADAS**

Art. 176. Deixar o condutor envolvido em acidente com vítima:

I – de prestar ou providenciar socorro à vítima, podendo fazê-lo;

II – de adotar providências, podendo fazê-lo, no sentido de evitar perigo para o trânsito no local;

III – de preservar o local, de forma a facilitar os trabalhos da polícia e da perícia;

IV – de adotar providências para remover o veículo do local, quando determinadas por policial ou agente da autoridade de trânsito;

V – de identificar-se ao policial e de lhe prestar informações necessárias à confecção do boletim de ocorrência:

Infração – gravíssima;

Penalidade – multa (cinco vezes) e suspensão do direito de dirigir;

Medida administrativa – recolhimento do documento de habilitação.

Art. 177. Deixar o condutor de prestar socorro à vítima de acidente de trânsito quando solicitado pela autoridade e seus agentes:
Infração – grave;
Penalidade – multa.

3.1. Bem Jurídico Tutelado

No crime de omissão de socorro de trânsito, protege-se a vida, a saúde e a integridade corporal da vítima de acidente de trânsito. Estimula-se a prestação de socorro imediato à vítima e a solicitação de auxílio à autoridade pública, caso o condutor não possa fazê-lo diretamente, por justa causa.

Protege-se, ainda, secundariamente, a segurança no trânsito. Protege-se ainda a persecução penal no inquérito policial e na ação penal, na medida em que coibir a omissão de socorro facilita a atividade investigatória do Estado na apuração do fato, assegurando-se ainda, mesmo que este não tenha sido o fim primeiro do legislador, a perseguição da reparação do dano pela vítima ou pelas vítimas de danos resultantes do crime.

Trata-se do crime de omissão de socorro praticado pelo condutor de veículo. Específico para situações de acidente de trânsito. Norma especial em relação ao crime de omissão de socorro do Código Penal (art. 135).

A conduta omissiva se verifica de duas formas: a) por deixar o condutor do veículo, na ocasião do acidente, de prestar imediato socorro à vítima, se possível; b) se não puder fazê-lo, por deixar de solicitar auxílio, deixar de acionar resgate, ambulância, polícia, corpo de bombeiros, SAMU etc.

Crime omissivo puro, de perigo, pois a omissão na prestação de socorro ou da solicitação de auxílio a quem o faça eficientemente poderá agravar o estado de saúde da vítima do acidente de trânsito.

Cuida-se ainda de delito de subsidiariedade expressa, que somente se perfaz se o fato não constituir elemento de crime mais grave, como agravante da pena, por exemplo, nos crimes de homicídio e lesão corporal culposos de trânsito.

3.2. Sujeitos do Crime

Poderão ser sujeito ativo e passivo do crime quaisquer pessoas.

Poderá ser sujeito ativo o condutor do veículo, assim entendido como aquele que passa pelo local do acidente, sem ter relação com o acidente, e omite-se na prestação de socorro à vítima, se possível fazê-lo sem risco pessoal, ou deixa de pedir socorro.

Sujeito passivo será a vítima do acidente de trânsito à qual o condutor omitiu-se na prestação de socorro, mesmo em se tratando de vítima que tenha sofrido morte instantânea.

Nota importante: Se o condutor do veículo *for o causador do acidente de que resultem morte ou lesões corporais*, ele não responderá pelo crime de omissão de socorro, mas por homicídio ou lesões corporais culposos de trânsito, com a incidência de causa de aumento de pena consistente na omissão de socorro.

3.3. Condutas

São basicamente duas condutas que perfazem o tipo penal do crime de omissão de socorro: a) deixar o condutor de veículo de prestar imediato socorro à vítima, na ocasião do acidente; e b) quando, por justa causa não puder fazê-lo, deixar de solicitar auxílio à autoridade pública.

3.3.1. Elemento Normativo "por Justa Causa"

O crime de omissão de socorro, na primeira hipótese (deixar de prestar imediato socorro na ocasião do acidente), não se perfaz *se houver justa causa*, ou seja, um motivo justo, razoável, aceito pela ordem jurídica, para que o condutor se afaste do local sem prestar imediato socorro à vítima: exemplos: perigo concreto de agressões ou linchamento, perigo de morte pelas condições climáticas, pelas condições da rodovia (risco de ruptura de ponte, enchente, tráfego rápido e intenso, falta de acostamento ou local seguro para parar etc).

Será necessário que o agente, para não responder pelo crime, comprove que deixou de agir por justa causa.

3.4. Voluntariedade

É o dolo da omissão, representado por um não fazer, um deixar de agir quando a ordem jurídica lhe impunha o dever de agir. Não há forma culposa do delito.

3.5. Consumação e Tentativa

O crime se consuma quando o condutor do veículo se omite e deixa de prestar socorro, na primeira hipótese. E quando deixa de solicitar auxílio da autoridade pública, na segunda situação.

Os crimes omissivos puros ou próprios também não admitem a tentativa, pois se consumam independentemente de resultado, com a mera abstenção da atividade exigida. Não sendo possível o fracionamento do processo executivo do delito, inadmissível a tentativa. Ou o agente efetivamente atua e não existe o crime, ou se omite e o crime se consuma.

Porém, em direção diversa, no sentido da admissibilidade da tentativa em crime omissivo, Eugênio Raul Zaffaroni e José Henrique Pierangelli:

> O chefe de uma torre de controle ou o médico que se embriagam, provocando uma catástrofe o primeiro ou fazendo com que o enfermo morra por hemorragia o segundo, ao começarem a se embriagar já estão realizando atos de tentativa. Para eles, a tentativa será acabada desde que o estado de embriaguez seja alcançado, mas desde que começam a embriagar-se até que logrem a incapacidade medeia uma tentativa inacabada. (Da Tentativa. 3. ed. São Paulo: Ed. Revista dos Tribunais, 1992, p. 122.).

3.5.1. Caracterização do Crime em Caso de Morte Instantânea

Há quem sustente a inconstitucionalidade do preceito, pois, em caso de morte instantânea, não haverá mais vida humana a ser salva e nem vítima a ser socorrida.

E a tutela penal preocupa-se com o cadáver em capítulo próprio do Código Penal, ao prever em seu art. 211, no capítulo dos crimes contra o respeito aos mortos, o crime de destruição e ocultação de cadáver.

A lei é expressa no sentido de que a supressão da omissão do condutor, por terceiros, não afasta o crime.

E o crime também subsiste, ainda que a vítima tenha suportado apenas ferimentos de natureza leve.

Ou seja, o fim visado pelo legislador é tríplice: a) coibir, a todo custo, a omissão de socorro, com o objetivo não só de fazer com que mais vidas sejam salvas; b) fazer com que as consequências do acidente sejam menos graves, pelo imediato socorro prestado à vítima; c) permitir a identificação do condutor causador do acidente e daqueles que eventualmente passem pelo local e possam de algum modo contribuir para sua apuração, seja na esfera civil, seja na esfera criminal.

Assim, nossa posição é no sentido de que o delito se perfaz, se o condutor se omite, mesmo nos casos em que haja morte instantânea. A norma penal não quer apenas que o condutor envolvido no acidente preste socorro, mas também que ele seja corretamente identificado, visando assegurar ainda a adequada apuração e comprovação do fato.

Em sentido diverso, sustentando que não se justifica exigir a lei a prestação de socorro a um cadáver, Guilherme de Souza Nucci (Leis Penais e Processuais Penais Comentadas, p. 850).

Fernando Capez e Victor Eduardo Rios Gonçalves sustentam que no caso de a vítima ser socorrida por terceiro, que não o condutor, há duas situações: quando a prestação do socorro sequer tiver chegado ao conhecimento do condutor, por haver se evadido do local, ele responde pelo delito; mas não há crime se um terceiro se adianta e socorre a vítima, em lugar do condutor, pois não se pode impor a este que chame a si prioridade absoluta na prestação do socorro. Em caso de morte instantânea, sustentam que não há crime por ausência de objeto jurídico e que estamos diante de crime impossível por absoluta impropriedade do objeto (Aspectos Criminais do Código de Trânsito Brasileiro, p. 46-47).

3.6. Ação Penal

A ação penal, no silêncio do legislador, é pública incondicionada.

Trata-se de crime de menor potencial ofensivo, pois a pena máxima prevista não é superior a 2 anos (art. 61, da Lei 9.099/95), passível, portanto, de transação penal, na forma do art. 76, da Lei 9.099/95, e de suspensão condicional do processo, nos termos do art. 89, da Lei 9.099/95.

Poderá, em caso de condenação, comportar o cabimento da suspensão condicional da pena privativa da liberdade, presentes os requisitos do art. 77, do Código Penal, a substituição da pena privativa da liberdade por restritivas de direitos, nos termos do art. 44, do Código Penal, e ainda o regime inicial aberto.

4. Crime de Evasão do Local do Acidente para Evitar Responsabilidade Penal ou Civil

Art. 305. Afastar-se o condutor do veículo do local do acidente, para fugir à responsabilidade penal ou civil que lhe possa ser atribuída:

Penas – detenção, de seis meses a um ano, ou multa.

» **INFRAÇÃO ADMINISTRATIVA RELACIONADA**

Art. 178. Deixar o condutor, envolvido em acidente sem vítima, de adotar providências para remover o veículo do local, quando necessária tal medida para assegurar a segurança e a fluidez do trânsito:

Infração – média;

Penalidade – multa.

4.1. Bem Jurídico Tutelado

A norma penal protege de forma imediata a persecução criminal, do inquérito policial à ação penal, na medida em que proíbe o condutor do veículo de se afastar do local do acidente. Protege ainda o direito da vítima à reparação do dano.

Nota: Difere do crime de omissão de socorro de trânsito (art. 304), pois enquanto aquele é delito omissivo puro, em que o sujeito se omite pela omissão pura e simples ou até mesmo por medo ou ainda para evitar risco pessoal, este é crime comissivo (demanda ação), ou seja, consuma-se pela ação do condutor do veículo, causador do acidente, que se afasta do local para evitar a responsabilidade penal ou civil dele derivadas ou ainda para se safar de ambas.

4.1.1. Inconstitucionalidade Declarada do Preceito: Tema Controvertido

A norma penal foi declarada inconstitucional pelo Tribunal de Justiça de São Paulo, pelo Tribunal de Justiça de Minas Gerais e pelo Tribunal de Justiça de Santa Catarina, por entenderem que a figura típica afronta o direito à não autoincriminação, previsto no Pacto de San José da Costa Rica, de que o Brasil é signatário (art. 8, II, g):

> Tribunal de Justiça de São Paulo: "Incidente de inconstitucionalidade (CF, art. 97; CPC, arts. 480 a 482). Código de Trânsito Brasileiro, art. 305 – fuga à responsabilidade civil e criminal. Tipo penal que viola o princípio do art. 5º, LXIII – garantia de não autoincriminação. Extensão da garantia a qualquer pessoa, e não exclusivamente ao preso ou acusado, segundo orientação do STF. Imposição do tipo penal que acarreta a autoincriminação, prevendo sanção restritiva da liberdade, inclusive para a responsabilidade civil. Inconstitucionalidade reconhecida. Incidente acolhido. É inconstitucional, por violar o art. 5º, LXIII, da Constituição Federal, o tipo penal previsto no artigo 305 do Código de Trânsito Brasileiro" (Órgão Especial, Arguição de Inconstitucionalidade 990.10.159020, Relator Boris Kauffmann, 14.07.2010, m.v.).
>
> Tribunal de Justiça de Minas Gerais: "Incidente de inconstitucionalidade – Reserva de Plenário – Art. 305, do Código de Trânsito Brasileiro – Incompatibilidade com o direito fundamental ao silêncio – Inconstitucionalidade declarada" (Corte Superior, Incidente de Inconstitucionalidade 1.0000.07.456021-0, Relator Sérgio Resende, 11.06.2008, m.v.).
>
> Tribunal de Justiça de Santa Catarina: "Não se pode conceber a premissa de que, pelo simples fato de estar na condução de um veículo, o motorista que se envolve em um acidente de trânsito tenha que aguardar a chegada da autoridade competente para averiguação de eventual responsabilidade civil ou penal porquanto reconhecer tal norma como aplicável, seria impor ao condutor a obrigação de produzir prova contra si, hipótese vedada pela Constituição Federal por ofender o preceito da ampla defesa (CF/88, art. 5º, LV), além de incorrer em malferição ao direito ao silêncio (CF, art. 5º, LXIII)..." (Arguição de Inconstitucionalidade 2009.026222-9/0001.00, Órgão Especial, Relatora Salete Silva Sommariva, 01.06.2011, m.v.).

Cremos que a norma penal não é inconstitucional, pois não fere o direito à não autoincriminação. Uma situação é exigir que o condutor produza ativamente prova contra si mesmo, como obrigá-lo a soprar o bafômetro ou a fornecer sangue, se ele não quiser. Outra, bem diversa, é exigir a lei que ele permaneça no local do acidente, com ou sem vítimas de lesão corporal ou morte, para sua correta identificação e também para a elucidação do fato. Isso por si só não traduz violação do direito à não autoincriminação.

A vítima passou a ser alvo de maior preocupação da lei penal e da lei processual penal, desde a edição do Código de Trânsito em 1997. As reformas do processo penal em 2008 reforçaram esta vertente. E por vítima, para efeito do art. 305, devemos compreender não somente aquele que sofra lesões corporais ou morte em razão do acidente de trânsito, mas também aquele que suporte danos materiais.

E a norma penal, a exemplo do que ocorre no crime de omissão de socorro de trânsito, quer assegurar a correta identificação do condutor envolvido ou responsável pelo fato, para permitir a possibilidade de sua responsabilização nos planos civil e criminal.

Sua aplicação não viola os princípios da ampla defesa e da não autoincriminação, este um desdobramento do *nemo tenetur se detegere* (nada a temer por se deter), ou ainda do direito ao silêncio, também resguardado pela nossa Constituição Federal (art. 5º, LXIII). A norma protege a segurança viária, a tutela penal desse bem jurídico, o direito à reparação por ato ilícito, assim como a persecução penal – dever do Estado e direito da sociedade.

Nesse sentido, o entendimento do Tribunal de Justiça do Distrito Federal:

> "O dever de permanecer no local do acidente, por certo, não significa presunção de culpa, porque a responsabilidade, tanto civil, quanto penal, deverá ser apurada em procedimento próprio, com todos os direitos e garantias individuais pertinentes. Não menos certo, o art. 305 do CTB não exclui o exercício do direito ao silêncio, podendo o sujeito, mesmo presente ao local dos fatos, permanecer calado, se assim lhe convier, sem responder às indagações das autoridades públicas acerca das circunstâncias do acidente de trânsito, não estando obrigado, igualmente, a declarar-se culpado, nem a fornecer material biológico que possa ser utilizado como prova em seu prejuízo. A leitura da norma revela que a única obrigação imposta à pessoa que se envolve em acidente de trânsito é a de não se ausentar do local dos fatos, prescrição esta que não limita o direito de permanecer em silêncio e de recusar-se a fornecer informações ou prover prova conclusiva sobre a existência de culpa, a qual, repita-se, deve ser apurada por meio do devido processo legal. Ao meu ver, a norma acaba por dar efetividade a outros princípios constitucionais e proteger direitos fundamentais inerentes aos cidadãos, tais como segurança, vida, integridade física, incolumidade pública, indenização por danos provenientes de ato ilícito, prestação de socorro, dentre outros" (Apelação Criminal 20110510098207, 2ª Turma Criminal, Relator João Timóteo de Oliveira, 15.08.2013, v.u.).

Oportuno citar, ainda, em sua integralidade, excelente nota técnica emitida pelo CAOCrim, Centro de Apoio Operacional das Promotorias de Justiça Criminais do Estado de São Paulo, no sentido da **constitucionalidade** do delito do art. 305, do Código de Trânsito Brasileiro:

"NOTA TÉCNICA – CAOCRIM

ASSUNTO: Constitucionalidade do tipo penal do art. 305 do CTB.

Introdução:

É crime, nos exatos termos do que disposto no art. 305 do CTB:

"Afastar-se o condutor do veículo do local do acidente, para fugir à responsabilidade penal ou civil que lhe possa ser atribuída:

Penas - detenção, de seis meses a um ano, ou multa".

O delito em tela se distingue daquele tratado no art. 304 basicamente por conta da *mens legis* que inspirou o legislador. No crime do art. 304, com efeito, o que se tutela, ao reclamar o auxílio do motorista, é a preservação da integridade física do ofendido, que, prontamente atendido, terá maiores chances de recuperação, por vezes se evitando, inclusive, uma consequência mais grave que poderia advir caso fosse deixado à mercê de sua própria sorte, sem qualquer espécie de socorro. No crime do art. 305, procura-se forçar o motorista a permanecer no local a fim de não impedir (ou, pelo menos, dificultar), a apuração dos fatos.

Forte no princípio segundo o qual ninguém é obrigado a produzir prova contra si mesmo (nemo tenetur se detegere), temos doutrina lecionando que o tipo em apreço (art. 305 do CTB) é inconstitucional.

A jurisprudência, contudo, oscila, havendo decisões nos dois sentidos:

Inconstitucionalidade do dispositivo

"Quanto ao delito previsto no artigo 305 do CTB, o chamado crime de fuga, necessário tecer algumas considerações. Para alguns, de duvidosa constitucionalidade. Para quem ora vota, flagrantemente inconstitucional. Inicialmente, cumpre observar que a figura penal em estudo é a única a censurar, com incidência típica, a fuga. Até mesmo o sujeito que já foi condenado, e esteja a cumprir pena, e que foge, não comete crime algum. A simples fuga, evidentemente não constitui crime. Quem comete qualquer outro crime, ainda que seja hediondo, e foge, também não comete um novo crime. Porque razão, então, aquele que se envolve em um crime de trânsito deveria permanecer no local? Para fazer prova contra si mesmo, se isto de ninguém é exigido? Dentro do sistema jurídico/penal, então, não há espaço para tal estranha figura penal. Alguém poderá dizer, entretanto, que a tipificação penal estimula a ajuda, a solidariedade, mas também aí haverá engano, pois existe outra previsão legal para tal situação, qual seja, a conduta descrita no artigo 304, e tanto não fosse suficiente, a causa de aumento descrita no artigo 302, parágrafo único, inciso III, que também se aplica às condutas adequadas ao artigo 303. Mais ainda é inconstitucional quando, em acidente sem vítima, pune o afastamento, como ocorre no caso concreto. É que a Constituição Federal (art. 5°, inc. LXVII) relaciona, expressamente, as possibilidades de prisão civil por dívida. E não é possível, ao legislador ordinário, ampliá-las. Veja-se que, se admitido o crime de fuga, em acidente sem vítima (para fugir à responsabilidade civil), na realidade estaria o cidadão sujeito à prisão, por tentar esquivar-se da responsabilidade em acidente de trânsito" (TJRS – Ap. Crim. n° 70019108901 – Rel. Ivan Leomar Bruxel, j. 24.10.2007).

Constitucionalidade

"Cabalmente demonstrada, outrossim, a ocorrência do crime tipificado no art. 305 do mesmo diploma legal, uma vez que o réu abandonou o palco dos acontecimentos antes que fossem realizadas as providências necessárias à identificação dos veículos e demais anotações (cf. Arnaldo Rizzardo, Comentários ao Código de Trânsito Brasileiro, 4a ed., Ed. Revista dos Tribunais, 2002, pág. 639). O objetivo da norma em questão é coibir aqueles motoristas que fogem à responsabilidade civil ou criminal, bem como possibilitar sua posterior responsabilização. Sendo assim, o condutor responsável pelo sinistro tem obrigação de permanecer no local dos fatos, a fim de facilitar sua identificação (idem ob. cit., pág. 639)" (TJSP – Ap. Crim. n° 852365.3/4 - Rel. Penteado Navarro, j. 28.03.2007).

"Configura-se o delito do art. 305 do CTB se o agente após o atropelamento afasta-se do local e dirigi-se à sua residência, onde é localizado somente no dia seguinte aos fatos por policiais encarregados de investigar o crime" (TJSC – Ap. Crim. n° 01.015672-5 – Rel. Genésio Nolli, j. 18.09.2001).

Buscando colocar uma pá de cal na discussão, o Plenário do Supremo Tribunal Federal vai analisar a constitucionalidade do artigo 305 do Código de Trânsito Brasileiro. A matéria será debatida no Recurso Extraordinário (RE) 971959, de relatoria do ministro Luiz Fux, que teve repercussão geral reconhecida, por unanimidade, no Plenário Virtual da Corte.

No dia 06 de setembro de 2018 foi deferido pedido do Ministério Público de São Paulo para atuar no citado feito na qualidade de "amicus curiae".

Parecer do CAOCRIM: constitucionalidade:

A controvérsia existente sobre a constitucionalidade do art. 305 do Código de Trânsito Brasileiro deve ser dirimida a favor da compatibilidade do dispositivo com a ordem constitucional.

Com efeito, não convencem os argumentos de que a punição contraria direitos constitucionais relativos à não produção de provas autoincriminatórias.

É indiscutível que ao investigado e ao acusado é garantido ao direito ao silêncio e à não produção de provas contra si mesmo. É em razão disso, aliás, que este tribunal já considerou ilegal o ato de compelir o investigado a participar da reconstituição do crime (HC 69.026/DF, rel. min. Celso de Mello, DJ 04/09/92), a fornecer padrões gráficos para o exame grafotécnico (RT 760/542) e, mais recentemente, julgou incompatível com a Constituição Federal a condução coercitiva para interrogatório (ADPF's 395 e 444).

Ocorre que não obstante o tipo do art. 305 do Código de Trânsito Brasileiro faça referência à conduta de se afastar do local do acidente "para fugir à responsabilidade penal ou civil (...)" não se pode concluir que a permanência do agente significa que a responsabilidade lhe será necessariamente atribuída, nem muito menos que tão caras garantias constitucionais lhe serão negadas. Não é pelo fato de permanecer no local do acidente que o condutor é compelido a prestar esclarecimentos ou a praticar atos que possam provar algo contra si. Veja-se, por exemplo, o que ensina José Eduardo de Souza Pimentel a este respeito:

> "Quando o art. 305 do Código de Trânsito Brasileiro impõe ao condutor o dever de permanecer no local do acidente, não o obriga a fazer prova contra si. Na verdade, o dever de não se afastar do local do acidente existe para os condutores envolvidos, independente da culpa que possam ter pelo fato. Em consequência, a atitude do condutor – de permanecer no local ou fugir – não induz presunção alguma de sua responsabilidade, civil ou criminal, realçando a idéia de que a colaboração com a justiça e a auto-incriminação não são faces da mesma moeda.
>
> O STF tem afirmado que o exercício do direito de permanecer em silêncio é prerrogativa fundamental e a compreende com o seguinte contorno: "O direito ao silêncio - enquanto poder jurídico reconhecido a qualquer pessoa relativamente a perguntas cujas respostas possam incriminá-la (*nemo tenetur se detegere*) - impede, quando concretamente exercido, que aquele que o invocou venha, por tal específica razão, a ser preso, ou ameaçado de prisão, pelos agentes ou pelas autoridades do Estado" (HC no 79.812-SP, Rel. Min. Celso de Mello, DJ 16.02.2001)
>
> Não passa despercebido à Corte, porém, que essa garantia "tem sido objeto de críticas da sociedade e dos meios de comunicação, no sentido de se conferir um *bill of indemnity*", advertindo-nos sobre o equívoco de se "atribuir aos direitos individuais eficácia superior à das normas meramente programáticas" (HC 92.225 – DF, Decisão monocrática, j. 14/8/2007). No campo dos direitos fundamentais, compete ao interprete, antes de mais nada, identificar precisamente os contornos e limites de cada direito.
>
> Com essas premissas, o STF concedeu, nos autos do HC referido, salvo-conduto a investigado por CPI para garantir ao paciente "o tratamento próprio à condição de *acusado* ou *investigado*, assegurando-se lhe o direito de: i) não assinar termo de compromisso na qualidade de testemunha; e ii) sobre os assuntos que não haja dever legal de sigilo, permanecer calado, em seu depoimento perante a CPI, sem que, por esse motivo específico, seja preso ou ameaçado de prisão". Essa Decisão, contudo, trouxe expressa ressalva, que, para nós, constitui a chave para o deslinde da questão: "com relação aos fatos que não impliquem autoincriminação, persiste a obrigação de o depoente prestar informações", ou seja, colaborar com o trabalho da comissão.
>
> É lícito entender que o dever de permanecer no local do acidente corresponde ao dever de comparecer perante uma CPI, à Polícia ou em Juízo. Honra-se, com isso, a dignidade e a administração da justiça, sem tisnar a garantia constitucional do direito ao silêncio, cujos contornos são mais restritos e intimamente relacionados àqueles fatos ilícitos que poderão, eventualmente, ser atribuídos ao investigado.
>
> Por isso, não vemos incompatibilidade entre o crime de fuga do local do acidente e o art. 5º, LXIII, CF". (http://jedupimentel.blogspot.com/2010/07/decisao-do-tj-splevanta-polemica-sobre.html)

O crime do art. 305 do Código de Trânsito Brasileiro é cometido contra a administração da Justiça, pois, com o afastamento do local do acidente, dificulta-se sobremaneira a colheita dos elementos sobre a dinâmica do acidente. Muito mais do que garantir a identificação dos condutores envolvidos, esta figura punitiva visa a inibir o desmantelamento da cena do acidente.

De fato, a experiência demonstra, por meio dos incontáveis exames periciais que tivemos a oportunidade de analisar ao longo dos anos, que a cena preservada do acidente é importantíssima fonte de informação sobre como se deram os fatos. Desde marcas de frenagem e fragmentos dispersos pela via até a posição dos veículos após uma colisão podem formar indícios capazes de explicar a dinâmica dos fatos com muita eloquência, às vezes até mais do que os relatos dos motoristas.

Dessa forma, o condutor que se afasta do local do acidente muitas vezes provoca, na prática, a alteração e a completa descaracterização da cena em que se deram os fatos, o que acaba por prejudicar a colheita dos elementos e, de forma geral, a apuração do acidente. É praticamente uma forma de fraude processual intentada para impedir a adequada investigação.

Ora, se o ordenamento constitucional garante ao investigado que ninguém lhe obrigue a falar e, no geral, a se comportar ativamente para produzir provas que lhe incriminem, nega-lhe, sem a menor dúvida, a possibilidade de agir para impedir a produção de provas pela autoridade incumbida de investigação. Aliás, há situações em que nem mesmo se admite a omissão que impeça a investigação, tanto que o suspeito de um crime pode ser conduzido coercitivamente para reconhecimento.

Se é assim, não há razão plausível para tachar de inconstitucional um tipo penal que tutela sobretudo a eficaz apuração de acidentes de trânsito.

Não há – insista-se – na punição do abandono do local do acidente nenhuma ofensa ao direito de não se autoincriminar, porque a permanência no local não provoca presunção de culpa de quem esteja envolvido. É durante a efetiva apuração dos fatos que o agente poderá, se assim desejar, manter-se calado e deixar de praticar certas condutas que lhe possam incriminar, como, por exemplo, submeter-se ao teste de alcoolemia para apurar embriaguez durante a condução do veículo.

E nem se diga que o tipo deve ser rechaçado porque inibe que o motorista fuja para não se autoincriminar. Ora, afirmar isso equivale a erigir a fuga a um direito, um despropósito que, levado às últimas consequências, impediria até mesmo punições no âmbito da execução penal contra condenados fugitivos.

Não há, de fato, um direito à fuga, seja qual for a situação. Em nenhum dispositivo em que são estabelecidos os direitos e garantias fundamentais na Constituição Federal há correspondência – nem mesmo indireta – ao direito de fugir. Nem a Lei de Execução Penal, no elenco dos direitos do preso (art. 41), estabelece algo do qual se possa extrair – sequer remotamente – um direito à fuga, o que é natural, tendo em vista que a existência de um direito só se justifica se seu titular puder exigi-lo da quem é obrigado a prestá-lo.

Ademais, se a fuga em si não é no geral tipificada criminalmente, há condutas que, decorrentes dela, acarretam punição, como o crime de favorecimento pessoal (art. 348 do CP). Ora, fosse a fuga um direito derivado da não produção de provas autoincriminatórias, aquele que auxiliasse alguém a subtrair-se à ação de autoridade pública não poderia ser punido, pois estaria apenas prestando ajuda a quem agia licitamente.

Da mesma forma, a existência de um direito à fuga impediria a decretação da prisão preventiva para assegurar a aplicação da lei penal, medida imposta justamente diante de elementos indicadores de que o provável autor do crime, uma vez condenado, não poderá ser efetivamente compelido a cumprir a pena. Um dos critérios de aferição da necessidade da prisão preventiva neste caso é justamente a fuga já concretizada ou a ponto de se concretizar.

E nem se fale que a punição da fuga do local do acidente é desproporcional porque autores de crimes graves não recebem o mesmo tratamento quando invariavelmente se evadem após a prática delituosa. Isto porque em casos como furtos, latrocínios e estupros, crimes dolosos, é natural que o agente se evada logo após a conduta. Não faria sentido nenhum esperar que, após estuprar ou matar alguém para subtrair algum bem, o criminoso permanecesse no local dos fatos para garantir apoio à vítima ou para não dificultar a apuração. Mas não ocorre o mesmo em relação às cenas de acidentes de trânsito, que, aliás, não são necessariamente criminosos e, mesmo quando o são, caracterizam-se pelo resultado involuntário. Ora, se o agente não quis produzir nenhum dano, é natural que dele se exija a permanência no local para que a dinâmica dos fatos seja prontamente esclarecida.

Há, no mais, inúmeros doutrinadores que afirmam a proporcionalidade e a constitucionalidade do tipo penal, tanto porque não é possível comparar a situação que o fundamenta com a prática de infrações penais dolosas, como porque as já mencionadas garantias constitucionais não são violadas pela tipificação:

> "Quanto ao fato de que o agente estará fazendo prova contra si, também não configura inconstitucionalidade, já que não se está atingindo o princípio constitucional da ampla defesa, pois esta é de ordem processual, dizendo respeito ao processo penal, e aqui se trata de uma conduta anterior à existência do processo. O que pode ser objetado é que se trata de uma incoerência do legislador, pois não se pune a fuga do agente de crime hediondo, enquanto o Código de Trânsito Brasileiro pune a fuga de mero causador de acidente. Porém, tal não redunda em inconstitucionalidade, sendo apenas um tratamento diferenciado em lei especial.
>
> (...)
>
> Ademais, a legislação estrangeira tem igual tipo penal (v.g. Código Penal do Canadá, art. 252, e a legislação de trânsito da França), não tendo ninguém questionado a inconstitucionalidade ou mesmo a impropriedade da previsão" (Marcellus Polastri Lima, *Crimes de Trânsito, Aspectos Penais e Processuais*. 1ª ed. Rio de Janeiro: Lumen Juris, 2005, p. 189).
>
> "Primeiro lugar, em acidente de trânsito, raras são as vezes em que condutor de veículo será preso, e mesmo que venha a ser preso, o tipo incriminador do art. 305 do CTB não obriga que o condutor do veículo fale qualquer coisa que seja, ou se submeta a qualquer exame. Não é demais dizer que em sede de código de trânsito, será lavrado termo circunstanciado, fato que não conduz à prisão.
>
> (...)
>
> Não vislumbro nenhum absurdo em impor sanção àquele que se afastar do local do evento, pois o direito de ir e de vir está condicionado a Lei, onde no inciso II do art. 5º, da CF, está disposto que 'ninguém será obrigado a fazer ou deixar de fazer alguma coisa em virtude de Le', e foi em decorrência de lei votada e aprovada pelo Legislador ordinário que foi criada a regra. Aos que a violarem, resta a imposição legal, como em tantos crimes previstos no Código Penal.
>
> O preceito não incrimina a negativa em assumir a autoria ou o direito ao silêncio. A única imposição é de que não deva se afastar do local, pois todos devem colaborar com a administração da Justiça.
>
> (...)
>
> Protege a norma jurídica, também, a boa administração da Justiça, que é um bem jurídico digno de tutela penal, ou seja, com assento constitucional. Assim é porque a justiça é inerente do Estado Social e Democrático de Direito e, sem este, não há como garantir-se a liberdade e aos demais bens jurídicos" (*É inconstitucional o art. 305 da Lei nº 9.503/97 (Código de Trânsito Brasileiro)? In*: Revista dos Juizados – Doutrina e Jurisprudência, ano V, nº IV, jul./dez. 2000, p. 57/61).

E, finalmente, são várias as decisões em tribunais estaduais nas quais se confirma com propriedade a constitucionalidade do artigo 305 do Código de Trânsito:

> "O tipo penal do art. 305 do CTB não define uma conduta auto-incriminadora ao agente que permanece no local do acidente, uma vez que esse pode exercer a prerrogativa constitucional de permanecer em silêncio. <u>Constitucionalidade do dispositivo firmada pelo Órgão especial deste Sodalício.</u> Se a confissão do agente, que afirmou que mesmo percebendo ter colidido em outro veículo, seguiu seu percurso normalmente, vem respaldada pela oitiva testemunhal em juízo, a condenação pelo art. 305 do CTB é medida que se impõe. Não há como desclassificar a conduta do art. 15 da Lei 10.826 /03 para a do art. 132 do Código Penal , quando resta patente que o agente efetuou disparos de arma de fogo em via pública

para cima, para intimidar as vítimas de acidente de trânsito e não para expor à perigo suas vidas ou saúde." (TJ/MS – Apelação 0007197-71.2015.8.12.0001, Data de publicação: 07/12/2016)

"(...) 3. Quanto à alegada inconstitucionalidade do artigo 305 do CTB. Inicialmente, cumpre destacar que o Plenário do Supremo Tribunal Federal ainda não se manifestou a respeito. A matéria será debatida no Recurso Extraordinário (RE) 971959, de relatoria do ministro Luiz Fux, que teve repercussão geral reconhecida, por unanimidade, no Plenário Virtual da Corte. Esta Câmara, por unanimidade, nos autos da Apelação nº 0036877-77.2013.8.19.0001, de Relatoria do Des. Gilmar Augusto Teixeira, havia se manifestado no sentido da instauração do competente Incidente de Inconstitucionalidade. Em consulta ao site desta Corte, verifiquei que o Incidente tomou o nº 0028234-31.2016.8.19.0000, tendo como relatora a Desembargadora Elisabete Filizzola Assunção. O respectivo julgamento foi realizado em 27/3/2017, conforme pesquisa no site do TJERJ. Decidiu o Órgão Especial no sentido de não conhecer do Incidente, ao argumento de que o OE já se manifestara a respeito da questão em outro Incidente, qual seja, o de nº 0063828-48.2012.8.19.0000, no qual entendeu pela constitucionalidade do referido dispositivo. Assim, impõe-se afastar a tese defensiva de inconstitucionalidade, nos termos do art. 103, § 4º, do Regimento Interno deste Tribunal, o qual prevê a obrigatoriedade da observância da decisão que declarar a inconstitucionalidade ou rejeitar a arguição, se sufragada por dezessete votos, até que em sentido diverso decida o c. STF. E, no caso em questão, dúvidas não há de que o Recorrente afastou-se do local do acidente com o fim de fugir às suas responsabilidades, praticando, então, o deito do art. 305 da Lei específica. Assim, impõe-se seja mantida a condenação." (TJ/RJ - Apelação 00004564120138190049, Data de publicação: 05/04/2017)

Mesmo o tribunal de Justiça de São Paulo, cujo órgão especial chegou a declarar incidentalmente a inconstitucionalidade do dispositivo, tem decidido que a punição da fuga do local do acidente não contraria direitos e garantias constitucionais:

"O exercício do direito de autodefesa permite que o réu se mantenha em silêncio ou até falte com a verdade sobre os fatos que lhe são imputados, mas não o autoriza a afastar-se do local do acidente para fugir à responsabilidade penal ou civil que lhe possa ser atribuída. A permanência do condutor do veículo no local do acidente não implica, por si só, no reconhecimento da culpa. Política legislativa que visa à colaboração com a administração da justiça nos crimes de trânsito e procura fomentar a solidariedade entre o agente causador e a vítima, tendo em vista a modalidade culposa do delito, cujo resultado não se pretendia. Ausência de violação do princípio de não autoincriminação – Considerando que a decisão do Órgão Especial deste Eg. Tribunal de Justiça que reconheceu a inconstitucionalidade do artigo 305 do CTB se deu de forma incidental; que, até o presente julgamento, não houve declaração de inconstitucionalidade do dispositivo pelo Supremo Tribunal Federal; e que há jurisprudência em sentido contrário no Superior Tribunal de Justiça, impossível a reforma da decisão de primeiro grau. Presunção de constitucionalidade das leis e atos normativos. Recurso não provido." (TJ/SP – Apelação 0028177-36.2016.8.26.0576, Data de publicação: 28/08/2018)

Note-se que o acórdão faz referência a jurisprudência contrária à inconstitucionalidade no âmbito do Superior Tribunal de Justiça. E, de fato, em recente decisão o Tribunal da Cidadania estabeleceu, citando precedentes, que o art. 305 do Código de Trânsito é constitucional:

"5. Nos termos da jurisprudência desta Corte, 'o art. 305 do Código de Trânsito, que tipifica a conduta do condutor de veículo que foge do local do acidente, para se furtar à responsabilidade penal ou civil que lhe possa ser atribuída, não viola a garantia da não auto-incriminação, que assegura que ninguém pode ser obrigado por meio de fraude ou coação, física e moral, a produzir prova contra si mesmo' (HC 137.340/SC, Rel. Ministra LAURITA

VAZ, QUINTA TURMA, julgado em 20/9/2011, DJe 03/10/2011)" (RHC 36.434/ES, Data de publicação: 28/06/2018)

Conclusão:

Pelas razões expostas, concluímos que o dispositivo questionado é compatível com a ordem constitucional, motivo pelo qual deve ser mantido plenamente eficaz como forma de resguardar a administração da Justiça no âmbito de apuração dos acidentes de trânsito.

São Paulo, 08 de outubro de 2018.

Arthur Pinto de Lemos Jr

Promotor de Justiça - coordenador do CAO-CRIM

Marcelo Sorrentino Neira

Promotor de Justiça – assessor

Ricardo José Gasques de Almeida Silvares

Promotor de Justiça – assessor

Rogério Sanches Cunha

Promotor de Justiça - assessor

Nessa linha, o Supremo Tribunal Federal, no julgamento do RE 971959, em sede de repercussão geral, adotou a seguinte decisão, ao afirmar a **constitucionalidade** do art. 305, do Código de Trânsito Brasileiro:

> **Decisão**: O Tribunal, por maioria, apreciando o tema 907 da repercussão geral, deu provimento ao recurso extraordinário, nos termos do voto do Relator, vencidos os Ministros Gilmar Mendes, Marco Aurélio, Celso de Mello e Dias Toffoli (Presidente). Em seguida, por maioria, fixou-se a seguinte tese: "A regra que prevê o crime do art. 305 do Código de Trânsito Brasileiro (Lei nº 9.503/97) é constitucional, posto não infirmar o princípio da não incriminação, garantido o direito ao silêncio e ressalvadas as hipóteses de exclusão da tipicidade e da antijuridicidade", vencidos os Ministros Gilmar Mendes, Marco Aurélio e Celso de Mello, que votaram contrariamente à tese. Não participou, justificadamente, da votação da tese, o Ministro Roberto Barroso. Ausente, justificadamente, a Ministra Rosa Weber. Plenário, Sessão Ordinária, 14.11.2018.

Com isso, a discussão acerca da constitucionalidade do art. 305, do Código de Trânsito Brasileiro, que sempre sustentamos, está encerrada.

4.2. *Sujeitos do Crime*

Qualquer pessoa poderá ser sujeito ativo e sujeito passivo do delito.

Sujeito ativo será o condutor do veículo, causador do acidente ou nele envolvido de qualquer modo, que se afasta do local para evitar a responsabilidade civil ou criminal.

Sujeito passivo será a vítima do acidente, seja de danos corporais ou puramente materiais.

4.3. *Voluntariedade*

É o dolo direto, representado pela vontade livre e consciente de se afastar do local do acidente, visando o fim especial de livrar-se da responsabilidade penal e ou civil dele resultantes.

4.4. *Consumação e Tentativa*

O crime se consuma com a evasão do condutor do local do acidente a que haja dado causa ou nele se envolvido de qualquer modo.

A tentativa é possível, pois o sujeito pode tentar evadir-se do local e ser contido por terceiros, por exemplo.

4.5. Ação Penal

A ação penal é pública incondicionada.

Crime de menor potencial ofensivo, passível de transação penal (art. 76, da Lei 9.099/95), de suspensão condicional do processo (art. 89, da Lei 9.099/95), de suspensão condicional da pena privativa da liberdade, "sursis", de substituição da pena privativa da liberdade por restritiva de direitos (art. 44, do Código Penal) e de regime inicial aberto.

5. Crime de Embriaguez ao Volante

Art. 306. Conduzir veículo automotor com capacidade psicomotora alterada em razão da influência de álcool ou de outra substância psicoativa que determine dependência: (Redação dada pela Lei 12.760, de 2012)

Penas – detenção, de seis meses a três anos, multa e suspensão ou proibição de se obter a permissão ou a habilitação para dirigir veículo automotor.

§ 1º As condutas previstas no caput serão constatadas por: (Incluído pela Lei 12.760, de 2012)

I – concentração igual ou superior a 6 decigramas de álcool por litro de sangue ou igual ou superior a 0,3 miligrama de álcool por litro de ar alveolar; ou (Incluído pela Lei 12.760, de 2012)

II – sinais que indiquem, na forma disciplinada pelo Contran, alteração da capacidade psicomotora. (Incluído pela Lei 12.760, de 2012)

§ 2º A verificação do disposto neste artigo poderá ser obtida mediante teste de alcoolemia ou toxicológico, exame clínico, perícia, vídeo, prova testemunhal ou outros meios de prova em direito admitidos, observado o direito à contraprova. (Redação dada pela Lei 12.971, de 2014)

§ 3º O Contran disporá sobre a equivalência entre os distintos testes de alcoolemia ou toxicológicos para efeito de caracterização do crime tipificado neste artigo. (Redação dada pela Lei 12.971, de 2014)

» **INFRAÇÕES ADMINISTRATIVAS RELACIONADAS**

Art. 165. Dirigir sob a influência de álcool ou de qualquer outra substância psicoativa que determine dependência: (Redação dada pela Lei 11.705, de 2008)

Infração – gravíssima; (Redação dada pela Lei 11.705, de 2008)

Penalidade – multa (dez vezes) e suspensão do direito de dirigir por 12 (doze) meses. (Redação dada pela Lei 12.760, de 2012)

Medida administrativa – recolhimento do documento de habilitação e retenção do veículo, observado o disposto no § 4º do art. 270 da Lei nº 9.503, de 23 de setembro de 1997 – do Código de Trânsito Brasileiro. (Redação dada pela Lei 12.760, de 2012)

Parágrafo único. Aplica-se em dobro a multa prevista no caput em caso de reincidência no período de até 12 (doze) meses. (Redação dada pela Lei 12.760, de 2012)

Art. 165-A. Recusar-se a ser submetido a teste, exame clínico, perícia ou outro procedimento que permita certificar influência de álcool ou outra substância psicoativa, na forma estabelecida pelo art. 277: (Incluído pela Lei 13.281, de 2016) (Vigência)

Infração – gravíssima; (Incluído pela Lei 13.281, de 2016) (Vigência)

Penalidade – multa (dez vezes) e suspensão do direito de dirigir por 12 (doze) meses; (Incluído pela Lei 13.281, de 2016) (Vigência)

Medida administrativa – recolhimento do documento de habilitação e retenção do veículo, observado o disposto no § 4º do art. 270. (Incluído pela Lei 13.281, de 2016) (Vigência)

Parágrafo único. Aplica-se em dobro a multa prevista no caput em caso de reincidência no período de até 12 (doze) meses.

5.1. Bem Jurídico Tutelado

A norma penal protege primordialmente a segurança viária, a segurança no trânsito, um direito de todos, dever dos condutores e dos órgãos integrantes do Sistema Nacional de Trânsito. Secundariamente, protege também a vida, a saúde e a integridade corporal das pessoas em geral.

São alvo de notícias frequentes na mídia os comportamentos de condutores irresponsáveis, que se dispõem a dirigir depois de fazer uso de bebida alcoólica ou outra substância psicoativa, com a capacidade psicomotora[13] alterada.

É o crime de embriaguez ao volante, que se verifica toda vez que alguém, com a capacidade psicomotora alterada em razão da influência de álcool ou de outra substância psicoativa que determine dependência, conduzir veículo automotor.

Na redação anterior, o crime se verificava se o sujeito ativo conduzisse o veículo pela via pública. *A redação atual não exige mais que a conduta se dê em via pública. Suprimiu-se o elemento de ordem espacial.*

A redação vigente **suprimiu o elemento de ordem espacial**, de modo que o delito se consuma até mesmo em estacionamentos particulares, de shopping centers, de supermercados, de

---

13 Psicomotricidade

Origem: Wikipédia, a enciclopédia livre.

Psicomotricidade é a ciência que tem como objeto de estudo o homem através do seu corpo em movimento e em relação ao seu mundo interno e externo.

Está relacionada ao processo de maturação, onde o corpo é a origem das aquisições cognitivas, afetivas e orgânicas. É sustentada por três conhecimentos básicos: o movimento, o intelecto e o afeto.

Psicomotricidade, portanto, é um termo empregado para uma concepção de movimento organizado e integrado, em função das experiências vividas pelo sujeito cuja ação é resultante de sua individualidade, sua linguagem e sua socialização." (Sociedade Brasileira de Psicomotricidade)

"A Psicomotricidade baseia-se em uma concepção unificada da pessoa, que inclui as interações cognitivas, sensoriomotoras e psíquicas na compreensão das capacidades de ser e de expressar-se, a partir do movimento, em um contexto psicossocial. Ela se constitui por um conjunto de conhecimentos psicológicos, fisiológicos, antropológicos e relacionais que permitem, utilizando o corpo como mediador, abordar o ato motor humano com o intento de favorecer a integração deste sujeito consigo e com o mundo dos objetos e outros sujeitos." (Costa,2002)

"Em razão de seu próprio objeto de estudo, isto é, o indivíduo humano e suas relações com o corpo, a Psicomotricidade é uma ciência encruzilhada... que utiliza as aquisições de numerosas ciências constituídas (biologia, psicologia, psicanálise, sociologia, linguística...) Em sua prática empenha-se em deslocar a problemática cartesiana e reformular as relações entre alma e corpo: O homem é seu corpo e NÃO – O homem e seu corpo". (Jean-Claude Coste, 1981)

A psicomotricidade pode também ser definida como o campo transdisciplinar que estuda e investiga as relações e as influências recíprocas e sistémicas entre o psiquismo e a motricidade.

Baseada numa visão holística do ser humano, a psicomotricidade encara de forma integrada as funções cognitivas, sócio-emocionais, simbólicas, psicolinguísticas e motoras, promovendo a capacidade de ser e agir num contexto psicossocial. A psicomotricidade possui as linhas de atuação educativa, reeducativa, terapêutica, relacional, aquática e ramain.

Disponível em: https://pt.wikipedia.org/wiki/Psicomotricidade – acesso em 5 de janeiro de 2017.

lojas em geral, garagens etc. Não consta mais do tipo penal que o crime deverá se verificar na *via pública*.

As vias internas dos condomínios se equiparam às vias públicas. É o que decorre do art. 2º e seu parágrafo único, do Código de Trânsito:

> Art. 2º São vias terrestres urbanas e rurais as ruas, as avenidas, os logradouros, os caminhos, as passagens, as estradas e as rodovias, que terão seu uso regulamentado pelo órgão ou entidade com circunscrição sobre elas, de acordo com as peculiaridades locais e as circunstâncias especiais.
>
> Parágrafo único. Para os efeitos deste Código, são consideradas vias terrestres as praias abertas à circulação pública, as vias internas pertencentes aos condomínios constituídos por unidades autônomas e as vias e áreas de estacionamento de estabelecimentos privados de uso coletivo. (Redação dada pela Lei 13.146, de 2015) (Vigência).
>
> O anexo I do Código de Trânsito (conceitos e definições) também define vias.[14]

5.2. Sujeitos do Crime

Sujeito ativo é condutor do veículo automotor, que o dirija nas condições previstas no tipo penal. Qualquer pessoa poderá ser sujeito ativo do crime.

Sujeito passivo é a coletividade e, secundariamente, a vítima do delito de embriaguez ao volante, contra a qual o agente produzir danos corporais ou materiais.

5.3. Condutas

A conduta do "caput" consiste em o condutor dirigir, em via, veículo automotor com a capacidade psicomotora alterada em razão da influência de álcool ou de outra substância psicoativa.

Segundo o parágrafo primeiro, as condutas consistirão em conduzir veículo automotor com concentração igual ou superior a 6 decigramas de álcool por litro de sangue ou igual ou superior a 0,3 miligrama de álcool por litro de ar alveolar ou com sinais que indiquem, na forma disciplinada pelo Contran,[15] alteração da capacidade psicomotora.

Vale destacar que as previsões constantes do parágrafo 1º dizem respeito não somente a outras condutas que caracterizarão o crime de embriaguez ao volante, além daquela descrita na cabeça do artigo, como também aos meios de prova da infração penal.

---

14 VIA – superfície por onde transitam veículos, pessoas e animais, compreendendo a pista, a calçada, o acostamento, ilha e canteiro central. • VIA DE TRÂNSITO RÁPIDO – aquela caracterizada por acessos especiais com trânsito livre, sem interseções em nível, sem acessibilidade direta aos lotes lindeiros e sem travessia de pedestres em nível. • VIA ARTERIAL – aquela caracterizada por interseções em nível, geralmente controlada por semáforo, com acessibilidade aos lotes lindeiros e às vias secundárias e locais, possibilitando o trânsito entre as regiões da cidade. • VIA COLETORA – aquela destinada a coletar e distribuir o trânsito que tenha necessidade de entrar ou sair das vias de trânsito rápido ou arteriais, possibilitando o trânsito dentro das regiões da cidade. • VIA LOCAL – aquela caracterizada por interseções em nível não semaforizadas, destinada apenas ao acesso local ou a áreas restritas. • VIA RURAL – estradas e rodovias. • VIA URBANA – ruas, avenidas, vielas, ou caminhos e similares abertos à circulação pública, situados na área urbana, caracterizados principalmente por possuírem imóveis edificados ao longo de sua extensão. • VIAS E ÁREAS DE PEDESTRES – vias ou conjunto de vias destinadas à circulação prioritária de pedestres.

15 Nesse sentido, a Resolução 432/12 do Contran regulou ao matéria, ao tratar dos clássicos sinais evidenciadores da embriaguez, influência do álcool e comprometimento da capacidade psicomotora.

A conduta que se verificar pela presença dos sinais clássicos de embriaguez encerra norma penal em branco, pois remete a um complemento, a Resolução 432/12, do CONTRAN, que estabelece quais serão tais sinais: arrogância, olhos vermelhos, fala pastosa ou desconexa, andar cambaleante, cabelos e vestes em desalinho, sem prejuízo de outros sinais que o agente de trânsito constatar e relatar na ocasião do fato.

Temos também um elemento normativo na cabeça do artigo: *com a capacidade psicomotora alterada, ou seja, com os reflexos comprometidos pelo álcool, outra droga ou substância psicoativa.*

Há quem sustente que esse elemento normativo sugeriria o perigo concreto de dano, pois o crime somente se configurará se houver direção anormal, ou seja, se o condutor estiver dirigindo com a capacidade psicomotora efetivamente alterada, descumprindo regras de circulação e rebaixando o nível de segurança viária.

Não é a posição a que nos filiamos, pois entendemos, na linha do pensamento adotado pelo Supremo Tribunal Federal, que o delito é de perigo abstrato, presumido por lei, com base naquilo que na vida de ordinário ocorre, sabido que a mistura de direção e álcool gera efeitos danosos, produz lamentavelmente tragédias cotidianas, ceifando vidas, sobretudo de jovens, e condena muitas pessoas a sequelas incapacitantes, onerando as famílias e os serviços de saúde.

Não é necessário que haja perigo concreto de dano para que o crime se verifique.

Assim, basta a condução, ainda que normal, em conformidade com as regras de tráfego, mas com a capacidade psicomotora alterada em razão do uso de álcool ou outra substância psicoativa, como outras drogas, remédios de uso controlado que alterem a capacidade psicomotora etc. para que o delito se perfaça.

5.4. Voluntariedade

O dolo, direto ou eventual, representado pela vontade livre e consciente de dirigir numa nas condições e ou situações previstas no tipo penal, rebaixando o nível de segurança viária, a segurança dele próprio, condutor, de seus acompanhantes (se houver) no interior do veículo e ainda das pessoas que eventualmente estejam na via e em suas adjacências, outros condutores, pedestres, ciclistas etc.

5.4.1. A Teoria da Ação Livre na Causa (Actio Libera in Causa)

Trata-se de teoria que auxilia a aplicação da norma penal do art. 306, do Código de Trânsito, na medida em que desloca o exame da imputabilidade para o momento anterior ao delito em que, de forma livre, o autor da infração penal se colocou em estado de embriaguez por álcool ou outra droga, para delinquir em seguida.

É a chamada embriaguez preordenada, que serviu de estímulo para o cometimento do crime na sequência. Desse nexo entre a embriaguez e o delito resulta a responsabilidade penal do agente.

Nosso Código Penal, no art. 28, II, adotou a teoria mencionada ao dispor que não exclui e imputabilidade penal *a embriaguez voluntária ou culposa, pelo álcool ou substância de efeitos análogos.*

Segundo o jurista Luiz Flávio Gomes,

> "a teoria da *actio libera in causa* vem solucionar casos nos quais, embora considerado inimputável, o agente tem responsabilidade pelo fato.

É o clássico exemplo da embriaguez preordenada, na qual a pessoa se embriaga exatamente para cometer o delito. Veja que, na hipótese, a pessoa é livre na causa antecedente, ainda que durante a prática do delito fosse considerada inimputável, ela é responsável porque se transfere para este momento anterior (livre na causa – quando a pessoa decide se embriagar para delinquir) a constatação da imputabilidade.

Vejamos um exemplo de referência jurisprudencial controvertida:

STJ, 6ª Turma, HC 180.978/MT, Rel. Min. Celso Limongi, 09 fev. 2011.

(...) Sabe-se que a embriaguez – seja voluntária, culposa, completa ou incompleta – não afasta a imputabilidade, pois no momento em que ingerida a substância, o agente era livre para decidir se devia ou não fazê-lo, ou seja, a conduta de beber resultou de um ato livre (teoria da *actio libera in causa*). Desse modo, ainda que o paciente tenha praticado o crime após a ingestão de álcool, deve ser responsabilizado na medida de sua culpabilidade. (...)

Essa parte da ementa faz referência à liberdade para beber. Não é a isso que se refere a teoria que estamos analisando. É preciso que o agente seja livre para beber e pense no delito que vai cometer. A bebida serviria de estímulo, de coragem. O elo entre a bebida e o crime praticado depois tem que ficar provado. É nesse caso que se aplica a teoria citada..." (Disponível em: https://professorlfg.jusbrasil.com.br/artigos/121924763/o-que-se-entende-por-actio-libera-in-causa – acesso em 27 de março de 2017).

5.5. Consumação e Tentativa

O crime se consuma quando o sujeito dirige veículo automotor em via (a lei não exige mais que seja em via pública), nas condições previstas na cabeça do artigo ou no parágrafo 1º.

A tentativa em tese é possível, pois o sujeito ativo pode tentar dirigir numa das situações previstas no tipo penal e ser impedido por terceiros. De difícil configuração prática, porém.

5.6. Condutas que Configuram o Crime e Meios de Prova

Na redação anterior, o crime se configurava somente quando alguém conduzia veículo automotor, na via pública, com concentração de álcool superior a mais de 6 decigramas de álcool por litro de sangue.

O legislador, porém, ciente da grave dificuldade probatória decorrente da redação anterior da lei, que levou muito operadores do direito a entenderem-na lei anterior – que o exame de sangue era a única prova possível da embriaguez ao volante, ampliou o preceito e modificou profundamente sua redação. Isso porque, se o condutor se recusasse a fornecer sangue, com base no direito de não produzir prova contra si mesmo, o fato ficava ao desamparo de comprovação técnica.

A lei atual continua a prever que o crime se configura quando o condutor dirigir veículo automotor com mais de 6 decigramas de álcool por litro de sangue.

Mas também estabeleceu que o delito se perfaz com a presença de sinais evidenciadores de comprometimento da capacidade psicomotora.

São os clássicos sinais da embriaguez, previstos na Resolução n. 432/12 do Contran: arrogância, voz pastosa, andar cambaleante, fala desconexa, olhos vermelhos, dificuldade de equilíbrio, vestes em desalinho etc.

Além disso, o Decreto 6.488/08 estabelece critérios de equivalência entre o apurado pelo etilômetro (álcool expelido pelo ar alveolar) e a quantidade de álcool presente no sangue do condutor, *de modo que 0,3 mg de álcool por litro de ar expirado equivalem a 6 decigramas de álcool por litro de sangue.*

Assim, sempre que o condutor se recusar a assoprar o bafômetro ou negar autorização para que lhe seja colhida amostra de sangue para o exame de dosagem alcoólica, o agente de trânsito relatará os sinais de embriaguez verificados, nos termos da resolução mencionada.

E, conduzido o infrator à repartição policial, poderá ser chamado médico legista, que o entrevistará, examinará e elaborará laudo atinente ao exame clínico realizado.

Mas ninguém poderá jamais ser obrigado a contribuir *ativamente* para a produção de provas contra si mesmo. Isso em decorrência do direito à não autoincriminação, incorporado ao nosso ordenamento jurídico por ser o Brasil signatário do Pacto de San José da Costa Rica e presente na nossa Constituição Federal como corolário do direito ao silêncio[16] (art. 5º, LXIII). Revista, nesse passo, posição constante de edição anterior, em que sustentávamos a obrigatoriedade de o condutor submeter-se ao teste do etilômetro.

5.6.1. A Jurisprudência Sobre os Meios de Prova do Delito

Supremo Tribunal Federal:

Ementa: HABEAS CORPUS. PENAL. DELITO DE EMBRIAGUEZ AO VOLANTE. ART. 306 DO CÓDIGO DE TRÂNSITO BRASILEIRO. ALEGAÇÃO DE INCONSTITUCIONALIDADE DO REFERIDO TIPO PENAL POR TRATAR-SE DE CRIME DE PERIGO ABSTRATO. IMPROCEDÊNCIA. ORDEM DENEGADA. I – A objetividade jurídica do delito tipificado na mencionada norma transcende a mera proteção da incolumidade pessoal, para alcançar também a tutela da proteção de todo corpo social, asseguradas ambas pelo incremento dos níveis de segurança nas vias públicas. II – Mostra-se irrelevante, nesse contexto, indagar se o comportamento do agente atingiu, ou não, concretamente, o bem jurídico tutelado pela norma, porque a hipótese é de crime de perigo abstrato, para o qual não importa o resultado. Precedente. III – No tipo penal sob análise, basta que se comprove que o acusado conduzia veículo automotor, na via pública, apresentando concentração de álcool no sangue igual ou superior a 6 decigramas por litro para que esteja caracterizado o perigo ao bem jurídico tutelado e, portanto, configurado o crime. IV – Por opção legislativa, não se faz necessária a prova do risco potencial de dano causado pela conduta do agente que dirige embriagado, inexistindo qualquer inconstitucionalidade em tal previsão legal. V – Ordem denegada.

(HC 109269, Relator(a): Min. RICARDO LEWANDOWSKI, Segunda Turma, julgado em 27/09/2011, PROCESSO ELETRÔNICO DJe-195 DIVULG 10-10-2011 PUBLIC 11-10-2011 RTJ VOL-00224-01 PP-00528 RT v. 101, n. 916, 2012, p. 639-644 REVJMG v. 62, n. 198, 2011, p. 413-415).

Habeas corpus. 2. Penal e Processo Penal. Crime de embriaguez ao volante (artigo 306, caput, do Código de Trânsito Brasileiro). 3. Alegação de nulidade no laudo pericial, pois teria sido elaborado após o decurso do prazo legal de 10 dias. Suposta violação ao art. 160, parágrafo único, do Código de Processo Penal. Inexistente. 4. O prazo estabelecido pela lei é impróprio, caso seja ultrapassado não implica nenhuma sanção processual específica. Arcabouço probatório apto a atestar o estado de embriaguez do paciente. Acusado flagrado dirigindo veículo automotor com concentração de álcool no sangue superior ao que a legislação vigente permite. 5. Ausência de constrangimento ilegal. Ordem denegada.

(HC 125507, Relator(a): Min. GILMAR MENDES, Segunda Turma, julgado em 10/05/2016, PROCESSO ELETRÔNICO DJe-109 DIVULG 27-05-2016 PUBLIC 30-05-2016).

Tribunal de Justiça de São Paulo:

16 O princípio que diz *nemo tenetur se detegere*, ou seja, nada a temer por se deter.

Crime de Trânsito – Condução de veículo automotor com capacidade psicomotora alterada em razão da influência de álcool ou de outra substância psicoativa – Conjunto probatório desfavorável ao réu lastrado em depoimentos policiais harmônicos – Validade

A constatação de que o motorista conduzia veículo automotor em via pública em estado de embriaguez mediante prova testemunhal harmônica dos policiais que atenderam a ocorrência é perfeitamente válida, até mesmo pelo princípio de presunção de veracidade inerente aos atos administrativos em geral.

Pena – Substituição da pena privativa de liberdade por outra de natureza diversa – Descabimento por ser o réu reincidente em crime doloso – Entendimento do art. 44, inc. II, do CP.

Em se cuidando de reincidente, não se admite a substituição da pena privativa de liberdade por outra de natureza diversa, por expressa vedação do art. 44, inc. II, do CP.

Apelação – Mandado de Prisão a ser expedido após acórdão condenatório proferido por órgão de Segundo Grau no qual impôs-se pena privativa de liberdade – Trânsito em Julgado da matéria de fato – Interposição eventual de Recursos Especial e Extraordinário desprovida de efeito suspensivo – Admissibilidade Eventuais recursos de natureza especial ou extraordinária que venham a ser interpostos, respectivamente para o STJ ou para o STF, não estão abarcados na ideia de duplo grau de jurisdição, mesmo porque vêm eles desprovidos de efeito devolutivo amplo, na medida em que não se prestam ao debate da matéria fático-probatória, tendo seu âmbito de cognição restrito à matéria de direito. Sua previsão não visa, com efeito, a outorgar uma terceira ou quarta oportunidades para que determinado pronunciamento jurisdicional, contra o qual o sucumbente se insurge, seja revisto; sua finalidade precípua é, antes, proporcionar a essas Cortes superiores a possibilidade de verificar se houve, in concreto, vulneração à lei federal ou às normas constitucionais, bem como, subsidiariamente, estabilizar, uniformizar e pacificar sua interpretação.

A presunção de inocência não possui – nenhum princípio o tem – caráter absoluto, devendo ser analisada sempre em conjunto com os demais princípios de igual hierarquia que integram o arcabouço Constitucional, tais como aqueles da proporcionalidade e da duração razoável do processo, cabendo ao intérprete valorar cada um deles, sopesando-os, para determinar qual irá prevalecer em cada situação concreta. Em havendo colidência entre princípios, a divergência a ser dirimida será, com efeito, apenas aparente.

Na seara criminal, a coisa julgada se forma de modo fracionado, conforme a ação penal avança. O próprio Supremo Tribunal Federal reconheceu cuidar-se de instituto de envergadura constitucional, que se consolida em capítulos autônomos, cujo conteúdo vai precluindo, consoante não venha a ser atacado no curso da ação por recurso.

Torna-se, portanto, a parte relativa ao mérito da acusação e às provas "indiscutível, imutável", tão logo seja realizado o julgamento em segundo grau de jurisdição, de tal sorte a ocorrer exatamente nesse momento o trânsito julgado desse capítulo da decisão, devendo o Juiz, então, expedir mandado de prisão ou recomendar o condenado no estabelecimento em que estiver recolhido, bem como determinar a expedição de carta de guia, para que seja iniciado de imediato o cumprimento da pena.

(Relator(a): Grassi Neto; Comarca: Junqueirópolis; Órgão julgador: 8ª Câmara de Direito Criminal; Data do julgamento: 15/12/2016; Data de registro: 15/12/2016).

5.6.2. *Ausência de Contraprova Oferecida pelo Acusado*

Tribunal de Justiça de São Paulo:

Crime de Trânsito – Condução de veículo automotor com capacidade psicomotora alterada em razão da influência de álcool ou de outra substância psicoativa – Embriaguez constatada por meio de exame toxicológico – Ausência de contraprova idônea atestando o contrário – Conjunto probatório suficiente ao reconhecimento da materialidade.

Uma vez constatado o estado de embriaguez daquele que conduz veículo automotor em via pública, por exame toxicológico, não há como afastar-se a realização do tipo penal previsto no art. 306 do CTB, se não chegou a ser produzida contraprova idônea.

Apelação – Mandado de Prisão a ser expedido após acórdão condenatório proferido por órgão de Segundo Grau no qual impôs-se pena privativa de liberdade – Trânsito em Julgado da matéria de fato – Interposição eventual de Recursos Especial e Extraordinário desprovida de efeito suspensivo – Admissibilidade

Eventuais recursos de natureza especial ou extraordinária que venham a ser interpostos, respectivamente para o STJ ou para o STF, não estão abarcados na ideia de duplo grau de jurisdição, mesmo porque vêm eles desprovidos de efeito devolutivo amplo, na medida em que não se prestam ao debate da matéria fático-probatória, tendo seu âmbito de cognição restrito à matéria de direito. Sua previsão não visa, com efeito, a outorgar uma terceira ou quarta oportunidades para que determinado pronunciamento jurisdicional, contra o qual o sucumbente se insurge, seja revisto; sua finalidade precípua é, antes, proporcionar a essas Cortes superiores a possibilidade de verificar se houve, in concreto, vulneração à lei federal ou às normas constitucionais, bem como, subsidiariamente, estabilizar, uniformizar e pacificar sua interpretação.

A presunção de inocência não possui – nenhum princípio o tem – caráter absoluto, devendo ser analisada sempre em conjunto com os demais princípios de igual hierarquia que integram o arcabouço constitucional, tais como aqueles da proporcionalidade e da duração razoável do processo, cabendo ao intérprete valorar cada um deles, sopesando-os, para determinar qual irá prevalecer em cada situação concreta. Em havendo colidência entre princípios, a divergência a ser dirimida será, com efeito, apenas aparente.

Na seara criminal, a coisa julgada se forma de modo fracionado, conforme a ação penal avança. O próprio Supremo Tribunal Federal reconheceu cuidar-se de instituto de envergadura constitucional, que se consolida em capítulos autônomos, cujo conteúdo vai precluindo, consoante não venha a ser atacado no curso da ação por recurso.

Torna-se, portanto, a parte relativa ao mérito da acusação e às provas "indiscutível, imutável", tão logo seja realizado o julgamento em segundo grau de jurisdição, de tal sorte a ocorrer exatamente nesse momento o trânsito julgado desse capítulo da decisão, devendo o Juiz, então, expedir mandado de prisão ou recomendar o condenado no estabelecimento em que estiver recolhido, bem como determinar a expedição de carta de guia, para que seja iniciado de imediato o cumprimento da pena.

(Relator(a): Grassi Neto; Comarca: Rio das Pedras; Órgão julgador: 8ª Câmara de Direito Criminal; Data do julgamento: 15/12/2016; Data de registro: 15/12/2016).

5.7. Crime de Perigo Abstrato e Constitucionalidade do Preceito

Apesar das controvérsias resultantes da redação anterior, atualmente o crime é considerado, majoritariamente, delito de perigo abstrato, ou seja, aquele que se consuma independentemente da demonstração de perigo concreto e efetivo para o bem jurídico segurança viária.

Basta o condutor dirigir com a capacidade psicomotora comprometida pela influência do álcool e o delito estará caracterizado. Ainda que não haja direção anormal ou infração às regras de trânsito.

Nesse sentido:

Supremo Tribunal Federal:

"Delito de embriaguez ao volante. Art. 306 do Código de Trânsito Brasileiro. (...) A objetividade jurídica do delito tipificado na mencionada norma transcende a mera proteção da incolumidade pessoal, para alcançar também a tutela da proteção de todo corpo social, asseguradas ambas pelo incremento dos níveis de segurança nas vias públicas. Mostra-se irrelevante, nesse contexto, indagar se o comportamento do agente atingiu, ou não, concretamente, o bem jurídico tutelado pela norma, porque a hipótese é de crime de perigo abstrato, para o qual não importa o resultado. (...) No tipo penal sob análise, basta que se comprove que o acusado conduzia veículo automotor, na via pública, apresentando concentração de álcool no sangue igual ou superior a 6 decigramas por litro para que esteja caracterizado o perigo ao bem jurídico tutelado e, portanto, configurado o crime. Por opção legislativa, não se faz necessária a prova do risco potencial de dano causado pela conduta do agente que dirige embriagado, inexistindo qualquer inconstitucionalidade em tal previsão legal." (HC 109.269, rel. min. Ricardo Lewandowski, julgamento em 27-9-2011, Segunda Turma, *DJE* de 11-10-2011.) No mesmo sentido: RE 666.511, rel. min. Gilmar Mendes, decisão monocrática, julgamento em 1º-6-2012, *DJE* de 11-6-2012; RHC 110.258, rel. min. Dias Toffoli, julgamento em 8-5-2012, Primeira Turma, *DJE* de 24-5-2012.

No mesmo sentido, o Superior Tribunal de Justiça:

PENAL. HABEAS CORPUS SUBSTITUTIVO DE RECURSO ESPECIAL. EMBRIAGUEZ AO VOLANTE. PLEITO DE ABSOLVIÇÃO. CARÊNCIA DE PROVAS DE AUTORIA E MATERIALIDADE DELITIVAS. IMPOSSIBILIDADE DE ANÁLISE DA MATÉRIA NA VIA ELEITA. NECESSIDADE DE REVOLVIMENTO FÁTICO-PROBATÓRIO. CRIME DE PERIGO ABSTRATO. REGIME PRISIONAL SEMIABERTO. REINCIDÊNCIA ESPECÍFICA. FLAGRANTE ILEGALIDADE NÃO EVIDENCIADA. WRIT NÃO CONHECIDO.

1. Esta Corte e o Supremo Tribunal Federal pacificaram orientação no sentido de que não cabe habeas corpus substitutivo do recurso legalmente previsto para a hipótese, impondo-se o não conhecimento da impetração, salvo quando constatada a existência de flagrante ilegalidade no ato judicial impugnado. No caso, não se observa flagrante ilegalidade a justificar a concessão do habeas corpus de ofício.

2. O *writ* não se presta para a apreciação de argumentos que buscam a absolvição do paciente, em virtude da necessidade de revolvimento do conjunto fático-probatório, o que é inviável na via eleita.

3. Se as instâncias ordinárias, mediante valoração do acervo probatório produzido nos autos, entenderam, de forma fundamentada, ser o réu autor do delito descrito na exordial acusatória, a análise das afirmações concernentes ao pleito de absolvição demandaria exame detido de provas, inviável em sede de writ.

4. Nos termos da pacífica jurisprudência desta Corte, o crime de embriaguez ao volante é de perigo abstrato, não sendo necessária a demonstração da potencialidade lesiva da conduta ou a existência de dano efetivo à incolumidade de outrem. Precedentes.

5. Conforme reconhecido pelo acórdão ora recorrido, o paciente foi surpreendido por policiais militares dormindo dentro do seu veículo, e com sinais claros de embriaguez, logo após ter colidido contra a traseira de um automóvel que estava estacionado. Tais circunstâncias, por certo, denotam que o comportamento do paciente expôs o bem jurídico tutelado, qual seja, a incolumidade pública, a perigo, restando configurada a prática do delito de embriaguez ao volante.

6. Malgrado tenha sido estabelecida pena-base no piso previsto no preceito secundário do tipo penal incriminador, considerando a reincidência específica do réu, cumpre reconhecer que ele não faz jus ao regime aberto, por não restarem preenchidos os requisitos do art. 33, § 2º, "c", e § 3º, do Código Penal.

7. Embora não se desconheça a dimensão dos problemas enfrentados pelo sistema prisional, a hipotética carência de vagas para o cumprimento da pena em regime semiaberto não justifica a concessão imediata do regime prisional aberto, máxime na modalidade domiciliar. Por certo, caso o direito do apenado ao cumprimento da reprimenda em estabelecimento

prisional adequado ao regime intermediário não venha a ser observado, deverá a defesa se valer do instrumento processual que entenda cabível, com vistas a sanar tal constrangimento ilegal.

8. Writ não conhecido.

(HC 364.006/SP, Rel. Ministro RIBEIRO DANTAS, QUINTA TURMA, julgado em 22/11/2016, DJe 25/11/2016).

5.8. Questões Relacionadas ao Etilômetro ou Bafômetro

A verificação periódica anual do etilômetro não se confunde com a calibragem, que é feita somente uma vez, quando o aparelho é entregue ao órgão público. Essa verificação anual é prevista na Resolução 206/06, art. 6º, III, do Contran.

Não raro, surgem alegações defensivas, afirmando que o etilômetro deveria ser calibrado anualmente e que a prova técnica seria nula, por ausência dessa calibragem anual, alegação que não se justifica. Nesse sentido, o STJ e o TJSP:

Superior Tribunal de Justiça:

"Nos termos de precedentes desta Corte, a verificação periódica anual, prevista no art. 6º, III, da Resolução 206/06, do CONTRAN, não se confunde com a calibração do aparelho. Com efeito, a calibragem é feita apenas uma vez, quando o aparelho é entregue aos órgãos públicos..." (STJ, HC 240338/MG, Rel. Min. Marilza Maynard, 6ª Turma, DJe 11/04/2014).

PENAL E PROCESSO PENAL. HABEAS CORPUS SUBSTITUTIVO DE RECURSO ESPECIAL. EMBRIAGUEZ AO VOLANTE. PLEITO DE ABSOLVIÇÃO. IMPROPRIEDADE DA VIA ELEITA. CRIME PRATICADO ANTES DO ADVENTO DA LEI N. 12.760/12. *ABOLITIO CRIMINIS* NÃO EVIDENCIADO. ALTERAÇÃO PSICOMOTORA COMPROVADA POR TESTE DE ETILÔMETRO E PROVAS TESTEMUNHAIS. VERIFICAÇÃO PERIÓDICA ANUAL DO BAFÔMETRO QUE NÃO SE CONFUNDE COM A SUA CALIBRAÇÃO. *WRIT* NÃO CONHECIDO.

1. Esta Corte e o Supremo Tribunal Federal pacificaram orientação no sentido de que não cabe habeas corpus substitutivo do recurso legalmente previsto para a hipótese, impondo-se o não conhecimento da impetração, salvo quando constatada a existência de flagrante ilegalidade no ato judicial impugnado.

2. Se as instâncias ordinárias, mediante valoração do acervo probatório produzido nos autos, entenderam, de forma fundamentada, ser o réu autor do delito descrito na exordial acusatória, a análise das alegações concernentes ao pleito de absolvição demandaria exame detido de provas, inviável em sede de writ. Precedentes.

3. A Lei n. 12.760/2012, que alterou a redação do art. 306 do CTB, ao contrário do sustentado pela defesa, não implicou abolitio criminis, uma vez que tão somente trouxe novos meios de prova para a comprovação do delito, ficando mantida a criminalização da conduta daquele que pratica o fato com concentração igual ou superior a 6 decigramas de álcool por litro de sangue. Precedentes.

4. Hipótese em que o Julgador de 1º grau condenou o ora paciente pela prática do delito previsto no art. 306 do Código de Trânsito Brasileiro, por reconhecer a alteração em sua capacidade psicomotora, consubstanciado em teste de etilômetro e em provas testemunhais que confirmaram o estado de embriaguez do réu quando da sua abordagem, sem que possa inferir manifesta ilegalidade a justificar a concessão da ordem de ofício.

5. "Segundo a orientação desta Corte Superior de Justiça, a verificação periódica anual, prevista no art. 6º, inciso III, da Resolução n. 206, de 20 de outubro de 2006, do CONTRAN, como requisito para a constatação da regularidade do etilômetro, não se confunde com a calibração do aparelho. Por isso, correta a conclusão das instâncias antecedentes de que não

há qualquer vício na medição realizada pelo aparelho, porque realizada dentro do prazo de validade da certificação" (HC 240.337/MG, Rel. Ministra LAURITA VAZ, QUINTA TURMA, julgado em 07/11/2013, DJe 25/11/2013).

6. A análise da alegação de inépcia da peça acusatória encontra-se superada pela superveniência de sentença nos autos do processo-crime, na qual, em cognição exauriente, foi dado provimento à pretensão punitiva, o que revela a plena aptidão da denúncia e a existência de provas da autoria e da materialidade delitivas.

7. Habeas corpus não conhecido.

(HC 347.963/RS, Rel. Ministro RIBEIRO DANTAS, QUINTA TURMA, julgado em 22/11/2016, DJe 25/11/2016).

Tribunal de Justiça de São Paulo:

Crime de Trânsito – Condução de veículo automotor com capacidade psicomotora alterada em razão da influência de álcool ou de outra substância psicoativa – Embriaguez constatada por meio de exame realizado com etilômetro dentro do prazo de verificação estabelecido pelo INMETRO – Ausência de contraprova idônea atestando o contrário – Conjunto probatório suficiente ao reconhecimento da materialidade

Uma vez constatado o estado de embriaguez daquele que conduz veículo automotor em via pública, por exame realizado com etilômetro, que estava dentro do prazo de verificação do INMETRO, não há como afastar-se a realização do tipo penal previsto no art. 306 do CTB se não chegou a ser produzida contraprova idônea, como por exemplo um exame de sangue, que atestasse o contrário.

Crime de Trânsito – Suspensão ou proibição de obter-se a permissão ou a habilitação para dirigir veículo automotor – Fixação consoante os mesmos critérios empregados para estabelecimento da privação de liberdade – Art. 293 CTB – Entendimento

Conquanto o sistema adotado pelo legislador do CTB dê margem a uma série de aberrações, na ausência de balizas outras, que não as do art. 293 CTB, estabelecendo critérios específicos para fixação do quantum a ser imposto concernente à pena de suspensão ou de proibição de obter-se a permissão ou a habilitação para dirigir veículo automotor, deve seu cálculo seguir os mesmos parâmetros empregados para dosar a privação de liberdade.

Apelação – Mandado de Prisão a ser expedido após acórdão condenatório proferido por órgão de Segundo Grau no qual impôs-se pena privativa de liberdade – Trânsito em Julgado da matéria de fato – Interposição eventual de Recursos Especial e Extraordinário desprovida de efeito suspensivo – Admissibilidade

Eventuais recursos de natureza especial ou extraordinária que venham a ser interpostos, respectivamente para o STJ ou para o STF, não estão abarcados na ideia de duplo grau de jurisdição, mesmo porque vêm eles desprovidos de efeito devolutivo amplo, na medida em que não se prestam ao debate da matéria fático-probatória, tendo seu âmbito de cognição restrito à matéria de direito. Sua previsão não visa, com efeito, a outorgar uma terceira ou quarta oportunidades para que determinado pronunciamento jurisdicional, contra o qual o sucumbente se insurge, seja revisto; sua finalidade precípua é, antes, proporcionar a essas Cortes superiores a possibilidade de verificar se houve, in concreto, vulneração à lei federal ou às normas constitucionais, bem como, subsidiariamente, estabilizar, uniformizar e pacificar sua interpretação.

A presunção de inocência não possui – nenhum princípio o tem – caráter absoluto, devendo ser analisada sempre em conjunto com os demais princípios de igual hierarquia que integram o arcabouço Constitucional, tais como aqueles da proporcionalidade e da duração razoável do processo, cabendo ao intérprete valorar cada um deles, sopesando-os, para determinar qual irá prevalecer em cada situação concreta. Em havendo colidência entre princípios, a divergência a ser dirimida será, com efeito, apenas aparente.

> Na seara criminal, a coisa julgada se forma de modo fracionado, conforme a ação penal avança. O próprio Supremo Tribunal Federal reconheceu cuidar-se de instituto de envergadura constitucional, que se consolida em capítulos autônomos, cujo conteúdo vai precluindo, consoante não venha a ser atacado no curso da ação por recurso.
>
> Torna-se, portanto, a parte relativa ao mérito da acusação e às provas "indiscutível, imutável", tão logo seja realizado o julgamento em segundo grau de jurisdição, de tal sorte a ocorrer exatamente nesse momento o trânsito julgado desse capítulo da decisão, devendo o Juiz, então, expedir mandado de prisão ou recomendar o condenado no estabelecimento em que estiver recolhido, bem como determinar a expedição de carta de guia, para que seja iniciado de imediato o cumprimento da pena.
>
> (Relator(a): Grassi Neto; Comarca: Cardoso; Órgão julgador: 8ª Câmara de Direito Criminal; Data do julgamento: 15/12/2016; Data de registro: 15/12/2016).

5.9. Revogação do Art. 34, da Lei das Contravenções Penais (Decreto-Lei 3.688/41)

O crime de embriaguez ao volante derrogou a contravenção do art. 34, da Lei das Contravenções Penais, que não mais vigora no tocante à direção perigosa de veículo pela via pública. A contravenção vige ainda apenas no tocante à pilotagem perigosa de embarcação em águas públicas. Isso porque o Código de Trânsito regulou toda a matéria administrativa e penal atinente aos delitos de circulação em vias terrestres. E é princípio geral do direito aquele segundo o qual a lei nova revoga a lei anterior, quando trate da matéria versada no antigo diploma.

6. Crime de Violação da Suspensão ou da Proibição de se Obter a Permissão ou a Habilitação para Dirigir Veículo Automotor

> **Art. 307.** Violar a suspensão ou a proibição de se obter a permissão ou a habilitação para dirigir veículo automotor imposta com fundamento neste Código:
>
> Penas – detenção, de seis meses a um ano e multa, com nova imposição adicional de idêntico prazo de suspensão ou de proibição.
>
> Parágrafo único. Nas mesmas penas incorre o condenado que deixa de entregar, no prazo estabelecido no § 1º do art. 293, a Permissão para Dirigir ou a Carteira de Habilitação.

» **INFRAÇÃO ADMINISTRATIVA RELACIONADA**

Art. 162. Dirigir veículo:

...

II – com Carteira Nacional de Habilitação, Permissão para Dirigir ou Autorização para Conduzir Ciclomotor cassada ou com suspensão do direito de dirigir: (Redação dada pela Lei 13.281, de 2016) (Vigência)

Infração – gravíssima; (Redação dada pela Lei 13.281, de 2016) (Vigência)

Penalidade – multa (três vezes); (Redação dada pela Lei 13.281, de 2016) (Vigência)

Medida administrativa – recolhimento do documento de habilitação e retenção do veículo até a apresentação de condutor habilitado; (Incluído pela Lei 13.281, de 2016) (Vigência)

6.1. Bem Jurídico Tutelado

A norma penal protege a Administração Pública e a Administração da Justiça, conforme se tratar de decisão que tenha decretado a suspensão ou proibição no âmbito administrativo ou na esfera jurisdicional.

Secundariamente, protege a segurança viária, a segurança no trânsito, rebaixada por condutores que continuem a dirigir com o direito de dirigir suspenso ou então proibidos de obtê-lo.

6.2. Sujeitos do Crime

Sujeito ativo poderá ser qualquer pessoa, em especial aquele que estiver com o direito de dirigir suspenso ou então proibido de obter a permissão ou habilitação.

Poderá ainda concorrer para o crime terceiro que, consciente de que havia a suspensão ou proibição, atue no sentido de tornar viável a violação da suspensão ou da proibição da obtenção do direito de dirigir ou da permissão para dirigir.

Sujeito passivo serão a Administração Pública e a Administração da Justiça, dependendo do órgão que tenha decretado a suspensão ou proibição. Secundariamente, a coletividade, que terá rebaixada a segurança viária se condutores, nas situações previstas no tipo penal, continuarem a dirigir.

6.3. Condutas

As condutas consistem em violar, descumprir: a) a suspensão do direito de dirigir, decretada pela autoridade de trânsito em regular procedimento administrativo, assegurada a ampla defesa, ou ainda pela autoridade judiciária, em regular processo, assegurada, também, a ampla defesa; ou b) a proibição de obtenção da permissão ou habilitação para dirigir veículo automotor.

O parágrafo 1º prevê conduta equiparada:

Equipara-se ao delito de violação a conduta daquele que deixa de entregar a carteira de habilitação, no prazo assinalado pelo art. 293, § 1º, do Código Penal, punida com as mesmas penas.

Enquanto o crime do "caput" é comissivo, se pratica por ação, o do parágrafo 1º é omissivo, pois decorre de comportamento omissivo, verificando-se quando o agente deixa de entregar a carteira de habilitação no prazo assinalado, incorrendo num não fazer ou num deixar de agir, agir a que estava obrigado pela ordem jurídica.

6.4. Voluntariedade

É o dolo, direto ou eventual, representado pela vontade consciente e deliberada de violar a suspensão ou proibição. Não há forma culposa.

É necessário que o sujeito tenha conhecimento da suspensão ou da proibição da obtenção da permissão ou habilitação.

6.5. Consumação e Tentativa

A consumação do delito ocorre quando se dá a violação da suspensão ou da proibição de obtenção da permissão ou da habilitação para dirigir veículos automotores.

A tentativa em tese é possível.

6.6. Ação Penal

A ação penal, no silêncio do legislador, será pública incondicionada.

Cuida-se de infração penal de menor potencial ofensivo, passível de transação penal, na forma do art. 76, da Lei 9.099/95, de suspensão condicional do processo, nos termos do art. 89, da Lei 9.099/95, de substituição da pena privativa da liberdade por restritiva de direitos (art. 44, do Código Penal), de suspensão condicional da pena privativa da liberdade (art. 77, do Código Penal), de regime inicial aberto.

6.7. Constitucionalidade do Preceito

A norma penal do art. 307 do Código de Trânsito Brasileiro não é afastada pela existência de infração administrativa correlata e não fere a Constituição Federal. Cuida-se de norma que encerra, portanto, conduta penalmente típica.

Segundo **Leonardo Schmitt de Bem,**

> "O núcleo do tipo penal consiste em violar, vale dizer, desrespeitar ou descumprir decisão de natureza administrativa ou judicial que suspende a permissão ou habilitação para dirigir veículo automotor ou que proíbe a sua obtenção, imposta com fundamento no Código de Trânsito. Nesse sentido:
>
> Apelação crime. Delito de trânsito. Art. 307 do CTB. Violação da suspensão para dirigir veículo automotor. Suficiência probatória. Tipicidade da conduta. Condenação. Réu que conduz automóvel em via pública, à revelia da proibição administrativa vigente, porquanto suspensa sua habilitação, circunstância que tinha plena ciência, pratica o delito do art. 307, do CTB, merecendo a reprimenda penal" (TJRS, Turma Recursal Criminal, Apelação criminal 71003871506, Rel. Juíza Cristina Pereira Gonzales, j. 3-9-2012) (Direito Penal de Trânsito. 3 ed. São Paulo: Saraiva, 2015, p. 428).

Nesse sentido, ainda, decisão do E. Tribunal de Justiça do Estado de São Paulo:

> **1500525-60.2017.8.26.0567**
>
> **Classe/Assunto:** Apelação / Crimes de Trânsito
>
> **Relator(a):** Leme Garcia
>
> **Comarca:** Sorocaba
>
> **Órgão julgador:** 16ª Câmara de Direito Criminal
>
> **Data do julgamento:** 24/07/2018
>
> **Data de publicação:** 25/07/2018
>
> **Data de registro:** 25/07/2018
>
> **Ementa:** Apelação. Embriaguez ao volante e violação da suspensão da habilitação para dirigir veículo automotor. Recurso defensivo. Pleito de absolvição por insuficiência probatória. Não cabimento. Conjunto probatório harmônico e coeso que comprova a materialidade e autoria dos delitos. Dosimetria penal. Agravante relativa à reincidência que deve ser compensada com a atenuante da confissão espontânea. Precedentes do E. Superior Tribunal de Justiça. Reprimenda redimensionada. Regime semiaberto que se justifica pelo quantum da pena, pelos maus antecedentes e pela reincidência específica do acusado. Recurso parcialmente provido.

7. Crime de Competição ou Disputa Automobilística não Autorizada (Racha)

> **Art. 308.** Participar, na direção de veículo automotor, em via pública, de corrida, disputa ou competição automobilística ou ainda de exibição ou demonstração de perícia em manobra de veículo automotor, não autorizada pela autoridade competente, gerando situação de risco à incolumidade pública ou privada: (Redação dada pela Lei 13.546, de 2017)
>
> Penas – detenção, de 6 (seis) meses a 3 (três) anos, multa e suspensão ou proibição de se obter a permissão ou a habilitação para dirigir veículo automotor. (Redação dada pela Lei 12.971, de 2014)
>
> § 1º Se da prática do crime previsto no caput resultar lesão corporal de natureza grave, e as circunstâncias demonstrarem que o agente não quis o resultado nem assumiu o risco de

produzi-lo, a pena privativa de liberdade é de reclusão, de 3 (três) a 6 (seis) anos, sem prejuízo das outras penas previstas neste artigo. (Incluído pela Lei 12.971, de 2014)

§ 2º Se da prática do crime previsto no caput resultar morte, e as circunstâncias demonstrarem que o agente não quis o resultado nem assumiu o risco de produzi-lo, a pena privativa de liberdade é de reclusão de 5 (cinco) a 10 (dez) anos, sem prejuízo das outras penas previstas neste artigo. (Incluído pela Lei 12.971, de 2014)

» INFRAÇÕES ADMINISTRATIVAS RELACIONADAS

Art. 173. Disputar corrida: (Redação dada pela Lei 12.971, de 2014) (Vigência)

Infração – gravíssima;

Penalidade – multa (dez vezes), suspensão do direito de dirigir e apreensão do veículo; (Redação dada pela Lei 12.971, de 2014) (Vigência)

Medida administrativa – recolhimento do documento de habilitação e remoção do veículo.

Parágrafo único. Aplica-se em dobro a multa prevista no caput em caso de reincidência no período de 12 (doze) meses da infração anterior. (Incluído pela Lei 12.971, de 2014) (Vigência)

Art. 174. Promover, na via, competição, eventos organizados, exibição e demonstração de perícia em manobra de veículo, ou deles participar, como condutor, sem permissão da autoridade de trânsito com circunscrição sobre a via: (Redação dada pela Lei 12.971, de 2014) (Vigência)

Infração – gravíssima;

Penalidade – multa (dez vezes), suspensão do direito de dirigir e apreensão do veículo; (Redação dada pela Lei 12.971, de 2014) (Vigência)

Medida administrativa – recolhimento do documento de habilitação e remoção do veículo.

§ 1º As penalidades são aplicáveis aos promotores e aos condutores participantes. (Incluído pela Lei 12.971, de 2014) (Vigência)

§ 2º Aplica-se em dobro a multa prevista no caput em caso de reincidência no período de 12 (doze) meses da infração anterior. (Incluído pela Lei 12.971, de 2014) (Vigência)

Art. 175. Utilizar-se de veículo para demonstrar ou exibir manobra perigosa, mediante arrancada brusca, derrapagem ou frenagem com deslizamento ou arrastamento de pneus: (Redação dada pela Lei 12.971, de 2014) (Vigência)

Infração – gravíssima;

Penalidade – multa (dez vezes), suspensão do direito de dirigir e apreensão do veículo; (Redação dada pela Lei 12.971, de 2014) (Vigência)

Medida administrativa – recolhimento do documento de habilitação e remoção do veículo.

Parágrafo único. Aplica-se em dobro a multa prevista no caput em caso de reincidência no período de 12 (doze) meses da infração anterior. (Incluído pela Lei 12.971, de 2014) (Vigência)

7.1. *Bem Jurídico Tutelado*

O legislador, no art. 308, protege a coletividade, a segurança viária, que é direito de todos. De forma secundária, protege a vida e a integridade corporal das pessoas. Protege ainda a incolumidade pública e privada.

7.2. *Sujeitos do Crime*

Sujeito ativo do delito poderá ser qualquer pessoa que se envolva em corrida, disputa ou competição automobilística (com uso de veículo automotor – carro ou motocicleta ou até mesmo ciclomotor).

Sujeito passivo do crime será a coletividade. Secundariamente, as pessoas eventualmente vitimadas pela conduta, que venham a sofrer lesões corporais de natureza grave ou morte (racha qualificado) ou mesmo danos de ordem patrimonial.

7.3. Condutas

Cuida-se em linhas gerais do crime de racha, corrida, disputa ou competição automobilística não autorizada e agora também de manobras de exibição de perícia na via pública, sem autorização da autoridade de trânsito competente para expedi-la.

A conduta consistirá em disputar, na via pública, corrida, disputa ou competição automobilística não autorizada pela autoridade de trânsito competente, gerando situação de risco à incolumidade pública ou privada.

Além da corrida, a conduta abrangerá também as disputas que envolvam manobras de exibição de perícia, como arrancadas, cavalos de pau, freadas bruscas, empinar o guidão de motocicleta etc.

E é necessário que as condutas ocorram na via pública e sem autorização da autoridade de trânsito competente para expedi-la.

Se a conduta não se verificar na via pública, não haverá este crime. Poderá haver outro delito, mas não este do art. 308.

Se houver regular autorização da autoridade de trânsito competente, não haverá o crime. Trata-se do elemento normativo do tipo penal (*sem autorização da autoridade de trânsito competente*).

7.4. Voluntariedade

O elemento subjetivo é o dolo, representado pela vontade livre e consciente de participar de corrida, competição ou disputa automobilística clandestina, não autorizada pela autoridade competente.

7.5. Consumação e Tentativa

A consumação se dá quando o sujeito ou sujeitos participam de competição ou corrida automobilística não autorizada, em via pública.

A tentativa em tese será possível, quando os competidores, por exemplo, estiverem prestes a largar e forem impedidos de consumar o crime pela chegada da polícia, por exemplo, ao local em que se daria a competição ilegal.

7.6. Ação Penal

A ação penal será pública incondicionada, no silêncio do legislador.

O crime de competição não autorizada em sua modalidade fundamental, na cabeça do artigo, comportará, em tese, a suspensão condicional do processo, nos termos do art. 89, da Lei 9.099/95, uma vez que a pena mínima prevista não é superior a um ano. Cabíveis ainda em tese a suspensão condicional da pena privativa da liberdade, nos termos do art. 77, do Código Penal, a substituição da pena privativa da liberdade por restritiva de direitos, nos termos do art. 44, do Código Penal, e o regime inicial aberto, nos termos do art. 33, § 3º, c.c. art. 59, do Código Penal, se as circunstâncias do caso concreto não indicarem a necessidade de regime inicial mais rigoroso.

No tipo penal qualificado pela lesão grave não caberão suspensão condicional do processo, nem suspensão condicional da pena privativa da liberdade. Poderá caber substituição da pena privativa da liberdade por restritivas de direitos, nos termos do art. 44, do Código Penal, se não for aplicada pena superior a 4 anos.

No tipo qualificado pelo resultado morte, não caberá nenhum dos benefícios acima. E o regime inicial de cumprimento deverá ser pelo menos o semiaberto, pois a pena oscila entre 5 e 10 anos de reclusão.

Porém, se a pena fixada for de 8 anos ou mais, o regime inicial de cumprimento será obrigatoriamente fechado.

7.7. Crime Qualificado pela Lesão Corporal de Natureza Grave

Cuida-se de crime preterdoloso, em que há dolo no antecedente e culpa no consequente.

Ou seja, o sujeito tinha em mente participar de racha, corrida, disputa ou competição automobilística não autorizada, em manobra de exibição ou perícia ao volante.

Não pretendia resultado mais grave.

Mas, por imprevisão no uso dos meios, ou seja, por culpa, consciente ou inconsciente, dá causa a resultado danoso não querido e nem tolerado.

7.8. Crime Qualificado pelo Resultado Morte

Aqui, o delito se perfaz com o resultado morte, não querido, não tolerado e de nenhum modo desejado pelo agente.

Outro caso de preterdolo, como se dá no parágrafo anterior: dolo no antecedente e culpa no consequente. O participante do racha age em princípio com deliberada e consciente vontade de rebaixar a segurança viária e, por imprevisão diante do previsível, dá causa a resultado mais danoso do que o pretendido inicialmente (a participação na corrida ou disputa não autorizada, rebaixando o nível de segurança no trânsito).

O participante do racha identifica a possibilidade de produção de dano em sua conduta, mas não tolera sua produção e nem a ela aquiesce.

Se isso acontecer, ou seja, se o participante do racha assumir o risco de lesionar alguém gravemente ou até mesmo de matar alguém, estaremos diante do dolo eventual. Esse dolo eventual não será lido na mente do agente, mas extraído das circunstâncias do caso concreto.

O agente então responderá por lesões corporais dolosas de natureza grave (art. 129, § 1º, do Código Penal) ou por homicídio doloso (art. 121, "caput", ou § 2º, do Código Penal), este último crime contra a vida, afastada a aplicação do Código de Trânsito em ambas as situações.

7.9. O Conflito Aparente de Normas que Inicialmente Existiu entre o Racha Qualificado pelo Resultado Morte e a Figura Típica do Art. 302, § 2º, do Código de Trânsito (Homicídio Culposo Qualificado pela Embriaguez ou pelo Racha), Revogada pela Lei 13.281, de 4 de Maio de 2016

Como já dito nos comentários ao art. 302, do Código de Trânsito, em boa hora a Lei 13.281/16 revogou o preceito do parágrafo 2º daquele artigo, que previa o homicídio culposo qualificado pela influência do álcool ou outra substância e pela participação em racha.

Isso pelo evidente conflito de normas que se desenhava: para o homicídio culposo qualificado pela embriaguez ou pelo racha, penas de 2 a 4 anos de reclusão; para o crime de racha qualificado pelo resultado morte, penas de 5 a 10 anos de reclusão.

Qual dos crimes imputar? Qual das penas aplicar em situação em que houvesse participação em racha e morte, sem que se cogitasse do dolo eventual ou direto no homicídio?

No homicídio culposo de trânsito qualificado pelos fatores acima elencados, sustentávamos que o crime se perfazia independentemente do local em que a conduta se verificasse, pois o tipo penal do art. 302 não previa o elemento de ordem espacial *na via pública*.

No crime de racha qualificado pela morte, sustentávamos e continuamos a sustentar que o crime se configura somente se a conduta se der *na via pública*, uma vez que, no art. 308, a lei previu o elemento de ordem espacial, ou seja, implementou a exigência explícita de que a conduta se verifique *na via pública*.

Na doutrina, porém, havia quem dissesse que o delito do art. 308, § 2º, do Código Penal, era inaplicável, em face dos princípios da proporcionalidade, da consunção e da prevalência do interesse do réu, Nesse sentido, Guilherme de Souza Nucci sustentava que em racha de que resultasse morte, o condutor deveria responder por homicídio culposo qualificado, não por este delito do art. 308, § 2º, do Código de Trânsito. E o fazia com os seguintes argumentos:

> "O conflito é evidente: quem pratica homicídio culposo em "racha", que termina em morte culposa, recebe a pena de reclusão de dois a quatro anos; quem pratica "racha", que termina em morte culposa, recebe a pena de reclusão de cinco a dez anos. Seria uma pilhéria, não fosse uma lei. Aliás, a mesmíssima lei, editada e publicada na mesma data. Em suma: quem praticar racha e matar uma pessoa recebe qual pena? A prevista no art. 302, § 2º, ou a estipulada pelo art. 308, § 2º? O conflito aparente de normas deve ser solucionado da seguinte maneira: a) o crime de dano sempre absorve o de perigo; foi assim, é assim e continuará sendo desse modo. Logo,, quem atinge o *plus* (morte de alguém), incide na figura do homicídio culposo qualificado; b) o delito de perigo, com resultado danoso qualificador (morte), com pena superior, jamais poderá ser aplicado, pois a figura típica central e básica do *caput* do art. 308 é de perigo, que sempre cede à figura típica central e básica do *caput* do art. 302, que é dano, contendo qualificadora idêntica ao *caput* do art. 308; c) aplica-se a consunção; homicídio qualificado pelo 'racha' absorve o 'racha', que leva à morte; d) aplica-se, ainda, o princípio constitucional da proporcionalidade, associado ao princípio da prevalência do interesse do réu: se há duas penas (art. 302, § 2º, e art. 308, § 2º), editadas pela mesma lei, na mesma data, para os mesmos fatos, aplica-se a mais benéfica, que é a do art. 302, § 2º..." (Leis Penais e Processuais Penais Comentadas. 8 ed. Rio de Janeiro: Gen Método, 2014, vol. 2, p. 846).

O ilustre doutrinador, porém, não levava em consideração o elemento espacial, constante do art. 308, § 2º, do Código de Trânsito, *na via pública*, enquanto o art. 302, § 2º, do Código de Trânsito, contentava-se que o delito se verificasse em via (sem exigir expressamente o elemento espacial "na via pública").

Além disso, entendíamos e entendemos que, *pelo desvalor maior dado pelo legislador à conduta daquele que participa de racha com resultado morte, não haveria violação ao princípio da proporcionalidade pela aplicação de pena maior na hipótese do art. 308, § 2º, afastadas as hipóteses de homicídio culposo e dolo eventual.*

Considerávamos assim que as duas normas penais eram perfeitamente aplicáveis a cada caso concreto, conforme o bem jurídico ofendido prioritariamente (vida – no homicídio culposo qualificado – ou segurança viária – no crime de racha) e conforme o elemento espacial presente na conduta (em qualquer via, no homicídio culposo; em via pública, no racha).

Em sentido diverso, em posição semelhante àquela adotada por Nucci, tínhamos o pensamento de Luiz Flávio Gomes:

> "No art. 302 (homicídio culposo em razão de 'racha') a pena é de reclusão de dois a quatro anos; no art. 308 ("racha com resultado morte decorrente de culpa") a pena é de cinco a dez anos de reclusão! Mesmo fato, com penas diferentes (juridicamente falando, sempre se aplica a norma mais favorável ao réu, ou seja, deve incidir a pena mais branda – *in dubio pro libertate* " (Texto disponível em: HTTP://m.migalhas.com.br/depeso/200729/nova-lei-de--transito-barbeiragem-e-deparragem-do-legislador- acesso em 1º/1/2017).

Postas, enfim, tais premissas a título de esclarecimento acerca da superação da séria controvérsia, forçoso concluir que todas as divergências que existiam em relação a qual figura típica e a quais penas se fariam aplicar se esvaziaram totalmente, com a expressa revogação do art. 302, § 2º, do Código de Trânsito pela Lei 13.281, de 4 de maio de 2016, de modo que permaneceu somente a figura do art. 308, § 2º, do Código de Trânsito, eliminado definitivamente o conflito aparente de normas.

7.9.1. Consequências Decorrentes da Revogação do Art. 302, § 2º, do Código de Trânsito: o Agente Responderá pelo Crime de Racha Qualificado, se Afastadas as Hipóteses de Dolo Direto ou Eventual

Assim, quando houver participação em racha com resultado morte, o agente responderá pelo delito do art. 308, § 2º, do Código de Trânsito, desde que afastadas as hipóteses de dolo direto ou eventual.

Se houver dolo direto ou eventual, o agente responderá por homicídio simples ou qualificado, dependendo das circunstâncias do caso concreto. Crime doloso contra a vida, de competência do Tribunal do Júri, afastada a aplicação do Código de Trânsito em suas disposições criminais.

7.9.1.1. Possibilidade de Concurso de Crimes entre o Racha e o Homicídio Culposo, se a Morte não se Verificar Durante a Participação no Racha, no Mesmo Contexto ou em Virtude da Disputa ou Competição não Autorizada

Com a eliminação – pelo legislador – da figura do homicídio culposo qualificado pelo racha, entendemos sustentável o concurso material de crimes (art. 69, do Código Penal) entre os crimes de racha (art. 308) e o homicídio culposo (art. 302), pois o agente poderá primeiro participar de racha, colocando em perigo a segurança no trânsito, sem causar nenhuma morte, e, em seguida, terminada ou interrompida a disputa, noutro momento e contexto, atropelar um transeunte por ainda transitar em alta velocidade, por exemplo (agora não mais em virtude de estar disputando o racha, que terminou ou foi interrompido), e incorrer em homicídio culposo de trânsito.

Primeiro violou o art. 308, do Código de Trânsito. Depois a figura do art. 302, do Código de Trânsito. Hipótese clara de concurso material de crimes. A morte se produziu em momento distinto daquele da disputa ilegal, embora próximo no tempo. Não ocorreu *pela participação no racha.*

Tudo, evidentemente, dependendo das circunstâncias do caso concreto e das provas reunidas a respeito no inquérito policial, para formação da *opinio delicti* do órgão do Ministério Público.

7.10. Revogação do Art. 34, da Lei das Contravenções Penais (Decreto--Lei n. 3.688/41) pelo Art. 308, do Código de Trânsito

A figura típica do art. 308, do Código de Trânsito, revogou a lei das contravenções penais, ou seja, passou a alcançar as hipóteses de direção perigosa antes subsumidas na figura contravencional do art. 34, do Decreto-lei n. 3.688/41 (a Lei das Contravenções Penais), como cavalos de pau, cantadas de pneus, pilotagem de motocicleta empinando o guidão etc. Tais manobras de exibição ou perícia eram exemplos da denominada direção perigosa de veículo na via pública.

Isso porque a lei nova passou a regular por inteiro comportamentos tratados na lei anterior. E, nos termos do art. 2º, § 1º, da Lei de Introdução às Normas do Direito Brasileiro, estabelecidas pelo Decreto-lei n. 4.657, de 4 de setembro de 1942, "a lei posterior revoga a anterior quando expressamente o declare, quando seja com ela incompatível ou quando regule inteiramente a matéria de que tratava a lei anterior".

8. Crime de Direção não Habilitada, Gerando Perigo de Dano

Art. 309. Dirigir veículo automotor, em via pública, sem a devida Permissão para Dirigir ou Habilitação ou, ainda, se cassado o direito de dirigir, gerando perigo de dano:

Penas – detenção, de seis meses a um ano, ou multa.

» INFRAÇÃO ADMINISTRATIVA RELACIONADA

Art. 162. Dirigir veículo:

I – sem possuir Carteira Nacional de Habilitação, Permissão para Dirigir ou Autorização para Conduzir Ciclomotor: (Redação dada pela Lei 13.281, de 2016) (Vigência)

Infração – gravíssima; (Redação dada pela Lei 13.281, de 2016) (Vigência)

Penalidade – multa (três vezes); (Redação dada pela Lei 13.281, de 2016) (Vigência)

Medida administrativa – retenção do veículo até a apresentação de condutor habilitado; (Incluído pela Lei 13.281, de 2016) (Vigência)

II – com Carteira Nacional de Habilitação, Permissão para Dirigir ou Autorização para Conduzir Ciclomotor cassada ou com suspensão do direito de dirigir: (Redação dada pela Lei 13.281, de 2016) (Vigência)

Infração – gravíssima; (Redação dada pela Lei 13.281, de 2016) (Vigência)

Penalidade – multa (três vezes); (Redação dada pela Lei 13.281, de 2016) (Vigência)

Medida administrativa – recolhimento do documento de habilitação e retenção do veículo até a apresentação de condutor habilitado; (Incluído pela Lei 13.281, de 2016) (Vigência)

III – com Carteira Nacional de Habilitação ou Permissão para Dirigir de categoria diferente da do veículo que esteja conduzindo: (Redação dada pela Lei 13.281, de 2016) (Vigência)

Infração – gravíssima; (Redação dada pela Lei 13.281, de 2016) (Vigência)

Penalidade – multa (duas vezes); (Redação dada pela Lei 13.281, de 2016) (Vigência)

Medida administrativa – retenção do veículo até a apresentação de condutor habilitado; (Redação dada pela Lei 13.281, de 2016) (Vigência)

IV – (VETADO)

V – com validade da Carteira Nacional de Habilitação vencida há mais de trinta dias:

Infração – gravíssima;

Penalidade – multa;

Medida administrativa – recolhimento da Carteira Nacional de Habilitação e retenção do veículo até a apresentação de condutor habilitado;

VI – sem usar lentes corretoras de visão, aparelho auxiliar de audição, de prótese física ou as adaptações do veículo impostas por ocasião da concessão ou da renovação da licença para conduzir:

Infração – gravíssima;

Penalidade – multa;

Medida administrativa – retenção do veículo até o saneamento da irregularidade ou apresentação de condutor habilitado.

8.1. *Bem Jurídico Tutelado*

O legislador, ao criminalizar a conduta daquele que dirige veículo automotor, em via pública, sem habilitação ou permissão, ou se cassado seu direito de dirigir, gerando perigo de dano, protege a segurança viária, a coletividade.

8.2. *Sujeitos do Crime*

Sujeito ativo comum. Poderá ser qualquer pessoa.

Sujeito passivo será a coletividade, pelo rebaixamento do nível de segurança viária causado pelas pessoas que dirijam estando nas situações previstas no tipo penal incriminador.

8.3. *Condutas*

Trata-se do crime de direção não habilitada,[17] na via pública, com produção de perigo *concreto* de dano para a segurança viária.

As condutas consistem em: a) dirigir sem possuir habilitação (de nenhuma espécie); b) sem a devida habilitação (de categoria adequada àquele veículo que estiver sendo conduzido) ou ainda, c) se tiver sido cassado o direito de dirigir.

E em qualquer das três situações, a conduta deverá gerar perigo concreto de dano, ante a elementar *gerando perigo de dano*. Ou seja, deverá ocorrer direção anormal, com desrespeito a regras de circulação, como desobedecer sinal de parada obrigatória, avançar sinal vermelho, transitar pela contramão de direção, avançar sobre o passeio ou área de pedestres, dirigir em alta velocidade etc.

---

17 Código de Trânsito:

Art. 143. Os candidatos poderão habilitar-se nas categorias de A a E, obedecida a seguinte gradação:

I – Categoria A – condutor de veículo motorizado de duas ou três rodas, com ou sem carro lateral;

II – Categoria B – condutor de veículo motorizado, não abrangido pela categoria A, cujo peso bruto total não exceda a três mil e quinhentos quilogramas e cuja lotação não exceda a oito lugares, excluído o do motorista;

III – Categoria C – condutor de veículo motorizado utilizado em transporte de carga, cujo peso bruto total exceda a três mil e quinhentos quilogramas;

IV – Categoria D – condutor de veículo motorizado utilizado no transporte de passageiros, cuja lotação exceda a oito lugares, excluído o do motorista;

V – Categoria E – condutor de combinação de veículos em que a unidade tratora se enquadre nas categorias B, C ou D e cuja unidade acoplada, reboque, semirreboque, trailer ou articulada tenha 6.000 kg (seis mil quilogramas) ou mais de peso bruto total, ou cuja lotação exceda a 8 (oito) lugares. (Redação dada pela Lei 12.452, de 2011)

§ 1º Para habilitar-se na categoria C, o condutor deverá estar habilitado no mínimo há um ano na categoria B e não ter cometido nenhuma infração grave ou gravíssima, ou ser reincidente em infrações médias, durante os últimos doze meses.

§ 2º São os condutores da categoria B autorizados a conduzir veículo automotor da espécie motor-casa, definida nos termos do Anexo I deste Código, cujo peso não exceda a 6.000 kg (seis mil quilogramas), ou cuja lotação não exceda a 8 (oito) lugares, excluído o do motorista. (Incluído pela Lei 12.452, de 2011)

§ 3º Aplica-se o disposto no inciso V ao condutor da combinação de veículos com mais de uma unidade tracionada, independentemente da capacidade de tração ou do peso bruto total. (Renumerado pela Lei 12.452, de 2011)

Art. 144. O trator de roda, o trator de esteira, o trator misto ou o equipamento automotor destinado à movimentação de cargas ou execução de trabalho agrícola, de terraplenagem, de construção ou de pavimentação só podem ser conduzidos na via pública por condutor habilitado nas categorias C, D ou E.

Observe-se que a circunstância de não portar simplesmente o documento de habilitação não configura o crime, caso o condutor seja regularmente habilitado.

Nesse sentido, o E. Superior Tribunal de Justiça, ao afastar a aplicação da causa de aumento de pena atinente à ausência de habilitação em caso concreto em que o condutor era habilitado, mas não portava o documento respectivo:

> AGRAVANTE PREVISTA NO ARTIGO 298, INCISO III, DO CÓDIGO DE TRÂNSITO BRASILEIRO. INAPLICABILIDADE AO ACUSADO QUE POSSUI LICENÇA PARA DIRIGIR E APENAS NÃO ESTÁ PORTANDO O RESPECTIVO DOCUMENTO NO MOMENTO DA ABORDAGEM. COAÇÃO ILEGAL CARACTERIZADA. CONCESSÃO DA ORDEM DE OFÍCIO.
>
> 1. Nos termos do artigo 298, inciso III, do Código de Trânsito Brasileiro, as penalidades dos crimes de trânsito são agravadas quando o agente os comete sem possuir permissão para dirigir ou carteira de habilitação.
>
> 2. O que torna o delito mais grave é o fato de o agente não possuir licença para conduzir veículo automotor, não se podendo aplicar a agravante àqueles que efetivamente possuem permissão ou habilitação para dirigir, estando apenas sem o respectivo documento quando da abordagem.
>
> **3. A condução de veículo sem o porte obrigatório dos documentos exigidos pelo Código de Trânsito Brasileiro configura mera infração administrativa, nos termos do artigo 232 do citado diploma normativo.**
>
> **4. Na espécie, consoante frisado pelo Ministério Público em suas alegações finais, o paciente possui carteira de habilitação em situação regular, apenas não a portando no momento do flagrante, o que impede a incidência da agravante em exame.**
>
> 5. *Habeas corpus* não conhecido. Ordem concedida de ofício para reduzir a pena imposta ao paciente para 6 (seis) meses de detenção e 10 (dez) dias-multa, além da suspensão da sua habilitação por 2 (dois) meses, mantendo-se a substituição da sanção privativa de liberdade por restritiva de direitos, consistente no pagamento de prestação pecuniária no valor de 1 (um salário mínimo) a entidade a ser definida pelo Juízo da Execução.
> (HC 329.631/RS, Rel. Ministro JORGE MUSSI, QUINTA TURMA, julgado em 24/11/2015, DJe 01/12/2015) (destacamos).

Se o agente não tiver habilitação, for habilitado para categoria diversa ou estiver com o direito de dirigir cassado, mas não praticar direção anormal, ou seja, não violar regras de circulação, não haverá o delito do art. 309, do Código de Trânsito, mas mera infração de natureza administrativa.

Dirigir com o documento de habilitação vencido também não configura o crime, *pois não se pode sustentar que quem dirige com a CNH vencida o faz sem possuir a devida habilitação legal.* O fato se circunscreve ao âmbito da infração de natureza administrativa, ainda que haja direção anormal, que poderá eventualmente caracterizar outro delito de trânsito.

Nesse sentido, a jurisprudência do E. Tribunal de Justiça de São Paulo:

> Apelação da Defesa – Embriaguez ao volante – Artigo 306 do Código de Trânsito Brasileiro – Provas suficientes à condenação – Confissão judicial quanto à ingestão de bebida alcoólica – Consistentes depoimentos dos policiais e de testemunha – Exame pericial que deixou certa a concentração de álcool no sangue superior ao permitido em Lei – Condenação de rigor – Pena imposta em seu mínimo legal, substituída por prestação pecuniária – Modificação da pena alternativa – Inviabilidade – Bem justificada a escolha do MM. Juízo para a imposição da pena pecuniária – Recurso de apelação desprovido. Apelação da Justiça Pública – Direção sem

habilitação – **Artigo 309 do Código de Trânsito Brasileiro – Condenação – Inviabilidade – Acusado que dirigia o veículo com a carteira de habilitação vencida – Conduta atípica – Mera infração administrativa** – Absolvição mantida – Recurso de apelação desprovido.

(TJSP; Apelação 0050890-77.2009.8.26.0405; Relator (a): Cesar Augusto Andrade de Castro; Órgão Julgador: 8ª Câmara de Direito Criminal; Foro de Osasco – 4ª Vara Criminal; Data do Julgamento: 08/02/2018; Data de Registro: 09/02/2018) (destacamos).

Nota: Observe-se ainda que se o condutor, além de não possuir a devida habilitação legal, estiver embriagado ao volante ou executar manobras de exibição de perícia ou estiver envolvido em competição ou corrida não autorizada, na via pública, responderá pelos crimes dos arts. 306 e 308, do Código de Trânsito, com a causa especial de aumento de pena do art. 298, I, do Código de Trânsito, afastada, nesse caso, a incidência do delito do art. 309, do Código de Trânsito.

8.4. Voluntariedade

É o dolo, representado pela vontade livre e consciente de conduzir veículo pela via pública numa das situações previstas no tipo penal, gerando perigo de dano, rebaixando o nível de segurança no trânsito.

8.5. Consumação e Tentativa

Ocorre com a produção de perigo concreto de dano, ou seja, quando o sujeito ativo dirige de forma anormal, numa das situações previstas no tipo penal, com violação das normas de trânsito, como por exemplo, a desobediência a sinal de parada obrigatória, a sinal semafórico vermelho, excesso de velocidade, ultrapassagem proibida etc.

A tentativa em tese é possível.

8.6. Ação Penal

A ação penal, no silêncio do legislador, será pública incondicionada.

Cuida-se de infração penal de menor potencial ofensivo, passível em tese de transação penal, nos termos do art. 76, da Lei 9.099/95, de suspensão condicional do processo, na forma do art. 89, da Lei 9.099/95, de substituição da pena privativa da liberdade por restritiva de direitos, nos termos do art. 44, do Código Penal, de suspensão condicional da pena privativa da liberdade, nos termos do art. 77, do Código Penal, de regime inicial aberto.

8.7. Revogação da Contravenção do Art. 32, da Lei das Contravenções Penais (Decreto-Lei 3.688/41)

O delito ora comentado derrogou (revogou em parte) a contravenção do art. 32, do Decreto-lei 3.688/41 (a lei das contravenções penais), por regular a matéria por inteiro, no que se refere ao trânsito em vias terrestres (art. 2º, § 1º, da LINDB).

Continua a existir a conduta contravencional no que se refere à direção não habilitada de embarcação em águas públicas.

Nesse sentido, o enunciado da Súmula 720 do Supremo Tribunal Federal:

O art. 309 do Código de Trânsito Brasileiro, que reclama decorra do fato perigo de dano, derrogou o art. 32 da Lei das Contravenções Penais no tocante à direção sem habilitação em vias terrestres.

9. Crime de Permissão, Confiança ou Entrega da Direção a Pessoa não Habilitada ou sem Condições de Dirigir com Segurança

Art. 310. Permitir, confiar ou entregar a direção de veículo automotor a pessoa não habilitada, com habilitação cassada ou com o direito de dirigir suspenso, ou, ainda, a quem, por seu estado de saúde, física ou mental, ou por embriaguez, não esteja em condições de conduzi-lo com segurança:

Penas – detenção, de seis meses a um ano, ou multa.

» INFRAÇÕES ADMINISTRATIVAS RELACIONADAS

Art. 163. Entregar a direção do veículo a pessoa nas condições previstas no artigo anterior[18]:

Infração – as mesmas previstas no artigo anterior;

Penalidade – as mesmas previstas no artigo anterior;

Medida administrativa – a mesma prevista no inciso III do artigo anterior.

Art. 164. Permitir que pessoa nas condições referidas nos incisos do art. 162 tome posse do veículo automotor e passe a conduzi-lo na via:

Infração – as mesmas previstas nos incisos do art. 162;

Penalidade – as mesmas previstas no art. 162;

Medida administrativa – a mesma prevista no inciso III do art. 162.

---

18 Art. 162. Dirigir veículo:

I – sem possuir Carteira Nacional de Habilitação, Permissão para Dirigir ou Autorização para Conduzir Ciclomotor: (Redação dada pela Lei 13.281, de 2016) (Vigência)

Infração – gravíssima; (Redação dada pela Lei 13.281, de 2016) (Vigência)

Penalidade – multa (três vezes); (Redação dada pela Lei 13.281, de 2016) (Vigência)

Medida administrativa – retenção do veículo até a apresentação de condutor habilitado; (Incluído pela Lei 13.281, de 2016) (Vigência)

II – com Carteira Nacional de Habilitação, Permissão para Dirigir ou Autorização para Conduzir Ciclomotor cassada ou com suspensão do direito de dirigir: (Redação dada pela Lei 13.281, de 2016) (Vigência)

Infração – gravíssima; (Redação dada pela Lei 13.281, de 2016) (Vigência)

Penalidade – multa (três vezes); (Redação dada pela Lei 13.281, de 2016) (Vigência)

Medida administrativa – recolhimento do documento de habilitação e retenção do veículo até a apresentação de condutor habilitado; (Incluído pela Lei 13.281, de 2016) (Vigência)

III – com Carteira Nacional de Habilitação ou Permissão para Dirigir de categoria diferente da do veículo que esteja conduzindo: (Redação dada pela Lei 13.281, de 2016) (Vigência)

Infração – gravíssima; (Redação dada pela Lei 13.281, de 2016) (Vigência)

Penalidade – multa (duas vezes); (Redação dada pela Lei 13.281, de 2016) (Vigência)

Medida administrativa – retenção do veículo até a apresentação de condutor habilitado; (Redação dada pela Lei 13.281, de 2016) (Vigência)

IV – (VETADO)

V – com validade da Carteira Nacional de Habilitação vencida há mais de trinta dias:

Infração – gravíssima;

Penalidade – multa;

Medida administrativa – recolhimento da Carteira Nacional de Habilitação e retenção do veículo até a apresentação de condutor habilitado;

VI – sem usar lentes corretoras de visão, aparelho auxiliar de audição, de prótese física ou as adaptações do veículo impostas por ocasião da concessão ou da renovação da licença para conduzir:

Infração – gravíssima;

Penalidade – multa;

Medida administrativa – retenção do veículo até o saneamento da irregularidade ou apresentação de condutor habilitado.

> Art. 166. Confiar ou entregar a direção de veículo a pessoa que, mesmo habilitada, por seu estado físico ou psíquico, não estiver em condições de dirigi-lo com segurança:
> Infração – gravíssima;
> Penalidade – multa.

9.1. Bem Jurídico Tutelado

O legislador, ao antecipar a tutela penal e dispor que é crime a permissão, confiança ou entrega da direção a pessoa que não esteja – por uma das situações previstas no tipo penal – em condições de dirigir de forma segura, protege a coletividade, a segurança no trânsito, direito de todos.

Protege, secundariamente, até mesmo as pessoas que não estejam em condições de dirigir, às quais o sujeito ativo, indevidamente, permitiu, confiou ou entregou a direção de veículo automotor.

9.2. Sujeitos do Crime

Sujeito ativo poderá ser qualquer pessoa que permita, confie ou entregue a direção do veículo automotor.

Sujeito passivo será a coletividade, pelo rebaixamento do nível de segurança viária causado por pessoas que dirijam sem condições de fazê-lo em segurança.

Será ainda sujeito passivo do delito a pessoa que não deveria estar dirigindo, por não poder fazê-lo com segurança, à qual o sujeito ativo permitiu, confiou ou entregou a direção.

9.3. Condutas

As condutas consistirão em permitir (autorizar, consentir que alguém dirija), confiar (incumbir, deixar) e entregar (dar literalmente a direção, passá-la a alguém que se insira numa das situações previstas no tipo penal).

Cuida-se de crime de perigo abstrato, presumido pelo legislador, pois a experiência daquilo que na vida de comum ocorre já demonstrou suficientemente que é normalmente perigoso que pessoas não habilitadas, com habilitação cassada ou suspensa, de saúde física ou mental ruins, embriagadas por uso de álcool ou de quaisquer outras substâncias psicoativas, dirijam veículos automotores.

Não é necessário que a conduta de quem permitiu, confiou ou entregou gere perigo concreto de dano. Primeiro porque a lei, quando quer que determinado crime seja de perigo concreto, o diz de forma expressa, como fez nos arts. 308, 309 e 311 do Código de Trânsito. E no art. 310 o Código de Trânsito não o fez. Tudo isso autoriza concluir que o crime versado é de perigo abstrato, presumido por lei.

Nesse sentido, o pensamento do Supremo Tribunal Federal:

> "A permissão ou entrega de direção de veículo automotor a pessoa não habilitada, tipificada no art. 310 do Código de Trânsito Brasileiro, classifica-se como crime de perigo abstrato, que prescinde do resultado naturalístico." (HC 129.818, rel. min. Dias Toffoli, julgamento em 22-9-2015, Segunda Turma, *DJE* de 21-10-2015).

Na mesma direção, o Tribunal de Justiça do Paraná:

> "Recurso em sentido estrito. Art. 310 do Código de Trânsito Brasileiro. Entregar veículo a pessoa não habilitada para dirigir veículo. Denúncia rejeitada. Fundamentação de que não gera nenhum perigo de dano. Irrelevância. Crime de perigo abstrato, vez que o bem jurídico agasalhado é a segurança coletiva, abrangendo bens individuais como a vida, a incolumidade física, saúde, bem por isso, apenas a conduta de entregar veículo automotor à pessoa não habilitada para dirigir, já implica em reconhecimento de perigo à ordem pública" (TJPR, 2ª C. Crim., Recurso Criminal 639410-3, de Guaíra, Rel. Des. José Laurindo de Souza, j. 4-2-2010).

E ainda o Tribunal de Justiça de Santa Catarina:

> "Apelação criminal. Delito de trânsito. Entrega de direção de veíuclo a adolescente sem habilitação. Art. 310 do CTB. Delito formal. Desnecessidade de dano ou lesão a bem jurídico. Autoria e materialidade devidamente provadas. Confissão extrajudicial. Retificação em juízo. Palavras do acusado na fase administrativa corroboradas pelos depoimentos do condutor e das testemunhas. Conjunto probatório sólido e coerente a embasar um decreto condenatório. Sentença reformada. Recurso provido (TJSC, 1ª C. Crim., Apelação Criminal 2008, 025364-3, de Tangará, Rel. Des. Solon d'Eça Neves, 11-8-2008).

E, segundo a Súmula 575, do Superior Tribunal de Justiça, **constitui crime a conduta de permitir, confiar ou entregar a direção de veículo automotor a pessoa que não seja habilitada, ou que se encontre em qualquer das situações previstas no art. 310 do CTB, independentemente da ocorrência de lesão ou de perigo de dano concreto na condução do veículo**.

Ou seja, também o Superior Tribunal de Justiça sumulou entendimento no sentido de que o delito sob foco é de perigo abstrato, presumido por lei.

9.4. Voluntariedade

O elemento subjetivo do tipo penal é o dolo direto ou eventual, representado pela vontade livre e consciente de permitir, confiar ou entregar a direção de veículo automotor a quem não possa dirigir com segurança.

É necessário que o sujeito ativo saiba ou deva saber que a pessoa a quem permite, confia ou entrega a direção de veículo automotor não esteja em condições de dirigi-lo com segurança.

9.5. Consumaçao e Tentativa

O crime se consuma quando o sujeito ativo permite (autoriza), confia (cede) ou entrega (dá, transfere literalmente) a direção de veículo automotor a pessoa que esteja numa das situações previstas no tipo penal.

A tentativa em tese é possível de se verificar.

Não é necessário que a pessoa a quem se permitiu, confiou ou entregou a direção sequer movimente o veículo. Se isso ocorrer, teremos o exaurimento da conduta daquele que permitiu, confiou ou entregou a direção do veículo automotor.

Em sentido contrário, Fernando Capez e Victor Eduardo Rios Gonçalves, que sustentam que a consumação desse crime:

> "...Ocorre apenas quando, após ter recebido o veículo do agente, ou a permissão para usá-lo, o terceiro o coloca em movimento. Não basta, portanto, que o sujeito permita, confie ou entregue o veículo a uma das pessoas elencadas na lei.
>
> Esta é a solução correta, pois, antes de o terceiro efetivamente colocar o veículo em movimento, é possível que o agente mude de ideia e impeça a sua condução, hipótese em que

deve ser reconhecido o arrependimento eficaz, instituto que seria inaplicável se o crime já se considerasse consumado..." (Aspectos Criminais do Código de Trânsito Brasileiro, p. 66).

9.6. Ação Penal

No silêncio do legislador, a ação penal é pública incondicionada.

Como se trata de crime de menor potencial ofensivo, caberão em tese a transação penal, na forma do art. 76, da Lei 9.099/95, a suspensão condicional do processo, nos termos do art. 89, da Lei 9.099/95, a suspensão condicional da pena privativa da liberdade, nos termos do art. 77, do Código Penal, a substituição da pena privativa da liberdade por restritiva de direitos (art. 44, do Código Penal) e o regime inicial aberto.

9.7 Derrogação do Art. 32, da Lei das Contravenções Penais (Decreto-Lei 3.688/41)

Aqui, uma vez mais, o legislador, no Código de Trânsito, derrogou, revogou em parte o art. 32, da Lei das Contravenções Penais, pois as pessoas que permitiam, confiavam e entregava a direção de veículos automotores a outras não habilitadas normalmente respondiam pela figura contravencional como partícipes, nos termos do art. 29, do Código Penal.

Agora, como temos o delito versado na lei nova, a figura contravencional deixa de ser aplicada. Foi, portanto, também aqui derrogada pelo Código de Trânsito.

A lei nova regulou inteiramente a matéria tratada na lei anterior, no tocante à direção não habilitada de veículo em vias públicas terrestres.

E, quando isso acontece, nos termos do art. 2º, § 1º, da Lei de Introdução às Normas do Direito Brasileiro, considera-se revogada a lei anterior, ou seja, o art. 32, da Lei das Contravenções Penais, que ainda subsiste *somente na parte em que cuida da direção não habilitada de embarcação em águas públicas.*

10. Crime de Velocidade Incompatível em Determinados Locais

> **Art. 311.** Trafegar em velocidade incompatível com a segurança nas proximidades de escolas, hospitais, estações de embarque e desembarque de passageiros, logradouros estreitos, ou onde haja grande movimentação ou concentração de pessoas, gerando perigo de dano:
>
> Penas – detenção, de seis meses a um ano, ou multa.

» **INFRAÇÕES ADMINISTRATIVAS RELACIONADAS**

Art. 170. Dirigir ameaçando os pedestres que estejam atravessando a via pública, ou os demais veículos:

Infração – gravíssima;

Penalidade – multa e suspensão do direito de dirigir;

Medida administrativa – retenção do veículo e recolhimento do documento de habilitação.

Art. 190. Seguir veículo em serviço de urgência, estando este com prioridade de passagem devidamente identificada por dispositivos regulamentares de alarme sonoro e iluminação vermelha intermitentes:

Infração – grave;

Penalidade – multa.

Art. 191. Forçar passagem entre veículos que, transitando em sentidos opostos, estejam na iminência de passar um pelo outro ao realizar operação de ultrapassagem:

Infração – gravíssima;

Penalidade – multa (dez vezes) e suspensão do direito de dirigir. (Redação dada pela Lei 12.971, de 2014) (Vigência)

Parágrafo único. Aplica-se em dobro a multa prevista no caput em caso de reincidência no período de até 12 (doze) meses da infração anterior. (Incluído pela Lei 12.971, de 2014) (Vigência)

Art. 192. Deixar de guardar distância de segurança lateral e frontal entre o seu veículo e os demais, bem como em relação ao bordo da pista, considerando-se, no momento, a velocidade, as condições climáticas do local da circulação e do veículo:

Infração – grave;

Penalidade – multa.

Art. 193. Transitar com o veículo em calçadas, passeios, passarelas, ciclovias, ciclofaixas, ilhas, refúgios, ajardinamentos, canteiros centrais e divisores de pista de rolamento, acostamentos, marcas de canalização, gramados e jardins públicos:

Infração – gravíssima;

Penalidade – multa (três vezes).

10.1. Bem Jurídico Tutelado

O bem jurídico tutelado pela norma penal é a segurança no trânsito nos locais mencionados no tipo penal. Secundariamente, a lei protege as pessoas que estejam nos locais mencionados na norma penal incriminadora.

10.2. Sujeitos do Crime

Sujeito ativo do delito será qualquer pessoa que conduza veículo automotor em velocidade incompatível com a segurança nos locais e situações previstos no tipo penal.

Sujeito passivo do crime será a coletividade. Serão ainda as pessoas cuja vida, saúde e integridade corporal sejam colocadas em perigo pela conduta.

10.3. Conduta

A conduta consiste em trafegar em velocidade incompatível com a segurança, ou – interpretemos finalisticamente a norma penal –, acima da recomendada pelas condições de trânsito, em determinados locais, nos quais haja grande movimentação ou concentração de pessoas, gerando perigo de dano.

A enumeração de locais e situações trazida pelo tipo penal é exemplificativa, uma vez que, depois de se referir às proximidades de escolas, hospitais, estações de embarque e desembarque de passageiros e logradouros estreitos, o legislador utilizou a fórmula genérica *ou onde haja grande movimentação ou concentração de pessoas*.

O legislador sabe que as hipóteses de ocorrência da infração penal são muitas. E a norma penal não pode ser formulada sobre casuísmos. Daí, um rol exemplificativo, abarcando as hipóteses mais comuns, seguido da fórmula genérica. Técnica legislativa semelhante àquela empregada pelo legislador penal, ao definir, no homicídio qualificado, a qualificadora da surpresa. [19]

Nesse sentido, a lição de Leonardo Schmitt de Bem:

---

19 Código Penal:

Art. 121, § 2º, IV: à traição, de emboscada, ou mediante dissimulação *ou outro recurso que dificulte ou torne impossível a defesa do ofendido (destacamos).*

> "Observa-se o emprego da técnica de interpretação analógica no dispositivo, pois primeiro o legislador exemplificou taxativamente alguns locais em que é proibido conduzir em velocidade incompatível, e, depois, por meio de uma cláusula genérica, albergou os demais locais em que haja aglomeração ou concentração de pessoas. Pode-se citar como exemplos as avenidas próximas a um estádio de futebol ou as proximidades de um shopping. Da jurisprudência:
>
> "O motorista que conduz veículo automotor em plena via de trânsito, circundada por grandes movimentações de pessoas, executando manobras perigosas (alta velocidade e "arrancadas") e, sendo tal circunstância comprovada por meio de depoimentos dos policiais e das testemunhas, responde pelo delito previsto no art. 311 da Lei 9.503/97, pois há certeza quanto à existência de dano potencial à incolumidade pública, bastando para tanto o mero perigo formal, verificável com a velocidade desenfreada nos mencionados locais" (TJSC, 2ª C. Crim., Apelação criminal 08.035684-6, Rel. Des. Salete Sommariva, j. 19.-8.2008) (Direito Penal de Trânsito, p. 491-492).

E a norma penal exige ainda direção anormal, o excesso de velocidade, ao prever que a conduta deverá gerar perigo concreto de dano.

Nesse passo, cremos que a elementar *gerando perigo de dano* era perfeitamente dispensável na redação do tipo penal incriminador, pois a experiência daquilo que na vida de comum ocorre já demonstrou e demonstra, no dia-a-dia, que é extremamente perigoso transitar em velocidade excessiva ou inadequada em locais em que haja concentração de pessoas, como os referidos no tipo penal, portas de escola, pontos de ônibus etc.

Porém, como a norma jurídica deve ser interpretada em toda sua inteireza e não contém palavras inúteis, o crime deve ser considerado de perigo concreto, pois a lei, de forma expressa, previu a elementar *gerando perigo de dano*.

Assim, *para que o crime se perfaça o perigo deverá ser aferido e comprovado no caso concreto.*

Cabe observar que a velocidade segura não será necessariamente aquela regulamentada para a via. Assim, por exemplo, se a via local tiver velocidade máxima permitida de 40 km/h, mas houver tumulto, manifestação, multidão, cortejo fúnebre, feira livre nas imediações etc, o condutor evidentemente não poderá transitar a 40 km/h. *A velocidade de segurança será aquela recomendada ou ditada pelas circunstâncias de tráfego encontradas pelo condutor na via e não necessariamente a constante das placas de sinalização.*

Nesse passo, pedimos vênia para discordar da lição autorizada de Guilherme de Souza Nucci (Leis Penais, p. 862), que menciona que o art. 311 encerra norma penal em branco, que depende de complemento, ou seja, a regulamentação da velocidade prevista para o local em que ocorra a conduta.

Nossa discordância se dá porque a velocidade compatível com a segurança nem sempre será aquela prevista para o local.

Em tais situações, a velocidade prevista para a via nem sempre poderá ser levada em consideração para que o crime esteja caracterizado, pois a velocidade de segurança poderá ser bastante inferior à máxima permitida para a via, dependendo das circunstâncias de trânsito que o condutor encontrar na ocasião.

10.3.1. Elemento Espacial

No rol inicialmente exemplificativo dos locais em que a conduta poderá se verificar, a lei implicitamente exige que o crime se dê em via pública. Depois, na fórmula genérica (ou onde haja grande movimentação ou concentração de pessoas), a lei não exige que o fato se dê necessariamente em via pública. O crime poderá ocorrer, portanto, em estacionamentos particulares ou outros locais. Não necessariamente apenas em via pública. Lembramos que as vias internas dos condomínios são equiparadas às vias públicas.

10.4. Voluntariedade

O elemento subjetivo do tipo penal é o dolo, representado pela vontade livre e consciente de transitar em velocidade incompatível com a segurança, numa das situações previstas na norma penal.

10.5. Consumação e Tentativa

O crime se consuma quando o condutor transitar em velocidade incompatível com a segurança numa das situações previstas na norma penal.

A tentativa em tese é possível, mas de difícil caracterização na prática, pois se o condutor, ainda que momentaneamente, imprimir velocidade excessiva numa das situações previstas, o delito estará consumado.

10.6. Ação Penal

A ação penal, no silêncio do legislador, é pública incondicionada.

Como se trata de infração penal de menor potencial ofensivo, caberão em tese a transação penal, a suspensão condicional do processo, o "sursis", a substituição da pena privativa da liberdade por restritivas de direitos e o regime inicial aberto.

10.7. Crime de Perigo Concreto

Nesta figura típica, *o legislador previu expressamente que o delito se perfaz quando a conduta gerar perigo concreto de dano, ou seja, risco de efetiva lesão ao bem jurídico.*

Ante a expressa previsão legal da elementar mencionada, inevitável a conclusão de que se trata de crime de perigo concreto, que deverá ser aferido e verificado no caso concreto. Não se trata de perigo abstrato, simplesmente presumido por lei, como acontece atualmente no caso do art. 306, do Código de Trânsito.

10.8. Derrogação do Art. 34, da Lei das Contravenções Penais (Decreto-Lei 3.688/41)

Aqui, mais uma vez, o Código de Trânsito derrogou o art. 34, da Lei das Contravenções Penais, pois quem dirigia em velocidade excessiva e inadequada à segurança viária nas situações previstas no tipo penal do art. 311, antes do Código de Trânsito, respondia – antes de janeiro de 1998 – pela figura contravencional.

Porém, como a lei nova regulou a matéria tratada anteriormente segundo a lei contravencional, o art. 311 prevalece sobre a simples contravenção do art. 34 (direção perigosa de veículo na via pública), que foi claramente derrogada (art. 2º, § 1º, da LINDB).

Hoje o art. 34, da Lei das Contravenções Penais, subsiste somente na parte em que trata da pilotagem perigosa de embarcação em águas públicas.

11. Crime de Fraude Processual de Trânsito

Art. 312. Inovar artificiosamente, em caso de acidente automobilístico com vítima, na pendência do respectivo procedimento policial preparatório, inquérito policial ou processo penal, o estado de lugar, de coisa ou de pessoa, a fim de induzir a erro o agente policial, o perito, ou juiz:

Penas – detenção, de seis meses a um ano, ou multa.

Parágrafo único. Aplica-se o disposto neste artigo, ainda que não iniciados, quando da inovação, o procedimento preparatório, o inquérito ou o processo aos quais se refere.

11.1. Bem Jurídico Tutelado

A norma penal protege, nessa figura típica, a Administração Pública e Administração da Justiça.

Tutela-se a persecução criminal nas duas fases em que se desenvolve: da fase do inquérito policial à ação penal.

11.2. Sujeitos do Crime

Sujeito ativo poderá ser qualquer pessoa.

Sujeito passivo serão a Administração Pública e a Administração da Justiça.

Será ainda sujeito passivo a coletividade, que tem o direito à apuração séria e segura de todos os ilícitos penais.

11.3. Condutas

A conduta consiste em inovar de forma artificiosa, artificial, maliciosa, *em acidente de trânsito com vítima*, o estado de lugar, de coisa ou de pessoa, com um fim especial: induzir a erro o agente policial, o perito ou o juiz.

Já sustentamos que o crime somente se caracterizaria se a conduta implicasse modificação mecânica no cenário do acidente.

Hoje, porém, revimos esse posicionamento e concluímos que não só a intervenção mecânica no palco do acidente com vítima tipifica o delito.

Falsificar ou concorrer para que se falsifiquem croqui, boletim de ocorrência relativo ao fato, relatório, laudos periciais etc são condutas que também poderão configurar o delito, desde que o fim pretendido seja induzir a erro o perito ou o juiz, quando estes forem emitir juízo valorativo acerca da dinâmica do acidente com vítima.

Nesse sentido, oportuna a lição de Leonardo Schimtt de Bem:

> "O agente deve alterar o estado de lugar com a retirada de placa de sinalização, ou modificar o estado de coisa, como na hipótese de descaracterização do veículo ou seu reparo depois do acidente, ou de pessoa, como apontando testemunha não presente no local do acidente. O reposicionamento dos veículos ou a retirada destes quando há risco de novo acidente, bem como a remoção do corpo da vítima com o propósito de prestação de socorro, por evidente, não caracterizam o art. 312 do Código de Trânsito Brasileiro. A título de ilustração infere-se da Corte de Santa Catarina:
>
> "Apelação Criminal. Delitos de trânsito. Evasão do local do acidente (art. 305 do CTB). Pleiteada a absolvição sob o argumento de que inexiste justa causa para embasar a condenação. Conjunto probatório que não deixa dúvida de que o acusado escondeu a motocicleta logo após o sinistro. Delito que melhor se enquadra no art. 312 do CTB. Desclassificação, de ofício, operada. Manutenção da reprimenda fixada em primeira instância. Recurso desprovido (Apelação Criminal 2008.061118-2, Rel. Des. Moacyr de Moraes Lima Filho, j. 19-2-2009).

Podem ser exemplos da conduta: mudar a posição dos veículos, arrancar placas de sinalização, inverter placas de sinalização, produzir alteração na posição dos veículos envolvidos no acidente etc. E ainda inserir informações ou dados falsos em documentos relativos ao acidente, com o fim de induzir a erro o perito ou juiz.

Trata-se do crime de fraude processual específico para os casos de acidente automobilístico com vítima.

Interessante anotar que o crime deixará vestígios. E só se comprovará em termos de materialidade se houver os vestígios da inovação.

Porém, cuida-se de crime formal, *cuja consumação se dá independentemente de a inovação atingir ou não o efeito fraudulento desejado de induzir a erro o perito ou o juiz.*

Para que o crime se configure, é necessário que a inovação artificiosa seja idônea para enganar, tenha potencialidade ilusória para induzir a erro o juiz ou perito.

Como leciona Renato Marcão,

> "somente inovação apta a enganar é que configura o crime" (Crimes de Trânsito. 5 ed. São Paulo: Saraiva, 2015, p. 273).

Se do acidente resultar *somente danos materiais* e houver a prática de inovação artificiosa visando induzir a erro o juiz ou perito, o crime a considerar poderá ser o de fraude processual previsto no art. 347, do Código Penal, pois o tipo especial do Código de Trânsito exige que se trate de acidente de trânsito *com vítima.*

E se a inovação for feita para induzir a erro o Delegado de Polícia ou o Promotor de Justiça, não mencionados no tipo penal de inovação artificiosa ou fraude processual do Código de Trânsito?

Ainda assim, o crime se configurará, pois o Juiz será o destinatário do relatório do inquérito policial elaborado pela Autoridade Policial, de eventual promoção de arquivamento do procedimento investigatório e da ação penal eventualmente proposta, normalmente com base no termo circunstanciado ou no inquérito policial, pelo Ministério Público

11.4. Voluntariedade

É o dolo direto, pois o agente procede com o fim especial de induzir a erro as autoridades responsáveis pela apuração do acidente de trânsito com vítima. Não há forma culposa.

11.5. Consumação e Tentativa

O crime se consuma quando o agente inova o estado de lugar, pessoa ou coisa, conforme prevê a norma penal.

Observe-se que, nos termos do parágrafo único, não é necessário nem mesmo que o procedimento investigatório esteja formalmente instaurado para que o crime se consume. Ou seja, ainda que não haja ainda termo circunstanciado ou inquérito policial formalmente instaurados, o crime poderá se verificar se houver a inovação artificiosa prevista no tipo penal.

Crime formal, que se consuma independentemente da produção de resultado.

Basta que o agente faça a inovação artificiosa. A lei não exige nenhum resultado para que o crime se consume. Ou seja, não é necessário que a conduta efetivamente induza a erro o agente policial, o perito ou o juiz ou ainda a Autoridade Policial ou o Ministério Público.

A tentativa em tese é possível. O agente poderá iniciar a execução e, por circunstâncias alheias à sua vontade, ser obstado de ir adiante e consumar a alteração pretendida.

11.6. Ação Penal

A ação penal será pública incondicionada, ante o silêncio do legislador.

Como se trata de infração penal de menor potencial ofensivo, caberão em tese a transação penal, na forma do art. 76, da Lei 9.099/95, a suspensão condicional do processo, nos termos do art. 89, da Lei 9.099/95, a substituição da pena privativa da liberdade por restritiva de direitos (art. 44, do Código Penal), a suspensão condicional da pena privativa da liberdade, nos termos do art. 77, do Código Penal, e o regime inicial aberto.

REFERÊNCIAS BIBLIOGRÁFICAS

ANDRADA, Doorgal Gustavo Borges de. CTB: a transação penal chega à justiça comum. *Boletim IBCCrim*, São Paulo, ano 6, n. 67, p. 15, jun. 1998.

ARAGÃO, Fructuoso Moniz Barreto de. Delictos do Automóvel e outros carros (sentenças). Rio de Janeiro: Typ. do Jornal do Commercio, de Rodrigues & C., 1924.

ARANHA, Adalberto José Queirós Teles de. Da prova no processo *penal*. 4. ed. São Paulo: Saraiva, 1996.

_____. Dos recursos no processo penal. São Paulo: Saraiva, 1988.

ARAÚJO JR., João Marcello de. Delitos de Trânsito. Rio de Janeiro: Forense, 1981.

ARAUJO, Tarsi, Almanaque das Drogas. São Paulo: Texto Editores Ltda, 2012.

BARBOSA, Rui. Escritos e discursos seletos. Rio de Janeiro: Nova Aguiar, 1997.

BASTOS, Celso Ribeiro. Curso de direito constitucional. 11. ed. São Paulo: Saraiva, 1989.

BECCARIA, Cesare. Dos delitos e das penas. Tradução de Torrieri Guimarães. São Paulo: Hemus, 1983.

BITTAR, Eduardo C. Metodologia da Pesquisa Jurídica. 5. ed. São Paulo: Saraiva, 2007.

BITENCOURT, Cezar Roberto. Desvalor da ação e desvalor do resultado nos crimes culposos de trânsito. *Boletim IBCCrim*, São Paulo, ano 6, n. 64, p. 14, mar. 1998.

_____. Tratado de Direito Penal. São Paulo: Saraiva, 2009.

_____. CONDE, Francisco Muñoz. Teoria Geral do Delito. 2. ed. São Paulo: Saraiva, 2004.

BONFIM, Edilson Mougenot. Direito penal da sociedade. São Paulo: Oliveira Mendes, 1997.

BUENO, Francisco da Silveira. Minidicionário da língua portuguesa. São Paulo: FTD, 1996.

CABETTE, Eduardo Luiz Santos. Novo artigo 296, CTB: a pena obrigatória de suspensão do direito de dirigir. *Boletim IBCCrim*, São Paulo, ano 16, n. 189, p. 15, ago. 2008.

CALLEGARI, André Luís; LOPES, Fábio Motta. A imprestabilidade do bafômetro como prova no processo penal. *Boletim IBCCrim*, São Paulo, ano 16, n. 191, p. 8, out. 2008.

_____. A inconstitucionalidade do teste de alcoolemia e o novo Código de Trânsito. *Boletim IBCCrim*, São Paulo, ano 6, n. 66, p. 12, maio 1998.

_____. Delitos de perigo abstrato – um retrocesso no Código de Trânsito Brasileiro". *Boletim IBCCrim*, São Paulo, ano 16, n. 189, p. 14-15, ago. 2008.

CAPEZ, Fernando. Lei seca. *Carta Forense*, São Paulo, ed. 63, p. 12, ago. 2008.

_____. Curso de Processo Penal. 22 ed. São Paulo: Saraiva, 2015.

CARNELUTTI, Francesco. As misérias do processo penal. Campinas/SP: Conan, 1995.

CINTRA, Antonio Carlos de Araújo; GRINOVER, Ada Pellegrini; DINAMARCO, Cândido R. Teoria geral do processo. 8. ed. São Paulo: Ed. Revista dos Tribunais, 1991.

COSTA JUNIOR, Paulo José da; QUEIJO, Maria Elizabeth. Comentários aos crimes do novo Código de Trânsito. São Paulo: Saraiva, 1998.

CRETELLA JÚNIOR, José. Manual de direito administrativo. 7. ed. Rio de Janeiro: Forense, 2000.

DALLARI, Dalmo de Abreu. Elementos de teoria geral do Estado. 10. ed. São Paulo: Saraiva, 1983.

________. O poder dos juízes. São Paulo: Saraiva, 1996.

DELMANTO, Celso. Código Penal comentado. 2. ed. Rio de Janeiro: Renovar, 1988.

DELMANTO, Roberto. As Inconstitucionalidades da lei seca. *Boletim IBCCrim*, São Paulo, ano 16, n. 189, p. 18, ago. 2008.

DIÁRIO DO NORDESTE. Álcool causa 30% das lesões. *InteLog*: Inteligência em Gestão Logística, Porto Alegre, 20 jul. 2008. Disponível em: <http://www.newslog.com. br/site/default.asp?TroncoID=907492&SecaoID=508074&SubsecaoID=807262 &Template=../artigosnoticias/user_exibir.asp&ID=720727&Titulo=%C1lcool%20 causa%2030%25%20das%20les%F5es>

DINIZ, Maria Helena. Lei de introdução ao Código Civil interpretada. São Paulo: Saraiva, 1994.

DUALIBI, Sérgio; LARANJEIRA, Ronaldo. O bafômetro e a 'lei seca'. *Boletim IBCCrim,* São Paulo, ano 16, n. 189, p. 17, ago. 2008.

DE BEM, Leonardo Schmitt. Direito Penal de Trânsito. 3d. São Paulo: Saraiva, 2015

ESTEFAM, André. Direito Penal, volume 1, Parte Geral. 4 ed. São Paulo: Saraiva, 2017

MITIDIERO, Nei Pires. Crimes de Trânsito e de Circulação Extratrânsito. Comentários à parte penal do CTB. São Paulo: Saraiva, 2015

FAGGIONI, Luiz Roberto Cicogna. Da constitucionalidade do requisito negativo da reincidência processual na suspensão condicional do processo. *Boletim IBCCrim,* São Paulo, ano 6, n. 67, p. 12, jun. 1998.

FERREIRA, Aurélio Buarque de Holanda. Novo dicionário Aurélio da língua portuguesa. 2. ed. Rio de Janeiro: Nova Fronteira, 1986.

FERRI, Enrico. Princípios de direito criminal. Campinas/SP: Bookseller, 1996.

FRAGOSO, Heleno Cláudio. Lições de direito penal. 11. ed., atual. por Fernando Fragoso. Rio de Janeiro: Forense, 1987.

FRANÇA, Genival. Medicina legal. 3. ed. Rio de Janeiro: Guanabara Koogan, 1991.

FRANÇA, Rubens Limongi. O direito, a lei e a jurisprudência. São Paulo: Ed. Revista dos Tribunais, 1974.

FRANCO, Alberto Silva et al. Código penal e sua interpretação jurisprudencial. 5. ed. São Paulo: Ed. Revista dos Tribunais, 1995.

________. Crimes hediondos. 2. ed. São Paulo: Ed. Revista dos Tribunais, 1992.

________. Leis penais especiais e sua interpretação jurisprudencial. 7. ed. São Paulo: Ed. Revista dos Tribunais, 2002.

FÜHRER, Maximilianus Cláudio Américo. Resumo de processo penal. 4. ed. São Paulo: Malheiros, 1996.

________. FÜHRER, Maximiliano Roberto Ernesto. Resumo de direito penal. 7. ed. São Paulo: Malheiros, 1995.

FUKASSAWA, Fernando Yukio. Crimes de trânsito. São Paulo: Oliveira Mendes, 1998.

GARCIA, Waléria Garcelam Loma. Código de trânsito brasileiro: o crime de homicídio culposo e a possibilidade de suspensão condicional do processo. *Boletim IBCCrim,* São Paulo, ano 6, n. 63, p. 4, fev. 1998.

________. Código de trânsito brasileiro: o crime de homicídio culposo e a possibilidade de suspensão condicional do processo. *Boletim Informativo da Escola Superior do Ministério Público,* São Paulo, n. 11, p. 1-3, fev. 1998.

________. Código de Trânsito brasileiro: o crime de homicídio culposo e a possibilidade de suspensão condicional do processo. *Boletim IBCCrim,* São Paulo, ano 6, n. 63, p. 4, fev. 1998.

GOMES, Hélio. Medicina legal. 25. ed. Rio de Janeiro: Freitas Bastos, 1987.

GOMES, Luiz Flávio; CUNHA, Rogério Sanches; PINTO, Ronaldo Batista. Comentários às reformas do Código de Processo Penal e da Lei de Trânsito. São Paulo: Ed. Revista dos Tribunais, 2008.

________. CTB: primeiras notas interpretativas. *Boletim IBCCrim,* São Paulo, ano 5, n. 61, p. 4-5, dez. 1997.

________. Estudos de direito penal e processo penal. São Paulo: Ed. Revista dos Tribunais, 1999.

GOMES, Luiz Flávio. Lei seca: acertos, equívocos, abusos e impunidade. 4 jul. 2008. Disponível em: <http://www.lfg.com.br/public_html/article.php?story =20080804114125256>. Acesso em: 4 jul. 2008.

________. Suspensão condicional do processo. São Paulo: Ed. Revista dos Tribunais, 1995.

GONÇALVES, Victor Eduardo Rios. A derrogação da contravenção do art. 32 da LCP. *Boletim IBCCrim,* São Paulo, ano 6, n. 65, p. 4, abr. 1998.

________. BECHARA, Fábio Ramazzini. A transação penal nas lesões corporais culposas de trânsito da nova Lei n. 9.503/97. *Boletim IBCCrim,* São Paulo, ano 5, n. 61, p. 12, dez. 1997.

________. Aspectos Criminais do Código de Trânsito. São Paulo: Saraiva, 2015.

GRECO, Rogério. Código Penal Comentado. Niterói: Impetus, 2012.

GRINOVER, Ada Pellegrini; FERNANDES, Antonio Scarance; GOMES FILHO, Antonio Magalhães. As nulidades no processo penal. 2. ed. São Paulo: Malheiros, 1992.

______; ________; ________; ________. 10. ed. São Paulo: Ed. Revista dos Tribunais, 2008.

________ et al. Juizados especiais criminais. São Paulo: Ed. Revista do Tribunais, 1996.

________. As nulidades no processo penal. 10. ed. São Paulo: Ed. Revista dos Tribunais, 2008.

________. GOMES FILHO, Antônio Magalhães; FERNANDES, Antonio Scarance. Recursos no processo penal. São Paulo: Ed. Revista dos Tribunais, 1996

GUERRA, Fernando Bejerano. *Los efectos de las reformas penales en el delito de conducción bajo la influencia de bebidas alcohólicas.* Estudios Monográficos. Número 10, ano I, novembro de 2004. Biblioteca do IBCCrimSP.

GÜNTHER, Kaiser. *Delincuencia de Tráfico y Prevención General – investigaciones sobre la criminología y el derecho penal del tráfico*. Madrid: Ed. Espasa – Calpe, S.A., 1979.

HADDAD, Eneida Gonçalves de Macedo; PIETROCOLLA, Luci Gati. Penas alternativas: desafiando velhas mentalidades. *Boletim IBCCrim*, São Paulo, ano 6, n. 66, p. 1, maio 1998.

HONORATO, Cássio Mattos. Alterações introduzidas pelo novo Código de Trânsito brasileiro. São Paulo: Sugestões Literárias, 1998.

________. Sanções de trânsito na *common law*: análise doutrinária e estudo de direito comparado dos sistemas jurídicos inglês e norte-americano. *Revista Brasileira de Ciências Criminais*, São Paulo, n. 52, p. 71-134, jan./fev. 2005.

________. Trânsito: infrações e crimes. Campinas/SP: Millenium, 2000.

________. Alterações processuais relevantes trazidas pela Lei n. 11.705/08 aos crimes de trânsito. Disponível em: http://www2.mp.pr.gov.br/cpdignid/noticias/ cep_artigos_ch.html – acesso em 12 de fevereiro de 2012.

HUNGRIA, Nelson; FRAGOSO, Heleno. Comentários ao Código Penal. 6. ed. Rio de Janeiro: Forense, 1980, v. I, t. I.

________. Comentários ao Código Penal. 4. ed. Rio de Janeiro: Forense, 1958, v. I, t. II.

JARDIM, Afrânio Silva, AMORIM, Pierre Souto Maior Coutinho de. Direito Processual Penal. Estudos e Pareceres. 13 ed. Rio de Janeiro: Lumen Juris, 2014.

JESUS, Damásio Evangelista de. Código de Processo Penal anotado. 14. ed. São Paulo: Saraiva, 1998

________. Código Penal anotado. São Paulo: Saraiva, 1989.

________. Código Penal anotado. São Paulo: Saraiva, 1998.

________. Direito Penal: parte geral. 11. ed. São Paulo: Saraiva, 1986, v. 1-2.

________. Dois temas da parte penal do Código de Trânsito brasileiro. *Boletim IBCCrim*, São Paulo, ano 5, n. 61, p. 10, dez. 1997.

________. Lei dos juizados especiais criminais anotada. São Paulo: Saraiva, 1998.

________. Natureza jurídica dos crimes de trânsito. São Paulo: Paloma, 1998.

________. Notas ao art. 306 do Código de Trânsito: crime de embriaguez ao volante. *Boletim IBCCrim*, São Paulo, ano 6, n. 67, p. 14, jun. 1998.

________. Perdão judicial nos delitos de trânsito. *Boletim IBCCrim*, São Paulo, ano 6, n. 63, p. 2, fev. 1998.

________. Perdão judicial nos delitos de trânsito. *Revista Jurídica,* Porto Alegre, v. 46, n. 248, p. 41-43, jun.1998.

________. Crimes de trânsito. São Paulo: Saraiva, 1998.

KELSEN, Hans. Teoria geral do direito e do Estado. São Paulo: Martins Fontes, 1992.

KUJAWSKI, Gilberto de Mello. A crise do século XX. 2. ed. São Paulo: Ática, 1991.

LAVES, Wolfgang. *Los Accidentes de la circulación.* Madrid: Editorial Paz Montalvo, 1959.

LAKATOS, Eva Maria; MARCONI, Marina de Andrade. *Metodologia do trabalho científico.* São Paulo: Atlas, 1983.

LEAL, João José. O CTB e o homicídio culposo de trânsito – duas penas e duas medidas. *Boletim IBCCrim,* São Paulo, ano 6, n. 65, p. 3-4, abr. 1998.

LEITE DE CARVALHO, Antônio César. Juizados Especiais Criminais. Curitiba: Juruá Editora, 2006.

DE LIMA, Renato Brasileiro. Manual de Processo Penal. 2 ed. Salvador: Jus Podivm, 2014.

LIMA, Marcellus Polastri. Crimes de trânsito e a transação penal. *Boletim IBCCrim,* São Paulo, ano 6, n. 66, p. 10, maio 1998.

LISZT, Franz von. Tratado de Derecho Penal, Tomo Segundo, 4. ed. Madrid: Editorial Reus S.A, 1999.

LOPES, Fábio Motta. A imprestabilidade do bafômetro como prova no processo penal. *Boletim IBCCrim,* São Paulo, ano 16, n. 191, p. 8, out. 2008.

LOPES, Maurício Antônio Ribeiro. Código de Trânsito Brasileiro anotado. São Paulo: Ed. Revista dos Tribunais, 1998.

MACHADO, Antonio Alberto. Teoria Geral do Processo Penal. São Paulo: Atlas, 2009.

________. Curso de Processo Penal. 2 ed. São Paulo: Atlas, 2009.

MACHADO, Bruno Amaral. Omissão de socorro e vítima com morte instantânea. *Boletim IBCCrim,* São Paulo, ano 6, n. 66, p. 11, maio 1998.

________. Termo circunstanciado e delitos de trânsito. *Boletim IBCCrim,* São Paulo, ano 5, n. 61, p. 7, jan. 1998.

MARCÃO, Renato. Embriaguez ao volante; exames de alcoolemia e teste do bafômetro: uma análise do novo art. 306, *caput,* da Lei n. 9.503, de 23.09.1997 (Código de Trânsito Brasileiro). Disponível em: <http://www.apmp.com.br/juridico/ artigos/docs/2008/bafometro_alcoolemia.doc>. Acesso em: 11.09.2008.

________. Crimes de Trânsito. 5 ed. São Paulo: Saraiva, 2015.

MARINONI, Luiz Guilherme. A Ética dos Precedentes. Justificativa do Novo CPC. 2 ed. São Paulo: Revista dos Tribunais, 2016.

MARQUES, José Frederico. Elementos de direito processual penal. Campinas/ SP: Bookseller, 1997, v. 1.

MARQUES, Oswaldo Henrique Duek. Crimes culposos no novo Código de Trânsito. *Boletim IBCCrim,* São Paulo, ano 6, n. 66, p. 12, maio 1998.

MARRONE, José Marcos. Delitos de trânsito: aspectos penais e processuais do Código de Trânsito Brasileiro: Lei n. 9.503-97. São Paulo: Atlas, 1998.

MASSON, Cleber. Código Penal Comentado. 2 ed. Rio de Janeiro: Gen Método, 2014.

MAXIMIANO, Vitore André Zillo. O juizado especial criminal e os novos delitos de trânsito. *Boletim IBCCrim,* São Paulo, ano 6, n. 67, jun. 1998.

MAXIMILIANO, Carlos. *Hermenêutica e aplicação do direito.* 13. ed. Rio de Janeiro: Forense, 1993.

MEDEIROS, João Bosco; GOBBES, Adilson; ALVES, Fernando; LIMA, Luísa. Manual de redação atlas. São Paulo: Atlas, 1996.

MEIRELLES, Hely Lopes. Direito administrativo brasileiro. 22. ed. São Paulo: Malheiros Editores, 1997.

MENDONÇA, Andrey Borges de. Nova Reforma do Código de Processo Penal Comentada – artigo por artigo. 2 ed. São Paulo: Método, 2009.

MEYR, Alexandre. A polícia judiciária e o art. 303 do CTB. *Boletim IBCCrim*, São Paulo, ano 6, n. 67, p. 6, jun. 1998.

MIRABETE, Julio Fabbrini. Crimes de trânsito têm normas gerais específicas. *Boletim* IBCCrim, São Paulo, ano 5, n. 61, p. 13, dez. 1997.

________. Execução penal. 5. ed. São Paulo: Atlas, 1992.

________. Juizado especial criminal. 2. ed. São Paulo: Atlas, 1998.

________. Processo penal. 6. ed. São Paulo: Atlas, 1996.

MONTEIRO, Ruy Carlos de Barros. Crimes de trânsito: (e a aplicação da Lei n. 9.099, de 26.09.1995, e a responsabilidade civil): jurisprudência do STF e do STJ atualizada até 29 de junho de 1998. São Paulo: Juarez de Oliveira, 1999.

MULLER, Walter Martins. Bafômetro: exame obrigatório ou não? *Boletim IBCCrim*, São Paulo, ano 6, n. 66, p. 9, maio 1998.

________LEON, Altair Ramos. Comentários ao novo Código de Trânsito Brasileiro. *Boletim IBCCrim*, São Paulo, ano 6, n. 63, p. 5, fev. 1998.

NIETZSCHE, Friedrick. Assim falou Zaratustra. São Paulo: Martins Claret, 2006.

NOGUEIRA, Fernando Célio de Brito. Crimes do Código de Trânsito. São Paulo: Atlas, 1999.

________. Do alcance do art. 291 do CT e da inexigibilidade de representação nos crimes de trânsito de embriaguez e racha. Coordenador: Mário Antonio Lobato de Paiva. Leme/SP: LED, 2001. (Temas atuais em direito e processo penal).

________. Suspensão condicional do processo: momento da proposta. MP Paulista, dezembro de 1996. *Boletim IBCCrim*, São Paulo, ano 4, n. 50, p. 25, jan. 1997.

________. Temas centrais da lei do juizado especial criminal. Leme/SP: JH Mizuno, 2006.

NOGUEIRA, Paulo Lúcio. Comentários à lei de execução penal. São Paulo: Saraiva, 1990.

________. Curso completo de processo penal. 6. ed. São Paulo: Saraiva, 1991.

________. Leis especiais. 2. ed. São Paulo: LEUD, 1992.

NORONHA, Edgard Magalhães. Direito penal: introdução e parte geral. 25. ed., atual. por Adalberto Q. T. de Camargo Aranha. São Paulo: Saraiva, 1987, v. 1.

________. Curso de direito processual penal. 17. ed. São Paulo: Saraiva, 1986.

________. Do Crime Culposo. São Paulo: Saraiva, 1966.

NUCCI, Guilherme de Souza. Leis penais e processuais penais comentadas. 8 ed. Rio de Janeiro: Gen Forense, 2014.

________. A presunção de inocência e a 'lei seca'. *Carta Forense*, São Paulo, ed. 63, p. 14-15, ago. 2008.

________. Código de Processo Penal comentado. 14 ed. Rio de Janeiro: Gen Forense, 2015.

________. Código Penal Comentado. 15 ed. Rio de Janeiro: Gen Forense, 2015

OLIVEIRA, William Terra de. CTB – Controvertido natimorto tumultuado. *Boletim IBCCrim*, São Paulo, ano 5, n. 61, p. 5-7, dez. 1997.

PAGLIUCA, José Carlos Gobbis. Direito penal do trânsito. São Paulo: Juarez de Oliveira Ltda., 2000.

PARIZATTO, João Roberto. Delitos em acidentes de trânsito. São Paulo: EUD, 1988.

PAZZAGLINI FILHO, Marino et al. Juizado especial criminal. 2. ed. São Paulo: Atlas, 1997.

PELUSO, Vinicius de Toledo Piza. Breves notas sobre a aplicação do Código de Trânsito Brasileiro. *Boletim IBCCrim*, São Paulo, ano 6, n. 63, p. 3, fev. 1998.

________. O crime de embriaguez ao volante e o "bafômetro": algumas observações. *Boletim IBCCrim*, São Paulo, ano 16, n. 189, p. 16, ago. 2008.

PINHEIRO, Geraldo de Faria Lemos. Breves anotações sobre o Código de Trânsito Brasileiro. *Boletim IBCCrim*, São Paulo, ano 5, n. 61, p. 11, dez. 1997.

________. Enfim, o código: Lei n. 9503, de 23.09.1997. *Boletim IBCCrim*, São Paulo, ano 5, n. 60, p. 14-15, nov. 1997.

________. RIBEIRO, Dorival; OLIVEIRA, Juarez de. Código de Trânsito Brasileiro sistematizado. São Paulo: Oliveira Mendes, 1998.

PINTO, Ronaldo Batista; GOMES, Luiz Flávio; SANCHES CUNHA, Rogério. Comentários às reformas do CPP e da Lei de Trânsito. São Paulo: Ed. Revista dos Tribunais, 2008.

PIRES, Ariosvaldo de Campos Pires; SALES, Sheila Jorge Selim de. Crimes de trânsito na Lei 9.503/97. Belo Horizonte: Del Rey, 1998.

POLASTRI LIMA, Marcellus. O Processo Penal dos Crimes de Trânsito. Rio de Janeiro: Lumen Juris, 2001.

QUEIJO, Maria Elizabeth. O Direito de não produzir prova contra si mesmo. São Paulo: Saraiva, 2003.

RANGEL, Paulo. Direito Processual Penal. 24 ed. São Paulo: Atlas, 2016.

REALE, Miguel. Lições preliminares de direito. 11. ed. São Paulo: Saraiva, 1984.

RIZZARDO, Arnaldo. Comentários ao Código de Trânsito Brasileiro. São Paulo: Ed. Revista dos Tribunais, 1998.

ROCHA, Luiz Otávio de Oliveira. Código de Trânsito: primeiras impressões. *Boletim IBCCrim*, São Paulo, ano 5, n. 61, p. 6-8, dez. 1997.

ROXIN, Claus. Estudos de Direito Penal. 2 ed. Rio de Janeiro: Renovar, 2008.

SALLES JUNIOR, Romeu de Almeida. Homicídio e lesão corporal culposos. São Paulo: Oliveira Mendes, 1998.

SANTOS, Juarez Cirino dos. A moderna teoria do fato punível. São Paulo: Freitas Bastos, 2002.

SARRUBBO, Mário Luiz. A embriaguez nas infrações penais de trânsito. 2001. Dissertação (Mestrado em Direito das Relações Sociais) – Pontifícia Universidade Católica de São Paulo, São Paulo, 2001.

SHECAIRA, Sérgio Salomão. Primeiras perplexidades sobre a nova lei de trânsito. *Boletim IBCCrim*, São Paulo, ano 5, n. 61, p. 3, dez. 1997.

SILVA JUNIOR, Edison Miguel da; SILVA, Mozart Brum. Crimes de trânsito: multa reparatória. *Boletim IBCCrim*, São Paulo, ano 6, n. 67, p. 13, jul. 1998.

SILVA, De Plácido e. Vocabulário jurídico. 10. ed. Rio de Janeiro: Forense, 1987

SILVA, José Afonso da. Curso de direito constitucional positivo. 8. ed. São Paulo: Malheiros, 1992.

SILVA, José Geraldo da. Os crimes de trânsito e a Lei n. 9.099/95. *Boletim IBCCrim*, São Paulo, ano 6, n. 67, p. 5, jun. 1998.

________. GENOFRE, Fabiano; LAVORENTI, Wilson. Leis penais especiais anotadas. Campinas/SP: Millenium, 2003.

STOCO, Rui. Código de Trânsito brasileiro: disposições penais e suas incongruências. *Boletim IBCCrim*, São Paulo, ano 5, n. 61, p. 8-10, dez. 1997.

SZNICK, Valdir. A responsabilidade penal na embriaguez. São Paulo: LEUDireito, 1987.

________. Contravenções penais. São Paulo: LEUD, 1987

________. Novo Código de Trânsito. São Paulo: Ícone, 1998.TAVARES, Juarez. Direito Penal da Negligência. 2. ed. Rio de Janeiro: Lumen Juris, 2003.

TEMER, Michel. Elementos de direito constitucional. 5. ed. São Paulo: Ed. Revista dos Tribunais, 1988.

TOLEDO, Francisco de Assis. Princípios básicos de direito penal. 3. ed. São Paulo: Saraiva, 1987.

VADEMECUM jurídico: atualizável n. 3. Atualizado até 28.2.98. São Paulo: Associação Paulista do Ministério Público, 1998. 1 CD ROM.

VAI uma cervejinha aí? 27 jun. 2007. Disponível em: <http://www.blogdotransito. com.br/?m=>. Acesso em: 11.09.2008.

ZAFFARONI, Eugenio Raúl; PIERANGELLI, José Henrique. Da tentativa. 3. ed. São Paulo: Ed. Revista dos Tribunais, 1992.

________. *Tratado de Derecho Penal – parte general II.* Buenos Aires: Ediar, 1987.

________. *En torno de la cuestión penal.* Buenos Aires: Editorial IBdeF, 2005.

________. O inimigo no Direito Penal. Rio de Janeiro: Revan, 2007.

CAPÍTULO 26

Crime Ambiental – Lei 9.605/1998

Rafael Schwez Kurkowski

CAPÍTULO I
DISPOSIÇÕES GERAIS

Nesta introdução, demonstra-se a **adequação do direito penal, principalmente por meio dos crimes de perigo, para tutelar do meio ambiente**. Também, apresentam-se observações de cunho geral sobre os crimes ambientais, notadamente quanto ao seu bem jurídico, aos sujeitos e ao (des)cabimento do princípio da insignificância.

O meio ambiente saudável é um direito coletivo, de titularidade difusa, também qualificado como direito fundamental de terceira geração. Na condição de bem de uso comum do povo e dada a sua importância à geração atualmente existente e às gerações futuras, o meio ambiente reclama uma proteção prioritariamente voltada à prevenção do dano, em vez da sua mera reparação. O princípio da prevenção, o qual, para Sirvinskas, é gênero do qual são espécies a precaução e a cautela[1], recomenda essa atuação preventiva. A regeneração do meio ambiente (objeto jurídico dos crimes tipificados nos arts. 38-A e 48), quando possível, pode levar décadas. Justamente por essa razão é preferível a prevenção à reparação.

Na medida em que é fundamental a prevenção do dano ambiental, a política criminal recomenda a utilização do Direito Penal para a tutela do meio ambiente. Respeita-se a subsidiariedade porque as demais medidas de cunho administrativo e cível se afiguram insuficientes para essa proteção. Aliás, foi o próprio constituinte originário que, no art. 225, § 3º, da CF, em caráter vinculante ao Poder Legislativo, determinou o emprego do Direito Penal para a tutela do meio ambiente. Além de esse artigo constituir verdadeiro mandado de criminalização[2], ele

1 Segundo Sirvinskas, o princípio da prevenção tem sede na Eco Rio 1992 e está positivado no art. 1º da Lei n. 11.105/2005. Prevenção denota a antecipação ao ato e cuida de "conceito mais amplo do que precaução ou cautela". (SIRVINSKAS, Luís Paulo. *Manual de direito ambiental*. 14. ed. São Paulo: Saraiva, 2016. p. 148).

2 "Mandados expressos de criminalização são disposições constitucionais que impõem a criminalização de certas ações. Não por acaso, esses mandados vêm expressos no título de garantias fundamentais da Constituição Federal, o que permite a conclusão de que a criminalização de certas de certas condutas pelo legislador infraconstitucional representa um direito fundamental coletivo" (FRISCHEISEN, Luiza Cristina Fonseca. GARCIA, Mônica Nicida. GUSMAN, Fábio. Execução provisória da pena. Um contraponto à decisão do Supremo Tribunal Federal no Habeas Corpus 84.078. In: CALABRICH, Bruno. FISCHER, Douglas. PELELLA, Eduardo (org.).

encerra o princípio hermenêutico *in dubio pro natura*, na seara da responsabilidade civil ambiental (STJ, 2ª T., REsp n. 1145083/MG (2009/0115262-9), j. 27.09.11).

Igualmente, a proporcionalidade, não como a clássica proibição do excesso, mas enquanto a proibição da proteção insuficiente/deficiente[3], justifica o manejo do Direito Penal para a tutela ambiental. Basicamente, o poder público necessita do direito penal para oferecer uma proteção eficaz e suficiente ao meio ambiente.

Para permitir uma proteção eficiente do meio ambiente, na qual se procura prevenir – e não apenas reparar – o dano, o Direito Penal Ambiental procura, muitas vezes, punir a conduta que gera algum risco considerável de dano ambiental. De fato, "a **tipificação da 'probabilidade de dano'** aumenta a possibilidade de se evitar a ocorrência de um prejuízo [dano] ambiental, em face do potencial e presumível desestímulo que a existência de um tipo penal deve exercer sobre os indivíduos".[4] Para tanto, o Direito Penal Ambiental utiliza tipos constituídos por crime de perigo, concreto ou abstrato. Segundo Toledo, enquanto o crime de dano causa uma lesão efetiva, o crime de perigo conduz uma potencialidade de lesão, realizável ou não, em concreto, que o legislador deseja cortar no nascedouro. No perigo concreto, a realização do tipo exige a constatação de perigo real, concreto; já no perigo abstrato, essa constatação é dispensável, por se tratar de perigo presumido de lesão.[5] Com razão, Fiorillo e Conte anotam que o "direito criminal ambiental possui características peculiares, dentre as quais destacamos a prospecção ou caráter preventivo (e não apenas retrospectivo/repressivo, isto é, que surge após o dano), o que leva à antecipação da tutela penal"[6]

Garantismo penal integral: questões penais e processuais, criminalidade moderna e aplicação do modelo garantista no Brasil. 3. ed. São Paulo: Ed. Atlas, 2015. p. 491-517.). Apenas se acrescenta que a Constituição apresenta direitos fundamentais fora do catálogo do seu art. 5º.

3 Sobre o princípio da proibição da proteção insuficiente, conferir: KURKOWSKI, Rafael Schwez. A justificação constitucional da execução provisória da pena privativa de liberdade na pendência dos recursos extraordinário e especial recebidos sem efeito suspensivo. *Revista Brasileira de Direito*, São Paulo, v. 18, n. 7, p. 242-262, set./dez. 2017. Disponível em: <http://www.rdb.org.br/ojs/index.php/rdb/article/view/504>. Acesso em: 27 jan. 2018.; KURKOWSKI, Rafael Schwez. PIEDADE, Antônio Sérgio Cordeiro. Justificação constitucional da execução provisória da pena privativa de liberdade na pendência dos recursos extraordinário e especial recebidos sem efeito suspensivo. *Revista Duc in Altum Cadernos de Direito*, Recife, v. 9, n. 18, p. 121-163, mai./ago. 2017. Disponível em: <http://www.faculdadedamas.edu.br/revistafd/index.php/cihjur/article/view/609/521>. Acesso em: 27 jan. 2018.; KURKOWSKI, Rafael Schwez. SUXBERGER, Antônio Henrique Graciano. Execução provisória da pena privativa de liberdade: resultado da harmonização entre a presunção de inocência e a segurança pública. *E-Civitas – Revista Científica do Curso de Direito do UNIBH*. Belo Horizonte. Volume IX, número 2, dezembro de 2016. Disponível em: <http://revistas.unibh.br/index.php/dcjpg/article/view/1994>. Acesso em: 07 mar. 17.; STRECK, Lênio Luiz. A dupla face do princípio da proporcionalidade: da proibição de excesso (Übermassverbot) à proibição de proteção deficiente (Untermassverbot) ou de como não há blindagem contra normas penais inconstitucionais. *Revista da Ajuris*, ano XXXII, n. 97, março de 2005. p.171-202.; SARLET, Ingo Wolfgang. *Constituição e proporcionalidade: o direito penal e os direitos fundamentais entre proibição de excesso e de insuficiência*. 2005. Disponível em: < http://egov.ufsc.br/portal/sites/default/files/anexos/15113-15114-1-PB.htm >. Acesso em: 18 abr. 2017.; PULIDO, Carlos Bernal. *O direito dos direitos*: escritos sobre a aplicação dos direitos fundamentais. Tradução de Thomas da Rosa de Bustamante. São Paulo: Ed. Marcial Pons, 2013.; CANARIS, Claus-Wilhelm. *Direitos Fundamentais e Direito Privado*. Tradução: Ingo Wolfgang Sarlet e Paulo Mota Pinto. Lisboa: Almedina, 2012.

4 NETO, Nicolau Dino. FILHO, Ney Bello. DINO, Flávio. *Crimes e infrações administrativas ambientais*. 3. ed. Belo Horizonte: Del Rey, 2011. p. 173.

5 TOLEDO, Francisco de Assis. *Princípios básicos de direito penal*. 5. ed. São Paulo: Saraiva, 194. p. 143.

6 FIORILLO, Celso Antonio Pacheco. CONTE, Christiany Pegorari. *Crimes ambientais*. São Paulo: Saraiva, 2012. p. 13.

A despeito da vocação preventiva da legislação penal ambiental, a Lei n. 9.605/1998 – LCA também tem por escopo a reparação dos danos ambientais causados. Para tanto, "o princípio do poluidor pagador refletirá na elaboração de normas penais ambientais que visem diretamente à prevenção de danos, criminalizando condutas de perigo, mas também reforçará a ideia de reparação de danos, caso se verifique a consumação da lesão".[7]

Pelo caráter dinâmico do meio ambiente e em função do avanço da ciência para identificar novas formas de danos ambientes e de prevenção destes, a LCA faz uso de uma **tipicidade penal aberta**, que pode ser encontrada nos seguintes casos: a) crime culposo; b) crime comissivo por omissão; c) presença de elementos normativos no tipo; e d) norma penal em branco. Nesta, segundo Greco, há a necessidade de complementação para que se possa compreender o âmbito de aplicação do seu preceito primário; se o complemento provém da mesma fonte legislativa que editou a norma, trata-se de norma penal em branco homogênea; se o complemento provém de outra fonte, trata-se de norma penal em branco heterogênea.[8] Com efeito, uma proteção ambiental adequada seria incompatível com a consolidação – exigida pelo princípio da taxatividade da lei penal –, no tipo, de dados dinâmicos do meio ambiente. Por exemplo: o art. 34 incrimina a pesca em período proibido pela autoridade pública (período do "defeso"), de que é exemplo a piracema; ocorre que a época da piracema varia em cada região, o que inviabiliza a previsão desse período em lei; por essa razão, a previsão abstrata do crime do art. 34 necessita da complementação do ato administrativo da autoridade pública.

Em se tratando de crimes ambientais, afigura-se útil, conforme Luiz Régis Prado sustenta, "a distinção entre o ambiente como **bem jurídico *categorial***, ou seja, como objeto jurídico genérico de proteção, e como bem jurídico *específico* (em sentido técnico) protegido em um determinado tipo legal de delito, isto é, como objeto jurídico próprio de cada figura delitiva".[9] Em consequência, o meio ambiente consiste em objeto jurídico constante de todo e qualquer crime ambiental. Mesmo nos crimes tipificados na Seção V desta Lei ("Dos Crimes contra a Administração Ambiental"), objetiva-se a tutela da higidez do meio ambiente o qual será posto em xeque na hipótese da concessão de uma licença ambiental em desacordo com a legislação, por exemplo, no caso do crime tipificado no art. 67. Nesse caso, ao lado do meio ambiente, também ostenta a qualidade de bem jurídico (específico) a Administração Pública ambiental.

O meio ambiente tem definição legal, no art. 3º, I, da Lei n.6.938/1981: "Para os fins previstos nesta Lei, entende-se por: I – meio ambiente, o conjunto de condições, leis, influências e interações de ordem física, química e biológica, que permite, abriga e rege a vida em todas as suas formas". Leme Machado aponta a existência de legislação estadual que também define o meio ambiente: art. 1º, parágrafo único, do Decreto-Lei n. 134/1975, do Rio de Janeiro; art. 3º da Lei n. 4.090/1979 de Alagoas; art. 2º, I, da Lei n. 5.793/1980, de Santa Catarina; art. 1º, parágrafo único, da Lei n. 7.772/1980, de Minas Gerais; art. 2º da Lei n. 3.858/1980, da Bahia; art. 2º, parágrafo segundo, *a*, da Lei n. 4.154/1980; art. 3º, II, da Lei n. 7.488/1981, do Rio Grande do Sul.[10]

7 CRUZ, Ana P. F. N. A responsabilidade penal da pessoa física, a culpabilidade e as excludentes em matéria penal ambiental. In: MARCHESAN, Ana Maria Moreira. STEIGLEDER, Annelise Monteiro. (Org.). *Crimes ambientais:* comentários à lei 9.605/98. Porto Alegre: Livraria do Advogado, 2013. p. 48.

8 GRECO, Rogério. *Curso de Direito Penal*. 11. ed. Rio de Janeiro: Impetus, 2009. p. 22-23.

9 PRADO, Luiz Régis. *Direito penal do ambiente*. 4. ed. São Paulo: Revista dos Tribunais, 2012. p. 118.

10 MACHADO, Paulo Affonso Leme. *Direito Ambiental Brasileiro*. 21. ed. São Paulo: Malheiros, 2013. p. 63-64.

Sustentando a insuficiência desse conceito legal, Sirvinskas propõe que o meio ambiente pode ser dividido em: a) meio ambiente natural: aquele que existe *de per si*, a exemplo da atmosfera, águas, solo, biodiversidade, patrimônio genético (art. 225 da CF); b) meio ambiente artificial: aquele que integra os equipamentos urbanos, os edifícios comunitários (arts. 21, XX, 182 e ss. e 225, todos da CF); c) meio ambiente cultural: aquele que integra os bens de natureza material e imaterial, a exemplo dos conjuntos urbanos e sítios de valor histórico (arts. 215 e 216 da CF); e d) meio ambiente do trabalho: aquele que integra a proteção do homem em seu local de trabalho, com observância às normas de segurança (arts. 7º, XXII, e 200, VII e VIII, ambos da CF).[11] Seguindo essa linha, a definição de meio ambiente de Migliari é completa: "O meio ambiente é a integração e a interação do conjunto de elementos naturais, artificiais, culturais e do trabalho que propiciem o desenvolvimento equilibrado de todas as formas, sem exceções".[12] Registra-se, por relevante, que Fiorillo e Conte acrescentam ainda o meio ambiente digital, que envolve a "manifestação de pensamento, criação, expressão e informação realizados pela pessoa humana com a ajuda de computadores".[13]

No atinente ao **princípio da insignificância** como forma de exclusão do crime, a maioria da doutrina é contrária ao seu cabimento nos crimes ambientais, com base, principalmente, em três motivos: a) titularidade difusa do bem jurídico; b) importância fundamental do meio ambiente; e c) impossibilidade de aferir, considerada as relações de dependência recíproca existentes no interior de um ecossistema, se o dano ambiental é, realmente, insignificante para o meio ambiente. Na jurisprudência, a questão é dividida:

i) no âmbito dos Tribunais de Justiça e dos Tribunais Regionais Federais, percebe-se uma tendência no sentido da inaplicabilidade da bagatela aos crimes ambientais, à exceção de casos muito isolados (TRF4, 7ª T., ACR 0001584-60.2009.404.7204, Rel. Sebastião Ogê Muniz, J. em 11/04/2017; TRF1, 3ª T., ACR 0015365-95.2006.4.01.3500/GO, Rel. Ney Bello, J. em 08/02/2017; TJSP, 3ª C.Criminal, AP 0002004-30.2011.8.26.0582, Rel. Ruy Cavalheiro, J. em 31/01/2017);

ii) no âmbito do STJ, há as duas posições (sentido contrário: STJ, 6ª T., AgRg no AREsp 665.254/SC, Rel. Rogério Schietti Cruz, J. em 16/02/2017; sentido favorável: STJ, 6ª T., RHC 71.380/SC, Rel. Maria Thereza de Assis Moura, J. em 21/06/2016);

iii) no âmbito do STF, é admitida a aplicação da insignificância, desde que presentes os seus pressupostos (STF, 2ª T., HC 112563, Rel. Cezar Peluso J.. em 21/08/2012; STF, Tribunal Pleno, AP 439, Rel. Marco Aurélio, J. em 12/06/2008; e a *contrario sensu*: STF, 2ª T., RHC 125566, Rel. Dias Toffoli, J. em 26/10/2016).

Não obstante, afigura-se correto o posicionamento da inaplicabilidade do princípio da insignificância aos crimes ambientais. Além do acerto dos motivos elencados no parágrafo anterior, a interpretação sistemática da LCA reforça essa conclusão. Considerado o caráter especial do bem jurídico meio ambiente, a própria lei ambiental já previu soluções para as condutas que não atingem o meio ambiente de forma tão intensa, tais como a transação (art. 27), a suspensão

11 SIRVINSKAS, Luís Paulo. *Manual de direito ambiental*. 14. ed. São Paulo: Saraiva, 2016. p. 130.

12 MIGLIARI JR., Arthur. *Crimes ambientais*: Lei 9.605/98, novas disposições penais gerais: concurso de pessoas, responsabilidade penal da pessoa jurídica, desconsideração da personalidade jurídica. 2. ed. Campinas: CS Edições, 2004. p. 39. MIGLIARI JR., Arthur. *Crimes Ambientais*: Lei 9.605/98, novas disposições penais gerais: concurso de pessoas, responsabilidade penal da pessoa jurídica, desconsideração da personalidade jurídica. 2. ed. Campinas: CS Edições, 2004. p. 12.

13 FIORILLO, Celso Antonio Pacheco. CONTE, Christiany Pegorari. *Crimes ambientais*. São Paulo: Saraiva, 2012. p. 15.

condicional do processo (art. 28) e o termo de compromisso a que se refere o art. 60 da Lei n. 12.651/2012. É justamente descabida a aplicação da insignificância aos crimes ambientes porque a própria Lei já "adequou" a punição às condutas de menor repercussão negativa sobre o meio ambiente.

Art. 1º (VETADO)

A Lei n. 9.605/1998, originalmente, foi projetada para ser um diploma de responsabilização penal, administrativa e civil das pessoas jurídicas e físicas responsáveis por danos ao meio ambiente.

Ocorreu que, com os vetos do Presidente da República, "surgiu uma legislação de caráter nitidamente criminal e administrativo, aplicando penas e medidas administrativas, não obstante tenhamos noções tipicamente civis no seu artigo 4º, como é o caso da desconsideração da personalidade jurídica".[14]

Registram-se os seguintes exemplos de antecedentes legislativos que já dispuseram e/ou ainda dispõem sobre a proteção penal do meio ambiente: Lei n. 4.771/1965 (antigo Código Florestal); Lei n. 5.197/1967 (proteção à fauna), alterada pela Lei n. 7.653/1988; Lei n.6.938/1981 (Política Nacional do Meio Ambiente). Quase todos os tipos previstos nessas leis constituem crimes de dano, e não de perigo. Observa-se, em razão disso, a insuficiência da proteção do meio ambiente, situação que foi parcialmente melhorada pela edição da LCA.

Destaca-se, ademais, a Lei n. 12.651/2012 (Novo Código Florestal), que, além de haver revogado a Lei n. 4.771/1965, influenciou a Lei n. 9.605/1998, como será visto ao longo desta obra.

Art. 2º Quem, de qualquer forma, concorre para a prática dos crimes previstos nesta Lei, incide nas penas a estes cominadas, na medida da sua culpabilidade, bem como o diretor, o administrador, o membro de conselho e de órgão técnico, o auditor, o gerente, o preposto ou mandatário de pessoa jurídica, que, sabendo da conduta criminosa de outrem, deixar de impedir a sua prática, quando podia agir para evitá-la.

No tocante aos **sujeitos do crime ambiental**, pontua-se que, considerando a titularidade difusa do meio ambiente (enquanto bem jurídico), a coletividade é sujeito passivo (vítima) constante dos crimes ambientais. O sujeito passivo é indeterminado, portanto. Mesmo na hipótese da pichação de edifício de propriedade particular (art. 65), toda a sociedade figura como vítima tendo em vista o seu direito ao meio ambiente artificial saudável, o qual é atingido negativamente pela pichação. Contudo, em alguns crimes ambientais, pode haver, também, um sujeito passivo determinado. Nesse exemplo da pichação, o proprietário do prédio atingido ostenta a qualidade de vítima determinada, o que lhe confere legitimidade inclusive para o ajuizamento da ação penal privada subsidiária da pública, como será visto nos comentários ao art. 26.

No atinente ao sujeito ativo do crime ambiental, a primeira parte deste art. 2º, sendo complementada pela regra do art. 29 do CP, por força do art. 79 da LCA[15], prevê as modalidades de

14 MIGLIARI JR., Arthur. *Crimes ambientais*: Lei 9.605/98, novas disposições penais gerais: concurso de pessoas, responsabilidade penal da pessoa jurídica, desconsideração da personalidade jurídica. 2. ed. Campinas: CS Edições, 2004. p. 39.

15 No mesmo sentido: FIORILLO, Celso Antonio Pacheco. CONTE, Christiany Pegorari. *Crimes ambientais*. São Paulo: Saraiva, 2012. p. 128.

autoria, coautoria, participação e participação de menor importância. Este art. 2º manteve a teoria monista ou unitária do delito, pela qual todos os concorrentes respondem pelo mesmo crime.

Hipótese especial é a do índio na condição de sujeito ativo, dada a sua integração com a natureza. Freitas apresenta lição completa sobre o assunto, no exemplo de um índio que caça um espécime da fauna silvestre (art. 29): a questão depende da integração dele com a sociedade, então, se o índio for considerado "isolado", a sua ação pode ser considerada como exercício regular de direito, sendo portanto aprovada pelo direito (art. 24, § 2º, da Lei n. 6.001/1973); se ele estiver em "vias de integração", é necessário avaliar o seu grau de adesão aos modos de existência dos demais setores da vida nacional; se ele for considerado "integrado", ele será responsabilizado penalmente. Ainda nesse caso, Freitas observa que, além da possibilidade do cabimento da atenuante genérica prevista no art. 56 da Lei n. 6.001/1973, a competência para o julgamento será da Justiça Estadual.[16] "O mero fato de índio figurar como autor do delito ambiental, sem nenhuma conotação especial, não enseja o deslocamento da causa para a Justiça Federal, conforme enunciado da súmula nº 140/STJ" (STJ, 3ª S., CC 93.120/AM, Rel. Jorge Mussi, J. em 09/06/2010).

Quanto ao concurso de agentes entre pessoas físicas e pessoas jurídicas (a responsabilidade penal da pessoa jurídica será analisada nos comentários ao art. 3º), frisa-se a pertinência da aplicação da **teoria do domínio funcional do fato** tanto para incluir quanto para excluir a responsabilidade penal da pessoa física. Com base em Nilo Batista, Rogério Greco leciona que, nessa teoria, a qual se baseia na divisão de tarefas, cada um dos sujeitos ativos é responsável por uma conduta que, apesar de não ser típica, interfere no "se" e no "como" da empreitada criminosa.[17] Facilita-se a compreensão dessa teoria pelo critério da exclusão, em raciocínio hipotético: "se", suprimida a conduta desempenhada pelo agente, o crime deixar de ser praticado, ele é coautor; se, suprimida a conduta do agente, o crime houver de ser praticado por outra maneira ("como"), ele é coautor; diversamente, se, apesar da supressão da conduta do autor, o crime continuar a ser praticado da mesma maneira, ele não pode ser considerado coautor. Esse quadro demonstra que o coautor exerce a decisão comum quanto à prática do crime, razão pela qual ele é considerado coautor. A propósito, o STJ já utilizou a teoria sob estudo para excluir a responsabilidade de funcionário de pessoa jurídica que, apesar de denunciado juntamente com esta pela prática de crime ambiental, não tinha ingerência sobre a conduta criminosa: STJ, 5ª T., RHC 34.997/RJ, Rel. Jorge Mussi, J. em 11/04/2013; STJ, 5ª T., HC 119.511/MG, Rel. Jorge Mussi, J. em 21/10/2010. Já no seguinte julgado, o TJRS valeu-se do domínio do fato para condenar pessoas físicas pela prática de poluição: TJRS, Apelação Crime Nº 70018064519, 4ª C. Criminal, Rel. José Eugênio Tedesco, J. em 19/04/2007.

Ainda no caso de concurso de agentes, registra-se que, excepcionalmente, é admitida a **denúncia geral**, ou seja, aquela que imputa, com individualização mínima, mas suficiente, a mesma conduta a todos os concorrentes; contudo, não se admite a **denúncia genérica**, vale dizer, aquela que, ao não individualizar a conduta imputada aos denunciados, não permite a estes o exercício do contraditório e da ampla defesa (STJ, 5ª T., HC 305.636/AL, Rel. Reynaldo Soares da Fonseca, J. em 28/03/2017; STJ, 5ª T., RHC 58.694/RR, Rel. Ribeiro Dantas, J. em 18/10/2016).

---

16 FREITAS, Vladimir Passos de. FREITAS, Gilberto Passos de. *Crimes contra a natureza*. 9 ed. São Paulo: Revista dos Tribunais, 2012. p. 50-51.

17 GRECO, Rogério. *Código penal*: comentado. 6. ed. Niterói: Impetus, 2012, p. 92.

A segunda parte do art. 2º apresenta regra de extensão que criou hipótese de omissão penalmente relevante, nos termos do art. 13, § 2º, do Código Penal. A integração entre esses dois dispositivos legais (art. 2º da LCA e art. 13, § 2º, do CP) é reconhecida pelo STJ: "Para que um agente seja sujeito ativo de delito omissivo [impróprio], além dos elementos objetivos do próprio tipo penal, necessário se faz o preenchimento dos elementos contidos no art. 13 do Código Penal: a situação típica ou de perigo para o bem jurídico, o poder de agir e a posição de garantidor" (STJ, 6ª T., REsp 1618975/PR, Rel. Sebastião Reis Júnior, J. em 07/03/2017). "Assim, o dirigente ou assemelhado ocupa a função de garante do bom gerenciamento de riscos por parte da empresa que administra, sendo, portanto, como corresponsável pela não adoção de medidas e condutas de modo a não atender aos riscos inerentes à atividade e que venham a redundar em delitos contra o meio ambiente".[18] Na linha do STF, o "art. 2º da Lei nº 9.605/98 prevê expressamente a responsabilidade do administrador da empresa que de qualquer forma concorre para a prática de crimes ambientais, ou, se omite para tentar evitá-los" (STF, 2ª T., HC 97484, Rel. Ellen Gracie, J. em 23/06/2009). Essa modalidade de comissão por omissão é baseada sobre uma causalidade hipotético-normativa, já que, do ponto de vista natural, nenhuma conduta surge da omissão, do nada. No caso desta Lei, segundo Ney Bello, esse tipo de responsabilidade pode, quando o agente deixa de impedir a prática do crime ambiental, ser atribuída aos seguintes sujeitos: diretor (aquele que conduz os destinos da pessoa jurídica), administrador (aquele que operacionaliza as decisões tomadas por quem dirige a empresa), membro de conselho de órgão (aqueles que são responsáveis por parecer técnico que conduz a atitude da pessoa jurídica), auditor (aquele que tem por função a fiscalização da atividade da empresa) e preposto, gerente ou mandatário (aquele sujeito vinculado à pessoa jurídica que assume a direção, ainda que para ato específico, e exercendo o mandato que lhe foi outorgado). Ademais, Ney Bello destaca que a conjugação desse art. 2º sob estudo com o art. 54, § 1º, cria a possibilidade do crime comissivo por omissão culposa.[19]

Art. 3º As pessoas jurídicas serão responsabilizadas administrativa, civil e penalmente conforme o disposto nesta Lei, nos casos em que a infração seja cometida por decisão de seu representante legal ou contratual, ou de seu órgão colegiado, no interesse ou benefício da sua entidade.

Parágrafo único. A responsabilidade das pessoas jurídicas não exclui a das pessoas físicas, autoras, co-autoras ou partícipes do mesmo fato.

A responsabilização penal da pessoa jurídica depende da teoria que se adota quanto à sua personalidade. Capez apresenta uma síntese didática a respeito. Pela teoria da ficção, criada por Savigny, a pessoa jurídica é uma abstração. Como ela não existe materialmente, carece de vontade própria, consciência e finalidade, sendo, exatamente por isso, incapaz de delinquir. Daí advém a máxima *societas non potest delinquere*. Ao revés, pela teoria da realidade, criada por Otto Gierke, a pessoa jurídica é um ente real e autônomo frente aos indivíduos que a compõem. Diante da sua personalidade real, pessoa jurídica é capaz de dupla responsabilidade: civil e

18 CRUZ, Ana P. F. N. A responsabilidade penal da pessoa física, a culpabilidade e as excludentes em matéria penal ambiental. In: MARCHESAN, Ana Maria Moreira. STEIGLEDER, Annelise Monteiro. (Org.). *Crimes ambientais:* comentários à lei 9.605/98. Porto Alegre: Livraria do Advogado, 2013. p. 38.

19 NETO, Nicolau Dino. FILHO, Ney Bello. DINO, Flávio. *Crimes e infrações administrativas ambientais*. 3. ed. Belo Horizonte: Del Rey, 2011. p. 10.

penal.[20] Já a teoria da responsabilidade pelo fato de outrem (aquela segundo a qual os mandantes respondem pelos atos praticados pelos mandatários), como anota Walter Rothenburg, não é apropriada ao Direito Penal, que pressupõe a responsabilidade por fato próprio.[21]

Diante do mandamento de criminalização da pessoa jurídica expresso no art. 225, § 3º, da CF, é simples compreender que o constituinte originário adotou a teoria da realidade. Ademais, o Brasil é signatário da Convenção das Nações Unidas contra o Crime Organizado Transnacional (Aprovada pelo Decreto Legislativo 231, de 29 de maio de 2003, e promulgada pelo Decreto 5.015, de 12 de março de 2004), a qual prevê a responsabilidade penal da pessoa jurídica. Não bastasse, o projeto do novo Código Penal prevê expressamente a responsabilidade criminal da pessoa jurídica (art. 41 do Projeto de Lei do Senado 236, de 2012). Ney Bello anota também que a criminalização da pessoa jurídica atende aos princípios da máxima efetividade e da prevenção.[22] Em consequência da vontade da Constituição no sentido da criminalização da conduta praticada pela pessoa jurídica, toda a legislação infraconstitucional deve ser adaptada e interpretada nesse sentido, e não contrário. Logo, não tem razão, a despeito do seu esforço hermenêutico, a doutrina que inadmite a responsabilização criminal da pessoa jurídica, aqui representada por Luiz Régis Prado, que apresenta três objeções a essa responsabilização, todas relacionadas à incapacidade da pessoa jurídica de: a) ação no sentido estrito; b) culpabilidade; e c) pena (princípio da personalidade da pena).[23] Basta uma interpretação sistemática e teológica para elidir essas objeções: a) a pessoa jurídica é capaz de ação em sentido estrito porque ela age por intermédio dos seus representantes; b) a culpabilidade da pessoa jurídica lhe é peculiar a diz respeito à sua "responsabilidade social", que é composta pela capacidade de atribuição e pela exigibilidade de outra conduta[24]; e c) a LCA, em cumprimento à possibilidade da criação de outras penas conferida pelo art. 5º, XLVI, da CF, prevê penas apropriadas para a condição da pessoa jurídica. Revela-se oportuno colacionar julgado do STJ que sintetiza adequadamente a responsabilização criminal da pessoa jurídica, com ressalva à dupla imputação que será analisada na sequência:

> CRIMINAL. RESP. CRIME AMBIENTAL PRATICADO POR PESSOA JURÍDICA. RESPONSABILIZAÇÃO PENAL DO ENTE COLETIVO. POSSIBILIDADE. PREVISÃO CONSTITUCIONAL REGULAMENTADA POR LEI FEDERAL. OPÇÃO POLÍTICA DO LEGISLADOR. FORMA DE PREVENÇÃO DE DANOS AO MEIO-AMBIENTE. CAPACIDADE DE AÇÃO. EXISTÊNCIA JURÍDICA. ATUAÇÃO DOS ADMINISTRADORES EM NOME E PROVEITO DA PESSOA JURÍDICA. CULPABILIDADE COMO RESPONSABILIDADE SOCIAL. CO-RESPONSABILIDADE. PENAS ADAPTADAS À NATUREZA JURÍDICA DO ENTE COLETIVO. ACUSAÇÃO ISOLADA DO ENTE COLETIVO. IMPOSSIBILIDADE. ATUAÇÃO DOS ADMINISTRADORES EM NOME E PROVEITO DA PESSOA JURÍDICA. DEMONSTRAÇÃO NECESSÁRIA. DENÚNCIA INEPTA.

20 CAPEZ, Fernando. *Curso de direito penal*: legislação penal especial, volume 4. 9. ed. São Paulo: Saraiva, 2014. p. 74-75.

21 ROTHENBURG, Walter Claudius. A responsabilidade penal da pessoa jurídica. In: MARCHESAN, Ana Maria Moreira. STEIGLEDER, Annelise Monteiro. (Org.). *Crimes ambientais:* comentários à lei 9.605/98. Porto Alegre: Livraria do Advogado, 2013. p. 59-60.

22 NETO, Nicolau Dino. FILHO, Ney Bello. DINO, Flávio. *Crimes e infrações administrativas ambientais*. 3. ed. Belo Horizonte: Del Rey, 2011. p. 22.

23 PRADO, Luiz Régis. *Direito penal do ambiente*. 4. ed. São Paulo: Revista dos Tribunais, 2012. p. 134.

24 MILARÉ, Edis. COSTA JR., Paulo José da. COSTA, Fernando José da. *Direito penal ambiental*. 2. ed. São Paulo: Revista dos Tribunais, 2013. p. 43-44.

RECURSO DESPROVIDO. I. A Lei ambiental, regulamentando preceito constitucional, passou a prever, de forma inequívoca, a possibilidade de penalização criminal das pessoas jurídicas por danos ao meio-ambiente. III. A responsabilização penal da pessoa jurídica pela prática de delitos ambientais advém de uma escolha política, como forma não apenas de punição das condutas lesivas ao meio-ambiente, mas como forma mesmo de prevenção geral e especial. IV. A imputação penal às pessoas jurídicas encontra barreiras na suposta incapacidade de praticarem uma ação de relevância penal, de serem culpáveis e de sofrerem penalidades. V. Se a pessoa jurídica tem existência própria no ordenamento jurídico e pratica atos no meio social através da atuação de seus administradores, poderá vir a praticar condutas típicas e, portanto, ser passível de responsabilização penal. VI. A culpabilidade, no conceito moderno, é a responsabilidade social, e a culpabilidade da pessoa jurídica, neste contexto, limita-se à vontade do seu administrador ao agir em seu nome e proveito. VII. A pessoa jurídica só pode ser responsabilizada quando houver intervenção de uma pessoa física, que atua em nome e em benefício do ente moral. VIII. "De qualquer modo, a pessoa jurídica deve ser beneficiária direta ou indiretamente pela conduta praticada por decisão do seu representante legal ou contratual ou de seu órgão colegiado.". IX. A Lei Ambiental previu para as pessoas jurídicas penas autônomas de multas, de prestação de serviços à comunidade, restritivas de direitos, liquidação forçada e desconsideração da pessoa jurídica, todas adaptadas à sua natureza jurídica. X. Não há ofensa ao princípio constitucional de que "nenhuma pena passará da pessoa do condenado...", pois é incontroversa a existência de duas pessoas distintas: uma física – que de qualquer forma contribui para a prática do delito – e uma jurídica, cada qual recebendo a punição de forma individualizada, decorrente de sua atividade lesiva. XI. Há legitimidade da pessoa jurídica para figurar no pólo passivo da relação processual-penal. XII. Hipótese em que pessoa jurídica de direito privado foi denunciada isoladamente por crime ambiental porque, em decorrência de lançamento de elementos residuais nos mananciais dos Rios do Carmo e Mossoró, foram constatadas, em extensão aproximada de 5 quilômetros, a salinização de suas águas, bem como a degradação das respectivas faunas e floras aquáticas e silvestres. XIII. A pessoa jurídica só pode ser responsabilizada quando houver intervenção de uma pessoa física, que atua em nome e em benefício do ente moral. XIV. A atuação do colegiado em nome e proveito da pessoa jurídica é a própria vontade da empresa. XV. A ausência de identificação das pessoas físicas que, atuando em nome e proveito da pessoa jurídica, participaram do evento delituoso, inviabiliza o recebimento da exordial acusatória. XVI. Recurso desprovido (STJ, 5ª T., REsp 610.114/RN, Rel. Gilson Dipp, J. em 17/11/2005).

Rebate-se outro argumento contrário. Sustenta-se que punição da pessoa jurídica transcende esta e termina por atingir os seus sócios, violando assim o princípio da intranscendência da pena. Tal argumento revela-se capcioso, pois, nesse ponto, inexiste diferença com a punição da pessoa física. Sabidamente, a pena privativa de liberdade imposta a um pai de família repercute, faticamente, sobre a família, a qual ficará privada do sustento trazido por ele. Aliás, é por essa razão que existe o benefício previdenciário do auxílio-reclusão a ser pago em favor dos dependentes do custodiado (art. 18, II, *b*, da Lei n. 8.213/1991). Com razão, portanto, Ney Bello: "a pena não pode ser normativamente sustentada pelos familiares, ou pelos sócios da empresa, mas faticamente não há como impedir que os efeitos da pena sejam sentidos por muitos que convivem no entorno do apenado".[25]

Para o reconhecimento da **autoria ou da coautoria por parte da pessoa jurídica**, dois requisitos devem ser preenchidos. É necessário que a conduta infratora decorra de decisão do

25 NETO, Nicolau Dino. FILHO, Ney Bello. DINO, Flávio. *Crimes e infrações administrativas ambientais*. 3. ed. Belo Horizonte: Del Rey, 2011. p. 39.

seu representante ou do seu órgão colegiado. Ademais, é essencial que a conduta seja praticada no interesse da própria pessoa jurídica. Assim, resta excluída a responsabilidade nos seguintes casos: a) um diretor da pessoa jurídica que se vale desta para, mediante a prática de crime patrimonial, obter benefício no seu interesse exclusivo, apenas; b) um simples empregado da pessoa jurídica que comete um crime ambiental, já que essa conduta não decorreu de decisão do seu representante ou órgão colegiado.

Se, para a pessoa jurídica, é possível a (co)autoria, a participação resta inviável, como bem observado por Ana Paula da Cruz: "A pessoa jurídica jamais poderá ser partícipe de delito praticado por pessoa física. Ou é coautora (quando a conduta foi praticada 'no seu interesse ou benefício') ou mero instrumento (quando a pessoa física pratica o crime ambiental em benefício próprio, e não da empresa, beneficiando-se da sua estrutura)".[26]

A discórdia resta agravada quanto à **responsabilização criminal da pessoa jurídica de direito público**. Sociedades de economia mista e empresas públicas não desafiam dificuldades, pois, apesar da participação societária do estado, têm personalidade jurídica de direito privado. Diferentemente, em se tratando de pessoas jurídicas de direito internacional e de direito público interno, a exemplo de governos e autarquias, inexiste consenso. Leme Machado[27], Rothenburg[28], Ney Bello[29] e Nucci[30] sustentam a possibilidade da sua responsabilização criminal, com base nos seguintes argumentos: a) o art. 225, § 3º, da CF, não estabeleceu diferença entre as pessoas jurídicas de direito privado e de direito público; b) apesar de perseguir o interesse público, a pessoa jurídica de direito público pode cometer atos ilícitos; e c) a responsabilidade penal auxilia a eficiência administrativa. Em sentido contrário, Freitas[31] sustenta que a imposição de pena criminal à pessoa jurídica de direito público não teria sentido, porque, além de ela almejar apenas o interesse público, prejudicaria o povo – motivo da existência do Estado. O TJRS já encampou esse entendimento: "Somente cabe a responsabilização da pessoa jurídica de direito privado em delitos ambientais, pois a pessoa jurídica de Direito Público (União, Estados, Distrito Federal, Municípios, autarquias e federações públicas) não pode cometer ilícito penal no seu interesse ou benefício. Elas, ao contrário das pessoas de natureza privada, só podem perseguir fins que alcancem o interesse público (TJRS, 4ª C.Crim., Apelação Crime Nº 70057449340, Rel. Rogerio Gesta Leal, J. em 29/05/2014).

Sustenta-se, em opinião própria, outro argumento contrário à responsabilização da pessoa jurídica de direito público. Além do caráter subsidiário do Direito Penal, consigna-se que a pena criminal ambiental tem tripla função: punitiva, ressocializadora e preventiva/reparatória do

---

26 CRUZ, Ana P. F. N. A responsabilidade penal da pessoa física, a culpabilidade e as excludentes em matéria penal ambiental. In: MARCHESAN, Ana Maria Moreira. STEIGLEDER, Annelise Monteiro. (Org.). *Crimes ambientais:* comentários à lei 9.605/98. Porto Alegre: Livraria do Advogado, 2013. p. 37-38.

27 MACHADO, Paulo Affonso Leme. *Direito Ambiental Brasileiro*. 21. ed. São Paulo: Malheiros, 2013. p. 836-837.

28 ROTHENBURG, Walter Claudius. A responsabilidade penal da pessoa jurídica. In: MARCHESAN, Ana Maria Moreira. STEIGLEDER, Annelise Monteiro. (Org.). *Crimes ambientais:* comentários à lei 9.605/98. Porto Alegre: Livraria do Advogado, 2013. p. 66-67.

29 NETO, Nicolau Dino. FILHO, Ney Bello. DINO, Flávio. *Crimes e infrações administrativas ambientais*. 3. ed. Belo Horizonte: Del Rey, 2011. p. 51.

30 NUCCI, Guilherme de Souza. *Leis penais e processuais penais comentadas*. (livro digital). 9. ed. Vol. 2. Rio de Janeiro: Forense, 2015. p. 559.

31 FREITAS, Vladimir Passos de. FREITAS, Gilberto Passos de. *Crimes contra a natureza*. 9 ed. São Paulo: Revista dos Tribunais, 2012. p. 73.

dano ambiental. Ocorre que a imposição de uma pena criminal a uma pessoa jurídica de direito público não cumpre as funções punitiva e ressocializadora. Entrementes, a função preventiva ou reparatória do dano ambiental é seguramente obtida com medidas de cunho administrativo e cível (ação civil pública e ação popular que visem à proteção ao meio ambiente), o que afasta a aplicação do Direito Penal, que deve ser subsidiário. Por isso, não há necessidade de que o Direito Penal intervenha contra a pessoa jurídica de direito público.

Impõem-se um esclarecimento quanto ao **elemento subjetivo em relação à pessoa jurídica**. Embora, quando ela pratique crime ambiental, a intenção de lucro geralmente esteja presente, Rothenburg observa, com pertinência, que esse objetivo é dispensável para a caracterização do crime, pois "basta que a atividade desempenhada pela pessoa jurídica seja capaz de agredir gravemente o ambiente ecologicamente equilibrado".[32] A intenção de lucro apenas será relevante quando ela for exigida pelo tipo penal como elemento subjetivo especial, tal qual ocorre no art. 45, por exemplo.

Registra-se que a extinção da pessoa jurídica, por ser equivalente à morte da pessoa física, é causa extintiva da punibilidade, com base no art. 107, I, do CP. Não obstante, caso a pessoa jurídica extinta continue exercendo as suas atividades sob nova personalidade jurídica (os sócios constituem nova empresa para exercerem a mesma atividade que desempenhavam anteriormente, por exemplo), não deve ser decretada a extinção da punibilidade, pois essa situação equivaleria ao contexto em que a pessoa física simula a sua morte mediante certidão de óbito falsa, hipótese que não impede o prosseguimento da ação penal, segundo o STF (STF, 2ª T., HC 84525, Rel. Carlos Velloso, J. em 16/11/2004).

Existem, por outro lado, entes que, não obstante desprovidos de personalidade jurídica, detêm personalidade judiciária (capacidade de estar em juízo), podendo assim, demandar em juízo. Exemplos são a massa falida (art. 75, V, CPC), o espólio (art. 75, VII) e a Câmara de Vereadores (Súmula n. 525 do STJ). De todo modo, como eles não têm personalidade jurídica, não podem ser sujeitos ativos de crimes, o que não impede, evidentemente, a responsabilização criminal das pessoas físicas que os representam.

Ainda quanto à responsabilidade da pessoa jurídica, existe a **tese da dupla imputação necessária**, ou seja, se o concurso de agentes, no caso de pessoa jurídica, seria obrigatório. Por essa teoria, a responsabilidade da pessoa jurídica é indissociável da responsabilidade da pessoa física que age em seu nome e no seu interesse. Por consequência, a denúncia contra uma pessoa jurídica deve, necessariamente, ser oferecida também contra a pessoa física que agiu em concurso; além disso, a condenação da pessoa jurídica somente é possível se a pessoa física também for condenada criminalmente. Essa teoria predominou por longo tempo no STJ: "Para a validade da tramitação de feito criminal em que se apura o cometimento de delito ambiental, na peça exordial devem ser denunciados tanto a pessoa jurídica como a pessoa física (sistema ou teoria da dupla imputação). Isso porque a responsabilização penal da pessoa jurídica não pode ser desassociada da pessoa física – quem pratica a conduta com elemento subjetivo próprio" (STJ, 5ª T., RMS 37.293/SP, Rel. Laurita Vaz, J. em 02/05/2013). Todavia, em 2013, o STF decidiu que a exigência da dupla imputação era incompatível com o regime de responsabilidade previsto no art. 225, § 3º, da CF: "Condicionar a aplicação do art. 225, §3º, da Carta Política a uma concreta imputação também a pessoa física implica indevida

32 ROTHENBURG, Walter Claudius. A responsabilidade penal da pessoa jurídica. In: MARCHESAN, Ana Maria Moreira. STEIGLEDER, Annelise Monteiro. (Org.). *Crimes ambientais:* comentários à lei 9.605/98. Porto Alegre: Livraria do Advogado, 2013. p. 65.

restrição da norma constitucional, expressa a intenção do constituinte originário não apenas de ampliar o alcance das sanções penais, mas também de evitar a impunidade pelos crimes ambientais frente às imensas dificuldades de individualização dos responsáveis internamente às corporações, além de reforçar a tutela do bem jurídico ambiental" (STF, 1ª T., RE 548181, Rel. Rosa Weber, J. em 06/08/2013). Em 2015, o STJ alterou o seu entendimento anterior a passou a acompanhar o STF: "Abandonada a teoria da dupla imputação necessária, eventual ausência de descrição pormenorizada da conduta dos gestores da empresa não resulta no esvaziamento do elemento volitivo do tipo penal (culpa ou dolo) em relação à pessoa jurídica" (STJ, 5ª T., AgRg no RMS 48.085/PA, Rel. Gurgel de Faria, J. em 05/11/2015), entendimento acompanhado pelo Tribunais Regionais Federal (p. ex.: TRF2, 1ª Turma Especializada, Aelação 00003604620124025003 ES 0000360-46.2012.4.02.5003, Rel. Abel Gomes, J. em 31/08/2017.

Não obstante o STF tenha evoluído o seu entendimento, dispensando a dupla imputação, ao permitir que apenas a pessoa jurídica seja denunciada, a questão comporta a seguinte análise. Porque o Ministério Público deve zelar pelo princípio da obrigatoriedade da ação penal, o promotor de justiça é obrigado a oferecer a denúncia criminal contra a pessoa jurídica e, quando concorrentes, os gestores dela, se houver indícios da prática de infração criminal por todos eles. Vale dizer: apesar do afastamento, pelos tribunais, da teoria da dupla imputação, o membro do Ministério Público não pode oferecer a denúncia apenas contra a pessoa jurídica, deixando de oferecê-la contra a pessoa física, notadamente quando é possível individualizar a conduta desta.

Situação diferente, todavia, ocorre, se o Ministério Público, num primeiro momento, oferece a denúncia apenas contra a pessoa jurídica, para num segundo momento, após a obtenção de mais elementos de informação/convicção, oferecer a denúncia contra as pessoas físicas concorrentes, ou vice-e-versa. Esse procedimento é regular, pois, no caso da ação penal pública, na qual vigora o **princípio da divisibilidade**, não há necessidade de a denúncia ser oferecida, ao mesmo tempo e no mesmo ato processual, contra todos os concorrentes, conforme têm decidido o STF (STF, 2ª T., RHC n. 126423 AgR, Rel. Gilmar Mendes, J. em 07/10/2016) e o STJ (STJ, C. Especial, APn 300/ES, Rel. Mauro Marques, J. em 21/09/2016).

Para manter a unidade na análise da pessoa jurídica, abordam-se agora outros aspectos materiais e processuais em relação a ela, à exceção da prescrição das penas aplicáveis às pessoas jurídicas, que é estudada nos comentários aos arts. 21 a 23. A **citação da pessoa jurídica** deve ocorrer na pessoa do seu representante legal. Já o **interrogatório**, por ser ato pessoal, deve suceder na pessoa do representante legal (TJRS, Turma Recursal Criminal, Recurso Crime n. 71001823855, Rel. Ângela Maria Silveira, J. em 13/10/2008), e nunca sobre o preposto (TRF4, 7ª T., MS 2002.04.01.013843-0, Rel. Fábio Bittencourt da Rosa, J. em 10/12/2002). São aplicáveis às pessoas jurídicas a **transação** (art. 27) e a **suspensão condicional do processo** (art. 28). **Anistia, graça e indulto**, se tiverem como objeto as espécies de penas cabíveis às pessoas jurídicas, são aplicáveis a elas. Sobre a suspensão condicional da pena, vide comentários ao art. 16. No mais, a **reabilitação** é direito da pessoa jurídica.

Especificamente quanto ao ***habeas corpus***, a pessoa jurídica não pode ser paciente em função da impossibilidade de coação no seu direito de ir e vir. Assim decidiu o STF (STF, 1ª T., HC n. 92921, Rel. Ricardo Lewandowski, J. em 19/08/2008)[33]. O STJ, em 2015, aderiu a esse

33 Recomenda-se a leitura do inteiro teor do HC n. 92.921, e não apenas da sua ementa, a qual pode transmitir, equivocadamente, a conclusão de que o STF teria admitido a impetração de habeas corpus em favor de

entendimento, tendo ainda dito o seguinte em relação à teoria da dupla imputação: "4. Por não configurar ofensa à liberdade de locomoção, deve ser mantido o entendimento do Tribunal de origem, de que a via do habeas corpus é inadequada para pleitear o trancamento da ação penal em relação à pessoa jurídica. 5. Este Superior Tribunal, na linha do entendimento externado pelo Supremo Tribunal Federal, passou a entender que, nos crimes societários, não é indispensável a aplicação da teoria da dupla imputação ou imputação simultânea, podendo subsistir a ação penal proposta contra a pessoa jurídica, mesmo se afastando a pessoa física do polo passivo da ação" (STJ, 6ª T., RHC 48.172/PA, Rel. Sebastião Reis Júnior, J. em 20/10/2015).

Art. 4º Poderá ser desconsiderada a pessoa jurídica sempre que sua personalidade for obstáculo ao ressarcimento de prejuízos causados à qualidade do meio ambiente.

O art. 4º da LCA cuida da desconsideração da personalidade jurídica, instituto de natureza tipicamente civil que não tem cabimento no âmbito da responsabilidade penal. Com efeito, este art. 4º ficou deslocado após os vetos do Presidente da República aos artigos de índole civil da LCA.

A desconsideração da personalidade jurídica, que não anula, tampouco desconstitui, a pessoa jurídica, consiste simplesmente no afastamento da sua autonomia patrimonial em relação aos sócios para permitir que estes respondam por obrigações cíveis dela. Essa desconsideração é prevista no art. 28, § 5º, do Código de Defesa do Consumidor, que acolheu a chamada "teoria menor", pela qual basta a insolvência da pessoa jurídica para que os seus sócios respondam pelas dívidas dela. O art. 50 do Código Civil também prevê a desconsideração, mas segundo a "teoria maior", pela qual, além da insuficiência patrimonial da pessoa jurídica, deve haver abuso da personalidade jurídica, caracterizado pelo desvio de finalidade, ou pela confusão patrimonial. Segundo a literalidade deste art. 4º sob análise, constata-se que a LCA encampou a teoria menor, como, aliás, já decidiu o STJ (STJ, 3ª T., REsp 279.273/SP, Rel. Nancy Andrighi, J. em 04/12/2003). Assim, se a pessoa jurídica não tiver patrimônio suficiente para pagar uma indenização arbitrada em ação civil pública ambiental movida pelo Ministério Público, por exemplo, os seus sócios podem ser responsabilizados por essa obrigação.

De todo modo, repisa-se que a desconsideração da personalidade jurídica é inaplicável no âmbito penal. Ney Bello revela o motivo para tanto: "a desconsideração da personalidade em foro penal representaria a possibilidade de admitir que um crime praticado por uma pessoa seria atribuível a outrem, agredindo de uma só vez os princípios da culpabilidade e da individualização da pena".[34]

Art. 5º (VETADO)

CAPÍTULO II

DA APLICAÇÃO DA PENA

Art. 6º Para imposição e gradação da penalidade, a autoridade competente observará:

pessoa jurídica. No âmbito do STJ, verificar: STJ, 6ª T., RHC 38929 RS 2013/0206043-0, Rel. Antônio Palheiro, J. em 20/03/2018.

34 NETO, Nicolau Dino. FILHO, Ney Bello. DINO, Flávio. *Crimes e infrações administrativas ambientais*. 3. ed. Belo Horizonte: Del Rey, 2011. p. 61.

I – a gravidade do fato, tendo em vista os motivos da infração e suas conseqüências para a saúde pública e para o meio ambiente;

II – os antecedentes do infrator quanto ao cumprimento da legislação de interesse ambiental;

III – a situação econômica do infrator, no caso de multa.

O art. 6º cuida da dosimetria da sanção penal e, por fazer referência à "autoridade competente", da sanção administrativa também. Não se deve olvidar de que a LCA prevê infrações administrativas aos infratores ambientais (arts. 70 a 76).

Quanto à dosimetria penal, este art. 6º deve ser complementado, na forma do art. 79, pelas circunstâncias judiciais previstas no art. 59 do CP. Contudo, as circunstâncias previstas neste art. 6º devem ter um peso maior do que aquelas previstas no art. 59 do CP, em função da sua especialidade. Assim, a gravidade, não abstrata, mas concreta do ilícito penal ambiental, segundo os motivos da infração e as suas consequências para a saúde pública e para o meio ambiente devem ser valoradas especialmente pela sentença condenatória. Evidentemente, se a gravidade do fato já constituir elementar do tipo ou majorante específica, ela não poderá ser considerada na primeira fase da dosimetria penal, a título de circunstância judicial, sob pena de *bis in idem*. Assim, se, nos crimes contra a flora (arts. 38 a 52), resultar a diminuição de águas naturais, essa consequência negativa não poderá ser valorada como circunstância judicial na fixação da pena base, porquanto ela majorará a pena provisória, por força do art. 53, I.

Segundo parcela considerável da doutrina, a LCA, ao fazer referência ao "cumprimento da legislação de interesse ambiental", teria adotado um conceito amplo de antecedentes.[35] Dessa forma, a existência de inquérito policial sobre crime ambiental, por exemplo, poderia ser valorada negativamente pela sentença. Apesar do acerto desse posicionamento, o STJ, em 2014, no caso específico de crime ambiental, afastou essa tese, sustentando que, com base na Súmula 444 do STJ, "inquéritos policiais ou ações penais em andamento e condenações sem certificação do trânsito em julgado não podem ser levados à consideração de maus antecedentes" (STJ, 5ª T., AgRg no HC 218.037/SC, Rel. Jorge Mussi, J. em 18/03/2014). O **conceito de antecedentes criminais**, para o STJ, "abrange não apenas as condenações definitivas por fatos anteriores cujo trânsito em julgado ocorreu antes da prática do delito em apuração, mas também aquelas transitadas em julgado no curso da respectiva ação penal, além das condenações transitadas em julgado há mais de cinco anos, as quais também não induzem reincidência, mas servem como maus antecedentes" (STJ, 6ª T., HC 356.084/SP, Rel. Nefi Cordeiro, J. em 10/11/2016).

A situação econômica do autor, no caso da pena de multa, será analisada nos comentários ao art. 18.

---

35 Por exemplo: MILARÉ, Edis. COSTA JR., Paulo José da. COSTA, Fernando José da. *Direito penal ambiental*. 2. ed. São Paulo: Revista dos Tribunais, 2013. p. 61.; MARTINI, Daniel. A dosimetria da penal. Integração com a parte geral do código penal. As penas aplicáveis às pessoas físicas (artigos 6º a 13). In: MARCHESAN, Ana Maria Moreira. STEIGLEDER, Annelise Monteiro. (Org.). *Crimes ambientais:* comentários à lei 9.605/98. Porto Alegre: Livraria do Advogado, 2013. p. 88-89.; NETO, Nicolau Dino. FILHO, Ney Bello. DINO, Flávio. *Crimes e infrações administrativas ambientais*. 3. ed. Belo Horizonte: Del Rey, 2011. p. 65.

Art. 7º As penas restritivas de direitos são autônomas e substituem as privativas de liberdade quando:

I – tratar-se de crime culposo ou for aplicada a pena privativa de liberdade inferior a quatro anos;

II – a culpabilidade, os antecedentes, a conduta social e a personalidade do condenado, bem como os motivos e as circunstâncias do crime indicarem que a substituição seja suficiente para efeitos de reprovação e prevenção do crime.

Parágrafo único. As penas restritivas de direitos a que se refere este artigo terão a mesma duração da pena privativa de liberdade substituída.

O art. 7º dispõe a respeito dos requisitos relativos às penas restritivas de direito para pessoas físicas; ele não se aplica às pessoas jurídicas, como já decidiu o TJDFT: "O artigo 8º da Lei ambiental arrola as penas restritivas de direito aplicáveis à pessoa física e os artigos 21 e 22 elencam as penas específicas das pessoas jurídicas. Estas não são sanções substitutivas, como acontece no artigo 44 do Código Penal e no artigo 7º da Lei 9.605/98 em relação às pessoas físicas. São penas principais e autônomas aplicáveis às sociedades. Portanto, o parágrafo único do artigo 7º, ao determinar a duração da pena restritiva de direitos, só é aplicável às pessoas físicas". (TJDFT, 1ª T., Apelação Criminal 20060310259068APR, Rel. George Lopes Leite, J. em 24/09/2009).

As penas do art. 7º são substitutivas, ou seja, após o juiz definir a pena privativa de liberdade, ele aplica, quando cabível, a substituição por pena restritiva de direito. Uma vez operada a substituição, a pena restritiva é autônoma, vale dizer, é a única a ser cumprida, podendo apenas ser cumulada com a pena de multa. Diante dessa autonomia da pena restritiva de direito, é inviável a cumulação desta com pena privativa de liberdade. Além disso, segundo o art. 7º, parágrafo único, a pena restritiva de direito tem duração e equivalente ao prazo da pena privativa de liberdade que ela substituiu. Isso não é válido para todos os tipos de penas restritivas de direitos. O pagamento de prestação pecuniária, por exemplo, é incompatível com essa sistemática.

A substituição por pena restritiva de direito tem cabimento em caso de crime culposo, qualquer que seja o *quantum* da pena privativa de liberdade correspondente, e em caso de condenação à pena privativa de liberdade inferior a quatro anos. Aqui se registra diferença da LCA em relação ao Código Penal (art. 44, I, CP): para a LCA, a pena privativa de liberdade deve ser inferior a 4 anos, o que exclui os crimes com pena igual a 4 anos; para o Código Penal, a pena privativa de liberdade não pode ser superior a 4 anos, o que inclui os crimes com pena igual a 4 anos.

A culpabilidade, os antecedentes (v. respectivo conceito nos comentários ao art. 6º), a conduta social e a personalidade do réu assim como os motivos e as circunstâncias do crime devem demonstrar a pertinência da substituição da pena privativa de liberdade por pena restritiva de direito. Aqui, constata-se que a LCA não exige, como o faz o Código Penal (art. 44, I, do CP), que o crime não tenha sido cometido com violência ou grave ameaça à pessoa. Ademais, apesar de a LCA não proibir a substituição por pena restritiva de direito em caso de reincidência, como o faz o art. 44, II, do CP, sustenta-se que a reincidência não recomenda a substituição porque, ontologicamente, ela não difere do antecedente. Então, se um simples antecedente (para o STJ, toda a condenação criminal que não é apta a gerar reincidência), que é menos reprovável do que a reincidência (pela sua menor reprovabilidade, aliás, o antecedente figura como circunstância judicial – art. 59 do CP, enquanto a reincidência constitui circunstância legal – art. 61, I, do PC), não recomenda a substituição, a reincidência não poderá levar à conclusão diversa.

Os seguintes crimes tipificados na LCA admitem a substituição por pena restritiva de direitos: a) crimes culposos: arts. 38, parágrafo único; 38-A, parágrafo único; 40, § 3º; 40-A, § 3º; 41, parágrafo único; 49, parágrafo único; 54, § 1º; 56, § 3º; 62, parágrafo único; 67, parágrafo único; 68, parágrafo único; e 69-A, § 1º; b) crimes com pena máxima inferior a 4 anos: arts. 29, 30, 31, 32, 33, 34, 38, 38-A, 39, 41, 42, 44, 45, 46, 48, 49, 50, 50-A, 51, 52, 54, *caput*, 55, 56, 60, 61, 62, 63, 64, 65, 66, 67, 68 e 69. Logo, apenas os seguintes crimes da LCA não admitem a substituição, em caso da aplicação da sua pena máxima: arts. 35; 40; 54, § 2º; e 69-A.

Em caso de descumprimento da pena restritiva de direitos, observado o seu caráter substitutivo, ocorrerá a sua conversão em pena privativa de liberdade, segundo as regras do Código Penal, especialmente o do seu art. 44, § 4º, e da Lei de Execução Penal – LEP (Lei n. 7.210/1984). Apenas se destaca a necessidade de, em respeito ao contraditório, ser designada a audiência de justificação para o apenado poder justificar o motivo do descumprimento.

Registra-se que a substituição, operada na sentença, independe da concordância do réu. Tampouco se trata de poder discricionário do magistrado: se presentes os requisitos, a substituição é obrigatória. Todavia, quando da realização da audiência admonitória (art. 160 da LEP), o apenado já pode manifestar o seu desinteresse na pena restritiva de direitos, o que provocará a conversão referida no parágrafo anterior, dispensada, por óbvio, a audiência de justificação.

Art. 8º As penas restritivas de direito são:

I – prestação de serviços à comunidade;

II – interdição temporária de direitos;

III – suspensão parcial ou total de atividades;

IV – prestação pecuniária;

V – recolhimento domiciliar.

O art. 8º da LCA apresenta o rol das penas restritivas de direito destinadas a pessoas físicas (para as pessoas jurídicas, as penas restritivas estão previstas no art. 22). Esse rol é taxativo, pois, apesar de o art. 5º, XLVI, da CF, autorizar a criação de outras penas, e competência para tanto é do legislador, mediante lei expressa. E o legislador já fez a sua opção ao prever as modalidades de penas neste artigo sob comentário.

Pontualmente quanto à prestação de serviços à comunidade, observa-se que o TRF da 4ª Região, acertadamente, tendo em vista a teleologia da LCA, decidiu que ela deve ocorrer em "atividade diretamente ligada à proteção ambiental" (TRF4, 1ª T., ACR n. 96.04.63430-5, Rel. Fábio da Rosa, J. em 15/06/1999).

Art. 9º A prestação de serviços à comunidade consiste na atribuição ao condenado de tarefas gratuitas junto a parques e jardins públicos e unidades de conservação, e, no caso de dano da coisa particular, pública ou tombada, na restauração desta, se possível.

A prestação de serviços à comunidade, na seara da LCA, consiste na prestação de tarefas gratuitas pelo condenado em parques, jardins públicos e unidades de conservação. Na hipótese de dano a coisa particular, pública ou tombada, as tarefas devem visar à restauração do dano, quando possível.

> **Art. 10.** As penas de interdição temporária de direito são a proibição de o condenado contratar com o Poder Público, de receber incentivos fiscais ou quaisquer outros benefícios, bem como de participar de licitações, pelo prazo de cinco anos, no caso de crimes dolosos, e de três anos, no de crimes culposos.

Conforme Capez, a despeito da previsão genérica, no âmbito da LCA, do art. 7º, parágrafo único, no sentido de que a pena restritiva de direitos tem a mesma duração da pena privativa de liberdade que substitui, o art. 10 contém regra especial, a qual afasta inclusive a aplicação do art. 55 do CP. Assim, a interdição temporária de direito terá a duração de 5 anos no caso de crimes dolosos e de três anos na hipótese de crimes culposos, não sendo, portanto, pelo tempo da pena privativa de liberdade.[36]

Registram-se, no entanto, severas críticas a este art. 10, conforme Daniel Martini: o tipo não é claro se o prazo de 3 a 5 anos se refere apenas à proibição de participar de licitações ou a todas as previsões que o artigo faz; contrariedade do art. 10 ao art. 7º, parágrafo único; e inconstitucionalidade por ferir o princípio da individualização da pena.[37]

> **Art. 11.** A suspensão de atividades será aplicada quando estas não estiverem obedecendo às prescrições legais.

Frente à vagueza e à abertura do art. 11, é necessário recorrer-se a uma interpretação adequada para a sua compreensão e para possibilitar a sua aplicação prática. Segundo Dino, o artigo sob comento exige a reiteração da conduta do réu. Assim, a presente pena pode ser aplicada nos "casos em que o infrator desenvolva, em caráter habitual ou permanente, atividade da qual resulte um dos tipos penais descritos no Capítulo V, em face de descumprimento de previsões legais ou regulamentares referentes à proteção do meio ambiente". Ela também será adequada "em relação aos crimes permanentes – necessariamente permanentes ou eventualmente permanentes. Nesses casos, como p. ex., o lançamento reiterado de resíduos líquidos poluentes em um rio (art. 54, § 2º, V), a suspensão da atividade da qual resulte a poluição implicará a cessação dos efeitos nocivos, evitando-se, pois, a perpetuação do dano ambiental".[38]

> **Art. 12.** A prestação pecuniária consiste no pagamento em dinheiro à vítima ou à entidade pública ou privada com fim social, de importância, fixada pelo juiz, não inferior a um salário mínimo nem superior a trezentos e sessenta salários mínimos. O valor pago será deduzido do montante de eventual reparação civil a que for condenado o infrator.

---

36 CAPEZ, Fernando. *Curso de direito penal*: legislação penal especial, volume 4. 9. ed. São Paulo: Saraiva, 2014. p. 82-83.

37 MARTINI, Daniel. A dosimetria da penal. Integração com a parte geral do código penal. As penas aplicáveis às pessoas físicas (artigos 6º a 13). In: MARCHESAN, Ana Maria Moreira. STEIGLEDER, Annelise Monteiro. (Org.). *Crimes ambientais:* comentários à lei 9.605/98. Porto Alegre: Livraria do Advogado, 2013. p. 92.

38 NETO, Nicolau Dino. FILHO, Ney Bello. DINO, Flávio. *Crimes e infrações administrativas ambientais*. 3. ed. Belo Horizonte: Del Rey, 2011. p. 81-82.

Na prestação pecuniária, o pagamento dá-se em favor da vítima ou de entidade pública ou privada com fim social, preferentemente na área ambiental, de um valor máximo equivalente a 360 salários mínimos, que será descontando de eventual indenização que o réu tenha de pagar no juízo cível, à mesma vítima. Seu descumprimento voluntário pode gerar a conversão em pena privativa de liberdade. Já na pena de multa, o pagamento de, no máximo, 3 vezes o valor de 360 dias-multa (art. 49 do CP c/c art. 18 da LCA) ocorre em favor do Fundo Penitenciário Nacional, criado pela LC n. 79/1994. Seu descumprimento voluntário não gera a conversão em pena privativa de liberdade, tendo em vista que constitui dívida de valor, conforme o art. 51 do CP, hipótese em que a Fazenda Pública deve ajuizar a devida execução de dívida ativa, segundo o rito da Lei de Execução Fiscal – LEF (Lei n. 6.830/1980), conforme já decidido pelo STJ (STJ, 6ª T., AgRg no REsp 1160207/MG, Rel. Sebastião Reis, J. em 01/12/2011).

Segundo Freitas, em razão da omissão da LCA e do Código Penal quanto à fixação do valor da prestação pecuniária, o magistrado deve, além de se guiar pelas regras contidas no art. 6º, I, II e III, examinar a extensão dos danos causados ao meio ambiente e observar o princípio da proporcionalidade.[39]

Art. 13. O recolhimento domiciliar baseia-se na autodisciplina e senso de responsabilidade do condenado, que deverá, sem vigilância, trabalhar, freqüentar curso ou exercer atividade autorizada, permanecendo recolhido nos dias e horários de folga em residência ou em qualquer local destinado a sua moradia habitual, conforme estabelecido na sentença condenatória.

O recolhimento domiciliar assemelha-se ao regime aberto da pena privativa de liberdade prevista no art. 36 do CP. Dada a sua natureza de pena restritiva de direitos, e não privativa de liberdade, o descumprimento da presente pena não gera a regressão ao regime semiaberto ou fechado, mas a conversão para o regime originalmente fixado na sentença condenatória.

Art. 14. São circunstâncias que atenuam a pena:

I – baixo grau de instrução ou escolaridade do agente;

II – arrependimento do infrator, manifestado pela espontânea reparação do dano, ou limitação significativa da degradação ambiental causada;

III – comunicação prévia pelo agente do perigo iminente de degradação ambiental;

IV – colaboração com os agentes encarregados da vigilância e do controle ambiental.

As atenuantes são circunstâncias legais que incidem na segunda fase da dosimetria da pena. Por motivos de política criminal, elas constituem fatores que o legislador reputou suficientes para, reduzindo a reprovabilidade da conduta criminosa, ensejar uma redução da pena. Apesar de o *quantum* da redução não ser predeterminado, ficando à discricionariedade do magistrado, ele deve observar o limite da Súmula n. 231 do STJ ("A incidência da circunstância atenuante não pode conduzir à redução da pena abaixo do mínimo legal."), cuja tese foi adotada pelo STF, em sede de repercussão geral (STF, RE 597270 QO-RG, Rel. Cezar Peluso, J. em 26/03/2009).

39 FREITAS, Vladimir Passos de. FREITAS, Gilberto Passos de. *Crimes contra a natureza.* 9 ed. São Paulo: Revista dos Tribunais, 2012. p. 341.

Por autorização do art. 79, as atenuantes previstas no Código Penal, especialmente a do art. 66 do CP, também incidem sobre os crimes tipificados na LCA. Aplica-se, todavia, o princípio da especialidade a fim de impedir que a mesma circunstância atenue a pena mais de uma vez.

Quanto à atenuante prevista no inc. I, à vista da indeterminação do conceito de "**baixa escolaridade**", Milaré propõe que ela se refere ao "agente que não houver concluído os quatro anos do ensino fundamental".[40] Não obstante, cada caso é particular e deve ser analisado especificamente pelo juízo, sobretudo em razão dos conhecidos altos índices de analfabetismo funcional, mesmo entre aquelas pessoas que completam o ensino fundamental. A título de exemplo, menciona-se o seguinte julgado catarinense: "Em relação a atenuante referente ao baixo grau de instrução, embora o apelante possua apenas ensino fundamental completo, possui conhecimento técnico suficiente para entender o ilícito cometido, porquanto afirmou, em interrogatório, que trabalha com o transporte de madeira a muito tempo, conhecendo as espécies de plantas que compõem o Bioma Mata Atlântica bem como a necessidade de autorização para a supressão de tais plantas, razão pela qual inviável o reconhecimento da atenuante prevista no inciso I do art. 14 da Lei. 9.605/98" (TJSC, 5ª C. Crim., Apelação Criminal n. 0000161-79.2015.8.24.0021, Rel. Cinthia Beatriz da Silva Bittencourt Schaefer, J. em 14-06-2018). Muito excepcionalmente, contudo, a baixa escolaridade, aliada a outras circunstâncias que favoreçam o sujeito ativo, pode dar ensejo ao erro de proibição, o qual, se invencível, isenta o agente de pena, e se vencível, diminui a pena, conforme o art. 21 do CP (TRF4, 7ª T., ACR: 2887 RS 2005.71.18.002887-1, Rel. Márcio Antônio Rocha, J. em 20/07/2010; TJRS, TRCim, RI 71003855178, Rel. Madgeli Frantz Machado, J. em 01/10/2012).

Para fins da atenuante do inc. II, a reparação ou a limitação significativa do dano ambiental devem decorrer de ato espontâneo do agente. Segundo Bitencourt, sobre a diferença entre voluntariedade e espontaneidade, esta "ocorre quando a idéia inicial parte do próprio agente, e voluntária é a desistência sem coação moral ou física, mesmo que a idéia inicial tenha partido de outrem, ou mesmo resultado de pedido da própria vítima".[41] Logo, se a reparação do dano ambiental levada a cabo pelo agente decorreu, exclusivamente, de ação civil pública julgada procedente, por exemplo, a atenuante não será aplicada em função da falta de espontaneidade. Esta, aliás, é a diferença em relação ao arrependimento posterior previsto no art. 16 do CP, para o qual basta a voluntariedade. Já em relação ao art. 65, III, *b*, do CP, além de a atenuante do art. 14, II, ser especial, ela não se submete ao requisito temporal previsto no Código Penal, vale dizer, ela não precisa ocorrer "logo após o crime".

No atinente à atenuante do inc. III, Alexandre Raslan observa que a comunicação, além de ser direcionada à autoridade pública competente, deve ser eficiente, observando um prazo de antecedência que permita a adoção de alguma providência. "Não deve ser aceita a comunicação realizada na iminência do evento, mas cuja ciência do agente acerca do perigo é anterior. Caso contrário, o retardamento do alerta e a elevação do grau do risco beneficiam o agente indevidamente".[42]

---

40 MILARÉ, Edis. COSTA JR., Paulo José da. COSTA, Fernando José da. *Direito penal ambiental*. 2. ed. São Paulo: Revista dos Tribunais, 2013. p. 69.

41 BITENCOURT, Cezar Roberto. *Manual de Direito Penal*: parte geral. v. 1. 7 ed. São Paulo: Saraiva, 2002, p. 369.

42 RASLAN, Alexandre. Circunstâncias atenuantes e agravantes (artigos 14 e 15). In: MARCHESAN, Ana Maria Moreira. STEIGLEDER, Annelise Monteiro. (Org.). *Crimes ambientais:* comentários à lei 9.605/98. Porto Alegre: Livraria do Advogado, 2013. p. 98.

A **colaboração** a que se refere a atenuante do inc. IV, por sua vez, deve ser efetiva a ponto de interferir positivamente na atuação dos *agentes encarregados da vigilância e do controle ambiental*, que são servidores de órgãos ambientais do Executivo federal, estadual ou municipal. Trata-se, vulgarmente, de um auxílio, ou seja, uma facilitação prestada pelo sujeito ativo aos agentes que exercem a vigilância e a fiscalização do meio ambiente. Contudo, o mero acompanhamento, por parte do sujeito ativo, do trabalho desenvolvido por esses agentes, sem que forneça a estes algo de útil, não atenuará a pena.

Não obstante, a colaboração fornecida pelo agente à Polícia Civil, já na fase investigativa do crime, e/ou ao Poder Judiciário, na fase processual, não acarreta a aplicação da presente atenuante, tendo em vista que a autoridade policial e o magistrado não são *agentes encarregados da vigilância e do controle ambiental*. Diversamente, essa colaboração pode importar na aplicação dos benefícios da Lei n. 9.807/1999 (proteção a vítimas, testemunhas e réus colaboradores) ou da Lei n. 12.850/2013 (organização criminosa e colaboração premiada), desde que atendidos os seus requisitos e pressupostos. Percebe-se, assim, que o vocábulo "colaboração" foi empregado, pela LCA, que é de 1998, no seu sentido vulgar; já nas Leis ns. 9.807/1999 e 12.850/2013, que são posteriores àquela, o termo "colaboração" foi empregado em um sentido mais técnico, preciso. Logo, se um integrante de uma organização criminosa que praticou crimes ambientais passa a colaborar com a investigação dos crimes, identificando os demais coautores e partícipes (art. 4º, I, da Lei n. 12.850/2013), por exemplo, a ele não será aplicada a atenuante do art. 14, IV, da LCA, mas algum benefício da Lei n. 12.850/2013.

Art. 15. São circunstâncias que agravam a pena, quando não constituem ou qualificam o crime:

I – reincidência nos crimes de natureza ambiental;

II – ter o agente cometido a infração:

a) para obter vantagem pecuniária;

b) coagindo outrem para a execução material da infração;

c) afetando ou expondo a perigo, de maneira grave, a saúde pública ou o meio ambiente;

d) concorrendo para danos à propriedade alheia;

e) atingindo áreas de unidades de conservação ou áreas sujeitas, por ato do Poder Público, a regime especial de uso;

f) atingindo áreas urbanas ou quaisquer assentamentos humanos;

g) em período de defeso à fauna;

h) em domingos ou feriados;

i) à noite;

j) em épocas de seca ou inundações;

l) no interior do espaço territorial especialmente protegido;

m) com o emprego de métodos cruéis para abate ou captura de animais;

n) mediante fraude ou abuso de confiança;

o) mediante abuso do direito de licença, permissão ou autorização ambiental;

p) no interesse de pessoa jurídica mantida, total ou parcialmente, por verbas públicas ou beneficiada por incentivos fiscais;

q) atingindo espécies ameaçadas, listadas em relatórios oficiais das autoridades competentes;

r) facilitada por funcionário público no exercício de suas funções.

As agravantes são circunstâncias legais que incidem na segunda fase da dosimetria da pena. Por motivos de política criminal, elas constituem fatores que o legislador reputou suficientes para, em razão do aumento da reprovabilidade da conduta criminosa, ensejar um acréscimo da pena. Apesar de o *quantum* desse acréscimo não ser predeterminado, o STF adotou a fração equivalente a **1/6 sobre a pena base** (STF, 2ª T., RHC 127382, Rel. Teori Zavascki, J. em 05/05/2015). Sob pena de *bis in idem*, a agravante incide quando o fato que a caracteriza não constitui majorante, tampouco elementar do tipo, ou seja, quando constitui ou qualifica o tipo.

A **aplicação subsidiária das agravantes previstas no Código Penal** não é pacífica. Enquanto Luiz Flávio Gomes e Sílvio Maciel são contrários, sob o argumento da proibição da analogia *in malam partem*[43], Dino[44], Fiorillo[45] e Nucci[46] são favoráveis, com base na subsidiariedade prevista no art. 79. Afigura-se correto esse último posicionamento, já que a incidência das agravantes previstas no Código Penal aos crimes tipificados na LCA não resulta de analogia, a qual pressupõe omissão não intencional do legislador, mas da subsidiariedade expressa que foi prevista no art. 79. Possível a aplicação subsidiária do Código Penal, então, deve ser observada a especialidade das agravantes previstas na LCA que têm identidade com as previstas no Código Penal.

Em razão da sua posição topográfica, Freitas sustenta que as agravantes previstas no art. 15 não se aplicam às pessoas jurídicas.[47] Todavia, a razão está com Alexandre Raslan, para quem as agravantes e a as atenuantes devem ser consideras quanto à pessoas jurídicas em face da necessidade da individualização da pena; além disso, "não é pertinente como fundamento de exclusão de incidência deste ou daquele dispositivo sua mera situação no texto legal, mas, sim, se sua incidência ou não incidência resultam de interpretação válida".[48]

A despeito de parte da doutrina sustentar que as agravantes, à exceção da reincidência, não se aplicam aos crimes culposos[49], o STF já decidiu que, "além da reincidência, outras circunstâncias agravantes podem incidir na hipótese de crime culposo: assim, as atinentes ao motivo, quando referidas à valoração da conduta, a qual, também nos delitos culposos, e voluntária, independentemente da não voluntariedade do resultado: admissibilidade, no caso, da afirmação do motivo torpe – a obtenção de lucro fácil –, que, segundo o acórdão condenatório, teria induzido os agentes ao comportamento imprudente e negligente de que resultou o sinistro" (STF, 1ª T., HC 70362, Rel. Sepúlveda Pertence, J. em 05/10/1993).

---

43 GOMES, Luiz Flávio. MACIEL, Sílvio Luiz. *Lei de crimes ambientais*: comentário à Lei 9.605/1998. 2. ed. Rio de Janeiro: Forense, 2015. p. 59.

44 NETO, Nicolau Dino. FILHO, Ney Bello. DINO, Flávio. *Crimes e infrações administrativas ambientais*. 3. ed. Belo Horizonte: Del Rey, 2011. p. 91.

45 FIORILLO, Celso Antonio Pacheco. CONTE, Christiany Pegorari. *Crimes ambientais*. São Paulo: Saraiva, 2012. p. 54.

46 NUCCI, Guilherme de Souza. *Leis penais e processuais penais comentadas*. (livro digital). 9. ed. Vol. 2. Rio de Janeiro: Forense, 2015. p. 577.

47 FREITAS, Vladimir Passos de. FREITAS, Gilberto Passos de. *Crimes contra a natureza*. 9 ed. São Paulo: Revista dos Tribunais, 2012. p. 342.

48 RASLAN, Alexandre. Circunstâncias atenuantes e agravantes (artigos 14 e 15). In: MARCHESAN, Ana Maria Moreira. STEIGLEDER, Annelise Monteiro. (Org.). *Crimes ambientais:* comentários à lei 9.605/98. Porto Alegre: Livraria do Advogado, 2013. p. 97.

49 Por todos, ver: DELMANTO, Celso. et al. *Código Penal Comentado*. 6. ed. Rio de Janeiro: Renovar, 2002. p. 120.

A reincidência (art. 15, I), no âmbito da LCA, ocorre apenas sob a forma **específica**, ou seja, se o crime anterior tem natureza ambiental. De todo modo, considerando o conceito de antecedente criminal apresentado nos comentários ao art. 6º (toda condenação inapta a caracterizar reincidência), a prática anterior de crime de natureza não ambiental caracteriza antecedente, devendo ser valorada negativamente na fixação da pena base. Além disso, em razão da omissão da LCA quanto à definição de reincidência, deve-se recorrer aos arts. 63 e 64 do CP quanto ao seu conceito e prazo.

Seguem doravante comentários pontuais às demais agravantes:

Inc. II, *a*: A mera intenção de receber vantagem pecuniária já é suficiente, tendo em vista que o dispositivo legal se refere ao objetivo de receber a vantagem ("para receber"). Agrava-se a pena, no presente caso, porque a finalidade pecuniária torna provável a prática de um dano de maior proporção ao meio ambiente (TRF 4, 7ª T., ACR: 308042720094047100 RS 0030804-27.2009.4.04.7100, Rel. Cláudia Cristofani, J. em 12/12/2017).

Inc. II, *b*: Com o auxílio do art. 22 do CP, tem-se que a coação física irresistível exclui a conduta praticada pelo coagido, que a coação psicológica irresistível exclui a culpabilidade e que a coação psicológica resistível gera o concurso de agentes entre o coator e o coagido, possibilitada a este a incidência da atenuante prevista no art. 65, III, *c*, do CP.

Inc. II, *c*: Dispensa-se o dano, mas exige-se a exposição a perigo, de maneira grave a ser comprovada mediante perícia, em regra, da saúde pública ou do meio ambiente. Contudo, se o perigo referido por esse artigo constituir elementar do crime ambiental, a exemplo do art. 54, a agravante não pode ser aplicada, sob pena de *bis in idem*.

Inc. II, *d*: "Observe-se que os danos podem ser de qualquer espécie e não apenas ambientais, pois o legislador foi genérico na menção".[50] Nucci critica a presente agravante: "a agravante, neste caso, é inútil. Se o agente do crime ambiental concorrer (contribuir) efetivamente para causar danos à propriedade alheia, deve responder pelo delito previsto na Lei 9.605/98 em concurso com o crime específico (ex.: dano, art. 163, CP)".[51]

Inc. II, *e*: Os danos que atingirem as unidades de conservação (v. conceito nos comentários aos arts. 40 e 40-A) ou áreas sujeitas a regime especial de uso pelo Poder Público (arts. 3º, II; 4º; 6º; e 7º, todos da Lei n. 12.651/2012 – CFL) devem decorrer de condutas praticadas fora dessas áreas, já que, caso "o crime tenha sido praticado *dentro* de tais espaços, pode haver o crime do art. 40".[52]

Inc. II, *f*: O dano deve atingir área urbana, aquela delimitada em lei municipal, ou qualquer área que contenha grupo de pessoas que lá residam, mesmo sem ânimo definitivo. A mesma crítica que Nucci teceu à agravante do art. 15, II, *d*, tem lugar aqui.

Inc. II, *g*: Esta agravante, que se aplica somente para os crimes cometidos contra a fauna, não incide sobre o crime tipificado no art. 34, sob pena de *bis in idem*, e exige comprovação em relação à decretação do período de defeso (v. jurisprudência em relação ao art. 15, II, *l*).

---

50 FREITAS, Vladimir Passos de. FREITAS, Gilberto Passos de. *Crimes contra a natureza*. 9 ed. São Paulo: Revista dos Tribunais, 2012. p. 344.

51 NUCCI, Guilherme de Souza. *Leis penais e processuais penais comentadas*. (livro digital). 9. ed. Vol. 2. Rio de Janeiro: Forense, 2015. p. 579.

52 RASLAN, Alexandre. Circunstâncias atenuantes e agravantes (artigos 14 e 15). In: MARCHESAN, Ana Maria Moreira. STEIGLEDER, Annelise Monteiro. (Org.). *Crimes ambientais:* comentários à lei 9.605/98. Porto Alegre: Livraria do Advogado, 2013. p. 100.

Inc. II, *h*: Esta agravante justifica-se pela facilitação que a redução da fiscalização ambiental aos domingos e aos feriados gera para a prática criminosa, destacando-se também que a majorante prevista no art. 53, II, *e*, que se refere aos crimes contra a flora, afasta a aplicação desta agravante.

Inc. II, *i*: A justificativa é a mesma para a agravante do art. 15, II, *h*, destacando-se que o conceito de "noite" é mais amplo do que o de "repouso noturno" (art. 155, §1º, do CP). Para Nucci, "não deve ter qualquer relação com horários específicos, mas sim com o fenômeno em si, ligado ao pôr do sol e ao crepúsculo matutino".[53] Consigna-se que a majorante prevista no art. 53, II, *e*, que se refere aos crimes contra a flora, afasta a aplicação desta agravante.

Inc. II, *j*: A majorante prevista no art. 53, II, *d*, que se refere aos crimes contra a flora, afasta a aplicação desta agravante.

Inc. II, *l*: Se o crime é praticado no interior de um espaço territorial especialmente protegido, a exemplo de uma unidade de conservação ou de uma área de preservação permanente, a reprovabilidade é maior, motivo que justifica o agravamento da pena. Deve-se evitar, no entanto, o *bis in idem*: "Apelação criminal. Crime ambiental. Artigo 34, *caput*, da Lei 9.605/98. Pesca em período de defeso (Piracema) e em local proibido defeso. Materialidade e autoria comprovadas. Estado de necessidade não comprovado. Princípio da insignificância: inaplicabilidade. Circunstâncias agravantes das alíneas '*g*' e '*l*' do inciso II do artigo 15 da Lei 9.605/98: não incidência por constituírem elementares do tipo" (TRF3, 1ª T., Apelação Criminal – 25940 – 0010592-43.2002.4.03.6102, Rel. Márcio Mesquita, J. em 08/12/2009). Quanto ao **conceito de espaço territorial especialmente protegido**, observa-se que o art. 225, III, da CF, diz ser incumbência do poder público "definir, em todas as unidades da Federação, *espaços territoriais e seus componentes a serem especialmente protegidos*, sendo a alteração e a supressão permitidas somente através de *lei*" (grifo próprio). Espaço territorial especialmente protegido, portanto, é qualquer área que tenha sido objeto de proteção por lei, tanto diretamente (exs.: terras indígenas – art. 231 da CF; área de preservação permanente – art. 4º da Lei n. 12651/2012; reserva legal – art. 12 da Lei n. 12651/2012) quanto indiretamente (ex.: unidade de conservação, que pode ser criada mediante ato administrativo do poder público diante da autorização legal para tanto concedida, especificamente no art. 22 da Lei n. 9985/2000). Pedro Abi-Eçab, acertadamente, conclui que o "constituinte, assim agindo, criou um **conceito jurídico indeterminado**: o de espaço territorial especialmente protegido (ETEP). Não definiu tal instituto nem enumerou suas espécies e o fez acertadamente para, com isso, dar suporte constitucional a todo e qualquer tipo de área sujeita (afetada) a regime especial de proteção ambiental, não importando a intensidade nem a denominação" (grifo próprio).[54]

Inc. II, *m*: método cruel é aquele que implica um sofrimento acima do necessário, o que justifica o agravamento da pena-base. Contudo, sob pena de *bis in idem*, esta agravante não se aplica ao art. 32.

53 NUCCI, Guilherme de Souza. *Leis penais e processuais penais comentadas*. (livro digital). 9. ed. Vol. 2. Rio de Janeiro: Forense, 2015. p. 582.

54 ABI-EÇAB, Pedro. *Função ambiental das terras indígenas e mecanismos de efetividade*. 2012. 253 f. Tese (Doutorado em Direito) – Pontifícia Universidade Católica de São Paulo, São Paulo. p. 112.

Inc. II, *n*: Segundo Rogério Greco, a relação de confiança "pressupõe liberdade, lealdade, credibilidade, presunção de honestidade entre as pessoas." Abusa o agente da confiança que nele fora depositada quando se aproveita dessa relação para praticar o crime. Já a fraude "significa a utilização de meios ardilosos, insidiosos, fazendo com que a vítima incorra ou seja mantida em erro", a fim de que o agente pratique o crime.[55]

Inc. II, *o*: Incorre nesta agravante o agente que excede os limites impostos pela licença, permissão ou autorização ambiental que lhe foi concedida.

Inc. II, *p*: Justifica-se a presente agravante pela incompatibilidade existente entre o patrocínio público e a causação de dano ao meio ambiente. Raslan anota que esta agravante incidirá ainda que a pessoa jurídica beneficiada não seja ré na ação penal.[56]

Inc. II, *q*: Se o fato que caracteriza a presente agravante for elementar do tipo, constituindo-o, qualificando-o ou majorando-o, não se aplica a agravante, diante da vedação do *bis in idem*. A União, os Estados e os municípios têm competência comum (arts. 23, VI e VII; 24, VI; e 225, § 1º, VII, todos da CF) para editar listas oficiais prevendo as espécies em extinção. A propósito, os arts. 7º, XVI, e 8º, XVII, preveem como ações da União e dos Estados a elaboração da relação de espécies da fauna e da flora ameaçadas de extinção. Exemplificativamente, o Ministério do Meio Ambiente editou as seguintes instruções normativas: IN MMA n. 03, de 26 de maio de 2003 (fauna); IN MMA n. 05, de 21 de maio de 2004 (fauna); IN MMA n. 06, de 23 de setembro de 2008 (flora). Já o IBAMA editou portarias: Portaria IBAMA n. 1.522/1989 (fauna); Portaria IBAMA n. 6-N, de 15 de janeiro de 1992 (flora); Portaria IBAMA n. 37-N, de 03 de abril de 1992 (flora). Inclusive, o Brasil é signatário, por força do Decreto n. 76.623/1975, da Convenção sobre Comércio Internacional das Espécies da Flora e Fauna Selvagens em Perigo de Extinção (CITIES).

Inc. II, *r*: A presente agravante não pode ser reconhecida se a conduta do servidor público caracterizar concurso de agentes ou crime próprio.

No mais, registra-se que a aplicação de algumas agravantes pode ser condicionada à realização de perícia. No art. 15, II, *q*, por exemplo, é necessária a perícia para demonstrar que o espécime objeto do crime integra espécie ameaçada de extinção em lista oficial.

Art. 16. Nos crimes previstos nesta Lei, a suspensão condicional da pena pode ser aplicada nos casos de condenação a pena privativa de liberdade não superior a três anos.

Art. 17. A verificação da reparação a que se refere o § 2º do art. 78 do Código Penal será feita mediante laudo de reparação do dano ambiental, e as condições a serem impostas pelo juiz deverão relacionar-se com a proteção ao meio ambiente.

Os artigos 16 e 17 regulamentam a suspensão condicional da pena, no âmbito dos crimes ambientais.

Enquanto, no Código Penal, o *sursis* comum tem cabimento para crimes com pena privativa de liberdade de até 2 anos, inclusive, na LCA, a suspensão condicional da pena tem lugar

55 GRECO, Rogério. *Código penal*: comentado. 6. ed. Niterói: Impetus, 2012, p. 439-440.

56 RASLAN, Alexandre. Circunstâncias atenuantes e agravantes (artigos 14 e 15). In: MARCHESAN, Ana Maria Moreira. STEIGLEDER, Annelise Monteiro. (Org.). *Crimes ambientais:* comentários à lei 9.605/98. Porto Alegre: Livraria do Advogado, 2013. p. 102.

para crimes com pena privativa de liberdade de até 3 anos, inclusive. Segundo Prado, "diante do silêncio no que toca ao prazo de suspensão da pena, depreende-se que seja ele de dois a quatro anos (art. 77, *caput*, CP)".[57] Ademais, as condições do *sursis*, na LCA, devem relacionar-se, necessariamente, à proteção do meio ambiente.

Não obstante, o *sursis* terá escassa aplicação, porque ele só pode ser aplicado quando não foi cabível a substituição da pena privativa de liberdade por pena restritiva de direitos, segundo o art. 77, III, do CP. Como essa substituição por pena restritiva de direitos, cabível para condenação à pena privativa de liberdade inferior a 4 anos, tem requisitos subjetivos mais facilitados ainda do que os exigidos pelo Código Penal (v. comentários ao art. 7º), na prática, ela operará na quase totalidade das condenações por crimes ambientais, o que afasta, portanto, o *sursis*.

A doutrina divide-se quanto à aplicabilidade da suspensão condicional da pena em favor de pessoa jurídica. Têm razão, todavia, os que advogam o seu descabimento, tendo em vista que o *sursis* se destina a suspender a pena privativa de liberdade, a qual, por impossibilidade jurídica e fática, não pode ser imposta à pessoa jurídica.

O laudo de reparação do dano ambiental que é necessário para a substituição prevista no art. 78, § 2º, do CP, é documento que deve ser elaborado por perito, obedecendo às formalidades previstas nos arts. 159 e seguintes do CPP. Assim, deve ser confeccionado por um perito oficial, portador de diploma de curso superior, ou, mediante compromisso, por dois peritos não oficiais, também portadoras de diploma de curso superior. Tanto o beneficiário do *sursis* quando o Ministério Público poderão constituir assistente técnico.

Sublinha-se que o juízo não deve aceitar, a título de laudo definitivo, o laudo particular, mesmo que confeccionado por expertos na área ambiental, porque o "perito" contratado pelo beneficiário do *sursis* não tem a imparcialidade necessária, já que é remunerado por ele. Esse laudo poderá, todavia, ser considerado pelo magistrado, que atua com base no princípio do livre convencimento (persuasão racional), para fins de comparação com as conclusões a que o laudo elaborado pelo(s) perito(s) nomeado(s) pelo juízo chegou.

Art. 18. A multa será calculada segundo os critérios do Código Penal; se revelar-se ineficaz, ainda que aplicada no valor máximo, poderá ser aumentada até três vezes, tendo em vista o valor da vantagem econômica auferida.

A pena de multa difere da de prestação pecuniária, que se trata de pena restritiva de direitos, conforme já analisado nos comentários ao art. 12, os quais esclarecem, também, o processo de cobrança da multa em caso do seu inadimplemento.

O art. 18 deve ser complementado pelos arts. 49 e 60 do CP. Assim, a pena de multa passa por um critério bifásico: a) o arbitramento da quantidade de dias-multa leva em consideração as circunstâncias judiciais do art. 6º, I, II e III, e do art. 59 do CP; b) a fixação do valor do dia-multa deve observar a situação econômica do réu (TJRS, 8ª C. Crim., Apelação Crime Nº 70071864003, Rel. Naele Ochoa Piazzeta, J. em 12/04/2017). A dimensão do dano ambiental provocado pelo crime, conforme apuração em perícia, deve interferir na fixação da quantidade de dias-multa, conforme o art. 19. Não obstante, a multa deve ainda guardar proporcionalidade com a pena privativa de liberdade aplicada (STJ, 5ª T., AgRg no REsp 1361945/DF, Rel.

57 PRADO, Luiz Régis. *Direito penal do ambiente*. 4. ed. São Paulo: Revista dos Tribunais, 2012. p. 175.

Reynaldo Soares da Fonseca, J. em 14/02/2017); logo, se a pena privativa de liberdade foi fixada no mínimo, a quantidade de dias-multa não pode ser fixada no máximo. Em caso de ineficácia do valor da multa frente ao patrimônio do réu, ele pode ser triplicado.

Frisa-se que, nos termos da Súmula 171 do STJ, a pena de multa substitutiva prevista no art. 60, § 2º, do CP, não terá cabimento nos crimes tipificados na LCA que preveem pena privativa de liberdade cumulada com pena de multa.

Para o correto dimensionamento da pena de multa, provas a respeito da capacidade financeira do réu devem estar presentes nos autos.

Art. 19. A perícia de constatação do dano ambiental, sempre que possível, fixará o montante do prejuízo causado para efeitos de prestação de fiança e cálculo de multa.

Parágrafo único. A perícia produzida no inquérito civil ou no juízo cível poderá ser aproveitada no processo penal, instaurando-se o contraditório.

A perícia, nos crimes ambientais, em regra, é necessária, pois cuida de crime que deixa vestígios (art. 158 do CPP). O valor apurado na perícia deve ser considerado para fins da arbitração de eventual fiança e para o cálculo da pena de multa.

O art. 19, parágrafo único, permite o aproveitamento da perícia realizada em sede de inquérito civil ou de ação cível. Trata-se de **prova emprestada**, na qual o contraditório pode ser diferido, ou seja, exercido em momento posterior, quando da apresentação da resposta à acusação, no processo penal. Quando o sujeito passivo é o mesmo do processo cível no qual se confeccionou a perícia, o contraditório já foi observado, o que facilita o empréstimo da prova ao processo penal. Diferentemente, se a perícia foi produzida em sede de inquérito civil instaurado pelo Ministério Público ou em processo civil do qual o réu da ação penal não participou, devem ser assegurados todos os meios de prova para que ele possa contraditar essa prova técnica. A propósito, confira-se o entendimento atualizado do STJ a respeito: "A teor dos julgados desta Corte Superior, a exigência, como requisito para o empréstimo da prova, de que seja oriunda de processo no qual figurem idênticas partes, restringiria excessivamente sua aplicabilidade e a economia processual, dando ensejo a repetições desnecessárias com idêntico conteúdo. 5. No curso da instrução, a parte terá oportunidade de insurgir-se contra os documentos que lastrearam a denúncia e de refutá-los adequadamente" (STJ, 6ª T., RHC n. 79.534/SP, Rel. Rogério Schietti Cruz, J. em 04/04/2017).

Art. 20. A sentença penal condenatória, sempre que possível, fixará o valor mínimo para reparação dos danos causados pela infração, considerando os prejuízos sofridos pelo ofendido ou pelo meio ambiente.

Parágrafo único. Transitada em julgado a sentença condenatória, a execução poderá efetuar-se pelo valor fixado nos termos do *caput*, sem prejuízo da liquidação para apuração do dano efetivamente sofrido.

O art. 20 guarda semelhança com o art. 387, IV, do CPP, no sentido de que a sentença penal condenatória deve, quando possível, fixar um valor mínimo de indenização à vítima, sem prejuízo da posterior liquidação do montante indenizatório. Como a sentença penal condenatória constitui título executivo judicial (art. 515, VI, do NCPC), ela fixa, no mínimo, o *an debeatur*, vale dizer, a obrigação de a parte responsável pelo dano indenizá-lo. Destaca-se, no entanto, sob pena de ofensa ao contraditório, a impossibilidade ser promovida a execução civil da sentença penal condenatória contra pessoa que não foi ré no processo penal, à exceção da eventual desconsideração da personalidade jurídica que venha a ser decretada.

Se a indenização destinar-se à coletividade, o Ministério Público, com base nos arts. 127, *caput*, e 129, III, ambos da CF, terá legitimidade para executá-la, hipótese em que o montante obtido deve reverter para o Fundo de Defesa de Direitos Difusos, que foi regulado pela Lei n. 9.008/1995. Na hipótese de a vítima ser determinada, a ela competirá a execução.

Mesmo que a indenização, na hipótese deste art. 20, seja considerada um efeito específico da sentença penal (art. 91, I, do CP), como Pacceli e Fischer sustentam[58], o STJ já exigiu a formulação expressa de pedido nesse sentido pelo Ministério Público, a fim de impedir que o réu seja surpreendido, pela sentença, a pagar determinado valor sobre o qual não se produziu nenhuma prova (STJ, 6ª T., AgRg no REsp 1626962/MS, Rel. Sebastião Reis Júnior, J. em 06/12/2016). Neste mesmo julgado e em outro, o STJ admitiu a condenação do réu ao pagamento de indenização por danos morais em favor de vítima determinada, na própria sentença criminal (STJ, 6ª T., REsp 1585684/DF, Rel. Maria Thereza de Assis Moura, J. em 09/08/2016). Dada a mesma razão, deve ser admitida, na sentença penal condenatória, a condenação do réu ao pagamento de indenização por dano moral coletivo, como sustentam Monnerat, Vidal e Santos.[59]

Art. 21. As penas aplicáveis isolada, cumulativa ou alternativamente às pessoas jurídicas, de acordo com o disposto no art. 3º, são:

I – multa;

II – restritivas de direitos;

III – prestação de serviços à comunidade.

Observada a impossibilidade jurídica e física da imposição de pena privativa de liberdade às pessoas jurídicas, estas podem condenadas criminalmente às seguintes espécies de pena: multa, restrição de direitos e prestação de serviços à comunidade. Note-se que esta última não constitui pena restritiva de direitos, mas uma espécie própria de pena.

A prescrição da pretensão executória relacionada à pena de multa ocorre segundo o art. 114, I, do CP. Sobre a prescrição das penas restritivas de direitos e da pena de prestação de serviços à comunidade, vide comentários sobre os artigos 22 e 23.

O que ocorre em caso de **descumprimento dessas penas previstas no art. 21?** Considerando a impossibilidade da sua conversão em pena privativa de liberdade, Eládio Lecey sustenta que elas devem ser executadas, pelo Ministério Público, como obrigação de fazer ou de pagar, no próprio juízo criminal, segundo o rito do Código de Processo Civil.[60]

58 OLIVEIRA, Eugênio Pacceli de. FISCER, Douglas. *Comentários ao código de processo penal e sua jurisprudência.* 4. ed. São Paulo: Atlas, 2011. p. 770

59 MONNERAT, Carlos Fonseca. VIDAL, Ricardo Ramos. SANTOS, Renato Márcio dos. Reparação do dano moral ambiental na sentença penal condenatória. *Universidade Católica de Santos.* v. 38, n. 104-6, 2012. Disponível em: < http://periodicos.unisantos.br/leopoldianum/article/view/460/421>. Acesso em: 25 abr. 2017.

60 LECEY, Eládio. Responsabilidade penal da pessoa jurídica: efetividade e questões processuais. *Revista Cadernos do Programa de Pós-Graduação em Direito PPGdir./UFRGS.* V. 2, n. 5, 2004. p. 672. Disponível em: <http://

Art. 22. As penas restritivas de direitos da pessoa jurídica são:

I – suspensão parcial ou total de atividades;

II – interdição temporária de estabelecimento, obra ou atividade;

III – proibição de contratar com o Poder Público, bem como dele obter subsídios, subvenções ou doações.

§ 1º A suspensão de atividades será aplicada quando estas não estiverem obedecendo às disposições legais ou regulamentares, relativas à proteção do meio ambiente.

§ 2º A interdição será aplicada quando o estabelecimento, obra ou atividade estiver funcionando sem a devida autorização, ou em desacordo com a concedida, ou com violação de disposição legal ou regulamentar.

§ 3º A proibição de contratar com o Poder Público e dele obter subsídios, subvenções ou doações não poderá exceder o prazo de dez anos.

A suspensão parcial ou total de atividades constitui pena restritiva de direitos que se aplica quando as atividades desenvolvidas pela pessoa jurídica não estiverem obedecendo às normas de proteção ao meio ambiente. A interdição do estabelecimento, obra ou atividade, por sua vez, tem lugar na hipótese de ausência ou excesso dos limites da autorização necessária, ou, ainda, no caso de ocorrer violação de disposição legal ou regulamentar. Frisa-se que as penas criminais do art. 22, I e II, têm correspondência nas sanções administrativas previstas no art. 72, VII e IX. Migliari esclarece que, "[e]nquanto a interdição é aplicada à falta de autorização concedida pelos organismos próprios destinados a cuidar do ambiente, a suspensão segue uma desobediência às disposições legais".[61] Já a proibição de contratar com o Poder Público bem como dele receber alguma espécie de patrocínio (art. 22, III) não poderá exceder o prazo de dez anos. Sublinha-se que a impossibilidade de contratação com o Poder Público não deve atingir serviços públicos básicos, como água, energia elétrica e telefonia.

As penas restritivas de direitos aplicáveis às pessoas jurídicas não são **substitutivas**, como as previstas no Código Penal (art. 44 do CP) e as previstas no art. 7º da LCA, mas autônomas. Assim sustentam Luiz Flávio Gomes e Sílvio Maciel, para quem a pena restritiva de direito é aplicada "de forma direta (não em substituição da pena de prisão), utilizando-se como limite o máximo da pena privativa de liberdade cominada no tipo legal" [62], e Steigleder, para quem, não obstante a sua autonomia, o juiz "deverá calcular uma hipotética pena privativa de liberdade para a pessoa jurídica, sendo este o tempo da pena restritiva de direitos".[63] Dino, por sua vez, sustenta o caráter substitutivo das penas restritivas de direitos.[64] Independentemente da

seer.ufrgs.br/index.php/ppgdir/article/view/49561/30978>. Acesso em: 25 abr. 2017.

61 MIGLIARI JR., Arthur. *Crimes ambientais*: Lei 9.605/98, novas disposições penais gerais: concurso de pessoas, responsabilidade penal da pessoa jurídica, desconsideração da personalidade jurídica. 2. ed. Campinas: CS Edições, 2004. p. 157.

62 GOMES, Luiz Flávio. MACIEL, Sílvio Luiz. *Lei de crimes ambientais*: comentário à Lei 9.605/1998. 2. ed. Rio de Janeiro: Forense, 2015. p. 72-73.

63 STEIGLEDER, Annelise Monteiro. As penas aplicáveis às pessoas jurídicas (artigos 21 a 24). In: MARCHESAN, Ana Maria Moreira. STEIGLEDER, Annelise Monteiro. (Org.). *Crimes ambientais:* comentários à lei 9.605/98. Porto Alegre: Livraria do Advogado, 2013. p. 124.

64 NETO, Nicolau Dino. FILHO, Ney Bello. DINO, Flávio. *Crimes e infrações administrativas ambientais*. 3. ed. Belo Horizonte: Del Rey, 2011. p. 97.

posição que se escolha, esses autores apresentam solução para um erro crasso do legislador ambiental: na medida em que a LCA não previu prazo máximo de duração, para as penas previstas no art. 22, I e II, estas não podem ultrapassar o tempo máximo previsto a título de pena privativa de liberdade em cada tipo.

Nucci, que também sustenta a necessidade de a sentença fixar uma pena privativa de liberdade hipotética para a pessoa jurídica, esclarece como o juiz escolhe as penas cabíveis para esse tipo de pessoa. "O que nos parece correto é o seguinte: há tipos penais que preveem pena única (ex.: art. 40); outros, por sua vez, preveem penas cumulativas (ex.: art. 41); há, ainda, os que cominam penas alternativas (ex.: art. 49, parágrafo único); restam aqueles que possibilitam a aplicação alternativa ou cumulativa (art. 49, caput). Assim sendo, as penas previstas para a pessoa jurídica, porque não podem ser privativas de liberdade, mas são calculadas com base nestas, obedecem aos mesmos critérios. Ilustrando: a) se a pessoa jurídica causa dano a uma unidade de conservação, o julgador mensura a pena entre um a cinco anos, conforme os critérios gerais do Código Penal (art. 68). Chegando a um montante de três anos, transforma essa pena em prestação de serviços à comunidade. É pena isoladamente aplicada; b) se a pessoa jurídica provoca incêndio em mata, o juiz elege a pena entre dois e quatro anos, na sequência substitui por pena alternativa e, ainda, fixa a multa, conforme os critérios do Código Penal; c) se a pessoa jurídica destrói, culposamente, plantas de ornamentação de logradouro público, o juiz escolhe entre a pena privativa de liberdade, que será substituída pela pena restritiva de direitos (incluindo-se, aí, a prestação de serviços à comunidade, que é restritiva também) ou aplica somente multa; d) se a pessoa jurídica destrói, dolosamente, essas mesmas plantas, pode o juiz fixar a pena privativa (para efeito de mensuração da culpabilidade), substituindo-a por restritiva de direitos, ou aplica somente a multa, ou fixa as duas."[65]

Por outro lado, a ausência de indicação expressa do prazo de duração das penas restritivas de direitos aplicáveis às pessoas jurídicas gera um problema grave ao **exame da prescrição**. Já se pode descartar o pensamento de que não haveria um limite máximo de duração dessas penas, pois tal situação caracterizaria verdadeira imprescritibilidade, a qual pode ser prevista somente pela Constituição (art. 5º, XLII e XLIV, da CF). Formaram-se duas correntes a respeito. Para a primeira, considera-se o prazo prescricional da pena de multa, previsto no art. 114, I, do CP; não se poderia aplicar o art. 114, II, do CP, visto que a pena restritiva de direito, no âmbito da LCA, não é substitutiva, mas autônoma. Assim já decidiu o TJRS: "Tendo em conta que a ré é pessoa jurídica, a pena restritiva de direito prestação pecuniária fora aplicada de forma autônoma (art. 21, da Lei nº 9.605 /98), para a qual não há definição de prazo prescricional. Atenta a isto, esta Câmara passou a utilizar, por equiparação, o prazo aplicado à pena de multa, qual seja, de dois anos, como reza o art. 114, inc. I, do CP" (TJRS, 4ª C. Crim., Apelação Crime Nº 70054678164, Rel. Rogério Leal, J. em 18/07/13). No mesmo sentido: TJRS, Turma Recursal Criminal, Mandado de Segurança Crime Nº 71005239439, Rel. Luiz Antônio Alves Capra, J. em 15/12/2014; TJRS, 4ª C. Crim., Apelação Crime Nº 70060840915, Rel. Aristides Pedroso de Albuquerque Neto, J. em 29/01/2015; TRF1, 4ª T., ACR 19432320104013303, Rel. Olindo Menezes, J. em 14/10/2014; TJSP, 15ª C. Crim., RSE 0003993-50.2014.8.26.0361, Rel. Camargo Aranha Filho, J. em 20/10/2016).

---

65 NUCCI, Guilherme de Souza. *Leis penais e processuais penais comentadas*. (livro digital). 9. ed. Vol. 2. Rio de Janeiro: Forense, 2015. p. 587.

Por seu turno, a segunda corrente advoga a consideração do prazo previsto para a pena privativa de liberdade: "Conquanto a lei não tenha sido clara, em face da natureza das penas cominadas às pessoas jurídicas: de multa, restritivas de direitos e prestação de serviços à comunidade (art. 21 da Lei. 9.605/98), de uma análise sistemática da Lei especial e do Código Penal, resulta que se aplica, à primeira, o disposto no art. 109, parágrafo único do Código Penal, no que tange às penas restritivas de direitos (aplicam-se às penas restritivas de direitos os mesmos prazos previstos para as privativas de liberdade)" (TRF1, 4ª T., Apelação n. 0004958-62.2004.4.01.3900, Rel. Ítalo Fioravanti Mendes, J. em 07/05/2013). Nesse mesmo sentido: TRF1, 4ª T., RSE 2001.37.00.006298-8/MA, Rel. Hilton Queiroz, J. em 09/06/2009. Em 2018, esta foi a posição adotada pelo STJ: "3. Dispõe o art. 21, § 3º, da Lei n. 9.605/98, que às pessoas jurídicas serão aplicáveis isolada, cumulativa ou alternativamente as penas de multa, de restrição de direitos ou de prestação de serviços à comunidade. 4. Podendo, portanto, no caso dos crimes ambientais, além da pena de multa, ser aplicada cumulativamente medida restritiva de direitos, para o cômputo do prazo prescricional em abstrato, deve-se levar em consideração a disposição do art. 109, parágrafo único, do Código Penal, segundo a qual antes de transitar em julgado a sentença final, aplicam-se às penas restritivas de direito o mesmo prazo previsto para as privativas de liberdade" (STJ, 6ª T., AgRg no RMS: 56158 PA 2017/0330616-7, Rel, Nefi Cordeiro, J. em 19/06/2018).

Art. 23. A prestação de serviços à comunidade pela pessoa jurídica consistirá em:

I – custeio de programas e de projetos ambientais;

II – execução de obras de recuperação de áreas degradadas;

III – manutenção de espaços públicos;

IV – contribuições a entidades ambientais ou culturais públicas.

A prestação de serviços à comunidade, pena autônoma que é em relação às penas restritivas de direitos, pode ocorrer sob as formas indicadas nos incisos do art. 23. De relevante, ressalta-se que o custeio de programas e projetos ambientais (art. 23, I) envolve uma contrapartida necessariamente financeira por parte da pessoa jurídica condenada. Já no caso do art. 23, IV, as contribuições podem envolver contrapartida não financeira, a exemplo da cessão de mão de obra, e as entidades destinatárias podem incluir até pessoas jurídicas de direito privado, desde que integrantes da administração indireta, segundo ensinamento de Dino.[66]

Quanto à prescrição, há decisões que aplicam o prazo do art. 114, I, do CP: STJ, 5ª T., EDcl no AgRg no REsp 1230099/AM, Rel. Laurita Vaz, J. em 20/08/2013; TJRS, 4ª C. Crim., Mandado de Segurança n. 70067367250, Rel. Rogerio Leal, J. em 17/12/2015.

Art. 24. A pessoa jurídica constituída ou utilizada, preponderantemente, com o fim de permitir, facilitar ou ocultar a prática de crime definido nesta Lei terá decretada sua liquidação forçada, seu patrimônio será considerado instrumento do crime e como tal perdido em favor do Fundo Penitenciário Nacional.

66 NETO, Nicolau Dino. FILHO, Ney Bello. DINO, Flávio. *Crimes e infrações administrativas ambientais*. 3. ed. Belo Horizonte: Del Rey, 2011. p. 105.

Segundo Freitas, a "liquidação é uma autêntica pena acessória e deverá, por isso mesmo, ser objeto de expresso pedido na denúncia. Se assim não for, não poderá o juiz impô-lo na sentença, pois estaria sacrificando o direito de ampla defesa da ré".[67]

Tal como previsto no art. 42 do projeto do novo Código Penal (Projeto de Lei do Senado 236, de 2012), a liquidação implica a extinção da pessoa jurídica, com a reversão do seu patrimônio ao Fundo Penitenciário Nacional, criado pela LC n. 79/1994. Essa constitui a principal diferença para com a desconsideração da personalidade jurídica prevista no art. 4º, medida que apenas torna ineficaz, perante os sócios, a autonomia patrimonial da pessoa jurídica que eles constituem.

Embora seja possível a aplicação de pena às **empresas públicas e sociedades de economia mista**, como já exposto nos comentários ao art. 3º, a pena acessória de liquidação forçada não tem lugar contra essas pessoas. A interpretação sistemática com a Lei n. 13.303/2016 conduz a esse resultado. Com efeito, como bem observado por Renee Souza, o art. 94 da Lei n. 13.303/2016 excluiu a aplicação da pena prevista no inciso III (dissolução compulsória da pessoa jurídica) do art. 19 da Lei n. 12.846/2013 (Lei Anticorrupção) em relação à empresa pública, à sociedade de economia mista e às suas subsidiárias.[68] De fato, "essa sanção não pode ser aplicada para estatais. Embora seja difícil a caracterização dos pressupostos para aplicação dessa pena [dissolução compulsória], temos que a extinção dessas pessoas jurídicas é parte de uma decisão política direta dos Poderes Legislativo e Executivo, indevassável, portanto, ao Judiciário".[69]

CAPÍTULO III
DA APREENSÃO DO PRODUTO E DO INSTRUMENTO DE INFRAÇÃO ADMINISTRATIVA OU DE CRIME

Art. 25. Verificada a infração, serão apreendidos seus produtos e instrumentos, lavrando-se os respectivos autos.

§ 1º Os animais serão prioritariamente libertados em seu habitat ou, sendo tal medida inviável ou não recomendável por questões sanitárias, entregues a jardins zoológicos, fundações ou entidades assemelhadas, para guarda e cuidados sob a responsabilidade de técnicos habilitados.

§ 2º Até que os animais sejam entregues às instituições mencionadas no § 1º deste artigo, o órgão autuante zelará para que eles sejam mantidos em condições adequadas de acondicionamento e transporte que garantam o seu bem-estar físico.

§ 3º Tratando-se de produtos perecíveis ou madeiras, serão estes avaliados e doados a instituições científicas, hospitalares, penais e outras com fins beneficentes.

§ 4º Os produtos e subprodutos da fauna não perecíveis serão destruídos ou doados a instituições científicas, culturais ou educacionais.

§ 5º Os instrumentos utilizados na prática da infração serão vendidos, garantida a sua descaracterização por meio da reciclagem.

O art. 25 (alterado pela Lei n. 13.052/2014) regula tanto a apreensão judicial como a administrativa, esta também prevista no art. 72, IV. A apreensão deve ser realizada mediante termo

67 FREITAS, Vladimir Passos de. FREITAS, Gilberto Passos de. *Crimes contra a natureza*. 9 ed. São Paulo: Revista dos Tribunais, 2012. p. 77.

68 SANCHES, Rogério. SOUZA, Renee. *Lei anticorrupção empresarial*. 2. ed. Salvador: Juspodivm, 2018. p. 190-191.

69 SANCHES, Rogério. SOUZA, Renee. *Lei anticorrupção empresarial*. 2. ed. Salvador: Juspodivm, 2018. p. 34.

que, cumprindo formalidades, identifique a autoridade responsável pela apreensão e o motivo desta, além, é claro, do(s) objeto(s) apreendido(s).

Deve ser observada, contudo, a **independência entre os legitimados a fazer a apreensão**. Investigações sobre crimes ambientais costumam envolver órgãos ambientais, federal (IBAMA, p. ex.), estaduais e/ou municipais, e a polícia judiciária. Em consequência, pode haver mais de uma apreensão sobre o mesmo bem. Por exemplo, em uma operação envolvendo o corte ilegal de madeira de floresta pública, a motosserra utilizada para o corte, o caminhão usado para o transporte e a própria madeira podem ser apreendidos pela autoridade ambiental porque foram empregados na prática de infração ambiental administrativa; esses mesmos bens, também, podem ser objeto de apreensão determinada pela autoridade policial porque têm relação com o fato criminoso (art. 6º, II, do CPP). Haverá assim duas ordens (comandos) de apreensão sobre o mesmo. Daí decorre a importância da lavratura do termo de apreensão. Caso o proprietário do caminhão ajuíze, perante o Juízo Criminal, um pedido de restituição de coisa apreendida (arts. 118 e ss. do CPP), eventual deferimento desse pedido importará apenas no cancelamento da apreensão realizada pela autoridade policial, sobre a qual o juízo criminal tem competência para decidir, mas não sobre a apreensão realizada pela autoridade administrativa ambiental, em relação à qual o juízo criminal não tem competência. Como resultado, nesse exemplo, o caminhão continuará apreendido por força da ordem da autoridade ambiental. Para reaver o seu caminhão, o proprietário deverá impetrar um mandado de segurança contra o diretor do órgão ambiental, observado o prazo decadencial, ou ajuizar ação ordinária contra a pessoa jurídica de direito pública interno à qual está vinculado o órgão ambiental, perante o juízo cível competente. A solução é a mesma se o caminhão, não obstante a absolvição do respectivo proprietário no processo criminal, remanescer apreendido pela autoridade ambiental sem a instauração de processo administrativo para os fins da infração administrativa ambiental, como, aliás, já decidiu o TJRS:

> DIREITO PÚBLICO NÃO ESPECIFICADO. MEIO AMBIENTE. APREENSÃO DE EQUIPAMENTO UTILIZADO EM ATIVIDADE SUPOSTAMENTE CAUSADORA DE DANO AMBIENTAL. ABSOLVIÇÃO NO JUÍZO CRIMINAL. AUSÊNCIA DE PROCESSO ADMINISTRATIVO PARA APURAÇÃO DA INFRAÇÃO AMBIENTAL. CONFISCO CARACTERIZADO. Não obstante a absolvição dos denunciados pelo crime ambiental, o processo administrativo para a apuração da infração ambiental não foi instaurado. Impõe-se a liberação do trator apreendido, sob pena de legitimar-se o seu confisco, haja vista a nulificação dos poderes do domínio sem o devido processo legal. AGRAVO DE INSTRUMENTO PROVIDO (TJRS, 3ª C. Cível, AI n. 70038613436, Rel. Nelson Pacheco, J. em 20/01/2011).

Quanto ao objeto da apreensão, os instrumentos do crime ou infração ambiental, ou seja, os bens empregados pelo sujeito ativo para a prática da infração podem ser apreendidos. De fato, a Lei nº 9.605/98 "não autoriza, antes, determina, seja efetivada a imediata alienação dos instrumentos utilizados na prática de crimes ambientais, **desimportando seja sua origem ou posse lícita ou ilícita**" (TRF4, 4ª S., APN n. 2005.04.01.009777-4, Rel. Paulo Vaz, J. em 15/05/2008). Igualmente, estão sujeitos à apreensão os produtos do crime ou infração ambiental, vale dizer, os bens adquiridos diretamente (ex.: espécimes pescados, no art. 34) ou indiretamente (ex.: o dinheiro obtido com a venda dos espécimes pescados, no art. 34) com a infração ambiental.

"Verificada a infração" é locução que deve ser interpretada no sentido da sua ocorrência fática, e não como exigência do trânsito em julgado da condenação penal ou administrativa, sob pena de completa ineficácia da apreensão, que tem manifesto caráter cautelar.

Segundo o art. 25, §§ 1º e 2º, os animais devem ser imediatamente entregues a zoológicos e afins para, em primeiro lugar, serem libertados no seu habitat. Em caso de impossibilidade dessa devolução, a exemplo do espécime que se tornou incapaz de sobreviver em razão da sua dependência em relação aos homens, eles devem permanecer na instituição para a qual foram, originalmente, entregues. O dispositivo legal em comento terminou por revogar tacitamente o art. 5º da Res. CONAMA n. 384/2006, que prevê a possibilidade de o depositário do animal apreendido ser a própria pessoa que o possuía indevidamente.

Conforme o art. 25, § 3º, os produtos perecíveis ou as madeiras apreendidas devem ser avaliados e doados a instituição com fins beneficentes. A avaliação é essencial para o caso de ressarcimento do proprietário em caso de improcedência da ação penal ou da medida administrativa.

Nos termos do art. 25, § 4º, os produtos e subprodutos não perecíveis da fauna devem ser destruídos ou doados a instituição com finalidades cientificadas, culturais ou educacionais. A doação é preferível à destruição, pois gerará algum benefício, ao passo que a destruição, além de ser medida socialmente inútil, deve ser cercada de cuidados para não causar poluição.

Quanto ao(s) produto(s) do crime, não deve ser admitido que o sujeito ativo seja nomeado depositário, porque este poderá suprimir a materialidade do delito. Havendo a necessidade do depósito, o juízo deverá constituir um depositário judicial, portanto.

Conforme o art. 25, § 5º, os instrumentos – sejam lícitos ou ilícitos – utilizados para o cometimento da infração ambiental devem ser vendidos, possibilitada ainda a sua descaracterização por intermédio da reciclagem. Luiz Flávio Gomes e Sílvio Maciel tecem observação pertinente, inclusive com apoio jurisprudencial: é possível o confisco dos instrumentos, desde que estes sejam comumente usados para a prática da infração, a exemplo de uma motosserra usada por uma madeireira clandestina; se se tratar de instrumento que seja esporadicamente utilizado, ou seja, sem habitualidade, o direito de propriedade do sujeito ativo deve prevalecer.[70] O STJ segue esse entendimento, sustentando que a apreensão é possível se existirem provas de que o instrumento é **utilizado para fins exclusivos de crime ambiental**:

> ADMINISTRATIVO. PROCESSUAL CIVIL. INFRAÇÃO AMBIENTAL. TRANSPORTE DE MADEIRA. DIVERGÊNCIA ENTRE A ESPÉCIE DA MADEIRA TRANSPORTADA E A CONSTANTE DA GUIA FLORESTAL. APREENSÃO DE VEÍCULO. NÃO DEMONSTRAÇÃO DE SUA UTILIZAÇÃO PARA FINS EXCLUSIVOS DE CRIME AMBIENTAL. REEXAME DE PROVAS. SÚMULA 7/STJ. 1. No caso dos autos, houve transporte irregular de madeira em razão de a madeira especificada na Guia Florestal ser diversa da que estava sendo transportada no veículo apreendido. 2. As instâncias ordinárias, procedendo à análise do conjunto fático-probatório, concluíram inexistir indicação de uso específico e exclusivo do veículo apreendido para a prática de atividades ilícitas, voltadas à agressão do meio ambiente, bem como não ter sido comprovada a intenção do proprietário do veículo no sentido de efetuar transporte de madeira desacobertada de documentação hábil. 3. "A decisão da Corte de origem não destoa da jurisprudência do STJ no sentido de que a apreensão dos "produtos e instrumentos" utilizados para a prática da infração não pode dissociar-se do elemento volitivo" (REsp 1.436.070/RO, Rel. Min. Humberto Martins, Segunda Turma, julgado em 19/03/2015, acórdão pendente de publicação). [...] Recurso

70 GOMES, Luiz Flávio. MACIEL, Sílvio Luiz. *Lei de crimes ambientais*: comentário à Lei 9.605/1998. 2. ed. Rio de Janeiro: Forense, 2015. p. 81.

especial conhecido em parte e improvido (STJ, 2ª T., REsp n. 1526538/RO, Rel. Humberto Martins, J. em 12/05/2015).[71]

Ainda em relação aos instrumentos do crime, é possível a **nomeação do seu possuidor ou proprietário como depositário do bem apreendido**. Essa medida justifica-se, quando não for o caso de confisco, pela impossibilidade ou dificuldade na guarda de certos instrumentos, os quais também podem deteriorar-se com o passar do tempo, principalmente porque suscetíveis a intempéries. A *ratio* do art. 120, § 4º, do CPP, possibilita essa providência. Nessa linha, aliás, já decidiu o TJMT: "RECURSO DE APELAÇÃO CRIMINAL – RESTITUIÇÃO DE TRATOR APREENDIDO, TEORICAMENTE, NA PRÁTICA DE CRIME AMBIENTAL – INDEFERIMENTO DA SUA DEVOLUÇÃO EM SEDE DE PRIMEIRA INSTÂNCIA – RECORRENTE SEPTUAGENÁRIO – INQUÉRITO POLICIAL QUE SE ARRASTA POR MAIS DE 3 ANOS SEM OFERECIMENTO DA DENÚNCIA PELO MINISTÉRIO PÚBLICO – EQUIPAMENTO AGRÍCOLA QUE SE ENCONTRA DETERIORANDO NO PÁTIO DA DELEGACIA DE POLÍCIA – APELANTE NÃO PODE SER PREJUDICADO PELO ELASTÉRIO INJUSTIFICADO – VIOLAÇÃO AO PRINCÍPIO CONSTITUCIONAL DA RAZOÁVEL DURAÇÃO DO PROCESSO – DEPÓSITO DO BEM EM MÃOS DO RECORRENTE NA CONDIÇÃO DE DEPOSITÁRIO – INTELIGÊNCIA DO ART. 120 DO CÓDIGO DE PROCESSO PENAL – RECURSO PARCIALMENTE PROVIDO" (TJMT, 3ª C. Crim., Ap n. 86705/2016, Rel. Mario Oliveira, J. em 31/08/2016).

Contudo, para evitar o **risco do desaparecimento do instrumento apreendido**, sobretudo após o reconhecimento pelo STF da impossibilidade da prisão do depositário infiel (Súmula Vinculante n. 25 do STF: "É ilícita a prisão civil de depositário infiel, qualquer que seja a modalidade de depósito"), é recomendável que o juízo ordene a anotação da apreensão, que importa em restrição quanto à alienação do bem, no registro público referente ao instrumento, se existente. Exemplo palpitante é a apreensão de veículo automotor, geralmente caminhão, utilizado para o transporte ilegal de madeira: ao nomear o proprietário como depositário, o juízo deve ordenar que o DETRAN anote no prontuário do veículo essa restrição.

No art. 25, § 5º, há diferença significativa em relação à apreensão de instrumentos do crime prevista no art. 91, II, *b*, do CP, que apenas pode ocorrer desde que referidos instrumentos consistam em coisas cujo fabrico, alienação, uso, porte ou detenção constitua fato ilícito. Por outro lado, o **contraditório e o devido processo legal devem conformar a medida prevista no art. 25, § 5º**, no sentido de que, se o instrumento apreendido não for de fácil e rápida deterioração, tampouco tiver um alto custo para a sua guarda, a venda ou a reciclagem apenas podem ocorrer após o trânsito em julgado da sentença condenatória. Diferentemente, se houver necessidade quanto à venda dos instrumentos, por eles terem elevado custo de armazenagem, por exemplo, deve haver prévia avaliação, e o valor auferido deve ser mantido em depósito até o trânsito em julgado; caso a condenação se confirme, haverá a perda, caso contrário, o proprietário deve ser indenizado aproveitando-se o valor depositado para tanto.

Por fim, a restituição do bem apreendido pela autoridade administrativa ambiental pode ser determinada por ela própria ou, como resultado de mandado de segurança ou ação ordinária, pelo juízo cível competente. Quanto à apreensão realizada pela polícia judiciária,

---

71 O TRF da 4ª Região já decidia nesse mesmo sentido (TRF4, 8ª T., ACR 5001797-53.2010.404.7007, Re. Victor Laus, J. em 30/03/2011).

sustenta-se, em opinião própria, que ela não deve ser determinada pela própria autoridade policial, como permite, para os crimes em geral, o art. 120 do CPP ("A restituição, quando cabível, poderá ser ordenada pela autoridade policial ou juiz, mediante termo nos autos, desde que não exista dúvida quanto ao direito do reclamante"). Pois, no âmbito penal ambiental, não basta a inexistência de dúvida quanto à propriedade do bem apreendido; é necessário também, segundo a jurisprudência já exposta acima, a demonstração de que o bem apreendido não é utilizado rotineiramente para a prática de crime ambiental. E a autoridade policial (tampouco o Ministério Público) não tem condições de saber a respeito dessa utilização. Em consequência, a apreensão de instrumento de crime, no âmbito da LCA, encerra uma presunção – relativa – de que o instrumento é utilizado para a prática de crimes ambientais. Logo, compete à parte interessada, ou seja, o proprietário do bem apreendido, o ônus da demonstração, mediante o incidente de restituição de coisa apreendida, de que o bem apreendido não é utilizado para fins exclusivos de crime ambiental. Não se trata, aqui, a rigor, da famigerada prova negativa, pois bastará ao interessado demonstrar que o bem apreendido é utilizado para atividades lícitas, circunstância que afastará a presunção de sua utilização para fins exclusivos de crime ambiental.

CAPÍTULO IV
DA AÇÃO E DO PROCESSO PENAL

Art. 26. Nas infrações penais previstas nesta Lei, a ação penal é pública incondicionada.

Parágrafo único. (VETADO)

O art. 26 é ocioso, tendo em vista o disposto no art. 100, *caput*, do CP, e no art. 24, *caput*, do CPP, no sentido de que a ação penal é sempre pública incondicionada, salvo se a lei exigir representação (ação penal pública condicionada) ou queixa-crime (ação penal privada). De todo modo, fica claro, na LCA, que a ação penal relativa a crimes que, aparentemente, ofendem apenas interesses privados, a exemplo da causação de um incêndio em floresta particular (art. 41), não depende da vontade da vítima.

Admite-se, aliás, a ação penal privada subsidiária da pública (ou ação penal supletiva), conforme o art. 5º, LXI, e o art. 29 do CPP, para os crimes tipificados na LCA, desde que neles haja um sujeito passivo determinado. Logo, nos crimes vagos, não se admite esse tipo de ação. Ademais, para o cabimento da ação penal supletiva, exige-se inércia do Ministério Público, ou seja, que o Ministério Público, no prazo legal, não adote nenhuma providência em relação ao inquérito policial, termo circunstanciado ou peças de informação. Se o Ministério Público promover o arquivamento da investigação ou requisitar diligências à autoridade policial, por exemplo, não se caracteriza a inércia, razão por que não terá lugar a ação penal supletiva.

O mesmo raciocínio vale para o cabimento do assistente do Ministério Público (arts. 268 a 273 do CPP), ou seja, ele só é admitido nas ações penais que tenham vítima determinada. Aceita-se, inclusive, que pessoa jurídica (desde que seja vítima determinada) possa ser assistente de acusação. Apesar de o interesse primordial do assistente na ação penal ser patrimonial, o STJ admite que o assistente recorra visando ao aumento da pena aplicada ao réu, questão que, sob a óptica patrimonial, lhe é irrelevante (STJ, 5ª T., HC 137.339/RS, Rel. Jorge Mussi, J. em 09/11/2010).

Registra-se que, observadas a independência da instância cível e da penal bem como considerada a indisponibilidade da ação penal pública, a celebração de termo de ajustamento de conduta (art. 5º, § 6º, da Lei n. 7.347/1985) com autor do dano ambiental não impede o oferecimento da denúncia criminal, conforme o STF ("o fato de o paciente haver firmado "Termo de Compromisso de Recuperação Ambiental" e noticiado processo administrativo em curso consubstanciam circunstâncias insuficientes para, de plano, excluir a tipicidade da conduta imputada ao réu" – STF, 1ª T., HC 86361, Rel. Menezes Direito, J. em 16/10/2007) e o STJ ("A assinatura do termo de ajustamento de conduta, firmado entre o Ministério Público estadual e o suposto autor de crime ambiental, não impede a instauração da ação penal, pois não elide a tipicidade penal. Ademais, há independência entre as esferas administrativa, cível e penal" – STJ, 6ª T., REsp 1154405/MG, Rel. Rogerio Schietti Cruz, J. em 18/05/2017). Apesar disso, o cumprimento do TAC terá influência positiva ao réu na fase da dosimetria da pena, em caso da sua condenação. Assim, "a efetiva recuperação da área não implicaria, conforme requerido pelo acusado, a sua absolvição, mas tão somente diminuição na sanção aplicada (TRF4, 8ª T., ACR 0004143-67.2007.404.7201, Rel. Leandro Paulsen, J. em 09/04/2014).

Não obstante, por expressa disposição de lei (art. 60 da Lei n. 12.651/2012), a assinatura do termo de compromisso para regularização de imóvel ou posse rural suspenderá a punibilidade dos crimes previstos nos arts. 38, 39 e 48 da LCA. Se houver a regularização efetiva, a punibilidade será declarada extinta (art. 60, § 2º, da Lei n. 12.651/2012). Esclarece-se que, segundo o art. 59, § 4º, da Lei n. 12.651/2012, o termo de compromisso sob análise apenas poderá envolver as infrações que foram praticadas até 22 de julho de 2008. Este art. 60 não está infenso a críticas. Marchesan e Cappelli anotam que, em razão da tríplice responsabilização do autor do dano ambiental prevista no art. 225, §3º, da CF, "eventuais normas de hierarquia inferior que venham a isentar de pena aquele que repara o dano ambiental após o oferecimento da denúncia padecem de inconstitucionalidade".[72]

Em razão da **independência das instâncias judicial e administrativa**, o Ministério Público não depende da conclusão da atuação administrativa para oferecer a denúncia criminal. Assim, o encerramento de eventual procedimento administrativo para apurar o dano ambiental não é condição de procedibilidade da ação penal, tampouco impede o início desta (STJ, 5ª T., HC 160.525/RJ, Rel. Jorge Mussi, J. em 05/03/2013). Com efeito, basta que o Ministério Público disponha de elementos de informação suficientes para caracterizar a justa causa para o oferecimento da denúncia.

Registra-se que, nos crimes ambientais, a **perícia** é, em regra, necessária, dada a especificidade do seu objeto material. A maior parte dos crimes ambientais, outrossim, deixa vestígios, o que enseja a aplicação do art. 158 do CPP, com o temperamento, todavia, do art. 167 do CPP. Registra-se, outrossim, que a perícia realizada na fase inquisitorial pode ser aproveitada na fase judicial se o contraditório postergado (ou diferido ou retardado) for garantido ao réu (TRF4, 8ª T., ACR 5000221-43.2011.404.7216, Rel. Victor Laus, J. em 18/12/2013). Nos crimes ambientais, a prova pode ser irrepetível (se não for produzida naquele momento, os vestígios desaparecerão), circunstância que autoriza a sua produção antecipada, conforme o art. 155 do CPP. Essa produção antecipada costuma ocorrer ainda na fase do inquérito policial, na qual o contraditório é assaz mitigado. Aliás, justamente porque o contraditório é mitigado, a "prova" produzida na fase inquisitorial não constitui prova no sentido técnico, mas apenas elemento de informação cujo destinatário é o membro do Ministério Público para fins da formação da

72 MARCHESAN, Ana Maria Moreira. CAPPELLI, Sílvia. Introdução. In: MARCHESAN, Ana Maria Moreira. STEIGLEDER, Annelise Monteiro. (Org.). *Crimes ambientais:* comentários à lei 9.605/98. Porto Alegre: Livraria do Advogado, 2013. p. 23.

sua *opinio delicti*. Essa perícia, com efeito, passará a constituir "prova" quando for oferecida ao sujeito passivo a possibilidade de a contraditar. Isso ocorre apenas quando o réu é citado para apresentar a sua defesa (no rito comum ordinário, trata-se da resposta à acusação, prevista no art. 396-A do CPP). Por essa razão, diz-se que o contraditório, nesse caso, é diferido: embora o estudo técnico que constitui a prova (perícia) seja realizado na fase inquisitorial, o contraditório será exercido de forma diferida, postergada ou retardada, ou seja, apenas quando do oferecimento da defesa do réu na ação penal.

No mais, analisa-se de forma genérica a **competência judicial** nos crimes ambientais. Comentários específicos, quando necessários, são feitos aos tipos ao longo desta Lei.

A contravenção penal, mesmo que praticada contra bem ou interesse da União, é sempre julgada pela Justiça Estadual, nos termos do art. 109, IV, da CF (STJ, 3ª S., CC 145166/MG, Rel. Ribeiro Dantas, J. em 14.12.16).

Quanto aos crimes ambientais, após o cancelamento da Súmula 91 do STJ ("Compete à Justiça Federal processar e julgar os crimes praticados contra a fauna."), sedimentou-se o entendimento de que somente haverá a competência da Justiça Federal se forem atingidos bens (art. 20 da CF), interesses específicos ou serviços da União, incluindo suas autarquias e empresas públicas, conforme o art. 109 da CF. Logo, para se constatar a competência da Justiça Federal, basta identificar alguma norma legal que relacione o objetos jurídico e/ou material do crime à União ou suas autarquias ou empresas públicas. Considerando que a proteção ambiental é competência comum da União, Estados e Municípios, "[i]nexistindo dispositivo expresso, constitucional ou legal, sobre qual a Justiça competente quanto aos crimes ambientais, tem-se, em regra, que o processo e o julgamento desses crimes é da competência da Justiça Comum Estadual" (STJ, 5ª T., RHC 35.551/PA, Rel. Marco Bellizze, J. em 11/06/2013). Contudo, em caso de conexão ou continência entre crimes da competência da Justiça Federal e da Estadual, compete àquela o julgamento unificado (Súmula n. 122 do STJ: "Compete à Justiça Federal o processo e julgamento unificado dos crimes conexos de competência federal e estadual, não se aplicando a regra do art. 78, II, "a", do Código de Processo Penal").

Nessa linha, crimes ambientais ocorridos em área particular, mesmo que localizadas no interior de área de preservação permanente – APP (arts. 3º, II, e 6º, ambos da Lei n. 12.651/2012), são de competência da Justiça Estadual, conforme entendimento jurisprudencial: STJ, 3ª S., CC 30.260/MG, Rel. Paulo Gallotti, J. em 22/02/2006; STJ, 6ª T., HC 110.405/SP, Rel. Maria Moura, J. em 16/06/2009; STJ, 5ª T., REsp 849.423/SP, Rel. Gilson Dipp, J. em 19/09/2006; STJ, 5ª T., REsp 592.009/TO, Rel. Arnaldo Esteves Lima, J. em 12/04/2005; STJ, 3ª S., CC 30.636/SP, Rel. Gilson Dipp, J. em 18/02/2002.

"Se estiver envolvido prejuízo a bens da União, a competência para julgar ação penal é da Justiça Federal" (STF, 1ª T., RE 454740, Rel. Marco Aurélio, J. em 28/04/2009). Logo, crime ocorrido em rio que banha mais de um Estado é da competência da Justiça Federal, conforme o STJ: STJ, 3ª S., CC 55.130/SP, Rel. Maria Moura, J. em 28/02/2007; STJ, 3ª S., CC 35.058/SP, Rel. Hamilton Carvalhido, J. em 12/06/2002. Parque nacional também gera a competência da Justiça Federal (STJ, 3ª S., CC 88.013/SC, Rel. Napoleão Maia, J. em 27/02/2008). Igualmente, terreno de marinha (STJ, 5ª T., HC 165.931/RJ, Rel. Laurita Vaz, J. em 01/03/2011).

Patrimônio nacional, por sua vez, a exemplo da Mata Atlântica (art. 225, § 4º, da CF), não constitui bem da União, razão por que a competência, nesse caso, é da Justiça Estadual (STF, 1ª T., RE 299856, Rel. Ilmar Galvão, J. em 18/12/2001; STJ, 5ª T., REsp 610.015/TO, Rel. Félix Fischer, J. em 06/05/2004).

Se serviço desenvolvido pela União for atingido, a competência é da Justiça Federal. "É da Justiça Federal a competência para processamento de ação penal cujo objeto é a apuração de crimes praticados com o fim de ludibriar e dificultar a atividade fiscalizatória de autarquia federal (IBAMA)" (STJ, 5ª T., REsp 1006383/PA, Rel. Félix Fischer, J. em 21/08/2008). Caso funcionário público federal, mesmo que equiparado (art. 327, § 1º, do CP), pratique crime em razão do cargo, a competência igualmente será da Justiça Federal (STJ, 6ª T., HC 47.364/SC, Rel. Hélio Barbosa, J. em 04/04/2006).

Art. 27. Nos crimes ambientais de menor potencial ofensivo, a proposta de aplicação imediata de pena restritiva de direitos ou multa, prevista no art. 76 da Lei nº 9.099, de 26 de setembro de 1995, somente poderá ser formulada desde que tenha havido a prévia composição do dano ambiental, de que trata o art. 74 da mesma lei, salvo em caso de comprovada impossibilidade.

A transação consiste no oferecimento antecipado de uma pena restritiva de direitos ou multa que, se cumprida, implica a extinção da punibilidade do autor do fato. É um instituto que representa uma mitigação ao princípio da obrigatoriedade da ação penal. Sobre a natureza jurídica, há duas correntes: a) a transação consiste em direito subjetivo do réu (TJSC, 2ª C. Crim., APR: 2012.031097-7, Rel. Sérgio Izidoro Heil, J. em 24/09/2012; TJRS, Turma Recursal Criminal, RC n. 71003743523, Rel. Fabio Vieira Heerdt, J. em 09/07/2012); b) a transação consiste em poder-dever do Ministério Público (STF, 1ª T., HC 83250, Rel. Joaquim Barbosa, J. em 25/11/2003; STJ, C. Esp., APn 634/RJ, Rel. Feliz Fischer, J. em 21/03/2012).

Enquanto a transação, no âmbito da Lei n. 9.099/95, independe da composição dos danos civis com a vítima, na LCA, a transação exige a prévia composição do dano ambiental. "Prévia composição" significa simplesmente o acerto, o acordo pelo qual o infrator se compromete, se obriga a reparar o dano causado. Na medida em que o art. 74 da Lei n. 9.099/95 sustenta que a sentença que homologar a composição dos danos civis será homologada e terá eficácia de título a ser executado no juízo civil, fica evidente que essa composição equivale a um simples acordo que constitui fonte de obrigação ao autor do fato. Nesse ponto, enfatiza-se: a lei não exige a reparação em si do dano ambiental, mas o acordo pelo qual o infrator se obriga a essa reparação.

Na hipótese de descumprimento da transação, o STF decidiu, em nível de repercussão geral, que "não fere os preceitos constitucionais a propositura de ação penal em decorrência do não cumprimento das condições estabelecidas em transação penal" (STF, RE 602072 QO-RG, Rel. Cezar Peluso, J. em 19/11/2009). Aliás, segundo a Súmula Vinculante 35: "A homologação da transação penal prevista no art. 76 da Lei n. 9.099/1995 não faz coisa julgada material e, descumpridas suas cláusulas, retoma-se o *status quo ante*, possibilitando-se ao Ministério Público a continuidade da persecução penal mediante oferecimento de denúncia ou requisição de inquérito policial". Assim, a execução da prestação de fazer ou da obrigação de pagar não constitui a única alternativa para o descumprimento da transação. Nesse ponto, contudo, Luiz Flávio Gomes e Sílvio Maciel estabelecem criteriosa distinção: se o autor do fato cumprir a pena restritiva de direitos ou a multa que lhe foi imposta, mas descumprir o acordo de reparação dos danos ambientais, será possível apenas a execução da avença descumprida. "Aqui não é válido o entendimento doutrinário e jurisprudencial de que é possível o oferecimento de denúncia no caso de descumprimento injustificado da transação penal. É que nessa hipótese a pena transacionada foi cumprida, não havendo que se falar, portanto, em oferecimento de denúncia, o que inclusive acarretaria, em caso de sentença condenatória, dupla sanção pelo mesmo crime (sanção imposta em transação e em sentença penal), acarretando *bis in idem*".[73]

No mais, a impossibilidade de reparação referida no art. 27 deve ser interpretada segundo o art. 225, §3º, da CF. Akaoui sustenta que, quando houver a impossibilidade técnica de reparação específica do dano ambiental, será o caso para a reparação pecuniária, pois, "o que não se pode conceber, é que o degradador fique sem reparar os danos causados ao bem de uso comum do povo. Portanto, a reparação do dano ambiental é sempre possível e deve ser obrigatoriamente exigida, para que possa o autor do fato que preencher os requisitos subjetivos ser efetivamente beneficiado com a transação penal".[74] Essa interpretação está correta inclusive porque privilegia o princípio da isonomia. Com efeito, negar a transação para o infrator que degradou o ambiente a um nível menor, que admite reparação, mas simplesmente dispensar da composição o infrator que cometeu um dano maior, que é irreparável, viola o princípio da igualdade.

Art. 28. As disposições do art. 89 da Lei nº 9.099, de 26 de setembro de 1995, aplicam-se aos crimes de menor potencial ofensivo definidos nesta Lei, com as seguintes modificações:

I – a declaração de extinção de punibilidade, de que trata o § 5º do artigo referido no caput, dependerá de laudo de constatação de reparação do dano ambiental, ressalvada a impossibilidade prevista no inciso I do § 1º do mesmo artigo;

II – na hipótese de o laudo de constatação comprovar não ter sido completa a reparação, o prazo de suspensão do processo será prorrogado, até o período máximo previsto no artigo referido no *caput*, acrescido de mais um ano, com suspensão do prazo da prescrição;

III – no período de prorrogação, não se aplicarão as condições dos incisos II, III e IV do § 1º do artigo mencionado no *caput*;

IV – findo o prazo de prorrogação, proceder-se-á à lavratura de novo laudo de constatação de reparação do dano ambiental, podendo, conforme seu resultado, ser novamente prorrogado o período de suspensão, até o máximo previsto no inciso II deste artigo, observado o disposto no inciso III;

V – esgotado o prazo máximo de prorrogação, a declaração de extinção de punibilidade dependerá de laudo de constatação que comprove ter o acusado tomado as providências necessárias à reparação integral do dano.

A suspensão condicional do processo, também conhecida por *sursis* processual, consiste na suspensão da ação penal já oferecida contra o réu, mediante a submissão deste a algumas condições. Uma vez compridas estas condições e ausentes motivos para a revogação do benefício, sucede a extinção da punibilidade do réu. A mesma dicotomia em relação à natureza jurídica da transação, se direito subjetivo do réu ou se poder-dever do Ministério Público, existe quanto ao *sursis* processual.

A diferença fundamental entre a suspensão condicional do processo regulada no art. 28 e aquela prevista na Lei n. 9.099/95 reside em que, naquela, a reparação do dano ambiental é

73 GOMES, Luiz Flávio. MACIEL, Sílvio Luiz. *Lei de crimes ambientais*: comentário à Lei 9.605/1998. 2. ed. Rio de Janeiro: Forense, 2015. p. 97.

74 AKAOUI, Fernando Reverendo. Da ação e do processo penal (artigos 26 a 28). In: MARCHESAN, Ana Maria Moreira. STEIGLEDER, Annelise Monteiro. (Org.). *Crimes ambientais:* comentários à lei 9.605/98. Porto Alegre: Livraria do Advogado, 2013. p. 135.

condição para a decretação da extinção da punibilidade. Esse fator evidencia o objetivo reparador, ao lado do preventivo, da LCA.

O *sursis* processual é aplicável para as pessoas jurídicas também, desde que sejam feitas adaptações. Exemplificativamente, as condições previstas no art. 89, § 1º, II (proibição de frequentar determinados lugares) e III (proibição de ausentar-se da comarca onde reside, sem autorização do Juiz), não podem ser exigidas da pessoa jurídica, ao passo que as condições previstas no art. 89, § 1º, I (reparação do dano, salvo impossibilidade de fazê-lo) e IV (comparecimento pessoal e obrigatório a juízo, mensalmente, para informar e justificar suas atividades), devem ser exigidas.

A extinção da punibilidade apenas pode ocorrer se for comprovada a reparação do dano ambiental. Findo o prazo de suspensão, se o laudo constatar que a reparação não foi completa, o prazo de suspensão (2 a 4 anos) poderá ser prorrogado até o máximo (4 anos), acrescido de mais 1 ano, segundo o art. 28, II. Findo o prazo da prorrogação, se o dano ambiental ainda não houver sido reparado, o prazo da suspensão do processo, segundo o art. 28, IV, que já estava prorrogado, pode ser prorrogado, mais uma vez, por mais 5 anos. Durante a suspensão original (art. 89, § 6º, da Lei n. 9.099/1995) e as prorrogações, não corre o prazo prescricional. Durante as prorrogações, tampouco se aplicam as condições previstas no art. 89, §1º, II, III e IV, da Lei n. 9.099/95 (art. 28, III). Esgotado o prazo máximo de suspensão do processo, a extinção da punibilidade dependerá da conclusão do laudo pericial no sentido de o dano ambiental ter sido reparado ou de haver o autor do dano ambiental adotado providências para a sua reparação completa. Nessa segunda hipótese, é recomendável que o Ministério Público ajuíze ação civil pública para acompanhar o beneficiário da suspensão condicional do processo, a fim de garantir que o dano ambiental seja, efetiva e completamente, reparado.

O laudo de constatação de reparação do dano ambiental (art. 28, I) é semelhante, quanto à finalidade, com o laudo referido pelo art. 17. Logo, os comentários lançados em relação ao laudo referido por esse art. 17 aplicam-se ao laudo ora em estudo.

Por fim, a mesma interpretação lançada em relação à "impossibilidade" da reparação do dano ambiental, nos comentários ao art. 27, tem lugar quanto à impossibilidade referida neste art. 28.

CAPÍTULO V
DOS CRIMES CONTRA O MEIO AMBIENTE

SEÇÃO I
DOS CRIMES CONTRA A FAUNA

Art. 29. Matar, perseguir, caçar, apanhar, utilizar espécimes da fauna silvestre, nativos ou em rota migratória, sem a devida permissão, licença ou autorização da autoridade competente, ou em desacordo com a obtida:

Pena – detenção de seis meses a um ano, e multa.

§ 1º Incorre nas mesmas penas:

I – quem impede a procriação da fauna, sem licença, autorização ou em desacordo com a obtida;

II – quem modifica, danifica ou destrói ninho, abrigo ou criadouro natural;

III – quem vende, expõe à venda, exporta ou adquire, guarda, tem em cativeiro ou depósito, utiliza ou transporta ovos, larvas ou espécimes da fauna silvestre, nativa ou em rota migratória, bem como produtos e objetos dela oriundos, provenientes de criadouros não autorizados ou sem a devida permissão, licença ou autorização da autoridade competente.

§ 2º No caso de guarda doméstica de espécie silvestre não considerada ameaçada de extinção, pode o juiz, considerando as circunstâncias, deixar de aplicar a pena.

§ 3º São espécimes da fauna silvestre todos aqueles pertencentes às espécies nativas, migratórias e quaisquer outras, aquáticas ou terrestres, que tenham todo ou parte de seu ciclo de vida ocorrendo dentro dos limites do território brasileiro, ou águas jurisdicionais brasileiras.

§ 4º A pena é aumentada de metade, se o crime é praticado:

I – contra espécie rara ou considerada ameaçada de extinção, ainda que somente no local da infração;

II – em período proibido à caça;

III – durante a noite;

IV – com abuso de licença;

V – em unidade de conservação;

VI – com emprego de métodos ou instrumentos capazes de provocar destruição em massa.

§ 5º A pena é aumentada até o triplo, se o crime decorre do exercício de caça profissional.

§ 6º As disposições deste artigo não se aplicam aos atos de pesca.

BEM JURÍDICO TUTELADO

O bem jurídico específico (v. comentários ao art. 2º) tutelado consiste na fauna silvestre, terrestre ou aquática. Logo, todos os espécimes gozam de proteção, quer eles provenham do próprio país ou do estrangeiro, mesmo que estejam de passagem pelo território brasileiro. Inclusive os insetos são protegidos.[75] O art. 1º, *caput*, da Lei n. 5.197/1967, menciona que a fauna silvestre é constituída por "animais de quaisquer espécies, em qualquer fase do seu desenvolvimento e que vivem naturalmente fora do cativeiro" (art. 1º, *caput*, da Lei n. 5.197/1967). A fauna também constitui bem de uso comum do povo, ostentando, portanto, natureza difusa (art. 225, *caput*, da CF).

Tradicionalmente, com base em uma cultura baseada no antropocentrismo, os animais não são sujeitos de direito, mas apenas objetos; é o homem que tem o direito de que a integridade deles seja preservada. Não obstante, nota-se um esforço, sobretudo na ordem internacional, em instituir direitos em favor dos animais, a exemplo da Declaração Universal dos Direitos dos Animais, elaborada pela UNESCO.[76] Seguindo essa linha, a Constituição da República do Equador, no seu artigo 10, tornou a natureza sujeito de direitos ("La naturaleza será sujeto de aquellos derechos que le reconozca la Constitución").

75 FREITAS, Vladimir Passos de. FREITAS, Gilberto Passos de. *Crimes contra a natureza*. 9 ed. São Paulo: Revista dos Tribunais, 2012. p. 90.

76 Declaração Universal dos Direitos dos Animais. Disponível em: < http://www.urca.br/ceua/arquivos/Os%20 direitos%20dos%20animais%20UNESCO.pdf>. Acesso em: 28 abr. 2017.

O art. 29, por disciplinar as mesmas condutas, revogou tacitamente o art. 27, *caput*, e § 1º, da Lei n. 5.197/1967.

SUJEITOS DO CRIME

O sujeito passivo consiste na coletividade. Tratando-se de crime comum, o sujeito ativo, por sua vez, pode ser qualquer pessoa, inclusive a jurídica. O proprietário do imóvel onde haja espécimes da fauna silvestre pode ser sujeito ativo se praticar as condutas contra eles, já que a proteção ambiental conferida pela Constituição afasta o entendimento de que o acessório (animais) segue o principal (imóvel). Ademais, se o proprietário da área permitir e, de alguma forma, auxiliar, que terceiros pratiquem os verbos nucleares contra animais que estejam no seu imóvel, haverá concurso de agentes, se comprovados os requisitos pertinentes.

CONDUTAS

O tipo do art. 29, *caput*, incrimina as condutas do sujeito ativo que *mata* (tirar a vida), *persegue* (seguir de perto), *caça* (perseguir para aprisionar ou matar), *apanha* (colher) e/ou *utiliza* (fazer uso) de espécimes da fauna silvestre, sem permissão, licença ou autorização da autoridade competente, ou excedendo os limites das que foram obtidas. Há elementos normativos no tipo: permissão (ato unilateral pelo qual a Administração faculta precariamente a alguém a prestação de um serviço público ou defere a utilização especial de um bem público), autorização (ato unilateral pelo qual a Administração, discricionariamente, faculta o exercício de atividade material, tendo, como regra, caráter precário) ou licença (ato vinculado, unilateral, pelo qual a Administração faculta a alguém o exercício de uma atividade, uma vez demonstrado pelo interessado o preenchimento dos requisitos legais exigidos).[77] Então, se presente o consentimento da Administração Pública para a prática das condutas previstas no tipo, o fato será atípico. É o que ocorre, por exemplo, com a licença objeto da Resolução CONAMA n. 346/2004 (disciplina a utilização das abelhas silvestres nativas, bem como a implantação de meliponários) e com a permissão objeto da Instrução Normativa IBAMA n. 141/2006 (regulamenta o controle e o manejo ambiental da fauna sinantrópica nociva).

O objeto material sobre o qual incide a conduta consiste em espécimes[78] da fauna silvestre, que estão conceituados na interpretação autêntica realizada pelo o art. 29, § 3º.

No tocante à caça, esta pode ser predatória, hipótese em que será profissional (proibida pelo art. 2º da Lei n. 5.197/1967 e pelo art. 19, § 3º, da Lei n. 9.985/2000) ou sanguinária (praticada por puro prazer e igualmente proibida). A caça também pode ser classificada como não predatória, subdividindo-se em: a) caça de controle: destina-se à proteção da agricultura e da saúde pública, permitida pelo art. 3º, § 2º, da Lei n. 5.197/1967; b) caça esportiva ou amadorista: tipo de esporte amador, permitida nos termos do art. 1º, § 1º, da Lei n. 5.197/1967; c) caça de subsistência: caracteriza estado de necessidade e exclui a ilicitude da conduta (v. art. 37, I); d) caça científica: para fins de estudos científicos, regulamentada pelo art. 14 da

---

77 MELLO, Celso Antônio Bandeira de. *Curso de direito administrativo*. 19. ed. São Paulo: Malheiros, 2005. p. 408-409.

78 O art. 3º da IN IBAMA n. 169, de 20 de fevereiro de 2008, diferencia didaticamente espécie de espécime: inc. XIII – Espécie: conjunto de indivíduos semelhantes e com potencial reprodutivo entre si, capazes de originar descendentes férteis, incluindo aqueles que se reproduzem por partenogênese; inc. XIV – Espécime: indivíduo ou parte dele, vivo ou morto, de uma espécie, em qualquer fase de seu desenvolvimento, unidade de uma espécie;

Lei n. 5.197/1967.[79] Em razão da autorização concedida pela Instrução Normativa IBAMA n. 03/2013, de 31 de janeiro de 2013, para o controle populacional do javali, o que se dá mediante caça, esta será atípica. Também será atípico o abate do javali, nos termos da Instrução Normativa IBAMA n. 169, de 20 de fevereiro de 2008. Em relação à conduta "caçar", ainda, não se deve olvidar a aplicação das excludentes previstas no art. 37.

O art. 29, *caput*, constitui tipo misto alternativo, motivo pelo qual a prática de mais de um dos verbos nucleares, no mesmo contexto, caracteriza crime único, não havendo que se cogitar em concurso de crimes. No tipo misto alternativo, a realização de mais de um verbo nuclear é sopesada na primeira fase da dosimetria da pena (art. 59 do CP), razão pela qual o agente que pratica mais de um verbo nuclear merece uma pena mais elevada do que aquele que pratica apenas um.

O art. 29, §1º, I, que também prevê tipos mistos alternativos, incrimina o sujeito ativo que, sem autorização, permissão ou licença, *impede* (obstar) que fauna se reproduza. Segundo o art. 29, § 1º, II, é crime igualmente *modificar* (alterar), *danificar* (deteriorar) ou *destruir* (aniquilar) ninho (lugar onde as aves põem ovos e criam seus filhotes ou os animais se recolhem e dormem), abrigo (lugares de moradia e habitação permanente) ou criadouro natural (espaços onde se situam os viveiros em que algumas espécies crescem, a exemplo, de banhados e mangues).[80]

Já pelo art. 29, § 1º, III, que também é tipo misto alternativo, incrimina-se a conduta do sujeito ativo que *vende* (comercializar), *expõe à venda* (anunciar para comercialização), *exporta* (enviar algo para fora do Estado ou do país) ou *adquire* (tornar-se proprietário por compra, permuta, doação), *guarda* (armazenar), *tem* (manter) em cativeiro ou depósito, *utiliza* (usar) ou *transporta* (locomover) os seguintes objetos materiais: ovos, larvas (primeiro estado dos insetos) ou espécimes da fauna silvestre, nativa ou em rota migratória, bem como produtos (bens derivados, a exemplo de um casaco de pele) e objetos (penas) dela oriundos, provenientes de criadouros não autorizados ou sem a devida permissão, licença ou autorização da autoridade competente. Presentes estes elementos normativos, a conduta será atípica. Registra-se que comércio é permitido pela Lei n. 5.197/1967, regulamentado pela Portaria IBAMA n. 117-N, de 15 de outubro de 1997 ("Dispõe sobre a comercialização de animais vivos, abatidos, partes e produtos da fauna silvestre") e pela Portaria IBAMA 118-N, de 15 de outubro de 1997 ("Dispõe sobre os criadouros comerciais da fauna silvestre brasileira"); a criação amadora e comercial de passeriformes nativos é regulada pela Instrução Normativa IBAMA n. 10/2011, de 20 de setembro de 2011; o apanho ou a utilização de espécimes da fauna silvestre por criadouros previamente licenciados são autorizados pelo art. 3º da Lei 5.197/1967.

Nos verbos nucleares adquirir, vender ou expor à venda, se o objeto material for um dos previstos no art. 29, § 1º, III, surge um conflito aparente com o art. 180 do CP (receptação). Todavia, pelo princípio da especialidade, prevalece o crime previsto na LCA. Diversamente, se o sujeito ativo adquire, transporta, tem em depósito ou vende espécime da fauna silvestre que for semovente domesticável, com a finalidade de produção ou comercialização, prevalece, pela especialidade, a receptação de animal tipificada no art. 180-A do CP.

O art. 29, § 2º, contempla hipótese de perdão judicial (v. Súmula 18 do STJ): dependendo das circunstâncias, não será aplicada a pena ao sujeito ativo que tem, em guarda doméstica,

79 SIRVINSKAS, Luís Paulo. *Manual de direito ambiental*. 14. ed. São Paulo: Saraiva, 2016. p. 639-642.

80 FREITAS, Vladimir Passos de. FREITAS, Gilberto Passos de. *Crimes contra a natureza*. 9 ed. São Paulo: Revista dos Tribunais, 2012. p. 96.

exemplar de espécie silvestre não ameaçada de extinção. É comum a aplicação desse perdão judicial nos casos de pessoas que criam, no âmbito doméstico e sem finalidade comercial, aves silvestres não ameaçadas. A propósito: "Presentes os requisitos legais do § 2º do art. 29, tratando-se de guarda doméstica de espécie silvestre não ameaçada de extinção, réu primário, com bons antecedentes, possuidor do registro de criador amador de passeriforme, ausentes sinais de maus tratos nos animais, deve ser concedido o perdão judicial" (TRF1, 3ª T., ACR 0005716-82.2011.4.01.3807/MG, Rel. Ney Bello, J. em 23/05/2017). Ainda nesse tema, considerando a primeira parte do art. 156 do CPP ("A prova da alegação incumbirá a quem a fizer"), é ônus do réu a comprovação de que a guarda é doméstica e de que a espécie silvestre não é considerada ameaçada de extinção (confira-se o STJ: "Para fins de incidência do benefício do Lei 9.605/1998, art. 29, § 2º – que não configura direito absoluto do infrator, mas, ao revés, prerrogativa do juízo, com base nos princípios da razoabilidade e da proporcionalidade, dependentemente das circunstâncias do caso concreto –, incumbe ao beneficiário simultaneamente provar, como ônus seu, o genuíno caráter de 'guarda doméstica' e não se tratar, 'ainda que somente no local da infração', de "espécie silvestre ameaçada de extinção". STJ, 2ª T., Resp 1686089/MG, Rel. Herman Benjamin, J. em 07/12/2017). Por outro lado, deve ser observada também a Resolução CONAMA n. 394, de 6 de novembro de 2007, que estabelece os critérios para a determinação de espécies silvestres a serem criadas e comercializadas como animais de estimação. Logo, a criação de um animal de estimação que obedeça a essa resolução é um fato atípico, não sendo sequer o caso de se aplicar o perdão judicial, que demanda a realização da instrução processual criminal.

O art. 29, § 4º, prevê causas de aumento em patamar fixo (metade), as quais preferem à aplicação das agravantes genéricas previstas no art. 15, quando coincidentes, nas hipóteses em que a conduta criminosa: inc. I) envolver espécie rara (catalogada devidamente em ato administrativo) ou em extinção (v. comentários ao art. 15, II, *q*); inc. II) for praticada em período proibido à caça, destacando-se que, para Nucci, como a caça é praticamente vedada em todo o país, a presente majorante teria aplicação praticamente obrigatória e generalizada, o que não é compatível com o objetivo de uma causa de aumento, a qual deveria ser excepcional[81]; inc. III) for praticada à noite (v. conceito nos comentários ao art. 15, II, *i*); inc. IV) exceder os limites da licença concedida; inc. V) for praticada em unidade de conservação (art. 2º da Lei n. 9.985/2000 e v. comentários aos arts. 40 e 40-A da LCA), frisando-se, todavia, que "[a]presentando-se insuficiente a prova colacionada a caracterizar a ciência pelo acusado quanto a se encontrar no interior de unidade de conservação por ocasião dos fatos, resulta inviabilizada a aplicação na hipótese da causa de aumento do inciso V do § 4º do artigo 29 da Lei nº 9.605/1998 (TRF4, 7ª T., ACR 5003647-27.2015.404.7215, Rel. Danilo Júnior, J. em 18/10/2016); inc. VI) envolver o emprego de métodos ou instrumentos capazes de provocar destruição em massa (a perícia é essencial para essa demonstração). Ademais, se a conduta envolver caça profissional (já abordada acima), a pena será majorada até o triplo, conforme o art. 29, § 5º.

O art. 29, § 6º, exclui desde artigo os atos de pesca, cuja tipificação das condutas relacionadas está prevista nos arts. 34 a 36.

Sublinha-se, no mais, que, se o sujeito ativo utilizar ilegalmente arma de fogo para cometer o crime ambiental, haverá concurso material (TJRS, 1ª C. Crim., Apelação Crime n. 70027405802, Rel. Marco Oliveira, J. 25/03/2009).

---

81 NUCCI, Guilherme de Souza. *Leis penais e processuais penais comentadas*. (livro digital). 9. ed. Vol. 2. Rio de Janeiro: Forense, 2015. p. 603. No mesmo sentido: FREITAS, Vladimir Passos de. FREITAS, Gilberto Passos de. *Crimes contra a natureza*. 9 ed. São Paulo: Revista dos Tribunais, 2012. p. 104.

VOLUNTARIEDADE

O crime do art. 29 é doloso, sem exigir elemento subjetivo específico. Não é prevista a forma culposa.

CONSUMAÇÃO E TENTATIVA

A consumação dependerá do verbo nuclear. Matar, apanhar, utilizar, modificar, danificar, destruir, vender, exportar, adquirir, utilizar ou são crimes materiais, que exigem resultado naturalístico, consumando-se no momento em que este é atingido. Impedir, guardar, ter em cativeiro ou depósito e transportar são crimes permanentes, cuja consumação se prolonga no tempo.

Como todos os verbos nucleares são plurissubsistentes, a tentativa (*conatus*) é admissível.

AÇÃO PENAL

Todos os crimes previstos na Lei n. 9.605/98 são de ação penal pública incondicionada (art. 26). Observadas as penas mínima e máxima do tipo sob análise, são cabíveis a transação (art. 27) e a suspensão condicional do processo (art. 28).

Em relação à competência material (v. comentários ao art. 26), deve ser observada a tese fixada, em sede de repercussão geral, no julgamento do Recurso Extraordinário n. 835558: "Compete à Justiça Federal processar e julgar o crime ambiental de caráter transnacional que envolva animais silvestres, ameaçados de extinção e espécimes exóticas ou protegidas por compromissos internacionais assumidos pelo Brasil" (STF, RE 835558 QO-RG, Rel. Luiz Fux, J. em 09/02/2017). Em regra, portanto, a Justiça Estadual será a competente, tirante casos que atraiam o interesse da União, a exemplo de animais em extinção e de crimes praticados em um rio interestadual, por exemplo.

> **Art. 30.** Exportar para o exterior peles e couros de anfíbios e répteis em bruto, sem a autorização da autoridade ambiental competente:
>
> Pena – reclusão, de um a três anos, e multa.

BEM JURÍDICO TUTELADO

O bem jurídico específico (v. comentários ao art. 2º) tutelado consiste na fauna integrada por répteis e anfíbios, a qual é protegida também pela da Convenção sobre Comércio Internacional das Espécies da Flora e Fauna Selvagens em Perigo de Extinção – CITIES (Decreto n. 76.623/1975).

Houve revogação tácita do crime previsto no art. 27 c/c art. 18, ambos da Lei n. 5.197/1967.

SUJEITOS DO CRIME

O sujeito passivo são a coletividade e a União. Tratando-se de crime comum, o sujeito ativo pode ser qualquer pessoa, inclusive a jurídica.

CONDUTAS

O art. 30 incrimina a conduta do sujeito ativo que *exporta* (enviar algo para fora de uma cidade, estado ou país) para o exterior (estrangeiro) peles (órgão que recobre o corpo) e couro (espécie de pele) em estado bruto, ou seja, sem processo de manufaturação, sem autorização dos órgãos competentes.

O objeto material sobre o qual incide a conduta é a pele ou couro de répteis (grande classe de animais vertebrados, originada durante o Carbonífero, a partir de anfíbios labirintodontes, que inclui, entre as cerca de 6 mil spp. viventes, formas bastante distintas como tartarugas, serpentes, lagartos e crocodilianos; seu corpo é coberto por pele seca e cornificada, dotada de escamas ou placas, coração ger. com três câmaras e respiração esp. pulmonar, nunca por brânquias) ou anfíbios (classe de animais vertebrados, que inclui os sapos e as salamandras entre outros, de pele lisa, sem escamas, rica em glândulas de veneno e muco).[82]

A existência de autorização da autoridade ambiental competente (elemento normativo do tipo) torna a conduta atípica.

Destaca-se que o comércio interno, dentro do país, da pele e do couro de anfíbios e répteis, não é incriminado pelo art. 30, mas pelo art. 29, § 1º, III (*produtos e objetos*). Por outro lado, no conflito aparente entre o art. 30 e o art. 334-A do CP (contrabando), prevalece aquele, por força do princípio da especialidade.

VOLUNTARIEDADE

O crime do art. 30 é doloso, sem exigir elemento subjetivo específico. Luis Flávio Gomes e Sílvio Maciel acertam ao sustentar que, como o tipo não exige o intuito de lucro, o sujeito ativo que encaminha, gratuitamente, couro de jacaré em estado bruto para um amigo que resida na Europa responderá pelo crime sob estudo.[83]

Não é prevista a forma culposa.

CONSUMAÇÃO E TENTATIVA

A consumação ocorre no instante em que o objeto material sai do território nacional. Sendo crime plurissubsistente, a tentativa (*conatus*) é possível.

AÇÃO PENAL

Todos os crimes previstos na Lei n. 9.605/98 são de ação penal pública incondicionada (art. 26). Tendo em vista as penas mínima e máxima, não cabe transação (art. 27); todavia, tem lugar a suspensão condicional do processo (art. 28).

A competência material (v. comentários ao art. 26) é da Justiça Federal (art. 109, V, da CF).

Art. 31. Introduzir espécime animal no País, sem parecer técnico oficial favorável e licença expedida por autoridade competente:

Pena – detenção, de três meses a um ano, e multa.

---

82 HOUAISS, Antônio. *Dicionário da língua portuguesa*. Versão eletrônica monousuário 3.0. Ed. Objetiva: 2009.

83 GOMES, Luiz Flávio. MACIEL, Sílvio Luiz. *Lei de crimes ambientais*: comentário à Lei 9.605/1998. 2. ed. Rio de Janeiro: Forense, 2015. p. 141.

BEM JURÍDICO TUTELADO

O bem jurídico específico (v. comentários ao art. 2º) tutelado consiste no equilíbrio ambiental atinente à fauna, o qual é posto em risco pela introdução de um espécime. O risco é elevado principalmente quando o espécime for estrangeiro e não tiver um predador no Brasil, o que provocará a sua reprodução descontrolada, afetando a flora e a fauna. Isso ocorreu, por exemplo, com a introdução dos javalis no sul do Brasil, cujas consequências graves justificaram a autorização da sua caça, como visto nos comentários ao art. 29. Outro exemplo palpitante advém de Ushuaia, na Argentina: em 1946, introduziram-se aproximadamente 25 casais de castores canadenses no local; em razão da inexistência de predador natural, os castores reproduziram-se a tal ponto que, atualmente, há mais de 135 mil castores, ou seja, quantidade superior à das pessoas que habitam o local.[84] A Convenção sobre Comércio Internacional das Espécies da Flora e Fauna Selvagens em Perigo de Extinção – CITIES (Decreto n. 76.623/1975) igualmente protege o bem jurídico em questão.

O art. 31 revogou tacitamente o crime tipificado no art. 27 c/c art. 4º, ambos da Lei n. 5.197/67.

SUJEITOS DO CRIME

O sujeito passivo é a coletividade e a União. Tratando-se de crime comum, o sujeito ativo pode ser qualquer pessoa, inclusive a jurídica.

CONDUTAS

O art. 31 incrimina a conduta do sujeito ativo que *introduz* (importar) espécime animal, sem parecer técnico oficial favorável e licença expedida pela autoridade ambiental competente, no território brasileiro (conceito amplo: solo, subsolo, espaço aéreo e águas territoriais).

O objeto material sobre o qual incide a conduta é o espécime animal de qualquer tipo, não necessariamente silvestre, o que abrange inclusive os domésticos. Essa circunstância, aliás, torna desnecessária a perícia. Freitas anota que o espécime deve estar vivo, do contrário haverá o crime de contrabando.[85] E basta a introdução de um espécime, apenas, dado que o art. 31 empregou a palavra no singular.

Sobre autorização (elemento normativo do tipo), a Instrução Normativa IBAMA n. 3, de 15 de abril de 1999, regulamenta a importação de animais silvestres e a sua criação em cativeiro. Já a Portaria IBAMA n. 93, de 7 de julho de 1998 regulamenta a importação e a exploração de espécimes vivos, produtos e subprodutos da fauna silvestre brasileira e da fauna silvestre exótica.

VOLUNTARIEDADE

O crime do art. 31 é doloso, sem exigir elemento subjetivo específico. Quanto ao dolo, não é necessário que o agente saiba que a importação do animal é proibida; basta apenas que ele se omita em se submeter ao controle da autoridade ambiental.

Não é prevista a forma culposa.

84 Fundación Tierra. *Los castores, la plaga de Tierra de Fuego*. Disponível em: < http://www.terra.org/categorias/peliculas/los-castores-la-plaga-de-tierra-de-fuego>. Acesso em: 28 abr. 2017.

85 FREITAS, Vladimir Passos de. FREITAS, Gilberto Passos de. *Crimes contra a natureza*. 9 ed. São Paulo: Revista dos Tribunais, 2012. p. 108-109.

CONSUMAÇÃO E TENTATIVA

A consumação ocorre com o ingresso do espécime animal no país, sem submeter-se à fiscalização da autoridade ambiental realizada nas áreas alfandegárias. O crime é de perigo abstrato, razão por que dispensa a ocorrência de qualquer dano. Tratando-se de crime plurissubsistente, a tentativa (*conatus*) é possível.

AÇÃO PENAL

Todos os crimes previstos na Lei n. 9.605/98 são de ação penal pública incondicionada (art. 26). Observadas as penas mínima e máxima do tipo sob análise, são cabíveis a transação (art. 27) e a suspensão condicional do processo (art. 28).

A competência material (v. comentários ao art. 26) é da Justiça Federal, tendo em vista o art. 109, V, da CF. Ademais, porque "o ingresso de espécimes exóticas no País está condicionado à autorização do IBAMA, firma-se a competência da Justiça Federal, haja vista a existência de interesse de autarquia federal" (STJ, 3ª S., CC 96.853/RS, Rel. Ogg Fernandes, J. em 08/10/2008).

Art. 32. Praticar ato de abuso, maus-tratos, ferir ou mutilar animais silvestres, domésticos ou domesticados, nativos ou exóticos:

Pena – detenção, de três meses a um ano, e multa.

§ 1º Incorre nas mesmas penas quem realiza experiência dolorosa ou cruel em animal vivo, ainda que para fins didáticos ou científicos, quando existirem recursos alternativos.

§ 2º A pena é aumentada de um sexto a um terço, se ocorre morte do animal.

BEM JURÍDICO TUTELADO

O objeto jurídico específico (v. comentários ao art. 2º) tutelado consiste na integridade física dos animais. Atenta-se aqui para a incongruência do legislador brasileiro: enquanto os maus-tratos em animais têm pena mínima equivalente a três meses, cumulada com multa, maus-tratos em pessoas (art. 136 do CP) têm pena mínima inferior, apenas dois meses, alternativa à multa.

Este art. 32 revogou tacitamente a contravenção penal prevista no art. 64 da LCP.

Para o ordenamento jurídico brasileiro, fundado no antropocentrismo, os animais são simples objetos, propriedade do homem. O que justifica a sua proteção, então? Por que o homem pode danificar um objeto material seu, a exemplo de um eletrodoméstico, mas não pode, sob pena de crime, maltratar um cachorro seu? Ora, qualquer propriedade, imóvel ou móvel, deve atender a uma **função social**, segundo o art. 5º, XXIII, da CF. Qualquer forma de mau trato sobre um animal – que, por si só, gera repulsa em qualquer ser que seja "humano" – não atende a função social da propriedade, razão pela qual deve ser proibida. Para coibir o abandono de um eletrodoméstico, por exemplo, situação que não cumpre a função social da propriedade, o direito administrativo é suficiente ao estabelecer normas para o descarte adequado desses aparelhos, muitas vezes sob pena de multa. Já, para proibir maus-tratos sobre animais, situação que também representa a violação da função social da propriedade, o direito administrativo é insuficiente, dada a importância deles; por isso, respeitado os princípios da fragmentariedade e da subsidiariedade, o Direito Penal deve ser utilizado para a tutela dos animais.

SUJEITOS DO CRIME

O sujeito passivo é a coletividade. Se animais silvestres em extinção forem o objeto material, a União também figurará como sujeito passivo. Tratando-se de crime comum, o sujeito ativo pode ser qualquer pessoa, inclusive, embora de difícil caracterização na prática, a jurídica.

CONDUTAS

O art. 32 incrimina a conduta do sujeito ativo que *pratica abuso* (exigir demais) ou *maus-tratos* (causar sofrimento) ou *feri* (machucar) ou *mutila* (separar membros do corpo) animais.

O vocábulo "maus-tratos" constitui elemento aberto, podendo ser preenchido pelos conceitos apresentados no art. 3º do Decreto-Lei federal n. 26.645/1934, o qual ainda está vigente, conforme sustentam Santana e Santos[86], e até mesmo pelo art. 136 do CP, como sugere Dino.[87] Não obstante, para a Turma Recursal Criminal Gaúcha, configuram maus-tratos: a) "[a]gressão imoderada dos animais a fim de estimulá-los a correr que permite reconhecer a prática de maus-tratos. Ausência de adequação social da conduta, que não pode ser comparada a outras tidas como lícitas tais como lidas campeiras, corridas de cavalo em hipódromos e rodeios. Ademais, nem mesmo na hipótese de adequação social da conduta, que não se reconhece na hipótese, se haveria de admitir que, de forma imoderada, fosse açoitado o eqüino, tal como fez o acusado para fazê-lo correr mais" (TR. Crim./RS, Recurso Crime n. 71003345063, Rel. Luiz Capra, J. em 28/11/2011); b) deixar de proporcionar água e alimentação adequada a cachorros (TR. Crim./RS, Recurso Crime n. 71004715942, Rel. Cristina Gonzales, J. em 17/03/2014); c) abandono de animal (TR. Crim./RS, Recurso Crime n. 71003256153, Rel. Edson Cechet, J. em 31/10/2011); e d) submissão de cavalo a condições inadequadas de trabalho a alimentação (TR. Crim./RS, Recurso Crime n. 71004895900, Rel. Gisele Azambuja, J. em 28/07/2014; e TR. Crim./RS, Recurso Crime n. 71003202975, Rel. Cristina Gonzales, J. em 15/08/2011).

O objeto material sobre o qual incide a conduta é o animal, de qualquer tipo (TJGO, 1ª C. Cív., AI n. 20141-5/180, Rel. Arivaldo Chaves, J. em 10/10/2000): a) silvestre (art. 29, § 3º); b) doméstico (naturalmente, vive com o homem); c) domesticado (animal selvagem que se adaptou ao homem, a exemplo do cachorro, que "foi o primeiro animal domesticado pelo *Homo sapiens*, e isso ocorreu antes da Revolução Agrícola", ou seja, há cerca de quinze mil anos[88]); d) nativo (integrante da fauna brasileira); e e) exótico (integrante da fauna estrangeira).

Correta afigura-se a observação de Luiz Flávio Gomes e Sílvio Maciel quanto à conduta "matar". Como o art. 29, que não prevê a conduta "matar", só tutela animais silvestres e nativos, o agente que mata um animal doméstico, domesticado ou exótico responderá por este art. 32 porque a morte do animal pressupõe que o sujeito ativo o tenha "ferido" antes.[89]

---

86 SANTANA, Luciano Rocha. SANTOS, Clarissa Pereira Gunça dos. O crime de maus-tratos aos animais: uma abordagem sobre a interpretação e a prova de materialidade e autoria (artigo 32). In: MARCHESAN, Ana Maria Moreira. STEIGLEDER, Annelise Monteiro. (Org.). *Crimes ambientais:* comentários à lei 9.605/98. Porto Alegre: Livraria do Advogado, 2013. p. 154-155.

87 NETO, Nicolau Dino. FILHO, Ney Bello. DINO, Flávio. *Crimes e infrações administrativas ambientais*. 3. ed. Belo Horizonte: Del Rey, 2011. p. 213.

88 HARARI, Yuval Noah. *Sapiens* – Uma breve história da humanidade. Tradução Janaína Marcoantonio. 9. ed. Porto Alegre: L&PM, 2016. p. 55.

89 GOMES, Luiz Flávio. MACIEL, Sílvio Luiz. *Lei de crimes ambientais*: comentário à Lei 9.605/1998. 2. ed. Rio de Janeiro: Forense, 2015. p. 145.

Pode ocorrer concurso material deste art. 32 com o crime tipificado no art. 29, § 1º, III, como no exemplo do agente que, ao praticar o tráfico internacional de animais, transporta e acondiciona estes em condições insalubres e inadequadas (TRF4, 8ª T., ACR 2006.71.15.002557-4, Rel. Victor Laus, J. em 09/12/2009).

A figura equiparada prevista no art. 32, § 1º, incrimina a conduta do sujeito ativo que realiza experiência dolorosa ou cruel em animal, quando existentes recursos alternativos. Sobre o tema, o art. 14 da Lei n. 5.197/1967 permite a concessão de licenças científicas, enquanto o seu art. 3º proíbe licenças para fins comerciais. Já a Lei n. 11.794/2008 estabelece procedimentos para o uso científico de animais, especialmente a vivissecção.

Luiz Flávio Gomes e Sílvio Maciel fazem estudo completo sobre a majorante prevista no art. 32, § 2º, que prevê um aumento de pena se ocorrer a morte do animal. "No caso de *animais silvestres*, apenas se aplica a causa de aumento de pena se a morte do animal for culposa (crime preterdoloso). Se o agente pretende, com os maus-tratos ou crueldade, *matar* o animal, haverá o delito do art. 29, *caput*, com a agravante do art. 15, II, *m* (emprego de método cruel). No caso de *animais domésticos, domesticados ou exóticos*, o crime pode ser doloso ou preterdoloso, aplicando-se a majorante ainda que o agente tenha praticado os maus-tratos ou abuso com a intenção de provocar a morte do animal".[90]

O estudo do tipo em tela não pode ser desvinculado das excludentes de ilicitude previstas no art. 37.

Por fim, analisam-se questões que envolvem o direito ambiental e os costumes:

a) "rinha de galo": "A promoção de briga de galos, além de caracterizar prática criminosa tipificada na legislação ambiental, configura conduta atentatória à Constituição da República, que veda a submissão de animais a atos de crueldade, cuja natureza perversa, à semelhança da 'farra do boi' (RE 153.531/SC), não permite sejam eles qualificados como inocente manifestação cultural, de caráter meramente folclórico" (STF, ADI n. 1856, Rel. Celso de Mello, J. em 26/05/2011);

b) "farra do boi": na farra do boi, "há uma prática abertamente violenta e cruel para com os animais, e a Constituição não deseja isso" (STF, 2ª T., RE 153531, Rel. Francisco Rezek, J. em 03/06/1997);

c) tourada: essa prática inflige sofrimento e crueldade aos animais, conforme Sirvinskas sustenta.[91]

d) rodeio: se forem atendidos os requisitos previstos na Lei n. 10.519/2002, todos direcionados a evitar o tratamento cruel dos animais, cuida-se de exercício regular de direito. Observa-se que, segundo a Lei n. 13.364/2016, o rodeio foi elevado à condição de manifestação da cultura nacional e de patrimônio cultural imaterial;

e) vaquejada: em 2016, no julgamento da ADI n. 4.983/CE, o STF, sob a relatoria do Ministério Marco Aurélio, declarou inconstitucional a Lei n. 15.299/2013 do Estado do Ceará, que regulamentava a vaquejada no Estado do Ceará. Segue o essencial da ementa desse julgado: "VAQUEJADA – MANIFESTAÇÃO CULTURAL – ANIMAIS – CRUELDADE

90 GOMES, Luiz Flávio. MACIEL, Sílvio Luiz. *Lei de crimes ambientais*: comentário à Lei 9.605/1998. 2. ed. Rio de Janeiro: Forense, 2015. p. 152.

91 SIRVINSKAS, Luís Paulo. *Manual de direito ambiental*. 14. ed. São Paulo: Saraiva, 2016. p. 657-660.

MANIFESTA – PRESERVAÇÃO DA FAUNA E DA FLORA – INCONSTITUCIONALIDADE. A obrigação de o Estado garantir a todos o pleno exercício de direitos culturais, incentivando a valorização e a difusão das manifestações, não prescinde da observância do disposto no inciso VII do artigo 225 da Carta Federal, o qual veda prática que acabe por submeter os animais à crueldade. Discrepa da norma constitucional a denominada vaquejada." Não obstante, em 2017, foi editada a Emenda Constitucional n. 96, que acrescentou o § 7º ao art. 225, com a seguinte redação: "Para fins do disposto na parte final do inciso VII do § 1º deste artigo, não se consideram cruéis as práticas desportivas que utilizem animais, desde que sejam manifestações culturais, conforme o § 1º do art. 215 desta Constituição Federal, registradas como bem de natureza imaterial integrante do patrimônio cultural brasileiro, devendo ser regulamentadas por lei específica que assegure o bem-estar dos animais envolvidos". Com a EC n. 96, o legislador realizou verdadeira ponderação entre a manifestação cultural, de um lado, e a proteção dos animais, de outro. Prevaleceu a aquela, desde que assegurado, na forma da lei (ainda inexistente), o bem-estar dos animais. Destaca-se, outrossim, que a Lei n. 13.364/2016 já havia elevado a vaquejada à condição de manifestação da cultura nacional e de patrimônio cultural imaterial. Em consequência, uma vez editada a lei que assegure o bem-estar dos animais envolvidos na prática esportiva em comento, a vaquejada que a observe constituirá fato atípico. Ainda assim, registra-se que o Procurador-Geral da República ajuizou ações diretas de inconstitucionalidade contra as leis estaduais que regulamentam a vaquejada (ADI n. 5.710 contra a Lei Estadual n. 13.454/2015-BA, ADI n. 5.711 contra a Lei Estadual n. 1.906/2015-AM e ADI n. 10.428/2015-AP), sob o argumento de que essa prática ofende o art. 225, § 1º, VII, da CF. Segundo o PGR, a "[p]rática de vaquejada, não obstante sua antiguidade e seu relevo em certas regiões do país, é incompatível com os preceitos constitucionais que obrigam a República a preservar a fauna, a assegurar ambiente equilibrado e, sobretudo, a evitar desnecessário tratamento cruel de animais". Deve-se aguardar o desfecho dessas ações a fim de se aferir a compatibilidade da EC n. 96 com o art. 225 da CF.

VOLUNTARIEDADE

O crime do art. 32 é doloso, sem exigir elemento subjetivo específico. Quanto ao dolo, é necessário que o sujeito ativo aja com o intuito de prejudicar o animal, razão por que não é típica a conduta do agente que castra o seu cachorro ou corta o rabo deste.

Não é prevista a forma culposa.

CONSUMAÇÃO E TENTATIVA

O crime consuma-se quando os verbos nucleares são efetivamente praticados. Cuidando-se de crime plurissubsistente, a tentativa (*conatus*) é admissível.

AÇÃO PENAL

Todos os crimes previstos na Lei n. 9.605/98 são de ação penal pública incondicionada (art. 26). Observadas as penas mínima e máxima do tipo sob análise, são cabíveis a transação (art. 27) e a suspensão condicional do processo (art. 28).

No tocante à competência material, ver comentários ao art. 26.

Art. 33. Provocar, pela emissão de efluentes ou carreamento de materiais, o perecimento de espécimes da fauna aquática existentes em rios, lagos, açudes, lagoas, baías ou águas jurisdicionais brasileiras:

Pena – detenção, de um a três anos, ou multa, ou ambas cumulativamente.

Parágrafo único. Incorre nas mesmas penas:

I – quem causa degradação em viveiros, açudes ou estações de aqüicultura de domínio público;

II – quem explora campos naturais de invertebrados aquáticos e algas, sem licença, permissão ou autorização da autoridade competente;

III – quem fundeia embarcações ou lança detritos de qualquer natureza sobre bancos de moluscos ou corais, devidamente demarcados em carta náutica.

BEM JURÍDICO TUTELADO

O bem jurídico específico (v. comentários ao art. 2º) tutelado consiste no equilíbrio da fauna ictiológica "em suas múltiplas espécies, existentes em rios, lagos, lagoas, açudes, ou águas jurisdicionais brasileiras (peixes, ouriços, moluscos, mariscos, caranguejos, camarões, lagostas)".[92]

O art. 33 revogou tacitamente o art. 27, § 2º, da Lei n. 5.197/1967.

SUJEITOS DO CRIME

O sujeito passivo é a coletividade. Se for atingida a fauna aquática localizada em águas federais (art. 20, III, IV e VI, da CF, p. ex.), a União também será vítima. Tratando-se de crime comum, o sujeito ativo pode ser qualquer pessoa, inclusive a jurídica.

CONDUTAS

O art. 33, que é uma espécie qualificada do crime de poluição previsto no art. 54, incrimina a conduta do sujeito ativo que *provoca* (causar), pela emissão de efluentes (descarregamento de águas poluídas) ou carreamento de materiais (transporte de materiais de um lugar para outro), o perecimento (morte) da fauna aquática existente em rio (curso de água natural, mais ou menos torrencial, que corre de uma parte mais elevada para uma mais baixa e que deságua em outro rio, no mar ou num lago), lago (acumulação permanente de águas em grande extensão numa depressão de terreno fechada), açude (construção de terra, pedra, cimento etc. destinada a represar águas, a fim de que sejam usualmente na geração de força, na agricultura ou no abastecimento; acéquia, barragem, represa), lagoa (depressão de pequena profundidade, contendo água doce ou salgada), baía (grande sinuosidade numa costa, por onde penetra o mar)[93] ou águas jurisdicionais brasileiras (doze milhas marítima de largura, medidas a partir da linha de baixa-mar do litoral continental e insular – art. 1º da Lei n. 8.617/1993).

---

92 MILARÉ, Edis. COSTA JR., Paulo José da. COSTA, Fernando José da. *Direito penal ambiental*. 2. ed. São Paulo: Revista dos Tribunais, 2013. p. 95.

93 HOUAISS, Antônio. *Dicionário da língua portuguesa*. Versão eletrônica monousuário 3.0. Ed. Objetiva: 2009.

O objeto material sobre o qual incide a conduta prevista no art. 33, *caput*, são todas as formas de vida animal que vivem nas águas a que ele se refere.

O art. 33, parágrafo único, prevê condutas equiparadas:

Inc. I: O agente, pela emissão de efluentes ou carreamento de materiais, *causa* (provocar) a degradação (deterioração) em viveiros (local de criação), açudes (definido acima) ou estações de aquicultura (destinadas à atividade de cultivo de organismos cujo ciclo de vida em condições naturais se dá total ou parcialmente em meio aquático, sendo a atividade de aquicultura regulamentada pela Lei n. 11.959/09, pelo Decreto-Lei n. 221, de 28 de fevereiro de 1967 e pela Portaria IBAMA n. 110-N, de 7 de outubro de 1992) de domínio público. Com razão, Luiz Flávio Gomes e Sílvio Maciel observam: se a "degradação ocorrer em viveiro, açude ou estação de aquicultura *particular*, poderá o agente responder pelo crime do art. 29, *caput*, desta Lei, caso ocorra a *morte* de espécimes que estejam em tais criadouros privados; ou poderá responder pelo delito de dano (art. 163 do CP) por degradar patrimônio alheio".[94] Observa-se que basta para este inc. I a degradação, enquanto, para o *caput*, se exige perecimento.

Inc. II: O sujeito ativo, pela emissão de efluentes ou carreamento de materiais, *explora* (finalidade econômica), sem autorização, licença ou permissão (v. conceitos nos comentários ao art. 29), campos naturais de invertebrados aquáticos (animais desprovidos de vértebras, como as águas-vivas) e algas (divisão do reino vegetal que reúne plantas eucariotas e procariotas, que apresentam, além de clorofila, outros pigmentos assimiladores (o que determina sua coloração diversa), pouca ou nenhuma diferenciação de tecidos ou órgãos, grande variedade de formas e tamanhos (desde unicelulares, coloniais e filamentosas até formas parenquimatosas que podem alcançar mais de 50 m) e que vivem na maioria dos ambientes terrestres, esp. em águas salgadas ou doces, algumas adaptadas a extremos de temperatura).[95] Deve-se atentar para a seguinte diferença: enquanto o inc. I versa sobre instalações artificiais, o inc. II abrange campos naturais.

Inc. III: O agente *fundeia* (ancorar) embarcações ou *lança* (jogar) detritos de qualquer natureza (resíduos) sobre bancos de moluscos (v. conceito nos comentários ao art. 36) ou corais (design. comum a diversos animais cnidários, antozoários, coloniais, esp. os da ordem dos escleractíneos, cujos pólipos secretam um volumoso esqueleto calcário externo, principal responsável pela formação de recifes)[96] que estejam demarcados em carta náutica. "As Cartas Náuticas são documentos cartográficos que resultam de levantamentos de áreas oceânicas, mares, baías, rios, canais, lagos, lagoas, ou qualquer outra massa d'água navegável e que se destinam a servir de base à navegação. [...] À DHN, na qualidade de Serviço Hidrográfico Brasileiro, cabe manter, por meio do Centro de Hidrografia da Marinha (CHM), todas as Cartas Náuticas em Águas Jurisdicionais Brasileiras atualizadas."[97]

Constata-se que o delito do art. 33, *caput*, e parágrafo único, I e II, pode ser classificado como crime de forma vinculada, pois ele descreve as duas únicas formas pelas quais se provocam os resultados a que ele se refere: emissão de efluentes ou carreamento de materiais.

---

94 GOMES, Luiz Flávio. MACIEL, Sílvio Luiz. *Lei de crimes ambientais*: comentário à Lei 9.605/1998. 2. ed. Rio de Janeiro: Forense, 2015. p. 156.

95 HOUAISS, Antônio. *Dicionário da língua portuguesa*. Versão eletrônica monousuário 3.0. Ed. Objetiva: 2009.

96 HOUAISS, Antônio. *Dicionário da língua portuguesa*. Versão eletrônica monousuário 3.0. Ed. Objetiva: 2009.

97 Centro de Hidrografia da Marinha. Disponível em: < http://www.mar.mil.br/dhn/chm/box-cartas-nauticas/cartas.html>. Acesso em: 29 abr. 2017.

O conflito aparente entre este art. 33 e o art. 35, II, é resolvido pela análise do elemento subjetivo. Se o dolo do agente for voltado a causar poluição na fauna aquática, ele incorre na prática do art. 33; se o dolo for voltado à pesca, ou seja, se o agente utiliza a substância tóxica para a finalidade de pescar, ele responde pelo art. 35, II. Por outro lado, se, com a mesma conduta, o agente, além de provocar o perecimento da fauna aquática, causar poluição que resulta ou possa resultar em danos à saúde humana ou que provoque a mortandade da fauna não aquática ou a destruição significativa da flora, haverá concurso formal entre este art. 33 e o crime tipificado no art. 54, segundo Freitas.[98]

VOLUNTARIEDADE

O crime do art. 33 é doloso, sem exigir elemento subjetivo específico. Não é prevista a forma culposa.

CONSUMAÇÃO E TENTATIVA

No *caput* e no parágrafo único, I, o crime é material, razão por que a consumação ocorre quando os resultados ali previstos são atingidos. Já nas hipóteses dos incs. II e III do parágrafo único, é prescindível o resultado material, consumando-se o crime com a simples prática das condutas neles previstas. Tratando-se de crime plurissubsistente, a tentativa (*conatus*) é admissível.

AÇÃO PENAL

Todos os crimes previstos na Lei n. 9.605/98 são de ação penal pública incondicionada (art. 26). Tendo em vista as penas mínima e máxima, não cabe transação (art. 27); todavia, tem lugar a suspensão condicional do processo (art. 28).

No atinente à competência material (v. comentários ao art. 26), observa-se que, se a conduta ocorrer em águas pertencentes à União, a competência será da Justiça Federal; nos outros casos, a Justiça Estadual será competente.

Art. 34. Pescar em período no qual a pesca seja proibida ou em lugares interditados por órgão competente:

Pena – detenção de um ano a três anos ou multa, ou ambas as penas cumulativamente.

Parágrafo único. Incorre nas mesmas penas quem:

I – pesca espécies que devam ser preservadas ou espécimes com tamanhos inferiores aos permitidos;

II – pesca quantidades superiores às permitidas, ou mediante a utilização de aparelhos, petrechos, técnicas e métodos não permitidos;

III – transporta, comercializa, beneficia ou industrializa espécimes provenientes da coleta, apanha e pesca proibidas.

98 FREITAS, Vladimir Passos de. FREITAS, Gilberto Passos de. *Crimes contra a natureza*. 9 ed. São Paulo: Revista dos Tribunais, 2012. p. 123.

BEM JURÍDICO TUTELADO

O bem jurídico específico (v. comentários ao art. 2º) tutelado consiste no equilíbrio da fauna aquática (peixes, crustáceos, moluscos, vegetais hidróbios). A proibição da pesca visa, primordialmente, permitir que as espécies aquáticas possam reproduzir-se.

O art. 34 revogou tacitamente o art. 27, § 3º, da Lei n. 5.197/1697.

SUJEITOS DO CRIME

O sujeito passivo é a coletividade. Tratando-se de crime comum, o sujeito passivo pode ser qualquer pessoa, inclusive a jurídica.

CONDUTAS

O art. 34 incrimina a conduta do sujeito ativo que *pesca* (v. interpretação autêntica do art. 36) em períodos ou locais proibidos pela autoridade ambiental competente. Esta autoridade deve integrar o Sistema Nacional do Meio Ambiente – SISNAMA (art. 6º da Lei n. 6.938/1981), sob pena de o ato administrativo expedido ser inválido. Por essa razão, o STJ reconheceu a atipicidade da conduta do agente que pescou em barragem localizada em Três Marias (MG), que fora interditada para a pesca pela Companhia Energética de Mingas Gerais – CEMIG, a qual, todavia, não integrava o SISNAMA (STJ, 5ª T., HC 42.528/MG, Rel. Arnaldo Esteves Lima, J. em 07/06/2005). Em razão das características locais, há uma infinidade de atos administrativos que dispõem sobre os locais e os períodos em que a pesca é proibida.

O ART. 34, PARÁGRAFO ÚNICO, EQUIPARA A CRIME AS SEGUINTES CONDUTAS

Inc. I: *Pescar* (v. interpretação autêntica do art. 36) espécimes que devem ser preservadas ou que tenham tamanhos inferiores aos permitidos em ato administrativo ambiental.

Inc. II: *Pescar* (v. interpretação autêntica do art. 36) espécimes em quantidades superiores às permitidas ou mediante instrumentos e métodos não permitidos em ato administrativo ambiental.

Inc. III: *Transportar* (locomover), *comercializar* (finalidade econômica), *beneficiar* (enriquecer) ou *industrializar* (transformar em bem de produção) os espécimes objetos de pesca proibida. Percebe-se que este inc. III, o qual se assemelha à receptação e constitui tipo misto alternativo (v. conceito nos comentários ao item "condutas" do art. 29), se destina a terceiros, e não ao pescador. Caso este, além de pescar (art. 34, *caput*, ou art. 34, parágrafo único, I), pratique as condutas do inc. III, haverá a caracterização de *post factum impunível* (TJMS, 2ª C. Crim., ACR: 6239 MS 2012.006239-9, Rel. Carlos Eduardo Contar, J. em 09/04/2012). Pós-fato impunível, para Francisco de Assis Toledo, ajusta-se ao critério da consunção: ocorre, geralmente, com os atos de exaurimento do crime consumado, os quais estão previstos também como crimes autônomos, destacando-se que a punição do primeiro absorve a do último.[99] Também se deve registrar a percuciente observação de Luís Gomes: "a interpretação do tipo penal em foco, no que tange a elementar 'proibidas', deve ser *restritiva*, no sentido de que se trata de condutas '*penalmente* proibidas'. Se o transporte, a comercialização, o beneficiamento ou a industrialização ocorrerem em

99 TOLEDO, Francisco de Assis. *Princípios básicos de direito penal*. 5. ed. São Paulo: Saraiva, 1994. p. 54.

face de espécimes provenientes da coleta, apanha e pesca proibidas *apenas administrativamente* (como, por exemplo, pescar sem autorização), a conduta será atípica".[100]

O art. 34 constitui norma penal em branco, pois depende da regulamentação de algum integrante do SISNAMA sobre a proibição da pesca. Em razão do tamanho do Brasil e da peculiaridade das suas regiões, há um número enorme de atos administrativos que regulamentam a proibição da pesca. Exemplificativamente, mencionam-se os seguintes atos normativos que definem períodos ou lugares, espécimes, métodos, instrumentos, apetrechos e quantidades permitidos e proibidos: Instrução Normativa MMA n. 30, de 13 de setembro de 2005 (bacia hidrográfica do Rio Paraná); Portaria IBAMA n. 22-N/1993 (Estados de MS e MT); Portaria IBAMA n. 21/1993 (bacia hidrográfica do Rio Paraná), Portaria IBAMA n. 92/1995 (bacia hidrográfica do Rio São Francisco); Portaria IBAMA n. 84/2002 (Estado de SC); Portaria IBAMA n. 4, de 19 de março de 2009 (normas gerais para o exercício da pesca amadora em todo território nacional); Instrução Normativa IBAMA n. 206, de 14 de novembro de 2008 (Art. 1º Proibir, nas águas sob jurisdição brasileira, o exercício da pesca das lagostas vermelha (*Panulirus argus*) e verde (*P. Laevicauda*), anualmente, no período de 1º de dezembro a 31 de maio.); Instrução Normativa MMA n. 5, de 21 de maio de 2014 (espécimes ameaçadas de extinção cuja captura é proibida); e Instrução Normativa Interministerial MPA/MMA n. 09, de 13 de junho de 2012 (quantidades permitidas na pesca amadora).

Observa-se que a denúncia deve, necessariamente, especificar o ato normativo administrativo que torna a pesca proibida, sob pena de inépcia: "É entendimento consolidado desta Corte que o oferecimento da denúncia sem a norma complementadora constitui inépcia da denúncia, por impossibilitar a defesa adequada do denunciado" (STJ, 6ª T., HC 304.952/MT, Rel. Nefi Cordeiro, J. em 10/03/2016). No mesmo sentido: "Crime do art. 34, parágrafo único, inciso II, da Lei 9.605/98 é norma penal em branco, necessitando, por isso, de norma complementar. Denúncia que não indica qual a norma complementar violada na espécie" (TJ/RS, 4ª C. Crim., ACR: 70075426965 RS, Rel. Julio Cesar Finger, J. em 03/05/2018).

O objeto material sobre o qual incide a conduta são os peixes, crustáceos, moluscos e vegetais hidróbios (v. conceito nos comentários ao art. 36).

Registra-se que, para a jurisprudência que admite a aplicação do **princípio da insignificância aos crimes de pesca**, a quantidade do pescado é essencial para a incidência ou não desse princípio: "2. Esta Corte tem reconhecido a insignificância de condutas que se amoldariam ao tipo penal descrito como crime contra a fauna aquática, quando a pesca é de pequena quantidade de peixe e, ainda, que com a utilização de petrechos vedados, em razão da falta de ofensividade ao bem jurídico tutelado. Precedentes. 3. No caso, os pacientes foram acusados de pesca de 1 kg de peixe com petrecho proibido, conduta que se reconhece atípica, pois ínfima quantidade pescada" (STJ, 6ª T., AgRg no HC 313815/SP, Rel. Sebastião Reis Júnior, J. em 21/09/2017). No mesmo sentido: STJ, 6ª T., HC 178.208/SP, Rel. Maria Moura, J. em 20/06/2013. Contudo, o próprio STJ tem arestos contrários à aplicação da insignificância ao crime de pesca, "haja visto tratar-se de crime formal, de perigo abstrato, a prescindir, portanto, de qualquer resultado danoso para sua configuração, decorrendo a tipificação penal meramente da potencialidade de

100 GOMES, Luís Roberto. Crimes contra a fauna aquática (artigos 33 a 37). In: MARCHESAN, Ana Maria Moreira. STEIGLEDER, Annelise Monteiro. (Org.). *Crimes ambientais:* comentários à lei 9.605/98. Porto Alegre: Livraria do Advogado, 2013. p. 179.

colocar em risco a reprodução das espécies da fauna local" (STJ, 6ª T., AgRg no HC 236973/MG, Rel. Rogerio Schietti Cruz, J. em 16/02/2017).

Porque os fatos que as caracterizam são elementares do art. 34, restam inaplicáveis as agravantes previstas no art. 15, II, *g* e *l*.

No mais, segundo o princípio da especialidade, o art. 2º da Lei n. 7.643/1987, que tipifica a pesca ou molestamento de cetáceos (ordem de mamíferos aquáticos, que inclui as baleias, botos e golfinhos; de corpo hidrodinâmico, ger. sem pelos, membros anteriores modificados em nadadeiras e posteriores ausentes, nadadeira caudal horizontal, orifícios respiratórios situados no alto da cabeça)[101], continua vigente, conforme entendimento do STJ (STJ, 5ª T., HC 19.279/SC, Rel. Gilson Dipp, J. em 17/12/2002).

VOLUNTARIEDADE

O crime do art. 34 é doloso, sem exigir elemento subjetivo específico. Não é prevista a forma culposa.

CONSUMAÇÃO E TENTATIVA

A consumação depende, fundamentalmente, do estudo do art. 36, que conceitua como pesca qualquer "ato tendente a retirar, extrair, coletar, apanhar, apreender ou capturar" espécimes da fauna aquática. O STJ entende que o crime tipificado no art. 34 é formal e de perigo abstrato, "que prescinde, portanto, de qualquer resultado danoso para sua configuração" (STJ, 6ª T., AgRg no AREsp 665.254/SC, Rel. Rogério Schietti Cruz, J. em 16/02/2017). No mesmo sentido: STJ, 6ª T., AgRg no Rec. em HC 55689/RO, Rel. Rogerio Schietti Cruz, J. em 21/09/2017. Sobre o art. 34, II, especificamente, mas cujo entendimento pode ser aplicado para as figuras do inc. I e do *caput*, o TRF da 3ª Região decidiu, que, sendo de perigo abstrato (TRF3, 1ª T., Apelação criminal n. 14386-0000536-49.2001.4.03.6113, Rel. Johonsom di Salvo, J. em 05/08/2008), a "consumação do delito não exige a retirada de espécimes aquáticos da água, porque se trata de crime formal. A apreensão de peixes constituiria mero exaurimento do delito" (TRF3, 5ª T., Apelação Criminal n. 16938 – 0002185-53.1999.4.03.6102, Rel. André Nabarrete, J. em 21/05/2007). O caráter de crime formal e de perigo abstrato também foi reconhecido pelo TRF da 4ª Região (TRF4, 7ª T., ACR 2008.72.00.012436-3, Rel. Néfi Cordeiro, J. em 25/03/2010). Quanto ao art. 34, parágrafo único, III, o crime consuma-se com a efetiva prática dos verbos nucleares ali referidos.

Pela amplitude do conceito de pesca (art. 36), a tentativa (*conatus*) resta de difícil configuração, na prática.

AÇÃO PENAL

Todos os crimes previstos na Lei n. 9.605/98 são de ação penal pública incondicionada (art. 26). Tendo em vista as penas mínima e máxima, não cabe transação (art. 27); todavia, tem lugar a suspensão condicional do processo (art. 28).

A competência material (v. comentários ao art. 26) será da Justiça Estadual, em regra. Se envolver algum bem da União, a competência será da Justiça Federal. Não obstante, o STJ, que entendia que a pesca realizada em rio que banhasse mais de um Estado era da competência da Justiça Federal

101 HOUAISS, Antônio. *Dicionário da língua portuguesa*. Versão eletrônica monousuário 3.0. Ed. Objetiva: 2009.

(STJ, 3ª S., CC 39.055/RS, Rel. Paulo Medina, J. em 23/02/2005), desde 2016, passou a sustentar que **o crime de pesca em rio interestadual desacompanhado da comprovação de que o dano dela decorrente tenha repercutido em mais de um Estado é da competência da Justiça Estadual** (STJ, 3ª S., CC 146.373/MG, Rel. Reynaldo Fonseca, J. em 11/05/2016; STJ, 3ª S., AgRg no CC. 154855/SP, Rel. Maria Thereza de Assis Moura, J. em 13/12/2017), no que foi acompanhado pelo TRF da 3ª Região (TRF3, 5ª T., RSE 00008023320164036138/SP, Rel. Paulo Fontes, J. em 20/09/2017).

Art. 35. Pescar mediante a utilização de:

I – explosivos ou substâncias que, em contato com a água, produzam efeito semelhante;

II – substâncias tóxicas, ou outro meio proibido pela autoridade competente:

Pena – reclusão de um ano a cinco anos.

BEM JURÍDICO TUTELADO

O bem jurídico específico (v. comentários ao art. 2º) tutelado consiste no equilíbrio da fauna aquática.

O art. 35, por dispor sobre as mesmas condutas, revogou tacitamente o art. 27, § 3º, da Lei n. 5.197/1967, e o art. 8º da Lei n. 7.679/1988.

SUJEITOS DO CRIME

O sujeito passivo é a coletividade. Se a pesca ocorrer em área pertencente à União, esta será vítima também. Tratando-se de crime comum, o sujeito ativo pode ser qualquer pessoa, inclusive a jurídica.

CONDUTAS

O art. 35 incrimina a conduta do sujeito ativo que pesca (v. interpretação autêntica do art. 36) com a utilização de: I) explosivos (o Decreto n. 9493/2018 da Presidência da República, que regulamenta a fiscalização de produtos controlados, define três espécies de explosivos: a) "Explosivo: tipo de matéria que, quando iniciada, sofre decomposição muito rápida, com grande liberação de calor e desenvolvimento súbito de pressão"; b) "Explosivos de ruptura ou altos explosivos: são destinados à produção de um trabalho de destruição pela ação da força viva dos gases e da onda de choque produzidos em sua transformação"; c) "Explosivos primários ou iniciadores: são os que se destinam a provocar a transformação (iniciação) de outros explosivos menos sensíveis. Decompõem-se, unicamente, pela detonação e o impulso inicial exigido é a chama (calor) ou choque") ou substâncias que produzam efeito semelhante ao de explosivo quando em contato com a água (Luiz Régis Prado menciona os seguintes exemplos: produtos geradores de ondas de alta frequência e descargas elétricas de alta voltagem)[102]; II) substância tóxicas ou outro meio proibido pela autoridade competente. A realização de perícia é fundamental para a caracterização do instrumento utilizado para a pesca como explosivo (ou substância análoga), substancia tóxica ou outro meio proibido.

Sobre o conflito aparente deste art. 35, II, com o art. 33, vide comentários a este. Já a análise do dolo auxilia a superar o conflito aparente entre este art. 35, II, e o art. 54: se, ao utilizar a

---

102 PRADO, Luiz Régis. *Direito penal do ambiente*. 4. ed. São Paulo: Revista dos Tribunais, 2012. p. 211.

substância tóxica, o sujeito pretender pescar, responderá pelo art. 35, II; diferentemente, se ele visar causar poluição, responderá pelo art. 54. Ademais, se, mediante a explosão, o agente expuser a perigo a vida, a integridade física ou o patrimônio de outrem, responderá em concurso formal com o crime do art. 251 do CP. E, se, com gás tóxico, o sujeito ativo expuser a perigo a vida, a integridade física ou o patrimônio de outrem, haverá concurso formal com o crime tipificado no art. 252 do CP. O concurso formal justifica-se, nesses dois últimos casos, porque a objetividade jurídica do crime do art. 35 (equilíbrio da fauna aquática) é diversa da dos arts. 251 e 252, que tutelam a incolumidade pública.

VOLUNTARIEDADE

O crime do art. 35 é doloso, sem exigir elemento subjetivo específico. Não é prevista a forma culposa.

CONSUMAÇÃO E TENTATIVA

Observado o conceito de pesca no art. 36, tem-se que o crime do art. 35 é formal, ou seja, dispensa resultado naturalístico. Por isso, sequer a morte dos peixes crustáceos, moluscos e vegetais hidróbios é necessária para a consumação. Todavia, é necessário que o agente, de posse dos explosivos (ou substância tóxica), inicie, efetivamente, algum ato de execução da pesca. Do contrário, se o agente for surpreendido em flagrante transportando, no seu veículo, explosivos para posterior utilização em pesca, ele incorre no crime do art. 16 da Lei n. 10.826/2003 (STJ, Conflito de competência n. 63.051-BA (2006/0090650-5), decisão monocrática, Rel. Félix Fischer). Contudo, registra-se que a doutrina não é pacífica, havendo quem sustente se tratar de crime material (exige a morte dos espécimes da fauna ictiológica)[103].

Pela amplitude do conceito de pesca (art. 36), a tentativa (*conatus*) resta de difícil configuração, na prática.

AÇÃO PENAL

Todos os crimes previstos na Lei n. 9.605/98 são de ação penal pública incondicionada (art. 26). Tendo em vista as penas mínima e máxima, não cabe transação (art. 27); todavia, tem lugar a suspensão condicional do processo (art. 28).

Sobre a competência material, ver comentários aos arts. 26 e 34.

> **Art. 36.** Para os efeitos desta Lei, considera-se pesca todo ato tendente a retirar, extrair, coletar, apanhar, apreender ou capturar espécimes dos grupos dos peixes, crustáceos, moluscos e vegetais hidróbios, suscetíveis ou não de aproveitamento econômico, ressalvadas as espécies ameaçadas de extinção, constantes nas listas oficiais da fauna e da flora.

A pesca é disciplinada pela Lei n. 11.959/2009, que revogou quase a totalidade do antigo Código de Pesca (Decreto-Lei n. 221, de 8 de fevereiro de 1967). O art. 2º, III, dessa Lei, conceitua pesca como "toda operação, ação ou ato tendente a extrair, colher, apanhar, apreender ou capturar

103 Nesse sentido: FREITAS, Vladimir Passos de. FREITAS, Gilberto Passos de. *Crimes contra a natureza*. 9 ed. São Paulo: Revista dos Tribunais, 2012. p. 133.; MILARÉ, Edis. COSTA JR., Paulo José da. COSTA, Fernando José da. *Direito penal ambiental*. 2. ed. São Paulo: Revista dos Tribunais, 2013. p. 100; e PRADO, Luiz Régis. *Direito penal do ambiente*. 4. ed. São Paulo: Revista dos Tribunais, 2012. p. 211.

recursos pesqueiros". No seu art. 8º, ela classifica a pesca em comercial (podendo ser artesanal ou industrial) ou em não comercial (podendo ser científica, amadora e de subsistência).

No âmbito da LCA, a pesca é objeto de interpretação autêntica realizada pelo art. 36 sob análise, que apresenta teor similar ao conceito do art. 2º da Lei n. 11.959/2009. A diferença consiste na exclusão do conceito de pesca, por este art. 36, das espécies ameaçadas de extinção, constantes nas listas oficiais da fauna e da flora. Leitura açodada leva à conclusão equivocada de que a pesca de espécimes em extinção seria atípica. Não é isso o que ocorreu, todavia: a "conduta de pesca de espécies ameaçadas de extinção subsume-se ao tipo descrito no art. 34, parágrafo único, inciso I, da Lei n.º 9.605/98" (STJ, 5ª T., REsp 1262965/RS, Rel. Laurita Vaz, J. em 19/11/2013).

Podem ser objeto material da pesca: a) peixe, que consiste na "designação comum aos animais vertebrados, aquáticos, que possuem os membros transformados em nadadeiras sustentadas por raios ósseos, esqueleto ósseo ou cartilaginoso, coração dividido em duas cavidades e respiração branquial"; b) crustáceo, que designa "filo ou subfilo de animais artrópodes, de respiração branquial, com dois pares de antenas, um par de mandíbulas e dois pares de maxilas, que reúne mais de 30.000 spp. descritas, esp. do ambiente marinho, distribuídas por seis classes; são os vulgarm. conhecidos camarões, cracas, tatuzinhos, lagostas, caranguejos e siris"; c) molusco, que respeita ao "grande filo de animais invertebrados, marinhos, de água doce ou terrestres, que compreende os caramujos, ostras e lulas, entre outros; distinguem-se pelo corpo mole e mucoso, com simetria bilateral ou ausente, coberto por um manto fino que ger. secreta uma concha calcária com uma, duas ou mais partes, a cabeça é ger. anterior e dotada de um órgão alimentar característico, chamado rádula, têm pé ventral bem desenvolvido, e a respiração é feita pelas brânquias ou pulmões)"; e d) vegetal hidróbio, aquele que vive na água.[104]

Sobre a consumação e a tentativa dos crimes relacionados à pesca, vide comentários no item "consumação e tentativa" referente aos arts. 34 e 35.

> **Art. 37.** Não é crime o abate de animal, quando realizado:
>
> I – em estado de necessidade, para saciar a fome do agente ou de sua família;
>
> II – para proteger lavouras, pomares e rebanhos da ação predatória ou destruidora de animais, desde que legal e expressamente autorizado pela autoridade competente;
>
> III – (VETADO)
>
> IV – por ser nocivo o animal, desde que assim caracterizado pelo órgão competente.

O art. 37 apresenta hipóteses em que o abate de animal, apesar de ser conduta típica, é lícita. O ônus probatório, admitidos todos os meios de prova lícitos, competirá ao sujeito ativo, conforme o art. 156, *caput*, do CPP. A previsão deste art. 37 não impede a aplicação das excludentes de ilicitude previstas no art. 23 do CP. São as seguintes hipóteses previstas neste art. 37:

Inc. I: Para saciar a fome do agente e da sua família, situação que caracteriza o estado de necessidade (art. 23, I, do CP). Aqui, a lei já fez a ponderação entre a vida e a saúde, de um lado, e o direito da coletividade à vida do animal que é abatido, do outro lado. A propósito: "Inobstante provada a materialidade e autoria do delito imputado aos acusados, resta demonstrado que estes abateram os animais para seu consumo e da família, eis que pobres e necessitados, caracterizando situação de estado de necessidade, o que exclui o crime (art. 37, inciso I, da Lei

104 HOUAISS, Antônio. *Dicionário da língua portuguesa*. Versão eletrônica monousuário 3.0. Ed. Objetiva: 2009.

n. 9.605/98)" (TJRS, Turma Recursal Criminal, ApCrim 71001689405, Rel. Ângela Silveira, J. em 07/07/2008).

Inc. II: Para proteger plantações em geral e rebanhos da ação predatória ou destruidora de animais, desde que a autoridade ambiental haja autorizado a conduta. Caracteriza-se aqui o exercício regular de direito.

Inc. IV: Quando o animal é nocivo, desde que assim reconhecido por órgão competente. Caracteriza-se aqui o exercício regular de direito (pelo proprietário da lavoura, p. ex.) ou estrito cumprimento do dever legal (agente público do controle de zoonoses). A Instrução Normativa IBAMA nº 141, de 19 de dezembro de 2006, regulamenta o controle e o manejo ambiental da fauna sinantrópica nociva. A Instrução Normativa IBAMA n. 03/2013, de 31 de janeiro de 2013 declarou o javali-europeu, de nome científico *Sus Scrofa*, espécie nociva e autorizou o seu abate em todo o território nacional.

SEÇÃO II
DOS CRIMES CONTRA A FLORA

Segundo o Vocabulário de Meio Ambiente do IBGE, flora consiste no conjunto de entidades taxonômicas vegetais (espécies, gêneros etc.) que compõem a vegetação de um território de dimensões consideráveis, como por exemplo, a flora do cerrado. Floresta, por sua vez, é o conjunto de sinúsias dominado por fanerófitos de alto porte, e apresentando quatro estratos bem definidos: herbáceo, arbustivo, arvoreta e arbóreo. Deve ser também levada em consideração a altura, para diferenciá-la das outras formações lenhosas campestres.[105] Já o item 18 do Anexo I da Portaria IBDF (antecessor do IBAMA) 486-P, de 28 de outubro de 1986, conceitua a floresta como a "formação arbórea densa, de alto porte, que recobre área de terra mais ou menos extensa". Esse conceito foi adotado pela maioria da doutrina e foi encampado pelo STJ para conceituar "floresta", prevista nos tipos da LCA: o "elemento normativo 'floresta', constante do tipo de injusto do art. 38 da Lei nº 9.605/98, é a formação arbórea densa, de alto porte, que recobre área de terra mais ou menos extensa. O elemento central é o fato de ser constituída por árvores de grande porte. Dessa forma, não abarca a vegetação rasteira. (Precedentes)" (STJ, 5ª T., HC 74.950/SP, Rel. Félix Fischer, J. em 21/06/2007). Não obstante os conceitos de flora e floresta sejam distintos, a aplicação da lei não é alterada, conforme observam Freitas e Milaré.[106]

Art. 38. Destruir ou danificar floresta considerada de preservação permanente, mesmo que em formação, ou utilizá-la com infringência das normas de proteção:

Pena – detenção, de um a três anos, ou multa, ou ambas as penas cumulativamente.

Parágrafo único. Se o crime for culposo, a pena será reduzida à metade.

---

105 Instituto Brasileiro de Geografia e Estatística. *Vocabulário básico de recursos naturais e meio ambiente*. 2. ed. Rio de Janeiro, 2004. Disponível em: <http://www.ibge.gov.br/home/presidencia/noticias/vocabulario.pdf>. Acesso em: 07 abr. 2017. p. 146.

106 FREITAS, Vladimir Passos de. FREITAS, Gilberto Passos de. *Crimes contra a natureza*. 9 ed. São Paulo: Revista dos Tribunais, 2012. p. 143.; MILARÉ, Edis. COSTA JR., Paulo José da. COSTA, Fernando José da. *Direito penal ambiental*. 2. ed. São Paulo: Revista dos Tribunais, 2013. p. 103.

BEM JURÍDICO TUTELADO

O bem jurídico específico (v. comentários ao art. 2º) tutelado consiste na preservação das florestas consideradas de preservação permanente, mesmo que em formação.

SUJEITOS DO CRIME

O sujeito passivo é a coletividade. Se a floresta atingida estiver localizada em área da União, esta será vítima também. Tratando-se de crime comum, o sujeito ativo pode ser qualquer pessoa, inclusive a jurídica. O proprietário da área privada localizada em APP pode ser tanto sujeito passivo como ativo.

CONDUTAS

O art. 38 incrimina a conduta do sujeito ativo que *destrói* (aniquilar) ou *danifica* (deteriorar) floresta considerada de preservação permanente, mesmo que em formação.

O objeto material sobre o qual incide a conduta é a floresta (v. conceito nos comentários à Seção II) que esteja localizada em área de preservação permanente – APP, que é aquela "área protegida, coberta ou não por vegetação nativa, com a função ambiental de preservar os recursos hídricos, a paisagem, a estabilidade geológica e a biodiversidade, facilitar o fluxo gênico de fauna e flora, proteger o solo e assegurar o bem-estar das populações humanas" (art. 3º, II, da Lei n. 12.651/2012). A APP pode ser definida por lei (art. 4º, da Lei n. 12.651/2012, a exemplo do seu inc. X: as áreas em altitude superior a 1.800 metros, qualquer que seja a vegetação) ou por ato administrativo do Poder Executivo municipal, estadual, distrital ou federal (art. 6º da Lei n. 12.651/2012). Logo, existem inúmeros atos administrativos oriundos das três esferas do Poder Executivo que podem definir as florestas localizadas em APPs. Tanto a floresta já formada como aquela em processo de formação são protegidas, o que torna necessária a realização de perícia. A capoeira, por exemplo, pode caracterizar floresta em processo de formação (STJ, 6ª T., HC 52.722/SP, Rel. Maria Moura, J. em 25/03/2008).

Também é incriminada a conduta de *utilizar* (fazer uso) floresta em APP com infringência das normas de proteção. O art. 8º da Lei n. 12.651/2012 permite a intervenção e até mesmo a supressão de vegetação nativa em APP em hipóteses de utilidade pública, de interesse social ou de baixo impacto ambiental, conforme o art. 3º, VIII, IX e X, da Lei n. 12.651/2012. Ademais, ato do Poder Executivo pode prever mais hipóteses de intervenção e supressão. Nesses casos, portanto, a utilização da floresta ocorre segundo as regras permissivas, o que torna lícita a conduta.

Se apenas houver corte de árvores, sem permissão, em floresta de preservação permanente, o crime será o tipificado no art. 39; diversamente, se, além do corte de árvores, houver danificação ou destruição dessa mesma floresta, o crime do art. 39 é absorvido por este crime tipificado no art. 38, como já decidiu o STJ ("É de ser reconhecido o excesso acusatório relativamente ao concurso material entre os artigo 38 e 39 da Lei 9.605/98, já que o artigo 38 engloba também a hipótese em que o dano à floresta de preservação permanente decorre do corte de árvores" – STJ, 6ª T., HC 52.722/SP, Rel. Maria Moura, J. em 25/03/2008). Sobre o conflito aparente com os arts. 40, 41, 50 ou 50-A, vide comentários ao item "condutas" relativo a cada um desses artigos.

VOLUNTARIEDADE

O crime do art. 38 é doloso, sem exigir elemento subjetivo específico. É prevista também a forma culposa.

CONSUMAÇÃO E TENTATIVA

Os verbos "destruir" e "danificar" caracterizam crime material, sucedendo a consumação quando a floresta é destruída ou danificada; ademais, sendo crime plurissubsistente, cabe tentativa (*conatus*), na forma dolosa. Já o verbo nuclear "utilizar" configura crime de mera conduta, pois não há sequer previsão de resultado naturalístico. Não cabe tentativa para a conduta "utilizar", pois, ou a utilização da floresta em desacordo às regras já consuma o delito, ou a utilização ocorre de acordo com as regras, sendo fato lícito.

AÇÃO PENAL

Todos os crimes previstos na Lei n. 9.605/98 são de ação penal pública incondicionada (art. 26). Tendo em vista as penas mínima e máxima, para a forma dolosa, não cabe transação (art. 27); todavia, tem lugar a suspensão condicional do processo (art. 28). Para a forma culposa, cabem tanto a transação quanto o *sursis* processual.

Para os crimes tipificados nos arts. 38, 39 e 48, é cabível a suspensão prevista no art. 60 da Lei n. 12.651/2012 (v. comentários ao art. 26). Especificamente quanto ao art. 38, o STJ, por duas vezes, já reconheceu que ele não sofreu *abolitio criminis* pelo art. 61-A da Lei n. 12.651/12, o qual, ao permitir a continuidade das atividades agrossilvipastoris, de ecoturismo e de turismo rural, em áreas rurais consolidadas até 22 de julho de 2008, localizadas em áreas de preservação permanente, constitui *novatio legis in melluis* (STJ, 6ª T., REsp 1406833/PR, Rel. Nefi Cordeiro, J. em 20/03/2018; STJ, 5ª T., AgRg no REsp 1408507/PR, Rel. Félix Fischer, J. em 12/09/2017).

Quanto à competência material (v. comentários ao art. 26), vale observar a *ratio* do STJ: a "simples circunstância de se tratar de área de preservação permanente não tem o condão de deslocar a competência para a Justiça Federal, pois, constituindo propriedade particular, não há interesse direto e específico da União" (STJ, 5ª T., REsp 592.009/TO, Rel. Arnaldo Esteves Lima, J. em 12/04/2005).

Art. 38-A. Destruir ou danificar vegetação primária ou secundária, em estágio avançado ou médio de regeneração, do Bioma Mata Atlântica, ou utilizá-la com infringência das normas de proteção:

Pena – detenção, de 1 (um) a 3 (três) anos, ou multa, ou ambas as penas cumulativamente.

Parágrafo único. Se o crime for culposo, a pena será reduzida à metade.

BEM JURÍDICO TUTELADO

O bem jurídico específico (v. comentários ao art. 2º) tutelado consiste na preservação ambiental do bioma Mata Atlântica, cuja utilização e proteção foram regulamentadas pela Lei n. 11.428/2006, a qual incluiu o artigo 38-A na LCA. O art. 2º desta Lei n. 11.428/2006 considera integrantes do Bioma Mata Atlântica as seguintes formações florestais nativas e ecossistemas associados, com as respectivas delimitações estabelecidas em mapa do IBGE: Floresta Ombrófila Densa; Floresta Ombrófila Mista, também denominada de Mata de Araucárias; Floresta Ombrófila Aberta; Floresta Estacional Semidecidual; e Floresta Estacional Decidual, bem como os manguezais, as vegetações de restingas, campos de altitude, brejos interioranos e encraves florestais do Nordeste. Bioma designa o "conjunto de vida (vegetal e animal) definida pelo agrupamento de tipos de vegetação contíguos e identificáveis em escala regional, com condições geoclimáticas similares e história compartilhada de mudanças, resultando em uma diversidade biológica própria".[107]

SUJEITOS DO CRIME

O sujeito passivo é a coletividade. Tratando-se de crime comum, o sujeito ativo pode ser qualquer pessoa, inclusive a jurídica. O proprietário da área privada localizada no bioma Mata Atlântica pode ser tanto sujeito passivo como ativo.

CONDUTAS

O art. 38-A incrimina a conduta do sujeito ativo que *destrói* (aniquilar) ou *danifica* (deteriorar) vegetação primária ou secundária, em estágio médio ou avançado de regeneração, do bioma Mata Atlântica.

O objeto material sobre o qual incide a conduta é a vegetação primária ou secundária, em estágio avançado ou médio de regeneração, cujas definições, segundo o art. 4º da Lei n. 11.428/2006, couberam ao CONAMA. Para tanto, este editou várias resoluções sobre o tema, entre as quais se destaca a Resolução CONAMA n. 388, de 23 de fevereiro de 2007, que convalidou as resoluções anteriores que definiam a vegetação primária e secundária nos estágios inicial, médio e avançado de regeneração da Mata Atlântica, a exemplo da Resolução CONAMA n. 10, de 1º de outubro de 1993. Vegetação primária consiste em "vegetação de máxima expressão local, com grande diversidade biológica, sendo os efeitos das ações antrópicas mínimos, a ponto de não afetar significativamente suas características originais de estrutura e de espécies". Vegetação secundária ou em regeneração consiste em "vegetação resultante dos processos naturais de sucessão, após supressão total ou parcial da vegetação primária por ações antrópicas ou causas naturais, podendo ocorrer árvores remanescentes da vegetação primária". As Resoluções CONAMA ns. 391/2007 e 392/2007, por exemplo, definem essas vegetações nos Estados da Paraíba e de Minas Gerais. Há muitas outras resoluções que tratam sobre a matéria, exemplificativamente seguem algumas, todas do CONAMA: 417/2009, 423/2010 e 437, 438, 439, 440, 441, 442, 443, 444, 445, 446, 447, 453, todas de 2012.

O art. 38-A também incrimina a conduta de *utilizar* (fazer uso) a vegetação com infringência das normas de proteção. A Lei n. 11.428/2006 apresenta critérios pelos quais é possível o corte, a supressão e a exploração de vegetação do bioma Mata Atlântica. Nesses casos, portanto, a utilização da vegetação ocorre segundo as regras permissivas, o que torna lícita a conduta.

Destaca-se que o TRF da 4ª Região já reconheceu o concurso entre este art. 38-A e o art. 64: "O ato de destruir ou danificar vegetação primária ou secundária do Bioma Mata Atlântica, em médio ou avançado estágio de regeneração, apresenta-se, em princípio, como desígnio autônomo em relação à ação de promover construção em solo não edificável" (TRF4, 8ª T., RSE 2009.72.00.008030-3, Rel. Paulo Brum Vaz, J. em 05/05/2010).

VOLUNTARIEDADE

O crime do art. 38-A é doloso, sem exigir elemento subjetivo específico. É prevista também a forma culposa.

107 Instituto Brasileiro de Geografia e Estatística. *Vocabulário básico de recursos naturais e meio ambiente*. 2. ed. Rio de Janeiro, 2004. Disponível em: <http://www.ibge.gov.br/home/presidencia/noticias/vocabulario.pdf>. Acesso em: 07 abr. 2017. p. 49.

CONSUMAÇÃO E TENTATIVA

Os verbos "destruir" e "danificar" caracterizam crime material, sucedendo a consumação quando a floresta é destruída ou danificada; ademais, sendo crime plurissubsistente, cabe tentativa (*conatus*) na forma dolosa. Já o verbo nuclear "utilizar" configura crime de mera conduta, pois não há sequer previsão de resultado naturalístico. Não cabe tentativa para essa conduta, pois, ou a utilização da vegetação em desacordo às regras já consuma o delito, ou a utilização ocorre de acordo com as regras, sendo fato lícito.

AÇÃO PENAL

Todos os crimes previstos na Lei n. 9.605/98 são de ação penal pública incondicionada (art. 26). Tendo em vista as penas mínima e máxima, para a forma dolosa, não cabe transação (art. 27); todavia, tem lugar a suspensão condicional do processo (art. 28). Para a forma culposa, cabem tanto a transação quanto o *sursis* processual.

A suspensão prevista no art. 60 da Lei n. 12.651/2012, destinada apenas para os crimes tipificados nos arts. 38, 39 e 48, não é cabível para o presente crime, pois, por cuidar de normas de exceção, não está sujeita à interpretação ampliativa, conforme Freitas sustenta.[108]

A competência material (v. comentários ao art. 26), em regra, será da Justiça Estadual. A circunstância de a Mata Atlântica ser patrimônio nacional não a torna bem da União, razão pela qual não enseja a competência da Justiça Federal (STJ, Informativo n. 0365, AgRg no CC 93.083-PE, Rel. Nilson Naves, J. em 27/8/2008.).

> **Art. 39.** Cortar árvores em floresta considerada de preservação permanente, sem permissão da autoridade competente:
>
> Pena – detenção, de um a três anos, ou multa, ou ambas as penas cumulativamente.

BEM JURÍDICO TUTELADO

O bem jurídico específico (v. comentários ao art. 2º) tutelado consiste na preservação das florestas consideradas de preservação permanente.

SUJEITOS DO CRIME

O sujeito passivo é coletividade. Tratando-se de crime comum, o sujeito ativo pode ser qualquer pessoa, inclusive a jurídica. O proprietário da área privada localizada em APP pode ser tanto sujeito passivo como ativo.

CONDUTAS

O art. 39 incrimina a conduta do sujeito ativo que *corta* (separar algo em duas partes ou mais) árvores em floresta (v. conceito nos comentários à Seção II) considerada de preservação

108 FREITAS, Vladimir Passos de. FREITAS, Gilberto Passos de. *Crimes contra a natureza*. 9 ed. São Paulo: Revista dos Tribunais, 2012. p. 143.; MILARÉ, Edis. COSTA JR., Paulo José da. COSTA, Fernando José da. *Direito penal ambiental*. 2. ed. São Paulo: Revista dos Tribunais, 2013. p. 155.

permanente (v. conceito nos comentários ao art. 38). Independe se a floresta é pública ou privada ("O fato de o réu não saber que se tratava de área militar em nada altera o juízo de condenação, pois aqui interessa serem árvores de espécie ameaçada de extinção e integrantes de área de proteção permanente, independentemente de quem seja o efetivo proprietário" – TRF4, 8ª T., ACR 2006.72.14.000965-3, Rel. Eloy Bernst Justo, J. em 05/08/2009).

Quanto ao objeto material, árvore consiste em "vegetal lenhoso dotado de tronco robusto, via de regra com um sistema de ramos divaricados de primeira ordem, a partir de um certo nível, de onde se dispõem as ramificações da copa".[109] O corte de apenas uma árvore é atípico, observado que o tipo do art. 39 emprega o vocábulo arvore no plural.[110] A quantidade de árvores cortadas é circunstância judicial (art. 6º, I) que influirá na dosimetria da pena, especificamente na primeira fase.

O corte pressupõe a realização de uma incisão que separa o tronco da raiz. A poda, por sua vez, consiste na separação dos galhos de uma árvore. Pelo princípio da legalidade, portanto, a poda é fato atípico. Discorda-se de Luiz Régis Prado, para quem a poda caracteriza o crime tipificado no art. 49[111], visto que o elemento subjetivo do agente que poda uma árvore não visa a maltratá-la, destruí-la, danificá-la ou lesá-la, mas a preservá-la.

Havendo permissão (elemento normativo do tipo), a conduta torna-se atípica. Referida permissão encontra-se no art. 8º da Lei n. 12.651/2012 (v. comentários ao item "condutas" do art. 38).

Nota-se que o art. 39, diferentemente do art. 38, não menciona a floresta "em formação". Contudo, não deixa de ser típica a conduta do agente que corta árvores de floresta em processo de formação que esteja localizada em APP, pois essa conduta *danifica* a floresta, caracterizando assim o tipo do art. 38.

Se o agente, sem permissão, cortar árvores classificadas como "madeira de lei", localizadas em floresta considerada de preservação permanente, surgirá um conflito aparente entre este art. 39 e o art. 45. Pelo critério da especialidade, prevalecerá o crime tipificado no art. 45. Sobre o conflito aparente com o arts. 40 e 40-A, 50 ou 50-A, vide os comentários no item "condutas" relativos a estes quatro dispositivos legais.

VOLUNTARIEDADE

O crime do art. 39 é doloso, sem exigir elemento subjetivo específico. É prevista também a forma culposa.

CONSUMAÇÃO E TENTATIVA

Tratando-se de crime material e plurissubsistente, a consumação ocorre a partir do corte da segunda árvore, sendo admissível a tentativa (*conatus*).

---

109 Instituto Brasileiro de Geografia e Estatística. *Vocabulário básico de recursos naturais e meio ambiente*. 2. ed. Rio de Janeiro, 2004. Disponível em: <http://www.ibge.gov.br/home/presidencia/noticias/vocabulario.pdf>. Acesso em: 07 abr. 2017. p. 37.

110 Nesse sentido: MILARÉ, Edis. COSTA JR., Paulo José da. COSTA, Fernando José da. *Direito penal ambiental*. 2. ed. São Paulo: Revista dos Tribunais, 2013. p. 103. Em sentido contrário: FREITAS, Vladimir Passos de. FREITAS, Gilberto Passos de. *Crimes contra a natureza*. 9 ed. São Paulo: Revista dos Tribunais, 2012. p. 143.

111 PRADO, Luiz Régis. *Direito penal do ambiente*. 4. ed. São Paulo: Revista dos Tribunais, 2012. p. 229.

AÇÃO PENAL

Todos os crimes previstos na Lei n. 9.605/98 são de ação penal pública incondicionada (art. 26). Tendo em vista as penas mínima e máxima, não cabe transação (art. 27); todavia, tem lugar a suspensão condicional do processo (art. 28).

Para os crimes tipificados nos arts. 38, 39 e 48, é cabível a suspensão prevista no art. 60 da Lei n. 12.651/2012 (v. comentários ao art. 26).

A competência material (v. comentários ao art. 26), em regra, será da Justiça Estadual: o "crime de corte indevido de árvores em área de preservação permanente, praticado no interior de propriedade rural privada, inexistente lesão a bens, interesses ou serviços da União é de competência da Justiça Estadual" (STJ, 6ª T., HC 110.405/SP, Rel. Maria Moura, J. em 16/06/2009).

Art. 40. Causar dano direto ou indireto às Unidades de Conservação e às áreas de que trata o art. 27 do Decreto nº 99.274, de 6 de junho de 1990, independentemente de sua localização:

Pena – reclusão, de um a cinco anos.

§ 1º Entende-se por Unidades de Conservação de Proteção Integral as Estações Ecológicas, as Reservas Biológicas, os Parques Nacionais, os Monumentos Naturais e os Refúgios de Vida Silvestre.

§ 2º A ocorrência de dano afetando espécies ameaçadas de extinção no interior das Unidades de Conservação de Proteção Integral será considerada circunstância agravante para a fixação da pena.

§ 3º Se o crime for culposo, a pena será reduzida à metade.

Art. 40-A. (VETADO)

§ 1º Entende-se por Unidades de Conservação de Uso Sustentável as Áreas de Proteção Ambiental, as Áreas de Relevante Interesse Ecológico, as Florestas Nacionais, as Reservas Extrativistas, as Reservas de Fauna, as Reservas de Desenvolvimento Sustentável e as Reservas Particulares do Patrimônio Natural.

§ 2º A ocorrência de dano afetando espécies ameaçadas de extinção no interior das Unidades de Conservação de Uso Sustentável será considerada circunstância agravante para a fixação da pena.

§ 3º Se o crime for culposo, a pena será reduzida à metade.

BEM JURÍDICO TUTELADO

O bem jurídico específico (v. comentários ao art. 2º) tutelado consiste na preservação das unidades de conservação e das áreas de que trata o art. 27 do Decreto n. 99.724, de 6 de junho de 1990.

Em razão do veto ao *caput* do art. 40-A (que foi incluído pela Lei n. 9.985/2000), o art. 40 (que teve nova redação pela Lei n. 9.985/2000) e os parágrafos do art. 40-A formam um tipo, apenas. A conduta incriminada está prevista no art. 40, enquanto os parágrafos do art. 40-A são explicativos.

SUJEITOS DO CRIME

O sujeito passivo é a coletividade. Se algum bem da União for atingido, ela será vítima também. Tratando-se de crime comum, o sujeito ativo pode ser qualquer pessoa, inclusive a jurídica. O proprietário da área privada localizada em unidade de conservação pode ser tanto sujeito passivo como ativo.

CONDUTAS

Incrimina-se a conduta do sujeito ativo que *causa* (provocar) dano (prejuízo) direto (resultado imediato) ou indireto (resultado reflexo) às unidades de conservação e às áreas a que o art. 27 do Decreto n. 99.274, de 6 de junho de 1990 se refere.

A doutrina tacha de inconstitucional a conduta relacionada a causar dano *indireto*, em razão da indeterminação deste conceito, o que fere o princípio da taxatividade e clareza da redação do tipo penal. Por todos, v. Luiz Flávio Gomes e Sílvio Maciel.[112]

Quanto ao objeto material, esclarece-se que as unidades de conservação (que podem ser municipais, estaduais ou federais) estão definidas na Lei n. 9.985/2000, que criou o Sistema Nacional de Unidades de Conservação e que, no seu art. 2º, I, prevê que unidade de conservação é o "espaço territorial e seus recursos ambientais, incluindo as águas jurisdicionais, com características naturais relevantes, legalmente instituído pelo Poder Público, com objetivos de conservação e limites definidos, sob regime especial de administração, ao qual se aplicam garantias adequadas de proteção". As unidades de conservação dividem-se em dois grupos: a) unidades de proteção integral, grupo composto pelas categorias Estação Ecológica, Reserva Biológica, Parque Nacional, Monumento Natural e Refúgio de Vida Silvestre (art. 8º da Lei n. 9.985/2000); e b) unidades de uso sustentável, grupo composto pelas categorias Área de Proteção Ambiental, Área de Relevante Interesse Ecológico, Floresta Nacional, Reserva Extrativista, Reserva de Fauna, Reserva de Desenvolvimento Sustentável e Reserva Particular do Patrimônio Natural (art. 14 da Lei n. 9.985/2000). Nota-se assim que o art. 40, § 1º, e o art. 40ª, § 1º, se limitaram a repetir os conceitos apresentados nos arts. 8º e 14, ambos da Lei n. 9.985/2000.

Segundo essa definição, já se percebe que a área de preservação permanente – APP, por não se enquadrar no conceito de unidade de conservação, não permite a caracterização do crime sob estudo ("Área de Preservação Permanente não se confunde com Unidade de Conservação." – STJ, 6ª T., REsp 891.318/SP, Rel. Rogério Schietti Cruz, J. em 11/02/2014). No mesmo sentido: STJ, 5ª T., REsp 849.423/SP, Rel. Gilson Dipp, J. em 19/09/2006.

Parques estaduais e municipais, a seu turno, por estarem previstos no art. 11, § 4º, da Lei n. 9.985/2000, caracterizam unidades de conservação. Logo, danos provocados a eles caracterizam o crime sob estudo.[113]

Por sua vez, as áreas referidas pelo art. 27 do Decreto n. 99.274, de 6 de junho de 1990, são aquelas que circundam as unidades de conservação, num raio de 10 quilômetros. Essas

---

112 GOMES, Luiz Flávio. MACIEL, Sílvio Luiz. *Lei de crimes ambientais*: comentário à Lei 9.605/1998. 2. ed. Rio de Janeiro: Forense, 2015. p. 186.

113 Nesse sentido: FREITAS, Vladimir Passos de. FREITAS, Gilberto Passos de. *Crimes contra a natureza*. 9 ed. São Paulo: Revista dos Tribunais, 2012. p. 163.; ARRUDA, Domingos Sávio de. Crimes contra a flora (artigos 38 a 44). In: MARCHESAN, Ana Maria Moreira. STEIGLEDER, Annelise Monteiro. (Org.). *Crimes ambientais:* comentários à lei 9.605/98. Porto Alegre: Livraria do Advogado, 2013. p. 199. Em sentido contrário: GOMES, Luiz Flávio. MACIEL, Sílvio Luiz. *Lei de crimes ambientais*: comentário à Lei 9.605/1998. 2. ed. Rio de Janeiro: Forense, 2015. p. 187.

áreas circundantes são definidas como "zonas de amortecimento" pelo art. 2º, XVIII, da Lei n. 9.985/2000, nomenclatura já observada pela Resolução CONAMA n. 428/2010.

Em razão do princípio da legalidade, os danos provocados a unidades de conservação que não estejam previstas na Lei n. 9.985/2000 não caracterizam o crime sob estudo.

O art. 40, § 2º, e o art. 40-A, § 2º, preveem a agravação da pena quando o dano praticado afeta qualquer espécie da flora e fauna ameaçadas de extinção (v. comentários ao art. 15, II, *e*), localizadas no interior das unidades de conservação. Sob pena de *bis in idem*, não se aplicam a este crime as agravantes tipificadas no art. 15, II, *e* e *q*. Diversamente, se o dano for praticado na área circundante (zona de amortecimento) e afetar espécimes da flora ou fauna em extinção, a pena será agravada, com base no art. 15, II, *q*.

Há alguns conflitos aparentes que envolvem o crime sob análise. Nos seguintes casos, o princípio da especialidade justifica que o art. 40 prevaleça em relação aos tipos com que, aparentemente, conflita: a) art. 38, *caput*, se o dano afetar uma das áreas referidas pelos arts. 40 e 40-A; b) art. 39 ("Comete o ilícito previsto no artigo 40 da Lei n.º 9.605/98 aquele que efetua o corte de árvores no interior de unidade de conservação. Sutil e objetiva especialidade, no caso, da regra do artigo 40 sobre aquela do artigo 39, ambos da Lei nº 9.605/98" – TRF4, 8ª T., ACR 2005.72.04.010264-0, Rel. Paulo Brum Vaz, J. em 17/09/2008); c) art. 41, *caput*; d) art. 60 ("O elemento especializador da conduta capitulada no artigo 40 Lei Ambiental, em relação àquela prevista no artigo 60 da mesma lei, é o fato de o dano ser causado a uma 'Unidade de Conservação' e não a atividade ilícita 'construir, reformar, ampliar' " – TRF4, 8ª T., HC 2008.04.00.034890-8, Rel. Paulo Brum Vaz, J. em 29/10/2008). Sobre o conflito com os arts. 50 ou 50-A, vide comentários ao item "condutas" relativo a estes últimos artigos.

Por outro lado, o STJ já reconheceu concurso material entre os crimes tipificados nos art. 40, 48 e 64:[114]

> PENAL. CRIME AMBIENTAL. CONSTRUÇÃO EM SOLO NÃO EDIFICÁVEL. ÁREA DE PRESERVAÇÃO PERMANENTE. DANO À UNIDADE DE CONSERVAÇÃO IMPEDINDO REGENERAÇÃO DA VEGETAÇÃO. ABSORÇÃO DA CONDUTA. IMPOSSIBILIDADE. DELITOS AUTÔNOMOS. RECURSO PROVIDO. I. Hipótese em que, construída casa em solo não edificável, isto é, a menos de 30 metros de curso d'água, em violação ao art. 64 da Lei n.º 9.605/98, restou constatado que a construção encontra-se no interior da Área de Proteção Ambiental de Anhatomirim, uma das denominadas Unidades de Conservação Federal (art. 40 da Lei Ambiental), tendo sido demonstrado, ainda, que referida construção vem impedindo a regeneração da floresta e demais formas de vegetação local (art. 48 da Lei 9.605/98). II. Além de ser responsável pela construção em solo não edificável (art. 64 da lei Ambiental), a manutenção da referida edificação ilegalmente construída ainda impede a regeneração da vegetação natural, conduta na qual incide no tipo penal insculpido no art. 48 da Lei n.º 9.605/98, que se trata de delito permanente e não pode ser absorvido pelo disposto no art. 64 da mesma lei, que é instantâneo. III. A manutenção de construção impedindo a regeneração da vegetação é um novo crime, diverso e autônomo em relação ao tipo do artigo 64 da Lei 9.605/98. IV. Vislumbra-se a existência de três condutas distintas, três ações autônomas de construir em solo não edificável (art. 64), em Unidade de Conservação Ambiental (art. 40), impedindo a regeneração natural da vegetação (art. 48), através das quais três crimes diferentes foram praticados. V. Recurso provido, nos termos do voto do Relator (STJ, 5ª T., REsp 1125374/SC, Rel. Gilson Dipp, J. em 02/08/2011).

114 Vide aresto referido no item "condutas" pelo qual o STJ reconheceu a absorção do art. 48 pelo art. 64.

VOLUNTARIEDADE

O crime do art. 40 é doloso, sem exigir elemento subjetivo específico. É prevista também a forma culposa.

CONSUMAÇÃO E TENTATIVA

Tratando-se de crime material e plurissubsistente, a consumação ocorre quando sobrevém o dano, sendo cabível, para a forma dolosa, a tentativa (*conatus*).

AÇÃO PENAL

Todos os crimes previstos na Lei n. 9.605/98 são de ação penal pública incondicionada (art. 26). Tendo em vista as penas mínima e máxima, não cabe transação (art. 27), mesmo para a forma culposa; todavia, tem lugar a suspensão condicional do processo (art. 28).

Quanto à competência material (v. comentários ao art. 26) envolvendo unidades de conservação, estabelece-se a seguinte regra geral. As unidades de conservação podem ser municipais, estaduais ou federais (art. 3º da Lei n. 9.985/2000). Portanto, a competência material será, em regra, da Justiça Estadual: "Tendo o crime previsto no art. 40 da Lei 9.605/98 sido perpetrado, em tese, no interior de propriedade privada, não há que se falar em lesão a bens, serviços ou interesses da União, razão pela qual compete à Justiça Estadual processar e julgar o feito" (STJ, 3ª S., CC 104.383/SP, Rel. Jorge Mussi, J. em 28/04/2010). Apenas se a unidade de conservação for federal é que a competência será da Justiça Federal ("Se o crime ambiental foi cometido em unidade de conservação criada por decreto federal, evidencia-se o interesse federal na manutenção e preservação da região, ante a possível lesão a bens, serviços ou interesses da União, nos termos do artigo 109, inciso IV, da Constituição Federal" – STJ, 3ª S., CC 147.694/MS, Rel. Reynaldo da Fonseca, J. em 10/08/2016).

Art. 41. Provocar incêndio em mata ou floresta:

Pena – reclusão, de dois a quatro anos, e multa.

Parágrafo único. Se o crime é culposo, a pena é de detenção de seis meses a um ano, e multa.

BEM JURÍDICO TUTELADO

O bem jurídico específico (v. comentários ao art. 2º) tutelado consiste na preservação do meio ambiente, especialmente, mas não só, das matas e florestas. O incêndio numa floresta não atinge apenas a flora, mas a fauna também.

SUJEITOS DO CRIME

O sujeito passivo é a coletividade. Tratando-se de crime comum, o sujeito ativo pode ser qualquer pessoa, inclusive a jurídica. O proprietário da mata ou floresta pode ser tanto sujeito passivo como ativo.

CONDUTAS

O art. 41 incrimina a conduta do sujeito ativo que *provoca* (dá causa) incêndio em floresta ou mata. Incêndio consiste em fogo de grandes proporções, o qual se diferencia da "queimada controlada", que é excepcionalmente autorizada pelo art. 38 da Lei n. 12.651/2012 e regulamentada pelo Decreto n. 2.661, de 08 de julho de 1998 para fins de práticas agropastoris e florestais. Logo, a queimada controlada realizada segundo lei permissiva é lícita por constituir exercício regular de direito.

O objeto material sobre o qual incide a conduta é a floresta (v. conceito nos comentários à Seção II) ou a mata (conjunto de árvores, de porte médio, naturais ou cultivadas[115]). Enquanto floresta confere a ideia de uma área com árvores de porte grande, mata indica uma área com árvores de médio porte. A propósito, o TRF da 1ª Região já incluiu caracterizou a vegetação do cerrado como mata (TRF1, 3ª T., ACR 0018455-94.2000.4.01.3800/MG, Rel. Cândido Ribeiro, J. em 3/06/2006).

O princípio da especialidade, considerando a objetividade jurídica do presente tipo, auxilia a solução de conflitos aparentes. A "queimada controlada" realizada, com inobservância da Lei, sobre uma lavoura de cana-de-açúcar, por exemplo, pode caracterizar o crime tipificado no art. 54 (poluição) ou, se causar risco à incolumidade pública, o tipo previsto no art. 250, §1º, *h*, do CP. A queima de uma lavoura não pode tipificar o crime do art. 41 porque lavoura não constitui mata ou floresta. Além disso, enquanto o art. 41 tutela a preservação do meio ambiente, o art. 250 do CP tutela a incolumidade pública. Fiorillo e Conte sustentam que o "agente responderá pelo delito em tela [art. 41] em concurso com o art. 250 do Código Penal se tiver consciência de que a sua conduta ameaça ou expõe a perigo a integridade física ou o patrimônio de outrem".[116]

Por outro lado, pode haver conflito aparente com os crimes tipificados nos arts. 38, 38-A, 40, 50 e 50-A. A solução, em abstrato, passa pela análise do elemento subjetivo do agente. Se este, para atingir os resultados previstos nos artigos já mencionados, usou dolosamente o fogo, ocorrerá a consunção/absorção do crime-meio (art. 41) pelo crime-fim (arts. 38, 38-A, 40, 50 e 50-A). Todavia, a consunção apenas ocorrerá se a pena do crime-fim for igual ou maior do que a do crime-meio; do contrário, prevalecerá a pena deste porque a reprovabilidade do crime-meio é maior (STJ, 5ª T., REsp 896312/PA, Rel. Arnaldo Esteves Lima, J. em 16/08/2007.; TRF4, 8ª T., ACR 0001329-17.2005.404.7116, Rel. Artur César de Souza, J. em 10/02/2011.; TJRS, 3ª C. Crim., Apelação Crime n. 70034259754, Rel. Newton Brasil de Leão, J. em 05/08/2010).

VOLUNTARIEDADE

O crime do art. 41 é doloso, sem exigir elemento subjetivo específico. O dolo eventual adéqua-se perfeitamente a este crime: "Tratando-se de produtor rural experiente, conhecedor das normas para queimada controlada, e que procede de forma diversa, assume o

115 MILARÉ, Edis. COSTA JR., Paulo José da. COSTA, Fernando José da. *Direito penal ambiental.* 2. ed. São Paulo: Revista dos Tribunais, 2013. p. 114.

116 FIORILLO, Celso Antonio Pacheco. CONTE, Christiany Pegorari. *Crimes ambientais*. São Paulo: Saraiva, 2012. p. 152

risco (dolo eventual) de produzir dano ambiental" (TJMG, 2ª C. Crim., Apelação Criminal n. 1.0643.06.000780-1/001, Rel. Hyparco Immesi, J. em 14/08/2008).

É prevista também a forma culposa.

CONSUMAÇÃO E TENTATIVA

Tratando-se de crime material e plurissubsistente, a consumação ocorre quando sobrevém o dano, sendo cabível, para a forma dolosa, a tentativa.

AÇÃO PENAL

Todos os crimes previstos na Lei n. 9.605/98 são de ação penal pública incondicionada (art. 26). Tendo em vista as penas mínima e máxima cominadas, para a forma dolosa, não cabe transação (art. 27), tampouco suspensão condicional do processo (art. 28); para a forma culposa, cabem ambos os benefícios.

Quanto à competência material (v. comentários ao art. 26), se o incêndio ocorrer em área pertencente à União (incluídas suas autarquias e empresas públicas), a Justiça Federal é competente; nos demais casos, a competência é da Justiça Estadual.

Art. 42. Fabricar, vender, transportar ou soltar balões que possam provocar incêndios nas florestas e demais formas de vegetação, em áreas urbanas ou qualquer tipo de assentamento humano:

Pena – detenção de um a três anos ou multa, ou ambas as penas cumulativamente.

BEM JURÍDICO TUTELADO

O bem jurídico específico (v. comentários ao art. 2º) tutelado consiste na preservação do meio ambiente, especialmente das florestas e outras formas de vegetação, que são postas em risco em função da chance de incêndio provocada pela soltura de balões.

O art. 42 revogou tacitamente o art. 28 da Lei de Contravenções Penais, pois dispõe sobre a mesma conduta.

SUJEITOS DO CRIME

O sujeito passivo é a coletividade. Tratando-se de crime comum, o sujeito ativo pode ser qualquer pessoa.

CONDUTAS

O art. 42, que constitui tipo misto alternativo (v. conceito nos comentários ao item "condutas" do art. 29), incrimina a conduta do agente ativo que *fabrica* (confeccionar), *vende* (comercializar), *transporta* (locomover) ou *solta* (impulsionar ao céu) balões que tenham a capacidade de provocar incêndios nas florestas (v. conceito nos comentários à Seção II) e nas demais formas de vegetação (qualquer forma), em áreas urbanas (cidades) ou qualquer tipo de assentamento humano (local onde haja pessoas).

O instrumento utilizado para a prática do crime, balão, deve oferecer o risco concreto de causar incêndio, nas áreas já referidas. Já se excluem então os balões pequenos e aqueles que não são movidos a fogo. Essa circunstância caracteriza o crime como de perigo concreto, no qual a perícia é necessária.

Em razão do dolo eventual, haverá concurso deste art. 42 com o art. 41, *caput*, se, com o balão, o agente provoca incêndio em mata ou floresta, ou com o art. 250, *caput* e majorantes, se prova incêndio que exponha a risco a incolumidade pública.

VOLUNTARIEDADE

O crime do art. 42 é doloso, sem exigir elemento subjetivo específico. Não é prevista a forma culposa.

CONSUMAÇÃO E TENTATIVA

Por se tratar de crime formal (dispensa resultado naturalístico, ou seja, o incêndio), a consumação ocorre quando os verbos nucleares são praticados. Sendo crime plurissubsistente, a tentativa (*conatus*) é admissível.

AÇÃO PENAL

Todos os crimes previstos na Lei n. 9.605/98 são de ação penal pública incondicionada (art. 26). Tendo em vista as penas mínima e máxima, não cabe transação (art. 27); todavia, tem lugar a suspensão condicional do processo (art. 28).

Sobre a competência material (v. comentários ao art. 26), tem-se que a Justiça Estadual é competente. Em caso de concurso deste crime do art. 42 com o tipificado no art. 41, se este atingir área federal, a Justiça Federal será competente por força da Súmula n. 122 do STJ.

Art. 43. (VETADO)

Art. 44. Extrair de florestas de domínio público ou consideradas de preservação permanente, sem prévia autorização, pedra, areia, cal ou qualquer espécie de minerais:

Pena – detenção, de seis meses a um ano, e multa.

BEM JURÍDICO TUTELADO

O bem jurídico específico (v. comentários ao art. 2º) tutelado consiste na preservação do meio ambiente.

SUJEITOS DO CRIME

O sujeito passivo é a coletividade. Cuidando-se de crime comum, o sujeito ativo pode ser qualquer pessoa, inclusive a jurídica. Eventual proprietário da área pode ser tanto sujeito passivo como ativo.

CONDUTAS

O art. 44 incrimina a conduta do sujeito ativo que *extrai* (retirar), sem autorização, pedra, areia, cal ou qualquer espécie de minerais, de floresta (v. conceito nos comentários à Seção II) de domínio público (o art. 3º, I, da Lei n. 11.284/2006 conceitua florestas públicas como florestas, naturais ou plantadas, localizadas nos diversos biomas brasileiros, em bens sob o domínio da União, dos Estados, dos Municípios, do Distrito Federal ou das entidades da administração indireta) ou considerada de preservação permanente (v. conceito nos comentários ao art. 38).

Quanto ao objeto material sobre o qual incide a conduta, o art. 44 usou da interpretação analógica, pois apresenta uma relação casuística (pedra, areia, cal) seguida de uma fórmula genérica (qualquer espécie de mineral).

A autorização, enquanto elemento normativo, torna a conduta atípica. Além do licenciamento ambiental feito pela autoridade competente, é necessário o licenciamento promovido pelo Departamento Nacional de Produção Mineral – DNPM, na forma do Código de Mineração (Decreto-Lei n. 227, de 28 de fevereiro de 1967).

Pelo princípio da especialidade, este art. 44 prevalece em relação ao art. 55, o qual, pela sua generalidade, ocorrerá quando a retirada de recursos minerais, sem autorização, ocorrer em qualquer outro lugar que não os indicados no presente artigo 44 (florestas públicas ou de preservação permanente). No conflito aparente com o art. 38, ou seja, se a extração de espécie mineral de floresta pública acarretar na destruição ou danificação desta, prevalecerá a figura do art. 38 porque esta é crime de dano, enquanto o art. 44 é crime de perigo. Ademais, haverá concurso formal deste art. 44, que tutela o meio ambiente, com o art. 2º, *caput*, da Lei n. 8.176/1991, que tutela o patrimônio da União, justamente pela diversidade dos objetos jurídicos.

VOLUNTARIEDADE

O crime do art. 44 é doloso, sem exigir elemento subjetivo específico. É prevista também a forma culposa.

CONSUMAÇÃO E TENTATIVA

O crime consuma-se quando a espécie mineral é extraída, dispensando, porém, a ocorrência do dano ambiental. Classifica-se, por isso, como crime de perigo abstrato. Tratando-se de crime plurissubsistente, a tentativa (*conatus*) é admissível.

AÇÃO PENAL

Todos os crimes previstos na Lei n. 9.605/98 são de ação penal pública incondicionada (art. 26). Observadas as penas mínima e máxima do tipo sob análise, são cabíveis a transação (art. 27) e a suspensão condicional do processo (art. 28).

Quanto à competência material (v. comentários ao art. 26), considerando que os bens minerais são propriedades da União (art. 20, IX, da CF), haverá o concurso formal com o crime tipificado no art. 2º, *caput*, da Lei n. 8.176/1991, o que ensejará a competência da Justiça Federal, com base na Súmula 122 do STJ ("Incorre, em concurso formal, nos delitos capitulados nos artigos 2º da Lei nº 8.176/91 e 44 da Lei nº 9.605/98 aquele que procede à extração de minérios desacompanhada de autorização, permissão ou concessão dos órgãos competentes em área de floresta de preservação permanente. Inocorrência de conflito aparente de normas" – TRF4, 8ª T., ACR 2005.71.00.042656-0, Rel. Artur de Souza, J. em 06/08/2008).

Art. 45. Cortar ou transformar em carvão madeira de lei, assim classificada por ato do Poder

Público, para fins industriais, energéticos ou para qualquer outra exploração, econômica ou não, em desacordo com as determinações legais:

Pena – reclusão, de um a dois anos, e multa.

BEM JURÍDICO TUTELADO

O bem jurídico específico (v. comentários ao art. 2º) tutelado consiste na preservação do meio ambiente, especialmente das árvores classificadas pelo Poder Público como "madeira de lei".

SUJEITOS DO CRIME

O sujeito passivo é a coletividade. Tratando-se de crime comum, o sujeito ativo pode ser qualquer pessoa, inclusive a jurídica.

CONDUTAS

O art. 45, que constitui tipo misto alternativo (v. conceito nos comentários ao item "condutas" do art. 29), incrimina a conduta do sujeito ativo que *corta* (separar algo em duas partes ou mais) ou *transforma* (modificar) em carvão madeira de lei, assim classificada pelo Poder Público, para fins industriais (emprego na indústria), energéticos (combustível) ou para qualquer outra exploração, econômica ou não, em desacordo com as determinações legais.

Quanto ao objeto material, a doutrina costuma definir "madeira de lei" como a madeira dura, constituída por material forte e próprio para construções e que é protegida desde a época do Império, a exemplo da araucária, imbuia, jacarandá, mogno e cedro.[117] Não obstante, tendo em vista o princípio da legalidade inerente à redação de qualquer tipo penal, é necessária a existência de algum ato do Poder Público que declare a madeira como "de lei". Nesse ponto, encontra-se vigente a Portaria Normativa IBDF 302-P, de 3 julho de 1984, cujo anexo I diz: "entende-se por madeira de lei aquelas espécies de valor comercial, as quais são utilizadas principalmente em indústrias tais como serraria, fábricas de móveis, compensados, laminados, etc". Já o art. 19 elenca as seguintes espécies como madeira de lei: Pinho Brasileiro (*Araucarie angustifolia*), Pinho Bravo (*Podocarpus lamberttii*), Canela Sassafrás (*Ocotea pretiosa*), Guatambu ou Pau Marfim (*Balforodendron riedelianum*), Imbuia (*Ocotea porosa*), Pau Rosa (*Aniba dukei*), Mogno (*Swietenia macrophylla*), Virola (*Virola surinamensis*). Ademais, com base em interpretação teleológica, observa-se que a finalidade do art. 45 é proteger a madeira declara pelo Poder Público, de alguma forma, como importante, razão pela qual o seu corte é proibido. Nessa linha, o TJMG já equiparou à madeira de lei as árvores imunes a corte, como no caso do ipê-amarelo, cujo corte é proibido pela Lei Estadual/MG n. 9.734/88 ("A conduta imputada ao denunciado, prevista no art. 45 da Lei 9.605/98 encerra norma penal em branco, cuja regulamentação requer específica classificação do Poder Público. – Tendo a legislação estadual (Lei nº 9.734/88) regulamentado o corte do 'ipê-amarelo', se subsume ao tipo penal do art. 45 da Lei 9.605/98, a conduta do agente de cortar, sem autorização legal, essa espécie de árvore, considerada madeira de lei" – TJMG, 7ª C. Crim., APR: 10481110110428001 MG, Rel. Cássio Salomé, J. em 14/05/2015). Apesar disso, talvez por desconhecimento, há jurisprudência que

---

117 FREITAS, Vladimir Passos de. FREITAS, Gilberto Passos de. *Crimes contra a natureza*. 9 ed. São Paulo: Revista dos Tribunais, 2012. p. 179.

sustenta que a expressão "madeira de lei" não foi regulamentada até hoje ("Crime do art. 45 da lei de crimes ambientais. Inaplicabilidade do dispositivo supostamente infringido, haja vista se tratar de norma penal em branco e inexistir ato normativo regulamentador no que atine à expressão "madeira de lei", integrante do tipo. Atipicidade da conduta" – TJSC, 2ª C. Crim., Apelação criminal n. 250307 SC 2010.025030-7, Rel. Túlio Pinheiro, J. em 14/07/2011). De qualquer sorte, a perícia é essencial para a caracterização do crime sob estudo, a sua ausência implicará a absolvição (TJRS, Turma Recursal Criminal, Recurso Crime n. 71006151385, Rel. Keila Catta-Preta, J. em 07/11/2016). Nela, o perito classificará, ou não, o material como madeira de lei. Recomenda-se, a propósito, que um dos quesitos verse sobre o enquadramento da madeira apreendida na Portaria Normativa IBDF já citada.

Sublinha-se que a existência de ato normativo permissivo (elemento normativo do tipo) para o corte da madeira de lei ou a transformação desta em carvão torna a conduta atípica.

Se o agente cortar madeira de lei (art. 45) decorrente de árvores localizadas em florestas de preservação permanente (art. 39) ou nos locais referidos pelos arts. 40 ou 40-A, o critério da especialidade será insuficiente para a resolução desse conflito aparente de normas, já esses crimes contêm elementos especializantes. Prevalecerá, então, a conduta punida com pena maior, pela *ratio* já explicada nos comentários ao item "condutas" relativo ao art. 41.

VOLUNTARIEDADE

O crime do art. 45 é doloso. É previsto elemento subjetivo especial: "para fins industriais, energéticos ou para qualquer outra exploração, econômica ou não". Inexiste a forma culposa.

CONSUMAÇÃO E TENTATIVA

Tratando-se de crime material, a consumação ocorre no instante que a madeira de lei é cortada ou transformada em carvão. Por ser crime plurissubsistente, a tentativa (*conatus*) é possível.

AÇÃO PENAL

Todos os crimes previstos na Lei n. 9.605/98 são de ação penal pública incondicionada (art. 26). Observadas as penas mínima e máxima do tipo sob análise, são cabíveis a transação (art. 27) e a suspensão condicional do processo (art. 28).

Quanto à competência material (v. comentários ao art. 26), consoante Baltazar Júnior, a Justiça Estadual, em regra, é a competente, "a não ser que a madeira seja oriunda de área de propriedade da União ou de suas autarquias ou empresas públicas".[118]

Art. 46. Receber ou adquirir, para fins comerciais ou industriais, madeira, lenha, carvão e outros produtos de origem vegetal, sem exigir a exibição de licença do vendedor, outorgada pela autoridade competente, e sem munir-se da via que deverá acompanhar o produto até final beneficiamento:

Pena – detenção, de seis meses a um ano, e multa.

Parágrafo único. Incorre nas mesmas penas quem vende, expõe à venda, tem em depósito,

118 BALTAZAR JÚNIOR, José Paulo. *Crimes federais*. 10. ed. São Paulo: Saraiva, 2015. p. 1036.

transporta ou guarda madeira, lenha, carvão e outros produtos de origem vegetal, sem licença válida para todo o tempo da viagem ou do armazenamento, outorgada pela autoridade competente.

BEM JURÍDICO TUTELADO

O bem jurídico específico (v. comentários ao art. 2º) tutelado consiste na preservação do meio ambiente, especificamente dos recursos florestais.

SUJEITOS DO CRIME

O sujeito passivo é a coletividade. Tratando-se de crime comum, o sujeito ativo pode ser qualquer pessoa, inclusive a jurídica.

CONDUTAS

O art. 46, *caput*, incrimina a conduta do sujeito ativo que *recebe* (aceitar, tomar) ou *adquire* (tornar-se proprietário por compra, permuta, doação) o seguinte objeto material: lenha ("denominação aplicada a madeira picada ou desdobrada em pedaços com dimensões próprias, para ser queimada ou transformada em carvão")[119], madeira ("tecido constituído esp. de celulose e lignina, formado pelo desenvolvimento do xilema secundário dos caules, ramos e raízes de árvores e arbustos; lenho"), carvão ("material sólido, de origem mineral ou vegetal, que consiste esp. em carbono com pequeno percentual de hidrogênio, compostos orgânicos complexos e materiais inorgânicos, muito us. industrialmente como combustível; carvão mineral, carvão de pedra")[120] ou outros produtos de origem vegetal (ex.: palmito), sem exigir a licença do vendedor expedida pela autoridade competente ou sem munir-se da via que deverá acompanhar o produto até o final beneficiamento (enriquecimento).

Sucede o crime sob estudo quando o agente recebe ou adquire o objeto material sem exigir a licença do vendedor (elemento normativo do tipo) ou quando ele não retém a via da licença que deve acompanhar o produto até o seu beneficiamento. Atualmente, essa licença consiste do Documento de Origem Florestal – DOF, que substituiu a antiga Autorização para Transporte de Produtos Florestais – ATPF e que foi instituída pela Portaria MMA n. 253, de 18 de agosto de 2006. Regulamentada pela Instrução Normativa n. 112, de 21 de agosto de 2006, a DOF constitui licença obrigatória para o transporte e armazenamento de produtos florestais de origem nativa, inclusive o carvão vegetal nativo, contendo as informações sobre a procedência desses produtos, nos termos do art. 36 da Lei n. 12.651/2012. São produtos florestais: aqueles que se encontram no seu estado bruto ou *in natura*, nas seguintes formas: a) madeira em toras; b) toretes; c) postes não imunizados; d) escoramentos; e) palanques roliços; f) dormentes nas fases de extração/fornecimento; g) estacas e moirões; h) achas e lascas; i) pranchões desdobrados com motosserra; j) bloco ou filé, tora em formato poligonal, obtida a partir da retirada de costaneiras; k) lenha; l) palmito; m) xaxim; n) óleos essenciais; e o) plantas ornamentais,

119 Instituto Brasileiro de Geografia e Estatística. *Vocabulário básico de recursos naturais e meio ambiente*. 2. ed. Rio de Janeiro, 2004. Disponível em: <http://www.ibge.gov.br/home/presidencia/noticias/vocabulario.pdf>. Acesso em: 07 abr. 2017. p. 196.

120 HOUAISS, Antônio. *Dicionário da língua portuguesa*. Versão eletrônica monousuário 3.0. Ed. Objetiva: 2009.

medicinais e aromáticas, mudas, raízes, bulbos, cipós e folhas de origem nativa ou plantada das espécies constantes da lista oficial de flora brasileira ameaçada de extinção e dos anexos da CITES. Por sua vez, são subprodutos florestais aqueles que passaram por processo de beneficiamento sob uma das seguintes formas: a) madeira serrada sob qualquer forma, laminada e faqueada; b) resíduos da indústria madeireira (aparas, costaneiras, cavacos e demais restos de beneficiamento e de industrialização de madeira) quando destinados para fabricação de carvão; c) dormentes e postes na fase de saída da indústria; d) carvão de resíduos da indústria madeireira; e) carvão vegetal nativo empacotado, na fase posterior à exploração e produção; e f) xaxim e seus artefatos na fase de saída da indústria. Afigura-se essencial a constatação se o produto florestal necessita ou não de licença; se não necessitar, o fato, evidentemente, será atípico.

O art. 46, parágrafo único, que constitui tipo misto alternativo (v. conceito nos comentários ao item "condutas" do art. 29), equipara a crime a conduta do agente que *vende* (comercializar), *expõe à venda* (anunciar para comercialização), *tem* (manter) em depósito, *transporta* (locomover) ou *guarda* (armazenar) o objeto material já referido, sem o DOF. "Ao manter em depósito madeira sem o correspondente cadastro no DOF (documento de origem florestal), resta configurado o crime do artigo 46, parágrafo único, da Lei nº 9.605/98" (TRF4, 8ª T., ACR 5003406-14.2014.404.7110, Rel. João Gebran Neto, J. em 01/06/2016).

Quanto ao objeto material, é necessária a realização de perícia para a constatação da sua qualificação como produto florestal que exige licença para ser manuseado. Confira-se: "Ausência de prova técnica que permita identificar as espécies vegetais que o acusado deslocou, o que compromete a materialidade do delito imputado" (TJRS, Turma Recursal Criminal, RC: 71007260607 RS, Rel. Luiz Capra, J. em 12/03/2018).

Se, para a prática deste crime do art. 46, o agente faz uso de um DOF falso, é caso de concurso, não havendo que se aplicar o princípio da consunção: "1. Hipótese em que o réu, na condição de proprietário e administrador de empresa madeireira, recebeu, armazenou e manteve em depósito tábuas de madeiras, sem a licença válida para o armazenamento, mediante uso de documento falsificado, ao apresentar, ao IBAMA, Documento de Origem Florestal (DOF) materialmente falso. 2. A conduta de fazer uso do documento falso é punida como crime autônomo em relação ao crime ambiental quando o ato praticado não é meio necessário para a consumação da outra conduta. Afastada na espécie a aplicação do princípio da consunção" (TRF4, 7ª T., ACR 5001804-86.2012.404.7100, Rel. Cláudia Cristofani, J. em 16/05/2016).

VOLUNTARIEDADE

O crime do art. 46 é doloso. O *caput* prevê o elemento subjetivo especial: "para fins comerciais ou industriais", o que torna atípica a conduta do agente que adquire ou recebe o objeto material para consumo próprio. Já o art. 46, parágrafo único, não exige o intuito de comercialização ("Tendo o acusado mantido em depósito o produto de origem vegetal (palmitos), sem licença válida outorgada pela autoridade competente – licença esta que constitui o elemento normativo do tipo em questão, referente à falta de uma causa de justificação –, consumou-se o crime previsto no parágrafo único do art. 46, o qual não exige o intuito de comercialização" – TRF2, 2ª T., Apelação Criminal n. 0490375-37.2005.4.02.5101 (TRF2 2005.51.01.490375-8), Rel. Liliane Roriz, J em 16/06/2009).

Inexiste previsão de forma culposa.

CONSUMAÇÃO E TENTATIVA

No *caput*, a consumação ocorre no instante em que os verbos nucleares são praticados, ou seja, no momento em que ocorre a aquisição ou recebimento sem a exigência da licença. Tratando-se de crime plurissubsistente, a tentativa (*conatus*) é possível. No parágrafo único, "vender" e "transportar" consumam-se com a prática dessas condutas, sendo admissível a tentativa; já as condutas "expor à venda" e "guardar" são crimes permanentes (a consumação prolonga-se no tempo) e são compatíveis, embora de difícil ocorrência na prática, com a tentativa. Independentemente da conduta, não se exige prejuízo ao meio ambiente.

AÇÃO PENAL

Todos os crimes previstos na Lei n. 9.605/98 são de ação penal pública incondicionada (art. 26). Observadas as penas mínima e máxima do tipo sob análise, são cabíveis a transação (art. 27) e a suspensão condicional do processo (art. 28).

Em regra, por inexistir interesse específico da União, a competência material (v. comentários ao art. 26) será da Justiça Estadual (STF, 1ª T., RE 349186, Rel. Ilmar Galvão, J. em 22/10/2002). Destaca-se, nesse ponto, o seguinte entendimento do STF: "A atividade de fiscalização ambiental exercida pelo IBAMA, ainda que relativa ao cumprimento do art. 46 da Lei de Crimes Ambientais, configura interesse genérico, mediato ou indireto da União, para os fins do art. 109, IV, da Constituição", o que justifica a competência da Justiça Estadual (STF, 2ª T., HC 81916, Rel. Gilmar Mendes, J. em 17/09/2002). No entanto, havendo a prática em concurso do crime de uso de documento falso que cause prejuízo direto à fiscalização do IBAMA, a competência, observada a Súmula 122 do STJ, será da Justiça Federal.

Art. 47. (VETADO)

Art. 48. Impedir ou dificultar a regeneração natural de florestas e demais formas de vegetação:

Pena – detenção, de seis meses a um ano, e multa.

BEM JURÍDICO TUTELADO

O bem jurídico específico (v. comentários ao art. 2º) tutelado consiste na preservação do meio ambiente, o qual é posto em risco pela conduta que dificulta ou impede a regeneração da vegetação.

SUJEITOS DO CRIME

O sujeito passivo é a coletividade. Tratando-se de crime comum, o sujeito ativo pode ser qualquer pessoa, inclusive a jurídica.

CONDUTAS

O art. 48, que constitui tipo misto alternativo (v. conceito nos comentários ao item "condutas" do art. 29), incrimina a conduta do sujeito ativo que *impede* (obstar) ou *dificulta* (atrapalhar) a regeneração natural (regeneração pela própria natureza) de florestas (v. conceito nos comentários à Seção II) ou demais formas de vegetação.

Quanto ao objeto material, as demais formas de vegetação devem possuir relevância jurídica. Por isso, o agente que impede a regeneração natural de um terreno baldio localizado no centro da cidade pratica fato atípico. De outra banda, se agente comprovar que a área não pode mais se regenerar naturalmente, caracteriza-se crime impossível em razão da impropriedade absoluta do objeto (art. 17 do CP).

A perícia é relevante para identificar se a área é floresta ou outra forma de vegetação e se houve impedimento ou dificultação quanto à sua regeneração natural.

O STJ já reconheceu concurso material entre os crimes tipificados nos art. 40, 48 e 64 (v. comentários ao item "condutas" relativo ao art. 40). Há decisão, no entanto, reconhecendo a absorção do crime tipificado no art. 48 por aquele tipificado no art. 64: "O crime de destruir área de preservação permanente dá-se como meio necessário da realização do único intento de construir edificação em solo não edificável, sendo o crime-meio de destruição de vegetação absorvido pelo crime-fim de edificação proibida" (STJ, 6ª T., REsp 1376670/SC 2013/0119375-3, Rel. Rogério Schietti Cruz, J.em 16/02/2017). Nesse mesmo sentido: TRF4, 8ª T., RSE 2005.72.00.011630-4, Rel. Paulo Brum Vaz, J. em 24/06/2009.

VOLUNTARIEDADE

O crime do art. 48 é doloso, sem exigir elemento subjetivo específico. É prevista também a forma culposa.

CONSUMAÇÃO E TENTATIVA

Quanto à consumação deste crime, a jurisprudência oscila: ora reconhece-o como instantâneo de efeitos permanentes (TRF4, 8ª T., ACR 5000798-61.2010.404.7214, Rel. Leandro Paulsen, J. em 12/03/2014) ora como crime permanente (STF, 1ª T., RHC 83437, Rel. Joaquim Barbosa, J. em 10/02/2004.; STJ, 5ª T., HC 118.842/SP, Rel. Laurita Vaz, J. em 26/10/2010; TJ/DF, 1ª TCrim., 20070110552588 DF 0055559-26.2007.8.07.0001, Rel. Carlos Neto, J. em 23/08/2018). Não obstante, o crime tipificado no art. 48 pode ser instantâneo (a consumação ocorre num momento certo, definido) ou instantâneo de efeitos permanentes (não a conduta do agente, mas apenas o resultado da ação é permanente)[121], tudo dependendo da forma pela qual a conduta é praticada. Se o agente impede a regeneração porque fez uma construção sobre a área, trata-se de crime instantâneo de efeitos permanentes, pois a sua conduta cessou com a finalização da construção. Inclusive, exige-se uma conduta positiva (fazer) consistente na retirada da construção para possibilitar a regeneração. Diversamente, se o agente, diariamente, aplica veneno com o intuito de evitar a regeneração, a sua conduta constitui crime permanente, tanto que, para cessar a sua conduta que se prolonga no tempo, basta uma conduta negativa (não fazer, omissão) consistente na paralisação da aplicação do veneno.

121 TOLEDO, Francisco de Assis. *Princípios básicos de direito penal*. 5. ed. São Paulo: Saraiva, 194. p. 146.

Tratando-se de crime plurissubsistente, a tentativa (*conatus*) é possível, embora, na prática seja muito difícil, tendo em vista que o simples "dificultar" a regeneração já consuma o crime sob estudo.

AÇÃO PENAL

Todos os crimes previstos na Lei n. 9.605/98 são de ação penal pública incondicionada (art. 26). Observadas as penas mínima e máxima do tipo sob análise, são cabíveis a transação (art. 27) e a suspensão condicional do processo (art. 28).

Para os crimes tipificados nos arts. 38, 39 e 48, é cabível a suspensão prevista no art. 60 da Lei n. 12.651/2012 (v. comentários ao art. 26).

A competência material (v. comentários ao art. 26), em regra, será da Justiça Estadual, a exemplo da prática do crime do art. 48 sobre área particular situada em APP (STJ, 5ª T., REsp 849.423/SP, Rel. Gilson Dipp, J. em 19/09/2006). Todavia, se o crime for praticado em unidade de conservação criada por decreto federal, a competência será da Justiça Federal (STJ, 3ª S., CC 147.694/MS, Rel. Reynaldo da Fonseca, J. em 10/08/2016).

Art. 49. Destruir, danificar, lesar ou maltratar, por qualquer modo ou meio, plantas de ornamentação de logradouros públicos ou em propriedade privada alheia:

Pena – detenção, de três meses a um ano, ou multa, ou ambas as penas cumulativamente.

Parágrafo único. No crime culposo, a pena é de um a seis meses, ou multa.

BEM JURÍDICO TUTELADO

O bem jurídico específico (v. comentários ao art. 2º) tutelado consiste na preservação da flora.

SUJEITOS DO CRIME

O sujeito passivo é a coletividade e, no caso de planta localizada em propriedade privada alheia, também o proprietário. Tratando-se de crime comum, o sujeito ativo pode ser qualquer pessoa, inclusive a jurídica, como no exemplo de uma empresa concessionária de energia elétrica que danifica plantas de ornamentação ao trabalhar com postes de energia. O proprietário do imóvel não pode ser sujeito ativo, no art. 49, *in fine*, porquanto este faz referência à propriedade "alheia".

CONDUTAS

O art. 49, que constitui tipo misto alternativo (v. conceito nos comentários ao item "condutas" do art. 29), cuida de forma especial do crime de dano (art. 163 do CP), que incrimina a conduta do agente que *destrói* (aniquilar), *danifica* (deteriorar), *lesa* (machucar) ou *maltrata* (causar mal), por qualquer meio ou modo (crime de forma livre), o seguinte objeto jurídico: plantas de ornamentação (plantas destinadas ao embelezamento) de logradouros públicos (espaços urbanos abertos e espaços urbanos fechados com destinação pública)[122] ou de propriedades privadas alheias.

122 BUGALHO, Nelson. Delitos contra o patrimônio florestal (artigos 45 a 53). In: MARCHESAN, Ana Maria Moreira. STEIGLEDER, Annelise Monteiro. (Org.). *Crimes ambientais:* comentários à lei 9.605/98. Porto Alegre: Livraria do Advogado, 2013. p. 218.

Nucci observa a inconstitucionalidade do art. 49 em razão de ofensa aos princípios da intervenção mínima e da proporcionalidade, além de empregar uma redação demasiadamente aberta (p. ex.: "por qualquer modo ou meio").[123] Luiz Régis Prado, por sua vez, sustenta a inconstitucionalidade do art. 49 em razão de ele não representar nenhum atentado ao bem jurídico ambiental.[124]

VOLUNTARIEDADE

O crime do art. 49 é doloso, sem exigir elemento subjetivo específico. É prevista também a forma culposa.

CONSUMAÇÃO E TENTATIVA

Tratando-se de crime material e plurissubsistente, a consumação ocorre quando o resultado descrito no tipo é atingido, sendo admissível, apenas para a forma dolosa, a tentativa (*conatus*).

AÇÃO PENAL

Todos os crimes previstos na Lei n. 9.605/98 são de ação penal pública incondicionada (art. 26). Observadas as penas mínima e máxima do tipo sob análise, são cabíveis a transação (art. 27) e a suspensão condicional do processo (art. 28).

A competência material (v. comentários ao art. 26), segundo Baltazar Júnior, será da Justiça Estadual, em regra, "a não ser que o delito ocorra em logradouro público federal ou área de propriedade da União, suas autarquias ou empresas públicas".[125]

Art. 50. Destruir ou danificar florestas nativas ou plantadas ou vegetação fixadora de dunas, protetora de mangues, objeto de especial preservação:

Pena – detenção, de três meses a um ano, e multa.

BEM JURÍDICO TUTELADO

O bem jurídico específico (v. comentários ao art. 2º) tutelado consiste na preservação do meio ambiente, especialmente a flora, na figura das florestas ou vegetação fixadora de dunas e protetoras de mangues.

SUJEITOS DO CRIME

O sujeito passivo é a coletividade. Tratando-se de crime comum, o sujeito ativo pode ser qualquer pessoa, inclusive a jurídica.

123 NUCCI, Guilherme de Souza. *Leis penais e processuais penais comentadas*. (livro digital). 9. ed. Vol. 2. Rio de Janeiro: Forense, 2015. p. 643.

124 PRADO, Luiz Régis. *Direito penal do ambiente*. 4. ed. São Paulo: Revista dos Tribunais, 2012. p. 250.

125 BALTAZAR JÚNIOR, José Paulo. *Crimes federais*. 10. ed. São Paulo: Saraiva, 2015. p. 1044.

CONDUTAS

O art. 50, que constitui tipo misto alternativo (v. conceito nos comentários ao item "condutas" do art. 29), incrimina a conduta do sujeito ativo que *destrói* (aniquilar) ou *danifica* (deteriorar): a) florestas nativas; b) florestas plantadas; c) vegetação fixadora de dunas; d) vegetação protetora de mangues; e e) vegetação objeto de especial preservação.

Quanto ao objeto material sobre o qual incide a conduta a) as florestas (v. conceito nos comentários à Seção II) nativas são aquelas que crescem naturalmente, sem intervenção humana; b) as florestas plantadas decorrem da intervenção humana, a exemplo do reflorestamento; c) vegetação que fixa as dunas, as quais constituem "unidade geomorfológica de constituição predominante arenosa, com aparência de cômoro ou colina, produzida pela ação dos ventos, situada no litoral ou no interior do continente, podendo estar recoberta, ou não, por vegetação" (art. 2º, X, da Resolução CONAMA n. 303, de 20 de março de 2002); d) vegetação que protege mangues, que são "terrenos pantanosos situados junto às praias, rios, lagoas e desaguadouros, caracterizados pela presença de várias plantas, especificamente a *Rhizophora mangle*"[126], ao passo que manguezal constitui "manguezal: ecossistema litorâneo que ocorre em terrenos baixos, sujeitos à ação das marés, formado por vasas lodosas recentes ou arenosas, às quais se associa, predominantemente, a vegetação natural conhecida como mangue, com influência fluviomarinha, típica de solos limosos de regiões estuarinas e com dispersão descontínua ao longo da costa brasileira, entre os Estados do Amapá e de Santa Catarina" (art. 3º, XIII, da Le n. 12.651/2012); e e) vegetação objeto de especial preservação passível de ser instituída por qualquer um das três esferas do Poder Executivo, servindo como exemplos a vegetação objeto de tutela pela Lei n. 12.651/2012 e pela Resolução CONAMA n. 303, de 20 de março de 2002).

Especificamente quanto à vegetação objeto de especial preservação, reconhece-se que a redação do art. 50 não feliz. Uma leitura açodada deste art. 50 traz dúvida sobre se ele protege apenas a vegetação fixadora de dunas ou protetora de mangues, que seja objeto de especial preservação, ou toda e qualquer vegetação objeto de especial preservação. Essa dúvida resolve-se segundo uma interpretação teleológica do bem jurídico protegido pelo art. 50: o meio ambiente. Deve-se lançar mão da interpretação que melhor tutela o meio ambiente. Também, considerando que "toda lei penal aparece como uma medida que o Estado adota para proteger os direitos fundamentais e os demais bens constitucionais"[127], deve-se buscar a sua máxima efetividade. Logo, a leitura correta do art. 50 é a seguinte: é proibido destruir ou danificar: a) florestas nativas; b) florestas plantadas; c) vegetação fixadora de dunas; d) vegetação protetora de mangues; e e) vegetação objeto de especial preservação.[128]

Diante do princípio da especialidade, caso a destruição ou o dano ocorram a florestas localizadas em áreas de preservação permanente, prevalecerá o crime tipificado nos arts. 38 ou 39; se a floresta se localizar em unidade de conservação, o crime será aquele tipificado no art. 40.

---

126 PRADO, Luiz Régis. *Direito penal do ambiente*. 4. ed. São Paulo: Revista dos Tribunais, 2012. p. 252.

127 PULIDO, Carlos Bernal. *O direito dos direitos*: escritos sobre a aplicação dos direitos fundamentais. Tradução de Thomas da Rosa de Bustamante. São Paulo: Marcial Pons, 2013. p. 111.

128 No mesmo sentido: BUGALHO, Nelson. Delitos contra o patrimônio florestal (artigos 45 a 53). In: MARCHESAN, Ana Maria Moreira. STEIGLEDER, Annelise Monteiro. (Org.). Crimes ambientais: comentários à lei 9.605/98. Porto Alegre: Livraria do Advogado, 2013. p. 220.

VOLUNTARIEDADE

O crime do art. 50 é doloso, sem exigir elemento subjetivo específico. Não é prevista a forma culposa.

CONSUMAÇÃO E TENTATIVA

Sendo crime material e plurissubsistente, a consumação ocorre com o efetivo dano ou destruição da floresta ou vegetação, sendo admissível a tentativa (*conatus*).

AÇÃO PENAL

Todos os crimes previstos na Lei n. 9.605/98 são de ação penal pública incondicionada (art. 26). Observadas as penas mínima e máxima do tipo sob análise, são cabíveis a transação (art. 27) e a suspensão condicional do processo (art. 28).

Inexistindo motivo para atrair a competência da Justiça Federal, a competência material (v. comentários ao art. 26), em regra, será da Justiça Estadual (STF, 1ª T., RE 349189, Rel. Moreira Alves, J. em 17/09/2002).

> **Art. 50-A.** Desmatar, explorar economicamente ou degradar floresta, plantada ou nativa, em terras de domínio público ou devolutas, sem autorização do órgão competente:
>
> Pena – reclusão de 2 (dois) a 4 (quatro) anos e multa.
>
> § 1º Não é crime a conduta praticada quando necessária à subsistência imediata pessoal do agente ou de sua família.
>
> § 2º Se a área explorada for superior a 1.000 ha (mil hectares), a pena será aumentada de 1 (um) ano por milhar de hectare.

BEM JURÍDICO TUTELADO

Incluído pela Lei n. 11.284/2006, o bem jurídico específico (v. comentários ao art. 2º) tutelado pelo art. 50-A consiste na preservação do meio ambiente, especialmente da flora.

SUJEITOS DO CRIME

O sujeito passivo é a coletividade. Tratando-se de crime comum, o sujeito ativo pode ser qualquer pessoa, inclusive a jurídica.

CONDUTAS

O art. 50-A, que constitui tipo misto alternativo (v. conceito nos comentários ao item "condutas" do at. 29), incrimina a conduta do sujeito ativo que *desmata* (desflorestar), *explora economicamente* (finalidade econômica) ou *degrada* (causar dano) floresta, plantada ou nativa, localizada em terra de domínio público ou devoluta, sem autorização.

Sublinha-se que as condutas desmatar e degradar devem ter repercussão significativa. O agente que corta uma árvore, por exemplo, não desmata, tampouco degrada. Degradação, ainda, denota um processo que leva certo período de tempo para se recuperar.

No tocante ao objeto material sobre o qual pode incidir a conduta criminosa, a floresta (v. conceito nos comentários à Seção II), que pode ser nativa (aquela que cresce naturalmente, sem intervenção humana) ou plantada (decorre da intervenção humana, como no reflorestamento), deve estar localizada em terras de domínio público (v. conceito nos comentário ao item "condutas" relativo ao art. 44) ou em terras devolutas, que são "as terras públicas não aplicadas ao uso comum nem ao uso especial"[129], estando definidas no art. 3º da Lei n. 601/1850. São exemplos de terras devolutas aquelas referidas nos arts. 20, II; 26, IV; e 225, § 5º, todos da CF.

A possibilidade da existência de autorização do órgão competente, enquanto elemento normativo no tipo, está prevista no art. 23, III, VI e VII, da Lei Complementar n. 140/2011. Nessa linha, a Lei n. 11.284/2006, que regulamenta a gestão de florestas públicas para a produção sustentável, dispõe, no seu art. 18, I: "Nos casos potencialmente causadores de significativa degradação do meio ambiente, assim considerados, entre outros aspectos, em função da escala e da intensidade do manejo florestal e da peculiaridade dos recursos ambientais, será exigido estudo prévio de impacto ambiental – EIA para a concessão da licença prévia". O Decreto n. 6.063, de 20 de março de 2007 regulamenta a Lei n. 11.284/2006. Existente a autorização, a conduta praticada pelo agente, desde que respeite os seus limites, é atípica.

Pelo princípio da especialidade, o art. 50-A tem aplicação subsidiária nas hipóteses de as florestas estarem localizadas em áreas de preservação permanente ou em unidades de conservação, casos em que prevalecerão os crimes tipificados nos art. 38 (ou 39) ou 40, respectivamente.

O art. 50-A, § 1º, caracteriza estado de necessidade, que exclui a ilicitude da conduta realizada pelo agente.

Já o art. 50-A, § 2º, prevê causa de aumento que se aplica apenas para a conduta "explorar": se a área explorada for superior a mil hectares, para cada mil hectares (um hectare equivale a $10.000m^2$), a pena será majorada em um ano.

VOLUNTARIEDADE

O crime do art. 50-A é doloso, sem exigir elemento subjetivo específico. Não é prevista a forma culposa.

CONSUMAÇÃO E TENTATIVA

Tratando-se de crime material, a consumação ocorre quando sucedem os resultados previstos no tipo. As condutas "desmatar" e "degradar", sendo plurissubsistente, admitem tentativa (*conatus*). Já a conduta "explorar" economicamente, por se tratar de crime habitual, é incompatível com a tentativa.

AÇÃO PENAL

Todos os crimes previstos na Lei n. 9.605/98 são de ação penal pública incondicionada (art. 26). Observadas as penas mínima e máxima, não cabem transação (art. 27), tampouco suspensão condicional do processo (art. 28).

---

129 MELLO, Celso Antônio Bandeira de. *Curso de direito administrativo*. 19. ed. São Paulo: Malheiros, 2005. p. 850. O STF já conceituou terras devolutas no seguinte julgado: STF, 1ª T., RE 72020, Rel. Rodrigues Alckmin, J. em 11/09/1973; o STJ, por sua vez, no seguinte julgado: STJ, C. Especial, EREsp n. 617.428/SP, Rel. Nancy Andrighi, J. em 04/06/2014.

Sobre a competência material (v. comentários ao art. 26), se a conduta ocorrer em área federal, a competência será da Justiça Federal. "Hipótese na qual o desmatamento ilegal verificou-se em área inserta em Projeto de Assentamento outorgada pelo INCRA, autarquia federal, cujo domínio sobre o imóvel ainda não foi transferido, o que evidencia a competência da Justiça Federal para processar e julgar o feito (art. 109, IV, da CF/88)" (TRF1, 4ª T., RSE n. 26149220104013902, Rel. Hilton Queiroz, J. em 03/11/2014). Nos demais casos, a Justiça Estadual será competente.

Art. 51. Comercializar motosserra ou utilizá-la em florestas e nas demais formas de vegetação, sem licença ou registro da autoridade competente:

Pena – detenção, de três meses a um ano, e multa.

BEM JURÍDICO TUTELADO

O bem jurídico específico (v. comentários ao art. 2º) tutelado consiste na preservação da flora.

SUJEITOS DO CRIME

O sujeito passivo é a coletividade. Tratando-se de crime comum, o sujeito ativo pode ser qualquer pessoa, inclusive a jurídica. Eventual proprietário determinado da floresta ou outra forma de vegetação, pode figurar tanto como sujeito ativo (ele próprio utiliza a motosserra) quanto passivo (terceiro utiliza a motosserra na sua propriedade).

CONDUTAS

O art. 51 incrimina a conduta do sujeito ativo que *comercializa* (ato que resulta em vantagem econômica: venda, aluguel, permuta) ou *utiliza* (faz uso) motosserra em florestas ou nas demais formas de vegetação, sem licença ("permissão" para o uso ou o porte) ou registro (de comerciante ou de proprietário).

A Portaria IBAMA n. 149, de 30 de dezembro de 1992, regulamenta o comércio de motosserra, que consiste em "todo e qualquer equipamento utilizado para o corte de árvore e/ou madeira em geral, constituído de motor de combustão interna, sabre e corrente". Ela prevê a necessidade do Registro de Comerciante para o vendedor e do Registro de Proprietário para o comprador. Já o § 1º do art. 69 da Lei n. 12.651/2012 prevê que a licença para porte e uso da motosserra deve ser renovada a cada dois anos. A situação é similar à arma de fogo: existem o registro de propriedade da arma de fogo e o respectivo porte (licença) propriamente considerado.

A conduta de comercializar implica que o agente aufira alguma vantagem econômica. Por isso, se o agente empresta ou doa uma motosserra a terceiro, ele não responde, na condição de autor, pelo crime do art. 51; todavia, ele responderá como coautor ou partícipe, se presentes os requisitos do concurso de agentes: pluralidade de agentes e condutas, relevância causal de cada conduta; identidade da infração penal e, principalmente, liame subjetivo.

Já a utilização da motosserra, que pressupõe o registro de proprietário e a licença para porte e uso, para caracterizar o crime, pode ocorrer em floresta (v. conceito nos comentários à Seção II) de qualquer tipo, pois o art. 51 não fez qualquer delimitação (quando a LCA pretende, ela delimita, como fez no art. 50-A, *caput*) e nas demais formas de vegetação. Assim, se o agente utiliza motosserra, mesmo que sem registro ou licença, para cortar lenha seca, que já foi extraída da floresta, o fato é atípico (TJRS, Turma Recursal Criminal, Recurso Crime n. 71002370815, Rel. Volcir Antônio Casal, J. em 25/01/2010).

Também não há que se falar em tipo misto alternativo, pois o agente não pode comercializar a motosserra para si próprio. Ademais, se um agente comercializa ilegalmente a motosserra e outro, que a adquiriu, a utiliza ilegalmente, haverá a prática de dois crimes, cada qual com o seu autor, os quais podem ser unidos por critério de conexão, não configurando, portanto, coautoria.

O registro e/ou a licença vencidos caracterizam o crime, pois, uma vez expirado o prazo, eles deixam de ser válidos. Da mesma forma, o registro e/ou licença obtidos posteriormente à prática da conduta não tornam o fato atípico, pois eles produzem efeitos *ex nunc*.

Pelo critério da consunção, se a motosserra foi utilizada ilegalmente para obter os resultados dos crimes tipificados nos arts. 38, 39, 45, 50 e 50-A, estes absorverão aquele. O art. 51 é subsidiário, portanto.

VOLUNTARIEDADE

O crime do art. 51 é doloso, sem exigir elemento subjetivo específico. Não é prevista a forma culposa.

CONSUMAÇÃO E TENTATIVA

A consumação ocorre no instante em que a motosserra é comercializada ou, desde que em floresta ou outra forma de vegetação, utilizada, sem licença e registro. Tratando-se de crime plurissubsistente, a tentativa (*conatus*) é admissível.

AÇÃO PENAL

Todos os crimes previstos na Lei n. 9.605/98 são de ação penal pública incondicionada (art. 26). Observadas as penas mínima e máxima do tipo sob análise, são cabíveis a transação (art. 27) e a suspensão condicional do processo (art. 28).

Sobre a competência material, ver comentários ao art. 26.

Art. 52. Penetrar em Unidades de Conservação conduzindo substâncias ou instrumentos próprios para caça ou para exploração de produtos ou subprodutos florestais, sem licença da autoridade competente:

Pena – detenção, de seis meses a um ano, e multa.

BEM JURÍDICO TUTELADO

O bem jurídico específico (v. comentários ao art. 2º) tutelado consiste na flora e na fauna.

SUJEITOS DO CRIME

O sujeito passivo é a coletividade. Tratando-se de crime comum, o sujeito ativo pode ser qualquer pessoa, inclusive a jurídica, embora de difícil ocorrência, na prática.

CONDUTAS

O art. 52 incrimina a conduta do sujeito ativo que *penetra* (ingressar) em unidade de conservação (v. conceito nos comentários ao item "condutas" dos arts. 40 e 40-A) conduzindo substâncias (produto natural ou químico) instrumentos (aparelhos) próprios (que sirvam) para caça (perseguição para aprisionar ou matar) ou exploração (ato de tirar proveito) de produtos (o que é produzido diretamente pela natureza) ou subprodutos (o que resulta secundariamente da natureza, mediante atividade extrativista) florestais, sem licença.

O agente deve saber ou ter condições de saber que a área na qual ingressa é classificada como unidade de conservação. Do contrário, a sua conduta será atípica por erro de tipo, tendo em vista que o dolo deve abranger todos os elementos da figura típica.

A existência de licença (elemento normativo do tipo) da autoridade competente torna a conduta do agente atípica.

Este art. 52 equivale à punição de atos preparatórios, que ocorre "quando o legislador eleva à categoria de infração autônoma um ato que, por sua natureza, seria considerado preparatório ao cometimento de outra infração penal".[130] Diante dessa característica, ele é crime subsidiário, sendo absorvido pelo crime do art. 29, se a caça for realizada, ou o do art. 40, se da exploração de produtos ou subprodutos florestais resultar dano à unidade de conservação.

Se o agente penetra em unidade de conservação portando ilegalmente arma de fogo, a qual é apropriada para a caça, haverá o concurso material entre o art. 52 da LCA e o art. 14 da Lei n. 10.826/2003 – ED, pois: a) os objetos jurídicos são distintos (enquanto este art. 52 tutela o meio ambiente, o art. 14 do ED tutela a incolumidade pública); b) a potencialidade lesiva do porte ilegal de arma de fogo não se esgota com o ingresso em unidade de conservação; c) o art. 52 (crime-fim) não pode absorver o art. 14 do ED (crime-meio) porquanto a sua pena é menor (v. comentários ao item "condutas" do art. 41). Aliás, assim já decidiu o TRF da 2º Região (TRF2, 1ª T., Apelação Criminal n. 0490324-79.2012.4.02.5101 (TRF2 2012.51.01.490324-6), Rel. Abel Gomes, J. em 05/12/2016).

VOLUNTARIEDADE

O crime do art. 52 é doloso, sem exigir elemento subjetivo específico. Não é prevista a forma culposa.

CONSUMAÇÃO E TENTATIVA

Tratando-se de crime de mera conduta e de perigo abstrato, a simples penetração na unidade de conservação portando substâncias ou instrumentos referidos pelo tipo já consuma o crime, independentemente da produção de qualquer resultado naturalístico. A tentativa (*conatus*), embora de difícil caracterização, na prática, afigura-se possível. Seria o exemplo de o agente ser surpreendido enquanto, portando os instrumentos e/ou as substâncias proibidas, pula a cerca que limita a unidade de conservação.

---

130 GRECO, Rogério. *Curso de direito penal*. 11. ed. Rio de Janeiro: Impetus, 2009. p. 251-252.

AÇÃO PENAL

Todos os crimes previstos na Lei n. 9.605/98 são de ação penal pública incondicionada (art. 26). Observadas as penas mínima e máxima do tipo sob análise, são cabíveis a transação (art. 27) e a suspensão condicional do processo (art. 28).

A competência material (v. comentários ao art. 26), em regra, será da Justiça Estadual. Todavia, a Justiça Federal será competente para julgar o crime do art. 52 e os conexos (Súmula n. 122 do STJ) se a unidade de conservação for federal, a exemplo de um parque nacional (TRF4, 8ª T., Apelação criminal n. 5013360-27.2013.404.7205, Rel. Victor Laus, J. em 22/01/2014).

Art. 53. Nos crimes previstos nesta Seção, a pena é aumentada de um sexto a um terço se:

I – do fato resulta a diminuição de águas naturais, a erosão do solo ou a modificação do regime climático;

II – o crime é cometido:

a) no período de queda das sementes;

b) no período de formação de vegetações;

c) contra espécies raras ou ameaçadas de extinção, ainda que a ameaça ocorra somente no local da infração;

d) em época de seca ou inundação;

e) durante a noite, em domingo ou feriado.

O art. 53 prevê causas de aumento (incidem na terceira fase da dosimetria da pena) que se aplicam apenas para os crimes tipificados na Seção II (arts. 38 ao 52), sejam dolosos ou culposo (as majorantes previstas no art. 58, por exemplo, se aplicam apenas para os crimes dolosos). Para evitar o *bis in idem*, se a circunstância prevista como majorante servir como elementar de alguma figura típica, ele não se aplica. Igualmente, havendo correspondência entre essas majorantes (que se aplicam para os crimes praticados contra a flora) e as agravantes previstas no art. 15 (que se aplicam, em tese, para todos os crimes ambientais), aquelas preferem em relação a estas em razão da sua especialidade.

Segundo o art. 53, I, se do crime resultar a diminuição de águas naturais, a erosão do solo (desgaste da superfície terrestre pela ação mecânica e química da água corrente, das intempéries ou de outros agentes geológicos)[131] ou a modificação do regime climático, a pena é aumentada.

Conforme o art. 53, II, haverá aumento da pena quando o crime for cometido: a) no período de queda das sementes, hipótese em que a reprovabilidade da conduta é maior porque é o período de renovação da flora; b) no período de formação de vegetações, pois o dano é mais grave do que se praticado na vegetação já consolidada; c) contra espécies raras ou ameaças de extinção (v. comentários ao art. 15, II, *q*), mesmo que a ameaça ocorra somente no local da infração, conforme certificação em ato administrativo da autoridade competente (esta majorante prefere à aplicação da agravante do art. 15, II, *q*); d) em época de seca ou inundação, pois as consequências do crime serão mais graves (esta majorante prefere à aplicação da agravante

131 HOUAISS, Antônio. *Dicionário da língua portuguesa*. Versão eletrônica monousuário 3.0. Ed. Objetiva: 2009.

prevista no art. 15, II, *j*); e e) durante a noite (v. comentários ao art. 15, II, *i*), em domingo ou feriado (v. comentários ao art. 15, II, *h*) (esta majorante prefere à aplicação das agravantes previstas no art. 15, II, *h* e *i*).

Tendo em vista a complexidade dos fatos, a perícia será necessária para a elucidação de todas as majorantes, à exceção da prevista no art. 53, II, *e* e, em alguns casos, da prevista no art. 53, II, *d* (existem áreas em que a época de seca é de conhecimento comum).

SEÇÃO III

DA POLUIÇÃO E OUTROS CRIMES AMBIENTAIS

Art. 54. Causar poluição de qualquer natureza em níveis tais que resultem ou possam resultar em danos à saúde humana, ou que provoquem a mortandade de animais ou a destruição significativa da flora:

Pena – reclusão, de um a quatro anos, e multa.

§ 1º Se o crime é culposo:

Pena – detenção, de seis meses a um ano, e multa.

§ 2º Se o crime:

I – tornar uma área, urbana ou rural, imprópria para a ocupação humana;

II – causar poluição atmosférica que provoque a retirada, ainda que momentânea, dos habitantes das áreas afetadas, ou que cause danos diretos à saúde da população;

III – causar poluição hídrica que torne necessária a interrupção do abastecimento público de água de uma comunidade;

IV – dificultar ou impedir o uso público das praias;

V – ocorrer por lançamento de resíduos sólidos, líquidos ou gasosos, ou detritos, óleos ou substâncias oleosas, em desacordo com as exigências estabelecidas em leis ou regulamentos:

Pena – reclusão, de um a cinco anos.

§ 3º Incorre nas mesmas penas previstas no parágrafo anterior quem deixar de adotar, quando assim o exigir a autoridade competente, medidas de precaução em caso de risco de dano ambiental grave ou irreversível.

BEM JURÍDICO TUTELADO

O bem jurídico específico (v. comentários ao art. 2º) tutelado consiste no meio ambiente, em qualquer das suas formas. Paralelamente, também se protege a saúde pública.

Poluição, que constitui elemento normativo do tipo a ser valorado pelo intérprete, consiste na "degradação da qualidade ambiental resultante das atividades que direta ou indiretamente prejudiquem a saúde, a segurança e o bem-estar da população, criem condições adversas às atividades sociais e econômicas, afetem desfavoravelmente a biota [flora e fauna], afetem as condições estéticas ou sanitárias do meio ambiente, e lancem materiais ou energia em desacordo com os padrões ambientais estabelecidos".[132]

---

132 Instituto Brasileiro de Geografia e Estatística. *Vocabulário básico de recursos naturais e meio ambiente*. 2. ed. Rio de Janeiro, 2004. Disponível em: <http://www.ibge.gov.br/home/presidencia/noticias/vocabulario.pdf>. Acesso em: 07 abr. 2017. p. 251.

Não obstante, a doutrina e a jurisprudência extraem o conceito legal de poluição do art. 3º, II e III, da Lei n. 6.938/1981: "Para os fins previstos nesta Lei, entende-se por: (...) II – degradação da qualidade ambiental, a alteração adversa das características do meio ambiente; III – poluição, a degradação da qualidade ambiental resultante de atividades que direta ou indiretamente: a) prejudiquem a saúde, a segurança e o bem-estar da população; b) criem condições adversas às atividades sociais e econômicas; c) afetem desfavoravelmente a biota; d) afetem as condições estéticas ou sanitárias do meio ambiente; e) lancem matérias ou energia em desacordo com os padrões ambientais estabelecidos". Com base no conceito de poluição conferido pela Lei n. 6.938/1981, a doutrina[133] prevê as seguintes espécies de poluição: a) poluição atmosférica: liberação, na atmosfera, de gases ou partículas líquidas ou sólidas, minusculamente dispersas, em taxas muito altas para serem absorvidas pelo meio ambiente (v. Resoluções CONAMA ns 03/1990 (padrões de qualidade do ar), 382/2006 (limites máximos de emissão de poluentes atmosféricos para fontes fixas) 432/2011 (emissões de gases poluentes por automotores)); b) poluição hídrica: liberação, nas águas, de esgotos sem tratamento, resíduos sólidos e lixo tóxico (v. Resoluções CONAMA ns. 20/1986 e 357/2005); c) poluição térmica: variação na temperatura; d) poluição do solo: contaminação da camada superior da terra; e) poluição visual: causada pelo excesso de faixas, cartazes e demais propagandas impressas ou pintadas em vias públicas e em locais de visibilidade estratégica; f) poluição sonora: provada por níveis excessivos de ruídos (v. Resoluções CONAMA ns. 01/1990 (emissão de ruídos, em decorrência de quaisquer atividades industriais, comerciais, sociais ou recreativas, inclusive as de propaganda política, com limites previstos pela norma NBR 10.152), 01/1993, 02/1993 (ruídos emitidos por automotores)). Contudo, nem todas essas formas de poluição caracterizam um ilícito criminal.

Com efeito, a definição da poluição com base na Lei n. 6.938/1981 tem inteira utilidade para a responsabilidade administrativa e/ou cível decorrente da poluição. Todavia, para constituir um ilícito criminal, a poluição (art. 3º, III, da Lei n. 6.938/1981), além de provocar a degradação da qualidade ambiental (art. 3º, II, da Lei n. 6.938/1981), deve preencher, sob pena de atipicidade, as elementares do *caput* do art. 54: resultar ou poder resultar em danos à saúde humana ou provocar a mortandade de animais ou a destruição significativa da flora. Dito de outra forma: se a degradação ambiental decorrente da poluição não preencher essas elementares do art. 54, o fato não constituirá o crime de poluição, embora possa caracterizar um ilícito civil e/ou administrativo. Daí já se percebe, por exemplo, que a poluição visual muito dificilmente tipificará o crime de poluição, pois esse tipo de poluição é, comumente, incapaz de resultar, mesmo que potencialmente, em danos à saúde humana ou provocar a mortandade de animais ou a destruição significativa da flora.

SUJEITOS DO CRIME

O sujeito passivo, por excelência, é a coletividade. Tratando-se de crime comum, o sujeito ativo pode ser qualquer pessoa, inclusive a jurídica. A propósito, o art. 3º, IV, define o poluidor como "a pessoa física ou jurídica, de direito público ou privado, responsável, direta ou indiretamente, por atividade causadora de degradação ambiental".

133 CAPEZ, Fernando. *Curso de direito penal*: legislação penal especial, volume 4. 9. ed. São Paulo: Saraiva, 2014. p. 156-157.

CONDUTAS

O art. 54 incrimina a conduta do sujeito ativo que *causa* (provocar) poluição (degradação da qualidade ambiental, de qualquer natureza: atmosférica, aquática, do solo etc.) em níveis tais (elemento normativo do tipo, a expressar ideia de proporção relevante, significativa) que resultem ou possam resultar em danos à saúde humana, ou que provoquem a mortandade (número significativo, relevante, de mortes) de animais ou a destruição significativa (expressiva, considerável) da flora. O emprego, na construção do tipo, de termos abertos e valorativos, a exemplo de "níveis tais" e "significativa", revela o objetivo da lei: incrimina-se a conduta que, pela sua intensidade, seja realmente capaz de provocar danos à saúde humana ou a morte indiscriminada de vários espécimes animais ou a destruição em grandes proporções da flora. Por essa razão, por exemplo, despejar, no oceano, o equivalente a um caminhão-pipa de água "suja" decorrente da lavagem de qualquer estabelecimento não constituirá, provavelmente, o crime de poluição, tendo em vista a alta de capacidade de o oceano absorver o líquido que nele foi despejado, o que afasta o risco de dano à saúde ou a mortandade de animais ou a destruição significativa da flora. A perícia, em regra, é necessária à demonstração da poluição e do nexo causal entre este a conduta do sujeito ativo.

Os incisos do § 2º do art. 54 preveem formas qualificadas do crime de poluição. Enquanto os incs. I a IV se relacionam ao resultado, a qualificadora do inc. V está ligada à reprovação da conduta do agente:

Inc. I: Quando a poluição (sob qualquer forma) *torna* (transformar em) área urbana (delimitada em lei municipal, cuja propriedade privada é o fato gerador do IPTU) ou rural (por exclusão, área que não é urbana, cuja propriedade privada é o fato gerador do ITR) imprópria para a ocupação (domicílio, residência ou ocupação momentânea) humana. "O tipo penal não distingue entre espaço rural ou urbano, de forma que qualquer solo existente no território brasileiro é apto a ser objeto material deste delito."[134] A impropriedade da área para a ocupação humana pode ser causa de qualquer espécie de poluição, embora as formas mais propícias sejam a poluição do solo ou da água. A Resolução CONAMA n. 420, de 28 de dezembro de 2009, pode ser utilizada aqui, pois estabelece as quantidades de poluentes no solo ou na água que são capazes de gerar risco à saúde humana. Acima dos limites máximos de concentração dos poluentes, a área pode ser considerada imprópria, portanto. A prova pericial é necessária.

Inc. II: Quando a poluição atmosférica (apenas sob a forma atmosférica) *provoca* (ocasionar) a retirada, ainda que momentânea, dos habitantes das áreas afetadas, ou *causa* (provocar) danos diretos à saúde da população. A atmosfera consiste em "camada fina de gases, inodora, sem cor, insípida, e presa à Terra pela força da gravidade. Compreende uma mistura mecânica estável de gases, sendo que os mais importantes são: nitrogênio, oxigênio (que perfazem cerca de 99% do volume), argônio, dióxido de carbono, ozônio e vapor d'água".[135] Exemplificativamente, a Resolução CONAMA n. 267, de 14 de setembro de 2000, dispõe sobre a proibição de substâncias que destroem a camada de ozônio. Então, se a poluição atmosférica provocar a

---

134 MARCHESAN, Ana Maria Moreira. Poluição e outros crimes ambientais (artigo 54). In: MARCHESAN, Ana Maria Moreira. STEIGLEDER, Annelise Monteiro. (Org.). *Crimes ambientais:* comentários à lei 9.605/98. Porto Alegre: Livraria do Advogado, 2013. p. 244.

135 Instituto Brasileiro de Geografia e Estatística. *Vocabulário básico de recursos naturais e meio ambiente*. 2. ed. Rio de Janeiro, 2004. Disponível em: <http://www.ibge.gov.br/home/presidencia/noticias/vocabulario.pdf>. Acesso em: 07 abr. 2017. p. 39.

retirada dos habitantes de determinada área ou causar danos diretos à saúde da população, resta configurado o crime sob estudo. No tocante à segunda parte deste inc. II, Luiz Flávio Gomes e Sílvio Maciel entendem que ela é inaplicável, pois a poluição com danos à saúde humana já caracterizaria a forma simples do crime de poluição. "Em verdade não há diferença alguma, a não ser terminológica, entre as expressões, *danos à saúde humana* (constante no *caput*) e *danos diretos à saúde da população* (prevista no § 2º, II)."[136] Ademais, Freitas relaciona os seguintes efeitos causados pela poluição do ar: efeito estufa, chuva ácida, inversão térmica, aquecimento global e buraco na camada de ozônio.[137] Observado o art. 158 do CPP, a perícia é necessária.

Inc. III: Quando a poluição hídrica (apenas sob a forma hídrica) *torna necessária* (resultar em) a interrupção do abastecimento público de água de uma comunidade. Nesse caso, o lançamento de qualquer produto na água acaba por torná-la imprópria ao consumo humano, razão por que o abastecimento público dessa água é interrompido. A Resolução CONAMA n. 357/2005, que dispõe sobre a classificação dos corpos de água e diretrizes ambientais para o seu enquadramento, bem como estabelece as condições e padrões de lançamento de efluentes, pode ser utilizada para a definição da poluição sob estudo. Destaca-se que, além de a denúncia dever indicar que a água poluída é utilizada para abastecimento público, a perícia também deve apresentar essa constatação, sob pena de afastamento da qualificadora sob análise e desclassificação para o art. 54, *caput*.

Inc. IV: Quando a poluição (sob qualquer forma) *dificulta* (atrapalhar) ou *impede* (obstar) o uso público das praias. Segundo o art. 10, § 3º, praia é "a área coberta e descoberta periodicamente pelas águas, acrescida da faixa subseqüente de material detrítico, tal como areias, cascalhos, seixos e pedregulhos, até o limite onde se inicie a vegetação natural, ou, em sua ausência, onde comece um outro ecossistema". Como o art. 54, § 2º, IV, não estabeleceu qualquer diferença quanto ao tipo de praia, está incluída tanto a praia marítima quanto a fluvial, as quais são bens da União (art. 20, III e IV, da CF). Como regra, a perícia é necessária.

Inc. V: Quando a poluição (sob qualquer forma) *ocorre* (suceder) por lançamento de resíduos sólidos, líquidos ou gasosos, ou detritos, óleos ou substâncias oleosas, em desacordo com as exigências estabelecidas em leis ou regulamentos. Resíduo é resto, aquilo que sobra, segundo Hoauiss.[138] Resíduos sólidos consistem, segundo o art. 3º, XVI, da Lei n. 12.305/2010, em "material, substância, objeto ou bem descartado resultante de atividades humanas em sociedade, a cuja destinação final se procede, se propõe proceder ou se está obrigado a proceder, nos estados sólido ou semissólido, bem como gases contidos em recipientes e líquidos cujas particularidades tornem inviável o seu lançamento na rede pública de esgotos ou em corpos d'água, ou exijam para isso soluções técnica ou economicamente inviáveis em face da melhor tecnologia disponível". Frisa-se que a Lei n. 12.305/2010, especialmente no seu artigo 13, apresenta uma classificação de resíduos sólidos, quanto à sua origem e quanto à sua periculosidade. No tocante aos demais objetos materiais do presente crime: a) resíduos líquidos: restos de substâncias sob a forma líquida capazes de causar dano ao meio ambiente, a exemplo da gasolina dos postos de combustíveis que deve permanecer adequadamente armazenada; b) resíduos

136 GOMES, Luiz Flávio. MACIEL, Sílvio Luiz. *Lei de crimes ambientais*: comentário à Lei 9.605/1998. 2. ed. Rio de Janeiro: Forense, 2015. p. 232.

137 FREITAS, Vladimir Passos de. FREITAS, Gilberto Passos de. *Crimes contra a natureza*. 9 ed. São Paulo: Revista dos Tribunais, 2012. p. 226.

138 HOUAISS, Antônio. *Dicionário da língua portuguesa*. Versão eletrônica monousuário 3.0. Ed. Objetiva: 2009.

gasosos: sobras decorrentes da combustão de gases, a exemplo da "queima" de combustível; c) detritos: sobra de qualquer substância, resíduo, resto (Houaiss); d) óleos: substância gordurosa, líquida à temperatura normal, insolúvel na água, e que se extrai de certas plantas ou sementes, de animais ou de minerais (Houaiss).[139] Deve ser observado o elemento normativo do tipo consistente na prática da conduta em desacordo com as exigências estabelecidas em leis ou regulamentos. Essa circunstância torna o presente dispositivo norma penal em branco. Assim, a denúncia deve identificar a norma que foi desrespeitada. A propósito, os arts. 47, 48 e 49 da Lei n. 12.305/2010 preveem proibições para a disposição de resíduos ou rejeitos. Um exemplo recorrente da poluição qualificada sob análise é comum nas regiões de interior e envolve a suinocultura: "Configurado o crime de poluição, consistente no lançamento de dejetos provenientes da criação de cerca de dois mil suínos em sistema de confinamento em 3 (três) pocilgas verticais, despejados a céu aberto, correndo por uma vala que os levava até às margens do Rio do Peixe, situado em área de preservação permanente, sendo a atividade notoriamente de alto potencial poluidor, desenvolvida sem o devido licenciamento ambiental, evidenciando a potencialidade do risco à saúde humana" (STJ, 5ª T., AgRg no REsp n. 1418795 SC 2013/0383156-9, Rel. marco Bellizze, J. em: 18/06/2014). Igualmente, a perícia faz-se necessária para a comprovação do crime sob análise. Registra-se, outrossim, a possibilidade de concurso formal entre os incisos IV e V, a exemplo do vazamento de óleo no mais, pois essa conduta, além causar poluição, pode impedir o uso da praia abrangida por esse mar.

Segundo o art. 54, § 3º, equipara-se a crime a conduta do sujeito ativo que *deixar* (omitir) de *adotar* (seguir, observar), quando assim o exigir a autoridade competente, medidas de precaução em caso de risco de dano ambiental grave ou irreversível. Esse crime caracteriza-se pelo descumprimento de uma ordem concreta da autoridade, e não pelo mero descumprimento da legislação, sendo classificado como crime omissivo próprio (STJ, 5ª T., HC 58.604, Rel. Gilson Dipp, J. em 19/09/2006), aplicável comente às condutas de poluição enumeradas no caput e § 3º do art. 54, mas não a outros crimes ambientais (TRF4, 8ª T., ACR 2001.71.01.000178-2, Rel. Élcio Castro, J. em 24/05/2006).

A **poluição sonora** é crime, a despeito do veto ao art. 59? Na medida em que a poluição pode ser de "qualquer natureza", segundo o *caput* do art. 54, a poluição sonora pode constituir crime ambiental. Para que se caracterize o delito previsto no referido art. 54, a poluição gerada deve ter o condão de, ao menos, poder causar danos à saúde humana (STJ, 6ª T., HC 134.163/PE, Rel. Og Fernandes, J. em 18/12/2012). Então, se a poluição sonora ocorrer em níveis tais que possam prejudicar a saúde humana, haverá o crime tipificado no art. 54, *caput*; ao revés, se ela não ostentar essa capacidade, ela tipifica apenas a contravenção penal do art. 42 da LCP. A Resolução CONAMA n. 01/1990, que se reporta às NBRs 10.151 e 10.152, é adotada pelo STJ para a análise do crime de poluição sonora porque ela estabelece limites à emissão de ruídos decorrentes de quaisquer atividades industriais, comerciais, sociais ou recreativas, inclusive as de propaganda política. Especificamente, a poluição sonora pode tipificar as condutas previstas no art. 54, *caput*, e art. 54, § 2º, I, segundo o STJ: "A conduta narrada na denúncia mostra-se plenamente adequada à descrição típica constante no art. 54, caput, e § 2º, I, da Lei n. 9.605/1998, c/c o art. 3º, III, da Lei n. 6.938/1981, pois descreve a emissão pela pessoa jurídica de ruídos acima dos padrões estabelecidos pela NBR 10.151, causando, por conseguinte, prejuízos à saúde humana, consoante preconiza a Resolução do Conama n. 01/1990" (STJ, 6ª T.,

139 HOUAISS, Antônio. *Dicionário da língua portuguesa.* Versão eletrônica monousuário 3.0. Ed. Objetiva: 2009.

AgRg no REsp 1442333/RS, Rel. Sebastião Reis Júnior, J. em 14/06/2016). Também, a despeito de a prova pericial ser comumente exigida nos crimes ambientais, por força do art. 158 do CPP, o STJ já dispensou a prova pericial, admitindo a prova testemunhal para fins de demonstração da potencialidade do prejuízo à saúde humana: "[...] EXAME DE CORPO DE DELITO. IMPOSSIBILIDADE. POLUIÇÃO SONORA – CRIME QUE NÃO DEIXA VESTÍGIOS. MATERIALIDADE QUE PODE SER COMPROVADA POR OUTROS MEIOS DE PROVA. [...] Na espécie, considerando a impossibilidade de realização de exame de corpo de delito e que a prova testemunhal supre sua falta em casos como tais (art. 167 do Código de Processo Penal), a materialidade do crime ficou comprovada pelo testemunho de engenheiro ambiental devidamente inscrito no CREA/MS, servidor da SEMUR – Secretaria Municipal de Controle Ambiental e Urbanístico de Campo Grande/MS, que, munido de um decibelímetro, instrumento esse utilizado para constatar os índices de intensidade sonora, realizou a medição no momento em que o som do carro estava ultrapassando os limites previstos pela legislação" (STJ, 5ª T., AgRg no HC n. 173.189/MS (2010/0090564-6), Rel. Marco Bellizze, J. em 11/12/2012). A dispensa da prova pericial para a demonstração da poluição sonora igualmente foi tese adotada pelo STF (STF, 2ª T., RHC 117465, Rel. Ricardo Lewandowski, J. em 04/02/2014).

A **poluição socialmente tolerada** caracteriza crime? Ney Bello[140] e Dino[141] advogam que a poluição, mesmo que autorizada, pode caracterizar um ilícito criminal. Todavia, sustenta-se que a poluição socialmente tolerada, ou seja, aquela permitida dentro dos limites da lei e autorizada por licenciamento ambiental não caracteriza um ilícito criminal. Trata-se de exercício regular de direito. Sob o ponto de vista criminal, uma conduta que é permitida pela legislação não pode caracterizar um crime, sob pena de violação dos princípios da legalidade e da culpabilidade. Inclusive a tipicidade conglobante justifica esse entendimento no sentido da atipicidade da poluição socialmente admitida. Não obstante, mesmo que autorizada a atividade poluidora, não se afasta a possível responsabilização civil do poluidor, principalmente com base no princípio do poluidor-pagador. Logo, a poluição autorizada não é penalmente típica, embora possa caracterizar um ilícito civil.

Consigna-se que a **degradação ambiental prévia** não impede a prática do crime de poluição, o qual pode ser reconhecido pelo agravamento das consequências para o meio ambiente, não obstante o dano ambiental preexista à conduta. Segundo o STF: o "dano grave ou irreversível que se pretende evitar com a norma prevista no artigo 54, § 3º, da Lei nº 9.605/98 não fica prejudicado pela degradação ambiental prévia. O risco tutelado pode estar relacionado ao agravamento das conseqüências de um dano ao meio ambiente já ocorrido e que se protrai no tempo" (STF, 1ª T., HC 90.023, Menezes Direito, J. em 06/11/2007).

Sobre conflitos que envolvem este art. 54, Ney Bello[142] apresenta visão completa:

> Art. 270 do CP *vs* art. 54 da LCA: pela especialidade, prevalece o art. 270, porque, "[q]uando se estiver diante de crime de envenenamento de água potável se estará diante de uma

140 BELLO FILHO, Ney de Barros. Anotações ao crime de poluição. *Revista CEJ*, Brasília, n. 22, p. 49-62, jul./set. 2003. p. 61. Disponível em: <www.jf.jus.br/ojs2/index.php/revcej/article/download/564/744>. Acesso em: 15 mai. 2017.

141 NETO, Nicolau Dino. FILHO, Ney Bello. DINO, Flávio. *Crimes e infrações administrativas ambientais*. 3. ed. Belo Horizonte: Del Rey, 2011. p. 169.

142 BELLO FILHO, Ney de Barros. Anotações ao crime de poluição. *Revista CEJ*, Brasília, n. 22, p. 49-62, jul./set. 2003. p. 55-57. Disponível em: <www.jf.jus.br/ojs2/index.php/revcej/article/download/564/744>. Acesso em: 15 mai. 2017.

poluição específica que possui tratamento específico, razão pela qual vai subsistir o crime da parte especial do Código Penal".

Art. 271 do CP *vs* art. 54 da LCA: o art. 54 revogou tacitamente o art. 271 do CP, porque aquele "abrangeu toda a situação antes regulamentada pelo Código Penal".

Art. 15 da Lei n. 6.938/1981 *vs* art. 54 da LCA: aquele artigo foi revogado tacitamente por este, pois a "norma genérica do art. 54 regulou a matéria de forma a afastar a aplicação da norma do art. 15 da Lei n. 6.938/81".

Art. 250 do CP *vs* art. 54 da LCA: "Aceitável é a tese do concurso formal, uma vez que o incêndio causado com o intuito de poluir o meio ambiente representa a prática de dois fatos típicos previstos em normas que não se excluem, levando a conseqüência da aplicação de ambas as responsabilidades penais".

Art. 38 da LCP *vs* art. 54 da LCA: "Toda emissão de gás que possa causar "danos à saúde humana ou que provoque a mortandade de animais ou a destruição significativa da flora" acarreta a configuração do tipo do art. 54, mas quando da emissão abusiva de fumaça, vapor ou gás sobrevier apenas ofensa, que não se configure em danos à saúde, e algo mais que mero inconveniente, estar-se-á diante da figura da contravenção do art. 38".

Art. 252 do CP *vs* art. 54 da LCA: pela especialidade, aquele prefere a este. "Se o gás utilizado possui as características previstas neste artigo, e se há exposição de outrem, com risco de vida ou à integridade física, ou ainda a seu patrimônio (semoventes ou plantas), o crime caracterizado é o previsto na Lei Penal Geral. Evidentemente existem pressupostos muito específicos para a configuração deste delito, o que vai afastar o art. 54 desta Lei, em razão do princípio da especialidade."

Já sobre o conflito aparente deste art. 54 com o art. 33 ou com o art. 35, II, vide comentários ao item "condutas" desses dois últimos artigos.

A respeito do conflito aparente deste art. 54 com os arts. 15 e 16, ambos da Lei n. 7.802/89, vide os comentários a esta última Lei, na presente obra.

VOLUNTARIEDADE

O crime do art. 54 é doloso, sem exigir elemento subjetivo específico. É prevista a forma culposa, que se aplica, pela sua posição topográfica, apenas ao *caput* do art. 54.

CONSUMAÇÃO E TENTATIVA

O art. 54, *caput*, prevê um crime de dano quando se refere à poluição que resulta em danos à saúde humana ou que provoca a mortandade de animais ou a destruição significativa da flora. A consumação, nesse caso, ocorre quando sobrevém um desses resultados. Tratando-se de crime plurissubsistente, admite-se a tentativa (*conatus*). Por outro lado, o art. 54, *caput*, prevê crime de perigo abstrato[143] ou crime de perigo formal quando se refere à poluição que pode resultar em danos à saúde humana (STJ, 5ª T, AgRg no AREsp 956.780/AM, Rel. Reynaldo Fonseca, J. 27/09/2016); nesse caso, basta a prática da conduta, independentemente da superveniência de qualquer resultado naturalístico. A tentativa igualmente é admitida.

143 Para Freitas, o crime é de perigo abstrato (FREITAS, Vladimir Passos de. FREITAS, Gilberto Passos de. *Crimes contra a natureza*. 9 ed. São Paulo: Revista dos Tribunais, 2012. p. 218.); já para Milaré, trata-se de crime de perigo concreto (MILARÉ, Edis. COSTA JR., Paulo José da. COSTA, Fernando José da. *Direito penal ambiental*. 2. ed. São Paulo: Revista dos Tribunais, 2013. p. 134.).

Os tipos previstos no art. 54, § 2º, I a IV, exigem a ocorrência do resultado material neles previstos para fins da sua consumação. Já o tipo previsto no art. 54, § 2º, V, se consuma quando a conduta nele descrita é praticada, independentemente de qualquer resultado naturalístico, sendo, por isso, classificado como crime formal (STJ, 5ª T., AgRg no REsp 1418795/SC, Rel. Marco Bellizze, J. em 18/06/2014). Em 2018, o STJ, em sede de embargos de divergência, reafirmou que o tipo do art. 54, § 2º, V, é classificado como crime formal (STJ, 3ª S., EREsp 1417279/SC, Rel. Joel Paciornik, J. em 11/04/2018).

A figura típica prevista no art. 54, § 3º, por ser omissiva própria, consuma-se com a mera omissão (STJ, 5ª T., HC 58.604, Rel. Gilson Dipp, J. em 19/09/2006) e não admite tentativa.

No mais, a forma culposa é incompatível com tentativa.

AÇÃO PENAL

Todos os crimes previstos na Lei n. 9.605/98 são de ação penal pública incondicionada (art. 26). Observadas as penas mínima e máxima do art. 54, *caput*, e §§ 2º e 3º, para a forma dolosa, não é cabível a transação (art. 27); todavia, tem lugar a suspensão condicional do processo (art. 28). Já para a forma culposa, cabem tanto a transação como o *sursis* processual.

A competência material (v. comentários ao art. 26), em regra, será da Justiça Estadual. A Justiça Federal será competente apenas se a conduta envolver bem ou interesse federal, a exemplo de praia (TRF4, 7ª T., RSE 2005.72.01.005154-9, Rel. Marcelo Nardi, J. em 28/06/2006).

> **Art. 55.** Executar pesquisa, lavra ou extração de recursos minerais sem a competente autorização, permissão, concessão ou licença, ou em desacordo com a obtida:
>
> Pena – detenção, de seis meses a um ano, e multa.
>
> Parágrafo único. Nas mesmas penas incorre quem deixa de recuperar a área pesquisada ou explorada, nos termos da autorização, permissão, licença, concessão ou determinação do órgão competente.

BEM JURÍDICO TUTELADO

O bem jurídico específico (v. comentários ao art. 2º) tutelado consiste no meio ambiente, especialmente os seus recursos minerais, e no desenvolvimento sustentável. A atividade minerária impacta altamente o meio ambiente, razão pela qual ela é normatizada (Decreto-Lei n. 227/1967) e, segundo o art. 225, § 2º, da CF, gera o dever de recuperar a área degradada.

O artigo em questão revogou tacitamente o art. 21 da Lei n. 7.805/1989.

SUJEITOS DO CRIME

O sujeito passivo é a coletividade e o eventual proprietário da área onde praticado o crime. Tratando-se de crime comum, o sujeito ativo pode ser qualquer pessoa, inclusive a jurídica.

CONDUTAS

O art. 55, *caput*, incrimina a conduta do sujeito ativo que *executa* (realizar) pesquisa, lavra ou extração de recursos minerais sem autorização *lato sensu*, a qual, no âmbito federal, é concedida pelo Departamento Nacional de Produtos Minerais (art. 2º do Decreto-Lei n. 227/1967).

Segundo o art. 14, *caput* e § 1º, do Decreto-Lei n. 227/1967, pesquisa mineral consiste na execução dos trabalhos necessários à definição da jazida, sua avaliação e a determinação da exeqüibilidade do seu aproveitamento econômico, compreendendo, entre outros, os seguintes trabalhos de campo e de laboratório: levantamentos geológicos pormenorizados da área a pesquisar, em escala conveniente, estudos dos afloramentos e suas correlações, levantamentos geofísicos e geoquímicos; aberturas de escavações visitáveis e execução de sondagens no corpo mineral; amostragens sistemáticas; análises físicas e químicas das amostras e dos testemunhos de sondagens; e ensaios de beneficiamento dos minérios ou das substâncias minerais úteis, para obtenção de concentrados de acordo com as especificações do mercado ou aproveitamento industrial. Conforme o art. 36 do Decreto-Lei n. 227/1967, lavra é o conjunto de operações coordenadas objetivando o aproveitamento industrial da jazida, desde a extração das substâncias minerais úteis que contiver, até o beneficiamento delas. Segundo esses conceitos, constata-se que a extração é compreendida pela lavra, na sua primeira etapa.

O objeto material sobre o qual incide a conduta são os minerais passíveis de pesquisa, lavra ou extração. Há um rol exemplificativo desses minerais no art. 10, § 1º, da Lei n. 7.805/1989: "São considerados minerais garimpáveis o ouro, o diamante, a cassiterita, a columbita, a tantalita e wolframita, nas formas aluvionar, eluvionar e coluvial; a sheelita, as demais gemas, o rutilo, o quartzo, o berilo, a muscovita, o espodumênio, a lepidolita, o feldspato, a mica e outros, em tipos de ocorrência que vierem a ser indicados, a critério do Departamento Nacional de Produção Mineral – DNPM".

Nas mesmas penas incorre quem *deixa* (omitir) de *recuperar* (restaurar) a área pesquisada ou explorada, nos termos da autorização, permissão, licença, concessão ou determinação do órgão competente. O art. 225, § 2º, da CF, que exige a recuperação da área degrada pela atividade minerária, é regulamentado pelo art. 2º, VIII, da Lei n. 6.938/1981 e pelo Decreto n. 97.632, de 10 de abril de 1989, o qual dispõe sobre o Plano de Recuperação de Áreas Degradadas – PRAD.

Se o sujeito ativo responsável pela degradação omitir-se na recuperação da área, haverá crime único. Nesse caso, a dosimetria da pena será mais elevada em relação à daquele que apenas degrada ou deixa de recuperar a área, em razão da maior reprovabilidade da sua conduta.

A exploração de minerais também caracteriza o crime tipificado no art. 2º, *caput*, da Lei n. 8.176/1991. Enquanto o art. 55 da LCA tutela o meio ambiente, o art. 2º, *caput*, da Lei n. 8/176/1991 tutela o patrimônio da União. Em função de diversidade do objeto jurídico, há concurso formal entre esses dois crimes, segundo o STJ (STJ, 5ª T., REsp 922.588/BA, Rel. Laurita Vaz, J. em 27/09/2007). O seguinte julgado do TRF da 4ª Região explana muito a bem esse concurso formal: "Não há que se falar em *bis in idem* na imputação feita ao réu, pois a extração de granito sem a correlata autorização legal ofende as diretrizes do artigo 2º da Lei 8.176/91, que tutela o patrimônio da União coibindo sua usurpação. Já o artigo 55 da Lei 9.605/98 tutela o meio ambiente, de modo que são dois bens jurídicos distintos tutelados. Assim, o agente, mediante uma ação afetou dois bens jurídicos distintos, cometendo dois crimes, havendo concurso formal em sua conduta" (TRF2, 2ª T., Apelação Criminal n. 0011439-28.2012.4.02.5001, Rel. Simone Schreiber, J. em 31/01/2017). No mesmo sentido: STJ, 5ª T., RHC 33.669/RJ, Rel. Marco Bellizze, J. em 20/06/2013; TRF4, 8ª T., ACR 50010414320164047004/PR 5001041-43.2016.4.04.7004, Rel. Leandro Paulsen, J. em 29/08/2018).

Não obstante, a extração de minerais, por órgão da administração pública direta e autárquica da União, dos estados, do Distrito Federal e dos municípios, para emprego imediato na construção civil e/ou uso em obras públicas por eles executadas diretamente prescinde de autorização (*lato sensu*), conforme o art. 2º, parágrafo único, do Decreto-Lei n. 227/1967. Assim, a extração de mineral por Município, por exemplo, desde que com as finalidades já identificadas, não caracteriza o crime tipificado no art. 2º da Lei n. 8.176/1991 ("Não comete o delito previsto no artigo 2º da Lei nº 8.176/91 o Prefeito Municipal que, mesmo sem autorização, extrai substância mineral destinada a obra pública" – TRF4, 4ª S., Inq. 2009.04.00.004309-9, Rel. Paulo Brum Vaz, J. em 15/04/2010), tampouco o previsto no art. 55 da LCA (STJ, 5ª T., RHC 33.669/RJ, Rel. Marco Bellizze, J. em 20/06/2013).

No conflito aparente entre os arts. 55 e 40, prevalece aquele pela sua especialidade. Sobre o conflito aparente entre os arts. 55 e 44, vide comentários ao item "condutas" referente a esse artigo.

VOLUNTARIEDADE

O crime do art. 55 é doloso, sem exigir elemento subjetivo específico. A finalidade econômica, por exemplo, não é exigida. Não é prevista a forma culposa.

CONSUMAÇÃO E TENTATIVA

No art. 55, *caput*, por cuidar de crime de perigo, a consumação ocorre com a simples extração do minério, sem autorização (*lato sensu*), independentemente de qualquer dano ao meio ambiente. A consumação ocorre, portanto, com a mera retirada do minério. Por essa razão, a "produção de prova pericial não se mostra imprescindível quando a materialidade e a autoria delitivas podem ser demonstradas por outros meios de prova" (TRF4, 8ª T., ACR 5001588-54.2010.404.7211, Rel. Pedro Gebran Neto, J. em 05/04/2017). Admite-se a tentativa (*conatus*) por ser crime plurissubsistente.

Já o crime do art. 55, parágrafo único, consuma-se com a prática da omissão. O sujeito ativo dispõe de um prazo para recuperar a área. Expirado esse prazo, o crime resta consumado. É descabida a tentativa diante da sua incompatibilidade com o crime omissivo.

AÇÃO PENAL

Todos os crimes previstos na Lei n. 9.605/98 são de ação penal pública incondicionada (art. 26). Observadas as penas mínima e máxima do tipo sob análise, são cabíveis a transação (art. 27) e a suspensão condicional do processo (art. 28).

Quanto à competência material (v. comentários ao art. 26), observa-se que o crime previsto no art. 55 é praticado em concurso formal com o tipificado no art. 2º da Lei n. 8.176/1991, pois o minério é bem da União (art. 20, IX, da CF). Assim, por força da Súmula n. 122 do STJ, a Justiça Federal é a competente (STJ, 6ª T., RHC 50.160/MG, Rel. Rogério Schietti Cruz, J. em 16/09/2014), mesmo que o crime seja praticado em propriedade particular (STJ, 3ª S., CC 116.447/MT, Rel. Maria Moura, J. em 25/05/2011).

Art. 56. Produzir, processar, embalar, importar, exportar, comercializar, fornecer, transportar, armazenar, guardar, ter em depósito ou usar produto ou substância tóxica, perigosa ou nociva à saúde humana ou ao meio ambiente, em desacordo com as exigências estabelecidas em leis ou nos seus regulamentos:

Pena – reclusão, de um a quatro anos, e multa.

§ 1º Nas mesmas penas incorre quem:

I – abandona os produtos ou substâncias referidos no caput ou os utiliza em desacordo com as normas ambientais ou de segurança;

II – manipula, acondiciona, armazena, coleta, transporta, reutiliza, recicla ou dá destinação final a resíduos perigosos de forma diversa da estabelecida em lei ou regulamento.

§ 2º Se o produto ou a substância for nuclear ou radioativa, a pena é aumentada de um sexto a um terço.

§ 3º Se o crime é culposo:

Pena – detenção, de seis meses a um ano, e multa.

BEM JURÍDICO TUTELADO

O bem jurídico específico (v. comentários ao art. 2º) tutelado consiste no equilíbrio do meio ambiente. Paralelamente, a saúde é protegida também.

SUJEITOS DO CRIME

O sujeito passivo é a coletividade. Tratando-se de crime comum, o sujeito ativo pode ser qualquer pessoa, inclusive a jurídica.

CONDUTAS

O art. 56, que constitui tipo misto alternativo (v. conceito nos comentários ao item "condutas" do art. 29), incrimina a conduta do sujeito ativo que *produz* (gerar), *processa* (manufaturar), *embala* (envolver), *importa* (introduzir no território nacional algo proveniente de fora do país), *exporta* (enviar algo para fora de uma cidade, estado ou país), *comercializa* (ato que resulta em vantagem econômica: venda, aluguel, permuta), *fornece* (abastecer), *transportar* (locomover), *armazena* (manter ou conversar em armazém), *guarda* (preservar), *tem* (manter) em depósito ou *usa* (utilizar) produto ou substância tóxica, perigosa ou nociva à saúde humana ou ao meio ambiente, em desacordo com as exigências estabelecidas em leis ou nos seus regulamentos.

Especificamente quanto à conduta "exportar", consigna-se que ela não exige a saída da substância tóxica ou perigosa do território nacional. A essa conclusão se chega com base em simples interpretação sistemática: quando a LCA exige a saída do objeto material do território nacional, ela o faz de forma expressa, empregando "exportar para o exterior", como ocorre no art. 30. Por isso, o art. 56 incrimina a conduta do agente que promove o deslocamento interno de substâncias tóxicas ou perigosas em desacordo com as exigências legais e regulamentares.[144]

No tocante ao objeto material, o STJ já exigiu que o produto ou a substância estivessem catalogados em ato normativo, sob pena de atipicidade (STJ, 5ª T., HC 18.836/PR, Rel. Jorge Scartezzini, J. em 26/02/2002). Contudo, em 2017, o mesmo STJ reconheceu a prática deste crime do art. 56 na hipótese do agente que, "agindo em desacordo com as exigências legais ou regulamentares, é flagrado guardando e transportando em seu veículo automotor 8 kg de

144 No mesmo sentido: NETO, Nicolau Dino. FILHO, Ney Bello. DINO, Flávio. *Crimes e infrações administrativas ambientais*. 3. ed. Belo Horizonte: Del Rey, 2011. p. 346.

inseticida, de procedência uruguaia, que tem substância tóxica, perigosa ou nociva à saúde humana ou ao equilíbrio do meio ambiente, de origem chinesa, como princípio ativo, e que não tem registro e aprovação no Ministério da Agricultura, Pecuária e Abastecimento" (STJ, 6ª T., AgRg no REsp 1367294/RS, Rel. Rogério Schietti Cruz, J. em 14/02/2017).

Em função da presença de elemento normativo do tipo (exigências estabelecidas em leis ou nos seus regulamentos), observa-se que o tipo em tela constitui norma penal em branco. A denúncia deverá, portanto, indicar qual a norma que foi violada pela conduta praticada pelo agente. Badini é enfático: "há o mister de se identificar quais os produtos considerados tóxicos, perigosos ou nocivos, bem como o regramento imposto para seu adequado manuseio"[145]. Nesse ponto, exemplificativamente, a Resolução CONAMA n. 452, de 02 de julho de 2012, dispõe sobre resíduos perigosos.

A propósito, sintetizando o que foi visto até agora, vale a análise do seguinte aresto do STJ:

> RECURSO ESPECIAL. CRIME AMBIENTAL. TRANSPORTE DE PRODUTOS TÓXICOS, NOCIVOS OU PERIGOSOS. ART. 56, CAPUT, DA LEI N. 9.605/1998. LEI PENAL EM BRANCO. RESOLUÇÃO DA ANTT N. 420/2004. NORMA DE INTEGRAÇÃO. BEM JURÍDICO TUTELADO. MEIO AMBIENTE E INCOLUMIDADE PÚBLICA. CRIME DE PERIGO ABSTRATO. PERÍCIA. PRESCINDIBILIDADE. RECURSO ESPECIAL CONHECIDO E PROVIDO. 1. A conduta ilícita prevista no art. 56, caput, da Lei n. 9.605/1998 é norma penal em branco, cuja complementação depende da edição de outras normas, que definam o que venha a ser o elemento normativo do tipo "produto ou substância tóxica, perigosa ou nociva à saúde pública ou ao meio ambiente". No caso específico de transporte de tais produtos ou substâncias, o Regulamento para o Transporte Rodoviário de Produtos Perigosos (Decreto n. 96.044/1988) e a Resolução n. 420/2004 da Agência Nacional de Transportes Terrestres – ANTT, constituem a referida norma integradora, por inequivocamente indicar os produtos e substâncias cujo transporte rodoviário é considerado perigoso. 2. Por outro lado, a conduta ilícita prevista no art. 56, caput, da Lei n. 9.605/1998 é de perigo abstrato. Não é exigível, pois, para o aperfeiçoamento do crime, a ocorrência de lesão ou de perigo de dano concreto na conduta de quem produz, processa, embala, importa, exporta, comercializa, fornece, transporta, armazena, guarda, tem em depósito ou usa produto ou substância tóxica, perigosa ou nociva à saúde humana ou ao meio ambiente, em desacordo com as exigências estabelecidas em leis ou nos seus regulamentos. 3. Embora seja legítimo aspirar a um Direito Penal de mínima intervenção, não pode a dogmática penal descurar de seu objetivo de proteger bens jurídicos de reconhecido relevo, assim entendidos, na dicção de Claus Roxin, como "interesses humanos necessitados de proteção penal", qual a proteção ao meio ambiente e à incolumidade pública. Não se pode, assim, esperar a concretização de danos, ou exigir a demonstração de riscos concretos para a punição de condutas que representam potencial produção de danos ao ecossistema e, por consequência, a pessoas indeterminadas. 4. O *eventus periculi*, advindo da prática de quem incorre em uma das condutas previstas no art. 56, *caput*, da Lei n. 9.605/1998, portanto, é presumido e, por conseguinte, prescinde da realização de perícia para comprovar a nocividade da substância ou produto, bastando, para tanto, que o "produto ou substância tóxica, perigosa ou nociva para a saúde humana ou o meio ambiente" esteja declinado *ex lege*, ou seja, no caso, que esteja elencado na Resolução n. 420/04 da ANTT. 5. Recurso especial conhecido e provido, para restabelecer a condenação dos recorridos e determinar ao Tribunal de origem que reexamine a apelação defensiva, partindo da premissa de que a mera ausência de prova pericial não constitui óbice à manutenção do édito condenatório (REsp 1439150/RS, Rel. Ministro ROGERIO SCHIETTI CRUZ, SEXTA TURMA, julgado em 05/10/2017, DJe 16/10/2017).

145 BADINI, Luciano. Substâncias tóxicas nocivas ao meio ambiente (artigos 56 a 58). In: MARCHESAN, Ana Maria Moreira. STEIGLEDER, Annelise Monteiro. (Org.). *Crimes ambientais:* comentários à lei 9.605/98. Porto Alegre: Livraria do Advogado, 2013. p. 254.

Os verbos "importar" e "exportar", neste crime, caracterizam forma especial de contrabando (art. 334-A do CP). Logo, no conflito aparente entre o art. 56 da LCA e o art. 334-A do CP, prevalece aquele. A propósito, confira-se acórdão do TRF da 4ª Região: "A importação de pneus usados constitui crime ambiental, forma especial de contrabando, por se tratar de produto nocivo à saúde pública e ao meio ambiente" (TRF4, 8ª T., RSE n. 5007239-10.2013.404.7002, Rel. Simone Fortes, J. em 29/01/2014).

São formas equiparadas a crime, segundo o art. 56, § 1º (que teve a redação alterada pela Lei n. 12.305/2010):

Inc. I: Quando o agente *abandona* (descartar por tempo suficiente para pôr em risco o meio ambiente) produtos ou substâncias tóxicas, perigosas ou nocivas à saúde ou os *utiliza* (usufruir, usar) em desacordo com as normas ambientais ou de segurança (norma penal em branco). Se o mesmo agente praticou alguma conduta do *caput* e abandonou o produto ou substância, há crime único, embora com valoração negativa desse aspecto na dosimetria da pena. No mais, se do abandono decorrer poluição que preencha as elementares do art. 54, o crime tipificado neste artigo restará consumado.

Inc. II: Quando o agente *manipula* (preparar), *acondiciona* (guardar em embalagem), *armazena* (manter ou conversar em armazém), *coleta* (recolher, juntar), *transporta* (locomover), *reutiliza* (utilizar novamente), *recicla* (processar para que se possa reutilizar) ou dá destinação final (cláusula aberta) a resíduos perigosos e forma diversa da estabelecida em ato normativo. Este inc. II, que cuida de tipo misto alternativo, foi introduzido pela Lei n. 12.305/2010 (Política Nacional dos Resíduos Sólidos), a qual deve ser utilizada para complementar a norma penal em branco. No mais, aplica-se a mesma observação do inciso antecedente se o sujeito ativo for mesmo que pratica a conduta prevista no *caput*.

Pelo critério da especialidade, as condutas de "produzir", "comercializar" e "transportar" agrotóxicos tipificam o crime previsto no art. 15 da Lei n. 7.802/1989. Embora a Lei n. 9.605/1998 seja posterior, a Lei n. 7.802/1989, em relação ao agrotóxico, é especial. No conflito entre os critérios da especialidade (*lex specialis derogat legi generali*) e cronológico (*lex posterior derogat legi priori*) – lei anterior especial contra lei posterior geral –, prevalece aquele, segundo ensinamento de Bobbio.[146] Por consequência, em se cuidado de agrotóxicos como objeto material, os verbos nucleares previstos apenas na Lei n. 7.802/1989 e que não têm correspondência na LCA tipificam o crime previsto no art. 15 da Lei n. 7.902/1989; os verbos nucleares previstos apenas na LCA e que não têm correspondência no art. 7.802/1989 caracterizam, em princípio, crime ambiental; todavia, observada a finalidade do agente, se esses verbos nucleares previstos apenas na LCA e não repetidos na Lei n. 7.802/1989 constituírem atos de execução de alguma das figuras típicas do art. 15 da Lei n. 7/802/1989, este crime restará caracterizado. Por isso, à luz do "princípio da consunção, o crime de manter em depósito agrotóxicos [a conduta "manter em depósito" não é prevista no art. 15 da Lei n. 7.802/1989] ficará absorvido pela figura delitiva prevista no artigo 15 da Lei nº 7.802/89 quando servir como mero instrumento para perfectibilização de um objetivo final único, qual seja a comercialização dos insumos" (TRF4, 8ª T., ACR 2007.70.05.000625-0, Rel. Luiz Wowk Penteado, J. em 18/02/2009). Para Luiz Flávio Gomes e Sílvio Maciel, que fizeram estudo sobre os vários posicionamentos da doutrina em relação ao tema, o adequado consiste na aplicação do art. 15 da Lei n. 7.802/1989, porém com a

146 BOBBIO, Norberto. *Teoria do ordenamento jurídico*. Tradução: Maria Celeste Cordeiro Leite dos Santos. 10. ed. Brasília: Universidade de Brasília. 1999. p. 108.

pena prevista no art. 56, sob pena de ofensa ao princípio da proporcionalidade.[147] Sem embargo, a jurisprudência não é uniforme. Enquanto o STJ, em 2015, fundamentou pela prevalência do art. 15 da Lei n. 7.802/1989 em relação ao art. 56 da LCA (STJ, 6ª T., REsp 1449266/PR, Rel. Maria Moura, J. em 06/08/2015), o TRF da 4ª Região, em 2017, decidiu que o transporte de agrotóxico estrangeiro importado do exterior tipifica o crime do art. 56 (TRF4, 7ª T., ACR 5001437-19.2013.404.7103, Rel. Márcio Rocha, J. em 18/04/2017).

Se o objeto material for produto ou substância nuclear (relativo ao núcleo do átomo) ou radioativa (emite radiação), a pena é aumentada de 1/6 a 1/3. A majoração deve ser diretamente proporcional à quantidade do produto ou substância. Ainda quanto a essa questão, há divergência na doutrina sobre o art. 56, § 2º, ter revogado tacitamente os arts. 20, 22, 24 e 25 da Lei n. 6.4531977 (dispõe sobre atividades nucleares).[148]

No tocante ao conflito aparente com o art. 278 do CP, é válido reproduzir a lição de Nucci: "o artigo 278 do Código Penal possui menor número de condutas no tipo penal, algumas delas específicas, não constantes do art. 56 da Lei 9.605/98, como fabricar (manufaturar ou construir). Entretanto, pode-se sustentar que essa conduta estaria abrangida pela forma produzir (criar, dar origem a algo), prevista no art. 56. O mesmo se pode dizer em relação a vender, que seria subsumida em comercializar. Assim considerando, o art. 56 seria mais abrangente que o art. 278. Por se tratar o referido art. 56 de norma prevista em lei especial, mais recente, teria revogado o disposto no Código Penal. Entretanto, há que se considerar a parte final do art. 56. Exige-se, para a incriminação, haver a tutela do produto em legislação específica ("em desacordo com as exigências estabelecidas em leis ou nos seus regulamentos"). Por isso, é viável sustentar que a figura típica do art. 278 seria afastada no tocante aos produtos ou substâncias nocivas à saúde humana (ou ao meio ambiente), quando as exigências para a sua atividade estiverem disciplinadas em normas. Por outro lado, remanesceria a figura do art. 278 para os outros casos gerais de coisas ou substâncias nocivas à saúde humana, sem específica previsão em leis ou regulamentos".[149]

VOLUNTARIEDADE

O crime do art. 56 é doloso, sem exigir elemento subjetivo específico. É prevista também a forma culposa.

CONSUMAÇÃO E TENTATIVA

O crime do art. 56 é de perigo abstrato, prescindindo de resultado naturalístico. A consumação, portanto, ocorre com a simples prática das condutas previstas nele. Tratando-se de crime plurissubsistente, a tentativa (*conatus*) é admitida, exceto na forma culposa.

---

147 GOMES, Luiz Flávio. MACIEL, Sílvio Luiz. *Lei de crimes ambientais*: comentário à Lei 9.605/1998. 2. ed. Rio de Janeiro: Forense, 2015. p. 245.

148 A favor da revogação tácita: FREITAS, Vladimir Passos de. FREITAS, Gilberto Passos de. *Crimes contra a natureza*. 9 ed. São Paulo: Revista dos Tribunais, 2012. p. 248. Pela subsistência dos arts. 20, 22, 24 e 25 da Lei n. 6.453/1977: NUCCI, Guilherme de Souza. *Leis penais e processuais penais comentadas*. (livro digital). 9. ed. Vol. 2. Rio de Janeiro: Forense, 2015. p. 660.

149 NUCCI, Guilherme de Souza. *Leis penais e processuais penais comentadas*. (livro digital). 9. ed. Vol. 2. Rio de Janeiro: Forense, 2015. p. 657.

AÇÃO PENAL

Todos os crimes previstos na Lei n. 9.605/98 são de ação penal pública incondicionada (art. 26). Observadas as penas mínima e máxima do tipo sob análise, para o art. 56, *caput*, e § 1º, não cabe a transação (art. 27), porém tem lugar a suspensão condicional do processo (art. 28); no caso da majorante prevista no art. 56, mesmo que considerado o aumento mínimo de 1/6 sobre a pena mínima, não cabe nenhum desses dois benefícios. Já para a forma culposa, têm lugar tanto a transação quanto o *sursis* processual.

A competência material (v. comentários ao art. 26), em regra, será da Justiça Estadual; poderá ser da Justiça Federal quando algum interesse ou bem da União for afetado.

Art. 57. (VETADO)

Art. 58. Nos crimes dolosos previstos nesta Seção, as penas serão aumentadas:

I – de um sexto a um terço, se resulta dano irreversível à flora ou ao meio ambiente em geral;

II – de um terço até a metade, se resulta lesão corporal de natureza grave em outrem;

III – até o dobro, se resultar a morte de outrem.

Parágrafo único. As penalidades previstas neste artigo somente serão aplicadas se do fato não resultar crime mais grave.

O art. 58, que se aplica apenas para os crimes dolosos previstos nesta Seção III, prevê causas de aumentos.

Conforme o art. 58, I, se do crime resultar dano irreversível à flora ou ao meio ambiente, a pena será majorada de 1/6 a 1/3.

O art. 58, II e III, prevê majorantes cuja natureza jurídica respeita a crime preterdoloso (dolo no antecedente e culpa no posterior). Assim, o resultado previsto nesses incisos deve decorrer de culpa do agente; ao revés, se o resultado decorrer de dolo do agente, haverá concurso formal impróprio (art. 70, *in fine*, do CP). Então, por exemplo, se o sujeito ativo pratica poluição com o dolo de causar lesão corporal de natureza grave e se este resultado sobrevém (inc. II), ele responderá pela prática do crime tipificado no art. 54 da LCA c/c art. 129, §§ 1º ou 2º, na forma do art. 70, *in fine*, do CP. Se o agente pratica a poluição com o dolo de matar, haverá concurso formal impróprio entre o crime ambiental e o de homicídio.

No mais, anota-se a previsão da subsidiariedade expressa pelo art. 58, parágrafo único.

Art. 59. (VETADO)

O art. 59 dispunha: Produzir sons, ruídos ou vibrações em desacordo com as prescrições legais ou regulamentares, ou desrespeito as normas sobre emissão e imissão de ruídos e vibrações resultantes de quaisquer atividades: Pena – detenção, de três a um ano, e multa.

Sobre poluição sonora, vide comentários ao art. 54.

Art. 60. Construir, reformar, ampliar, instalar ou fazer funcionar, em qualquer parte do território nacional, estabelecimentos, obras ou serviços potencialmente poluidores, sem licença ou autorização dos órgãos ambientais competentes, ou contrariando as normas legais e regulamentares pertinentes:

Pena – detenção, de um a seis meses, ou multa, ou ambas as penas cumulativamente.

BEM JURÍDICO TUTELADO

O bem jurídico específico (v. comentários ao art. 2º) tutelado consiste no equilíbrio do meio ambiente, que pode ser colocado em risco por empreendimentos potencialmente poluidores que sejam instalados sem autorização (*lato sensu*).

SUJEITOS DO CRIME

O sujeito passivo é a coletividade. Tratando-se de crime comum, o sujeito ativo pode ser qualquer pessoa, inclusive a jurídica.

CONDUTAS

O art. 60, que constitui tipo misto alternativo (v. conceito nos comentários ao item "condutas" do art. 29), incrimina a conduta do sujeito ativo que *constrói* (edificar), *reforma* (dar melhor forma a alguma coisa), *amplia* (aumentar), *instala* (montar para que possa ser usado) ou *faz funcionar* (fazer entrar em atividade), no território nacional, estabelecimentos, obras ou serviços que sejam potencialmente poluidores, sem licença ou autorização da autoridade ambiental, ou contrariando os atos normativos pertinentes.

Para desenvolver um empreendimento potencialmente poluidor, é necessário, inicialmente, segundo o art. 225, § 1º, IV, da CF, art. 3º da Resolução CONAMA n. 237, de 19 de dezembro de 1997, o estudo prévio de impacto ambiental (EIA). Após o EIA, afigura-se imprescindível o licenciamento ambiental[150], que, visando à obtenção da licença ambiental, constitui, segundo o art. 2º, I, da Lei Complementar n. 140/2011, o "procedimento administrativo destinado a licenciar atividades ou empreendimentos utilizadores de recursos ambientais, efetiva ou potencialmente poluidores ou capazes, sob qualquer forma, de causar degradação ambiental". O licenciamento ambiental é regulamentado pela Resolução CONAMA n. 237, de 19 de dezembro de 1997, que, no seu artigo 8º, prevê as seguintes etapas: "I – Licença Prévia (LP) – concedida na fase preliminar do planejamento do empreendimento ou atividade aprovando sua localização e concepção, atestando a viabilidade ambiental e estabelecendo os requisitos básicos e condicionantes a serem atendidos nas próximas fases de sua implementação; II – Licença de Instalação (LI) – autoriza a instalação do empreendimento ou atividade de acordo com as especificações constantes dos planos, programas e projetos aprovados, incluindo as medidas de controle ambiental e demais condicionantes, da qual constituem motivo determinante; III – Licença de Operação (LO) – autoriza a operação da atividade ou empreendimento, após a verificação do efetivo cumprimento do que consta das licenças anteriores, com as medidas de controle ambiental e condicionantes determinados para a operação". Então, o agente que pratica qualquer das condutas previstas no tipo sem a licença necessária incorre na prática do crime.

A simples ausência do licenciamento caracteriza o crime? O que significa a exigência de que o empreendimento seja potencialmente poluidor? Há discussão doutrinária sobre o tipo de perigo que o crime do art. 60 constitui. Para os que sustentam se tratar de crime de perigo concreto[151] (posição já adotada pelo STJ, 6ª T., HC 147.541/RS, Rel. Celso Limongi, J. em 16/12/2010),

150 Mesmo antes da CF/88, o licenciamento ambiental já era exigido pelo art. 10 da Lei n. 6.938/1981.

151 Nesse sentido: PRADO, Luiz Régis. *Direito penal do ambiente*. 4. ed. São Paulo: Revista dos Tribunais, 2012. p. 286.; GOMES, Luiz Flávio. MACIEL, Sílvio Luiz. *Lei de crimes ambientais*: comentário à Lei 9.605/1998. 2. ed. Rio de Janeiro: Forense, 2015. p. 250.

é necessária a demonstração pericial de que a atividade seja potencialmente poluidora (TRF2, 1ª T., ACR n. 200551540042804, Rel. Abel Gomes, J. em 22/07/2009). O TJRS foi contundente neste sentido: "O delito tipificado no art. 60, caput, da Lei nº 9.605/98 desafia a comprovação, por meio de prova da técnica, da materialidade, por imprescindível a demonstração de que o ato é potencialmente poluidor. O simples fato de ser exigida a licença ambiental não conduz, de modo automático, à conclusão de que, no caso concreto, a atividade desenvolvida é potencialmente poluidora" (TJ/RS, Turma Recursal Criminal, RC 71007513989/RS, Rel. Luciano Losekann, J. em 23/07/2018). Já para os que sustentam se tratar de crime de perigo abstrato[152], basta apenas a demonstração de que a atividade é rotulada como potencialmente poluidora por algum ato normativo. Dino analisa bem a questão: "Pune-se a prática de qualquer das ações demonstradas nos verbos constitutivos do tipo sem que a licença administrativa seja corretamente expedida. Todas as atividades para as quais a lei ou as normas administrativas exigem licença ou autorização são potencialmente poluidoras."[153] Este foi entendimento adotado pelo TJSC (TJ/SC, 3ª C.Crim., APR 00005787820118240051, Rel. Ernani de Almeida, J. em 12/06/2018.

No mais, registra-se que, para Alexandre Saltz, o qual fundamenta que o crime do art. 60 é de perigo abstrato, a licença ambiental concedida *a posteriori*[154] assim como a renovada extemporaneamente não descaracterizam o crime.[155]

VOLUNTARIEDADE

O crime do art. 60 é doloso, sem exigir elemento subjetivo específico. Não é prevista a forma culposa.

CONSUMAÇÃO E TENTATIVA

A consumação ocorre com a prática de qualquer das condutas previstas no tipo, independentemente da superveniência de resultado naturalístico. Tratando-se de crime plurissubsistente, admite-se a tentativa (*conatus*).

AÇÃO PENAL

Todos os crimes previstos na Lei n. 9.605/98 são de ação penal pública incondicionada (art. 26). Observadas as penas mínima e máxima do tipo sob análise, são cabíveis a transação (art. 27) e a suspensão condicional do processo (art. 28).

A competência material (v. comentários ao art. 26) será da Justiça Federal se a conduta atingir um bem ou serviço de natureza federal ("Possível crime ambiental, previsto no artigo 60 da Lei nº 9.605/98, consistente na realização de obras ou serviços potencialmente poluidores sem licença ou autorização do órgão ambiental competente, perpetrado em terras particulares,

---

152 NUCCI, Guilherme de Souza. *Leis penais e processuais penais comentadas*. (livro digital). 9. ed. Vol. 2. Rio de Janeiro: Forense, 2015. p. 663.

153 NETO, Nicolau Dino. FILHO, Ney Bello. DINO, Flávio. *Crimes e infrações administrativas ambientais*. 3. ed. Belo Horizonte: Del Rey, 2011. p. 358.

154 No mesmo sentido: FREITAS, Vladimir Passos de. FREITAS, Gilberto Passos de. *Crimes contra a natureza*. 9 ed. São Paulo: Revista dos Tribunais, 2012. p. 251.

155 SALTZ, Alexandre Sikinowski. Controle de atividades impactantes ao ambiente (artigo 60). In: MARCHESAN, Ana Maria Moreira. STEIGLEDER, Annelise Monteiro. (Org.). *Crimes ambientais:* comentários à lei 9.605/98. Porto Alegre: Livraria do Advogado, 2013. p. 267-268.

não configura, em tese, violação a interesses, bens ou serviços da União" – STJ, 3ª S., CC 28.279/MG, Rel. Félix Fischer, J. em 10/05/2000).

Art. 61. Disseminar doença ou praga ou espécies que possam causar dano à agricultura, à pecuária, à fauna, à flora ou aos ecossistemas:

Pena – reclusão, de um a quatro anos, e multa.

BEM JURÍDICO TUTELADO

O bem jurídico específico (v. comentários ao art. 2º) tutelado consiste no equilíbrio do meio ambiente em geral. Paralelamente, a saúde humana também é protegida.

SUJEITOS DO CRIME

O sujeito passivo é a coletividade. Tratando-se de crime comum, o sujeito ativo pode ser qualquer pessoa, inclusive a jurídica, embora de difícil caracterização.

CONDUTAS

O art. 61 incrimina a conduta do agente que *dissemina* (espalhar) doença ("alteração biológica do estado de saúde de um ser (homem, animal etc.), manifestada por um conjunto de sintomas perceptíveis ou não; enfermidade, mal, moléstia") ou praga ("qualquer forma de vida animal que possa destruir aquilo que o ser humano considera um bem seu")[156] que tenham a potencialidade de causar dano à agricultura (cultivo de alimentos), à pecuária (criação de gado), à fauna (conjunto de animais de certo local), à flora (conjunto de plantas de certo local) ou aos ecossistemas. Ecossistema é um "complexo dinâmico de comunidades vegetais, animais e de microorganismos e o seu meio inorgânico que interagem como uma unidade funcional" (art. 2º da Convenção sobre Diversidade Biológica).[157]

VOLUNTARIEDADE

O crime do art. 61 é doloso, sem exigir elemento subjetivo específico. Não é prevista a forma culposa. Sem embargo, a quase totalidade da doutrina advoga que o art. 61 revogou tacitamente o art. 259 do CP, por dispor sobre a mesma conduta. Nucci inclusive traz relevante observação: "Afastado o art. 259, deixa de subsistir a forma culposa nele prevista, mas não repetida no art. 61 desta Lei. Logo, se a disseminação se der por imprudência do agente, por exemplo, é fato atípico".[158] Juliana Santini discorda, ao sustentar que "quem culposamente difunde doença ou praga que possa causar dano, deverá ser enquadrado no art. 259 do CP".[159]

156 HOUAISS, Antônio. *Dicionário da língua portuguesa*. Versão eletrônica monousuário 3.0. Ed. Objetiva: 2009.

157 BRASIL. Convenção sobre Diversidade Biológica. Disponível em: < http://www.mma.gov.br/biodiversidade/convenção-da-diversidade-biológica >. Acesso em: 21 mai. 2017.

158 NUCCI, Guilherme de Souza. *Leis penais e processuais penais comentadas*. (livro digital). 9. ed. Vol. 2. Rio de Janeiro: Forense, 2015. p. 664.

159 SANTINI, Juliana. Crime de difusão de doença ou praga (artigo 61). In: MARCHESAN, Ana Maria Moreira. STEIGLEDER, Annelise Monteiro. (Org.). *Crimes ambientais*: comentários à lei 9.605/98. Porto Alegre: Livraria do Advogado, 2013. p. 272-273.

CONSUMAÇÃO E TENTATIVA

A consumação ocorre com a simples disseminação de doença ou praga, ainda que não sobrevenha dano. Todavia, exige-se que a doença ou praga tenham a potencialidade de causar dano (crime de perigo concreto), o que torna a perícia necessária. Tratando-se de crime plurissubsistente (*conatus*), a tentativa é possível.

AÇÃO PENAL

Todos os crimes previstos na Lei n. 9.605/98 são de ação penal pública incondicionada (art. 26). Observadas as penas mínima e máxima, não cabem transação (art. 27), tampouco suspensão condicional do processo (art. 28).

Acerca da competência material, ver comentários ao art. 26.

SEÇÃO IV
DOS CRIMES CONTRA O ORDENAMENTO URBANO E O PATRIMÔNIO CULTURAL

Nos comentários ao art. 2º, explicou-se, com base em Sirvinskas, que o meio ambiente compreende o natural, o artificial, o cultural e o laboral. Os crimes tipificados nesta Seção tutelam o meio ambiente artificial urbano e o meio ambiente cultural. Este se relaciona com o patrimônio cultural, o qual, segundo o art. 216 da CF, é constituído pelos "bens de natureza material e imaterial, tomados individualmente ou em conjunto, portadores de referência à identidade, à ação, à memória dos diferentes grupos formadores da sociedade brasileira".

Art. 62. Destruir, inutilizar ou deteriorar:

I – bem especialmente protegido por lei, ato administrativo ou decisão judicial;

II – arquivo, registro, museu, biblioteca, pinacoteca, instalação científica ou similar protegido por lei, ato administrativo ou decisão judicial:

Pena – reclusão, de um a três anos, e multa.

Parágrafo único. Se o crime for culposo, a pena é de seis meses a um ano de detenção, sem prejuízo da multa.

BEM JURÍDICO TUTELADO

O bem jurídico específico (v. comentários ao art. 2º) tutelado consiste no meio ambiente em suas formas artificial e cultural.

O art. 62 revogou tacitamente o art. 165 do CP.

SUJEITOS DO CRIME

O sujeito passivo é a coletividade. Também pode ser vítima determinada o proprietário do bem atingido pelo crime. Tratando-se de crime comum, o sujeito ativo pode ser qualquer pessoa, inclusive a jurídica.

CONDUTAS

O art. 62, que constitui tipo misto alternativo (v. conceito nos comentários ao item "condutas" do art. 29), incrimina a conduta do sujeito ativo que *destrói* (aniquilar), *inutiliza* (tornar imprestável) ou *deteriora* (estragar, danificar): a) "arquivo (lugar onde se recolhem documentos); registro (instituição onde se transcrevem atos, fatos, títulos etc.), museu (local onde se abrigam coleções de interesse histórico, artístico ou técnico, normalmente aberto à visitação, como incentivo à cultura), biblioteca (local onde se guardam livros e documentos); pinacoteca (lugar onde se guardam pinturas de valor histórico ou artístico, normalmente aberto à visitação, também como forma de incentivo à cultura); instalação científica (lugar onde se desenvolvem projetos em prol da ciência em geral) ou similar (forma residual, para abranger qualquer lugar semelhante – ex.: cinemateca, lugar onde se guardam filmes cinematográficos de valor cultural e histórico)"[160], desde que protegidos por lei, ato administrativo ou decisão judicial; ou b) qualquer bem, desde que também especialmente protegido por lei, ato administrativo ou decisão judicial.

Percebe-se a necessidade de um ato normativo ou de uma decisão judicial que confira proteção ao bem; do contrário, na ausência dessa proteção, ocorrerá atipicidade relativa ou absoluta. Assim, o agente que deteriora um museu particular que não conta com proteção por lei, decisão ou ato administrativo, por exemplo, incorre na prática do crime de dano (art. 163 do CP), e não no crime sob estudo.

Quanto à proteção por lei, esta pode ser federal, estadual ou municipal, tendo em vista que, segundo o arts. 24, VII e VIII, e o art. 30, IX, é competência concorrente da União, dos estados e dos municípios a proteção do patrimônio cultural. Exemplificativamente, a Lei n. 3.924/1961, dispõe sobre a proteção de monumentos arqueológicos e pré-históricos. Já a proteção conferida por decisão judicial pode decorrer de qualquer tipo de ação, proveniente, por exemplo, de ação civil pública ajuizada pelo Ministério Público e julgada tanto pela Justiça Federal quanto pela Justiça Estadual. Por sua vez, a proteção por ato administrativo pode ocorrer sob as seguintes formas: a) tombamento: disciplinado pelo Decreto-Lei n. 25/1937; b) inventário: compete aos "órgãos públicos (federais, estaduais e municipais) realizar o inventário de todos os bens materiais e imateriais, independentemente do tombamento, como fonte de conhecimento nacional, regional ou local", como nos casos referidos pelo art. 9º, VII, VIII, XI e XII, da Lei n. 6.938/1981, e art. 6º, §§ 1º e 2º, da Lei n. 6.513/1977[161]; e c) registro: disciplinado pelo Decreto n. 3.551/2000.

Milaré anota, com percuciência, que o crime em questão poderá ser realizado de "forma comissiva ou omissiva, como quando o agente não preservar o bem tombado".[162]

É essencial que a denúncia, sob pena de inépcia, informe qual o ato que confere especial proteção ao bem atingido pelo crime.

---

160 NUCCI, Guilherme de Souza. *Leis penais e processuais penais comentadas*. (livro digital). 9. ed. Vol. 2. Rio de Janeiro: Forense, 2015. p. 666.

161 SIRVINSKAS, Luís Paulo. *Manual de direito ambiental*. 14. ed. São Paulo: Saraiva, 2016. p. 753.

162 MILARÉ, Edis. COSTA JR., Paulo José da. COSTA, Fernando José da. *Direito penal ambiental*. 2. ed. São Paulo: Revista dos Tribunais, 2013. p. 155.

VOLUNTARIEDADE

O crime do art. 62 é doloso, sem exigir elemento subjetivo específico. Contudo, o dolo do agente deve abranger o conhecimento de que o objeto material é protegido por lei, ato administrativo ou decisão judicial.

É prevista, outrossim, a forma culposa.

CONSUMAÇÃO E TENTATIVA

Tratando-se de crime material, a consumação ocorre quando o bem é destruído, inutilizado ou deteriorado. Sendo crime plurissubsistente, a tentativa (*conatus*) é possível. No entanto, registra-se ser de difícil ocorrência a tentativa em relação ao verbo nuclear "destruir", pois o início material de uma conduta visando à destruição do bem já terá consumado a conduta de "deteriorar".

AÇÃO PENAL

Todos os crimes previstos na Lei n. 9.605/98 são de ação penal pública incondicionada (art. 26). Observadas as penas mínima e máxima, para a forma dolosa, não cabe transação (art. 27), tendo lugar, todavia, o *sursis* processual (art. 28); para a forma culposa, ambos os benefícios têm cabimento.

Quanto à competência material (v. comentários ao art. 26), se o crime atingir bem ou interesse federal, a exemplo de um sítio arqueológico (art. 20, X, da CF), a Justiça Federal será competente (TRF4, 8ª T., ACR 200304010431331, Rel. Fernando Wowk, J. em 22/09/2004); do contrário, a competência será da Justiça Estadual.

> **Art. 63.** Alterar o aspecto ou estrutura de edificação ou local especialmente protegido por lei, ato administrativo ou decisão judicial, em razão de seu valor paisagístico, ecológico, turístico, artístico, histórico, cultural, religioso, arqueológico, etnográfico ou monumental, sem autorização da autoridade competente ou em desacordo com a concedida:
> Pena – reclusão, de um a três anos, e multa.

BEM JURÍDICO TUTELADO

O bem jurídico específico (v. comentários ao art. 2º) tutelado consiste no meio ambiente artificial e cultural.

SUJEITOS DO CRIME

O sujeito passivo é a coletividade. Também pode ser vítima determinada o proprietário do bem atingido pelo crime. Tratando-se de crime comum, o sujeito ativo pode ser qualquer pessoa, inclusive a jurídica.

CONDUTAS

O art. 63 incrimina a conduta do sujeito ativo que *altera* (modificar) o *aspecto* (aparência) ou *estrutura* (composição, organização) de edificação (construção) ou local (lugar) protegidos por lei, ato administrativo ou decisão judicial, sem autorização ou em desacordo com a concedida.

A proteção dos objetos materiais dá-se em função do seu valor paisagístico (paisagem natural ou artificial), ecológico (meio ambiente), turístico (locais disponíveis para visitação pública), artístico (obra humana, provida de criatividade), histórico (bens que retratam acontecimentos históricos), cultural (conjunto de conhecimentos e valores da cultura tradicional de grupos humanos), religioso (relacionado à determinada religião ou seita religiosa), arqueológico (estudo dos costumes e das culturas dos povos antigos), etnográfico (estudo descritivo das diversas etnias, de suas características antropológicas, sociais etc.). Em complementação, destaca-se que o patrimônio histórico, artístico e paisagístico nacional é objeto de proteção pelo Decreto-Lei n. 25/1937; áreas de interesse turístico estão definidas na Lei n. 6.513/1977; locais de valor ecológico, atualmente, estão previstos nos arts. 8º, 9º, 14 e 16, todos da Lei n. 9.985/2000; monumentos arqueológicos e pré-históricos estão dispostos na Lei n. 3.924/1961. Já quanto ao aspecto monumental, reproduz-se a lição de Sandra Cureau: "Em relação ao valor monumental do bem protegido, alguns autores entendem que está ligado aos monumentos naturais, enquanto para outros é necessário que se trata de obra ou construção grandiosa, de ponto de vista arquitetônico ou escultural. Preferimos adotar o conceito contido no art. 1º da Convenção para a Proteção do Patrimônio Mundial Cultural e Natural da UNESCO [...]: Obras arquitetônicas, de escultura ou de pintura monumentais, elementos de estruturas de caráter arqueológico, inscrições, grutas e grupos de elementos com valor universal excepcional do ponto de vista da história, da arte ou da ciência".[163]

Tal qual o art. 62, é necessária existência de proteção especial ao objeto material para a caracterização do presente crime. Quanto aos institutos que podem conferir essa proteção – lei, ato administrativo ou decisão judicial –, valem aqui os mesmos comentários lançados ao art. 62.

A existência de autorização (elemento normativo do tipo) por parte da autoridade competente e o respeito aos seus limites tornam a conduta atípica.

VOLUNTARIEDADE

O crime do art. 63 é doloso, sem exigir elemento subjetivo específico. Contudo, o dolo do agente deve abranger o conhecimento de que o objeto material é protegido por lei, ato administrativo ou decisão judicial.

Não é prevista a forma culposa.

CONSUMAÇÃO E TENTATIVA

Tratando-se de crime material, a consumação ocorre quando sobrevém a alteração no aspecto ou estrutura do objeto material. Daí exsurge, em regra, a necessidade da perícia (art. 158 do CPP). Afigura-se admissível a tentativa (*conatus*) por se cuidar de crime plurissubsistente.

AÇÃO PENAL

Todos os crimes previstos na Lei n. 9.605/98 são de ação penal pública incondicionada (art. 26). Observadas as penas mínima e máxima, não cabe transação (art. 27); todavia, tem lugar o *sursis* processual (art. 28).

163 CUREAU, Sandra. Crimes contra o ordenamento urbano e o patrimônio cultural (artigos 62 e 63). In: MARCHESAN, Ana Maria Moreira. STEIGLEDER, Annelise Monteiro. (Org.). *Crimes ambientais*: comentários à lei 9.605/98. Porto Alegre: Livraria do Advogado, 2013. p. 284.

Quanto à competência material (v. comentários ao art. 26), Freitas, considerando o objeto material, anota que, se "pertencente à União, dela for o tombamento ou a decisão judicial, competente será a Justiça Federal. Nas demais hipóteses, a Justiça Estadual".[164]

Art. 64. Promover construção em solo não edificável, ou no seu entorno, assim considerado em razão de seu valor paisagístico, ecológico, artístico, turístico, histórico, cultural, religioso, arqueológico, etnográfico ou monumental, sem autorização da autoridade competente ou em desacordo com a concedida:

Pena – detenção, de seis meses a um ano, e multa.

BEM JURÍDICO TUTELADO

O bem jurídico específico (v. comentários ao art. 2º) tutelado consiste no meio ambiente cultural, que é posto em xeque mediante construções promovidas em solo não edificável em razão do seu especial valor cultural.

SUJEITOS DO CRIME

O sujeito passivo é a coletividade. Também pode ser vítima determinada o proprietário do bem atingido pelo crime. Tratando-se de crime comum, o sujeito ativo pode ser qualquer pessoa, inclusive a jurídica.

CONDUTAS

O art. 64 incrimina a conduta do sujeito ativo que *promove* (realizar, fazer) *construção* (edificação, incluindo a modificação de uma construção já finalizada) em solo que não é edificável (ou seja, não é sujeito a construção), incluindo o seu entorno, em razão de seu valor paisagístico, ecológico, artístico, turístico, histórico, cultural, religioso, arqueológico, etnográfico ou monumental (conceitos já analisados nos comentários ao item "condutas" do art. 63).

Diferentemente dos arts. 62 e 63, a existência de especial proteção que seja conferida ao solo por lei, ato administrativo ou decisão judicial não é prevista neste art. 64. Contudo, para fins da segurança jurídica e da função de orientação (educação) dos tipos penais, é necessária a existência de algum ato normativo ou decisão judicial que, ao menos, declare o solo como não edificável em razão do seu valor cultural[165]. Do contrário, o sujeito ativo incorrerá em erro do tipo por não saber e não ter condições de saber se determinada área é edificável ou não.

Se o agente, após suspensão (embargo) judicial ou administrativa da obra, prossegue na construção em solo não edificável, haverá concurso entre este crime do art. 64 e aquele de desobediência (art. 330 do CP) (TJRS, Turma Recursal Criminal, Recurso Crime n. 71003003480, Rel. Cristina Pereira Gonzales, J. em 18/04/2011).

---

164 FREITAS, Vladimir Passos de. FREITAS, Gilberto Passos de. *Crimes contra a natureza*. 9 ed. São Paulo: Revista dos Tribunais, 2012. p. 267.

165 No mesmo sentido: MIRANDA, Marcos Paulo de Souza. Ordenação do uso e ocupação do solo urbano ou rural (artigos 64 e 65). In: MARCHESAN, Ana Maria Moreira. STEIGLEDER, Annelise Monteiro. (Org.). *Crimes ambientais*: comentários à lei 9.605/98. Porto Alegre: Livraria do Advogado, 2013. p. 291.

Dependendo da forma como praticadas as condutas, pode haver concurso entre os crimes tipificados nos arts. 48 e 64 (v. REsp 1125374/SC, mencionado nos comentários ao art. 40), ou pode aquele ser consumido por este:

> PROCESSO PENAL. RECURSO ESPECIAL. CRIME AMBIENTAL. CONFLITO APARENTE DE NORMAS. ARTS. 48 E 64 DA LEI N. 9.605/98. CONSUNÇÃO. ABSORVIDO O CRIME MEIO DE DESTRUIR FLORESTA E O PÓS-FATO IMPUNÍVEL DE IMPEDIR SUA REGENERAÇÃO. CRIME ÚNICO DE CONSTRUIR EM LOCAL NÃO EDIFICÁVEL. RECURSO ESPECIAL IMPROVIDO. 1. Ocorre o conflito aparente de normas quando há a incidência de mais de uma norma repressiva numa única conduta delituosa, sendo que tais normas possuem entre si relação de hierarquia ou dependência, de forma que somente uma é aplicável. 2. O crime de destruir floresta nativa e vegetação protetora de mangues dá-se como meio necessário da realização do único intento de construir casa ou outra edificação em solo não edificável, em razão do que incide a absorção do crime-meio de destruição de vegetação pelo crime-fim de edificação proibida. 3. Dá-se tipo penal único de incidência final (art. 64 da Lei n. 9.605/98), já em tese crime uno, diferenciando-se do concurso formal, onde o crime em tese é duplo, mas ocasionalmente praticado por ação e desígnio únicos. 4. Recurso especial improvido (STJ, 6ª T., REsp 1639723/PR, Rel. Néfi Cordeiro, J. em 07/02/2017).[166]

VOLUNTARIEDADE

O crime do art. 64 é doloso, sem exigir elemento subjetivo específico. Contudo, o dolo do agente deve abranger o conhecimento de que o objeto material (solo e/ou entorno) não é edificável.

Não é prevista a forma culposa.

CONSUMAÇÃO E TENTATIVA

Tratando-se de crime material, a consumação ocorre quando sobrevém a alteração no aspecto ou estrutura do objeto material. Daí exsurge, em regra, a necessidade da perícia (art. 158 do CPP). Afigura-se admissível a tentativa (*conatus*), bastando que o agente não inicie a construção por circunstâncias alheias à sua vontade.

AÇÃO PENAL

Todos os crimes previstos na Lei n. 9.605/98 são de ação penal pública incondicionada (art. 26). Observadas as penas mínima e máxima do tipo sob análise, são cabíveis a transação (art. 27) e a suspensão condicional do processo (art. 28).

A competência material (v. comentários ao art. 26), de regra, será da Justiça estadual, exceto quando houver bem ou interesse federal: "Conflito negativo de competência. Justiça Federal X Justiça Estadual. Inquérito policial. Edificação de construção civil em área de proteção ambiental das Ilhas e várzeas do Rio Paraná (arts. 48 e 64 da Lei 9.605/98). Área de proteção ambiental instituída por decreto federal. Interesse da União caracterizado. Competência da Justiça Federal" (STJ, 3ª S., CC 147.694/MS, Rel. Reynaldo Fonseca, J. em 10/08/2016).

---

166 No mesmo sentido: TRF4, 8ª T., RSE 2005.72.00.011630-4, Rel. Paulo Brum Vaz, J. em 10/06/2009.

Art. 65. Pichar ou por outro meio conspurcar edificação ou monumento urbano:

Pena – detenção, de 3 (três) meses a 1 (um) ano, e multa.

§ 1º Se o ato for realizado em monumento ou coisa tombada em virtude do seu valor artístico, arqueológico ou histórico, a pena é de 6 (seis) meses a 1 (um) ano de detenção e multa.

§ 2º Não constitui crime a prática de grafite realizada com o objetivo de valorizar o patrimônio público ou privado mediante manifestação artística, desde que consentida pelo proprietário e, quando couber, pelo locatário ou arrendatário do bem privado e, no caso de bem público, com a autorização do órgão competente e a observância das posturas municipais e das normas editadas pelos órgãos governamentais responsáveis pela preservação e conservação do patrimônio histórico e artístico nacional.

BEM JURÍDICO TUTELADO

Alterado pela Lei n. 12.408/2011, o bem jurídico específico (v. comentários ao art. 2º) tutelado pelo art. 65 consiste no meio ambiente artificial, localizado em área urbana.

SUJEITOS DO CRIME

O sujeito passivo é a coletividade e o titular do bem atingido pelo crime. Tratando-se de crime comum, o sujeito ativo pode ser qualquer pessoa, inclusive, embora de difícil caracterização, a jurídica.

CONDUTAS

O art. 65 incrimina a conduta do sujeito ativo que *picha* (escrever, rabiscar dizeres de qualquer espécie em muros, paredes, fachadas de edifícios etc.) ou, por qualquer meio, *conspurca* (colocar ou deixar cair sujeira sobre; sujar, manchar)[167] edificação (construção) ou monumento (v. caráter "monumental nos comentários ao art. 63) *urbano* (v. comentário ao art. 54, § 2º, I).

Desde logo, constata-se que a pichação de uma edificação localizada em área rural não tipifica o crime do art. 65, que é de ação penal pública incondicionada. Não obstante, essa conduta pode caracterizar o crime de dano, previsto no art. 163 do CP, que é de ação penal privada. Logo, percebe-se que o crime de pichação (art. 65) é especial em relação ao crime de dano (art. 163 do CP).

Deve-se anotar, com base em Marcos Miranda, que "[b]ens móveis como vagões de trens, metrôs e bondes em circulação não constituem bem material deste delito, que abrange apenas edificações e monumentos. A pichação de bens móveis encontrará tipicidade no art. 163 do CPB ou no art. 63 desta Lei, neste último caso quando houver especial proteção incidindo sobre o bem".[168]

O art. 65, § 1º, apresenta uma forma qualificada do crime, embora somente a pena mínima seja alterada em relação ao *caput*. Aqui, a pichação atinge monumento ou coisa objeto de tombamento (Decreto-Lei n. 25/1937) em razão do seu valor artístico, arqueológico ou

167 HOUAISS, Antônio. *Dicionário da língua portuguesa*. Versão eletrônica monousuário 3.0. Ed. Objetiva: 2009.

168 MIRANDA, Marcos Paulo de Souza. Ordenação do uso e ocupação do solo urbano ou rural (artigos 64 e 65). In: MARCHESAN, Ana Maria Moreira. STEIGLEDER, Annelise Monteiro. (Org.). *Crimes ambientais*: comentários à lei 9.605/98. Porto Alegre: Livraria do Advogado, 2013. p. 295.

histórico (v. conceitos nos comentários ao item "condutas" do art. 63). A denúncia deverá, sob pena de desclassificação para a forma simples, identificar o tombamento. Curiosamente, este art. 65, § 1º, tutela apenas o bem tombado, excluindo, indevidamente, outras formas de proteção, a exemplo dos outros atos administrativos (inventário, p. ex.) e de decisão judicial, como fazem os artigos 62 e 63, em cumprimento ao art. 216, § 1º, da CF. Em consequência, enquanto a pichação de um monumento tombado em razão do seu valor artístico é qualificada, a mesma pichação em um monumento protegido por decisão judicial em razão do seu valor artístico será punida na forma simples. Ademais, se a coisa foi tombada por outras razões que não o seu valor histórico, arqueológico ou artístico, o crime será o previsto no *caput*.

Observada a revogação do art. 328 da Lei n. 4.737/1965 (Código Eleitoral), a pichação com a finalidade de propaganda política tipifica este crime do art. 65.[169]

Por sua vez, o grafite ("pichação" realizada com a finalidade de embelezar e valorizar o bem) do bem privado não constituirá crime se contar com o consentimento do proprietário, locatário ou arrendatário. Por analogia, deve-se incluir o comodatário. O consentimento da vítima, porque incluído como elementar no tipo, exclui a tipicidade. Já o grafite de bem público, para ser atípico, exige autorização do órgão competente e a observância das demais normas relacionadas à preservação e conservação do patrimônio histórico e artístico.

A pichação prévia exclui o crime? Depende do grau de interferência que a pichação prévia teve sobre o bem: se este foi completamente pichado, a pichação posterior será crime impossível dada a absoluta impropriedade do objeto (art. 17 do CP); ao revés, se a pichação prévia não atingiu a totalidade do bem, a pichação posterior tem o condão de caracterizar o crime do art. 65.

VOLUNTARIEDADE

O crime do art. 65 é doloso, sem exigir elemento subjetivo específico. Não é prevista a forma culposa.

CONSUMAÇÃO E TENTATIVA

Tratando-se de crime material, a consumação ocorre quando é realizada a pichação ou, por outro meio, a conspurcação. Daí exsurge, em regra, a necessidade da perícia (art. 158 do CPP). Afigura-se admissível a tentativa (*conatus*), bastando que o agente não inicie a pichação por circunstâncias alheias à sua vontade.

AÇÃO PENAL

Todos os crimes previstos na Lei n. 9.605/98 são de ação penal pública incondicionada (art. 26). Observadas as penas mínima e máxima do tipo sob análise, são cabíveis a transação (art. 27) e a suspensão condicional do processo (art. 28).

A competência material (v. comentários ao art. 26), em regra, será da Justiça Estadual, tirante a hipótese de envolver bem federal, hipótese em que a Justiça Federal será competente.

---

169 No mesmo sentido: FREITAS, Vladimir Passos de. FREITAS, Gilberto Passos de. *Crimes contra a natureza*. 9 ed. São Paulo: Revista dos Tribunais, 2012. p. 277.

SEÇÃO V
DOS CRIMES CONTRA A ADMINISTRAÇÃO AMBIENTAL

Art. 66. Fazer o funcionário público afirmação falsa ou enganosa, omitir a verdade, sonegar informações ou dados técnico-científicos em procedimentos de autorização ou de licenciamento ambiental:

Pena – reclusão, de um a três anos, e multa.

BEM JURÍDICO TUTELADO

O bem jurídico específico (v. comentários ao art. 2º) tutelado consiste na moralidade da atividade administrativa.

SUJEITOS DO CRIME

O sujeito passivo é a coletividade e a Administração Pública ambiental. Tratando-se de crime próprio, o sujeito ativo é o funcionário público, definido pelo art. 327 do CP. Pela amplitude desse conceito, aliás, funcionários de uma pessoa jurídica de direito privado contratada pela Administração Pública, por exemplo, são considerados funcionários públicos. Ademais, nota-se que o tipo não se restringe apenas ao funcionário público ambiental, ao funcionário público vinculado a qualquer ramo da Administração Pública. No mais, não obstante se trate de crime próprio (aquele que exige uma qualidade especial do sujeito ativo), admite-se o concurso de agentes, mesmo que estes não ostentem a qualidade de funcionários públicos, nas modalidades coautoria e participação. Todavia, se a conduta do concorrente preencher o tipo do art. 69-A, não haverá concurso de agentes, mas a prática desse crime.

CONDUTAS

Assemelhado aos arts. 299 e 319, ambos do CP, o art. 66 da LCA incrimina a conduta do sujeito ativo que, no curso de procedimento de autorização (v. conceito nos comentários ao art. 29) ou licenciamento ambiental (v. conceito nos comentários ao art. 60), *faz* (praticar) afirmação falsa (que não corresponde à verdade) ou enganosa (que provoca engano), *omite* (não revelar) a verdade, *sonegar* (esconder) informações ou dados técnico-científicos, que "são todos os fatores que podem influenciar na concessão da autorização ou licenciamento, sendo que os dados são aqueles objetivos, e as informações contêm também avaliações qualitativas ou valorativas a respeito do procedimento".[170] A falsidade pode ser material ou ideológica. Enfatiza-se que, sob pena de atipicidade relativa ou absoluta, a conduta deve ser praticada durante o trâmite da autorização ou do licenciamento ambiental.

O crime pode ser comissivo, quando o agente faz afirmação falsa, ou omissivo, quando ele omite um dado técnico-científico relevante, por exemplo.

VOLUNTARIEDADE

O crime do art. 66 é doloso, sem exigir elemento subjetivo específico. Não é prevista a forma culposa. Logo, se o agente, por culpa, imprudência ou imperícia, faz uma afirmação falsa, por exemplo, a conduta é atípica.

170 BALTAZAR JÚNIOR, José Paulo. *Crimes federais*. 10. ed. São Paulo: Saraiva, 2015. p. 1079.

CONSUMAÇÃO E TENTATIVA

Tratando-se de crime formal, a consumação ocorre quando as condutas previstas no tipo são praticadas, independentemente da expedição da licença ambiental ou da superveniência de resultado naturalístico. Tratando-se de crime plurissubsistente, a tentativa (*conatus*) é admissível se a conduta for comissiva, excluída se a conduta for omissiva.

AÇÃO PENAL

Todos os crimes previstos na Lei n. 9.605/98 são de ação penal pública incondicionada (art. 26). Observadas as penas mínima e máxima, não cabe transação (art. 27); todavia, tem lugar o *sursis* processual (art. 28).

A competência material (v. comentários ao art. 26) é da Justiça Estadual, a não ser que, no licenciamento, figure como vítima um órgão federal.

> **Art. 67.** Conceder o funcionário público licença, autorização ou permissão em desacordo com as normas ambientais, para as atividades, obras ou serviços cuja realização depende de ato autorizativo do Poder Público:
>
> Pena – detenção, de um a três anos, e multa.
>
> Parágrafo único. Se o crime é culposo, a pena é de três meses a um ano de detenção, sem prejuízo da multa.

BEM JURÍDICO TUTELADO

O bem jurídico específico (v. comentários ao art. 2º) tutelado consiste na regularidade da atividade da Administração Pública.

SUJEITOS DO CRIME

O sujeito passivo é a coletividade e a Administração Pública. Tratando-se de crime próprio, o sujeito ativo é o funcionário público, definido pelo art. 327 do CP. No mais, sobre o sujeito ativo e a possibilidade de concurso de agentes, aplicam-se as mesmas observações já tecidas nos comentários do art. 66.

CONDUTAS

Assemelhado aos arts. 299 e 319, ambos do CP, o art. 67 incrimina a conduta do sujeito ativo que *concede* (fornecer) licença[171], autorização ou permissão (v. conceito nos comentários ao art. 29) em desacordo com as normas ambientais (conceito amplo, envolvendo leis e resoluções, p. ex.) para atividades, obras ou serviços que dependam do consentimento do Poder Público.

Enquanto, no crime do art. 66, o funcionário público, no curso do procedimento, faz afirmação falsa ou enganosa, omite a verdade ou sonega informações e/ou dados científicos, neste crime do art. 67, o funcionário concede a licença que está em desacordo com a legislação

---

171 Sobre o licenciamento ambiental, v. comentários ao item "condutas" do art. 60.

ambiental, não sendo necessária a existência de contexto de enganação ou falsidade. Se o mesmo funcionário que praticou a conduta do art. 66 conceder a licença, o crime do art. 67 absorverá o do art. 66.

VOLUNTARIEDADE

O crime do art. 67 é doloso, sem exigir elemento subjetivo específico. Se o sujeito ativo exigir ou solicitar vantagem indevida para a prática do ato, haverá concurso do crime sob estudo com o do 316 ou o do 317, respectivamente.

É prevista a forma culposa.

CONSUMAÇÃO E TENTATIVA

Por se tratar de crime formal de perigo abstrato, consuma-se "com a simples emissão do ato administrativo, independente de vir ou não a ser executado o ato administrativo ou da sua concessão causar danos ambientais" (STJ, 5ª T., AgRg no REsp 1730114/SC 2018/0058922-3, Rel. Ribeiro Dantas, J. em 04/09/2018). Sendo crime instantâneo, a tentativa (*conatus*) não é admissível.

AÇÃO PENAL

Todos os crimes previstos na Lei n. 9.605/98 são de ação penal pública incondicionada (art. 26). Observadas as penas mínima e máxima, não cabe transação (art. 27) para a forma dolosa, mas apenas para a culposa; não obstante, tem lugar o *sursis* processual (art. 28).

No atinente à competência material (v. comentários ao art. 26), se a licença, permissão ou autorização for da atribuição de órgão municipal ou estadual, a competência será da Justiça Estadual; se de órgão federal, da Justiça Federal.

> **Art. 68.** Deixar, aquele que tiver o dever legal ou contratual de fazê-lo, de cumprir obrigação de relevante interesse ambiental:
>
> Pena – detenção, de um a três anos, e multa.
>
> Parágrafo único. Se o crime é culposo, a pena é de três meses a um ano, sem prejuízo da multa.

BEM JURÍDICO TUTELADO

O bem jurídico específico (v. comentários ao art. 2º) tutelado consiste na Administração Pública ambiental.

SUJEITOS DO CRIME

O sujeito passivo é a coletividade e a Administração Pública ambiental. O sujeito ativo pode ser qualquer pessoa, inclusive a jurídica, que seja titular do dever legal ou contratual de cumprir obrigação de interesse ambiental. Em relação à classificação como crime próprio ou comum, o STJ enfrentou adequadamente a questão: "Da leitura do tipo legal em questão, denota-se que, apesar de se tratar de crime próprio, a posição de sujeito ativo não é exclusiva do funcionário público, pois o delito pode ser cometido por todo aquele que tiver o dever legal ou contratual de cumprir obrigação de relevante interesse ambiental" (STJ, 5ª T., HC 84.498/MT, Rel. Napoleão Maia Filho, J. em 28/05/2008)[172].

CONDUTAS

O art. 68 incrimina a conduta do sujeito ativo que, apesar de ter o dever legal ou contratual para tanto, *deixar de cumprir* (omitir-se no cumprimento) de obrigação de relevante interesse ambiental.

A obrigação de relevante interesse ambiental (norma penal em branco), a despeito de cuidar de conceito indeterminado, deve estar prevista em contrato ou em lei. A denúncia deve descrever essa obrigação de forma suficiente a permitir o exercício da ampla defesa e do contraditório por parte do réu. Freitas fornece exemplo de previsão contratual dessa obrigação: autorizado o funcionamento de um restaurante no interior de uma AEIT (Área Especial de Interesse Turístico, regulamentada na Lei n. 6.513/1977), o contrato prevê que o arrendatário se comprometa a zelar pela preservação ambiental dessa área; se o arrendatário tomar conhecimento de uma ação predatória e omitir-se na respectiva comunicação ao órgão ambiental, incorrerá na prática do crime tipificado este art. 68.[173]

A previsão legal desse tipo de obrigação, por sua vez, deve ser específica, e não genérica, razão pela qual o dever genérico de a coletividade proteger o meio ambiente, conforme o art. 225, *caput*, da CF, não permite a caracterização do crime sob estudo. Nesse ponto, o art. 52 da Lei n. 12.305/2010 fornece exemplos do tipo de obrigação sob estudo: "A observância do disposto no *caput* do art. 23 e no § 2º do art. 39 desta Lei é considerada obrigação de relevante interesse ambiental para efeitos do art. 68 da Lei nº 9.605, de 1998, sem prejuízo da aplicação de outras sanções cabíveis nas esferas penal e administrativa". Segundo o *caput* do art. 23 da Lei n. 12.305/2010: "Os responsáveis por plano de gerenciamento de resíduos sólidos manterão atualizadas e disponíveis ao órgão municipal competente, ao órgão licenciador do Sisnama e a outras autoridades, informações completas sobre a implementação e a operacionalização do plano sob sua responsabilidade". Já o § 2º do art. 39 da Lei n. 12.305/2010 prevê as seguintes obrigações às pessoas jurídicas mencionadas no art. 38 (pessoas jurídicas que operam com resíduos perigosos) dessa mesma Lei: "I – manter registro atualizado e facilmente acessível de todos os procedimentos relacionados à implementação e à operacionalização do plano previsto no caput; II – informar anualmente ao órgão competente do Sisnama e, se couber, do SNVS, sobre a quantidade, a natureza e a destinação temporária ou final dos resíduos sob sua responsabilidade; III – adotar medidas destinadas a reduzir o volume e a periculosidade dos resíduos sob sua responsabilidade, bem como a aperfeiçoar seu gerenciamento; IV – informar imediatamente aos órgãos competentes sobre a ocorrência de acidentes ou outros sinistros relacionados aos resíduos perigosos". Assim, o descumprimento dessas obrigações específicas constitui o crime do art. 68.

Segundo o STJ, o crime do art. 68 classifica-se "como crime omissivo impróprio em que o agente deixa de praticar o ato, contrariando o dever de fazê-lo para evitar o resultado lesivo

172 Em 2012, o STJ manteve esse entendimento: STJ, 5ª T., REsp 1032651/SC, Rel. Laurita Vaz, J. em 28/02/2012.

173 FREITAS, Vladimir Passos de. FREITAS, Gilberto Passos de. *Crimes contra a natureza*. 9 ed. São Paulo: Revista dos Tribunais, 2012. p. 289.

ao meio ambiente" (STJ, 5ª T., REsp 1032651/SC, Rel. Laurita Vaz, J. em 28/02/2012). O STJ reiterou esse entendimento, em julgado de 2017, em caso no qual a omissão do agente em cumprir norma de relevante interesse ambiental terminou por provocar poluição (STJ,6ª T., REsp 1618975/PR, Rel. Sebastião Reis Júnior, J. em 07/03/2017). Não obstante, o crime do art. 68 pode ser omissivo próprio: "O Programa Nacional de Rastreamento de Embarcação Pesqueira por Satélite – PREPS, previsto pela Instrução Normativa Conjunta SEAP-PR/MB/ MMA nº 2/2006, tem fundamento na Lei nº 11.959/09, de forma que não possuir instalado o aparelho rastreador ligado ao PREPS, o que consiste requisito para o regular exercício da atividade pesqueira, configura o crime descrito nos art. 68 da Lei nº 9.605/98" (TRF4, 7ª T., RSE 5004161-31.2015.404.7101, Rel. José Gimenes, J. em 24/05/2016).

VOLUNTARIEDADE

O crime do art. 68 é doloso, sem exigir elemento subjetivo específico. É prevista a forma culposa.

CONSUMAÇÃO E TENTATIVA

Tratando-se de crime omissivo, a consumação ocorre quando o sujeito ativo deixa de cumprir, no prazo que lhe foi assinado, a obrigação de relevante interesse ambiental. Não é admitida a tentativa (*conatus*) por se tratar de crime omissivo.

AÇÃO PENAL

Todos os crimes previstos na Lei n. 9.605/98 são de ação penal pública incondicionada (art. 26). Observadas as penas mínima e máxima, não cabe transação (art. 27) para a forma dolosa, mas apenas para a culposa; não obstante, tem lugar o *sursis* processual (art. 28).

A competência material (v. comentários ao art. 26), em regra, será da Justiça Estadual, a não ser que haja interesse ou bem federal, hipótese que a Justiça Federal será competente.

Art. 69. Obstar ou dificultar a ação fiscalizadora do Poder Público no trato de questões ambientais:

Pena – detenção, de um a três anos, e multa.

BEM JURÍDICO TUTELADO

O bem jurídico específico (v. comentários ao art. 2º) tutelado consiste na regularidade da atividade fiscalizadora ambiental da Administração Pública.

SUJEITOS DO CRIME

O sujeito passivo é a coletividade e a Administração Pública que teve a sua ação de fiscalização prejudicada. Tratando-se de crime comum, o sujeito ativo pode ser qualquer pessoa, inclusive a jurídica.

CONDUTAS

O art. 69 incrimina a conduta do sujeito ativo que *obsta* (impedir) ou *dificulta* (atrapalhar) ato da Administração Pública que constitua ação de fiscalização no trato de questões ambientais.

Quanto ao objeto material, a redação do tipo é, de propósito, aberta, para abranger qualquer conduta da Administração Pública voltada à fiscalização ambiental. Assim, exemplificativamente as seguintes condutas tipificam o crime: a) agente que, para dissimular o transporte de madeira sem licença, apresenta documentos referentes a madeira diversa (TJRS, 4ª C. Crim., n. 70053473179, Rel. Gaspar Batista, J. em 09/05/2013); b) impedir o ingresso de agentes de fiscalização em estádio de futebol para averiguar denúncias de poluição sonora (TJRS, 4ª C. Crim., Habeas Corpus Nº 70063815195, Rel. Ivan Leomar Bruxel, J. em 30/04/2015); c) impedir o acesso de fiscais do IBAMA à embarcação (TRF2, 2ª T., HC n. 0015669-52.2010.4.02.0000 (TRF2 2010.02.01.015669-1), Rel. André Fontes, J. em 14/12/2010); d) "[o] exame minucioso do conjunto probatório não deixa margem a dúvidas de que os acusados, cada um em uma oportunidade, receberam a equipe do IBAMA de maneira agressiva e afrontosa, deixando de se identificar adequadamente e proferindo-lhe xingamentos, tornando o clima hostil ao ponto de impedir a regular fiscalização dos agentes ambientais. Não restam dúvidas de que essas condutas dificultaram a ação fiscalizadora do Poder Público no trato de questões ambientais, razão pela qual se impõe a condenação de ambos os réus pela prática do crime previsto no art. 69 da Lei 9.605/98" (TRF4, 7ª T., ACR 0017806-32.2006.404.7100, Rel. Salise Sanchotene, J. em 01/04/2014); e) após pescar em local proibido, para evitar a apreensão do produto, lançar os peixes ao mar e empreender fuga (TRF4, 8ª T., ACR 2005.72.00.002133-0, Rel. Élcio de Castro, J. em 02/05/2007); f) "O simples fato de jogar na água o petrecho por medo de confisco da embarcação já denota claramente que os tripulantes tinham conhecimento da ilegalidade do petrecho utilizado, agindo com dolo de dificultar a fiscalização ao tentarem livrarem-se dele antes da abordagem policial" (TRF4, 7 ª T., ACR: 50057543220144047101/RS, Rel. Luiz Canalli, J. em 29/05/2018).

No conflito aparente entre o art. 69 da LCA, de um lado, e os arts. 329, 344 e 347, todos do CP, de outro, prevalece aquele por força do critério da especialidade. Diversamente, se a conduta do agente consistir na recusa, no retardamento ou na omissão quanto ao fornecimento de dados técnicos indispensáveis à propositura de ação civil pública, restará caracterizado o crime previsto no art. 10 da Lei n. 7.347/1985.

VOLUNTARIEDADE

O crime do art. 69 é doloso, sem exigir elemento subjetivo específico, razão pela qual é desnecessária a análise das razões pelas quais o autor resistiu à fiscalização ambiental (STJ, 6ª T., HC 189.885/RJ, Rel. Og Fernandes, J. em 04/08/2011).

Não é prevista a forma culposa.

CONSUMAÇÃO E TENTATIVA

Tratando-se de crime formal, a consumação ocorre com a prática da conduta "dificultar" ou "impedir" a ação de fiscalização, independentemente de ela ocorrer ou não. Tratando-se de crime plurissubsistente, a tentativa (*conatus*) é possível. Todavia, quanto ao verbo "impedir", a tentativa é de difícil configuração, tendo em vista que o simples "dificultar" a fiscalização já consuma o crime sob estudo.

AÇÃO PENAL

Todos os crimes previstos na Lei n. 9.605/98 são de ação penal pública incondicionada (art. 26). Observadas as penas mínima e máxima, não cabe transação (art. 27); todavia, tem lugar o *sursis* processual (art. 28).

Quanto à competência material (v. comentários ao art. 26), se a fiscalização prejudicada for do interesse de órgão municipal ou estadual, a exemplo de uma agência do meio ambiente de determinado Estado, a Justiça Estadual será competente; já se a fiscalização for do interesse de órgão federal, a exemplo do IBAMA, a competência será da Justiça Federal.

Art. 69-A. Elaborar ou apresentar, no licenciamento, concessão florestal ou qualquer outro procedimento administrativo, estudo, laudo ou relatório ambiental total ou parcialmente falso ou enganoso, inclusive por omissão:

Pena – reclusão, de 3 (três) a 6 (seis) anos, e multa.

§ 1º Se o crime é culposo:

Pena – detenção, de 1 (um) a 3 (três) anos.

§ 2º A pena é aumentada de 1/3 (um terço) a 2/3 (dois terços), se há dano significativo ao meio ambiente, em decorrência do uso da informação falsa, incompleta ou enganosa.

BEM JURÍDICO TUTELADO

Incluído pela Lei n. 11.284/2006 (dispõe sobre a gestão de florestas públicas), o art. 69-A tem como bem jurídico específico (v. comentários ao art. 2º) a regularidade da atividade da Administração Pública voltada ao licenciamento, à concessão florestal ou a qualquer outro procedimento administrativo.

SUJEITOS DO CRIME

O sujeito passivo é a coletividade e a Administração Pública responsável pelo licenciamento, concessão florestal ou outro procedimento. Tratando-se de crime comum, o sujeito ativo pode ser qualquer pessoa, inclusive a jurídica.

CONDUTAS

O art. 69-A, que constitui tipo misto alternativo (v. conceito nos comentários ao item "condutas" do art. 29), incrimina a conduta do sujeito ativo que *elabora* (confeccionar, produzir) ou *apresenta* (utilizar), no curso do licenciamento (disciplinado na Seção V da Lei n. 11.284/2006; conceituado no art. 2º, I, da Lei Complementar n. 140/2011), concessão florestal (segundo o art. 3º, VII, da Lei n.11.284/2006, concessão florestal consiste na delegação onerosa, feita pelo poder concedente, do direito de praticar manejo florestal sustentável para exploração de produtos e serviços numa unidade de manejo, mediante licitação, à pessoa jurídica, em consórcio ou não, que atenda às exigências do respectivo edital de licitação e demonstre capacidade para seu desempenho, por sua conta e risco e por prazo determinado) ou outro procedimento, estudo (análise acerca de determinada questão que integra o procedimento), laudo (estudo técnico de determinada questão realizado por perito), relatório ambiental (documento escrito que descreve as fases de um procedimento), falso (que não corresponde à verdade) ou enganoso (que provoca engano), inclusive mediante conduta omissiva. A falsidade ou a enganosidade podem ser totais ou parciais. A falsidade, outrossim, pode ser material ou ideológica.

Por expressa autorização do tipo, admite-se interpretação analógica quanto a "qualquer outro procedimento administrativo", bastando que ele tenha cunho ambiental. Diversamente, em função do princípio da legalidade, é defeso o emprego de analogia quanto a outros documentos técnicos, que não "estudo", "laudo", "relatório", que integrem o procedimento ambiental. Não obstante, se a falsidade ocorrer sobre um desses documentos técnicos não mencionados pelo art. 69-A, a conduta pode tipificar o crime do art. 66, se praticada por funcionário público.

O art. 69-A, § 2º, prevê como causa aumento se da informação falsa, incompleta ou danosa resultar dano significativo ao meio ambiente. De forma percuciente, Lecey[174] observa que, como o Direito Penal inadmite a responsabilidade penal objetiva, esse dano ambiental, que deve ser significativo, ou seja, em proporção relevante, deve decorrer, no mínimo, da culpa do agente, caracterizando preterdolo (dolo no antecedente e culpa no posterior). Se decorrer de dolo, haverá concurso de crimes, notadamente o da poluição (art. 54), por exemplo.

Em sede de conflito aparente, este art. 69-A, pelo critério da especialidade, prefere aos crimes de falsa perícia (art. 342 do CP) e de falsidade (arts. 297 a 299 e 304, todos do CP), os quais, aliás, não admitem a modalidade culposa.

VOLUNTARIEDADE

O crime do art. 69-A é doloso, sem exigir elemento subjetivo específico. É prevista a forma culposa.

CONSUMAÇÃO E TENTATIVA

Por se tratar de crime formal, que dispensa o resultado naturalístico, a consumação ocorre quando as condutas previstas no tipo são praticadas, independentemente de influírem no procedimento ambiental. Para a causa de aumento, todavia, exige-se a ocorrência do dano significativa ao meio ambiente. Sendo crime plurissubsistente, a tentativa (*conatus*) é admissível, exceto na forma culposa.

AÇÃO PENAL

Todos os crimes previstos na Lei n. 9.605/98 são de ação penal pública incondicionada (art. 26). Observadas as penas mínima e máxima cominadas, para a forma dolosa, não se admitem transação (art. 27), tampouco suspensão condicional do processo (art. 28); já para a forma culposa, tem cabimento apenas a transação.

A competência material (v. comentários ao art. 26) é da Justiça Estadual, a não ser que, no licenciamento, concessão florestal ou qualquer outro procedimento administrativo, figure como vítima um órgão federal.

CAPÍTULO VIII

DISPOSIÇÕES FINAIS

Art. 79. Aplicam-se subsidiariamente a esta Lei as disposições do Código Penal e do Código de Processo Penal.

Por intermédio do art. 79, fica expresso que as disposições do Código Penal (Decreto-Lei n. 2.848/1940) e do Código de Processo Penal (Decreto Lei n. 3.689/1941) têm aplicação

174 LECEY, Eládio. Crimes contra a administração ambiental na Lei nº 9.605/1998. *Revista Magister de Direito Ambiental e Urbanístico*. n. 10 – Fev-Mar/2007. p. 35.

subsidiária no âmbito da LCA. A subsidiariedade tem lugar quando, havendo omissão na LCA, esta não contraria o instituto derivado do CP ou do CPP que nela se pretende aplicar.

BIBLIOGRAFIA CONSULTADA

ABI-EÇAB, Pedro. *Função ambiental das terras indígenas e mecanismos de efetividade*. 2012. 253 f. Tese (Doutorado em Direito) – Pontifícia Universidade Católica de São Paulo, São Paulo.

BALTAZAR JÚNIOR, José Paulo. *Crimes federais*. 10. ed. São Paulo: Saraiva, 2015.

BELLO FILHO, Ney de Barros. Anotações ao crime de poluição. *Revista CEJ*, Brasília, n. 22, p. 49-62, jul./set. 2003. Disponível em: <www.jf.jus.br/ojs2/index.php/revcej/article/download/564/744>. Acesso em: 15 maio 2017.

BOBBIO, Norberto. *Teoria do ordenamento jurídico*. Tradução: Maria Celeste Cordeiro Leite dos Santos. 10. ed. Brasília: Universidade de Brasília. 1999.

CAPEZ, Fernando. *Curso de direito penal*: legislação penal especial, volume 4. 9. ed. São Paulo: Saraiva, 2014.

DELMANTO, Celso. et al. *Código Penal Comentado*. 6. ed. Rio de Janeiro: Renovar, 2002.

FIORILLO, Celso Antonio Pacheco. CONTE, Christiany Pegorari. *Crimes ambientais*. São Paulo: Saraiva, 2012.

FREITAS, Vladimir Passos de. FREITAS, Gilberto Passos de. *Crimes contra a natureza*. 9 ed. São Paulo: Revista dos Tribunais, 2012.

GOMES, Luiz Flávio. MACIEL, Sílvio Luiz. Lei de crimes ambientais: comentário à Lei 9.605/1998. 2. ed. Rio de Janeiro: Forense, 2015.

GRECO, Rogério. *Código penal*: comentado. 6. ed. Niterói: Impetus, 2012,

_______. *Curso de Direito Penal*. 11. ed. Rio de Janeiro: Impetus, 2009.

HARARI, Yuval Noah. *Sapiens* – Uma breve história da humanidade. Tradução Janaína Marcoantonio. 9. ed. Porto Alegre: L&PM, 2016.

HOUAISS, Antônio. *Dicionário da língua portuguesa*. Versão eletrônica monousuário 3.0. Ed. Objetiva: 2009.

Instituto Brasileiro de Geografia e Estatística. *Vocabulário básico de recursos naturais e meio ambiente*. 2. ed. Rio de Janeiro, 2004. Disponível em: <http://www.ibge.gov.br/home/presidencia/noticias/vocabulario.pdf>. Acesso em: 07 abr. 2017.

LECEY, Eládio. Crimes contra a administração ambiental na Lei nº 9.605/1998. *Revista Magister de Direito Ambiental e Urbanístico*. n. 10 – Fev-Mar/2007.

_______. Responsabilidade penal da pessoa jurídica: efetividade e questões processuais. *Revista Cadernos do Programa de Pós-Graduação em Direito PPGdir./UFRGS*. v. 2, n. 5, 2004. p. 672. Disponível em: <http://seer.ufrgs.br/index.php/ppgdir/article/view/49561/30978>. Acesso em: 25 abr. 2017.

MACHADO, Paulo Affonso Leme. *Direito Ambiental Brasileiro*. 21. ed. São Paulo: Malheiros, 2013.

MARCHESAN, Ana Maria Moreira. STEIGLEDER, Annelise Monteiro. (Org.). *Crimes ambientais*: comentários à lei 9.605/98. Porto Alegre: Livraria do Advogado, 2013.

MELLO, Celso Antônio Bandeira de. *Curso de direito administrativo*. 19. ed. São Paulo: Malheiros, 2005. p. 408-409.

MILARÉ, Edis. COSTA JR., Paulo José da. COSTA, Fernando José da. *Direito penal ambiental*. 2. ed. São Paulo: Revista dos Tribunais, 2013.

MIGLIARI JR., Arthur. *Crimes ambientais*: Lei 9.605/98, novas disposições penais gerais: concurso de pessoas, responsabilidade penal da pessoa jurídica, desconsideração da personalidade jurídica. 2. ed. Campinas: CS Edições, 2004.

MONNERAT, Carlos Fonseca. VIDAL, Ricardo Ramos. SANTOS, Renato Márcio dos. Reparação do dano moral ambiental na sentença penal condenatória. *Universidade Católica de Santos*. v. 38, n. 104-6,

2012. Disponível em: < http://periodicos.unisantos.br/leopoldianum/article/view/460/421>. Acesso em: 25 abr. 2017.

NETO, Nicolau Dino. FILHO, Ney Bello. DINO, Flávio. *Crimes e infrações administrativas ambientais*. 3. ed. Belo Horizonte: Del Rey, 2011.

NUCCI, Guilherme de Souza. *Leis penais e processuais penais comentadas*. (livro digital). 9. ed. Vol. 2. Rio de Janeiro: Forense, 2015.

OLIVEIRA, Eugênio Pacceli de. FISCER, Douglas. *Comentários ao código de processo penal e sua jurisprudência*. 4. ed. São Paulo: Atlas, 2011.

PRADO, Luiz Régis. *Direito penal do ambiente*. 4. ed. São Paulo: Revista dos Tribunais, 2012.

PULIDO, Carlos Bernal. *O direito dos direitos*: escritos sobre a aplicação dos direitos fundamentais. Tradução de Thomas da Rosa de Bustamante. São Paulo: Marcial Pons, 2013.

SANCHES, Rogério. SOUZA, Renee. *Lei anticorrupção empresarial*. 2. ed. Salvador: Juspodivm, 2018.

SIRVINSKAS, Luís Paulo. *Manual de direito ambiental*. 14. ed. São Paulo: Saraiva, 2016.

TOLEDO, Francisco de Assis. *Princípios básicos de direito penal*. 5. ed. São Paulo: Saraiva, 194.

CAPÍTULO 27

Lavagem de Dinheiro – Lei 9.613/1998

Francisco de Assis Machado Cardoso

1. INTRODUÇÃO

A *lavagem de dinheiro* encontra-se na ordem do dia. Basta abrirmos os principais jornais e revistas do país, estampados com inúmeros casos de corrupção, desvios de verbas públicas e tráfico de drogas, para logo nos depararmos com ela: *a lavagem de dinheiro*.

Para o simples leitor, sempre que ocorre a movimentação de quantias cuja origem lícita é duvidosa, estamos diante de um caso de lavagem de dinheiro. E não está ele de todo equivocado. Nas ruas, quando determinada pessoa aparenta possuir patrimônio injustificado, ostentando riquezas e bens em descompasso com sua realidade econômica, é comum ouvirmos: *ah, esse tá lavando dinheiro!* Na verdade, a lavagem de dinheiro, fenômeno de natureza eminentemente criminal, ganhou, nos dias atuais, contornos quase populares. No entanto, nem sempre foi assim.

Quando editada no ano de 1998, a Lei de Lavagem de Dinheiro (Lei n. 9.613/98) veio seguida de muita desconfiança. Embora percorresse caminho internacionalmente trilhado para se fazer frente ao tráfico de drogas, fenômeno delituoso que crescia em escala global[1], a criminalização dos mecanismos adotados para se dar aparência de licitude a recursos ilícitos não foi facilmente admitida. Em um país muitas vezes refratário ao cumprimento de regras, podemos afirmar que a lavagem de dinheiro *"demorou para pegar"*. E, infelizmente, isso não ocorria exclusivamente entre os leigos, pessoas que não detinham conhecimento técnico para entenderem a questão sob a ótica jurídico-legal.

No meio jurídico, diversos *falsos paradigmas* precisaram ser superados. Empecilhos variados tiveram de ser enfrentados pelos operadores do Direito para que o instituto da lavagem de dinheiro fosse assimilado. Era comum a confusão criada entre tal espécie delituosa e certas modalidades de crimes previstos, de forma ordinária, em nossa legislação penal. Não raras vezes,

---

1 A exposição de motivos da Lei nº 9.613/98 afirmava, de maneira expressa, que a edição da referida lei tratava-se *"de mais uma contribuição legislativa que se oferece ao País, visando ao combate sistemático de algumas modalidades mais frequentes da criminalidade organizada em nível transnacional"*, decorrente da obrigação assumida pelo Brasil, nos termos da Convenção de Viena (ratificada pelo Decreto nº 154, de 26 de junho de 1991), de *"tipificar penalmente o ilícito praticado com bens, direitos ou valores oriundos do narcotráfico"*. exposição de motivos da Lei nº 9.613/98 pode ser encontrada em *www.coaf.fazenda.gov.br/backup/legislacao-e-normas/legislacao-1/Exposicao%20de%20Motivos%20Lei%209613.pdf/view.*

via-se a nítida tentativa em se afastar a investigação da lavagem do âmbito das Justiças Estaduais, sob o argumento que seu processamento seria de competência exclusiva da esfera federal. Além disso, demorou muito para que fosse assimilada a ideia de que a lavagem de dinheiro também poderia ser praticada em suas formas menos elaboradas, não havendo a necessidade da realização de operações financeiras complexas e o envio de recursos para fora do país.

A nosso ver, a lavagem de dinheiro nada mais é que a conduta pelo qual se busca *ocultar ou dissimular a origem, localização, disposição ou movimentação de ativos provenientes da prática de uma infração penal, tendo por finalidade sua futura reinserção na economia formal, revestido de aparência de licitude*. Em síntese, a lavagem de dinheiro objetiva a transformação de valores financeiros, maculados desde o nascedouro por sua origem criminosa, em recursos que possam ser apresentados como algo "aparentemente legal".

Na verdade, quando de posse do recurso ilícito, o agente criminoso precisa necessariamente fazer com que o dinheiro "sujo" passe a ser considerado "usufruível" do ponto de vista financeiro. Excluindo-se os casos de "uso pulverizado" – *em valores baixos e que não atinjam os limites previstos nas diversas normas que regulam a obrigação de comunicar por parte dos sujeitos obrigados*[2] –, a introdução direta de recursos de origem ilícita na economia formal certamente acionaria os mecanismos de controle existentes – os conhecidos sinais de alerta financeiro ou *red flags* – permitindo-se a rápida identificação do agente criminoso[3].

---

2 Apenas a título de exemplos, em conformidade com as normas de prevenção à prática de lavagem de dinheiro atualmente vigentes em nosso país, **se um agente criminoso tentar comprar um veículo**, de valor igual ou superior a R$ 10.000,00 (dez mil reais), as concessionárias e revendedores de automóveis, na forma da Resolução nº 25, de 16 de janeiro de 2013, do Conselho de Controle de Atividades Financeiras – COAF, devem manter cadastros dos adquirentes e registro das operações realizadas (artigos 2º e 3º). Além disso, as operações de um mesmo cliente no período de seis meses que envolva o pagamento ou o recebimento de valor igual ou superior a R$ 30.000,00 (trinta mil reais) devem ser objeto de comunicação ao COAF, por intermédio de sistema eletrônico de informações criado com tal finalidade (artigo 4º). Da mesma forma, **se o criminoso opta por adquirir joias, pedras e metais preciosos**, semelhante sistema de cadastro de clientes e registro de operações é aplicado, adotando-se os mesmos valores para cadastro e registro de operações e para a realização de comunicações ao COAF (artigos 4º, 8º e 9º da Resolução nº 23, de 20 de dezembro de 2012. Por outro lado, **se o agente tenta inserir tais valores ilícitos no sistema bancário**, nos moldes da Circular, nº 3.461/2009 do Banco Central do Brasil – BCB, as instituições financeiras devem manter, de forma permanente, cadastros atualizados de seus clientes (artigo 2º), registros dos serviços financeiros prestados pelo cliente ou em seu nome (artigo 6º), das movimentações em espécie em valor igual ou superior a R$ 50.000,00 (artigo 9º, § 1º, inciso I) e a emissão de cheques administrativos, TED ou outro instrumento de transferência de fundos em valor igual ou superior a R$ 50.000,00 (artigo 9º, § 1º, inciso III). Além disso, as instituições financeiras devem comunicar ao COAF, dentre outros: 1) as operações realizadas ou serviços prestados em valor igual ou superior a R$ 10.000,00 (dez mil reais) que, considerando as partes envolvidas, os valores, as formas de realização, os instrumentos utilizados ou a falta de fundamento econômico ou legal, possam configurar a existência de indícios de crimes de lavagem; 2) as operações realizadas ou serviços prestados que, por sua habitualidade, valor ou forma, configurem artifício que objetive burlar os mecanismos de identificação, controle e registro. Os citados atos normativos podem ser encontrados, na íntegra, nos seguintes sítios da *internet*: *http://www.bcb.gov.br/pre/normativos/busca/downloadNormativo.asp?arquivo=/Lists/Normativos/Attachments/47555/Circ_3461_v8_P.pdf; http://www.coaf.fazenda.gov.br/menu/legislacao-e-normas/normas-do-coaf/coaf-resolucao-no-23-de-20-de-dezembro-de-2012-esta-resolucao-entra-em-vigor-em 1.6.2013* e *http://www.coaf.fazenda.gov.br/menu/legislacao-e-normas/normas-do-coaf/coaf-resolucao-no-25-de-16-de-janeiro-de-2013-esta-resolucao-entra-em-vigor-em-1.3.2013.*

3 Nesse sentido, as medidas administrativas de cunho preventivo evidenciam-se como importante instrumento para se evitar a prática de delitos de lavagem de dinheiro. Rogério Filippetto afirma, na obra Lavagem de dinheiro: crime econômico da pós-modernidade, p. 207: *"A criminalidade de* índole *econômica causa certa perplexidade diante da ineficiente, mas também imprópria aplicação das fórmulas tradicionalmente con-*

Por tal razão, para o delinquente, uma nova etapa precisa necessariamente ser iniciada: a prática de conduta cuja finalidade específica consiste em "maquiar" ou "reciclar" a vantagem financeira ilícita, permitindo a sua regular utilização na economia formal. É exatamente nesse momento que ocorre a *lavagem de dinheiro*.

Sob essa ótica, nos é permitido ver o fenômeno da lavagem de dinheiro de uma maneira muito mais simples, menos "elitizada". Como algo natural, consequência lógica do crime antecedente, praticado com a exclusiva intenção de obtenção de lucro. Assim, vemos o crime objeto de estudo da presente obra intimamente ligado à realidade delituosa que enfrentamos no dia a dia. As operações de lavagem de dinheiro podem ser praticadas, no entanto, de maneiras bastante distintas. Das mais complexas, envolvendo vultosas quantias, sucessivas etapas de ocultação e o envio de recursos ao exterior, às aparentemente mais simples, como por exemplo, a aquisição de imóvel por parte de um traficante de drogas, que para dissimular a real propriedade do bem, efetua o seu registro em nome de um familiar ou da própria amante. Em ambos os casos, vemos caracterizada a lavagem de dinheiro.

É justamente esse o escopo da presente obra. Apresentar a *lavagem de dinheiro* como consequência natural da prática da infração penal antecedente. Um crime que decorre da necessidade de se dar utilidade econômica a um recurso financeiro intrinsicamente ilícito. É a conversão do *dirty money* em *recurso aparentemente limpo*.

Como parte componente da obra coletiva que se apresenta, nosso enfoque principal serão os aspectos penais e processuais penais trazidos pela Lei de Lavagem de Dinheiro (Lei n. 9.613/98), sem, no entanto, assumirmos o compromisso de exaurir todos os inúmeros pontos tratados no tema. Conforme se verá nos capítulos seguintes, objetiva-se exclusivamente a abordagem de temas considerados relevantes para o regular entendimento do fenômeno criminal em questão, apresentando a visão pessoal do autor acerca de alguns aspectos já estudados em sede doutrinária e pela jurisprudência pátria.

Assim, dentre outros, procuraremos abordar aspectos relativos à ocorrência da lavagem de dinheiro em casos de crimes de corrupção passiva; envolvendo o mercado de obras de arte e antiguidades; mediante a aquisição de joias, metais e pedras preciosas; e por intermédio da simulação ou superfaturamento de serviços de consultoria, realização de palestras e doações eleitorais. Tudo isso, procurando dar a devida atenção a aspectos históricos, culturais e outros de natureza eminentemente prática, abordagem que julgamos necessária para um efetivo entendimento do tema.

Embora se revistam de extrema importância, não serão objeto de estudo da presente obra as normas administrativas trazidas pela Lei n. 9.613/98. Entretanto, sempre que necessárias para o regular entendimento dos pontos apresentados ao leitor, serão efetuadas abordagens, ainda que pontuais, sobre as principais normas que regulam a atuação na prevenção e combate ao crime de lavagem de dinheiro.

---

cebidas pelo Direito Penal. Se é crescente uma conscientização no sentido de se migrarem as estratégias punitivas para um formato cada vez mais preventivo, isso se faz mais saliente em matéria econômica. ***Pode-se, então, perceber um fortalecimento da esfera administrativa com fins preventivos, integrando-se com a*** área ***penal, sem com ele confundir-se, apresentando como elo comum o desiderato de evitar a prática da lavagem"*** (sem grifos no original).

1.1. Origens da lavagem de dinheiro

Quase sempre que se fala das origens da lavagem de dinheiro são apresentadas duas principais afirmações: *a lavagem de dinheiro é tão antiga quanto a própria circulação de valores ao redor do mundo* e *o termo lavagem de dinheiro surgiu em razão de Al Capone.*[4]

De fato, tendemos a concordar com ambas as afirmações.

Por acreditarmos ser um fenômeno que naturalmente decorre da prática do crime antecedente, como já afirmado acima, não haveria razões para não concordarmos com a afirmação de que a lavagem de dinheiro existe desde o surgimento da circulação de valores ao redor do mundo. Em havendo a obtenção de valores de procedência ilícita, parece-nos coerente afirmar que atividades visando à ocultação de tais recursos sempre foram igualmente praticadas. Destarte, a lavagem de dinheiro sempre foi a forma utilizada pelos criminosos visando proporcionar aos recursos ilícitos obtidos a capacidade de serem inseridos na economia formal como se lícitos fossem.[5]

---

4 **Blanco Cordero**, em sua obra El Delito de Blanqueo de Capitales, afirma que a origem da lavagem de dinheiro *"remonta a la utilización por parte de las organizaciones mafiosas, fundamentalmente en los estados Unidos, de cadenas de lavanderías automáticas para colocar fondos de origen ilícito y el dinero obtenido de manera ilegal con el objetivo de encubrir su origen". In* BLANCO CORDERO, Isidoro, El Delito de Blanqueo de Capitales, p.98, Ed. Thomson Reuters Aranzadi, 4ª edição, 2015. No mesmo sentido, **Raúl Cervini** aduz que a lavagem de dinheiro *"proviene de la costumbre de las "máfias" norteamericanas en la década del 20 de adquirir o montar lavanderías para ocultar los ingresos procedentes de sus actividades"* e **Zaragoza Aguado** afirma: *"el término blanqueo de dinero fue al aparecer acuñado en los Estados Unidos de América durante el decenio de 1920 cuando ciertos grupos de delincuentes callegeros trataron de buscar un origen aparentemente legitimo para el dinero que sus negocios turbios generaban. Para ello, esas bandas criminales adquirían a veces negocios de servicios de pagaderos en metálicos, y frecuentemente optaban por comprar lavanderías, servicios de lavado de coches, empresas de expendedores automáticos etc. La finalidad era mezclar fondos legales e ilegales, y declarar sus ingresos totales como ganancias de su negocio tapadera. Al hacerlo combinaban en una sola etapa las tres fases del ciclo normal del blanqueo de dinero: se distanciaba el dinero del delito, se ocultaba en un negocio legitimo y finalmente afloraba como ganancias de una empresa legal que justificaba la cantidad de dinero declarada. Así trataban de evitar una posible inculpación por evasión de impuestos, arma esta que fue esgrimida a comienzos de la década de los años 30 contra peligrosos delincuentes para los que no prosperaba ningún otro cargo"*. Estes, citados por CASTELLAR, João Carlos, *Lavagem de dinheiro – A questão do bem jurídico*, p.81, Ed. Revan, 2ª edição, 2004.

5 **Marcelo Mendroni**, em texto no qual aborda tópicos do tema em estudo, apontou origens remotas para a lavagem de dinheiro na atividade de pirataria, realizada no séc. XVII: *"Esta era uma proposta cara. Havia um alto custo manter um navio pirata, posto que muitas coisas eram obtidas através de hostilidade assumida. Uma vez admitida a piratania, a tripulação necessitava ser alimentada e paga, o navio tinha de ser mantido, armas deviam ser estocadas com pólvora e munição. Muitas coisas eram obtidas através de roubos, mas muitas outras através dos portos amigos. Aí mercadores providenciavam coisas para os navios, roupas, cerveja, vinho, munição, enquanto oficiais corruptos fechavam os olhos para a presença de saqueadores no seu setor de vigilância. Porém os piratas, após saquearem e roubarem, não enterravam as "arcas dos tesouros", como se costuma imaginar. Isto é apenas folclore. O navio pirata necessitava de "dinheiro" para funcionar. Na verdade eles mantinham um esquema de lavagem de dinheiro a exemplo do que se observa nos dias atuais. Eles depositavam – entregavam ou "colocavam" (placement) – o lote e mercadorias (ouros, moedas espanholas, peças caras de ouro e prata) com mercadores americanos de reputação, que as trocavam por várias quantias menores ou por moedas mais caras. As cargas dos navios capturados eram muito procuradas pelos mercadores americanos. Não havia ali necessidade de acomodação (layering), já que os piratas operavam abertamente e as mercadorias eram facilmente aceitas e trocadas. A integração (integration) dos fundos lavados se tornava importante somente quando o pirata resolvia se aposentar, e todos o faziam na então alegre Inglaterra. Lá, aportando a gama de valores amealhados, pela falta de documentação um pirata aposentado podia tranquilamente trazer consigo uma verdadeira fortuna ganha aparentemente nas colônias sob a realização de negócios legítimos"*. In MENDRONI,

Etimologicamente, o verbo *lavar* possui significados interessantes. Ao mesmo tempo que exprime *"enxaguar, purificar, banhar"*, pode ser entendido também como *"limpar"*. Aliás, vale pontuar que as raízes linguísticas do verbo lavar remetem ao latim *lavere*[6], vinculado por alguns como origem da palavra *lavanda*, flores aromáticas utilizadas ao passar dos anos para perfumar roupas e pessoas. Portanto, a lavagem de dinheiro, sob essa perspectiva, caracteriza-se como um verdadeiro processo de sanitização, de purificação. É a busca por tornar lívido um recurso originalmente "sujo".

No tráfico de drogas, após a troca da mercadoria (substância entorpecente) pelo recurso financeiro utilizado como pagamento (dinheiro), os traficantes sempre precisaram se valer de mecanismos que lhes possibilitassem a livre utilização ou a guarda de tais recursos sem despertar suspeitas quanto a sua origem. É o ritual de purificação do dinheiro "sujo".

Essa prática se vê claramente nos conhecidos cartéis mexicanos. Estima-se que os principais cartéis de drogas do México movimentam a quantia aproximada de USD 14 bilhões ao ano.[7] Enquanto a droga é enviada aos Estados Unidos, o dinheiro desce para o México como forma de pagamento *(drugs go north; money goes south)*. Dinheiro sujo que precisa "ser lavado". Foi exatamente esse mecanismo que se tornou explícito no famoso caso de lavagem de dinheiro envolvendo o HSBC (*Hong Kong and Shanghai Banking Corporation*).

Fundado em Hong Kong em 1865, quando ainda sob o domínio do Reino Unido *(British Commonwealth)*, o HSBC começou, a partir da década de 1980, a expandir seus negócios para outros mercados mundiais, chegando ao México no ano de 2004. Para tal, efetuou a aquisição do *Banco Internacional S.A.* (conhecido como *Bital*), uma das principais instituições financeiras do país, com vasta rede de agências e relacionamentos bancários que se estendiam por todo o território mexicano. Com a aquisição do *Bital*, as contas pertencentes aos narcotraficantes, abarrotadas de "narcodólares" inseridos sem a devida observância às normas de DDC – devida diligência ao cliente *(customer due diligence)*[8], passaram a ter acesso a uma rede bancária de

Marcelo Batlouni. *Tópicos essenciais da lavagem de dinheiro*. São Paulo: Revista dos Tribunais/Fascículo Penal, ano 90, maio 2001.

6 Alguns estudiosos igualmente atribuem ao latim *lavere* a origem da palavra "lavatório", atualmente utilizada em nosso idioma com o sentido de lavabo, banheiro.

7 Conforme estudos apresentados pela *Global Financial Integrity – GFI*, organização sem fins lucrativos com sede em Washington-DC que realiza pesquisas e serviços de consultoria a países em desenvolvimento no que se refere ao funcionamento dos fluxos financeiros ilícitos ao redor do mundo, estima-se que, de um total de USD 1.6 a 2.2 trilhões auferidos pela criminalidade organizada transnacional no ano de 2014, de USD 652 a 426 bilhões sejam diretamente provenientes do tráfico de drogas (*Channing May, "Transnational crime and the developing world", Global Financial Integrity – Washington D.C., March 2017*).

8 A obrigatoriedade da adoção de medidas de devida diligência ao cliente *(customer due diligence – CDD)* por parte das instituições financeiras encontra-se inserida na Recomendação 10 do GAFI, *in verbis: "**R.10. Devida diligência acerca do cliente:** As instituições financeiras deveriam ser proibidas de manter contas anônimas ou contas em nomes obviamente fictícios. As instituições financeiras deveriam ser obrigadas a tomarem medidas de devida diligência acerca do cliente (DDC) quando: (i) estabelecerem relações de negócios; (ii) realizarem transações ocasionais. (i) acima do limite designado aplicável (US$/EUR 15.000); ou (II) que forem transferências eletronicas nas circunstâncias cobertas pela Nota Interpretativa da Recomendação 16; (iii) houver suspeita de lavagem de dinheiro ou financiamento do terrorismo; ou (iv) a instituição financeira tiver dúvidas com relação à veracidade ou adequação de dados de identificação do cliente obtidos anteriormente."* (40 Recomendações do GAFI, p.15, *http://www.coaf.fazenda.gov.br/links-externos/As%20Recomendacoes%20GAFI.pdf*).

ramificação mundial, espalhando, ao redor do mundo, o dinheiro sujo obtido com a produção e comércio ilegal de drogas em solo mexicano.[9]

Com *Al Capone* não ocorreu de forma diferente. Com a prática de diversos crimes, dentre eles a exploração de jogos ilegais, extorsão e o contrabando e comércio de bebidas durante a lei seca que vigorou nos Estados Unidos nas décadas de 1920 e 1930, o gângster ítalo-americano e seus asseclas movimentaram, por intermédio do controle da máfia que atuava em Chicago, no Estado de Illinois, a volumosa quantia, em cifras atuais, de USD 1.4 bilhões ao ano. Dinheiro originalmente sujo.

Até então, nada de muito diferente do que se vê ocorrer com o crime organizado nos dias atuais. No entanto, de posse de tais quantias ilícitas e buscando justamente maquiar a origem dos valores, *Al Capone* passou a adquirir diversas lavanderias, as conhecidas *laundromats*, encontradas por toda parte nas principais cidades norte-americanas e que funcionam pelo sistema de autoatendimento mediante pagamento *cash only*, nelas inserindo os recursos ilícitos que havia obtido com seus crimes. Na prática, efetuava a mescla do dinheiro sujo com o dinheiro legalmente obtido na atividade comercial exercida, conseguindo, assim, a inserção dos valores ilícitos na economia formal.

O final, todos já sabem. Condenado a 11 anos de prisão pela prática de crimes fiscais, foi mandado para a famosa prisão de Alcatraz, vindo a morrer aos 48 anos de idade, vítima de pneumonia e complicações cardíacas, em 1947, em Palm Island, na Flórida. De herança, nos deixou o uso do termo "lavagem de dinheiro".[10]

1.2. A questão do *nomen iuris*

A lavagem de dinheiro, em nosso país, foi "registrada" como *lavagem ou ocultação de bens, direitos ou valores*. O próprio legislador, já em sua ementa, apresenta a Lei nº 9.613/98 como aquela que *dispõe sobre os crimes de lavagem ou ocultação de bens, direitos ou valores*. Pelo menos no "registro de nascimento", esse foi o nome dado à lavagem de dinheiro no Brasil.

Ocorre que o termo *lavagem de dinheiro* evidencia-se como consolidação de uma gíria popular criada para denominar um fenômeno criminoso que acabou se incorporando ao convívio social. Originada na seara delituosa, a expressão lavagem de dinheiro foi incorporada ao dia a dia das pessoas. Nas palavras de Bajo Fernández, a expressão lavagem de dinheiro é *a mais genuína gíria de origem criminosa*.[11]

---

9 Diversos estudos existentes dedicam-se ao tema, podendo ser encontradas importantes referências na obra da jornalista mexicana Anabel Hernández, *Los Señores del Narco* (traduzida para o inglês como *Narcoland: The Mexico Drug Lords and their Godfathers*). O mesmo assunto é abordado sob uma perspectiva interessante no documentário *Dirty Money*, produzido pela Netflix no ano de 2017.

10 No âmbito judicial, no entanto, a expressão *lavagem de dinheiro (money laundering)* somente veio a ser empregada na década de 1980, nos Estados Unidos, em julgado que tratava do confisco de recursos que estariam sendo objeto de lavagem e que seriam provenientes do tráfico de cocaína de colombiana. Caso *United States v. $4.255.625,39, Federal Supplement*, vol. 551, *South District of Florida*, p. 314. Citado no texto *"Money laundering and associated issues: the need for international cooperation" (Documento E/CN.15/1992/4/Add.5)*, p. 5, publicado pelo Conselho Econômico e Social das Organizações das Nações Unidas – ONU, em 23 de março de 1992. Citado por Blanco Cordero, obra referida, p.98.

11 Bajo Fernandéz, Miguel. Derecho Penal Económico: desarrollo económico, protección penal y cuestiones político/criminales. Citado por BLANCO CORDERO, Isidoro, El Delito de Blanqueo de Capitales, p.98, Ed. Thomson Reuters Aranzadi, 4ª edição, 2015.

Assim, até os dias atuais, ainda não existe um consenso quanto à exatidão terminológica que deva ser utilizada para, juridicamente, denominar o fenômeno da lavagem de dinheiro. Ao redor do mundo, cada jurisdição, com base nas mais variadas razões, foi estabelecendo o *nomen iuris* que seria adotado no direito interno para se designar as atividades praticadas com a finalidade de dar aparência de licitude a recurso ilegalmente obtido.

Nos Estados Unidos e Inglaterra, *ad exemplum*, resolveu-se privilegiar o "processo" praticado na lavagem de dinheiro, adotando-se a nomenclatura *money laundering* para denominar juridicamente o fenômeno em questão. Por outro lado, França e Bélgica (*blanchiment d'argent*), Espanha (*blanqueo de capitales*), Portugal (*branqueamento de capitais*) e alguns países latino-americanos, resolveram adotar o "resultado" como fator a determinar o nome jurídico da figura penal em questão.

No Brasil, diversamente do caminho seguido por quase todos os integrantes da Comunidade dos Países de Língua Portuguesa – CPLP[12], resolveu-se privilegiar o *processo* em vez do *resultado*. Seguimos o padrão norte-americano e adotamos a terminologia *lavagem de dinheiro*. Não por convicções exclusivamente tecnicistas, mas motivados por abordagens culturais e políticas. Consta da exposição de motivos da Lei n. 9.613/98, apresentada por Nelson Jobim, então Ministro da Justiça, que ao se debruçarem sobre a celeuma de qual seria nome jurídico dado à lavagem de dinheiro, resolveram não utilizar a expressão branqueamento de capitais, utilizada em Portugal e em praticamente todos os demais países lusófonos, uma vez que *"a denominação branqueamento, além de não estar inserida no contexto da linguagem formal ou coloquial em nosso País, sugere a interferência racista do vocabulário, motivando estéreis e inoportunas discussões"*.[13]

12 A Comunidade dos Países de Língua Portuguesa – CPLP, organização internacional criada no ano de 1996, congrega os nove países lusófonos distribuídos ao redor do mundo: Angola, Brasil, Cabo Verde, Guiné-Bissau, Guiné Equatorial, Moçambique, Portugal, São Tomé e Príncipe e Timor-Leste. Com a finalidade de estreitar laços existentes entre seus membros, intimamente ligados por uma visão compartilhada de desenvolvimento social e democracia, os países da CPLP ocupam área territorial equivalente a 7,2% da superfície terrestre e englobam uma população de aproximadamente 274 milhões de pessoas. Além do Brasil, dentre todos os países integrantes da CPLP, apenas Cabo Verde não utiliza a alcunha lusófona *branqueamento de capitais* para denominar legalmente a lavagem de dinheiro. A Lei nº 38/VII, de 20 de abril de 2009, apresenta a denominação ***lavagem de capitais, bens, direitos e valores***.

13 A exposição de motivos da Lei nº 9.613/98 pode ser encontrada em *www.coaf.fazenda.gov.br/backup/legislacao-e-normas/legislacao1/Exposicao%20de%20Motivos%20Lei%209613.pdf/view*. **Semelhante postura foi adotada, na década de 1980, quando do estabelecimento da terminologia que seria utilizada para a doença AIDS em nosso país**. Deixando de lado o padrão estabelecido pelos países de língua portuguesa e espanhola – SIDA (síndrome da imunodeficiência adquirida) – optou-se pela nomenclatura norte-americana AIDS (*acquired immunodeficiency syndrome*), justamente para se evitar a associação da doença com a o nome Aparecida (Cida), um dos nomes mais populares de nosso país e, inclusive, nome da santa padroeira nacional. Vide colocações sobre o tema em Histórias da Aids no Brasil, de Lindinalva Laurindo-Teodorescu e Paulo Roberto Teixeira (*http://unesdoc.unesco.org/images/0023/002355/235557POR.pdf*). Na referida obra, é efetuada citação a curiosa passagem: *"No final de 1985, o Hospital de Clínicas da Universidade Federal do Rio Grande do Sul (UFRGS) abriu uma ala destinada especificamente à internação de doentes de aids. Essa primeira enfermaria foi criada por iniciativa de Matias Kronfeld, professor de clínica médica na UFRGS, e só foi viabilizada porque contou com o aval do professor Carlos César de Albuquerque, então presidente do Hospital de Clínicas de Porto Alegre. A equipe do médico Matias Kronfeld ficaria conhecida como a equipe do "Serviço do Sexto Sul" do Hospital de Clínicas de Porto Alegre, porque os 18 leitos então destinados aos pacientes de aids se encontravam, como ainda hoje, na ala sul do sexto andar do hospital. Fez parte dessa primeira equipe, entre outros, a enfermeira* ***Maria Aparecida Ruffo Mattos****, que se tornou referência em cuidados de enfermagem para pacientes de aids e em medidas de biossegurança para profissionais de saúde, como lembra o médico Jair Ferreira: "O apelido dela era Cida, então ficou conhecida como a enfermeira Cida da enfermaria de Sida. Há nomes que condicionam o destino" (Jair Ferreira, março de 2005, por correio eletrônico).* **Naquela** época **era**

Blanco Cordero, por exemplo, adota um critério muito peculiar para distinguir os termos *lavagem* e *branqueamento*. Fazendo referência à obra de Panizo González e López de Los Mozos[14], afirma entender que a distinção se efetua com base na origem do dinheiro ou bens que serão objeto da lavagem de dinheiro. O que é sujo precisa ser lavado e o que é negro, branqueado. Assim, enquanto o "dinheiro negro" se originaria de atividades comerciais legais, porém com a prática de sonegação fiscal, o "dinheiro sujo" seria proveniente de atividades efetivamente criminosas, tipo como contrabando, tráfico de drogas etc. Assim, segundo o referido autor, o correto seria dizer "lavagem" quando o recurso for procedente de condutas delituosas e "branqueamento" quando o dinheiro lavado tiver origem em evasão fiscal.

Nossa opinião é no sentido de que não se pode confundir o processo de lavagem, ato de se tornar formalmente lívido recurso de origem espúria, com branqueamento, na acepção literal da palavra. Por conseguinte, nem tudo que é branco é limpo; da mesma forma que aquilo que não é branco, não é necessariamente sujo. Por isso, preferimos o uso do termo *lavagem* ao termo *branqueamento*.

Nesse sentido, a essência da lavagem está justamente no processo praticado pelo agente buscando dar aparência de licitude ao recurso por ele ilegalmente obtido. Ela reside nas diversas camadas que são sucessivamente criadas na tentativa de se afastar da origem criminosa que, desde o nascedouro, macula a vantagem econômica utilizada no processo de lavagem. Nessa incessante busca de se distanciar da origem espúria do dinheiro sujo, o agente cria obstáculos, disfarces e armadilhas para dificultar o trabalho do investigador no seu rastreio. É o momento da busca ao dinheiro, da aplicação da tão conhecida expressão "siga o dinheiro" (*follow the money*). Limpo, na verdade, ele nunca será. Contudo, a intenção precípua do agente é justamente fazer com que, ao final do processo, as diversas condutas praticadas possibilitem que o objeto da lavagem aparente estar novo, lícito, límpido.

Por outro lado, muitos – acertadamente, diga-se de passagem – criticam o termo utilizado para definir o objeto da lavagem: dinheiro. Nem sempre é apenas o "dinheiro" o objeto da lavagem de dinheiro. Não raras vezes, as manobras de lavagem recaem sobre objeto de natureza distinta, como, por exemplo, bens e outros tipos de ativos. Por isso, apesar de largamente utilizado, predomina na doutrina especializada o entendimento de que o termo *dinheiro* deveria ser substituído por *capitais*, expressão de maior amplitude e que daria ao objeto da lavagem de dinheiro uma maior abrangência.[15]

Na prática, desde que os elementos típicos utilizados para a composição do tipo penal sejam amplos o suficiente para atingirem todo e qualquer recurso financeiro que venha a ser utilizado em manobras de lavagem, pouco importa o *nomen iuris* escolhido pelo legislador. Isto posto, a nosso sentir, a expressão *bens, direitos ou valores* utilizada no artigo 1º da Lei nº 9.613/98, conforme abordaremos em tópico específico, demonstra-se suficientemente adequada para se atingir todo tipo de proveito financeiro que possa ser utilizado quando da prática da lavagem de dinheiro.

---

comum ouvir piadas ou comentários associando a sigla Sida ao nome feminino. Para evitar esse tipo de analogia, optou-se desde o início, em São Paulo, pela sigla Aids" – sem grifos.

14 Panizo González, Gabriel/López de Los Mozos, Ángel Martín, *Blanqueo de fondos de origen ilegal*, p.20. Dirección General de Polícia, Madrid, 1991.

15 Entendimento amplamente majoritário indicado pela doutrina espanhola, conforme Blanco Cordero em *El delito de blanqueo de capitales*. Obra citada, p.101.

Resumindo: acertou duplamente o legislador. Na escolha dos termos relativos à ação praticada e ao objeto da lavagem de dinheiro. No entanto, poucos ainda a conhecem pelo seu "nome de registro". Assim, na presente obra, trataremos a *lavagem de bens, direitos ou valores* simplesmente por *lavagem de dinheiro*, seu apelido mais conhecido.

2. BEM JURÍDICO TUTELADO

Quando se estuda o *bem jurídico tutelado*, tem-se por finalidade definir qual o objeto de proteção da norma penal. Busca-se identificar, na verdade, a sua própria razão de existir. Um tipo penal é criado com a finalidade precípua de proteger os bens de primordial importância para o homem em sua posição como elemento social. Assim, o *bem jurídico* caracteriza-se como o próprio objeto de proteção do tipo penal.

É justamente por isso que a análise do *bem jurídico* se reveste de extrema importância, pois determina, em *ultima ratio*, quais os bens ou interesses que são efetivamente protegidos com a criação da norma penal em questão.

Conforme leciona Pierpaolo Bottini, o *bem jurídico* é um relevante instrumento de interpretação teleológica, capaz de solucionar impasses dogmáticos diversos, como problemas de concurso de normas, de aplicação de lei penal no tempo, e de fixação de critérios para apuração da materialidade típica.[16]

No âmbito de estudo da lavagem de dinheiro, a definição de quais seriam os bens ou interesses jurídicos tutelados tem sido tema de grande discussão doutrinária. Variados entendimentos são apresentados pela doutrina pátria e estrangeira[17], sendo predominante, no entanto, o raciocínio de que os principais bens jurídicos tutelados pelo crime de lavagem de dinheiro seriam a *Administração da Justiça* e a *Ordem Socioeconômica*.

Para os estudiosos que defendem a Administração da Justiça como bem jurídico tutelado pelo crime de lavagem de dinheiro, com a efetiva repressão a tal delito, por via de consequência, reforça-se a punição aos crimes antecedentes dos quais originariam o produto das manobras de lavagem de dinheiro, dando-se maior efetividade ao sistema estatal de administração da Justiça.[18] Além disso, as condutas tipificadas como lavagem de dinheiro colocariam em risco a

16 *In Lavagem de Dinheiro, Aspectos Penais e Processuais Penais*, pág. 80, 3ª edição, 2016, Ed. Revista dos Tribunais.

17 Outros autores apresentam como bem jurídico das normas de lavagem de dinheiro: as obrigações da Polícia de apuração do crime antecedente (SALDITT, Franz); o mesmo bem jurídico do delito antecedente (HUND, Horst) e o patrimônio (ARRIETA, Andrés Martínz), citados em Crime de Lavagem de Dinheiro, Marcelo Batlouni Mendroni, págs. 80/81, Ed. Atlas, 3a edição, 2015.

18 Tal posição é defendida por Marcelo Mendroni, ao afirmar: *"consideramos que a melhor interpretação é aquela que entende que os crimes de lavagem de dinheiro ofendem, ao mesmo tempo, a administração de justiça, e a ordem socioeconômica. (...) A Administração da Justiça: tendo a característica penal dos chamados "crimes parasitários", que dependem da existência de outro antecedente, observamos na doutrina estrangeira duas espécies de conclusões: parte da doutrina, como na Suíça, entende que o bem jurídico tutelado é a administração da Justiça, na medida em que visa suplementar a eficiência na apuração e punição das infrações penais que, reconhecidamente pelo legislador, balam sobremaneira a ordem pública e não conseguem encontrar, por si só, a resposta adequada da própria administração de justiça com vistas à defesa da sociedade. Então,* ***a criminalização de condutas concebidas como "processamento de ganhos ilícitos" vem potencializar a aplicação da justiça em relação aos crimes precedentes****"*. Obra citada, pág. 81. Pierpaolo Bottini e Gustavo Badaró, embora defendam que a administração da Justiça é o bem jurídico nuclear da norma da lavagem de dinheiro, admi-

Administração da Justiça, pois se caracterizariam como forma de escamoteamento do produto do crime, o que dificulta a sua identificação.[19]

Embora coerente o entendimento apresentado, nossa posição é no sentido de que o *bem jurídico* primordialmente protegido pelas normas de lavagem de dinheiro é a *ordem socioeconômica*.

Nesse sentido, Arturo Rocco leciona que "a existência humana é o centro de irradiação de todos os bens ou interesses juridicamente protegidos, mas, como a existência humana se apresenta, ora como existência do homem individualmente considerado, ora como existência do homem em estado de associação com outros homens, isto é, como coexistência ou convivência dos homens em sociedade, segue-se a distinção entre *bens ou interesses jurídicos individuais* e *bens ou interesses jurídicos coletivos*".[20]

Embora outros bens ou interesses sejam indiretamente tutelados pelas normas em questão, parece-nos evidente que a primordial intenção do legislador com a criação do tipo penal de lavagem de dinheiro foi justamente proteger a *ordem socioeconômica*, nitidamente abalada com a prática de tal espécie delituosa.

Sob a ótica apresentada pelo Grupo de Ação Financeira – GAFI (*Financial Action Task Force – FATF)* [21], a lavagem de dinheiro apresenta nocivos impactos ao regular desenvolvi-

---

tem que, em parte dos casos, são constatadas lesões à ordem econômica (pluriofensividade). Lavagem de dinheiro: aspectos penais e processuais penais, p. 93. Citada.

19 Pierpaolo Bottini e Gustavo Badaró, Lavagem de dinheiro: aspectos penais e processuais penais, p. 90. Citado. Os referidos autores ainda afirmam que *"a ideia da norma, bem como das diretivas internacionais sobre o tema, é usar o direito penal para suprir a incapacidade do Estado de investigar o crime antecedente da lavagem de dinheiro e rastrear seu produto. A ineficiência dos meios tradicionais de investigação provocou a criminalização de sua obstrução pelo escamoteamento de bens. Espiritualizou-se o bem jurídico, que se afasta de seu referencial antropocêntrico e passa a abrigar meras funcionalidades sistêmicas, protegendo não mais o homem e sua capacidade de desenvolvimento livre, mas a estrutura policial e judicial"* (Idem, p.94).

20 *In* HUNGRIA, Nelson. *Comentários ao Código Penal, Vol. V, Arts. 121 a 136*, p.10. Editora Revista Forense, 3a edição, 1955.

21 O **Grupo de Ação Financeira Internacional – GAFI** (*Financial Action Task Force- FATF/Groupe d'Action Financière sur le Blanchiment des Capitaux – GAFI)* foi criado em dezembro de 1998 no âmbito do G-7, grupo que congrega os sete países mais ricos do mundo. Como órgão integrante da Organização para Cooperação e Desenvolvimento Econômico – OCDE, possui mandato específico para efetuar o exame, a promoção e o desenvolvimento de políticas na área de prevenção e combate à prática da lavagem de dinheiro. Originalmente focadas na lavagem derivada do tráfico de drogas, no ano de 1990 foram expedidas as 40 Recomendações do GAFI, como iniciativa visando a combater a utilização do sistema financeiro por pessoas para a prática de lavagem de dinheiro, notadamente aquela derivada do tráfico de drogas. No ano de 1996, as 40 Recomendações passaram por um processo de revisão, incorporando, pela primeira vez, temas que envolviam conhecidas tipologias de lavagem. Já em 1996, com o apoio de mais de 130 jurisdições, as 40 Recomendações foram aprovadas, passando a constituir, desde então, o padrão internacional de atuação antilavagem de dinheiro. No entanto, em outubro de 2001, como reflexo dos atentados de 11 de setembro em território norteamericano, o GAFI resolveu expedir as 40+9 Recomendações, alargando o espectro de atuação de determinadas recomendações-chave para a área de financiamento ao terrorismo. Por fim, no ano de 2012, as 40+9 Recomendações do GAFI passaram por extenso processo de revisão, alterando-se a ordem de apresentação e incorporando, no texto das 40 Recomendações, as disposições relativas ao Financiamento ao Terrorismo. Além disso, adotou-se como premissa o processo de avaliação nacional de riscos (*national risk assessment – NRA*), segundo o qual, para uma efetiva atuação na seara de prevenção e combate aos delitos de lavagem de dinheiro e financiamento ao terrorismo, os países devem realizar um processo de autoavaliação de seus próprios riscos, adotando a metodologia de abordagem de riscos (*risk based approach – RBA*) para sua efetiva mitigação. Além disso, quando do processo de avaliação mútua realizada periodicamente pelo GAFI e demais

mento econômico, uma vez que os criminosos que a praticam encontram-se continuamente à procura de novas rotas para lavar seus fundos. Economias com centros financeiros pouco desenvolvidos ou ainda em desenvolvimento, acrescidas de um controle inadequado, tornam-se particularmente vulneráveis. Além disso, os criminosos exploram as diferenças existentes entre os diversos sistemas nacionais de combate à lavagem de dinheiro, tendendo a moverem suas redes de atuação para países e sistemas financeiros que possuem medidas fracas ou ineficazes para a prevenção e repressão à lavagem de dinheiro. Nesses moldes, entende o referido organismo internacional que a luta contra a lavagem de dinheiro caracteriza-se como indispensável à criação de um ambiente saudável para a atuação das empresas, condição prévia para o regular desenvolvimento econômico de uma jurisdição.[22]

Destarte, a lavagem de dinheiro apresenta diversas potenciais consequências macroeconômicas negativas em decorrência da entrada em circulação de fundos não submetidos aos regulares mecanismos de controle, podendo acarretar mudanças inexplicáveis na demanda de dinheiro, riscos prudenciais para a solidez bancária, efeitos de contaminação nas transações financeiras legais e o aumento da volatilidade dos fluxos de capital internacionais e das taxas de câmbio devido ao passo transfronteiriço ilegal de moedas.[23]

Ora, com a prática ilegal, o ingresso da vantagem financeira de origem ilícita na economia formal – *embora travestida de legalidade* – ofende sobremaneira a ordem socioeconômica, pois acarreta nítido desequilíbrio em um mercado pautado por regras harmonicamente estabelecidas. Não serão mais o preço, a qualidade do produto ou a eficiência do serviço prestado a conduzirem a lógica das atividades econômicas. Na verdade, a introdução de recursos de origem espúria no cenário econômico traz motivações e elementos outros que certamente afetam a harmonia lógica reinante no mundo dos negócios.[24]

Assim, não é surpresa alguma constatar que as operações de lavagem de dinheiro evidenciam-se, não raras vezes, como negócios desvantajosos do ponto de vista econômico. Isso decorre justamente do fato de a motivação para a prática desses atos ser totalmente diferente da

---

organismos tipo-GAFI em relação aos seus estados membros, foi aplicada metodologia de avaliação específica de efetividade, com base na avaliação de 11 resultados imediatos (*immediate outcomings*), abrangendo avaliação da aplicação prática das normas previstas nas 40 Recomendações. Maiores referências podem ser encontradas em *http://www.fatf-gafi.org/media/fatf/documents/FATF%20Standards%20-%2040%20Recommendations%20rc.pdf; http://www.fatf-gafi.org/media/fatf/documents/FATF%20Standards%20-%2040%20Recommendations%20rc.pdf* e *http://www.fatf-gafi.org/media/fatf/documents/methodology/FATF%20Methodology%2022%20Feb%202013.pdf.*

22 In *http://www.fatf-gafi.org/faq/money laundering.*

23 Idem.

24 Nesse sentido, ao abordar o impacto negativo do ingresso de recursos ilícitos na economia formal de um país, notadamente aqueles oriundos de atividades relacionadas ao tráfico de substâncias entorpecentes, o Escritório das Nações Unidas sobre Drogas e Crime – UNODC, em sua publicação *World Drug Report – 2017*, afirma que *"billions of dollars flow through the hands of drug trafficking organizations each year, and what they do with that money can have a huge impact on local and wider economies. They might smuggle cash out of their home country, buy or build real estate, invest in restaurants and casinos for money laundering purposes, or stash their profits in offshore financial centres.* ***Depending on the method they choose, property prices can be distorted, unfair competition created, licit businesses crowded out, corruption bolstered and the climate to attract international investment spoilt, ultimately eroding rule of law and economic stability****." The drug problem and organized crime, illicit financial flows, corruption and terrorism – World Drug Report 2017*, págs. 21/22. O inteiro teor do referido relatório encontra-se disponível em *https://www.unodc.org/ wdr2017/field/Booklet_5_NEXUS.pdf*

empregada no mundo dos negócios. Não é mais o lucro que pauta tais atividades, mas a incessante busca em se obter um recurso aparentemente limpo ao final do processo utilizado. Aliás, para aquele que pratica a lavagem de dinheiro, pouco importa o lucro. Mesmo que aparentemente pouco lucrativas e ilógicas do ponto de vista financeiro, se forem hábeis a fornecerem a tão perseguida aparência de legalidade, terão as manobras de lavagem atingido a finalidade visada pelo agente criminoso.

3. SUJEITOS DO CRIME

3.1. Sujeito ativo

O crime de lavagem de dinheiro é classificado como *crime comum*, podendo ser cometido por qualquer pessoa, não se exigindo nenhuma característica específica ao agente delitivo.

Assim sendo, qualquer pessoa que vier a praticar as condutas típicas descritas no *caput* do artigo 1º, bem como nos §§ 2º e 3º da Lei nº 9613/98, cometerá o crime em questão.

3.1.1. *A autolavagem e a Recomendação nº 3 do GAFI*

Embora autônomo em relação à infração penal que lhe rende a matéria-prima para a sua prática, o delito de lavagem de dinheiro pode ser praticado tanto por pessoa distinta, quanto pelo próprio autor do injusto penal antecedente.

A *autolavagem (selflaundering/autolavado)*, encontra atualmente amplo respaldo na doutrina e jurisprudência pátrias[25], não existindo mais dúvidas quanto à possibilidade de sua aplicação e total independência em relação ao crime antecedente praticado. No cenário internacional, igualmente, esse é o entendimento que pauta, como regra geral, as diversas normativas penais existentes.

Países como Alemanha, Áustria, Suécia e Itália não permitem a criminalização da autolavagem, vinculando, em seus tipos penais, que as condutas de lavagem devem ser praticadas sobre bens ou valores provenientes de crime praticado por pessoa distinta do autor da lavagem.[26]

25 O STF já se debruçou algumas vezes a respeito da possibilidade de ocorrência e autonomia da autolavagem em relação ao crime antecedente. Nesse sentido *in verbis:* PENAL. PROCESSUAL PENAL. DENÚNCIA. CRIMES DE LAVAGEM DE DINHEIRO E FORMAÇÃO DE QUADRILHA OU BANDO. DENÚNCIA NÃO INÉPTA. DEMAIS PRELIMINARES REJEITADAS. PRESCRIÇÃO QUANTO AO DELITO DE QUADRILHA EM RELAÇÃO AOS MAIORES DE SETENTA ANOS. RECEBIMENTO PARCIAL DA DENÚNCIA. (...) IV – **Não sendo considerada a lavagem de capitais mero exaurimento do crime de corrupção passiva,** é **possível que dois dos acusados respondam por ambos os crimes, inclusive em ações penais diversas, servindo, no presente caso, os indícios da corrupção advindos da AP 477 comodelito antecedente da lavagem.** (Inq. 2471, Relator: Min. RICARDO LEWANDOWSKI, Tribunal Pleno, julgado em 29/09/2011, ACÓRDÃO ELETRÔNICO DJe-043 DIVULG 29-02-2012 PUBLIC 01-03-2012 – **grifos do autor**). Igualmente, quando do julgamento do RHC 124313, cuja relatoria coube ao saudoso Ministro Teori Zavascki, afirmou-se que "**a autonomia do crime de lavagem de dinheiro, mesmo quando praticado pelomesmo agente do crime antecedente,** é **afirmada pela jurisprudência do Supremo Tribunal Federal** – AP 470, relator min. JOAQUIM BARBOSA, Tribunal Pleno, julgado em 17.12.2012, Capítulo VI, da denúncia, subitens VI.1, VI.2, VI.3 E VI.4, nº 3." (RHC 124313, Relator(a): Min. TEORI ZAVASCKI, Segunda Turma, julgado em 10/03/2015, PROCESSO ELETRÔNICO DJe-090 DIVULG 14-05-2015 PUBLIC 15-05-2015 – **grifos do autor**).

26 Referências apresentadas por Blanco Cordero: "*La limitación del ámbito de los posibles sujetos activos de delito de blanqueo de capitales suele consistir básicamente en la exclusión de los responsables del delito previo. Por ejemplo, el § 261 StGB alemán declara que los bienes de origen delictivo han de proceder del delito de "otro"(-Verbrechen eines anderen) y en el mismo sentido de pronuncia el § 165 CP austríaco. Los artículos 648 bis y ter*

No âmbito do GAFI, a Recomendação nº 3 trata especificamente da definição do tipo penal de lavagem de dinheiro, admite a não criminalização da autolavagem, desde que tal punição seja incompatível com os princípios fundamentais previstos na legislação pátria[27]. As jurisdições que optam pela vedação da autolavagem, seja em casos de autoria ou de participação, adotam como fundamento, basicamente, a aplicação do princípio do *non bis in idem* e a ocorrência de um *postfactum* impunível. Assim, punir o autor do crime antecedente pela lavagem do produto de crime que ele mesmo praticou, seria o mesmo que puni-lo novamente pelo mesmo fato ou por conduta ideologicamente inserida na infração penal anterior, razão pela qual não deveria receber repressão penal autônoma.

Nosso entendimento é no sentido de que a prática da *autolavagem* não apenas é possível, mas merece efetiva reprimenda estatal. O autor do crime antecedente, já de posse do proveito financeiro obtido, poderia perfeitamente se satisfazer com os atos criminosos até então praticados, usufruindo dos bens e valores que já se encontravam a sua disposição. No entanto, com motivação completamente distinta, ele inicia a prática de uma nova série de condutas, buscando agora dar aparência de licitude ao recurso por ele obtido com a prática da infração penal anterior. Portanto, não nos pareceria razoável afastar a sua punição autônoma pelo crime de lavagem de dinheiro.

Por outro lado, outro fato que reforça a necessidade de punição da autolavagem é que a lavagem de dinheiro afeta bem jurídico distinto daquele protegido pela infração penal antecedente, merecendo assim, reprimenda penal de natureza autônoma.

3.2. Sujeito Passivo

O sujeito passivo do crime de lavagem de dinheiro é a coletividade, a própria sociedade que sofre os impactos negativos provenientes da prática do referido delito. Quando a ordem socioeconômica se vê violada, toda a coletividade é afetada, tendo de suportar os desequilíbrios financeiros e as nefastas consequências que a lavagem de dinheiro provoca.

Estudos realizados pelo Escritório das Nações Unidas sobre Drogas e Crime *(United Nations Office on Drugs and Crime – UNODC)* com a finalidade de se determinar a magnitude dos fundos ilícitos gerados pelo tráfico de substâncias entorpecentes e pelo crime organizado apontam que, no ano de 2009, tais recursos chegaram ao montante de 3,6% do Produto Interno Bruto Mundial, sendo que 2,7% desse valor, estimado em USD 1,6 trilhões, estariam sendo objeto de manobras de lavagem de dinheiro ao redor do mundo.[28]

Para os que apontam a Administração da Justiça como bem jurídico tutelado pela lavagem de dinheiro, vê-se, por mais vez, a sociedade como sujeito passivo de tal espécie criminosa.

Afetando-se a Administração da Justiça, por via direta, abalam-se o cotidiano e a qualidade de vida do indivíduo social. Como recompensa à prática de atos de corrupção e crimes,

del Código Penal italiano sólo son aplicables "fuera de los casos de concurso de delitos", lo que se interpreta en el sentido de excluir como autores de tal delito a los responsables del delito previo, pues no es posible su aplicación en concurso con el hecho previo. El Código Penal sueco, en su artículo 6 núms. 1 y 2 del capítulo 9 sanciona a quien saque provecho indebido de los productos de la actividad criminal de otro".

27 A Nota Interpretativa de nº 6 da Recomendação 3 do GAFI permite a não criminalização da autolavagem, desde que baseada em princípios fundamentais pátrios, prevendo que: *"os países poderão definir que o crime de lavagem de dinheiro não se aplica a pessoas que cometeram o crime antecedente, **se esse for um dos princípios fundamentais de suas leis domésticas**.* Citado. Sem grifos.

28 FATF website (http://www.fatf-gafi.org/faq/moneylaundering/). Citado.

quando manobras de lavagem de dinheiro são bem-sucedidas, verifica-se a ocorrência de graves prejuízos à integridade de toda a sociedade, minando a democracia e o senso social de Justiça.

4. FASES DOUTRINÁRIAS DA LAVAGEM DE DINHEIRO

Muitos foram os modelos elaborados ao passar dos anos para doutrinariamente se estabelecerem as *fases da lavagem de dinheiro*.

Conforme pontuado por Blanco Cordero, embora diversos entendimentos tenham sido apresentados pela doutrina internacional sobre o tema – *v.g., os modelos de Bernasconi, o modelo de ciclos de Zünd, o modelo de objetivos e o modelo de quatro setores*[29] –, a classificação amplamente adotada nos dias atuais é a formulada pelo Grupo de Ação Financeira, apresentada nos anexos de suas recomendações, definida pelas três conhecidas fases: colocação, ocultação e integração (*placement, layering and integration*).

Diante do afirmado, semelhantemente nos ateremos apenas à análise da classificação trifásica proposta pelo GAFI.[30]

4.1. Colocação (*placement/colocación*)

A primeira fase estabelecida pela doutrina para a prática de lavagem de dinheiro é denominada *colocação*. Na colocação, o agente criminoso, de posse do produto ou proveito da infração penal antecedente, inicia a prática de condutas visando à inserção dos valores espúrios na economia formal.

A colocação pode ser efetuada das mais variadas formas, como, por exemplo, a conversão dos ativos em moedas estrangeiras, o depósito de valores em espécie em contas de terceiras pessoas e o envio dos recursos para o exterior, mediante a simulação de operações envolvendo novas pessoas físicas ou jurídicas.

Ao obter o proveito financeiro com a prática das infrações penais antecedentes, o agente se vê em posição, no mínimo, curiosa. Tendo alcançado o recurso financeiro, principal motivador da prática criminosa prévia, ele agora dispõe de valores financeiros ilícitos que necessitam passar por um processo de lavagem para serem efetivamente utilizados sem que se levante suspeitas quanto à sua licitude. É o ritual de purificação que precisa ser iniciado.

Determinados crimes antecedentes geram grande quantidade de valores em espécie, os quais precisam ser lavados para assegurar ao criminoso sua livre utilização ou, até mesmo, alocação onde não venham a ser descobertos. É o que historicamente ocorre no tráfico de substâncias entorpecentes. Quem não se lembraria das paredes de residências dos chefes de narcotráfico repletas de pilhas e pilhas de dólares escondidos. Ou, então, dos inúmeros tonéis repletos de maços de cédulas de dólares enterrados para não serem encontrados pelos agentes

29 El delito de blanqueo de capitales, p.73. Citado

30 Ana María Pietro Del Pino, Deborah Isabel García Magna y Antonio Martín Pardo, na obra "La deconstitución del concepto de blanqueo de capitales" apresentam classificação da lavagem de dinheiro em quatro categorias de condutas: *colocación, transformación, blanqueo y periférica*. A quarta categoria (ou fase) abrangeria *"los actos consistentes en transportar, almacenar o transformar el producto del delito fuera del tráfico lícito, actos estos que consideran que no suponen su introducción en el sistema económico lícito"*. Na legislação pátria, a conduta de transformar, desde que munida da específica finalidade de agir (dar aparência de licitude), pode caracterizar o tipo penal equiparado descrito no artigo 1º, § 1º da Lei nº 9.613/98.

da lei. Chega um momento que a captação de valores ilícitos é tão grande que o agente não tem mais capacidade de gastá-los ou de simplesmente guardá-los, precisando iniciar a sua inserção na economia formal para assegurar futura utilização.

A *colocação* normalmente se efetua por intermédio na inserção direta dos valores obtidos com a prática dos crimes antecedente no sistema financeiro, como por exemplo, com o depósito de valores na rede bancária. No entanto, diante dos inúmeros mecanismos estabelecidos para proteger o sistema financeiro para que não seja utilizado para a prática de lavagem, essa inserção precisa ser efetuada de maneira não usual.

Para tal, variados mecanismos são utilizados pelos "lavadores", sendo o comum a prática de fracionamento de valores, utilização de contas de terceiras pessoas, a inserção fraudulenta de valores contando com o conluio de funcionários das instituições financeiras ou a utilização de produtos de controle reduzido.

A Carta-Circular nº 3.542, de 12 de março de 2012, do Banco Central do Brasil – BACEN, lista diversas operações e situações normalmente utilizadas nas fases de colocação e ocultação, que devem ser consideradas operações suspeitas e objeto de comunicação ao Conselho de Controle de Atividades Financeiras - COAF[31]. Na forma do artigo 11, da Lei n º 9.613/98, devem ser objeto de comunicação, dentre outras, situações relacionadas com: *operações em espécie em moeda nacional; operações em espécie em moeda estrangeira e cheques de viagem; dados cadastrais de clientes; com a movimentação de contas; com operações de investimento interno; com cartões de pagamento; com operações de crédito; com a movimentação de recursos oriundos de contratos com o setor público; situações relacionadas a consórcios; relacionadas a pessoas suspeitas de envolvimento com atos terroristas; relacionadas com atividades internacionais; com operações de crédito contratadas no exterior; com operações de investimento externo e com empregados das instituições financeiras e seus representantes.*[32]

O fracionamento, mecanismo pelo qual o recurso ilícito é fragmentado em pequenos valores e posteriormente inserido no sistema financeiro é conhecida por *structuring*, jargão bancário utilizado para designar a execução de transações financeiras praticadas mediante a adoção de um padrão calculado para se evitar que os sistemas de prevenção a fraudes adotados pelas instituições financeiras sejam disparados, acarretando na comunicação de operações

31 De acordo com a R.29 do GAFI/FATF, os países membros devem criar uma **Unidade de Inteligência Financeira - UIF**, a fim de figurar como órgão central no recebimento e análise das comunicações de operações suspeitas (COS/STR) e outras informações que tenham relevância em relação à lavagem de dinheiro, às infrações penais antecedentes e ao financiamento do terrorismo. Além disso, nos moldes da referida normativa internacional, compete igualmente às UIFs disseminar, aos órgãos de aplicação da lei, os resultados das análises efetuadas com bases nas informações recebidas por parte dos sujeitos obrigados. Para isso, deve a UIF ser capaz de buscar informações adicionais juntos às entidades comunicantes, tendo rápido acesso a informações financeiras, administrativas e de investigação necessárias para o regular desempenho de suas atividades. Em nosso país, optou-se pelo modelo administrativo UIF, não estando tal órgão atrelado a estruturas do Poder Judiciário ou de órgãos responsáveis pela persecução criminal (Ministério Público ou Polícias). Originalmente criado no âmbito do Ministério da Fazenda, por força da MP nº 870, de 01 de janeiro de 2019 *- que alterou o artigo 14, da Lei nº 9.613/98 -*, o **Conselho de Controle de Atividade Financeiras - COAF** passou a integrar a estrutura administrativa do Ministério da Justiça e Segurança Pública, sendo seu Presidente nomeado pelo próprio Presidente da República, mediante indicação do Ministro de Estado da Justiça e Segurança Pública (art. 16, § 1º, da Lei nº 9.613/98).

32 O texto integral da Carta Circular nº 3.542 do BACEN pode ser encontrado em *http://www.bcb.gov.br/pr e/normativos/buscadownloadNormativo.asp?arquivo=/Lists/Normativos/Attachments/49233/C_Circ_3542_v1_O.pdf.*

suspeitas. O mecanismo de fracionamento, por vezes utilizado para a inserção de valores ilícitos no sistema financeiro como ato inaugural de manobras de lavagem de dinheiro, pode igualmente ser empregado no âmbito de outras fraudes e delitos financeiros.[33]

O método *structuring* é também conhecido como *smurfing*[34], termo que guarda origem no desenho animado "*The Smurfs* (*Los Pitufos*)", criação do ilustrador belga *Pierre Culliford (Peyo)* e hoje pertencente ao grupo norte-americano *Hanna Barbera*, comunidade de pequenas criaturas azuis liderada pelo Papai Smurf que habitam uma aldeia na selva e vivem fugindo do feiticeiro Gargamel e seu maldoso gato.

A inserção dos recursos ilícitos no sistema bancário também pode se dar mediante a utilização por parte de criminosos de contas-correntes pertencentes a laranjas, a fim de que os valores ilícitos obtidos possam ser nelas inseridos sem a imediata identificação de sua propriedade. Normalmente, essas contas são utilizadas meramente como "contas de passagem", com a posterior transferência de tais valores para outras contas ou atividades financeiras. A "cessão" do uso dessas contas-correntes pode se dar de maneira gratuita, mas usualmente é praticada mediante o fornecimento de uma contraprestação ao seu titular. Por vezes, mediante o pagamento de uma comissão ou valor fixo ao titular do relacionamento bancário pela utilização de sua conta[35].

4.1.1. *A movimentação de valores em contas correntes de familiares ou terceiras pessoas*

Em nosso país, tornou-se comum a identificação de casos da utilização por parte do agente criminoso de contas pertencentes a familiares ou a terceiros que com ele guardam relação de afinidade para a movimentação de valores provenientes de crimes antecedentes. No início dos anos 2000, o tráfico de drogas fluminense adotou amplamente tal método de ocultação, com a realização de depósitos fracionados de valores em espécie em contas pertencentes a familiares dos líderes do narcotráfico local. Ultimamente, a prática tornou-se notória em razão dos casos do recebimento e circulação de valores pagos como propinas em contas-correntes abertas no exterior em nome de cônjuges ou filhos de políticos envolvidos em atos de corrupção.

---

33 Nos Estados Unidos, a atividade de *structuring* encontra-se tipificada como delito no artigo 18 U.S.C. § 1957, que o define como: *"Engaging in monetary transactions in property from specified unlawful activity"*. A subseção a) dispõe: *"(a) whoever, in any of the circumstances set forth in subsection (d), knowingly engages or attempts to engage in a monetary transaction in criminal derived property that is of a value greater than $10,000 and is derived from specified unlawful activity, shall be punished as provided in subsection (b)"*. Citado por Blanco Cordero, p.79, obra citada. No Brasil, a prática do *smurfing*, consistente na realização de diversas operações em valores fracionados tendo por finalidade fugir dos sistemas de comunicação de operações suspeitas, devem ser passíveis de comunicação ao COAF, de acordo com a Carta Circular nº 3.542, de 12 de março de 2012, do BACEN, em seu artigo 1º, inciso I, alínea d: *"Art. 1º – As operações ou as situações descritas a seguir, considerando as partes envolvidas, os valores, a frequência, as formas de realização, os instrumentos utilizados ou a falta de fundamento econômico ou legal, podem configurar indícios de ocorrência dos crimes previstos na Lei nº 9.613, de 3 de março de 1998, passíveis de comunicação ao Conselho de Controle de Atividades Financeiras (Coaf): I – situações relacionadas com operações em espécie em moeda nacional: (...) d) fragmentação de depósitos, em espécie, de forma a dissimular o valor total da movimentação"*.

34 O termo *smurfing* foi cunhado no ano de 1985 por Gregory Baldwin, conhecido advogado norte-americano com atuação na região de Miami/FL.

35 Blanco Cordero expõe posição doutrinário que define dos *recaudadores*, figura que se caracterizaria como verdadeiros intermediários financeiros, *"poniendo usas cuentas a disposición de los blanqueadores para que estos puedan transferir el dinero a otros lugares, a cambio de una comisión. (...) A estos sujetos se les denomina "mulas" o también "cucos" algún autor denomina a esta técnica "cuckoo smurfing". En muchas ocasiones los recaudadores son profesionales de diversos sectores comerciales que prestan sus cuentas"*. Obra citada, p. 79.

A nosso ver, embora o método relatado possa ser utilizado como etapa inicial ou intermediário do processo de lavagem de dinheiro, servindo como forma de entrada dos recursos ilícitos no sistema financeiro legal ou como criação de camada na fase de ocultação, a utilização de tal mecanismo pode caracterizar, de maneira autônoma, o tipo penal de lavagem de dinheiro.

Isto porque, a simples mantença ou circulação de valores ilícitos em contas de titularidade de parentes do autor do crime antecedente utilizada como forma de se ocultar a própria localização e propriedade do proveito financeiro ilícito basta para a caracterização do delito na forma do artigo 1º, *caput* da Lei nº 9.613/98.[36]

Assim, embora academicamente estudado, não se faz necessário o exaurimento de todas as fases doutrinárias da lavagem de dinheiro para a caracterização do delito. Na verdade, pouco importa se o agente criminoso trilhou ou não todo o caminho estudado pela doutrina desde a inserção do recurso ilícito na economia forma, passando pelas sucessivas manobras de ocultação até obtê-lo, ao final do processo, com a aparência de licitude. [37]

A posição que defendemos é que certos atos que integram esquemas complexos de lavagem de dinheiro, quando analisados de forma individualizada, já são suficientes para a caracterização dos tipos descritos na Lei nº 9.613/98, podendo ser perfeitamente utilizados para a imputação delitiva de condutas de lavagem de dinheiro.

Marcelo Mendroni, ao abordar a questão apresenta raciocínio no mesmo sentido:

> *"Os delitos de lavagem de dinheiro consumam-se já no momento em que o agente pratica uma ação que envolva "ocultar" ou "dissimular" a natureza, origem, localização, disposição, movimentação ou propriedade de bem, direito ou valor". (...) "Não será somente com a "integração" que o crime será consumado, mas, simplesmente, já através de qualquer primeiro ato de "colocação". Nesses termos, uma só, ou a primeira transferência de valores obtidos pelo tráfico de entorpecentes, será ação criminosa suficiente à configuração do crime, ainda que venha seguida inúmeras outras transações bancárias. Em outras, palavras, não é possível exigir-se a demonstração de toda a linha do dinheiro, bastando apresentar a primeira transação financeira (...)".*[38]

Em semelhante sentido, aliás, posicionou-se o STF ao julgar o RHC de nº 80816, em voto da lavra do então Ministro Sepúlveda Pertence, cuja ementa segue transcrita abaixo:

> *EMENTA: Lavagem de dinheiro: L. 9.613/98: caracterização. O depósito de cheques de terceiro recebidos pelo agente, como produto de concussão, em contas-correntes de pessoas jurídicas, às quais contava ele ter acesso, basta a caracterizar a figura de "lavagem de capitais" mediante*

---

36 Nesse sentido: "Lavagem de dinheiro: L. 9.613/98: caracterização. **O depósito de cheques de terceiro recebidos pelo agente, como produto de concussão, em contas-correntes de pessoas jurídicas,** às **quais contava ele ter acesso, basta a caracterizar a figura de 'lavagem de capitais' mediante ocultação da origem, da localização e da propriedade dos valores respectivos** (L. 9.613, art. 1o, caput): o tipo não reclama nem êxito definitivo da ocultação, visado pelo agente, nem o vulto e a complexidade dos exemplos de requintada 'engenharia financeira' transnacional, com os quais se ocupa a literatura." **(RHC n. 80816/SP – Rel. Min. Sepúlveda Pertence – 1.a T. – un. – j. 10.04.2001 – DJ 18.06.2001, p. 13 – grifos do autor).**

37 Entendimento igualmente esposado por Pierpaolo Bottini e Gustavo Badaró, Lavagem de dinheiro: aspectos penais e processuais penais, p. 30, ao afirmarem que *"a legislação brasileira do ciclo exposto para a tipicidade da lavagem de dinheiro. Não é necessária a integração do capital sujo à economia lícita para a tipicidade penal. Basta a consumação da primeira etapa – a ocultação – para a materialidade delitiva, incidindo sobre ela a mesma pena aplicável à dissimulação ou integração".*

38 *In* Crime de Lavagem de Dinheiro. Obra citada, págs. 87/88.

ocultação da origem, da localização e da propriedade dos valores respectivos (L. 9.613, art. 1º, caput): o tipo não reclama nem êxito definitivo da ocultação, visado pelo agente, nem o vulto e a complexidade dos exemplos de requintada "engenharia financeira" transnacional, com os quais se ocupa a literatura. *(RHC 80816, Relator: Min. SEPÚLVEDA PERTENCE, Primeira Turma, julgado em 18/06/2001, DJ 18-06-2001 PP-00013 EMENT VOL-02035-02 PP-00249 – **grifos do autor**)*

4.2. Ocultação (*layering/encubrimiento*)

De início, já questionamos a propriedade do termo *ocultação*, adotado por parte da doutrina pátria para denominar a segunda fase da lavagem de dinheiro. Diante da importância de tal fase no processo de lavagem de dinheiro – pois é nela que, efetivamente, a transformação ocorre –, pensamos que mais adequado seria tratá-la por *dissimulação* ao invés de mera ocultação[39].

Conforme já afirmado quando da análise das ações típicas constantes do *caput* do artigo 1º da Lei nº 9.613/98, o que diferencia a dissimulação da ocultação é justamente o fato de nela ser aplicada pelo agente criminoso alguma habilidade especial quando da prática do ato de esconder, ocultar, não permitir que determinado bem ou valor seja visto ou identificado. É a tão conhecida expressão *ocultar com astúcia*. Para isso, o agente se vale da prática de sucessivas operações – *por vezes, ilógicas do ponto de vista financeiro* –, com a utilização do sistema bancário e de outras instituições financeiras e não financeiras, na nítida tentativa de se livrar da mácula que atinge o capital objeto das condutas de lavagem de dinheiro. Assim agindo, estrutura suas operações com a formação de diferentes camadas, reforçando o encobrimento da localização, natureza e propriedade do bem, recurso ou valor utilizado.

Nesse sentido, parece-nos que a doutrina estrangeira melhor batizou a segunda fase da lavagem de dinheiro. A expressão *layering* utilizada em língua inglesa, a nosso sentir, sintetiza perfeitamente o que ocorre em tal fase da lavagem. A criação de camadas, de cascas que dificultam a real identificação da essência. Da mesma maneira, a doutrina espanhola define tal fase como *diversificación, estratificación* ou *encubrimiento*. Este último, justamente o verbo que ladeia o termo *ocultación* contido no artigo 301, n.2 do Código Penal Espanhol[40], descrição típica que pode ser equiparada ao *caput* do artigo 1º da Lei nº 9.613/98.

39 Em sentido semelhante, Pierpaolo Bottini e Gustavo Badaró, definindo a segunda fase do processo de lavagem de dinheiro como "mascaramento ou dissimulação do capital. Lavagem de dinheiro: aspectos penais e processuais penais, p. 30. Citado.

40 ***Artículo 301**: 1. El que adquiera, posea, utilice, convierta, o transmita bienes, sabiendo que éstos tienen su origen en una actividad delictiva, cometida por él o por cualquiera tercera persona, o realice cualquier otro acto para ocultar o encubrir su origen ilícito, o para ayudar a la persona que haya participado en la infracción o infracciones a eludir las consecuencias legales de sus actos, será castigado con la pena de prisión de seis meses a seis años y multa del tanto al triplo del valor de los bienes. En estos casos, los jueces o tribunales, atendiendo a la gravedad del hecho y a las circunstancias personales del delincuente, podrán imponer también a éste la pena de inhabilitación especial para el ejercicio de su profesión o industria por tiempo de uno a tres años, y acordar la medida de clausura temporal o definitiva del establecimiento o local. Si la clausura fuese temporal, su duración no podrá exceder de cinco años. La pena se impondrá en su mitad superior cuando los bienes tengan su origen en alguno de los delitos relacionados con el tráfico de drogas tóxicas, estupefacientes o sustancias psicotrópicas descritos en los artículos 368 a 372 de este Código. En estos supuestos se aplicarán las disposiciones contenidas en el artículo 374 de este Código. También se impondrá la pena en su mitad superior cuando los bienes tengan su origen en alguno de los delitos comprendidos en los Capítulos V, VI, VII, VIII, IX y X del Título XIX o en alguno de los delitos del Capítulo I del Título XVI. **2. Con las mismas penas se sancionará, según los casos, la ocultación o encubrimiento de la verdadera naturaleza, origen, ubicación, destino, movimiento o derechos sobre los bienes o propiedad***

No estudo doutrinário da lavagem de dinheiro, é na fase da ocultação (dissimulação) que efetivamente a lavagem ocorre. Assim, a fase da ocultação pode ser consideração a "fase-chave" da lavagem. Seria o *core business* da lavagem. Se olharmos para o processo de lavagem de dinheiro como uma linha de produção, teríamos na fase da colocação o momento inicial, no qual a matéria-prima é inserida na linha de produção para a obtenção do objeto a ser produzido.

A fase da integração, por sua vez, seria a etapa final de produção; aquela onde o produto, já finalizado e pronto para o consumo, deixa a linha de produção e se encontra preparado para o envio ao destinatário final. E entre essas duas fases se encontra justamente a ocultação, no momento em que ocorre a transformação da matéria-prima; quando são realizados os diversos procedimentos necessários para que aquele insumo inicialmente inserido posso se transformar no produto final desejado.

No caso da lavagem de dinheiro, é na fase da ocultação, com a realização de diversas e sucessivas operações por parte do agente criminoso sobre o dinheiro sujo, que ocorre o processo de reciclagem, onde o proveito ilícito é efetivamente lavado, passando a obter aura de licitude, aparentando pureza.

Nessa fase, diversos métodos são utilizados para a criação das "camadas" sobre o capital ilícito. Uma vez inserido no sistema financeiro, variadas manobras são realizadas. Como já afirmado, por vezes, incoerentes e pouco lucrativas do ponto de vista econômicos, mas realizadas com finalidade distinta: afastar o objeto da lavagem cada vez mais de sua origem, esperando que o investigador se perca na sua tarefa se seguir o rastro do dinheiro ilícito. Essas operações servem para "maquiar" o recurso ilícito, mediante a produção de rastro documental falso, a conversão dos valores em instrumentos financeiros lícitos (*travel checks, cartões pré-pagos, ordens de pagamento etc*), aquisição de bens móveis de alto valor que possuem facilidade de movimentação e dificuldade de registro e rastreio *(pedras e metais preciosos, joias, obras de arte)* e, nas palavras de Blanco Cordero *"probablemente el método de ensombrecimiento más importante accesible a los blanqueadores"*[41], a transferência eletrônica de fundos.

Embora não existam fronteiras para a realização de manobras de lavagem de dinheiro, verifica-se usualmente uma concentração geográfica das atividades praticadas de acordo com cada fase ou etapa do processo de lavagem de dinheiro. Na fase de colocação, *ad exemplum*, as atividades são realizadas em locais relativamente próximos daqueles onde foram praticadas as infrações penais antecedentes que geraram o proveito financeiro objeto da lavagem de dinheiro. Isso porque, enquanto ainda não inserido na economia formal, todos os atos de guarda e, principalmente, de transporte dos valores obtidos para outros locais dificultam a atividade do agente, expondo-o a risco. Assim, sempre que possível, tais riscos são evitados ou mitigados com a concentração dos atos em locais próximos daqueles onde os recursos são obtidos.

Na fase da ocultação, diversamente, constata-se uma ampliação dos limites territoriais das atividades de encobrimento praticadas, valendo-se o agente de diversas operações e métodos financeiros que possibilitem a movimentação eletrônica dos recursos, até que sejam efetivamente enviados para jurisdições consideradas mais seguras ou menos rigorosas na aplicação dos métodos de controle. É o que se chama, na gíria utilizada pela Polícia Espanhola de "efeito helicóptero", consistente *"en mover el dinero de un lugar a otro a gran velocidad de manera que los investigadores*

de los mismos, a sabiendas de que proceden de alguno de los delitos expresados en el apartado anterior o de un acto de participación en ellos. Sem grifos no original.

41 Blanco Cordero, El delito de blanqueo de capitales, p.85. Citado.

son incapaces de seguirle la pista"[42]. O recurso financeiro ilícito inserido no sistema financeiro passa a ser transferido por variadas contas bancárias para destinos onde possa livremente transitar ou permanecer, ainda que temporariamente, sem deixar rastros de sua fonte ou real destinação. Nesse momento, são escolhidos centros financeiros que admitem a utilização de figuras jurídicas pouco submetidas a controle estatal, mediante, não raras vezes, flagrantes violações às regras de identificações do beneficiário final (*offshores, shell companies e outros*).

4.3. Integração (*integration/blanqueo*)

A fase de integração é o final do processo. É o momento no qual os recursos de proveniência ilícita, já com aparência de licitude, são reinseridos na economia formal totalmente dissociados de sua origem espúria.

Na verdade, se tiverem sido efetivas as atividades praticadas na fase de ocultação, neste momento o agente criminoso consegue obter o objeto da lavagem sem que nenhuma suspeita seja levantada em relação a sua licitude. A não que seja descoberto o rastro do dinheiro sujo, levantando-se etapas na criação das camadas de ocultação, dificilmente o dinheiro sujo com aura de dinheiro limpo poderá ser identificado. Na verdade, torna-se o verdadeiro "sepulcro caiado", por fora aparentemente limpo, mas por dentro, sujo e fétido.

Nesse momento, o agente criminoso passa a externar riqueza, mediante a realização de negócios e a aquisição de bens para ostentar o sucesso da empreitada por ele praticada. É nesse momento que ele coloca em xeque a efetividade da sua manobra de lavagem de dinheiro.

Outro fato interessante é que, diversamente do que ocorre na fase da ocultação, onde o criminoso foge do recurso ilícito como "o diabo foge da cruz" – *utilizando terceiras pessoas e laranjas em operações simuladas, tudo na tentativa de se afastar da origem espúria do bem lavado* –, já integração, via de regra, o recurso passa a constar em nome próprio, de familiar ou de pessoa jurídica cujo poder de controle se encontra na esfera de decisão do agente.

5. VOLUNTARIEDADE

Quanto à voluntariedade, exige-se o dolo para a caracterização do elemento subjetivo do tipo penal de lavagem de dinheiro.

Diferentemente do que ocorre em alguns outros países[43], a Lei nº 9.613/98 não prevê a ocorrência da lavagem na modalidade culposa, sendo necessário, para a configuração do delito

---

42 Idem, p. 86.

43 As normativas internacionais referentes à criminalização do crime de lavagem de dinheiro não abordam, de maneira exaustiva, a questão relativa à tal prática delituosa em sia modalidade culposa. Conforme relatado por Blanco Cordero, *"Los instrumentos internacionales vinculantes no han mostrado una especial atención a la modalidad imprudente del blanqueo de capitales, especialmente en el contexto de las Naciones Unida. De hecho, ninguno de los Convenios de esta organización internacional la contempla. Ni el Convenio de Viena, ni la de Palermo ni la de Mérida contienen disposiciones sobre la forma imprudente. Sin embargo, esto no significa que los Estados no puedan ir más allá y castigarla, como efectivamente ocurre. Y ello porque no debemos olvidar que tales textos internacionales constituyen normas de mínimos que deben cumplir los Estados parte, que están autorizados a prever medidas más estrictas o rigurosas* (*El delito de blanqueo de capitales*, págs. 868/869). À guisa de exemplos, países como Alemanha (§ 261, núm. 5 CP), Bélgica (505 Núm. 2 e 4 CP), República Tcheca (Art. 217 do CP), Espanha (Art. 301, 3 do CP), Eslováquia (Art. 252, a) do CP), Eslovênia (Art. 245, § 5º do CP), Finlândia (Art. 32, seção 9, do CP), Hungria (Seção 303A do CP), Irlanda (Seção 31-1 do CJA), Holanda (Art. 420 *quater* CP), Suécia (Capítulo 9, seções 7 e 7a do CP) e Reino Unido, existe expressa previsão da lavagem de dinheiro na modalidade culposa.

em questão, que o agente pratique as condutas previstas no artigo 1º da Lei devidamente munido de dolo.

Nas palavras de César Roberto Bitencourt, dolo é a *consciência* e *vontade* da realização da conduta descrita em um tipo penal.[44] Nesse sentido, para a configuração do dolo exigido pelo tipo penal de lavagem de dinheiro, torna-se necessário demonstrar que o criminoso agiu de maneira *consciente (elemento cognitivo ou intelectual)* e com *vontade (elemento volitivo)*.

Por questões lógicas, a consciência e vontade do agente, por serem elementos eminentemente subjetivos, encontram-se exclusivamente na mente do criminoso, fazendo-se necessária a sua efetiva demonstração no caso em concreto. No entanto, a tarefa de demonstrar os elementos que permeavam a consciência do agente quando da prática da conduta criminosa seria atividade humanamente impossível, visto que tais elementos, se por ele não externados, somente a ele caberiam.

Assim, como ocorre com os delitos em geral, na lavagem de dinheiro a prova do dolo deve decorrer diretamente da análise de elementos objetivos, fazendo com que o elemento intencional do agente seja demonstrado a partir da apresentação de elementos objetivos que indiquem a prática da conduta típica com a finalidade de se atingir o resultado pretendido.

Justamente nesse sentido é a indicação apresentada pelo *Grupo de Ação Financeira – GAFI* quando da indicação dos parâmetros que devem ser seguidos pelos países quando da criminalização do delito de lavagem de dinheiro. Ao tratar especificamente dos elementos que devem compor os tipos penais de lavagem, recomenda-se que *"os países devem assegurar que a intenção e o conhecimento exigidos para a demonstração do crime de branqueamento de capitais possam ser deduzidos a partir de circunstâncias factuais objetivas"*.[45]

5.1. Específica finalidade de agir (aspecto subjetivo da norma)

Em determinados tipos penais, ao lado do dolo, figura uma série de características subjetivas que o integram ou o fundamentam[46], denominadas pela doutrina clássica de *dolo específico*, caracterizado como o especial fim ou motivo de agir do agente. Nas palavras de Welzel, *"ao lado do dolo, como momento geral pessoal-subjetivo daquele, que produz e configura a ação como acontecimento dirigido a um fim, apresentam-se, frequentemente, nos tipos* ***especiais momentos subjetivos****, que dão colorido num determinado sentido ao conteúdo* ético-social *da ação.*[47]

É exatamente isso que ocorre nos delitos de lavagem de dinheiro.

Para a completa caracterização da lavagem de dinheiro não bastam a prática de ações típicas descritas no tipo *(elementos objetivos)* e a demonstração da consciência e vontade por parte do agente criminoso *(elemento subjetivo)*. Na verdade, exige-se que este pratique a conduta típica, munido de consciência e vontade, mas com um "algo a mais": a intenção de dar aparência de licitude ao bem ou valor proveniente da infração penal antecedente.

---

44 Manual de Direito Penal, Volume I, p. 205, Ed. Saraiva, 6ª edição, 2000.

45 Nota interpretativa 7, alínea a, da Recomendação 3. Livre consulta em *www.fatf-gafi.org/.edia/fatf/documents/recommendations/pdfs/FATF-40-Rec-2012-Portuguese-Port.pdf.*

46 Bitencourt, Cezar Roberto, Manual de Direito Penal, Volume I, p.212, Ed. Saraiva, 6ª edição, 2000.

47 Welzel, Hans. Derecho Penal alemán. Trad. Juan Bastos Ramirez e Sergio Yáñes Pérez. Santiago, Ed. Jurídica de Chile, 1970. Citado por Cezar Roberto Bitencourt, idem, p.212, sem grifos.

Por tal razão, para a configuração de delito em questão, quando da prática da conduta típica o agente criminoso deve estar implicitamente munido da intenção de conseguir a tão visada aparência de licitude, o branqueamento, a própria reciclagem do recurso que, em sua origem, era sujo. Se assim não o fosse, a conduta daquele que oculta ou dissimula a origem, localização, disposição, movimentação ou propriedade de bens, direitos ou valores provenientes de infração penal em nada se diferenciaria dos delitos de *receptação* (CP 180 – na modalidade ocultação) e *favorecimento real* (CP 349).

Nesse sentido, Pierpaolo Cruz Bottini afirma que "*o tipo penal de lavagem de dinheiro – na forma do caput do art. 1º – apresenta-se como assimétrico, pois o elemento volitivo não recai apenas sobre os elementos objetivos do tipo (dolo), mas se estende à reinserção do capital na economia formal. Ainda que tal reintegração não seja necessária para a consumação do tipo, é imprescindível demonstração da vontade de alcançá-la, no plano subjetivo. Do contrário, há apenas favorecimento real*"[48].

Imaginemos o caso em que um policial rodoviário federal, no regular exercício de uma fiscalização de rotina, intercepta um veículo no qual, em um "fundo falso" é encontrada considerável quantia em espécie sendo transportada. Efetuando-se as pesquisas de rotina, o diligente policial rodoviário identifica que o motorista do veículo ostenta anotações criminais pelo crime de associação para a prática de crimes de tráfico de entorpecentes (art. 35 da Lei nº 11.343/06). Conduzidos o motorista e o veículo com o numerário em espécie apreendido à unidade de polícia judiciária da circunscrição, poderia a autoridade policial lavrar flagrante delito pela prática de crime de lavagem de dinheiro?

No nosso entender, embora haja a ocultação e indícios da vinculação dos recursos apreendidos com a prática de infração penal antecedente, falta ao agente o especial fim ou o motivo de agir. Ou seja, embora ocultasse proveito de crime antecedente, não buscava, com a prática de tal conduta, obter aparência de licitude. Assim, a conduta descrita não configuraria lavagem de dinheiro, pois lhe faltaria elemento subjetivo essencial para a configuração do tipo penal em estudo.

5.1.2. A lavagem de dinheiro e a realização de gastos e aquisição de bens de uso pessoal de alto valor

A questão da utilização do proveito do crime antecedente, pelo próprio agente da infração penal anterior ou por terceira pessoa, para a aquisição de bens de alto valor ou o mesmo a realização de elevados gastos dos valores criminosamente obtidos, por sua repercussão prática, merece especial atenção de nossa parte.

A nosso sentir, para caracterizarem lavagem de dinheiro, os atos praticados pelo agente devem ser movidos pela finalidade específica de obtenção de aparência de licitude, não bastando a simples intenção de usufruir do produto/proveito do crime antecedente mediante a aquisição de bens de alto valor ou gastos exorbitantes. Isso, na verdade, seria mero ato de usufruir, o próprio desfrute da vantagem ilícita obtida.

Desta forma, quando da avaliação prática da questão apresentada, parece-nos que a análise da natureza dos bens adquiridos e sua utilidade para aquele que o adquire revestem-se de especial importância.

---

48 Bottini, Pierpaolo Cruz, Lavagem de dinheiro: aspectos penais e processuais penais, p. 152, Ed. Revista dos Tribunais, 3ª edição, 2017.

Ad exemplum, se com recursos provenientes de atos de corrupção, praticados por ele próprio ou por terceira pessoa – *ainda que um familiar* –, o agente vive uma vida de luxo, com a aquisição de bolsas e sapatos de grife, tais atos não poderiam caracterizar atos de lavagem de dinheiro. Como afirmado, a aquisição não caracterizaria ocultação ou dissimulação com a finalidade de mascarar a natureza ou localização dos recursos ilícitos com os quais foram tais bens adquiridos. Trata-se de simples aquisição de bens de uso pessoal, nitidamente comprados, no nosso entender, com intenção de usufruir das vantagens obtidas com a prática do crime, em uma mera satisfação da vaidade, e não com a finalidade de praticar a lavagem de dinheiro.[49]

---

49 No mesmo sentido do texto: PENAL. LAVAGEM DE DINHEIRO. CONDUTAS DE OCULTAR OU DISSIMULAR. NECESSIDADE. CRIME DERIVADO, ACESSÓRIO OU PARASITÁRIO. EXIGÊNCIA DE DELITO ANTERIOR. PUNIÇÕES AUTÔNOMAS. EXISTÊNCIA DE CONCURSO DE CRIMES. CONFIGURAÇÃO DE CRIME ANTECEDENTE. DESNECESSIDADE DE PARTICIPAÇÃO. PRECEDENTES. JURISDIÇÃO PENAL E PROCESSO ADMINISTRATIVO FISCAL. AUSÊNCIA DE VINCULAÇÃO. EMPRÉSTIMO DE REGRESSO. DENÚNCIA RECEBIDA. I – O mero proveito econômico do produto do crime não configura lavagem de dinheiro, que requer a prática de condutas de ocultar e dissimular. Assim, não há que se falar em lavagem de dinheiro se, com o produto do crime, o agente se limita a depositar o dinheiro em conta de sua própria titularidade, paga contas ou consome os valores em viagens ou restaurantes. (...). (STJ – AÇÃO PENAL APn 458 SP 2001/0060030-7 (STJ) DATA DE PUBLICAÇÃO: 18/12/2009 – **grifos do autor**). No mesmo sentido, aliás, decidiu o juiz federal Sérgio Fernando Moro quando da apreciação da imputação de lavagem de dinheiro à esposa do ex-Deputado Federal Eduardo Cosentino Cunha. No referido caso, foi imputada à ré a prática do crime previsto no artigo 1º da Lei nº 9.613/98 em razão da aquisição, com o produto dos crimes de corrupção praticados por seu consorte, diversas bolsas e roupas de grife, valendo-se, para tal, de valores que se encontravam depositados em contas de sua titularidade no exterior. Conforme se verifica em trechos da sentença proferida, o referido magistrado entendeu por bem absolver a ré Claudia Cruz pela prática dos crimes de lavagem de dinheiro consistentes na movimentação de recursos provenientes de crimes de corrupção em contas de sua titularidade e na realização de gastos em viagens no exterior e aquisição de bens de grife e de alto valor. É o que se verifica nos trechos do referido *decisum* trazidos à colação: *(...) 537.* ***Alega o MPF que tais transferências, totalizando USD 1.110.000,00 caracterizariam crimes de lavagem de dinheiro tendo por antecedentes crimes financeiros, manutenção de ativos não declarados por Eduardo Cosentino da Cunha****, ou seja, o crime do art. 22, parágrafo único, parte final, da Lei nº 7.492/1986, e ainda haveria indícios de que seriam provenientes de outros crimes de corrupção no âmbito da Petrobrás, já que Eduardo Cosentino da Cunha responderia a outras ações penais e inquéritos policiais. Seriam os crimes de lavagem descritos como fato 05 da denúncia. 538.* ***Esses recursos transferidos para a conta Köpek teriam sido utilizados, entre 20/01/2008 a 02/04/2015, para a realização despesas de cerca de USD 1.079.218,31 e 8.903,00 libras esterlinas. Cerca de USD 526.760,93 teriam sido gastos através de faturas dos cartões de crédito Corner Card vinculado*** à ***conta. Boa parte dos gastos refere-se a despesas luxuosas em viagens internacionais, diárias em hotéis de luxo, aquisições em lojas de griffe. Parte dos gastos foi efetuado com cartão de crédito diretamente vinculado*** à ***acusada Cláudia Cordeiro Cruz****. 539.* ***Os gastos de cartão de crédito vinculados*** à ***conta secreta mantida no exterior configurariam novos crimes de lavagem de dinheiro, descritos como fato 06 da denúncia.*** *540. Ora, para configuração do crime de lavagem de dinheiro, não é necessário que o crime antecedente seja provado com todas os seus elementos e circunstâncias, conforme previsão expressa do art. 2º, §1º, da Lei nº 9.613/1998. 541. Existem alguns indícios de que todos os valores mantidos por Eduardo Cosentino da Cunha nas contas em nome dos trusts, Orion SP, Netherton Investments e Triumph SP têm origem e natureza criminosas, pois tais ativos nunca foram declarados e eram inconsistentes com os rendimentos e patrimônio declarados de Eduardo Cosentino da Cunha, na época deputado federal. (...)* ***561. Evidentemente, não há nada de errado nos gastos em si mesmos, mas são eles extravagantes e inconsistentes para ela e para sua família, considerando que o marido era agente público. 562. Deveria, portanto, a acusada Cláudia Cordeiro Cruz ter percebido que o padrão de vida levado por ela e por seus familiares era inconsistente com as fontes de renda e o cargo público de seu marido. 563. Embora tal comportamento seja altamente reprovável, ele leva*** à ***conclusão de que a acusada Cláudia Cordeiro Cruz foi negligente quanto*** às ***fontes de rendimento do marido e quanto aos seus gastos pessoais e da família. 564. Não*** é***, porém, o suficiente para condená-la por lavagem dinheiro. 565. Gastos de consumo com produto do crime não configuram por si só lavagem de dinheiro, por falta de adequação típica ao art. 1º, caput, da Lei nº 9.613/1998. 566. Faz-se necessária, para a tipificação, a prática de condutas de ocultação e dissimulação. 567. No caso presente, porém, as condutas de ocultação e dissimulação,***

No entanto, parece-nos que a questão ainda comporta análise sob ótica distinta.

As manobras de lavagem de dinheiro dificilmente são realizadas de maneira destacada, mediante a prática de um único ato isolado. Na verdade, o agente, no afã de esconder o rastro do recurso espúrio que tenta lavar, vai criando sucessivas camadas, tendo por finalidade se distanciar cada vez mais de sua origem criminosa.

Assim, muito embora gastos com viagens, hospedagens em hotéis de luxo, jantares em restaurantes com estrelas *Michellin*, compra de bolsas de grife, sapatos *Louboutin* etc, sejam formas de utilização do proveito do crime econômico, pode o agente ter praticado, no caminho, outras condutas que, por serem dotadas de desígnios autônomas, já seriam suficientes para a caracterização do crime de lavagem de dinheiro.

Ad exemplum, que os recursos utilizados para a realização dos gastos acima listados fossem provenientes de crime de corrupção passiva e estivessem depositados em contas de titularidade de familiares de autor do crime antecedente. A simples utilização, o gasto em si dos valores, não caracterizaria lavagem de dinheiro; mas a utilização das contas de familiares para a ocultação de tais valores – *com o conhecimento ou não da origem espúria por parte dos titulares das contas bancárias (dolo direto ou eventual)* –, já caracteriza tal espécie delituosa.

Por isso, entendemos que uma regular investigação de lavagem de dinheiro deve analisar todas as condutas praticadas pelo agente e seus asseclas no caminho percorrido na busca da aparência de licitude para o dinheiro sujo, uma vez que atos autônomos, por si só, já podem se demonstrar suficientes para a caracterização do delito em questão. Assim, a descrição típica deve envolver todos os atos identificados pelo investigador na cadeia de conduta praticada pelo agente, descrevendo-se, sempre que possível, todas as camadas por ele praticadas para a efetivação da reciclagem do recurso ilícito.

Nesse sentido, por sua clareza, merece especial registro trecho do voto relator do Ministro Teori Zavascki no julgamento do RHC nº 124313, *in verbis:*

> "É certo que os atos de aquisição, recebimento, depósito ou outros negócios jurídicos que representem o próprio aproveitamento (pelo agente ou terceiros), o desfrute em si, da vantagem patrimonial obtida no delito dito 'antecedente' não constituem o crime de lavagem. *No caso, entretanto, é possível afirmar, ao menos neste juízo superficial, que a narrativa exposta pelo Ministério Público possui relevo para esfera penal, na medida em que expõe, em tese, um* subterfúgio autônomo para distanciar tal vantagem de sua origem ilícita, não constituindo, por conseguinte, a mera utilização do produto do crime." *(RHC 124313, Relator(a): Min. TEORI ZAVASCKI, Segunda Turma, julgado em 10/03/2015, PROCESSO ELETRÔNICO DJe-090 DIVULG 14-05-2015 PUBLIC 15-05-2015 –* ***grifos do autor****).*

***com a utilização de contas secretas no exterior e falta de declaração das contas no Brasil, são imputáveis a Eduardo Cosentino da Cunha, já que ele comprovadamente era o gestor das contas, inclusive tendo ele próprio um cartão de crédito internacional vinculado à conta em nome da Köpek. 568. A acusada teve participação meramente acessória e é bastante plausível a sua alegação de que a gestão financeira da família era de responsabilidade do marido e de que, quanto à conta no exterior, ela tinha presente somente que era titular de um cartão de crédito internacional. 569. Então a acusada Cláudia Cordeiro da Cruz deve ser absolvida por falta de dolo, pois não há prova de que teve participação no crime antecedente, de corrupção, e não há prova suficiente de que tenha participado conscientemente nas condutas de ocultação e dissimulação.*"** **(Seção Judiciária do Paraná, 13ª Vara Federal de Curitiba, AÇÃO PENAL Nº 5027685-35.2016.4.04.7000/PR AUTOR: PETRÓLEO BRASILEIRO S/A – PETROBRÁS AUTOR: MINISTÉRIO PÚBLICO FEDERAL RÉU: JORGE LUIZ ZELADA e outros, Juiz Federal SÉRGIO FERNANDO MORO, pub. 25/05/2017, às 16:46:40 – grifos do autor).**

Concluindo, sob a perspectiva apresentada, podemos afirmar que se os recursos ilícitos utilizados na aquisição dos bens de luxo e roupas de grife estivessem alocados em conta de titularidade de determinado familiar no exterior, esta simples conduta, que poderia ser identificada apenas como uma das camadas do processo de lavagem adotado, por si só, já seria suficiente para a imputação e caracterização do delito de lavagem de dinheiro previsto no *caput* do artigo 1º da Lei nº 9.613/98 (dissimulação em coautoria).

5.1.2. A lavagem de dinheiro por intermédio da aquisição de joias

Além da natureza dos bens adquiridos, outros aspectos nos parecem relevantes para a análise dos desígnios do agente quando da aquisição dos considerados bens de uso pessoal de alto valor com valores de origem espúria: *o valor final agregado ao produto; a facilidade física para seu transporte e armazenamento e a eventual dificuldade no controle administrativo de subsequentes transferências do bem.*

No caso das roupas, sapatos e bolsas de grife, embora de alto custo e valor econômico, parece-nos evidente a natureza de bens de consumo e uso pessoal, uma vez que, após a sua simples aquisição, normalmente sofrem considerável desvalorização em seu valor de mercado, fato que praticamente impossibilita posterior transação na tentativa de obter valores aparentemente lícitos.

No entanto, no caso de joias, entendemos que o mesmo raciocínio não se aplica com tanta facilidade.

Em tais casos – *a despeito de eventuais alegações de que igualmente poderiam ser caracterizados como de uso pessoal* –, a perda de valor econômico após sua aquisição das peças não é tão evidente. Ao contrário, em mercados como os de joalheria e obras de arte, o transcurso dos anos, por vezes, serve como elemento de valorização da peça, aumentando ainda mais o seu valor de revenda.

Por outro lado, quando da aquisição de joias com a finalidade de praticar lavagem de dinheiro, faculta-se ao agente grande instrumentalidade com tal mecanismo, uma vez que lhe é permito alocar considerável valor econômico em poucas ou, até mesmo, em uma única peça. Tal fato agrega indiscutível valor à manobra, reforçando a eficácia do método de ocultação/dissimulação escolhido pelo criminoso.

Por isso, na prática, a avaliação de certos elementos como a periodicidade das aquisições, o quantitativo de peças adquiridas, o preço individual e o montante total empregado nas compras são de suma importância para se evidenciar o elemento subjetivo do agente. Portanto, não nos parece crível alegar aquisição para uso pessoal ou para "presentear" parentes em datas festivas quando, por exemplo, as aquisições são efetuadas de maneira constante (e não apenas em datas específicas), em quantidades discrepantes (*e.g.*, inúmeras peças em uma mesma data) ou quando o valor individual ou total das joias adquiridas destoam do padrão de vida e renda lícita ostentados pelo agente investigado ou quando em comparação com o padrão comportamental naturalmente aceito pelo senso comum.

Em tais casos, certamente não há falar-se em bens adquiridos para uso pessoal; estamos diante de verdadeira manobra de lavagem de dinheiro visando à ocultação da localização e origem de recursos ilícitos obtidos com a prática de crimes antecedentes.[50]

50 *Nesse sentido, inclusive, vem decidindo a 4a Vara Federal do Rio de Janeiro, em julgados relativos a casos da força-tarefa do MPF/RJ na operação Lava Jato, in verbis: (...) Com efeito, importa consignar, desde já, que*

5.1.3. *A lavagem de dinheiro por intermédio da aquisição de metais e pedras preciosas*

No que se refere especificamente aos metais e pedras preciosas, nosso entendimento é que a manobra de lavagem de dinheiro se torna ainda mais evidente.

Diferentemente do que ocorre com as joias, aqui não se permite a alegação de que, *e.g.*, as barras de ouro adquiridas ou as pedras de diamante eram para uso pessoal. A não ser que se encontrem penduradas ao pescoço ou encravadas nos dentes do agente, não nos parece crível aceitar que tais bens tenham sido adquiridos para o uso pessoal. *In casu*, evidencia-se sua nítida aquisição para se ocultar a localização e origem dos recursos ilícitos com os quais foram adquiridos.

Aliás, não é de hoje que a criminalidade organizada adota o mecanismo de aquisição de pedras preciosas *(e.g. diamantes)* como forma de alocação recursos provenientes de atividades ilícitas. Pequenas pedras com altíssimo valor agregado e de fácil armazenamento e transporte certamente caracterizam-se como instrumento eficaz a ser utilizado por organizações criminosas para a prática de lavagem de dinheiro[51].

Ad exemplum, conforme relatos constantes de investigações realizadas pelo *FBI – Federal Bureau of Investigation*, a rede terrorista *Al-Qaeda* teria passado a adquirir grande parte das reservas mundiais de pedras de *tanzanite*, ciente da efetividade de tal método como forma de

---

a aquisição de joias para uso pessoal, com produto do crime, não constitui, por si só, crime de lavagem de dinheiro. Todavia, a compra de joias de altíssimos valores (próximo e superior a 1 milhão de reais) de forma dissimulada, ou seja, com ocultação do verdadeiro adquirente, sem a emissão de nota fiscal e certificado nominal, inclusive mediante pagamento em cheque posteriormente substituído por dinheiro é suficiente para configurar o crime capitulado no art. 1o da lei no 9.613/98. Essa, exatamente, a hipótese dos autos. De fato, para ocultar e dissimular a origem, natureza, localização, movimentação e disposição sobre os vultosos valores provenientes direta e/ou indiretamente dos inúmeros crimes contra a administração pública perpetrados pela organização criminosa durante a gestão Cabral no Governo do Estado do Rio de Janeiro, SÉRGIO CABRAL, ADRIANA ANCELMO e CARLOS MIRANDA, com auxílio de CARLOS BEZERRA, passaram a adquirir regularmente, entre os anos de 2007 e 2016, joias de altíssimo valor de mercado perante as joalherias ANTONIO BERNARDO e H STERN." **(Seção Judiciária do Rio de Janeiro, 7ª Vara Federal Criminal – AP 0509503-57.2016.4.02.5101 – 2016.51.01.509503-9, Autor: MINISTERIO PUBLICO FEDERAL, Réu: SÉRGIO DE OLIVEIRA CABRAL SANTOS FILHO E OUTROS. Juiz Federal MARCELO DA COSTA BRETAS, pub. 20 de setembro de 2017).**

51 Especialistas afirmam que a venda ilegal dos chamados *"blood diamonds"* produziu bilhões de dólares nas últimas décadas, financiando guerras civis e outros conflitos em várias nações africanas, incluindo Serra Leoa, Angola, Libéria, Costa do Marfim e República Democrática do Congo (RDC). Na maioria das vezes, as verdadeiras motivações para essas guerras civis e conflitos militarizados baseavam-se na disputa pelo controle da lucrativa indústria de diamantes da região. Ao todo, estima-se que cerca de 20 mil civis sofreram mutilações corporais, 75 mil foram mortas e 2 milhões de pessoais fugiram em razão dos conflitos ocorridos em Serra Leoa, que perdurou até o ano de 2002. De acordo com dados apresentados pela *National Geographic News*, em razão dos conflitos africanos decorrentes de interesses econômicos ligados ao controle do mercado de diamantes, milhões de pessoas foram deslocadas de seus territórios, resultando, ainda, a morte de mais de 4 milhões de pessoas. No ano de 2002, criou-se o sistema de Certificação do Processo de Kimberley (KCPS), estabelecido para regulamentar e controlar o comércio de diamantes, impedindo que os "diamantes de sangue" ingressassem no mercado legítimo de tal pedra preciosa. Atualmente, mais de 70 países participam do Processo Kimberley, fator que reduziu drasticamente a exploração ilegal e o comércio de diamantes como forma de financiamento de guerras civis em território africano (Fonte: site *www.howstuffworks.com*). No entanto, até a presente data, não é incomum nos depararmos com casos de valores provenientes de atos de corrupção envolverem o mercado de diamantes e pedras preciosas em países africanos, conforme se verifica, por exemplo, nas matérias jornalísticas...

transformação em ativos lícitos, facilitando seu armazenamento e transporte, permitindo, assim, o fluxo de valores ilegais ao redor do mundo e a própria lavagem do dinheiro sujo por eles obtido com a prática de diversos crimes relacionados à organizações terroristas.[52]

A manobra de se adquirir pedras e metais preciosos para lavar dinheiro sujo pode ser utilizada de maneira destacada, com a direta aquisição de tais bens com o próprio proveito do crime antecedente, ou como parte integrante ou camada do processo de lavagem adotado pelo agente criminoso.

Nos desdobramentos da operação Lava Jato no Rio de Janeiro, evidenciou-se a utilização de tal manobra, tendo sido descoberto que o ex-Governador Sérgio Cabral, após o envio dos recursos para o exterior mediante operações dólar-cabo, teria adquirido, já em solo europeu, diversos diamantes com valores provenientes dos crimes de corrupção por ele praticados, efetuando a sua guarda em cofres locados de instituições financeiras situadas em Genebra, na Suíça.[53]

Assim, nossa opinião é no sentido de que a aquisição de metais e pedras preciosas efetuada para alocar recursos provenientes da prática de crimes, com a específica finalidade de ocultar sua origem ou a própria localização, caracteriza nitidamente o delito de lavagem de dinheiro.

5.1.4. *A lavagem de dinheiro por intermédio da aquisição de obras de arte e antiguidades*

Os elementos acima apresentados para os casos de lavagem praticada mediante a aquisição de joias, metais e pedras preciosas aplicam-se perfeitamente quando da utilização do mercado das obras de arte e antiguidades.

Quadros de pintores famosos são avaliados e vendidos por valores astronômicos[54], referenciais difíceis de serem compreendidos por pessoas comuns. Nesses casos, novamente uma grande soma de recursos pode se encontrar alocada em apenas um determinado bem, por vezes, de pequenas dimensões e de fácil armazenamento e transporte. Ademais, no caso das

---

52 As pedras tanzanita (*tanzanite*), originárias da Tanzânia, país da África oriental, tornaram-se mundialmente famosas, quando após sua descoberta no ano de 1962, nas imediações dos Montes Meralani, na cidade de Arusha, passaram a ter grande parte de sua produção e comercialização mundial monopolizada pela rede norteamericana *Tiffany & Co.* Em razão de suas limitadas reservas encontrarem-se adstritas a uma pequena porção de terra situada no referido país africano, o valor global da pedra tanzanita atingiu altas cotações no mercado mundial. No entanto, com a divulgação de sua vinculação à rede terrorista Al-Qaeda, havendo relatos de vinculação, inclusive, a atividades que deram suporte aos atentados terroristas de 11 de setembro em Nova Iorque, a cotação da pedra sofreu brusca queda nos anos de 2002 e seguintes.

53 A respeito do tema, as seguintes matérias jornalísticas: *http://politica.estadao.com.br/noticias/geral,operacao--de-cabral-reuniu-us-3-5-milhoes-em-ouro-e-diamantes-na-suica,70001649596*; *http://politica.estadao.com.br/noticias/geral,cofres-guardam-fortuna-de-cabral,70001651423* e *https://oglobo.globo.com/brasil/cabral-comprou-3-milhoes-em-diamantes-dois-meses-antes-da-prisao-21040096.*

54 *Ad exemplum*, temos os seguintes quadros: "Os jogadores de carta", de Paul Cézanne (USD 260 milhões, comprado pela família real do Catar, em 2011), "No. 5, 1948", de Jackson Pollock (USD 160,8 milhões de dólares, comprador não revelado), "La Rêve", de Pablo Picasso (USD 155 milhões, comprado por Steven A. Cohen, em 2013), "Woman III", de Willem de Kooning (USD 154,5 milhões, Steven A. Cohen, em 2006), "Retrato de Adele Bloch-Bauer I", de Gustav Klimt (UDS 135 milhões, Ronald Lauder, em 2006), "Retrato de Dr. Gachet", de Vincent Van Gogh (UDS 148,3 milhões, Ryoei Saito, em 1990), "Le bal du mulin de la galette", de Pierre-Auguste Renoir (USD 140,3 milhões, Ryoei Saito), "Garçon à la Pipe", de Pablo Picasso (USD 127,9 milhões, supostamente Guido Barilla, em 2004), "O Grito", de Edvard Munch (USD 121,1 milhões, Leon Black, em 2012), "Nu, folhas e busto", de Pablo Picasso (USD 113,3 milhões, comprador não revelado, 2010). Listagem apresentada em *https://super.abril.com.br/blog/superlistas/10-pinturas-mais-caras-do-mundo/.*

obras de arte o alto grau de subjetividade na avaliação dos valores de mercado inegavelmente é um fator atrativo a práticas criminosas, facilitando a ocorrência da lavagem de dinheiro. Por exemplo, um quadro adquirido no passado por valor irrisório, em razão de critérios altamente subjetivos e variáveis como originalidade e demanda de mercado, pode ser vendido atualmente por milhões de dólares[55].

Fausto De Sanctis, ao tratar do tema lavagem de dinheiro por meio de obras de arte, afirma que *"apesar das vias tradicionais de lavagem de dinheiro, como a aquisição de commodities e imóveis, mediante o uso do sistema financeiro (especialmente paralelo ou clandestino), de terceiros (laranjas), de offshores e de hawalas systems (doleiros) para afastar dinheiro de sua origem, serem normalmente utilizadas pelo crime organizado, este tem evoluído para outras áreas, menos regradas ou observadas"*[56].

A falta de um efetivo controle administrativo nas aquisições e posteriores negociações de bens de alto valor, joias, metais e pedras preciosas e obras de arte e antiguidades também é um desafio a ser enfrentado na prevenção e combate aos crimes de lavagem de dinheiro.

No âmbito das investigações da operação Lava Jato, evidenciou-se que o mercado de obras de artes e antiguidades era um dos meios preferidos pelos criminosos para a prática de lavagem de dinheiro. Justamente em razão dos elementos acima descritos, a aquisição de obras de artes e antiguidades acabou sendo uma das formas utilizadas pelos agentes públicos para "esconder" o proveito dos crimes de corrupção por eles praticados.[57]

---

55 Foi o que teria ocorrido no caso do quadro "Magnólias no veludo de ouro", do pintor norteamericano *Martin Johnson Heade*. Conforme relatos divulgados pela imprensa, um morador de Indiana teria comprado um quadro em uma loja de antiguidade, pela quantia de poucos dólares, unicamente com a finalidade de tampar buracos na parede de sua casa. Alguns anos depois, durante uma partida de um jogo de tabuleiro, ele teria encontrado um cartão que mostrava uma obra muito parecida com a que por ele tinha sido adquirida. Após consultar um especialista, o sortudo descobriu que era dono de uma pintura pouco conhecida feita pelo famoso pintor americano, avaliada em 1,2 milhão de dólares. O mesmo teria ocorrido no caso do quadro "Vaso com papoulas vermelhas". Um casal de Wisconsin teria comprado uma cópia do referido quadro, de autoria de Van Gogh. Mas a reprodução era tão boa que despertou a curiosidade dos donos, que levaram a peça a um avaliador. Eles acabaram descobrindo que tinham comprado o original, pintado em 1886, e que valia 1,4 milhão de dólares.

56 Sanctis, Fausto Martin De, Lavagem de dinheiro por meio de obras de arte: uma perspectiva judicial criminal, p. 69. Editora Del Rey, 2015.

57 Quando da prisão ex-diretor de Serviços da Petrobrás, Renato de Souza Duque, ocorrida no dia 16 de março de 2015, foram apreendidas 131 obras de artes, incluindo inúmeras peças de autoria do modernista *Alberto da Veiga Guignard*. Ao todo, centenas de obras de arte foram apreendidas durante as inúmeras fases da operação Lava Jato,. As obras apreendidas eram de autoria de diversos artistas, dentre eles, Amilcar de Castro, Di Cavalcanti, Heitor dos Prazeres, Salvador Dalí, Cícero Dias, Antonio Bandeira, Claudio Tozzi, Nelson Leirner, Adriana Varejão, Vik Muniz e Miguel Rio Branco. Muitas foram cedidas provisoriamente para o acervo do Museu Oscar Niemeyer (MON), situado em Curitiba/PR. Quando do cumprimento de busca e apreensão na residência da conhecida doleira Nelma Kodama (AP nº 5026243-05.2014.404.7000/PR), foram apreendidas diversas obras de arte, as quais foram objeto de medidas constritivas por parte do juízo competente, conforme se verifica em trecho de *decisum* trazido à colação: *(...) 337. Na busca e apreensão na residência de Nelma Kodama, Rua Conde de Porto Alegre, 1033, apartamento 141, Torre B, Campo Belo, São Paulo/SP, foram encontrados doze quadros de pintura de valor significativo (evento 12 do processo 5048401-88.2013.404.7000. Não há prova de que tais obras foram adquiridas com receitas lícitas. Segundo Nelma, em seu interrogatório, ela teria recebido os quadros em dação de pagamento de dívidas por Raul Henrique Srour. Tai dívidas teriam por origem operações cambiais do âmbito do mercado negro de câmbio. Tais obras de arte são, portanto, produto dos crimes financeiros, motivo pelo qual decreto, com base no art. 91 do CP, o confisco dos seguintes bens: – 1 quadro 'Roda de Samba', de Heitor dos Prazeres; – 1 quadro óleo sobre tela de Emiliano Di Cavalcanti; – 2 quadros de Cícero Dias, óleo sobre tela, sem datas:; – 1 quadro arlequim óleo sem madeira, de Mário Gruber; – 1 quadro acrílico*

5.1.5. As normas administrativas que regulam a comercialização de bens de luxo e de alto valor; joias, metais e pedras preciosas; e obras de arte e antiguidades

Em nosso país, a regulação dos referidos setores no que concerne à obrigação de registros e comunicação de operações atípicas/suspeitas decorre da expressa previsão legal no artigo 14, §1º da Lei nº 9.613/98 e é efetuada por intermédio de atos normativos expedidos pelo Conselho de Controle de Atividades Financeiras - COAF.

A Resolução nº 23, de 20 de dezembro de 2012, dispõe sobre os procedimentos a serem adotados pelas pessoas físicas ou jurídicas que comercializem joias, pedras e metais preciosos, enquanto a Resolução nº 25, de 16 de janeiro de 2013, trata dos procedimentos a serem adotados na comercialização ou sua intermediação de bens de luxo ou de alto valor.

Em ambos os casos, nas operações de valor igual ou superior a R$ 10.000,00 (dez mil reais) ou equivalente em outra moeda, as pessoas físicas ou jurídicas responsáveis pela comercialização de tais bens devem manter e cadastro de seus clientes e dos demais envolvidos, inclusive representantes e procuradores, bem como o registro das operações efetuadas[58].

A título de exemplo, citamos o caso das aquisições de joias por parte da ex-primeira dama do Estado do Rio de Janeiro, Adriana Ancelmo, no qual, em razão da inobservância do dever de comunicação das operações realizadas, as empresas que venderam as joias para ela e para seu marido, o ex-Governador do Estado Sérgio Cabral, encontram-se sujeitas à aplicação de multas administrativas por parte do COAF até o valor de R$ 20.000,000,00 (vinte milhões de reais). [59]

Além disso, impõe-se quando da comercialização tanto de bens de luxo ou de alto valor quanto de joias, metais e pedras preciosas, como forma de aplicação do sistema de prevenção e combate à lavagem de dinheiro, a "obrigação de comunicar" ao COAF todas as operações realizadas em valor igual ou superior a R$ 30.000,00 (trinta mil reais)[60].

---

sobre tela 'Trama Urbana', de Cláudio Tozzi; – 1 quadro óleo sobre tela provável cópia da obra 'Duas Irmãs', de Renoir; – 2 quadros de Orlando Teruz: óleo sobre tela 'Nu Deitado' e um sem título de 1983; – 1 quadro óleo sobre tela 'Flores', de Aldemir Martins, 1972; – 1 quadro óleo sobre tela 'Nu feminino', de Tony Koegl, 1942; – 1 quadro óleo sobre tela de Antonio Gomide.

58 No caso das operações de comercialização de joias, pedras e metais preciosos, a obrigação da manutenção de registros aplica-se a todas as operações realizadas, e não apenas às operações em valores iguais aos superiores a R$ 10.000,00 (dez mil reais) ou equivalente, como ocorre no caso dos bens de luxo ou de alto valor. Nos termos do artigo 8º da Resolução nº 23 do COAF, *"Art. 8º- As pessoas de que trata o artigo 1º devem manter registros de* ***todas*** *as operações que realizarem, do qual devem constar, no mínimo: I – a identificação do cliente; II – descrição pormenorizada das mercadorias; III – valor da operação; IV – data da operação; V – forma de pagamento; VI – meio de pagamento; e; VII – o registro fundamentado da decisão de proceder às comunicações de que trata o art. 9º*, bem como das análises de que trata o art. 3º.

59 Nos moldes do artigo 12 da Lei nº 9.613/98, o descumprimento das obrigações de identificação de clientes, manutenção de registros e comunicações de atividades financeiras por parte dos sujeitos obrigados ensejará a aplicação, de maneira cumulativa ou autônoma, das penas de advertência, multa pecuniária até o valor de R$ 20.000.000,00 (vinte milhões de reais), inabilitação temporária para o exercício do cargo de administrador e cassação ou suspensão da autorização para o exercício da atividade.

60 Artigo 9º da Resolução nº 23 e artigo 4º da Resolução nº 25, ambas do COAF: *"Art. 9º As operações e propostas de operações nas situações listadas a seguir devem ser comunicadas ao COAF, independentemente de análise ou de qualquer outra consideração: I – qualquer operação ou conjunto de operações de um mesmo cliente no período de seis meses, que envolva o pagamento ou recebimento de valor igual ou superior a R$ 30.000,00 (trinta mil reais), ou equivalente em outra moeda, em espécie, inclusive a compra ou venda de bens móveis ou imóveis que integrem o ativo das pessoas de que trata o art. 1º; II – qualquer das hipóteses previstas na Resolução COAF*

No caso específico do mercado de obras de arte, até então o setor encontrava-se regulado pela Resolução nº 08 do COAF, expedida em 15 de setembro de 1999. No entanto, em setembro de 2016, o Instituto do Patrimônio Histórico e Artístico Nacional – Iphan, editou a Portaria nº 396/2016, passando a regular as atividades de compra e venda de obras de arte e antiguidades. A referida norma estabelece os mecanismos de controle que devem ser adotados sobre essas operações, indicando aos comerciantes e leiloeiros quais as situações podem ser consideradas indícios de envolvimento com atividades de lavagem de dinheiro.[61]

5.2. A lavagem de dinheiro e o dolo eventual

Para a efetivação do elemento intencional do delito de lavagem de dinheiro, como já afirmado, faz-se necessária a comprovação de que o agente praticou as condutas típicas descritas no art. 1º da Lei nº 9.613/98 munidos de *consciência* e *vontade*.

O dolo para a configuração do crime de lavagem pode ser praticado tanto direto quanto eventual.

---

nº 15, de 28.3.2007; e III – outras situações designadas em ato do Presidente do COAF (Resolução nº 23, de 20 de dezembro de 2012). *Art. 4º As operações e propostas de operações nas situações listadas a seguir devem ser comunicadas ao COAF, independentemente de análise ou de qualquer outra consideração: I – qualquer operação ou conjunto de operações de um mesmo cliente no período de seis meses que envolva o pagamento ou recebimento de valor igual ou superior a R$ 30.000,00 (trinta mil reais) ou equivalente em outra moeda, em espécie; e II – outras situações designadas em ato do Presidente do COAF* (Resolução nº 25, de 16 de janeiro de 2013)."

61 Portaria IPHAN nº 396, de 15 de setembro de 2016: *"Art. 1º – As pessoas físicas ou jurídicas que comercializem objetos de antiguidade ou obras de arte de qualquer natureza, de forma direta ou indireta, mediante recebimento ou cessão em consignação, importação ou exportação, posse em depósito, intermediação de compra e venda, comércio eletrônico, leilão, feiras ou mercados informais, em caráter permanente ou eventual, de forma principal ou acessória, cumulativamente ou não, devem observar as disposições constantes na presente Portaria, conforme estabelecido na Lei nº 9.613, de 1998. Art. 2º – As pessoas mencionadas no Art. 1º devem se cadastrar e manter suas informações atualizadas no Cadastro Nacional de Negociantes de Obras de Arte e Antiguidades/CNART do Instituto do Patrimônio Histórico Nacional/IPHAN". "Art. 4º. Nas operações de valor igual ou superior a R$ 10.000,00 (dez mil reais), as pessoas de que trata o Art. 1º devem manter em arquivo próprio cadastro de seus clientes e dos demais envolvidos nas negociações que realizarem, inclusive representantes, procuradores, consignantes, donos das obras, intermediários, leiloeiros e beneficiários finais, em relação aos quais deve constar no mínimo: I – se pessoa física: a) nome; b) endereço eletrônico e/ou página na internet; c) endereço completo (logradouro, complemento, bairro, cidade, unidade da federação, CEP), telefone; d) número do documento de identificação, nome do órgão expedidor e data de expedição, se brasileiro; ou dados do passaporte ou carteira civil, se estrangeiro; e) número de inscrição no Cadastro de Pessoas Físicas – CPF; e f) enquadramento na condição de pessoa exposta politicamente, nos termos da Resolução nº 16 do Conselho de Controle de Atividades Financeiras – COAF de 28 de março de 2007 se for o caso. II – se pessoa jurídica: a) denominação ou razão social; b) endereço eletrônico e/ou página na internet; c) número de inscrição no Cadastro Nacional de Pessoa Jurídica – CNPJ; d) endereço completo (logradouro, complemento, bairro, cidade, unidade da federação, CEP), telefone; e) atividade principal desenvolvida; e f) nome de controladora(s), controlada (s) ou coligada(s); se for o caso". "Art. 5º. As pessoas de que trata o Art. 1º devem manter registro de todas as operações que realizarem no valor igual ou superior a R$ 10.000,00 (dez mil reais) ou equivalente em outra moeda, do qual devem constar, no mínimo: I – nome do cliente e dos demais envolvidos, inclusive beneficiários finais ou terceiros pagantes, nas negociações que realizarem ou intermediarem; II – descrição pormenorizada dos bens/mercadorias; III – valor da operação; IV – data da operação; V – forma e meio de pagamento. Parágrafo Único. Deverão igualmente ser registradas as operações que, realizadas por uma mesma pessoa física ou jurídica, conglomerado ou grupo, em um mesmo mês calendário, no mesmo estabelecimento, superem em seu conjunto o limite estabelecido no caput". "Art. 6º. As pessoas de que trata o Art. 1º são obrigadas a comunicar ao COAF, independentemente de análise ou de qualquer outra consideração, qualquer operação ou conjunto de operações de um mesmo cliente que envolva o pagamento ou recebimento, em espcie, de valor igual ou superior a R$ 10.000,00 (dez mil reais), ou o equivalente em outra moeda."*

Citando jurisprudência do Tribunal Supremo Espanhol, **Blanco Cordero** relata restar caracterizado o dolo eventual quando o sujeito *"decide la realización de la acción pese a haber tenido consistentes y claras sospechas de que se dan en el hecho los elementos del tipo objetivo, manifestando indiferencia respecto de la concurrencia o no de estos. (...) Por lo tanto, existirá dolo eventual cuando está acreditado que el sujeto estaba decidido a actuar cualquiera fuera la situación en la que lo hacía y que existían razones de peso para sospechar la realización del tipo"*.[62]

De fato, o dolo eventual evidencia-se quando o agente pratica a conduta descrita no tipo penal devidamente munido de consciência e vontade, mas sem desejar que o resultado efetivamente ocorra. Se houvesse o liame volitivo do agente com a ocorrência do resultado estaríamos diante de dolo direto e não eventual. No dolo eventual, o agente não quer o resultado, mas deseja tanto a prática da conduta que, mesmo prevendo que ele possa ocorrer, despreza a possibilidade de sua ocorrência.[63]

Assim, para a caracterização da lavagem de dinheiro basta ao agente o dolo eventual.

O exemplo clássico da doutrina é o do gerente de banco que, munido por incontrolável desejo em bater suas metas de abertura de contas e venda de produtos financeiros, permite que criminoso notoriamente conhecido ou pessoa sobre a qual incidam fortes indícios de vinculação a práticas criminosas movimente valores em conta aberta em nome de um laranja. Para isso, deixa de adotar as devidas medidas de devida diligência ao cliente (*customer due diligence* - *CDD*), incluindo regras de identificação do beneficiário final e de comunicação de atividades suspeitas. Assim agindo, o gerente do banco adere à conduta do agente criminoso, em atividades de lavagem de dinheiro, na figura de coautor ou partícipe, na modalidade de dolo eventual.

Isso porque, se esse mesmo gerente – ou um agente *compliance officer* da instituição financeira – deixa de observar conscientemente as normas de diligência e obrigação de reporte por estar, *exempli gratia*, em conluio com o agente criminoso ou por integrante da organização criminosa, o dolo será direto e não eventual.

5.2.1. O registro de bens imóveis e bens móveis de alto valor em nome de terceira pessoa

Parte da jurisprudência pátria tem entendido que quando terceira pessoa ligada ao agente criminoso - *familiar ou pessoa com a qual guarde vínculo afetivo* - permite o registro de bem imóvel ou imóvel de grande valor em seu nome, não detendo renda lícita declarada para suportar tais operações, igualmente pratica o crime de lavagem de dinheiro por dolo eventual.

Na verdade, a pessoa que permite a utilização de seu nome quando da aquisição do bem realiza verdadeira simulação de operação, concorrendo para a dissimulação de sua origem, localização e propriedade, realizada com a exclusiva finalidade de obtenção de aparência de licitude. Tendo plena ciência de sua incapacidade financeira lícita, se não restar demonstrado que tal pessoa agiu visando a obtenção da lavagem – quando passaria a ter dolo direto –, no mínimo, responderá na modalidade de dolo eventual.

62 STS 60/2011, de 15 de febrero. Referido em *El delito de blanqueo de capitales*, p.827.

63 No "modismo" dos *memes*, circulou ultimamente nas em redes sociais e aplicativos de comunicação instantânea, talvez tenha sido apresentada a melhor definição para o dolo eventual. Parafraseando bordão utilizado pelo personagem *Chaves (El Chavo del ocho)*, imortalizado pelo ator mexicano Roberto Gómez Bolaños (1929-2014), dizia-se que o dolo eventual era o "sem querer, querendo".

Nesse sentido, encontram-se alguns julgados proferidos pela 4ª Vara Federal do Rio de Janeiro, em imputações de lavagem de dinheiro aos ex-inspetores da Polícia Civil do Estado do Rio de Janeiro conhecidos como "*inhos*", que adotavam a prática de registro de bens adquiridos com o proveito dos crimes por eles praticados em nome de familiares. É o caso do trecho abaixo colacionado, integrante da sentença proferida nos autos da AP nº 2008.51.01815684-5, *in verbis:*

> *(...) A autoria também restou comprovada, pois JORGE adquiriu o imóvel e o registrou em nome de LEDA, que, naturalmente, tinha ciência da origem ilícita dos valores utilizados para essa aquisição, até porque ela própria, não tendo renda, certamente perguntou do que se tratava.* Entendo presente, portanto, o dolo em relação a ambos os acusados, ainda que na modalidade eventual no tocante à ré LEDA. *Esta acusada,* ao permitir a aquisição em seu nome de um imóvel que valia em 2002 pelo menos R$ 200.000,00, certamente tinha ciência de que o dinheiro utilizado para essa aquisição não vinha dos rendimentos mensais ordinários recebidos por seu ex-genro. A situação era de fácil desconfiança: como uma pessoa que recebe R$2.000,00 por mês poderia adquirir tal patrimônio, a não ser valendo-se de dinheiro obtido ilicitamente? *A defesa de LEDA não logrou convencer o juízo do contrário, não apresentando qualquer versão plausível a fim de afastar a sua culpabilidade. Caracterizada, portanto, a autoria de JORGE e LEDA para o crime do art. 1º da Lei nº 9.613/98. (...)*
>
> *(...) A fim de ocultar a origem ilícita do dinheiro recebido, o acusado registrou o imóvel em nome de um "laranja", no caso, sua mãe, praticando o delito previsto no art. 1º da Lei nº 9.613/98. A autoria também restou comprovada, pois JORGE adquiriu de fato o imóvel e o registrou em nome de sua mãe MARIA RITA, a qual, naturalmente, tinha ciência da origem ilícita dos valores utilizados para essa aquisição.* Entendo presente, portanto, o dolo em relação a ambos os acusados, ainda que na modalidade eventual no tocante à ré MARIA RITA. *Esta acusada,* ao permitir a aquisição em seu nome de um imóvel que valia em 2004 pelo menos R$ 200.000,00, certamente tinha ciência de que o dinheiro utilizado para essa aquisição não vinha dos rendimentos mensais ordinários recebidos por seu filho. A situação era de fácil desconfiança: como uma pessoa que recebe R$2.000,00 por mês poderia adquirir tal patrimônio, a não ser valendo-se de valores obtidos ilicitamente? *A defesa de MARIA RITA não logrou convencer o juízo do contrário, não apresentando qualquer versão plausível a fim de afastar a sua culpabilidade. Caracterizada, portanto, a autoria de JORGE e MARIA RITA para o crime do art. 1º da Lei nº 9.613/98.*
>
> **(AP nº 2008.51.01815684-5, Autor: Ministério Público Federal, Réus: JORGE LUÍS FERNANDES e outros. Juíza Federal: Karla Nanci Grando, publicada em 02 de abril de 2012 – grifos do autor)**

Na mesma linha de raciocínio, o desembargador federal José Luiz Borges Germano da Silva, do Tribunal Federal Regional da 4ª Região, apresentou entendimento no sentido da ocorrência de lavagem de dinheiro na aquisição de bens imóveis e veículos com valores auferidos com a prática de crimes contra a administração pública, conforme se verifica na ementa de voto abaixo transcrito:

> *PENAL. PROCESSUAL PENAL. PECULATO. EVASÃO DE DIVISAS. LAVAGEM DE DINHEIRO. CRIME CONTRA A ORDEM TRIBUTÁRIA. BANCO DO BRASIL S.A. EQUIPARAÇÃO. FUNCIONÁRIO PÚBLICO. COMPETÊNCIA DA JUSTIÇA FEDERAL. SÚMULA 142 DO STJ. CONEXÃO. DENÚNCIA. ADITAMENTO. NULIDADE. AUSÊNCIA DE PREJUÍZO. INÉPCIA DA DENÚNCIA. INOCORRÊNCIA. ART. 514 DO CPP. INAPLICABILIDADE. PRINCÍPIO DA RESERVA LEGAL. HABITUALIDADE. PLURALIDADE OFENSIVA. CRIME ANTECEDENTE CONTRA A ADMINISTRAÇÃO. CONFISSÃO EXTRAJUDICIAL. EXAURIMENTO DE CRIME. NÃO CONFIGURADO. PENALIDADES. VALOR DO DIA-MULTA.*

ART. 1º, III, DA LEI Nº 8.137/90. AUSÊNCIA DE DOLO. 1. (...) 8. Os fatos narrados na peça acusatória efetivamente configuram o crime de lavagem de dinheiro, restando evidenciado que o réu transformava os valores auferidos em ativos lícitos, por meio da compra de imóveis, bem como de veículos automotores. *9. A condenação pelo delito de evasão de divisas não se deu somente com base na confissão extrajudicial do réu, mas também às declarações das testemunhas em juízo, sendo a prova suficiente para a condenação. 10. Não há ofensa ao princípio da reserva legal, porquanto os fatos considerados na sentença, ocorreram em período posterior à entrada em vigor da Lei nº 9.613/98. 11. A lei de lavagem de capitais não se aplica somente à macrocriminalidade, porque reconhece-se uma pluralidade ofensiva na atividade criminosa destinada a reciclar capitais ilícitos, sendo comum no contexto de lavagem de dinheiro as falsidades, os delitos contra o patrimônio e à administração, as lesões ao patrimônio individual e a corrupção. 12. Habitualidade reconhecida nos autos, porque o agente reiteradamente vinha se dedicando à prática do delito de lavagem de capitais. 13. O crime antecedente foi cometido contra a Administração Pública, na modalidade de peculato, sendo pois penalmente típica a conduta de adquirir ativos lícitos, enquadrando-se no art. 1º, V, §1º, I e II, da Lei nº 9.613/98. 14. Para a caracterização da conduta do art. 2º, I, da Lei nº 8137/90, é irrelevante a origem ilícita dos bens, pouco importando que tenham sido fruto de práticas criminosas. 15. Não se pode falar em consunção impunível, porquanto os crimes de lavagem de dinheiro e evasão de divisas restaram comprovados nos autos, e pela própria natureza desses crimes, não há como considerá-los como exaurimento do peculato. 16. Embora se possa considerar em algumas hipóteses o crime de lavagem, nas modalidades de ocultar e dissimular, como crime permanente, que se protrai no tempo, no caso o Ministério Público não esclarece, tampouco comprova, quais seriam os fatos a serem tomados em consideração para ensejar o aumento de pena pleiteado por tal motivo.*

(TRF 4ª R., ACR 199971030011553, Rel. Desembargador Federal JOSÉ LUIZ BORGES GERMANO DA SILVA, DJ 10/01/2001, p. 83)

Semelhante raciocínio se aplica no caso da aquisição bens móveis de alto valor, tais como automóveis importados, embarcações e aeronaves. Em tais casos, tendo sido tais bens comprados com recursos provenientes dos crimes antecedentes e registrados em nome de terceira pessoa com a específica finalidade de se ocultar a real propriedade e a natureza dos recursos com os quais foram adquiridos, perfeitamente estará caracterizada a lavagem de dinheiro.

É evidente, no entanto, que há a necessidade de análise dos elementos que constam do caso em concreto, a fim de se avaliar o elemento subjetivo que pauta as condutas praticadas pela pessoa que permite a utilização de seu nome para o registro de tais bens. A nosso ver, dependendo do nível de conhecimento que tal agente detenha acerca da ilicitude dos valores com os quais foram os bens adquiridos, poderá praticar a conduta típica na modalidade tanto do dolo direto quanto do dolo eventual.

Nesse particular, merece registro o fato de que não apenas o registro em nome de terceira pessoa do bem imóvel ou móvel de alto valor adquirido pelo criminoso com proveito do crime antecedente caracterizará a lavagem de dinheiro. Na aquisição de bem e a manutenção do seu registro, perante os órgãos administrativos competentes, em nome do antigo proprietário, desde que realizada com a intenção de ocultar a nova propriedade, igualmente restará evidenciada a manobra de lavagem. Em tais casos, da mesma forma, deverá ser analisado, no caso concreto, o *animus* do vendedor que permite a manutenção do registro do bem alienado em seu nome, a fim de se avaliar se também poderá responder pelo delito de lavagem.[64]

---

64 Nesse sentido, o juiz federal Sérgio Fernando Moro, da 7ª Vara Federal de Curitiba/PR, condenou a conhecida doleira Nelma Kodama, nos autos da AP nº 5026243-05.2014.404.7000/PR pela prática de lavagem

5.1.7. *A teoria da cegueira deliberada*

Nos moldes das previsões estatuídas nas seções *18 USC 1956* e *18 USC 1957*, introduzidas pelo *Money Laundering Control Act* de 1986, para a configuração do elemento subjetivo do tipo de lavagem de dinheiro faz-se necessária a demonstração da intencionalidade (*knowledge*) do agente.

De acordo com a teoria da cegueira deliberada *(willful blindness)*, o agente cria voluntariamente uma barreira psicológica que o impede de ver circunstâncias óbvias, optando por permanecer na ignorância da realidade. Conforme Von Kaenel, citado por Blanco Cordero, *"si una persona lleva a cabo un plan sin ningún tipo de investigación, y opta por permanecer en la ignorancia de la realidad, el Derecho le imputa el conocimiento de lo que podía haber conocido. En resumidas cuentas, este criterio deduce el conocimiento de la prueba de que una persona ha cerrado deliberadamente sus ojos a lo que habría sido obvio para él"*.[65]

Nas palavras do próprio Blanco Cordero, que defende a aplicação da referida teoria no âmbito da lavagem de dinheiro para os casos de imprudência grave, a *ceguera delibera* ou *ignorancia intencional* ocorre quando o agente *"no tiene la más mínima intención de saber la procedencia delictiva de los bienes, pero de alguna forma, en función de las circunstancias objetivas, se representa* ésta *como probable"*.[66]

A questão é que, no âmbito do sistema norteamericano, a aplicação da teoria da cegueira deliberada serviu como forma de se estender a punição da lavagem a condutas que não se encontravam diretamente atreladas ao conceito de *knowledge (intencionalidade, conhecimento)*, requisito exigível pela legislação para a caracterização da *mens rea* prevista no tipo penal de lavagem de dinheiro.

---

de dinheiro na aquisição de veículos de luxo com o proveito de crimes antecedentes e manutenção dos registros em nome de terceiras pessoas: *268. Como adiantado, quanto ao crime de lavagem, imputa-se a Nelma Kodama, nesta ação penal, apenas a aquisição com produto dos crimes financeiros do veículo Porsche Cayman, 2011, placa AXP8640, em outubro de 2013, no valor de R$ 225.000,00, com sua colocação ou manutenção em nome de Rafael Pinheiro do Carmo. (...) 275. Repare-se que o certificado de licenciamento foi emitido em 22/11/2013 ainda em nome de Rafael Pinheiro do Carmo, o que significa que o veículo foi mantido em nome dele mesmo após a venda, já que não era mais o proprietário do mesmo nesta data, já que Nelma o adquiriu em 21/10/2013. (...) 279. Confrontada com questão em Juízo, Nelma Kodama admitiu que teria adquirido o carro, mas juntamente com sua mãe e que esta seria a responsável pelo pagamento. O veículo não teria sido transferido apenas porque as parcelas não teriam sido quitadas. 280. Ocorre que essa versão não é consistente com a prova, pois as parcelas foram cobradas de Nelma Kodama e não da mãe dela. Além disso, como visto é Nelma Kodama quem teria condições financeiras de adquirir um Porsche e não a sua mãe. (...) 282. Quanto à alegação de que o veículo não teria sido transferido apenas por não terem sido quitadas as parcelas, observa-se que a última parcela venceu em 21/01/2014, tendo havido tempo suficiente para a sua transferência até a operação policial em 17/03/2014. (...) 284. Situação similar, embora não tenha sido objeto de imputação, verificou-se com outro veículo, este apreendido na residência de Nelma Kodama, um veículo Mercedes Benz, modelo SL63ANG, 2010, cor preta, placas ADX0063 (evento 12, out1, do processo conexo 5048401-88.2013.404.7000). Este veículo, embora em nome de Rafael Henrique Srour, era de propriedade de Nelma e por ela utilizado para fins pessoais, conforme reconheceu o co-acusado Cleverson Coelho (evento 571); 285. Era praxe, como visto, de Nelma Kodama não colocar patrimônio em seu nome, ocultando sua real titularidade. (...) 288.* ***A aquisição de veículo com valores provenientes de crimes financeiros e a sua colocação ou manutenção em nome de terceiro, ainda que o anterior proprietário, ocultando-se o verdadeiro e atual titular, configuram o crime de lavagem de dinheiro do art. 1o da Lei n. 9.613/1998"*** **(grifos do autor).**

65 *In El delito de blanqueo de capitales*. Obra citada, p. 833.

66 Idem, p. 848.

Embora de razoável aceitação jurisprudencial, a teoria da cegueira deliberada ainda desperta certa resistência na doutrina norteamericana, pois, na visão de muitos, amplia em demasia o espectro de atuação da norma penal. Nesse sentido, alguns autores chegam, inclusive, a equipará-la aos casos de culpa (*reckleness* ou *imprudencia*). Outros, ao próprio dolo eventual.[67]

Tendemos a direcionar nosso entendimento neste último sentido.

Como já afirmado, perfeitamente possível a ocorrência da lavagem de dinheiro na modalidade dolo eventual. Em tais casos o agente, por tanto querer a prática da conduta, despreza, de forma intencional, a ocorrência de um resultado que lhe era perfeitamente previsível. Isso, na prática, pouco difere daquele que, deliberadamente, decide permanecer na ignorância da realidade.

Assim sendo, no caso do ordenamento jurídico pátrio, a nosso sentir, bastaria a aplicação do próprio dolo eventual, não sendo necessário nos socorrer na teoria da cegueira deliberada.[68]

Não é outro, aliás, o entendimento defendido por Blanco Cordero. Para o referido autor, que defende a possibilidade de aplicação da teoria da cegueira deliberada no âmbito do delito de *blanqueo de capitales* na Espanha, a decisão do agente criminoso que decide *"permanecer en la ignorancia, ciego ante de los hechos, pese a la posibilidad de disponer de la información, es merecedora de la pena del dolo eventual"*.[69]

6. OBJETO MATERIAL

Na definição apresentada por Aníbal Bruno[70], tem-se por objeto material do crime a pessoa ou a coisa sobre a qual incide o comportamento do agente.

Ombreado com os demais elementos objetivos e subjetivos que compõem os tipos penais previstos na Lei nº 9.613/98, o objeto material dos delitos em questão caracteriza-se como elemento normativo, uma vez que para sua devida compreensão, faz-se necessária a adoção, por parte daquele que interpreta a lei, de determinados critérios que possibilitem a valoração real de seu significado.

---

67 Conforme *BUCY, Money Laundering*, p. 844 e *ACKERMANN, Geldwäscherei-Money Laundering*, págs. 269/270. Citados por Blanco Cordero, *El delito de blanqueo de capitales*. Obra citada, p. 839.

68 No âmbito da jurisprudência pátria, a doutrina da cegueira deliberada, no entanto, tem sido aplicada a casos de lavagem de dinheiro, conforme se verifica em julgados proferidos pela 7ª Vara Federal do Rio de Janeiro/RJ: *"(...) Entendo que no caso dos autos, os acusados tinham pleno conhecimento da origem ilícitas dos recursos a serem lavados, bem como do fato de que o recebimento da propina se dava por intermédio de operações que visavam dissimular a origem, disposição, movimentação e propriedade dos valores. Mas ainda que assim não fosse, é* ***plenamente possível afirmar que, no caso dos autos, os agentes no mínimo se recusam a saber a origem ou forma dos pagamentos, "fechando os olhos" aos evidentes sinais ilicitude dos recursos (teoria da cegueira deliberada), o que se afigura possível, mas pouco provável dadas as relações de parentesco, amizade e subordinação que se observa entre os acusados.****"***(AP nº 0510926-86.2015.4.02.5101. SEÇÃO JUDICIÁRIA DO RIO DE JANEIRO, 7a VARA FEDERAL CRIMINAL – Autor: Ministério Público Federal, Réus: Othon Luiz Pinheiro da Silva e outros. Juiz Federal Marcelo da Costa Bretas, pub. 03 de agosto de 2016).**

69 Ibidem, p. 848.

70 BRUNO, Aníbal. Direito Penal: parte geral. Rio de Janeiro. Editora Forense, 1984, tomo 2, pág.211.

O objeto material dos crimes de lavagem encontra-se descrito no *caput* do artigo 1º da Lei nº 9.613/98. Assim, pratica o delito em questão aquele que *oculta ou dissimula a natureza, origem, localização, disposição, movimentação ou propriedade de* **bens, direitos ou valores** *provenientes, direta ou indiretamente, de infração penal.*

Percebe-se, da leitura do tipo penal transcrito, que o legislador optou por adotar fórmula genérica para a descrição do objeto material da lavagem de dinheiro, afirmando que qualquer *bem, direito ou valor* que tenha origem ilícita pode vir a ser objeto de manobras de branqueamento.

A nosso sentir, andou bem o legislador, utilizando expressão suficientemente ampla para abranger qualquer espécie de objeto que detenha valor econômico. Assim, difícil seria pensar em outro objeto de valor econômico que não se encaixasse dentro das definições de bem, direito ou valor.

Rogério Filippetto traz a definição de *bem* como sendo *tudo aquilo que satisfaz uma necessidade humana, pro mais frugal que seja.* Citando o saudoso Hélio Tornaghi, afirma que *a noção de bem, quer econômica, quer jurídica, é bem mais ampla que a de coisa. Bem é tudo quanto serve à satisfação de uma necessidade humana ou, mesmo, apenas, acarreta uma utilidade. Tudo quanto corresponde a um apetite natural, ainda que não estritamente necessário,* é *um bem.*[71]

A definição jurídica de bem, em nossa perspectiva, já seria suficiente para abranger todo e qualquer elemento de valor econômico que pudesse ser objeto de condutas de lavagem de dinheiro. No entanto, coube ao legislador, correndo o risco de ser redundante, ampliar a definição atingir, igualmente, *direitos* e *valores*. Por aqueles, entende-se, de forma bastante superficial, como o vínculo existente entre a pessoa humana e um patrimônio e estes, todo e qualquer bem que seja passível de representação econômica.[72]

Nos moldes da Recomendação nº 4 do GAFI, devem ser caracterizados como objeto material dos crimes de lavagem de dinheiro, sujeitando-se à aplicação de medidas assecuratórias e da perda judicial: os bens efetivamente lavados, os produtos e instrumentos utilizados ou destinados à prática dos crimes de lavagem e bens de valor equivalente.[73]

A nosso sentir, a legislação pátria enquadra na definição de objeto material do tipo de lavagem de dinheiro, além dos citados *direitos* e *valores*, apenas os *bens* em sentido amplo, caracterizados como os produtos e proveitos do crime. Os instrumentos encontram-se fora da definição legal, uma vez que caracterizam-se como meios materiais utilizados para a prática delituosa, sob os quais incidem as regras de perdimento previstas no artigo 91, inciso II do Código Penal.

---

71 *Apud* FILIPPETTO, Rogério. Lavagem de dinheiro: crime econômico da pós-modernidade. Rio de Janeiro, *Lumen Juris, 2011*

72 *In* FILIPPETTO, Rogério. Obra citada. Págs. 139 e 140.

73 **Recomendação nº 4 do GAFI:** " Os países deveriam adotar medidas semelhantes àquelas estabelecidas na Convenção de Viena, na Convenção de Palermo e na Convenção para Supressão do Financiamento do Terrorismo, inclusive medidas legislativas, para permitir que suas autoridades competentes possam congelar ou apreender e confiscar, sem prejuízo dos direitos de terceiros de boa-fé: *(a) bens lavados, (b) produtos ou instrumentos usados ou com a intenção de que fossem usados em crimes de lavagem de dinheiro ou crimes antecedentes, (c) bens que sejam produtos, ou que tenham sido usados, ou com a intenção de que fossem usados ou alocados para uso no financiamento do terrorismo, de atos ou de organizações terroristas, ou (d) bens de valor equivalente (...)".*

Ainda de acordo com a previsão contida no *caput* do artigo 1º da Lei nº 9.613/98, os bens, direitos e valores – objeto material da lavagem de dinheiro –, devem ser provenientes, *direta ou indiretamente*, da prática de infração penal.

Destarte, como anteriormente afirmado, o delito de lavagem de dinheiro, por sua característica acessória, depende da prática de uma infração penal antecedente, que lhe gere o proveito econômico a ser objeto de suas condutas típicas, tanto de maneira direta quanto indireta.

6.1. A utilização de laranjas e empresas de fachada. Adoção do método da Mescla (*Commingling*)

A utilização de terceiras pessoas para a movimentação de recursos ilícitos é marca registrada da criminalidade financeira. Deriva da própria natureza obscura do crime, de sua clandestinidade, do atuar dissimulado. O agente criminoso precisa esconder os valores ilícitos por ele auferidos, simulando negócios jurídicos e operações financeiras em nome de pessoas que, no mundo real, não são os verdadeiros proprietários do bem ou valor em questão.

Isso se vê claramente nos conhecidos *laranjas* – ou *gatekeepers*, na terminologia norte-americana – pessoas físicas, normalmente de baixa renda, utilizadas por criminosos para a movimentação de recursos de origem espúria. São facilmente cooptados, mediante, na maioria das vezes, o recebimento de vantagens diretas ou indiretas por parte do criminoso. Da mesma forma, são altamente fungíveis, substituídos a todo momento, servindo apenas enquanto ainda útil ao agente criminoso, para a utilização de seu nome para registro de bens, movimentações bancárias e abertura de pessoas jurídicas. Após o uso, o simples descarte. Nesse aspecto, não poderia a expressão *laranja* ser mais adequado: sugando-se todo o caldo, descarta-se o bagaço.

Não apenas pessoas físicas são utilizadas pelas organizações criminosas para a prática de delitos financeiros – notadamente, crimes de lavagem de dinheiro. Embora igualmente deixe rastros para a investigação, a utilização de empresas de fachada continua sendo um dos métodos preferidos por agentes criminosos para a prática da lavagem de dinheiro.

Em tais casos, a pessoa jurídica é criada com a exclusiva finalidade de ser utilizada na prática de crimes. Não realiza atividades econômicas, não possui clientes reais, não circula mercadorias e não possui infraestruturas física e de pessoal compatíveis com a movimentação financeira que realiza. Apenas circula valores, evidenciando nitidamente a sua criação para a utilização na prática de ilícitos penais.

No entanto, o método da utilização de *laranjas* ou simples empresas de fachada para a prática de lavagem de dinheiro, como normalmente ocorre no mundo delituoso, sofreu avanços. Eis que a ausência de capacidade financeira lícita por parte dessas pessoas físicas e jurídicas sempre evidenciou, quase que de forma imediata, a sua utilização para a prática de manobras escusas. Assim, ficaria muito mais difícil de identificação e rastreio, se os valores ilícitos fossem inseridos em contas em nome de pessoas físicas e ou na atividade profissional de pessoas jurídicas que tivessem, ainda que parcialmente, lastro financeiro lícito.

Dessa forma, opta o agente criminoso pela adoção de manobra consistente na mescla de bens de proveniência ilícita com valores lícitos, tendo por nítida finalidade conferir maior efetividade ao processo de branqueamento e dificultar a identificação e rastreio do dinheiro sujo.

Em tais casos, utiliza-se o método conhecido como *commingling* ou mescla, onde recursos ilícitos são misturados a recursos de proveniência lícita. Esta mescla efetuada pelos agentes criminosos tem por exclusiva finalidade ocultar a natureza e localização dos recursos ilícitos, de dificultando a sua identificação e rastreio e dando-lhe aparência de recurso legal. [74]

Nas palavras de Marcelo Mendroni, por intermédio desse procedimento, *"o agente de lavagem mistura seus recursos ilícitos com os recursos legítimos. Vale-se, por exemplo, de uma empresa verdadeira, e depois apresenta o volume total como a receita proveniente da atividade lícita da empresa. Utiliza desde logo os recursos obtidos ilegalmente na própria empresa, com o pagamento de pessoal, compra de matéria-prima etc., de forma a dificultar o rastreamento"*.[75]

O método da mescla é normalmente utilizado em atividades em que se torna fácil a inserção de recursos em espécie e que possuem frágil sistema de identificação de operações. Isso ocorre, por exemplo, em motéis, hospedagens ou pousadas que são locadas, por período de horas, para encontros amorosos[76]. Neste caso, por não haver a identificação dos usuários locadores temporários dos quartos, torna-se perfeitamente possível a simulação da atividade empresarial, inserindo recursos ilícitos em espécie como se fossem relativos aos pagamentos efetuados pelos clientes. Assim, simulando as operações e inserindo os recursos ilícitos como se fossem os pagamentos recebidos, completa-se o ciclo da lavagem. Pagam-se os impostos e obtém-se, ao final do processo, o recurso já "lavado", com aparência de licitude. *Em todas elas há de comum o fato de que o lucro é de difícil aferição. É difícil saber "quanto" de bens ou serviços foram efetivamente vendidos.* [77]

A prática de tais manobras pelo agente criminoso caracteriza, nos termos do artigo 1º da Lei nº 9.613/98, crime de lavagem de dinheiro, pois caracteriza forma de dissimulando da origem, localização, disposição, movimentação ou propriedade de recursos provenientes da prática de infração penal.

7. OS TIPOS PENAIS DA LEI DE LAVAGEM DE DINHEIRO

A Lei nº 9.613/98, ao descrever as condutas típicas que compõem os tipos penais de lavagem de dinheiro, optou por apresentar um *tipo penal principal* (artigo 1º, *caput*) e *tipos penais equiparados* (artigo 1º, §§ *2º e 3º*), os quais serão objeto da devida análise nos capítulos abaixo.

---

74 Conforme largado divulgado na imprensa, no âmbito das investigações da força-tarefa da operação Lava Jato no Rio de Janeiro foram identificadas diversas tipologias envolvendo o método *commingling* para ocultação de recursos obtidos com a prática de crimes de corrupção. As operações envolviam o pagamento de boletos bancários emitidos mediante simulação por empresas que integravam o esquema delituoso, os quais eram pagos com recursos ilícitos por eles recebidos, o que, na prática, caracterizava-se como verdadeira "compra do dinheiro em espécie", mediante deságio. Além disso, integravam o esquema conhecidas empresas de transporte de valores, que inseriam em suas atividades econômicas recursos ilícitos, custodiando valores em espécie obtidos pela organização criminosa. Informações apresentadas em diversas matérias jornalísticas, dentre elas *https://oglobo.globo.com/brasil/esquema-liderado-por-cabral-tinha-estrutura-para-movimentar--recursos-aponta-operacao-20503872* e *http://g1.globo.com/rio-de-janeiro/noticia/2016/11/lavagem-de-dinheiro-de-cabral-envolvia-transportadora-diz-mpf.html.*

75 Obra citada. Pág. 191.

76 À guisa de exemplos, Marcelo Mendroni ainda cita como negócios utilizados na técnica da mescla de valores, *"bares, restaurantes, especialmente fast foods e casas de espetáculos (porque de difícil controle e constatação da contabilidade); lojas de veículos, de obras de arte e antiguidades (por causa da atribuição dos verdadeiros valores); negócios de importação e exportação de mercadorias (muitas vezes com falsidade em declarações de valores pagos); casas de câmbio e factorings etc.* Idem, pág. 192.

77 Marcelo Mendroni, Ibidem, p.191.

7.1. Tipo Penal Principal (artigo 1º, *caput*)

> **Art. 1º** Ocultar ou dissimular a natureza, origem, localização, disposição, movimentação ou propriedade de bens, direitos ou valores provenientes, direta ou indiretamente, de infração penal.
>
> Pena: reclusão, de 3 (três) a 10 (dez) anos, e multa.

7.1.1. A ampliação dos antecedentes penais da lavagem de dinheiro

A definição de quais os crimes devem ser considerados antecedentes da lavagem de dinheiro nem sempre foi tarefa fácil. Por tal razão, encontra-se inserida na alçada de política criminal de cada jurisdição, cabendo ao legislador pátrio optar para quais condutas criminosas deseja estender a criminalização da lavagem do recurso financeiro ilicitamente gerado.

Embora historicamente se observe uma certa gradação em termos de amplitude do rol de antecedentes da lavagem de dinheiro, não se encontra na doutrina internacional a classificação em fases ou em gerações de delitos de lavagem de dinheiro, termos usualmente utilizados no estudo do tema em nosso país.[78] Na verdade, essa ampliação gradativa da extensão dos antecedentes da lavagem apresentou-se como uma consequência lógica da constatação da necessidade de se expandir a repressão a tal espécie delituosa, que, por razões lógicas, não era de prática exclusiva do narcotráfico.[79]

É fato que a criminalização da lavagem de dinheiro encontra gênese na constatação efetuada pela comunidade internacional que, para se dar um efetivo combate ao tráfico de drogas, fenômeno que se alastrava de maneira incontrolável mundo afora, havia a necessidade de se

---

78 No Brasil, é comum a classificação doutrinária do crime de lavagem de dinheiro em gerações. A primeira, teria apenas o tráfico de drogas como antecedente. A segunda, ampliaria o rol de crimes antecedentes para os delitos considerados mais graves do país (situação inicial de nossa legislação pátria, com a redação original da Lei nº 9.613/98). Por fim, os delitos de lavagem de dinheiro de 3ª geração seriam aqueles que não possuem restrições aos crimes antecedentes, podendo qualquer infração penal ser caracterizada como antecedente da lavagem de dinheiro (o que teria ocorrido no Brasil com o advento da Lei nº 12.683/12). Nesse sentido, a própria Exposição de Motivos da Lei nº 9.613/98 afirma o seguinte: *"15. As primeiras legislações a esse respeito, elaboradas na esteira da Convenção de Viena, circunscreviam o ilícito penal da "lavagem de dinheiro" a bens, direitos e valores à conexão com o tráfico ilícito de substâncias entorpecentes ou drogas afins. Gravitavam, assim, na órbita da "receptação" as condutas relativas a bens, direitos e valores originários de todos os demais ilícitos que não foram as espécies típicas ligadas ao narcotráfico. Essa orientação era compreensível, visto que os traficantes eram os navegadores pioneiros nessas marés da delinquência transnacional e os frutos de suas conquistas não poderiam ser considerados como objeto da receptação convencional. 16. Adveio, então, uma legislação de **segunda geração** para ampliar as hipóteses dos ilícitos antecedentes e conexos, de que são exemplos as vigentes na Alemanha, na Espanha e em Portugal. 17. Outros sistemas, como o da Bélgica, França, Itália, México, Suíça e Estados Unidos da América do Norte, optaram por conectar a "lavagem de dinheiro" a todo e qualquer ilícito precedente. A doutrina internacional considera a legislação desses países como de **terceira geração.** 18. A orientação do projeto perfila o penúltimo desses movimentos".* Citado. Sem grifos.

79 A posição apresentada reforça o entendimento da ordem socioeconômica como bem jurídico primordialmente pelos delitos de lavagem de dinheiro. Diferentemente do defendido por aqueles que vinculam o bem jurídico da lavagem àquele tutelado pelo crime antecedente, entendemos que embora o objeto da lavagem decorra da infração anterior, trazendo o vínculo de acessoriedade ao delito de lavagem de dinheiro, este visa a proteger bem jurídico completamente autônomo. Por essa razão, aliás, o artigo 1º, inciso II da Lei nº 9.613/98 conferiu à lavagem de dinheiro a independência em relação à infração penal antecedente.

criminalizarem os mecanismos utilizados para a movimentação, no sistema financeiro mundial, dos recursos financeiros provenientes de tais atividades criminosas.

Desse modo, partindo do tráfico de drogas como principal delito antecedente da lavagem de dinheiro, os países passaram a ampliar o rol de antecedentes para atingir uma maior gama de delitos considerados graves de acordo com a realidade criminal de cada jurisdição. Esta ampliação atingiu o seu ápice em países que passaram a permitir a ocorrência da lavagem de recurso oriundos da prática de qualquer crime ou, como no caso da definição jurídica atualmente vigente em nosso país, de toda e qualquer infração penal.[80]

A norma internacional específica a regular a questão é a Recomendação nº 3 do GAFI, que estabelece às jurisdições o dever de efetuar a criminalização da lavagem de dinheiro em conformidade com as regras contidas nas Convenções de Viena e Palermo, assegurando que os crimes antecedentes se apliquem a todos os crimes graves, *"de maneira a incluir a maior gama de crimes antecedentes"*[81].

O Grupo de Ação Financeira facultou à opção legislativa de cada país a forma de delimitação dos crimes antecedentes da lavagem[82]. Assim, ao redor do mundo foram sendo adotados sistemas que estabeleciam um rol taxativo para os crimes antecedentes ou permitiam a sua configuração por intermédio da aplicação do sistema de *umbrais* – também conhecido como abordagem de limite ou moldura penal – de acordo com o qual todos os crimes com pena igual ou superior a determinado patamar seria caracterizado como antecedente da lavagem de dinheiro.[83]

---

80 Por razões óbvias, somente podem ser consideradas antecedentes da lavagem de dinheiro as infrações penais *(latu sensu)* que geram proveito econômico, cujo recurso obtido possa vir a ser objeto de manobras de lavagem de dinheiro. Nesse sentido, excluem-se os injustos penais que possuem motivação distinta do lucro (*e.g.* delitos passionais, crimes contra a honra, contra os costumes, dentre outros).

81 Nota Interpretativa nº 2 da Recomendação 3 do GAFI: *"2. Os países devem aplicar o crime de lavagem de dinheiro a todos os crimes graves, com o objetivo de incluir a maior gama de crimes antecedentes.* Citado. Sem grifos.

82 Notas Interpretativas nº 2, 3 e 4 da Recomendação 3 do GAFI: *"2. (...) Os crimes antecedentes podem ser definidos tendo como* ***referência a todos os crimes****, ou* ***um limite relacionado a uma categoria de crimes graves****, à* ***pena de prisão aplicável ao crime antecedente (abordagem de limite)****, a* ***uma lista de crimes antecedentes****, ou ainda a uma* ***combinação de todas essas abordagens****; 3. Quando os países adotarem a abordagem de limite, os crimes antecedentes deveriam, no mínimo, compreender todos os crimes que estejam incluídos na categoria de crimes graves em suas leis domésticas, ou incluir crimes puníveis por uma pena máxima de mais de um ano de prisão, ou, no caso de países que tenham um limite mínimo para crimes em seus sistemas legais, os crimes antecedentes deveriam compreender todos os crimes puníveis com uma pena mínima de mais de seis meses de prisão; 4. Independente da abordagem adotada, cada país deverá, no mínimo, incluir uma variedade de crimes dentro de cada uma das categorias designadas (...).* Citado. Sem grifos.

83 Adotando o sistema de umbrais, por intermédio do qual são considerados antecedentes da lavagem determinados crimes que se encontram dentro de um patamar de pena previamente estabelecido pelo legislador, encontramos, *ad exemplum, Costa Rica* (artículo 69 *de la Ley 8204: "son delitos determinantes de LA aquellos que "dentro de su rango de penas puede ser sancionado con pena de prisión de cuatro (4) años o más.")* e *Angola* (artigo 60, 5 da Lei 34/11, de 02 de dezembro de 2011: *Consideram-se infracções subjacentes ao crime de branqueamento de capitais (...) todos os factos ilícitos típicos puníveis com pena de prisão que tenha duração mínima superior a 6 meses*). Outros países, adotam sistema amplo para caracterização dos crimes antecedentes, como por exemplo: *México* (Artículo 400 bis del CPF, *tipifica el lavado del producto de cualquier conducta tipificada en la legislación mexicana*); *Argentina* (Artículos 277, 278 y 279 del CP: *"el delito subyacente de lavado de activos puede ser cualquier tipo de delito previsto en el Código Penal y otras leyes penales"*) e *Cabo Verde* (artigo 24, núm. 1, 2 e 3 da Lei nº 38/VII/2009, de 20 de abril de 2009 – *todos os crimes, à exceção dos crimes de ação penal privada).* Portugal adota sistema misto, apresentando rol de delitos precedentes somando-se

No entanto, o GAFI estabeleceu que os países deveriam incluir como crimes antecedentes, no mínimo, uma variedade de crimes previstos dentro de uma das *"categorias de infrações designadas"* que apresenta. Ou seja, para se adequar à recomendação relativa à criminalização da lavagem de dinheiro, além de possuir todos os elementos constantes das Convenções de Viena e Palermo, o tipo penal de lavagem de dinheiro deve adotar como antecedente uma parcela considerável dos crimes que constam da lista produzida pelo GAFI[84], as quais são internacionalmente entendidas como infrações graves que devem ser consideradas antecedentes da lavagem de dinheiro.

No caso da legislação pátria, ao analisarmos o *caput* do artigo 1º da Lei nº 9.613/98, já nos deparamos com a principal – *e talvez mais importante* – alteração efetuada na redação originária da Lei de Lavagem de Dinheiro.

A Lei nº 12.683/12, resultado de louvável mobilização realizada no âmbito da *Estratégia Nacional de Combate à Corrupção e à Lavagem de Dinheiro – ENCCLA (SNJ/MJ)*[85], veio no sentido de trazer considerável avanço em nossa legislação pátria, ampliando o rol de crimes antecedentes e permitindo a lavagem de dinheiro de recurso proveniente da prática de qualquer infração penal. Nas palavras de Pierpaolo Bottini, não só o legislador abdicou do sistema de rol taxativo, como também deixou de lado o modelo de moldura penal[86].

---

cláusula genérica que abrange todos os crimes punidos com pena de prisão de, no mínimo, 6 meses ou de duração máxima superior a 5 anos – art. 368-A, I CP português.

84 Por *categorias de infrações designadas*, entende-se: *1) participação num grupo organizado e em ações ilegítimas para obtenção de fundos, nomeadamente através de chantagem, intimidação ou outros meios (rackteering); 2) terrorismo, incluindo o financiamento do terrorismo; 3) tráfico de seres humanos e tráfico ilícito de migrantes; 4) exploração sexual, incluindo a exploração sexual de crianças; 5) tráfico de estupefacientes e de substâncias psicotrópicas; 6) tráfico de armas; 7) tráfico de bens roubados e de outros bens; 8) corrupção e suborno; 9) fraude; 10) contrafação de moeda; 11) contrafação e pirataria de produtos; 12) crimes contra o meio ambiente; 13) homicídio e ofensas corporais graves; 14) rapto, detenção ilegal e tomada de reféns; 15) roubo ou furto; 16) contrabando (inclusive em relação a direitos aduaneiros, impostos especiais de consumo e outras taxas); 17) crimes fiscais (relacionados a impostos diretos e indiretos); 18) extorsão; 19) falsificação; 20) pirataria; 21) abuso de informação privilegiada e manipulação do mercado. Na determinação das infrações a considerar como infrações subjacentes a abranger em cada uma das categorias enumeradas, cada país poderá decidir, de acordo com o seu direito interno, como tipificar essas infrações, bem como atender à natureza de qualquer elemento particular que as qualifique como infrações graves.*

85 A Estratégia Nacional de Combate à Corrupção e à Lavagem de Dinheiro – ENCCLA, foi criada no ano de 2003, tendo por finalidade servir de fórum de discussão e implementação de políticas de prevenção e repressão à lavagem de dinheiro e à corrupção. Capitaneada pela Coordenação-Geral de Articulação Institucional do Departamento de Recuperação de Ativos e Cooperação Jurídica Internacional – DRCI/SNJ, a iniciativa de cooperação nacional conta com a participação dos mais variados dos Três Poderes do Estado, nas federais e estaduais e do Ministério Público. Os trabalhos da ENCCLA consistem, basicamente, na proposição e elaboração anual de ações (anteriormente chamadas de metas), as quais são discutidas e aprovadas pelo colegiado, com a formação de grupos de trabalho compostos por representantes dos órgãos integrantes da estratégia para a realização de estudos para a discussões e proposição de alternativas para se atingir o incremento da atuação em relação a tais espécies delituosas em nosso país. Ao longo desses anos, as ações realizadas pela ENCCLA trouxeram diversos resultados positivos no combate ao crime de lavagem de dinheiro e às práticas de corrupção. A atuação do grupo para a edição de modificações na Lei nº 9.613/98 é apontada como uma das principais conquistas da ENCCLA. Oriunda da Meta nº 20 da ENCCLA 2004 (atualmente chamadas de ações), após anos de discussão por parte dos principais *players* do cenário nacional na área ALD/CFT, foi apresentada proposta de lei listando todas as modificações que deveriam ser realizadas para a incremento da prevenção e repressão à lavagem de dinheiro em nosso país, culminando no PL 3.443 que, posteriormente, deu origem à Lei nº 12.683/06. Informações disponíveis em: *http://www.justica.gov.br/sua-protecao/lavagem-de-dinheiro/enccla* e *http://enccla.camara.leg.br/acoes.*

86 Pierpaolo Bottini e Gustavo Badaró. Obra citada, p. 99.

Alguns autores criticam a expansão dos antecedentes da lavagem de dinheiro promovida pela Lei nº 12.683/12, classificando-a como "além do razoável"[87] ou "exagerada"[88].

Não existe modelo certo ou errado. A nosso ver, trata-se exclusivamente de questão de política criminal. Verdadeira opção legislativa.

No entanto, sempre buscamos nos filiar à postura ampliativa. Nitidamente, a orientação trazida pelas normativas internacionais – notadamente a citada Recomendação 3 do GAFI – jamais foi a de restringir o espectro de aplicação da lavagem de dinheiro. Ao contrário, a tendência demonstrada sempre foi a de ampliar ao máximo possível sua caracterização, respeitando-se a opção legislativa de cada jurisdição, desde que observada a regra de abrangência mínima aos crimes considerados graves.

No Brasil, a adoção do *rol taxativo* acarretava evidente barreira à criminalização da lavagem de recursos financeiros derivados de infrações penais que, embora consideradas graves de acordo com a nossa realidade criminal, não faziam parte da limitada enumeração delitiva trazida pela originária redação da Lei nº 9.613/98.

Embora permitisse, ainda que de maneira não tão abrangente, a caracterização da lavagem de dinheiro do produto/proveito dos principais crimes praticados em nosso país, a opção legislativa adotada certamente dificultava a efetiva repressão à lavagem de dinheiro em solo pátrio[89].

---

87 MORAES, Luciana Furtado. *Crimes antecedentes*, p.261. *In* Pierpaolo Bottini e Gustavo Badaró, p. 100.

88 Pierpaolo Bottini e Gustavo Badaró. Obra citada, p. 100.

89 Antes da ampliação trazida pela Lei nº 12.683/12, discutia-se a possibilidade de utilização da organização criminosa como antecedente da lavagem de dinheiro. Aqueles que apregoavam a tese, defendiam entendimento no sentido de que tendo sido a Convenção de Palermo – *norma internacional que traz a definição de organizações criminosas* – devidamente incorporada ao nosso ordenamento jurídico, não haveria a necessidade da edição de norma penal que tipificasse o crime de organização criminosa para sua aplicação como antecedente da lavagem. A tese foi vencida no âmbito de nossa Suprema Corte, prevalecendo entendimento exigindo-se lei específica tipificando o referido crime (princípio da reserva constitucional absoluta de lei em sentido formal) e a impossibilidade de equiparação do crime de formação de quadrilha (art. 288 do Código Penal) ao delito de organização criminosa. Foi nesse sentido o voto relator do Ministro Celso de Mello, em julgamento realizado pela 2ª Turma do STF, *in verbis:* RECURSO ORDINÁRIO EM "HABEAS CORPUS" – LAVAGEM DE DINHEIRO – ORGANIZAÇÃO CRIMINOSA – INFRAÇÃO PENAL ANTECEDENTE – QUADRILHA (ATUALMENTE DESIGNADA "ASSOCIAÇÃO CRIMINOSA") – **CONDUTAS PRATICADAS ENTRE 1998 E 1999, MOMENTO QUE PRECEDEU A EDIÇÃO DA LEI Nº 12.683/2012 E DA LEI Nº 12.850/2013 – IMPOSSIBILIDADE CONSTITUCIONAL DE SUPRIR-SE A AUSÊNCIA DE TIPIFICAÇÃO DO DELITO DE ORGANIZAÇÃO CRIMINOSA, COMO INFRAÇÃO PENAL ANTECEDENTE, PELA INVOCAÇÃO DA CONVENÇÃO DE PALERMO – INCIDÊNCIA, NO CASO, DO POSTULADO DA RESERVA CONSTITUCIONAL ABSOLUTA DE LEI EM SENTIDO FORMAL (CF, art. 5º, inciso XXXIX) – DOUTRINA – PRECEDENTES – INADMISSIBILIDADE, DE OUTRO LADO, DE CONSIDERAR-SE O CRIME DE FORMAÇÃO DE QUADRILHA COMO EQUIPARÁVEL AO DELITO DE ORGANIZAÇÃO CRIMINOSA PARA EFEITO DE REPRESSÃO ESTATAL AO CRIME DE LAVAGEM DE DINHEIRO COMETIDO ANTES DO ADVENTO DA LEI Nº 12.683/2012 E DA LEI Nº 12.850/2013** – RECURSO DE AGRAVO IMPROVIDO. – Em matéria penal, prevalece o dogma da reserva constitucional de lei em sentido formal, pois a Constituição da República somente admite a lei interna como única fonte formal e direta de regras de direito penal, a significar, portanto, que as cláusulas de tipificação e de cominação penais, para efeito de repressão estatal, subsumem-se ao âmbito das normas domésticas de direito penal incriminador, regendo-se, em consequência, pelo postulado da reserva de Parlamento. Doutrina. Precedentes (STF). – As convenções internacionais, como a Convenção de Palermo, não se qualificam, constitucionalmente, como fonte formal direta legitimadora da regulação normativa concernente à tipificação de crimes e à cominação de sanções penais. (RHC 121835 AgR, Relator(a): Min. CELSO DE MELLO, Segunda Turma, julgado em 13/10/2015, PROCESSO ELETRÔNICO DJe-235 DIVULG 20-11-2015 PUBLIC 23-11-2015 – **grifos do autor**). No mesmo sentido: (...) 4. Ressalvado o entendimento do Relator, é **atípica a conduta capitulada no art. 1º, inciso VII, da Lei nº 9.613/98 – a qual foi imputada ao recorrente –, pois,** à

O sistema anterior não apenas limitava a utilização de outros crimes graves como antecedentes da lavagem por não constarem do rol taxativo[90], como impossibilitava a lavagem de dinheiro a todas as contravenções penais, uma vez não inseridas na definição de *crimes* como elemento normativo do artigo 1º da Lei nº 9.613/98. Na prática, não era possível criminalizar a lavagem de dinheiro proveniente das graves e notoriamente lucrativas contravenções penais do *jogo de azar* (na qual se incluem o *jogo do bicho* e a exploração das *máquinas caça-níqueis*).

No final das contas, ponto para o nosso legislador. Hoje dispomos de sistema legal que permite que toda e qualquer infração penal – *desde que gere proveito econômico* – possa ser caracterizada como antecedente da lavagem de dinheiro, recebendo a necessária e efetiva reprimenda estatal.

7.1.2. Ações típicas

O *caput* do artigo 1º da Lei nº 9.613/98 apresenta os dois principais verbos núcleos do tipo penal principal, estabelecendo que pratica a lavagem de dinheiro aquele que *oculta* ou *dissimula* a natureza, origem, localização, disposição, movimentação ou a propriedade dos recursos financeiros obtidos com a prática da infração penal antecedente.

As ações que compõem as condutas típicas descritas pelo *caput* do referido artigo são *ocultar* e *dissimular*. Por ser tipo penal alternativo ou de conteúdo múltiplo, basta a prática de um dos verbos típicos para restar configurado o delito.

Em uma análise literal, vemos que as ações típicas trazidas pelo legislador, caracterizam-se como verdadeiros sinônimos. Ambas permitem o significado *"encobrir algo, esconder, não deixar ver"*. No entanto, a nosso sentir, a simples interpretação literal da norma não é suficiente para se determinar ou, por exemplo, optar por qual verbo típico constante do *caput* do artigo 1º utilizar quando da descrição de imputação típica efetuada em uma denúncia ministerial.

época **dos fatos narrados na denúncia (1998 a 2005), não havia definição jurídica na legislação pátria para 'organização criminosa'. 5. A Convenção Internacional de Palermo, incorporada ao direito positivo brasileiro pelo Decreto nº 5.015/04, não supriu essa omissão, conforme assentado majoritariamente pela Corte no julgamento da AP nº 470/MG.**(RHC 124082, Relator(a): Min. DIAS TOFFOLI, Primeira Turma, julgado em 09/12/2014, PROCESSO ELETRÔNICO DJe-025 DIVULG 05-02-2015 PUBLIC 06-02-2015). No mesmo sentido, aliás, decidiu o Tribunal Regional Federal da 5ª Região, deferindo liminar em revisão criminal ajuizada com o escopo de afastar condenação por delito de lavagem de dinheiro cometido antes da vigência da Lei nº 12.850/13 e da própria extensão do rol de antecedentes trazida pela Lei nº 12.683/12. No caso em apreço, um dos agentes, integrante do grupo criminoso responsável pelo conhecido furto praticado na unidade do Banco Central situada no Estado do Ceará, foi condenado por lavagem de dinheiro que teve por antecedente justamente a organização criminosa contida no artigo 1º, inciso VII da Lei nº 9.613/98, em sua redação original: *"Ao menos neste juízo de cognição sumária, penso que assiste razão à parte autor, porque parece ser atípica a conduta prevista no art. 1º, VII, da Lei nº 9.613/98, antes das alterações promovidas pela Lei nº 12.683/2012 (lavagem de dinheiro tendo como antecedente crime praticado por organização criminosa), por ausência de descrição normativa do conceito de organização criminosa, que somente veio a ser tipificado pela Lei nº 12.850/2013 (após o fato criminoso objeto destes autos), impedindo, portanto, o reconhecimento dessa figura como antecedente da lavagem de dinheiro, em observância ao princípio da anterioridade legal – art. 5º, XXXIX, da CF e no art. 1º do CP"* **(TRF5, Revisão Criminal, Proc. nº: 0809660-76.2018.4.05.0000, Rel.: Francisco Roberto Machado, Pleno, j. 28.06.2018).**

90 O principal exemplo era a dificuldade da caracterização da lavagem de dinheiro de recursos provenientes da prática de crimes fiscais. Por não constarem expressamente dentre os incisos I a VIII, a lavagem de dinheiro somente poderia ser investigadas quando as fraudes fiscais eram praticadas juntamente com outros crimes que constavam do referido rol, como, *e.g.*, as organizações criminosas ou crimes contra a administração pública.

Ocultar significa *"esconder, ter algo em segredo, não permitir que outras pessoas vejam determinada coisa ou bem"*. A *ocultação* trazida pelo tipo penal refere-se à conduta de encobrimento de determinado bem ou valor que se encontrava anteriormente na posse do agente.

Ao comentar as condutas típicas trazidas pelo Código Penal Espanhol, (artigo 301, n. 2), Isidoro Blanco Cordero afirma que o termo *ocultación* trazido pelo legislador espanhol consiste em ações típicas positivas de *"esconder, disfarçar, assim como suprimir aquilo que é conhecido para evitar o conhecimento por parte de terceiros"*.[91]

A *dissimulação*, por sua vez, caracteriza-se como o ato de ocultar com o emprego de alguma habilidade específica. É o *"ocultar com astúcia"*.[92]

Nas palavras do saudoso Roberto Lyra, a *dissimulação* é o *"encobrimento dos próprios desígnios"*[93], e é justamente isso que o agente pratica quando dissimula a natureza, origem ou localização de bem proveniente de uma infração penal.

Entendemos que na *dissimulação*, diversamente do que ocorre na ocultação, o agente não apenas esconde o bem que é objeto da lavagem. Ele vai além. Utilizando habilidade especial, o agente emprega determinada forma de ocultação que, por suas próprias características, torna ainda mais difícil a identificação ou a localização do bem que se busca lavar.

Assim, aquele que adquire bem imóvel com recursos criminosos e o registra em nome de terceira pessoa na intenção de ocultar a sua real propriedade, uma vez que aparentaria, em uma primeira análise, pertencer a outrem e não a ele, pratica a *ocultação* prevista no *caput* do artigo 1º da Lei. O mesmo ocorre com o agente que, para dificultar a origem, localização e identificação de sua propriedade, deposita valores provenientes do tráfico de drogas em contas correntes de titularidade de familiares ou pessoas com as quais guarda vínculo afetivo.

No entanto, aquele que recebe valores derivados de atos de corrupção mediante a simulação de determinadas operações, como por exemplo, a realização de doações eleitorais, oferta de valores a instituições religiosas, a simulação ou superfaturamento de valores pagos por palestras, serviços de consultoria e atividades advocatícias, pratica a *dissimulação* prevista como ação típica descrita no artigo 1º da Lei de Lavagem de Dinheiro.

7.1.2.1. Lavagem de dinheiro e as doações eleitorais

Já que tocamos no tema, vamos falar da lavagem de dinheiro praticada mediante a simulação de doações eleitorais.

A doação de valores com finalidade de financiar a prática de atividades eleitorais encontra-se devidamente regulada pela legislação eleitoral. Na essência, quando determinada pessoa efetua a destinação de valores para o financiamento de atividades político-partidárias ou de campanhas a cargos eletivos deveria fazê-la exclusivamente por ideologia política. Assim, o

---

91 *In* BLANCO CORDERO, Isidoro. Citado, p.617. O referido autor ainda descreve que a conduta de *ocultação* pode se realizar mediante uma conduta ativa ou mediante uma conduta passiva: *"La doctrina admite que la ocultación puede realizarse bien mediante una conducta activa – esconder, disfrazar o tapar –, o mediante una conducta pasiva – callar lo que se conoce -. Las activas abarcan conductas de carácter manipulador o clandestino, realizadas en el tráfico económico fundamentado sobre los principios básicos de confianza y transparencia. La conducta omisiva consiste en callar lo que se puede o debe decir.*

92 Expressão utilizada por Mendroni, *in* Crime de Lavagem de Dinheiro: *"Pode-se considerar, então, que dissimular significa "esconder com astúcia", com truque"*. Obra citada, p. 75.

93 *In* Comentários ao Código Penal, Vol. II, p.285, Ed. Revista Forense, edição 1955.

doador, por acreditar nos valores pregados e defendidos por determinado partido político ou candidato, resolve aderir às atividades partidárias realizadas ou à campanha, fornecendo fundos para o custeio das despesas realizadas com o exercício de tais atividades.

No entanto, infelizmente, nem sempre é isso o que ocorre.

A doação eleitoral direcionada, aquela constatada em eleições passadas e que eram realizadas por pessoas jurídicas a diversos candidatos sem qualquer vinculação partidária, na verdade, caracterizava-se como verdadeiro "investimento", pois as empresas financiavam partidos ou candidatos na esperança, ou sob ocultas promessas, de obterem vantagens futuras em contratações públicas.

Como se não bastasse, a doação eleitoral passou a ser utilizada como forma de se efetuar o pagamento de propinas decorrentes de atos de corrupção a políticos que se candidatavam continuamente a cargos eletivos ou que detinham o controle das siglas partidárias. Assim agindo, tais criminosos recebiam os valores provenientes da corrupção "travestidos" como doações eleitorais.

Na prática, porém, o que se constatava é que as empresas doadoras eram as mesmas empresas que contratavam com o Estado, ou pessoas jurídicas pertencentes ao mesmo conglomerado empresarial. Além disso, apenas certa parcela das doações recebidas era efetivamente declaradas à Justiça Eleitoral, sendo, ao menos do ponto de vista formal, utilizadas na atividade política. Na maioria das vezes, os valores "doados" eram diretamente destinados para os políticos destinatários da propina, que os utilizavam para o custeio de gastos pessoais ou praticavam novas condutas visando a assegurar a lavagem de dinheiro ilegalmente obtido.

Como alegação defensiva, tratavam-se somente de "sobras" de verbas oriundas de doações eleitorais "não contabilizadas" – o conhecido Caixa 2. Porém, na verdade, tratam-se de valores derivados da prática de atos de corrupção, que foram direcionados para o agente criminoso travestidos de doações eleitorais, evidenciando a utilização de tal artifício como manobra de lavagem de dinheiro dos recursos ilicitamente obtidos.

7.1.2.2. Lavagem de dinheiro mediante simulação ou superfaturamento no pagamento de palestras e serviços de consultoria e advocacia

A mesma artimanha utilizada para receber valores provenientes de atos de corrupção como doações eleitorais também se vê ocorrer com a simulação ou superfaturamento no pagamento de palestras e serviços de consultoria e advocacia.

Em tais casos, a finalidade é sempre a mesma. Entregar o recurso proveniente da prática do crime antecedente (corrupção) de forma *dissimulada*, adotando-se a simulação da prestação de serviços inexistentes ou superfaturando aqueles realizados. Não raras vezes, quando realizado algum tipo de serviço, este demonstra-se inadequado ou despropositado, sempre com valor de pagamento irreal se comparado com o valor que efetivamente merecia receber.

Na verdade, o que o agente pretende com a simulação ou superfaturamento da atividade é receber os valores provenientes do crime antecedente praticado já com a "aparência de licitude" que a simulação lhe fornece para ter a justificativa de dizer que se tratava do simples pagamento pela atividade realizada.

7.1.3. Condutas de lavagem de dinheiro e exaurimento do crime antecedente. Inaplicabilidade das teses de consunção e inexigibilidade de conduta diversa

Tema que atualmente merece a atenção do leitor é a definição dos estreitos limites onde se encerra o crime antecedente e onde se inicia a própria lavagem de dinheiro. A questão passou a ser objeto de intensa discussão em sede doutrinária, chegando ao Supremo Tribunal Federal quando do julgamento dos recursos relativos à Ação Penal 470, popularmente conhecida como o caso do "Mensalão". No entanto, até à presente data, ainda não existe consenso a respeito do tema.

Em relação à alegação da ocorrência de inexigibilidade de conduta diversa, a questão foi intensamente debatida no STF no âmbito do julgamento da AP 470, tendo o então Ministro Joaquim Barbosa, ao apreciar diversos embargos de declaração, manifestado entendimento no sentido que de que a tese de inexigibilidade de conduta de diversa deveria ser rechaçada.

Para os defensores de tal tese, a lavagem de dinheiro não poderia ser punida, uma vez que as condutas que caracterizariam o delito teriam sido praticadas com a exclusiva finalidade de tornar seguro o seu produto, razão pela qual as condutas praticadas se encontrariam acobertadas pela causa supralegal de excludente de ilicitude.

No entanto, como bem salientado pelo referido Ministro no voto relator do julgamento do décimo primeiro ED da AP 470, o agente não pode "*a pretexto de não ser punido pelo crime anterior ou com o fim de tornar seguro o seu produto, praticar novas infrações penais, lesionando outros bens jurídicos*". Na verdade, a prática da excludente de ilicitude demonstra-se totalmente incompatível com o delito de lavagem de dinheiro, uma vez que este "*não se destina* à *proteção de bens jurídicos, mas sim, dentre outras finalidades, a assegurar o próprio proveito econômico obtido com a prática do crime antecedente*".[94]

---

94 Nesse sentido: AÇÃO PENAL. EMBARGOS DE DECLARAÇÃO. ALEGAÇÃO DE OMISSÃO QUANTO À ALEGAÇÃO DE INEXIGIBILIDADE DE CONDUTA DIVERSA NA PRÁTICA DO DELITO DE LAVAGEM DE DINHEIRO. IMPROCEDÊNCIA. CONTRADIÇÃO DECORRENTE DE CONDENAÇÃO FUNDADA UNICAMENTE EM PROVA COLHIDA NO INQUÉRITO. INEXISTÊNCIA. REDISCUSSÃO DE FATOS E PROVAS. INVIABILIDADE. REDUÇÃO DA PENA IMPOSTA POR ALEGADA CONTRADIÇÃO E DESPROPORCIONALIDADE. IMPOSSIBILIDADE. ACÓRDÃO DEVIDAMENTE FUNDAMENTADO. EMBARGOS REJEITADOS. **A tese da inexigibilidade de conduta diversa para a prática do crime de lavagem de dinheiro foi devidamente tratada no acórdão embargado. Inaplicabilidade demonstrada**. Assim, mostra-se absolutamente infundada a alegação de omissão. (...) *Além disso, o acórdão embargado analisou as hipóteses de aplicabilidade da excludente de inexigibilidade de conduta diversa, decidindo pela impossibilidade de sua aplicação à prática do crime de lavagem de dinheiro, cuja finalidade não era a salvaguarda de outros bens jurídicos, mas sim, unicamente, impedir que fossem descobertos os delitos antecedentes. Como constou do acórdão, "**Situação distinta, e que afasta a possibilidade de aplicação da citada causa supralegal** é **que, a pretexto de não ser punido pelo crime anterior ou com o fim de tornar seguro o seu produto, pratique ele novas infrações penais, lesionando outros bens jurídicos, como** é **o caso da lavagem de dinheiro**" (fls. 55.855). Assim, como se extrai do acórdão, **para que se verifique essa excludente de ilicitude, o próprio agente não pode ser autor doloso de um crime antecedente e, para assegurar a impunidade desse crime, praticar outro delito. Ou seja: a causa de exclusão da ilicitude conhecida como inexigibilidade de conduta diversa só** é **aplicável quando a conduta do agente se destina** à **proteção de bens jurídicos, não** à **ocultação de crimes**. Nesse sentido, vejam-se fls. 52.854/52.858 do acórdão embargado, em que se analisam as hipóteses de exclusão da culpabilidade admitidas em nosso ordenamento jurídico-penal. Está claro, no acórdão, que a inexigibilidade de conduta diversa somente se verifica em situações análogas à coação moral irresistível, ao estado de necessidade ou a outras excludentes semelhantes previstas na lei, o que evidentemente não era o caso do embargante Jacinto Lamas. Assim, senhores ministros, considero que o acórdão é suficientemente claro e, à luz das premissas ali lançadas, ficou evidente a ausência de qualquer situação de excepcionalidade que autorizasse a Corte a afastar a culpabilidade do embargante pela prática do delito de lavagem de dinheiro. Saliente-se, ainda, que não apenas essa tese ficou afastada como, também, a alegação de que os atos de branqueamento do capital são mero exaurimento dos crimes antecedentes, o que se verifica em vários trechos do acórdão embargado (cito, apenas como exemplo, fls. 57.359/57.361 e fls. 54.064/54.065). Aliás, essa compreensão, por si só, já é incompatível com a alegada tese da inexigibilidade de conduta diversa, invocada pelo embargante. Trata-se, assim, de mais uma alegação sem cabimento, ausente qualquer omissão a ser sanada no acórdão sobre o tema.* (AP 470 EDj-décimos primeiros, Relator(a): Min. JOAQUIM BARBOSA, Tribunal Pleno, julgado em 14/08/2013, ACÓRDÃO ELETRÔNICO DJe-200 DIVULG 09-10-2013 PUBLIC 10-10-2013 – **grifos do autor**).

No nosso entender, semelhante entendimento se aplica para se afastar a alegação de que, nos casos de corrupção passiva, as condutas que normalmente são imputadas pela acusação como atos de lavagem de dinheiro seriam, na verdade, mero exaurimento do crime antecedente.

Na doutrina pátria, diversas vozes se levantaram na defesa da impossibilidade de cumulação do crime de corrupção passiva e de lavagem de dinheiro quando a manobra adotada pelo agente criminoso para o recebimento da vantagem indevida se confunde com o próprio ato de lavagem de dinheiro.

Pierpaolo Bottini, por exemplo, defende que *"sempre que a ocultação estiver contida dentre os elementos do crime antecedente, o delito restará absorvido por este, pela consunção. Tomemos como exemplo o crime de corrupção passiva (...). o recebimento da corrupção passiva pode se dar de forma direta ou indireta. O próprio agente pode receber vantagem indevida, bem como terceiros podem fazê-lo em seu nome, como interpostas pessoas. Ambas as hipóteses estão contidas expressamente no tipo penal do art. 317 do Código Penal. Assim, se um funcionário público recebe vantagens indevidas por interposta pessoa, há corrupção passiva consumada."*[95]

O *leading case* em relação ao tema no STF foi o julgamento dos décimos sextos embargos infringentes na AP 470, ocorrido no dia 13/03/2014. Em tal caso, a Suprema Corte firmou precedente que o corrupto que recebe valores de forma dissimulada não pratica lavagem de dinheiro, na medida em que o recebimento seria caracterizado como mero exaurimento do crime antecedente.

No precedente em questão, que envolvia recurso apresentado pelo ex-Deputado Federal João Paulo Cunha, a conduta de lavagem de dinheiro imputada consistia no fato de receber valores derivados da prática de corrupção por intermédio de conta corrente de titularidade de sua esposa, onde tais recursos eram sacados em espécie.

Nesse caso, a Egrégia Suprema Corte decidiu, ainda que por maioria, que a conduta por ele utilizada não seria suficiente para a caracterização autônoma da lavagem de dinheiro, uma vez que fazia parte do crime antecedente, sendo verdadeira forma de recebimento de tais valores ilícitos. Com base em tal entendimento, diversos *habeas corpus* passaram a ser impetrados perante o STF, objetivando o trancamento de ações penais que imputavam a lavagem de dinheiro em casos semelhantes.[96]

---

95 Citado, p.125.

96 Exemplificativamente, podemos citar: Habeas corpus. Direito penal. Processo penal. 2. Crime contra a ordem tributária. Imputação de responsabilidade penal. Terceiro estranho ao quadro social da pessoa jurídica. Possibilidade. Art. 11 da Lei 8.137/90. 3 . Inépcia da denúncia. Ausência de descrição do conjunto que levou a enquadrar o denunciado como administrador de fato da pessoa jurídica. Denúncia inepta. 4. **Lavagem de dinheiro. Ocultação do pagamento de vantagem indevida a funcionário público. Precedente pela atipicidade – Décimos Sextos Embargos Infringentes na Ação Penal 470 – Tribunal Pleno, julgados em 13.3.2014. Semelhança apenas parcial entre os casos. Inexistência de jurisprudência consolidada. Excepcionalidade do trancamento da ação penal por atipicidade da conduta. Descabimento do reconhecimento imediato da atipicidade**. 5. Quebra de sigilo bancário. Prova ilícita. Distribuição ao juízo especializado em crimes contra a ordem tributária. Alegação de direcionamento da distribuição e de incompetência do juízo. Fatos com forte ligação com ilícitos contra a ordem tributária. Enquadramento dos fatos na legislação específica que não seria absurdo. Aplicação da teoria do juízo aparente. Ilicitude da prova afastada. 6. Nulidade do interrogatório. Falta de intimação do corréu. Inocorrência. Defesa intimada para o interrogatório realizado ao início da instrução e para novo interrogatório ao final. 7. Ordem concedida em parte, para extinguir a ação penal em quanto à imputação da prática do crime do art. 1º, V, da Lei 8.137/90, em relação ao paciente e a corréu em idêntica situação. (...) O trancamento seria cabível caso houvesse jurisprudência consolidada, formada em casos idênticos. O caso é diverso do precedente. O precedente tratava de corrupção passiva. Este caso, de corrupção ativa. Aparentemente, a mesma

Entendemos de maneira diametralmente oposta.

A nosso ver, as divergências de entendimentos decorrem de uma razão bastante lógica. Na lavagem de dinheiro inexiste critério matemático que permita a definição exata de sua ocorrência. Tudo deriva do caso em concreto, o qual deve ser analisado pelo julgador em seus mínimos detalhes. Assim, deve-se avaliar, pelas circunstâncias que envolvem a conduta praticada pelo agente, se ele pretendia tão somente receber a vantagem oriunda do crime antecedente ou, ao contrário, se junto com tal recebimento já objetivava praticar manobra de lavagem de dinheiro.

Evidentemente, a discussão não se aplica a um cenário hipotético onde o agente criminoso pratica a infração penal antecedente, adquirindo a vantagem indevida, e somente após inicia a prática das condutas visando a obter a aparência de licitude para o dinheiro sujo. Ao revés, ela se evidencia justamente quando o recebimento do recurso ilícito ocorre no mesmo contexto fático-temporal em que a conduta de lavagem de dinheiro é praticada.

Nos dias atuais, testemunhamos constante evolução na complexidade dos mecanismos aplicados em manobras de lavagem de dinheiro. Os criminosos buscam diariamente aperfeiçoar os métodos empregados, a fim de conferir-lhes maior eficiência para possibilitar o recebimento do dinheiro sujo devidamente lavado, dificultando a detecção do crime e a própria atividade investigativa dos órgãos de aplicação da lei.

Isto posto, tornarem comuns casos em que o agente criminoso se vale do próprio momento do recebimento do recurso proveniente do crime antecedente para empregar manobras que dificultem sua descoberta, dissimulando sua origem e natureza e obtendo aparência de licitude. Ora, pergunta-se: se para o criminoso é possível receber o recurso ilícito derivado do crime antecedente – *por exemplo, os valores oriundos de corrupção passiva praticada por agente público* – já com a aparência de licitude, simulando operações, utilizando-se de interpostas pessoas ou adotando mecanismo que, além de dificultar o rastreio do dinheiro sujo, ainda permita a utilização de subterfúgio que lhe confira ares de legalidade, por que não o faria?

Por conseguinte, se para o recebimento da vantagem indevida ou a obtenção da posse do recurso ilícito o agente se vale de método que lhe confira igualmente a própria lavagem do dinheiro sujo, deverá ele responder não apenas pela corrupção passiva, mas também pela lavagem de dinheiro. Não se pode, a nosso ver, entender-se tal conduta como mero exaurimento do delito anterior. Na verdade, é evidente que ao agente caberia a possibilidade do recebimento da vantagem ilícita das mais variadas formas: diretamente em espécie, por intermédio de envio

razão pode ser projetada para ambos os crimes. Entretanto, isso não é indisputável. Além disso, trata-se de decisão, por maioria, adotada em único caso, uma ação penal originária. Tenho que, muito embora o precedente impressione, seria prematuro invocá-lo para impedir o Ministério Público de defender sua posição pela tipicidade da conduta no caso concreto. (HC 121719, Relator(a): Min. GILMAR MENDES, Segunda Turma, julgado em 24/11/2015, PROCESSO ELETRÔNICO DJe-094 DIVULG 10-05-2016 PUBLIC 11-05-2016 REPUBLICAÇÃO: DJe-133 DIVULG 24-06-2016 PUBLIC 27-06-2016 – **grifos do autor**). No mesmo sentido: "Por fim, o argumento de que o recebimento dissimulado e mediante artifícios constitui exaurimento do delito de corrupção passiva – e não crime autônomo de lavagem de dinheiro –, tal como decidido na AP 470 em relação ao réu João Paulo Cunha –, é matéria, igualmente, a ser dirimida no final da ação penal, mormente porque depois de produzidas todas as provas será possível avaliar a existência "do elemento subjetivo do tipo [de lavagem], consubstanciado na especial intenção de emprestar aparência lícita aos valores" (fl. 1.127). **Embora tal entendimento tenha sido bem empregado no referido precedente, não se pode, desde logo, dar-lhe o mesmo efeito para afirmar a atipicidade das condutas narradas pelo Ministério Público na denúncia que ora se examina**."(Inq 3997, Relator(a): Min. TEORI ZAVASCKI, Segunda Turma, julgado em 21/06/2016, ACÓRDÃO ELETRÔNICO DJe-204 DIVULG 23-09-2016 PUBLIC 26-09-2016).

para contas de sua titularidade, em nome de parentes ou pessoas que lhe são intimamente ligadas etc. No entanto, ele opta por empregar mecanismo que, aos seus olhos, é mais eficiente justamente porque dissimula seus verdadeiros desígnios, escondendo a natureza e a origem criminosa que maculava o recurso que lhe era destinado. Por tal razão, não poderia simplesmente responder pela prática exclusiva do crime antecedente, merecendo reprimenda também pelo tipo penal de lavagem de dinheiro.

Embora o tipo penal do artigo 317 do CP preveja a possibilidade do recebimento da vantagem indevida de forma indireta, entendemos que quando o agente pratique conduta dissimulada que lhe permita não apenas a efetivação da posse do recurso ilícito, como também sirva para dar ao proveito financeiro ilícito aura de legalidade, conferindo-lhe aparência de licitude, igualmente deve responder pela lavagem de dinheiro.

O juiz federal Sérgio Fernando Moro, ao sentenciar caso referente ao ex-Deputado Federal Eduardo Consentindo da Cunha, passou a avaliar a questão, referindo que, inclusive, vinha adotando a posição de que a lavagem de dinheiro somente poderia ocorrer após finalizadas as condutas relativas ao crime antecedente. Em suas palavras, de acordo com tal entendimento, *"só haveria lavagem se, após o recebimento da vantagem indevida do crime de corrupção, fosse o produto submetido a novas condutas de ocultação e dissimulação"*.[97]

No entanto, o próprio julgador afirmou que a realidade contrastava com a teoria, tendo sido necessária a revisão de entendimento para se admitir a ocorrência de delito autônomo de lavagem de dinheiros em tais casos. Assim, proferiu *decisum* com o seguinte teor:

> (...) 435. A realidade dos vários julgados na assim denominada Operação Lavajato recomenda alteração desse entendimento. 435. A sofisticação da prática criminosa tem revelado o emprego de mecanismos de ocultação e dissimulação já quando do repasse da vantagem indevida do crime de corrupção. 436. **Tal sofisticação tem tornado desnecessária, na prática, a adoção de mecanismos de ocultação e dissimulação após o recebimento da vantagem indevida, uma vez que o dinheiro, ao mesmo tempo em que recebido,** é **ocultado ou a ele** é **conferida aparência lícita**. 437. Este é o caso, por exemplo, do pagamento de propina através de transações internacionais subreptícias. Adotado esse método, **a propina já chega ao destinatário, o agente público ou terceiro beneficiário, ocultada e, por vezes, já em local seguro e fora do alcance das autoridades públicas, tornando desnecessária qualquer nova conduta de ocultação ou dissimulação**. 438. **Não seria justificável premiar o criminoso por sua maior sofisticação e ardil, ou seja, por ter habilidade em tornar desnecessária ulterior ocultação e dissimulação do produto do crime, já que estes valores já lhe são concomitantemente repassados com a aparência de licitude ou para receptáculo secreto**. 439. Não se desconsidera aqui o precedente do Egrégio Supremo Tribunal Federal na Ação Penal 470. 440. No caso, quando do julgamento dos embargos infringentes, o Egrégio Supremo Tribunal Federal condenou o ex-deputado federal João Paulo Cunha por corrupção, mas o absolveu por lavagem, por entender que o expediente de ocultação em questão envolvia o recebimento da vantagem indevida por pessoa interposta, no caso sua esposa que sacou em espécie a propina no banco. O Supremo Tribunal Federal entendeu, acertadamente, naquele caso que o pagamento de propina a pessoa interposta ainda fazia parte do crime de corrupção e não do de lavagem. 441. Salta aos olhos primeiro a singeleza da conduta de ocultação naquele processo, a mera utilização da esposa para recebimento em espécie da propina. 442. Também necessário apontar a

97 Ação Penal nº 505160623.2016.4.04.7000/PR, 13ª Vara Federal de Curitiba, juiz federal SÉRGIO FERNANDO MORO, sentença publicada em 30/03/2017 11:29:53 – **grifos do autor**).

relevante diferença de que, naquele caso, o numerário não foi recebido pela esposa e sucessivamente pelo ex-parlamentar já ocultado ou com aparência de lícito. Pelo contrário, ao dinheiro em espécie, ainda necessário, para a reciclagem, o emprego de algum mecanismo de ocultação e dissimulação. 443. Já no presente feito, não se trata de mero pagamento a pessoa interposta, mas, com a utilização de contas secretas no exterior, em nome de, de um lado, uma *offshore*, doutro lado, um *trust*, da realização de um transação subreptícia, por meio da qual a propina é colocada e ocultada em um local seguro. Para o beneficiário, desnecessárias ulteriores providência para ocultar a propina, já que as condutas envolvidas na transferência foram suficientes para essa finalidade. 444. O entendimento ora adotado, em evolução da posição do julgador, não representa contrariedade com o referido precedente do Egrégio Supremo Tribunal Federal, pois distintas as circunstâncias."[98]

7.2. Tipos penais equiparados (artigo 1º, §§ 1º e 2º)

> § 1º Incorre na mesma pena quem, para ocultar ou dissimular a utilização de bens, direitos ou valores provenientes de infração penal:
>
> I – os converte em ativos lícitos;
>
> II – os adquire, recebe, troca, negocia, dá ou recebe em garantia, guarda, tem em depósito, movimenta ou transfere;
>
> III – importa ou exporta bens com valores não correspondentes aos verdadeiros.

Como anteriormente estudado, o tipo penal principal de lavagem de dinheiro encontra-se previsto no *caput* do artigo 1º da Lei nº 9.613/98, gravitando ao redor das ações típicas *ocultar ou dissimular*.

Na verdade, as condutas de ocultação e dissimulação constituem o núcleo principal das atividades de lavagem de dinheiro, sendo a origem de todo o processo de criminalização das condutas em questão.

No entanto, ao lado do tipo principal, o artigo 1º da Lei nº 9.613/98 traz condutas penais acessórias em seus parágrafos 1º e 2º, conferindo-lhes semelhante grau de censura penal, uma vez que sujeitas aos mesmos parâmetros de pena estabelecidos no *caput*.

Os tipos penais acessórios são caracterizados como derivados do tipo principal porque encontram-se intrinsicamente vinculados ao tipo básico nas condutas de ocultação e dissimulação, estatuindo, no entanto, ações típicas distintas para a caracterização do delito de lavagem de dinheiro.

Preambularmente, importa o registro de que todas as condutas típicas descritas no § 1º dependem, para sua devida configuração, da *específica finalidade de agir* – por alguns estudiosos definida como *elemento subjetivo especial*[99]. Destarte, para que tais tipos penais acessórios da lavagem encontrem-se devidamente caracterizados faz-se necessário que o agente, ao praticar as ações que constituem os verbos núcleos do tipo, tenha por finalidade precípua a obtenção da aparência de licitude. É a própria finalidade de reciclagem de valores.

---

98 O texto integral da citada decisão judicial pode ser encontrado em https://www.conjur.com.br/dl/condenacao-eduardo-cunha-13-vara.pdf

99 Bonfim e Bonfim, *Lavagem de Dinheiro*, p. 49. Citado por Pierpaolo Bottini e Gustavo Badaró, Lavagem de dinheiro: aspectos penais e processuais penais, p. 158.

No entanto, embora seja imprescindível a presença da específica finalidade de agir a guiar a conduta delitiva quando da prática dos verbos núcleos do tipo penal, não se faz necessário que o agente efetivamente atinja o seu intento delituoso, bastando a comprovação que sua conduta foi dirigida a tal finalidade. A presente afirmação decorre de uma simples interpretação literal do tipo penal em questão (§ 1º do artigo 1º da Lei nº 9.613/98).

Visto isso, a primeira modalidade descrita no § 1º é daquele que *converte* em ativos lícitos, os bens, direitos e valores provenientes de infração penal.

Na verdade, a conversão prevista no tipo penal caracteriza-se pela transformação do produto do crime, dando-lhe nova natureza jurídica. Com efeito, quando da prática de tal conduta, o agente busca verdadeira "mutação de forma" do bem derivado da infração penal antecedente, buscando deixar para trás características que destacam sua proveniência ilícita.

Isso ocorre, não raras vezes, quando o agente obtém, com a prática dos crimes antecedentes, grandes quantias de valores em espécie, bens que, por sua natureza perecível, de alta vulnerabilidade na guarda e notória depreciação monetária, normalmente não são guardados por longos períodos de tempo em grande quantidade. Estando assim alocados fora da economia formal, certamente chamam a atenção quanto à ilicitude de sua origem.

Portanto, em tais casos, normalmente torna-se imperiosa a prática de conduta que vise a transformar o produto do crime antecedente, convertendo-o em outro que não evidencie sua proveniência delituosa. Quando a conversão é efetuada justamente com a finalidade da obtenção desta aura de licitude, caracterizada estará a lavagem de dinheiro prevista no artigo 1º, § 1º, inciso I da Lei nº 9.613/98.

A modalidade seguinte é a conduta daquele que *adquire, recebe, troca, negocia, dá ou recebe em garantia, guarda, tem em depósito, movimenta ou transfere* bens, direitos ou valores provenientes de infração penal.

Igualmente, para a caracterização do delito em questão, urge que o agente pratique as ações típicas descritas no inciso II munido da específica finalidade de agir, buscando a obtenção da aparência de licitude. Portanto, registre-se que a simples guarda e manutenção de valores provenientes de práticas delituosas em depósito, por exemplo, se não devidamente evidenciados aspectos que indiquem a intenção de dar aparência de licitude com a prática de tais condutas, por si só, não caracterizariam o delito de lavagem em sua modalidade acessória.

Nesse sentido, a 1ª Turma do STF, ao abordar o tema, apresentou o seguinte entendimento:

> *"1. No crime de "lavagem" ou ocultação de valores de que trata o inc. II do art. 1º do Lei nº 9.613/98, as ações de adquirir, receber, guardar ou ter em depósito constituem elementos nucleares do tipo, que, todavia,* ***se compõe, ainda, pelo elemento subjetivo consistente na peculiar finalidade do agente de, praticando tais ações, atingir o propósito de ocultar ou dissimular a utilização de bens, direitos ou valores provenientes de quaisquer dos crimes indicados na norma incriminadora. Embora seja dispensável que o agente venha a atingir tais resultados, relacionados à facilitação do aproveitamento ("utilização") de produtos de crimes,*** *é* ***inerente ao tipo que sua conduta esteja direcionada e apta a alcança-los. Sem esse especial elemento subjetivo (relacionado à finalidade) descaracteriza-se o crime de ocultação,*** *assumindo a figura típica de receptação, prevista no art. 180 do CP. (...)"*[100]

100 Julgado citado por Pierpaolo Bottini e Gustavo Badaró, Lavagem de dinheiro: aspectos penais e processuais penais, p. 159. Grifos do autor. No mesmo sentido, decidiu o STJ nos autos da APn 472, de relatoria do então Ministro daquela Corte, Teori Albino Zavascki – julgado em 01/06/2011 – DJe 08/09/2011.

A terceira e última modalidade acessória prevista no § 1º refere-se à conduta o agente *importa ou exporta bens com valores não correspondentes aos verdadeiros*. Tal modalidade abrange as atividades de importação e exportação de mercadorias, tipologias amplamente divulgadas como manobras de lavagem de dinheiro utilizadas por organizações criminosas.

Sérgio Fernando Moro, em sua obra específica sobre o delito de lavagem de dinheiro, ressalta o avanço na expressa previsão legal da ocorrência do delito em questão quando praticadas condutas em atividades de importação e exportação de bens, *in verbis*:

> *"Das condutas descritas nos incisos, chamam a atenção a importação e a exportação de bens com valores não correspondentes aos verdadeiros. Trata-se de tipologia comum na atividade de lavagem de dinheiro, tendo sido inclusive* [101] *objeto de relatório específico do FATF. A lavagem de dinheiro baseada em um sistema de importação ou exportação ("Money laundering trade base") é definida, no referido relatório, como um processo de ocultação do produto do crime e de transferência de valor através de transações comerciais na tentativa de legitimar sua origem ilícita. Suas técnicas básicas são: – o subfaturamento ou superfaturamento das operações de importação ou exportação; – a expedição de múltiplas faturas para uma mesma operação; – a falsa descrição das mercadorias ou serviços importados ou exportados. Exemplificativamente, subfaturando o valor da operação de exportação, o exportador transfere valor ao importador, que receberá mercadorias de valor superior ao pago. Ao contrário, superfaturando a operação de exportação, o exportador receberá valor superior ao das mercadorias recebidas pelo importador. A operação poderá estar acompanhada da transferência de numerário por sistemas informais de transferência, como o pagamento da diferença entre o valor real da operação e o valor declarado através do mercado de câmbio negro. Evidentemente, para configuração de um crime de lavagem, faz-se necessário que tal mecanismo seja utilizado não com o propósito único de obter ganhos fiscais ou evadir dinheiro, mas também de ocultar ou dissimular a origem e a natureza de produto do crime. É fácil entender o atrativo de tais mecanismos quando se tem presente, segundo o referido relatório do FATF, que apenas cerca de 5% das cargas do comércio internacional são efetivamente fiscalizadas."*

> § 2º Incorre, ainda, na mesma pena quem:
>
> I – utiliza, na atividade econômica ou financeira, bens, direitos ou valores provenientes de infração penal;

Nesta modalidade de tipo penal acessório trazida pelo § 2º, verifica-se a criminalização como lavagem da conduta daquele que, valendo-se de sua privilegiada posição profissional, utiliza em atividade econômica ou financeira bens, direitos ou valores provenientes de infração penal.

Na visão de Rogério Filippetto, "a censura penal advém não só da conduta propriamente dita, mas também da qualidade do agente, que normalmente tem condição de evitar a lavagem ou pelo menos o dever de reportar a ação suspeita e não o faz, com o nítido intuito de lucro (art. 2º, § 2º, inciso I)".[102]

Em relação a tal modalidade delituosa, note-se que, diversamente do que ocorre com os tipos acessórios descritos no parágrafo anterior, não é efetuada por parte do legislador qualquer referência à específica finalidade de agir contida na fórmula legal *para ocultar ou dissimular*.

---

101 MORO, Sérgio Fernando. Crime de lavagem de dinheiro. Editora Saraiva. 2010. Págs. 37/38.

102 Lavagem de dinheiro: crime econômico da pós-modernidade. Citado, p.133.

Respeitados entendimentos adversos[103], entendemos que por questão de política criminal, entendeu por bem o legislador punir de forma mais severa a simples utilização de bens ou valores provenientes de infração penal nas atividades econômicas e financeiras.

Nesse sentido, Sérgio Fernando Moro, ao afirmar que *"a redação do inciso I do § 2.º ainda revela que seu propósito explícito é a proteção da ordem econômica ou financeira. Não é qualquer emprego de bens, direitos ou valores procedentes de crime que configura o tipo penal, mas apenas o emprego na destinação específica, atividade financeira ou econômica. Investimentos procedentes de crime em uma empresa econômica configuram o crime, mas não a mera utilização dos recursos criminosos para aquisição de bens de consumo. De certa forma, o tipo subsidiário exige menos do que o tipo do caput, ao não exigir as condutas "ocultar" ou "dissimular", mas exige mais ao criminalizar apenas a utilização do produto do crime na atividade econômica ou financeira."* [104]

Por razões óbvias, aplica-se à presente subespécie penal as considerações relativas ao dolo direto ou eventual, havendo a necessidade da efetiva demonstração que o agente tinha plena ciência da origem delituosa do proveito financeiro por ele utilizado.

II – participa de grupo, associação ou escritório tendo conhecimento de que sua atividade principal ou secundária é dirigida à prática de crimes previstos nesta Lei.

A última espécie de tipos penais acessórios ou assemelhados é a contida no § 2º, inciso II.

Na nossa visão, o autor optou, na presente modalidade penal, pela criminalização autônoma daquele que participa de grupo, associação ou escritório tendo conhecimento de que sua atividade principal ou secundária é dirigida à prática dos crimes de lavagem.

Na verdade, pretendeu o legislador punir aqueles que se unem, de forma organizada, para a prática da lavagem de dinheiro. A nosso sentir, quis estender a esfera de proteção penal à participação do agente em grupo, associação ou escritório que tenha atividades direcionadas à prática do delito em questão.

Com efeito, embora seja efetuada expressa referência à atividade associativa, que pode se dar mediante a reunião de agentes munidos do mesmo propósito delituoso, importa ressaltar que o tipo penal não exige a reiteração delitiva e nem mesmo a divisão de tarefas típica das organizações criminosas para a caracterização do delito em questão.

Dessa forma, caracteriza a prática da conduta de participação associativa para a prática de atividades direcionadas à lavagem de dinheiro, afastada se encontrará a possibilidade de imputação do crime previsto no artigo 288 do Código Penal. [105]

---

103 Posição diversa é defendida por Pierpaolo Bottini e Gustavo Badaró, Lavagem de dinheiro: aspectos penais e processuais penais, págs. 161/162.

104 Idem, pág. 39. No mesmo sentido, a própria Exposição de Motivos da Lei n. 9.613/98 afirma: *"O projeto também criminaliza a utilização, 'na atividade econômica ou financeira, de bens, direitos ou valores que sabe serem provenientes de qualquer dos crimes antecedentes...' (artigo 1.º, § 2.º, I). Neste caso, a mera utilização, sem ter por objetivo a ocultação ou a dissimulação da origem dos bens, direitos ou valores, uma vez que o agente saiba de tal origem, caracteriza a prática do ilícito. Tal hipótese o projeto buscou no direito francês (art. 324-1, 2. a alínea, introduzida pela Lei n. 96-392, de 1996)". In www.coaf.fazenda.gov.br/backup/legislacao-e-normas/legislacao1/Exposicao%20de%20Motivos%20Lei%209613.pdf/view.*

105 No mesmo sentido, Sérgio Fernando Moro. Crime de lavagem de dinheiro. Citado, p. 39.

Igualmente, mesmo se restar evidenciado que associação encontra-se estruturalmente ordenada e com a regular divisão de tarefas, entendemos que, se direcionada à prática de crimes de lavagem de dinheiro, por força do princípio da especialidade, deve-se ser imputada a modalidade delituosa descrita no § 2º, inciso II da Lei nº 9.613/98 e não o crime previsto no artigo 2º da Lei nº 12.850/13.

8. TENTATIVA

> § 3º A tentativa é punida nos termos do parágrafo único do art. 14 do Código Penal.

Nos moldes da sistemática trazida pelos atos normativos internacionais que balizam a atuação da seara de prevenção e combate aos delitos de lavagem de dinheiro, a Lei nº 9.613/98 pune a tentativa de prática de tais condutas delituosas no § 3º, de seu artigo 1º.

Blanco Cordero[106] relembra que o primeiro instrumento internacional a mencionar a necessidade da punição da tentativa no âmbito de aplicação dos delitos de lavagem de dinheiro foi a Convenção de Viena, de 1998.[107] Posteriormente, essa declaração foi praticamente repetida na Convenção do Conselho da Europa e igualmente passou a constar da Convenção de Palermo[108], da Convenção de Mérida[109] e das Convenções de Estrasburgo e Varsóvia[110].

Com efeito, não poderia ser outra a posição em relação à punibilidade da tentativa no âmbito da lavagem de dinheiro. O que se pretende, na verdade, é evitar que tais comportamentos, que nitidamente colocam em risco o bem jurídico tutelado pelas normas em questão, sejam praticados à margem da esfera de pressão estatal.

Nitidamente, pretendeu o legislador ampliar os limites punitivos a tais espécies delituosas, uma vez que, embora perfeitamente aplicáveis ao âmbito da lavagem as regras previstas na legislação penal pátria, optou por deixar expressamente prevista a possibilidade da tentativa em tal espécie delituosa.

No entanto, como cediço, para que reste caracterizada a tentativa punível torna-se necessário o início da execução delituosa, com a prática de atos executórios relacionados às condutas típicas previstas nos tipos penais de lavagem de dinheiro.

Em tais casos, quando em sua esfera de disponibilidade ou já de posse do proveito econômico obtido com a prática da infração antecedente, o agente dá início à prática de condutas direcionadas à ocultação ou dissimulação de sua origem, devidamente munido do *animus* em

---

106 *In* BLANCO CORDERO, Isidoro, El Delito de Blanqueo de Capitales, págs. 933 e 934. Citado

107 Ao lado de certas modalidade de participação delituosa, o artigo 3º, 1, c), iv) estatui a obrigatoriedade da adoção, por parte de cada uma das partes signatárias, das medidas necessárias para a efetiva punição da tentativa de cometimento dos delitos de lavagem de dinheiro, *in verbis: ARTIGO 3 – Delitos e Sanções: 1 – Cada uma das Partes adotará as medidas necessárias para caracterizar como delitos penais em seu direito interno, quando cometidos internacionalmente: (...) c) de acordo com seus princípios constitucionais e com os conceitos fundamentais de seu ordenamento jurídico; (...) iv) a participação em qualquer dos delitos mencionados neste Artigo, a associação e a confabulação para cometê-los, a tentativa de cometê-los e a assistência, a incitação, a facilitação ou o assessoramento para a prática do delito.*

108 Artigo 6º, 1, d).

109 Artigo 23, b), ii.

110 Respectivamente, no artigo 6º, 1, d) e no artigo 9, 1, d). Em ambos os casos, utilizou-se fórmula genérica para se referir às formas de tentativa do cometimento dos delitos de lavagem de dinheiro.

dar-lhe a tão almejada aparência de licitude. Assim, iniciada a prática de tais condutas, sendo o agente impedido, por circunstâncias alheias ao seu desejo, de obter a consumação delitiva, deverá ser punido pela prática da lavagem de dinheiro em sua modalidade tentada.

Como exemplo, tomemos o caso das conhecidas organizações criminosas que por intermédio da exploração de produtos e serviços e da prática de atos de extorsão em certas comunidades, obtêm como lucro de suas ilícitas atividades, vultosas quantias em espécie. Como manobra de lavagem de dinheiro, adotam o artifício da inserção de recursos ilícitos em atividades exercidas por empresas que atuam no ramo da venda de materiais para a construção civil. Para tal, mediante participação societária direta ou por intermédio de interpostas pessoas, possuem o controle final das atividades exercidas por tais pessoas jurídicas, simulando operações comerciais com a emissão de duplicadas tendo como cedentes/beneficiários outras empresas igualmente ligadas à organização criminosa, para destas, efetuar para repasse de valores para novas contas diretamente ligadas aos controladores da quadrilha.

Assim agindo, permitem que o dinheiro "sujo" ingresse em atividades aparentemente legais, dissimulando a origem de tais valores mediante a realização de operações comerciais fictícias. Nesse caso, se ainda houver a mescla dos valores ilícitos com outros legalmente obtidos em atividades comerciais regulares das empresas utilizadas, poderão se valer de manobra ainda mais consistente, permitindo-lhes a alegação de que se tratavam, na verdade, de valores lícitos.

Diante do exemplo dado, temos as seguintes situações: 1) se percorrido todo o *iter criminis* planejado, desde a emissão das duplicadas até o efetivo ingresso dos valores ilícitos nas contas pertencentes aos chefes da organização criminosa, ter-se-á como exaurida a manobra de lavagem de dinheiro. Seria a prática do ciclo completo de lavagem, desde a colocação dos valores ilícitos, com a sua inserção na economia formal e criação de camadas visando à ocultação, até a efetiva integração já com aparência de licitude; 2) Se, no entanto, emitidas as duplicatas e antes dos efetivos pagamentos, por qualquer razão, desbarata a organização criminosa e evidenciado o esquema de lavagem por ela eleito, temos caracterizada a tentativa da lavagem de dinheiro. Neste caso, iniciada a prática de atos executórios direcionados à consecução do intento delituoso visado, este apenas não se tornou consumada devido a circunstâncias alheias à vontade do agente; 3) Por fim, se documentalmente preparadas as simulações das operações comerciais – com a constituição das empresas a serem utilizadas e, até mesmo, a emissão das notas fiscais que embasariam a emissão das duplicadas que posteriormente seriam pagas com os valores obtidos com a prática de crimes –, mas antes da emissão e pagamento das duplicadas, entende-se que não teriam os agentes saído da esfera dos atos preparatórios à lavagem de dinheiro, respondendo apenas por estes.

O exemplo acima trazido, a nosso ver, ilustra nitidamente a preparação, os atos executórios e o próprio exaurimento de uma manobra de lavagem de dinheiro. Contudo, parece-nos oportuno relembrar que a prática de lavagem de dinheiro nunca deve ser analisada de forma isolada. Conforme buscou-se demonstrar, ela se realiza, via de regra, em diversas etapas, com prática de sucessivas operações na criação de camadas tendo por específica finalidade desvincular-se da origem criminosa que macula os recursos ilícitos movimentados.

Dessa forma, não raras vezes, bastaria para a caracterização do delito em questão a prática de uma simples conduta integrante da cadeia delituosa, a qual, por si só, já serve para caracterizar a ocultação ou dissimulação necessárias à configuração do tipo penal em estudo. É o que ocorreria, no exemplo citado, se após o pagamento das duplicatas emitidas, com a inserção de valores em contas pertencentes a outras empresas que integram a organização criminosas, fosse a manobra de lavagem interrompida antes que os valores pudessem chegar às contas finais pertencentes aos líderes da quadrilha.

9. CAUSAS DE AUMENTO DE PENA

§ 4º A pena será aumentada de um a dois terços, se os crimes definidos nesta Lei forem cometidos de forma reiterada ou por intermédio de organização criminosa.

9.1. Reiteração delitiva

O parágrafo 4º do artigo 2º traz a previsão de causa de aumento de pena em razão da *reiteração delitiva* e da prática da lavagem por *intermédio de organização criminosa*.

A previsão legal das causas de exacerbação da pena reveste-se, na prática, de suma importância, pois permitem que casos que se diferenciam por sua reiteração delitiva ou pela estrutura utilizada para o seu cometimento recebam tratamento penal distinto no que tange ao *quantum* da pena aplicada.

Antes de se entrar na análise das hipóteses de aumento de pena previstas no § 4º, importante ressaltar que, conforme a redação originária da Lei nº 9.613/98, a majorante incidia quando os crimes de lavagem fossem praticados de "forma *habitual*". Com a alteração trazida pela Lei nº 12.683/12, a expressão empregada foi substituída por de "forma *reiterada*".

Embora possa parecer, em um primeiro momento, não ter havido alteração substancial na norma, a nosso sentir, o legislador demonstrou querer afastar qualquer correlação entre a causa de aumento do § 4º e a regra da continuidade delitiva, prevista no artigo 71 do Código Penal.

De fato, a utilização da expressão *de forma habitual* poderia trazer dúvidas quanto a sua extensão e aplicação prática quando da análise do caso em concreto.

Tanto é que, ainda sob a égide da redação anterior, a questão foi objeto de discussão pelo Plenário do STF, no decorrer do julgamento da AP 470, popularmente conhecida como "Mensalão". Quando da análise da dosimetria da pena aplicada, por maioria de votos, decidiu-se pelo afastamento do concurso material, conforme imputação efetuada, aplicando-se a continuidade delitiva, por entender devidamente demonstrados os elementos caracterizadores previstos no artigo 71 do CP.[111]

---

111 Conforme teor do acórdão, *"Ante o empate na apreciação da dosimetria dos delitos de lavagem de dinheiro (Lei 9.613/98, art. 1º, V e VI), descrito no capítulo IV da denúncia, prevaleceu o voto do revisor, atribuindo-se a pena de 6 anos, 2 meses e 20 dias de reclusão, mais 20 dias-multa. Alinharam-se a esse patamar os Ministros Rosa Weber, Dias Toffoli, Cármen Lúcia e Presidente. Ao revés, os Ministros Luiz Fux, Gilmar Mendes, Marco Aurélio e Celso de Mello seguiram o relator na fixação da reprimenda em 11 anos e 8 meses de reclusão e 291dias-multa. Tanto o relator quanto o revisor decretaram a interdição do exercício de cargo ou função pública, nos termos do art. 7º, II, da lei específica. Determinaram, ainda, a perda dos valores disposta no inciso I deste mesmo preceito. Rejeitou-se o pleito do parquet de reconhecimento do concurso material entre as operações de lavagem por reputar configurada a regra do crime continuado (CP, art. 71). Em virtude disso, afastou-se a habitualidade contida no § 4º do art. 1º da Lei 9.613/98, ao considerar que resultaria em bis in idem. O Min. Marco Aurélio assinalou que não se poderia cogitar de sobreposição. (...) A acusação, em alegações finais, pede a aplicação da causa especial de aumento de pena prevista no § 4º do artigo 1º da lei 9.613/98 (na redação anterior à lei 12.683/2012), dada "a circunstância de os delitos de lavagem de dinheiro terem sido praticados de forma habitual, haja vista que a denúncia descreveu mais de sessenta episódios consumados ao longo do tempo" (fls. 45.371). Ocorre que a reiteração de condutas configuradoras da lavagem de dinheiro, quando verificada nas mesmas circunstâncias (como se dá no caso), atrai a regra do crime continuado (CP, art. 71). Daí porque, no caso, sob pena de bis in idem, não vejo como aplicar, suplementarmente, a causa especial de aumento de pena descrita no art. 1º, § 4º da Lei 9.613/1998, que se refere à*

Incidentes as regras do crime continuado, optaram por afastar a majorante da habitualidade então prevista no § 4º do artigo 1º da Lei nº 9.613/98, sob pena de caracterização do *bis in idem*. Tal entendimento decorria de uma evidente indicação de que a *habitualidade* se revestiria de semelhantes elementos daqueles integrantes da continuidade delitiva prevista no artigo 71 do CP.

No entanto, com a atua redação, entendemos superada tal discussão.

Com efeito, a *reiteração delitiva* constante do § 4º em nada se confunde com a continuidade delituosa. Enquanto esta exige que os crimes de lavagem sejam praticados observando-se as mesmas circunstâncias de tempo, modo e lugar de execução *(elementos objetivos)*, evidenciando, de plano, terem sido os crimes subsequentes continuação do primeiro *(liame subjetivo)*, a reiteração criminosa ocorre quando o agente pratica lavagens autônomas e isoladas, mas de forma reiterada.

Desta forma, a nosso sentir, perfeitamente possível a cumulação da majorante em razão da *reiteração delitiva* com o *concurso material* previsto no artigo 69 do CP.[112]

9.2. Organização criminosa

O parágrafo 4º do artigo 1º ainda prevê a incidência do aumento da pena quando a lavagem de dinheiro é praticada *por intermédio de organização criminosa.*

A definição de organização criminosa encontra-se atualmente prevista no artigo 1º da Lei nº 12.850/13. De acordo com o referido texto legal, considera-se organização criminosa *"a associação de 4 (quatro) ou mais pessoas estruturalmente ordenada e caracterizada pela divisão de tarefas, ainda que informalmente, com objetivo de obter, direta ou indiretamente, vantagem de qualquer natureza, mediante a prática de infrações penais cujas penas máximas sejam superiores a 4 (quatro) anos, ou que sejam de caráter transnacional."*

Com efeito, a lavagem de dinheiro, quando praticada por intermédio de organização criminosa, demonstra-se merecedora de reprimenda diferenciada no que tange ao *quantum* de pena a ser aplicada.

---

hipótese de o crime em questão ser "cometido de forma habitual", visto que o disposto no art. 71 do Código Penal já foi aplicado". (STF, AP 470/MG, rel. Min. Joaquim Barbosa, publicado em 25.10.2012).

112 Nesse sentido, encontram-se os seguintes precedentes jurisprudenciais: *"Não se há de falar em continuidade delitiva, se as condições de tempo, lugar e modo de execução, são diferentes de um crime para o outro. 2.* ***Não se pode confundir reiteração criminosa com continuidade delitiva. Se o réu faz do crime um modo de auferir dinheiro, trata-se de contumácia criminosa e não de crime continuado."*** **(TJDF; Rec. 2009.05.1.004355-7; Ac. 436.151; Segunda Turma Criminal; Rel. Des. João Timóteo de Oliveira; DJDFTE 16/08/2010; Pág. 426)**; *"Para a caracterização do crime continuado faz-se necessária a presença tanto dos elementos objetivos quanto subjetivos. 2.* ***Constatada a reiteração habitual, em que as condutas criminosas são autônomas e isoladas, deve ser aplicada a regra do concurso material de crimes****. 3. A continuidade delitiva, por implicar verdadeiro benefício àqueles delinquentes que, nas mesmas circunstâncias de tempo, modo e lugar de execução, praticam crimes da mesma espécie, deve ser aplicada somente aos acusados que realmente se mostrarem dignos de receber a benesse (...)"* **(STF HC 101049/RS – Relator(a): Min. ELLEN GRACIE Julgamento: 04/05/2010** Órgão **Julgador: Segunda Turma Publicação DJe-091 DIVULG 20-05-2010 PUBLIC 21-05-2010)**; *"Constatada a reiteração criminosa, e não a continuidade delitiva, inviável acoimar de ilegal a decisão que negou a incidência do art. 71 do CP, pois, na dicção do Supremo Tribunal Federal,* ***a habitualidade delitiva afasta o reconhecimento do crime continuado*** *(...)"* **(STJ; HC 128.663; Proc. 2009/0027662-7; SP; Quinta Turma; Rel. Min. Jorge Mussi; Julg. 05/08/2010; DJE 13/09/2010)** e ***"Há reiteração delituosa quando tais condutas são habituais ou exercidas por profissionais na prática de delitos, revelando incapacidade do agente em se adaptar*** à ***ordem legal****." (STF – HC 70568 SP).* **Grifos do autor.**

Não seria coerente com a mesma sanção penal, por exemplo, a lavagem praticada por organização criminosa, devidamente estruturada e com orquestrada divisão de tarefas entre seus agentes, e aquela realizada, por vezes, mediante conduta individualizada, como o caso do agente que, com recursos criminosos, adquire bem imóvel e o registra em nome de terceira pessoa para ocultar a sua real propriedade.

Questão que se apresenta é a possibilidade da incidência da majorante da organização criminosa para casos ocorridos antes do advento da Lei nº 12.850/13.

Quando ainda vigente o rol taxativo de crimes antecedentes da lavagem de dinheiro, presente na redação original da Lei nº 9.613/98, a discussão existia em relação ao inciso VII do artigo 1º, crime *praticado por organização criminosa*.

O STF debruçou-se sobre o tema, decidindo, por maioria de votos, que não existindo em nosso ordenamento jurídico definição de organizações criminosas, não seria possível a caracterização da lavagem de dinheiro de recursos provenientes de crimes por elas praticados.

Gustavo Badaró e Pierpaolo Bottini defendem a incidência da majorante apenas para fatos ocorridos a partir da data de início de vigência da Lei nº 12.850/13. Na visão dos autores, a definição contida na Convenção de Palermo não seria suficiente, pois haveria a necessidade a criação de lei específica a definir a expressão *organizações criminosas*.[113]

Preferimos nos filiar a posição oposta.

A expressão "*organização criminosa*" – contida na redação original no artigo 1º, inciso VII e mantida na majorante do parágrafo 4º –, revela-se como elemento normativo do tipo, exigindo a aplicação de um juízo valorativo para a constatação de sua real extensão.

A Convenção de Palermo, devidamente incorporada ao direito pátrio em 2004 pelo Decreto nº 5.015/2004, já trazia substancial definição de *grupo criminoso organizado*, estabelecido como aquele "*estruturado de três ou mais pessoas, existente há algum tempo e atuando concertadamente com o propósito de cometer uma ou mais infrações graves ou enunciadas na presente Convenção, com a intenção de obter, direta ou indiretamente, um benefício econômico ou outro benefício material (artigo 2, a)*".

Isso porque, em tendo sido os termos da Convenção de Palermo devidamente incorporados ao nosso ordenamento jurídico, não nos parece razoável exigir que o legislador pátrio tivesse a obrigatoriedade de efetuar nova definição jurídica daquilo que deveria ser entendido como organização criminosa. Não significa que não pudesse fazê-lo – como de fato o fez com a Lei nº 12.850/13. O que não se demonstra aceitável era estabelecer como indispensável a definição legislativa de expressão já era integrante do ordenamento jurídico.

Contudo, inegável que a edição da Lei nº 12.850/13 veio a trazer maior segurança jurídica à aplicação da causa de aumento de pena em questão, impedindo a utilização de interpretações jurídicas que visem afastar diferenciada punição à lavagem de dinheiro quando praticada por organizações criminosas.

113 Os referidos autores defendem que nem mesmo as definições trazidas pela Lei nº 9.034/95 (com as alterações da Lei nº 10.217/01) e Lei nº 12.694/12 seriam suficientes para suprir a ventilada lacuna legislação quanto à efetiva definição legal de organizações criminosas. Obra citada, p.216.

10. CAUSAS DE DIMINUIÇÃO E ISENÇÃO DE PENA

> § 5º A pena poderá ser reduzida de um a dois terços e ser cumprida em regime aberto ou semiaberto, facultando-se ao juiz deixar de aplicá-la ou substituí-la, a qualquer tempo, por pena restritiva de direitos, se o autor, coautor ou partícipe colaborar espontaneamente com as autoridades, prestando esclarecimentos que conduzam à apuração das infrações penais, à identificação dos autores, coautores e partícipes, ou à localização dos bens, direitos ou valores objeto do crime.

10.1. Delação premiada

O parágrafo 5º prevê a possibilidade de redução da pena a ser aplicada e, até mesmo, a isenção de pena ao autor, coautor ou partícipe que venha a prestar colaboração espontânea às autoridades de aplicação da lei.

A *delação premiada* prevista na Lei nº 9.613/98 difere-se da atualmente tão propalada *colaboração premiada*. Encaradas por muitos como sinônimos, a *delação premiada*, como o próprio texto legal estatui, decorre de ato unilateral, praticado pelo agente criminoso que, de forma espontânea, decide auxiliar os trabalhos investigativos. Em tal caso, não lhe é ofertada nenhuma vantagem processual ou relacionada à própria aplicação da pena. O agente o faz como forma exclusiva de auxílio às atividades investigativas, cabendo ao juiz, como mera faculdade legal, a aplicação de benefícios ao réu delator.

Os benefícios que derivam da delação premiada prevista na Lei nº 9.613/98 podem atingir o quantitativo de pena aplicada ao final da instrução criminal, o seu regime de cumprimento ou a sua substituição por pena restritiva de direitos. Além disso, dependendo do nível da colaboração ofertada pelo réu, o juiz poderá deixar de aplicar a pena.

A colaboração do agente envolve a apresentação de dados que efetivamente venham a auxiliar na apuração das infrações penais praticadas, na identificação dos autores, coautores e partícipes, ou na própria localização dos bens, direitos ou valores que foram objeto da lavagem de dinheiro. No entanto, repise-se, a delação premiada sempre decorre de ato voluntário e espontâneo do agente criminoso, não podendo ser sugerida ou provocada e, muito menos, convencionada pela acusação.

Em virtude de tal característica, com o advento da Lei nº 12.850/13 que, além de trazer o conceito de organização criminosa, listou dentre os meios de investigação e obtenção de prova a *colaboração premiada*, regulando-a em seus artigos 4º ao 7º, a aplicação prática do instituto da delação prevista na presente lei se viu esvaziada.

Na verdade, enquanto na *delação premiada* o réu deve efetuar sua contribuição para a apuração dos atos delituosos sem qualquer participação na fixação dos termos dos benefícios que irá receber, na *colaboração premiada*, opostamente, ele participa de forma ativa no acordo a ser celebrado, demonstrando as informações que pode apresentar e postulando os benefícios que deseja obter.

A *colaboração premiada* – ao lado do *acordo de leniência* aplicado às pessoas jurídicas, inaugurou no âmbito do processo penal pátrio um verdadeiro modelo de Direito Penal Premial, sinalizando-nos a necessidade de se encontrar um ponto de equilíbrio entre o princípio da obrigatoriedade da lei penal e a existência de um efetivo sistema na repressão aos crimes praticados pelas organizações criminosas.[114]

De fato, a *colaboração premiada* veio a permitir a obtenção de informações preciosas quanto ao funcionamento das organizações criminosas, permitindo aos investigadores o conhecimento de elementos relacionados a sua composição, estruturação de atividades e divisão orquestrada daquelas atividades. Essas informações encontravam-se, até então, restritas aos próprios integrantes das hordas criminosas, onde impera verdadeira "lei do silêncio"[115], com a aplicação de severas penas para aqueles que violam o pacto de sigilo que lhes é imposto.

Na verdade, toda organização criminosa se estabelece pela criação de diversas camadas, distinguindo-se os seus variados componentes por critérios rígidos de hierarquia e divisão de tarefas. Desse modo, quanto mais externa a camada, mais fungível ela será, com a fácil dispensabilidade e substituição de seus integrantes. Além disso, para as camadas externas, aplica-se severa restrição de acesso a informações relacionadas à engenharia da organização, suas reais finalidades e aos componentes das demais camadas, notadamente as mais profundas. É a verdadeira aplicação, no âmbito do mundo delituoso, do *princípio da compartimentação de informação*, tão estudado na seara da inteligência policial.

Já as camadas internas, aquelas que costumeiramente detêm o controle intelectual de sua atuação, são as mais difíceis de serem desbaratadas. Nelas se insere a espinha dorsal do crime organizado. O efetivo planejamento e direcionamento dos caminhos que serão seguidos pelos demais criminosos que integram a organização, E, como não poderia ser diferente, o controle financeiro dos recursos ilícitos obtidos com os delitos praticados pela organização criminosa.

É justamente nesse contexto que se insere a *colaboração premiada*, instrumento que veio a permitir, mediante acordos celebrados com integrantes das organizações criminosas, a obtenção de informações *"de dentro pra fora"*, trazendo aos agentes de aplicação da lei dados que dificilmente, ou jamais, obteriam com o emprego das técnicas habituais de investigação.

Em diversas sentenças de feitos originados da operação Lava Jato[116], o juiz federal Sérgio Fernando Moro costuma citar a fala de um integrante da equipe milanesa que atuou nas

---

114 A gradação legislativa presenciada na legislação processual pátria, partindo de um sistema baseado na mera delação unilateral para o estabelecimento de um verdadeiro "contrato" entre a acusação e o agente colaborador, também ocorreu na Itália. A informação é ilustrada por Cibele Benevides Guedes da Fonseca, que conta que: *"Após o assassinato do juiz Rosário Livatino pela Máfia e a pressão dos magistrados sicilianos, adveio a Lei de Proteção a colaboradores e testemunhas (Decreto-Lei nº 8/1991, convertido na Lei nº 82, de 15 de março do mesmo ano), em muito influenciada por Giovanni Falconi, que sempre argumentava em favor da total proteção aos réus colaboradores, como ocorre nos Estados Unidos.* ***Referida lei, pela primeira vez utilizou a expressão "collaboratore di Giustizia" (colaborador da Justiça), enquanto que as normas anteriores falavam apenas em "collaboratore".*** *Na mesma época foi publicado o Decreto-Lei nº 152/1991, convertido na Lei nº 203/1991, que estabeleceu no artigo 8º mais benefícios para os réus colaboradores, além de prever o aumento de pena para quem facilita a associação mafiosa ou se vale de sua condição intimidativa."* In FONSECA, Cibele Benevides Guedes, Colaboração Premiada, págs. 70/71. Belo Horizonte: Editora Del Rey, 2017. **Sem grifos no original.**

115 As máfias em atuação no sul da Itália denominavam como *omertà* o código de honra que pautava a atuação de seus integrantes. Expressão derivada do latim *humilitas*, a *omertà* italiana baseava-se em estritos sentimentos ligados à família, consistindo em um voto de silêncio que vedada qualquer tipo de colaboração de seus membros com os agentes de órgãos de aplicação da lei e representantes do Poder Judiciário.

116 *Ad exemplum*, a referida citação foi efetuada no bojo das sentenças proferidas nos autos da AP no. 5030883-80.2016.4.04.7000/PR (parágrafo 109, p. 21), da AP no. 505160623.2016.4.04.7000/PR (parágrafo 169, p.33) e AP no. 5054932-88.2016.4.04.7000/PR (parágrafo 165, p.28).

investigações da Operação Mãos Limpas, na Itália, relatando a indiscutível utilidade da *colaboração premiada* para a obtenção de informações internas quanto ao funcionamento das organizações criminosas, *in verbis:*

> *(...) 84. Quem, em geral, vem criticando a colaboração premiada é, aparentemente, favorável à regra do silêncio, a omertà das organizações criminosas, isso sim reprovável. Piercamilo Davigo, um dos membros da equipe milanesa da famosa Operação Mani Pulite, disse, com muita propriedade: "A corrupção envolve quem paga e quem recebe. Se eles se calarem, não vamos descobrir jamais" (SIMON, Pedro coord. Operação: Mãos Limpas: Audiência pública com magistrados italianos. Brasília: Senado Federal, 1998, p. 27).*
>
> *85. É certo que a colaboração premiada não se faz sem regras e cautelas, sendo uma das principais a de que a palavra do criminoso colaborador deve ser sempre confirmada por provas independentes e, ademais, caso descoberto que faltou com a verdade, perde os benefícios do acordo, respondendo integralmente pela sanção penal cabível, e pode incorrer em novo crime, a modalidade especial de denunciação caluniosa prevista no art. 19 da Lei n. 12.850/2013.*
>
> ***(AÇÃO PENAL No 503042478.2016.4.04.7000/PR, 13a Vara Federal de Curitiba, juiz federal SÉRGIO FERNANDO MORO, sentença publicada em 02/12/2016 17:34:38 – grifos do autor)***

Assim, embora de extrema relevância para a aplicação prática do tema, deixaremos de abordar na presente obra questões processuais e os próprios requisitos necessários para a utilização do instituto da *colaboração premiada*, remetendo o leitor para os comentários efetuadas à Lei nº 12.850/13, igualmente integrante desta obra coletiva.

11. AÇÃO PENAL

Todos os tipos penais de lavagem de dinheiro são de ação penal pública incondicionada.

12. REGRAS PROCESSUAIS PENAIS

> **Art. 2º** O processo e julgamento dos crimes previstos nesta Lei:
>
> I – obedecem às disposições relativas ao procedimento comum dos crimes punidos com reclusão, da competência do juiz singular;

12.1. Aplicação analógica do CPP

O artigo 2º, inciso I do Lei nº 9.613/98 determina que devem ser aplicadas, ao processo e julgamento de casos de lavagem de dinheiro, as disposições constantes do Código de Processo Penal relativas ao procedimento comum dos crimes punidos com reclusão.

Além disso, importante lembrar que em não havendo a previsão de regra processual específica na Lei nº 9.613/98, devem ser aplicadas, de forma subsidiária, as disposições contidas do Código de Processo Penal.

> II – independem do processo e julgamento das infrações penais antecedentes, ainda que praticados em outro país, cabendo ao juiz competente para os crimes previstos nesta Lei a decisão sobre a unidade de processo e julgamento;

12.2. Da independência e acessoriedade do crime de lavagem de dinheiro

A lavagem de dinheiro caracteriza-se com um *crime acessório*, guardando estreita relação com a infração penal antecedente. Inexistindo o ilícito penal antecedente, não haverá lavagem de dinheiro.

Isso decorre de uma conclusão lógica: é a infração penal antecedente que gera o proveito financeiro ilícito que será objeto das manobras de lavagem. O recurso "sujo" que precisa passar a ser "limpo", ostentando aparência de licitude.

Justamente em razão de sua natureza acessória, derivada do pratica da infração penal antecedente, alguns autores costumam classificar o delito de lavagem de dinheiro como sendo um *delito derivado ou parasitário*[117], pois de forma isolada, o tipo penal em estudo não existe.

No entanto, embora dotada de natureza acessória, a lavagem de dinheiro possui plena autonomia em relação à infração penal antecedente.

Dessa forma, para o início da investigação, processamento ou, até mesmo, do julgamento de um ato de lavagem de dinheiro, não se faz necessário que a infração antecedente esteja devidamente comprovada ou que tenha sido objeto de condenação prévia. Aliás, para a ocorrência da lavagem sequer é necessário que o autor do crime antecedente seja conhecido, podendo, inclusive, ser isento de pena.

Na verdade, para a caracterização da lavagem, o que se revela realmente indispensável é a prática de uma das condutas previstas no tipo penal e a demonstração da origem espúria dos recursos utilizados.

Neste aspecto, inclusive, torna-se irrelevante para a caracterização da lavagem a ocorrência de mais de um crime antecedentes, bastando a efetiva demonstração da presença de indícios suficientes que indiquem a origem ilícita dos recursos utilizados quando da prática da lavagem.[118]

---

117 Utilizando as citadas classificações, Marcelo Mendroni, em Crime de Lavagem de Dinheiro. Obra citada, p. 66.

118 Nesse sentido: AÇÃO PENAL. EMBARGOS DE DECLARAÇÃO. VOTO DO MINISTRO AYRES BRITTO. VALIDADE. CRIME DE LAVAGEM. CRIMES ANTECEDENTES. AMBIGUIDADE, OBSCURIDADE E OMISSÃO. INEXISTÊNCIA. REEXAME DA PROVA. INADEQUAÇÃO. DOSIMETRIA DA PENA. CONTRADIÇÃO INTRINSECA RECONHECIDA. REDUÇÃO DO PERCENTUAL DE MAJORAÇÃO PELA CONTINUIDADE DELITIVA. CANCELAMENTO DAS NOTAS. POSSIBILIDADE. PREVISÃO REGIMENTAL EMBARGOS ACOLHIDOS EM PARTE. (...) Ausente omissão, ambiguidade ou obscuridade na fixação da pena pelo crime de lavagem de capitais. **A fixação da pena-base pelo crime de lavagem levou em conta o caput do artigo 1º da Lei 9.613/98, para cuja concretização** é **irrelevante o cometimento de um ou mais dos crimes antecedentes então listados, no dispositivo, hoje revogado, pois** é **suficiente o conhecimento de que são bens ou valores provenientes de infração penal**. (...) Está clara a existência do elemento subjetivo do tipo no crime de lavagem de dinheiro. A condenação do embargante pela prática do crime antecedente de corrupção passiva já é suficiente para concluir que tinha conhecimento pleno e absoluto da procedência criminosa dos valores, tendo agido com dolo direto na execução do crime de lavagem de dinheiro. (...)*"Em segundo lugar, para a fixação da pena-base pela prática do crime de lavagem, foi considerada irrelevante a adequação da conduta dos réus a um ou mais incisos do art. 1º da Lei 9.613/98, nos termos expressamente constantes do acórdão embargado (fls. 55.169): "Com efeito,* ***a múltipla origem criminosa dos recursos não influi seja na tipicidade da conduta, seja no número de crimes de lavagem de dinheiro praticados – este*** último é ***influenciado pela quantidade de vezes que as operações foram empregadas, e não pela quantidade de crimes antecedentes****".*(AP 470 EDj-décimos sétimos, Relator(a): Min. JOAQUIM BARBOSA, Tribunal Pleno, julgado em 05/09/2013, ACÓRDÃO ELETRÔNICO DJe-200 DIVULG 09-10-2013 PUBLIC 10-10-2013 – **grifos do autor**).

Embora desejável a unidade de investigação e processamento entre as infrações penais antecedentes e a lavagem decorrente – uma vez que esta, como já afirmado, caracteriza-se como verdadeira consequência lógica daquelas –, não exigiu o legislador que isso ocorresse. Assim, pode um determinado réu ser condenado pela prática de lavagem de dinheiro de crime antecedente que sequer teve sua investigação iniciada, desde que devidamente demonstrado que os valores utilizados na manobra de lavagem detinham origem ilícita.

Nesse sentido, tem se posicionado claramente o STF, conforme se verifica nas ementas e trechos de acórdãos abaixo transcritos:

> ***PENAL E PROCESSO PENAL. HABEAS CORPUS. CRIMES CONTRA O SISTEMA FINANCEIRO. LEI Nº 7.492/86, ARTS. 4º, 16 E 22, PARÁGRAFO*** **ÚNICO.** ***CRIMES DE LAVAGEM DE DINHEIRO. LEI Nº 9.613/98, ART. 1º, VI E VII C/C ARTIGO 1º, § 1º, II C/C ARTIGO 1º, § 2º, II C/C ARTIGO 1º, § 4º. CONEXÃO HÁBIL A FIXAR A COMPETÊNCIA DO JUÍZO PREVENTO. AUSÊNCIA DE JUSTA CAUSA NÃO VERIFICADA. SUPERVENIÊNCIA DA SENTENÇA QUE PREJUDICA A ANÁLISE DA AUSÊNCIA DE JUSTA CAUSA. INOCORRÊNCIA DA INÉPCIA DA DENÚNCIA. COMPATIBILIDADE ENTRE OS CRIMES DOS ARTIGOS 4º E 16 DA LEI 7.492/86. INADMISSIBILIDADE DE REEXAME DE PROVA NA VIA ESTREITA DO HABEAS CORPUS. PRECEDENTES. ORDEM DENEGADA.*** *(...) 4. A denúncia que descreve minuciosamente fatos que se subsumem ao disposto no art. 1º, VI, da Lei 9.613/98, qual seja, o crime contra o sistema financeiro nacional, não é inepta, porquanto traz a narrativa dos crimes antecedentes.* ***Para a instauração da ação penal ou para o ato de recebimento da denúncia, não se faz necessária a certeza quanto aos crimes antecedentes.*** *5.* ***O processo e julgamento do crime de lavagem de dinheiro*** *é* ***regido pelo Princípio da Autonomia, não se exigindo, para que a denúncia que imputa ao réu o delito de lavagem de dinheiro seja considera apta, prova concreta da ocorrência de uma das infrações penais exaustivamente previstas nos incisos I a VIII do art. 1º do referido diploma legal, bastando a existência de elementos indiciários de que o capital lavado tenha origem em algumas das condutas ali previstas.*** *6.* ***A autonomia do crime de lavagem de dinheiro viabiliza inclusive a condenação, independente da existência de processo pelo crime antecedente.*** *7. É o que dispõe o artigo 2º, II, e § 1º, da Lei nº 9.613/98: "O processo e julgamento dos crimes previstos nesta Lei: II – independem do processo e julgamento dos crimes antecedentes referidos no artigo anterior, ainda que praticados em outro país; § 1º A denúncia será instruída com indícios suficientes da existência do crime antecedente, sendo puníveis os fatos previstos nesta Lei, ainda que desconhecido ou isento de pena o autor daquele crime." 8. A doutrina do tema assenta: "Da própria redação do dispositivo depreende-se que é suficiente a demonstração de indícios da existência do crime antecedente, sendo desnecessária a indicação da sua autoria. Portanto, a autoria ignorada ou desconhecida do crime antecedente não constitui óbice ao ajuizamento da ação pelo crime de lavagem. (...) Na verdade, a palavra 'indício' usada na Lei de Lavagem representa uma prova dotada de eficácia persuasiva atenuada (prova semiplena), não sendo apta, por si só, a estabelecer a verdade de um fato, ou seja, no momento do recebimento da denúncia, é necessário um início de prova que indique a probabilidade de que os bens, direitos ou valores ocultados sejam provenientes, direta ou indiretamente, de um dos crimes antecedentes. Não é necessário descrever pormenorizadamente a conduta delituosa relativa ao crime antecedente, que pode inclusive sequer ser objeto desse processo (art. 2º, II, da Lei 9.613/98), mas se afigura indispensável ao menos a sua descrição resumida, evitando-se eventual arguição de inépcia da peça acusatória, ou até mesmo trancamento da ação penal por meio de habeas corpus. (...) De se ver que, no momento do recebimento da denúncia, a lei exige indícios suficientes, e não uma certeza absoluta quanto à existência do crime antecedente" (in Luiz Flávio Gomes – Legislação Criminal Especial, Coordenador Luiz Flávio Gomes e Rogério Sanches Cunha, Lavagem ou Ocultação de Bens – Renato Brasileiro, São Paulo: Revista dos Tribunais, 2009, p. 588/590). (...)*

(HC 93368, Relator(a): Min. LUIZ FUX, Primeira Turma, julgado em 09/08/2011, DJe-163 DIVULG 24-08-2011 PUBLIC 25-08-2011 EMENT VOL-02573-01 PP-00030 – grifos do autor)

RECURSO ORDINÁRIO EM HABEAS CORPUS. PENAL. PROCESSUAL PENAL. 1. ALEGAÇÃO DE OFENSA AO PRINCÍPIO DO JUIZ NATURAL. ARGUMENTO DISTINTO DAQUELES APRESENTADOS NA INSTÂNCIA ANTECEDENTE: IMPOSSIBILIDADE DE APRECIAÇÃO. SUPRESSÃO DE INSTÂNCIA. 2. ALEGAÇÃO DE IMPEDIMENTO DO TRIBUNAL REGIONAL FEDERAL DA 3ª REGIÃO PARA O JULGAMENTO DO SEGUNDO RECURSO DE APELAÇÃO INTERPOSTO PELO RECORRENTE: IMPROCEDÊNCIA. HABEAS CORPUS PARCIALMENTE CONHECIDO E, NESSA PARTE, DENEGADO. *1. Se não foi submetida à instância antecedente a alegação de ofensa ao princípio do juiz natural, não cabe ao Supremo Tribunal Federal dela conhecer originariamente, sob pena de supressão de instância. Precedentes. 2. O art. 252, inc. III, do Código de Processo Penal não preceitua qualquer ilegalidade em razão dos julgadores terem exercido a jurisdição na mesma instância, notadamente quando os recursos de apelação foram interpostos pela defesa contra sentenças penais proferidas em processos-crime distintos. 3. A jurisprudência deste Supremo Tribunal assentou a impossibilidade de criação pela via da interpretação de causas de impedimento. Precedentes. 4. A Lei n. 9.613/98 estabelece expressamente a independência de processamento e julgamento dos crimes antecedentes em relação ao crime de lavagem de dinheiro. 5.* ***A identificação do crime antecedente em processo diverso não impede o exercício da jurisdição no processo que trata do crime de lavagem de dinheiro****. 6. Recurso parcialmente conhecido e, nessa parte, denegado. (...)"Alega que ante a autonomia do crime de lavagem e para evitar a prescrição, [os Desembargadores integrantes da Quinta Turma do Tribunal Regional Federal da 3ª Região teriam julgado anteriormente a Apelação nº 2000.61.81.001248-1, oportunidade em que teriam se pronunciado de direito sobre o 'crime antecedente' requisito do crime de lavagem, oportunidade em que demonstraram convicção da existência do 'crime antecedente', do qual na oportunidade o paciente estava absolvido, posto que até então fora acusado de tráfico de influência, cujo tipo penal não convalidaria o crime de lavagem" (fl. 1604). (...) Sustenta que diante do pronunciamento de direito, [os Desembargadores integrantes da Quinta Turma do Tribunal Regional Federal da 3ª Região] deveriam dar-se por impedidos de virem a julgar o 'crime antecedente' após terem afirmado de sua existência, não importando o fato de não terem citado os nomes dos autores, posto que, anteciparam questão de mérito sobre o crime, de forma a ser inexistente e/ou nulo o julgamento posterior pelas mesmas autoridades" (fl. 1604). [Alegações defensivas] (...)* ***Além da Lei n. 9.613/98 ser extremamente clara quanto** à **independência de processamento e julgamento dos crimes antecedentes em relação ao crime de lavagem de dinheiro**, a jurisdição exercida pela Quinta Turma do Tribunal Regional Federal da 3ª Região para manter a condenação relativa ao crime de lavagem de dinheiro no Processo-crime n. 2000.61.81.001248-1 foi exercida de maneira completamente autônoma àquela exercida para reformar a sentença penal do Proc. 2000.61.81.001198-1 e condenar o Recorrente nas penas do crime de peculato-desvio. Verifica-se, portanto, completamente desprovida de razão a alegação do Recorrente no sentido de que a identificação do crime antecedente à lavagem de dinheiro nos autos do Proc. 2000.61.81.001248-1 teria reflexos impeditivos ao exercício da jurisdição no julgamento do recurso de apelação interposto nos autos do Proc. 2000.61.81.001198-1."*

(RHC 105791, Relator(a): Min. CÁRMEN LÚCIA, Segunda Turma, julgado em 11/12/2012, ACÓRDÃO ELETRÔNICO DJe-022 DIVULG 31-01-2013 PUBLIC 01-02-2013 – grifos do autor)

13. COMPETÊNCIA

III – são da competência da Justiça Federal:

a) quando praticados contra o sistema financeiro e a ordem econômico-financeira, ou em detrimento de bens, serviços ou interesses da União, ou de suas entidades autárquicas ou empresas públicas;

b) quando a infração penal antecedente for de competência da Justiça Federal.

13.1. Considerações iniciais

O estudo das regras de competência no âmbito dos crimes de lavagem de dinheiro reveste-se de extrema importância. Na prática forense, talvez seja um dos pontos que mais desperte dúvidas entre os operadores do Direito, pois impacta diretamente na atuação dos órgãos integrantes do sistema de repressão estatal.

De fato, além de fixar o juízo que exercerá a jurisdição no processo e julgamento dos casos de lavagem, ele servirá para a fixação das regras de atribuições ministeriais e da própria atuação da Polícia Judiciária. Dessa forma, são as regras de competência que irão direcionar, em uma primeira análise, qual a unidade do Ministério Público que irá atuar no caso – se Federal ou Estadual – e qual o ofício ou órgão ministerial que efetivamente deterá atribuição para oficiar no feito. Além disso, a determinação da competência federal ou estadual indicará, ainda, a atuação da Polícia Federal ou das Polícias Civis Estaduais na fase investigativa do crime.

Assim, antes mesmo de entrarmos na análise dos dispositivos legais relacionados à competência trazidos pela Lei nº 9.613/98, necessário abordarmos a questão da acessoriedade da lavagem de dinheiro e os impactos de tal característica na fixação das regras de competência.

Como afirmado no capítulo anterior, embora autônoma, a lavagem de dinheiro é derivada da infração penal antecedente, pois são justamente os recursos gerados pelo ilícito anterior que são utilizados na prática das manobras de lavagem.

Portanto, quando da fixação das regras de competência, a nosso sentir, não pode ser tão importância característica esquecida.

Será o crime antecedente a fixar, como regra geral, a competência da lavagem de dinheiro. Se um deriva do outro – e sendo ambos são conhecidos –, não existem razões para tramitarem em órgãos ministeriais ou em juízos distintos.

Nas palavras de Marcelo Batlouni Mendroni, negar tal característica ao delito de lavagem de dinheiro seria o mesmo que torná-lo um "*delito* órfão"[119]. De fato, como regra geral, não se pode admitir que o crime de lavagem seja dissociado da infração penal antecedente.

Sempre que possível, deve o feito de lavagem tramitar em conjunto com a infração penal anterior. Assim, instaurada investigação em relação ao crime antecedente, não haveria razões lógicas para que a investigação da lavagem de dinheiro dela decorrente fosse efetuada por órgão ministerial distinto. Da mesma forma, deflagrada ação penal pela prática do crime antecedente, entendemos que a lavagem de dinheiro deve tramitar no mesmo juízo. É o que indica o próprio legislador, no inciso II do artigo 2º da Lei nº 9.613/98, ao prever a possibilidade de reunião de feitos para processamento e julgamento.

119 Posição defendida pelo citado autor no artigo *Crimes interligados: Constituição define competência para julgar lavagem*, publicado em 02/09/2013 no site Consultor Jurídico (*https://www.conjur.com.br/2013-set-02/marcelo-mendroni-constituicao-preve-competencia-julgar-lavagem*).

Portanto, deve haver reunião de feitos, privilegiando-se a natureza acessória da lavagem de dinheiro e, indubitavelmente, facilitando sua investigação e processamento.

13.1.1. *Regra geral: competência da Justiça Estadual*

Diferentemente do que se pode aparentar, a regra geral é a competência da Justiça Estadual para o processamento e julgamento dos casos de lavagem de dinheiro.

O artigo 2º, inciso III da Lei nº 9.613/98 adota técnica legislativa semelhante à utilizada pelo artigo 109 da Constituição Federal para a fixação da competência da Justiça Federal. No texto constitucional, encontram-se listados nos diversos incisos do referido artigo os casos em que caberá à Justiça Federal, de forma exclusiva, o processo e julgamento de feitos. Em todos os demais, atuará a Justiça Estadual.

No caso da lavagem de dinheiro, não é diferente.

As duas únicas hipóteses de atuação de atuação da Justiça Federal em casos de lavagem de dinheiro encontram-se expressamente descritas nas alíneas do inciso III: *a) quando praticados contra o sistema financeiro e a ordem econômico-financeira, ou em detrimento de bens, serviços ou interesses da União, ou de suas entidades autárquicas ou empresas públicas; b) quando a infração penal antecedente for de competência da Justiça Federal.*

Conforme se verifica, o legislador optou por seguir a mesma regra constitucional, definindo como de competência federal a lavagem de dinheiro, em razão da matéria, dos bens e pessoas envolvidas e da natureza da infração penal antecedente, demonstrar interesse direto ou indireto por parte da União.

Destarte, pode-se afirmar que tais hipóteses constituem a exceções à regra geral, pois todos os demais casos são da competência da Justiça Estadual.[120]

13.1.2. *Conflitos de competência entre Justiça Federal e a Justiça Estadual*

Em havendo a incidência de infrações penais antecedentes que sejam da competência de ambas as Justiças Federal e Estadual, entendemos que a *vis attractiva* é da Justiça Federal, devendo haver nesta a reunião de feitos. Assim, a lavagem delas decorrente igualmente deverá tramitar na Justiça Federal, pois incidirá a regra do artigo 2º, inciso III, alínea b, da Lei nº 9.613/98.

No entanto, a situação exposta não se confunde com o caso da simples remessa de valores ao exterior. Em tais casos, não necessariamente será a lavagem de dinheiro praticada, mesmo com o envio de recursos ilícitos para fora do país, de competência federal.

Para a fixação da competência, há a necessidade de ser analisado, no caso em concreto, se a transferência de recursos foi efetuada de forma legal ou não. Se os valores foram enviados ao exterior, *ad exemplum*, via operação dólar-cabo, à margem da lei e sem os devidos registros

120 No mesmo sentido do texto, Marcelo Batlouni Mendroni, no estudo *Crimes de Lavagem de Dinheiro: Competência – Federal ou Estadual?*, pág.2: *"Torna-se então coerente a interpretação da situação de investigação e processamento de delitos de lavagem de dinheiro associados a crimes cuja competência seja da própria Justiça Federal. Exceção destes, de lege lata, todos os demais, vale dizer, aqueles que não se caracterizam ou não são incluídos na lei nº 7.492/86 e aqueles cujos crimes antecedentes não sejam da competência da Justiça Federal, deverão ter sede de investigação e processamento na justiça estadual."*

perante as autoridades competentes, caracterizada igualmente estará o crime de evasão de divisas, de competência federal, o que tornará igualmente a lavagem de competência da Justiça Federal.

Por outro lado, se o envio de recursos ao exterior, ainda que de origem ilícita, deu-se de forma regular, não restará caracterizada a evasão fiscal. Assim, se os demais delitos antecedentes forem da competência da Justiça Estadual, esta permanecerá competente para processar e julgar a lavagem de dinheiro decorrente.

No sentido do texto, Marcelo Mendroni afirma que

> *"(...) **o simples fato de ocorrer situação de constatação da existência de quantias depositadas no exterior, suspeitas de que sejam provenientes de crimes elencados nos incisos do artigo 1º da Lei nº 9.613/98, não desloca a competência para a justiça federal**. Torna-se necessário, antes de mais nada, para dar cumprimento ao teor do dispositivo legal, averiguar a competência do crime praticado que gerou a obtenção ilícita daquelas quantias. De se considerar também que nestes casos, em que se verifica a existência de fundos depositados no exterior, suspeitos de origem ilícita, eles podem ter origens ilícitas diversas e mesmo o montante total pode provir ao mesmo tempo de origens lícitas e ilícitas, parte de um e parte do outro. Nada impossível que uma conta em outro país tenha sido alimentada por dinheiro criminoso e também por dinheiro obtido licitamente pelo correntista ou beneficiário. Neste caso devem as autoridades providenciar a abertura de investigações pertinentes, tantas quanto forem as origens suspeitas até que, com suficiente grau de convicção, sejam deslocadas para aquela onde se constatar a competência ou mesmo culminando na abertura de processos, tanto na esfera estadual como na esfera federal, cada qual orientada para a busca de evidências da origem do montante criminoso. Exemplificando: A, funcionário da Prefeitura de São Paulo, obtém dinheiro através de crimes de corrupção, no montante de US$ 10 mil. Ao mesmo tempo esse funcionário se integra a uma quadrilha que pratica tráfico ilícito de entorpecentes, tendo adquirido cocaína da Colômbia e revendido na cidade de São Paulo, que lhe rendeu outros US$ 12 mil. Todo esse numerário é depositado em uma conta na Suíça, somando-se US$ 22 mil, onde ele também acrescenta mais US$ 3 mil, que juntou através do seu salário. Enquanto as duas primeiras situações configuram crime de lavagem de dinheiro, fundados nos incisos I e V do artigo 1º da Lei nº 9.613/98, a terceira situação pode configurar crime de evasão de divisas. Torna-se necessário então distinguir: Na primeira situação, o agente deverá responder por crime de lavagem de dinheiro perante a justiça estadual, dada a origem de crime de competência estadual do crime de corrução praticado; na segunda situação, o agente responderá por crime de tráfico de entorpecentes perante a justiça federal, em razão da natureza federal do crime antecedente; e na terceira situação – que deverá gerar investigação e processo diverso, ele deverá responder pelo crime de evasão de divisas (e não lavagem de dinheiro – porque a sua origem é lícita), perante a justiça federal, naturalmente competente.*

13.1.3. Conexão probatória

A fixação da competência por conexão encontra-se prevista no artigo 2º, inciso II, segunda parte, da Lei nº 9.613/98: *"(...) cabendo ao juiz competente para os crimes previstos nesta Lei a decisão sobre a unidade de processo e julgamento"*.

A reunião de feitos se justifica em razão da utilidade do processamento conjunto entre a lavagem de dinheiro e o crime antecedente, uma vez que ambos os delitos guardam estreita relação, sendo este, como já afirmado, elementar da lavagem, uma vez que lhe gera o proveito econômico objeto de suas manobras.

Por razões evidentes, o processo e julgamento da lavagem de dinheiro juntamente com os crimes antecedentes facilita a atividade jurisdicional, possibilitando ao julgador um contato mais próximo com os delitos prévios que deram origem à lavagem, permitindo-lhe reunir maiores condições para, de maneira acertada, exercer o poder jurisdicional que lhe é conferido.

A união dos feitos tende ainda a evitar a prolação de decisões conflitantes sobre fatos que guardam íntima relação. Além disso, permite, na visão defensiva, um melhor exercício do contraditório e da ampla defesa.[121]

No nosso entendimento, a modalidade de conexão que mais se aplica aos casos de lavagem de dinheiro é a *conexão instrumental ou probatória*, prevista no artigo 76, inciso III do CPP, a qual ocorre *"quando a prova de uma infração ou de qualquer de suas circunstâncias elementares influir na prova de outra infração"*. [122]

A reunião de feitos por conexão probatória, no entanto, dependerá da discricionariedade do juiz competente para o processo e julgamento do crime de lavagem de dinheiro, tomando-se por base, *a contrario sensu*, a regra constante do artigo 80 do CPP.[123]

Nesse particular, apesar de sermos entusiastas da aplicação regra da conexão probatória no âmbito de casos de lavagem de dinheiro, entendemos que esta deve ocorrer apenas nos casos em que restar devidamente demonstrado que a reunião de feitos trará efetivos benefícios ou evitará a ocorrência de prejuízos às atividades investigatória e jurisdicional.

A desmedida ampliação do conceito da conexão instrumental, abrangendo casos nos quais não se evidencia, de maneira inquestionável, a necessidade da reunião de feitos, caracteriza, a nosso sentir, injustificada e ilegal violação aos princípios do "Promotor Natural" e do "Juiz Natural". Em alguns casos, subvertem-se normas estritas de fixação de atribuição e competência baseando-se, unicamente, no fato de a prova que origina a investigação subsequente ter sido descoberta no bojo do caso inicial.

13.1.4. Conflitos de competência entres Justiças Estaduais e entre Juízos de um mesmo Estado

Outra questão que se levanta é a determinação da competência da lavagem quando os crimes antecedentes são praticados em mais de uma unidade da Federação ou, se dentro de um Estado, em Comarcas distintas.

A hipótese não se refere a delitos antecedentes praticados em mais de uma unidade da Federação que, de alguma forma, amoldam-se à regra da competência da Justiça Federal, pois em tal caso, conforme o artigo 2º, inciso III, da Lei nº 9.613/98, a lavagem de dinheiro será de competência federal.

---

121 Pierpaolo Bottini e Gustavo Badaró. Obra citada, p. 291.

122 Os mesmos autores defendem a aplicação, no âmbito da lavagem, da *conexão objetiva ou teleológica*, prevista no artigo 76, inciso III do CPP, quando as infrações penais *"houverem sido umas praticadas para facilitar ou ocultar as outras, ou para conseguir impunidade ou vantagem em relação a qualquer delas"*.

123 No sentido do texto, Sérgio Fernando Moro, *in* O processo penal no crime de lavagem. Comentários à lei pelos juízes das varas especializadas em homenagem ao Ministro Gilson Dipp, p. 121. Porto Alegre. Livraria do Advogado, 2007 e Renato Brasileiro de Lima, *Lavagem e ocultação de bens*. In GOMES, Luiz Flávio; CUNHA, Rogério Sanches (coordenadores). Legislação criminal especial, p. 576. São Paulo. Ed. RT, 2009. A jurisprudência igualmente tem adotado posicionamento prevalente no sentido de que a reunião de feitos por conexão probatória depende da discricionariedade judicial. *Ad exemplum*: "O STJ entende que a reunião de processos em razão da conexão é uma faculdade do juiz, conforme interpretação a *contrario sensu* do art. 80 do Código de Processo Penal que possibilita a separação de determinados processos. Precedentes". (STJ, RHC 29.658/RS, 5ª Turma, julgamento em 02/02/2012, relatoria Min. Gilson Dipp, *DJe* 08/02/20120).

No entanto, dúvidas se apresentam quando, *exempli gratia*, uma quadrilha pratica lavagem de dinheiro com o proveito financeiro obtido com a realização de variados furtos a caixas eletrônicos, ocorridos em cidades próximas, porém situadas em estados diversos. Da mesma forma, quando determinado servidor público, na posse de recursos oriundos de crimes de corrupção passiva praticado em município do interior do estado, dirige-se à capital deste, onde efetua a compra de um suntuoso apartamento e o registra em nome de terceira pessoa para ocultar a real propriedade.

Em ambos os casos, embora indiscutível a competência estadual para atuar no caso, há a necessidade de regra para se determinar qual a Justiça e a Vara será competente para processar e julgar a lavagem de dinheiro. Na primeira hipótese, há a necessidade de saber a Justiça de qual dos dois Estados será competente. Na segunda, de igual maneira, ainda que mesmo de um mesmo estado, necessário determinar qual o Juízo será competente para atuar no feito.

A solução da questão passa, a nosso sentir, pela aplicação subsidiária das regras de competência previstas no Código de Processo Penal.

Nesse sentido, deve ser seguida a regra da competência territorial, entre jurisdições de mesma categoria (artigo 78, inciso II do CPP), adotando-se os seguintes balizamentos: *a) preponderará a do lugar da infração, à qual for cominada a pena mais grave; b) prevalecerá a do lugar em que houver ocorrido o maior número de infrações, se as respectivas penas forem de igual gravidade; e c) firmar-se-á a competência pela prevenção, nos outros casos.*

Assim sendo, entendemos que a aplicação da regra prevista na legislação processual penal demonstra-se suficiente para a solução de questionamentos em relação à fixação de competência entre Justiças de estados distintos e mesmo entre Juízos diversos dentro de um mesmo estado.

Contudo, não é demais lembrar que incide sobre a regra prevista no artigo 78, inciso II do CPP são de natureza relativa, sendo indispensável a demonstração de efetivo prejuízo para invalidação de atos praticados em alegada violação a tais normas processuais.

14. JUSTA CAUSA E ELEMENTOS NECESSÁRIOS PARA A PROPOSIÇÃO DA AÇÃO PENAL

> § 1º A denúncia será instruída com indícios suficientes da existência da infração penal antecedente, sendo puníveis os fatos previstos nesta Lei, ainda que desconhecido ou isento de pena o autor, ou extinta a punibilidade da infração penal antecedente.

Não é exigível, para o início da investigação, processamento e, até mesmo, condenação pela prática da lavagem de dinheiro, que tenha sido ajuizada ação penal ou obtida condenação judicial em relação à infração penal antecedente. Na verdade, a lavagem de dinheiro perdurará mesmo que desconhecido, isento de pena ou extinta a punibilidade em relação à infração penal antecedente.

Como se sabe, para a caracterização da lavagem de dinheiro faz-se necessária a demonstração da *intencionalidade* por parte do agente criminoso. Ou seja, torna-se imprescindível que o agente pratique a conduta munido de *consciência e vontade* dirigido à realização dos elementos objetivos previstos nos tipos penais descritos no artigo 1º da Lei nº 9.613/98.

No entanto, como parte integrante do aspecto subjetivo do delito de lavagem de dinheiro, torna-se necessária a demonstração que o agente praticou a conduta típica munido de consciência e vontade, tendo plena ciência acerca da procedência ilícita dos bens objeto da lavagem.

Por conseguinte, o que se faz necessário, apenas, é a regular demonstração, quando da imputação da prática da lavagem, que o recurso financeiro, objeto de suas manobras, detinha proveniência ilícita.

Nesse sentido, a denúncia deve descrever, de forma minuciosa, os fatos que se amoldam ao tipo penal de lavagem de dinheiro, incluindo a narrativa relativa aos crimes antecedentes, de forma a demonstrar a presença de indícios robustos quanto à ilicitude dos recursos que foram objeto das operações de lavagem.

A jurisprudência pátria[124] tem sido pacífica no sentido de que não se considera inepta denúncia que apresenta descrição detalha dos atos de lavagem e informações suficientes quanto aos indícios da prática do crime antecedente. Nesse sentido, encontram-se diversos julgados do STF, merecendo registro o a ementa de acórdão abaixo transcrito, de relatoria do saudoso Ministro Teori Zavascki:

> *PENAL. AUSÊNCIA DE INTIMAÇÃO DOS DEFENSORES PARA A SESSÃO DE JULGAMENTO DO HABEAS CORPUS. NULIDADE. NÃO OCORRÊNCIA. LAVAGEM DE DINHEIRO. ART. 1º, VI, DA LEI 9.613/1998 (REDAÇÃO ANTERIOR À LEI 12.683/2012). EXTINÇÃO PREMATURA DA AÇÃO PENAL. QUESTÕES DE MÉRITO QUE DEVEM SER DECIDIDAS PELO JUIZ NATURAL DA CAUSA. 1. Por não depender de pauta, a jurisprudência desta Corte tem acolhido a tese de que somente haverá nulidade do julgamento de habeas corpus, por ausência de comunicação prévia, quando a defesa requerer que seja cientificada da data do julgamento. Assim, ausente requerimento de sustentação oral, não há falar em cerceamento de defesa. Precedentes. 2.* ***A denúncia descreve de forma individualizada e objetiva as condutas atribuídas ao recorrente, adequando-as, em tese, ao tipo de lavagem de dinheiro (art. 1º, VI, da Lei nº 9.613/96), na medida em que expõe a suposta utilização de subterfúgio autônomo com o objetivo de conferir aparência lícita a valores, em tese, provenientes de crime. Assim, por não se cuidar de mera utilização do produto do delito dito 'antecedente', as ações descritas possuem relevo para a esfera penal e, portanto, não cabe a esta Corte suprimir do Ministério Público a produção de prova dirigida** à **demonstração de suas alegações**. 3. Ademais, não há como avançar nas alegações postas no*

124 A respeito do tema, vide ainda: *HABEAS CORPUS. CRIME DE LAVAGEM DE DINHEIRO. PROVA DA MATERIALIDADE DO DELITO ANTECEDENTE. DESNECESSIDADE, BASTANDO A EXISTÊNCIA DE INDÍCIOS. INÉPCIA DA DENÚNCIA. NÃO OCORRÊNCIA. AUSÊNCIA DE MOTIVO SUFICIENTE PARA O TRANCAMENTO DA AÇÃO PENAL. ORDEM DENEGADA.* ***Não** é **inepta a denúncia que, como no caso, individualiza a conduta imputada a cada réu, narra articuladamente fatos que, em tese, constituem crime, descreve as suas circunstâncias e indica o respectivo tipo penal, viabilizando, assim, o contraditório e a ampla defesa. A denúncia não precisa trazer prova cabal acerca da materialidade do crime antecedente ao de lavagem de dinheiro. Nos termos do art. 2o, II e § 1o, da Lei 9.613/1998, o processo e julgamento dos crimes de lavagem de dinheiro "independem do processo e julgamento dos crimes antecedentes", bastando que a denúncia seja "instruída com indícios suficientes da existência do crime antecedente", mesmo que o autor deste seja "desconhecido ou isento de pena"**. Precedentes (HC 89.739, rel. min. Cezar Peluso, DJe-152 de 15.08.2008). Além disso, a tese de inexistência de prova da materialidade do crime anterior ao de lavagem de dinheiro envolve o reexame aprofundado de fatos e provas, o que, em regra, não tem espaço na via eleita. O trancamento de ação penal, ademais, é medida reservada a hipóteses excepcionais, como "a manifesta atipicidade da conduta, a presença de causa de extinção da punibilidade do paciente ou a ausência de indícios mínimos de autoria e materialidade delitivas" (HC 91.603, rel. Ellen Gracie, DJe-182 de 25.09.2008), o que não é caso dos autos. Ordem denegada.* ***(STF – HC: 94958 SP, Relator: JOAQUIM BARBOSA, Data de Julgamento: 09/12/2008, Segunda Turma, Data de Publicação: DJe-025 DIVULG 05-02-2009 PUBLIC 06-02-2009 EMENT VOL-02347-04 – grifos do autor).***

> *recurso sobre a licitude do recebimento dos valores ou a veracidade das acusações, pretensões, aliás, que demandariam o revolvimento de fatos e provas. Caberá ao juízo natural da causa, com observância ao princípio do contraditório, proceder ao exame dos elementos de prova colhidos e conferir a definição jurídica adequada para o caso. 4. Recurso ordinário improvido.*
>
> ***(RHC 124313, Relator(a): Min. TEORI ZAVASCKI, Segunda Turma, julgado em 10/03/2015, PROCESSO ELETRÔNICO DJe-090 DIVULG 14-05-2015 PUBLIC 15-05-2015 – grifos do autor)***

No mesmo sentido do julgado acima, quando da apreciação de *habeas corpus* levada a julgamento na 1ª Turma do STF, o eminente Ministro Luiz Fux, citando abalizada doutrina de Renato Brasileiro, reafirma a independência da lavagem de dinheiro em relação à infração penal antecedente, ressaltando a desnecessidade de juízo de certeza em relação a esta quando do recebimento da exordial acusatória, *in verbis:*

> *PENAL E PROCESSO PENAL. HABEAS CORPUS. CRIMES CONTRA O SISTEMA FINANCEIRO. LEI Nº 7.492/86, ARTS. 4º, 16 E 22, PARÁGRAFO ÚNICO. CRIMES DE LAVAGEM DE DINHEIRO. LEI Nº 9.613/98, ART. 1º, VI E VII C/C ARTIGO 1º, § 1º, II C/C ARTIGO 1º, § 2º, II C/C ARTIGO 1º, § 4º. CONEXÃO HÁBIL A FIXAR A COMPETÊNCIA DO JUÍZO PREVENTO. AUSÊNCIA DE JUSTA CAUSA NÃO VERIFICADA. SUPERVENIÊNCIA DA SENTENÇA QUE PREJUDICA A ANÁLISE DA AUSÊNCIA DE JUSTA CAUSA. INOCORRÊNCIA DA INÉPCIA DA DENÚNCIA. COMPATIBILIDADE ENTRE OS CRIMES DOS ARTIGOS 4º E 16 DA LEI 7.492/86. INADMISSIBILIDADE DE REEXAME DE PROVA NA VIA ESTREITA DO HABEAS CORPUS. PRECEDENTES. ORDEM DENEGADA. (...) 4.* ***A denúncia que descreve minuciosamente fatos que se subsumem ao disposto no art. 1º, VI, da Lei 9.613/98, qual seja, o crime contra o sistema financeiro nacional, não é inepta, porquanto traz a narrativa dos crimes antecedentes. Para a instauração da ação penal ou para o ato de recebimento da denúncia, não se faz necessária a certeza quanto aos crimes antecedentes. 5. O processo e julgamento do crime de lavagem de dinheiro é regido pelo Princípio da Autonomia, não se exigindo, para que a denúncia que imputa ao réu o delito de lavagem de dinheiro seja considera apta, prova concreta da ocorrência de uma das infrações penais exaustivamente previstas nos incisos I a VIII do art. 1º do referido diploma legal, bastando a existência de elementos indiciários de que o capital lavado tenha origem em algumas das condutas ali previstas. 6. A autonomia do crime de lavagem de dinheiro viabiliza inclusive a condenação, independente da existência de processo pelo crime antecedente.*** *7.* ***É o que dispõe o artigo 2º, II, e § 1º, da Lei nº 9.613/98: "O processo e julgamento dos crimes previstos nesta Lei: II – independem do processo e julgamento dos crimes antecedentes referidos no artigo anterior, ainda que praticados em outro país; § 1º A denúncia será instruída com indícios suficientes da existência do crime antecedente, sendo puníveis os fatos previstos nesta Lei, ainda que desconhecido ou isento de pena o autor daquele crime."*** *8. A doutrina do tema assenta: "Da própria redação do dispositivo depreende-se que é suficiente a demonstração de indícios da existência do crime antecedente, sendo desnecessária a indicação da sua autoria. Portanto, a autoria ignorada ou desconhecida do crime antecedente não constitui óbice ao ajuizamento da ação pelo crime de lavagem. (...)* ***Na verdade, a palavra 'indício' usada na Lei de Lavagem representa uma prova dotada de eficácia persuasiva atenuada (prova semiplena), não sendo apta, por si só, a estabelecer a verdade de um fato, ou seja, no momento do recebimento da denúncia, é necessário um início de prova que indique a probabilidade de que os bens, direitos ou valores ocultados sejam provenientes, direta ou indiretamente, de um dos crimes antecedentes. Não é necessário descrever pormenorizadamente a conduta delituosa relativa ao crime antecedente, que pode inclusive sequer ser objeto desse processo (art. 2º, II, da Lei 9.613/98), mas se afigura indispensável ao menos a sua descrição resumida, evitando-se eventual arguição de inépcia da peça acusatória, ou até mesmo trancamento da ação penal por meio de habeas corpus. (...) De se ver que, no momento***

***do recebimento da denúncia, a lei exige indícios suficientes, e não uma certeza absoluta quanto** à **existência do crime antecedente**" (in Luiz Flávio Gomes – Legislação Criminal Especial, Coordenador Luiz Flávio Gomes e Rogério Sanches Cunha, Lavagem ou Ocultação de Bens – Renato Brasileiro, São Paulo: Revista dos Tribunais, 2009, p. 588/590). (...)*

(HC 93368, Relator(a): Min. LUIZ FUX, Primeira Turma, julgado em 09/08/2011, DJe-163 DIVULG 24-08-2011 PUBLIC 25-08-2011 EMENT VOL-02573-01 PP-00030)

Da mesma forma, quando da apresentação da exordial acusatória, não se pode exigir que o conhecimento acerca da ilicitude que macula os bens objeto da conduta típica seja preciso por parte do agente delituoso. Assim, não é necessária a demonstração de que o agente tinha conhecimento preciso de qual crimes ou contravenções penais foram praticadas, gerando o proveito financeiro empregado nas atividades de lavagem.

Na verdade, o que se faz necessário, apenas, é a efetiva demonstração que o agente tinha conhecimento da origem delitiva dos bens, direitos ou valores por ele utilizados quando da realização das manobras de lavagem de dinheiro.[125]

15. INAPLICABILIDADE DA SUSPENSÃO PROCESSUAL E DO CURSO PROCESSUAL (ART. 366 DO CPP)

> § 2º No processo por crime previsto nesta Lei, não se aplica o disposto no art. 366 do Decreto-Lei nº 3.689, de 3 de outubro de 1941 (Código de Processo Penal), devendo o acusado que não comparecer nem constituir advogado ser citado por edital, prosseguindo o feito até o julgamento, com a nomeação de defensor dativo.

Por força de expressa previsão em sentido contrário, contida no § 2º do artigo 2º da Lei nº 9.613/98, não se aplica aos casos de lavagem de dinheiro a regra prevista no artigo 366 do CPP. Em tais casos, se o acusado pela prática de lavagem não comparecer e nem constituir advogado

125 A jurisprudência do STF, de maneira coerente com os princípios que regem a lavagem de dinheiro, tem decidido, quanto à imputação do tipo penal em questão, ser aceitável a demonstração dos indícios de crime antecedente que vem sendo processado em feito diverso da lavagem, não sendo estritamente necessária a reunião de processos em tal caso. Nesse sentido: "RECURSO ORDINÁRIO EM HABEAS CORPUS. PENAL. PROCESSUAL PENAL. 1. ALEGAÇÃO DE OFENSA AO PRINCÍPIO DO JUIZ NATURAL. ARGUMENTO DISTINTO DAQUELES APRESENTADOS NA INSTÂNCIA ANTECEDENTE: IMPOSSIBILIDADE DE APRECIAÇÃO. SUPRESSÃO DE INSTÂNCIA. 2. ALEGAÇÃO DE IMPEDIMENTO DO TRIBUNAL REGIONAL FEDERAL DA 3ª REGIÃO PARA O JULGAMENTO DO SEGUNDO RECURSO DE APELAÇÃO INTERPOSTO PELO RECORRENTE: IMPROCEDÊNCIA. HABEAS CORPUS PARCIALMENTE CONHECIDO E, NESSA PARTE, DENEGADO. 1. Se não foi submetida à instância antecedente a alegação de ofensa ao princípio do juiz natural, não cabe ao Supremo Tribunal Federal dela conhecer originariamente, sob pena de supressão de instância. Precedentes. 2. O art. 252, inc. III, do Código de Processo Penal não preceitua qualquer ilegalidade em razão dos julgadores terem exercido a jurisdição na mesma instância, notadamente quando os recursos de apelação foram interpostos pela defesa contra sentenças penais proferidas em processos-crime distintos. 3. A jurisprudência deste Supremo Tribunal assentou a impossibilidade de criação pela via da interpretação de causas de impedimento. Precedentes. 4. **A Lei n. 9.613/98 estabelece expressamente a independência de processamento e julgamento dos crimes antecedentes em relação ao crime de lavagem de dinheiro. 5. A identificação do crime antecedente em processo diverso não impede o exercício da jurisdição no processo que trata do crime de lavagem de dinheiro**. 6. Recurso parcialmente conhecido e, nessa parte, denegado." **(RHC 105791, Relator(a): Min. CÁRMEN LÚCIA, Segunda Turma, julgado em 11/12/2012, ACÓRDÃO ELETRÔNICO DJe-022 DIVULG 31-01-2013 PUBLIC 01-02-2013 – grifos do autor)**

para a defesa de seus interesses, deve ser adotada a citação por edital, com a nomeação de defensor dativo para a sua defesa, com o regular prosseguimento do feito até julgamento final.

A despeito de vozes que se levantam em sentido contrário[126], entendemos perfeitamente adequado à ordem constitucional vigente, não significando qualquer tipo de violação aos princípios da ampla defesa e do contraditório.

De fato, não há falar-se em inviabilização da ampla defesa do acusado ou limitação ao exercício do contraditório, uma vez que a própria lei lhe assegura que o processo somente seguirá após a nomeação de defensor dativo para a defesa de seus interesses. Sem isso, impossível será a continuidade do feito.

De toda sorte, não se pode esquecer que a regra somente prevista no artigo 2º, § 2º somente será aplicada após esgotados todos as tentativas de adoção da citação pessoal do acusado, inclusive nos endereços deste constantes dos bancos de dados oficiais. Na verdade, em um mundo onde se faz necessária a manutenção de dados atualizados para simples compras de bens de consumo em supermercados ou lojas de departamento, não nos parece crível que o acusado que não deseja se eximir de sua responsabilidade perante a Justiça, não venha a ser encontrado em nenhum dos endereços constantes dos bancos de dados oficiais e que se encontram à disposição do Poder Judiciário e do Ministério Público.

Ademais, demonstra-se indubitável que o afastamento da regra processual prevista no artigo 366 do CPP privilegia o interesse público nitidamente apresentado em casos de lavagem de dinheiro. Torna-se evidente, em tal caso, a intenção do legislador em dar tratamento processual distinto àquele que pratica a lavagem de dinheiro, crime de consequências nefastas para a sociedade e merecedor de uma efetiva reprimenda estatal.

Nas palavras de Marcelo Mendroni, *"parece intuitivo que o espírito da lei de lavagem de dinheiro, diversamente do (espírito) das leis processuais ordinárias – porque combate crime extremamente repugnante, seguramente mais grave do que os crimes antecedentes que a geraram –, deve ser aplicado com êxito. Ninguém deve desconhecer que o art. 366 do Código de Processo Penal, com a redação antiga, esteve durante anos sem que inconstitucionalidade fosse arguida".* O referido autor ainda continua: *"O que não pode acontecer é atrelar-se a justiça ao sabor da ocultação de um suposto criminoso que, endinheirado, não hesitará em valer-se dos mais variados artifícios para não ser encontrado, ainda mais em um país de dimensões continentais. Há incontáveis casos criminais e cíveis, em todo o país, em que o réu leva anos para ser citado, e em muitos deles jamais é encontrado. Mas isso significa que, na Lei 9.613/98, não encontrado, terá o advogado nomeado pelo Juízo em atenção ao princípio da ampla defesa. E ora, é evidente que a citação pessoal será tentada, que o Oficial de justiça deverá certificar a sua não localização e que, não havendo se ocultado, o acusado será encontrado e terá todas as chances de comparecer e constituir advogado – e defender-se no estrito cumprimento do devido processo legal".*[127]

Por fim, embora a questão ainda não tenha sido objeto de devida análise por parte de nossa Suprema Corte, o Ministro Gilmar Mendes, em obra específica na qual comenta, dentre outros tópicos, justamente os aspectos processuais da lei de lavagem de dinheiro, afirma:

---

126 Em sentido contrário, entendendo ser inconstitucional a norma prevista no § 2º do artigo 2º da Lei nº 9.613/98, por violar o principio da ampla defesa e impossibilitar a exercício do contraditório, encontram-se Pierpaolo Bottini e Gustavo Badaró, Lavagem de Dinheiro: aspectos penais e processuais penais. Citado, p. 327/330; Marco Antonio de Barros, *Lavagem de Capitais*, cit. p.210; Rodolfo Tigre Maia, *Lavagem de Dinheiro*, cit. p. 125 e Renato Brasileiro de Lima, Lavagem e ocultação de bens, p. 594, dentre outros.

127 Marcelo Batlouni Mendroni, Crime de lavagem de dinheiro, obra citada, págs. 149/151.

> *"Uma questão polêmica é a cláusula constante da lei que determina a não-aplicabilidade do disposto no artigo 366 do Código de Processo Penal, relativa à suspensão do processo na hipótese de citação por edital. É claro que dentro de uma visão ortodoxa é razoável que se faça crítica.* ***Quem considerar a gravidade do crime, certamente com interesse na persecução, não terá também dificuldade para justificar a opção legislativa que aqui se fez****"*.[128]

16. MEDIDAS CAUTELARES PATRIMONIAIS

16.1. Introdução

As *medidas cautelares patrimoniais ou reais* encontram-se previstas no capítulo VI do Código Penal, nos artigos 125 a 144-A – com as modificações e introduções legislativas trazidas pelas Leis nº 11.435/06 e 12.694/12 – e no artigo 4º da Lei nº 9.613/98.

Na prática, caracterizam-se como importante instrumento de repressão ao crime, pois permitem que o Estado atinja o patrimônio do agente delituoso, proporcionando reparação à vítima em razão dos prejuízos sofridos em decorrência da prática do delito.

No caso específico da lavagem de dinheiro, as *medidas cautelares patrimoniais* visam a recompor a ordem socioeconômica, flagrantemente violada com a prática de tal delito financeiro. Tamanha é a importância prática das medidas assecuratórias para os casos de lavagem de dinheiro que, para alguns autores, tratam-se dos *"melhores e mais eficientes instrumentos previstos na Lei nº 9.613/98"*.[129]

De fato, as medidas assecuratórias – *e a própria perda judicial (artigo 7º, inciso I)* – revelam-se como instrumentos de crucial importância para uma efetiva repressão aos delitos financeiros, nomeadamente, a lavagem de dinheiro. Sem elas, certamente, a luta contra tais espécies delituosas seria ainda mais árdua.

Isso porque, se analisarmos o histórico de efetividade na aplicação da lei penal, veremos que com o passar dos anos houve o surgimento de uma classe privilegiada de pessoas, as quais, em razão do poderio econômico que ostentam, sempre se valeram dos inúmeros subterfúgios processuais para não se sujeitarem à aplicação da lei. São aqueles conhecidos na doutrina norteamericana como *non-jailable* ou "não passíveis de prisão/punição".

Entretanto, temos testemunhado uma nítida mudança de realidade em nosso país em razão da efetiva aplicação das normas de repressão aos crimes de lavagem de dinheiro.

A mudança presenciada decorre, por um lado, das inovações trazidas ao quadro legislativo, que restou aperfeiçoado com a extensão do rol de antecedentes da lavagem para toda e qualquer infração penal que gere proveito financeiro. Por outro lado, substanciais inovações foram acrescentadas ao instituto das medidas assecuratórias, possibilitando uma efetiva atuação estatal sobre o patrimônio do agente criminoso. Assim agindo, franqueou o legislador, aos órgãos de aplicação da lei, uma gama de novos instrumentos legais que tornaram mais eficaz a atuação estatal, aumentando para delinquente, por consequência, o "custo-benefício" do crime. Na verdade, o crime não pode compensar.

128 MENDES, Gilmar. Aspectos penais e processuais penais da Lei de Lavagem de Dinheiro. Seminário Internacional sobre Lavagem de Dinheiro – Série Cadernos do CEJ – Conselho da Justiça Federal, 2000, p. 32. Citado por Marcelo Mendroni, Crime de lavagem de dinheiro, p. 150.

129 Adjetivação apresentada por Marcelo Mendroni, em Crime de Lavagem de Dinheiro. Obra cit., p. 152.

Com efeito, instrumentos tradicionais de repressão ao crime – como a própria pena privativa de liberdade – tiveram sua eficácia prática mitigada, vindo a surgir um novo protagonismo no sistema repressivo estatal aos delitos de lavagem de dinheiro: *as medidas cautelares patrimoniais*.

Nesse aspecto, nas palavras de Rogério Filippetto, *"percebe-se uma inquinação no sentido de que as respostas que se apresentam aos crimes de lavagem sejam cada vez mais despidas dos contornos das sanções tradicionais do Direito Penal. Elas afastam-se de um conteúdo eminentemente corporal, para assumir uma feição patrimonial"*.[130]

De fato, na seara da delinquência financeira, o fluxo ilícito de recursos evidencia-se como o ponto central na engrenagem de funcionamento das organizações criminosas. Tal como o sangue no organismo humano, o dinheiro ilícito "irriga" o atuar das associações clandestinas direcionada à prática de crimes, permitindo que suas estruturas hierárquicas, dotadas de regular divisão de tarefas e integradas por inúmeros criminosos, funcionem de forma orquestrada, como uma verdadeira "empresa do crime".

A simples privação de liberdade de seus integrantes não tem se mostrado suficiente para abalar o regular funcionamento das organizações criminosas. Impera sobre estes, principalmente os que atuam nas camadas mais externas, um alto nível de fungibilidade, sendo facilmente substituídos por outros "operários do crime". Para se ter sucesso na repressão aos crimes de lavagem de dinheiro, devem se encontrar ombreadas à prisão, as medidas cautelares patrimoniais, as quais precisam ser aplicadas de forma rápida e efetiva, de modo que o fluxo financeiro das organizações criminosas venha a ser interrompido. Conforme se diz no bordão popular, atingir o criminoso *"na parte mais sensível do seu corpo: o bolso"*.[131]

16.2. Medidas assecuratórias no CPP

Antes de adentrarmos no estudo específico das regras aplicadas às *medidas cautelares patrimoniais* no âmbito da lavagem de dinheiro, faz-se necessário, a nosso sentir, efetuarmos rápida análise das previsões relativas às medidas assecuratórias contidas no Código de Processo Penal.

As medidas assecuratórias encontram-se previstas no capítulo VI do Código de Processo Penal, nos artigos 125 e 144-A, os quais foram objeto de diversas alterações trazidas pelas Leis ns. 11.435/06 e 12.694/12.

Em uma primeira análise, importante ressaltar que as medidas cautelares patrimoniais guardam estreita relação com os efeitos genéricos da condenação, previstos no artigo 91 do Código

130 *In* Lavagem de Dinheiro: crime econômico da pós-modernidade. Cit., p. 198.

131 Nas palavras de **Rogério Filippetto**, *"é a despatrimonialização do crime, fazendo com que o crime não compense"*. Obra citada, p.190. O referido autor ainda acrescenta: "No que diz respeito aos crimes de lavagem de dinheiro, as medidas inspiradas no Código de Processo Penal permanecem com essa índole reparatória, mas a ela associam outra mais importante, que é a utilização posterior daquele patrimônio a título de perdimento, como efeito da condenação. A preservação patrimonial pode destinar-se a satisfazer a vítima eventualmente identificada, mas também para reparar a vulneração da ordem socioeconômica, quando então a vítima é a sociedade como um todo, fazendo-se representar pelo próprio Estado. Ressalvado o aspecto reparatório, a conservação da riqueza identificada para fins de perdimento objetiva satisfazer também o fim obtuso da lei de lavagem, impedindo que o agente aproveite o fruto do ilícito, forma através da qual também indiretamente pune-se o crime anterior. É possível propor, ainda, que guarneçam o patrimônio para uma possibilidade que se apresenta para o futuro, após um aperfeiçoamento legislativo: viabilizar a aplicação da pena de perda de bens e valores". Obra citada, p.210.

Penal. Por intermédio delas, permite-se que os bens, direitos e valores que constituem os produtos e os instrumentos do crime sejam atingidos pelo Estado, assegurando-se posterior indenização à vítima e a perda em favor da União dos objetos de fabrico, porte ou uso não permitidos.[132]

A *perda judicial* dos bens relacionados com a prática delituosa, conforme salienta Rogério Filippetto, *"é uma evolução da denominada pena acessória, que seguia à punição principal, isto é, à pena privativa de liberdade, para ser considerada na atualidade, como uma consequência da condenação"*[133]. Em outras palavras, a perda judicial nada mais é que uma consequência lógica da condenação penal, aplicada de forma a impedir que o agente criminoso lucre com a prática dos crimes.

Além da perda judicial, outra obrigação decorre da sentença penal condenatória: o *dever de indenizar*. Imputa-se ao criminoso a obrigação legal de prestar reparação à vítima, como forma de compensação em razão das violações suportadas em decorrência da prática criminosa. No âmbito da lavagem de dinheiro, diversamente, a o *dever de indenizar* adquire finalidade distinta, pois, de maneira difusa, visa a recompor a ordem socioeconômica maculada com a prática delituosa.

16.2.1. Natureza jurídica

As medidas assecuratórias previstas no CPP possuem natureza jurídica de *provimentos cautelares*, devendo obedecer às mesmas regras aplicáveis a todo procedimento de tal natureza, com autuação em apartado e prazos para o ajuizamento da ação principal.

Como toda medida cautelar, para o seu deferimento, devem se encontrar presentes os elementos que constituem o *fumus boni iuris* e o *periculum in mora*. Dessa forma, devidamente comprovados os indícios suficientes da prática do crime e de sua autoria, deve o provimento antecipatório ser deferido pela autoridade judiciária competente, como forma de salvaguarda dos bens envolvidos na prática da conduta delituosa, impedindo-se que eventual demora na prolação de decisão judicial definitiva, frustre a efetiva aplicação dos efeitos da condenação.

16.2.2. Apreensão (artigos 240 a 250 do CPP)

A *apreensão* – ou busca e apreensão, conforme tratada pelo legislador[134] – consiste na atuação estatal direcionada à arrecadação de todos os bens móveis envolvidos na prática de

---

132 Art. 91 do CP: São efeitos da condenação: I – tornar certa a obrigação de indenizar o dano causado pelo crime; II – a perda em favor da União, ressalvado o direito do lesado ou de terceiro de boa-fé: a) dos instrumentos do crime, desde que consistam em coisas cujo fabrico, alienação, uso, porte ou detenção constitua fato ilícito; b) do produto do crime ou de qualquer bem ou valor que constitua proveito auferido pelo agente com a prática do fato criminoso.

133 O referido autor, ao afirmar que a reforma penal de 1984 extinguiu a pena acessória, cita Aníbal Bruno: "O seu fundamento pode ser a natureza do crime cometido, ou a falta ao cumprimento de certos deveres, ou a espécie ou gradação da pena aplicada. Verificado um dêsses fundamentos previstos na lei, a pena acessória impõe-se de maneira obrigatória, e pode resultar automaticamente da condenação, ou, como é mais comum acontecer, vir declarada expressamente na sentença" (BRUNO, Direito Penal: parte geral. Tomo 3, p.91. 3ª edição, Rio de Janeiro, Ed. Forense, 1967). *In* Lavagem de Dinheiro: crime econômico da pós-modernidade. Cit., p.184.

134 A apreensão que se caracteriza como o provimento cautelar adotado para a arrecadação dos bens envolvidos da prática do crime. A busca, na verdade, é apenas a ação utilizada para a efetivação do provimento cautelar. Contudo, diante da terminologia adotada pela legislação, tornou-se praxe a tratar o provimento cautelar em questão como "busca e apreensão". Além disso, parte da doutrina pátria não encara a apreensão como uma

uma infração penal. Além dos produtos do crime, ainda serão objeto de apreensão os instrumentos utilizados em seu cometimento.

A rigor, os produtos e instrumentos do crime são apreendidos porque demonstram interesse para a instrução criminal, uma vez que, de maneira direta ou indireta, podem trazer elementos que auxiliem na elucidação da prática delituosa, permitindo a sua comprovação e a identificação de sua autoria.

Além disso, conforme afirmado, a apreensão igualmente se justifica em razão da própria ilicitude do produto do crime, os quais não podem permanecer na esfera patrimonial do agente, caso contrário, estaria tirando vantagem econômica com a prática da conduta delituosa.

Por outro lado, a apreensão dos instrumentos do crime possibilita a sua posterior utilização no decorrer das investigações do fato delituoso, sendo devolvidos para eventuais terceiros de boa-fé, quando de uso legalmente permitido ou, ao final do processo, objeto de perda judicial.

16.2.3. Sequestro (artigos 125 e seguintes do CPP)

O *sequestro* talvez seja, dentre as medidas cautelares patrimoniais, a espécie de maior incidência prática, recebendo do legislador processual especial tratamento nos artigos 125 a 132 do CPP.

Diversamente da apreensão, o *sequestro* incidirá, como regra geral, sobre *bens imóveis* que constituem o *proveito do crime praticado*[135]. Ou seja, bens de origem *ilícita*, derivados do produto da infração penal cometida.[136]

Assim sendo, guarda o *sequestro* íntima relação com instituto da perda estatal, uma vez que tem por finalidade atingir o *patrimônio ilícito do agente*, não permitindo que este mantenha, em sua esfera patrimonial, bem ou recurso de origem criminosa.

Como requisito para o deferimento da medida assecuratória de *sequestro*, a lei processual estabelece que basta a demonstração da presença de *indícios veementes da proveniência ilícita dos bens* (artigo 132 do CPP).[137]

16.2.4. Arresto e hipoteca legal

Fechando o rol das medidas assecuratórias previstas na legislação processual, encontram-se o *arresto e a hipoteca legal*, previstos nos artigos 134 e seguintes do CPP.

---

das espécies de medidas assecuratórias. Para isso, haveria a expressa previsão do sequestro de bens móveis, utilizado quando da impossibilidade de aplicação da apreensão (artigo 132 do CPP).

135 Nesse sentido, STJ, ROMS 13450/PR, Min. Jorge Scartezzini, 5ª. T., u., 11/06/02 e STJ, REsp. 882400/RJ, Min. Maria Thereza Moura, 6ª. T., u., 22.11.07.

136 A jurisprudência tem admitido o sequestro de contas bancárias de empresa, *"quando existentes indícios de que se trata de produto de crime"* (STJ, REsp. 882400/RJ, Min. Maria Thereza Moura, 6ª. T., u., 22.11.07) e para alcançar bens do ex-cônjuge, quando *"houver indícios de que a separação é simulada ou fraudulenta"* (STJ, ROMS 6645/RS, Min. Luiz Vicente Cernicchiaro, 6ª. T., u., 25.11.96).

137 No que tange à existência de indícios veementes da proveniência ilícita dos bens, a jurisprudência vem entendendo sua ocorrência em algumas hipóteses, tais como: *"a incompatibilidade do patrimônio do paciente em relação aos rendimentos declarados" (STF, HC, segundo julgamento, 88262/SP, Gilmar Mendes, 2º Turma., u., 18.12.06)*; a *"contemporaneidade da aquisição dos ditos bens com a imputada prática de atos delituosos, os quais, segundo consta, envolveram elevadas somas de dinheiro" (STF, Inq-AgR 705/DF, Ilmar Galvão, Pl., 25.8.93).*

O *arresto e a hipoteca legal*, diversamente das espécies anteriores, não atingem o patrimônio ilícito do agente delituoso, incidindo sobre os *bens móveis e imóveis* que compõem o seu *patrimônio lícito*.[138]

Por tal razão, guardam estreita relação com o *dever de indenizar* decorrente da obrigação imposta ao agente criminoso de recompor a vítima ao seu *status quo*, reparando os maléficos efeitos resultantes da infração penal por ele praticada.

No âmbito da lavagem de dinheiro, os institutos do *arresto e da hipoteca legal* ganham contornos distintos, pois passam a serem vinculados à necessidade de *recomposição da ordem socioeconômica*, nitidamente violada com a prática do ilícito financeiro.

16.3. Medidas Assecuratórias na Lei nº 9.613/98

> **Art. 4º** O juiz, de ofício, a requerimento do Ministério Público ou mediante representação do delegado de polícia, ouvido o Ministério Público em 24 (vinte e quatro) horas, havendo indícios suficientes de infração penal, poderá decretar medidas assecuratórias de bens, direitos ou valores do investigado ou acusado, ou existentes em nome de interpostas pessoas, que sejam instrumento, produto ou proveito dos crimes previstos nesta Lei ou das infrações penais antecedentes.

Analisadas as espécies de medidas assecuratórias previstas na legislação processual, passamos, então, ao estudo das particularidades previstas na Lei nº 9.613/98 referentes à aplicação de tais medidas cautelares no âmbito de investigações e processamentos de casos de lavagem de dinheiro.

16.3.1. Aplicação subsidiária do CPP

Preliminarmente, por força da previsão contida no artigo 2º da Lei nº 9.613/98, aplicam-se às medidas assecuratórias empregadas em casos de lavagem de dinheiro, de forma subsidiária, todas as regras previstas no Código de Processo Penal. Desta forma, em não havendo regra processual específica prevista na Lei nº 9.613/98, adotam-se os dispositivos contidos nos artigos 125 a 144-A do CPP.

No entanto, quando da aplicação das normas gerais previstas na legislação processual, não se pode perder de vista a relevância do bem jurídico protegido pelos crimes de lavagem de dinheiro. Não mais se tutelam interesses privados, intimamente relacionados à vítima do delito. Na verdade, torna-se necessária uma releitura do sistema retributivo estatal, deixando-se para trás a visão meramente individualista do Direito Penal. Os interesses em questão pertencem à sociedade como um todo, que anseia pela recomposição da ordem socioeconômica violada com a prática de tal delito.

Com efeito, quando elaborados os dispositivos da legislação processual relativos às medidas assecuratórias, a vítima do delito figurava como elemento principal do cenário de atuação da norma. Assim, as medidas cautelares patrimoniais foram definidas de forma que assegurassem à vítima a reparação dos danos por ela suportados, mediante a obrigação de indenizar imposta ao autor do crime.

Na lavagem de dinheiro, no entanto, o enfoque é completamente distinto. O sentimento pautou o legislador quando da edição das normas da Lei nº 9.613/98 foi a intenção de

138 No sentido do texto: STJ, ROMS 13450/PR, Jorge Scartezzini, 5ª. T., u., 11.6.02.

"descapitalizar" o crime, fazendo com que a prática delituosa, não viesse a compensar financeiramente para os seus autores. Destarte, quando da aplicação prática dos institutos, exige-se do aplicador do Direto certa flexibilização das normas, de forma a melhor atenderem os anseios sociais, permitindo um efetivo combate aos crimes de lavagem de dinheiro.

16.3.2. Requisitos e prazo para ajuizamento da ação principal

Os *requisitos* para o deferimento das medidas assecuratórias aplicadas no âmbito da lavagem de dinheiro são os mesmos previstos para as demais medidas de natureza cautelar, a saber: o *fumus boni iuris* e o *periculum in mora*.

No entanto, não é demais enfatizar que tais requisitos referem-se, exclusivamente, à ilicitude dos bens, direitos e valores objeto do provimento cautelar em questão, e não sobre a culpabilidade do agente em relação ao crime de lavagem, ou mesmo, à infração penal antecedente.[139]

O prazo de validade das medidas cautelares patrimoniais, ainda que aplicadas com base na Lei nº 9.613/98, é o previsto no artigo 131, inciso I do CPP. A contar da data do seu efetivo cumprimento, terá a acusação, sob pena de levantamento dos seus efeitos da medida assecuratória deferida, o prazo máximo de 60 dias para o ajuizamento da ação principal.[140]

A jurisprudência pátria tem admitido, no entanto, a flexibilização de tal prazo, quando o atraso for justificável e não guardar origem em injustificada inércia por parte da acusação. A excepcionalidade do caso pode ser demonstrada, por exemplo, em decorrência da quantidade de informações tratadas e de dificuldades no cumprimento de diligências e obtenção dos elementos necessários ao regular ajuizamento da medida.[141]

---

139 Em relação aos requisitos necessários ao deferimento das medidas assecuratórias no âmbito de casos de lavagem de dinheiro, a jurisprudência tem entendido que para a decretação da constrição é a demonstração de indícios suficientes que atestem a origem ilícita dos bens. No entanto, não se tem exigido a existência de indícios veementes, *"bastando a existência de indícios mínimos que levam a crer serem tais bens provenientes de lavagem"* (TRF4, AC 2006.70.00.010009-6/PR, Paulo Afonso, 8ª. T., u., 24.10.07).

140 Os artigos 130 e 131 do CPP trazem as seguintes disposições: "Art. 130. O sequestro poderá ainda ser embargado: I – pelo acusado, sob o fundamento de não terem os bens sido adquiridos com os proventos da infração; **II – pelo terceiro, a quem houverem os bens sido transferidos a título oneroso, sob o fundamento de tê-los adquirido de boa-fé.** Parágrafo único. Não poderá ser pronunciada decisão nesses embargos antes de passar em julgado a sentença condenatória. **Art. 131. O sequestro será levantado: I – se a ação penal não for intentada no prazo de sessenta dias, contado da data em que ficar concluída a diligência;** II – se o terceiro, a quem tiverem sido transferidos os bens, prestar caução que assegure a aplicação do disposto no art. 74, II, b, segunda parte, do Código Penal; III – se for julgada extinta a punibilidade ou absolvido o réu, por sentença transitada em julgado". No que se refere especificamente ao prazo para conclusão das medidas cautelares assecuratórias, na redação originária da Lei nº 9.613/98 havia previsão de prazo diferenciado quando aplicadas em casos de lavagem de dinheiro *(§ 1º As medidas assecuratórias previstas neste artigo serão levantadas se a ação penal não for iniciada no prazo de cento e vinte dias, contados da data em que ficar concluída a diligência).* Tal previsão, no entanto, foi expressamente revogada pela Lei nº 12.683/12. Diante disso, aplica-se atualmente o prazo de 60 dias previsto no artigo 131, inciso I do CPP.

141 Nesse sentido: STJ, RMS 9.999/SP e AgRg 1.387.258, 5ª Turma, Relatora Ministra Laurinda Vaz, julgado em 02/02/2012. Em sentido contrário, diante da não apresentação de justificativas razoáveis para o excesso de prazo: STJ, RMS 27.230/RJ, 6ª Turma, v.u., Relator Ministro Nilson Naves, j. 04/10/2006; TRF 3ª Região, ApCrim 2007.61.05.011952-3/SP, 2ª Turma, v.u., relator Desembargador Cotrim Guimarães; TRF 4ª Região, ApCrim 2006.71.00.003146-5/RS, 8ª Turma, relator Desembargador Élcio Pinheiro de Castro e STJ, RMS 21.453/DF, 5ª Turma, 19/04/2007, v.u., relator Ministro Félix Fischer. A jurisprudência ainda tem admitido que o juiz renove a medida, de ofício, por ocasião do oferecimento da denúncia (STF, RE 86635/SP, Min. Leitão de Abreu, 2ª. T., u., 10.5.77; STJ, ROMS 3272/SP, Min. Assis Toledo, 5ª. T., u., 29.3.95) ou, ainda, no curso da própria ação penal (STF, AI-AgR 65482/SP, Min. Moreira Alves, 2ª. T., u., 21.11.75).

16.3.3. Objeto Material

Nos termos do artigo 4º da Lei nº 9.613/98, as medidas assecuratórias podem incidir sobre *"bens, direitos e valores do investigado ou acusado, ou existentes em nome de interpostas pessoas, que sejam instrumento, produto ou proveito dos crimes previstos nesta Lei ou das infrações penais antecedentes"*.

O dispositivo legal em estudo repetiu a fórmula genérica adotada no artigo 1º, *caput* da Lei nº 9.613/98, definindo como objeto material das medidas assecuratórias os *bens, direitos ou valores* decorrentes da prática delituosa. A nosso sentir, a expressão demonstra-se suficientemente ampla para abranger qualquer espécie de objeto de valor econômico que precise ser salvaguardado para se assegurar futura aplicação do instituto da perda judicial.[142]

Além disso, com a utilização da expressão *"ou existentes em nome de interpostas pessoas"*, tornou-se plenamente possível a incidência das medidas assecuratórias inclusive sobre bens que não estejam formalmente registrados em nome do investigado ou acusado.

Nesse particular, conforme afirmado, a aquisição de bens imóveis ou móveis de alto valor com recursos ilícitos, com o seu posterior registro em nome de terceiras pessoas, tem se evidenciado como importante tipologia de lavagem de dinheiro em nosso país. Largamente adotada por criminosos, a manobra delitiva descrita tem sido utilizada na tentativa de se ocultar a real propriedade do bem adquirido com o proveito do crime, dando-lhe aparência de licitude.

Dessa forma, a expressa previsão legal da incidência das medidas assecuratórias sobre bens pertencentes ao agente criminoso, ainda que se encontrem registrados em nome de terceiras pessoas, afasta eventuais alegações que venham a ser criadas com o intuito de suprimi-los dos limites de atuação das medidas cautelares patrimoniais.

Por fim, o artigo 4º ainda traz importante previsão relativa aos limites de aplicação das medidas assecuratórias. Mediante expressa previsão legal, os provimentos de natureza cautelar atualmente podem ser aplicados não apenas a casos de investigação e processamento de crimes de lavagem de dinheiro, como também, em relação às infrações penais antecedentes.

Do ponto de vista prático, a referida previsão legal demonstra-se de extrema utilidade. Não é incomum o agente criminoso efetuar, em operações de lavagem de dinheiro, a mescla de recursos ilícitos com outros de natureza lícita. Na verdade, ele opta pela prática de tal conduta justamente para dificultar a localização e o rastreio dos recursos ilícitos, uma vez que, misturados a outros cuja origem lícita pode ser alegada, podem assumir feições lícitas. *Ad exemplum*, tomemos o caso em que valores amealhados por determinado criminoso com a prática de crimes de corrupção são depositados, em espécie, em conta de familiar, vindo a serem "misturados" com recursos de natureza lícita pertencentes ao titular da conta. Em tal caso, a despeito de eventual responsabilização do titular da conta pela prática de lavagem de dinheiro, seria perfeitamente possível a incidência de medidas assecuratórias sobre a totalidade dos recursos existentes em sua conta corrente. Ao titular caberia apenas, na forma do § 2º do artigo 4º, postular a liberação total ou

142 A jurisprudência vem entendendo que, diante da natureza da medida assecuratória, exige-se *"fundada suspeita da referida vinculação com a lavagem de dinheiro"* (STF Inq-QO 2248/DF, Min. Carlos Ayres Britto, Pl., u., 25.5.06). Da mesma forma, tratando-se de medida cautelar, *"não se pode exigir maior rigor probatório na comprovação da suspeita e da vinculação, admitindo-se, portanto, o sequestro quando houver indícios suficientes da origem ilícita dos bens"* (STJ, ROMS 15.995/RS, Min, Gilson Dipp, 5ª T., u., 12.8.03; TRF4, AC 200471000294030, Élcio Pinheiro de Castro, 8ª T., u., 11.5.05). *"Por suficientes, entendem-se indícios mínimos, e não veementes"* (TRF4, AC 2006.70.00.010009-6/PR, Min. Paulo Afonso, 8ª. T., u., 24.10.07).

parcial dos valores, desde que devidamente comprovada, perante o Juízo competente, a licitude de tais valores.

16.3.3.1. Delimitação do bem objeto da medida

Muito embora de conceituação ampla, de forma a abranger todos os bens, direitos ou valores que sejam provenientes dos crimes de lavagem de dinheiro e das infrações penais antecedentes, o objeto das medidas assecuratórias deve ser devidamente determinado, havendo a necessidade de sua devida determinação por parte do órgão acusador.

De fato, as medidas assecuratórias, como se sabe, caracterizam-se como provimento judicial de natureza excepcional, que incidente sobre o patrimônio do réu ou indiciado para assegurar que os bens, direitos e valores envolvidos na prática da lavagem ou das infrações penais antecedentes, sejam devidamente preservados para a efetivação da futura perda judicial.

Nas palavras de Rogério Filippetto, "*o sequestro é medida assecuratória de caráter patrimonial, despreocupada com a função probatória e cujo objeto é realmente atingir o proveito do crime. (...) O sequestro é, portanto, de coisa certa.*"[143]

Marcelo Mendroni, no entanto, entende que, diante da situação criminológica que pautou a edição da Lei nº 9.613/98, totalmente distinto da apresentada quando da criação das normas processuais contidas do CPP, devem ser aplicadas quaisquer medidas assecuratórias sobre bens, direitos e valores indeterminados, desde que supostamente oriundos da prática de crimes antecedentes.[144]

A nosso sentir, devem ser devidamente especificados quais os bens integrantes do patrimônio ilícito do réu ou investigado que devem ser alcançados pelo provimento cautelar judicial. Da mesma forma, mesmo que sejam atingidos bens pertencentes ao patrimônio lícito do agente criminoso para a recomposição da ordem socioeconômica maculada, há a necessidade da demonstração de sua vinculação com a prática delituosa e, igualmente, a sua devida determinação.[145]

16.3.4. Espécies de medidas assecuratórias aplicadas a casos de lavagem de dinheiro

O advento da Lei nº 12.68/12 trouxe importantes avanços às disposições relativas às medidas cautelares patrimoniais aplicadas no curso de investigações e processamentos de crimes de lavagem de dinheiro.

Embora não existisse previsão em sentido contrário, a referência legal até então existente no artigo 4º da Lei nº 9.613/98, adstrita à apreensão e ao sequestro, levantava dúvidas quanto à incidência do arresto e da hipoteca legal aos casos de lavagem de dinheiro. A interpretação restritiva da lei, além de afrontar flagrantemente os anseios do legislador da Lei nº 9.613/98, apresentava severa limitação aos instrumentos colocados à disposição dos órgãos de aplicação da lei na busca de uma efetiva repressão aos delitos de lavagem de dinheiro.

Com efeito, não apenas os bens ilícitos obtidos pelo agente criminoso com a prática dos crimes devem ser perseguidos em uma investigação de lavagem de dinheiro. O patrimônio lícito por ele eventualmente ostentando deve igualmente ser atingido, assegurando-se a recomposição da ordem socioeconômica violada.

---

143 Obra cit., p.216.

144 *In* Crime de lavagem de dinheiro. Cit., págs. 154 e 155.

145 No sentido do texto: *"A constrição deve recair somente sobre os bens que sejam instrumento, produto, ou proveito dos crimes de lavagem, estando excluídos da medida os bens que integrem o patrimônio do acusado, mas não tenham qualquer relação com os crimes."* (STF, Inq-QO 2248/DF, Min. Carlos Ayres Britto, Pl., u., 25.5.06).

Com a nova redação legal, no entanto, não pairam dúvidas quanto à possibilidade de aplicação de *todas as espécies de medidas assecuratórias* previstas no CPP aos feitos de lavagem de dinheiro.

16.3.4.1. Sequestro (DL nº 3.240/41)

Outra modalidade de medida cautelar patrimonial que pode perfeitamente ser aplicada em casos de lavagem de dinheiro, embora não prevista na Lei nº 9.613/98 e no Código de Processo Penal, é o "sequestro" contido no Decreto-Lei nº 3.240/41.

Nos termos do artigo 1º do referido texto legislativo, *"ficam sujeitos a sequestro os bens de pessoa indiciada por crime de que resulta prejuízo para a fazenda pública, ou por crime definido no Livro II, Títulos V, VI e VII da Consolidação das Leis Penais desde que dele resulte locupletamento ilícito para o indiciado."*

Dessa forma, quando a lavagem de dinheiro tiver como antecedente, *exempli gratia*, crimes contra a Administração Pública, será perfeitamente possível a aplicação do "sequestro" previsto no Decreto-Lei nº 3.240/41.[146]

A despeito de ter o legislador optado pela nomenclatura sequestro para definir a medida assecuratória descrita no DL nº 3.240/41, a nosso sentir, não é essa a mais adequada diante da própria natureza do instituto em questão.

Conforme afirmado, o *sequestro* incide apenas sobre *bens móveis e imóveis* que guardam relação com a prática delituosa, ou seja, aqueles que constituem o *patrimônio ilícito* do réu ou investigado. No entanto, mediante expressão previsão contida no artigo 4º, o "sequestro" do DL nº 3.240/41 pode recair *sobre todos os bens pertencentes ao acusado*, inclusive, os de origem lícita.

Assim sendo, no nosso entendimento, o "sequestro" do DL 3.240/41 ostenta natureza mista, atuando duplamente como sequestro, quando atinge o patrimônio ilícito do criminoso, e como arresto, ao alcançar os bens de natureza lícita que este vier eventualmente a possuir.

16.3.5. Medidas cautelares inominadas

Diante da própria incapacidade legislativa em prever todas as hipóteses de adequação prática dos provimentos necessários à cautela de bens envolvidos na prática de condutas delituosas, tornou-se imperiosa a adoção, por parte dos órgãos jurisdicionais, de medidas cautelares inominadas adotadas com base no *poder geral de cautela.*[147]

146 Nesse sentido, STJ: *"O art. 1º do Decreto-Lei nº 3.240/41, por ser norma especial, prevalece sobre o art. 125 do CPP e não foi por este revogado eis que a legislação especial não versa sobre a mera apreensão do produto do crime, mas, sim, configura específico meio acautelatório de ressarcimento da Fazenda Pública, de crimes contra ela praticados."* (STJ, REsp. 149516/SC, Dipp, 5ª. T., u., 21.5.02). Na mesma linha de entendimento: STJ, ROMS 4161/PB, Acioli, 6ª. T., m., 20.9.94; STJ, REsp. 132539/SC, Patterson, 6ª. T., m., 1.12.97; TRF4, AC 200672090012492/SC, Élcio Pinheiro de Castro, 8ª. T., u., 30.7.08.

147 O poder geral de cautela encontra-se atualmente abrangido, nos moldes no Código de Processo Civil de 2015 – NCPC, pela efetivação da tutela provisória, que pode ser aplicada em casos de urgência ou evidencia. A tutela provisória encontra-se regulada pelos artigos 294 a 297 do NCPC: *"Art. 294. A tutela provisória pode fundamentar-se em urgência ou evidência. Parágrafo* único. *A tutela provisória de urgência, cautelar ou antecipada, pode ser concedida em*

As medidas assecuratórias inominadas guardam fundamentos na necessidade de preservação dos bens envolvidos, diante da existência de fundados receios de seu perecimento ou da ocorrência de danos de difícil reparação.

Além disso, as medidas assecuratórias inominadas devem ser adotadas quando evidenciada a necessidade de se assegurar proporcionalidade à medida eleita. Nesse sentido, deve-se sempre privilegiar a adoção de medida menos gravosa ao investigado ou acusado, ainda que não tipicamente existente, desde que produza semelhantes efeitos de outra descrita na legislação processual.

Rogério Filippetto, comentando o tema em questão, ressalta o seguinte:

> "O poder geral de cautela, por meio das medidas atípicas, presta-se a suprir a imprevisibilidade legal, mas tem também o condão de evitar uma constrição que se mostra exagerada, ainda que típica. Seguindo-se os ditames da necessidade e da proporcionalidade, pode ser concebida medida cautelar desguarnecida de previsão legal, que substitui com eficiência outra consagrada em lei."[148]

É o caso, *ad exemplum*, da retenção do passaporte do réu ou investigado em um caso de lavagem de dinheiro no lugar da sua privação de liberdade. Se a finalidade visada fosse impedir a sua fuga, assegurando-se a aplicação da lei penal (artigo 312 do CPP), a cautelar inominada se mostraria muito mais proporcional e adequada ao caso que a sua prisão.

Da mesma forma, a própria proibição da alienação de bens (indisponibilidade), quando determinada pela autoridade judicial competente e registrada perante os respectivos órgãos administrativos – *e.g.* DETRAN, RGI etc –, revela-se, não raras vezes, muito mais adequada e, até mesmo, eficaz ao fim visado: *impossibilita que o agente se desfaça dos bens e, ao mesmo tempo, afasta a incidência de problemas relacionados a sua administração e manutenção, dificuldades que certamente seriam enfrentadas caso estivessem sob custódia estatal.*

16.3.6. Inversão do ônus da prova

> § 2º O juiz determinará a liberação total ou parcial dos bens, direitos e valores quando comprovada a licitude de sua origem, mantendo-se a constrição dos bens, direitos e valores necessários e suficientes à reparação dos danos e ao pagamento de prestações pecuniárias, multas e custas decorrentes da infração penal.
>
> § 3º Nenhum pedido de liberação será conhecido sem o comparecimento pessoal do acusado ou de interposta pessoa a que se refere o caput deste artigo (...).
>
> § 4º Poderão ser decretadas medidas assecuratórias sobre bens, direitos ou valores para reparação do dano decorrente da infração penal antecedente ou da prevista nesta Lei ou para pagamento de prestação pecuniária, multa e custas.

---

caráter antecedente ou incidental. Art. 295. A tutela provisória requerida em caráter incidental independe do pagamento de custas. Art. 296. A tutela provisória conserva sua eficácia na pendência do processo, mas pode, a qualquer tempo, ser revogada ou modificada. Parágrafo único. Salvo decisão judicial em contrário, a tutela provisória conservará a eficácia durante o período de suspensão do processo. ***Art. 297. O juiz poderá determinar as medidas que considerar adequadas para efetivação da tutela provisória****. Parágrafo único. A efetivação da tutela provisória observará as normas referentes ao cumprimento provisório da sentença, no que couber".* O Código de Processo Civil anterior, a nosso ver, trazia redação mais clara em relação ao poder de geral de cautela em seu artigo 798, *in verbis*: *"Art. 798. Além dos procedimentos cautelares específicos, que este Código regula no Capítulo II deste Livro,* ***poderá o juiz determinar as medidas provisórias que julgar adequadas, quando houver fundado receio de que uma parte, antes do julgamento da lide, cause ao direito da outra lesão grave e de difícil reparação.****"* (Sem grifos no original)

148 Obra citada, p. 212.

A *inversão do* ônus *da prova*, no âmbito da lavagem de dinheiro, guarda origem no artigo 5, n. 7 da Convenção de Viena. Nos termos do referido tratado internacional, cada Estado-Parte "*considerará a possibilidade de inverter o* ônus *da prova com respeito à origem lícita do suposto produto ou outros bens sujeitos a confisco, na medida em que isto seja compatível com os princípios de direito interno e com a natureza de seus procedimentos jurídicos e de outros procedimentos*".

A nosso sentir, ao condicionar a liberação dos bens apreendidos à efetiva comprovação de licitude, o artigo 4º, § 2º da Lei nº 9.613/98 adota o instituto da *inversão do* ônus *da prova* para o âmbito de aplicação das medidas assecuratórias em casos de lavagem de dinheiro.

Destarte, basta à acusação a demonstração da presença dos requisitos necessários ao deferimento da medida cautelar patrimonial – *fumus boni iuris* e *periculum in mora* – não lhe sendo exigível comprovar a ilicitude do bem que caracteriza o objeto do provimento assecuratório postulado.

Entendemos que a previsão da *inversão do* ônus *da prova* para as medidas assecuratórias aplicadas com base na Lei nº 9.613/98, constitui-se inegável avanço no sistema de repressão aos crimes de lavagem de dinheiro. Embora vozes se levantem questionando a constitucionalidade da previsão de inversão do ônus da prova, trata-se de verdadeira opção legislativa, conferindo tratamento diferenciado a delitos que tão gravosamente atingem a coletividade, causando nefastas consequências ao seio social.

Marcelo Mendroni, ao comentar o artigo 4º, § 2º da Lei nº 9.613/98, afirma:

> ***"Longe de violar o princípio da presunção de inocência, o dispositivo cria instituto indiscutivelmente necessário para a sistemática da lei como um todo.*** *É* ***preciso entender que a "presunção" de inocência, como o próprio nome revela, nada mais*** *é* ***do que presunção. Diga-se, simples presunção. Presunção esta que pode estar ou não adstrita a outro princípio constitucional – o do devido processo legal.*** *É dizer: o devido processo legal pode não estabelecer a presunção de inocência. Aliás, isso resta mais do que evidente na simples leitura do dispositivo constitucional: Art. 5º, LIV: "Ninguém será provado da liberdade ou de seus bens sem o devido processo legal" (...)* ***Por certo que a lei*** *é* ***rigorosa, enfatizamos, mas não poderia ser de outra forma. Não se combate câncer com aspirina. Para crimes graves e complexos, leis rigorosas e eficientes.***[149]

A presunção criada pelo legislador restringe-se, no entanto, à ilicitude dos bens que serão objeto das medidas cautelares patrimoniais. Portanto, não se referem à culpabilidade do agente em relação à prática da lavagem de dinheiro, ou mesmo, à infração penal antecedente.

Na verdade, com a previsão da *inversão do* ônus *da prova*, simplesmente se transfere ao investigado ou acusado a responsabilidade de provar a licitude dos bens acautelados pelo Estado. Assim, se não o fizer até o trânsito a sentença penal condenatória, os bens deverão ser objeto de perda judicial.[150]

---

149 Obra citada, págs.153 e 159. Sem grifos no original.

150 No mesmo sentido, **Rogério Filippetto**: *"(...) atingida a sentença condenatória e não afastada a presunção autorizada pela lei, o ativo deverá ser objeto de perdimento"*. Obra citada, p.214. Igualmente, **Marcelo Mendroni**: *"(...) se não comprovar, advindo sentença condenatória, como efeito, será decretado o perdimento dos bens em favor da União, nos estritos termos do inciso I, art. 7º, da lei, em consonância com o art. 5º, XLVI, b, da Constituição Federal. Como a perda dos bens é "efeito da condenação", obviamente que, uma vez absolvido, tê-los-á de volta. Ainda que durante o processo, não comprovando o acusado a origem lícita dos bens, direitos ou valores apreendidos, poder-lhes-á ser nomeado administrador até o trânsito em julgado da sentença"*. Cit., p.154.

16.3.7. Utilização cautelar de bens apreendidos

> **Art. 4º** (...)
>
> § 3º (...) podendo o juiz determinar a prática de atos necessários à conservação de bens, direitos ou valores, sem prejuízo do disposto no § 1º.
>
> **Art. 4º-A** (...)
>
> § 12. O juiz determinará ao registro público competente que emita documento de habilitação à circulação e utilização dos bens colocados sob o uso e custódia das entidades a que se refere o caput deste artigo.

A *utilização cautelar de bens apreendidos*, instituto de grande valia prática no âmbito de casos de lavagem de dinheiro, guarda fundamentos jurídicos no próprio poder geral de cautela, conferido ao magistrado no rol de atos necessários à própria preservação do bem.

Com efeito, com a apreensão cautelar de bens, a responsabilidade por sua guarda e manutenção transfere-se ao Estado, cabendo-lhe, então, a tomada de todas as providências necessárias para sua regular conservação.

De fato, antes do trânsito em julgado da sentença penal condenatória, embora pairem sobre os bens apreendidos presunção legal acerca de sua vinculação com a prática delituosa, estes ainda não se encontram inseridos no patrimônio estatal, o que efetivamente ocorrerá apenas com a decretação da perda judicial. Enquanto isso não ocorre, os bens ainda pertencem ao réu ou investigado, a despeito de serem objeto de ato de constrição judicial.

Por tal razão, durante o período em que permanecer sob a tutela estatal, caberá ao Estado a prática de todos os atos necessários a sua regular conservação, neles incluindo, por razões óbvias, a autorização judicial para a utilização cautelar de tais bens por parte de natureza pública.

É exatamente a leitura que se extrai da regra contida no artigo 4º, § 3º da Lei nº 9.613/98: "*(...) podendo o juiz determinar a prática de atos necessários à conservação de bens, direitos ou valores, sem prejuízo do disposto no artigo 1º*". Assim, não sendo o caso de alienação antecipada do bem apreendido, a nosso sentir, a autorização para a utilização cautelar deve sempre ser determinada pela autoridade judiciária competente.

De fato, a permanência do bem em depósitos estatais sem a sua devida utilização, além de acarretar inegável depreciação em seu valor real de mercado, ainda o coloca sob evidentes riscos de deterioração. Por outro lado, a utilização cautelar do bem serve como forma de mantê-lo preservado, assegurando a sua regularidade e perfeitas condições de uso.

Além disso, a utilização cautelar ainda permite a diminuição de gastos necessários à cautela do bem apreendido, o qual, não raras vezes, necessita de especiais condições para guarda e alocação, como ocorre, por exemplo, com embarcações e aeronaves, que carecem de locais adequados para a sua cautela.

Na forma do § 12 do artigo 4º da Lei nº 9.613/98, deferida a utilização cautelar do bem apreendido, o juiz deverá adotar todas as providências necessárias para a regulação do seu uso perante os órgãos administrativos competentes. A referida providência se justifica diante da necessária de os bens se encontrarem, mesmo estando sob utilização estatal, em situação regular de uso. Além disso, a devida comunicação por parte da autoridade judiciária competente isenta o seu proprietário, *por exemplo*, de indenizações e outras penalidades decorrentes do uso inadequado do bem.

Nesse sentido, importante pontuar que, por razões óbvias, a utilização do bem cautelar cedido deve ser estritamente vinculada a atividades exclusivamente públicas, sendo totalmente vedada a sua utilização, ainda que de forma transversa, para atender interesses particulares de agentes públicos.

Por tal razão, cabe ao órgão público que receber bem apreendido para utilização cautelar, zelar pela sua regular preservação e manutenção, não permitindo que o seu uso inadequado venha a depreciá-lo. Da mesma forma, entendemos que deve haver estrito controle quanto à regular utilização do bem, mantendo-se registros que permitam a identificação das atividades nas quais foi o bem empregado, o servidor responsável pela utilização e o que no qual o bem permaneceu em uso. A destinação indevida dos recursos cautelarmente cedidos para uso e a sua simples utilização sem adequados controles estatais caracterizam, a nosso sentir, desvio de finalidade do instituto, permitindo a responsabilização dos agentes públicos envolvidos.

Embora a Lei nº 9.613/98 não preveja de forma expressa para quais órgãos deva ser destinada a utilização cautelar dos bens apreendidos em casos de lavagem de dinheiro, entendemos que, por razões óbvias, deve-se privilegiar atividades de órgãos de aplicação da lei que detenham funções atreladas à prevenção e repressão a delitos financeiros e à infrações penais antecedentes mais incidentes.[151]

Dessa forma, poderá a Justiça destinar recursos que venham a somar esforços na busca de uma efetiva atuação estatal no combate a tais espécies delituosas, atendendo-se aos anseios da coletividade evidenciados na tutela da paz social.

No entanto, diante da própria natureza metaindividual dos interesses demonstrados por intermédio do bem jurídico tutelado pelos crimes de lavagem de dinheiro, entendemos que toda e qualquer iniciativa judicial para a destinação da utilização cautelar de bens por parte de órgãos estatais, desde que devidamente fundamentadas e vinculadas ao espírito da lei, devem ser adotadas e, inclusive, fomentadas pela sociedade.

Assim, em nosso entendimento, seria perfeitamente possível a destinação de bens apreendidos para entidades públicas que não atuem diretamente na seara da segurança pública, mas que, ainda de forma indireta e mediata, exerçam atividades que tragam benefícios à sociedade em áreas sensíveis, como por exemplo, educação e saúde.[152]

---

151 Para os crimes previstos na Lei de Drogas (Lei nº 11.343/06), há a previsão expressa da utilização cautelar de bens apreendidos no artigo 62, *caput* e § 1º da referida lei: *"Art. 62. Os veículos, embarcações, aeronaves e quaisquer outros meios de transporte, os maquinários, utensílios, instrumentos e objetos de qualquer natureza, utilizados para a prática dos crimes definidos nesta Lei, após a sua regular apreensão, ficarão sob custódia da autoridade de polícia judiciária, excetuadas as armas, que serão recolhidas na forma de legislação específica. § 1º Comprovado o interesse público na utilização de qualquer dos bens mencionados neste artigo, a autoridade de polícia judiciária poderá deles fazer uso, sob sua responsabilidade e com o objetivo de sua conservação, mediante autorização judicial, ouvido o Ministério Público."*

152 No âmbito da operação Lava Jato, tornou-se notória a alternativa vislumbrada pela 7ª Vara Federal de Curitiba/PR após a apreensão de diversas obras de arte produzidas por artistas consagrados internacionalmente e de grande valor de mercado. Visando não apenas a sua regular conservação, foi deferida a utilização cautelar de tais bens para o Museu Oscar Niemeyer (MON), localizado na capital paranaense, onde as obras de arte permaneceram em exposição, permitindo que a sociedade, que constantemente suporta os malefícios do crime, pudesse usufruir da expressão artística contidas nas obras que foram adquiridas com proveitos criminosos e que agora se encontram sob a tutela estatal. Nesse sentido, vide nota de rodapé nº, na qual se relembra o caso das 131 obras de artes apreendidas com o ex-diretor de Serviços da Petrobrás, Renato de Souza Duque. Dentre as obras apreendidas, estavam inúmeras peças de autoria do modernista *Alberto da*

16.3.8. Alienação antecipada

Art. 3º (...)

§ 1º Proceder-se-á à alienação antecipada para preservação do valor dos bens sempre que estiverem sujeitos a qualquer grau de deterioração ou depreciação, ou quando houver dificuldade para sua manutenção.

Art. 4º-A A alienação antecipada para preservação de valor de bens sob constrição será decretada pelo juiz, de ofício, a requerimento do Ministério Público ou por solicitação da parte interessada, mediante petição autônoma, que será autuada em apartado e cujos autos terão tramitação em separado em relação ao processo principal.

§ 1º O requerimento de alienação deverá conter a relação de todos os demais bens, com a descrição e a especificação de cada um deles, e informações sobre quem os detém e local onde se encontram.

§ 2º O juiz determinará a avaliação dos bens, nos autos apartados, e intimará o Ministério Público.

§ 3º Feita a avaliação e dirimidas eventuais divergências sobre o respectivo laudo, o juiz, por sentença, homologará o valor atribuído aos bens e determinará sejam alienados em leilão ou pregão, preferencialmente eletrônico, por valor não inferior a 75% (setenta e cinco por cento) da avaliação.

§ 4º Realizado o leilão, a quantia apurada será depositada em conta judicial remunerada, adotando-se a seguinte disciplina:

I – nos processos de competência da Justiça Federal e da Justiça do Distrito Federal:

a) os depósitos serão efetuados na Caixa Econômica Federal ou em instituição financeira pública, mediante documento adequado para essa finalidade;

b) os depósitos serão repassados pela Caixa Econômica Federal ou por outra instituição financeira pública para a Conta Única do Tesouro Nacional, independentemente de qualquer formalidade, no prazo de 24 (vinte e quatro) horas; e

c) os valores devolvidos pela Caixa Econômica Federal ou por instituição financeira pública serão debitados à Conta Única do Tesouro Nacional, em subconta de restituição;

II – nos processos de competência da Justiça dos Estados:

a) os depósitos serão efetuados em instituição financeira designada em lei, preferencialmente pública, de cada Estado ou, na sua ausência, em instituição financeira pública da União;

b) os depósitos serão repassados para a conta única de cada Estado, na forma da respectiva legislação.

§ 5º Mediante ordem da autoridade judicial, o valor do depósito, após o trânsito em julgado da sentença proferida na ação penal, será:

I – em caso de sentença condenatória, nos processos de competência da Justiça Federal e da Justiça do Distrito Federal, incorporado definitivamente ao patrimônio da União, e, nos processos de competência da Justiça Estadual, incorporado ao patrimônio do Estado respectivo;

II – em caso de sentença absolutória extintiva de punibilidade, colocado à disposição do réu pela instituição financeira, acrescido da remuneração da conta judicial.

Veiga Guignard. Ao todo, centenas de obras de arte foram apreendidas durante as inúmeras fases da operação Lava Jato,. As obras apreendidas eram de autoria de diversos artistas, dentre eles, Amilcar de Castro, Di Cavalcanti, Heitor dos Prazeres, Salvador Dalí, Cícero Dias, Antonio Bandeira, Claudio Tozzi, Nelson Leirner, Adriana Varejão, Vik Muniz e Miguel Rio Branco. Muitas delas foram cedidas para utilização cautelar no acervo do referido museu.

§ 6º A instituição financeira depositária manterá controle dos valores depositados ou devolvidos.

§ 7º Serão deduzidos da quantia apurada no leilão todos os tributos e multas incidentes sobre o bem alienado, sem prejuízo de iniciativas que, no âmbito da competência de cada ente da Federação, venham a desonerar bens sob constrição judicial daqueles ônus.

§ 8º Feito o depósito a que se refere o § 4º deste artigo, os autos da alienação serão apensados aos do processo principal.

§ 9º Terão apenas efeito devolutivo os recursos interpostos contra as decisões proferidas no curso do procedimento previsto neste artigo.

§ 10. Sobrevindo o trânsito em julgado de sentença penal condenatória, o juiz decretará, em favor, conforme o caso, da União ou do Estado:

I – a perda dos valores depositados na conta remunerada e da fiança;

II – a perda dos bens não alienados antecipadamente e daqueles aos quais não foi dada destinação prévia; e

III – a perda dos bens não reclamados no prazo de 90 (noventa) dias após o trânsito em julgado da sentença condenatória, ressalvado o direito de lesado ou terceiro de boa-fé.

§ 11. Os bens a que se referem os incisos II e III do § 10 deste artigo serão adjudicados ou levados a leilão, depositando-se o saldo na conta única do respectivo ente.

§ 12. O juiz determinará ao registro público competente que emita documento de habilitação à circulação e utilização dos bens colocados sob o uso e custódia das entidades a que se refere o caput deste artigo.

§ 13. Os recursos decorrentes da alienação antecipada de bens, direitos e valores oriundos do crime de tráfico ilícito de drogas e que tenham sido objeto de dissimulação e ocultação nos termos desta Lei permanecem submetidos à disciplina definida em lei específica.

A *alienação antecipada de bens* talvez seja um dos grandes avanços legislativos trazidos para o âmbito de incidência de casos de lavagem de dinheiro. Antes restrita a iniciativas pontuais por parte de magistrados que se deparavam dificuldade de administração e conservação dos bens apreendidos, atualmente o instituto da alienação antecipada encontra-se detalhadamente regulado na Lei nº 9.613/98, permitindo a sua regular e efetiva aplicação prática.

Com efeito, o instituto da *alienação antecipada de bens* surge da própria responsabilidade do Estado em conservar os bens apreendidos. Conforme afirmado, com a constrição do patrimônio do réu ou investigado, o bem passa à tutela estatal, a quem cabe a prática de todos os atos relativos à sua preservação.

Contudo, a preservação dos bens apreendidos, na prática, não se demonstra uma tarefa fácil. Por envolverem o dispêndio de recursos humanos e financeiros, não raras vezes, as atividades relacionadas à manutenção dos bens acautelados tornam-se demasiadamente onerosas ao Estado, o que contestaria a própria viabilidade prática na aplicação das medidas assecuratórias a certa classe de bens.

Além disso dos casos de dificuldade de manutenção, a *alienação antecipada de bens* igualmente se revela alternativa eficaz quando os bens apreendidos estejam expostos a riscos de deterioração ou depreciação de seu valor de mercado.

No mesmo sentido, **Fausto De Sanctis** apresenta o seguinte comentário:

> *"Como se viu,* ***não dispondo o Estado de local adequado ou suficiente e não havendo previsão de verba própria que vise*** *à* ***administração e conservação de bens****, para não inviabilizar as futuras apreensões, sequestros e arrestos, deve o magistrado,* ***evitando que se avance a***

deterioração de bens, ou sua depreciação, dar-lhes um destino: ou simples uso (mediante guarda provisória ou depósito judicial, já mencionados), ou, então decidir-se pela venda antecipada ou leilão judicial.[153]

De fato, facilita-se a atuação estatal, que não mais se verá obrigada a manter o bem em perfeitas condições, gastando os seus limitados recursos se desincumbir de tal obrigação que lhe é imposta. Por outro lado, confere-se maior segurança ao próprio patrimônio do réu ou investigado, que poderá quando de eventual levantamento do provimento ou, ao fim do processo, em caso de superveniência de sentença absolutória, reaver os recursos decorrentes da alienação do bem, acrescidos da remuneração da conta judicial na qual se encontravam depositados.

Para a efetivação da *alienação antecipada* em casos de lavagem de dinheiro, a Lei nº 9.613/98 trouxe a previsão de procedimentos específicos que devem ser adotados pela autoridade judiciária competente.

A *alienação antecipada* é ato exclusivamente judicial, decretado de ofício ou após requerimento ministerial ou da parte interessada. O seu procedimento deverá ser autuado em apartado, tendo tramitação em separado em relação aos autos principais.

Nos moldes do § 1º do artigo 4º-A, acrescentado pela Lei nº 12.683/12, o requerimento de alienação antecipada deverá conter relação de todos os bens objeto da medida, com a sua devida descrição e a especificação de cada um deles, além da apresentação de informações sobre os seus detentores e os locais onde se encontram.

Arrolados os bens, que segue modelo de memorial descritivo, o juiz deve determinar a realização sua avaliação, contando com a efetivação atuação do *Parquet*, ainda que não tenha sido o órgão provocador da medida antecipatória, que atuará na função de fiscal da lei – *custos legis*.

Com a homologação judicial dos valores de avaliação, passa-se, então, para a venda propriamente dita, a qual será efetuada nas modalidades de leilão ou pregão, preferencialmente por meio eletrônico. Quando da venda dos bens, na forma do § 3º do artigo 4º-A, não poderá ser aceito valor inferior a 75% da avaliação efetuada.

Por fim, realizado o leilão, com a obtenção do valor correspondente, as quantias devem ser depositadas em conta judicial, adotando-se, de acordo com a esfera de competência do crime de lavagem, as regras e instituições descritas nos incisos I e II do § 4º e suas respectivas alíneas.

Questão que se apresenta é a destinação final dos valores após o trânsito em julgado da sentença penal.

Por lógica do sistema, no caso de sentença condenatória, os valores auferidos com a venda antecipada dos bens deverão ser objeto de perdimento, passando a incorporar o patrimônio da União ou dos respectivo Estados, dependendo da competência federal ou estadual dos crimes de lavagem dos quais derivam.

A perda judicial derivada da sentença penal condenatória abrangerá não apenas os valores depositados nas contas judiciais e sua respectiva remuneração, como também os valores relativos a eventuais fianças pagas no curso do feito, os bens não alienados antecipadamente e aqueles não reclamados pelo seu titular no prazo de 90 dias após o trânsito em julgado da sentença penal condenatória, ressalvados o direito do lesado ou terceiro de boa-fé (§ 10, incisos I, II e III do artigo 4º-A).

---

153 DE SANCTIS, Fausto Martin. *Crime organizado e lavagem de dinheiro*, p.80. Editora Saraiva, São Paulo, 2009. Sem grifos no original.

16.3.9. Superveniência de sentença absolutória

Art. 4º-A (...)

§ 5º (...)

II – em caso de sentença absolutória extintiva de punibilidade, colocado à disposição do réu pela instituição financeira, acrescido da remuneração da conta judicial.

Na superveniência de sentença penal absolutória extintiva de punibilidade, os valores são colocados à disposição do réu pela respectiva instituição financeira, acrescido da remuneração decorrente do período em que permaneceu depositado na conta judicial (§ 5º, inciso II do artigo 4º-A).

Embora não haja previsão específica no texto legal, entendemos que a mesma providência se aplica para os casos de alienação antecipada de bens na fase pré processual, em caso de arquivamento da investigação por negativa de autoria ou inexistência do fato delituoso.

16.3.10. Administração de bens apreendidos

Art. 5º Quando as circunstâncias o aconselharem, o juiz, ouvido o Ministério Público, nomeará pessoa física ou jurídica qualificada para a administração dos bens, direitos ou valores sujeitos a medidas assecuratórias, mediante termo de compromisso.

Art. 6º A pessoa responsável pela administração dos bens:

I – fará jus a uma remuneração, fixada pelo juiz, que será satisfeita com o produto dos bens objeto da administração;

II – prestará, por determinação judicial, informações periódicas da situação dos bens sob sua administração, bem como explicações e detalhamentos sobre investimentos e reinvestimentos realizados.

Parágrafo único. Os atos relativos à administração dos bens sujeitos a medidas assecuratórias serão levados ao conhecimento do Ministério Público, que requererá o que entender cabível.

A questão da *administração de bens apreendidos* inegavelmente é um dos aspectos mais complexos quando da aplicação de medidas assecuratórias no âmbito de investigação ou processamento de casos de lavagem de dinheiro.

A administração do bem, por razões evidentes, é tarefa que decorre da obrigação do Estado em preservar o bem por ele apreendido, não permitindo que venha a sofrer deterioração ou depreciação de seu valor.

Como cediço, a atividade de administrar os bens apreendidos igualmente envolve o dispêndio de recursos humanos e financeiros, tão limitados dentro da esfera pública. Além disso, a estrutura administrativa dos órgãos públicos, notadamente aqueles integrantes do Poder Judiciário, responsável mediato pela cautela estatal, ainda não se encontram devidamente preparados para o exercício de atividades, por vezes, tão específicas.

É o que ocorre quando são objeto de constrição cautelar judicial, *ad exemplum*, empresas em pleno funcionamento ou atividades que demandem especial expertise para sua realização, como a administração de rebanhos de gados ou plantações em propriedades rurais.

Nesse contexto, a figura do administrador dos bens apreendidos ganha especial importância. Atuando como *longa manus* da autoridade judiciária, ele irá praticar todos os atos necessários para a preservação do bem e da própria manutenção de suas atividades, atuando de forma eficiente a alcançar, inclusive, lucros derivados das atividades desempenhadas, por exemplo, por empresas que estejam sob atos de constrição judicial.

Antes das alterações trazidas pela Lei nº 12.683/12, as iniciativas adotadas na busca de soluções relacionadas à administração de bens apreendidos vinham sendo adotadas – novamente com base do poder geral de cautela – de forma individualizada por magistrados ao se defrontarem com problemas derivados da apreensão de bens em investigações de lavagem de dinheiro. Na maioria das vezes, o Poder Judiciário contava apenas com a apoio de entidades públicas ou privadas que atuam na área de ensino e pesquisa, as quais, mediante convênios celebrados com a Justiça, emprestavam sua expertise e conhecimento técnico exercendo tais atividades de administração de bens.

No entanto, nem sempre as soluções necessárias à regular administração dos bens eram encontradas no caso em concreto, não restando à autoridade jurisdicional competente outra medida a não determinar a permanência do bem sob administração do próprio réu ou investigado, impedindo, apenas, a sua alienação.

Com o advento das novas regras relativas à administração de bens em casos de lavagem de dinheiro, passou-se a ser facultado ao juiz, quando as circunstâncias do caso indicarem, a nomeação de pessoa física ou jurídica que detenha a devida qualificação para efetuar a administração dos bens objeto de medidas assecuratórias (artigo 5º da Lei nº 9.613/98).

A função desempenhada pelo administrador nomeado pela autoridade judiciária ganha contornos de função pública, pratica mediante prévia assinatura de termo de compromisso, fazendo jus a remuneração em valor fixado pelo juiz e que será satisfeita com o próprio produto dos bens objeto da administração. Além disso, caberá ao administrador a obrigação de prestar informações periódicas ao Juízo acerca da situação atualizada dos bens sob custódia, apresentando informações e detalhamentos sobre eventuais investimentos realizados com o produto da atividade desempenhada (artigo 6º, incisos I e II, da Lei nº 9.613/98).

Em todas as fases relativas aos atos de administração dos bens apreendidos, deverá atuar o presentante do Ministério Público com atribuição, assegurando o respeito à lei e o regular atendimento aos interesses públicos em questão (artigo 6º, parágrafo único, da Lei nº 9.613/98).

16.5. Suspensão da ordem de prisão e das medidas assecuratórias

> **Art. 4º-B** A ordem de prisão de pessoas ou as medidas assecuratórias de bens, direitos ou valores poderão ser suspensas pelo juiz, ouvido o Ministério Público, quando a sua execução imediata puder comprometer as investigações.

Com a previsão expressa no artigo 4º-B da Lei nº 9.613/98 da possibilidade de suspensão da prisão e das próprias medidas assecuratórias que puderem trazer riscos às investigações, a nosso sentir, deriva da nítida intenção do legislador em deixar claro o espírito da lei: a busca suprema de uma efetiva atuação na repressão aos crimes de lavagem de dinheiro.

Dessa forma, se as circunstâncias do caso indicarem que a aplicação da prisão cautelar ou provimento assecuratório patrimonial possa colocar em risco a efetividade das investigações realizadas, após prévia oitiva ministerial, poderá o juiz suspender a efetividade de tais medidas.

16.6. Efeitos da condenação

Art. 7º São efeitos da condenação, além dos previstos no Código Penal:

I – a perda, em favor da União – e dos Estados, nos casos de competência da Justiça Estadual –, de todos os bens, direitos e valores relacionados, direta ou indiretamente, à prática dos crimes previstos nesta Lei, inclusive aqueles utilizados para prestar a fiança, ressalvado o direito do lesado ou de terceiro de boa-fé;

II – a interdição do exercício de cargo ou função pública de qualquer natureza e de diretor, de membro de conselho de administração ou de gerência das pessoas jurídicas referidas no art. 9º, pelo dobro do tempo da pena privativa de liberdade aplicada.

§ 1º A União e os Estados, no âmbito de suas competências, regulamentarão a forma de destinação dos bens, direitos e valores cuja perda houver sido declarada, assegurada, quanto aos processos de competência da Justiça Federal, a sua utilização pelos órgãos federais encarregados da prevenção, do combate, da ação penal e do julgamento dos crimes previstos nesta Lei, e, quanto aos processos de competência da Justiça Estadual, a preferência dos órgãos locais com idêntica função.

§ 2º Os instrumentos do crime sem valor econômico cuja perda em favor da União ou do Estado for decretada serão inutilizados ou doados a museu criminal ou a entidade pública, se houver interesse na sua conservação.

16.6.1. A perda judicial

O artigo 7º, inciso I repete a regra relativa à perda judicial como efeito da condenação prevista no artigo 91, II do Código Penal.

Dessa forma, com o trânsito em julgado da sentença penal condenatória, deve o juiz competente determinar a perda em favor da União ou dos Estados, respectivamente nos casos de competência federal ou estadual, de todos os bens, direitos e valores relacionados, direta ou indiretamente, à prática dos crimes de lavagem de dinheiro. A perda judicial abrange, inclusive, os recursos relacionados a eventuais fianças pagas durante o decorrer a investigação ou ação penal. Em todos os casos, no entanto, devem ser preservados os direitos do lesado ou de terceiro de boa-fé.

A lei ainda determina que os entes federativos, dentro das suas esferas de competência normativa, devem regular a destinação dos bens adquiridos em razão da perda judicial, adotando-se, preferencialmente, o encaminhamento dos bens ou recursos para órgãos que atuem na seara de prevenção e combate aos delitos de lavagem de dinheiro (artigo 7º, § 1ºda Lei nº 9.613/98).

No entanto, diante da natureza metaindividual dos interesses tutelados pelos crimes de lavagem de dinheiro, nada impede a destinação de bens derivados da perda judicial para entidades públicas que não atuem diretamente na seara da segurança pública. Podem ser beneficiados órgãos e instituições que exerçam, ainda de forma indireta e mediata, atividades que tragam benefícios à sociedade em áreas sensíveis, tais como, educação e saúde[154].

154 No âmbito das investigações relacionadas à força-tarefa da Operação Lava Jato no Rio de Janeiro, por exemplo, R$ 250.000.000,00 (duzentos e cinquenta milhões de reais) recuperados nas investigações sobre o esquema

A nosso sentir, o direcionamento dos valores restituídos para outras áreas de interesse social, distintas da segurança pública, poderia ser caracterizar exemplo de aplicação, no âmbito do sistema de destinação de bens apreendidos, do conceito de "Justiça restaurativa".[155]

16.6.2. A interdição do exercício de cargo ou função pública

Um outro efeito da condenação especificamente trazido pelo artigo 7º, inciso II da Lei nº 9.613/98 é a interdição do exercício de cargo ou função pública e das funções de diretor, membro de conselho de administração ou de gerência das pessoas jurídicas listadas no artigo 9º, sob as quais incide a obrigação de comunicação.[156]

---

de corrupção praticado no âmbito do Governo do Estado do Rio de Janeiro, chefiado pelo ex-governador do Rio Sérgio Cabral, foram usados para pagamento do 13.º salário de 146 mil aposentados e pensionistas do Estado. Além disso, mediante convênio celebrado entre o Ministério Público Federal – MPF/RJ e a Secretaria de Educação do Estado do Rio de Janeiro – SEE/RJ, foram repassados R$ 15.000.000,00 (quinze milhões de reais), recuperados pela Operação Lava Jato, para a realização de melhorias na infraestrutura escolas fluminenses integrantes da rede estadual de ensino. Importante pontuar, nessa última hipótese, que o a quantia objeto do convênio com a SEE/RJ provinha justamente do acordo de colaboração celebrado com a conhecida empresa *H. Stern*, que vendeu inúmeras joias, com a não realização ou inobservância das regras de registro e comunicação de operações (artigos 4º, 8º e 9º da Resolução nº 23, de 20 de dezembro de 2012), utilizadas como manobras de lavagem de dinheiro, ao casal Sérgio Cabral e Adriana Ancelmo, ex-Governador e primeira dama do estado do Rio de Janeiro. A medida adotada, de admirável iniciativa por parte de membros do Ministério Público Federal – MPF que atuam na força-tarefa da Operação Lava Jato no Rio de Janeiro e integrantes do Projeto MPEduc/MPF, possibilitou, ainda que por caminhos diversos, que o dinheiro público desviado retornasse para onde inicialmente ele deveria ter sido destinado, de forma que se permite à sociedade acesso a um sistema efetivo e amplo à educação. A respeito das iniciativas relatadas, constam as seguintes matérias jornalísticas: *http://congressoemfoco.uol.com.br/noticias/dinheiro-recuperado-pela-lava-jato-vai-pagar 13%C2%BA-de-servidores-do-rio/* e *https://oglobo.globo.com/brasil/lava-jato-repassa-15-milhoes-para-escolas-do-rio-22438970.*

155 Vê-se na **Justiça restaurativa** uma alternativa à tradicional Justiça retributiva, exclusivamente baseada na punição de seu agente. A concepção de Justiça restaurativa é atribuída a ***Albert Eglash***, que, no ano de 1977, publicou o texto *Beyond Restitution: Creative Restitution*, no qual sustentava que as respostas estatais à prática delituosa não deveriam estar restritas à mera punição do agente. O foco igualmente deveria abranger tarefas de cunho distributivo, direcionadas na reeducação e, principalmente, na efetiva restauração das violações decorrentes do crime, ou seja, a reparação dos danos causados não somente à vítima, mas à própria sociedade.

156 *"Art. 9º Sujeitam-se às obrigações referidas nos arts. 10 e 11 as pessoas físicas e jurídicas que tenham, em caráter permanente ou eventual, como atividade principal ou acessória, cumulativamente ou não: I – a captação, intermediação e aplicação de recursos financeiros de terceiros, em moeda nacional ou estrangeira; II – a compra e venda de moeda estrangeira ou ouro como ativo financeiro ou instrumento cambial; III – a custódia, emissão, distribuição, liquidação, negociação, intermediação ou administração de títulos ou valores mobiliários. Parágrafo único. Sujeitam-se às mesmas obrigações: I – as bolsas de valores, as bolsas de mercadorias ou futuros e os sistemas de negociação do mercado de balcão organizado; II – as seguradoras, as corretoras de seguros e as entidades de previdência complementar ou de capitalização; III – as administradoras de cartões de credenciamento ou cartões de crédito, bem como as administradoras de consórcios para aquisição de bens ou serviços; IV – as administradoras ou empresas que se utilizem de cartão ou qualquer outro meio eletrônico, magnético ou equivalente, que permita a transferência de fundos; V – as empresas de arrendamento mercantil (leasing) e as de fomento comercial (factoring); VI – as sociedades que efetuem distribuição de dinheiro ou quaisquer bens móveis, imóveis, mercadorias, serviços, ou, ainda, concedam descontos na sua aquisição, mediante sorteio ou método assemelhado; VII – as filiais ou representações de entes estrangeiros que exerçam no Brasil qualquer das atividades listadas neste artigo, ainda que de forma eventual; VIII – as demais entidades cujo funcionamento dependa de autorização de órgão regulador dos mercados financeiro, de câmbio, de capitais e de seguros; IX – as pessoas físicas ou jurídicas, nacionais ou estrangeiras, que operem no Brasil como agentes, dirigentes, procuradoras, comissionárias ou por qualquer forma representem interesses de ente estrangeiro que exerça qualquer das ativi-*

Por *cargo público* entende-se o lugar ocupado pelo agente dentro da administração pública, nos balizamentos pautados pelas normas de Direito Administrativo. *Função pública* é o conjunto de atribuições exercidas, de modo que todo cargo tem a correspondente função pública, mas pode existir função pública sem cargo.[157]

A definição de *funcionário público* encontra-se trazida pelo artigo 327 do Código Penal, sendo eles considerados, para efeitos penais, *"quem, embora transitoriamente ou sem remuneração, exerce cargo, emprego ou função pública"*.

Além de atingir as pessoas que exercem cargo ou função pública a interdição ao exercício das funções abrange também os diretores, membros de conselho de administração ou de gerência das pessoas jurídicas consideradas, no âmbito da lavagem de dinheiro, como sujeitos obrigados.

Parece-nos coerente a extensão da interdição de funções a tais funcionários das pessoas jurídicas que exercem funções financeiras e não financeiras que impactam fundamentalmente nas atividades de prevenção e repressão aos crimes de lavagem de dinheiro.

A interdição aplicável aos detentores de *cargo público*, aos que exercem *funções públicas* e aos diretores, membros de conselho de administração ou de gerência das pessoas jurídicas consideradas que atuam como sujeitos obrigados deve ser aplicada, conforme previsão legal, pelo dobro do tempo da pena privativa de liberdade aplicada, funcionando como verdadeira pena acessória ao tipo penal de lavagem de dinheiro.

16.7. Medidas assecuratórias sobre bens oriundos de lavagem praticada no exterior

> **Art. 8º** O juiz determinará, na hipótese de existência de tratado ou convenção internacional e por solicitação de autoridade estrangeira competente, medidas assecuratórias sobre bens, direitos ou valores oriundos de crimes descritos no art. 1º praticados no estrangeiro.
>
> § 1º Aplica-se o disposto neste artigo, independentemente de tratado ou convenção internacional, quando o governo do país da autoridade solicitante prometer reciprocidade ao Brasil.
>
> § 2º Na falta de tratado ou convenção, os bens, direitos ou valores privados sujeitos a

dades referidas neste artigo; X – as pessoas físicas ou jurídicas que exerçam atividades de promoção imobiliária ou compra e venda de imóveis; XI – as pessoas físicas ou jurídicas que comercializem joias, pedras e metais preciosos, objetos de arte e antiguidades. XII – as pessoas físicas ou jurídicas que comercializem bens de luxo ou de alto valor, intermedeiem a sua comercialização ou exerçam atividades que envolvam grande volume de recursos em espécie; XIII – as juntas comerciais e os registros públicos; XIV – as pessoas físicas ou jurídicas que prestem, mesmo que eventualmente, serviços de assessoria, consultoria, contadoria, auditoria, aconselhamento ou assistência, de qualquer natureza, em operações: a) de compra e venda de imóveis, estabelecimentos comerciais ou industriais ou participações societárias de qualquer natureza; b) de gestão de fundos, valores mobiliários ou outros ativos; c) de abertura ou gestão de contas bancárias, de poupança, investimento ou de valores mobiliários; d) de criação, exploração ou gestão de sociedades de qualquer natureza, fundações, fundos fiduciários ou estruturas análogas; e) financeiras, societárias ou imobiliárias; e f) de alienação ou aquisição de direitos sobre contratos relacionados a atividades desportivas ou artísticas profissionais; XV – pessoas físicas ou jurídicas que atuem na promoção, intermediação, comercialização, agenciamento ou negociação de direitos de transferência de atletas, artistas ou feiras, exposições ou eventos similares; XVI – as empresas de transporte e guarda de valores; XVII – as pessoas físicas ou jurídicas que comercializem bens de alto valor de origem rural ou animal ou intermedeiem a sua comercialização; e XVIII – as dependências no exterior das entidades mencionadas neste artigo, por meio de sua matriz no Brasil, relativamente a residentes no País.

157 Rogério Filippetto, Lavagem de dinheiro: crime econômico da pós-modernidade. Cit., p.192.

medidas assecuratórias por solicitação de autoridade estrangeira competente ou os recursos provenientes da sua alienação serão repartidos entre o Estado requerente e o Brasil, na proporção de metade, ressalvado o direito do lesado ou de terceiro de boa-fé.

O artigo 8º da Lei nº 9.613/98 trata cooperação jurídica internacional, permitindo-se a efetivação de medidas assecuratórias, desde que devidamente amparado pelos instrumentos normativos competentes, sobre bens, direitos ou valores decorrentes da lavagem de dinheiro praticada fora do território nacional.

Os casos de cooperação jurídica internacional encontram-se regulados por intermédio de tratados e convenções internacionais, que podem deter natureza multilateral ou bilateral, assumindo os Estados-Partes a obrigação de unir esforços na busca da efetividade na atuação repressiva aos crimes de lavagem de dinheiro.

A cooperação internacional também terá espaço, independentemente da existência de tratado ou convenção internacional prevendo sua aplicabilidade, quando o governo do país solicitante acenar com acordo de reciprocidade ao Brasil (artigo 8º, § 1º da Lei nº 9.613/98).

Por fim, o artigo 8º trata ainda da repartição dos bens auferidos em casos de lavagem de dinheiro praticada fora do território nacional, mas cujo bens sejam objeto de medidas assecuratórias ou posterior perdimento judicial no Brasil. Em tais casos, inexistindo regra normativa específica, a repartição dos valores entre os estados alienígenas e nosso país se dará na proporção da metade, ressalvados os direitos do lesado ou de terceiro de boa-fé (artigo 8º, § 2º da Lei nº 9.613/98).

BIBLIOGRAFIA

ACKERMANN, Jurg-Beat, *Geldwascherei-Money Laundering. Eine vergleichende Darstellung des Rechts und der Erscheinungsformen in den USA und der Schweiz*, Zurich, 1992. *In* BLANCO CORDERO, Isidoro. *El delito de blanqueo de capitales*. Editora Thomson Reuters Aranzadi, 4ª edición, 2015.

ARÁNGUEZ SANCHEZ, Carlos. *El delito de blanqueo de capitales*. Madrid: Marcial Pons, 2000.

ARAS, Vladimir. A investigação criminal na nova Lei de Lavagem de Dinheiro. *Boletim IBCCrim*, vol 20. n. 237, ago.-2012.

______. *Lavagem de dinheiro e o conceito de organização criminosa na convenção de Palermo*. Tributo a Afrânio Silva Jardim: escritos e estudos. Rio de Janeiro: Lumen Juris, 2010.

______. Sistema nacional de combate à lavagem de dinheiro e de recuperação de ativos. Teresina, ano 12, n. 1+411. Disponível em: [http://jus.com.br/revista/texto/9862]. Acesso em: 18.07.2012.

BADARÓ, Gustavo Henrique Righi Ivahy; BOTTINI, Pierpaolo Cruz. *Lavagem de dinheiro:* aspectos penais e processuais penais: comentários à Lei 9.613/1998 com as alterações da Lei 12.683/2012. São Paulo: Ed. RT, 3ª edição, 2016.

______. Medidas cautelares alternativas à prisão preventiva – Comentários aos artigos 319-350 do CPP, na redação da Lei 12.403/2011. In: FERNANDES, Og (coord.). *Medidas cautelares no processo penal:* comentários à Lei 12.403, de 04.05.2011. São Paulo: Ed. RT, 2011.

______. *Ônus da prova no processo penal*. São Paulo: Ed. RT, 2003.

______. *Processo penal*. 4. ed. São Paulo: Ed. RT, 2016.

______. Tutela cautelar no processo penal e a restituição de coisa apreendida. *Revista Brasileira de Ciências Criminais*. vol. 59, São Paulo: Ed. RT, mar.-abr./2006.

BAJO FERNÁNDEZ, Miguel. Derecho Penal Ecónomico: desarollo econômico, protección penal y cuestiones político/criminales. *In:* Blanco Cordero, Isidoro. *El delito de blanqueo de capitales*. Editora Thomson Reuters Aranzadi, 4ª edición, 2015.

BARROS, Marco Antonio de. *Lavagem de dinheiro e o princípio da anterioridade. Boletim IBCCrim, vol.9,* São Paulo, 2010.

BITENCOURT, Cezar Roberto. *Manual de direito penal. Parte geral.* 6ª edição. São Paulo: Saraiva, 2000.

BLANCO CORDERO, Isidoro. *El delito de blanqueo de capitales.* Editora Thomson Reuters Aranzadi, 4ª edición, 2015.

BONFIM, Edilson Mougenot; BONFIM, Marcia Monassi Mougenot. *Lavagem de dinheiro.* 2. ed. São Paulo: Malheiros, 2008.

BRUNO, Aníbal. *Direito penal: parte geral – Tomo 2.* 8ª edição. Rio de Janeiro: Forense, 1984.

CALLEGARI, André Luís. Erro de tipo no delito de lavagem de dinheiro. *Revista Ibero-americana de Ciências Penais,* ano 3, n. 5, jan.-abr./2002.

______. *Lavagem de dinheiro.* 2ª edição. Porto Alegre: Livraria do Advogado, 2008.

______. Problemas pontuais da Lei de Lavagem de Dinheiro. *Revista Brasileira de Ciências Criminais,* vol. 31. São Paulo: Ed. RT, jul.-set./2000.

______. *Lavagem de dinheiro:* aspectos penais da Lei n. 9.613/98. Porto Alegre: Livraria do Advogado, 2008.

CASTELLAR, João Carlos. *Lavagem de dinheiro – A questão do bem jurídico.*Editora Revan, 2ª edição, 2004.

CERVINI, Raúl. Derecho penal económico. Concepto y bien jurídico. *Revista Brasileira de Ciências Criminais,* vol. 43. São Paulo: Ed. RT, abr./2003.

______. Lavado de activos e individualización de operaciones sospechosas. *Curso de Direito Econômico e Empresarial.* Uruguay: Fundação Getúlio Vargas, 2002.

______. Los procesos de lavado de dinero y el funcionamiento de los networks ilícitos: metodológica y su transparencia. *Revista de Ciencias Penales,* n. 5. Montevideo, 2000.

______. Primeros comentarios a la Ley 17.016 de 22.10.1998 en los aspectos atinentes a las nuevas tipificaciones del lavado de dinero y las cargas de vigilancia de las entidades financieras. *Revista Brasileira de Ciências Criminais,* vol. 26. São Paulo: Ed. RT, abr.-jun./1999.

______; OLIVEIRA, Willian Terra de; e GOMES, Luiz Flavio. *Lei de Lavagem de Capitais.* São Paulo: Ed. RT, 1998.

COSTA, José de Faria. O branqueamento de capitais (Algumas reflexões à luz do Direito Penal e da política criminal). In: CORREIA, Eduardo et al. *Direito penal econômico e europeu: textos doutrinários.* Coimbra: Coimbra Editora, 1999. vol. 2.

CUNHA, Rogério Sanches. *Direito penal.* Parte Especial. São Paulo: Ed. RT, 2008. vol. 3.

DALLAGNOL, Deltan Martinazzo. Tipologias de lavagem. In: CARLI, Carla Veríssimo de (org.). *Lavagem de dinheiro.*Porto Alegre: Verbo Jurídico, 2011.

DE CARLI, Carla Veríssimo. Dos crimes: aspectos objetivos. In: ______ (org.). *Lavagem de dinheiro.* Prevenção e controle penal. Porto Alegre: Verbo Jurídico, 2011.

DE GRANDIS, Rodrigo. Considerações sobre o dever do advogado de comunicar atividade suspeita de lavagem de dinheiro. *Boletim IBCCrim,* vol. 20, n. 237. São Paulo, ago./2012.

______. O exercício da advocacia e o crime de lavagem de dinheiro. In: DE CARLI, Carla Veríssimo (org.). *Lavagem de dinheiro.* Prevenção e controle penal. Porto Alegre: Verbo Jurídico, 2011.

DELMANTO, Celso et al. *Código Penal comentado.* 8. ed. São Paulo: Saraiva, 2010.

DELMANTO, Roberto; DELMANTO JR., Roberto; DELMANTO, Fábio Machado de Almeida. *Leis penais especiais comentadas.* Rio de Janeiro: Renovar, 2006.

DOTTI, Rene Ariel. *Curso de direito penal.* 2. ed. Rio de Janeiro: Forense, 2005.

FILIPPETTO, Rogério. *Lavagem de dinheiro:* crime econômico da pós-modernidade. Rio de Janeiro: Lumen Juris, 2011.

FONSECA, Cibele Benevides Guedes, *Colaboração Premiada.* Belo Horizonte: Editora Del Rey, 2017.

GOMES, Luiz Flávio. Lei da Lavagem de Capitais: aspectos processuais. *Boletim IBCCrim,* n. 65, edição especial. São Paulo, abr./1998.

GRECO FILHO, Vicente. Tipicidade, bem jurídico e lavagem de valores. In: COSTA, José de Faria. *Direito penal especial, processo penal e direitos fundamentais*: visão luso-brasileira. São Paulo: Quartier Latin, 2006.

HUNGRIA, Nelson. *Comentários ao Código Penal, Vol. V, Arts. 121 a 136*, Editora Revista Forense, 3a edição, 1955.

JARDIM, Afrânio Silva. *Ação penal pública:* princípio da obrigatoriedade. 2. ed. Rio de Janeiro: Forense, 1994.

______. A imputação alternativa no processo penal. *Direito Processual Penal.* 11. ed. Rio de Janeiro: Forense, 2002.

JESUS, Damásio Evangelista de. *Código de Processo Penal anotado.* 23ª ed. São Paulo: Saraiva, 2009.

______. *Direito penal.* 33. ed. São Paulo: Saraiva, 2012.

______. Lavagem de dinheiro proveniente de tráfico internacional de mulheres e crianças não constitui crime. *Revista Síntese de Direito Penal e Processual Penal,* vol. 4. n. 21, p. 11-13. Brasília, 2003.

JOBIM, Nelson. A Lei 9.613 e os seus aspectos. Seminário Internacional sobre Lavagem de Dinheiro. *Cadernos do CEJ*, n. 17, p. 11-16. Brasília.

LIMA, Renato Brasileiro de. *Lavagem ou ocultação de bens – Lei 9.613/1998.* In: GOMES, Luiz Flávio; CUNHA, Rogério Sanches (coord.). *Legislação criminal especial.* São Paulo: Ed. RT, 2009.

MAIA, Rodolfo Tigre. *Lavagem de dinheiro.* 2ª edição. São Paulo: Malheiros, 2007.

______. *Lavagem de dinheiro:* lavagem de ativos provenientes de crime – anotações às disposições criminais da Lei 9.613/98. 2ª edição. São Paulo: Malheiros, 2004.

MARQUES, José Frederico. *Da competência em matéria penal.* São Paulo: Saraiva, 1953.

MAXIMILIANO, Carlos. *Hermenêutica e aplicação do direito.* 19. ed. Rio de Janeiro: Forense, 2010.

MAZLOUM, Cassem. Lavagem de dinheiro (Lei 9.613, de 03.03.1998). *Boletim do IBCCrim,* n. 95, p. 4. São Paulo, out./2000.

MENDES, Gilmar. *Aspectos penais e processuais penais da Lei de Lavagem de Dinheiro.* Seminário Internacional sobre Lavagem de Dinheiro – Série Cadernos do CEJ – Conselho da Justiça Federal, 2000. *In* MENDRONI, Marcelo Batlouni. *Crime de lavagem de dinheiro.* São Paulo: Atlas, 2006.

MENDRONI, Marcelo Batlouni. *Crime de lavagem de dinheiro.* São Paulo: Atlas, 2006.

______. *Tópicos essenciais da lavagem de dinheiro.* São Paulo: Revista dos Tribunais/Fascículo Penal, 2001.

______. *Crimes interligados: Constituição define competência para julgar lavagem.* Site Consultor Jurídico. São Paulo, publicado em 02/09/2013.

______. *Crimes de Lavagem de Dinheiro: Competência – Federal ou Estadual?* Site Consultor Jurídico. São Paulo, 2013.

MIRABETE, Julio Fabbrini; MIRABETE, Renato Fabbrini. *Código Penal interpretado.* 7. ed. São Paulo: Atlas, 2011.

______. *Processo penal.* 16. ed. São Paulo: Atlas, 2004.

MORAES, Luciana Furtado de. Crimes antecedentes. *In* DE CARLI, Carla Veríssimo (org.). *Lavagem de dinheiro.* Porto Alegre: Verbo Jurídico, 2011.

MORO, Sérgio Fernando. *Crime de lavagem de dinheiro.* São Paulo: Saraiva, 2010.

______. O processo penal no crime de lavagem. Comentários à lei pelos juízes das varas especializadas em homenagem ao Ministro Gilson Dipp. Porto Alegre: Livraria do Advogado, 2007. *In* GOMES, Luiz Flávio; CUNHA, Rogério Sanches (coordenadores). *Legislação criminal especial.* São Paulo. Ed. RT, 2009

NUCCI, Guilherme de Souza. *Código de Processo Penal comentado.* 10. ed. São Paulo: Ed. RT, 2011.

______. *Leis penais e processuais penais comentadas.* 4. ed. São Paulo: Ed. RT, 2009.

OLIVEIRA, Eugênio Pacelli de. *Curso de processo penal.* 16. ed. São Paulo: Atlas, 2012.

OLIVEIRA, Rafael Serra. O crime de lavagem de dinheiro. *Boletim IBCCrim,* n. 65, p. 9-10. São Paulo, abr./1998.

______. A criminalização da lavagem de dinheiro (aspectos penais da Lei 9.613/98 de 1.º de março de 1998). *Revista Brasileira de Ciências Criminais,* vol. 23, p. 111. São Paulo: Ed. RT, jul.-set./1998.

PANIZO GONZÁLEZ, Gabriel/LÓPEZ DE LOS MOZOS, Ángel Martín, *Blanqueo de fondos de origen ilegal.* Dirección General de Polícia, Madrid, 1991.

PEREIRA, Flávio Cardoso. Lavagem de dinheiro e o tratamento penal do *pitufeo* ou *smurfing. Boletim IBCCrim,*vol. 12, n. 144, p. 10-11. São Paulo, nov./2004.

______. Lavagem de dinheiro: compatibilidade com o dolo eventual. *Revista Síntese de Direito Penal e Processual Penal,* n. 31, vol. 6. p. 32-44. Porto Alegre, abr.-maio/2005.

______. O direito penal como *ultima ratio*: repercussão junto à lavagem de capitais e à delinquência organizada. *Revista Magister de Direito Penal e Processual Penal,* ano III, n. 13, p. 14-31. Porto Alegre: Magister, ago.-set./2006.

PRADO, Luiz Regis. *Curso de direito penal brasileiro.* 5. ed. São Paulo: Ed. RT, 2006. vol. 2.

______. *Delito de lavagem de capitais*: um estudo introdutório. São Paulo: Ed. RT, 2007.

______. *Direito penal econômico.* 4. ed. São Paulo: Ed. RT, 2011.

______. *Ordem econômica e direito penal antitruste.* Curitiba: Juruá, 2008.

______. *Direito penal contemporâneo*: estudos em homenagem ao professor José Cerezo Mir. São Paulo: Ed. RT, 2007.

REALE JÚNIOR, Miguel. Crime organizado e crime econômico. *Revista Brasileira de Ciências Criminais,* vol. 13, p. 182-190. São Paulo, jan./1996.

______. Figura típica e objeto material do crime de "lavagem de dinheiro". In: ANDRADE, Manuel da Costa de; ANTUNES, Maria João;

SANCTIS, Fausto Matin De. *Lavagem de dinheiro por meio de obras de arte: uma perspectiva judicial criminal.* Belo Horizonte: Editora Del Rey, 2015.

______. *Crime organizado e destinação de bens apreendidos:* lavagem de dinheiro, delação premiada e responsabilidade social. São Paulo: Saraiva, 2009.

______. *Crime organizado e lavagem de dinheiro.* São Paulo: Saraiva, 2009.

______. *Lavagem de dinheiro.* Jogos de azar e futebol. Análises e proposições. Curitiba: Juruá, 2010.

______. *Responsabilidade penal das corporações e criminalidade moderna.* 2. ed. São Paulo: Saraiva, 2009.

SANTOS, Carlos Fernando dos. O sistema nacional antilavagem de dinheiro. In: DE CARLI, Carla Veríssimo (org.). *Lavagem de dinheiro.* Porto Alegre: Verbo Jurídico, 2011.

WELZEL, Hans. *Derecho penal alemán.* Parte general.11. ed. Trad. Juan Bustos Ramirez e Sergio Yañez Pérez. Santiago: Jurídica de Chile, 1970. *In* BITENCOURT, Cezar Roberto. *Manual de direito penal. Parte geral.* 6ª edição. São Paulo: Saraiva, 2000.

Dicionários:

AULETE, Caldas. *Dicionário contemporâneo da língua portuguesa.* Rio de Janeiro: Delta, 1958. vol. II.

BUENO, Francisco Silveira. *Grande dicionário etimológico-prosódico da língua portuguesa.* São Paulo: Saraiva, 1964. vol. 2.

FREIRE, Laudelino. *Grande e novíssimo dicionário da língua portuguesa.* A noite, 1940. vol. II.

HOUAISS, Antonio; VILLAR, Mauro de Salles; FRANCO, Francisco Manoel de Mello. *Dicionário Houaiss da língua portuguesa.* Rio de Janeiro: Objetiva, 2001.

Normativas internacionais:

Recomendação 10 do Comitê de Ministros do Conselho da Europa (1980).

Convenção das Nações Unidas sobre drogas de 1988.

Convenção das Nações Unidas contra a delinquência Organizada Transnacional.

Convenção das Nações Unidas sobre a Corrupção (Convenção de Mérida).

Legislação modelo do programa mundial contra a lavagem de dinheiro das Nações Unidas.

Regulamento modelo da Comissão Interamericana para o Controle do Abuso de Drogas (CICAD).

Recomendações do Grupo de Ação Financeira Internacional – GAFI.

Comitê da Basiléia.

Convenção do Conselho da Europa sobre a lavagem de dinheiro – 1990.

Diretivas da União Europeia.

Normas de referência de países diversos e outros documentos.

Documento E/CN.15/1992/4/Add.5 – Conselho Econômico e Social das Organizações das Nações Unidas – ONU, em 23 de março de 1992

World Drug Report 2017, págs. 21/22 – https://www.unodc.org/ wdr2017/field/Booklet_5 _NEXUS.pdf

Sites pesquisados:

http://www.bcb.gov.br/pre/normativos/busca/downloadNormativo.asp?arquivo=/Lists/Normativos/Attachments/47555/Circ_3461_v8_P.pdf

http://www.coaf.fazenda.gov.br/menu/legislacao-e-normas/normas-do-coaf/coaf-resolucao-no-23-de--20-de-dezembro-de-2012-esta-resolucao-entra-em-vigor-em 1.6.2013

http://www.coaf.fazenda.gov.br/menu/legislacao-e-normas/normas-do-coaf/coaf-resolucao-no-25-de--16-de-janeiro-de-2013-esta-resolucao-entra-em-vigor-em-1.3.2013

http://www.coaf.fazenda.gov.br/links-externos/As%20Recomendacoes%20GAFI.pdf

http://www.coaf.fazenda.gov.br/backup/legislacao-e-normas/legislacao1/Exposicao%20de%20Motivos%20Lei%209613.pdf/view

http://www.fatf-gafi.org/media/fatf/documents/FATF%20Stand

ards%20-%2040%20Recommendations%20rc.pdf

http://www.fatf-gafi.org/media/fatf/documents/FATF%20Stand

ards%20-%2040%20Recommendations%20rc.pdf

http://www.fatf-gafi.org/media/fatf/documents/methodology/FATF%20Methodology%2022%20Feb%202013.pdf.

http://www.fatf-gafi.org/faq/money laundering.

http://www.bcb.gov.br/pr e/normativos/buscadownloadNormativo.asp?arquivo=/Lists/Normativos/Attachments/49233/C_Circ_3542_v1_O.pdf.

www.fatf-gafi.org/,edia/fatf/documents/recommendations/pdfs/FATF-40-Rec-2012-Portuguese-Port.pdf.

www.howstuffworks.com

http://politica.estadao.com.br/noticias/geral,operacao-de-cabral-reuniu-us-3-5-milhoes-em-ouro-e-diamantes na suica,70001649596

http://politica.estadao.com.br/noticias/geral,cofres-guardam-fortuna-de-cabral,70001651423

https://oglobo.globo.com/brasil/cabral-comprou-3-milhoes-em-diamantes-dois-meses-antes-da-prisao-21040096.

https://super.abril.com.br/blog/superlistas/10-pinturas-mais-caras-do-mundo/

https://oglobo.globo.com/brasil/esquema-liderado-por-cabral-tinha-estrutura-para-movimentar-recursos-aponta-operacao-20503872

http://g1.globo.com/rio-de-janeiro/noticia/2016/11/lavagem-de-dinheiro-de-cabral-envolvia-transportadora-diz-mpf.html.

http://www.justica.gov.br/sua-protecao/lavagem-de-dinheiro/enccla

http://enccla.camara.leg.br/acoes.

http://www.coaf.fazenda.gov.br/backup/legislacao-e-normas/legislacao1/Exposicao%20de%20Motivos%20Lei%209613.pdf/view.

CAPÍTULO 28

Proteção Especial a Vítimas e a Testemunhas – Lei 9.807/1999

Luciano Casaroti

INTRODUÇÃO

Nas últimas décadas temos visto o aumento da criminalidade, especialmente do crime organizado, o qual por meio de seus poderes e influência coage e ameaça testemunhas, vítimas e réus que possam cooperar com a investigação criminal.

A Lei n. 9.807/99, Lei de Proteção a Vítimas e a Testemunhas ameaçadas e Réus Colaboradores, criou um sistema nacional de proteção, com mecanismos que possam oferecer segurança as pessoas que colaborem para solução de crimes e, que muitas vezes, não o faziam com receio de sofrerem algum tipo de ataque de criminosos investigados.

A Lei de Proteção a Vítimas e a Testemunhas ameaçadas é complementada pelo Decreto nº 3.518/2000, que disciplina a execução do sistema protetivo voltado para os depoentes, e sobre quais são os papéis e responsabilidades de cada órgão envolvido.

A Lei 9.807/99 é dividida em duas partes. A primeira refere-se a proteção especial às vítimas e testemunhas ameaçadas e institui o Programa Federal de Assistência às Vítimas e Testemunhas Ameaçadas, procedimentos administrativos. A segunda trata-se da proteção aos réus colaboradores, com aplicabilidade nos processos judiciais.

CAPÍTULO I

DA PROTEÇÃO ESPECIAL A VÍTIMAS E A TESTEMUNHAS

Art. 1º As medidas de proteção requeridas por vítimas ou por testemunhas de crimes que estejam coagidas ou expostas a grave ameaça em razão de colaborarem com a investigação ou processo criminal serão prestadas pela União, pelos Estados e pelo Distrito Federal, no âmbito das respectivas competências, na forma de programas especiais organizados com base nas disposições desta Lei.

§ 1º A União, os Estados e o Distrito Federal poderão celebrar convênios, acordos, ajustes ou termos de parceria entre si ou com entidades não-governamentais objetivando a realização dos programas.

§ 2º A supervisão e a fiscalização dos convênios, acordos, ajustes e termos de parceria de interesse da União ficarão a cargo do órgão do Ministério da Justiça com atribuições para a execução da política de direitos humanos.

COMPETÊNCIA PARA APLICAÇÃO DAS MEDIDAS DE PROTEÇÃO

O art. 1º da Lei 9.807/99 prevê que cabe a União, Estados e Distrito federal a implementação das medidas necessárias à proteção a vítimas e a testemunhas ameaçadas. Desse modo, cada Estado poderá estabelecer programas especiais adotando como princípios básicos as disposições da Lei 9.807/99. O município não foi incluído no rol dos entes federativos responsáveis pela aplicação de medidas protetivas à vítima e testemunha.

Define-se qual o ente estatal é competente para aplicar as medidas de proteção conforme a competência para apuração e julgamento do crime. Se o crime for de competência da justiça estadual, compete ao Estado prestar as medidas protetivas à vítima ou testemunha ameaçada ou coagida. Se o crime for de competência da justiça federal, incumbe a União aplicar as medidas necessárias à proteção da vítima ou testemunha.

Nos termos do parágrafo 1º da lei 9.807/99 é possível a celebração de convênios, acordos, ajustes ou termos de parceria entre Estados, Distrito Federal, União entre si ou com entidades não governamentais com a finalidade de efetivar a proteção de vítimas e testemunhas.

José Carlos Robaldo explica que "A presença de órgão federativo é obrigatória, porém, ao mesmo tempo não dispensou a participação de entidades não governamentais. O propósito é envolver nessa tarefa protetiva as entidades públicas, bem como a sociedade civil como um todo, o que é salutar, pois evitar a impunidade interessa não só ao estado, como também a sociedade de modo geral. A participação do particular é importante tanto no conselho deliberativo, como na contribuição financeira para o êxito do programa"[1].

VÍTIMA E TESTEMUNHA

É sabida a importância da participação da vítima e da testemunha na solução dos crimes, pois no Processo Penal o meio probatório mais utilizado é a prova testemunhal, sempre em busca à obtenção da verdade real dos acontecimentos.

A **vítima**, no processo penal, também denominada de ofendido, é o sujeito passivo do delito, ou seja, é o titular do direito violado ou posto em risco pelo crime.

A Resolução nº 40/34 da Assembleia Geral das Nações Unidas, de 29.11.85, define vítima como a *"Pessoa que, individual ou coletivamente, tenha sofrido danos, inclusive lesões físicas ou mentais, sofrimento emocional, perda financeira ou diminuição substancial de seus direitos fundamentais, como consequências de ações ou omissões que violem a legislação penal vigente, nos Estados – Membros, incluída a que prescreve o abuso de poder"*.

A vítima deve ser ouvida, sempre que possível, durante a instrução da ação penal (art. 201 do CPP[2]).

---

1 ROBALDO, José Carlos de Oliveira, Legislação Criminal Especial, obra coletiva, ed. RT, 2009, p.855

2 Art. 201. Sempre que possível, o ofendido será qualificado e perguntado sobre as circunstâncias da infração, quem seja ou presuma ser o seu autor, as provas que possa indicar, tomando-se por termo as suas declarações. § 1º Se, intimado para esse fim, deixar de comparecer sem motivo justo, o ofendido poderá ser conduzido à presença da autoridade. § 2º O ofendido será comunicado dos atos processuais relativos ao ingresso e à saída do acusado da prisão, à designação de data para audiência e à sentença e respectivos acórdãos que a mantenham ou modifiquem. § 3º As comunicações ao ofendido deverão ser feitas no endereço por ele indicado, admitindo-se, por opção do ofendido, o uso de meio eletrônico. § 4º Antes do início da audiência e durante a sua realização, será reservado espaço separado para o ofendido. § 5º Se o juiz entender necessário, poderá encaminhar o ofendido para atendimento multidisciplinar, especialmente nas áreas psicossocial,

Por sua vez, **testemunha** pode ser definida como a pessoa que, sob o compromisso de dizer a verdade, presta declaração a uma autoridade sobre os fatos que tem conhecimento e interessam ao processo. Dispõe o Código de Processo Penal que "toda pessoa pode ser testemunha". (art. 201, CPP).

A testemunha presta o compromisso de dizer a verdade (art. 203 do CPP). Ocorre, contudo, que há pessoas que prestam depoimento, mas sem o compromisso de dizer a verdade (art. 208[3], CPP). Essas são tidas como informantes.

Devido à finalidade protetiva da Lei n. 8.907/99, entendemos que o conceito de testemunha para aplicação de medidas de proteção deve ser amplo incluindo, também, os informantes, mesmo eles não prestando compromisso de dizer a verdade, pois, suas declarações podem ser relevantes para o descobrimento da verdade.

As medidas protetivas a serem aplicadas diante do caso concreto devem abarcar tanto a proteção à integridade física do indivíduo como a psicológica. É extremamente relevante que a pessoa protegida esteja segura, amparada e ciente de que é parte importante no processo. Além disso, esteja emocionalmente equilibrada para poder dizer tudo o que sabe sobre os fatos do processo, prestando um depoimento coeso e útil para a justiça.

SUPERVISÃO E FISCALIZAÇÃO DOS CONVÊNIOS

Na esfera federal cabe ao Ministério da Justiça a supervisão e a fiscalização dos convênios, acordos, ajustes e termos de parceria de interesse da União. Já na esfera estadual a incumbência fica a cargo dos órgãos dos Estados.

Ainda que não previsto expressamente na Lei n. 9.807/99, nos filiamos a posição que entende que o Ministério Público também tem legitimidade para efetuar a fiscalização de programas e convênios ligados a proteção a vítima e testemunhas. Neste sentido, também é a posição de José Carlos Robaldo: "Entendemos, entretanto, que o Ministério Público, no seu âmbito de atribuição, pela sua própria natureza, não está excluído da possibilidade de fiscalizar esses convênios, ainda que subsidiariamente"[4].

> **Art. 2º** A proteção concedida pelos programas e as medidas dela decorrentes levarão em conta a gravidade da coação ou da ameaça **à** integridade física ou psicológica, a dificuldade de preveni-las ou reprimi-las pelos meios convencionais e a sua importância para a produção da prova.
>
> § 1º A proteção poderá ser dirigida ou estendida ao cônjuge ou companheiro, ascendentes, descendentes e dependentes que tenham convivência habitual com a vítima ou testemunha, conforme o especificamente necessário em cada caso.
>
> § 2º Estão excluídos da proteção os indivíduos cuja personalidade ou conduta seja incompatível com as restrições de comportamento exigidas pelo programa, os condenados que

de assistência jurídica e de saúde, a expensas do ofensor ou do Estado. § 6º O juiz tomará as providências necessárias à preservação da intimidade, vida privada, honra e imagem do ofendido, podendo, inclusive, determinar o segredo de justiça em relação aos dados, depoimentos e outras informações constantes dos autos a seu respeito para evitar sua exposição aos meios de comunicação.

3 Art. 208. Não se deferirá o compromisso a que alude o art. 203 aos doentes e deficientes mentais e aos menores de 14 (quatorze) anos, nem às pessoas a que se refere o art. 206.

4 ROBALDO, José Carlos de Oliveira, Legislação Criminal Especial, obra coletiva, ed. RT, 2009, p. 855.

estejam cumprindo pena e os indiciados ou acusados sob prisão cautelar em qualquer de suas modalidades. Tal exclusão não trará prejuízo a eventual prestação de medidas de preservação da integridade física desses indivíduos por parte dos **órgãos** de segurança pública.

§ 3º O ingresso no programa, as restrições de segurança e demais medidas por ele adotadas terão sempre a anuência da pessoa protegida, ou de seu representante legal.

§ 4º Após ingressar no programa, o protegido ficará obrigado ao cumprimento das normas por ele prescritas.

§ 5º As medidas e providências relacionadas com os programas serão adotadas, executadas e mantidas em sigilo pelos protegidos e pelos agentes envolvidos em sua execução.

MEDIDA EXCEPCIONAL

A inclusão da pessoa no programa de proteção constitui medida excepcional, que somente deve ser aplicada quando os meios convencionais se mostrarem insuficientes a garantir a segurança da pessoa ameaçada ou coagida. Nessa quadra, se a decretação da prisão preventiva ou temporária for suficiente para cessar a ameaça ou coação sofrida pela vítima ou testemunha, a prisão processual deve ser efetivada.

REQUISITOS PARA A ADMISSÃO NO PROGRAMA DE PROTEÇÃO

O *caput* do art. 2º da Lei n.9.807/99 elenca os requisitos para que o indivíduo possa ser aprovado no programa de proteção a vítimas e a testemunhas, são eles:

a) **relevância do depoimento para a produção de provas:** para inserir a pessoa no programa de proteção é imprescindível que seu depoimento seja relevante para o deslinde dos fatos investigados. Do contrário, é melhor que a testemunha ou vítima ameaçada seja dispensada de depor, em vez de movimentar o Estado para lhes proteger.

b) **situação de risco do sujeito ameaçado:** o colaborador deve estar sob ameaça efetiva e atual, ou ao menos existir indícios que algo possa ser tentado contra ele. O risco pode ser tanto a integridade física do colaborador como na esfera psicológica.

A ameaça ou coação a vítima, a testemunha ou aos seus familiares deve revestir-se de conteúdo idôneo e sério para causar um mal, de modo a impedir ou dificultar o conteúdo do depoimento ou declaração a ponto de prejudicar o desvendamento do crime.

c) **relação de causalidade:** A situação de risco deve ser originária da vontade do colaborador em contribuir com a investigação ou processo criminal. Assim, se a ameaça ou coação for resultado de motivos não relacionados ao seu depoimento, é incabível a aplicação das medidas de proteção previstas na Lei 9.807/99.

d) **conduta pessoal:** o comportamento e a conduta pessoal e social do colaborador têm que ser compatíveis com as limitações e restrições impostas pelo programa de proteção (art. 2º, § 2 da Lei 9807/99).

A pessoa admitida no programa de proteção a vítima e a testemunhas fica sobre a tutela do Estado e tem restringidos direitos como ir, vir e permanecer, além da mudança de rotina de vida.

Na hipótese do colaborador desrespeitar as restrições impostas pelo programa de proteção é cabível a sua exclusão, visto que comportamentos inadequados do protegido colocam em risco os agentes, as equipes técnicas, além de toda a rede protetora, conforme art. 10, II, "b" da Lei n. 9.807/99.

e) **inexistência de limitação à liberdade pessoal do protegido:** ficam excluídas do programa de proteção as pessoas que estão com sua liberdade restringida, pois estão cumprindo pena ou custodiados em decorrência de prisão processual (art. 2º, § 2 da Lei 9.807/99). Segundo Guilherme Nucci os "condenados a penas privativas de liberdade e pessoas presas cautelarmente já se encontram sob tutela estatal, razão pela qual espera-se que existam mecanismos suficientes para mantê-los resguardados e separados dos demais detentos, assegurando-lhes a integridade física e psicológica. Aliás, esse é o motivo da afirmativa feita na parte final deste artigo, indicando que medidas de proteção devem ser tomadas no interior do cárcere onde se encontrem"[5].

Entendemos que o legislador andou mal ao excluir a possibilidade de pessoas presas aderirem ao programa, haja vista que o condenado pode possuir relevantes informações que contribuam para elucidação de fatos investigados, mas, com medo de sofrer ataques dentro do estabelecimento penal, acaba por não prestar as informações.

f) **anuência do protegido com as regras do programa:** o programa de proteção a vítima e as testemunhas impõe ao protegido uma série de restrições, que devem ser seguidas. Assim, é necessário que o colaborador ou seu representante legal manifeste sua anuência a inclusão no programa, as restrições de segurança e demais medidas previstas, pois, uma vez ingresso, estará obrigado ao cumprimento das normas impostas. O não cumprimento das restrições acarreta o insucesso do programa de proteção.

Extensão das medidas protetivas a terceiros

O art. 2º, § 1º da Lei 9.807/99 deixa claro que as medidas protetivas do programa de proteção abarcam não apenas o indivíduo ameaçado ou coagido, mas também seu cônjuge ou companheiro, ascendentes, descendentes e pessoas que vivam sob sua dependência, em caso de necessidade.

Entendemos que mesmo não estando expresso na lei, a ascendência e a descendência podem ser em qualquer grau, como também a proteção pode ser estendida ao colateral, com consanguinidade ou afim.

O programa de proteção não teria eficácia se somente a pessoa ameaçada em razão de colaborar com a investigação ou processo criminal fosse incluída no programa e seus familiares ficassem expostos sem qualquer medida de proteção. Como bem explica Guilherme Nucci "se o objetivo da lei é proteger a testemunha e a vítima, além de guarnecer seus parentes próximos, é fundamental estender a guarida àqueles que vivam sob dependência do depoente. É sabido, por exemplo, que tios podem cuidar de seus sobrinhos, irmão mais velhos tomem conta dos mais novos, enfim, que a testemunha ou vítima mantenha sob sua dependência, com convívio regular, oura pessoa, que não seja cônjuge (companheiro), ascendente ou descendente, mas também merecedora de proteção, sob pena de se inviabilizar a colaboração na produção da prova[6]".

5 NUCCI, Guilherme de Souza, Leis Penais e Processuais Penais Comentadas, ed. GEN, 2018, p. 811.

6 NUCCI, Guilherme de Souza, Leis Penais e Processuais Penais Comentadas, ed. GEN, 2018, p. 811.

A aplicação das medidas protetivas a familiares ou dependentes deve ser analisada à luz do caso concreto. Para o ingresso de familiares no programa de proteção é suficiente a existência de indícios de que se está intimidando o depoente com ameaças a seus familiares ou dependentes.

SIGILO DAS MEDIDAS

O êxito do programa de proteção passa pelo sigilo das medidas e providências tomadas com o programa. Desse modo, todas as pessoas envolvidas na rede de proteção, como, o protegido e os responsáveis em executar as medidas protetivas, deverão manter o sigilo sob pena de inviabilizar a proteção da pessoa ameaçada ou coagida, conforme disposto no art. 2º, § 5º da Lei n. 9.807/99.

A quebra do sigilo pode levar a necessidade de alteração das medidas de proteção adotadas ou até mesmo a exclusão do protegido, na hipótese de dele apresentar conduta incompatível com a finalidade do Programa.

Art. 3º Toda admissão no programa ou exclusão dele será precedida de consulta ao Ministério Público sobre o disposto no art. 2º e deverá ser subsequentemente comunicada à autoridade policial ou ao juiz competente.

O Ministério Público deve se manifestar, previamente e sempre de forma fundamentada, tanto na hipótese de admissão ao programa como de exclusão. O Ministério Público deve ser ouvido até mesmo nas hipóteses de ações penais privadas, pois tanto como parte como fiscal da lei, o *Parquet* tem interesse na produção das provas.

Cabe ao Ministério Público a análise da incidência dos requisitos do art. 2º da Lei n. 9.807/99 para a inclusão no programa de proteção a vítima e as testemunhas, bem como as situações de exclusão do protegido do programa, devendo informar se concorda ou não com a admissão do indivíduo. Após manifestação ministerial, serão comunicados à autoridade policial ou ao juiz competente.

Cabe asseverar que o Ministério Público pode atuar de quatro formas distintas:

a) **membro do Conselho Deliberativo:** como membro do Conselho Deliberativo, o Ministério Público tem o dever de zelar pelo cumprimento correto das disposições legais referentes à proteção, e pela vida e dignidade da pessoa protegida, garantindo-lhe respeito e proteção;

b) **parte:** o Ministério Público tem legitimidade para requerer a inclusão da pessoa ameaçada ou coagida no programa de proteção. Entendemos que mesmo não estando expresso na Lei, o Ministério Público pode requerer a exclusão do protegido do programa de proteção, nos termos do art. 10;

c) **órgão executor:** o art. 8º da Lei n. 9.807/99 estabelece que o conselho deliberativo pode solicitar ao Ministério Público que ele requeira a concessão de medidas cautelares.

d) **fiscal da lei:** o art. 9º da Lei de Proteção a Vítimas e as Testemunhas prevê a possibilidade de alteração do nome das pessoas protegidas, devendo o magistrado ouvir o Ministério Público. Assim, nos casos de alteração do nome das pessoas protegidas, o *Parquet* atua como fiscal da lei.

Art. 4º Cada programa será dirigido por um conselho deliberativo em cuja composição haverá representantes do Ministério Público, do Poder Judiciário e de órgãos públicos e privados relacionados com a segurança pública e a defesa dos direitos humanos.

§ 1º A execução das atividades necessárias ao programa ficará a cargo de um dos órgãos representados no conselho deliberativo, devendo os agentes dela incumbidos ter formação e capacitação profissional compatíveis com suas tarefas. § 2º Os órgãos policiais prestarão a colaboração e o apoio necessários à execução de cada programa.

CONSELHO DELIBERATIVO

Trata-se do órgão responsável pelo programa de proteção a vítimas e as testemunhas.

É composto por representantes do Ministério Público, do Poder Judiciário e de órgãos públicos e privados relacionados com a segurança pública e a defesa dos direitos humanos. Assim, verifica-se que o órgão tem uma composição heterogênea e que conta com a participação da sociedade civil. É obrigatória a participação dos órgãos e entidades acima citados no Conselho Deliberativo.

O Conselho Deliberativo deverá possuir Regimento Interno que regulará suas atividades, seus integrantes titulares e suplentes.

Órgão Executor

A execução das medidas necessárias a dar efetividade ao programa é responsabilidade do órgão executor, que é um dos órgãos integrantes do Conselho Deliberativo. O órgão executor é responsável pela contratação da equipe técnica, composta por profissionais qualificados, como por exemplo, assistentes sociais e psicólogos, os quais são responsáveis de prestar a proteção necessária ao colaborador, além de oferecer, entre outros, o apoio psicológico, financeiro e de transporte.

A Lei nº 9.807/99 não definiu quais seriam as atividades necessárias ao programa de proteção, deixando espaço para que cada conselho deliberativo estabeleça a estrutura adequada.

O § 2º do art. 4 da Lei 9.807/99 prevê a **colaboração dos órgãos policiais** na execução das medidas protetivas definidas no programa de proteção. Desse modo, os órgãos policiais prestarão o apoio necessário à execução de cada programa.

Art. 5º A solicitação objetivando ingresso no programa poderá ser encaminhada ao órgão executor:

I – pelo interessado;

II – por representante do Ministério Público;

III – pela autoridade policial que conduz a investigação criminal;

IV – pelo juiz competente para a instrução do processo criminal;

V – por órgãos públicos e entidades com atribuições de defesa dos direitos humanos.

§ 1º A solicitação será instruída com a qualificação da pessoa a ser protegida e com informações sobre a sua vida pregressa, o fato delituoso e a coação ou ameaça que a motiva.

§ 2º Para fins de instrução do pedido, o órgão executor poderá solicitar, com a aquiescência do interessado:

I – documentos ou informações comprobatórios de sua identidade, estado civil, situação profissional, patrimônio e grau de instrução, e da pendência de obrigações civis, administrativas, fiscais, financeiras ou penais;

II – exames ou pareceres técnicos sobre a sua personalidade, estado físico ou psicológico.

§ 3º Em caso de urgência e levando em consideração a procedência, gravidade e a iminência da coação ou ameaça, a vítima ou testemunha poderá ser colocada provisoriamente sob a custódia de órgão policial, pelo órgão executor, no aguardo de decisão do conselho deliberativo, com comunicação imediata a seus membros e ao Ministério Público.

LEGITIMADOS PARA REQUERER O INGRESSO NO PROGRAMA

Tem legitimidade para solicitar o ingresso da pessoa ameaçada ou coagida no programa de proteção a testemunhas: 1 – o próprio interessado; 2- o representante do Ministério Público; 3 – a autoridade policial que conduz a investigação criminal; 4 – o juiz competente para a instrução do processo criminal; 5 – os órgãos públicos; 6 – as entidades com atribuições de defesa dos direitos humanos.

Quando o pedido não for feito pelo próprio interessado, este deve concordar com a solicitação de ingresso no programa de proteção.

O Pedido de ingresso no programa deve ser endereçado ao Conselho Deliberativo, órgão responsável em decidir pela admissão ou não no programa.

O requerimento de admissão no programa de proteção deve estar instruído com a qualificação da pessoa a ser protegida e com informações sobre a sua vida pregressa, o fato delituoso e a coação ou ameaça que a motiva, conforme o disposto no art. 5º, § 1º da Lei. n. 9.807/99.

Se o Conselho Deliberativo entender necessário, por meio do órgão executor, poderá solicitar outros documentos para auxiliar na decisão a ser tomada, como, por exemplo, documentos comprobatórios do estado civil, situação profissional, além de exames ou pareceres técnicos sobre sua personalidade e estado físico ou psicológico (art. 5º, § 2º da Lei. n. 9.807/99).

A possibilidade de solicitação de novos documentos tem a finalidade de avaliar melhor a pessoa do interessado. A utilização dos documentos solicitados pelo Conselho Deliberativo deve ter aquiescência do interessado.

Apesar de não existir o contraditório e a ampla defesa, o pedido deve ser fundamentado e deixar evidenciado a necessidade de ingresso da pessoa no programa de proteção, sob pena de indeferimento pelo Conselho Deliberativo.

Custódia provisória

É possível a inclusão da vítima ou testemunha provisoriamente sob a custódia de órgão policial, desde que presentes dois requisitos: a) urgência; b) necessidade de custódia, considerando a procedência, gravidade e a iminência da coação ou ameaça e a situação pessoal da vítima ou testemunha (art. 5º, § 2º da Lei. n. 9.807/99). A análise da necessidade da custódia provisória deve ser feita de acordo com as circunstâncias do caso concreto.

Após a aplicação da custódia cautelar, esta deve ser imediatamente comunicada ao Ministério Público e ao Conselho Deliberativo. O Ministério Público deve emitir parecer sobre a necessidade ou não da inclusão, mesmo que após a aplicação da medida, haja vista o teor do art. 3º da Lei n. 9.807/99.

Art. 6º O conselho deliberativo decidirá sobre:

I – o ingresso do protegido no programa ou a sua exclusão;

II – as providências necessárias ao cumprimento do programa.

Parágrafo **único.** As deliberações do conselho serão tomadas por maioria absoluta de seus membros e sua execução ficará sujeita à disponibilidade orçamentária.

DECISÕES DO CONSELHO DELIBERATIVO

Cabe ao Conselho deliberativo decidir quanto ao ingresso do interessado no programa de proteção, bem como sua exclusão do programa. Além disso, tudo que for necessário para a execução do programa também é de responsabilidade do Conselho Deliberativo.

O Conselho deliberativo é o órgão mais importante do programa de proteção a vítima e as testemunhas. A sua composição é heterogênea, pois formado por representantes de órgãos e instituições públicas e ainda por entidades privadas com atribuições de defesa dos direitos humanos (art. 4º da Lei n. 9.807/99).

Quorum qualificado e Disponibilidade Orçamentaria

As decisões do Conselho deliberativo deverão ser tomadas por maioria absoluta (quorum qualificado).

A regra que os programas de proteção às vítimas e às testemunhas somente serão executadas se houver disponibilidade orçamentária não se coaduna com os fins sociais da Lei n. 9.807/99. Entendemos que se uma pessoa tem negado, pelo Conselho Deliberativo, o ingresso no programa de proteção ante a falta de disponibilidade orçamentária, ela deve acionar o poder judiciário para ter o seu direito atendido.

Art. 7º Os programas compreendem, dentre outras, as seguintes medidas, aplicáveis isolada ou cumulativamente em benefício da pessoa protegida, segundo a gravidade e as circunstâncias de cada caso:

I – segurança na residência, incluindo o controle de telecomunicações;

II – escolta e segurança nos deslocamentos da residência, inclusive para fins de trabalho ou para a prestação de depoimentos;

III – transferência de residência ou acomodação provisória em local compatível com a proteção;

IV – preservação da identidade, imagem e dados pessoais;

V – ajuda financeira mensal para prover as despesas necessárias à subsistência individual ou familiar, no caso de a pessoa protegida estar impossibilitada de desenvolver trabalho regular ou de inexistência de qualquer fonte de renda;

VI – suspensão temporária das atividades funcionais, sem prejuízo dos respectivos vencimentos ou vantagens, quando servidor público ou militar;

VII – apoio e assistência social, médica e psicológica;

VIII – sigilo em relação aos atos praticados em virtude da proteção concedida;

IX – apoio do órgão executor do programa para o cumprimento de obrigações civis e administrativas que exijam o comparecimento pessoal.

Parágrafo único. A ajuda financeira mensal terá um teto fixado pelo conselho deliberativo no início de cada exercício financeiro.

MEDIDAS DE PROTEÇÃO

O legislador elencou um rol de medidas a serem aplicadas no programa de proteção a vítima e as testemunhas. As medidas podem ser aplicadas cumulativa ou isoladamente conforme as necessidades do caso concreto.

O Conselho deliberativo pode aplicar medidas protetivas diversas das elencadas no art. 7º da Lei n. 9.807/99, desde que compatíveis com o programa de proteção. A expressão "dentre outras" deixa claro que o rol é meramente exemplificativo.

São medidas de proteção:

I – segurança na residência, incluindo o controle de telecomunicações: é uma medida restritiva da liberdade do indivíduo protegido e das demais pessoas que residem no mesmo local. Contudo, muitas vezes, se torna imprescindível o monitoramento da residência, inclusive o controle de telecomunicações para garantir a segurança pessoal da vítima ou testemunha;

II – escolta e segurança nos deslocamentos da residência, inclusive para fins de trabalho ou para a prestação de depoimentos: é mais uma medida protetiva que restringe a liberdade do indivíduo protegido. A escolta deve ser realizada por policiais conforme art. 4º, § 2º da Lei. n. 9.807/99.

III – transferência de residência ou acomodação provisória em local compatível com a proteção: a depender da situação concreta, o monitoramento da residência é insuficiente para se garantir a segurança do protegido, se fazendo necessário que o protegido mude de residência, ou seja, colocado provisoriamente em local compatível com a proteção.

IV – preservação da identidade, imagem e dados pessoais: o órgão de execução das medidas protetivas é encarregado de zelar pela preservação da identidade, imagem e dados pessoais do protegido. O próprio protegido deve seguir as indicações do programa de proteção para se manter seguro, preservando, assim, a sua identidade, imagem e dados pessoais.

V – ajuda financeira mensal para prover as despesas necessárias à subsistência individual ou familiar, no caso de a pessoa protegida estar impossibilitada de desenvolver trabalho regular ou de inexistência de qualquer fonte de renda: Cabe ao Estado garantir ajuda financeira para a pessoa que, em razão de sua inclusão no programa de vítima e testemunha, fique impedida de exercer seu trabalho regular ou de inexistência de qualquer outra fonte.

A ajuda financeira terá um teto fixado pelo Conselho Deliberativo no início de cada exercício financeiro (art. 7º, parágrafo único, Lei. n. 9.807/99). O valor fixado deve suprir as necessidades básicas da pessoa protegida e de sua família. A ajuda financeira pode ser complementada por entidades privadas.

VI – suspensão temporária das atividades funcionais, sem prejuízo dos respectivos vencimentos ou vantagens, quando servidor público ou militar: o servidor público ou militar incluído no programa de proteção e que tenha que suspender temporariamente suas atividades funcionais laborais, continuará a receber os seus vencimentos ou vantagens.

VII – apoio e assistência social, médica e psicológica: O Estado deve prestar toda a assistência necessária a pessoa protegida e seus familiares. O apoio psicológico é essencial, porquanto há uma alteração significativa na vida da pessoa ameaçada e de seus familiares.

VIII – sigilo em relação aos atos praticados em virtude da proteção concedida: o sigilo dos atos e medidas praticadas é essencial para o êxito do programa de proteção. O vazamento de informações pode prejudicar não apenas a produção da prova como colocar em risco a própria segurança da pessoa ameaçada.

Nesse sentido, o STF vem reconhecendo a inexistência de nulidade no sigilo a identidade da testemunha em razão do temor de represálias: "A tese de nulidade do ato do interrogatório do paciente devido ao sigilo das informações acerca da qualificação de uma das testemunhas arroladas na denúncia não deve ser acolhida. 2. No caso concreto, há indicações claras de que houve a preservação do sigilo quanto à identidade de uma das testemunhas devido ao temor de represálias, sendo que sua qualificação foi anotada fora dos autos com acesso restrito aos juízes de direito, promotores de justiça e advogados constituídos e nomeados. Fatos imputados ao paciente foram de formação de quadrilha armada, da prática de dois latrocínios e de porte ilegal de armas"[7].

IX – apoio do órgão executor do programa para o cumprimento de obrigações civis e administrativas que exijam o comparecimento pessoal: a pessoa protegida sofre diversas restrições de seus direitos, além de, em regra, ter que fica no anonimato, assim, incumbe ao órgão executor do programa auxiliá-la no cumprimento de suas obrigações civis e administrativas.

> **Art. 8º** Quando entender necessário, poderá o conselho deliberativo solicitar ao Ministério Público que requeira ao juiz a concessão de medidas cautelares direta ou indiretamente relacionadas com a eficácia da proteção.

LEGITIMIDADE PARA REQUERER MEDIDAS CAUTELARES

Cabe ao Ministério Público postular, em juízo, medidas cautelares relacionadas à efetividade da proteção da pessoa ameaçada.

O Conselho deliberativo pode solicitar ao Ministério Público que requeira a concessão de medidas cautelares junto ao judiciário. A solicitação do Conselho Deliberativo não vincula o Ministério Público, que deve avaliar a gravidade do caso concreto e a necessidade ou não de ingressar com o pedido cautelar para garantia da proteção da pessoa ameaçada.

Entendemos que o membro do *Parquet* pode requerer de ofício a concessão de medidas cautelares, não ficando limitado à solicitação do Conselho Deliberativo.

---

7 HC 90321, Relator(a): Min. ELLEN GRACIE, Segunda Turma, julgado em 02/09/2008, DJe-182 DIVULG 25-09-2008 PUBLIC 26-09-2008 EMENT VOL-02334-02 PP-00333.

Art. 9º Em casos excepcionais e considerando as características e gravidade da coação ou ameaça, poderá o conselho deliberativo encaminhar requerimento da pessoa protegida ao juiz competente para registros públicos objetivando a alteração de nome completo.

§ 1º A alteração de nome completo poderá estender-se às pessoas mencionadas no § 1º do art. 2º desta Lei, inclusive aos filhos menores, e será precedida das providências necessárias ao resguardo de direitos de terceiros.

§ 2º O requerimento será sempre fundamentado e o juiz ouvirá previamente o Ministério Público, determinando, em seguida, que o procedimento tenha rito sumaríssimo e corra em segredo de justiça.

§ 3º Concedida a alteração pretendida, o juiz determinará na sentença, observando o sigilo indispensável à proteção do interessado: I – a averbação no registro original de nascimento da menção de que houve alteração de nome completo em conformidade com o estabelecido nesta Lei, com expressa referência à sentença autorizatória e ao juiz que a exarou e sem a aposição do nome alterado; II – a determinação aos órgãos competentes para o fornecimento dos documentos decorrentes da alteração; III – a remessa da sentença ao órgão nacional competente para o registro único de identificação civil, cujo procedimento obedecerá às necessárias restrições de sigilo.

§ 4º O conselho deliberativo, resguardado o sigilo das informações, manterá controle sobre a localização do protegido cujo nome tenha sido alterado.

§ 5º Cessada a coação ou ameaça que deu causa à alteração, ficará facultado ao protegido solicitar ao juiz competente o retorno à situação anterior, com a alteração para o nome original, em petição que será encaminhada pelo conselho deliberativo e terá manifestação prévia do Ministério Público.

ALTERAÇÃO DO NOME

A alteração do nome completo da pessoa incluída no programa de proteção é **medida excepcional** e deve ser feita quando as circunstâncias do caso indicarem a necessidade.

A mudança não pode prejudicar o direito de terceiros, pois é realizada para proteger a pessoa ameaçada e não para isentá-la de suas obrigações.

Compete à pessoa ameaçada elaborar o requerimento que, por meio do Conselho deliberativo, é enviado ao juiz da Vara de Registro Público, e não mais ao juiz competente para a instrução criminal. Após oitiva do Ministério Público, o juiz decreta o segredo de justiça e determina o rito sumaríssimo, ou seja, célere, a fim de resguardar a proteção do interessado.

A mudança do nome pode ser estendida ao cônjuge ou companheiro, ascendentes, descendentes que convivam com a pessoa protegida (art.9º, § 1 da Lei n. 9.807/99). É requisito para extensão do nome que a convivência seja habitual.

A alteração é feita em caráter permanente, todavia, finda a causa que a originou, a pessoa protegida, por meio do Conselho deliberativo, poderá ingressar em juízo para ter de volta seu nome original. O juiz antes de decidir ouvirá o Ministério Público.

Art. 10. A exclusão da pessoa protegida de programa de proteção a vítimas e a testemunhas poderá ocorrer a qualquer tempo:

I – por solicitação do próprio interessado;

II – por decisão do conselho deliberativo, em consequência de:

a) cessação dos motivos que ensejaram a proteção;

b) conduta incompatível do protegido.

EXCLUSÃO DO PROGRAMA

A exclusão do programa pode ocorrer a qualquer tempo e por três motivos:

a) **por solicitação do próprio interessado:** a própria vítima ou testemunha pode solicitar sua exclusão do programa.

b) **cessação dos motivos:** com o fim dos motivos que ensejaram a inclusão da vítima ou testemunha no programa de proteção, esta também deve ser encerrada, por decisão do Conselho deliberativo.

c) **conduta incompatível:** a vítima ou testemunha deve seguir algumas normas de segurança do programa de proteção. Contudo, se a pessoa protegida não seguir as normas do programa, tendo uma conduta incompatível com o regramento, ela deve ser excluída do programa.

Art. 11. A proteção oferecida pelo programa terá a duração máxima de dois anos. Parágrafo único. Em circunstâncias excepcionais, perdurando os motivos que autorizam a admissão, a permanência poderá ser prorrogada.

TEMPO MÁXIMO DO PROGRAMA

O programa de proteção tem a duração máxima de 2 (dois) anos. No entanto, excepcionalmente, a lei **permite a prorrogação do programa de proteção** quando perdurarem os motivos que autorizaram a inclusão da pessoa protegida.

A prorrogação deve ser por tempo indeterminado, enquanto existirem os motivos que levaram a admissão da vítima ou testemunha ingressar no programa de proteção.

Art. 12. Fica instituído, no âmbito do órgão do Ministério da Justiça com atribuições para a execução da política de direitos humanos, o Programa Federal de Assistência a Vítimas e a Testemunhas Ameaçadas, a ser regulamentado por decreto do Poder Executivo.

O Decreto n. 3.518 de 20 de junho de 2000, regulamentou o art. 12 da Lei n. 9.807/99.

CAPÍTULO II

DA PROTEÇÃO AOS RÉUS COLABORADORES

Art. 13. Poderá o juiz, de ofício ou a requerimento das partes, conceder o perdão judicial e a conseqüente extinção da punibilidade ao acusado que, sendo primário, tenha colaborado efetiva e voluntariamente com a investigação e o processo criminal, desde que dessa colaboração tenha resultado:

I – a identificação dos demais co-autores ou partícipes da ação criminosa;

II – a localização da vítima com a sua integridade física preservada;

III – a recuperação total ou parcial do produto do crime. Parágrafo **único.** A concessão do perdão judicial levará em conta a personalidade do beneficiado e a natureza, circunstâncias, gravidade e repercussão social do fato criminoso.

COLABORAÇÃO PREMIADA

A colaboração premiada ou delação premiada faz parte de uma nova política de combate à criminalidade, fazendo com que se crie o estímulo ao arrependimento daqueles que já se envolveram na prática de algum crime ou espécies de crimes. Surgida principalmente para combater a criminalidade organizada, a colaboração passa a ter uma maior relevância e abrangência com a utilização para outras modalidades delitivas.

A colaboração premiada consiste em atribuir um benefício ao coautor ou partícipe de infração penal que contribua, efetiva e voluntariamente, para que a autoridade identifique os demais coautores ou partícipes, localize a vítima com a sua integridade física preservada e a recuperação total ou parcial do produto do crime.

O instituto da colaboração premiada é oriundo do chamado direito premial. Os benefícios oferecidos na colaboração premiada, prevista na Lei 9.807/99, em troca das informações repassadas podem ser a diminuição da pena ou, até mesmo, o perdão judicial.

O instituto da colaboração premiada sofre críticas sob o argumento que a colaboração premiada é a institucionalização da traição. Logo, o Estado atua com imoralidade e falta de ética ao estimular a traição do colaborador em face de seus comparsas. Além disso, com a colaboração premiada, o Estado está confessando sua incompetência para investigar e impor as sanções aos criminosos.

A par das respeitadas opiniões críticas à Lei, entendemos que, seguindo uma tendência mundial, o Estado adotou a política criminal de priorizar a proteção dos direitos da vítima e a efetividade da persecução penal na preservação e repressão de delitos penais. Além disso, a colaboração premiada vem se mostrando um instituto imprescindível no combate da criminalidade organizada, e os resultados positivos são muito superiores aos argumentos críticos destacados pela doutrina.

A colaboração premiada se distingue da confissão, pois esta se refere à autoincriminação, enquanto aquela representa a imputação do fato criminoso a terceiros.

O instituto da colaboração premiada está previsto em diversos diplomas, dentre os quais: Código Penal (arts. 159, § 4º, e 288, p.u.); Lei dos Crimes Hediondos 8.072/90, art. 8º; Lei do Crime Organizado – nº 9.034/05 (art. 6º); Lei dos Crimes contra o Sistema Financeiro Nacional – nº 7.492/86 (art. 25, § 2º); Lei dos Crimes de Lavagem de Capitais – nº 9.613/88 (art. 1º, § 5º); Lei dos Crimes contra a Ordem Tributária e Econômica – nº 8.137/90 (art. 16, p.u.); Lei de Drogas – nº 11.343/06 (art. 41); e, Lei que trata do Sistema Brasileiro de Defesa da Concorrência – nº 12.529/2011 (art. 86). Na esfera da Lei n. 9.807/99 a colaboração premiada vem descrita nos seus arts. 13 e 14.

Já decidiu o STF que "A eventual desconstituição de acordo de colaboração premiada tem âmbito de eficácia restrito às partes que o firmaram, não beneficiando nem prejudicando terceiros[8].

8 (HC 127.483, Rel. Min. DIAS TOFFOLI, Tribunal Pleno, DJe de 4.2.2016).

Alcance normativo

Antes da edição da Lei n. 9.807/99, a colaboração premiada era aplicável somente aos tipos penais descritos nas leis especiais que previam o instituto jurídico.

Com o advento da Lei de Proteção a vítimas e testemunhas, contudo, a colaboração premiada foi estendida a todos os tipos penais, posto que não ficou ressalvada a aplicação do instituto a nenhum crime específico, já que não havendo ressalva expressa, não se pode interpretar a norma penal mais benéfica de forma restritiva. Portanto, desde que a Lei nº 9.807/99 entrou em vigor, resta claro que a aplicação da delação premiada não está limitada a tipos penais específicos.

Extensão Subjetiva

O benefício concedido ao colaborador resultante da colaboração premiada (diminuição de pena ou perdão judicial) possui natureza personalíssima, ou seja, é pessoal e incomunicável. Portanto, não se estende aos corréus ou partícipes[9].

Além disso, decidiu o STF que "por se tratar de negócio jurídico personalíssimo, o acordo de colaboração premiada não pode ser impugnado por coautores ou partícipes do colaborador na organização criminosa e nas infrações penais por ela praticadas, ainda que venham a ser expressamente nominados no respectivo instrumento no "relato da colaboração e seus possíveis resultados" (art. 6º, I, da Lei nº 12.850/13)"[10]. (destaque nosso).

PERDÃO JUDICIAL

O art. 13 da Lei n. 9.807/99 prevê que o juiz, de ofício ou a requerimento das partes, após análise dos requisitos previstos, poderá conceder o perdão judicial e a consequente extinção da punibilidade.

Segundo Cesar Roberto Bitencourt, "perdão judicial é o instituto através do qual a lei possibilita ao juiz deixar de aplicar a pena diante da existência de determinadas circunstâncias expressamente determinadas (exs.: arts. 121, § 5, 129, § 8, 140, § 1, I e II, 180, § 5, 1 parte, 242, parágrafo único, 249, § 2)"[11].

Entendemos que, desde que preenchidos os requisitos legais, cabe ao juiz conceder o perdão judicial. Logo, não se trata de uma faculdade e sim um direito subjetivo do colaborador. É prevalente na doutrina e jurisprudência que, mesmo a lei empregando a expressão "acusado", o perdão judicial pode ser aplicado tanto na fase investigatória quanto na judicial.

REQUISITOS

Para a concessão do perdão judicial exige-se a presença dos requisitos previstos nos incisos I, II, III e § único do art. 13 da Lei de Proteção às vítimas e testemunhas. Os requisitos são de duas ordens: subjetivos e objetivos.

---

9 STF RHC 124192, Relator(a): Min. DIAS TOFFOLI, Primeira Turma, julgado em 10/02/2015, PROCESSO ELETRÔNICO DJe-065 DIVULG 07-04-2015 PUBLIC 08-04-2015.

10 STF- HC 127483, Relator(a): Min. DIAS TOFFOLI, Tribunal Pleno, julgado em 27/08/2015, PROCESSO ELETRÔNICO DJe-021 DIVULG 03-02-2016 PUBLIC 04-02-2016.

11 BITENCOURT, Cezar Roberto, Tratado de Direito Penal, parte geral, vol. 1, ed. Saraiva, 2009, p. 771.

I – Subjetivos

a) **primariedade do colaborador:** primariedade é um conceito negativo. É primário aquele que não é reincidente, ou seja, aquele que não possua condenação anterior transitada em julgado.

A primariedade, contudo, não basta para constituir o direito público subjetivo a concessão do perdão judicial, pois o juiz deve levar em conta outros aspectos como a personalidade do beneficiado e a natureza, circunstâncias, gravidade e repercussão social do fato criminoso (art. 13, § único, Lei 9.807/99), além dos demais requisitos previstos no *caput* do art. 13.

b) **colaboração voluntária:** é aquela sem qualquer vício ou tipo de constrangimento, ela nasce da livre vontade do agente colaborador, sem sofrer qualquer tipo de pressão física, moral ou mental. No entanto, pode derivar de um fator externo como sugestão da autoridade. Logo, não é exigido que o ato de colaboração seja espontâneo (cuja motivação é interna, que nasce exclusivamente da vontade do agente, sem interferência externa). O que se exige é que a colaboração não seja resultado de qualquer forma de constrangimento ou ameaça contra o investigado/processado por parte das autoridades legais.

No mesmo sentido, transcrevo trecho do voto do Ministro Luiz Fux no julgamento do HC 129877, julgado em 18/04/2017: *"À luz das premissas teóricas lançadas no presente voto, entendo importante deixar assentado que os conceitos jurídicos de "voluntariedade" e "espontaneidade" vêm sendo diferenciados, pela doutrina e pela jurisprudência, de modo que a voluntariedade implica, unicamente, a ausência de coação, o ato praticado livre de qualquer constrangimento. Já a espontaneidade exige, em regra, além da voluntariedade, também "a livre disposição do agente de procurar a autoridade para, evidenciando alto grau de responsabilidade moral, informar a prática da infração penal ignorada ou imputada a outrem"."*[12]

c) **personalidade favorável:** Para se obter o direito ao perdão judicial, o colaborador deve ter personalidade favorável, ou seja, ter uma boa índole.

Personalidade é o conjunto de atributos morais de uma pessoa. Para se descobrir a personalidade de alguém é necessária uma investigação dos antecedentes psíquicos e morais do agente. O art. 6, IX do CPP[13] dispõe que a autoridade policial, logo após a prática da infração, deve buscar informações sobre a atitude e estado de ânimo do indiciado antes e depois do crime e durante ele, e quaisquer outros elementos que contribuírem para a apreciação do seu temperamento e caráter.

II – Objetivos

A Lei 9.807/99 estabeleceu requisitos de ordem objetiva, além dos subjetivos já elencados, para concessão do perdão judicial, são eles:

a) **Efetividade da colaboração:** o colaborador deve repassar informações relevantes que possam levar a identificação dos demais comparsas, a libertação da vítima com

12 HC 129877, Relator(a): Min. MARCO AURÉLIO, Primeira Turma, julgado em 18/04/2017, PROCESSO ELETRÔNICO DJe-168 DIVULG 31-07-2017 PUBLIC 01-08-2017.

13 Art. 6º Logo que tiver conhecimento da prática da infração penal, a autoridade policial deverá: ... IX – averiguar a vida pregressa do indiciado, sob o ponto de vista individual, familiar e social, sua condição econômica, sua atitude e estado de ânimo antes e depois do crime e durante ele, e quaisquer outros elementos que contribuírem para a apreciação do seu temperamento e caráter.

sua integridade física preservada e recuperação do produto do crime. Desse modo, informações vagas e imprecisas, que pouco ou nada contribuem para a investigação não levam ao perdão judicial.

Entendemos que se faz necessário a existência de elementos de confirmação dos dados do colaborador, do contrário, não há direito ao benefício do perdão judicial. Além disso, a mudança na versão dos fatos ao depor judicialmente também não enseja a aplicação do perdão judicial em favor do colaborador.

a.1) Números de Comparsas

A expressão demais "coautores ou partícipes" induz ao entendimento da necessidade de, pelo menos, três comparsas. Ocorre que a interpretação literal, neste caso, é incompatível com a finalidade da lei. É necessário fazer uma interpretação teleológica e assim a identificação do coautor ou partícipe é suficiente para aplicação do benefício, desde que sejam apenas dois agentes.

b) **recuperação do produto do crime:** para a concessão do benefício a recuperação do produto do crime pode ser total ou parcial. Produto do crime é a vantagem direta auferida pela prática do crime.

c) **localização da vítima com a integridade preservada:** se a vítima resgatada estiver abalada psicologicamente e com lesões corporais, não se reconhece o perdão judicial.

José Carlos Robaldo afirma que "No que tange às lesões corporais leves, compartilhamos a ideia de que, segundo o parágrafo único do art. 13, a concessão ficará ao prudente arbítrio do juiz, que avaliará em função dos requisitos subjetivos (personalidade do agente, natureza, circunstâncias, gravidade e repercussão social do crime)[14]".

c.1) Pluralidade de Vítimas

A lei se refere à vítima no singular. No entanto, havendo duas ou mais vítimas e o colaborador tendo ciência da localização de todas elas, o benefício somente deve valer se as informações forem sobre o paradeiro de todas. Mas, se o colaborador indica a localização de apenas uma, por não conhecer a localização das demais, ele deve receber o benefício.

d) **circunstâncias:** a natureza, as circunstâncias, a gravidade e a repercussão social do fato criminoso devem autorizar a concessao do perdão judicial.

Cumulação dos requisitos

Como já mencionado, a Lei de Proteção a Vítimas e as Testemunhas foi o primeiro diploma normativo a aplicar a colaboração premiada de forma genérica, ou seja, independente do tipo penal praticado. Na verdade, essa é a única lei que aplica a colaboração a todos os tipos penais, bastando que haja concurso de pessoas. Nessa trilha, entendemos que os requisitos da Lei 9.807/99 são alternativos e não cumulativos, sob pena de se restringir o seu alcance de aplicação. É certo que se o objetivo fosse limitar o âmbito de incidência do instituto, a Lei 9.807/99 teria feito remissão expressa às hipóteses cabíveis.

Ademais, ante a ausência de previsão expressa quanto a cumulatividade ou alternatividade, deve ser empregada a regra segundo a qual não cabe ao intérprete afastar incidência de solução mais benéfica, quando a lei expressa e claramente não o fizer.

14 ROBALDO, José Carlos de Oliveira, Legislação Criminal Especial, obra coletiva, ed. RT, 2009, p. 867

Guilherme Nucci, por exemplo, afirma que se os requisitos fossem cumulativos só seria possível a aplicação da colaboração premiada do art. 13 da Lei 9.807/99 ao crime de extorsão mediante sequestro (art. 158 do CP): "Acolhendo-se a tese da cumulatividade, a lei perde o seu significado e reduz-se à aplicação ao crime de extorsão mediante sequestro, pois é o único que permite a identificação de comparsas + a localização da vítima + recuperação do produto do crime (valor do resgate). Não é lógica essa posição, uma vez que não teria sentido editar uma lei de proteção a testemunhas voltada, unicamente, ao delito previsto no art. 159 do Código Penal. Portanto, parece-nos natural concluir pela alternatividade dos requisitos"[15].

Art. 14. O indiciado ou acusado que colaborar voluntariamente com a investigação policial e o processo criminal na identificação dos demais co-autores ou partícipes do crime, na localização da vítima com vida e na recuperação total ou parcial do produto do crime, no caso de condenação, terá pena reduzida de um a dois terços.

Diminuição de Pena

O art. 14 da Lei 9807/99 traz uma hipótese de redução da pena entre 1/3 (um terço) e 2/3 (dois terços). Para se conseguir a redução da pena é necessário que as informações do agente contribuam com a identificação dos demais comparsas, localização da vítima com vida ou recuperação do produto do crime. Note-se que é prevalente na doutrina a necessidade de apenas um dos resultados acima, já que não são requisitos cumulativos, mas sim alternativos.

Para a redução da pena, diferentemente da concessão do perdão judicial, não se exige a primariedade do colaborador e não são analisadas a personalidade, a natureza, as circunstâncias, a gravidade e a repercussão social do fato criminoso. Além disso, basta que a vítima seja encontrada com vida, ainda que a sua integridade física não esteja preservada.

O critério para redução da pena deve ser de acordo com a culpabilidade do agente, ou seja, a medida da censura de seu comportamento.

Subsidiariedade

O art. 14 da Lei n. 9.807/99 somente é aplicável quando não for possível a concessão do perdão judicial, previsto no art. 13 do mesmo diploma, por ser norma mais benéfica ao colaborador.

Art. 15. Serão aplicadas em benefício do colaborador, na prisão ou fora dela, medidas especiais de segurança e proteção a sua integridade física, considerando ameaça ou coação eventual ou efetiva.

§ 1º Estando sob prisão temporária, preventiva ou em decorrência de flagrante delito, o colaborador será custodiado em dependência separada dos demais presos.

§ 2º Durante a instrução criminal, poderá o juiz competente determinar em favor do colaborador qualquer das medidas previstas no art. 8º desta Lei.

§ 3º No caso de cumprimento da pena em regime fechado, poderá o juiz criminal determinar medidas especiais que proporcionem a segurança do colaborador em relação aos demais apenados.

15 NUCCI, Guilherme de Souza, Leis Penais e Processuais Penais Comentadas, ed. GEN, 2018, p. 817.

MEDIDAS DE PROTEÇÃO AO COLABORADOR

O art. 15 da Lei n. 9.807/99 prevê algumas medidas de proteção ao colaborador como ficar separado dos demais presos. Tais medidas visam manter a vida e integridade física do colaborador, já que sabemos que os colaboradores são vistos como traidores pelos demais detentos. É possível ainda a aplicação das medidas cautelares previstas no art. 8º do mesmo diploma legal.

DISPOSIÇÕES GERAIS

Art. 16. O art. 57 da Lei nº 6.015, de 31 de dezembro de 1973, fica acrescido do seguinte § 7º:

"§ 7º Quando a alteração de nome for concedida em razão de fundada coação ou ameaça decorrente de colaboração com a apuração de crime, o juiz competente determinará que haja a averbação no registro de origem de menção da existência de sentença concessiva da alteração, sem a averbação do nome alterado, que somente poderá ser procedida mediante determinação posterior, que levará em consideração a cessação da coação ou ameaça que deu causa **à** alteração."

Alteração do nome

A lei de Proteção a vítimas e testemunhas em seu art. 9º possibilita como medida excepcional, a alteração do nome da vítima ou testemunha, que esteja no programa de proteção.

O legislador atento a necessidade de disciplinar o procedimento, entendeu por bem, com a redação trazida pelo art. 16 da Lei 9.807/99, inserir o § 7º no art. 57 da Lei de Registros Público (Lei n. 6015/73), disciplinando o procedimento para alteração do nome da pessoa colocada sob proteção.

Em caso de necessidade a mudança do nome pode estender-se ao cônjuge, companheiro, ascendente, descendente, dependente que tenham convivência habitual com a vítima ou testemunha.

Art. 17. O parágrafo único do art. 58 da Lei nº 6.015, de 31 de dezembro de 1973, com a redação dada pela Lei no 9.708, de 18 de novembro de 1998, passa a ter a seguinte redação:

"Parágrafo único. A substituição do prenome será ainda admitida em razão de fundada coação ou ameaça decorrente da colaboração com a apuração de crime, por determinação, em sentença, de juiz competente, ouvido o Ministério Público." (NR)

O legislador, por meio do art. 17 da Lei de Proteção a vítima e testemunhas, alterou a redação do art. 58 da Lei de Registros Públicos, possibilitando a alteração do prenome do colaborador em caso de fundada coação ou ameaça. Impõe ainda o referido artigo, que o juiz, antes de decidir, abra vista ao Ministério Público para que este elabore sua manifestação.

Art. 18. O art. 18 da Lei nº 6.015, de 31 de dezembro de 1973, passa a ter a seguinte redação:

"Art. 18. Ressalvado o disposto nos arts. 45, 57, § 7º, e 95, parágrafo único, a certidão

> será lavrada independentemente de despacho judicial, devendo mencionar o livro de registro ou o documento arquivado no cartório."
>
> **Art. 19.** A União poderá utilizar estabelecimentos especialmente destinados ao cumprimento de pena de condenados que tenham prévia e voluntariamente prestado a colaboração de que trata esta Lei. Parágrafo único. Para fins de utilização desses estabelecimentos, poderá a União celebrar convênios com os Estados e o Distrito Federal.

A norma prevê a possibilidade de criação de estabelecimentos penais destinados especificamente a colaboradores. Na ausência dos estabelecimentos especializados é permitida a formulação de convênios entre a União, Estados e o Distrito Federal com a finalidade de se permitir a utilização dos estabelecimentos penais de ente federativo diverso daquele competente para processar o fato criminoso.

> **Art. 19-A.** Terão prioridade na tramitação o inquérito e o processo criminal em que figure indiciado, acusado, vítima ou réu colaboradores, vítima ou testemunha protegidas pelos programas de que trata esta Lei.
>
> Parágrafo único. Qualquer que seja o rito processual criminal, o juiz, após a citação, tomará antecipadamente o depoimento das pessoas incluídas nos programas de proteção previstos nesta Lei, devendo justificar a eventual impossibilidade de fazê-lo no caso concreto ou o possível prejuízo que a oitiva antecipada traria para a instrução criminal.

Prioridade

As pessoas que estão no programa de proteção a vítimas e as testemunhas sofrem um desgaste psicológico. Assim, é plenamente justificável que as investigações e processos que possuam pessoas inseridas em programa de proteção, tenham prioridade em sua tramitação.

> **Art. 20.** As despesas decorrentes da aplicação desta Lei, pela União, correrão **à** conta de dotação consignada no orçamento.

A União deve inserir em seu orçamento as despesas com o programa de proteção a vítimas e testemunhas.

> **Art. 21.** Esta Lei entra em vigor na data de sua publicação.

CAPÍTULO 29

Idoso – Lei 10.741/2003

Luciano Casaroti

INTRODUÇÃO

Segundo dados do Instituto Brasileiro de Geografia e Estatística (IBGE), de 1940 a 2016 a expectativa de vida do brasileiro subiu mais de 30 anos. Atualmente, no Brasil, a expectativa de vida é de 75,8 anos, sendo 72,2 anos para os homens e 79,4 anos para as mulheres, de acordo com a Tábua completa de mortalidade para o Brasil – 2016, do IBGE.

A Constituição de 1988, fundada nos princípios da solidariedade e proteção, dispôs que incumbe à família, à sociedade e ao Estado o dever de amparar as pessoas idosas, assegurando sua participação na comunidade, defendendo sua dignidade e bem-estar e garantindo-lhes o direito à vida.

O envelhecimento é um direito personalíssimo e de cunho social, portanto, necessárias medidas de efetivação de políticas sociais públicas, que permitam um envelhecimento saudável e em condições de dignidade.

O legislador, atento aos comandos da Constituição Federal e com o propósito de tutelar de forma específica os direitos e medidas de proteção aos idosos, editou o Estatuto do Idoso, por meio da Lei 10.741/03, o qual adotou a doutrina da proteção integral para os direitos dos idosos. O princípio da proteção integral à pessoa idosa lhe garante a preservação da saúde física e mental, em condições de liberdade e dignidade, sendo obrigação da família e do Estado garantir-lhe, com absoluta prioridade, a efetivação de tais direitos.

Importante observar que há três critérios para conceituação jurídica do idoso:

a) **critério cronológico:** considera-se idoso a pessoa que atingiu o patamar etário estabelecido na lei. Esse critério é tido como objetivo, pois basta analisar a idade da pessoa para saber se é ou não pessoa idosa.

b) **critério biopsicológico**: examinam-se as condições pessoais do indivíduo, como seu estado psicológico e fisiológico, independentemente de sua idade. É um critério com caráter eminentemente subjetivo, o que dificulta o estabelecimento de critérios razoáveis para determinar quem se enquadraria como pessoa idosa.

c) **critério econômico-social**: considera a condição social do indivíduo, pressupõe que a pessoa hipossuficiente necessita de uma maior proteção do Estado em contraponto ao autossuficiente.

O critério cronológico foi adotado pelo Estatuto do Idoso, em seu art.1º: *É instituído o Estatuto do Idoso, destinado a regular os direitos assegurados às pessoas com idade* ***igual ou superior a 60 (sessenta) anos.***"

Observe-se que nem todos os direitos dispostos no Estatuto do Idoso são aplicáveis às pessoas com idade igual ou superior 60 anos. Vejamos o benefício de prestação continuada, previsto na Lei orgânica de Assistência Social (LOAS), que só é destinado a pessoas com idade igual ou superior a 65 anos e desde que não possua meios para prover sua subsistência nem tê-la provida por sua família. A gratuidade dos transportes coletivos públicos urbanos e semiurbanos, exceto nos serviços seletivos e especiais, quando prestados paralelamente aos serviços regulares, também é destinada à pessoa com idade igual ou superior a 65 anos (art. 39, Estatuto do Idoso).

Por sua vez, a depender da legislação local, as pessoas na faixa etária entre 60 e 65 anos poderão ter gratuidade nos meios de transporte coletivo urbano e semiurbano.

Proteção especial

O legislador, atento ao aumento da expectativa de vida e melhora na qualidade de vida dos idosos, editou a Lei nº 13.466/2017 que conferiu, dentro das prioridades conferidas aos idosos, uma prioridade especial para as pessoas com 80 anos ou mais.

Nesse compasso, o art. 3º do Estatuto, que elenca o rol geral de prioridades, teve acrescentado o § 2º, assegurando a prioridade especial aos maiores de oitenta anos, atendendo-se suas necessidades sempre preferencialmente em relação aos demais idosos.

Além disso, a Lei nº 13.466/2017 inseriu, de forma expressa, a prioridade dos maiores de 80 anos nos casos de atendimento de saúde, exceto em caso de emergência (art. 15, § 7º da Lei nº 10.741/2003) e na tramitação dos processos judiciais (art. 71, § 5º da Lei nº 10.741/2003).

Vale ressaltar que todos os idosos contam com a garantia de prioridade. Todavia, os idosos com idade superior a 80 anos, terão prioridade em relação às demais pessoas idosas. Dessa forma, diante de dois processos judiciais distintos, sendo que num deles a parte é pessoa idosa com 70 anos e no outro uma pessoa idosa com idade superior a 80 anos, o processo desta terá prioridade de tramitação e julgamento.

TÍTULO VI
DOS CRIMES

Com fulcro no princípio da proteção integral, o legislador também implementou figuras típicas penais no Estatuto do Idoso com a finalidade de dar proteção e garantia aos direitos da pessoa idosa. Tais tipos penais são destinados a tutelar a vida, a integridade física, a saúde, a liberdade, a honra, a imagem e o patrimônio das pessoas idosas.

A parte criminal ficou disposta no Título VI do Estatuto do Idoso, que foi dividido em dois capítulos, sendo que o segundo capítulo é o responsável por disciplinar os crimes contra os idosos.

CAPÍTULO I
DISPOSIÇÕES GERAIS

Art. 93. Aplicam-se subsidiariamente, no que couber, as disposições da Lei nº 7.347, de 24 de julho de 1985.

O legislador optou por deixar expressa a aplicação subsidiária da Lei nº 7.347/85. Entendemos que o legislador não agiu com a melhor técnica legislativa. A nosso sentir, o conteúdo do art. 93 não deveria ter sido inserido no Título VI do Estatuto do Idoso porquanto este trata dos crimes contra a pessoa idosa. Melhor seria se o referido artigo estivesse no Título V, Capítulo III que cuida da Proteção Judicial dos Interesses Difusos, Coletivos e Individuais Indisponíveis ou Homogêneos.

Ademais, o legislador não utilizou a melhor técnica legislativa, ao dizer que a Lei da Ação Civil Pública se aplica de forma subsidiária ao regramento do Estatuto do Idoso, porquanto, conforme a teoria do Diálogo das Fontes o direito deve ser interpretado como um todo de forma sistemática e coordenada. Cláudia Lima Marques[1] ensina que "*É o chamado 'diálogo das fontes' (di + a = dois ou mais; logos = lógica ou modo de pensar), expressão criada por Erik Jayme, em seu curso de Haia (Jayme, Recueil des Cours, 251, p. 259), significando a atual aplicação simultânea, coerente e coordenada das plúrimas fontes legislativas, leis especiais (como o CDC, a lei de seguro-saúde) e gerais (como o CC/2002), com campos de aplicação convergentes, mas não mais iguais.*

Nesse contexto, é fácil constatar que a Lei de Ação Civil Pública deve ser aplicada em convergência com o Estatuto do Idoso para a defesa das pessoas idosas, sempre que a lei especial não dispuser de forma contrária.

Art. 94. Aos crimes previstos nesta Lei, cuja pena máxima privativa de liberdade não ultrapasse 4 (quatro) anos, aplica-se o procedimento previsto na Lei nº 9.099, de 26 de setembro de 1995, e, subsidiariamente, no que couber, as disposições do Código Penal e do Código de Processo Penal.

O dispositivo em comento foi objeto de Ação Direta de Inconstitucionalidade (ADI 3096-5) proposta pela Procuradoria-Geral de República para saber se os autores de crimes contra idosos teriam ou não direito a benefícios descritos na Lei nº 9.099/95, como a transação penal.

O Supremo Tribunal Federal, ao julgar a ADI 3096-5, decidiu que o art. 94 do Estatuto do Idoso é constitucional, porém deu "*interpretação conforme à Constituição do Brasil, com redução de texto, para suprimir a expressão "do Código Penal e". Aplicação apenas do procedimento sumaríssimo previsto na Lei n. 9.099/95: benefício do idoso com a celeridade processual. Impossibilidade de aplicação de quaisquer medidas despenalizadoras e de interpretação benéfica ao autor do crime*" (ADI – 3096-5 STF).

Assim, nos crimes previstos no Estatuto do Idoso cometidos contra a pessoa idosa não se aplicam os institutos despenalizadores de direito material previstos na Lei n. 9099/95, como transação penal e composição civil de danos. Apenas as normas de cunho estritamente processual são aplicadas com o escopo de tramitação mais célere do processo, em benefício do idoso.

1 MARQUES, Claudia Lima. *Manual de direito do consumidor*. 2. ed. rev., atual. e ampl. Antonio Herman V. Benjamin, Claudia Lima Marques e Leonardo Roscoe Bessa. São Paulo: Editora Revista dos Tribunais, 2009, p. 90.

CAPÍTULO II
DOS CRIMES EM ESPÉCIE

Nos crimes contra os idosos previstos na Lei 10.741/2003, o legislador, diferentemente da técnica legislativa utilizada em outros diplomas legislativos que definem os crimes, como o Código Penal, optou em não colocar a denominação jurídica do *crime* (nomen juris). Assim, é oportuno esclarecer que os nomes dados aos delitos previstos no Estatuto do Idoso não são de natureza legal, mas sim doutrinária.

Art. 95. Os crimes definidos nesta Lei são de ação penal pública incondicionada, não se lhes aplicando os arts. 181 e 182 do Código Penal.

Os crimes previstos no Estatuto do Idoso são de ação pública incondicionada, portanto, o seu exercício não se subordina a qualquer requisito.

O dispositivo também afasta a possibilidade de reconhecimento das hipóteses de imunidade absoluta (art. 181, CP[2]) e relativa (art. 182, CP[3]) previstas no Código Penal quando o crime patrimonial é praticado contra vítima idosa.

Entendemos que o legislador não utilizou da boa técnica, pois a menção à exclusão das imunidades expressas nos arts.181 e 182 do Código Penal é desnecessária, uma vez que o art. 110 do Estatuto do Idoso acrescentou o inciso III no art. 183 do Código Penal, afastando a aplicação das causas de imunidade (absoluta e relativa) se o crime é praticado contra pessoa com idade igual ou superior a 60 (sessenta) anos.

DISCRIMINAÇÃO POR MOTIVO DE IDADE

Art. 96. Discriminar pessoa idosa, impedindo ou dificultando seu acesso a operações bancárias, aos meios de transporte, ao direito de contratar ou por qualquer outro meio ou instrumento necessário ao exercício da cidadania, por motivo de idade:

Pena – reclusão de 6 (seis) meses a 1 (um) ano e multa.

§ 1º Na mesma pena incorre quem desdenhar, humilhar, menosprezar ou discriminar pessoa idosa, por qualquer motivo.

§ 2º A pena será aumentada de 1/3 (um terço) se a vítima se encontrar sob os cuidados ou responsabilidade do agente.

BEM JURÍDICO TUTELADO

Tutela-se a dignidade da pessoa humana no que diz respeito ao pleno exercício da cidadania da pessoa idosa.

---

2 Art. 181 – É isento de pena quem comete qualquer dos crimes previstos neste título, em prejuízo: I – do cônjuge, na constância da sociedade conjugal; II – de ascendente ou descendente, seja o parentesco legítimo ou ilegítimo, seja civil ou natural.

3 Art. 182 – Somente se procede mediante representação, se o crime previsto neste título é cometido em prejuízo: I – do cônjuge desquitado ou judicialmente separado; II – de irmão, legítimo ou ilegítimo; III – de tio ou sobrinho, com quem o agente coabita.

SUJEITOS DO CRIME

O tipo penal não exige qualquer condição especial do agente, portanto, trata-se de **crime comum**, podendo ser praticado por qualquer pessoa.

O **sujeito passivo** é a pessoa idosa, assim entendida aquela com idade igual ou superior a 60 anos (art. 1º da Lei nº 10.741/03).

CONDUTAS

O tipo penal visa à proteção das pessoas idosas no que pertine a práticas discriminatórias por motivo de sua idade, pois são portadoras dos mesmos direitos inerentes a todas as demais pessoas.

O Estatuto do Idoso fez referência à proibição na esfera cível de condutas discriminatórias, em face dos idosos, em diversos dispositivos, tais como os arts. 2º, 3º, *caput,* 10, §§ 1º e 3º, 26, 27, 49, V e VI, 50. Por sua vez, o art. 96 do mesmo diploma legal traz a proibição da conduta discriminatória em desfavor da pessoa idosa na esfera criminal.

O tipo penal descreve a conduta de discriminar a pessoa idosa, **impedindo** ou **dificultando** seu acesso a operações bancárias, ao transporte, ao direito de contratar ou por qualquer outro meio ou instrumento que obstaculize o exercício da cidadania.

Discriminar significa distinguir, diferenciar ou tratar de forma injusta ou desigual uma pessoa ou grupo de pessoas em razão de característica étnica, cultural ou religiosa, entre outras.

Diante da dificuldade em descrever todas as formas pelas quais se pode realizar as condutas discriminatórias, tendo em vista as infinitas possibilidades de praticá-las, o legislador utilizou-se do instituto da interpretação analógica[4] prevendo no tipo penal, após uma sequência casuística (operações bancárias, meios de transporte, direito de contratar) a aplicação de uma cláusula genérica consistente na expressão "ou qualquer outro meio ou instrumento necessário ao exercício da cidadania".

A discriminação estará caracterizada sempre que forem criadas dificuldades ou obstáculos ao acesso do idoso a *operações bancárias de qualquer natureza*, como empréstimos, financiamentos e saques; *aos meios de transportes*, como o motorista do ônibus que se recusa a parar com o fim de evitar o embarque de uma pessoa idosa; ao *direito de contratar* como a não pactuação de contrato por motivo da idade da pessoa; ou *qualquer outro meio* que obstaculize o exercício da cidadania como negar o direito ao estudo por motivo de sua idade.

A expressão **"por motivo de idade"** constitui **elemento normativo do tipo**, assim, é imprescindível que, diante do caso concreto, o juiz proceda a um juízo de valoração com a finalidade de verificar se a discriminação ocorreu por motivo da idade da pessoa idosa. Caso entenda que o ato de discriminar deu-se em razão da idade da vítima, o agente deve responder pelo crime em questão. Porém, se a conclusão é no sentido de que o ato discriminatório

---

4 De acordo com Fenando Capez, "Interpretação analógica: após uma sequência casuística, o legislador utiliza-se de uma formulação genérica, que deve ser interpretada de acordo com os casos anteriormente elencados (p. ex., crime praticado mediante paga, promessa de recompensa ou outro motivo torpe). Na interpretação analógica, existe uma norma regulando a hipótese (o que não ocorre na analogia) expressamente (não *é* o caso da interpretação extensiva), mas de forma genérica, o que torna necessário o recurso *à* via interpretativa". (Fernando Capez. Curso de Direito Penal Geral, vol. 1, São Paulo: Saraiva, 2011).

ocorreu por motivo diverso, o sujeito ativo pode incidir no crime previsto no art. 96, § 1º, do Estatuto do Idoso.

Na hipótese de a discriminação ocorrer por motivo de raça, cor, etnia, religião e não pela condição da vítima ser idosa, o agente incide em um dos crimes previstos na Lei nº 7.716/89, que define os crimes decorrentes de racismo, preconceito e discriminação racial.

Humilhação ao idoso

O § 1º do art. 96 do Estatuto tipifica, com a mesma pena prevista para as condutas descritas no *caput* do artigo, a conduta daquele que desdenhar, humilhar, menosprezar ou discriminar pessoa idosa, por qualquer motivo.

Desdenhar significa tratar terceira pessoa com desprezo, desamor. **Humilhar** quer dizer dar tratamento vexatório ou constrangedor à pessoa. **Menosprezar** é depreciar a qualidade de terceira pessoa, diminuir a sua virtude. **Discriminar** é tratar de forma injusta ou desigual.

Sobre o tema, o TJSP decidiu que "*Configura o crime previsto no art. 96, § 1º, do Estatuto do Idoso, a conduta daquele que, em meio a discussão, por qualquer motivo, desdenha, humilha, menospreza ou discrimina pessoa idosa, chamando-a de "velha safada, sem vergonha, que não vale nada*"[5].

A conduta descrita no art. 96, § 1º, do Estatuto do Idoso distingue-se do **crime de injúria ao idoso** (art.140, § 3º do CP) nos seguintes aspectos: a) no crime de humilhação ao idoso, o sujeito ativo não utiliza a condição de pessoa idosa para humilhar a vítima, enquanto no delito de injúria ao idoso, previsto no CP, a condição de idoso da vítima é *conditio sine qua non* para a materialização da ofensa; b) no delito do estatuto (art. 96, § 1º), a ação penal é de natureza pública incondicionada, por sua vez, quanto à injúria ao idoso, prevista no Código Penal, a ação penal é de natureza privada.

Por fim, ressalta-se que para a configuração do crime previsto no artigo 96, § 1º, da Lei 10.741 /03 não importa o motivo da prática dos núcleos do tipo penal. Nesse sentido, decidiu o Tribunal do Distrito Federal e Territórios: "Para a configuração do crime previsto no artigo 96, § 1º, da Lei 10.741/03 (Estatuto do Idoso) basta a conduta de desdenhar ou menosprezar o idoso, não importando o motivo. Daí porque impossível, no caso analisado, a desclassificação para o crime de injúria"[6].

Majorante

Nos termos do § 2º, "A pena será aumentada de 1/3 (um terço) se a vítima se encontrar sob os cuidados ou responsabilidade do agente".

A majorante **não exige vínculo de parentesco** para sua configuração, bastando a relação de cuidado ou responsabilidade do agente em face ao idoso. É desnecessário que a relação de cuidado entre o agente e a vítima seja duradoura ou permanente, podendo ser temporária, desde que por tempo juridicamente relevante. Ademais, prescinde de contraprestação, ou seja, ainda que a relação seja a título gracioso, pode estar configurado o delito.

---

5 TJ-SP – APL: 00315591620108260554 SP 0031559-16.2010.8.26.0554, Relator: Grassi Neto, Data de Julgamento: 21/08/2014, 8ª Câmara de Direito Criminal, Data de Publicação: 26/08/2014.

6 TJ-DF – APR: 20130910104537, Relator: CESAR LABOISSIERE LOYOLA, Data de Julgamento: 13/08/2015, 2ª Turma Criminal, Data de Publicação: Publicado no DJE: 21/08/2015. Pág.: 117.

A causa de aumento aplica-se às condutas descritas no *caput* e no § 1º do art. 96 do Estatuto do Idoso.

VOLUNTARIEDADE

Quanto à voluntariedade, a figura do *caput* dispõe que o **dolo específico** consiste na vontade consciente de discriminar o idoso com a finalidade de impedir ou dificultar seu acesso a operações bancárias, aos meios de transporte, ao direito de contratar ou por qualquer outro meio capaz de embaraçar o exercício da cidadania, em razão da idade.

Por outro lado, a figura descrita no § 1º do art.96 exige o dolo genérico consistente na vontade e consciência de **desdenhar, humilhar, menosprezar ou discriminar pessoa idosa, por qualquer motivo.**

Tanto a figura do *caput* como a do § 1º do referido artigo não admitem a forma culposa, haja vista a falta de previsão legal.

CONSUMAÇÃO E TENTATIVA

O crime previsto no art. 96 é material, sendo necessário, para sua **consumação,** que a discriminação impeça ou dificulte o acesso do idoso às operações bancárias, aos meios de transporte, às contratações e aos demais direitos que garantem o exercício da cidadania, em razão da idade.

A **tentativa** é possível quando o sujeito ativo pratica a conduta discriminatória, mas não obtém êxito em impedir ou dificultar o acesso da pessoa idosa a operações bancárias, aos meios de transporte, às contratações e aos demais direitos que garantem exercício da cidadania, por motivo da idade.

AÇÃO PENAL

Trata-se de crime de ação penal pública incondicionada, nos termos do art. 95 da Lei nº 10.741/03. Tanto na sua forma simples, prevista no *caput*, quanto na majorada (§ 2º), é crime de menor potencial ofensivo, dada a quantidade da pena máxima abstrata não ser superior a 2 (dois) anos. Logo, adota-se o rito sumaríssimo, estabelecido na Lei nº 9.099/95.

OMISSÃO DE SOCORRO

Art. 97. Deixar de prestar assistência ao idoso, quando possível fazê-lo sem risco pessoal, em situação de iminente perigo, ou recusar, retardar ou dificultar sua assistência à saúde, sem justa causa, ou não pedir, nesses casos, o socorro de autoridade pública:

Pena – detenção de 6 (seis) meses a 1 (um) ano e multa.

Parágrafo **único.** A pena **é** aumentada de metade, se da omissão resulta lesão corporal de natureza grave, e triplicada, se resulta a morte.

BEM JURÍDICO TUTELADO

O delito do art. 97 tem como objetividade jurídica a proteção da vida e da integridade físico-psíquica da pessoa idosa. O fundamento para a criminalização da omissão de socorro do idoso está pautado no dever de solidariedade humana, que impõe a intercessão de todos quando a vítima se encontrar nas condições previstas na lei.

SUJEITOS DO CRIME

O crime é comum, podendo ser cometido por **qualquer pessoa**, dispensando condição especial do agente ou algum vínculo deste com a vítima.

Em razão do princípio da solidariedade, qualquer pessoa tem o dever de prestar assistência. Se a prestação de socorro, contudo, impuser risco a terceira pessoa, a omissão não será antijurídica, sendo de se reconhecer o estado de necessidade, conforme as circunstâncias concretas.

No **polo passivo** temos como ofendido a pessoa idosa (com idade igual ou superior a 60 (sessenta) anos), a qual se encontra em situação de iminente perigo ou que necessita de assistência médica.

CONDUTAS

O crime do art. 97 do Estatuto é similar ao delito de omissão de socorro, previsto no art. 135 do Código Penal, diferenciando-se, essencialmente, quanto ao sujeito passivo. No art. 135 do Código Penal, temos como sujeito passivo a criança abandonada ou extraviada; pessoa inválida ou ferida; e a pessoa em grave ou iminente perigo. Por seu turno, figura no polo passivo do crime previsto no art. 97 a pessoa idosa.

Trata-se de crime omissivo, considerado ao se constatar três situações, assim descritas:

a) **deixar de prestar assistência ao idoso, quando possível fazê-lo sem risco pessoal, em situação de iminente perigo:** consiste na conduta omissiva do sujeito ativo em prestar a referida assistência ao idoso, sem risco pessoal. Para que o crime se concretize, é necessário que haja a possibilidade do agente prestar a referida assistência, sem risco pessoal. Assim, são circunstâncias necessárias para a tipicidade da conduta: I) possibilidade de prestar assistência; II) ausência de risco pessoal ao agente.

O risco pessoal é a possibilidade de dano à incolumidade física da pessoa, e não de natureza patrimonial ou moral. Esses riscos poderão configurar estado de necessidade, a depender da situação concreta.

Damásio de Jesus, ao comentar o delito similar previsto no art. 135 do CP, assevera que "a assistência prevista no tipo penal pode ser: 1) imediata: existente o dever de prestação imediata de socorro; 2) dever de pedir ajuda a autoridade pública"[7].

Questão interessante é saber se constituirá crime previsto no art. 97 do Estatuto quando ocorrer a recusa, por parte do idoso, em receber o socorro. Entendemos que persiste o crime, pois não se pode renunciar aos bens tutelados pelo tipo penal. A vida e a integridade físico-psíquica são indisponíveis e irrenunciáveis. Entretanto, se a recusa por parte da vítima inviabilizar o socorro, fica afastado o crime. Em sentido contrário, entende-se que a recusa da vítima exclui o crime.

---

7 JESUS, Damásio de. **Direito Penal.** Parte especial, Vol. 2. São Paulo: Saraiva, 2007, p. 185.

Guilherme Nucci afirma que: "Embora a pessoa tenha atingido 60 anos de idade, não se torna incapaz automaticamente, de modo que qualquer um possa decidir o que ela deve ou não fazer. Por isso, é fundamental respeitar o desejo de *qualquer pessoa*, inclusive do idoso, quando mentalmente capaz, para deixar-se socorrer. Somente em situação de estado de necessidade, estando em jogo valor superior à liberdade individual (como a vida, por exemplo), interfere-se, contra a vontade do sujeito passivo, promovendo o auxílio a qualquer custo"[8].

b) **recusar, retardar ou dificultar sua assistência à saúde, sem justa causa:** consiste em negar, atrasar ou obstaculizar a assistência (proteção) ao idoso sem justa causa, ou seja, sem motivo razoável.

A expressão "**justa causa**", assim como o termo **"em situação de iminente perigo"**, previstos no tipo penal em comento, constitui **elemento normativo** do tipo penal, ante a necessidade de se fazer um juízo de valoração. Compete ao magistrado, à luz do caso concreto, aferir se a vítima estava em situação de iminente perigo, a qual necessitava de assistência, bem como a existência ou não de justa causa para recusa, retardamento, dificuldade de assistência à saúde dela ou, ainda, se houve negligência em pedir socorro à autoridade pública.

c) **não pedir, nesses casos, o socorro de autoridade pública:** significa omitir-se em avisar a autoridade pública. O aviso deve ser imediato e necessário, podendo ser feito de qualquer forma, desde que chegue o mais rápido possível à autoridade competente. Essa hipótese é subsidiaria e somente deve ser utilizada quando a prestação de assistência não puder ser realizada sem risco pessoal ao agente. **Autoridade pública** é a aquela que tem atribuição para intervir no caso, como por exemplo, bombeiros, policiais civis e Ministério Público.

Assevera-se que não importa o motivo que levou à situação de perigo e nem quem o provocou, pode ter sido causado pela vítima, terceiros ou até mesmo pelo sujeito ativo, ainda acidentalmente.

Causas de aumento de pena

A pena é aumentada de metade se da omissão resulta lesão corporal de natureza grave, e triplicada, se resulta em morte.

Tratam-se de hipóteses de crimes preterdolosos ou preterintencionais, pois a omissão ocorre a título de dolo enquanto o resultado naturalístico (lesão grave ou morte) incorre em conduta culposa.

Se em razão da omissão do sujeito ativo sobrevier lesão corporal de natureza leve, o crime de lesão corporal leve restará absorvido pelo crime de omissão.

Somente será aplicada a causa de aumento se fica provado que, caso o agente tivesse socorrido, poderia ter evitado a ocorrência do resultado agravador (lesão grave ou morte).

VOLUNTARIEDADE

Quanto à voluntariedade, exige-se o dolo de perigo, abrangendo a consciência, por parte do agente, da concreta situação de perigo em que incorre a vítima.

8 NUCCI, Guilherme de Souza. **Leis Penais e Processuais Penais Comentadas**. São Paulo: RT, 2015, p. 484.

Se a intenção era de provocar os resultados morte ou lesão corporal, o agente responde, respectivamente, pelo crime de homicídio doloso ou lesão corporal dolosa.

Não existe a forma culposa e nem elemento subjetivo específico do tipo.

CONSUMAÇÃO E TENTATIVA

O crime se consuma com a negativa do agente em agir, ou seja, com a mera omissão em prestar a assistência ao idoso ou se deixar de pedir socorro.

Não se admite a tentativa, por se tratar de crime omissivo próprio, de forma que não se exige um resultado naturalístico produzido pela omissão.

AÇÃO PENAL

Nos termos do art. 95 do Estatuto do idoso, a ação penal é pública incondicionada. Na figura do *caput* é possível a aplicação dos institutos despenalizadores previstos na Lei nº 9.099/95, posto que a pena prevista para o delito é reclusão de 6 meses a 1 ano e multa.

Como na hipótese de incidência da causa de aumento de pena em razão do resultado agravador morte, a pena é triplicada, nos termos do parágrafo único do art. 97 do Estatuto, não é possível a aplicação da transação penal porque o montante da pena máxima ultrapassa 2 (dois) anos, e nem se aplica a suspensão condicional do processo, pois a pena mínima é superior a 1 (um) ano.

ABANDONO DE IDOSO

Art. 98. Abandonar o idoso em hospitais, casas de saúde, entidades de longa permanência, ou congêneres, ou não prover suas necessidades básicas, quando obrigado por lei ou mandado:

Pena – detenção de 6 (seis) meses a 3 (três) anos e multa.

BEM JURÍDICO TUTELADO

A norma penal tutela a vida e a saúde física e psíquica da pessoa idosa.

A objetividade jurídica do art. 97 abarca também o direito do idoso ser cuidado preferencialmente pela sua família, nos termos do art. 3º do Estatuto do Idoso[9]. Conforme Guilherme Nucci, "Sob o ponto de vista moral, as famílias devem zelar pelos seus idosos de todas as maneiras possíveis, inclusive com expressão de amor e afeto. Sob o ponto de vista jurídico, exige-se que os parentes e todos aqueles que, legal ou judicialmente, estejam obrigados a tanto (como curador) mantenham os idosos, provendo suas necessidades básicas, na medida justa de sua condição social[10]".

SUJEITOS DO CRIME

O **sujeito ativo** é a pessoa responsável em zelar pelo idoso, por meio de lei ou mandado judicial. Trata-se de crime omissivo próprio, pois exige uma **relação especial** do agente imposta por lei ou ordem judicial.

9 Art. 3º É obrigação da família, da comunidade, da sociedade e do Poder Público assegurar ao idoso, com absoluta prioridade, a efetivação do direito à vida, à saúde, à alimentação, à educação, à cultura, ao esporte, ao lazer, ao trabalho, à cidadania, à liberdade, à dignidade, ao respeito e à convivência familiar e comunitária.

10 NUCCI, Guilherme de Souza. **Leis Penais e Processuais Penais Comentadas.** São Paulo: RT, 2015, p. 485.

Não havendo essa vinculação especial entre o agente e o idoso afasta-se a adequação típica, podendo, eventualmente, configurar outro delito penal, como omissão de socorro ou abandono material. Desse modo, se qualquer pessoa, que não tenha vínculo, abandonar o idoso em um asilo, mesmo que o exponha a perigo, não pratica o crime de abandono do idoso, uma vez que não há relação especial com a vítima.

O **sujeito passivo** é a pessoa idosa abandonada (com idade igual ou superior a 60 (sessenta) anos). Vale salientar que o idoso não precisa ser incapaz para figurar como sujeito passivo do delito de abandono do idoso.

CONDUTAS

O tipo penal do crime de abandono de idoso descreve duas condutas, caracterizando-se como um tipo misto alternativo, uma vez que o cometimento de uma ou das duas condutas configura um único delito.

As condutas típicas são:

a) **abandonar o idoso em hospitais, casas de saúde, entidades de longa permanência, ou congêneres:** o núcleo da primeira parte do tipo é *abandonar*, que possui o significado de desamparar, desassistir, isto é, deixar o idoso sem a devida assistência.

O abandono é de cunho material e não moral, isto significa que consiste na violação do dever de assistência material. Assim, incorre no crime do art. 98 do Estatuto aquele que, por lei ou ordem judicial, possui obrigação de prestar à assistência material ao idoso e não o faz, como, por exemplo, o filho que coloca seu pai idoso em um lar de idosos, deixando de visitá-lo e levar os medicamentos necessários para a sua saúde.

Para caraterização do crime em comento é indiferente que o abandono seja temporário ou definitivo, desde que seja por tempo juridicamente relevante, isto é, capaz de colocar a vítima em risco.

Ao elencar os estabelecimentos em que o idoso pode ser abandonado, o legislador utilizou o instituto da interpretação analógica, em que após uma enumeração casuística (hospitais, casas de saúde, entidades de longa permanência), emprega fórmula genérica consistente na expressão "congêneres", que deve ser interpretada de acordo com os casos anteriormente elencados.

De acordo com Paulo Rogério Bonini, "*Hospital* é o local específico para a internação para tratamento de doença; *casa de saúde* é hospital particular, com tratamento pago pelo paciente, convênio particular ou por entidade governamental, incluindo-se clínicas; *entidades de longa permanência* são asilos, instituições de assistência social que abrigam para sustento pessoas idosas, crianças, mendigos etc.[11]".

b) **não prover as necessidades básicas do idoso, quando obrigado por lei ou mandado:** a conduta consiste em deixar de destinar recursos necessários para a compra de **bens materiais** fundamentais à sobrevivência, isto é, os indispensáveis para alimentação, remédios, vestuário e habitação.

11 BONINI, Paulo Rogério; **Leis Penais Especiais Anotadas,** obra coletiva. – São Paulo: Millennium, 2011, p. 675.

Há de se mencionar que apenas aqueles que tenham obrigação por lei ou por meio de ordem judicial é que podem ser sujeitos passivos do crime de abandono de idoso.

VOLUNTARIEDADE

Quanto à voluntariedade, exige-se o dolo, isto é, vontade e consciência de abandonar o idoso ou deixar de prover suas necessidades básicas.

Não se pune a conduta praticada de forma culposa. Inexiste a previsão do elemento subjetivo específico do tipo.

CONSUMAÇÃO E TENTATIVA

Quanto à conduta de abandonar o idoso, o crime se consuma com o efetivo abandono da vítima. Por sua vez, em relação à segunda conduta descrita no tipo, o crime ocorre no momento em que o agente deixa de prover as necessidades básicas do idoso.

Se sujeito ativo reassume o dever de assistência após abandonar o idoso ou ter deixado de prover suas necessidades básicas, tal circunstância não tem o condão de excluir a infração penal, uma vez que já atingida a consumação.

Tratando-se de crime omissivo próprio ou puro, não é possível a tentativa.

AÇÃO PENAL

A ação penal é pública incondicionada (art. 95, Estatuto do idoso). Diante da pena prevista para o tipo penal – pena de detenção de 6 (seis) meses a 3 (três) anos e multa – não se trata de crime de menor potencial ofensivo, no entanto, é cabível a suspensão condicional da pena, haja vista que a pena mínima cominada é inferior a um ano.

MAUS-TRATOS AO IDOSO

Art. 99. Expor a perigo a integridade e a saúde, física ou psíquica, do idoso, submetendo-o a condições desumanas ou degradantes ou privando-o de alimentos e cuidados indispensáveis, quando obrigado a fazê-lo, ou sujeitando-o a trabalho excessivo ou inadequado:

Pena – detenção de 2 (dois) meses a 1 (um) ano e multa.

§ 1º Se do fato resulta lesão corporal de natureza grave: Pena – reclusão de 1 (um) a 4 (quatro) anos.

§ 2º Se resulta a morte: Pena – reclusão de 4 (quatro) a 12 (doze) anos.

BEM JURÍDICO TUTELADO

O crime de maus-tratos a idoso tem como objetividade jurídica a proteção à saúde (física e psíquica) e a vida.

SUJEITOS DO CRIME

O crime de maus-tratos a idoso pode ser cometido de três formas. Na primeira figura – *submeter o idoso a condição degradante ou desumana* – cuida-se de crime comum, o **sujeito ativo** pode ser qualquer pessoa. Diferentemente do **crime de maus-tratos** previsto no art. 136

do Código Penal, o agente não precisa ter uma relação especial com o **sujeito passivo**, pois o tipo não prevê que a vítima esteja sob a autoridade, guarda ou vigilância do sujeito ativo.

Na segunda figura – *privar o idoso de alimentos e cuidados indispensáveis* – trata-se de crime próprio, pois somente pode ser **sujeito ativo** a pessoa legalmente responsável. A responsabilidade pode advir da lei, contrato ou comando judicial.

Entendemos que a pessoa pode assumir a posição de garante e, assim, ser sujeito ativo do crime de maus-tratos ao idoso, mesmo diante da inexistência de contrato de prestação de serviço escrito ou decisão judicial conferindo a curatela, desde que fique comprovado, pelo conjunto probatório, que ela aceitou tacitamente a posição de garante da vítima.

É esse também o entendimento da Turma Recursal Criminal dos Juizados Especiais Criminais do Estado do Rio Grande do Sul: Comprovada a obrigação da ré para com a vítima, na medida em que a relação entre ambas iniciou-se apenas em decorrência da dependência da ofendida, desde o princípio conhecida pela autora do fato, que passou a perceber a integralidade de seus proventos mensais, comprometendo-se a lhe dispensar os cuidados necessários. RECURSO IMPROVIDO"[12].

Nesse sentido, vale colacionar trecho do voto do relator Eduardo Ernesto Lucas Almada: "Os próprios fatos levam à conclusão induvidosa de que à ré incumbia o dever de cuidado para com a vítima, na medida em que esta, não mais podendo cuidar de si mesma, havia lhe outorgado procuração para que recebesse **integralmente** seus proventos, a fim de que lhe emprestasse os cuidados necessários, com o que, aliás, a mesma anuiu, ainda que tacitamente, uma vez que fornecia até mesmo a alimentação da idosa, bem como gerenciava totalmente a pensão a que esta fazia jus. Com efeito, não se pode pretender acreditar que a ré, que percebia todos os vencimentos da vítima – sendo esta pessoa extremamente enferma, cega e parcialmente surda, com idade superior a 75 anos à época dos fatos, vivendo absolutamente sozinha – entendesse que nenhum dever lhe incumbia com relação a ela, considerando ainda que a própria relação entre as duas, conforme se percebe das provas carreadas aos autos, decorre da aceitação da acusada em zelar pela vítima, pela fragilidade crescente desta"[13].

Na terceira figura – *sujeitar o idoso a trabalho excessivo ou inadequado* – o sujeito ativo volta a ser qualquer pessoa, portanto, trata-se de crime comum.

No polo passivo temos como ofendido a pessoa idosa (com idade igual ou superior a 60 (sessenta) anos).

CONDUTAS

A conduta típica é expor a perigo (colocar em risco) a integridade e a saúde, física ou psíquica, do idoso (maior de 60 anos). O crime pode ser executado das seguintes maneiras:

a) **submeter o idoso a condições desumanas ou degradantes:** *Condição desumana* pode ser entendida como a imposição, ao idoso, de sofrimento físico ou mental. São exemplos de condutas desumanas: obrigar o idoso a permanecer alojado em local

12 Recurso Crime nº 71004014643, Turma Recursal Criminal, Turmas Recursais, Relator: Eduardo Ernesto Lucas Almada, Julgado em 17/12/2012

13 Recurso Crime nº 71004014643, Turma Recursal Criminal, Turmas Recursais, Relator: Eduardo Ernesto Lucas Almada, Julgado em 17/12/2012

sem a mínima higiene; trancafiar o idoso em um cômodo do imóvel por longo período de tempo; impedir que o idoso proceda a condutas de higiene. *Condição degradante* significa expor a pessoa a uma condição humilhante, aviltante, como, por exemplo, forçar o idoso a se alimentar com as mãos, sem a utilização de talheres.

A Turma Recursal do TJRS decidiu que incorre no delito de maus-tratos a pessoa que "deixou a vítima, de oitenta e seis anos de idade, caída no chão, por mais de uma hora, sem ajudá-la a levantar-se"[14].

Oportuno destacar que as expressões *desumana* e *degradante* são elementos normativos do tipo, incumbindo um juízo de valor criterioso por parte do magistrado.

b) **privar o idoso de alimentos e cuidados indispensáveis:** trata-se de condutas omissivas do agente. A *privação de alimentos* pode ser absoluta ou relativa, e ambos os casos, desde que de forma dolosa, têm o condão de tipificar o crime.

Prevê o Estatuto do Idoso que a obrigação alimentar é solidária (art.12 do Estatuto do Idoso), porém na esfera criminal, a responsabilização depende de **atuação específica** de cada agente, devendo a denúncia narrar o nexo causal e a conduta individualizada de cada autor. A mera circunstância de a pessoa ser responsável pelo caráter alimentar da pessoa idosa não é suficiente para condená-la pelo crime de maus-tratos. Nesse prisma, a 6º Turma do STJ decidiu que: "muito embora a assistência ao idoso seja solidaria entre os filhos, isso não significa que a responsabilidade penal também deva ser. A denúncia deve conter o nexo causal e a participação de cada um para a ocorrência do crime"[15].

Outra forma de execução é *privar o idoso de cuidados indispensáveis*, o que significa privar dos cuidados mínimos necessários à preservação dos direitos fundamentais inerentes à pessoa humana, como o direito a saúde, física e mental, e o direito de liberdade. Por exemplo: o agente que deixa intencionalmente de fornecer a medicação prescrita pelo médico.

c) **sujeitar o idoso a trabalho excessivo ou inadequado:** *excessivo* é o trabalho desmedido, exagerado, demasiado, que vai muito além da capacidade física e mental do idoso, ou seja, aquele trabalho que ultrapassa o limite das forças do idoso, como, por exemplo, extensa carga horária de trabalho. Por outro lado, de acordo com Cezar Roberto Bitencourt, o *trabalho inadequado* é "o trabalho que não for compatível com as condições físico-orgânicas da vítima ou com suas aptidões pessoais e profissionais, de acordo com idade, sexo, compleição física etc."[16].

É de se ressaltar que se o idoso for exposto a perigo por uma causa diferente das três acima citadas, a conduta pode configurar o crime previsto no art. 132 do CP (perigo para a vida ou saúde de outrem). Greice Patrícia Fuller cita como exemplo o "caso de um agente induzir um idoso a seguir por uma ponte que sabe não oferecer segurança, gerando a exposição a perigo, sem, contudo, não decorrer nenhuma das formas mencionadas no art. 99 do Estatuto"[17].

Para a tipicidade do crime de maus-tratos ao idoso, é imprescindível a comprovação de que a conduta do agente tenha exposto a vida ou a saúde do idoso a um **risco concreto.** Não

---

14 TJ-RS – RC: 71003194842 RS, Relator: Luiz Antônio Alves Capra, Data de Julgamento: 29/08/2011, Turma Recursal Criminal, Data de Publicação: Diário da Justiça do dia 30/08/2011.

15 HC 200.260/MG, Rel. Ministro OG FERNANDES, Sexta Turma, julgado em 28/02/2012, DJe 28/05/2012

16 BITENCOURT, Cezar Roberto. **Tratado de Direito Penal.** Parte Geral. Vol. 1. São Paulo: Saraiva, 2007, p. 269.

17 FULLER, Greice Patrícia. **Comentários ao Estatuto do Idoso.** São Paulo: Saraiva, 2016. p. 335.

basta a mera probabilidade de dano. Assim, o tipo penal é classificado como crime de perigo concreto[18].

Figuras Qualificadoras

Os parágrafos 1º e 2 º do art. 99 do Estatuto do Idoso elencam as qualificadoras para o crime de maus-tratos ao idoso.

De acordo com o § 1º, *se do fato resulta lesão corporal de natureza grave*, a pena passa a ser de reclusão de 1 (um) a 4 (quatro) anos. Já nos termos do § 2º, *se resulta a morte*, a pena será de reclusão de 4 (quatro) a 12 (doze) anos.

As qualificadoras são aplicadas quando a lesão corporal grave ou morte decorram de culpa. Trata-se de tipo preterdoloso, ou seja, quando a conduta dolosa produz um resultado mais grave do que o desejado pelo agente (dolo no antecedente + culpa no consequente). O agente pratica a conduta com dolo de maus-tratos e o resultado agravador (lesão corporal grave ou morte) ocorre a título de culpa.

VOLUNTARIEDADE

Quanto à voluntariedade, exige-se o dolo para as condutas descritas no tipo fundamental (*caput do artigo*).

O agente deve agir com a consciência e vontade de maltratar a vítima, nas situações específicas descritas no artigo 99 do Estatuto – submeter a condições desumanas ou degradantes; privar dos alimentos e cuidados indispensáveis; sujeitar a trabalho excessivo ou inadequado.

Dessa forma, imaginemos a hipótese em que o agente, após uma discussão com o idoso, passa a desferir-lhe chutes e socos, resultando em lesões corporais na vítima. Entendemos que o agente deve responder pelo crime de lesões corporais do CP e não de maus-tratos do Estatuto, pois a conduta do autor não tinha o dolo de maltratar a vítima nas condições específicas da lei.

A propósito, decidiu nesse sentido o TJDF ao analisar um pedido de conflito negativo de jurisdição: A conduta descrita no art. 99, do Estatuto do Idoso, consiste em expor a perigo a saúde e a integridade física ou psíquica de idoso mediante sua submissão a condições desumanas ou degradantes, privando dos alimentos e cuidados necessários ou sujeitando-o a trabalho excessivo ou inadequado. 2. Se os autos narram apenas um ato momentâneo e isolado de agressão física, em que o enteado, chamado à responsabilidade pelo padrasto idoso, reagiu desferindo-lhe chutes e socos, causando-lhe lesões corporais, o fato se subsume ao tipo penal do art. 129, § 9º, do CP."[19]

As qualificadoras (§§ 1º e 2º do art. 99), por sua vez, são preterdolosas, isto é, o agente atua com dolo na conduta antecedente (maus-tratos) e culpa quanto ao resultado agravador (lesão corporal grave ou morte).

---

18 *Crime de perigo:* é aquele que se aperfeiçoa com a mera probabilidade de dano, ou seja, a consumação ocorrerá com a simples criação de perigo. Estes são divididos em: *1) Crime de perigo presumido ou abstrato:* aquele em que basta a prática da conduta para sua configuração, ou seja, não é exigida a comprovação do perigo. Desse modo, a prática da conduta causa uma presunção absoluta de perigo; *2) Crime de perigo concreto:* é aquele em que, para sua configuração, exige-se a comprovação do perigo.

19 TJ-DF – CCR: 20150020266362, Relator: JESUINO RISSATO, Data de Julgamento: 14/12/2015, Câmara Criminal, Data de Publicação: Publicado no DJE: 16/12/2015. Pág.: 84.

Se o agente, desde o início de sua conduta, tem por finalidade lesionar gravemente a vítima, ele responde pelo crime de lesão corporal grave (art. 129, § 2º, do CP) e não pelo crime de maus-tratos contra idoso, que fica absorvido. Da mesma forma, se o dolo do agente é de *animus necandi*, ou seja, atua com vontade de matar a vítima, ele responde pelo crime de homicídio.

Por outro lado, se da conduta de maus-tratos resulta lesão corporal leve (art. 129, *caput*, do CP), o agente responde tão somente pelo crime do art. 99 do Estatuto, restando absorvida a lesão corporal leve.

PRIORIDADE NA CONFECÇÃO DO EXAME DE CORPO DE DELITO

A Lei nº 13.721/2018, no intuito de dar maior celeridade à elucidação de alguns crimes, acrescentou parágrafo único ao art. 158 do CPP[20]. O diploma normativo conferiu prioridade à realização do exame de corpo de delito, quando o crime envolva violência doméstica e familiar contra a mulher ou praticado mediante violência, tendo como vítimas criança, adolescente, idoso ou pessoa com deficiência. Nestes termos, nos casos em que a violência for exercida contra a pessoa do idoso, e deixar vestígios materiais, deverá ser dada prioridade à realização do exame de corpo de delito.

CONSUMAÇÃO E TENTATIVA

Na primeira figura – *submeter a condições desumanas ou degradantes* – o crime se consuma no momento da submissão do idoso a condição desumana ou degradante. É possível a tentativa.

Em relação à segunda figura – *privar o idoso de alimentos e cuidados indispensáveis* – considerando que se trata de modalidade omissiva, a consumação ocorre no exato momento da omissão do agente em fornecer os alimentos ou prestar os cuidados indispensáveis ao idoso. Não se admite tentativa, por ser tratar de crime omissivo próprio. Oportuno destacar que tanto a conduta de privar de alimentos quanto a de não prover os cuidados indispensáveis são permanentes, logo, a consumação se protrai durante todo o tempo em que se perdura a negativa em fornecer os alimentos ou de prestar os cuidados necessários.

Quanto à terceira figura – *sujeitar o idoso a trabalho excessivo ou inadequado* –, estará consumada quando o agente impõe o trabalho excessivo ou inadequado ao idoso. É admissível a tentativa.

O art. 99 do Estatuto do Idoso cuida de **tipo misto alternativo;** assim, independe se o sujeito pratica uma única conduta ou mais de uma, ele responderá por um único delito, desde que sejam praticadas no mesmo contexto fático. Portanto, o agente que privar o idoso de alimentos e sujeitá-lo a condição degradante, desde que no mesmo contexto fático, responde por crime único.

---

20 Art.158.Quando a infração deixar vestígios, será indispensável o exame de corpo de delito, direto ou indireto, não podendo supri-lo a confissão do acusado. *Parágrafo único. Dar-se-á prioridade à realização do exame de corpo de delito quando se tratar de crime que envolva: (Incluído dada pela Lei nº 13.721, de 2018). I - violência doméstica e familiar contra mulher; (Incluído dada pela Lei nº 13.721, de 2018) II - violência contra criança, adolescente, idoso ou pessoa com deficiência. (Incluído dada pela Lei nº 13.721, de 2018).*

No que se refere às formas qualificadas (art. 99, §§ 1º e 2º do Estatuto do Idoso), a consumação ocorre com a lesão corporal grave ou morte do sujeito passivo. É impossível a tentativa, uma vez que o resultado agravador deriva de culpa e, portanto, não é desejado.

AÇÃO PENAL

Nos termos do art. 95 do Estatuto do Idoso, a ação penal é pública incondicionada. Na figura do *caput* é possível a aplicação dos institutos da transação penal (art. 76, Lei nº9099/95) e a suspensão condicional do processo (art. 89, Lei nº 9.099/95), pois a pena prevista para o delito é reclusão de 6 meses a 1 ano e multa.

Em relação à qualificadora prevista no § 1º do art. 99 do Estatuto do Idoso (lesão corporal grave), a pena prevista é de reclusão de 1 (um) a 4 (quatro) anos. Assim, diante da pena máxima prevista para o delito, não é possível a transação penal, mas é cabível a suspensão condicional do processo, tendo em vista a pena mínima ser de 1 (um) ano.

Quanto à qualificadora do resultado morte, prevista no § 2º, art. 99 do Estatuto do Idoso, a pena prevista é de reclusão de 4 (quatro) a 12 (doze) anos. Dessa forma, não é cabível a aplicação dos institutos da transação penal e nem da suspensão condicional do processo.

OUTROS CRIMES

Art. 100. Constitui crime punível com reclusão de 6 (seis) meses a 1 (um) ano e multa:

I – obstar o acesso de alguém a qualquer cargo público por motivo de idade;

II – negar a alguém, por motivo de idade, emprego ou trabalho;

III – recusar, retardar ou dificultar atendimento ou deixar de prestar assistência *à* saúde, sem justa causa, a pessoa idosa;

IV – deixar de cumprir, retardar ou frustrar, sem justo motivo, a execução de ordem judicial expedida na ação civil a que alude esta Lei;

V – recusar, retardar ou omitir dados técnicos indispensáveis *à* propositura da ação civil objeto desta Lei, quando requisitados pelo Ministério Público.

BEM JURÍDICO TUTELADO

Trata-se de crime múltiplo, com condutas autônomas, as quais tutelam bens jurídicos diversos, que, no entanto, buscam a proteção dos diretos das pessoas idosas.

Na figura do inciso I, temos como bem jurídico tutelado a *dignidade da pessoa idosa* no que se refere à possibilidade de o idoso trabalhar na Administração Pública. Quer-se evitar a discriminação de acesso a cargos públicos em razão da idade da pessoa.

No inciso II tutela-se o *direito ao trabalho perante a iniciativa privada,* também por motivo de idade.

No inciso III tutela-se o *direito à saúde do idoso.*

No inciso IV é tutelada a *Administração da Justiça,* no que diz respeito à obediência das decisões judiciais relacionadas aos direitos dos idosos.

Por fim, no inciso V, o bem jurídico tutelado é a *administração da justiça,* relativa ao poder requisitório do Ministério Público.

SUJEITOS DO CRIME

Na primeira figura (inc. I), entendemos que se trata de crime próprio, pois somente a pessoa com autoridade para impedir o acesso ao cargo público pode ser **sujeito ativo**. Oportuno esclarecer que qualquer pessoa pode responder pelo crime do inc. I do art.100 do Estatuto, desde que atue em concurso de agentes com a pessoa que detém de autoridade para impedir o acesso ao cargo público.

Na segunda figura (inc. II), é **sujeito ativo** somente o agente com capacidade de obstar o acesso a determinado emprego ou cargo. Exemplo: o gerente da empresa com a função de efetuar a contratação de pessoas. Cuida-se, portanto, de crime próprio, já que exige uma qualidade especial do sujeito ativo. Assim como no inc. I, apesar de se tratar de crime próprio, qualquer pessoa pode responder pelo delito, desde que em concurso de agentes com a pessoa capaz de obstar o acesso a determinado cargo ou emprego.

Na terceira figura (inc. III), o **sujeito ativo** é a pessoa com condições de prestar assistência à saúde de pessoa idosa. Trata-se de crime comum, posto que qualquer pessoa pode prestar assistência à saúde do idoso, como, por exemplo, prestar os primeiros socorros a idoso ferido. Logo, é desnecessário que seja um agente ligado à área da saúde, como médicos e enfermeiros.

Na quarta figura (inc. IV), o ***sujeito ativo*** é o agente com incumbência de cumprir a ordem judicial.

Na quinta figura (inc. V), o **sujeito ativo** pode ser qualquer pessoa destinatária das informações requisitas pelo Ministério Público.

O **sujeito passivo**, presente nas figuras dos incisos I, II e III, é o idoso.

Quanto às condutas descritas nos incisos IV e V, figuram como **sujeito passivo** o idoso, e, secundariamente, o Estado.

CONDUTAS

O tipo penal, previsto no art. 100 do Estatuto do Idoso, é exceção à regra adotada pelo legislador brasileiro, pois prevê no *caput* a pena a ser aplicada, definindo as condutas em 5 incisos.

Concordamos com Guilherme Nucci, ao apontar que "a construção do tipo penal é imprópria, iniciando-se com a expressão "constitui crime" para, depois, no mesmo preceito, indicar a pena aplicável, e, por fim, nos incisos, estabelecer as condutas puníveis"[21].

As condutas previstas nos cinco incisos do tipo penal são independentes, no entanto, possuem a mesma pena: reclusão, de 6 (seis) meses a 1 (um) ano, e multa.

São condutas tipificadas no art. 100 do Estatuto:

I – obstar o acesso de alguém a qualquer cargo público por motivo de idade: obstar significa criar dificuldade, obstáculos para que o idoso ocupe cargo público em razão da sua idade, ou seja, pune-se a obstrução da pessoa idosa ao cargo público em razão de sua idade. A expressão "por motivo de idade" constitui elemento normativo do tipo. A despeito do tipo penal não delimitar qual é a idade, deve-se adotar a idade de 60 anos, uma vez que os crimes constantes na Lei nº10.741/03 visam a proteção dos direitos da pessoa idosa (art. 1º do Estatuto).

---

21 NUCCI, Guilherme de Souza. **Leis Penais e Processuais Penais Comentadas**. São Paulo: RT, 2015, p. 489.

Limitação da idade em concurso público: É firme o entendimento do Supremo Tribunal Federal, ao expressar que é legal a limitação de idade para participar de certames públicos, desde que haja anterior *previsão legal e que a exigência seja razoável diante das atribuições do cargo público a ser preenchido.* Nesse sentido dispõe a súmula 683 do STF[22], cujo conteúdo foi reafirmado em sede de repercussão geral no Recurso Extraordinário 678112 RG, relator ministro Luiz Fux[23] e no RE 943837, sob a relatoria do ministro Roberto Barroso. A 5ª turma do STF, em 16.12.2016, voltou a reafirmar a mesma posição, inclusive quanto à necessidade de comprovação da idade no ato de inscrição.

Assim, a conduta de obstruir o acesso do idoso ao cargo público somente constitui o crime em comento se tiver como finalidade a discriminação de pessoas exclusivamente pela sua idade. Havendo outros critérios de negação, desde que justificáveis, exclui-se o crime previsto no art. 100, I, do Estatuto.

Na hipótese de a pessoa idosa ser impedida de assumir o cargo público da Administração Direta ou Indireta, bem como das concessionárias de serviços públicos, ou ainda obstar a promoção funcional, por motivo de sua raça, cor, etnia, religião ou procedência nacional, o crime é o previsto no art. 3º da Lei 7.716/89, que define os crimes decorrentes de racismo, preconceito e discriminação racial[24].

II – negar a alguém, por motivo de idade, emprego ou trabalho: a conduta típica é similar à prevista no inciso I do mesmo artigo, com a distinção de que se pretende evitar a discriminação do idoso ao acesso a emprego ou trabalho na esfera da iniciativa privada. O tipo penal pune a negativa (recusa) de emprego ao idoso, com capacidade de exercê-lo, devido a sua idade.

Da mesma forma que no inciso I, a expressão "por motivo de idade" constitui elemento normativo do tipo. Incumbe ao juiz verificar se a recusa foi fundamentada na idade da pessoa. Porém, se for fundada em motivo diverso da idade, não caracteriza o crime disposto no art. 100, II, do Estatuto.

Conforme Guilherme Nucci, emprego ou trabalho são termos correlatos, "significativos de atividade remunerada mediante contraprestação de serviço"[25].

É abarcada pelo tipo penal qualquer forma de emprego na iniciativa privada, inclusive as vagas em fundações e empresas públicas cujas atribuições não sejam voltadas ao servidor concursado.

Na hipótese de a pessoa idosa ser impedida de assumir o emprego ou trabalho na iniciativa privada, não pela sua idade, mas em razão de sua raça, cor, etnia, religião ou procedência

---

22 *Súmula 683, STF: O limite de idade para a inscrição em concurso público só se legitima em face do art. 7º, XXX, da Constituição, quando possa ser justificado pela natureza das atribuições do cargo a ser preenchido.*

23 *Recurso Extraordinário com Agravo. Constitucional e Administrativo. Concurso Público. Limitação de idade fixada em edital. Policial Civil. Art. 7º, XXX, da Constituição Federal. Agravo conhecido para negar provimento ao Recurso Extraordinário. Repercussão Geral reconhecida. Reafirmação de Jurisprudência. (ARE 678112 RG, Relator(a): Min. LUIZ FUX, julgado em 25/04/2013, ACÓRDÃO ELETRÔNICO REPERCUSSÃO GERAL – MÉRITO DJe-093 DIVULG 16-05-2013 PUBLIC 17-05-2013).*

24 Art 3º Impedir ou obstar o acesso de alguém, devidamente habilitado, a qualquer cargo da Administração Direta ou Indireta, bem como das concessionárias de serviços públicos. Parágrafo único. Incorre na mesma pena quem, por motivo de discriminação de raça, cor, etnia, religião ou procedência nacional, obstar a promoção funcional. Pena: reclusão de dois a cinco anos.

25 NUCCI, Guilherme de Souza. **Leis Penais e Processuais Penais Comentadas**. São Paulo: RT, 2015, p. 490.

nacional, o crime será o previsto no art. 4º da Lei 7.716/89, que define os crimes decorrentes de racismo, preconceito e discriminação racial[26].

É preciso que o idoso tenha capacidade para o exercício das funções do emprego ou trabalho, pois se ficar comprovado que ele, em razão de sua idade avançada, não possui condições para exercer a função, o crime está excluído.

III – recusar, retardar ou dificultar atendimento ou deixar de prestar assistência à saúde, sem justa causa, a pessoa idosa: O tipo penal pune a conduta do agente que *recusar* (não aceitar, negar, não conceder), *retardar* (diferir, demorar), *dificultar* (atrapalhar) atendimento ou *deixar de prestar assistência* (não conceder auxílio) à saúde, sem justa causa (sem motivo justificável) a pessoa idosa. Concordamos com Roberto Freitas Júnior no sentido de que "a menção à conduta de retardar o atendimento é desnecessária, pois tal ação equivale à criação de dificuldades no atendimento"[27].

O art. 100, II, do Estatuto trata-se de tipo misto alternativo; por conseguinte, o sujeito que pratica mais de uma conduta descrita no tipo, desde que praticadas no mesmo contexto fático, responde por **um único crime**.

A expressão "sem justa causa" prevista no tipo é o **elemento normativo do tipo**, tendo em vista a necessidade de um juízo de valoração diante do caso concreto. Se o juiz entender que ocorreu a justa causa, a conduta é atípica.

IV – deixar de cumprir, retardar ou frustrar, sem justo motivo, a execução de ordem judicial expedida na ação civil a que alude esta Lei: o comando normativo pune a conduta daquele que *deixa de cumprir* (desatende), *retarda* (demora, atrasa) *ou frustra* (torna inútil) a execução (cumprimento) de ordem judicial (decisão emanada por um juiz de direito) em ação civil prevista no Estatuto do Idoso.

Para a tipicidade da conduta do agente, é necessário que o descumprimento, o protelamento ou a frustração do cumprimento do comando judicial ocorra **sem justo motivo,** que se caracteriza como **elemento normativo do tipo**. Cabe ao magistrado, diante do caso concreto, analisar se as condutas de descumprir, retardar ou frustrar ocorreram sem justo motivo.

A expressão "ação civil" abrange todas as ações que digam respeito aos interesses do idoso de caráter difuso, coletivo e individual indisponível ou homogêneo.

V – recusar, retardar ou omitir dados técnicos indispensáveis à propositura da ação civil objeto desta Lei, quando requisitados pelo Ministério Público: Para dar efetividade à atuação do Ministério Público na defesa dos direitos difusos e coletivos, é imperioso o acesso

---

26 Art. 4º Negar ou obstar emprego em empresa privada. 1o Incorre na mesma pena quem, por motivo de discriminação de raça ou de cor ou práticas resultantes do preconceito de descendência ou origem nacional ou *étnica:* I – deixar de conceder os equipamentos necessários ao empregado em igualdade de condições com os demais trabalhadores; II – impedir a ascensão funcional do empregado ou obstar outra forma de benefício profissional; III – proporcionar ao empregado tratamento diferenciado no ambiente de trabalho, especialmente quanto ao salário.

§ 2º Ficará sujeito *às* penas de multa e de prestação de serviços *à* comunidade, incluindo atividades de promoção da igualdade racial, quem, em anúncios ou qualquer outra forma de recrutamento de trabalhadores, exigir aspectos de aparência próprios de raça ou etnia para emprego cujas atividades não justifiquem essas exigências. Pena: reclusão de dois a cinco anos.

27 FREITAS JÚNIOR, Roberto Mendes de. **Direitos e Garantias do Idoso.** São Paulo: Atlas, 2015, p. 249.

a documentos e informações. Assim, o legislador dotou o órgão ministerial de autonomia para requisitá-los.

O ato de requisitar encontra-se consubstanciado, por exemplo, na Lei Orgânica Nacional do MP (Lei nº 8.625/1.993, artigo 26, I, b e II), na Lei de Organização do MP da União (Lei Complementar nº 75/1.993, artigo 8º, II e IV), na Lei de Ação Civil Pública (Lei nº 7.347/1.985, artigo 8º, parágrafo 1º) e no Estatuto do Idoso (Lei nº 10.741/03, art. 74, V, "b" e "c").

O dispositivo pune aquele que *recusar* (não aceitar, negar, não conceder), *retardar* (diferir, demorar) ou *omitir* (não mencionar, deixar de dizer ou de fazer) dados técnicos (resultantes da atividade especializada, de conhecimento artístico ou científico) indispensáveis à propositura da ação civil objeto desta lei, quando requisitados.

Para a configuração do crime é necessário que se trate de uma ordem, e não de mero pedido ou solicitação e que essa determinação seja dirigida a quem tem o dever de responder. Ademais, o objeto da determinação deve ser **dados técnicos**. Por dados técnicos entende-se qualquer informação dependente de conhecimento ou trabalho específico, que seja peculiar, ou de determinado ofício ou profissão, como, por exemplo, o prontuário médico do idoso.

O expedidor da requisição há de ser membro do Ministério Público dotado de atribuições para o ato. Caso contrário, o desatendimento à requisição não enseja a prática do crime previsto no art. 100, V, da Lei nº 10.741/03.

Oportuno salientar que o art. 10 da Lei de Ação Civil Pública[28] elenca um crime cuja redação é semelhante ao do inciso V do art. 100 do Estatuto. Inobstante a aplicação subsidiária da Lei de Ação Civil Pública ao Estatuto do Idoso, conforme previsto no seu art. 93, é de se aplicar o art. 100, V, em razão do princípio da especialidade, pois este possui todos os elementos do art. 10 da LACP e mais o especializante, consistente na previsão de que a ação civil pública deve possuir como objeto a defesa dos direitos da pessoa idosa.

VOLUNTARIEDADE

Quanto à voluntariedade, exige-se o dolo para as condutas descritas nos incisos I, II, III, IV e V do art. 100 do Estatuto do Idoso, ou seja, vontade livre e consciente de praticar as condutas típicas descritas.

Nos incisos I e II, há o elemento subjetivo específico do tipo consistente na expressão *por motivo de idade*. Assim, o agente tem a finalidade específica de discriminar pessoas exclusivamente pelo fator da idade da vítima idosa.

No inciso V, concordamos com o posicionamento de Guilherme Nucci de que "há elemento subjetivo específico implícito consistente na vontade de desobedecer, pois nem sempre a recusa, o retardo e a omissão, em si mesmas, representam o intuito de frustrar direito do idoso ou implicam em menosprezar exigência legal.[29]"

Esse elemento especial torna-se particularmente importante, já que não se inseriu no tipo nenhuma expressão indicativa da ilicitude, como "sem justa causa" ou "sem motivo", como se fez em incisos anteriores. Não há forma culposa.

---

28 Art. 10. Constitui crime, punido com pena de reclusão de 1 (um) a 3 (três) anos, mais multa de 10 (dez) a 1.000 (mil) Obrigações Reajustáveis do Tesouro Nacional – ORTN, a recusa, o retardamento ou a omissão de dados técnicos indispensáveis à propositura da ação civil, quando requisitados pelo Ministério Público.

29 NUCCI, Guilherme de Souza. **Leis Penais e Processuais Penais Comentadas**. São Paulo: RT, 2015, p. 487.

CONSUMAÇÃO E TENTATIVA

No inciso I, a consumação se dá com a efetiva obstrução ou impedimento de acesso ao cargo público. O acesso posterior ao cargo público mediante decisão judicial não interfere na configuração do crime, haja vista que o delito já estará consumado no instante em que o agente obsta o acesso ao cargo. A tentativa é admitida quando o agente pratica conduta apta a impedir o acesso ao cargo, mas, por circunstâncias alheias a sua vontade, não obtém êxito.

No inciso II, a consumação ocorre com a negativa do emprego ou trabalho. O acesso posterior ao emprego ou trabalho, por força de decisão judicial, não interfere na configuração do crime, haja vista que o delito já estará consumado no instante em que há a negativa do emprego ou trabalho. A tentativa não é admitida.

Por sua vez, na figura descrita no inciso III, o crime se consuma com a recusa, retardamento, atrapalho ou com a omissão à assistência da vítima idosa. Se várias pessoas negam a assistência à vítima, todas respondem pelo delito. Porém, se uma delas presta a devida assistência, as demais não respondem pelo delito, posto que o cumprimento por parte de uma delas desobriga as outras. A tentativa é possível, salvo nas condutas omissivas.

No inciso IV, na primeira figura (deixar de cumprir a ordem judicial) o crime se consuma no momento da omissão, isto é, quando o sujeito ativo decide deixar de cumprir a decisão judicial. Não admite a tentativa por se tratar de crime omissivo. Por sua vez, na segunda figura (retardar ou frustrar a execução da ordem judicial), a consumação ocorre quando *atrasa ou torna inútil o cumprimento da ordem judicial*. É admitida a tentativa, com exceção das condutas omissivas.

No inciso V, nas modalidades *recusar* e *omitir*, a consumação ocorre no instante da negativa e da omissão em fornecer os dados técnicos. Por se tratar de condutas negativas, não é possível a tentativa. Já na modalidade retardar, a consumação se dá no momento em que o agente opta em *postergar* o fornecimento dos dados técnicos requisitados. Nessa modalidade, é possível a tentativa. Por exemplo: o agente decide protelar o envio dos dados técnicos, mas outra pessoa os entrega ao Ministério Público.

AÇÃO PENAL

A ação penal é pública incondicionada (art. 95, Estatuto do Idoso). Cuida-se de crime de menor potencial ofensivo, haja vista a pena prevista para o tipo penal – detenção de 6 (seis) meses a 1 (um) ano e multa. Isto posto, é cabível a transação penal e a suspensão condicional do processo.

DESOBEDIÊNCIA DE ORDEM LEGAL PROFERIDA EM AÇÃO ENVOLVENDO IDOSO

Art. 101. Deixar de cumprir, retardar ou frustrar, sem justo motivo, a execução de ordem judicial expedida nas ações em que for parte ou interveniente o idoso:

Pena – detenção de 6 (seis) meses a 1 (um) ano e multa.

BEM JURÍDICO TUTELADO

Tutela-se a administração da Justiça, notadamente, o cumprimento das ordens judiciais em que o idoso for parte ou interveniente.

Especialidade

O crime de desobediência a ordem judicial, descrito no art. 101 da Lei nº 10.741/03, é norma especial em relação à regra do art. 330 do Código Penal, posto que se busca a proteção de bem jurídico específico, traduzido na administração da Justiça relativa a cumprimento de ordens judiciais cujo idoso é parte ou interveniente.

SUJEITOS DO CRIME

Trata-se de crime próprio, pois somente pode ser **sujeito ativo** a pessoa destinatária ou responsável pelo cumprimento da ordem judicial.

O **sujeito passivo** imediato é o Estado, haja vista o descumprimento de uma ordem judicial, ofendendo, assim, a administração da Justiça. O *sujeito passivo mediato* é o idoso que foi prejudicado pela conduta do sujeito ativo.

CONDUTAS

As condutas típicas são: deixar de cumprir (descumprir, não obedecer, desatender), retardar (procrastinar, atrasar, causar embaraço) ou frustrar (falhar, tornar inútil), sem justo motivo, a execução de ordem judicial cuja ação tenha como parte (polo ativo ou passivo) ou interveniente pessoa idosa (idade igual ou superior a 60 (sessenta) anos).

É necessário que o comando judicial expeça uma ordem (determinação). *Ordem judicial* é a expedida pela autoridade judicial. O descumprimento, ainda que sem justo motivo, de solicitações ou pedidos é insuficiente para tipificar o crime. Além disso, a ordem tem que ser dada na atividade judicante do magistrado.

Anota-se que não importa a natureza da ação, civil ou criminal, em que ocorreu o descumprimento para a caracterização do crime em comento. Contudo, concordamos com o posicionamento de Paulo Rogério Bonini no sentido de que a ordem judicial "deve ter sido tomada com o objetivo de tutelar o idoso como tal, sob pena de criminalizar todo e qualquer descumprimento de obrigação civil que tenha como sujeito ativo a pessoa idosa"[30].

Dessa forma, entendemos que não caracteriza o crime previsto no art. 101 do Estatuto, por exemplo, a conduta daquele que se recusa a pagar o valor determinado na sentença judicial pela reparação de danos materiais sofridos pelo idoso, decorrentes de acidente de trânsito. Não se pode permitir a criminalização de todos os ilícitos processuais civis, sob pena de afastar a aplicação dos princípios da fragmentariedade e da intervenção mínima.

Vale destacar que apesar de constar a expressão "execução de ordem judicial" na redação do tipo penal do art. 101 do Estatuto, não é necessário que a ordem judicial tenha sido expedida em processo de execução, bastando que seja fruto de atividade típica do magistrado.

Questão controvertida é referente à necessidade de a ordem ser proferida por juiz competente. Sobre essa questão, o art. 101 do Estatuto, diferentemente do art. 330 do CP, não exige que a ordem seja legal. Além disso, vigora o princípio da prioridade absoluta para a efetivação dos direitos dos idosos (art.3º do Estatuto). Ademais, oportuno rememorar que o legislador adotou o procedimento da Lei nº 9.099/95 para o trâmite dos crimes contra os idosos cuja pena máxima não ultrapasse 4 anos (art.94 do estatuto), o qual tem como princípios orientadores a celeridade e a informalidade.

30 BONINI, Paulo Rogério; **Leis Penais Especiais Anotadas,** obra coletiva, São Paulo: Millennium, 2011, p. 681.

Nesse quadrante, não nos parece razoável deixar de tutelar o direito do idoso enquanto se discutem questões processuais relativas à competência do juízo.

Entendemos, portanto, que é suficiente que a ordem tenha sido proferida por um juiz de direito em sua atuação judicante. No mesmo sentido é a posição de Paulo Sérgio Duarte da Rocha Júnior: "Considerando a objetividade jurídica da norma e que ela almeja proteger a eficácia e a eficiência dos processos judiciais envolvendo pessoas idosas, os quais demandam, como regra, uma maior celeridade (daí as normas dos arts. 69 a 71 da Lei nº 10.741/03), pode-se entender que, desde que a ordem provenha de um juiz regularmente investido no cargo, haverá crime se ela for descumprida, retardada ou frustrada, ainda que tenha sido proferida por Magistrado incompetente".[31]

O comando judicial tem que ser dirigido a uma pessoa individualizada, isto é, diretamente a alguém. Nesse caso, o agente tem ciência e condições de cumprir a ordem judicial, mas deixa de cumpri-la, sem justo motivo.

A expressão *sem justo motivo* é o elemento normativo do tipo, competindo ao magistrado avaliar se o descumprimento, a demora ou a frustração ocorreram de forma injustificada. Em havendo fundado motivo para o desatendimento da ordem judicial, não há o crime previsto no art. 101 do Estatuto.

Distinção entre o delito disposto no art. 101 e no art. 100, IV, ambos do Estatuto.

O tipo penal em estudo se assemelha ao descrito no art. 100, IV, do Estatuto, com a diferença que este diz respeito a ação civil pública prevista no Estatuto (arts. 78 a 92, Lei nº 10.741/03), proposta pelo Ministério Público ou outro legitimado. Já o art. 101 cuida de ação proposta pelo idoso ou contra ele, ou ainda que ele seja interveniente.

Além disso, os delitos diferem quanto à modalidade da pena privativa de liberdade, ou seja, a pena prevista no art. 100, IV, é de **detenção** de 6 (seis) meses a 1 (um) ano, enquanto a pena do art. 101 é de **reclusão** de 6 (seis) meses a 1 (um) ano.

Na hipótese de a ordem judicial ter sido proferida em ação civil pública cujo objeto seja a discussão de direitos de pessoa portadora de deficiência, ainda que idosa, o seu desatendimento tipifica o crime do art. 8º, V, da Lei de Proteção às Pessoas Portadoras de Deficiência (Lei nº 7.853/89)[32].

VOLUNTARIEDADE

Quanto à voluntariedade, exige-se o dolo. O não cumprimento da ordem judicial derivado da culpa não constitui crime, mas mero ilícito processual, sujeitando às sanções previstas na legislação civil.

Inexiste elemento subjetivo especial, sendo irrelevante a motivação do agente.

Na hipótese de o agente, na dúvida, deixar de cumprir, retardar ou frustrar a execução de ordem judicial, caracteriza-se o dolo eventual, que é suficiente para a responsabilização.

Não se admite a forma culposa.

---

31 ROCHA JÚNIOR, Paulo Sérgio Duarte da. Comentários aos arts. 87 a 89 da Lei 10.741/2003. In: PINHEIRO, Naide Maria. (Org.). **Estatuto do Idoso Comentado.** 2 ed. Campinas: Servanda Editora, 2007, p. 627.

32 Art. 8º Constitui crime punível com reclusão de 2 (dois) a 5 (cinco) anos e multa: (...), V – deixar de cumprir, retardar ou frustrar execução de ordem judicial expedida na ação civil a que alude esta Lei.

CONSUMAÇÃO E TENTATIVA

O crime se consuma no momento em que o agente efetivamente descumpre, retarda ou frustra a execução da ordem judicial. Trata-se de crime formal, logo, não se exige o efetivo prejuízo da vítima para sua consumação.

A modalidade descumprir ordem judicial é omissiva e, portanto, ocorre com a expiração do prazo dado para o cumprimento da ordem judicial.

A ordem judicial deve dispor de forma clara o prazo para o seu cumprimento. Saliente-se que, havendo prazo fixado na lei para o cumprimento da decisão judicial, este deve ser considerado para a análise de descumprimento da ordem judicial.

Na modalidade *descumprir* não é possível a tentativa, pois cuida-se de crime omissivo próprio. Nas modalidades *retardar* ou *frustrar*, em tese, admite-se a tentativa quando praticada por meio de uma conduta positiva.

AÇÃO PENAL

A ação penal é pública incondicionada (art. 95, Estatuto do Idoso). Diante da pena prevista para o tipo penal – detenção de 6 (seis) meses a 1 (um) ano e multa – são aplicáveis o rito e os institutos despenalizadores do Juizado Especial Criminal (Lei nº 9.099/95), sendo igualmente admitida a suspensão condicional do processo.

APROPRIAÇÃO INDÉBITA

Art. 102. Apropriar-se de ou desviar bens, proventos, pensão ou qualquer outro rendimento do idoso, dando-lhes aplicação diversa da de sua finalidade:

Pena – reclusão de 1 (um) a 4 (quatro) anos e multa.

BEM JURÍDICO TUTELADO

O bem jurídico protegido é o patrimônio do idoso. Busca-se tutelar a inviolabilidade dos bens, proventos, pensão ou qualquer outro rendimento do idoso.

SUJEITOS DO CRIME

O crime é comum, podendo ser *sujeito ativo* qualquer pessoa. Freitas Júnior aponta que não é necessária "uma condição especial do agente, tampouco relação de amizade, confiança ou parentesco com o idoso"[33].

Sujeito passivo é o idoso, titular do direito patrimonial atingido pela conduta do sujeito ativo.

CONDUTAS

O art. 102 do Estatuto do Idoso constitui modalidade **específica de apropriação indébita**, criminalizando a conduta do agente que se apropriar de ou desviar bens, proventos, pensão ou qualquer outro rendimento do Idoso, dando-lhes aplicação diversa da de sua finalidade.

33 FREITAS JÚNIOR, Roberto Mendes de. **Direitos e Garantias do Idoso.** São Paulo: Atlas, 2015, p. 249.

O primeiro núcleo do tipo é *apropriar-se*. De acordo com Cezar Roberto Bitencourt, apropriar-se "é tomar para si, isto é, inverter a natureza da posse, passando a agir como se dono fosse da coisa alheia de quem tem a posse ou detenção"[34]. O agente, portanto, inverte seu ânimo após o recebimento do bem, passando a agir com o *animus* de assenhoreamento definitivo. Exemplo: o locatário que procura vender o imóvel locado sem a permissão do proprietário idoso. Neste caso, o locatário passa a ostentar a condição de proprietário do bem.

Por outro lado, o segundo núcleo do tipo é o *desviar*, que significa empregar finalidade diversa da originária ao bem, provento, pensão ou qualquer outro rendimento do idoso. Há uma alteração no destino originário do objeto material do delito, como, por exemplo, o agente que realiza saques da conta-corrente da vítima idosa, deixando de comprar os alimentos solicitados para adquirir, com o valor, ingresso para show musical.

Paulo Rogério Bonini lembra que *"se o não uso ou desvio dos bens não teve por finalidade a alteração da finalidade dos bens, não há crime. Por exemplo, se se usa o dinheiro destinado ao pagamento do plano de saúde para pagamento de medicamento necessário, não há o crime, pois a finalidade prover a saúde não foi alterada"*[35].

Note-se que o ponto comum dos núcleos do tipo penal (*apropriar-se de* e *desviar*) é a utilização, por parte do sujeito ativo dos valores monetários, para proveito próprio ou de terceiros e não em benefício do próprio idoso.

São objetos materiais do delito: a) Bens: objetos ou coisas com valores econômicos; b) Proventos: é a retribuição pecuniária paga ao ocupante de cargo público quando passa da atividade para a inatividade, isto é, se aposenta; c) Pensão: valor pago a beneficiário de pessoa falecida ou a terceiro, ou ainda em razão de aposentadoria por incapacidade; d)Rendimentos: lucros e vantagens como alugueis e juros.

Questão controversa é a necessidade de o agente ter a posse ou detenção do objeto material do crime. Para Ricardo Andreucci, "Embora o dispositivo em comento não faça menção expressa, é necessário que o sujeito ativo tenha a posse ou detenção do bem, provento, pensão ou qualquer outra renda do idoso. Trata-se de modalidade especial de apropriação indébita inserida no Estatuto para a tutela específica do patrimônio do idoso. Caso o agente se aproprie ou desvie e não tenha posse ou detenção da remuneração ou renda do idoso, estará configurado outro ilícito penal contra o patrimônio (furto, estelionato, roubo, etc.)".[36]

Entendemos, no entanto, que na conduta *apropriar-se*, é necessária a posse ou detenção anterior do objeto material, pois o sujeito ativo só se apropria de bem ou valor do qual tem a posse ou detenção.

Por sua vez, é prescindível a posse ou detenção do bem no que se refere à conduta *desviar*, haja vista a possibilidade do sujeito ativo alterar a destinação do bem, mesmo ele não dispondo do bem. Exemplo: funcionário do banco que se utiliza do cartão magnético e da senha de saque da pessoa idosa para transferir o dinheiro da vítima para sua conta pessoal, beneficiando-se ilicitamente. Nesse sentido, decidiu o STJ que: *"Na hipótese, o autor do delito desviou bens da vítima. Para essa conduta, não há necessidade de prévia posse por parte do agente, restrita à*

34 BITENCOURT, Cezar Roberto. **Tratado de Direito Penal.** Parte Geral. Vol. 1. São Paulo: Saraiva, 2007, p. 199.

35 BONINI, Paulo Rogério; **Leis Penais Especiais Anotadas,** obra coletiva, São Paulo: Millennium, 2011, p. 681.

36 ANDREUCCI, Ricardo Antônio. **Legislação Penal Especial Esquematizada.** São Paulo: Saraiva, 2016, p. 410.

hipótese de apropriação. Da mesma forma, é evidente que a transferência dos valores da conta bancária da vítima para conta pessoal do autor desviou os bens de sua finalidade".[37]

O **objeto material** do crime de apropriação indébita de bens do idoso, diferentemente do delito previsto no art. 168 do CP, não se restringe a coisa móvel, haja vista "a maior extensão da figura típica da apropriação, que não menciona somente coisa móvel, mas fala genericamente de bens, proventos, pensão ou qualquer outro rendimento e não exige que estejam eles na posse ou detenção do autor do crime"[38].

O crime de apropriação indébita, mencionado no art. 102 do Estatuto, distingue-se do crime de apropriação indébita previsto no art. 168 do CP. No delito do art. 102 do Estatuto, temos dois núcleos autônomos: *apropriar-se de* e *desviar*, ao passo que no crime do art. 168 do CP só há previsão de um núcleo consistente no verbo *apropriar*.

Além disso, no crime do art. 102 do Estatuto, o objeto material abarca tanto os bens móveis quanto os imóveis; já no art. 168 do CP, o objeto material restringe-se a bem móvel. De forma semelhante, na apropriação indébita do Estatuto, o sujeito passivo é necessariamente uma pessoa idosa, por sua vez, no art. 168 do CP podemos ter qualquer pessoa no polo passivo.

Por fim, não constam no tipo penal do crime de apropriação indébita do Estatuto as causas de aumento de pena previstas no art. 168 do Código Penal. Entendemos que a ausência de previsão das referidas causas de aumento no art. 102 do Estatuto foi um erro do legislador, como bem ilustra o professor Guilherme Nucci: "caso um advogado se aproprie do dinheiro de um cliente com mais de 60 anos, a pena será fixada entre 1 e 4 anos de reclusão e multa, mas sem o aumento da pena por crime praticado em razão de ofício, emprego ou profissão, pois é forma não prevista no Estatuto do Idoso"[39].

VOLUNTARIEDADE

Quanto à voluntariedade, exige-se o dolo específico consistente na vontade e consciência de apropriar-se de ou desviar bens, proventos, pensão ou qualquer outro rendimento do idoso, dando-lhes aplicação diversa da sua finalidade.

Não se admite a forma culposa.

CONSUMAÇÃO E TENTATIVA

Na modalidade apropriação, a consumação ocorre quando o agente, por ato voluntário, inverte o seu ânimo em relação ao bem, passando a se comportar como proprietário. Resta, portanto, caracterizada a consumação com a prática de algum ato de disposição do bem, como, por exemplo, a sua venda, troca ou doação.

A conduta do agente pode se dar por ação ou omissão, como, por exemplo, o agente que se recusa a devolver o bem ao seu proprietário.

A regra é que o crime seja instantâneo, isto é, consuma-se em um momento determinado, sem que perdure a consumação no tempo. Todavia, excepcionalmente, a depender da forma

37 STJ – REsp 1.358.865-RS, Rel. Min. Sebastião Reis Júnior, julgado em 4/9/2014.

38 Apelação Crime Nº 70017860990, Oitava Câmara Criminal, Tribunal de Justiça do RS, Relator: Marlene Landvoigt, Julgado em 07/02/2007.

39 NUCCI, Guilherme de Souza. **Leis Penais e Processuais Penais Comentadas**. São Paulo: RT, 2015, p. 497.

como é praticada a conduta descrita no tipo, pode se tratar de crime permanente. Nesse sentido, é a linha do STJ: *3. Embora a apropriação do imóvel tenha se dado no ano de 2001, houve nitidamente a prorrogação do momento consumativo, porquanto o Paciente poderia fazer cessar, a qualquer momento, a atividade delituosa e assim não o fez. Trata-se, portanto, de crime permanente, tendo em vista a natureza duradoura de sua consumação*[40]".

Na modalidade *desviar*, a consumação ocorre no momento em que o objeto material do delito é empregado com finalidade diversa da original.

Anota-se que o ressarcimento do prejuízo ou a restituição do bem não desnatura o crime, podendo caracterizar arrependimento posterior (art. 16, CP), se anterior a denúncia, ou atenuante genérica (art. 66, CP), se posterior. Todavia, diante da redação determinada pelo Estatuto do Idoso, no art. 183 do CP[41] é vedado o reconhecimento das imunidades descritas nos arts. 181[42] e 182[43] do CP.

Tratando-se de crime material, é possível a tentativa. A identificação da tentativa fica na dependência de se constatar a vontade ou intenção do agente em apropriar-se ou desviar o bem alheio, como, por exemplo, quando o sujeito ativo é surpreendido no momento em que inicia a digitação da senha do cartão do idoso para sacar certa quantia em dinheiro.

AÇÃO PENAL

A ação penal é pública incondicionada (art. 95, Estatuto do Idoso). Diante da pena prevista abstratamente – reclusão de 1 (um) a 4 (quatro) anos e multa –, é admitida a suspensão condicional do processo. A transação penal não é cabível, pois a pena máxima privativa de liberdade é superior a 2 anos.

RECUSA DE ACOLHIMENTO OU PERMANÊNCIA DE IDOSO

Art. 103. Negar o acolhimento ou a permanência do idoso, como abrigado, por recusa deste em outorgar procuração **à** entidade de atendimento:

Pena – detenção de 6 (seis) meses a 1 (um) ano e multa.

BEM JURÍDICO TUTELADO

O objeto jurídico é, preponderantemente, o direito do idoso à liberdade, ao respeito e à dignidade, como pessoa humana e sujeito de direitos civis, políticos, individuais e sociais. De forma secundária, tutela-se o patrimônio do idoso.

40 STJ – HC: 111120 DF 2008/0156982-7, Relator: Ministra LAURITA VAZ, Data de Julgamento: 02/12/2010, T5 – QUINTA TURMA, Data de Publicação: DJe 17/12/2010

41 Art. 183 – Não se aplica o disposto nos dois artigos anteriores: III – se o crime é praticado contra pessoa com idade igual ou superior a 60 (sessenta) anos.

42 Art. 181 – *É* isento de pena quem comete qualquer dos crimes previstos neste título, em prejuízo: I – do cônjuge, na constância da sociedade conjugal; II – de ascendente ou descendente, seja o parentesco legítimo ou ilegítimo, seja civil ou natural.

43 Art. 182 – Somente se procede mediante representação, se o crime previsto neste título *é* cometido em prejuízo: I – do cônjuge desquitado ou judicialmente separado; II – de irmão, legítimo ou ilegítimo; III – de tio ou sobrinho, com quem o agente coabita.

SUJEITOS DO CRIME

O **sujeito ativo** é a pessoa responsável pela entidade de abrigamento do idoso, que diante da recusa da pessoa idosa, impede o acolhimento ou a permanência da mesma. Assim, trata-se de crime próprio, pois exige uma qualificação especial do agente ativo, consistente em ser o responsável pela entidade de abrigamento de idosos quem decide por acolher ou não a pessoa idosa.

No **polo passivo** temos como ofendido a pessoa idosa (art. 1º. do Estatuto do Idoso).

CONDUTAS

O tipo penal prevê duas condutas: *a) negar o acolhimento:* significa rejeitar a possibilidade do idoso em se abrigar na entidade de atendimento; *b) negar a permanência:* não aceitar ou suspender a continuidade do acolhimento do idoso em entidade de atendimento.

Para tipificar a conduta descrita no art. 103 do Estatuto, a negativa do sujeito ativo deve ocorrer por um motivo específico consistente *na recusa do idoso em outorgar procuração à entidade de atendimento*. Qualquer outro motivo, como, por exemplo, a falta de vagas, não tem o condão de tipificar o crime do art. 103 do Estatuto.

Paulo Rogério Bonini leciona que "O termo "abrigado" deve ser interpretado de forma restrita, não se aplicando a acolhimentos eventuais e não realizados de forma profissional e contínua pelo agente. Nestes casos, exigindo-se vantagem indevida do idoso para abrigamento eventual, poderá ocorrer estelionato (art. 171, CP) se a exigência da procuração deu-se com uso de ardil ou outro meio de engodo, ou, ainda, constrangimento ilegal (art. 146, CP), se presentes suas elementares).[44]"

É válida a outorga da procuração a entidade de atendimento, desde que o idoso esteja em sua plena capacidade de discernimento e a manifestação de vontade ocorra sem qualquer tipo de coação. O que se pune é a recusa em acolher ou a suspensão do acolhimento do idoso pela entidade de atendimento em razão de sua recusa em outorgar a procuração.

VOLUNTARIEDADE

Quanto à voluntariedade, o art. 103 dispõe que o dolo genérico consiste na vontade e consciência em negar o acolhimento do idoso. Inexiste elemento subjetivo específico do tipo. Não há modalidade culposa.

CONSUMAÇÃO E TENTATIVA

A **consumação** ocorre no momento da negativa de acolhimento ou permanência do idoso. Não é cabível a **tentativa.**

Cumpre esclarecer que se trata de um crime comissivo e não omissivo, haja vista que o verbo indica uma conduta positiva de conotação negativa. Conforme Guilherme Newton do Monte Pinto, "Trata-se de um delito comissivo já que, como ensina Nucci, "o verbo indica ação", de forma que a consumação está a exigir a ação de negar e não apenas a omissão em

44 BONINI, Paulo Rogério; **Leis Penais Especiais Anotadas,** obra coletiva, São Paulo: Millennium, 2011, p. 675.

acolher o idoso. O tipo penal indica, pois, uma ação, ainda que de conotação negativa, mas não uma omissão.[45]"

AÇÃO PENAL

Nos termos do art. 95 do Estatuto do Idoso, a ação penal é pública incondicionada. Diante da pena prevista para o crime – detenção de 6 (seis) meses a 1 (um) ano e multa – é cabível a transação penal e a suspensão condicional do processo.

RETENÇÃO INDEVIDA DE CARTÃO MAGNÉTICO OU OUTRO DOCUMENTO

Art. 104. Reter o cartão magnético de conta bancária relativa a benefícios, proventos ou pensão do idoso, bem como qualquer outro documento com objetivo de assegurar recebimento ou ressarcimento de dívida:

Pena – detenção de 6 (seis) meses a 2 (dois) anos e multa.

BEM JURÍDICO TUTELADO

Tutela-se a proteção do idoso no que diz respeito ao seu patrimônio e à autonomia da vontade, haja vista que a retenção do cartão magnético ou qualquer outro documento ocorre sem sua concordância.

SUJEITOS DO CRIME

O **sujeito ativo** é o credor da dívida do idoso. No **polo passivo** temos como ofendido a pessoa idosa (art. 1º. do Estatuto do Idoso).

CONDUTAS

No art. 104 do Estatuto, o credor, com a finalidade de garantir o pagamento de uma dívida, retém o cartão magnético ou outro documento do sujeito passivo.

O núcleo do tipo é *reter* que significa manter em seu poder coisa de outrem.

Diante do núcleo do tipo (reter), é imperioso concluir que o cartão magnético ou outro documento está na posse do sujeito ativo, que se nega a restituí-lo como forma de assegurar o recebimento de uma dívida. Não se exige que à retenção perdure por um longo espaço de tempo, bastando a detenção do objeto material. Assim, a pessoa que retém cartão de conta bancária pertencente ao idoso para assegurar recebimento ou ressarcimento de dívidas incorre no delito do art. 104 do Estatuto.

O efetivo pagamento ou ressarcimento da dívida não constitui requisito do tipo, bastando para adequação típica da conduta a retenção do cartão ou outro documento como garantia da dívida. Ademais, é necessário o dissenso da vítima quanto a retenção do cartão magnético ou outro documento. Logo, a concordância do idoso com a retenção do cartão magnético ou de outro documento similar exclui a tipicidade delitiva.

Analisando a redação do crime em comento, verifica-se que o tipo penal é taxativo quanto à necessidade da conta bancária estar relacionada aos rendimentos descritos, quais sejam: ***a)***

---

45 PINTO, Guilherme Newton do Monte. **Estatuto do Idoso Comentado.** Campinas: Servanda Editora, 2012. p. 640.

Proventos: é a retribuição pecuniária paga ao exercente de cargo público quando passa da atividade para a inatividade, isto é, se aposenta; ***b) Pensão:*** é o valor pago ao beneficiário de pessoa falecida ou a terceiro, ou ainda em razão de aposentadoria por incapacidade; ***c) Benefícios:*** segundo Guilherme Newton, é um termo mais amplo, "incluindo todas as prestações pecuniárias pagas na seara previdenciária e assistencial, inclusive as aposentadorias e pensões"[46].

O **objeto material** do crime pode ser *cartão magnético* de conta bancária ou *qualquer outro documento*. Segundo Guilherme Nucci, cartão magnético pode ser compreendido como "*documento emitido por determinada instituição, contendo tarja magnética, na qual armazena informação passível de ser processada eletronicamente, com o fim de liberar dinheiro e processar outras transações*"[47].

O cartão magnético como objeto material do delito deve ser aquele apto a possibilitar movimentações da conta bancária do idoso, não importando sua natureza – conta corrente ou conta poupança. O que não se admite é o cartão com finalidade diversa como os cartões magnéticos de plano de saúde.

O cartão magnético com a função unicamente de crédito, ou seja, sem a função débito, não constitui objeto material do crime, pois a despeito de estarem, muitas vezes, vinculados a conta bancária, não permitem movimentações por terceiros.

Além disso, o cartão magnético deve ser utilizado para movimentar os valores advindos da previdência e assistência social. Nesse sentido, é a lição de Guilherme Newton Pinto: "O primeiro objeto material sobre o qual pode recair a retenção é o cartão magnético da conta bancária relativa a benefícios, proventos ou pensão do idoso, o que aponta, de imediato para o instrumento utilizado pelos beneficiários da previdência e assistência social no recebimento das respectivas remunerações, impondo, de forma muito clara, uma vinculação necessária do objeto em exame com os rendimentos do idoso decorrentes de sua condição de beneficiário, aposentado ou pensionista, já que o tipo discrimina as espécies remuneratórias, apontando benefícios, proventos ou pensão, nada se referindo a outras remunerações próprias dos que se encontram em atividade, sejam agentes, servidores públicos ou trabalhadores, tais como subsídios, vencimentos, salários, etc.[48]"

Logo, se a retenção for de cartão magnético vinculado à conta bancária do idoso em que não há movimentação dos valores percebidos da previdência ou assistência social, a conduta não se enquadra no tipo penal em comento.

O segundo objeto material descrito no tipo é *qualquer outro documento,* que deve ser entendido como aquele apto a substituir as funções do cartão magnético da conta bancária, tendo em vista que se buscar punir a retenção de instrumento que possibilita movimentar conta bancária.

VOLUNTARIEDADE

O elemento subjetivo é o dolo. Há previsão de um **elemento subjetivo específico** (especial fim de agir) consistente no propósito de reter o cartão com fito assegurar o recebimento ou ressarcimento de uma dívida do idoso.

Não há previsão da modalidade culposa.

---

46 PINTO, Guilherme Newton do Monte. **Estatuto do Idoso Comentado.** Campinas: Servanda Editora, 2012. p. 647.

47 NUCCI, Guilherme de Souza. **Leis Penais e Processuais Penais Comentadas**. São Paulo: RT, 2015, p. 499.

48 PINTO, Guilherme Newton do Monte. **Estatuto do Idoso Comentado.** Campinas: Servanda Editora, 2012. p. 647.

CONSUMAÇÃO E TENTATIVA

A *consumação* ocorre no momento da retenção do cartão magnético ou outro documento. Trata-se de crime formal, portanto, é desnecessário o recebimento ou ressarcimento da dívida para a consumação do crime.

A *tentativa* é possível, como, por exemplo, na situação em que o agente procura reter o documento, mas, por circunstâncias alheias a sua vontade, não obtém êxito.

AÇÃO PENAL

Nos termos do art. 95 do Estatuto do Idoso, a ação penal é pública incondicionada. Diante da pena prevista – detenção de 6 (seis) meses a 2 (dois) anos e multa –, é cabível a transação penal e a suspensão condicional do processo.

VEICULAÇÃO DE DADOS DEPRECIATIVOS DO IDOSO

Art. 105. Exibir ou veicular, por qualquer meio de comunicação, informações ou imagens depreciativas ou injuriosas à pessoa do idoso:

Pena – detenção de 1 (um) a 3 (três) anos e multa.

BEM JURÍDICO TUTELADO

É a honra, imagem e intimidade do idoso.

SUJEITOS DO CRIME

Sujeito ativo pode ser qualquer pessoa, não se exige qualidade especial, tratando-se, portanto, de crime comum.

Sujeito passivo é a pessoa idosa, que tem sua honra, imagem e intimidade ofendida com a veiculação de informações ou imagens depreciativas ou injuriosas.

CONDUTAS

As condutas típicas são *exibir* (expor, mostrar, externar) ou *veicular* (publicar, difundir, propalar), por qualquer meio de comunicação, informações ou imagens depreciativas ao idoso.

As *informações*, prevista no tipo penal, correspondem a quaisquer dados divulgados, escritos ou não, que depreciam o idoso. *Imagens* são representações gráficas ou fotográficas do idoso como vídeos, desenhos e fotos. As informações e imagens devem ser divulgadas por algum meio de comunicação como televisão, rádio, revista, jornal, entre outros.

O delito exige que as informações e imagens propaladas tenham cunho depreciativo ou injurioso, que constituem os **elementos normativos do tipo,** pois sua verificação necessita de um prévio juízo de valor. Informações ou imagens depreciativas são aquelas que menosprezam ou desdenham das pessoas. Elas possuem o cunho de rebaixar a qualidade ou virtude de alguém. Já informações ou imagens injuriosas são aquelas que atingem a honra subjetiva da pessoa, ofendem o decoro ou a dignidade da pessoa.

Trata-se de crime de forma livre, podendo ser cometido por qualquer meio, escrito ou verbal.

VOLUNTARIEDADE

Quanto à voluntariedade, entendemos que o tipo penal prevê o dolo genérico, caracterizado pela vontade e consciência de exibir ou veicular informações ou imagens depreciativas ou injuriosas referentes à pessoa idosa. Não se exige um elemento específico para adequação típica do crime. Todavia, há entendimento no sentido de que o tipo penal exige o elemento subjetivo específico, consistente na vontade de menosprezar, diminuir, atingir o amor-próprio da pessoa idosa.

CONSUMAÇÃO E TENTATIVA

O crime do art. 105 do Estatuto atinge a **consumação** com a efetiva divulgação das informações ou imagens depreciativas ou injuriosas, sendo prescindível que o ofendido tome conhecimento.

O crime de veiculação de dados depreciativos do idoso é **formal**, porque a definição legal descreve o comportamento e o resultado visado pelo agente, mas não exige sua produção, ou seja, não há necessidade de a vítima se sentir ofendida com as imputações depreciativas ou injuriosas a ela irrogadas.

A princípio, a **tentativa** não é admitida, embora, em tese, ela seja possível, dependendo do meio utilizado, como, por exemplo, o agente tenta veicular uma imagem depreciativa do idoso na televisão, mas por motivos de força maior, ela não é veiculada.

AÇÃO PENAL

A ação penal é pública incondicionada (art. 95, Estatuto do Idoso). O crime tem pena prevista de detenção de 1 (um) a 3 (três) anos e multa. Logo, não é crime de menor potencial ofensivo, inadmitindo a aplicação do instituto da transação penal. Saliente-se, contudo, que diante da pena mínima prevista, é cabível a suspensão condicional do processo (art. 89 da Lei nº 9.099/95).

INDUZIMENTO DE PESSOA IDOSA A OUTORGAR PROCURAÇÃO

Art. 106. Induzir pessoa idosa sem discernimento de seus atos a outorgar procuração para fins de administração de bens ou deles dispor livremente:

Pena – reclusão de 2 (dois) a 4 (quatro) anos.

BEM JURÍDICO TUTELADO

O tipo penal tem como escopo a proteção do patrimônio do idoso sem discernimento. O legislador visa garantir a inviolabilidade patrimonial, punindo quem, aproveitando-se de idoso, sem discernimento, leve-o a outorgar procuração para fins de administrar ou dispor de bens dos idosos.

SUJEITOS DO CRIME

O crime é comum, podendo ser **sujeito ativo** qualquer pessoa, independentemente de ostentar ou não qualquer vínculo com a vítima.

Para a tipificação do delito, não é necessário que a outorga da procuração tenha como destinatário o agente responsável pelo induzimento. A outorga destinada a terceira pessoa já é suficiente para a tipicidade do crime.

No caso de a pessoa destinatária da procuração estar em conluio (unidade de desígnios e previamente ajustado) com o agente responsável pelo induzimento, ambos responderão pelo crime em comento, em concurso de pessoas.

Sujeito passivo é o idoso sem discernimento, isto é, sem a aptidão para avaliar algo com sensatez e clareza.

CONDUTAS

A conduta típica consiste em *induzir* o idoso sem discernimento a outorgar procuração para fins de administração de seus bens (objetos ou coisas com valores econômicos) ou deles dispor livremente.

O tipo penal criminaliza a conduta daquele que induz astuciosamente um idoso, sem lucidez para uma avaliação sensata, mediante a assinatura de procuração, a autorizar a administração do seu patrimônio ou dele dispor. O agente se vale da pouca ou nenhuma capacidade de discernimento do idoso para obter vantagens indevidas.

Como o tipo penal não faz distinção, o instrumento procuratório pode ser público ou particular, devendo ter como objeto a administração ou livre disposição dos bens (móveis ou imóveis) da vítima.

O STJ entendeu haver elementos para a continuidade da ação penal na conduta de um advogado que contatou "a vítima, pessoa idosa, a fim de que esta, mediante a assinatura de procuração, o autorizasse a reter para si 30% dos valores que a vítima viria a receber em razão de ação ajuizada em face do INSS, mesmo sendo dispensável, para o levantamento da quantia, a intervenção de advogado, induzindo-a, portanto, em erro quanto à necessidade de seus serviços[49].

Interdição do Idoso

O legislador, na descrição típica, não faz referência à necessidade de interdição da vítima, ou mesmo à declaração de sua incapacidade civil. Não constitui elemento do tipo penal,

---

49 PROCESSUAL PENAL. HABEAS CORPUS. ART. 106 DO ESTATUTO DO IDOSO. TRANCAMENTO DA AÇÃO PENAL. MEDIDA EXCEPCIONAL. INOCORRÊNCIA DAS HIPÓTESES QUE AUTORIZAM A PREMATURA INTERRUPÇÃO DA PERSECUTIO CRIMINIS IN IUDICIO. I – O trancamento da ação penal por meio do habeas corpus se situa no campo da excepcionalidade (HC 901.320/MG, Primeira Turma, Rel. Min. Marco Aurélio, DJU de 25/05/2007), sendo medida que somente deve ser adotada quando houver comprovação, de plano, da atipicidade da conduta, da incidência de causa de extinção da punibilidade ou da ausência de indícios de autoria ou de prova sobre a materialidade do delito (HC 87.324/SP, Primeira Turma, Relª. Minª. Cármen Lúcia, DJU de 18/05/2007). Ainda, a liquidez dos fatos constitui requisito inafastável na apreciação da justa causa (HC 91.634/GO, Segunda Turma, Rel. Min. Celso de Mello, DJU de 05/10/2007), pois o exame de provas *é* inadmissível no espectro processual do habeas corpus, ação constitucional que pressupõe para seu manejo uma ilegalidade ou abuso de poder tão flagrante que pode ser demonstrada de plano (RHC 88.139/MG, Primeira Turma, Rel. Min. Carlos Britto, DJU de 17/11/2006). II – No presente caso, a denúncia, peça formalizadora da acusação, revela-se formalmente correta, além de evidenciar, inquestionavelmente, a presença de justa causa para o prosseguimento da ação penal. Vê-se que a conduta do paciente consistiu em contactar a vítima, pessoa idosa, a fim de que esta, mediante a assinatura de procuração, o autorizasse a reter para si 30% dos valores que a vítima viria a receber em razão de ação ajuizada em face do INSS, mesmo sendo dispensável, para o levantamento da quantia, a intervenção de advogado, induzindo-a, portanto, em erro quanto a necessidade de seus serviços. III – Não exsurgindo hipótese de atipicidade absoluta, afasta-se o trancamento da ação penal. Ordem denegada. (HC 102601/SP-STJ- 5ª Turma, Rel. Min. Félix Fischer, 10.11.2008).

portanto, a interdição ou declaração da incapacidade da vítima. Assim, entendemos que é suficiente para tipicidade do delito a comprovação da capacidade reduzida de discernimento da vítima para os exercícios dos seus atos da vida civil. Nesse sentido, também é a posição de João Batista Machado Barbosa: "O Estatuto, portanto, não exige que além dessa debilidade, o idoso seja portador de doença mental ou enfermidade, condições que, reunidas, tornariam o idoso absolutamente incapaz (CC, art. 3º)"[50].

A expressão "sem discernimento" constitui **elemento normativo do tipo penal**, posto a necessidade de se fazer um juízo de valoração, competindo ao magistrado, à luz do caso concreto, aferir se, na data dos fatos, a vítima possuía ou não reduzida capacidade de discernimento.

Importante aferir que, em regra, deve-se realizar a prova pericial com o intuito de verificar se o idoso tinha sua capacidade de discernimento reduzida. O Juiz, entretanto, nos termos do art. 182[51] do CPP, não fica vinculado ao resultado da perícia.

VOLUNTARIEDADE

Quanto à voluntariedade, exige-se o dolo (direto ou eventual). Além do dolo, o crime exige o elemento subjetivo especial do tipo consistente na finalidade de administrar ou dispor dos bens da vítima.

É indispensável que o agente tenha conhecimento da reduzida capacidade de discernimento da vítima para tipificação do delito em comento.

Se tiver dúvidas sobre a capacidade de discernimento da vítima, e mesmo assim, o agente a induz a outorgar procuração para fins de administrar ou dispor de seus bens, o sujeito ativo responde pelo crime por dolo eventual. Contudo, o desconhecimento da reduzida capacidade de discernimento da vítima por parte do agente pode ensejar o afastamento da tipicidade de sua conduta, configurando erro de tipo.

Se o sujeito passivo induzir o idoso sem discernimento a outorgar procuração para administrar ou dispor dos bens no intuito de obter vantagem ilícita, ele deve responder pelo crime de estelionato (art. 171 do CP), que absorve o crime em comento. Ao analisar o tema, o Tribunal de Justiça do Mato Grosso do Sul decidiu que: "O delito previsto no art. 106 do Estatuto do Idoso, em relação ao estelionato, é crime meio, restando absorvido pelo crime fim, incidindo assim, o Princípio da Consunção"[52].

Não se admite a forma culposa.

---

50 BARBOSA, João Batista Machado. **Estatuto do Idoso Comentado.** Campinas: Servanda Editora, 2012, p. 640.

51 Art. 182 do CPP: O juiz não ficará adstrito ao laudo, podendo aceitá-lo ou rejeitá-lo, no todo ou em parte.

52 EMENTA -APELAÇÃO CRIMINAL – ESTELIONATO E ART. 106, DO ESTATUTO DO IDOSO – PRINCÍPIO DA CONSUNÇÃO – AMEAÇA – COMPROVAÇÃO DA AUTORIA E MATERIALIDADE DO CRIME – PALAVRA DA VÍTIMA TEM VALOR PROBATÓRIO – PARCIAL PROVIMENTO. O delito previsto no art. 106, do Estatuto do Idoso, em relação ao estelionato é crime-meio, restando absorvido pelo crime-fim, incidindo assim, o Princípio da Consunção. A materialidade e a autoria do crime de ameaça estão demonstradas nos autos, pelos depoimentos da vítima colhidos em juízo e na fase inquisitiva. A palavra da vítima, quando segura, coerente e sem contradições possui valor probante, posto que, na maioria dos casos, crimes dessa natureza são praticados na ausência de testemunhas. (TJ-MS – APL: 00006831320108120055 MS 0000683-13.2010.8.12.0055, Relator: Des. Dorival Moreira dos Santos, Data de Julgamento: 29/04/2013, 1ª Câmara Criminal, Data de Publicação: 16/05/2013)

CONSUMAÇÃO E TENTATIVA

Consuma-se o crime de *induzimento de pessoa idosa* no momento em que o sujeito passivo outorga a procuração a terceira pessoa para fins de administração de bens ou deles dispor livremente.

O crime do art. 106 do Estatuto é formal porquanto não se exige a efetiva lesão ao bem jurídico para sua consumação, contentando-se com a probabilidade de tal violação. Logo, é desnecessária a ocorrência do resultado naturalístico, ou seja, não se faz prescindível a ocorrência de qualquer ato de administração ou disposição dos bens da vítima por parte do agente.

Além disso, não se exige o efetivo prejuízo patrimonial da vítima. A eventual perda patrimonial do sujeito passivo deve ser levada em consideração na primeira fase de aplicação da pena.

A tentativa é possível, como na hipótese citada por Ricardo Andreucci, em que "induzido o idoso, não chega ele, por circunstâncias alheias à vontade do agente, a outorgar procuração"[53].

AÇÃO PENAL

A ação penal é pública incondicionada (art. 95, Estatuto do Idoso). Diante da pena abstrata prevista para o tipo penal – reclusão de 2 (dois) a 4 (quatro) anos – não é considerado crime de menor potencial ofensivo. Porém, se a pena for aplicada no mínimo legal, é possível a suspensão condicional do processo (art. 89, Lei nº 9.099/95).

COAÇÃO DO IDOSO

Art. 107. Coagir, de qualquer modo, o idoso a doar, contratar, testar ou outorgar procuração:

Pena – reclusão de 2 (dois) a 5 (cinco) anos.

BEM JURÍDICO TUTELADO

A norma penal protege a liberdade individual do idoso e, secundariamente, o seu patrimônio. Tutela-se a liberdade do idoso em fazer ou não fazer o que lhe aprouver. A liberdade individual protegida é a psíquica e a física.

Como bem menciona Cezar Roberto Bitencourt, a proteção desse bem jurídico, liberdade, ganhou assento constitucional, nos seguintes termos: "ninguém será obrigado a fazer ou deixar de fazer alguma coisa senão em virtude de lei" (art. 5, II, da CF). Assegura-se assim, ao indivíduo o direito de fazer tudo o que a lei não proibir, não podendo ser obrigado a fazer senão aquilo que a lei lhe impuser[54]".

SUJEITOS DO CRIME

O crime é **comum**, podendo ser cometido por **qualquer pessoa**, dispensando qualidade ou condição especial do agente.

No **polo passivo** temos como ofendido a pessoa idosa (art. 1º do Estatuto do Idoso).

53 ANDREUCCI, Ricardo Antônio. **Legislação Penal Especial Esquematizada.** São Paulo: Saraiva, 2016, p. 412.

54 BITENCOURT, Cezar Roberto. **Tratado de Direito Penal.** Parte Geral. Vol. 1. São Paulo: Saraiva, 2007, p. 269.

CONDUTAS

O tipo penal vem conferir proteção ao direito de liberdade do idoso, previsto no art. 10 do Estatuto, que é infringido com o emprego de coação contra a vítima com a finalidade de forçá-la a realizar um dos negócios jurídicos descritos no tipo penal.

A conduta típica consiste em *coagir*, que significa constranger, forçar, de qualquer modo, a pessoa idosa a doar, contratar, testar ou outorgar procuração.

A coação exercida pelo sujeito ativo tem como finalidade prática compelir a vítima a realizar um dos negócios jurídicos previsto no tipo penal. De fato, o agente atua com a finalidade de retirar o livre arbítrio da vítima no intuito de conseguir a doação de bens (móveis ou imóveis), a celebração de contrato, a elaboração de testamento, ou a outorga de procuração (pública ou particular).

A expressão "qualquer modo" contida na redação do tipo penal deixa claro que a coação pode ser física ou moral. A coação física *(vis absoluta)* é aquela praticada mediante o emprego de força física contra a vítima idosa, com o fim de obrigá-la a praticar um dos negócios jurídicos descritos no tipo penal. Exemplo: agredir a integridade física com O fim de forçá-la a assinar a doação de um bem.

Por sua vez, a coação moral (*vis compulsiva*) é aquela em que o agente pressiona a vontade da vítima, impondo determinada conduta, restringindo ou eliminando o poder de decisões.

Assim como na coação física, a coação moral pode ser exercida em desfavor da própria vítima idosa ou de terceira pessoa ligada a ela. Exemplo: o agente ameaça matar a neta da idosa, caso ela não venha a assinar o termo de doação de determinado bem.

Não é requisito para a adequação típica do delito que o beneficiário direto do negócio jurídico seja a mesma pessoa responsável pelo emprego da coação. Desse modo, a coação pode ser empregada por um agente e o beneficiário ser uma terceira pessoa.

PRIORIDADE NA CONFECÇÃO DO EXAME DE CORPO DE DELITO

A Lei nº 13.721/2018, no intuito de dar maior celeridade à elucidação de alguns crimes, acrescentou parágrafo único ao art. 158 do CPP[55]. O diploma normativo conferiu prioridade à realização do exame de corpo de delito, quando o crime envolva violência doméstica e familiar contra a mulher ou praticado mediante violência, tendo como vítimas criança, adolescente, idoso ou pessoa com deficiência. Nestes termos, nos casos em que a violência for exercida contra a pessoa do idoso, e deixar vestígios materiais, deverá ser dada prioridade à realização do exame de corpo de delito.

VOLUNTARIEDADE

O elemento subjetivo é o dolo, que é representado pela vontade e consciência de coagir a vítima a doar, contratar, testar ou outorgar procuração.

55 Art.158.Quando a infração deixar vestígios, será indispensável o exame de corpo de delito, direto ou indireto, não podendo supri-lo a confissão do acusado. *Parágrafo único. Dar-se-á prioridade à realização do exame de corpo de delito quando se tratar de crime que envolva: (Incluído dada pela Lei nº 13.721, de 2018). I - violência doméstica e familiar contra mulher; (Incluído dada pela Lei nº 13.721, de 2018) II - violência contra criança, adolescente, idoso ou pessoa com deficiência. (Incluído dada pela Lei nº 13.721, de 2018).*

Há previsão de elemento subjetivo específico, que é constituído pelo especial fim de agir, *in casu*, a vontade de administrar ou dispor dos bens da vítima idosa.

Não há forma culposa.

CONSUMAÇÃO E TENTATIVA

Entendemos que o crime de coação ao idoso consuma-se no momento do emprego da coação contra a vítima. Cuida-se de delito formal, portanto, não exigindo a efetivação do negócio jurídico para a consumação delitiva.

Ademais, como bem lembrado por Cezar Roberto Bitencourt, ao citar Aníbal Bruno, "a consumação é a fase última do atuar criminoso. É o momento em que o agente realiza em todos os seus termos o tipo legal da figura delituosa, e em que o bem jurídico penalmente protegido sofre a lesão efetiva ou a ameaça que se exprime no núcleo do tipo".[56]

No crime do art. 107 do Estatuto, o bem jurídico tutelado (liberdade individual) sofre a lesão com a prática da coação, portanto, neste momento estará consumado o delito. Em havendo a efetivação do negócio jurídico descrito no tipo penal, temos o exaurimento do crime, podendo ser levado em consideração quando da análise das circunstâncias judiciais para a fixação da pena-base.

Vale registrar, contudo, o posicionamento divergente de Ricardo Andreucci, segundo o qual "consuma-se o delito com a doação, celebração do contrato, testamento ou outorga de procuração pelo idoso, que age contra sua vontade, coagido pelo agente"[57].

Anote-se que, assim como o crime de induzimento de pessoa idosa a outorgar procuração (art. 106 do Estatuto), não é necessário o efetivo prejuízo patrimonial do idoso para a consumação do crime previsto no art. 107 do Estatuto.

Apesar de se tratar de um crime formal, o delito de coação ao idoso admite a tentativa quando for plurissubsistente, ou seja, a coação é praticada por mais de um ato.

AÇÃO PENAL

A ação penal é pública incondicionada (art. 95, Estatuto do Idoso). Diante da pena abstrata prevista para o tipo penal – reclusão de 2 (dois) a 5 (cinco) anos – não é considerado crime de menor potencial ofensivo. Porém, se a pena for aplicada no mínimo legal, é possível a suspensão condicional do processo (art. 89, Lei nº 9.099/95).

LAVRATURA DO ATO NOTARIAL SEM REPRESENTAÇÃO LEGAL DO IDOSO

Art. 108. Lavrar ato notarial que envolva pessoa idosa sem discernimento de seus atos, sem a devida representação legal:

Pena – reclusão de 2 (dois) a 4 (quatro) anos.

BEM JURÍDICO TUTELADO

De forma imediata, tutela o patrimônio do idoso – pessoas com idade igual ou superior a 60 (sessenta) anos – sem discernimento dos seus atos, uma vez que os atos notariais servem para a transmissão da administração ou alienação de bens.

56 BITENCOURT, Cezar Roberto. **Tratado de Direito Penal.** Parte Geral. Vol. 1. São Paulo: Saraiva, 2007, p. 428.

57 ANDREUCCI, Ricardo Antônio. **Legislação Penal Especial Esquematizada.** São Paulo: Saraiva, 2016, p. 410.

Secundariamente, protege-se a administração pública no que diz respeito à fé pública dos atos notariais. São dotados de fé pública os atos praticados pelo notário, tabelião e pelo oficial de registro[58], a quem é delegado o exercício da atividade notarial e de registro.

A fé pública é uma forma de declarar que um ato ou documento está em conformidade com os padrões legais, permitindo que as partes tenham segurança quanto a sua validade, até prova em contrário.

SUJEITOS DO CRIME

O **sujeito ativo** é o notário, tabelião e o oficial de registro a quem é delegada a atividade notarial e de registro, ou ainda o funcionário competente para a lavratura do ato notarial. Assim, trata-se de **crime próprio,** pois exige-se uma qualidade especial do sujeito ativo.

A lavratura de um ato notarial é de exclusiva atribuição de escrivães e seus serventuários. Entretanto, é possível, mediante o concurso de pessoas com o funcionário competente para lavrar o ato notarial, que terceira pessoa responda pelo crime do art. 108 do Estatuto.

O **sujeito passivo principal** é a pessoa idosa, sem discernimento. O Estado é o **sujeito passivo mediato.**

CONDUTAS

A conduta típica consiste em *lavrar* (fazer formalmente) ato notarial (ato jurídico formalizado pelo notário), que envolva pessoa idosa sem discernimento de seus atos, sem a devida representação legal. São exemplos de atos notariais a escritura pública; testamento público e a procuração pública.

A expressão "sem discernimento" constitui elemento normativo do tipo penal, posto a necessidade de se fazer valorar. Incumbe ao juiz aferir se a vítima possuía ou não reduzida capacidade de discernimento. Deve-se realizar a prova pericial para fins de verificar se o idoso tinha sua capacidade de discernimento reduzida. Importante lembrar que, nos termos do art. 182 do CPP[59], a decisão do magistrado não fica vinculada ao resultado da perícia.

Saliente-se que mesmo a falta de discernimento temporária é suficiente para a tipicidade da conduta, sendo que a retomada do discernimento não tem o condão de afastar o crime.

Diante da expressão "sem a devida representação legal" contida no tipo penal, é crível a necessidade de o idoso ser interditado com a nomeação de um curador. Logo, podemos concluir que a falta de anuência do curador constitui elementar do tipo. Oportuno salientar que é dever do notário a observância das prescrições legais ou normativas[60] e entre elas está a necessidade de representação ou assistência dos absoluta ou relativamente incapazes, conforme legislação civil.

VOLUNTARIEDADE

O elemento subjetivo é o dolo, inexistindo o elemento subjetivo específico. Não há previsão de forma culposa. Contudo, se a conduta do sujeito ativo é praticada a título de culpa, ele pode responder na via administrativa por infração ao art. 30, II, da Lei 8.935/94[61].

---

58 Notário, ou tabelião, e oficial de registro, ou registrador, são profissionais do direito, dotados de fé pública, a quem é delegado o exercício da atividade notarial e de registro (art. 3º da Lei nº 8.935/94).

59 Art. 182 do CPP: o juiz não ficará adstrito ao laudo, podendo aceitá-lo ou rejeitá-lo, no todo ou em parte.

60 Art. 31 da Lei 8.935/94: São infrações disciplinares que sujeitam os notários e os oficiais de registro às penalidades previstas nesta lei: I – a inobservância das prescrições legais ou normativas.

61 Art. 30. São deveres dos notários e dos oficiais de registro: (...) II – atender as partes com eficiência, urbanidade e presteza.

CONSUMAÇÃO E TENTATIVA

O crime se consuma com a lavratura do ato notarial. Cuida-se de delito formal, portanto, não se exige o resultado naturalístico, ou seja, não é necessário que ocorra efetivo prejuízo patrimonial à vítima.

Se a vítima experimentar prejuízo patrimonial, o juiz deverá levar esse fato em consideração no momento da fixação da pena. É possível a tentativa, quando, por exemplo, o agente inicia a lavratura do termo, mas por circunstâncias alheias à sua vontade, não consegue concluir o ato.

Como afirma Greice Patrícia Fuller, é admitida a tentativa "se o agente, iniciando a execução do delito, a interrompe por circunstâncias alheias a sua vontade, v.g., o escrivão, iniciando a lavratura de uma escritura de compra e venda de bem imóvel, vem a interrompê-la por ser surpreendido pela chegada de um representante ministerial no cartório"[62].

AÇÃO PENAL

A ação penal é pública incondicionada (art. 95, Estatuto do Idoso). Diante da pena abstrata prevista para o tipo penal – reclusão de 2 (dois) a 4 (quatro) anos –, não é considerado crime de menor potencial ofensivo. Porém, caso a pena seja fixada em seu patamar mínimo, é cabível a suspensão condicional do processo (art. 89, Lei nº 9.099/95).

TÍTULO VII

DISPOSIÇÕES FINAIS E TRANSITÓRIAS

IMPEDIMENTO OU EMBARAÇO A ATO DOS ÓRGÃOS FISCALIZADORES

Art. 109. Impedir ou embaraçar ato do representante do Ministério Público ou de qualquer outro agente fiscalizador:

Pena – reclusão de 6 (seis) meses a 1 (um) ano e multa.

BEM JURÍDICO TUTELADO

O crime do art. 109 do Estatuto tem como objeto jurídico a administração da Justiça, em especial a atuação do Ministério Público e de outros órgãos fiscalizadores dos direitos do idoso.

Em relação ao Ministério Público, importante notar que o legislador conferiu a obrigatoriedade de sua atuação na defesa dos direitos e interesses dos idosos previstos no Estatuto, mesmo quando não for parte, hipótese em que terá vista dos autos depois das partes, podendo juntar documentos, requerer diligências e produção de outras provas, usando os recursos cabíveis[63]. Reconhecendo a importância da atuação do órgão ministerial o legislador dispôs que a falta de intervenção do Ministério Público tem por consequência a nulidade do processo, a qual deve ser declarada pelo juiz ou a requerimento de qualquer interessado[64].

---

62 FULLER, Greice Patrícia. **Comentários ao Estatuto do Idoso.** São Paulo: Saraiva, 2016. p. 358.

63 Art. 75 do Estatuto: "Nos processos e procedimentos em que não for parte, atuará obrigatoriamente o Ministério Público na defesa dos direitos e interesses de que cuida esta Lei, hipóteses em que terá vista dos autos depois das partes, podendo juntar documentos, requerer diligências e produção de outras provas, usando os recursos cabíveis".

64 Art. 77 do Estatuto: A falta de intervenção do Ministério Público acarreta a nulidade do feito, que será declarada de ofício pelo juiz ou a requerimento de qualquer interessado.

SUJEITOS DO CRIME

O crime é **comum**, podendo ter como **sujeito ativo** qualquer pessoa, dispensando qualidade ou condição especial do agente.

No **polo passivo** temos como ofendido a pessoa idosa (art. 1º do Estatuto do Idoso). Secundariamente, o Estado, pois tem interesse na fiscalização dos direitos da pessoa idosa, previstos no Estatuto.

O Ministério Público não pode figurar no polo passivo, haja vista que o órgão não atua em nome próprio, mas sim na defesa dos direitos dos idosos elencados no Estatuto do Idoso. Contudo, sobreleva notar que há posição no sentido de que o Ministério Público seria sujeito passivo, posto ser o responsável pela recusa, retardamento ou omissão no fornecimento. Nesse sentido é a posição de Wendell Beetoven Ribeiro Agra: "Secundariamente, sofrem as consequências do crime o representante do Ministério Público ou o agente fiscal que são tolhidos no exercício da atividade funcional.[65]"

CONDUTAS

A conduta típica consiste em impedir (não permitir a realização do ato, interromper) ou embaraçar (criar dificuldades não existente para a realização do ato, atrapalhar) ato do representante do Ministério Público ou de qualquer outro agente fiscalizador.

O Estatuto do Idoso estabelece, em seu art. 52, que as entidades de atendimentos aos idosos serão fiscalizadas pelos órgãos de fiscalização, entre eles os Conselhos do idoso, Vigilância Sanitária e o Ministério Público[66]. Dessa forma, conclui-se que agente fiscalizador é o agente pertencente a um dos órgãos de fiscalização dos direitos dos idosos.

O ato de fiscalização é aquele exercido no intuito de se verificar a condição de idoso em seu ambiente familiar ou em entidade de acolhimento, além de eventual irregularidade na atuação destas últimas.

O delito em tela cuida-se de **tipo misto alternativo.** Assim, a prática de mais de uma conduta descrita no tipo pelo sujeito ativo, desde que praticadas no mesmo contexto fático, importa na responsabilização por um único crime. Portanto, se o agente, além de dificultar a fiscalização, a obstrui, responde por crime único.

No crime em comento, o objeto material é o ato do representante do Ministério Público ou de qualquer outro agente fiscalizador, que foi impedido ou embaraçado. O ato a ser praticado deve ter como propósito a fiscalização das entidades de atendimento dos idosos.

VOLUNTARIEDADE

Quanto à voluntariedade, exige-se o dolo. Entende-se que o tipo penal possui elemento subjetivo específico consistente na vontade de não permitir a realização do ato fiscalizatório ou criar dificuldades não existentes para a sua realização.

Não se admite a forma culposa.

---

65 AGRA, Wendell Beetoven Ribeiro. **Estatuto do Idoso Comentado**. Campinas: Servanda Editora, 2012, p. 673.

66 Art. 52. As entidades governamentais e não-governamentais de atendimento ao idoso serão fiscalizadas pelos Conselhos do Idoso, Ministério Público, Vigilância Sanitária e outros previstos em lei.

CONSUMAÇÃO E TENTATIVA

Na conduta *impedir*, a consumação se dá no momento em que o ato fiscalizatório é obstado, impedido de ser praticado. Por sua vez, quanto à conduta de *embaraçar*, o crime se consuma com a criação de dificuldades para o cometimento do ato fiscalizador. Trata-se de crime formal, assim não se exige o resultado naturalístico.

A tentativa é possível, mas de difícil ocorrência, pois se a conduta do agente for insuficiente para impedir a atuação do agente fiscalizador, ainda assim pode caracterizar o crime na modalidade **embaraçar**.

AÇÃO PENAL

A ação penal é pública incondicionada (art. 95, Estatuto do Idoso). Diante da pena abstrata prevista para o tipo penal – reclusão de 6 (seis) meses a 1 (um) ano e multa – verifica-se que cuida de crime de menor potencial ofensivo, podendo se aplicar a transação penal e a suspensão condicional do processo.

CAPÍTULO 30

Desarmamento – Lei 10.826/2003

Ricardo Silvares

INTRODUÇÃO

O controle sobre a propriedade e posse de armas de fogo é alvo de atenção e discussões no mundo todo, sendo assunto normalmente acompanhado de muita polêmica. Em alguns países, o direito a ter armas chega a ser tratado em nível constitucional, como ocorre nos Estados Unidos da América[1].

No Brasil, não encontramos o mesmo tratamento, o que não significa ausência de debates intensos. Ao contrário, a discussão sobre as armas de fogo ganhou as ruas em razão da promulgação da Lei nº 10.826 e da previsão de um referendo popular a respeito da comercialização de armamento. E, no Congresso Nacional, não faltam projetos alterando a legislação vigente, inclusive para relaxar as exigências para autorização de porte.

A discussão era e continua sendo necessária.

Estudo divulgado pela Secretaria de Estado dos Negócios da Segurança Pública do Estado de São Paulo[2] revela que, no ano de 2001, na cidade de São Paulo, os homicídios foram responsáveis por 62,4% do total de mortes por causas externas, a esmagadora maioria com utilização de armas de fogo (66,5%, se considerados os dados constantes das declarações de óbito; 88,6%, se levados em conta os laudos dos exames necroscópicos). A média de projéteis encontrados nos cadáveres foi de 6,9. Tais dados deveriam assustar. Para comparação, nos Estados Unidos da América, as armas de fogo foram utilizadas em 64,7% dos homicídios no ano de 2000; em Cali, na Colômbia, entre os anos de 1993 e 1998, houve a utilização em 79,3% dos assassinatos, chegando a um pico de 84%. Note-se: ainda menor que o percentual da capital paulista.

O mesmo estudo aponta os jovens como as principais vítimas. Para se ter uma ideia, enquanto na cidade americana de Los Angeles o coeficiente de mortes por homicídio em 1996 foi de 164,2/100.000, considerados apenas os homens do grupo afro-americano com idade entre 15 a 34 anos – 14/100.000, se considerada a população em geral –, na cidade de São Paulo, em

---

1 Nesse ponto, de interesse os debates travados a respeito da segunda emenda à Constituição americana, incluindo uma interpretação menos literal da palavra *arms*. Cf. AMAR, Akhil Reed. *The Bill of Rights*. Yale University, 1998, p. 49/50.

2 KAHN, Túlio (coord.). *Estudos Criminológicos 1*, Coordenadoria de Análise e Planejamento, julho de 2004. Disponível em: www.ssp.sp.gov.br/estatisticas/downloads/manual_estudos_criminologicos_1.pdf. Acesso em: 15/02/2009.

2001, considerados apenas os indivíduos do sexo masculino da mesma faixa etária, o coeficiente foi muito maior: 222,7/100.000.

As estatísticas mostram que no Brasil, no ano de 2003, houve 39.325 mortes decorrentes de ferimentos por arma de fogo, sendo 283 acidentais, 1.330 por suicídio, 1.597 em circunstâncias indeterminadas e 36.115 em decorrência de homicídio.[3]

Segundo o mesmo estudo sobre tais estatísticas, estimava-se que, no ano de 2005, havia no país cerca de 15,2 milhões de armas de fogo em mãos privadas, sendo apenas 6,8 milhões registradas e, dentre as 8,5 milhões daquelas não registradas, 3,8 milhões estariam nas mãos de criminosos.

Ao menos no campo penal, o legislador brasileiro muito demorou para tratar o problema de modo mais adequado e reconhecer que as armas de fogo representam ameaça real à segurança da sociedade, em vista de sua larga utilização em crimes contra a pessoa e também contra o patrimônio.

Com efeito, o Código Criminal do Império previa o delito de utilização de armas ofensivas, dentre aquelas proibidas, cominando penas de prisão por quinze a sessenta dias, e "multa correspondente à metade do tempo além da perda das armas" (art. 297). Naquela época, incumbia às câmaras municipais a elaboração da relação das armas ofensivas que os juízes de paz ou as próprias câmaras poderiam permitir o uso, bem como da relação daquelas cujo porte, sem licença, seria lícito em certos trabalhos.[4]

Já o Código Penal de 1890 previu duas condutas relacionadas a armas de modo geral, sendo ambas meras contravenções penais: o estabelecimento de fábrica de armas, sem licença do governo (art. 376), e o uso de armas ofensivas sem licença da autoridade policial (art. 377), já determinando, portanto, a quem cabia a expedição das licenças para o porte. No último caso, a pena prevista era a de prisão celular por quinze a sessenta dias.[5] O quadro permaneceu inalterado com o advento da "Consolidação das Leis Penais", por meio do Decreto nº 22.213/1932.

O Código Penal de 1940, ainda em vigor até nossos dias, não tratou do assunto, mas o Decreto-lei nº 3.688, de 3 de outubro de 1941 (Lei das Contravenções Penais), acabou por prever algumas condutas típicas relacionadas às armas em geral. Note-se que não havia qualquer distinção, para fins penais, entre armas de fogo e outras espécies de armamento.

Na Lei de Contravenções, tratou o legislador do comércio de armas no art. 18: "Fabricar, importar, exportar, ter em depósito ou vender, sem permissão da autoridade, arma ou munição". Previu pena de prisão simples, de 3 meses a 1 ano, ou multa, ou ambas cumulativamente, "se o fato não constitui crime contra a ordem política ou social". No *caput* do art. 19, cuidou de tipificar o porte ilegal: "Trazer consigo arma fora de casa ou de dependência desta, sem licença da autoridade". A pena: prisão simples, de 15 dias a 6 meses, ou multa, ou ambas cumulativamente. No § 2º foram previstas outras três condutas, quais sejam, a daquele que, possuindo arma ou munição: a) deixa de fazer comunicação ou entrega à autoridade, quando a lei o determine; b) permite que alienado ou menor de 18 anos a maneje; c-) permite que pessoa inexperiente no manejo da arma a tenha consigo. O Decreto-lei ainda puniu o disparo de arma.

3 WAISELFISZ, Julio Jacobo. *Mapa da violência 2016: homicídios por armas de fogo no Brasil*. Disponível em www.Mapadaviolencia.org.br. Acesso em 13/05/2017.

4 PIERANGELI, José Henrique. *Códigos Penais do Brasil: evolução histórica*. 1ª ed. Bauru: Jalovi, 1980, p. 262.

5 Idem, p. 314.

Considerando-se apenas as armas de fogo, é inegável que o art. 19, *caput*, tratava o assunto com muita timidez, já que punia apenas o porte não autorizado fora da casa ou de dependência desta. Se mantida dentro da residência e desde que não se tratasse de arma de uso exclusivo das Forças Armadas, não estaria configurada a contravenção, ainda que inexistente a licença da autoridade policial.[6]

Não bastasse, com o advento da Lei nº 9.099/1995, as contravenções passaram a ser tratadas como infrações de menor potencial ofensivo, incluindo todas as relacionadas às armas de fogo.

Em 1997, com a promulgação da Lei nº 9.437, de 20 de fevereiro, o tratamento dado à matéria foi outro. Finalmente, os ilícitos relacionados às armas de fogo foram tratados como crimes.

Por óbvio, a mudança não trouxe a solução para a violência crescente e nem era esperado que tal ocorresse, a não ser, é claro, por aqueles que acreditavam – e acreditam – em mudanças legislativas como remédio para todos os males. Como lembra Damásio E. de Jesus, em nota introdutória à sua própria obra sobre o tema: "Repetidas vezes, tanto no Brasil como em reuniões de organismos internacionais, temos tecido críticas à tendência moderna de a legislação penal interferir excessivamente em matérias que, de per si, não seriam objeto de lei penal, na ingênua ilusão de que, à força de promulgar normas coercitivas, o Estado pode corrigir erros muito disseminados na sociedade, produzidos por causas de natureza bem diversa".[7]

A preocupação do ilustre penalista não é nova. Como já observaram Luiz Flávio Gomes e Alice Bianchini: "A preocupação com a mínima intervenção, como se nota, não teve, e atualmente tem menos, a aplicabilidade pretendida, sendo que já em 1819, Carl Joseph Anton Mittermaier considerava um grande problema o excesso de leis que versavam sobre Direito penal, produto da concepção equivocada de que desta forma chegariam a bom termo os conflitos vinculados à criminalidade".[8]

Não obstante, a alteração legal veio atender às recomendações da Organização das Nações Unidas, surgidas depois dos debates realizados no 9º Congresso das Nações Unidas sobre Prevenção do Crime e Tratamento do Delinquente, no Egito, no ano de 1995, sobretudo à recomendação feita, no ano seguinte, quando do 5º Período de Sessões da Comissão de Prevenção do Delito e Justiça Penal, em Viena, de que os Estados-membros deveriam tornar mais rígidos os controles sobre a aquisição, posse e porte de armas.[9]

Na verdade, a lei de 1997 fez muito mais do que simplesmente criminalizar as condutas antes contravencionais ou criar novos tipos, pois procurou regular toda a matéria relacionada às armas de fogo – não mais as equiparando às demais espécies de armas –, inclusive sob o aspecto administrativo.

6 Cf. SZNICK, Valdir. *Contravenções Penais*. São Paulo: Livraria e Editora Universitária de Direito, 1987, p. 142: "Dois elementos se conjugam à conduta – portar, trazer consigo – que a torna atípica e portando justificada. São: fora de casa, ou seja, só existe o porte quando essa conduta se verifica fora da casa do agente. E, o segundo, licença da autoridade".

7 JESUS, Damásio E. *Direito Penal do Desarmamento: anotações à parte criminal da Lei nº 10.826, de 22 de dezembro de 2003 (Estatuto do Desarmamento)*. 6ª ed., São Paulo: Saraiva, 2007, p. XII.

8 GOMES, Luis Flávio; MOLINA, Antônio García-Pablos; BIANCHINI, Alice. *Direito Penal, volume 1: Introdução e princípios fundamentais*. São Paulo: Editora Revista dos Tribunais, 2007, p. 280/281.

9 JESUS, Damásio E., *op. cit.*, p. 1.

De fato, a citada lei instituiu o Sistema Nacional de Armas (SINARM), no Ministério da Justiça, especificamente no âmbito da Polícia Federal, tendo como principais funções: cadastrar as armas de fogo produzidas, importadas e vendidas no País; cadastrar as transferências de titularidade das armas e também o extravio de modo geral; cadastrar as apreensões de armas de fogo, incluindo aquelas vinculadas a procedimentos policiais e judiciais. As armas de fogo das Forças Armadas e auxiliares – polícias militares – ficaram de fora do SINARM, mantendo-se um registro próprio sob controle de tais forças (Arts. 1º e 2º).

A mesma lei de 1997 trouxe a obrigatoriedade do registro das armas de fogo, salvo as consideradas obsoletas[10] (art. 3º). Incluiu as armas de uso restrito ou proibido, cujos proprietários deveriam cadastrar-se no Exército como atiradores, colecionadores ou caçadores (parágrafo único). O certificado de registro permitia ao proprietário manter a arma no interior de sua residência ou dependências dela, ou ainda em seu local de trabalho, desde que fosse o titular ou responsável legal do estabelecimento ou empresa (art. 4º). A lei ainda previu uma "anistia", possibilitando que as armas sem registro fossem regularizadas dentro do prazo de seis meses (prorrogável por igual período), contado a partir da sua promulgação, com a dispensa de comprovação de origem, pois presumia a boa-fé quando alguém buscava a regularização (art. 5º). O registro da arma passou a ser federal, com validade em todo o território nacional, não obstante continuasse a ser requerido, normalmente, às autoridades policiais dos Estados.

Já o porte passou a ser ou federal ou estadual, nesse último caso, com eficácia apenas na unidade da federação de residência do titular.

Quanto aos crimes, a lei previu, num único artigo[11], todas as condutas típicas. Basicamente, a lei tratou das armas de fogo de *uso permitido* no *caput* do art. 10 – trazendo, finalmente,

---

10 O revogado Decreto nº 2.222/1997, que regulamentou a referida lei, dispunha, em seu art. 3º, § 1º, que as armas obsoletas eram aquelas fabricadas há mais de cem anos, sem condições de funcionamento eficaz e cuja munição não era mais de produção comercial. Já o art. 3º, inciso XXI, do Decreto nº 3.665/2000 (Regulamento para a Fiscalização de Produtos Controlados – R-105), hoje revogado pelo Decreto nº 9.493, de 5 de setembro de 2018, definia arma de fogo obsoleta como aquela "que não se presta mais ao uso normal, devido a sua munição e elementos de munição não serem mais fabricados, ou por ser ela própria de fabricação muito antiga ou de modelo muito antigo e fora de uso". O decreto revogador não trouxe definição alguma a respeito.

11 Art. 10. Possuir, deter, portar, fabricar, adquirir, vender, alugar, expor à venda ou fornecer, receber, ter em depósito, transportar, ceder, ainda que gratuitamente, emprestar, remeter, empregar, manter sob guarda e ocultar arma de fogo, de uso permitido, sem a autorização e em desacordo com determinação legal ou regulamentar.

Pena – detenção de um a dois anos e multa.

§ 1º Nas mesmas penas incorre quem:

I – omitir as cautelas necessárias para impedir que menor de dezoito anos ou deficiente mental se apodere de arma de fogo que esteja sob sua posse ou que seja de sua propriedade, exceto para a prática do desporto quando o menor estiver acompanhado do responsável ou instrutor;

II – utilizar arma de brinquedo, simulacro de arma capaz de atemorizar outrem, para o fim de cometer crimes;

III – disparar arma de fogo ou acionar munição em lugar habitado ou em suas adjacências, em via pública ou em direção a ela, desde que o fato não constitua crime mais grave.

§ 2º A pena é de reclusão de dois anos a quatro anos e multa, na hipótese deste artigo, sem prejuízo da pena por eventual crime de contrabando ou descaminho, se a arma de fogo ou acessórios forem de uso proibido ou restrito.

§ 3º Nas mesmas penas do parágrafo anterior incorre quem:

I – suprimir ou alterar marca, numeração ou qualquer sinal de identificação de arma de fogo ou artefato;

uma distinção entre espécies de armas – enquanto que as armas de *uso proibido* foram objeto do § 2º, com penas maiores. O § 1º trouxe um crime culposo no inciso I; cuidou da utilização de simulacros de armas (ou "armas de brinquedo", que, obviamente, não são armas) no inciso II; e deixou ao inciso III o trato do disparo de arma de fogo, sempre mantendo as mesmas penas do *caput*. Com as mesmas penas do § 2º, o § 3º cuidou da alteração ou supressão dos sinais identificadores da arma de fogo (inciso I); da modificação de suas características (inciso II); dos artefatos explosivos ou incendiários (inciso III); e ainda trouxe a estranha tipificação de uma certa espécie de "reincidência", o que muitos entenderam como uma qualificadora (inciso IV). O § 4º previu uma causa de aumento de pena no caso de ser o agente "servidor público".

Não foram poucas as críticas que a lei recebeu da doutrina.[12]

Depois de menos de uma década de vigência, a Lei nº 9.437 foi revogada com a aprovação do Projeto de Lei nº 1.555/2003, primeiro na Câmara dos Deputados, em 23 de outubro de 2003, e, depois, no Senado, em 09 de dezembro do mesmo ano. Com a sanção presidencial e posterior promulgação, surgiu a Lei nº 10.826, de 22 de dezembro de 2003, o denominado "Estatuto do Desarmamento", que trouxe importantes modificações à lei anterior, tendo como uma de suas marcas a de tornar extremamente difícil a autorização para aquisição das armas e a obtenção de autorização para o porte, ao menos para os cidadãos que não fazem parte das instituições de algum modo relacionados à segurança pública.

Na verdade, parece-nos que o escopo inicial da lei era o de banir o comércio de armas de fogo no Brasil – salvo exceções – tanto assim que o art. 35 previu expressamente a proibição: "É proibida a comercialização de arma de fogo e munição em todo o território nacional, salvo para as entidades previstas no art. 6º desta Lei". Ocorre que referido dispositivo nunca entrou em vigor, pois permaneceu pendente uma condição suspensiva,[13] prevista em seu § 1º: "Este dispositivo, para entrar em vigor, dependerá de aprovação mediante referendo popular, a ser realizado em outubro de 2005". Houve, então, a consulta popular, que rechaçou a referida proibição.

Mesmo antes do referendo, o Poder Executivo Federal, através da Portaria Interministerial 388, de 04 de fevereiro de 2004, criou uma comissão para elaboração de proposta para o decreto que deveria regulamentar a nova lei. A proposta foi elaborada e esteve sujeita à consulta

---

II – modificar as características da arma de fogo, de forma a torná-la equivalente a arma de fogo de uso proibido ou restrito;

III – possuir, deter, fabricar ou empregar artefato explosivo e/ou incendiário sem autorização;

IV – possuir condenação anterior por crime contra a pessoa, contra o patrimônio e por tráfico ilícito de entorpecentes e drogas afins.

§ 4º A pena é aumentada da metade se o crime é praticado por servidor público.

12 Por todos, GOMES, Luiz Flávio; OLIVEIRA, William Terra de. *Lei das Armas de Fogo*. São Paulo: Revista dos Tribunais, 1998, p. 60/61.: "Essas críticas são procedentes, pois as consequências da concentração de várias tipificações em um mesmo artigo são bastante sérias, já que proporcionam, como veremos, dificuldades significativas ao intérprete, quando este busca diferenciar, por exemplo, crimes autônomos de causas de aumento de pena. Observamos que o legislador utiliza de maneira indiscriminada parágrafos e incisos, misturando conceitos e não revelando uma preocupação técnica em oferecer um desenho legislativo ajustado ao resto do sistema penal nem, tampouco, ao conjunto da própria lei, esquecendo-se de que isso poderá influir na maneira como os tipos serão interpretados (...) Estruturalmente encontramos um desenho legislativo relativamente confuso, que destaca condutas e temas dentro de um mesmo dispositivo".

13 CAPEZ, Fernando. *Estatuto do desarmamento: comentários à Lei nº 10.826, de 22-12-2003*. 4ª ed. São Paulo: Saraiva, 2006, p. 195.

popular até 27 de abril do mesmo ano. O resultado foi a edição do Decreto nº 5.123, de 1º de julho de 2004.[14]

Passada a primeira década desde a promulgação do Estatuto, é certo que os índices de criminalidade vêm diminuindo em alguns Estados da Federação, incluindo as taxas de homicídio. Porém, é difícil afirmar que tal diminuição seja resultado da nova legislação em vigor, pois ainda não existem estudos conclusivos a respeito. Ademais, não acreditamos que a nova lei tenha afetado as atividades de certos ramos da criminalidade, sobretudo da chamada criminalidade organizada.

Apenas para efeito de registro, tomando-se os números de todos os Estados da Federação e o Distrito Federal, temos números ainda inaceitáveis em termos do que representam em perda de vidas humanas. Veja-se a tabela abaixo, referente ao total de mortes que resultam de ferimentos por arma de fogo:[15]

ANO	ACIDENTE	SUICÍDIO	INDETERMINADO	HOMICÍDIO
1980	386	660	1.560	6.104
1990	658	989	2.379	16.588
2003	283	1.330	1.597	36.115
2013	326	956	1.242	40.369

Não obstante, cremos ser perfeitamente possível que a Lei 10.826 tenha contribuído para a diminuição dos homicídios, considerando-se que parte destes delitos ocorre entre pessoas conhecidas, resultante de meros desentendimentos e não muito frequentemente sob efeito de álcool[16]. Além disso, a tabela acima mostra clara desaceleração no ritmo do crescimento das mortes a partir de 2003. Por isso, se a vigência do Estatuto – aliada às campanhas governamentais e de entidades não-governamentais pelo desarmamento – realmente trouxe alguma diminuição de armas nas ruas e mesmo nas residências, tal fato muito provavelmente teve seus reflexos nos crimes contra a vida.

Fiquemos, porém, com as argutas advertências de Damásio: "Não nos devemos iludir com o milagre da lei solitária. Ela é o instrumento de que se vale o Estado para impor as suas determinações. Isolada, porém, não produz a eficácia desejada. Nesse campo, não adianta ter boas ideias, nem boas leis. É preciso concretizá-las, executá-las com seriedade, eficácia e responsabilidade, em conjunto com o auxílio de outros meios, como investimento em educação, saúde, oportunidade de trabalho etc. E mais: o desarmamento popular só pode ser imposto quando se tem uma polícia apta a garantir a segurança social. Ao lado do 'Estatuto do Desarmamento' deveria existir o 'Estatuto da Polícia', concedendo-lhe instrumentos reais e capazes de concretizar a sua missão de prevenir a criminalidade".[17]

14 BUENO, Luciano. *Controle de armas: um estudo comparativo de políticas públicas entre Grã-Bretanha, EUA, Canadá, Austrália e Brasil*. São Paulo: IBCRIM, 2004, p. 221/222.

15 WAISELFISZ, Julio Jacobo, op. cit.

16 KAHN, Túlio (coord.). *O papel dos municípios na segurança pública -, estudos criminológicos 4*, Coordenadoria de Análise e Planejamento, julho de 2005 Disponível em: www.ssp.sp.gov.br/estatisticas/downloads/manual_estudos_criminologicos_4.pdf. Acesso em 15/02/2009.

17 Op. cit., p. 5.

ASPECTOS GERAIS DO ESTATUTO DO DESARMAMENTO

O Estatuto do Desarmamento encontra-se dividido em seis capítulos: I – Do Sistema Nacional de Armas (SINARM); II – Do Registro; III – Do Porte; IV – Dos Crimes e Das Penas; V – Disposições Gerais; e VI – Disposições Finais. Contém, ainda, um Anexo, com tabela de taxas para registro das armas, renovação do certificado de registro etc.

O Estatuto já sofreu sucessivas modificações, que foram trazidas pelas Leis nº 10.867/2004, 10.884/2004, 11.118/2005, 11.501/2007, 11.706/2008, 12.694/2012, 12.993/2014 e 13.500/2017, e também pelas Medidas Provisórias nº 157 (2003), 253 (2005), 379, 390, 394 (2007) e 417 (2008). Com reflexos sobre o Estatuto, também a Lei 11.191/2005. Note-se, ainda, que o Estatuto já foi alvo de ações diretas de inconstitucionalidade (ADIns 3.112, 5.538 e 5.948).

Muito importante: o Estatuto do Desarmamento foi regulamentado pelo Decreto 5.123, de 1º de julho de 2004. Também é de interesse para o estudo da matéria o Decreto 9.493, de 5 de setembro de 2018, que constitui o Regulamento para a Fiscalização de Produtos Controlados, que revogou o Decreto nº 3.665/2000, também conhecido como R-105. O primeiro deles vem sendo constantemente modificado desde sua edição, o que demanda muita atenção e atualização do intérprete da Lei 10.826 (exemplo recente de modificação: Decreto 9.685, de 15 de janeiro de 2019.

Cadastro das armas no Sistema Nacional de Armas (SINARM) e no Sistema de Gerenciamento Militar de Armas (SIGMA)

O Estatuto do Desarmamento manteve o SINARM – instituído no Ministério da Justiça, especificamente no âmbito da Polícia Federal – e ainda ampliou sua abrangência. Ao mesmo tempo, o art. 2º do Decreto nº 5.123/2004 previu o Sistema de Gerenciamento Militar de Armas (SIGMA), instituído no Ministério da Defesa, no âmbito do Comando do Exército. Há, assim, dois sistemas diferentes para registro de armas de fogo.

Compete ao SINARM: (i) identificar as características e a propriedade de armas de fogo, mediante cadastro; (ii) cadastrar as armas de fogo produzidas, importadas e vendidas no País; (iii) cadastrar as autorizações de porte de arma de fogo e as renovações expedidas pela Polícia Federal; (iv) cadastrar as transferências de propriedade, extravio, furto, roubo e outras ocorrências suscetíveis de alterar os dados cadastrais, inclusive as decorrentes de fechamento de empresas de segurança privada e de transporte de valores; (v) identificar as modificações que alterem as características ou o funcionamento de arma de fogo; (vi) integrar no cadastro os acervos policiais já existentes; (vii) cadastrar as apreensões de armas de fogo, inclusive as vinculadas a procedimentos policiais e judiciais; (viii) cadastrar os armeiros em atividade no País, bem como conceder licença para exercer a atividade; (ix) cadastrar mediante registro os produtores, atacadistas, varejistas, exportadores e importadores autorizados de armas de fogo, acessórios e munições; (x) cadastrar a identificação do cano da arma, as características das impressões de raiamento e de microestriamento de projétil disparado, conforme marcação e testes obrigatoriamente realizados pelo fabricante; (xi) informar às Secretarias de Segurança Pública dos Estados e do Distrito Federal os registros e autorizações de porte de armas de fogo nos respectivos territórios, bem como manter o cadastro atualizado para consulta.

São cadastradas no SINARM: (a) as armas de fogo institucionais, constantes de registros próprios: (a.1) da Polícia Federal; (a.2) da Polícia Rodoviária Federal; (a.3) das Polícias Civis; (a.4) dos órgãos policiais da Câmara dos Deputados e do Senado Federal, referidos nos arts. 51,

IV, e 52, XIII, da CF; (a.5) dos integrantes do quadro efetivo dos agentes e guardas prisionais, dos integrantes das escoltas de presos e das Guardas Portuárias; (a.6) das Guardas Municipais; e (a.7) dos órgãos públicos não mencionados nas alíneas anteriores, cujos servidores tenham autorização legal para portar arma de fogo em serviço, em razão das atividades que desempenhem, nos termos do *caput* do art. 6º do Estatuto (vide, abaixo, quais são tais servidores, quando trataremos dos crimes de porte ilegal de arma de fogo).

Ao SIGMA compete manter cadastro geral, permanente e integrado das armas de fogo importadas, produzidas e vendidas no país, de sua competência, e das armas de fogo que constem dos registros próprios.[18] Cabe ao SIGMA cadastrar: (a) as armas de fogo institucionais, de porte e portáteis, constantes de registros próprios: (a.1) das Forças Armadas; (a.2) das Polícias Militares e Corpos de Bombeiros Militares; (a.3) da Agência Brasileira de Inteligência; e (a.4) do Gabinete de Segurança Institucional da Presidência da República; (b) as armas de fogo dos integrantes das Forças Armadas, da Agência Brasileira de Inteligência e do Gabinete de Segurança Institucional da Presidência da República, constantes de registros próprios; (c) as informações relativas às exportações de armas de fogo, munições e demais produtos controlados, devendo o Comando do Exército manter sua atualização; (d) as armas de fogo importadas ou adquiridas no país para fins de testes e avaliação técnica; (e) as armas de fogo obsoletas[19]; (f) as armas de fogo de colecionadores, atiradores e caçadores; (g) as armas das representações diplomáticas.

Não se deve confundir *cadastro* e *registro*. Como vimos acima, as armas deverão ser cadastradas, conforme o caso, no SINARM ou no SIGMA, mas, como veremos mais adiante, deverão ser registradas, de acordo com sua natureza, na Polícia Federal ou no Comando do Exército.

Houve ampliação do rol de competências do SINARM em relação à lei anterior, que importou no aumento de maior controle das armas de fogo por parte do Poder Público, através de um cadastro único.[20]

---

18 Entende-se por registros próprios, para os fins do Decreto 5.123/2004, os feitos pelas instituições, órgãos e corporações em documentos oficiais de caráter permanente.

19 Segundo o art. 3º, inciso XXI, do Decreto nº 3.665/2000 (R-105), hoje revogado, arma obsoleta é aquela que "não se presta mais ao uso normal, devido a sua munição e elementos de munição não serem mais fabricados, ou por ser ela própria de fabricação muito antiga ou de modelo muito antigo e fora de uso". O Decreto 9.493/2018 silenciou a respeito de tal denominação. É urgente um acréscimo ao novo decreto, para acrescentar tal definição. Enquanto não há, podemos considerar a definição acima – já não mais com caráter normativo, mas doutrinário – perfeitamente aplicável.

20 No entanto, permitimo-nos fazer uma advertência, pois entendemos que há uma previsão de cadastramento de eficácia muito duvidosa e que poderá trazer complicações futuras. Trata-se do estipulado no inciso X, do art. 2º, acima transcrito, que determina o cadastramento das impressões de raiamento e de microestriamento de projétil disparado (conforme marcação e testes que deverão ser feitos pelo fabricante). Como se sabe, as armas podem possuir raiamentos e estriamentos nos canos, que têm funções técnicas bastante específicas (p. ex., produzir uma rotação no projétil e aumentar, assim, a precisão), mas que geraram um subproduto muito importante para certas investigações criminais: o projétil disparado pode ficar marcado por tais impressões, tornando possível o exame de comparação balística. Os peritos comparam o projétil encontrado no corpo da vítima ou na cena do crime com aquele disparado da arma objeto de investigação pelos próprios *experts*, em ambiente controlado. A pesquisa é normalmente feita com uso de microscópios especiais e o que se compara, especificamente, são as coincidências nas impressões deixadas nos respectivos projéteis: se coincidentes, pode-se afirmar que tal arma foi utilizada naquela cena de crime específica. Pois bem. Ocorre que as características das impressões podem ser alteradas com o tempo, conforme a arma é utilizada. Tal ocorre naturalmente em função do desgaste provocado por cada disparo. Assim, cumprindo-se o disposto na lei, poderemos enfrentar problemas. Suponhamos que seja retirado do corpo de uma vítima de homicídio um projétil; que a polícia chegue a um suspeito, que foi efetivamente o

Há mais uma camada de fiscalização. O Decreto 9.493/2018 instituiu o SisFPC, Sistema de Fiscalização de Produtos Controlados, com a finalidade de promover a regulamentação, a autorização e a fiscalização de atividades referentes aos PCEs, Produtos Controlados pelo Comando do Exército. Estes são aqueles que: a) apresentam poder destrutivo ou propriedade que possa causar danos às pessoas ou ao patrimônio ou indicação de necessidade de restrição de uso por motivo de incolumidade pública; ou b) sejam de interesse militar. A regulamentação, a autorização e a fiscalização do exercício das atividades de fabricação, comércio, importação, exportação, utilização, prestação de serviços, colecionamento, tiro desportivo e caça relacionados com PCE cabem ao Comando do Exército. Não obstante, fazem parte do SisFPC, na condição de auxiliares da fiscalização de PCE: (i) os órgãos de segurança pública; (b) os órgãos da administração pública federal aos quais compete a supervisão de atividades relacionadas com o comércio exterior; (c) a Secretaria da Receita Federal do Brasil do Ministério da Fazenda; (d) o Instituto Nacional de Metrologia, Qualidade e Tecnologia (Inmetro); (e) a Empresa Brasileira de Correios e Telégrafos (ECT); (f) as entidades de tiro desportivo.

ASPECTOS GERAIS DOS TIPOS PENAIS DO ESTATUTO DO DESARMAMENTO

O Estatuto do Desarmamento apresentou-se, de modo geral, muito melhor sistematizado do que a lei que o antecedeu, o que se revela também no capítulo destinado à tipificação dos delitos.

Com efeito, ao contrário da lei anterior, não foram os crimes previstos em um único artigo, mas em sete (arts. 12 a 18).

Assim, no art. 12 prevê-se a posse irregular de arma de fogo de uso permitido; a omissão de cautela no art. 13, mais amplo, pois incluiu os responsáveis por empresas de segurança e transporte de valores; no art. 14, o porte ilegal de arma de fogo de uso permitido; no art. 15, o disparo; sob *nomen juris* de "Posse ou porte ilegal de arma de fogo de uso restrito", o art. 16 traz, na verdade diversas condutas típicas, começando pelo *caput* e prosseguindo pelos seis incisos de seu parágrafo único; o art. 17 trata do comércio ilegal de arma de fogo; e, finalmente, o art. 18, que tipifica o tráfico internacional. Além disso, os arts. 19 e 20 trazem causas de aumento de pena. Sob o vício da inconstitucionalidade, como veremos, o art. 21 buscou proibir a concessão de liberdade provisória para certos delitos.

Fundamento e bem jurídico tutelado nos crimes da Lei 10.826/2003

As armas de fogo são ferramentas projetadas e construídas com a função de matar ou, no mínimo, de ferir. Não importa a razão de seu uso – se em defesa própria ou para ataque

autor do delito, no qual utilizou sua arma pessoal; que este afirme tê-la perdido; que, consultando o SINARM, a polícia constate a existência de registro da arma, com cadastramento, inclusive, das impressões de raiamento, tal como ela saiu da fábrica. Agora, suponhamos que tal arma foi muito utilizada por seu proprietário desde que vendida pelo fabricante, digamos, dez anos antes: haverá o risco de o resultado do exame de comparação balística ser negativo, ou seja, que o projétil encontrado possua marcas não coincidentes com aquelas que tal arma deixava nos projéteis quando saiu da fábrica. Isso pode se dar em razão do desgaste ocorrido ao longo dos dez anos de utilização do armamento, que tem a capacidade de alterar as características de impressão do raiamento. Ou seja, há um risco potencial de erro nas investigações. A intenção do legislador foi boa e é possível até que, em geral, o cadastramento de tais características das armas possa render bons frutos em apurações criminais. Mas espera-se que as considerações acima sejam levadas em conta. Com a palavra, os peritos (nesse ponto, utilizamos as lições do *"Curso de Balística Forense"*, ministrado pela Dra. Sônia Maria Bocamino Viebig, Perita Criminal e Especialista em Balística Forense, na Escola Superior do Ministério Público de São Paulo, no período de 8 de agosto a 3 de outubro de 2008). Para encerrar o assunto, importa observar que cabe à Polícia Federal – ouvido o Comando do Exército – editar norma específica, disciplinando o procedimento a ser seguido pelas fábricas de armas (art. 6º do Decreto 5.123/2004).

à integridade física de outrem –, a essência das armas de fogo reside nisso: são instrumentos vulnerantes, mortais. Um machado pode ser usado como arma, mas igualmente para rachar lenha; uma faca pode matar um ser humano – e é, de fato, muito usada para tal finalidade – mas, onipresente em quase todos os lares de nosso planeta, é mais utilizada para cortar alimentos; a motosserra foi projetada para o corte de árvores, podendo, eventualmente, servir de instrumento mortal para sádicos psicopatas. Com as armas de fogo nada disso ocorre, pois não foram projetadas para múltiplas utilidades, senão para a aniquilação de outro ser vivo.

Não queremos, com tais afirmações, colocarmo-nos como inimigo das armas de fogo, pois não somos. Trata-se apenas de ressaltar a natureza delas, muitas vezes eclipsada ou excessivamente ressaltada, em ambos os casos de propósito, nos apaixonados debates entre os defensores de seu comércio e aqueles que sonham em proibi-lo.

Assim, é correto afirmar que as armas de fogo são inerentemente perigosas e o perigo aumenta exponencialmente dependendo daquele que as manuseia, surgindo a necessidade de controle por parte do Estado, de modo que seja assegurada a posse de armas apenas àqueles em condições de com elas lidar e que delas necessitem efetivamente. Com isso, fica reconhecido o perigo representado pelas armas de fogo, mas, ao mesmo tempo, também se reconhece que são muitas vezes necessárias, desde que permaneçam em mãos daqueles, em tese, capazes de utilizá-las adequadamente.

Como explicam Luiz Flávio Gomes e William Terra de Oliveira: "Verifica-se, entretanto, com clareza, que não é o simples perigo inerente a toda arma de fogo a verdadeira *ratio essendi* da sua criminalização, senão o perigo específico (qualificado ou penalmente relevante) que consiste na posse, no porte ou na sua detenção *sem o devido controle do poder público*. Se a razão da lei fosse o simples perigo decorrente da arma de fogo, em si, seria o caso de se proibir a sua própria fabricação e jamais se permitiria que qualquer pessoa andasse armada".[21]

E não é só.

Deixar sem controle as armas de fogo seria possibilitar, com muita facilidade, sua proliferação, com grave deterioração à segurança pública, direito fundamental de todos, conforme previsto no *caput* do art. 5º da Constituição Federal. Por isso, soa inimaginável a simples revogação do Estatuto do Desarmamento, sem nada que o venha substituir, como apregoam alguns durante campanhas políticas. Bravata eleitoral, esperamos.

Resta evidente que requisitos mais rigorosos para registro das armas e emissão de autorização para o porte, aliados à criminalização de certas condutas relacionadas às armas em situação de ilegalidade, podem levar a uma diminuição na circulação destas e, consequentemente, a um aumento da segurança dos habitantes em geral. A razão para tal conclusão é lógica, como esclarece Guilherme de Souza Nucci: "O cidadão honesto, ao menos, que não mais poderá encontrar armas de fogo em qualquer canto, fica livre de sua má utilização. Não temos a ilusão de que o controle estatal impedirá a ocorrência de crimes em geral, afinal, seria ingênuo imaginar que a marginalidade compra armas de fogo em lojas, promovendo o devido registro e conseguindo o necessário porte. Ocorre que, a proliferação incontrolada das armas de fogo pelo País pode levar à sensível piora na segurança pública, pois não somente o criminoso faz uso indevido desses instrumentos, mas também o pacato indivíduo que, pela facilidade de ter e usar uma arma de fogo, pode ser levado a resolver conflitos fúteis

21 Op. cit., p. 44/45.

com agressão a tiros, gerando homicídios e lesões corporais de toda espécie cometidos de forma leviana e inconsequente. Em suma, o Estatuto do Desarmamento não trará a paz permanente à sociedade, mas poderá contribuir para melhorar a segurança pública, retirando de circulação, cada vez mais, armas de fogo sem qualquer registro ou controle, bem como permitindo à polícia que, prendendo o infrator que porta arma ilegal, evite a prática de delitos mais graves, como roubos, homicídios, estupros, extorsões etc. O potencial assaltante pode ser preso pelo simples porte ilegal de arma de fogo, *antes* de cometer o mal maior".[22]

Portanto, o Estado tem a obrigação de estabelecer normas mais rígidas para o efetivo controle das armas de fogo, buscando a máxima proteção ao bem jurídico protegido através da criminalização de certas condutas relacionadas a tais instrumentos. Parece-nos, assim, este o fundamento da previsão de delitos por parte do Estatuto do Desarmamento.

Mas, afinal, qual é o bem jurídico protegido pela Lei nº 10.826/2003?

A doutrina hoje dominante parte da ideia de que a função primordial do Direito Penal é a de proteger os valores fundamentais da ordem social, ou seja, a proteção de "bens jurídicos"[23], compreendidos como "os bens vitais, fundamentais, para o indivíduo assim como para a comunidade. Esses bens vitais, no momento em que são tutelados pelo Direito, transformam-se em bens 'jurídicos'".[24]

Em geral, a doutrina considera que o Estatuto do Desarmamento busca a proteção da *incolumidade pública*, como bem jurídico. Nesse sentido: Renato Marcão[25]; César Dario Mariano da Silva[26]; Fernando Capez[27]; e Alexandre de Moraes e Gianpaolo Poggio Smanio[28], dentre outros.

Para Damásio, a objetividade jurídica dos delitos previstos no Estatuto é *múltipla*, havendo um objeto jurídico principal e imediato, a *incolumidade pública*, mas, também, a objetividade

---

22 *Leis penais e processuais penais comentadas*. São Paulo: Revista dos Tribunais, 2006, p. 249.

23 Cf. BACIGALUPO, Enrique. *Direito penal: parte geral*. trad. de André Estefam. São Paulo: Malheiros Editores, 2005, p. 34/35: "O direito penal moderno (a partir de Binding) desenvolveu-se em torno da *idéia de proteção de bens jurídicos*. De acordo com ela, o legislador ameaça com pena as ações que violam (ou põe em perigo) determinados interesses de uma dada sociedade. A vida, a liberdade, a propriedade etc., são interesses ou finalidades da sociedade que o legislador quer proteger, ameaçando a quem os ataque com a aplicação de uma pena; desta forma, tais interesses convertem-se, por meio de seu reconhecimento no ordenamento jurídico, em *bens jurídicos*. (...) A teoria do bem jurídico, entretanto, não tem em si mesma a possibilidade de limitar o uso do direito penal somente à proteção de bens jurídicos. (...) Diante desse ponto de vista (dominante na doutrina atual) sustenta-se que 'a tarefa do direito penal consiste na proteção de bens jurídicos por meio da proteção de valores ético-sociais relativos à ação'. Na sua limitação aos deveres elementares (afirma Welzel) 'o direito penal cumpre uma significativa função, formadora dos costumes' (*sittenbildende Funktion*)".

24 Cf. GOMES, Luiz Flávio *et al.*, *Direito penal, vol. 1*, p. 225.

25 *Estatuto do desarmamento: anotações e interpretação jurisprudencial da parte criminal da Lei n. 10.826, de 22-12-2003*. São Paulo: Saraiva, 2008, p. 3: "(...) a incolumidade pública. Visa à preservação da vida e da integridade física das pessoas".

26 *Estatuto do desarmamento*. 3ª ed. Rio de Janeiro: Forense, 2007, p. 31: "(...) incolumidade pública, ou seja, a segurança da sociedade como um todo, que deve ser preservada, evitando-se que bens jurídicos como a vida, a segurança e a integridade física da coletividade sejam lesionados ou expostos a perigo de dano".

27 *Curso de direito penal, volume 4: legislação penal especial*. 3ª ed., São Paulo: Saraiva, 2008, p. 333: "(...) tutela-se, principalmente, a incolumidade pública, ou seja, a garantia e preservação do estado de segurança, integridade corporal, vida, saúde e patrimônio dos cidadãos indefinidamente considerados contra possíveis atos que os exponham a perigo".

28 *Legislação penal especial*. 10ª ed., São Paulo: Atlas, 2008, p. 321.

jurídica mediata e secundária, que busca a *proteção da vida*, a *incolumidade física* e a *saúde dos cidadãos*[29]. Já Guilherme de Souza Nucci entende haver dois bens jurídicos protegidos pelo Estatuto, quais sejam, a *segurança* e a *paz públicas*.[30]

Considerando a *segurança* como um dos direitos fundamentais previstos na Constituição Federal, em estudo sobre a revogada Lei nº 9.437, Luiz Flávio Gomes e William Terra de Oliveira apresentaram entendimento no sentido de existe uma obrigação do legislador de editar normas que garantam, continuamente, a proteção a tal direito. Então, afirmam que o bem jurídico protegido, *in casu*, é a *segurança coletiva*: "Assim, o legislador (cumprindo a ordem constitucional e sensível à realidade hodierna) resolveu inserir no âmbito da tutela penal a 'segurança' enquanto um valor social coletivo. Realizou para tanto uma decisão valorativa e normativa, optando pelo processo de criminalização daquelas condutas que lesionem tal bem jurídico. (...) Para tanto, em relação às armas de fogo, o Estado tomou a decisão de tipificar uma série de condutas por entender serem elas contrárias à segurança social enquanto bem jurídico de natureza *coletiva*, e *não individual*. (...) Ainda que possamos enxergar na lei nova uma longínqua proteção a bens jurídicos primordiais (como a vida, a incolumidade física de cada um, a segurança individual, o patrimônio ou, segundo alguns, os interesses da Administração Pública baseados em seus controles e cadastros), não podemos confundir tais categorias (situadas no campo da *ratio legis*) com sua 'segurança' (que é o próprio bem jurídico tutelado)".[31]

Crimes de lesão ou de perigo (abstrato)?

Se não encontramos grandes divergências na doutrina a respeito da objetividade jurídica dos crimes relacionados às armas, previstos tanto na revogada Lei das Armas de Fogo quanto no atual Estatuto do Desarmamento, a controvérsia instala-se quando o objetivo é a classificação dos delitos. Basicamente, a divergência está em determinar se se tratam de crimes de dano[32] ou de perigo, seja concreto ou abstrato.

Vale lembrar que delito "de dano" é o que encontra a consumação com a ocorrência de efetiva lesão ao bem jurídico protegido pela norma penal; enquanto que, "de perigo" é o que se consuma com a mera possibilidade de dano, é dizer, com o simples perigo ao bem jurídico.[33] Nesse último caso, é possível encontrar na doutrina subdivisões, sendo as mais relevantes aquelas que diferenciam os delitos de perigo em *concreto* e *abstrato*: no primeiro, para a adequação típica exige-se uma situação de efetivo perigo; no segundo, há a presunção da situação de perigo, de modo que o crime restará caracterizado ainda que se não demonstre ter sido a vítima exposta a uma situação de perigo real, efetivo, concreto.[34]

29 Op. cit., p. 32.

30 Op. cit., p. 252.

31 Op. cit., p. 51/52.

32 Uma corrente da doutrina entende ultrapassada tal classificação, preferindo substituir a expressão "crime de dano" por "de lesão". Cf. GOMES, Luiz Flávio *et al*, *Direito penal, vol. 2*, p. 524: "Tendo em vista a concepção (material ou normativa ou constitucionalista) atual do delito (que adotamos), podemos e devemos classificá-lo em *crime de lesão* (quando se exige a efetiva lesão ao bem jurídico tutelado para a consumação material) ou *de perigo* (concreto) (crimes que se exaurem com o perigo de lesão ao bem jurídico)".

33 Cf. ANDREUCCI, Ricardo Antônio. *Manual de direito penal*. 4ª ed. São Paulo: Saraiva, 2008, p. 37/38.

34 Cf. CAPEZ, Fernando. *Curso de direito penal, volume 1: parte geral*. 9ª ed., São Paulo: Saraiva, 2005, p. 262.

Tradicionalmente, desde a Lei de Contravenções, a doutrina majoritária vem classificando os delitos relacionados às armas de fogo como **delitos de perigo abstrato**, pois a mera posse ou o simples porte de uma arma – para ficarmos com exemplos de duas das modalidades criminosas –, já representa perigo à comunidade, não sendo necessária a demonstração de que o agente, naquele ato específico, esteja efetivamente a expor alguém a algum risco.

Nas palavras de César Dario Mariano da Silva: "Como crimes de perigo abstrato, não necessitam da demonstração de que efetivamente alguém foi exposto a perigo de dano, que é presumido pela lei de forma absoluta, não admitindo prova em contrário. São, também, crimes de perigo coletivo (ou comum), uma vez que um número indeterminado de pessoas é exposto a perigo de dano. Assim, a objetividade jurídica dos delitos elencados no Estatuto é a incolumidade pública, ou seja, a segurança da sociedade como um todo, que deve ser preservada, evitando-se que bens jurídicos como a vida, a segurança e a integridade física da coletividade sejam lesionados ou expostos a perigo de dano. (...) Observamos que os crimes descritos no Estatuto prescindem da comprovação da ocorrência de perigo concreto, uma vez que a experiência tem demonstrado que a posse ou o porte ilegal de armas de fogo, acessórios ou munições, ou outras condutas correlatas, colocam em risco a coletividade, sendo isso fato notório".[35]

Analisando o tema, Fernando Capez afirma que no Estatuto do Desarmamento não há necessidade de prova da efetiva exposição de alguém a risco, para a adequação típica dos delitos nele previstos, isso porque, ao contrário do que ocorre em tipos penais como do art. 132 do CP, nos tipos do Estatuto, não há descrição do risco gerado por uma conduta (não são previstas expressões como "expor a perigo", "expondo a perigo" etc.). Assim, se alguém andar pelas ruas com uma arma de fogo de uso permitido, mas sem autorização, por exemplo, estará cometendo o delito previsto no art. 14 da Lei, ainda que não tenha o agente sequer passado perto de outra pessoa, ou seja, não tenha concretamente exposto outrem a algum risco. Apesar disso, segundo o autor, o argumento não autoriza a conclusão de que há sempre presunção de perigo, pois não haveria fato típico na conduta daquele que porta arma absolutamente inapta a realizar disparos, não porque ausente a comprovação de efetiva exposição de perigo a alguém, mas porque "a conduta jamais poderá levar a integridade corporal de alguém a um risco de lesão. (...) A lei só pode presumir o perigo onde houver, em tese, possibilidade de ele ocorrer". Para o autor, portanto, não seria possível presumir o perigo nos casos em que, de antemão, vislumbra-se a impossibilidade do perigo surgir (crime impossível).

Afirmou, ainda, Capez: "Não se desconhece o princípio da ofensividade ou lesividade, segundo o qual todo crime exige resultado jurídico, ou seja, lesão ou ameaça de lesão ao bem jurídico. Ocorre que comportamentos ilícitos, como o de possuir uma arma de fogo sem ter autorização para portá-la, ou ainda disparar arma de fogo em plena via pública, por si sós, já induzem à existência de risco à coletividade. Não se pode alegar que tais condutas não diminuíram o nível de segurança dos cidadãos apenas porque não se logrou encontrar ninguém por perto quando de sua realização. (...) Exigir o perigo concreto e comprovado, para tais infrações, implicaria tolerar a prática de comportamentos perniciosos e ameaçadores à sociedade. Entretanto, isso não significa dizer que houve crime sem resultado jurídico, pois a conduta, mesmo sem comprovação de perigo concreto a alguém determinado, foi idônea, ou seja, apta a reduzir o nível de segurança da coletividade. (...) Quando a conduta for absolutamente incapaz de lesar o bem jurídico, será, por óbvio, inofensiva e, por conseguinte,

35 Op. cit., p. 31.

atípica. O princípio da ofensividade não deve ser empregado para tornar obrigatória a comprovação do perigo, mas para tornar atípicos os comportamentos absolutamente incapazes de lesar o bem jurídico. É a aplicação pura e simples do art. 17 do CP, que trata do chamado crime impossível (também conhecido por tentativa inidônea, que é aquela que jamais pode dar certo)". E mais: "Presumir perigo não significa inventar perigo onde esse jamais pode ocorrer. Perigo presumido não é sinônimo de perigo impossível. Em suma, entendemos que a ofensividade ou lesividade é um princípio que deve ser aceito, por se tratar de princípio constitucional do direito penal, diretamente derivado do princípio da dignidade humana (CF, art. 1º, III). Sua aplicação, no entanto, não pode ter o condão de abolir totalmente os chamados crimes de perigo abstrato, mas tão-somente temperar o rigor de uma presunção absoluta e inflexível (...). Temos, portanto, três momentos distintos de proteção à pessoa humana: o da origem do dano (perigo abstrato), o da iminência (perigo concreto) e o da efetiva agressão (dano). O ressurgimento dos tipos de perigo abstrato, longe de configurar um retrocesso no direito penal, representa um novo momento de valorização da figura da vítima, outrora tão negligenciada".[36]

No entanto, surgiram na doutrina respeitadas vozes dissonantes.

Damásio considerou que os crimes de porte de arma e figuras similares são sempre *de lesão*, afastando-se, portanto, da doutrina tradicional. Para o ilustre jurista, não se pode aceitar a existência, em nosso ordenamento, de crimes de perigo abstrato, pois tal classificação fere os princípios da legalidade, do estado de inocência, da lesividade, do contraditório, da amplitude de defesa, entre outros, além de se afastar do verdadeiro fundamento do Direito Penal moderno, que é a culpabilidade, uma vez que traz em si a presunção da existência do perigo na conduta do agente. Em outras palavras, a responsabilidade surgiria por presunção em tal espécie de infração penal. Assim, Damásio entende que, sob o ponto de vista do resultado naturalístico, os delitos em questão devem ser classificados como "de mera conduta", ao passo que, sob o prisma do *resultado jurídico*, como *delitos de lesão*, pois ocorre dano ao objeto jurídico, qual seja, a segurança pública, que é lesada e não apenas posta em perigo. Argumenta que toda vez que alguém porta uma arma de fogo, o faz fora do "círculo de permissão estatal e rebaixa o nível de segurança física e coletiva".

Nas palavras do citado autor: "Não consideramos a qualificação dos crimes de armas de fogo como delitos de dano ou de lesão no sentido tradicional de infrações em que 'o tipo pressupõe que se lese o objeto da ação', i. e., o objeto material (JESCHECK, *Tratado de derecho penal*, trad. esp. Santiago Mir Puig e Muñoz Conde, Barcelona, Bosch, 1981, v. 1, p. 358). Não são delitos materiais (de resultado naturalístico). A lesão ou dano, em nossa posição, refere-se ao interesse jurídico e não ao objeto material do delito. Sempre há ofensa ao bem jurídico primário, no sentido de que o fato delituoso reduz o nível mínimo de segurança que deve existir nas 'relações sociais', conforme os parâmetros impostos pelo Estado. Nota-se que a essência dos delitos relacionados com armas de fogo está na lesão ao interesse jurídico da coletividade, que se consubstancia na segurança pública, não pertencendo 'necessariamente' ao tipo incriminador a lesão ou o perigo concreto de lesão a objeto material individual. Isso pode ocorrer, quando então se falará em objeto jurídico, sujeito passivo e objeto material secundários. Os tipos, porém, continuam sendo de lesão. (...) Como ficou consignado, os tipos de porte de arma e figuras análogas retratam crimes de lesão

36 *Estatuto do desarmamento*, p. 44/52.

porque o infrator, com sua conduta, reduz o nível de segurança coletiva exigido pelo legislador, atingindo a objetividade jurídica concernente à incolumidade pública".[37]

Luiz Flávio Gomes e William Terra de Oliveira, como vimos, apontam a segurança pública como bem jurídico protegido nos delitos relacionados às armas de fogo. Reconhecem que tais normas acabam tutelando de forma mediata certos bens jurídicos fundamentais, como a vida, a incolumidade física de cada um, a segurança individual, o patrimônio etc., pois busca o Estado, com a tipificação de tais condutas (porte ilegal, por exemplo) prevenir ataques a eles. Tal prevenção é feita elevando-se à categoria de bem jurídico a própria segurança de outros bens, antecipando-se, assim, a barreira protetora da norma. Porém, os aludidos autores fazem questão de advertir que isso não significa perigo abstrato.

Assim como Damásio, ambos posicionam no sentido de que os delitos da natureza dos previstos no Estatuto do Desarmamento (comentavam, é certo, a lei revogada, mas os argumentos, cremos, sobreviveram incólumes) devem ser classificados como *de lesão*. *Verbis*: "Adotando o modelo dos *crimes de lesão*, o legislador substituiu os bens primários (vida, patrimônio etc.) por um bem referencial e adjetivo: a sua 'segurança'. Nesse momento os bens *primários* convertem-se em *secundários*, pois sua *segurança* ganha o 'protagonismo na ordem lógica da tutela penal'. (...) Em termos pragmáticos, teremos um delito todas as vezes em que a conduta do agente atentar contra o 'nível mínimo de segurança' de outros bens, quer rebaixando-o ou anulando-o. (...) A diminuição dos níveis de segurança na circulação de armas é punível porque representa, em última instância, um risco maior para os bens jurídicos (que, segundo o enfoque da lei, são agora secundários) vida, incolumidade pessoal ou patrimônio. (...) Mas nem por tal motivo – adverte-se – estaremos diante de 'crimes de perigo'. Teremos, pelo contrário, um crime de *lesão* por excelência, já que a conduta do agente que desobedece a Lei 9.437/97 lesiona (via de regra) a *segurança pública* enquanto *bem jurídico* independente. (...) Na verdade, o novo sistema contempla aquilo que denominamos 'bem jurídico referencial', onde a lei eleva a segurança de um outro bem à condição de um verdadeiro bem jurídico autônomo (realizando um tipo de 'proteção penal referencial' ou 'indireta'). (...) Altera-se o clássico esquema de proteção penal. Saltamos da proteção imediata ao bem jurídico primário que se busca resguardar (vida incolumidade física, patrimônio) para a criação de um verdadeiro 'anteparo' jurídico precedente, um escudo protetor que atrai a incidência da norma, e sobre o qual recairá a conduta do autor. (...) O sistema penal converte em 'bem jurídico' a 'segurança de outro bem'. Um mero ataque à *segurança* do bem secundário já representa uma lesão a um bem referencial e adjetivo, protegido de forma reflexa. (...) Um modelo de tutela de tal natureza prescinde dos esquemas que contemplam os crimes de perigo concreto e abstrato, porque possui uma forma original de tutela jurídica".[38]

---

37 Op. cit., p. 8/12.

38 Op. cit., p. 47/59. Registre-se as interessantes considerações de Enrique Bacigalupo: "Um problema de difícil solução, vinculado ao acima exposto, diz respeito aos limites até os quais o direito penal se estende para punir ações que podem produzir um perigo de infração de normas que protegem certos interesses importantes. Por exemplo: o crime de porte de arma (arts. 563 e ss. do CP espanhol) implica numa antecipação da proteção a normas que resguardam, por sua vez, a vida, a integridade física e, em alguns casos, a liberdade de terceiros; (...). Com razão tem-se assinalado que 'um aumento na proteção de bens particulares sempre acarreta, ao mesmo tempo, uma diminuição da liberdade e da privacidade'. (...) Neste sentido, os *crimes de perigo abstrato* podem dar lugar a uma limitação incompatível constitucionalmente com a garantia de direitos fundamentais, quando impliquem uma limitação, por exemplo, da liberdade, que afete o 'conteúdo essencial' (art. 53, 1, CE) deste direito. Nesse ponto, fica evidente a importância do modelo de uma sociedade

Gustavo Octaviano Diniz Junqueira e Paulo Henrique Aranda Fuller resumem a controvérsia sobre a alegada inconstitucionalidade das infrações de perigo abstrato e expõem as soluções da doutrina para a questão da natureza jurídica dos delitos previstos no Estatuto do Desarmamento: a primeira solução seria a pura e simples descriminalização de tais condutas; a segunda, seria considerá-los como crimes *de dano*, pois atingiriam o bem jurídico "nível satisfatório de segurança pública" (esta última, como vimos, as posições de Damásio, Luiz Flávio Gomes e William Terra de Oliveira). Os autores citados, porém, consideram a primeira solução inaceitável, dado o potencial de violência das armas de fogo; e a segunda, parece-lhes conter argumento sedutor, mas muito perigoso, embora reconheçam ser, hoje em dia, a mais adotada no Brasil, ao menos pela doutrina.

Argumentam que a segurança não é um bem jurídico, mas "um estado a ser alcançado em relação aos reais bens jurídicos, e a inversão de sentido tem como efeito a prescindibilidade dos 'bens jurídicos' consagrados como merecedores de 'dignidade penal' (vida, dignidade, liberdade...), que seriam substituídos, sempre, pela *segurança*". E mais: procuram mostrar que a adoção do entendimento por eles criticado leva ao abandono da proteção aos bens jurídicos propriamente ditos, passando o Direito Penal a proteger a "segurança que a norma dá a tais bens" ou, em última análise, a proteger a própria norma. Com isso, segundo os mesmos autores, o bem jurídico perderia a função de limite à intervenção penal, uma das bases para um Direito Penal democrático. Enfim, troca-se a "presunção de perigo" pela "presunção de lesão".

E finalizam: "Queremos concluir, assim, que, em nossa visão, todas as infrações de perigo abstrato são, a princípio, ilegítimas e deveriam ser extirpadas, no caminho da primeira posição elencada, em defesa das garantias individuais de limite ao poder do Estado. Reconhecemos, no entanto, que tal solução não se adapta ao problema das armas de fogo e outros com perigos extremos, mormente no atual contexto social de 'superarmamentismo'. Assim, com base nas noções da intervenção mínima penal em cotejo com a necessidade de prevenção, acreditamos ser possível a criminalização, mesmo sob o rótulo de perigo abstrato (mais sincero, evitando malabarismos conceituais e quebra do sistema do bem jurídico), nos seguintes termos: em razão do imenso risco que a arma de fogo gera ao bem jurídico supremo do ser humano, é possível a incriminação da conduta de portar ou possuir arma de fogo fora dos limites legais. Tal compreensão rebaixa, de imediato, os limites das garantias do indivíduo diante do poder penal do Estado, pois admite a punição sem real comprovação de risco a bem jurídico determinado, merecendo as críticas já apontadas aos crimes de perigo abstrato. A partir da orientação do princípio da proporcionalidade, toda situação de diminuição de tal risco (o perigo presumido sancionado pela lei) no caso concreto, ainda que envolvida com arma de fogo, torna o fato imediatamente irrelevante penal, como sintoma de *compensação* de garantias pelo rebaixamento referido, como o caso da arma quebrada, ineficaz, ou o porte de arma desmuniciada".[39]

Entendemos ser inegável a importância do bem jurídico no Direito Penal moderno[40] e sua função limitadora ao poder do Estado, é dizer, sua função de garantia. Ademais, deve o

---

livre do qual se parta: o conteúdo essencial da liberdade de ação está historicamente condicionado pelo sentimento jurídico de uma sociedade em determinado momento" (op. cit., p. 36/37).

39 *Legislação penal especial, volume 1.* 5ª ed., São Paulo: Premier Máxima, 2008, p. 417/421.

40 Cf. HASSEMER, Winfried. *Introdução aos fundamentos do direito penal.* Trad. de Pablo Rodrigo Alflen da Silva. Porto Alegre: Sergio Antonio Fabris Editor, 2005, p. 56: "O conceito de bem jurídico deve-se à idéia de bem do *Iluminismo.* Ele foi formulado e fundamentado por *Paul Johann Anselm Feuerbach* por volta do século XIX, como

legislador dar a adequada tutela àqueles bens considerados, em nível constitucional, especialmente relevantes, pois erigidos à condição de direitos fundamentais.

Nesse ponto, ao dirigirmos nossa atenção ao art. 5º, *caput*, da Constituição da República, encontramos a *segurança* como um direito inviolável, ao lado do direito à vida, à liberdade, à igualdade e à propriedade.[41] Desse modo, não compreendemos a relutância de alguns em aceitar que a *segurança*, vista coletivamente, i.e., a *segurança pública*, possa ser o verdadeiro objeto jurídico dos delitos aqui estudados. Não há qualquer malabarismo em tal aceitação, pois, como explicam Luiz Flávio Gomes, Antônio García-Pablos de Molina e Alice Bianchini: "Se por um lado há bens jurídico-penais diretamente reconduzíveis à pessoa humana (vida, propriedade, honra), por outro é incontestável que, para sua realização social, também existem bens supra-individuais de fundamental relevância, sendo uns gerais ou universais (segurança pública etc.), outros institucionais (administração da justiça, segurança do Estado) e ainda existem os difusos (bens de interesse de um grupo determinado ou determinável de pessoas)".[42]

Ora, se a segurança pública pode ser e é um bem jurídico apto a receber a especial tutela da norma penal e se efetivamente a recebeu no caso dos delitos previstos no Estatuto do Desarmamento, parece-nos uma consequência lógica a conclusão de que tais delitos, uma vez cometidos, atingem, é dizer, *lesionam* esse bem jurídico. Isso se dá porque, sempre que alguém, por exemplo, sai pelas ruas com uma arma de fogo, sem a devida autorização, há ali, de modo mediato, potencial de dano à vida ou ao patrimônio alheio (ou seja, perigo), mas, de imediato, a própria segurança da população, da coletividade, já se encontra rebaixada. Assim, há risco à vida ou ao patrimônio alheio, mas estes, vale lembrar, não constituem o bem jurídico imediatamente protegido na Lei sob análise. Em nosso entender, o bem jurídico tutelado de modo imediato, a segurança pública, não é simplesmente colocada em perigo, mas efetivamente atingida, eis que, em tais casos, resta sensivelmente diminuída pela conduta delitiva.

Portanto, colocamo-nos entre aqueles que entendem serem os crimes do Estatuto do Desarmamento crimes de lesão, e não de perigo abstrato.

Inaceitável, a nosso ver, o argumento de que, embora uma determinada categoria de crimes – os de perigo abstrato – deva ser considerada ilegítima (devendo, mesmo, ser extirpada de nosso ordenamento), pode ser aceita no caso das armas de fogo, dado se tratar de uma emergência ("superarmamentismo"), justificadora, inclusive, de um rebaixamento dos limites das garantias individuais frente ao poder do Estado. Com todo respeito, tal argumento é que

---

arma contra uma concepção moralista do Direito Penal. A infração contra uma norma (moral ou ética) não podia ser suficiente para explicar uma conduta como criminosa, senão, primeiramente, a prova de que esta conduta lesiona interesses reais de outros homens, precisamente 'bens jurídicos'. Com isso foi introduzida a mudança para um sistema do Direito Penal orientado empiricamente, mesmo que ainda necessitasse de muitas lutas para atrair a atenção do legislador penal e dos juristas sobre as conseqüências dos seus procedimentos. (...) 'A conduta humana somente pode ser então injusto penal, quando lesiona um bem jurídico' – com esta máxima a *vítima* entrou (novamente) no plano, depois que ela esteve por séculos desaparecida atrás dos princípios da reprovabilidade, da contrariedade à norma, do procedimento criminal. A repreensão à violação de uma norma (moral ou ética) não pode ser suficiente ao legislador como fundamento da conduta humana merecedora de pena. Ele precisa antes provar a lesão de um bem jurídico: apresentar uma vítima desta conduta e indicar quanto a esta a lesão de bens, de interesses".

41 Art. 5º. Todos sao iguais perante a lei, sem distinção de qualquer natureza, garantindo-se aos brasileiros e aos estrangeiros residentes no País a inviolabilidade do direito à vida, à liberdade, à igualdade, à segurança e à propriedade, nos termos seguintes: (...)".

42 Op. cit., p. 396.

representa verdadeiro perigo, pois, levada tal lógica às últimas consequências, de emergência em emergência, as garantias individuais ficam, ao final, expostas à pura e simples eliminação.

No Brasil, os Tribunais Superiores vêm reconhecendo que os crimes do Estatuto do Desarmamento são crimes de perigo abstrato, cancelando a controvérsia, ao menos no âmbito jurisprudencial.

Segundo o STF: "(...) Porte ilegal de arma de fogo de uso permitido é crime de mera conduta e de perigo abstrato. O objeto jurídico tutelado não é a incolumidade física, mas a segurança pública e a paz social, sendo irrelevante estar a arma de fogo desmuniciada. (...)".[43]

No mesmo sentido, o entendimento do STJ.[44]

Em resumo: *embora encontremos controvérsia na doutrina, prevalece na jurisprudência o entendimento de que as infrações penais do Estatuto do Desarmamento são crimes de perigo abstrato.*

POSSE IRREGULAR DE ARMA DE FOGO DE USO PERMITIDO

> **Art. 12.** Possuir ou manter sob sua guarda arma de fogo, acessório ou munição, de uso permitido, em desacordo com determinação legal ou regulamentar, no interior de sua residência ou dependência desta, ou, ainda no seu local de trabalho, desde que seja o titular ou o responsável legal do estabelecimento ou empresa:
> Pena – detenção, de 1 (um) a 3 (três) anos, e multa.

A lei revogada pelo Estatuto do Desarmamento não fazia qualquer distinção entre as condutas de possuir arma de fogo no interior da residência ou de levá-la pelas ruas. Conforme dispunha o *caput* do art. 10 da revogada Lei 9.437, se a arma era de uso permitido, nas duas situações o infrator estaria sujeito às penas de detenção, de 1 a 2 anos, e multa; se de uso restrito, as penas seriam de reclusão, de 2 a 4 anos, e multa (§ 2º).

A Lei 10.826/2003 alterou tal quadro, separando as condutas em tipos penais diversos, conforme a gravidade de cada uma, acrescentando, ainda, como objetos materiais, os acessórios e munições. Assim, para quem possuir tais objetos, de uso permitido, e os mantiver no interior da própria residência ou local de trabalho, há a previsão de pena de detenção, de 1 a 3 anos, e multa, aplicando-se o art. 12 do Estatuto; porém, se portá-los fora de tais ambientes, a pena será de reclusão, de 2 a 4 anos, e multa, sendo aplicável o art. 14, não o art. 12; se forem os objetos de uso restrito, não importando onde o crime é cometido, além da multa, o agente fica sujeito a uma pena privativa de liberdade bem maior, de 3 a 6 anos de reclusão, aplicando-se o *caput* do art. 16; nas mesmas situações, idênticas sanções serão aplicadas se a arma de fogo contiver numeração, marca ou qualquer outro sinal de identificação raspado, suprimido ou adulterado, incidindo o art. 16, parágrafo único, inciso IV.

Agiu com acerto o legislador, já que, sendo a segurança pública o bem jurídico imediatamente tutelado pela Lei, cabe dar-lhe a proteção adequada, cominando penas proporcionais

43 HC 117.206-RJ, Min. Cármen Lúcia, 2ª T., j. 05/11/2013. E ainda: RHC 128.281-SP, Rel. Min. Teori Zavascki, 2ª T. j. 04/08/2015; RHC 117.566-SP, Rel. Min. Luiz Fux, 1ª T. j. 24.09.2013.

44 AgRg no AREsp 1.063.140-SE, Rel. Min. Reynaldo Soares da Fonseca, 5ª T., j. 20.04.2017; RHC 80.631-PI, Rel. Min. Nefi Cordeiro, 6ª T., j. 18.04.2017.

ao grau da lesão provocada por cada conduta. E, realmente, o portador de uma arma de fogo em via pública provoca um rebaixamento bem maior nos níveis de segurança coletiva do que o indivíduo que a mantém dentro de casa, numa gaveta. Ambos cometem crimes, mas são apenados diversa e proporcionalmente, considerando-se o grau de lesão ao bem jurídico.

Apesar do *nomen iuris*, entendemos mais adequada a utilização do termo *posse ilegal*, no lugar de *irregular*, pois o crime se perfaz quando não obedecida, antes de mais nada, a determinação *legal* e, subsidiariamente, a regulamentar.

Aplicação da Lei Penal no Tempo

Desde que entrou em vigor o Estatuto do Desarmamento, em 23 de dezembro de 2003, data de sua publicação, a doutrina passou a advertir que o art. 12 teria eficácia suspensa, pois estaria na dependência de regulamentação. Como veremos, a mesma discussão deu-se com relação aos arts. 14 e 16 da Lei 10.826.

Tal questionamento se dava em razão do originalmente disposto nos arts. 30 e 32 do Estatuto que deferiam ao possuidor de uma arma de fogo prazo de 180 dias para que providenciasse o registro dela – no caso de o não possuir – ou a entregasse à Polícia Federal.

Portanto, a lei permitiu dois caminhos possíveis para regularização da arma de fogo: o registro (art. 30) ou a entrega da arma à autoridade policial (arts. 31 e 32), estabelecendo, em ambas as hipóteses, um termo final.

Ora, se o possuidor da arma sem registro poderia regularizá-la dentro de um prazo, por óbvio, desde que a mantivesse dentro de casa ou em seu local de trabalho, nas circunstâncias indicadas pelo Estatuto, não poderia ser autuado por sua posse ilegal, pois ainda ilegalidade não haveria.

Observem que a redação original do art. 30 não exigia que a arma de fogo, sujeita à regularização por meio de registro, fosse de *uso permitido*, abrangendo também as de *uso restrito*.

Tal quadro, depois, foi alterado.

É que tanto os prazos como as respectivas redações dos arts. 30 e 32 do Estatuto foram sendo paulatinamente alterados pelo Presidente da República, por meio de medidas provisórias, ou pelo Congresso Nacional.

Com efeito, a Medida Provisória 174, de 18 de março de 2003, depois convertida na Lei 10.884/2004[45], esticou o prazo do art. 30 para 180 dias após a data da publicação do Regulamento (que seria o Decreto 5.123/2004). Esse prazo foi depois prorrogado para 23 de junho de 2005, pela Lei 11.118/2005. Um dia antes, contudo, foi editada a Medida Provisória 253, convertida na Lei 11.191/2005, que estabeleceu o dia 23 de outubro de 2005 como o prazo final para entrega das armas à Polícia Federal (art. 32). Além disso, apenas para os moradores da zona rural que comprovassem a necessidade da arma para a sua subsistência (art. 6º, § 5º), tal lei estendeu o prazo para 120 dias, contado de sua publicação, para a regularização do registro (art. 30), portanto, com termo final em 11 de março de 2006.

Mas, as alterações dos prazos não pararam aí, já que a Lei 11.706, de 19 de junho de 2008 (resultado da conversão da Medida Provisória 417, de 31 de janeiro de 2008), trouxe diversas mudanças ao Estatuto.

45 V. interessante estudo de Damásio E. de Jesus a respeito da edição de medidas provisórias em matéria penal e seus reflexos no Estatuto do Desarmamento (op. cit., p. 21/31).

De fato, essa lei alterou a redação do art. 5º, § 3º, e do art. 30, fixando outro prazo para a regularização das *armas de uso permitido* (notem: não estão mais incluídas nesse prazo as armas de uso restrito) tivessem elas ou não o registro: 31 de dezembro de 2008 (art. 30). Também alterou a redação do art. 32, estabelecendo que: "Os possuidores e proprietários de arma de fogo poderão entregá-la, espontaneamente, mediante recibo, e, presumindo-se de boa-fé, serão indenizados, na forma do regulamento, ficando extinta a punibilidade de eventual posse irregular da referida arma". Ou seja, desapareceu o prazo para entrega da arma, *de uso permitido ou restrito*, à polícia.

E há mais. A Lei 11.922/2009 estabeleceu outro prazo para a regularização, por meio do competente registro – ou seja, o prazo previsto no art. 30 – das *armas de uso permitido*: 31 de dezembro de 2009.

Esse novo quadro trouxe diversas indagações a respeito da vigência de alguns dos tipos penais da Lei 10.826. Nos interessa no presente tópico apenas analisar os questionamentos referentes ao crime do art. 12 e, portanto, à posse de arma de fogo de uso permitido. Veremos a solução específica quanto às armas de uso restrito ou aquelas com sinal ou numeração alterada quando analisarmos os tipos penais aplicáveis a tais hipóteses.

Pois bem. Surgiu a indagação: as sucessivas reaberturas do prazo para registro da arma de fogo de uso permitido implicaram em atipicidade temporária da conduta do art. 12 do Estatuto, desde a entrada em vigor da lei até o prazo definitivo fixado para a regularização (31 de dezembro de 2009)? E outra: houve *abolitio criminis* temporária nesse período, retroagindo para atingir os fatos cometidos até mesmo sob a vigência da Lei 9.437/1997?

Vejamos a resposta à primeira indagação.

Sempre entendemos que o prazo final a ser considerado para efeito da aplicação do art. 12 deveria ser o estabelecido pelo art. 30 do Estatuto do Desarmamento[46] (que, como vimos, encerrou-se definitivamente em 31 de dezembro de 2009).[47]

46 HC 122.311-MG, Rel. Min. Dias Toffoli, 1ª T., j. 10/06/2014: "(...). A alegada atipicidade da conduta, sob o fundamento de que o art. 32 da Lei nº 10.826/03 (redação dada pela Lei nº 11.706/08) não mais fixaria prazo para a entrega de armas de uso permitido e munições, carece de plausibilidade jurídica, pois esse dispositivo não deve ser interpretado de forma isolada, mas, sim, em conjunto com o art. 30 do Estatuto do Desarmamento, com a modificação introduzida pela Lei nº 11.922/09, que estabeleceu o dia 31 de dezembro de 2009 como termo final para a regularização da posse de arma de fogo de uso permitido".

47 Tal observação deve ser feita logo de início, a fim de refutar entendimentos recorrentes na doutrina – ao menos durante certo tempo – no sentido de que o dispositivo a ser considerado deveria ser o do art. 32 da mesma lei. Se aceito tal entendimento, o art. 12 seria inaplicável até os dias atuais, pois, como vimos, as alterações legislativas acabaram por eliminar qualquer prazo para entrega da arma à polícia. Como exemplo do entendimento do qual sempre discordamos, SILVA, César Dario Mariano, op. cit., pp. 182-184: "De acordo com o art. 30 do Estatuto, os possuidores e proprietários de armas de fogo não registradas deveriam solicitar seu registro, sob pena de responsabilidade penal, até o dia 23 de junho de 2005. Para tanto, deveriam exibir nota fiscal de compra ou demonstrar a origem lícita da posse, pelos meios de prova em Direito admitidos. Essas armas de fogo eram as passíveis de registro (registráveis). Contudo, como já salientado, o prazo final desse dispositivo encerrou-se em 23 de junho de 2005. Com efeito, não mais é possível registrar arma de fogo ainda não registrada pela legislação anterior, mesmo que o sujeito possa demonstrar sua origem lícita. A única exceção era para os caçadores de subsistência (art. 6º, § 5º, do Estatuto), que teriam o prazo de cento e vinte dias, a contar de 11 de novembro de 2005 (até 11 de março de 2006), para registrá-la, sendo que para tanto deveriam demonstrar sua origem lícita (cf. art. 2º da Lei nº 11.191/2005). (...) O art. 32 do Estatuto permitia que os possuidores e proprietários de armas de fogo não registradas, até o dia 23 de outubro de 2005, entregassem-nas à Polícia Federal, mediante recibo e, presumindo-se a boa-fé, poderiam ser indenizados,

Além disso, e muito importante, o art. 12 prevê o crime de possuir ou manter sob sua guarda arma de fogo de uso permitido (e munições ou acessórios) no interior da residência ou dependência desta ou no seu local de trabalho (desde que seja o titular ou o responsável legal do estabelecimento ou empresa) *em desacordo com determinação legal ou regulamentar*.

Notem a parte final do tipo penal, pois ela traz uma consequência lógica: sempre que faltar à arma o registro, haverá desobediência à lei, que exige tal ato formal, de controle estatal, para todo armamento (art. 3º, *caput*). Mas é certo que, com o objetivo de incentivar a regularização pelo registro – ao invés de simplesmente, da noite para o dia, jogar tais armas na ilegalidade –, o legislador estipulou prazo, findo o qual resta caracterizado o descumprimento da lei. O problema é que o prazo em questão foi diversas vezes postergado, como já expusemos acima.

Entendam, então, as situações criadas por tais alterações legislativas: a) antes da entrada em vigor do Estatuto do Desarmamento, possuir arma de fogo de uso permitido, sem autorização, era crime, conforme previa a Lei 9.437/1997; b) com a entrada em vigor do Estatuto, a conduta típica continuou a ser prevista, foi até ampliada e agravada, mas permaneceu com a eficácia suspensa até 25 de junho de 2005 (prazo final para requerer o registro, nos termos do que dispunha o Estatuto, com a redação dada pela Lei 11.118/2005); c) no período entre 25 de junho de 2005 e 31 de janeiro de 2008 (dia em que foi editada a Medida Provisória 417, que prorrogou uma vez mais o mesmo prazo), a posse de arma de fogo voltou a ser conduta típica e ilícita, ganhando plena vigência o art. 12 do Estatuto – e mais: nesse período, não era permitida a regularização da arma, sendo afastada a presunção de boa-fé na conduta de quem a possuísse; d) no período compreendido entre 1º de janeiro de 2009 e 13 de abril de 2009 (dia anterior à entrada em vigor da Lei 11.922/2009), novamente a conduta citada voltou a ser típica e ilícita.

---

nos termos do regulamento. (...) O Legislador, ao criar os artigos 30 e 32 do Estatuto, pretendeu regularizar ou diminuir a quantidade de armas de fogo em circulação. Até os proprietários e possuidores de armas de fogo ilegais poderiam entregá-las ao Estado para se verem livres de uma possível punição, haja vista que o artigo 32 do Estatuto não faz menção à situação jurídica desse objeto material, que pode ser de uso permitido, proibido ou restrito, ou até mesmo contar com a marca, numeração ou qualquer sinal de identificação raspado, suprimido ou adulterado. (...) Com efeito, entendemos que até o dia 23 de outubro de 2005 os possuidores e proprietários de armas de fogo não registradas não poderiam ser responsabilizados penalmente pela posse irregular de arma de fogo de uso permitido (art. 12), posse ilegal de arma de fogo de uso restrito (art. 16, *caput*) ou posse de arma de fogo com numeração, marca ou sinal de identificação raspado, suprimido ou adulterado (art. 16, parágrafo único, inciso IV). Isso porque, até lá, poderiam entregá-la à Polícia Federal, nos termos do art. 32 do Estatuto, que teve o prazo prorrogado pela MP nº 253/3005, convertida na Lei nº 11.191, de 10 de novembro de 2005". No mesmo sentido, o entendimento de Marcelo Lessa Bastos. A Medida Provisória nº 229/04 e o Estatuto do Desarmamento – retomando a questão da eficácia de seus arts. 12 e 14 (posse irregular de arma de fogo), *Boletim do Instituto Brasileiro de Ciências Criminais nº 147*, fevereiro/2005: "Em primeiro lugar, (...) gostaria de acrescentar que as mesmas observações que se fazem quanto à incidência do art. 12 – armas de fogo de uso permitido – devem ser feitas no que concerne ao art. 16 do Estatuto do Desarmamento, exclusivamente quanto à conduta de possuir, no interior de casa, arma de fogo de uso restrito, ou mesmo arma de fogo com numeração raspada, suprimida ou adulterada (inciso IV). Isto porque as razões são rigorosamente as mesmas – o art. 32 do Estatuto confere a tal possuidor o direito de se desfazer dessas armas, entregando-as à Polícia Federal, podendo inclusive ser indenizado, na forma prevista no Regulamento. Concluindo: até que termine o prazo para deposição dessas armas de uso restrito ou com numeração raspada, suprimida ou adulterada, não se pode cogitar do crime do art. 16 pelo simples fato de sua posse. (...) Com muito mais razão, o mesmo há de ser dito quanto ao crime do art. 12, cuja incidência só pode ser dar após o término do prazo conferido pelos arts. 30 e 32 do Estatuto do Desarmamento para a regularização do registro ou da entrega à Polícia Federal".

Certamente, houve processos e condenações por força de condutas verificadas nos períodos de vigência da Lei 9.437 e da Lei 10.826, nesse último caso, relativas a fatos ocorridos entre 25 de junho de 2005 e 31 de dezembro de 2008, bem como entre 1º de janeiro e 13 de abril de 2009.

Esses novos prazos devem retroagir ao início da vigência do Estatuto do Desarmamento para efeito da aplicação de seu art. 12? O último prazo fixado – i.e., aquele estabelecido pela Lei 11.922/2009 (31 de dezembro de 2009) – deve ser aplicado ao art. 12 do Estatuto do Desarmamento desde o dia em que tal lei entrou em vigor. Porém, pensamos que não se trata propriamente de retroação de lei penal mais benéfica, mas hipótese de aumento de prazo de *vacatio legis*, realizado de forma indireta.

Não é possível dar tratamento diverso a situações idênticas ocorridas sob o mesmo regime jurídico. A partir da entrada em vigor do Estatuto do Desarmamento, restou claro que pretendeu o legislador dar prazo para regularização das armas de fogo e, no que nos interessa diretamente aqui, especialmente àquelas de uso permitido, admitindo que fossem registradas as armas ou renovados os registros dentro de determinado lapso temporal. Enquanto isso, embora não houvesse previsão explícita da lei, ficaria o art. 12 com a eficácia suspensa, em *vacatio legis* indireta.

Passado o prazo inicial, houve uma primeira prorrogação e seguiu-se período de alguns poucos anos em que o art. 12 ganhou plena vigência. Porém, também restou claro que decidiu o legislador dar novas oportunidades à regularização de tais armas e, para tanto, estabeleceu novos prazos, seja por alteração da redação do art. 30 da Lei 10.826, seja simplesmente por sua fixação em outra lei (dessa última forma foi estabelecido o prazo de 31 de dezembro de 2009). Em outras palavras, o período de *vacatio legis* foi diversas vezes alterado.

Logo, todos os possuidores de armas de uso permitido ganharam mais chances – no plural mesmo! – de a registrarem, incluindo aqueles eventualmente processados pelo crime do art. 12. Afinal, nos curtos períodos em que tal tipo penal do Estatuto teve vigência, todas as armas não registradas tornaram-se ilegais, mas, depois, por alteração legislativa, de novo puderam ser regularizadas. É dizer, até 31 de dezembro de 2009, todas as armas carentes de registro voltaram a estar dentro da legalidade e não mais *em desacordo com determinação legal ou regulamentar*. Ora, por que só poderiam ser regularizadas aquelas que, apenas por acaso, não geraram imputações formais em processo criminal? O período de *vacatio legis*, ainda que indireto, deve ser uno, não apresentando soluções de continuidade, sob pena de trazer soluções distintas para situações rigorosamente idênticas.

Concluindo esse ponto, reputamos que somente depois de decorrido o prazo final estabelecido pelo Estatuto do Desarmamento as armas de uso permitido sem registro tornaram-se ilegais, pois não mais registráveis, restando ao proprietário apenas entregá-las à Polícia Federal e, desse modo, regularizar a situação. Assim, se permanece com a arma, incorre em crime.

O contrário também é verdadeiro: enquanto não decorrido o prazo para providenciar o registro, não resta caracterizada a ilegalidade. Ou seja, *a mantença da arma de uso permitido, em casa ou no local de trabalho (sendo o possuidor do objeto titular ou responsável legal do estabelecimento ou empresa), entre o início da vigência do Estatuto, em 23 de dezembro de 2003, e o dia 31 de dezembro de 2009, prazo final para o requerimento de registro, não estava em desacordo com determinação legal ou regulamentar*. Portanto, nesse período, não seria possível aplicar o tipo penal do art. 12 do Estatuto do Desarmamento.

Resumindo, temos a seguinte situação (art. 12):

➤ *conduta praticada entre 23 de dezembro de 2003 e 31 de dezembro de 2009*: fato temporariamente atípico, por *vacatio legis* indireta;

➤ *conduta praticada a partir de 1º de janeiro de 2010*: fato típico.

A conclusão de nosso resumo encontra guarida na jurisprudência do STJ.[48] Porém, o STF tem apresentado conclusão diametralmente oposta,[49] entendendo plenamente aplicável o

---

48 HC 290.765-SP, Rel. Min. Ribeiro Dantas, 5ª T., j. 14/06/2016: "O Estatuto do Desarmamento estabeleceu o prazo de 180 (cento e oitenta) dias, contados da data da publicação da lei, para que os proprietários e possuidores de armas de fogo não registradas, sob pena de responsabilidade penal, solicitassem o seu registro mediante apresentação de nota fiscal de compra ou a comprovação da origem lícita da posse, pelos meios de prova admitidos em direito (art. 30 da Lei n. 10.826/2003), podendo, ainda, entregá-las à Polícia Federal, ficando extinta a punibilidade de eventual crime de posse irregular de arma (art. 32 da Lei n. 10.826/2003). (...) Durante tal lapso temporal, doutrinariamente conhecido como vacatio legis indireta, a conduta de possuir arma de fogo de uso permitido (art. 12 da Lei n. 10.826/2003) ou de uso restrito (art. 16 da Lei n. 10.826/2003) era considerada atípica. O legislador, de fato, conferiu ao possuidor ou proprietário de arma de fogo a possibilidade de regularizar a posse ou, ainda, de se desfazer do artefato espontaneamente, recebendo até mesmo compensação financeira. Por certo, a referida lei, em seu bojo, estabeleceu prazo específico para que tais dispositivos entrassem em vigor, reconhecendo a atipicidade dos comportamentos praticados dentro do período de 180 (cento e oitenta) dias. (...) Ocorre que o aludido interstício teve seu termo final prorrogado até 23/10/2005 pela Lei n. 1.191/2005, em relação aos crimes de posse irregular de arma de fogo ou munição de uso permitido e restrito, sem qualquer distinção. Conforme a dicção do art. 1º da Lei n. 11.706/2008, que conferiu nova redação aos arts. 30 e 32 da Lei n. 10.826/2003, o prazo final restou estendido até 31/11/2008, tão somente em relação aos possuidores e proprietários de arma de fogo de uso permitido. Na sequência, com o advento da Lei n. 11.922/2009, houve nova prorrogação de tal prazo para o dia 31/12/2009. (...)".

49 RE 768.494-GO, Rel. Min. Luiz Fux, Pleno, j. 19/09/2013: "(...) 1. O Estatuto do Desarmamento (Lei nº 10.826/03) favoreceu os possuidores e proprietários de arma de fogo com duas medidas: (i) permitiu o registro da arma de fogo (art. 30) ou a sua renovação (art. 5º, § 3º); e (ii) facultou a entrega espontânea da arma de fogo à autoridade competente (art. 32). 2. A sucessão legislativa prorrogou diversas vezes o prazo para as referidas medidas, a saber: (i) o Estatuto do Desarmamento, cuja publicação ocorreu em 23 de dezembro de 2003, permitiu aos proprietários e possuidores de armas de fogo tanto a solicitação do registro quanto a entrega das armas no prazo de 180 (cento e oitenta) dias, após a publicação do diploma; (ii) após a edição das leis 10.884/2004, 11.119/2005 e 11.191/2005, o prazo final para solicitação do registro de arma de fogo foi prorrogado para 23 de junho de 2005, enquanto o termo final para entrega das armas foi fixado em 23 de outubro de 2005; (iii) a Medida Provisória nº 417 (convertida, posteriormente, na Lei nº 11.706/08), cuja publicação ocorreu em 31 de janeiro de 2008, alargou o prazo para registro da arma de fogo até a data de 31 de dezembro de 2008, bem como permitiu, sine die, a entrega espontânea da arma de fogo como causa de extinção da punibilidade; (iv) por fim, a Lei nº 11.922/2009, cuja vigência se deu a partir de 14 de abril de 2009, tornou a prolongar o prazo para registro, até 31 de dezembro de 2009. 3. A construção jurisprudencial e doutrinária, conquanto inexistente previsão explícita de abolitio criminis, ou mesmo de que a eficácia do delito previsto no art. 12 do Estatuto do Desarmamento estaria suspensa temporariamente, formou-se no sentido de que, durante o prazo assinalado em lei, haveria presunção de que o possuidor de arma de fogo irregular providenciaria a normalização do seu registro (art. 30). 4. O art. 12 do Estatuto do Desarmamento, que prevê o crime de posse de arma de fogo de uso permitido, passou a ter plena vigência ao encerrar-se o interstício no qual o legislador permitiu a regularização das armas (até 23 de junho de 2005, conforme disposto na Medida Provisória nº 253, convertida na Lei nº 11.191/2005), mas a Medida Provisória nº 417, em 31 de janeiro de 2008, reabriu o prazo para regularização até 31 de dezembro do mesmo ano. 5. No caso sub judice, a vexata quaestio gira em torno da aplicabilidade retroativa da Medida Provisória nº 417 aos fatos anteriores a 31 de janeiro de 2008, à luz do art. 5º, XL, da Constituição, que consagra a retroatividade da lex mitior, cabendo idêntico questionamento sobre a retroeficácia da Lei nº 11.922/2009 em relação aos fatos ocorridos entre 1º de janeiro de 2009 e 13 de abril do mesmo ano. 6. Consectariamente, é preciso definir se a novel legislação deve ser considerada abolitio criminis temporária do delito previsto no art. 12 da Lei nº 10.826/03, caso em que impor-se-ia a sua eficácia retro-operante. 7. O possuidor de arma de fogo, no período em que vedada a regularização do registro

art. 12 do Estatuto nos períodos de 25 de junho de 2005 e 31 de dezembro de 2008, bem como entre 1º de janeiro e 13 de abril de 2009.

Outro problema, menos importante, de aplicação da lei penal no tempo foi trazida pelo Decreto 9.685/2019, que trouxe diversas alterações ao Decreto 5.123/2004 quanto aos critérios de emissão e prazo de validade dos certificados de registro. Mas, além disso, em seu art. 2º, o Decreto 9.685 dispôs que: "Os Certificados de Registro de Arma de Fogo expedidos antes da data de publicação deste Decreto ficam automaticamente renovados pelo prazo a que se refere o § 2º do art. 16 do Decreto nº 5.123, de 2004".

Vamos entender o problema: uma vez que tenha sido a arma regularizada por meio do registro, houve a expedição de um certificado que possui um determinado prazo de validade, que já foi de 3 anos, passou para 5 anos e, agora, para 10 anos. Como será melhor explicado abaixo, entendemos – acompanhando a jurisprudência majoritária – que o mero fato de alguém possuir, nas condições do art. 12 do Estatuto, uma arma registrada, mas com o certificado de registro expirado, não implica em crime. Não obstante, é certo que há entendimento no sentido oposto, o que significa que certamente há pessoas que estão sendo processadas pelo crime do art. 12 do Estatuto, justamente por terem sido flagradas com o registro vencido.

Nesses casos, o processo criminal não pode subsistir, pois a renovação automática dos certificados emitidos anteriormente ao Decreto 9.685 evidentemente afastou por completo a conduta criminosa.

Agora, a questão sobre a *abolitio criminis* temporária.

---

desta, pratica conduta típica, ilícita e culpável, porquanto cogitável a atipicidade apenas quando possível presumir que o agente providenciaria em tempo hábil a referida regularização, à míngua de referência expressa, no Estatuto do Desarmamento e nas normas que o alteraram, da configuração de abolitio criminis. 8. A jurisprudência desta Corte é assente no sentido de que, verbis: 'I – A vacatio legis de 180 dias prevista nos artigos 30 e 32 da Lei 10.826/2003, com a redação conferida pela Lei 11.706/2008, não tornou atípica a conduta de posse ilegal de arma de uso restrito. II – Assim, não há falar em abolitio criminis, pois a nova lei apenas estabeleceu um período de vacatio legis para que os possuidores de armas de fogo de uso permitido pudessem proceder à sua regularização ou à sua entrega mediante indenização. III – Ainda que assim não fosse, a referida vacatio legis não tem o condão de retroagir, justamente por conta de sua eficácia temporária' (RHC 111637, Relator(a): Min. RICARDO LEWANDOWSKI, Segunda Turma, julgado em 05/06/2012). Em idêntico sentido: HC 96168, Relator(a): Min. EROS GRAU, Segunda Turma, julgado em 09/12/2008. 9. O Pretório Excelso, pelos mesmos fundamentos, também fixou entendimento pela irretroatividade do Estatuto do Desarmamento em relação aos delitos de posse de arma de fogo cometidos antes da sua vigência (HC 98180, Relator(a): Min. RICARDO LEWANDOWSKI, Primeira Turma, julgado em 29/06/2010; HC 90995, Relator(a): Min. MENEZES DIREITO, Primeira Turma, julgado em 12/02/2008). 10. In casu: (i) o Recorrido foi preso em flagrante, na data de 27 de dezembro de 2007, pela posse de arma de fogo e munição (um revólver Taurus, calibre 22, nº 97592, com seis munições intactas do mesmo calibre; uma cartucheira Rossi, calibre 28, nº 510619; um Rifle CBC, calibre 22, nº 00772; uma espingarda de fabricação caseira, sem marca visível; uma espingarda Henrique Laport, cano longo; uma espingarda de marca Rossi, calibre 36, nº 525854; nove cartuchos, sendo cinco de metal e cheios, calibre 28, e quatro de plástico, calibre 20, intactos), bem como por ocultar motocicletas com chassis adulterados; (ii) o ora Recorrido foi condenado, em primeira instância, à pena de 08 (oito) anos de reclusão pela prática dos crimes previstos no art. 12 da Lei nº 10.826/03, no art. 180, §§ 1º e 2º, e no art. 311, ambos do Código Penal; (iii) o Tribunal de Justiça de Goiás reformou em parte a sentença para absolver o Recorrido das imputações do art. 12 da Lei nº 10.826/03, com base no art. 386, V, do CPP. 11. Ex positis, dou provimento ao Recurso Extraordinário do Ministério Público para restabelecer a sentença condenatória de primeira instância, ante a irretroatividade da norma inserida no art. 30 da Lei nº 10.826/03 pela Medida Provisória nº 417/2008, considerando penalmente típicas as condutas de posse de arma de fogo de uso permitido ocorridas após 23 de junho de 2005 e anteriores a 31 de janeiro de 2008".

A Lei 9.437/1997 previa o delito de possuir arma de fogo de uso permitido, sem autorização. Tal lei foi expressa e totalmente revogada pelo Estatuto do Desarmamento (art. 36). E, como vimos, entre 23 de dezembro de 2003 (data da entrada em vigor da novel legislação) até 31 de dezembro de 2009 (prazo do art. 30), não havia crime no ato de possuir arma de fogo de uso permitido, no interior da residência ou do local de trabalho, ou seja, nos termos do tipo penal mencionado (art. 12, Lei 10.826), porque sua eficácia permaneceu suspensa em tal período. O fato permaneceu temporariamente atípico.

Pergunta-se: tratou-se de *abolitio criminis*? Aqueles que, eventualmente, foram processados nos termos do art. 10, *caput*, da Lei 9.437, devem ser beneficiados por tal causa extintiva da punibilidade?

Pensamos que não.

Entendemos que o ordenamento jurídico não deixou de prever a conduta como criminosa, mas, simplesmente, manteve a eficácia de um dispositivo legal – que prevê conduta específica de possuir a arma de uso permitido no interior de residência ou no local de trabalho – suspensa. Portanto, não houve uma opção do legislador em tornar penalmente indiferente tal conduta, de modo a não mais se justificar qualquer punição, inclusive de modo retroativo. Na verdade, o legislador continuou a prever a conduta como típica e ilícita, de modo que as condutas praticadas quando da vigência da lei anterior – no que diz respeito a "possuir arma de fogo de uso permitido", no interior da residência – não são atingidas pela nova legislação, ou seja, pela atipicidade apenas temporária.

Nem se diga haver contradição entre o que agora afirmamos e nosso posicionamento no sentido de que deve aplicada a prorrogação do prazo desde o início da vigência do Estatuto do Desarmamento: afinal, por que não *retroagir* a período anterior a ele?

É que o Estatuto do Desarmamento inaugurou novo regime jurídico a respeito do tema das armas de fogo, trazendo até mesmo maior rigor no tratamento encontrado na Lei 9.437. Mas, buscando diminuir a circulação de armas não registradas, permitiu o Estatuto a regularização delas, suspendendo, indiretamente, a vigência de seu art. 12, suspensão esta que teve seu término somente em 31 de dezembro de 2009. Tratou-se, assim, de *vacatio legis* indireta, não de *abolitio criminis*. A atipicidade era temporária, enquanto não entrasse em vigor o dispositivo da nova lei.

Entendemos que não se pode confundir atipicidade temporária, por força de *vacatio legis*, e *abolitio criminis*. Esta última sempre retroagirá, uma vez verificada: se o legislador extirpou do ordenamento jurídico penal uma determinada espécie de conduta, os efeitos de tal opção legislativa devem atingir todos aqueles que algum dia a cometeram. Situação diversa é aquela em que o legislador continua a prever a mesma conduta como criminosa, mas suspende a aplicação do tipo penal durante certo período: enquanto não decorrido, não pode o Estado exercer o *ius puniendi*, ficando suspensa a punibilidade; decorrido, volta o Estado a ter o direito de punir; os fatos anteriores ao surgimento da lei, porém, restam intocados, pois ausente causa extintiva da punibilidade.

Também pela inocorrência de *abolitio criminis*, Fernando Capez: "Esses deverão continuar sendo investigados, processados ou ter a sua pena executada normalmente, de acordo com a legislação vigente à época (Lei nº 9.437/97). Como já tinham sido surpreendidos com a arma de fogo em situação ilegal, não podem mais alegar boa-fé, nem se beneficiar com a reabertura do prazo para regularização das armas (Lei nº 10.826/2003, arts. 30 e 32). Tais delitos já estavam consumados ao tempo da entrada em vigor da nova Lei. Esta, por sua vez, em momento algum afirmou que tais condutas deixaram de constituir infração penal, pelo contrário, até agravou as penas. A situação temporária do vácuo legislativo, durante o qual o art. 12 do Estatuto do Desarmamento ficou aguardando para começar a irradiar efeitos, não se refere às situações anteriores já consolidadas. A situação circunscreve-se às condutas que continuaram a ser praticadas, em estado de permanência, após a entrada em vigor da nova legislação. Para essas sim. Do dia 23 de dezembro de 2003 até o termo final do prazo para a regularização da posse de arma de fogo, não haverá fato típico, ante a ausência de dolo em face da presunção de boa-fé".[50]

No sentido oposto, defendendo a *abolitio criminis*, César Dario Mariano da Silva: "Como a possibilidade de registro da arma de fogo ou entrega à Polícia Federal é benéfica para o acusado ou condenado, retroagirá e alcançará os processos em andamento ou já definitivamente julgados, tratando-se de evidente *abolitio criminis*. Nesses casos, haverá a extinção da punibilidade das pessoas que estejam sendo processadas ou tenham sido condenadas por posse ilegal de arma de fogo, segundo a Lei nº 9.437/97. Não se há de falar na aplicação do artigo 3º do Código Penal, que dispõe sobre a lei excepcional ou temporária. Esse dispositivo não pode ser aplicado quando se trata de norma permissiva temporária mais benéfica. Para a situação em estudo, deve ser observado o princípio da retroatividade da lei penal mais benéfica (art. 5º, XL, da CF), sob pena de o artigo 3º do Código Penal ser taxado de inconstitucional".[51]

O STJ firmou entendimento de que ocorreu *abolitio criminis*, que deve retroagir para atingir fato típico análogo cometido sob a vigência da lei anterior (Lei 9.437).[52] Já no STF, o quadro é diverso, não sendo reconhecida a *abolitio criminis*, mas apenas hipótese de *vacatio legis* especial, com atipicidade temporária.[53]

Por fim, muito importante observar que as condutas de *possuir ou manter sob sua guarda acessório ou munição de uso permitido*, nas condições de lugar do art. 12, importou em inovação legislativa, não prevista na Lei 9.437/1997, podendo-se, pois, afirmar tratar-se de *novatio legis* incriminadora, sendo vedada, por óbvio, a retroação.

Sujeitos do Crime

O crime previsto no art. 12 do Estatuto é, em geral, *comum* e, por isso, pode ser praticado por qualquer pessoa, mesmo se funcionário público, não havendo previsão, nesse último caso,

---

50 *Estatuto do desarmamento*, p. 68.

51 Op. cit., p. 185.

52 HC 164.321-SP, Rel. Min. Laurita Vaz, 5ª T., j. 19/06/2012: "(...) Com base no art. 5.º, inciso XL, da Constituição Federal e no art. 2.º, do Código Penal, a abolitio criminis temporária deve retroagir para beneficiar o réu apenado pelo crime de posse de arma de fogo seja de uso permitido ou restrito, com ou sem numeração suprimida, perpetrado na vigência da Lei n.º 9.437/97. (...)"

53 HC 90.995-SP, Rel. Min. Menezes Direito, 1ª T., j. 12/02/2008: "(...) Posse ilegal de arma de fogo de uso restrito cometida na vigência da Lei nº 9.437/97. Lei nº 10.826/03 (Estatuto do Desarmamento). Vacatio legis especial. Atipicidade temporária. Abolitio criminis. 1. A vacatio legis especial prevista nos artigos 30 a 32 da Lei nº 10.826/03, conquanto tenha tornado atípica a posse ilegal de arma de fogo havida no curso do prazo assinalado, não subtraiu a ilicitude penal da conduta que já era prevista no artigo 10, § 2º, da Lei nº 9.437/97 e continuou incriminada, até com maior rigor, no artigo 16 da Lei nº 10.826/03. Ausente, portanto, o pressuposto fundamental para que se tenha por caracterizada a abolitio criminis. 2. Além disso, o prazo estabelecido nos referidos dispositivos expressa, por si próprio, o caráter transitório da atipicidade por ele criada indiretamente. Trata-se de norma que, por não ter **ânimo** definitivo, não tem, igualmente, força retroativa. Não pode, por isso, configurar abolitio criminis em relação aos ilícitos cometidos em data anterior. Inteligência do artigo 3º do Código Penal. (...)". O argumento usado no acórdão vale para o crime do art. 12 da Lei 10.826, pois o fundamento é o mesmo.

de qualquer causa de aumento de pena, já que os arts. 19[54] e 20[55] referem-se expressamente a outros delitos.

Porém, assim como Damásio E. de Jesus,[56] entendemos que a parte final do dispositivo é caracterizadora de *crime próprio*, porque somente será praticado por aquele que possuir ou mantiver sob sua guarda arma de uso permitido em seu local de trabalho, desde que seja *o titular ou o responsável legal do estabelecimento comercial*. Não tendo o autor essa qualidade, haverá alteração qualitativa de delito, caracterizando-se o previsto no art. 14 do Estatuto.

A comprovação de titularidade ou da responsabilidade legal pelo estabelecimento pode ser feita na forma prevista no § 1º do art. 16 do Decreto 5.123: "Para os efeitos do disposto no caput deste artigo considerar-se-á titular do estabelecimento ou empresa todo aquele assim definido em contrato social, e responsável legal o designado em contrato individual de trabalho, com poderes de gerência".

O sujeito passivo é normalmente apontado como a *coletividade*, i.e., toda a sociedade (crime vago). Não pensamos que o Estado possa ser sujeito passivo primário do delito, pois o bem jurídico protegido – a segurança pública – é direito fundamental que a ele não pertence, mas que tem a obrigação de garantir.

Tipicidade objetiva

A conduta típica é a de possuir ou manter sob sua guarda arma de fogo, acessório ou munição, de uso permitido, em desacordo com determinação legal ou regulamentar, no interior de sua residência ou dependência desta, ou, ainda, no seu local de trabalho, mas, neste caso, desde que seja o titular ou o responsável legal do estabelecimento ou empresa.

A pena cominada no preceito secundário do tipo é a de detenção, de 1 a 3 anos, e multa. É crime afiançável e a própria Autoridade Policial pode arbitrar o valor da fiança (art. 322, *caput*, CPP). Outrossim, é possível a suspensão condicional do processo, nos termos do art. 89 da Lei nº 9.099/1995, mas não a transação penal. É igualmente possível o acordo de não-persecução penal, trazido pela Resolução 181/2017 do Conselho Nacional do Ministério Público (CNMP).

(A) Núcleos do tipo

Os núcleos do tipo resumem-se a *possuir* ou *manter sob sua guarda* (crime de ação múltipla).

Possuir é ter algo, seja como proprietário ou como possuidor. O sentido do termo é justamente esse: possui uma arma quem a tem em algum lugar, à sua disposição, sendo ou não seu proprietário, é dizer, tendo ou não o domínio da coisa. Assim, o agente pode ter tomado a arma de terceiro, a título de "aluguel" (fato não incomum na criminalidade), não sendo, pois, seu titular. Porém, sendo ela de uso permitido e mantida em sua residência, pode-se perfeitamente afirmar que ele a possui e, consequentemente, que comete o delito do art. 12.

Trata-se de modalidade de crime permanente.

---

54 Art. 19. Nos crimes previstos nos arts. 17 e 18, a pena é aumentada da metade se a arma de fogo, acessório ou munição forem de uso proibido ou restrito.

55 Art. 20. Nos crimes previstos nos arts. 14, 15, 16, 17 e 18, a pena é aumentada da metade se forem praticados por integrante dos órgãos e empresas referidas nos arts. 6º, 7º e 8º desta Lei.

56 Op. cit., p. 33.

Na lição de Luiz Flávio Gomes e William Terra de Oliveira: "Em *sentido ordinário*, *possuir* significa ter ou reter em seu poder, ter um objeto. Significa fruir, gozar de algo. Sob certos aspectos pode confundir-se com o domínio da coisa, quando expressamos a idéia de que alguém é o responsável pela arma, o seu dono (e neste momento seu conceito deriva originariamente da idéia de titularidade e propriedade da mesma). (...) *Juridicamente* (enquanto verbo de imputação), *possuir* transmite uma idéia específica, limitada por uma série de requisitos mínimos, tais como a existência de um *animus* especial em relação à arma, sujeição a regras temporais e circunstanciais para a configuração da posse ilegal e a aferição de sua real *ofensividade*. (...) Analisando detidamente o significado de *possuir*, acabamos por verificar que, apesar da posse ser um dos atributos da propriedade, existirá situações em que o proprietário não estará no exercício da posse, e somente o *possuidor* cometerá o delito na modalidade *possuir*".[57]

Manter sob sua guarda significa conservar consigo.[58] Não conseguimos apreender a diferença entre as condutas previstas no tipo do art. 12, pois parece-nos óbvio que a circunstância de alguém manter uma arma sob sua guarda, equivale a possui-la, pois não há qualquer necessidade de que o possuidor seja também o seu proprietário.

Ficamos, assim, com Guilherme de Souza Nucci, para quem: "O termo *manter sob sua guarda* implica, automaticamente, na posse da arma, do acessório ou da munição. Não há possibilidade de se manter algo sob tutela sem ter a posse. Por outro lado, a utilização do verbo *manter* é restritiva, pois implica em habitualidade. Ninguém pode *manter* algo num único dia. A mantença de uma situação demanda frequência, algo incompatível com o espírito da lei, afinal, quem tem a arma, ilegalmente, um único dia já pode e deve responder pelo delito. Por isso, pensamos que *possuir* seria mais que suficiente para caracterizar o crime. Se assim não fosse o intuito, o melhor seria a preservação dos inúmeros verbos anteriormente existentes, de modo a evitar qualquer dúvida na aplicação do tipo penal incriminador".[59]

(B) Objeto material

O objeto material do delito do art. 12 é a arma de fogo, o acessório ou a munição, desde que **de uso permitido**. Os explosivos e os artefatos incendiários são objetos materiais do delito previsto nos incisos III, V e VI, do parágrafo único do art. 16 do Estatuto.

O Estatuto do Desarmamento foi inovador ao dar o mesmo tratamento dispensado às armas de fogo também às munições e acessórios, que passavam praticamente incólumes na legislação brasileira. Na nova lei, todos foram erigidos ao *status* de objeto material de delitos.

Ao menos quanto às munições, agiu com acerto o legislador, visto que nada havia na lei anterior a respeito do assunto e no caso de, por hipótese, alguém ser flagrado trazendo um carregamento de munição de uso permitido, pouco poderia ser feito no campo penal. E armas sem munição que as alimente de nada servem.

---

57 Op. cit., p. 96/97.

58 Cf. JESUS, Damásio E., op. cit., p. 34: "Tem o significado de conservar, reter sob o seu cuidado em nome de terceiro. Possui natureza permanente; STJ, HC 12.280, 5ª Turma, rel. Ministro Gilson Dipp, *DJU*, 4 dez. 2000, p. 79. Diferencia-se do depósito (art. 14), em que o sujeito retém a arma para si mesmo. No sentido de que a guarda diz respeito a objeto material mantido pelo sujeito em nome de terceiro: *RT, 587:362*; *JTACrimSP, 59:281*; *RJTJSP, 15:377*. Exige um elemento normativo do tipo, contido na expressão 'em desacordo com determinação legal ou regulamentar'. Ausente, o fato é atípico".

59 Op. cit., p. 251.

A opção do legislador, porém, não passou alheia a críticas.[60]

Vejamos o que se deve entender por *arma de fogo, munição* e *acessório*.

(B.1) Arma

O trabalho do intérprete de trazer à baila definições do que seja arma de fogo é extremamente facilitado pelo ordenamento, pois, como não poderia deixar de ser, é nele que encontramos todos os conceitos. Convém lembrar que, se um tipo penal menciona a expressão "arma de fogo de uso permitido" ou "acessório de uso restrito", deve existir no próprio ordenamento uma definição de tais termos, sob pena de ser tornar inaplicável o dispositivo legal (norma penal em branco). É a pura e simples observância do princípio da legalidade.

Os conceitos são encontrados no Regulamento, ou seja, no Decreto 5.123/2004, e no Decreto 9.493/2018.

Assim, *arma de fogo* é aquela "que arremessa projéteis empregando a força expansiva dos gases gerados pela combustão de um propelente confinado em uma câmara, normalmente solidária a um cano, que tem a função de dar continuidade à combustão do propelente, além de direção e estabilidade ao projétil" (Decreto 9.493/2018, Anexo III - Glossário). Por isso, estão excluídas do alcance do Estatuto do Desarmamento as armas que utilizam gás comprimido ou pressão, ainda que de uso restrito.

As armas de fogo são consideradas armas próprias, pois fabricadas para utilização como meios de defesa ou ataque.

A Lei nº 10.826/2003 cita em seu texto três espécies de armas de fogo: de *uso proibido*, de *uso restrito* e de *uso permitido*. O art. 12 refere-se apenas à arma de uso permitido, mas vejamos abaixo, desde já, todas essas definições, que poderão ser usadas no entendimento dos demais tipos penais do Estatuto.

Quanto à arma de *uso proibido*, Fernando Capez afirma que se trata daquela "que não pode ser utilizada em hipótese alguma, ou seja, aquela cuja posse ou porte não podem ser autorizados nem mesmo pelas Forças Armadas. Restrito é aquilo que só pode ser utilizado por uma parcela específica de pessoas, conforme comentário que segue, ao passo que proibido é o artefato que não pode ser vendido, possuído ou portado por ninguém. É o caso de um canhão, um tanque de guerra ou de granadas, armamentos que nem mesmo o Exército pode autorizar o particular a ter".[61]

Na verdade, o inciso LXXX do art. 3º do Decreto 3.665/2000 explicava que "a antiga designação 'de uso proibido' é dada aos produtos controlados pelo Exército designados como 'de uso restrito'".[62] Quer dizer, as expressões *de uso proibido* e *de uso restrito*, enquanto estava em vigor o Decreto 3.665, eram consideradas sinônimas para os efeitos legais.

---

60 Cf. CAPEZ, Fernando, *Estatuto do desarmamento*, p. 57/58: "A nova lei equiparou a posse ou o porte de acessórios ou munição à arma de fogo. Dessa forma, o sujeito que for detido transportando somente a munição de um armamento de uso restrito incidirá nas mesmas penas que aquele que transportar a própria arma municiada. Não parece ser a medida mais justa, pois o projétil, sozinho, isto é, desacompanhado da arma de fogo, pode não ter idoneidade vulnerante. De qualquer forma, o legislador adotou o critério de presumir o perigo das condutas descritas no Estatuto do Desarmamento, como já havia feito por ocasião da Lei nº 9.437/97. Assim, o princípio da ofensividade, segundo o qual existe crime quando se demonstrar a efetiva lesão ou perigo de lesão do bem jurídico, deve ser aplicado excepcionalmente, apenas quando claramente for hipótese de crime impossível (CP, art. 17)".

61 *Curso de direito penal, vol. 4*, p. 341.

62 Art. 3º, LXXXI, do Decreto 3.665/2000: "a designação 'de uso restrito' é dada aos produtos controlados pelo Exército que só podem ser utilizados pelas Forças Armadas ou, autorizadas pelo Exército, algumas Instituições de Segurança, pessoas jurídicas habilitadas e pessoas físicas habilitadas".

No entanto, o novo Decreto 9.493/2018 – que, repita-se, revogou o Decreto 3.665 – trouxe uma outra classificação, mais consentânea com o Estatuto do Desarmamento.

Em primeiro lugar, considera que as armas de fogo estão inseridas no que chama de *Produto Controlado pelo Comando do Exército* (doravante, quando necessário, chamaremos apenas de produto controlado ou PCE), apresentando as três classificações trazidas pela Lei 10.826.

Assim, são *produtos de uso proibido* (art. 16, § 1º).

- os produtos químicos listados na Convenção Internacional sobre a Proibição do Desenvolvimento, Produção, Estocagem e Uso de Armas Químicas e sobre a Destruição das Armas Químicas Existentes no Mundo, promulgada pelo Decreto nº 2.977, de 1º de março de 1999, e na legislação correlata, quando utilizados para fins de desenvolvimento, de produção, estocagem e uso em armas químicas;
- as réplicas e os simulacros de armas de fogo que possam ser confundidos com armas de fogo, na forma estabelecida no Estatuto do Desarmamento, e que não sejam classificados como armas de pressão;
- as armas de fogo dissimuladas, com aparência de objetos inofensivos.

O primeiro caso acima não retrata qualquer hipótese de arma de fogo. O segundo, tampouco, visto que réplicas e simulacros, apesar de proibidas por nosso ordenamento, não são consideradas armas de fogo.[63]

Portanto, *arma de fogo de uso proibido é aquela que se apresenta de modo dissimulado, com aparência de objeto inofensivo* (ex.: uma caneta ou um guarda-chuva capaz de disparar projétil de arma de fogo).

O Decreto 5.123/2004, em seu art. 11, define *arma de fogo de uso restrito* como aquela de uso exclusivo das Forças Armadas, de instituições de segurança pública e de pessoas físicas e jurídicas habilitadas, devidamente autorizadas pelo Comando do Exército, de acordo com legislação específica. O Decreto 9.493 também possui uma definição em seu Glossário, mas para um grupo maior, o PCE de uso restrito: "é o produto controlado que devido as suas particularidades técnicas e/ou táticas deve ter seu acesso e utilização restringidos na forma estabelecida pelo Comando do Exército" (*sic*).

Mas, afinal, quais são as armas de uso restrito? A resposta é encontrada, mais uma vez, no Decreto 9.493/2018, em seu art. 16, § 2º, que elenca os *produtos de uso restrito*. O dispositivo faz uma clara divisão desses produtos, deixando o inciso I para as armas de fogo. Por conta disso, pode-se dizer que, hoje, são *armas de fogo de uso restrito* aquelas:

a) de dotação das Forças Armadas de emprego finalístico, exceto aquelas de alma lisa de porte ou portáteis;

63 Lei 10.826: "Art. 26. São vedadas a fabricação, a venda, a comercialização e a importação de brinquedos, réplicas e simulacros de armas de fogo, que com estas se possam confundir. Parágrafo único. Excetuam-se da proibição as réplicas e os simulacros destinados à instrução, ao adestramento, ou à coleção de usuário autorizado, nas condições fixadas pelo Comando do Exército". De acordo com o Glossário do Decreto 9.493, réplica ou simulacro de arma de fogo, para fins do disposto no art. 26 do Estatuto do Desarmamento, é um objeto que, visualmente, pode ser confundido com uma arma de fogo, mas que não possui aptidão para a realização de tiro de qualquer natureza.

b) que não sejam iguais ou similares ao material bélico usado pelas Forças Armadas e que possuam características particulares direcionadas ao emprego militar ou policial;

c) de alma raiada que, com a utilização de munição comum, atinjam, na saída do cano, energia cinética superior a:

1. mil libras-pé ou mil trezentos e cinquenta e cinco joules para armas portáteis; ou

2. trezentas libras-pé ou quatrocentos e sete joules para armas de porte;

d) que sejam dos seguintes calibres:

1. .357 Magnum;

2. .40 Smith e Wesson;

3. .44 Magnum;

4. .45 Automatic Colt Pistol;

5. .243 Winchester;

6. .270 Winchester;

7. 7 mm Mauser;

8. .375 Winchester;

9. .30-06 e .30 Carbine (7,62 mm x 33 mm);

10. 5,7 mm x 28 mm e 7,62 mm x 39 mm;

11. 9 mm x 19 mm (9 mm Luger, Parabellum ou OTAN);

12. .308 Winchester (7,62 mm x 51 mm ou OTAN);

13 .223 Remington (5,56 mm x 45 mm ou OTAN); e

14. .50 BMG (12,7 mm x 99 mm ou OTAN);

e) que têm funcionamento automático, de qualquer calibre; ou

f) obuseiros, canhões e morteiros;

Já *arma de fogo de uso permitido* é definida pelo art. 10 do Decreto 5.123/2004 como aquela cuja utilização é autorizada a pessoas físicas, bem como a pessoas jurídicas, de acordo com as normas do Comando do Exército e nas condições previstas no Estatuto do Desarmamento. O Decreto 9.493, por sua vez, traz uma definição de produto de uso permitido em seu Glossário: "é o produto controlado cujo acesso e utilização podem ser autorizados para as pessoas em geral, na forma estabelecida pelo Comando do Exército".

Porém, ao contrário do que ocorria com o decreto revogado, não há uma lista de armas de fogo de uso permitido, simplesmente porque optou o Decreto 9.493 pelo caminho mais fácil: aquilo que *não* for listado como produto de uso proibido e restrito é considerado de uso permitido (art. 16, § 3º). Portanto, chega-se ao que é arma de fogo de uso permitido por exclusão.

Por fim, pela sistemática adotada pelo Decreto 9.493/2018, pode-se afirmar que **não são armas de fogo**: (i) os lançadores de rojões, foguetes, mísseis e bombas de qualquer natureza; (ii) obuseiros, canhões e morteiros; (iii) os explosivos, os iniciadores e os acessórios; (iv) os agentes lacrimogêneos e os seus dispositivos de lançamento; (v) os produtos menos-letais;[64] (vi)

64 Segundo o Glossário do mesmo Decreto, são aqueles produtos que causam fortes incômodos em pessoas, com a finalidade de interromper comportamentos agressivos e, em condições normais de utilização, não causam risco de morte.

os fogos de artifício de uso profissional, conforme estabelecido em norma editada pelo Comando do Exército; (vii) os PCE que apresentem particularidades técnicas ou táticas direcionadas exclusivamente ao emprego militar ou policial.

Frise-se que o art. 12 tem como objeto material *arma de fogo de uso permitido*.

(B.2) Munição

Munição é o artefato completo, pronto para carregamento e disparo de uma arma, cujo efeito desejado pode ser a destruição, a iluminação ou o ocultamento do alvo, produzir algum efeito moral sobre pessoas, o uso em simples exercício, manejo ou outros especiais (Glossário, Decreto 9.493/2018).

A munição também passou a ser considerada produto controlado, valendo para ela o que expusemos acima sobre classificação.

Além disso, o art. 16, IV, do Decreto 9.493 define como de uso restrito, as munições:

a) que sejam dos seguintes calibres:

1. 9 mm x 19 mm (9 mm Luger, Parabellum ou OTAN);
2. .308 Winchester (7,62 mm x 51 mm ou OTAN);
3. .223 Remington (5,56 mm x 45 mm ou OTAN);
4. .50 BMG (12,7 mm x 99 mm ou OTAN);
5. .357 Magnum;
6. .40 Smith & Wesson;
7. .44 Magnum;
8. .45 Automatic Colt Pistol;
9. .243 Winchester;
10. .270 Winchester;
11. 7 mm Mauser;
12. .375 Winchester;
13. .30-06 e .30 Carbine;
14. 7,62x39mm; e
15. 5,7 mm x 28 mm;

b) para arma de alma raiada que, depois de disparadas, atinjam, na saída do cano, energia cinética superior a:

1. mil libras-pé ou mil trezentos e cinquenta e cinco joules para armas portáteis; ou
2. trezentas libras-pé ou quatrocentos e sete joules para armas de porte;

c) que sejam traçantes, perfurantes, incendiárias, fumígenas ou de uso especial;

d) que sejam granadas de obuseiro, canhão, morteiro, mão ou bocal; ou

e) que sejam rojões, foguetes, mísseis e bombas de qualquer natureza;

Deve-se atentar para essas três últimas alíneas, pois nelas o Decreto 9.493/2018 trouxe um ponto que pode ensejar muita discussão.

Vejam como nas alíneas *d* e *e* o legislador definiu como "munição" também as granadas (de obuseiro, de canhão, de morteiro, de mão ou de bocal), os rojões, foguetes, mísseis e bombas de qualquer natureza.

Vale lembrar que o conceito de munição não se encontra na Lei 10.826, tampouco no Decreto 5.124, de modo que o complemento das normas penais em branco que utilizam esse termo encontra-se, hoje, no Decreto 9.493/2018. Este descreve, em seu Glossário, "munição" como sendo o "artefato completo, pronto para utilização e lançamento, cujo efeito desejado pode ser: destruição, iluminação e ocultamento do alvo; efeito moral sobre pessoal; exercício; manejo; ou efeitos especiais". Especificamente, o art. 16, § 2º, IV, do mesmo Decreto, traz um rol do que considera munição de uso restrito.

Assim, na atual sistemática, *as granadas (de obuseiro, de canhão, de morteiro, de mão ou de bocal), os rojões, foguetes, mísseis e bombas de qualquer natureza devem ser considerados munição (de uso restrito)*. Mas, há que se fazer uma última ressalva.

A pergunta que se faz é: tais objetos sempre serão considerados "munição"? Defendemos que não. O conceito de "munição", como vimos acima, contém a expressão "artefato completo, pronto para utilização e lançamento". Logo, somente será "munição" o artefato que está pronto para ser utilizado mediante *lançamento*. Ou seja, é aquele que depende de algum instrumento para ser lançado, que pode ser uma arma ou o próprio corpo humano. Já um artefato que não é lançado, mas, deixado, inerte, em algum lugar para explodir não pode ser considerado "munição", mas "artefato explosivo".

O art. 12 do Estatuto do Desarmamento tem como objeto material *munição de uso permitido*, ou seja, a munição não compreendida na lista acima.

Lembra César Dario Mariano da Silva que, "quando a arma de fogo for de carregamento antecarga (pela boca do cano), a pólvora (ou a substância equivalente), a bucha e o material empregado como projétil também serão tidos como munição".[65]

(B.3) Acessório

O Decreto 3.665/2000 definia *acessório* como o "engenho primário ou secundário que suplementa um artigo principal para possibilitar ou melhorar o seu emprego" (art. 3º, I). O novo Decreto 9.494/2018 define *acessório de arma de fogo* como o "artefato que, acoplado a uma arma, possibilita a melhoria do desempenho do atirador, a modificação de um efeito secundário do tiro ou a modificação do aspecto visual da arma" (Glossário).

São de *uso restrito*, de acordo com o art. 16, III, do Decreto 9.494, os acessórios de arma de fogo que tenham por objetivo:

a) dificultar a localização de arma, como silenciadores de tiro, quebra-chamas e outros;

b) amortecer o estampido ou a chama do tiro; ou

c) modificar as condições de emprego, tais como bocais lança-granadas, conversores de arma de porte[66] em arma portátil[67] e outros.

O art. 12 do Estatuto do Desarmamento pune a posse, nas condições nele previstos, de acessório de *uso permitido*, a que se chega por exclusão.

Pois bem. Voltemos à análise do tipo penal.

---

65 Op. cit., p. 103.

66 Decreto 9.493/2018, Glossário: "arma de dimensões e peso reduzidos, podendo ser conduzida em um coldre e ser disparada pelo atirador como apenas uma das mãos. Enquadram-se nesta definição as pistoladas, revólveres e garruchas".

67 Decreto 9.494/2018, Glossário: "arma que, devido às suas dimensões ou ao seu peso, pode ser transportada por uma única pessoa, tais como fuzil, carabina e espingarda".

Não importa se, no mesmo contexto, forem apreendidas armas, munições e acessórios: o crime será único, pois o bem jurídico foi atingido uma única vez.

Se a *arma for absolutamente imprestável* para a realização de disparos não poderá ser considerada objeto material do delito.[68] Arma incapaz de disparar não pode ser considerada arma de fogo nos termos da definição do Decreto 9.493/2018. . E se não pode atingir o bem jurídico protegido, trata-se de crime impossível. Mas, lembremos, o art. 17 do CP exige ineficácia *absoluta* do meio, de modo que, mesmo havendo a necessidade de algum procedimento excepcional para a realização do disparo, mas desde que este seja possível, a ineficácia será apenas relativa e, assim sendo, haverá o crime.

Da mesma forma, somente existirá o crime se a *munição for apta a ser disparada*, ou seja, se puder ser deflagrada. Se apresentar defeito que impeça a normal deflagração, não haverá o crime, pois o objeto em questão não poderá ser definido como "munição".

Tais considerações mostram que a *perícia na arma, acessório ou munição* pode ser de extrema relevância para comprovação da materialidade.[69] No entanto, a jurisprudência do STJ hoje é pacífica quanto à desnecessidade da perícia,[70] de modo que o crime impossível somente será reconhecido se, eventualmente, for realizada a perícia e esta constatar o defeito, pois, do contrário, haverá o crime, eis que se entende haver perigo presumido com a mera posse da arma ou da munição. Nos parece haver aqui uma óbvia contradição, pois o atual posicionamento jurisprudencial permite condenações por posse ou porte de arma de fogo (ou munição) inapta ao uso, ou seja, que não oferece risco ao bem jurídico, desde que não tenha passado por perícia para constatar a inaptidão.

O tipo penal menciona *munição*, usando o singular, não o plural. Por isso, há entendimento de que basta a *posse de um único cartucho* para que se configure o crime.[71] É o posicionamento

---

68 STJ, REsp 1.451.397-MG, Rel. Min. Maria Thereza de Assis Moura, 6ª T., j. 15/09/2015: "(...) 1. A Terceira Seção desta Corte pacificou entendimento no sentido de que o tipo penal de posse ou porte ilegal de arma de fogo cuida-se de delito de mera conduta ou de perigo abstrato, sendo irrelevante a demonstração de seu efetivo caráter ofensivo. 2. Na hipótese, contudo, em que demonstrada por laudo pericial a total ineficácia da arma de fogo (inapta a disparar) e das munições apreendidas (deflagradas e percutidas), deve ser reconhecida a atipicidade da conduta perpetrada, diante da ausência de afetação do bem jurídico incolumidade pública, tratando-se de crime impossível pela ineficácia absoluta do meio. (...)". Esse entendimento vem sendo reiterado pelo STJ: HC 445.564-SP, j. 15/05/2018).

69 Cf. SILVA, José Geraldo; LAVORENTI, Wilson; GENOFRE, Fabiano. *Leis penais especiais anotadas*. 10ª ed. Campinas: Millennium, 2008: "Acreditamos indispensável o exame pericial da arma de fogo, acessório ou munição, para definir se ela é de uso permitido ou não, se obsoleta ou réplica de arma verdadeira".

70 AgRg no REsp 1.527.891-MG, Rel. Min. Maria Thereza de Assis Moura, 6ª T., j. 26/05/2015: "(...). É firme o entendimento deste Tribunal Superior de que 'eventual apreensão de munições isoladas não descaracteriza o crime previsto no art. 12, caput, do Estatuto do Desarmamento, pois, por ser delito de perigo abstrato e de mera conduta, para o reconhecimento da prática dessa infração penal, basta a simples posse da munição, sem autorização da autoridade competente, independendo da comprovação, por perícia, do efetivo prejuízo ou da lesão ao bem jurídico tutelado.' (AgRg no REsp 1.360.271/MG, Rel. Min. MOURA RIBEIRO, QUINTA TURMA, DJe 11/02/2014). (...)". E ainda, AgRg no AgRg no AREsp 664.932-SC, Rel. Min. Felix Fischer, 5ª T., j. 15/12/2016: "(...) A jurisprudência recente desta Corte é pacífica no sentido de que, para a caracterização dos delitos previstos nos arts. 14 da Lei n. 10.826/2003, por ser de perigo abstrato e de mera conduta, e por colocar em risco a incolumidade pública, basta a prática dos núcleos 'ter em posse' ou 'portar' sem a devida autorização legal, sendo prescindível a realização de perícia (precedentes). (...)".

71 Cf. SILVA, César Dario Mariano, op. cit., p. 67/68. Em sentido contrário, JUNQUEIRA, Gustavo Octaviano Diniz; FULLER, Paulo Henrique Aranda, op. cit., p. 437: "Acreditamos que, principalmente em relação às munições, a

que vem sendo adotado pelo STJ, que considera haver crime nessa hipótese, ainda que não tenha sido apreendida arma de fogo, mas apenas a munição.[72] O STF, porém, já reconheceu o princípio da insignificância em caso de apreensão de um único cartucho, desacompanhado da arma.[73] A partir desse entendimento da Corte Suprema, o STJ alterou seu entendimento para aplicar o princípio da insignificância naquelas situações em que a conduta, analisada concretamente, não seja capaz de gerar perigo ao bem jurídico tutelado.[74]

E a *arma desmuniciada*?

Entendemos que constitui crime possuir ou manter sob sua guarda arma de fogo de uso permitido, nas condições espaciais do art. 12, ainda que permaneça desmuniciada. É que, mesmo nesses casos, o bem jurídico protegido é atingido, pois há diminuição nos níveis de segurança (ou o bem jurídico é exposto a perigo, para os que entendem ser o delito de tal espécie). Basta pensar que a arma pode ser, a qualquer momento, municiada e depois utilizada, ainda que nos limites da residência ou local de trabalho. Resta claro que o intuito do Estatuto do Desarmamento é o de punir aqueles que possuam armas de fogo sem registro, pouco importando que estejam municiadas no momento da apreensão ou tenham munição por perto: se o fato ocorrer dentro de casa ou no local de trabalho, aplicam-se as penas do art. 12; senão, as dos arts. 14 ou 16, conforme o caso. É o entendimento também esposado por Guilherme de Souza

---

lei deve ser interpretada sob o manto da razoabilidade, com atenção à insignificância de determinadas condutas como a guarda de um ou dois projéteis de arma de pequeno calibre, desacompanhadas de qualquer arma de fogo, uma vez que logicamente não foi esse o âmbito de proteção da norma traçado pelo legislador penal, preocupado justificadamente com a posse de quantidade relevante de munição sem autorização. Assim, em nosso entendimento, a posse de pequena quantidade de munição, desacompanhada de arma de fogo, não configura o crime em tela, devendo ser aplicado o princípio da insignificância".

72 STJ, HC 358.862-RS, Rel. Min. Reynaldo Soares da Fonseca, 5ª T., j. 28/06/2016: (...) A jurisprudência do Superior Tribunal de Justiça é assente no sentido de que os crimes previstos nos art. 12, 14 e 16 da Lei 10.826/2003 são de perigo abstrato, razão pela qual é desnecessária a comprovação de prejuízo para a configuração do ilícito e incabível a aplicação do princípio da insignificância. (...)".

73 STF, RHC 143.449-MS, 2ª T., Rel. Min. Ricardo Lewandowski, j. 26.09.2017: "(...) I – Recorrente que guardava no interior de sua residência uma munição de uso permitido, calibre 22. II – Conduta formalmente típica, nos termos do art. 12 da Lei 10.826/2003. III – Inexistência de potencialidade lesiva da munição apreendida, desacompanhada de arma de fogo. Atipicidade material dos fatos. IV – Recurso provido para determinar o trancamento da ação penal em relação ao delito descrito no art. 12 da Lei 10.826/2003 (Estatuto do Desarmamento)".

74 STJ, AgRg no HC 431.736-RS, 5ª T., Rel. Min. Jorge Mussi, j. 16.10.2018: "AGRAVO REGIMENTAL NO HABEAS CORPUS. POSSE ILEGAL DE MUNIÇÃO. CRIME DE PERIGO ABSTRATO. PRINCÍPIO DA INSIGNIFICÂNCIA. PEQUENA QUANTIDADE DE MUNIÇÃO DESACOMPANHADA DE ARMA DE FOGO. AGRAVO PROVIDO. 1. O Superior Tribunal de Justiça firmou entendimento no sentido de que "o crime de posse ou porte irregular de munição de uso permitido, independentemente da quantidade, e ainda que desacompanhada da respectiva arma de fogo, é delito de perigo abstrato, sendo punido antes mesmo que represente qualquer lesão ou perigo concreto de lesão, não havendo que se falar em atipicidade material da conduta". (AgRg no RHC 86.862/SP, Relator Ministro FELIX FISCHER, QUINTA TURMA, julgado em 20/02/2018, DJe 28/02/2018). 2. No entanto, o Supremo Tribunal Federal, em recente julgado, analisando as circunstâncias do caso concreto, reconheceu ser possível aplicar a bagatela na hipótese de apreensão de apenas uma munição de uso permitido desacompanhada de arma de fogo, tendo concluído pela total inexistência de perigo à incolumidade pública (RHC 143.449/MS, Rel. Ministro RICARDO LEWANDOWSKI, SEGUNDA Turma, DJe 9/10/2017). 3. Hipótese em que, embora formalmente típica, a conduta de possuir apenas três munições, destituídas de potencialidade lesiva, já que desacompanhadas de armamento capaz de deflagrá-las, não enseja perigo de lesão ou probabilidade de dano aos bens jurídicos tutelados, permitindo-se o reconhecimento da atipicidade material da conduta".

Nucci, em comentário ao art. 14 do Estatuto.[75] Acreditamos que os mesmos argumentos usados por tal autor, válidos para o crime de porte ilegal de arma, devem igualmente valer para o delito do art. 12, vez que a objetividade jurídica é idêntica, a razão da tipificação é a mesma, mudando apenas o grau de agressão ao bem jurídico.

Basicamente com o mesmo entendimento, mas um pouco mais flexível, Fernando Capez: "Se é impossível o risco de lesão ao bem jurídico, não existe crime. Do mesmo modo, se o sujeito mantém uma arma de fogo dentro de casa, sem ter o registro legal do artefato, está realizando uma conduta descrita como delito pelo art. 12 do Estatuto do Desarmamento. No entanto, se essa arma mantida ilegalmente dentro de casa estiver descarregada, em um baú trancado no sótão da edícula, aos fundos do quintal, não se poderá falar na ocorrência de ilícito penal, uma vez que, nessa hipótese, a conduta jamais redundará na ocorrência de ilícito penal, uma vez que, nessa hipótese, a conduta jamais redundará em redução do nível de segurança da coletividade".[76]

Adotando posição diversa, Luiz Flávio Gomes e William Terra de Oliveira, em comentário ainda sob a luz da legislação revogada: "Com certeza, a realidade irá proporcionar um grande número de situações em que a aferição da ofensividade não será algo simples, revelando a complexidade do tema. Imagine-se, *v.g.*, os casos em que a arma esteja desmontada ou desmuniciada. Essas situações somente serão resolvidas pelos princípios gerais da '*disponibilidade*' e da efetiva '*ofensividade*' do objeto: a) se, uma vez montada, a arma pode disparar e se esta operação pode ser realizada com certa facilidade, estão cumpridos os dois requisitos mínimos – ofensividade e disponibilidade; b) se a munição está ao alcance do agente, possibilitando a pronta utilização da arma, estará cumprido o requisito da disponibilidade, mas ainda assim é necessária uma segunda aferição, que permitirá verificar se a arma, uma vez municiada, poderia ferir ou matar (ofensividade)".[77]

De acordo com o STF, haverá o crime do art. 12 do Estatuto, ainda que a arma esteja desmuniciada e a munição esteja fora do alcance das mãos.[78]

No mesmo sentido, o entendimento do STJ.[79]

E a *arma desmontada*?

---

75 Op. cit., p. 258.

76 *Estatuto do desarmamento*, p. 47.

77 Op. cit., pp. 81-82. O STF seguia essa mesma orientação, mas alterou seu entendimento (v. nota 74, abaixo).

78 RHC 90.197-DF, Rel. Min. Ricardo Lewandowski, 1ª T., j. 09/06/2009: "(...) Mostra-se irrelevante, no caso, cogitar-se da eficácia da arma para a configuração do tipo penal em comento, isto é, se ela está ou não municiada ou se a munição está ou não ao alcance das mãos, porque a hipótese é de crime de perigo abstrato, para cuja caracterização desimporta o resultado concreto da ação. (...)". E ainda, HC 107.957-RS, Rel. Min. Luiz Fux, 1ª T., j. 25/06/2013: "(...). A arma de fogo mercê de desmuniciada mas portada sem autorização e em desacordo com determinação legal ou regulamentar configura o delito de porte ilegal previsto no art. 10, caput, da Lei nº 9.437/1997, crime de mera conduta e de perigo abstrato. 2. Deveras, o delito de porte ilegal de arma de fogo tutela a segurança pública e a paz social, e não a incolumidade física, sendo irrelevante o fato de o armamento estar municiado ou não. Tanto é assim que a lei tipifica até mesmo o porte da munição, isoladamente. Precedentes: HC 104206/RS, rel. Min. Cármen Lúcia, 1ª Turma, DJ de 26/8/2010; HC 96072/RJ, rel. Min. Ricardo Lewandowski, 1ª Turma, Dje de 8/4/2010; RHC 91553/DF, rel. Min. Carlos Britto, 1ª Turma, DJe de 20/8/2009. (...)".

79 AgRg no REsp 1.624.015-RS, Rel. Min. Sebastião Reis Júnior, 6ª T., j. 01/12/2016: "(...) Segundo a jurisprudência deste Superior Tribunal, o simples fato de possuir arma de fogo, mesmo que desacompanhada de munição, caracteriza o delito previsto no art. 12 da Lei n. 10.826/2003, por se tratar de crime de perigo abstrato. Nesse contexto, é irrelevante aferir a eficácia da arma de fogo para a configuração do tipo penal, que é misto-alternativo, em que se consubstanciam, justamente, as condutas que o legislador entendeu por bem prevenir, podendo até mesmo ser o simples porte de munição ou o porte de arma desmuniciada. (...)".

Há na doutrina o entendimento de que tudo depende da facilidade com que a arma pode ser montada: se tal operação puder ser realizada rapidamente, ficando a arma pronta para a realização de disparos, haverá o delito; do contrário, se a montagem for uma operação complexa, demandando tempo e instrumentos especiais, o crime não existirá (a doutrina normalmente trata de casos relativos ao porte ou transporte da arma, mas não vemos razão para excluirmos de tal raciocínio a conduta de "possuir"). É o posicionamento de Luiz Flávio Gomes e William Terra de Oliveira, como visto antes, e também de Guilherme de Souza Nucci: "*(...) arma desmontada*: depende do caso concreto. Se estiver ao alcance do agente, como, por exemplo, dentro de uma bolsa, deve-se considerar crime, pois há quem monte uma arma em segundos, inclusive com a inserção de munição, representando perigo à sociedade. Porém, se a arma está desmontada, no porta-mala de um veículo, devidamente acondicionada em caixa lacrada, não nos parece crime, uma vez que o proprietário pode estar levando-a para a casa de campo, por exemplo"[80]

Ousamos discordar de tão ilustres autores. Arma desmontada, mantida no interior da residência ou no local de trabalho, continua sendo arma, mantém sua potencialidade lesiva, pois pode ser montada a qualquer tempo, e representa ameaça aos cidadãos, rebaixando o nível de segurança pública, atingido, destarte, o bem jurídico protegido. Para nós, mesmo desmontada a arma, haverá o crime descrito no art. 12.

É também o entendimento do STJ.[81]

(C) Residência ou local e trabalho do agente

Para a ocorrência do delito do art. 12, a posse da arma deve dar-se *no interior da residência ou dependência desta*, é dizer, no imóvel habitado, com regularidade, pelo agente e nas áreas ou cômodos a ele agregados, como um quintal, um jardim, a garagem, uma edícula, casa de hóspedes etc.[82]

Ou a posse deve ocorrer *no local de trabalho* do agente, desde que este seja o seu titular ou, ao menos, o responsável legal do estabelecimento ou empresa, i.e., que tenha poderes de gerência. Fora dessas duas situações, não haverá o crime do art. 12, restando caracterizado porte ou transporte do bem, previstos no art. 14 do Estatuto.

---

80 Op. cit., p. 258.

81 AgRg no REsp 1.387.946-SE, Rel. Min. Assusete Magalhães, 6ª T., j. 27/08/2013: "(...) I. A Sexta Turma do STJ, a partir do julgamento do REsp 1.193.805/SP, de relatoria do Ministro Sebastião Reis Júnior, em 15/12/2011, firmou entendimento no sentido de que o crime de porte ilegal de arma de fogo é de perigo abstrato, de forma a ser irrelevante, para a configuração do tipo penal, o fato de estar o artefato desmontado ou não ser apto a efetuar disparos, pois o bem jurídico tutelado é a segurança pública e a paz social. II. No mesmo sentido decide a Quinta Turma do STJ: 'O porte ilegal de arma de fogo não depende de lesão ou perigo concreto para caracterizar sua tipicidade, pois o objeto jurídico tutelado não é a incolumidade física, e sim a segurança pública e a paz social, colocados em risco com a posse ou o porte de armas à deriva do controle estatal, mostrando-se irrelevante, portanto, o fato de a arma estar desmuniciada ou desmontada para a configuração do crime' (STJ, AgRg no AREsp 190.443/SC, Rel. Ministra LAURITA VAZ, QUINTA TURMA, DJe de 09/10/2012). (...)".

82 Cf. NUCCI, Guilherme de Souza, op. cit., p. 252: "Não há necessidade de ser domicílio, uma residência com ânimo definitivo. É também residência a casa de campo ou de praia, bem como a casa-sede da fazenda. (...) Não se pode considerar como dependência da residência, por exemplo, um celeiro ou um galpão de fazenda, afastado da sede".

Caso o proprietário da arma (registrada) precise levá-la para outro local, ou seja, necessite transportá-la, deverá obter uma autorização especial da Polícia Federal (guia de trânsito), nos termos previstos pelo art. 28 do Decreto 5.123/2004.[83]

(D) Registro

O tipo penal do art. 12 possui elemento normativo, consubstanciado na expressão *em desacordo com determinação legal ou regulamentar*. Portanto, o crime ocorrerá se a posse da arma infringir as regras do Estatuto do Desarmamento ou de seu Regulamento (Decreto 5.123/2004), desde que, evidentemente, este não entrar em conflito com a Lei. Trata-se de norma penal em branco, pois há necessidade de verificar quais são as determinações contidas no Estatuto e no Regulamento.

Nesse passo, a mantença da arma de uso permitido em casa ou local de trabalho (se o agente for o seu titular ou, ao menos, o responsável legal do estabelecimento ou empresa), *sem o registro*, implica na prática do crime do art. 12 do Estatuto.

O principal, portanto, é que haja registro da arma de fogo e do acessório, nesse último caso, quando exigido. Quanto à munição, só é possível a posse daquela que o agente está autorizado a adquirir, do mesmo calibre da arma registrada e nas quantidades indicadas na autorização. De acordo com o § 2º do art. 21 do Decreto 5.123/2004, os acessórios e a quantidade de munição que cada proprietário de arma poderá adquirir serão estabelecidos pelo Ministério da Defesa, por meio de Portaria, com prévia consulta ao Ministério da Justiça.

Vejamos, então, em breve resumo, as principais regras a respeito do registro.

Registro, segundo a doutrina, é a autorização "para que o proprietário mantenha a arma de fogo exclusivamente no interior de sua residência ou dependência desta, ou em seu local de trabalho",[84] desde que, nesse último caso, seja o sujeito titular do estabelecimento ou da empresa (nos termos do contrato social) ou seu responsável legal (de acordo com o contrato individual de trabalho, que lhe dê poderes de gerência).[85]

A partir da edição do Estatuto do Desarmamento, as armas de fogo devem ser registradas na Polícia Federal ou no Comando do Exército.

Na *Polícia Federal* deverão ser registradas (e cadastradas no SINARM): a) as armas de fogo de uso permitido adquiridas pelo cidadão comum e que tenham atendido às disposições do art. 4º da Lei 10.826/2003;[86] b) as armas de fogo das empresas de segurança privada e de

---

83 Art. 28. O proprietário de arma de fogo de uso permitido registrada, em caso de mudança de domicílio ou outra situação que implique o transporte da arma, deverá solicitar guia de trânsito à Polícia Federal para as armas de fogo cadastradas no SINARM, na forma estabelecida pelo Departamento de Polícia Federal.

84 JUNQUEIRA, Gustavo Octaviano Diniz *et al. Legislação Penal Especial: volume 1*, 5ª ed., São Paulo: Premier Máxima, 2008, p. 430.

85 V. art. 16 do Decreto nº 5.123/2004: "O Certificado de Registro de Arma de Fogo expedido pela Polícia Federal, precedido de cadastro no SINARM, tem validade em todo o território nacional e autoriza o seu proprietário a manter a arma de fogo exclusivamente no interior de sua residência ou dependência desta, ou, ainda, no seu local de trabalho, desde que seja ele o titular ou o responsável legal pelo estabelecimento ou empresa".

86 Art. 4º. Para adquirir arma de fogo de uso permitido o interessado deverá, além de declarar a efetiva necessidade, atender aos seguintes requisitos: I – comprovação de idoneidade, com a apresentação de certidões negativas de antecedentes criminais fornecidas pela Justiça Federal, Estadual, Militar e Eleitoral e de não estar respondendo a inquérito policial ou a processo criminal, que poderão ser fornecidas por meios eletrô-

transporte de valores; c) as armas de fogo de uso permitido dos integrantes das Polícias Federal, Rodoviária Federal, Ferroviária Federal, Civis, Militares e Corpos de Bombeiros Militares.

É importante não confundir: cabe à Polícia Federal a expedição do certificado de registro da arma, não ao SINARM. Este, por sua vez, deve cadastrar a arma e autorizar a expedição do certificado (art. 5º, § 1º, do Estatuto). A Lei nº 10.826 também dispôs sobre a comercialização das armas de fogo (art. 4º) e o Decreto nº 5.123 regulou a matéria detalhadamente (arts. 12 a 21).

No *Comando do Exército* deverão ser registradas (e cadastradas no SIGMA): a) as armas de fogo de colecionadores, atiradores e caçadores; b) as armas de fogo de colecionadores, atiradores e caçadores. Note-se que a aquisição de armas de fogo, diretamente da fábrica, será precedida de autorização do Comando do Exército.

O texto original do Estatuto do Desarmamento previa que os registros de propriedade expedidos até a data de sua publicação (23 de dezembro de 2003), deveriam ser renovados junto à Polícia Federal no prazo máximo de três anos (§ 3º do art. 5º). Tais registros eram expedidos, antes da nova lei, em geral, por autoridades estaduais. No entanto, o dispositivo sofreu diversas modificações, a última delas por meio da Lei 11.922/2009 (art. 20).

Assim, o proprietário de arma de fogo com certificados de registro de propriedade expedido por órgão estadual ou do Distrito Federal até a data da publicação do Estatuto que não optou pela entrega espontânea prevista em seu art. 32, tinha o dever de renová-lo mediante o pertinente registro federal, até o dia 31 de dezembro de 2009, ante o cumprimento de determinados requisitos.

Portanto, o prazo já expirou, de modo que aqueles proprietários de armas de fogo que se omitiram em tal dever possuem-nas, desde então, ilegalmente, podendo até mesmo responder criminalmente por tal conduta. O mesmo se diga quanto aos proprietários de armas de uso permitido que não possuíam qualquer registro, visto que o art. 30 do Estatuto também fixou a mesma data para a devida regularização.

Aquele que registrou a arma ou renovou o registro dentro do prazo acima passou a ter uma arma em acordo com as determinações legais.

E se, depois disso, vencer o prazo de validade do registro ou não for este renovado[87] por falta dos requisitos legais, pergunta-se: haverá o crime do art. 12 do Estatuto, caso o proprietário não entregue a arma à Polícia Federal?

Estando vencido o registro, não tendo providenciado o proprietário da arma sua renovação, não haverá o crime do art. 12 do Estatuto e o fato será atípico se a arma for encontrada nas condições descritas no dispositivo legal (posse dentro de casa ou local de trabalho). É que registro houve e os objetivos deste foram cumpridos, não havendo o rebaixamento da segurança pública apenas porque expirada sua validade. Trata-se, assim, de infração administrativa, sem reflexos penais. Esse posicionamento vem sendo, por sinal, adotado pelo STJ.[88]

---

nicos; II – apresentação de documento comprobatório de ocupação lícita e de residência certa; III – comprovação de capacidade técnica e de aptidão psicológica para o manuseio de arma de fogo, atestadas na forma disposta no regulamento desta Lei.

87 De acordo com o art. 16, § 2º, do Decreto 5.123/2004 (com a redação dada pelo Decreto 9.685/2019), alguns dos requisitos para o registro da arma de fogo devem ser comprovados a cada dez anos, sendo este, portanto, seu prazo de validade.

88 RHC 80.365-SP, Rel. Min. Maria Thereza de Assis Moura, 6ª T., j. 14/03/2017: "(...) Na espécie, o órgão governamental atestou, mediante a entrega do registro, que o material bélico encontrava-se com o recorrente, ou seja, o Estado exerceu o seu controle ao registrar a arma e a munição, embora o acusado estivesse com

Note-se que, como já expusemos acima, o Decreto 9.685/2019 renovou automaticamente todos os certificados de registro de arma de fogo expedidos antes de sua data de publicação (15 de janeiro de 2019), conforme texto de seu art. 2º.[89] Entendemos que esse dispositivo não faz distinção entre certificados ainda válidos e os vencidos, pois apenas menciona os certificados "expedidos antes da data de publicação deste Decreto".

Ora, mesmo os certificados vencidos foram expedidos antes da data de publicação do decreto. Portanto, a questão acima levantada – é crime possuir a arma com registro vencido? – perde importância, pois a renovação automática dos registros retira a tipicidade da conduta – para aqueles que entendiam ser típica –, pois os possuidores de tais armas agora estão de acordo com a disposição regulamentar.

Essa renovação automática atinge aqueles que, por conta da promulgação do próprio Estatuto do Desarmamento, tinham o dever de regularizar a arma até o dia 31 de dezembro de 2009, mediante o pertinente registro ou sua renovação? A resposta só pode ser negativa. É que nesse caso o prazo foi instituído pela própria Lei 10.826 e, como vimos, já expirou. Não pode, pela via infralegal, ser desconstituído o prazo estabelecido em lei. Portanto, repita-se: uma vez regularizada a arma até 31 de dezembro de 2009, com o registro ou sua renovação, a arma passou a estar em acordo com determinação legal; vencido depois o registro, não haverá crime, pois todos os certificados foram automaticamente renovados por dez anos, a partir de 15 de janeiro de 2019.

No caso de recusa de renovação por falta de atendimento a algum requisito legal, a solução deve ser outra. De acordo com o art. 67-B do Decreto 5.123/2004, deverá o proprietário entregar a arma à Polícia Federal – mediante indenização – ou providenciar sua transferência para terceiro, no prazo máximo de sessenta dias e a inobservância de uma dessas obrigações implicará a apreensão da arma pela Polícia Federal ou órgão público por esta credenciado, sem prejuízo da aplicação das sanções penais cabíveis.

Assim, entendemos que, nessa hipótese, mantendo o proprietário a arma em casa ou local de trabalho – nas condições, portanto, do art. 12 do Estatuto do Desarmament – incorrerá nesse tipo penal. É que o próprio Estado negou a renovação do registro, por falta de algum requisito legal (ex.: prática de crime, resultado de exame psicológico etc.) e, a partir daí, tem o possuidor a obrigação de se desfazer da arma, quer entregando-a à Polícia, quer a transferindo a terceiro. Mantendo a arma consigo, cometerá crime.

Isso mudou com o Decreto 9.685/2019? Não. Pensamos que o art. 67-B do Decreto 5.123 não foi atingido pela renovação automática do decreto mais recente. Note-se que o possuidor

---

o documento vencido à época do fato. (...) Não obstante a reprovabilidade comportamental, a omissão restringe-se à esfera administrativa, não logrando repercussão penal a não revalidação periódica do certificado de registro. Precedentes. (...)". E também, APn 686-AP, Rel. Min. João Otávio de Noronha, Corte Especial, j. 21/10/2015: "(...). Os objetos jurídicos dos tipos previstos nos arts. 12 (guarda de arma de uso permitido em residência) e 16 (posse de munição de uso restrito) da Lei n. 10.826/2003 – Estatuto do Desarmamento – são a administração pública e, reflexamente, a segurança, incolumidade e paz pública (crime de perigo abstrato). No primeiro caso, para se exercer controle rigoroso do trânsito de armas e permitir a atribuição de responsabilidade pelo artefato; no segundo, para evitar a existência de armas irregulares circulando livremente em mãos impróprias, colocando em risco a população. (...) Se o agente já procedeu ao registro da arma, a expiração do prazo é mera irregularidade administrativa que autoriza a apreensão do artefato e aplicação de multa. A conduta, no entanto, não caracteriza ilícito penal. (...)".

89 Art. 2º. Os Certificados de Registro de Arma de Fogo expedidos antes da data de publicação deste Decreto ficam automaticamente renovados pelo prazo a que se refere o § 2º do art. 16 do Decreto nº 5.123, de 2004.

da arma que teve indeferida a renovação do registro perdeu o direito de reiterar futuramente o pedido, simplesmente porque perdeu o direito de possuir aquela arma anteriormente registrada, tanto que tem o dever de entregá-la à Polícia Federal ou de transferi-la, no prazo máximo de sessenta dias. Em suma: o possuidor tentou renovar o registro, não conseguiu e, com isso, perdeu o direito de possuir e de registrar a arma, não podendo ser beneficiado por uma renovação automática.

Tendo o proprietário o devido registro da arma, pergunta-se: pode portá-la no interior da residência ou no seu local de trabalho (sendo o estabelecimento de sua titularidade ou dele gerente)? A resposta é negativa. O registro autoriza o proprietário a manter a arma em tais locais, guardada, à sua disposição, mas não a levá-la consigo, pois, nesse caso, incorrerá no crime de *porte* ilícito (art. 14 da Lei 10.826).

A questão possui maior relevância, evidentemente, nos casos dos estabelecimentos comerciais. Assim, basta imaginar um "hipermercado" cujo gerente circula pela imensa loja com uma arma de uso permitido oculta em suas vestes, ainda que registrada. Nesse caso, entendo que estará a cometer o delito do art. 14, pois o registro da arma apenas o autoriza a mantê-la no local – por exemplo, no interior de sua sala ou em outro espaço, devidamente acondicionada e protegida – mas não junto a si, o que caracteriza porte e demanda autorização própria.[90]

Obviamente, se o gerente mantiver a arma de uso permitido, mas sem registro, em sua sala, aí sim haverá o cometimento do delito do art. 12 do Estatuto. Atenção: em qualquer situação, se o funcionário que atua no caixa do mesmo supermercado mantiver em seu posto de trabalho uma arma de uso permitido, o crime será o do art. 14, pois não exerce função que o torne responsável pelo estabelecimento.

Tipo subjetivo

O crime descrito no art. 12 da Lei nº 10.826/2003 é doloso, não havendo qualquer previsão de modalidade culposa.

O tipo penal também não traz qualquer finalidade especial por parte do agente, ou seja, não existe, *in casu*, elemento subjetivo do tipo.

Assim, há necessidade de que o agente tenha consciência de que possui arma de fogo fora das disposições do Estatuto e do seu regulamento.[91]

Perfeitamente possível o erro de tipo, pois o agente pode manter em casa ou no local de trabalho uma arma de fogo de uso permitido, acreditando tratar-se de arma de brinquedo.[92] Já o erro de proibição é igualmente possível, mas de difícil ocorrência, pois houve ampla campanha

90 No mesmo sentido, a opinião de SILVA, César Dario Mariano, op. cit., p. 69: "Há de ser observado que aquele que possui o registro da arma de fogo não poderá portá-la, mesmo nos locais descritos no art. 12 do Estatuto. O certificado de registro da arma de fogo dá o direito de o seu proprietário tê-la naqueles locais devidamente acondicionada. Assim, não poderá tê-la consigo, a não ser em ocasiões excepcionais, como quando faz a sua manutenção".

91 Cf. JUNQUEIRA, Gustavo Octaviano Dizin *et al*, op. cit., p. 435: "Assim, se o sujeito não tem consciência de que a arma está em sua casa, não pode ser por isso responsabilizado, ainda que imprudente na verificação do que terceiros ali coloquem".

92 Cf. JUNQUEIRA, Gustavo Octaviano Dizin *et al*, op. cit., p. 435: "O erro quanto à qualidade de 'arma de fogo' do objeto que é entendido pelo sujeito como enfeite ou relíquia de família, em nossa opinião, afasta o dolo, embora existam entendimentos em sentido contrário".

de esclarecimento à população sobre as regras do Estatuto, chegando mesmo a ocorrer um referendo a respeito de um de seus dispositivos.

O dolo eventual é teoricamente possível: o agente, não obstante a dúvida sobre se pode ou não manter a arma em sua residência, mesmo sem o registro, resolve lá deixá-la, assumindo o risco de atingir o bem jurídico protegido.

Consumação e Tentativa

O crime do art. 12 consumar-se-á no exato momento em que o agente entrar na posse da arma, do acessório ou da munição, se dentro de sua residência ou local de trabalho (se titular do estabelecimento ou gerente).

Pode ter o agente adquirido uma arma de uso permitido na rua, na clandestinidade e, somente depois, a levado para sua residência. Entre a aquisição e a chegada à residência, houve o porte ilegal, previsto no art. 14 do Estatuto. Isso é certo. Mas, chamamos a atenção para a dificuldade de tal prova, pois o agente sempre poderá alegar ter recebido a arma em sua residência. Ora, se esta foi lá encontrada, há um fato seguramente demonstrado e uma situação flagrancial evidente, caracterizadora do art. 12, não havendo sentido em perder-se com hipóteses a respeito da chegada da arma à casa.

Assim, a partir do instante em que o sujeito tem a arma não registrada disponível para si, em sua residência ou local de trabalho, estará consumado o crime.

O delito é permanente, razão pela qual, a qualquer momento, pode ocorrer a apreensão da arma e a prisão em flagrante delito de seu possuidor.

Para alguns, a tentativa é teoricamente possível, pois o ato de possui ou de manter sob sua guarda são plurissubsistentes.[93]

Na prática, porém, a caracterização da tentativa será hipótese rara, dada a dificuldade de demonstrar que o agente iria entrar na posse do objeto, sendo impedido, por exemplo, pela ação da polícia. Aliás, a dificuldade maior será a de descaracterizar os atos até então praticados como meramente preparatórios e, por consequência, impuníveis. Outros simplesmente consideram a forma tentada inadmissível, como Fernando Capez: "Ou o agente mantém consigo ou não mantém. Ou possui ou não possui. Na hipótese do agente surpreendido enquanto tenta adquirir ilegalmente a arma de fogo, o crime será o do art. 14, na forma tentada, e não o delito em comento".[94]

Ação penal

A ação penal é pública incondicionada.

Concurso de Crimes

Vejamos algumas hipóteses de concurso de crimes, oportunidade em que incluiremos na análise outros delitos previstos no Estatuto, e não apenas o art. 12 ora em comento, sempre que idênticos os raciocínios.

Assim, fiquemos com o exemplo do homicídio.

Suponhamos que o agente possua em sua residência uma arma de fogo de uso permitido, sem registro, devidamente guardada em uma gaveta ao lado de sua cama. Em dado momento,

93 Cf. SILVA, César Dario Mariano, *op. cit.*, p. 71.

94 *Estatuto do desarmamento*, p. 72.

surge uma discussão entre ele e sua companheira. O agente pega a arma e a descarrega, matando a mulher. Obviamente, será processado por feminicídio. Pergunta-se: haverá concurso entre este último delito e a posse ilegal prevista no art. 12 do Estatuto? Pensamos que sim. É que, bem antes da discussão e de seu ato de covardia, o agente já mantinha a arma em situação de franca ilegalidade. Assim, lembrando ser o art. 12 delito permanente, é certo que sua consumação já havia ocorrido e manteve-se até o momento do desenlace fatal. Dessa forma, não temos dúvida: nesse caso haverá concurso material entre os dois delitos.[95]

Suponhamos agora que um gerente mantenha uma arma de uso permitido, sem registro, no interior de sua sala, quando a empresa é tomada de assalto, com morte imediata de seguranças e alguns funcionários, razão pela qual ele a pega e atira nos bandidos, matando um deles. É razoável afirmar ter agido o gerente em legítima defesa. Pergunta-se: responderá pelo delito do art. 12 do Estatuto?

Entendo que deverá responder pela posse ilegal da arma. Notem bem: não se nega a ocorrência da causa de exclusão da ilicitude, mas apenas que esta deve ser aplicada apenas ao homicídio, visto que, bem antes de sua ocorrência, já estava consumado o delito do art. 12, pois o gerente já "possuía ilegalmente" a arma em questão.

A tese de *inexigibilidade de conduta diversa* como causa supralegal de exclusão da culpabilidade vem obtendo cada vez mais reconhecimento pela doutrina nacional.[96] Entendo possível sua invocação em sede dos delitos previstos no Estatuto do Desarmamento em geral, embora dependa, para seu reconhecimento, de prova inequívoca. Assim, teoricamente, é possível ao agente demonstrar que mantinha a arma dentro de sua residência, pois era efetivamente ameaçado de morte por pessoa que comprovadamente tinha comportamento violento e era provável que cumprisse a ameaça. Nesse caso, estaria ausente a culpabilidade por não lhe ser exigível outra conduta. Porém, se a tese em questão está relacionada diretamente a um crime de homicídio, daí então o raciocínio que deve ser feito é o mesmo antes usado para as causas de exclusão da ilicitude.

De outra parte, nada obsta que haja concurso entre o delito do art. 12 da Lei nº 10.826/2003 e outro nela previsto. Por exemplo: se o sujeito mantém uma arma de fogo de uso permitido, sem registro, dentro de sua residência e, além disso, porta nas ruas uma arma de fogo com numeração suprimida, estará cometendo dois delitos diversos, sendo o do art. 12 com a primeira conduta, e o descrito no inciso IV do parágrafo único do art. 16 com a segunda. São dois planos de ação totalmente diversos.[97]

---

95 STJ, HC 325.387-SP, Rel. Min. Ribeiro Dantas, 5ª T., j. 13/12/2016: "(...) A absorção do crime de porte ilegal de arma pelo de homicídio pressupõe que as condutas tenham sido praticadas em um mesmo contexto fático, guardando entre si uma relação de dependência ou de subordinação. Destarte, o porte da arma de fogo deve ter como fim unicamente a prática do crime de homicídio para ser absorvido como ante factum impunível. Ausente essa vinculação com o crime fim, não há falar em consunção, havendo, pois, crime autônomo de porte ou posse de arma de fogo. (...)". O Acórdão refere-se ao *porte*, mas o raciocínio pode ser aplicada à *posse* da arma de fogo.

96 Cf. GOMES, Luiz Flávio *et al.*, *Direito penal, vol. 2*, p. 645: "Quando o agente atua de acordo com circunstâncias normais, não fica afastada a exigibilidade de conduta diversa (a culpabilidade). Em caso de anormalidade, ao contrário, pode ficar eliminada a exigibilidade de conduta diversa. Na anormalidade das circunstâncias residem as causas de exclusão da exigibilidade de conduta diversa, também chamadas de causas de exculpação. Essas causas podem ser legais (coação moral irresistível e obediência hierárquica – cf. CP, art. 22) ou supralegais (inexigibilidade de conduta diversa como causa supralegal de exclusão da culpabilidade)".

97 No mesmo sentido, NUCCI, Guilherme de Souza, op. cit., p. 259.

Diversa é a solução no caso de ambas as armas serem encontradas no interior da mesma residência: o crime mais grave, referente à arma com numeração raspada, absorve o previsto no art. 12.

E o crime de associação criminosa armada? Acreditamos que o princípio é sempre o mesmo, ou seja, se for possível enxergar contextos fáticos distintos entre tal delito e aqueles previstos no Estatuto, poderá ser reconhecido o concurso material.[98]

Por fim, entendemos que pode ocorrer concurso entre os delitos previstos no Estatuto do Desarmamento, notadamente entre os arts. 12, 13, 14, 15, 16 e 17, com o crime de receptação, pois o bem jurídico protegido no crime contra o patrimônio é diverso daquele amparado pela Lei Especial.[99]

OMISSÃO DE CAUTELA

Art. 13. Deixar de observar as cautelas necessárias para impedir que menor de 18 (dezoito) anos ou pessoa portadora de deficiência mental se apodere de arma de fogo que esteja sob sua posse ou que seja de sua propriedade:

Pena – detenção, de 1 (um) a 2 (dois) anos, e multa.

Parágrafo único. Nas mesmas penas incorrem o proprietário ou diretor responsável de empresa de segurança e transporte de valores que deixarem de registrar ocorrência policial e de comunicar à Polícia Federal perda, furto, roubo ou outras formas de extravio de arma de fogo, acessório ou munição que estejam sob sua guarda, nas primeiras 24 (vinte e quatro) horas depois de ocorrido o fato.

Cominando a mais leve das penas privativas de liberdade do Estatuto, o art. 13 trouxe basicamente duas condutas: a primeira, contida no *caput*, praticamente repetiu a legislação anterior, consistindo na omissão de cautela originadora do *nomen juris*; a segunda, uma novidade da legislação, é delito correlato às obrigações previstas no art. 7º.

---

98 STJ, RHC 78.242-ES, Rel. Min. Jorge Mussi, 5ª T., j. 01/12/2016: "(...) ABSORÇÃO DO CRIME DE POSSE ILEGAL DE ARMA DE FOGO DE USO RESTRITO PELO DE ASSOCIAÇÃO CRIMINOSA ARMADA. DENÚNCIA QUE DESCREVE FATOS EM TESE TÍPICOS. ARMAMENTO QUE SERIA UTILIZADO NA PRÁTICA DE ROUBOS. INEXISTÊNCIA DE PROVAS DE QUE A POSSE DA PISTOLA SE ESGOTARIA NO DELITO DO PARÁGRAFO ÚNICO DO ARTIGO 288 DO CÓDIGO PENAL. IMPOSSIBILIDADE DE ABSORÇÃO. NECESSIDADE DE REVOLVIMENTO DE MATÉRIA FÁTICO-PROBATÓRIO. IMPOSSIBILIDADE NA VIA ELEITA. 1. Em habeas corpus e em recurso ordinário em habeas corpus, somente deve ser obstada a ação penal se restar demonstrada, de forma indubitável, a atipicidade da conduta, a ocorrência de circunstância extintiva da punibilidade e a ausência de indícios de autoria ou de prova da materialidade do delito. 2. Na espécie, a narrativa contida na peça vestibular não permite extrair, com a certeza necessária para a aplicação do princípio da consunção, que a posse do armamento se esgotaria no delito de associação criminosa armada, como sustentado na irresignação. (...)".

99 Nesse sentido, GOMES, Luiz Flávio; OLIVEIRA, William Terra. Op. cit., p. 159: "Aqui, importa indagar sobre o dolo de aquisição de algo que seja 'produto de crime'. Caso o agente adquira a arma sabendo ser ela fruto de um delito, estará cometendo um crime contra o patrimônio no momento em que se apoderar da *res*. Se depois mantiver consigo a arma, circulando com a mesma ou mantendo-a guardada, estará cometendo o delito de porte ou posse ilegal (os quais possuem uma objetividade jurídica diversa e momentos consumativos ulteriores). A modalidade de conduta 'adquirir' descrita no *caput* está reservada aos casos de aquisição de uma arma sem o respectivo registro, porém sem o componente anímico de vantagem patrimonial ilícita". Contra, no sentido de que o agente apenas responderá pelo delito mais grave, JUNQUEIRA, Gustavo Octaviano Diniz *et al*, op. cit., p. 441. Os mesmos autores, porém, trazem jurisprudência sustentando a ocorrência de concurso (idem, p. 460).

A pena prevista é de detenção, de 1 a 2 anos, e multa. Trata-se de delito de menor potencial ofensivo, sendo perfeitamente cabível a transação penal e, eventualmente, a suspensão condicional do processo, tal como previstas na Lei nº 9.099/1995.

Aplicação da Lei Penal no Tempo

O parágrafo único do art. 13 trouxe um novo crime ao nosso ordenamento jurídico, constituindo inequívoca *novatio legis* incriminadora, razão pela qual não poderá retroagir. O fato nele descrito era, antes do advento do Estatuto do Desarmamento, atípico.

Sujeitos do Crime

As figuras típicas previstas no *caput* e no parágrafo único do art. 13 constituem, no que tange ao sujeito ativo, *crimes próprios*: somente poderá o agente cometer o primeiro delito descrito se for o proprietário ou possuidor da arma de fogo;[100] e o segundo somente será cometido pelo proprietário ou diretor responsável de empresa de segurança e transporte de valores.

O sujeito passivo é a coletividade e, também, ainda que de modo secundário, o menor de 18 anos e a pessoa portadora de deficiência mental (*caput*). Para a caracterização do delito não há necessidade de qualquer vínculo entre estes últimos e o proprietário ou possuidor da arma.[101]

Tipicidade objetiva

Analisemos, primeiramente, a figura típica prevista no *caput* do artigo.

A conduta prevista é a de deixar de observar as cautelas necessárias para impedir que menor de 18 anos ou que pessoa portadora de deficiência mental se apodere de uma arma de fogo que esteja sob a posse do agente ou que seja de propriedade deste.

O núcleo do tipo situa-se na expressão *deixar de observar*, ou seja, não ter atenção, o que sugere a existência de um dever, de um comportamento esperado que não foi seguido pelo agente (crime *omissivo próprio*).[102]

Mas o que se deixa de observar nesse caso? As *cautelas necessárias*, expressão que constitui elemento normativo do tipo e que representa, no dizer de Guilherme de Souza Nucci, "o dever de cuidado objetivo, imposto a todos os que vivem em sociedade, significando atuar com atenção e zelo".[103]

---

100 Com entendimento de que o crime descrito no *caput* do art. 13 é comum: JESUS, Damásio E., op. cit., p. 39.

101 Cf. JESUS, Damásio E., op. cit., p. 39, e SILVA, César Dario Mariano, op. cit., p. 74.

102 Em sentido oposto, SILVA, César Dario Mariano, op. cit., p. 74, para quem o crime não pode ser considerado omissivo. E também GOMES, Luiz Flávio; OLIVEIRA, William Terra, op. cit., p. 160: "Enquanto crime culposo, o tipo apresenta fundamentalmente *conduta omissiva*, traduzida pela falta de cautelas. Não estamos diante de um crime omissivo, pois, além da omissão, o legislador inseriu no tipo a 'inobservância do cuidado objetivo necessário' como requisito da conduta. Assim, ao lado de um comportamento omissivo ou mesmo comissivo, deverá surgir um resultado involuntário, não querido pela agente".

103 Op. cit., p. 253. Vide STJ, APn 394-RN, Rel. Min. José Delgado, Corte Especial, j. 15/03/2006: "(...) Inexistência de omissão de cautela na guarda da arma de fogo a justificar a denúncia, visto que o relatório policial registra que a arma estava guardada no móvel do quarto de casal desmuniciada e a munição guardada separadamente. (...)".

O tipo ainda prevê um objetivo para a exigência da cautela, é dizer, o legislador deixa expresso o que quer efetivamente impedir: *que menor de 18 anos ou pessoa portadora de deficiência mental se apodere de arma de fogo*. Tais sujeitos do delito são indivíduos incapazes de entender o caráter ilícito do fato ou de determinar-se de acordo com tal entendimento, por definição legal. O tipo penal menciona apenas tais pessoas, nada dizendo sobre "pessoa inexperiente em manejá-la", como fazia o art. 19, § 2º, alínea *c*, da LCP. Por isso, há entendimento de que continua sendo contravenção penal a conduta de omitir as cautelas necessárias para impedir que pessoa inexperiente no manejo de arma de fogo dela se apodere.[104]

Por sinal, o Decreto 5.123/2004, com a redação que lhe foi dada pelo Decreto 9.685/2019, exige daquele que queira adquirir uma arma de fogo e que possua residência habitada também por criança, adolescente ou pessoa com deficiência mental, a apresentação de uma declaração de que, a sua moradia possui cofre ou local seguro com tranca para armazenamento (art. 12, VIII). Essa exigência não existia até 15 de janeiro de 2019, data da publicação do Decreto 9.685.

O § 10 do mesmo art. 12 do Decreto 5.123 (também incluído pelo Decreto 9.685/2019) estatui o seguinte: "A inobservância do disposto no inciso VIII do caput sujeitará o interessado à pena prevista no art. 13 da Lei nº 10.826, de 2003".

Este último dispositivo deve ser interpretado com alguma cautela.

A exigência do inciso VIII do art. 12 do Decreto 5.125 não pode ser considerada a "cautela necessária" prevista no tipo do art. 13 do Estatuto: a cautela seria o ato de providenciar que na moradia haja cofre ou local seguro com tranca para armazenamento da arma, de modo a impedir que menor de 18 anos ou pessoa portadora de deficiência mental dela se apodere. O que o inciso VIII do art. 12 do Decreto exige é apenas a apresentação de uma *declaração* do interessado de que possui tal cofre ou local seguro em casa.

Assim, como interpretar que "a inobservância do disposto no inciso VIII do caput sujeitará o interessado à pena prevista no art. 13 da Lei nº 10.826, de 2003"?

A inobservância não pode ser simplesmente da falta de apresentação da declaração, obviamente, porque, nesse caso, não estaria presente um dos requisitos exigidos pelo Decreto 5.123 para que seja autorizada a aquisição da arma.

Tampouco pode ser a falta de apresentação da declaração daquele que tinha o dever de apresentá-la, ocultando o fato de coabitar com menor de 18 anos ou pessoa portadora de deficiência mental. Isso porque a simples apresentação de uma declaração não pode ser, em si, a própria cautela. Esta não pode ser outra coisa senão o *possuir, na casa, o cofre ou o local seguro com tranca para armazenar a arma*.

Com isso, "a inobservância do disposto no inciso VIII.." não pode ser interpretada no sentido de que a falta de apresentação da declaração quando exigida pelo Decreto configura o crime do art. 13 do Estatuto. Claro, já que a mera apresentação da declaração não pode ser considerada a "cautela necessária" do tipo penal. E não sendo a cautela necessária, afirmar que alguém comete o crime do art. 13 do Estatuto simplesmente porque deixou de apresentar a declaração quando exigida é aceitar que um decreto possa criar novo tipo penal, o que seria inconstitucional, por flagrante violação ao princípio da reserva legal.

---

104 Cf. CAPEZ, *Estatuto do desarmamento*, p. 85-86. Em sentido contrário, pela revogação tácita do dispositivo da LCP, quanto às armas de fogo, JUNQUEIRA, Gustavo Octaviano Diniz *et al*, op. cit., p. 446.

Pensamos que a única interpretação possível é outra: o § 10 do art. 12 traz uma presunção de que, caso haja o apoderamento da arma por menor de 18 anos ou pessoa portadora de deficiência mental que resida na casa (vide tópico sobre consumação e tentativa), a falta de cofre ou de local seguro com tranca para armazenar o objeto trará a presunção da falta das "cautelas necessárias" do tipo do art. 13 do Estatuto do Desarmamento. Essa presunção não poderá ser aplicada aos casos anteriores a 15 de janeiro de 2019, data em que entrou em vigor o Decreto 9.685, que trouxe o citado § 10 ao art. 12 do Decreto 5.123/2004.

Observe-se, ainda, que a doutrina costuma afirmar que temos no *caput* do art. 13 a descrição de negligência, o que está correto se considerarmos que a imprudência se revela por meio de conduta comissiva, um agir. Fernando Capez, comentando o artigo em questão e mencionando a imprudência: "É a culpa de quem age, ou seja, manifestada por meio de uma ação. Tratando-se de comportamento comissivo, a imprudência não tem previsão no art. 13, que fala em 'deixar de observar as cautelas necessárias' e, por isso, cuida apenas da negligência". Em seguida, contudo, reconhece a possibilidade de outra solução: "Na prática, contudo, se o agente coloca (portanto, age) a arma de fogo ao alcance do menor, por imprudência, acabará respondendo pelo delito em questão, já que também terá omitido as cautelas necessárias para impedir o acesso a ela".[105] Portanto, a depender de como se apresentar a conduta, pode-se nela vislumbrar imprudência ou negligência, não possuindo o tipo penal a rigidez que alguns lhe atribuem.[106]

O objeto material do delito previsto no art. 13 é a arma de fogo apenas, pois o tipo não menciona munição ou acessório. Então, no caso da conduta prevista resultar no apoderamento de munição por parte do menor de 18 anos ou da pessoa portadora de deficiência mental não se configurará o delito em tela, mas a contravenção do art. 19, § 2º, alínea *c*, da LCP, pois nela há menção expressa a tal objeto material. Já quanto aos acessórios, o fato é atípico.[107]

Quanto à necessidade de efetivo apoderamento da arma por menor de 18 anos ou pessoa portadora de deficiência mental para a configuração do crime, entendemos ser tal requisito indispensável para a caracterização do delito, como veremos em tópico adiante (sobre consumação e tentativa).

Passaremos agora a tratar da figura típica prevista no parágrafo único do art. 13.

A conduta criminosa é a de deixar o proprietário ou diretor responsável de empresa de segurança e transporte de valores de registrar ocorrência policial e de comunicar à Polícia Federal perda, furto, roubo ou outras formas de extravio de arma de fogo, acessório ou munição que estejam sob sua guarda, nas primeiras 24 horas depois de ocorrido o furto.

Lembremos, antes de mais nada, que o § 1º, do art. 7º, do Estatuto do Desarmamento, impõe obrigações ao proprietário ou diretor responsável de empresa de segurança privada e de transporte de valores: a de registrar ocorrência policial e de comunicar à Polícia Federal perda, furto, roubo ou outras formas de extravio de armas de fogo, acessórios e munições que estejam sob sua guarda, nas primeiras 24 horas depois de ocorrido o fato. Quer dizer, ocorrido o

105 *Estatuto do desarmamento*, p. 83.

106 Como, de resto, espera-se menos rigidez no trato do tema em geral, não apenas nos limites da lei em comento. Afinal, aquele que deixa de dar manutenção ao seu veículo e, ainda assim o dirige, ocorrendo uma falha mecânica e um acidente com vítima, foi imprudente ao conduzir o carro em tais condições impróprias, ou negligente, por não dar-lhe manutenção adequada? A resposta é claramente condicionada pela pergunta.

107 Cf. CAPEZ, Fernando, *Estatuto do desarmamento*, p. 86.

extravio da arma, munição ou acessório, deve o proprietário ou diretor responsável da empresa, no prazo máximo de 24 horas depois do fato, levá-lo ao conhecimento da Polícia Civil (que tem atribuição para investigar o extravio, advindo daí a necessidade de registro da ocorrência) e também da Polícia Federal (para fins de controle, eis que detém as atribuições relativas ao registro da arma e fará a devida comunicação ao SINARM).

O próprio dispositivo citado já adverte sobre a consequência do descumprimento de tais obrigações, mencionando expressamente a caracterização do delito previsto no art. 13, parágrafo único.

Mais uma vez, espera-se e exige-se do sujeito ativo um determinado comportamento, que não é correspondido. Trata-se, portanto, de conduta *omissiva*.

Mas, a redação do parágrafo único do art. 13 vem suscitando algumas discussões na doutrina.

Com efeito, a pergunta que logo surge é: para a caracterização do delito é necessário que o sujeito ativo deixe de registrar a ocorrência e também de comunicar o fato à Polícia Federal? Em outras palavras, se apenas registrar a ocorrência na Polícia Civil – ou apenas comunicar o extravio à Polícia Federal – terá praticado o crime?

Entendemos que o tipo penal em tela exige a omissão das duas obrigações para que o crime se configure, de forma que não estará caracterizado o delito se o agente apenas comunicar o fato à Polícia Federal ou se apenas registrar a ocorrência policial. Somente haverá o crime se o sujeito ativo deixar de adotar as duas posturas dele esperadas.[108] De modo diferente, entende Guilherme de Souza Nucci: "No entanto, para não configurar a infração penal, o agente tem *dupla obrigação*: registrar a ocorrência, em qualquer repartição policial estadual (responsável pela investigação), além de, oficialmente, comunicar à Polícia Federal. Pressupõe-se, por óbvio, que, se a ocorrência for registrada em delegacia da polícia federal, dispensa-se a comunicação".[109]

Além disso, o tipo prevê um prazo para a configuracão do crime: o agente deve deixar passar as primeiras 24 horas depois do extravio, sem comunicar o fato à Polícia. Ou seja: o extravio

108 Cf. CAPEZ, Fernando, *Estatuto do desarmamento*, p. 87/88: "Entendemos que, a despeito da interpretação literal sugerir que ambas as providências devam ser tomadas, sob pena de haver o aperfeiçoamento típico, a exigência é de cunho alternativo. Assim, caso o agente registre a ocorrência de furto da arma de fogo na Delegacia de Polícia estadual, no prazo legal, tal atitude por si só basta para afastar o crime. Da mesma forma se proceder à comunicação do furto somente à Polícia Federal. É que, na hipótese, cumpriu-se o objetivo da lei, qual seja, o de proporcionar às autoridades públicas a ciência imediatada do desaparecimento do bem, de forma a lhes facilitar a sua investigação e a imediata apreensão, impedindo, com isso, que os artefatos fiquem por tempo demasiado nas mãos de criminosos. Comunicado o desparecimento ou a subtração a um órgão público, incumbirá a este entrar em contato com seu congênere, não se podendo partir da premissa de que a Polícia Estadual e a Federal são departamentos estanques, sem comunicação entre si. O dever de entrosamento é do Poder Público, não se podendo delegar ao particular tal ônus. Feito isso, o bem jurídico protegido não sofre qualquer lesão ou perigo de lesão, tornando-se o fato atípico".

109 Op. cit., p. 255. É também o entendimento de SILVA, César Dario Mariano, op. cit., p. 79): "Não há como aceitar que somente com a falta do registro policial **e** da ausência da comunicação à Polícia Federal é que haverá a adequação típica. Partindo-se de uma simples interpretação gramatical chegaríamos a essa conclusão. Entretanto, interpretando-se sistematicamente o dispositivo, percebe-se que o legislador pretendeu obrigar o sujeito ativo a fazer o registro policial e também noticiar o evento à Polícia Federal, justamente para que os órgãos de segurança pública possam agir para a localização e apreensão dos objetos materiais extraviados e para que haja a atualização dos registros do SINARM o mais breve possível".

ocorre e, antes de decorrerem 24 horas, o sujeito ativo dele toma conhecimento e, não obstante, permanece inerte, deixando fluir tal prazo.

Não concordamos com a afirmação de que o prazo é contado do momento em que o sujeito ativo toma conhecimento do extravio, pois o tipo penal é expresso: *nas primeiras 24 horas depois de ocorrido o fato.*[110] Assim, se o agente tomar conhecimento do extravio depois de passado o prazo de 24 horas e permanecer inerte, não haverá o crime, já que, como veremos adiante, por entendermos se tratar de crime doloso, a falta de conhecimento do fato gerador da obrigação afasta a tipicidade. Entendemos que andou mal o legislador na previsão típica, mas não temos como fugir das conclusões acima, ante a redação do dispositivo. Por sinal, pensamos mesmo que o dispositivo pretendeu transformar em crime aquilo que deveria permanecer na esfera da infração administrativa.

Ao contrário do ocorrido no *caput*, o parágrafo único possui como objetos materiais não somente as armas de fogo, mas também os acessórios e munições.

Tipo subjetivo

O delito previsto no *caput* do dispositivo em estudo é *culposo*, pois o agente não quer que o menor de 18 anos (ou a pessoa portadora de deficiência mental) se apodere da arma de fogo, nem assume o risco de que tal ocorra. É que, se o sujeito ativo agir com dolo, estará configurado outro delito, previsto no art. 16, parágrafo único, inciso V, que prevê a conduta de entregar arma de fogo a criança ou adolescente. É, assim, um crime culposo o previsto no art. 13, *caput*, apesar de ter o legislador fugido da praxe de evitar a descrição da conduta (normalmente, nos crimes culposos, encontramos apenas a expressão "se culposo o crime" ou similar).[111]

Concluindo: se o agente quer que o menor de 18 anos se apodere da arma, comete o delito do art. 16, parágrafo único, inciso V, do Estatuto; se, ao invés do menor de 18 anos, quem se apodera da arma é pessoa portadora de deficiência mental, o crime poderá ser o do art. 14 (arma de uso permitido), art. 16, *caput* (arma de uso restrito), ou art. 16, parágrafo único, inciso IV (arma com numeração suprimida), nestes casos, na forma de concurso de agentes (art. 29 do CP).

Já o crime descrito no parágrafo único é doloso, pois a omissão do sujeito ativo – não fazer o registro do extravio ou a comunicação deste – deve ser intencional, ou seja, um franco descumprimento de suas obrigações.[112] Por isso afirmamos antes que o sujeito deve deixar passar

---

110 Cf. SILVA, César Dario Mariano, op. cit., p. 80: "Observamos, ainda, que o prazo de vinte e quatro horas começará a fluir a partir do momento em que a perda, o furto, o roubo ou qualquer outra forma de extravio do objeto material chegar ao conhecimento do sujeito ativo. Caso o sujeito ativo não tenha conhecimento do evento, não pode ser responsabilizado penalmente por não ter agido, não havendo que se falar em omissão". Acompanha-o MARCÃO, Renato, op. cit., p. 43.

111 É a posição de Capez (*Estatuto do desarmamento*, p. 82), Nucci (op. cit., p. 253), Damásio (op. cit., p. 39) e Cézar Dario Mariano da Silva (op. cit., p. 74).

112 Cf. NUCCI, Guilherme de Souza, op. cit., p. 255: "Não se exige elemento subjetivo específico, nem se pune a forma culposa. É essencial considerar que o dolo é *abrangente,* razão pela qual o proprietário ou diretor precisa ser *convenientemente* informado da perda furto, roubo ou qualquer forma de extravio, para que possa providenciar a imediata comunicação. Por outro lado, esse registro e comunicação podem ser feitos por prepostos. Se estes, porventura, recebem a incumbência e não o fazem, não se pode responsabilizar criminalmente o proprietário ou diretor, uma vez que se está no âmbito penal e não na esfera civil, quando se poderia argumentar com a culpa *in vigilando*".

o prazo de 24 horas para que o crime se configure e que, caso somente tome conhecimento do extravio depois de tal prazo, não haverá o delito.

Ora, se as obrigações são de providenciar o registro e de fazer a comunicação do extravio nas primeiras 24 horas, se o agente tomar conhecimento do fato somente dois dias depois de ocorrido, como exigir-lhe o cumprimento das obrigações? Não que esteja, então, delas dispensado, mas não incorrerá mais em crime. Entendimento contrário levaria à conclusão de que o delito é culposo e constitui negligência não inteirar-se do paradeiro das armas sob sua guarda e responsabilidade, com o que não concordamos.[113]

César Dario Mariano da Silva, por sua vez, possui entendimento bastante peculiar a respeito do tema: "Temos, novamente, um crime, via de regra, praticado na forma culposa (negligência). Contudo, se o sujeito dolosamente se omitir e não fizer o registro e a comunicação, igualmente incorrerá no tipo. Não há como entender que o crime somente se implementa na forma culposa, pois bastaria o sujeito dolosamente se omitir para não ser punido".[114]

Consumação e Tentativa

O crime do art. 13, *caput*, consuma-se com o apoderamento da arma por parte do menor de 18 anos ou da pessoa portadora de deficiência mental. O crime é material e, para consumar-se, é necessária a ocorrência do resultado previsto na descrição típica, além do que, sendo culposo o delito, é imprescindível a ocorrência da lesão ao bem jurídico para sua caracterização.[115] Por consequência, a tentativa é impossível: ou o menor de 18 anos (ou a pessoa portadora de deficiência mental) apodera-se da arma ou não haverá o crime em questão.[116]

Por outro lado, o delito descrito no parágrafo único consuma-se uma vez decorrido o prazo de 24 horas do extravio da arma, munição ou acessório. A tentativa é igualmente impossível, já que, feita alguma das comunicações dentro do prazo, não haverá o delito; deixando o agente de fazê-las dentro do prazo, o crime restará consumado.

Ação penal

A ação penal é pública incondicionada.

Concurso de Crimes

É possível o concurso dos delitos previstos no art. 13 com outros do Estatuto do Desarmamento.

113 Cf. CAPEZ, Fernando, *Estatuto do desarmamento*, p. 87: "Convém notar não ser raro que o diretor ou proprietário somente tome conhecimento da perda ou furto do objeto muito tempo depois. Ainda que o desconhecimento, e a consequente omissão, tenha sido obra da incúria do agente, a ausência de previsão da forma culposa torna a não-comunicação do sumiço fato penalmente irrelevante. Há necessidade, portanto, da vontade livre e consciente de não comunicar o fato à autoridade. Não poderá, todavia, o agente alegar que não sabia da obrigação legal de fazer a comunicação, pois o desconhecimento da lei é inescusável (CP, art. 21, primeira parte)".

114 Op. cit., p. 80. Acompanha-o em tal entendimento, MARCÃO, Renato, op. cit., p. 43/44.

115 Contra, no sentido de que se trata de crime de mera conduta: Damásio (op. cit., p. 39) e Nucci (op. cit., p. 254). Mas ambos concordam com a necessidade do apossamento. Segundo Nucci: "O preceito primário demanda o apossamento da arma de fogo pelo menor ou deficiente. Logo, se uma arma de fogo é esquecida sobre a mesa, mas inexiste menor ou deficiente que possa alcançá-la, cuida-se de conduta atípica. Vislumbra-se, portanto, um crime omissivo condicionado. A negligência seguida do apossamento configura o crime".

116 É também o entendimento de Capez (*Estatuto do desarmamento*, p. 82) e Nucci (op. cit., p. 256).

Assim, se o agente possui uma arma sem registro, em casa, e omite as cautelas necessárias para evitar que um menor de 18 anos dela se apodere, terá cometido o delito previsto no art. 12 ou art. 16, *caput*, ou parágrafo único, inciso IV, a depender do armamento, em concurso formal com o art. 13, *caput*.

PORTE ILEGAL DE ARMA DE FOGO DE USO PERMITIDO

Art. 14. Portar, deter, adquirir, fornecer, receber, ter em depósito, transportar, ceder, ainda que gratuitamente, emprestar, remeter, empregar, manter sob guarda ou ocultar arma de fogo, acessório ou munição, de uso permitido, sem autorização e em desacordo com determinação legal ou regulamentar:

Pena – reclusão, de 2 (dois) a 4 (quatro) anos, e multa.

Parágrafo único. O crime previsto neste artigo é inafiançável, salvo quando a arma de fogo estiver registrada em nome do agente.

Sob o nome de "porte ilegal de arma de fogo de uso permitido", o art. 14 do Estatuto do Desarmamento previu, na verdade, uma série de condutas que podem ser praticadas com arma, acessório ou munição de uso permitido, sendo o "portar" apenas um dos treze núcleos do tipo. O legislador procurou diferenciar o simples "possuir" arma de fogo, munição ou acessório de uso permitido (dentro de casa ou do local de trabalho) do "portar" tais objetos, punindo esta última conduta com mais severidade, acertadamente, diga-se, eis que atinge com maior gravidade o bem jurídico protegido.

A pena prevista é de reclusão, de 2 a 4 anos, e multa, podendo ocorrer um aumento de metade, nas hipóteses no art. 20[117] do mesmo Estatuto. Não se trata de crime de menor potencial ofensivo e nem pode ocorrer a suspensão condicional do processo, embora, no caso de inaplicável a causa de aumento, seja possível o acordo de não-persecução penal previsto na Resolução 181/2017 do CNMP.

O parágrafo único estabelece que o crime é afiançável se a arma estiver registrada em nome do agente, do contrário, não será cabível fiança. Note-se que, sem tal ressalva, seria o delito, a princípio, afiançável, nos termos da sistemática adotada pelo CPP. Não estaria o juiz proibido de conceder a liberdade provisória, pois, caso verificasse a ausência dos requisitos para a prisão cautelar, poderia perfeitamente conceder ao agente a liberdade. Somente estaria vedada a medida mediante fiança.

Ocorre que o STF julgou inconstitucional o parágrafo único do art. 14, em julgamento de ação direta de inconstitucionalidade, razão pela qual não mais poderá ser aplicado.[118] Assim,

117 Art. 20. Nos crimes previstos nos arts. 14, 15, 16, 17 e 18, a pena é aumentada da metade se forem praticados por integrante dos órgãos e empresas referidas nos arts. 6º, 7º e 8º desta Lei.

118 ADIn nº 3.112-DF, Rel. Min. Ricardo Lewandowski, j. 02/05/2007: "AÇÃO DIRETA DE INCONSTITUCIONALIDADE. LEI 10.826/2003. ESTATUTO DO DESARMAMENTO. INCONSTITUCIONALIDADE FORMAL AFASTADA. INVASÃO DA COMPETÊNCIA RESIDUAL DOS ESTADOS. INOCORRÊNCIA. DIREITO DE PROPRIEDADE. INTROMISSÃO DO ESTADO NA ESFERA PRIVADA DESCARACTERIZADA. PREDOMINÂNCIA DO INTERESSE PÚBLICO RECONHECIDA. OBRIGAÇÃO DE RENOVAÇÃO PERIÓDICA DO REGISTRO DAS ARMAS DE FOGO. DIREITO DE PROPRIEDADE, ATO JURÍDICO PERFEITO E DIREITO ADQUIRIDO ALEGADAMENTE VIOLADOS. ASSERTIVA IMPROCEDENTE. LESÃO AOS PRINCÍPIOS CONSTITUCIONAIS DA PRESUNÇÃO DE INOCÊNCIA

poderá o magistrado arbitrar fiança – ou, independente dela, conceder a liberdade provisória – sendo ou não a arma registrada em nome do agente.

Aplicação da Lei Penal no Tempo

A comparação do art. 14 do Estatuto do Desarmamento com o art. 10 da Lei nº 9.437/1997 revela que o legislador manteve a maioria dos núcleos do tipo existentes na legislação revogada. Ao mesmo tempo, deixou para o delito do art. 12 a conduta de "possuir" arma de fogo, desde que nos limites e condições ali previstos; e eliminou os núcleos "fabricar", "vender", "alugar" e "expor à venda", o que não significa, como veremos adiante, a ocorrência de *abolitio criminis*, já que, ou continuará a incidir sobre tais condutas o art. 14 ou incidirá o art. 17 da nova Lei.

De qualquer modo, é inegável que, quanto às demais ações mantidas no art. 14, estamos diante de *novatio legis in pejus*, pois o Estatuto prevê pena bem mais severa daquela constante do art. 10 da lei revogada: de delito apenado com detenção, de 1 a 2 anos, e multa, passou-se à previsão das penas de reclusão, de 2 a 4 anos, e multa. Assim, deve-se aplicar o princípio da irretroatividade da lei penal mais severa, de forma que o indivíduo processado por portar arma de fogo de uso permitido quando da vigência da lei anterior não será atingido pela nova Lei.

Não podemos nos esquecer, contudo, que as condutas antes previstas na Lei 9.437 e mantidas na Lei 10.826 são, em geral, permanentes (como "manter sob sua guarda", por exemplo), o que pode trazer a seguinte consequência: caso o sujeito ativo mantinha sob sua guarda uma arma de fogo ainda sob a vigência da lei revogada e, advindo a nova legislação, prosseguiu com tal conduta, é certo que o art. 14 poderá ser aplicado. Nesse sentido, a Súmula 711 do STF: "A lei penal mais grave aplica-se ao crime continuado ou ao crime permanente, se a sua vigência é anterior à cessação da continuidade ou da permanência".

E DO DEVIDO PROCESSO LEGAL. AFRONTA TAMBÉM AO PRINCÍPIO DA RAZOABILIDADE. ARGUMENTOS NÃO ACOLHIDOS. FIXAÇÃO DE IDADE MÍNIMA PARA A AQUISIÇÃO DE ARMA DE FOGO. POSSIBILIDADE. REALIZAÇÃO DE REFERENDO. INCOMPETÊNCIA DO CONGRESSO NACIONAL. PREJUDICIALIDADE. AÇÃO JULGADA PARCIALMENTE PROCEDENTE QUANTO À PROIBIÇÃO DO ESTABELECIMENTO DE FIANÇA E LIBERDADE PROVISÓRIA. I – Dispositivos impugnados que constituem mera reprodução de normas constantes da Lei 9.437/1997, de iniciativa do Executivo, revogada pela Lei 10.826/2003, ou são consentâneos com o que nela se dispunha, ou, ainda, consubstanciam preceitos que guardam afinidade lógica, em uma relação de pertinência, com a Lei 9.437/1997 ou com o PL 1.073/1999, ambos encaminhados ao Congresso Nacional pela Presidência da República, razão pela qual não se caracteriza a alegada inconstitucionalidade formal. II – Invasão de competência residual dos Estados para legislar sobre segurança pública inocorrente, pois cabe à União legislar sobre matérias de predominante interesse geral. III – O direito do proprietário à percepção de justa e adequada indenização, reconhecida no diploma legal impugnado, afasta a alegada violação ao art. 5º, XXII, da Constituição Federal, bem como ao ato jurídico perfeito e ao direito adquirido. IV – A proibição de estabelecimento de fiança para os delitos de 'porte ilegal de arma de fogo de uso permitido' e de 'disparo de arma de fogo', mostra-se desarrazoada, porquanto são crimes de mera conduta, que não se equiparam aos crimes que acarretam lesão ou ameaça de lesão à vida ou à propriedade. V – Insusceptibilidade de liberdade provisória quanto aos delitos elencados nos arts. 16, 17 e 18. Inconstitucionalidade reconhecida, visto que o texto magno não autoriza a prisão ex lege, em face dos princípios da presunção de inocência e da obrigatoriedade de fundamentação dos mandados de prisão pela autoridade judiciária competente. VI – Identificação das armas e munições, de modo a permitir o rastreamento dos respectivos fabricantes e adquirentes, medida que não se mostra irrazoável. VII – A idade mínima para aquisição de arma de fogo pode ser estabelecida por meio de lei ordinária, como se tem admitido em outras hipóteses. VIII – Prejudicado o exame da inconstitucionalidade formal e material do art. 35, tendo em conta a realização de referendo. IX – Ação julgada procedente, em parte, para declarar a inconstitucionalidade dos parágrafos únicos dos artigos 14 e 15 e do artigo 21 da Lei 10.826, de 22 de dezembro de 2003".

O art. 14 do Estatuto trouxe uma novidade em relação à lei anterior, pois incluiu os acessórios e as munições como objetos materiais, representando, nesse aspecto, *novatio legis* incriminadora, não podendo, por óbvio, retroagir a situações anteriores à sua entrada em vigor.

Por outro lado, o art. 10, § 3º, inciso IV, da lei revogada previa uma qualificadora para os casos de armas de uso permitido, consistente na seguinte hipótese: "possuir condenação anterior por crime contra a pessoa, contra o patrimônio e por tráfico ilícito de entorpecentes e drogas afins". Tal previsão não se repetiu no Estatuto do Desarmamento, razão pela qual estamos diante, nesse aspecto, de *novatio legis in mellius*, cabendo retroação.[119]

Por fim, a *vacatio legis* temporária de que falamos nos comentários ao art. 12 do Estatuto, que trata da *posse* de arma de uso permitido, não atingiu o crime do art. 14, que trata do *porte*.[120]

Sujeitos do Crime

O crime do art. 14 é comum, podendo ser praticado por qualquer pessoa. Mas, conforme disposto no art. 20, a pena será aumentada da metade se o delito em questão for cometido por integrantes dos órgãos e empresas referidos nos arts. 6º, 7º e 8º do Estatuto. Ou seja, ao mesmo tempo em que a Lei deu a tais pessoas maior facilidade para possuir arma de fogo, acessório ou munição, e portá-la, passou a puni-los com mais rigor caso fujam dos limites da permissão legal.

O sujeito passivo é, mais uma vez, a coletividade (crime vago).

Tipicidade objetiva

O tipo penal do art. 14 prevê nada menos do que treze núcleos diferentes, sendo, assim, um tipo misto alternativo. Haverá crime nas condutas de portar, deter, adquirir, fornecer, receber, ter em depósito, transportar, ceder (gratuitamente ou não), emprestar, remeter, empregar, manter sob sua guarda ou ocultar arma de fogo, acessório ou munição, de uso permitido, sem autorização e em desacordo com determinação legal ou regulamentar. Vê-se que o legislador procurou prever o maior número possível de situações, tendo obtido, a nosso ver, sucesso em tal intuito.

(A) Núcleos do tipo

O primeiro núcleo do tipo previsto no art. 14 acabou sendo a razão do *nomen iuris* escolhido pelo legislador. *Portar* significa, segundo a doutrina, levar consigo o objeto material, "em

---

119 STJ, HC 61.390-SP, Rel. Min. Laurita Vaz, 5ª T., j. 24/10/2006: "(...) 1. Ao contrário da tese esposada no aresto do Tribunal de Justiça Paulista, trazido à colação pelo Impetrante, não se trata, a figura descrita no art. 10, § 3.º, inciso IV, da Lei n.º 9.437/97, de crime autônomo, constituindo evidente hipótese de circunstância qualificadora, absolutamente dependente do caput do mesmo dispositivo. (...) Desse modo, a posterior revogação implementada pela Lei n.º 10.826/03 não tem o condão de tornar atípica a conduta antes qualificada em virtude de o agente possuir condenação anterior por crime contra a pessoa, contra o patrimônio ou por tráfico ilícito de entorpecentes e drogas afins, mas tão-somente de desclassificar o delito para a forma simples, prevista no caput do art. 10 da Lei n.º 9.437/97. (...)".

120 STJ, HC 216.779-RS, Rel. Min. Maria Thereza de Assis Moura, 6ª T., j. 29/08/2013: "(…) O Superior Tribunal de Justiça firmou entendimento no sentido de que a vacatio legis estabelecida pelos artigos 30 e 32 da Lei nº 10.826/2003, para a regularização das armas dos seus proprietários e possuidores, é reconhecida hipótese de abolitio criminis temporalis. (…) Tal compreensão, todavia, somente abrange as hipóteses de posse de arma de fogo, assim compreendidas aquelas em que a arma está na residência ou no local de trabalho do acusado, configurando-se o porte de arma, delito diverso do crime de posse, não há se falar em hipótese abrangida pela vacatio legis. (…)".

condições de pronta utilização, mantendo-a sob sua disponibilidade imediata. Portar é levar a arma, circular com ela. Além disso, o verbo não abrange apenas o contato físico com a arma, mas também significa que o agente tem o objeto ao seu alcance, em condições de fazer rápido uso do mesmo".[121]

Isso não significa que o agente esteja, necessariamente, levando a arma, o acessório ou a munição em suas mãos, mas desde que tenha possibilidade de ter acesso ao objeto com facilidade e em condições de usá-lo prontamente. Fernando Capez traz os seguintes exemplos, alguns retirados da jurisprudência: "em porta-luvas do veículo (*RT*, *653*:387) ou o seu banco (*RT*, *559*:398), na cintura (*RT*, *534*:403), no bolso ou sob as vestes, em capanga, embaixo ou atrás do banco do motorista (*JTACrimSP*, *71*:287), presa ao tornozelo, no console do carro, no arreio do animal, dentro de uma pasta no veículo, no assoalho deste etc.".[122] Fora de tais casos, o agente poderá incidir em outro núcleo do tipo, como "transportar", por exemplo.

Deter significa conservar o objeto em seu poder de forma apenas momentânea, sem que seja o proprietário dele ou mesmo o possuidor. Seria o caso, *v.g.*, daquele que permanece com a arma de terceiro, enquanto o proprietário ausenta-se por alguns instantes.

Transportar é transferir o objeto de um local para outro, fora das hipóteses configuradoras do porte ou da detenção. É o caso, por exemplo, do sujeito que leva a arma no porta-malas do automóvel, dentro de uma caixa e desmontada.[123]

Adquirir é a obtenção onerosa da arma, munição ou acessório, seja por meio de compra ou por troca.

Receber significa obter, entrar na posse do objeto, aceitá-lo de alguém, seja como mero possuidor ou já como proprietário. Abrange, portanto, a situação de obtenção não onerosa do bem.

Fornecer a arma, o acessório ou a munição é entregá-la por qualquer meio, seja oneroso ou gratuito. É abastecer.[124] Nesse ponto, note-se que, caso o fornecimento seja oneroso, restará caracterizada a venda, muito embora não seja previsto o núcleo do tipo "vender" no art. 14. Porém, "fornecer" mediante uma contraprestação é o mesmo que "vender".[125] Mas, cuidado:

---

121 GOMES, Luiz Flávio; OLIVEIRA, William Terra, op. cit., p. 115.

122 *Estatuto do desarmamento*, p. 96.

123 STJ, AgRg no AREsp 664.960-MG, Rel. Min. Reynaldo Soares da Fonseca, 5ª T., j. 03/03/2016: "(...) 1. O agravante foi condenado na instância ordinária pela prática do crime previsto no art. 14 da Lei 10.826/2003 – Estatuto do Desarmamento. 2. Guia de tráfego de arma concedido pelo Exército ao agravante, que o autorizava, enquanto praticante de tiro esportivo, a transportar a arma de sua residência para um estande ou clube de tiro, regulamente registrado. 3. O Tribunal de origem, fundado no contexto fático-probatório constante dos autos, concluiu que o agravante, ao desobedecer a rota preestabelecida na guia de tráfego de arma, extrapolou os limites do documento autorizativo, materializando, assim, o elemento normativo do tipo – sem autorização e em desacordo com determinação legal ou regulamentar. 4. Alterar as conclusões consignadas no acórdão recorrido, para concluir de forma diversa – pela atipicidade da conduta –, exigiria a incursão aprofundada no conjunto fático-probatório e demais elementos de convicção dos autos, o que não é possível em sede de recurso especial. (...)".

124 Cf. NUCCI, Guilherme de Souza, op. cit., p. 256.

125 É a posição de JESUS, Damásio E., op. cit., p. 50. Na visão de, MARCÃO, Renato, op. cit., p. 52: "O art. 14 da Lei nº 10.826/2003 não tipifica o verbo *vender*. É preciso, diante do caso concreto, que se faça justa adequação em face de outro verbo previsto, pois antes da venda o agente necessariamente deverá ter praticado qualquer das demais condutas reguladas. (...) Em sentido contrário, entendendo que *vender* não configura crime algum: 'Cessão e venda se diferenciam quanto ao seu objeto. Enquanto esta é o ato jurídico pelo qual

se o fornecimento oneroso – é dizer, a venda – ocorrer no exercício de atividade comercial ou industrial, estará caracterizado o crime previsto no art. 17 do Estatuto, com previsão de pena muito mais elevada.

Ceder equivale a passar a outrem a posse do objeto, sem que haja, necessariamente, transferência de propriedade ou contraprestação. Assim, como o próprio artigo ressalva, haverá o crime ainda que haja a cessão gratuita do objeto. Por exemplo, aquele que precisou entrar em uma casa bancária e deixou a arma com um amigo, que o esperou à porta do estabelecimento, ambos sem autorização para o porte, cedeu-a, enquanto o último a deteve.

Ter em depósito é o mesmo que guardar, manter armazenado o objeto material para seu uso, seja qual for o objetivo final, desde que, se o objetivo for a venda posterior, não seja esta praticada no exercício de atividade comercial ou industrial, caso em que estará configurado o delito do art. 17 do Estatuto.

Manter sob guarda diferencia-se de "ter em depósito" porque significa a mantença do objeto com o agente, mas em nome de terceiro. Como ensina César Dario Mariano da Silva: "O sujeito não é o proprietário nem o possuidor do objeto material, mas, por algum motivo, guarda-o para o seu proprietário, possuidor ou detentor. Para que ocorra o crime em estudo, o sujeito deverá manter o objeto material sob sua guarda em outro local que não os descritos no art. 12 do Estatuto. Se o sujeito mantiver sob sua guarda o objeto material nos locais descritos no art. 12 do Estatuto, o crime será o previsto no referido artigo".[126]

Emprestar é o mesmo que ceder o objeto material, em caráter temporário, mas com a clara ideia de que o objeto será posteriormente devolvido.

Remeter significa enviar o objeto material para outro local, desacompanhado do agente, é dizer, este não estará próximo do objeto, senão a conduta equivaleria a "transportar". Assim, o agente encaminha o objeto por meio do correio ou por terceiro (este último responderá pelo delito, caso conheça a natureza do objeto, na modalidade de "transportar").

Empregar é usar o objeto material, o que traz evidentes dificuldades para o intérprete. Usar como? No caso de uma arma, dispará-la é empregá-la? Obviamente que a conduta de empregar a arma de fogo não pode abranger o seu disparo, sob pena de tornar-se simplesmente inaplicável o art. 15 do Estatuto, que incrimina tal ato. Por isso, segundo o entendimento de parte da doutrina, "deve-se interpretar o emprego como sendo qualquer forma de utilização da arma, com exceção do disparo, como, por exemplo, a ameaça exercida com o emprego de arma de fogo ilegal. Nesse caso, responde o agente pelo crime, previsto no Estatuto do Desarmamento, mais grave, e não pelo delito capitulado no art. 147 do CP (ameaça)".[127] Mas, a doutrina igualmente também traz ressalvas à aplicação prática do dispositivo, pois, como lucidamente advertem, Luiz Flávio Gomes e William Terra de Oliveira: "Na verdade, considerando que *empregar* equivale a 'usar' a arma segundo a finalidade para a qual foi concebida (disparos, intimidação, ferir ou matar outrem), torna-se difícil imaginar os casos em que o emprego (uso) já não configure um crime

o alienante transfere, ao adquirente, o domínio de certa coisa, aquela é o ato jurídico pelo qual o cedente transfere, ao cessionário, créditos ou direitos. Havendo omissão do legislador, já que não consta entre as ações nucleares típicas do artigo 14 da Lei nº 10.826/03 o verbo vender, aquele que vende arma de fogo de uso permitido não responde por crime algum' (TJRJ, ApCrim 4.832/2006, 7ª Ccrim, j. 5-12-2006, rel. Des. Maurilio Passos Braga)".

126 Op. cit., p. 87.

127 CAPEZ, Fernando, *Estatuto do desarmamento*, p. 98.

autônomo e distinto. (...) Somente encarando o emprego como uma conduta independente, que lesiona um bem jurídico distinto (a segurança coletiva), é que podemos conceber a possibilidade de que tal comportamento seja típico. O estabelecimento do concurso de crimes é a única solução possível, ainda que censurável (diante de um duvidoso *bis in idem*)".[128]

O último núcleo do tipo previsto no art. 14 consubstancia-se no verbo *ocultar*, significando esconder a arma, o acessório ou a munição para que não seja encontrada.

Sendo o art. 14 um tipo de conteúdo variado (ou misto alternativo) é possível que o agente incida em mais de um dos treze núcleos previstos (ex.: o sujeito adquire um revólver e depois passa a portá-lo). Nesse caso, em regra, o crime será único.[129]

(B) Objeto material

Como vimos acima, o art. 14 possui como objeto material a arma, a munição ou o acessório, todos de *uso permitido*.[130] Observe-se que as armas de uso permitido, mas com numeração raspada, são objeto material do delito previsto no art. 16, parágrafo único, inciso IV, do Estatuto.

Lembramos que haverá crime único também na hipótese em que, num mesmo contexto fático, o agente esteja portando mais de uma arma ou mesmo armas e munições, armas e acessórios ou tudo junto.

São pertinentes também quanto ao crime de porte ilegal as discussões vistas nos comentários ao art. 12 a respeito da aptidão da arma ou munição para disparo,[131] a necessidade de

---

128 Op. cit., p. 152/153.

129 Fernando Capez vislumbra a possibilidade de conclusão diversa: "Pode suceder que entre as condutas típicas inexista qualquer nexo-causal, por exemplo, o agente porta em sua cintura uma arma de fogo e recebe outra arma, ambas as condutas previstas no art. 14. Nessa hipótese, haverá dificuldade em explicar a razão de existir um só delito. Aqui, o princípio da alternatividade se revela incapaz de oferecer adequada resposta. Com efeito, não se pode afirmar ter havido crime único, tampouco que as diferentes condutas atuaram como fase normal de sua execução. Na hipótese de as condutas serem diferentes, mas sem qualquer relação de mútua interdependência que as torne fato anterior ou posterior conectado com o principal, como se poderá falar em absorção? Tratando-se de fatos completamente diversos, como é o caso do porte da arma de fogo e do recebimento de outra em contexto fático distinto, será juridicamente impossível falar em atos integrantes da mesma conduta, inexistindo qualquer conflito aparente de normas. Haverá, em suma, dois crimes distintos, devendo o agente ser responsabilizado por ambos, sob a forma de concurso material ou, quando presentes todas as circunstâncias do art. 71, *caput*, do Código Penal, de crime continuado. O mesmo sucede se o agente adquire um grande lote de munições e guarda em depósito diversos acessórios de arma de fogo. Nessa hipótese, não há como afastar o concurso de crimes, dado que não existe qualquer nexo causal entre as condutas" (*Estatuto do desarmamento*, p. 92/93).

130 Remetemos o leitor aos esclarecimentos feitos nos comentários ao art. 12 quanto à classificação das armas em de uso permitido e de uso restrito.

131 STJ, REsp 1.228.545-RS, Rel. Min. Og Fernandes, 6ª T., j. 18/04/2013: "(...) 1. Esta Corte consolidou o entendimento de que para a caracterização do delito previsto no artigo 14 da Lei nº 10.826/03 é irrelevante se a munição possui ou não potencialidade lesiva, por se tratar de delito de perigo abstrato, pouco importando se estava acompanhada de arma de fogo para a sua efetiva utilização. 2. O Direito Penal somente deve se preocupar com os bens jurídicos mais importantes e necessários à vida em sociedade, interferindo o menos possível na vida do cidadão. É a última entre todas as medidas protetoras a ser considerada, devendo ser as perturbações mais leves objeto de outros ramos do Direito. 3. Na hipótese dos autos, verifico que a arma para a qual se destinava a munição era devidamente registrada em nome do recorrido no Sistema de Armas não sendo razoável punir o transporte da munição destinada ao seu uso. (...)".

perícia, o porte de um único cartucho, e o fato de a arma estar ou não municiada ou desmontada. Vejamos.

Quanto à aptidão da arma ou da munição, consoante entendimento que já expusemos nos comentários ao art. 12, que entendemos aplicável ao crime de porte nesse aspecto, se a *arma for absolutamente imprestável* para a realização de disparos não poderá ser considerada objeto material do delito.[132] Arma incapaz de disparar não pode ser considerada arma de fogo nos termos da definição do Decreto 9.493/2018. E se não pode atingir o bem jurídico protegido, trata-se de crime impossível. Mas, lembremos, o art. 17 do CP exige ineficácia *absoluta* do meio, de modo que, mesmo havendo a necessidade de algum procedimento excepcional para a realização do disparo, mas desde que este seja possível, a ineficácia será apenas relativa e, assim sendo, haverá o crime. Da mesma forma, somente existirá o crime se a *munição for apta a ser disparada*, ou seja, se puder ser deflagrada. Se apresentar defeito que impeça a normal deflagração, não haverá o crime, pois o objeto em questão não poderá ser definido como "munição".

Porém, não obstante a conclusão de que a verificação da ineficácia absoluta para o disparo pode levar ao reconhecimento do crime impossível, não se tem exigido a realização da perícia,[133] de modo que a atipicidade somente será reconhecida se eventualmente for realizada a perícia e esta constatar o defeito, pois, do contrário, haverá o crime, eis que se entende haver perigo presumido com a mera posse da arma ou da munição. Repetimos que nos parece haver aqui uma óbvia contradição, pois o atual posicionamento jurisprudencial permite condenações por posse ou porte de arma de fogo (ou munição) inapta ao uso, ou seja, que não oferece risco ao bem jurídico, desde que não tenha passado por perícia para constatar a inaptidão.

O tipo penal menciona *munição*, usando o singular, não o plural. Por isso, há entendimento de que basta o *porte de um único cartucho* para que se configure o crime.[134] É o posiciona-

---

132 STJ, REsp 1.451.397-MG, Rel. Min. Maria Thereza de Assis Moura, 6ª T., j. 15/09/2015: "(...) 1. A Terceira Seção desta Corte pacificou entendimento no sentido de que o tipo penal de posse ou porte ilegal de arma de fogo cuida-se de delito de mera conduta ou de perigo abstrato, sendo irrelevante a demonstração de seu efetivo caráter ofensivo. 2. Na hipótese, contudo, em que demonstrada por laudo pericial a total ineficácia da arma de fogo (inapta a disparar) e das munições apreendidas (deflagradas e percutidas), deve ser reconhecida a atipicidade da conduta perpetrada, diante da ausência de afetação do bem jurídico incolumidade pública, tratando-se de crime impossível pela ineficácia absoluta do meio. (...)". Porém, há precedente recente da 5ª Turma do mesmo Tribunal que considera haver o crime do art. 14, ainda que a arma esteja estragada: AgRg no AREsp 765.902-MS, Rel. Min. Ribeiro Dantas, 5ª T., j. 07/03/2017: "(...) Consoante entendimento firmado no julgamento do AgRg nos EAREsp n. 260.556/SC, o crime previsto no art. 14 da Lei n. 10.826/2003 é de perigo abstrato, sendo irrelevante o fato de a arma estar desmuniciada ou, até mesmo, desmontada ou estragada, porquanto o objeto jurídico tutelado não é a incolumidade física, e sim a segurança pública e a paz social, colocados em risco com o porte de arma de fogo sem autorização ou em desacordo com determinação legal, revelando-se despicienda a comprovação do potencial ofensivo do artefato através de laudo pericial.. (...)".

133 STJ, AgRg no AgRg no AREsp 664.932-SC, Rel. Min. Felix Fischer, 5ª T., j. 15/12/2016: "(...) A jurisprudência recente desta Corte é pacífica no sentido de que, para a caracterização dos delitos previstos nos arts. 14 da Lei n. 10.826/2003, por ser de perigo abstrato e de mera conduta, e por colocar em risco a incolumidade pública, basta a prática dos núcleos 'ter em posse' ou 'portar' sem a devida autorização legal, sendo prescindível a realização de perícia (precedentes). (...)".

134 Cf. SILVA, César Dario Mariano, op. cit., p. 67/68. Em sentido contrário, JUNQUEIRA, Gustavo Octaviano Diniz; FULLER, Paulo Henrique Aranda, op. cit., p. 437: "Acreditamos que, principalmente em relação às munições, a lei deve ser interpretada sob o manto da razoabilidade, com atenção à insignificância de determinadas condutas como a guarda de um ou dois projéteis de arma de pequeno calibre, desacompanhadas de qualquer arma de fogo, uma vez que logicamente não foi esse o âmbito de proteção da norma traçado pelo legislador

mento que vem sendo adotado pelo STJ, que considera haver crime nessa hipótese, ainda que não tenha sido apreendida arma de fogo, mas apenas a munição.[135] O STF, porém, já reconheceu o princípio da insignificância em caso de apreensão de um único cartucho, desacompanhado da arma.[136] A partir desse entendimento da Corte Suprema, o STJ alterou seu entendimento para aplicar o princípio da insignificância naquelas situações em que a conduta, analisada concretamente, não seja capaz de gerar perigo ao bem jurídico tutelado.[137]

Quanto à *arma desmuniciada*, entendemos, que o porte de arma de uso permitido, sem autorização, e ainda que desmuniciada, caracteriza o crime do art. 14 do Estatuto, pois o bem jurídico protegido é atingido, havendo diminuição nos níveis de segurança (ou o bem jurídico é exposto a perigo, para os que entendem ser o delito de tal espécie). Basta pensar que a arma pode ser, a qualquer momento, municiada e depois utilizada. Resta claro que o intuito do Estatuto do Desarmamento é o de punir aqueles que portem armas de fogo, sem autorização, pouco importando que estejam municiadas no momento da apreensão ou tenham munição por perto: se o fato ocorrer dentro de casa ou no local de trabalho, aplicam-se as penas do art. 12; senão, as dos arts. 14 ou 16, conforme o caso.[138]

---

penal, preocupado justificadamente com a posse de quantidade relevante de munição sem autorização. Assim, em nosso entendimento, a posse de pequena quantidade de munição, desacompanhada de arma de fogo, não configura o crime em tela, devendo ser aplicado o princípio da insignificância".

135 STJ, HC 358.862-RS, Rel. Min. Reynaldo Soares da Fonseca, 5ª T., j. 28/06/2016: (...) A jurisprudência do Superior Tribunal de Justiça é assente no sentido de que os crimes previstos nos art. 12, 14 e 16 da Lei 10.826/2003 são de perigo abstrato, razão pela qual é desnecessária a comprovação de prejuízo para a configuração do ilícito e incabível a aplicação do princípio da insignificância. (...)".

136 STF, RHC 143.449-MS, 2ª T., Rel. Min. Ricardo Lewandowski, j. 26.09.2017: "(...) I – Recorrente que guardava no interior de sua residência uma munição de uso permitido, calibre 22. II – Conduta formalmente típica, nos termos do art. 12 da Lei 10.826/2003. III – Inexistência de potencialidade lesiva da munição apreendida, desacompanhada de arma de fogo. Atipicidade material dos fatos. IV – Recurso provido para determinar o trancamento da ação penal em relação ao delito descrito no art. 12 da Lei 10.826/2003 (Estatuto do Desarmamento)".

137 STJ, AgRg no HC 431.736-RS, 5ª T., Rel. Min. Jorge Mussi, j. 16.10.2018: "AGRAVO REGIMENTAL NO HABEAS CORPUS. POSSE ILEGAL DE MUNIÇÃO. CRIME DE PERIGO ABSTRATO. PRINCÍPIO DA INSIGNIFICÂNCIA. PEQUENA QUANTIDADE DE MUNIÇÃO DESACOMPANHADA DE ARMA DE FOGO. AGRAVO PROVIDO. 1. O Superior Tribunal de Justiça firmou entendimento no sentido de que "o crime de posse ou porte irregular de munição de uso permitido, independentemente da quantidade, e ainda que desacompanhada da respectiva arma de fogo, é delito de perigo abstrato, sendo punido antes mesmo que represente qualquer lesão ou perigo concreto de lesão, não havendo que se falar em atipicidade material da conduta". (AgRg no RHC 86.862/SP, Relator Ministro FELIX FISCHER, QUINTA TURMA, julgado em 20/02/2018, DJe 28/02/2018). 2. No entanto, o Supremo Tribunal Federal, em recente julgado, analisando as circunstâncias do caso concreto, reconheceu ser possível aplicar a bagatela na hipótese de apreensão de apenas uma munição de uso permitido desacompanhada de arma de fogo, tendo concluído pela total inexistência de perigo à incolumidade pública (RHC 143.449/MS, Rel. Ministro RICARDO LEWANDOWSKI, SEGUNDA Turma, DJe 9/10/2017). 3. Hipótese em que, embora formalmente típica, a conduta de possuir apenas três munições, destituídas de potencialidade lesiva, já que desacompanhadas de armamento capaz de deflagrá-las, não enseja perigo de lesão ou probabilidade de dano aos bens jurídicos tutelados, permitindo-se o reconhecimento da atipicidade material da conduta".

138 STJ, HC 56.358-RJ, Rel. Min. Maria Thereza de Assis Moura, 6ª T., j. 18/10/2010: "(...)Tratando-se de transporte de arma de fogo, desmuniciada e desmontada, armazenada em sacola, na carroceria de caminhonete, comprovadamente apta a efetuar disparos, não há falar em atipicidade tendo em conta a redação abrangente do art. 14 do Estatuto do Desarmamento. (...)". *Tal entendimento parece-nos, hoje, superado nos Tribunais Superiores*. No STF, RHC 90.197-DF, Rel. Min. Ricardo Lewandowski, 1ª T., j. 09/06/2009: "(...) Mostra-se irrelevante, no caso, cogitar-se da eficácia da arma para a configuração do tipo penal em comento, isto é, se ela está ou

Em relação à arma desmontada, melhor sorte não assiste aos que a portarem. É que o entendimento pacificado no STJ vai no sentido de que, por ser crime de perigo abstrato, o art. 14 do Estatuto não depende, para sua caracterização, que a arma esteja montada e pronta para uso.[139]

(C) Autorização de porte

De crucial importância para o estudo do art. 14 é o seu elemento normativo, representado na expressão *sem autorização e em desacordo com determinação legal ou regulamentar*.

Somente haverá o crime se ausente a autorização para o porte da arma, munição ou acessório de uso permitido, dada por lei (pelo próprio Estatuto ou por outra lei) ou pela Polícia Federal (nos limites da lei e do Decreto 5.123/2004). Não basta o registro da arma, pois este apenas permite que o possuidor a mantenha em sua residência ou em seu local de trabalho.[140] Ainda que a arma seja registrada, o porte em qualquer outro local que não os dois mencionados implica na tipicidade da conduta, nos termos do art. 14 (se de uso permitido o artefato).

A expressão "porte de arma de fogo" (a explicação a seguir vale também para munição e acessório) pode ter mais de um significado, interessando-nos, aqui, tão-somente o porte no sentido de "autorização legal ou da autoridade para carregar uma arma". O "portar", enquanto núcleo do tipo do art. 14, foi analisado acima.

---

não municiada ou se a munição está ou não ao alcance das mãos, porque a hipótese é de crime de perigo abstrato, para cuja caracterização desimporta o resultado concreto da ação. (...)". E ainda, HC 107.957-RS, Rel. Min. Luiz Fux, 1ª T., j. 25/06/2013: "(...). A arma de fogo mercê de desmuniciada mas portada sem autorização e em desacordo com determinação legal ou regulamentar configura o delito de porte ilegal previsto no art. 10, caput, da Lei nº 9.437/1997, crime de mera conduta e de perigo abstrato. 2. Deveras, o delito de porte ilegal de arma de fogo tutela a segurança pública e a paz social, e não a incolumidade física, sendo irrelevante o fato de o armamento estar municiado ou não. Tanto é assim que a lei tipifica até mesmo o porte da munição, isoladamente. Precedentes: HC 104206/RS, rel. Min. Cármen Lúcia, 1ª Turma, DJ de 26/8/2010; HC 96072/RJ, rel. Min. Ricardo Lewandowski, 1ª Turma, Dje de 8/4/2010; RHC 91553/DF, rel. Min. Carlos Britto, 1ª Turma, DJe de 20/8/2009. (...)". No STJ, vide próxima nota.

139 AgRg no AREsp 765.902-MS, Rel. Min. Ribeiro Dantas, 5ª T., j. 07/03/2017: "(...) Consoante entendimento firmado no julgamento do AgRg nos EAREsp n. 260.556/SC, o crime previsto no art. 14 da Lei n. 10.826/2003 é de perigo abstrato, sendo irrelevante o fato de a arma estar desmuniciada ou, até mesmo, desmontada ou estragada, porquanto o objeto jurídico tutelado não é a incolumidade física, e sim a segurança pública e a paz social, colocados em risco com o porte de arma de fogo sem autorização ou em desacordo com determinação legal, revelando-se despicienda a comprovação do potencial ofensivo do artefato através de laudo pericial. (...)"

140 STJ, RHC 51.739-DF, Rel. Min. Rogerio Schietti Cruz, 6ª T., j. 02/12/2014: "(...) Para atender ao princípio da legalidade, e denominar típica a conduta descrita no art. 14 da Lei n. 10.826/2003, impõe-se ao agente o porte da referida arma sem a devida autorização ou em desobediência a determinação legal ou regulamentar. (...) Por autorização entende-se deter o respectivo certificado de registro federal de arma de fogo emitido pelo Sistema Nacional de Armas (SINARM) do Departamento de Polícia Federal (art. 10 da Lei n. 10.826/2003). (...) No caso dos autos, o acusado é possuidor do aludido certificado, emitido por órgão da Polícia Federal – ainda na validade e colacionado à fl 83 destes autos –, o qual atesta que a pistola marca Glock, modelo G25, n. VPE790, calibre 380, com a qual foi surpreendido o paciente, encontra-se registrada em seu nome, sob o n. 002394950. (...) Como consectário lógico do art. 5º da Lei n. 10.826/2003, típica deve ser a conduta se o sujeito mantiver sob guarda arma de fogo registrada em qualquer local, diverso da residência ou de trabalho. Precedentes. (...) O art. 14 da Lei n. 10.826/2003 é norma penal em branco, a qual exige complementação por meio de ato regulador, que forneça parâmetros e critérios legais, para a penalização das condutas ali descritas. (...)".

Feito o esclarecimento, pode-se afirmar que, sem dúvida, a nova lei tornou o procedimento para obtenção do porte de arma muito mais difícil.

Como regra, é proibido o porte de arma de fogo no território brasileiro, salvo os casos previstos em lei, trazendo o próprio Estatuto, em seu art. 6º, algumas dessas exceções. Portanto, o rol ali previsto não é taxativo, vez que qualquer lei poderá prever outros casos, como ocorre, por exemplo, com os membros do Ministério Público e da Magistratura.

Cabe à Polícia Federal autorizar o porte de arma de fogo de uso permitido, desde que haja prévia autorização do SINARM (art. 10).

Com efeito, como exceção à regra da proibição do porte no Brasil, a Polícia Federal poderá expedir autorização para tal, mas desde que o cidadão, maior de 25 anos: a) demonstre a efetiva necessidade de levar consigo, fora de casa ou do trabalho, a arma de fogo, seja devido ao exercício de alguma atividade profissional de risco, seja em razão de ameaça à sua integridade física; b) comprove sua idoneidade, nos termos do previsto no inciso I do art. 4º; c) apresente documento comprobatório de ocupação lícita e de residência certa; d) comprove capacidade técnica e de aptidão psicológica para o manuseio de arma de fogo, atestadas na forma do § 3º do art. 12 do Decreto 5.123/2004; e) apresente documentação de propriedade de arma de fogo, bem como o seu devido registro no órgão competente. São as rigorosas exigências do art. 10, § 1º, da Lei.

O art. 29 do Estatuto trouxe uma regra de transição, dispondo que as autorizações de porte já concedidas antes de sua vigência expirariam em noventa dias, prazo que deveria ser contado a partir da publicação do regulamento, conforme previsão do art. 1º da Lei 10.884/2004, com limite, portanto, em 23 de junho de 2004. "O detentor de autorização com prazo de validade superior a noventa dias poderia renová-la, perante a Polícia Federal, nas condições dos arts. 4º, 6º e 10 do Estatuto, até o dia 21 de setembro de 2004, sem ônus para o requerente (art. 29 c.c. Lei nº 10.884/2004). Com efeito, todas as autorizações para o porte de arma de fogo concedidas antes da vigência do Estatuto não mais têm validade".[141]

Outras exceções para o porte de arma de fogo encontram-se no art. 6º da Lei 10.826. São os casos de portes legais, ou seja, garantidos pelo próprio Estatuto. Insistimos que outras leis podem trazer novos casos a respeito de autorização para porte, como se dá com as leis orgânicas da Magistratura e dos Ministérios Públicos.

No âmbito do Estatuto, o rol do *caput* do art. 6º permite o porte de arma de fogo para:

(i) os integrantes das Forças Armadas;

(ii) os integrantes da Polícia Federal;

(iii) os integrantes da Polícia Rodoviária Federal;

(iv) os integrantes da Polícia Ferroviária Federal;

(v) os integrantes das Polícias Civis;

(vi) os integrantes das Polícias Militares e Corpos de Bombeiros Militares;

(vii) os integrantes da Força Nacional de Segurança Pública (FNSP);

(viii) os integrantes das guardas municipais das capitais dos Estados e dos Municípios

141 SILVA, César Dario Mariano, op. cit., p. 60.

com mais de quinhentos mil habitantes, nas condições estabelecidas no Decreto 5.123/2004;

(ix) os integrantes das guardas municipais dos Municípios com mais de 50.000 e menos de 500.000 habitantes, quando em serviço;

(x) os agentes operacionais da Agência Brasileira de Inteligência (ABIN) e os agentes do Departamento de Segurança do Gabinete de Segurança Institucional da Presidência da República;

(xi) dos órgãos policiais da Câmara dos Deputados e do Senado Federal;

(xii) os integrantes do quadro efetivo dos agentes e guardas prisionais e os integrantes das escoltas de presos;

(xiii) os integrantes das guardas portuárias;

(xiv) as empresas de segurança privada e de transporte de valores constituídas, nos termos do Estatuto;

(xv) os integrantes das entidades de desporto legalmente constituídas, cujas atividades esportivas demandem o uso de armas de fogo, na forma Decreto 5.123/2004, observando-se, no que couber, a legislação ambiental;

(xvi) os integrantes da carreira de Auditoria da Receita Federal do Brasil (Analista Tributário e Auditor-Fiscal);

(xvii) os integrantes da carreira de Auditoria-Fiscal do Trabalho (Auditor-Fiscal);

(xviii) os tribunais do Poder Judiciário descritos no art. 92 da CF, para uso exclusivo de servidores de seus quadros pessoais que efetivamente estejam no exercício de funções de segurança, na forma de regulamento emitido pelo Conselho Nacional de Justiça (CNJ);

(xix) os Ministérios Públicos da União e dos Estados, para uso exclusivo de servidores de seus quadros pessoais que efetivamente estejam no exercício de funções de segurança, na forma de regulamento a ser emitido pelo Conselho Nacional do Ministério Público (CNMP).

O § 1º do artigo 6º do Estatuto, com a redação dada pela Lei nº 11.706/2008, estabelece que os integrantes das Forças Armadas, da Polícia Federal, da Polícia Rodoviária Federal, da Polícia Ferroviária Federal, das polícias civis, das polícias militares, dos corpos de bombeiros militares, das guardas municipais das capitais dos Estados e dos Municípios com mais de quinhentos mil habitantes, os agentes operacionais da ABIN, os agentes do Departamento de Segurança do Gabinete de Segurança Institucional da Presidência da República, e os integrantes dos órgãos policiais da Câmara dos Deputados e do Senado Federal terão direito de portar suas armas de fogo particulares e as fornecidas pela corporação ou instituição, mesmo fora de serviço, devendo-se apenas observar as disposições do Decreto 5.123/2004, que trata do assunto nos arts. 33 a 37.

A respeito desse ponto, ensina César Dario Mariano da Silva: "Coube ao Regulamento esclarecer sobre o porte de arma de fogo de propriedade particular dos integrantes das instituições policiais, inclusive os bombeiros militares, conforme estabelecido no art. 6º, § 1º, do Estatuto. De acordo com o art. 33, *caput*, do Regulamento é deferido o porte de arma de fogo a todos eles, além dos militares das Forças Armadas e policiais da Câmara dos Deputados e Senado Federal (art. 51, IV, e art. 52, XIII, da CF) em razão do desempenho de suas funções institucionais. Como esse dispositivo defere o porte de maneira genérica, deve ser entendido que se trata de arma de fogo pertencente à instituição a qual está vinculado o policial (ou bombeiro), bem como de sua propriedade particular". E ainda: "Observamos, porém, que o porte de arma de fogo dos policiais e Corpos de Bombeiros Militares é regulado em norma específica, por atos dos Comandantes-Gerais das Corporações (art. 33, § 1º, do Regulamento)".[142]

Atente-se ao fato de que os policiais civis e militares estaduais deverão utilizar as armas de fogo a eles fornecidas por suas instituições apenas dentro dos limites territoriais da unidade da Federação na qual atuam. Do contrário, para a utilização da arma em outro Estado, deve haver autorização expressa da própria instituição, que terá prazo determinado, conforme estabelecido em normas internas. É o que se depreende da leitura do § 2º do art. 33 do Decreto 5.123/2004. Note-se a necessidade de observância de tal orientação regulamentar, não obstante ter o porte de arma, nesse caso, validade nacional.

Os integrantes do quadro efetivo de agentes e guardas prisionais poderão portar arma de fogo de propriedade particular ou fornecida pela respectiva corporação ou instituição, mesmo fora de serviço, desde que estejam, desde que atendidos os requisitos do § 1º-B do art. 6º do Estatuto.

O art. 37 do Decreto 5.123/2004 trata dos integrantes das Forças Armadas e das instituições, órgãos e corporações citados nos incisos II, V, VI e VII do *caput* do art. 6º, que se aposentarem ou forem transferidos para a reserva. Nestes casos, caso queiram conservar a autorização de porte de arma de sua propriedade, deverão submeter-se, a cada cinco anos, a testes de avaliação de aptidão psicológica.

A autorização para o porte de arma de fogo das guardas municipais está condicionada à formação funcional de seus integrantes em estabelecimentos de ensino de atividade policial, à existência de mecanismos de fiscalização e de controle interno, nas condições estabelecidas no regulamento do Estatuto, observada a supervisão do Ministério da Justiça (art. 6º, § 3º, Lei 10.826).[143]

Além disso, o inciso IV do *caput* do art. 6º da Lei deixa claro que os integrantes das guardas municipais dos Municípios com mais de cinquenta mil e menos de quinhentos mil habitantes somente poderão portar armas de fogo quando em serviço; para portar fora dele, deverão obter autorização da Polícia Federal. Da mesma forma, o § 7º do mesmo artigo permite aos integrantes das guardas municipais dos Municípios com menos de cinquenta mil habitantes o porte de armas de fogo apenas em serviço e desde que tais cidades integrem uma região metropolitana. Trata-se, assim, de tratamento diferenciado que a lei dá aos integrantes das guardas municipais das capitais dos Estados e dos Municípios com mais de quinhentos mil habitantes (inciso III), que podem portar arma mesmo quando não estão em serviço. São encontradas nos arts. 40 a 44 as disposições a respeito das guardas municipais no Decreto 5.123/2004.

Essa diferença de tratamento já sucitou alegações de inconstitucionalidade do inciso IV do *caput* do art. 6º do Estatuto, por ferir o princípio da isonomia.

---

142 Op. cit., p. 50.

143 Vide art. 44 do Decreto 5.123/2004: "A Polícia Federal poderá conceder Porte de Arma de Fogo, nos termos no § 3º do art. 6º, da Lei nº 10.826, de 2003, às Guardas Municipais dos municípios que tenham criado corregedoria própria e autônoma, para a apuração de infrações disciplinares atribuídas aos servidores integrantes do Quadro da Guarda Municipal".

Alguns tribunais estaduais chegaram a declarar entendimento nesse sentido e juízes já concederam *habeas corpus* preventivo, com alvo-conduto para que guardas municipais em tais condições portem armas de fogo fora do serviço.[144] O Procurador-Geral da República, em 2015, foi autor da ADC 38, em favor dos incisos III e IV do art. 6º do Estatuto do Desarmamento, depois de provocação do Procurador-Geral de Justiça do Estado de São Paulo. Porém, não houve concessão de liminar ou julgamento da ação até o momento.

O STJ, porém, firmou entendimento de que sequer é cabível *habeas corpus* nesse caso: "(...) A via eleita não serve para alcançar a pretensão dos guardas civis municipais de poderem prestar serviço mediante a utilização de arma de fogo, em confronto com o que disciplina o art. 6º, III, da Lei 10.826/2003, porquanto não tem relação direta com o direito de ir e vir. (…)" (REsp 1.639.643-RS, Rel. Min. Herman Benjamin, 2ª T., j. 21/02/2017).

No mesmo sentido, o posicionamento do STF: "(…) 1. Não se comprovam, nos autos, constrangimento ilegal a ferir direito dos Pacientes nem ilegalidade ou abuso de poder a ensejar a concessão da ordem no sentido da expedição de salvo-conduto com a finalidade de autorizar o uso de arma de fogo pelos guardas municipais. 2. O Supremo Tribunal Federal não admite o conhecimento de habeas corpus no qual não se demonstra risco efetivo de constrição à liberdade de locomoção física. Precedentes. 3. Improcedência da afirmação dos Impetrantes de cumprimento dos requisitos da Lei Nacional n. 10.826/2003 e do Decreto n. 5.123/2004. 4. A jurisprudência deste Supremo Tribunal é firme no sentido de que o porte de armas de fogo é questão de segurança nacional. 5. O interesse de guarda municipal não pode suprir a ausência de convênio entre a Municipalidade e a Polícia Federal nem eventual falta de interesse pelo Município na celebração do convênio. 6. Habeas corpus não conhecido" (HC 113.592-SP, Rel. Min. Cármen Lúcia, 2ª T., j. 10/12/2013).

Julgando o tema em sede de Recurso Especial, a 5ª Turma do STJ entendeu aplicável o art. 6º do Estatuto, não tendo apontado qualquer inconstitucionalidade (REsp 1.688.262-RS, Rel. Min. Jorge Mussi, j. 24.04.2018).

Porém, na ADIn 5.948, o Min. Alexandre de Moraes, em junho de 2018, concedeu liminar para suspender a eficácia das expressões "capitais dos Estados" e "com mais de 500.000 (quinhentos mil) habitantes", constantes do inciso III, e de todo o inciso IV do art. 6º do Estatuto. Aguardemos a palavra final do STF. Portanto, hoje, as restrições legais aos guardas municipais não são aplicáveis.

Independentemente do posicionamento jurisprudencial, refletindo sobre o tema, passamos a entender que o tratamento dado pela Lei 10.826 ao porte de arma de integrantes das guardas municipais é plenamente constitucional, pois não fere o princípio da isonomia ou a autonomia dos municípios.

Primeiramente, não concordamos com o argumento de que a Lei 13.022/2014 (Estatuto Geral das Guardas Municipais) garante que todas as guardas municipais serão armadas e que têm os guardas municipais direito ao porte de arma fora do serviço. Se é verdade que o art. 2º de tal lei afirma serem as guardas municipais instituições civis, uniformizadas e *armadas*, também

144 O Órgão Especial do Tribunal de Justiça do Estado de São Paulo, nos incidentes de inconstitucionalidade 126.032-0/5-00 e 138.395-0/3-00, julgou inconstitucional o inciso IV do art. 6º do Estatuto, sob o argumento de que fere o princípio da isonomia e a autonomia municipal, pois pois todas as guardas possuem como função proteger bens, serviços e instalações municipais, independentemente de valor ou de número de habitantes. Outros tribunais seguiram entendimento diverso.

é verdade que uma análise detida do inciso I de seu art. 13 revela que a lei faz uma distinção entre corporações que utilizam e aquelas que não utilizam armas de fogo. Ou seja, nem todas as guardas municipais serão *necessariamente armadas*. Além disso, o art. 16 da Lei 13.022 autoriza o porte de arma aos integrantes das guardas municipais, porém condiciona a autorização à forma disciplinada na lei, que, no caso, é a Lei 10.826/2003.

Assim, a discussão circunscreve-se à constitucionalidade ou não da distinção legal feita pelo Estatuto do Desarmamento, que leva em conta unicamente a quantidade de habitantes nos municípios. Nesse passo, estamos de acordo com o que expôs o Procurador-Geral da República na petição inicial da ADC 38. Vejamos os principais argumentos, em apertada síntese.

O § 8º do art. 144 da CF dispôs que os Municípios poderão constituir guardas municipais destinadas à proteção de seus bens, serviços e instalações, conforme dispuser a lei. O Estatuto do Desarmamento não fere tal dispositivo constitucional, vez que não impede que guardas municipais portem armas de fogo, mas apenas exige, nos municípios com menos de cinquenta mil habitantes, que os guardas adequem-se às exigências legais.

Os dispositivos do Estatuto do Desarmamento, além disso, não ferem a autonomia municipal, pois não alcança a independência das instituições locais. Na verdade, como já decidiu o STF na ADIn 3.112, a regulamentação do porte de arma de fogo é matéria de segurança pública, preponderando a competência da União para legislar nessa matéria. Outrossim, o Estatuto compõe um subsistema normativo de índole penal, que é de competência legislativa privativa da União.

Por fim, o Estatuto do Desarmamento não fere o princípio da isonomia ao diferenciar os regimes jurídicos aplicáveis às guardas municipais com base no critério do número de habitantes do município. Ora, são lícitas as discriminações que compensem desigualdades no plano fático, como bem lembrou o Procurador-Geral da República na petição inicial da ADC 38, e nesse caso tais desigualdades são comprovadamente existentes: há diferenças na formação profissional dos guardas municipais das poucas dezenas de municípios do Brasil com mais de quinhentos mil habitantes e daqueles com população menor; há diferenças, ainda, na fiscalização interna das guardas.

De outra parte, os moradores de áreas rurais, maiores de 25 anos, poderão obter autorização para porte de uma arma de uso permitido, de tiro simples, com um ou dois canos, de alma lisa e de calibe igual ou inferior a 16, desde que comprovem depender do emprego dela para prover sua subsistência familiar. Desse modo, obterão a autorização na categoria "caçador para subsistência" e desde que atendam aos demais requisitos do § 5º do art. 6º, do Estatuto.

No inciso VIII do *caput* do citado artigo, é garantido o porte de arma para as empresas de segurança privada e de transporte de valores. Ocorre que as armas utilizadas pelos funcionários de tais empresas devem ser sempre de propriedade destas, que ficarão responsáveis por elas, inclusive por sua guarda, conforme estabelece o art. 7º do Estatuto. E mais. O § 1º deixa expresso que o proprietário ou diretor responsável de empresa de segurança privada e de transporte de valores responderá pelo crime previsto no parágrafo único do art. 13 do Estatuto, sem prejuízo de outras sanções de cunho administrativo ou civil, caso deixe de registrar ocorrência policial e de comunicar à Polícia Federal – a quem cabe expedir, quanto a tais armas, o certificado de registro e a autorização para porte – eventual perda, furto, roubo ou qualquer forma de extravio de armas de fogo, acessórios e munições que estejam sob sua guarda. O Decreto 5.123/2004 trata de tais empresas nos arts. 38 e 39.

Inovação trazida ao Estatuto em 2012 (Lei 12.694) concedeu porte de arma aos tribunais do Poder Judiciário descritos no art. 92 da Constituição Federal e aos Ministérios Públicos da União e dos Estados, para uso exclusivo de servidores de seus quadros pessoais que efetivamente estejam no exercício de funções de segurança, na forma de regulamento emitido pelo CNJ e pelo CNMP.[145] Nesses casos, as armas serão de propriedade, responsabilidade e guarda das respectivas instituições, somente podendo ser utilizadas quando em serviço, devendo estas observar as condições de uso e de armazenagem estabelecidas pelo órgão competente, sendo o certificado de registro e a autorização de porte expedidos pela Polícia Federal em nome da instituição (art. 7º-A, Estatuto). O presidente do tribunal ou o chefe do Ministério Público designará os servidores de seus quadros pessoais no exercício de funções de segurança que poderão portar arma de fogo, respeitado o limite máximo de cinquenta por cento. do número de servidores que exerçam funções de segurança. As instituições de que trata este artigo são obrigadas a registrar ocorrência policial e a comunicar à Polícia Federal eventual perda, furto, roubo ou outras formas de extravio de armas de fogo, acessórios e munições que estejam sob sua guarda, nas primeiras vinte e quatro horas depois de ocorrido o fato. A ausência do registro e da comunicação, porém, não caracteriza o crime do parágrafo único do art. 13 da Lei 10.826, que menciona apenas o proprietário ou diretor responsável de empresa de segurança e transporte de valores, não os presidentes dos tribunais ou os procuradores-gerais.

Como exceção à atribuição da Polícia Federal para a expedição de autorização para o porte de armas de fogo, o art. 9º da Lei diz competir ao Ministério da Justiça expedi-la para os responsáveis pela segurança de cidadãos estrangeiros em visita ou sediados no Brasil.[146] Como outra exceção, o mesmo dispositivo determina competir ao Comando do Exército o registro e a concessão de porte de trânsito de arma para colecionadores, atiradores e caçadores e de representantes estrangeiros em competição internacional oficial de tiro realizada no Brasil.

Por falar no esporte em que são utilizadas armas de fogo, o inciso IX do *caput* do art. 6º da Lei garante o porte aos integrantes das entidades de desporto legalmente constituídas, cujas atividades desportivas demandem o uso delas, devendo ser observados o Decreto 5.123/2004 e, eventualmente, a legislação ambiental. Como visto, cabe ao Comando do Exército o registro e a concessãos dos portes.

No caso dos integrantes da Magistratura e do Ministério Público, já dissemos que possuem o porte de arma por força de lei. Trata-se do chamado "porte funcional".

Quanto aos magistrados, ele é garantido pelo art. 33, V, da Lei Complementar 35, de 14 de março de 1979.[147] Para os membros do Ministério Público, o art. 42 da Lei 8.625/1993[148] e o art. 18, I, *e*, da Lei Complementar 75/1993[149] garantem a mesma prerrogativa. Em face de tais

145 Atualmente, a Resolução Conjunta CNJ/CNMP nº 4/2014 regula tal hipótese.

146 Art. 29 do Decreto 5.123: "Observado o princípio da reciprocidade previsto em convenções internacionais, poderá ser autorizado o Porte de Arma de Fogo pela Polícia Federal, a diplomatas de missões diplomáticas e consulares acreditadas junto ao Governo Brasileiro, e a agentes de segurança de dignitários estrangeiros durante a permanência no país, independentemente dos requisitos estabelecidos neste Decreto".

147 Art. 33 – São prerrogativas do magistrado: (...) V – portar arma de defesa pessoal.

148 Art. 42. Os membros do Ministério Público terão carteira funcional, expedida na forma da Lei Orgânica, valendo em todo o território nacional como cédula de identidade, e porte de arma, independentemente, neste caso, de qualquer ato formal de licença ou autorização.

149 Art. 18. São prerrogativas dos membros do Ministério Público da União: I – institucionais: (...) e) o porte de arma, independentemente de autorização.

regras, pergunta-se: o porte a que se referem os dois dispositivos legais abrange também as armas de fogo de uso restrito?

A questão é controvertida, mas entendo que as duas leis não fazem qualquer distinção a respeito do tipo de arma que pode ser portada pelos membros do Ministério Público, havendo apenas menção, quanto aos magistrados, a "armas de defesa pessoal".

No entanto, mesmo nesse último caso, armas de defesa pessoal não são, necessariamente, de uso permitido, caso consideremos as definições normalmente encontradas na literatura especializada. E, ainda que assim não fosse, caber-nos-ia verificar se existe alguma definição em nosso ordenamento jurídico a respeito, o que teria prevalência sobre qualquer definição doutrinária. Mas, o fato é que não existe definição de "arma de defesa pessoal" nas normas em vigor.

Ora, se não há limitações na lei quanto a quais armas podem ser portadas por membros da Magistratura e do Ministério Público, não se pode estabelecer, assim, a tipicidade da conduta, especificamente do art. 16, *caput*, do Estatuto, por ausência de adequação, pois o porte, em tais casos, não ocorreria "sem autorização e em desacordo com determinação legal ou regulamentar".

Assim, concordamos inteiramente com as conclusões de William Terra de Oliveira, em esclarecedor artigo publicado na Revista da Associação Paulista do Ministério Público: "(...) A nova redação dada ao conceito de arma de uso 'restrito', preconizada no novo Regulamento 105, estabelece um rol que não define o conteúdo da expressão 'arma de defesa pessoal'. Tampouco existe nas regulamentações atuais qualquer referência a tal expressão, ou ao tipo de arma que promotores e juízes podem portar. Assim, não podemos interpretar a norma de maneira a incriminar o agente, em desfavor do indivíduo, em havendo aí uma lacuna legal. (...) Assim, como explicamos ao princípio, as expressões 'autorização' e 'regulamentação legal' referidas pela lei, que na verdade recebem o nome técnico por parte da doutrina de 'requisito normativo do tipo', são fundamentais para que exista a tipicidade inscrita no artigo 16 do Estatuto do Desarmamento. Sem uma completa adequação da norma em todo o seu espectro de significados (notadamente o conteúdo da norma que autoriza o porte de juízes e promotores) não há falar-se em crime. Os conceitos doutrinários e jurisprudenciais antes citados (sobre a expressão 'arma de defesa pessoal') não bastam para complementar a norma em termos de adequação típica autorizadora da incidência da norma no caso concreto. Em conclusão: é urgente a necessidade do legislador revisar as autorizações legais de porte de armas de fogo relativas aos membros do Ministério Público e da Magistratura, a fim de esclarecer quais os tipos (ou categorias) de armas que estes podem portar. Para isso, a lei tanto poderá adotar os critérios já existentes no revisado 'Regulamento 105' (usando os sistemas de uso restrito ou permitido) ou poderá ir mais além (o que seria mais adequado), e bem assim, explicar o conceito da expressão legal 'arma de defesa pessoal', indicando que tipos de armas estariam incluídas nessa noção, e que tipos de armamentos não estariam, de forma a afastar qualquer dúvida à respeito do tema. Enquanto essa regulamentação não vier, não podemos interpretar a norma de modo a forçar a tipicidade penal, remetendo a conduta ao âmbito do Direito Penal".[150]

---

150 Estatuto do desarmamento: breves considerações sobre o porte funcional de arma de fogo no âmbito do Direito Penal. *APMP Revista*, ano XI, nº 46, fevereiro a abril de 2008, p. 71/77. Com entendimento diverso, no sentido de que há a necessidade de autorização do Comando do Exército, no caso de armas de uso restrito, César Dario Mariano da Silva: "Da mesma forma que os membros do Ministério Público, o porte tem validade em todo o território nacional e vale somente para a arma de fogo de uso permitido ou de uso restrito, no caso de autorização especial do Comando do Exército para a aquisição dessa última" (op. cit., p. 49).

No mesmo sentido, o posicionamento do STJ, que tratou, no julgado do qual transcrevemos, a seguir, trecho da ementa, de caso envolvendo membro da Magistratura: "(...) 1. O art. 16 do Estatuto do Desarmamento (Lei 10.826/2003) é norma penal em branco que delega à autoridade executiva definir o que é arma de uso restrito. A norma infralegal não pode, contudo, revogar direito previsto no art. 33, V, da Lei Complementar n. 35/1979 – Lei Orgânica da Magistratura – e que implique ainda a criminalização da conduta. 2. A prerrogativa constante na LOMAN não faz distinção do direito ao porte de arma e munições de uso permitido ou restrito, desde que com finalidade de defesa pessoal dos magistrados. Paralelismo entre magistrado de segundo grau e conselheiro de tribunal de contas estaduais reconhecido constitucionalmente. 3. Não se trata de hierarquia entre lei complementar e ordinária, mas de invasão de competência reservada àquela por força do art. 93 da Constituição de 1988, que prevê lei complementar para o Estatuto da Magistratura. Conflito de normas que se resolve em favor daquela mais benéfica para abranger o direito também em relação à arma e munição de uso restrito. 4. A Portaria do Comando do Exército n. 209/2014 autoriza membro do Ministério Público da União ou da magistratura a adquirir até duas armas de uso restrito (ponto 357 Magnum e ponto 40) sem mencionar pistolas 9mm. É indiferente reconhecer a abolitio criminis por analogia, diante de lei própria a conferir direito de porte aos magistrados. (…)".[151]

Mas, atenção: o porte funcional, estabelecido pela Lei 10.826/2003 ou por outro texto legislativo, não afasta a necessidade do registro da arma (art. 22, Decreto 5.123/2004), sob pena de se incorrer na prática do crime do art. 14 (arma de uso permitido) ou do art. 16, *caput* (arma de uso restrito).[152] Obviamente, armas com numeração, marca ou qualquer outro sinal de identificação raspado, suprimido ou adulterado não podem ser portadas em hipótese alguma.

O art. 24 do Decreto 5.123 dispõe que o porte de arma (enquanto documento de autorização para o porte) "é pessoal, intransferível e revogável a qualquer tempo, sendo válido apenas com relação à arma nele especificada e com a apresentação do documento de identificação do portador". No caso de portes funcionais, como no caso dos membros do Ministério Público, o documento não indica qual a arma que poderá ser portada, mas exige-se que o portador da arma tenha consigo sua carteira funcional e que a arma seja registrada.

Assim, a princípio, a autorização se dá para portar uma arma específica e se comprova com a exibição do documento. Mas, e se o agente não estiver portando o documento, apesar de possuir a autorização? Entendemos, com Gustavo Octaviano Diniz Junqueira e Paulo Henrique Aranda Fuller, que não há o crime de porte ilegal, pois a autorização existe, havendo apenas infração administrativa.

E estamos de acordo com os mesmos autores em outra interessante hipótese por eles levantada: "O art. 26 do Dec. 5.123/04 regulamenta que o titular de Porte de Arma de Fogo não poderá conduzi-la ostensivamente ou com ela adentrar ou permanecer em locais públicos, tais

151 Apn 657-PB, Rel. Min. João Otávio de Noronha, Corte Especial, j. 21/10/2015.

152 Ainda sob a vigência da lei anterior, STJ, Apn 290-PR, Rel. Min. Felix Fischer, Corte Especial, j. 6/03/2005: "(…)A prerrogativa institucional de porte funcional (porte de arma de fogo independentemente de autorização legal) não afasta a necessidade do registro da arma, medida obrigatória (art. 3º, da Lei nº 9.437/97 e art. 3º, do Decreto nº 2.222/97). (…)". Mais recentemente, RHC 70.141-RJ, Rel. Min. Rogerio Schietti Cruz, 6ª T., j. 07/02/2017: "(…) É típica e antijurídica a conduta de policial civil que, mesmo autorizado a portar ou possuir arma de fogo, não observa as imposições legais previstas no estatuto do Desarmamento, que impõem registro das armas no órgão competente. (…)".

como igrejas, escolas, estádios desportivos, clubes ou outros locais onde haja aglomeração de pessoas em virtude de eventos de qualquer natureza. Se o sujeito descumpre tal regra, há o crime, uma vez que há porte *em desacordo com determinação regulamentar*? Não, podendo haver sanção administrativa. Primeiramente porque, conforme a interpretação restritiva necessária ante a excepcional constitucionalidade dos crimes de perigo abstrato, o sujeito tem a presumida capacidade para trazer consigo arma, ou seja, não está havendo incremento de risco proibido para a incolumidade pública. Mais, e ainda, a lei expressamente prevê a sanção para tal comportamento, qual seja, a cassação do Porte de Arma e apreensão da mesma, sem qualquer ressalva de sanção penal".[153]

Resumindo, é exigível a autorização da Polícia Federal ou autorização legal para o porte de arma; e, ainda que existente a autorização, o porte deve se dar conforme estabelecido pela lei ou por sua regulamentação.

Outro ponto que vinha trazendo questionamentos dizia respeito à possibilidade de leis estaduais assegurarem o direito de porte de arma a servidores públicos. Porém, na ADIn 5.010, julgada em agosto de 2018, o STF decidiu que norma estadual concessiva de porte é inconstitucional, por violar a competência privativa da União para legislar sobre matéria criminal, uma vez que retira a incidência do tipo penal do art. 14 do Estatuto do Desarmamento, tendo, nesse aspecto, natureza penal.

Uma última indagação: o porte de arma com autorização vencida configura o crime aqui tratado? Pensamos que sim.

Vimos, ao tratarmos do art. 12 do Estatuto, que o encontro da arma nas condições daquele tipo penal, com o registro vencido não configura o crime, pois registro existiu e o Poder Público tem conhecimento da existência da arma e de seu proprietário. Porém, aquele que permanece com a arma depois de negada a renovação do registro comete o crime do art. 12.

A solução, contudo, não pode ser a mesma para o crime de porte ilícito de arma de fogo. É que a autorização para o porte de arma permite a seu titular que circule com a arma, o que incrementa a exposição do bem jurídico, bem ao contrário da simples mantença da arma em casa ou local de trabalho. Além disso, existem exigências legais e regulamentares para a renovação do porte, é dizer, para que se tenha autorização de circular com a arma pelas vias públicas, fora de casa ou do local de trabalho, sendo estabelecidos, ainda, determinados prazos. Assim, vencido o prazo para a autorização, a arma deverá ser mantida em casa até que se providencie a renovação. Do contrário, haverá o crime do art. 14 (arma de uso permitido) ou do art. 16 (arma de uso restrito). Negada a renovação do porte, praticado algum dos núcleos do tipo, a solução será a mesma. É também o posionamento do STJ.[154]

---

153 Op. cit., p. 451.

154 RHC 63.686-DF, Rel. Min. Reynaldo Soares da Fonseca, 5ª T., j. 16/02/2017: "(...) O entendimento firmado pelo Superior Tribunal de Justiça no julgamento da APn n. 686/AP (Rel. Ministro JOÃO OTÁVIO DE NORONHA, Corte Especial, DJe 29/10/2015) é restrito ao delito de posse ilegal de arma de fogo de uso permitido (art. 12 da Lei 10.826/2003), não se aplicando ao crime de porte ilegal de arma de fogo (art. 14 da Lei 10.826/2003), cuja elementar é diversa e a reprovabilidade mais intensa. (...) 'O simples fato de portar ilegalmente arma de fogo caracteriza a conduta descrita no artigo 14 da Lei 10.826/2003, por se tratar de crime de perigo abstrato, cujo objeto imediato é a segurança coletiva" (HC 356.198/SP, Rel. Ministro JORGE MUSSI, Quinta Turma, DJe 5/10/2016). (...)". Obs.: na Apn 686, o STJ entendeu que não configura o crime do art. 12 o mero fato de estar vencido o registro.

Tipo Subjetivo

O crime tipificado no art. 14 do Estatuto do Desarmamento somente ficará caracterizado se demonstrada a presença do dolo na conduta do agente, devendo abranger, naturalmente, todos os elementos descritos no tipo, incluindo os normativos.

É possível a ocorrência do erro de tipo e do erro de proibição, valendo lembrar que o dispositivo não prevê punição a título de culpa.

Consumação e Tentativa

Tendo em vista a variedade de condutas previstas no art. 14, a consumação dependerá do modo como o delito está sendo praticado.

Assim, por exemplo, haverá a consumação, na modalidade de "portar", sempre que o sujeito ativo levar a arma consigo, tendo-a ao seu alcance, ao passo que haverá a consumação na modalidade de "transportar" quando ele a transferir de um local para outro, e na modalidade de "ceder" assim que ocorrer a transferência da posse etc.

Percebe-se logo que, não obstante a doutrina afirmar ser possível a tentativa, em vista das condutas serem, de modo geral, plurissubjetivas, dificilmente ela ocorrerá, pois quase sempre ocorrerá a consumação por outro dos núcleos do tipo. Ex.: mesmo que seja o agente detido antes de consumar a cessão da arma, certamente já terá antes consumada a conduta de portá-la, guardá-la etc.

Ação penal

A ação penal é pública incondicionada.

Concurso de Crimes

Remetemos o leitor para o item correspondente dos comentários ao art. 12, em que discutimos as principais hipóteses relativas ao concurso de crimes, inclusive sobre a abrangência das causas de exclusão da ilicitude ou da culpabilidade. Os raciocínos ali apresentados valem para a conduta típica do art. 14 do Estatuto.

Assim, somente haverá concurso entre o porte de arma e o homicídio em que esta foi empregada para matar, se for possível separar as duas condutas em contextos fáticos distintos. Do contrário, o homicídio deve absorver o porte.[155]

O critério acima pode ser aplicado até mesmo na hipótese de emprego da arma quando caracterizada causa de exclusão da ilicitude. Convém lembrar o porte da arma pela via pública, em contexto distinto do episódio violento que lhe é posterior, já configura o crime do art. 14. Por isso, se, no meio do caminho, o agente deparar-se com situação que o obriga a empregar a arma em legítima defesa, a presença de tal causa de exclusão da ilicitude não afasta, por absorção, o delito do art. 14 já consumado.[156]

---

155 STJ, HC 325.387-SP, Rel. Min. Ribeiro Dantas, 5ª T., j. 13/12/2016: "(...) A absorção do crime de porte ilegal de arma pelo de homicídio pressupõe que as condutas tenham sido praticadas em um mesmo contexto fático, guardando entre si uma relação de dependência ou de subordinação. Destarte, o porte da arma de fogo deve ter como fim unicamente a prática do crime de homicídio para ser absorvido como ante factum impunível. Ausente essa vinculação com o crime fim, não há falar em consunção, havendo, pois, crime autônomo de porte ou posse de arma de fogo. (...)".

156 Com entendimento diamentralmente oposto, Guilherme de Souza Nucci, para quem "a ocorrência da utilização de arma de fogo em legítima defesa ou estado de necessidade, ainda que configure qualquer tipo

Porém, caso o agente venha a tomar uma arma de fogo para defender-se de uma agressão iminente, nesse caso nem chegou a ocorrer o delito de porte, que foi apenas um meio necessário e momentâneo para a realização de outra conduta lícita. É dizer, o crime de porte não chegou a consumar-se de modo independente, autônomo, em contexto fático distinto.

No caso do agente que emprega a arma de fogo na prática do roubo, haverá concurso entre os delitos? O princípio é o mesmo que utilizamos acima, quando da análise do concurso do art. 14 com o crime de homicídio. Assim, acreditamos que, caso fique demonstrado (nunca "presumido") que o agente já portava a arma de fogo – ou perfazia qualquer dos demais núcleos do tipo do art. 14, com exceção de "empregar" – antes do cometimento do roubo, será perfeitamente possível acusá-lo da prática dos dois delitos, em concurso material. No entanto, caso somente haja a demonstração da utilização da arma no roubo, este, por ser o crime-fim, absorverá o porte ilegal, ainda que isso provoque a incrível situação em que o delito mais grave é absorvido pelo mais leve (ex.: roubo tentado praticado com o emprego de arma de uso restrito, este último delito previsto no art. 16 do Estatuto, com pena de reclusão, de 3 a 6 anos, além da multa).

E se o agente furtar a arma e, em seguida, sair com ela pela rua, haverá concurso entre a subtração e o porte ilegal? Explicam Gustavo Octaviano Diniz Junqueira e Paulo Henrique Aranda Fuller as posições existentes a respeito do assunto: "a) responde apenas pelo furto, que absorve o porte de arma, pois seria impossível furtar sem trazer consigo; b) o porte de arma absorve o furto, por ser crime mais grave (ou ao menos na pena mínima), ou seja, no caso, a exposição a perigo do bem jurídico incolumidade pública é considerada pelo legislador mais grave e deve ser prestigiada no cotejo com a simples proteção do patrimônio, ou, por outro ângulo, tem maior carência de comunicação sobre a punição. É nossa posição; c) concurso de crimes entre porte de arma e furto. A hipótese mais adequada é de concurso formal, pois com o mesmo ato o sujeito subtrai e passa a trazer a arma consigo, mas há posição no sentido de concurso material".[157]

Nosso entendimento é o de que, uma vez cometido o furto, o ato de levar a arma é meio absolutamente necessário para a consumação, de modo que o crime contra o patrimônio deve absorver o delito do Estatuto do Desarmamento. Porém, a partir do momento em que o agente possuir a posse tranquila da arma, acessório ou munição e a mantiver consigo – ao invés de vender ou, de alguma forma, entregar a terceiro o bem – estará incidindo em um dos crimes previsto na Lei ora em comento, em concurso material. Os contextos fáticos são distintos.

Como afirmamos antes, nada obsta que haja concurso entre o delito do art. 14 da Lei nº 10.826/2003 e outro nela previsto. Por exemplo: se o sujeito mantém uma arma de fogo de uso permitido, sem registro, dentro de sua residência e, além disso, porta nas ruas outra arma de fogo de uso permitido, estará cometendo dois delitos diversos, sendo o do art. 12 com a primeira conduta, e o do art. 14 com a segunda. São condutas praticadas em planos diversos.[158]

Por outro lado, haverá crime único ainda que haja o porte de mais de uma arma ou munições e acessórios, desde que sejam todos de uso permitido. Se um dos objetos materiais for de uso restrito, haverá a incidência do art. 16, que se trata de delito mais grave. Seja como for, nos

---

penal da Lei 10.826/2003, afasta a possibilidade de punição do agente. Afinal, a situação maior – de licitude – para a proteção da integridade física própria ou de terceiro, envolve e absorve o delito de perigo, relativo à posse ou porte de arma de fogo, acessório ou munição irregular" (op. cit., p. 259).

157 Op. cit., p. 459/460.

158 No mesmo sentido, NUCCI, Guilherme de Souza, op. cit., p. 259.

dois casos a maior reprovabilidade da conduta poderá ser reconhecida no momento da fixação da reprimenda.[159]

E o crime de associação criminosa armada? Acreditamos que o princípio é sempre o mesmo, ou seja, se for possível enxergar contextos fáticos distintos entre tal delito e aqueles previstos no Estatuto, poderá ser reconhecido o concurso material.[160]

Por fim, entendemos que pode ocorrer concurso entre o art. 14 do Estatuto do Desarmamento e o crime de receptação, pois o bem jurídico protegido no crime contra o patrimônio é diverso daquele amparado pela Lei Especial.[161]

DISPARO DE ARMA DE FOGO

> **Art. 15.** Disparar arma de fogo ou acionar munição em lugar habitado ou em suas adjacências, em via pública ou em direção a ela, desde que essa conduta não tenha como finalidade a prática de outro crime:

---

159 STJ, AgRg no AgRg no REsp 1.547.489-MG, Rel. Min. Sebastião Reis Júnior, 6ª T., j. 28/06/2016: "(...) 1. Há precedentes desta Corte no sentido de que a apreensão de mais de uma arma, munição, acessório ou explosivo com o mesmo agente não caracteriza concurso de crimes, mas delito único, pois há apenas uma lesão ao bem jurídico tutelado. 2. Na presente hipótese, não pode ser aplicado tal raciocínio, pois, no caso, a conduta praticada pelo agravante se amolda a tipos penais diversos, atingindo distintos bens jurídicos, o que inviabiliza o reconhecimento de crime único e o afastamento do concurso. 3. Tem-se reconhecido a existência de crime único quando são apreendidos, no mesmo contexto fático, mais de uma arma ou munição, tendo em vista a ocorrência de uma única lesão ao bem jurídico protegido. Sucede que referido entendimento não pode ser aplicado no caso dos autos, porquanto a conduta praticada pelo réu se amolda a tipos penais diversos, sendo que um deles, o do artigo 16, além da paz e segurança públicas também protege a seriedade dos cadastros do Sistema Nacional de Armas, razão pela qual é inviável o reconhecimento de crime único e o afastamento do concurso material (HC n. 211.834/SP, Ministro Jorge Mussi, Quinta Turma, Dje 18/9/2013). 4. O STJ firmou entendimento de que é possível a unicidade de crimes, quando, no porte ilegal, há pluralidade de armas, equacionando-se a reprimenda na fixação da pena-base. Na espécie, contudo, a pretensão não se justifica, dado se buscar o reconhecimento de crime único diante de imputações distintas: arts. 14 e 16, pár. único, da Lei 10.8.26/03 (...)".

160 STJ, HC 25.157-SP, Rel. Min. Gilson Dipp, 5ª T., j. 15/04/2003: "CRIMINAL. HC. PORTE ILEGAL DE ARMA E CRIME DE QUADRILHA QUALIFICADO PELO USO DE ARMA. APLICAÇÃO DO PRINCÍPIO DA CONSUNÇÃO. IMPOSSIBILIDADE. CONDUTAS AUTÔNOMAS. ORDEM DENEGADA. O princípio da consunção pressupõe a existência de um nexo de dependência das condutas ilícitas, para que se verifique a possibilidade de absorção daquela menos grave pela mais danosa. Evidenciado, na hipótese, que os crimes de porte ilegal de armas e de quadrilha, qualificado pelo uso de armas, se afiguram absolutamente autônomos, inexistindo qualquer relação de subordinação entre as condutas, resta inviabilizada a aplicação do princípio da consunção, devendo o réu responder por ambas as condutas. Ordem denegada".

161 Nesse sentido, GOMES, Luiz Flávio; OLIVEIRA, William Terra. Op. cit., p. 159: "Aqui, importa indagar sobre o dolo de aquisição de algo que seja 'produto de crime'. Caso o agente adquira a arma sabendo ser ela fruto de um delito, estará cometendo um crime contra o patrimônio no momento em que se apoderar da *res*. Se depois mantiver consigo a arma, circulando com a mesma ou mantendo-a guardada, estará cometendo o delito de porte ou posse ilegal (os quais possuem uma objetividade jurídica diversa e momentos consumativos ulteriores). A modalidade de conduta 'adquirir' descrita no *caput* está reservada aos casos de aquisição de uma arma sem o respectivo registro, porém sem o componente anímico de vantagem patrimonial ilícita". Contra, no sentido de que o agente apenas responderá pelo delito mais grave, JUNQUEIRA, Gustavo Octaviano Diniz *et al*, op. cit., p. 441. No STJ, HC 168.171-RS, Rel. Min. Sebastião Reis Júnior, 6ª T., j. 04/10/2011: "(...) Esta Corte Superior de Justiça possui orientação no sentido de que os crimes de receptação e porte ilegal de arma de fogo são autônomos e possuem momentos consumativos diversos, não havendo que falar, portanto, em consunção. Assim, o réu que porta ilegalmente arma de fogo, cuja origem sabe ou deveria saber ser decorrente de produto de crime, deve responder por ambos os delitos, em concurso material. (...)".

Pena – reclusão, de 2 (dois) a 4 (quatro) anos, e multa.

Parágrafo único. O crime previsto neste artigo é inafiançável.

O legislador manteve na nova Lei a previsão de conduta autônoma para o ato de disparar arma de fogo, mantendo praticamente a mesma redação do revogado art. 10, § 1º, inciso III, da Lei 9.437/1997 e com idêntica pena do delito imediatamente anterior (art. 14).

A pena prevista – reclusão, de 2 a 4 anos, e multa – não permite sua inclusão entre os delitos de menor potencial ofensivo, nem mesmo possibilita a suspensão condicional do processo, mas sim o acordo de não-persecução penal, previsto na Resolução 181/2017 do CNMP.

Em relação de proibição à concessão de fiança, recomendamos a leitura do tópico correspondente a este nos comentários ao art. 14, pois o parágrafo único do art. 15 foi igualmente declarado inconstitucional pelo STF, na ADIn nº 3.112.

Aplicação da Lei Penal no Tempo

Por prever a mesma conduta do dispositivo citado da Lei 9.437/1997, mas, ao mesmo tempo, cominar pena bem mais severa (detenção, de 1 a 2 anos, e multa na lei anterior; reclusão de 2 a 4 anos, e multa, no atual art. 15), entende-se ter ocorrido *novatio legis in pejus*, não podendo haver retroação aos fatos praticados anteriormente à entrada em vigor da Lei nº 10.826/2003.

Sujeitos do Crime

O crime do art. 15 é comum, podendo ser praticado por qualquer pessoa, incidindo também a causa de aumento de pena do art. 20 do Estatuto, caso o sujeito ativo for integrante dos órgãos e empresas mencionados nos arts. 6º, 7º e 8º.

Sujeito passivo é toda a coletividade. Como muito bem observado por César Dario Mariano da Silva, o delito em questão "é de extrema gravidade, principalmente porque projéteis são disparados sem que se saiba ao certo aonde irão cair e o que ou quem poderão atingir. Infelizmente, tornou-se rotina o disparo de arma de fogo por qualquer motivo, inclusive quando de comemorações. Isso fez com que 'balas perdidas' atingissem um grande número de pessoas, que acabaram morrendo ou sendo lesionadas seriamente".[162]

Tipicidade objetiva

A conduta prevista no tipo do art. 15 do Estatuto é a de disparar arma de fogo ou acionar munição em lugar habitado ou suas adjacências, em via pública ou em direção a ela. O dispositivo em questão ainda faz confissão de sua subsidiariedade ao ressalvar: "desde que essa conduta não tenha como finalidade a prática de outro crime". A ressalva traz consequências importantes e difere da lei anterior, na qual constava: "desde que o fato não constitua crime mais grave".

Disparar arma de fogo é fazer com que ela arremesse um ou mais projéteis, por meio da força expansiva dos gases gerados pela combustão de um propelente confinado em uma câmara.

Acionar munição é deflagrá-la, ou seja, fazê-la funcionar por meio de combustão do propelente, sem a utilização de uma arma de fogo. Caso seja a munição acionada com uso dos

162 Op. cit., p. 101.

mecanismos de uma arma de fogo, haverá a primeira conduta, ou seja, disparar. Não se deve confundir o delito em questão com o previsto no art. 16, parágrafo único, inciso III, que trata, dentre outras condutas, do emprego de artefato explosivo ou incendiário. Deste trataremos mais à frente.

Ocorrendo um ou diversos disparos, haverá crime único, podendo a multiplicidade dos tiros influir na fixação da pena.

Observe-se que não importa para a realização do tipo penal em exame a existência de registro da arma ou de autorização para o porte.[163]

O tipo penal possui elementos objetivos, relativos ao espaço em que a conduta deve ocorrer para que se configure o delito. Assim, primeiramente, o disparo ou acionamento de munição deve ocorrer *em lugar habitado ou em suas adjacências. Habitado* é o lugar que possui alguma pessoa morando, mesmo que não em caráter permanente (ex.: cidade, vila, fazenda, chácara, casa etc.). *Adjacências* correspondem "aos locais próximos da residência etc., como, v.g., perto de uma casa. Não significa dependência da moradia, nem contiguidade. Indica 'proximidade do lugar' (TACrimSP, Acrim 605.131, *RT*, *663*:308)".[164]

Alternativamente, menciona o tipo que o disparo ou acionamento de munição deve dar-se em *via pública ou em direção a ela*. Pública é a via pertencente à União, ao Estado, ao Distrito Federal ou ao Município, ou seja, ao poder público (ex.: ruas e avenidas, estradas, praças etc.). Mas não é necessário que o disparo ocorra na via pública, ou seja, que o atirador esteja nela, bastando que seja efetuado na direção dela: haverá fato típico mesmo se o tiro partir do interior de uma residência. E nem é necessário que, no momento do disparo, haja pessoas na rua, sendo este o entendimento majoritário,[165] até mesmo porque prevalece o posicionamento de que se trata de crime de perigo abstrato.[166]

Entende-se ser mais reprovável a conduta daquele que dispara arma de fogo em local movimentado, sendo possível a fixação da pena-base acima do patamar mínimo.[167]

Pode ocorrer, portanto, que o disparo se dê em uma estrada pública, não havendo qualquer moradia nas proximidades: ele ocorreu em via pública, mas em local desabitado.

Pensamos, porém, que se o lugar for ermo, sem absolutamente ninguém por perto (estrada totalmente deserta, em região inabitada), não haverá o crime, eis que não houve qualquer diminuição à segurança pública, ou seja, não houve lesão ao bem jurídico.

---

163 Sobre eventual concurso entre o crime de disparo e o de porte ilícito de arma de fogo, vide comentários no tópico específico, mais adiante.

164 JESUS, Damásio E., op. cit., p. 91.

165 JUNQUEIRA, Gustavo Octaviano Diniz *et al*, op. cit., p. 465.

166 STJ, REsp 1.494.303-SP, Rel. Min. Sebastião Reis Júnior, 6ª T., j. 25/11/2014: "(...) A conduta tipificada no art. 15 da Lei n. 10.826/2003 é mais grave do aquela prevista no art. 132 do Código Penal, uma vez que, embora de perigo abstrato, a ação de disparar arma de fogo em local habitado e em via pública representa um risco à integridade física de uma coletividade, isto é, de todos que habitam a localidade e cercanias; não apenas de uma pessoa específica, situação prevista no art. 132 do Código Penal. Logo, não há desproporção na sanção cominada. (...)".

167 STJ, HC 103.805-MS, Rel. Min. Laurita Vaz, 5ª T., j. 15/04/2010: "(...) Idônea a fundamentação declinada pelo magistrado, ao considerar a maior reprovabilidade da conduta porque o agente levou seu irmão adolescente para efetuar disparos e, ainda, 'em local movimentado da cidade'. Embora o ato de disparar arma de fogo em local habitado seja uma elementar do próprio tipo, o fato de esse lugar ser 'movimentado', sem dúvida, torna a conduta mais reprovável. (...)".

De outra parte, pode-se imaginar a hipótese de disparo realizado num condomínio fechado (fora das hipóteses de loteamentos), em que as vias poderiam ser consideradas privadas. Nesse caso, ainda assim haveria o delito, pois se trataria de local habitado.

Tipo subjetivo

O crime do art. 15 do Estatuto somente restará caracterizado se o sujeito ativo agir com dolo, não havendo previsão de conduta culposa, o que torna atípico o disparo acidental. Assim, se o agente acredita realmente que a arma está descarregada e aciona o gatilho, produzindo o disparo, pode ter sido imprudente, mas não será punido, a não ser, eventualmente, por outro delito do Estatuto, como a posse ou o porte ilícito.

Consumação e Tentativa

O crime consumar-se-á no exato instante da ocorrência do disparo da arma de fogo ou do acionamento da munição.

A doutrina tem se posicionado no sentido da possibilidade da forma tentada, desde que não ocorra o disparo ou o acionamento da munição por circunstâncias alheias à vontade do agente. E, de fato, sendo o delito plurissubsistente, pode-se perfeitamente admitir, em tese a tentativa.[168] Mas um cuidado há de ser tomado: se o disparo deixa de ocorrer por *ineficácia absoluta* da arma ou da munição forçoso será o reconhecimento de crime impossível.

Ademais, deve-se sempre verificar se, no caso concreto, o sujeito poderia responder pela posse ou porte da arma, crime certamente mais grave do que o simples disparo tentado.

Ação penal

O crime do art. 15 é de ação penal pública incondicionada.

Concurso de Crimes

O próprio art. 15 revela sua subsidiariedade ao determinar que somente se caracterizará se a conduta não tiver por finalidade a prática de outro delito.

No entanto, tem a doutrina geralmente observado que este outro delito somente absorverá o disparo se for apenado de modo mais gravoso, do contrário, deverá subsistir o crime do art. 15 do Estatuto. Ora, do contrário, como bem observado por César Dario Mariano da Silva, para livrar-se desta acusação e receber pena mais amena, bastaria ao agente "sempre alegar que seu intuito era apenas ferir alguém, ocasião em que será responsabilizado apenas pelo crime de lesões corporais (consumado ou tentado), dependendo do caso concreto, o que nos parece um contra-senso".[169]

---

168 Cf. CAPEZ, Fernando, *Estatuto do desarmamento*, p. 104: "É o caso do disparo que falha, devido ao picote do projétil ou ao agente ser impedido de puxar o gatilho no exato instante em que o faria".

169 Op. cit., p. 104. É também o entendimento Guilherme de Souza Nucci (op. cit., p. 262) e de Alexandre de Moraes e Gianpaolo Poggio Smanio (op. cit., p. 338). Segundo Fernando Capez (*Estatuto do desarmamento*, p. 109-110): "O legislador procurou, desse modo, afastar expressamente a incidência do princípio da subsidiariedade, pelo qual deveria prevalecer a infração de maior gravidade, dando preferência ao princípio da especialidade. O que passou a importar é a vontade finalística do agente e não a maior ou menor lesividade do resultado produzido". Mas o mesmo autor acaba por entender que tal solução afronta a ordem constitucional: "Sendo o processo penal permeado e regido pelos princípios maiores derivados da Constituição, os quais se colocam bem acima do próprio direito positivo, a ressalva há de ser tida como inconstitucional e, por conseguinte, inválida.

Partindo dessa premissa, vejamos algumas situações que poderão surgir com mais frequência.

Em primeiro lugar, o concurso entre os crimes de disparo e porte de arma.

Nesse caso, sendo as duas condutas cometidas no mesmo contexto fático, entendemos não ser possível o concurso, devendo ser aplicado princípio da consunção. Mas qual dos crimes subsiste? Depende. Se a arma for de uso permitido, com numeração intacta, o disparo absorve o porte (art. 14), pois ambos são apenados de modo idêntico, sendo o delito do art. 15 o crime-fim.[170] Porém, caso a arma seja de uso proibido ou tenha numeração suprimida (art. 16, *caput*, e inciso IV de seu parágrafo único), para o porte ou posse dela é cominada pena mais severa, de modo que o disparo deve ser absorvido.[171] No caso do delito do art. 12, este é absorvido pelo do art. 15.

Porém, cometidas as condutas em contextos fáticos distintos, é possível a concurso material entre tais delitos.[172]

Quanto ao concurso entre o art. 15 do Estatuto e o crime previsto no art. 132 do CP (perigo para a vida ou saúde de outrem), ficamos com a lição de Rogério Sanches Cunha: "Dispõe o art. 132 do CP, em seu preceito secundário, que o crime somente será aplicado *se o fato não constitui crime mais grave* (subsidiariedade expressa). (...) Antes do advento da Lei de Armas de Fogo (Lei 9.437/97), o simples disparo caracterizava apenas contravenção penal e, nessa qualidade, era afastada para ver aplicada a infração penal de perigo (art. 132 do CP). Entrando em vigor a lei especial, a situação se inverteu: o disparo (art. 10, § 1º, III) foi mais gravemente apenado que o simples perigo para a vida ou saúde de outrem, logo, aplicando-se ao caso em exame. (...) Contudo, veio a recente Lei 10.826/2003 (Estatuto do Desarmamento), revogando a Lei 9.437/97, tipificando o crime de disparo no art. 15, ressalvando a sua aplicação 'desde que essa conduta não tenha como finalidade a prática de outro crime'. Observa Capez que o intuito do legislador com a introdução da presente ressalva foi permitir que o agente viesse a responder pelo delito que pretendeu praticar, ainda que menos grave. No caso em tela, como o autor da

---

Com efeito, o vício de incompatibilidade vertical com a ordem constitucional decorre da clara afronta ao princípio da proporcionalidade das penas. A melhor solução, no caso, será interpretar a ressalva como incidente, apenas quando o crime-fim, isto é, o resultado perseguido pela vontade finalística do agente for de maior gravidade do que o disparo da arma de fogo, como, por exemplo, quando o intuito for ocasionar, na vítima, lesão corporal de natureza grave ou gravíssima, homicídio, infanticídio. Trata-se, portanto, da adoção do princípio da subsidiariedade implícita".

170 STJ, AgRg no REsp 1.331.199-PR, Re. Min. Ericson Maranho (Desembargador convocado do TJ/SP), 6ª T., j. 23/10/2014: "(...) A jurisprudência desta Corte possui entendimento firmado no sentido de que não é automática a aplicação do princípio da consunção para absorção do delito de porte de arma de fogo pelo de disparo, dependendo das circunstâncias em que ocorreram as condutas. – Na hipótese dos autos, as instâncias ordinárias reconheceram que os crimes foram praticados no mesmo contexto fático, devendo ser aplicado o referido postulado para que a conduta menos grave (porte ilegal de arma de fogo) seja absorvida pela conduta mais grave (disparo de arma de fogo). (...)".

171 É também o entendimento de César Dario Mariano da Silva, op. cit., pp. 105-106 e de Fernando Capez que, porém, admite o concurso material em alguns casos: "Assim, se o sujeito perambula a noite inteira, pela cidade, portando ilegalmente uma arma de fogo e, ao amanhecer, efetua disparos a esmo, nesse caso, sim, haveria concurso material de infrações" (*Estatuto do desarmamento*, p. 105).

172 STJ, HC 94.673-MS, Rel. Min. Felix Fischer, 5ª T., j. 27/03/2008: "(...) Esta Corte vem entendendo que a absorção do delito de porte de arma pelo de disparo não é automática, dependendo, assim, do contexto fático do caso concreto. Por conseguinte, em se tratando de contextos fáticos distintos, há a possibilidade de configuração de delitos autônomos. (...)".

periclitação pretende expor a vida de outrem a perigo, usando os disparos como simples meio para essa realização, diante da nova redação deveria prevalecer a norma do art. 132 do CP. Entretanto, tal solução violaria o princípio da proporcionalidade, de modo que entendemos estar mantida a mesma conseqüência da lei anterior, isto é, prevalece a infração mais grave, no caso, o disparo".[173]

E o crime de homicídio, muitas vezes praticado com emprego de arma de fogo, é dizer, mediante disparo? Entendemos que o crime contra a vida que resulte do disparo absorve o delito do art. 15 do Estatuto. É que o próprio art. 15 indica subsistir apenas o delito-fim (o homicídio, que é a finalidade do agente ao disparar), alem do que o ato do disparo está no mesmo contexto do homicídio, sendo crime-meio para sua execução. Se, antes ou depois do crime contra a vida, de modo destacado, o agente efetuar disparos nas condições do art. 15, aí sim será possível o concurso entre tais delitos.[174]

Caso o agente efetue o disparo em legítima defesa, estado de necessidade, ou qualquer outra das causas excludentes da ilicitude, o delito do art. 15 será por elas alcançado. O mesmo se aplica ao caso de inexigibilidade de conduta diversa, como causa supralegal de exclusão da culpabilidade.

POSSE OU PORTE ILEGAL DE ARMA DE FOGO DE USO RESTRITO

Art. 16. Possuir, deter, portar, adquirir, fornecer, receber, ter em depósito, transportar, ceder, ainda que gratuitamente, emprestar, remeter, empregar, manter sob sua guarda ou ocultar arma de fogo, acessório ou munição de uso proibido ou restrito, sem autorização e em desacordo com determinação legal ou regulamentar:

Pena – reclusão, de 3 (três) a 6 (seis) anos, e multa.

Assim como na lei por ele revogada, o Estatuto do Desarmamento tratou de diferenciar, por meio das respectivas penas cominadas, as condutas referentes às armas, acessórios e munições de uso permitido e as de uso restrito: das primeiras cuidou nos arts. 12 (posse) e 14 (porte, entre outras condutas); das demais, no art. 16. Os arts. 14 e 16, *caput*, são praticamente idênticos, a não ser pela natureza dos objetos materiais e pelo acréscimo, a este último dispositivo, da conduta de "possuir".

Mas, a diferença de tratamento entre os dispositivos torna-se evidente quando se verifica que para o art. 16 foram cominadas penais maiores, de 3 a 6 anos de reclusão, e multa. Não se

---

173 *Manual de direito penal: parte especial (arts. 121 ao 361)*. 8ª ed. Salvador: Editora Juspodivm, 2016, p. 143. Damásio concorda com tal entendimento, desde que o disparo ocorra *extra muros*; se *intra muros*, por entender inexistente qualquer perigo à incolumidade pública, deve prevalecer o delito do art. 132 do CP (op. cit., p. 92). Segundo o STJ: "(...) A conduta tipificada no art. 15 da Lei n. 10.826/2003 é mais grave do aquela prevista no art. 132 do Código Penal, uma vez que, embora de perigo abstrato, a ação de disparar arma de fogo em local habitado e em via pública representa um risco à integridade física de uma coletividade, isto é, de todos que habitam a localidade e cercanias; não apenas de uma pessoa específica, situação prevista no art. 132 do Código Penal. Logo, não há desproporção na sanção cominada. (...)" (REsp 1.494.303-SP, Rel. Min. Sebastião Reis Júnior, 6ª T., j. 25/11/2014).

174 Eis o entendimento de Capez: "Havendo o disparo e, posteriormente, em contexto fático bem destacado, o crime de dano (homicídio, lesão, roubo etc.), haverá concurso de crimes" (*Estatuto do desarmamento*, p. 106).

trata, portanto, de crime de menor potencial ofensivo, não permite a suspensão condicional do processo e nem mesmo o acordo de não-persecução penal (Resolução 181/2017, CNMP).[175]

Ao contrário, de acordo com o parágrafo único do art. 1º da Lei 8.072/1990 (Lei dos Crimes Hediondos), com a redação dada pela Lei 13.497/2017, a partir do dia 27 de outubro de 2017, a posse ou porte de arma de fogo de uso restrito passou a ser crime equiparado a hediondo.

Entendíamos, quando da 1ª edição desta obra que, tendo em vista o silêncio da nova lei quanto às munições e acessórios de uso restrito, o porte ou posse destes não constituiria crime equiparado a hediondo. Mudamos esse entendimento.

A regra trazida pela Lei 13.497 deve atingir qualquer conduta que se subsuma ao *nomen iuris* "posse ou porte ilegal de arma de fogo de uso restrito", ou seja, à figura típica trazida pelo *caput* do art. 16 da Lei 10.826. O *nomen iuris* do delito é infeliz, pois, primeiramente, é evidente que o tipo traz outros núcleos além do "portar" e do "possuir"; e não se trata de posse ou porte ilegal apenas de arma de fogo de uso restrito, mas também de acessório ou munição de uso restrito.

O art. 21 do Estatuto determina expressamente a proibição à concessão da liberdade provisória àqueles que incidem no delito do art. 16, reacendendo a antiga discussão levantada quando da edição da Lei 8.072/1990. Como já esperado, o STF declarou inconstitucional o art. 21, na mesma ADIN 3.112 citada nos comentários aos parágrafos únicos dos arts. 14 e 15. De qualquer maneira, tornou-se o porte ou posse de arma de fogo de uso restrito inafiançável, por força da Lei 13.497/2017, como visto acima.

No estudo do art. 16, há a necessidade de se efetuar uma separação entre o *caput* e o parágrafo único, pois tratam de assuntos completamente diversos, tendo em comum tão-somente a pena. Trata-se de técnica legislativa absolutamente criticável, pois o *nomen iuris* ("posse ou porte ilegal de arma de fogo de uso restrito") refere-se apenas à conduta descrita na cabeça do artigo, pois nos seis incisos do parágrafo vislumbram-se outros seis delitos diferentes, entre os quais alguns que sequer referem-se a armas de fogo, acessórios ou munições. Por isso, daremos tratamento separado a cada um deles, iniciando pelo estudo da conduta prevista no *caput*.

Aplicação da Lei Penal no Tempo

Desde já, alertamos o leitor que muitas das questões já analisadas acima, especificamente nos comentários aos art. 12 e 14, podem ser aplicadas ao art. 16, *caput*. Por que as semelhanças? Porque o artigo ora comentado, assim como o art. 12, também prevê a conduta de *possuir*; além disso, praticamente repete as condutas do art. 14, mudando apenas a natureza do objeto material, que é de uso restrito.

Quanto à conduta de *possuir*, trazida pelo art. 12, como vimos, a mantença da arma de uso permitido, em casa ou no local de trabalho (sendo o possuidor do objeto titular ou responsável

175 Cf. CAPEZ, Fernando, *Estatuto do desarmamento*, p. 125: "A pena prevista para o delito de posse ilegal ou porte de artefato de uso restrito ou proibido é de reclusão, de três a seis anos, e multa, portanto, mais severa do que a pena cominada para alguns crimes contra a pessoa, como, por exemplo, o delito de lesão corporal de natureza grave, cuja pena é de reclusão, de um a cinco anos, ou o infanticídio, cuja pena é a de detenção, de dois a seis anos. Para o nosso ordenamenteo jurídico, portanto, é mais censurável possuir ou portar uma arma de fogo de uso proibido do que utilizá-la efetivamente para produzir lesões com seqüelas definitivas ou mesmo matar o próprio filho recém-nascido, com um tiro à queima-roupa na cabeça, sob influência do estado puerperal. Trata-se, portanto, de dispositivo que infringe o princípio da proporcionalidade das penas. Se levado às suas últimas consequências, deveria ser reputado inconstitucional".

legal do estabelecimento ou empresa), entre o início da vigência do Estatuto, em 23 de dezembro de 2003, e o dia 31 de dezembro de 2009, prazo final para o requerimento de registro, era atípico. Em se tratando de arma de uso *restrito*, objeto do *caput* do art. 16, a situação é diversa.

É que, como já analisado nos comentários ao art. 12, o Estatuto do Desarmamento, desde que entrou em vigor em 23 de dezembro de 2003, sofreu diversas modificações quanto aos prazos de regularização do registro e entrega da arma à Polícia Federal. Originalmente, os arts. 30 e 32 do Estatuto deferiam ao possuidor de uma arma de fogo prazo de 180 dias para que providenciasse o registro dela – no caso de o não possuir – ou a entregasse à Polícia Federal. Se o possuidor da arma sem registro poderia regularizá-la dentro de um prazo, por óbvio, não poderia ser autuado por sua posse ilegal, pois não haveria, ainda, qualquer ilegalidade.

Notem, e isso é muito importante: a redação original do art. 30 não exigia que a arma de fogo, sujeita à regularização por meio de registro, fosse de *uso permitido*, abrangendo também as de *uso restrito*. Mas, como já visto, a lei foi alterada.

A Medida Provisória nº 174, de 18 de março de 2003, depois convertida na Lei nº 10.884/2004, ampliou o prazo do art. 30 para 180 dias após a data da publicação do Regulamento (que seria o Decreto 5.123/2004). Esse prazo foi depois prorrogado para 23 de junho de 2005, pela Lei nº 11.118/2005. Além disso, apenas para os moradores da zona rural que comprovassem a necessidade da arma para a sua subsistência (art. 6º, § 5º), tal lei estendeu o prazo para 120 dias, contado de sua publicação, para a regularização do registro (art. 30), portanto, com termo final em 11 de março de 2006.

A Lei 11.706/2008 (resultado da conversão da Medida Provisória 417, de 31 de janeiro de 2008) alterou a redação do art. 5º, § 3º, e do art. 30, fixando outro prazo para a regularização das armas, mas, pela primeira vez, limitando a prorrogação às *armas de uso permitido* tivessem elas ou não o registro: 31 de dezembro de 2008 (art. 30). Também alterou a redação do art. 32, estabelecendo que: "Os possuidores e proprietários de arma de fogo poderão entregá-la, espontaneamente, mediante recibo, e, presumindo-se de boa-fé, serão indenizados, na forma do regulamento, ficando extinta a punibilidade de eventual posse irregular da referida arma". Ou seja, desapareceu o prazo para entrega da arma, *de uso permitido ou restrito*, à polícia. Finalmente, a Lei 11.922/2009 estabeleceu outro prazo para a regularização (31 de dezembro de 2009) por meio do competente registro e novamente restringiu a ampliação temporal às *armas de uso permitido*.

Conclusão: para a posse de *armas de uso restrito*, o prazo de regularização expirou em 23 de junho de 2005. Logo, até tal data, *possuir arma de fogo de uso restrito* era fato atípico. É o posicionamento também adotado pelo STJ,[176] e STF.[170]

176 HC 367.669-RS, Rel. Min. Joel Ilan Paciornik, 5ª T., j. 15/12/2016: "(...) A jurisprudência desta Corte entende que é atípica a posse irregular de arma de arma de fogo, acessórios e munição de uso permitido (art. 12), restrito ou proibido (art. 16), perpetrada entre 23/12/2003 e 23/10/2005. A partir dessa data, até 31/12/2009, somente é atípica a conduta do art. 12, e desde que a arma de fogo seja apta a ser registrada (numeração íntegra). (…)". E ainda, HC 290.765-SP, Rel. Min. Ribeiro Dantas, 5ª T., j. 14/06/2016: "O Estatuto do Desarmamento estabeleceu o prazo de 180 (cento e oitenta) dias, contados da data da publicação da lei, para que os proprietários e possuidores de armas de fogo não registradas, sob pena de responsabilidade penal, solicitassem o seu registro mediante apresentação de nota fiscal de compra ou a comprovação da origem lícita da posse, pelos meios de prova admitidos em direito (art. 30 da Lei n. 10.826/2003), podendo, ainda, entregá-las à Polícia Federal, ficando extinta a punibilidade de eventual crime de posse irregular de arma (art. 32 da Lei n. 10.826/2003). (…) Durante tal lapso temporal, doutrinariamente conhecido como vacatio legis indireta, a conduta de possuir arma de fogo de uso permitido (art. 12 da Lei n. 10.826/2003) ou de uso restrito (art. 16 da Lei n. 10.826/2003) era considerada atípica. (…)".

Quanto à *abolitio criminis* temporária da conduta de *possuir* tal espécie de arma, remetemos o leitor às considerações feitas nos comentários ao art. 12.

E quanto às demais condutas do *caput* do art. 16? Como vimos nos comentários ao art. 14, a *vacatio legis* temporária aplica-se apenas à *posse* de arma, não atingindo as outras modalidades do crime, trazidas pelos demais núcleos do tipo.[178]

De outra parte, a comparação do art. 16, *caput*, do Estatuto do Desarmamento com o revogado art. 10, § 2º, da Lei 9.437/1997 revela que o legislador manteve, no primeiro, a maioria dos núcleos do tipo existentes neste último, incluindo a conduta de "possuir", mas eliminou os núcleos "fabricar", "vender", "alugar" a "expor à venda", o que não significa a ocorrência de *abolitio criminis*, já que, ou continuará a incidir sobre tais condutas o próprio art. 16, *caput*, ou incidirá o art. 17 da nova Lei.

De qualquer modo, é inegável que quanto às demais ações mantidas no *caput* do art. 16 estamos diante de *novatio legis in pejus*, pois o Estatuto prevê pena bem mais severa do que o antigo § 2º do art. 10 da lei revogada: de delito apenado com reclusão, de 2 a 4 anos, e multa, passou-se à previsão das penas de reclusão, de 3 a 6 anos, e multa. Assim, deve-se aplicar o princípio da irretroatividade da lei penal mais severa, de forma que o indivíduo processado por portar arma de fogo de uso restrito quando da vigência da lei anterior não será atingido pela nova Lei.

Não podemos nos esquecer, contudo, que as condutas antes previstas na Lei 9.437 e mantidas na Lei 10.826 são, em geral, permanentes (como "manter sob sua guarda", por exemplo), o que pode trazer a seguinte consequência: caso o sujeito ativo mantinha sob sua guarda uma arma de fogo ainda sob a vigência da lei revogada e, advindo a nova legislação, prosseguiu com tal conduta, é certo que o art. 16, *caput*, poderá ser aplicado. Neste sentido, a Súmula 711 do STF: "A lei penal mais grave aplica-se ao crime continuado ou ao crime permanente, se a sua vigência é anterior à cessação da continuidade ou da permanência".

O art. 16, *caput*, do Estatuto trouxe uma novidade em relação à lei anterior, pois incluiu a munição como objeto material – antes, a previsão era apenas para arma de fogo e acessórios –, representando, nesse aspecto, *novatio legis* incriminadora, não podendo, por óbvio, retroagir a situações anteriores à sua entrada em vigor.

Por outro lado, o art. 10, § 3º, inciso IV, da lei revogada previa uma qualificadora para os casos de armas, consistente na seguinte hipótese: "possuir condenação anterior por crime contra a pessoa, contra o patrimônio e por tráfico ilícito de entorpecentes e drogas afins". Tal

---

177 RE 768.494-GO, Rel. Min. Luiz Fux, Pleno, j. 19/09/2013: "(...) A jurisprudência desta Corte é assente no sentido de que, verbis: 'I – A vacatio legis de 180 dias prevista nos artigos 30 e 32 da Lei 10.826/2003, com a redação conferida pela Lei 11.706/2008, não tornou atípica a conduta de posse ilegal de arma de uso restrito. II – Assim, não há falar em abolitio criminis, pois a nova lei apenas estabeleceu um período de vacatio legis para que os possuidores de armas de fogo de uso permitido pudessem proceder à sua regularização ou à sua entrega mediante indenização. III – Ainda que assim não fosse, a referida vacatio legis não tem o condão de retroagir, justamente por conta de sua eficácia temporária' (RHC 111637, Relator(a): Min. RICARDO LEWANDOWSKI, Segunda Turma, julgado em 05/06/2012). (...)".

178 STJ, HC 216.779-RS, Rel. Min. Maria Thereza de Assis Moura, 6ª T., j. 29/08/2013: "(...) O Superior Tribunal de Justiça firmou entendimento no sentido de que a vacatio legis estabelecida pelos artigos 30 e 32 da Lei nº 10.826/2003, para a regularização das armas dos seus proprietários e possuidores, é reconhecida hipótese de abolitio criminis temporalis. (...) Tal compreensão, todavia, somente abrange as hipóteses de posse de arma de fogo, assim compreendidas aquelas em que a arma está na residência ou no local de trabalho do acusado, configurando-se o porte de arma, delito diverso do crime de posse, não há se falar em hipótese abrangida pela vacatio legis. (...)".

previsão não se repetiu no Estatuto do Desarmamento, razão pela qual estamos diante, nesse aspecto, de *novatio legis in mellius*, cabendo retroação.

Vale lembrar que o caráter hediondo das figuras de porte ou posse ilegal de arma de fogo de uso restrito somente atingirá os casos ocorridos a partir de 27 de outubro de 2017, data em que entrou em vigor a Lei 13.497.

Sujeitos do Crime

O crime previsto no art. 16, *caput*, é comum, podendo ser praticado por qualquer pessoa. Também deve incidir a causa de aumento prevista no art. 20, se o delito for praticado por integrantes dos órgãos e empresas referidas nos arts. 6º, 7º e 8º do próprio Estatuto.

Sujeito passivo é a coletividade.

Tipicidade objetiva

O tipo penal do art. 16, *caput*, prevê nada menos do que quatorze núcleos diferentes, sendo, assim, um tipo misto alternativo. Haverá crime nas condutas de possuir, deter, portar, adquirir, fornecer, receber, ter em depósito, transportar, ceder (gratuitamente ou não), emprestar, remeter, empregar, manter sob sua guarda ou ocultar arma de fogo, acessório ou munição, de uso restrito ou proibido, sem autorização e em desacordo com determinação legal ou regulamentar. Vê-se que o legislador, tal como já fizera no art. 14, procurou prever o maior número de situações possíveis, tendo obtido, a nosso ver, sucesso em tal intuito.

Quanto ao significado e implicações da conduta consistente em *possuir arma de fogo, acessório ou munição*, remetemos o leitor aos comentários ao art. 12. Quando aos demais núcleos do tipo, remetemos aos comentários ao art. 14, já que, como afirmamos, o *caput* do art. 16 praticamente os repete.

Muito embora a lei faça referência a arma, acessório ou munição de uso *proibido*, vimos que essa expressão remete às armas de fogo dissimuladas, com aparência de objetos inofensivos, conforme nossos comentários ao art. 12. Assim, sugerimos a leitura deles.

Além disso, para análise dos demais elementos do tipo remetemos o leitor aos comentários ao art. 14, quando trata do porte e das situações que podem surgir referentes a este, pois as diversas questões ali propostas e respondidas – assim esperamos – servem igualmente ao delito em estudo.

As condutas descritas no *caput* do art. 16 configuram crime hediondo por equiparação, conforme nova redação dada à Lei dos Crimes Hediondos pela Lei 13.497/2017, salvo quanto à munição e acessórios, não mencionados na novel legislação.

Tipicidade subjetiva

Vide tópicos respectivos nos comentários aos arts. 12 (para o núcleo do tipo *possuir* do art. 16, *caput*) e 14 (para os demais núcleos do tipo).

Consumação e Tentativa

Uma vez mais, a fim de não cansar o leitor, vide tópicos respectivos nos comentários aos arts. 12 (para o núcleo do tipo *possuir* do art. 16, *caput*) e 14 (para os demais núcleos do tipo).

Ação penal

Todos os crimes do art. 16 são de ação penal pública incondicionada.

Concurso de Crimes

Vide tópicos respectivos nos comentários aos arts. 12 (para o núcleo do tipo *possuir* do art. 16, *caput*) e 14 (para os demais núcleos do tipo).

SUPRESSÃO OU ALTERAÇÃO DE MARCA, NUMERAÇÃO OU SINAL IDENTIFICADOR

> **Art. 16.** (...):
>
> Pena – reclusão, de 3 (três) a 6 (seis) anos, e multa.
>
> Parágrafo único. Nas mesmas penas incorre quem:
>
> I – suprimir ou alterar marca, numeração ou qualquer sinal de identificação de arma de fogo ou artefato;

Na esteira da Lei 9.437/1997, o Estatuto do Desarmamento cuidou detalhadamente do registro das armas de fogo, mantendo o SINARM, ampliando-lhe as competências e instituindo o SIGMA, sempre com o objetivo de aumentar o controle do Estado sobre tais perigosos instrumentos. Ocorre que, essenciais para o controle dos armamentos são os respectivos sinais de identificação, como o número de série que toda arma de fogo deve possuir. Mais do que lógico, portanto, que o Estatuto trouxesse a previsão de conduta típica para o ato de eliminar ou alterar o sinal identificador (e, conforme veremos adiante, também para a conduta de possuir, portar, adquirir, transportar ou fornecer a arma com tal sinal de alguma forma adulterado).

No inciso I do parágrafo único do art. 16 cuidou o legislador apenas da conduta daquele que faz a supressão ou a alteração. Trata-se de dispositivo de rara aplicação, pois dificilmente será possível demonstrar a autoria do delito, pois o que se tem normalmente é a apreensão da arma já adulterada, sendo muito mais fácil imputar ao agente a prática do delito descrito no inciso IV do mesmo parágrafo (posse ou porte de tal tipo de armamento).

Aplicação da Lei Penal no Tempo

O Estatuto do Desarmanento nada mais fez senão repetir a conduta descrita no art. 10, § 3º, inciso I, da revogada Lei nº 9.437, que previa pena menor, de 2 a 4 anos de reclusão, e multa. Assim, o crime do art. 16, parágrafo único, inciso I, do Estatuto representa verdadeira *novatio legis in pejus*, razão pela qual é impossível a retroação.

Objetividade Jurídica

Apesar de entendermos que o delito ora em comento protege igualmente a segurança pública como bem jurídico (ou a incolumidade pública, como preferem alguns), estamos perfeitamente de acordo com o entendimento de que se trata de delito pluriofensivo, atingindo também a administração pública, na medida em que é de interesse desta identificar e controlar as armas de fogo em circulação, o que é impedido pela supressão ou alteração do sinal identificador.[179]

179 No mesmo sentido, Fernando Capez (*Estatuto do desarmamento*, p. 130) César Dario Mariano da Silva (op. cit., p. 124).

Tipicidade objetiva

A conduta típica é a de suprimir ou alterar marca, numeração ou qualquer sinal de identificação de arma de fogo ou artefato.

As penas cominadas são as mesmas do *caput*, ou seja, de reclusão, de 3 a 6 anos, e multa.

Suprimir significa eliminar, destruir totalmente, seja por que método for, apontando a doutrina a possibilidade de métodos químicos ou mecânicos. Os mais comuns "são a raspagem com outro objeto sólido, como uma lima, e a pinagem, que consiste em sobrepor uma superfície sólida e pontuda sobre a numeração e bater com um martelo ou outro objeto semelhante, de forma que a numeração desapareça. Métodos químicos, como o emprego de ácidos, também podem ser empregados".[180]

Alterar é modificar algo, ou seja, mudar-lhe as características, como ocorre no caso de alteração dos números, com troca de ordem ou modificação de algum numeral ou de todos eles.

Os núcleos do tipo – as condutas consubstanciadas nos verbos suprimir e alterar – recaem sobre *marca, numeração* ou *qualquer outro sinal de identificação* de arma de fogo ou artefato.

Marca é o "nome, expressão ou sinal que individualiza e identifica o produto", enquanto que *numeração* é o "número de série que singulariza a substância".[181] Mas é certo que a lei também refere-se a *qualquer sinal identificador* que não a marca ou a numeração (sinais outros empregados pelo fabricante, indicação do calibre etc.).[182]

E os raiamentos do cano? Pode-se, em tese, considerá-los como sinais que identificam uma arma de fogo, mas voltamos a lembrar do caráter mutável deles, eis que sujeitos a desgastes causados pelos próprios disparos. Além disso, modificações no raiamento do cano normalmente ocorrem associadas à finalidade de levar o exame pericial de comparação balística a resultado negativo ou inconclusivo, provocando o enquadramento da conduta em outro delito, descrito no inciso II, do mesmo parágrafo único do art. 16 do Estatuto do Desarmamento.

O dispositivo em comento menciona que os sinais de identificação devem pertencer a *arma de fogo* ou *artefato.* Já analisamos o conceito de arma de fogo. E artefato, o que seria?

De acordo com o Decreto 9.493/2018 *artefato* pode ser equiparado a acessório de arma de fogo (vide, no Glossário do decreto, o verbete "acessório de arma de fogo). Também a munição é considerada um "artefato". No entanto, a doutrina vem apontando também para a utilização da mesma palavra no inciso III do parágrafo único do art. 16, desta feita com o significado de mecanismo explosivo ou incendiário. Assim, entendo ser possível abarcar aqui ambos os significados.[183]

Surgiu na doutrina a seguinte questão: as armas de fogo mencionadas nos delitos previstos nos incisos I, II, IV e V (neste último, também os acessórios e munições) do parágrafo único do art. 16 são, a exemplo do *caput*, somente as de uso restrito?

A doutrina é majoritária no sentido de que a lei não faz qualquer referência à qualidade da arma, não cabendo ao intérprete fazê-lo, além do que as condutas ali descritas já são, por si

---

180 Cf. SILVA, César Dario Mariano, op. cit., p. 125.

181 A duas definições são de Luiz Flávio Gomes e William Terra de Oliveira, op. cit., p. 193.

182 Idem, ibidem.

183 É também o entendimento de Guilherme de Souza Nucci, op. cit., p. 267.

mesmas, graves o suficiente para permitir a equiparação com as penas previstas no *caput*. Ou seja, nesses casos, *as armas podem ser de uso restrito ou permitido*. É a nossa posição.[184]

Pouco importa se a arma de fogo, de uso permitido ou restrito, foi obtida lícita ou ilicitamente e mesmo se possui registro. Em todos os casos, havendo supressão ou alteração de sinal de identificação, haverá o crime.

Não pode esta modalidade delitiva ser considerada equiparada a crime hediondo, por força da nova regra imposta pela Lei 13.497, mesmo que a arma seja de uso restrito. Pensamos que a redação dada ao parágrafo único do art. 1º da Lei 8.072/1990 abrange apenas condutas que se relacionem com a *posse* ou o *porte* da arma e não com sua alteração, ainda que implique em posse momentânea.

Entendemos que as figuras do parágrafo único do art. 16 são *equiparadas*, sendo tipos penais autônomos, daí porque a regra da Lei 13.497 deve atingir apenas a conduta que se subsume ao *nomen iuris* "posse ou porte ilegal de arma de fogo de uso restrito", ou seja, à figura típica trazida pelo *caput*. Quisesse o legislador abarcar as figuras equiparadas, teria feito como consta do inciso VII-B do art. 1º da Lei 8.072/1990, que incluiu não só o *caput* do art. 273 do Código Penal (falsificação, corrupção, adulteração ou alteração de produto destiniado a fins terapêuticos ou medicinais), mas também as demais figuras equiparadas (§§ 1º, 1º-A e 1º-B), citando-as uma a uma. Não foi o que fez no caso do porte ou posse ilegal de arma de fogo de uso restrito, tendo o legislador apenas mencionado o *nomen iuris*, seguido da expressão "previsto no art. 16 da Lei nº 10.826, de 22 de dezembro de 2003". Ora, tal crime é previsto apenas no *caput* do art. 16 (vide abaixo nossas considerações sobre a conduta do inciso IV do parágrafo único).

Reconhecemos, porém, que tal entendimento caminha para ser minoritário.

Segundo Rogério Sanches Cunha: "Se analisarmos as justificativas do projeto de lei, tanto no Senado quanto na Câmara dos Deputados, veremos que a intenção era punir com mais rigor a conduta tipificada no *caput*. Com efeito, as referências dos parlamentares que advogaavam a aprovação do projeto eram todas à crescente violência ligada à posse e ao porte de armamentos por criminosos, que normalmente fazem uso de artefatos com grande poder de fogo, não raro maior do que os de que dispõem as forças policiais, razão pela qual o maior rigor na punição seria um esforço a ser somado no combate a prática tão nefasta. E se analisarmos as condutas tipificadas no parágrafo único do art. 16, veremos que algumas delas não estão necessariamente ligadas às circunstâncias descritas nas justificativas parlamentares, como ocorre, por exemplo, com os incisos I, IV, V e VI. De fato, o maior perigo causado pela posse ou pelo porte de uma arma de uso restrito não tem nenhuma relação com o ato de suprimir marca, numeração ou sinal de identificação de arma de fogo, tanto que esta conduta pode ser cometida inclusive sobre armas de uso permitido. Exatamente o mesmo pode ser dito dos demais incisos citados, pois todas as condutas neles tipificadas pode se

184 É também o posicionamento de César Dario Mariano da Silva (op. cit., p. 178-181), Renato Marcão (op. cit., p. 125) e Fernando Capez (*Estatuto do desarmamento*, p. 130), entre outros. É o entendimento do STJ, exposto no HC 179.502-SP, Rel. Min. Nefi Cordeiro, 6ª T., j. 16/02/2016: "(...) Acertada a condenação do paciente, porquanto a conduta se amolda ao delito previsto no art. 16, parágrafo único, IV, da Lei 10.826/03, pois o porte ilegal de arma de fogo de uso permitido com a numeração raspada equipara-se à arma de uso restrito. (...)". *Contra*, no sentido de que somente se aplica o dispositivo às armas de uso restrito, devendo, do contrário, ser aplicada a pena cominada no art. 14, Gustavo Octaviano Diniz Junqueira e Paulo Henrique Aranda Fuller, op. cit.. p. 473-474).

fundamentar tanto em armas de uso permitido quanto em armas de uso restrito. (...) Defendemos desde o início, todavia, não ser possível limitar a incidência das disposições relativas aos crimes hediondos apenas à conduta do *caput* do art. 16. O projeto da Lei 13.497/17 tramitou, entre o Senado e a Câmara, por mais de três anos, e foi objeto de extenso debate, tanto que foram diversas as modificações promovidas ao longo do caminho (originalmente, aliás, o projeto contemplava o comércio ilegal e o tráfico internacional de armas de fogo). Fosse para limitar a incidência do maior rigor ao *caput*, temos de supor que o legislador o teria feito expressamente. Além disso, limitar a incidência da Lei dos Crimes Hediondos a uma parte do tipo penal criaria uma situação desproporcional. (...) Diante disso, entendemos que qualquer conduta do art. 16, parágrafo único, da lei 10.826/03 atrai os consectários relativos aos crimes hediondos. E em decisão monocrática proferida no HC 460.910/PR, o ministro Jorge Mussi, do STJ aderiu, à mesma orientação (*sic*)".[185]

Tipo subjetivo

O tipo penal em questão somente admite a forma dolosa, sendo absolutamente atípica a conduta culposa, por sinal, de dificílima ocorrência.

Consumação e Tentativa

O crime em tela consuma-se com a ocorrência da supressão ou pela simples alteração do sinal identificador, não sendo previsto qualquer resultado específico, sendo, assim, crime de mera conduta.[186]

A tentativa é admitida pela doutrina, pois sempre haverá a possibilidade de ser o agente surpreendido no ato de suprimir ou alterar, sem que o tivesse ainda concluído. Atenção, porém, para as características do caso concreto, pois pode ocorrer que, como primeira etapa da supressão, o agente tenha provocado alteração do sinal identificador, já caracterizador da forma consumada.

Concurso de Crimes

Entendemos possível o concurso de crimes entre o delito em estudo e a posse ou porte ilegal da arma de fogo, havendo necessidade apenas de destacar com clareza os contextos de cada uma das condutas.

Assim, se restar comprovado que o agente possuía ou portava a arma de fogo muito antes de decidir perfazer a modificação do sinal identificador, haverá o concurso entre os delitos (concurso material).

Mas se, por outro lado, se provar que o agente estava na posse ou porte da arma com o único objetivo de suprimir ou alterar tal sinal, nesse caso é forçoso reconhecer a ocorrência de crime único, qual seja, o do art. 16, parágrafo único, inciso I, desde que, é claro, tenha dado início à sua execução.

185 Texto disponível em www.meusitejuridico.editorajuspodivm.com.br. Acesso em: 23.12.2018. Veja também os comentários do mesmo autor, nesta obra coletiva, no capítulo sobre a Lei dos Crimes Hediondos.

186 Também entendendo ser delito de mera conduta, Guilherme de Souza Nucci, op. cit., p. 267. No sentido de que se trata de crime formal, César Dario Mariano da Silva, op. cit., p. 126; e crime material, Fernando Capez, *Estatuto do desarmamento*, p. 130.

MODIFICAÇÃO DAS CARACTERÍSTICAS DE ARMA DE FOGO

> **Art. 16.** (...):
>
> Pena – reclusão, de 3 (três) a 6 (seis) anos, e multa.
>
> Parágrafo único. Nas mesmas penas incorre quem:
>
> I – (...)
>
> II – modificar as características de arma de fogo, de forma a torná-la equivalente a arma de fogo de uso proibido ou restrito ou para fins de dificultar ou de qualquer modo induzir a erro autoridade policial, perito ou juiz;

Este inciso II do parágrafo único do art. 16 prevê duas condutas, uma delas nova em nosso ordenamento jurídico, pois se trata de figura assemelhada à fraude processual, mas específica para arma de fogo. A outra conduta, por sua vez, é mera repetição de fórmula já existente na lei revogada.

Aplicação da Lei Penal no Tempo

O art. 10, § 3º, inciso II, da Lei 9.437/1997 já previa a conduta de "modificar as características da arma de fogo, de forma a torná-la equivalente a arma de fogo de uso proibido ou restrito". Portanto, a primeira parte do ora comentado inciso II do parágrafo único do art. 16 do Estatuto do Desarmamento apenas repetiu a figura típica da lei revogada, embora cominando pena privativa de liberdade em patamar superior. Por isso, trata-se de *novatio legis in pejus*, sendo vedada a retroação.

Já a parte final do dispositivo é novidade na legislação, pois não havia previsão específica a respeito. Antes do advento do Estatuto, caso o agente modificasse as características de uma arma de fogo para de alguma forma induzir a erro juiz ou perito poderia responder pelo delito previsto no art. 347 do CP, ou seja, por fraude processual, com previsão de pena privativa de liberdade bastante inferior. Por isso, também fica vedada a retroação, por se tratar mais uma vez de *novatio legis in pejus*. Embora seja uma novidade no ordenamento jurídico a previsão em comento, o fato não era atípico, passando-se, a partir da entrada em vigor do Estatuto, a ser aplicado o princípio da especialidade: se a fraude processual disser respeito à modificação das características da arma de fogo, não mais deve ser aplicado o art. 347 do CP, mas o dispositivo do Estatuto.

Poder-se-ia argumentar que o art. 347 do CP não previa a figura da autoridade policial, mas apenas a do juiz ou perito, como destinatária da conduta criminosa. Mas, atente-se para o fato de que o art. 347 possui uma estrutura bipartida: no *caput* trata da fraude em processo civil ou administrativo, nos quais, por óbvio, não atua delegado de polícia (ao menos não no exercício de suas funções típicas); e no parágrafo único, trata da fraude no processo criminal, "ainda que não iniciado". Ora, o que é um processo criminal ainda não iniciado, senão um procedimento de investigação, como, por exemplo, o inquérito policial? E é a autoridade policial quem o preside e, assim, implicitamente, acaba também sendo destinatária da conduta. Portanto, o fato também era típico nesse aspecto. E continua sendo, mas, agora, deve ser aplicado o princípio da especialidade, proibida a retroatividade, já que a pena cominada é mais severa.

Ademais, o Estatuto não faz menção se a modificação ocorre para induzir em erro autoridade policial, perito ou juiz em processo administrativo, civil ou penal. É óbvio que, quanto ao delegado, somente ocorrerá o crime se a intenção é induzi-lo a erro em investigação de cunho criminal. Mas e o juiz ou o perito? A lei nada diz a respeito e, por conseguinte, entendemos que não deve o intérprete restringir o alcance do dispositivo: haverá o crime mesmo se a intenção for induzir em erro o juiz ou o perito em processo civil ou, no último caso, até mesmo em processo administrativo.

Suponhamos que haja uma lide a respeito da propriedade de rara arma de fogo e ocorra a modificação de suas características para induzir a erro o juiz ou o perito: aplica-se o art. 16, parágrafo único, inciso II, do Estatuto ou o art. 347, *caput*, do CP? Pensamos que deve ser aplicado o dispositivo do Estatuto, tendo em conta a ausência de qualquer menção a respeito da natureza do procedimento.[187]

Objetividade Jurídica

O bem jurídico protegido no crime em tela é a segurança pública, mais uma vez, especificamente no que diz respeito à primeira parte do dispositivo. Ao mesmo tempo, a segunda parte igualmente busca resguardar os interesses da administração da Justiça.

Sujeitos do Crime

O crime é comum, podendo ser praticado por qualquer pessoa. Também incide a causa de aumento de pena prevista no art. 20 do Estatuto.

Sujeito passivo é a coletividade e, na segunda conduta, o Estado, na medida em que atinge a administração da Justiça.

Tipicidade objetiva

A conduta típica é a de *modificar as características de arma de fogo*, com uma das duas finalidades específicas previstas no dispositivo, ou seja:

a) torná-la equivalente a uma de uso restrito; ou
b) com o fim de dificultar ou de qualquer modo induzir a erro autoridade policial, perito ou juiz.

Todas as armas possuem características próprias, como, por exemplo, o raiamento do cano (nas armas raiadas). Assim, pratica o crime aquele que altera qualquer destas características. Mas isso, apenas, poderia até mesmo caracterizar o delito anteriormente estudado, previsto no inciso I. O que definitivamente os diferenciará é o objetivo almejado pelo agente, que deverá ser um daqueles expostos acima.

Na primeira hipótese, o agente modifica as características da arma de fogo a fim de torná-la equivalente a uma arma de uso restrito. Conclui-se, portanto, que *o objeto material do crime é a arma de fogo de uso permitido* (o tipo não menciona acessório ou munição), pois somente esta pode ser "transformada" em de uso restrito, por óbvio. Assim, como exemplo, o agente modifica as características de um revólver de calibre 38 (de uso permitido), a fim de que possa receber e disparar munição de calibre.357 Magnum (*i.e.*, torna-o equivalente a uma arma de tal calibre, de uso restrito). Somente se provará inequivocamente a transformação por meio de perícia.

187 No sentido de que somente se aplica o crime do Estatuto se a fraude ocorrer em processo criminal, César Dario Mariano da Silva, op. cit., p. 130.

Na segunda hipótese, o agente modifica as características da arma de fogo para dificultar ou induzir a erro, de qualquer modo, autoridade policial, juiz ou perito. O *objeto material pode ser tanto uma arma de uso permitido quanto uma de uso restrito*. Exemplo: o autor de um crime de homicídio troca o cano de sua pistola semiautomática, para que, num exame de comparação balística, o resultado seja negativo e a arma, por sua vez, afastada como suspeita de ter sido utilizada no delito.

Não pode esta modalidade delitiva ser considerada equiparada a crime hediondo, por força da nova regra imposta pela Lei 13.497, mesmo que a arma seja de uso restrito. Pensamos que a redação dada ao parágrafo único do art. 1º da Lei 8.072/1990 abrange apenas condutas que se relacionem com a *posse* ou o *porte* da arma e não com sua alteração, ainda que implique em posse momentânea.

Vide nossas considerações a respeito do tema quando tratamos do inciso I do parágrafo único do art. 16.

Tipo subjetivo

O crime é doloso, havendo a previsão de dois elementos subjetivos do tipo, de modo alternativo: tornar a arma equivalente a uma de uso restrito; ou finalidade de dificultar ou de qualquer modo induzir a erro autoridade policial, perito ou juiz.

Consumação e Tentativa

O crime consuma-se com a ocorrência da modificação, sendo delito material quanto à primeira conduta (havendo a modificação, a arma terá se tornado equivalente a uma de uso restrito), e formal quanto à segunda (basta a modificação, não sendo necessário que, efetivamente, seja a autoridade policial, o juiz ou o perito induzido em erro).

A tentativa é possível, em tese, pois sempre poderá ser o agente surpreendido no ato da modificação, sem que a tenha completado.

Concurso de Crimes

A única questão relevante, *in casu*, é a seguinte: havendo a modificação da arma e tornando-se esta equivalente a uma de uso restrito, haverá concurso entre o delito em tela e o *caput* do art. 16?

Ficamos com o entendimento de Fernando Capez a respeito: "Em tese, a lei incriminou o que deveriam ser atos preparatórios; no entanto, na maior parte das vezes, no momento em que o agente procedeu às alterações das características, passou a possuir arma de fogo de uso proibido, incorrendo na primeira conduta do art. 16, *caput* ('possuir') e incidindo a mesma pena. A primeira conduta, qual seja, a do inciso II do parágrafo único, ficará absorvida por força do princípio da consunção, como meio necessário impunível".[188]

188 *Estatuto do desarmamento*, p. 133. A perícia é realmente relevante. O agente pode ser surpreendido portando um revólver descrito como de calibre 38: será processado como incurso no art. 14 do Estatuto. No entanto, a perícia – e somente ela – poderá revelar a ocorrência da alteração que transformou a arma de fogo em de uso restrito (p. ex., capaz de disparar munição de calibre.357 Magnum), acarretando o aditamento da denúncia. O Ministério Público, portanto, para uma correta acusação, não pode prescindir da perícia, não obstante a falta desta não impedirá, como visto antes, a condenação pela posse ou porte da arma, mas, necessariamente, no nosso exemplo, considerada de uso permitido.

POSSE ILEGAL DE ARTEFATO EXPLOSIVO OU INCENDIÁRIO

Art. 16. (...):

Pena – reclusão, de 3 (três) a 6 (seis) anos, e multa.

Parágrafo único. Nas mesmas penas incorre quem:

I – (...)

II – (...)

III – possuir, detiver, fabricar ou empregar artefato explosivo ou incendiário, sem autorização ou em desacordo com determinação legal ou regulamentar;

A conduta em questão é, em nosso entender, muito grave, mas, ao menos até a edição da Lei 13.260/2016 (Lei de Terrorismo) recebia o mesmo tratamento reservado pelo legislador às armas, munições e acessórios de uso restrito.

É conduta grave, dizíamos, porque o objeto material do delito – artefato explosivo ou incendiário – possui potencial lesivo muito maior do que, por exemplo, um simples acessório de uso restrito, o que tem restado muito claro com sua utilização em larga escala em atentados pelo mundo afora, inclusive no nosso País. Um artefato explosivo pode, de uma só vez, eliminar a vida de diversas pessoas, provocar destruição material e mergulhar toda uma comunidade em clima de puro terror.

Pelo menos o legislador manteve a previsão típica, praticamente nos mesmo moldes da legislação revogada, com ligeiras modificações e elevação da reprimenda penal.

Aplicação da Lei Penal no Tempo

Em relação à previsão antes existente no art. 10, § 3º, inciso III, da Lei 9.437/1997, o dispositivo do Estatuto do Desarmamento praticamente o repete, mas, ao mesmo tempo, comina pena superior, havendo, assim, a denominada *novatio legis in pejus*, não sendo possível a retroação.

Advertimos, mais uma vez, que as condutas de "possuir" e "deter" antes previstas na Lei 9.437 e mantidas na Lei 10.826 são permanentes, o que pode trazer a seguinte consequência: caso o sujeito ativo possuía um artefato explosivo ainda sob a vigência da lei revogada e, advindo a nova legislação, prosseguiu com tal conduta, é certo que o novel dispositivo poderá ser aplicado. Neste sentido, a Súmula 711 do STF: "A lei penal mais grave aplica-se ao crime continuado ou ao crime permanente, se a sua vigência é anterior à cessação da continuidade ou da permanência".

A doutrina discute, ainda, se ocorreu derrogação do art. 253 do CP.[189]

A conclusão, é de que a Lei 9.437/1997 já o havia derrogado, havendo na nova Lei mera repetição do dispositivo. Por todos, em comentários à lei revogada, Luiz Flávio Gomes e William Terra de Oliveira: "O que o legislador fez, logo se perceberá, foi incrementar a pena de algumas condutas que já estavam tipificadas no art. 253 do CP, que incrimina a fabricação, o

189 Art. 253. Fabricar, fornecer, adquirir, possuir ou transportar, sem licença da autoridade, substância ou engenho explosivo, gás tóxico ou asfixiante, ou material destinado à sua fabricação:
Pena – detenção, de 6 (seis) meses a 2 (dois) anos, e multa.

fornecimento, a aquisição, a posse ou o transporte, sem licença da autoridade, de: a) substância explosiva; b) engenho explosivo; c) gás tóxico ou asfixiante; d) material destinado a sua fabricação. (...) É importante observar que o tipo penal em questão distingue a 'substância' (líquida ou gasosa: tolueno, trotil, TNT, gases) do 'engenho' explosivo. Engenho explosivo é a mesma coisa que artefato explosivo. Logo, essa parte típica do art. 253 tem agora novo regime jurídico (pena maior). (...) Fabricar e possuir são verbos que estão tanto nesse artigo como no inc. III ora analisado. De outro lado, quem fornece ou transporta artefato explosivo é porque tem a posse. Por último, quem o adquire acaba tendo a detenção ou posse da substância. Em suma, no que se relaciona com os artefatos ('engenhos') explosivos, o art. 253 foi derrogado. Seu âmbito de incidência residual versa sobre substâncias explosivas, gás tóxico ou asfixiante ou material destinado à fabricação de artefatos explosivos".[190]

Por fim, entendemos que o dispositivo em comento não foi revogado pela Lei 13.260/2016, cujo art. 2º, § 1º, I, prevê como atos de terrorismo usar ou ameaçar usar, transportar, guardar, portar ou trazer consigo *explosivos*, gases tóxicos, venenos, conteúdos biológicos, químicos, nucleares ou outros meios capazes de causar danos ou promover destruição em massa, mas desde que a conduta se insira no âmbito trazido pelo *caput* do mesmo artigo, ou seja, da prática por um ou mais indivíduos dos atos previstos na lei, *por razões de xenofobia, discriminação ou preconceito de raça, cor, etnia e religião*, quando cometidos *com a finalidade de provocar terror social ou generalizado, expondo a perigo pessoa, patrimônio, a paz pública ou a incolumidade pública*. Assim, somente nessas circunstâncias é que a Lei de Terrorismo se sobrepõe ao Estatuto do Desarmamento, com pena bem mais alta: reclusão, de 12 a 30 anos, além das sanções correspondentes à ameaça ou à violência.

Sujeitos do Crime

O crime é comum, podendo ser praticado por qualquer pessoa, sendo passível de aumento de pena nos casos elencados no art. 20 do Estatuto.

O sujeito passivo é a coletividade.

Tipo objetivo

A conduta típica é a de possuir, deter, fabricar ou empregar artefato explosivo ou incendiário, sem autorização ou em desacordo com determinação legal ou regulamentar.

A pena prevista é de 3 a 6 anos, e multa, não sendo crime de menor potencial ofensivo, nem passível de suspensão condicional do processo.

Quanto ao significado de "possuir", "deter" e "empregar", remetemos o leitor às considerações feitas no estudo dos arts. 12 e 14.

Fabricar é manufaturar, produzir algo a partir de matérias-primas. Ou seja, comete o crime não somente quem possui ou detém o artefato explosivo ou incendiário, mas quem também, a partir de certas substâncias, o produz.

Os objetos materiais são: o artefato explosivo e o incendiário.

Segundo a definição do Decreto 9.493/2018 (vide Glossário), explosivo é o "tipo de matéria que, quando iniciada, sofre decomposição muito rápida, com grande liberação de calor e desenvolvimento súbito de pressão". Assim, artefato explosivo é aquele capaz de produzir a

190 Op. cit., p. 195.

referida reação na substância explosiva e produzir, como consequência, a liberação de calor e a pressão súbita. O que se pune no Estatuto é a posse, detenção, fabrico ou emprego do *artefato*, não do *explosivo* em si, permanecendo, nessa última hipótese, a incidência do art. 253 do CP ou, se presentes todos os elementos do tipo, do art. 2º, § 1º, I, da Lei 13.260/2016.

Mas, como vimos nos comentários ao art. 12 – quando procuramos definir o que é "munição" – o Decreto 9.493/2018 trouxe um ponto que pode ensejar muita discussão. Vamos recordar o problema.

O art. 16, § 2º, IV, do Decreto 9.493 definiu o que considera "munição de uso restrito". O problema está nas alíneas *d* e *e*, pois nelas o legislador definiu como "munição" também as granadas (de obuseiro, de canhão, de morteiro, de mão ou de bocal), os rojões, foguetes, mísseis e bombas de qualquer natureza.

Vale lembrar que o conceito de munição não se encontra na Lei 10.826, tampouco no Decreto 5.124, de modo que o complemento das normas penais em branco que utilizam esse termo encontra-se, hoje, no Decreto 9.493/2018. Este descreve, em seu Glossário, "munição" como sendo o "artefato completo, pronto para utilização e lançamento, cujo efeito desejado pode ser: destruição, iluminação e ocultamento do alvo; efeito moral sobre pessoal; exercício; manejo; ou efeitos especiais". Especificamente, o art. 16, § 2º, IV, do mesmo Decreto, traz um rol do que considera munição de uso restrito.

Assim, na atual sistemática, *as granadas (de obuseiro, de canhão, de morteiro, de mão ou de bocal), os rojões, foguetes, mísseis e bombas de qualquer natureza devem ser considerados munição (de uso restrito)*. Mas, há que se fazer uma última ressalva.

A pergunta que se faz é: tais objetos sempre serão considerados "munição"? Defendemos que não. O conceito de "munição", como vimos acima, contém a expressão "artefato completo, pronto para utilização e lançamento". Logo, somente será "munição" o artefato que está pronto para ser utilizado mediante *lançamento*. Ou seja, é aquele que depende de algum instrumento para ser lançado, que pode ser uma arma ou o próprio corpo humano. Já um artefato que não é lançado, mas, deixado, inerte, em algum lugar para explodir não pode ser considerado "munição", mas "artefato explosivo".[191]

Artefato incendiário é qualquer mecanismo construído com o objetivo de provocar um incêndio.

A mera posse de substância incendiária – não do artefato – é atípica, salvo se presente a hipótese do art. 12, parágrafo único, da Lei 7.170/1983 (Lei de Segurança Nacional).[192]

O art. 16, § 2º, III, *c*, do Decreto 9.493/2018, classifica como *de uso restrito* o acessório de arma de arma de fogo que tenha por objetivo modificar as condições de emprego, citando, em caráter exemplificativo, os bocais lança-granadas. Cabe indagar: a posse ou detenção desse acessório de uso restrito constitui o crime do *caput* do art. 16 do Estatuto do Desarmamento ou

191 Vale trazer aqui, também, as definições contidas na Convenção Internacional sobre a Supressão de Atentados Terroristas com Bombas (vide Decreto 4.394/2002). O art. 1º da Convenção define *artefato explosivo* como qualquer "arma ou artefato explosivo ou incendiário, que tenha o propósito ou a capacidade de causar morte, lesões corporais graves ou danos materiais substanciais"; ou "arma ou artefato que tenha o propósito ou a capacidade de causar morte, lesões corporais graves ou danos materiais substanciais pela emissão, a propagação ou o impacto de produtos químicos tóxicos, agentes ou toxinas biológicas ou substâncias semelhantes, ou radiação ou material radioativo".

192 Vide nossos comentários à Lei de Segurança Nacional nesta mesma obra.

o crime ora em comento? Em nosso entender, configura o crime do art. 16, *caput*, do Estatuto. É que o bocal lança-granada não constitui artefato explosivo, mas acessório para emprego do artefato, que é a granada. Assim, o bocal representa o acessório de uso restrito mencionado no *caput* do art. 16.

Já a munição incendiária mencionada no art. 16, § 2º, IV, *c*, do mesmo Decreto 9.493, não configura artefato incendiário, mas munição mesmo.

E o caso de uma granada de gás lacrimogêneo ou de gás de pimenta? Já entendeu o STJ que não configura artefato explosivo.[193] Tampouco podem ser considerados munição ou armas de fogo, sendo produtos controlados de espécie própria.

E se o agente empregar o artefato e produzir um incêndio ou uma explosão? Prevalece o entendimento de que, caso tenha existido perigo concreto para a vida ou o patrimônio alheio, haverá ou o crime previsto no art. 250 (incêndio) ou aquele tipificado no art. 251 (explosão) do CP, ambos com previsão de pena também de 3 a 6 anos de reclusão, e multa. Do contrário, sem a prova do perigo, incidirá o delito do Estatuto, não se admitindo, em qualquer caso, o concurso de delitos.[194]

Se a explosão ou incêndio forem provocados por inconformismo político ou para obtenção de fundos destinados à manutenção de organizações políticas "clandestinas ou subversivas", há entendimento de que pode restar caracterizado o tipo do art. 20 da Lei nº 7.170/1983.[195] A pena, nesse caso, é mais grave, de reclusão, de 3 a 10 anos; resultando lesão corporal grave, a pena é aumentada de até o dobro; se resulta a morte, aumenta-se até o triplo. Para maiores considerações sobre o citado tipo penal da Lei de Segurança Nacional, vide nossos comentários nesta mesma obra.

Se o emprego do artefato explosivo ou incendiário se der por razões de xenofobia, discriminação ou preconceito de raça, cor, etnia e religião, quando cometidos com a finalidade de provocar terror social ou generalizado, expondo a perigo pessoa, patrimônio, a paz pública ou a incolumidade pública, aplica-se o art. 2º, § 1º, I, da Lei 13.260/2016.

Somente haverá o delito se a conduta ocorrer *sem autorização ou em desacordo com determinação legal ou regulamentar*. Assim, se houver autorização para a posse, fabrico, detenção ou emprego do artefato, não há crime, como ocorre, cotidianamente, com empresas de construção pesada (túneis, linhas de trens metropolitanos etc.) e pedreiras.

---

193 REsp 1.627.028-SP, Rel. Min. Maria Thereza de Assis Moura, 6ª T., j. 21/02/2017: "(...)RECURSO ESPECIAL. PENAL. ESTATUTO DO DESARMAMENTO. DELITO TIPIFICADO NO ARTIGO 16, PARÁGRAFO ÚNICO, III, DA LEI N. 10.826/2003. PORTE DE ARTEFATO EXPLOSIVO. GRANADA DE GÁS LACRIMOGÊNEO/PIMENTA. INADEQUAÇÃO TÍPICA. RECURSO IMPROVIDO. 1. Explosivo é, em sentido amplo, um material extremamente instável, que pode se decompor rapidamente, formando produtos estáveis. Esse processo é denominado de explosão e é acompanhado por uma intensa liberação de energia, que pode ser feita sob diversas formas e gera uma considerável destruição decorrente da liberação dessa energia. 2. Não será considerado explosivo o artefato que, embora ativado por explosivo, não projete e nem disperse fragmentos perigosos como metal, vidro ou plástico quebradiço, não possuindo, portanto, considerável potencial de destruição. 3. Para a adequação típica do delito em questão, exige-se que o objeto material do delito, qual seja, o artefato explosivo, seja capaz de gerar alguma destruição, não podendo ser tipificado neste crime a posse de granada de gás lacrimogêneo/pimenta, porém, não impedindo eventual tipificação em outro crime. (...)".

194 Neste sentido: Luiz Flávio Gomes e William Terra de Oliveira (op. cit., p. 197), Fernando Capez (*Estatuto do desarmamento*, pp. 135-136) e César Dario Mariano da Silva (op. cit., pp. 132-133).

195 Cf. CUNHA, Rogério Sanches, op. cit., p. 565 e 568.

Não pode esta modalidade delitiva ser considerada equiparada a crime hediondo, por força da nova regra imposta pela Lei 13.497. Pensamos que a redação dada ao parágrafo único do art. 1º da Lei 8.072/1990 abrange apenas condutas tipificadas no *caput* do art. 16 do Estatuto.

Tipo subjetivo

O crime é doloso, não sendo previsto qualquer elemento subjetivo do tipo. Não é punida a forma culposa.

Consumação e Tentativa

A consumação dependerá do núcleo do tipo, conforme já expusemos nos comentários aos arts. 12 e 14. Quanto à fabricar, estará consumado o delito no momento em que a manufatura do artefato for completada. Assim, há a possibilidade, em tese, de tentativa.

Concurso de Crimes

Para não cansar o leitor, sugerimos a leitura dos tópicos correspondentes nos comentários aos arts. 12 e 14, trocando-se "arma de fogo" pelos artefatos ora tratados, e art. 15, eis que, *mutatis mutandis*, o emprego do artefato explosivo ou incendiário pode ser comparado ao disparo da arma de fogo.

POSSE E PORTE DE ARMA DE FOGO COM NUMERAÇÃO, MARCA OU SINAL DE IDENTIFICAÇÃO RASPADOS, SUPRIMIDOS OU ADULTERADOS

> **Art. 16.** (...):
>
> Pena – reclusão, de 3 (três) a 6 (seis) anos, e multa.
>
> Parágrafo único. Nas mesmas penas incorre quem:
>
> I – (...)
>
> II – (...)
>
> III – (...)
>
> IV – portar, possuir, adquirir, transportar ou fornecer arma de fogo com numeração, marca ou qualquer outro sinal de identificação raspado, suprimido ou adulterado;

O crime em tela é correlato àquele previsto no inciso I do mesmo parágrafo. Se naquele é produzida a adulteração do sinal identificador, no inciso IV cuidou o legislador do momento posterior, em que a arma é, de algum modo, colocada em circulação.

Aplicação da Lei Penal no Tempo

Estamos diante de mais uma inovação do Estatuto do Desarmamento, pois a Lei nº 9.437/1997 não previa conduta igual, mas apenas aquela, já tratada acima, de produzir a adulteração. Porém, o fato não chegava a ser atípico, visto que a posse, o porte, a aquisição, o transporte ou o fornecimento da arma com numeração raspada era tratada na lei anterior ou como posse (ou porte) ilegal de arma de uso permitido ou como posse (ou porte) de arma de uso restrito, a depender do tipo de armamento. Agora, há um crime diverso para cada caso, aplicando-se o princípio da especialidade.

De qualquer modo, não poderá haver retroação, pois, doravante, o crime sempre será este do inciso IV do parágrafo único do art. 16 do Estatuto, seja a arma de uso permitido ou de uso restrito.

Em relação à vigência do dispositivo, em face do disposto nos arts. 30 e 32, do Estatuto, o entendimento consolidado no STJ (Súmula 513) é o de que:

> A 'abolitio criminis' temporária prevista na Lei n. 10.826/2003 aplica-se ao crime de posse de arma de fogo de uso permitido com numeração, marca ou qualquer outro sinal de identificação raspado, suprimido ou adulterado, praticado somente até 23/10/2005.

Ousamos discordar do entendimento dominante, que simplesmente equiparou situação da *posse* de arma de fogo de uso permitido e com numeração, marca ou qualquer outro sinal identificador raspado, suprimido ou adulterado, à *posse* de arma de uso permitido sem tais máculas.

A nosso ver, porém, a equiparação é indevida. Entendemos que sempre foi inaplicável o art. 30 do Estatuto à hipótese de arma com numeração raspada ou sinal adulterado, pois tal armamento jamais poderia ser registrado. Ou seja, não era passível de regularização, a não ser pela entrega da arma à polícia. Era não registrável.[196]

O Decreto 5.123/2004, com a modificação trazida pelo Decreto nº 6.715/2008, deixou isso claro ao estabelecer em seu art. 70-F que: "Não poderão ser registradas ou terem seu registro renovado as armas de fogo adulteradas ou com o número de série suprimido".

Assim, se já não se podia registrar tais armas, restava ao possuidor entregá-las à Polícia Federal. Não valia para ele, portanto, o prazo para regularização, de modo que, sempre que encontrada tal espécie de armamento na residência do indivíduo, haveria o crime do art. 16, parágrafo único, inciso IV, do Estatuto.[197]

E mais: o prazo citado na Súmula 513 do STJ realmente existiu, mas referente a uma já revogada redação do art. 32, que previa a data de 23 de outubro de 2005 como prazo final para entrega da arma à Polícia Federal, e não para regularização por meio do registro. Todavia, como já expusemos nos comentários ao art. 12, sempre foi indevido o emprego do art. 32 como parâmetro, o que ficou evidente quando simplesmente o legislador passou a permitir

---

196 O STJ concorda que tal espécie de arma não pode ser registrada, pois *registráveis* são apenas as armas com numeração hígida. Mesmo assim, a Corte Superior mantém o entendimento aqui criticado. Vide, dentre outros, o HC 296.163-MS, Rel. Min. Maria Thereza de Assis Moura, 6ª T., j. 25/11/2014: "(...) A Sexta Turma, a partir do julgamento do HC n.º 188.278/RJ, passou a entender que a abolitio criminis, para a posse de armas e munições de uso permitido, restrito, proibido ou com numeração raspada, tem como data final o dia 23 de outubro de 2005. (...) Dessa data até 31 de dezembro de 2009, somente as armas/munições de uso permitido (com numeração hígida) e, pois, registráveis, é que estiveram abarcadas pela abolitio criminis. (...) Desde 24 de outubro de 2005, as pessoas que possuam munições e/ou armas de uso restrito, proibido ou com numeração raspada, podem se beneficiar de extinção da punibilidade, desde que, voluntariamente, façam a entrega do artefato. (...)".

197 É o entendimento do STF, HC 120.077-RS, Rel. Min. Rosa Weber, 1ª T., j. 13/05/2014: "(...) O Estatuto do Desarmamento (Lei 10.826/2003) elencou, em seus arts. 30 e 32, hipóteses de descriminalização temporária do crime de posse ilegal de arma de fogo, concedendo prazo para regularização dos armamentos não registrados ou sua entrega à Polícia Federal. (...) A descriminalização temporária restringe-se ao crime de posse irregular de arma de uso permitido do art. 12 da Lei nº 10.826/2003, no período estipulado, e não abrange a posse de arma de fogo com numeração suprimida, conduta enquadrável no art. 16 do mesmo diploma legal. Precedentes. (...)".

a entrega das armas à Polícia Federal, a qualquer tempo, sem prazo, portanto. Sempre que se considerou algum prazo, era aquele previsto no art. 30, inaplicável, repita-se, às armas com numeração ou sinal suprimido ou de algum modo maculado.

Quanto às demais condutas previstas no tipo penal em comento, a *vacatio legis* temporária aplica-se apenas à *posse* de arma de uso permitido, com nossas ressalvas já apresentadas acima, não atingindo condutas relativas ao *porte* ou correlatas.[198]

Sujeitos do Crime

O crime é comum, podendo ser cometido por qualquer pessoa. Casos presente alguma das hipóteses do art. 20, a pena deverá ser aumentada da metade.

O sujeito passivo é a coletividade.

Tipicidade objetiva

A conduta típica é a de portar, possuir, adquirir, transportar ou fornecer arma de fogo com numeração, marca ou qualquer outro sinal de identificação raspado, suprimido ou adulterado.

Sobre o significado e alcance dos núcleos do tipo citados, remetemos o leitor aos comentários aos arts. 12 e 14. E quanto aos significados de numeração, marca ou qualquer outro sinal de identificação, remetemos ao exposto na análise do inciso I do parágrafo único do art. 16.

O dispositivo em exame exige que os sinais de identificação estejam *raspados*, *suprimidos* ou de alguma forma *adulterados*. "*Raspar* significa empregar outro objeto para o fim de fazer desaparecer, total ou parcialmente, qualquer desses sinais. Exemplo: empregar uma lima para lixar a numeração do revólver. *Suprimir* tem o sentido de retirar, empregando-se qualquer método químico ou físico. Exemplo: fazer a marca desaparecer com ácido sulfúrico. *Adulterar* significa modificar, falsificar ou alterar o objeto material empregando qualquer meio".[199]

Haverá o presente delito sendo ou não a arma de uso restrito, de forma que a pena será a do art. 16, *caput*, ainda que o armamento for de uso permitido, desde que com sinal identificador adulterado. [200]

Uma última observação: se a arma for de uso restrito, será o crime equiparado a hediondo, por força do disposto no parágrafo único do art. 1º da Lei 8.072/1990, segundo a redação

---

198 STJ, HC 216.779-RS, Rel. Min. Maria Thereza de Assis Moura, 6ª T., j. 29/08/2013: "(...) O Superior Tribunal de Justiça firmou entendimento no sentido de que a vacatio legis estabelecida pelos artigos 30 e 32 da Lei nº 10.826/2003, para a regularização das armas dos seus proprietários e possuidores, é reconhecida hipótese de abolitio criminis temporalis. (...) Tal compreensão, todavia, somente abrange as hipóteses de posse de arma de fogo, assim compreendidas aquelas em que a arma está na residência ou no local de trabalho do acusado, configurando-se o porte de arma, delito diverso do crime de posse, não há se falar em hipótese abrangida pela vacatio legis. (...)".

199 Cf. SILVA, César Dario Mariano, op. cit., p. 137-138.

200 STF, HC 110.792-RS, Rel. Min. Luiz Fux, 1ª T., j. 17/09/2013: "(...) Deveras, para configuração do delito de porte ilegal de arma de fogo com a numeração suprimida, não importa ser a arma de fogo de uso restrito ou permitido, basta que a arma esteja com o sinal de identificação suprimido ou alterado, pois o que se busca proteger é a segurança pública, por meio do controle realizado pelo Poder Público das armas existentes no País. Precedentes (...)". É também o entendimento do STJ: HC 179.502-SP, Rel. Min. Nefi Cordeiro, 6ª T., j. 16/02/2016: "(...) Acertada a condenação do paciente, porquanto a conduta se amolda ao delito previsto no art. 16, parágrafo único, IV, da Lei 10.826/03, pois o porte ilegal de arma de fogo de uso permitido com a numeração raspada equipara-se à arma de uso restrito. (...)".

trazida pela Lei 13.497, de 26 de outubro de 2017. Nesse caso, pode-se aplicar o *caput* do art. 16, e não o inciso IV do parágrafo único. Vide considerações feitas quando da análise do tipo trazido pelo inciso I, em que expusemos com mais detalhes os entendimentos existentes a respeito do tema.

Tipo subjetivo

O crime é doloso, não sendo previsto qualquer elemento subjetivo do tipo, não se punindo, evidentemente, eventual forma culposa.

Consumação e Tentativa

Vide comentários aos arts. 12 e 14.

Concurso de Crimes

Além dos comentários já feitos a respeito do tema no estudo dos arts. 12, 14, e 16, *caput*, observamos que, na hipótese de o possuidor da arma adulterada ser o mesmo que a adulterou, responderá o sujeito apenas pelo delito do inciso I do parágrafo único do art. 16, pois trata-se da conduta anteriormente praticada e já consumada. Isso, é claro, na rara hipótese de ser possível prová-la.

VENDA, ENTREGA OU FORNECIMENTO DE ARMA DE FOGO, ACESSÓRIO, MUNIÇÃO OU EXPLOSIVO A CRIANÇA OU ADOLESCENTE

> **Art. 16.** (...):
>
> Pena – reclusão, de 3 (três) a 6 (seis) anos, e multa.
>
> Parágrafo único. Nas mesmas penas incorre quem:
>
> I – (...)
>
> II – (...)
>
> III – (...)
>
> IV – (...)
>
> V – vender, entregar ou fornecer, ainda que gratuitamente, arma de fogo, acessório, munição ou explosivo a criança ou adolescente; (...)

Quis o legislador destacar a deplorável e perigosíssima conduta de fornecimento de arma de fogo, acessório, munição ou explosivo a crianças e adolescentes, não raro envolvidos em tristes episódios de violência, ora como vítimas, ora como causadores do evento.

Mas, não soube o legislador fazê-lo adequadamente.

O fornecimento de arma, acessório ou munição (no sentido amplo) é previsto nos arts. 14 (se de uso permitido), 16, *caput* (se de uso restrito), 16, parágrafo único, IV (com sinal identificador adulterado) e 17 (se no exercício de atividade comercial). [201]

201 Essa sistemática causa-nos espanto, pois esperava-se a cominação de pena sempre maior e a mesma para todas as condutas de fornecer arma de fogo, por si só muito grave, por permitir a circulação das armas, acessórios e munições, sem controle do Estado. Porém, como vimos, se a arma for de uso permitido, com

A idade do adquirente ou recebedor da arma é mencionada apenas no inciso V do parágrafo único do art. 16. Portanto, em termos de sanção penal, a idade do recebedor somente fará diferença se a arma for de uso permitido e com o sinal identificador intacto, caso em que a pena será a do art. 16, maior, portanto, que a do art. 14. Ainda maior será a pena caso o fornecimento der-se no exercício da atividade comercial, como veremos nos comentários ao art. 17.

Aplicação da Lei Penal no Tempo

A lei anterior não trouxe previsão específica a respeito – ou seja, menção à idade da pessoa a quem a arma é fornecida –, e o caso era tratado como de fornecimento de arma de fogo de uso permitido ou restrito, conforme o caso. Ademais, entendeu-se que a Lei 9.437/1997 havia derrogado o art. 242 da Lei 8.069/1990 (Estatuto da Criança e do Adolescente – ECA).[202] Com o advento do Estatuto do Desarmamento, a mesma previsão típica do dispositivo derrogado do ECA foi inteiramente reproduzida no inciso V ora em comento, com o acréscimo dos *acessórios*, ausentes no art. 242. Não cabe, retroação, pois evidente a hipótese de *novatio legis in pejus*.

Atenção: continua sendo passível de aplicação o art. 242 do ECA para qualquer outro tipo de arma, desde que não arma de fogo.

Objetividade Jurídica

O bem juridicamente protegido continua sendo a segurança ou incolumidade pública, mas admite-se que, nesse caso, há especial tutela também à criança ou ao adolescente.

Sujeitos do Crime

O crime é comum, podendo ser praticado por qualquer pessoa, cabendo a incidência, se o caso, da causa de aumento prevista no art. 20 do Estatuto. Caso, porém, o fornecimento do objeto material a criança ou adolescente ocorra no exercício de atividade comercial ou industrial, haverá o delito do art. 17.

O sujeito passivo é a coletividade, mas também, secundariamente, a criança ou o adolescente a quem a arma foi entregue.

Tipicidade objetiva

A conduta típica é a de vender, entregar ou fornecer, ainda que gratuitamente, arma de fogo, acessório, munição ou explosivo a criança ou adolescente.

Vender é alienar, transferir o domínio de forma onerosa: o agente entrega o bem a terceiro, havendo uma contraprestação.

Entregar é a simples transferência da posse ou da detenção, ainda que por pouco tempo.

Fornecer é, normalmente, entregar por qualquer meio, seja oneroso ou gratuito. É abastecer. Nesse ponto, há que se ter cautela, já que, caso o fornecimento seja oneroso, restará caracterizada a venda, também prevista como núcleo do tipo.

---

numeração e sinal intactos, o recebedor já tiver 18 anos e o fornecimento não ocorrer em atividade comercial, a pena será a do art. 14. Não vislumbramos, todavia, qualquer infringência à diretriz do § 4º do art. 227 da CF, como quer Fernando Capez (*Estatuto do desarmento*, p. 144).

202 Art. 242. Vender, fornecer ainda que gratuitamente ou entregar, de qualquer forma, a criança ou adolescente arma, munição ou explosivo:
Pena – reclusão, de 3 (três) a 6 (seis) anos.

Mas, cuidado: se a venda ocorrer no exercício de atividade comercial ou industrial, ocorrerá o crime previsto no art. 17 do Estatuto, com previsão de pena muito maior. Então, ficamos com a lição de César Dario Mariano da Silva a respeito do sentido do verbo *fornecer* no tipo penal em comento: "Para efeito do tipo, tem o sentido de entregar o objeto material para suprir uma necessidade. Esse fornecimento deve ser feito para o fim de abastecimento ou provisão com certa habitualidade, justamente para diferenciar da entrega e da venda. O fornecimento pode ser oneroso ou gratuito".[203]

Os objetos materiais são a arma de fogo, o acessório, a munição ou o explosivo.

A arma pode ser de uso permitido ou restrito, com ou sem adulteração da numeração. O tipo não faz a menor distinção, podendo ser, inclusive, arma desmuniciada, pois o que se quer evitar é que a criança ou o adolescente tenha acesso a armas de fogo, pois, a partir disso, poderão rapidamente obter munição. Pensamos, no entanto, que o fornecimento de arma, acessório, munição ou explosivo ineficaz, que simplesmente é incapaz de funcionar, não configura o delito, por falta de lesão ao bem jurídico protegido.

Já vimos nos comentários ao inciso III algumas considerações sobre o que se entende por explosivo. Observamos, todavia, que no inciso V não há menção a "artefato" explosivo, mas simplesmente a "explosivo". Assim, pode ser tanto um quanto outro, pois, na noção de explosivo está incluído o de artefato. Mas, no caso de explosivos que não representam qualquer ameaça à incolumidade pública – uma "bombinha de festa junina", por exemplo – não há o crime.

Criança é a pessoa até 12 anos de idade incompletos, e *adolescente* aquela entre 12 e 18 anos de idade, conforme definição do art. 2º do ECA.

Tipicidade subjetiva

O crime somente é punido se cometido a título de dolo. No caso de conduta culposa, pode caracterizar-se o delito do art. 13, *caput*, do Estatuto.

O erro quanto à idade do adolescente afasta o delito, podendo remanescer o dos arts. 14 ou 16.

Consumação e Tentativa

O crime consuma-se no momento em que se dá a venda, entrega ou fornecimento da arma, acessório, munição ou explosivo a criança ou adolescente, sendo possível a tentativa.

Concurso de Crimes

Entendemos possível o concurso entre os delitos dos arts. 12, 14, 16, *caput*, ou parágrafo único, inciso IV, com o ora em comento, desde que reste evidenciado contextos fáticos bastantes distintos entre as duas condutas.

PRODUÇÃO, RECARREGAMENTO OU RECICLAGEM ILEGAL E ADULTERAÇÃO DE MUNIÇÃO OU EXPLOSIVO

> **Art. 16.** (...):
>
> Pena – reclusão, de 3 (três) a 6 (seis) anos, e multa.

203 Op. cit., p. 141.

Parágrafo único. Nas mesmas penas incorre quem:

I – (...)

II – (...)

III – (...)

IV – (...)

V – (...); e

VI – produzir, recarregar ou reciclar, sem autorização legal, ou adulterar, de qualquer forma, munição ou explosivo.

Com poucos instrumentos e ferramentas é perfeitamente possível fabricar munição, inclusive com reaproveitamento de partes do cartucho deflagrado. Com o crime do inciso VI, o último do parágrafo único do art. 16, quis o legislador punir tal conduta, pois, para a produção, o recarregamento ou a reciclagem de munição ou explosivo é necessária a devida autorização, pois, sem ela, o Estado perde o controle sobre tais produtos, que acabam sem registro no SINARM. Nesse sentido, de interesse as disposições dos art. 4º, §§ 2º e 5º, art. 23, §§ 1º, 2º e 4º, e art. 35 do Estatuto, e ainda os arts. 19 e 21 do Decreto 5.123/2004.

Aplicação da Lei Penal no Tempo

O tipo penal do inciso VI é novo em nosso ordenamento penal, constituindo *novatio legis* incriminadora, razão pela qual a retroação é proibida.

Sujeitos do Crime

Comum, o delito do inciso VI pode ser cometido por qualquer pessoa, podendo incidir a causa de aumento do art. 20. Porém, se a adulteração de munição der-se em pleno exercício de atividade comercial ou industrial, haverá o crime do art. 17, apenado mais severamente.

O sujeito passivo é a coletividade.

Tipicidade objetiva

A conduta típica é a de produzir, recarregar ou reciclar, sem autorização legal, munição ou explosivo, como também a de adulterar tais objetos.

Produzir é fabricar, manufaturar, inclusive por processos rudimentares.

Recarregar é refazer a munição, com aproveitamento de parte do material já utilizado (por exemplo, o atirador guarda os estojos dos cartuchos disparados e depois os recarrega com substância propelente, espoleta, projétil etc., formando novamente a munição).

Reciclar é o aproveitamento de restos de munição, que são convertidos em matéria-prima para, então, produzir-se novas munições.

O elemento normativo, *sem autorização legal*, aplica-se apenas a estes três núcleos do tipo.

O terceiro, *adulterar*, não é passível de autorização, pois, conforme a redação do inciso, o elemento normativo citado parece aplicar-se somente aos dois primeiros núcleos do tipo. Além disso, e mais importante, não existe "adulteração legal". Com a conduta, o agente modifica a munição ou explosivo, tornando-os, por exemplo, mais eficientes ou letais (corta-se parte do projétil, aumenta-se o poder detonante de um explosivo etc.).

Já vimos antes as definições de munição e de explosivo.

Entendemos não ser relevante para a caracterização do delito a quantidade de explosivo ou munição produzidos, adulterados, reciclados ou recarregados, pois o tipo penal nada diz a respeito. Igualmente, a habitualidade da conduta é irrelevante, pois não se infere qualquer exigência do tipo nesse sentido.

Tipicidade subjetiva

O delito em tela é doloso, não havendo previsão de elemento subjetivo do tipo.

Consumação e Tentativa

A consumação ocorrerá assim que produzida a munição ou o explosivo, ou ainda quando terminado o recarregamento, a reciclagem ou a adulteração. A tentativa é perfeitamente possível, pois são condutas compostas de diversos atos (plurissubsistentes).

COMÉRCIO ILEGAL DE ARMA DE FOGO

Art. 17. Adquirir, alugar, receber, transportar, conduzir, ocultar, ter em depósito, desmontar, montar, remontar, adulterar, vender, expor à venda, ou de qualquer forma utilizar, em proveito próprio ou alheio, no exercício de atividade comercial ou industrial, arma de fogo, acessório ou munição, sem autorização ou em desacordo com determinação legal ou regulamentar:

Pena – reclusão, de 4 (quatro) a 8 (oito) anos, e multa.

Parágrafo único. Equipara-se à atividade comercial ou industrial, para efeito deste artigo, qualquer forma de prestação de serviços, fabricação ou comércio irregular ou clandestino, inclusive o exercido em residência.

Ao longo do Estatuto do Desarmamento procurou o legislador trazer regras detalhadas a respeito do comércio de armas de fogo, acessórios e munições. O Decreto 5.123/2004 traz ainda mais regras a respeito do assunto (nos arts. 19 a 21, especialmente). Corolário de tais exigências, o art. 17 pune severamente a desobediência a tais preceitos legais e regulamentares, atingindo não só o comerciante legalmente constituído, mas também o comércio informal, não raro realizado na própria residência do infrator.

Não se trata de crime equiparado a hediondo, ainda que a arma de fogo seja de uso restrito (vide parágrafo único do art. 1º da Lei 8.072/1990, com a redação dada pela Lei 13.497/1990), eis que a hediondez somente se aplica a algumas figuras típicas do art. 16, *caput*.

Aplicação da Lei Penal no Tempo

Há no art. 17 mais uma novidade de nossa legislação, pois a revogada Lei nº 9.437/1997 não tratou do assunto de modo específico, mas com ele lidou na forma dos delitos de posse ou porte de arma. Na lei antiga, não havia distinção entre quem portasse a arma e quem a vendesse, estando ou não no exercício de atividade comercial ou industrial.

Portanto, sem dúvida, a inovação legislativa é mais gravosa, aplicando-se o princípio da irretroatividade da lei penal mais severa.

O art. 21 – já declarado inconstitucional pelo STF na ADIn 3.112 – chegou mesmo a proibir a concessão da liberdade provisória no caso de cometimento do crime do art. 17.

De acordo com o STJ, esse tipo penal não foi abrangido pelo que tal Corte considerou ser uma *abolitio criminis* temporária trazida pelos arts. 5º, § 3º, e 30 do Estatuto.[204]

Por fim, o art. 18 da LCP já havia sido derrogado pela Lei 9.437/1997, permanecendo aplicável apenas para armas que não as de fogo e munições. Com o Estatuto, agora também quanto às munições foi o dispositivo contravencional derrogado.

Sujeitos do Crime

O art. 17 traz crime próprio, pois somente poderá ser cometido por aquele que exerça atividade comercial ou industrial, ainda que informalmente, como percebe-se da leitura do parágrafo único.

O sujeito passivo é a coletividade, mais uma vez.

Tipicidade objetiva

A conduta típica é a de adquirir, alugar, receber, transportar, conduzir, ocultar, ter em depósito, desmontar, montar, remontar, adulterar, vender, expor à venda, ou de qualquer forma utilizar, em proveito próprio ou alheio, arma de fogo, acessório ou munição, sem autorização ou em desacordo com determinação legal ou regulamentar, no exercício de atividade comercial ou industrial, equiparando-se a estas qualquer forma de prestação de serviços, fabricação ou comércio irregular ou clandestino, inclusive o exercido em residência.

A pena prevista é, ao lado da cominada no art. 18, a mais alta do Estatuto do Desarmamento, o que revela a preocupação do legislador com a conduta:[205] reclusão, de 4 a 8 anos, e multa. Se a arma, o acessório ou a munição for de uso restrito, incidirá um aumento de metade, conforme previsto no art. 19. E mais: se cometido o delito por integrante dos órgãos e empresas referidas nos arts. 6º, 7º e 8º do Estatuto, haverá outro aumento, também da metade (art. 20). Assim, poderá a pena mínima chegar a patamar que tornará obrigatório o cumprimento da pena em regime inicial fechado.

O tipo prevê quatorze núcleos. Vejamos apenas aqueles cujos sentidos ainda não foram por nós analisados em comentários a outros artigos, pois aqui surgem pela primeira vez.

Alugar significa ceder a posse do bem por tempo determinado, mediante pagamento de um preço.

Conduzir é o mesmo que levar algo consigo, não havendo muita diferença com "transportar".

Desmontar significa separar as partes do objeto material, de modo a desfazê-lo.

Montar é a conduta contrária à anterior, ou seja, tomar as partes desmontadas do objeto e uni-las novamente, fazendo-o retornar ao estado funcional original.

---

204 STJ, AgRg no REsp 1.692.637-SC, 6ª T., Rel. Min. Maria Thereza de Assis Moura, j. 08.05.2018.

205 Lembre-se que o art. 35 do Estatuto chegou a prever a proibição do comércio de armas de fogo e munições, mas o dispositivo não foi confirmado no referendo popular.

Expor à venda é exibir o bem com o intuito de atrair comprador, ou seja, de vendê-lo posteriormente.

Utilizar é empregar algo, punindo-se, no crime em comento, apenas a utilização na própria atividade comercial ou industrial. Para nós, a conduta de usar a arma de fogo não inclui o seu disparo, que configura o crime do art. 15 do Estatuto. Como exemplo, a arma pode ser usada como instrumento de ameaça no bojo da atividade comercial ou industrial.

Sendo delito de conteúdo variado, se praticado mais de um núcleo no mesmo contexto fático (o sujeito expõe à venda e, em seguida, vende a arma, p. ex.), haverá crime único. Há possibilidade, porém, de concurso entre as condutas previstas no próprio dispositivo, pois é possível que tenha o agente, *v.g.*, em contextos bem distintos, adulterado a munição e, bem depois, a vendido.

O objeto material pode ser a arma de fogo, o acessório ou a munição, de uso permitido ou restrito, com adulteração dos sinais identificadores ou não, pois a lei não faz qualquer diferença, a não ser quanto à pena, aumentando-a caso o objeto for de uso restrito (art. 19).

Embora a lei não mencione explosivos, isso não significa que o fato será atípico, pois, como visto antes, se a venda desse tipo de objeto se der a criança ou adolescente, ocorrerá a figura típica do art. 16, parágrafo único, inciso V; se para adulto, do inciso III ("possuir" ou "deter").

A jurisprudência do STJ dispensa a exigência de perícia para atestar a potencialidade lesiva da arma de fogo, acessório ou munição, visto que entende se tratar de crime de perigo abstrato.[206] Porém, se houver perícia atestando a ineficácia absoluta do objeto material, entendemos que haverá fato atípico. A contradição, não cansamos de apontar, nos parece evidente.

Importante questão suscitada pela doutrina diz respeito à exigência ou não de habitualidade, visto que o tipo penal exige, para a caracterização do delito, que tudo seja praticado *no exercício de atividade comercial ou industrial.*

Há duas correntes sobre o tema. Ficamos com os esclarecimentos de Guilherme de Souza Nucci: "a inserção no tipo penal da expressão *no exercício*, referindo-se a comércio ou indústria, demonstra não ser viável enquadrar-se neste crime qualquer pessoa que, *eventualmente*, receba, venda ou compre uma arma de fogo. Afinal, exige-se a conduta habitual de *exercitar* o comércio (compra e venda ou locação) ou a indústria (fabricação, com montagem, desmontagem etc.), como condição. Quem praticar qualquer dos verbos desse tipo em atividade comercial ou industrial de caráter eventual, deve ser inserido em outra figura desta Lei. Não se exige, no entanto, para a concretização do delito, a habitualidade das condutas descritas no art. 17 (...), pois é um crime instantâneo ou permanente de habitualidade preexistente (...), significando que a conduta de *adquirir*, por exemplo, se concretiza de maneira instantânea, mas é exigível uma conduta anterior, habitual, que é *exercer* atividade comercial ou industrial".[207]

---

206 STJ, AgRg no REsp 1.692.637-SC, 6ª T., Rel. Min. Maria Thereza de Assis Moura, j. 08.05.2018: "(...) Esta Corte tem jurisprudência uniforme no sentido de que o crime de comércio ilegal de arma de fogo e munição é delito de tipo misto alternativo e de perigo abstrato, sendo prescindível a realização de laudo pericial para atestar a potencialidade lesiva da arma de fogo, acessório ou munição porque a prática de quaisquer das condutas previstas na norma já importam em violação do bem juridicamente tutelado, que é a incolumidade pública".

207 Op. cit., pp. 271-272. No mesmo sentido, Fernando Capez: "Com efeito, embora não se possa falar em crime habitual, vez que uma única conduta já poderá configurar o delito em tela, será imprescindível a vontade do agente de continuar realizando outras operações comerciais ou industriais; afinal, a lei emprega a expressão

Por isso, é perfeitamente possível diferenciar a venda de uma arma nesse caso, daquele outro, em que alguém vende sua própria arma a outra pessoa, numa conduta absolutamente isolada (o que configura o crime do art. 14, se de uso permitido o objeto; ou do art. 16, se de uso restrito).

Deve sempre ser verificado se a extrapolação dos limites da autorização ou a infringência à determinação legal ou regulamentar deu-se no momento da própria conduta e não posteriormente. Assim, por exemplo, embora seja obrigação do comerciante a comunicação mensal à Polícia Federal de toda venda realizada (art. 20, Decreto 5.123/2004), não haverá crime no descumprimento de tal dever, pois, obviamente, este dá-se sempre depois da venda, ou seja, da conduta. Agora, caso não seja o estabelecimento credenciado pela Polícia Federal para a venda do produto, aí sim, no momento da comercialização incorrerá o comerciante em crime, havendo evidente concomitância entre a desobediência ao preceito legal ou regulamentar e a própria ação.[208]

Tipo subjetivo

O crime é doloso, havendo a previsão de elemento subjetivo do tipo, que consiste na finalidade específica de obtenção de *proveito próprio ou alheio*. A forma culposa é atípica.

Consumação e Tentativa

O momento consumativo variará de acordo com o núcleo do tipo praticado. A tentativa é possível, mas dificilmente ocorrerá, pois, em crimes com tal variedade de previsão de condutas, o agente certamente terá consumado uma delas.

Ação penal

A ação penal é pública incondicionada.

Concurso de crimes

Normalmente, não haverá concurso entre o crime do art. 17 e os demais do Estatuto, salvo com aqueles previstos no *caput* do art. 13 e do art. 15. Nesse último caso, se a arma for disparada em meio à prática de uma das condutas do art. 17, haverá concurso com o crime de disparo.

TRÁFICO INTERNACIONAL DE ARMA DE FOGO

Art. 18. Importar, exportar, favorecer a entrada ou saída do território nacional, a qualquer título, de arma de fogo, acessório ou munição, sem autorização da autoridade competente:
Pena – reclusão, de 4 (quatro) a 8 (oito) anos, e multa.

'no exercício de atividade comercial ou industrial', pressupondo continuidade no desempenho das condutas de vender, remontar, adulterar, adquirir, alugar etc. Trata-se de elemento normativo do tipo, consistente na vontade de prosseguir na realização de outras operações mercantis lucrativas. Atividade implica modo de vida, ocupação, ação contínua e reiterada, não podendo ser confundida com condutas eventuais" (*Estatuto do desarmamento*, p. 153).

208 Cf. JUNQUEIRA, Gustavo Octaviano Diniz; FULLER, Paulo Henrique Aranda, op. cit., p. 481.

O tipo penal toca num dos pontos mais cruciais quando se pensa em combate à criminalidade organizada ou violenta: o tráfico internacional de armas de fogo e munições. Pelos mesmos dutos por onde escoam as drogas passam as armas (e animais silvestres e seres humanos...), tornando tal atividade ilícita uma das mais lucrativas no mundo do crime.

Aplicação da Lei Penal no Tempo

A Lei 9.437/1997 não possuía um tipo penal específico para a conduta em questão, embora o fato fosse típico porque, afinal, vender ou remeter – dentre outras ações – arma de fogo já era crime. Mas, note-se, não havia diferença entre vender uma arma para o vizinho ou remeter diversas delas, digamos, para a Síria, sem autorização.

Assim, a nova Lei veio corrigir tal situação, trazendo previsão específica para a hipótese. De qualquer modo, sendo mais gravoso, o art. 18 do Estatuto do Desarmamento não poderá retroagir.

Competência

Será da Justiça Federal, sendo o caso vertente uma exceção à regra geral, como veremos em tópico adiante.

Sujeitos do Crime

Trata-se de crime comum, que pode ser cometido por qualquer pessoa, não havendo qualquer exigência de que a conduta se dê no exercício de atividade comercial ou industrial.

O sujeito passivo é a coletividade e, secundariamente, o Estado (União).

Tipicidade objetiva

A conduta típica é a de importar, exportar, favorecer a entrada ou saída do território nacional, a qualquer título, de arma de fogo, acessório ou munição, sem autorização da autoridade competente.

As penas previstas são iguais às do art. 17, sendo também de 4 a 8 anos de reclusão, além da multa, com a possibilidade de incidência das causas de aumento dos arts. 19 (se a arma, acessório ou munição forem de uso restrito ou proibido) e 20, sempre de metade, nos dois casos. A proibição de concessão de liberdade provisória prevista no art. 21 também era aplicável ao caso, mas o dispositivo, repetimos, já foi julgado inconstitucional pelo STF (ADIn 3.112).

Importar significa trazer de outro país, enquanto que *exportar* é a atividade oposta, ou seja, enviar algo, normalmente por meio de venda, para fora do território nacional.

Favorecer a entrada ou saída significa de alguma forma colaborar, ajudar, permitir que outrem importe ou exporte o objeto. Nesse caso, a conduta pode ser até mesmo omissiva, desde que tenha o sujeito dever jurídico de agir para evitar a entrada ou saída do produto (art. 13, § 2º, do CP). Por exemplo: o funcionário da Receita Federal do Brasil deixa, dolosamente, de efetuar a fiscalização exigida, sabendo que haverá a entrada da arma, acessório ou munição.

Território nacional compreende o solo, ou seja, o espaço ocupado pela corporação política, mas também o espaço aéreo e o mar territorial, nos termos, respectivamente, das Leis nº 7.565/1986 e 8.617/1993.

Os objetos materiais são as armas de fogo, os acessórios e as munições, com aumento de pena no caso de serem de uso restrito. Não basta que o objeto tenha procedência estrangeira, mas que haja a internacionalização da conduta.[209]

Vem prevalecendo no STJ o entendimento de ser inaplicável o princípio da insignificância nesse caso.[210]

Para que seja típica a conduta, deve ser praticada sem autorização da autoridade competente, lembrando que cabe ao Comando do Exército a autorização para importação ou exportação das armas, acessórios ou munições (art. 24). O Decreto 5.123/2004 trata do assunto nos arts. 50 a 64.

De se observar que haverá o crime mesmo que o agente detenha o porte legal da arma, em razão do alto grau de reprovabilidade da conduta.[211]

O art. 12 da Lei de Segurança Nacional (Lei 7.170/1983) prevê conduta bastante semelhante à aqui tratada. Deve-se atentar, então, para a finalidade da conduta e, caso seja a de lesar ou expor a perigo de lesão a integridade territorial e a soberania nacional, o regime representativo e democrático, a Federação e o Estado de Direito, ou as pessoas dos chefes do Poderes da União, a nosso ver não se aplicará o Estatuto do Desarmamento (v. art. 1º da Lei de Segurança Nacional). Além disso, o art. 12 da Lei de Segurança é mais amplo, pois menciona *armamento ou material militar privativo das Forças Armadas*, o que inclui carros de combate, canhões, mísseis, aeronaves, embarcações etc., não abarcados pelo Estatuto do Desarmamento.

Por fim, o aparente conflito entre o crime do art. 18 do Estatuto e os previstos nos arts. 318 (facilitação ao contrabando) e 334-A (contrabando) do CP, resolve-se pela simples aplicação do princípio da especialidade: em se tratando de arma de fogo, acessório ou munição, aplica-se a Lei 10.826.[212]

---

209 STJ, CC 133.823-PR, 3ª Seção, Rel. Min. Newton Trisotto (Des. convocado), j. 08.10.2014: "PENAL. CONFLITO DE COMPETÊNCIA. CRIME DE TRÁFICO INTERNACIONAL DE ARMA DE FOGO. ART. 18 DA LEI N. 10.826/2003. MUNIÇÕES PRETENSAMENTE ORIUNDAS DO PARAGUAI. TRANSNACIONALIDADE DO DELITO. DEPOIMENTO DE TESTEMUNHA. NÃO COMPROVAÇÃO. COMPETÊNCIA DA JUSTIÇA ESTADUAL. 01. Compete à Justiça Federal processar e julgar o delito previsto no art. 18 da Lei n. 10.826/2003 (CR, art. 109, incs. IV e V). Todavia, 'para a configuração do tráfico internacional de arma de fogo não basta apenas a procedência estrangeira do armamento ou munição, sendo necessário que se comprove a internacionalização da ação' (CC 105.933/RS, Rel. Min. Jorge Mussi, Terceira Seção, Dje 20/05/2010). 02. Não havendo prova segura de que a munição encontrada na residência do investigado foi importada, sem autorização da autoridade competente, caberá à Justiça estadual processar e julgar a ação penal que vier a ser deflagrada em razão desse fato. (...)".

210 STJ, AgRg no REsp, Rel. Min. Nefi Cordeiro, 6ª T., j. 05.09.2017: "PROCESSUAL PENAL E PENAL. AGRAVO REGIMENTAL NO RECURSO ESPECIAL. TRÁFICO INTERNACIONAL DE ACESSÓRIO DE ARMA DE FOGO. PRINCÍPIO DA INSIGNIFICÂNCIA. INAPLICABILIDADE. RECURSO IMPROVIDO. 1. Não incide à espécie, o princípio da insignificância, pois a conduta do recorrente constitui crime de perigo abstrato, sendo irrelevante aferir sua lesividade ou mesmo o fato de se tratar de acessório desacompanhado de arma de fogo. 2. A criminalização do não autorizado porte de armas, munições e acessórios, seja de uso permitido ou restrito, protege bens jurídicos fundamentais, como a vida, o patrimônio, a integridade física, segurança e a paz. (...)".

211 STJ, AgRg no REsp 1.599.530-PR, 6ª T., Rel. Min. Sebastião Reis Júnior, j. 16.08.2016: "(...)1. A importação ilegal de munições, ab initio, poderia ser enquadrada no art. 334 do Código Penal, não fosse a especialização conferida pelo art. 18 da Lei n. 10.826/2003. 2. Consoante a jurisprudência deste Superior Tribunal, é típica a conduta de importar munição sem autorização da autoridade competente, nos termos dos arts. 18 c/c o 19, ambos da Lei n. 10.826/2003, mesmo que o réu detenha o porte legal da arma, no Brasil, em razão do alto grau de reprovabilidade da conduta. 3. Tipificada a conduta de importar munição sem autorização da autoridade competente pelo art. 18 da Lei n. 10.826/2003, não há que se falar em crime de contrabando. (...)".

212 STJ, AgRg no REsp 1.498.667-PR, Rel. Min. Ribeiro Dantas, 5ª T., j. 02/05/2017: "PENAL. AGRAVO REGIMENTAL NO RECURSO ESPECIAL. TRÁFICO INTERNACIONAL DE MUNIÇÕES. DESCLASSIFICAÇÃO DO DELITO PARA O

Mas, atenção: no caso de ter o agente autorização para importar, mas acabe iludindo o fisco quanto ao pagamento de tributos, incidirá a regra do art. 334, ou seja, o crime de descaminho.

Tipicidade subjetiva

O crime é doloso, sem previsão de finalidade especial.

Consumação e Tentativa

A consumação irá ocorrer sempre que ocorrer a entrada do objeto material em território brasileiro ou a saída dele. No caso do favorecimento, ocorre a consumação com a ajuda dada à importação ou exportação, sendo delito formal, não sendo necessária a efetiva entrada ou saída dos bens.

A tentativa é possível, com exceção da forma omissiva do favorecimento.

COMPETÊNCIA PARA JULGAMENTO DOS CRIMES DA LEI 10.826

A competência para processar e julgar os crimes previstos na Lei nº 10.826/2003 é, em regra, da Justiça Estadual, sendo exceção o delito tipificado no art. 18, sob o *nomen juris* de "tráfico internacional de arma de fogo". Além disso, a competência é, em regra, da Justiça Comum Estadual, ainda que o autor do crime seja militar, eis que não se tratam de crimes de competência da Justiça Militar.[213]

Com efeito, nos crimes em tela – salvo a exceção do art. 18 – não se justifica o processamento no âmbito da Justiça Federal, vez que não se faz presente qualquer das hipóteses elencadas no art. 109 da CF. Ressalte-se que a segurança pública – bem jurídico protegido pelo Estatuto – é dever do Estado, incluindo os entes federativos, não havendo qualquer especificidade de interesse para a União.

Descabida, ademais, a alegação da transferência de competência para a esfera federal, ante a existência de um cadastro – SINARM – sob a responsabilidade de órgão do Poder Executivo da União. Ora, como vimos, o Estatuto do Desarmamento não existe a fim de atuar na tutela penal de um cadastro, sendo este último simplesmente um elemento a mais para propiciar o desejado aumento de controle sob as armas em circulação e desarmar a população. Ou seja, o

CONTRABANDO. IMPOSSIBILIDADE. RESPEITO AO PRINCÍPIO DA ESPECIALIDADE. REVOLVIMENTO DE FATOS E PROVAS. INOCORRÊNCIA. AGRAVO DESPROVIDO. 1. Este Superior Tribunal de Justiça posiciona-se no sentido de que, independentemente da quantidade de armas de fogo, acessórios ou munição, não é possível a desclassificação do crime previsto no artigo 18 da Lei n. 10.826/2003 – tráfico de armas ou munições –, para outro tipo penal, em respeito ao princípio da especialidade. Para chegar-se à referida conclusão, não há necessidade de incursão no conteúdo fático-probatório dos autos, não havendo falar, assim, em afronta ao verbete sumular n. 7/STJ. 2. Agravo regimental desprovido".

213 STJ, RHC 55.516-PR, Rel. Min. Jorge Mussi, 5ª T., j. 23/02/2016: "(...) COMPETÊNCIA DA JUSTIÇA CASTRENSE. CRIME QUE NÃO SE QUALIFICA QUER COMO MILITAR PRÓPRIO, QUER COMO MILITAR IMPRÓPRIO. IRRELEVÂNCIA DO FATO DE O SUPOSTO AUTOR SER POLICIAL MILITAR. ILEGALIDADE NÃO CARACTERIZADA. 1. A competência da Justiça Militar não é firmada em razão de o crime haver sido praticado por militar, mas sim em função da natureza da infração, que deve se qualificar como militar própria ou imprópria, nos termos do artigo 124 da Constituição Federal e do artigo 9º do Código Penal Militar. 2. O crime de posse ilegal de arma de fogo é previsto em lei especial e não encontra correspondência no Código Penal Militar, o que revela a competência da Justiça Estadual para processar e julgar o recorrente. Precedentes. (…)".

cadastro não é um fim em si mesmo. Como observa com acuidade Guilherme de Souza Nucci: "Seria o mesmo que concentrar todas as execuções penais na Justiça Federal, caso o Governo providencie um cadastro nacional de presos, para controlar, nacionalmente, o *status* do sistema carcerário. Ou, ainda, transferir para a Justiça Federal todos os delitos ligados ao crime organizado, somente porque um cadastro nacional é criado para auxiliar as polícias a atuar em conjunto contra essa espécie de criminalidade".[214]

Reconhecemos a possibilidade de julgamento de qualquer dos crimes do Estatuto do Desarmamento perante a Justiça Federal, desde que presentes os requisitos da Súmula 122 do STF, *verbis*: "Compete à Justiça Federal o processo e julgamento unificado dos crimes conexos de competência federal e estadual, não se aplicando a regra do art. 78, II, *a*, do Código de Processo Penal". Enfim, a competência realmente será da Justiça Federal nos casos de conexão entre delitos, em que um deles, pelo menos, deva ser julgado em âmbito federal. Por exemplo, se houver prova de que o autor do delito de porte ilegal de arma de origem estrangeira foi o responsável por sua importação ilegal.[215] Fora desses casos, a regra é o julgamento pelas Justiças dos Estados.[216]

---

214 Op. cit., p. 250.

215 STJ, CC 126.235-PR, Rel. Min. Ribeiro Dantas, 3ª S., j. 09/11/2016: "CONFLITO DE COMPETÊNCIA. TRÁFICO INTERNACIONAL DE ARMAS DE FOGO E DE MUNIÇÕES, POSSE E PORTE ILEGAL DE ARMA DE FOGO DE USO PERMITIDO E RESTRITO, ASSOCIAÇÃO E TRÁFICO DE DROGAS. CARACTERIZADA A TRANSNACIONALIDADE. COMPETÊNCIA DA JUSTIÇA FEDERAL. LESÃO AOS INTERESSES DA UNIÃO. CONEXÃO PROBATÓRIA. SÚMULA 122/STJ. CONFLITO DE COMPETÊNCIA CONHECIDO. DECLARADA A COMPETÊNCIA DO JUÍZO FEDERAL. 1. 'Em se tratando de tráfico internacional de munições ou armas, cumpre firmar a competência da Justiça Federal para conhecer do tema, já que o Estado brasileiro é signatário de instrumento internacional (Protocolo contra a Fabricação e o Tráfico Ilícitos de Armas de Fogo, suas Peças e Componentes e Munições – complementando a Convenção das Nações Unidas contra o Crime Organizado Transnacional –, promulgado pelo Decreto n. 5.941, de 26/10/2006), no qual se comprometeu a tipificar a conduta como crime' (AgRg no Ag 1389833/MT, Rel. Ministro SEBASTIÃO REIS JÚNIOR, SEXTA TURMA, Dje 25/04/2013). 2. O bem a reclamar a tutela jurisdicional é da competência da Justiça Federal, porquanto o crime de tráfico internacional de armas e de munições evidencia, neste momento processual, lesão a bens, serviços ou interesses da União ou de suas entidades autárquicas ou empresas públicas. 3. A conexão probatória se configura na hipótese em que a prova de uma infração puder, de alguma forma, influir na de outra (art. 76 do CPP). 4. No caso, incidente a Súmula 122/STJ ('Compete à Justiça Federal o processo e julgamento unificado dos crimes conexos de competência federal e estadual, não se aplicando a regra do art. 78, II, "a", do Código de Processo Penal'), resta ao juízo suscitado a tarefa de processar e julgar os crimes pelos quais denunciados os interessados. (...)".

216 STJ, CC 132.393-PR, Rel. Min. Reynaldo Soares da Fonseca, 3ª S., j. 14/10/2015: "(...) 1. A origem estrangeira da arma, por si só, é irrelevante para a definição da competência para o julgamento dos delitos de porte ou posse ilegal de arma de fogo. (...) 2. A competência da Justiça Federal depende de demonstração da existência de ameaça ou lesão a interesses, bens ou serviços da União, de suas autarquias ou empresas públicas, o que estaria caracterizado, no caso de posse ilegal de arma de fogo, se houvesse evidências suficientes de contrabando internacional de armas de fogo ou diante de evidências contundentes de conexão entre a posse ilegal de arma de fogo e delito da competência da Justiça Federal, hipótese em que incidiria o enunciado n. 122 da Súmula desta Corte, segundo o qual 'Compete à Justiça Federal o processo e julgamento unificado dos crimes conexos de competência federal e estadual, não se aplicando a regra do art. 78, II, 'a', do Código de Processo Penal.' 3. O mero fato de os produtos descaminhados terem sido apreendidos no mesmo contexto em que também se verificou a configuração de elementos materiais referentes ao delito de posse irregular de arma de fogo de uso restrito não atrai, por si só, a competência da Justiça Comum Federal, pois não existem circunstâncias jurídicas que relacionem os delitos referidos. (...). 4. A possibilidade de descoberta de outras provas e/ou evidências, no decorrer das investigações, levando a conclusões diferentes, demonstra não ser possível firmar peremptoriamente a competência definitiva para julgamento do presente inquérito policial. Isso não obstante, tendo em conta que a definição do Juízo competente em tais hipóteses se dá em razão dos indícios coletados até então, revela-se a competência da Justiça Estadual para

A exceção, repita-se, é o crime de tráfico internacional de arma de fogo (art. 18), pois, *in casu*, deve-se levar em consideração que há violação das fronteiras do País, sendo do interesse – e um dever – da União protegê-las, advindo daí a competência da Justiça Federal para julgamento de tais casos. Além disso, segundo o STJ, a competência deve ser mesmo da Justiça Federal, visto que se trata de crime citado no "Protocolo contra a Fabricação e o Tráfico Ilícitos de Armas de Fogo, suas Peças e Componentes e Munições", promulgado pelo Decreto 5.941/2006.[217]

OBSERVAÇÕES FINAIS

O Estatuto do Desarmamento manteve a proibição à venda, comercialização ou importação das réplicas e simulacros de armas de fogo ou armas de brinquedo, que possam se confundir com as de verdade, salvo as destinadas à instrução, adestramento ou à coleção de pessoa autorizada, tudo conforme estabelecido em normas do Comando do Exército (art. 26).

Mas, o mesmo tempo, o Estatuto não tipificou conduta em que o objeto material seja arma de brinquedo, ao contrário do que ocorria no art. 10, § 1º, inciso II, da Lei nº 9.437. E isso tem uma consequência importante. Muito embora houvesse entendimentos no sentido da inaplicabilidade do referido dispositivo da lei revogada, ele certamente chegou a ser aplicado. Como a nova lei nada previu e, simultaneamente, revogou expressamente a lei anterior (art. 36), não temos dúvida de que ocorreu *abolitio criminis*, com as consequências previstas no Código Penal (arts. 2º, *caput*, e 107, inciso III), pois a conduta de utilizar arma de brinquedo para fins de cometimento de outros delitos deixou de ser prevista como infração penal em nosso ordenamento.

O Estatuto também possibilitou aos possuidores e proprietários de armas de fogo que as adquiriram regularmente a entrega espontânea do armamento, a qualquer tempo, à Polícia Federal, mediante recibo e indenização (art. 31), medida esta de franco estímulo ao desarmamento da população. Ou seja, o possuidor ou proprietário de arma registrada, vencido ou não o registro, pode entregá-la à Polícia Federal quando bem entender.

Mas, e as armas não registradas, também podem ser entregues a qualquer tempo?

O art. 32 previa, inicialmente, a possibilidade de entrega de tais armas à Polícia Federal num prazo de 180 dias a partir de 23 de dezembro de 2003, havendo a extinção da punibilidade de eventual crime até então cometido pela mantença da arma em poder do agente. Ocorre que a nova redação dada pela Lei nº 11.706/2008 eliminou qualquer prazo: "Os possuidores e

---

condução do inquérito policial, no tocante à investigação do delito de posse ilegal de arma de fogo de uso permitido. (...)".

217 STJ, CC 126.235-PR, 3ª Seção, Rel. Min. Ribeiro Dantas, j. 09.11.2016: "CONFLITO DE COMPETÊNCIA. TRÁFICO INTERNACIONAL DE ARMAS DE FOGO E DE MUNIÇÕES, POSSE E PORTE ILEGAL DE ARMA DE FOGO DE USO PERMITIDO E RESTRITO, ASSOCIAÇÃO E TRÁFICO DE DROGAS. CARACTERIZADA A TRANSNACIONALIDADE. COMPETÊNCIA DA JUSTIÇA FEDERAL. LESÃO AOS INTERESSES DA UNIÃO. CONEXÃO PROBATÓRIA. SÚMULA 122/STJ. CONFLITO DE COMPETÊNCIA CONHECIDO. DECLARADA A COMPETÊNCIA DO JUÍZO FEDERAL. 1. 'Em se tratando de tráfico internacional de munições ou armas, cumpre firmar a competência da Justiça Federal para conhecer do tema, já que o Estado brasileiro é signatário de instrumento internacional (Protocolo contra a Fabricação e o Tráfico Ilícitos de Armas de Fogo, suas Peças e Componentes e Munições – complementando a Convenção das Nações Unidas contra o Crime Organizado Transnacional -, promulgado pelo Decreto n. 5.941, de 26/10/2006), no qual se comprometeu a tipificar a conduta como crime' (AgRg no Ag 1389833/MT, Rel. Ministro SEBASTIÃO REIS JÚNIOR, SEXTA TURMA, Dje 25/04/2013). (...)".

proprietários de arma de fogo poderão entregá-la, espontaneamente, mediante recibo, e, presumindo-se de boa-fé, serão indenizados, na forma do regulamento, ficando extinta a punibilidade de eventual posse irregular da referida arma".

As armas de fogo apreendidas, após a elaboração do laudo pericial e sua juntada aos autos, quando não mais interessarem à persecução penal serão encaminhadas pelo juiz competente ao Comando do Exército, no prazo máximo de quarenta e oito horas, para destruição ou doação aos órgãos de segurança pública ou às Forças Armadas, na forma do Decreto 5.123/2004 (art. 25, Lei 10.826). A doação mencionada restringe-se às armas de fogo portáteis previstas no art. 3º, *caput*, XXXVII, XLIX, LIII e LXI, do Anexo ao Decreto nº 3.665/2000 (art. 65, § 1º, Decreto 5.123/2004).

Assim, ao contrário do CP – que, em seu art. 91, II, *a*, previu o confisco penal – a Lei 10.826, especial em relação àquele, dispôs ser regra a destruição da arma de fogo apreendida no processo, ainda que acusação seja por crime diverso daqueles previstos no Estatuto do Desarmamento. Enquanto o CP menciona a perda em favor da União dos *instrumentos do crime*, o Estatuto não utilizou a mesma expressão, de modo a não importar ser a arma *instrumento do crime* ou *objeto material* dele: nas duas hipóteses a arma será encaminhada ao Comando do Exército, para destruição ou doação. E o Estatuto tampouco condicionou tal solução à ilicitude do fabrico, alienação, uso, porte ou detenção da arma de fogo, como faz o CP.

Logo, em regra, todas as armas apreendidas em processos criminais, desde que não mais interessarem à persecução e que o laudo pericial já tenha sido juntado aos autos, deverão ser encaminhadas ao Comando do Exército, independentemente de sentença penal condenatória com trânsito em julgado.

Porém, o Decreto 5.123/2004, que regulamentou o Estatuto do Desarmamento, permite que as *armas de fogo de uso permitido* apreendidas possam ser devolvidas pela autoridade competente aos seus legítimos proprietários, se cumpridos os requisitos estabelecidos no art. 4º da Lei 10.826, de 2003 (art. 65, § 10, Decreto 5.123). Trata-se de ressalva aplicada aos lesados (p. ex., vítima de furto da arma), terceiros de boa-fé e, a nosso ver, até mesmo àqueles que tenham sido absolvidos pela prática de crime em que a arma tenha sido empregada (ex.: réu de homicídio, absolvido por legítima defesa) e que podem atender a todos os requisitos legais para registro da arma.

Por fim, no Brasil, os menores de 25 anos não podem adquirir armas de fogo, salvo se integrantes das entidades previstas nos incisos I, II, III, V, VI, VII e X do *caput* do art. 6º do Estatuto, por força do que dispõe seu art. 28, com a nova redação que lhe foi dada pela Lei nº 11.706/2008.

BIBLIOGRAFIA

ANDREUCCI, Ricardo Antônio. *Manual de Direito Penal*. 4ª ed. São Paulo: Saraiva, 2008.

AMAR, Akhil Reed. *The Bill of Rights*. Yale University, 1998.

BACIGALUPO, Enrique. *Direito Penal: Parte Geral*. Trad. de André Estefam. São Paulo: Malheiros Editores, 2005.

BASTOS, Marcelo Lessa. A Medida Provisória nº 229/04 e o Estatuto do Desarmamento – retomando a questão da eficácia de seus arts. 12 e 14 (posse irregular de arma de fogo), *in Boletim do Instituto Brasileiro de Ciências Criminais, nº 147*, fevereiro/2005.

BUENO, Luciano. *Controle de Armas: um estudo comparativo de políticas públicas entre Grã-Bretanha, EUA, Canadá, Austrália e Brasil*. São Paulo: IBCRIM, 2004.

CAPEZ, Fernando. *Estatuto do Desarmamento: comentários à Lei nº 10.826, de 22-12-2003.* 4ª ed. São Paulo: Saraiva, 2006.

______. *Curso de Direito Penal, volume 1: parte geral.* 9ª ed. São Paulo: Saraiva, 2005.

______. *Curso de Direito Penal, volume 4: legislação penal especial.* 3ª ed. São Paulo: Saraiva, 2008.

CUNHA, Rogério Sanches. *Manual de direito penal: parte especial (arts. 121 ao 361).* 8ª ed. Salvador: Editora Juspodivm, 2016.

GOMES, Luis Flávio. MOLINA, Antônio García-Pablos. BIANCHINI, Alice. *Direito Penal, volume 1: Introdução e princípios fundamentais.* São Paulo: Revista dos Tribunais, 2007.

GOMES, Luis Flávio. OLIVEIRA, William Terra. *Lei das Armas de Fogo.* São Paulo: Revista dos Tribunais, 1998.

HASSEMER, Winfried. *Introdução aos fundamentos do direito penal.* Trad. de Pablo Rodrigo Alflen da Silva. Porto Alegre: Sergio Antonio Fabris Editor, 2005.

JESUS, Damásio E.. *Direito Penal do Desarmamento: anotações à parte criminal da Lei nº 10.826, de 22 de dezembro de 2003 (Estatuto do Desarmamento).* 6ª ed. São Paulo: Saraiva, 2007.

JUNQUEIRA, Gustavo Octaviano Diniz. FULLER, Paulo Henrique Aranda. *Legislação Penal Especial: volume 1.* 5ª ed. São Paulo: Premier Máxima, 2008.

KAHN, Túlio (coord.). *Estudos Criminológicos 1, Coordenadoria de Análise e Planejamento*, Secretaria da Segurança Pública do Estado de São Paulo, 2004. Disponível em: www.ssp.sp.gov.br/estatisticas/downloads/manual_estudos_criminologicos_1.pdf. Acesso em: 15/02/2009.

______. *O Papel dos Municípios na Segurança Pública, Estudos Criminológicos 4*, Coordenadoria de Análise e Planejamento, julho de 2005 Disponível em: www.ssp.sp.gov.br/estatisticas/downloads/manual_estudos_criminologicos_4.pdf. Acesso em 15/02/2009.

MARCÃO, Renato. *Estatuto do Desarmamento: anotações e interpretação jurisprudencial da parte criminal da Lei n. 10.826, de 22-12-2003.* São Paulo: Saraiva, 2008.

MORAES, Alexandre. SMANIO, Gianpaolo Poggio. *Legislação Penal Especial.* 10ª ed. São Paulo, Atlas, 2008.

NUCCI, Guilherme de Souza. *Leis Penais e Processuais Penais Comentadas.* São Paulo: Editora Revista dos Tribunais, 2006.

OLIVEIRA, William Terra. Estatuto do Desarmamento: breves considerações sobre o porte funcional de arma de fogo no âmbito do Direito Penal. *APMP Revista nº 46*, fevereiro a abril de 2008.

PIERANGELLI, José Henrique. *Códigos Penais do Brasil: evolução histórica.* 1ª ed., Bauru, SP: Jalovi, 1980.

SILVA, César Dario Mariano. *Estatuto do Desarmamento.* 3ª ed. Rio de Janeiro: Forense, 2007.

SILVA, José Geraldo. LAVORENTI, Wilson. GENOFRE, Fabiano. *Leis Penais Especiais Anotadas.* 10ª ed. Campinas: Millennium Editora, 2008.

SZNICK, Valdir. *Contravenções Penais.* São Paulo: Livraria e Editora Universitária de Direito. 1987.

WAISELFISZ, Julio Jacobo. *Mapa da violência 2016: homicídios por armas de fogo no Brasil.* Disponível em www. Mapadaviolencia.org.br. Acesso em 13/05/2017.

CAPÍTULO 31

Falências – Lei 11.101/2005

Renee do Ó Souza

INTRODUÇÃO:

O Direito Falimentar é o regime jurídico que tem por objeto a **crise econômico-financeira empresarial**, a qual pode ser superada pelo instrumento jurídico da recuperação judicial ou extrajudicial, ou mesmo resolvida por meio do instituto da falência (insolvência empresarial).

Os mencionados institutos – falência e recuperação – são essenciais a uma economia de mercado, tendo em vista que permitem, por um lado, que empresas economicamente viáveis e produtivas sejam preservadas, e, por outro lado, que aquelas inviáveis sejam extintas e excluídas do mercado, garantido o ajuste de distribuição dos seus ativos aos credores.

O regime jurídico falimentar é regido, atualmente, pela Lei nº. 11.101/2005, que substituiu o Decreto-lei nº. 7.661/1945. A nova, mais direcionada a recuperação e preservação da empresa, busca prestigiar o princípio econômico da função social da empresa, decorrente da função social da empresa e da função social do contrato. Para esta corrente de pensamento, a propriedade privada cumpre a sua função social quando, além de oportunizar a realização da dignidade da pessoa, contribuir para o desenvolvimento nacional e para a diminuição da pobreza e das desigualdades sociais. Nesse contexto, o Supremo Tribunal Federal, por maioria, julgou improcedente pedido formulado em ação direta de inconstitucionalidade proposta pelo Partido Democrático Trabalhista – PDT contra os artigos 60, parágrafo único, 83, I e IV, c, e 141, II, da Lei 11.101/2005, que regula a recuperação judicial, a extrajudicial e a falência do empresário e da sociedade empresária. Aduziu-se que, do ponto de vista teleológico, o diploma em questão teria procurado garantir a sobrevivência das empresas em dificuldades, permitindo a alienação de seus ativos, considerada, especialmente, a função social que esses complexos patrimoniais exercem, nos termos do disposto no art. 170, III, da CF (ADI 3.934, Rel. Min. Ricardo Lewandowski, julgamento em 27-5-09, Plenário, Informativo 548).

Estes objetivos também são identificados no capítulo VII da Lei que trata das disposições penais do direito falimentar (artigos 168 a 182). Inegável, porém, que o centro das atenções dos crimes falimentares é a preservação da segurança do sistema falimentar visto que a credibilidade nas relações firmadas entre agentes econômicos tem notável relevo no âmbito mercadológico. A chamada "confiabilidade social" é importante pilar de desenvolvimento de negócios econômico-financeiros uma vez que a credibilidade das instituições de mercado – tais como o sistema falimentar – reduz custos de transação. Os negócios jurídicos operados em um ambiente seguro e bem regulado tem menos burocracia e exige menores garantias, o que torna a negociação menos custosa.

BEM JURÍDICO GERAL TUTELADO:

A diversidade de objetivos dos tipos penais a seguir estudadas indicam uma variabilidade de bens jurídicos específicos, o que dividiu a doutrina em diversas as correntes:

(a) 1ª Corrente: Os crimes falimentares são delitos patrimoniais[1] pelo que ora são equiparados ao furto ora assimilados ao estelionato. Trata-se de entendimento criticável visto que, como regra, o objeto dos crimes pertence ao próprio agente, o que indica que o tutela penal não recai unicamente sobre bens patrimoniais.

(b) 2ª Corrente: Os delitos falimentares visam tutelar outros bens jurídicos, que não o patrimônio, tais como a administração da justiça[2], a fé pública comercial, a atividade empresarial, dentre outros.

(c) 3ª Corrente: O crime falimentar é multifacetário, de sorte que cada tipo penal possui um objeto jurídico próprio, mais adequado aos seus fins, razão pela qual tendem a ser pluriofensivos. Defendem esse entendimento autores como Alexandre Demetrius Pereira[3] e Arthuro Rocco, Maximilianus Cláudio Américo Führer[4] e Rubens Requião[5].

O estudo individual dos tipos penais a seguir indica a pertinência dessa divergência visto que algumas dessas infrações tutelam o patrimônio, enquanto outros mais se aproximam dos delitos contra a Adminitração da Justiça ou ainda contra a fé pública.

De todo modo, vislumbra-se de um modo geral um propósito regulatório estatal na criminalização de condutas que procuram violar as normas relativas a recuperação judicial, extrajudicial e a falência. Esse objetivo geral, calcada na minimização da instabilidade do mercado econômico empresarial, realiza os valores constitucionais de promoção do desenvolvimento de um livre mercado premido pela ética e apto a garantir uma atividade econômica justa.

---

1 Neste sentido é a lição de Franz von Liszt: "Podemos considerar a bancarrota como ofensa dos direitos do credor pelo devedor mediante diminuição dolosa ou culposa do patrimônio ou ocultação do patrimônio deste ou ocultação de sua situação patrimonial. Direitos do credor, eis o objeto que a bancarrota particularmente ataca" (LISZT, Franz von. *Tratadado de Direito Penal Alemão*. Brasília: Senado Federal, STJ, 2006).

2 MIRANDA, Pontes de. *Tratado de direito privado*. T. 30, São Paulo: RT, 1984.

3 DEMETRIUS PEREIRA, Alexandre. *Crimes Falimentares: Teoria, Prática e Questões de Concurso Comentadas*. São Paulo: Editora Malheiros, 2010, p. 64.

4 Que ensina: "A Lei de Falências é uma lei absorvente, que envolve praticamente todos os ramos do Direito. Assim, a complexidade do instituto da falência reflete-se também no âmbito penal, e seria mesmo estranho que a lei protegesse apenas um dos muitos interesses em jogo. Por isso o legislador foi obrigado a omitir qualquer referência expressa ao objeto jurídico dos crimes falimentares, vez que, dentre os interesses protegidos, não há possibilidade de se estabelecer qual o prevalente. Como já salientou Arthuro Rocco 'ocorre frequentemente que a ação proibida sob a ameaça de pena ofende simultaneamente ou sucessivamente não apenas um, mas vários bens e interesses'". (FÜHRER, Maximilianus Cláudio Américo. *Crimes falimentares*. São Paulo: RT, 1972, p. 23).

5 REQUIÃO, Rubens. Curso de Direito Falimentar 2º vol. 11ª ed. São Paulo: Saraiva, 1.989, p. 140.

Classificação:

Os crimes falimentares ou falitários podem ser classificados segundo critérios variados.

(a) Quanto ao momento do cometimento, os crimes falimentares se classificam como:

- ***Crimes ante ou Pré-falimentares***: cometidos antes da decisão que decreta a falência, concede ou homologa a recuperação da empresa.
- ***Crimes Pós-falimentares***: cometidos após a decretação da falência, a concessão ou homologação judicial da recuperação da empresa.

Com o advento da Lei nº. 11.101/2005, que tipifica crimes relacionados não apenas à falência, mas também à recuperação judicial ou extrajudicial, essa nomenclatura dessa classificação afigura-se desatualizadas visto que restritivas à apenas à falência. De todo modo, a classificação será mantida visto que consagrada na teoria falimentar porque apresenta uma metodologia útil à compreensão da matéria.

Não há um marco exato divisório relativo aos crimes pré-falimentares. Diferentemente dos crimes pós-falimentares, cujo limite temporal de seu momento consumativo é muito bem delimitado, em relação aos crimes pré-falimentares, não há contornos claros que o defina, se até a decretação da falência, concessão ou homologação da recuperação empresarial. Mesmo condutas praticadas antes da decisão judicial de quebra ou recuperação, indiferente assim de uma concreta situação de crise empresarial podem ser aptas a configuração do crime pré-falimentar, bastando para tanto que ofenda interesses coletivos de credores ou da administração da justiça. A fim de minimizar a insegurança gerada por essa ausência de um marco bem definido, parte da doutrina – com nomes como Nivulone e Sady Cardoso de Gusmão – defende que a conduta criminosa, para definir-se como crime falimentar, tem que guardar relação, mínima que seja, com a insolvência empresarial. Fala-se, então, numa "**zona de risco penal**", que serviria de contorno para a configuração do crime pré-falimentar. Nas palavras de Alexandre Demetrius Pereira:

> *"Não seria admissível, portanto, retroagir indefinidamente na vida do empreendimento para atingir condutas que sequer se relacionam com a situação de dificuldades econômico-financeiras, razão pela qual concordamos com os doutrinadores que entendem necessário estabelecer, ainda que de modo impreciso, um limite razoável de tempo anterior à quebra ou recuperação em que as condutas do devedor possam ser enquadradas nos tipos penais respectivos[6]".*

Essa corrente visa impedir que a norma penal alcance atos pretéritos à decretação da falência ou concessão da recuperação com uma retroatividade infinita, garantindo maior segurança jurídica aos empresários e aos operadores do Direito.

(b) Quanto às características pessoais do agente, os crimes falimentares podem ser:

- ***Crimes Próprios***: só podem ser cometidos pelo falido ou pelo devedor em recuperação. Nestes casos é perfeitamente cabível o concurso de pessoas visto que as elementares de caráter pessoal se comunicam aos partícipes ou coautores, ainda que não se revistam das mesmas condições ou qualidades exigidas pelo tipo. No tocante ao tema, importantes as considerações de Vander Ferreira de Andrade:

6 DEMETRIUS PEREIRA, Alexandre. Crimes Falimentares: Teoria, Prática e Questões de Concurso Comentadas. São Paulo: Editora Malheiros, 2010, p. 69.

Quanto ao concurso de agentes, de verificar-se que mesmo os crimes tidos por próprios, admitem a possibilidade de concurso de pessoas, sobretudo na modalidade participação, até porque prestigia a nossa legislação penal a teoria unitária no concurso de agentes, entendendo que qualquer sujeito que tenha de alguma forma contribuído para o advento do crime deve, em razão de sua conduta, sujeitar-se à respectiva pena ao delito cominada; torna-se assim indispensável à consciência do agente quanto ao status jurídico daquele com que age em inequívoca colaboração (intelectual ou material) ou auxílio, seja este devedor ou falido, comerciante (ou a este equiparado) ou ainda os diretores, administradores, gerentes ou liquidantes na hipótese de falência das sociedades. Recai assim a responsabilidade penal na pessoa física de firma individual, na pessoa dos gerentes de sociedade limitada, dos administradores e diretores das sociedades anônimas, dos liquidantes, bem como dos administradores de fato de uma sociedade qualquer; já a esposa do sócio-cotista, se não ficar comprovado que exercia os poderes de gerência, não responde[7].

Vide ainda comentários ao art. 179 desta Lei.

- ***Crimes Impróprios***: podem ser praticados não só pelo falido ou devedor em recuperação, mas por qualquer outra pessoa (como, por exemplo, credores, administrador judicial etc).

MOMENTO CONSUMATIVO:

No tocante aos crimes pré-falimentares, devido à disposição do art. 180 da Lei 11.101/2005, que prevê a necessidade de decisão judicial de quebra ou de recuperação (judicial ou extrajudicial) como condição objetiva de punibilidade das infrações penais, há duas correntes acerca do momento da consumação: Parte da doutrina defende que a consumação do crime pré-falimentar não se dá com a prática da conduta típica, mas sim com o advento da sentença que decreta a falência, concede ou homologa a recuperação empresarial. Sustenta-se que, antes da decisão judicial que decreta a situação de crise empresarial, a conduta é um indiferente penal, porque impunível. Uma segunda corrente defende que crime resta consumado desde a prática da conduta típica, sendo que, na verdade a decisão judicial falimentar tem natureza jurídica de condição objetiva de punibilidade, de sorte que não possui qualquer influência quanto ao momento consumativo.

No que se refere aos chamados "crimes pós-falimentares", não há qualquer debate quanto ao momento consumativo, de sorte que resta consumado o delito com a prática do núcleo da conduta típica.

CONSIDERAÇÕES GERAIS:

Prisão civil: O art. 35 da Lei nº 7.661/1945 previa que, quando o juiz verificava a existência de evidentes indícios de crime falimentar e a falta ao cumprimento de qualquer dos deveres enumerados no art. 34 da referida Lei poderia decretar a prisão civil do falido. Segundo Pedro Henrique Demercian e Jorge Assaf Maluly:

> Tratava-se, na verdade, de uma medida coercitiva contra o comerciante, com o intuito de forçá-lo a cumprir suas obrigações legais (nesse sentido: STJ, RHC nº 6.466/GO, 6ª Turma,

7 ANDRADE, Valter Ferreira. Breves anotações sobre os crimes falimentares. Revista Imes. Julho/dezembro -2002, p. 57

Rel. Ministro William Patterson, DJ 18.08.1997, p. 37.916; HC nº 7.602/MG, 5ª Turma, Rel. Ministro Félix Fischer, DJ 05.10.1998, p. 109; TJSP, HC nº 34.442-4, HC nº 233.755-1, AI nº 210.658-1; Veja, também, Requião, Curso, p. 175).

Porém, essa modalidade de prisão foi contestada, com o argumento de que não foi recepcionada pelo art. 5º, inciso LXVII, da Constituição Federal, que proíbe a prisão civil por dívidas, salvo nas hipóteses do depositário infiel e do inadimplemento injustificável da obrigação de alimentante. Esse entendimento prevaleceu na jurisprudência dos Tribunais Superiores, que não mais admitem essa espécie de constrição de liberdade (STF, RHC nº 76.741-MG, 1ª Turma, Rel. Ministro Moreira Alves, DJ 22.05.1998, p. 32; STJ, HC 19.745/PR, 4ª Turma, Rel. Ministro Aldir Passarinho Júnior, DJ 29.04.2002, p. 245; STJ, HC 15.046/CE, 6ª Turma, Rel. Ministro Vicente Legal, DJ 18.02.2002, p. 502). A esse respeito, o Colendo Superior Tribunal de Justiça editou a Súmula nº 280, reconhecendo a inconstitucionalidade do art. 35 da Lei de Falências.

Convém destacar que, com o advento da nova Lei de Falências, essa questão ficou superada, porque a norma do art. 35 da Lei nº 7.661/1945 não foi renovada[8].

Concurso de crimes: É entendimento prevalente na jurisprudência o de que não se aplica o concurso material de crimes, ainda que o falido cometa vários delitos: "dá-se uma só ação punível e não uma pluralidade de ações, visto tratar-se de crime de estrutura complexa, em que o comportamento do ou dos falidos deve restar unificado, em uma perspectiva abrangente e unitária" (RT, 575:364). Isso porque, segundo Fábio Ulhoa Coelho a característica essencial do crime falimentar é a sua unidade[9]. Opera-se verdadeira absorção do crime mais leve pelo mais grave, exceto se houver concurso entre crime falitário e outro delito comum.

Essa corrente é criticada em alentado estudo feito por Hélvio Simões Vidal:

Julgamos, entretanto, que deva ser revista a antiga concepção da unidade dos crimes falimentares. Os tipos penais na Lei nº 11.101/2005 não são, evidentemente, tipos mistos alternativos, não podendo ser reduzidos a uma unidade. As condutas incriminadas não descrevem modalidades da prática de um mesmo tipo delituoso. Além disso, várias das condutas incriminadas pressupõem uma violação não contextual do bem jurídico. Desse modo, é insustentável a redução dos crimes falimentares a uma unidade complexa, de forma que não se deve a priori rejeitar a possibilidade de concurso de crimes falimentares e, com maior enfoque, para os crimes praticados após a sentença de falência ou da concessão da recuperação judicial ou extrajudicial, quando a multiplicidade de condutas poderá importar em pluralidade de crimes. De outro lado, não é correto reduzir a ofensa ao patrimônio coletivo dos credores como o único bem jurídico tutelado na Lei de Falências e Recuperação de Empresas que ampliou, sensivelmente, o rol de bens suscetíveis de violação. Assim, p. ex., se o falido ou o empresário sob recuperação judicial, pratica favorecimento de credores (art. 172), dispõe do patrimônio social em benefício de credor, e, sucessivamente, desvia outros bens da massa, em proveito próprio, é de se reconhecer o concurso material de crimes. Igualmente, é possível que o devedor, antes da falência, omita a escrituração contábil (art. 178), prestando, após o decreto de falência, informações falsas no respectivo processo (art. 171 da Lei nº 11.101/2005), caso em que terá praticado dois crimes[10].

8 DEMERCIAN, Pedro Henrique. MALULY, Jorge Assaf. Curso de processo penal. 7ª. ed. Rio de Janeiro: Forense, 2011, p. 173/174.

9 COELHO, Fábio Ulhoa. Manual de Direito Comercial, 14ª ed., São Paulo: Saraiva, 2003, pp. 375/376.

10 VIDAL, Hélvio Simões. Os tipos penais na nova lei de falências e recuperação de empresas. De jure : revista juridica do Ministério Público do Estado de Minas Gerais, Belo Horizonte, n. 6 jan./jun. 2006, p. 218/219.

Inquérito judicial: não há mais previsão da figura do inquérito judicial que era um procedimento administrativo inquisitivo presidido pelo magistrado e, cuja conclusão, nos termos da antiga lei, dava início, embora não obrigatoriamente, o início do prazo para que o Ministério Público oferecesse denúncia por crime falimentar. Andou bem o legislador. Como anota Eugênio Pacelli:

> Com isso, a aludida legislação promove o alinhamento da referida lei ao sistema acusatório brasileiro, no qual o Juiz Criminal há de permanecer afastado das funções investigatórias, acudindo à fase pré-processual unicamente quando necessário para a tutela das liberdades públicas.
>
> Ainda que o antigo procedimento do inquérito judicial contemplasse o exercício do contraditório[11], mesmo durante as investigações, como sustentávamos antes da nova legislação, não há como negar que a atividade então desenvolvida pelo juiz no inquérito judicial falimentar desbordava do sistema processual penal brasileiro[12].

Substituição do síndico pelo administrador judicial: embora a nova de Lei de Falência tenha extinguido a figura do síndico, suas atribuições passaram a ser exercidas pelo administrador judicial, nomeado pelo juiz ao deferir o processamento da recuperação judicial ou ao decretar a quebra da empresa.

CAPÍTULO VII
DISPOSIÇÕES PENAIS
SEÇÃO I
DOS CRIMES EM ESPÉCIE
FRAUDE A CREDORES

Art. 168. Praticar, antes ou depois da sentença que decretar a falência, conceder a recuperação judicial ou homologar a recuperação extrajudicial, ato fraudulento de que resulte ou possa resultar prejuízo aos credores, com o fim de obter ou assegurar vantagem indevida para si ou para outrem.

Pena – reclusão, de 3 (três) a 6 (seis) anos, e multa.

Também conhecido como "estelionato falimentar", em razão da elementar da fraude, esse crime reproduz, basicamente, a tipificação da figura prevista na legislação anterior do crime de falência fraudulenta. Neste sentido já reconheceu o STF: *"Fatos delituosos que se amoldam ao disposto nos arts. 187 e 188 do DL 7.661/1945, em vigor à época dos fatos. (...) Não houve abolitio criminis, uma vez que a nova Lei de Falências e Recuperação Judicial (Lei 11.101/2005) continua a incriminar essas condutas em seu art. 168"*. (Ext 1.324, rel. min. Dias Toffoli, j. 7-4-2015, 2ª T, DJE de 4-5-2015). O tipo estampado na legislação atual, contudo, prevê sanção mais gravosa, tendo em vista que, enquanto o Decreto-lei nº. 7.661/1945 previa pena de reclusão de 01(um)

11 Neste sentido reconhecia o STF: "É da jurisprudência do Supremo Tribunal que o inquérito judicial falimentar, previsto na antiga Lei de Falências (DL 7.661/1945), constitui peça meramente informativa, cujas eventuais nulidades, por isso, não contaminam o processo penal. Precedentes. O referido inquérito, contudo, pressupõe contraditório prévio, à falta do qual são inadmissíveis o oferecimento e o recebimento da denúncia, tanto mais quanto se exige a fundamentação deste (Lei de Falências, art. 107)" (cfr. HC 82.222, Primeira Turma, 30-9-2003, Pertence, DJ de 6-8-2004) (RHC 90.632, rel. min. Sepúlveda Pertence, j. 5-6-2007, 1ª T, DJE de 22-6-2007).

12 PACELLI, Eugênio. Curso de processo penal. 21. ed. São Paulo: Atlas, 2017, p. 62.

a 04 (quatro) anos, a Lei nº. 11.101/2005 estabelece uma sanção de 03 (três) a 06 (seis) anos de reclusão e multa.

Tem semelhança com o tipo do art. 179 do Código Penal, mas diferem porque aqui o sujeito ativo do crime é o empresário e a conduta é realizada em prejuízo aos credores.

BEM JURÍDICO TUTELADO:

Tutela-se, de um lado, os interesses da coletividade de credores – que, para terem adimplidas as obrigações assumidas pelo devedor, precisam garantir a integridade do patrimônio deste -, e por outro lado, ainda, a administração da justiça, comprometida quanto a eficácia da prestação jurisdicional.

SUJEITOS DO CRIME:

O tipo estampado no art. 168 constitui um crime falimentar próprio, tendo em vista que tem como sujeito ativo o devedor, isto é, o empresário em situação de crise financeira.

O §3° deste mesmo artigo disciplina uma hipótese de concurso de agentes, e dispõe que "nas mesmas penas incidem os contadores, técnicos contábeis, auditores e outros profissionais que, de qualquer modo, concorrerem para as condutas criminosas descritas neste artigo, na medida de sua culpabilidade".

Não é demais recordar que, conforme explana o art. 179 da Lei de Falências, caso o empresário devedor, falido ou em recuperação seja uma sociedade, os seus sócios, diretores, gerentes, administradores e conselheiros, de fato ou de direito, bem como o administrador judicial, também serão responsabilizados pela prática dos delitos falimentares.

O sujeito passivo, por sua vez, é a coletividade de credores, bem como a administração da justiça. Essa, aliás, é uma das diferenças que se apresentam entre este delito de fraude a credores e o de estelionato (art. 171 do Código Penal): enquanto neste último o sujeito passivo é determinado, no crime falimentar ora estudado, o sujeito passivo é um grupamento, por vezes, até mesmo indeterminado (uma coletividade indeterminada).

CONDUTAS:

A descrição típica é praticar, antes ou depois da sentença judicial que decreta a falência, concede a recuperação judicial ou homologa a recuperação judicial, um ato fraudulento do qual resulte ou possa resultar prejuízos aos credores. Perceba-se que o crime exige três circunstâncias: 1º ato fraudulento; 2º prejuízo (ao menos potencial) aos credores; e 3º obter ou assegurar vantagem indevida.

Núcleo verbal é *praticar* ato fraudulento, que significa enganar e trapacear pelo que o delito é caracterizado como de ação livre, em que o agente, utilizando-se de uma artimanha realiza algum negócio jurídico que possa prejudicar os credores e proporcionar alguma vantagem indevida, para si ou para outrem. Trata-se de conduta, *a priori*, comissiva, mas não há óbice jurídico ao seu cometimento através de conduta omissiva, por exemplo, por meio de um malicioso silêncio aderente à fraude.

A vantagem indevida é aquela em que não tem amparo legal, não merecida e imprópria. Nos dizeres de Cezar Roberto Bitencourt:

> "em outros termos, toda a vantagem que crie ou produza diretamente algum prejuízo alheio, isto é, que produza perda, dano, diminuição de lucro ou de patrimônio a terceiro, pode ser considerada vantagem indevida, isto é, não merecida, ainda que tal prejuízo seja involuntário. Acreditamos que a denominada vantagem indevida, é mais abrangente que a vantagem ilícita, por que está, a ilícita, afronta a ordem jurídica diretamente e não apenas a ordem ética e moral. A despeito dessa possível maior abrangência da locução 'vantagem indevida', quer nos parecer que tem o mesmo significado jurídico que a locução 'vantagem ilícta'"[13].

Entendemos que a vantagem indevida deve ser necessariamente de cunho patrimonial-econômico. Em sentido contrário Cezar Roberto Bitencourt face o silêncio eloquente da lei que, quando deseja restringir-se ao conteúdo econômico do benefício auferido pelo agente, o faz expressamente[14].

Assim como pode ocorrer no estelionato comum, embora excepcional, é possível que pessoa enganada seja diferente daqueles que suportarão o prejuízo fruto da fraude (credores).

Exemplos desse crime são as condutas de constituição fraudulenta de hipoteca, alienação simulada de mercadorias, ocultação e supressão de sócio do contrato social da corporação para impedir que seu patrimônio responda pelas dívidas, constituição de dívidas simuladas, dilapidação do patrimônio da empresa de forma fraudulenta, etc.

Diferença para o crime de estelionato: Há algumas diferenças entre o crime de fraude a credores e o estelionato (art. 171 do Código Penal). a) no delito falimentar, é possível que o prejuízo causado pela prática do ato fraudulento seja efetivo ou potencial (ou seja, a mera potencialidade já basta para configurar o crime), enquanto que, no estelionato, é essencial que se verifique o efetivo prejuízo; b) no crime especial o sujeito ativo é o empresário, enquanto no estelionato é qualquer pessoa; c) a vítima no crime falimentar é a universalidade de credores enquanto que no estelionato é pessoa certa e determinada.

VOLUNTARIEDADE:

O elemento subjetivo é o dolo, devendo-se atentar para a exigência legal do dolo específico de causar prejuízo a credores ou de obter vantagem indevida para si ou para outrem.

A Lei 11.101/2005 aboliu as figuras típicas culposas, razão pela qual, inexiste neste caso crime culposo.

CONSUMAÇÃO E TENTATIVA:

O crime tem como momento consumativo a prática do ato fraudulento capaz de ensejar prejuízo aos credores, não sendo relevante para esse fim a constatação do dano efetivo, que constitui mero exaurimento do crime. Trata-se, portanto, de crime formal e de perigo, razão pela qual a reparação do dano é irrelevante penal, exceto quanto aos efeitos premiais dos artigos 16 e 65, III, b, ambos do Código Penal[15].

---

13 BITENCOURT, Cezar Roberto. Tratado de Direito Penal Econômico. Vol. 2. 2016. São Paulo Saraiva, p. 550.

14 BITENCOURT, Cezar Roberto. Tratado de Direito Penal Econômico. Vol. 2. 2016. São Paulo Saraiva, p. 550.

15 Para o Superior Tribunal de Justiça, porém, "o tipo penal ao art. 168 da Lei n. 11.101/2005 tutela a conduta que possa causar prejuízo, desnecessária a demonstração de efetiva de prejuízo, pois o crime é classificado como de perigo. Sendo assim, não é necessário demonstrar que a criação de uma outra empresa, no mesmo

Admite-se a tentativa. Ex. agente emprega a fraude, tenta realizar o negócio jurídico, mas, por circunstâncias alheis, não consegue enganar a vítima. Nesse caso, é necessário que o meio fraudulento não seja totalmente ineficaz.

Crime impossível: A fraude capaz de caracterizar o crime é aquela que reúne condições de enganar a vítima. A fraude totalmente inidônea, ou seja, incapaz de enganar alguém, caracteriza crime impossível por absoluta ineficácia do meio.

AÇÃO PENAL:

A ação penal é pública incondicionada, nos termos do art. 184 da lei de Falências, sem prejuízo da possibilidade de ação penal privada subsidiária da pública.

CAUSAS DE AUMENTO DA PENA:

Extrai-se dos §§1º e 2º do art. 168 que o legislador elegeu a **fraude contábil** como circunstância qualificadora da conduta típica básica. Trata-se de hipóteses nas quais a fraude tem a contabilidade como instrumento, como meio de sua realização.

A contabilidade contém o histórico patrimonial e financeiro do devedor de modo a permitir a avaliação de sua evolução patrimonial e a sua viabilidade produtiva e contratual. As condutas que a alteram portanto são especialmente danosas ao processo de falência ou de recuperação judicial ou extrajudicial, o que justifica as causas especiais de aumento de pena.

A escrituração contábil, ensina Bonini, é o registro sistemático e metodologicamente organizado de fatos economicamente relevantes no funcionamento da empresa. Genericamente, envolve a documentação formal exigida, em lei, para a regularidade fiscal de qualquer empresa, consistente em livro diário (art. 1.180, CC), no livro de registro de duplicatas (art. 19, Lei n.º 5.474/68) ou no livro de registro de notas fiscais fatura (art. 19, § 3º, Lei n.º 5.474/68). No caso de sociedade anônima, há livros obrigatórios previstos no art. 100, Lei n.º 6.404/76 e arts. 1.075, § 1º e art. 1.069, II, ambos do CC. No caso de microempresa ou empresa de pequeno porte optantes pelo SIMPLES, há obrigação de manter a escrituração do livro-caixa e do registro de inventário; se não optante pelo SIMPLES, deverá acrescer a escrituração do livro diário. Em qualquer caso, se emitir duplicatas, deverá manter livro de registro de duplicatas[16].

O balanço é um resumo da situação patrimonial da empresa, na forma do art. 1.188 e 1.189, ambos do Código Civil.

AUMENTO DA PENA

§1º A pena aumenta-se de 1/6 (um sexto) a 1/3 (um terço), se o agente:

I – elabora escrituração contábil ou balanço com dados inexatos;

II – omite, na escrituração contábil ou no balanço, lançamento que deles deveria constar, ou altera escrituração ou balanço verdadeiros;

III – destrói, apaga ou corrompe dados contábeis ou negociais armazenados em computador ou sistema informatizado;

ramo comercial que a falida, efetivamente acarretou prejuízo aos credores (REsp 1617129/RS. Rel. Min. Sebastião Reis Júnior, 6ª T, Julg. 07/11/2017).

16 BONINI, Paulo Rogério et al. Leis Penais Especiais anotadas, 13ª ed. Campinas: Milennium, 2016, p. 378.

IV – simula a composição do capital social;
V – destrói, oculta ou inutiliza, total ou parcialmente, os documentos de escrituração contábil obrigatórios.

No **inciso I**, tutela-se a chamada "regularidade da informação contábil", que serve de base aos credores para fins de controle e acompanhamento da situação econômico-financeira do empresário devedor. Essa primeira causa de aumento, aliás, tem especial relevância diante de processos criativos de manipulação dos registros contábeis do devedor por meio da utilização de conhecimentos técnicos específicos de contabilidade. Trata-se da "contabilidade criativa", capaz de ensejar sérios prejuízos não só para a coletividade de credores, assim como para higidez do mercado em geral e da livre concorrência, visto que pode ensejar, v.g., obtenção de incentivos fiscais indevidos.

Do que se extrai dos **incisos II e III**, constata-se, mais uma vez, a proteção da escrituração contábil, como meio legítimo de controle da coletividade de credores. Tal proteção se estende, inclusive, aos procedimentos mais modernos de contabilidade (através de computador ou sistemas informatizados). Aqui estão descritas condutas que se assemelham aos delitos de falsidade ideológica e material, porque o agente oculta e altera informações que deveriam constar na escrituração contábil.

O **inciso IV** tutela as funções do capital social, que são: a) função interna: aferir a força política do sócio (quanto mais cotas o sócio obtiver do capital social, mais peso tem o seu voto, maior o seu poder de decisão na sociedade); b) função externa: serve de controle e garantia aos credores.

A simulação da composição do capital social, manobra conhecida como "subcapitalização" ou "capital aguado" altera a realidade dos registros escriturais e projeta um capital social inexistente, que não condiz com o que efetivamente se extrai da atividade empresarial, seja porque se revela superior ou porque se revela aquém do real. Como resultado disso, a empresa pode obter benefícios fiscais ou concessão de financiamentos pautados num capital social falsamente robusto, ou, proporcionar seu controle por sócios falsamente majoritários, o que viola aquela função externa mencionada.

Trata-se de causa aumento inerente, unicamente, às sociedades empresariais, uma vez que as demais espécies de empresário (empresário individual e empresa individual de responsabilidade limitada) não possuem capital social.

> Deixou a Lei nº 11.101/2005 de exigir o intuito de obtenção de maior crédito previsto no Decreto-Lei nº 7.661/45 (art. 188, I), bastando o fim de obtenção ou asseguração de vantagem indevida para si ou para outrem. A simulação de capital social que, segundo Valverde (1962, p. 68), é o "[...] montante em dinheiro, dos valores ou bens, que o dono ou donos da empresa realmente contribuíram, para possibilitar a sua exploração", consiste na declaração ou inserção em qualquer documento, de forma inexata, de maior capital que o verdadeiro, v.g., pela entrega a bancos ou financeiras de relatórios, memoriais ou exposições, confecção ou difusão de prospectos ou publicações, divulgação em revistas, etc. Se a simulação de capital social for inserida em balanço, escrituração contábil ou lançamento, configura-se a causa de aumento de pena prevista no art. 168, § 1º II, Lei nº 11.101/2005. Em todo caso, a simulação ocorre quando a cifra que exprime o capital social não representa o valor real das contribuições, em bens ou dinheiro, que os sócios da sociedade fizeram para a constituição deste capital[17].

17 VIDAL, Hélvio Simões. Os tipos penais na nova lei de falências e recuperação de empresas. De jure : revista juridica do Ministério Público do Estado de Minas Gerais, Belo Horizonte, n. 6 jan./jun. 2006, p. 222.

Finalmente, no que se refere ao **inciso V**, a conduta típica se refere apenas aos documentos de escrituração obrigatórios, não abrangendo, portanto, todo e qualquer documento, dado ou informação importantes. É previsão bastante semelhante a do inciso III que se destina ao mesmo tipo de documentação contábil, porém, armazena em computador ou sistema informatizado.

Diferença entre a figura do inciso II e do art. 178: o crime do art. 178 é expressamente subsidiário e não é praticado mediante expediente fraudulento, circunstância que agrava a reprovabilidade da conduta e enseja a caracterização do delito previsto no art. 168, II, da Lei 11.101/2005.

CONTABILIDADE PARALELA

§2º. A pena é aumentada de 1/3 (um terço) até metade se o devedor manteve ou movimentou recursos ou valores paralelamente à contabilidade exigida pela legislação.

Esse §2º prevê agravante de 1/3 (um terço) até a metade da pena, caso a ação criminosa tenha ensejado a mantença ou movimentação de recursos ou valores paralelamente à contabilidade exigida pela legislação. É o caso da chamada "contabilidade não oficial", também afamada como "**caixa dois**", caracterizado pela movimentação desses recursos à revelia dos órgãos arrecadadores, investidores, sócios e acionistas, o que produzi um falso modelo de empresa, apto a produzir inadimplências creditícias e enriquecimento ilícito de empresários.

A conjugação no passado dos núcleos verbais contida no tipo, opção redacional criticável, não prejudica o alcance de condutas em andamento porque o verbo "manter" reporta-se a um crime permanente.

Trata-se de tipo assemelhado ao do art. 11 da Lei n.º 7.492/1986.

A incidência dessa causa de aumento estampada no § 2º não impede que, de forma autônoma e cumulativa, incida quaisquer das causas do §1º deste mesmo art. 168.

CONCURSO DE PESSOAS

§ 3º Nas mesmas penas incidem os contadores, técnicos contábeis, auditores e outros profissionais que, de qualquer modo, concorrerem para as condutas criminosas descritas neste artigo, na medida de sua culpabilidade.

Conforme supramencionado o §3º do art. 168 dispõe que devem ser responsabilizados, sob o mesmo peso sancional que o devedor, os contadores, técnicos contábeis, auditores e outros profissionais que, de qualquer modo, concorrerem para a fraude a credores. Trata-se de disposição, a rigor, dispensável visto que abrangida pelo art. 29 do Código Penal.

A medida da culpabilidade referida na parte final da norma indica que que o juiz deve levar em conta, no momento da dosimetria da pena, o grau de envolvimento de cada um dos codelinquentes no ilícito.

REDUÇÃO OU SUBSTITUIÇÃO DA PENA

§4º Tratando-se de falência de microempresa ou de empresa de pequeno porte, e não se constatando prática habitual de condutas fraudulentas por parte do falido, poderá o juiz reduzir a pena de reclusão de 1/3 (um terço) a 2/3 (dois terços) ou substituí-la pelas penas restritivas de direitos, pelas de perda de bens e valores ou pelas de prestação de serviços à comunidade ou a entidades públicas.

No §4º, o legislador dedicou tratamento diferenciado, mais brando, para microempresários ou empresários de pequeno porte, tendo previsto redução de 1/3 (um terço) a 2/3 (dois terços) da pena ou a substituição da pena restritiva de liberdade por restritiva de direitos, desde que inexista habitualidade na prática de condutas fraudulentas. Anote-se que o conceito de microempresas e empresas de pequeno porte é feito no art. 3º da Lei Complementar 123/2006.

À expressão habitual não deve levar a caracterização do tipo como crime habitual, que, segundo Rogério Sanches, é aquele que "*Somente irá ocorrer se houver repetição da conduta que revele ser aquela atividade um procedimento costumeiro por parte do agente*[18]". Deve ser entendida apenas como reiteração de conduta, razão pela qual, caracteriza-se como elemento normativo do tipo.

Trata-se de figura privilegiada que revela uma adequada distinção frente às atividades do micro e pequeno empresário devedor que, dado o menor capital de giro que manejam, não produzem os mesmos impactos nocivos no mercado quando praticam os atos ilícitos falimentares.

A alternatividade dos benefícios previstos no dispositivo é criticável uma vez que o art. 44, I, do Código penal, que deve ser aplicado de forma geral, já prevê a possibilidade de substituição das penas privativas por restritivas de direitos. A má redação da norma, possivelmente, será solucionada por uma deliberada preferência pela minoração da pena, operação que não elimina, posteriormente, a sua substituição por pena restritiva, o que implicará, em última análise, em um drible na alternatividade pretendida.

VIOLAÇÃO DE SIGILO EMPRESARIAL

Art. 169. Violar, explorar ou divulgar, sem justa causa, sigilo empresarial ou dados confidenciais sobre operações ou serviços, contribuindo para a condução do devedor a estado de inviabilidade econômica ou financeira:

Pena – reclusão, de 2 (dois) a 4 (quatro) anos, e multa.

A violação de sigilo empresarial não era tipificada pela legislação falimentar anterior. No que se refere a esse delito, portanto, a Lei nº. 11.101/2005 se apresenta como *novatio legis* incriminadora, não podendo, assim, retroagir para alcançar fatos anteriores à sua vigência.

BEM JURÍDICO TUTELADO:

O bem jurídico tutelado é a inviolabilidade do sigilo empresarial e a confidencialidade de operações e serviços visto que a violação, exploração ou divulgação indevida de informação confidencial é apta a agravar a situação de crise financeira-econômica do empresário devedor.

SUJEITOS DO CRIME:

O crime de violação de sigilo empresarial admite que qualquer pessoa protagonize como sujeito ativo. Classifica-se, pois, sob esse aspecto, como crime falimentar impróprio.

18 CUNHA, Rogério Sanches. Manual de direito penal: parte geral (arts. 1 o ao 120) I. 4. ed. Salvador: JusPODIVM, 2016. p. 169.

O sujeito passivo, por sua vez, é o próprio empresário em estado de insolvência, a coletividade de credores e a administração da justiça. Ex. secretária de uma empresa revela dados empresariais sigilosos que tomou conhecimento em correspondência eletrônica destinada ao diretor da corporação.

CONDUTAS:

A conduta típica abrange três núcleos: violar (devassar), explorar (extrair os benefícios) e divulgar (tornar pública, propagar), que significam transgredir toda a matéria sigilosa da empresa, seja decorrente de ativos intangíveis, como os seus registros de marca e desenhos industriais, bem como das patentes de invenções e modelos de utilidade industrial, seja decorrente de contratos e outros negócios jurídicos, e ainda, notadamente, os documentos e informações sob sigilo contábil, como livros contábeis, livros do empresário - tenham objeto empresarial ou fiscal.

Ante o núcleo verbal explorar, nos afigura desnecessário que o sigilo seja comunicado a terceiros, bastando, nesta figura, que o agente o utilize. Nas demais figuras, essa comunicação é inerente à violação do segredo.

Há um elemento normativo que implica que somente haverá crime se a violação, exploração ou divulgação tenha ocorrido sem justa causa, bem como que o conteúdo divulgado tenha cunho empresarial, razão pela qual, em sendo dados de natureza diversa, não há que se falar em crime falimentar.

O objeto material do crime são as informações ou dados sigilosos. Como anota Bitencourt:

> De notar-se que, neste dispositivo legal, o texto não fala em documento, público ou particular, significando que é mais abrangente, embora não exclua que o sigilo ou confidencialidade possa ter por objeto eventual documento, na medida em que não faz qualquer restrição. Alias, documento seria apenas um dos tantos meios ou formas de violação do sigilo, e, ao mesmo tempo, também objeto de sua violação, ante a ausência de restrição nesse sentido. Por outro lado, não se pode ignorar que, na atualidade, pode-se receber documento ou correspondência confidencial ou sigiloso das mais variadas formas, como, por exemplo, via e-mail, gravações em fitas cassete, DVDs, fitas de vídeo etc[19].

Diferença para o crime de *insider trading* (uso indevido de informação privilegiada)[20]: há alguma semelhança entre o crime previsto no artigo 169 da Lei 11.101/2005 e aquele previsto no art. 27-D da Lei 6.385/1976 chamado de uso indevido de informação privilegiada ou *insider trading*, inspirado no direito norte-americano visto que em ambos os casos o agente utiliza e explora informações ou dados sigilosos empresariais de que tomou conhecimento. Diferem, todavia, nas especificidades dos tipos: a) no crime falimentar, o uso da informação ou dado sigiloso não visa, necessariamente, produzir vantagem indevida ao autor da conduta, enquanto que este objetivo é elementar do tipo do art. 27-D; b) no crime falimentar, o agente explora a informação sigilosa contribuindo para o estado de inviabilidade econômica ou financeira da

19 BITENCOURT, Cezar Roberto. Tratado de Direito Penal Econômico. Vol. 2. 2016. São Paulo Saraiva, p. 561/562.

20 Assim redigido: Art. 27-D. Utilizar informação relevante de que tenha conhecimento, ainda não divulgada ao mercado, que seja capaz de propiciar, para si ou para outrem, vantagem indevida, mediante negociação, em nome próprio ou de terceiros, de valores mobiliários: (Redação dada pela Lei nº 13.506, de 2017).

Pena - reclusão, de 1 (um) a 5 (cinco) anos, e multa de até 3 (três) vezes o montante da vantagem ilícita obtida em decorrência do crime. (Incluído pela Lei nº 10.303, de 31.10.2001).

companhia, situação inexistente no crime de *insider trading*; c) no delito da lei 6.385/1976, as informações sigilosas se destinam a negociação com valores mobiliários, enquanto que no crime falimentar não é prevista finalidade específica do agente ao utilizar aquela informação confidencial.

Diferença para o crime previsto no art. 195, XI e XII, da Lei 9279/1996 – crimes contra a propriedade industrial[21]: do mesmo modo, há semelhança entre esses crimes, sendo que o crime de concorrência desleal. Diferem na medida em que: a) no crime falimentar, o agente explora a informação sigilosa contribuindo para o estado de inviabilidade econômica ou financeira da companhia, situação inexistente no crime da Lei 9279/1996; b) na figura do inciso XII do art. 195 da Lei Especial a informação confidencial é obtida por meio ilícito, situação inexistente no delito falitário.

VOLUNTARIEDADE:

O elemento subjetivo é o dolo, consistente na vontade livre e consciente de violar, explorar ou divulgar, sem justa causa, o empresarial ou dados confidenciais sobre operações ou serviços.

Ante a ausência de previsão legal, a ação culposa não é punível nesse delito.

CONSUMAÇÃO E TENTATIVA:

A doutrina debate quanto ao momento consumativo do crime de violação de sigilo empresarial.

Com efeito, uma parte da doutrina (a exemplo de Manoel Justino Bezerra Filho) defende que a consumação se daria com a simples prática da conduta criminosa pelo agente, tratando-se, pois, de um crime mera conduta, hipótese que leva a inadmissibilidade de tentativa, tendo em vista a impossibilidade de fracionamento do *iter criminis*.

Uma segunda parcela doutrinária, sustenta que o delito é material e só estará consumado quando reconhecida judicialmente a situação de quebra do empresário, constituída por meio da decretação da falência. Essa corrente se pauta na exigência constante do tipo penal de que a conduta típica do agente contribua "para a condução do devedor a estado de inviabilidade econômica ou financeira". Neste caso, admite-se tentativa para os casos em que, embora praticada a conduta típica (violação, exploração ou divulgação), não houve falência decretada[22].

Há, ainda, uma corrente intermediária, defendida por Alexandre Demetrius Pereira, que, embora entenda que a consumação do crime se dá com a constatação de situação de inviabilidade econômica ou financeira, sustenta que esta não necessariamente será consubstanciada

---

21 Assim redigido: "Art. 195. Comete crime de concorrência desleal quem:

(...)

XI - divulga, explora ou utiliza-se, sem autorização, de conhecimentos, informações ou dados confidenciais, utilizáveis na indústria, comércio ou prestação de serviços, excluídos aqueles que sejam de conhecimento público ou que sejam evidentes para um técnico no assunto, a que teve acesso mediante relação contratual ou empregatícia, mesmo após o término do contrato;

XII - divulga, explora ou utiliza-se, sem autorização, de conhecimentos ou informações a que se refere o inciso anterior, obtidos por meios ilícitos ou a que teve acesso mediante fraude".

22 É a posição de Paulo Rogério Bonini. Leis Penais Especiais anotadas, 13ª ed. Campinas: Milennium, 2016, p. 382.

pela falência. A situação de crise pode ser temporária e restar solucionada através de um processo de recuperação judicial ou extrajudicial. Ignorar isso seria desconsiderar os inúmeros casos de empresas que já experimentaram situação de inviabilidade financeira e que acabaram se recuperando. Nesse sentido, explica o autor:

> "De fato, a lei obrigou que a violação do sigilo contribua com a inviabilidade do devedor. Ou seja, não prescindiu deste resultado econômico-financeiro para a consumação do crime. Por outro lado, exigiu a mera circunstância da inviabilidade econômica ou financeira, e não sua consagração jurídica definitiva, com a decretação da falência, para a consumação.
>
> Será possível, portanto, que a violação do sigilo empresarial torne momentaneamente inviável (econômica ou financeiramente) o devedor, que, por isso, seja conduzido a uma recuperação judicial ou extrajudicial na qual supere tal condição, sem que a quebra chegue a ser decretada. Nesta hipótese entendemos que estará inegavelmente consumado o delito[23]".

Neste caso, não se admite a tentativa, tendo em vista que ou a inviabilidade econômico-financeira é reconhecida (seja pela falência, seja pela concessão da recuperação judicial ou homologação da recuperação extrajudicial) ou não é, não havendo que se falar em desdobramento do *iter ciminis*.

AÇÃO PENAL:

A ação penal é pública incondicionada, nos termos do art. 184 da lei de Falências, sem prejuízo da possibilidade de ação penal privada subsidiária da pública.

> **DIVULGAÇÃO DE INFORMAÇÕES FALSAS**
>
> **Art. 170.** Divulgar ou propalar, por qualquer meio, informação falsa sobre devedor em recuperação judicial, com o fim de levá-lo à falência ou de obter vantagem:
>
> Pena – reclusão, de 2 (dois) a 4 (quatro) anos, e multa.

Assim como o delito do art. 169, o crime ora apreciado também teve a sua previsão originária na Lei nº. 11.101/2005, não havendo qualquer equivalente na legislação falimentar anterior. No que se refere também a esse delito, portanto, a Lei nº. 11.101/2005 se apresenta como *novatio legis* incriminadora, não podendo, assim, retroagir para alcançar fatos anteriores à sua vigência.

BEM JURÍDICO TUTELADO:

O que o delito sob exame pretende tutelar é a veracidade das informações do empresário que está sob recuperação judicial, homenageando, por via de consequência, o princípio da preservação da empresa.

SUJEITOS DO CRIME:

Qualquer pessoa pode cometer o crime de divulgação de informações falsas, tratando-se, pois, de um crime comum (ou falimentar impróprio).

---

23 PEREIRA, Alexandre Demetrius.Crimes *Falimentares: teoria, prática e questões de concursos comentadas*. São Paulo: Editora Malheiros, 2010, p. 164/165.

O sujeito passivo, por sua vez, é o empresário devedor, que deve estar submetido a processo de recuperação judicial; a coletividade de credores eventualmente atingida pela conduta criminosa; bem como a administração da justiça, tendo em vista a possibilidade de sofrer influência indevida da informação falsamente divulgada ou propalada. Tendo em vista o princípio da taxatividade, o devedor que está sob recuperação extrajudicial não deve ser abrangido nesse tipo, haja vista que o dispositivo legal se restringiu à recuperação judicial.

CONDUTAS:

O tipo penal abrange dois núcleos: divulgar e propalar, ambos expressando conduta de exposição, de expansão, de publicização das informações inverídicas sobre o devedor em recuperação judicial. Dada a similitude entre os verbos, é mais um tipo misto alternativo.

Trata-se de delito similar ao previsto no tipo anterior, mas que se distinguem quanto ao objeto material, referente a informação sobre o devedor, que embora deva ser falsa, não precisa, necessariamente, ser sigilosa. Além disso, exige o tipo que o agente atue com um fim específico de levar o devedor à falência ou obter vantagem, ainda que lícita.

O delito de divulgação de informações falsas só se configura após a concessão de recuperação judicial. Este é um crime pós-recuperação, tendo em vista que deve, necessariamente, ser cometido após a concessão de recuperação judicial e durante o seu processamento.

A divulgação de falsas notícias desonrosas da companhia antes da recuperação judicial ou fora do contexto de crise falimentar, eventualmente, pode configurar crime contra a honra, desde que compatível com a condição de pessoa jurídica.

Esse delito exige, ainda, a falsidade da informação caracterizada por dados enganosos que atinjam a reputação e o patrimônio imaterial da empresa. Trata-se de elemento normativo do tipo que deve ser valorado a partir da não correspondência de seu conteúdo com a realidade dos fatos, o que por vezes, acarretará dificuldades para a sua cognição. Como anota Guilherme de Souza Nucci, a informação falsa deve ser relevante visto que a tola é incapaz de gerar resultado falência, caso em que se opera um meio totalmente ineficaz e o crime é impossível[24].

Como alerta Cezar Roberto Bitencourt:

> Ainda que o agente divulgador ou propalador de informação falsa afirme, numa maliciosa estratégia, que não acredita na veracidade do fato ou informação que está divulgando ou propalando, não afasta sua configuração típica, pois, mesmo na dúvida, não deixa de divulgá-lo, expondo-o ao risco da quebra, que em última instância é o objetivo de referido sujeito. Embora a consciência da falsidade, como elemento do dolo, deva ser atual, quem, na dúvida, não se abstém de divulgar ou propalar informação falsa assume o risco de ofender o bem jurídico protegido e, nessas circunstâncias, responde dolosamente pelo crime[25].

VOLUNTARIEDADE:

O elemento subjetivo é o dolo, indicado ainda com o específico "com o fim de levar o devedor à falência ou de obter vantagem". Registre-se, por oportuno, que a vantagem que se

---

24 NUCCI, Guilherme de Souza. Leis Penais e Processuais Penais Comentadas. Vol. 2. 8ª ed. Rio de Janeiro: Forense, p. 387.

25 BITENCOURT, Cezar Roberto. Tratado de Direito Penal Econômico. Vol. 2. 2016. São Paulo Saraiva, p. 568.

intenta obter pode ser lícita ou legítima, não havendo valoração no tipo penal quanto a este tipo de circunstância.

Mais uma vez, ante a ausência de previsão legal, a ação culposa não é punível nesse delito.

CONSUMAÇÃO E TENTATIVA:

Os núcleos verbais *divulgar* e *propalar* ensejam a consumação do crime no instante em que o agente torna pública a informação falsa de modo que a ciência da informação falsa por parte de terceiros não integra o tipo penal. Trata-se assim, de crime formal. Basta que ocorra a divulgação da informação falsa e que essa disseminação possa produzir danos à imagem da empresa em recuperação judicial.

Dada a natureza formal do crime, a retratação é irrelevante penal vez que o abalo à imagem e a reputação do devedor não é descaracterizado por este ato.

A tentativa é possível na hipótese de iniciado o ato de divulgação da informação, mas o agente é impedido de completá-la

AÇÃO PENAL:

A ação penal é pública incondicionada, nos termos do art. 184 da lei de Falências, sem prejuízo da possibilidade de ação penal privada subsidiária da pública.

INDUÇÃO A ERRO

Art. 171. Sonegar ou omitir informações ou prestar informações falsas no processo de falência, de recuperação judicial ou de recuperação extrajudicial, com o fim de induzir a erro o juiz, o Ministério Público, os credores, a assembléia-geral de credores, o Comitê ou o administrador judicial:

Pena – reclusão, de 2 (dois) a 4 (quatro) anos, e multa.

O crime de indução a erro é mais uma novidade trazida pela Lei nº. 11.101/2005 (*novatio legis incriminadora)*, não havendo na lei anterior nenhum crime de idêntico teor. Assim, é de se registrar, de logo, a sua aplicabilidade apenas prospectiva, não podendo retroagir para atingir condutas anteriores à sua vigência.

É de se notar, por outra via, certa similitude desse delito com o crime de "fraude processual", estampado no art. 347 do Código Penal.

BEM JURÍDICO TUTELADO:

O bem jurídico tutelado por esse crime é a lisura das informações no processo falimentar. Por isso entende-se que o tipo também tutela a administração da justiça, que deve ser realizada livre de artifícios que visem enganá-la.

SUJEITOS DO CRIME:

Trata-se de crime comum, que pode ter como agente qualquer pessoa que venha a ter alguma atuação no bojo do processo falimentar ou de recuperação judicial ou extrajudicial e, nesta oportunidade, sonegue ou omita informações ou, ainda, preste informações falsas.

O sujeito passivo, por sua vez, é a administração da justiça e a coletividade de credores que venha a ser prejudicada pela manobra indutiva ao erro. O próprio tipo penal, aliás, menciona os sujeitos que sofrem os efeitos da conduta criminosa: o juiz, o Ministério Público, os credores, a assembleia-geral de credores, o Comitê ou o administrador judicial.

CONDUTAS:

O tipo possui três verbos, quais sejam, "sonegar" (esconder, ocultar) ou "omitir" (deixar de dizer, escrever ou de fazer algo que era de se esperar) informações e "prestar" informações falsas no curso de processo falimentar ou de recuperação judicial ou extrajudicial. É o caso do administrador judicial que apresenta relatório alterando falsamente as informações relevantes acerca da empresa ou do devedor que, no processo de falência, reconhece como verdadeiro um crédito falso.

Trata-se de crime que pode se classificar como pré ou pós-falimentar (ou recuperação), haja vista que, em que pese tenha a sua ocorrência vinculada a existência de um processo de falência, de recuperação judicial ou de recuperação extrajudicial, não há no tipo penal a exigência de que a autoridade judicial já tenha decidido acerca da decretação da falência, concessão ou homologação da recuperação do empresário.

Indução ao erro e direito de não produzir prova contra si mesmo: O direito de não produzir prova contra si mesmo (*nemo tenetur se detegere*), decorrente da ampla defesa e previsto expressamente no art. 8, item 2, g, do Pacto de San José da Costa Rica, incorporado ao direito pátrio pelo Decreto 678/1992, não autoriza que o investigado induza a erro o juiz, o Ministério Público, os credores, a assembleia-geral de credores, o Comitê ou o administrador judicial. Não se autoincriminar não pode franquear condutas atentatórios ao normal exercício da prestação jurisdicional.

VOLUNTARIEDADE:

O elemento subjetivo é o dolo, exigindo o tipo penal que o agente tenha o elemento subjetivo específico, consistente em "induzir a erro o juiz, o Ministério Público, os credores, a assembleia-geral de credores, o Comitê ou o administrador judicial".

As duas primeiras modalidades são omissivas, razão pela qual, neste ponto só admite dolo direto.

CONSUMAÇÃO E TENTATIVA:

O crime se consuma com a mera sonegação, omissão ou prestação de informações falsas, sendo irrelevante que o resultado venha a ser alcançado, isto é, que os destinatários da conduta sejam efetivamente induzidos a erro ou que os destinatários tenham efetiva ciência da conduta criminosa.

Em relação à tentativa, é admissível – embora de rara ocorrência prática – apenas na forma comissiva (prestar informações falsas). Com efeito, quanto aos núcleos "sonegar" e "omitir", por consubstanciarem crime omissivo próprio, não é possível a tentativa.

AÇÃO PENAL:

A ação penal é pública incondicionada, nos termos do art. 184 da lei de Falências, sem prejuízo da possibilidade de ação penal privada subsidiária da pública.

FAVORECIMENTO DE CREDORES

Art. 172. Praticar, antes ou depois da sentença que decretar a falência, conceder a recuperação judicial ou homologar plano de recuperação extrajudicial, ato de disposição ou oneração patrimonial ou gerador de obrigação, destinado a favorecer um ou mais credores em prejuízo dos demais:

Pena – reclusão, de 2 (dois) a 5 (cinco) anos, e multa.

Parágrafo único. Nas mesmas penas incorre o credor que, em conluio, possa beneficiar-se de ato previsto no caput deste artigo.

O crime de favorecimento de credores é, em verdade, uma sanção criminal em face de violação ao princípio do "*par conditio creditorum*", que consagra a condição de paridade dos credores.

Trata-se de infração pré-falimentar ou pós-falimentar, praticável antes ou depois da sentença que decretar a falência, conceder a recuperação judicial ou homologar plano de recuperação extrajudicial.

Constitui-se em figura típica mais ampla da prevista no antigo art. 188, II, do Decreto-Lei n.º 7.661/1945.

BEM JURÍDICO TUTELADO:

Como mencionado alhures, o delito tem como fim a tutela da condição paritária entre os credores no bojo do processo falimentar ou de recuperação empresarial.

SUJEITOS DO CRIME:

Trata-se de crime falimentar próprio, que só admite como sujeito ativo o próprio empresário devedor submetido a processo de falência ou de recuperação (judicial ou extrajudicial). O parágrafo único da norma prevê que também é sujeito ativo do delito o credor beneficiado com o negócio jurídico, desde que saiba de sua ilicitude.

O sujeito passivo, por sua vez, é a coletividade de credores e a administração da justiça.

CONDUTAS:

A conduta típica abrange a prática de ato de disposição ou oneração patrimonial ou gerador de obrigação, destinado a favorecer um ou mais credores em prejuízo dos demais, com clara violação ao princípio do "*par conditio creditorum*". A legislação falimentar anterior (Decreto-lei nº. 7.661/45) estampava tipo penal similar em seu art. 188, inciso II, embora mais restrito e noutros termos, que criminalizava a conduta do empresário em situação de recuperação ou de pré-falência que pagava antecipadamente alguns credores em prejuízo de outros.

A disposição é a alienação de determinado bem que pode ocorrer mediante tradição, para bens móveis, ou mediante celebração de compromisso particular de compra e venda, no caso de imóveis, independente do registro do título no registro imobiliário.

A oneração patrimonial é ato que impõe obrigação sobre determinado bem, como instituição de hipoteca ou penhor.

Geração de obrigação é constituir vínculos jurídicos prestacionais, com valor econômico, em favor de outrem, com prestações de dar, fazer ou não fazer. São exemplos, celebração de contratos de empréstimos, emissão de títulos de crédito.

O art. 172, portanto, ao prever como conduta a prática de qualquer ato de disposição ou oneração patrimonial ou gerador de obrigação destinado a favorecer credores em prejuízo de outros, ampliou a conduta criminosa prevista na legislação anterior, de sorte a agravá-la. De todo modo, parece necessário aferir ainda que o negócio capaz de atrair a responsabilidade penal deste crime seja aquele praticado dentro da zona de risco penal, embora despicienda demonstração da fraude, elementar do tipo do art. 168 acima citado.

O objetivo do tipo é punir as condutas que dilapidam o patrimônio da corporação prejudicando a universalidade de credores. Verifica-se tratar-se de tipo especial se comparados aos previstos nos artigos 168 e 173 da mesma lei.

VOLUNTARIEDADE:

O elemento subjetivo é o dolo, exigindo-se, ainda, do agente o elemento subjetivo específico de prejudicar a coletividade de credores em benefício de um ou de alguns credores.

CONSUMAÇÃO E TENTATIVA:

Embora haja vozes em sentido contrário (a exemplo de Antonio Sérgio A. Moraes Pitombo), entendemos que o delito de favorecimento de credores é crime formal, cuja consumação se dá com a disposição ou oneração do patrimônio, sem necessidade do prejuízo ou favorecimento efetivo de credor.

Admite a tentativa.

AÇÃO PENAL:

A ação penal é pública incondicionada, nos termos do art. 184 da lei de Falências, sem prejuízo da possibilidade de ação penal privada subsidiária da pública.

DESVIO, OCULTAÇÃO OU APROPRIAÇÃO DE BENS

Art. 173. Apropriar-se, desviar ou ocultar bens pertencentes ao devedor sob recuperação judicial ou à massa falida, inclusive por meio da aquisição por interposta pessoa:

Pena – reclusão, de 2 (dois) a 4 (quatro) anos, e multa.

O crime estampado no art. 173 tinha previsão similar, embora mais restrita, na legislação falimentar anterior. A nova lei de falências ampliou a conduta criminosa ao acrescentar o núcleo "apropriar", e impôs ao delito pena mais gravosa, pois antes era de um a três anos e foi majorada para dois a quatro anos de reclusão.

A conduta de apropriar-se dos bens do devedor ou da massa falida não era completamente atípica ante a disposição do art. 168, § 1º, II, do CP que previa inclusive uma causa de aumento quando o agente que se apropriou do bem o recebeu na qualidade de síndico. De todo modo, seja em razão da extinção da figura do síndico, seja pela tipificação desta conduta neste crime, aquela disposição resta inaplicável.

Assim, no que se refere ao crime em comento, a Lei nº. 11.101/05 se apresenta como *novatio legis in pejus*.

BEM JURÍDICO TUTELADO:

O que se busca proteger com o crime em tela são os interesses dos credores, representados pela integridade patrimonial do empresário devedor ou da massa falida.

SUJEITOS DO CRIME:

Trata-se de crime comum, que pode ser cometido por qualquer pessoa. A interposta pessoa, popularmente chamado de "laranja", é aquela utilizada para dissimular o real beneficiário do bem, que, se ciente da conduta, responde como partícipe do crime.

O sujeito passivo é a coletividade de credores e a administração da justiça.

CONDUTAS:

A conduta típica abrange os núcleos de "apropriar" (que significa apoderar, apreender, apossar), "desviar" (afastar, contornar, deslocar) e "ocultar" (como sinônimo de esconder ou encobrir algo). Trata-se de tipo misto alternativo visto que há entre as ações típicas uma relação de semelhança.

É crime que se classifica como pós-falimentar ou pós-recuperação, haja vista que sua ocorrência só se dá após a decisão que decreta a falência ou que concede a recuperação judicial.

Note-se que o tipo legal restringe o objeto material do delito, que só pode ser a bens pertencentes ao devedor sob recuperação judicial ou à massa falida. Assim, em homenagem ao princípio da legalidade estrita que norteia o Direito Penal, tem-se que no caso de a conduta criminosa ter como objeto bens pertencentes a devedor submetido a plano de recuperação extrajudicial não se configurará o crime do art. 173, em comento.

Esta figura típica procura impedir que os bens do devedor não sejam destinados para o pagamento das dívidas. Isso significa que ainda que todos os credores sejam pagos, haverá o crime se restar demonstrado o desvio de algum bem antes disso.

Exemplo da conduta de *desvio* é a conduta de um empregado que, decretada a falência, desloca uma máquina industrial para outra empresa. Caso apodere-se de um computador da empresa, realiza o núcleo *apropria-se*. Por fim, caso esconda um determinado bem para que não seja arrecadado, prática a modalidade *ocultar*.

> A *compra em nome de terceira pessoa* (cônjuge, p. ex.) é típica forma de execução desse delito, razão pela qual o legislador a especificou na parte final do art. 173. Nesse caso, o agente que recebeu o bem responde pelo delito do art. 174 (*aquisição, recebimento ou uso ilegal de bens*). De outro lado, é muito comum e, aliás, criminoso, p. ex., que o devedor, logo após o decreto da falência, transfira rapidamente maquinários, utensílios, matéria prima etc., para outro estabelecimento, especialmente quando ele é sócio ou tem interesse em ambas as empresas[26].

---

26 VIDAL, Hélvio Simões. Os tipos penais na nova lei de falências e recuperação de empresas. De jure : revista jurídica do Ministério Público do Estado de Minas Gerais, Belo Horizonte, n. 6 jan./jun. 2006, p. 227.

É imprescindível que o bem pertença ao devedor ou à massa falida. Caso pertença a terceiro, poderá haver crime de apropriação indébita previsto no art. 168 do CP.

Como bem explica Paulo Rogério Bonini:

> Aquisição por interposta pessoa ocorre quando há negócio jurídico com simulação subjetiva, declarando-se no instrumento pessoa diversa daquela que realmente está adquirindo o bem (art. 167, § 1º, I, CC). É o chamado "laranja" ou "testa de ferro" que, em venda simulada, figura como adquirente do bem, quando, em verdade, quem o adquiriu foi pessoa que não podia fazê-lo oou, ainda, que queria furtar-se aos efeitos do crime[27].

VOLUNTARIEDADE:

O elemento subjetivo do crime é o dolo genérico, sendo prescindível a existência de qualquer elemento subjetivo específico.

CONSUMAÇÃO E TENTATIVA:

Prevalece na doutrina que o crime em tela é de natureza formal, cuja consumação se dá com a mera conduta de ocultação, desvio ou apropriação.

A tentativa é admissível, posto que viável o fracionamento do *iter criminis*, quando, embora iniciados os atos de execução, não se consuma o delito por circunstâncias alheias à vontade do agente.

Na modalidade ocultar, todavia, a tentativa é inviável vez tratar-se de crime omissivo.

AÇÃO PENAL:

A ação penal é pública incondicionada, nos termos do art. 184 da lei de Falências, sem prejuízo da possibilidade de ação penal privada subsidiária da pública.

AQUISIÇÃO, RECEBIMENTO OU USO ILEGAL DE BENS

Art. 174. Adquirir, receber, usar, ilicitamente, bem que sabe pertencer à massa falida ou influir para que terceiro, de boa-fé, o adquira, receba ou use:

Pena – reclusão, de 2 (dois) a 4 (quatro) anos, e multa.

O crime de aquisição, recebimento ou uso ilegal de bens não era tipificada pela legislação falimentar anterior. No que se refere a esse delito, portanto, a Lei nº. 11.101/2005 se apresenta como *novatio legis* incriminadora, não podendo, assim, retroagir para alcançar fatos anteriores à sua vigência.

BEM JURÍDICO TUTELADO:

O que se busca proteger com o crime em tela são os interesses dos credores, representados pela integridade do patrimônio da massa falida.

27 BONINI, Paulo Rogério et al. Leis Penais Especiais anotadas, 13ª ed. Campinas: Milennium, 2016, p. 386.

SUJEITOS DO CRIME:

É crime comum, que pode ser cometido por qualquer pessoa, sendo possível o concurso de agentes, na hipótese de aquisições ou recebimentos sucessivos de bens.

O sujeito passivo, por sua vez, é a coletividade de credores e a administração da justiça.

CONDUTAS:

Por guardar considerável semelhança com o crime de receptação previsto no art. 180 do Código Penal este delito é por muitos conhecido como "crime de receptação falimentar".

O tipo elenca como condutas típicas adquirir, receber, usar ou influir, de onde se verifica uma coincidência redacional com a receptação prevista no Código Penal, exceto pela criminalização do uso ilícito do bem pertencente à massa falida. Os verbos possuem uma semelhança entre si de modo que este é mais um tipo misto alternativo.

As condutas são:

a) Adquirir que é obter o domínio, a título oneroso (compra e venda) ou gratuito (doação);
b) Receber: obter a mera posse, ainda que precária. Ex.: receber veículo da massa falida para guardar na garagem de sua casa.
c) Usar: usufruir e utilizar.
d) Influir: instigar e convencer.

O objeto material do crime são os bens pertencentes ao devedor ou à massa falida que foram antes desfalcados de seu acervo. Por isso conclui-se que este crime é acessório ao crime anterior (art. 173) visto que pressupõe a anterior e ilícita apropriação, desvio ou ocultação do bem pertencente ao devedor ou à massa falida. O bem retirado do devedor ou da massa falida é destinado para o receptador que pode mantê-lo consigo (adquirir, receber e usar) ou oferece-lo a outrem (influir).

Na modalidade usar o legislador inovou e criminaliza a conduta daquele que usa, ilicitamente, bem pertencente à massa falida, comportamento rotineiro praticado por administradores judiciais e depositários devido a demora dos processos de recuperação e falências.

Já na categoria influir o agente intermediário, sabendo da origem do bem, convence terceiro de boa-fé a recebe-lo ou usá-lo. É tipificação assemelhada à receptação imprópria prevista na segunda parte do caput do art. 180 do Código Penal.

O objeto material é bem pertencente à massa falida, o que restringe a ocorrência do crime a momento posterior à decretação da falência (crime pós-falimentar). Ademais, não há que se falar em crime se bem pertencer a empresário em processo de recuperação judicial ou extrajudicial.

O elemento normativo do tipo, qual seja, "ilicitamente", remete a valoração da antijuridicidade da conduta ao regime previsto no artigo 114 da Lei que prevê casos em é possível a aquisição e uso lícitos de bens da massa falida.

VOLUNTARIEDADE:

O elemento subjetivo do crime é o dolo, sendo prescindível a existência de qualquer elemento subjetivo específico.

Devido a expressão "que sabe pertencer à massa falida" infere-se que o crime só é compatível com o dolo direto. Embora por outras razões, é a posição de Cezar Roberto Bitencourt:

> O dolo será sempre direto – tanto na receptação própria quanto na imprópria – e consistirá na vontade livre e consciente de praticar quaisquer das condutas descritas no tipo penal em exame, isto é, de receptar bem pertencente à massa falida ou influir para que terceiro de boa-fé o recepte. Em outros termos, o receptador, consciente e volun- tariamente, realiza uma ou mais das condutas proibidas. Age, nessa hipótese, com dolo direto, pois a vontade consciente do agente é dirigida à realização do fato típico. O objeto do dolo direto é o fim proposto (obtenção da coisa, em proveito próprio ou alheio), os meios escolhidos (crime de forma livre, qualquer meio que eleger) e os efei- tos colaterais ou secundários (dano ou prejuízo ao proprietário, possuidor ou detentor da coisa) representados como necessários à realização do fim pretendido[28].

Inexiste a figura culposa.

CONSUMAÇÃO E TENTATIVA:

Consuma-se o crime com a efetiva aquisição, recebimento ou uso, classificando-se, no que tange a tais condutas como crime material (posto que a lei exige o resultado naturalístico), ou, ainda, com a influência de terceiro de boa-fé para tanto. Neste último caso, a mera influência exercida já basta para que o crime reste consumado, não se exigindo que o terceiro de boa-fé pratique qualquer ato. Em relação à conduta de influenciar, portanto, o crime em apreço se classifica como formal.

Na modalidade adquirir e receber o crime é instantâneo visto que possuem momento consumativo certo e determinado no tempo. O exercício da posse do bem adquirido ou recebido não torna essas modalidades em delitos permanentes.

Na conduta prevista no usar, todavia, a infração é permanente, porque sua consumação se prolonga durante todo o tempo em que o agente estiver utilizando o objeto de origem criminosa, razão pela qual pode ser preso em flagrante a qualquer momento, nos termos do art. 303 do Código de Processo Penal.

A tentativa, por sua vez, é admissível nas formas de adquirir, receber ou usar (tal como ocorre no crime de receptação, do art. 180 do Código Penal). Em relação à conduta de influenciar, que é crime formal, contudo, entende-se como inadmissível a tentativa.

AÇÃO PENAL:

A ação penal é pública incondicionada, nos termos do art. 184 da lei de Falências, sem prejuízo da possibilidade de ação penal privada subsidiária da pública.

HABILITAÇÃO ILEGAL DE CRÉDITO

Art. 175. Apresentar, em falência, recuperação judicial ou recuperação extrajudicial, relação de créditos, habilitação de créditos ou reclamação falsas, ou juntar a elas título falso ou simulado:

Pena – reclusão, de 2 (dois) a 4 (quatro) anos, e multa.

---

28 BITENCOURT, Cezar Roberto. Tratado de Direito Penal Econômico. Vol. 2. 2016. São Paulo Saraiva, p. 616.

O crime de habilitação ilegal de crédito, sob análise, tipifica condutas que já constavam como delituosas na legislação anterior. Trata-se, pois, de clara hipótese de continuidade delitiva.

A nova lei, aliás, acabou sendo um pouco mais branda, ao restringir o alcance do tipo legal, que antes previa também como típica a conduta do devedor que reconhece como verdadeiros créditos falsos ou simulados. Não há previsão equivalente na legislação falimentar atual, de sorte que, em relação aos fatos ocorridos anteriormente ao seu advento, a norma retroage como uma verdadeira *abolitio criminis*, e, quanto aos fatos que lhes forem posteriores, não há que se falar em crime. Com efeito, é incabível, no âmbito penal, a utilização de analogia *in malam partem*.

BEM JURÍDICO TUTELADO:

O delito visa a proteger a idoneidade do processo de falência ou de recuperação judicial ou extrajudicial, no interesse não só dos credores, mas também, e notadamente, da administração da justiça.

SUJEITOS DO CRIME:

Trata-se de crime comum, que pode ser praticado por qualquer pessoa.

O sujeito passivo, por sua vez, é a coletividade de credores e a administração da justiça.

CONDUTAS:

As condutas típicas abrangem o núcleo de "apresentar" (mostrar, expor, exibir, submeter a exame) e o de juntar (anexar), tendo como objetos materiais possíveis relação de créditos, habilitação de créditos ou reclamação, bem como títulos que venham ser a eles anexos.

Após a decretação da falência, o administrador judicial apresenta a relação de créditos, elaborada com base na escrituração contábil do devedor (art. 7º, § 3º c.c. art. 22, e, da Lei) ou pelo devedor. A habilitação de créditos é o incidente processual por meio do qual o credor que não consta naquela relação inicial postula o pagamento de sua dívida. A reclamação, a seu turno, é o incidente processual em que credor, devedor ou terceiros que não concordam com a relação de crédito publicada antes pelo administrador judicial ou oferecida pelo devedor, postulam sua reapreciação. Assim, este crime pune a conduta daquele que, durante falência ou de recuperação (judicial ou extrajudicial), apresenta os documentos supracitados eivados de falsidade, seja ela material ou ideológica.

Extrai-se do tipo penal que o delito é pós-falência ou pós-recuperação, haja vista que só pode ocorrer a partir da decretação da falência, da concessão da recuperação judicial ou da homologação de plano de recuperação extrajudicial.

Por fim, não é demais alertar que a falsidade que se exige dos documentos elencados no tipo deve ter idoneidade e aptidão para induzir o destinatário a erro. Isso porque, caso seja grosseira a falsificação, incapaz de enganar, estar-se-á diante de crime impossível, ante a absoluta impropriedade do objeto (nos termos do art. 17 do Código Penal).

VOLUNTARIEDADE:

O elemento subjetivo do crime é o dolo, sendo prescindível a existência de qualquer elemento subjetivo específico.

Não há figura culposa.

CONSUMAÇÃO E TENTATIVA:

O crime de habilitação ilegal de crédito é formal e de perigo.

Assim, consuma-se com a efetiva apresentação da relação ou habilitação de créditos ou reclamação falsas ou, ainda, com a juntada do título falso ou simulado, sendo irrelevante, para fins de consumação, a ocorrência do efeito desejado pelo agente.

Não admite tentativa.

AÇÃO PENAL:

A ação penal é pública incondicionada, nos termos do art. 184 da lei de Falências, sem prejuízo da possibilidade de ação penal privada subsidiária da pública.

EXERCÍCIO ILEGAL DE ATIVIDADE

Art. 176. Exercer atividade para a qual foi inabilitado ou incapacitado por decisão judicial, nos termos desta Lei:

Pena – reclusão, de 1 (um) a 4 (quatro) anos, e multa.

O crime de exercício ilegal de atividade não era tipificado pela legislação falimentar anterior. No que se refere a esse delito, portanto, a Lei nº. 11.101/2005 se apresenta como *novatio legis* incriminadora, não podendo, assim, retroagir para alcançar fatos anteriores à sua vigência. Trata-se de espécie de desobediência a decisão judicial, semelhante ao art. 359 do Código Penal.

BEM JURÍDICO TUTELADO:

O crime sob análise tem como objeto jurídico a autoridade da decisão judicial que declarou a inabilitação ou incapacidade do agente.

> O objeto desta proteção penal é o cumprimento de decisão judicial que, na seara falimentar, declarar ou decretar a inabilitação ou incapacitação de alguém para ao exercício de determinada atividade. Nesse particular, a previsão da atual lei de falências distingue-se daquela que constava do Código Penal de 1940 que, em sua versão original, incriminava o descumprimento das então denominadas penas acessórias (art. 67, I e II, da revogada parte geral do CP). Era exatamente esse o magistério de Nélson Hungria, o qual pedimos vênia para transcrever na íntegra: "Vê-se, para logo, que se trata de assegurar penalmente o cumprimento das penas acessórias previstas no art. 67, incs. I e II, quer quando aplicadas definitivamente (art. 70), quer quando provisoriamente (art. 71). Sobre (sic) quais sejam a função, a atividade (genus de que são espécies a profissão, o ofício e o ministério), o direito, a autoridade ou múnus a que se refere o dispositivo em exame, consultem-se os artigos 67, I e 69, incs. I a V. Conforme expressamente declara o texto legal, é preciso que a privação ou suspensão de que se cuida decorra de decisão judicial[29]".

SUJEITOS DO CRIME:

Trata-se de crime que só pode ser cometido por aquele que foi inabilitado ou incapacitado por decisão judicial.

---

29 BITENCOURT, Cezar Roberto. Tratado de Direito Penal Econômico. Vol. 2. 2016. São Paulo Saraiva, p. 621.

O polo passivo, por sua vez, é protagonizado pela administração da justiça, e, de forma secundária, pode-se considerar também a coletividade de credores que eventualmente se vir prejudicada pelo exercício ilegal da atividade.

CONDUTAS:

O crime em comento estampa o núcleo "exercer" (desempenhar função, praticar, realizar), referindo-se ao exercício de atividade para a qual o agente tenha sido inabilitado ou incapacitado por decisão judicial, sob os ditames da Lei nº. 11.101/2005.

É norma penal em branco visto que as hipóteses de inabilitação ou incapacitação previstas na Lei 11.101/2005 são as seguintes:

1) Art. 102. O falido fica inabilitado para exercer qualquer atividade empresarial a partir da decretação da falência e até a sentença que extingue suas obrigações, respeitado o disposto no § 1o do art. 181 desta Lei;

2) Art. 103. Desde a decretação da falência ou do seqüestro, o devedor perde o direito de administrar os seus bens ou deles dispor;

3) decorrente dos efeitos da condenação pela prática de crime falimentar previstos no art. 181 da Lei de Falências: inabilitação para o exercício de atividade empresarial, o impedimento para o exercício de cargo ou função em conselho de administração, diretoria ou gerência das sociedades sujeitas à Lei n. 11.101/2005, e, bem assim, a impossibilidade de gerir empresa por mandato ou por gestão de negócio.

Assim, caso o sujeito que sofrer o efeito da condenação supracitado venha a violar tal impedimento judicialmente imposto, incide no tipo penal do art. 176, em comento.

Trata-se de crime pós-falência ou pós-recuperação, tendo em vista que a sua ocorrência só pode se dar após o processo de falência ou de recuperação (judicial ou extrajudicial) no qual a decisão judicial de inabilitação ou incapacidade tenha sido tomada.

Para Cezar Roberto Bitencourt "*para que se admita a tipificação do crime de desobediência à decisão judicial, é indispensável que se trate de decisão transitada em julgado, à luz do princípio da presunção da inocência consagrado pela atual Constituição Federal*"[30].

VOLUNTARIEDADE:

O elemento subjetivo do crime é o dolo, sendo prescindível a existência de qualquer elemento subjetivo específico.

CONSUMAÇÃO E TENTATIVA:

O delito de exercício ilegal de atividade não é habitual vez que se consuma com um único ato de exercício da atividade da qual o agente foi suspenso ou privado por decisão judicial, ainda que desta conduta não seja produzido nenhum resultado naturalístico. Trata-se, portanto, de crime formal.

A tentativa é possível.

30 BITENCOURT, Cezar Roberto. Tratado de Direito Penal Econômico. Vol. 2. 2016. São Paulo Saraiva, p. 622.

AÇÃO PENAL:

A ação penal é pública incondicionada, nos termos do art. 184 da lei de Falências, sem prejuízo da possibilidade de ação penal privada subsidiária da pública.

VIOLAÇÃO DE IMPEDIMENTO

Art. 177. Adquirir o juiz, o representante do Ministério Público, o administrador judicial, o gestor judicial, o perito, o avaliador, o escrivão, o oficial de justiça ou o leiloeiro, por si ou por interposta pessoa, bens de massa falida ou de devedor em recuperação judicial, ou, em relação a estes, entrar em alguma especulação de lucro, quando tenham atuado nos respectivos processos:

Pena – reclusão, de 2 (dois) a 4 (quatro) anos, e multa.

O crime de violação de impedimento, sob análise, tipifica condutas que já constavam como delituosas na legislação anterior (Decreto-lei nº. 7.661/45, art. 190). A Lei nº. 11.101/2005, contudo, inaugurou previsão mais gravosa, tendo em vista que a pena estipulada passou de 01 (um) a 02 (dois) anos de detenção para 02 (dois) a 04 (quatro) anos de reclusão e multa. É na verdade um crime funcional especial.

Assim, por se tratar de hipótese de *novatio legis in pejus*, não retroage para alcançar fatos que sejam anteriores à sua vigência.

BEM JURÍDICO TUTELADO:

O bem jurídico que se busca proteger com o crime de violação de impedimento é a moralidade da justiça e a honradez do processo falimentar ou de recuperação judicial.

SUJEITOS DO CRIME:

O polo ativo é protagonizado por quaisquer dos agentes enunciados no tipo penal: o juiz, o representante do Ministério Público, o administrador judicial, o gestor judicial, o perito, o avaliador, o escrivão, o oficial de justiça ou o leiloeiro, por si ou por interposta pessoa.

No polo passivo figuram a administração da justiça e a coletividade de credores, em face do risco de qualquer desses agentes elencados no tipo vir a adquirir bens da massa falida ou do devedor em recuperaçã o judicial, de sorte a frustrar a satisfação de seus créditos.

CONDUTAS:

O art. 177 expõe, em seu teor, impedimento expresso de alguns sujeitos para aquisição de bens de massa falida ou de devedor em recuperação judicial. Adquirir é obter a propriedade, a título oneroso (compra e venda) ou gratuito (doação).

A segunda modalidade, de difícil compreensão e delimitação[31], "entrar em alguma especulação de lucro", em relação aos bens da massa falida ou do devedor em recuperação judicial

31 Sobre as críticas a essa redação, confira-se as lições de Cezar Roberto Bitencourt que termina, citando Nilo Batista, sustentado sua inconstitucionalidade: "Certamente, a opção do legislador adotando uma locução, "entrar em alguma especulação", em vez de um verbo nuclear – especular –, que é a metodologia do direito penal clássico, não atende aos postulados consagrados pelo direito penal da culpabilidade, próprio de um Estado Democrático

deve ser compreendida como qualquer negócio jurídico praticado pelo agente que mantenha um nexo com as informações de que tomou conhecimento em razão de sua atuação funcional e que lhe possam proporcionar ganhos financeiros, seja de que espécie for. São exemplos dessa espécie de violação o exercício de atividade que implique a prestação de serviços com a empresa em crise; compra de ações no mercado de valores relacionadas a empresa; locação de imóvel do devedor ou para a massa falida, etc.

Embora haja alguma diferença entre as duas figuras típicas, dada a semelhança ontológica entre as condutas, verifica-se tratar-se de tipo misto alternativo. Incompreensivelmente o tipo penal exclui a recuperação extrajudicial

A parte final exige que o sujeito ativo tenha efetivamente atuado no processo de falência ou recuperação judicial, não bastando que esteja apenas lotado no ofício onde tramita o processo. A atuação efetiva ocorre com a realização de algum ato processual ou administrativo efetivo. A fim de evitar manobras, o tipo prevê a caracterização do delito mediante a atuação por interposta pessoa, isto é, por pessoa que age a mando do sujeito ativo, seja familiar, sócio ou outra pessoa com aja com esse tipo de liame subjetivo.

O tipo não exige que a aquisição dos bens seja por preço inferior ao de mercado ou àquele oferecido aos demais possíveis adquirentes o que realça que o objetivo é manter a lisura e a neutralidade objetiva da atividade estatal.

O objeto material desta infração penal é o bem do devedor ou da massa falida adquirido ou objeto da especulação do sujeito ativo.

VOLUNTARIEDADE:

O elemento subjetivo do crime é o dolo, sendo prescindível a existência de qualquer elemento subjetivo específico.

Inexiste figura culposa.

CONSUMAÇÃO E TENTATIVA:

A consumação do delito em tela se dá com a aquisição ou participação em especulação de lucro, por parte dos agentes elencados no tipo penal, em relação aos bens pertencentes à massa falida ou ao devedor em recuperação judicial.

A tentativa é admissível quando o agente, por exemplo, faz o pagamento pelo objeto, mas, por circunstâncias alheias à sua vontade, ele não lhe é entregue.

AÇÃO PENAL:

A ação penal é pública incondicionada, nos termos do art. 184 da lei de Falências, sem prejuízo da possibilidade de ação penal privada subsidiária da pública.

---

de Direito, inviabilizando a própria defesa do agente. Nessa linha, criticando a mesma locução, pontifica Nilo Batista, *in verbis*: 'não há outra solução senão reconhecer que, à distância de quase dois séculos, a velha expressão é incapaz de delimitar a matéria de proibição, e é melhor proclamar a inconstitucionalidade da segunda modalidade do delito, por violação ao princípio da legalidade, do que experimentar viabilizá-la em exemplos espantosos, nos quais a escassa juridicidade compete com elevados riscos político-criminais'" (BITENCOURT, Cezar Roberto. Tratado de Direito Penal Econômico. Vol. 2. 2016. São Paulo Saraiva, p. 627).

OMISSÃO DOS DOCUMENTOS CONTÁBEIS OBRIGATÓRIOS

Art. 178. Deixar de elaborar, escriturar ou autenticar, antes ou depois da sentença que decretar a falência, conceder a recuperação judicial ou homologar o plano de recuperação extrajudicial, os documentos de escrituração contábil obrigatórios:

Pena – detenção, de 1 (um) a 2 (dois) anos, e multa, se o fato não constitui crime mais grave.

Esse é o único crime falimentar para o qual foi estipulada pena de detenção. Todos os demais, vistos anteriormente, preveem pena de reclusão. Além disso, é infração de menor potencial ofensivo, sendo-lhe aplicada as disposições da Lei 9.099/1995. Anote-se que o preceito secundário prevê tratar-se de crime subsidiário de modo que fica absorvido se o fato constituir crime mais grave.

BEM JURÍDICO TUTELADO:

O crime visa a tutelar a existência de meios de controle contábil da atividade e do patrimônio do empresário devedor.

SUJEITOS DO CRIME:

O delito de omissão dos documentos contábeis obrigatórios é crime próprio, de sorte que só pode ser cometido pelo devedor falido ou em recuperação, afinal é dele, nos termos do art. 1.179 a 1184 do Código Civil, a obrigação de manter a escrituração uniforme de seus livros, bem como registrar neles as operações empresariais. O dever de elaborar, escriturar e autenticar esses livros obrigatórios também recai sobre o empresário e, eventualmente, do contabilista responsável pela empresa de modo que, nos termos do art. 168, § 3º, da Lei, podem também responder pela infração em estudo.

O sujeito passivo, por sua vez, é a coletividade de credores e a administração da justiça.

CONDUTAS:

O art. 178 estampa conduta típica com três núcleos: deixar de elaborar, deixar de escriturar ou deixar de autenticar documentos de escrituração contábil obrigatórios. É mais um tipo misto alternativo, praticado por omissão.

A conduta criminosa pode ser realizada antes ou depois da sentença que decretar a falência, conceder a recuperação judicial ou homologar plano extrajudicial, pelo que se caracteriza como pré-falimentar (ou recuperação) ou pós-falimentar (ou recuperação).

É norma penal em branco, complementada, como explica Guilherme de Souza Nucci por muitas normas editadas atendendo o segmento econômico em que atuam as empresas:

> As variadas leis, regendo as atividades empresariais em geral, possuem, para cada tipo de comerciante ou empresário, um rol de livros necessários para, em suma, registrar as atividades realizadas no dia a dia, justamente para servir de prova da lisura dos negócios efetivados e para propiciar a fiscalização eficiente dos agentes do Estado e, também, quando o caso, dos credores e financiadores do empreendimento[32].

32 NUCCI. Guilherme de Souza. Leis Penais e Processuais Penais Comentadas. Vol. 2. 8ª ed. Rio de Janeiro: Forense, p. 399.

São leis de natureza cível (CC, arts. 1.181), tributária (CTN, art. 14, III e 195, parágrafo único) e empresarial que exigem este tipo de documentação, como por exemplo, o Livro Diário ou de Registro de Duplicatas.

Segundo Paulo Rogério Bonini:

> Deixar de escriturar tem sentido técnico de não efetuar o lançamento regular e contínuo de informações contábeis da empresa. Deixar de autenticar, também no sentido técnico, é deixar de apresentar documentos relativos à empresa e às suas operações, descritas em lei, a quem, também, por força legal, tenha competência para atestar a veracidade daqueles[33].

VOLUNTARIEDADE:

O elemento subjetivo do crime é o dolo, sendo prescindível a existência de qualquer elemento subjetivo específico. Tratando-se de infração omissiva, não admite dolo eventual.

Não há figura culposa.

CONSUMAÇÃO E TENTATIVA:

O delito em tela se consuma com a omissão do agente quanto ao dever de elaborar, escriturar ou autenticar documentos de escrituração contábil obrigatórios. Basta a ausência dos livros de modo que é desnecessário que a omissão tenha sido decisiva para a quebra.

Tratando-se de crime omissivo, não há que se falar em tentativa.

AÇÃO PENAL:

A ação penal é pública incondicionada, nos termos do art. 184 da lei de Falências, sem prejuízo da possibilidade de ação penal privada subsidiária da pública.

SEÇÃO II
DISPOSIÇÕES COMUNS

Art. 179. Na falência, na recuperação judicial e na recuperação extrajudicial de sociedades, os seus sócios, diretores, gerentes, administradores e conselheiros, de fato ou de direito, bem como o administrador judicial, equiparam-se ao devedor ou falido para todos os efeitos penais decorrentes desta Lei, na medida de sua culpabilidade.

Norma de extensão

O dispositivo do art. 179 da Lei de Falências é autêntica norma de extensão, como a do art. 29 do Código Penal que institui o concurso de pessoas, e procura expressar a responsabilidade penal daqueles que, de qualquer modo, concorrem para a prática da infração penal, desde que presentes os seguintes requisitos: 1) pluralidade de condutas; 2) relevância causal das condutas; 3) liame subjetivo; 4) identidade de crime para todos os envolvidos.

Não há no dispositivo qualquer pretensão de se instituir a responsabilidade penal objetiva, presunção de participação ou a chamada responsabilidade penal em razão da posição do agente, não havendo razão para maiores alardes capazes de inquinar sua constitucionalidade.

33 BONINI, Paulo Rogério et al. Leis Penais Especiais anotadas, 13ª ed. Campinas: Milennium, 2016, p. 391.

É certo, porém, que devido as peculiaridades dos crimes praticados em meio a uma atividade econômica, o dispositivo é útil para externar a responsabilidade de pessoas que ocupam posições dispersas nas complexas estruturas hierárquicas empresarias atuais, em que as decisões são tomadas de forma fragmentada, por diferentes departamentos responsáveis por tarefas divididas entre si. Neste quadro atual, são inúmeros os desafios aos institutos tradicionais do direito penal como diferenciação entre ação e omissão, causalidade em decisões colegiadas, coautoria em crimes omissivos ou culposos, ingerência e posição de garantidor no âmbito da responsabilidade, etc. Assim que o direito penal experimentou desenvolvimento de novas teorias, capazes de evitar que condutas criminosas praticadas em meio a uma estrutura empresarial não pudessem ser responsabilizadas. Foi neste contexto que o direito societário e penal alemão reconheceu o chamado **princípio da responsabilidade e competência gerais dos membros da administração**, de onde deriva sua responsabilidade primária e original[34]. O princípio parece ter sido inaugurado na decisão proferida pelo BGH no caso conhecido como *Lederspray*, em que os dirigentes de uma empresa foram condenados criminalmente por lesões corporais causadas por um produto impermeabilizantes contido em embalagens de spray que fabricavam. Mesmo depois de a empresa ter sido comunicada dos ferimentos, mas não ter obtido resultados conclusivos acerca da lesividade do produto, os administradores decidiram, colegiadamente, manter a sua comercialização, ao que sucederam novas lesões corporais.

Claro que as peculiaridades daquele caso e da própria dogmática alemã não podem ser, pura e simplesmente, transplantadas para a teoria do direito penal brasileiro, mas o desenvolvimento daquelas construções jurídicas pode e deve ser aproveitado em nosso país, principalmente nos chamados crimes econômicos em que se inserem os delitos falitários.

O que o art. 179 ora em estudo parece destacar, de um modo mais ou menos preciso, é a condição especial de existência de responsabilidade e competência dos membros da administração da empresa falida ou em recuperação judicial ou extrajudicial. Em suma, o dispositivo busca evitar que essas pessoas sejam blindadas, principalmente porque suas decisões são tomadas de forma departamentalizada ou dividida em tarefas.

A questão é complexa e foge dos objetivos desta obra, mas de um modo geral podemos esboçar os seguintes parâmetros capazes de sustentar a imputação e responsabilidade penal das pessoas mencionadas no art. 179:

a) **Omissão penalmente relevante e posição de garante**: O art. 99, principalmente em seu inciso VI, da Lei de Falência investe todos os administradores da empresa em um dever concreto de agir para evitar o desfalque financeiro e econômico da massa falida. Trata-se de norma capaz de criar um **dever de proteção e vigilância**, cuja não observância pode conduzir à consequências penais, a depender da relevância e domínio causal da omissão no caso;

b) **Participação por omissão**: identificado o dever jurídico de evitar o resultado, o sujeito ativo toma ciência do cometimento de um crime por terceira pessoa e, podendo evitar-lhe a execução ou seu prosseguimento, resolve nada fazer para que o crime siga seu curso. É o caso do gerente de determinado departamento da empresa em recuperação que toma conhecimento de que o administrador judicial está usando, indevidamente, um veículo da massa falida, mas, mesmo podendo, nada faz a respeito.

34 ESTELLITA, Heloísa. Responsabilidade penal de dirigentes de empresas por omissão. São Paulo: Marcial Pons, 2017, p. 53.

c) **Coautoria e participação em crimes omissivos próprios**: é possível tanto coautoria como participação entre as pessoas enumeradas no art. 179. Serão coautores se deixam de agir na mesma oportunidade, como no caso de tomarem conhecimento de que o administrador omitiu, na escrituração contábil um lançamento que dele deveria constar. Neste caso, existe o liame subjetivo, ou seja, a ciência recíproca de colaborar para um fim comum — a omissão ao dever de escriturar. Observe-se que no caso de um dos sujeitos, por exemplo, um diretor tomar conhecimento da omissão e não adotar qualquer providência e, posteriormente, outra pessoa, um gerente, por exemplo, também descobrir a omissão, mas, igualmente, não adotar qualquer medida, não existe coautoria, mas sim dois delitos autônomos.

A participação também é admissível. Suponha-se que um dirigente incentive o gerente vingativo a divulgar, sem justa causa, um dado confidencial sobre operações da empresa, contribuindo para sua inviabilidade econômica.

d) **Coautoria e a participação nos crimes comissivos impróprios**. Quando devedor e gerente combinam não impedir atos de disposição patrimonial da empresa em recuperação, destinado a favorecer um dado credor, há coautoria, pois ambos têm o dever jurídico de evitar o resultado e este só ocorre em decorrência da omissão recíproca. Haverá participação, por sua vez, por parte daquele que não tem o dever jurídico de evitar o resultado, mas que incentiva o detentor deste dever a se omitir.

e) **Coautoria sucessiva**: é possível que haja mais de um coautor sucessivo para a prática de um crime. Seria o caso de um devedor manter recursos da massa falida paralelamente à contabilidade e, um sócio avarento, depois de tomar conhecimento disso, adere à conduta e auxilia a primeira à ocultar essa situação.

De todo modo, devido a parte final do dispositivo "**na medida de sua culpabilidade**" destaca que a responsabilidade de sócios, diretores, gerentes, administradores e conselheiros, quando possível deve ser individual e orientada pela culpabilidade.

> Por isso a importância da minudente investigação delitiva, pois, nos crimes de falência, os administradores são sempre os responsáveis diretos pela quebra. Entretanto, há que se examinar, também, a participação dos demais sócios, a fim de se ter o conhecimento da real participação de cada um, nos atos falimentares. Casos há, de sócios que não têm qualquer participação na administração da empresa e que, desde que provada a sua não participação nos atos ilegais, não podem ser eles punidos, pelo simples fato de serem sócios.
>
> Ainda que a regra, repita-se, diga que os sujeitos ativos do crime falimentar sejam os sócios e seus administradores, há necessidade da demonstração da existência de um liame entre o fato tido por delituoso e a conduta daquele que figurar nos atos constitutivos da firma ou sociedade. Não se pune o fato de ser sócio. Pune-se o fato de, conhecendo os fatos delitivos, manter-se, de qualquer forma, conivente. O contrário estaríamos caindo na absurda idéia da culpabilidade objetiva, rejeitada por todas as escolas penais, inclusive pelos adeptos da escola positiva[35].

35 WEINMMAN, Amadeu de Almeida. Dos Crimes Falimentares. Revista Magister de Direito Penal e Processual Penal, São Paulo, v. 3, n. 13, ago./set. 2006, p. 34.

De fato ou de direito

A expressão "de fato ou de direito" serve para permitir legalmente a responsabilização criminal de pessoas que não figuram formalmente como administradores da empresa, mas, na prática, conduzem seus negócios e atividades. Como bem explica Mariana Tranchesi Ortiz:

> O exemplo mais vívido dessa situação é o do empresário que se vale de um "laranja" ou "testa de ferro", em cujo nome pratica os atos de gestão da pessoa jurídica. Ao contemplar o "administrador de fato", a norma espanhola promove "uma autêntica legalização da perspectiva fática", por meio da qual legitima a ampliação dos conceitos legais descritivos de status jurídicos formais (diretor, administrador, gerente), para dar guarida aos indivíduos que, sem designação formal, exercem materialmente as funções que lhes são atinentes[36]

Sobre a extensão conceito "administrador de fato", a autoria cita preciosas colocações de Silva Sánchez que defende uma interpretação ampla, mas atenta para os riscos de adoção de uma noção muito elástica, que acabe por autorizar a punição como autor de empregados subalternos. Assim, segundo o espanhol, o conceito deve ser capaz de abranger todos os casos nos quais a atuação manifeste domínio social sobre a situação fática e que a assunção fática deve abranger todas as funções do administrador de direito e não apenas algumas delas, bem como deve perdurar por certo período de tempo[37].

Art. 180. A sentença que decreta a falência, concede a recuperação judicial ou concede a recuperação extrajudicial de que trata o art. 163 desta Lei é condição objetiva de punibilidade das infrações penais descritas nesta Lei.

O crime falimentar tem a peculiaridade de ter a sua punibilidade condicionada ao reconhecimento da situação de crise empresarial junto ao Poder Judiciário, seja por meio da decretação de falência, seja da concessão da recuperação judicial ou extrajudicial. Em razão disso costuma-se afirmar que os crimes de falitários são concursais.

O Decreto nº. 7.661/1945 previa como elemento essencial do crime falimentar apenas a sentença que decreta a falência, mas a Lei 11.101/2005 admitiu expressamente a sentença concessiva de recuperação judicial, bem como a homologatória de recuperação extrajudicial.

Como cediço, a natureza jurídica da sentença de decretação da falência ou de concessão ou homologação de recuperação empresarial já foi objeto de muita controvérsia doutrinária. Em suma, há três correntes que se destacaram nesse cenário:

(a) 1ª Corrente: defendida pelo professor Vicente Greco Filho, sustenta que a decisão de falência (e, hoje, também a de recuperação empresarial) tem natureza de uma elementar do tipo penal. Sustenta o professor:

> Melhor, portanto, considerar a sentença de falência como elemento do tipo penal falimentar, única forma de se explicar a extinção total dos efeitos do processo e da sentença. Se falta

36 ORTIZ, Mariana Tranchesi. A atuação em lugar de outro no Direito Penal Empresarial: A responsabilidade dos representantes e gestores de fato por delitos especiais próprios. Revista Fórum de Ciências Criminais – RFCC | Belo Horizonte, ano 4, n. 7, p. 13-40, jan./jun. 2017, p. 28.

37 ORTIZ, Mariana Tranchesi. A atuação em lugar de outro no Direito Penal Empresarial: A responsabilidade dos representantes e gestores de fato por delitos especiais próprios. Revista Fórum de Ciências Criminais – RFCC | Belo Horizonte, ano 4, n. 7, p. 13-40, jan./jun. 2017, p. 28.

> a sentença antes da denúncia, esta não pode ser oferecida porque é impossível ação penal sobre fato atípico. Se a sentença desaparece, em virtude de rescisão, durante a ação penal, esta será extinta porque o pedido tornou-se juridicamente impossível dada a atipicidade do fato. Finalmente, se a rescisão ocorre depois do trânsito em julgado da sentença condenatória, esta desaparece como se nunca tivesse existido, porque ficou constatado, ainda que a posteriori, que o fato era atípico[38].

Finalmente, se a rescisão ocorre depois do trânsito em julgado da sentença condenatória, esta desaparece como se nunca tivesse existido, porque ficou constatado, ainda que a posteriori, que o fato era atípico" Tal posicionamento foi alvo de duras críticas, notadamente porque, ao contrário do que se verifica na prática com os institutos da falência e da recuperação, o elemento normativo do tipo deve estar abrangido pelo dolo do agente, sob pena de restar institucionalizada uma hipótese de responsabilidade civil objetiva, o que é questionável sob a ótica constitucional.

(b) 2ª Corrente: sustenta que a sentença que concede ou homologa a recuperação ou que decreta a falência tem natureza de condição de prosseguibilidade ou procedibilidade, isto é, um requisito que subordina o exercício da ação penal.

(c) 3ª Corrente: defende que essas decisões judiciais são **condições objetivas de punibilidade**, isto é, são circunstâncias externas ao fato típico, não abrangidas pelo dolo do agente, que condicionam o surgimento do direito de punir do Estado. Essa é a posição que prevalece na doutrina e que foi adotada pelo legislador (conforme art. 180 da Lei 11.101/2005, supratranscrito). Consquência importante disso diz respeito à prescrição do crime, tendo em vista que enquanto não venha a se aperfeiçoar a condição objetiva de punibilidade, não corre prescrição.

Por vezes a legislação penal vincula a punibilidade de determinadas condutas a atos futuros e incertos, denominadas condições objetivas de punibilidade, como por exemplo, nos crimes do art. 91 da Lei de Licitações, que do mesmo modo exige uma decisão judicial para compor o tipo penal, e o art. 241-A, § 2º, do Estatuto da Criança e do Adolescente. Para Francisco Dirceu Barros, a condição objetiva de punibilidade é a condição exterior à conduta delituosa, que está fora do tipo penal e do elemento subjetivo do agente, tornando-se uma condição para punir. É causa extrínseca ao fato delituoso, não coberto pelo dolo do agente. É chamada, também, de anexo do tipo ou suplemento do tipo[39].

Caso a sentença de falência seja revogada, deixa de haver justa causa para a ação penal, conforme já se decidiu: HABEAS CORPUS. FRAUDE A CREDORES (ART. 168, CAPUT, DA LEI. 11.101/05). TRANCAMENTO DA AÇÃO PENAL PELO NÃO PREENCHIMENTO DE CONDIÇÃO OBJETIVA DE PUNIBILIDADE. REVOGAÇÃO DA SENTENÇA QUE DECRETOU A FALÊNCIA. REGRAMENTO INSCULPIDO NO ART. 180 DA LEI 11101/2005. CONSTRAGIMENTO ILEGAL EVIDENCIADO. ORDEM CONCEDIDA PARA TRANCAR A AÇÃO PENAL. EXTENSÃO DOS EFEITOS AOS CORRÉUS NA FORMA DO ARTIGO 580 DO CÓDIGO DE PROCESSO PENAL. (TJ-SC - HC: 20130622552 SC 2013.062255-2 (Acórdão), Relator: José Everaldo Silva, Data de Julgamento: 30/09/2013, Primeira Câmara Criminal Julgado).

38 GRECO FILHO, Vicente. Manual de processo penal. 7ª ed. São Paulo: Saraiva, 2009. p. 109.

39 BARROS, Francisco Dirceu. *Direito penal:* parte geral. Rio de Janeiro: Impetus, 2003, p. 854.

Art. 181. São efeitos da condenação por crime previsto nesta Lei:

I – a inabilitação para o exercício de atividade empresarial;

II – o impedimento para o exercício de cargo ou função em conselho de administração, diretoria ou gerência das sociedades sujeitas a esta Lei;

III – a impossibilidade de gerir empresa por mandato ou por gestão de negócio.

§1º Os efeitos de que trata este artigo não são automáticos, devendo ser motivadamente declarados na sentença, e perdurarão até 5 (cinco) anos após a extinção da punibilidade, podendo, contudo, cessar antes pela reabilitação penal.

§2º Transitada em julgado a sentença penal condenatória, será notificado o Registro Público de Empresas para que tome as medidas necessárias para impedir novo registro em nome dos inabilitados.

Na Seção II, referente às Disposições Comuns, o art. 181 elenca os possíveis efeitos extrapenais da condenação por crime falimentar. Cumpre esclarecer tratar-se de efeitos secundários visto que o principal é a aplicação da pena prevista no preceito secundário de cada uma das figuras delitivas previstas na Lei.

De logo, cumpre registrar que o regime anterior, protagonizado pelo Decreto-lei nº. 7.661/1945, previa como efeito da condenação por crime falimentar apenas a interdição do exercício do comércio (art. 195). Dispunha-se, ademais, que o aludido efeito se tornava efetivo após o trânsito em julgado da sentença condenatória, mas que o seu prazo começava a correr do dia em que terminasse a execução da pena privativa de liberdade (art. 196).

O novo regime falimentar inaugurado pela Lei 11.101/2005, por sua vez, trouxe previsão mais rígida acerca do tema, apresentando um rol mais amplo de efeitos da condenação. Com efeito, além da **inabilitação para o exercício do comércio** (representada, com nova redação, pelo **inciso I do art. 181**), previu também, como efeitos da condenação por crime falimentar: **o impedimento para o exercício de cargo ou função em conselho de administração, diretoria ou gerência das sociedades** (inciso II do art. 181) e **a impossibilidade de gerir empresa por mandato ou gestão de negócio (inciso III)**. Nesse sentido, trata-se de uma clara hipótese de uma lei penal mais gravosa no que tange aos efeitos inseridos pelo novo diploma, de sorte a ensejar a impossibilidade de aplicação retroativa, conforme estampa a Constituição Federal (art. 5º, inciso XL).

Registre-se que aplicação destes efeitos não está condicionada à existência de pedido expresso na denúncia ou queixa

Segundo a Lei 11.101/2005 os **efeitos extrapenais citados não são automáticos**, conforme prevê § 1º do art. 181 da Lei. A disposição deve ser bem compreendida visto que não pode significar apenas que a sentença condenatória deve motivá-los, pois, o dever de motivar decorre do art. 93, IX, da Constituição Federal. A melhor interpretação é de que esses efeitos devem ser expressamente fixados na sentença porque não operam *ex lege*, isto é, não são vinculativos porque o juiz pode considerá-los dispensáveis para determinado caso concreto. É da dosimetria da pena que o magistrado, levando em conta critérios de necessidade e suficiência para reprovação e prevenção do crime, aplicará ou não os efeitos extrapenais. Na prática, a facultatividade eleva o ônus argumentativo do magistrado que deve, analiticamente, demonstrar que, além de se tratar de hipótese que autoriza a aplicação do efeito, este se mostra adequado ao caso concreto que gerou a condenação. Neste sentido é que se deve interpretar a afirmação de que são efeitos não automáticos que necessitam ser motivadamente declarados na sentença.

O **período de vigência** desses efeitos é maior do que o tempo da pena principal imposta na sentença visto que o § 1º do art. 181 determina que perdurarão até 05 (cinco) anos após a extinção da pena.

O § 2º do art. 181 da Lei de Falência prevê que transitada em julgado a sentença penal condenatória, será notificado o Registro Público de Empresas para que tome as medidas necessárias para impedir novos registros em nome dos inabilitados. É uma providência complementar que busca dar conhecimento da decisão proibitiva.

Verifica-se deste modo que o objetivo do legislador é evitar que o empresário falido volte a exercer atividades empresariais ou mesmo administrar ou gerenciar sociedade empresariais.

Por fim, vale recordar que o rol estampado no art. 181 (supratranscrito) não impede a incidência de outros efeitos, também decorrentes da condenação por crime falimentar, os previstos no art. 1.011, § 1º, do CC[40], art. 52 da Lei 5.764/1971[41] e art. 147, § 1º, da Lei 6.404/1976[42].

Art. 182. A prescrição dos crimes previstos nesta Lei reger-se-á pelas disposições do Decreto-Lei no 2.848, de 7 de dezembro de 1940 - Código Penal, começando a correr do dia da decretação da falência, da concessão da recuperação judicial ou da homologação do plano de recuperação extrajudicial.

Parágrafo único. A decretação da falência do devedor interrompe a prescrição cuja contagem tenha iniciado com a concessão da recuperação judicial ou com a homologação do plano de recuperação extrajudicial.

A prescrição no âmbito dos crimes falimentares é regulada pelo art. 182 da Lei 11.101/2005, que segue a regência do Código Penal, mas prevê que o início da contagem do prazo começa a partir da decisão judicial que decreta a falência ou que concede ou homologa a recuperação empresarial.

Na vigência da legislação falimentar anterior (Decreto-lei n. 7.661/45, art. 199) a prescrição dos crimes falimentares era fixada no prazo de dois anos, contados do trânsito em julgado da sentença que encerrava a falência ou que a julgava cumprida a concordata. Em razão dessa disposição única, o prazo prescricional do crime falimentar era dissociado de qualquer pena abstrata ou concretamente cometida ao agente na sentença condenatória. Sucede que, com o passar do tempo, a *praxe* revelou que, em regra, o processo de falência se alongava por mais de

40 Dispõe o art. 1011, § 1º: Não podem ser administradores, além das pessoas impedidas por lei especial, os condenados a pena que vede, ainda que temporariamente, o acesso a cargos públicos; ou por **crime falimentar**, de prevaricação, peita ou suborno, concussão, peculato; ou contra a economia popular, contra o sistema financeiro nacional, contra as normas de defesa da concorrência, contra as relações de consumo, a fé pública ou a propriedade, enquanto perdurarem os efeitos da condenação

41 Art. 51. São inelegíveis, além das pessoas impedidas por lei, os condenados a pena que vede, ainda que temporariamente, o acesso a cargos públicos; ou por **crime falimentar**, de prevaricação, peita ou suborno, concussão, peculato, ou contra a economia popular, a fé pública ou a propriedade.

42 Art. 147. Quando a lei exigir certos requisitos para a investidura em cargo de administração da companhia, a assembleia geral somente poderá eleger quem tenha exibido os necessários comprovantes, dos quais se arquivará cópia autêntica na sede social.

§ 1.º São inelegíveis para os cargos de administração da companhia as pessoas impedidas por lei especial, ou **condenadas por crime falimentar**, de prevaricação, peita ou suborno, concussão, peculato, contra a economia popular, a fé pública ou a propriedade ou a pena criminal que vede, ainda que temporariamente, o acesso a cargos públicos.

dois anos, de sorte que comumente o início do prazo prescricional era adiado por longo período, restando suspensa a contagem até que transitasse em julgado o feito.

Em razão disso, o Supremo Tribunal Federal editou a Súmula nº. 147, que assim dispunha: "A prescrição de crime falimentar começa a correr da data em que deveria estar encerrada a falência, ou do trânsito em julgado da sentença que a encerrar ou que julgar cumprida a concordata".

Deste modo, na vigência da antiga Lei de Falências, salvo no caso de força maior, o processo de falência deveria se encerrar no prazo máximo de dois anos, a contar do dia da declaração (art. 132, §1º). Na prática, o entendimento firmado pelo Supremo Tribunal Federal restringiu a dilação do prazo prescricional nos crimes falimentares, de sorte que entre a decretação da falência e o recebimento da peça acusatória (marco interruptivo) não poderiam decorrer mais de quatro anos: dois para o encerramento do processo falimentar e mais dois referentes ao prazo prescricional.

O novo regramento disposto no art. 182 da Lei nº. 11.101/2005 trouxe duas relevantes inovações:

a) Determinou a regência dos prazos sob o farol do Código Penal, não havendo mais que se falar em um prazo específico único para crimes falimentares. Os prazos são aqueles dispostos no art. 109 do Código Penal.

b) Como termo inicial da contagem do prazo de prescrição, fixou a decretação judicial da falência, a concessão da recuperação judicial ou a homologação da recuperação extrajudicial. Isso significa que os crimes cometidos antes da condição objetiva de punibilidade estarão com seus prazos prescricionais suspensos. Mesmo se o processo falimentar conter sentença contra qual foi interposto recurso, a prescrição permanecerá suspensa ante a disposição do art. 116, I, do Código Penal de que a prescrição não corre enquanto não resolvida, em outro processo, questão de que dependa o reconhecimento da existência do crime. No caso de um crime pós-falimentar (cometido após a decisão), o prazo prescricional terá início na data da conduta típica visto não ser possível o transcurso da prescrição de um delito ainda não cometido.

Fácil notar que, diante do novo regramento, a prescrição do crime falimentar passou a se vincular diretamente à pena abstratamente prevista em lei ou, em se tratando de prescrição retroativa, à pena concretamente fixada pelo juiz, nos termos do art. 110, §1º, do Código Penal.

O art. 182, parágrafo único, prevê como **causa especial de interrupção da prescrição** a decretação da falência do devedor que teve antes uma decisão de recuperação judicial ou homologado um plano de recuperação extrajudicial. Restou deste modo ultrapassada a Súmula 592 do STF, que previa: "Nos crimes falimentares, aplicam-se as causas interruptivas da prescrição, previstas no Código Penal".

Diante desse regramento novo, induvidosamente mais rigoroso, deve-se atentar para o princípio da irretroatividade da lei penal mais gravosa.

SEÇÃO III
DO PROCEDIMENTO PENAL

Art. 183. Compete ao juiz criminal da jurisdição onde tenha sido decretada a falência, concedida a recuperação judicial ou homologado o plano de recuperação extrajudicial, conhecer da ação penal pelos crimes previstos nesta Lei.

Como sabido, em regra, a competência penal é definida pelo local em que ocorreu o resultado (art. 70 do CPP). Mas a Lei 11.101/2005 excepciona essa regra e prevê que será competente para julgar esses crimes o juiz onde tenha sido decretada a falência, que, segundo prevê o art. 3º da mesma lei "É competente para homologar o plano de recuperação extrajudicial, deferir a recuperação judicial ou decretar a falência o juízo do local do principal estabelecimento do devedor ou da filial de empresa que tenha sede fora do Brasil". Deste modo, caso o agente receba bem pertencente à massa falida em Presidente Prudente, mas a falência tenha sido decretada em São Paulo, local da sede da companhia, é do juízo criminal de São Paulo a competência para julgar o caso (crime do art. 174 da LF). A intenção da norma é assegurar ao mesmo órgão jurisdicional competência universal para decidir todas as questões afetas à falência, de modo a garantir-lhe maior precisão.

Sob outra perspectiva, há um debate na doutrina quanto à constitucionalidade dessa norma, tendo em vista que a Lei nº. 11.101/2005, de ordem federal, estaria a se imiscuir na organização judiciária, tema de competência legislativa estadual.

De um lado, nomes da doutrina empresarial, tais como Fábio Ulhôa Coelho, defendem a competência do juízo estabelecido pela legislação de organização judiciária de cada estado.

Guilherme de Souza Nucci explana a inconveniência do dispositivo e sustenta a possibilidade de as normas de organização judiciária fixar competência das suas varas, conforme as peculiares à sua região[43].

Ricardo Negrão, a seu turno, entende que a competência fixada pelo art. 183 da Lei de Falências se constitui em mera faculdade, tendo em vista que a organização judiciária é matéria de competência estadual, cabendo, pois, a cada ente federal definir qual a melhor solução em seu território.

O Tribunal de Justiça do Estado de São Paulo, por sua vez, normatizou o tema através da Resolução nº. 200/2005, e atribui competência criminal ao juízo falimentar desses crimes.

No âmbito jurisprudencial, o Superior Tribunal de Justiça tem precedentes nos quais observa e privilegia os ditames da legislação estadual própria, legitimando a possibilidade de cada estado fixar como competente para o julgamento dos crimes falimentares a vara cível de falência e recuperação empresarial. Nesse sentido:

> "(...) IV – Especificamente no Estado de São Paulo, a Lei Estadual nº. 3.947/83, em seu art. 15, determina que as ações por crime falimentar e as que lhe sejam conexas são da competência do respectivo juízo universal da falência, tendo sido tal diploma legislativo declarado constitucional pelo c. Supremo Tribunal Federal, por se tratar de norma típica de organização judiciária, inserida, portanto, no âmbito da competência legislativa privativa dos Estados, a teor do art. 125, §1º, da Lex Fundamentalis. (STJ - HC 106406 – SP – 2008/0105012-8, Relator Min, Felix Fischer, j. 16/06/2009, t5 – Quinta Turma – publicação dje 03/08/2009).

O Supremo Tribunal Federal também já decidiu que "Delitos falimentares e crimes a eles conexos. Sentença penal condenatória proferida pelo juízo da falência. Suposta violação do postulado constitucional do juiz natural. Inocorrência. Autoridade judiciária investida de jurisdição penal por força de norma estadual dotada de abstração, generalidade e impessoalidade". (HC 93.730, rel. min. Celso de Mello, j. 28-5-2013, 2ª T, DJE de 30-10-2014).

---

43 Nucci, Guilherme de Souza. Leis Penais e Processuais Penais Comentadas. Vol. 2. 8ª ed. Rio de Janeiro: Forense, p. 406.

A jurisprudência é tranquila, no sentido de reconhecer competência ao juízo cível para julgar os crimes falimentares, sem qualquer vício de constitucionalidade.

Prisão decretada pelo juiz cível: O art. 99, VII, da Lei 11.101/2005 prevê que ao decretar a falência, o juiz de direito poderá decidir a prisão preventiva do falido ou dos administradores da empresa, quando requerida com fundamento em provas da prática de crime definido nessa Lei. Insta inicialmente esclarecer não se tratar de modalidade de prisão civil, porque decretada face a existência de uma infração penal falimentar. De todo modo, é intenso o debate sobre esta disposição. Renato brasileiro bem elucida a discussão:

> De um lado, parte da doutrina considera ser possível a decretação da prisão preventiva pelo juiz da falência, mesmo não sendo ele o juiz com competência criminal. Nessa linha de raciocínio, para Denílson Feitoza, cuida-se de autoridade competente para a decretação da referida prisão cautelar, em fiel observância ao princípio do juiz natural. Eventual argumento de que se trata de juiz cível decretando prisão processual penal não deve prosperar, pois a Lei nº 11.101/05 prevê que, quanto à prisão preventiva por crimes previstos na Lei, o juiz da falência tem competência criminal.
>
> A nosso ver, o art. 99, inciso VII, da Lei nº 11.101/05, é incompatível com o art. 5º, incisos LXI e LXVII, da Constituição Federal, porquanto permite que, no cível, o juiz determine a prisão preventiva do falido como efeito da sentença que decreta a falência, sem que haja ação penal, pois esta será oferecida no juízo criminal e não perante o Juízo de falência (Lei nº 11.101/05, art. 187, caput). Tendo em conta que a prisão preventiva é espécie de prisão cautelar que visa assegurar a eficácia das investigações ou do processo criminal, não se pode admitir que essa medida cautelar seja decretada por autoridade judiciária desprovida de competência criminal para processar e julgar os crimes falimentares supostamente praticados pelo falido ou pelo administrador. Portanto, pensamos que subsiste a possibilidade de decretação da prisão preventiva, mas desde que decretada pela autoridade judiciária competente para processar e julgar os crimes falimentares[44].

Competência estadual:

Como regra geral, todos os crimes falimentares são de competência da justiça estadual comum, mesmo que haja decretação de quebra de empesa concessionária de serviço público federal em plena vigência do contrato público. Com efeito, mesmo havendo interesse da União na arrecadação dos bens dessa empresa visto que a extinção do contrato de concessão implica na reversão de seus bens para o poder concedente, por expressa previsão constitucional, a competência do processo de falência e consequentemente, dos crimes dela decorrentes, são da justiça estadual comum. É que prevê o art. 109, I, da Constituição:

> Art. 109. Aos juízes federais compete processar e julgar:
>
> I - as causas em que a União, entidade autárquica ou empresa pública federal forem interessadas na condição de autoras, rés, assistentes ou oponentes, **exceto as de falência**, as de acidentes de trabalho e as sujeitas à Justiça Eleitoral e à Justiça do Trabalho.

44 LIMA, Renato Brasileiro de. Manual de processo penal: volume único. 6. ed. Salvador: Ed. JusPodivm, 2018, p. 880/881.

Art. 184. Os crimes previstos nesta Lei são de ação penal pública incondicionada.

Parágrafo único. Decorrido o prazo a que se refere o art. 187, § 1o, sem que o representante do Ministério Público ofereça denúncia, qualquer credor habilitado ou o administrador judicial poderá oferecer ação penal privada subsidiária da pública, observado o prazo decadencial de 6 (seis) meses.

A ação penal que tem por objeto crimes falimentares é de iniciativa pública incondicionada.

O parágrafo único do art. 184 prevê que, decorrido o prazo para oferecimento da denúncia sem que o representante do Ministério Público tenha se manifestado, é cabível a ação penal privada subsidiária da pública, que poderá ser intentada no prazo decadencial de 06 (seis) meses, tendo como únicos legitimados qualquer credor habilitado ou o administrador judicial. Nucci faz arguta observação no tocante essa legitimidade ampliada da ação privada subsidiária:

> Aplica-se o disposto no art. 29 do Código de Processo Penal, com a diferença de que não se trata de ação proposta, necessariamente pela vítima do crime cometido, uma vez que a legitimação, no caso da Lei 11.101/2005, recai sobre o administrador judicial e em relação a qualquer credor habilitado. Logo, não pode ser qualquer pessoa que se julgue credora do falido ou devedor, mas as que forem reconhecidas pelo administrador judicial como tal (art. 7º, § 2º, desta Lei) ou, posteriormente, reconhecidas pelo juiz (art. 10 desta Lei)[45].

A lição é suficiente para aplacar a suposta existência da **ação penal popular** lembrada por Vicente Greco Filho, que com percuciência refuta o instituto com uma precisa lição acerca da privatividade da ação penal prevista no art. 129, I, da Constituição Federal:

> A redação da regra constitucional, combinada com a exclusividade da ação penal pública para o órgão do Ministério Público, impede, definitivamente, a chamada ação penal popular, que permitiria ao ofendido ou, pior, a qualquer do povo propor a ação penal mesmo diante da manifestação contrária do Ministério Público. A ação penal popular, a despeito de dizerem alguns que seria mais democrática, ao contrário, traria o risco da vingança privada, da extorsão, da perseguição por parte do Judiciário, por meio de ações infundadas. Bem fez a Constituição em repeli-la[46].

Assistente de acusação: apesar da Lei não prever expressamente, afigura-nos possível que qualquer credor habilitado ou o administrador judicial da Lei de Falência e Recuperação de Empresas, nos crimes falimentares, exerça a função de assistente de acusação. Neste sentido ensina Cezar Roberto Bitencourt:

> O substitutivo aprovado na câmara previa expressamente a figura do assistente do Ministério Público (art. 201, § 1º), não repetido no texto legal aprovado. Contudo, o novo diploma legal atribui a credor habilitado e ao administrador judicial 9art. 184) legitimidade para propor a ação penal privada subsidiária, quando for o caso. Ora, quem tem legitimidade para propor a ação penal, tê-lo-á, por certo, para figurar como assistente na ação penal pública incondicionada[47].

---

45 Nucci, Guilherme de Souza. Leis Penais e Processuais Penais Comentadas. Vol. 2. 8ª ed. Rio de Janeiro: Forense, p. 406/407.

46 GRECO FILHO, Vicente. Manual de processo penal. 7ª ed. São Paulo: Saraiva, 2009. p. 52.

47 BITENCOURT, Cezar Roberto. Tratado de Direito Penal Econômico. Vol. 2. 2016. São Paulo Saraiva, p. 518/519.

Art. 185. Recebida a denúncia ou a queixa, observar-se-á o rito previsto nos arts. 531 a 540 do Decreto-Lei no 3.689, de 3 de outubro de 1941 - Código de Processo Penal.

A Lei nº. 11.101/2005 promoveu relevante alteração no que se referente ao rito aplicável aos crimes falimentares. Com efeito, o Decreto-lei nº. 7.661/45 previa um rito especial, enquanto que a nova lei dispõe, em seu art. 185, que os crimes falimentares se submetem ao rito sumário, disciplinado pelos arts. 531 a 540 do Código de Processo Penal.

Assim, considerando tal previsão específica e sem ressalvas, entende-se que, embora o Código de Processo utilize a pena cominada ao delito para fixar o rito que será aplicado (art. 394), o procedimento sumário deve ser aplicado aos crimes falimentares independentemente de pena ou de qualquer outra circunstância.

A **decisão que recebe a denúncia** por crime falimentar não precisa mais ser fundamentada vez que, doravante, regida pelo Código de Processo Penal que não faz este tipo de exigência. Está superada, portanto, a súmula 564 do STF que dispunha "A ausência de fundamentação do despacho de recebimento de denúncia por crime falimentar enseja nulidade processual, salvo se já houver sentença condenatória".

Art. 186. No relatório previsto na alínea e do inciso III do caput do art. 22 desta Lei, o administrador judicial apresentará ao juiz da falência exposição circunstanciada, considerando as causas da falência, o procedimento do devedor, antes e depois da sentença, e outras informações detalhadas a respeito da conduta do devedor e de outros responsáveis, se houver, por atos que possam constituir crime relacionado com a recuperação judicial ou com a falência, ou outro delito conexo a estes.

Parágrafo único. A exposição circunstanciada será instruída com laudo do contador encarregado do exame da escrituração do devedor.

Valor do relatório: O relatório mencionado neste dispositivo tem conteúdo informativo razão pela qual não vincula e nem prejudica a formação da *opinio delict* do membro do Ministério Público para o oferecimento da inicial acusatória. No caso, contudo de não se convencer pela existência de crime, o arquivamento do procedimento inquisitivo sem o relatório é providência inconveniente visto que nele podem haver importantes informações que podem subsidiar convicção do *parquet*. Essa cautela é exposta no § 1º do art. 187 desta Lei.

Quanto ao laudo do contador referido no parágrafo único também deve ser compreendido como documento informativo visto que elaborado por pessoa indicada, a teor do que dispõe o art. 104, I, c, da Lei 11.101/2005, pelo próprio falido e por isso não possui *status* de perícia propriamente dita.

Em ambos os documentos não devem ser tecidas considerações valorativas da conduta ou à culpabilidade do investigado, como ter agido ao abrigo de excludentes, etc, visto que esse tipo de opinião pessoal se constitui em um julgamento inadequado ao conteúdo meramente informativo de que devem se revestir.

Art. 187. Intimado da sentença que decreta a falência ou concede a recuperação judicial, o Ministério Público, verificando a ocorrência de qualquer crime previsto nesta Lei, promoverá imediatamente a competente ação penal ou, se entender necessário, requisitará a abertura de inquérito policial.

O *caput* do art. 187 evidencia os reflexos da natureza pública da ação penal cabível diante de crimes falimentares. Com efeito, o *Parquet*, como titular da ação penal pública, diante da constatação do cometimento de crime falimentar, pode atuar independentemente da concordância de eventuais ofendidos (representação) ou mesmo de autoridades públicas (requisição).

> §1º O prazo para oferecimento da denúncia regula-se pelo art. 46 do Decreto-Lei no 3.689, de 3 de outubro de 1941 - Código de Processo Penal, salvo se o Ministério Público, estando o réu solto ou afiançado, decidir aguardar a apresentação da exposição circunstanciada de que trata o art. 186 desta Lei, devendo, em seguida, oferecer a denúncia em 15 (quinze) dias.

O §1º esclarece, por sua vez, que o prazo para fins de ajuizamento da ação penal regula-se pelo art. 46 do Código Penal, que assim dispõe:

> Art. 46. O prazo para oferecimento da denúncia, estando o réu preso, será de 5 dias, contado da data em que o órgão do Ministério Público receber os autos do inquérito policial, e de 15 dias, se o réu estiver solto ou afiançado. No último caso, se houver devolução do inquérito à autoridade policial (art. 16), contar-se-á o prazo da data em que o órgão do Ministério Público receber novamente os autos.
>
> §1º Quando o Ministério Público dispensar o inquérito policial, o prazo para o oferecimento da denúncia contar-se-á da data em que tiver recebido as peças de informações ou a representação.
>
> §2º O prazo para o aditamento da queixa será de 3 dias, contado da data em que o órgão do Ministério Público receber os autos, e, se este não se pronunciar dentro do tríduo, entender-se-á que não tem o que aditar, prosseguindo-se nos demais termos do processo.

Consta do dispositivo, contudo, uma ressalva quanto à possibilidade de, estando o réu solto ou afiançado, o Ministério Público decidir aguardar a apresentação pelo administrador judicial da exposição circunstanciada contendo todos os dados e informações a respeito da conduta do devedor e de outros responsáveis por atos que possam constituir crime falimentar ou outro que lhe seja conexo. Nesse caso, o prazo de 15 (quinze) dias para o oferecimento da denúncia será contado da apresentação da aludida exposição circunstanciada (disciplinada pelo art. 186, analisado supra). Isso implica em uma espécie de suspensão do prazo para o oferecimento da denúncia, finda quando da apresentação do relatório.

Em síntese, tem-se que, após a decisão judicial que decreta a falência, que concede a recuperação judicial ou que homologa a recuperação judicial, o Ministério Público tem três possibilidades de atuação:

(a) Pode requisitar a instauração de inquérito policial, diligência ou outros elementos de prova que entender necessário para a formação da *opinio delicti*;

(b) Pode aguardar a exposição circunstanciada pelo administrador judicial (art. 186, Lei de Falências), após terá o prazo de 15 (quinze) dias para oferecimento da denúncia;

(c) Já tendo elementos suficientes, pode oferecer a denúncia, observado o prazo de 05 (cinco) dias, em caso de réu preso, ou de 15 (quinze) dias, em caso de réu solto, conforme disposto no art. 46 do Código Penal.

> §2º Em qualquer fase processual, surgindo indícios da prática dos crimes previstos nesta Lei, o juiz da falência ou da recuperação judicial ou da recuperação extrajudicial cientificará o Ministério Público.

Trata-se de norma que repete o disposto no art. 40 do CPP e que impõe o dever administrativo de comunicação de crime que o magistrado toma conhecimento durante seu exercício funcional. O descumprimento deste dever enseja caracterização de contravenção penal prevista no art. 66, I, da Lei de Contravenções Penais, além de infração disciplinar.

> **Art. 188.** Aplicam-se subsidiariamente as disposições do Código de Processo Penal, no que não forem incompatíveis com esta Lei.

Norma dispensável ante a subsidiariedade do Código de Processo Penal.

REFERÊNCIAS BIBLIOGRÁFICAS:

ANDRADE, Valter Ferreira. Breves anotações sobre os crimes falimentares. Revista Imes. Julho/dezembro -2002.

BARROS, Francisco Dirceu. Direito penal: parte geral. Rio de Janeiro: Impetus, 2003.

BITENCOURT, Cezar Roberto. Tratado de Direito Penal Econômico. Vol. 2. 2016. São Paulo Saraiva.

BONINI, Paulo Rogério. Crimes falimentares. In: Leis Penais Especiais anotadas. LAVORENTI, Wilson. BALDAN, Édson Luís. 13ª ed. Campinas: Milennium, 2016,

COELHO, Fábio Ulhôa. Comentários à Lei de Falência e Recuperação de Empresas. São Paulo: Saraiva, 2005.

COELHO, Fábio Ulhoa. Manual de Direito Comercial, 14ª ed., São Paulo: Saraiva, 2003

CUNHA, Rogério Sanches. Manual de direito penal: parte geral (arts. 1 o ao 120) I. 4. ed. Salvador: JusPODIVM, 2016.

DEMERCIAN, Pedro Henrique. MALULY, Jorge Assaf. Curso de processo penal. 7ª. ed. Rio de Janeiro: Forense, 2011.

ESTELLITA, Heloísa. Responsabilidade penal de dirigentes de empresas por omissão. São Paulo: Marcial Pons, 2017.

FILHO, Manoel Justino Bezerra. Lei de Recuperação de Empresas e Falência Comentada. São Paulo, Editora RT, 2008.

GRECO FILHO, Vicente. Manual de processo penal. 7ª ed. São Paulo: Saraiva, 2009.

LIMA, Renato Brasileiro de. Manual de processo penal: volume único. 6. ed. Salvador: Ed. JusPodivm, 2018.

NUCCI, Guilherme de Souza. Leis Penais e Processuais Penais Comentadas. Vol. 2. 8ª ed. Rio de Janeiro: Forense.

ORTIZ, Mariana Tranchesi. A atuação em lugar de outro no Direito Penal Empresarial: A responsabilidade dos representantes e gestores de fato por delitos especiais próprios. Revista Fórum de Ciências Criminais – RFCC | Belo Horizonte, ano 4, n. 7, p. 13-40, jan./jun. 2017

PACELLI, Eugênio. Curso de processo penal. 21. ed. São Paulo: Atlas, 2017, p. 62.

PEREIRA, Alexandre Demetrius. Crimes Falimentares: Teoria, Prática e Questões de Concurso Comentadas. São Paulo: Editora Malheiros, 2010.

RAMOS, André Luiz Santa Cruz. Direito Empresarial. Editora Método, 2018

REQUIÃO, Rubens. Curso de Direito Falimentar 2º vol. 11ª ed. São Paulo: Saraiva, 1.989

VIDAL, Hélvio Simões. Os tipos penais na nova lei de falências e recuperação de empresas. De jure : revista juridica do Ministério Público do Estado de Minas Gerais, Belo Horizonte, n. 6 jan./jun. 2006

WEINMMAN, Amadeu de Almeida. Dos Crimes Falimentares. Revista Magister de Direito Penal e Processual Penal, São Paulo, v. 3, n. 13, ago./set. 2006

CAPÍTULO 32

Biossegurança – Lei 11.105/2005

Ronaldo Vieira Francisco

INTRODUÇÃO

Inicialmente a regulamentação dos II, IV e V do § 1º do art. 225 da Constituição Federal coube à Lei n. 8.974, de 05 de janeiro de 1995. Passados pouco mais de dez anos, a lei da década de noventa foi ab-rogada pela atual Lei de Biossegurança, a Lei n. 11.105, de 24 de março de 2005, que se acha regulamentada pelo Decreto n. 5.591, de 22 de novembro de 2005.

Em linhas gerais, a Lei de Biossegurança estabelece normas de segurança e mecanismos de fiscalização sobre a construção, o cultivo, a produção, a manipulação, o transporte, a transferência, a importação, a exportação, o armazenamento, a pesquisa, a comercialização, o consumo, a liberação no meio ambiente e o descarte de organismos geneticamente modificados – OGM e seus derivados.

Segundo o art. 225, § 1º, II, da Constituição Federal, incumbe ao Poder Público "preservar a diversidade e a integridade do patrimônio genético do País e fiscalizar as entidades dedicadas à pesquisa e manipulação de material genético". O Inciso IV, do mesmo parágrafo, preceitua, como papel do Estado, "exigir, na forma da lei, para instalação de obra ou atividade potencialmente causadora de significativa degradação do meio ambiente, estudo prévio de impacto ambiental, a que se dará publicidade". E ainda, o inciso V, por sua vez, prevê como encargo do Poder Público, "controlar a produção, a comercialização e o emprego de técnicas, métodos e substâncias que comportem risco para a vida, a qualidade de vida e o meio ambiente".

O estímulo ao avanço científico na área de biossegurança e biotecnologia, a proteção à vida e à saúde humana, animal e vegetal, e a observância do princípio da precaução para a proteção do meio ambiente, são diretrizes da Lei de Biossegurança. (LB, art. 1º)

Isto porque a *biossegurança* deve ser entendida como a busca pela segurança na biotecnologia, uma exigência da vida moderna que torna indispensável o aprimoramento tecnológico em todas as áreas do conhecimento, com o objetivo de suprir as necessidades humanas, sempre em franco crescimento.

Nessa ordem de ideias, a *biossegurança e a biotecnologia* desenvolvem-se para atender às demandas da sociedade moderna, nas mais variadas exigências, como as alimentares, as habitacionais, as terapêuticas e outras mais. Essa evolução, contudo, não é irresponsável. Ela se faz de maneira a prevenir, administrar, diminuir e até mesmo eliminar os riscos relativos ao seu desenvolvimento científico, os quais podem atingir um número indeterminado de pessoas[1].

Não é demasiado lembrar que os alimentos transgênicos e os organismos geneticamente modificados já estão sob nossas mesas, e se desconhece, com toda a amplitude necessária, o quão boas ou más serão as consequências destas estruturas para as pessoas e para o meio ambiente.

A Lei de Biossegurança identifica-se pela tutela dispensada a bem jurídicos supra-individuais, de titularidade de um número indeterminado de pessoas, expostos a riscos até então desconhecidos e incontroláveis, típicos de uma sociedade de risco.

O Poder Público deve fiscalizar a evolução promovida pelo setor de pesquisa e manipulação do material genético, ainda que no Brasil se comprove a carência de grandes corporações nesse setor.

A própria *biossegurança* é o bem jurídico diretamente tutelado pela Lei n. 11.105/2005, em razão da possibilidade real de destruição das espécies vivas, inclusive a humana, por meio da utilização das chamadas armas biológicas e a disseminação de doenças ainda desconhecidas por meio de organismos transgênicos. Também não ficam de fora da tutela legal o meio ambiente, a saúde pública e a identidade genética.

Ademais, o meio ambiente, a saúde pública e a identidade genética não são objetos diretos da experiência, mas sim objetos sobre os quais recaem indiretamente seus efeitos.

Para a BUZATO, a biossegurança não constitui um bem jurídico, mas sim um fim a ser buscado tanto pelas ciências a ela relacionadas quanto pelo sistema jurídico.

Ainda no campo da Lei de Biossegurança, em 29 de maio de 2008 o Supremo Tribunal Federal decidiu que as pesquisas com *células-tronco embrionárias* não violam o direito à vida, tampouco a dignidade da pessoa humana.

Segundo a maioria da Corte, o artigo 5º da Lei n. 11.105, de 2005, não merece reparo, ao argumento de que sua constitucionalidade garante o direito à vida, à saúde, ao planejamento familiar, à pesquisa científica e ao espírito de sociedade fraternal preconizado pela Constituição Federal, que não afasta a utilização de células-tronco embrionárias na pesquisa para curar doenças.

Segundo o então Ministro relator Carlos Britto, a Lei de Biossegurança deve ser qualificada como um "perfeito" e "bem concatenado bloco normativo".

Para o Ministro, a vida humana só pode existir se o embrião tiver sido implantado no útero humano. Segundo ele, tem que haver a participação ativa da futura mãe. No seu entender, o zigoto (embrião em estágio inicial) é a primeira fase do embrião humano, a célula-ovo ou célula-mãe, mas representa uma realidade distinta da pessoa natural, porque ainda não tem cérebro formado.

Ele se reportou, também, a diversos artigos da Constituição que tratam do direito à saúde (artigos 196 a 200) e à obrigatoriedade do Estado de garanti-la, para defender a utilização de células-tronco embrionárias para o tratamento de doenças.

Nesse contexto, o Direito Penal aparece como a *ultima ratio*, prevendo crimes para aqueles que se desviarem do comando da Lei de Biossegurança.

1 BUZATO, Thais Del Monte. O Direito Penal e a Biossegurança. 1 ed. Prismas. Curitiba. 2015, pág.90

Analisados alguns aspectos iniciais, vamos agora aos tipos penais previstos na Lei n. 11.105, de 2005, sob os seguintes aspectos: bem jurídico tutelado, sujeitos (ativo e passivo), conduta, voluntariedade, consumação e ação penal, observando-se, inicialmente, que os crimes da Lei de Biossegurança são de competência da justiça federal[2], conforme decidiu o Supremo Tribunal Federal, na vigência da Lei n. 8.974/95.

CAPÍTULO VIII
DOS CRIMES E DAS PENAS

Art. 24. Utilizar embrião humano em desacordo com o que dispõe o art. 5º desta Lei:
Pena – detenção, de 1 (um) a 3 (três) anos, e multa.

BEM JURÍDICO TUTELADO

O crime do art. 24 da Lei n. 11.105/2005, tem como objetividade jurídica a preservação do patrimônio genético, assim como a proteção da vida e da saúde humana.

SUJEITOS DO CRIME

O crime é comum, logo, pode ser cometido por qualquer pessoa. Ainda que se possa parecer o contrário, pois a manipulação de embriões humanos exige conhecimento da área de engenharia genética, o tipo não exige qualificação especial do sujeito ativo.

O sujeito passivo é a coletividade.

CONDUTAS

2 PROCESSO PENAL – CONFLITO NEGATIVO DE COMPETÊNCIA – JUSTIÇA ESTADUAL E JUSTIÇA FEDERAL – DENÚNCIA – CRIME, EM TESE, DE LIBERAÇÃO NO MEIO AMBIENTE DE ORGANISMOS GENETICAMENTE MODIFICADOS (SOJA TRANSGÊNICA) – LEI Nº 8.974/95 – EXISTÊNCIA DE INTERESSES CONCRETOS E OBJETIVOS DA UNIÃO – COMPETÊNCIA CONCORRENTE RESIDUAL DOS ESTADOS PARA LEGISLAR E FISCALIZAR SOBRE A MATÉRIA – COMPETÊNCIA FEDERAL RECONHECIDA. 1 – Tendo os denunciados praticado, em tese, crime de liberação, no meio ambiente, de organismos geneticamente modificados – plantação de soja transgênica/safra 2001 (art. 13, V, da Lei nº 8974/95), verifica-se, consoante legislação federal específica, **prejuízo à interesses da União**, porquanto há reflexos concretos da utilização desta tecnologia de plantio na Política Agrícola Nacional e na Balança Comercial de Exportação de nosso País. 2 – Outrossim, a Lei nº 8.974/95 estabeleceu "normas de segurança e mecanismos de fiscalização no uso das técnicas de engenharia genética na construção, cultivo, manipulação, transporte, comercialização, consumo, liberação e descarte de organismo geneticamente modificado (OGM), visando proteger a vida e a saúde do homem, dos animais e das plantas, bem como o meio ambiente." (art. 1º, do citado diploma legal). No mesmo diapasão, o legislador ordinário federal atribuiu aos órgãos de fiscalização do Ministério da Saúde, do Ministério da Agricultura, do Abastecimento e da Reforma Agrária e do Ministério do Meio Ambiente e da Amazônia Legal, dentro do campo de suas competências, observado o parecer técnico conclusivo da Comissão Técnica Nacional de Biossegurança, órgão consultivo e de assessoramento do Governo Federal, o poder de fiscalizar as empresas, pessoas físicas e instituições que façam uso da biotecnologia dos transgênicos. 3 – Por fim, o Colendo Supremo Tribunal Federal assentou, no tocante a legislação pertinente aos Organismos Geneticamente Modificados, ser a competência dos Estados apenas residual, já que há lei federal expressa (Lei nº 8.974/95) (cf. Tribunal Pleno, Med.Cautelar em ADIN nº 3.035/PR, Rel. Ministro GILMAR MENDES, DJU de 12.03.2004). 4 – Conflito conhecido e provido para declarar competente o D. Juízo Federal da Vara Criminal de Passo Fundo/RS, ora suscitado (STJ – CC: 41279 RS 2004/0007970-8, Relator: Ministro JORGE SCARTEZZINI, Data de Julgamento: 28/04/2004, S3 – TERCEIRA SEÇÃO, Data de Publicação: DJ 01.07.2004 p. 175LEXSTJ vol. 181 p. 230)

O art. 24 da Lei n. 11.105, de 2005, é considerado um tipo penal remetido, pois a integral tipicidade da conduta demanda a subsunção ao art. 5º da mesma lei.

Segundo o art. 5º, I e II, da Lei de Biossegurança, é permitida, para fins de pesquisa e terapia, a utilização de *células-tronco embrionárias* obtidas de embriões humanos produzidos por fertilização *in vitro* e não utilizados no respectivo procedimento, atendidas as seguintes condições: (I) *sejam embriões inviáveis*; ou (II). *sejam embriões congelados há 3 (três) anos ou mais, na data da publicação desta Lei, ou que, já congelados na data da publicação desta Lei, depois de completarem 3 (três) anos, contados a partir da data de congelamento.*

De acordo com o § 1º do art. 5º, em qualquer caso, é necessário o consentimento dos genitores.

Estabelece ainda § 2º do art. 5º que as instituições de pesquisa e serviços de saúde que realizem pesquisa ou terapia com células-tronco embrionárias humanas deverão submeter seus projetos à apreciação e aprovação dos respectivos comitês de ética em pesquisa.

Fecha o art. 5º o § 3º, pelo qual é vedada a comercialização do material biológico nele referidos (*células-tronco embrionárias*) e sua prática implica o crime tipificado no art. 15 da Lei no 9.434, de 4 de fevereiro de 1997.

Este artigo da Lei de Transplantes tipifica como crime, no *caput*, a conduta de comprar ou vender tecidos, órgãos ou partes do corpo humano; e no parágrafo único, a norma amplia subjetivamente seu alcance a quem promove, intermedeia, facilita ou aufere qualquer vantagem com a transação.

Para estudos mais aprofundados, a Lei n. 9.434, de 1997 (Lei de Transplantes), foi comentada nesta obra.

A conduta típica do art. 24 da Lei de Biossegurança é *utilizar* (fazer uso, empregar) *embrião humano* (organismo que se forma após a fecundação, entre a 2ª e a 8ª semana de desenvolvimento), em desacordo com do art. 5º, da Lei 11.105/2005. Um exemplo: utilizar de embrião sem o consentimento dos genitores (art. 5º, § 1º).

Diante disso, admite-se a manipulação de embriões humanos desde que os aspectos legais sejam efetivamente observados e respeitados.

Importante destacar que o feto não pode ser objeto de engenharia genética, pesquisas ou outros fins, o que se verifica na 8ª semana após a fecundação.

Utilizar de fetos para esse fim poderá caracterizar tipo penal diverso, como aborto ou tentativa de aborto, de maneira que o art. 24 da Lei de Biossegurança não os abrange. Sua proteção está garantida nos artigos 124 e 126 do Código Penal.

VOLUNTARIEDADE

Quanto à voluntariedade, exige-se o dolo. Não prevê o tipo o elemento subjetivo específico, e nem tampouco a forma culposa.

CONSUMAÇÃO E TENTATIVA

O crime é material, e se consuma na efetiva manipulação do embrião humano. A utilização de embrião humano fora das situações previstas no art. 5º atenta contra a vida humana e contra os interesses da sociedade e do Poder Público na preservação do patrimônio genético.

A tentativa mostra-se perfeitamente possível.

AÇÃO PENAL

No silêncio da lei, a ação penal neste crime é pública incondicionada.

É viável a suspensão condicional do processo (art. 89, da Lei 9.099/95) e em caso de condenação, a substituição da pena privativa de liberdade por restritiva de direitos (CP, art. 44). Ainda que o objeto material do delito seja o *embrião humano*, não se pode considerar a vedação do inciso I do art. 44 do CP, cuja aplicação limita-se aos crimes com violência ou grave ameaça à *pessoa*.

> **Art. 25.** Praticar engenharia genética em célula germinal humana, zigoto humano ou embrião humano:
>
> Pena – reclusão, de 1 (um) a 4 (quatro) anos, e multa.

BEM JURÍDICO TUTELADO

O art. 25 da Lei n. 11.105/2005, tem como objetividade jurídica a preservação do patrimônio genético, bem como a proteção à vida e à saúde humana.

SUJEITOS DO CRIME

O crime é comum, e pode ser cometido por qualquer pessoa. *Praticar engenharia genética* não é uma conduta que exija qualificação especial do sujeito ativo. Isso porque o simples *conhecimento* que permite o agente colocar em prática a engenharia genética não o torna um sujeito especial. Um estudante ou profissional podem praticá-lo. Para ilustrar, o Código Penal nos artigos 355 e 269, por exemplo, exigem que o *advogado* ou *médico*, respectivamente, incorram no comportamento proibido. Assim, não se exige qualificação *legal* ou *fática* para o agente do crime previsto pelo art. 25 desta lei.

O sujeito passivo é a sociedade.

CONDUTAS

Praticar engenharia genética é a conduta nuclear prevista no tipo, que significa *exercer* a atividade de produção e manipulação de *moléculas de ADN/ARN recombinante* (art. 3º, IV). Tais *moléculas de ADN/ARN recombinante* são as manipuladas fora das células vivas mediante a modificação de segmentos de ADN/ARN natural ou sintético e que possam multiplicar-se em uma célula viva, ou ainda as moléculas de ADN/ARN resultantes dessa multiplicação; consideram-se também os segmentos de ADN/ARN sintéticos equivalentes aos de ADN/ARN natural (art. 3º, III). *Célula germinal humana* é célula-mãe responsável pela formação de gametas presentes nas glândulas sexuais femininas e masculinas e suas descendentes diretas em qualquer grau de ploidia (art. 3º, VII). *Zigoto humano* é a célula-ovo resultante da fecundação do óvulo pelo espermatozoide. *Embrião humano* é o organismo que se forma após a fecundação, abrangendo, o período da 2ª a 8 ª semana de desenvolvimento. O tipo penal advém do art. 6º, III, da Lei de Biossegurança, que proíbe a engenharia genética em célula germinal humana, zigoto humano e embrião humano.

VOLUNTARIEDADE

Em relação à voluntariedade, exige-se o dolo. Por outro lado, não é previsto o elemento subjetivo específico. A forma culposa não foi contemplada pelo legislador.

CONSUMAÇÃO E TENTATIVA

O crime exige resultado naturalístico, consistente na efetiva manipulação da célula germinal, do zigoto ou do embrião humano. Ao utilizar-se destes objetos materiais, ocorre o atentado contra vida humana, e, notadamente, contra os interesses do Poder Público na preservação do patrimônio genético (CF, art. 225, § 1º, II). O crime, assim, é material, e não meramente formal. Consuma-se no momento da prática da manipulação, inviabilizando a célula germinal, zigoto ou embrião, e eliminando-se o potencial de vida.

A tentativa é possível.

AÇÃO PENAL

No silêncio da lei, a ação penal neste crime é pública incondicionada.

Admite-se a suspensão condicional do processo (art. 89, da Lei 9.099/95). Se houver condenação, permite-se a substituição da pena privativa de liberdade por restritiva de direitos (CP, art. 44). Mesmo que o objeto material do delito seja o *embrião humano*, não incide a vedação do inciso I do art. 44 do CP, cuja aplicação se circunscreve aos crimes com violência ou grave ameaça à *pessoa*.

Art. 26. Realizar clonagem humana:

Pena – reclusão, de 2 (dois) a 5 (cinco) anos, e multa.

BEM JURÍDICO TUTELADO

O art. 26 da Lei de Biossegurança, tem como objetividade jurídica a preservação do patrimônio genético, bem como a proteção à vida e à saúde humana.

SUJEITOS DO CRIME

O crime é comum; logo, qualquer pessoa pode praticá-lo. Não exige o preceito primário do tipo uma especial qualificação do agente, ou seja, que seja ele médico ou engenheiro genético. Diante disso, o delito pode ser cometido por quem detenha os conhecimentos específicos para *clonagem humana*.

O sujeito passivo é a sociedade.

CONDUTAS

A conduta típica é a *realizar* (efetuar algo, tornar real) a clonagem humana. *Clonagem humana* é o processo de reprodução assexuada, produzida artificialmente, em relação a seres humanos, baseada em um único patrimônio genético, com ou sem a utilização de engenharia genética (3º, VIII, desta Lei).

Advém o tipo penal do art. 6, IV, da Lei de Biossegurança, que veda expressamente a *clonagem humana*.

VOLUNTARIEDADE

Em relação à voluntariedade, exige-se o dolo. Não é previsto o elemento subjetivo específico, e nem tampouco a forma culposa.

CONSUMAÇÃO E TENTATIVA

O crime é formal, e não exige resultado naturalístico. Consuma-se no momento da realização da clonagem.

A tentativa é possível.

AÇÃO PENAL

No silêncio da lei, a ação penal neste crime é pública incondicionada.

Não se admite a suspensão condicional do processo (art. 89, da Lei 9.099/95). Em caso de condenação, permite-se a substituição da pena privativa de liberdade por restritiva de direitos (CP, art. 44), e é cabível, conforme o caso, a concessão da suspensão condicional da pena (CP, art. 77).

Art. 27. Liberar ou descartar OGM no meio ambiente, em desacordo com as normas estabelecidas pela CTNBio e pelos órgãos e entidades de registro e fiscalização:

Pena – reclusão, de 1 (um) a 4 (quatro) anos, e multa.

§ 1º (VETADO).

§ 2º Agrava-se a pena:

I – de 1/6 (um sexto) a 1/3 (um terço), se resultar dano à propriedade alheia;

II – de 1/3 (um terço) até a metade, se resultar dano ao meio ambiente;

III – da metade até 2/3 (dois terços), se resultar lesão corporal de natureza grave em outrem;

IV – de 2/3 (dois terços) até o dobro, se resultar a morte de outrem.

BEM JURÍDICO TUTELADO

A objetividade jurídica deste crime é a proteção do meio ambiente.

SUJEITOS DO CRIME

Sujeito ativo deste delito pode ser qualquer pessoa, não exigindo o preceito primário uma especial qualificação do agente.

O sujeito passivo é a sociedade.

CONDUTAS

Neste tipo penal temos as seguintes condutas: *liberar* (livrar-se de algo, libertar) ou *descartar* (jogar fora após o uso) OGM no meio ambiente, em desacordo com as normas da CTNBio, e por outros órgãos de controle.

Trata-se de norma penal em branco, já que o complemento do alcance da norma será fixado pela Comissão Técnica Nacional de Biossegurança, e por outros órgãos e entidades de registro e fiscalização do patrimônio genético.

É que se afirma no art. 6, V, da Lei de Biossegurança, que proclama ser proibido a "destruição ou descarte no meio ambiente de OGM e seus derivados em desacordo com as normas estabelecidas pela CTNBio, pelos órgãos e entidades de registro e fiscalização, referidos no art. 16 desta Lei, e as constantes desta Lei e de sua regulamentação".

Os órgãos e entidades de registro e fiscalização pertencem ao Ministério da Saúde, do Ministério da Agricultura, Pecuária e Abastecimento e do Ministério do Meio Ambiente, e da Secretaria Especial de Aquicultura e Pesca da Presidência da República, bem como o Conselho Nacional de Biossegurança – CNBS (art. 16).

E o art. 5º do Decreto n. 5.591, de 22 de novembro de 2005, fixa as *atribuições* da Comissão Técnica de Biossegurança – CTNbio, enquanto o art. 6º disciplina sobre a composição do órgão, que possui arranjo heterogêneo, estruturado por 27 (vinte e sete) cidadãos brasileiros, de reconhecida qualificação técnico profissional.

O art. 27, § 2º, da Lei de Biossegurança, incisos I a IV, cuida das *causas de aumento de pena* a serem aplicadas no terceiro momento de fixação da pena, de acordo com o sistema trifásico acolhido no art. 68, *caput*, do CP. Os aumentos só correm se verificados os *resultados, consequências ou desdobramentos*, como circunstâncias do delito, da conduta principal, previstas no *caput* do art. 27.

As causas de aumento de pena são as seguintes: (inciso I): de 1/6 a 1/3, se resultar *dano à propriedade alheia*; (inciso II): aumento de 1/3 até a metade, se resultar *dano ao meio ambiente*; (inciso III): da metade até 2/3, se resultar *lesão corporal de natureza grave em outrem*; (inciso IV): de 2/3 até o dobro, se resultar a *morte de outrem*.

É importante observar que o crime previsto no art. 27 da Lei de Biossegurança é de *perigo*, ou seja, o agente possui a intenção *liberar* ou *descartar* OGM no meio ambiente em desacordo com as normas da CTNbio. Se o fizer com *dolo de dano*, o crime será outro, previsto na Lei n. 9.605/98 (Lei de Crimes Ambientais).

Feitas estas observações, em relação ao resultado qualificador previsto neste artigo, ele só pode atuar com *culpa*, a exemplo do que ocorre no art. 258 do CP, inserido no capítulo dos crimes de perigo comum.

VOLUNTARIEDADE

Em relação à voluntariedade, exige-se o *dolo de perigo*. Não é previsto o elemento subjetivo específico, e nem tampouco a forma culposa.

CONSUMAÇÃO E TENTATIVA

O crime é formal, e se consuma com a prática da conduta descrita no tipo, independentemente do resultado naturalístico.

Admite tentativa.

AÇÃO PENAL

No silêncio da lei, a ação penal neste crime é pública incondicionada.

No art. 27, *caput*, admite-se a suspensão condicional do processo (art. 89, da Lei 9.099/95). Com relação às formas qualificadas pelo resultado, sobre as quais dispõe o art. 27,

§ 2º, incisos I a IV, inviável o mesmo benefício, na linha do que estabelece a Súmula n. 243 do STJ.

Se houver condenação, permite-se a substituição da pena privativa de liberdade por restritiva de direitos (CP, art. 44), assim como, conforme o caso, a concessão da suspensão condicional da pena (art. 77).

> **Art. 28.** Utilizar, comercializar, registrar, patentear e licenciar tecnologias genéticas de restrição do uso:
>
> Pena – reclusão, de 2 (dois) a 5 (cinco) anos, e multa.

BEM JURÍDICO TUTELADO

A objetividade jurídica é a preservação do patrimônio genético, do meio ambiente e dos interesses econômicos da sociedade.

SUJEITOS DO CRIME

A depender do núcleo da conduta típica, o crime pode ser comum ou próprio.

É comum nas condutas de *utilizar* e *comercializar*, hipóteses nas quais o delito pode ser praticado por qualquer pessoa.

Será próprio nas modalidades de *registrar*, *patentear* e *licenciar* tecnologias genéticas de restrição de uso, casos em que o sujeito ativo é qualificado e ostenta aptidão jurídica para promover o registro, conceder a licença e registrar a patente.

Estas atividades são previstas na Lei n. 9.279/96, a cargo do Instituto Nacional de Propriedade Industrial – INPI, autarquia federal, vinculada ao Ministério do Desenvolvimento, Indústria e Comércio Exterior.

Sujeito passivo é a sociedade e o Estado.

CONDUTAS

As condutas típicas são as seguintes: *utilizar* (fazer uso de algo), *comercializar* (negociar, inserir no comércio), *registrar* (lançar em livro ou outra base material apta a receber inscrição), *patentear* (fazer registro de privilégio de invenção) *e licenciar* (permitir, autorizar) tecnologias genéticas de restrição do uso.

Trata-se de *tipo penal misto alternativo ou de conteúdo variado*, que ocorre quando a lei estabelece diversos núcleos que, se praticados no mesmo contexto fático, caracterizam o cometimento de apenas um delito.

O *tipo é misto pode ser cumulativo*, caso em que a lei estabelece várias condutas nucleares que, se praticadas seguidamente, ainda que em contexto único, ensejam o concurso material.

Todas as condutas têm por objeto a *tecnologia genética de restrição de uso* prevista no art. 6º, VII, e parágrafo único, da Lei de Biossegurança, dispositivo que conceitua e *proíbe* a utilização, a comercialização, o registro, o patenteamento e o licenciamento de tecnologias genéticas de restrição do uso.

Entende-se por *tecnologias genéticas de restrição do uso* qualquer processo de intervenção humana para geração ou multiplicação de plantas geneticamente modificadas para produzir estruturas reprodutivas estéreis, bem como qualquer forma de manipulação genética que vise à ativação ou desativação de genes relacionados à fertilidade das plantas por indutores químicos externos.

A figura típica quer evitar a formação do monopólio de mercado, o que poderia ocorrer, ilustrando, se determinada empresa inserisse no mercado sementes de grande potencial produtivo, mas que, por serem estéreis, sempre obrigariam o agricultor a comprar novas sementes, ou seja, não poderia aproveitar da colheita para realizar outros plantios.

VOLUNTARIEDADE

Em relação à voluntariedade, exige-se o dolo. Não é previsto o elemento subjetivo específico, e nem tampouco a forma culposa.

CONSUMAÇÃO E TENTATIVA

O crime é formal e de perigo, e se consuma com a prática das condutas descritas no preceito primário do tipo, independentemente do resultado naturalístico, pois basta o risco de potencial lesão ao patrimônio genético, ao meio ambiente e à economia.

Admite tentativa.

AÇÃO PENAL

No silêncio da lei, a ação penal neste crime é pública incondicionada.

Não se admite a transação penal e a suspensão condicional do processo (art. 89, da Lei 9.099/95). Em caso de condenação, permite-se a substituição da pena privativa de liberdade por restritiva de direitos (CP, art. 44), e é cabível, conforme o caso, a concessão da suspensão condicional da pena (CP, art. 77).

Art. 29. Produzir, armazenar, transportar, comercializar, importar ou exportar OGM ou seus derivados, sem autorização ou em desacordo com as normas estabelecidas pela CTNBio e pelos órgãos e entidades de registro e fiscalização:

Pena – reclusão, de 1 (um) a 2 (dois) anos, e multa.

BEM JURÍDICO TUTELADO

A objetividade jurídica é a preservação do patrimônio genético e do meio ambiente.

SUJEITOS DO CRIME

O crime é comum, e pode ser praticado por qualquer pessoa.

Sujeito passivo é a sociedade e o Estado.

CONDUTAS

As condutas típicas são: *produzir* (dar origem a algo, criar), *armazenar* (manter algo em depósito), *transportar* (levar algo de um para outro), *comercializar* (negociar, colocar no comércio), *importar* (trazer algo para dentro do país) ou *exportar* (remeter algo para fora do país) OGM ou seus derivados, sem autorização ou em desacordo com as normas estabelecidas pela CTNBio e pelos órgãos e entidades de registro e fiscalização.

O *tipo penal é misto alternativo ou de conteúdo variado*, daqueles que a lei estabelece diversos núcleos que, se praticados no mesmo contexto fático, caracterizam o cometimento de apenas um delito. O *tipo misto pode ser cumulativo*, mas nessa situação as várias condutas nucleares estabelecidas por lei, se praticadas, ainda que o contexto seja único, ensejam o concurso material.

Cuida-se, por outro lado, de *norma penal em branco*, pois dependente de complemento, consistente nas regras estabelecidas pela Comissão Técnica Nacional de Biossegurança e pelos órgãos e entidades de registro e fiscalização.

Com isso, evita-se a criação e a circulação de organismos geneticamente modificados sem qualquer controle e fiscalização do Poder Público.

VOLUNTARIEDADE

Em relação à voluntariedade, exige-se o dolo. Não é previsto o elemento subjetivo específico, e nem tampouco a forma culposa.

CONSUMAÇÃO E TENTATIVA

O crime é formal e de perigo, e se consuma com a prática das condutas descritas no tipo, independentemente do resultado naturalístico, pois basta o risco de potencial lesão ao patrimônio genético e ao meio ambiente.

AÇÃO PENAL

No silêncio da lei, a ação penal neste crime é pública incondicionada[3].

Admite-se a transação penal e a suspensão condicional do processo (art. 89, da Lei 9.099/95). Em caso de condenação, permite-se a substituição da pena privativa de liberdade por restritiva de direitos (CP, art. 44), e é cabível, conforme o caso, a concessão da suspensão condicional da pena (CP, art. 77).

---

3 PENAL. AGRAVO REGIMENTAL EM CONFLITO DE COMPETÊNCIA.TRANSPORTE DE SOJA GENETICAMENTE MODIFICADA. INEXISTÊNCIA DE REGISTRO NA NOTA FISCAL APRESENTADA NO PORTO DE PARANAGUÁ/PR. CRIME DE FALSIDADE IDEOLÓGICA E USO DE DOCUMENTO FALSO. CONEXÃO. CONCURSO DE JURISDIÇÕES DA MESMA CATEGORIA. COMPETÊNCIA DEFINIDA PELA PREVENÇÃO.IMPOSSIBILIDADE DE ALTERAÇÃO DA TIPIFICAÇÃO JURÍDICA DOS FATOS EFETUADA PELAS INSTÂNCIAS ORDINÁRIAS. FEITO QUE AINDA SE ENCONTRA EM FASE DE INVESTIGAÇÃO POLICIAL. PRECEDENTE DA TERCEIRA SEÇÃO.1. O conflito de competência não é a via adequada para se alterar a tipificação penal da conduta, inicialmente efetuada pelas instâncias ordinárias, notadamente quando o feito ainda se encontra em fase de investigação policial, como na espécie (AgRg no CC n.123.407/MT, Relator p/ acórdão Ministro Marco Aurélio Bellizze, Terceira Seção, DJe 4/12/2013).2. A conduta investigada – apresentação de nota fiscal sem informação de transgenia – só seria de competência federal se as investigações demonstrassem a prática do crime tipificado no art. 29 da Lei n. 11.105/2005 (Lei de Biossegurança); sendo prematuro, ainda na fase inquisitiva, modificar a tipificação penal com vistas a firmar a competência da Justiça Federal.3. Verificada a suposta ocorrência de dois crimes conexos – um consumado na cidade de Nova Ubiratã/MT (falsidade ideológica) e o outro, na cidade de Paranaguá/PR (uso de documento falso) –, a competência deve ser fixada pela prevenção, ou seja, em favor do primeiro Juízo que conheceu dos fatos. Precedentes desta Corte.4. Agravo regimental improvido. (AgRg no CC 113.610/MT, Rel. Ministro SEBASTIÃO REIS JÚNIOR, TERCEIRA SEÇÃO, julgado em 10/12/2014, DJe 15/04/2015)

CAPÍTULO 33

Violência Doméstica – Lei 11.340/ 2006

Rogério Sanches Cunha
Ronaldo Batista Pinto

LEI Nº 11.340, DE 7 DE AGOSTO DE 2006.

Cria mecanismos para coibir a violência doméstica e familiar contra a mulher, nos termos do § 8º do art. 226 da Constituição Federal, da Convenção sobre a Eliminação de Todas as Formas de Discriminação contra as Mulheres e da Convenção Interamericana para Prevenir, Punir e Erradicar a Violência contra a Mulher; dispõe sobre a criação dos Juizados de Violência Doméstica e Familiar contra a Mulher; altera o Código de Processo Penal, o Código Penal e a Lei de Execução Penal; e dá outras providências.

INTRODUÇÃO

Tão logo editada a Lei 11.340, de 7 de agosto de 2006, ela passou a ser conhecida como Lei Maria da Penha, embora em seu texto – e nem poderia ser diferente – não seja feita qualquer alusão a tal denominação.

O motivo que levou a lei a ser "batizada" com esse nome, pelo qual, irreversivelmente, passará a ser conhecida, remonta ao ano de 1983. No dia 29 de maio desse ano, na cidade de Fortaleza, no Estado do Ceará, a farmacêutica Maria da Penha Maia Fernandes, enquanto dormia, foi atingida por tiro de espingarda desferido por seu então marido, o economista Marco Antônio Heredia Viveiros, colombiano de origem e naturalizado brasileiro. Em razão desse tiro, que atingiu a vítima em sua coluna, destruindo a terceira e a quarta vértebras, suportou lesões que deixaram-na paraplégica.

O réu foi então pronunciado em 31 de outubro de 1986, sendo levado a júri em 4 de maio de 1991, quando foi condenado. Contra essa decisão apelou a defesa, suscitando nulidade decorrente de falha na elaboração dos quesitos. Acolhido o recurso, foi o réu submetido a novo julgamento, no dia 15 de março de 1996, quando restou condenado a pena de dez anos e seis meses de prisão. Seguiu-se novo apelo deste último julgamento, bem como recursos dirigidos aos tribunais superiores; certo que, apenas em setembro de 2002, passados, portanto, mais de 19 anos da prática do crime, foi seu autor finalmente preso.

O caso *Maria da Penha* chegou ao conhecimento da Comissão Interamericana de Direitos Humanos, órgão da Organização dos Estados Americanos (OEA), sediada em Washington,

Estados Unidos. A principal tarefa da Comissão Interamericana de Direitos Humanos consiste em analisar as petições apresentadas denunciando violações aos direitos humanos, assim considerados aqueles relacionados na Declaração Americana dos Direitos e Deveres do Homem. Possuem legitimidade para formular tais petições qualquer indivíduo, grupo ou ONG legalmente reconhecida por pelo menos um Estado-membro da Organização dos Estados Americanos (OEA). Também a vítima da violação pode peticionar à Comissão Interamericana de Direitos Humanos, bem como terceira pessoa, com ou sem o conhecimento daquela primeira.

A Comissão Interamericana de Direitos Humanos assim se pronunciou: "A Comissão recomenda ao Estado que proceda a uma investigação séria, imparcial e exaustiva para determinar a responsabilidade penal do autor do delito de tentativa de homicídio em prejuízo da Senhora Fernandes e para determinar se há outros fatos ou ações de agentes estatais que tenham impedido o processamento rápido e efetivo do responsável; também recomenda a reparação efetiva e pronta da vítima e a adoção de medidas, no âmbito nacional, para eliminar essa tolerância do Estado ante a violência doméstica contra mulheres". Foi este o embrião da lei que, em seguida, passamos a examinar.

TÍTULO I
DISPOSIÇÕES PRELIMINARES

Art. 1º Esta Lei cria mecanismos para coibir e prevenir a violência doméstica e familiar contra a mulher, nos termos do § 8º do art. 226 da Constituição Federal, da Convenção sobre a Eliminação de Todas as Formas de Violência contra a Mulher, da Convenção Interamericana para Prevenir, Punir e Erradicar a Violência contra a Mulher e de outros tratados internacionais ratificados pela República Federativa do Brasil; dispõe sobre a criação dos Juizados de Violência Doméstica e Familiar contra a Mulher; e estabelece medidas de assistência e proteção às mulheres em situação de violência doméstica e familiar.

LEI 11.340/2006: FINALIDADE

A Lei 11.340/2006 extraiu do caldo da violência comum uma nova espécie, qual seja, aquela praticada contra a mulher (vítima própria), no seu ambiente doméstico, familiar ou de intimidade (art. 5.º). Nesses casos, a ofendida passa a contar com precioso estatuto, não somente de caráter repressivo, mas, sobretudo, preventivo e assistencial, criando mecanismos aptos a coibir essa modalidade de agressão[1]. Não queremos deduzir, com isso, que apenas a mulher é potencial vítima de violência doméstica. Também o homem pode sê-lo, conforme se depreende da redação do § 9.º do art. 129 do CP, que não restringiu o sujeito passivo, abrangendo ambos os sexos. A Lei 12.403, de 04 de maio de 2011, ao alterar a redação do inc. III do art. 313 do Código de Processo Penal, ampliou a possibilidade de concessão das medidas protetivas de urgência, antes aplicáveis apenas à mulher. Por meio desse dispositivo, tais medidas, além da mulher, podem também beneficiar "criança, adolescente, idoso, enfermo ou pessoa com deficiência". Para maior aprofundamento do tema, remetemos o leitor aos comentários tecidos ao art. 42 da lei em estudo.

---

1 O Dec. 9.586, publicado em 28.11.2018, instituiu o Sistema Nacional de Políticas para as Mulheres e o Plano Nacional de Combate à Violência Doméstica. Prevê o art. 1º que fica instituído o Sistema Nacional de Políticas para as Mulheres - Sinapom, vinculado à Secretaria Nacional de Políticas para Mulheres do Ministério dos Direitos Humanos, com o objetivo de ampliar e fortalecer a formulação e a execução de políticas públicas de direitos das mulheres, de enfrentamento a todos os tipos de violência e da inclusão das mulheres nos processos de desenvolvimento social, econômico, político e cultural do País.

Transexual

Já se pergunta, nas mesas de debates, se o transexual está amparado pelo manto protetor da lei em exame. Inicialmente, como bem ressaltam Cristiano Chaves de Farias e Nelson Rosenvald, "o transexual não se confunde com o homossexual, bissexual, intersexual ou mesmo com o travesti. O transexual é aquele que sofre uma dicotomia físico-psíquica, possuindo um sexo físico, distinto de sua conformação sexual psicológica. Nesse quadro, a cirurgia de mudança de sexo pode se apresentar como um modo necessário para a conformação do seu estado físico e psíquico".[2] O transexualismo é definido pela Organização Mundial da Saúde – OMS como o "desejo de viver e ser aceito como um membro do sexo oposto, usualmente acompanhado por uma sensação de desconforto ou impropriedade de seu próprio sexo anatômico e um desejo de se submeter a tratamento hormonal e cirurgia para tornar seu corpo tão congruente quanto possível com o sexo preferido".

Em eventual resposta à indagação inicial podem ser observadas duas posições: uma primeira, conservadora, entendendo que o transexual, geneticamente, não é mulher (apenas passa a ter órgão genital de conformidade feminina), e que, portanto, descarta, para a hipótese, a proteção especial; já para uma corrente mais moderna, desde que a pessoa portadora de transexualismo transmute suas características sexuais (por cirurgia e modo irreversível), deve ser encarada de acordo com sua nova realidade morfológica, eis que a jurisprudência admite, inclusive, retificação de registro civil.

Rogério Greco explica: "Se existe alguma dúvida sobre a possibilidade de o legislador transformar um homem em uma mulher, isso não acontece quando estamos diante de uma decisão transitada em julgado. Se o Poder Judiciário, depois de cumprido o devido processo legal, determinar a modificação da condição sexual de alguém, tal fato deverá repercutir em todos os âmbitos de sua vida, inclusive o penal".[3]

Lembre-se que a Resolução 11/2014, do Conselho Nacional de Combate à Discriminação e Promoção dos Direitos de Lésbicas, Gays, Bissexuais, Travestis e Transexuais, órgão ligado ao Ministério dos Direitos Humanos, estabelece os parâmetros para a inclusão dos itens "orientação sexual", "identidade de gênero" e "nome social" nos boletins de ocorrência emitidos pelas autoridades policiais no Brasil. Sobre "orientação sexual" e "identidade de gênero", confiram-se os comentários abaixo ao art. 2.º, item 1. De outra parte, considera-se nome social aquele pelo qual travestis e transexuais se identificam e são conhecidos pela sociedade. Assim, quando atendidos em uma Delegacia de Polícia, lésbicas, *gays*, bissexuais, travestis e transexuais podem indicar, no respectivo boletim de ocorrência, sua orientação sexual e identidade de gênero e, demais disso, apontar o nome social pelos quais são conhecidos.

Ainda nessa linha de raciocínio, vale destacar o teor do Decreto n. 8.727, de 28 de abril de 2016, da Presidência da República, que dispõe sobre o uso do nome social e o reconhecimento da identidade de gênero de pessoas travestis e transexuais no âmbito da administração pública federal direta, autárquica e fundacional. Consta do art. 3º, desse diploma, que "os registros dos sistemas de informação, de cadastros, de programas, de serviços, de fichas, de formulários, de prontuários e congêneres dos órgãos e das entidades da administração pública federal direta, autárquica e fundacional deverão conter o campo 'nome social' em destaque, acompanhado do nome civil, que será utilizado apenas para fins administrativos internos". E também o entendimento do STF, na apreciação da ADI n. 4.275, em 1º de março de 2018, quando a Corte, por maioria de votos, "julgou procedente a ação para dar interpretação conforme a Constituição e

2 *Direito civil – Teoria geral*. 4 ed. Rio de Janeiro: Lumem Juris, 2006. p. 115.

3 *Curso de direito penal*. Niterói: Impetus, 2006. vol. III, p. 530.

o Pacto de São José da Costa Rica ao art. 58 da Lei 6.015/73, de modo a reconhecer aos transgêneros que assim o desejarem, independentemente da cirurgia de transgenitalização, ou da realização de tratamentos hormonais ou patologizantes, o direito à substituição de prenome e sexo diretamente no registro civil".

Constitucionalidade

Questionou-se a constitucionalidade da lei, vez que, num primeiro momento, parece discriminatória, tratando a mulher como "eterno" sexo frágil, deixando desprotegido o homem, presumidamente imponente.

Tal diferenciação, como se sabe, há muito foi espancada pela Constituição Federal que, no seu art. 5.º, I, equipara ambos os sexos em direitos e obrigações, garantindo aos dois sexos, no art. 226, § 8.º, proteção no caso de violência doméstica. É o que pareceu, em bem elaborado artigo, por João Paulo de Aguiar Sampaio Souza e Tiago Abud da Fonseca, quando ressaltam que "não é preciso muito esforço para perceber que a legislação infraconstitucional acabou por tratar de maneira diferenciada a condição de homem e mulher e o *status* entre filhos que o poder constituinte originário tratou de maneira igual criando, aí sim, a desigualdade na entidade familiar".[4]

Para tornar a questão mais clara, citam-se exemplos de absurda injustiça (para com o homem), a saber: numa agressão mútua, o que justifica a mulher ficar amparada pelo presente diploma e o homem não? Sabendo que a violência doméstica não se resume na agressão do marido contra a mulher, qual o motivo para se proteger a filha agredida pelo pai e o filho agredido não? Para uma agressão do filho contra a mãe há lei específica protegendo a vítima, porém para a sua agressão contra o pai não?

Nessa linha é o pensar de Valter Foleto Santin: "Como se vê, a pretexto de proteger a mulher, numa pseudopostura 'politicamente correta', a nova legislação é visivelmente discriminatória no tratamento de homem e mulher, ao prever sanções a uma das partes do gênero humano, o homem, pessoa do sexo masculino, e proteção especial à outra componente humana, a mulher, pessoa do sexo feminino, sem reciprocidade, transformando o homem num cidadão de segunda categoria em relação ao sistema de proteção contra a violência doméstica, ao proteger especialmente a mulher, numa aparente formação de casta feminina".[5]

Apesar dos exemplos seduzirem (e muito) a tese da inconstitucionalidade, pensamos que uma interpretação conforme pode fomentar a sua aplicação, como exigem as estatísticas que demonstram a situação de verdadeira calamidade pública que assumiu a agressão contra as mulheres.

Esclarecem, corretamente, Helena Omena Lopes de Faria e Mônica de Melo: "O sistema geral de proteção tem por endereçado toda e qualquer pessoa, concebida em sua abstração e generalidade. Por sua vez, o sistema especial de proteção realça o processo de especificação do sujeito de direito, que passa a ser visto de forma concreta e específica, pois determinados

---

4 Souza, João Paulo de Aguiar Sampaio; Fonseca, Tiago Abudda. A aplicação da Lei 9.099/95 nos casos de violência doméstica contra a mulher. *Boletim do IBCCrim*, n. 168, nov. 2006, p. 4.

5 *Igualdade constitucional na violência doméstica*. Disponível em: [www.boletimjuridico.com.br/doutrina/texto.asp?id=1594]. Acesso em: 27.07.2012.

sujeitos de direitos, ou certas violações de direitos exigem uma resposta diferenciada. Importa o respeito à diversidade e a diferença, assegurando-se um tratamento especial".[6]

Em verdade, a tese da inconstitucionalidade não mereceu, como regra, maior receptividade em nossos Tribunais, mesmo antes da paradigmática decisão do Supremo Tribunal Federal, abaixo mencionada. Da lavra de Marta Rodriguez de Assis Machado, José Rodrigo Rodriguez, Flavio Marques Prol, Gabriela Justino da Silva, Marina Zanata Ganzarolli e Renata do Vale Elias, foi elaborado valioso estudo em diversos Tribunais de Justiça do País, onde foram detectadas as tendências de cada Corte sobre o tema. Concluíram os pesquisadores que "o debate sobre a constitucionalidade da Lei Maria da Penha não se reflete na formação de uma jurisprudência contrária à sua aplicação na segunda instância. Das 1.822 decisões analisadas nesta pesquisa, apenas 272 – 15% delas – discutem este problema. Destas, em 14 decisões os desembargadores aplicam parcialmente a Lei Maria da Penha, segundo o que denominam interpretação conforme a Constituição, e em apenas seis declarou-se efetivamente sua inconstitucionalidade [...] Podemos afirmar, como diagnóstico da aplicação da Lei Maria da Penha nos Tribunais estudados, que não houve na segunda instância uma resistência generalizada à aplicação da Lei Maria da Penha em função de sua suposta inconstitucionalidade, nem a formação de uma corrente jurisprudencial forte sustentando esta tese" (Disputando a aplicação das leis: A constitucionalidade da Lei Maria da Penha. SUR. *Revista Internacional de Direitos Humanos* – vol.1, n.1, p. 83-5. São Paulo, jan./2004).

Para maior detalhamento sobre o tema, convidamos o leitor à consulta dos comentários adiante tecidos ao art. 41, item 6, onde é analisada a decisão do STF a respeito da constitucionalidade de vários dispositivos legais da Lei Maria da Penha.

Tratados internacionais

Basta uma simples leitura dos vários tratados ratificados pelo Brasil (cf. anexo), para concluirmos que a presente norma foi além, extrapolando o âmbito da proteção desejado pelos referidos diplomas, abrigando a mulher não apenas no seu ambiente doméstico e familiar, mas também "em qualquer relação íntima de afeto, na qual o agressor conviva ou tenha convivido com a ofendida, independentemente de coabitação" (cf. art. 5.º, III).

Violência doméstica e familiar: conceito

De acordo com a Lei 11.340/2006 (art. 5.º), entende-se por violência doméstica e familiar toda a espécie de agressão (ação ou omissão) dirigida contra mulher (vítima certa), num determinado ambiente (doméstico, familiar ou de intimidade), baseada no gênero, que lhe cause morte, lesão, sofrimento físico, sexual ou psicológico e dano moral ou patrimonial.[7]

Como bem salientou o Conselho da Europa, trata-se de "qualquer ato, omissão ou conduta que serve para infligir sofrimentos físicos, sexuais ou mentais, direta ou indiretamente, por meio de enganos, ameaças, coação ou qualquer outro meio, a qualquer mulher, e tendo por objetivo e como efeito intimidá-la, puni-la ou humilhá-la, ou mantê-la nos papéis estereotipados

---

6 *Direitos humanos*: construção da liberdade e da igualdade. Convenção sobre a eliminação de todas as formas de discriminação contra a mulher e a Convenção para prevenir, punir e erradicar a violência contra a mulher. São Paulo: Centro de Estudos, 1998. p. 373.

7 Apesar de haver corrente (ainda embrionária) exigindo a habitualidade, tal requisito nos parece afrontar a intenção do legislador, que busca evitar *qualquer* forma de agressão.

ligados ao seu sexo, ou recusar-lhe a dignidade humana, a autonomia sexual, a integridade física, mental e moral, ou abalar a sua segurança pessoal, o seu amor próprio ou a sua personalidade, ou diminuir as suas capacidades físicas ou intelectuais".[8]

Art. 2º Toda mulher, independentemente de classe, raça, etnia, orientação sexual, renda, cultura, nível educacional, idade e religião, goza dos direitos fundamentais inerentes à pessoa humana, sendo-lhe asseguradas as oportunidades e facilidades para viver sem violência, preservar sua saúde física e mental e seu aperfeiçoamento moral, intelectual e social [2].

Art. 3º Serão asseguradas às mulheres as condições para o exercício efetivo dos direitos à vida, à segurança, à saúde, à alimentação, à educação, à cultura, à moradia, ao acesso à justiça, ao esporte, ao lazer, ao trabalho, à cidadania, à liberdade, à dignidade, ao respeito e à convivência familiar e comunitária.

§ 1º O poder público desenvolverá políticas que visem garantir os direitos humanos das mulheres no âmbito das relações domésticas e familiares no sentido de resguardá-las de toda forma de negligência, discriminação, exploração, violência, crueldade e opressão.

§ 2º Cabe à família, à sociedade e ao poder público criar as condições necessárias para o efetivo exercício dos direitos enunciados no *caput*.

Orientação sexual

Segundo conclusão extraída de encontro entre especialistas de todo o mundo, ocorrido entre 6 e 9 de novembro de 2006, em Yogyakarta, na Indonésia, do qual resultou um documento intitulado "Princípios sobre a aplicação da legislação internacional de direitos humanos em relação à orientação sexual e identidade de gênero", compreende-se orientação sexual "como uma referência à capacidade de cada pessoa de ter uma profunda atração emocional, afetiva ou sexual por indivíduos de gênero diferente, do mesmo gênero ou de mais de um gênero, assim como ter relações íntimas e sexuais com essas pessoas". E como "identidade de gênero" a "experiência interna e individual do gênero de cada pessoa, que pode ou não corresponder ao sexo atribuído no nascimento, incluindo o senso pessoal do corpo (que pode envolver, por livre escolha, modificação da aparência ou função corporal por meios médicos, cirúrgicos ou outros) e outras expressões de gênero, inclusive vestimenta, modo de falar e maneirismos".

Direitos e garantias fundamentais da mulher

Os artigos em comento (2.º e 3.º) anunciaram o óbvio, explicitando os direitos fundamentais de qualquer mulher (direitos à vida, à segurança, à saúde, à alimentação, à educação, à cultura, à moradia, ao acesso à justiça, ao esporte, ao lazer, ao trabalho, à cidadania, à liberdade, à dignidade, ao respeito e à convivência familiar e comunitária), independentemente da sua classe, raça, etnia, orientação sexual, renda, cultura, nível educacional, idade e religião. Observa Guilherme de Souza Nucci: "O óbvio não preciso constar em lei, ainda mais se está dito, em termos mais adequados, pelo texto constitucional de maneira expressa e, identicamente, em convenções internacionais, ratificadas pelo Brasil, em plena vigência. De outro lado, o extenso rol de classificações realizado é, também, pueril, pois, quanto mais se busca descrever, sem generalizar, há o perigo de olvidar algum termo, dando brecha a falsas interpretações. Inseriu-se 'independentemente de

8 *Violência contra a mulher*. Disponível em: [www.fjuventude.pt] Acesso em: 10.11.2006.

classe, raça, etnia, orientação sexual, renda, cultura, nível educacional, idade e religião'. Omitiu o legislador, por exemplo, os termos 'cor' e 'origem' (existentes no art. 3.º, IV, CF/1988) e a expressão 'procedência nacional' (art. 1.º, *caput*, da Lei 7.716/1989). Por acaso mulheres de 'cores' diversas gozam de direitos humanos fundamentais diversificados?".[9]

No entanto, no caso presente (proteção da mulher), a obviedade tem razão de ser, como bem alertam Helena Omena Lopes de Faria e Mônica de Melo: "É inegável, historicamente, que a construção legal e conceitual dos direitos humanos se deu, inicialmente, com a exclusão da mulher. Embora os principais documentos internacionais de direitos humanos e praticamente todas as Constituições da era moderna proclamem a igualdade de todos, essa igualdade, infelizmente, continua sendo compreendida em seu aspecto formal e estamos ainda longe de alcançar a igualdade real, substancial entre mulheres e homens. A Convenção sobre a Eliminação de Todas as Formas de Discriminação contra a Mulher foi, dentre as Convenções da ONU, a que mais recebeu reservas por parte dos países que a ratificaram. E em virtude da grande pressão das entidades não governamentais é que houve o reconhecimento de que os direitos da mulher também são direitos humanos, ficando consignado na Declaração e Programa de Ação de Viena (item 18) que: 'Os direitos humanos das mulheres e das meninas são inalienáveis e constituem parte integral e indivisível dos direitos humanos universais. (...)'".[10]

Políticas públicas: dever do Estado

O Estado brasileiro, depois de ratificar os documentos internacionais de proteção à mulher, assumiu obrigações no plano internacional, comprometendo-se a adotar medidas para garantir os direitos humanos das mulheres no âmbito das relações domésticas e familiares, resguardando-as de toda forma de negligência, discriminação, exploração, violência, crueldade e opressão. Para tanto, deve traçar políticas de prevenção, bem como investigar diligentemente qualquer violação, assegurando recursos para efetivar a finalidade desta lei. A omissão do Estado, em qualquer das frentes, configura publicidade negativa na comunidade internacional. Exemplo de política pública é o projeto desenvolvido pelo governo federal que criou o chamado *Disque 180*, pelo qual a mulher tem à disposição uma relação de atendimentos específicos, em cada unidade da Federação. Segundo Nilcéa Freire, ministra da Secretaria Especial de Políticas para as Mulheres da Presidência da República, "as atendentes estão capacitadas para dar uma orientação, para registrar denúncias seja de mulheres agredidas, mulheres em cárcere privado, mulheres que são abusadas. E damos a garantia de total anonimato a quem denuncia". O *Disque 180* foi regulamentado pelo Decreto 7.393, de 15 de dezembro de 2010, cujo texto se encontra no anexo.

O Conselho Nacional de Justiça, em 17 de março de 2011, editou a Res. 128, a determinar que os Tribunais de Justiça dos Estados e do Distrito Federal, no prazo de 180 dias, criem "em sua estrutura organizacional, Coordenadorias Estaduais da Mulher em Situação de Violência Doméstica e Familiar como órgãos permanentes de assessoria da Presidência do Tribunal" (art. 1.º). Dentre as principais atribuições destas Coordenadorias, se acha a de "elaborar sugestões para o aprimoramento da estrutura do Judiciário na área do combate e prevenção à violência doméstica e familiar contra as mulheres" (art. 2.º, I) e de "colaborar para a formação

9 *Leis penais e processuais penais comentadas*. São Paulo: RT, 2006. p. 861.

10 *Série Estudo*, n. 11, Procuradoria Geral do Estado de São Paulo, out. 1998, p. 373.

inicial, continuada e especializada de magistrados e servidores na área do combate/prevenção à violência doméstica e familiar contra as mulheres" (art. 2.º, IV).

O texto completo da Res. 128 encontra-se no anexo.

Já o Decreto 8.086, de 30 de agosto de 2013 (o texto integral se encontra no anexo), instituiu o "Programa Mulher: viver sem violência", que, dentre outras providências, implementou as chamadas "Casas da Mulher Brasileira", "que consistem em espaços públicos onde se concentrarão os principais serviços especializados e multidisciplinares de atendimento às mulheres em situação de violência", nos termos de seu art. 3.º, inc. I. Esse mesmo diploma criou os "Centros de Atendimento às Mulheres nas Regiões de Fronteiras Secas", especialmente voltados à proteção de mulheres vítimas de tráfico de pessoas, bem como àquelas que se encontrem vulneráveis em decorrência de fenômenos migratórios.

Há previsão de que tais órgãos contem com serviços de atendimento psicossocial à vítima, alojamento passageiro, orientação e direcionamento para programas de auxílio e promoção da autonomia econômica, de geração de trabalho, emprego e renda, integração com os serviços da rede de saúde e socioassistencial; e a presença de órgãos públicos voltados para as mulheres, como as Delegacias Especializadas de Atendimento à Mulher, os Juizados e Varas Especializados de Violência Doméstica e Familiar contra a Mulher, as Promotorias Públicas Especializadas da Mulher e as Defensorias Públicas Especializadas da Mulher.

Ações afirmativas

Observam Helena Omena Lopes de Faria e Mônica Melo[11] que a Convenção sobre a Eliminação da Discriminação contra a Mulher prevê a possibilidade de adoção, pelo Estado, de medidas afirmativas ("ações afirmativas") visando acelerar o processo de obtenção da igualdade entre a mulher e o homem. Na definição de Serge Athabahian, "as ações afirmativas são medidas privadas ou políticas públicas objetivando beneficiar determinados segmentos da sociedade, sob o fundamento de lhes falecerem as mesmas condições de competição em virtude de terem sofrido discriminações ou injustiças históricas".[12]

Permite-se, desse modo, a "discriminação positiva", pela qual os Estados podem adotar medidas especiais temporárias, visando acelerar o processo de igualização de *status* entre homens e mulheres. Tais providências, de caráter excepcional e transitório, cessarão quando alcançado o seu objetivo. São medidas compensatórias que visam remediar as desvantagens históricas, consequências de um passado discriminatório, buscando a pluralidade e diversidade social (como, por exemplo, a recente política de cotas nas universidades para os estudantes afrodescendentes).

Outra iniciativa a ser lembrada, das mais interessantes e especialmente destinada às mulheres (conquanto não relacionada à violência doméstica), trata-se da Lei Estadual 4.733/2006, do Rio de Janeiro.

Segundo esse diploma legal, nos termos de seu art. 1.º, "as empresas que administram o sistema ferroviário e metroviário no Estado do Rio de Janeiro ficam obrigadas a destinarem vagões exclusivamente para mulheres nos horários de pico matutino e vespertino". Assim, em

---

11 *Série Estudo*, Procuradoria Geral do Estado de São Paulo, n. 11, out. 1998, p. 381.

12 *Princípio da igualdade e ações afirmativas*. São Paulo: RCS Editora, 2004. p. 18.

datas e horários que a lei determina, reservam-se vagões especialmente às mulheres a fim de evitar o constante e conhecido assédio que, praticado por homens, elas suportavam.

Com base, porém, em dispositivos do Código de Defesa do Consumidor, dentre outros, o Ministério Público daquele Estado manejou ação civil pública em face das concessionárias do serviço de transporte, para que se vissem obrigadas a não cumprir a lei estadual. Incidentalmente, o Parquet pleiteou a declaração incidente da inconstitucionalidade do diploma, na medida em que, sob sua compreensão, discriminava os consumidores a partir do sexo, trazendo injustificado privilégio às mulheres.

O pedido formulado na ação, contudo, foi julgada improcedente em 1.º grau de jurisdição. Interposto recurso pelo Ministério Público, em 20 de julho de 2009 o órgão especial do TJRJ, à unanimidade, julgou improcedente a arguição de inconstitucionalidade.

Pertinente, em nosso sentir, a crítica lançada por Bruno Barata Magalhães, para quem "o diploma 4.733/2006 jamais deveria ser combatido pelo Parquet, haja vista não estar tal lei estadual criando privilégios, mas sim suprindo uma lacuna ao garantir direitos das mulheres que não vinham sendo respeitados, já que, fragilizadas pela quantidade de abusos cometidos por homens, fato notório publicado por todos os veículos de comunicação, ficam 'abandonadas', seja pela Administração Pública, quando não há força policial a fim de coibir tais práticas, seja pela iniciativa privada, quando não disponibiliza seguranças particulares para realizar tal tarefa".[13]

Unidade móvel

No Estado do Rio de Janeiro, notícia veiculada pelo Jornal do Brasil, em sua edição de 11 de junho de 2015, dá conta da criação de uma unidade móvel do Juizado de Violência Doméstica e Familiar Contra a Mulher, no Fórum de Campos, no Norte fluminense. Consiste em um ônibus, com a presença de juízes, promotoras, defensoras públicas, psicólogas, assistentes sociais e agentes da Polícia Civil, que circulará pelas áreas rurais daquele Estado, nas quais se verifiquem maior incidência da prática de crimes contra mulheres. Uma vez atendida, poderá a vítima registrar sua ocorrência e, dependendo do caso concreto, ser aplicada, de pronto, a seu agressor, alguma medida protetiva.

Comissão Permanente Mista de Combate à Violência contra a Mulher

Por meio da Resolução 1/2014, de 17 de janeiro de 2014, foi criada no Congresso Nacional a Comissão Permanente Mista de Combate à Violência contra a Mulher, composta por 27 deputados federais e 10 senadores, com mandato de dois anos. Essa comissão terá por atribuições: 1) diagnosticar as lacunas existentes nas ações e serviços da Seguridade Social e na prestação de segurança pública e jurídica às mulheres vítimas de violência; 2) apresentar propostas para consolidar a Política Nacional de Enfrentamento à Violência contra as Mulheres; 3) realizar audiências públicas; 4) solicitar depoimento de autoridades públicas e cidadãos; e 5) promover intercâmbio internacional para o aperfeiçoamento Legislativo.

---

13 Reserva de espaço exclusivo para mulheres em trens e metrôs. A constitucionalidade da Lei estadual n. 4.733/2006. Disponível em: [www.jusnavigandi.com.br]. Acesso em: 07.06.2012.

Benefício de Prestação Continuada (BPC)

Tem trâmite na Câmara Federal o projeto de lei que altera a Lei Orgânica da Assistência Social (Lei 8.742/1993), para instituir o Benefício de Prestação Continuada (BPC), pago pela Previdência Social em favor da mulher vítima de violência doméstica ou familiar que não reúna condições de se manter financeiramente. Segundo o projeto, uma vez instaurado processo-crime contra o agressor, o benefício será concedido pelo período em que ficar comprovado, pelo juiz, a situação de violência.

Cartilha

Em iniciativa do Tribunal de Justiça do Estado de São Paulo e da Escola Paulista da Magistratura, foi lançada a cartilha "A Lei Maria da Penha e a Atitude para a Paz". Trata-se de material que, de forma clara e objetiva, visa a esclarecer os princípios contidos na lei, orientando quanto às formas de violência e os mecanismos de proteção postos à disposição das vítimas. A cartilha é distribuída gratuitamente a todos os segmentos da sociedade através de solicitação pelo *e-mail* spvioldom@tjsp.jus.br. Já a versão *online* pode ser acessada clicando-se no *Google*o título da cartilha.

Política Nacional de Atenção às Mulheres em Situação de Privação de Liberdade e Egressas do Sistema Prisional

Por meio da Portaria Interministerial 210, de 16 de janeiro de 2014, foi instituída a *Política Nacional de Atenção às Mulheres em Situação de Privação de Liberdade e Egressas do Sistema Prisional*, "com o objetivo de reformular as práticas do sistema prisional brasileiro, contribuindo para a garantia dos direitos das mulheres, nacionais e estrangeiras" (art. 1.º). Essa iniciativa tem, como um de seus objetivos, a prevenção de todos os tipos de violência contra mulheres em situação de privação de liberdade, em cumprimento aos instrumentos nacionais e internacionais ratificados pelo Estado Brasileiro. Visa, ademais, à "humanização das condições do cumprimento da pena, garantindo o direito à saúde, educação, alimentação, trabalho, segurança, proteção à maternidade e à infância, lazer, esportes, assistência jurídica, atendimento psicossocial e demais direitos humanos" (inc. IV do art. 2.º).

INSS e ação regressiva

O INSS tem ajuizado ações regressivas contra agressores em situação de violência doméstica, a fim de se ver ressarcido do pagamento que efetua em prol das respectivas vítimas. Suponha-se, assim, que por conta da agressão, a ofendida passe a receber benefício previdenciário (auxílio-doença, auxílio-acidente ou aposentadoria por invalidez), ou, em caso de morte, seus sucessores percebam pensão por morte. Uma vez deflagrado inquérito policial ou processo-crime, antes mesmo de eventual condenação, a autarquia vem promovendo ações regressivas, com base no art. 120 da Lei 8.213/1991, ação que, segundo lição de Cirlene Luiza Zimmerman, "é aquela que tem por objeto o ressarcimento ao INSS de despesas previdenciárias determinadas pela ocorrência de atos ilícitos, sendo ressarcíveis os pagamentos relativos aos benefícios por incapacidade e de pensão por morte, bem como aqueles decorrentes do custeio do programa de reabilitação profissional".[14]

---

14 *A condenação em sede de ação regressiva previdenciária ao ressarcimento de benefícios futuros de espécies distintas não viola o princípio da sentença certa.* Revista da Advocacia-Geral da União, n. 40, p. 149, abr.-jun. 2014.

Ao que parece ter sido a primeira decisão nesse sentido, proferida em 23 de agosto de 2013, o juiz Bruno César Bandeira Apolinário, da 3.ª Vara da Justiça Federal de Brasília, condenou um homem que matara a esposa a ressarcir em favor da autarquia a quantia de R$ 156 mil, destacando que "o INSS e a coletividade não podem arcar com o custo da pensão por morte. Isso porque se o réu não tivesse cometido ato ilícito, não haveria a necessidade de concessão do benefício, além do que a Previdência Social não possui a finalidade de abarcar quaisquer contingências provenientes de ilegalidade, ainda que a lei não exclua casos de ilicitude de sua cobertura".

Art. 4º Na interpretação desta Lei, serão considerados os fins sociais [1]a que ela se destina e, especialmente, as condições peculiares [2]das mulheres em situação de violência doméstica e familiar.

Fins sociais

Ao ressaltar que o intérprete da lei deve levar em conta os fins sociais, o legislador tomou de empréstimo ideia contida na Lei de Introdução às normas do Direito Brasileiro (Dec.-lei 4.657/42), que em seu art. 5.º dispõe que "na aplicação da lei, o juiz atenderá aos fins sociais a que ela se dirige (...)".

Trata-se da chamada interpretação sociológica, cujo método se baseia na adaptação do sentido da lei às realidades sociais, cabendo ao intérprete acompanhar as mudanças que o cercam, os impactos que tais alterações causam na sociedade, enfim, conferir à norma um significado que a insira no contexto em que concebida.

Precioso voto do Ministro Sálvio de Figueiredo, do STJ, ensina que "a vida, enfatizam os filósofos e sociólogos, e com razão, é mais rica que nossas teorias. A jurisprudência, com o aval da doutrina, tem refletido as mudanças do comportamento humano no campo do direito de família. Como diria o notável De Page, o juiz não pode quedar-se surdo às exigências do real e da vida. O direito é uma norma essencialmente viva. Está ele destinado a reger homens, isto é, seres que se movem, pensam, agem, mudam, se modificam. O fim da lei não deve ser a imobilização ou a cristalização da vida, e sim manter contato íntimo com esta, segui-la em sua evolução e adaptar-se a ela (...). Em outras palavras, a interpretação das leis não deve ser formal, mas sim, antes de tudo, real, humana, socialmente útil".[15]

Não que se pretenda, com isso, negar a importância da chamada interpretação gramatical ou filológica, que toma por base o significado da palavra contida na lei ou sua função gramatical. Tem ela sua relevância e se constitui, mesmo, no primeiro passo para a interpretação da lei. Mas não é suficiente. De sorte que, a simples análise do alcance da palavra, insulada do contexto em que foi produzida, sem se atentar ao espírito da norma, induz a uma interpretação defeituosa, fincada na velha afirmação de que o texto claro prescinde de interpretação, sintetizada no brocardo latino segundo o qual *in claris cessat interpretatio*.

Foi longe o tempo em que, por ilusão, se entendia que o legislador tudo podia prever e, com isso, ao juiz nada mais restava senão, como verdadeiro matemático, aplicar a lei. O Código da Baviera, de 1812, chegava a proibir o juiz de interpretar a lei. À época do Código

15 *RSTJ* 129/364.

de Napoleão, o civilista não ensinava o direito civil a seus alunos, mas sim o Código. Aliás, o direito civil era o próprio *Code*.

Essa falsa impressão, atualmente, não mais sobrevive, cabendo ao intérprete, assim, adequar a norma aos dias em que vive. Preso a valores éticos ou religiosos, incorreria em enorme equívoco o juiz que, por exemplo, deixasse de reconhecer, nos tempos modernos, a existência de relacionamentos homossexuais a exigirem a proteção da lei. Eles sempre existiram. Mas a necessidade de sua tutela, hoje, é muito maior do que era há cinquenta anos, em face do surgimento de novos direitos, novas relações e novas realidades inconcebíveis àquela época.

É com esse espírito, desarmado, despido de preconceitos, livre de fetichismos e atento à realidade que o cerca, que deve o intérprete, em nosso entendimento, enfrentar os desafios propostos pela lei.

Claro que vez ou outra, decisões esdrúxulas, alheias à situação da mulher e aos fatos que a cercam, produzirão enorme perplexidade, na medida em que vão de encontro ao próprio objetivo da lei, interpretando-a, exatamente, em desfavor daquela que mereceu maior proteção do legislador.

É o que se viu de uma decisão oriunda da Comarca de Sete Lagoas, na qual o Magistrado definiu a Lei Maria da Penha (a quem qualifica como monstrengo tinhoso), como "um conjunto de regras diabólicas". Dentre outros argumentos apresentados por ele, concluiu que "a desgraça humana começou no Éden: por causa da mulher, todos nós sabemos, mas também em virtude da ingenuidade, da tolice e da fragilidade emocional do homem (...). O mundo é masculino! A ideia que temos de Deus é masculina! Jesus foi homem!". E arremata: "mulher moderna, dita independente, que nem de pai para seus filhos precisa mais, a não ser dos espermatozoides".

A mencionada decisão deu origem a um processo administrativo junto ao Conselho Nacional de Justiça, instalado no dia 20 de novembro de 2007, por iniciativa de seu corregedor-geral e ministro do STJ, Cesar Asfor Rocha, após provocação da Assembleia do Estado de Minas Gerais. Embora sem atribuição para julgar o mérito da decisão, pois o CNJ não possui competência recursal, entendeu-se que o excesso de linguagem empregado pelo Magistrado, com alusões desnecessárias a temas diversos, ora descontextualizados, na maioria das vezes preconceituosos mesmo, merecia uma apuração mais aprofundada.

Em decisão proferida em 9 de novembro de 2010, o Conselho Nacional de Justiça, por maioria de votos (9 a 6), determinou a suspensão do Magistrado do exercício de suas funções pelo prazo de dois anos. Contra tal decisão, ele impetrou Mandado de Segurança perante o STF (MS 30320), tendo o relator, Ministro Marco Aurélio, concedido liminar para suspender a execução da decisão proferida pelo CNJ. Segundo o Ministro relator, as considerações foram tecidas de forma abstrata, sem individualizar-se este ou aquele cidadão. "É possível que não se concorde com premissas da decisão proferida, com enfoques na seara das ideias, mas isso não se resolve afastando o magistrado dos predicados próprios à atuação como ocorre com a disponibilidade", destacou na decisão liminar:

O TJMG, de forma sistemática, reformou as diversas decisões de 1.º grau proferidas pelo mesmo juiz. Um dos julgados se encontra transcrito abaixo. **A propósito, segundo o enunciado da Súmula 589, do STJ, "e inaplicável o princípio da insignificância nos crimes ou contravenções penais praticados contra a mulher no âmbito das relações domésticas".**

Condições peculiares das mulheres em situação de violência doméstica

A mulher, em situação de violência doméstica, vê-se, em regra, desvalorizada (desprestigiada) no seu (árduo) trabalho doméstico, agredida nesse mesmo espaço sem ter a quem socorrer, pois, muitas vezes, depende do agressor, seja afetiva, familiar ou financeiramente. Na aplicação da lei cabe ao intérprete, necessariamente, voltar os olhos para essa realidade. Com isso, argumentos relativos à inconstitucionalidade do novo estatuto – diga-se, respeitáveis – são mais facilmente afastados ou, pelo menos, melhor enfrentados.

TÍTULO II

DA VIOLÊNCIA DOMÉSTICA E FAMILIAR CONTRA A MULHER

CAPÍTULO I

DISPOSIÇÕES GERAIS

Art. 5º Para os efeitos desta Lei, configura violência doméstica e familiar contra a mulher qualquer ação ou omissão baseada no gênero que lhe cause morte, lesão, sofrimento físico, sexual ou psicológico e dano moral ou patrimonial:

I – no âmbito da unidade doméstica, compreendida como o espaço de convívio permanente de pessoas, com ou sem vínculo familiar, inclusive as esporadicamente agregadas;

II – no âmbito da família, compreendida como a comunidade formada por indivíduos que são ou se consideram aparentados, unidos por laços naturais, por afinidade ou por vontade expressa;

III – em qualquer relação íntima de afeto, na qual o agressor conviva ou tenha convivido com a ofendida, independentemente de coabitação.

Parágrafo único. As relações pessoais enunciadas neste artigo independem de orientação sexual.

Violência doméstica: conceito

Conforme já alertamos anteriormente (art. 1.º), como forma de driblar a conclusão pela inconstitucionalidade da lei, definimos violência doméstica como sendo a agressão contra mulher, num determinado ambiente (doméstico, familiar ou de intimidade), com finalidade específica de objetá-la, isto é, dela retirar direitos, aproveitando da sua hipossuficiência.

Apesar de alguns preconizarem a necessidade da habitualidade, não nos parece correto, considerando não somente o espírito dos tratados, mas do próprio legislador pátrio ao tipificar como violência doméstica "qualquer ação ou omissão"; aliás, exigir habitualidade é admitir que o Estado deva tolerar, antes de agir, uma agressão.

Âmbito da unidade doméstica

Agressão no âmbito da unidade doméstica compreende aquela praticada no espaço caseiro, envolvendo pessoas com ou sem vínculo familiar, inclusive as esporadicamente agregadas, integrantes dessa aliança (insere-se, na hipótese, a agressão do patrão em face da empregada).

Com efeito, segundo Fabrício da Mota Alves, assessor parlamentar do Senado, com a experiência, portanto, de quem acompanhou a discussão legislativa travada no Parlamento, "essa definição abrange, inclusive, os empregados domésticos, ou seja, os 'esporadicamente agregados' – assunto, aliás, muito debatido no Congresso Nacional. O termo 'esporadicamente' aqui dá uma noção de relacionamento provisório, típica da relação de emprego doméstico".[16]

É também a impressão de Damásio de Jesus e Hermelino de Oliveira, quando destacam que "não se pode afirmar que essas normas foram expressas visando à proteção da empregada doméstica. De ver-se, entretanto, que não se pode dizer que a excluíram de sua incidência, até porque o mandamento constitucional proíbe a violência no âmbito das relações familiares. A questão é saber se a empregada doméstica insere-se nesse contexto, uma vez que a nova lei ordinária delimita o campo da sua incidência como sendo o 'espaço de convívio permanente de pessoas, com ou sem vínculo familiar, inclusive as esporadicamente agregadas' (...) Para que se possa opinar sobre a questão proposta, é também necessário relembrar o conceito legal de empregado doméstico como sendo 'aquele que presta serviços de natureza contínua e de finalidade não lucrativa à pessoa ou à família no âmbito residencial destas' (art. 1.º da Lei 5.859, de 11 de dezembro de 1972). Essa prestação de serviços no seio das famílias e no ambiente residencial é que justifica o tratamento legal dado à relação de trabalho doméstico e sua forma de proteção (...). A propósito, os escritores nunca desprezaram os empregados domésticos. No passado, encontramos a figura do mordomo fiel, que muito se prestou a tantas peças literárias, sendo, amiúde, a chave do deslinde de histórias policiais misteriosas. Hoje, diante das transformações da família e da vida moderna, a figura da empregada da casa passou a ser objeto de peças teatrais, algumas de muito sucesso, aparecendo como protagonista principal do enredo, tal o seu envolvimento com a vida das pessoas da residência. De se concluir, pois, que ela merece a proteção da Lei 11.340/2006".[17]

Âmbito da família

A violência no âmbito da família engloba aquela praticada entre pessoas unidas por vínculo jurídico de natureza familiar, podendo ser conjugal, em razão de parentesco (em linha reta e por afinidade), ou por vontade expressa (adoção). A propósito, o Enunciado 2, do Fonavid (Fórum Nacional de Juízes de Violência Doméstica e Familiar contra a Mulher), prevê *in verbis:* "Inexistindo coabitação ou vínculo de afeto entre agressor(a) e ofendida, deve ser observado o limite de parentesco estabelecido pelos artigos 1.591 a 1.595 do Código Civil, quando a invocação da proteção conferida pela Lei 11.340/2006 decorrer exclusivamente das relações de parentesco".

Como adverte Henrique Klassmann Wendland, "devem ser consideradas como 'famílias', igualmente, as anaparentais, formadas apenas por irmãos, as famílias paralelas, que ocorrem quando o homem, normalmente, mantém duas ou mais famílias e as homoafetivas, que são formadas por pessoas do mesmo sexo. Estas estão, igualmente, tuteladas no conceito constitucional de 'família', e são merecedoras das mesmas proteções estatais. Outro fator importante é que para ser considerado do gênero feminino não necessariamente deve se tratar de sujeito

---

16 *Lei Maria da Penha: das discussões à aprovação de uma proposta concreta de combate à violência doméstica e familiar contra a mulher.* Disponível em: [http://jus.com.br/revista/texto/8764/lei-maria-da-penha]. Acesso em 27.07.2012.

17 *A empregada doméstica e a Lei Maria da Penha.* Disponível em: [www2.mp.pr.gov.br/cpdignid/telas/cep_b16_04.html]. Acesso em: 27.07.2012. Deve ser lembrado, ainda, que *a LC 150/2015, que dispõe sobre o contrato de trabalho doméstico, estabelece, no art. 27, parágrafo único, VII, a possibilidade de rescisão por culpa do empregador quando este* praticar qualquer das formas de violência contra mulheres de que trata o art. 5.º da Lei 11.340/2006.

mulher, mas de qualquer sujeito que com este gênero se identifique, e na posição deste gênero esteja em relações de poder, assim, lésbicas, transexuais, travestis e transgêneros, que tenham identidade social com o sexo feminino estão ao abrigo da Lei Maria da Penha".[18]

Qualquer relação íntima de afeto

A lei é clara ao assegurar a proteção da vítima ainda que não coabite, isto é, viva sob o mesmo teto de seu agressor. Nesse sentido, aliás, o teor da Súmula n. 600 do Superior Tribunal de Justiça, *in verbis*: "Para configuração da violência doméstica e familiar prevista no artigo 5º da Lei 11.340/2006, Lei Maria da Penha, não se exige a coabitação entre autor e vítima".

Orientação sexual

Notável a inovação trazida pela lei neste dispositivo legal, ao prever que a proteção à mulher, contra a violência, independe da orientação sexual dos envolvidos. Vale dizer, em outras palavras, que também a mulher homossexual, quando vítima de ataque perpetrado pela parceira, no âmbito da família – cujo conceito foi nitidamente ampliado pelo inc. II, deste artigo, para incluir também as relações homoafetivas – encontra-se sob a proteção do diploma legal em estudo.

Conforme bem anotado pela Des. Maria Berenice Dias, do TJRS, "no momento em que é afirmado que está sob o abrigo da lei a mulher, sem se distinguir sua orientação sexual, alcançam-se tanto lésbicas como travestis, transexuais e transgêneros que mantêm relação íntima de afeto em ambiente familiar ou de convívio. Em todos esses relacionamentos, as situações de violência contra o gênero feminino justificam especial proteção".[19]

A inovação merece aplausos em vista da timidez normativa que reinava sobre o tema em nosso País. Assim, a Constituição vê a unidade familiar, basicamente, sob três ângulos, todos tratados no art. 226: aquela decorrente do casamento (§§ 1.º e 2.º), da união estável (§ 3.º) e da entidade monoparental (formada por um dos pais e os filhos, mencionada no § 4.º). A Constituição cidadã deixa claro, ainda, que casamento, família, entidade familiar, são conceitos privativos da união entre homem e mulher (§§ 3.º e 5.º), não concebendo, nem de longe, a possibilidade de qualquer união entre pessoas do mesmo sexo.

O Código Civil de 2002 que, sensível à realidade fática, poderia ter avançado no trato da questão, optou pela manutenção do conservadorismo, ao dispor em seu art. 1.723 que, "é reconhecida como entidade familiar a união estável entre o homem e a mulher, configurada na convivência pública, contínua e duradoura e estabelecida com o objetivo de constituição de família".

Interessante anotar que, nesse tema, o administrador andou à frente do legislador ao reconhecer o direito do homossexual em receber indenização decorrente de morte no trânsito. Com efeito, dispõe a Circular 257, de 21 de junho de 2004, da Superintendência de Seguros Privados (Órgão do Ministério da Fazenda), que "o companheiro ou companheira homossexual

---

18 *Fundamentos conceituais e hermenêuticos para aplicação da Lei Maria da Penha*. Disponível em: [www.ambito-juridico.com.br/site/?n_link=revista...leitura...id] e [www.conteudojuridico.com.br/artigo,fundamentos-conceituais-e-hermeneuticos-para-aplicacao-da-lei-maria-da-penha,35315.html]. Acesso em: 15.05.2015.

19 *Violência doméstica e as uniões homoafetivas*. Disponível em: [www.jusnavigandi.com.br]. Acesso em: 22.11.2006.

fica equiparado ao companheiro ou companheira heterossexual na condição de dependente preferencial da mesma classe, com direito à percepção da indenização referente ao seguro DPVAT, em caso de morte do outro (...)" (art. 1.º).

Mas como a omissão legislativa não se presta de justificativa para que o juiz deixe de julgar (art. 4.º da LINDB) e tampouco para esconder uma realidade que é palpável, cabe à jurisprudência, baseada nas decisões de primeiro grau – sempre mais próxima dos fatos e sensível às inovações – o papel de reconhecer uma série de direitos em prol dos homossexuais. Dentre eles, poderíamos destacar: (a) admissão da união homoafetiva como verdadeira "entidade familiar" e não como mera "sociedade de fato"; (b) direito à herança deixada pelo companheiro homossexual; (c) deferimento de pedido de adoção em favor de casal homossexual; (d) direito à inclusão de companheiro homossexual em plano de saúde; (e) direito do homossexual à percepção de benefício previdenciário junto ao INSS, decorrente da morte de parceiro; (f) direito de homossexual em autorizar a doação de órgãos do parceiro falecido; (g) concessão de visto temporário para permanecer no país em favor de estrangeira que mantém união estável com brasileira; (h) competência da Vara da Família para julgamento da dissolução de sociedade de fato mantida entre pessoas do mesmo sexo; (i) acolhimento de pedido formulado por pessoa que se submeteu a cirurgia de retirada de órgão sexual masculino, para que seja alterado o nome e, inclusive, o sexo, no registro civil, por meio do respectivo pedido de retificação.

Também, os Tribunais Superiores, em decisões ousadas e sensíveis à realidade inegável que cerca a todos, vêm reconhecendo esses direitos que independem da orientação sexual de seus titulares. Destaca-se, nessa linha, importante julgado do STF, no qual foi relator o Ministro Celso de Mello, que assim se posicionou: "O convívio de pessoas do mesmo sexo ou de sexos diferentes, ligadas por laços afetivos, sem conotação sexual, cabe ser reconhecido como entidade familiar. Presentes os requisitos de vida em comum, coabitação, mútua assistência, é de se concederem os mesmos direitos e se imporem iguais obrigações a todos os vínculos de afeto que tenham idênticas características".[20] Lembre-se, ainda nesse sentido, do julgamento, pelo STF, da ADIn 4.277 (ADPF 132), em 5 de maio de 2011, que tornou obrigatório o reconhecimento, em nosso país, da união estável entre pessoas do mesmo sexo, desde que atendidos os requisitos exigidos pelo art. 1.723 do Código Civil.

A lei em estudo, portanto, de forma até então inédita em nosso arcabouço normativo, prevê que as medidas nela previstas, de caráter penal e civil, aplicam-se, também, às uniões homossexuais entre mulheres, permitindo inclusive, em nosso entendimento, que se determine, por exemplo, o afastamento do lar da agressora (art. 22, II), a restrição de visitas ao filho eventualmente adotado (por analogia ao art. 22, IV), a fixação de alimentos (art. 22, V) etc.

Novo conceito de família

Em virtude da inovação trazida pela lei, já se afirma que, a partir dela, o conceito de "família" experimentou profunda alteração, não mais se admitindo interpretações baseadas em diplomas legais agora já revogados, tacitamente, pelo estatuto novel.

20 Medida cautelar em ADIn 3.300-0-DF, requerida pela Associação de Incentivo à Educação e Saúde de São Paulo e outro. Observamos que a ADIn 3.300-DF foi extinta, pois tinha por objeto norma revogada, segundo consta da decisão do relator (*DO* 09.02.2006).

É a posição de Maria Berenice Dias, ao assinalar que "no momento em que as uniões de pessoas do mesmo sexo estão sob a tutela da lei que visa a combater a violência doméstica, isso significa, inquestionavelmente, que são reconhecidas como uma família, estando sob a égide do direito de família. Não mais podem ser reconhecidas como sociedades de fato, sob pena de se estar negando vigência à lei federal. Consequentemente, as demandas não devem continuar tramitando nas varas cíveis, impondo-se sua distribuição às varas de família. Diante da definição de entidade familiar, não mais se justifica que o amor entre iguais seja banido do âmbito da proteção jurídica, visto que suas desavenças são reconhecidas como violência doméstica".[21]

Mesmo antes do advento da lei, esse já era o posicionamento de Sérgio Resende de Barros, ao afirmar que "o afeto é que conjuga. Apesar de a ideologia da família parental de origem patriarcal pensar o contrário, não é requisito indispensável para haver família que haja homem e mulher, pai e mãe".[22]

A impossibilidade de geração de prole, como fator que impediria a caracterização de verdadeira "família", é refutada por Paulo Luiz Netto Lôbo: "O argumento da impossibilidade de filiação não se sustenta, pelas seguintes razões: (a) a família sem filhos é família tutelada constitucionalmente; (b) a procriação não é finalidade indeclinável da família constitucionalizada; (c) a adoção permitida a qualquer pessoa, independentemente do estado civil (art. 42 do ECA), não impede que a criança se integre à família, ainda que o parentesco civil seja apenas com um dos parceiros".[23]

Como salientam Iglesias Fernanda de Azevedo Rabelo e Rodrigo Viana Saraiva, "aceitar novos modelos familiares não significa dizer que a família será destruída. Conceber apenas a família nuclear composta pelo casal heterossexual e filhos como o único modelo de família aceitável, é incompatível com a natureza afetiva da família. A noção de família como núcleo de afetividade e base da sociedade deve ser encarada, como de fato é, como um fator cultural. E, dessa maneira, a legislação deve acompanhar a evolução da sociedade e, consequentemente, dos arranjos familiares".[24]

Vale mencionar, em acréscimo, a Conclusão 3, do Curso de Direito de Família e Sucessões promovido pelo Tribunal de Justiça de São Paulo, *in verbis:* "O art. 226, § 3.º, da CF/1988, não estabelece rol taxativo de entidades familiares, admitindo, ao contrário, uma pluralidade de modelos de família, cuja legitimidade e tutela jurídica se subordinam à capacidade, *in concreto*, para a realização da pessoa humana".[25]

Em síntese, a questão está colocada e o debate proposto à doutrina e jurisprudência pátrias.

---

21 *Violência doméstica e as uniões homoafetivas.* Disponível em: [http://jus.com.br/revista/texto/8985/violencia-domestica-e-as-unioes-homoafetivas]. Acesso em: 27.07.2012.

22 A ideologia do afeto. *Revista Brasileira de Direito de Família, n.* 14, p. 9, Porto Alegre, Editora Síntese, jul.-set. 2002.

23 Entidades familiares constitucionalizadas: para além do *numerus clausus. Revista Brasileira de Direito de Família,* n. 12, p. 40, Porto Alegre, Editora Síntese, jan.-mar. 2002.

24 *A Lei Maria da Penha e o reconhecimento legal da evolução do conceito de família.* Disponível em: [http://jus.com.br/revista/texto/8911/a-lei-maria-da-penha-e-o-reconhecimento-legal-da-evolucao-do-conceito-de-familia]. Acesso em: 27.07.2012.

25 Trata-se da Conclusão 3, do dia 02.06.2006, ministrada pelo Dr. Gustavo Tepedino, sob o tema "A família na ordem constitucional vigente". O curso foi realizado entre 02.06.2006 e 28.07.2006, promovido pela Escola Paulista da Magistratura, sob a coordenação do Des. Benedito Silvério Ribeiro. Disponível em: [www.epm.org.br].

Art. 6º A violência doméstica e familiar contra a mulher constitui uma das formas de violação dos direitos humanos.

VIOLAÇÃO DOS DIREITOS HUMANOS

Pareceu-nos, mais uma vez, desnecessária essa observação. Claro que a violência, qualquer que seja, representa um atentado aos direitos humanos. Mas isso quer seja a vítima homem ou mulher. Aliás, a Declaração Universal dos Direitos Humanos, de 1948, foi incisiva ao alertar que "toda pessoa tem capacidade para gozar os direitos e as liberdades estabelecidos nesta Declaração, sem distinção de qualquer espécie, seja de raça, cor, sexo, língua, religião, opinião política ou de outra natureza, origem nacional ou social, riqueza, nascimento, ou qualquer outra condição" (art. 2.º, item 1). De sorte que, para configurar um atentado aos direitos humanos, basta que...seja humano o ofendido. Irrelevante, aqui, o sexo da vítima, importando em verdadeiro exagero a inserção desse dispositivo. Nesse sentido, aliás, o art. 2.º da lei.

A menos que o objetivo seja permitir o deslocamento da competência do julgamento para a Justiça Federal. Explicamos: O art. 109, V-A, da CF/1988 (com a redação dada pela EC 45/2004), prevê que as causas relativas a direitos humanos sejam julgadas pela Justiça Federal. Para tanto, é preciso que o Procurador-Geral da República provoque um incidente de deslocamento de competência, "com a finalidade de assegurar o cumprimento de obrigações decorrentes de tratados internacionais de direitos humanos dos quais o Brasil seja parte", nos termos do § 5.º, do mencionado dispositivo constitucional.

Vale dizer, os crimes tratados nesta lei são, a princípio, de competência da justiça estadual, mas porque etiquetados como "formas de violação dos direitos humanos", podem ensejar, eventualmente, o deslocamento da competência para a Justiça Federal mediante iniciativa do chefe do *parquet* federal. Daí a cautela do legislador quanto à adjetivação da violência doméstica e familiar perpetrada contra a mulher.

CAPÍTULO II
DAS FORMAS DE VIOLÊNCIA DOMÉSTICA E FAMILIAR CONTRA A MULHER

Art. 7º São formas de violência doméstica e familiar contra a mulher, entre outras:

I – a violência física, entendida como qualquer conduta que ofenda sua integridade ou saúde corporal;

II - a violência psicológica, entendida como qualquer conduta que lhe cause dano emocional e diminuição da autoestima ou que lhe prejudique e perturbe o pleno desenvolvimento ou que vise degradar ou controlar suas ações, comportamentos, crenças e decisões, mediante ameaça, constrangimento, humilhação, manipulação, isolamento, vigilância constante, perseguição contumaz, insulto, chantagem, violação de sua intimidade, ridicularização, exploração e limitação do direito de ir e vir ou qualquer outro meio que lhe cause prejuízo à saúde psicológica e à autodeterminação;

III – a violência sexual, entendida como qualquer conduta que a constranja a presenciar, a manter ou a participar de relação sexual não desejada, mediante intimidação, ameaça, coação ou uso da força; que a induza a comercializar ou a utilizar, de qualquer modo, a sua sexualidade, que a impeça de usar qualquer método contraceptivo ou que a force ao matrimônio, à gravidez, ao aborto ou à prostituição, mediante coação, chantagem, suborno ou manipulação; ou que limite ou anule o exercício de seus direitos sexuais e reprodutivos;

IV – a violência patrimonial, entendida como qualquer conduta que configure retenção, subtração, destruição parcial ou total de seus objetos, instrumentos de trabalho, documentos pessoais, bens, valores e direitos ou recursos econômicos, incluindo os destinados a satisfazer suas necessidades;

V – a violência moral, entendida como qualquer conduta que configure calúnia, difamação ou injúria.

VIOLÊNCIA FÍSICA

Violência física é o uso da força, mediante socos, tapas, pontapés, empurrões, arremesso de objetos, queimaduras etc., visando, desse modo, ofender a integridade ou a saúde corporal da vítima, deixando ou não marcas aparentes, naquilo que se denomina, tradicionalmente, *vis corporalis*. São condutas previstas, por exemplo, no Código Penal, configurando os crimes de lesão corporal e feminicídio (arts. 129 e 121, § 2.º, VI), e mesmo na Lei das Contravenções Penais, como a vias de fato (art. 21). Como lembram Mônica de Melo e Maria Amélia de Almeida Teles, "importante destacar que a prática da violência de gênero é transmitida de geração a geração tanto por homens como por mulheres. Basicamente, tem sido o primeiro tipo de violência em que o ser humano é colocado em contato direto. A partir daí, as pessoas aprendem outras práticas violentas. E ela torna-se de tal forma arraigada no âmbito das relações humanas que é vista como se fosse natural, como se fizesse parte da natureza humana. A sociedade legitima tais condutas violentas e, ainda nos dias de hoje, é comum ouvir que as "mulheres gostam de apanhar". Isso dificulta a denúncia e a implantação de processos preventivos que poderão desarraigar por fim a prática da violência de gênero. A erradicação da violência social e política passa necessariamente pelo fim da violência de gênero, que, sem dúvida, dá origem aos demais tipos de violência".[26]

FEMINICÍDIO

A Lei 13.104/15 inseriu o inciso VI para incluir no art. 121 o feminicídio, entendido como a morte de mulher em razão da condição do sexo feminino (leia-se, violência de gênero quanto ao sexo). A incidência da qualificadora reclama situação de violência praticada contra a mulher, em contexto caracterizado por relação de poder e submissão, praticada por homem ou mulher sobre mulher em situação de vulnerabilidade[27].

---

26 *O que é violência contra a mulher*. São Paulo: Brasilense, 2003. p. 24.

27 O STJ admitiu a aplicação da Lei Maria da Penha (11.340/06) numa agressão contra mulher praticada por outra mulher (relação entre mãe e filha).Isso porque, de acordo com o art. 5º da Lei 11.340/2006, configura violência doméstica e familiar contra a mulher qualquer ação ou omissão baseada no gênero que lhe cause morte, lesão, sofrimento físico, sexual ou psicológico e dano moral ou patrimonial em qualquer relação íntima de afeto, na qual o agressor conviva ou tenha convivido com a ofendida, independentemente de coabitação. Da análise do dispositivo citado, infere-se que o objeto de tutela da Lei é a mulher em situação de vulnerabilidade, não só em relação ao cônjuge ou companheiro, mas também qualquer outro familiar ou pessoa que conviva com a vítima, independentemente do gênero do agressor. Nessa mesma linha, entende a jurisprudência do STJ que o sujeito ativo do crime pode ser tanto o homem como a mulher, desde que esteja presente o estado de vulnerabilidade caracterizado por uma relação de poder e submissão (HC 277.561/AL, Rel. Min. Jorge Mussi, julgado em 6/11/2014).

Com a novel Lei, o feminicídio passa a configurar a sexta forma qualificada do crime de homicídio.

Antes da Lei 13.104/15, esta forma do crime já qualificava o homicídio, mas pela torpeza, sendo igualmente rotulada como hedionda. A mudança, portanto, foi meramente topográfica, migrando o comportamento delituoso do art. 121, § 2º., I, para o mesmo parágrafo, mas no inciso VI. A virtude dessa alteração está na simbologia, isto é, no alerta que se faz da necessidade de se coibir com mais rigor a violência contra a mulher em razão da condição do sexo feminino. Temos decisão recente do STJ em sentido contrário, argumentando ser possível a coexistência das qualificadoras do motivo torpe e do feminicídio, pois não têm a mesma natureza: enquanto a primeira é subjetiva, esta última é dotada de índole objetiva:

> "Sobre o assunto, Guilherme de Souza Nucci, ao tratar do feminicídio esclarece que se trata de 'uma qualificadora objetiva, pois se liga ao gênero da vítima: ser mulher", advertindo que "o agente não mata a mulher somente porque ela é mulher, mas o faz por ódio, raiva, ciúme, disputa familiar, prazer, sadismo, enfim, por motivos variados que podem ser torpes ou fúteis; podem, inclusive, ser moralmente relevantes', não se descartando, 'por óbvio, a possibilidade de o homem matar a mulher por questões de misoginia ou violência doméstica; mesmo assim, a violência doméstica e a misoginia proporcionam aos homens o prazer de espancar e matar a mulher, porque esta é fisicamente mais fraca', tratando-se de 'violência de gênero, o que nos parece objetivo, e não subjetivo' (Curso de Direito Penal. Parte Especial. Volume 2. Rio de Janeiro: Forense, 2017, p. 46/47).Na mesma esteira tem se orientado a jurisprudência deste Sodalício, extraindo-se do REsp 1.707.113/MG, de Relatoria do Ministro Felix Fischer, publicado no dia 7.12.2017, que, "considerando as circunstâncias subjetivas e objetivas, temos a possibilidade de coexistência entre as qualificadoras do motivo torpe e do feminicídio. Isso porque a natureza do motivo torpe é subjetiva, porquanto de caráter pessoal, enquanto o feminicídio possui natureza objetiva, pois incide nos crimes praticados contra a mulher por razão do seu gênero feminino e/ou sempre que o crime estiver atrelado à violência doméstica e familiar propriamente dita, assim o animus do agente não é objeto de análise".

O § 2º-A foi acrescentado ao art. 121 para esclarecer quando a morte da mulher deve ser considerada em razão da condição do sexo feminino: I – violência doméstica e familiar; II – menosprezo ou discriminação à condição de mulher[28].

O conceito de violência doméstica e familiar (inciso I) é obtido no art. 5º da Lei 11.340/06.

Note-se que embora a norma explicativa do inciso I contenha a expressão *violência doméstica **e** familiar*, deve ser lida como *violência doméstica **ou** familiar*, pois nada impede que o fato ocorra no âmbito doméstico sem que haja vínculo familiar[29], nem há óbice a que ocorra fora do âmbito doméstico entre familiares. Isso, aliás, decorre da própria definição do art. 5º da Lei

---

28 O esclarecimento, no entanto, além de inútil, causa confusão. Efetivamente, feminicídio, comportamento de que trata a qualificadora, pressupõe violência baseada no gênero, agressões que tenham como motivação a opressão à mulher. É imprescindível que a conduta do agente esteja motivada pelo menosprezo ou discriminação à condição de mulher da vítima. A previsão deste (infeliz) parágrafo, além de repisar pressuposto inerente ao delito, fomenta a confusão entre feminicídio e femicídio. Matar mulher, na unidade doméstica e familiar (ou em qualquer ambiente ou relação), sem menosprezo ou discriminação à condição de mulher é **femicídio**. Se a conduta do agente é movida pelo menosprezo ou discriminação à condição de mulher, aí sim temos **feminicídio**.

29 A Lei Complementar nº 150/15, que dispõe sobre o contrato de trabalho doméstico, estabelece, no art. 27, parágrafo único, inciso VII, a possibilidade de rescisão por culpa do empregador quando este praticar qualquer das formas de violência contra mulheres de que trata o art. 5º da Lei nº 11.340/06.

11.340/06, que se refere expressamente aos crimes cometidos no âmbito da unidade doméstica e no âmbito da família.

No inciso II, que trata do menosprezo e da discriminação à condição de mulher, o tipo se torna aberto, pois compete ao julgador estabelecer, diante do caso concreto, se o homicídio teve como móvel a diminuição da condição feminina. Ao contrário do inciso I, não há nada, senão as circunstâncias do fato, em que seja possível se escorar para verificar se a qualificadora se caracterizou.

Pode figurar como vítima do feminicídio pessoa transexual?

Inicialmente, como bem ressaltam Cristiano Chaves de Farias e Nelson Rosenvald, "o transexual não se confunde com o homossexual, bissexual, intersexual ou mesmo com o travesti. O transexual é aquele que sofre uma dicotomia físico-psíquica, possuindo um sexo físico, distinto de sua conformação sexual psicológica. Nesse quadro, a cirurgia de mudança de sexo pode se apresentar como um modo necessário para a conformação do seu estado físico e psíquico"[30].

Em eventual resposta à indagação inicial, podem ser observadas duas posições: uma primeira, conservadora, entendendo que o transexual, geneticamente, não é mulher (apenas passa a ter órgão genital de conformidade feminina), e que, portanto, descarta, para a hipótese, a proteção especial; já para uma corrente mais moderna, desde que a pessoa portadora de transexualismo transmute suas características sexuais (por cirurgia e modo irreversível), deve ser encarada de acordo com sua nova realidade morfológica, eis que a jurisprudência admite, inclusive, retificação de registro civil. Rogério Greco, não sem razão, explica: "Se existe alguma dúvida sobre a possibilidade de o legislador transformar um homem em uma mulher, isso não acontece quando estamos diante de uma decisão transitada em julgado. Se o Poder Judiciário, depois de cumprido o devido processo legal, determinar a modificação da condição sexual de alguém, tal fato deverá repercutir em todos os âmbitos de sua vida, inclusive o penal"[31]. Nesse sentido, aliás, decidiu o TJ/MG, aplicando a Lei Maria da Penha não apenas para a mulher, mas também transexuais e travestis:

> "Para a configuração da violência doméstica não é necessário que as partes sejam marido e mulher, nem que estejam ou tenham sido casados, já que a união estável também se encontra sob o manto protetivo da lei. Admite-se que o sujeito ativo seja tanto homem quanto mulher, bastando a existência de relação familiar ou de afetividade, não importando o gênero do agressor, já que a norma visa tão somente à repressão e prevenção da violência doméstica contra a mulher. Quanto ao sujeito passivo abarcado pela lei, exige-se uma qualidade especial: ser mulher, compreendidas como tal as lésbicas, os transgêneros, as transexuais e as travestis, que tenham identidade com o sexo feminino. Ademais, não só as esposas, companheiras, namoradas ou amantes estão no âmbito de abrangência do delito de violência doméstica como sujeitos passivos. Também as filhas e netas do agressor como sua mãe, sogra, avó ou qualquer outra parente que mantém vínculo familiar com ele podem integrar o polo passivo da ação delituosa"[32].

A nosso ver, a *mulher* de que trata a qualificadora é aquela assim reconhecida juridicamente[33]. No caso de transexual que formalmente obtém o direito de ser identificado

30 *Direito civil – Teoria geral*, p. 115.

31 *Curso de direito penal*, vol. III, p. 530.

32 HC 1.0000.09.513119-9/000, j. 24.02.2010, rel. Júlio Cezar Gutierrez.

33 A doutrina aponta alguns critérios para definir o que se pode considerar mulher para os efeitos desta qualificadora: a) psicológico: o indivíduo nasce do sexo masculino, mas, psicologicamente, não aceita esta condi-

civilmente como mulher, não há como negar a incidência da lei penal porque, para todos os demais efeitos, esta pessoa será considerada mulher. A proteção especial não se estende, todavia, ao travesti, que não pode ser identificado como pessoa do gênero feminino. Se a Lei Maria da Penha tem sido interpretada extensivamente para que sua rede de proteção se estenda à pessoa que, embora não seja juridicamente reconhecida como mulher, assim se identifique, devemos lembrar que a norma em estudo tem natureza penal, e a extração de seu significado deve ser balizada pela regra de que é vedada a analogia *in malam partem*. E, ao contrário do que ocorre com outras qualificadoras do homicídio em que se admite a interpretação analógica, neste caso não se utiliza a mesma fórmula, nem há espaço para interpretação extensiva, pois não é o caso de ampliar o significado de uma expressão para que se alcance o real significado da norma. *Mulher*, portanto, para os efeitos penais desta qualificadora, é o ser humano do gênero feminino. A simples identidade de gênero não tem relevância para que se caracterize a qualificadora.

Ressaltamos, por fim, que a qualificadora do feminicídio é subjetiva, pressupondo motivação especial: o homicídio deve ser cometido contra a mulher por razões da condição de sexo feminino. Mesmo no caso do inciso I do § 2º-A, o fato de a conceituação de violência doméstica e familiar ser um dado objetivo, extraído da lei, não afasta a subjetividade. Isso porque o § 2º-A é apenas explicativo; a qualificadora está verdadeiramente no inciso VI, que, ao estabelecer que o homicídio se qualifica quando cometido por razões da condição do sexo feminino, deixa evidente que isso ocorre pela motivação, não pelos meios de execução[34].

De quem é a competência para o sumário da culpa no feminicídio?

Ocorrido um homicídio qualificado na forma do inciso VI do § 2º do art. 121, resta-nos saber de quem será a competência para a condução do sumário de culpa e eventual prolação da sentença de pronúncia.

Competente será o juiz apontado pelas respectivas leis de organização judiciária como tal. Poderá ser o juiz da vara exclusiva do Júri, como ocorre na capital do Estado de São Paulo, a

ção e se identifica com o sexo oposto. É o que move os transexuais a buscar a o procedimento de reversão genital; b) biológico: identifica-se a mulher por sua constituição genética e suas implicações físicas externas; c) jurídico: para este critério, é mulher quem é assim reconhecido juridicamente, ou seja, quem exibe em seu registro civil identidade do gênero feminino, ainda que não tenha nascido nesta condição, nem exiba as características próprias do sexo feminino. É o que normalmente ocorre com os transexuais, que, após a reversão, buscam também alterar seu registro civil.

34 Temos decisão pioneira do TJDFT em sentido contrário, argumentando que a novel qualificadora é objetiva: "A inclusão da qualificadora agora prevista no art. 121, § 2º, inciso VI, do CP, não poderá servir apenas como substitutivo das qualificadoras de motivo torpe ou fútil, que são de natureza subjetiva, sob pena de menosprezar o esforço do legislador. A Lei 13.104/2015 veio a lume na esteira da doutrina inspiradora da Lei Maria da Penha, buscando conferir maior proteção à mulher brasileira, vítima de condições culturais atávicas que lhe impuseram a subserviência ao homem. Resgatar a dignidade perdida ao longo da história da dominação masculina foi a *ratioessendi*da nova lei, e o seu sentido teleológico estaria perdido se fosse simplesmente substituída a torpeza pelo feminicídio. Ambas as qualificadoras podem coexistir perfeitamente, porque é diversa a natureza de cada uma: a torpeza continua ligada umbilicalmente à motivação da ação homicida, e o feminicídio ocorrerá toda vez que, objetivamente, haja uma agressão à mulher proveniente de convivência doméstica familiar. 3 Recurso provido. (Acórdão n.904781, 20150310069727RSE, Relator: GEORGE LOPES LEITE, 1ª Turma Criminal, Data de Julgamento: 29/10/2015, Publicado no DJE: 11/11/2015. Pág.: 105).

quem cabe a condução de todo o procedimento, desde o recebimento da acusação até o julgamento em plenário. Naquelas onde não há vara privativa do Júri, competente será o juiz de uma vara criminal, a quem caberá preparar o processo e, a partir do trânsito em julgado da sentença de pronúncia, enviá-lo ao juiz do Júri. Ou poderá, quem sabe, ser o próprio juiz dos Juizados de Violência Doméstica e Familiar contra a Mulher, desde que regra de organização judiciária disponha nesse sentido.

Quanto à fase denominada *judicium causae*, que se finda com o julgamento em plenário, não resta nenhuma dúvida de que a competência será mesmo do Tribunal do Júri, em face da disposição constitucional que assegura a competência mínima desse tribunal para o julgamento dos crimes dolosos contra a vida (art. 5.º, XXXVIII, *d*).

VIOLÊNCIA PSICOLÓGICA

Por violência psicológica entende-se a agressão emocional (tão ou mais grave que a física). O comportamento típico se dá quando o agente ameaça, rejeita, humilha ou discrimina a vítima, demonstrando prazer quando vê o outro se sentir amedrontado, inferiorizado e diminuído, configurando a *vis compulsiva*. Dependendo do caso concreto, a conduta do agente pode, *v.g.*, caracterizar o crime de ameaça. Como esclarece Jones Figueirêdo Alves, "de ver que a cláusula 'qualquer outro meio', contida no dispositivo, implica em referir situações não taxativamente previstas, uma delas podendo ser considerada a própria dependência econômica da mulher, que sirva de causa eficiente e deliberada para a dominação psicológica. No viés, é também causa determinante de dominação a que se submete a mulher por insegurança quanto à manutenção de sua própria subsistência".[35]

A Lei 13.772/18 acrescentou ao rol da agressão psicológica a violação da intimidade da mulher, criando, inclusive, novo crime contra a dignidade sexual, qual seja, registro não autorizado da intimidade sexual (art. 216-B, CP). Este crime, contudo, tem como vítima alguém, não necessariamente mulher.

VIOLÊNCIA SEXUAL

O inc. III, de forma ampla, entende por violência sexual qualquer conduta que constranja a mulher a presenciar, a manter ou a participar de relação sexual não desejada, mediante intimidação, ameaça, coação ou uso da força; que a induza a comercializar ou a utilizar, de qualquer modo, a sua sexualidade, que a impeça de usar qualquer método contraceptivo ou que a force ao matrimônio, à gravidez, ao aborto ou à prostituição, mediante coação, chantagem, suborno ou manipulação; ou que limite ou anule o exercício de seus direitos sexuais e reprodutivos. Agressões como essas provocam nas vítimas, não raras vezes, culpa, vergonha e medo, o que as faz decidir, quase sempre, por ocultar o evento. No Código Penal tais condutas configuram os crimes de estupro, entre outros. Mas não será, porém, todo e qualquer crime contra a liberdade sexual que se inserirá neste conceito. Um delito no qual o agente jamais teve contato com a vítima, decerto que escapará aos rigores da Lei Maria da Penha. E mesmo quando ele for mais próximo (um parente, por exemplo, como é tão comum), esse fato, de *per si*, não atrai a competência da lei em exame, exigindo-se que o delito tenha sido perpetrado no

35 *Violência psicológica torna mulheres reféns absolutas*. Disponível em: [www.conjur.com.br/2014-jan-15/jones-figueiredo-violencia-psicologica-torna-mulheres-refens-absolutas]. Acesso em: 25.01.2014.

âmbito da unidade doméstica, da família ou em qualquer relação íntima de afeto. Tratar-se de um parente da ofendida, sabedor, bem por isso, onde ela reside e, aproveitar-se dessa situação para a prática do crime, não faz incidir a Lei Maria da Penha, que exige mais, reclamando uma relação de afeto entre eles, de amizade, de convivência, que tenha, de alguma forma, facilitado a consumação do crime.

A Lei 12.845, de 1.º de agosto de 2013, cujo texto completo se encontra no anexo, detalhou todo o procedimento a ser observado no atendimento à vítima de violência sexual. Trata-se de "atendimento emergencial, integral e multidisciplinar, visando ao controle e ao tratamento dos agravos físicos e psíquicos decorrentes de violência sexual, e encaminhamento, se for o caso, aos serviços de assistência social", nos termos do art. 1.º do mencionado diploma legal. Ressalte-se, ademais, que a Lei 10.778/2003 torna objeto de notificação compulsória, "a violência contra a mulher atendida em serviços de saúde públicos e privados" (art. 1.º), a ser efetivada pela autoridade sanitária. A lei entende por violência contra a mulher qualquer ação ou conduta, baseada no gênero, inclusive decorrente de discriminação ou desigualdade étnica, que cause morte, dano ou sofrimento físico, sexual ou psicológico à mulher. Já a Portaria 485/2014, do Ministério da Saúde, detalha a forma de atendimento às vítimas de violência sexual, prevendo seu acolhimento; atendimento humanizado, observados os princípios do respeito da dignidade da pessoa humana, da não discriminação, do sigilo e da privacidade; escuta qualificada, propiciando ambiente de confiança e respeito; informação prévia ao paciente, assegurada sua compreensão sobre o que será realizado em cada etapa do atendimento e a importância das condutas médicas, multiprofissionais e policiais, respeitada sua decisão sobre a realização de qualquer procedimento; atendimento clínico e psicológico; exames laboratoriais necessário; preenchimento da ficha de notificação compulsória de violência doméstica, sexual e outras violências; orientação e agendamento ou encaminhamento para acompanhamento clínico e psicossocial e orientação às pessoas em situação de violência ou aos seus responsáveis a respeito de seus direitos e sobre a existência de outros serviços para atendimento a pessoas em situação de violência sexual.

VIOLÊNCIA PATRIMONIAL

Entende-se por violência patrimonial qualquer conduta que configure retenção, subtração, destruição parcial ou total de seus objetos, instrumentos de trabalho, documentos pessoais, bens, valores e direitos ou recursos econômicos, incluindo os destinados a satisfazer suas necessidades. Esta forma de violência (a exemplo da violência do inciso seguinte) raramente se apresenta separada das demais, servindo, quase sempre, como meio para agredir, física ou psicologicamente, a vítima. Nos seus comentários ao artigo, Guilherme de Souza Nucci questiona a utilidade do dispositivo, ao menos na seara penal: "Lembremos que há as imunidades (absoluta ou relativa), fixadas pelos arts. 181 e 182 do Código Penal, nos casos de delitos patrimoniais não violentos no âmbito familiar".[36]

Com o advento da Lei Maria da Penha, acenou-se, na doutrina, que as imunidades previstas nos arts. 181 e 182 do Código Penal não teriam sido recepcionadas pelo diploma novel.

É o pensamento de Maria Berenice Dias, assim exposto: "A partir da vigência da Lei Maria da Penha, o varão que 'subtrair' objetos da sua mulher pratica violência patrimonial (art. 7.º,

36 *Leis penais e processuais penais comentadas*. São Paulo: RT, 2006. p. 867.

IV). Diante da nova definição de violência doméstica, que compreende a violência patrimonial, quando a vítima é mulher e mantém com o autor da infração vínculo de natureza familiar, não se aplicam as imunidades absoluta ou relativa dos arts. 181 e 182 do Código Penal. Não mais chancelando o furto nas relações afetivas, cabe o processo e a condenação, sujeitando-se o réu ao agravamento da pena (CP, art. 61, II, *f*)".[37]

Como é sabido, o Código Penal prevê duas espécies de imunidades: as absolutas ou substanciais (art. 181) e as relativas ou processuais (art. 182). Como bem observa o saudoso Julio Fabbrini Mirabete, "existindo um caso de imunidade absoluta, não pode ser instaurado inquérito policial e muito menos ação penal por falta de interesse de agir. Não se permite a instauração de um procedimento (ação penal condenatória) quando não se pode impor sanção penal. Tratando-se de imunidade relativa, a inexistência de representação impede também o inquérito e a ação penal por falta de condição de procedibilidade". Justifica o mencionado autor que essa opção do legislador se dá por política criminal, pois o objetivo é, principalmente, de "preservar a paz, a honra da família, considerando-se ainda que, se houver punição, os prejuízos serão maiores do que os benefícios à ordem pública".[38]

A imunidade absoluta, prevista no art. 181 do CP, confere isenção de pena quando o crime for praticado em prejuízo de cônjuge, na constância da sociedade conjugal ou em prejuízo de ascendente ou descendente, seja o parentesco legítimo ou ilegítimo, seja civil ou natural. Já a imunidade relativa, do art. 182 do mesmo *codex*, impõe a prévia oferta de representação pelo ofendido, quando ele for cônjuge desquitado ou judicialmente separado, irmão legítimo ou ilegítimo, tio ou sobrinho com quem o agente coabita.

Pois bem. Teria a Lei Maria da Penha, marcantemente preocupada com a proteção à mulher (e, por consequência, a seu patrimônio), de alguma forma *revogado* tais disposições, afastando a escusa absolutória do art. 181 do CP e tornando, a partir dessa conclusão, pública incondicionada a ação penal nos casos de imunidade relativa, do art. 182 do mesmo diploma legal?

Pensamos que não. Como já salientado, razões de política criminal, que atuam na preservação da família enquanto instituição, recomendam a adoção das imunidades. Além disso, o menor alarma social acarretado pelo fato delituoso (por exemplo, um furto perpetrado pelo marido contra o patrimônio da esposa provoca reação menor do que se fosse um estranho o ofendido), também justifica sua manutenção.

De sorte que parece equivocada a conclusão de que a Lei Maria da Penha teria alterado esse estado de coisas. Somente uma declaração expressa contida na lei teria o condão de revogar os dispositivos do Código Penal. E tal revogação não é vista, quer parcial quer totalmente, no estatuto em exame.

Aliás, quando o legislador pretendeu excluir o âmbito de incidência das imunidades, ele o fez expressamente, como ocorre na hipótese do crime ser praticado contra o patrimônio de idoso. Com efeito, estabelece o art. 183, III, do Código Penal (acrescentado pela Lei 10.741/2003), que não se aplicam as imunidades "se o crime é praticado contra pessoa com idade igual ou superior a 60 (sessenta) anos".

37 *A Lei Maria da Penha na Justiça*. São Paulo: RT, 2007. p. 88.

38 *Manual de direito penal*. 23. ed. São Paulo: Atlas, 2005. vol. II, p. 367.

Ante o silêncio do legislador no que concerne à mulher vítima de crime patrimonial, a conclusão é mesmo no sentido de que as imunidades previstas no Código Penal não suportaram qualquer espécie de alteração. Nem vale argumentar com eventual aplicação de analogia entre a situação do idoso e da mulher. Primeiro, porque é um tanto discutível se pretender igualar ambas as condições, de forma a propiciar a incidência da analogia. Segundo, como já destacado, porque não foi essa a opção do legislador. E, terceiro, em virtude de que o emprego desse processo de autointegração, no caso, seria francamente desfavorável ao agente, pois importaria na adoção da chamada analogia *in malam partem*. Ora, é sabido que a analogia jamais pode incidir sobre normas penais incriminadoras, criando figuras típicas não previstas em lei, ao arrepio do art. 1.º do CP. Por conta disso é que, a despeito da Lei Maria da Penha, nenhuma alteração experimentou o Código Penal no que tange às imunidades.

VIOLÊNCIA MORAL

A violência verbal, entendida como qualquer conduta que consista em calúnia (imputar à vítima a prática de determinado fato criminoso sabidamente falso), difamação (imputar à vítima a prática de determinado fato desonroso) ou injúria (atribuir à vítima qualidades negativas), normalmente se dá concomitantemente à violência psicológica.

CAPÍTULO III
DO ATENDIMENTO PELA AUTORIDADE POLICIAL

Art. 10. Na hipótese da iminência ou da prática de violência doméstica e familiar contra a mulher, a autoridade policial que tomar conhecimento da ocorrência adotará, de imediato, as providências legais cabíveis.

Parágrafo único. Aplica-se o disposto no *caput* deste artigo ao descumprimento de medida protetiva de urgência deferida.

Adoção de medidas pela autoridade policial – O projeto de lei original (Projeto de Lei 4.559/2004) previa que "nas hipóteses de violência familiar ou doméstica praticadas ou na iminência de serem praticadas contra mulheres deverá ser imediatamente notificada a autoridade ou o agente policial para que possa comparecer ao local" (art. 10, *caput*, do Projeto). No texto final da lei foi retirada essa previsão, preferindo-se manter a redação acima. Nem por isso se deve concluir que a autoridade policial está liberada de comparecer ao local. É que tal medida vem expressamente prevista no art. 6.º, I, do Código de Processo Penal, que tem aplicação subsidiária na lei em exame, conforme se vê do *caput* do art. 12 e do art. 13 abaixo.

Competência da Justiça Federal (Lei n. 13.642/18) – A Constituição Federal anuncia no art. 144 que a segurança pública é dever do Estado, direito e responsabilidade de todos, exercida para a preservação da ordem pública e da incolumidade das pessoas e do patrimônio. Dentre os órgãos de segurança, destaca-se, para os propósitos deste texto, a Polícia Federal.

De acordo com o texto constitucional, a Polícia Federal, instituída por lei como órgão permanente, organizada e mantida pela União e estruturada em carreira, destina-se a: a) apurar infrações penais contra a ordem política e social ou em detrimento de bens, serviços e interesses da União ou de suas entidades autárquicas e empresas públicas, assim como outras infrações cuja prática tenha repercussão interestadual ou internacional e exija repressão uniforme, segundo se dispuser em lei (art. 144, § 1º, inc. I; b) prevenir e reprimir o tráfico ilícito de entorpecentes e drogas afins, o contrabando e o descaminho, sem prejuízo da ação fazendária e de outros órgãos públicos nas respectivas áreas de competência (inc. II); c) exercer as funções de polícia marítima, aeroportuária e de fronteiras (inc. III); d) exercer, com exclusividade, as funções de polícia judiciária da União (inc. IV).

Visando conferir eficácia ao mandamento do art. 144, § 1º, I, da Carta Maior, o legislador aprovou a Lei 10.446/02, que dispõe sobre infrações penais de repercussão interestadual ou internacional que exigem repressão uniforme. O advento da Lei 13.642/18 acrescentou ao rol do art. 1º a apuração, pela Polícia Federal, de "quaisquer crimes praticados por meio da rede mundial de computadores que difundam conteúdo misógino, definidos como aqueles que propagam o ódio ou a aversão às mulheres".

Mas no que consistiram os crimes que propagam ódio ou aversão às mulheres? Bem, não existe tipificação específica de condutas a esse respeito. Parece-nos que a intenção do legislador é atribuir à Polícia Federal a apuração de algum crime já tipificado, contra uma ou várias mulheres específicas, que traga, explícita ou subjacentemente, conteúdo que propague ódio ou aversão às mulheres. Uma injúria, por exemplo, que, para atingir a dignidade ou o decoro de alguém, faça-o por meio de uma mensagem de aversão ao sexo feminino; ou, ainda, uma ameaça na qual a promessa de mal injusto e grave propague também conteúdo de ódio ao sexo feminino.

Mas, para que a Polícia Federal tenha atribuição para apurar, não basta que o crime esteja no rol do art. 1º. É necessário o preenchimento dos pressupostos entabulados no *caput*, a saber: a) repercussão interestadual ou internacional; b) exigência de repressão uniforme.

À par desses requisitos, devemos lembrar que o fato de um crime ser investigado pela Polícia Federal não impõe que a competência de julgamento seja da Justiça Federal. Para que isto ocorra, devem estar presentes as circunstâncias que, segundo o art. 109 da Constituição Federal, conferem competência criminal à Justiça Federal. Conclui-se, portanto, que os crimes de competência da Justiça Federal serão investigados pela Polícia Federal (a quem cabe exercer, com exclusividade, as funções de Polícia Judiciária da União), mas nem todo crime investigado pela Polícia Federal será julgado na Justiça Federal.

Destaque-se, por fim, que mesmo o fato de o crime ser cometido por meio de computadores não atrai, por si só, a competência da Justiça Federal. Para ilustrar, podemos citar julgamento do STF a respeito dos crimes relativos à pornografia infantil. De acordo com o tribunal, o julgamento dos crimes tipificados nos arts. 241, 241-A e 241-B da Lei nº 8.069/90 é de competência da Justiça Federal quando tais delitos forem cometidos por meio da rede mundial de computadores e: a) o fato esteja previsto como crime no Brasil e no estrangeiro; b) o Brasil seja signatário de convenção ou tratado internacional por meio do qual assume o compromisso de reprimir criminalmente aquela espécie delitiva; e c) a conduta tenha ao menos se iniciado no Brasil e o resultado tenha ocorrido, ou devesse ter ocorrido no exterior, ou reciprocamente. Assim ocorre porque se trata da situação em que, nos termos do art. 109, inciso V, da Constituição Federal, aos juízes federais compete processar e julgar os crimes previstos em tratado ou convenção internacional, quando, iniciada a execução no País, o resultado tenha ou devesse ter ocorrido no estrangeiro, ou reciprocamente (RE 628.624/MG, DJe 09/11/2015). O STJ, explicitando a disciplina da competência para julgamento (e referindo-se, no caso concreto, ao art. 241-A), decidiu, por meio de sua Terceira Seção, que a competência da Justiça Federal se impõe quando constatada a internacionalidade do delito. Caso contrário, a competência é da Justiça Estadual (CC 150.564/MG, DJe 02/05/2017).

Aborto – Não mencionou a lei e com razão, posto que desnecessário, que a mulher vítima de violência sexual da qual resulte gravidez, tem direito ao chamado "aborto sentimental", também conhecido como "ético ou humanitário". É que ele vem previsto no art. 128, II, do Código Penal, ao enunciar que não se pune o aborto quando a gravidez resultar de estupro, desde que consentido pela gestante ou por seu representante legal.

Para a realização desse procedimento se dispensa qualquer espécie de autorização judicial, já que a lei, em nenhum momento, faz referência ao preenchimento desse requisito. De rigor, no entanto, que se colha o consentimento da gestante ou, se incapaz, de seu representante legal. Assim, é desnecessária qualquer decisão judicial que autorize o aborto. Tampouco se exige eventual julgamento do processo-crime, pois, a essa altura, devido à demora, a criança já teria nascido.

No entanto, conforme assinala Rogério Greco, exige-se que a vítima, de alguma forma, leve ao conhecimento do Estado a ocorrência da violência sexual. Segundo o autor, "esse documento, válido para fins de trazer ao médico a segurança de que precisa para a realização do aborto, poderia ser um simples boletim de ocorrência policial, lavrado pela polícia militar ou pela polícia civil, um exame de corpo de delito feito por órgão oficial do Estado, como o Instituto Médico Legal, ou até mesmo a cópia da inicial da ação penal por ela promovida".[39]

Ao médico, porém, se confere o direito de invocar a chamada "objeção de consciência" e, assim, se recusar a realizar o aborto. É o que consta do capítulo II, inc. IX, do Código de Ética Médica (Res. CFM 1931/2009), quando assegura a ele a possibilidade de "recusar-se a realizar atos médicos que, embora permitidos por lei, sejam contrários aos ditames de sua consciência".

De qualquer forma, quando a lei diz que à mulher, em situação de violência, se asseguram "outros procedimentos médicos necessários e cabíveis", nada impede que o juiz, o promotor de justiça ou a autoridade policial, adotem medidas para seu encaminhamento a hospitais a fim de que se submeta ao aborto.

Art. 10-A. É direito da mulher em situação de violência doméstica e familiar o atendimento policial e pericial especializado, ininterrupto e prestado por servidores – preferencialmente do sexo feminino – previamente capacitados. (Incluído pela Lei nº 13.505, de 2017)

Atendimento especializado – O tema foi abordado acima, no item "4", dos comentários ao art. 8º. O atendimento à mulher, com efeito, pressupõe certa especialização, realizado por pessoas dotadas de sensibilidade para ouvir e adotar as medidas cabíveis à espécie. Sob pena de vitimá-la pela segunda vez, a mulher que já foi agredida deve ser acolhida e não, simplesmente, tratada como vítima de um outro delito qualquer. Afirmar-se, por exemplo, que ela deveria "*ter visto antes com quem casou*" ou "*quem mandou se juntar com esse tipo*", só fará impor um segundo sofrimento à ofendida, naquilo que o inc. III abaixo denomina "*revitimização*". O ideal seria o acolhimento da mulher por uma equipe multidisciplinar, composta não apenas pela autoridade policial, mas também por médicas, psicólogas, assistentes sociais, enfim, por pessoas especializadas no trato da questão que, por óbvio, não se restringe à mera adoção de medidas de cunho policial. Mas nesse Brasil continental, com tantas carências e debilidades, parece claro que ainda estamos distantes desse ideal.

39 *Curso de direito penal*. 2. ed. Rio de Janeiro: Impetus, 2006. vol. II, p. 291.

Para que a vítima possa se sentir efetivamente acolhida, prevê a lei que o atendimento, nas delegacias de polícia, seja realizado por agentes preferencialmente do sexo feminino. Parece claro que uma mulher, dotada de sensibilidade aguçada, pode melhor receber uma vítima, quando comparado ao atendimento que seria prestado por um homem. O machismo que ainda orienta nossas relações sociais, faz com que o homem, por vezes, acabe por atribuir à ofendida a "*culpa*" pelo crime. Afinal, "*quem mandou usar uma minissaia*" de modo a atiçar a cobiça de seu algoz em um crime contra a liberdade sexual? Exatamente para evitar essa espécie de comportamento é que a lei recomenda o atendimento da vítima por outra mulher. O que também, por si só, não assegura um tratamento mais humano, na hipótese da policial feminina não contar com um mínimo de preparo. De se observar, ainda, que pela colocação topográfica deste dispositivo, o regramento aqui contido, trazido pela Lei n. 13.505/2017, tem aplicação, apenas, para o atendimento policial. Assim, por exemplo, a forma de inquirição prevista no § 2º, abaixo, não será exigida para o depoimento prestado em Juízo.

Atendimento por servidora do sexo feminino – Ao empregar o vocábulo "preferencialmente", a lei deixa claro que, à falta de uma policial, o atendimento deve mesmo ser realizado por um agente do sexo masculino. Ninguém deverá imaginar que a vítima deixará de ser atendida somente porque, na delegacia de polícia, não se conta com uma mulher que possa fazê-lo. Mas isso se imagina como exceção, devendo, regra geral, seguir-se a orientação legal quanto ao atendimento da mulher por outra mulher. A observação feita acima, quanto à carência de meios e recursos, aqui também se aplica. Basta imaginar que, no Estado de São Paulo, reconhecidamente o mais rico da federação, o atendimento à vítima de violência doméstica, nos finais de semana, é realizado não pela delegacia especializada (que se encontrará fechada), mas pelos plantões nos distritos policiais, nem sempre dotados de servidoras do sexo feminino aptas a recepcionar a vítima.

§ 1º A inquirição de mulher em situação de violência doméstica e familiar ou de testemunha de violência doméstica, quando se tratar de crime contra a mulher, obedecerá às seguintes diretrizes: (Incluído pela Lei nº 13.505, de 2017)

I – salvaguarda da integridade física, psíquica e emocional da depoente, considerada a sua condição peculiar de pessoa em situação de violência doméstica e familiar; (Incluído pela Lei nº 13.505, de 2017)

II – garantia de que, em nenhuma hipótese, a mulher em situação de violência doméstica e familiar, familiares e testemunhas terão contato direto com investigados ou suspeitos e pessoas a eles relacionadas; (Incluído pela Lei nº 13.505, de 2017)

III – não revitimização da depoente, evitando sucessivas inquirições sobre o mesmo fato nos âmbitos criminal, cível e administrativo, bem como questionamentos sobre a vida privada. (Incluído pela Lei nº 13.505, de 2017)

Atendimento especial da mulher, familiar ou testemunha – No que se refere às Inovações trazidas pela Lei n. 13.505/2017, embora as recebamos com entusiasmo, não podemos deixar de apontar as imensas dificuldades de sua implantação na prática, sobretudo em face das conhecidas carências que afligem este país. Novamente destacamos o rol de boas intenções, que devem ser louvadas, mas considerando que, por exemplo, a imensa maioria das cidades não conta nem mesmo com uma delegacia especializada no atendimento à mulher, vítima de violência doméstica, como se esperar que tais medidas, previstas para um cenário ideal, sejam efetivamente adotadas? Oxalá estejamos errados e, quem sabe, a médio ou longo prazo, a forma de atendimento proposta nestes dispositivos seja efetivamente adotada.

Salvaguarda da mulher – Como já destacamos, a mulher, vítima de violência doméstica, apresenta uma condição especial de vulnerabilidade. Além da agressão propriamente dita que suportou, ela se sujeita, via de regra, a outras espécies de carências, como, *v.g.*, a condição de desempregada, a consequente dependência econômica de seu agressor, a dificuldade de obtenção de local onde se abrigar de seu algoz, etc. Essa "*condição peculiar*", mencionada pela lei, reclama que sua inquirição se cerque de cuidados especiais, buscando salvaguardar sua integridade física, psíquica e emocional. Um atendimento no qual a mulher se sinta efetivamente acolhida e não "*culpada*" pelo crime que experimentou, realizado por pessoas minimamente preparadas para tanto, decerto que a preservará, atendendo, assim, a "*ratio legis*".

Preservação especial da mulher, familiar ou testemunha – Nesse espírito de preservação da mulher, busca-se evitar que ela (assim como familiares e testemunhas), mantenham qualquer espécie de contato visual com seu agressor. Não teria cabimento, com efeito, que vítima de uma agressão física, tivesse a mulher, ainda, que manter contato com seu algoz, em situação configuradora de verdadeira revitimização. Trata-se, no mais, de medida prevista para os depoimentos prestados em juízo, bastando que sua confira a dicção do art. 217, do Código de Processo Penal, a autorizar retirada do réu da sala audiências ao detectar, o juiz, que sua presença "poderá causar humilhação, temor, ou sério constrangimento à testemunha ou ao ofendido, de modo que prejudique a verdade do depoimento...". Essa precaução, como assegura o legislador, se estende a familiares e testemunhas, sempre com o objetivo de garantir um depoimento livre de pressões externas.

Não revitimização da mulher – Outra preocupação do legislador, já ressaltada acima, é de se evitar a revitimização da mulher, isto é, que além da violência específica que sofreu, seja ainda submetida a nova violência, desta feita oriunda de um atendimento defeituoso. Inquirições sucessivas, no âmbito policial (para informar, por exemplo, se depois da primeira agressão outras se seguiram), ou a submissão à acareação com seu agressor (como regra, aliás, de nenhuma eficácia prática), devem ser evitadas. Salvo, por óbvio, quando absolutamente imprescindíveis à prova. De qualquer forma, pelo menos uma reinquirição certamente ocorrerá, quando a ofendida, após ser ouvida na fase policial, venha novamente a ser inquirida em juízo. Também indagações sobre a vida privada da mulher, a menos que de interesse aos fatos em apuração, devem ser restringidas. Intimidades do casal e peculiaridades de sua vida sexual, para exemplificar, como regra não interessam à prova e como tal, são dispensáveis.

§ 2º Na inquirição de mulher em situação de violência doméstica e familiar ou de testemunha de delitos de que trata esta Lei, adotar-se-á, preferencialmente, o seguinte procedimento: (Incluído pela Lei nº 13.505, de 2017)

I – a inquirição será feita em recinto especialmente projetado para esse fim, o qual conterá os equipamentos próprios e adequados à idade da mulher em situação de violência doméstica e familiar ou testemunha e ao tipo e à gravidade da violência sofrida; (Incluído pela Lei nº 13.505, de 2017)

II – quando for o caso, a inquirição será intermediada por profissional especializado em violência doméstica e familiar designado pela autoridade judiciária ou policial; (Incluído pela Lei nº 13.505, de 2017)

III – o depoimento será registrado em meio eletrônico ou magnético, devendo a degravação e a mídia integrar o inquérito. (Incluído pela Lei nº 13.505, de 2017)

Preferencialmente – Novamente o legislador emprega o vocábulo "*preferencialmente*", a indicar que o procedimento que sugere deve ser adotado sempre que possível, parecendo mesmo antever a dificuldade de sua implantação na prática. Em um país de tantas e tamanhas distinções, aonde, muitas das vezes, nos rincões mais distantes, a delegacia não conta nem mesmo com um computador, é difícil imaginar uma sala especialmente estruturada para receber a vítima, a existência de um profissional especializado para fazê-lo ou mesmo uma estrutura básica para gravação do depoimento da mulher por meio eletrônico ou magnético. Fica, de qualquer sorte, a orientação da lei.

Recinto especializado – Não se sabe, exatamente, no que consistiria este "*recinto*" imaginado pelo legislador. Na hipótese da Lei n. 13.431/2017, que estabeleceu normas para oitiva de crianças e adolescentes, vítimas ou testemunhas de violência, foi prevista uma sala especial, diversa da sala de audiências, na qual um profissional especializado ouve o menor, em depoimento que "será transmitido em tempo real para a sala de audiência, preservado o sigilo" (art. 12, inc. III). No dispositivo em exame, não apreendemos o alcance da lei, posto não imaginarmos um "*recinto especialmente projetado*" que leve em consideração a idade da vítima e a gravidade do crime por ela suportado. Cremos que, na realidade que vivemos, a existência de sua sala que preserve a intimidade da ofendida já será o bastante.

Profissional especializado – Em consonância com o espírito da lei, é feita mais uma menção ao "*profissional especializado*". E nem poderia ser diferente. Boa parte das vítimas que acorrem a uma delegacia de polícia, busca um socorro que não se restringe à mera adoção das medidas de cunho penal visando a punição do agressor. Mais que isso, necessitam de um apoio psicológico capaz de garantir-lhe algum conforto sob o aspecto emocional. Ou precisam do auxílio de uma assistente social, capaz de assegurar-lhes um teto distante de seu algoz. Ou de um médico habilitado a atendê-las pelos males que experimentaram. É dizer: o atendimento da mulher vitimada deve envolver uma equipe multidisciplinar, que vá além da orientação jurídica.

Registro por meio eletrônico ou magnético – O ideal é mesmo que o depoimento da mulher não se restrinja à frieza do papel. Um testemunho no qual se possa visualizar a vítima, será capaz de captar-lhe as emoções e – mais importante – permitirá que se avalie o real alcance da agressão que sofreu, em dado que nem sempre o exame de corpo de delito pode exprimir.

Art. 11. No atendimento à mulher em situação de violência doméstica e familiar, a autoridade policial deverá, entre outras providências:

I – garantir proteção policial, quando necessário, comunicando de imediato ao Ministério Público e ao Poder Judiciário;

II – encaminhar a ofendida ao hospital ou posto de saúde e ao Instituto Médico Legal;

III – fornecer transporte para a ofendida e seus dependentes para abrigo ou local seguro, quando houver risco de vida;

IV – se necessário, acompanhar a ofendida para assegurar a retirada de seus pertences do local da ocorrência ou do domicílio familiar;

V – informar à ofendida os direitos a ela conferidos nesta Lei e os serviços disponíveis.

Proteção policial – Nada fácil à autoridade policial desincumbir-se de tão árdua tarefa consistente em garantir à vítima proteção policial. Não raras vezes, nem em favor de autoridades públicas essa responsabilidade pode ser firmada. Noutras, a polícia não garante proteção nem a si mesma. Pode – e deve – como previsto no inc. IV, acompanhar a ofendida no momento de retirada de seus bens do local onde mora. Deve representar pela prisão preventiva do agressor, conforme autoriza o art. 20 da lei. Agora, ao pretender garantir a segurança, parece que o legislador revelou-se um tanto otimista ou pretensioso, divorciado mesmo da realidade fática do cotidiano.

Exame médico – Uma das finalidades do encaminhamento da ofendida ao hospital ou posto de saúde e ao Instituto Médico Legal é atestar, *incontinenti*, o tipo e grau da lesão sofrida, evitando que eventuais vestígios se apaguem ou sejam alterados antes de serem examinados. A propósito, os laudos ou prontuários médicos serão admitidos como meios de prova à luz do que dispõe o art. 12, § 3.º, da lei ora examinada, a cujo comentário remetemos o leitor.

Transporte – Outra medida que se reveste da melhor das intenções, mas que, em vista da realidade que cerca a polícia, será de difícil concretização.

Com efeito, mercê da carência de recursos e da falta de maior cuidado do poder público, a polícia não conta, por vezes, com viaturas suficientes para fazer frente à criminalidade em geral. Se as têm, falta combustível. Isso quando boa parte da frota não se encontra em reparos. Lembrando que a lei é concebida para vigorar em todo o País, prevemos dificuldades para concretizar o objetivo do legislador.

Acompanhamento policial – Feliz a previsão legislativa, garantindo à ofendida segurança capaz de permitir-lhe retornar ao local dos fatos para retirar seus pertences.

No calor da violência, a fuga da mulher, fisicamente mais frágil, é quase sempre a única alternativa que lhe resta, muitas vezes sem que tenha, inclusive, oportunidade para retirada de seus objetos pessoais. A simples confecção do boletim de ocorrência ou termo circunstanciado não lhe garantia a devolução desses bens (ao contrário, servia, muitas vezes, de moeda de troca da "retirada da queixa" – para nos valermos de expressão vulgar, de uso coloquial). É importante aclarar, porém, que os bens a serem retirados devem se limitar aos pertences, assim entendidos, por exemplo, a documentação, roupas, medicamentos, objetos de uso típico da mulher etc., sobre os quais, demais disso, não se tenha qualquer dúvida a respeito de sua propriedade. Quando a questão for mais complexa, a envolver discussão, v.g., sobre quem adquiriu o bem ou se houve esforço comum em sua aquisição, não deve a autoridade policial permitir sua retirada sem que, antes, seja a controvérsia decidida nas vias judiciais adequadas, onde se estabelecerá a partilha dos bens.

Direito de informação – É dever da autoridade informar à vítima os direitos a ela conferidos nesta lei e os serviços disponíveis (assistência social, à saúde e segurança).

Art. 12. Em todos os casos de violência doméstica e familiar contra a mulher, feito o registro da ocorrência, deverá a autoridade policial adotar, de imediato, os seguintes procedimentos, sem prejuízo daqueles previstos no Código de Processo Penal:

Prisão em flagrante – As infrações penais (delitos ou contravenções), cometidas contra a mulher, nas condições previstas na lei em estudo, admitem a prisão em flagrante. Mesmo aquelas consideradas de menor potencial ofensivo.

Com efeito, prevê o parágrafo único do art. 69 da Lei 9.099/1995, que não se imporá prisão em flagrante ao autor do fato que, de imediato, for encaminhado ao JECrim ou se comprometer a ele comparecer. Ocorre que o art. 41 do diploma em exame afasta, expressamente, a incidência da Lei 9.099/1995 nos casos de violência doméstica e familiar contra a mulher. Com isso, restaura a possibilidade de prisão em flagrante para qualquer espécie de infração penal, irrelevante, aqui, a pena cominada.

Nas hipóteses em que a infração penal perpetrada for de ação penal pública condicionada à representação ou de ação penal privada, cumpre à autoridade policial ouvir a vítima, para que esta manifeste sua intenção de representar contra seu ofensor ou de, posteriormente, ajuizar queixa-crime contra ele (desde que se entenda que a ação penal dependa dessa representação). Deve a autoridade policial, ainda, explicar à ofendida as consequências de sua opção no sentido de que, na hipótese de manifestação positiva, o agressor será preso em flagrante. Ao contrário, se não representar ou não manifestar interesse na posterior propositura da queixa, será ele colocado em liberdade, ante a impossibilidade de lavratura do flagrante. (Destaque-se, a propósito, que a partir da decisão do STF proferida na ADIn 4.424-DF e na ADC 19-DF, julgadas em 09 de fevereiro de 2012, a ação penal nos crimes de lesões corporais a envolver violência doméstica, é pública incondicionada, não mais exigindo, assim, a prévia representação da ofendida). Para maior detalhamento sobre o tema, convidamos o leitor à consulta dos comentários adiante tecidos ao art. 41, item 6.

Faz coro a esse entendimento a lição de Tourinho Filho, quando estuda a possibilidade de prisão em flagrante nos crimes que dependam de representação: "Se o Estado, nesses casos, outorgou ao ofendido, ou a quem legalmente o represente, o direito de julgar da conveniência ou não da propositura da ação penal, é evidente que, nessas hipóteses, não se pode prender alguém em flagrante delito. De fato. Sendo flagrante delito uma *notitia criminis* de natureza coercitiva, e se nesses casos a *notitia criminis* só pode ser dada pelo ofendido ou seu representante legal, não se concebe possam as autoridades policiais, ou seus agentes, ou qualquer do povo, efetuar a prisão em flagrante. O mais que a polícia poderá fazer é evitar a consumação do fato delituoso ou mesmo o escândalo dele resultante. Se, entretanto, o titular do direito de representação – ofendido ou seu representante legal – solicitar a prisão, esta deverá ser efetuada" (*Processo penal*. 28. ed. São Paulo: Saraiva, 2006. p. 451, vol. 3).

Esse entendimento tem aplicação, também, para os crimes de ação penal privada. Daí a cautela sugerida pelo mencionado autor: "Quando da lavratura do auto, deverá a autoridade policial consignar a presença do titular do direito de queixa ou de representação e o seu desejo no sentido de que se efetuasse a prisão" (Idem, p. 452).

Lavrado o flagrante, a autoridade policial analisará da possibilidade de concessão da fiança, à luz do disposto no art. 322 do CPP, isto é, nos casos de infração cuja pena privativa de liberdade máxima não seja superior a quatro anos.

O estatuto novel, com efeito, sem embargo do rigor com que tratou a infração penal voltada contra a mulher, não introduziu qualquer impedimento quanto à concessão da fiança pela autoridade policial, restando, assim, intactos, os dispositivos do Código de Processo Penal que cuidam da matéria. Mesmo a lesão corporal leve que, nos termos do art. 44 da lei, mereceu uma reprimenda bem mais severa, permite a concessão da fiança, vez que apenada com detenção.

Há posicionamento doutrinário no sentido de que seria vedado, ao delegado de polícia, o arbitramento de fiança, cuja competência, para tanto, seria exclusiva do Juiz. Segundo o Promotor de Justiça do Estado de Rondônia, Jorge Romcy Auad Filho, "difícil explicar como alguém que foi solto mediante fiança arbitrada pelo Delegado de Polícia, momentos depois poderá ser preso preventivamente pela autoridade judiciária, para a garantia da vida e integridade das vítimas de violência doméstica [...] Permitir o arbitramento de fiança pela autoridade policial, no caso em que é possível a decretação de prisão preventiva, além de causar desvirtuamento do ordenamento jurídico, ainda acarretará perplexidade em posicionamentos contraditórios, bem como usurpação da função jurisdicional do juiz" (*A liberdade provisória na Lei Maria da Penha.* Disponível em: [http://jus.com.br/revista/texto/10584/a-liberdade-provisoria-na-lei--maria-da-penha]. Acesso em: 27.07.2012).

Mantemos nosso entendimento, agora reforçado pelas profundas alterações introduzidas na disciplina da prisão processual, com o advento da Lei 12.403/2011. Observado o disposto no art. 322 do CPP e preenchidos os demais requisitos, nada impede – antes, constitui-se em um dever – que a autoridade policial arbitre a fiança. O argumento que invoca a possibilidade de ser decretada a prisão preventiva, fator que impediria a concessão da fiança, com a devida vênia, não aproveita. A um, porque prisão em flagrante e prisão preventiva repousam em fundamentos e pressupostos diversos; em segundo lugar, em virtude de que não parece correta a observação de que o agente, solto por meio de fiança, poderá, "momentos depois", ser preso preventivamente. Com efeito, a nova hipótese de decretação de prisão preventiva (art. 313, III, do CPP), introduzida pela Lei 12.403/2011 (que, em relação à mulher, somente reproduziu o texto do revogado inc. IV do art. 313 do CPP), autoriza essa medida desde que descumpridas as medidas protetivas de urgência deferidas em prol da ofendida. Ora, tais medidas são aquelas decretadas pelo juiz, quando transcorridas, pelo menos, 48 horas, que é exatamente o prazo concedido à autoridade policial para enviar o pedido de concessão de medidas protetivas, nos termos do inc. III do artigo em estudo. Não há, portanto, essa preocupação de eventual desmoralização da Justiça, posto que inexistente a possibilidade do agente, solto agora, ser preso em seguida. A menos, é claro, que tornando à casa, venha a cometer novo crime, passível de flagrante e que não admita a concessão, pela autoridade policial, da fiança.

Por último, quisesse o legislador, de fato, vedar a concessão da fiança pelo Delegado de Polícia, seguramente, o teria feito de maneira expressa na lei, incluindo dispositivo que impedisse esse favor legal. Foi assim que ele agiu, por exemplo, ao proibir a aplicação da Lei 9.099/1995 aos crimes praticados com violência doméstica ou familiar (art. 41), ou quando vedou a aplicação de *pena de cesta básica* (art. 17). Ou quando introduziu o § 2º, no art. 24-A, que proíbe expressamente o arbitramento de fiança, pelo delegado, quando o fato envolver descumprimento, pelo agente, de medidas protetivas. Ora, um legislador que foi tão direto e objetivo em tais circunstâncias, não teria qualquer constrangimento em incluir, no texto legal, dispositivo que impedisse a concessão da fiança pela autoridade policial. Seu silêncio a respeito deve ser interpretado como nítida intenção de não proibir a concessão do benefício. De resto, o direito em jogo (liberdade da pessoa) é daqueles que não autorizam uma interpretação desfavorável ao agente. Ou a lei diz expressamente que não pode ou, então, pode. Não há como transigir.

I – ouvir a ofendida, lavrar o boletim de ocorrência e tomar a representação a termo, se apresentada;

Sobre a oitiva da vítima, v. art. 10-A acima

Formalidade – Lembramos inexistir regras formais rígidas para o oferecimento da representação, bastando a intenção inequívoca da vítima (ou de seu representante legal) de ver investigado o fato e processado o agressor. Até mesmo o mero registro da *notitia criminis* num boletim de ocorrência já foi admitido como representação válida *RT* 643/393. Ou, como decidiu o STF, "é da jurisprudência desta Corte que a representação nos crimes de ação penal pública condicionada prescinde de qualquer formalidade, bastando o elemento volitivo, ainda que manifestado na fase policial. Ordem denegada" (STF, HC 86.122/SC, 1.ª T., v.u., rel. Min. Eros Grau, *DJ* 17.03.2006). Ou ainda, do STJ: "Acerca da representação apresentada pela vítima para a condição de procedibilidade da *persecutio criminis*, tem-se que tal ato prescinde de formalidades, bastando o registro da notícia-crime perante a autoridade policial. Precedente" (STJ, RMS – HC 34607-MS. j. 13.09.2011, rel. Min. Adilson Macabu, *DJe* 28.10.2011).

Confira-se, nesse sentido, o Enunciado 20 do Fonavid (Fórum Nacional de Juízes de Violência Doméstica e Familiar contra a Mulher): "A conduta da vítima de comparecer à unidade policial, para lavratura de boletim de ocorrência, deve ser considerada como representação, ensejando a instauração de inquérito policial".

II – colher todas as provas que servirem para o esclarecimento do fato e de suas circunstâncias;

III – remeter, no prazo de 48 (quarenta e oito) horas, expediente apartado ao juiz com o pedido da ofendida, para a concessão de medidas protetivas de urgência;

Medidas protetivas – O dispositivo deixa claro que a concessão das medidas protetivas de urgência, previstas nos arts. 22, 23 e 24 da lei, dependem de pedido da ofendida. E assim deve ser, afinal nada impede que a vítima, embora tenha sofrido uma infração penal, não almeje a adoção de nenhuma daquelas medidas.

Num exemplo: a vítima teve sua honra atingida por ato do marido, fato que configura uma violência moral (art. 7.º, V), a merecer, portanto, a proteção da lei. Conquanto tenha experimentado essa espécie de violência, pode a ofendida entender desnecessário seu afastamento do lar conjugal ou o do marido. Com isso, desnecessária seria, também, a fixação liminar de alimentos. Tampouco haveria lugar para qualquer restrição de acesso do agressor aos filhos.

Surge, a partir desse entendimento, aparente conflito com o art. 19 da lei, quando afirma que as medidas protetivas de urgência podem ser concedidas a pedido da vítima e mediante requerimento do Ministério Público.

Para harmonizar ambos os dispositivos, parece mais adequada a conclusão de que, em um primeiro momento, perante a autoridade policial, cumpre à ofendida manifestar sua vontade no sentido de se adotar, ou não, as medidas urgentes. Nada impede, contudo, que mais adiante, possa o *parquet*, já em juízo, agir *ex officio*, pleiteando a adoção das medidas cabíveis, sobretudo quando em defesa de eventuais incapazes que convivam em meio ao conflituoso relacionamento.

Em síntese, cabe à vítima, segundo seu livre discernimento e após a devida orientação a ser dada pela autoridade policial (art. 11, V), auferir da necessidade das medidas de proteção. Caso as dispense, deve a autoridade oficiar ao juízo, comunicando essa opção da ofendida, deixando, assim, de remeter o pedido tratado no dispositivo em análise.

IV – determinar que se proceda ao exame de corpo de delito da ofendida e requisitar outros exames periciais necessários;

Laudos ou prontuários médicos como meios de prova – Serão admitidos como meios de prova os laudos ou prontuários médicos fornecidos por hospitais e postos de saúde.

A indagação é inevitável: pode uma condenação embasar-se nos referidos documentos médicos, dispensando o laudo de exame de corpo de delito? Entendemos que não. Os laudos ou prontuários médicos servirão ao oferecimento da inicial (denúncia ou queixa), porém não à condenação, que exigirá prova segura da materialidade, alcançada apenas com o exame de corpo de delito.

Com efeito, o art. 77, § 1.º, da Lei 9.099/1995, dispõe que, para a oferta de denúncia, é prescindível o exame de corpo de delito. A jurisprudência, interpretando esse dispositivo, entende que o boletim médico se presta para embasar a denúncia, mas para a efetiva condenação, é obrigatória a presença do exame de corpo de delito.(TACrimSP, rel. Breno Guimarães, *RJTACrim*37/230. E, ainda: TACrimSP, ApCrim 1.109.071/6, rel. Ubiratan de Arruda, j. 17.12.1998; TACrimSP, rel. Wilson Barreira, *RJE* 7/344).

Ainda no âmbito da Lei n. 9.099/95, pensamos, assim, que o boletim médico ou prova equivalente supre a ausência do exame de corpo de delito apenas e tão somente no ato de oferecimento da denúncia, sendo, portanto, necessária a juntada posterior deste, para a comprovação da materialidade delitiva.

Entendemos que a mesma disciplina se aplica à lei em comento. Assim, para o deferimento das medidas protetivas de urgência ou, então, para a instauração de inquérito policial, bastam os laudos ou prontuários médicos. Para justificar uma condenação, porém, de rigor que se atenda ao disposto no art. 158 do CPP, que reclama a elaboração do respectivo exame de corpo de delito. Mais especificamente quanto à perícia, recomenda-se artigo da lavra de Francisco Silveira Benfica, Márcia Vaz e Débora Dutra, intitulado "A violência doméstica praticada contra mulheres: revisão dos aspectos médico-legais e jurídicos". *Revista IOB de Direito Penal e Processual Penal*, n. 42, p. 25, fev.-mar. 2007.

> O STJ, contudo, mitigando um pouco essa regra, decidiu que: VIOLÊNCIA DOMÉSTICA. LESÃO CORPORAL. LAUDO PERICIAL REALIZADO 2 MESES APÓS O FATO. EXISTÊNCIA DE BOLETIM DE ATENDIMENTO AMBULATORIAL PARA COMPROVAÇÃO DA MATERIALIDADE. LEI MARIA DA PENHA. POSSIBILIDADE. PROVAS DE AUTORIA E MATERIALIDADE COM BASE NO BOLETIM DE OCORRÊNCIA, LAUDO MÉDICO E PROVA ORAL. AUSÊNCIA DE CONSTRANGIMENTO ILEGAL – "Tratando-se de lei especial incidente na espécie, o Superior Tribunal de Justiça possui entendimento no sentido de que o art. 12, § 3º, da Lei Maria da Penha, reconhece a validade, como meio de prova da materialidade do delito, do laudo médico fornecido após atendimento da vítima em hospital ou posto de saúde. Na hipótese dos autos, ficou comprovada a lesão pelo boletim de atendimento ambulatorial, assinado por profissional" (STJ – HC n. 316680 – Rel. Sebastião Reis Júnior, j. 16.02.2017, DJe 02.03.2017).

Laudo médico assinado por um só perito: validade

> "*Habeas corpus*. Violência doméstica e familiar contra a mulher. Perícia. Laudo assinado por apenas um perito oficial. Nulidade. Inocorrência. De acordo com a jurisprudência do STJ a exigência de realização de exame pericial por dois peritos era aplicável apenas aos casos de peritos leigos, sendo válido o laudo assinado por um único perito oficial" (STJ, HC 139.256-RO, j. 22.02.2011, rel. Min. Celso Limongi, *DJe* 14.03.2011).

Prioridade para realização de corpo de delito - sabemos que determinados crimes, dada a sua natureza, deixam vestígios materiais (facta permanentes), ao passo que outros, sem resultado naturalístico, não permitem que se constatem vestígios (facta transeuntes). Em relação aos primeiros, por força de expressa disposição do art. 158 do CPP, há necessidade da realização do exame de corpo de delito:

> "Art. 158. Quando a infração deixar vestígios, será indispensável o exame de corpo de delito, direto ou indireto, não podendo supri-lo a confissão do acusado."

Há quem enxergue na exigência do exame de corpo de delito um verdadeiro retrocesso, reminiscência do velho sistema da prova legal (ou tarifado), em contraste com o princípio do livre convencimento, adotado com todas as letras por nosso Código. Feroz, nesse aspecto, a crítica de José Frederico Marques, ao salientar que "na verdade, fora do sistema da prova legal, só um Código como o nosso, em que não há a menor sistematização científica, pode manter a exigibilidade do auto de corpo de delito sob pena de considerar-se nulo o processo. Que isso acontecesse ao tempo da legislação do Império, ainda se compreende. Mas que ainda se consagre tal baboseira num estatuto legal promulgado em 1941, eis o que não se pode explicar de maneira razoável" (Elementos de direito processual penal, 1997, vol. II, p. 335).

Parece, contudo, que pretendeu o legislador cercar-se de certas garantias contra acusações injustas e, em virtude disso, preferiu relacionar a prova do fato (e, em última análise, a condenação do réu), à existência do exame de corpo de delito, vinculando o juiz a tal prova, como no antigo sistema tarifado. Seria, destarte, justificável tal cautela, pois, conforme indaga Tourinho Filho, "se, com os exames de corpo de delito, muitos erros judiciários têm sido cometidos, a que extremos não chagaríamos, se a lei os dispensasse?" (Código de Processo Penal comentado, São Paulo: Saraiva, 2005, 9ª. ed. 2005, p. 247).

A prioridade para a realização do exame deve se estabelecer de acordo com a natureza do crime e do natural perecimento dos vestígios. É lógico, portanto, que em crimes contra a pessoa, por exemplo, exames cadavéricos e para constatar lesões corporais sejam efetuados o quanto antes, pois a própria natureza do objeto do exame faz com que os vestígios desapareçam – ou mesmo se alterem – com muita facilidade.

Mas, com a finalidade de conferir maior celeridade à elucidação de determinados crimes, a Lei 13.721/18 estabelece prioridades em virtude da condição da vítima. De acordo com o novo parágrafo único do art. 158 do CPP, deve ser realizado com precedência o exame que envolva:

I – violência doméstica e familiar contra a mulher;

II – violência contra criança, adolescente, idoso ou pessoa com deficiência.

No primeiro caso, a expressão violência não é necessariamente pessoal, mas relacionada ao conceito de violência doméstica e familiar contra a mulher extraído do art. 5º da Lei 11.340/06. Em resumo: qualquer ação ou omissão baseada no gênero que lhe cause morte, lesão, sofrimento físico, sexual ou psicológico e dano moral ou patrimonial. Trata-se, portanto, de um conceito amplo, que pode envolver inclusive crimes contra o patrimônio. Já a violência mencionada no inciso II, para os efeitos da prioridade para o exame, é a violência pessoal.

Os conceitos de criança, adolescente, idoso e pessoa com deficiência são também extraídos de leis especiais.

O art. 2º da Lei 8.069/90 dispõe que se considera criança a pessoa com até doze anos de idade incompletos, e adolescente aquela entre doze e dezoito anos de idade. Idoso, segundo o disposto no art. 1º da Lei 10.741/03, é a pessoa com idade igual ou superior a sessenta anos. E a pessoa com deficiência é "aquela que tem impedimento de longo prazo de natureza física, mental, intelectual ou sensorial, o qual, em interação com uma ou mais barreiras, pode obstruir sua participação plena e efetiva na sociedade em igualdade de condições com as demais pessoas" (art. 2º da Lei 13.146/15).

Dessa forma, a partir de hoje, autoridades policiais que presidem inquéritos policiais em trâmite para apurar crimes cometidos contra os sujeitos acima mencionados devem estabelecer prioridade para a realização de exames de corpo de delito.

V – ouvir o agressor e as testemunhas;

Trata-se de dispositivo que não exige maior explicação e que, de resto, reproduz o contido no inc. V, do art. 6º, do Código de Processo Penal. Sobre a oitiva da vítima, v. art. 10-A acima

VI – ordenar a identificação do agressor e fazer juntar aos autos sua folha de antecedentes criminais, indicando a existência de mandado de prisão ou registro de outras ocorrências policiais contra ele;

Identificação – A lei ao fazer menção, apenas, à "identificação" do agressor, não criou, em absoluto, uma nova hipótese de identificação obrigatória dentre aquelas previstas na Lei 12.037/2009.

Com efeito, a identificação criminal somente será realizada caso o agressor se encontre em algumas das condições dos incs. I a VI do art. 3.º do diploma legal mencionado. As hipóteses são as seguintes: I – o documento apresentar rasura ou tiver indício de falsificação; II – o documento apresentado for insuficiente para identificar cabalmente o indiciado; III – o indiciado portar documentos de identidade distintos, com informações conflitantes entre si; IV – a identificação criminal for essencial às investigações policiais, segundo despacho da autoridade judiciária competente, que decidirá de ofício ou mediante representação da autoridade policial, do Ministério Público ou da defesa; V – constar de registros policiais o uso de outros nomes ou diferentes qualificações; VI – o estado de conservação ou a distância temporal ou da localidade da expedição do documento apresentado impossibilite a completa identificação dos caracteres essenciais.

Mas o simples fato de ter perpetrado um crime no âmbito protegido pela lei em análise, por si só, não justifica a identificação criminal do agente. Quisesse o legislador incluir essa nova modalidade de identificação obrigatória teria se utilizado da expressão "identificação criminal". Ao se referir, apenas, à "identificação" é porque se satisfez com a mera prova civil da identidade do autor.

Em suma, o simples fato de ter o agente perpetrado uma infração penal no contexto de violência doméstica ou familiar, não impõe a identificação criminal obrigatória. Esta ocorrerá, somente, se o agressor se encontrar em uma das situações dos incs. I a VI, do art. 3.º da Lei 12.037/2009.

Quanto à juntada da folha de antecedentes do agente, é medida também prevista no art. 6º, inc. VIII, do CPP.

VII – remeter, no prazo legal, os autos do inquérito policial ao juiz e ao Ministério Público.

§ 1º O pedido da ofendida será tomado a termo pela autoridade policial e deverá conter:

I – qualificação da ofendida e do agressor;

II – nome e idade dos dependentes;

III – descrição sucinta do fato e das medidas protetivas solicitadas pela ofendida.

§ 2º A autoridade policial deverá anexar ao documento referido no § 1º o boletim de ocorrência e cópia de todos os documentos disponíveis em posse da ofendida.

Providências tomadas pela autoridade policial – Estes dispositivos listam medidas que são da praxe policial. O prazo legal para conclusão do inquérito policial, à falta de disposição específica na lei, é o mesmo do Código de Processo Penal (art. 10), isto é, 10 dias se preso ou agente ou 30 dias, caso solto (nesta hipótese, com possibilidade de dilação do prazo, na dicção do § 3º do mesmo artigo). Quanto ao pedido de adoção das medidas protetivas, é de praxe que as delegacias contem com uma folha previamente impressa, na qual a vítima, mediante a colocação de um "x", aponte aquelas que deseja ver implementadas.

§ 3º Serão admitidos como meios de prova os laudos ou prontuários médicos fornecidos por hospitais e postos de saúde.

Ver comentários ao inc. IV acima.

Art. 12-A. Os Estados e o Distrito Federal, na formulação de suas políticas e planos de atendimento à mulher em situação de violência doméstica e familiar, darão prioridade, no âmbito da Polícia Civil, à criação de Delegacias Especializadas de Atendimento à Mulher (Deams), de Núcleos Investigativos de Feminicídio e de equipes especializadas para o atendimento e a investigação das violências graves contra a mulher.

Art. 12-B. (VETADO). (Incluído pela Lei nº 13.505, de 2017)

§ 1º (VETADO). (Incluído pela Lei nº 13.505, de 2017)

§ 2º (VETADO. (Incluído pela Lei nº 13.505, de 2017)

Ver também art. 10-A acima

Atendimento especializado – O inc. IV, do art. 8º da lei em análise, elenca, como um dos itens de política pública de atendimento à mulher, "a implementação de atendimento policial especializado para as mulheres, em particular nas Delegacias de Atendimento à Mulher". A criação de delegacias especializadas, por si só, já importaria em notável avanço. Mas não basta a sua criação. É de rigor que se promova treinamento especializado aos policiais que exercerão suas atividades junto a tais unidades. Que se escolham pessoas que revelem aptidão para o trato da mulher e sensibilidade para abordagem dos problemas por ela suportados. E que se dê preferência a policiais do sexo feminino em face do constrangimento natural que se verifica cotidianamente, quando a mulher se vê obrigada a narrar fatos incômodos (a prática de um crime contra sua liberdade sexual, por exemplo) para homens nem sempre preparados para ouvi-la.

Eduardo Mayr elenca algumas atitudes que bem demonstram esse despreparo, começando pelas indagações que são formuladas às vítimas: "*Você tem sorte de ainda estar viva, por que você estava andando sozinha naquele local?, não sabe que não se pode sair à noite desse jeito?, por que não gritou?*, e questionamentos que tais. Muitas vezes as vítimas são mais maltratadas por policiais, com seu descaso, indiferença e desrespeito, do que pelo próprio vitimizador. A vítima é interrogada como se fosse culpada de um ilícito, sem qualquer contemplação, impondo-se-lhe uma agonia psíquica intolerável" (Vitimologia e direitos humanos. *Revista Brasileira de Ciências Criminais*, n. 21, p. 183, jan.-mar. 1998).

Foi com o objetivo de evitar essa espécie de comportamento que a Portaria 11/97, do Delegado Geral de Polícia do Estado de São Paulo, estabelece que "às Delegacias de Defesa da Mulher deverão ser designadas, preferencialmente, policiais civis do sexo feminino, principalmente para o exercício das funções relacionadas ao atendimento público" (a Portaria 11/97 foi publicada no *DOE* de 30.05.1997, p. 107).

Esse, aliás, é o espírito da Convenção Interamericana para Prevenir, Punir e Erradicar a Violência Contra a Mulher, de 1994, chamada Convenção de Belém do Pará (texto no anexo), cujo art. 8.º, *c*, afirma ser tarefa do Estado "fomentar a educação e capacitação do pessoal na administração da justiça, policial e demais funcionários encarregados da aplicação da lei, assim como do pessoal encarregado das políticas de prevenção, sanção e eliminação da violência contra a mulher".

No Estado de São Paulo, por meio da Lei 5.467, de 24 de dezembro de 1986, foram criadas as Delegacias de Polícia de Defesa da Mulher, em iniciativa, ao que se sabe, pioneira. A regulamentação da matéria se deu, inicialmente, através do Dec. 29.981/1989 (publicado no *DOE* de 02.06.1989, p. 16) que foi alterado posteriormente pelo Dec. 40.693, de 1.º de março de 1996, (publicado no *DOE* de 02.03.1996, p. 106) relacionando as atribuições dessas delegacias. São elas: "Art. 1.º (...) I – a investigação e apuração dos delitos contra a pessoa do sexo feminino, a criança e o adolescente, previstos no Título I, Capítulos I, II, III, V e Seções I e II do Capítulo VI, arts. 163 e 173 do Título II, nos Títulos VI e VII e no art. 305 do Título X, todos da Parte Especial do Código Penal e os crimes previstos no Estatuto da Criança e do Adolescente; II – o atendimento de pessoas do sexo feminino, crianças e adolescentes que procurem auxílio e orientação e seu encaminhamento aos órgãos competentes. § 1.º – No tocante aos arts. 121 e 163 do CP, a competência se restringe às ocorrências havidas no âmbito doméstico e de autoria conhecida. § 2.º – As atribuições previstas no inc. I deste artigo serão exercidas concorrentemente com as demais unidades policiais" (Decreto estadual 29.981/1989).

Segundo dados obtidos, no ano de 2010, junto à Secretaria Especial de Políticas para as Mulheres (SPM), são quase 400 (quatrocentas) Delegacias espalhadas pelo País, praticamente em todas as unidades da federação, com ação voltada, especialmente, à defesa da mulher.

Interessantíssimo trabalho de orientação sobre o funcionamento das delegacias especializadas foi elaborado, no ano de 2010, pela Presidência da República juntamente com a Secretaria de Políticas para as Mulheres. Sob o título "Norma Técnica de Padronização das Delegacias Especializadas de Atendimento às Mulheres", é elencado todo um protocolo a abranger a recepção da vítima, seu atendimento e encaminhamento, bem como a adoção das medidas cabíveis, de cunho policial.

No que se refere, mais especificamente, ao primeiro contato da vítima que vai em busca da proteção policial, o trabalho indica o seguinte procedimento:

- Acolher as mulheres em situação de violência com atendimento humanizado, levando sempre em consideração a palavra da mulher, em ambiente adequado, com sala reservada, para manter a privacidade da mulher e do seu depoimento;

- Atender, sem qualquer forma de preconceito ou discriminação, as mulheres, independentemente de sua orientação sexual, incluindo também as mulheres prostitutas, quando vítimas de violência de gênero;
- O atendimento inicial e o acolhimento devem ser feitos por uma equipe de policiais qualificados profissionalmente, preferencialmente do sexo feminino, com compreensão do fenômeno da violência de gênero;
- A equipe de policiais responsáveis pelo atendimento e acolhimento das mulheres em situação de violência deve conhecer as diretrizes e procedimentos da Delegacia Especializada e possuir material de informação e de orientação para estas mulheres;
- Acolher as mulheres em situação de violência de gênero, mesmo nos casos os quais as Delegacias não tenham atribuições específicas (tráfico de seres humanos – de mulheres, turismo sexual), procedendo ao encaminhamento para a instância policial competente;
- Ter escuta qualificada, sigilosa e não julgadora.

A norma técnica recomenda, ainda, o funcionamento ininterrupto das Delegacias especializadas, por 24 horas, inclusive, aos sábados, domingos e feriados. E indica o número de tais delegacias em consonância com a população de cada cidade, a saber: para cidades com até 300 mil habitantes, 2 delegacias; para aquelas até 500 mil habitantes, 3 delegacias; de 500 mil a 1 milhão de habitantes, 4 delegacias; mais de 1 milhão, 5 delegacias. Trata-se de fórmula que, conquanto trace um panorama ideal, ainda está muito distante de nossa realidade. Para que se tenha uma ideia, a cidade de Ribeirão Preto, no Estado de São Paulo, com mais de 600 mil habitantes, conta com uma delegacia, quando o trabalho sugere que devessem ser quatro. Oxalá um dia se chegue perto da proposta do trabalho.

Projeto social – Interessante projeto, decorrente do Dec. 55.089, de 8 de maio de 2014, foi implantado na cidade de São Paulo, denominado Projeto Guardiã Maria da Penha, cujo objetivo é de prevenir e combater qualquer espécie de violência doméstica contra a mulher, monitorar o cumprimento de normas que garantam a proteção da mulher e a responsabilização de seu agressor e promover o acolhimento da vítima em centros especialmente capacitados a tanto. Tais atribuições, nos termos do diploma legal, são exercidas pela Guarda Civil Metropolitana, mediante prévia capacitação de seus componentes, e incluem, ademais, visitações domiciliares periódicas, com encaminhamento à Defensoria Pública quando for o caso. Cumpre, demais disso, verificar o cumprimento das medidas protetivas impostas contra o agressor e em favor da vítima, comunicando ao juiz eventual descumprimento.

Promoção de programas educacionais – Experiência das mais interessantes, desenvolvida, inicialmente, na cidade de São Paulo, é o projeto "Promotoras legais populares" (nenhuma relação com o Ministério Público), que tem por objetivo a capacitação de mulheres de baixa renda "para lidar com as leis, o direito e facilitar o seu acesso à justiça e aos serviços correlatos", segundo informa Maria Amélia de Almeida Teles (A luta pelos direitos humanos – Experiência prática – Promotoras legais populares. *Revista Brasileira de Ciências Criminais*, n. 6, jan.-mar. 1998).

§ 3º A autoridade policial poderá requisitar os serviços públicos necessários à defesa da mulher em situação de violência doméstica e familiar e de seus dependentes. (Incluído pela Lei nº 13.505, de 2017)

Requisição – Este dispositivo, segundo se extrai de sua leitura, permite que a autoridade policial *requisite* os serviços públicos disponíveis visando a proteção da vítima de violência doméstica.

Não se cuida de mero requerimento que, como tal, permite o deferimento ou não. Antes, tratando-se de *ordem*, deve, como regra, ser cumprida. Por óbvio, quando a ordem se revelar manifestamente ilegal, seu receptor não se obrigará a observá-la, cabendo oficiar à autoridade requisitante (o delegado de polícia), justificando as razões do descumprimento. Revestida dos requisitos legais, porém, a ordem descumprida sujeita o agente à prática do crime de desobediência, previsto no art. 330 do Código Penal.

Assim, por exemplo, poderá a autoridade policial requisitar ao Conselho Tutelar que socorra uma vítima de violência doméstica, menor de idade. Ou que dispense o mesmo tratamento aos dependentes (filhos), da ofendida. Ou determinar que um posto de saúde acuda uma mulher que foi agredida. Ou, ainda, que o setor de assistência social da prefeitura acompanhe uma família cuja matriarca vem sendo violentada. Também o encaminhamento da vítima ao IML será instruído com requisição para a realização do respectivo exame de corpo de delito.

TÍTULO IV
DOS PROCEDIMENTOS
CAPÍTULO I
DISPOSIÇÕES GERAIS

Art. 13. Ao processo, ao julgamento e à execução das causas cíveis e criminais decorrentes da prática de violência doméstica e familiar contra a mulher aplicar-se-ão as normas dos Códigos de Processo Penal e Processo Civil e da legislação específica relativa à criança, ao adolescente e ao idoso que não conflitarem com o estabelecido nesta Lei.

Normas aplicáveis – Uma das normas, oriundas do Código de Processo Civil (Lei 13.105/2015), que podem ser aplicadas ao dispositivo em análise, é a que permite a intimação por meio eletrônico, que se constitui em regra, ao dispor o art. 270 que "as intimações realizam-se, sempre que possível, por meio eletrônico, na forma da lei". Nada impede, outrossim, que inviável essa espécie de intimação, o ato se processe por carta registrada (art. 273, II, do CPC/2015). Ambas as formas são, também, um modo eficaz de se evitar que a própria ofendida entregue, a seu agressor, as intimações ou notificações, preocupação que não passou despercebida pelo legislador, conforme se vê do parágrafo único do art. 21 desta lei.

Estatuto da Criança e do Adolescente – Não se ignora, evidentemente, o princípio constitucional que garante a publicidade dos atos processuais, previsto no art. 5.º, LX, *in verbis*: "A lei só poderá restringir a publicidade dos atos processuais quando a defesa da intimidade ou o interesse social o exigirem".

Esse princípio, já com a redação alterada pela EC 45/2004, vem também mencionado no art. 93, IX, da CF/1988, dessa forma: "Todos os julgamentos dos órgãos do Poder Judiciário serão públicos, e fundamentadas todas as decisões, sob pena de nulidade, podendo a lei limitar a presença, em determinados atos, às próprias partes e a seus advogados, ou somente a estes, em casos nos quais a preservação do direito à intimidade do interessado no sigilo não prejudique o interesse público à informação".

Vê-se, claramente, que a publicidade é a regra, sendo o sigilo admitido apenas em situações excepcionais.

Como adverte Antonio Scarance Fernandes, "deve-se evitar a publicidade desnecessária e sensacionalista, como as transmissões de julgamentos por rádio ou televisão. Expõe demasiadamente os protagonistas da cena processual ao público em geral e causa constrangimento ao acusado, à vítima e às testemunhas" (*Processo penal constitucional*. 4. ed. São Paulo: Ed. RT, 2005. p. 72).

Mas em situações excepcionais, a fim de evitar o escândalo e com o objetivo de preservar a imagem da mulher e eventualmente de seus filhos, garantindo-lhes a intimidade, pode o juiz decretar o sigilo do processo, proibindo, ainda, a divulgação de qualquer ato ou a menção do nome das vítimas, tudo por analogia ao disposto no art. 143 do ECA. Parece-nos possível, por não conflitar com o espírito da lei, a adoção do sigilo previsto nesse artigo. Com efeito, estabelece esse dispositivo que "é vedada a divulgação de atos judiciais, policiais e administrativos que digam respeito a crianças e adolescentes a que se atribua autoria de ato infracional". Ademais, nos termos do parágrafo único do mesmo artigo, "qualquer notícia a respeito do fato não poderá identificar a criança ou adolescente, vedando-se fotografia, referência a nome, apelido, filiação, parentesco e residência". Aliás, o Código de Processo Penal (art. 792, § 1.º), que pode ser aplicado subsidiariamente, como ressalta o artigo em estudo, também possui dispositivo que trata do sigilo. O mesmo se verifica no inc. II do art. 189 do CPC/2015 (Lei 13.105/2015).

Por óbvio que eventual sigilo deve ser adotado em benefício da vítima e de sua prole, mas jamais para proteger atos criminosos perpetrados pelo autor, que deverão cair na regra geral que garante a publicidade do processo.

A propósito, a admitir a aplicação da Lei Maria da Penha quando se trata de menor, de se conferir:

> "Conflito negativo de competência. Lesões corporais contra criança mulher no âmbito de violência doméstica e familiar. Aplicabilidade da Lei Maria da Penha. Condição de criança/mulher que se sobrepõe ao simples fato de ser criança para fins de fixação de competência. Caráter de proteção constitucional não só das crianças e adolescentes, mas também da mulher. Lei Maria da Penha que possui um caráter mais enérgico de proteção total. Objetivo programático constitucional que mais se alcança nesta lei do que pelo ECA. Declaração de competência do juizado de violência doméstica e familiar contra a mulher" (TJPR, CComp 559604-9/Curitiba, j. 03.09.2009, rel. Astrid Maranhão de Carvalho Ruthes).

Em sentido contrário:

> "Lei Maria da Penha. Crime de maus tratos praticado pela mãe contra o casal de filhos. Não incidência da Lei 11.340/2006. O art. 5.º da Lei Maria da Penha, configura como violência doméstica e familiar contra a mulher toda espécie de agressão (ação ou omissão), baseada no gênero, isto é, na condição hipossuficiente da mulher, que lhe cause morte, lesão, sofrimento físico, sexual ou psicológico e dano moral ou patrimonial, importando em violação dos direitos humanos, independente da habitualidade da agressão. No caso, maus tratos praticados pela mãe contra filhos, a hipossuficiência das vítimas decorre da condição de serem crianças – pela idade – e não em face da vulnerabilidade de gênero numa relação intrafamiliar. Havendo estatuto próprio de proteção da criança vítima de violência, não se pode aplicar indistintamente uma lei criada com a finalidade de proteger a mulher da violência masculina, em razão, principalmente, da sua inferioridade física. Aliado a isso, a aplicação da Lei Maria da Penha só ocorre quanto aos fatos praticados por homem contra mulher, o que inocorre *in casu*, devendo o feito ser apreciado pelo juízo comum suscitado. Conflito negativo julgado procedente. Competência do juízo suscitado" (TJRS, CJur 70046682498, j. 09.02.2012, rel. Francesco Conti).

Estatuto do idoso – Uma das disposições constantes da Lei 10.741, de 1.º de outubro de 2003, o chamado Estatuto do Idoso (EI), deve ser observada no julgamento das causas que envolvam a prática de violência contra a mulher: "é assegurada prioridade na tramitação dos processos e procedimentos e na execução dos atos e diligências judiciais em que figure como parte ou interveniente pessoa com idade igual ou superior a 60 (sessenta) anos, em qualquer instância", conforme previsto no art. 71, *caput*, do EI. Nesse sentido, ainda, é o disposto no art. 1.048, I do CPC/2015 (Lei 13.105/2015).

Trata-se de privilégio que não se encontra em conflito com a lei ora comentada e, por conta disso, segundo a parte final do dispositivo, pode perfeitamente ser adotado, também, no julgamento das causas junto aos juizados de violência doméstica e familiar contra a mulher (ou nas varas criminais enquanto não implantado o juizado, nos termos do art. 33 desta lei).

É certo que o parágrafo único do art. 33 desta lei, já prevê o "direito de preferência", mas apenas para as causas criminais. Para as causas cíveis (separação de corpos, separação judicial, fixação de alimentos provisórios etc.), a lei não fez qualquer menção, nada impedindo, porém – repetimos – que esse benefício se estenda àquelas causas, tomando-se como parâmetro para essa interpretação analógica a legislação referente ao idoso.

Art. 14. Os Juizados de Violência Doméstica e Familiar contra a Mulher, órgãos da Justiça Ordinária com competência cível e criminal, poderão ser criados pela União, no Distrito Federal e nos Territórios, e pelos Estados, para o processo, o julgamento e a execução das causas decorrentes da prática de violência doméstica e familiar contra a mulher.

Parágrafo único. Os atos processuais poderão realizar-se em horário noturno, conforme dispuserem as normas de organização judiciária.

Rito – Interessante assinalar que a lei em exame não indicou o rito procedimental para os processos criminais de sua competência. O PL 4.559/2004, inicialmente enviado à apreciação do Congresso, era expresso em afirmar que "ao processo, julgamento e execução dos crimes de competência dos juizados especiais criminais em que esteja caracterizada violência doméstica e familiar contra a mulher, aplica-se a Lei 9.099, de 26 de setembro de 1995, no que não conflitar com o estabelecido nesta lei" (art. 29). Em seguida, nos arts. 31 a 37, traçava todo rito procedimental, aliás muito semelhante àquele estabelecido para o JECrim.

Também o Estatuto do Idoso teve esse cuidado, conforme se verifica de seu art. 94, que determina a observância à Lei 9.099/1995 e, subsidiariamente, "no que couber", aos Códigos Penal e de Processo Penal.

Ante a omissão legal, há que se concluir que a determinação do procedimento dependerá do crime cometido. São eles: o procedimento ordinário, quando tiver por objeto crime cuja sanção máxima cominada for igual ou superior a quatro anos e o sumário, para penas inferiores a quatro anos, na atual dicção do art. 394, § 1.º, I e II, do CPP, alterado pela Lei 11.719, de 20 de junho de 2008. E o procedimento sumaríssimo, reservado, nos termos do inc. III do mesmo dispositivo, "para as infrações penais de menor potencial ofensivo". A aplicação da Lei 9.099/1995 foi afastada pelo art. 41 da Lei 11.340/2006. E, por último, o "procedimento especial" que, como o nome indica, tem rito especial.

Assim, cometido contra a mulher um crime que configure violência doméstica ou familiar ("violência" aqui entendida em seu aspecto mais amplo, como consta do art. 7.º da lei), por exemplo, de estupro, o rito será o comum ou ordinário. Já se, nas mesmas condições, é a mulher vítima de uma ameaça, o rito será o sumário, logo ele que, com o advento da Lei 9.099/1995, estava quase esquecido. Tratando-se de um crime contra a honra (v. art. 7.º, V, da Lei 11.340/2006), o procedimento é o do art. 519 e ss. do CPP, e assim por diante.

Territórios – Não mais existem territórios em nosso País. Os então existentes até a promulgação da Constituição (Amapá, Roraima e Fernando de Noronha), foram, pelas disposições transitórias (arts. 14 e 15), transformados em Estados (os dois primeiros), e anexado ao Estado de Pernambuco (o último). Nada impede, porém, que outros venham a ser criados, "(...) mediante aprovação da população diretamente interessada, por intermédio de plebiscito, e do Congresso Nacional, por lei complementar", na letra do art. 18, § 3.º, da CF/1988.

Sistema recursal – Inviável a aplicação da Lei 9.099/1995, tem-se, por consequência, que eventual apelação contra sentença proferida no âmbito do juizado de violência doméstica e familiar contra a mulher deve ser julgada pelo Tribunal de Justiça. Não há, assim, que se cogitar da competência da turma recursal prevista na Lei 9.099/1995, cabível, somente quando a decisão emanar do JECrim, o que não é o caso. Nesse sentido: "Compete ao Tribunal de Justiça, e não à Turma Recursal, julgar recurso de apelação aviado contra decisão do Juizado de Violência Doméstica" (STJ, CComp 111905/RJ, j. 23.06.2010, rel. Min. Maria Thereza de Assis Moura, *DJe* 02.08.2010).

Também o *habeas corpus* (que não tem a natureza jurídica de recurso), quando for autoridade coatora juiz do juizado de violência doméstica e familiar contra a mulher, deverá ser impetrado perante o Tribunal de Justiça. O mesmo órgão, portanto, que tem competência recursal tem competência para conhecer do *writ*.

Como observam Grinover, Magalhães e Scarance, "esse princípio não exclui, entretanto, a possibilidade de adoção pela Constituição do Estado, de outros critérios, nos termos da previsão do art. 125, § 1.º, CF/1988" ((*Recursos no processo penal*. 3. ed. São Paulo: Ed. RT, 2001. p. 366). É o que ocorria à época da existência dos Tribunais de Alçada, extintos pela EC 45/2004, quando, dependendo da matéria, o *habeas corpus* era de competência originária desses tribunais ou do Tribunal de Justiça.

Nada impede, assim, que determinada Constituição Estadual preveja a competência de uma seção civil do tribunal para conhecer do remédio heroico, mesmo porque algumas medidas previstas na lei (afastamento do lar do agressor, proibição de se aproximar da ofendida ou de frequentar determinados lugares), possuem mais um perfil cível do que propriamente criminal.

Na improvável hipótese da competência para julgamento da causa ser de um juiz federal, qualquer ato ilegal por ele perpetrado, que atente contra o direito de locomoção do paciente, deve ser atacado por meio do *habeas corpus* impetrado perante o respectivo Tribunal Regional Federal.

Dependendo da condição do paciente ou do coator, a competência poderá ser do STF ou do STJ, conforme expressa previsão constitucional contida, respectivamente, nos arts. 102, I, *d*, e 105, I, *c*, da CF/1988.

Tratando-se de coação perpetrada por particular ou, por exemplo, por delegado de polícia, a competência será do juiz de direito local.

Poderia ser lembrada a hipótese na qual, sendo o crime de ação penal pública condicionada, a autoridade policial instaure inquérito sem a respectiva representação da ofendida.

Para a revisão criminal, a competência do STF e do STJ tem previsão constitucional (arts. 102, I, *j*, e 105, I, *e*, da CF/1988). Em nível estadual, a questão é resolvida pelos regimentos internos dos respectivos tribunais.

Recorribilidade das medidas protetivas – De se indagar qual o recurso cabível contra decisão que defere ou indefere determinada protetiva. Pensamos que a questão veio bem apanhada em artigo da lavra de Lorena Araújo de Oliveira e Davi Valdetaro Gomes Cavalieri, sob o título "Cabimento de recursos nos juizados de violência contra a mulher" (Disponível em: [www.conjur.com.br]. Acesso em: 10.08.2017). Destacam esses autores que "o cabimento do recurso contra as decisões que versam sobre as medidas protetivas de urgência está intrinsecamente ligado à esfera de aproximação penal ou civil das próprias medidas. Caso a medida protetiva seja de feição cível, a matéria deve ser analisada na seara cível, sendo cabível o recurso de agravo de instrumento a ser processado e julgado por Turma Cível do Tribunal de Justiça competente, afastando-se a competência da Turma Criminal [...] De outra banda, caso e medida protetiva possua feição penal, a decisão que versa sobre sua aplicação desafia a interposição do recurso em sentido estrito". Ensinam, ainda, que na dúvida quanto ao recurso cabível e em face da divergência jurisprudencial, tem ampla aplicação o princípio da fungibilidade, devendo o recurso eventualmente interposto de forma equivocada ainda assim ser conhecido, por analogia ao art. 579 do Código de Processo Penal.

Nesse sentido a jurisprudência:

> PROCESSUAL PENAL. APELAÇÃO DO MINISTÉRIO PÚBLICO. VIOLÊNCIA DOMÉSTICA E FAMILIAR CONTRA A MULHER. INDEFERIMENTO DAS MEDIDAS PROTETIVAS DE NATUREZA CÍVEL. RECURSO PRÓPRIO. NÃO CONHECIMENTO – "As medidas protetivas de natureza cível e o processo criminal são absolutamente independentes e desafiam deslinde específico, sendo que o indeferimento daquelas desafia recurso próprio na esfera cível, mais especificamente o de agravo de instrumento, tornando-se inadmissível o manejo de apelação criminal. Afasta-se a competência da Turma Criminal em favor da Turma Cível. Remessa dos autos a uma das Turmas Cíveis, competente para conhecer da matéria questionada". (TJDF – Proc. nº 20070810005359APR, Rel. George Lopes Leite, j. 12.062008, DJ 09.07.2008 p. 95).

Horário – Disposição idêntica é encontrada no art. 12 da Lei 9.099/1995 (Lei dos Juizados Especiais Cíveis e Criminais), prevendo a possibilidade de realização dos atos processuais durante o horário noturno, segundo norma de organização judiciária local. Trata-se de medida salutar e compatível com a urgência da situação que, não raras vezes, reclamará a pronta intervenção dos juizados. Rende homenagem, ainda, à redação do art. 93, XII, da CF/1988 (dada pela EC 45/2004), que assegura ser ininterrupta a atividade jurisdicional. Dispõe, ainda, o Código de Processo Civil (Lei 13.105/2015), em seu art. 212, que os atos processuais serão realizados em dias úteis, das 6 às 20 horas, podendo ser concluídos após esse horário aqueles atos "iniciados antes, quando o adiamento prejudicar a diligência ou causar grave dano" (§ 2.º).

Art. 15. É competente, por opção da ofendida, para os processos cíveis regidos por esta Lei, o Juizado:

I – do seu domicílio ou de sua residência;

II – do lugar do fato em que se baseou a demanda;

III – do domicílio do agressor.

Opção da ofendida – Quando o legislador confere a opção para a ofendida propor a ação em um dos foros indicados nos incs. I, II e III, deixa claro que se trata de uma hipótese de competência concorrente e relativa, ocorrendo esta última, segundo Vicente Greco Filho, nos casos "em que é possível a sua prorrogação ou derrogação por meio de cláusula contratual firmada pelas partes, de inércia da parte, no caso do réu que deixa de opor a exceção, chamada declinatória de foro, ou por fatos processuais como a conexão ou a continência" (*Direito processual civil brasileiro*. 12. ed. São Paulo: Saraiva, 1996. p. 208, vol. 1).

Processos Cíveis – O dispositivo em estudo tem aplicação para os processos cíveis. Para os processos criminais, seguem-se os dispositivos gerais de competência previstos nos arts. 69 *usque* 91 do Código de Processo Penal.

A regra geral é que o juiz competente para processamento e julgamento de uma causa, nos termos do art. 70 do CPP, é o do lugar onde a infração se consumou (*locus delicti commissi*). A partir daí vários fatores podem ocorrer que justifiquem a alteração dessa regra geral, admitindo-se seja a competência firmada pela condição funcional do agente, pela prevenção, pelo domicílio ou residência do réu etc.

A primeira indagação a ser formulada é se o agente goza da chamada prerrogativa de função. Assim, para exemplificar, o promotor de justiça acusado da prática de agressões contra a esposa, será julgado pelo Tribunal de Justiça, nos termos do art. 96, III, da CF/1988. E nem poderia ser diferente. Se até quando praticado um homicídio doloso, a competência do Tribunal do Júri, que tem previsão constitucional (art. 5.º, XXXVIII), dá lugar ao chamado "foro privilegiado", com mais razão o mesmo tratamento deve ser adotado quando da ocorrência de algum crime contra a mulher dentre aqueles protegidos pela lei em estudo. Já um juiz federal, pela prática de crimes tratados nesta lei, será julgado, em competência originária, pelo respectivo Tribunal Regional Federal, ante a regra do art. 108, I, *a*, da CF/1988. Se, por exemplo, for o Presidente da República ou um Ministro do STF o agressor, a competência será do Supremo (art. 102, I, *b*, da CF/1988). Sendo um governador de Estado, a competência será do STJ (art. 105, I, *a*, da CF/1988) e assim por diante.

De sorte que, regra geral, insistimos, será competente o juiz do lugar onde o crime se consumou, respeitadas as regras que disciplinam o chamado "foro privilegiado".

Não sendo o caso de se cogitar esta última hipótese (foro privilegiado), deve ser dado o passo seguinte, isto é, observar se a competência é da justiça estadual ou federal.

Pois bem, regra quase absoluta imporá à justiça comum estadual o julgamento dos crimes previstos nesta lei. Uma exceção que se vislumbra – posto que os crimes aqui tratados são considerados formas de violação dos direitos humanos – ocorrerá na hipótese do Procurador-Geral da República provocar o chamado "incidente de deslocamento de competência", previsto no art. 109, V-A, da CF/1988 (acrescentado pela EC 45/2004), em tema que detalhamos no comentário ao art. 6.º da lei, ao qual remetemos o leitor.

Outra exceção pode ser lembrada. Na hipótese em que a mulher for vítima de violência, nas condições exigidas pela lei, cometida a bordo de navios ou aeronaves, quando então a competência será da justiça federal, na exata dicção do art. 109, IX, da CF/1988. Mas são, induvidosamente, situações que raríssimas vezes ocorrerão na prática, sendo forçoso concluir, por isso, que a competência, na imensa maioria dos casos, será mesmo da justiça estadual.

Outro debate que já se ouviu diz respeito aos crimes dolosos contra a vida da mulher, quando se discute sobre a competência para a fase inicial do processo, chamada sumário de culpa (*judicium accusationis*), que vai do oferecimento da denúncia ou queixa (nas hipóteses de ação penal privada subsidiária da pública ou mesmo exclusivamente privada em se tratando de crime conexo), até o trânsito em julgado da sentença de pronúncia.

A discussão a respeito da competência nos crimes dolosos contra a vida da mulher, certamente, teve origem em um substitutivo apresentado, pela Deputada Jandira Feghali, ao projeto de lei original, quando da tramitação da matéria no Congresso. Propunha tal substitutivo que "nos crimes dolosos contra a vida, após a decisão de pronúncia proferida pelo Juizado de Violência Doméstica e Familiar contra a Mulher, o processo será encaminhado ao Tribunal do Júri".

A inconveniência dessa proposta foi bem apontada pelo Deputado Antonio Carlos Biscaia que, na qualidade de membro da Comissão de Constituição e Justiça e de Cidadania (CCJC), apresentou voto em separado propondo outra redação, do seguinte teor: "Nos crimes dolosos contra a vida, após o trânsito em julgado da decisão de pronúncia, que nos termos das normas de organização judiciária poderá ser proferida pelo Juizado de Violência Doméstica e Familiar contra a Mulher, o processo será encaminhado ao Tribunal do Júri".

A observação, absolutamente pertinente do deputado, visou resguardar a competência dos tribunais para, segundo as respectivas leis de organização judiciária, tratarem da matéria, sob pena de se incorrer em violação ao disposto no art. 96, I, *a*, da CF/1988. Com efeito, o dispositivo constitucional informa que cumpre privativamente aos tribunais dispor sobre a competência de seus respectivos órgãos, sendo que a aprovação do substitutivo, por isso, implicaria em inconstitucional ingerência de outro poder no Poder Judiciário (retoma-se discussão semelhante nos comentários ao art. 33 da lei, mais adiante).

Na redação final da lei a questão não foi ventilada e, efetivamente, era mesmo desnecessária qualquer menção a ela. Indaga-se, então, de quem será a competência para a condução do sumário de culpa e eventual prolação da sentença de pronúncia caso o crime decorra de violência contra a mulher perpetrada, por exemplo, pelo marido?

Competente, se conclui, sem maior dificuldade, será o juiz apontado pelas respectivas leis de organização judiciária como tal. Poderá ser o juiz da vara exclusiva do Júri, como ocorre na capital do Estado de São Paulo, a quem cabe a condução de todo o procedimento, desde o recebimento da acusação até o julgamento em plenário. Naquelas onde não há vara privativa do Júri, competente será o juiz de uma vara criminal, a quem caberá preparar o processo e, a partir do trânsito em julgado da sentença de pronúncia, enviá-lo ao juiz do Júri, "normalmente considerado um anexo de uma das varas da comarca", no dizer de Guilherme de Souza Nucci (*Código de Processo Penal comentado*. 2. ed. São Paulo: Ed. RT, 2003. p. 615). Ou poderá, quem sabe, ser o próprio juiz dos Juizados de Violência Doméstica e Familiar contra a Mulher, desde que regra de organização judiciária disponha nesse sentido.

Quanto à fase denominada *judicium causae*, que se finda com o julgamento em plenário, não resta nenhuma dúvida que a competência será mesmo do Tribunal do Júri, em face da disposição constitucional que assegura a competência mínima deste tribunal para o julgamento dos crimes dolosos contra a vida (art. 5.º, XXXVIII, *d*).

Diz-se "mínima" em virtude de que, no mínimo, os crimes dolosos contra a vida devem ser julgados pelo Tribunal do Júri, nada impedindo que o legislador infraconstitucional amplie tal competência para que outros delitos, de natureza diversa, sejam também apreciados pelo povo.

O motivo que levou a constituinte a incluir tal dispositivo vem bem apanhado por Guilherme de Souza Nucci, ao ressaltar que a preocupação foi de evitar um esvaziamento do Tribunal do Júri, a exemplo do que ocorreu em outros países. Ao se prever tal competência expressamente no texto constitucional, garante-se que, pelo menos para os crimes dolosos contra a vida, fica mantida a instituição do Júri (*Júri – Princípios constitucionais*. São Paulo: Juarez de Oliveira, 1999. p. 174).

Em suma, é até possível se expandir a competência do Júri, mas jamais restringi-la, razão pela qual a violência doméstica contra a mulher, atuando o agente com ânimo de matá-la, é induvidosa, será julgada pelo Tribunal do Júri, pouco importando a quem coube a tarefa de, antes, pronunciar o réu.

Domicílio – Segundo definido pelo art. 70 do CC/2002, considera-se domicílio da pessoa natural "o lugar onde ela estabelece a sua residência com ânimo definitivo". Ressalva o art. 71 do mesmo *codex* que se "(...) a pessoa natural tiver diversas residências, onde, alternativamente, viva, considerar-se-á domicílio seu qualquer delas".

Residência – Este dispositivo repetia a previsão do art. 100, I, do CPC/1973, que estabelecia a competência do foro da residência da mulher "para a ação de separação dos cônjuges e a conversão desta em divórcio, e para a anulação de casamento". Porém, o Código de Processo Civil em vigor (Lei 13.105/2015), em seu art. 53, I, extinguiu esse privilégio, passando a considerar, como competente, "para a ação de divórcio, separação, anulação de casamento e reconhecimento ou dissolução de união estável", nessa ordem, o domicílio do guardião do filho incapaz, do casal, caso não haja filho incapaz, do réu ou do alimentando. Pensamos, contudo, por se tratar de lei especial em relação ao Código (lei geral), que deva prevalecer a regra contida na Lei Maria da Penha, de tal sorte que remanesça a faculdade concedida à vítima de, nos casos a envolver violência doméstica, ajuizar a ação no foro de seu domicílio ou residência.

Lugar do fato – Sobre competência firmada pelo lugar do ato ou fato, ver art. 53, III e IV e respectivas alíneas do CPC/2015.

> **Art. 16.** Nas ações penais públicas condicionadas à representação da ofendida de que trata esta Lei, só será admitida a renúncia à representação perante o juiz, em audiência especialmente designada com tal finalidade, antes do recebimento da denúncia e ouvido o Ministério Público.

Renúncia à representação – Sabendo que renúncia significa abdicação do exercício de um direito, clara está a impropriedade terminológica utilizada pelo legislador, quando, na realidade, pretendeu se referir à retratação da representação, ato da vítima (ou de seu representante legal) reconsiderando o pedido-autorização antes externado (afinal, não se renuncia a direito já exercido!). Na letra do art. 25 do CPP, não é admitida a retratação depois de ofertada a denúncia. *In casu*, a audiência tratada no dispositivo em estudo é realizada quando já se tem a denúncia, conforme se verifica da parte final do artigo em comento, ao tempo, portanto, que não mais seria admitida a retratação.

Vê-se, assim, que a partir do advento da Lei Maria da Penha, os arts. 25 do CPP e 102 do CP, passaram a merecer uma nova leitura, de tal maneira que a retratação, nos casos de violência doméstica e familiar, passa a ser admitida mesmo após a oferta da denúncia.

Como bem observa Eduardo Luiz Santos Cabette, "esta parece ser 'a melhor das piores opções'. Nos casos de violência doméstica contra a mulher, derrogado o art. 25, CPP, para alongar o tempo para a retratação (jamais 'renúncia'), teria o legislador criado uma nova formalidade processual antes do recebimento da denúncia, qual seja, a oitiva da vítima para que se manifeste quanto a eventual retratação da representação anteriormente ofertada. Já nas fases anteriores (pré-processuais), mantida estaria a sistemática tradicional da necessidade de satisfação da 'condição de procedibilidade' tanto para a instauração do inquérito policial, quanto para o oferecimento da denúncia" (*Anotações críticas sobre a lei de violência doméstica e familiar contra a mulher*. Disponível em: [http://jus.com.br/revista/texto/8822/anotacoes-criticas-sobre-a-lei-de-violencia-domestica-e-familiar-contra-a-mulher]. Acesso em: 27.07.2012)

A partir da decisão do STF, na ADIn 4.424/DF e na Ação Direta de Constitucionalidade 19/DF, julgadas em 09 de fevereiro de 2012, chega-se à conclusão de que o dispositivo do art. 16 experimentou sensível alteração. Pelo menos no que se refere ao crime de lesões corporais de natureza leve. É que se entendia, até então, de forma praticamente unânime (sobretudo na jurisprudência do STJ), que a ação penal, nesses casos, era condicionada à prévia representação da vítima. Com a decisão do Pretório Excelso, que considerou púbica incondicionada a ação penal nos crimes de lesões corporais leves que envolvam violência doméstica, não há mais que se falar em *renúncia à representação* (em entendimento que, inclusive, já mereceu, pelo STJ, a edição da súmula 542, *in verbis*: "A ação penal relativa ao crime de lesão corporal resultante de violência doméstica contra a mulher é pública incondicionada").

Óbvio: representação e retratação são institutos típicos da ação penal pública condicionada e da ação penal privada, como se vê da letra dos arts. 24 e 25 do CPP. Cuidando-se de ação penal pública incondicionada, ao revés, a vontade do ofendido é irrelevante e, bem por isso, o Ministério Público não se submete a qualquer manifestação prévia do ofendido, podendo – e devendo – deflagrar a ação penal, forte no princípio da obrigatoriedade. Concluímos, assim, sem maior dificuldade: para os crimes de lesões corporais leves não mais se cogita da designação da audiência em epígrafe. Nesse sentido já se posicionou o STJ: "O STF, no julgamento da ADIn 4.424/DF, deu interpretação conforme aos arts. 12, I, 16 e 41 da Lei 11.340/2006, estabelecendo que, nos casos de lesão corporal no âmbito doméstico, seja leve, grave ou gravíssima, dolosa ou culposa, a ação penal é sempre pública incondicionada. Em razão da eficácia vinculante e *erga omnes* das decisões proferidas em controle concentrado de constitucionalidade, a questão não mais comporta discussão em outros tribunais (art. 102, § 2.º, da CF/1988). Diante da posição firmada pelo Pretório Excelso, o disposto no art. 16 da Lei 11.340/2006 não tem aplicação aos delitos de lesão corporal, ficando superado, nesse caso, qualquer debate acerca da necessidade de realização de audiência específica para oportunizar a renúncia da representação oferecida pela vítima" (STJ, HC 136333-MG, j. 15.03.2012, rel. Min. Sebastião Reis Junior, *DJe* 02.04.2012).

Partindo-se de tal premissa, poder-se-ia imaginar que o dispositivo em exame teria perdido seu conteúdo, redundando em verdadeira letra morta. Não é bem assim. O art. 16 continuará eficaz em relação a todos os crimes que, no Código Penal ou em legislação esparsa, exigirem a representação como condição prévia de procedibilidade. Dentre aqueles de interesse ao tema em estudo e de maior ocorrência na prática, é possível destacar o delito de ameaça (art. 147 do CP). Também dependem de representação os crimes contra a liberdade sexual, previstos nos arts. 213 a 218-B do CP, desde que a vítima não seja menor de 18 anos ou pessoa vulnerável, na dicção do art. 225 e seu parágrafo, do mencionado *codex*. Ainda a título de exemplo, lembramos do crime de injúria (art. 140 do CP), que no caso de retorsão imediata (inc. II) ou na hipótese da injúria importar "na utilização de elementos referentes a raça, cor, etnia, religião, origem ou a condição de pessoa idosa ou portadora de deficiência" (§ 3.º), reclama a previa representação da vítima (art. 145, parágrafo único). Conquanto de pouca frequência cotidiana, destacamos, ainda, os delitos do art. 130 do CP (perigo de contágio venéreo), e os crimes contra o patrimônio em geral que, perpetrados nas condições do art. 182 do CP, necessitam da manifestação de vontade do ofendido no sentido de ver processado seu ofensor.

Em suma: apenas não há mais lugar para a audiência do artigo em estudo para o crime de lesão corporal leve que – insiste-se – é de ação penal pública incondicionada, nos termos da aludida decisão do STF. Para os demais delitos que sempre exigiram e continuam a exigir a representação da vítima, a retratação, antes da denúncia, é ainda admitida e, por consequência, é necessária a realização da audiência. Confira-se a decisão do STJ: "Os arts. 12, I, e 16 da Lei 11.340/2006 – que preveem, respectivamente, o oferecimento de representação, pela vítima, e a possibilidade de sua retratação, em audiência especialmente designada com tal finalidade, antes do recebimento da denúncia e ouvido o Ministério Público – devem ser interpretados, consoante o entendimento do STF, em conformidade com o art. 41 da referida Lei. Assim sendo, a necessidade de representação passa a referir-se apenas a delitos previstos em leis diversas da Lei 9.099/1995 e que sejam de ação penal pública condicionada, como é o caso do crime de ameaça (art. 147 do CP) e dos cometidos contra a dignidade sexual, não valendo para lesões corporais, ainda que leves ou culposas" (STJ, HC 145577/RS, j.18.09.2012, rel. Assusete Magalhães, *DJe* 11.10.2012).

Oitiva da vítima – Outra questão a ser ressaltada, embora não guardando pertinência com a decisão do STF, trata-se da iniciativa de alguns Magistrados em, com base neste dispositivo, designar audiência mesmo quando a vítima – que de início representou contra seu ofensor – não tenha formulado qualquer espécie de manifestação no sentido de se retratar. Funcionaria quase como uma audiência para que a ofendida se retratasse da anterior representação ou *confirmasse*, em Juízo, sua representação inicial. Embora se possa vislumbrar, nessa prática, algum aspecto positivo, vez que busca, na maioria das vezes, colher a manifestação de vontade da vítima (no sentido, convenhamos, de que se retrate e se evite um processo criminal), não se pode ignorar que opera *contra legem*. A audiência, com efeito, tem por objetivo apurar a espontaneidade da vítima que, tendo inicialmente deflagrado a investigação criminal, posteriormente *renunciou* à representação. Mas jamais para evitar a continuidade de processos, mesmo que sob o argumento de política criminal ou algo similar. É por isso que, em todos os casos que pesquisamos junto aos diversos tribunais do país, correições parciais propostas pelo Ministério Público foram triunfantes, no sentido da inversão tumultuária do processo decorrente dessa prática. Assim: "Correição parcial. Lei Maria da Penha. Audiência designada para que a vítima, antes do recebimento da denúncia, se retrate ou não da representação. Desnecessidade, se não há manifestação, explicita ou implícita, nesse sentido. O art. 16 da Lei 11.340, de 7 de agosto de 2006 visa a proteger a livre manifestação de vontade da vítima, e não cria direito para o réu. Correição provida" (TJSP, Correição Parcial 990.09.118221-4, 9.º Câm. Crim., j. 03.12.2009, rel. Des. Galvão Bruno).

Para maior detalhamento sobre o tema, convidamos o leitor à consulta dos comentários adiante tecidos ao art. 41, onde é analisada a decisão do STF a respeito da constitucionalidade de vários dispositivos legais da Lei Maria da Penha.

Formalidade da retratação – Apesar de a representação ser ato informal, quis o legislador dotar, para a hipótese de retratação, máxima formalidade, exigindo, para tanto, ratificação da vontade negativa perante o juiz, em audiência designada especialmente para essa finalidade. Excepcionou-se, desse modo, como mencionado no item 1 acima, a regra trazida pelo art. 25 do CPP (e art. 102 do CP), que impede a retratação após o oferecimento da denúncia (no caso de violência doméstica, a retratação ratificada pressupõe a apresentação da inicial). Sobre a informalidade da representação, confiram-se acima os comentários ao art. 12, item 3.

Discriminação? – Em artigo publicado, Maria Lúcia Karam (Violência de gênero: o paradoxal entusiasmo pelo rigor penal. *Boletim do IBCCrim*, n. 168, p. 7, nov. 2006), formula veemente crítica ao dispositivo: "Eloquente exemplo da discriminatória superproteção à mulher encontra-se na regra do art. 16 da Lei 11.340/2006, que estabelece que a renúncia à representação só poderá se dar perante o juiz, em audiência especialmente designada para tal fim e ouvido o Ministério Público. A mulher passa a ser assim objetivamente inferiorizada, ocupando uma posição passiva e vitimizadora, tratada como alguém incapaz de tomar decisões por si própria".

Parece que a intenção do legislador, no entanto, foi de cercar a retratação da ofendida da mais ampla garantia de independência, impondo que a audiência seja realizada na presença do juiz e do promotor, tudo de forma a preservar a veracidade e espontaneidade da sua manifestação de vontade. A propósito, como adverte Leda Maria Hermann, "reconhecer a condição hipossuficiente da mulher vítima de violência doméstica e/ou familiar não implica invalidar sua capacidade de reger a própria vida e administrar os próprios conflitos. Trata-se de garantir a intervenção estatal positiva, voltada à sua proteção e não à sua tutela" (Maria da Penha: lei com nome de mulher. Campinas: Servanda, 2007. p. 83-84).

Contraditório – No ato da audiência de ratificação (ou não) da retratação, a lei exige prévia oitiva do Ministério Público.

Contudo, como bem observado por Guilherme de Souza Nucci, "se o agressor já estiver indiciado e, especialmente, se possuir advogado constituído, não nos parece correto que a audiência seja designada sem a sua intimação (tanto do agressor, quanto do defensor). Fere-se o princípio constitucional da ampla defesa. O ato de retratação da representação pode implicar na extinção da punibilidade, logo, de interesse do agente do delito" (*Leis penais e processuais penais comentadas*. São Paulo: Ed. RT, 2006. p. 874).

Assim, embora, tecnicamente, ainda não haja a figura do réu (posto que a denúncia não foi recebida), convém que seja o denunciado intimado a comparecer; velando, o juiz e o promotor de justiça, para que a presença do denunciado não sirva de instrumento de constrangimento para a ofendida.

Esse era nosso posicionamento quando da 1.ª edição deste trabalho. Todavia, melhor refletindo sobre o tema e fruto, principalmente, de nossa experiência prática junto ao Ministério Público, passamos adotar opinião diametralmente oposta. Assim, sob o ponto de vista teórico, conforme acima apontado, não há ainda processo e, portanto, é totalmente equivocada a invocação ao princípio da ampla defesa. Com efeito, quando o legislador pretendeu, antes do recebimento da denúncia, dar chance primeiro ao denunciado de se manifestar, ele o fez expressamente.

De sorte que o próprio Código de Processo Penal (art. 514), ao dispor sobre os crimes de responsabilidade do funcionário público, sendo afiançável o delito, impõe a prévia notificação do acusado, para que responda aos termos da acusação. Somente a partir dessa resposta é que o juiz, na exata dicção do art. 516 do CPP, irá analisar sobre o recebimento ou rejeição da denúncia ou queixa. Trata-se de providência adotada pelo legislador com o objetivo de proteger não o funcionário, mas a própria Administração Pública, razão pela qual cerca o procedimento dessa cautela. Também as Leis 8.038/1990 e 8.658/1993, que tratam dos crimes de competência originária dos Tribunais, perpetrados por aqueles que gozam do chamado *foro privilegiado*, contemplam uma fase preliminar, consistente na notificação do acusado para que, no prazo de 15 dias, responda à acusação (arts. 4.º e 1.º, respectivamente). Somente depois dessa resposta é que o respectivo Tribunal deliberará sobre o recebimento ou rejeição da denúncia ou queixa. A revogada Lei de Imprensa (Lei 5.250/1967), em seu art. 43, § 1.º, também cuidava da oferta de defesa prévia pelo réu (assim denominado de forma imprópria) antes do recebimento da acusação. Manifestações, ainda, no sentido de propiciar a oitiva do acusado antes de admitida a acusação podem ser encontradas na Lei 9.099/1995 (art. 81) e na recente Lei 11.343/2006 (art. 55), que cuida do tráfico ilícito de drogas. É a consagração, portanto, de um prévio juízo de admissibilidade da acusação, caracterizado pelo contraditório, mas – insiste-se – expressamente previsto em lei. No diploma em estudo, por ausência dessa previsão, não se pode dar ao dispositivo uma interpretação com tamanha elasticidade, capaz de conceber cautelas que o legislador jamais cogitou.

Já no que diz respeito ao aspecto prático, tivemos a oportunidade de participar de algumas audiências nas quais os agressores também se encontravam presentes. Em todas elas as vítimas, de forma sistemática, se manifestaram no sentido da retratação. Algumas, é verdade, de forma voluntária, movidas por uma nítida reconciliação entre o casal, que se via, era notória. Em outros casos, porém, se percebeu, com absoluta clareza, que a presença do homem, por si só, era evidentemente intimidativa, o que retirava da retratação, totalmente, o seu caráter de espontaneidade. A mulher, instada a se manifestar, na frente de seu agressor, se deseja a continuidade do processo criminal, acaba por ceder à pressão natural da presença de seu algoz, não lhe restando outra alternativa senão responder negativamente àquela indagação formulada pelo Magistrado. E não cabe a este último e, tampouco, ao promotor de justiça, insistirem, junto à ofendida, na continuidade do feito. Cumpre a eles, sim, prestar os esclarecimentos necessários quanto às consequências da renúncia. Mas somente isto. Caso contrário, a pressão que, antes, era exercida pelo varão, passará, agora, a ser realizada pelo Estado, por meio de seus dois representantes. Nos rendendo, portanto, à melhor reflexão sobre a matéria e, sobretudo, em face de nossa experiência cotidiana, temos que, quer sob o aspecto teórico, quer sob o aspecto prático, nada justifica a intimação do agressor e seu advogado para comparecimento em audiência. Vamos mais além: caso eles compareçam ao ato – vimos casos em que, embora não intimado, o agressor quis participar – devem ser mesmo proibidos de ingressar na sala de audiência, pelas razões que acima expusemos.

Ausência da vítima – Suponha-se que a vítima, após ter manifestado, na fase policial, sua intenção de ver seu agressor processado, se arrepende, não mais desejando a deflagração de qualquer medida penal. Tal *retratação*, por assim dizer, deve ser realizada em audiência, cercada das formalidades previstas no dispositivo em exame. Situação que se tem verificado na prática, com alguma frequência, ocorre quando a vítima, intimada a comparecer em audiência judicial, a fim de ratificar sua retratação, deixa de fazê-lo. Indaga-se, então, o que deve prevalecer: a inicial manifestação de vontade, tomada no calor dos fatos e logo após a agressão ou o aparente desinteresse da ofendida, demonstrado quando deixou de comparecer à audiência?

Entendemos que a ausência da vítima à audiência, após regularmente intimada para esse ato, demonstra, *a priori*, seu desinteresse no prosseguimento do feito, revelando que a situação se pacificou, não mais se justificando a adoção de qualquer medida penal. Essa impressão é reforçada pelo fato de que a ofendida, antes, no âmbito policial, já se manifestara no sentido de que não desejava o processo (não fosse assim e não teria sentido a designação de audiência de ratificação).

Daí o desacerto do Enunciado 19 do Fonavid (Fórum Nacional de Juízes de Violência Doméstica e Familiar contra a Mulher), prevê *in verbis*: "O não comparecimento da vítima à audiência prevista no art. 16 da Lei 11.340/2006 tem como consequência o prosseguimento do feito". A ausência, com efeito, deve ser entendida como verdadeira confirmação da retratação antes ofertada, jamais ensejando a continuidade do feito contra a vontade da ofendida, que já manifestou sua intenção de não ver seu ofensor processado criminalmente. No mais, a conduta da ofendida, ao não comparecer à audiência de ratificação, configura verdadeira renúncia tácita ao direito de representação, prevista no art. 57 do CPP.

Insistir-se na continuidade do feito, mesmo com a ausência da vítima, importaria na adoção de uma medida que iria contra seu interesse (e, pior, contra sua vontade já expressa), capaz de revigorar situações que já se encontrem pacificadas no seio da família. Isso sem contar na dificuldade de ordem prática que se verificaria na colheita da prova, em face da nítida intenção da ofendida em livrar seu agressor de qualquer responsabilidade.

Tampouco há que se cogitar de eventual condução coercitiva da vítima que, intimada, ausentou-se. Ora, se nem o réu pode ser obrigado a comparecer quando intimado para interrogatório, que dizer da vítima que, por opção própria, deixa de fazê-lo. Impõe-se, portanto, nessa hipótese, seja declarada a extinção da punibilidade do autor.

Nesse sentido: "O não comparecimento da ofendida na audiência preliminar demonstra falta de interesse na possível punição do agressor, constituindo retratação tácita da representação, o que também foi revelado pela conduta posterior, quando declarou em juízo sobre a pacificação dos conflitos familiares" (TJRS, ApCrim 71.001.522.838, j. 17.12.2007, rel. Nara Leonor Castro Garcia, *DJ* 20.12.2007).

Art. 17. É vedada a aplicação, nos casos de violência doméstica e familiar contra a mulher, de penas de cesta básica ou outras de prestação pecuniária, bem como a substituição de pena que implique o pagamento isolado de multa.

Penas vedadas pela lei – Como alertado na explicação do art. 41 (para onde remetemos o leitor no item anterior), houve, com a vigência da Lei 9.099/1995, uma evidente vulgarização das alternativas à pena de natureza real, em especial a (desenfreada) imposição do pagamento de cestas básicas, que, a rigor, nem em pena se constitui!

Como resposta, o legislador, por meio do art. 17, vedou a aplicação, nos casos de violência doméstica e familiar contra mulher, de penas de cesta básica ou outras de prestação pecuniária, bem como a substituição de pena que implique o pagamento isolado de multa. A intenção é ver o agressor cumprir pena de caráter pessoal, isto é, privativa de liberdade ou restritiva de direitos (prestação de serviços à comunidade, limitação de fim de semana ou interdição temporária de direitos), mais adequada ao tipo de crime (e autor) em análise.

Substituição da pena – Tampouco se admite a substituição da pena por restritiva de direitos, segundo enunciado da Súmula 588, do STJ, *in verbis*: "A prática de crime ou contravenção penal contra a mulher com violência ou grave ameaça no ambiente doméstico impossibilita a substituição da pena privativa de liberdade por restritiva de direitos".

CAPÍTULO II
DAS MEDIDAS PROTETIVAS DE URGÊNCIA
Seção I
Disposições Gerais

Art. 18. Recebido o expediente com o pedido da ofendida, caberá ao juiz, no prazo de 48 (quarenta e oito) horas:

I – conhecer do expediente e do pedido e decidir sobre as medidas protetivas de urgência;

II – determinar o encaminhamento da ofendida ao órgão de assistência judiciária, quando for o caso;

III – comunicar ao Ministério Público para que adote as providências cabíveis.

Iniciativa do Ministério Público – v. art. 12 acima.

Urgência na concessão das medidas – É o que se infere da análise deste dispositivo juntamente com o art. 27 da lei. Com efeito, o art. 27 torna obrigatória a assistência de advogado (aqui incluído, por óbvio, o defensor público, nos termos do art. 28), mas faz uma ressalva, exatamente, quanto ao art. 19.

Vale dizer, dada à urgência da situação, a exigir, como tal, a adoção de medidas imediatas de proteção à vítima, pode ela mesma se dirigir à presença do magistrado, postulando por seus direitos. Parece salutar que, uma vez passada a situação de urgência, se torne à regra geral do art. 27, nomeando-se advogado para acompanhamento da mulher vitimada.

Art. 19. As medidas protetivas de urgência poderão ser concedidas pelo juiz, a requerimento do Ministério Público ou a pedido da ofendida.

§ 1º As medidas protetivas de urgência poderão ser concedidas de imediato, independentemente de audiência das partes e de manifestação do Ministério Público, devendo este ser prontamente comunicado.

Titularidade do pedido – O texto deixa claro que pode o juiz, de ofício, conceder medidas protetivas em prol da vítima, como pode fazê-lo, também (como é mais comum), a pedido dela ou do Ministério Público. Conquanto seja assim na praxe forense, não é obrigatória a prévia oitiva do *parquet*, que, no entanto, deve ser comunicado de imediato sobre a decisão.

§ 2º As medidas protetivas de urgência serão aplicadas isolada ou cumulativamente, e poderão ser substituídas a qualquer tempo por outras de maior eficácia, sempre que os direitos reconhecidos nesta Lei forem ameaçados ou violados.

§ 3º Poderá o juiz, a requerimento do Ministério Público ou a pedido da ofendida, conceder novas medidas protetivas de urgência ou rever aquelas já concedidas, se entender necessário à proteção da ofendida, de seus familiares e de seu patrimônio, ouvido o Ministério Público.

Transitoriedade das medidas – O legislador permite que as medidas sejam aplicadas isoladamente (apenas uma dentre as previstas em lei), ou de forma cumulativa, o que geralmente ocorre. Forte no brocardo do *rebus sic stantibus*, alterando-se a situação de fato, pode o juiz, a qualquer tempo, conceder novas medidas ou alterar aquelas que, de início, haviam sido adotadas.

Possibilidade de renovação no cível de pedido de medida protetiva negado pelo juízo criminal – Conforme o teor da Conclusão 5, do Congresso que versou o tema "Lei 11.340/2006 (Lei Maria da Penha) – Um Ano de Vigência. Avanços e retrocessos, sob o ponto de vista prático, na opinião dos operadores do Direito", realizado no dia 12 de dezembro de 2.007, pelas Corregedoria Geral da Justiça e Presidência do TJSP: "É possível a reapreciação, pelo juízo cível, de pedido de medida protetiva anteriormente negado pelo juízo criminal".

Art. 20. Em qualquer fase do inquérito policial ou da instrução criminal, caberá a prisão preventiva do agressor, decretada pelo juiz, de ofício, a requerimento do Ministério Público ou mediante representação da autoridade policial.

Prisão preventiva – O art. 42 da Lei 11.340/2006, alargou as hipóteses de cabimento da prisão preventiva, acrescentando um inc. IV ao art. 313 do CPP, possibilitando ao juiz, de ofício ou provocado, decretar a prisão provisória em face do agressor, "para garantir a execução das medidas protetivas de urgência". Esse dispositivo foi expressamente revogado pelo art. 4.º da Lei 12.403, de 4 de maio de 2011, que admite a decretação da prisão preventiva, segundo a nova redação do inciso, "se o crime envolver violência doméstica e familiar contra a mulher, criança, adolescente, idoso, enfermo ou pessoa com deficiência, para garantir a execução das medidas protetivas de urgência".

Como adverte Guilherme de Souza Nucci é "fundamental muita cautela para tomar essa medida. Há delitos incompatíveis com a decretação de prisão preventiva. Ilustrando: a lesão corporal possui pena de detenção de três meses a três anos; a ameaça, de detenção de um a seis meses, ou multa. São infrações penais que não comportam preventiva, pois a pena a ser aplicada, no futuro, seria insuficiente para 'cobrir' o tempo de prisão cautelar (aplicando-se, naturalmente, a detração, conforme art. 42 do CP). Leve-se em conta, inclusive, para essa ponderação, que vigora no Brasil a chamada 'política da pena mínima', vale dizer, os juízes, raramente, aplicam pena acima do piso e, quando o fazem, é uma elevação ínfima, bem distante do máximo" (*Leis penais e processuais penais comentadas*. São Paulo: Ed. RT, 2006. p. 877).

Outra alteração introduzida pela Lei 12.403, de 4 de maio de 2011 e que interessa, especificamente, ao nosso estudo, se refere à nova redação do art. 282, § 2.º do CPP, pela qual "as medidas cautelares serão decretadas pelo juiz, de ofício ou a requerimento das partes ou, quando no curso da investigação criminal, por representação da autoridade policial ou mediante requerimento do Ministério Público". Pela nova sistemática, portanto, durante o curso do inquérito policial, não é mais possível que o juiz, *ex officio*, decrete alguma medida cautelar – aí incluindo, nos parece claro, a prisão preventiva –, em iniciativa que compete, apenas, à autoridade policial (mediante representação) ou ao Ministério Público (por meio de requerimento). Sendo assim, cremos que essa limitação introduzida no Código de Processo Penal, tem incidência na Lei Maria da Penha, especificamente na primeira parte do art. 20, que concedia ao juiz a possibilidade de decretação da prisão preventiva de ofício, ainda na fase do inquérito policial. Não há mais, assim, essa possibilidade, em posicionamento que, de resto, revela-se mais atento ao princípio acusatório, a evitar que o juiz adote medidas de cunho persecutório. Afinal, como lembra Aury Lopes Júnior, "são logicamente incompatíveis as funções de investigar e ao mesmo tempo garantir o respeito aos direitos do imputado. São atividades que não podem ficar nas mãos de uma mesma pessoa, sob pena de comprometer a eficácia das garantias individuais do sujeito passivo e a própria credibilidade da administração de justiça. (...) Em definitivo, não é suscetível de ser pensado que uma mesma pessoa se transforme em um investigador eficiente e, ao mesmo tempo, em um guardião zeloso da segurança individual. É inegável que 'o bom inquisidor mata o bom juiz ou, ao contrário, o bom juiz desterra o inquisidor'" (*Investigação Preliminar no Processo Penal.* Rio de Janeiro: Lumen Juris, 2001, p. 74).

Haverá, decerto, quem invoque o princípio da especialidade, como argumento para a manutenção do dispositivo em análise, a despeito da limitação introduzida pela Lei 12.403/2011, a impedir que o juiz decrete de ofício a prisão preventiva, na fase administrativa. Por esse princípio, a norma mais específica é aplicada em detrimento da norma de caráter geral. Ou, em outras palavras, surgindo um aparente conflito de normas, exatamente por ser específica, deve prevalecer a *lex specialis*, sobre a lei geral, que abrange um todo. Nesse sentido, o teor do art. 12 do Código Penal, quando dispõe que "as regras gerais deste Código aplicam-se aos fatos incriminados por lei especial, se esta não dispuser de modo diverso". Ocorre que o art. 20 da Lei Maria da Penha não contém, em absoluto, nada de especial em relação ao Código de Processo Penal. Trata-se, antes, de mera transcrição, quase que completa, do art. 311 do CPP, cuja redação era a seguinte: "Em qualquer fase do inquérito policial ou da instrução criminal, caberá a prisão preventiva decretada pelo juiz, de ofício, a requerimento do Ministério Público, ou do querelante, ou mediante representação da autoridade policial". Já que é assim, alterada a redação do art. 311 do CPP, tem-se, por consequência lógica, que essa mudança deva incidir também sobre o dispositivo em análise, para se concluir que, no âmbito do inquérito policial, não mais é dada ao juiz a possibilidade de decretação, de ofício, da prisão preventiva do agressor. A reforçar esse entendimento, lembremos do disposto no art. 13 da lei em estudo, a determinar que "ao processo, ao julgamento e à execução das causas cíveis e criminais decorrentes da prática de violência doméstica e familiar contra a mulher aplicar-se-ão as normas dos Códigos de Processo Penal e Processo Civil (...)".

Prisão preventiva à luz da Lei 12.403, de 4 de maio de 2011

"Nos termos do inc. IV do art. 313 do CPP, com a redação dada pela Lei 11.340/2006, a prisão preventiva do acusado poderá ser decretada "se o crime envolver violência doméstica e familiar contra a mulher, nos termos da lei específica, para garantir a execução das medidas protetivas de urgência". Evidenciado que o paciente, mesmo após cientificado das medidas protetivas de urgência impostas, ainda assim voltou a ameaçar a vítima, demonstrada está a imprescindibilidade da sua custódia cautelar, especialmente a bem da garantia da ordem pública, dada a necessidade de resguardar-se a integridade física e psíquica da ofendida, fazendo cessar a reiteração delitiva, que no caso não é mera presunção, mas risco concreto, e também para assegurar o cumprimento das medidas protetivas de urgência deferidas. *Custódia cautelar. Incidência da Lei 12.403/2011. Impossibilidade. Descumprimento das medidas protetivas.* Inviável a aplicação do referido benefício, tendo em vista se tratar de crime contra a mulher e, ainda, o contínuo descumprimento pelo denunciado das medidas protetivas de distanciamento e incomunicabilidade impostas pelo juízo singular, observando-se a nova redação do art. 313 do Código de Processo Penal, dada pela Lei 12.403/2011" (STJ, HC 230940/MG, j. 08.05.2012, rel. Min. Jorge Mussi, *DJe* 14.05.2012).

"A Lei 11.340/2006 introduziu, na sistemática processual penal relativa às prisões cautelares, mais uma hipótese autorizadora de prisão preventiva, ao estabelecer, no art. 313, IV, do CPP, a possibilidade desta segregação cautelar para garantir a eficácia das medidas protetivas de urgência. Na espécie, diante da notícia de que o ora Paciente, mesmo após cientificado, na delegacia, do inquérito instaurado para apurar a ocorrência de violência doméstica, fez novas ameaças de morte contra a vítima e causou-lhe lesões corporais, acertada, pois, a decretação de sua custódia preventiva" (STJ, HC 165075/DF, j. 22.03.2011, rel. Min. Laurita Vaz, *DJe* 06.03.2012).

Fiança arbitrada pela autoridade policial – A partir do advento da Lei 12.403/2011, que alterou substancialmente a disciplina da prisão preventiva e da liberdade provisória, esboça-se um entendimento no sentido de que, para os delitos a envolver violência doméstica, não poderia a autoridade policial arbitrar fiança, em ato que, por consequência, seria privativo de juiz de direito.

Nesse sentido os ensinamentos de Fausto Rodrigues de Lima (Fiança policial, violência doméstica e a Lei 12.403/2011. Disponível em: [www.jusnavigandi.com.br]. Acesso em 02.06.2012). E Jorge Romcy Auad Filho (A liberdade provisória na Lei Maria da Penha. Disponível em: [http://jus.com.br/revista/texto/10584/a-liberdade-provisoria-na-lei-maria-da--penha]. Acesso em: 27.07.2012). Desse teor, ainda, o Enunciado 6 da Comissão Permanente de Promotores da Violência Doméstica do Brasil (Copevid), *verbis*: "Nos casos de violência doméstica e familiar contra a mulher, criança, adolescente, idoso, enfermo ou pessoa com deficiência, é vedada a concessão de fiança pela Autoridade Policial, considerando tratar-se de situação que autoriza a decretação da prisão preventiva nos termos do art. 313, III, do CPP".

O argumento principal desses respeitáveis entendimentos reside no fato de que, delitos perpetrados em contexto de violência doméstica, admitem a decretação da prisão preventiva, nos termos do inc. III do art. 313 do CPP, quando "o crime envolver violência doméstica e familiar contra a mulher, criança, adolescente, idoso, enfermo ou pessoa com deficiência, para garantir a execução das medidas protetivas de urgência" (Redação dada pela Lei 12.403/2011).

Sendo assim, por admitirem a prisão preventiva, a autoridade policial se veria impedida de arbitrar fiança, mesmo que ao delito seja cominada pena privativa de liberdade não superior a quatro anos (art. 322 do CPP), desautorizada pela dicção do inc. IV, do art. 324 do CPP, que veda o favor legal "quando presentes os motivos que autorizam a decretação da prisão preventiva".

Discordamos desse posicionamento. Pensamos que, a fim de avaliar a possibilidade da autoridade policial em arbitrar fiança se deva, em um primeiro momento, atentar à objetividade do art. 322 do CPP, isto é, se a pena máxima cominada ao delito não supera quatro anos. Adotado tal parâmetro, tem-se que o delito de lesões corporais leves (art. 129, *caput*, do CP), ainda que aumentada a pena nos termos do § 9.º do mesmo dispositivo, admite a fiança a ser arbitrada pelo delegado de polícia. Também se permite a mercê em prol daquele que cometeu ameaça em um contexto de violência doméstica. Tomamos, assim, os dois crimes que, com mais frequência, afligem as mulheres em situação de vulnerabilidade.

Esse o primeiro dado a ser considerado. Em seguida, cumpre observar se, embora atendendo o critério objetivo, o agente não se acha inserido na hipótese que admite a prisão preventiva, do inc. III, do art. 313 do CPP. Aqui reside nossa divergência com o posicionamento inicialmente aludido.

Não basta, com efeito, que o delito envolva "violência doméstica e familiar contra a mulher" para que se admita a prisão preventiva, mas que, além disso, essa prisão se justifique "para garantir a execução das medidas protetivas de urgência", na dicção da parte final do inc. III do art. 313 do CPP.

É dizer, em reforço: o simples fato do crime ser praticado em contexto de violência doméstica, por si só, não impede a concessão da fiança pela autoridade policial. Haverá sim impedimento se, ademais, o delito for perpetrado quando, em favor da vítima, medidas protetivas de urgência tenham sido deferidas.

Não caberia ao intérprete, com a devida vênia, distinguir onde o legislador não distinguiu, sobretudo no trato de matéria a envolver a liberdade da pessoa.

Aliás, a se privilegiar tal entendimento, mas em conclusão que jamais foi cogitada, o furto simples perpetrado contra um idoso, a apropriação indébita tendo como vítima um enfermo, o delito de maus-tratos e de abandono de incapaz – para ficarmos com alguns exemplos – também não permitiriam o arbitramento da fiança pela autoridade policial, eis que, nos termos do inc. III, do art. 313 do CPP, admitiriam a prisão preventiva dada á condição subjetiva dos ofendidos.

Não cabe argumentar com a gravidade do delito, posto que, delitos apenados de forma muito mais gravosa, como, por exemplo, o aborto provocado pela gestante ou com o seu consentimento, do art. 124 do CP ou, ainda, o perigo de contágio de moléstia grave, previsto no 131 do mesmo *codex*, permitem ao delegado de polícia, face à pena máxima a eles cominada e no exercício de verdadeiro poder-dever, o arbitramento da fiança.

Tampouco se argumente que, a partir do advento da Lei n. 13.641/2018, que incluiu o art. 24-A, § 2º, na Lei Maria da Penha, a impedir o arbitramento de fiança somente pelo juiz, teria ocorrido uma alteração desse panorama. É que essa lei tem incidência, apenas, para o crime de "Descumprimento de Medidas Protetivas de Urgência", não sendo cabível qualquer interpretação analógica, contra o agente (*in malam partem*) visando expandir essa restrição, também, para outros delitos. É dizer: nosso entendimento sobre a matéria não sofreu nenhuma alteração com o diploma novel (Lei n. 13.641/2018), continuando a se admitir o arbitramento de fiança pela autoridade policial, em postura que – imaginamos – ocorra às centenas ou milhares, diariamente, neste país continental.

Concluímos, bem por isso, que; (a) à autoridade policial, como regra (a exceção é o crime de "Descumprimento de Medidas Protetivas de Urgência", cumpre arbitrar fiança em prol do autor preso em flagrante pela prática de um delito em situação de violência doméstica, desde que a pena máxima cominada não exceda quatro anos e (b) esse direito do agente somente será negado (quando caberá, então, ao juiz de direito apreciar a questão), se ele, com sua ação, descumpriu medidas protetivas que, antes, foram deferidas em favor da vítima.

Prisão preventiva e a contravenção de vias de fato - A prisão preventiva se justifica, nos termos do art. 312 do CPP, como forma de preservação da ordem pública e econômica, por conveniência da instrução criminal e como garantia da futura aplicação da lei penal. Como aponta Antônio Magalhães Gomes Filho, "na técnica processual, as providências cautelares constituem os instrumentos através dos quais se obtém a antecipação dos efeitos de um futuro provimento definitivo, exatamente com o objetivo de assegurar os meios para que esse mesmo provimento definitivo possa ser conseguido e, principalmente, possa ser eficaz" (Presunção de Inocência e prisão cautelar. São Paulo, Saraiva, 1991, p. 53). Tem, portanto, inegável caráter de uma prisão cautelar de natureza processual e, por conta disso, deve preencher os requisitos típicos de toda e qualquer medida cautelar, a saber o fumus boni iuris e o periculum in mora.

Aliadas a essas características temos as condições do art. 313 do CPP, segundo as quais se admite a prisão preventiva:

> I – nos crimes dolosos punidos com pena privativa de liberdade máxima superior a 4 (quatro) anos;

II – se o agente tiver sido condenado por outro crime doloso, em sentença transitada em julgado, desde que não decorrido o quinquênio depurador;

III – se o crime envolver violência doméstica e familiar contra a mulher, criança, adolescente, idoso, enfermo ou pessoa com deficiência, para garantir a execução das medidas protetivas de urgência.

O inciso III – que nos interessa neste momento – alargou as hipóteses de cabimento da prisão preventiva, possibilitando ao juiz decretar a prisão provisória em face do agressor, "para garantir a execução das medidas protetivas de urgência". O texto do dispositivo faz expressa menção a crime, mas não a contravenção. Diante disso, indaga-se: a prisão preventiva que visa a garantir o cumprimento de medidas protetivas pode decorrer da prática de contravenção penal?

Segundo decidiu o STJ no HC 437.535/SP (j. 26/06/2018), não é possível estender a incidência do dispositivo às contravenções penais.

A decisão foi proferida por maioria.

A ministra Maria Thereza de Assis Moura – relatora – justificou a manutenção da prisão no fato de que o paciente infringiu por duas vezes as medidas protetivas que lhe haviam sido impostas, o que, considerando os elementos do caso concreto, caracterizava risco à manutenção da ordem pública. Ainda segundo a ministra, interpretação sistemática das regras relativas à segregação cautelar e à garantia de cumprimento das medidas protetivas autorizam a preventiva inclusive no caso de contravenção:

"De tudo o quanto visto, creio que não há falar em desatenção ao disposto no artigo 313 do Código de Processo Penal – acaso se proponha uma interpretação literal do dispositivo. Em uma abordagem sistêmica do ordenamento jurídico, considerando especialmente a mens legis da norma especial denominada Maria da Penha – artigo 20 – e o disposto no artigo 282, § 4.º, do citado Estatuto Processual Repressivo, entende-se pela abrangência também das contravenções penais praticadas com violência doméstica e familiar contra a mulher nas hipóteses de prisão – ressalte-se que no caso em apreço ainda não fora ofertada denúncia quanto ao fato de 2017, que pode ser ou não tipificado como crime."

E, para reforçar seu argumento, a ministra citou diversos julgados em que o STJ ampliou a incidência do art. 41 da Lei 11.340/06 às contravenções penais. Este dispositivo, com efeito, proíbe a aplicação das disposições da Lei 9.099/95 aos crimespraticados com violência doméstica e familiar contra a mulher, independentemente da pena prevista. A orientação a que se chegou no tribunal impede a transação penal e a suspensão condicional do processo inclusive nas contravenções, que não estão expressas na lei.

Mas prevaleceu o voto do ministro Rogério Schietti Cruz, que, atendo-se ao texto expresso do art. 313, inciso III, concluiu ser impossível estender a prisão preventiva às contravenções penais:

"Em se tratando de aplicação da cautela extrema, entendo não haver campo para interpretação diversa da literal.

Assim, sem olvidar o caráter reprovável dos atos praticados pelo ora paciente contra a ex-companheira, nem da sua recalcitrância no descumprimento de medidas protetivas anteriormente aplicadas, não há previsão legal que autorize a prisão preventiva contra autor de uma contravenção, mesmo na hipótese específica de transgressão das cautelas de urgência diversas já aplicadas

No caso dos autos, nenhum dos fatos praticados pelo agente – puxões de cabelo e torção de braço, os quais, a propósito, não geraram lesão corporal, e discussão no interior de veículo, onde tentou arrancar à força dos braços da ex-companheira o filho que têm em comum –, configura crime propriamente dito.

Logo, a meu ver, vedada está a incidência do aludido dispositivo, tendo em vista a notória ofensa ao princípio da legalidade estrita da decisão que decretou a constrição cautelar do acusado."

Em voto-vista, o ministro Sebastião Reis Júnior acompanhou a divergência argumentando que as possibilidades de decretação da prisão preventiva devem ser interpretadas à luz das regras gerais para a medida excepcional, regras estas que se referem a crimes, como o caput do art. 312. Para o ministro, não sendo o caso de crime, afasta-se a possiblidade de prisão:

"Parece-me claro, que nos casos em que estamos diante de violência doméstica contra mulher, não existindo "crime", nem em resposta ao descumprimento de medidas cautelares diversas pode ser decretada a prisão. Não há autorização legal para tanto.

No caso, como dito mais acima, estamos diante de contravenção penal, regulada em lei própria e específica, o que por si só já a diferencia de crime.

Além do mais, não posso deixar de perceber que, no caso, a denúncia cuidou de vias de fato, que permite, no máximo, prisão simples de 3 meses ou multa. Há, portanto, risco concreto de que, preso, o paciente não só permanecerá em regime mais gravoso que aquele possível em caso de condenação, como também, considerando que a denúncia foi recebida em abril de 2017, tendo o feito não se encerrado até o momento, o prazo dessa, se efetivada, ultrapassará, certamente, o total da pena imposta."

Parágrafo único. O juiz poderá revogar a prisão preventiva se, no curso do processo, verificar a falta de motivo para que subsista, bem como de novo decretá-la, se sobrevierem razões que a justifiquem.

Rebus sic stantibus – O juiz pode, a requerimento ou de ofício, revogar a prisão preventiva, por ele mesmo decretada, desde que surja fato novo que não mais justifique sua manutenção. Não se estabelece, assim, uma situação irrevogável, mas antes, uma apreciação da causa no estado em que se encontra (*rebus sic stantibus*). Nada impede, ainda, que, revogada a medida, surjam posteriormente motivos que autorizem nova decretação, estando autorizado o juiz a decidir nesse sentido. Essa última decisão pode ser desafiada por meio de *habeas corpus*.

Esse dispositivo reforça a ideia de transitoriedade, que é inerente à prisão preventiva. Com efeito, enquanto a prisão em flagrante se apoia na *certeza visual* do crime, a prisão preventiva se satisfaz com meros *indícios suficientes* de autoria, na dicção do art. 312 do CPP. Daí seu caráter de exceção, cujo cabimento é, por isso mesmo, reservado para hipóteses taxativamente elencadas em lei, a permitir, ademais, a revisão a todo tempo, seja para sua revogação, quando já decretada, seja para decretá-la novamente.

Dois exemplos se prestam a esclarecer a aplicação deste dispositivo. Suponha-se que, decretada a prisão preventiva, se apure, ainda que de forma provisória e precária, no curso do processo (ou mesmo durante o inquérito policial), mas antes de proferida a sentença, não ter sido ele o autor do delito. Terá, nesse caso, desaparecido *o indício suficiente de autoria*, ao qual se refere o art. 312 do CPP, a justificar a revogação da prisão preventiva então decretada. De outra parte, negada a prisão preventiva, porque ausente tal indício, a autoridade policial, a partir de novas investigações encetadas, traz ao juiz elementos probatórios até então inexistentes, que reforçam a demonstração da autoria do crime. A partir desse novo quadro que se apresenta, pode o juiz decretar a prisão preventiva que, antes, negara. Noutro exemplo, imagine-se que a vítima tenta se reconciliado com seu ofensor e peça sua libertação (conduta que tem se verificado comumente no cotidiano prático), ainda que em um crime de lesões corporais, que não mais admite a retração, posto que de ação penal pública. Não fará sentido, nesse caso, a manutenção da segregação cautelar. É nisso que consiste a natureza da cláusula *rebus sic stantibus* da decisão do juiz. Reforma essa posição o entendimento do STF, a se conferir: "A prisão preventiva deve ser decretada quando absolutamente necessária. Ela é uma exceção à regra da liberdade. Não mais subsistentes os motivos que levaram a sua decretação, como no caso concreto, impõe-se que seja revogada" (STF, HC 80.282/SC, j. 03.10.2000, rel. Nelson Jobim, *DJ* 02.02.2001, p. 75).

Art. 21. A ofendida deverá ser notificada dos atos processuais relativos ao agressor, especialmente dos pertinentes ao ingresso e à saída da prisão, sem prejuízo da intimação do advogado constituído ou do defensor público.

Parágrafo único. A ofendida não poderá entregar intimação ou notificação ao agressor.

Notificação dos atos processuais – O texto em exame não prima pelo rigor técnico. A começar pela utilização da expressão "notificação", mais adequada quando se trata da "cientificação que se faz a alguém de despacho ou decisão que ordena fazer ou deixar de fazer alguma coisa, sob certa cominação" (nesse sentido: Fernando da Costa Tourinho Filho. *Código de Processo Penal comentado*. 9. ed. São Paulo: Saraiva, 2005. vol. 1, p. 823). o que não é o caso. Mais técnico seria o emprego do termo "intimação".

O dispositivo impõe a notificação da vítima "dos atos processuais relativos ao agressor". Mais impreciso impossível. De forma que os únicos atos relativos ao agressor em que se pode cogitar da tal notificação, são mesmos os relativos ao ingresso e saída do agressor da prisão. Mas a lei não explica se a notificação (para ficarmos com a expressão por ela utilizada), deve ser pessoal ou por meio de seu advogado.

A intenção perseguida pelo legislador, nesse caso, parece ser de evitar que a ofendida seja tomada de surpresa, sem chance de se acautelar, principalmente com eventual ordem de soltura do agressor. Se é essa a *ratio legis*, há que se concluir, necessariamente, que se impõe a notificação pessoal, sob pena de não atingir seu objetivo.

Essa notificação, que possui quase que um cunho administrativo, admite, segundo entendemos, total informalidade em sua utilização.

Pode, assim, ser realizada inclusive por meio eletrônico (*e-mail*), como autoriza o Código de Processo Civil (Lei 13.105/2015), diploma a ser empregado subsidiariamente à Lei Maria da Penha (art. 13). Com efeito, o novo *codex* prevê essa espécie de intimação como regra, ao dispor que "as intimações realizam-se, sempre que possível, por meio eletrônico, na forma da lei" (art. 270 do CPC/2015).

Aliás, a intimação por meio de correio eletrônico (*e-mail*), já é prevista na Res. 522 do STJ, permite tal espécie de intimação das partes, do Ministério Público, advogados etc., no âmbito dos Juizados Especiais Federais. E mesmo por telefone.

Recentemente, foi realizado o 3.º Fórum Nacional dos Juizados Especiais, dele resultando o enunciado 73, com a seguinte redação: "A intimação telefônica, desde que realizada diretamente com a parte e devidamente certificada pelo servidor responsável, atende plenamente aos princípios constitucionais aplicáveis à comunicação dos atos processuais" (disponível em: [www.ajufe.org.br). De sua parte, o Enunciado 9, do Fonavid (Fórum Nacional de Juízes de Violência Doméstica e Familiar contra a Mulher), prevê *in verbis*: "A notificação/intimação da vítima acerca da concessão de soltura do agressor pode ser feita por qualquer meio de comunicação".

O importante é que a mulher tome conhecimento, principalmente, da saída de seu algoz da prisão, não se cogitando de qualquer nulidade porquanto a medida, insistimos, tem um perfil administrativo.

Entrega da intimação – O disposto neste parágrafo tem por escopo evitar sério inconveniente que, não raras vezes, ocorria na prática. De sorte que a vítima, além de noticiar a agressão perpetrada pelo marido ou companheiro, fato que, por si só, já era capaz de causar-lhe graves dissabores, se via, ainda, na obrigação de entregar ao agressor, a intimação para que comparecesse à Delegacia de Polícia ou mesmo ao fórum. Em outras palavras, além da violência que suportava e que deu causa à reclamação, ainda era novamente vitimada, agora no instante da entrega da intimação ou notificação, para utilizar as expressões empregadas pelo legislador.

Tratava-se, repetimos, de situação até comum, principalmente em locais dotados de precárias condições de atendimento, com falta de pessoal e equipamentos materiais adequados. A partir de agora, a ciência dada ao agressor deverá ser feita pelo Estado, quer por meio da polícia, na fase extrajudicial, quer através de oficiais de justiça ou funcionários do fórum, já em juízo. É por isso que o art. 39 da lei prevê a possibilidade da União, dos Estados, e do Distrito Federal e dos Municípios estabelecer dotações orçamentárias para fazer frente às despesas que, decerto, advirão para a efetiva implantação do novo diploma legal.

Seção IV
(Incluído pela Lei nº 13.641, de 2018)

DO CRIME DE DESCUMPRIMENTO DE MEDIDAS PROTETIVAS DE URGÊNCIA
DESCUMPRIMENTO DE MEDIDAS PROTETIVAS DE URGÊNCIA

Art. 24-A. Descumprir decisão judicial que defere medidas protetivas de urgência previstas nesta Lei: (Incluído pela Lei nº 13.641, de 2018)

Pena – detenção, de 3 (três) meses a 2 (dois) anos. (Incluído pela Lei nº 13.641, de 2018)

§ 1º A configuração do crime independe da competência civil ou criminal do juiz que deferiu as medidas. (Incluído pela Lei nº 13.641, de 2018)

§ 2º Na hipótese de prisão em flagrante, apenas a autoridade judicial poderá conceder fiança. (Incluído pela Lei nº 13.641, de 2018)

§ 3º O disposto neste artigo não exclui a aplicação de outras sanções cabíveis. (Incluído pela Lei nº 13.641, de 2018)

Introdução – Ao tempo da entrada em vigor da Lei Maria da Penha, muito se debateu a respeito das consequências penais advindas do descumprimento, pelo agente, das medidas protetivas impostas pelo juiz, elencadas neste capítulo.

De sorte que, uma primeira corrente, defendia que a conduta do agente que descumpria medida protetiva, configuraria o crime de desobediência. Nesse sentido o Enunciado

27, do Fonavid (Fórum Nacional de Juízes de Violência Doméstica e Familiar contra a Mulher), a se conferir: "O descumprimento das medidas protetivas de urgência previstas na Lei 11.340/2006 configura prática do crime de desobediência previsto no art. 330 do CP, a ser apurado independentemente da prisão preventiva decretada". Mesmo no âmbito do Superior Tribunal de Justiça pairava alguma divergência, havendo precedente que entendia configurado o crime do art. 359 do Código Penal, consistente na "desobediência a decisão judicial sobre perda ou suspensão de direito". Nesse sentido, AgRg no REsp 1.392.228/RS,j. 25.02.2014, rel. Jorge Mussi, *DJe* 10.03.2014. Mais recentemente, porém, aquela E. Corte pacificara entendimento no sentido de que a conduta era atípica, em face da possibilidade de imposição de outras medidas previstas na própria lei. Assim, "na linha da jurisprudência desta Eg. Corte, não configura crime de desobediência o descumprimento de medida protetiva de urgência da Lei 11.340/2006. (Lei Maria da Penha), haja vista a previsão de imposição de outras medidas civis e administrativas, bem como a possibilidade de decretação de prisão preventiva, conforme o disposto no art. 313, III, do CPP" (STJ, HC 305.442/RS, rel. Felix Fischer, j. 03.03.2015, *DJe* 23.03.2015). Todavia, face aos termos expressos da Lei n. 13.641/2018, a discussão perdeu seu objeto, não mais perdurando nenhuma dúvida: insere-se na Lei 11.340/06 um tipo penal específico para punir a desobediência a decisões judiciais que impõem medidas protetivas.

Aplicação da Lei n.9.099/1995? – O crime previsto na lei novel (crime próprio, pois só pode ser cometido por quem deve observância às medidas protetivas decretadas), tem pena de detenção que varia entre três meses a dois anos. Haverá quem sustente a possibilidade de aplicação das medidas despenalizadoras previstas na Lei dos Juizados Criminais (Lei n. 9.099/1995), em virtude da pena objetivamente cominada ao crime. É que o art. 61, da Lei dos Juizados Criminais, considera infração penal de menor potencial ofensivo, o crime cuja comine pena máxima não superior a dois anos. Demais disso, não se trataria, especificamente, de crime praticado com violência doméstica e familiar contra a mulher, mas sim de crime contra a Administração Pública, de forma que a vedação do art. 41 da lei em analise, que impede a aplicação da Lei 9.099/1995, não incidiria neste caso. Não seria possível, assim, se estender a interpretação do art. 41 para abranger infrações penais que em nada se relacionam com a definição de violência doméstica de que trata o art. 5º da mesma lei. Tratando-se de benefícios de natureza penal, somente o óbice indubitável poderia se impor.

Nossa posição – Temos como inaplicáveis as disposições da Lei dos Juizados Criminais à conduta em exame. Importaria em verdadeiro contrassenso que uma inovação que tenha vindo – se imagina – em proteção à vítima de violência doméstica, pudesse admitir a imposição de medidas despenalizadoras, reservadas a condutas menos graves, de menor potencial ofensivo. De resto, o art. 41 é expresso ao proibir a aplicação da Lei n. 9.099/1995 aos crimes perpetrados no âmbito da violência doméstica. A nosso ver, a disposição que veda a concessão de fiança pela autoridade policial, após a prisão em flagrante do agente (§ 2º), revela a intenção do legislador de, efetivamente, retirar o crime do art. 24-A da esfera das infrações de menor potencial ofensivo, tal como ocorre com as demais infrações penais envolvendo violência doméstica e familiar contra a mulher. Ora, se a Lei n. 9.099/1995, no parágrafo único, de seu art. 69, proíbe a prisão em flagrante desde que o autor do fato assuma o compromisso de comparecer em Juízo e, ao revés, o § 2º. acima prevê a prisão em flagrante (ao aludir à fiança), conclui-se, sem maior esforço, pela incompatibilidade dos favores da Lei dos Juizados Criminais com os delitos perpetrados sob o timbre da violência doméstica.

Competência – Na imensa maioria dos casos, o deferimento de medidas protetivas se dá por ordem de um juiz criminal, face aos termos do art. 33 da lei, ao dispor que "enquanto não estruturados os Juizados de Violência Doméstica e Familiar contra a Mulher, as varas criminais acumularão as competências cível e criminal para conhecer e julgar as causas decorrentes da prática de violência doméstica e familiar contra a mulher...". Ora, é sabido que, passados mais de 10 anos da vigência da Lei Maria da Penha, são raras ainda as varas especializadas, pelo que, em atenção do mencionado art. 33, o julgamento permanece, via de regra, como sendo de competência de um juiz criminal. Nada impede, contudo, que, uma vítima de ameaça, por exemplo, conquanto deseje uma medida protetiva (*v.g.*, afastamento do agressor do lar, fixação de alimentos provisórios, etc.), haja por bem não adotar nenhuma providência de caráter penal contra. Basta, para tanto, que deixe de ofertar representação, porquanto o crime de ameaça é de ação penal pública condicionada a tal manifestação de vontade da ofendida. Seria, aliás, desnecessária disposição legal a equiparar as medidas para os efeitos da desobediência. Trata-se apenas de uma precaução adotada pelo legislador, que agiu com o propósito de evitar o surgimento de controvérsias a esse respeito.

Há, portanto, que se respeitar a opção da vítima que, abdicando da adoção de medidas criminais contra seu agressor, se dirija ao juízo cível para a obtenção de providências de caráter extrapenal. Calhou ao Superior Tribunal de Justiça apreciar o tema, valendo que se confira: "as medidas protetivas previstas na Lei 11.340/2006, observados os requisitos específicos para a concessão de cada uma, podem ser pleiteadas de forma autônoma para fins de cessação ou de acautelamento de violência doméstica contra a mulher, independentemente da existência, presente ou potencial, de processo-crime ou ação principal contra o suposto agressor [...] parece claro que o intento de prevenção da violência doméstica contra a mulher pode ser perseguido com medidas judiciais de natureza não criminal, mesmo porque a resposta penal estatal só é desencadeada depois que, concretamente, o ilícito penal é cometido, muitas vezes com consequências irreversíveis, como no caso de homicídio ou de lesões corporais graves ou gravíssimas. Vale dizer, franquear a via das ações de natureza cível, com aplicação de medidas protetivas da Lei Maria da Penha, pode evitar um mal maior, sem necessidade de posterior intervenção penal nas relações intrafamiliares. Na verdade, a Lei Maria da Penha, ao definir violência doméstica contra a mulher e suas diversas formas, enumera, exemplificadamente, espécies de danos que nem sempre se acomodam na categoria de bem jurídico tutelável pelo direito penal, como o sofrimento psicológico, o dano moral, a diminuição da autoestima, manipulação, vigilância constante, retenção de objetos pessoais, entre outras formas de violência" (STJ, REsp 1.419.421/GO, j. 11.02.2014, rel. Luis Felipe Salomão, *DJe* 07.04.2014).

Embora o legislador não distinga, para configuração do crime, se a medida foi deferida por um juiz cível ou criminal, parece claro que a consequente ação penal deva ser julgada por um juiz criminal. Tratando-se de comarca que possua apenas um Magistrado, ele, que deferiu as medidas protetivas que foram desobedecidas, julgará também o processo-crime. Contando a comarca com mais de um juiz, se procederá à livre distribuição, não se cogitando de nenhuma prevenção a obrigar que o juiz que teve sua decisão desobedecida deva, também, julgar o processo criminal.

Fiança arbitrada pelo juiz – O crime previsto neste artigo tem pena de detenção que varia entre três meses a dois anos, o que, *a priori*, admitiria, após a prisão em flagrante do agente, o arbitramento de fiança pela autoridade policial, cabível quando a pena máxima não supere a quatro anos, na dicção do art. 322 do Código de Processo Penal. Sucede que, por expressa opção do legislador, a partir de agora somente se admite o arbitramento de fiança pelo juiz. De sorte que, cometido um crime de desobediência preso em flagrante seu autor, somente o juiz poderá conceder-lhe o favor legal.

É verdade que o art. 324 do Código de Processo Penal, em seu inc. IV, já veda a concessão da fiança "quando presentes os motivos que autorizam a decretação da prisão preventiva". E, dentre os requisitos que autorizam essa espécie de prisão se encontra, exatamente, o fato do crime "envolver violência doméstica e familiar contra a mulher..." (313, inc. III, do CPP). Mas não deixa de ser salutar que o legislador tenha feito expressa referência a essa proibição, deixando clara sua opção e facilitando a tarefa do intérprete.

De se destacar, ainda, que essa restrição se aplica, somente, ao crime previsto neste dispositivo em análise. Para os demais crimes (ameaça ou lesão corporal leves, por exemplo), continua sendo cabível o arbitramento da fiança pela autoridade policial, como pudemos expor nos comentários ao art. 20, acima, em entendimento largamente aceito e amplamente adotado no cotidiano das Delegacias de Polícia. Expandir-se a restrição quanto à possibilidade da autoridade policial arbitrar fiança para outros delitos, que não o de "descumprimento de Medidas Protetivas de Urgência", resultaria no emprego indesejável de analogia contra o réu (*in malam partem*), em postura inadmissível em nosso sistema.

Outras sanções – Este dispositivo deixa claro que, além das medidas previstas no art. 24-A, "outras sanções" podem ser aplicadas. Citaríamos, como exemplo, a prisão preventiva. Assim, o cometimento do crime, em uma situação que não seja de flagrante, não impede que o juiz decrete a prisão preventiva. Trata-se, a rigor, de dispositivo que talvez nem precisasse ser mencionado, porquanto o art. 20 desta mesma lei já autoriza a decretação da prisão preventiva do agressor. Também a combinação dos arts. 324 e 313, inc. III, do Código de Processo Penal, como visto acima, autorizam a medida extrema. Não custa, porém – e aí o mérito do legislador – ressaltar essa possibilidade.

Descumprimento de medida protetiva e o delito de feminicídio - sobre esta qualificadora do feminicídio podem incidir as majorantes estabelecidas no § 7º, dispositivo que sofreu alterações pela Lei 13.771/18. Vejamos, em síntese, quais são as majorantes e o que se modifica em razão do novo diploma legal.

A pena do feminicídio pode ser aumentada de um terço à metade se o crime for cometido:

a) durante a gestação ou nos três meses posteriores ao parto: aqui não houve nenhuma alteração. Aplica-se a majorante desde o momento em que gerado o feto até três meses após o nascimento. O aumento da pena se justifica inclusive nas situações em que demonstrada a inviabilidade do feto, pois o objeto da proteção especial é a mulher em fase de gestação, não exatamente o feto.

O aborto não é pressuposto da causa de aumento, e, caso do homicídio decorra a morte, querida ou aceita, do ser humano em gestação, o agente responderá, em concurso formal, pelo homicídio majorado e pelo aborto.

b) contra pessoa menor de catorze anos, maior de sessenta anos, com deficiência ou portadora de doenças degenerativas que acarretem condição limitante ou de vulnerabilidade física ou mental: ao se referir à idade da vítima (menor de catorze ou maior de sessenta anos) o dispositivo repete o § 4º do art. 121. Ressalta-se, porém, que, nesta majorante, diferentemente daquela do § 4º, em que o aumento é fixo em um terço, o aumento é variável de um terço à metade.

Outra figura da causa de aumento contempla a vítima com deficiência (física ou mental). O conceito de pessoa portadora de deficiência é trazido pelo art. 2º da Lei nº 13.146, de 06 de julho de 2015. E, com a alteração promovida pela Lei 13.771/18, majora-se também a pena se a vítima tem alguma doença degenerativa que provoque limitação ou vulnerabilidade física ou mental, como esclerose múltipla, esclerose lateral amiotrófica, Parkinson, Alzheimer, osteoporose, arteriosclerose, diabetes e alguns tipos de câncer.

c) na presença física ou virtual de descendente ou de ascendente da vítima: expressa o texto legal que o comportamento criminoso ocorra na *presença* do ascendente ou do descendente da vítima. Diante do atual estágio de interação humana, em que ambientes de presença virtual são capazes de tornar a comunicação por meio de áudio e vídeo muito próxima da realidade, já sustentávamos, quando o § 7º foi incluído pela Lei 13.104/15, a possibilidade de interpretação extensiva do vocábulo *presença* para nele abarcar outras formas de interação que não a física, como chamadas com vídeo pela *internet* (Skype, por exemplo). Com a modificação promovida pela Lei 13.771/18, a majoração pela presença virtual é expressa.

d) em descumprimento das medidas protetivas de urgência previstas nos incisos I, II e III do art. 22 da Lei Maria da Penha: por meio da Lei 13.771/18, inseriu-se nova majorante para as situações em que o homicida comete o crime apesar da existência de medidas protetivas contra si decretadas nos termos da Lei Maria da Penha. O inciso I do art. 22 estabelece a medida de suspensão da posse ou restrição do porte de armas; o inciso II consiste no afastamento do lar, domicílio ou local de convivência com a ofendida; e no inciso III temos a proibição de determinadas condutas, entre as quais: a) aproximação da ofendida, de seus familiares e das testemunhas, fixando o limite mínimo de distância entre estes e o agressor; b) contato com a ofendida, seus familiares e testemunhas por qualquer meio de comunicação; c) frequentação de determinados lugares a fim de preservar a integridade física e psicológica da ofendida.

Desde a entrada em vigor da Lei 13.641, em abril de 2018, o descumprimento de medidas protetivas é crime punido com detenção de três meses a dois anos, mas, se ocorre no mesmo contexto da prática do homicídio, incide apenas a causa de aumento, afastando-se a figura criminosa autônoma diante do *bis in idem* provocado pela imputação simultânea.

CAPÍTULO III
DA ATUAÇÃO DO MINISTÉRIO PÚBLICO

Art. 25. O Ministério Público intervirá, quando não for parte, nas causas cíveis e criminais decorrentes da violência doméstica e familiar contra a mulher.

Art. 26. Caberá ao Ministério Público, sem prejuízo de outras atribuições, nos casos de violência doméstica e familiar contra a mulher, quando necessário:

I – requisitar força policial e serviços públicos de saúde, de educação, de assistência social e de segurança, entre outros;

II – fiscalizar os estabelecimentos públicos e particulares de atendimento à mulher em situação de violência doméstica e familiar, e adotar, de imediato, as medidas administrativas ou judiciais cabíveis no tocante a quaisquer irregularidades constatadas;

III – cadastrar os casos de violência doméstica e familiar contra a mulher.

Requisição – O texto se revela técnica mais apurada em sua redação. *Requisitar*, como se sabe, tem o sentido de ordenar. É assim, *v.g.*, quando o Ministério Público requisita ao delegado de polícia a instauração de inquérito policial (art. 5.º, II, do CPP). Ou quando requisita alguma informação de autoridades, conforme previsto no art. 26, I, *b*, da Lei 8.625/1993. Até se admite a requisição de força policial para fins de condução coercitiva, nos termos do dispositivo acima aludido (alínea *a*) de sua Lei Orgânica Nacional.

Agora, explicar a possibilidade do Ministério Público requisitar "serviços públicos de saúde, de educação, de assistência social e de segurança, entre outros", como quer a lei, é tarefa impossível. Pode até o *parquet*, em tese, ajuizar ação civil pública, a fim de compelir o Estado, por exemplo, a instalar os equipamentos sociais que a lei prevê, como "centro de atendimento integral e multidisciplinar para mulheres, casas-abrigos" etc. (art. 35 da lei). Mas jamais *ordenar* ao poder público que adote tais medidas, sob pena de indevida ingerência na esfera do Poder Executivo, capaz de subverter todo o sistema no qual se funda o pacto federativo. Trata-se, portanto, de dispositivo que carece do mínimo rigor lógico e sistemático que se espera de uma lei, fadado, por isso mesmo, a não gerar qualquer consequência de ordem prática.

Fiscalização – Para que o Ministério Público possa, efetivamente, fiscalizar as entidades de atendimento, o legislador não fez qualquer referência à forma de apuração de eventuais irregularidades. Nada impede, contudo, possa ser aplicado aqui, por analogia, dispositivo constante do Estatuto do Idoso (Lei 10.741/2003). A utilização de tal recurso, conforme já destacamos, é expressamente admitida pelo art. 13 da Lei 11.340/2006, que autoriza a aplicação de normas relativas ao idoso "que não conflitarem com o estabelecido nesta Lei".

Convém, assim, transcrever alguns dispositivos do Estatuto do Idoso, que regem a matéria e que servirão de parâmetro para apuração de irregularidades, também no atendimento à mulher:

> "Art. 65. O procedimento de apuração de irregularidade em entidade governamental e não governamental de atendimento ao idoso terá início mediante petição fundamentada de pessoa interessada ou iniciativa do Ministério Público.
>
> Art. 66. Havendo motivo grave, poderá a autoridade judiciária, ouvido o Ministério Público, decretar liminarmente o afastamento provisório do dirigente da entidade ou outras medidas que julgar adequadas, para evitar lesão aos direitos do idoso, mediante decisão fundamentada.
>
> Art. 67. O dirigente da entidade será citado para, no prazo de 10 (dez) dias, oferecer resposta escrita, podendo juntar documentos e indicar as provas a produzir.
>
> Art. 68. Apresentada a defesa, o juiz procederá na conformidade do art. 69 ou, se necessário, designará audiência de instrução e julgamento, deliberando sobre a necessidade de produção de outras provas.
>
> § 1.º Salvo manifestação em audiência, as partes e o Ministério Público terão 5 (cinco) dias para oferecer alegações finais, decidindo a autoridade judiciária em igual prazo.
>
> § 2.º Em se tratando de afastamento provisório ou definitivo de dirigente de entidade governamental, a autoridade judiciária oficiará a autoridade administrativa imediatamente

superior ao afastado, fixando-lhe prazo de 24 (vinte e quatro) horas para proceder à substituição.

§ 3.º Antes de aplicar qualquer das medidas, a autoridade judiciária poderá fixar prazo para a remoção das irregularidades verificadas. Satisfeitas as exigências, o processo será extinto, sem julgamento do mérito.

§ 4.º A multa e a advertência serão impostas ao dirigente da entidade ou ao responsável pelo programa de atendimento."

Vale ressaltar, a propósito, que o procedimento acima é bastante parecido com aquele adotado para apuração de irregularidades em entidade de atendimento à criança e ao adolescente, conforme se constata dos arts. 191 e seguintes do ECA, que também pode ser aplicado quando a violência se voltar contra a mulher, a teor do disposto no art. 13 da Lei 11.340/2006.

Cadastro – Maria Berenice Dias faz a seguinte observação: "Mesmo que tenha sido atribuída aos órgãos oficiais do Sistema de Justiça e Segurança a instituição de um sistema nacional de dados e informações estatísticas sobre a violência doméstica e familiar contra a mulher (art. 38), o Ministério Público manterá um cadastro similar (art. 26, III). As secretarias estaduais de segurança pública devem remeter informações para a base de dados do Ministério Público [*rectius*: Ministério da Justiça] (art. 38, parágrafo único). Tal registro não se confunde com os antecedentes judiciais. Ainda que a operacionalização desta providência legal possa gerar mais trabalho, a medida é salutar. Trata-se de providência que visa a detectar a ocorrência de reincidência como meio de garantir a integridade da vítima. Também é atribuição do Ministério Público a defesa dos interesses e direitos transindividuais previstos na lei (art. 37)" (Violência doméstica: uma nova lei para um velho problema! *Boletim do IBCCrim*, n. 168, p. 8, nov. 2006).

Segundo observa Luis Paulo Sirvinskas, "há quem critica este cadastro, pois atribuiria mais um encargo ao Ministério Público sem qualquer fim específico e totalmente desarticulado dos demais órgãos públicos responsáveis pelo atendimento da mulher vítima de violência" (Aspectos polêmicos sobre a Lei 11.340, de 7 de agosto de 2006, que cria mecanismos para coibir a violência doméstica e familiar contra a mulher. Disponível em: [www.ibccrim.org.br]. Acesso em: 28.06.2007).

Não pensamos assim. Um Promotor de Justiça, oficiando perante um Juizado da Violência Doméstica, devidamente instalado nos termos concebidos pelo legislador, decerto que deverá manter um cadastro (que não reclama qualquer rigor formal em sua elaboração), a fim de que possa detectar, por exemplo, os bairros nos quais a violência se faz mais presente (e, com isso, adotar medidas específicas para aquele local), acompanhar o desdobramento dos casos já decididos, quem sabe até com eventual reconciliação do casal. Com tal registro poderá ter em mãos, ainda, de forma célere, o número de mulheres que eventualmente se encontrem nas casas-abrigo. Enfim, o cadastro presta-se como um meio eficaz de acompanhamento do trabalho realizado pelo Ministério Público, podendo ser cobrado, inclusive, pela sociedade, no legítimo direito de fiscalização que exerce e mesmo por órgãos internos da instituição, como a Corregedoria.

Tal impressão se reforça ao concluirmos que a função do Ministério Público, tal como sugerida pela lei, não ficará restrita ao mero acompanhamento burocrático dos feitos que tramitarão pelo Juizado. Longe de um Promotor encastelado em seu gabinete, imagina-se uma atuação efetiva, que extrapole o espaço físico dos fóruns, capaz de dialogar com a sociedade e com os poderes públicos, a fim de que, inúmeros equipamentos sociais, previstos pelo legislador (casas-abrigo, delegacias especializadas, centros de educação e de reabilitação para os agressores etc.), possam, de fato, ser implantados, conferindo efetividade à lei, sob pena de condená-la, mais à frente, como uma bela peça de retórica, mas sem qualquer aplicação prática.

No Estado de São Paulo, por iniciativa do Procurador-Geral de Justiça e do Centro de Apoio Operacional das Promotorias de Justiça da Cidadania, foi publicado o Aviso 81/2007, disciplinando a atuação dos Promotores de Justiça em face da Lei Maria da Penha. O texto completo se encontra em anexo.

Já o Aviso 371/2012, da Procuradoria-Geral de Justiça do Estado de São Paulo, com o objetivo de facilitar e atualizar as estatísticas referentes aos crimes cometidos no âmbito da violência doméstica, sugere que, em todas as denúncias criminais relacionadas a essa espécie de delito, se faça expressa menção à Lei 11.340/2006. O teor deste aviso se encontra no anexo.

TÍTULO VI
DISPOSIÇÕES TRANSITÓRIAS

Art. 33. Enquanto não estruturados os Juizados de Violência Doméstica e Familiar contra a Mulher, as varas criminais acumularão as competências cível e criminal para conhecer e julgar as causas decorrentes da prática de violência doméstica e familiar contra a mulher, observadas as previsões do Título IV desta Lei, subsidiada pela legislação processual pertinente.

Parágrafo único. Será garantido o direito de preferência, nas varas criminais, para o processo e o julgamento das causas referidas no caput.

Competência das Varas Criminais – Um tanto polêmica a questão tratada neste dispositivo.

A primeira crítica que se faz é quanto à sua constitucionalidade. Com efeito, a teor do art. 96, I, *a*, da CF/1988, compete privativamente aos Tribunais, "eleger seus órgãos diretivos e elaborar seus regimentos internos, com observância das normas de processo e das garantias processuais das partes, dispondo sobre a competência e o funcionamento dos respectivos órgãos jurisdicionais e administrativos".

É dizer: ao determinar a acumulação, por uma vara criminal, de competências cível e criminal, o legislador infraconstitucional invadiu matéria de competência exclusiva dos respectivos tribunais, rompendo com a regra que garante a independência dentre os poderes e assegura o "autogoverno da Magistratura", para se tomar de empréstimo uma expressão do Ministro Celso de Mello (*Constituição Federal anotada*. 2. ed. São Paulo: Saraiva, 1985. p. 356). A alteração de competência, assim como a criação de novas varas (art. 96, I, *d*, da CF/1988), é matéria, portanto, que não admite ingerência de outro poder (no caso, o Poder Legislativo), pelo que a lei, nesse tópico, contém vício de inconstitucionalidade.

Trata-se, aliás, de observação que não passou despercebida pelo Deputado Antonio Carlos Biscaia que, ao tempo da tramitação do Projeto de Lei que deu origem à Lei 11.340/2006 e na qualidade de membro da Comissão de Constituição e Justiça e de Cidadania (CCJC), apresentou voto em separado apontando tal inconstitucionalidade.

A propósito, o Encontro de Juízes dos Juizados Especiais Criminais e de Turmas Recursais do Estado do Rio de Janeiro, concluiu nesse sentido, valendo que se confira o teor do enunciado 86: "É inconstitucional o art. 33 da Lei 11.340/2006 por versar matéria de organização judiciária, cuja competência legislativa é estadual (art. 125, § 1.º, da CF/1988)". O encontro foi realizado em setembro de 2006, em Búzios. Os enunciados foram publicados no *DOE* do Rio de Janeiro, em 11.09.2006, e podem ser consultados, ainda, no *Informativo* 37/2006, da Adv/Coad.

Mantida no texto final a inconstitucionalidade e enquanto não declarada como tal, a lei está posta para cumprimento, cabendo, por ora, ao juiz criminal, sua aplicação. Soa, efetivamente, estranho à nossa tradição que um juiz criminal vá determinar, por exemplo, a separação de corpos do casal, proibir a celebração de contrato de locação ou fixar os alimentos provisórios. Inconstitucionalidade por inconstitucionalidade, talvez fosse mais adequado se atribuir a um juiz de família a competência transitória para aplicação da lei, embora também não lhe caísse bem decretar a prisão preventiva do agressor. Mas, de qualquer forma, o juiz de família é, via de regra, alguém mais afeito a essa espécie de discussão, com maior tato para promoção da conciliação, secundado por um curador que demonstre as mesmas aptidões.

O tema, no entanto, deve ensejar discussões apenas temporárias, que serão superadas assim que instalados, em todo país, os Juizados de Violência Doméstica e Familiar. Previa-se demora em tais iniciativas, a exemplo do que se verificou com os Juizados Especiais Cíveis e Criminais. De fato, esboçados pela Constituição de 1988, só se efetivaram com a edição da Lei 9.099/1995, sendo que, em muitos estados da federação, como São Paulo, apenas recentemente foram instaladas varas específicas para apreciação das causas cíveis de menor complexidade e das infrações penais de menor potencial ofensivo.

Alvissareiras notícias dão conta, porém, de nítido empenho, nas diversas unidades da federação, visando a implantação dos Juizados de Violência Doméstica e Familiar, ao contrário do que muitos previam.

Completa informando que no Estado do Rio de Janeiro, "todos os Juizados Especiais Criminais (JECrims) foram transformados em Juizados de Violência Doméstica e Familiar contra a Mulher", com competência cumulativa para julgamento dos casos tratados na nova lei, bem como das infrações penais de menor potencial ofensivo. No Estado de São Paulo, o Tribunal de Justiça, por meio da Res. 286, de 4 de outubro de 2006, alterou a competência de varas criminais dos fóruns regionais, de modo que elas passarão a julgar os casos tratados nesta lei e funcionarão sob a denominação de 'Vara Criminal e do Juizado de Violência Doméstica e Familiar contra a Mulher'. Essa inovação, que de início se limitou à capital do Estado, já se espalhou, também, pelas comarcas do interior também instalem os Juizados.

O Conselho Nacional de Justiça, por meio da Recomendação 9, de 6 de março de 2007 (cujo texto integral se encontra no anexo), sugeriu aos Tribunais de Justiça "a criação dos Juizados de Violência doméstica e familiar contra a mulher e a adoção de outras medidas, previstas na Lei 11.340, de 09.08.2006 tendentes à implementação das políticas públicas, que visem garantir os direitos humanos das mulheres no âmbito das relações domésticas e familiares".

A luta, contudo, é ininterrupta. Em artigo publicado no Jornal Folha de São Paulo, sob o título *Uma lei que pegou?*, após um ano da vigência da lei, Nilcéa Freire, ministra da Secretaria Especial de Políticas para as Mulheres da Presidência da República, destaca que "os desafios, porém, são tão grandes quanto o patrimônio conquistado até aqui – que não é pouco. Mas poucas foram as iniciativas no âmbito dos Judiciários estaduais para criar os Juizados Especiais de Violência Doméstica e Familiar contra a Mulher, previstos na lei. Cabe ressaltar que a sua criação, por força da Constituição e da estrutura federativa do Estado brasileiro, está corretamente colocada no texto legal e muito depende da pressão social e da sensibilidade dos Tribunais de Justiça estaduais" (Publicado em 22.09.2007, na seção *Tendências/debates*, Cad. 1, p. 3).

Prioridade no julgamento – Ver comentário ao art. 13. Observamos, contudo, que perante a Vara Criminal a prioridade para julgamento deve ser sopesada pelo Magistrado em relação aos réus que se encontrem presos, que merecem, igualmente, tratamento preferencial, pois é a liberdade que se encontra em jogo (Nesse sentido, Jayme Walmer de Freitas, *Impressões objetivas sobre a Lei de Violência Doméstica*. Disponível em: [www.boletimjuridico.com.br/doutrina/texto.asp?id=1699]. Acesso em: 26.07.2012.

TÍTULO VII
DISPOSIÇÕES FINAIS

Art. 41. Aos crimes praticados com violência doméstica e familiar contra a mulher, independentemente da pena prevista, não se aplica a Lei nº 9.099, de 26 de setembro de 1995.

Não aplicação da Lei dos Juizados Criminais – A despeito de inúmeras críticas que foram lançadas, não há dúvida que a opção do legislador foi a mais franca possível no sentido de afastar, peremptoriamente, do âmbito do JECrim, o julgamento dos crimes perpetrados com violência doméstica e familiar contra a mulher. O principal argumento para essa postura se funda, em síntese, na banalização do crime praticado contra a mulher, decorrente da brandura da resposta penal proposta pela Lei 9.099/1995.

No seio das diversas discussões que precederam à lei em exame, estabeleceu-se esse debate, ou seja, se os mecanismos propostos pelo JECrim eram suficientes para conter a onda de violência contra a mulher ou se, ao contrário, haveria necessidade da adoção de medidas mais específicas, visando atacar, diretamente, o problema.

Em artigo antes mencionado, Wânia Pasinato Izumino (Delegacias de defesa da mulher e juizados especiais criminais: contribuições para a consolidação de uma cidadania de gênero. *Revista Brasileira de Ciências Criminais*, n. 40, p. 293, out.-dez. 2002) já alertava que "o próprio movimento de mulheres tem se confrontado com um dilema. Enquanto parte defende que seja criada uma legislação específica para o tratamento dos casos de violência de gênero, parte defende que a legislação existente pode e deve ser adaptada para atender às especificidades já identificadas – o Código Penal e a Lei 9.099/1995 são exemplos desta legislação. Há que se ressaltar o avanço representado pelos trâmites propostos na Lei 9.099/1995. Esta lei surge no contexto dos debates a respeito do abolicionismo penal, da reforma do Judiciário e do dilema colocado aos movimentos de defesa humanos: a necessidade de equacionar num mesmo sistema a garantia de punição das violações de direitos humanos sem ferir os direitos dos responsáveis por estes crimes. Considerando as especificidades da violência de gênero em especial a violência doméstica e das respostas que estas mulheres esperam obter da Justiça, conhecendo a realidade das DDM [Delegacias de Defesa da Mulher] que apesar de se constituírem num espaço especializado de atendimento às mulheres, na prática acabam por reproduzir a discriminação e a despolitização da violência contra a mulher, questiona-se se o mesmo não ocorreria no âmbito de uma legislação específica. Trata-se, portanto, de direcionar o debate para o fortalecimento da Lei 9.099/1995 e sua aplicação, adequando seus princípios às especificidades inerentes à violência de gênero".

Apimentando o debate, mencionemos posições contrárias. Em artigo que já mencionamos, Lenio Luiz Streck argumenta no sentido de que "com o Juizado Especial Criminal, o Estado sai cada vez mais das relações sociais. No fundo, institucionalizou a 'surra doméstica' com a transformação dos delitos de lesões corporais de ação pública incondicionada para ação pública condicionada. Mais do que isso, a nova Lei dos Juizados permite, agora, o 'duelo nos limites das lesões', eis que não interfere na contenda entre pessoas, desde que os ferimentos não ultrapassem as lesões leves (que, como se sabe, pelas exigências do art. 129 e seus parágrafos, podem não ser tão leves assim). O Estado assiste de camarote e diz: batam-se que eu não tenho nada com isso! É o neoliberalismo no Direito, agravando a própria crise da denominada 'teoria do bem jurídico', própria do modelo liberal-individualista de Direito" . (O senso comum teórico e a violência contra a mulher: desvelando a razão cínica do direito em Terra Brasilis. *Revista Brasileira de Direito de Família* n. 16, p.139, Porto Alegre, Editora Síntese, jan.-mar. 2003)

Na mesma linha de raciocínio é o artigo publicado por Flávia Piovesan que deixa clara a inadequação dos juizados para tratar da violência contra a mulher, quando salienta que "o grau de ineficácia da referida lei revela o paradoxo do Estado: romper com a clássica dicotomia público-privado, de forma a dar visibilidade a violações que ocorrem no domínio privado, para, então, devolvê-las a este mesmo domínio, sob o manto da banalização, em que o agressor é condenado a pagar à vítima uma cesta básica ou meio fogão ou meia geladeira (...) Os casos de violência contra a mulher ora são vistos como mera 'querela doméstica', ora como reflexo de ato de 'vingança ou implicância da vítima', ora decorrentes da culpabilidade da própria vítima, no perverso jogo de que a mulher teria merecido, por seu comportamento, a resposta violenta. Isto culmina com a consequente falta de credibilidade no aparato da justiça. No Brasil, apenas 2% dos acusados em casos de violência contra a mulher são condenados" (Violência contra mulher: um escândalo! *Boletim da Agência Carta Maior*, 21.06.2005. Disponível em: [www.fbes.org.br/index2.php?option=com_content&do_pdf=1&id=531]. Acesso em: 27.07.2012. Ainda sobre a inadequação do JECrim para tratar do tema, confira-se o interessantíssimo trabalho de Leda Hermann, intitulado *Violência doméstica: a dor que a lei esqueceu. Considerações sobre a Lei 9.099/95*. Campinas: Cel-Lex, 2000. p. 33).

As críticas, porém, quanto ao afastamento da competência do JECrim, repita-se, foram muitas. Já no Encontro Nacional de Coordenadores de Juizados Especiais, realizado em Aracaju, em junho de 2006, de um lado recomendou-se "a apresentação de moção de apoio ao projeto de lei que cria mecanismos para coibir a violência doméstica e familiar contra a mulher (...)" (Recomendação 1). Mas, de outra banda, criticou-se o movimento que, à época, já se formava, no sentido de retirar dos Juizados a competência para julgamento desses crimes. Argumentava-se que "o Juizado Especial Criminal está filosoficamente ligado à Justiça Social, à oitiva das partes sem intermediários, impossível de coexistir com o sistema tradicional da Vara Criminal. O problema enfrentado pelos Juizados Especiais Criminais não é decorrente da quantidade de pena cominada em abstrato, mas sim da falta de estrutura que propicie a eleição das medidas mais adequadas e a fiscalização de sua execução" (Recomendação 6). Temiam os juízes, ao tempo em que se debatia o projeto de lei, que fossem as causas julgadas por varas criminais em detrimento do JECrim, segundo eles, mais vocacionado para fazer frente a essa espécie de crime. Posteriormente, como se viu, o legislador nem atribuiu ao Juizado o julgamento e tampouco transferiu essa competência para as varas criminais, preferindo criar os Juizados de Violência Doméstica e Familiar contra a Mulher (art. 33 da lei).

Também não escapou da ainda incipiente doutrina que se formou sobre a lei essa opção do legislador. Assim, em artigo publicado por Maurício e Marcelo Gonçalves Saliba acusaram a lei, nesse ponto, de impor verdadeiro retrocesso. Para eles, "a conciliação civil permitia que o autor da agressão e a ofendida buscassem, com o auxílio de mediadores, a solução adequada para os problemas vivenciados no ambiente doméstico e familiar. A conversa entre as partes é sem dúvida alguma o único e eficaz caminho para se combater a violência, não se apresentando a punição mais severa como forma de resolução dos conflitos. A violência contra a mulher não é um ponto isolado na história, mas sim fruto de um processo cultural da sociedade moderna" (*Violência doméstica e familiar – Crime e castigo*. Disponível em: [www.ibccrim.com.br].Acesso em: 09.10.2006. [http://jus.com.br/revista/texto/8824/violencia-domestica-e-familiar]. Acesso em: 27.07.2012).

Talvez seja mesmo assim. Não se sabe, exatamente, se o maior endurecimento da legislação trará os efeitos desejados. Mas o certo é que, a favor do legislador, trabalha a estatística a revelar que algo precisava ser feito. Os seguintes dados, colhidos no *site* da Fundação Perseu Abramo, são bastante ilustrativos: "A projeção da taxa de espancamento (11%) para o universo investigado (61,5 milhões) indica que pelo menos 6,8 milhões, dentre as brasileiras vivas, já foram espancadas ao menos uma vez. Considerando-se que entre as que admitiram ter sido espancadas, 31% declararam que a última vez em que isso ocorreu foi no período dos 12 meses anteriores, projeta-se cerca de, no mínimo, 2,1 milhões de mulheres espancadas por ano no país (ou em 2001, pois não se sabe se estariam aumentando ou diminuindo), 175 mil/mês, 5,8 mil/dia, 243/hora ou 4/minuto – uma a cada 15 segundos" (Gustavo Venturi e Marisol Recamán, *As mulheres brasileiras no início do século XXI*, Fundação Perseu Abramo. Disponível em: [www.fpa.org.br/mulheres-brasileiras-no-inicio-do-seculo-21-artigo-de-gustavo-venturi--e-marisol-recaman-faz-parte-do]. Acesso em: 27.07.2012).

Em suma, se os resultados foram ou não obtidos pela lei ainda não se sabe. A opção pelo maior rigor das penas, confirmada pelo art. 17 da lei, é algo cujo resultado importa em verdadeira incógnita. Em interessante trabalho, muito anterior à lei em exame, a socióloga Julita Lemgruber já apontava o equívoco dessa postura, ressaltando que "em alguns países, legislações muito rígidas desestimulam as mulheres agredidas a denunciarem seus agressores e registrarem suas queixas. Sempre que o companheiro ou esposo é o único provedor da família, o medo de sua prisão e condenação a uma pena privativa de liberdade acaba por contribuir para a impunidade. Em alguns países existem formas criativas e alternativas de punir homens perpetradores de violência contra mulheres, sobretudo se não forem reincidentes (...) É urgente que se amplie o conhecimento das experiências alternativas à imposição de penas de prisão nesta área, pois já existe evidência de que, em vários casos, o encarceramento de homens pode aumentar, ao invés de diminuir, os níveis de violência contra a mulher e as taxas gerais de impunidade para esse tipo de crime" (A mulher e o sistema de justiça criminal – Algumas notas. *Revista Brasileira de Ciências Criminais*, n. 36, p. 381, out.-dez. 2001).

Oxalá não se confirme a previsão da ilustre socióloga. Por ora, porém, há que se concluir que a opção do legislador foi, irrefutavelmente, no sentido de afastar a incidência da lei dos juizados criminais. Um dado, em arremate, é fundamental que seja apontado. É que o Projeto de Lei 4.559/2004, inicialmente enviado ao Congresso, previa expressamente a competência do JECrim para os crimes aqui tratados. O teor de seu art. 29 era o seguinte: "Ao processo, julgamento e execução dos crimes de competência dos Juizados Especiais Criminais em que esteja caracterizada a violência doméstica e familiar contra a mulher, aplica-se a Lei 9.099, de 26 de setembro de 1995, no que não conflitar com o estabelecido nesta Lei".

Ora, quando esse dispositivo foi, a partir dos inúmeros debates que se seguiram, excluído do texto final, que optou pela redação do artigo acima, fica clara a intenção do legislador. Não se deve ignorar que um dos métodos de interpretação da lei é exatamente o histórico, baseado na investigação dos antecedentes da norma, assim entendidos o projeto de lei, sua justificativa, exposição de motivos, discussão, emendas etc. Sob essa perspectiva a *ratio legis* foi, sem dúvida, no sentido de afastar o raio de incidência da Lei 9.099/1995 dos crimes praticados contra a mulher com violência doméstica e familiar.

Revela-se, desse modo, incompreensível a resistência de alguns que, investidos na condição de legisladores, insistem no entendimento de que a Lei 9.099/1995 deva continuar sendo aplicada às hipóteses de violência contra a mulher.

Exemplo dessa constatação pode ser visto em algumas das conclusões extraídas do Encontro de Juízes dos Juizados Especiais Criminais e de Turmas Recursais do Estado do Rio de Janeiro, realizado em Búzios: (a) "É inconstitucional o art. 41 da Lei 11.340/2006 ao afastar os institutos despenalizadores da Lei 9.099/1995 para crimes que se enquadram na definição de menor potencial ofensivo, na forma dos arts. 98, I, e 5.º, I, da CF/1988"; (b) "São aplicáveis os institutos despenalizadores da Lei 9.099/1995 aos crimes abrangidos pela Lei 11.340/2006 quando o limite máximo da pena privativa de liberdade cominada em abstrato se confinar com os limites previstos no art. 61 da Lei 9.099/1995, com a redação que lhe deu a Lei 11.313/2006"; (c) "É cabível, em tese, a suspensão condicional do processo para o crime previsto no art. 129, § 9.º, do CP, com a redação dada pela Lei 11.340/2006"; (d) "É cabível a audiência prévia de conciliação aos crimes abrangidos pela Lei 11.340/2006 quando o limite máximo de pena privativa de liberdade cominada em abstrato se confinar com os limites previstos no art. 61 da Lei 9.099/1995, com a redação que lhe deu a Lei 11.313/2006"; (e) "É cabível a audiência prévia de conciliação para o crime previsto no art. 129, § 9.º, do CP, com a redação dada pela Lei 11.340/2006" (Os enunciados foram publicados no *DOE* do Rio de Janeiro, em 11.09.2006. Podem ser consultados, ainda, no *Informativo* 37/2006, da Adv/Coad).

Tal entendimento, com a devida vênia, incorre em uma série de equívocos, dentre eles: (a) torna letra morta o dispositivo em estudo, que é claro ao afastar o JECrim dos crimes perpetrados contra a mulher; (b) transforma o juiz em legislador. Não que se pretenda reduzir a figura do juiz a um mero e frio espectador, verdadeiro autômato na aplicação da lei. Fosse assim, mais prático seria sua substituição por um computador. Mas também não se admite que confira ao texto legal, fugindo mesmo de sua análise gramatical, uma interpretação tão apartada da vontade do legislador. Seria quase que um "direito alternativo" às avessas, pois opta por uma interpretação da lei totalmente contrária a seu espírito, em franco detrimento da mulher; (c) ignora um dos métodos de interpretação da norma que é, exatamente, o método lógico-sistemático, a reclamar do intérprete que leve em conta o sistema em que se insere o texto e procure estabelecer uma concatenação entre ele (o texto) e os demais elementos da lei. Afinal, por intermédio de uma norma se conhece o sentido de outra. Nenhuma análise deve ser feita com base apenas em uma parte da lei, mas tomando-a como um todo; (d) esquece dos fins sociais da lei que devem ser considerados em sua interpretação, conforme anotamos nos comentários ao art. 4.º da lei.

Daí concordarmos com as conclusões de Marcelo Lessa Bastos, em artigo intitulado Violência doméstica e familiar contra a mulher, no sentido de que "não se aplicam, portanto, os institutos despenalizadores da Lei 9.099/1995 em caso de violência doméstica e familiar contra a mulher. Deste modo, em se configurando a violência doméstica e familiar contra a mulher, qualquer que seja o crime e sua pena, não cabe transação penal nem suspensão condicional do processo nem composição civil dos danos extintiva de punibilidade, não se lavra termo circunstanciado (em caso de prisão em flagrante, deve ser lavrado auto de prisão em flagrante e, se for o caso, arbitrada fiança), deve ser instaurado inquérito policial (com a medida paralela prevista no art. 12, III, e §§ 1.º e 2.º, da Lei 11.340/2006), a denúncia deverá vir por escrito, o procedimento será o previsto no Código de Processo Penal (...)"(*Violência doméstica e familiar contra a mulher*. Disponível em: [www.jusnavigandi.com.br]. Acesso em: 14.11.2006)

Nesse sentido, a propósito, o entendimento do STJ, cristalizado na Súmula 536, *verbis*: "A suspensão condicional do processo e a transação penal não se aplicam na hipótese de delitos sujeitos ao rito da Lei Maria da Penha".

No mesmo artigo, o autor rebate, com superioridade, a alegação de que a lei em exame seria, nesse tópico, inconstitucional, ao salientar que "nem se diga que a competência dos Juizados Especiais Criminais é de natureza constitucional. Tal afirmação nunca empolgou. Se assim fosse, seriam inconstitucionais os arts. 66, parágrafo único, e 77, § 2.º, da própria Lei 9.099/1995, que preveem a remessa do feito ao Juízo comum, nas hipóteses, respectivamente, de réu não encontrado para ser citado, já que inexiste citação por edital nos Juizados, e de necessidade de diligências complexas que contrariem o princípio da celeridade imanente ao rito do Juizado. Também seria inconstitucional a remessa ao Juízo comum do feito em casos de conexão e continência, na hipótese do crime conexo não ser de menor potencial ofensivo, remessa a que sempre foi favorável a maioria da doutrina e jurisprudência, o que foi recentemente contemplado de forma expressa pela Lei 11.313/2006, que deu nova redação aos arts. 60 da Lei 9.099/1995 e 2.º da Lei 10.259/2001".

Ressalte-se, por derradeiro, que a decisão do STF, de 9 de fevereiro de 2012, proferida na ADIn 4.424/DF e na ADC 19/DF, considerou constitucional a vedação prevista neste artigo, afastando, de vez, qualquer argumento contrário à aplicação do dispositivo em estudo.

Contravenções Penais – Dentro do amplo espectro de violência doméstica e familiar (art. 7.º), encontram-se alguns comportamentos que configuram meras contravenções penais, como, por exemplo (e a mais comuns): vias de fato (art. 21), perturbação do trabalho ou sossego alheio (art. 42), e perturbação da tranquilidade (art. 65). Nesses casos (referindo-se o art. 41 da Lei 11.340/2006, apenas a "crimes") continua aplicável a Lei 9.099/1995 (e suas medidas despenalizadoras), ressalvando-se, apenas, as proibições trazidas no art. 17 da Lei 11.340/2006 ("é vedada a aplicação, nos casos de violência doméstica e familiar contra a mulher, de penas de cesta básica ou outras de prestação pecuniária, bem como a substituição de pena que implique o pagamento isolado de multa").

Nesse sentido se posiciona Paulo Henrique Aranda Fuller, para quem "a proibição da aplicação dos institutos da Lei 9.099/1995 (notadamente a transação penal e a suspensão condicional do processo) se restringe aos *crimes* praticados com violência doméstica ou familiar contra a mulher e, por isso, não alcança quaisquer contravenções penais, ainda que sujeitas ao regime jurídico da Lei 11.340/2006" (Aspectos polêmicos da Lei de Violência Doméstica ou Familiar contra a mulher (Lei 11.340/2006), *Boletim IBCCrim* n. 171, fev. 2007, p. 15).

Cumpre uma última observação a respeito da contravenção penal de vias de fato e a representação da ofendida. Com o advento da lei dos juizados especiais (Lei 9.099/1995), que passou a exigir a representação da vítima para os crimes de lesões corporais leves e culposas (art. 88), se esboçou entendimento no sentido de que, também para a contravenção penal de vias de fato, se reclamaria o preenchimento dessa prévia condição de procedibilidade. Nesse sentido, confira-se a doutrina sobre o tema (Ronaldo Batista Pinto. A Lei 9.099/1995 e a contravenção de vias de fato. *Boletim do IBCCrim*, vol. 44, agosto de 1996). e ainda o teor do Enunciado 76, extraído do XVII Encontro do Fórum Permanente de Coordenadores de Juizados Especiais

(Fonaje), realizado em Curitiba, no ano de 2005, *verbis*: "A ação penal relativa à contravenção de vias de fato dependerá de representação".

Não foi esse, porém, o entendimento que vingou no STF, com se vê no julgado em que foi relator o Min. Sepúlveda Pertence (STF, HC 80617/MG, j. 20.03.2001, *DJ* 04.05.2001, p. 5), do qual transcrevemos sua ementa: "Ação penal pública incondicionada: contravenção de vias de fato (art. 17 da LCP). A regra do art. 17 LCP – segundo a qual a persecução das contravenções penais se faz mediante ação pública incondicionada – não foi alterada, sequer com relação à de vias de fato, pelo art. 88 da Lei 9.099/1995, que condicionou à representação a ação penal por lesões corporais leves".

A despeito desse entendimento do STF, boa parte da jurisprudência continuava a entender necessária a representação, inclusive quando se tratasse de vias de fato perpetrada em situação de violência doméstica. Assim se posicionou, inclusive, o STJ, valendo que se confira.

> "Na hipótese, o paciente se vê processado pela suposta prática da contravenção penal de vias de fato contra sua amásia – portanto, um *minus* em relação ao delito de lesão corporal leve – mesmo tendo a ofendida consignado o desejo de não exercer seu direito de representação, entendendo o órgão acusatório e o juízo singular tratar-se de ação penal pública incondicionada. Carecendo o respectivo processo de condição de procedibilidade, eis que necessária a manifestação de vontade da vítima para que seja instaurada a persecução contra o paciente, evidente o constrangimento ilegal a que está submetido. Ordem concedida, para trancar a Ação Penal" (STJ, HC 136.732/MS, 5.ª T., j. 02.08.2011, rel. Min. Jorge Mussi, *DJe* 12.08.2011).

Agora, contudo, com a decisão do STF, na ADIn 4.424 e na ADC 4.424, julgada em 09 de fevereiro de 2012, que entendeu ser pública incondicionada a ação penal para os crimes de lesões corporais leves, afastando, assim, qualquer ingerência da lei dos juizados especiais no âmbito dos crimes perpetrados mediante violência doméstica (e declarando a constitucionalidade do dispositivo em estudo), pensamos que a questão encontra-se pacificada no sentido de que, também para as contravenções penais de vias de fato, não é exigível a prévia representação da vítima.

Ação penal – Até a apreciação, pelo STF, da ADIn 4.424-DF e na ADC 19-DF, julgadas em 9 de fevereiro de 2012, ponderável corrente doutrinária e majoritário entendimento jurisprudencial, se posicionavam no sentido de que a ação penal, nos crimes de lesões corporais que envolvessem violência doméstica, era pública e condicionada à prévia representação da vítima.

Assim, o promotor de justiça gaúcho Pedro Rui da Fontoura Porto, examinado o art. 41 com outros dispositivos da lei (arts. 12, I, 16 e 17), sem esquecer a preocupação precípua do processo penal moderno – a vítima –, concluiu: "Em uma interpretação sistemática dos dispositivos da Lei 11.340/2006, antes citados [arts. 12, I, 16 e 17], poder-se-ia concluir que o afastamento da Lei 9.099/1995 é determinação genérica, relativa, precipuamente, aos institutos despenalizadores alheios à autonomia volitiva da vítima – a transação e a suspensão condicional do processo – ordinariamente vistos como institutos essencialmente despenalizadores e, como reiteradamente aplicados de forma benevolente, granjearam a má fama de serem benefícios causadores da impunidade. Entretanto, a representação continua exigível nos crimes de lesões corporais mesmo ante a qualificadora do § 9.º do art. 129 do CP, visto que, apesar de ser também uma medida despenalizadora, ela concorre em favor da vítima, outorgando-lhe o poder de decidir acerca da instauração do processo contra o acusado. E o legislador cercou esta decisão de garantias como a exigência de que a desistência ocorra em presença do juiz e seja ouvido o Ministério Público. Ademais, o direito de decidir sobre representar ou não pressupõe a possibilidade de conciliação civil, o que, seguramente, atende a interesses da vítima, nem sempre sediados na exclusiva punição criminal do seu agressor, mas, fundamentalmente atrelados ao interesse reparatório dos danos sofridos, inclusive aqueles de caráter moral que, segundo afirma a doutrina da responsabilidade civil extramaterial, têm evidente caráter punitivo e pode importar em severa punição ao agressor. Outrossim, o art. 17 da nova Lei manifesta a preocupação do legislador com punições insuficientes nos crimes em questão. Ao proibir a aplicação de 'cestas básicas' e outras de prestação pecuniária ou multa isolada, o legislador está se dirigindo tanto ao Ministério Público, nas hipóteses em que ainda seja possível a transação penal ou suspensão condicional do processo e que, *ab initio*, parece ser apenas o caso de algumas contravenções penais (vias de fato e perturbação da tranquilidade) como também e principalmente ao Poder Judiciário, limitando as hipóteses de substituição da pena privativa de liberdade por restritivas de direitos (art. 44 do CP). Todavia, poder-se-ia arguir que a redação desse dispositivo em consonância com o anterior revela que a intenção fundamental do legislador não era afastar a exigibilidade de representação e sim evitar, doravante, a aplicação de penas pecuniárias em caso de delitos praticados com violência contra a mulher" (*Anotações preliminares à Lei 11.340/2006 e suas repercussões em face dos Juizados Especiais Criminais*. Disponível em: [www.jusnavigandi.com.br]. Acesso em: 03.11.2006).

No sentido da necessidade de representação, invocava-se, ainda, a importância e conveniência de, nos casos de violência doméstica e familiar, se aguardar a consciente manifestação de vontade da vítima, pois, na esmagadora maioria das vezes, se percebe rápida reconciliação entre os envolvidos, servindo o processo penal apenas para perturbar a paz familiar, quando a finalidade do aplicador da lei deve ser, sempre, a preservação da família, restaurando a harmonia no lar.

Esse aspecto vem bem apanhado em artigo elaborado por Fernando Célio de Brito Nogueira, quando ressalta: "Condicionar a persecução penal à manifestação de vontade da vítima é medida de política criminal inerente à tradição de nosso processo penal e que por vezes servirá para resguardar valores que não podem ser esquecidos no âmbito da família, como a busca de harmonia no lar e de superação efetiva de situações em que houve violência em qualquer de suas formas. Trata-se de permitir à vítima que exerça a faculdade de colocar 'pá de cal' em determinados casos em que a continuidade da persecução criminal serviria apenas para conturbar ainda mais o ambiente doméstico e atrapalhar eventuais propósitos de reconciliação. Entender de forma diversa, tendo tais infrações penais como de ação penal pública incondicionada, iria de encontro a tais propósitos e na contramão das tendências de nosso processo penal. Não é isso o que quis a lei. Se o legislador pretendesse abolir a representação nos casos em que a lei prevê referida condição de procedibilidade" (*Notas e reflexões sobre a Lei 11.340/2006, que visa coibir a violência doméstica e familiar contra a mulher*. Disponível em: [http://jus.com.br/revista/texto/8821/notas-e-reflexoes-sobre-a-lei-no-11-340-2006-que-visa-coibir-a-violencia-domestica-e-familiar-contra-a-mulher]. Acesso em: 27.07.2012).

Interessante, ainda, a observação de Maria Lúcia Karam, em artigo publicado: "Quando se insiste em acusar da prática de um crime e ameaçar com uma pena o parceiro da mulher, contra a sua vontade, está se subtraindo dela, formalmente dita ofendida, seu direito e seu anseio a livremente se relacionar com aquele parceiro por ela escolhido. Isto significa negar-lhe o direito à liberdade de que é titular, para tratá-la como se coisa fosse, submetida à vontade de agentes do Estado que, inferiorizando-a e vitimizando-a, pretendem saber o que seria melhor para ela, pretendendo punir o homem com quem ela quer se relacionar – e sua escolha há de ser respeitada, pouco importando se o escolhido é ou não um 'agressor' – ou que, pelo menos, não deseja que seja punido" (Violência de gênero: o paradoxal entusiasmo pelo rigor penal. *Boletim do IBCCrim*, n. 168, p. 6, nov. 2006. No sentido, ainda, da necessidade de representação, dentre outros: Damásio de Jesus. Violência doméstica e ação penal pública. *Correio Braziliense*, 09.10.2006).

No sentido, ainda, da necessidade de representação, dentre outros: Damásio de Jesus (Violência doméstica e ação penal pública, *Correio Braziliense*, 09 de outubro de 2006; Paulo Henrique Aranda Fuller (Aspectos polêmicos da Lei de Violência Doméstica ou Familiar contra a mulher [Lei 11.340/2006], *Boletim IBCCrim*, n. 171, fev. 2007, p. 15); Carla Campos Amico (Violência doméstica e familiar contra a mulher: necessidade de representação da vítima em caso de lesão corporal leve e culposa, *Boletim IBCCrim*, n. 170, jan. 2007, p. 18); Pedro Rui da Fontoura Porto (*Anotações preliminares à Lei 11.340/2006 e suas repercussões em face dos juizados especiais criminais*. Disponível em: [www.jusnavigandi.com.br]. Acesso em: 03.11.2006); Eduardo Luiz Santos Cabette (*Anotações críticas sobre a lei de violência doméstica e familiar contra a mulher*. Disponível em: [www.jusnavigandi.com.br]. Acesso em: 22.10.2006); Jayme Walmer de Freitas (Op. cit.).

Ação penal pública incondicionada – Eram, também, bastante ponderáveis os argumentos em sentido inverso, ou seja, que a partir da nova lei, a ação penal nos crimes praticados contra a mulher tornou-se pública incondicionada, não mais reclamando a prévia representação da ofendida.

A controvérsia acha-se superada a partir da decisão do STF (ADIn 4.424-DF e ADC 19/DF), julgadas em 9 de fevereiro de 2012, no sentido de ser pública incondicionada a ação penal nos crimes de lesões corporais perpetrados em um contexto de violência doméstica. Nada impede, porém, que mantenhamos os comentários tecidos quanto ao tema, desde a 1.ª edição desta obra. Nesse sentido, a propósito, o enunciado da Súmula 542, do STJ : "A ação penal relativa ao crime de lesão corporal resultante de violência doméstica contra a mulher é pública incondicionada".

O primeiro ponto a ser observado diz respeito ao art. 41 do estatuto novel, que afastou, expressamente, a incidência da Lei 9.099/1995 nos "crimes praticados com violência doméstica e familiar contra a mulher". Ora, como é cediço, o delito de lesão corporal leve (assim como de lesão corporal culposa, de menor interesse para o nosso trabalho) era de ação penal pública incondicionada e, somente a partir da inovação trazida pelo JECrim, passou a exigir a representação da vítima como condição de procedibilidade a autorizar o Ministério Público na oferta da denúncia. Pois bem. Se o crime era de ação penal pública e foi a Lei 9.099/1995 que exigiu a representação, tem-se, por consequência, que na medida em que a Lei Maria da Penha afastou a aplicação dos juizados, automaticamente tornou-se à situação anterior, ou seja, não mais é necessária á representação para esse delito.

Um argumento que se contrapõe a esse entendimento invoca o art. 16 da Lei, o qual trata (impropriamente) da chamada "renúncia à representação", e mesmo o art. 12, I, que também menciona a representação. É dizer: quando a lei alude à representação (e a possibilidade de "renúncia"), significa que continua exigindo esse pré-requisito. A resposta é dada por Alice Bianchini e Luiz Flávio Gomes, quando salientam que "é evidente que esse ato só tem pertinência em relação a outros crimes (ameaça, crimes contra a honra da mulher, contra sua liberdade sexual quando ela for pobre etc.). Aliás, nesses outros crimes, a autoridade policial vai colher a representação da mulher (quando ela desejar manifestar sua vontade) logo no limiar do inquérito policial (art. 12, I, da Lei 11.340/2006)" (*Lei da violência contra a mulher – Renúncia e representação da vítima.* Disponível em: [www.lfg.com.br/public_html/article.php?story=20060911143243449&mode=print]. Acesso em: 27.07.2012). Concluem os autores, assim, pela desnecessidade da prévia representação da vítima.

Argumenta-se, ainda, que todo espírito da lei foi no sentido de maior agravamento da situação do agressor, conforme visto acima. Na disputa que se estabeleceu, durante o debate da lei, sobre a aplicação ou não do JECrim, prevaleceu a última posição.

É o que pensam Ana Paula Schwelm Gonçalves e Fausto Rodrigues de Lima: "A Lei não fez expressamente qualquer menção à natureza da ação penal nas infrações de que trata, no entanto, a interpretação sistemática do ordenamento jurídico, observando-se os princípios que regem a matéria, e os tratados e convenções internacionais sobre direitos humanos, induz à conclusão de que tais crimes não mais dependem da vontade das vítimas para seu processamento" (*A lesão corporal na violência doméstica: nova construção jurídica.* Disponível em: [http://jus.com.br/revista/texto/8912/a-lesao-corporal-na-violencia-domestica]. Acesso em: 27.07.2012).

Tanto que um ponto a ser considerado é que o projeto de lei original (PL 4.559/2004), em seu art. 30, previa, com todas as letras, que "nos casos de violência doméstica e familiar contra a mulher a ação penal será pública condicionada à representação". Ora, se na redação final da lei foi retirado esse dispositivo, resta evidente a intenção do legislador em não exigir a representação da vítima como condição de procedibilidade.

De se ver, ainda, que, regra geral, toda ação é pública. Quando sua iniciativa for privada ou depender, ainda, de alguma condição (representação da ofendida ou requisição do Ministro da Justiça), a lei o declarará expressamente. É o que se extrai do disposto no art. 100 do CP.

Soaria estranho, aliás, que um crime praticado contra a mulher, nas condições da presente lei, fosse considerado como uma forma de violação dos direitos humanos (art. 6.º), e, mesmo assim, seu processamento ficasse dependendo da representação da ofendida.

São estes, em síntese, os argumentos, respeitáveis, que indicariam que o delito de lesão corporal leve, perpetrado contra a mulher, no âmbito doméstico e familiar e nas condições previstas na lei em exame, tornaria a ser de ação penal pública incondicionada, dispensando, assim, a prévia representação da ofendida. Ainda no sentido da desnecessidade de representação, de se conferir: Maria Berenice Dias, Violência doméstica: uma nova lei para um velho problema!, *Boletim do IBCCrim*, n. 168, p. 9, nov. 2006; José Luiz Joveli, *Breves considerações acerca da Lei 11.340/2006 – A questão da representação da ofendida.* Disponível em: [www.mp.to.gov.br/static/caops/mulher/files/files/breves-observacoes-acerca-da-lei-113402006a-questao--da-representacao-da-ofendida.pdf]. Acesso em: 27.07.2012; Marcelo Lessa Bastos, *Violência doméstica e familiar contra a mulher. Lei "Maria da Penha" – Alguns comentários.* Disponível em: [http://jus.com.br/revista/texto/9006/violencia-domestica-e-familiar-contra-a-mulher]. Acesso em: 27.07.2012.

Era nosso posicionamento anterior à decisão do Supremo e que foi reforçado a partir da manifestação da mais alta Corte do país. Mas devemos admitir certa dificuldade, por vezes, de sustentá-lo na prática.

Assim que entrou em vigor a lei, em nossa atuação como Promotor de Justiça, recebemos um pedido de prisão preventiva, com o qual concordamos, sendo decretada a medida. Era uma

5.ª feira. Na 2.ª feira seguinte, a mesma vítima que antes nos procurara, veio em nosso gabinete e, acompanhada por um advogado, suplicou pela libertação do agressor, com quem mantinha uma sociedade de fato. Tratou, outrossim, por petição que firmou juntamente com o advogado, de se retratar da representação que ofertara.

Nessa hipótese, sem embargo da sustentação teórica que embasa nosso posicionamento, fica, na prática, um tanto complicada a defesa do argumento no sentido de que a representação é desnecessária. A deflagração de um processo-crime, contra a manifesta vontade da ofendida, resultará, decerto, em uma medida ineficaz. Isso porque a vítima, que não tem simpatia pelo processo e que, antes, não o deseja, tratará de dificultar a obtenção da prova, invocando situações fáticas que conduzam à absolvição do agente.

Em suma: a ação penal nos crimes de lesão corporal leve passa a ser, com o advento da lei, pública incondicionada, feita a ressalva acima. O tema, que tanta polêmica ensejou, acha-se superado – destacamos uma vez mais – com a decisão vinculante do STF.

Constitucionalidade do art. 41 – Há quem sustente a inconstitucionalidade deste dispositivo, por afrontar o preceito constitucional do art. 98, I, da CF/1988, que prevê a criação de Juizados Especiais para julgamento de infrações penais de menor potencial ofensivo.

É a lição de Rômulo de Andrade Moreira, ao afirmar que "se a própria Constituição estabeleceu a competência dos Juizados Especiais Criminais para o processo, julgamento e execução das infrações penais de menor potencial ofensivo, é induvidoso não ser possível a exclusão desta competência em razão do sujeito passivo atingido (mulher) e pela circunstância de se tratar de violência doméstica e familiar (...) Destarte, subtraindo a competência dos Juizados Especiais Criminais, a referida lei incidiu em flagrante inconstitucionalidade, pois a competência determinada expressamente pela Constituição Federal não poderia ter sido reduzida por lei infraconstitucional" (A Lei Maria da Penha e suas inconstitucionalidades. *Revista Magister*, n. 19, ago.-set. 2007, p. 82).

Ousamos discordar. A Constituição criou, de forma genérica, juizados especiais para julgamento de causas cíveis e criminais, de menor complexidade e potencial ofensivo. A definição, contudo, do que vem a ser uma *infração penal de menor potencial ofensivo*, é algo que cabe ao legislador infraconstitucional indicar. E, de fato, o fez. Inicialmente por meio da Lei 9.099/1995 e, posteriormente, com a Lei 11.313/2006, que ampliou o conceito de *infração penal de menor potencial ofensivo*.

Era esse, inclusive, o entendimento do STF antes da entrada em vigor da Lei 9.099/1995, valendo que se confira: "Os critérios de identificação das *causas de menor complexidade* e dos *crimes de menor potencial ofensivo*, a serem confiados aos Juizados Especiais, constitui matéria de Direito Processual, da competência legislativa privativa da União" (Pleno, ADIn 1.807-5/MT, rel. Min. Sepúlveda Pertence, *DJ* 05.06.1998, p. 2).

Nada impede, portanto, que o legislador infraconstitucional inclua ou retire determinada conduta do âmbito dos Juizados. Aliás, a própria Lei 9.099/1995, contempla duas exceções, ao prever que é afastada a competência dos Juizados em virtude da complexidade do fato (art. 77, § 2.º) e da impossibilidade de ser o réu pessoalmente citado (art. 66, parágrafo único). E a Lei 11.313/2006, mais recentemente, determina a remessa dos autos ao Juízo comum, em casos de conexão e continência, não sendo de menor potencial ofensivo o crime conexo.

Interessante a observação de Marcelo Lessa Barbosa, em abono ao nosso entendimento: "Só para recordar, na primeira versão do art. 61 da Lei 9.099/1995, estavam fora do conceito de infração penal de menor potencial ofensivo e, portanto, fora do alcance dos institutos despenalizadores da Lei 9.099/1995, os crimes em que havia, simplesmente, previsão de procedimento especial, ainda que a pena máxima cominada fosse inferior a 1 (um) ano. E, nos termos do art. 90-A da Lei 9.099/1995, acrescentado pela Lei 9.839/99, estão fora do âmbito de incidência da primeira os crimes militares, independente da pena. Nunca se reclamou disto, na perspectiva da constitucionalidade, não fazendo sentido pretender deslegitimar a exclusão imposta pela Lei "Maria da Penha" (Violência doméstica e familiar contra a mulher. Disponível em: [www.jusnavigandi.com.br]. Acesso em: 14.11.2006).

Para exemplificar, o Código de Trânsito Brasileiro, em seu art. 291, parágrafo único, que autorizava, para determinadas condutas delituosas (por exemplo, embriaguez ao volante), fossem aplicados os benefícios da Lei 9.099/1995, foi alterado pela Lei 11.705/2008 que, dando nova redação ao art. 291 daquele diploma legal, vedou tal possibilidade para o motorista que perpetrar o crime de lesão corporal culposa sob influência de álcool ou substância psicoativa que determine dependência, participando de "racha" ou transitando em velocidade superior à permitida. Ou seja, mais uma vez é do legislador infraconstitucional a incumbência de indicar quais delitos que autorizam a aplicação da Lei dos Juizados Especiais Criminais e quais aqueles que não a toleram.

Observe-se, de qualquer forma, que para o crime de lesão corporal (seja homem ou mulher a vítima), esta discussão não aproveita, porquanto a redação dada ao § 9.º do art. 129 do CP, prevê uma pena máxima de três anos de detenção, o que afasta, para esse delito, o conceito de infração penal de menor potencial ofensivo, na exata dicção do art. 61 da Lei 9.099/1995.

No final do ano de 2007, o Presidente da República, por meio do Advogado-Geral da União, ajuizou Ação Declaratória de Constitucionalidade dos arts. 1.º, 33 e 41 da Lei Maria da Penha (ADC 19/DF), sob o argumento de que alguns juízes e Tribunais não estão aplicando tais dispositivos da lei, sob o argumento de serem inconstitucionais. Pleiteou, ainda, o deferimento de liminar para que sejam suspensos "os efeitos de quaisquer decisões que, direta ou indiretamente, neguem vigência à lei, reputando-a inconstitucional", até o julgamento final do pedido.

O pedido foi distribuído ao Ministro Marco Aurélio que negou a liminar invocando os seguintes argumentos: "Requer-se que, de forma precária e efêmera, sejam suspensos atos que, direta ou indiretamente, neguem vigência à citada Lei. O passo é demasiadamente largo, não se coadunando com os ares democráticos que nortearam o Constituinte de 1988 e que presidem a vida gregária. A paralisação dos processos e o afastamento de pronunciamentos judiciais, sem ao menos aludir-se à exclusão daqueles cobertos pela preclusão maior, mostram-se extravagantes considerada a ordem jurídico-constitucional. As portas do Judiciário hão de estar abertas, sempre e sempre, aos cidadãos, pouco importando o gênero. O Judiciário, presente o princípio do juiz natural, deve atuar com absoluta espontaneidade, somente se dando a vinculação ao Direito posto, ao Direito subordinante. Fora isso, inaugurar-se-á era de treva, concentrando-se o que a Carta Federal quer difuso, com menosprezo à organicidade do próprio Direito. Repito, mais uma vez, eventual aplicação distorcida da Lei evocada pode ser corrigida ante o sistema recursal vigente e ainda mediante a impugnação autônoma que é a revelada por impetrações. Que atuem os órgãos investidos do ofício judicante segundo a organização judiciária em vigor, viabilizando-se o acesso em geral à jurisdição com os recursos pertinentes". O mérito do pedido foi apreciado em 09 de fevereiro de 2012 e é analisado no item seguinte.

Em recente julgamento do HC 106.212/MS, de 24 de março de 2011, no qual foi relator o Min. Marco Aurélio (a ementa está transcrita abaixo), o STF afirmou a constitucionalidade do dispositivo em exame. Segundo consta do Informativo do STF 620 (de 21 a 25 de março de 2011), "aduziu-se, inicialmente, que a Lei 11.340/2006 teria por escopo coibir a violência doméstica e familiar contra a mulher, em observância ao art. 226, § 8.º, da CF/1988 ("Art. 226. A família, base da sociedade, tem especial proteção do Estado. (...) § 8.º – O Estado assegurará a assistência à família na pessoa de cada um dos que a integram, criando mecanismos para coibir a violência no âmbito de suas relações."). A esse respeito, salientou-se que a mesma lei, em seu art. 7.º, definiria como "violência doméstica e familiar contra a mulher" não apenas a violência física, mas também a psicológica, social, patrimonial e moral. Reputou-se, por sua vez, que o preceito contido no art. 41 da referida lei afastaria, de forma categórica, a Lei 9.099/1995 de todo processo-crime cujo quadro revelasse violência doméstica ou familiar contra a mulher, o que abarcaria os casos de contravenção penal (...) o Min. Marco Aurélio, relator, acrescentou que a Lei 'Maria da Penha' preveria a criação de juizados específicos para as situações de que trata e que seria incongruente, pois, a aplicação de regras da Lei 9.099/1995 (...) o Min. Cezar Peluso, Presidente, observou que o art. 98, I, da CF/1988 não conteria a definição de 'infrações penais de menor potencial ofensivo', de modo que a lei infraconstitucional poderia estabelecer critérios – não restritos somente à pena cominada – aptos a incluir, ou não, determinadas condutas nesse gênero. Entendeu-se, também, que a norma impugnada estaria de acordo com o princípio da igualdade, na medida em que a mulher careceria de especial proteção jurídica, dada sua vulnerabilidade, e que atenderia à ordem jurídico-constitucional, no sentido de combater o desprezo às famílias, considerada a mulher como sua célula básica".

CONSTITUCIONALIDADE DO ART. 41

> "*Violência doméstica. Art. 41 da lei 11.340/2006. Alcance.* O preceito do art. 41 da Lei 11.340/2006 alcança toda e qualquer prática delituosa contra a mulher, até mesmo quando consubstancia contravenção penal, como é a relativa a vias de fato. *Violência doméstica. Art. 41 da lei 11.340/2006. Afastamento da lei 9.099/1995. Constitucionalidade.* Ante a opção político-normativa prevista no art. 98, I, e a proteção versada no art. 226, § 8.º, ambos da CF/1988, surge harmônico com esta última o afastamento peremptório da Lei 9.099/1995 – mediante o art. 41 da Lei 11.340/2006 – no processo-crime a revelar violência contra a mulher" (STF, HC 106.212-MS, j. 24.03.2011 rel.Min. Marco Aurélio).

A decisão do STF e suas implicações – Em sessão plenária realizada no dia 9 de fevereiro de 2012, como já foi dito, o STF apreciou dois pedidos que versaram sobre o tema, no qual foi relator o Ministro Marco Aurélio.

No primeiro deles (ADIn 4.424/DF), ajuizado pela Procuradoria-Geral da República, o objetivo era se ver declarada a inconstitucionalidade dos arts. 12, I, e 16, a fim de que, a final, se reconhecesse que a ação penal, nos crimes que envolvam violência doméstica, é pública incondicionada, a prescindir, portanto, da prévia representação da vítima. A ação direta de inconstitucionalidade fazia referência, ainda, ao art. 41 da lei, para que a ele fosse dada uma interpretação conforme a Constituição.

O segundo (ADC 19/DF), se tratava de uma ação manejada pela Advocacia-Geral da União, que visou a declaração da constitucionalidade dos arts. 1.º, 33 e 41 da chamada Lei Maria da Penha. Isso porque, no que se refere ao art. 1.º, alguns tribunais vinham reconhecendo a inconstitucionalidade da lei por violar o princípio da igualdade entre homens e mulheres. Quanto ao art. 33 da lei, que atribuiu ao juízo criminal a competência para conhecer da matéria enquanto não estruturados os Juizados de Violência Doméstica e Familiar contra a Mulher,

Tribunais do país se posicionavam no sentido da inconstitucionalidade da norma, já que a matéria era de competência exclusiva do Estado para sobre ela legislar. No que tange ao art. 41, a inconstitucionalidade derivaria do impedimento criado pela lei da aplicação dos benefícios previstos na Lei 9.099/1995 aos crimes perpetrados em um contexto de violência doméstica. O objetivo do pedido, portanto, era obter o posicionamento da mais alta Corte do país para que se declarassem constitucionais tais dispositivos legais.

Cumpre, de plano e ainda que rapidamente, tecer alguma observação sobre a natureza jurídica das ações diretas de inconstitucionalidade e constitucionalidade. É sabido, assim, que a constitucionalidade da lei (*lato sensu*), pode ser controlada pelo julgador em um caso concreto, naquilo que se denomina *controle difuso de constitucionalidade*. Ou pode esse controle, como na hipótese em análise, ser realizado por meio de pedido ajuizado diretamente no STF, que exerce, nesse caso, um *controle concentrado da constitucionalidade*, nos termos do art. 102, I, *a*, da CF/1988.

Pois bem. Sem maior aprofundamento no tema, por fugir ao âmbito do trabalho, deve se destacar, porém, o efeito vinculante que é próprio das decisões proferidas nessas espécies de ação, nos termos do § 2.º do art. 102 da CF/1988, *verbis*: "As decisões definitivas de mérito, proferidas pelo STF, nas ações diretas de inconstitucionalidade e nas ações declaratórias de constitucionalidade produzirão eficácia contra todos e efeito vinculante, relativamente aos demais órgãos do Poder Judiciário e à administração pública direta e indireta, nas esferas federal, estadual e municipal".

Nem e argumente que, forte no princípio da livre convicção, poderia um Magistrado entender diversamente da decisão do STF. Não. Os efeitos irradiados a partir de decisões proferidas nessas espécies de ação a todos vinculam, tendo força de verdadeira lei, a não admitir, bem por isso, posicionamentos contrários. Destaque-se, a propósito, a lição do Gilmar Ferreira Mendes sobre o tema:

> "Proferida a declaração de constitucionalidade ou inconstitucionalidade de lei objeto da ação declaratória, ficam os Tribunais e órgãos do Poder Executivo obrigados a guardar-lhe plena obediência. Tal como acentuado, o *caráter transcendente* do efeito vinculante impõe que sejam considerados não apenas o conteúdo da parte dispositiva da decisão, mas a norma abstrata que dela se extrai, isto é, a proposição de que determinado tipo de situação, conduta ou regulação – e não apenas aquela objeto do pronunciamento jurisdicional – é constitucional ou inconstitucional e deve, por isso, ser preservado ou eliminado. É certo, pois, que a não-observância da decisão caracteriza grave violação de dever funcional, seja por parte das autoridades administrativas, seja por parte do magistrado (CF/1988., também, art. 133, I, do CPC). Em relação aos órgãos do Poder Judiciário, convém observar que eventual desrespeito à decisão do STF legitima a propositura de reclamação, pois estará caracterizada, nesse caso, inequívoca lesão à autoridade de seu julgado (art. 102, I, l, da CF/1988) (*Revista Jurídica Virtual*, vol. I, n. 4. Brasília, agosto de 1999).

A ADIn 4.424/DF foi acolhida por maioria de votos (vencido o Min. Cezar Peluso), a fim de firmar a tese no sentido de que, nas lesões corporais leves e culposas, a ação penal é pública incondicionada. É preciso que se tenha presente, porém, que esse entendimento se restringe, apenas, aos crimes de lesões corporais leves e culposas. De sorte que, conforme destacado no Informativo 654, do STF, de 6 a 10 de fevereiro de 2012, "acentuou-se, entretanto, permanecer a necessidade de representação para crimes dispostos em leis diversas da 9.099/1995, como o de ameaça e os cometidos contra a dignidade sexual". E nem poderia ser diferente, afinal a necessidade de representação para os delitos de lesões corporais leves e culposas foi uma inovação introduzida com a Lei 9.099/1995, em seu art. 88. Ora, ao declarar constitucional o art. 41 da Lei Maria da Penha, que afasta a incidência dos Juizados Especiais Criminais, por consequência afastou, também, a necessidade de representação mas apenas para esses dois delitos. Para os demais crimes (ameaça, por exemplo), que não foram atingidos pela Lei 9.099/1995 e sempre dependeram de representação, essa condição de procedibilidade continua sendo exigida.

A ADC 19/DF foi julgada procedente à unanimidade, a fim de declarar constitucionais os dispositivos da lei inicialmente mencionados.

É dizer, em resumo: com a decisão do Supremo, que a todos vincula, a ação penal, nos crimes de lesões corporais leves e culposas que envolvam violência doméstica, é pública incondicionada, a não reclamar, portanto, a prévia representação da vítima. Com isso, restaram prejudicados os inúmeros pronunciamentos em sentido contrário dos tribunais estaduais, bem como o firme posicionamento do STJ que, após alguma divergência inicial, se consolidara pela natureza de ação penal pública condicionada quando praticada a lesão corporal no âmbito da lei em estudo. Também não mais se discutirá a constitucionalidade do dispositivo em exame – reconhecida pelo STF – que afasta a incidência da Lei 9.099/1995 aos delitos perpetrados com violência doméstica e familiar contra a mulher. Tampouco se dirá que a lei é inconstitucional por afrontar o princípio da igualdade entre homens e mulheres ou por invadir o âmbito da competência estadual para legislar sobre a criação de varas especializadas ou definir a competência da justiça criminal enquanto não implantados os Juizados de Violência Doméstica e Familiar contra a Mulher.

Efeitos da decisão do STF para os crimes perpetrados antes do julgamento – Como ressaltado no item acima, a partir do posicionamento assumido pelo Supremo Tribunal Federal, que a todos vincula, não mais cabe qualquer discussão acerca da natureza da ação penal pública relacionada aos crimes que envolvam violência doméstica: ela é pública incondicionada, prescindindo, pois, da representação da vítima. Indaga-se, então: e para os crimes cometidos anteriormente a este julgamento do STF, tal decisão irradia efeitos? Ou, em outras palavras, caso a ofendida não tenha representado contra seu ofensor por delito de lesões corporais leves perpetrado antes dessa data, terá valor essa manifestação de vontade? O debate fazia sentido, pois na análise da questão, o Supremo não modulou os efeitos de sua decisão e, tampouco, formulou qualquer ressalva para os crimes cometidos antes de seu *decisum*.

A questão foi apreciada pelo STF, no bojo da Reclamação 14.132/SP, manejada pela Procuradoria-Geral de Justiça de São Paulo. Naquela oportunidade, o Juízo de Direito da 1.ª Vara da Comarca de Avaré, extinguira a punibilidade de um agressor, aceitando a retratação da vítima quanto à sua anterior representação, sob o argumento, exatamente, de que o delito fora praticado em data anterior à decisão do STF que pacificou a desnecessidade da representação.

O então presidente da mais alta Corte do país, Min. Ayres Britto, ao apreciar a questão, assim se posicionou: "Esta nossa Casa de Justiça, no julgamento das mencionadas ações de controle concentrado de constitucionalidade, não fez uso da faculdade de que trata o art. 27 da Lei 9.868/1999. Em palavras outras: o Supremo Tribunal Federal não restringiu os efeitos das decisões nem determinou que essas decisões apenas tivessem efeitos a partir do trânsito em julgado dos respectivos acórdãos. Pelo que a declaração de constitucionalidade dos dispositivos da chamada Lei Maria da Penha se aplica, sim, aos casos anteriores ao julgamento da ADC 19 e da ADI 4.424" (j. 12.07.2012, *DJe* de 02.08.2012).

No mesmo sentido foi a decisão da Min. Rosa Weber, na Reclamação 15.309-SP, julgada em 21.03.2013, ao assentar que: "Não tem lugar o argumento de que a decisão do Supremo não poderia retroagir para atingir a retratação ou os crimes praticados anteriormente. O Supremo é intérprete da lei, e não legislador. O julgado acima referido apenas revelou o melhor Direito aplicável, sem inovar na esfera normativa. Pretendesse o Supremo limitar temporalmente a eficácia da decisão, ter-se-ia servido da norma prevista no art. 27 da Lei 9.868/1999 que permite tal espécie de modulação. Não foi, porém, estabelecido qualquer limitador temporal ao decidido nas referidas ações constitucionais. Destaco as seguintes decisões monocráticas, as quais ratificaram a orientação firmada pelo Supremo Tribunal Federal, no sentido da natureza incondicionada da ação penal nos crimes de lesões corporais leves praticados no contexto da violência doméstica, independentemente do controle de constitucionalidade abstrato ser posterior à data da prática do delito: RE 677.553/DF, rel. Min. Gilmar Mendes, *DJe* 30.8.2012; RE 691.068/DF, rel. Min. Luiz Fux, *DJe* 10.8.2012; ARE 664.493 AgR/DF, rel. Min. Ayres Britto, *DJe* 26.3.2012".

Art. 42. O art. 313 do Decreto-Lei nº 3.689, de 3 de outubro de 1941 (Código de Processo Penal), passa a vigorar acrescido do seguinte inciso IV:

"Art. 313. ....

....

IV – se o crime envolver violência doméstica e familiar contra a mulher, nos termos da lei específica, para garantir a execução das medidas protetivas de urgência." (NR)

Considera-se *criança*, na definição dada pelo art. 2.º da Lei 8.069/1990 (Estatuto da Criança e do Adolescente), a pessoa até 12 anos de idade incompletos e, *adolescente*, aquela que contar entre 12 e 18 anos de idade. Já *idoso* é aquele com idade igual ou superior a 60 anos, nos termos do art. 1.º da Lei 10.741/2003 (Estatuto do Idoso). Sobre o conceito de *deficiente*, ver os comentários tecidos abaixo ao art. 44, item 4. É tido por *enfermo*, na definição do clássico dicionário Aurélio, na qualidade de *aquele que está doente*. Cremos, no entanto, que não será todo e qualquer doente que merecerá a concessão de medidas protetivas. Há necessidade que, em virtude da doença, a pessoa se encontre, de alguma forma, em situação de vulnerabilidade, com sua capacidade de defesa reduzida, enfim, em um determinado estado que exija a adoção de medidas que a protejam, em análise a ser feita caso a caso. O portador de uma doença crônica (assim consideradas aquelas que se prolongam no tempo) como, por exemplo, diabetes ou asma, não se encontra, necessariamente, em situação de fragilidade a reclamar a proteção da lei. Já aquele acometido de um mal capaz de minar qualquer possibilidade de defesa ou reação, a ocupar, por exemplo, um leito de um quarto, necessitando do auxílio de terceiros para fazer frente às atividades básicas do cotidiano, esse, seguramente, merecerá a proteção da lei em estudo.

Ao introduzir essa alteração no Código de Processo Penal, o legislador não fez qualquer distinção quanto ao *gênero* da pessoa humana. Ninguém irá defender, decerto, que apenas a criança ou adolescente do sexo feminino ou que somente a idosa ou a enferma, farão jus à proteção legal. Ao revés, tal proteção se estende ao homem e à mulher. Com isso se afasta, de vez, o argumento no sentido de que a lei, da forma que inicialmente concebida, seria inconstitucional, na medida em que protegeria apenas a mulher, a violar, assim, o princípio da igualdade, previsto, dentre outras passagens, no art. 5.º, I, da CF/1988, pelo qual "homens e mulheres são iguais em direitos e obrigações". A inovação trazida pela Lei 12.403/2011, portanto, se estende ao homem (aqui definido *stricto sensu*), que, a partir de agora e em iniciativa digna de aplauso, passa a merecer a proteção da lei.

Conforme já alertamos nos comentários feitos ao art. 20 da Lei Maria da Penha, a decretação da prisão preventiva presumirá, sempre, a prévia imposição de medidas urgentes de proteção à vítima. Claro: se a prisão é decretada "para garantir a execução das medidas protetivas de urgência", nos termos do novo dispositivo legal, há que se concluir, inegavelmente, que, antes, se impuseram as medidas protetivas, para depois, uma vez descumpridas, se decretar a prisão preventiva. Isso não impede que o agente venha ser preso preventivamente com base nos incs. I e II do art. 313, que admitem a cautela, desde que preenchidos os demais requisitos legais. Mas com fulcro no inc. III – insistimos – somente quando descumpridas as medidas protetivas de urgência. Em sentido inverso, o Enunciado 29 do Fonavid (Fórum Nacional de Juízes de Violência Doméstica e Familiar contra a Mulher): "É possível a prisão cautelar do agressor independentemente de concessão ou descumprimento de medida protetiva, a fim de assegurar a integridade física e/ou psicológica da ofendida".

Art. 43. A alínea f do inciso II do art. 61 do Decreto-Lei nº 2.848, de 7 de dezembro de 1940 (Código Penal), passa a vigorar com a seguinte redação:

"Art. 61...

....

II -..

....

f) com abuso de autoridade ou prevalecendo-se de relações domésticas, de coabitação ou de hospitalidade, ou com violência contra a mulher na forma da lei específica;

...." (NR)

Agravante específica e a vedação do *bis in idem* – Sabendo que nenhuma circunstância pode ser considerada, mais de uma vez, em *prejuízo* do mesmo agente, obviamente não se aplica a agravante do art. 61, II, *f*, quando se tratar de lesões corporais, vez que já integra o tipo penal (elementar do art. 129, § 9.º).

Violência contra a mulher – A Lei 11.340/2006 acrescentou à alínea *f* no inc. II do art. 61, uma nova hipótese de agravante, qual seja, crime praticado com violência contra a mulher. Considerando as hipóteses já enunciadas pelo dispositivo ("prevalecendo-se de relações domésticas, de coabitação ou de hospitalidade"), a utilidade da inovação legislativa se restringe às relações mencionadas no art. 5.º, III, da lei especial, para nós, inaplicável (ver art. 5.º, item 4).

Art. 44. O art. 129 do Decreto-Lei nº 2.848, de 7 de dezembro de 1940 (Código Penal), passa a vigorar com as seguintes alterações:

"Art. 129...

....

§ 9º Se a lesão for praticada contra ascendente, descendente, irmão, cônjuge ou companheiro, ou com quem conviva ou tenha convivido, ou, ainda, prevalecendo-se o agente das relações domésticas, de coabitação ou de hospitalidade:

Pena – detenção, de 3 (três) meses a 3 (três) anos.

....

§ 11. Na hipótese do § 9º deste artigo, a pena será aumentada de um terço se o crime for cometido contra pessoa portadora de deficiência." (NR)

Companheiro – Em vista do espírito que norteou o legislador, entendemos que na acepção de *companheiro* se inclui também a parceria homossexual. É dizer: se a lei, em seu art. 5.º, parágrafo único, reconhece as relações homoafetivas e assegura proteção independentemente da orientação sexual dos envolvidos, forçoso concluir que se tratando de lesões corporais leves, perpetradas no âmbito doméstico ou familiar, deve incidir a qualificadora. Desde que, por óbvio, vítima e agressora sejam do sexo feminino.

Qualificadora – A redação original do art. 129 do CP já fora objeto de alteração quando a Lei 10.886/2004 incluiu o § 9.º, prevendo uma nova qualificadora nas hipóteses em que a lesão corporal for cometida nas situações descritas pelo legislador. Manteve-se o preceito do tipo penal, alterando-se, somente, a reprimenda: antes a pena de detenção variava entre seis meses a um ano e, agora, tem o mínimo de três meses e o máximo de três anos.

Estranhíssima a opção do legislador ao reduzir a pena mínima prevista para o crime. Afinal, enquanto o espírito da lei se inclina, nitidamente, no sentido do *endurecimento* da situação do agressor, nesse aspecto ela acaba por se revelar mais branda, sobretudo quando se reconhece a tendência dos juízes em, de modo geral, dosar a reprimenda em seu patamar mínimo.

A explicação para o aumento da pena máxima (para três anos de detenção) é facilmente identificada, já que o legislador, com isso, vedou a possibilidade de transação penal para esse delito (bem como de composição de danos ou suspensão condicional do processo), cabível apenas para as infrações penais com pena máxima não superior a dois anos (art. 61 da Lei 9.099/1995, com a redação dada pela Lei 11.313/2006). Talvez nem precisasse tê-lo feito, já que o art. 41 da lei afasta a aplicação dos Juizados Criminais nos casos de violência contra a mulher e, consequentemente, da transação penal. De qualquer forma, ao majorar a pena máxima, sepultou qualquer discussão sobre a possibilidade de concessão do favor legal para o agente.

Agora, a redução da pena mínima é mesmo estranha. Segundo João José Leal, "o mais provável é que tenha havido um equívoco do legislador. Além do fato da redução ser contrária à política conservadora do Estatuto contra a Violência Doméstica e Familiar, em seu texto, publicado no *DOU* de 08.08.2006, não consta a observação (NR), indicadora de alteração de texto legislativo anterior. Assim sendo, é possível ter havido um equívoco de redação, que determinou a utilização da pena mínima originalmente cominada no *caput* do artigo (o que seria de todo correto e conveniente), sem que tenha ocorrido votação para efetivar a justa e necessária correção" (*Violência doméstica contra a mulher: breves comentários à Lei 11.340/2006*. Disponível em: [http://jus.com.br/revista/texto/9096/violencia-domestica-contra-a-mulher]. Acesso em: 27.07.2012).

Outra discussão que, por certo, advirá, consiste em se apurar se a qualificadora em exame se aplica, apenas quando o sujeito passivo se tratar de uma mulher ou se estende, também, ao homem. Explicamos melhor: o art. 129, § 9.º, do CP, traz uma qualificadora que é aplicada de forma indistinta, seja o ofendido homem ou mulher. A lei em estudo, porém, inova, aumentando a pena máxima. Essa pena incide em qualquer caso, independentemente do sexo da vítima ou, porque incluída na presente lei, apenas para as hipóteses em que a ofendida é uma mulher?

Já se disse que a melhor solução é a que analisa o texto de forma sistemática e global e, nessa linha de raciocínio, se entenderia que, se a lesão corporal leve é praticada contra a mulher, em situação de violência doméstica, se aplica o novo dispositivo. Se, ao contrário, for um homem o ofendido, o dispositivo não teria incidência. A discussão, vale ressaltar, não guarda mero interesse acadêmico. Ao contrário, tem forte implicação prática: sendo a lesão corporal leve praticada contra a mulher (nas situações previstas na lei), o agente não merecerá a transação penal, em vista, como já salientamos, da pena máxima aplicada ao delito (três anos). Ao revés, se o delito se volta contra um homem, seu autor faria jus à mercê legal, já que mantida a pena máxima de um ano, introduzida pela Lei 10.885/2004.

Entendemos, porém, que a qualificadora (e, por consequência, a pena a ela imposta), se aplica independentemente do sexo da vítima. No mesmo sentido é o entendimento exposto por Pedro Rui da Fontoura Porto, ao refutar a tese segundo a qual a nova disciplina dada pela lei em comento ao art. 129, § 9.º, do CP, se aplica apenas quando vítima é a mulher. Esclarece: "Primeiro, porque ela contradiz o texto expresso da lei e, destarte, refoge a uma interpretação literal do dispositivo, sempre recomendada em termos de tipicidade penal. Em segundo lugar, a Lei 11.340/2006 é espécie da qual a anterior Lei 10.886/2004 era gênero, pois enquanto aquela se refere especificamente à violência contra a mulher, instrumentalizando diversos meios para sua dissuasão, esta se refere a outros tipos de violência doméstica cujo combate é também socialmente relevante como a violência contra criança e idosos, e, como tal, subsiste íntegra em face do princípio da proibição de retrocesso social" *Anotações preliminares à Lei 11.340/2006 e suas repercussões em face dos Juizados Especiais Criminais*. Disponível em: [www.jusnavigandi.com.br]. Acesso em: 10.10.2006.

Ou seja, em face do dispositivo em exame, temos, por exemplo, que num crime de lesão corporal leve contra um irmão, o agente não terá direito à transação penal, devendo, nesse caso, ser instaurado o respectivo inquérito policial, já que não se trata de infração penal de menor potencial ofensivo, em virtude da pena máxima prevista de três anos. Não se ignora, é verdade, a intenção da lei. É a mulher seu principal foco. Foi à mulher, tida por hipossuficiente, que pretendeu o legislador conferir especial proteção. Mas isso não autoriza a conclusão de que apenas sendo a ofendida do sexo feminino é que terá incidência a agravante. Assim, sendo leve a lesão perpetrada pelo agressor e sendo ele ascendente, descendente, irmão, cônjuge ou companheiro, tendo praticado o crime prevalecendo-se das relações domésticas, de coabitação ou hospitalidade, não mais fará jus à transação penal, em vista da pena máxima cominada ao delito.

O argumento de que a proteção da lei se voltou, quase que exclusivamente, em prol da mulher e, por isso, a qualificadora não teria incidência sendo o homem a vítima, não aproveita. Com efeito, também o Estatuto do Idoso, como o nome indica, visou tutelar, prioritariamente, o velho. Para tanto, alterou o art. 141 do CP, incluindo uma qualificadora quando o crime de calúnia ou difamação é praticado "contra pessoa maior de 60 (sessenta) anos ou portadora de deficiência". Apesar de esta alteração se localizar no bojo de uma lei que protege o idoso, ninguém irá concluir, em sã consciência, que o dispositivo não tem aplicação quando deficiente a vítima ou, pior, que teria a vítima que ser, ao mesmo tempo, idosa e deficiente. Pensar assim afrontaria um dos principais (não o único) processos de interpretação que leva em conta o texto literal da lei denominado método gramatical ou filológico.

Nesse sentido, decidiu o STJ: "Lesão corporal praticada no âmbito doméstico. Vítima do sexo masculino. Alteração do preceito secundário pela Lei 11.340/2006. Aplicabilidade – Não obstante a Lei 11.340/2006 tenha sido editada com o escopo de tutelar com mais rigor a violência perpetrada contra a mulher no âmbito doméstico, não se verifica qualquer vício no acréscimo de pena operado pelo referido diploma legal no preceito secundário do § 9.º do art. 129 do CP, mormente porque não é a única em situação de vulnerabilidade em tais relações, a exemplo dos portadores de deficiência.

Embora as suas disposições específicas sejam voltadas à proteção da mulher, não é correto afirmar que o apenamento mais gravoso dado ao delito previsto no § 9.º do art. 129 do CP seja aplicado apenas para vítimas de tal gênero pelo simples fato desta alteração ter se dado pela Lei Maria da Penha, mormente porque observada a pertinência temática e a adequação da espécie normativa modificadora" (STJ, RHC 27.622-RJ, j. 07.08.2012, rel. Jorge Mussi, DJe 23.08.2012).

Há, porém, que se fazer uma distinção: sendo a vítima mulher, o agente não merecerá a transação penal e tampouco nenhum os outros benefícios da Lei 9.099/1995, como a composição civil ou a suspensão condicional do processo, em vista do disposto no art. 41 da lei em exame. Já se o ofendido é homem (e sendo o agressor ascendente, descendente etc.), o agressor não terá direito à transação penal, em vista da pena máxima prevista, agora, para o crime de lesões corporais leves, mas poderá receber os demais favores típicos do JECrim acima mencionados.

Vítima pessoa com deficiência (§11) – Se além das hipóteses previstas no § 9º, a vítima (homem ou mulher) for pessoa com deficiência, incidirá um aumento de pena de um terço.

O conceito de pessoa com deficiência nos é dado pelo art. 2º da Lei nº 13.146, de 06 de julho de 2015, *in verbis*:

> **Art. 2º** Considera-se pessoa com deficiência aquela que tem impedimento de longo prazo de natureza física, mental, intelectual ou sensorial, o qual, em interação com uma ou mais barreiras, pode obstruir sua participação plena e efetiva na sociedade em igualdade de condições com as demais pessoas.
>
> § 1º A avaliação da deficiência, quando necessária, será biopsicossocial, realizada por equipe multiprofissional e interdisciplinar e considerará:
>
> I – os impedimentos nas funções e nas estruturas do corpo;
>
> II – os fatores socioambientais, psicológicos e pessoais;
>
> III – a limitação no desempenho de atividades; e
>
> IV – a restrição de participação.

Obviamente que, para incidir esta majorante, é imprescindível que o agente conheça da deficiência portada pela vítima, evitando-se, desse modo, responsabilidade penal objetiva.

Coabitação entre os envolvidos – Para Guilherme de Souza Nucci, a qualificadora do § 9º. só tem aplicação quando os envolvidos convivem ou já tenham convivido. Eis a sua lição:

> "Se utilizarmos o sentido da palavra *convivência* para estipularmos tratar-se de uma vivência em comum com outrem, possuindo intimidade, devemos questionar: quem deve conviver com quem? O agente com qualquer outra pessoa ou o agente somente com ascendente, descendente, irmão, cônjuge ou companheiro com quem tenha convivência atual ou passada? Não podemos aquiescer com a interpretação literal, ou seja, *além* do ascendente, descendente, irmão, cônjuge ou companheiro, *qualquer outra pessoa* agredida, que conviva ou tenha convivido (esta forma, mostrando o passado, é a pior) estaria inserida no tipo do § 9º, pois seria ampliar em demasia a figura qualificada denominada *violência doméstica*. Uma empregada doméstica com quem o agente *tenha convivido*, agredida muito depois de cessada a relação de emprego, faria nascer a *violência doméstica*? Por certo que não. Logo, resta interpretar que haverá a forma qualificada da lesão quando o agente voltar-se contra ascendente, descendente, irmão, cônjuge ou companheiro *com quem conviva ou tenha convivido*. Não outra pessoa, mas somente estas enumeradas no tipo"[40].

40 *Código Penal comentado*, p. 688.

Com o devido respeito, discordamos. Haverá violência doméstica na agressão contra pessoa (que não *ascendente, descendente, irmão, cônjuge ou companheiro*) com quem o agente conviva ou tenha convivido (caso da república de estudantes, por exemplo).

A necessária interpretação restritiva que o tipo incriminador merece é facilmente alcançada ao se exigir que a lesão corporal tenha sido provocada *em razão* da vivência, atual ou pretérita.

Aliás, comungar do primeiro entendimento é excluir do alcance da qualificadora em comento as agressões entre familiares (por exemplo, irmãos) que jamais conviveram.

Não sem razão o STJ, em recente Súmula, decidiu: "Para configuração da violência doméstica e familiar prevista no artigo 5º da Lei 11.340/2006, Lei Maria da Penha, não se exige a coabitação entre autor e vítima" (Súmula 600).

SÚMULAS DO SUPERIOR TRIBUNAL DE JUSTIÇA

Súmula 536: "A suspensão condicional do processo e a transação penal não se aplicam na hipótese de delitos sujeitos ao rito da Lei Maria da Penha".

Súmula 542: "A ação penal relativa ao crime de lesão corporal resultante de violência doméstica contra a mulher é pública incondicionada".

Súmula 588: "A prática de crime ou contravenção penal contra a mulher com violência ou grave ameaça no ambiente doméstico impossibilita a substituição da pena privativa de liberdade por restritiva de direitos".

Súmula 589: "É inaplicável o princípio da insignificância nos crimes ou contravenções penais praticados contra a mulher no âmbito das relações domésticas".

Súmula 600: "Para configuração da violência doméstica e familiar prevista no artigo 5º da Lei 11.340/2006, Lei Maria da Penha, não se exige a coabitação entre autor e vítima".

CAPÍTULO 34

Drogas – Lei 11.343/2006

Rogério Sanches Cunha
Ronaldo Batista Pinto

Institui o Sistema Nacional de Políticas Públicas sobre Drogas – Sisnad; prescreve medidas para prevenção do uso indevido, atenção e reinserção social de usuários e dependentes de drogas; estabelece normas para repressão à produção não autorizada e ao tráfico ilícito de drogas; define crimes e dá outras providências

TÍTULO I
DISPOSIÇÕES PRELIMINARES

Art. 1º Esta Lei institui o Sistema Nacional de Políticas Públicas sobre Drogas – Sisnad; prescreve medidas para prevenção do uso indevido, atenção e reinserção social de usuários e dependentes de drogas; estabelece normas para repressão à produção não autorizada e ao tráfico ilícito de drogas e define crimes.

Parágrafo único. Para fins desta Lei, consideram-se como drogas as substâncias ou os produtos capazes de causar dependência, assim especificados em lei ou relacionados em listas atualizadas periodicamente pelo Poder Executivo da União.

Normas penais em branco – Este parágrafo traz um exemplo, dos mais típicos, da chamada "norma penal em branco", assim considerado o preceito incompleto e genérico, cuja complementação necessita ser encontrada em outra norma. Quando a complementação tem a mesma origem da lei a ser preenchida, diz-se que se trata de uma "norma penal em branco homogênea" ou "norma penal em branco em sentido lato". Já quando a complementação é originária de fonte formal diversa, tem-se a "norma penal em branco heterogênea", ou "em sentido estrito". Este é o caso da Lei de Drogas, cuja origem é do Poder Legislativo, mas cabe ao Poder Executivo definir o que é considerado droga.

Drogas – Tratando-se, como visto acima, de uma lei penal em branco, a complementação, *in casu*, se origina da Portaria SVS/MS nº 344, de 12 de maio de 1998, como indica, textualmente, o art. 66 da lei em exame. É dizer: droga será tudo aquilo que constar das listas constantes da mencionada portaria. De sorte que, como seria impossível a lei conter, em seu texto, as centenas de drogas proibidas – o que exigiria, ademais, uma constante renovação da lei, dada à velocidade com se multiplicam as diversas espécies de entorpecentes – remete-se a uma portaria do

Serviço de Vigilância Sanitária e do Ministério da Saúde, a definição das substâncias proibidas, por meio de listas periodicamente atualizadas.

Art. 2º Ficam proibidas, em todo o território nacional, as drogas, bem como o plantio, a cultura, a colheita e a exploração de vegetais e substratos dos quais possam ser extraídas ou produzidas drogas, ressalvada a hipótese de autorização legal ou regulamentar, bem como o que estabelece a Convenção de Viena, das Nações Unidas, sobre Substâncias Psicotrópicas, de 1971, a respeito de plantas de uso estritamente ritualístico-religioso.

Uso ritual e religioso – O artigo em análise faz uma ressalva quanto à possibilidade de emprego de substâncias vegetais e substratos para fins de uso ritualístico-religioso. Tal ressalva decorre do fato do Brasil ter aderido à Convenção sobre Substâncias Psicotrópicas (Viena, 1971), que foi promulgada, em nosso direito interno, pelo Decreto nº 79.388/1977, após aprovação pelo Congresso Nacional por meio do Decreto Legislativo nº 90/1972. A título de exemplo, é o que ocorre, em nosso país, com a doutrina denominada "Santo Daime", no qual é servido um chá a base de uma planta denominada "ayahuasca", capaz de produzir alucinações e levar seus consumidores a transes psicóticos. Essa substância, porque considerada psicotrópica, chegou a ser proibida no Brasil, mas, após longos debates, editou-se a Resolução n. 1/2010, do Conselho Nacional de Políticas sobre Drogas, admitindo seu uso. De tal resolução, a justificar a liberação do uso do chá, constou que "o uso ritualístico religioso da Ayahuasca, há muito reconhecido como prática legitima, constitui-se manifestação cultural indissociável da identidade das populações tradicionais da Amazônia e de parte da população urbana do País, cabendo ao Estado não só garantir o pleno exercício desse direito à manifestação cultural, mas também protegê-la por quaisquer meios de acautelamento e prevenção".

Parágrafo único. Pode a União autorizar o plantio, a cultura e a colheita dos vegetais referidos no caput deste artigo, exclusivamente para fins medicinais ou científicos, em local e prazo predeterminados, mediante fiscalização, respeitadas as ressalvas supramencionadas.

Fins medicinais e científicos – Pode ocorre que determinada substância, conquanto definida como "droga", ainda assim seja permitido seu uso. Um exemplo: a substância "talidomida" é proibida, como consta da lista "C3", da Portaria nº 344/1998, posto que seu uso, por mulheres grávidas, pode resultar no nascimento de crianças com sérios problemas de formação óssea. Essa a regra geral. Sucede que tal substância mostra-se eficaz em alguns tratamentos de câncer, razão pela qual permite-se sua importação, mediante rigoroso controle. Trata-se, pois, de exemplo de uma substância que, embora proibida, pode ser empregada para fins medicinais. O mesmo ocorre com a maconha, cujo benefício no tratamento de determinadas doenças (notadamente de cunho neurológico), tem comprovação científica. Forte nesse argumento, diversas famílias buscaram, com o sucesso, o Poder Judiciário, a fim de que lhe fosse autorizada a impostação da droga ou mesmo seu plantio doméstico. O mesmo ocorre no emprego de drogas para fins científicos. Imagine-se uma respeitada Universidade cujo seu departamento de medicina desenvolve um sério estudo sobre o uso da cocaína. Não se vai supor que os pesquisadores devam dirigir-se às ruas para, de um traficante, adquirir a droga. Nesse caso, se permitirá a posse e guarda da droga, a ser fornecida pelo Estado, sem que, porém, qualquer crime reste configurado.

CAPÍTULO III
DOS CRIMES E DAS PENAS

Art. 27. As penas previstas neste Capítulo poderão ser aplicadas isolada ou cumulativamente, bem como substituídas a qualquer tempo, ouvidos o Ministério Público e o defensor.

Usuário e dependente – Este capítulo trata exclusivamente do *usuário* e do *dependente*, em distinção feita pelo legislador no título III do diploma em análise. É dizer: para a lei em exame, há que se diferenciar o mero usuário do dependente, cuja conclusão pode indicar a pena a ser aplicada ao agente, dentre aquelas elencadas no art. 28. Vê-se que o dependente será sempre um usuário, mas a recíproca não é verdadeira. Usuário, pois, é aquele que faz uso eventual da droga, para fins *recreativos*, sem estabelecer qualquer dependência com a substância. O dependente se vale da droga com maior frequência, sofrendo males físicos e psicológicos em casos de abstinência.

Tendências político-criminais para o enfrentamento das drogas – Segundo Luiz Flávio Gomes (*Lei de Drogas comentada artigo por artigo*, São Paulo: RT, 6ª ed., 2014, p. 115), em termos mundiais são pelo menos quatro as vertentes político-criminais empregadas atualmente em relação ao usuário de drogas, que podem ser assim resumida:

1) *Modelo norte-americano*: prega a abstinência e a tolerância zero", com uma ou outra exceção – acrescento – segundo um ou outro Estado (sabe-se que, naquele país a lei penal não é única, vigorando em todo território, como ocorre no Brasil, mas, ao contrário, pode variar de um para outro Estado). Ensina o mencionado autor que, nos EUA, a questão das drogas, inclusive para o usuário ou dependente, tem um caráter policial e militar, merecendo total repressão pelos orgãos competentes.

2) *Modelo liberal radical (liberalização total)*: defende a total liberação do consumo de drogas.

3) *Modelo da "redução de danos" (sistema europeu)*: segundo o mencionado autor "em oposição à política norte-americana, na Europa adota-se uma outra estratégia, que não se coaduna com a abstinência ou mesmo com a tolerância zero. A 'redução dos danos' causados aos usuários e a terceiros (entrega de seringas, demarcação de locais adequados para consumo, controle do consumo, assistência médica etc.) seria o correto enfoque para o problema. Esse mesmo modelo, de outro lado, propugna pela descriminalização gradual das drogas assim como por uma política de controle ("regulamentação") e educacional; droga é problema de saúde privada e pública" (ob. cit., p. 117).

4) *Justiça terapêutica:* como indica o título, busca focar sua atenção no tratamento, afastando qualquer caráter delituoso na ação do usuário ou dependente. Deixando de lado a repressão, tem em mente a necessidade da educação e do esclarecimento a fim de evitar sobre o uso nefasto de drogas.

Não podemos dizer que a Lei 11.343/06 seguiu fielmente qualquer dos modelos acima. Trabalhou com a despenalização moderada do porte de drogas para consumo pessoal, mas, de acordo com a maioria, ainda rotula o comportamento como crime, passível de pena não privativa de liberdade.

Nesse sentido, decidiu o Supremo Tribunal Federal: "o art. 1º da LICP – que se limita a estabelecer um critério que permite distinguir quando se está diante de um crime ou de uma contravenção – não obsta a que lei ordinária superveniente adote outros critérios gerais de distinção, ou estabeleça para determinado crime – como o fez o art. 28 da L. 11.343/06 – pena diversa da privação ou restrição da liberdade, a qual constitui somente uma das opções constitucionais passíveis de adoção pela lei incriminadora (CF/88, art. 5º, XLVI e XLVII) [...] Soma-se a tudo a previsão, como regra geral, ao processo de infrações atribuídas ao usuário de drogas, do rito estabelecido para os crimes de menor potencial ofensivo, possibilitando até mesmo a proposta de aplicação imediata da pena de que trata o art. 76 da L. 9.099/95 (art. 48, §§ 1º e 5º) [...] Ocorrência, pois, de 'despenalização', entendida como exclusão, para o tipo, das penas privativas de liberdade" (STF – RE n. 430105-RJ, Rel. Sepúlveda Pertence, j. 12/02.2077, DJe 27/04/2007, p. 69; *RT* 863/516).

Recurso extraordinário – De acordo com o entendimento dominante (STF, RE 430105 QO/RJ), embora o artigo 28 não comine pena privativa de liberdade, a infração mantém seu caráter criminoso, acarretando, em caso de condenação, os efeitos da sanção penal, exceto, obviamente, a prisão. Dessa forma, gera reincidência, pode ser considerada como maus antecedentes e caracteriza falta grave no curso da execução penal. O STF, no entanto, julga atualmente o recurso extraordinário nº 635.659, no qual se discute a constitucionalidade do art. 28. Para Gilmar Mendes, que já apresentou seu voto, as sanções descritas no dispositivo passam a ter caráter exclusivamente administrativo, pois a punição criminal "estigmatiza o usuário e compromete medidas de prevenção e redução de danos, bem como gera uma punição desproporcional ao usuário, violando o direito à personalidade". Os ministros Roberto Barroso e Edson Fachin também consideraram inconstitucional a criminalização, mas limitaram seus votos à maconha, a que se referem os fatos tratados no recurso.

Contudo, no ano de 2018, as duas Turmas do STJ afastaram a reincidência em virtude da condenação anterior por porte de drogas para consumo pessoal. Em síntese, considerou-se que, não obstante a infração mantenha seu caráter criminoso, é desproporcional, diante da inexistência de sanção privativa de liberdade, sopesar a condenação para os efeitos da reincidência.

De acordo com a decisão proferida no HC 453.437/SP – concedido de ofício por unanimidade –, não se justifica que a condenação por porte de drogas para consumo pessoal – ao qual não se comina sanção privativa de liberdade – agrave a pena pela reincidência porque sequer a condenação anterior por contravenção penal – à qual normalmente se comina prisão simples – tem esse efeito:

> "Cabe ressaltar que as condenações anteriores por contravenções penais não são aptas a gerar reincidência, tendo em vista o que dispõe o artigo 63 do Código Penal, que apenas se refere a crimes anteriores. E, se as contravenções penais, puníveis com pena de prisão simples, não geram reincidência, mostra-se desproporcional o delito do artigo 28 da Lei 11.343/2006 configurar reincidência, tendo em vista que nem é punível com pena privativa de liberdade".

Possibilita-se com isso que condenados por tráfico de drogas já punidos pelo porte para uso próprio sejam beneficiados pela causa de diminuição de pena do art. 33, § 4º, da Lei 11.343/06, que pressupõe primariedade e bons antecedentes:

"No caso, verifico que a redutora não foi aplicada apenas em razão da reincidência e, tendo em vista o afastamento dessa agravante, a benesse deve ser reconhecida e aplicada na fração máxima de dois terços, sobretudo em razão da não expressiva quantidade de droga apreendida (7,2 gramas de crack)".

Ministério Público e defesa – Os crimes previstos no art. 28 da lei em exame são de ação penal pública incondicionada, significando dizer que a titularidade da ação é privativa do Ministério Público, na dicção do inc. I, do art. 129, da Constituição. Ora, o art. 100 do Código Penal, dispõe que "a ação penal é pública, salvo quando a lei expressamente a declara privativa do ofendido". Como o diploma em tela não estabelece nenhuma exceção, não admitindo a oferta de queixa-crime ou a necessidade de representação, adota-se a regra geral, pelo que – insistimos – apenas ao *parquet* se defere a titularidade para agir. É bem por isso que se impõe, em todo o procedimento, a oitiva do Ministério Público e, por óbvio, da defesa, como forma de preservar-se o princípio do contraditório.

Art. 28. Quem adquirir, guardar, tiver em depósito, transportar ou trouxer consigo, para consumo pessoal, drogas sem autorização ou em desacordo com determinação legal ou regulamentar será submetido às seguintes penas:

I – advertência sobre os efeitos das drogas;

II – prestação de serviços à comunidade;

III – medida educativa de comparecimento a programa ou curso educativo.

Objetividade jurídica: o interesse protegido pela norma em análise é saúde pública, colocada em risco pelo comportamento do usuário. Percebe-se que o tipo não pune o porte da droga, para uso próprio, em função da proteção à saúde do agente (a autolesão não é punida), mas em razão do mal potencial que pode gerar para a coletividade.

Aliás, por conta do bem tutelado, a maioria se recusa aplicar o princípio da insignificância. No seio do Superior Tribunal de Justiça, o entendimento é no sentido da não aplicação desse princípio aos casos de uso de drogas. Confira-se:

"Prevalece neste Superior Tribunal de Justiça a diretriz no sentido de que não se aplica o princípio da insignificância aos delitos de tráfico de drogas e de uso de substância entorpecente, por se tratar de crimes de perigo abstrato ou presumido, sendo irrelevante para esse específico fim a quantidade de sementes da droga apreendida" (AgRg no REsp 1.691.992/SP, DJe 18/12/2017).

Já o STF, no julgamento do HC n. 110.475/SC, julgado em 14/02/2012, Rel. o Min. Dias Toffoli, pela 1ª Turma, reconheceu a incidência do princípio da insignificância, no caso de uso de drogas. Consta da ementa:

> "O sistema jurídico há de considerar a relevantíssima circunstância de que a privação da liberdade e a restrição de direitos do indivíduo somente se justificam quando estritamente necessárias à própria proteção das pessoas, da sociedade e de outros bens jurídicos que lhes sejam essenciais, notadamente naqueles casos em que os valores penalmente tutelados se exponham a dano, efetivo ou potencial, impregnado de significativa lesividade. **O direito penal não se deve ocupar de condutas que produzam resultado cujo desvalor – por não importar em lesão significativa a bens jurídicos relevantes – não represente, por isso mesmo, prejuízo importante, seja ao titular do bem jurídico tutelado, seja à integridade da própria ordem social".**

Sujeitos do crime: pode figurar como sujeito ativo qualquer pessoa (crime comum). A coletividade figura como vítima.

Tipo objetivo: o art. 28, *caput*, anuncia cinco verbos nucleares, punindo aquele que adquirir, guardar, tiver em depósito, transportar ou trouxer consigo droga.

Adquirir é sinônimo de comprar. A forma de aquisição pode se dar, ainda, por troca, doação, etc.

Guardar indica a ideia de ter a droga consigo de forma oculta, escondida, clandestina.

Ter em depósito alcança a conduta de manter a droga sob controle, sob imediato alcance e disponibilidade. A droga em depósito pode ser exposta ou não ao público. Não importa o local do depósito.

Como transportar deve-se entender o deslocamento da droga, de certo local para outro.

Trazer consigo é o conhecido *porte de droga*. É essa a conduta mais comum, nessa espécie de crime, a permitir que o agente tenha imediato acesso à droga, independentemente de onde se encontre (no bolso, sob as vestes, guardada em uma mochila, etc.).

Alerta a doutrina que o tipo não pune o agente surpreendido usando droga (inalando cocaína, por exemplo), se não houver a possibilidade de encontrar psicotrópico em seu poder.

Para a tipificação, é imprescindível que o agente saiba que está agindo sem autorização ou em desacordo com determinação legal ou regulamentar (elemento normativo do tipo).

Voluntariedade: o crime é punido a título de dolo, aliado ao fim especial consumo pessoal. Se o agente visar consumo compartilhado, outro poderá ser o crime (art. 33 ou art. 33, § 3º. a depender do caso concreto).

Consumação: a infração se consuma com a prática de qualquer um dos núcleos, protraindo-se a consumação em alguns verbos (guardar, ter em depósito e transportar).

Para a maioria, trata-se de crime de perigo abstrato.

Apesar de a doutrina admitir tentativa, parece de difícil configuração na prática.

Penas aplicáveis – Supondo-se que o agente, por uma das razões acima apontadas, deixou de ser beneficiado pelas medidas despenalizadores da Lei 9.099/1995, haverá, como consequência, a deflagração de um processo criminal, circunstância de difícil ocorrência na prática, como já ressaltamos. Ao cabo desse processo, com trâmite perante os Juizados Especiais Criminais, o juiz, dentre as sanções aqui prevista, elegerá uma, aplicada pelo prazo máximo de cinco meses (§ 3º), podendo ser redobrado para 10 meses, em caso de reincidência (§ 4º). Este último tópico demonstra, claramente, a vedação quanto à possibilidade de ser preso o agente, eis que, ainda que reincidente, mesmo assim poderá ser beneficiado com uma das penas previstas na lei, só que por prazo superior, de dez meses. As penas podem ser aplicadas isolada ou cumulativamente, dependendo, por exemplo, da quantidade de droga apreendida, da condição de primário ou reincidente do agente e das demais circunstâncias que rodeiam o fato.

Na *advertência*, a ser feita, exclusivamente, pelo juiz responsável pela aplicação da pena, o Magistrado esclarecerá ao agente sobre os efeitos nefastos do uso de drogas. Assim como os pais aconselham os filhos, caberá ao juiz fazê-lo em relação ao agente, em conduta de eficácia absolutamente duvidosa. Confessamos que, na prática, jamais nos deparamos com essa situação.

Já a *prestação de serviços à comunidade* vem disciplinada no § 5º da lei. A lei não traz grande inovação quando comparada à *prestação de serviços à comunidade* prevista no art. 46 do Código Penal, seguindo, praticamente, o mesmo modelo. A diferença consiste no fato de que essa prestação de serviços deve ser realizada, preferencialmente, "em entidades "que se ocupem, preferencialmente, da prevenção do consumo ou da recuperação de usuários e dependentes de drogas".

Na medida educativa de comparecimento a programa ou curso educativo, deverá o juiz indicar a periodicidade (datas e horário), às quais se submeterá o agente. Na eventualidade do juiz da condenação haver omitido a periodicidade de frequência a tal curso, cumprirá ao juiz da execução fazê-lo, na dicção do § 3º, do art. 86 da Lei de Execuções Penais: *in verbis*: "Caberá ao juiz competente, a requerimento da autoridade administrativa definir o estabelecimento prisional adequado para abrigar o preso provisório ou condenado, em atenção ao regime e aos requisitos estabelecidos".

Art. 28 e o efeito da reincidência – como já alertado nos comentários ao art. 27, no ano de 2018, as duas Turmas do STJ afastaram a reincidência em virtude da condenação anterior por porte de drogas para consumo pessoal. Em síntese, considerou-se que, não obstante a infração mantenha seu caráter criminoso, é desproporcional, diante da inexistência de sanção privativa de liberdade, sopesar a condenação para os efeitos da reincidência.

De acordo com a decisão proferida no HC 453.437/SP – concedido de ofício por unanimidade –, não se justifica que a condenação por porte de drogas para consumo pessoal – ao qual não se comina sanção privativa de liberdade – agrave a pena pela reincidência porque sequer a condenação anterior por contravenção penal – à qual normalmente se comina prisão simples – tem esse efeito:

> "Cabe ressaltar que as condenações anteriores por contravenções penais não são aptas a gerar reincidência, tendo em vista o que dispõe o artigo 63 do Código Penal, que apenas se refere a crimes anteriores. E, se as contravenções penais, puníveis com pena de prisão simples, não geram reincidência, mostra-se desproporcional o delito do artigo 28 da Lei 11.343/2006 configurar reincidência, tendo em vista que nem é punível com pena privativa de liberdade".

Possibilita-se com isso que condenados por tráfico de drogas já punidos pelo porte para uso próprio sejam beneficiados pela causa de diminuição de pena do art. 33, § 4º, da Lei 11.343/06, que pressupõe primariedade e bons antecedentes:

"No caso, verifico que a redutora não foi aplicada apenas em razão da reincidência e, tendo em vista o afastamento dessa agravante, a benesse deve ser reconhecida e aplicada na fração máxima de dois terços, sobretudo em razão da não expressiva quantidade de droga apreendida (7,2 gramas de crack)".

> § 1º Às mesmas medidas submete-se quem, para seu consumo pessoal, semeia, cultiva ou colhe plantas destinadas à preparação de pequena quantidade de substância ou produto capaz de causar dependência física ou psíquica.

Objetividade jurídica: o interesse protegido no § 1º. continua sendo a saúde pública, colocada em risco pelo comportamento do agente usuário.

Sujeitos do crime: pode figurar como sujeito ativo qualquer pessoa (crime comum). A coletividade figura como vítima.

Tipo objetivo: o art. 28, § 1º, pune nas mesmas penas do *caput* quem, para seu consumo pessoal, semeia, cultiva ou colhe plantas destinadas à preparação de pequena quantidade de substância ou produto capaz de causar dependência física ou psíquica.

Para a tipificação, é imprescindível não somente que o agente saiba que está agindo sem autorização ou em desacordo com determinação legal ou regulamentar (elemento normativo do tipo), mas que o objeto material sirva para a preparação de pequena quantidade de substância ou produto capaz de causar dependência. Se a quantidade for considerável, outro pode ser o crime praticado (art. 33, § 1º, II).

Voluntariedade: o crime é punido a título de dolo, aliado ao fim especial consumo pessoal.

Consumação: a infração se consuma com a prática de qualquer um dos núcleos, protraindo-se a consumação em alguns verbos (cultivar, por exemplo).

Para a maioria, trata-se de crime de perigo abstrato.

Apesar de a doutrina admitir tentativa, parece de difícil configuração na prática.

§ 2º Para determinar se a droga destinava-se a consumo pessoal, o juiz atenderá à natureza e à quantidade da substância apreendida, ao local e às condições em que se desenvolveu a ação, às circunstâncias sociais e pessoais, bem como à conduta e aos antecedentes do agente.

Uso ou tráfico? – O § 2º acima indica os elementos a serem observados, para que se determine, frente ao caso concreto, se se trata de tráfico de drogas ou mero uso. Não apreendemos, com exatidão, o alcance do dispositivo. Com efeito, as penas elencadas nos incs. I, II e III, art. 28, da lei, pressupõem o prévio recebimento da denúncia e, portanto, que o processo-crime já esteja deflagrado. Sendo assim, cabe ao juiz, nos limites da peça inaugural, julgar se o réu cometeu – ou não – o crime do *caput* do art. 28 ou de seu § 2º. Assim, das duas uma: ou o Magistrado, convencido da responsabilidade do agente, o condena como incurso em uma das penas previstas neste dispositivo ou o absolve. E se, por acaso, no curso do feito, concluir que houve um crime de tráfico? Decerto que não poderá, de plano, condenar o réu por esse delito, posto que não mencionado na denúncia, devendo, em consequência, aplicar o disposto no *caput* do art. 384 do Código de Processo Penal, que trata da chamada *mutatio libelli*, cabendo baixar ao autos ao Ministério Público para fins de aditamento da denúncia.

§ 3º As penas previstas nos incisos II e III do ***caput*** deste artigo serão aplicadas pelo prazo máximo de 5 (cinco) meses.

§ 4º Em caso de reincidência, as penas previstas nos incisos II e III do ***caput*** deste artigo serão aplicadas pelo prazo máximo de 10 (dez) meses.

§ 5º A prestação de serviços à comunidade será cumprida em programas comunitários, entidades educacionais ou assistenciais, hospitais, estabelecimentos congêneres, públicos ou privados sem fins lucrativos, que se ocupem, preferencialmente, da prevenção do consumo ou da recuperação de usuários e dependentes de drogas.

§ 6º Para garantia do cumprimento das medidas educativas a que se refere o ***caput***, nos incisos I, II e III, a que injustificadamente se recuse o agente, poderá o juiz submetê-lo, sucessivamente a:

I – admoestação verbal;

II – multa.

§ 7.º O juiz determinará ao Poder Público que coloque à disposição do infrator, gratuitamente, estabelecimento de saúde, preferencialmente ambulatorial, para tratamento especializado.

A prisão do agente, pela prática do crime do art. 28 da lei em análise, é expressamente vedada, pelo simples fato de que o legislador, nos incs. I, II e III do dispositivo, em nenhum momento ter previsto essa espécie de pena corporal. Aliás, o § 2º, do art. 48 do diploma proíbe, também, a prisão em flagrante do agente. Em caso de reincidência (e o vocábulo aqui deve ser interpretado em seu sentido mais amplo, para abranger, inclusive, aquele que tecnicamente ainda não pode ser considerado reincidente), a alternativa é trazida pela própria lei, em seu § 4º, ao dispor que as penas dos incs. II e III (prestação de serviços e medida educativa), deverão ser aplicadas pelo prazo de dez meses, ao invés dos cinco meses previstos no § 3º, previstos para os não reincidentes. Uma outra alternativa seria a aplicação, em um primeiro momento, somente da pena de advertência para depois, em caso de reincidência, cumular-se essa advertência com a prestação de serviços à comunidade ou com a medida educativa de comparecimento a programa ou curso educativo. Isso porque o art. 27 da lei contempla a possibilidade da aplicação isolada ou cumulativa das penas previstas neste capítulo. E se, ainda assim, o agente insistir na prática delituosa? O § 6º indica o caminho, cumprindo seja o agente novamente admoestado (inc. I). Não se emendando e somente depois da admoestação verbal (é o que se entende da expressão *sucessivamente* empregada pelo legislador), caberá a aplicação de multa (inc. II). Não paga a multa, a possibilidade de sua conversão em pena de detenção não mais subsiste, em virtude da atual dicção do art. 51 do Código Penal, cabendo sua execução fiscal pela Fazenda Pública, o que, na prática, não se verifica. Mas – insistimos – a prisão por conta do uso pessoal de drogas é expressamente vedada pelo legislador.

Art. 29. Na imposição da medida educativa a que se refere o inciso II do § 6º do art. 28, o juiz, atendendo à reprovabilidade da conduta, fixará o número de dias-multa, em quantidade nunca inferior a 40 (quarenta) nem superior a 100 (cem), atribuindo depois a cada um, segundo a capacidade econômica do agente, o valor de um trinta avos até 3 (três) vezes o valor do maior salário mínimo.

Parágrafo único. Os valores decorrentes da imposição da multa a que se refere o § 6º do art. 28 serão creditados à conta do Fundo Nacional Antidrogas.

Dias-multa – Como vimos acima, o inc. II, do § 6º, do art. 28 da lei em exame, prevê a possibilidade de imposição de multa ao agente que descumprir as medidas elencadas nos incs. I, II e III do mesmo dispositivo. Como assinala Luiz Flávio Gomes (ob. cit., p. 127), "em primeiro lugar o agente aceita uma medida alternativa (do art. 28). Após o seu descumprimento (injustificado) o juiz faz-lhe uma admoestação. Caso persista o descumprimento vem a multa (que é a última medida cabível). O juiz deve levar em consideração (para a fixação do número de dias-multa) exatamente o grau desse descumprimento (de rebeldia, de menosprezo do agente). Quanto maior for o afastamento do agente do seu compromisso com a Justiça (quanto mais desleixado, quanto mais displicente etc.), maior deve ser o número de dias-multa". Os valores arrecadados, como consta da lei, serão revertidos ao Fundo Nacional Antidrogas (FUNAD), cujos objetivos são o desenvolvimento, a implementação e a execução de ações, programas e atividades de repressão, de prevenção, tratamento, recuperação e reinserção social de dependentes de substâncias psicoativas.

Art. 30. Prescrevem em 2 (dois) anos a imposição e a execução das penas, observado, no tocante à interrupção do prazo, o disposto nos arts. 107 e seguintes do Código Penal.

Prescrição – É conhecida a existência, basicamente, de duas espécies de prescrição: a prescrição da *pretensão punitiva*, que se verifica antes do trânsito em julgado final da sentença, e a prescrição da *pretensão executória* que, como o nome indica, acontece após o trânsito em julgado final. Na primeira, o Estado perde o direito de punir, não mais podendo processar o agente. Na segunda, conquanto existente uma condenação, não mais é possível a execução da pena.

Os prazos prescricionais, normalmente, variam de acordo com o *quantum* da pena privativa de liberdade cominada ou aplicada ao crime, ou multa (arts. 109 e 114, ambos do CP). No caso do art. 28 da Lei de Drogas, não existe previsão nem de pena privativa, nem de multa. Logo, precisou o legislador anunciar o prazo fatal próprio, evitando a inconstitucional conclusão de que o poder punitivo se eterniza no tempo.

O prazo da prescrição da pretensão punitiva e da pretensão executória é o mesmo (2 anos), aplicando-se, no mais, causas suspensivas e interruptivas do CP (arts. 116 e 117), bem como a redução do prazo em razão da menoridade ou senilidade (art. 115 CP).

TÍTULO IV
DA REPRESSÃO À PRODUÇÃO NÃO AUTORIZADA E AO TRÁFICO ILÍCITO DE DROGAS

CAPÍTULO I
DISPOSIÇÕES GERAIS

Art. 31. É indispensável a licença prévia da autoridade competente para produzir, extrair, fabricar, transformar, preparar, possuir, manter em depósito, importar, exportar, reexportar, remeter, transportar, expor, oferecer, vender, comprar, trocar, ceder ou adquirir, para qualquer fim, drogas ou matéria-prima destinada à sua preparação, observadas as demais exigências legais.

Licença para o manejo de drogas – O art. 2.º desta Lei proíbe as drogas, em todo o território nacional, bem como o plantio, a cultura, a colheita e a exploração de vegetais e substratos dos quais possam ser extraídas ou produzidos entorpecentes. De se ver, porém, que essa vedação não tem caráter absoluto, podendo, mediante prévia licença da autoridade competente, ser autorizada a produção, extração, fabricação, etc., de drogas. É que, por vezes, tais entorpecentes se prestam para fins medicinais (o emprego do princípio ativo da maconha, por exemplo, vem sendo ministrado, ao que parece, com bons resultados, a portadores de câncer), ou científicos, isto é, no desenvolvimento de pesquisas que visem apurar eventual benefício no emprego de drogas para a cura de algum mal.

A matéria vem regulamentada pelo Decreto n. 5.912/2006, que, em seu art. 14, inc. I, "c", determina que cabe ao Ministério da Saúde, "autorizar o plantio, a cultura e a colheita dos vegetais dos quais possam ser extraídas ou produzidas drogas, exclusivamente para fins medicinais ou científicos, em local e prazo predeterminados, mediante fiscalização, ressalvadas as hipóteses de autorização legal ou regulamentar".

De se ressalvar, ainda, que a Convenção de Viena sobre Substâncias Psicotrópicas, de 1971 – subscrita pelo Brasil e que ingressou em nosso direito positivo por meio do Decreto n. 79.388/1977 –, em seu art. 32, item 4, ressalva a possibilidade do Estado subscritor da

Convenção, formular reservas quanto a plantas silvestres que contenham substâncias psicotrópicas e que sejam tradicionalmente utilizadas por pequenos grupos, nitidamente caracterizados, em rituais mágicos ou religiosos.

Art. 32. As plantações ilícitas serão imediatamente destruídas pelo delegado de polícia na forma do art. 50-A, que recolherá quantidade suficiente para exame pericial, de tudo lavrando auto de levantamento das condições encontradas, com a delimitação do local, asseguradas as medidas necessárias para a preservação da prova. (Redação dada pela Lei nº 12.961, de 2014)

§ 1º (Revogado). (Redação dada pela Lei nº 12.961, de 2014)

§ 2º (Revogado). (Redação dada pela Lei nº 12.961, de 2014)

Destruição das drogas – A anterior lei de drogas (Lei n. 6.368/1976), previa a manutenção da substância entorpecente, sob a guarda e responsabilidade da autoridade policial, até o trânsito em julgado da sentença (art. 40, § 1º). Era óbvia a inconveniência desse procedimento, quer em razão da falta de estrutura da polícia para essa tarefa, quer por conta do risco que esse depósito acarretava, com a ocorrência, não raras vezes, de resgate do material apreendido.

A lei em exame, conforme redação original do art. 32 e seus parágrafos, previa a destruição das drogas apreendidas pelo juiz. A partir da alteração introduzida pela Lei n. 12.961/2014, tal destruição passou a ser de responsabilidade da própria autoridade judicial, devendo a incineração ocorrer no prazo máximo de 30 dias, contados da apreensão, "guardando-se amostra necessária à realização do laudo definitivo", na dicção do art. 50-A do diploma em análise. Este procedimento se aplica à apreensão de drogas sem a ocorrência do flagrante, com consta do art. 50-A da lei. Cuidando-se de flagrante, como consta dos §§ 3º e 4º da lei, a destruição deverá ocorrer no prazo de 15 dias, mediante determinação judicial, com as cautelas previstas nos mencionados parágrafos.

Devido processo legal – Dispõe o art. 32, *caput*, que as plantações ilícitas serão *imediatamente* destruídas pelas autoridades de polícia judiciária (Polícias Civil e Federal), o que poderia supor ação repressiva instantânea, sem intervalo ou delonga. Essa falsa impressão é corrigida com a simples leitura do art. 50-A, ao prever um prazo *máximo* de 30 dias para a incineração, contado da data da apreensão, quando não se tratar de flagrante. Ocorrendo a prisão em flagrante, incide o § 3º, do art. 50 da lei, isto é, após certificar a regularidade formal do laudo de constatação, o juiz, no prazo de dez dias, determinará a destruição da droga apreendida, "guardando-se amostra necessária à realização do laudo definitivo".

Contudo, sabendo que a própria Lei, em determinados casos, admite o cultivo do psicotrópico (ver arts. 2.º e 31), parece-nos prudente que a medida extrema deva respeitar não um simples prazo imposto por lei, mas o *devido processo legal,* na dicção do art. 5.º, inc. LIV, da Constituição, observando-se, antes da destruição, todos os princípios e garantias previstos na Carta, em especial o *contraditório* e *ampla defesa.* Destaque-se que o § 2.º do artigo em comento, em sua redação original, determinava que a incineração deveria ser antecedida de autorização judicial, ouvindo-se, antes, o Ministério Público.

Exame pericial – A polícia judiciária deve recolher da plantação ilegal quantidade de droga suficiente para a realização do exame pericial (*laudo de constatação* e *exame químico-toxicológico*), o qual irá atestar a toxicidade da substância apreendida (*materialidade delitiva*). Também o juiz, ao proferir sentença, não tendo havido controvérsia, no curso do processo, sobre a natureza ou quantidade da substância ou do produto, ou sobre a regularidade do respectivo laudo, determinará que se proceda na forma do art. 32, § 1.º, desta Lei, preservando-se, para eventual contraprova, a fração que fixar (art. 58, § 1.º).

Levantamento do local – Dentre os vários atos cautelares trazidos pelo art. 32, mostra-se igualmente relevante a lavratura do auto de levantamento das condições encontradas no local. Assim procedendo, a polícia auxilia o Ministério Público, na condição de titular da ação penal pública e o Magistrado a distinguir um simples plantio doméstico (para uso próprio) do comercial (visando terceiros consumidores).

§ 3º Em caso de ser utilizada a queimada para destruir a plantação, observar-se-á, além das cautelas necessárias à proteção ao meio ambiente, o disposto no Decreto nº 2.661, de 8 de julho de 1998, no que couber, dispensada a autorização prévia do órgão próprio do Sistema Nacional do Meio Ambiente – Sisnama.

Precauções relativas ao emprego de fogo – O Decreto 2.661/98 regulamenta o parágrafo único do art. 27 da Lei 4.771/65 (Código Florestal), mediante o estabelecimento de normas de precaução relativas ao emprego de fogo em práticas agropastoris e florestais. No seu art. 2.º, permite, excepcionalmente, o emprego de fogo, mediante Queima Controlada, assim entendido o emprego de fogo como fator de produção e manejo em atividades agropastoris ou florestais e para fins de pesquisa científica e tecnológica, em **áreas** com limites físicos previamente definidos (art. 2.º, parágrafo único), dependendo, ainda, de prévia autorização do Sistema Nacional do Meio Ambiente (SISNAMA). O art. 32 da nova Lei de Drogas, preocupado com a urgência da medida (*prazo máximo de 30 dias*), dispensa a prévia autorização do referido órgão ambiental, determinando, apenas, cautela na queima, isto é, que seja controlada, nos exatos termos do que disposto no art. 4.º da mencionada norma ambiental. Exige-se, assim, que "previamente à operação de emprego de fogo, deve o interessado: I) definir as técnicas, equipamentos e mão de obra a serem utilizados; II) fazer o reconhecimento da área; III) limitar a ação do fogo; IV) preparar aceiros; V) providenciar pessoal treinado para atuar no local da operação, com equipamentos apropriados ao redor da área, evitando, assim, a propagação do fogo fora dos limites estabelecidos; VI) comunicar formalmente aos confrontantes a intenção de realizar a queima; VII) prever a realização da queima em dia e horário apropriados, evitando-se os períodos de temperatura mais elevada e respeitando-se as condições dos ventos predominantes no momento da operação; VIII) providenciar o oportuno acompanhamento de toda a operação de queima, até a sua extinção, com vistas à adoção de medidas adequadas de contenção do fogo na área definida para o emprego do fogo).

§ 4º As glebas cultivadas com plantações ilícitas serão expropriadas, conforme o disposto no art. 243 da Constituição Federal, de acordo com a legislação em vigor.

Expropriação-sanção – O art. 243, *caput*, da Constituição determina que "as glebas de qualquer região do País onde forem localizadas culturas ilegais de plantas de psicotrópicas serão imediatamente expropriadas e especificamente destinadas ao assentamento de colonos, para o cultivo de produtos alimentícios e medicamentosos, sem qualquer indenização ao proprietário e sem prejuízo de outras sanções previstas em lei." Do texto extrai-se, com clareza, as duas finalidades da medida: *combate ao tráfico ilícito de entorpecentes* e *aproveitamento das glebas para a política de reforma agrária.*

Interessante questão pode ser lembrada na hipótese na qual apenas em uma parte da gleba de terras foi detectado o plantio de drogas. Indaga-se se toda a gleba deve ser alvo da expropriação ou apenas aquela na qual efetivamente encontrada a droga. Calhou ao Tribunal Regional Federal da 5ª. Região, tratar do tema, aderindo à segunda alternativa. Confira-se: "O desejo de promover a reforma agrária, com o assentamento de colonos, não autoriza a violação do texto constitucional, que determina a expropriação das glebas onde forem localizadas culturas ilegais de plantas psicotrópicas, e não de toda a área de terras pertencentes ao responsável por aquelas culturas" (AC n. 13308-PE, Rel. Francisco Falcão, j. 13.09.1994, DJ 07.04.1995).

Dolo ou culpa – Em outro interessante julgado, restou assentada a necessidade de comprovação do dolo ou culpa do proprietário da terra, somente assim se justificando sua expropriação. É que "para a concretização da expropriação prevista no art. 243, do Constituição vigente, exige-se, além dá existência da cultura ilegal, que fique comprovada a participação consciente do proprietário; seja cultivando diretamente a planta proibida, tolerando com a prática de tal cultivo, ou, ainda, omitindo-se no seu dever de vigilância e guarda do bem imóvel, para evitar o plantio ilícito. – Não restou demonstrado,' ao longo da instrução processual, qualquer envolvimento, doloso ou culposo, dos possuidores do imóvel com o plantio da cultura ilegal. Na realidade, evidencia-se que os expropriados, pequenos agricultores que sobrevivem basicamente da chamada cultura de subsistência, se viram . forçados a abandonar a posse da sua terra em decorrência de fatores sócio-econômicos e climáticos, sobejamente conhecidos por aqueles que têm alguma familiaridade com a realidade do sertão nordestino" (TRF – 5ª Região AC n. – 181603-PE – Rel. Castro Meira, j. 14.12.2000. DJ 06.04.2001, p. 276).

Em entendimento contrário, destaque-se que "o Pleno desta Corte Regional já se posicionou no sentido de que é objetiva a responsabilidade do proprietário de terras destinadas para o plantio de espécies psicotrópicas: sendo em conseqüência irrelevante, a existência ou inexistência de culpa na utilização criminosa. (TRF – 5ª. Reg., AR nº 484-PE, Rel. Paulo Roberto de Oliveira Lima, j. 21.09.2005, DJ 28.10.2005). No mesmo sentido, decidiu o Superior Tribunal de Justiça, a se conferir: "É objetiva a responsabilidade do proprietário de glebas usadas para o plantio de espécies psicotrópicas, sendo, em conseqüência, irrelevante a existência ou inexistência de culpa na utilização criminosa" (REsp n. 498742-PE – Rel. José Delgado, j. 16.09.2003, DJ 24.11.2003, p. 222 – RT 823/174).

O Supremo Tribunal Federal, no julgamento do RE n. 635.336, em que foi Relator o Ministro Gilmar Mendes e que teve repercussão geral reconhecida, na sessão de 14.12.2016, firmou a seguinte tese: "A expropriação prevista no artigo 243, da Constituição Federal, pode ser afastada desde que o proprietário comprove que não incorreu em culpa, ainda que *in vigilando* ou *in elegendo*".

Bem de família – É legítima a expropriação de bem considerado de família pertencente ao traficante, compatível com as exceções previstas no art. 3.º, inc. VI, da Lei 8.009/90, não ferindo o princípio do direito à moradia consagrado no art. 6.º da Constituição. Reza esse dispositivo que não será oponível a impenhorabilidade se o bem tiver "sido adquirido com produto de crime ou para execução de sentença penal condenatória a ressarcimento, indenização ou perdimento de bens." Aliás, merece ser lembrado que nenhuma liberdade pública é absoluta, jamais podendo servir de manto protetor para a prática de infrações penais.

CAPÍTULO II

DOS CRIMES

Art. 33. Importar, exportar, remeter, preparar, produzir, fabricar, adquirir, vender, expor à venda, oferecer, ter em depósito, transportar, trazer consigo, guardar, prescrever, ministrar, entregar a consumo ou fornecer drogas, ainda que gratuitamente, sem autorização ou em desacordo com determinação legal ou regulamentar:

Pena – reclusão de 5 (cinco) a 15 (quinze) anos e pagamento de 500 (quinhentos) a 1.500 (mil e quinhentos) dias-multa.

Objetividade jurídica – O bem jurídico protegido é a saúde pública (tutela imediata) e a saúde individual de pessoas que integram a sociedade (tutela mediata). A saúde pública é um bem jurídico supraindividual que deve sempre ter como referência última os bens jurídicos pessoais.

Droga – A nova Lei, para ocupar o lugar da velha (e inadequada) locução *substância entorpecente*, preferiu a expressão *droga*, assim definida como toda substância relacionada na Portaria SVS/MS 344, de 12 de maio de 1998. A doutrina, na vigência da Lei anterior, já alertava que a Organização Mundial de Saúde considerou o termo *entorpecente* impróprio, preferindo adotar a expressão *droga que determina dependência*.

Norma penal em branco – Trata-se de lei penal em branco, complementada por preceito administrativo (Portaria SVS/MS 344/98). Respeitável parcela da doutrina tece severa crítica ao sistema adotado pela lei especial, isto é, relacionar, num rol taxativo, as substâncias consideradas entorpecentes. Segundo pensam, melhor seria, considerando o caso concreto, comprovar-se, através do competente laudo, a capacidade (ou não) da substância produzir dependência. Acácio Rebouças, lembrado por Valdir Sznick, fomenta a discussão indagando: "(...) que se dizer dos produtos estrangeiros que entram no país clandestinamente e são traficados, mas que, por não serem aqui comercializados, nunca figurarão em nenhuma portaria de qualquer órgão administrativo?" (***Lei anti-tóxico comentada***. São Paulo: Pillares, 2004. p. 87).

A Convenção de Viena sobre Substâncias Psicotrópicas (1971) já anotava: basta que uma droga tenha capacidade de produzir: 1 – um estado de dependência; 2 – estímulo ou depressão do sistema nervoso central, que cause alucinações, distúrbios de função motora, do raciocínio, do comportamento, da percepção ou do estado de ânimo ou abusos e efeitos semelhantes a uma substância constante da tabela I a IV (art. 2.º, item 4).

Em que pese o esforço (e praticidade) dessa fórmula, pensamos que ofenderia o princípio da *legalidade* (mais precisamente da *taxatividade* ou *determinação*), trazendo nefasta insegurança ao destinatário da norma. Somente quando o direito for "certo" a ação humana estará garantida. Aliás, como lembra Beccaria, "quanto maior for o número dos que compreenderem e tiverem entre as mãos o sagrado código das leis, menos frequentes serão os delitos, pois não há dúvida de que a ignorância e a incerteza das penas propiciam a eloquência das paixões". (*Dos delitos e das penas*. Rio de Janeiro: Martins Fontes, 1998. p. 51.)

Abolitio criminis – Excluindo-se da lista certa substância, configurar-se-á a *abolitio criminis*, extinguindo-se a punibilidade do agente, ainda que o feito esteja em fase de execução (ou seja, mesmo após o trânsito em julgado).

Sujeitos do crime – Trata-se, em regra, de crime comum, podendo ser praticado por qualquer pessoa. Temos, no entanto, uma exceção, trazida pelo verbo *prescrever*, o qual exige condição especial do agente (crime próprio), só podendo ser praticado por *médico* ou *dentista*. Sujeito passivo primário é a sociedade, podendo com ela concorrer criança, adolescente ou pessoa incapaz de discernimento ou autodeterminação (art. 40, VI), e que receba a droga para consumi-la. Não se aplica o art. 243 do ECA ("vender, fornecer ainda que gratuitamente, ministrar ou entregar, de qualquer forma, a criança ou adolescente, sem justa causa, produtos cujos componentes possam causar dependência física ou psíquica, ainda que por utilização indevida"), quando a pessoa lesada for menor de 18 anos. Essa norma é subsidiária, tendo por objeto material coisa diversa da substância entorpecente.

Tipo objetivo – Os dezoito verbos contemplados no art. 12 da Lei 6.368/76 foram mantidos (sem acréscimo). São eles: *importar* (trazer de fora), *exportar* (enviar para fora), *remeter* (expedir, mandar), *preparar* (por em condições adequadas para uso), *produzir* (dar origem, gerar), *fabricar* (produzir a partir de matérias primas, manufaturar), *adquirir* (entrar na posse), *vender* (negociar em troca de valor), *expor à venda* (exibir para a venda), *oferecer* (tornar disponível), *ter em depósito* (posse protegida), *transportar* (levar, conduzir), *trazer consigo* (levar consigo, junto ao corpo), *guardar* (tomar conta, zelar para terceiro), prescrever (receitar), *ministrar* (aplicar), *entregar* (ceder) a consumo ou *fornecer* (abastecer) drogas, *ainda que gratuitamente* (amostra grátis).

Cessão gratuita – Na vigência da lei anterior discutia-se o correto enquadramento típico da conduta daquele que, gratuitamente, cedia droga à terceira pessoa, para juntos a consumirem. Para uma primeira corrente, a conduta se ajustava ao art. 12 (tráfico de drogas, atual art. 33), vez que o tipo não diferenciava (e continua não diferenciando) a finalidade visada com a cessão. Assim:

> "Não é só vender, mas ter consigo, guardar, expor à venda, oferecer, fornecer ainda que gratuitamente, isso são algumas das múltiplas hipóteses legais, cada uma apta por si a implicar o dever de ser da pena do art. 12 da Lei de Drogas (atual 33). Se é para uso próprio, privilegia. Se também faz uso próprio da droga, como na espécie, este delito fica subsumido. Se a prova não tranquilizou sobre a venda, induvidosa foi a evidência do fornecimento." (*RJTJRS* 129/121).

Para outros, inexistente o objetivo de lucro (mercancia), a hipótese, por questão de equidade, melhor se amoldava ao art. 16 (porte para uso, atual art. 28). Confira-se:

> "A expressão fornecer do art. 12 [da revogada Lei 6.368/76] tem conotação mais forte, no sentido de abastecimento ou provisão com certa habitualidade, não podendo incluir-se nesse conceito a simples cessão, para uso em conjunto, em forma esporádica, de um cigarro de maconha." (*RJTJRS* 102/17).

Hoje, a tormentosa questão parece resolvida, prevendo a nova Lei tipo específico (art. 33, § 3.º), de menor potencial ofensivo, para o agente que oferece droga, eventualmente e sem objetivo de lucro, a pessoa de seu relacionamento, para juntos a consumirem.

Crime de ação múltipla (ou conteúdo variado) – Os vários núcleos verbais fazem do tráfico crime de ação múltipla (ou de conteúdo variado). Assim, mesmo que o agente pratique, *no mesmo contexto fático e sucessivamente* mais de uma ação típica (p. ex., depois de *importar* e *preparar* certa quantidade de droga, o agente *traz consigo* porções separadas para venda a terceiros), por força do princípio da alternatividade, responderá por crime único (***RT*** 773/678), devendo, no entanto, a pluralidade de verbos efetivamente praticados ser considerada pelo juiz na fixação da pena (art. 59 do CP). Todavia, faltando proximidade comportamental entre as várias condutas haverá concurso de crimes (material ou mesmo continuado).

Ilicitude da conduta – Sabendo-se que, excepcionalmente, a exploração de drogas é permitida no Brasil (arts. 2.º e 31), para que haja o crime mostra-se indispensável que o agente pratique qualquer dos núcleos verbais sem autorização ou em desacordo com determinação legal ou regulamentar (elemento normativo do tipo). Lembra Vicente Greco, que "equivale à ausência de autorização o desvio de autorização, ainda que regularmente concedido, como, por exemplo, alguém autorizado a importar cem gramas de morfina para fins terapêuticos, fizer a importação de cento e dez; ou, então, se alguém, autorizado a ter a posse para determinado fim, usa o entorpecente para outro" (*Lei de Drogas Anotada – Lei 11.343/2006*. São Paulo: Saraiva, 2008. p. 92.

Estado de necessidade – A jurisprudência é copiosa no sentido de ser incabível a descriminante do estado de necessidade em se tratando do crime de tráfico. Ainda na vigência da lei revogada, assim decidiu o Tribunal de Justiça de São Paulo: "Invocar estado de necessidade em tráfico de entorpecentes, sobre constituir em subversão de valores juridicamente tutelados, fere o senso de justiça da comunidade" (***JTJ*** 141/399).

No mesmo sentido: "Dificuldade de subsistência por meios lícitos decorrentes de doença, embora grave, não justifica apelo a recurso ilícito, moralmente reprovável e socialmente perigoso, de se entregar o agente a negociação de tóxicos" (***JUTACRIM*** 25/214).

Circunstâncias indicativas do tráfico – Para se concluir pela prática do crime de tráfico, não basta, em princípio, a *quantidade* (ou *qualidade*) da droga apreendida. Deve-se atentar, ainda, para outros fatores, tais como o local e as condições em que se desenvolveu a ação criminosa, as circunstâncias da prisão, a conduta, a qualificação e os antecedentes do agente (art. 52, I). Aliás, já se decidiu: "Os fatores quantidade e qualidade da droga podem induzir tráfico ou uso próprio, na conformidade de diversos outros fatores." (***RT*** 524/403).

Ou ainda: "Certo que não se classifica o traficante pela quantidade exagerada do tóxico. Mas, no caso em tela, não há fugir tratar-se de traficante de cocaína: a quantidade, 320, 123g, a condição pessoal do réu, a ausente capacidade econômica para vinculação ao uso, as condições de sua prisão, a ausência total de prova a seu favor, ocupação de ônibus intermunicipal carregando a elevada quantidade da droga demonstram ser ele traficante." (***RT*** 691/297).

Tipo subjetivo – O delito é punido somente na forma dolosa, isto é, o agente, com consciência e vontade, pratica qualquer dos núcleos verbais trazidos pelo tipo, ciente de que explora substância entorpecente proibida (droga) sem autorização ou determinação legal ou regulamentar. Caso o agente não saiba que tem consigo ou guarda ou tem a posse etc. de droga, configurado está o chamado erro de tipo, que é excludente do dolo e, portanto, da tipicidade.

A se conferir: "Incide em erro sobre elemento do tipo o agente que, supondo erroneamente que o vocábulo 'autorização' contido no art. 12 da Lei 6.368/76 [atual art. 33 da Lei 11.343/2006], compreenderia também a autorização verbal ou tácita de autoridades policiais e judiciárias, mantém, sob sua guarda, drogas e objetos próprios para a utilização de substâncias entorpecentes, com a finalidade de serem mostrados em palestras educativas antitóxicos, isto porque, em tal hipótese, o erro recai sobre o conceito jurídico-penal de autorização, que é elemento essencial, normativo, do tipo penal. E, não prevendo a lei a modalidade culposa do crime descrito no mencionado artigo da referida lei, deve o réu ser absolvido, com fulcro no art. 20, *caput*, do CP, e art. 386, III, do CPP." (***RT*** 712/447).

Consumação e tentativa – Consuma-se o crime com a prática de qualquer um dos núcleos trazidos pelo tipo, não se exigindo efetivo ato de tráfico (***RJTJSP*** 70/371). Deve ser lembrado que algumas modalidades são permanentes, protraindo o seu momento consumativo no tempo e no espaço (por exemplo, *expor à venda, trazer consigo, manter em depósito, guardar* etc.). A multiplicidade de condutas incriminadas parece inviabilizar a tentativa. Assim já se decidiu (na vigência da lei anterior):

> "Em razão da superposição de tipos que definem as condutas do delito previsto no art. 12 da Lei 6.368/76 [revogada], é impossível o reconhecimento da tentativa na conduta da filha que remete pelo correio pequena quantidade de droga para sua mãe, pelo fato de a substância ter sido interceptada e apreendida antes de chegar às mãos da destinatária, pois, antes de remeter o entorpecente, a acusada já o tinha adquirido, mantido em depósito e transportado, circunstâncias que, por si sós, são suficientes para caracterizar o crime de tráfico na forma consumada" (*RT* 772/638).

Há, no entanto, corrente minoritária em sentido contrário: "Em sede de crime de tráfico de entorpecentes, na modalidade de remeter a encomenda tóxica por via postal, não se consuma o delito se a droga é apreendida nos Correios antes de ser enviada ao destinatário, configurando-se, na hipótese a tentativa perfeita" (*RT* 782/552. Ainda: *RT* 407/86.

Crime de perigo – Entende a maioria da doutrina que o delito de tráfico de drogas é de *perigo abstrato*, isto é, dispensa a prova do risco efetivo, o qual é absolutamente presumido por lei, bastando a simples prática de qualquer um dos comportamentos típicos. Em recente julgado (HC 104.410/RS), o STF anunciou que a criação de crimes de perito abstrato não representa, por si só, comportamento inconstitucional por parte do legislador. Os direitos fundamentais não podem ser considerados apenas como proibições de intervenção (*Eingriffsverbote*), expressando também um postulado de proteção (*Schutzgebote*). Pode-se dizer que os direitos fundamentais expressam não apenas uma proibição do excesso (**Übermassverbote**), como também podem ser traduzidos como proibições de proteção insuficiente ou imperativos de tutela (*Untermassverbote*).

Flagrante preparado (Súmula 145 do STF) – É muito comum o policial, visando a prisão de um traficante, passar-se por consumidor e provocar, neste, a negociação (venda) da droga. A prisão, obviamente, não se dará pela simulação de compra e venda (delito putativo por obra do agente provocador, art. 17 do CP), mas sim pelo fato de o traficante, espontaneamente, trazer consigo a droga, forma permanente do crime, admitindo flagrante a qualquer tempo.

Concurso de crimes Perfeitamente possível se mostra o concurso de tráfico de drogas com outros crimes, como furto (furtador que assalta um hospital, vendendo, em seguida, as substâncias para usuários) e receptação (venda de droga em troca de produto de crime). Tem-se negado, porém, o concurso com o delito de sonegação fiscal, sendo inaplicável, na seara penal, o princípio tributário do *non olet*, isto é, de que toda a atividade, lícita ou ilícita, desde que rentável, deve ser tributada (*RT* 776/663).

Sanção penal – A pena, que na lei anterior era de 3 (três) a 15 (quinze) anos de reclusão, e multa de 30 (trinta) a 360 (trezentos e sessenta) dias-multa, foi exacerbada, passando para 5 (cinco) a 15 (quinze) anos, acrescida do pagamento de 500 (quinhentos) a 1.500 (mil e quinhentos) dias-multa. Estamos diante de *novatio legis in pejus*, a ser aplicada, portanto, somente aos fatos ocorridos durante a sua vigência, sendo vedada, em caráter absoluto, a sua retroatividade (art. 1.º do CP). Contudo, sabendo que algumas modalidades do crime são permanentes (como, por exemplo, trazer consigo, manter em depósito etc.), importante lembrarmos, diante da nova pena (mais gravosa), a determinação contida na Súmula 711 do STF, *in verbis*: "A lei penal mais grave aplica-se ao crime continuado ou ao crime permanente, se a sua vigência é anterior à cessação da continuidade ou da permanência".

§ 1.º Nas mesmas penas incorre quem:

I – importa, exporta, remete, produz, fabrica, adquire, vende, expõe à venda, oferece, fornece, tem em depósito, transporta, traz consigo ou guarda, ainda que gratuitamente, sem autorização ou em desacordo com determinação legal ou regulamentar, matéria-prima, insumo ou produto químico destinado à preparação de drogas;

II – semeia, cultiva ou faz a colheita, sem autorização ou em desacordo com determinação legal ou regulamentar, de plantas que se constituam em matéria-prima para a preparação de drogas;

III – utiliza local ou bem de qualquer natureza de que tem a propriedade, posse, administração, guarda ou vigilância, ou consente que outrem dele se utilize, ainda que gratuitamente, sem autorização ou em desacordo com determinação legal ou regulamentar, para o tráfico ilícito de drogas.

Tráfico ilícito de matéria-prima, insumo ou produto químico destinado à preparação de drogas – Nas mesmas penas do *caput* (5 a 15 anos de reclusão, e multa) incorre qualquer pessoa (delito comum) que importa, exporta, remete, produz, fabrica, adquire, vende, expõe à venda, oferece, fornece, tem em depósito, transporta, traz consigo ou guarda, ainda que gratuitamente, *matéria-prima* (substância principal que se utiliza, ainda que eventualmente, no fabrico da droga), *insumo* (elemento necessário, não necessariamente indispensável, para produzir a droga) ou *produto químico* (substância resultante de uma elaboração química) destinado à preparação de drogas.

Assim: "Éter sulfúrico e acetona, substâncias que, reconhecidamente servem para o refino da cocaína. A expressão 'matéria prima', constante do inc. I, do § 1.º do art. 12 da Lei 6.368/76 (atual 33, § 1.º, I, da Lei 11.343/2006) compreende não só as substâncias destinadas exclusivamente à preparação da droga, como as que, eventualmente, se prestem a essa finalidade" (*RTJ* 119/397). Temos corrente em sentido contrário, exigindo da matéria a finalidade específica de servir ao preparo da droga (nesse sentido: ***RTJE*** 35/257; ***TJRJ*** 14/283).

Instalou-se certa divergência entre as Turmas do STJ no que diz respeito à punição da importação de pequena quantidade de sementes de maconha destinadas à produção da droga para consumo pessoal.

A 5ª Turma tem decidido reiteradamente que a conduta se subsume ao tipo do tráfico, que não excepciona a respeito das circunstâncias em que se dá a importação de matéria-prima (AgRg no AREsp 1.096.628/CE, DJe 01/09/2017). A 6ª Turma, no entanto, tem ao menos duas decisões no sentido de que a importação de poucas sementes de *cannabis* destinadas a produzir droga para consumo pessoal é atípica, pois não existe, no art. 28 da Lei 11.343/06, tipificação expressa para semelhante conduta:

> "1. O fruto da planta cannabis sativa lineu, conquanto não apresente a substância tetrahidrocannabinol (THC), destina-se à produção da planta, e esta à substância entorpecente, sendo, pois, matéria prima para a produção de droga, cuja importação clandestina amolda-se ao tipo penal insculpido no artigo 33, § 1º, da Lei n. 11.343/2006. 2. Todavia, tratando-se de pequena quantidade de sementes e inexistindo expressa previsão normativa que criminaliza, entre as condutas do artigo 28 da Lei de Drogas, a importação de pequena quantidade de matéria prima ou insumo destinado à preparação de droga para consumo pessoal, forçoso reconhecer a atipicidade do fato" (AgRg no REsp 1.658.928/SP, DJe 12/12/2017). O mesmo se deu no REsp 1.675.709/SP, DJe 13/10/2017.

Parece-nos, no entanto, equivocada a conclusão a que se chegou nos julgados.

Ora, se a conduta de importar sementes de *cannabis* se amolda ao art. 33, § 1º porque se trata, afinal, de matéria-prima para a produção de drogas, não há sentido em estabelecer a atipicidade somente porque, em razão da pequena quantidade e da suposta destinação da droga futuramente produzida, não há no art. 28 tipificação específica para esta situação. É evidente que a não inclusão dessa conduta no art. 28 se deve ao fato de que o legislador **não pretendeu equiparar** a importação ao ato de quem semeia, cultiva ou colhe plantas com a finalidade de consumo pessoal. Não se trata de uma lacuna, mas de um ato deliberado do legislador, que não pode ser desconsiderado pelo julgador.

Um dos argumentos utilizados nos dois julgados é de que a Lei 11.343/06 diferencia o traficante do usuário, e o tipo penal que trata deste último pune de forma mais branda inclusive quem semeia, razão por que não seria razoável aplicar a pena do tráfico a quem simplesmente adquire as sementes. Há de se considerar, todavia, que a importação de sementes, ainda que com a finalidade de utilizá-las para consumo pessoal, é mais grave, pois inegavelmente envolve indivíduos ligados ao tráfico internacional de drogas. Não é possível diminuir a relevância da importação sob o simples argumento de que a semeadura para consumo próprio é tratada de forma mais branda; é imperioso que se analise todo o contexto que envolve a importação.

Ilicitude da conduta – Sabendo que, excepcionalmente, a exploração de drogas é permitida no Brasil (arts. 2.º e 31), para que haja o crime mostra-se indispensável que o agente pratique qualquer dos núcleos verbais sem autorização ou em desacordo com determinação legal ou regulamentar (elemento normativo do tipo). Equivale à ausência de autorização o seu desvio, ainda que regularmente concedida.

Exame pericial – Para que fique comprovada a materialidade do crime previsto neste parágrafo, mostra-se necessária a existência de laudo definitivo atestando que o produto apreendido serve, ainda que eventualmente, como matéria prima, insumo ou substância química para a produção de entorpecentes.

Matérias-primas e os efeitos farmacológicos – Como bem anota Vicente Greco Filho: "Não há necessidade de que as matérias-primas tenham já de *per si* os efeitos farmacológicos dos tóxicos a serem produzidos; basta que tenham as condições e qualidades químicas necessárias para, mediante transformação, adição etc., resultarem em entorpecentes ou drogas análogas. São matérias-primas o éter e a acetona, conforme orientação do Supremo Tribunal Federal e consagração da Convenção de Viena de 1988" (ob. cit. p. 96).

Tipo subjetivo – É o dolo, isto é, deve o agente, com consciência e vontade, praticar qualquer dos núcleos verbais trazidos pelo tipo, ciente de que explora *matéria-prima, insumo ou produto químico destinado à preparação de drogas* sem autorização ou determinação legal ou regulamentar (dispensa a vontade de querer empregar a matéria-prima à produção de drogas, bastando conhecimento da sua capacidade para tanto). Novamente trazemos à baila a pertinente (e esclarecedora) lição de Vicente Greco Filho:

> "A expressão 'destinada à preparação de entorpecentes (...)' poderia levar à interpretação de que o tipo exigiria dolo específico. A destinação, contudo, a nosso ver não é a colocada como fim pelo agente, mas a que normalmente pode prestar-se a substância. A possibilidade de ser transformada em entorpecente não é condição subjetiva do agente em relação à matéria-prima, mas o conjunto de qualidades químicas que a tornem apta para aquele fim. Em outras palavras, não há necessidade para configuração do crime de que o agente queira destinar a matéria-prima à produção de entorpecentes, bastando que saiba ter ela as qualidades necessárias para tal" (ob. cit. p. 97).

Consumação e tentativa – Consuma-se o crime com a prática de qualquer um dos núcleos trazidos pelo tipo, dispensando a efetiva preparação da droga. Deve ser lembrado que algumas modalidades são permanentes, protraindo o seu momento consumativo no tempo e no espaço (por exemplo, *trazer consigo, manter em depósito, guardar* etc.). Apesar da superposição de tipos, a doutrina admite a tentativa.

Semeação, cultivo e colheita ilícita de plantas que se constituam em matéria-prima para a preparação de drogas – Ainda na mesma pena do *caput* incorre qualquer pessoa que *semeia* (deita sementes para fazer germinar), *cultiva* (tratar, promovendo o desenvolvimento de sementes deitadas ao solo) ou faz a *colheita* (colher produto da semeadura) de plantas que se constituam em matéria-prima para a preparação de drogas.

Ilicitude da conduta – Sabendo que, excepcionalmente, a exploração de drogas é permitida no Brasil (arts. 2.º e 31), para que haja o crime mostra-se indispensável que o agente pratique qualquer dos núcleos verbais sem autorização ou em desacordo com determinação legal ou regulamentar (elemento normativo do tipo). Equivale à ausência de autorização o seu desvio, ainda que regularmente concedida.

Princípio ativo – É perfeitamente aplicável ao tipo em estudo entendimento consagrado na lei revogada no sentido de que para configurar o crime em tela não importa que já apresentem as plantas o princípio ativo, porque o que a lei exige é que estas se destinem ao fornecimento de entorpecentes. Não se cultiva o entorpecente, em si, mas a planta da qual aquele será extraído. No que concerne, por exemplo, à atipicidade em virtude da impossibilidade de extrair o princípio ativo da semente da maconha, o STJ tem sido assente: esta circunstância não vem ao caso, pois o tipo do art. 33, § 1º, I, da Lei 11.343/06 pune a importação de **matéria-prima, insumo ou produto químico destinado** à **preparação de drogas**; não se trata de importar a droga, conduta que se subsume ao *caput* (5ª Turma, RHC 77.554/SP, DJe 19/12/2016; 6ª Turma (AgRg no REsp 1.609.752/SP, DJe 01/09/2016).

Cultivar e ter em depósito – O agente que, além de cultivar sementes de maconha, colhe o produto e o mantém em depósito, para fins de comércio, responde por um só crime (progressão criminosa). Nesse sentido (na vigência da lei anterior): "Cultivar maconha e mantê-la em depósito para a comercialização não configura concurso material de delitos. O depósito se apresenta como prosseguimento da ação anterior, existindo forçosa conexão entre os dois momentos da atividade desenvolvida pelo agente. O delito perpetrado é, pois, um só, com progressão de atividade criminosa" (***RT*** 527/367.)

Plantio para uso próprio – Muito se discutia, na vigência da lei revogada, o tratamento para a hipótese de o agente semear, cultivar e colher plantas destinadas à preparação de entorpecentes *para uso próprio*. Para uns, como o tipo não exigia (e continua não exigindo) finalidade especial do agente, seria tráfico, por equiparação. Assim decidiu o TJSC:

> "Cultiva plantação de maconha quem a mantém, exercendo atuação sobre ela, seja semeada por si mesmo, por outro ou encontrada em estado nativo; neste caso, irrelevante a destinação do produto, se para uso próprio ou para venda a terceiros, pois o agente está sujeito às sanções contidas no *caput* do art. 12 da [revogada] Lei 6.368/76" (***RT*** 739/677. Ainda: ***RT*** 668/303).

Outros, preferindo solução menos drástica, usavam da analogia *in bonam partem* para amoldar o fato ao delito de porte para uso próprio: "Inexistindo provas de que o cultivo da maconha, realizado pelo acusado em pequenos vasos, destinava-se ao tráfico, é possível a desclassificação do delito para uso próprio, pois, embora o tipo do art. 16 da Lei [revogada] 6.368/76 não mencione o plantio da substância entorpecente, é admissível o uso de analogia *in bonam partem* como forma de evitar o excesso de punição" (***RT*** 753/683. No mesmo sentido: ***RT*** 672/300).

Contudo, sabiamente, alguns doutrinadores perceberam que o caso espelhava, na verdade, um indiferente penal, uma lacuna, vez que para caracterizar tráfico, dependia do objetivo da mercancia; para caracterizar porte, demandava a prática de um dos núcleos (adquirir, guardar ou trazer consigo). Nesse sentido: "Se a Lei 6.368/76 [revogada pela Lei 11.343/2006] não dispõe que semear, cultivar ou colher plantas destinadas à preparação de entorpecentes ou de substância que determine dependência física ou psíquica, para uso próprio constitui infração penal, trata-se de situação atípica. Tal ação, de caráter distinto, não pode ser equiparada à descrita no art. 12, § 1.º, II, que a liga ao fim de tráfico, nem à prevista no art. 16, relativa à posse para uso próprio, não se podendo, através da interpretação e conjugação de textos, firmar um terceiro. Impossível a aplicação da analogia *in bonam partem* em Direito penal para criar figura delitiva não prevista expressamente ou sanção penal que o legislador não haja estatuído, sob pena de afronta ao princípio da legalidade estampado no art. 5.º, XXXIX, da Constituição" (***RT*** 667/280).

A tormentosa questão com edição da nova Lei foi resolvida. Agora, tratando-se de *pequena quantidade*, as mesmas consequências para o usuário são aplicadas àquele que, para seu consumo pessoal, semeia, cultiva ou colhe plantas destinadas à preparação de substância ou produto capaz de causar dependência física ou psíquica (art. 28, § 1.º). Se média ou grande quantidade (superior ao que necessário para o consumo próprio dos viciados), responde o agente nas penas do art. 33, § 1.º, II (tráfico por equiparação).

Qual a consequência para o agente que semeia, cultiva ou realiza a colheita para fins de preparação de droga que será consumida de forma compartilhada? Abel Fernandes Gomes, Flávio Oliveira Lucas e Frederico Valdez Pereira não sem razão, concluem:

> "O § 3º deste artigo (33) somente prevê o oferecimento da droga para 'pessoa de seu relacionamento' para fim de consumo compartilhado, dando uma ideia de que este não seja futuro, mas que ocorra imediatamente após o oferecimento da droga. Por outro lado, o crime do art. 28, § 1.º repudia o fornecimento ou a intenção de fornecimento para terceira pessoa. Parece-nos que, por analogia benéfica, a solução mais correta será pelo enquadramento no tipo do art. 33, § 3.º, desde que não haja a intenção de venda da droga, que ela se destine à preparação de droga para consumo compartilhado com pessoa de relacionamento do agente e que esta seja plantada em pequena quantidade, tudo a revelar uma mera 'plantação de fundo de quintal'" (***Nova Lei Antidrogas***. Niterói: Impetus, 2006. p. 86).

Tipo subjetivo – É o dolo, bastando que o agente, com consciência e vontade, pratique qualquer dos núcleos trazidos pelo tipo, sem autorização ou em desacordo com determinação legal ou regulamentar, sabendo que a planta constitui matéria-prima para a preparação de drogas.

Consumação e tentativa – O delito se consuma com a prática de qualquer uma das condutas, lembrando que na modalidade *cultivar* (manter a plantação) o crime é permanente. A doutrina admite a tentativa.

Expropriação-sanção – O art. 32, § 4.º, remetendo ao art. 243 da CF, determina que as glebas de qualquer região do País onde forem localizadas culturas ilegais de plantas de psicotrópicos serão imediatamente expropriadas e especificamente destinadas ao assentamento de colonos, para o cultivo de produtos alimentícios e medicamentosos, sem qualquer indenização ao proprietário e sem prejuízo de outras sanções previstas em lei.

Utilização de local (ou de bem de qualquer natureza) para o tráfico – Equipara-se ao tráfico (*caput*) a conduta do agente que utiliza *local* (casa, apartamento, bares, cinema, restaurantes etc.) ou *bem de qualquer natureza* (carro, embarcações, aeronaves etc.) de que tem a *propriedade* (direito de usar, gozar e dispor de um bem, e de reavê-lo do poder de quem ilegalmente o possua), *posse* (direito de exercer alguns dos poderes inerentes à propriedade), *administração* (poder de gestão), *guarda* (zelar pela conservação do bem) ou *vigilância* (dever de fiscalizar), ou consente que outrem dele se utilize, ainda que gratuitamente, para o *comércio ilícito de drogas*. Trata-se de crime próprio, admitindo concurso de pessoas (art. 30 do CP). Como bem lembra Vicente Greco Filho: "Não desnatura o delito a precariedade da posse ou detenção do agente sobre o local, bastando que possa dele se utilizar ou tenha condições de consentir que outro o utilize. Assim, se alguém recebe as chaves de um imóvel para um fim de semana e aproveita a oportunidade para entregá-las a terceiro, para que dele se utilize para uso ilegal de entorpecentes, estará incidindo em incriminação legal. É irrelevante, também, se o agente tenha a posse do imóvel legítima ou ilegitimamente, bastando que a conduta do agente seja causal em relação ao uso de drogas no local" (ob. cit., p. 101)

Ilicitude da conduta – Sabendo que, excepcionalmente, a exploração de drogas é permitida no Brasil (arts. 2.º e 31), para que haja o crime mostra-se indispensável que o agente pratique qualquer dos núcleos verbais sem autorização ou em desacordo com determinação legal ou regulamentar (elemento normativo do tipo). Equivale à ausência de autorização o seu desvio, ainda que regularmente concedida.

Tipo subjetivo – Deve o sujeito ativo, com sua conduta, visar a prática do comércio de drogas. Assim, diferentemente da lei revogada (art. 12, § 2.º, II), o novo crime não abrange a conduta daquele que assim age para facilitar o mero *uso por terceiros*. Ocorrendo essa hipótese, entendemos que a conduta subsumir-se-á ao parágrafo seguinte (art. 33, § 2.º).

Finalidade de lucro – Não se exige do agente agir com finalidade de lucro.

Consumação e tentativa – Na primeira modalidade (agente que utiliza local ou bem) o crime se consuma com o efetivo proveito do local, ainda que apenas uma vez, mostrando possível a tentativa. Já na forma segunda (consentir), basta mera permissão, havendo o *conatus* quando feita por escrito.

> § 2º Induzir, instigar ou auxiliar alguém ao uso indevido de droga:
> Pena – detenção, de 1 (um) a 3 (três) anos, e multa de 100 (cem) a 300 (trezentos) dias-multa.

Induzimento, instigação ou auxílio ao uso indevido de drogas – Este crime, na vigência da Lei 6.368/76, era punido com a mesma pena do tráfico. A Lei nova, acreditando que o fato não trazia tamanha gravidade, o privilegiou, preferindo pena menos severa, qual seja, detenção de 1 a 3 anos, e multa. A brandura da nova Lei foi exagerada. Estamos diante de agente que, psicologicamente, leva alguém ao uso de entorpecentes (muitas vezes iniciando-o ao vício). Assim, parece, que o desvalor da sua conduta pouco (ou em nada) difere daquele que vende a droga ao viciado.

Sujeitos do crime – Qualquer pessoa pode praticar o crime (delito comum), figurando como sujeito passivo, ao lado do Estado, o induzido, instigado ou auxiliado.

Tipo objetivo – Pune-se o *induzir* (fazer nascer a vontade, aconselhando, sugerindo etc.), a *instigar* (reforçar ideia preexistente, açulando o indeciso) ou o *auxiliar* (assistência material, empréstimo de dinheiro) *alguém* (pessoa ou grupo de pessoas certo e determinado) ao uso indevido de droga. O incentivo genérico, dirigido à pessoas incertas e indeterminadas, não caracteriza o crime do art. 33, § 2.º, da Lei de Drogas, mas pode, conforme o caso, ajustar-se ao delito previsto no art. 287 do CP (fazer apologia ao crime). Note-se, no entanto, que, ao julgar a ADIN 4274/DF, o STF conferiu ao dispositivo interpretação conforme à Constituição para "dele excluir qualquer significado que enseje a proibição de manifestações e debates públicos acerca da descriminalização ou legalização do uso de drogas ou de qualquer substância que leve o ser humano ao entorpecimento episódico, ou então viciado, das suas faculdades psicofísicas".

Tipo subjetivo – É o dolo, consistente na vontade livre e consciente de incentivar alguém ao uso de drogas.

Consumação e tentativa – Na vigência da lei anterior, o crime consistia em incentivar alguém a *usar* droga. Por conta da redação típica (*a usar droga*) só se cogitava da consumação do crime quando a pessoa incentivada fizesse efetivo uso do psicotrópico. Apesar de Vicente Greco, mesmo com a nova redação, manter esse entendimento (ob. cit., p. 103), entendemos que a conclusão deva ser outra. Pune-se, hoje, aquele que induzir, instigar ou auxiliar alguém *ao uso* indevido de droga, consumando-se o crime ainda que a pessoa incentivada assim não faça (bastando a potencialidade lesiva). A tentativa é possível, por exemplo, se o incentivo se faz por meio escrito, como na carta interceptada.

Induzir, instigar ou auxiliar incapaz – Se a pessoa induzida, instigada ou auxiliada for criança, adolescente ou quem tenha, por qualquer motivo, diminuída ou suprimida a capacidade de entendimento e determinação, o delito permanece o mesmo (art. 33, § 2.º), porém com a pena aumentada nos termos do que disposto no art. 40, VI.

> § 3.º Oferecer droga, eventualmente e sem objetivo de lucro, a pessoa de seu relacionamento, para juntos a consumirem:
>
> Pena – detenção, de 6 (seis) meses a 1 (um) ano, e pagamento de 700 (setecentos) a 1.500 (mil e quinhentos) dias-multa, sem prejuízo das penas previstas no art. 28.

Cessão gratuita para consumo – Na vigência da lei anterior muito se discutia a respeito de como enquadrar a conduta daquele que, gratuitamente, cedia droga a terceiro, para juntos a consumirem. Para uma primeira corrente, a conduta se ajustava ao art. 12 (tráfico, atual art. 33), não distinguindo o tipo a finalidade visada com a cessão. Para outros, inexistente o objetivo de lucro (mercancia) à hipótese, por questão de equidade, melhor se amoldava ao art. 16 (porte para uso, atual art. 28). Hoje a tormentosa questão parece resolvida, prevendo a nova Lei tipo específico, equiparado ao tráfico (art. 33, § 3.º), porém de menor potencial ofensivo.

Sujeitos do crime – Pratica este crime aquele que oferece droga a pessoa de seu relacionamento. Assim, parece claro que o tipo exige uma relação (de fato ou jurídica) ligando os sujeitos (parentes, amigos, colegas, namorados etc.). Figura como sujeito passivo, ao lado do Estado, o indivíduo tentado pela ação do agente.

Tipo objetivo – Pune-se a conduta daquele que oferece droga (substância assim definida na Portaria SVS/MS 344, de 12 de maio de 1998), eventualmente e sem objetivo de lucro, à pessoa de seu relacionamento, para juntos a consumirem. Se o oferecimento for frequente e/ou visar enriquecimento (mesmo que indireto) do fornecedor, o crime passa a ser o de tráfico (art. 33, *caput*). Dentro desse espírito, parece óbvio que responderá por tráfico aquele que oferece gratuitamente droga visando futuros consumidores, isto é, para que pessoas (ainda que de seu relacionamento) experimentem a substância e confiram a qualidade, fomentando futuras compras.

Cessão eventual e gratuita para consumidor inimputável – Como a Lei não diferencia, somos obrigados a ajustar a conduta daquele que oferece drogas ao imputável no mesmo artigo daquele que assim age em face de um inimputável (menor, doente mental etc.), circunstância esta, no entanto, que não pode passar desapercebida pelo juiz na individualização da pena (art. 40, VI).

Tipo subjetivo – É o dolo, consistente na vontade consciente de oferecer a pessoa de seu relacionamento, droga, para juntos consumirem (elemento subjetivo do injusto positivo), sem finalidade de lucro (elemento subjetivo do injusto negativo).

Consumação e tentativa – O crime é formal (ou de consumação antecipada), perfazendo-se com o simples oferecimento, dispensando o efetivo uso (ou mesmo o aceite do terceiro).

Preceito secundário – O crime é punido com detenção, de seis meses a um ano, devendo o magistrado, na hipótese de substituição da pena por restritiva de direitos, considerar, também, as novas espécies de sanção alternativa trazidas no art. 28 desta Lei.

> § 4.º Nos delitos definidos no *caput* e no § 1.º deste artigo, as penas poderão ser reduzidas de 1/6 (um sexto) a 2/3 (dois terços), vedada a conversão em penas restritivas de direitos, desde que o agente seja primário, de bons antecedentes, não se dedique às atividades criminosas nem integre organização criminosa.

Causa de diminuição de pena – No delito de tráfico (art. 33, *caput*) e nas formas equiparadas (§ 1.º), as penas poderão ser reduzidas de um sexto a dois terços, desde que o agente seja primário (não reincidente), de bons antecedentes e não se dedique às atividades criminosas nem integre organização criminosa (traficante, agindo de modo individual e ocasional). Os requisitos são subjetivos e cumulativos, isto é, faltando um deles, inviável a benesse legal.

O entendimento dominante era no sentido de que a causa de diminuição de pena não retirava a hediondez do crime, tanto que, em 2014, o STJ editou a súmula nº 512 exatamente nesses termos. Ocorre que, em 23/06/2016, julgando o habeas corpus 118.533/MS, relatado pela Min. Cármen Lúcia, o STF decidiu que o privilégio não se harmoniza com a hediondez do crime de tráfico, razão pela qual, uma vez aplicada a minorante, afasta-se o caráter hediondo do delito. Em razão disso, o STJ cancelou a súmula nº 512.

Em decorrência dessa nova orientação, o STJ passou a adotar o entendimento de que é permitida a concessão de indulto a condenado pelo crime de tráfico privilegiado, considerando inviável negar o benefício com base em entendimento jurisprudencial já superado (HC 435.156/SP, j. 19/04/2018).

A incidência da causa de diminuição da pena pode ser balizada pela natureza e pela quantidade da droga (art. 42), que podem não só influenciar na extensão da redução como também podem mesmo obstá-la, como vem decidindo o STJ:

> "2. A teor do disposto no § 4º do art. 33 da Lei n. 11.343/2006, os condenados pelo crime de tráfico de drogas terão a pena reduzida, de um sexto a dois terços, quando forem reconhecidamente primários, possuírem bons antecedentes e não se dedicarem a atividades delituosas ou integrarem organizações criminosas. 3. Na falta de parâmetros legais para se fixar o *quantum* dessa redução, os Tribunais Superiores decidiram que a quantidade e a

natureza da droga apreendida, além das demais circunstâncias do delito, podem servir para a modulação de tal índice ou até mesmo para impedir a sua aplicação, quando evidenciarem o envolvimento habitual do agente no comércio ilícito de entorpecentes. Precedentes" (HC 400.528/SP, DJe 18/08/2017).

Note-se, no entanto, algo importantíssimo: as circunstâncias do art. 42 devem ser utilizadas na primeira ou na terceira fase de aplicação da pena, ou seja, o juiz tem a opção de, na primeira etapa, utilizar a natureza e a quantidade da droga para fixar a pena-base acima do mínimo legal, ou de, na terceira fase, considerar a natureza e a quantidade para dosar a fração de diminuição ou para afastar o benefício. Não é possível utilizar o mesmo expediente nas duas fases porque, segundo decidiu o STF em sede de repercussão geral, há *bis in idem*:

> "Cumpre destacar que, em sessão realizada no dia 19.12.2013, o Pleno do STF, ao julgar os HCs 112.776 e 109.193, ambos da relatoria do Min. Teori Zavascki, firmou orientação no sentido de que, em caso de condenação por tráfico ilícito de entorpecentes, a natureza e a quantidade da droga apreendida apenas podem ser levadas em consideração em uma das fases da dosimetria da pena, sendo vedada sua apreciação cumulativa. Na ocasião, ficou consignado que cabe ao juiz escolher em qual momento da dosimetria essa circunstância vai ser levada em conta, seja na primeira, seja na terceira, observando sempre a vedação ao bis in idem. No presente caso, o Juiz de 1º grau, ao realizar a fixação da pena, levou em consideração a quantidade e a natureza da droga tanto na primeira quanto na terceira fase da dosimetria para elevar a pena do recorrente, o que é vedado nos termos da jurisprudência desta Corte. Assim, manifesto-me pela existência de repercussão geral da questão constitucional debatida e pela reafirmação da jurisprudência desta Corte, de modo a fixar o entendimento no sentido de que as circunstâncias da natureza e da quantidade da droga apreendida devem ser levadas em consideração apenas em uma das fases do cálculo da pena" (ARE 666.334 RG/AM, DJe 06/05/2014 – trecho do voto do min. Gilmar Mendes).

É motivo para a não incidência da minorante o fato de o agente responder a inquéritos ou a ações penais.

Sabe-se que, na aplicação da pena, o juiz só pode considerar maus antecedentes as condenações transitadas em julgado. Não é possível exasperar a pena com fundamento em inquéritos policiais e em ações penais em andamento (súmula nº 444 do STJ). No entanto, a Terceira Seção do STJ firmou o entendimento de que inquéritos policiais e ações penais em curso podem ser utilizados para afastar a causa de diminuição de pena no tráfico sob o argumento da dedicação do agente a atividades criminosas. De acordo com o tribunal – cujas 5ª e 6ª Turmas eram divergentes –, o fato de o agente ser investigado ou réu em outros feitos criminais não impossibilita automaticamente a aplicação da minorante, mas tampouco impede que o juiz deixe de aplicá-la se, analisando as circunstâncias, considerar que o agente não faz jus ao benefício legal. A cláusula de diminuição de pena não pode ser aplicada de forma desmedida, pois se destina a beneficiar somente aqueles que praticaram de forma eventual o crime de tráfico (EREsp 1.431.091/SP, j. 14/12/2016).

Questão interessante diz respeito à aplicação da causa de diminuição de pena em favor do agente que serve de transportador da droga (o conhecido "mula"). Há quem sustente que o fato é indicativo bastante de participação em organização criminosa, fator impeditivo da minorante. O STJ tem tanto decisões nas quais aplica a minorante quanto outras nas quais a afasta, sempre considerando o caso concreto. Em síntese, o tribunal não considera que o fato de o agente servir de transportador da droga caracterize uma presunção absoluta de que integra a organização criminosa à qual esteja servindo. São as circunstâncias da prática criminosa que indicam a extensão de sua colaboração. E, note-se, este papel pode servir inclusive para balizar a quantidade da diminuição da pena, caso a minorante seja aplicada:

> "A condição de agente colaborador de crime organizado no tráfico internacional de drogas ("mula") constitui fundamento idôneo para se valorar negativamente na terceira fase da dosimetria, razão pela qual é válida a aplicação do percentual de redução em 1/6, pela incidência da minorante do art. 33, § 4º, da Lei n. 11.343/2006. Precedentes" (AgRg no REsp 1.354.656/SP, DJe 18/08/2017).
>
> "2. Em consonância com o entendimento desta Quinta Turma, foi ressaltado que a simples atuação do indivíduo flagrado no transporte eventual de droga alheia ("mula") não pode levar à conclusão de que integre organização criminosa para efeito de afastar a incidência da minorante do art. 33, § 4º, da Lei n. 11.343/06. 3. Todavia, a referida minorante foi afastada pois, no caso, as instâncias ordinárias concluíram, com base nos elementos de prova, que o réu *"não se trata indivíduo que se apresente totalmente desvinculado de organizações criminosas ou sobre quem não pairem indicativos de que tenha como meio de vida a dedicação ao crime, notadamente em razão "das anotações de viagens anteriores havidas no passaporte do acusado, viagens estas de curta duração (Azerbaijão – 1 semana; Geórgia – 1 dia) e cujo propósito evidentemente não foi aquele mencionado pelo réu na versão que trouxe à baila em seu interrogatório (procura de um trabalho temporário) tudo a indicar que foram realizadas com o mesmo propósito que a viagem feita ao Brasil e que culminou com sua prisão, ou seja, a traficância de drogas."* 4. Com efeito, *"esta Corte tem entendido que a atuação como transportador de droga, aliada à presença de elementos que demonstram, concretamente, a vinculação com organização criminosa, é fundamento idôneo para afastar a redução aqui pleiteada."* (AgRg no AREsp 736.510/SP, Rel. Ministro FELIX FISCHER, QUINTA TURMA, julgado em 27/04/2017, DJe 10/05/2017)" (AgRg no HC 241.072/SP, DJe 18/08/2017).

Com isso, o tribunal segue o entendimento firmado pelo STF:

> "2. Descabe afastar a incidência da causa de diminuição de pena do art. 33, § 4º, da Lei nº 11.343/06 com base em mera conjectura ou ilação de que o réu integre organização criminosa. Precedentes. 3. O exercício da função de "mula", embora indispensável para o tráfico internacional, não traduz, por si só, adesão, em caráter estável e permanente, à estrutura de organização criminosa, até porque esse recrutamento pode ter por finalidade um único transporte de droga. Precedentes" (HC 134.597/SP, DJe 09/08/2016).

Direito subjetivo do réu – A simples leitura do parágrafo pode induzir o intérprete a imaginar que o benefício está na órbita discricionária do juiz. Contudo, parece-nos que, preenchidos os requisitos, o magistrado não só pode, como deve reduzir a pena, ficando a sua discricionariedade (motivada) limitada à fração minorante (esta orientada pela quantidade e/ou espécie da droga apreendida).

Retroatividade – Tratando-se de inovação benéfica para o réu, deve retroagir (incondicionalmente) para alcançar os fatos pretéritos, ainda que em fase de execução (art. 2.º, parágrafo único, do CP), minorando, nesses casos (pretéritos), a pena antiga (3 a 15 anos). Há, entretanto, doutrina em sentido contrário, sustentando que a retroatividade deve ser condicional, evitando a combinação das duas leis (nova e antiga). Nesse sentido, citamos a respeitável opinião dos Procuradores da República Andrey Borges de Mendonça e Paulo Roberto Galvão de Carvalho: "Este dispositivo, como dito acima, foi criado para mitigar, de certa forma, o rigor da nova Lei de Drogas, que aumentou sensivelmente a pena mínima dos delitos previstos no art. 33, *caput*, e § 1.º. Assim, há uma correlação lógica e necessária entre o aumento da pena mínima destes delitos e a criação da minorante. Justamente por isto, o intérprete não pode desconsiderar este elo, aplicando retroativamente apenas a nova causa de diminuição, sob pena de estar criando uma disposição não prevista pelo legislador" (*Lei de Drogas*. São Paulo: Método, 2006. p. 99-101).

Em seguida, concluem referidos autores: "Neste ponto deverá o magistrado verificar se a nova Lei de Drogas é de fato mais favorável ao acusado, mesmo esta sendo aplicada unitariamente, sem cisão. E, para tanto, deverá fazer um juízo hipotético e analisar, retroagindo a pena base do art. 33, *caput* e § 1.º, bem como a causa de diminuição em estudo, em comparação com a Lei anterior, qual das duas leis será mais favorável ao agente. Como abstratamente não será possível definir qual das leis é mais favorável ao agente (se a antiga ou na nova Lei de Drogas), deverá o magistrado analisar o caso *sub judice* tendo em vista as particularidades concretas da conduta, para somente então determinar qual lei é mais favorável ao acusado".

A combinação de leis, como propomos, hoje é dominante na doutrina. Por todos, bem explica Rogério Greco: "Somos da opinião de que a combinação de leis levada a efeito pelo julgador, ao contrário de criar um terceiro gênero, atende aos princípios constitucionais da ultra-atividade e retroatividade benéficas. Se a lei anterior, já revogada, possui pontos que, de qualquer modo, beneficiam o agente, deverá ser ultra-ativa; se na lei posterior que revogou o diploma anterior também existem aspectos que o beneficiam, por respeito aos imperativos constitucionais, devem ser aplicados" (*Curso de direito penal* – Parte geral. 5. ed. Niterói: Impetus, 2005. p. 128).

O Superior Tribunal de Justiça, no entanto, sumulou a orientação de que a causa de diminuição de pena só pode incidir se, aplicada integralmente, resulte em benefício para o agente: "É cabível a aplicação retroativa da Lei n. 11.343/2006, desde que o resultado da incidência das suas disposições, na íntegra, seja mais favorável ao réu do que o advindo da aplicação da Lei n. 6.368/1976, sendo vedada a combinação de leis" (súmula 501).

Vedação de penas restritivas de direitos – Com a redução da pena privativa de liberdade ao *primário* e de *bons antecedentes*, preenchidos estariam todos os requisitos (objetivos e subjetivos) permissivos da substituição da reprimenda por restritivas de direitos (art. 43 e ss. do CP). Contudo, o mesmo § 4.º logo vedou essa possibilidade, impedindo a "conversão" (*rectius*: substituição), proibição essa repetida no art. 44 desta Lei. Sempre questionamos a constitucionalidade desta vedação. O STF, finalmente, ao julgar no dia 1.º de setembro de 2010 o HC 97.256, colocou uma pá de cal na discussão, reconhecendo a inconstitucionalidade da proibição em abstrato, devendo o juiz, aquilatando o caso concreto, decidir pelo cabimento ou não do benefício. Não pode o legislador substituir-se ao magistrado no desempenho de sua atividade jurisdicional· O Senado Federal promulgou a Res. 5/2012, suspendendo, nos termos do art. 52, X, da CF/1988, a execução da expressão "vedada a conversão em penas restritivas de direitos" do § 4.º do art. 33 da Lei 11.343/2006. Aprofundamos o assunto no estudo do art. 44 desta Lei.

Art. 34. Fabricar, adquirir, utilizar, transportar, oferecer, vender, distribuir, entregar a qualquer título, possuir, guardar ou fornecer, ainda que gratuitamente, maquinário, aparelho, instrumento ou qualquer objeto destinado à fabricação, preparação, produção ou transformação de drogas, sem autorização ou em desacordo com determinação legal ou regulamentar:

Pena – reclusão, de 3 (três) a 10 (dez) anos, e pagamento de 1.200 (mil e duzentos) a 2.000 (dois mil) dias-multa.

Objetividade jurídica – O bem jurídico protegido é a saúde pública (tutela imediata) e a saúde individual de pessoas que integram a sociedade (tutela mediata). A saúde pública é um bem jurídico supraindividual que deve sempre ter como referência última os bens jurídicos pessoais.

Tráfico de maquinários – O tipo penal em estudo traz o tráfico, porém não mais de drogas, mas de maquinário, aparelho, instrumento ou qualquer objeto destinado à fabricação, preparação, produção ou transformação de drogas. Vicente Amêndola Neto, lembrando o escólio de Menna Barreto, justifica a incriminação: "As razões desse acréscimo no elenco dos tipos previstos são bastante óbvias, pois com o incremento do uso de tóxicos, em todo o mundo, multiplicaram-se os laboratórios clandestinos, que atuam como verdadeiras usinas de fabricação, preparação ou transformação das mais variadas espécies de drogas e instrumentos para a sua utilização" (***Tráfico de entorpecentes***. Campinas: M.E. Editora, 2000. p. 173)

Delito subsidiário – Cuida-se de delito em regra subsidiário, ou seja, praticando o agente, no mesmo contexto fático, tráfico de drogas e de maquinários, deve responder apenas por aquele, ficando este absorvido (o que não impede o juiz de considerar essa circunstância na fixação da pena). Nesse sentido: "(...) 6. Segundo precedentes da Sexta Turma desta Corte, as condutas tipificadas nos arts. 33, § 1º, e 34 da Lei n. 11.343/2006 têm natureza subsidiária em relação àquelas previstas no art. 33, caput, da mesma Lei (anteriormente previstas nos arts. 12 e 13 das Lei n. 6.368/1976). Sendo assim, quando praticadas todas num mesmo contexto fático, responde o agente apenas pelo crime tipificado no art. 33, *caput*, da Lei n. 11.343/2006. 7. O próprio acórdão recorrido afirma que as condutas formavam um todo único, voltado para o tráfico de drogas. Contudo, impôs condenação distinta em relação aos arts. 33, § 1º, e 34 da Lei n. 11.343/2006 por entender que as condutas neles previstas não seriam subsidiárias em relação ao caput do art. 33, da Lei n. 11.343/2006, mas autônomas. Entretanto, essa conclusão discrepa da posição desta Corte Superior (...)" (STJ: REsp 1.470.276/SP, j. 01/09/2016).

Não se descarta, todavia, a possibilidade de concurso, desde que as circunstâncias demonstrem que as condutas se vinculam a contextos fáticos diversos:

> "(...) 2. O crime descrito no 34 da Lei n. 11.343/2006 busca coibir a produção de entorpecentes, enquanto a norma incriminadora do tráfico de estupefacientes possui como objetivo obstar a disseminação dos materiais tóxicos. Sendo assim, nos termos da orientação jurisprudencial desta Casa, necessário avaliar, para fins de incidência do princípio da consunção, a concreta lesividade dos instrumentos destinados à fabricação, preparação ou transformação dos entorpecentes. Precedentes. 3. Na espécie, os condenados, além de terem em depósito certa quantidade de entorpecentes para fins de mercancia, armazenavam, em significativa escala, maquinários e utensílios – balanças, tachos e substâncias para mistura, com peso total, conforme auto de apreensão, de dezenove quilogramas – que não se destinavam somente à preparação dos estupefaciente encontrados no momento da prisão dos réus, compondo, para além disso, laboratório que funcionava de forma autônoma, proporcionando a preparação de número muito maior de substâncias estupefacientes. Desse modo, inviável a incidência do princípio da consunção, porquanto evidenciada a independência entre as condutas, ou seja, a fabricação ou transformação dos materiais tóxicos não operou como meio necessário para o crime de tráfico de entorpecentes (...)" (HC 349.524/SP, j. 18/05/2017).

Crime equiparado a hediondo – Apesar de a maioria ensinar que o crime em estudo é equiparado a hediondo (ver art. 44), somos obrigados a discordar. Analisando o texto constitucional (art. 5.º, XLIII), percebe-se que a equiparação alcança somente a tortura, o terrorismo e o tráfico ilícito de *drogas* (abranger maquinários é integrar em prejuízo do réu, ferindo o princípio da legalidade).

Sujeitos do crime – Qualquer pessoa pode praticar o tráfico de maquinários (crime comum). A sociedade figura como vítima.

Tipo objetivo – Agora são onze (e não mais seis) as formas de praticar o tráfico de maquinaria: *fabricar* (manufaturar), *adquirir* (entrar na posse), *utilizar* (empregar), *transportar* (conduzir, carregar), *oferecer* (tornar disponível), *vender* (negociar em troca de valor), *distribuir* (entregar a diversos receptores), *entregar a qualquer título* (passar às mãos, ainda que de forma precária), *possuir* (ter a posse) ou *guardar* (tomar conta, zelar para alguém) ou *fornecer* (abastecer) ainda que gratuitamente, *maquinário* (conjunto de máquinas), *aparelho* (conjunto de peças ou utensílios organizados para determinada finalidade), *instrumento* (utensílio, apetrecho, ferramenta) ou qualquer objeto destinado à fabricação, preparação, produção ou transformação de drogas.

Objeto material – Quanto ao objeto material do crime (maquinário, aparelho, instrumento ou qualquer objeto), diverge a doutrina se deve ter destinação específica na produção de psicotrópicos. Prevalece a lição de que basta que os instrumentos e aparelhos estejam sendo utilizados para a prática da finalidade ilícita, ainda que criados para outro fim (ex: balança de precisão). Nesse ponto, alerta Vicente Greco: "Não existem aparelhos de destinação exclusivamente a essa finalidade. Qualquer instrumento ordinariamente usado em laboratório químico pode vir a ser utilizado na produção de tóxicos: um bico de Bunsen, uma estufa, pipetas, destiladores etc. Estes mesmos instrumentos poderiam ser, e comumente o são, empregados em atividades inocentes. O mesmo ocorre com instrumentos ou objetos caseiros também passíveis de serem transformados em preparadores de drogas ilícitas" (ob. cit., p. 123).

No entanto, ainda que amplo o rol de objetos materiais, torna-se necessária a prova de que eram (ou seriam) utilizados pelo agente na fabricação, preparação, produção ou transformação da droga. A lâmina de barbear, por exemplo, não se destina a tais finalidades, mas sim separar droga pronta para o uso, não configurando o crime do art. 34 (nesse sentido, ainda na vigência da lei anterior: RT 698/331). Do mesmo modo, a apreensão de instrumentos impregnados de droga não evidencia, por si só, o crime: "Não resta tipificado o delito do art. 13 da Lei Antitóxicos [atual art. 34] se os instrumentos apreendidos estavam impregnados da droga já pronto para o consumo, pois tal circunstância evidencia sua destinação apenas ao uso da substância e não à fabricação, preparação, produção ou transformação da mesma" (***RT*** 691/380).

Exame pericial – A jurisprudência, na vigência da Lei anterior, vinha exigindo exame pericial para se comprovar a finalidade ilícita dos objetos apreendidos. Assim: "Sendo relativamente complicada máquina apreendida e que se destinaria ao preenchimento de ampolas e, seu fechamento após a introdução de droga, indeclinável seja ela submetida a exame pericial, para responsabilizar-se o réu pelo delito do art. 13 [atual art. 34] da lei especial." (*JUTACRIM* 56/193).

Ilicitude da conduta – Sabendo que, excepcionalmente, a exploração de drogas é permitida no Brasil (arts. 2.º e 31), para que haja o crime mostra-se indispensável que o agente pratique qualquer dos núcleos verbais sem autorização ou em desacordo com determinação legal ou regulamentar (elemento normativo do tipo). Equivale à ausência de autorização o seu desvio, ainda que regularmente concedida.

Tipo subjetivo – É o dolo, consistente na vontade consciente de traficar maquinários destinados à fabricação, preparação, produção ou transformação de drogas, sabendo não estar autorizado ou em acordo com determinação legal ou regulamentar.

Consumação e tentativa – O crime se consuma com a prática de qualquer um dos núcleos do tipo, independente da efetiva produção da droga (algumas modalidades são permanentes). Apesar de admitida pela doutrina, a tentativa mostra-se difícil na prática.

Sanção penal – A pena privativa de liberdade é a mesma da Lei anterior (3 a 10 anos de reclusão). A pecuniária (cumulativa), que era de 50 a 360 dias-multa, passou para 1.200 a 2.000 dias-multa. Estamos diante de *novatio legis in pejus*, aplicando-se somente aos fatos ocorridos durante a sua vigência, sendo vedada, em caráter absoluto, a sua retroatividade (art. 1.º do CP). Sabendo que algumas modalidades do crime são permanentes (*guardar* e *possuir*, por exemplo), deve ser lembrada a determinação contida na Súmula 711 do STF, *in verbis*: "A lei penal mais grave aplica-se ao crime continuado ou ao crime permanente, se a sua vigência é anterior à cessação da continuidade ou da permanência".

É possível, por analogia, aplicar-se ao delito em estudo a minorante tratada no § 4.º do art. 33 (*as penas poderão ser reduzidas de um sexto a dois terços, vedada a conversão em penas restritivas de direitos, desde que o agente seja primário, de bons antecedentes, não se dedique* **às** *atividades criminosas nem integre organização criminosa*)? Na resposta, Andrey Borges de Mendonça e Paulo Roberto Galvão de Carvalho, depois de bem analisarem o problema, concluem: "Chega-se, portanto, ao seguinte problema: caso o agente seja detido após montar um laboratório clandestino de drogas, mas antes de praticar qualquer conduta prevista no art. 33, *caput*, sua pena mínima será de três anos. Por outro lado, caso sua prisão ocorra após ter efetivamente colocado o laboratório em funcionamento, sua pena mínima, caso preencha os requisitos do § 4.º do art. 33, poderá ser de um ano a oito meses! Veja que para a conduta menos grave há a possibilidade de se aplicar pena mais gravosa, em clara afronta ao princípio da isonomia. O intérprete deve ser convocado para resolver esse impasse. A única solução será a aplicação da causa de diminuição de pena do art. 33, § 4.º, também sobre a pena do art. 34, incidindo a causa de redução de pena de um sexto a dois terços sobre a pena de três a 10 anos" (Ob. cit., p. 105.)

Art. 35. Associarem-se duas ou mais pessoas para o fim de praticar, reiteradamente ou não, qualquer dos crimes previstos nos arts. 33, caput e § 1º, e 34 desta Lei:

Pena – reclusão, de 3 (três) a 10 (dez) anos, e pagamento de 700 (setecentos) a 1.200 (mil e duzentos) dias-multa.

Parágrafo único. Nas mesmas penas do caput deste artigo incorre quem se associa para a prática reiterada do crime definido no art. 36 desta Lei.

Objetividade jurídica – O bem jurídico protegido é a saúde pública (tutela imediata) e a saúde individual de pessoas que integram a sociedade (tutela mediata). A saúde pública é um bem jurídico supraindividual que deve sempre ter como referência última os bens jurídicos pessoais.

Associação para o tráfico (de drogas e maquinários) – O art. 35 traz modalidade especial de associação criminosa (art. 288 do CP). Contudo, diferentemente desta, a associação para o tráfico exige apenas duas pessoas (e não três), agrupadas de forma estável e permanente, para o fim de praticar, reiteradamente ou não, qualquer dos crimes previstos nos arts. 33, *caput* (tráfico de drogas), e 34 (tráfico de maquinário) desta Lei.

Crime autônomo – Trata-se de crime autônomo, isto é, a sua caracterização não depende da prática de qualquer dos crimes referidos no tipo, configurando-se o concurso material de delitos, caso ocorram (art. 69, *caput*, do CP). Assim já decidiu o STF: "É perfeitamente possível que ocorra concurso material entre tráfico de entorpecentes e associação estável, pois o crime autônomo, previsto no art. 14 da Lei 6.368/76 [atual art. 35], tem como finalidade cometer delitos dos arts. 12 e 13 da mesma lei [hoje, arts. 33, *caput*, e 34, respectivamente]" (***RT*** 773/503).

Em sentido contrário, temos: "O crime definido na Lei de Tóxicos, em seu art. 14 [atual art. 35], diz respeito à associação de agentes que não chegam a praticar qualquer dos outros delitos previstos em norma incriminadora. Assim, tal dispositivo é de se considerar como subsidiário em relação aos outros ilícitos mais graves, motivo pelo qual somente cabe sua configuração nos casos de não demonstrada a prática dos denominados delitos principais. Sua funcionalidade, pois, pode ser figurada como a de soldado de reserva da ordem jurídica. Descabe, pois, razão a quem o entenda como aplicável cumulativamente, por exemplo, com o crime do art. 12 [atual art. 33]" (***RJTJRS*** 106/113).

Tipo subjetivo – É o dolo (*animus associativo*), aliado ao fim específico de traficar drogas ou maquinários.

> "Para o reconhecimento do crime previsto no art. 14 da Lei 6.368/76 [atual 35], não basta a convergência de vontades para a prática das infrações constantes dos arts. 12 e 13 [atuais arts. 33 e 34]. É necessário, também, a intenção associativa com a finalidade de cometê-las, o dolo específico." (***RT*** 532/381).

> "Para a caracterização do delito previsto no art. 14 da Lei 6.368/76 [atual art. 35], o *animus* associativo há de ser cumpridamente provado, pois é figura integrante do tipo, indispensável para sua caracterização. Quando existem tão somente indícios, que não se apresentam como indicativos concludentes da materialidade e da autoria do delito de tráfico de entorpecentes, não pode ser afirmada a associação." (***RTRF 4.ª Reg.*** 14/215).

Consumação e tentativa – A consumação, que se dá com a formação da *societas criminis*, protrai-se enquanto perdurar a reunião (crime permanente). Como já alertado acima, não há necessidade de que algum dos delitos de tráfico venha a ocorrer, desde que demonstrado que a associação de pessoas continha um ajuste prévio e duradouro com tal finalidade. A maioria da doutrina não admite a tentativa.

Crime equiparado a hediondo – Há quem sustente que este crime é também equiparado a hediondo, sofrendo todos os consectários da Lei 8.072/90 (ver art. 44). Discordamos. Como já discorremos acima, a CF/88 etiquetou, num rol taxativo, os crimes equiparados a hediondo, quais sejam, tortura, terrorismo e o tráfico ilícito de drogas e substâncias afins. Exclui-se, portanto, o delito de associação. Assim: "A jurisprudência pacífica do Superior Tribunal de Justiça reconhece que o crime de associação para o tráfico de entorpecentes (art. 35 da Lei n. 11.343/2006) não figura no rol de delitos hediondos ou a eles equiparados, tendo em vista que não se encontra expressamente previsto no rol taxativo do art. 2º da Lei n. 8.072/1990" (HC 429.672/SP, DJe 27/08/2018).

Apesar de excluído do rol dos crimes de máxima potencialidade lesiva, por força da atual Lei este crime passou a ser inafiançável e insuscetível de *sursis*, graça, indulto e anistia (art. 44, *caput*).

Associação eventual – A lei revogada previa uma causa de aumento quando a associação fosse eventual (sem estabilidade), é dizer, mero concurso de agentes. A atual aboliu essa majorante, mudança que deve retroagir em benefício do agente, alcançando fatos pretéritos, ainda que acobertados pelo manto da coisa julgada (art. 2.º, parágrafo único, do CP). Nem se diga que, agora, a mera reunião ocasional de duas ou mais pessoas passou a subsumir-se ao tipo penal em estudo. *A uma*, porque a redação do crime autônomo da associação para o tráfico (antigo art. 14, agora art. 35) não mudou sua redação. *A duas*, porque a cláusula "reiteradamente ou não" significa somente que a reunião deve visar a prática de crimes futuros (no espírito do art. 288 do CP), não dispensando, de modo algum, a estabilidade. *A três*, porque é do nosso sistema penal (sem exceções) punir o mero concurso de agentes como agravante, causa de aumento ou qualificadora de crime, jamais como tipo básico, um delito autônomo.

Sanção penal – Na vigência da Lei 6.368/76, a associação para o tráfico (art. 14) era punida com reclusão de 3 (três) a 10 (dez) anos, e multa. Com o advento da Lei 8.072/90, nasceu séria controvérsia. É que o seu art. 8.º, *caput*, estipulou pena de 3 (três) a 6 (seis) anos quando o delito de quadrilha ou bando (art. 288 do CP) visasse, dentre outros, a prática do comércio de drogas ou maquinários. Surgiu a inevitável pergunta: o art. 288 do CP c/c o art. 8.º, *caput*, da Lei 8.072/90, revogou o art. 14 (associação especial)? Depois de anos discutindo, o STF colocou uma pá de cal no assunto, decidindo que o art. 8.º, *caput*, da Lei dos Crimes Hediondos alterou somente o preceito secundário do art. 14 (que passou a ser de 3 a 6 anos), sem revogar o tipo incriminador (*JSTF* 243/356). Agora, com a atual Lei, a pena privativa de liberdade do delito de associação foi restaurada (3 a 10 anos de reclusão), majorando-se, também, a pecuniária. Em síntese, estamos diante de *novatio legis in pejus*, aplicando-se somente aos fatos ocorridos durante a sua vigência, sendo vedada, em caráter absoluto, a sua retroatividade (art. 1.º do CP), salvo se a associação ainda está em atividade, pois sendo delito permanente, aplica-se na espécie a Súmula 711 do STF: "A lei penal mais grave aplica-se ao crime continuado ou ao crime permanente, se a sua vigência é anterior à cessação da continuidade ou da permanência".

Associação para financiar ou custear a prática de tráfico – Dispõe o parágrafo único que nas mesmas penas do *caput* do art. 35 incorre quem se associa para a prática reiterada do crime definido no art. 36 desta Lei (financiar ou custear a prática do tráfico). Trata-se de novidade, mais uma modalidade de associação, reunindo, com exceção da finalidade, os mesmos requisitos e consequências do *caput* (duas ou mais pessoas reunidas de forma estável e permanente). O crime é formal, dispensando o custeio efetivo que, se ocorrer (habitualmente), configurará o concurso material de delitos (art. 69 do CP).

Art. 36. Financiar ou custear a prática de qualquer dos crimes previstos nos arts. 33, caput e § 1º, e 34 desta Lei:

Pena – reclusão, de 8 (oito) a 20 (vinte) anos, e pagamento de 1.500 (mil e quinhentos) a 4.000 (quatro mil) dias-multa.

Objetividade jurídica – O bem jurídico protegido é a saúde pública (tutela imediata) e a saúde individual de pessoas que integram a sociedade (tutela mediata). A saúde pública é um bem jurídico supraindividual que deve sempre ter como referência última os bens jurídicos pessoais

Sustento do tráfico – Antes da atual Lei, aquele que financiasse (ou custeasse) o tráfico de drogas (típico ou equiparado) ou de maquinários, respondia pelo mesmo crime que o traficante (muitas vezes na condição de partícipe), porém com a sua pena agravada pela circunstância prevista no art. 62, I, do CP ("A pena será ainda agravada em relação ao agente que: I – promove, ou organiza a cooperação no crime ou dirige a atividade dos demais agentes"). Com a nova incriminação, percebemos uma exceção pluralista à teoria monista (art. 29 do CP), agora se punindo duas pessoas, que concorrem para o mesmo crime, com penas diversas (o traficante, pelo art. 33 ou 34; e o que sustenta o crime, pelo art. 36). Destaque-se que a exceção pluralista à teoria monista não é novidade no nosso ordenamento, bastando lembrar os seguintes exemplos, todos do Código Penal: arts. 124/126; 317/333; 318/334; 342, § 1.º/343.

Sujeitos do crime – Qualquer pessoa pode figurar como financiador (ou provedor) do tráfico (crime comum). A coletividade surge ao lado do Estado como vítima do crime.

Tipo objetivo – A conduta criminosa consiste em *financiar* (sustentar os gastos) ou *custear* (prover despesas, abastecendo do que for necessário) qualquer dos crimes previstos nos arts. 33, *caput* (tráfico de droga) e § 1.º (tráfico por equiparação), e 34 (tráfico de maquinários) desta Lei.

Relevância do sustento – Ao analisarmos os núcleos típicos (financiar ou custear), como também a pena prevista para o crime (8 a 20 anos), parece-nos claro que não será qualquer contribuição financeira que servirá à presente tipificação, mas somente aquela relevante, sem a qual a prática do comércio ficaria precária.

Tipo subjetivo – O crime é punido a título de dolo, devendo o agente, com consciência e vontade, sustentar qualquer dos crimes referidos no tipo.

Consumação e tentativa – O crime se consuma com o abastecimento (entrega de dinheiro, depósitos em conta, entrega de bens etc.) dispensando, de acordo com a maioria, a efetiva prática dos delitos previstos nos arts. 33 e 34. Também prevalece na doutrina ser infração de perigo abstrato ou presumido.

Habitualidade – O sustento deve ser reiterado, habitual, costumeiro, rotineiro, condição de sobrevivência do tráfico (de drogas ou maquinários). Essa conclusão é facilmente extraída da simples leitura de dois dispositivos: o parágrafo único do tipo anterior, que só pune a reunião estável de duas ou mais pessoas que visam financiar *reiteradamente* os crimes de tráfico, e do art. 40, VII, majorante aplicável no caso de o sustento ser meramente ocasional (outra interpretação conduz o operador ao inaceitável *bis in idem*). Dessa conclusão discordam Andrey Borges de Mendonça e Paulo Roberto Galvão de Carvalho, sustentando ser o crime instantâneo (Ob. cit., p. 116).

Sanção penal – O crime é punido com 8 (oito) a 20 (vinte) anos de reclusão, acrescida do pagamento de 1.500 (mil e quinhentos) a 4.000 (quatro mil) dias-multa. A majoração da pena pecuniária foi acertada, pois fatalmente estamos diante de pessoas abastadas, aliás, raramente alcançadas pela investigação.

Art. 37. Colaborar, como informante, com grupo, organização ou associação destinados à prática de qualquer dos crimes previstos nos arts. 33, caput e § 1º, e 34 desta Lei:

Pena – reclusão, de 2 (dois) a 6 (seis) anos, e pagamento de 300 (trezentos) a 700 (setecentos) dias-multa.

Objetividade jurídica – O bem jurídico protegido é a saúde pública (tutela imediata) e a saúde individual de pessoas que integram a sociedade (tutela mediata). A saúde pública é um bem jurídico supraindividual que deve sempre ter como referência **última** os bens jurídicos pessoais.

Informante colaborador – O informante, até então partícipe de menor importância da associação ou organização criminosa, vê-se, agora, diante de um tipo autônomo.

Sujeitos do crime – Qualquer pessoa pode praticar este crime (ex: informantes dos morros que, soltando fogos, avisam ao grupo criminoso a chegada da polícia). Se o colaborador for funcionário público, assim agindo prevalecendo-se da sua função, a sua pena será majorada nos termos do que disposto no art. 40, II. A vítima continua sendo a coletividade.

Tipo objetivo – *Colaborar* (cooperar), como *informante* (pessoa que transmite conhecimento obtido por meio de investigação), com grupo, organização ou associação destinados à prática de qualquer dos crimes previstos nos arts. 33, *caput* (tráfico de drogas) e § 1.º (tráfico equiparado), e 34 (tráfico de maquinários) desta Lei. Se a colaboração for financeira (de sustento) e reiterada, o crime será o anterior (art. 36). Para Andrey Borges de Mendonça e Paulo Roberto Galvão de Carvalho (ob. cit., p. 141) "Apesar de não expresso no dispositivo legal, entendemos que a conduta do informante colaborador necessariamente precisa ser eventual. Seria somente a conduta daquele agente que, sem estabelecer qualquer vínculo associativo com os destinatários das informações, contribui eventualmente com informes, seja mediante remuneração ou por qualquer outra vantagem. Comprovando-se que a contribuição não se mostra eventual, mas permanente e estável, com o estabelecimento de verdadeira *societas sceleris* com os destinatários da informação, a conduta não mais se tipificará no delito em estudo, mas sim na associação para o tráfico".

Tipo subjetivo – Dolo, consistente na consciente vontade de colaborar, como informante, com grupo, organização ou associação.

Consumação e tentativa – O crime se consuma com um ato apenas, indicativo de efetiva colaboração (crime instantâneo). A tentativa parece possível na cooperação por escrito (carta interceptada).

Sanção penal – O crime é punido com reclusão, de 2 (dois) a 6 (seis) anos, e pagamento de 300 (trezentos) a 700 (setecentos) dias-multa. No que tange a *pena privativa de liberdade*, deve retroagir para alcançar os fatos pretéritos, pois na lei antiga subsumiam-se ao crime de associação para o tráfico (art. 14), punidos com 3 a 6 anos.

Art. 38. Prescrever ou ministrar, culposamente, drogas, sem que delas necessite o paciente, ou fazê-lo em doses excessivas ou em desacordo com determinação legal ou regulamentar:

Pena – detenção, de 6 (seis) meses a 2 (dois) anos, e pagamento de 50 (cinquenta) a 200 (duzentos) dias-multa.

Parágrafo único. O juiz comunicará a condenação ao Conselho Federal da categoria profissional a que pertença o agente.

Objetividade jurídica – O bem jurídico protegido é a saúde pública, bem como a saúde individual do paciente.

Sujeitos do crime – Apesar da atual redação não apontar os sujeitos (como fazia a anterior), dos núcleos do tipo, concluímos que o delito continua próprio. Na modalidade *prescrever*, só pode ser praticado por médico ou dentista. Já no modo *ministrar*, por médico, dentista, farmacêutico ou profissional de enfermagem. Essa conclusão é reforçada pelo parágrafo **único,** que determina a comunicação da condenação ao Conselho Profissional respectivo. Vicente Greco, que na lei anterior excluía do alcance da norma os veterinários ou nutricionistas, com a nova redação, entende abrangidos: "Na lei revogada, sujeito ativo do delito só poderia ser médico, dentista, farmacêutico ou profissional de enfermagem no exercício regular de sua profissão, daí tratar-se de um crime 'próprio'. O texto vigente ampliou o tipo para abranger todos os que possam prescrever drogas, como o veterinário ou nutricionista, não previsto anteriormente" (ob. cit., p.136).

Sujeito passivo é a coletividade e, secundariamente, a pessoa que recebe a dose irregular.

Tipo objetivo (negligência) – Os médicos, dentistas e farmacêuticos devem observar, rigorosamente, os preceitos legais e regulamentares sobre a prescrição (e aplicação) de substâncias entorpecentes ou que determinem dependência física ou psíquica. Pune-se, no art. 38, a conduta do profissional que prescreve (receita, indica) ou ministra (aplica), culposamente, drogas, sem que delas necessite o paciente, ou fazê-lo em doses *excessivas* ou em desacordo com determinação legal ou regulamentar.

Pergunta Vicente Greco: "Qual a solução jurídica, contudo, na hipótese de um profissional de enfermagem ou outro habilitado a ministrar entorpecente a um paciente errado? Em virtude de as condutas do art. 33 serem dolosas, no caso de culpa na ministração por engano, aplica-se o tipo do artigo, sem prejuízo de eventual lesão corporal culposa e, se houver morte, homicídio culposo. A interpretação era diferente perante a lei revogada, que não previa a hipótese de ministrar sem necessidade. Atualmente, ministrar por engano é ministrar sem necessidade e tal conduta pode ser culposa" (ob. cit., p. 139).

A atual Lei cobre o espaço vazio da antecessora. Como visto, pune-se, hoje, também a conduta daquele que prescreve ou ministra drogas sem que delas necessite o paciente, abrangendo, consequentemente, a receita ou aplicação da droga à pessoa errada.

Tipo subjetivo – O crime é punido a título de culpa. Com base na lei anterior, já se decidiu: "É doloso o procedimento do médico que, conhecendo a qualidade dos psicotrópicos, os fornece, gratuitamente, a menor, que não era seu cliente e sem receituário". De se ver que o farmacêutico e o profissional de enfermagem não prescrevem (só ministram). Se receitarem droga a alguém incidirão no art. 33, ***caput*** (tráfico).

Consumação ou tentativa – A primeira configura-se com a entrega da receita pelo médico ou dentista ao paciente. A conduta ministrar consuma-se no momento da aplicação. Sofrendo o paciente danos à sua saúde física ou mental, ou mesmo a morte, haverá crime de lesão corporal culposa ou homicídio culposo, em concurso formal (art. 70 do CP).

Sanção penal – Trata-se de infração de menor potencial ofensivo, punida com detenção, de 6 (seis) meses a 2 (dois) anos, e pagamento de 50 (cinquenta) a 200 (duzentos) dias-multa.

Comunicação ao Conselho Profissional – O juiz comunicará a condenação ao Conselho Federal da categoria profissional a que pertença o agente, visando, com isso, instauração de procedimento e consequente sanção administrativa.

Art. 39. Conduzir embarcação ou aeronave após o consumo de drogas, expondo a dano potencial a incolumidade de outrem:

Pena – detenção, de 6 (seis) meses a 3 (três) anos, além da apreensão do veículo, cassação da habilitação respectiva ou proibição de obtê-la, pelo mesmo prazo da pena privativa de liberdade aplicada, e pagamento de 200 (duzentos) a 400 (quatrocentos) dias-multa.

Parágrafo único. As penas de prisão e multa, aplicadas cumulativamente com as demais, serão de 4 (quatro) a 6 (seis) anos e de 400 (quatrocentos) a 600 (seiscentos) dias-multa, se o veículo referido no caput deste artigo for de transporte coletivo de passageiros.

Objetividade jurídica – O bem jurídico protegido é a saúde pública (tutela imediata) e a saúde individual de pessoas que integram a sociedade (tutela mediata). A saúde pública é um bem jurídico supraindividual que deve sempre ter como referência última os bens jurídicos pessoais.

Lei anterior – Antes da atual Lei de Drogas, a presente conduta era mera contravenção penal, prevista no art. 34 da LCP ("Dirigir veículos na via pública, ou embarcações em **águas** públicas, pondo em perigo a segurança alheia: Pena – prisão simples, de 15 (quinze) dias a 3 (três) meses, ou multa".

Sujeitos do crime – O sujeito ativo é qualquer pessoa que dirige, sob efeito de drogas, embarcação ou aeronave. Sujeito passivo, primário, coletividade; secundariamente, eventual indivíduo colocado em perigo pelo comportamento do agente.

Tipo objetivo – Conduzir embarcação (em movimento, ainda que desligado o motor) ou aeronave, sob influência de substância entorpecente (não bastando o mero uso pretérito), rebaixando, com sua direção, o nível de segurança (caso não exista o perigo, será mera infração administrativa).

Tipo subjetivo – Dolo, consistente na vontade consciente de conduzir embarcação ou aeronave após o consumo de drogas (mas ainda sob o seu efeito).

Consumação e tentativa – Dá-se a consumação no momento em que o agente dirige o veículo de forma anormal, expondo a dano potencial a incolumidade de outrem (não admite tentativa).

Sanção penal – O delito é punido com detenção, de 6 (seis) meses a 3 (três) anos (infração de médio potencial ofensivo), além da apreensão do veículo, cassação da habilitação respectiva ou proibição de obtê-la, pelo mesmo prazo da pena privativa de liberdade aplicada, e pagamento de 200 (duzentos) a 400 (quatrocentos) dias-multa.

Medidas despenalizadoras do art. 291 do CTB – Sabendo que a condução de veículo *automotor* sob efeito de droga (art. 306 do CTB), apesar de médio potencial ofensivo (pena máxima superior a 2 anos), admitia, de acordo com o permissivo trazido pelo art. 291, parágrafo **único,** do CTB, a aplicação de algumas medidas despenalizadoras (transação penal, por exemplo), sugerimos, nas edições anteriores, estender o mesmo benefício, em respeito ao princípio da isonomia (e proporcionalidade), ao delito em comento (analogia *in bonam partem*), inexistindo motivo para discriminação. Contudo, com o advento da Lei 11.705/2008 (rotulada pelo Governo Federal de "Lei Seca"), aboliu-se da embriaguez ao volante de veículo *automotor* qualquer medida despenalizadora, dando ao art. 291, parágrafo único, nova redação. Conclusão: não mais se permite transação penal para o crime do art. 39 da Lei de Drogas, desaparecendo o substrato da analogia antes lecionada.

Qualificadora – Considerando a maior potencialidade lesiva da conduta, as penas de prisão e multa, serão de 4 (quatro) a 6 (seis) anos e de 400 (quatrocentos) a 600 (seiscentos) dias-multa, se o agente pratica o crime na condução de embarcação ou aeronave de transporte coletivo de passageiros (avião comercial, balsas etc.). Da simples leitura do parágrafo percebe-se imprescindível para o aumento: a) que o agente atue no transporte de passageiros (de fato ou de direito); b) a existência de viajante no veículo (ainda que apenas um) no instante do perigo.

Art. 40. As penas previstas nos arts. 33 a 37 desta Lei são aumentadas de um sexto a dois terços, se:

I – a natureza, a procedência da substância ou do produto apreendido e as circunstâncias do fato evidenciarem a transnacionalidade do delito;

II – o agente praticar o crime prevalecendo-se de função pública ou no desempenho de missão de educação, poder familiar, guarda ou vigilância;

III – a infração tiver sido cometida nas dependências ou imediações de estabelecimentos prisionais, de ensino ou hospitalares, de sedes de entidades estudantis, sociais, culturais, recreativas, esportivas, ou beneficentes, de locais de trabalho coletivo, de recintos onde se realizem espetáculos ou diversões de qualquer natureza, de serviços de tratamento de dependentes de drogas ou de reinserção social, de unidades militares ou policiais ou em transportes públicos;

IV – o crime tiver sido praticado com violência, grave ameaça, emprego de arma de fogo, ou qualquer processo de intimidação difusa ou coletiva;

V – caracterizado o tráfico entre Estados da Federação ou entre estes e o Distrito Federal;

VI – sua prática envolver ou visar a atingir criança ou adolescente ou a quem tenha, por qualquer motivo, diminuída ou suprimida a capacidade de entendimento e determinação;

VII – o agente financiar ou custear a prática do crime.

Alcance da majorante – As causas especiais de aumento de pena previstas no art. 40 só alcançam crimes previstos nos arts. 33 a 37.

Pluralidade de majorantes – É perfeitamente possível um crime ser praticado circundado por mais de uma majorante. Tal circunstância deve ser considerada no patamar de aumento, aproximando-se do *quantum* quanto mais graves forem as circunstâncias (princípio da individualização da pena).

Art. 40, I – A Lei 11.343/06, diferentemente da anterior, preferiu a expressão *transnacional* (situação ou ação além das nossas fronteiras) ao invés de *internacional* (situação ou ação concernente a duas ou mais nações). Com a mudança, foram atendidas as recomendações internacionais, em especial da Convenção de Palermo. A diferença é significativa. Antes, ao referir-se a tráfico internacional, não gerava o aumento o simples fato da aquisição da droga na Bolívia, exigindo-se vínculo entre nacionais e estrangeiros em atividade (*RT* 666/325). Com a mudança basta que a infração tenha a sua execução iniciada ou terminada fora dos limites do nosso território (em águas internacionais, por exemplo). Para a sua configuração, dispensa-se a habitualidade (RT 736/710) e a transposição de fronteiras, bastando que se demonstre a destinação internacional da droga (súmula 607 do STJ).

Tanto o STF quanto o STJ consideram inexistir *bis in idem* na tipificação da conduta do tráfico pela importação ou exportação de drogas com a incidência do aumento da pena em virtude da transnacionalidade:

> "A causa de aumento em razão da transnacionalidade é aplicável ao agente que transporta a droga para o exterior ou com ela adentra as fronteiras de nosso país, não configurando bis in idem. Precedentes" (STF – HC 132.459/SP, DJe 13/02/2017).

> "Ainda que o art. 33 da Lei n. 11.343/2006 preveja as condutas de "importar" e "exportar", não há *bis in idem* na aplicação da causa de aumento de pena pela transnacionalidade (art. 40, I, da Lei n. 11.343/2006), porquanto o simples fato de o agente "trazer consigo" a droga já conduz à configuração da tipicidade formal do crime de tráfico. Precedentes" (STJ – REsp 1.290.846/SP, DJe 28/03/2016).

Art. 40, II, 1.ª parte – A causa especial de aumento do inciso II alcança aquele que praticar o crime *prevalecendo-se de função pública* (art. 327 do CP). Nesse caso, o agente, tendo por mister prevenir (e combater) a criminalidade, passa a comercializar drogas, valendo-se, para tanto, das facilidades que seu cargo, emprego ou função lhe proporciona (policiais, delegados de polícia, promotores, juízes etc.).

Art. 40, II, 2.ª parte – A pena será também majorada se o agente comete o crime no *desempenho de missão de educação*. Apesar de não possuir dever de prevenir crimes, o educador tem como missão a educação do pupilo. Aqui, ao invés de contribuir na sua formação e desenvolvimento físico, intelectual e moral, o introduz, de qualquer modo, no "mundo das drogas".

Art. 40, II, 3.ª parte – Cometer o delito no *desempenho do poder familiar, guarda ou vigilância* gera aumento de pena. A punição é mais severa porque, também nestes casos, o autor do crime exerce papel educacional e de orientação, ainda que sem relação com função pública.

Art. 40, III – A infração penal será majorada na sua pena se tiver sido cometida nas dependências (interior, compartimentos, cômodos) ou imediações (redondeza) de estabelecimentos prisionais (cadeias, penitenciárias e Fundação CASA), de ensino (escolas, faculdades, universidades, cursos técnicos) ou hospitalares (postos de saúde, hospitais, manicômios), de sedes de entidades estudantis (agremiações de estudantes, como sede da UNE), sociais, culturais (museus, exposições), recreativas (clubes, parques), esportivas (hipódromo, estádios, ginásios), ou beneficentes (orfanatos, asilos, casas de caridade), de locais de trabalho coletivo (empresas em geral, fazendas), de recintos onde se realizem espetáculos ou diversões de qualquer natureza (cinema, teatro, *shows*, mesmo que ao ar livre), de serviços de tratamento de dependentes de drogas ou de reinserção social (ambulatórios ou casas de recuperação), de unidades militares (batalhão) ou policiais (delegacias) ou em transportes públicos (ônibus, rodoviárias, pontos de táxi). Os locais foram aumentados em relação à lei revogada, trazendo uma absurda amplitude (repetitivo em alguns pontos) que dificilmente se verá um crime de tráfico que não seja majorado (onde se comercializaria drogas que não próximo a local de trabalho coletivo?).

No que concerne ao tráfico cometido em transportes públicos, os tribunais superiores têm decidido que a majorante só pode ser aplicada se o transporte for utilizado (ou se o agente pretender utilizá-lo) para o **efetivo comércio da droga**. Caso sua intenção seja simplesmente se deslocar com droga utilizando o sistema de transporte, não há o aumento:

> "O entendimento de ambas as Turmas do STF é no sentido de que a causa de aumento de pena para o delito de tráfico de droga cometido em transporte público (art. 40, III, da Lei 11.343/2006) somente incidirá quando demonstrada a intenção de o agente praticar a mercancia do entorpecente em seu interior. Fica afastada, portanto, na hipótese em que o veículo público é utilizado unicamente para transportar a droga. Precedentes" (STF: HC 119.811/MS, DJe 01/07/2014).

> "Esta Corte Superior de Justiça consolidou o entendimento no sentido de que, para a incidência da majorante prevista do inciso III do art. 40 do Diploma Antidrogas, é imprescindível a demonstração da efetiva prática da comercialização do entorpecente no interior do veículo, não sendo suficiente para a exasperação da reprimenda com fulcro no referido dispositivo legal a mera utilização do transporte público como meio de locomoção. Na espécie, ante a ausência de comprovação do comércio ilícito no interior do veículo de transporte público coletivo, não há falar em majoração da pena." (STJ: HC 410.323/SP, j. 13/03/2018)

Já para as demais situações que envolvam locais especialmente protegidos, o STJ tem decidido que a majorante incide nos crimes cometidos nas imediações, ainda que não envolva os frequentadores:

> "O Superior Tribunal de Justiça tem posicionamento consolidado no sentido de que, para a incidência da majorante prevista no artigo 40, III, da Lei n. 11.343/2006, é suficiente que o crime tenha ocorrido nas imediações dos locais especialmente protegidos, sendo, pois, desnecessária comprovação da efetiva mercancia aos frequentadores dessas localidades." (HC 450.926/RJ, j. 07/08/2018)

Art. 40, III (imediações) – A palavra *imediação*, bastante vaga, é assim definida por Vicente Greco: "O termo 'imediações' não pode ser convertido em medida métrica rígida, mas deve ser entendido dentro de critério razoável em função do perigo maior que a Lei procura coibir: as imediações, portanto, abrangem a área em que poderia facilmente o traficante atingir o ponto protegido em especial, com alguns passos, em alguns segundos, ou em local de passagem obrigatória ou normal das pessoas que saem do estabelecimento ou a ele se dirigem" (ob. cit., p.145)

Art. 40, III (taxativo) – A enumeração é taxativa, justificando-se o aumento em face do maior perigo gerado pela conduta do agente. Parece óbvio, porém, que o sujeito ativo deve saber que pratica o crime em local onde se reúnem várias pessoas, evitando-se, desse modo, a responsabilidade penal objetiva.

Art. 40, IV – Se qualquer dos crimes previstos nos arts. 33 a 37 tiver sido praticado com violência (física), grave ameaça (violência moral), emprego de arma de fogo (de uso permitido, restrito ou proibido), ou qualquer processo de intimidação difusa ou coletiva, a pena será aumentada de um sexto a um terço. Lembramos que o porte ilegal da arma de fogo pode ou não ficar absorvido pelo delito de tráfico, a depender das circunstâncias que envolvem o caso concreto. Assim, se o agente porta a arma de fogo com a finalidade **única** e exclusiva de praticar o tráfico (meio para se atingir um fim), fica o art. 14 (ou 16) do Estatuto do Desarmamento absorvido. Situação diversa haverá se o porte está fora do contexto fático do tráfico, surgindo, na hipótese, o concurso material de crimes (art. 69 do CP).

Art. 40, V – Caracterizado o tráfico entre Estados da Federação ou entre estes e o Distrito Federal, a pena também será aumentada. Temos aqui o tráfico doméstico (interestadual), da competência da Justiça Estadual, ditada pela prevenção do local da apreensão da droga (art. 71 do CPP).

Tal como ocorre no tráfico transnacional, esta majorante incide ainda que a droga não transite efetivamente entre unidades federativas, ou seja, basta que se comprove a intenção de fazer com que a droga saia dos limites do Estado (súmula 587 do STJ). Esta inovação atendeu a reivindicação da doutrina especializada. Na vigência da Lei 6.368/76 reclamava (e sugeria) Valdir Sznick: "Entendemos que, como agravante, caberia aqui o tráfico interestadual, por sinal, cada vez mais, bastante ativo. Se este tráfico for coibido mais intensamente, em especial no Mato Grosso e Estados do Nordeste a traficância, no caso interno, se reduziria bastante. Não se justifica, a não ser para atender ao previsto nos acordos internacionais, a punição, como aqui neste inciso, apenas de tráfico só internacional, relegando a segundo plano o tráfico interestadual, mais intenso e, quiçá pernicioso como se não existisse ou fosse inexpressivo" (*Lei anti-tóxico comentada*. São Paulo: Pillares, 2004. p. 122).

Art. 40, VI – A pena será igualmente aumentada de um sexto a dois terços se a prática do crime *envolver* (fizer tomar parte, contar com a participação) ou *visar a atingir* (objetivo de alcançar) *criança* (menor de 12 anos) ou *adolescente* (com doze anos completos, porém menor de 18) ou a quem tenha, por qualquer motivo, *diminuída ou suprimida a capacidade de entendimento e determinação* (alienado metal, enfermo, senil, ébrio etc.). A Lei anterior trazia aumento parecido (art. 18, III), porém causador de controvérsia, vez que a sua redação majorava a pena se o crime decorresse de associação ou visasse menor de 21 anos ou pessoa com idade igual ou maior de 60 ou a quem tivesse, por qualquer causa, diminuída ou suprimida a capacidade de discernimento. Ficava a dúvida: o aumento, na primeira parte (*decorrer de associação*) só incidia nas hipóteses em que o crime envolvesse as pessoas referidas no inciso? Com a nova escrita a questão foi resolvida.

O propósito do aumento é tornar mais severa a punição não só de quem se vale de inimputáveis – ou de outros vulneráveis – para viabilizar o comércio ilícito de drogas, mas também de quem de alguma forma busca atingir, com o comércio, essas mesmas pessoas, que não têm suficiente discernimento para avaliar as consequências nefastas do uso de substâncias psicotrópicas. Em resumo: a pena é aumentada tanto nas situações em que menores ou outras pessoas sem o necessário discernimento são cooptados para que atuem no tráfico quanto nas situações em que são visados na qualidade de consumidores.

De acordo com o que já decidiu o STJ, a prova da menoridade dispensa a apresentação de certidão de nascimento, bastando que a condição do menor seja demonstrada por qualquer meio dotado de fé pública (AgRg no REsp 1.662.249/AM, j. 23/11/2017).

A incidência deste inciso afasta a possibilidade de concurso entre os crimes dos artigos 33 a 37 e o de corrupção de menores (art. 244-B do ECA), que consiste em corromper ou facilitar a corrupção de menor de dezoito anos, com ele praticando infração penal ou induzindo-o a praticá-la. Ora, se a lei que disciplina a punição ao tráfico de drogas e a outros delitos envolvendo psicotrópicos estabelece majorante específica para as situações que envolvem crianças ou adolescentes, não é possível aplicar o concurso de crimes, seja porque, para evitar o *bis in idem*, obsta-se que a majorante incida simultaneamente, seja porque afastar a majorante para ceder lugar ao concurso de delitos tornaria letra morta o inciso VI do art. 40 da Lei nº 11.343/06 (STJ: REsp 1.622.781/MT, j. 22/11/2016).

Art. 40, VII – Aumenta-se a pena quando o agente financiar ou custear a prática do crime de tráfico. Como conciliar esta majorante com o crime do art. 36? A convivência legítima (e constitucional) dos dispositivos é alcançada interpretando-se o delito de sustento (art. 36) como sendo de natureza *habitual*, isto é, exige reiteração de condutas para sua caracterização, e a majorante do art. 40, VII, meramente ocasional. Deve ser observado que o patamar de aumento determinado pelo art. 40 não pode extrapolar o preceito secundário do crime do art. 36, sob pena de se punir infração menos grave de forma mais severa, ferindo, desse modo, o princípio constitucional da proporcionalidade.

Art. 41. O indiciado ou acusado que colaborar voluntariamente com a investigação policial e o processo criminal na identificação dos demais coautores ou partícipes do crime e na recuperação total ou parcial do produto do crime, no caso de condenação, terá pena reduzida de um terço a dois terços.

Colaboração premiada – Alertamos que o tema em exame – colaboração premiada – vem analisado, minuciosamente, no capítulo desta obra que trata da lei do Crime Organizado (Lei nº 12.850/2013), razão pela qual convidamos o leitor à sua consulta.

A colaboração premiada poderia ser definida como a possibilidade que detém o autor do delito em obter a redução da pena, desde que, de forma eficaz e voluntária, auxilie na obtenção dos resultados previstos em lei. Assim como ocorre com a infiltração de agentes e a ação controlada, a lei de drogas é absolutamente omissa quanto ao procedimento para implantação do benefício, o que talvez explique a sua reduzida aplicação na prática. Não aponta, com efeito, quem seria legitimado para propor a delação (enquanto a Lei n. 12.850/2013, em seu art. 4º, *caput*, indica o Ministério Público e a autoridade policial). Não prevê a suspensão do prazo para oferta da denúncia até que sejam cumpridas as medidas de colaboração (a lei mencionada, no art. 4º, § 3º, prevê um prazo de seis meses, prorrogável por mais seis meses, em que se suspende o processo, bem como o prazo prescricional). Tampouco contempla a possibilidade de o Ministério Público deixar de ofertar a denúncia, em hipótese expressamente contida no art. 4º, § 4º, da Lei n. 12.850/2013. É também lacunosa quanto à homologação do acordo pelo juiz e a obrigatoriedade da assistência de um advogado durante todo o curso da delação (a lei que trata da criminalidade organizada é novamente expressa nesse sentido, como se vê do teor de seu art. 4º, §§ 7º e 15). Nada diz quanto à possibilidade de colaboração posterior à sentença, ao contrário da lei mencionada (art. 4º, § 5º).

Por conta de tais omissões sustentamos que se deva aplicar, quanto à delação, o regramento contido na Lei n. 12.850/2013, que cuida do crime organizado. Ainda que o crime de tráfico não esteja relacionado à criminalidade organizada, nos termos que a define o art. 1º, § 1º, do mencionado diploma. É dizer: perpetrado um crime de tráfico de drogas, *v.g.*, por três pessoas – fator que não configura uma organização criminosa, que reclama exige a associação de pelo menos quatro pessoas – ainda assim terá lugar para a adoção do, por assim dizer, *procedimento* previsto na Lei n. 12.850/2013. Isso, inclusive, por importar na salvaguarda dos direitos do colaborador, bastando que se confira, nesse sentido, o teor do art. 5º da mencionada lei.

Também o prêmio concedido ao colaborador, nessa ordem de ideias e sob nossa compreensão, não deve se limitar à redução da pena de um terço a dois terços, como previsto neste dispositivo, cumprindo ser adotada a mercê legal do art. 4º da Lei n. 12.850/2013, que autoriza, além da mesma redução da pena, sua substituição por restritiva de direitos ou mesmo o perdão judicial, com a consequente extinção da punibilidade! do agente. O dispositivo da Lei do Crime Organizado – posterior à Lei de Drogas – como se vê, é mais favorável ao agente, devendo, bem por isso, ser adotado, ainda que – insistimos – a conduta do agente, relacionada ao crime de drogas, não esteja catalogada dentre aquelas que configuram a criminalidade organizada. Além disso, a concessão de um benefício de maior amplitude, pode, em termos práticos, importar em sua adoção de maneira mais frequente e eficaz, ao invés da timidez que ainda hoje se verifica, em casos de tráfico de drogas. Vale atentar, a propósito, que o art. 13, da Lei n. 9.807/1999, que prevê uma série de medidas de proteção à vítima e à testemunha, permite a concessão do perdão judicial e a consequente extinção da punibilidade "ao acusado que, sendo primário, tenha colaborado efetiva e voluntariamente com a investigação e o processo criminal, desde que dessa colaboração tenha resultado", sem formular qualquer distinção quanto à natureza do crime.

Art. 42. O juiz, na fixação das penas, considerará, com preponderância sobre o previsto no art. 59 do Código Penal, a natureza e a quantidade da substância ou do produto, a personalidade e a conduta social do agente.

Fixação da pena – O Código Penal, em seu art. 68, adotou o sistema trifásico para a fixação da pena, idealizado por Nélson Hungria. Assim, sobre o preceito secundário *simples* ou *qualificado*, numa primeira fase, fixa-se a pena-base atendendo às circunstâncias judiciais trazidas pelo art. 59 do CP; em seguida, fixada a pena-base, sobre ela incidirão eventuais circunstâncias agravantes e atenuantes genéricas (arts. 61, 62, 65 e 66 do CP); por fim, encerrando o *quantum* da reprimenda, serão consideradas as causas de diminuição e aumento de pena previstas na Parte Geral e Especial do Código Penal, como também aquelas previstas na Legislação Especial.

Preponderância do art. 42 – A Lei 11.343/06 determina ao juiz que, na primeira etapa (fixação da pena-base) deve utilizar o CP (art. 59) subsidiariamente, considerando, com *preponderância* (maior peso), a *natureza* (espécie) e a quantidade da substância ou do produto, a *personalidade* (caráter do sentenciado) e a *conduta social do agente* (comportamento do réu no seu ambiente familiar, de trabalho e social).

O art. 42 também pode ser utilizado como parâmetro para estabelecer o regime inicial do cumprimento da pena, neste caso em conjunto com as disposições do art. 33 do CP. E, a depender da situação, a quantidade e a natureza da droga podem justificar o regime inicial mais severo do que a pena, por si, imporia:

> "Embora o paciente seja primário e a reprimenda final seja inferior a 8 anos de reclusão (4 anos e 2 meses), o regime fechado é o adequado para prevenção e reprovação do delito, diante da quantidade e da variedade dos entorpecentes. Precedentes" (STJ – HC 396.447/SP, DJe 01/08/2017).

Ainda outra questão envolvendo o art. 42 é o fato de que, para o STJ, não existe *bis in idem* na utilização da natureza e da quantidade da droga para modular a incidência da minorante no tráfico (art. 33, § 4º) e para estabelecer o regime inicial de cumprimento da pena. Dessa forma, é possível que o juiz, em razão da quantidade e da variedade de entorpecentes, afaste a causa de diminuição, estabeleça a pena em seis anos, por exemplo, e imponha, não obstante a pena aplicada, o regime inicial fechado considerando as mesmas circunstâncias:

> "Cumpre registrar, que é entendimento pacificado nesta Corte que inexiste *bis in idem* quando a quantidade e a natureza da droga são consideradas para afastar a minorante ou modula-la e, logo depois, no momento da fixação do regime inicial do cumprimento da reprimenda. (Precedentes.)" (AgRg no AREsp 670.161/MG, DJe 26/05/2017).

Isso decorre do fato de que o regime inicial é uma etapa à parte da aplicação da pena, isto é, não se insere no sistema trifásico, mas se segue a ele. Para determinar o regime inicial, o juiz deve atender aos seguintes fatores: a) espécie de pena; b) quantidade da pena definitiva; c) condições especiais do condenado; d) circunstâncias judiciais. É na análise das circunstâncias judiciais que a natureza e a quantidade da droga voltam a ter relevância.

Art. 43. Na fixação da multa a que se referem os arts. 33 a 39 desta Lei, o juiz, atendendo ao que dispõe o art. 42 desta Lei, determinará o número de dias-multa, atribuindo a cada um, segundo as condições econômicas dos acusados, valor não inferior a um trinta avos nem superior a 5 (cinco) vezes o maior salário-mínimo.

Parágrafo único. As multas, que em caso de concurso de crimes serão impostas sempre cumulativamente, podem ser aumentadas até o décuplo se, em virtude da situação econômica do acusado, considerá-las o juiz ineficazes, ainda que aplicadas no máximo.

Critério para fixação da pena de multa – A pena de multa consiste no pagamento ao fundo penitenciário da quantia fixada na sentença e calculada em dias-multas. Na sua fixação, deve o Magistrado levar em conta as circunstâncias judiciais do art. 42 (a natureza e a quantidade da substância ou do produto, a personalidade e a conduta social do agente). Em seguida, o valor do dia-multa será fixado pelo juiz, não podendo ser inferior a um trinta avos nem superior a 5 (cinco) vezes o maior salário mínimo. Nesse caso, o juiz atenderá à situação econômica do réu, podendo ser aumentada até o décuplo, se o juiz considerar que, em virtude da situação econômica do sentenciado, é ineficaz, embora aplicada no máximo. Em caso de concurso de crimes serão impostas sempre cumulativamente (art. 43, parágrafo único).

Art. 44. Os crimes previstos nos arts. 33, caput e § 1º, e 34 a 37 desta Lei são inafiançáveis e insuscetíveis de sursis, graça, indulto, anistia e liberdade provisória, vedada a conversão de suas penas em restritivas de direitos.

Parágrafo único. Nos crimes previstos no caput deste artigo, dar-se-á o livramento condicional após o cumprimento de dois terços da pena, vedada sua concessão ao reincidente específico.

Restrições legais – O art. 44 prevê consequências típicas de um crime hediondo (aliás, até mais rigorosas) para os delitos previstos nos arts. 33, *caput* e § 1.º, e 34 a 37 desta Lei. Por conta desta peculiar maneira de redigir a norma restritiva, temos doutrina ensinando que passam a ser equiparados a hediondo não apenas o tráfico de drogas e maquinários (arts. 33, *caput*, § 1º, 34 e 36), mas todos os demais tipos incriminadores referidos no art. 44 (arts. 35 e 37).

Discordamos. A equiparação a crime hediondo tem gênese constitucional, não podendo o legislador ordinário suplantar o rol taxativo apresentado pelo constituinte. Conclusão: apesar de sofrer praticamente todos os consectários de um crime hediondo (salvo as restrições da progressão), não podem ser a ele equiparado os delitos dos arts. 34, 35 e 37, pois neles não ocorre tráfico de drogas propriamente dito (ficando abrangidos somente os arts. 33, *caput*, § 1º e 36).

Fiança – Como decorrência da sua equiparação a hediondo, o crime de tráfico (típico ou equiparado) é insuscetível de fiança.

Sursis – Antes da Lei 11.464/2007, muito se discutia a possibilidade (ou não) da concessão de *sursis* para crime hediondo ou equiparado. Para considerável parcela da doutrina, apesar de não haver proibição expressa, o regime integralmente fechado tornava inviável a concessão do benefício (proibição implícita). Essa discussão perdeu importância com o advento da Lei 11.464/2007, que aboliu – após decisão do STF reconhecendo a inconstitucionalidade – o regime integral fechado. Contudo, havendo na Lei 11.343/2006 a proibição expressa do *sursis* em relação ao tráfico, nova discussão começa a ganhar força: é legítimo impedir o benefício *somente* para o tráfico, delito também equiparado a hediondo? O art. 44 da Lei 11.343/2006 não estaria tratando situações iguais de maneira desigual? Ainda que sedutora a tese da especialidade (lei especial derroga lei geral), parece-nos que restringir a vedação do *sursis* apenas ao crime de tráfico é ferir de morte o princípio da isonomia. Observamos, no entanto, que, no STJ, prevalece ser incabível o benefício em face da proibição expressa no art. 44: "Consoante entendimento deste Superior Tribunal de Justiça, a vedação ao sursis (prevista no artigo 44 da Lei n. 11.343/06) não foi objeto de controle de constitucionalidade pelo Supremo Tribunal Federal, razão pela qual mantém-se em plena vigência, ainda que a reprimenda definitiva fixada não seja superior a 2 (dois) anos de reclusão" (AgRg no REsp 1.615.201/MG, j. 08/08/2017).

Graça, indulto e anistia – São institutos extintivos indicativos de renúncia do Estado ao seu direito de punir (art. 107, II, do CP). A CF/88 vedou a concessão de anistia e graça aos crimes hediondos e equiparados, mas não o indulto. Foi com o advento da Lei 8.072/90 que se acrescentou essa restrição. Surgiu a inevitável indagação: a restrição constitucional é máxima ou mínima? Se máxima, não poderia o legislador ordinário (infraconstitucional) ampliá-la; se mínima, sim. Prevaleceu que o rol de proibição previsto na Carta Maior é mínimo, outorgando-se ao legislador ordinário a disciplina da matéria. Contudo, no ano de 1997, surgiu a Lei 9.455/97 permitindo indulto para tortura (também equiparado a hediondo), fomentando, com isso, o argumento de que a restrição ao benefício teria sido revogada tacitamente (permitir indulto para tortura e não para os demais delitos hediondos ou equiparados feriria o princípio constitucional da isonomia). O Supremo decidiu que o indulto deve limitar-se ao crime de tortura, não se expandindo ao demais. Nesse espírito agiu o legislador ao continuar proibindo os três institutos para o crime de tráfico (e equiparados).

Liberdade provisória – A proibição da liberdade provisória para o crime de tráfico era o espírito que norteava a jurisprudência majoritária na vigência da Lei 6.368/76 (cf.: ***RT*** 806/636; 806/583; 797/532). A Lei 11.343/06, seguindo a maioria, insistiu na proibição. Porém, com o advento da Lei 11.464/2007, foi alterado o inc. II do art. 2.º da Lei 8.072/90, abolindo a vedação da liberdade provisória para crimes hediondos ou equiparados (mantendo a inafiançabilidade). Da mudança o que se conclui?

Para alguns nada mudou, conclusão seguida, inicialmente, pelo próprio STF. Entendem que a Lei 11.464/2007 apenas corrigiu redundância legislativa, pois, ao vedar fiança, implicitamente vedava liberdade provisória. Aliás, ainda que se entendesse abolida a proibição da liberdade provisória, essa permissão não se estenderia para o delito de tráfico, pois tanto a CF/88 como a Lei 11.343/2006 (lei especial) impedem a aplicação do citado benefício.

Com o devido respeito, discordamos.

Lendo (e relendo) o art. 5.º, XLIII, da CF/88, não se encontra (nem implicitamente) a vedação da liberdade provisória nos crimes hediondos e equiparados. Isso foi criação do legislador ordinário. Este, por força da Lei 8.072/90, em sua redação original, proibiu, para os autores desses crimes, a concessão do referido benefício (liberdade que é concedida ao agente preso em flagrante, quando desnecessária a prisão cautelar).

No caso do tráfico de drogas, equiparado a hediondo desde 1990, a proibição da liberdade provisória foi reiterada na Lei 11.343/06, mais precisamente no artigo em comento. Desde 08.10.2006 (data em que entrou em vigor esta lei) essa proibição, portanto, achava-se presente tanto na lei geral (lei dos crimes hediondos) como na lei especial (Lei de Drogas).

Esse cenário, contudo, foi completamente alterado com o advento da Lei 11.464/2007 (vigente desde 29.03.2007) que, alterando a redação do art. 2º, II, da Lei 8.072/90, aboliu a vedação da liberdade provisória. Como se vê, houve uma sucessão, no tempo, de leis processuais materiais, fenômeno regido pelo princípio da *posterioridade*, isto é, *a lei posterior revoga a lei anterior* (essa revogação, como sabemos, pode ser expressa ou tácita; no caso, a Lei 11.464/2007, que é geral, derrogou expressamente parte do art. 44 da Lei 11.343/2006, que é especial). Em outras palavras: desapareceu do citado art. 44 a proibição da liberdade provisória, porque a lei nova revogou (derrogou) explicitamente a antiga.

Com efeito, o art. 2.º da Lei dos Crimes Hediondos, alterado pela Lei 11.464/2007, passou a dizer o seguinte: "*Os crimes hediondos, a prática da tortura, o tráfico ilícito de entorpecentes e drogas afins e o terrorismo são insuscetíveis de: I – anistia, graça e indulto; II – fiança.* Antes do advento da Lei 11.464/2007 o antigo art. 2º proibia a fiança e a liberdade provisória. Agora só veda a fiança. Ou seja: cabe liberdade provisória nos crimes hediondos, na prática da tortura, no tráfico ilícito de entorpecentes e drogas afins e no terrorismo.

Quisesse o legislador perpetuar a restrição prevista na Lei de Drogas (art. 44), optando, portanto, por um tratamento diverso e mais rigoroso, o teria feito expressamente. Assim ocorreu, por exemplo, com a nova redação do art. 112, *caput*, da LEP:

> "Art. 112. A pena privativa de liberdade será executada em forma progressiva com a transferência para regime menos rigoroso, a ser determinada pelo juiz, quando o preso tiver cumprido ao menos um sexto da pena no regime anterior e ostentar bom comportamento carcerário, comprovado pelo diretor do estabelecimento, *respeitadas as normas que vedam a progressão*".

O Congresso Nacional, como se vê, ressalvou as hipóteses em que o benefício era vedado pela lei especial, impedindo, assim, os efeitos da lei posterior.

Em síntese: o princípio regente é o da *posterioridade* (lei posterior revoga a anterior), não o da especialidade, que pressupõe a vigência concomitante de duas ou mais leis, aparentemente aplicáveis ao caso concreto. Não se pode confundir o instituto da sucessão de leis (conflito de leis no tempo) com o conflito aparente de leis.

A diferença entre o conflito aparente de leis penais (ou de normas penais) e a sucessão de leis penais (conflito de leis penais no tempo) é a seguinte: o primeiro pressupõe (e exige) duas ou mais leis em vigor (sendo certo que por força do princípio *ne bis in idem* uma só norma será aplicável); no segundo (conflito de leis penais no tempo) há uma verdadeira sucessão de leis, ou seja, a posterior revoga (ou derroga) a anterior. Uma outra distinção: o conflito aparente de leis penais é regido pelos princípios da especialidade, subsidiariedade e consunção. O que reina na sucessão de leis penais é o da posterioridade.

A jurisprudência dos tribunais superiores, ademais, é francamente contrária à vedação absoluta do benefício. No julgamento do *habeas corpus* 104.339/SP (j. 10/05/2012), o Supremo Tribunal Federal declarou incidentalmente a inconstitucionalidade da expressão "e liberdade provisória", contida no *caput* deste dispositivo. Nos termos do voto do ministro Gilmar Mendes,

> "A previsão constitucional de que o crime de tráfico de entorpecentes é inafiançável (art. 5º, XLIII) não traduz dizer que seja insuscetível de liberdade provisória, pois conflitaria com o inciso LXVI do mesmo dispositivo, que estabelece que ninguém será levado à prisão ou nela mantido quando a lei admitir a liberdade provisória, com ou sem fiança.
>
> (...)
>
> Nesse sentido, imperioso concluir que a segregação cautelar — mesmo nos crimes atinentes ao tráfico ilícito de entorpecentes — deve ser analisada tal qual as prisões decretadas nos casos dos demais delitos previstos no ordenamento jurídico, o que conduz à necessidade de serem apreciados os fundamentos da decisão que denegou a liberdade provisória ao ora paciente, no intuito de verificar se estão presentes os requisitos do art. 312 do CPP que rege a matéria".

Posteriormente, o tribunal reiterou a orientação, agora sob a sistemática da repercussão geral:

> "Recurso extraordinário. 2. Constitucional. Processo Penal. Tráfico de drogas. Vedação legal de liberdade provisória. Interpretação dos incisos XLIII e LXVI do art. 5º da CF. 3. Reafirmação de jurisprudência. 4. Proposta de fixação da seguinte tese: É inconstitucional a expressão e liberdade provisória, constante do caput do artigo 44 da Lei 11.343/2006. 5.

Negado provimento ao recurso extraordinário interposto pelo Ministério Público Federal" (**RE 1.038.925 RG/SP, j. 18/08/2017**).

E o STJ, naturalmente, tem seguido a mesma orientação:

> "O Pretório Excelso, ao julgar o HC n. 104.339/SP, declarou, pela via difusa, a inconstitucionalidade da vedação à liberdade provisória estatuída no art. 44, caput, da Lei n. 11.343/06. Desta feita, hodiernamente, afigura-se possível a concessão da liberdade provisória aos acusados pela prática do crime de tráfico de drogas. Por conseguinte, quando o decreto preventivo não está fundamentado nos requisitos plasmados do art. 312 do Código de Processo Penal, a segregação cautelar do acusado configura patente ilegalidade, passível de rechaça pela via do mandamus" (HC 432.718/SP, j. 03/05/2018).

Restritiva de direitos – A exemplo do que vimos no *sursis*, antes da Lei 11.464/2007, muito se discutia a possibilidade (ou não) da concessão de penas restritivas de direitos para crime hediondo ou equiparado. Para considerável parcela da doutrina, apesar de não haver proibição expressa, o regime integralmente fechado tornava inviável a concessão do benefício (proibição implícita). Essa discussão perdeu importância, vez que o regime integralmente fechado foi abolido (e mesmo o inicialmente fechado foi declarado inconstitucional pelo STF – HC 111.840), desaparecendo com ele o ventilado óbice. Contudo, havendo na Lei 11.343/2006 a proibição expressa de restritiva de direitos em relação ao tráfico, surgiu nova discussão: seria legítimo impedir o benefício *somente* para o tráfico, delito também equiparado a hediondo? No julgamento do HC 97.256/RS (j. 01/09/2010), o STF declarou a inconstitucionalidade incidental da proibição de substituição da pena privativa de liberdade pela pena restritiva de direitos no crime de tráfico. Para o tribunal, não obstante a característica da hediondez, proibir absolutamente a substituição contraria o postulado da individualização da pena, segundo o qual a reprimenda deve sempre ser aplicada com fundamento nas circunstâncias do caso concreto. No momento em que profere a sentença condenatória, deve o juiz analisar se as circunstâncias do crime e as condições pessoais de seu autor autorizam um regime mais brando ou exigem medida mais rigorosa:

> "1. O processo de individualização da pena é um caminhar no rumo da personalização da resposta punitiva do Estado, desenvolvendo-se em três momentos individuados e complementares: o legislativo, o judicial e o executivo. Logo, a lei comum não tem a força de subtrair do juiz sentenciante o poder-dever de impor ao delinqüente a sanção criminal que a ele, juiz, afigurar-se como expressão de um concreto balanceamento ou de uma empírica ponderação de circunstâncias objetivas com protagonizações subjetivas do fato-tipo. Implicando essa ponderação em concreto a opção jurídico-positiva pela prevalência do razoável sobre o racional; ditada pelo permanente esforço do julgador para conciliar segurança jurídica e justiça material. 2. No momento sentencial da dosimetria da pena, o juiz sentenciante se movimenta com ineliminável discricionariedade entre aplicar a pena de privação ou de restrição da liberdade do condenado e uma outra que já não tenha por objeto esse bem jurídico maior da liberdade física do sentenciado. Pelo que é vedado subtrair da instância julgadora a possibilidade de se movimentar com certa discricionariedade nos quadrantes da alternatividade sancionatória".

A conclusão a que chegou o tribunal acaba fazendo sentido principalmente diante de decisões tomadas posteriormente. Uma delas julgou inconstitucional o regime inicialmente fechado imposto abstratamente pelo art. 2º, § 1º, da Lei 8.072/90 (HC 111.840/ES); outra afastou a hediondez do crime de tráfico privilegiado (art. 33, § 4º), no qual são extremamente comuns as penas privativas de liberdade que não ultrapassam quatro anos.

Livramento condicional – O livramento condicional (liberdade antecipada) está permitido, com a ressalva de que, tratando-se do crime previsto nos arts. 33, *caput* e § 1.º, e 34 a 37 desta Lei, só fará jus aquele que, depois de cumprir dois terços da pena, não for reincidente específico em crimes desta natureza (assim, mesmo que reincidente em crimes de outra natureza, fará jus à liberdade antecipada).

No que tange ao livramento condicional para o condenado pela prática da associação para o tráfico, o STJ tem sido provocado a decidir a respeito da fração de cumprimento da pena a ser cumprida. Argumenta-se que, não se tratando de crime equiparado a hediondo, a regra aplicável deve ser a do Código Penal, isto é, cumprimento de mais de um terço da pena, caso o agente não seja reincidente em crime doloso e tenha bons antecedentes, ou mais de metade, se for reincidente em crime doloso.

O tribunal, no entanto, refuta a tese sob o fundamento de que o livramento condicional nos crimes relativos a drogas é disciplinado inteiramente pelo parágrafo único do art. 44, que estabelece o cumprimento de ao menos dois terços da pena, ainda que o agente não seja reincidente e não se trate de delito equiparado a hediondo:

> "O entendimento do Superior Tribunal de Justiça é firme de que, embora o delito de associação ao tráfico de drogas não integre o rol dos delitos hediondos ou a ele equiparados, persiste a necessidade de cumprimento de 2/3 da pena para a obtenção do livramento condicional, a teor do disposto no parágrafo **único** do art. 44 da Lei n. 11.343/2006, por se tratar de regra determinada pela lei especial, que se sobrepõe a regra geral (art. 83 do CP)" (HC 381.202/SP, j. 27/04/2017).

Progressão de regimes – Apesar de todas as proibições, a Lei 11.343/06 não vedou progressão de regimes. Do silêncio, como já era de se esperar, nasceram duas correntes: uma, resgatando a proibição prevista na Lei dos Crimes Hediondos (Lei 8.072/90), ensinava que o regime para o tráfico (equiparado a hediondo) continuava sendo o integralmente fechado; outra, não sem razão, percebendo que a proibição da Lei 8.072/90 não foi reproduzida na lei nova, não enxergava **óbice** à concessão do benefício de execução penal. Essa discussão perdeu importância com o advento da Lei 11.464/2007 que, alterando o art. 2.º, §§ 1.º e 2.º, da Lei 8.072/90, expressamente previu a progressão (diferenciada) de regimes para delitos hediondos e equiparados.

Note-se que uma das modificações introduzidas pela Lei 11.464/07 foi a substituição do regime integralmente fechado pelo regime inicialmente fechado para os condenados por crimes hediondos e equiparados. No julgamento do HC 111.840/ES (j. 27/06/2012), todavia, o STF declarou a inconstitucionalidade incidental da imposição do regime inicial fechado com fundamento exclusivo na hediondez do crime:

> "(...) 2. Se a Constituição Federal menciona que a lei regulará a individualização da pena, é natural que ela exista. Do mesmo modo, os critérios para a fixação do regime prisional inicial devem-se harmonizar com as garantias constitucionais, sendo necessário exigir-se sempre a fundamentação do regime imposto, ainda que se trate de crime hediondo ou equiparado. 3. Na situação em análise, em que o paciente, condenado a cumprir pena de seis (6) anos de reclusão, ostenta circunstâncias subjetivas favoráveis, o regime prisional, à luz do art. 33, § 2º, alínea b, deve ser o semiaberto. 4. Tais circunstâncias não elidem a possibilidade de o magistrado, em eventual apreciação das condições subjetivas desfavoráveis, vir a estabelecer regime prisional mais severo, desde que o faça em razão de elementos concretos e individualizados, aptos a demonstrar a necessidade de maior rigor da medida

privativa de liberdade do indivíduo, nos termos do § 3º do art. 33, c/c o art. 59, do Código Penal. 5. Ordem concedida tão somente para remover o óbice constante do § 1º do art. 2º da Lei nº 8.072/90, com a redação dada pela Lei nº 11.464/07, o qual determina que "[a] pena por crime previsto neste artigo será cumprida inicialmente em regime fechado". Declaração incidental de inconstitucionalidade, com efeito ex nunc, da obrigatoriedade de fixação do regime fechado para início do cumprimento de pena decorrente da condenação por crime hediondo ou equiparado".

A mesma orientação foi reiterada, sob a sistemática da repercussão geral, no julgamento do recurso extraordinário 1.052.700/MG (j. 02/11/2017):

"1. É inconstitucional a fixação ex lege, com base no art. 2º, § 1º, da Lei 8.072/1990, do regime inicial fechado, devendo o julgador, quando da condenação, ater-se aos parâmetros previstos no artigo 33 do Código Penal. 2. Agravo conhecido e recurso extraordinário provido".

Art. 45. É isento de pena o agente que, em razão da dependência, ou sob o efeito, proveniente de caso fortuito ou força maior, de droga, era, ao tempo da ação ou da omissão, qualquer que tenha sido a infração penal praticada, inteiramente incapaz de entender o caráter ilícito do fato ou de determinar-se de acordo com esse entendimento.

Parágrafo único. Quando absolver o agente, reconhecendo, por força pericial, que este apresentava, à época do fato previsto neste artigo, as condições referidas no caput deste artigo, poderá determinar o juiz, na sentença, o seu encaminhamento para tratamento médico adequado.

Inimputabilidade por dependência – Na primeira parte do art. 45 está previsto caso de inimputabilidade do agente que, em razão da dependência de droga, era, ao tempo da ação ou da omissão, qualquer que tenha sido a infração penal praticada, inteiramente incapaz de entender o caráter ilícito do fato ou de determinar-se de acordo com esse entendimento.

Requisitos – Foi adotado o critério *biopsicológico*, isto é, não basta ser dependente, mas é preciso que o agente, em face da dependência, seja inteiramente incapaz de entender o caráter ilícito do fato ou de determinar-se de acordo com esse entendimento.

Consequência – Comprovada, mediante perícia, a inimputabilidade do agente, deve o juiz absolvê-lo, determinando, na sentença, o seu encaminhamento para tratamento médico adequado (não necessariamente internação, que, aliás, deve ser medida excepcional).

A se conferir: "Tratando-se de dependente de tóxicos, considerado absolutamente incapaz pelo laudo pericial, porém não comprovada a necessidade de sua internação, é de ser o mesmo absolvido da imputação de tráfico e posse de entorpecente, impondo-se-lhe a medida de segurança consistente em liberdade vigiada, com tratamento obrigatório extra-hospitalar ou ambulatorial, desaconselhada a sua internação em manicômio judiciário, máximo em se tratando de menor e primário" (***RT*** 542/371)

Vício e dependente – O vício não se confunde com a dependência. O primeiro consiste no hábito ou costume persistente da pessoa consumir droga (consumo irresistível), sem repercussão na sua capacidade de entendimento (imputável, portanto). Já a dependência pode alcançar o nível de doença mental ou retirar do agente a capacidade de tomar decisões, de entender e querer, ou seja, a sua autodeterminação (inimputável) quando sob o efeito da droga.

Perícia – A perícia deve ser realizada sempre que o réu se declare dependente ou quando a tal respeito houver fundadas suspeitas (*RT* 777/586; 687/284).

Possessão completa e acidental – Ficará também isento de pena o agente que, sob o efeito, proveniente de caso fortuito ou força maior, de droga, era, ao tempo da ação ou da omissão, qualquer que tenha sido a infração penal praticada, inteiramente incapaz de entender o caráter ilícito do fato ou de determinar-se de acordo com esse entendimento. Cuida-se, na verdade, da ingestão não voluntária do psicotrópico, fruto de ignorância (caso fortuito) ou coação (força maior).

Requisitos – Para o reconhecimento da exculpante devem estar presentes os seguintes requisitos: a) ingestão acidental da droga (não voluntária), fruto de caso fortuito (ex: tomar substância desconhecendo seu efeito inebriante) ou força maior (ex: ser forçado por terceira pessoa a tomar droga); b) ficar o agente, no momento da conduta, em razão do efeito do psicotrópico, inteiramente incapaz de entender o caráter ilícito do fato ou de determinar-se de acordo com esse entendimento.

Consequência – Pode parecer que o parágrafo **único** (tratamento médico) se aplica ao caso. Entendemos, porém, que a hipótese é de absolvição própria, limitando-se o tratamento para o dependente.

Art. 46. As penas podem ser reduzidas de um terço a dois terços se, por força das circunstâncias previstas no art. 45 desta Lei, o agente não possuía, ao tempo da ação ou da omissão, a plena capacidade de entender o caráter ilícito do fato ou de determinar-se de acordo com esse entendimento.

Imputabilidade com responsabilidade diminuída (semi-imputável)

O agente que, ao tempo da ação ou da omissão, não possua a plena capacidade de entender o caráter ilícito do fato ou de determinar-se de acordo com esse entendimento, terá a pena reduzida de um a dois terços. No caso, o legislador não previu possibilidade de substituição da pena por medida curativa. Assim, se necessário o tratamento, será garantido ao condenado serviço de atenção à sua saúde, definido pelo respectivo sistema penitenciário (art. 47).

Possessão incompleta e acidental

Para o agente que, sob efeito de drogas, consequência de caso fortuito ou força maior (acidental, portanto), não possua a plena capacidade de entender o caráter ilícito do fato ou de determinar-se de acordo com esse entendimento, não mais ficará isento de pena, mas sim, ao ser condenado, faz jus à diminuição prevista no art. 46 (de um a dois terços).

Direito subjetivo do condenado

Constatada a imputabilidade diminuída, a faculdade do juiz vincula-se à escolha da quantidade do redutor (1/3 a 2/3) sendo, de qualquer modo, compulsória a redução (nesse sentido: RT 705/311).

Art. 47. Na sentença condenatória, o juiz, com base em avaliação que ateste a necessidade de encaminhamento do agente para tratamento, realizada por profissional de saúde com competência específica na forma da lei, determinará que a tal se proceda, observado o disposto no art. 26 desta Lei.

Tratamento ao usuário ou dependente – Determina o art. 26 da Lei que o usuário e o dependente de drogas que, em razão da prática de infração penal, estiverem cumprindo pena privativa de liberdade ou submetidos a medida de segurança, têm garantidos os serviços de atenção à sua saúde, definidos pelo respectivo sistema penitenciário. Trata-se de materialização de direito já previsto na Constituição Federal e na Lei de Execuções Penais (assistência à saúde).

CAPÍTULO III
DO PROCEDIMENTO PENAL

Art. 48. O procedimento relativo aos processos por crimes definidos neste Título rege-se pelo disposto neste Capítulo, aplicando-se, subsidiariamente, as disposições do Código de Processo Penal e da Lei de Execução Penal.

Código de Processo Penal e LEP – Conquanto a lei em exame contenha disposições específicas, a serem obrigatoriamente observadas, é possível a aplicação, em caráter subsidiário, do Código de Processo Penal (e também da LEP), conforme suscitaremos em várias passagens de nosso estudo. Apenas para ficarmos com um exemplo: a lei em análise não contempla a possibilidade de absolvição sumária do agente, prevista no art. 397 do Código de Processo Penal. E nem poderia fazê-lo, já que o dispositivo do CPP foi introduzido com a reforma processual de 2008, enquanto que a lei de drogas é de 2006. Nada impede, porém, que, em caráter subsidiário, seja aplicada a regra do processo penal.

Procedimento especial – Possui a lei um procedimento próprio, a ser observado para todos os delitos elencados no diploma legal, pouco importando se o crime é apenado com detenção (art. 33, § 2º, por exemplo), ou com reclusão (*v.g.*, art. 33, *caput*). Salvo quando se tratar dos crimes previstos nos arts. 28, art. 33, § 3º e 38. Nesses casos, o procedimento a ser observado é o da Lei n. 9.099/1995, que criou os Juizados Especiais Criminais. Claro que, praticado o crime do art. 28 em concurso com um dos delitos previstos nos arts. 33 (salvo o § 3º) a 37 da lei (relacionados ao tráfico de drogas), não terá lugar para a Lei n. 9.099/1995, devendo ser adotado o rito dos arts. 54 a 59 da lei.

§ 1.º O agente de qualquer das condutas previstas no art. 28 desta Lei, salvo se houver concurso com os crimes previstos nos arts. 33 a 37 desta Lei, será processado e julgado na forma dos arts. 60 e seguintes da Lei 9.099, de 26 de setembro de 1995, que dispõe sobre os Juizados Especiais Criminais.

Concurso entre posse de droga para consumo pessoal e tráfico de entorpecente – Imagine-se a seguinte situação: o agente consente que sua casa seja utilizada para fins de tráfico, cometendo, assim, o crime previsto no art. 33, § 1º, inc. III, da lei em análise, cuja pena máxima é de quinze anos. Ao mesmo tempo, é surpreendido trazendo consigo pequena quantidade de droga, a ser utilizada para consumo próprio, em conduta prevista no art. 28, cuja pena é de advertência, prestação de serviços à comunidade e medida educativa. Para o primeiro delito, não se aplica a transação penal, prevista na Lei n. 9.099/1995, já que tem pena máxima superior a dois anos, não se tratando, portanto, de uma infração penal de menor potencial ofensivo. Para o segundo, para o qual nem pena privativa de liberdade é prevista, teria incidência o favor legal consistente na transação penal. Indaga-se: seria o caso de tratamento separado entre os dois crimes, ou seja, de se admitir a transação penal para o crime do art. 28 e o prosseguimento regular em relação ao crime do art. 33, que não admite o favor legal?

Pensamos que não, isto é, tomando nosso exemplo, perpetrados os dois crimes e somando-se as duas penas, não haverá lugar para a proposta de transação penal, ainda que para o delito do art. 28 não seja prevista pena privativa de liberdade. Primeiro, em face da literalidade do § 1º acima, que prevê a aplicação dos Juizados Criminais aos infratores do art. 28 da lei em exame, mas ressalva, de forma expressa, sua inaplicabilidade quando "houver concurso com os crimes previstos nos arts. 33 a 37 desta Lei". Ora, por mais que se possa repudiar a chamada *interpretação gramatical* da lei (também conhecida por *interpretação literal* ou *interpretação filológica*), não se deve ignorar a vontade do legislador, sobretudo quando o texto é dotado de tamanha clareza (*in claris cessat interpretatio*). E, segundo, porque a jurisprudência parece confortar essa impressão. Com efeito, o Superior Tribunal de Justiça possui o seguinte entendimento cristalizado na Súmula n. 243, *in verbis*: "O benefício da suspensão do processo não é aplicável em relação às infrações penais cometidas em concurso material, concurso formal ou continuidade delitiva, quando a pena mínima cominada, seja pelo somatório, seja pela incidência da majorante, ultrapassar o limite de um (01) ano". É verdade que o enunciado se refere à suspensão condicional do processo, mas pode ser estendido, sem maior dificuldade, à transação penal. Mais precisamente sobre a transação penal e nesse sentido, confira-se o seguinte julgado também do *Tribunal da Cidadania*: "No caso de concurso de crimes, a pena considerada para fins de fixação da competência do Juizado Especial Criminal será o resultado da soma, no caso de concurso material, ou a exasperação, na hipótese de concurso formal ou crime continuado, das penas máximas cominadas ao delitos. Com efeito, se desse somatório resultar um apenamento superior a 02 (dois) anos, fica afastada a competência do Juizado Especial (Precedentes do Pretório Excelso e do STJ)" (STJ – HC n. 80773- RJ – Rel. Felix Fischer, j. 04.10.2007, DJ 19.11.2007 p. 256).

Concluímos, portanto, ainda com base em nosso exemplo, que caberá a oferta de denúncia por ambos as condutas, inviável, outrossim, a transação penal para o crime do art. 28, devendo ambos os delitos seguir o curso regular do processo-crime, a culminar, se bem provada a acusação, com uma condenação à pena privativa de liberdade pela prática do crime do art. 33, § 1º, inc. III e outra pelo delito do art. 28. (advertência, prestação de serviços à comunidade ou medida educativa).

Há, na doutrina, quem invoque o teor do parágrafo único, do art. 60 da lei dos Juizados, com a redação que lhe foi dada pela Lei 11.313/2006, de 28.06.2006, a permitir que, em relação ao crime de menor potencial ofensivo fosse concedida a transação penal. Ou seja, ainda tomando nosso exemplo, o mesmo juiz receberia a denúncia em relação ao crime do art. 33, § 1º, inc. III e concederia a transação penal (após proposta do Ministério Público nesse sentido), no que tange ao delito do art. 28. Cremos que o parágrafo único, do art. 60, da Lei n. 9.099/1995, não tenha esse alcance. Trata-se, em verdade, de uma lei que disciplina a competência. Explicamos: antes dessa alteração, verificada a prática de dois crimes, um de competência dos Juizados e outro do juízo comum, a este último não se permitir aplicar as medidas despenalizadoras, cabendo a separação das condutas com o envio, aos Juizados, daquela de menor potencial ofensivo. Em face da alteração, permite-se, agora – em homenagem mesmo aos princípios da celeridade e da economia processual – que o próprio juízo comum (ou mesmo do Tribunal do Júri), conceda a transação penal. Isso não implica concluir, sob nossa compreensão, que possa este juízo *separar* as imputações, concedendo a transação penal no que se refere ao primeiro delito e recebendo a denúncia no que tange ao segundo. Aliás, a proposta de transação penal esbarraria no requisito subjetivo do § 2º, do inc. III, da Lei n. 9.099/1995, que veda a transação penal quando "não indicarem os antecedentes, a conduta social e a personalidade do agente, bem como os motivos e as circunstâncias, ser necessária e suficiente a adoção da medida". Aquele que autoriza que sua casa seja empregada para o tráfico de drogas revelaria uma conduta social compatível com o benefício da transação penal? Respondemos, desenganadamente, que não.

§ 2.º Tratando-se da conduta prevista no art. 28 desta Lei, não se imporá prisão em flagrante, devendo o autor do fato ser imediatamente encaminhado ao juízo competente ou, na falta deste, assumir o compromisso de a ele comparecer, lavrando-se termo circunstanciado e providenciando-se as requisições dos exames e perícias necessários.

Lei n. 9.099/1995 – De se ver que art. 28 da lei em análise não prevê nenhuma pena corporal para a conduta daquele que visa o consumo pessoal de drogas, senão penas alternativas (advertência, prestação de serviços à comunidade e medida educativa). Ora, se as disposições dos Juizados Especiais Criminais se aplicam às infrações penais de menor potencial ofensivo, assim consideradas aquelas cuja pena máxima não exceda a dois anos, com mais razão devem incidir para os delitos previstos no art. 28 da lei de drogas, para os quais nem mesmo pena corporal é prevista. Nessa hipótese, portanto, cumpre observar o disposto nos arts. 60 e ss. da Lei 9.099/95.

Da **composição civil** dos danos, prevista no art. 72 da Lei 9.099/95, não há que se cogitar, dada a própria natureza dos crimes a envolver o uso de drogas. Tampouco da **representação** da vítima, posto não haver, nesses casos, um ofendido determinado e, de resto, cuidarem-se os crimes daqueles que se processam mediante ação penal pública incondicionada. Interessa-nos, especialmente, o disposto no art. 69 da lei dos juizados. De sorte que, detido o agente portando drogas, que, pela quantidade apreendida e demais circunstâncias do fato, indique que as utilizaria para consumo pessoal e após a lavratura do termo circunstanciado, deverá ser imediatamente conduzido ao Juizado. Ou, não se contando com essa estrutura, que permita a imediata apresentação do agente ao juiz de direito, uma vez lavrado o termo, cabe à autoridade policial liberar o detido, já que o 2º acima impede peremptoriamente a prisão em flagrante. Nem mesmo seu compromisso de, posteriormente, comparecer ao Juizado, assim que convocado, nos termos do parágrafo único, do art. 69, da Lei n. 9.099/1995, é, portanto, de se exigir.

O art. 76, § 2º da lei dos juizados, indica os requisitos legais, de ordem objetiva e subjetiva, a serem observados, para fins de concessão da transação penal. Assim, não se admitirá a proposta caso o autor tenha condenação anterior "à pena privativa de liberdade, por sentença definitiva" (inc. I), pela prática de crime (não de contravenção penal), ou se beneficiado anteriormente, pelo prazo de cinco anos, com a transação penal (inc. II). Ou ainda, sob o aspecto subjetivo, "não indicarem os antecedentes, a conduta social e a personalidade do agente, bem como os motivos e as circunstâncias, ser necessária e suficiente a adoção da medida" (inc. III).

Detenção do agente com droga para consumo próprio – Com o já alertamos, é vedada a prisão em flagrante do agente que se encontrar na posse de droga para seu consumo pessoal, nos termos do § 2º acima. Isso não implica dizer, porém, que o policial (geralmente militar), que se deparar com essa conduta, deva simplesmente ignorá-la, permitindo o uso indiscriminado do entorpecente. Deve, ao revés, fazer cessar essa conduta, encaminhando o agente, de imediato, ao juízo competente (§ 1º acima). Ocorre que, é cediço, não se conta com uma estrutura que propicie um atendimento, pelo Poder Judiciário, 24 horas por dia. Imagine-se a detenção de alguém preso, com maconha, às 4 horas da madrugada de um sábado. Ainda que previsto um plantão judicial, a possibilidade de atendimento pelo Poder Judiciário, nessa situação, é inexistente. Por isso que o § 3º, prevê a possibilidade de, à falta da autoridade judicial, seja o autor do fato levado à presença do delegado de polícia, a quem cumprirá lavrar o respectivo termo circunstanciado, no qual ele se comprometerá a comparecer em Juízo assim que convocado e, em seguida, liberar o agente. Se for o caso, um tanto improvável, deve a autoridade policial, em acréscimo, determinar a realização do exame de corpo de delito mencionado no item acima, providenciado, ainda, "as requisições dos exames e perícias necessários", mencionados no 2º acima.

Outras infrações que admitem a transação penal – Embora o dispositivo faça referência, apenas, ao art. 28, outros dois delitos, previstos no mesmo diploma, admitem a transação penal, posto que de menor potencial ofensivo, cuja pena máxima não ultrapassa os dois anos. Tratam-se dos crimes do art. 33, § 3.º e do art. 38 (prescrição culposa de drogas). Para esses crimes será cabível a prisão em flagrante, já que o § 2º acima a impede apenas para o delito do art. 28. Mas bastará que o agente se comprometa a, posteriormente, comparecer em Juízo, assim que convocado, para livrar-se do flagrante, na dicção do do parágrafo único, do art. 69, da Lei n. 9.099/1995.

§ 3.º Se ausente a autoridade judicial, as providências previstas no § 2.º deste artigo serão tomadas de imediato pela autoridade policial, no local em que se encontrar, vedada a detenção do agente.

Apresentação perante o Delegado de Polícia – Na grande maioria dos casos, o agente detido com drogas para uso pessoal será apresentado à autoridade policial. Embora o dispositivo faça crer ser essa a exceção, é, na prática, a regra. Desconhecemos, assim, a existência de alguma estrutura judiciária no país que permita a imediata apresentação do usuário ao juiz. Vedada que é, expressamente, a prisão do agente, cabe ao Delegado de Polícia adotar as medidas próprias da Lei dos Juizados Especiais Criminais, previstas no art. 69 da Lei 9.099/1995, que são repetidas neste § 3º. Lavra-se, pois, o respectivo termo circunstanciado, elaborando-se, ainda, um auto de constatação, capaz de aferir, como o nome sugere, ainda que precariamente, o potencial lesivo da droga.

§ 4.º Concluídos os procedimentos de que trata o § 2.º deste artigo, o agente será submetido a exame de corpo de delito, se o requerer ou se a autoridade de polícia judiciária entender conveniente, e em seguida liberado.

Exame de corpo de delito – Trata-se de medida de proteção ao agente que, tendo suportado alguma espécie de sevícia, poderá requerer a elaboração de um exame de corpo de delito a fim de atestar a ocorrência das agressões. Também a autoridade policial, caso entenda necessário, poderá determinar a realização dessa perícia. Suponha-se a hipótese na qual o conduzido é apresentado ao delegado de polícia, por policiais militares, com ferimentos capazes de revelar alguma agressão perpetrada pelos milicianos. Será de bom alvitre que a autoridade policial, até mesmo para se isentar de qualquer responsabilidade, ordene a elaboração do exame de corpo de delito.

§ 5.º Para os fins do disposto no art. 76 da Lei 9.099, de 1995, que dispõe sobre os Juizados Especiais Criminais, o Ministério Público poderá propor a aplicação imediata de pena prevista no art. 28 desta Lei, a ser especificada na proposta.

Transação penal – Preenchidos os requisitos legais, cumpre seja proposta, pelo Ministério Público, a transação penal, "a envolver, portanto, a aplicação imediata das penas de advertência sobre os efeitos das drogas, prestação de serviços à comunidade e medida educativa de comparecimento a programa ou curso educativo. Em divergência ao tratamento dado aos crimes de menor potencial ofensivo, não será possível o oferecimento de proposta de penas de prestação pecuniária, perda de bens e valores, interdição temporária de direitos, limitação de fim de semana ou multa", segundo lição de Andrey Borges de Mendonça e Paulo Roberto Galvão de Carvalho (*Lei de Drogas: Lei 11.343, de 23 de agosto de 2006 – Comentada artigo por artigo*. São Paulo: Editora Método, 2007, p. 203). E nem poderia ser diferente. Não prevendo a lei de drogas, por exemplo, pena pecuniária para o mero usuário, não teria cabimento que, em sede de transação penal, fosse proposto o pagamento de determinado valor em prol de entidade assistencial. Imaginar-se em sentido contrário importaria em concluir que a transação penal, que consiste, exatamente, em uma medida despenalizadora, acabaria por ser mais gravosa, ao agente, do que a própria condenação.

E na hipótese do agente não atender os pressupostos elencados no art. 76, § 2º, da Lei n. 9.099/1959, porque, *v.g.*, reincidente? Pensamos que, ainda assim, fará jus à transação penal. É que, conforme já ressaltamos, a lei de drogas não prevê, nas hipóteses de seu art. 28, nenhuma pena privativa de liberdade, não fazendo sentido a deflagração de um processo-crime que, a seu final, qualquer que fosse a vida pregressa do agente, redundaria na imposição de advertência, prestação de serviços à comunidade ou medida educativa. Nesse sentido, aliás, o Enunciado 124 do Fórum Nacional de Juízes Estaduais (Fonaje): "A reincidência decorrente de sentença condenatória e a existência de transação penal anterior, ainda que por crime de outra natureza ou contravenção, não impedem a aplicação das medidas despenalizadoras do art. 28 da Lei de 11.343/06 em sede de transação penal".

E se o agente não aceitar a proposta de transação penal, almejando, por exemplo, comprovar sua inocência? Bem, aí não restará outra alternativa senão a oferta, pelo Ministério Público, de denúncia (não sendo o caso de arquivamento), que, uma vez recebida, deflagrará o respectivo processo-crime. O mesmo ocorrerá se, aceita a transação penal, o agente descumpre seus termos, deixando, por exemplo, de prestar serviços à comunidade. É o teor da Súmula vinculante n. 35, do Supremo Tribunal Federal: *in verbis*: "A homologação da transação penal prevista no artigo 76 da Lei 9.099/1995 não faz coisa julgada material e, descumpridas suas cláusulas, retoma-se a situação anterior, possibilitando-se ao Ministério Público a continuidade da persecução penal mediante oferecimento de denúncia ou requisição de inquérito policial".

Art. 49. Tratando-se de condutas tipificadas nos arts. 33, *caput* e § 1.º, e 34 a 37 desta Lei, o juiz, sempre que as circunstâncias o recomendem, empregará os instrumentos protetivos de colaboradores e testemunhas previstos na Lei 9.807, de 13 de julho de 1999.

Lei de Proteção a Vítimas e a Testemunhas – O dispositivo acima é expresso em admitir a incidência da Lei n. 9.807/1999, aos crimes previstos nos arts. 33, *caput* e § 1º, e 34 a 37 (estes últimos consistentes na fabricação de maquinário, associação para o tráfico, financiamento do tráfico e colaboração com o tráfico). Claro que se conduta do agente se inserir dentre aquelas previstas no art. 28, relacionadas ao consumo pessoal de drogas, no qual nem mesmo processo-crime será deflagrado (salvo se perpetrado o crime em concurso, por exemplo, com o delito do art. 33, § 1º, inc. III da lei em exame, consistente na cessão da casa para a prática do ilegal comércio), não fará sentido qualquer proteção à vítima e testemunhas, ante a inexistência tanto de uma como de outra.

A Lei n. 9.807/1999 prevê uma série de medidas de proteção à vítima e à testemunha, estabelecendo, ainda, os requisitos para ingresso no programa, a legitimidade para o pedido e, mais especificamente, no que consistem os atos que importam na concessão do favor legal, listados no art. 7º do mencionado diploma. São eles, que podem ser aplicados isolada ou cumulativamente: segurança na residência, incluindo o controle de telecomunicações; escolta e segurança nos deslocamentos da residência, inclusive para fins de trabalho ou para a prestação de depoimentos; transferência de residência ou acomodação provisória em local compatível com a proteção; preservação da identidade, imagem e dados pessoais; ajuda financeira mensal para prover as despesas necessárias à subsistência individual ou familiar, no caso de a pessoa protegida estar impossibilitada de desenvolver trabalho regular ou de inexistência de qualquer fonte de renda; suspensão temporária das atividades funcionais, sem prejuízo dos respectivos vencimentos ou vantagens, quando servidor público ou militar; apoio e assistência social, médica e psicológica; sigilo em relação aos atos praticados em virtude da proteção concedida; apoio do órgão executor do programa para o cumprimento de obrigações civis e administrativas que exijam o comparecimento pessoal. A elas se soma a possibilidade de alteração do nome, prevista no art. 9º da Lei n. 9.807/1999.

SEÇÃO I
DA INVESTIGAÇÃO

Art. 50. Ocorrendo prisão em flagrante, a autoridade de polícia judiciária fará, imediatamente, comunicação ao juiz competente, remetendo-lhe cópia do auto lavrado, do qual será dada vista ao órgão do Ministério Público, em 24 (vinte e quatro) horas.

Espécies de flagrante – Segundo o art. 302, "considera-se em flagrante delito quem: I – está cometendo a infração penal; II – acaba de cometê-la; III – é perseguido, logo após, pela autoridade, pelo ofendido ou por qualquer pessoa, em situação que faça presumir ser autor da infração; IV – é encontrado, logo depois, com instrumentos, armas, objetos ou papéis que façam presumir ser ele autor da infração.

Flagrante próprio, real ou **propriamente dito** – Previsto nos incs. I e II acima. Verifica-se quando o agente está cometendo a infração penal ou acaba de cometê-la. Na primeira hipótese, em um exemplo, o agente é preso no momento em que desfecha golpes de faca na vítima, ou seja, no exato instante em que pratica o crime. Já no segundo caso, ele é detido, quase que imediatamente, nas proximidades do local do crime, com a roupa manchada de sangue do ofendido e portando ainda a faca utilizada para a prática do homicídio. Neste último caso, "já não há fogo, mas existe a fumaça; a chama se apagou, mas a brasa está quente", no dizer de Tornaghi (ob. cit., p. 261), o que configura o flagrante. Há, pois, uma presunção no sentido de que o agente, surpreendido em determinada situação, seja o autor do crime. Aquele que se põe em fuga, carregando o objeto furtado é, presumivelmente, o autor do furto, que acaba de cometer.

Mas – insiste-se – trata-se de presunção, razão pela qual a doutrina aponta que flagrante propriamente dito, a rigor, só ocorreria na hipótese do inc. I acima. Há entendimento, por isso mesmo, que classifica a hipótese do inc. II como *flagrante impróprio* ou *quase-flagrante* (cf. Ary Azevedo Franco, *Código de Processo Penal*, vol. 1, pp. 297-8). Adotamos, porém, a classificação mais aceita pela doutrina, a seguir exposta.

Acaba de cometê-la – O legislador, ao empregar a expressão "acaba de cometê-la", não estabelece um lapso temporal e se desconhece alguma legislação estrangeira que o tenha feito. Suponha-se que o agente seja surpreendido no exato momento em que dispara tiros contra a vítima. A hipótese será a do inc. I acima. Já se, após desfechar os tiros e por conta barulho decorrente dessa ação, é detido por populares, a prisão se dará com fulcro no inc. II. Sendo ele detido, será preso em flagrante, pois acabou de cometer o delito. Dois aspectos são, pois, relevantes: o *tempo* (o agente é surpreendido imediatamente após a prática do crime) e o *modo*, isto é, ele é detido em circunstâncias que indicam ser o autor do delito.

Flagrante impróprio ou **quase-flagrante** – Ocorre, na dicção deste inc. III acima, quando o agente é perseguido, logo após, pela autoridade, pela vítima ou por um particular, em situação que faça presumir ser ele o autor da infração. Também aqui dois requisitos são exigidos, a saber: 1) a existência de perseguição logo após a prática do delito (*tempo*); b) a detenção do agente em situação que faça presumir ser ele o autor do crime (*modo*).

Logo após – A expressão *logo após* significa o tempo que transcorre da prática do crime até a colheita, por policiais ou particulares, de informações a respeito de seu autor, que passa a ser perseguido. O legislador não menciona um tempo determinado, sendo equivocada a impressão popular de que, passadas 24 horas, desaparece a situação de flagrância. De tal maneira que a análise deve ser feita, pelo juiz, à luz do caso concreto, sem que se estipule um lapso cronológico, no mais desconhecido em qualquer legislação alienígena. Desde que, quase que imediatamente após a prática do delito e sem qualquer interrupção, venha o agente a ser perseguido e preso, o flagrante está caracterizado, sendo irrelevante o tempo que transcorrer até sua detenção. Tal perseguição pode perdurar por cinco minutos ou por cinco horas, pouco importa. Relevante é que não sofra solução de continuidade, que o agente, em um crime de furto, por exemplo, não tenha a posse tranquila da "res". Não se exige, tampouco, que o fugitivo permaneça, durante todo o tempo, na esfera visual de seu perseguidor, bastando que o encalço não sofra qualquer espécie de interrupção. Em suma: embora não sendo surpreendido quando cometia o crime ou acabava de cometê-lo (o que configuraria as hipóteses dos incs. I e II), verifica-se uma perseguição, iniciada logo após ("subito dopo", segundo o art. 382 do Código de Processo Penal Italiano), tão logo populares ou policiais tenham acesso a dados que permitam o imediato e contínuo encalço do agente. Este, de sua parte, deve ser detido em situação que faça presumir ter sido o autor do delito. Essa presunção pode decorrer de diversos fatores, como, por exemplo, estar o agente em fuga, encontrar-se na posse da "res furtiva", ter sido reconhecido como autor do furto por vítima ou testemunhas, haver sido surpreendido por câmeras de segurança, etc. Tais requisitos é que configuram o flagrante impróprio ou quase-flagrante aludido neste inc. III.

Flagrante presumido ou **ficto**: Considera-se em flagrante quem é encontrado, logo depois, com instrumentos, armas, objetos ou papéis que façam presumir ser ele autor da infração penal, na dicção do inc. IV, do art. 302 do CPP. Aqui já não se exige a *perseguição* logo após a prática do crime, como na hipótese anterior do inc. III, mas simplesmente o fato do autor ser *encontrado*, mesmo que casualmente, logo depois de ter praticado o delito, em uma situação que faça surgir séria desconfiança de ser ele seu autor. Como exemplo, podemos mencionar o sujeito que é localizado em sua casa, sem que tenha sido perseguido pela polícia, com uma faca respingando sangue, em situação, portanto, que faz presumir ter ele praticado um crime de homicídio. Ou aquele que, logo depois da ocorrência de um furto, é surpreendido casualmente com a "res furtiva" em seu poder, sem que antes tenha sido perseguido. Trata-se de uma prisão que decorre de uma presunção, ou seja, presume-se, em nosso último exemplo, de que aquele que guarda consigo objetos furtados seja o autor do delito. Presunção, é verdade, relativa, bastando se imaginar a situação na qual o conduzido tenha achado aleatoriamente os objetos ou que os mesmos, em sua ausência, tenham sido deixados no local por terceiros. Daí a importância da apreensão quase que imediatamente após a prática do furto, a fim de evitar qualquer equívoco na imputação de seu suposto autor. De qualquer forma e a despeito de alguma crítica doutrinária quanto a este dispositivo, vale que se recorde dos termos da Exposição de Motivos do CPP, ao ressaltar, especificamente em relação ao inc. IV, que "o interesse da administração da justiça não pode continuar a ser sacrificado por obsoletos escrúpulos formalísticos, que redundam em assegurar, com prejuízo da futura ação penal, a afrontosa intangibilidade de criminosos surpreendidos na atualidade ainda palpitante do crime e em circunstâncias que evidenciam sua relação com este" (item VIII).

Logo depois – O termo "*logo depois*", é, em nosso sentir, sinônimo do "*logo após*", previsto no inciso anterior e importa em uma noção de relativa imediatidade. Ou seja, o agente comete o crime e, quase que imediatamente (em um "*tempo vizinho do delito*", como mencionado no Código do Império de 1808), é encontrado em condições que o façam presumir ser seu autor. Talvez a única diferença que se possa cogitar é que o "*logo depois*" pressupõe um espaço de tempo um pouco mais elástico em relação ao "*logo após*". Afinal, nesta última há *fuga* e *perseguição*, enquanto que na primeira, *crime* e *encontro*. De qualquer sorte, o alcance da expressão "*logo depois*", vai depender da análise do caso concreto, sendo impossível pretender-se sua aferição com base em um período cronológico não fixado pelo legislador. O Código de Processo Penal Português, em seu art. 256, a propósito, utiliza apenas a expressão "logo após o crime", tanto para aquele que é perseguido (*flagrante impróprio* ou *quase-flagrante*), como para aquele que "encontrado com objectos ou sinais que mostrem claramente que acabou de o cometer [o crime] ou nele participar" (flagrante presumido ou ficto).

Flagrante preparado – Também chamado de *flagrante provocado*, ocorre quando alguém, de maneira maliciosa, induz (provoca) o agente à prática de um crime e, ao mesmo tempo, impede que o mesmo se consume. Exemplo clássico é o da patroa que, desconfiada da empregada, deixa dinheiro ostensivamente à mostra enquanto vigia por detrás da porta. No momento em que a empregada toma o dinheiro ela a surpreende, tornando impossível a consumação do delito em vista da cilada que montou. Vê-se que o agente é colocado em uma situação para cometer o delito (também chamado *crime de ensaio*), que, porém, não se concretiza em virtude da precaução que sobre ele é tomada, que pode ser exercida pela ofendida, como em nosso exemplo, ou mesmo por agentes policiais ou terceiros. Segundo a Súmula 145 do STF, "não há crime quando a preparação do flagrante pela polícia torna impossível a sua consumação". É uma modalidade de *crime impossível*, na qual embora existindo o elemento subjetivo (a empregada quis furtar o dinheiro), o elemento objetivo desaparece na medida em que são tomadas cautelas que impedem a consumação do delito.

Questão discutida constantemente é aquela na qual um policial, passando-se por viciado, adquire drogas de um traficante para, em seguida, dar-lhe voz de prisão. Parte da jurisprudência entende se tratar de verdadeiro flagrante preparado, já que foi a iniciativa do policial que induziu, provocou, incentivou a ação do agente. A maioria, porém, com apoio inclusive do STF, entende que o flagrante é válido, pois o crime se consumara anteriormente, quando o traficante trazia consigo a droga que foi, posteriormente, entregue ao policial disfarçado. Ou seja, o autuado já trazia consigo a droga, para entrega a terceiros, consumando aí o delito, sendo irrelevante a ação policial. Daí a possibilidade de sua prisão em flagrante. Nesse sentido decidiu a mais alta Corte do país: "Tráfico de entorpecentes. Art. 12, caput da Lei nº 6.368/76. Flagrante preparado. Não ocorrência. Paciente que, no momento dos fatos, se encontrava em local considerado ponto de tráfico, tendo ido buscar a droga após a solicitação de compra. A ser verídica a versão dos policiais, o paciente, após o pedido, teria ido buscar a droga em local onde a estava depositando, conduta que incidiria no art. 12, caput da Lei nº 6.368/76, na modalidade "ter em depósito", como capitulado na denúncia, inexistindo o flagrante preparado porque, a exemplo do entendimento esposado no HC nº 72.824/SP (Min. Moreira Alves), o crime, de caráter permanente, já se teria consumado" (STF – HC nº 81970-SP, Rel. Gilmar Mendes, j. 28.06.2002, DJe 30.08.2002, p. 97).

Flagrante esperado – Ocorre quando a polícia, quase sempre através de uma denúncia anônima, arma uma estratégia para culminar com a prisão do criminoso. Aqui a autoridade não induz o agente mas, simplesmente, aguarda o desenrolar dos fatos, deixando-o agir livremente, até o momento oportuno em que efetua a prisão. Imagine-se o exemplo no qual policiais vigiam, de longe, o entra e sai constante de pessoas de uma casa, sob suspeita de aquisição de drogas. Em dado instante, parecendo conveniente, os policiais ingressam na residência e, confirmando as suspeitas, prendem o traficante com grande quantidade de entorpecente. Nessa hipótese, o flagrante é plenamente válido, conforme entendimento unânime da doutrina e jurisprudência.

Flagrante forjado – Também denominado flagrante *fabricado*, é obviamente ilegal, consistente na ação de policiais (ou mesmo de terceiros), que *criam* provas contra o suposto delinquente, como, por exemplo, fazendo inserir em seu bolso substância entorpecente. Além de ilegal e arbitrário, sujeita os agentes à prática do crime de abuso de autoridade ou de denunciação caluniosa. Calhou ao Superior Tribunal de Justiça bem apanhar a distinção entre essas espécies de flagrante, ao consignar que "no flagrante preparado, a polícia provoca o agente a praticar o delito e, ao mesmo tempo, impede que ele se consume, cuidando-se, assim, de crime impossível, ao passo que no flagrante forjado, a conduta do agente é criada pela polícia, tratando-se de fato atípico, sendo que hipótese totalmente diversa é a do flagrante esperado, em que a polícia tem notícias de que uma infração penal será cometida e aguarda o momento de sua consumação para executar a prisão. No caso dos autos, a polícia não provocou os pacientes a praticar o ilícito de tráfico de drogas, tampouco criou a conduta por eles praticada, tendo apenas os abordado diante da notícia de que seriam os compradores dos entorpecentes trazidos pela corré já presa em flagrante, ocasião em que confessaram que em sua residência haveria mais substâncias ilícitas, o que foi confirmado em busca realizada no local" (HC nº 204426-SP, Rel. Jorge Mussi, j. 23.04.2013, DJe 08.05.2013).

Comunicação do flagrante – A comunicação do flagrante atende ao mandamento constitucional contido no art. 5º, inc. LXII da Carta, segundo o qual "a prisão de qualquer pessoa e o local onde se encontre serão comunicados imediatamente ao juiz competente e à família do preso ou à pessoa por ele indicada". Também o Código de Processo Penal tem previsão idêntica, ao dispor, em seu art. 306, que "a prisão de qualquer pessoa e o local onde se encontre serão comunicados imediatamente ao juiz competente, ao Ministério Público e à família do preso ou à pessoa por ele indicada". Decorre, ainda, de outro princípio constitucional que veda a incomunicabilidade do preso, previsto no art. 163, inc. IV da Carta. A Constituição – e tampouco o CPP – não delimitaram no que consistiria o vocábulo "imediatamente". Não se trata, em nosso sentir, do prazo de 24 horas previsto na parte final do *caput* deste artigo. Este, com efeito, se refere ao envio dos autos ao Ministério Público. O "imediatamente" mencionado na Carta e neste dispositivo em exame, deve ser entendido, sob nossa ótica, como a comunicação efetivada durante a lavratura do flagrante ou, acrescentaríamos, assim que o conduzido é entregue à autoridade. Só assim se poderá conferir efetividade, por exemplo, à providência da família em acionar um advogado. Esperar-se 24 horas, quando o flagrante já se acha concluído, tornaria inútil essa iniciativa.

Nota de culpa – Conquanto a lei seja omissa nesse sentido, cumpre à autoridade policial, nos termos do § 2º, do art. 306, do Código de Processo Penal, emitir a nota de culpa, que consiste na comunicação formal feita ao preso, devidamente assinada pela autoridade, sobre o motivo da prisão, contendo um breve relato do fato e os nomes do condutor e das testemunhas. Tem por objetivo evitar que alguém seja mantido preso ignorando os motivos que ensejaram tal privação. Torna, portanto, definitivo o motivo da prisão, ao noticiar a sua causa determinante, evitando, de um lado, a manutenção de uma medida abusiva e, de outro, permitindo ao detido que, desde logo, prepare sua defesa. Aliás, é direito assegurado pela Constituição que o preso tenha conhecimento da identificação dos responsáveis por sua prisão ou por seu interrogatório policial (art. 5º, inc. LXIV da CF). Conquanto não conste do dispositivo legal, aconselha-se que da nota de culpa conste que o crime admite fiança e qual o seu valor, possibilitando assim, com seu recolhimento, a soltura do preso. Estabelece-se, com isso, certa analogia ao art. 285, alínea "d" do código, que impõe seja apontado o valor da fiança no mandado de prisão.

A nota de culpa deve ser expedida no prazo de 24 horas contado da prisão (§ 1º, acima), sem que a inobservância desse prazo, contudo, acarrete a nulidade do flagrante, como visto do seguinte julgado: "O atraso na entrega da nota de culpa ao investigado preso em flagrante, embora constitua irregularidade, não determina a nulidade do ato processual regularmente válido. É princípio basilar do processo penal a assertiva de que não se declara nulidade de ato, se dele não resultar prejuízo comprovado para o réu, nos termos do art. 563 do Código de Processo Penal" (STJ – RHC nº 21532-PR, Rel. Laurita Vaz, j. 18.10.2007, DJ 12.11.2007, p. 239). Por precaução, deve ser obtido recibo do preso, dando conta da entrega da nota de culpa, livrando-se, assim, de qualquer responsabilidade a autoridade policial por eventual omissão. Daí a razão pela qual a nota de culpa deve ser expedida em duas vias, ficando uma com o preso e outra com a autoridade. Caso não queira assinar o recibo ou mesmo se não puder fazê-lo (porque analfabeto ou ferido), duas testemunhas devem fazê-lo, atestando a entrega da nota de culpa, por analogia ao § 3º, do art. 304 do CPP.

Comunicação à **família** – Impõe-se, pelas mesmas razões acima expostas, a comunicação da prisão à família do conduzido, não se tratando de familiar, à pessoa por ele indicada (namorada, companheira, amigo, por exemplo), ainda na dicção do art. 306 do Código de Processo Penal. Trata-se, demais, de providência contida no art. 5º, inc. LXII da Constituição, parecendo estranho que o legislador não a tenha contemplado. Salvo, é claro, se o preso preferir não efetuar qualquer comunicação a seus chegados. Trata-se de medida salutar, aplicada comumente na prática, e que permite que pessoas próximas do conduzido adotem medidas que entender cabíveis, como, por exemplo, a constituição de um advogado para acompanhar o caso. E mesmo outras mais singelas, como providenciar alguma alimentação ao preso, vestes adequadas, etc.

Comunicação tratando-se de preso estrangeiro – É bastante comum a prisão de estrangeiros, envolvidos na prática de tráfico de entorpecentes. Nos termos da Convenção de Viena sobre Relações Consulares, de 1963, subscrita pelo Brasil e que ingressou em nosso direito pátrio pelo Decreto nº 61.078/1967, toda prisão de estrangeiro, qualquer que seja sua natureza (em flagrante, preventiva, temporária), deve ser comunicada ao respectivo Consulado do detido.

Por isso mesmo, a Portaria n. 67, do Ministério da Justiça e Cidadania, datada de 14 de janeiro de 2017, determina, em seu art. 1º, que "as autoridades policiais das Polícias Federal e Rodoviária Federal, em todas as suas ramificações no território nacional, observadas as disposições constitucionais e legais, devem exercer e fiscalizar a notificação consular decorrente da aplicação do Artigo 36 da Convenção de Viena sobre Relações Consulares, de 1963, que impõe às autoridades brasileiras que cientifiquem, sem demora, a autoridade consular do País a que pertence o estrangeiro, sempre que este for preso, qualquer que seja a modalidade da prisão". Nesse sentido, ainda, a Recomendação n. 47, de 21 de novembro de 2016, do Conselho Nacional do Ministério Público, estendendo essa cautela aos "membros do Ministério Público brasileiro, em todas as suas ramificações no território nacional".

Mitigação da norma – A jurisprudência, contudo, tem mitigado um pouco o rigor do art. 306 do Código de Processo Penal, admitindo, na análise do caso concreto, certa elasticidade do prazo para a comunicação do flagrante, sem que essa demora enseje o relaxamento da prisão, especialmente se houver sido decretada a preventiva: "In casu, a prisão em flagrante ocorreu de forma regular, ademais, ainda que não tivesse sido comunicada de forma imediata à autoridade judiciária, o atraso – desde que não seja demasiado – na comunicação da prisão ao juiz competente, por si só, não gera a mácula do flagrante, se observados os demais requisitos legais. Além do mais, tal alegação fica superada em face da decretação superveniente da prisão preventiva, o que ocorreu na presente hipótese (precedente)" (HC 375.488/SP, j. 16/02/2017). No que se refere à comunicação à família, ainda do Tribunal da Cidadania, tem-se que "se o auto de prisão em flagrante foi lavrado conforme o ordenamento processual penal, não há que se falar em nulidade do ato simplesmente por eventual atraso na comunicação da detenção a familiar indicado pelo paciente, que, ademais, dispensou a presença de advogado e teve todos os direitos constitucionalmente garantidos" (STJ – HC nº 107564-SP, Rel. Jorge Mussi, j. 23.06.2009, DJe 03.08.2009).

Isso não inibe que, em relação à autoridade relapsa sejam adotadas medidas de cunho penal, lembrando que a Lei n. 4.898/1965, em seu art. 4º, alínea "c", tipifica como crime de abuso de autoridade, "deixar de comunicar, imediatamente, ao juiz competente a prisão ou detenção de qualquer pessoa". E, no âmbito cível, a Lei n. 8.429/1992, considera como ato de improbidade administrativa "retardar ou deixar de praticar, indevidamente, ato de ofício" (art. 11, inc. II).

Informações sobre a vida familiar do conduzido – Nos termos do § 4º, do art. 304 do Código de Processo Penal (com aplicação subsidiária na lei de drogas, a teor de seu art. 48), "da lavratura do auto de prisão em flagrante deverá constar a informação sobre a existência de filhos, respectivas idades e se possuem alguma deficiência e o nome e o contato de eventual responsável pelos cuidados dos filhos, indicado pela pessoa presa"

Trata-se de exigência incluída pela Lei nº 13.257/2016 (denominada *Marco da 1ª. infância* ou *Estatuto da 1ª. infância*), cujo objetivo, nos termos de seu art. 1º, é de fincar "princípios e diretrizes para a formulação e a implementação de políticas públicas para a primeira infância em atenção à especificidade e à relevância dos primeiros anos de vida no desenvolvimento infantil e no desenvolvimento do ser humano". Como *primeira infância* considera-se "o período que abrange os primeiros 6 (seis) anos completos ou 72 (setenta e dois) meses de vida da criança", na dicção do art. 2º do aludido diploma legal. A lei traz importantes inovações, com reflexos no Estatuto da Criança e do Adolescente, na CLT, etc., a ressaltar seu enorme alcance social. Nesse espírito é que o legislador impôs à autoridade policial, quando de uma prisão, investigar junto ao detido sobre a existência de filhos, se possuem alguma deficiência, quem é o responsável pela prole, etc. Sem embargo da boa intenção do legislador, parece-nos que essa providência se acha um pouco deslocada quando inserida dentre as atribuições de um delegado de polícia, muito mais voltadas para o aspecto criminal do que, propriamente, para questões relativas à assistência social. De qualquer sorte, é de se imaginar que, a partir das informações prestadas pelo preso, esteja a autoridade policial habilitada a realizar alguma espécie de encaminhamento do caso a órgãos que cuidem de políticas públicas de assistência à pessoa, podendo ainda, dependendo da hipótese concreta, formular comunicações à Vara da Infância e da Juventude, ao Ministério Público, ao Conselho Tutelar, etc.

Vista ao Ministério Público – O *parquet*, em vinte e quatro horas será cientificado sobre o auto de prisão em flagrante, em providência que sei impõe dada sua condição de titular privativo da ação penal pública, nos termos de expresso preceito constitucional (art. 129, inc. I, da Carta). Mas também na condição de *custos legis cumpre a esse órgão* examinar a legalidade do ato, podendo, ao vislumbrar alguma ilegalidade, requerer o relaxamento da prisão e mesmo impetrar *habeas corpus* em prol do conduzido.

Vista à Defensoria Pública – Nos termos do § 1º, do art. 306 do Código de Processo Penal, com a redação que lhe foi dada pela Lei n. 12.403/2011, no prazo de 24 horas, será encaminhada cópia do auto de prisão em flagrante à Defensoria Pública, salvo se o autuado contar com advogado constituído, quando essa cautela será então dispensada. A lei em exame, é verdade, não faz tal referência. Mas nem poderia fazê-lo, pois editada em 2006, a comunicação à Defensoria Pública passou a ser obrigatória com o advento posterior da Lei n. 12.403/2011. Nem por isso, será dispensada a medida, dada sua relevância no acautelamento dos direitos do preso, a impor a imprescindível participação da Defensoria Pública.

Tráfico e desnecessidade de mandado judicial para ingresso na casa do agente – Nos termos do art. 303 do Código de Processo Penal, "nas infrações permanentes, entende-se o agente em flagrante delito enquanto não cessar a permanência". Trata-se do chamado *crime permanente*, assim considerado aquele delito cuja consumação se prolonga no tempo enquanto não cessada a conduta criminosa. A execução, assim, se protrai no tempo por determinação do sujeito ativo. É a modalidade de crime em que a ofensa ao bem jurídico se dá de maneira constante e cessa de acordo com a vontade do agente. O exemplo típico é, dentre outros, o crime de tráfico de drogas. De tal forma que, durante todo o período em que a droga estiver sob a guarda do traficante, o flagrante está ocorrendo. Irrelevante, assim, por quanto tempo a droga esteve guardada. Em uma ou outra data, porque a consumação do crime se prolonga, seu agente pode ser preso em flagrante. Essa caracterização do delito permanente tem importantes aspectos práticos, sendo o mais relevante aquele que se refere à inviolabilidade da casa da pessoa. De sorte que, por força de princípio constitucional, a casa é inviolável, "ninguém nela podendo penetrar sem consentimento do morador, salvo em caso de flagrante delito ..." (art. 5º, inc. XI da Constituição). Ora, saber-se se a situação configura ou não o flagrante é fundamental para a análise da legalidade da conduta daquele que invade a casa alheia.

As investigações envolvendo organizações criminosas por meio das quais ocorre o comércio de drogas são normalmente extensas e se iniciam com interceptações telefônicas e diligências de campo que identificam indivíduos, veículos e locais potencialmente envolvidos nas atividades ilícitas que se pretende ver esclarecidas. Diante desses indícios, a autoridade policial representa pela expedição de mandado judicial de busca e apreensão para averiguar o interior de imóveis nos quais recai a regra da proteção constitucional. Caso os indícios se confirmem, as drogas são apreendidas e as prisões em flagrante podem ser efetuadas.

Não são poucos, no entanto, os casos em que policiais em patrulhamento rotineiro – ou mesmo em diligências de campo – deparam com indivíduos em atitudes suspeitas – normalmente próximos a pontos de venda de drogas – e iniciam uma abordagem que culmina na vistoria de imóveis residenciais sem a devida autorização judicial, baseada na suspeita de que nesses locais algo ilícito pode estar sendo armazenado. Nesses casos, a jurisprudência do STJ se orienta, no geral, no sentido de que o mandado de busca e apreensão é prescindível, justamente porque se trata de crime permanente, que atrai a situação de flagrância:

> "A jurisprudência desta Corte é firme no sentido de que tratando-se de crimes de natureza permanente, como é o caso do tráfico ilícito de entorpecentes, prescindível o mandado de busca e apreensão, bem como a autorização do respectivo morador, para que policiais adentrem a residência do acusado, não havendo falar em eventuais ilegalidades relativas ao cumprimento da medida (HC 345.424/SC, Rel. Ministro FELIX FISCHER, QUINTA TURMA, j. 18/8/2016, DJe 16/9/2016)" (HC 326.503/RS, DJe 15/03/2017).

Dá-se o mesmo no âmbito do STF: "consoante o entendimento da Corte, é dispensável o mandado de busca e apreensão quando se trata de flagrante de crime permanente, podendo-se realizar as medidas sem que se fale em ilicitude das provas obtidas" (HC 127.457/BA, j. 09.06.2015).

O STJ, no entanto, já flexibilizou essa orientação ao considerar ilegal a entrada de policiais em uma residência sem autorização do morador, e confirmou a absolvição que já havia sido proferida em segunda instância. No caso, o acusado de tráfico havia sido abordado na rua e, diante dos policiais, correu para sua residência. Os policiais o perseguiram, entraram no imóvel, ali encontraram certa quantidade de droga e efetuaram a prisão em flagrante. Para o tribunal, era impossível considerar lícita a entrada no domicílio porque nenhuma diligência prévia indicava que na casa havia droga armazenada. O que levou os policiais a entrar fora a mera intuição de que o local pudesse estar sendo utilizado para atividades ilícitas, sem, contudo, algo concreto que justificasse o afastamento da garantia constitucional. A situação de flagrância não havia sido identificada, com a segurança necessária, *antes* da entrada no imóvel, mas fora descoberta *por acaso* após a entrada. Não é possível, portanto, que o estado de flagrância identificado por mera eventualidade sirva para dar guarida retroativa à violação de domicílio que deveria ter sido precedida de ordem judicial. Estabeleceu-se, dessa forma, que a entrada em domicílio em que recaia a suspeita de tráfico de drogas deve se basear em elementos objetivos da prática do crime, não em simples deduções a respeito do que pode estar acontecendo (REsp 1.574.681/RS, j. 20/04/2017).

O julgado segue a tendência estabelecida pelo Supremo Tribunal Federal no julgamento do recurso extraordinário 603.616/RO (j. 05/11/2015) – no qual foi reconhecida a repercussão geral. Decidiu-se, em síntese, que a prática de crime permanente autoriza o ingresso em domicílio, em qualquer horário, para que seja efetuada a prisão em flagrante, desde que haja fundadas razões, justificadas *a posteriori* para controle judicial, de que um crime está sendo cometido:

> "2. Inviolabilidade de domicílio – art. 5º, XI, da CF. Busca e apreensão domiciliar sem mandado judicial em caso de crime permanente. Possibilidade. A Constituição dispensa o mandado judicial para ingresso forçado em residência em caso de flagrante delito. No crime permanente, a situação de flagrância se protrai no tempo. 3. Período noturno. A cláusula que limita o ingresso ao período do dia é aplicável apenas aos casos em que a busca é determinada por ordem judicial. Nos demais casos – flagrante delito, desastre ou para prestar socorro – a Constituição não faz exigência quanto ao período do dia.
>
> (...)
>
> 5. Justa causa. A entrada forçada em domicílio, sem uma justificativa prévia conforme o direito, é arbitrária. Não será a constatação de situação de flagrância, posterior ao ingresso, que justificará a medida. Os agentes estatais devem demonstrar que havia elementos mínimos a caracterizar fundadas razões (justa causa) para a medida. 6. Fixada a interpretação de que a entrada forçada em domicílio sem mandado judicial só é lícita, mesmo em período noturno, quando amparada em fundadas razões, devidamente justificadas a posteriori, que indiquem que dentro da casa ocorre situação de flagrante delito, sob pena de responsabilidade disciplinar, civil e penal do agente ou da autoridade e de nulidade dos atos praticados".

§ 1.º Para efeito da lavratura do auto de prisão em flagrante e estabelecimento da materialidade do delito, é suficiente o laudo de constatação da natureza e quantidade da droga, firmado por perito oficial ou, na falta deste, por pessoa idônea.

§ 2.º O perito que subscrever o laudo a que se refere o § 1.º deste artigo não ficará impedido de participar da elaboração do laudo definitivo.

Laudo de constatação e laudo definitivo – Da leitura dos §§ 1º e 2º acima, conclui-se, sem maior dificuldade, que são dois os laudos que devem ser elaborados. O primeiro, chamado *laudo de constatação*, deve indicar se o material apreendido, efetivamente, se trata de uma droga, incluída em lista da Anvisa (Agência Nacional de Vigilância Sanitária, do Ministério da Saúde), apontando, ainda, a quantidade da droga. Trata-se, portanto, de um exame provisório, apto, ainda que sem maior aprofundamento, a comprovar a materialidade do delito e, como tal, autorizar a prisão do agente ou a instauração do respectivo inquérito policial, caso não verificado o estado de flagrância. É firmado por um perito oficial ou, em sua falta, por pessoa idônea. A par desse, há o laudo definitivo, presumivelmente mais complexo, que, como o nome indica, trará a certeza quanto à materialidade do delito, definindo, de vez, se o material pesquisado efetivamente se cuida de uma droga. Esse laudo, a teor do art. 159 do Código de Processo Penal, deve ser elaborado por perito oficial ou, na sua falta, "por 2 (duas) pessoas idôneas, portadoras de diploma de curso superior preferencialmente na área específica, dentre as que tiverem habilitação técnica relacionada com a natureza do exame", nos termos do § 1º, do mesmo dispositivo. Nada impede, outrossim, que o mesmo perito elabore o laudo de constatação e, mais adiante, o laudo definitivo. É isso, aliás, que ocorre na prática. Tal exame, segundo se depreende da leitura da parte final do art. 56 da lei em comento, deve ser juntado aos autos até a audiência de instrução e julgamento.

A jurisprudência vinha se inclinando no sentido de ser obrigatória a apresentação do laudo definitivo, vedando, assim, a condenação do agente com lastro, apenas, no laudo de constatação. É que, "os casos em que ocorre a apreensão do entorpecente, o laudo toxicológico definitivo é imprescindível à demonstração da materialidade delitiva do delito e, nesse sentido, tem a natureza jurídica de prova, não podendo ser confundido com mera nulidade, que corresponde a sanção cominada pelo ordenamento jurídico ao ato praticado em desrespeito a formalidades legais" (STJ – HC n. 350.996-RJ – Rel. Nefi Cordeiro, j. 24.08.2016, DJe 29.08.2016).

Tal rigor, porém, tem merecido alguma mitigação. Assim, em situações excepcionais, admite a jurisprudência do Superior Tribunal de Justiça, que "a comprovação da materialidade do crime de drogas possa ser efetuada pelo próprio laudo de constatação provisório, quando ele permita grau de certeza idêntico ao do laudo definitivo, pois elaborado por perito oficial, em procedimento e com conclusões equivalentes. Isso porque, a depender do grau de complexidade e de novidade da droga apreendida, sua identificação precisa como entorpecente pode exigir, ou não, a realização de exame mais complexo que somente é efetuado no laudo definitivo. Os testes toxicológicos preliminares, além de efetuarem constatações com base em observações sensoriais (visuais, olfativas e táteis) que comparam o material apreendido com drogas mais conhecidas, também fazem uso de testes químicos pré-fabricados também chamados "narcotestes" e são capazes de identificar princípios ativos existentes em uma gama de narcóticos já conhecidos e mais comercializados. Nesse sentido, o laudo preliminar de constatação, assinado por perito criminal, identificando o material apreendido como cocaína em pó, entorpecente identificável com facilidade mesmo por narcotestes pré-fabricados, constitui uma das exceções em que a materialidade do delito pode ser provada apenas com base no laudo preliminar de constatação" (REsp nº 1544057-RJ – Rel. Reynaldo Soares da Fonseca, j. 26.10.2016, DJe 09.11.2016). E, de fato, parece a solução mais correta. Tratando-se de droga cuja identificação não exige maior pesquisa, daquelas que costumeiramente são apreendidas, facilmente detectáveis pelo perito, não há porque se reconhecer a nulidade quando apenas o laudo de constatação foi apresentado. Sobretudo quando este, podendo ser elaborado por pessoa idônea, é realizado por um perito oficial. Afinal, se o exame de corpo de delito – chamado de indireto – por haverem desaparecido os vestígios, pode ser suprido pela prova testemunhal, nos termos do art. 167 do Código de Processo Penal, não se justifica tamanho rigor ante a falta do laudo definitivo.

> § 3º Recebida cópia do auto de prisão em flagrante, o juiz, no prazo de 10 (dez) dias, certificará a regularidade formal do laudo de constatação e determinará a destruição das drogas apreendidas, guardando-se amostra necessária à realização do laudo definitivo. (Incluído pela Lei nº 12.961, de 2014)
>
> § 4º A destruição das drogas será executada pelo delegado de polícia competente no prazo de 15 (quinze) dias na presença do Ministério Público e da autoridade sanitária. (Incluído pela Lei nº 12.961, de 2014).
>
> § 5º O local será vistoriado antes e depois de efetivada a destruição das drogas referida no § 3º, sendo lavrado auto circunstanciado pelo delegado de polícia, certificando-se neste a destruição total delas. (Incluído pela Lei nº 12.961, de 2014)

Incineração e Ministério Público – O dispositivo deixa evidente a obrigatoriedade de a incineração ser realizada na presença de um membro do Ministério Público, bem como da autoridade sanitária competente. A matéria, no Estado de São Paulo, vem tratada no Ato Normativo nº. 829/2014-PGJ-CGMP, de 08 de setembro de 2014 que, de mais relevante, dispõe que a incineração será acompanhada "pelo Promotor de Justiça com atribuições na área criminal do local em que está situado o estabelecimento incinerador, independentemente da origem do processo criminal em que ocorreu a apreensão da droga, desde que de competência da Justiça Estadual". Sobre o tema, v. art. 72 adiante.

Art. 50-A. A destruição de drogas apreendidas sem a ocorrência de prisão em flagrante será feita por incineração, no prazo máximo de 30 (trinta) dias contado da data da apreensão, guardando-se amostra necessária à realização do laudo definitivo, aplicando-se, no que couber, o procedimento dos §§ 3º a 5º do art. 50. (Incluído pela Lei nº 12.961, de 2014)

Ver art. 32 acima.

Art. 51. O inquérito policial será concluído no prazo de 30 (trinta) dias, se o indiciado estiver preso, e de 90 (noventa) dias, quando solto.

Parágrafo único. Os prazos a que se refere este artigo podem ser duplicados pelo juiz, ouvido o Ministério Público, mediante pedido justificado da autoridade de polícia judiciária.

Prazo – O prazo acima mencionado se refere, por óbvio, ao inquérito policial deflagrado para apuração de crimes relacionados ao tráfico de drogas. Tratando-se de mero uso pessoal, como já vimos, não há lugar para o inquérito policial, devendo, nos termos do art. 48, § 1º, ser aplicada a Lei dos Juizados Criminais, com a elaboração de singelo termo circunstanciado. Salutar a iniciativa do legislador em estipular um determinado prazo, posto render homenagem ao princípio constitucional que prega a razoável duração do processo (art. 5º, LXXVIII).

Definição – O processo, quer seja de índole civil ou penal (aqui entendido em seu sentido mais amplo para abarcar, também, o inquérito policial), tem um inegável caráter instrumental. Significa dizer que ele não representa um fim em si mesmo, mas, antes, uma maneira pela qual se exerce a jurisdição. Se jurisdição é o poder que tem o Juiz de dizer o direito (*jurisdizer*), é preciso que, para sua realização, sejam estabelecidas fórmulas que se desenvolvam no bojo do processo. Em outras palavras: para a solução da lide se impõe às partes a sujeição a determinadas normas, de caráter processual (daí a conceituação do Direito Processual como ramo do Direito Público), sob pena de se estabelecer a balbúrdia, sem que se consiga atingir o objetivo inicialmente apontado. Serve o processo, pois, como instrumento para a composição da lide.

Tomando-se como parâmetro o que foi dito acima, pode-se conceituar o prazo como *a condição de tempo concedida para a prática de algum ato processual.* Ou, aproveitando a lição de Borges da Rosa, "o lapso de tempo concedido a alguém para comparecer em Juízo, ou para praticar algum ato judicial ou diligência" (*Comentários ao código de processo penal*, p. 866). E prossegue o mesmo autor salientando que "a observância dos prazos constitui um freio salutar imposto às partes e uma garantia para a Justiça, que por meio dele consegue levar a cabo o processo e firmar definitivamente o império da Lei e da ordem" (ob. cit. p. 888).

Classificação dos prazos – Há várias classificações para os prazos. A que nos interessa distingue os prazos em **legais** e **judiciais**. Prazo legal, como o próprio nome sugere, é aquele determinado pela lei. Abundam os exemplos no código, podendo ser citados o prazo que tem a autoridade policial para concluir o inquérito (art. 10 do CPP), ou de seis meses para oferta de representação (art. 38 do CPP). Já o prazo judicial é aquele que fica a critério do Juiz fixá-lo. Como exemplo tem-se o § 3º, do art. 10 do CPP, no qual o Juiz marca o prazo para conclusão de inquérito policial de difícil elucidação. Na hipótese vertente, temos ainda o chamado **prazo prorrogável** a saber aquele que pode ser dilatado ou repetido.

Prorrogação do prazo – O dispositivo acima autoriza a prorrogação do prazo inicialmente estipulado, que pode se estender por mais 30 dias (se preso o indiciado), ou 90 dias, caso solto. Para tanto, deve o juiz, antes, ouvir o Ministério Público. Interessante que o § 3º, do art. 10, do Código de Processo Penal, que também trata do prazo para conclusão do inquérito, não prevê a oitiva do *parquet* (embora, na prática, seja medida amplamente adotada), e, tampouco, estipula um período de prorrogação, que fica a critério do juiz estabelecer. Outra diferença a ser apontada consiste no fato de que, no processo penal, a prorrogação do prazo somente é admitida quando solto o indiciado. A lei em apreço, por seu turno, não faz essa diferenciação, a admitir, portanto, a prorrogação ainda que preso o agente.

Contagem dos prazos – A forma pela qual são contados os prazos vem prevista no § 1º, do art. 798, do Código, valendo que se transcreva: *"não se computará no prazo o dia do começo, incluindo-se, porém, o do vencimento"*. Assim, o prazo teria seu início no dia seguinte à prisão do agente. Sob o argumento, porém, de que se trata de matéria relacionada à liberdade de locomoção do investigado, há corrente doutrinária lecionando que o prazo, na hipótese de indiciado preso, deve ser contado sob a ótica do direito material, ou seja, nos termos do art. 10 do Código Penal, computando-se, portanto, o dia do começo. Nesse sentido, Tourinho Filho (*Processo Penal*, v. 1, 1998, p. 272), para quem, no caso de prisão em flagrante, preventiva ou temporária, o prazo tem início da data em que efetivada a medida coercitiva.

A lei não indica quando se justificaria a prorrogação do prazo. Por criação jurisprudencial, admite-se essa prorrogação aos casos de difícil elucidação, quando se exige uma investigação maia complexa e demorada. Por exemplo, se o crime foi cometido por uma quadrilha formada por vários elementos (a configurar associação para o tráfico), ou reclamar perícias mais complexas, ou, ainda, envolver um comércio interestadual ou mesmo internacional.

Art. 52. Findos os prazos a que se refere o art. 51 desta Lei, a autoridade de polícia judiciária, remetendo os autos do inquérito ao juízo:

I – relatará sumariamente as circunstâncias do fato, justificando as razões que a levaram à classificação do delito, indicando a quantidade e natureza da substância ou do produto apreendido, o local e as condições em que se desenvolveu a ação criminosa, as circunstâncias da prisão, a conduta, a qualificação e os antecedentes do agente; ou

Relatório – Findas as investigações, cabe à autoridade policial elaborar um relatório daquilo que de relevante constar dos autos de inquérito policial. Não deve se derramar em inoportunas citações doutrinárias ou jurisprudenciais. Mas, de outra parte, cabe uma análise minuciosa (ainda que sucinta), do que se apurou, indicando os fatos em investigação, as diligências que foram realizadas, apontando as testemunhas e vítima que foram ouvidas, a capitulação legal conferida ao fato, enfim, elaborando verdadeiro histórico daquilo que constar. Um relatório bem fundamentado serve de valioso guia ao Ministério Público, pois permite a consulta àqueles pontos que foram objeto de realce pelo delegado de polícia. Ao revés, uma peça elaborada sem maior cuidado, da qual conste, por exemplo, mera referência as páginas do inquérito policial, de nada servirá.

É o relatório, ainda, o momento adequado, para que a autoridade policial represente ao juiz no sentido de que seja decretada a prisão preventiva do indiciado, na dicção do art. 13, inc. IV do Código de Processo Penal, não sendo vedado, porém, que essa conduta seja adotada antes do desfecho do inquérito policial. Tratando-se especificamente da lei de drogas, segundo este dispositivo, deve a autoridade policial indicar, ademais, por qual razão enquadrou a conduta do indiciado sob determinada capitulação legal, caracterizadora, por exemplo, de tráfico e não de mero uso de entorpecentes. De qualquer sorte, a capitulação legal conferida pelo delegado de polícia não vincula o Ministério Público que, na qualidade de *dominus litis*, atribuirá ao fato a classificação que entender cabível. Aliás, a própria capitulação dada pela denúncia pode ser posteriormente alterada em juízo, no que se denomina *emendatio libelli* (art. 383 do CPP), ou *mutatio libellii* (art. 384 do CPP.)

Prescindibilidade do relatório – Nada impede, outrossim, que o Ministério Público oferte denúncia sem que tenha sido elaborado o relatório. De sorte que, entendendo que reúne os elementos suficientes para deflagração da ação penal, pode o *parquet* apresentar sua acusação, antes mesmo de concluído o inquérito policial, sem que se afirme, com isso, que alguma nulidade decorra dessa conduta. Até porque nulidades porventura existentes no inquérito policial não possuem o condão de contaminar a posterior ação penal. Aliás, sendo prescindível o inquérito policial, ou seja, se possível a oferta de denúncia sem o prévio inquérito, com mais razão há de se admitir a acusação antes de seu desfecho formal.

> II – requererá sua devolução para a realização de diligências necessárias.

Ver artigo anterior sob a rubrica *prorrogação do prazo.*

> Parágrafo único. A remessa dos autos far-se-á sem prejuízo de diligências complementares:
>
> I – necessárias ou úteis à plena elucidação do fato, cujo resultado deverá ser encaminhado ao juízo competente até 3 (três) dias antes da audiência de instrução e julgamento;

Diligências complementares – Pode ocorrer que, a despeito de eventual prorrogação do prazo para conclusão do inquérito policial, ainda assim ele seja remetido a juízo faltando algumas diligências "necessárias ou úteis à plena elucidação do fato". É dizer: a atividade investigativa prossegue mesmo após a conclusão do inquérito. Por vezes, *v.g.*, uma testemunha que não foi, de pronto, localizada mas que, após o envio do inquérito policial a juízo, venha a ser ouvida. Nada impede, nesse caso, que o Ministério Público adite a denúncia para que tal testemunha seja inquirida ou mesmo que peça ao juiz que o faça nos termos do art. 209 do CPP, que autoriza o Magistrado a, de ofício, "ouvir outras testemunhas, além das indicadas pelas partes". É que, "No processo penal, em que sobreleva o sistema de apuração da verdade substancial, de que é corolário o princípio da investigação, tem o Juiz a faculdade de ouvir outras testemunhas além das arroladas pelas partes, podendo inquiri-las mesmo encerrado o sumário e oferecidas as alegações finais" (STJ – Rel. Vicente Leal – *RT* 739/570). Tal faculdade se estende, inclusive, ao relator de eventual recurso das partes (STF – HC nº 70.882 – SP – DJ de 30.9.94, p. 26.166 – Rel. Sydney Sanches).

Essa diligência, porém, se submete ao prazo legal, ou seja, deve ser remetida no prazo mínimo de três dias antes da realização da audiência de instrução e julgamento. Isso para não tomar nenhuma das partes de surpresa e em homenagem aos princípios do contraditório e da ampla defesa.

> II – necessárias ou úteis à indicação dos bens, direitos e valores de que seja titular o agente, ou que figurem em seu nome, cujo resultado deverá ser encaminhado ao juízo competente até 3 (três) dias antes da audiência de instrução e julgamento.

Investigação sobre bens do agente – Esta providência, a ser adotada também no prazo mínimo de três dias antes da realização da audiência, visa a efetivação das medidas assecuratórias previstas nos art. 125 a 144-A, do Código de Processo Penal. Medidas assecuratórias, como o termo indica, são aquelas que têm por objetivo assegurara futura indenização da vítima que experimentou um dano decorrente da prática da infração penal. Prestam-se ainda, nos termos do art. 140 do código, para garantir o pagamento das despesas processuais e das penas pecuniárias. Como, por vezes, o processo criminal perdura por longo tempo, tal delonga poderia acarretar a impossibilidade do ofendido ser ressarcido e, por isso, é que são previstas essas medidas, de natureza cautelar, com o objetivo de garantir futura execução. Estão elencadas no CPP e são elas: 1) sequestro; 2) hipoteca legal e 3) arresto. Trata-se de medida praticamente desconhecida na prática, em virtude, sobretudo, da falta de estrutura das polícias para implementá-la. O tema é aprofundado na análise ao art. 60 abaixo.

Art. 53. Em qualquer fase da persecução criminal relativa aos crimes previstos nesta Lei, são permitidos, além dos previstos em lei, mediante autorização judicial e ouvido o Ministério Público, os seguintes procedimentos investigatórios:

I – a infiltração por agentes de polícia, em tarefas de investigação, constituída pelos órgãos especializados pertinentes;

Infiltração policial – Este dispositivo autoriza a chamada *infiltração de agentes*, que, segundo Denílson Feitoza, consiste na "introdução de agente público, dissimuladamente quanto à finalidade investigativa (provas e informações) e/ou operacional ('dado negado' ou de difícil acesso) em quadrilha, bando, organização criminosa ou associação criminosa ou, ainda, em determinadas hipóteses (como crimes de drogas), no âmbito social, profissional ou criminoso do suposto autor de crime, a fim de obter provas que possibilitem, eficazmente, prevenir, detectar, reprimir ou, enfim, combater a atividade criminosa deles" (*Direito processual penal: teoria, crítica e práxis*. 6ª. ed. rev., ampl. e atual. Niterói: Impetus, 2009, p. 820).

Vale atentar que essa infiltração vem também prevista na lei que trata do crime organizado (Lei n. 12.850/2013), mais precisamente em seus arts. 10 a 14. **Indaga-se, então: cuidando-se de um crime a envolver drogas ilícitas,** é **de se aplicar o dispositivo acima ou, ao contrário, a disciplina a ser observada** é a **da Lei n. 12.850/2013? Pensamos que deva ser aplicada a Lei n. 12.850/2013 ainda que, em um crime de tráfico de entorpecentes, por exemplo, não estejam presentes nenhum dos requisitos que configuram a organização criminosa, a saber** "a associação de 4 (quatro) ou mais pessoas estruturalmente ordenada e caracterizada pela divisão de tarefas, ainda que informalmente, com objetivo de obter, direta ou indiretamente, vantagem de qualquer natureza", nos termos do § 1º, do art. 1º, **da Lei n. 12.850/2013. É que a infiltração de agentes, prevista na lei em exame, em pouco mais de uma linha, não possui nenhum regramento. Não indica prazo de duração e, tampouco, que tem a legitimidade para o pedido (poderia ser decretada de ofício?). Nem ao menos aponta se seria exigível uma ordem judicial ou se, ao revés, poderia ser realizada por policiais, como desdobramento natural de seus misteres. Tamanha precariedade deve explicar a reduzida adoção, na prática, dessa espécie de diligência.**

Bem ao contrário disso, a Lei n. 12.850/2013 foi rica em detalhes. Dispõe, assim, sobre a legitimidade para o pedido, a cargo do delegado de polícia ou do Ministério Público, não podendo, pois, determiná-la o juiz de ofício (art. 10). Estipula, ainda, um prazo para a realização da diligência, que não pode superar seis meses (art. 10, § 3º). Findo esse prazo, deverá ser apresentado um relatório elaborado pelos agentes infiltrados, podendo o delegado de polícia solicitar e o *parquet* requisitar, antes disso, a apresentação desse relatório (art. 10, § 5º). Constata-se, à toda evidência, que no cotejo entre a lei de drogas, omissa e lacunosa, e a lei do crime organizado, minuciosa quanto à forma de implantação, na prática, da diligência, deve prevalecer esta última – diga-se, a propósito, posterior. Nem se argumente que esse entendimento poderia malferir os direitos do averiguado. Muito ao contrário, preserva-lhe os direitos, pois apenas se sujeitará a tal investigação mediante uma ordem judicial, sob a fiscalização do Ministério Público e observados todos os demais pressupostos previstos na **Lei n. 12.850/2013. Aliás, a transparência propiciada pela lei das organizações criminosas é benéfica, também, para a polícia, pois seu regramento senão impede, pelo menos reduz a possibilidade da prática de abusos por seus agentes. Ao comentarmos a Lei n. 12.850/2013, aprofundamos a análise da matéria, pelo que convidamos o leitor à consulta àquele diploma.**

II – a não atuação policial sobre os portadores de drogas, seus precursores químicos ou outros produtos utilizados em sua produção, que se encontrem no território brasileiro, com a finalidade de identificar e responsabilizar maior número de integrantes de operações de tráfico e distribuição, sem prejuízo da ação penal cabível.

Parágrafo único. Na hipótese do inciso II deste artigo, a autorização será concedida desde que sejam conhecidos o itinerário provável e a identificação dos agentes do delito ou de colaboradores.

Ação controlada – "A não-atuação policial sobre os portadores de drogas", a que se refere a lei em exame, configura a *ação controlada,* prevista no art. 8º, da Lei **n. 12.850/2013, que assim a conceitua:** "Consiste a ação controlada em retardar a intervenção policial ou administrativa relativa à ação praticada por organização criminosa ou a ela vinculada, desde que mantida sob observação e acompanhamento para que a medida legal se concretize no momento mais eficaz à formação de provas e obtenção de informações". Na ação controlada, a invés de agir de pronto, o agente público aguarda o momento oportuno para atuar, a fim de obter, com esse retardamento, um resultado mais eficaz em sua diligência. Com essa estratégia, portanto, deixa-se de prender em flagrante o infrator desde logo, para, prorrogando-se a ação policial, se obter uma prova mais robusta e mesmo uma diligência mais bem-sucedida. Daí porque se costuma denominar essa espécie de flagrante como retardado, adiado, esperado, diferido ou prorrogado. A mesma indagação formulada acima aqui se repete: quanto à ação controlada deve ser aplicada a lei de drogas ou a Lei **n. 12.850/2013. Nossa compreensão é pela aplicação da lei que trata da criminalidade organizada, fiéis ao mesmo raciocínio acima exposto. De sorte que, enquanto a lei de drogas se mostra absolutamente lacunosa,** a Lei **n. 12.850/2013, ao contrário, é rigorosa ao disciplinar a matéria. Exige, com efeito, que o retardamento da diligência seja** "previamente comunicado ao juiz competente que, se for o caso, estabelecerá os seus limites e comunicará ao Ministério Público" (art. 8º, § 1º). Determina, ainda, que, ao cabo da diligência, seja elaborado um auto circunstanciado acerca da ação controlada (art. 8º, § 4º). É dizer: a matéria, que pela lei de drogas, não conta com nenhuma regulamentação, é amplamente disciplinada na lei das organizações criminosas, pelo que orientamos no sentido da aplicação desta última, ainda que – repetimos o que dissemos acima – o delito que se relacione às drogas não seja perpetrado em situação caracterizadora de crime organizado. A mesma observação feita quanto à infiltração de agentes é aqui repetida: ao analisarmos a Lei **n. 12.850/2013, o tema** é **esmiuçado, pelo que recomendamos sua leitura.**

SEÇÃO II
DA INSTRUÇÃO CRIMINAL

Art. 54. Recebidos em juízo os autos do inquérito policial, de Comissão Parlamentar de Inquérito ou peças de informação, dar-se-á vista ao Ministério Público para, no prazo de 10 (dez) dias, adotar uma das seguintes providências:

Dispensabilidade do inquérito policial – O parágrafo único, do art. 4º, do Código de Processo Penal, ao tratar do inquérito policial, deixa claro que esse procedimento é prescindível para a oferta da acusação. É que "a competência definida neste artigo não excluirá a de autoridades administrativas, a quem por lei seja cometida a mesma função". O artigo em análise reforça essa impressão, ao mencionar as Comissões Parlamentares de Inquérito (que possuem poder de investigação, consoante expressamente previsto no art. 58, § 3º, da Constituição) e peças de informação. É dizer, embora, na prática, a imensa maioria das ações penais venha precedida de um inquérito policial, o certo é que ele não é indispensável. Significa dizer que é possível a existência de uma ação penal, regularmente proposta e recebida pelo juiz, sem que, antes, tenha sido instaurado um inquérito policial. Lembre-se, a propósito, que a Lei nº 9099/95, que criou o Juizado Especial Criminal, dispensou a elaboração do inquérito policial para as infrações penais de menor potencial ofensivo, assim entendidas aquelas cuja pena máxima não supere dois anos. Também a Lei n. 4.898/1965, que trata do abuso de autoridade, expressamente dispensa a instauração desse procedimento (art. 12). Ademais, uma investigação conduzida pelo Fisco pode ensejar na deflagração de um processo-crime pela prática de crime de sonegação fiscal. Ou, ainda, em relação aos crimes falimentares, da sentença que decretar a quebra (art. 187, da Lei nº 11.101/2005).

Daí a precisa lição pretoriana segundo a qual "ainda que inexista qualquer investigação penal promovida pela Polícia Judiciária, o Ministério Público, mesmo assim, pode fazer instaurar, validamente, a pertinente "persecutio criminis in judicio", desde que disponha, para tanto, de elementos mínimos de informação, fundados em base empírica idônea, que o habilitem a deduzir, perante juízes e Tribunais, a acusação penal. Doutrina. Precedentes" (STF – HC nº 94173-BA, Rel. Celso de Mello, j. 27.10.2009, DJe 27.11.2009).

Investigação pelo Ministério Público – Tema dos mais polêmicos, a ensejar acalorados debates doutrinários e pretorianos, diz respeito à possibilidade do Ministério Público em encetar diligências de caráter penal, a fim de instruir investigações de seu interesse. A controvérsia se coloca no seguinte tópico: cabe ao *parquet* realizar, diretamente, a apuração de infrações penais ou, antes, somente requisitá-las à autoridade policial, conforme lhe faculta o art. 13, inc. II, do código e, sobretudo, o art. 129, inc. VIII, da Constituição.

Em julgados mais remotos, oriundos do Supremo Tribunal Federal, foi assentado o primeiro entendimento, como se vê da seguinte ementa: "A norma constitucional não contemplou a possibilidade de o *Parquet* realizar e presidir inquérito policial. Não cabe, portanto, aos seus membros inquirir diretamente pessoas suspeitas de autoria de crime. Mas requisitar diligência nesse sentido à autoridade policial. Precedentes" (RHC n. 81.326-DF – Rel. Nelson Jobim, DJ 01.08.2003).

Também a doutrina, pelo menos em parte, se posicionou nesse sentido, valendo que se confira a lição de René Ariel Dotti, para quem "o chamado Procedimento Administrativo Investigatório do Ministério Público (ou designação equivalente) ofende o princípio do devido processo legal porque: a) não há prazo de encerramento; b) não há controle jurisdicional; c) o indiciado ou suspeito não tem a faculdade de requerer diligência, em atenção ao princípio da verdade material; d) o sigilo do procedimento é a regra e não a exceção como prevê o CPP; e) um procedimento administrativo formal (portaria, autuação, juntada de documentos, registro de informações, colheita de depoimentos e outros elementos de prova, etc.) para ter força cogente e suscetível de expedir notificações e intimações – inclusive para suspeitos e indiciados, determinando o comparecimento – exige a previsão legislativa para o seu funcionamento regular, em obediência aos princípios do devido processo legal – no plano geral (CF, art. 5º, LV) – e da legalidade – no plano pessoal (CF, art. 5º, II); f) um procedimento administrativo formal (para investigar crimes) não pode ser objeto de lei estadual, frente à regra constitucional que defere à União, em caráter privativo, a competência para legislar sobre direito processual (art. 22, I)" (*O desafio da investigação criminal*. Boletim do Instituto Brasileiro de Ciências Criminais, São Paulo, ano 12, n. 138, p. 8, maio 2004). Soma-se a isso, ainda no campo doutrinário, que "as possibilidades de o Ministério Público investigar diretamente dependem da previsão legal de disposições regulando a investigação, de tal sorte que as lesões decorrentes do abuso na investigação possam ser objeto de reclamação perante o Judiciário – princípio da inafastabilidade da jurisdição – e o sistema de freios e contrapesos possa funcionar", no dizer de Geraldo Prado (*Sistema acusatório: a conformidade constitucional das leis penais*. Rio de Janeiro: Lumen Juris, 3a. ed. 2005, p. 133).

Não foi, contudo, o posicionamento que vingou. De se ver, inicialmente, que o inquérito policial, como já destacamos, é prescindível, podendo a denúncia vir embasada, por exemplo, em peças de informações suficientes para dispensar sua elaboração. É o que se extrai da dicção do § 1º, art. 46, do Código. Por vezes, ainda, uma denúncia por crime tributário vem lastreada em um procedimento investigatório movido pelo Fisco. Ou uma acusação pela prática de crime falimentar tem como base a sentença que decretar a quebra. Ignora-se, outrossim, de uma denúncia que foi rejeitada porque as investigações que a antecederam foram provenientes de um inquérito civil, instaurado pelo próprio Ministério Público (v., a propósito, os comentários ao art. 4º acima, sob a rubrica *autoridades administrativas e poder de investigação*). Mesmo o art. 40 do código autoriza a remessa, por juízes ou tribunais, "cópias e os documentos necessários ao oferecimento da denúncia", a reforçar a possibilidade da deflagração do processo-crime sem o prévio inquérito policial.

Dado, assim, o caráter marcantemente informativo do inquérito policial, nada impede – antes, se aconselha – que já dispondo dessas informações, o *parquet* desde logo oferte a acusação, dispensando o procedimento preliminar instaurado pela autoridade policial. Ora, se ao Ministério Público é dada a possibilidade de ofertar uma denúncia desprovida do prévio inquérito policial, com mais razão há que se reconhecer a possibilidade, ainda que em caráter excepcional e subsidiário, deste órgão em fazê-lo a partir de diligências que realizou. Como destacado pela Ministra Ellen Gracie, no julgamento do HC n. 91.661-PE, "é princípio basilar da hermenêutica constitucional o dos 'poderes implícitos', segundo o qual, quando a Constituição Federal concede os fins, dá os meios. Se a atividade fim – promoção da ação penal pública – foi outorgada ao Parquet em foro de privatividade, não se concebe como não lhe oportunizar a colheita de prova para tanto, já que o CPP autoriza que 'peças de informação' embasem a denúncia". Daí se concluir – pensamos que sem maior esforço – pelo equívoco da tese no sentido de que à polícia judiciária caberia o monopólio da investigação criminal, notadamente quando em apuração a prática de crimes cometidos, em tese, pela própria corporação. Não se argumente que tal entendimento importaria em eventual desprestigio da função policial, pois, como destacou a Ministra Ellen Gracie, no mesmo julgado acima mencionado, "tal conclusão não significa retirar da Polícia Judiciária as atribuições previstas constitucionalmente, mas apenas harmonizar as normas constitucionais (arts. 129 e 144) de modo a compatibilizá-las para permitir não apenas a correta e regular apuração dos fatos supostamente delituosos, mas também a formação da *opinio delicti*". Claro que ao investigar, deverá o *parquet* se orientar pelos princípios constitucionais e infraconstitucionais que tratam da matéria, evitando o sigilo, garantindo ao advogado o acesso aos autos (nos termos do enunciado da Súmula vinculante n. 14, do STF), estabelecendo um prazo para o término das investigações, etc., sujeitando-se, no mais, à prática do crime de abuso de autoridade quando exorbitar suas funções. Mas daí para se fechar definitivamente a porta para que o Ministério Público pudesse investigar, redundaria mesmo no mais absoluto equívoco, em franco prejuízo da sociedade.

Nessa linha de raciocínio, o alerta de Lenio Luiz Streck e Luciano Feldens parece calçar como uma luva para o deslinde da questão, quando destacam que "o que aqui se preconiza, enfim, não é um Ministério Público-policial, a dar ensejo à figura de um procurador/promotor investigador por excelência; quanto menos um Estado big brother, panóptico ante os meios social e individual. Sustenta-se, isto sim, com substrato na Constituição e na legislação vigente (e válida), a destruição de dogmas que apenas servem para alimentar feudos corporativos há muito inexistentes no Direito comparado" (*Crime e Constituição: a legitimidade da função investigatória do Ministério Público.* Rio de Janeiro: Forense, 2003, p. 108).

Após alguma divergência, na apreciação do RE n. 593727-MG, julgado em 14.05.2015, no qual foi relator para a Acórdão – reconhecida a repercussão geral – o Ministro Gilmar Mendes, fixou-se a tese que "o Ministério Público dispõe de competência para promover, por autoridade própria, e por prazo razoável, investigações de natureza penal, desde que respeitados os direitos e garantias que assistem a qualquer indiciado ou a qualquer pessoa sob investigação do Estado, observadas, sempre, por seus agentes, as hipóteses de reserva constitucional de jurisdição e, também, as prerrogativas profissionais de que se acham investidos, em nosso País, os Advogados (Lei nº 8.906/94, art. 7º, notadamente os incisos I, II, III, XI, XIII, XIV e XIX), sem prejuízo da possibilidade, sempre presente no Estado democrático de Direito, do permanente controle jurisdicional dos atos, necessariamente documentados (Súmula Vinculante nº 14)".

Outras hipóteses – Além das três opções abaixo listadas, acrescentaríamos ser possível, ainda, que o promotor de justiça invoque a incompetência do Juízo, entendendo, por exemplo, que, iniciado o inquérito policial perante a Justiça Estadual, o crime seja, em verdade, da competência federal. Pode, ainda, dar-se por impedido ou suspeito ou suscitar essas mesmas causas em relação ao juiz. Caso vislumbre, *v.g.*, a prática não de tráfico de drogas, como sugerida no inquérito policial, mas de mero uso para consumo pessoal, deve remeter os autos aos Juizados Especiais Criminais, para que se proponha transação penal, nos termos da Lei n. 9.099/1995. Tratando-se de comarca de vara única ou que cumule o julgamento de feitos criminais com aqueles afetos aos Juizados, ele mesmo deverá propor o favor legal. O prazo conferido ao *parquet* é de dez dias, sendo irrelevante se preso ou solto o agente.

I – requerer o arquivamento;

Pedido de arquivamento – Não vislumbrando a materialidade do delito e/ou indícios de sua autoria, ao Ministério Público é dado requerer o arquivamento do inquérito policial, de CPI ou de alguma peça de informação. Esse pedido pode vir lastreado nas mais diversas circunstâncias. Assim, por exemplo, uma prova dúbia, que não foi dissipada pelas investigações policiais, decorrente do encontro de certa quantidade de droga em uma habitação coletiva, ocupada por dezenas de pessoas. Ou no caso de uma perícia que não tenha atestado a potencialidade da droga, a afastar a materialidade do delito. Ou, quem sabe, baseado na extinção da punibilidade do agente, porque morto ou verificada a prescrição.

Em todos esses casos, não acatando o pedido, cumpre ao juiz aplicar o art. 28 do Código de Processo Penal, remetendo os autos ao Procurador-Geral de Justiça (na hipótese de competência da justiça estadual), ou à Câmara de Coordenação e Revisão (tratando-se de crime da alçada federal), devendo tais órgãos dar a palavra final sobre a questão. Caso concordem com o pedido de arquivamento, resta ao juiz homologá-lo. Dele discordando, o chefe da Instituição poderá – ele mesmo – ofertar a denúncia ou designar outro promotor de justiça ou procurador da república para que o façam.

Arquivamento pelo juiz ou pela autoridade policial – De se ver que, por força de disposição expressa do art. 17 do CPP, a "autoridade policial não poderá mandar arquivar autos de inquérito". Diga-se, aliás, que nem mesmo o juiz pode determinar, de ofício, essa providência, cabendo aplicar, se for o caso, o art. 28 do CPP. O arquivamento do inquérito policial, portanto – insistimos – cabe apenas ao Ministério Público. Nesse sentido, calhou ao STF observar que "peças informativas referentes a crimes de ação penal pública não podem ser arquivadas pelo juiz, ou pelo Tribunal, sem a manifestação do Ministério Público" (STF – Rel. Rafael Mayer – RT 540/417).

Princípio da bagatela – Questão que é alvo de grande debate diz respeito à adoção, para os crimes do art. 28 da lei em exame, do chamado *princípio da insignificância*, quando ínfima a quantidade de entorpecente apreendida em poder do agente. Segundo Paulo de Souza Queiroz, "por meio do princípio da insignificância (ou bagatela), o juiz, à vista da desproporção entre a ação (crime) e a reação (castigo), fará um juízo (valorativo) acerca da tipicidade material da conduta, recusando curso a comportamentos que, embora formalmente típicos (criminalizados), não o sejam materialmente, dada sua irrelevância" (*Direito Penal. Introdução crítica*. São Paulo: Saraiva, 2001, p. 54). Tratam-se de condutas que, porque inexpressivas, que não representam qualquer periculosidade social, a colocar em risco, prioritariamente, o próprio agente, não devem merecer a preocupação do Direito Penal, de modo a afastar, assim, a própria tipicidade. Propõe-se, assim, uma intervenção estatal mínima, reservada àquilo que efetivamente importa, sem que se punam condutas inexpressivas, sem qualquer potencial de ofensividade.

A jurisprudência, inclusive da mais alta Corte do país, se divide, ora reconhecendo o princípio da insignificância (jamais, é óbvio, para o crime de tráfico), ora o rejeitando.

Neste último sentido, a repudiar a aplicação do princípio, de se consignar julgado no qual foi relator o Ministro Ricardo Lewandowski, para quem, "no caso sob exame, não há falar em ausência de periculosidade social da ação, uma vez que o delito de porte de entorpecente é crime de perigo presumido. É firme a jurisprudência desta Corte no sentido de que não se aplica o princípio da insignificância aos delitos relacionados a entorpecentes. A Lei 11.343/2006, no que se refere ao usuário, optou por abrandar as penas e impor medidas de caráter educativo, tendo em vista os objetivos visados, quais sejam: a prevenção do uso indevido de drogas, a atenção e reinserção social de usuários e dependentes de drogas. Nesse contexto, mesmo que se trate de porte de quantidade ínfima de droga, convém que se reconheça a tipicidade material do delito para o fim de reeducar o usuário e evitar o incremento do uso indevido de substância entorpecente" (HC n. 102940-ES, DJe 06.04.2011).

É a orientação adotada também pelo STJ:

> "Prevalece neste Superior Tribunal de Justiça a diretriz no sentido de que não se aplica o princípio da insignificância aos delitos de tráfico de drogas e de uso de substância entorpecente, por se tratar de crimes de perigo abstrato ou presumido, sendo irrelevante para esse específico fim a quantidade de sementes da droga apreendida" (AgRg no REsp 1.691.992/SP, DJe 18/12/2017).

Em sentido oposto, vale conferir a seguinte ementa: ARTIGO 28 DA LEI 11.343/2006. PORTE ILEGAL DE SUBSTÂNCIA ENTORPECENTE. ÍNFIMA QUANTIDADE. PRINCÍPIO DA INSIGNIFICÂNCIA. APLICABILIDADE. WRIT CONCEDIDO – "O sistema jurídico há de considerar a relevantíssima circunstância de que a privação da liberdade e a restrição de direitos do indivíduo somente se justificam quando estritamente necessárias à própria proteção das pessoas, da sociedade e de outros bens jurídicos que lhes sejam essenciais, notadamente naqueles casos em que os valores penalmente tutelados se exponham a dano, efetivo ou potencial, impregnado de significativa lesividade. O direito penal não se deve ocupar de condutas que produzam resultado cujo desvalor – por não importar em lesão significativa a bens jurídicos relevantes – não represente, por isso mesmo, prejuízo importante, seja ao titular do bem jurídico tutelado, seja à integridade da própria ordem social" (HC n. 110475-SC – Rel. Dias Toffoli, j. 14.02.1012, DJe 15.03.2012).

Pensamos que, ainda que se trate do crime do art. 28 da lei em exame, não há lugar para a incidência do princípio da bagatela. De se ver, inicialmente, que a conduta prevista nesse tipo penal pressupõe, sempre, a pequena quantidade de droga. Não fosse assim e o delito a ser atribuído ao agente seria, na maioria das vezes, o de tráfico de entorpecentes, e não apenas sua singela posse para consumo próprio. Em outras palavras: é inerente ao próprio tipo do art. 28 a pequena quantidade de droga, de forma que, a se invocar esse argumento, estar-se-ia, por assim dizer, *revogando* a lei, em atribuição que não é própria do juiz. Saliente-se, por outro lado, que a reclamada *intervenção mínima* do Estado, já foi amplamente prevista pelo legislador. Afinal, quando o art. 28 do diploma em análise, prevê penas de advertência, prestação de serviços à comunidade ou comparecimento a programa ou curso educativo, sem cogitar da privação de liberdade, resta clara a opção por uma intervenção reduzida. Tivesse previsto pena de prisão e, aí sim, resultaria evidente a desproporção entre a conduta e sua sanção. Menos que isso só mesmo se tivesse abolido de vez a conduta daquele que traz consigo droga para consumo próprio. Não foi, porém, o caso.

Mas não é só: temos como equivocado o argumento de que, essa espécie de conduta, por atingir mais diretamente o próprio agente, não deve ocupar o Direito Penal. Os crimes dessa natureza, com efeito, afetam inegavelmente a saúde pública, não se restringindo, bem por isso, ao âmbito particular do indivíduo. Resultam, outrossim, em franco estímulo ao tráfico, pois não há que se cogitar da satisfação do vício sem a anterior aquisição da droga de um terceiro. Importam, ainda, em perigo à coletividade, na medida que inspiram a prática de crimes mais graves, animados pelo uso de entorpecente. Daí a pertinente observação do Ministro Rogério Schietti Cruz, do Superior Tribunal de Justiça, para quem "é, pois, simplista afirmar que o consumo de drogas é proibido apenas pelo mal que a substância faz ao próprio usuário. Na verdade, ele o é também pelo perigo que o consumidor gera à sociedade. Basta, para corroborar tal ilação, lembrar o expressivo número de relatos de crimes envolvendo violência ou grave ameaça contra pessoa, associados aos efeitos do consumo de drogas ou à obtenção de recursos ilícitos para a aquisição de mais substância entorpecente" (HC n. 35920 – DF, j. 20.05.2014, DJe 29.05.2014).

II – requisitar as diligências que entender necessárias;

Requisição de diligências – Trata-se de medida prevista no art. 16, do Código de Processo Penal, *in verbis*: "O Ministério Público não poderá requerer a devolução do inquérito à autoridade policial, senão para novas diligências, imprescindíveis ao oferecimento da denúncia". Assim, é possível que o promotor de justiça, analisando o inquérito policial, não consiga formar a sua *opinio delicti*, ou seja, não tenha ainda uma convicção definitiva sobre os fatos que foram objeto de apuração. Nesse caso, deverá requerer a devolução do inquérito à autoridade policial, apontando, fundamentadamente, as diligências que entender faltantes e que deverão ser realizadas.

Ao juiz de direito cabe deferir esse pedido, pois, em caso contrário, estaria obrigando o promotor de justiça a se pronunciar, pelo arquivamento ou oferecimento de denúncia, o que é inconcebível. Afinal, "não evidenciado o intuito meramente protelatório ou diligência sem importância para a causa, mostra-se equivocada a decisão impugnada, porque, cerceando a atuação processual do Ministério Público, obsta a busca da verdade real" (STJ – REsp nº 273766-RS, Rel. Gilson Dipp, j. 07.05.2002, DJ 03.06.2002, p. 239). Salvo se manifestamente desnecessária a diligência. Não se pode ignorar, com efeito, a possibilidade de a diligência pleiteada pelo Ministério Público ser visivelmente prescindível ou impertinente, quando cumprirá ao juiz, nesse caso, ao invés de determinar a devolução do inquérito policial ao *parquet*, aplicar por analogia o art. 28 deste código, a fim de que o Procurador-Geral se posicione. É a lição de Hugo Nigro Mazzilli, a se conferir: "Em primeiro lugar, se a diligência pretendida pelo órgão do Ministério Público é imprescindível para o oferecimento da denúncia, não a pode indeferir o Juiz, nem a pode dispensar o próprio Procurador Geral de Justiça, sob pena de proferir o primeiro decisão passível de interposição de correição parcial, ou cometer o segundo invasão de atribuições do promotor a quem a lei cometeu tomada dessa decisão. Em caso contrário, se a diligência é prescindível, deve-a indeferir o Juiz, e agora sim com fundamento analógico no art. 28 do Código de Processo Penal, o Procurador Geral decidirá se dará denúncia, ou designará quem o faça, ou até mesmo propenderá de plano pelo arquivamento do inquérito policial, pois, se a diligência não é imprescindível mas também não é o caso de oferecimento de denúncia, a solução jurídica não pode ser outra senão o arquivamento das investigações" (*Considerações sobre a aplicação analógica do art. 28 do Código de Processo Penal, in Justitia* 193, ano 63, jan./mar., 2001, p. 61).

Diligências pelo Procurador-Geral – Ao Procurador-Geral também se reconheceu a possibilidade de, ao invés de confirmar o arquivamento ou ofertar a denúncia, requisitar diligências complementares. Confira-se, nesse sentido, julgado oriundo do STJ: PEDIDO DE ARQUIVAMENTO DE PEÇAS DE INFORMAÇÃO. DISCORDÂNCIA DO JUIZ. ENVIO DOS AUTOS AO PROCURADOR-GERAL – "No âmbito de disciplina do art. 28 do Código de Processo Penal, não há reconhecer, estritamente, apenas as duas únicas previsões de ratificação do arquivamento ou o oferecimento de denúncia. Nada obsta que o Parquet, dadas as peculiaridades do caso concreto, determine o envio/retorno dos autos à Polícia para a complementação das investigações a fim de melhor estabelecer a sua opinio delicti" (STJ – HC nº 189130-DF, Rel. Maria Thereza de Assis Moura, j. 14.02.2012, DJe 12.03.2012).

III – oferecer denúncia, arrolar até 5 (cinco) testemunhas e requerer as demais provas que entender pertinentes.

Oferecimento de denúncia – Convicto quanto à *opinio delicti, presentes, pois, certeza da materialidade do delito e de indícios quanto à sua autoria, a conferir justa causa à acusação, o Ministério Público ofertará denúncia, que deve atentar aos termos do art. 41 do Código de Processo Penal, dela constando* "a exposição do fato criminoso, com todas as suas circunstâncias, a qualificação do acusado ou esclarecimentos pelos quais se possa identificá-lo, a classificação do crime e, quando necessário, o rol das testemunhas".

Prazo – O prazo para oferta da denúncia é de dez dias (solto ou preso o agente), e o número máximo de testemunhas é de cinco. Eventual inobservância do prazo ensejará um constrangimento ilegal ao indiciado, passível de correção por meio de "habeas-corpus", eis que "preso por mais tempo do que determina a lei (art. 648, inc, II, do CPP), a impor sua soltura. Mas isso não impedirá o regular andamento do feito, ou seja, embora o excesso de prazo seja causa para eventual relaxamento do flagrante, a denúncia ofertada fora desse prazo, uma vez recebida, terá seu curso regular. A inobservância do prazo, portanto, configura mera irregularidade, não contaminando a posterior ação penal que terá seu curso normal, ainda que ofertada a denúncia a destempo. Conquanto a perda do prazo não acarrete nenhuma consequência de cunho processual, pode, todavia, configurar uma falta disciplinar, posto que dentre os deveres dos membros da Instituição se lista o de obedecer aos prazos processuais, nos termos do inc. IV, do art. 43 da Lei Orgânica do Ministério Público (Lei . 8.625/1993). Caso a inércia decorra de eventual conduta dolosa, para satisfazer interesse ou sentimento pessoal, restará configurado o crime de prevaricação, previsto no art. 319 do Código Penal ou algum outro delito contra a Administração Pública.

Nada impede que, antes de concluído o inquérito policial, o Ministério Público oferte a denúncia, segundo entendimento do Superior Tribunal de Justiça: "É assente na doutrina e na jurisprudência o entendimento no sentido de que o inquérito policial é dispensável para a propositura da ação penal, que pressupõe, apenas, a existência de documentos que forneçam subsídios à atuação do órgão ministerial. Assim, sendo o inquérito policial mera peça informativa, independentemente de suas conclusões, pode o Ministério Público iniciar a persecução penal caso entenda presentes, nos elementos nele contidos, indícios de autoria e materialidade" (STJ – HC nº 29975-MG, Rel. Jorge Mussi, j. 26.02.2013, DJe 12.03.2013).

Dies a quo – O prazo começa a fluir da data em que o Ministério Público receber os autos, de forma que esse primeiro dia é computado, por força do disposto no *caput* do art. 46 do Código de Processo Penal. Não tem aplicação, assim, a regra contida no art. 798, § º 1º do código, que manda excluir o primeiro dia do prazo e incluir o último. Havendo devolução do inquérito à polícia para novas diligências, o prazo começa a fluir da data do retorno dos autos.

Art. 55. Oferecida a denúncia, o juiz ordenará a notificação do acusado para oferecer defesa prévia, por escrito, no prazo de 10 (dez) dias.

§ 1.º Na resposta, consistente em defesa preliminar e exceções, o acusado poderá arguir preliminares e invocar todas as razões de defesa, oferecer documentos e justificações, especificar as provas que pretende produzir e, até o número de 5 (cinco), arrolar testemunhas;

Defesa preliminar – Na resposta, a ser apresentada no prazo de 10 dias, o acusado, que foi notificado pessoalmente, deverá suscitar todas as teses de interesse para sua defesa, inclusive matérias preliminares ao mérito, sob pena de, não o fazendo neste momento oportuno, operar-se a preclusão. As matérias podem ser as mais diversas, mas, em especial, deve-se atentar ao disposto no art. 397 do Código de Processo Penal, que dão ensejo à absolvição sumária do acusado, caso acolhida a respectiva alegação. Assim, nessa oportunidade devem ser agitadas causas excludentes de ilicitude, culpabilidade ou punibilidade e a atipicidade da conduta. Trata-se da chamada *defesa preliminar*, como se convencionou denominá-la na prática, embora o legislador faça menção à *defesa prévia*.

A juntada de documentos que interessem à defesa, bem como o rol das testemunhas que pretenda ouvir (no máximo de cinco), devem sei aí indicados. Caso a defesa pretenda obter esclarecimento do perito, acareações, reconhecimentos, a serem produzidos em audiência, será esse também o momento oportuno para que se requeiram essas provas. Em suma: nessa resposta, a defesa deve preparar a atuação que desenvolverá posteriormente, na audiência una de que trata o artigo seguinte, a ser realizada caso não tenha sido o acusado absolvido sumariamente.

Caso o réu não seja encontrado, caberá sua notificação por edital. Nessa hipótese, na dicção do parágrafo único, do art. 396 do Código de Processo Penal, "o prazo para a defesa começará a fluir a partir do comparecimento pessoal do acusado ou do defensor constituído". Não comparecendo o acusado e, tampouco, constituindo advogado, cabe a nomeação de um defensor dativo, nos termos do § 3º acima. Pode o acusado, ainda, ser notificado com hora certa, por analogia ao art. 362 do CPP, na hipótese dele se ocultar para evitar a notificação pessoal.

Justificações – O artigo menciona a possibilidade de oferta de *justificações*. Há uma justificação admitida no processo penal, utilizada sobretudo para as hipóteses de revisão criminal, que vem detalhada nos comentários abaixo ao art. 621, inc. II. Neste procedimento, tomado do processo civil e no qual nada é decidido, simplesmente se produz a prova requerida pelo interessado que, posteriormente, irá instruir o pedido revisional. Com efeito, o Código de Processo Civil, ao disciplinar a produção antecipada da prova (art. 381, § 5º), admite a justificação para demonstração "de algum fato ou relação jurídica para simples documento e sem caráter contencioso".

Decerto o dispositivo em exame não trata dessa justificação. Tampouco se deve interpretar como *justificação* a indicação, pelo acusado, de alguma excludente de ilicitude, denominadas *justificativas*, máxime porque ele pode arguir, também, excludentes de culpabilidade ou punibilidade. *Justificação* aqui deve ser interpretada em um sentido amplo, como sendo todo e qualquer argumento que possa interessar a defesa, capaz de enfraquecer a acusação. Assim, por exemplo, a fragilidade da prova produzida no inquérito policial.

Réplica da acusação após a oferta da resposta à denúncia pela defesa – Indaga-se se, após a oferta da defesa preliminar, há necessidade de se facultar a manifestação da acusação, para que rebata os argumentos lançados naquela peça defensiva. O debate chegou aos tribunais superiores, tendo o STF decidido que "apresentada defesa prévia em que são articuladas, até mesmo, preliminares, é cabível a audição do Estado-acusador, para haver definição quanto à sequência, ou não, da ação penal" (HC nº 105739-RJ, Rel. Marco Aurélio, j. 07.02.2012, DJe 28.02.2012). Na praxe forense, aliás, vem se constituindo em prática comum, aplicada quase que indistintamente pelos juízes em geral como forma de garantir o pleno exercício do contraditório: "2. O direito ao órgão acusador de réplica às respostas dos denunciados deve ser assegurado, especialmente quando suscitadas questões que, se acolhidas, poderão impedir o prosseguimento da ação penal. Desse modo, estar-se-á prestigiando o princípio constitucional do contraditório (art. 5º, LV, CF), que garante aos litigantes, e não apenas à defesa, a efetiva participação na instrução do processo. 3. "Segundo a jurisprudência desta Corte e do Pretório Excelso, se a Defesa suscita preliminares, não ofende a ampla defesa a abertura de vista ao Parquet, falando a acusação, de forma excepcional, ulteriormente, em prestígio ao contraditório." (RHC 55.036/SP, Rel. Ministra MARIA THEREZA DE ASSIS MOURA, SEXTA TURMA, DJe 23/2/2015)" (RHC 46.443/SP, j. 21/09/2017).

E, de fato, conquanto inexistente previsão legal expressa nesse sentido, temos como salutar essa iniciativa, como forma, sobretudo, de preservação do princípio do contraditório, tão caro ao processo penal. Sobretudo quando o acolhimento da tese sustentada na resposta possui tão grave consequência capaz de induzir à absolvição sumária do réu, nos termos do art. 397 do código. Como fundamento, poderia se invocar, inclusive, o Código de Processo Civil, a ser aplicado, por analogia, ao processo penal (art. 3º do CPP). Ora, dispõe o art. 351 daquele *codex* que, "se o réu alegar qualquer das matérias enumeradas no art. 337, o juiz determinará a oitiva do autor no prazo de 15 (quinze) dias, permitindo-lhe a produção de prova".

Alteração da capitulação legal quando do recebimento da denúncia – É sabido que, por conta do disposto no art. 383 do Código de Processo Penal, pode o juiz, "sem modificar a descrição do fato contida na denúncia ou queixa", atribuir-lhe definição jurídica diversa da contida na inicial, naquilo que se denomina *emendatio libelli*. Em outras palavras: o julgador não está vinculado à classificação legal sugerida pela denúncia ou queixa, podendo alterá-la, conforme expressamente previsto no art. 383 do CPP. Estando o fato devidamente narrado, não se tratando de fato novo surgido no curso da instrução (quando incidiria o disposto no art. 384 do CPP), ao juiz é dado alterar sua qualificação, corrigindo-a, emendado-a. Tal possibilidade decorre, basicamente, de dois fatores. O primeiro deles é que o Juiz tem a livre dicção do direito, conhece o direito, de quem cabe cuidar, isto é, *jura novit curia*. E, em segundo lugar, que o réu se defende não do dispositivo penal apontado pelo acusador na inicial, mas sim dos fatos por ele narrados. Tal constatação vem consubstanciada no princípio *narra mihi factum dabo tibi jus*, ou seja, narra-me o fato (ao julgador) e te darei o direito.

Em face da própria colocação da matéria, no capítulo do código que trata da sentença, parece claro que a análise quanto à correção da acusação somente neste estágio processual deve ser realizada. Ou seja, após o recebimento da denúncia ou queixa e finda a instrução criminal, aí sim, ao proferir a sentença, deve o juiz verificar do acerto da classificação legal conferida, pela acusação, ao fato descrito na inicial. É este o entendimento predominante na jurisprudência do STF e do STJ e assim deve ser, na maioria dos casos. Confira-se: "Não é lícito ao Juiz, no ato de recebimento da denúncia, quando faz apenas juízo de admissibilidade da acusação, conferir definição jurídica aos fatos narrados na peça acusatória. Poderá fazê-lo adequadamente no momento da prolação da sentença, ocasião em que poderá haver a emendatio libelli ou a mutatio libelli, se a instrução criminal assim o indicar" (STF – HC nº 87324-SP, Rel. Cármen Lúcia, j. 10.04.2007, DJe 18.05.2007).

Ocorre que, em situações excepcionais, estes mesmos Tribunais superiores têm admitido que, antes mesmo de recebida a inicial, proceda o juiz à *emendatio libelli*. Para tanto, é preciso que se constate evidente exagero na inicial que, uma vez mantido, possa acarretar grave dano ao *status libertatis* do acusado. Assim, por exemplo, a denúncia que narra um fato consistente na guarda, para consumo pessoal, de drogas, mas que classifica o delito no art. 33 da lei própria (Lei nº 11.343/2006), que trata do tráfico. A manutenção da equivocada capitulação legal pode acarretar sério prejuízo ao acusado, dificultando, por exemplo, a obtenção da liberdade provisória e sujeitando-o, ademais, ao procedimento regular previsto para os crimes de tráfico, enquanto que, denunciado apenas pelo uso, poderia ser processado pelo rito abreviado dos Juizados Especiais Criminais, como prevê o art. 48, § 1º da lei de drogas. Nessas hipóteses excepcionais, onde se verifique – insiste-se – notável prejuízo ao acusado, parece-nos cabível que o juiz, adiantando-se ao que seria normal, corrija, desde logo, a inicial. A propósito, calhou ao STJ decidir que "o Juiz não está absolutamente impedido de fazer, no recebimento da denúncia, exame superficial da imputação. Se verificado abuso completo do poder de denunciar ou 'excesso de capitulação', poderá proferir a rejeição total da peça acusatória ou proceder alguma correção. Desta forma, se a denúncia é aproveitável, embora com excesso de capitulação, porque descreve, na verdade, outra modalidade delitiva com reflexos imediatos no *status libertatis*, é realizável a correção com o recebimento da *opinio delicti*" (STJ, Rel. Félix Fischer, RT 787/564). Ainda do *Tribunal da Cidadania*: "1. Ainda que se trate de mera retificação da capitulação jurídica dos fatos descritos na vestibular, tal procedimento não pode ser realizado no momento do recebimento da inicial, sendo cabível apenas quando da prolação da sentença, nos termos do artigo 383 do Código de Processo Penal. Doutrina. Precedentes do STJ e do STF. 2. Todavia, quando se trata de beneficiar o réu, buscando-se a correta fixação da competência ou do procedimento a ser adotado, admite-se a excepcional atuação do magistrado, que pode corrigir o enquadramento típico contido na inicial antes de proferida sentença condenatória no feito. Precedentes do STJ e do STF" (RHC 78.111/PB, j. 15/12/2016).

Não observância do rito especial – nem sempre o rito estabelecido na Lei 11.343/06 é seguido. São inúmeras as situações em que se aplicam as disposições dos artigos 394 e seguintes do CPP, o que provoca primeiro o recebimento da denúncia para que somente em seguida se efetue a citação a fim de que a resposta à acusação seja apresentada (arts. 396 e 396-A). Com isso, inverte-se a ordem estabelecida na lei especial, que – reitere-se – possibilita que a resposta obste a própria deflagração da ação penal.

Em razão dessa inversão, não são poucos os casos de inconformismo em que réus processados por tráfico e outros crimes relacionados na Lei 11.343/06 buscam a decretação de nulidade por cerceamento de defesa. A tese, no entanto, não tem encontrado respaldo na jurisprudência.

Com efeito, o Tribunal de Justiça de São Paulo, por exemplo, tem decidido que o recebimento da denúncia antes da notificação para a apresentação de defesa preliminar é causa de nulidade relativa, razão pela qual o prejuízo decorrente da inversão deve ser comprovado e alegado no momento oportuno:

> "Preliminarmente, cabe uma breve explanação acerca da não observação da fase preliminar ditada pela lei específica. Apesar de não arguido o descumprimento quanto ao previsto no artigo 55 da Lei nº 11.343/2006, pois não foi dada oportunidade ao acusado para o oferecimento de resposta à acusação anteriormente ao recebimento da denúncia, anoto não ter-se configurado nulidade.

Afinal, a defesa foi apresentada e apreciada e a inexistência da fase preliminar não gerou consequência desfavorável ao acusado que inexistiria em caso de ter-se seguido à risca o rito especial previsto. Foi garantido o contraditório e a ampla defesa, a defesa preliminar foi apresentada e apreciada, ainda com a supressão, da fase preliminar ao recebimento da denúncia outorgada pela Lei nº 11.343/2006." (Apelação nº 0001418-39.2017.8.26.0628, j. 20/09/2018)

"Muito embora o rito procedimental previsto em lei não tenha sido seguido, não ocorreu prejuízo a d. Defesa, que apresentou sua resposta à acusação, a qual foi devidamente analisada pela d. Magistrada, a qual, de forma expressa, afastou a possibilidade de absolvição sumária (fls. 951), motivo pelo qual não vislumbro prejuízo suportado pela parte e, portanto, não há que se acolher a nulidade alvitrada.

Ademais, tratando-se de formalidade procedimental (art. 564, inc. IV, do CPP), a eiva processual deveria ser alegada no tempo oportuno, ou seja, por ocasião da apresentação da defesa preliminar, de forma que, não sendo arguida na primeira oportunidade, a nulidade relativa há de ser considerada sanada, a teor do disposto no artigo 572, inciso I, do Estatuto Processual Penal." (Revisão Criminal nº 0028605-97.2016.8.26.0000, j. 02/08/2018)

Esta orientação é reflexo do que vem sendo decidido pelo STJ, que também não atribui nulidade absoluta à inversão entre a apresentação da defesa e o recebimento da denúncia:

> "I – A jurisprudência do Superior Tribunal de Justiça é no sentido de que a não observância do rito procedimental previsto na Lei de Drogas – ausência de notificação para apresentação de defesa preliminar, antes do recebimento da denúncia, nos termos do art. 55 da Lei n. 11.343/2006 – gera nulidade relativa. Não demonstrado, com base em elementos concretos, eventuais prejuízos suportados pela não observância do mencionado rito, não se reconhece a nulidade.
>
> II – Inviável o reconhecimento de nulidade pelo indeferimento do pedido de reabertura do prazo para o oferecimento de resposta à acusação, se foram dadas duas oportunidades para apresentação da referida peça preliminar de defesa, com a renovação de prazos, mas o advogado do recorrente os deixou transcorrer in albis.
>
> III – Além disso, o defensor constituído continuou a se manifestar nos autos e compareceu aos demais atos processuais, tendo acompanhado o recorrente nas audiências e, inclusive, formulado indagações às testemunhas e aos corréus, manifestando-se por escrito em oportunidades distintas.
>
> IV – Se foi oportunizado ao recorrente o direito de manifestar-se, na forma do art. 396-A do Código de Processo Penal, por mais de uma vez, no curso da instrução processual, e se as petições apresentadas pela Defesa foram interpretadas pelo Juízo de 1º grau como estratégia defensiva de postergar as teses de mérito para o final da instrução, não há qualquer nulidade a ser reconhecida." (RHC 94.446/MS, j. 15/05/2018)

Nota-se, portanto, que a simples modificação do momento em que o agente exerce a defesa não faz presumir a ocorrência de prejuízo. Há nulidade absoluta apenas se, recebida a denúncia sem a notificação prévia para a apresentação da defesa, também não se garante a manifestação nos termos que estabelece o Código de Processo Penal (arts. 396 e 396-A).

> § 2.º As exceções serão processadas em apartado, nos termos dos arts. 95 a 113 do Decreto-Lei 3.689, de 3 de outubro de 1941 – Código de Processo Penal.

Exceções – A defesa do réu, no processo penal, pode ser direta ou indireta. Defesa direta é aquela na qual o acusado nega a existência do fato, invoca uma causa excludente da antijuridicidade ou culpabilidade, etc. Já na defesa indireta se ataca o processo, sem adentrar o mérito. São as exceções. Exceção, assim, é um meio de defesa indireto com o objetivo de extinguir a ação penal ou dilatar o seu exercício. Ressalte-se, porém, que, no processo penal, as exceções não são privativas da defesa, podendo ser invocadas pela acusação e mesmo reconhecidas, de ofício, pelo juiz. As exceções estão elencadas no art. 95 do Código de Processo Penal e são elas: suspeição, incompetência de juízo, litispendência, ilegitimidade de parte e coisa julgada.

Dilatórias ou peremptórias – Quanto aos efeitos, a exceção pode ser dilatória, quando visa procrastinar o processo ou transferir seu exercício, sem que o processo seja extinto. São elas as exceções de suspeição e incompetência. Ou pode ser peremptória, que, se acolhida, acarreta a extinção do processo. Cuidam-se das exceções de coisa julgada e litispendência. A ilegitimidade de parte, quando trata da titularidade da ação penal (ilegitimidade *ad causam*), se reconhecida, põe fim ao processo e é, portanto, uma exceção peremptória. Já quando identificada a falta de capacidade processual (ilegitimidade *ad processum*), ela se caracteriza como dilatória, face ao disposto no art. 568 do Código de Processo Penal, a permitir, até a prolação da sentença, o comparecimento da parte legítima para ratificação dos atos até então praticados.

> § 3.º Se a resposta não for apresentada no prazo, o juiz nomeará defensor para oferecê-la em 10 (dez) dias, concedendo-lhe vista dos autos no ato de nomeação.

É obrigatória a oferta de resposta? – O dispositivo em análise merece uma observação que temos como relevante. Caso o réu não tenha apresentado resposta, cumpre ao juiz nomear-lhe um defensor dativo, a quem incumbirá de fazê-lo. Tem-se, assim, que para as hipóteses de defensor dativo, a resposta à acusação se constitui em peça obrigatória, cuja omissão, por afronta aos princípios do contraditório e ampla defesa, enseja nulidade do feito. Já se o réu possui advogado constituído, pensamos ser facultativa essa manifestação. Tanto que o § 2º, do art. 396-A, do Código de Processo Penal, apenas impõe a nomeação de defensor dativo (e a respectiva obrigação de ofertar a resposta), para os casos em que o acusado "não constituir defensor". Com efeito, tratando-se de advogado constituído, pode entender, por uma questão de estratégia ou mesmo porque nada há que alegar, ser dispensável essa resposta. A propósito, ao tempo em que vigia a redação original do art. 395 do código, que cuidava da chamada *defesa prévia*, sempre se entendeu pela dispensabilidade dessa peça. O Supremo Tribunal Federal ia além, entendendo dispensável sua apresentação ainda que dativo o defensor (nesse sentido: HC n. 51463, HC n. 69034, HC n. 69544). Era também a orientação do Superior Tribunal de Justiça (RT 722/547).

É verdade que esse é o momento oportuno para que o réu exerça relevantes atos de defesa, como, por exemplo, de indicar as testemunhas que pretende ouvir, como consta do "caput" deste dispositivo. Ocorre que não é obrigatória a oferta de um rol de testemunhas pela defesa constituída pelo réu, que pode entender desnecessária essa prova. Cremos, assim, em conclusão, que, tratando-se de réu que não possui defensor, cabe a nomeação de um dativo a quem, obrigatoriamente, cumprirá ofertar a resposta. Já quando o réu constituir advogado, é facultativa essa manifestação. Nulidade, nessa hipótese, ocorrerá caso não facultada oportunidade para que ele o faça, isto é, uma vez descumprida a regra do "caput" do art. 396 do CPP. A partir daí, a oferta de resposta do advogado constituído se reveste de mera faculdade, a ser exercida segundo sua conveniência e oportunidade. De se consignar, porém, que não foi nesse sentido que decidiu o STJ, a se conferir: "Dúvidas não há acerca da imprescindibilidade de apresentação da defesa preliminar, seja por meio de defensor constituído, seja por meio de causídico nomeado pelo juiz. A ausência de tal contraditório antecipado é causa de nulidade absoluta" (STJ – HC nº 158801-PR, Rel. Maria Thereza de Assis Moura, j. 20.06.2013, DJe 01.07.2013).

§ 4.º Apresentada a defesa, o juiz decidirá em 5 (cinco) dias.

Decisão do juiz – Ofertada a defesa prévia, no prazo de cinco dias (pouco importando se preso ou solto o acusado), o juiz decidirá no sentido do recebimento ou rejeição da denúncia. As hipóteses de rejeição estão listadas no art. 395 do Código de Processo Penal, que será cabível caso a denúncia seja manifestamente inepta, se faltar pressuposto processual ou condição para o exercício da ação penal ou faltar justa causa para o exercício da ação penal.

Conquanto o legislador não o declare expressamente, pensamos ser cabível, nesta fase procedimental, a absolvição sumária do acusado, na dicção do art. 397 do CPP. Reza esse dispositivo que a absolvição sumária terá lugar quando se verificar a existência manifesta de causa excludente da ilicitude do fato, a existência manifesta de causa excludente da culpabilidade do agente, salvo inimputabilidade, que o fato narrado evidentemente não constitui crime ou se extinta a punibilidade do agente. De sorte que, num exemplo, se a denúncia narra um fato obviamente atípico, não será o caso de rejeitá-la, mas de absolver desde logo o acusado.

Excepcionalidade da absolvição sumária – Saliente-se que a possibilidade de absolvição sumária repousa, por assim dizer, em causas objetivas (manifesta existência de causas excludentes de ilicitude e culpabilidade, atipicidade do fato e extinção da punibilidade do agente). Significa dizer que essa decisão, porque proferida ainda no limiar da ação penal, não é lugar para que se produza ampla abordagem da prova dos autos, pretendendo-se cotejar, por exemplo, a denúncia do promotor de justiça com os atos probatórios coligidos no inquérito policial. Claro que alguma análise probatória, mesmo que superficial, deve ser feita para se declarar, *v.g.*, que o fato é atípico. Mas não se absolver sumariamente o réu sob o argumento de que não há prova de que ele participou da empreitada delituosa, posto que nega a autoria, que não foi reconhecido pela vítima ou que seu comparsa não o delatou, etc. Por isso mesmo o legislador empregou adjetivação contundente, somente admitindo a absolvição sumária quando *manifesta* a presença de causa excludente da ilicitude ou de culpabilidade do agente ou quando o fato narrado *evidentemente* não constituir crime. Tanto que, na prática, raramente se acolhe o pedido de absolvição sumária, preferindo os juízes, na imensa maioria dos casos, repelir os argumentos defensivos e designar, como consequência, a audiência de que trata o art. 400 do código.

Fundamentação – Para que o juiz rejeite as alegações do acusado e, por consequência, receba a denúncia, não se exige uma fundamentação longa e exaustiva, que aborde com excessiva profundidade todos os temas colocados em debate. Contentam-se, doutrina e jurisprudência, com uma motivação sucinta, sob pena do juiz adiantar sua convicção, com indevida introdução no mérito da causa, em momento inapropriado para fazê-lo. Traduz-se esse estágio, outrossim, em um mero juízo de admissibilidade da acusação, cuja dúvida, aliás, impõe seu recebimento, neste momento processual. Somente depois, com a produção da prova em juízo e com observância de todos os princípios que são típicos do processo penal, é que se fará – obrigatoriamente – uma análise aprofundada da prova quando, então, eventual dúvida se resolverá em favor do réu. Afinal, "a decisão que rejeita a resposta à acusação, apresentada na fase do artigo 396-A do Código de Processo Penal, consubstancia um juízo de mera admissibilidade da imputação, em que se trabalha com verossimilhança, e não com certeza. Na espécie, não poderia o juiz de primeiro grau adentrar verticalmente o exame de questões que foram genericamente mencionadas na resposta à acusação de modo que, ao entender que a petição inicial está apta a ensejar a defesa, descrevendo minimamente a conduta, satisfez o dever de motivação" (STJ – HC nº 202928-PR, Rel. Rogério Schietti Cruz, j. 15.05.2014, DJe 08.09.2015).

Nessa linha de raciocínio, admite-se, por exemplo, a chamada *motivação per relationem*, assim entendida aquela na qual o juiz não elabora um raciocínio próprio, mas se louva em manifestação de outro órgão. Assim, por exemplo, ao adotar, como fundamento para a decretação da prisão preventiva, a motivação oriunda da representação formulada pela autoridade policial ou da manifestação do Ministério Público. O mesmo ocorre no momento processual aqui analisado. Ofertada a resposta pelo acusado e manifestando-se, em réplica, o Ministério Público, ao juiz é dado rejeitar a tese defensiva com base na manifestação acusatória.

Isso não significa admitir, porém, a ausência completa de fundamentação. Uma decisão que, após a resposta do acusado, se limite a designar data e horário para a audiência é, sem dúvida, nula, porquanto não dedicou uma linha sequer aos argumentos trazidos pela defesa. O mesmo ocorrerá caso o juiz adote as razões do Ministério Público que, porém, se revelaram absolutamente lacônicas, omissas mesmo quanto às teses em discussão. Uma coisa é a má fundamentação. Coisa diversa é a total ausência de fundamentação. Tivesse o legislador se contentado com essa espécie de decisão (ou de *ausência* de decisão), e, decerto, não teria inovado, introduzindo na lei a resposta à acusação e a possibilidade, inclusive, de absolvição sumária do acusado. Em outras palavras: bastaria deixar tudo como antes, onde se previa, quase que como mera formalidade, útil apenas para que se arrolassem testemunhas, a chamada *defesa prévia*, do revogado art. 395 do CPP. Se foi além é porque impôs a análise pelo juiz das teses sustentadas pela defesa, cuja rejeição deve ser devidamente fundamentada, como, aliás, determina o preceito constitucional do art. 93, inc. IX, da Carta.

> § 5.º Se entender imprescindível, o juiz, no prazo máximo de 10 (dez) dias, determinará a apresentação do preso, realização de diligências, exames e perícias.

Diligências preliminares determinadas pelo juiz – Pode o juiz, no prazo de dez dias, determinar a apresentação do preso para que seja ouvido. Vale destacar que esse ato não se constitui no interrogatório propriamente dito, a ser realizado somente após o recebimento da denúncia e ao final da instrução probatória colhida em audiência. Trata-se de singela oitiva, para que algum esclarecimento seja prestado, em diligência que, na prática, não é utilizada, até porque suprida, atualmente, pela audiência de custódia. Tampouco se tem visto a determinação do juiz quanto à realização de diligências, exames e perícias. Trata-se mesmo de dispositivo que, de alguma forma, arranha o princípio acusatório que inspira nosso processo penal, pelo qual as tarefas são divididas, sendo que cada sujeito processual tem uma função bem definida. É o chamado *processo de partes*. A um caberá acusar (como regra o Ministério Público), a outro defender (o advogado) e, a um terceiro, julgar (o juiz). É, de resto, o sistema adotado em nosso país, conforme entendimento que predomina na doutrina e pressupõe um processo onde todas as garantias constitucionais sejam, efetivamente, observadas. Bem por isso a faculdade conferida ao juiz pelo § 5º acima, deve ser evitada ou, pelo menos, exercida com extrema cautela, sob pena de perder o juiz sua posição de equidistância entre as partes.

> **Art. 56.** Recebida a denúncia, o juiz designará dia e hora para a audiência de instrução e julgamento, ordenará a citação pessoal do acusado, a intimação do Ministério Público, do assistente, se for o caso, e requisitará os laudos periciais.

Audiência – Uma vez recebida a denúncia, o prazo para a realização da audiência de instrução, debates e julgamento é de 30 dias, pouco importando, aqui, tratar-se de réu preso ou solto. A lei determina a *intimação* do Ministério Público e do assistente de acusação. O legislador teria sido mais técnico se empregasse o verbo *notificar*, referente a um ato futuro, ao invés de *intimar*, que pressupõe um ato já praticado (intima-se, por exemplo, da sentença). Conquanto faça menção ao assistente de acusação, pensamos que, em crimes a envolver drogas, não haja lugar para essa figura, na medida que vítima não há.

É o momento oportuno, ainda, para que sejam requisitados os laudos periciais. Assim, elaborado um laudo de constatação, precário e provisório, cabe ao juiz, ao receber a denúncia, requisitar o envio do laudo definitivo, apto a atestar, de vez, a materialidade do delito. Nada impede, contudo, que o laudo definitivo seja apresentado posteriormente, antes da prolação da sentença. Com efeito, assim decidiu o STJ, a se conferir: "Em que pese a materialidade delitiva do crime previsto no artigo 33 da Lei 11.343/2006 ser comprovada apenas com o laudo toxicológico definitivo, não há óbices, quer na própria Lei de Drogas, quer na legislação processual penal existente, a que a referida perícia seja juntada aos autos após as alegações finais, até porque seu conteúdo, no mais das vezes, pouco se distancia do laudo toxicológico provisório, anexado aos autos antes mesmo do oferecimento da denúncia" (HC n. 233111 – MG – Rel. Jorge Mussi, j. 08.10.2013, DJe 16.10.2013). Assim também pareceu ao STF, para quem "descabe o argumento relativo à nulidade do processo em virtude da juntada tardia do laudo de exame toxicológico, já que não ficou demonstrado o prejuízo sofrido pelo paciente. O laudo foi apresentado antes da prolação da sentença e apenas confirmou a toxicidade da substância apreendida" (HC 104871 – Rel. Dias Toffoli, DJe de 07.10.2011).

> § 1.º Tratando-se de condutas tipificadas como infração do disposto nos arts. 33, *caput* e § 1.º, e 34 a 37 desta Lei, o juiz, ao receber a denúncia, poderá decretar o afastamento cautelar do denunciado de suas atividades, se for funcionário público, comunicando ao órgão respectivo.

Afastamento cautelar do acusado das suas funções – Para os crimes previstos nos arts. 33, *caput* e § 1.º (tráfico de droga e figuras equiparadas), e 34 a 37 desta Lei (fabricação de maquinário, associação para o tráfico, financiamento do tráfico e colaboração com o tráfico), praticado por funcionário público, pode o juiz, ao receber a denúncia, decretar o afastamento cautelar do denunciado de suas atividades.

Em face do princípio da presunção de inocência, recomendamos cautela na adoção dessa medida que, por óbvio, não é automática, a ser aplicada sempre que denunciado um funcionário público. Como destaca Luiz Flávio Gomes, "impõe-se comprovar ou o nexo funcional (o funcionário valeu-se do cargo para cometer o crime) ou o concreto risco (para a administração pública) que ele funcionário representa, caso se mantenha no cargo. A lei fala em afastamento, não em decretação da perda do cargo. O acusado é presumido inocente, logo, continua percebendo seus vencimentos normalmente. De outro lado, caso seja absolvido no final, retorna normalmente às suas funções, sem nenhum prejuízo à carreira" (ob. cit., p. 212).

> § 2.º A audiência a que se refere o *caput* deste artigo será realizada dentro dos 30 (trinta) dias seguintes ao recebimento da denúncia, salvo se determinada a realização de avaliação para atestar dependência de drogas, quando se realizará em 90 (noventa) dias.

Exceção – A lei ressalva, contudo, a necessidade de realização de exame de dependência. Com efeito, dispõe o art. 45 do diploma em exame que "é isento de pena o agente que, em razão da dependência, ou sob o efeito, proveniente de caso fortuito ou força maior, de droga, era, ao tempo da ação ou da omissão, qualquer que tenha sido a infração penal praticada, inteiramente incapaz de entender o caráter ilícito do fato ou de determinar-se de acordo com esse entendimento". Para avaliar a eventual inimputabilidade do agente (e mesmo a semi-imputabilidade de que trata o art. 46 da lei), será de rigor a realização de um exame, quando, então, o prazo para a audiência é de 90 dias.

Art. 57. Na audiência de instrução e julgamento, após o interrogatório do acusado e a inquirição das testemunhas, será dada a palavra, sucessivamente, ao representante do Ministério Público e ao defensor do acusado, para sustentação oral, pelo prazo de 20 (vinte) minutos para cada um, prorrogável por mais 10 (dez), a critério do juiz.

Audiência – O legislador, a exemplo do verificado no procedimento do júri, bem como nos procedimentos comum ou especial, dos arts. 394 e ss., do Código de Processo Penal, concentrou todos os atos de instrução em uma audiência única, na qual as partes apresentarão, ainda, alegações finais orais e o juiz proferirá a sentença. Optou com isso, francamente, pela oralidade que tem, por características, a predominância da palavra falada, a imediatidade da relação do juiz com a prova e a hiperconcentração dos atos processuais. A audiência, segundo adverte o § 2º, do art. 56, desta lei, deve ser realizada no prazo máximo de 30 dias, contado da data em que recebida a denúncia, pouco importando se preso ou solto o réu. O prazo – oxalá possamos nos enganar – parece absolutamente inexequível em vista do movimento assoberbado que atinge a maioria das comarcas do país. Incorreu o legislador, assim, no mesmo equívoco verificado no Código de Processo Civil de 1973 que, em sua redação original, previa que, no procedimento sumaríssimo, a sentença deveria ser proferida no prazo máximo de 90 dias (art. 281). A prática logo demonstrou a total inviabilidade da iniciativa, que caiu no ridículo e entrou para o folclore processual do país. O procedimento, embora *sumaríssimo*, por vez era mais demorado que o rito ordinário. Já que se optou por se estabelecer um prazo, melhor que fosse um pouco mais dilatado, atento à realidade de nosso foro. E, sobretudo, que se tivesse feito uma distinção, que nos parece fundamental, entre o réu preso (para quem a definição do processo é muito mais urgente) e o réu solto. De qualquer sorte, *legis habemus* e – tomara – não se confirme nosso pessimismo.

Prova testemunhal – A ser produzida em audiência, constitui-se na oitiva de, no máximo, cinco testemunhas, arroladas pela acusação (art. 54, inc. III), e pela defesa (art. 55, § 1º). Em que pese a lei não fazer nenhuma referência (e nem seria necessário, face ao disposto no art. 48), poderá o juiz "ouvir outras testemunhas, além das indicadas pelas partes", como lhe faculta o art. 209 do Código de Processo Penal. Assim, enquanto as testemunhas *numerárias* são aquelas arroladas pelas partes e que devem depor sob compromisso, as *extranumerárias*, aludidas no art. 209, são ouvidas, de ofício, pelo juiz, também se submetendo ao compromisso de dizer a verdade, salvo se incluídas nas exceções do art. 208 do CPP. Trata-se da adoção do princípio da busca da verdade real, que orienta o processo penal e com o qual se comprometem não apenas as partes, mas também o juiz. Por esse princípio, é dado ao juiz complementar a prova que, por algum motivo, restou enfraquecida, ao se abrir a possibilidade que ouça outras testemunhas não indicadas pelas partes. Por vezes, acusação ou defesa podem ser negligentes, deixando de apontar testemunha relevante para o deslinde da causa, num ou noutro sentido. Nesse caso, tem incidência o art. 209, como já orientou o STF, a se conferir: **"Nos termos do art. 209 do Código de Processo Penal, não configura nulidade a oitiva de testemunha indicada extemporaneamente pela acusação, como testemunha do Juízo. Esta Suprema Corte igualmente assentou o entendimento de que 'a demonstração de prejuízo, a teor do art. 563 do CPP, é essencial à alegação de nulidade, seja ela relativa ou absoluta' (HC nº 85.155/SP, de relatoria da Min. Ellen Gracie, DJ de 15/4/05). Não prevê a legislação processual momento próprio para inquirição das testemunhas indicadas pelo Juízo na forma dos arts. 156 e 209 do CPP, nem se verifica prejuízo à ampla defesa a inquirição ocorrida antes da oitiva das testemunhas arroladas pela defesa"** (STF – HC nº 95319-SP, Rel. Dias Toffoli, j. 19.10.2010, DJe 21.02.2011).

Não se trata, pois, de ouvir testemunha cuja relevância surgiu no curso do processo, hipótese tratada no § 1º, do art. 209. Mas de ouvir quem deveria ter sido arrolada no momento oportuno, pela defesa ou acusação. Daí se reclamar certa cautela no uso dessa faculdade, a fim de que, ao exercê-la, não perca o juiz a imparcialidade que é tão cara ao processo penal, sujeito a fazer as vezes da parte e podendo perder sua posição de equidistância dos envolvidos. Sobretudo quando se tem destacando a relevância do princípio acusatório, entre nós adotado, que bem define os papeis da acusação, da defesa e do juiz no processo penal.

Outros meios de prova – Embora a lei faça menção, como atos de instrução probatória, apenas ao interrogatório do réu e à prova testemunhal, por óbvio que outros meios de prova podem ser produzidos, como, por exemplo, acareações e reconhecimentos. A *acareação* ou *careação* consiste no ato probatório através do qual são colocadas cara a cara, face a face, pessoas que apresentaram versões divergentes sobre determinado fato. Podem ser acareadas as pessoas elencadas no art. 229 do CPP e o seu valor probatório é praticamente nenhum, eis que a pessoa que a ela se submete, via de regra, mantém a versão inicialmente apresentada. Já o *reconhecimento* trata de um cotejo entre elementos atuais e passados, capazes de propiciar a identidade de determinada pessoa ou coisa. O reconhecimento pode ser *formal* ou *informal*. O primeiro, realizado, como regra, na fase policial, como o nome indica, deve atender às formalidades do art. 226 do CPP. Já o segundo é aquele realizado em audiência, na presença do juiz e das partes e que, segundo monótona jurisprudência, prescinde das formalidades legais mencionadas. Nos crimes que envolvam o tráfico de drogas, o reconhecimento pode conter grande valor probatório e – decerto – ninguém sustentará o impedimento de produção dessa prova somente porque o legislador aludiu unicamente, à prova testemunhal e ao interrogatório.

Esclarecimentos do perito – Também a oitiva do perito em audiência, embora não prevista no diploma em análise, é perfeitamente cabível, a teor do *caput* do art. 400 do CPP. Imagine-se o surgimento de dúvida razoável quanto à natureza da droga apreendida e seu potencial ofensivo. Mas essa prova depende do prévio requerimento das partes ou, em outras palavras, não pode ser determinada de ofício pelo juiz, na dicção do § 2º, do art. 400, do Código de Processo Penal. Teria sido adotado, aqui, o sistema acusatório puro, ao se vedar ao juiz qualquer iniciativa probatória? Parece que não em face da atual redação do art. 156 do CPP, que, em seu inc. II, faculta ao juiz "determinar, no curso da instrução, ou antes de proferir sentença, a realização de diligências para dirimir dúvida sobre ponto relevante". Interessante que no art. 401, § 2º, do CPP, o legislador reforça a possibilidade do juiz ouvir testemunhas além das indicadas pelas partes. Parece contraditório que a prova testemunhal se produza de ofício enquanto se impõe aparente restrição quanto à prova pericial. Daí ficarmos com a impressão, em uma análise sistemática, que, a despeito do contido neste dispositivo, é dado ao juiz, *sponte propria*, convocar os peritos para que, em audiência, prestem esclarecimento. Embora omisso o § 2º, do art. 400, nada impede que também os assistentes técnicos sejam ouvidos em audiência, conforme previsto, expressamente, no art. 159, § 5º, inc. II do CPP, do diploma legal acima aludido.

Depoimento de policiais – Um tanto controverso é o valor probatório a ser conferido ao depoimento de policiais, muito comum em processos que cuidam de drogas. Parte da jurisprudência vê com enormes reservas essa espécie de depoimento. Afinal – argumentam – se o policial foi o responsável pela prisão do réu, buscará, sempre, conferir ares de legalidade ao seu ato. Não faria sentido, assim, que, por exemplo, tendo preso o acusado por tráfico de entorpecente, afirmasse que a droga não se encontrava em poder daquele primeiro. Ademais, em vista da posição antagônica em que se encontram – policial e réu – sua tendência seria de carregar nas cores, pintando um quadro mais grave do que o efetivamente verificado, de modo a prejudicar a situação do agente.

Há, de outra parte, posicionamento francamente favorável ao depoimento de policiais. É que, tendo participado diretamente da diligência que culminou com a deflagração de processo contra o réu, mais do que ninguém se encontra preparado para depor sobre os fatos. Demais disso, importaria em verdadeiro contrassenso que o Estado, de um lado, habilitasse o agente a prestar-lhe serviços, mediante, inclusive, ingresso na carreira por um concurso público para, de outro, negar credibilidade a seu depoimento.

Pensamos inexistir qualquer impedimento para que se confira eficácia ao depoimento prestado por policiais. Para tanto, ele deve ser analisado no cotejo com as demais provas, assim como todo e qualquer depoimento. Não se deve conferir valor absoluto a essa espécie de testemunho, só pelo fato de que prestado por agentes públicos. Mas, de outra parte, a suspeita quanto a esse depoimento também não é correta, sobretudo nos dias atuais quando, na maioria das vezes, praticado um crime, ninguém se presta a servir como testemunha. Ao contrário, adiantam-se em dizer que nada viram, nada ouviram e, portanto, nada sabem. É, assim, plenamente viável, sob nossa compreensão, que um édito condenatório venha lastreado, tão somente, em depoimentos de policiais, desde que encontre amparo em outros elementos do processo. Por qual motivo se desconfiaria de um policial a incriminar um réu com quem jamais tivera contato e, portanto, contra quem não guardava nenhuma animosidade anterior? Importa, pois, despir-se de qualquer preconceito (típico do sistema tarifado), para, na análise global da prova, conferir o valor cabível a cada depoimento, pois, como já se afirmou, "o réu se defende dos fatos e não das pessoas que o acusam" (STJ – HC nº 91885-DF, Rel. Arnaldo Esteves Lima, j. 23.02.2010, DJe 22.03.2010). Assim se firmou a orientação do Superior Tribunal de Justiça:

> (...) 2. Não obstante as provas testemunhais advirem de agentes de polícia, a palavra dos investigadores não pode ser afastada de plano por sua simples condição, caso não demonstrados indícios mínimos de interesse em prejudicar o acusado, mormente em hipótese como a dos autos, em que os depoimentos foram corroborados pelo conteúdo das interceptações telefônicas, pela apreensão dos entorpecentes – 175g de maconha e aproximadamente 100g de cocaína –, bem como pelas versões consideradas pelo acórdão como inverossímeis e permeadas por várias contradições e incoerências apresentadas pelo paciente e demais corréus. 3. É assente nesta Corte o entendimento no sentido de que *o depoimento dos policiais prestado em juízo constitui meio de prova idôneo a resultar na condenação do paciente, notadamente quando ausente qualquer dúvida sobre a imparcialidade das testemunhas, cabendo à defesa o ônus de demonstrar a imprestabilidade da prova, fato que não ocorreu no presente caso* (HC 165.561/AM, Rel. Ministro NEFI CORDEIRO, SEXTA TURMA, DJe 15/02/2016). Súmula nº 568/STJ" (HC 393.516/MG, j. 20/06/2017).

A lição clássica do Ministro Celso de Mello, da mais alta Corte do país, pela lucidez de seus argumentos, merece transcrição: "O valor de depoimento do depoimento testemunhal de servidores policiais – especialmente quando prestado em juízo, sob a garantia do contraditório – reveste-se de inquestionável eficácia probatória, não se podendo desqualificá-lo pelo só fato de emanar de agentes estatais incumbidos, por dever de ofício, da repressão penal. O depoimento testemunhal do agente policial somente não terá valor se evidenciar que esse servidor do Estado, por revelar interesse particular na investigação penal, age facciosamente ou quando se demonstrar – tal como ocorre com as demais testemunhas – que as suas declarações não encontram suporte e nem se harmonizam com outros elementos probatórios idôneos" (HC nº 74.608-0, Rel. Celso de Mello, j. 18.02.1997, DJU 11.04.1997, p. 12.189).

Alegações finais orais – Finda a instrução, cumpre às partes a oferta oral de alegações finais, na seguinte ordem: Ministério Público (por 20 minutos prorrogáveis por mais 10), e defesa (pelo mesmo tempo). A regra do § 1º, do art. 403, do Código de Processo Penal, tem aqui ampla aplicação, a se conferir: "Havendo mais de um acusado, o tempo previsto para a defesa de cada um será individual". Na improvável hipótese de contar o feito com um assistente de acusação (já que os crimes aqui tratados não contam com uma vítima determinada), a ele será concedido o prazo de 10 minutos (prorrogável por igual período de tempo), para que oferte suas alegações orais, falando após o Ministério Público, tudo nos termos do § 2º, do art. 403 do CPP. Essa prorrogação do prazo, nos termos expressos do dispositivo, fica "a critério do juiz", a quem cumpre analisar se a complexidade do feito, o número elevado de réus e testemunhas, etc., justificam a prorrogação.

Memoriais – A lei em comento não menciona a possibilidade de substituição dos debates orais pela oferta de memoriais escritos. Nem por isso deve ser afastada essa faculdade, aplicando-se, no caso, de forma subsidiária (como autoriza o art. 48 da lei), o disposto no § 3º, do art. 403, do Código de Processo Penal, *in verbis*: "O juiz poderá, considerada a complexidade do caso ou o número de acusados, conceder às partes o prazo de 5 (cinco) dias sucessivamente para a apresentação de memoriais. Nesse caso, terá o prazo de 10 (dez) dias para proferir a sentença". Deve se ter em mente, contudo, que a regra geral impõe a oferta de alegações finais orais (para ficarmos com a expressão empregada no *caput* do art. 403 do CPP). Com isso se homenageia o princípio da oralidade, francamente adotado pelo legislador e, por outro lado, se ressalta sua preocupação de garantir maior celeridade ao processo. Daí se concluir que a oferta de memoriais importa em verdadeira exceção, admitida nas hipóteses elencadas na lei, isto é, quando complexo o caso e razoável o número de acusados (ou ainda na situação tratada no artigo seguinte). Eventual alegação, por exemplo, de que manifestações orais das partes tomarão tempo precioso da audiência, atrasando as demais que se seguirão, decerto que não justifica seja determinada a oferta de peça escrita. Melhor que se organize mais adequadamente a pauta, de modo a prever eventuais atrasos no decorrer dos trabalhos. Óbvio que essa regra nem sempre poderá ser aplicada, bastando que se lembre da hipótese na qual o promotor de justiça esteja ausente da audiência. E mesmo, talvez, quando, ausente o advogado constituído, seja o réu acompanhado, em audiência, por defensor *ad hoc*. No mais, cumpre às partes insistirem no debate oral. Se a defesa concordar com a oferta de memoriais, o promotor de justiça, que oferte suas alegações finais orais. A partir daí, o juiz se acha liberado para julgar em audiência (e assim cumprir a regra geral) ou, por exceção, chamar o feito à conclusão. O que não se deve permitir é que a exceção tome o lugar da regra, fazendo verdadeira tabula rasa da intenção do legislador.

Indeferimento de provas – Este diploma não prevê a possibilidade do juiz indeferir provas. Tal omissão, porém, não o impede fazê-lo, incidindo, aqui, o disposto no § 1º, do art. 400, do Código Penal, quando autoriza o juiz a "indeferir as [provas] consideradas irrelevantes, impertinentes ou protelatórias" (lembremos que o art. 48, desta lei em exame, permite a aplicação subsidiária do Código de Processo Penal ao procedimento da lei de drogas). Cuida-se, de resto, de possibilidade conhecida pelo CPP, bastando que se atente ao disposto no art. 184, que faculta ao juiz indeferir a realização de perícia requerida pelas partes. Ou à redação do art. 212, que confere ao juiz a faculdade de não admitir perguntas à testemunha que induzam sua resposta, que não tenham relação com a causa ou que sejam repetidas. Lembre-se, ainda, do disposto no art. 357, § 7º, do Código de Processo Civil (com aplicação analógica ao processo penal, na dicção do art. 3º do CPP), pelo qual "o juiz poderá limitar o número de testemunhas levando em conta a complexidade da causa e dos fatos individualmente considerados". Claro que à parte interessada resta insistir para que, por exemplo, as perguntas indeferidas (ou qualquer outra prova que tenha sido rejeitada), conste da ata de audiência, a fim de que, adiante, em eventual preliminar de apelação (ou mesmo um *habeas corpus*, dependendo do caso concreto), possa retomar o debate.

Parágrafo único. Após proceder ao interrogatório, o juiz indagará das partes se restou algum fato para ser esclarecido, formulando as perguntas correspondentes se o entender pertinente e relevante.

Interrogatório – A lei em exame prevê a realização do interrogatório antes da produção da prova testemunhal. Ocorre que, a partir da reforma processual de 2008, introduzida pela Lei n. 11.719/2008, foi alterado o art. 400 do Código de Processo Penal, de forma que o interrogatório passou a se constituir no último ato de instrução, realizado após a oitiva de vítima e testemunhas, do reconhecimento, acareações, etc. Estabeleceu-se, então, no âmbito doutrinário e jurisprudencial, essa dúvida, isto é, deve ser mantida a regra especial prevista na lei de drogas ou, ao revés, é caso de aplicação do dispositivo posterior, do CPP. Prevaleceu o segundo entendimento. Com efeito, no julgamento do HC n. 127900, em 03.03.2016, em que foi relator o Min. Dias Toffoli, o Supremo Tribunal Federal entendeu que aos crimes militares, embora sujeitos ao Código de Processo Penal Militar, aplica-se a regra do art. 400 do CPP, razão pela qual o interrogatório do réu deve ser realizado ao final da instrução criminal. Esse entendimento, conforme o julgado que modulou seus efeitos, deve ser aplicado a todas as instruções ainda em curso, bem como aos processos de natureza penal eleitoral e aos procedimentos penais regidos por legislação especial. É que importa, segundo a Corte, em regra mais benéfica ao réu, a assegurar-lhe a ampla defesa e o contraditório. O julgado, portanto, conquanto se referisse mais especificamente aos crimes castrenses, deixou claro que, também aos delitos previstos em leis especiais (como a de drogas), deve ser observada a regra do Código de Processo Penal.

De qualquer forma, eventual realização do interrogatório antes da produção da prova testemunhal, configura mera nulidade relativa, a depender, portanto, de arguição oportuna e demonstração do prejuízo acarretado ao réu. Calhou ao STJ decidir que, "nos termos do artigo 571, inciso VIII, do Código de Processo Penal, as nulidades ocorridas em audiência deverão ser arguidas assim que ocorrerem. Na espécie, o Defensor Público responsável pelo patrocínio do paciente, e que também impetrou o presente *mandamus* em seu favor, estava presente à audiência de instrução e julgamento, não tendo questionado a oitiva do acusado como primeiro ato da instrução processual, tampouco se insurgido contra a forma como a magistrada singular formulou as perguntas à testemunha, o que reforça a inexistência de mácula a contaminar o processo" (STJ – HC nº 243681-SP, Rel. Jorge Mussi, j. 19.11.2013, DJe 05.12.2013). O Supremo Tribunal Federal, invocando o princípio da especialidade e em posicionamento diverso daquele inicialmente exposto, decidiu que, em se tratando de lei de drogas, é cabível o interrogatório ao início da audiência, em falta, ademais, que, se existente, configuraria mera nulidade relativa, a reclamar a demonstração do prejuízo suportado pelo réu. Confira-se: **PACIENTE CONDENADO PELO DELITO DE TRÁFICO DE DROGAS SOB A ÉGIDE DA LEI 11.343/2006. PEDIDO DE NOVO INTERROGATÓRIO AO FINAL DA INSTRUÇÃO PROCESSUAL. ART. 400 DO CPP. IMPOSSIBILIDADE. PRINCÍPIO DA ESPECIALIDADE. AUSÊNCIA DE DEMONSTRAÇÃO DO PREJUÍZO – "Se o paciente foi processado pela prática do delito de tráfico ilícito de drogas, sob a égide da Lei 11.343/2006, o procedimento a ser adotado é o especial, estabelecido nos arts. 54 a 59 do referido diploma legal. O art. 57 da Lei de Drogas dispõe que o interrogatório ocorrerá em momento anterior à oitiva das testemunhas, diferentemente do que prevê o art. 400 do Código de Processo Penal. Este Tribunal assentou o entendimento de que a demonstração de prejuízo, a teor do art. 563 do CPP, é essencial à alegação de nulidade, seja ela relativa ou absoluta, eis que [...] o âmbito normativo do dogma fundamental da disciplina das nulidades *pas de nullité sans grief* compreende as nulidades absolutas" (HC n. 122229-SP – Rel. Ricardo Lewandowski, j. 13.05.014, DJe 30.05.2014).**

Ordem de perguntas – O parágrafo único deste dispositivo repete, com todas as letras, o art. 188 do Código de Processo Penal. Se em relação ao depoimento das testemunhas há alguma discussão sobre quem detém a primazia das perguntas, a redação deste artigo parece não ter deixado nenhuma dúvida. Caberá ao juiz, assim, iniciar a formulação das indagações e, ao final, podem acusação e defesa, em caráter suplementar, encaminhar suas perguntas, se algo restou a ser esclarecido. Tais perguntas passarão pelo filtro do juiz, isto é, serão inicialmente dirigidas pela parte ao Magistrado que, se as estender irrelevantes ou impertinentes, poderá indeferi-las, fazendo constar do termo essa circunstância. Nesse sentido, "não obstante as alterações introduzidas nos arts. 185 e seguintes do CPP pela Lei nº 10.792/03, não está franqueado às partes a realização de indagações a serem respondidas pelo réu que sejam julgadas inoportunas ou impertinentes pelo Juiz, cabendo a este decidir sobre a sua relevância, pois, em princípio, é o destinatário final da resposta" (STJ – HC nº 38292-SC, Rel. Gilson Dipp, j. 04.11.2004, DJ 06.12.2004, p. 351).

A lei, embora pudesse tê-lo feito, não indicou a quem cabe, de início, dirigir perguntas ao réu, passando antes, óbvio, pelo crivo do juiz. Entende-se que, tratando-se de ação penal pública, movimentada por denúncia do Ministério Público, a este órgão cabe, inicialmente, perguntar. Habilitado assistente de acusação, em seguida se dá a ele a palavra e, por último, à defesa.

Entendemos que não é dado às partes perguntar diretamente ao réu. Quando o legislador pretendeu deferir essa possibilidade, fê-lo expressamente, como se depreende do teor do art. 474, § 1º, do CPP, com o emprego no texto legal do vocábulo "diretamente". Assim também pareceu ao STJ: "O art. 188 do Código de Processo Penal não faculta à defesa técnica direcionar perguntas diretamente à Ré. Com efeito, concluído o interrogatório, o Juiz indagará das partes se algum fato deixou de ser esclarecido, formulando o próprio magistrado as perguntas correspondentes, se o entender pertinente e relevante" (STJ – AgRg no Ag nº 1018918-RJ, Rel. Laurita Vaz, RT 890/586). E mesmo deferidas pelo Magistrado, nada impede que o réu se negue a respondê-las, quer quando formuladas pela acusação, quer – parece raro – quando oriundas da defesa, em aplicação ao disposto no art. 186 do mesmo *codex*. E até quando formuladas pelo defensor do correu, o que não é improvável, já que os acusados podem ter estratégias defensivas colidentes entre si.

Art. 58. Encerrados os debates, proferirá o juiz sentença de imediato, ou o fará em 10 (dez) dias, ordenando que os autos para isso lhe sejam conclusos.

Princípio da oralidade – Deve se ter em mente que a regra geral impõe a oferta de alegações finais orais (para ficarmos com a expressão legal), e, ato contínuo, a prolação da sentença, tudo concentrado em uma única audiência. Com isso se homenageia o princípio da oralidade, francamente adotado pelo legislador e, por outro lado, se ressalta sua preocupação de garantir maior celeridade ao processo. Mas, decerto que, em determinadas situações específicas, tamanha rapidez se mostrará inviável, bastando que se lembre de um processo complexo, com grande números de réus, tudo a exigir uma reflexão mais aprofundada que, por vezes, se mostra inviável logo após o término dos debates, em audiência que, não raras vezes, se estende por algumas horas. Daí a possibilidade, ainda que excepcional, cogitada pelo legislador, a permitir que o juiz chama à conclusão o feito para decidi-lo em dez dias.

~~§ 1º Ao proferir sentença, o juiz, não tendo havido controvérsia, no curso do processo, sobre a natureza ou quantidade da substância ou do produto, ou sobre a regularidade do respectivo laudo, determinará que se proceda na forma do art. 32, § 1º, desta Lei, preservando-se, para eventual contraprova, a fração que fixar.~~ (Revogado pela Lei nº 12.961, de 2014)

~~§ 2º Igual procedimento poderá adotar o juiz, em decisão motivada e, ouvido o a Ministério Público, quando a quantidade ou valor da substância ou do produto o indicar, precedendo a medida elaboração e juntada aos autos do laudo toxicológico.~~ (Revogado pela Lei nº 12.961, de 2014)

Art. 59. Nos crimes previstos nos arts. 33, caput e § 1º, e 34 a 37 desta Lei, o réu não poderá apelar sem recolher-se à prisão, salvo se for primário e de bons antecedentes, assim reconhecido na sentença condenatória.

Direito de apelar em liberdade – Este dispositivo impunha, como requisito para o conhecimento da apelação, o prévio recolhimento do condenado ao cárcere. Era o que constava da redação do art. 594 do Código de Processo Penal, segundo o qual "o réu não poderá apelar sem recolher-se à prisão [...] salvo se condenado por crime de que se livre solto". Solto, portanto, não poderia recorrer ("salvo se [...] primário e de bons antecedentes"). Caso apelasse e fugisse, teria o recurso considerado deserto, na dicção original do art. 595 do CPP. Cuidavam-se de dispositivos há muito criticados pela doutrina e jurisprudência, sobretudo por afronta aos termos da Convenção Americana sobre Direitos Humanos, que, em seus arts. 8, 2, *h*, e 25, assegura o direito ao duplo grau de jurisdição. Em 2008, inclusive, o STJ editou a Súmula n. 347, cujo enunciado é o seguinte: "O conhecimento de recurso de apelação do réu independe de sua prisão". A matéria foi, finalmente, pacificada a nível legal, pois a Lei n. 11.719/2008, revogou o art. 594 do código, não mais condicionando, assim, o conhecimento do apelo à prisão do recorrente. Também o art. 595 do CPP foi expressamente revogado pela Lei nº 12.403/2011. De sorte que, atualmente, pode-se afirmar, sem maior dificuldade, que este dispositivo legal encontra-se tacitamente revogado. Isso não implica dizer, por óbvio, que todo e qualquer réu, condenado pela prática de tráfico de drogas, poderá apelar em liberdade. Não se trata disso. O que os novos dispositivos afirmam é que a prisão não é mais automática, resultado natural da sentença condenatória. É sim possível a prisão, mas desde que o juiz indique motivos concretos que a justifique. Nesse sentido, a propósito, o § 1º, do art. 387 do CPP, ao dispor que o juiz, na sentença condenatória, "decidirá, fundamentadamente, sobre a manutenção ou, se for o caso, a imposição de prisão preventiva ou de outra medida cautelar, sem prejuízo do conhecimento de apelação que vier a ser interposta".

CAPÍTULO IV
DA APREENSÃO, ARRECADAÇÃO E DESTINAÇÃO DE BENS DO ACUSADO

Art. 60. O juiz, de ofício, a requerimento do Ministério Público ou mediante representação da autoridade de polícia judiciária, ouvido o Ministério Público, havendo indícios suficientes, poderá decretar, no curso do inquérito ou da ação penal, a apreensão e outras medidas assecuratórias relacionadas aos bens móveis e imóveis ou valores consistentes em produtos dos crimes previstos nesta Lei, ou que constituam proveito auferido com sua prática **(8-9)**, procedendo-se na forma dos arts. 125 a 144 do Decreto-Lei 3.689, de 3 de outubro de 1941 – Código de Processo Penal.

§ 1.º Decretadas quaisquer das medidas previstas neste artigo, o juiz facultará ao acusado que, no prazo de 5 (cinco) dias, apresente ou requeira a produção de provas acerca da origem lícita do produto, bem ou valor objeto da decisão.

§ 2.º Provada a origem lícita do produto, bem ou valor, o juiz decidirá pela sua liberação.

§ 3.º Nenhum pedido de restituição será conhecido sem o comparecimento pessoal do acusado, podendo o juiz determinar a prática de atos necessários à conservação de bens, direitos ou valores.

§ 4.º A ordem de apreensão ou sequestro de bens, direitos ou valores poderá ser suspensa pelo juiz, ouvido o Ministério Público, quando a sua execução imediata possa comprometer as investigações.

Medidas assecuratórias – Como o termo indica, são aquelas que têm por objetivo assegurar a futura indenização da vítima que experimentou um dano decorrente da prática da infração penal. Prestam-se ainda, nos termos do art. 140 do Código de Processo Penal, para garantir o pagamento das despesas processuais e das penas pecuniárias. Como, por vezes, o processo criminal perdura por longo tempo, tal delonga poderia acarretar a impossibilidade do ofendido ser ressarcido e, por isso, é que se preveem essas medidas, de natureza cautelar, com o objetivo de garantir futura execução. De forma que "as medidas assecuratórias, de natureza instrumental – cuja efetivação demanda, como no caso do sequestro, prova da materialidade delitiva e indícios suficientes de autoria – têm por fim assegurar os efeitos civis de uma decisão judicial, pois o que garante os efeitos penais é a própria prisão, isto é, são cautelares reais, pois recaem sobre bens, como a hipoteca legal, arresto e seqüestro" (STJ – AgRG no REsp nº 1241961-PR, Rel. Jorge Mussi, j. 27.11.2012, DJe 03.12.2012). Estão previstas nos arts. 125 a 144 do CPP e são elas: 1) sequestro; 2) hipoteca legal e 3) arresto.

Em nosso ordenamento, as medidas tendentes à apreensão e arrecadação dos bens do acusado, ou que estiverem em seu poder, devem ordinariamente ser fruto de uma decisão judicial, salvo quando oriundas de diligência policial, imediatamente após tomar conhecimento da prática de crime, consoante o disposto no art. 6.º, inc. II, do CPP.

Sequestro – Vem previsto no art. 125 do Código de Processo Penal, segundo o qual "caberá o sequestro dos bens imóveis, adquiridos pelo indiciado com os proventos da infração, ainda que já tenham sido transferidos a terceiro". Como regra, os objetos apreendidos, em decorrência da prática de um crime, são devolvidos a seu proprietário. É assim, por exemplo, se a vítima tem um veículo furtado que é apreendido em poder do larápio. Adotadas as medidas de praxe, avaliada *res* e achando-se a documentação em ordem, o bem é de imediato restituído, como forma, ademais, de amenizar os prejuízos suportados pelo ofendido. Ocorre que, os proventos da infração, nos termos do art. 121 do CPP, não podem ser objetos de restituição, mas, antes, deverão se submeter às regras do art. 133 do mesmo *codex*, que impõem sejam vendidos em leilão, com o dinheiro apurado depositado ao prol do Tesouro Nacional, ressalvada a parte cabente à vítima ou terceiro de boa-fé.

Como *provento* ou *proveito* do crime, Eduardo Espínola Filho cita a lição de Manzini, para defini-los como "as coisas que são o proveito do crime e que, embora não constituindo o seu produto direto, representam, todavia, o produto indireto, como o lucro provindo das coisas furtadas, os objetos comprados com o dinheiro indebitamente apropriado" (ob. cit., p. 37). É, em suma, o lucro, a vantagem que o agente retira de sua prática criminosa e que não constitui o objeto em si do delito. De tal sorte que, se com o dinheiro obtido a prática de tráfico de entorpecente, o agente adquire um imóvel, não se pode, pura e simplesmente, entregar à vítima esse bem, sob pena, inclusive, de violação a direitos de terceiros. Antes, deverá ser observado, como já destacado, o procedimento do art. 133 do CPP. O sequestro, pois, segundo o legislador processual penal, é a retenção judicial do bem móvel ou imóvel, obtido com os proveitos da infração, com o objetivo de assegurar a reparação civil da vítima.

Recurso cabível – Da decisão que decreta o sequestro, ou o rejeita, é cabível apelação, nos termos do art. 593, inc. II, do Código de Processo Penal, destacando-se que "não cabe mandado de segurança contra ato judicial passível de recurso ou correição" (Enunciado nº 267 da Súmula do Supremo Tribunal Federal). No caso concreto, tem-se a impetração do mandado de segurança contra o ato jurisdicional que manteve a destinação de parte do numerário bloqueado para reparo dos bens sequestrados, nos termos dos artigos 125 e seguintes do Código de Processo Penal, como medida acautelatória. Nesse diapasão, segundo entendimento deste Tribunal, a decisão judicial que resolve questão incidental de restituição de bem constrito tem natureza definitiva, sujeitando-se, assim, ao reexame da matéria por meio de recurso de apelação, nos termos do art. 593, inciso II, do Código de Processo Penal, mostrando-se impróprio o uso da ação mandamental" (STJ – AgRG no RMS nº 32939-RJ, Rel. Jorge Mussi, j. 20.08.2013, DJe 05.09.2012).

Hipoteca – Dispõe o art. 134 do CPP, que "a hipoteca legal sobre os imóveis do indiciado poderá ser requerida pelo ofendido em qualquer fase do processo, desde que haja certeza da infração e indícios suficientes da autoria". Trata-se a hipoteca de um direito real, que recai sobre bem imóvel do devedor, cujo objetivo é garantir futuro pagamento do credor. Pode ser legal, judicial ou convencional, interessando-nos apenas a primeira, face ao objetivo deste trabalho.

Reza o art. 1.473, inc. I, do Código Civil, que podem ser objeto de hipoteca os imóveis e seus acessórios. Já o art. 1.489, inc. III, do mesmo *codex*, em rol exemplificativo, reza que a lei confere hipoteca legal "ao ofendido, ou aos seus herdeiros, sobre os imóveis do delinquente, para satisfação do dano causado pelo delito e pagamento das despesas judiciais". Observe-se que a hipoteca não atinge apenas bens imóveis obtidos com os proventos do crime, mas, antes, pode alcançar qualquer bem, mesmo aquele adquirido antes da prática delituosa ou com numerário próprio do agente, ainda que não guarde nenhuma relação com o crime. É que, para satisfação do dano causado à vítima, pelo réu definitivamente condenado, todo o patrimônio deste último responde, pouco importando a origem do bem, se lícita ou ilícita.

Possui, destarte, um nítido caráter acessório, visando garantir a reparação do lesado em caso de futura condenação criminal. Demais disso, no pagamento de outros credores, terá o credor hipotecária preferência, na dicção do art. 1.422 do Código Civil. Exige-se, para o pedido, "a certeza da infração e indícios suficientes da autoria", isto é, que se demonstre a materialidade do delito e a razoável probabilidade quanto à autoria. Sendo requerida durante o processo-crime, temos que a acusação formal (denúncia ou queixa), já recebida, presta-se a preencher esses requisitos.

Será cabível durante o inquérito policial? – Diverge a doutrina a respeito. Eduardo Espínola Filho entende que não, face aos termos expressos do dispositivo em estudo, que faz alusão à possibilidade do pedido "em qualquer fase do processo", e não antes (ob. cit., vol. I, p. 397). Estamos, porém, com a maioria da doutrina no sentido de que o vocábulo "processo" deve ser interpretado em um sentido amplo, para abranger, também, o inquérito policial ou qualquer outro procedimento investigativo. Tanto é assim que, embora mencione "processo", o mesmo dispositivo refere-se ao "indiciado", a reforçar nossa tese. Ademais, aguardar-se a deflagração da ação penal, com a inevitável demora, poderia culminar com a frustração do direito da vítima em assegurar a respectiva reparação pelo dano que suportou com a constrição do patrimônio do agente. Nesse sentido: "Medida assecuratória fundada nos arts. 125 e seguintes do CPP e 827, VI, do Código Civil, sua causa não é a sentença condenatória do criminoso à pena criminal ou à satisfação civil, mas o crime. Lícito ao ofendido inscrevê-la em face do inquérito ou de sentença de pronúncia [...] Dessa forma, são requisitos da hipoteca legal a prova da materialidade da infração e indícios suficientes de autoria. Por outro lado, desnecessária a existência da ação principal, assim como de condenação criminal, consoante decidiu o TJ-SP em aresto cuja ementa é a seguinte: 'Não há necessidade, para hipoteca legal sobre bens do autor do delito, que a denúncia tenha sido oferecida e recebida. O art. 134 do CPP refere-se a indiciado, exigindo para a efetivação da medida unicamente a certeza da infração e indícios suficientes de auto ria' (RT 588/292)" (TJSC – AI nº 40938 – Rel. João José Schaefer, j. 27.08.1997).

Arresto – Segundo o art. 137, do Código de Processo Penal, "se o responsável não possuir bens imóveis ou os possuir de valor insuficiente, poderão ser arrestados bens móveis suscetíveis de penhora, nos termos em que é facultada a hipoteca legal dos imóveis". É também cabível o arresto de bem imóvel, na dicção do art. 136 do CPP, denominado *arresto preventivo*, de caráter, portanto, provisório, a ser decretado antes da especialização de hipoteca legal. A propósito, a confirmar a precariedade da medida, basta atentar à parte final art. 136, que prevê a caducidade do arresto na hipótese de não ser ultimada a transcrição da hipoteca legal, no prazo de quinze dias. Justifica-se o arresto ante a urgência na adoção de medidas que evitem a dilapidação, pelo agente, de seu patrimônio, em atitude capaz de frustrar o posterior ressarcimento da vítima (inexistente em casos de tráfico de drogas), em caso de futura condenação (além do pagamento de custas e despesas processuais).

Irrelevância da origem do bem – Destaque-se que essa medida não tem por pressuposto que o bem a ser penhorado seja o próprio proveito do crime ou tenha sido adquirido com proventos do crime. Para esses casos a medida adequada é o sequestro de que trata os arts. 125 e 132 do CPP, quando se pressupõe que os bens móveis tenham sido "adquiridos pelo indiciado com os proventos do crime" (art. 125). Tanto é assim que, nesses casos, absolvido o réu ou extinta punibilidade, o sequestro é de imediato levantado, nos termos do inc. III, do art. 131 do mesmo código.

O instituto em exame, com efeito, no pensar de Eduardo Espínola Filho (*Código de Processo Penal Brasileiro Anotado,* Rio de Janeiro: Editora Rio, 1976, vol. I, p. 408), é "uma medida assecuratória que permanece de pé, até ser decidida a questão da responsabilidade civil; e, assim, se houver condenação, deverão ser vendidos em leilão, nos termos do art. 133 [...], ficando depositado o líquido apurado, para, no cível, lhe dar o juiz, que solucionar a questão da responsabilidade civil, o destino competente [...], e, mesmo que quando haja absolvição ou extinção da punibilidade, só será levantado o seqüestro em apreço, se não houver da parte do juiz cível a requisição". Lembramos, apenas, que o autor empregava o vocábulo "sequestro", que constava, por equívoco, do texto original do art. 137, depois corrigido pela Lei nº Lei nº 11.435/2006, com a utilização do adequado termo "arresto".

Daí a razão pela qual, no entender desse autor, absolvido o réu ou tendo extinta sua punibilidade, essas circunstâncias, por si só, não eliminam eventual responsabilidade civil que pode ainda remanescer, contra o autor do delito. Sugere que "havendo prova de estar, já, proposta ação, no cível, de reparação do dano, o juiz criminal, antes de levantar o sequestro (ou cancelar a hipoteca), deverá consultar o juiz daquela ação, pois o Código de Processo Civil estatui, no art. 675, n. II, que o juiz poderá determinar providências para acautelar o interesse das partes, quando, antes da decisão, for provável a ocorrência de atos capazes de causar lesões, de difícil e incerta reparação, ao direito de uma das partes, e, entre essas medidas preventivas, o art. 676, n. II, enumera o seqüestro de coisa móvel ou imóvel" (ob.cit., vol. 1, p. 392). Destacamos, contudo, a revogação deste art. 676, inc. II, do CPC, cujo espírito, porém, pode ser encontrado na conjugação dos arts. 813, inc. I e 822 do *codex* atual.

Autos apartados – Nos termos, respectivamente, dos arts. 129 e 138 do Código de Processo Penal, o sequestro, a hipoteca e o arresto devem ser processados em autos apartados, a fim de evitar tumulto processual que se instalaria caso tais incidentes se processarem nos autos da ação criminal. De sorte que o sequestro, formulado por um dos legitimados descritos no art. 127 do CPP, será autuado em apenso, providência que se impõe, também, caso o juiz decrete a medida de ofício. Tratando-se de requerimento da vítima ou de representação da autoridade policial, convém seja ouvido o Ministério Público, quer em face de sua condição natural de titular da ação penal pública, quer em razão de ser o fiscal da lei, em se tratando de ação penal privada. Decretado de ofício, não há razão para oitiva desse órgão. O sigilo deve prevalecer durante esse trâmite, a fim de que a medida não venha se frustrar, sem prejuízo da posterior chance que terá o acusado para defender seu direito, por meio da oposição de embargos. O mesmo procedimento se adotará nas hipóteses de hipoteca e arresto.

Embargos de terceiro – Cremos que não apenas o acusado possa defender seu direito ao bem, comprovando sua origem lícita. Também o terceiro de boa-fé poderá fazê-lo, opondo embargos de terceiro, na dicção do inc. II, do art. 130 do Código de Processo Penal.

Conceito de *terceiro* – Nos termos do § 2º e seus incisos, do art. 674 do Código de Processo Civil, considera-se terceiro: 1) o cônjuge ou companheiro, quando defende a posse de bens próprios ou de sua meação, 2) o adquirente de bens cuja constrição decorreu de decisão que declara a ineficácia da alienação realizada em fraude à execução; 3) quem sofre constrição judicial de seus bens por força de desconsideração da personalidade jurídica, de cujo incidente não fez parte; 4) o credor com garantia real para obstar expropriação judicial do objeto de direito real de garantia, caso não tenha sido intimado, nos termos legais dos atos expropriatórios respectivos.

Boa-fé – Interessante que, mais uma vez, como em tantas passagens anteriores, o código se vale da expressão "boa-fé" que, se presente, autoriza o terceiro a embargar o sequestro. Como salienta Eduardo Espínola Filho, "a boa-fé é a convicção íntima, que, ao praticar um ato ou abster-se de uma ação, a pessoa conserva, de estar se conformando com a estrita observância das formalidades legais, acreditando, por isso, sinceramente na plena validade do ato ou fato jurídico, no qual intervém" (ob. cit., vol. 1, p. 384). Para Nelson Nery Jr. e Rosa Maria de Andrade Nery, "a boa-fé objetiva impõe ao contratante um padrão de conduta, de modo que deve agir como um ser humano reto, vale dizer, com probidade, honestidade e lealdade" (*Código Civil anotado e legislação extravagante*. 2ª. ed. São Paulo: Revista dos Tribunais, 2003, p. 701).

Assim, na análise do caso concreto, a fim de investigar a existência de boa-fé, toma-se um padrão médio de comportamento, um patamar geral de atuação, calcado na ética, atribuível ao homem médio, a quem, na lição de Bruno Lewicki, podem ser deduzidas as seguintes indagações: "de que maneira agiria o 'bonus pater familiae', ao deparar-se com a situação em apreço? Quais seriam as suas expectativas e as suas atitudes, tendo em vista a valoração jurídica, histórica e cultural do seu tempo e de sua comunidade?" (*Panorama da Boa-Fé Objetiva*, in Problemas de Direito Civil-Constitucional. Coord.: Gustavo Tepedino. Rio de Janeiro: Renovar, 2000, p. 56). A partir da resposta a tais indagações, cria-se um *standard* comportamental, típico do homem de bem, que permite a conclusão quanto à forma com quem agiu.

Levantamento do sequestro – Nos termos do disposto no art. 131 e seus incisos, do Código de Processo Penal, o sequestro será levantado caso não intentada a ação penal no prazo de 60 dias, contado da data em que ficar concluída a diligência; se o terceiro, a quem tiverem sido transferidos os bens, prestar caução ou se for julgada extinta a punibilidade ou absolvido o réu, por sentença transitada em julgado.

Necessidade da sentença condenatória – É natural que o legislador tenha condicionado o julgamento dos embargos ao prévio trânsito em julgado da sentença condenatória, nos termos do parágrafo único, do art. 130 do Código de Processo Penal, *in verbis*: "não poderá ser pronunciada decisão nesses embargos antes de passar em julgado a sentença condenatória". É que, na hipótese de eventual absolvição do réu, o sequestro é automaticamente levantado, nos termos do inc. III, do art. 131 abaixo. Não faria sentido, portanto, que o juiz rejeitasse os embargos e, mais adiante, absolvendo o réu, fosse levantado o sequestro. A fim de evitar a contradição entre ambas as decisões é que se aguarda a condenação definitiva para que, depois, sejam apreciados os embargos. Mesmo porque somente a partir da condenação é que se cogita do confisco, em prol da União, de bens obtidos com o proveito do crime (art. 91, inc. II, "b" do Código Penal), bem como do pagamento "despesas processuais e as penas pecuniárias", que trata o art. 140 do CPP. Nesse sentido, ainda, é o teor do art. 118 acima, a exigir o trânsito em julgado da sentença para que, somente a partir daí, se proceda à restituição das coisas apreendidas.

Não utilização dos embargos – De se observar que a não oposição dos embargos pelo terceiro, no âmbito do processo criminal, não faz perecer seu direito, pois poderá se valer de outros meios para que o faça valer. Nesse sentido, "os embargos de terceiro prejudicado visa tão somente a que não se discuta direito próprio sem um processo onde não figurou como parte. E mera faculdade processual que a lei lhe confere. A sua não utilização não prejudica o direito material existente que poderá vir a ser discutido em ação ordinária própria" (STJ – AgRg no Ag nº 88561- AC – Rel. Waldemar Zveiter, j. 26.03.1996, DJ 17.06.1996, p. 21488).

Indícios suficientes – Indício é a circunstância plenamente conhecida a partir da qual, por dedução, se permite extrair uma conclusão a respeito de determinado fato. Assim, não presenciei a prática do furto, mas se escuto o soar de um alarme de um veículo e vejo alguém correndo, trazendo em mãos um rádio, posso concluir ser ele o autor da subtração desse objeto. Mais precisamente quanto ao sequestro, elucidativo é o exemplo lembrado por Câmara Leal, a saber: "o agente adquire um imóvel logo depois da prática de um furto ou roubo, não é encontrada em seu poder toda a importância subtraída, a quantia que falta corresponde exatamente ao preço pago pela aquisição do imóvel e o comprador não dispunha de recurso para essa compra; tudo leva a crer que o imóvel tivesse adquirido com o produto do crime. São tão veementes os indícios que o juiz poderá, baseado neles, decretar o sequestro do imóvel" (*Comentários ao Código de Processo Penal Brasileiro*, Rio de Janeiro: Freitas Bastos, 1942, vol. 1, p. 365). Daí a o ensinamento de Hélio Tornaghi, para quem "indícios veementes são os que levam a grave suspeita, os que eloquentemente apontam um fato, gerando uma suposição bem vizinha da certeza. Indícios suficientes são os que bastam para convencer" (*Instituições de Processo Penal*, São Paulo: Saraiva, 2ª. ed., 1977, vol. 3, p. 21). Não se reclama, pois, a certeza absoluta, sob pena mesmo de tornar eficaz a medida, prejudicada pelo perigo na demora de sua efetivação (*periculum in mora*).

Comparecimento do acusado e conservação do bem – Ao impor, como requisito para conhecimento do pedido de restituição, a presença do acusado, teve o legislador por objetivo garantir algum vínculo do réu com o processo, de modo a evitar sua fuga e frustrar, assim, a posterior aplicação da lei penal. Não faria sentido, com efeito, que um réu foragido pudesse, ainda assim, continuar a frente de seus negócios, pedindo a restituição de seus bens. Pensamos, somente, que o comparecimento *pessoal* a que se refere a lei possa se concretizar por meio de seu defensor, munido do respectivo instrumento de mandato ("procuração"), desde que demonstre que o réu possa ser localizado em endereço que indique.

No que se refere à conservação dos bens, deve o juiz zelar para que eles não se dissipem ou sejam deteriorados. Trata-se de dispositivo que tem paralelo no § 1º, art. 137 e no § 5º, do art. 120, ambos do Código de Processo Penal. Este último dispositivo reza que "tratando-se de coisas facilmente deterioráveis, serão avaliadas e levadas a leilão público, depositando-se o dinheiro apurado, ou entregues ao terceiro que as detinha, se este for pessoa idônea e assinar termo de responsabilidade". O mesmo ocorrerá caso se trate de bens fungíveis. Tratando-se, portanto, de coisas facilmente deterioráveis (remédios, alimentos, por exemplo), pode o juiz, depois da avaliação do bem, levá-lo a leilão, sendo o dinheiro apurado depositado em conta judicial, no aguardo da solução do incidente.

Suspensão da apreensão ou sequestro – Pode ocorrer que, em virtude da execução da ordem de uma medida assecuratória, as investigações sofram algum prejuízo. Imagine-se que, determinado o arresto de uma aeronave, descobre-se que tal veículo será utilizado para o transporte de grande quantidade de droga. Pode ser do interesse da investigação que, primeiro, seja concretizado o tráfico, com a prisão de todos os componentes da quadrilha para, somente depois, ser apreendido o avião.

Art. 61. Não havendo prejuízo para a produção da prova dos fatos e comprovado o interesse público ou social, ressalvado o disposto no art. 62 desta Lei, mediante autorização do juízo competente, ouvido o Ministério Público e cientificada a SENAD, os bens apreendidos poderão ser utilizados pelos órgãos ou pelas entidades que atuam na prevenção do uso indevido, na atenção e reinserção social de usuários e dependentes de drogas e na repressão à produção não autorizada e ao tráfico ilícito de drogas, exclusivamente no interesse dessas atividades.

Parágrafo único. Recaindo a autorização sobre veículos, embarcações ou aeronaves, o juiz ordenará à autoridade de trânsito ou ao equivalente órgão de registro e controle a expedição de certificado provisório de registro e licenciamento, em favor da instituição à qual tenha deferido o uso, ficando esta livre do pagamento de multas, encargos e tributos anteriores, até o trânsito em julgado da decisão que decretar o seu perdimento em favor da União.

Art. 62. Os veículos, embarcações, aeronaves e quaisquer outros meios de transporte, os maquinários, utensílios, instrumentos e objetos de qualquer natureza, utilizados para a prática dos crimes definidos nesta Lei, após a sua regular apreensão, ficarão sob custódia da autoridade de polícia judiciária, excetuadas as armas, que serão recolhidas na forma de legislação específica.

Armas de fogo, munições e apetrechos – Nos termos da Resolução 134/2011, do Conselho Nacional de Justiça, com aplicação no âmbito das justiças federal e estadual, as armas de fogo e munições apreendidas nos autos submetidos ao Poder Judiciário, após perícia, deverão ser encaminhadas ao Comando do Exército, para destruição ou doação, nos termos previstos no art. 25 da Lei nº 10.826/2003, com a notificação do proprietário de boa-fé para manifestação quanto ao interesse na restituição. Caso a arma apreendida ou a munição seja de propriedade da Polícia Civil ou Militar, ou das Forças Armadas, será restituída à respectiva corporação, após a elaboração de laudo pericial e intimação das partes.

A resolução autoriza o juiz, mediante decisão fundamentada, a determinar a guarda da arma de fogo apreendida ou da munição, caso a medida seja imprescindível para o esclarecimento dos fatos apurados no processo judicial. Fica proibida, durante o processo ou inquérito, qualquer tipo de carga, cessão ou depósito, em mãos alheias, de armas de fogo e munições apreendidas.

Observe-se que as armas de fogo, de uso permitido ou restrito, devidamente registradas e autorizadas, devem ser restituídas, pela autoridade policial ou judicial (art. 120 do CPP), aos legítimos proprietários. Pressupõe-se, claro, a prévia exibição, no momento da retirada do material, da documentação atinente ao registro e à autorização de porte. Tratando-se de policiais, a restituição se dará mediante a apresentação da respectiva carteira funcional. Por vezes, na prática, em ocorrências que envolvam policiais (civis ou militares), ocorre que a respectiva corporação determine a apreensão dessa arma, quando, nesse caso, não deverá ser restituída.

§ 1º Comprovado o interesse público na utilização de qualquer dos bens mencionados neste artigo, a autoridade de polícia judiciária poderá deles fazer uso, sob sua responsabilidade e com o objetivo de sua conservação, mediante autorização judicial, ouvido o Ministério Público.

Utilização de meios de transporte – O dispositivo permite que veículos ("lato sensu"), que foram apreendidos e que guardem relação com o tráfico de drogas, sejam utilizados no cotidiano da atividade policial. Com isso, de um lado, o legislador procurou evitar o perecimento do bem, muitas vezes depositados em locais que não contam com nenhuma estrutura, submetidos a intempéries climáticas, sob chuva e sol, a acarretar a paulatina desvalorização do veículo. Sendo utilizado por um policial, garante-se, pelo menos, a manutenção do motor e a preservação da lataria. De outra parte, a polícia – cuja carência de recursos a aflige – ao invés, por exemplo, de adquirir um avião, poderá se valer da aeronave apreendida em uma ação de tráfico, conferindo um fim legal ao meio de transporte. Para tanto, exige-se uma decisão judicial a respeito, após a oitiva do Ministério Público. Destaque-se que se trata de uma decisão incidental que não depende, portanto, para sua efetivação, de uma sentença condenatória e, tampouco, de seu trânsito em julgado. Pode, assim, ser decretada ainda na fase de investigações deflagradas por meio do respectivo inquérito policial.

Por óbvio que não poderá a autoridade policial utilizar um automóvel, por exemplo, para fins pessoais. Não faria sentido que, ao dirigir-se à praia, em um final de semana, se valesse o policial de um veículo apreendido, posto que nítida a desvinculação entre sua atividade funcional e o momento de lazer. Se o fizer ficará sujeito a sanções de cunho administrativo e penal, já que a lei é clara ao ressaltar que os veículos, uma vez liberados, ficam sob a responsabilidade da autoridade policial.

Também armas, via e regra de grande potencial ofensivo, uma vez apreendidas, podem, por meio de ordem judicial específica, ser utilizadas pela polícia.

§ 2º Feita a apreensão a que se refere o caput deste artigo, e tendo recaído sobre dinheiro ou cheques emitidos como ordem de pagamento, a autoridade de polícia judiciária que presidir o inquérito deverá, de imediato, requerer ao juízo competente a intimação do Ministério Público.

§ 3º Intimado, o Ministério Público deverá requerer ao juízo, em caráter cautelar, a conversão do numerário apreendido em moeda nacional, se for o caso, a compensação dos cheques emitidos após a instrução do inquérito, com cópias autênticas dos respectivos títulos, e o depósito das correspondentes quantias em conta judicial, juntando-se aos autos o recibo.

Apreensão de dinheiro ou cheque – O dispositivo em comento determina que "a autoridade de polícia judiciária que presidir o inquérito deverá, de imediato, requerer ao juizo competente a intimação do Ministério Público", quando ocorrer a apreensão de dinheiro ou cheque. Cumpre ao *parquet*, ato contínuo, requerer a conversão do numerário apreendido em moeda nacional (caso se trate de moeda estrangeira), ou a compensação dos cheques emitidos após a instrução do inquérito, depositando produto em conta judicial, com recibo nos autos.

Nos casos de apreensão de dinheiro e cheques, deve ser observada a Resolução 428/2005, do Conselho Nacional de Justiça (de aplicação à Justiça Federal). Esse diploma determina que, em se tratando de apreensão de moeda nacional, o numerário será guardado junto à Caixa Econômica Federal, em depósito judicial remunerado, na forma do inciso I do art. 1º do Decreto-lei nº 1.737/79, lavrado o respectivo termo de depósito. Embora a resolução determine o depósito judicial junto à CEF, do Regimento Interno do Banco do Brasil, em seu art. 55, inc. X, consta dentre suas atribuições a de, "manter a custódia dos valores encaminhados por órgãos oficiais e o acautelamento de cédulas e moedas falsas".

Cuidando-se de moeda estrangeira, será encaminhada ao Banco Central do Brasil. Também a moeda falsa, após perícia, será enviada ao Banco Central do Brasil, com um carimbo lançado em cada cédula, contendo a inscrição "moeda falsa" (cf. Carta Circular nº 3.329, do Banco do Brasil).

Os cheques, ainda nos termos da mencionada resolução, serão compensados, depositando-se o valor correspondente em conta remunerada à disposição do Juízo, junto à Caixa Econômica Federal, mantendo-se cópia autêntica nos autos.

> § 4º Após a instauração da competente ação penal, o Ministério Público, mediante petição autônoma, requererá ao juízo competente que, em caráter cautelar, proceda à alienação dos bens apreendidos, excetuados aqueles que a União, por intermédio da Senad, indicar para serem colocados sob uso e custódia da autoridade de polícia judiciária, de órgãos de inteligência ou militares, envolvidos nas ações de prevenção ao uso indevido de drogas e operações de repressão à produção não autorizada e ao tráfico ilícito de drogas, exclusivamente no interesse dessas atividades.

Alienação cautelar de bens – Uma das grandes inovações da lei, em medida até então desconhecida em nossa legislação, consiste exatamente na possibilidade de alienação antecipada de bens. Trata-se de medida que se insere no poder cautelar do juiz, a autorizar que antes de findo o processo-crime, os bens apreendidos sejam vendidos.

Manual de Bens Apreendidos – A Corregedoria Nacional de Justiça editou um manual ("Manual de Bens Apreendidos), facilmente consultado pela *internet*, que se presta como valioso guia ao Magistrado, indicando o caminho a seguir quando da apreensão de bens relacionados não apenas ao crime de tráfico de entorpecentes, mas também, por exemplo, à apreensão de dinheiro, cheques, caça-níqueis, animais em cativeiro, etc. No âmbito da Justiça Federal, o tema é tratado na Resolução nº 428, de 12 de abril de 2005.

Recomendação nº 30 de 10/02/2010 – Segundo essa recomendação, emanada do Conselho Nacional de Justiça, sugere-se aos juízes criminais, qualquer que seja o delito (e não apenas aqueles relacionados à drogas), que "ordenem, em cada caso e justificadamente, a alienação antecipada da coisa ou bem apreendido para preservar-lhe o respectivo valor, quando se cuide de coisa ou bem apreendido que pela ação do tempo ou qualquer outra circunstância ..." (art. 1º, "b").

> § 5º Excluídos os bens que se houver indicado para os fins previstos no § 4º deste artigo, o requerimento de alienação deverá conter a relação de todos os demais bens apreendidos, com a descrição e a especificação de cada um deles, e informações sobre quem os tem sob custódia e o local onde se encontram.
>
> § 6º Requerida a alienação dos bens, a respectiva petição será autuada em apartado, cujos autos terão tramitação autônoma em relação aos da ação penal principal.
>
> § 7º Autuado o requerimento de alienação, os autos serão conclusos ao juiz, que, verificada a presença de nexo de instrumentalidade entre o delito e os objetos utilizados para a sua prática e risco de perda de valor econômico pelo decurso do tempo, determinará a avaliação dos bens relacionados, cientificará a Senad e intimará a União, o Ministério Público e o interessado, este, se for o caso, por edital com prazo de 5 (cinco) dias.
>
> § 8º Feita a avaliação e dirimidas eventuais divergências sobre o respectivo laudo, o juiz, por sentença, homologará o valor atribuído aos bens e determinará sejam alienados em leilão.
>
> § 9º Realizado o leilão, permanecerá depositada em conta judicial a quantia apurada, até o final da ação penal respectiva, quando será transferida ao Funad, juntamente com os valores de que trata o § 3º deste artigo.

§ 10. Terão apenas efeito devolutivo os recursos interpostos contra as decisões proferidas no curso do procedimento previsto neste artigo.

§ 11. Quanto aos bens indicados na forma do § 4º deste artigo, recaindo a autorização sobre veículos, embarcações ou aeronaves, o juiz ordenará à autoridade de trânsito ou ao equivalente órgão de registro e controle a expedição de certificado provisório de registro e licenciamento, em favor da autoridade de polícia judiciária ou órgão aos quais tenha deferido o uso, ficando estes livres do pagamento de multas, encargos e tributos anteriores, até o trânsito em julgado da decisão que decretar o seu perdimento em favor da União.

Depósito em conta judicial – O numerário obtido com o leilão será depositado em conta judicial, devidamente remunerada, no aguardo do desfecho do processo. Caso seja o réu absolvido, o dinheiro lhe será entregue, desde que se trate de bem que admita a restituição. E benéfico ao réu que, por exemplo, ao invés de ter um veículo largado em um pátio, por anos a fio, sujeito à deterioração, seja o mais breve possível vendido esse veículo, depositando-se o valor apurado até final decisão.

É prescindível a condenação – Por se tratar de uma medida precária, não se exige, para a alienação de bens, a prévia condenação do agente. Nesse sentido, o Tribunal Regional Federal da 4ª. Região: MEDIDAS ASSECURATÓRIAS. CONDENAÇÃO. PRESCINDIBILIDADE PARA A DECRETAÇÃO DO SEQÜESTRO PATRIMONIAL – "A alienação antecipada de bem constrito judicialmente em processo penal, já perdurando a medida por prolongado período de tempo, legitima-se com a finalidade de preservação do valor patrimonial da res. Uma vez alienado o patrimônio em hasta pública, todavia, o valor auferido com a venda deverá reverter para uma conta-corrente *à* disposição do Juízo, aguardando-se o desfecho da ação penal para a destinação da importância" (MS n. 200604000131479-RS, Rel. Paulo Afonso Brum Vaz, j. 26.07.2006, DJ 02.08.2006, p. 633).

Art. 63. Ao proferir a sentença de mérito, o juiz decidirá sobre o perdimento do produto, bem ou valor apreendido, sequestrado ou declarado indisponível.

Perdimento do bem declarado na sentença – De se ver que o perdimento do bem não se constitui em um efeito natural da sentença condenatória, "já que a simples sentença condenatória não gera automaticamente o efeito de perdimento. Em outras palavras, o juiz deve se pronunciar, textualmente, sobre os bens leiloados (e sobre os bens apreendidos que não foram objeto de tutela cautelar – vide § 1.º do art. 63) esclarecendo sobre seu destino e situação jurídica. Não basta apenas que exista uma sentença penal condenatória para que os bens sejam considerados definitivamente perdidos. Todos os bens que sofreram qualquer tipo de constrição ao longo do processo devem ser objeto de análise pelo magistrado", como adverte Luiz Flávio Gomes (ob. cit., p. 127). Nesse sentido: TJSP – ED 125211420088260481, Rel. Euvaldo Chaib, publicado em 06.01.2011. Salvo, é claro, os instrumentos do crime que consistam em coisas cujo fabrico, alienação, uso, porte ou detenção constituam fato ilícito. Nestes casos, o perdimento é automático (STF – HC – *RT* 559/416). Claro: absolvido ou condenado o réu, ninguém, em sã consciência, determinaria a devolução de quilos de cocaína ou de uma metralhadora cujo uso é vedado por lei.

No julgamento do RE 638.491/PR (DJe 23/08/2017), o STF adotou a orientação de que o confisco pode ocorrer pela simples constatação de que determinado bem foi utilizado para o cometimento do tráfico, independentemente de qualquer prova de habitualidade ou de exclusividade. Para o tribunal, basta que se observe o parágrafo único do art. 243 da Constituição Federal, que determina o perdimento de bens apreendidos *em decorrência do tráfico*. Não há, no texto constitucional, nenhum requisito de habitualidade ou de exclusividade na utilização dos bens apreendidos.

Réu absolvido – Ainda que absolvido o réu, impronunciado ou determinado o arquivamento de inquérito policial, há bens que jamais lhe serão restituídos. São aqueles mencionados no art. 91, inc. II, "a" e "b" do Código Penal, a saber "instrumentos do crime, desde que consistam em coisas cujo fabrico, alienação, uso, porte ou detenção constitua fato ilícito" e o "produto do crime ou de qualquer bem ou valor que constitua proveito auferido pelo agente com a prática do fato criminoso". Já dissemos que, *v.g.*, absolvido o réu por falta de provas, nem por isso lhe será devolvida a metralhadora de última geração apreendidas durante as investigações. Conquanto o art. 91 do Código Penal trate dos efeitos da sentença penal condenatória, o art. 779 do Código de Processo Penal admite o confisco "no despacho de arquivamento do inquérito, na sentença de impronúncia ou na sentença absolutória".

§ 1º Os valores apreendidos em decorrência dos crimes tipificados nesta Lei e que não forem objeto de tutela cautelar, após decretado o seu perdimento em favor da União, serão revertidos diretamente ao Funad.

Norma constitucional – Nos termos do parágrafo único, do art. Art. 243 da Constituição, "todo e qualquer bem de valor econômico apreendido em decorrência do tráfico ilícito de entorpecentes e drogas afins e da exploração de trabalho escravo será confiscado e reverterá a fundo especial com destinação específica, na forma da lei".

§ 2º Compete à Senad a alienação dos bens apreendidos e não leiloados em caráter cautelar, cujo perdimento já tenha sido decretado em favor da União.

§ 3º A Senad poderá firmar convênios de cooperação, a fim de dar imediato cumprimento ao estabelecido no § 2º deste artigo.

§ 4º Transitada em julgado a sentença condenatória, o juiz do processo, de ofício ou a requerimento do Ministério Público, remeterá à Senad relação dos bens, direitos e valores declarados perdidos em favor da União, indicando, quanto aos bens, o local em que se encontram e a entidade ou o órgão em cujo poder estejam, para os fins de sua destinação nos termos da legislação vigente.

Art. 64. A União, por intermédio da Senad, poderá firmar convênio com os Estados, com o Distrito Federal e com organismos orientados para a prevenção do uso indevido de drogas, a atenção e a reinserção social de usuários ou dependentes e a atuação na repressão à produção não autorizada e ao tráfico ilícito de drogas, com vistas na liberação de equipamentos e de recursos por ela arrecadados, para a implantação e execução de programas relacionados à questão das drogas.

Secretaria Nacional de Políticas sobre Drogas (Senad) – Trata-se o Senad de um órgão que compõe a estrutura do Ministério da Justiça e Segurança Pública, cujas atribuições são relacionadas no Decreto n. 7.426/2011. De interesse para o nosso trabalho, destacamos que, nos termos do mencionado decreto, cumpre ao Senad "indicar bens apreendidos e não alienados em caráter cautelar, a serem colocados sob custódia de autoridade ou órgão competente para desenvolver ações de redução da demanda e da oferta de drogas, para uso nestas ações ou em apoio a elas", bem como "realizar, direta ou indiretamente, convênios com os Estados e o Distrito Federal, a alienação de bens com definitivo perdimento decretado em favor da União, articulando-se com os órgãos do Poder Judiciário, do Ministério Público e da administração pública federal e estadual para a consecução desse objetivo".

Celebração de convênios – Este dispositivo autoriza a celebração de convênios entre o Senas e os Estados, o Distrito Federal e organismos que se à prevenção e recuperação de usuários e dependentes de drogas. Tais acordos ensejam a liberação de recursos previstos na Lei n. 7.560/1986, em favor de Estados e do Distrito Federal, segundo o art. 67 da lei em exame.

Ao que se tem notícia, em 12 de janeiro de 2000, foi firmado o primeiro de convênio a envolver o Senad, o Estado de São Paulo o Ministério Público e o Tribunal de Justiça do Estado de São Paulo.

O Termo de Convênio em vigor foi firmado entre a Secretaria Nacional Antidrogas, o Estado de São Paulo, por intermédio da Secretaria da Justiça e da Defesa da Cidadania, o Tribunal de Justiça do Estado de São Paulo e o Ministério Público do Estado de São Paulo. Tal convênio estabelece percentuais sobre valores obtidos oriundos da venda de bens apreendidos de hasta e em decorrência de ação cautelar de venda antecipada de bens.

TÍTULO V
DA COOPERAÇÃO INTERNACIONAL

Art. 65. De conformidade com os princípios da não intervenção em assuntos internos, da igualdade jurídica e do respeito à integridade territorial dos Estados e às leis e aos regulamentos nacionais em vigor, e observado o espírito das Convenções das Nações Unidas e outros instrumentos jurídicos internacionais relacionados à questão das drogas, de que o Brasil é parte, o governo brasileiro prestará, quando solicitado, cooperação a outros países e organismos internacionais e, quando necessário, deles solicitará a colaboração, nas áreas de:

I – intercâmbio de informações sobre legislações, experiências, projetos e programas voltados para atividades de prevenção do uso indevido, de atenção e de reinserção social de usuários e dependentes de drogas;

II – intercâmbio de inteligência policial sobre produção e tráfico de drogas e delitos conexos, em especial o tráfico de armas, a lavagem de dinheiro e o desvio de precursores químicos;

III – intercâmbio de informações policiais e judiciais sobre produtores e traficantes de drogas e seus precursores químicos.

Cooperação internacional – O combate ao crime organizado e, especificamente, ao tráfico de drogas, não é mais tarefa atribuída a um único Estado. Com efeito, a vertiginosa escalada na criminalidade organizada, a atingir interesses supranacionais, bem como o comprometimento das nações civilizadas em reprimir essa espécie de crime, obriga a adoção de normas gerais, que a todos se impõem. Imaginar-se que um único país, em ato de voluntarismo, seja capaz de enfrentar essa espécie de criminalidade, constitui-se em impressão pueril, desprovida de alcance prático e que só faz aumentar a ocorrência de tão nefasto delito. Daí a relevância que assumem tratados e acordos firmado entre Nações. Como destacada William Terra de Oliveira, "é importante considerar, nesse contexto, que é justamente através dos acordos e tratados de cooperação mútua que os países viabilizam a comunicação entre os sistemas de justiça, suas forças policiais e seus órgãos de execução especializados no combate ao delito sem fronteiras. É através dos acordos dessa natureza que se torna possível a ampla troca de informações entre as nações envolvidas, além da coleta e produção de provas em processos criminais. São inúmeras as possibilidades de atuação em conjunto entre nações, uma vez aberta a porta da cooperação. Podemos destacar o fato de que os acordos internacionais possibilitam a cooperação em fraude fiscal e, em casos excepcionais, a permissão de repatriação do dinheiro de origem ilícita antes mesmo de sentenças definitivas (transitadas em julgado) contra os acusados. Também são compartilhadas experiências, e ocorre o intercâmbio de comungados bancos de dados, de registros e documentos, os quais interessam às investigações ou a processos em curso. É por meio de acordos para a assistência mútua (também conhecidos como acordos executivos) que os países estabelecem maneiras de proceder em conjunto que vão desde o contato informal entre autoridades policiais até a possibilidade do compartilhamento de bens" (*Lei de Drogas comentada artigo por artigo*, São Paulo: RT, 6ª ed., 2014, p. 326).

Tratados e convenções – Os Estados internacionais, considerados pessoas jurídicas de Direito Internacional Público, ajustam entre si inúmeras formas de relacionamento, que se instrumentalizam por meio de diversos atos. Esses atos, obrigatoriamente escritos e que obedecem regras de Direito Internacional, recebem várias denominações, sendo as mais usuais o tratado, a convenção, o acordo, o protocolo, o memorando, o convênio, etc.

De interesse temos o tratado e a convenção, mesmo porque os demais (acordo, protocolo, memorando, convênio), costumam se referir a questões de natureza política, econômica, comercial, cultural, científica e técnica, que fogem ao âmbito de nosso trabalho.

Conceitos – Consiste o tratado em um acordo escrito, fruto da convergência de vontade de dois (tratado bilateral) ou mais entes (tratado multilateral), de direito internacional, cujos efeitos se irradiarão no plano internacional. A Convenção de Viena sobre o Direito dos Tratados, assinada em 23 de Maio de 1969, conceitua "tratado" como "um acordo internacional concluído por escrito entre Estados e regido pelo direito internacional, quer esteja consignado num instrumento único, quer em dois ou mais instrumentos conexos, e qualquer que seja a sua denominação particular" (art. 1º, 1, "a"). Essa Convenção, após aprovação do Congresso Nacional (Decreto Legislativo nº 496/2009), foi promulgada pelo, pela Presidência da República, por meio do Decreto nº 7.030/2009.

Como expressão praticamente sinônima temos a convenção que, a rigor, difere-se do tratado apenas quanto à extensão, que geralmente é mais ampla e abrangente, fruto de conclusões extraídas de conferências internacionais, versando sobre temas de interesses gerais.

Mais importante, contudo, do que a denominação que se empregue ao acordo (tratado ou convenção), é a vontade expressa pela nação que o firmou, posto que se obriga a respeitá-lo e ao inseri-lo no âmbito de seu direito interno. Nesse sentido o art. 5º, § 2º da Constituição, que prevê expressamente a obediência aos tratados internacionais, ao dispor que "os direitos e garantias expressos nesta Constituição não excluem outros decorrentes do regime e dos princípios por ela adotados, ou dos tratados internacionais em que a República Federativa do Brasil seja parte".

***Status* dos tratados e convenções em nosso direito interno** – Objeto de grande debate na doutrina e jurisprudência diz respeito à forma pela qual os tratados e convenções, ratificados pelo Brasil, ingressam em nosso Direito, ou, em outras palavras, qual a hierarquia que ostentam esses diplomas no arcabouço legislativo interno.

Teorias dualista e monista – Surge o debate, nesse ponto, sobre as duas teorias que inspiram as formas de integração do direito internacional no ordenamento jurídico interno de cada país: a *teoria dualista*, a não admitir a imediata incorporação dos tratados internacionais, que exigiria, assim, a prática de um ato jurídico interno, de forma que o tratado somente teria vigência quando precedido de uma lei interna, votada segundo o sistema legislativo de cada país. E a *teoria monista*, para quem o tratado internacional, uma vez subscrito, irradia efeitos imediatos, prescindindo de qualquer ato posterior que o ratifique.

Nosso direito adotou a teoria dualista, ao prever que, após a ratificação do tratado ou convenção no âmbito internacional, internamente seja praticado um ato subjetivamente complexo, consistente, primeiro, na aprovação pelo Congresso Nacional, por decreto, do ato (art. 49, inc. I da CF), e posterior promulgação, pelo Presidente da República (art. 84, inc. VII da CF).

Essa conclusão não responde à indagação inicial: uma vez promulgado o tratado, com qual *status* ele ingressa no ordenamento jurídico interno? Depende da natureza do tratado ou convenção. Caso o ato cuide de tema estranho aos direitos humanos, sua incorporação à ordem jurídica interna se dá na condição de lei ordinária, segundo entendimento do Supremo Tribunal Federal, abaixo transcrito. Já se o tratado ou convenção tiver por objeto os direitos humanos, passa a se equivaler às emendas constitucionais, nos termos do art. 5º, § 3º da Constituição, com a alteração implantada pela Emenda Constitucional nº. 45/ 2004. É o entendimento de Valério Mazzuoli, segundo o qual "com base nesse dispositivo, que segue a tendência do constitucionalismo contemporâneo, sempre defendemos que os tratados internacionais de direitos humanos ratificados pelo Brasil têm índole e nível constitucionais, além de aplicação imediata, não podendo ser revogados por lei ordinária posterior" (*Curso de Direito Internacional Público*. 2ed. rev., atual. e ampl., São Paulo: RT, 2007, p. 302). Ainda nesse sentido, Flávia Piovesan (*Direitos Humanos e o Direito Constitucional Internacional*. São Paulo: Max Limonad, 1997, p. 82).

Essa é uma primeira posição. Há que sustente, porém, que as normas internacionais constituem-se em uma categoria *sui generis*, ocupando uma posição superior às normas infraconstitucionais (Código de Processo Penal, leis esparsas, etc.), mas inferior à Constituição, vez que está tem supremacia sobre todo o ordenamento jurídico pátrio.

Posição do Supremo Tribunal Federal – Face ao exposto, podemos reduzir o entendimento da mais alta Corte do país da seguinte forma: 1) caso o tratado verse sobre outra matéria que não os direitos humanos, ele ingressa em nosso ordenamento jurídico no mesmo plano de validade e eficácia das leis ordinárias; 2) para os tratados que verses sobre direitos humanos "são duas as possibilidades atualmente reconhecidas pelo STF: a) hierarquia (equivalente) de emenda constitucional, no caso dos tratados de direitos humanos incorporados mediante observância do rito estabelecido pelo parágrafo 3º do artigo 5º da CF; b) hierarquia supralegal, aplicável aos tratados de direitos humanos ratificados pelo sistema convencional, por meio de Decreto Legislativo aprovado com maioria simples". Este último, é o posicionamento de Ingo Wolfgang Sarlei (Integração dos tratados de Direitos Humanos no ordenamento jurídico. *Site* conjur, acessado em 27.03.2015).

Ausência de acordos e tratados – Vale observar que a inexistência de um acordo ou tratado, não é fator que impeça a implementação da cooperação entre Nações. No que se refere, especificamente, ao cumprimento de carta rogatória, decidiu o Supremo Tribunal Federal que "a inexistência de tratado entre o país no qual situada a Justiça rogante e o Brasil não obstaculiza o cumprimento de carta rogatória, implementando-se atos a partir do critério da cooperação internacional no combate ao crime" (STF – CR nº 9854-DF – Rel. Marco Aurélio, j. 28.05.2003, DJ 27.06.2003, p. 29).

Como destaca Fabio Ramazzini Bechara, "embora a ausência de acordos e tratados não seja impeditiva de cooperação, é indiscutível que a sua existência constitui um grande facilitador, porquanto simplifica o procedimento e a comunicação entre os Estados interessados. (...) Toda vez que a possibilidade de assistência jurídica internacional for objeto de acordos bilaterais ou de tratados multilaterais, a cooperação tende a ser mais ágil. Isso porque todo entendimento verificado durante o processo de negociação dos acordos possibilita que os Estados, previamente, indiquem suas preocupações e reservas, o que, do ponto de vista da cooperação propriamente dita, acaba por tornar previsíveis as dificuldades e os meios para solucioná-las" (*Cooperação jurídica internacional em matéria penal: eficácia da prova produzida no exterior*, São Paulo: Saraiva, 2011, pp. 164-165). A propósito, o art. 26, § 1º , do Código de Processo Civil, dispõe que "na ausência de tratado, a cooperação jurídica internacional poderá realizar-se com base em reciprocidade, manifestada por via diplomática".

Cooperação internacional e o Código de Processo Civil – O Brasil não possui uma forte tradição no campo da cooperação internacional, limitando sua atuação à adesão a tratados internacionais, editados pela ONU, como, por exemplo, a convenção contra o tráfico ilícito de drogas (Viena, 1988), que ingressou em nosso direito positivo por meio do Decreto n. 154/1991. Pensamos, contudo, que o Código de Processo Civil (com aplicação no processo penal, por conta do disposto no art. 3º, do CPP), alterou substancialmente esse panorama. Com efeito, o art. 27 do CPC, dispõe que a cooperação jurídica internacional terá por objeto: citação, intimação e notificação judicial e extrajudicial; colheita de provas e obtenção de informações; homologação e cumprimento de decisão; concessão de medida judicial de urgência; assistência jurídica internacional e qualquer outra medida judicial ou extrajudicial não proibida pela lei brasileira. Como destaca Patrícia Maria Núñez Weber, são inúmeras as medidas passíveis de ser objeto de cooperação internacional, "como notificações, recepção e produção de provas, tais como testemunhos ou declarações; realização de perícias e exames de pessoas, bens e lugares; localização ou identificação de pessoas; notificação de testemunhas ou peritos para o comparecimento a fim de prestar testemunho no Estado requerente; traslado de pessoas sujeitas a um processo penal para comparecimento como testemunhas no Estado requerente; medidas acautelatórias sobre bens; cumprimento de outras solicitações a respeito de bens, como por exemplo o sequestro; entrega de documentos e outros elementos de prova; apreensão, transferência de bens confiscados e outras medidas de natureza similar; retenção de bens para efeitos do cumprimento de sentenças judiciais que imponham indenizações ou multas impostas por sentença judicial" (*Cooperação internacional.* In: DE CARLI, Carla Veríssimo (Org.). *Lavagem de dinheiro: prevenção e controle penal.* Porto Alegre: Verbo Jurídico, 2011, p. 595).

Ainda como desdobramento da cooperação internacional, o art. 32 do CPC contempla o *auxílio direto*, cabível "para a prática de atos que, segundo a lei brasileira, não necessitem de prestação jurisdictional". Esse dispositivo está em consonância com a Resolução nº 9 do STJ, cujo art. 7º tem o seguinte teor: "Os pedidos de cooperação jurídica internacional que não tiverem por objeto atos que não ensejem juízo de delibação pelo Superior Tribunal de Justiça, ainda que denominados Carta Rogatória, serão encaminhados ou devolvidos ao Ministério da Justiça para as providências necessárias ao auxílio direto".

Cabe uma ressalva, formulada por Ricardo Silvares e Ronaldo Batista Pinto, quando alertam que: "Insistimos, portanto, que conquanto se possa, vez ou outra, valer-se do socorro ao

Código de Processo Civil no trato do tema, as peculiaridades que envolvem a matéria criminal, oriundas de convenções internacionais mas, sobretudo, de tratados multilaterais e bilaterais firmados pelo Brasil com outros países, impõe a observância, primeiramente, desses diplomas aos quais o Brasil aderiu, mas somente depois, em eventual lacuna da legislação, cogitar-se da adoção supletiva do CPC" (*Novo CPC e seus reflexos no* âmbito *do Processo Penal*, Salvador: JusPodivm, 2106, p. 47). Em suma: o Código de Processo Civil nos parece ter conferido um fôlego especial ao tema da cooperação internacional, cabendo, uma vez observados seus princípios, elencados em seu art. 26, sua adoção também no processo-crime, sempre que tratados aos quais aderiu o Brasil não dispuserem de forma diversa.

CAPÍTULO 35

Crime Organizado – Lei 12.850/2013

Rogério Sanches Cunha
e Ronaldo Batista Pinto

LEI Nº 12.850, DE 2 DE AGOSTO DE 2013[1]

Define organização criminosa e dispõe sobre a investigação criminal, os meios de obtenção da prova, infrações penais correlatas e o procedimento criminal; altera o Decreto-Lei nº 2.848, de 7 de dezembro de 1940 (Código Penal); revoga a Lei nº 9.034, de 3 de maio de 1995; e dá outras providências.

A PRESIDENTA DA REPÚBLICA Faço saber que o Congresso Nacional decreta e eu sanciono a seguinte Lei:

CAPÍTULO I

DA ORGANIZAÇÃO CRIMINOSA

Art. 1º Esta Lei define organização criminosa e dispõe sobre a investigação criminal, os meios de obtenção da prova, infrações penais correlatas e o procedimento criminal a ser aplicado.

No ano de 1995 o Brasil editou a Lei 9.034 dispondo sobre a utilização de meios operacionais para a prevenção e repressão de ações praticadas por organizações criminosas. Apesar de louvável, a iniciativa veio acompanhada de falhas, chamando a atenção a ausência de definição do próprio objeto da Lei: organização criminosa.

A omissão legislativa incentivava parcela da doutrina a emprestar a definição dada pela Convenção de Palermo (sobre criminalidade transnacional), assim redigida: "(...) grupo estruturado de três ou mais pessoas, existente há algum tempo e atuando concertadamente com o propósito de cometer uma ou mais infrações graves ou enunciadas na Convenção, com a intenção de obter, direta ou indiretamente, um benefício econômico ou outro benefício material".

1 O Decreto 9.527/2018 criou a Força-Tarefa de Inteligência para o enfrentamento ao crime organizado no Brasil. Dispõe o art. 1º que "fica criada a Força-Tarefa de Inteligência para o enfrentamento ao crime organizado no Brasil com as competências de analisar e compartilhar dados e de produzir relatórios de inteligência com vistas a subsidiar a elaboração de políticas públicas e a ação governamental no enfrentamento a organizações criminosas que afrontam o Estado brasileiro e as suas instituições."

Nessa esteira de raciocínio, a 5ª T do STJ, no HC 77.771-SP, entendeu viável a acusação contra casal denunciado por lavagem de dinheiro, tendo como delito antecedente a organização criminosa:

> "HABEAS CORPUS. LAVAGEM DE DINHEIRO. INCISO VII DO ART. 1º DA Lei nº 9.613/98. APLICABILIDADE. ORGANIZAÇÃO CRIMINOSA. CONVENÇÃO DE PALERMO APROVADA PELO DECRETO LEGISLATIVO Nº 231, DE 29 DE MAIO DE 2003 E PROMULGADA PELO DECRETO Nº 5.015, DE 12 DE MARÇO DE 2004. AÇÃO PENAL. TRANCAMENTO. IMPOSSIBILIDADE. EXISTÊNCIA DE ELEMENTOS SUFICIENTES PARA A PERSECUÇÃO PENAL. 1. Hipótese em que a denúncia descreve a existência de organização criminosa que se valia da estrutura de entidade religiosa e empresas vinculadas, para arrecadar vultosos valores, ludibriando fiéis mediante variadas fraudes – mormente estelionatos –, desviando os numerários oferecidos para determinadas finalidades ligadas à Igreja em proveito próprio e de terceiros, além de pretensamente lucrar na condução das diversas empresas citadas, algumas por meio de "testas-de-ferro", desvirtuando suas atividades eminentemente assistenciais, aplicando seguidos golpes. 2. Capitulação da conduta no inciso VII do art. 1º da Lei nº 9.613/98, que não requer nenhum crime antecedente específico para efeito da configuração do crime de lavagem de dinheiro, bastando que seja praticado por organização criminosa, sendo esta disciplinada no art. 1º da Lei nº 9.034/95, com a redação dada pela Lei nº 10.217/2001, c.c. o Decreto Legislativo nº 231, de 29 de maio de 2003, que ratificou a Convenção das Nações Unidas contra o Crime Organizado Transnacional, promulgada pelo Decreto nº 5.015, de 12 de março de 2004. Precedente".

A decisão não escapou das críticas de importante setor da doutrina. Luiz Flávio Gomes, de forma pioneira, logo anunciou três vícios estampados no citado acórdão: 1º) a definição de crime organizado contida na Convenção de Palermo é muito ampla, genérica, e viola a garantia da taxatividade (ou de certeza), que é uma das garantias emanadas do princípio da legalidade; 2º) a definição dada vale para nossas relações com o direito internacional, não com o direito interno; 3º) definições dadas pelas convenções ou tratados internacionais jamais valem para reger nossas relações com o Direito penal interno em razão da exigência do princípio da democracia (ou garantia da *lex populi)*, permanecendo atípica a conduta[2].

Essa lição (crítica) foi acolhida pelo STF no HC 96.007-SP, oportunidade em que o Min. Marco Aurélio definiu como atípica a conduta atribuída a quem comete crime de lavagem de dinheiro, tendo como fundamento a hipótese prevista no artigo 1º, inciso VII (organização criminosa), da Lei 9.613/98. De acordo com o voto do eminente Ministro, a atipicidade decorre de inexistir no ordenamento jurídico definição do crime de organização criminosa, que vem apenas definido na Convenção de Palermo de 2000, introduzida no Brasil "por meio de simples Decreto".

Nasceu, então, a Lei 12.694/12, oportunidade em que o legislador, finalmente, definiu organização criminosa para o Direito Penal interno, anunciando no seu art. 2º:

> "Para os efeitos desta Lei, considera-se organização criminosa a associação, de 3 (três) ou mais pessoas, estruturalmente ordenada e caracterizada pela divisão de tarefas, ainda que informalmente, com objetivo de obter, direta ou indiretamente, vantagem de qualquer natureza, mediante a prática de crimes cuja pena máxima seja igual ou superior a 4 (quatro) anos ou que sejam de caráter transnacional".

2 GOMES, Luiz Flávio. Definição de crime organizado e a Convenção de Palermo. Disponível em: http://www.lfg.com.br 06 de maio de 2009.

Percebam como a nossa Lei inovou quando comparada com a citada Convenção:

CONVENÇÃO DE PALERMO	LEI 12.694/12
grupo estruturado de três ou mais pessoas	associação, de 3 (três) ou mais pessoas
existente há algum tempo e atuando concertadamente	estruturalmente ordenada e caracterizada pela divisão de tarefas, ainda que informalmente
com a intenção de obter, direta ou indiretamente, um benefício econômico ou outro benefício material	com objetivo de obter, direta ou indiretamente, vantagem de qualquer natureza
com o propósito de cometer uma ou mais infrações graves ou enunciadas na Convenção	mediante a prática de crimes cujas penas máximas sejam igual ou superior a 4 (quatro) anos ou que sejam de caráter transnacional

Agora, com a Lei 12.850/13, o legislador revê o conceito, definindo organização criminosa no § 1º do seu artigo inaugural.

> § 1º Considera-se organização criminosa a associação de 4 (quatro) ou mais pessoas estruturalmente ordenada e caracterizada pela divisão de tarefas, ainda que informalmente, com objetivo de obter, direta ou indiretamente, vantagem de qualquer natureza, mediante a prática de infrações penais cujas penas máximas sejam superiores a 4 (quatro) anos, ou que sejam de caráter transnacional.

A Lei 12.850/13 definiu no § 1º organização criminosa como sendo a associação de 4 (quatro) ou mais pessoas estruturalmente ordenada e caracterizada pela divisão de tarefas, ainda que informalmente, com objetivo de obter, direta ou indiretamente, vantagem de qualquer natureza, mediante a prática de infrações penais cujas penas máximas sejam superiores a 4 (quatro) anos, ou que sejam de caráter transnacional.

Vejamos qual a mudança quando comparada com a Lei anterior:

LEI 12.694/12	LEI 12.850/13
associação, de 3 (três) ou mais pessoas	associação, de 4 (quatro) ou mais pessoas
estruturalmente ordenada e caracterizada pela divisão de tarefas, ainda que informalmente	estruturalmente ordenada e caracterizada pela divisão de tarefas, ainda que informalmente
com objetivo de obter, direta ou indiretamente, vantagem de qualquer natureza	com objetivo de obter, direta ou indiretamente, vantagem de qualquer natureza
mediante a prática de crimes cujas penas máximas sejam igual ou superior a 4 (quatro) anos ou que sejam de caráter transnacional	mediante a prática de infrações penais cujas penas máximas sejam superior a 4 (quatro) anos ou que sejam de caráter transnacional

Do quadro nota-se que a nova Lei, ao conceituar organização criminosa, alterou o número mínimo de integrantes (de 3 para 4). Antes, a delinquência estruturada, para alcançar seu objetivo (obter, direta ou indiretamente, vantagem de qualquer natureza), tinha que praticar crimes cujas penas máximas fossem igual ou superior a 4 anos (ou de caráter transnacional). Agora, a organização persegue o mesmo objetivo, mas mediante a prática de infrações penais (abrangendo contravenções) cujas penas máximas sejam superior a 4 (quatro) anos (ou de caráter transnacional).

No mais, as duas Leis convivem, tendo sido revogada apenas a Lei 9.034/95, como se percebe do quadro abaixo:

LEI 12.694/12	
Art. 1º	formação de colegiado de juízes para a pratica de atos processuais (não foi revogado pela Lei 12.850/13)
Art. 2º	define organização criminosa (revogada pela Lei 12.850/13, que modificou o conceito)
Art. 3º	medidas para reforçar a segurança dos prédios da Justiça (não foi revogado pela Lei 12.850/13)
Art. 4º	altera o art. 91 do CP, alargando o espectro do perdimento de bens (não foi revogado pela Lei 12.850/13)
Art. 5º	altera o CPP, prevendo a alienação antecipada de bens (não foi revogado pela Lei 12.850/13)
Art. 6º	altera o CTB para permitir placas "frias" para personagens que atuam no combate ao crime organizado (não foi revogado pela Lei 12.850/13)
Art. 7º	altera o Estatuto do Desarmamento, ampliando a autorização para porte de arma de fogo para permitindo porte de arma (não foi revogado pela Lei 12.850/13)
Art. 8º	regulamenta responsabilidade pelo porte funcional alargado pela Lei (não foi revogado pela Lei 12.850/13)
Art. 9º	trata da proteção pessoal para agentes que atuam no combate ao crime organizado (não foi revogado pela Lei 12.850/13)

> § 2º Esta Lei se aplica também:
>
> I – às infrações penais previstas em tratado ou convenção internacional quando, iniciada a execução no País, o resultado tenha ou devesse ter ocorrido no estrangeiro, ou reciprocamente;
>
> II – às organizações terroristas, entendidas como aquelas voltadas para a prática dos atos de terrorismo legalmente definidos."

O § 2º assenta a possibilidade de aplicar a Lei 12.850/13 a outras infrações (crimes ou contravenções), desde que reunidos os predicados elencados nos seus incisos. São hipóteses em que, apesar de eventualmente ausente a característica de delinquência estruturada, geram o mesmo perigo, justificando a aplicabilidade por extensão dos importantes e excepcionais instrumentos de investigação detalhados na nova Lei (colaboração premiada, ação controlada, infiltração de agentes e obtenção de provas).

No primeiro inciso temos as infrações penais previstas em tratado ou convenção internacional quando, iniciada a execução no País, o resultado tenha ou devesse ter ocorrido no estrangeiro, ou reciprocamente. Como exemplo maior cita-se o tráfico internacional de pessoas para fim de exploração sexual, crime previsto no art. 231 do CP, punindo, com reclusão de 3 a 8 anos, promover ou facilitar a entrada, no território nacional, de alguém que nele venha a exercer a prostituição ou outra forma de exploração sexual, ou a saída de alguém que vá exercê-la no estrangeiro[3].

3 De acordo com informações do Ministério da Justiça, o tráfico de pessoas é um fenômeno complexo e multidimensional. Atualmente, esse crime se confunde com outras práticas criminosas e de violações aos direitos

O inciso II, alterado pela Lei 13.260/16, refere-se às organizações terroristas, entendidas como aquelas voltadas para a prática dos atos de terrorismo legalmente definidos.

Antes da novel Lei, discutia-se se o crime de terrorismo estava (ou não) tipificado no Brasil. Parcela da doutrina ensinava que o tipo do terrorismo estava previsto no art. 20 da Lei 7.170/83[4]. Outra, no entanto, socorrendo-se do princípio da legalidade, mais precisamente, seu subprincípio da taxatividade (ou da determinação), lecionava que o tipo do art. 20 da citada Lei não teria sido recepcionado pela Constituição, pois descreve de forma vaga e ambígua ("atos de terrorismo") o comportamento criminoso. Para espancar a discussão, a Lei 13.260/16, no seu art. 2º, define terrorismo[5] e anuncia, no § 1º[6], os atos configuradores do crime, prevendo sanção de 12 a 30 anos, além das sanções correspondentes à ameaça e violência.

O §2º do mesmo artigo logo esclarece não se aplicar suas disposições à conduta individual ou coletiva de pessoas em manifestações políticas, movimentos sociais, sindicais, religiosos, de classe ou de categoria profissional, direcionados por propósitos sociais ou reivindicatórios, visando a contestar, criticar, protestar ou apoiar, com o objetivo de defender direitos, garantias e liberdades constitucionais, sem prejuízo da tipificação penal contida em lei. A ressalva, especialmente considerando o momento político em que o projeto de lei foi discutido, merece aplausos.

É sabido, no entanto, que as liberdades de expressão e de associação não são direitos absolutos e seu exercício não pode servir de manto protetor à prática de crimes. Neste sentido, se porventura um ou alguns participantes cometer um ato ou excesso previsto como crime na legislação penal, não concorrendo descriminantes ou dirimentes, a responsabilidade penal se impõe. Porém, jamais com o rótulo de ato terrorista.

---

humanos e não serve mais apenas à exploração de mão de obra escrava. Alimenta também redes internacionais de exploração sexual comercial, muitas vezes ligadas a roteiros de turismo sexual, e quadrilhas transnacionais especializadas em retirada de órgãos. (*in* Tráfico de Pessoas. O que é o tráfico de pessoas. http://www.mj.gov.br/data/Pages/Segurança Pública).

4 Art. 20 – Devastar, saquear, extorquir, roubar, seqüestrar, manter em cárcere privado, incendiar, depredar, provocar explosão, praticar atentado pessoal ou *atos de terrorismo (grifamos)*, por inconformismo político ou para obtenção de fundos destinados à manutenção de organizações políticas clandestinas ou subversivas.

Pena: reclusão, de 3 a 10 anos.

Parágrafo único – Se do fato resulta lesão corporal grave, a pena aumenta-se até o dobro; se resulta morte, aumenta-se até o triplo.

5 ."Art. 2º.: O terrorismo consiste na prática por um ou mais indivíduos dos atos previstos neste artigo, por razões de xenofobia, discriminação ou preconceito de raça, cor, etnia e religião, quando cometidos com a finalidade de provocar terror social ou generalizado, expondo a perigo pessoa, patrimônio, a paz pública ou a incolumidade pública".

6 .§ 1º São atos de terrorismo:

I – usar ou ameaçar usar, transportar, guardar, portar ou trazer consigo explosivos, gases tóxicos, venenos, conteúdos biológicos, químicos, nucleares ou outros meios capazes de causar danos ou promover destruição em massa;

II – (VETADO);

III – (VETADO);

IV – sabotar o funcionamento ou apoderar-se, com violência, grave ameaça a pessoa ou servindo-se de mecanismos cibernéticos, do controle total ou parcial, ainda que de modo temporário, de meio de comunicação ou de transporte, de portos, aeroportos, estações ferroviárias ou rodoviárias, hospitais, casas de saúde, escolas, estádios esportivos, instalações públicas ou locais onde funcionem serviços públicos essenciais, instalações de geração ou transmissão de energia, instalações militares, instalações de exploração, refino e processamento de petróleo e gás e instituições bancárias e sua rede de atendimento;

V – atentar contra a vida ou a integridade física de pessoa"

Art. 2º Promover, constituir, financiar ou integrar, pessoalmente ou por interposta pessoa, organização criminosa:

Pena – reclusão, de 3 (três) a 8 (oito) anos, e multa, sem prejuízo das penas correspondentes às demais infrações penais praticadas.

Com a nova Lei, a figura da organização criminosa deixou de ser "apenas" uma forma de se praticar crimes para se tornar delito autônomo, punido com reclusão de 3 a 8 anos[7]. *Novatio legis incriminadora*, o tipo, obviamente, não retroage para alcançar os fatos esgotados antes da vigência da nova ordem legal.

Parece-nos que o bem jurídico tutelado, como em toda associação criminosa, é a paz pública.

O crime, quanto ao sujeito ativo, é comum (dispensando qualidade ou condição especial do agente), plurissubjetivo (de concurso necessário) de condutas paralelas (umas auxiliando as outras), estabelecendo o tipo incriminador a presença de, no mínimo, quatro associados, computando-se eventuais inimputáveis ou pessoas não identificadas, bastando prova no sentido de que tomaram parte da divisão de tarefas estruturada dentro da organização.

No número mínimo de quatro integrantes, devo computar o agente infiltrado? Certamente teremos doutrina admitindo. Ousamos discordar. O policial infiltrado não pode ser computado, pois não age com o necessário *animus* associativo. A sua finalidade, aliás, é diametralmente oposta, qual seja, desmantelar a sociedade criminosa.

A sociedade aparece como vítima.

A conduta punida consiste em promover (trabalhar a favor), constituir (formar), financiar (custear despesas) ou integrar (fazer parte), pessoalmente (forma direta) ou por interposta pessoa (indireta), organização criminosa.

Partindo da definição de organização criminosa, parece claro que a associação, além da pluralidade de agentes, demanda estabilidade e permanência, com estrutura ordenada e divisão de tarefas.

Como em toda associação criminosa, é imprescindível que a reunião seja efetivada antes da deliberação dos delitos (se primeiro identificam-se os crimes a serem praticados e depois reúnem-se seus autores, haverá mero concurso de agentes).

O crime é punido a título de dolo, sendo imprescindível *animus* associativo, aliado ao fim específico de obter, direta ou indiretamente, vantagem de qualquer natureza (não necessariamente econômica), mediante a prática de infrações penais cujas penas máximas sejam superiores a 4 anos ou de caráter transnacional, não importando, nesse caso, a pena máxima em abstrato prevista no tipo.

Consuma-se o delito com a *societas criminis*, sendo indispensável estrutura ordenada com divisão de tarefas. Infração permanente, a sua consumação se protrai enquanto não cessada a permanência. Isso significa que o agente pode ser preso em flagrante delito enquanto não desfeita (ou abandonar) a associação (art. 303 do CPP); o termo inicial da prescrição se dá com

7 A diferença entre este crime e os de associação criminosa previsto no art. 288 do CP (antes rotulado como quadrilha ou bando) e constituição de milícia (art. 288-A do CP) foi explorada nas disposições finais da Lei 12850/13, mais precisamente nos comentários ao art. 24.

o fim da permanência (art. 111, III, do CP); a lei penal mais grave aplica-se ao crime permanente, se a sua vigência é anterior à cessação da continuidade ou da permanência (Súmula 711 do STF).

Tratando-se de delito autônomo, a punição da organização independe da prática de qualquer crime pela associação, o qual, ocorrendo, gera o concurso material (art. 69 do CP), cumulando as penas. O que já era tranquilo na doutrina (seguida pela jurisprudência), agora está expresso no preceito secundário do artigo em comento (reclusão, de 3 a 8 anos, e multa, *sem prejuízo das penas correspondentes às demais infrações penais praticadas*).

Não nos parece possível a tentativa. Os atos praticados com a finalidade de formar a associação (anteriores à execução de qualquer dos núcleos) são meramente preparatórios.

A pena do crime é perseguida mediante ação penal é pública incondicionada.

§ 1º Nas mesmas penas incorre quem impede ou, de qualquer forma, embaraça a investigação de infração penal que envolva organização criminosa.

O art. 2º § 1º, pune, nas mesmas penas, a obstrução da persecução penal de infração que envolva organização criminosa. Tutela-se, com o novel tipo, a administração da Justiça (e não mais a paz pública, protegida no *caput*).

Cuida-se de crime comum, porém monossubjetivo (ou de concurso eventual), cometido por qualquer pessoa que não tenha, de qualquer modo, concorrido para a formação/funcionamento da organização criminosa. Aliás, tese diversa, abrangendo como potencial sujeito ativo o próprio integrante da associação, raramente se deixaria de subsumir sua conduta aos dois tipos penais (art. 2º, "caput" e § 1º.), bastando, para tanto, os integrantes da organização conversarem em códigos, trocarem constantemente "chips" dos celulares etc., sempre visando impedir a investigação.

Considerando o interesse protegido pela norma, não fica dúvida que o sujeito passivo é o Estado.

A conduta punida consiste em impedir ou, de qualquer forma, embaraçar a investigação de infração penal que envolva organização criminosa.

Lamentavelmente o legislador omitiu a obstrução do processo judicial correspondente, lacuna que, para alguns, não pode ser suprida pelo intérprete, sob pena de incorrer em grave violação ao princípio da legalidade. Ousamos discordar. A interpretação literal deve ser acompanhada da interpretação racional possível (teleológica), até o limite permitido pelo Estado humanista – legal, constitucional e internacional – de Direito. De que modo podemos admitir ser crime a obstrução da investigação (fase preliminar da persecução penal) e atípico o embaraço do processo penal dela derivado (fase principal da persecução)? O operador de Direito, em casos tais, deve-se valer da interpretação extensiva (que não se confunde com a analogia):

A) a interpretação extensiva não foge nem ultrapassa a vontade do legislador;

B) na analogia aplica-se a um fato análogo ("B") o que o legislador previu para outra situação ("A"). Trata-se de integração maléfica, vedada pelo princípio da legalidade.

Da interpretação extensiva o operador pode fazer uso, desde que seja inequívoca a vontade da lei.

O crime é de execução livre, podendo ser praticado com violência, grave ameaça, fraude etc. Aliás, usando o agente, na obstrução, de violência ou grave ameaça contra autoridade ou qualquer outra personagem atuante na persecução penal, não há que se cogitar do crime de coação no curso do processo, tipificado no art. 344 do CP, punido com 1 a 4 anos de reclusão. Prevalece, na hipótese, o princípio da especialidade. Conclusão outra gera um absurdo inaceitável, punindo-se o mais com menos e o menos com mais, desafiando a proporcionalidade e a razoabilidade.

Suponhamos que alguém, ligado a organização criminosa, embaraça a investigação, agindo sem violência ou grave ameaça. Responde nas penas do art. 2, § 1º, da Lei 12.850/13, reclusão de 3 a 8 anos. Usando violência, física ou moral, não pode responder por coação no curso do processo, infração de médio potencial ofensivo, punida com 1 a 4 anos!

Quanto à voluntariedade, o crime só é punido a título de dolo, consistente na vontade consciente de impedir ou, de qualquer forma, embaraçar a investigação de infração penal que envolva organização criminosa.

No verbo nuclear "impedir", parece evidente que a consumação se dá com a obstrução da investigação (ou curso do processo), admitindo a tentativa. Já no comportamento "embaraçar", dispensa o mesmo resultado naturalístico, consumando-se o crime com qualquer ação ou inação indicativa de empecilho, o que não impede a tentativa.

> § 2º As penas aumentam-se até a metade se na atuação da organização criminosa houver emprego de arma de fogo.

Anuncia o § 2º que as penas são aumentadas de 1/6 até 1/2 se a organização criminosa empregar "arma de fogo", não abrangendo outro tipo de instrumento, ainda que fabricado com finalidade bélica.

Seguindo o espírito de outros tipos penais com a mesma (ou semelhante) redação, a jurisprudência dos Tribunais Superiores orienta ser dispensável a apreensão da arma utilizada no crime, desde que sua utilização fique demonstrada por outros meios de prova.

> § 3º A pena é agravada para quem exerce o comando, individual ou coletivo, da organização criminosa, ainda que não pratique pessoalmente atos de execução.

O § 3º pune mais severamente quem tem o domínio da associação. Trata-se de agravante semelhante a do art. 62, I, do CP, a ser considerada pelo magistrado na segunda fase do cálculo da pena.

> § 4º A pena é aumentada de 1/6 (um sexto) a 2/3 (dois terços):
>
> I – se há participação de criança ou adolescente;
>
> II – se há concurso de funcionário público, valendo-se a organização criminosa dessa condição para a prática de infração penal;
>
> III – se o produto ou proveito da infração penal destinar-se, no todo ou em parte, ao exterior;

> IV – se a organização criminosa mantém conexão com outras organizações criminosas independentes;
>
> V – se as circunstâncias do fato evidenciarem a transnacionalidade da organização.

O § 4º volta a tratar de causas de aumento, majorando a pena de 1/6 (um sexto) a 2/3 (dois terços) nas seguintes circunstâncias:

I – se há participação de criança (até 12 anos incompletos) ou adolescente (até 18 anos incompletos)[8] na organização criminosa, não importando seu papel na estrutura da associação.

II – se há concurso de funcionário público, valendo-se a organização criminosa dessa condição para a prática de infração penal.

Percebam que não basta ser o concorrente funcionário público (art. 327 do CP), mas valer-se a organização criminosa dessa sua condição para a prática de infração penal (requisitos cumulativos). Em suma, exige-se que a atuação do funcionário seja útil para a associação na busca da vantagem objetivada pelos seus integrantes.

III – se o produto (vantagem obtida com a prática do crime ou contravenção) ou proveito (produto transformado em outra vantagem) da infração penal destinar-se, no todo ou em parte, ao exterior. Nesses casos, aliás, o art. 91, § 1º, do CP (acrescentado pela Lei 12.694/12) autoriza a decretação da perda de bens ou valores equivalentes ao produto ou proveito do crime quando estes não forem encontrados ou quando se localizarem no exterior.

IV – se a organização criminosa mantém conexão com outras organizações criminosas independentes. A paz pública, nessa hipótese, é periclitada de forma mais grave, ficando as associações conexas ainda mais estruturadas, versáteis e poderosas, justificando a majorante.

V – a causa de aumento da transnacionalidade ficará sem aplicação. Esqueceu o legislador que essa circunstância aparece como elementar do tipo, não podendo, ao mesmo tempo, servir como majorante, sob pena de dupla valoração do fato em prejuízo do agente (*"bis in idem"*).

> § 5º Se houver indícios suficientes de que o funcionário público integra organização criminosa, poderá o juiz determinar seu afastamento cautelar do cargo, emprego ou função, sem prejuízo da remuneração, quando a medida se fizer necessária à investigação ou instrução processual.

O parágrafo em comento cuida de medida cautelar, já prevista no art. 319, VI, do CPP (introduzida pela Lei 12.403/11), pressupondo o binômio típico: *periculum in mora* e *fumus boni iuris*.

Pode ser decretada em qualquer fase da persecução penal, desde que necessária (e não simplesmente conveniente) para a investigação ou instrução processual.

Em que pese o parágrafo em comento não mencionar *mandato eletivo*, o STF, na ADI 5526, conferindo interpretação conforme, decidiu ser possível a aplicação de medidas cautelares (arts. 312 a 319 do CPP) em face dos parlamentares federais, mas que tal medida **deve ser submetida à deliberação da respectiva Casa Legislativa em vinte e quatro horas,** seguindo a regra relativa à apreciação da prisão em flagrante (art. 53, § 2º, da CF).

8 Ver art. 2º da Lei nº 8.069/90 (Estatuto da Criança e do Adolescente).

§ 6º A condenação com trânsito em julgado acarretará ao funcionário público a perda do cargo, função, emprego ou mandato eletivo e a interdição para o exercício de função ou cargo público pelo prazo de 8 (oito) anos subsequentes ao cumprimento da pena.

O § 6º cuida de importante efeito extrapenal da sentença penal definitiva, anunciando que a condenação acarretará ao funcionário público a perda do cargo, função, emprego ou mandato eletivo.

Como já ocorre na Lei de Tortura (art. 1º, § 5º, Lei nº 9.455/97), o efeito previsto é automático, dispensando motivação do magistrado sentenciante (diferente da regra geral estampada no art. 92, parágrafo único, do CP).

Reconhece-se o acerto do legislador ao limitar o tempo de interdição, por não existir no nosso ordenamento nenhuma pena de caráter perpétuo. Logo, decorrido o prazo, o condenado poderá assumir novo cargo, emprego, função ou mandato eletivo, porém jamais reintegrar-se na situação anterior (apesar do silêncio da lei, trata-se de decorrência lógica do art. 93, parágrafo único, do CP).

Em se tratando de parlamentar federal, a condenação definitiva acarreta automaticamente a perda do mandato? A questão é objeto de indisfarçável controvérsia. Vejamos.

Com o advento da Constituição Federal de 1988, mais precisamente em face do disposto no seu artigo 15, inciso III, a perda do mandato eletivo já não mais se submete às regras do Código Penal, sendo consequência de toda e qualquer condenação criminal transitada em julgado, mesmo que não declarada expressamente na sentença. Independe, ainda, da natureza do crime, da qualidade e *quantum* da pena efetivamente imposta. Nem mesmo o fato de ter sido o agente, eventualmente, beneficiado com a suspensão condicional da pena impede a perda do mandato eletivo.

Apesar de reconhecerem a autoaplicabilidade do art. 15, III, da CF, encontramos decisões restringindo a sua aplicação, entendendo que a suspensão dos direitos políticos do condenado somente se permite quando o cumprimento da reprimenda corporal torne inviável o exercício de tais direitos, ou quando houver limitações que impliquem horários de recolhimento ao cárcere, não se aplicando, por exemplo, às hipóteses de *sursis*.

Especificamente com relação aos congressistas (deputados federais e senadores) que, no exercício dos mandatos, forem condenados criminalmente, a Constituição é dúbia.

O art. 55, ao elencar as hipóteses de perda do mandato eletivo, estabelece, no inciso IV, que tal ocorre em relação ao parlamentar "que perder ou tiver suspensos os direitos políticos"; em seguida, no inciso VI, impõe idêntica consequência para aquele "que sofrer condenação criminal em sentença transitada em julgado".

Para a hipótese do inciso IV, o § 3º do art. 55 dispõe que "a perda será declarada pela Mesa da Casa respectiva, de ofício ou mediante provocação de qualquer de seus membros, ou de partido político representado no Congresso Nacional, assegurada ampla defesa", ao passo que em decorrência da condenação criminal definitiva (inciso VI) o § 2º estabelece que "a perda do mandato será decidida pela Câmara dos Deputados ou pelo Senado Federal, por maioria absoluta, mediante provocação da respectiva Mesa ou de partido político representado no Congresso Nacional, assegurada ampla defesa".

Ocorre que, conforme já mencionamos anteriormente, o art. 15, inciso III, da Constituição Federal elege a condenação criminal transitada em julgado como causa de suspensão dos direitos políticos (trata-se de suspensão porque a privação dos direitos políticos vigora apenas enquanto incidentes os efeitos da condenação). Diante disso, instala-se a celeuma: a perda do mandato eletivo é consequência natural da condenação criminal definitiva, bastando à Mesa da Casa Legislativa respectiva declará-la, ou deve haver deliberação do Plenário para decretar a perda do mandato?

A controvérsia foi intensamente debatida pelo Supremo Tribunal Federal em duas ações penais originárias.

Na primeira delas, a ação penal 470, por unanimidade, concluiu aquela Corte pela suspensão dos direitos políticos de todos os condenados, em decorrência do disposto no art. 15, inciso III, da Constituição Federal. Por maioria (5x4), decidiu pela decretação da perda dos mandatos dos parlamentares condenados, cabendo à respectiva Casa Legislativa apenas e tão somente declará-la, sem qualquer votação sobre o mérito da cassação. Assim foi sintetizada a decisão do tribunal:

> "Assinalou-se que as hipóteses de perda ou suspensão de direitos políticos seriam taxativas (CF, art. 15) e que o Poder Legislativo poderia decretar a perda de mandato de deputado federal ou senador, com fundamento em perda ou suspensão de direitos políticos, bem assim em condenação criminal transitada em julgado (CF, art. 55, IV e VI). Ressaltou-se que esta previsão constitucional estaria vinculada aos casos em que a sentença condenatória não tivesse decretado perda de mandato, haja vista não estarem presentes os requisitos legais (CP, art. 92), ou por ter sido proferida anteriormente à expedição do diploma, com o trânsito em julgado ocorrente em momento posterior. Afastou-se, na espécie, a incidência de juízo político, nos moldes do procedimento previsto no art. 55 da CF, uma vez que a perda de mandato eletivo seria efeito irreversível da sentença condenatória. Consignou-se, ademais, a possibilidade de suspensão do processo, com o advento da EC 35/2001, para evitar que o parlamentar fosse submetido à perseguição política. Entretanto, não ocorrida a suspensão, o feito seguiria trâmite regular. Frisou-se que esses réus teriam cometido crimes contra a Administração Pública quando no exercício do cargo, a revelar conduta incompatível com o exercício de mandato eletivo" – Informativo 693.

Em sua intervenção, o Min. Celso de Mello asseverou que a regra impositiva da votação sobre a perda do mandato "aplicar-se-ia a condenações criminais que não envolvessem delitos apenados com sanções superiores a 4 anos ou que, embora inferiores a este patamar, não dissessem respeito a infrações cujo tipo penal contivesse como elementar ato de improbidade administrativa. Destacou competir à Casa a que pertencesse o congressista meramente declarar o fato extintivo já reconhecido e integrado ao próprio título condenatório" – Informativo 693.

Em outra oportunidade, passados poucos meses, o Supremo Tribunal Federal voltou a se debruçar sobre a perda do mandato de parlamentares condenados, agora na ação penal 565. Ocorre que, nesta ocasião, o tribunal estava com sua composição modificada, pois dois novos ministros haviam sido empossados. Desta feita, a anterior minoria transmudou-se em maioria (6x4), pois se decidiu competir à Casa Legislativa deliberar a respeito da perda do mandato do parlamentar condenado. Aqueles ministros que haviam votado, na ação penal 470, pela deliberação do Parlamento a respeito da cassação, reiteraram seus argumentos, lastreados, basicamente, na separação dos Poderes da República. Para tais julgadores, a decretação da perda do mandato pelo próprio tribunal constituiria ingerência do Judiciário em seara exclusiva do Legislativo. Os dois novos ministros que não haviam votado na ação penal anterior assentaram que:

> *a) "que a condenação criminal transitada em julgado conteria como efeito secundário, natural e necessário, a suspensão dos direitos políticos, que independeria de declaração. De outro passo, ela não geraria, necessária e naturalmente, a perda de cargo público. Avaliou que, no caso específico dos parlamentares, essa consequência não se estabeleceria. No entanto, isso não dispensaria o congressista de cumprir a pena (Teori Zavascki);"*
>
> *b) "a literalidade do art. 55, § 2º, da Constituição Federal não se coaduna com a orientação anteriormente adotada pela Corte (Luís Roberto Barroso) – Informativo 714."*

Em julgado posterior, a 1ª Turma do STF decidiu ser da competência do Parlamento a decisão sobre a perda do mandato (art. 55, VI e § 2º, da CF), mas a regra pode ser excepcionada quando a condenação tornar impossível o comparecimento do parlamentar a ao menos um terço das sessões ordinárias da Casa Legislativa a que pertença, hipótese em que a perda do mandato decorre da ausência (art. 55, III, da CF):

> "Perda do mandato parlamentar: É da competência das Casas Legislativas decidir sobre a perda do mandato do Congressista condenado criminalmente (artigo 55, VI e § 2º, da CF). Regra excepcionada – adoção, no ponto, da tese proposta pelo eminente revisor, Ministro Luís Roberto Barroso –, quando a condenação impõe o cumprimento de pena em regime fechado, e não viável o trabalho externo diante da impossibilidade de cumprimento da fração mínima de 1/6 da pena para a obtenção do benefício durante o mandato e antes de consumada a ausência do Congressista a 1/3 das sessões ordinárias da Casa Legislativa da qual faça parte. Hipótese de perda automática do mandato, cumprindo à Mesa da Câmara dos Deputados declará-la, em conformidade com o artigo 55, III, § 3º, da CF"[9].

Parece-nos mais acertada a primeira conclusão a que chegou o Tribunal.

Data maxima venia, não se afigura razoável admitir que um parlamentar tenha seus direitos políticos suspensos em decorrência de condenação criminal e, ao mesmo tempo, mantenha seu mandato legislativo até que haja pronunciamento da Câmara dos Deputados ou do Senado Federal a respeito da perda. E não é razoável porque se instaura a escatológica figura do parlamentar-presidiário diante da possibilidade de que a Câmara ou o Senado votem contrariamente à cassação, como, aliás, ocorreu em passado recente, em que o Supremo Tribunal Federal condenou um deputado federal (AP 396), mas não se pronunciou sobre a perda do mandato. Coube, pois, à Câmara dos Deputados votar a respeito, e, diante da falta de votos suficientes, a cassação do mandato não prosperou e o condenado iniciou o cumprimento da pena em regime fechado mantendo seu *status* de parlamentar. Da mesma forma, noticiou-se amplamente a situação em que um parlamentar (deputado federal), cumprindo pena em regime semiaberto, deixava o estabelecimento prisional todas as manhãs para exercer seu mandato na Câmara dos Deputados, retornando ao cárcere à noite.

A interpretação literal da Constituição conduz tanto no sentido da perda automática quanto no da necessidade de deliberação. Ora, o art. 15, inciso III, da Constituição Federal é expresso ao determinar a suspensão dos direitos políticos dos criminalmente condenados em definitivo, moldando-se, pois, ao disposto no art. 55, § 3º, no sentido de que basta a declaração

---

9 AP 694/MT, Rel. Min. Rosa Weber, DJe 31/08/2017.

da perda pela Mesa da Casa Legislativa. Já o art. 55, § 2º impõe a deliberação do Plenário nos casos de condenação criminal.

Compete ao Supremo Tribunal Federal, em casos tais, conferir a interpretação que mais bem se harmonize com o sistema constitucional. Nesse contexto, considerada a suspensão dos direitos políticos como consectário da condenação criminal, é decorrência lógica a perda do mandato, devendo o Parlamento apenas declará-la. Como podemos aceitar que um parlamentar exerça seu ofício sem estar no pleno gozo dos direitos políticos se, nesta condição, sequer poderia se lançar candidato? Esta interpretação certamente não favorece a unidade da Constituição Federal, tratada na seara constitucional como princípio segundo o qual a Lei Maior deve ser interpretada de forma que se lhe confira plena efetividade na medida em que se afastam eventuais antinomias.

Deve-se ressaltar que este tema se estende aos parlamentares estaduais e distritais, *ex vi* do disposto nos artigos 27, § 1º e 32, § 3º, ambos da CF.

Não tendo a Carta Maior previsto regra específica sobre os parlamentares municipais, aplica-se a regra geral do afastamento automático, cabendo ao Presidente da Câmara apenas declarar a sua extinção.

Por fim, deve ser observada a "Lei da Ficha Limpa", que dispõe sobre diversas situações de inelegibilidade decorrentes da prática de crimes, reconhecidas em decisão com trânsito em julgado ou decisão por órgão colegiado (art. 1º, I, "e", da Lei Complementar nº 64/90, alterada pela Lei Complementar nº135/10).

§ 7º Se houver indícios de participação de policial nos crimes de que trata esta Lei, a Corregedoria de Polícia instaurará inquérito policial e comunicará ao Ministério Público, que designará membro para acompanhar o feito até a sua conclusão.

Com o fim de garantir a eficiência na investigação policial, impedindo omissões decorrentes do nefasto corporativismo, havendo indícios de participação de agentes dos quadros policiais nos crimes de que trata esta Lei, a Corregedoria de Polícia instaurará inquérito policial e comunicará ao Ministério Público, que designará membro para acompanhar o feito até a sua conclusão.

O parágrafo em comento é desdobramento lógico do controle externo da polícia exercido pelo Ministério Público, dever constitucionalmente previsto, garantia fundamental do cidadão (art. 129, VII, CF)[10].

A atuação da Corregedoria, acompanhada pelo Ministério Público, obviamente não impede que o Promotor de Justiça ou Procurador da República conduza investigação (atribuição exaustivamente debatida e reconhecida como constitucional nos vários fóruns competentes, culminando com a rejeição da PEC 37).

Aliás, um dos cenários mais alarmantes a justificar a investigação conduzida pelo Ministério Público é aquele em que indícios apontam agentes do Estado envolvidos com o crime organizado.

10 A Resolução nº 20, do Conselho Nacional do Ministério Público, regulamenta o controle externo da atividade policial realizado pelo *"parquet"*.

A propósito, do relatório do inspetor da ONU Alston, em visita ao país, constou que "este Inspetor Especial verificou que as investigações conduzidas por policiais, relativas a mortes praticadas por policiais, são sempre inadequadas. [...] As Corregedorias de Polícia não são independentes e usualmente não são capazes de investigar de forma eficiente os homicídios praticados por policiais. Nesse tema, o Inspetor Especial saúda o plano governamental, descrito na informação recebida pelo Governo Federal, para se formular propostas de melhorar as condições de trabalho das Corregedorias, incluindo torná-las 'mais profissionais, autônomas, e independentes' e para se criar uma carreira separada de policiais de corregedoria. Este Inspetor Especial verificou que o Ministério Público é uma instituição largamente respeitada e que, onde existe progresso contra a impunidade de policiais, os Promotores de Justiça tiveram um papel central. [...] Este Inspetor Especial recomendou que a Polícia Civil consulte-se com os Promotores desde o início de uma investigação de um homicídio praticado por policial, e que os Promotores conduzam investigações independentes quando um policial estiver envolvido em um homicídio, bem como que a prerrogativa dos Promotores de conduzirem sua própria investigação seja clarificada e afirmada. [...] Este Inspetor Especial saúda a informação prestada pelo Governo de que "atualmente a maioria das decisões judiciais favorece as investigações conduzidas pelos Promotores" [11].

Por fim, do mesmo modo que não existe impedimento para o Promotor/Procurador que investigou oficiar na ação penal, o membro do "parquet" que acompanha a investigação em curso na Corregedoria da Polícia também não sofre qualquer restrição.

Da lição de Thiago André Pierobom de Ávila, este dispositivo pode ser resumido nas seguintes preposições: "(i) não é possível que uma delegacia ordinária investigue o envolvimento de policiais no crime organizado, tal investigação policial deverá ser necessariamente conduzida pela Corregedoria de Polícia, de forma a se minimizar o risco de corporativismo, através de uma diferenciação interna; (ii) não cabe a mera instauração pela Corregedoria de procedimentos administrativos para esclarecer as notícias de envolvimento de policiais no crime organizado, sendo obrigatória a instauração de IP, ou seja, há um mandado legal de instauração imediata de inquérito policial; (iii) nesses casos o Ministério Público deverá ser imediatamente comunicado da instauração do IP envolvendo policiais no crime organizado e poderá acompanhar de forma mais próxima a condução da investigação, numa verdadeira "força tarefa" *ope legis* desde o início das investigações decorrente de um mandado legal de otimização dessas investigações"[12].

CAPÍTULO II
DA INVESTIGAÇÃO E DOS MEIOS DE OBTENÇÃO DA PROVA

Art. 3º Em qualquer fase da persecução penal, serão permitidos, sem prejuízo de outros já previstos em lei, os seguintes meios de obtenção da prova:

I – colaboração premiada;

Conferir, abaixo, os comentários aos arts. 4º a 7º.

---

11 *Apud* Thiago André Pierobom de Ávila. *Lei nº 12.850/2013 e a atribuição para a investigação criminal de organizações criminosas integradas por policiais*. Elaborado em agosto de 2013 e disponível no sítio www.jusnavigandi.com.br (acessado em 22.12.2013.

12 Ob. cit.

II – captação ambiental de sinais eletromagnéticos, ópticos ou acústicos;

A possibilidade de captação e interceptação ambiental de sinais eletromagnéticos, ópticos[13] e acústicos era prevista pela revogada Lei nº 9.034/95 (art. 2º, inc. IV). Duas alterações, em referência ao dispositivo em análise, merecem destaque: primeiro, a lei revogada autorizava também a "interceptação", enquanto a novel refere-se apenas à "captação". Segundo, a lei antiga admitia a diligência "mediante circunstanciada autorização judicial", o que não é previsto na "*novatio legis*".

É razoável que seja assim. Aqui se trata apenas de "capturar", a traduzir a noção de que pelos menos um dos envolvidos na cena sabe da captação. É um tanto diverso da "interceptação" onde se presume que os atores desconheçam que sua intimidade é objeto de violação. Isso parece explicar a razão pela qual a lei em exame não mais reclamou a prévia autorização judicial para a captação. Por isso, também, que o legislador desmembrou as duas diligências, prevendo a captação neste dispositivo e a interceptação no inc. V abaixo.

Mas, além da captação não trazer consigo a ideia de clandestinidade, já que um dos participantes da cena sabe de antemão de sua ocorrência, ela denota também o caráter por vezes público dessa diligência, a prescindir, bem por isso, de autorização judicial[14].

Para exemplificamos as duas situações, suponha-se, primeiro, a gravação telefônica, efetuada por parentes da vítima de um sequestro, na qual se estipula um valor para sua libertação. Nessa hipótese, quando a gravação é feita por um dos interlocutores, não há que se falar em ilicitude da prova, como, aliás, já decidiu o Supremo Tribunal Federal[15]. Nesse sentido, ainda, a doutrina de André Augusto Mendes Machado e André Pires de Andrade Kehdi[16].

Para ilustrar a segunda situação, se admitiria, por exemplo, a captação de imagens de membros de uma organização criminosa reunidos em um restaurante. Aqui o caráter público do encontro afastaria a noção de clandestinidade a admitir, assim, a utilização da prova sem

---

13 A lei revogada grafava "ótico".

14 A doutrina dá o nome de denomina "interceptação telefônica estrito senso" àquela realizada por terceiro, sem o conhecimento dos interlocutores.

15 "É lícita a gravação de conversa telefônica feita por um dos interlocutores, ou com sua autorização, sem ciência do outro, quando há investida criminosa deste último. E inconsistente e fere o senso comum falar-se em violação do direito à privacidade quando interlocutor grava diálogo com seqüestradores, estelionatários ou qualquer tipo de chantagista" (STF – Rel. Nelson Jobim – RT 759/507). "A gravação de conversa entre dois interlocutores, feita por um deles, sem conhecimento do outro, com a finalidade de documentá-la, futuramente, em caso de negativa, nada tem de ilícita, principalmente quando constitui exercício de defesa" (STF – Rel. Carlos Velloso – RT 836/466). Nesse sentido, ainda: GRAVAÇÃO AMBIENTAL REALIZADA POR UM DOS INTERLOCUTORES, SEM O CONHECIMENTO DO OUTRO. LICITUDE DA PROVA. ENTENDIMENTO DA CORTE ESTADUAL DE ACORDO COM A JURISPRUDÊNCIA DO SUPERIOR TRIBUNAL DE JUSTIÇA – "A gravação ambiental, realizada por um dos interlocutores, com o objetivo de preservar-se diante de investida ilícita, prescinde de autorização judicial, sendo exatamente esse o caso dos autos" (STJ –AgRg no AREsp 180721/SP, Rel. Campos Marques, j. 05.03.2013, DJe 08.03.2013).

16 *Sigilo das comunicações e de dados* in Sigilo no Processo Penal: Eficiência e Garantismo. SCARANCE FERNANDES, Antonio; ALMEIDA, José Raul Gavião de e MORAES, Mauricio Zanoide de (Coords.). São Paulo: RT, 2008, p. 257.

a prévia necessidade de autorização judicial para sua realização[17]. O mesmo raciocínio já foi adotado para conversas em "sala de bate-papo" na internet[18].

Tal raciocínio se estende, também, a filmagens[19] e fotografias (sinais ópticos), além da gravação ambiente de uma conversa (sinal acústico), desde que com o conhecimento de um dos interlocutores, como já ressaltado.

> III – ação controlada;

O assunto é comentado na análise dos arts. 8º e 9º, abaixo.

> IV – acesso a registros de ligações telefônicas e telemáticas, a dados cadastrais constantes de bancos de dados públicos ou privados e a informações eleitorais ou comerciais;

Ver abaixo comentários aos arts. 15 e 17.

> V – interceptação de comunicações telefônicas e telemáticas, nos termos da legislação específica;

A disciplina sobre a interceptação telefônica e telemática já consta da Lei nº 9296/96. Trata-se, pois, de assunto conhecido, que conta com legislação regulando a matéria há mais de 15 anos, razão pela qual não nos aprofundaremos em sua análise, já que este trabalho se propõe a discutir, com mais profundidade, as inovações introduzidas com o novo diploma legal. Remetemos o leitor, outrossim, aos comentários que foram tecidos ao art. 15 da lei.

Observamos, assim, que o sigilo das comunicações vem assegurado por expressa disposição constitucional, como se vê do teor do inc. XII, do art. 5º da Carta, ao prever que "é inviolável o sigilo da correspondência e das comunicações telegráficas, de dados e das comunicações

---

17 Cf. a posição do Supremo Tribunal Federal: "É admissível a utilização, como prova, de gravação de diálogo transcorrido em local público, quando não está em causa a proibição do art. 5º, XII, da CF, principalmente se há nos autos elementos suficientes para embasar a condenação" (Rel. Octávio Gallotti – RT 743/550).

18 "A conversa na "sala de bate-papo" da *internet* não está amparada pelo sigilo das comunicações, pois acontece em ambiente virtual que é de acesso irrestrito e destinado a conversas informais, assim não houve a alegada violação. Isso posto, a Turma negou provimento ao pedido de trancamento do inquérito policial, com a recomendação de que o juízo monocrático" (STJ – RHC nº 18.116-SP – Rel. Hélio Quaglia Barbosa – j. em 16/2/2006).

19 "Não é prova ilícita a constituída de imagens animadas de aparelho eletrônico instalado em casa comercial com o intuito de controlar a atividade de empregados e clientes; desde que afixadas em local de público acesso (com preservação da intimidade das pessoas), o recurso às câmaras fotográficas passa por exercício regular de direito do proprietário da empresa" (TACrimSP – Rel. Carlos Biasoti – *RT* 795/620). Nesse sentido, ainda, o STF: "*HABEAS CORPUS*. FALSIDADE IDEOLÓGICA. INTERCEPTAÇÃO AMBIENTAL POR UM DOS INTERLOCUTORES. ILICITUDE DA PROVA. INOCORRÊNCIA. REPORTAGEM LEVADA AO AR POR EMISSORA DE TELEVISÃO. *NOTITIA CRIMINIS*. DEVER-PODER DE INVESTIGAR. Paciente denunciado por falsidade ideológica, consubstanciada em exigir quantia em dinheiro para inserir falsa informação de excesso de contingente em certificado de dispensa de incorporação. Gravação clandestina realizada pelo alistando, a pedido de emissora de televisão, que levou as imagens ao ar em todo o território nacional por meio de conhecido programa jornalístico. O conteúdo da reportagem representou *notitia criminis*, compelindo as autoridades ao exercício do dever-poder de investigar, sob pena de prevaricação" (STF – HC nº 87.341-PR – Rel. Eros Grau – j. em 07.02.2006).

telefônicas, salvo, no último caso, por ordem judicial, nas hipóteses e na forma que a lei estabelecer para fins de investigação criminal ou instrução processual penal". Guarda íntima relação, ainda, com o disposto no inc. X do mesmo dispositivo constitucional, que protege o direito à intimidade da pessoa.

A proteção a tal sigilo abarca, também, as comunicações realizadas por meio da "internet", que somente não foram previstas pelo Constituição porque, ao tempo de sua elaboração, ainda engatinhava a implantação da telemática no país.

O direito à intimidade, que foi tão cuidadosamente preservado pelo constituinte, cede, porém, a outros interesses. De tal sorte que, no cotejo entre o interesse privado e o interesse público, se admite a quebra do sigilo, conforme ressalva formulada pela própria Constituição. Não se trata, assim, de direito absoluto, mas que, ao revés, pode sofrer limitação. Preenchidos, pois, os requisitos legais, tal medida, de caráter excepcional, pode ser decretada mediante autorização judicial. E nem faria mesmo sentido a utilização do sigilo como verdadeiro escudo para que crimes fossem perpetrados sem que o Estado pudesse intervir. Pode e deve fazê-lo, mas com o devido cuidado e a partir de minucioso exame do caso concreto (nos comentários ao inc. II acima trouxemos algumas posições do STF sobre a interceptação telefônica)[20].

Valendo-se de técnica de duvidosa eficácia[21], o legislador relacionou, no art. 2º da Lei nº 9.296/96, incs. I, II e III, as hipóteses nas quais não se admitirá a interceptação. Ocorrerão quando:

> "I – não houver indícios razoáveis da autoria ou participação em infração penal;
>
> II – a prova puder ser feita por outros meios disponíveis;
>
> III – o fato investigado constituir infração penal punida, no mínimo, com pena de detenção"[22].

Como "indícios razoáveis" devem ser entendidos aqueles dados que forneçam uma probabilidade da existência de um crime e sinalizem no sentido de seu autor. Trata-se, assim, de identificar a presença do "*fumus boni iuris*", a justificar a medida excepcional.

Nesse quadro, onde devem estar reunidos indícios de autoria e materialidade, deve-se presumir, por consequência, a prévia instauração de um inquérito policial (ou outro meio investigativo). Essa questão foi bem apanhada no relatório final do Projeto de Lei nº 5286/2009, oriundo de CPI instaurada para investigar interceptações telefônicas, ao se destacar que "nesse contexto, não se deve admitir que uma investigação, no âmbito da polícia judiciária, ocorra

---

20 Dispõe o art. 10 da Lei nº 9.296/96 que "constitui crime realizar interceptação de comunicações telefônicas, informática ou telemática, ou quebrar segredo de justiça, sem autorização judicial ou com objetivos não autorizados em lei".

21 Nesse sentido a observação de Vicente Greco Filho para quem "o art. 2º da Lei 9.296 optou por duplamente lamentável redação negativa, enumerando os casos em que não será admitida a interceptação, em vez de indicar taxativamente os casos em que será ela possível. Lamentável, porque a redação negativa sempre dificulta a intelecção da vontade da lei e mais lamentável ainda porque pode dar a entender que a interceptação seja a regra, ao passo que, na verdade, a regra é o sigilo e aquela, a exceção", in *Interceptação Telefônica*, São Paulo: Saraiva, 1996, p. 20.

22 A Resolução nº 59/2008 do CNJ, disciplina e uniformiza o procedimento de interceptação telefônica e telemática. No mesmo sentido a Resolução nº 36/2009 do CNMP.

sem a instauração prévia de inquérito policial. Não se trata de cumprir mera etapa burocrática, mas de se atender a um formalismo benigno, pois agrega segurança jurídica à investigação. Trata-se de um instrumento submetido ao controle do Poder Judiciário e do próprio Ministério Público, no exercício de seu controle externo da atividade policial. O que não é inadmissível é que a primeira medida investigatória seja a interceptação. A prova obtida por interceptação não pode ter caráter prospectivo. Deve haver elementos anteriores que justifiquem a confirmação mediante a interceptação telefônica, que configura método de investigação excepcional".

Exige a lei, ainda a indicar a excepcionalidade da medida, que se demonstre a imprescindibilidade da interceptação telefônica, ou seja, que o fim colimado não possa ser obtido senão por aquele meio de prova. Se, por exemplo, a oitiva de testemunhas é suficiente para a comprovação de determinado fato, não há porque se determinar, em acréscimo, a quebra do sigilo telefônico.

Por fim, a literalidade do inc. III indica que somente se admitirá a interceptação telefônica para a apuração de crimes punidos com reclusão, não se estendendo às demais infrações penais, onde se cominem penas de detenção. Trata-se de opção do legislador, cioso em restringir a medida somente para fatos mais graves.

Lembramos, por último, que o art. 15 da lei em exame, autoriza o acesso do delegado de polícia e do Ministério Público a dados cadastrais guardados por empresas de telefonia e por empresas de internet, independentemente de autorização judicial.

> VI – afastamento dos sigilos financeiro, bancário e fiscal, nos termos da legislação específica;

Prevê o art. 5º, inc. X da Constituição que "são invioláveis a intimidade, a vida privada, a honra e a imagem das pessoas, assegurado o direito a indenização pelo dano material ou moral decorrente de sua violação".

Como decorrência natural do princípio da inviolabilidade é assegurada, dentre outras, a garantia aos sigilos financeiro, bancário e fiscal, cuja quebra somente mediante ordem judicial pode ser determinada.

O sigilo bancário é previsto, também, em legislação infraconstitucional. Assim, reza o art. 1º da Lei Complementar nº 105/2001, que "as instituições financeiras conservarão sigilo em suas operações ativas e passivas e serviços prestados"[23], cuja quebra, salvo exceções que relaciona, depende de ordem judicial (art. 1º, § 4º da lei), ou de determinação de Comissão Parlamentar de Inquérito, que, nos temos do § 3º, do art. 58 da CF, possui "poderes de investigação próprios das autoridades judiciais".

---

23 A mesma lei, em seu art. 1º, § 1º, define o que considera como instituições financeiras, a saber: "I – os bancos de qualquer espécie; II – distribuidoras de valores mobiliários; III – corretoras de câmbio e de valores mobiliários; IV – sociedades de crédito, financiamento e investimentos; V – sociedades de crédito imobiliário; VI – administradoras de cartões de crédito; VII – sociedades de arrendamento mercantil; VIII – administradoras de mercado de balcão organizado; IX – cooperativas de crédito; X – associações de poupança e empréstimo; XI – bolsas de valores e de mercadorias e futuros; XII – entidades de liquidação e compensação; XIII – outras sociedades que, em razão da natureza de suas operações, assim venham a ser consideradas pelo Conselho Monetário Nacional".

Também os sigilos fiscal e financeiro merecem tutela, como se vê do disposto no art. 198 do Código Tributário Nacional (Lei nº 5.172/66), *verbis*: "Sem prejuízo do disposto na legislação criminal, é vedada a divulgação, por parte da Fazenda Pública ou de seus servidores, de informação obtida em razão do ofício sobre a situação econômica ou financeira do sujeito passivo ou de terceiros e sobre a natureza e o estado de seus negócios ou atividades". Excepciona a lei, no § 1º, inc. I do art. 198, a possibilidade de divulgação no sigilo desde que determinada judicialmente.

A quebra, portanto, dessas espécies de sigilo, além de importarem em exceção à regra geral, somente podem ser decretadas por ordem judicial, em questão sobre a qual não perdura nenhuma dúvida e cuja menção na lei em exame, a rigor, nem mesmo seria necessária.

O diploma em exame, em boa hora, afastou a esdrúxula previsão contida na revogada Lei nº 9.034/95 que, em seu art. 3º, facultava ao juiz pessoalmente diligenciar no sentido de ter acesso a dados, documentos e informações fiscais, financeiras e eleitorais. Tratava-se, com efeito, de indevida incursão do Magistrado no campo da prova, a afrontar o sistema acusatório entre nós adotado e capaz de alterar o estado de isenção de ânimo que deve orientar toda e qualquer decisão judicial. Se nossa legislação ainda previsse o chamado "juiz de garantias", responsável por todas as medidas tomadas na fase de investigação, e ainda se poderia tolerar essa iniciativa[24]. Mas não é o caso. Isso talvez explique, inclusive, o fato dessa espécie de diligência não ter, ao que parece, se efetivado na prática, se ignorando mesmo se chegou a ser aplicada.

VII – infiltração, por policiais, em atividade de investigação, na forma do art. 11;

O tema é tratado abaixo, nos comentários aos artigos 10 a 14.

VIII – cooperação entre instituições e órgãos federais, distritais, estaduais e municipais na busca de provas e informações de interesse da investigação ou da instrução criminal.

A alta complexidade das atividades que envolvem a criminalidade organizada exige uma perfeita sintonia entre os diversos órgãos públicos, de todos os níveis, que possam colaborar em sua investigação.

A propósito, a Convenção das Nações Unidas contra o Crime Organizado Transnacional, com sede em Palermo, prevê em art. 7, item "b", que cada Estado-parte garantirá "que as autoridades responsáveis pela administração, regulamentação, detecção e repressão e outras autoridades responsáveis pelo combate à lavagem de dinheiro [...], tenham a capacidade de cooperar e trocar informações em âmbito nacional e internacional, em conformidade com as condições prescritas no direito interno, e, para esse fim, considerará a possibilidade de criar um serviço de informação financeira que funcione como centro nacional de coleta, análise e difusão de informação relativa a eventuais atividades de lavagem de dinheiro".

Tal auxílio deve se operar entre os dois níveis de polícia judiciária existentes no Brasil, a federal e as estaduais. Dentre estas últimas, a cooperação deve ocorrer entre as polícias civil e

24 O Projeto de Lei nº 15/2009, que tramita no Senado Federal e que trata da reforma do Código de Processo Penal, prevê a figura do juiz de garantias, a quem caberá decidir sobre a quebra de sigilos fiscal, bancário e telefônico (art. 14, XI, "c").

militar. Por mais óbvio que possa parecer essa constatação, o certo é que, na prática, no mais das vezes tais órgãos "não se falam", isto é, não compartilham suas informações de modo a permitir um adequado enfrentamento à criminalidade.

Mas a troca de informações não se restringe às entidades de caráter policial. Assim, por exemplo, a Receita Federal deve encaminhar ao Ministério Público representação pela prática, em tese, de crime tributário ou previdenciário, segundo o art. 83 da Lei nº 9.430/96.

Também as instituições financeiras (cujo rol é apresentado no artigo anterior), devem comunicar "às autoridades competentes, da prática de ilícitos penais ou administrativos", sem que tal conduta importe em violação do dever de sigilo, nos termos do art. 1º, § 3º, IV da Lei Complementar nº 105/2001. Esta lei obriga, ainda, que os presidentes do Banco Central do Brasil e da Comissão de Valores Imobiliários comuniquem ao Ministério Público a ocorrência de crime (art. 9º).

De sua parte, também o Tribunal de Contas da União, na dicção do art. 16, § 3º, da Lei nº 8.443/92, "providenciará a imediata remessa de cópia da documentação pertinente ao Ministério Público da União, para ajuizamento das ações civis e penais cabíveis." Idênticas providências têm previsão legal em leis estaduais que tratam dos respectivos tribunais de contas de cada unidade da Federação.

As corregedorias, das mais diversas carreiras, as Comissões Parlamentares de Inquérito, bem como o Conselho Nacional de Justiça e o Conselho Nacional do Ministério Público, também podem auxiliar, na análise do caso concreto, nos termos sugeridos por este dispositivo.

São apenas exemplos de órgãos e instituições que, embora não compondo o aparato policial, podem colaborar com a investigação visando o combate ao crime organizado.

SEÇÃO I

DA COLABORAÇÃO PREMIADA

Art. 4º O juiz poderá, a requerimento das partes, conceder o perdão judicial, reduzir em até 2/3 (dois terços) a pena privativa de liberdade ou substituí-la por restritiva de direitos daquele que tenha colaborado efetiva e voluntariamente com a investigação e com o processo criminal, desde que dessa colaboração advenha um ou mais dos seguintes resultados:

O instituto da colaboração premiada, ainda que contando com denominação diversa, sempre foi objeto de análise pela doutrina, tratado que é como "delação premiada (ou premial)", "chamamento do corréu", "confissão delatória" ou, segundo os mais críticos, "extorsão premiada", etc.

Também é conhecido do Direito positivo, eis que introduzido em nosso ordenamento jurídico por leis anteriores. De sorte que a lei dos crimes hediondos (Lei nº 8.072/90), em seu art. 8º, parágrafo único, previa a redução da pena para o "participante e o associado que denunciar à autoridade o bando ou quadrilha". Essa lei também acrescentou o § 4º, ao art. 159 do Código Penal (extorsão mediante sequestro), estendendo o mesmo benefício ao coautor do crime.

Posteriormente a revogada lei que tratava das organizações criminosas (Lei nº 9.034/95), no art. 6º, tornou a prever a redução da pena, desde que a espontânea colaboração do agente levasse ao esclarecimento de infrações penais e de sua autoria.

Também a lei de lavagem de capitais (Lei nº 9.613/98), ampliou o leque de favores, prevendo, além da redução da pena (ou sua substituição), seu cumprimento em regime semiaberto ou aberto e a possibilidade do perdão judicial (art. 1º, § 5º). Benefícios idênticos foram cogitados na lei de proteção das vítimas e testemunhas (Lei nº 9.807/99, arts. 13 e 14).

A lei de drogas (Lei nº 11.343/2006), no art. 41, possui previsão de redução da pena àquele que, voluntariamente, contribui com a investigação e o processo criminal, do qual resultará redução, de 1/3 a 2/3, de sua pena. E, mais recentemente, a Lei nº 12.529/2011, que estruturou o Sistema Brasileiro de Defesa da Concorrência, permite que o CADE (Conselho Administrativo de Defesa Econômica), firme acordo de leniência que "impede o oferecimento da denúncia com relação ao agente beneficiário da leniência" (art. 87), com a posterior extinção da punibilidade caso cumprido o acordo.

Mas, assim como ocorria com a ação controlada e a infiltração de policiais – que também possuíam anterior previsão legal – não havia um regramento mais específico e um roteiro mais detalhado que propiciassem a efetividade da medida.

A lei em exame altera sensivelmente esse panorama, cuidando da forma e do conteúdo da colaboração premiada, prevendo regras claras para sua adoção, indicando a legitimidade para formulação do pedido, enfim, permitindo, de um lado, maior eficácia na apuração e combate à criminalidade organizada[25], sem que, de outra parte, se arranhem direitos e garantias asseguradas ao delator.

A colaboração premiada pode ser definida, já com base na lei em exame, como a possibilidade que detém o autor do delito em obter o perdão judicial e a redução da pena (ou sua substituição)[26], desde que, de forma eficaz e voluntária, auxilie na obtenção dos resultados pre-

25 . Entendemos que o instituto da colaboração premiada, nos termos que em delineados na Lei 12.850/13, pode ser aplicado para outros crimes, mesmo que não cometidos por organização criminosa, mas que autorizam o beneplácito da delação (como, por exemplo, associação criminosa – art. 288 do CP). A citada Lei criou, no nosso ordenamento jurídico, um microssistema do pacto premial, destrinchando os benefícios e o procedimento a serem observados, assegurando direitos e ditando deveres aos atores envolvidos no negócio jurídico. A aplicação da Lei 12.850/13 para crimes que não envolvem crime organizado tem autorização do direito penal (analogia *in bonam partem*) e do processo penal (analogia integradora). Importante recordar, num quadro de aparente conflito de normas, a teoria do diálogo das fontes. A ideia de que as leis devem ser aplicadas de forma isolada umas das outras é afastada pela referida teoria. O ordenamento jurídico deve ser interpretado de forma unitária. A teoria surge para fomentar a ideia de que o Direito deve ser interpretado como um todo de forma sistemática e coordenada. Uma norma jurídica não excluiria a aplicação da outra, como acontece com a adoção dos critérios clássicos para solução dos conflitos de normas (antinomias jurídicas) idealizados por Norberto Bobbio. Pela teoria, as normas não se excluiriam, mas se complementariam. Nas palavras do professor Flávio Tartuce, "a teoria do diálogo das fontes surge para substituir e superar os critérios clássicos de solução das antinomias jurídicas (hierárquico, especialidade e cronológico). Realmente, esse será o seu papel no futuro" (Manual de direito civil, 2012, p. 66). Nesse mesmo sentido, citando Frederico Valez Pereira, temos a lição dos promotores de Justiça Masson e Marçal: "Noutro vértice, em qualquer caso que envolver delação, afigura-se conveniente a aplicação da sistemática (diálogo das fontes) inaugurada pela Lei 12.850/13, nos seus artigos 4o. ao 7o., até porque este foi o único diploma normativo que delineou um procedimento a ser para a corporificação do acordo de colaboração premiada, razão pela qual temos a Lei do Crime Organizado como uma espécie de lei geral procedimental. (...) Não obstante a existência de vários regramentos prevendo o instituto da delação premiada, até a vigência da Lei 12.850/13, havia em nosso ordenamento jurídico uma imensa vala em relação ao procedimento a ser adotado na gestão da colaboração. Justamente por isso, 'e não apenas admissível, tendo em conta a analogia, mas plenamente recomendável que se apliquem as regras procedimentais disciplinadas na Lei das organizações criminosas a todas as hipóteses de utilização do instrumento premial no ordenamento jurídico penal brasileiro'" (Crime Organizado, 2017, p. 198).

26 Entende parcela da doutrina que o rol de benefícios para o colaborador não é taxativo, mas exemplificativo, como, aliás, tem demonstrado a prática, em que os colaboradores têm tido benefícios além dos dispostos

vistos em lei. A partir da lei posta, portanto, é incabível a conceituação do instituto com base, exclusivamente, na delação dos comparsas formulada pelo colaborador, já que o prêmio pode ser obtido ainda que ausente essa imputação, como, por exemplo, se em decorrência dela se salvaguardou a integridade física da vítima (inc. V abaixo)[27].

Não se ignoram as inúmeras críticas formuladas a esse instituto, porquanto, para os que pensam assim, vem baseado na traição, deslealdade e mentira, valendo-se o Estado, ademais, de meios imorais na busca da condenação, a demonstrar sua ineficiência "para com sua função persecutiva penal"[28].

Segundo Hassemer, "não é permitido ao Estado utilizar os meios empregados pelos criminosos, se não quer perder, por razões simbólicas e práticas, a sua superioridade moral"[29].

Na lição de Eugenio Raúl Zaffaroni, "a impunidade de agentes encobertos e dos chamados 'arrependidos' constitui uma séria lesão à eticidade do Estado, ou seja, ao princípio que forma parte essencial do Estado de Direito: [...] o Estado está se valendo da cooperação de um delinquente, comprada ao preço da sua impunidade para 'fazer justiça', o que o Direito Penal liberal repugna desde os tempos de Beccaria"[30].

Apontam-se outras máculas ao instituto. Violaria, assim, o princípio da proporcionalidade, posto que ensejaria a aplicação de sanções diversas àqueles que perpetraram o mesmo crime[31]. Invadiria, outrossim a competência jurisdicional do Magistrado, por ser a colaboração oriunda de um acordo celebrado entre Ministério Público e defesa. Mais que isso, atentaria mesmo contra os princípios da ampla defesa e do contraditório[32], posto que subtraído do Poder Judiciário a possibilidade de julgar o feito. Diz-se, ainda, que enfraqueceria o trabalho de investigação policial, que não mais se empenharia na elucidação dos delitos, ante a facilidade advinda da colaboração[33].

Discordamos destes posicionamentos, enumerados – saliente-se – antes do advento da lei em análise. Discordamos em virtude de que muitos se acham superados em face das disposições do estatuto novel. E, outros, importam, sob nossa compreensão, em uma ótica equivocada do instituto, distante, além disso, da realidade atual, que reclama meios mais eficazes no combate a tão séria espécie de criminalidade.

---

expressamente na lei conforme a eficácia de sua colaboração. É o caso, por exemplo, de benefícios que substituem reclusão por prisão domiciliar.

27 Lembre-se o item 2, do art. 26 da Convenção de Palermo, Introduzida em nosso ordenamento jurídico pelo Decreto nº 5.015/2004), prevê que "cada Estado Parte poderá considerar a possibilidade, nos casos pertinentes, de reduzir a pena de que é passível um arguido que coopere de forma substancial na investigação ou no julgamento dos autores de uma infração prevista na presente Convenção".

28 V., nesse sentido, com ampla e respeitável argumentação, Luiz Rascovski in *A (in)eficiencia da deleção premiada*. Estudos de processo penal. São Paulo: Scortecci, 2011, p. 142. E, ainda, Victor Gabriel Rodriguez, *Aula de ética e delação premiada*, Jornal Carta Forense, outubro de 2013, p. A22.

29 *Apud* Paulo Rangel. *Direito Processual Penal*, 7ª. ed., Rio de Janeiro: Lúmen Júris, 2003, p. 605.

30 *Crime organizado: uma categoria frustrada*. Discursos sediciosos: crime, direito e sociedade, Rio de Janeiro: Revan, ano 1, v. 1, 1996, p. 45.

31 Nesse sentido, Luiz Rascovski, ob. cit., p. 143.

32 Aproximando-se dessa linha de argumentação, confira-se: Antonio Magalhães Gomes Filho e Gustavo Henrique Righi Ivahy Badaró. *Prova e Sucedâneos de prova no processo penal Brasileiro*. Revista Brasileira de Ciências Criminais. Março – abril de 2007, nº 65, p. 188, RT.

33 Nesse sentido, Walter Fanganiello Maierovitch. *Apontamentos sobre a política criminal e a plea bargaining*. Revista de Informação Legislativa, Brasília, v. 28, nº 112, out-dez 1991, p. 206.

Destaque-se, de plano, argumento que nos parece fundamental para o correto enfrentamento da questão. Consiste no fato de que a colaboração premiada pressupõe, para sua admissão, a voluntariedade do agente, como se vê do "*caput*" deste artigo. Em outras palavras e de forma mais direta: o colaborador, em absoluto, se vê compelido a aceitar seus termos. O juiz, aliás, somente homologará o termo de acordo se nele detectar a voluntariedade do agente (§ 7º, abaixo). Caso pressinta a imoralidade da iniciativa, basta ao colaborador que rejeite a proposta de delação. Essa impressão se reforça ao se constatar que, nos termos do § 6º abaixo e do art. 6º, inc. III, é obrigatória a presença do defensor em todo o procedimento para implantação do favor legal. Este, seguramente, também não aceitará a proposta caso nela vislumbre tal sorte de ilegalidades.

Vale ressaltar, ainda, que a crítica toma em conta apenas o fato do colaborador delatar seus comparsas (o que revelaria seu comportamento imoral e aético), não considerando, porém, que a lei não exige, como pressuposto para a concessão da mercê, essa espécie de conduta. Explicamos: se a colaboração somente fosse implantada com a condição do agente delatar os demais agentes, talvez ainda se pudesse admitir esse argumento. Ocorre que essa não é uma condição *sine qua non* para concessão do benefício que, na dicção dos incisos IV e V abaixo, pode ser adotado caso ocorra a recuperação total ou parcial do produto do crime ou quando preservada a integridade física da vítima.

É dizer: pode o agente dar a contribuição apontando o local no qual se encontra a vítima sem que, para tanto, tenha que delatar os comparsas. Pode, ainda, indicar aonde os bens oriundos da atividade criminosa estão escondidos e, nem por isso, terá necessariamente acusado seus companheiros. Em ambas as hipóteses ele merecerá o benefício, conquanto não tenha feito alusão a um nome sequer dos demais envolvidos na organização criminosa. De sorte que a colaboração premiada, pelo menos nos termos da nova legislação, não possui a marca da traição e indignidade que tanto preocupa seus críticos.

Nem mesmo o prêmio dado àquele que se arrepende pode ser considerado imoral ou inusitado em nosso ordenamento jurídico. O art. 15 do Código Penal prevê, com efeito, a figura da desistência voluntária e arrependimento eficaz, enquanto que o art. 16 do mesmo "codex" trata do arrependimento posterior. No mesmo sentido a atenuante do art. 65, inc. III, "b" do Código Penal. Também a confissão, prevista como atenuante no art. 65, inc. III, "d" do Código Penal, embora não se investigue o valor moral que a motivou, não deixa de se consistir em estímulo ao réu, como "forma de recompensá-lo por haver, assim, colaborado com a ação da justiça", segundo Aníbal Bruno[34].

São formas que, conquanto diversas da colaboração, guardam alguma semelhança com o instituto e nas quais se prestigia o agente que se revela pesaroso pela atitude que perpetrou.

Não há, outrossim, qualquer ofensa ao princípio da proporcionalidade pela cominação de sanções diversas a autores do mesmo delito. Ora, quando dois agentes perpetram o mesmo delito, em coautoria, um contando 25 e outro 19 anos de idade à época do crime, por acaso não receberão penas diversas, já que este último é beneficiado com a circunstância atenuante do art. 65, inc. I do Código Penal? O que se considera, com efeito, é a condição subjetiva de cada um deles, assim como na lei em exame, razão pela qual aquele que contribui merece uma reprimenda menor (ou nenhuma reprimenda), quando comparado aos demais que nada auxiliaram.

---

34 *Direito Penal.* Rio de Janeiro: Forense, 1984, vol. III, p. 143.

Tampouco aproveita a tese de que a colaboração subtrairia do Poder Judiciário sua vocação natural para conhecer do feito e julgar o réu. Não pelo menos no sistema introduzido pela lei. É que, apesar das tratativas de acordo envolverem acusação e defesa (§ 6º abaixo), cabe ao Magistrado a última palavra, já que a ele é dado recusar a proposta (§ 8º abaixo). Ademais, para que se conceda o perdão ou a redução da pena, é preciso que, antes, tenha transcorrido um processo. Nada impede, nessa alinha de raciocínio, que o juiz absolva o colaborador, considerando, por exemplo, a fragilidade da prova. Ou que o condene, aplicando os benefícios advindos da colaboração. Mas, em ambos os casos, será proferida uma sentença, motivo pelo qual não vislumbramos qualquer amesquinhamento na função primordial do Poder Judiciário. Também por isso restam preservados os princípios da ampla defesa e do contraditório, pois há sim um processo a anteceder qualquer sentença[35].

Nem se diga que a lei traria um esmorecimento do trabalho investigativo da polícia, acomodada com a facilidade da colaboração premiada. A um, em virtude de que tal entendimento confere uma amplitude de atuação que o instituto parece não possuir, já que não serão tantos os casos nos quais será aplicado. E, a dois, porque não faltarão outros delitos para que a polícia exerça seu trabalho investigativo. Não será, assim, a colaboração premiada a responsável por eventual insucesso na investigação policial, que – sabemos todos – é preexistente à lei em comento.

Em verdade, a criminalidade organizada, face às suas peculiaridades, reclama uma nova visão sobre os meios de prova a serem utilizados para fazer frente a seu poderio.

Alberto Silva Franco, com propriedade, destaca as características e malefícios dessa espécie de criminalidade: "O crime organizado possui uma textura diversa: tem caráter transnacional na medida em que não respeita as fronteiras de cada país e apresenta características assemelhadas em várias nações; detém um imenso poder com base numa estratégia global e numa estrutura organizativa que lhe permite aproveitar as fraquezas estruturais do sistema penal; provoca danosidade social de alto vulto; tem grande força de expansão, compreendendo uma gama de condutas infracionais sem vítimas ou com vítimas difusas; dispõe de meios instrumentais de moderna tecnologia; apresenta um intrincado esquema de conexões com outros grupos delinquenciais e uma rede subterrânea de ligações com os quadros oficiais da vida social, econômica e política da comunidade; origina atos de extrema violência; exibe um poder de corrupção de difícil visibilidade; urde mil disfarces e simulações e, em resumo, é capaz de inerciar ou fragilizar os poderes do próprio Estado"[36].

Porém, não apenas os meios de prova, porque carecem de atualização, justificam a colaboração premiada. Ela se revela, demais disso, como poderoso instrumento de combate à criminalidade, sobretudo quando, com sua concretização, se possa evitar que outros delitos se repitam e que cesse o curso daqueles que estão em marcha[37].

Como destaca Afrânio Silva Jardim, "a maior ou menor legitimação do poder punitivo do Estado estará sempre na razão direta de sua maior ou menor representatividade social, bem

35 Quando do advento da Lei nº 9.099/95, que inovou com a possibilidade da transação penal, foi invocado o entendimento que teríamos uma pena "sem processo", em violação ao princípio constitucional do devido processo legal. Passados quase 14 anos de vigência da lei, cujos resultados são claríssimos, ninguém mais ousa argumentar nesse sentido.

36 *O Crime Organizado e a Legislação Brasileira*. São Paulo: RT, 1995, p. 75. Ressalte-se, contudo, que referido autor não é simpático ao instituto da delação premiada.

37 Sobre certa flexibilização dos direitos individuais frente ao crime organizado, ver, adiante, os comentários ao art. 15 desta Lei.

como na correta escolha dos valores sociais a serem protegidos pela norma penal incriminadora, inclusive no que se refere à intensidade da sanção aplicada"[38].

Relevante, ainda, a observação de Flavio Eduardo Turessi, ao destacar que "a relação umbilical existente entre a criminalidade organizada e a visível desestruturação política, social e econômica da sociedade moderna reclama do ordenamento jurídico novos e eficientes mecanismos de atuação, vale dizer, novas técnicas de investigação, sob pena de se assistir, num futuro próximo, à falência irreversível do aparato preventivo-repressivo do Estado [...] Rotulada por alguns como um verdadeiro 'mal necessário', o instituto da delação premiada, com as 'venias' de estilo, longe de se assentar em maquiada traição e de ser o reflexo da ineficiência do Estado no combate à criminalidade organizada, em verdade carece de maior atenção dos operadores do direito, em especial daqueles que se dedicam ao combate da criminalidade organizada, notadamente quando nos debruçamos sobre sua aplicabilidade prática e alcance, desafios motivadores desse estudo"[39].

Como destacam Pierpaolo Cruz Bottini e Luciano Feldens, "evidente que a delação premiada – por si – não é suficiente para uma acusação formal contra alguém, e que sua instituição não transforma as autoridades policiais em meros espectadores de denúncias alheias. Trazidas as informações, por meio de pessoa identificada, o Estado tem o dever de averiguar sua credibilidade, seus fundamentos, para evitar que rixas e inimizades pessoais ou comerciais se transformem em persecuções sem fundamento, como danos irreparáveis à imagem dos envolvidos. Mas isso não desmerece o instituto, cujo êxito é percebido a cada crime desbaratado pelo arrependimento – real ou estratégico – de um dos integrantes da empreitada criminosa. Enfim, a substituição de uma política simbólica, baseada no aumento de penas, por uma política eficaz, fundada na gestão da informação, dentro dos parâmetros legais e constitucionais que cercam a atividade estatal, parece a resposta mais adequada à criminalidade organizada" [40].

De resto, não mais se cogita, frente aos termos da lei, da discussão sobre a voluntariedade ou espontaneidade da colaboração, debate cabível em virtude da forma diversa que os diplomas anteriores tratavam da matéria[41]. A lei é clara em se satisfazer apenas com o ato voluntário do colaborador, a saber aquele que nasceu de sua livre vontade, desprovido de qualquer espécie de coação, ainda que não sendo dele a iniciativa, que pode ter se originado por orientação de seu defensor.

Fundamental será, isto sim, a análise quanto a eficácia dessa colaboração[42], como será visto na abordagem dos requisitos para sua concessão, abaixo relacionados.

Destaque-se, ainda, que tais requisitos, para o reconhecimento da colaboração premiada, não precisam coexistir simultaneamente ou, em outras palavras, basta apenas a presença de um deles para que o benefício seja viável, atentando-se, ademais, ao preenchimento das condições previstas no § 1º abaixo.

---

38 *Direito Processual Penal*. Rio de Janeiro: Forense, 8ª. ed., 1999, p. 81.

39 *Breves apontamentos sobre crime organizado, delação premiada e proibição de proteção penal insuficiente*. Revista Jurídica da Escola Superior do Ministério Público de São Paulo. Vol. 3, 2013, p. 230.

40 *A forma inteligente de controlar o crime organizado*. Disponível em: www.conjur.com.br 05 de novembro de 2013.

41 A revogada lei do crime organizado (Lei nº 9.034/95, art. 6º), a Lei de Lavagem de Capitais (Lei nº 9.613/98, art. 1º, § 5º), exige a espontaneidade, enquanto que a e a Lei de Drogas (Lei nº 11.343/2006, art. 41) e a Lei de Proteção a Vítima e Testemunhas (Lei nº 9.807/99, art. 13), se contentam com a voluntariedade.

42 Sobre a eficácia da medida, v. comentários sobre o tema no § 3º abaixo.

I – a identificação dos demais coautores e partícipes da organização criminosa e das infrações penais por eles praticadas;

Uma das formas mais contundentes de colaboração é, sem dúvida, aquela que propicia ao colaborador a possibilidade de delatar seus comparsas, bem como indicar as infrações penais que, em concurso, cometeram. Afinal, será por meio dessa iniciativa que se poderão alcançar, ademais, os objetivos da lei no que se referem à prevenção (inc. III), à recuperação dos bens (inc. IV), e à localização da vítima (inc. V).

Indagação interessante consiste em se saber se a colaboração, para ser válida, deve se restringir aos fatos em apuração em um determinado inquérito policial (ou no processo judicial), ou, ao contrário, se é possível estender a outros fatos estranhos relativos a investigações e processos diversos. Assim, suponha-se que o colaborador responda a um processo pela prática, em concurso com outros agentes, de tráfico de entorpecentes. Resolve, então, colaborar, mas delatando fatos diversos, relativos, por exemplo, a um crime de sequestro. Poderá aproveitar, em seu processo de tráfico de entorpecentes, a delação que formulou, recebendo, assim, os favores da lei ou, por se tratar de outro fato, essa colaboração não aproveita?

A dúvida existia em virtude da forma pela qual era prevista a questão por legislações anteriores que tratavam da colaboração. Assim, a revogada Lei nº 9.034/95, em seu art. 6º, previa a redução da pena "quando a colaboração espontânea do agente levar ao esclarecimento de infrações penais e sua autoria". Já a lei de proteção de vítimas e testemunhas (Lei nº 9.807/99, em seu art. 13, inc. I, prevê a concessão do perdão judicial desde que a colaboração resulte na "identificação dos demais co-autores ou partícipes da ação criminosa".

A redação deste dispositivo (que repete, em sua primeira parte, os termos do art. 13 da Lei nº 9.807/99), ao empregar as expressões "demais coautores e partícipes", não deixa qualquer dúvida no sentido de que, a colaboração, para surtir seus efeitos, deve se referir ao crime investigado ou processado no qual ela foi produzida. Não terá nenhum efeito, assim, a delação que faça referência a outros crimes que não são objeto do procedimento investigatório ou do processo pelos quais responde o colaborador.

O Supremo Tribunal Federal, ao se deparar com o tema, entendeu que nessa hipótese, quando ocorre a colaboração referente a fatos estranhos ao objeto da investigação, a palavra do colaborador será equiparada ao encontro fortuito de provas, merecendo o mesmo tratamento deste, não configurando, pois, a colaboração premiada. Confira-se trecho da ementa:

Crimes de organização criminosa, lavagem de dinheiro, falsidade ideológica e corrupção passiva. Colaboração premiada. Delação de crimes não conexos com a investigação primária. Equiparação ao encontro fortuito de prova – "Os elementos de informação trazidos pelo colaborador a respeito de crimes que não sejam conexos ao objeto da investigação primária devem receber o mesmo tratamento conferido à descoberta fortuita ou ao encontro fortuito de provas em outros meios de obtenção de prova, como a busca e apreensão e a interceptação telefônica" (STF – Inq n. 4130 – QO-PR – Rel Dias Toffoli, j. 23.09.2015, DJe 02-02-2016).

Mas este dispositivo não se satisfaz com a mera identificação dos demais coautores ou participes, como faz a lei de drogas (Lei nº 11.343/2006, art. 41), exigindo, também, que o colaborador aponte as infrações penais cometidas por seus comparsas. Vê-se, nesse aspecto, que a colaboração importa em verdadeira confissão, ou seja, o colaborador admite sua participação criminosa e delata os demais componentes do grupo. Aliás, o art. 190 do Código de Processo Penal dispõe que, ao confessar a autoria, o interrogando "será perguntado [...] se outras pessoas concorreram para a infração, e quais sejam". A delação, a propósito, para que guarde eficácia probatória, sempre pressupôs que, antes de acusar terceiros, o delator assuma sua própria responsabilidade, conforme indica a jurisprudência[43].

II – a revelação da estrutura hierárquica e da divisão de tarefas da organização criminosa;

Por vezes a mera indicação dos crimes e de seus autores, como previsto no inciso anterior, não é suficiente para identificar toda a poderosa estrutura de uma organização criminosa. Este inciso, portanto, vai além do anterior, já que pressupõe que não só os nomes sejam indicados, mas, além disso, toda a hierarquia da organização, apontando, inclusive, a tarefa destinada a cada de um de seus membros. Por óbvio – sob pena de inviabilizar a aplicação do benefício – não se vai exigir do colaborador uma descrição absolutamente completa e detalhada do esquema, pelo simples motivo de que, muitas vezes, ele nem possui essa informação. A frequente e promiscua relação entre o crime organizado e o Estado[44], por exemplo, com a indicação da tarefa que cabe a cada um, é dado ao qual, provavelmente, não terá acesso um membro menos graduado do grupo, ocupante de uma posição inferior na hierarquia da organização. Sua estruturação piramidal impede o acesso dos componentes da base aos mais graduados[45]. Ainda que aponte somente parte dessa estrutura, mas desde que tal informação seja eficaz no desmantelamento da organização criminosa, merecerá, certamente, ver reconhecida sua colaboração.

III – a prevenção de infrações penais decorrentes das atividades da organização criminosa;

O caráter preventivo da colaboração é outro relevante motivo a justificar o instituto em estudo. É capaz, inclusive, de afastar a constante crítica daqueles que são contrários à delação, porque, segundo eles, antiética e impregnada de traição. Tem-se aqui um exemplo clássico do quanto pode ser positiva essa colaboração, quando se presta a prevenir a prática de outros crimes. Havendo, por conta da colaboração, um desmantelamento de determinada organização criminosa, consequentemente outras infrações, perpetradas pelo grupo, serão evitadas. É

43 Nesse sentido: "A delação de co-réu, quando feita sem escopo liberatório do delator, reconhecendo sua parte de culpabilidade na ação delituosa, é elemento probatório de inequívoca validade na formação da convicção do Julgador, em relação à conduta do delatado" (TACrim/SP – Rel. José Urban – *RJTACrim* 35/223)". Ou ainda: "A delação de co-réu que não se exime de culpa, constitui valioso elemento de convicção, quando confortada por evidências filtradas na instrução" (TACRIM-SP – Rel. Corrêa de Moraes – *RJTACrim* 38/266).

44 Nesse sentido, Arthur Pinto Lemos Júnior, *A investigação criminal diante das organizações criminosas e o posicionamento do Ministério Público*. São Paulo: Revista dos Tribunais, 1991, vol. 795, p. 415).

45 A máfia italiana (com ramificações em outros países), é um bom exemplo, já que dividida em "famílias", chefiadas pelo "Don" (lembre-se do personagem Don Corleone do filme "O Poderoso Chefão") ou *capo di tutti capi*, vindo abaixo os gerentes ("capos"), e, por último, os "soldados", a quem cabe o trabalho de intimidação e, por vezes, exterminação dos adversários. Há, além disso, toda uma "estrutura de apoio", constituída por advogados, policiais e políticos corruptos. "Máfia", aliás, se tornou um substantivo apto a designar toda organização criminosa. Temos, assim, a máfia japonesa ("Yazuka"), a siciliana ("Cosa Nostra"), a napolitana ("Camorra"), a calabresa (Na'drangheta"), etc. Confira-se a propósito: Salvatore Lupo, in *História da Máfia – Das origens aos nossos dias*. São Paulo: Unesp, 2002 e Revista "Superinteressante", Editora Abril, nº 44-A, janeiro de 2014.

verdade que nem sempre será fácil identificar a cessação de tais atividades criminosas e sua relação com a contribuição formulada pelo delator. Mas suponha-se que determinada região passe a ser atingida por constantes ataques a caixas eletrônicos. Com a identificação de um dos membros do grupo e, a partir de sua colaboração, constata-se que a frequência de tais furtos sofreu sensível redução. É possível, nesse caso, atribuir à delação a devida eficácia e seu conseqüente aproveitamento em favor do delator.

IV – a recuperação total ou parcial do produto ou do proveito das infrações penais praticadas pela organização criminosa;

A lei não exige, pontualmente, a reparação do dano à vítima, como condição para validade da colaboração. É assim no Código Penal, quando a reparação do dano é circunstância atenuante (art. 65, III) e requisito para concessão do livramento condicional (art. 83, IV) e da revisão criminal (art. 94, III). Constitui-se, ademais, em efeito natural da condenação (art. 91, I do CP), cuja sentença deve fixar um valor mínimo visando a reparação do dano (art. 387, inc. IV do Código de Processo Penal). Tem previsão, ainda, em outros diplomas, como, por exemplo, na Lei nº 9.099/95, quando tal reparação é requisito essencial para a concessão da suspensão condicional do processo (art. 89, § 1º, inc. I).

De qualquer sorte, a recuperação total ou parcial do produto ou proveito do crime, pode importar na reparação também, total ou parcial, dos prejuízos suportados pela vítima.

Observe-se, ainda, que em alguns crimes, que são típicos de organizações criminosas, sua prática não implica em um prejuízo direito a uma vítima específica. É assim, por exemplo, com o tráfico de drogas, de armas ou de mulheres e com a exploração da prostituição. Pode ocorrer ainda um crime de sequestro, no qual não foi pago o resgate, em que não há que se falar em prejuízo ao ofendido (pelo menos sob o aspecto financeiro). Em outras situações, o prejuízo será do Estado, com sonegação de impostos, como, *v.g.*, no crime de contrabando ou descaminho.

Agora, se por força da colaboração foi recuperado, total ou parcialmente, o produto do crime (por exemplo, o valor pago pelo resgate da vítima de um sequestro), ou seu proveito (veículos adquiridos com o dinheiro obtido no sequestro), tal colaboração, nesses casos, será válida.

V – a localização de eventual vítima com a sua integridade física preservada.

O bem maior a ser preservado, seja qual for a espécie de criminalidade que se pretenda combater, é a vida humana. Por isso que a colaboração deve ser admitida quando, através dela, for possível a localização da vítima, com sua integridade física preservada. Claro, outrossim, que o ato de delação, que propicie o encontro do cadáver da vítima, não contará com a eficácia exigida para a concessão do benefício, ainda que o colaborador a imaginasse viva.

Vale atentar, porém, que não basta que o ofendido esteja vivo, mas, além disso, que sua integridade física esteja preservada. Isso porque, embora vivo, ele pode apresentar seriíssimas lesões corporais, decorrentes da ação criminosa, quando então não será cabível o acordo de colaboração. Mas se, embora contando alguma lesão, esta não chegue a comprometer seu estado geral de saúde, poderá então validamente ser admitida a colaboração.

O legislador não fez qualquer menção à integridade psicológica. Imagine-se uma vítima de sequestro, mantida em cárcere por longos dias, em cativeiro do qual lhe advieram enormes sequelas de cunho psicológico, de caráter permanente. A necessidade de preservação da higidez psicológica, todavia, porque não prevista na lei, não será também um fator a impedir o reconhecimento do favor legal.

Contando ainda com o exemplo do sequestro, caso a vítima escape do cativeiro ou dele seja libertada por ação de terceiros, de nada terá adiantado a atitude do colaborador e, por isso mesmo, não merecerá os benefícios típicos de sua atitude.

> § 1º Em qualquer caso, a concessão do benefício levará em conta a personalidade do colaborador, a natureza, as circunstâncias, a gravidade e a repercussão social do fato criminoso e a eficácia da colaboração.

Para que seja homologada a colaboração, porém, não se exige apenas o preenchimento de um dos requisitos elencados nos incisos I a V acima. É preciso que se verifique, além disso, os dados indicados neste dispositivo, que devem ser sopesados conjuntamente.

O primeiro quesito a ser observado diz respeito à personalidade do colaborador. Segundo Aníbal Bruno[46], "chamamos de personalidade a maneira de ser peculiar do indivíduo, de que depende a sua maneira de agir. Poder ser entendida como o conjunto de atributos psíquicos, particularmente como o caráter, mas o seu sentido é ainda mais largo. Abrange a maneira de ser total do indivíduo, antropológico-social-cultural, cujos aspectos se conjugam intimamente, sem que se possa entender qualquer deles fora da compreensão dos demais".

E prossegue o saudoso autor: "o juiz terá, assim, de investigar a história do paciente, o seu comportamento habitual, as condições de sua existência, a maneira pela qual tem procurado vencer as posições embaraçosas, as suas relações com a família e com as outras instituições sociais ou pessoas com que tenha entrado em convivência, suas inclinações e preferências para determinados meios, em suma, todas as formas de atividade que possam ser tomadas como expressão do seu próprio eu"[47].

Ainda quanto à personalidade do colaborador, pensamos que não seja necessária sua primariedade. A um, pois tal exigência poderia frustrar, em boa parte dos casos concretos, a concessão do benefício, vez que muitos do envolvidos nessa espécie de criminalidade certamente não serão primários (e, tampouco, ostentarão bons antecedentes). A dois, em virtude de que o legislador, quando reclamou a primariedade, o fez de forma expressa, como, por exemplo, no "*caput*", do art. 13 da Lei nº 9.807/99, ao dispor que o perdão judicial poderá ser concedido "ao acusado que, sendo primário, tenha colaborado...". Se aqui preferiu omitir esse requisito, conclui-se que ele não seja imprescindível para o acatamento da colaboração[48].

Mas tampouco a primariedade ou mesmo os bons antecedentes garantirão ao colaborador, de pronto, o sucesso de sua iniciativa. Há que se avaliar, ainda, "a natureza, as circunstâncias, a gravidade e a repercussão social do fato criminoso".

46 Ob. cit., vol. II, p. 293.

47 Ob. cit., vol. II, p. 295.

48 Essa impressão é reforçada quando se constata que no projeto de lei do Senado, de autoria da senadora Serys Slhessarenko (PL nº 150/2006), em seu art. 4º, se exigia a primariedade do agente, o que acabou não prevalecendo na redação final da lei.

A "natureza" do fato criminoso guarda relação com a espécie de delito perpetrado. Uma coisa, para a implantação da colaboração premiada, será a análise, por exemplo, de um crime de contrabando ou descaminho. Outra coisa, um tanto diversa, será o enfrentamento de um crime de sequestro seguido de morte. Claro que ambas as condutas são socialmente nocivas, tanto que o legislador as elegeu como criminosas. Mas não se pode negar que a natureza do crime de sequestro, do qual resultou a morte da vítima, por atingir o bem mais precioso do ser humano, é infinitamente mais grave se comparada ao contrabando ou descaminho, cujos danos são quase que unicamente de caráter fiscal.

O legislador também se refere às "circunstâncias" que, na lição de Julio Fabbrini Mirabete, quando da análise do art. 59 do Código Penal, "podem referir-se ao tempo do delito, que pode demonstrar maior ou menor determinação do criminoso, a atitude durante ou após a conduta criminosa indicadora de insensibilidade ou indiferença ou arrependimento, ou se relacionar com a gravidade maior ou menor do dano causado pelo crime"[49]. Acrescentaríamos ainda, nesse quesito, o "modus operandi", bem como eventual armamento utilizado na prática criminosa, elementos também associados à natureza e à gravidade do crime.

Importantíssima inovação é prevista neste dispositivo, ao determinar que o Ministério Público e o delegado de polícia, antes de qualquer proposta de acordo, levem em conta "a gravidade e a repercussão social do fato criminoso". Também o juiz, ao apreciar o pedido de acordo de colaboração, deve proceder com essa cautela, podendo recusar sua homologação com fulcro neste dispositivo.

Com efeito, a revogada Lei nº 9.034/95, em seu art. 6º, autorizava a redução da pena desde que espontânea e eficaz a colaboração. Não fazia, portanto, nenhuma menção à gravidade do crime, de tal sorte que, em um crime de latrocínio, por exemplo, o corréu teria direito à redução da pena entre 1/3 a 2/3, bastando que delatasse seus comparsas, irrelevante, aqui, a morte da vítima.

Tornando à lei em comento, já dissemos que os requisitos para o reconhecimento da ação controlada, elencados nos incs. I a V do art. 4º, não exigem simultaneidade, ou seja, a presença de um deles já é o suficiente[50]. Poderia se imaginar, assim, que num sequestro seguido de morte, a mera recuperação do proveito da infração (do dinheiro pago no resgate), em vista da delação do corréu (art. 4º, inc. IV) já daria direito aos benefícios da colaboração premiada. E seria mesmo assim caso a análise se restringisse aos requisitos do art. 4º Ocorre que, conforme já salientamos, tais requisitos não devem ser sopesados isoladamente, mas em consonância com os demais pressupostos deste dispositivo, dentre os quais a "gravidade e a repercussão social do fato criminoso".

É dizer: a mera recuperação do produto do crime e mesmo a identificação dos demais membros da organização criminosa (para ficarmos com dois exemplos), por si só não recomendam, de pronto, a homologação do acordo de colaboração premiada. Feriria o bom senso que a singela delação dos comparsas ou a devolução do dinheiro obtido no sequestro, tendo a vítima morrido em virtude do crime, pudessem propiciar tamanha sorte de benefícios ao colaborador.

Assim, a gravidade do crime e sua eventual repercussão social (imagine-se um sequestro que culminou com a morte de uma criança), podem inviabilizar, na análise do caso concreto, a implantação dos favores legais oriundos da colaboração.

---

49 *Código Penal interpretado*. São Paulo: Atlas, 1999, p. 333.

50 É o que se extrai da expressão lançada no "*caput*" do art. 4º, quando diz cabível a concessão dos benefícios, "desde que dessa colaboração advenha *um ou mais* dos seguintes resultados" (grifamos).

Não se ignora que os Tribunais Superiores, em posições cristalizadas por meio de súmulas, têm restringido os efeitos da gravidade do crime[51]. Mas isso no que diz respeito ao regime inicial de cumprimento da pena. Aqui não se trata do regime a ser adotado, mas de situações muito mais benéficas ao agente, que pode ser coroado com o perdão judicial, substancial redução da pena corporal e mesmo sua substituição por restritiva de direitos. Daí a cautela que mais uma vez se recomenda para a concessão de tais favores.

> § 2º Considerando a relevância da colaboração prestada, o Ministério Público, a qualquer tempo, e o delegado de polícia, nos autos do inquérito policial, com a manifestação do Ministério Público, poderão requerer ou representar ao juiz pela concessão de perdão judicial ao colaborador, ainda que esse benefício não tenha sido previsto na proposta inicial, aplicando-se, no que couber, o art. 28 do Decreto-Lei nº 3.689, de 3 de outubro de 1941 (Código de Processo Penal).

O dispositivo indica os dois entes legitimados para a formulação do pedido de perdão em prol do colaborador, a saber o delegado de polícia (na fase de inquérito policial) e o membro do Ministério Público, a qualquer tempo, isto é, durante as investigações, no curso do processo e mesmo após o trânsito em julgado da sentença.

Há respeitada opinião no sentido da inconstitucionalidade do dispositivo em exame, no ponto específico que faculta ao delegado de polícia a possibilidade de representar pela concessão do perdão judicial ao colaborador, por violação ao disposto no art. 129, I da Constituição, que confere ao Ministério Público, em caráter privativo, a titularidade da ação penal pública.

É o entendimento de Eduardo Araújo da Silva, para quem "a lei é inconstitucional ao conferir tal poder ao delegado de polícia, via acordo com o colaborador, ainda que preveja a necessidade de parecer do Ministério Público e de homologação judicial, pois não pode dispor de atividade que não lhe pertence, ou seja, a atividade judicial de busca da imposição penal em processo-crime, vinculando o entendimento do órgão responsável pela acusação". E prossegue o ilustre autor "Aliás, se persistir a sistemática legal, corre-se o risco de eventualmente o Ministério Público manifestar-se contrário ao acordo promovido pelo delegado de polícia e o juiz, por sua vez, homologá-lo, vinculando sua decisão final. Teríamos, então, por vias transversas, a hipótese de o delegado de polícia vincular a disponibilidade quanto à aplicação da sanção penal ou ao exercício do jus puniendi estatal, via perdão judicial, à revelia do órgão titular da ação penal, o que implicaria em manifesto cerceamento das funções acusatórias em juízo" [52].

O Supremo Tribunal Federal, na ADI 5.508-DF, julgou constitucional os parágrafos 2º. e 6º. do art. 4º. da Lei 12.850/13, reconhecendo a legitimidade de o Delegado de Polícia celebrar acordo de colaboração premiada.

---

51 Súmula 440 do STJ: "Fixada a pena-base no mínimo legal, é vedado o estabelecimento de regime prisional mais gravoso do que o cabível em razão da sanção imposta, com base apenas na gravidade abstrata do delito".

Súmula 718 do STF: "A opinião do julgador sobre a gravidade em abstrato do crime não constitui motivação idônea para a imposição de regime mais severo do que o permitido segundo a pena aplicada".

Súmula 719: "A imposição do regime de cumprimento mais severo do que a pena aplicada permitir exige motivação idônea".

52 *Da inconstitucionalidade da proposta de delegado de polícia para fins de acordo de delação premiada – Lei nº 12.850.* Disponível no sítio www.apmp.com.br. Elaborado em setembro de 2013 (acessado em 10.11.2013).

Diante desse quadro, o Ministério Público de São Paulo apresentou os seguintes enunciados, para que a colaboração eventualmente celebrada pelo Delegado, não interfira nas suas atribuições constitucionais, em especial, titularidade da ação penal (art. 129, I, CF):

ENUNCIADO N. 1

Apresentada proposta de acordo de colaboração premiada subscrita pelo Delegado de Polícia para homologação judicial, pode o Ministério Público, como titular da ação penal (art. 129, I, da CF), **depois de ouvido o colaborador na presença de seu defensor**:

a) ratificar os termos do acordo, **em especial quando dele participou desde a origem**;

b) substituir o acordo por outro;

c) recusar o acordo, ressalvada a possibilidade de o juiz, dissentindo, remeter a questão ao Procurador-Geral de Justiça, aplicando, por analogia, o art. 28 do CPP;

d) entendendo não existir justa causa para a ação penal, manifestar-se pela rejeição do acordo policial, promovendo o arquivamento da investigação;

e) realizar ou requisitar diligências imprescindíveis à análise dos termos do acordo ou da formação da "opinio delicti".

ENUNCIADO N. 2

O acordo celebrado pela Autoridade Policial não deve impedir ou restringir, direta ou indiretamente, o direito de ação ou de punir do Estado, ficando vedada a concessão de imunidade processual, perdão judicial, substituição de pena, regime prisional diverso daquele ditado pelo art. 33 do CP ou efeitos de eventual condenação.

ENUNCIADO N. 3

Não havendo previsão legal do cabimento de recurso em sentido estrito, da decisão que homologa o acordo policial desafia recurso de apelação, com fundamento no art. 593, II, CPP; se proferida por Tribunal, agravo interno.

ENUNCIADO N. 4

A atribuição do Delegado de Polícia para firmar acordo se limita à fase de investigação, com a fiscalização do Ministério Público, sob pena de reclamação. Proposta a ação penal, a Autoridade Policial fica impedida de celebrar acordo de colaboração envolvendo fatos e pessoas constantes da denúncia-crime, sob pena de violação do art. 129, I, da CF.

ENUNCIADO N. 5

Acordo celebrado pela Autoridade Policial versando, direta ou indiretamente, sobre matérias extrapenais deve ser recusado pelo Ministério Público.

ENUNCIADO N. 6

Na hipótese de homologação judicial da colaboração premiada celebrada pela Autoridade Policial, cabe ao MP ou querelante, como titular da ação penal, após analisar a eficácia da colaboração com base nos resultados obtidos, requerer a concessão parcial ou integral dos benefícios previstos no acordo, ou deixar de requerer sua aplicação.

Seria possível a colaboração unilateral, promovida sem a elaboração de termo específico com Delegado ou Ministério Público?

Como não são cumpridas as formalidades relativas à elaboração do termo de acordo, teríamos, em princípio, apenas a atenuante da confissão espontânea (art. 65, III, "d", do Código Penal).

Há, no entanto, quem defenda a possibilidade de que mesmo a colaboração unilateral faça incidir os benefícios da Lei 12.850/13. Neste sentido é a lição de Marcos Paulo Dutra Santos:

> "Entabular previamente o acordo com o Ministério Público é mais do que aconselhável, porquanto assegura ao delator, ao menos, uma expectativa de direito ao prêmio, mas a ausência de pacto não impede ao juiz conceder a benesse adequada ao caso, se presentes os requisitos legais. Se a cooperação bilateral é premiada pela Lei n. 12.850/13, o que dizer quando unilateral, a partir da iniciativa exclusiva do acusado? Embora Afrânio Silva Jardim também vislumbre na colaboração um negócio jurídico processual, adverte, com precisão, que:
>
> 'Não se pode impedir que o indiciado ou réu confesse um crime e forneça elementos de prova da participação de seus partícipes. Neste caso, sem o acordo de cooperação, caberia ou não ao juiz reduzir a pena privativa de liberdade, na proporção permitida expressamente na lei. Isto pode acontecer também quando um membro de uma organização criminosa, por qualquer motivo, resolva confessar e colaborar com a investigação, quando da lavratura do seu próprio flagrante (unilateral, por conseguinte). Evidentemente, que aí o colaborador não terá a certeza de que o juiz lhe concederá um daqueles 'prêmios', o que tornará rara a hipótese. Por outro lado, neste caso, o Ministério Público pode deixar de denunciá-lo (arquivamento do inquérito) ou requerer o perdão a qualquer momento (como *custos legis*, que pode até opinar pela absolvição), que será concedido ou não na sentença final'.
>
> Rememore-se que na Itália, país de origem romana-continental como o Brasil, no qual os Direitos Penal e Processual Penal estão sujeitos a uma rigidez constitucional bem superior à verificada nos EUA, a manipulação (ou não) do instrumental negocial há de ser, sempre, motivada. Repercutindo o *patteggiamento* na aplicação da pena, à semelhança da colaboração premiada pátria, o juiz pode deferi-lo, a pedido da defesa, malgrado a oposição do Ministério Público, contemplando-se, assim, a cooperação unilateral, além da bilateral. Vinicius Gomes de Vasconcellos e Bruna Capparelli Lecionam que '...ponto fulcral do exemplo italiano é a necessidade de motivação da decisão do Ministério Público acerca do cabimento do *pattegiamento* e as consequências da recusa ilegítima. Em contraste com o modelo estadunidense, cuja ampla discricionariedade do promotor impede amplo controle acerca da barganha, na Itália os motivos da recusa são verificados pelo juiz, que, se entendê-la injustificada, assegurará a redução solicitada pelo acusado, mesmo após o transcorrer de todo o procedimento ordinário, consagrando assim o acordo como direito subjetivo do réu...'".[53]

E o assistente de acusação estaria legitimado para o pedido de concessão do perdão judicial? Pensamos que não. Na fase investigativa, com efeito, não há que se falar em assistência, somente prevista quando já existente "ação pública", nos termos do art. 268 do Código de Processo Penal, isto é, quando o processo penal já se encontre deflagrado. Tampouco há que se reconhecer a legitimidade do assistente para o pedido de perdão em favor do autor do delito. Primeiro, em razão de que, no exame da literalidade do texto, a lei em exame não incluiu essa possibilidade. Segundo em virtude de que, na análise do âmbito de atuação do assistente, prevista no art. 271 do Código de Processo Penal[54], não se vislumbra nenhuma hipótese que se

53 *Colaboração – delação premiada* 2ª ed., Salvador: Editora JusPodivm, p. 86-87

54 Art. 271 do CPP. "Ao assistente será permitido propor meios de prova, requerer perguntas às testemunhas, aditar o libelo e os articulados, participar do debate oral e arrazoar os recursos interpostos pelo Ministério Público, ou por ele próprio, nos casos dos arts. 584, § 1º, e 598".

assemelhe ao perdão judicial, de forma a admitir fosse o pedido de tal favor por ele formulado. E, terceiro, porque o objetivo maior do assistente é a obtenção de uma sentença penal condenatória, apta a propiciar a execução no cível (art. 63 do CPP), posto que constituído, neste caso, o título judicial, nos termos do art. 475-N, do Código de Processo Civil. Ora, não teria o assistente, dessa forma, interesse (*rectius*: utilidade), na proposição do benefício do perdão, que afastaria a condenação e que impediria a execução do julgado penal na esfera cível.

Conquanto guarde interesse meramente acadêmico, já que se trata de iniciativa raramente verificada na prática, vale observar que a lei não prevê a legitimidade do particular para a hipótese de ação penal privada subsidiária da pública. Com efeito, prevista na Constituição (art. 5º, LIX) e no Código de Processo Penal (art. 29), é possível, em tese, que, face à inércia do Ministério Público, o particular oferte a queixa-crime que irá substituir a denúncia. Entendemos que, nessa hipótese, na qual o particular assume o lugar do membro do "*parquet*", ele possui, também, a legitimidade para formular o pedido de perdão judicial. Não durante a fase investigativa, pois não há que se falar em inércia nesse estágio. Mas nada impede que, durante o processo, com a queixa-crime em trâmite, ele formule o pedido de concessão do perdão judicial, o qual será submetido à apreciação do Ministério Público, a quem cabe, nos termos do art. 29 do CPP, "intervir em todos os termos do processo".

§ 3º O prazo para oferecimento de denúncia ou o processo, relativos ao colaborador, poderá ser suspenso por até 6 (seis) meses, prorrogáveis por igual período, até que sejam cumpridas as medidas de colaboração, suspendendo-se o respectivo prazo prescricional.

A "*ratio legis*" contida neste dispositivo é clara. Procura-se conceder um tempo hábil para que se demonstre a eficácia da colaboração. Suponha-se, num exemplo, que, ao delatar seus comparsas, o colaborador tenta revelado a estrutura hierárquica da organização criminosa, bem como a divisão de tarefas em seu âmbito interno, como previsto no inc. II acima. Passados seis meses (prazo que pode ser prorrogado por igual período), constata-se que tudo que fora dito não era verdadeiro. O comando do crime organizado era totalmente diverso e as tarefas eram distribuídas de forma diferente daquela apontada quando da celebração do acordo. Tem-se, neste caso, que o beneficiado pelo acordo, sob pretexto de colaborar, forneceu dados que não correspondiam à realidade e que, quando confrontados na prática, não resultaram em nenhum efeito, perdendo-se, a partir daí, o objetivo da colaboração premiada.

O prazo, em suma, permite a demonstração de que o ato do beneficiário com o favor legal efetivamente se constituiu em uma colaboração, mostrando-se apto, por isso, a atingir os objetivos da lei. É possível, outrossim, dada à complexidade dos delitos e peculiaridades das organizações, que em apenas seis meses não se consiga comprovar tal eficácia. Daí a possibilidade de prorrogação do prazo por igual período.

Esse pedido de prorrogação, a nosso ver, deve ser apreciado pelo Poder Judiciário, cumprindo ao Ministério Público fundamentá-lo com as respectivas razões que o justifiquem. Caso o juiz discorde do pedido de prorrogação do prazo, não há como compelir o "*parquet*" à oferta da denúncia, em atitude que ensejaria mesmo a propositura de correição parcial. Antes, por analogia ao art. 28 do Código de Processo Penal, deve remeter os autos ao Procurador-Geral, a quem incumbirá dar a última palavra, nos seguintes termos: caso discorde do pedido de prorrogação, designará (como é corriqueiro) outro promotor de justiça, que deverá ofertar a denúncia. Ao contrário, caso adira à posição inicial, não restará outra alternativa ao juiz senão a de deferir o pedido de novo prazo.

Mas não apenas o pedido de prorrogação do prazo se impõe que seja apreciado pelo juiz. Antes disso, também o pedido em si de suspensão do prazo para oferta da denúncia deve ser submetido ao crivo judicial. É que dele decorre importante consequência, que é exatamente a suspensão do prazo prescricional, a exigir um provimento concreto que estabeleça o "termo *a quo*" a partir do qual tal lapso de tempo ficará pendente.

Deferida a suspensão do prazo para oferta da denúncia, não deve o juiz, de plano, conceder o perdão judicial ao colaborador. Com efeito, o perdão, como já vimos, é causa de extinção da punibilidade, nos termos do disposto o art. 107, inc. IX, do Código Penal e tal decisão, uma vez proferida, encontra-se definitivamente acobertada pela coisa julgada, o que importa no reconhecimento da imutabilidade do comando que dela emerge. Sugere-se, assim, que não seja concedido o perdão de pronto, não sem antes se atestar a eficácia da colaboração, demonstrável no prazo de seis meses, prorrogável por igual período. Transcorrido esse lapso temporal e comprovada que a delação se mostrou eficiente, aí sim será cabível a extinção da punibilidade pelo perdão[55].

Discordando do pedido de suspensão cabe ao juiz, pelas razões expostas acima, invocar o disposto no art. 28 do CPP. E se acaso o juiz indeferir o pedido de suspensão sem aplicar o art. 28 do CPP, qual será o recurso cabível? Razoável se pensar no recurso em sentido estrito, viável por analogia ao disposto no art. 581, inc. XVI do CPP[56]. Alguém dirá que não há ainda a processo, a justificar o recurso, posto que não ofertada denúncia. Ocorre que o inc. I do mesmo art. 581, admite o recurso "*strictu juris*", da decisão que não recebe denúncia ou queixa, situação na qual ainda não se instaurou a relação processual. Aliás, o inc. XIV do art. 581 prevê o recurso em sentido estrito até contra decisão de cunho administrativo, que inclui ou exclui jurado da lista geral. A propósito, quando do advento da Lei nº 9.099/95, que introduziu o instituto da suspensão condicional do processo, o Superior Tribunal de Justiça, à falta de previsão legal, entendeu cabível o recurso em sentido estrito contra decisão concessiva ou denegatória desse benefício[57].

Alternativa viável é a interposição da correição parcial, que já foi admitida pelo STJ para hipótese de indeferimento da suspensão do processo nos casos de réu citado por edital, nos termos do art. 366 do CPP[58]. De qualquer forma, na dúvida, tem aplicação o princípio da fungibilidade, previsto no art. 579 do CPP, a autorizar o conhecimento de recurso erroneamente interposto, desde que não tenha havido má-fé, nas situações em que a lei não prevê uma insurgência específica para determinada decisão e doutrina e jurisprudência não se harmonizam a respeito do recurso cabível.

---

55 Observe-se que em situações muito mais graves, como aquela em que, extinta a punibilidade pela morte do agente, constata-se, depois, a falsidade do registro de óbito, a doutrina majoritária entende que "indiferente a sugestões do Direito comparado, em que é prevista a absoluta ineficácia do julgado, a nossa legislação não cogitou da hipótese, que, assim, permanece irremediável, salvo proceder-se por falsidade contra os responsáveis pela elaboração e pelo uso do documento destinado a provar óbito fictício" (Basileu Garcia, in *Instituições de Direito Penal*, 5ª. ed., São Paulo: Max Limonad, 1980, vol. 1, p. 751). Daí a cautela por nós recomendada.

56 Art. 581 do CPP: "Caberá recurso, no sentido estrito, da decisão, despacho ou sentença: XVI – que ordenar a suspensão do processo, em virtude de questão prejudicial".

57 RT 762/583.

58 HC nº 8.927/SP, Rel. Gilson Dlpp, j. 29.6.1999, DJ 16.8.1999, p. 83.

A possibilidade cogitada neste dispositivo, de suspensão do processo (e do prazo prescricional), no aguardo da efetivação da colaboração, é aventada em outro diploma. De sorte que a Lei nº 12.529/2011, que estruturou o Sistema Brasileiro de Defesa da Concorrência, prevê que o CADE (Conselho Administrativo de Defesa Econômica), firme o chamado "acordo de leniência", nos termos de seu art. 86, "*caput*", "com pessoas físicas e jurídicas que forem autoras de infração à ordem econômica, desde que colaborem efetivamente com as investigações".

Assim, preenchidos os requisitos do art. 86, incs. I e II, ou seja, desde que o autor da infração à ordem econômica identifique os demais envolvidos e indique documentos e informações que comprovem a falta e observados os pressupostos do § 1º, incs. I a IV do dispositivo[59], será firmado o acordo de leniência, a permitir "a extinção da ação punitiva da administração pública ou a redução de 1 (um) a 2/3 (dois terços) da penalidade aplicável", nos termos do "*caput*" do art. 86 da Lei nº 12.529/2011.

Interessante notar que, embora essa lei trate, basicamente, de infrações de caráter extrapenal, ela possui importante reflexo criminal, já que seu art. 87 prevê que, para os crimes contra a ordem tributária, de quadrilha ou bando ou relacionados à prática de cartel, "a celebração de acordo de leniência, nos termos desta Lei, determina a suspensão do curso do prazo prescricional e impede o oferecimento da denúncia com relação ao agente beneficiário da leniência". Reza, ainda, o parágrafo único deste artigo que, uma vez cumprido o acordo de leniência, fica extinta a punibilidade dos respectivos crimes.

Não vislumbramos, de outra parte, maior incongruência no dispositivo em exame, afinal se o parágrafo seguinte autoriza que, preenchidos os requisitos legais, o Ministério Público deixe de ofertar a denúncia, com mais razão se deve autorizar mera suspensão do prazo, em observância ao princípio do "a maiori, ad minus"[60].

Uma questão de cunho acadêmico (posto que de improvável aplicação prática), poderia ser lembrada: uma vez deferida a suspensão do processo, fica, por conseguinte, impedida a oferta, pelo particular, da ação penal privada subsidiária da pública, prevista no art. 29 do Código de Processo Penal. Caso o faça, deverá o Ministério Público repudiá-la, requerendo ao juiz sua rejeição[61]. Não teria cabimento que decisão judicial autorizando a suspensão do processo e, principalmente da pretensão punitiva estatal, pudesse ser desafiada pela iniciativa do particular.

Cremos, ainda, seja mesmo justa a suspensão não apenas do processo, mas também do prazo prescricional. Como alertou Damásio de Jesus, quando da entrada em vigor da nova

---

59 "§ 1º O acordo de que trata o *caput* deste artigo somente poderá ser celebrado se preenchidos, cumulativamente, os seguintes requisitos:" "I – a empresa seja a primeira a se qualificar com respeito à infração noticiada ou sob investigação; II – a empresa cesse completamente seu envolvimento na infração noticiada ou sob investigação a partir da data de propositura do acordo; III – a Superintendência-Geral não disponha de provas suficientes para assegurar a condenação da empresa ou pessoa física por ocasião da propositura do acordo; IV – a empresa confesse sua participação no ilícito e coopere plena e permanentemente com as investigações e o processo administrativo, comparecendo, sob suas expensas, sempre que solicitada, a todos os atos processuais, até seu encerramento".

60 "Quem pode o mais, pode o menos".

61 Art. 29 do CPP: "Será admitida ação privada nos crimes de ação pública, se esta não for intentada no prazo legal, cabendo ao Ministério Público aditar a queixa, repudiá-la e oferecer denúncia substitutiva, intervir em todos os termos do processo, fornecer elementos de prova, interpor recurso e, a todo tempo, no caso de negligência do querelante, retomar a ação como parte principal".

redação do art. 366 do CPP (que prevê a suspensão do prazo prescricional para o réu citado por edital), "é necessário tocar o sino dos dois lados para se saber onde está desafinado, se na parte da acusação ou da defesa"[62].

Seria mesmo malferir o bom senso que, além de beneficiado com a suspensão do processo, pudesse o colaborador ver sua punibilidade extinta pela prescrição da pretensão punitiva, quando sua colaboração mostrou-se ineficaz e desprovida de maior sinceridade. Com a suspensão do processo de um lado e, de outro, também do prazo prescricional, consegue-se obter um equilíbrio razoável. Atente-se, nessa ordem de ideias, que também a Lei nº 9.430/96, em seu art. 83, § 2º, prevê que, para os crimes tributários, fica suspensa a pretensão punitiva do Estado, no período que a pessoa física estiver incluída no parcelamento do débito.

Parece-nos claro que, transcorrido o prazo de suspensão, a denúncia deva ser ofertada (salvo se verifica a hipótese do parágrafo seguinte), pois os benefícios previstos na lei (perdão, redução de pena ou sua substituição) – insistimos mais de uma vez – pressupõem a existência de um processo, a culminar com uma sentença quando, aí sim, o juiz aplicará um daqueles favores. Se durante o prazo de suspensão se revelou eficaz a colaboração, o juiz, homologando o acordo, concederá os benefícios na sentença penal condenatória. Na hipótese da ineficácia da delação, caso condene o delator, a ele não reconhecerá o direito à percepção de qualquer mercê.

§ 4º Nas mesmas hipóteses do *caput*, o Ministério Público poderá deixar de oferecer denúncia se o colaborador:

I – não for o líder da organização criminosa;

II – for o primeiro a prestar efetiva colaboração nos termos deste artigo.

O dispositivo abranda o princípio da obrigatoriedade (ou da legalidade) que orienta a atuação do Ministério Público em nosso ordenamento jurídico, como se infere da leitura do art. 24 do Código de Processo Penal[63]. Segundo esse princípio, presentes a prova da existência do crime e indícios de sua autoria, o Ministério Público é *obrigado* a ofertar a denúncia. Ele não age pautado, portanto, por critérios discricionários, de conveniência e oportunidade. Ao contrário, como órgão do Estado que é, verdadeiro defensor da sociedade, o "*parquet*", desde que preenchidos os requisitos legais, se vê na obrigação de ajuizar a ação penal. Diz-se (com certa divergência na doutrina), que a Lei nº 9.099/95, que criou o Juizado Especial Criminal, também teria abrandado esse princípio, já que confere alguma discricionariedade à atuação do Ministério Público, quando permite que, preenchidos os requisitos legais, seja proposta, por exemplo, a transação penal ao invés de se ofertar a denúncia.

Não cabe, no âmbito deste trabalho, a discussão a respeito da admissibilidade, ou não, da mitigação ao princípio da legalidade[64]. O certo é que, atendidos os requisitos acima, tem o Ministério Público a faculdade de não ofertar a denúncia. Insistimos que esse ato não encerra

62 *Notas ao art. 366 do Código de Processo Penal, com a redação da Lei nº 9271/96*, Boletim IBCCrim nº 42 (edição especial), junho de 1996.

63 Art. 24 do CPP: "Nos crimes de ação pública, esta será promovida por denúncia do Ministério Público, mas dependerá, quando a lei o exigir, de requisição do Ministro da Justiça, ou de representação do ofendido ou de quem tiver qualidade para representá-lo". V., ainda, arts. 42 e 576 do CPP.

64 No sentido de que aludido princípio não admite mitigação, mesmo após o advento da Lei nº 9.099/95, ver Afrânio Silva Jardim. *Ação penal pública: princípio da obrigatoriedade*, Rio de Janeiro: Forense, 1998, p. 100.

nenhuma obrigatoriedade, mas, antes, como expresso no texto legal, mera faculdade conferida ao "*parquet*", pelo que não se deve cogitar de nenhum direito subjetivo do agente a não ser denunciado.

Apenas para exemplificar: quando do advento da Lei nº 9.099/95, que introduziu a suspensão condicional do processo (art. 89)[65], discutiu-se o alcance da expressão "poderá" contida naquele dispositivo. Isto é, esse "poder" se traduzia, em verdade, em um poder-dever e, como consequência, na recusa do Ministério Público em propor o favor legal, poderia o juiz fazê-lo de ofício. Ou, ao revés, como indica a literalidade do texto, consistia mesmo uma faculdade, cabendo exclusivamente ao "*parquet*" a última palavra sobre o encaminhamento de proposta de "sursis" processual. Prevaleceu este último entendimento, tanto que o Supremo Tribunal Federal, a respeito do tema, editou a Súmula nº 696, com esse enunciado: "Reunidos os pressupostos legais permissivos da suspensão condicional do processo, mas se recusando o promotor de justiça a propô-la, o juiz, dissentindo, remeterá a questão ao procurador-geral, aplicando-se por analogia o art. 28 do Código de Processo Penal".

Ora, se para crimes de menor gravidade, cuja pena mínima não supera um ano, se entendeu que a proposta de suspensão condicional do processo encerra mera faculdade conferida ao Ministério Público[66], com muito mais razão deve prevalecer essa compreensão para os delitos que envolvam organizações criminosas, cujas sanções são consideravelmente mais severas.

A lei, aparentemente, não estabelece nenhuma espécie de controle judicial relativo ao ato do Ministério Público que deixa de ofertar a denúncia. Não temos dúvida, porém, em indicar a aplicação analógica do art. 28 do Código de Processo Penal[67]. Claro: a gravidade dos delitos que envolvem a criminalidade organizada impede que tão séria conduta, consistente em não se ofertar a denúncia, deixe de se submeter a algum controle. Se no pedido de arquivamento do inquérito civil, referentes a fatos menos graves, há necessidade de ratificação pelos órgãos superiores do Ministério Público e se no pedido de arquivamento do inquérito policial, por vezes em virtude de fato sem qualquer significância, pode o juiz invocar o art. 28 do CPP, com maior razão deve ser determinada a remessa dos autos ao Procurador-Geral, na eventualidade de discordância quanto a não oferta da denúncia.

Sobretudo ao se entender, como se inclina a jurisprudência, no sentido que é dado ao Ministério Público investigar. Nesse sentido, a propósito, é o teor da Resolução nº 181/2017, do Conselho Superior do Ministério Público, que disciplina a instauração e tramitação do procedimento investigatório criminal pelo "*parquet*", ao dispor, em seu art. 19, que "se o membro

---

Em sentido inverso, Eduardo Araújo da Silva, *Ação Penal Pública: princípio da oportunidade regrada*. São Paulo: Atlas, 2000, p. 87 e Júlio Fabbrini Mirabete, *Juizados Especiais Criminais*: São Paulo: Atlas, 2000, p. 120.

65 Art. 89 da Lei nº 9.099/95: "Nos crimes em que a pena mínima cominada for igual ou inferior a um ano, abrangidas ou não por esta Lei, o Ministério Público, ao oferecer a denúncia, poderá propor a suspensão do processo, por dois a quatro anos, desde que o acusado não esteja sendo processado ou não tenha sido condenado por outro crime, presentes os demais requisitos que autorizariam a suspensão condicional da pena".

66 Confira-se, nesse sentido, Pedro Henrique Demercian e Jorge Assaf Maluly in *Juizados Especiais Criminais – Comentários à Lei 9099/95*. Rio de Janeiro: Aide, 1996, p. 106-10.

67 Art. 28. Se o órgão do Ministério Público, ao invés de apresentar a denúncia, requerer o arquivamento do inquérito policial ou de quaisquer peças de informação, o juiz, no caso de considerar improcedentes as razões invocadas, fará remessa do inquérito ou peças de informação ao procurador-geral, e este oferecerá a denúncia, designará outro órgão do Ministério Público para oferecê-la, ou insistirá no pedido de arquivamento, ao qual só então estará o juiz obrigado a atender.

do Ministério Público responsável pelo procedimento investigatório criminal se convencer da inexistência de fundamento para a propositura de ação penal pública, nos termos do art. 17, promoverá o arquivamento dos autos ou das peças de informação, fazendo-o fundamentadamente". E acrescenta em seus parágrafos: "§ 1º A promoção de arquivamento será apresentada ao juízo competente, nos moldes do art. 28 do CPP, ou ao órgão superior interno responsável por sua apreciação, nos termos da legislação vigente; § 2º Na hipótese de arquivamento do procedimento investigatório criminal, ou do inquérito policial, quando amparado em acordo de não persecução penal, nos termos do artigo anterior, a promoção de arquivamento será necessariamente apresentada ao juízo competente, nos moldes do art. 28 do Código de Processo Penal.".

Não se ignora que o § 2º acima prevê a aplicação do art. 28 do CPP. Mas o faz expressamente para a proposta de perdão judicial, que diverge da tratada no dispositivo em análise, que não cogita do perdão, mas, antes, da não oferta da denúncia, medida um tanto mais grave a recomendar – insistimos – seu controle judicial.

Entendemos, ainda, que os dois requisitos dos incs. I e II acima deverão estar presentes concomitantemente, isto é, não basta o preenchimento de um deles apenas, senão de ambos. Fosse a "*ratio legis*" se contentar apenas com um deles e teria empregado a partícula "ou", o que não se verifica. Demais disso, pensar-se de forma diversa importaria na banalização do instituto, o que se mostra preocupante em face da tantas vezes reiterada gravidade dos crimes perpetrados em organização.

Detectamos certa dificuldade na implementação do benefício, capazes mesmo de impedir sua aplicação prática. Assim, a demonstração de que o beneficiário não seja "o líder da organização criminosa" constitui-se em matéria de cunho probatório, que por vezes não se conseguirá demonstrar no âmbito do inquérito policial ou do expediente deflagrado pelo Ministério Público ou por outro órgão incumbido da investigação. A simples alegação do agente nesse sentido, isolada de outros elementos aptos a sustentá-la, não se prestará a esse objetivo. É verdade que, em alguns casos, pode ser notória a liderança da organização, quando então restará atendido esse pressuposto.

A demonstração do segundo dos requisitos, que exige a primazia do agente a ser beneficiado quanto à delação, não parece ser de comprovação mais complexa. Assim, aquele que primeiro comparecer ao inquérito policial ou ao expediente inquisitivo a fim de prestar sua colaboração, será, consequentemente, assim considerado. Mas é necessário, ademais, que a colaboração se revista de efetividade e relevância, como exigido pelo art. 4º da lei.

Alguém poderá vislumbrar que a novidade importaria na introdução, em nosso ordenamento jurídico, do instituto do "plea bargaining", típico do direito norte-americano. Segundo Jorge de Figueiredo Dias e Manuel da Costa Andrade, da Universidade de Coimbra, tal instituto "consiste fundamentalmente na negociação entre o MP e a defesa, destinada a obter-se uma confissão de culpa em troca da acusação por um crime menos grave"[68]. Ocorre que são tantas as variantes de tal instituto, que divergem, inclusive, de estado para estado norte-americano, que se torna difícil a equiparação entre o que se propõe naquele país e o que se inova com a lei em comento.

68 Manuel da Costa Andrade e Jorge Figueiredo Dias. *Criminologia – O homem delinqüente e a sociedade criminógena*. Coimbra Editora, 2013, p. 411.

Estudioso do tema, Walter Maierovitch indica pelos menos duas formas de barganha no direito estadunidense: pela primeira ("charge bargaining"), "o arguido declara-se culpado e o Ministério Público ("persecutor") muda a acusação. Substitui o delito original por outro de menor gravidade. Na 'sentence bargaining', sempre depois do reconhecimento da culpabilidade, o acusador postula a aplicação de uma sanção mais branda"[69]. No mesmo trabalho, o autor diferencia tais institutos do "patteggiamento", próprio do direito italiano, onde não há troca da acusação e, tampouco, abrandamento da pena, mas simplesmente uma abreviação do rito procedimental, quando as partes se mostrarem de acordo quanto à pena a ser aplicada[70].

O ato do Ministério Público que deixa de ofertar a denúncia não se enquadra, pelo exposto, em nenhuma das categorias acima. Já na redução da pena, autorizada no "*caput*" deste artigo (quando se tem, então, um prévio processo judicial), vê-se identidade com o instituto norte-americano do "sentence bargaining".

Ressalte-se, ainda, que não se cogita, neste dispositivo, de perdão, tampouco de redução da pena ou de sua substituição, como previsto no "*caput*" deste art. 4º Tais figuras, como já alertado neste trabalho, pressupõem a prévia existência de um processo judicial, no qual é reconhecida a responsabilidade do agente.

Como alerta Damásio de Jesus, "não é possível perdoar quem não errou. E o reconhecimento do erro é a condenação. Para perdoar, é necessário primeiro considerar que alguém praticou uma conduta típica e ilícita, sendo culpável. Se o fato não é típico, perdoar o quê? Se o fato é lícito, o que perdoar? Se o sujeito não se mostrou culpado, onde está o objeto do perdão? Perdão pressupõe culpa (em sentido amplo). Absolvição pressupõe inexistência de responsabilidade por imputação de infração penal"[71].

Sendo assim, o pedido formulado pelo Ministério Público será de arquivamento do inquérito policial (ou de peças de informação que lhe faça as vezes), a ser submetido ao juiz a quem cumprirá, de sua parte, deferi-lo ou, discordando, invocar o art. 28 do CPP.

De toda sorte, quer em virtude de certa dificuldade prática no implemento da opção de não denunciar, quer em face da pouca tradição em nosso ordenamento jurídico para essa espécie de barganha (restrita aos casos de transação penal de que cuida a Lei nº 9.099/95)[72], deve o Ministério Público redobrar sua cautela, máxime quando se detecta a seriedade dos interesses em jogo.

§ 5º Se a colaboração for posterior à sentença, a pena poderá ser reduzida até a metade ou será admitida a progressão de regime ainda que ausentes os requisitos objetivos.

A leitura do dispositivo acima revela que não há prazo legal imposto para que a colaboração possa ser prestada, sendo ela cabível, assim, mesmo após a prolação da sentença. Dúvidas surgirão se o vocábulo "sentença" deva ser interpretado de forma estrita, a significar apenas a

69 Ob. cit., p. 205.

70 Ob. cit., p. 207.

71 *Questões Criminais*, São Paulo: Saraiva, 1981, págs. 231/232.

72 Entre nós, pode-se identificar alguma reminiscência deste instituto nos procedimentos do Júri, quando acusação e defesa, por acordo, sustentam teses idênticas, às quais, de qualquer forma, não estão vinculados os jurados, em virtude do princípio da soberania dos veredictos.

decisão de 1º grau recorrível ou, mais elasticamente, se engloba também a sentença já transitada em julgado. Ficamos com a última posição, a admitir, portanto, a utilização do instituto em sede de execução penal. Nesta hipótese, será do juiz da execução penal a competência para conhecer do pedido, como se infere do teor do art. 66, inc. I da Lei nº 7.210/84[73].

Cremos inviável a utilização da revisão criminal embora ela se preste à redução da pena do condenado, nos termos dos art. 626 do Código de Processo Penal[74]. É que tal instituto pressupõe a ocorrência de erro judiciário, cuja correção se sobrepõe a qualquer invocação à coisa julgada. Não é o caso da aplicação tardia dos efeitos da colaboração. Mesmo na hipótese de redução da pena, é necessário "o surgimento de circunstância que determine ou autorize diminuição especial da pena" (art. 621, inc. III, parte final, do CPP). Assim, por exemplo, quando, findo o processo, se obtém a certidão de nascimento do réu dando conta de que ele praticara o delito quando contava menos de 21 anos de idade (art. 65, I, do Código Penal). Em um caso com este e sempre em caráter excepcional, se admite a diminuição da pena do réu condenado em definitivo. Não, todavia, para se obter a redução através da tardia colaboração do réu.

Ressalte-se, outrossim, que a colaboração posterior à sentença (que se encontre em grau de recurso ou já transitada em julgado), continua a exigir a observância aos requisitos de voluntariedade e eficácia previstos no art. 1º da lei. A identificação dos demais agentes criminosos, prevista no inc. I, parece, a essa altura, já improvável, posto que ou o feito se encontra em fase recursal, onde essa imputação não mais é tolerada ou já transitou em julgado, não se admitindo a reabertura do processo em prejuízo de coautores, eventualmente já absolvidos.

Já outros requisitos arrolados no art. 1º desta lei podem conferir a eficácia exigível para a concessão do favor legal. Assim, mesmo após a sentença de 1º grau se achar em grau de recurso ou com seu trânsito em julgado, é viável, por exemplo, que outras atividades da mesma organização sejam prevenidas (inc. III), a recuperação total ou parcial do produto do crime (inc. IV) e, quem sabe até, a localização a salvo da vítima (inc. V).

Mas é preciso, aqui, redobrada cautela na análise da efetividade e voluntariedade da colaboração, sob o risco de se abrir uma alternativa de extrema largueza para que réus já condenados e, posteriormente, arrependidos, obtenham o perdão judicial, substancial redução de pena ou progressão de regime. Sobretudo quando o dispositivo permite que tal progressão ocorra ainda que ausentes os requisitos objetivos que a autorizem. Imagine-se o réu que, condenado a uma pena de 50 anos, resolva colaborar, logo após a sentença recorrível ou mesmo em seguida ao trânsito em julgado da condenação. Merecerá, a teor da lei, a progressão para o regime semiaberto, mesmo tendo descontado pouquíssimo tempo de sua pena. Daí o cuidado com o qual deve ser interpretado o dispositivo em exame.

§ 6º O juiz não participará das negociações realizadas entre as partes para a formalização do acordo de colaboração, que ocorrerá entre o delegado de polícia, o investigado e o defensor, com a manifestação do Ministério Público, ou, conforme o caso, entre o Ministério Público e o investigado ou acusado e seu defensor.

73 Art. 66 da LEP: "Compete ao Juiz da execução: I – aplicar aos casos julgados lei posterior que de qualquer modo favorecer o condenado". No mesmo sentido o enunciado da Súmula nº 611 do STF: "Transitada em julgado a sentença condenatória, compete ao juízo das execuções a aplicação de lei mais benigna". V., ainda, os comentários ao art. 27 da lei.

74 Art. 626 do CPP: "Julgando procedente a revisão, o tribunal poderá alterar a classificação da infração, absolver o réu, modificar a pena ou anular o processo".

É mesmo prudente que se deixe o juiz afastado das tratativas para implemento da colaboração. É que, na eventualidade de insucesso do acordo, o desgaste advindo dessa frustração, a prematura inserção na prova criminal e mesmo o contato próximo com o réu, poderiam influir negativamente na formação da convicção do julgador. Melhor que se restrinja essa atuação do juiz ao ato de negar o acordo ou aceitá-lo, procedendo, nesta última hipótese, à homologação prevista no § 8º abaixo.

O legislador, é verdade, não agiu com maior precisão técnica no emprego do vocábulo "partes" pois, a rigor, o delegado de polícia não se constitui exatamente em uma "parte", se assim considerarmos aqueles que atuam no processo penal propriamente dito, na defesa parcial de seus interesses. Mas se trata de lapso sem maior interesse prático, a ensejar discussão de cunho bizantino, sobretudo quando se detecta que mesmo o conceito de "partes", no processo penal, é um tanto diverso daquele extraído do processo civil[75]. Importa que a "*ratio legis*" foi devidamente apreendida: "partes" para a formulação do acordo, assim, são, desenganadamente, o delegado de polícia, o membro do Ministério Público, o investigado e seu defensor.

Cuidou-se, no mais, de prestigiar o sistema acusatório[76], limitando-se o campo de atuação de cada um dos operadores, cada qual com tarefas bem definidas e concretamente delimitadas. Ao comentarmos, em seguida, o § 1º, do art. 10, tornamos a abordar esse tema.

§ 7º Realizado o acordo na forma do § 6º, o respectivo termo, acompanhado das declarações do colaborador e de cópia da investigação, será remetido ao juiz para homologação, o qual deverá verificar sua regularidade, legalidade e voluntariedade, podendo para este fim, sigilosamente, ouvir o colaborador, na presença de seu defensor.

A "*ratio legis*" fica aqui bem clara. Com efeito, se abre ao juiz, com a oitiva do delator e de seu defensor, a salutar possibilidade, de avaliar a voluntariedade do acordo. Daí porque, na audiência que se refere o dispositivo, não haver previsão quanto à presença do proponente do acordo (Ministério Público ou delegado de polícia), mas somente do colaborador e seu defensor. É que não se descarta a possibilidade do acordo ser fruto de uma barganha entre aquelas autoridades e o colaborador, no sentido, por exemplo, de que se empenharão para que cesse a prisão temporária caso ocorra a delação dos demais agentes. Ou que o "*parquet*" concordará

75 Segundo José Frederico Marques, "promotores públicos e autoridades policiais encarnam, na persecução penal, o interesse punitivo do Estado, que nasce quando praticado um fato aparentemente delituoso. Se a polícia 'investiga" e o Ministério Público 'acusa', é porque essa distribuição de funções torna mais eficiente a tutela penal de que ambos se encontram investidos [...] Nem há que se argumentar com a qualidade de parte de que o Ministério Público se reveste na relação processual que se instaura com a propositura da ação penal. No processo que se desenrola perante a justiça criminal, 'parte', como ensinava Arturo Rocco, é o Estado-Administração, de que o Ministério Público é órgão [...] Se é o Estado-Administração quem investiga e acusa, é irrelevante o órgão a quem ele atribui uma ou outra função. No juízo ou no inquérito quem está presente é esse Estado-Administração" (*Estudos de Direito Processual*, Rio de Janeiro: Forense, 1960, p. 93).

76 Poderíamos elencar as principais características do sistema acusatório, na linha do ensinamento de José Frederico Marques: a) separação entre os órgãos da acusação, defesa e julgamento, de forma a se instaurar um *processo de partes*; b) liberdade de defesa e igualdade de posição das partes; c) vigência do contraditório; d) livre apresentação das provas pelas partes; e) regra do impulso processual autônomo ou ativação inicial da causa pelos interessados (*ne procedat judex ex officio*). (ob., cit., p. 23). Sobre o tema ainda: Sergio Demoro Hamilton, *A ortodoxia do sistema acusatório no processo penal brasileiro: uma falácia*, in Revista Síntese de Direito Penal e Processo Penal, ano II, nº 8 – jun-jul/2001, p. 50 e ss., com ampla citação doutrinária.

com eventual pedido de liberdade provisória caso o delator se disponha a colaborar. A presença daqueles que propuseram tais acordos decerto que traria constrangimento ao colaborador que, talvez por isso, pudesse se sentir inibido em apontar os reais motivos que o levaram a prestar o auxílio.

Ainda no que tange à voluntariedade, há quem questione a possibilidade de que a colaboração seja promovida por alguém que esteja preso, pois a restrição de liberdade seria um fator de pressão a compelir o agente a promover o acordo.

Ocorre que a colaboração tem não só a natureza de meio de obtenção de provas, mas também de meio de defesa, em que o agente pode esclarecer circunstâncias que lhe favoreçam na apuração da forma como operava a organização criminosa. Como estabeleceu o STF no julgamento do HC 127.483/PR, "A colaboração premiada é um negócio jurídico processual, uma vez que, além de ser qualificada expressamente pela lei como 'meio de obtenção de prova', seu objeto é a cooperação do imputado para a investigação e para o processo criminal, atividade de natureza processual, ainda que se agregue a esse negócio jurídico o efeito substancial (de direito material) concernente à sanção premial a ser atribuída a essa colaboração". Ora, não há motivo plausível para impedir que o agente preso participe desse negócio processual que, além de colaborar para o esclarecimento do crime, pode lhe trazer benefícios diretos.

É preciso destacar que o fato de a celebração dos acordos envolver agentes presos não significa, de maneira nenhuma, que as prisões sejam decretadas para essa finalidade. Ao estabelecer os requisitos para que o acordo seja celebrado, o art. 4º é claro: devem estar presentes a eficácia e a voluntariedade. Não há, além desses requisitos – e, evidentemente, dos efeitos que o acordo deve produzir –, nenhum outro que diga respeito à restrição de liberdade.

Se a prisão fosse decretada simplesmente como pressuposto para a celebração do acordo, aí sim poderíamos falar em ofensa à voluntariedade de que trata a lei. Mas, definitivamente, não é o que ocorre, pois a prisão preventiva tem fundamentos específicos que não se alteram só pelo fato de o agente estar envolvido em crimes cometidos sob a forma de organização criminosa. Para que a decrete, o juiz deve se fundamentar na preservação da ordem pública ou da ordem econômica, na conveniência da instrução criminal ou na garantia de aplicação da lei penal. É ademais pacífica a orientação dos tribunais superiores de que esses fundamentos devem ter correspondência concreta, ou seja, não pode o juiz invocar a gravidade abstrata do crime, ou mesmo, baseado na gravidade do crime, tecer considerações abstratas sobre a personalidade do agente para justificar sua decisão (STJ: HC 382.857/SP, DJe 17/04/2017; STF: HC 136.784/SP, DJe 06/12/2016).

Dessa forma, os agentes integrantes de organização criminosa que celebram acordos de colaboração enquanto estão presos preventivamente se encontram nessa condição não pelo simples fato de que integram a organização, mas porque os crimes cometidos no âmbito da organização abalam a ordem pública ou a ordem econômica; ou ainda porque o poder econômico ou político conquistado por esses agentes pode ser utilizado para tumultuar o andamento do processo ou para tornar ineficaz eventual pena decorrente da condenação.

Considerando, portanto, que, em razão da própria sistemática legal que rege tanto a prisão quanto a colaboração, uma independe completamente da outra, não há impedimento para que o agente preso colabore com a investigação ou com o processo criminal.

Outra possibilidade é propiciada com este dispositivo. Assim, se é correta a cautela do legislador no sentido de alijar o Magistrado das negociações que culminaram com o acordo, não se deve, por outro lado, ignorar uma preocupação que, corriqueiramente, envolve o colaborador e que, talvez, este dispositivo seja capaz de superar.

É que de nada adiantará ao agente celebrar um acordo com o Ministério Público ou com a polícia sem que conte com a certeza de que, mais à frente, ser-lhe-á concedido algum benefício. Já ocorreu, conquanto não seja regra, que premido por uma prisão e tomado de surpresa com tal medida, o colaborador firme pacto de delação com o Ministério Público, obtendo, com isso, sua liberdade. Ocorre que a efetivação concreta desse acordo é tarefa exclusiva juiz, a quem cabe, na sentença, conceder o perdão judicial ou a redução de pena (ou sua substituição). É verdade que a lei em tela amenizou um pouco esse risco ao prever, no § 10 abaixo, a possibilidade de retratação do acordo. De qualquer forma, o compromisso, ainda que verbal, de que o acordo será honrado, é mesmo fundamental.

Destaque-se, por derradeiro, que o legislador empregou o vocábulo "juiz" em seu sentido amplo, pelo que, por óbvio, também cabe ao relator do processo (em caso de recurso ou de feito cuja competência originária é de um tribunal), a homologação da proposta. É o que decidiu a mais alta Corte do país, a se conferir: **"Considerando-se que o acordo de colaboração premiada constitui meio de obtenção de prova (art. 3º da Lei nº 12.850/13), é indubitável que o relator tem poderes para, monocraticamente, homologá-lo (art. 4º, § 7º, da Lei nº 12.850/13)" (STF** – Inq n. 4130 – QO-PR – Rel. Dias Toffoli, j. 27.08.2015, DJe 03.02.2016).

§ 8º O juiz poderá recusar homologação à proposta que não atender aos requisitos legais, ou adequá-la ao caso concreto.

Esse dispositivo permite analisar se o acordo (e sua homologação), é um direito subjetivo do colaborador ou, ao contrário, se se trata de mero poder discricionário do juiz, a acolhê-lo segundo critérios de conveniência e oportunidade.

Como bem assinala Luiz Rascovski, "discute-se se o acordo pode ser considerado um direito público subjetivo do delator, por meio do qual, prestadas as informações, faria jus ao prêmio; ou mero poder discricionário do magistrado, que teria a faculdade de atribuir a recompensa quando lhe aprouvesse. Nem um, nem outro. Não se trata de discricionariedade do magistrado e somente poderá ser considerado direito público subjetivo do delator, quando oferecidas as informações, estas se prestarem ao fim colimado da delação. A entrega do prêmio resultante da delação deve ser conferida quando, pela observância da vontade de colaborar do delator no caso concreto, suas informações se mostrarem relevantes ao descobrimento da verdade"[77].

A jurisprudência de tribunais superiores parece se inclinar no sentido de que o colaborador é titular de direito subjetivo à percepção do benefício. Confira-se, nesse sentido, julgado abaixo, formulado, porém, antes do advento desta lei, sem, portanto, as peculiaridades que o instituto agora possui.

"A "delação premiada" prevista no art. 159, § 4º, do Código Penal é de incidência obrigatória quando os autos demonstram que as informações prestadas pelo agente foram eficazes, possibilitando ou facilitando a libertação da vítima"[78].

77 Luiz Rascovski, ob. cit., pp. 180-1.

78 HC 35.198/SP, Rel. Gilson Dipp, j. 28.09.2004, DJ 03.11.2004 p. 215.

O julgado do Supremo Tribunal Federal cujo trecho abaixo se transcreve, bem demonstra a surpresa que deve ter tomado o colaborador quando prolatada a sentença que o condenou:

> "A partir do momento em que o Direito admite a figura da delação premiada como causa de diminuição de pena e como forma de buscar a eficácia do processo criminal, reconhece que o réu delator assume uma postura sobremodo incomum: afastar-se do próprio instinto de conservação e autoacobertamento, tanto individual quanto familiar, sujeito que fica a retaliações de toda ordem. Daí porque, ao negar ao delator o exame do grau de relevância de sua colaboração ou mesmo criar outros injustificados embaraços para lhe sonegar a sanção premial da causa de diminuição de pena, o Estado-juiz assume perante ele conduta desleal, a contrapasso do conteúdo do princípio que, no 'caput' do art. 37 da Constituição, toma o explícito nome de moralidade"[79].

Posteriormente, o Supremo Tribunal Federal posicionou-se no sentido de que se trata realmente de direito subjetivo:

> **"Sanção premial. Direito subjetivo do colaborador caso sua colaboração seja efetiva e produza os resultados almejados. Incidência dos princípios da segurança jurídica e da proteção da confiança. Precedente"** (STF – Inq n. 4130 – QO-PR – Rel Dias Toffoli, j. 27.08.2015, DJe 03.02.2016).

Para nós o juiz se submete a um sistema de discricionariedade regrada, quer dizer, uma vez proposto o acordo, com a concordância de ambas as partes e preenchidos os requisitos objetivos (art. 4º, incs. I a V), e subjetivos (4º, § 1º), a ele não restará outra alternativa senão homologá-lo. Ao contrário, se detectar que o acordo não satisfaz alguns desses requisitos, o juiz poderá, então, negar sua homologação.

Vale observar, como temos dito, que a sentença que homologar o acordo não aplicará, de pronto, o perdão ou outra medida em benefício do colaborador. Perdão e redução de pena (ou sua substituição), somente serão apreciados quando da prolação da sentença. Mesmo porque a colaboração poderá, no curso do processo, se revelar ineficaz, cabendo ao juiz, na sentença, formular essa análise, como se depreende do teor do § 11 abaixo.

O que se terá com a homologação judicial do acordo, portanto, é uma promessa do juiz quanto à aplicação dos benefícios oriundos da colaboração, cuja efetiva implantação, primeiro, somente poderá ser realizada na sentença e, segundo, dependerá da demonstração da eficácia da delação.

Observe-se, por derradeiro, que na análise da proposta de colaboração premiada, cumpre ao juiz, apenas, atentar aos aspectos formais do pedido, não cabendo, portanto, qualquer incursão sobre o mérito das declarações do colaborador, em exame a ser feito mais adiante, depois de deflagrado o processo-crime. Tampouco se deve negar a homologação por conta de aspectos subjetivos, relativos à pessoa do colaborador. Tais dados terão relevância no momento de se graduar o prêmio a que ele fará jus (perdão, redução da pena ou sua substituição), nos termos do § 1º, do art. 4º da lei, sendo, porém, irrelevantes neste estágio de mera homologação da proposta. **Nesse sentido se posicionou o STF, a se conferir:**

> **"Decisão que, no exercício de atividade de delibação, se limita a aferir a regularidade, a voluntariedade e a legalidade do acordo. Ausência de emissão de qualquer juízo de**

79 HC nº 99.736/DF – Rel. Carlos Ayres Britto – j. 27.04.2010.

> **valor sobre as declarações do colaborador. Negócio jurídico processual personalíssimo. Impugnação por coautores ou partícipes do colaborador. Inadmissibilidade. Possibilidade de, em juízo, os partícipes ou os coautores confrontarem as declarações do colaborador e de impugnarem, a qualquer tempo, medidas restritivas de direitos fundamentais adotadas em seu desfavor. Personalidade do colaborador. Pretendida valoração como requisito de validade do acordo de colaboração. Descabimento. Vetor a ser considerado no estabelecimento das cláusulas do acordo de colaboração – notadamente na escolha da sanção premial a que fará jus o colaborador –, bem como no momento da aplicação dessa sanção pelo juiz na sentença (art. 4º, § 11, da Lei nº 12.850/13)"** (STF – Inq n. 4130 – QO-PR – Rel Dias Toffoli, j. 27.08.2015, DJe 03.02.2016).

O mesmo julgado estabeleceu que o anterior descumprimento, pelo colaborador, dos termos aos quais se comprometeu em feito diverso, não impede a homologação de novo acordo. Assim: "**descumprimento de anterior acordo de colaboração. Irrelevância. Inadimplemento que se restringiu ao negócio jurídico pretérito, sem o condão de contaminar, a priori, futuros acordos de mesma natureza**".

Também se estabeleceu, como se nota, que o terceiro citado na colaboração não tem legitimidade para impugná-la. Assim é porque a colaboração não se basta, pois, segundo o disposto no § 16 do art. 4º, "Nenhuma sentença condenatória será proferida com fundamento apenas nas declarações de agente colaborador". O dispositivo exige, para embasar a condenação, outras provas além das palavras do agente colaborador. É dizer: se a declaração se mostrar isolada, sem correspondência em alguma outra prova, não se prestará, por si só, para justificar um édito condenatório. Cumpre, portanto, analisá-la no bojo do conjunto probatório, sopesando seu valor frente aos demais elementos probantes, autorizando-se, a partir daí e se for o caso, uma condenação.

Por essa razão, a colaboração premiada na qual o agente identifica coautores ou partícipes da organização criminosa e das infrações penais dela decorrentes não atinge diretamente o *status libertatis* desses indivíduos, que, uma vez delatados, serão investigados e, se for o caso, processados. Será no decorrer do processo que os agentes delatados exercerão o direito ao contraditório e à ampla defesa e poderão impugnar as provas que sustentam a imputação criminal.

> § 9º Depois de homologado o acordo, o colaborador poderá, sempre acompanhado pelo seu defensor, ser ouvido pelo membro do Ministério Público ou pelo delegado de polícia responsável pelas investigações.

Talvez a intenção do legislador, ao prever a oitiva do colaborador, após a homologação do acordo, seja de propiciar a ele a oferta de novas informações, em complemento àquelas inicialmente prestadas, a pedido dele próprio, do Ministério Público ou do delegado de polícia. Ou, quem sabe, dar oportunidade para que o colaborador denuncie ameaças que sofre, com risco à sua integridade física e daqueles que lhe são próximos. Poderia, nesse caso, inclusive, pedir a adoção de alguma medida prevista na lei que protege vítima e testemunhas (Lei nº 9.807/99), a que tem direito, como previsto no inc. I, do art. 5º, deste diploma. Seria, ainda, o instante adequado para que os envolvidos se retratassem, como previsto no parágrafo seguinte. É a única explicação que encontramos para este dispositivo, ressaltando, de qualquer sorte, que tais encontros deverão ocorrer sempre na presença do defensor, garantindo ao beneficiário, com isso, o acompanhamento técnico que é imprescindível nestes casos.

§ 10. As partes podem retratar-se da proposta, caso em que as provas autoincriminatórias produzidas pelo colaborador não poderão ser utilizadas exclusivamente em seu desfavor.

A colocação deste parágrafo indica que, antes de homologado o acordo, é possível que as partes se retratarem. Retratação importa na possibilidade que tem o colaborador de desdizer o que dissera anteriormente, de retirar a colaboração anterior. Claro que tal faculdade se estende, também, ao Ministério Público e à autoridade policial, conclusão que se chega pelo emprego – ainda que sem maior rigor técnico – do vocábulo "partes".

Não há que se perquirir das razões pelas quais uma das partes houve por bem se retratar, isto é, se animada por boas ou más intenções, já que o dispositivo, ao prevê-la, não alude às razões morais dessa conduta[80]. Com efeito, o acordo, por óbvio, implica em uma convergência de vontades, ainda que cada um dos envolvidos possua objetivos diversos (de um lado o colaborador, visando obter favores legais e, de outro, Ministério Público ou Polícia, atentos ao combate à criminalidade). Ora, se rompida essa identidade de intenções, ao mais se justifica o ajuste.

Tal retratação, porém, somente é possível antes da homologação judicial. Depois disso passa a compor o acervo probatório, não mais se admitindo que uma das partes conteste os seus termos.

Operada a retratação, por iniciativa de uma ou de ambas as partes, o acervo probatório que fora obtido não pode ser utilizado em desfavor do colaborador. Claro, ele aceitara o acordo com a justificada expectativa de receber algum favor legal. Por isso mesmo, delatou comparsas, forneceu detalhes da organização e, por conseguinte, admitiu sua participação no esquema criminoso. Na medida em que se frustra o acordo de colaboração, não faria sentido que todo esse material probatório se voltasse contra o colaborador, sobretudo quando não submetido a princípios caros ao processo penal, de caráter constitucional, como o contraditório e a ampla defesa. Também o princípio que garante o direito do réu a não se autoincriminar estaria aranhado[81]. Talvez mais prudente fosse mesmo a inutilização física desse material, com a determinação de seu desentranhamento dos autos, caso a eles juntado, por analogia ao disposto no art. 157, § 3º do Código de Processo Penal.

§ 11. A sentença apreciará os termos do acordo homologado e sua eficácia.

Remetemos o leitor ao § 8º acima, quando abordamos a possibilidade do juiz de homologar ou não o acordo. No que se refere à eficácia da colaboração, a ela nos referimos quando da análise do art. 4º, "*caput*" e seu § 4º acima.

§ 12. Ainda que beneficiado por perdão judicial ou não denunciado, o colaborador poderá ser ouvido em juízo a requerimento das partes ou por iniciativa da autoridade judicial.

80 De se ver que também a confissão, nos termos do disposto no art. 200 do Código de Processo Penal, admite a retratação, a ser, porém, sopesada pelo juiz ao valorar a prova.

81 Observe-se que mesmo o princípio da livre produção da prova, previsto no art. 155 do CPP, sofre restrições também no âmbito da legislação infraconstitucional, como se verifica de seu parágrafo único, no que se refere ao estado das pessoas. Outro exemplo pode ser colhido do inc. I, do art. 478 do mesmo código, que veda qualquer menção, no plenário do Júri, quanto à sentença de pronúncia.

§ 13. Sempre que possível, o registro dos atos de colaboração será feito pelos meios ou recursos de gravação magnética, estenotipia, digital ou técnica similar, inclusive audiovisual, destinados a obter maior fidelidade das informações.

§ 14. Nos depoimentos que prestar, o colaborador renunciará, na presença de seu defensor, ao direito ao silêncio e estará sujeito ao compromisso legal de dizer a verdade.*

** Art. 214 do CPP: "Antes de iniciado o depoimento, as partes poderão contraditar a testemunha ou argüir circunstâncias ou defeitos, que a tornem suspeita de parcialidade, ou indigna de fé. O juiz fará consignar a contradita ou argüição e a resposta da testemunha, mas só excluirá a testemunha ou não lhe deferirá compromisso nos casos previstos nos arts. 207 e 208"*

O disposto no § 13 acima não possui maior dificuldade de compreensão. Qualquer meio tecnológico que propicie maior fidelidade ao ato será bem-vindo. Repetiu-se, no mais, a redação do § 1º, do art. 405 do Código de Processo Penal[82].

Mais instigante, porém, é a análise dos §§ 12 e 14, capazes de suscitar, pelo menos em nossa compreensão, uma série de dúvidas e inquietações.

De sorte que, no § 12, o legislador prevê a possibilidade do colaborador ser ouvido como testemunha, "ainda que beneficiado por perdão judicial ou não denunciado". Como "não denunciado", se entenda aquele que teve o inquérito policial (ou outro procedimento investigatório) arquivado, por iniciativa do Ministério Público, nos termos do § 4º acima. Não compreendemos, no entanto, como e em quais condições o beneficiado pelo perdão judicial pode ser ouvido como testemunha.

O perdão judicial, como temos insistido, pressupõe a existência de um processo, quando, somente a seu final, o juiz, após verificar que o crime se aperfeiçoou, deixará de impor pena ao réu[83]. Se é assim, estaria a lei a admitir que o acusado ocupasse duas posições no mesmo processo, de réu e testemunha? Indagamos dessa forma porque a homologação de acordo de colaboração não retira a condição de réu do colaborador. Em outras palavras: ainda que homologado acordo de colaboração, o processo seguira seus trâmites regulares, para somente ao final, já na sentença, ser concretizado o perdão, a redução ou a substituição da pena.

Parece-nos, assim, que seja mesmo possível a oitiva, na condição de testemunha, daquele que não foi denunciado pelo Ministério Público. Ao contrário, cremos um tanto mais complexa a segunda possibilidade, a admitir a coexistência, em uma só pessoa, da condição de testemunha e de réu beneficiado pela colaboração.

O texto sugere, salvo engano, a iniciativa do legislador em importar conceitos que são próprios do direito italiano, embora sem o devido regramento constante desse ordenamento e que, mesmo lá, suscita uma série de críticas.

82 O item 18, do art. 18 Convenção de Palermo, dispõe que "se for possível e em conformidade com os princípios fundamentais do direito interno [...]o primeiro Estado Parte poderá, a pedido do outro, autorizar a sua audição por videoconferência, se não for possível ou desejável que a pessoa compareça no território do Estado Parte requerente".

83 Reforce-se essa ideia com a lição de Magalhães Noronha, para quem o perdão "tem como pressuposto, obviamente, o reconhecimento de um fato delituoso e sua autoria: por primeiro o juiz reconhece o crime e a autoria, condenando o acusado, para, depois, aplicando o perdão, não impor qualquer sanção" (*Direito Penal*, vol. 1, Saraiva, 25 ed., 1987, pág. 361).

Assim, naquele direito há a figura do acusado "conexo teologicamente" (art. 12, "c" do Código de Processo Penal italiano) ou do acusado "coligado" (art. 371, inc. 2, "b" do mesmo código).

Tais acusados possuem a faculdade de permanecerem em silêncio (art. 210, inc. 4º do Código de Processo Penal italiano), bem como podem suscitar o direito de não se incriminarem (art. 197-bis, inc. 4 do mesmo "codex"), no que se refere a si próprios, mas se, com seus depoimentos, responsabilizarem a terceiros, assumirão a qualidade de testemunhas (art. 64, inc. 3, "c", do código).

Na lição de Paulo Tonini, "o acusado conexo (ou coligado) tem a faculdade de permanecer silente e, se presta declarações, não tem o dever de dizer a verdade. Todavia, se presta declarações sobre fatos que concernem à responsabilidade alheia, adquire a qualidade de testemunha assistida limitadamente aos fatos declarados, e deve responder segundo a verdade"[84].

Essa fórmula, porém, parece inaplicável em nosso ordenamento, em virtude da ausência de um regramento que melhor explique sua adoção na prática. Não concebemos, insiste-se, que determinado réu em um processo ocupe, de início, a posição de testemunha, a depor sobre fatos alheios à sua conduta, sujeito, inclusive, à prática do crime de falso testemunho para, logo em seguida, mudando de cadeira, passe à condição de réu, a ser interrogado com todos os direitos que lhe são assegurados (inclusive pela Constituição), especificamente para esse ato.

E mesmo no âmbito do direito italiano esse procedimento não escapou à crítica de Paolo Tonini, para quem é "necessário questionar como uma disciplina tão complexa e difícil de ser analisada abstratamente possa encontrar uma aplicação satisfatória nas salas de audiência. É notório, na verdade, que as distinções conceituais mais claras são muitas vezes distorcidas em sua aplicação prática"[85].

Antes o autor advertiu que "a complexidade da regulamentação introduzida pela Lei 63, de 2011, deriva do fato que o legislador não foi capaz de optar entre o modelo francês e o modelo inglês. Assim, o intérprete encontra dificuldade em extrair das normas princípios gerais"[86].

Ora, se no direito italiano, em que os conceitos de "testemunha assistida"[87], "acusado conexo ou coligado", etc., são formulados pela lei, já há controvérsia, que dizer em nosso âmbito interno, quando o legislador, ao importar essas noções, o fez sem a devida sistematização?

A forma que encontramos para explicar o disposto no § 12 se deu ao utilizarmos uma interpretação mais restrita, no sentido de que a possibilidade de ser ouvido como testemunha se referiria somente ao colaborador que não foi denunciado pelo Ministério Público (§ 4º), contra quem, portanto, não se deflagrou o processo. Já aquele que foi beneficiado pelo perdão judicial e tem contra si um processo em curso, jamais ocuparia, pelas razões já expostas, essa posição.

---

84 *A prova no processo penal italiano*. Trad. Alexandra Martins e Daniela Mróz. São Paulo:RT, 1ª. edição, 2002, p. 161.

85 Ob. cit., p. 163.

86 Ob. cit., p. 154.

87 Mesmo o "testemunho assistido", possui duas categorias diversas: do acusado que ainda está respondendo à acusação e do réu que já foi julgado, quer tenha sido condenado, absolvido ou beneficiado com o "patteggiamento", cada qual com suas peculiaridades quanto aos direitos de não se autoincriminarem, ao silêncio, dever de dizer a verdade, etc. Maior aprofundamento no tema, porém, nos pareceu incabível no âmbito deste trabalho.

Essa impressão parece se reforçar com a leitura do § 14, que impõe ao colaborador sua renúncia do direito ao silêncio e ainda o submete ao direito de dizer a verdade, posto que compromissado nesse sentido.

Tais cominações, em nosso entender, podem ser impostas somente àquele que não é réu no processo, porque não denunciado pelo Ministério Público, conforme previsto no § 4º acima. Ao réu que responde ao processo jamais poderia a lei infraconstitucional restringir-lhe o direito ao silêncio, obrigando-o, ainda, a dizer a verdade sob pena de configuração do crime de falso testemunho ou mesmo daquele previsto no art. 19 desta lei.

Trata-se de direito assegurado na Constituição (art. 5º, inc. LXIII), e no Código de Processo Penal (art. 186 do Código de Processo Penal), decorrente da cláusula do "*nemo tenetur se detegere*", que, dentre seus desdobramentos, se encontra aquele que garante ao réu o direito de não produzir prova contra si mesmo, daí podendo se valer do silêncio. Na lição de Antonio Magalhães Gomes Filho, "o direito à não-auto-incriminação constitui uma barreira intransponível ao direito à prova de acusação; sua denegação, sob qualquer disfarce, representará um indesejável retorno às formas mais abomináveis da repressão, comprometendo o caráter ético-político do processo e a própria correção no exercício da função jurisdicional"[88], em posicionamento inúmeras vezes reiterado pelo Supremo Tribunal Federal[89].

Em suma e na tentativa de harmonizar ambos os dispositivos (§§ 12 e 14) da lei em análise com a Constituição e mesmo com a legislação infraconstitucional e a tradição de nossa "praxis" processual penal, concluímos que a possibilidade de oitiva, na condição de testemunha, se restrinja àquele agente que não fora denunciado pelo Ministério Público (§ 4º), não se aplicando, outrossim, ao réu colaborador.

§ 15. Em todos os atos de negociação, confirmação e execução da colaboração, o colaborador deverá estar assistido por defensor.

Normal e desejável que seja assim. O acordo de colaboração, afinal, encerra graves consequências, quer no plano jurídico, quer no plano fático. Somente um defensor, munido da habilitação técnica que possui, poderá esclarecer ao colaborador os desdobramentos processuais do ato proposto. Mesmo os resultados no cotidiano do colaborador, como, por exemplo, o risco à sua segurança, inerente à delação, podem e devem ser explicitados, com mais propriedade, pelo advogado.

Verifica-se, no mais, que a colaboração praticamente se identifica com a confissão, que, nos termos do art. 199 do Código de Processo Penal, deve ser feita no interrogatório. Este, para sua realização, obriga a presença do defensor (art. 185 do CPP). Ora, se para confessar, durante o interrogatório, se deve contar com o acompanhamento de um advogado, justificável que, também para a delação, seja adotada esta cautela.

§ 16. Nenhuma sentença condenatória será proferida com fundamento apenas nas declarações de agente colaborador.

88 *Direito à Prova no Processo Penal*. São Paulo: RT, 1997, p. 114.

89 RT 576/449; RT 748/563; RTJ 127/461; RTJ 141/512.

O dispositivo exige, para embasar a condenação, outras provas além daquela consistente nas palavras do agente colaborador. É dizer: se tal declaração se mostrar isolada, sem conforto em alguma outra prova, ela não se prestará, por si só, para justificar um édito condenatório. Julgados do extinto Tribunal de Alçada Criminal do Estado de São Paulo, ao tratarem da delação do corréu (não exatamente do agente colaborador aqui analisado), já se posicionavam nesse sentido[90].

Aliás, se até mesmo a confissão, de há muito, perdeu seu caráter absoluto, não sendo mais considerada a rainha entre as provas, a *probatio probatissima*, devendo, por isso, ser confrontada com outros elementos de prova[91], com muito mais razão a colaboração premiada merece esse status. Cumpre, portanto, analisá-la no bojo do conjunto probatório, sopesando seu valor frente aos demais elementos probantes, autorizando-se, a partir daí e se for o caso, uma condenação[92].

Art. 5º São direitos do colaborador:

I – usufruir das medidas de proteção previstas na legislação específica;

A "legislação específica" de que trata o dispositivo, consiste na Lei nº 9.807/99, que possui um capítulo dedicado à proteção dos réus colaboradores (arts. 13, 14 e 15). Dentre tais medidas se inclui a possibilidade de alteração do nome e prenome do agente colaborador, conforme a redação dada por esse diploma aos arts. 57 e 58, parágrafo único da Lei 6.015/73 (Lei de Registros Públicos). Terá o colaborador, ainda, prioridade na tramitação do inquérito ou do processo criminal (art. 19-A da Lei nº 9.807/99).

Saliente-se, ainda, que o art. 6º, inc. V deste diploma determina que, do pedido de homologação do acordo de colaboração premiada, deve constar "a especificação das medidas de proteção ao colaborador e à sua família, quando necessários".

II – ter nome, qualificação, imagem e demais informações pessoais preservados;

III – ser conduzido, em juízo, separadamente dos demais coautores e partícipes;

IV – participar das audiências sem contato visual com os outros acusados;

---

90 "A delação de comparsa, conquanto constitua precioso elemento de prova, não se presta, por si só, para formar seguro juízo de convicção, especialmente quando permanece isolada, sendo certo que, havendo duas versões conflitantes e inexistente nos autos elemento que possa fazer prevalecer uma delas, há que optar-se por aquela mais favorável ao réu" (TACRIM-SP – Rel. Lopes da Silva – *RJTACrim* 38/264).

"A delação de co-partícipe é, quando isolada nos autos, elemento de prova a ser sopesado com repreensível cautela e, com maior razão não haverá de bastar à condenação por delito tão grave como o de roubo, máxime se emerge tão-somente na fase investigatória e não se faz confirmar de maneira segura sob o contraditório, sendo preferível optar-se pelo *non liquet*" (TACRIM-SP – Rel. Aroldo Viotti – *RJTACrim* 36/339).

91 Art. 197 do Código de Processo Penal: "O valor da confissão se aferirá pelos critérios adotados para os outros elementos de prova, e para a sua apreciação o juiz deverá confrontá-la com as demais provas do processo, verificando se entre ela e estas existe compatibilidade ou concordância". V. ainda: "A confissão, mesmo a judicial, não dispensa o Ministério Público de fazer a prova da existência do delito e da culpabilidade do réu, só adquirindo valor probante no confronto com os demais elementos de convicção" (TACRIM-SP – Rel. Nogueira Filho – *RJD* 5/170).

92 STF, HC nº 75.226; STJ, HC nº 11.240 e nº 17.276.

O objetivo aqui, mais uma vez, é de proteger a incolumidade física do colaborador e, por extensão, de seus familiares e daqueles que lhe são afins.

Parece óbvio, por isso, que o colaborador tenha preservados nome, qualificação, imagem e informações pessoais. Aliás, esta mesma lei, em seu art. 18, prevê como crime a conduta de quem "revelar a identidade, fotografar ou filmar o colaborador, sem sua prévia autorização por escrito". O projeto de lei do Senado, de autoria da senadora Serys Slhessarenko (PL nº 150/2006), em seu art. 20, § 1º, previa que o colaborador seria identificado por um código, o que não prevaleceu na redação final da lei.

Quanto ao transporte do colaborador e dos demais corréus, supondo-se que todos se encontrem presos, não faria mesmo sentido que fossem conduzidos em uma mesma viatura, face ao risco que aquele primeiro se submeteria caso mantido no mesmo ambiente[93].

No que se refere ao inc. IV, observe-se que esse tratamento encontra analogia no art. 217 do CPP[94], que faculta à testemunha depor em Juízo sem a presença do réu, já que o colaborador, neste caso, assume o papel de verdadeira testemunha, tanto que sujeito ao crime de falso testemunho, nos termos do § 14, do inc. II do art. 4º da lei. E, ainda que ocupando a posição de corréu, tal cautela se justifica. Nem parece necessária qualquer fundamentação do juiz ao decidir pela retirada do réu, como consta do parágrafo único do art. 217 do CPP, já que a disposição em tela decorre "*ex vi legis*".

Uma advertência, porém, deve ser feita em relação a esse dispositivo do Código de Processo Penal. É que, da sua leitura, parece que, sendo a audiência realizada por videoconferência, estaria o réu autorizado a assisti-la. Em outras palavras: a retirada da sala de audiência do réu só seria autorizada quando da realização da audiência na forma ordinária, isto é, na presença de todos. Não nos parece assim, máxime quando se tratar de criminalidade organizada. Ou seja, pessoalmente ou por meio de videoconferência não se deve permitir, em absoluto, que o colaborador seja identificado pelos demais réus. Não se ignora que este colaborador terá contado com os defensores dos acusados, mas estes, sob compromisso de seu grau, decerto que não irão desvendar-lhe a identidade.

Anote-se, em acréscimo, que não se descarta a possibilidade do colaborador residir em país diverso dos corréus, notadamente em face do tipo de criminalidade de que se trata. Nesses casos acreditamos que a oitiva desse delator, sendo viável a diligência, possa ser realizada por meio de videoconferência[95]. Conquanto o Código de Processo Penal indique, em seu art.

---

93 O art. 295, § 4º do Código de Processo Penal prevê que o preso especial e o preso comum sejam transportados separadamente.

94 Art. 217 do CPP: "Se o juiz verificar que a presença do réu poderá causar humilhação, temor, ou sério constrangimento à testemunha ou ao ofendido, de modo que prejudique a verdade do depoimento, fará a inquirição por videoconferência e, somente na impossibilidade dessa forma, determinará a retirada do réu, prosseguindo na inquirição, com a presença do seu defensor. Parágrafo único. A adoção de qualquer das medidas previstas no *caput* deste artigo deverá constar do termo, assim como os motivos que a determinaram".

95 O item 18, do art. 18 Convenção de Palermo, dispõe que "se for possível e em conformidade com os princípios fundamentais do direito interno, quando uma pessoa que se encontre no território de um Estado Parte deva ser ouvida como testemunha ou como perito pelas autoridades judiciais de outro Estado Parte, o primeiro Estado Parte poderá, a pedido do outro, autorizar a sua audição por videoconferência, se não for possível ou desejável que a pessoa compareça no território do Estado Parte requerente".

222-A[96], a expedição de carta rogatória, é certo, de outro lado, que a Convenção de Palermo (Convenção das Nações Unidas contra o Crime Organizado Transnacional)[97], que ingressou em nosso ordenamento jurídico por meio do Decreto nº 5.015/2004, prevê a possibilidade da utilização desse meio, como se infere da leitura de seu art. 18, item 18, que tem a seguinte redação ao tratar da Assistência judiciária recíproca entre as nações:

> "Se for possível e em conformidade com os princípios fundamentais do direito interno, quando uma pessoa que se encontre no território de um Estado Parte deva ser ouvida como testemunha ou como perito pelas autoridades judiciais de outro Estado Parte, o primeiro Estado Parte poderá, a pedido do outro, autorizar a sua audição por videoconferência, se não for possível ou desejável que a pessoa compareça no território do Estado Parte requerente. Os Estados Partes poderão acordar em que a audição seja conduzida por uma autoridade judicial do Estado Parte requerente e que a ela assista uma autoridade judicial do Estado Parte requerido".

Dado ao avenço tecnológico desse meio de comunicação, sua adoção, sem dúvida, resultaria em muito mais celeridade ao processo, sobretudo em virtude da notória lentidão no cumprimento de cartas rogatórias em geral.

V – não ter sua identidade revelada pelos meios de comunicação, nem ser fotografado ou filmado, sem sua prévia autorização por escrito;

Remetemos o leitor aos comentários que fizemos ao art. 14, incs. III e IV da lei em exame.

VI – cumprir pena em estabelecimento penal diverso dos demais corréus ou condenados.

A intenção do legislador é óbvia. Por mais que se oculte (ou mesmo se altere) a identidade do colaborador, há sempre a possibilidade dela se revelar. A manutenção do colaborador, nesse caso, junto aos delatados importaria em verdadeira sentença de morte, já que o "código de ética" dos marginais não tolera essa espécie de comportamento. Aliás, a Lei nº 9.807/99, em seu art. 19, prevê a possibilidade da União se utilizar e estabelecimentos penais próprios para a manutenção dos condenados que colaboraram na elucidação do crime. É bem verdade que se desconhece, até agora, tenha sido cumprida tal promessa.

Art. 6º O termo de acordo da colaboração premiada deverá ser feito por escrito e conter:

I – o relato da colaboração e seus possíveis resultados;

Claro que medida de tamanha gravidade exige mesmo que o acordo seja formulado por escrito, possibilitando, assim, a checagem posterior de seus resultados práticos.

Deverá constar do pedido um relato da colaboração, ou seja, uma descrição daquilo que foi efetivamente obtido a partir da ação do colaborador. Assim, se por meio dessa iniciativa

96 Art. 222-A do CPP: "As cartas rogatórias só serão expedidas se demonstrada previamente a sua imprescindibilidade, arcando a parte requerente com os custos de envio".

97 Ver no anexo o inteiro teor da Convenção de Palermo.

foram, por exemplo, recuperados veículos roubados pela organização criminosa, esse dado justifica o pedido (art. 4º, inc. IV da lei), e, por isso mesmo, deve ser indicado. Ou, se foi obtida a delação do colaborador quanto aos demais comparsas (art. 4º, inc. I). Ou, ainda, se a colaboração ensejou, em um crime de sequestro, a localização com vida da vítima (art. 4º, inc. V).

A fim, portanto, de propiciar ao juiz uma perfeita análise do acordo (sobretudo no que diz respeito à sua eficácia), com sua eventual homologação ou rejeição, deve o autor do pedido apontar adequadamente em que termos se deu a colaboração.

O dispositivo refere-se a "possíveis resultados" porque, no termo de acordo, ainda não é possível a avaliação quanto a eficácia da colaboração, a ser feita quando da prolação da sentença, segundo o § 11, do art. 4º do estatuto em comento.

> II – as condições da proposta do Ministério Público ou do delegado de polícia;

Do termo de acordo devem constar quais as condições que foram propostas ao colaborador, isto é, quais os benefícios que ele receberá por conta de sua colaboração. E é justificável que seja assim, afinal, para validade do instituto, a lei se contenta com a voluntariedade do colaborador (art. 4º, "*caput*"). Não exige, assim, que ele tenha agido movido por sentimento de arrependimento ou de comiseração. O simples ato voluntário de colaborar, ainda que animado pelo único fim de obter um benefício legal, já é o suficiente.

Nada impede, nessa linha de raciocínio, que o autor do pedido indique o benefício a ser concedido ao colaborador, a saber o perdão e a redução ou substituição da pena. Tal impressão se reforça ao se constatar que a lei em análise não indicou um patamar mínimo de redução da pena. Explicamos: as leis anteriores que preveem esse benefício da redução da pena[98], indicam que tal redução será entre 1/3 a 2/3. Já a lei em comento, no "*caput*" do art. 4º, aponta somente a redução máxima (2/3), não indicando a mínima. Justo, assim, que o colaborador saiba de antemão o "*quantum*" de redução será pleiteado pelo autor do pedido, a fim de que não seja surpreendido com uma redução irrisória (um dia ou um mês, por exemplo), que, sob sua ótica, não justificaria a colaboração. Caberá ao juiz, porém, aplicar definitivamente um desses favores quando da prolação da sentença.

> III – a declaração de aceitação do colaborador e de seu defensor;
>
> IV – as assinaturas do representante do Ministério Público ou do delegado de polícia, do colaborador e de seu defensor;

A lei, por cautela, exige uma declaração expressa, firmada pelo colaborador e por seu defensor, no sentido de que aceitam os termos do acordo. É medida salutar em se tratando da relevância do ato. Será essa declaração que permitirá ao juiz analisar a voluntariedade do pedido, como impõe o § 7º, do art. 4º desta lei.

Exige, ainda, sejam colhidas as assinaturas dos participantes dessa negociação. Conquanto a falta de assinatura em algum ato processual como, por exemplo, do perito[99], do juiz[100]ou do

98 Lei nº 8.072/90 (crimes hediondos), Lei nº 9.034/95 (revogada), Lei nº 9.613/98 (lavagem de capitais), Lei nº 9.807/99 (proteção de vítima e testemunhas), Lei nº 11.343/2006 (lei de drogas).

99 (TACRIM-SP – Rel. Valentim Silva – *JUTACRIM* 33/297).

100 (TACRIM-SP – Rel. Goulart Sobrinho – *JUTACRIM* 33/257).

advogado[101] no interrogatório e do promotor de justiça no termo de audiência[102] tenham sido consideradas meras irregularidades, aqui tal omissão é apta mesmo a configurar verdadeira inexistência do ato. É que a colaboração premiada reveste-se de enorme importância, com consequências jurídicas sérias, inclusive a imputação da prática de crimes a outrem. Daí não ser possível se prescindir da assinatura de todos envolvidos em sua elaboração.

Caso analfabeto o colaborador, entendemos que sua assinatura deva ser colhida a rogo, com a coleta da respectiva impressão digital. O mesmo ocorre se impossibilitado de assinar, porque ferido, por exemplo. Em ambas as hipóteses, tais fatos deverão ser consignados no termo de delação, por aplicação analógica do art. 195 do Código de Processo Penal[103].

Há a possibilidade de ser estrangeiro o colaborador, máxime em virtude da espécie de crimes aqui tratados, não raras vezes com ramificações no exterior. Nesse caso haverá necessidade de sua tradução por "tradutor público, ou, na falta, por pessoa idônea nomeada pela autoridade", por analogia ao art. 236 do Código de Processo Penal. Talvez seja mais seguro que nem mesmo pessoa idônea possa efetuar a tradução, deixando essa tarefa, exclusivamente, ao tradutor juramentado, com o previsto no art. 192, parágrafo único, do Código de Processo Civil[104] que, por seu turno, tem aplicação analógica ao processo penal (art. 3º do CPP).

V – a especificação das medidas de proteção ao colaborador e à sua família, quando necessário.

O art. 5º da lei em exame elenca uma série de medidas de proteção do colaborador. Caso ao autor do pedido entenda necessário a adoção de tais medidas, deverá indicá-las. Como destacamos na análise do art. 5º, além das medidas específicas relacionadas nos incs. II a VI daquele dispositivo, o colaborador tem direito, ainda, "às medidas de proteção previstas na legislação específica", que, em nosso entendimento, são aqueles constantes da Lei nº 9.807/99, que trata da proteção à vítima e a testemunhas ameaçadas.

Art. 7º O pedido de homologação do acordo será sigilosamente distribuído, contendo apenas informações que não possam identificar o colaborador e o seu objeto.
§ 1º As informações pormenorizadas da colaboração serão dirigidas diretamente ao juiz a que recair a distribuição, que decidirá no prazo de 48 (quarenta e oito) horas.

Estes dispositivos buscam garantir o devido sigilo no trâmite para apreciação do acordo e sua eventual homologação pelo juiz. O "*caput*" deste artigo e seu § 1º se explicam por si só, não exigindo maiores comentários. Sugere-se, apenas, que, se possível, o pedido seja entregue, pessoalmente por seu autor, em mãos do juiz a quem caberá a decisão. Não haverá maior dificuldade nisso se, por exemplo, se cuidar de uma comarca com um único Magistrado ou mesmo

101 (TACRIM-SP – Rel. Valentim Silva – *JUTACRIM* 55/409).
102 (STF – Rel. Celso de Mello – *RT* 842/463).
103 Art. 195 do CPP: "Se o interrogado não souber escrever, não puder ou não quiser assinar, tal fato será consignado no termo".
104 Art. 192, parágrafo único, do CPC: "O documento redigido em língua estrangeira somente poderá ser juntado aos autos quando acompanhado de versão para a língua portuguesa tramitada por via diplomática ou pela autoridade central, ou firmada por tradutor juramentado".

naquelas comarcas em que, havendo diversos juízes, apenas um é competente para conhecer da matéria. Dependendo, contudo, do porte da Comarca e mesmo das normas de organização judiciária local, não restará outra alternativa senão a livre distribuição do pedido.

> § 2º O acesso aos autos será restrito ao juiz, ao Ministério Público e ao delegado de polícia, como forma de garantir o êxito das investigações, assegurando-se ao defensor, no interesse do representado, amplo acesso aos elementos de prova que digam respeito ao exercício do direito de defesa, devidamente precedido de autorização judicial, ressalvados os referentes às diligências em andamento.

Sobre o sigilo do inquérito policial e a possibilidade de acesso do defensor ao procedimento, ver nossos comentários ao art. 23 desta lei.

Este dispositivo restringe o acesso ao acordo àqueles que o formularam (Ministério Público ou delegado de Polícia), e ao juiz que irá apreciá-lo. A "*ratio legis*" é óbvia, na medida em que se busca garantir o sigilo do pedido e o sucesso da colaboração, enquanto se estiver em fase de investigação, já que com o recebimento da denúncia cessa o segredo, nos termos do parágrafo seguinte.

A parte final do dispositivo ressalva a possibilidade da defesa, "no interesse do representado", ter acesso aos elementos de prova. Observe-se que o sigilo da investigação em si não é tratado neste dispositivo, mas sim no art. 23 da lei. O que se cuida aqui é do sigilo ao pedido de homologação do acordo de colaboração, o qual, enquanto não homologado, não justifica eventual interesse da defesa quanto ao conhecimento de seu teor.

Depois de homologado o acordo se assegura o acesso do advogado, desde que conte com expressa autorização judicial. Mas esse acesso não alcança as "diligências em andamento", pois não teria cabimento alertar a defesa de investigações ainda em trâmite, sob pena de comprometer o seu êxito. Conclui-se, assim, que o acesso da defesa se restringirá àquelas diligências que se documentalmente formalizadas e regularmente inseridas nos autos de investigação.

Essa interpretação já encontrava eco, inclusive, no enunciado da Súmula vinculante nº 14, do Supremo Tribunal Federal, cuja redação é a seguinte, *verbis*: "É direito do defensor, no interesse do representado, ter acesso amplo aos elementos de prova que, já documentados em procedimento investigatório realizado por órgão com competência de polícia judiciária, digam respeito ao exercício do direito de defesa". Acha-se, agora, positivada em face do teor da Lei n. 13.245/2016, que, ao promover alterações no Estatuto da OAB, assegura ao defensor o direito de "examinar, em qualquer instituição responsável por conduzir investigação, mesmo sem procuração, autos de flagrante e de investigações de qualquer natureza, findos ou em andamento, ainda que conclusos à autoridade, podendo copiar peças e tomar apontamentos, em meio físico ou digital" (art. 7º, inc. XIV do EOAB). Ressalva, porém, o § 11, do mesmo dispositivo, que "no caso previsto no inciso XIV, a autoridade competente poderá delimitar o acesso do advogado aos elementos de prova relacionados a diligências em andamento e ainda não documentados nos autos, quando houver risco de comprometimento da eficiência, da eficácia ou da finalidade das diligências".

> § 3º O acordo de colaboração premiada deixa de ser sigiloso assim que recebida a denúncia, observado o disposto no art. 5º.

A partir do momento em que recebida a denúncia, com a consequente deflagração do processo criminal, a colaboração passa a compor o acervo probatório dos autos, não mais se justificando, por isso, a manutenção do sigilo. A prova, assim, deixa o âmbito de quem a produziu e é adquirida pelo processo, naquilo quem a doutrina denomina de princípio da aquisição ou da comunhão da prova[105].

Pensar-se de forma diversa importaria em franca violação aos princípios da ampla defesa e do contraditório, posto que o réu se veria impedido de refutar os termos da colaboração, de contestar a veracidade do que afirmado, enfim de exercer, em sua plenitude, aqueles direitos que lhe são constitucionalmente assegurados (art. 5º, LV da CF).

Antes, porém, impõe-se o sigilo, como decidiu o STF, valendo que se confira:

> "[...] o acordo de colaboração premiada, como se sabe, enquanto não recebida a denúncia, reveste-se de caráter sigiloso, considerado o que expressamente dispõe a Lei nº 12.850/2013 em seu art. 7º. É por tal razão que esta Suprema Corte, com a ressalva das pessoas e autoridades taxativamente referidas no § 2º do art. 7º desse diploma legislativo, tem negado acesso – inclusive a Comissões Parlamentares de Inquérito (MS 33.278/DF, Rel. Min. ROBERTO BARROSO, v.g.) ou a outros interessados estranhos ao rol exaustivo inscrito na norma legal acima mencionada (Pet 5.702/DF, Rel. Min. TEORI ZAVASCKI, v.g.) – não só aos elementos de prova existentes nos autos da persecução criminal, mas, também, ao próprio termo consubstanciador do acordo de colaboração premiada, em ordem a garantir o êxito das investigações penais. O que assume relevo na matéria é o fato de que a 'disclosure' do acordo de colaboração premiada sujeita-se a estrito regime de sigilo, expressamente determinado em diploma legislativo, que não pode ser desconsiderado por esta Corte ou por qualquer dos agentes e pessoas envolvidos em sua celebração e na consequente investigação criminal por ele viabilizada, pois – insista-se – "o acordo de colaboração premiada deixa de ser sigiloso assim que recebida a denúncia, observado o disposto no art. 5º" (Lei nº 12.850/2013, art. 7º, § 3º). Em suma: presentes as razões ora expostas, indefiro os pleitos formulados pelos requerentes" (STF – PET 5713-DF, Rel. Celso de Mello, j. 08.07.2015).

Calhou a mais alta Corte do país, em mais uma oportunidade, reforçar esse entendimento, quando entendeu que "[...] o caso em questão trata do sigilo momentâneo que recai sobre depoimentos colhidos em regime de colaboração premiada, instituto novo no Brasil, cujos contornos ainda estão sendo desenhados. O sigilo previsto no art. 7º da Lei nº 12.850/2013, portanto, é instituído "como forma de garantir o êxito das investigações" (§ 2º), e, por isso mesmo, vale apenas temporariamente, até o recebimento da denúncia (§ 3º). Como se percebe, o sigilo é da essência da investigação. Portanto, está longe de ser teratológica a interpretação segundo a qual, até o recebimento da denúncia, o acesso aos depoimentos colhidos em regime de colaboração premiada é restrito ao juiz, ao membro do Ministério Público, ao delegado de polícia e aos defensores que atuam nos respectivos autos. Isto porque a divulgação de dados durante o período crítico que antecede o recebimento da denúncia – ainda que para autoridades com hierarquia e poderes semelhantes – poderia comprometer o sucesso das apurações, bem como o conteúdo dos depoimentos ainda a serem colhidos e a decisão de eventuais envolvidos em colaborar ou não com a Justiça. (MS n. 33278, Rel. Luiz Roberto Barroso, j. 18.11.2014, DJe-228 de 19.11.2014).

O dispositivo faz ressalva ao art. 5º da lei, como querendo dizer que, embora cessado o sigilo, as medidas de proteção ao colaborador continuam a vigorar. Algumas delas não

---

105 V., nesse sentido, José Cretella Neto, in *Fundamentos principiológicos do processo civil.* Rio; Forense, 2002, p. 47.

apresentam maior dificuldade para que sejam mantidas. Tem-se, como exemplo, a que garante ao colaborador sua condução e oitiva em Juízo separadamente dos demais acusados. Outras parecem mais difíceis de perdurarem. Assim, por exemplo, como assegurar o direito de ampla defesa do réu quando ele ignora a identidade do colaborador, como previsto no inc. II, do art. 5º? Há que se encontrar uma fórmula que, de um lado, atente a tais direitos e, de outro, preserve a segurança do colaborador.

Por fim, algumas palavras sobre a anulação e a rescisão do acordo celebrado.

Dá-se a anulação quando o acordo de colaboração é firmado sem a observância dos requisitos estabelecidos nesta lei. Caso o colaborador tenha sido coagido a firmar o acordo, ou caso as formalidades estabelecidas para a formulação não sejam observadas, é possível declarar a nulidade.

O efeito da nulidade é a completa desconsideração de todo e qualquer elemento probatório que conste do acordo. Se, por exemplo, um dos agentes de organização criminosa dedicada a roubos a bancos identificou os demais membros do grupo, expôs sua estrutura hierárquica e indicou a forma como poderiam ser localizados bens adquiridos com o proveito dos crimes, mas o fez após ter sofrido tortura, a anulação do acordo impedirá que as provas obtidas sejam utilizadas para processar os demais e apreender os bens indicados. E nova investigação deve partir de elementos absolutamente distintos das provas ilicitamente obtidas no termo de acordo, sob pena de ser eivada de nulidade pela aplicação da teoria das provas ilícitas por derivação (*fruits of the poisonous tree)*.

A rescisão do acordo, por outro lado, não se relaciona com o descumprimento de requisitos e formalidades legais, mas com a eficácia do relato apresentado em face dos benefícios recebidos pelo colaborador.

A concessão de um benefício está vinculada à efetividade das informações prestadas, isto é, depende de quanto as informações foram eficazes para que se alcançasse um ou mais dos resultados de que tratam os incisos I a V do art. 4º. Isso está expresso no § 1º do art. 4º.

No momento em que faz a colaboração, o agente não pode escolher quais informações irá prestar e quais deixará em segredo, nem pode prestar informações falsas, atitudes que contrariam o propósito do instituto, que é o de proporcionar às autoridades, por meio de alguém diretamente envolvido na organização criminosa, *todas* as informações possíveis para o completo esclarecimento das infrações penais. O agente que mente ou oculta informações relevantes sobre práticas delituosas em que esteve envolvido, seja por indulgência, seja para disso se beneficiar, não cumpre verdadeiramente o compromisso de colaborar, razão por que não pode ter os benefícios legais a seu favor.

Neste caso, como se pode notar, não há ilegalidade na formulação do acordo. A autoridade que formula a proposta e toma as informações do colaborador age com boa-fé, e faz a proposta acreditando que o agente, com o tanto de boa-fé que dele se pode esperar em vista dos benefícios que poderá receber, tenha relatado tudo aquilo de que tinha conhecimento. Temos, portanto, a possibilidade de rescisão, que, uma vez promovida, impede os benefícios que haviam sido prometidos ao colaborador, mas de forma nenhuma obsta que as provas indicadas por ele continuem sendo usadas para a apuração dos crimes relatados. Além disso, a mentira pode caracterizar o crime do art. 19 – que analisaremos mais à frente – e pode também motivar a decretação da preventiva por conveniência da instrução criminal, tendo em que vista que as informações inverídicas contaminam a produção da prova.

É esta, pois, a principal distinção entre a anulação e a rescisão: a primeira, porque formulado o acordo contra os pressupostos legais, acarreta a irrestrita desconsideração de todos os elementos de prova indicados pelo colaborador; a segunda, porque decorrente de um acordo no qual o colaborador agiu de má-fé, afasta apenas os benefícios característicos da delação, mas não impede a utilização dos elementos probatórios, mesmo contrários aos interesses do colaborador.

Concluindo, pois:

Providência	Efeito
Anulação	Desconsideram-se todos os termos do acordo, sem que seja possível utilizar os elementos de prova obtidos do colaborador.
Rescisão	Aproveitam-se os elementos de provas obtidos do colaborador, inclusive aqueles em seu desfavor, desconsiderando-se apenas os benefícios legais.

Colaboração premiada e termo de compartilhamento: não há óbice ao compartilhamento de delação premiada desde que haja delimitação dos fatos. Com base nesse entendimento, a Segunda Turma negou provimento a agravo regimental em que se discutia a possibilidade de compartilhamento de delação premiada entre o Ministério Público Federal (MPF) e o estadual. O Ministério Público estadual requereu acesso aos termos de depoimento de colaborador para fins de apuração de eventual prática de ato de improbidade administrativa por parte de agente público. A Turma salientou ser pacífica a jurisprudência no sentido de se admitir, em procedimentos administrativos, o empréstimo de prova do processo penal, bem como para subsidiar apurações de cunho disciplinar. Reconhecidas as delimitações consubstanciadas, no caso, pelo termo de depoimento, não há causa impeditiva ao compartilhamento requerido (PET 7065/DF, rel. Min. Edson Fachin, julgamento em 30.10.2018. (PET-7065).

Na prática, não raras vezes, as partes envolvidas no acordo de colaboração premiada ajustam o que segue:

"O Ministério Público Federal/Estadual obriga-se a não "compartilhar/emprestar" o material probatório derivado do acordo de colaboração premiada, com o Ministério Público Estadual/Federal de outras comarcas ou seções judiciárias, bem assim com outros órgãos de controle, **senão mediante a adesão expressa dos termos/prêmios acordados"**.

Referida cláusula foi prestigiada pela Corte Maior. O Ministro Celso de Mello, por todos, asseverou que, embora viável sob a perspectiva jurídica, "o compartilhamento de provas impõe que se observem limites, principalmente aqueles estabelecidos consensualmente no acordo de colaboração premiada ou de leniência em relação a todos os que participaram de sua formalização".

Logo, havendo necessidade de compartilhamento, independentemente do órgão de controle que passará a conhecer (e utilizar) as provas fornecidas pelo colaborador, terá de, em relação a ele, aplicar, de forma compatível ao acordo, os prêmios fixados no contrato de cooperação premiada, sob pena de violação de direitos, garantias e princípios (boa-fé objetiva, segurança jurídica, proibição de produzir prova contra si mesmo etc).

SEÇÃO II
DA AÇÃO CONTROLADA

Art. 8º Consiste a ação controlada em retardar a intervenção policial ou administrativa relativa à ação praticada por organização criminosa ou a ela vinculada, desde que mantida sob observação e acompanhamento para que a medida legal se concretize no momento mais eficaz à formação de provas e obtenção de informações.

Trata-se de figura que já era conhecida em nosso ordenamento jurídico, porquanto prevista na revogada Lei nº 9.034/95 e, ainda, na lei de drogas (Lei nº 11.343/06, art. 53, II), que se encontra em vigor[106].

O dispositivo em análise praticamente reproduziu a redação do art. 2º, inc. II da Lei nº 9.034/95 e cuida exatamente de conceituar essa modalidade de prova. Como se verificava, a revogada lei de organização criminosa era um tanto lacunosa no que se referia à ação controlada, pois cuidava do tema em um único artigo, carecendo, por isso, de uma regulamentação mais precisa. Apenas para demonstrar o quanto era vaga a lei, pairava dúvida na doutrina até mesmo quanto à necessidade de supervisão judicial na realização da diligência.

O diploma em comento supriu essa omissão ao prever a possibilidade de o juiz estabelecer os limites do retardamento da ação policial, o sigilo da diligência e a possibilidade de aceso, a todo tempo, do magistrado, do Ministério Público e do delegado de polícia aos autos. Em suma: detalhou a diligência, fincou seus limites e permitiu seu controle, de modo a propiciar mais eficácia ao instituto e, por consequência, sua maior adoção na prática policial.

Na ação controlada, a invés de agir de pronto, o agente público aguarda o momento oportuno para atuar, a fim de obter, com esse retardamento, um resultado mais eficaz em sua diligência. Com essa estratégia, portanto, deixa-se de prender em flagrante o infrator de pronto, para, prorrogando-se a ação policial, se obter uma prova mais robusta e mesmo uma diligência mais bem-sucedida. Daí porque se costuma denominar essa espécie de flagrante como retardado, esperado, diferido ou prorrogado.

Não há que se confundir, porém, o "flagrante retardado", cuja adoção encontra amparo legal, com o chamado "flagrante preparado". Neste último, o agente policial ou mesmo a vítima criam uma situação para que o crime se consume. É o caso clássico na qual a empregadora, desconfiada de sua empregada, deixa uma carteira com o dinheiro ostensivamente à mostra, enquanto se esconde atrás de uma porta. No momento em que a empregada toma o dinheiro a suposta vítima a prende. Essa conduta, apta a instigar a conduta do agente, é repelida pela jurisprudência, como e vê do enunciado da Súmula nº 145 do STF, a se conferir: "Não há crime, quando a preparação do flagrante pela polícia torna impossível a sua

---

106 Art. 53 da Lei nº 11.343/06 (Lei de Drogas): "Em qualquer fase da persecução criminal relativa aos crimes previstos nesta Lei, são permitidos, além dos previstos em lei, mediante autorização judicial e ouvido o Ministério Público, os seguintes procedimentos investigatórios: II – a não-atuação policial sobre os portadores de drogas, seus precursores químicos ou outros produtos utilizados em sua produção, que se encontrem no território brasileiro, com a finalidade de identificar e responsabilizar maior número de integrantes de operações de tráfico e distribuição, sem prejuízo da ação penal cabível". Parágrafo único. Na hipótese do inciso II deste artigo, a autorização será concedida desde que sejam conhecidos o itinerário provável e a identificação dos agentes do delito ou de colaboradores.

consumação"[107]. No flagrante retardado, ao contrário, não há provocação do agente policial para a consumação do crime, mas mero acompanhamento, seguido de espera, aguardando-se o melhor momento para se deflagrar a ação policial. A jurisprudência tem formulado adequada distinção entre uma e outra figura[108].

Com ensina, outrossim, Eduardo Araújo da Silva, "a prática tem demonstrado que, muitas vezes, é estrategicamente mais vantajoso evitar a prisão, num primeiro momento, de integrantes menos influentes de uma organização criminosa, para monitorar suas ações e possibilitar a prisão de um número maior de integrantes ou mesmo a obtenção de prova em relação a seus superiores na hierarquia da associação"[109].

Um exemplo: em determinada diligência, policiais de atalaia, próximos de uma festa onde há consumo de bebida contrabandeada, ao invés de apreenderam de pronto a mercadoria, esperam a chegada de um grande lote de drogas que, de antemão, sabiam que seria entregue no local. Sacrifica-se, com isso, a apuração de um crime de menor gravidade para se flagrar os componentes de organização especializada no tráfico de entorpecentes. Outro: tendo conhecimento que quadrilha que rouba veículos está prestes a escondê-los em determinado local, os policiais não prendem o primeiro dos "motoristas", mas, ao revés, prorrogam sua ação até a chegada dos demais membros do grupo, obtendo, assim, maior eficácia na diligência em si (mais automóveis serão apreendidos, mais vítimas serão reparadas), bem como uma prova mais robusta.

Situação curiosa ocorrerá se, com o adiamento da prisão em flagrante, esta se frustrar. Em outras palavras: suponha-se, neste nosso último exemplo, que o primeiro membro da associação criminosa (que inicialmente chegou com o veículo roubado), acabe fugindo e, pior, avise os demais comparsas que, alertados, não se dirigem ao local.

Responderão os policiais envolvidos na empreitada pelo crime de prevaricação?[110]. Cremos que, a priori, não. O insucesso de uma diligência é algo que, por assim dizer, "faz parte do jogo", isto é, há probabilidade de ocorrer. Tendo os agentes policiais agido de boa-fé, cientes de que a melhor opção recomendava que se aguardasse a prisão e, apesar disso, não foi preso nem o primeiro e, tampouco, os demais agentes, não há de se cogitar punição aos servidores, ante, inclusive, a absoluta ausência de dolo em suas condutas. Solução diversa ocorrerá, por óbvio, se a ação se frustrou em virtude da vontade livre e consciente dos policiais em não prender os criminosos, quando poderiam fazê-lo e não havia indicação para o retardamento do flagrante. Nesta última hipótese, serão apenados com as sanções criminais e administrativas cabíveis à espécie[111].

Relevante inovação trazida com o dispositivo comentado e que não é prevista na Lei de Drogas (art. 53, inc. II), consiste na possibilidade do retardamento da intervenção policial ou

---

107 Segundo Damásio de Jesus, "ocorre crime putativo por obra do agente provocador quando alguém de forma insidiosa provoca o agente à prática de um crime, ao mesmo tempo em que toma providências para que o mesmo não se consume" (*Direito Penal: Parte Geral*. Saraiva, 2010, p. 176).

108 "De se ver que, a partir da interceptação da droga, a autoridade policial apenas acompanhou o restante da operação supostamente levada a efeito pelo ora paciente, até a chegada em sua residência, quando lhe foram entregues as encomendas – pelo funcionário da transportadora – e dada voz de prisão. Assim, inexiste flagrante preparado. A hipótese, como bem delineou o Tribunal de origem, caracteriza flagrante esperado". (STJ – HC 83196/GO, Rel. Og Fernandes, RT 902/542).

109 SILVA, Eduardo Araujo da. *Crime organizado: procedimento probatório*. São Paulo: Atlas, 2003, p. 93.

110 Art. 319 do Código Penal – "Retardar ou deixar de praticar, indevidamente, ato de ofício, ou praticá-lo contra disposição expressa de lei, para satisfazer interesse ou sentimento pessoal".

111 Nesse sentido, cf. Eduardo Araujo da Silva, ob. cit., p. 94.

administrativa. De sorte que, enquanto a Lei nº 11.343/2006 faculta a não-atuação apenas em diligências policiais (efetuadas, privativamente, pelas policias federal e civil[112]), o estatuto novel estende tal possibilidade às intervenções administrativas. Agentes das receitas estaduais e federal, componentes da Agência Brasileira de Inteligência, membros de corregedorias, por exemplo, são autoridades administrativas cujas diligências podem sofrer o retardamento aqui analisado.

Pensamos, ainda, que a ação controlada somente tenha aplicação para os delitos a envolver organização criminosa, bem como para o tráfico de drogas, posto que a Lei 11.343/06, que o prevê em seu art. 53, inc. II, não foi revogada. Com efeito, em virtude de o instituto importar em uma exceção à regra geral, que determina a prisão em pronto do autor do crime, ele deve ser interpretado, sob nossa compreensão, de forma restrita, não admitindo, por isso, aplicação salvo quando expressamente previsto em lei. Isso não impede, por óbvio, que na rotina policial, o agente animado pela astúcia e perspicácia, eleja o momento mais adequado para agir. Ninguém afirmará, decerto, que o policial que aguardou o larápio deixar o supermercado com os bens furtados, ao invés de prendê-lo ainda no interior do estabelecimento comercial, teria praticado uma ação controlada. Tal conduta, com efeito, não se trata de uma ação controlada propriamente dita, com todos os requisitos elencados na lei em exame, senão uma mera e corriqueira diligência policial, inerente às atividades que lhe são próprias. Agora, a diligência aqui aludida, a reclamar controle e sigilo e a exigir prévia autorização judicial (para aqueles que a entendem necessária), esta – insistimos – só terá aplicação para os crimes que encontrem expressa previsão legal.

§ 1º O retardamento da intervenção policial ou administrativa será previamente comunicado ao juiz competente que, se for o caso, estabelecerá os seus limites e comunicará ao Ministério Público.

Questão tormentosa se refere à necessidade de prévio mandado judicial para que seja autorizado o retardamento da ação. A revogada Lei nº 9.034/95 (lei das organizações criminosas), quando tratava singelamente da matéria em seu art. 2º, inc. II, não exigia a prévia autorização judicial. Era o entendimento da jurisprudência[113], conquanto merecesse alguma crítica da doutrina[114]. Já a lei de drogas (Lei nº 11.343/2006), como se depreende do teor do "*caput*" de seu art. 53, é expressa ao exigir o mandado judicial para a diligência.

Pensamos que o dispositivo em análise não cogita de autorização judicial para que se concretize a ação controlada. Veja-se que a lei faz menção à mera "comunicação ao juiz competente",

112 Art. 144, inc. I e § 4º da Constituição.

113 "Organização criminosa. Ação policial controlada. Artigo 2º, inciso II, da Lei 9.034/95. Prévia autorização judicial. Ausência de previsão legal. Constrangimento ilegal não evidenciado. Ordem denegada. 1. Da mesma forma, à míngua de previsão legal, não há como reputar nulo o procedimento investigatório levado a cabo na hipótese em apreço, tendo em vista que o artigo 2º, inciso II, da Lei 9.034/95 não exige prévia autorização judicial para a realização da chamada 'ação policial controlada', a qual *in casu*, culminou na apreensão de cerca de 450 kg (quatrocentos e cinquenta quilos) de cocaína" (HC 119.205/MS, Rel. Min. Jorge Mussi, 5ª. Turma, julgado em 29.09.2009, DJe de 16.11.2009)

114 No sentido de exigir a prévia autorização judicial, sob pena de se transformar em uma "ação descontrolada", cf. Marcelo Mendroni, *Crime organizado: aspectos gerais e mecanismos legais.* 3ª. ed. São Paulo: Atlas, 2009, p. 65. Em sentido contrário, entendendo dispensável autorização judicial, Paulo César Côrrea Borges. *O crime organizado.* São Paulo: Editora Unesp, 2002, p. 75.

quando este poderá estabelecer os limites da diligência. Mas não exige, em nenhum momento, ordem judicial que a autorize. Aliás, quando pretendeu condicionar alguma diligência dessa maneira, o legislador o fez expressamente, como ao tratar, da infiltração no art. 10. Lá, com efeito, há previsão expressa de representação ou requerimento, formulados, respectivamente, pelo delegado de polícia ou pelo Ministério Público, quando então será deferida a diligência, por meio de "motivada e sigilosa autorização judicial". Ora, se ao tratar do agente infiltrado a lei indicou as pessoas habilitas a formular o pedido e fez menção, com todas as letras, à autorização judicial, enquanto que ao cuidar da ação controlada alude à singela "comunicação", é porque nos parece claro que o legislador quis dar tratamento diverso a um e outro instituto.

E parece mesmo justificável essa distinção. A rapidez que é peculiar à ação controlada, não se coaduna mesmo com a exigência de prévia autorização judicial. Imagine-se se, para aguardar a chegada dos demais membros da organização criminosa, como no nosso exemplo acima, tivessem os policiais que obter um mandado judicial que autorizasse essa prorrogação da prisão. O insucesso da diligência, nesse caso, estaria garantido, salvo se, por absurdo, se admitisse que o juiz, pessoalmente, acompanhasse toda a diligência, em atitude que, além de reduzida possibilidade de implantação prática, ainda infringiria o sistema acusatório que orienta nosso ordenamento jurídico. Faz-se a ressalva, todavia, para os delitos relativos a drogas e que não envolvam a criminalidade organizada, quando, aí sim, por expressa disposição legal, exige-se ordem judicial autorizadora da operação, na dicção do art. 53 da Lei nº 11.343/06.

§ 2º A comunicação será sigilosamente distribuída de forma a não conter informações que possam indicar a operação a ser efetuada.

§ 3º Até o encerramento da diligência, o acesso aos autos será restrito ao juiz, ao Ministério Público e ao delegado de polícia, como forma de garantir o êxito das investigações.

§ 4º Ao término da diligência, elaborar-se-á auto circunstanciado acerca da ação controlada.

Sobre o sigilo a ser mantido a respeito da operação, seu acesso e possibilidade de controle, confiram-se acima os comentários tecidos ao art. 7º da lei.

Art. 9º Se a ação controlada envolver transposição de fronteiras, o retardamento da intervenção policial ou administrativa somente poderá ocorrer com a cooperação das autoridades dos países que figurem como provável itinerário ou destino do investigado, de modo a reduzir os riscos de fuga e extravio do produto, objeto, instrumento ou proveito do crime.

É comum que a criminalidade organizada possua um caráter transnacional, ou seja, que tenha ramificações em outros países. A existência de paraísos fiscais ("tax heaven") espalhados pelo mundo, dá a exata noção da grandiosidade dessas operações[115].

Impõe o dispositivo, neste caso, a cooperação do país que figurar no "*iter criminis*". Não apenas pelos motivos ali mencionados (risco de fuga do agente e de extravio do produto,

115 Conquanto o Brasil não empregue a expressão "paraíso fiscal", a Instrução Normativa 1037/2010, da Secretaria da Receita Federal, relaciona "países ou dependências que não tributam a renda ou que a tributam à alíquota inferior a 20% ou, ainda, cuja legislação interna oponha sigilo relativo à composição societária de pessoas jurídicas ou à sua titularidade'".

objeto, instrumento ou proveito do crime), mas também em virtude de que, para a transposição de fronteiras e ingresso em outros países, há uma série de trâmites de cunho burocrático a serem cumpridos, além da observância de tratados bilaterais que cuidam da matéria[116]. Não é dado, por exemplo, a uma equipe de policiais que, prorrogando sua diligência, ingressem no Paraguai sem o conhecimento das autoridades daquela nação vizinha ou, pelo menos, sem a colaboração de agentes locais, como exige o dispositivo, tudo sob pena, inclusive, de ferir a soberania daquele país[117].

A Polícia Federal, inclusive, em seu sistema organizacional, conta com uma Coordenação-Geral de Cooperação Internacional (CIGE), composta por um "serviço de cooperação policial", que é exatamente a "interpol", além de outros setores de suporte a essa espécie de atividade[118].

SEÇÃO III
DA INFILTRAÇÃO DE AGENTES

Art. 10. A infiltração de agentes de polícia em tarefas de investigação, representada pelo delegado de polícia ou requerida pelo Ministério Público, após manifestação técnica do delegado de polícia quando solicitada no curso de inquérito policial, será precedida de circunstanciada, motivada e sigilosa autorização judicial, que estabelecerá seus limites.

Na lição de Denílson Feitoza, "infiltração é a introdução de agente público, dissimuladamente quanto à finalidade investigativa (provas e informações) e/ou operacional ("dado negado" ou de difícil acesso) em quadrilha, bando, organização criminosa ou associação criminosa ou, ainda, em determinadas hipóteses (como crimes de drogas), no âmbito social, profissional ou criminoso do suposto autor de crime, a fim de obter provas que possibilitem, eficazmente, prevenir, detectar, reprimir ou, enfim, combater a atividade criminosa deles"[119].

Vale observar que a figura do agente infiltrado não foi inaugurada, em nosso ordenamento, pela lei em exame. De sorte que, antes, a Lei nº 9034/95, que alude ao do crime organizado, já tratara da matéria. Assim, o art. 2º, inc. V do mencionado diploma, previa a "infiltração por agentes de polícia ou de inteligência, em tarefas de investigação, constituída pelos órgãos especializados pertinentes, mediante circunstanciada autorização judicial". Também a Lei nº 11.343/2006, em seu art. 53, inc. I (Lei de Drogas), cogita dessa modalidade de investigação[120].

Mas se tratam de iniciativas marcadas pela timidez, lançadas no texto legal sem maior detalhamento ou regulamentação e que, talvez por isso, não tenham atingido, em termos práticos,

---

116 O Decreto nº 3468/2000 promulgou, em nosso país, o "Protocolo de Assistência Jurídica Mútua em Assuntos Penais", assinado pelos países membros do Mercosul em San Luis, Argentina, em 25 de junho de 1996.

117 O item 1, do art. 18 da Convenção de Palermo, Introduzida em nosso ordenamento jurídico pelo Decreto nº 5.015/2004), prevê a colaboração recíproca entre as Nações se for o crime "de caráter transnacional, inclusive quando as vítimas, as testemunhas, o produto, os instrumentos ou os elementos de prova destas infrações se encontrem no Estado Parte requerido e nelas esteja implicado um grupo criminoso organizado". V., ainda, o interior teor da convenção no anexo.

118 Cf. art. 2º, inc. VI da Portaria MJ nº 2.877/2011, que aprovou o Regimento Interno do Departamento de Polícia Federal.

119 *Direito processual penal: teoria, crítica e práxis*. 6ª. ed. rev., ampl. e atual. Niterói: Impetus, 2009, p. 820.

120 Segundo André Augusto Mendes Machado e Maringela Tomé Lopes, trata-se de instituto que "já existe em alguns países, como na França, Alemanha, Portugal e Espanha, com a figura do agente encubierto. Assemelha-se à figura do 'undercover; do direito americano" in *Estudos de processo penal*. São Paulo: Scortecci, 2013, p. 107.

a eficácia que o instituto proporciona. Com a edição da lei em tela, entretanto, o panorama foi radicalmente alterado, já que a matéria mereceu um tratamento mais preciso e minucioso, ao estabelecer normas a serem observadas de cunho, por assim dizer, processual (legitimidade para o pedido, prazo, etc.), e, mais importante, por impor disciplina ao instituto, sobretudo com preocupação quanto à segurança do agente infiltrado.

De se notar, em acréscimo, que a Convenção das Nações Unidas contra o Crime Organizado Transnacional, conhecida como Convenção de Palermo, a qual aderiu o Brasil (sem adentrar na discussão a respeito do "status" com o qual tal convenção adentra nosso ordenamento jurídico[121]), prevê, expressamente, a possibilidade de utilização de operações de infiltração, que se inserem entre as técnicas especiais de investigação, como consta de seu art. 20.1. Assim:

> "Se os princípios fundamentais do seu ordenamento jurídico nacional o permitirem, cada Estado Parte, tendo em conta as suas possibilidades e em conformidade com as condições prescritas no seu direito interno, adotará as medidas necessárias para permitir o recurso apropriado a entregas vigiadas e, quando o considere adequado, o recurso a outras técnicas especiais de investigação, como a vigilância eletrônica ou outras formas de vigilância e as operações de infiltração, por parte das autoridades competentes no seu território, a fim de combater eficazmente a criminalidade organizada".
>
> Mas se tratava de uma assertiva genérica, sem pormenorizar (e nem seria este o objetivo da convenção) no que consistiria exatamente esse meio de prova, a configurar mera recomendação, revelando-se inviável, bem por isso, sua imediata aplicação em nosso direito interno. Sem falar da discutível possibilidade de um tratado internacional, quando se trata de norma incriminadora, ingressar em nosso direito positivo sem antes se submeter ao trâmite no Congresso Nacional, previsto no § 3º, do art. 5º da Constituição[122].

As Leis nº 9034/95 (crime organizado) e 11.343/2006 (drogas), pretenderam dotar de alguma aplicação prática aquilo que fora aprovado na Convenção de Palermo. Ocorre, como dito acima, que eram tamanhas as omissões de ambos os diplomas (prazo de duração da medida, por exemplo) e mesmos equívocos nas suas formulações (v.g., infiltração permitida a "agentes de inteligência"), que a prova não se revelou eficaz, tamanhas as dúvidas suscitadas para sua adoção.

Agora, face ao detalhamento da lei em exame, que pormenoriza, sobretudo, as formas de controle da infiltração, aqueles obstáculos que dificultavam a aplicação do instituto foram finalmente superados.

Anote-se, de plano, que a infiltração aqui examinada somente pode ser efetuada por "agentes de polícia". Assim, ao contrário da revogada Lei nº 9034/95, que permitia essa infiltração "por agentes de polícia ou de inteligência", a legislação em comento autoriza essa investigação apenas àqueles primeiros.

Como "agentes de polícia" devem ser entendidos os membros das corporações elencadas no art. 144 da Constituição Federal, a saber: Polícia Federal propriamente dita, rodoviária e ferroviária; e Polícia Estadual (civil, militar e corpo de bombeiros), observadas, nesta última hipótese, a organização própria de cada unidade da federação. Mas nem todos estes órgãos

121 Apontam-se, basicamente, três correntes versando sobre a forma pela qual os tratados ingressam em nosso ordenamento, a saber: *status* supranacional, status constitucional, status supralegal ou status de lei ordinária.

122 Art. 5º, § 3º da CF: "Os tratados e convenções internacionais sobre direitos humanos que forem aprovados, em cada Casa do Congresso Nacional, em dois turnos, por três quintos dos votos dos respectivos membros, serão equivalentes às emendas constitucionais" (Incluído pela Emenda Constitucional nº 45, de 2004).

possuem atribuições investigativas. Com efeito, o inc. I deste dispositivo constitucional atribui à polícia federal a tarefa de "apurar infrações penais"[123]. Já o inc. IV, § 4º do art. 144 da CF, comina às polícias civis estaduais essa tarefa investigativa. São, portanto, os policiais federais e civis aqueles habilitados a servirem como agentes infiltrados.

Ao afastar a possibilidade de infiltração por "agentes de inteligência" (como constava da revogada lei de combate ao crime organizado), proíbe o dispositivo em exame a participação de agentes outros que não os componentes das polícias "*lato sensu*". Aliás, era de constitucionalidade bastante discutível o disposto na revogada Lei nº 9034/95, posto que funções policiais, em virtude de comando constitucional (art. 144 da CF), são privativas da Polícia Federal e Polícia Civil.

Com a lei em comento, veda-se, destarte, que, por exemplo, agentes do Ministério Público atuem como infiltrados. Ou membros de Comissões Parlamentares de Inquérito, de Corregedorias em geral e, ainda, das receitas federais ou estaduais. Também os componentes do Sistema Brasileiro de Inteligência (Sisbin) e da Agência Brasileira de Inteligência (Abin), não podem se infiltrar.

Intuitivo, ademais, que os particulares[124], que não servidores públicos, acham-se impedidos de exercer essa atividade. A inconveniência quanto a essa possibilidade é bem destacada por Flávio Cardoso Pereira:

> "Primeiro, face à constatação óbvia de sua maior vulnerabilidade quanto a eventual corrupção. Em segundo, por não apresentar esse, via de regra, preparação ideal para laborar essa árdua tarefa de infiltração, a qual requer méritos psicológicos e físicos dos agentes que adentram na estrutura das organizações criminosas, além de uma experiência no trato com o mundo do crime"[125].
>
> Não será, decerto, todo e qualquer policial que revelará aptidão para a tarefa, cujas peculiaridades dos métodos a serem utilizados e o engajamento com pessoas de alta periculosidade, exigirá do agente especialíssimo preparo, sob pena de comprometer o sucesso da missão e, pior, de pagar com a própria vida em virtude de sua incapacidade. Imagine-se, de outra parte, a dificuldade de imersão de um policial em uma organização criminosa que atue contra o sistema financeiro nacional ou na prática de crimes de sonegação fiscal. Raramente um policial (e nem há como dele se exigir), conhecerá a fundo a matéria, dominará seus termos técnicos e especificidades, de maneira a cumprir sua tarefa com um mínimo de verossimilhança. Seu eventual desconhecimento da matéria acarretará, fatalmente, o insucesso da diligência e, pior que isso, constituirá grave risco à segurança do agente.

Invoca-se, novamente, o magistério de Flávio Cardoso Pereira, quando elenca os caracteres básicos desse agente: "perfil físico compatível com as dificuldades da operação, inteligência aguçada, aptidão específica para determinadas missões, equilíbrio emocional vez que poderá ficar distante do âmbito familiar por tempo indeterminado, sintonia cultural e étnica compatível com a organização a ser infiltrada etc"[126]

---

123 Em seu sistema organizacional, a Polícia Federal conta com uma Diretoria de Investigação e Combate ao Crime Organizado, nos termos do art. 2º, IX da Portaria MJ 2877/2011, que aprovou o Regimento Interno do Departamento de Policial Federal.

124 A lei portuguesa nº 101/2001, que trata das chamadas "ações encobertas", permite que particulares ("terceiros actuando sob o controlo da Polícia Judiciária"), participem dessa espécie de diligência.

125 Revista jurídica do Ministério Público do Estado do Mato Grosso, ano 2, nº 2, janeiro/junho de 2007, p. 175.

126 *A Moderna investigação criminal: infiltrações policiais, entregas controladas e vigiadas, equipes conjuntas de investigação e provas periciais de inteligência.* In Limites Constitucionais da Investigação. Rogério Sanches

Já surgem críticas ao instituto pois, na visão de Leonardo Sica, "as disposições do art. 10 e seguintes da lei envolvem o juiz ativamente com a infiltração policial, tornando humanamente impossível que, adiante, a causa seja julgada com a imparcialidade e equidistância almejadas. Seja em termos de recebimento da denúncia ou de sentença de mérito, o juiz que participar da ação controlada ou da infiltração policial não conseguirá se desvincular de sua própria atuação inquisitória. A experiência cotidiana com interceptações telefônicas e outras quebras de sigilo demonstra a vinculação racional e emocional do juiz com suas próprias decisões, que, evidentemente, só poderão ser legitimadas mediante resultado 'positivo', qual seja: a confirmação de que as provas buscadas apontavam pela existência do crime e sua autoria" [127]

Ousamos discordar dessa opinião. Se, por um lado, entendemos ser mesmo inadequado que se determine a infiltração de ofício pelo juiz – hipótese vedada pela lei, segundo nosso posicionamento, como se vê do comentário ao parágrafo seguinte – pensamos, de outra parte, que essa ordem, desde que precedida de representação da autoridade policial ou requerimento do Ministério Público, seja plenamente legal. Imaginar-se que um Magistrado, pelo fato de autorizar uma infiltração, estaria comprometendo sua imparcialidade –já que seria veria quase que *compelido* a condenar, legitimando, assim sua decisão anterior – traduz raciocínio que apequena a Magistratura brasileira e que, se verificada vez ou outra, não condiz com a imensa maioria das decisões tomadas nesse sentido. Não se concebe, com efeito, a ideia de que o juiz, ao ordenar a infiltração policial, estaria vinculado a uma posterior condenação, eis que *racional* e *emocionalmente* comprometido com o sucesso da medida, afastando-se, por consequência, da imparcialidade que deve marcar suas decisões. Não desconfiamos a esse ponto de nossos juízes e, se abusos são cometidos lá ou acolá, eles representam exceção à regra. Aliás, bem ao contrário, a submissão do pedido ao crivo judicial e a possibilidade dada ao juiz de fiscalizar a legalidade da diligência, importam em alargamento das garantias do investigado.

Imaginar-se dessa forma importaria em concluir que o juiz jamais poderia determinar a prisão do réu no curso do processo, caso ele, por exemplo, descumprisse as obrigações que lhe foram impostas quando da concessão de medida cautelar (art. 282, § 4º do CPP). Ou, então, que, uma vez decretada essa prisão, devesse se afastar de imediato do processo. Claro, se não tem isenção para determinar a infiltração policial sem se *comprometer* com posterior condenação, muito menos guardaria essa imparcialidade na hipótese em que, antes, decretou a prisão do réu. Outro exemplo mais grave: suponhamos que um condenado em 1º grau de jurisdição veja, em grau de recurso, reconhecida a nulidade do feito. Jamais aquele juiz que o condenou, de início, poderia julgá-lo pela segunda vez, afinal estaria irremediavelmente *obrigado* a repetir o primeiro veredicto.

Se nas hipóteses acima exemplificadas, nas quais o réu é preso ou – pior – condenado, jamais se cogitou da imparcialidade do juiz, que dizer no caso de mera autorização para infiltração policial?

Convém lembrar que obviamente toda e qualquer decisão está sujeita à revisão por meio de recursos e mesmo de *habeas corpus*. Decerto que um juiz que julgue apenas preocupado em legitimar a diligência que autorizou ainda na fase de inquérito policial, terá esse equívoco reparado em instância superior.

Por derradeiro, superada a crítica, é importante alertar que a Lei nº 13.441/17 inseriu no Estatuto da Criança e do Adolescente os artigos 190-A, B, C, D e E, para dispor a respeito da

---

Cunha, Pedro Taques, Luiz Flávio Gomes (coords.). São Paulo: Revista dos Tribunais, 2009, p. 117).

127 *Infiltração policial: posição contrária*. Jornal Carta Forense, setembro de 2013, p. B24.

infiltração virtual de agentes policiais com a finalidade de investigar delitos relativos à dignidade sexual de crianças e adolescentes, cujos atos de execução, ou mesmo preparatórios, sejam cometidos pela internet.

Por questão didática, vejamos, no quadro abaixo, e de forma resumida, as principais diferenças da infiltração de agentes na Lei 12.850/13 e no ECA, sem ignorar que essas diferenças serão aprofundadas em seguida e nos comentários ao ECA, lei que também integra esta obra:

Agente infiltrado na Lei 12.850/13 (arts. 10 e ss.)	Agente infiltrado no ECA (art. 190-A, B, C, D e E)
Finalidade: investigar crimes envolvendo organização criminosa.	Finalidade: investigar os crimes previstos nos arts. 240, 241, 241-A, 241-B, 241-C e e nos arts. 154-A, 217-A, 218, 218-A e 218-B do CP.
Regras: não pode ser decretada de ofício pelo juiz, dependendo de representação da Autoridade Policial ou requerimento do MP.	Regras: não pode ser decretada de ofício pelo juiz, dependendo de representação da Autoridade Policial ou requerimento do MP.
Somente agente de polícia pode servir como agente infiltrado.	Somente agente de polícia pode servir como agente infiltrado.
Prazo: a infiltração será autorizada pelo prazo de até 6 (seis) meses, sem prejuízo de eventuais renovações, desde que comprovada sua necessidade.	Prazo: não poderá exceder o prazo de 90 (noventa) dias, sem prejuízo de eventuais renovações, desde que o total não exceda a 720 (setecentos e vinte) dias e seja demonstrada sua efetiva necessidade, a critério da autoridade judicial.
Observação: será admitida a infiltração se a prova não puder ser produzida por outros meios disponíveis.	Observação: a infiltração de agentes de polícia na internet não será admitida se a prova puder ser obtida por outros meios.
Atenção: não é punível, no âmbito da infiltração, a prática de crime pelo agente infiltrado no curso da investigação, quando inexigível conduta diversa. Mas pode ser punido ser houver excesso.	Atenção: não comete crime o policial que oculta a sua identidade para, por meio da internet, colher indícios de autoria e materialidade dos crimes previstos nos arts. 240, 241, 241-A, 241-B, 241-C e 241-D desta Lei e nos arts. 154-A, 217-A, 218, 218-A e 218-B do CP. Mas será punido pelo excesso.

§ 1º Na hipótese de representação do delegado de polícia, o juiz competente, antes de decidir, ouvirá o Ministério Público.

O texto deixa claro que a infiltração não pode ser decreta de ofício pelo juiz. Antes, exige a representação do Delegado de Polícia ou o requerimento do Ministério Público. Tratando-se de diligência cabível apenas no bojo do inquérito policial, essa conclusão é reforçada, ainda que por analogia, com o disposto no art. 311 do Código de Processo Penal (com a redação dada pela Lei nº 12.403/2001), que desautoriza o juiz a decretar a prisão preventiva, "ex officio", durante a investigação.

É a consagração, no mais, do sistema acusatório que inspira o processo penal brasileiro, no qual as tarefas são divididas, sendo que cada sujeito processual tem uma função bem definida no processo. A um caberá acusar (como regra o Ministério Público), a outro defender (o advogado) e, a um terceiro, julgar (o juiz).

Trata-se do sistema adotado em nosso país, conforme entendimento que predomina na doutrina e pressupõe um processo onde todas as garantias constitucionais acima apontadas sejam, efetivamente, observadas. Sobre as características do sistema acusatório, confira acima a nota de rodapé nº 52.

Não resta dúvida, ainda, que a infiltração do agente poderá se prestar, mais adiante, como valioso meio de prova, não se aconselhando, também por isso, que o juiz determine sua realização, sem que seja provocado a tanto (pelo menos enquanto não introduzida, entre nós, a figura do juiz que atue apenas na fase investigativa, denominado "juiz de garantias"). Sua isenção de ânimo para julgar um processo no qual determinou, de ofício, a produção da prova, poderia se ver arranhada, afinal, no entendimento Geraldo Prado, "quem procura sabe ao certo o que pretende encontrar e isso, em termos de processo penal condenatório, representa uma inclinação ou tendência perigosamente comprometedora da imparcialidade do julgador"[128].

§ 2º Será admitida a infiltração se houver indícios de infração penal de que trata o art. 1º e se a prova não puder ser produzida por outros meios disponíveis.

Atente-se que o legislador não exigiu, para o deferimento da medida, a presença de "indícios de autoria", como reclama, v.g., para a decretação da prisão preventiva[129]. Contentou-se, apenas, com "indícios de infração penal". Em outras palavras: quando exige "indícios de autoria", o legislador é expresso nesse sentido, como, por exemplo e em acréscimo, para a decretação da hipoteca legal sobre imóveis (art. 134 do CPP) ou para a pronúncia do réu (art. 413 do CPP).

Conclui-se, com isso, que "indícios de autoria" são dispensáveis, tanto que o art. 11 da lei (v. abaixo), ao relacionar os requisitos do pedido de infiltração, deixa claro que a indicação de nomes ou apelidos dos membros da organização criminosa devem ser apontados "quando possível". E nem poderia ser diferente. A complexidade dos crimes perpetrados em organização, não raramente a envolver pessoas residentes em estados e mesmo países diversos, tornaria impossível o deferimento da medida caso se exigisse a indicação de seus autores. Basta, pois, a demonstração de indícios da prática criminosa prevista no art. 1º da lei em análise, assim considerados a probabilidade razoável, a fumaça do bom direito, que deverão ser analisados caso a caso, segundo o prudente arbítrio do juiz, sem uma regra preconcebida que os definam.

Quanto à demonstração da imprescindibilidade da prova que, por outro meio, não possa ser produzida, v. comentários ao art. 11 abaixo.

§ 3º A infiltração será autorizada pelo prazo de até 6 (seis) meses, sem prejuízo de eventuais renovações, desde que comprovada sua necessidade.

O prazo, a priori estabelecido para a infiltração, é de seis meses. Isso se constitui apenas em um parâmetro inicial, nada impedindo, como prevê o texto legal, que prorrogações ocorram na mesma proporção que se revelarem necessárias à elucidação dos fatos. É o que se verifica, por

128 *A Conformidade Constitucional das Leis Processuais Penais*. 3. ed. Rio de Janeiro: Lumen Juris, 2005, p.136/137.

129 Art. 312 do CPP: "A prisão preventiva poderá ser decretada como garantia da ordem pública, da ordem econômica, por conveniência da instrução criminal, ou para assegurar a aplicação da lei penal, quando houver prova da existência do crime e indício suficiente de autoria".

exemplo, nas hipóteses de interceptação telefônicas, cujo prazo pode ser prorrogado, segundo jurisprudência do Supremo Tribunal Federal[130].

Para tanto, contudo, é de rigor que se indique a necessidade de renovação do prazo de infiltração. O andamento das diligências, ainda não finalizadas, a necessidade de se descobrirem outras pessoas envolvidas na organização criminosa, suas eventuais ramificações com nações estrangeiras, enfim, a dificuldade que é inerente a esse tipo de investigação, justifica que prazo mais estendido seja concedido para o término da diligência.

> § 4º Findo o prazo previsto no § 3º, o relatório circunstanciado será apresentado ao juiz competente, que imediatamente cientificará o Ministério Público.

A autora portuguesa Isabel Oneto, ao comenta a lei daquele país que trata das chamadas "acções controladas" (Lei 101/2001), indica que "a exigência processual de comunicação à autoridade judiciária dos actos praticados ao abrigo de autorização tem subjacente duas imposições – a primeira, dirigida à entidade policial, no sentido de a vincular aos precisos termos em que a autorização foi concedida; a segunda, destinada à autoridade judiciária, impondo-lhe a obrigação legal de aferir a conformidade da acção desenvolvida ao âmbito e limites constantes da autorização concedida."[131].

E nem poderia ser diferente. A gravidade da diligência e os riscos que acometem o agente, reclamam um rigoroso controle judicial da infiltração, quer da parte do juiz, quer da parte do Ministério Público, que será cientificado dos termos do relatório.

> § 5º No curso do inquérito policial, o delegado de polícia poderá determinar aos seus agentes, e o Ministério Público poderá requisitar, a qualquer tempo, relatório da atividade de infiltração.

Por maior sigilo que deva guardar essa espécie de diligência, em razão dos perigos que a cercam, é preciso que um mínimo controle se realize quanto à atividade do agente infiltrado. Esse controle se dará por meio de relatório circunstanciado, como prevê o dispositivo. Tal relatório deverá ser apresentado, obrigatoriamente, ao cabo do prazo de seis meses de infiltração, previsto no § 3º acima. Ou a qualquer tempo, mediante determinação do delegado de polícia, nesse sentido, a seus agentes ou requisição do Ministério Público.

> **Art. 11.** O requerimento do Ministério Público ou a representação do delegado de polícia para a infiltração de agentes conterão a demonstração da necessidade da medida, o alcance das tarefas dos agentes e, quando possível, os nomes ou apelidos das pessoas investigadas e o local da infiltração.

130 "É cediço na Corte que as interceptações telefônicas podem ser prorrogadas por mais de uma vez, desde que comprovada sua necessidade mediante decisão motivada do Juízo competente". (HC 118371 MC/BA – Rel. Gilmar Mendes, j. 02.08.2013).

131 *O Agente infiltrado. Contributo para a compreensão do regime jurídico das acções encobertas*. Coimbra: Coimbra, 2005, p. 192.

Se antes se reclamava da vagueza com que o tema era tratado nas leis do crime organizado e de drogas, o diploma em análise supriu tais omissões. Detalha, com efeito, todo o procedimento para que, judicialmente, seja autorizada a infiltração do agente policial.

O pedido, assim, poderá ser deflagrado mediante representação do delegado de polícia ou requerimento do Ministério Público. Fala-se em "requerimento" do "*parquet*" na medida em que é parte da relação processual. Para o delegado de polícia, por não ser parte, se emprega o vocábulo "representação". Mas ambos os atos traduzem um pedido formulado ao juiz, no caso, para que seja autorizada a infiltração.

É intuitiva a obrigação de se demonstrar a necessidade da infiltração. O grau de invasão na esfera particular do indivíduo (ainda que se trate de um membro de organização criminosa), e o risco inerente à diligência que correrá o agente infiltrado, reclamam que se aponte a necessidade da medida. Como tal se deve entender mesmo a "imprescindibilidade da medida", isto é, a impossibilidade de obtenção da prova senão por meio da infiltração. Claro: podendo ser colhida a prova por meios outros que não importem nos inconvenientes acima apontados, não se deve deferir sua realização. A análise será realizada casuisticamente, frente ao caso concreto que é apresentado, cabendo ao juiz, animado pelo bom senso, decidir a respeito.

Um tanto mais complexa, na prática, será a demonstração do "alcance das tarefas dos agentes" a se infiltrarem. De pronto se observa que, no mais das vezes, não se tem a exata noção da real abrangência da organização criminosa. É tamanha a rede de tentáculos, tantas as ramificações nessa espécie de criminalidade, que o autor do pedido encontrará dificuldade em aponta a investigação a ser desenvolvida pelo policial.

E mesmo cada espécie de tarefa a ser cumprida não será de fácil indicação no pedido. Em comentários atinentes à Lei nº 9034/95, Marcelo Mendroni destaca que "o mandado judicial pode conter, extensivamente, autorização expressa para que o agente, sendo favoráveis as condições e sem risco pessoal, apreenda documentos de qualquer natureza, desde papéis a arquivos magnéticos; e, dispondo de equipamentos correspondentes, realize filmagens, fotografias e escutas, ambientais e telefônicas. São meios de prova dos quais a Polícia não pode prescindir e nada os impede, ao contrário, tudo favorece, sejam realizados pelo agente mediante expressa e prévia autorização judicial. Seria, a contrário senso, absolutamente inviável a necessidade de que o agente tivesse que buscar autorização judicial para cada situação vivida na infiltração, não só pelo evidente risco de *periculum in mora*, mas também pela absoluta impossibilidade fática. São também providências que se encaixam com o princípio da proporcionalidade, pois se o agente pode estar infiltrado no meio dos criminosos, não há razão para que não possa, via de extensão e compatibilidade com a sua função demonstração cabal da situação criminosa vivenciada"[132].

Pensamos que assista razão ao autor. Não que se pretenda outorgar verdadeira "carta branca" ao agente infiltrado, habilitando-o à prática de atos ilegais e que extrapolem seu "mandato". Mas não faria o menor sentido que, uma vez imerso na organização criminosa, fosse proibido de recolher provas relacionadas à tarefa a qual se incumbiu. E, de fato, a obrigatoriedade de buscar, a todo momento, autorização judicial, não só se mostraria incompatível com a rapidez que se exige nessa espécie de operação, como, ademais, colocaria em sério risco a segurança do policial.

132 *Crime organizado: aspectos gerais e mecanismos legais*. 3ª. ed. São Paulo: Atlas, 2009, p. 111.

Tema interessante consiste em se indagar da possibilidade do agente infiltrado, mais adiante e no processo judicial, servir como testemunha. Não vemos qualquer impedimento e, antes, nos parece absolutamente salutar esse testemunho. Primeiro, porque o art. 202 do Código de Processo Penal não estabelece qualquer espécie de restrição, ao dispor que "toda pessoa poderá ser testemunha". Como já se destacou, "ao dispor, no artigo em estudo, que toda pessoa pode servir como testemunha, procurou o código não estabelecer qualquer espécie de preconceito, deixando a critério do julgador, em uma análise global do conjunto probatório, a valoração de cada depoimento, atento aos princípios da busca da verdade real e da livre apreciação da prova"[133].

Mais que isso: ninguém se encontra mais habilitado para prestar esclarecimentos sobre os fatos que o agente infiltrado. Afinal, deles participou ativamente, conhecendo detalhes de seu planejamento e execução, prestando-se seu depoimento, por consequência, como valioso elemento de prova[134]. Recomenda-se, apenas, para garantir a segurança do agente policial, que seu depoimento seja realizado de forma sigilosa, sob os auspícios da Lei nº 9.807/99, que protege vítimas e testemunhas[135].

Tampouco há que se negar importante valor probatório ao depoimento deste agente infiltrado. A tese de que, por se tratar de polícia, seu testemunho careceria de maior credibilidade, de há muito perdeu seu prestígio, rechaçada que foi pela jurisprudência, inclusive do Supremo Tribunal Federal[136]. De resto, não faria sentido o Estado (administração) atribuir tão relevante e grave função a um de seus servidores para, em seguida, o mesmo Estado (juiz), suspeitar de seu depoimento, negando-lhe mesmo o direito e a obrigação de prestar contas da tarefa que cumpriu.

É óbvio que tal prova, se isolada nos autos, não poderá, por si só, embasar um decreto condenatório, posto que não foi submetida a princípios que são caros ao processo penal e que têm lugar na Constituição, como o contraditório e a ampla defesa, como reconhece o Supremo Tribunal Federal[137]. Mas esse entendimento não se aplica apenas ao depoimento do agente infiltrado, senão a toda e qualquer modalidade de prova obtida extrajudicialmente.

Recomendável, ainda, que sejam indicados nomes e apelidos (melhor, diríamos, codinomes), daqueles que serão investigados, assim como o local da infiltração. Desde que, por óbvio,

---

133 Ronaldo Batista Pinto. *Prova penal segundo a jurisprudência*. São Paulo: Saraiva, 2000, p. 259.

134 Compartilha desse entendimento Marcelo Mendroni, ob. cit., p. 59.

135 O Tribunal de Justiça do Estado de São Paulo, por meio do provimento nº 32/2000, prevê, em seu art. 3º, que "as vítimas ou testemunhas coagidas ou submetidas a grave ameaça, em assim desejando, não terão quaisquer de seus endereços e dados de qualificação lançados nos termos de seus depoimentos. Aqueles ficarão anotados em impresso distinto, remetido pela Autoridade Policial ao Juiz competente juntamente com os autos do inquérito após edição do relatório. No Ofício de Justiça, será arquivada a comunicação em pasta própria, autuada com, no máximo, duzentas folhas, numeradas, sob responsabilidade do Escrivão". Demais disso, nos termos do art. 6º, "o mandado de intimação de vítima ou testemunha, que reclame tais providências, será feito em separado individualizado, de modo que os demais convocados para depoimentos não tenham acesso aos seus dados pessoais". O Supremo Tribunal Federal afirmou a constitucionalidade desse provimento (RHC nº 89.137/SP – Rel. Carlos Ayres Britto, DJ 29.06.2007). No mesmo sentido o Superior Tribunal de Justiça: (HC nº 147471/SP, Rel. Jorge Mussi, DJe 26/09/2011; HC 218.820/SP, Rel. Jorge Mussi, j. 10.04.2012, DJe 03/05/2012).

136 HC nº 74.608-0 – Rel. Celso de Mello, j. 18.02.1997, DJU 11.04.1997, p. 12.189; HC 74.522-9, Rel. Mauricio Corrêa, DJU 13.12.1996, p. 50.167.

137 Art. 5º, inc. LV da Constituição.

sejam possíveis tais informações. Por vezes o grande número de pessoas envolvidas na prática delituosa, bem como sua concretização em diferentes locais (cidades, estados e até países diversos), inviabilizam que sejam atendidos esses pormenores, fator que, porém, não se mostra apto a impedir o deferimento do pedido.

Art. 12. O pedido de infiltração será sigilosamente distribuído, de forma a não conter informações que possam indicar a operação a ser efetivada ou identificar o agente que será infiltrado.

§ 1º As informações quanto à necessidade da operação de infiltração serão dirigidas diretamente ao juiz competente, que decidirá no prazo de 24 (vinte e quatro) horas, após manifestação do Ministério Público na hipótese de representação do delegado de polícia, devendo-se adotar as medidas necessárias para o êxito das investigações e a segurança do agente infiltrado.

A respeito do sigilo a ser mantido a respeito da operação e seu acesso, confiram-se acima os comentários tecidos ao art. 7º da lei. Destaque-se, apenas, que constitui crime o descumprimento da determinação de sigilo nas investigações, conforme previsão do art. 20 desta lei.

§ 2º Os autos contendo as informações da operação de infiltração acompanharão a denúncia do Ministério Público, quando serão disponibilizados à defesa, assegurando-se a preservação da identidade do agente.

O sigilo deve presidir todo o trâmite do pedido. Sua divulgação de forma indiscriminada, ao revés, culminará certamente com o insucesso da diligência e, mais grave, com risco ao policial nela envolvido.

A defesa somente terá acesso à prova – e, mesmo assim, preservada a identidade do agente infiltrado – após a denúncia do Ministério Público, já que os autos da diligência acompanharão a inicial. Interessante que, conquanto faça referência à denúncia, nada impede, em tese, que o processo criminal seja deflagrado mediante uma queixa-crime, na chamada ação penal privada subsidiária da pública, que tem expressa previsão constitucional[138].

Observe-se que, para a ação infiltrada, a lei em tela não permite seja o pedido formulado verbalmente, como ocorre para as hipóteses de interceptação telefônica da Lei nº 9296/96[139]. Tal opção, pensamos, não se deu por cochilo do legislador. Com efeito, em face da gravidade da diligência e dos requisitos que são impostos para sua concessão, entendeu mais prudente fosse o pleito reduzido a termo.

138 Art. 5º, inc. LIX da CF: "Será admitida ação privada nos crimes de ação pública, se esta não for intentada no prazo legal".

139 Lei nº 9296/96, art. 4º: "O pedido de interceptação de comunicação telefônica conterá a demonstração de que a sua realização é necessária à apuração de infração penal, com indicação dos meios a serem empregados.

§ 1º Excepcionalmente, o juiz poderá admitir que o pedido seja formulado verbalmente, desde que estejam presentes os pressupostos que autorizem a interceptação, caso em que a concessão será condicionada à sua redução a termo".

§ 3º Havendo indícios seguros de que o agente infiltrado sofre risco iminente, a operação será sustada mediante requisição do Ministério Público ou pelo delegado de polícia, dando-se imediata ciência ao Ministério Público e à autoridade judicial.

Ainda aqui a preocupação maior é com a incolumidade física do agente infiltrado. Desafiaria mesmo a moral e a ética imaginar-se que o desvendamento de determinado delito (por mais grave que pudesse ser) ou mesmo o desbaratamento de organização criminosa justificasse a perda de uma vida. De se ver que a paralisação da diligência não reclama prévia autorização judicial. Segundo a literalidade do texto, basta a requisição do Ministério Público, sendo o juiz cientificado do ato. Ou a requisição da autoridade policial, quando então serão cientificados o juiz e o "*parquet*".

Cientificar, aqui, tem o sentido de participar, comunicar algo que já ocorreu. A urgência na sustação da operação, em face do risco acometido ao servidor, não pode mesmo se submeter a qualquer decisão anterior. Assim, antes mesmo de qualquer requisição, pelo Ministério Público e pelo delegado de polícia, impõe-se, no plano fático, seja imediatamente cessada a infiltração.

Art. 13. O agente que não guardar, em sua atuação, a devida proporcionalidade com a finalidade da investigação, responderá pelos excessos praticados.

Proporcionalidade se constitui na palavra-chave não apenas para orientar a atividade do agente infiltrado, mas, principalmente, para justificar a própria existência do instituto em análise.

É conhecido o debate que cunho ético que se estabeleceu a respeito do tema quando da entrada em vigor da lei de combate ao crime organizado (a revogada Lei nº 9034/95), que primeiro, tratou da matéria, ainda que de forma "desorganizada".

A tônica das críticas se baseava na utilização da fraude, da mentira e da traição pelo agente infiltrado e na conivência do Estado com esse meio, quando fornece, de forma imoral, um de seus servidores para o desempenho da tarefa. Abria-se mesmo a possibilidade desse agente cometer crimes "em nome da lei". Isso sem dizer, conforme destacamos acima, da precariedade com que o tema era tratado na revogada lei.

Ainda, segundo alerta o doutrinador português Manuel Augusto Alves Mereis, "o que é imoral, no processo de infiltração, é o facto de ser o suspeito a, involuntariamente, produzir a prova da sua própria condenação. Ora, vigorando entre nós, a este respeito, uma liberdade de declaração (...) exige-se, sob pena de frustrar os direitos e garantias processuais, a invalidade das provas produzidas pelo suspeito ou argüido, sem consciência de o estar a fazer"[140].

Faz coro a esse entendimento a impressão de Antonio Magalhães Gomes Filho, para quem se trata "de procedimento cuja legitimidade ética e jurídica é cada vez contestada em sociedade mais avançadas, como a alemã e a norte-americana, pois é incompatível com a reputação e dignidade da Justiça Penal que seus agentes se prestem a envolver-se com as mesmas práticas delituosas que se propõem a combater; e mesmo as eventuais provas resultantes dessas operações

140 *O regime das provas obtidas pelo agente provocador em processo penal*. Coimbra: Almedina, 1999. p. 171.

terão sido conseguidas através de instigação, simulação ou outros meios enganosos, e portanto de duvidosa validade. De outro lado, não constitui heresia supor que, entre nós, sobretudo pela notória má remuneração atribuída aos agentes policiais, tais expediente encerrariam um sério risco de atraírem para a criminalidade pessoas que, por sua ligação com as estruturas oficiais, teriam excepcionais condições para se integrarem às mesmas associações criminosas, incrementando suas atividades ilegais"[141].

Algumas ponderações nos parecem pertinentes. Anotamos, de plano, que a pecha que se atribuía à revogada Lei nº 9034/95, porque omissa e lacunosa (falhas que não foram supridas pela lei de drogas que também prevê o instituto), acham-se agora superadas. O diploma em análise, com efeito, tratou de, por assim dizer, "regulamentar" o instituto, ao prever, por exemplo, prazo de sua duração, legitimidade para pedi-lo, controle judicial e do Ministério Público, elaboração de relatórios de investigação, sigilo no seu trâmite, proteção à pessoa do agente infiltrado, etc. Cremos, destarte, que, pelo menos sob esse aspecto, que criticava o meio de prova em face da flagrante pobreza com que foi tratado por aqueles diplomas, a lei em comento supriu qualquer falha.

Trata-se, ademais, como já observado, de instituto que tem previsão na Convenção de Palermo e que, fosse assim tão nefasto e danoso, com pensam alguns, decerto que não mereceria a aprovação em um encontro de âmbito mundial, promovido pela Organização das Nações Unidas. É, de resto, meio de prova admitido em praticamente todos os países do mundo ocidental[142].

De se lembrar, ainda, que a ferocidade com que são praticados os crimes através de organização, o grau de suas ramificações e a periculosidade dos agentes neles envolvidos, reclamam do Estado uma resposta mais enérgica, a ser concretizada com certa restrição a direitos constitucionalmente assegurados, mas sempre mediante uma ordem judicial.

É o dizer de Flávio Cardoso Pereira: "Como conseqüência, observa-se que os instrumentos clássicos e próprios do Estado liberal de Direito se mostram claramente insuficientes para fazer frente à expansão da delinqüência organizada, razão pela qual o Estado deve dispor de novos meios tanto de direito penal material, de política criminal e de direito processual, os quais por lógica serão tidos como mais agressivos contra os delinqüentes, e, portanto, demandarão uma maior limitação tanto da liberdade como de outros direitos fundamentais constitucionalmente protegidos"[143].

É esta a proporcionalidade de que tratamos e que impõe, para superação do dilema, a análise casuística, a fim de se ponderar, no caso concreto, se é justificável o sacrifício de algum direito em prol de uma resposta estatal eficaz à criminalidade organizada.

A proporcionalidade até então mencionada se refere ao próprio instituto em si. Aludiremos, agora, a proporcionalidade mais voltada à atividade do agente infiltrado.

---

141 *Também em matéria processual provoca inquietação a Lei Anti-Crime Organizado*, In: Boletim do Instituto Brasileiro de Ciências Criminais, São Paulo, nº 13, p. 01, fev. 1994.

142 A autora portuguesa Isabel Oneto indica que, na Europa, à exceção de Luxemburgo, todos os demais países adotam essa técnica de investigação (in *O agente infiltrado – contributo para a compreensão do regime jurídico das acções encobertas*. Editora Coimbra, 2005, p. 96).

143 *A Moderna investigação criminal: infiltrações policiais, entregas controladas e vigiadas, equipes conjuntas de investigação e provas periciais de inteligência*. In Limites Constitucionais da Investigação. Rogério Sanches Cunha, Pedro Taques, Luiz Flávio Gomes (coords.). São Paulo: Revista dos Tribunais, 2009, p 100.

Com efeito, este artigo permite a análise do alcance da atuação do agente infiltrado, quais as limitações de sua atuação e até aonde pode ir, quando, então, se prosseguir, terá cometido excesso a ser punido, disciplinar e criminalmente.

Parece claro que até mesmo a prática de crime lhe é permitida, posto que, somente assim, se explica o teor do parágrafo único deste dispositivo, que não pune a conduta do agente infiltrado "quando inexigível conduta diversa".

Assim, para ficarmos com dois exemplos, imagine-se o agente que, infiltrado em uma organização criminosa especializada no roubo de veículos, em dado momento dá cobertura à ação dos "comparsas", permanecendo atento à eventual aproximação da polícia. Ou que transporta um desses veículos roubados. Ou mesmo que aponta sua arma para uma das vítimas com o objetivo de tomar-lhe o automóvel. Nesse primeiro exemplo, o policial infiltrado comete ações que são próprias da criminalidade na qual se encontra imerso e sua negativa em auxiliar os demais autores poderia mesmo denunciar sua condição de infiltrado. É dizer: somente estará devidamente infiltrado, em condição de não levantar suspeitas e de obter valioso dado probatório, quando fizer as vezes dos delinquentes, agindo como eles e adotando suas práticas.

Em um segundo exemplo, após se infiltrar em associação criminosa dedicada ao tráfico de drogas, o agente se apodera de certa quantidade de droga e passa a vendê-la, em ação que não guarda qualquer liame com a infiltração e que nem mesmo é conhecida pelos demais integrantes do grupo.

Ora, enquanto no primeiro exemplo o agente infiltrado age dentro do que lhe autoriza a lei e de forma a obter sucesso em sua empreitada, no segundo sua ação é abusiva e, por isso, deverá responder pelo excesso. É que, para melhor se infiltrar e para se passar, de forma mais convincente, como membro do bando, não havia nenhuma necessidade de vender a droga, em atitude que, no exemplo, era até ignorada dos demais. Conclui-se, destarte, que enquanto no primeiro caso terá agido acobertado por uma excludente de culpabilidade, no segundo se houve com abuso, devendo responder pelo excesso.

Conforme adverte Issac Sabbá Guimarães. "o agente infiltrado mantém sua verdadeira identidade encoberta, adotando uma falsa, para ganhar a confiança dos criminosos; passa a viver no submundo do crime, inclusive fazendo parte dos planos e ações ilícitas, sem, no entanto, dar causa, diretamente, à prática de um crime (a atividade do agente é limitada). Pode mesmo chegar a prestar apoio moral e material, e praticar atos de execução de crime, como permite o regime legal português de ações encobertas, mas não pode – está proibido de – impulsionar o crime. Para além do mais, a infiltração, pelo que percebemos quanto ao seu emprego tanto no processo penal português como no nosso, é regrada por um juízo de necessidade e pelo princípio da proporcionalidade, pois que fica a investigação restrita a crimes de maior potencialidade ofensiva e sob a pendência de autorização do Ministério Público (em Portugal) ou do juiz (no caso brasileiro)"[144].

Outro tema que o dispositivo sugere trata da interessante distinção entre o agente infiltrado e o agente provocador. Este último, após angariar a confiança de seus "comparsas", instiga a prática do crime, provoca situação para que o delito se consume, enfim, adota um comportamento sem o qual o delito não subsistiria. Cuida-se de conduta, aliás, vedada pelo enunciado

144 *Agente provocador, agente infiltrado e o novo paradigma de processo penal*. Disponível em www.ambitojuridico.com.br, acessado em 12.08.2013.

da Súmula 145 STF, *verbis*: "Não há crime, quando a preparação do flagrante pela polícia torna impossível a sua consumação". O exemplo mais cadente talvez seja do policial que, fazendo se passar por usuário de drogas, as adquire do traficante para, em seguida, prendê-lo. Surge, aqui, a figura do flagrante preparado ou flagrante provocado, inadmissível em nosso ordenamento.

Diverso, como já salientado, é o comportamento do agente infiltrado. Ele não induz à ocorrência do crime. Em verdade, a ação da organização criminosa está em curso e ele a toma no meio do caminho, quando se infiltra. Se imaginássemos uma linha férrea, o agente provocador é aquele que, pilotando a locomotiva, a retira da inércia, dando início à viagem. Já o agente infiltrado adentra a composição quando ela já se encontrava em movimento, não sendo ele quem dá origem à ação, ainda que, nesse meio tempo, venha a assumir a função de condutor do trem.

Os doutrinadores portugueses Fernando Gonçalves, Manuel João Alves e Manuel Monteiro Guedes Valente, trazem luzes ao debate, ao ensinarem que "a figura do agente infiltrado é, pois, substancialmente diferente da do agente provocador. O agente provocador cria o próprio crime e o criminoso, porque induz o suspeito à prática de actos ilícitos, instigando-o e alimentando o crime, agindo, nomeadamente, como comprador ou fornecedor de bens ou serviços ilícitos. O agente infiltrado, por sua vez, através da sua actuação limita-se, apenas, a obter a confiança do suspeito(s), tornando-se, aparentemente, num deles para, como refere Manuel Augusto Alves Meireis, 'desta forma ter acesso a informações, planos, processos, confidências... que, de acordo com seu plano, constituirão as provas necessárias à condenação'"[145]

Parágrafo único. Não é punível, no âmbito da infiltração, a prática de crime pelo agente infiltrado no curso da investigação, quando inexigível conduta diversa.

A doutrina divergia a respeito da natureza jurídica da exclusão da responsabilidade penal do agente infiltrado. Em artigo da lavra de Damásio de Jesus e Fábio Ramazzini Bechara são identificadas as quatro correntes que se estabeleceram a respeito do tema.

> "1ª) trata-se de uma causa de exclusão de culpabilidade, por inexigibilidade de conduta diversa. Isso porque, se o agente infiltrado tivesse decidido não participar da empreitada criminosa, poderia ter comprometido a finalidade perseguida com a infiltração, ou seja, não havia alternativa senão a prática do crime[146];
>
> 2ª) escusa absolutória: o agente infiltrado age acobertado por uma escusa absolutória, na medida em que, por razões de política criminal, não é razoável nem lógico admitir a sua responsabilidade penal. A importância da sua atuação está diretamente associada à impunidade do delito perseguido;
>
> 3ª) trata-se de causa excludente da ilicitude, uma vez que o agente infiltrado atua no estrito cumprimento do dever legal;
>
> 4ª) atipicidade penal da conduta do agente infiltrado. Essa atipicidade, todavia, poderia

145 *Lei e crime: o agente infiltrado versus o agente provocador. Os princípios do processo penal*. Coimbra: Almedina, 2001, p. 264.

146 Segundo Ricardo Antonio Andreucci, em artigo publicado após o advento da lei em análise, a hipótese é de exclusão da culpabilidade, "consistente na inexibilidade de conduta diversa (conforme o Direito), a acobertar eventuais ilicitudes praticados pelo infiltrado, isentando-o de responsabilidade" (*Infiltração policial: possibilidade*, Jornal Carta Forense, setembro de 2013, p. A24).

decorrer de duas linhas de raciocínio distintas. A atipicidade poderia derivar da ausência de dolo por parte do agente infiltrado, uma vez que ele não age com a intenção de praticar o crime, mas visando a auxiliar a investigação e a punição do integrante ou dos integrantes da organização criminosa. Faltaria, assim, imputação subjetiva. De outro lado, a atipicidade poderia derivar da ausência de imputação objetiva, porque a conduta do agente infiltrado consistiu numa atividade de risco juridicamente permitida, portanto, sem relevância penal"[147]. Em artigo publicado após a edição da lei em comento, Damásio de Jesus, em abono a esse entendimento, acrescenta que "ora, se a ação é permitida pela lei e autorizada pelo Juiz, como considerá-la típica? ... Se o Estado lhe permite a atividade [do agente infiltrado], havendo a prática de um crime pela organização, que contou com sua execução ou participação, o correto é reconhecer a ausência de tipicidade em suas ações e não a licitude ou a inculpabilidade em fases posteriores"[148].

Conclui-se, da simples leitura do parágrafo em comento, que o legislador optou seguir a primeira corrente (causa de inexigibilidade de conduta diversa), merecendo aplausos.

Com essa solução, sendo o agente infiltrado induzido, instigado ou auxiliado a praticar um crime no âmbito da organização, respeitando a proporcionalidade e sem extrapolar a finalidade da investigação, sendo dele inexigível conduta diversa, exclui-se apenas a culpabilidade do injusto por ele praticado, permanecendo típico e ilícito, possibilitando, de acordo com a teoria da acessoriedade limitada (ou média), a punição dos partícipes (integrantes da organização) pelo delito praticado.

Ilustrando esse raciocínio, suponhamos que FULANO, agente de polícia, se infiltra em organização criminosa formada para a prática de furtos e roubos a bancos e caixas eletrônicos. Os integrantes da sociedade criminosa decidem que o "batismo" de FULANO consiste em, sozinho, empregando artefatos explosivos, executar o crime, subtraindo valores de um caixa eletrônico numa cidade do interior. FULANO, infiltrado, não tem como negar, pois busca conquistar a confiança dos demais, condição primeira para o sucesso infiltração. FULANO, autor da subtração com rompimento de obstáculos, não é culpável (sendo dele inexigível conduta diversa), mas os integrantes que o induziram a execução do fato previsto como crime patrimonial respondem pelo delito.

Art. 14. São direitos do agente:

I – recusar ou fazer cessar a atuação infiltrada;

A atuação do servidor é, inegavelmente, cercada de riscos, dada, principalmente, à espécie de criminalidade na qual será infiltrado. Bem por isso é que se permite que o agente escolhido para a missão a recuse ou, ainda, que aquele que já se encontre infiltrado, desista da tarefa.

É verdade que, dentro da normalidade do serviço público e da natureza das funções que lhe são inerentes, essa conduta do servidor poderia configurar falta administrativa. De sorte que um policial escolhido para se infiltrar e que recusasse a missão, infringiria, em tese, o disposto no art. 116 da Lei nº 8.112/90 (Estatuto do Servidor Púbico Federal), que, dentre os deveres do servidor, impõe o de "cumprir as ordens superiores, exceto quando manifestamente

147 Damásio de Jesus e Fábio Ramazzini Bechara. *Agente infiltrado. Reflexos penais e processuais*. Elaborado em junho de 2005 e disponível no sítio www.jusnavigandi.co.br, acessado em 10.08.2013.

148 *Organização criminosa: primeiros conceitos*. Jornal Carta Forense, novembro de 2013, p. A6.

ilegais". Tal conduta poderia mesmo culminar com sua demissão, vez que o art. 132, inc. VI, do mesmo diploma, comina essa pena àquele que praticar "insubordinação grave em serviço".

Mas isso – insiste-se – quando da prática de faltas relacionadas à prestação corriqueira do serviço público. A situação aqui é um tanto diversa. A natureza da investigação e o grau de periculosidade daqueles nela envolvidos, exige do servidor, primeiro, que queira enfrentar o desafio. E, segundo, já se encontrando infiltrado, que se sinta à vontade para assim permanecer. Em suma, não se cogita de atribuir essa tarefa de forma compulsória a um agente policial. Antes, é preciso que ele, ciente dos riscos que correrá, aceite espontaneamente a missão.

Em remate, como destaca Luiz Otávio de Oliveira Rocha, "do ponto de vista fático, parece inegável que a atuação do agente infiltrado está cercada de gravíssimos riscos à sua integridade física como a de seus familiares. Daí resulta a preocupação dos legisladores em fazer o requisito da voluntariedade para os membros dos organismos policiais que devam atuar 'encobertos', bem como reserva-lhes mecanismos de proteção semelhantes aos idealizados para os peritos e testemunhas"[149].

II – ter sua identidade alterada, aplicando-se, no que couber, o disposto no art. 9º da Lei nº 9.807, de 13 de julho de 1999, bem como usufruir das medidas de proteção a testemunhas;

Trata-se de medida cujo objetivo é de preservar a incolumidade física do agente infiltrado. E não apenas dele, mas também de sua família bem como de todos que lhe são próximos. O dispositivo faz referência à lei que protege vítimas e testemunhas (Lei nº 9.807/99), que, em seu art. 9º, admite que "em casos excepcionais e considerando as características e gravidade da coação ou ameaça, poderá o conselho deliberativo encaminhar requerimento da pessoa protegida ao juiz competente para registros públicos objetivando a alteração de nome completo".

A ressalva "no que couber" significa dizer que nem tudo que previsto naquela lei terá aplicação para as hipóteses de agente infiltrado. Assim, por exemplo, não há que falar em "conselho deliberativo", órgão típico da Lei nº 9.807/99, a quem cumpre decidir sobre o ingresso de pessoas no programa de proteção, bem como "as providências necessárias ao cumprimento do programa" (art. 6º, incs. I e II da lei). Aqui a decisão sobre a alteração da identidade do agente infiltrado cabe exclusivamente ao juiz de direito, mediante – entendemos – requerimento do Ministério Público, representação da autoridade policial e mesmo a pedido do próprio policial (ouvido, nestas duas últimas hipóteses, o "*parquet*").

Fazendo o dispositivo expressa remissão à Lei nº 9.807/99, cremos que a alteração da identidade poderá se estender também "ao cônjuge ou companheiro, ascendentes, descendentes e dependentes", como prevê o art. 2º, § 1º do mencionado diploma, e aos filhos menores (art. 9º, § 1º da Lei nº 9.807/99). É que, em face da eventual gravidade dos crimes apurados e a periculosidade dos envolvidos, não se revelará suficiente a mera alteração da identidade do agente infiltrado, senão também das pessoas que lhe são mais próximas.

Essa alteração do nome será objeto de registro próprio, como se depreende do disposto no § 7º, do art. 57 da Lei nº 6.015/73, *verbis*: "Quando a alteração de nome for concedida em razão de fundada coação ou ameaça decorrente de colaboração com a apuração de crime, o juiz

---

149 *Agente Infiltrado: Inovação da Lei 10.217/2001*. Revista Jurídica da Escola Superior do Ministério Público, São Paulo, v. 1, nº 1, jan. a jun. 2001, p. 155.

competente determinará que haja a averbação no registro de origem de menção da existência de sentença concessiva da alteração, sem a averbação do nome alterado, que somente poderá ser procedida mediante determinação posterior, que levará em consideração a cessação da coação ou ameaça que deu causa à alteração". Também é cabível a mudança, apenas, do prenome, como prevê o parágrafo único do art. 58 da Lei de Registros Públicos.

Trata-se, com efeito, de inovação introduzida pela lei de proteção a vítimas e testemunhas e que, como já dissemos, tem aplicação a situações que envolvam agentes infiltrados.

Ainda por força da Lei nº 9.807/99, o juiz determinará aos órgãos competentes que forneçam documentos ao infiltrado dos quais constem a alteração do nome, assim como "a remessa da sentença ao órgão nacional competente para o registro único de identificação civil" (art. 9º, § 3º, incs. II e III da Lei nº 9.807/99)

Uma vez cessada a ameaça, por aplicação do disposto no § 5º, do art. 9º da Lei nº 9.807/99, poderá o agente solicitar seu retorno (e de eventuais parentes), à situação anterior, tornando, assim, à sua identidade original.

O dispositivo permite, ainda, que o agente infiltrado usufrua das medidas de proteção à testemunha, previstas na Lei nº 9.807/99. Tais medidas se encontram elencadas no art. 7º, incs. I a IX do aludido diploma. Parece obvio, contudo, que apenas as medidas compatíveis com o exercício da infiltração podem ser adotadas. Daí a ressalva "no que couber" contida no texto em exame. Não há que se cogitar, assim, de segurança e escolta, previstas no inc. II, capazes de revelar a função pública exercida pelo agente infiltrado. Tampouco, cremos, de ajuda financeira mensal (inc. V), por se tratar de servidor público, devidamente remunerado. Nada impede, porém, que conte com segurança em sua residência (inc. I), ou que lhe seja transferida a residência por questões de segurança (inc. III). E mesmo que lhe seja propiciado "apoio e assistência social, médica e psicológica" (inc. VII)[150].

III – ter seu nome, sua qualificação, sua imagem, sua voz e demais informações pessoais preservadas durante a investigação e o processo criminal, salvo se houver decisão judicial em contrário;

IV – não ter sua identidade revelada, nem ser fotografado ou filmado pelos meios de comunicação*-**, sem sua prévia autorização por escrito.

* A Resolução nº 59/2008, do Conselho Nacional de Justiça, dispõe em art. 17, que "não será permitido ao magistrado e ao servidor fornecer quaisquer informações, direta ou indiretamente, a terceiros ou a órgão de comunicação social, de elementos sigilosos contidos em processos ou inquéritos regulamentados por esta Resolução, sob pena de responsabilização nos termos da legislação pertinente". No mesmo sentido, mas aplicável aos membros e servidores do Ministério Público, é a Resolução nº 36/2009, do CNMP.

** Lembre-se, ainda, do teor do art. 11, inc. III, da Lei 8.429/92, *verbis*: "Constitui ato de improbidade administrativa [...] revelar fato ou circunstância de que tem ciência em razão das atribuições e que deva permanecer em segredo".

São mais duas medidas de proteção ao agente infiltrado que, a rigor, praticamente se repetem. Ambas protegem a privacidade do policial, velando para que imagem e identidade não se tornem públicas.

150 Em São Paulo a Lei Estadual nº 13.558/2009, determina que as medidas de proteção de vítimas e testemunhas sejam adotadas também na fase de inquérito policial.

Não conseguimos vislumbrar, outrossim, o motivo pelo qual uma decisão judicial determinaria a divulgação de dados capazes de identificar o agente infiltrado. Tampouco porque o policial autorizaria, por escrito, a divulgação de sua imagem nos meios de comunicação, por fotografia ou filmagem.

Afinal, a natureza da diligência e o ambiente de altíssima criminalidade nos quais envolvidos o agente, reclamam o mais absoluto sigilo, sob pena de, na eventual indiscrição, pagar o servidor com a própria vida.

Lembre-se, por fim, do disposto no art. 18 desta lei, que considera crime a conduta de quem "revelar a identidade, fotografar ou filmar o colaborador, sem sua prévia autorização por escrito".

SEÇÃO IV

DO ACESSO A REGISTROS, DADOS CADASTRAIS, DOCUMENTOS E INFORMAÇÕES

Art. 15. O delegado de polícia e o Ministério Público terão acesso, independentemente de autorização judicial, apenas aos dados cadastrais do investigado que informem exclusivamente a qualificação pessoal, a filiação e o endereço mantidos pela Justiça Eleitoral, empresas telefônicas, instituições financeiras, provedores de internet e administradoras de cartão de crédito.

Permite o dispositivo o livre acesso da autoridade policial e do Ministério Público[151] a dados cadastrais do investigado, independentemente de prévia autorização judicial. Como dado cadastral, segundo se infere da norma, deve-se entender aquele relativo à qualificação pessoal da pessoa (estado civil, profissão, número do telefone, RG, CPF, etc.), à filiação e ao endereço do averiguado. Esses dados são mantidos nos cadastros da Justiça Eleitoral, empresas de telefonia, instituições financeiras[152-153] provedores de internet e administradoras de cartão de crédito[154] e sua divulgação – insiste-se – prescinde de ordem judicial.

Repete-se, aqui, previsão idêntica que já constava do art. 17-B da Lei 9.613/98. Este diploma impõe, ainda, a manutenção desse cadastro pelo prazo de cinco anos após o encerramento da conta bancária ou a conclusão da transação financeira, nos termos do seu art. 10, § 2º

De se observar, porém, que as informações prestadas devem se restringir, única e exclusivamente, aos dados cadastrais. É dizer, em dois exemplos: pode o delegado de polícia determinar que o banco informe o nome completo de um correntista, mas seria abusiva a pretensão no sentido de que extratos bancários da conta corrente do investigado lhe fossem enviados[155]. Ou

151 A Resolução nº 181/2017, do Conselho Superior do Ministério Público, prevê a possibilidade do *"parquet"* requisitar informações e documentos de entidades privadas, inclusive de natureza cadastral (art. 7º, inc. III).

152 A definição do que considera uma "instituição financeira" é encontrada no § 1º, do art. 1º da Lei Complementar nº 105/2001 e consta da nota de rodapé nº 10.

153 Art. 10-A da Lei 9.613/98: "O Banco Central manterá registro centralizado formando o cadastro geral de correntistas e clientes de instituições financeiras, bem como de seus procuradores".

154 A obrigação das administradoras de cartão de crédito quanto à manutenção de cadastro de seus clientes decorre do disposto nos arts. 9º, parágrafo único, inc. III e art. 10, inc. I da Lei 9.613/98.

155 "A quebra do sigilo bancário para investigação criminal deve ser necessariamente submetida à avaliação do magistrado competente, a quem cabe motivar concretamente seu decisum, em observância aos artigos 5º, XII e 93, IX, da Carta Magna. Não cabe à Receita Federal, órgão interessado no processo administrativo tributário e sem competência constitucional específica, fornecer dados obtidos mediante requisição direta

ainda, pode o Ministério Público requisitar à determinada empresa telefônica que indique o endereço do titular de certa linha, mas consistiria em ilegalidade ir além para que as conversas mantidas via telefone fossem interceptadas.

Isso porque o mero acesso a dados cadastrais não implica em quebra de sigilo pessoal, quer de ordem fiscal, quer mesmo de comunicação[156]. Avançar, porém, da mera informação cadastral para atingir dados protegidos pelo sigilo importaria na necessidade de prévia autorização judicial, sob pena de configurar evidente inconstitucionalidade, dada à notória ilicitude da prova, por violação ao postulado do inc. XII, do art. 5º da Constituição.

Nessa ordem de raciocínio já decidiu o Superior Tribunal de Justiça, a se conferir:

> "A decisão que autoriza a quebra dos dados cadastrais de certa linha telefônica, com o fito de saber quem é seu titular, não importa quebra do sigilo das telecomunicações"[157]
>
> "Segundo o Supremo Tribunal Federal, o disposto no art. 5º, XII, da Constituição Federal não impede o acesso aos dados em si, ou seja, o objeto protegido no direito à inviolabilidade do sigilo não são os dados em si, mas tão somente a comunicação desses dados. (RE nº 418.416/SC)"[158].

A mesma linha de ideias se aplica aos dados cadastrais de computadores, ainda segundo entendimento do Tribunal da Cidadania:

> "A simples titularidade e o endereço do computador do qual partiu o escrito criminoso não estão resguardados pelo sigilo de que cuida o inciso XII do artigo 5º da Constituição da República, nem tampouco pelo direito à intimidade prescrito no inciso X, que não é absoluto"[159].

É o que se extrai, também, da doutrina de Tercio Sampaio Ferraz Junior,

> "Pelo sentido inexoravelmente comunicacional da convivência, a vida privada compõe, porém, um conjunto de situações que, usualmente, são informadas sem constrangimento. São dados que, embora privativos – como o nome, endereço, profissão, idade, estado civil, filiação, número de registro público oficial, etc., condicionam o próprio intercâmbio humano em sociedade, pois constituem elementos de identificação que tornam a comunicação possível, corrente e segura. Por isso, a proteção desses dados em si, pelo sigilo, não faz sentido. (...) Em conseqüência, simples cadastros de elementos identificadores (nome, endereço, RG, filiação, etc.) não são protegidos"[160].
>
> Aos que argumentarão no sentido da inconstitucionalidade do dispositivo, deve-se recordar que a lei em exame não cuida do crime banal, perpetrado, no mais das vezes, de forma individual e aleatória, sem qualquer planejamento anterior. Antes, trata da criminalidade organizada, que conta com estrutura complexa, bem articulada, com ramificação transnacional, capaz, bem por isso, de impor enormes obstáculos à obtenção da prova.

às instituições bancárias, sem prévia autorização judicial, para fins penais" (STJ – REsp. nº 1201442-RJ, Rela. Maria Thereza de Assis Moura, j. 13.08.2013, DJe 22.08.2013).

156 O projeto de lei do Senado, de autoria da senadora Serys Slhessarenko (PL nº 150/2006), em seu art. 9º, exigia a prévia autorização judicial para acesso aos dados cadastrais, proposta que não foi acatada na redação final da lei.

157 HC 190917/SP – Rel. Celso Limongi – RT 908/546.

158 HC 128466/PR – Rel. Sebastião Reis Júnior, j. 12.03.2013, DJe 19.03.2013.

159 STJ – HC 83338/DF – Rel. Hamilton Carvalhido – j. 29.09.2009, DJe 26.10.2009.

160 *Sigilo de Dados: o Direito à Privacidade e os Limites à Função Fiscalizadora do Estado. In* Sigilo Fiscal e Bancário. PIZOLIO, Reinaldo e GAVALDÃO JR, Jayr Viégas (coord.). São Paulo. Quartier Latin. 2005. p. 28-29.

A fim de encontrar mecanismos que permitam o embate em igualdades de condições com o crime organizado, deve-se tolerar do legislador certa flexibilização – ou, diríamos – limitação mesmo de direitos individuais do autor do delito. Tudo a exigir uma interpretação menos ortodoxa do tema que, de um lado, tutele os direitos daquele que perpetra um crime mediante organização e, de outro, apresente uma resposta à altura da espécie de criminalidade de que se cuida.

O debate foi bem apanhado por Fábio Ramazzini Bechara, ao destacar que "da mesma forma que não se concebe que o Estado se utilize dos mesmos instrumentos de que se valem os criminosos, não se pode negar que a postura do exegeta, por ocasião da interpretação e aplicação das normas incidentes, deverá buscar a precisão e a forma mais adequada de estabelecer a resposta estatal. A resposta estatal deve ser mais enérgica e, portanto, proporcional à gravidade da situação apresentada. Essa noção conduz inevitavelmente ao estrangulamento e à possibilidade de maior relativização dos direitos fundamentais que abrigam as liberdades públicas individuais. Tal relativização é justificada a partir da indiscutível necessidade de preservação da ordem pública"[161].

A propósito, a Lei Complementar nº 105/2001, em seu art. 1º, § 3º, dispõe que não constitui violação do dever de sigilo "a troca de informações entre instituições, para fins cadastrais...". E vai além: autoriza Comissões Parlamentares de Inquérito a obtenção de documentos sigilosos que necessitem diretamente das instituições financeiras[162].

Em suma: a mera informação a respeito de dados cadastrais, não implicará em quebra de sigilo, posto que admitida pela doutrina e jurisprudência e, agora, autorizada expressamente pela lei em exame. A extrapolação, porém, a tal permissão[163], reclamará sempre a prévia autorização judicial, face ao teor da cláusula constitucional de reserva de jurisdição[164].

De ser ver que em habeas corpus ajuizado perante a 12ª. Vara Federal do Distrito Federal, no qual foi suscitado constrangimento ilegal sofrido por paciente intimado a prestar esclarecimentos perante autoridade policial, o Magistrado Antonio Cadete, ao indeferir o pedido de liminar, considerou legal o ato e acrescentou que "a requisição de dados cadastrais às provedoras de internet não se submete à reserva de jurisdição, porquanto não estão abrangidos pelo sigilo constitucional das comunicações telefônicas2, ao contrário do que parecem crer os Impetrantes. Robustece a assertiva o novo art. 17-B, da Lei nº 9.613/98, inserido no ordenamento pela Lei nº 12.850/2013, de caráter geral"[165].

---

161 *Crime Organizado e o Sigilo das Investigações*. Revista Síntese nº 32 – jun-jul 2005, p. 55.

162 É verdade que pendem de julgamento no Supremo Tribunal Federal ações diretas de inconstitucionalidades voltadas contra dispositivos da Lei Complementar nº 105/2001. Nesse sentido: ADIs 2386/DF, 2390/DF e 2397/DF, 4006/DF e 4010/DF.

163 Dispõe o art. 10 da Lei Complementar nº 105/2001, que "a quebra de sigilo, fora das hipóteses autorizadas nesta Lei Complementar, constitui crime e sujeita os responsáveis à pena de reclusão, de um a quatro anos, e multa, aplicando-se, no que couber, o Código Penal, sem prejuízo de outras sanções cabíveis".

164 "A cláusula constitucional da reserva de jurisdição – que incide sobre determinadas matérias, como a busca domiciliar (CF, art. 5º, XI), a interceptação telefônica (CF, art. 5º, XII) e a decretação da prisão de qualquer pessoa, ressalvada a hipótese de flagrância (CF, art. 5º, LXI) – traduz a noção de que, nesses temas específicos, assiste ao Poder Judiciário, não apenas o direito de proferir a última palavra, mas, sobretudo, a prerrogativa de dizer, desde logo, a primeira palavra, excluindo-se, desse modo, por força e autoridade do que dispõe a própria Constituição, a possibilidade do exercício de iguais atribuições, por parte de quaisquer outros órgãos ou autoridades do Estado" (STF – MS 23.452/RJ, Rel. Celso de Mello, DJ 12-05-2000, pp. 20).

165 HC nº 36-71.2014.4.01.3400, com decisão que indeferiu a liminar datada de 13.01.2014.

Já o Tribunal de Justiça do Paraná, concedeu liminar pleiteada pelo *Google* em sede de mandado de segurança, segundo manifestação vazada nos seguintes termos: "Com efeito, o presente mandado de segurança cinge-se a verificar se a dispensa de decisão judicial, para o acesso da autoridade policial aos dados cadastrais, números de IP's de criação, conexão e administração de conta de correio eletrônico, viola o artigo 5º, inciso X, da Constituição da República. A impetrante entende que as mencionadas informações são privativas do titular da conta de correio eletrônico, de modo que o acesso a elas somente pode ocorrer mediante decisão judicial. E, ao menos neste juízo preliminar, tem-se que as alegações da impetrante, por ora, mostram-se relevantes. Quanto ao perigo da demora ('periculum in mora'), extrai-se dos autos que a autoridade policial, ao solicitar as informações à impetrante, advertiu-a de que o não atendimento do pedido '[...] resultará no imediato indiciamento do representante legal dessa empresa, pelo crime de desobediência em conformidade com o disposto no art. 330, do Código Penal Brasileiro'. Portanto, evidencia-se a existência de prejuízo a justificar a concessão da liminar"[166].

Vale destacar, ainda, que o dispositivo em análise é objeto de impugnação por meio de Ação Direta de Inconstitucionalidade, ajuizada pela Associação Nacional das Operadoras de Celulares, perante o Supremo Tribunal Federal (ADI nº 5063), em que é relator o Ministro Gilmar Mendes. Sob a ótica da mencionada associação, haveria afronta aos princípios constitucionais da privacidade e do sigilo das comunicações, ao se permitir o acesso direto do Ministério Púbico e das Polícias aos doados cadastrais, sem prévia autorização judicial nesse sentido. O pedido, no mérito, será apreciado diretamente pelo Plenário daquela Corte, nos termos do que reza o art. 12 da Lei nº 9.868/1999[167].

Lembre-se, por último, que, nos termos do art. 21 da lei em comento, é crime "recusar ou omitir dados cadastrais, registros, documentos e informações requisitadas pelo juiz, Ministério Público ou delegado de polícia, no curso de investigação ou do processo". Pune-se, ademais, a conduta de quem faz uso indevido das informações cadastrais.

Art. 16. As empresas de transporte possibilitarão, pelo prazo de 5 (cinco) anos, acesso direto e permanente do juiz, do Ministério Público ou do delegado de polícia aos bancos de dados de reservas e registro de viagens.

O "banco de dados" é, basicamente, um conjunto de informações referentes à empresa, que contém um mínimo de organização por temas, capaz de propiciar seu acesso pelo usuário. No mundo atual, marcado pela informática, esse banco de dados é armazenado em programas de computadores.

Não se trata de um livro obrigatório dentre aqueles exigidos pela lei civil. Quando se diz "livro", não significa, necessariamente, que a escrituração da empresa deva ser feita no papel, já que o art. 1.179 do Código Civil, admite sua elaboração de forma mecanizada. Mas – repita-se – o banco de dados não compõe o rol dos livros obrigatórios da empresa, prestando-se, em verdade, como um mecanismo de gerenciamento, necessário para que se tenha um mínimo de organização.

166 Mandado de Segurança nº 1.167.506-6 – Curitiba – Rel. Luiz Carlos Gabardo, j. 17.12.2013.

167 Os dados acima foram colhidos do *site* do STF, na seção *Notícias do STF*, de 22.11.2013.

O legislador não esclareceu qual o tipo de transporte efetuado pela empresa que deverá contar com esse banco de dados. Poderá ser uma empresa de transporte aéreo ou terrestre. Que leve passageiros ou carga. Qualquer que seja a empresa, ela será obrigada a permitir o acesso do juiz, do Ministério Público[168] e do delegado de polícia aos dados constantes de seu banco. Como se depreende da literalidade do texto, do promotor de justiça e do delegado de polícia não se exige prévia autorização judicial, já que podem ter aceso direto ao banco de dados.

Ao que se infere do texto legal, pelo prazo de cinco anos, empresas de transporte deverão manter uma base de dados da onde conste "reservas e registro de viagens". Tudo indica que se trata de um rol com o nome dos passageiros, viável desde que se trate de transporte aéreo, pois, para se viajar em um ônibus, por exemplo, não se exige a exibição de qualquer documento (salvo se o passageiro for criança e estiver desacompanhado, quando se exigirá autorização judicial)[169].

Mas é preciso cautela. De sorte que, se a diligência importar, por exemplo, em acesso ao movimento financeiro da empresa, esse dado encontra-se protegido pelo sigilo fiscal e seu acesso só será permitido mediante prévia ordem judicial nesse sentido. É a leitura que se faz dos incs. X e XII, do art. 5º da Constituição.

Art. 17. As concessionárias de telefonia fixa ou móvel manterão, pelo prazo de 5 (cinco) anos, à disposição das autoridades mencionadas no art. 15, registros de identificação dos números dos terminais de origem e de destino das ligações telefônicas internacionais, interurbanas e locais.

Faz-se, aqui, a mesma advertência do artigo anterior. Com efeito, o acesso direto que se admite, a prescindir de ordem judicial, do membro do Ministério Público e do delegado de polícia (mencionados no art. 15 da lei), se restringe aos registros dos números dos terminais e do destino das ligações. A lei permite, assim, que se saiba que, em determinado dia, às tantas horas, ocorreu uma ligação entre beltrano e sicrano. E só. Significa dizer que o acesso ao teor da conversa, por importar afronta à norma constitucional que assegura o sigilo telefônico, somente pode ser quebrado mediante ordem judicial (art. 5º, inc. XII da Constituição e art. 1º da Lei nº 9296/96)[170].

Interessante que o dispositivo apenas exige a manutenção de registros dos números de terminais das ligações telefônicas, sendo omisso quanto às ligações telemáticas, ou seja, aquelas que se valem do computador. Pensamos, porém, que, em relação a estas últimas, o dispositivo em exame tenha também aplicação. É que, a despeito desta omissão pontual, o art. 3º, inc. IV, da lei em exame, prevê, como meio de obtenção de prova, o "acesso a registros de ligações telefônicas e telemáticas". A análise não apenas isolada deste dispositivo, mas em consonância e de

168 O art. 8º, inc. VIII, da Lei Complementar nº 75/93 (Lei Orgânica do Ministério Público da União), o *"parquet"* ao "acesso incondicional a qualquer banco de dados de caráter público ou relativo a serviço de relevância pública".

169 Art. 83 da Lei 8.069/90 (Estatuto da Criança e do Adolescente).

170 Dispõe a Lei nº 9296/96, em seu art. 10, que constitui crime, punido com pena de reclusão de dois a quatro anos, mais multa, "realizar interceptação de comunicações telefônicas, de informática ou telemática, ou quebrar segredo da Justiça, sem autorização judicial ou com objetivos não autorizados em lei".

forma sistemática com o disposto no art. 3º, inc. IV, autoriza a conclusão que o acesso direto é possível também aos registros informáticos[171].

Mais precisamente em relação a estes últimos, decisão do Superior Tribunal de Justiça, em que foi relatora a Ministra Nancy Andrighi, estabeleceu que é de três anos o tempo de guarda dos registros de usuários de provedores de conteúdos de *internet*. Tratava-se de um caso em que mensagens ofensivas foram trocadas em um fórum de discussão envolvendo alunos e professores de uma faculdade. A mantenedora da faculdade, então, ajuizou medida cautelar contra a provedora do *site*, para identificação do responsável pela mensagem, tendo a suplicada, porém, argumentado que não tinha a obrigação legal de manter dados já excluídos de seus registros em virtude do cancelamento do serviço. A relatora entendeu, contudo, que, em aplicação analógica ao disposto no art. 1.194 do Código Civil, o empresário é obrigado a guardar documentos relativos à sua atividade enquanto não ocorrer a prescrição ou decadência relativa aos atos registrados. Já o prazo da guarda é de três anos, contado da data de cancelamento do serviço, que é o mesmo período para prescrição das ações de reparação civil, previsto no Código Civil (artigo 206, parágrafo 3º, inciso V). Ponderou-se, ademais, quanto à identificação dos usuários que, no caso de serviços que possibilitam a livre divulgação de opiniões, é dever do fornecedor propiciar meios de registro dos usuários, coibindo o anonimato. Caso não o faça, assume os riscos dos danos causados a terceiros.

Essa obrigação decorre da vedação ao anonimato (Constituição Federal, artigo 5º, inciso IV) e do dever de informação e transparência do fornecedor de serviço (Código de Defesa do Consumidor, artigo 6º, inciso III). Destacou a ministra que "ao oferecer um serviço de provedoria de conteúdo, deve o fornecedor obter e manter dados mínimos de identificação de seus usuários, com vistas a assegurar a eventuais prejudicados pela utilização indevida ou abusiva do serviço – consumidores por equiparação nos termos do artigo 17 do CDC – informações concretas sobre a autoria do ilícito. Cuida-se de cautela básica, decorrente da legítima expectativa do consumidor – mesmo aquele que jamais tenha feito uso do serviço – de que, sendo ofendido por intermédio de um site, o seu provedor tenha condições de individualizar o usuário responsável"[172].

SEÇÃO V
DOS CRIMES OCORRIDOS NA INVESTIGAÇÃO E NA OBTENÇÃO DA PROVA

Nesta Seção, a Lei 12.850/13 incrimina comportamentos que colocam em risco imediato a administração da justiça, podendo com ela concorrer outros interesses (secundários).

Sobre esse bem jurídico (administração da justiça), também tutelado no CP, mas no seu último título, lembra Noronha:

> "Não trata o legislador da justiça no sentido restrito de jurisdição, mas de tudo quanto se refere à atuação e atividade da justiça, para conseguir os fins que lhes são próprios e inerentes. São os delitos aqui considerados fatos que não atentam apenas contra a instituição

---

171 "Observe-se, a propósito, que no âmbito administrativo já é prevista a guarda desses dados cadastrais relativos à internet. Com efeito, a Resolução nº 617 da Anatel (Agência Nacional de Telecomunicações), determina, em seu art. 47, que pelo prazo de um ano, as empresas autorizadas à exploração de serviços de comunicação deverão manter "os dados cadastrais e os registros de conexão de seus usuários". Esses dados, porém, se referem apenas aos "órgãos ou entidades da Administração Pública direta ou indireta do Governo Federal, Estadual, Municipal ou do Distrito Federal, assim como de entidades sem fins lucrativos...".

172 Publicado no sítio www.stj.gov.br, na seção "Últimas", de 25.11.2013.

da justiça, mas também contra a função, atingindo-a no prestígio e eficácia que lhes são absolutamente indispensáveis."[173].

Num Estado Social e Democrático de Direito, não ficam dúvidas de que as ações judiciais precisam estar garantidas contra fatos atentatórios à sua atividade, ao seu império e própria existência.

Art. 18. Revelar a identidade, fotografar ou filmar o colaborador, sem sua prévia autorização por escrito:

Pena – reclusão, de 1 (um) a 3 (três) anos, e multa.

O art. 5º inc. II da Lei assegura ao agente colaborador sigilo quanto ao seu nome, qualificação, imagem e demais informações pessoais. O inc. V, por sua vez, anuncia ser direito do colaborador não ter sua identidade revelado pelos meios de comunicação, nem fotografado ou filmado, sem sua prévia autorização por escrito. A finalidade de tais segredos é não apenas garantir a eficácia do meio de obtenção da prova, mas também a intimidade (segurança, incolumidade) do colaborador, interesse tutelado pelo artigo em comento[174].

O crime do art. 18 é comum, podendo ser praticado por qualquer pessoa.

Figuram como vítimas o Estado (periclitado na sua tarefa de obtenção de provas) e o agente colaborador, entendido, nos termos do art. 4º, como o indivíduo que coopera efetiva e voluntariamente com a investigação e com o processo criminal, permitindo um ou mais dos seguintes resultados:

I – a identificação dos demais coautores e partícipes da organização criminosa e das infrações penais por eles praticadas;

II – a revelação da estrutura hierárquica e da divisão de tarefas da organização criminosa;

III – a prevenção de infrações penais decorrentes das atividades da organização criminosa;

IV – a recuperação total ou parcial do produto ou do proveito das infrações penais praticadas pela organização criminosa;

V – a localização de eventual vítima com a sua integridade física preservada.

O crime é de ação múltipla, punindo os seguintes comportamentos (alternativos):

a) revelar (dar conhecimento), de qualquer modo, a identidade do agente colaborador;

b) fotografar o agente colaborador;

c) filmar o agente colaborador.

Nas três formas é imprescindível que o autor do crime pratique os núcleos sem prévia autorização, por escrito, do agente colaborador. Havendo autorização (por escrito), o fato deixa de ser típico.

173 . *Direito penal*, v. 4, p. 370.

174 . Lamenta-se não ter o legislador (certamente num descuido crasso) tutelado igualmente o sigilo assegurado ao agente infiltrado (art. 14, III e IV).

Pune-se somente a forma dolosa da conduta, leia-se, vontade consciente de revelar identidade, fotografar ou filmar pessoa que sabe ser agente colaborador, dispensando finalidade especial animando a conduta do agente.

Havendo dúvida se a pessoa a ser identificada ou registrada por fotografias ou filmagens é ou não colaborador da Justiça pode configurar o dolo eventual.

O delito consuma-se com a prática de qualquer um dos núcleos, admitindo a tentativa.

A ação penal é pública incondicionada.

Punido com 1 a 3 anos, o crime é de médio potencial ofensivo, admitindo suspensão condicional do processo (art. 89 da Lei nº 9.099/95).

Art. 19. Imputar falsamente, sob pretexto de colaboração com a Justiça, a prática de infração penal a pessoa que sabe ser inocente, ou revelar informações sobre a estrutura de organização criminosa que sabe inverídicas:

Pena – reclusão, de 1 (um) a 4 (quatro) anos, e multa.

O crime do art. 19 (falsa colaboração), junto com a administração da justiça, tutela de forma mediata a honra da pessoa inocente a quem o colaborador imputou a prática de infração penal.

Figura como sujeito ativo o agente colaborador, que nos depoimentos que prestar, renuncia, na presença de seu defensor, ao direito ao silêncio e fica sujeito ao compromisso legal de dizer a verdade (art. 4, § 14º).

O Estado aparece como vítima, concorrendo, na primeira parte do dispositivo, com a pessoa objeto da injusta imputação.

O tipo incrimina dois comportamentos alternativos:

a) colaboração caluniosa: a primeira conduta típica consiste em imputar falsamente, sob pretexto de colaboração com a Justiça, a prática de infração penal a pessoa que sabe ser inocente.

Nesse caso, o agente colaborador, durante a negociação da colaboração premiada, atribui a alguém (pessoa certa e determinada), implícita ou explicitamente, mesmo que de forma reflexa, determinada infração penal (crime ou contravenção), sabidamente falsa, mas direta ou indiretamente ligada à organização criminosa.

Haverá o crime quando o fato imputado jamais ocorreu (falsidade que recai sobre fato) ou, quando real o acontecimento, não foi a pessoa apontada seu autor (falsidade que recai sobre a autoria do fato).

Diferentemente da denunciação caluniosa (art. 339 do CP), dispensa que da falsa imputação ocorra a instauração de procedimento oficial em face do inocente imputado.

b) colaboração fraudulenta: na segunda conduta típica, o colaborar revela informações sobre a estrutura de organização criminosa que sabe inverídicas, podendo confundir as autoridades na difícil investigação que busca desmantelar o grupo criminoso.

Sabendo que a Lei orienta, sempre que possível, registrar os atos de colaboração pelos meios ou recursos de gravação magnética, estenotipia, digital ou técnica similar, inclusive audiovisual, destinados a obter maior fidelidade das informações, fica fácil notar que o crime em estudo é de execução livre, podendo ser praticado por qualquer meio (escrito, palavras e gestos).

Pune-se somente a conduta dolosa. É indispensável que, na primeira conduta, o sujeito ativo tenha consciência de que a imputação é falsa, ou seja, que o imputado é inocente da acusação que lhe faz. A dúvida pode configurar dolo eventual.

Na segunda parte, deve saber que as informações reveladas sobre a estrutura de organização criminosa são inverídicas. A dúvida, nesse tanto, não caracteriza o crime, que só reconhece o dolo direto.

Não parece que o tipo exija finalidade especial animando o sujeito ativo.

Se o agente colaborador, imbuído de boa-fé, está convencido da veracidade da imputação ou das revelações, não responde pelo crime, havendo, no caso, um erro de tipo essencial, excluindo sempre, seja evitável ou inevitável, o dolo.

O crime se consuma com a falsa imputação ou com a revelação de informações não verdadeiras, dispensando efetivo prejuízo para a administração da justiça.

Tratando-se de crime plurissubsistente, é possível a tentativa.

A ação penal é pública incondicionada. Encontraremos corrente não admitindo o início do inquérito policial ou ação penal contra o colaborador mendaz enquanto não ultimado o processo em que a sua versão tachada de falsa foi prestada.

Desde já nos posicionamos em sentido diverso. O crime do art. 19 não fica na dependência do encerramento do processo em que ocorreu a falsa colaboração. Não existe essa condição na Lei. Repita-se: o crime é de ação penal pública incondicionada, norteada pelos princípios da *obrigatoriedade* e *indisponibilidade*.

Punido com 1 a 4 anos, o crime é de médio potencial ofensivo, admitindo suspensão condicional do processo (art. 89 da Lei nº 9.099/95).

Art. 20. Descumprir determinação de sigilo das investigações que envolvam a ação controlada e a infiltração de agentes:

Pena – reclusão, de 1 (um) a 4 (quatro) anos, e multa.

Com o objetivo de garantir o êxito da investigação (sem desconsiderar a necessidade de preservar o agente que se infiltrou em organização criminosa), o art. 20 incrimina a violação de sigilo envolvendo ação controlada e infiltração de agentes.

O dever de sigilo, instituído para assegurar a regularidade administrativa, mereceu dupla atenção do legislador: a penal, configurando como crime a sua violação, e a processual, proibindo de depor as pessoas que, em razão de função, ministério, ofício ou profissão, devam guardar segredo, salvo se, desobrigadas pela parte interessada, quiserem dar o seu testemunho (art. 207 do CPP). Assim, o servidor público que, na qualidade de testemunha, se vê na presença de um magistrado, pode escusar-se de depor para resguardar segredo inerente ao seu cargo, estando acobertado pela descriminante do estrito cumprimento de um dever legal (art. 23, III, do CP).

Do exposto, percebe-se que só pode figurar como sujeito ativo personagem que atua na persecução penal do crime organizado, desde que inerente ao seu cargo, emprego ou função, a manutenção do sigilo. Essa circunstância não impossibilita a participação de pessoa estranha aos quadros funcionais, nos termos do disposto no art. 30 do CP.

Figura como vítima o Estado-Administração.

A conduta punida pelo tipo consiste em descumprir determinação (legal ou judicial) de sigilo das investigações que envolvam a ação controlada e a infiltração de agentes.

Dispõe o art. 8º e seu §§ 2º e 3º:

> "Art. 8º Consiste a ação controlada em retardar a intervenção policial ou administrativa relativa à ação praticada por organização criminosa ou a ela vinculada, desde que mantida sob observação e acompanhamento para que a medida legal se concretize no momento mais eficaz à formação de provas e obtenção de informações.
>
> (...)
>
> § 2º A comunicação será sigilosamente distribuída de forma a não conter informações que possam indicar a operação a ser efetuada.
>
> § 3º Até o encerramento da diligência, o acesso aos autos será restrito ao juiz, ao Ministério Público e ao delegado de polícia, como forma de garantir o êxito das investigações".

O art. 10 acrescenta:

> "Art. 10. A infiltração de agentes de polícia em tarefas de investigação, representada pelo delegado de polícia ou requerida pelo Ministério Público, após manifestação técnica do delegado de polícia quando solicitada no curso de inquérito policial, será precedida de circunstanciada, motivada e sigilosa autorização judicial, que estabelecerá seus limites".

O crime pode ser praticado por ação ou omissão: descumpre por ação quem revela o dado sigiloso, e, por omissão, quem permite, com sua inação, que terceiros não autorizados tenham acesso aos dados protegidos.

Para a caracterização do delito, mostra-se indiferente que a revelação se dê a outro funcionário sem acesso ao segredo, ou a um particular estranho à administração.

Alerta-se que apenas o sigilo das investigações está protegido, talvez porque observou o legislador ser nesta fase o momento de produzir os meios de prova tutelados pelo tipo (ação controlada e infiltração de agentes). A indevida revelação de sigilo processual pode caracterizar o crime do art. 325 do CP.

Havendo justa causa para a revelação pode excluir a ilicitude do fato.

O tipo é doloso, incriminando a vontade consciente de transmitir a outrem (funcionário ou não), indevidamente, fato que deva permanecer em segredo, envolvendo ação controlada e infiltração de agentes.

O crime consuma-se com o descumprimento, seja com a conduta positiva (ação) seja com a negativa (omissão). A tentativa parece possível na primeira forma de execução do crime.

A ação penal é pública incondicionada.

Punido com 1 a 4 anos, o crime é de médio potencial ofensivo, admitindo suspensão condicional do processo (art. 89 da Lei nº 9.099/95).

Art. 21. Recusar ou omitir dados cadastrais, registros, documentos e informações requisitadas pelo juiz, Ministério Público ou delegado de polícia, no curso de investigação ou do processo:

Pena – reclusão, de 6 (seis) meses a 2 (dois) anos, e multa.

Parágrafo único. Na mesma pena incorre quem, de forma indevida, se apossa, propala, divulga ou faz uso dos dados cadastrais de que trata esta Lei.

O que se busca assegurar no presente artigo incriminador é o regular cumprimento das requisições emanadas do juiz, órgão do Ministério Público ou delegado de polícia, que agem em nome do Estado na repressão ao crime organizado.

Cuida-se de crime comum, podendo ser praticado por qualquer pessoa a quem se dirige a requisição (e que tenha poder-dever de obedecê-la).

O servidor público não pode figurar como sujeito ativo, pois, referindo-se a ordem recebida a funções suas poderá configurar o delito de prevaricação. Em resumo: se o agente devia cumprir a requisição, por dever de ofício, tipifica-se, em tese, o delito de prevaricação.

O Estado, desprestigiado na sua autoridade, e secundariamente, o funcionário autor da ordem desobedecida, são vítimas do crime em estudo.

Pune-se o agente que recusar (não aceitar) ou omitir (deixar de fazer) dados cadastrais, registros, documentos e informações requisitadas pelo juiz, Ministério Público ou delegado de polícia, no curso de investigação ou do processo.

De acordo com o que disposto no art. 15 da Lei 12.850/13, "O delegado de polícia e o Ministério Público terão acesso, independentemente de autorização judicial, apenas aos dados cadastrais do investigado que informem exclusivamente a qualificação pessoal, a filiação e o endereço mantidos pela Justiça Eleitoral, empresas telefônicas, instituições financeiras, provedores de internet e administradoras de cartão de crédito".

Na mesma linha, os arts. 16 e 17 anunciam:

> "Art. 16. As empresas de transporte possibilitarão, pelo prazo de 5 (cinco) anos, acesso direto e permanente do juiz, do Ministério Público ou do delegado de polícia aos bancos de dados de reservas e registro de viagens".
>
> "Art. 17. As concessionárias de telefonia fixa ou móvel manterão, pelo prazo de 5 (cinco) anos, à disposição das autoridades mencionadas no art. 15, registros de identificação dos números dos terminais de origem e de destino das ligações telefônicas internacionais, interurbanas e locais".

Como esclarecido nos comentários aos artigos ora citados, as informações requisitadas devem se restringir, única e exclusivamente, aos dados cadastrais. Isso porque o mero acesso a dados cadastrais não implica em quebra de sigilo pessoal, quer de ordem fiscal, quer mesmo de comunicação. Avançar, porém, da mera informação cadastral para atingir dados protegidos pelo sigilo importaria na necessidade de prévia autorização judicial, sob pena de configurar evidente inconstitucionalidade, dada à notória ilicitude da prova, por violação ao postulado do inc. XII, do art. 5º da Constituição.

Não existe o crime quando a rebeldia de destinatário da requisição se dá para não se produzir prova contra si mesmo, desdobramento lógico da garantia constitucional ao silêncio.

O crime é punido a título de dolo, consistente na vontade consciente de não atender a requisição, ciente da obrigatoriedade do seu cumprimento.

O crime se consuma com a recusa ou omissão. Para tanto, é necessário saber se foi concedido prazo para o cumprimento da requisição, caso em que, somente depois de expirado sem ação do agente, teremos consumado o delito.

Tratando-se de crime omissivo próprio, a tentativa mostra-se impossível.

O parágrafo único do art. 21 pune com a mesma pena quem, de forma indevida, se apossa, propala, divulga ou faz uso dos dados cadastrais de que trata esta Lei. Apesar do silêncio da redação típica, parece evidente que os cadastros contenham informações sigilosas.

Além da administração da justiça, protege-se a intimidade da pessoa objeto dos cadastros.

Trata-se de crime comum, podendo ser praticado por qualquer pessoa.

O sujeito passivo é o Estado, podendo com ele concorrer o indivíduo prejudicado pela conduta do agente, devassado na sua intimidade.

Considera-se típica somente a conduta dolosa, dispensando fim especial animando a conduta do agente.

Consuma-se com a prática de qualquer um dos núcleos, não sendo necessária efetivo prejuízo à persecução criminal ou à intimidade da pessoa cujo sigilo foi indevidamente violado.

A ação penal, nas duas formas de crime, é pública incondicionada.

Punidos com 6 meses a 2 anos, os crimes do *caput* e parágrafo único são de menor potencial ofensivo, admitindo transação penal e suspensão condicional do processo, medidas despenalizadoras previstas na Lei nº 9.099/95.

CAPÍTULO III
DISPOSIÇÕES FINAIS

Art. 22. Os crimes previstos nesta Lei e as infrações penais conexas serão apurados mediante procedimento ordinário previsto no Decreto-Lei nº 3.689, de 3 de outubro de 1941 (Código de Processo Penal), observado o disposto no parágrafo único deste artigo.

Por conta de expressa disposição legal, na apuração dos crimes previstos na lei em análise, será observado o procedimento ordinário, previsto no art. 394, § 1º, inc. I do Código de Processo Penal, aplicável para os delitos cuja pena máxima seja igual ou superior a quatro anos.

E, de fato, os crimes dos arts. 2º, 19 e 20 da lei possuem penas máximas iguais ou superiores a quatro anos, pelo que reclamam a adoção do procedimento ordinário. Já, porém, aos delitos dos arts. 18 e 21, cuja pena máxima é inferior a quatro anos, dever-se-ia adotar, a rigor, o procedimento sumário, conforme reza o inc. II, do § 1º do art. 394 do CPP. Contudo, como a lei foi expressa ao impor o procedimento ordinário e considerando-se que esse rito propicia maior elasticidade à defesa, deve-se mesmo ficar com a opção do legislador.

Ressalte-se que o diploma em analise não revogou as disposições da Lei nº 12.694/2012, de sorte que, para os crimes a envolver organizações criminosas, o juiz poderá decidir pela formação de um colegiado, constituído por ele próprio e mais dois colegas escolhidos por sorteio, a quem cumprirá enfrentar as matérias relacionadas no art. 1º, incs. I a VII da lei, dentre as quais a decretação da prisão ou de medidas assecuratórias e a prolação de sentença. Continua sendo admitida, ainda por força do mesmo diploma legal, que seja sigilosa a reunião entre os membros do colegiado e que tais encontros sejam realizados por via eletrônica (art. 1º, §§ 4º e 5º).

A lei impõe, ainda, o procedimento ordinário para as infrações penais perpetradas em conexão com os crimes previstos nesta lei. De se indagar: para a hipótese de crime previsto nesta lei ser cometido em conexão com um crime doloso contra a vida, qual competência prevalecerá? Não temos dúvida de indicar a competência do Tribunal do Júri face ao teor do disposto no art. 78, inc. I do Código de Processo Penal[175] e à "vis atractiva" exercida por essa espécie de procedimento, embora se reconheça que tal competência não é absoluta[175].

Suponha-se, em um exemplo, que, após matar uma pessoa, o agente impute esse fato, mentirosamente, a uma organização criminosa. Responderá, pelas razões já expostas, perante o Tribunal do Júri, tanto pelo homicídio, quanto pelo crime previsto no art. 19 desta lei.

> Parágrafo único. A instrução criminal deverá ser encerrada em prazo razoável, o qual não poderá exceder a 120 (cento e vinte) dias quando o réu estiver preso, prorrogáveis em até igual período, por decisão fundamentada, devidamente motivada pela complexidade da causa ou por fato procrastinatório atribuível ao réu.

A discussão a respeito do prazo de duração do processo sempre se constituiu em verdadeira "vexata quaestio" em nosso direito processual.

A Convenção Americana sobre Direitos Humanos (Pacto de São José da Costa Rica) – irrelevante se discutir, no âmbito deste trabalho, com qual "status" esse diploma ingressa em nosso sistema jurídico – determina que o processo transcorra "dentro de um prazo razoável". Essa disposição foi consagrada pela Emenda Constitucional nº 45/2004, que acrescentou o inc. LXXVIII ao art. 5º da Carta, *verbis*: "a todos, no âmbito judicial e administrativo, são assegurados a razoável duração do processo e os meios que garantam a celeridade de sua tramitação".

O Supremo Tribunal Federal já abordou a questão sob o seguinte prisma: "Cumpre ao Estado aparelhar-se, visando a atender ao que hoje está inserido na Constituição Federal – o julgamento das ações em prazo admissível. Ontem, contava-se com a previsão em pactos internacionais subscritos pelo Brasil – Convenção Americana sobre Direitos Humanos (Pacto de São José da Costa Rica), artigo 25, e Pacto Internacional dos Direitos Civis e Políticos, artigo 9º Hoje, ante a Emenda Constitucional nº 45/2004, a determinação sobre tal julgamento em tempo plausível está pedagogicamente no inciso LXXVIII do rol das garantias constitucionais – "a todos, no âmbito judicial e administrativo, são assegurados a razoável duração do processo e os meios que garantam a celeridade de sua tramitação". Em jogo a liberdade de ir e vir, em jogo a custódia do acusado – até então simples acusado – impõe-se a observância irrestrita do tempo, não se podendo transformar a prisão preventiva em verdadeira execução de pena ainda não formalizada"[177]

Um tanto complexo, porém, é se estabelecer um conceito adequado ao que se denomina "duração razoável do processo".

---

175 Art. 78 do CPP: "Na determinação da competência por conexão ou continência, serão observadas as seguintes regras: I – no concurso entre a competência do júri e a de outro órgão da jurisdição comum, prevalecerá a competência do júri".

176 A competência do júri, para o julgamento de crimes dolosos contra a vida, que tem previsão constitucional, não prevalece se, por exemplo, um homicídio for cometido por detentor de prerrogativa de função. Assim, cometido um crime, em concurso, por um cidadão comum e por um que detenha o chamado foro privilegiado, devem ser desmembrados os processos, submetendo-se o primeiro ao júri e, o segundo, ao julgamento por um Tribunal de Justiça, Tribunal Regional Federal, STJ ou STF, dependendo do caso concreto. Nesse sentido: STF HC nº 70.591/AL, Rel. Min. Marco Aurélio, DJ 29.10.93, p. 22.935.

177 HC nº 87102 – Rel. Min. Marco Aurélio, j. em 07.11.2005, DJ de 11.11.2005.

O desembargador do Tribunal de Justiça do Estado de São Paulo, Alberto Silva Franco, elenca alguns fatores que merecem exame na construção desse conceito, a saber "a maior ou menor complexidade do processo; a maior ou menor diligência dos órgãos do processo; a duração em si da prisão; a duração dessa prisão em relação à natureza do fato e à entidade da pena cominada e da pena aplicável em caso de condenação; os efeitos da medida cautelar em relação ao réu; a conduta do acusado, máxime o exame de suas atitudes no sentido de colaborar no desenvolvimento do processo ou de indicar a presença de uma vontade dilatória, ou mesmo paralisadora do feito, etc."[178].

À falta de uma definição legal, propõe o autor que legislação infraconstitucional cuide da matéria, estabelecendo, assim, prazos determinados para o término do processo, que "deve conter limites precisos, não se olvidando que deve ter sempre um *dies a quo* e um *dies ad quem*, com o trato temporal total a ser computado dentro desses dois marcos"[179].

É, também, a recomendação de Rogério Lauria Tucci ao realçar que "por isso que, indubitavelmente, o ideal seria a fixação de *prazos peremptórios* para a prática de atos processuais, como que delimitando, *a priori*, o tempo de duração de determinado tipo de processo". Adiante completa: "... impõe-se, em linha de princípio, no campo de elaboração legislativa, a edição de normas determinantes da aceleração dos procedimentos penais, a fim de que eles se desenrolem, sem precipitação, num *prazo razoável*, desde logo fixado", com a adoção de sanções rígidas àqueles agentes estatais que descumprirem tais prazos procedimentais[180].

A lei em comento, todavia, acabou por estipular um prazo legal, senão para o fim do processo, pelo menos para o término da instrução criminal. Esse prazo, para o réu que se encontre preso, é de 120 dias.

Em vista do que consta no "*caput*" deste artigo, que impõe a aplicação do rito ordinário do Código de Processo Penal, a sentença deverá ser proferida em audiência, na dicção do art. 403 deste diploma. O § 3º deste dispositivo faculta ao juiz, porém, a possibilidade de concessão às partes de prazo para oferta de memoriais (cinco dias), devendo, ao depois, proferir sentença em 10 dias. Esse dispositivo encerra uma exceção, somente aplicável quando detectada "a complexidade do caso ou o número de acusados". Na prática tal exceção se tornará regra, posto que as causas que envolvem os crimes aqui tratados são, invariavelmente, complexas, bem como elevado o número de réus.

O texto autoriza, ainda, a prorrogação desse prazo por mais 120 dias, desde que, "por decisão fundamentada" (e nem poderia ser diferente a teor do inc. IX do art. 93 da Constituição), a complexidade da causa ou o comportamento procrastinatório do réu justifiquem essa dilação.

Quanto à "complexidade da causa", a permitir a prorrogação do prazo, não há, por óbvio, uma definição legal no que consistiria exatamente esse conceito. A questão ficará, em consequência, a cargo da jurisprudência, que já firmou alguns entendimentos a respeito. Admite-se, por exemplo a configuração do excesso de prazo decorrente da complexidade da causa, do número excessivo de corréus[181] ou da necessidade de expedição de várias precatórias[182].

---

178 *Prazo razoável e o estado democrático de direito*. Boletim IBCCRIM. São Paulo, v.13, n.152, p. 6, jul. 2005.

179 Ob. cit., p. 7.

180 *Direitos e garantias individuais no processo penal brasileiro*, 2ª. ed., 2004, São Paulo; RT, pp. 256 e 265.

181 STJ – HC nº 231430-CE – Rel. Min. Jorge Mussi, j. em 25.06.2013, DJe de 01.08.2013.

182 STJ – HC nº 227352-SP –Rel. Min. Laurita Vaz, j. em 14.05.2013, DJe de 02.05.2013.

No que se refere ao "fato procrastinatório atribuível ao réu" a que alude o dispositivo em exame, não há, também aqui, uma definição legal sobre esse comportamento. A jurisprudência já se posicionou a respeito do tema. Destaque-se, inicialmente, o enunciado da Súmula nº 64 do Superior Tribunal de Justiça, no sentido de que não há constrangimento ilegal por excesso de prazo quando provocado pela defesa.

Isso ocorre, segundo exemplos extraídos da jurisprudência, se a defesa pede a instauração de incidente de insanidade mental do acusado (arts. 149 e ss. do código) 1, de acareação2 ou quando a demora se deve a substituição de advogado constituído por outro defensor 3. Lembraríamos, ainda, o pedido de oitiva de testemunhas por carta rogatória. Ou ainda quando a demora se deu em face da dificuldade de se proceder à citação pessoal do réu 4 ou a citação por edital de correu 5.

Em todas essas hipóteses, por óbvio que o cumprimento de tais diligências acarretará uma demora na conclusão do processo que não caracterizará, porém, um constrangimento ilegal ao réu preso, incapaz, assim, de justificar sua soltura.

Acrescentaríamos que, por vezes, o excesso de prazo pode se justificar não apenas em virtude da complexidade do feito e de manobra censurável do réu, como se refere a lei. Mas por razões outras cuja responsabilidade não deva recair sobre o juiz na condução do processo. Assim, por exemplo, a demora excessiva prazo para a conclusão do feito, decorrente de greve de servidores do Poder Judiciário.

O Superior Tribunal de Justiça, entendeu que o excesso de prazo, in casu, vem plenamente justificável em razão da greve, que impedia o juiz, ainda que quisesse, de conferir ao processo seu trâmite regular [183].

É a posição francamente predominante, a reconhecer, na greve, um motivo de força maior que justifica eventual excesso de prazo na manutenção do réu preso [184]. É, porém, conhecida decisão em sentido contrário, também oriunda do Tribunal Cidadão, ao entender que tal demora não pode ser atribuída ao preso. Mas sim à Administração, razão pela qual não pode o paciente suportar qualquer constrangimento decorrente de excesso de prazo na conclusão do processo, por fato estranho à sua responsabilidade. Por isso se deferiu o writ a fim de que o réu respondesse em liberdade ao processo [185].

Art. 23. O sigilo da investigação poderá ser decretado pela autoridade judicial competente, para garantia da celeridade e da eficácia das diligências investigatórias, assegurando-se ao defensor, no interesse do representado, amplo acesso aos elementos de prova que digam respeito ao exercício do direito de defesa, devidamente precedido de autorização judicial, ressalvados os referentes às diligências em andamento.

Dispõe o art. 20 do Código de Processo Penal, que "a autoridade assegurará no inquérito o sigilo necessário à elucidação do fato ou exigido pelo interesse da sociedade". Conquanto o dispositivo não indique qual é exatamente essa "autoridade", não há dúvida se tratar da autoridade

183 HC nº 38303/SP – 5ª. T., Rel. Min. José Arnaldo da Fonseca, j. em 17.05.2005, DJ de 01.07.2005, p. 574. Ainda nesse sentido: STJ – HC nº 41139/SP – 5ª. T., Rel. Min. Gilson Dipp, j. em 07.06.2005, DJ de 27.06.2005, p. 421.

184 RT 659/273, 667/291, 695/344, 804/586.

185 HC nº 40355/SP – 5ª. T., Rel. Min. Gilson Dipp, j. em 21.06.2005, DJ de 01.07.2005, p. 578.

policial, ou seja, o delegado de polícia, pela colocação da matéria no código, no título que trata do inquérito policial.

Diverso, porém, é o tratamento dispensado no artigo em análise. Aqui, com efeito, caberá à autoridade judicial (o juiz, "*lato sensu*"), decretar o sigilo da investigação. À mesma autoridade, aliás, cumpre deferir o acesso do defensor aos autos, como se depreende da expressão "devidamente precedido de autorização judicial", a indicar, em consequência, que cabe ao advogado, pretendendo consultar o inquérito policial, peticionar ao Magistrado nesse sentido.

O dispositivo acolheu o enunciado da Súmula vinculante nº 14, do Supremo Tribunal Federal, cuja redação é a seguinte, *verbis*: "É direito do defensor, no interesse do representado, ter acesso amplo aos elementos de prova que, já documentados em procedimento investigatório realizado por órgão com competência de polícia judiciária, digam respeito ao exercício do direito de defesa".

Com isso, praticamente se esvaziou o conceito de "sigilo das investigações", já que o defensor, mediante ordem judicial, terá livre acesso ao inquérito policial. De qualquer sorte, decretado o sigilo, pode-se afirmar que, por exemplo, o averiguado ou indiciado, desde que desacompanhado de advogado, não terão acesso aos autos ou, ainda, a vítima, testemunha, qualquer do povo ou a imprensa.

É de rigor, no entanto, que se delimite o exato alcance do acesso do defensor ao inquérito policial ou outro procedimento investigatório. Tal acesso, com efeito, diz respeito às investigações que já se encontrarem formalizadas nos autos, como, por exemplo, a oitiva de testemunhas, da vítima ou uma perícia. É óbvio que às diligências em andamento ou que serão ainda realizadas, não terá acesso o defensor, sob pena de se comprometer toda investigação. Não teria cabimento, por exemplo, fosse a defesa cientificada que no dia tal, a tantas horas, seria realizada uma diligência de busca e apreensão junto à casa do indiciado. É o que se extrai da ressalva final do dispositivo, quando destaca que o defensor não terá acesso aos elementos de prova "referentes às diligências em andamento".

Esta é, inclusive, a interpretação que o próprio Supremo Tribunal Federal faz de sua súmula vinculante, a se conferir:

> "Em face do exposto, acolho os presentes embargos tão somente para esclarecer, com base, inclusive, na Súmula Vinculante 14 do STF, que o alcance da ordem concedida refere-se ao direito assegurado ao indiciado (bem como ao seu defensor) de acesso aos elementos constantes em procedimento investigatório que lhe digam respeito e que já se encontrem documentados nos autos, não abrangendo, por óbvio, as informações concernentes à decretação e à realização das diligências investigatórias pendentes, em especial as que digam respeito a terceiros eventualmente envolvidos"[186].

Parágrafo único. Determinado o depoimento do investigado, seu defensor terá assegurada a prévia vista dos autos, ainda que classificados como sigilosos, no prazo mínimo de 3 (três) dias que antecedem ao ato, podendo ser ampliado, a critério da autoridade responsável pela investigação.

186 HC 94.387 – Rel. Ricardo Lewandowski – DJe 21.5.2010.

Permite-se, aqui, que o defensor tenha prévia vista dos autos de investigação, por pelo menos três dias antes da oitiva do investigado. Eventual decretação judicial de sigilo nas investigações não inibe esse direito, quer porque, como se viu acima, o sigilo não alcança o advogado, quer em razão de que o dispositivo é expresso em formular essa ressalva.

Mas é preciso que se delimite a atuação do defensor. Se lhe é permitido ter acesso aos autos, intui-se que poderá, também, acompanhar o investigado quando de seu depoimento no procedimento inquisitivo. Acompanhar, porém, com o objetivo de fiscalizar a lisura do ato, a fidelidade na transcrição do depoimento, sua realização sem qualquer espécie de coação ou constrangimento, etc. Não se admite, todavia, que se pretenda estabelecer verdadeiro contraditório no procedimento administrativo, com a formulação de reperguntas e outras iniciativas que terão "locus" adequado em Juízo, na eventual ação penal a ser deflagrada. Mesmo porque "não podem subsistir condenações penais fundadas unicamente em prova produzida na fase do inquérito policial, sob pena de grave afronta às garantias constitucionais do contraditório e da plenitude de defesa", segundo entendimento da mais alta Corte do país[187].

Ora, se a prova obtida no inquérito, quando tomada isoladamente, não se presta para alicerçar uma condenação, não há porque se exigir, deste procedimento, a observância a princípios que são típicos do processo judicial, como a ampla defesa e o contraditório. Afinal, como decidiu o Superior Tribunal de Justiça, "continua o inquérito policial, portanto, a ser um procedimento administrativo, de caráter informativo apenas, preparatório da ação penal, razão pela qual não se lhe é aplicável o contraditório"[188].

Lembre-se, nessa linha de raciocínio, da lição de Fábio Ramazzini Bechara no sentido de que "a investigação é um procedimento inquisitivo e não contraditório. Inquisitividade não é sinônimo de abuso ou arbitrariedade, mas sim de garantia do bom andamento da investigação do ponto de vista de sua eficiência em relação aos fins perseguidos"[189].

> **Art. 24.** O art. 288 do Decreto-Lei nº 2.848, de 7 de dezembro de 1940 (Código Penal), passa a vigorar com a seguinte redação:
>
> *"Associação Criminosa*
>
> **Art. 288.** *Associarem-se 3 (três) ou mais pessoas, para o fim específico de cometer crimes:*
>
> *Pena – reclusão, de 1 (um) a 3 (três) anos.*
>
> *Parágrafo único. A pena aumenta-se até a metade se a associação é armada ou se houver a participação de criança ou adolescente." (NR)*

Depois de conceituar organização criminosa como associação composta por quatro ou mais pessoas, o legislador, para não gerar confusão, alterou o número mínimo de agentes para configurar o crime do art. 288 do CP. Antes da nova Lei, 4 (por isso, quadrilha). Agora, três (mudando o *nomen iuris* para associação criminosa).

Lamentavelmente, a Casa de Leis preferiu manter a pena de reclusão variando de 1 a 3 anos, admitindo, na forma básica, suspensão condicional do processo, ficando, inclusive, inviável a preventiva quando o associado for primário. Ora, não enxergamos crime mais condizente

187 HC 103660/SP – Rel. Ricardo Lewandowski, j. 30.11.2010, DJe 06.04.2011.

188 Rel. Laurita Vaz, j. em 10.10.206, DJ 13.11.2006, p. 276).

189 Ob. cit., p. 58.

com a necessidade da prisão para a manutenção da ordem pública do que a associação de pessoas para a prática de crimes.

No mais, os elementos da estrutura delitiva fundamental ("*caput*") permanecem inalterados:

a) associação, leia-se, reunião em sociedade para determinado fim (tornar-se sócio), havendo uma vinculação sólida, quanto à estrutura, e durável, quanto ao tempo (que não significa perpetuidade). É muito mais que um mero ajuntamento ocasional ou encontro passageiro, transitório (típico de concurso de agentes).

b) pluralidade de pessoas (mínimo 3), sendo indiferente a posição ocupada por cada integrante na sociedade, dispensando hierarquia ou divisão de tarefas, sendo imprescindível um vínculo associativo estável e permanente.

c) para o fim de praticar uma série indeterminada de crimes. A finalidade da associação criminosa deve ser a prática de *crimes indeterminados* (não necessariamente da mesma espécie)[190], concluindo-se, por conseguinte, não configurar quadrilha ou bando a reunião estável ou permanente para a prática de contravenções penais (jogo do bicho, por exemplo) ou atos imorais.

A Lei 12.850/13 alterou também o parágrafo único do art. 288 do CP. Optou o legislador por diminuir o "*quantum*" da majorante. Antes, a associação armada tinha a pena dobrada. Agora, aumenta-se a reprimenda de 1/2, mudança benéfica, que deve retroagir para alcançar os fatos pretéritos (art. 2º, parágrafo único do CP).

Criou, ainda, mais uma circunstância majorante: quando o crime envolver a participação de criança ou adolescente, devendo o agente, obviamente, conhecer a condição etária do menor, evitando-se responsabilidade penal objetiva.

Vejamos as alterações comentadas:

Art. 288 CP (antes da Lei 12.850/13)	Art. 288 CP (depois da Lei 12.850/13)
Associarem-se mais de três pessoas, em quadrilha ou bando, para o fim de cometer crimes	Associarem-se 3 (três) ou mais pessoas, para o fim específico de cometer crimes
Pena – reclusão de 1 (um) a 3 (três) anos	Pena – reclusão de 1 (um) a 3 (três) anos
Parágrafo único. A pena aplica-se em dobro, se a quadrilha ou bando é armado	Parágrafo único. A pena aumenta-se até a metade se a associação é armada ou se houver a participação de criança ou adolescente.

O operador deverá redobrar a atenção para não confundir os crimes de associação criminosa (art. 288 do CP), constituição de milícia privada (art. 288-A do CP) e formação de organização criminosa. Também recorrendo ao quadro comparativo, vamos analisar esses delitos:

Associação criminosa	Organização criminosa	Constituição de milícia privada
Art. 288 do CP	**Art. 2º** da Lei 12.850/13	**Art. 288**-A do CP

190 Obviamente, não é possível associação para a prática de crimes culposos ou preterdolosos, em razão da incompatibilidade entre o fim visado pela quadrilha (prática de crimes) e a conduta culposa, bem como ao resultado decorrente da conduta preterdolosa.

Associação criminosa	Organização criminosa	Constituição de milícia privada
Pena: reclusão de 1 a 3 anos	Pena: reclusão de 3 a 8 anos	Pena: reclusão, de 4 a 8 anos
Associarem-se 3 (três) ou mais pessoas	Associação de 4 (quatro) ou mais pessoas	Constituir organização paramilitar*, milícia particular** ou grupo de extermínio***
Dispensa estrutura ordenada e divisão de tarefas	Pressupõe estrutura ordenada e divisão de tarefas, ainda que informalmente	Apesar de dispensar, em regra apresenta divisão de tarefas
A busca de vantagem para o grupo é o mais comum, porém dispensável	Com o objetivo de obter vantagem de qualquer natureza	A busca de vantagem é dispensável
Para o fim específico de cometer crimes (dolosos, não importando o tipo ou a sua pena)	Mediante a prática de infrações penais (abrangendo contravenções) cujas penas máximas sejam superiores a 4 (quatro) anos, ou que sejam de caráter transnacional	Com a finalidade de praticar qualquer dos crimes previstos no Código Penal

* Organização Paramilitares: são associações civis, armadas e com estrutura semelhante à militar. Possuem as características de uma força militar, têm a estrutura e organização de uma tropa ou exército, sem sê-lo.

** Milícia Particular: Grupo de pessoas, civis ou não, tendo como finalidade devolver a segurança retirada das comunidades mais carentes, restaurando a paz. Para tanto, mediante coação, os agentes ocupam determinado espaço territorial. A proteção oferecida nesse espaço ignora o monopólio estatal de controle social, valendo-se de violência e grave ameaça.

*** Grupo de Extermínio: Entende-se como tal a reunião de pessoas, matadores, justiceiros que atuam na ausência ou inércia do poder público, tendo como finalidade a matança generalizada, chacina de pessoas supostamente rotuladas como marginais ou perigosas.

Ilustrando, vamos construir alguns cenários:

I) Associam-se 3 pessoas, de forma estável e permanente, com hierarquia e divisão de tarefas, para o fim de praticar crimes de roubo. O rol de circunstâncias narrado autoriza concluir que estamos diante de um crime de associação criminosa (art. 288 do CP), pois falta, para configurar formação de organização criminosa, o número mínimo de quatro integrantes.

II) Associam-se 6 pessoas, de forma estável e permanente, sem hierarquia e divisão de tarefas, com o fim de praticar roubos a banco. Também neste cenário o crime será de associação criminosa (art. 288 do CP), ausente estrutura ordenada e divisão de tarefas, elementares do crime de formação de organização criminosa.

III) Associam-se 7 pessoas, de forma estável e permanente, com hierarquia e divisão de tarefas, tendo como objetivo publicar anonimamente listas ofensivos à honra de moradores de uma cidade. O crime será de associação (art. 288 do CP). A formação de organização criminosa demanda objetivo de obter vantagem de qualquer natureza, mediante a prática de infrações penais cujas penas máximas sejam superiores a 4 anos.

IV) Associam-se 7 pessoas, de forma estável e permanente, com hierarquia e divisão de tarefas, tendo como objetivo praticar extorsões mediante sequestro, caracteriza o delito de formação de organização criminosa, preenchendo todos os elementos do art. 2º da Lei 12.850/13.

V) Associarem-se 7 pessoas, de forma estável e permanente, com hierarquia e divisão de tarefas, tendo como objetivo a matança generalizada. A formação de organização criminosa não pode ter características paramilitares, de milícia privada ou grupo de extermínio, aplicando-se, nesses casos, o crime do art. 288-A do CP, punido com 4 a 8 anos de reclusão.

Art. 25. O art. 342 do Decreto-Lei nº 2.848, de 7 de dezembro de 1940 (Código Penal), passa a vigorar com a seguinte redação:

"Art. 342 (...)
Pena – reclusão, de 2 (dois) a 4 (quatro) anos, e multa.

Num Estado que chamou para si o monopólio da distribuição da justiça, o instrumento adequado para dirimir conflitos de interesses surgidos na sociedade denomina-se *processo*, composto de várias etapas, dentre elas uma de instrução, na qual se realiza a atividade de produção das provas, visando elucidar a controvérsia apresentada.

Diversos são os meios de prova postos ao cumprimento desta finalidade, merecendo destaque, ao lado das provas documentais, a pericial (compreendendo, de certo modo, a tradução, a interpretação e a contabilidade) e a testemunhal, todas desfrutando de amplo prestígio, sobretudo na seara criminal.

Nessa conjuntura, exatamente porque nas provas pericial e testemunhal encontra a sentença, em regra, o histórico dos fatos (base à decisão), necessário se fazia que o Direito cercasse a perícia e o testemunho com todas as garantias possíveis, impedindo pareceres e depoimentos levianos e mendazes, campo fértil para provocar o erro judicial.

Com a tipificação do falso testemunho e falsa perícia, procurou-se, resguardar o prestígio da Justiça. A pena cominada ao crime, no entanto, deixava a desejar.

Punido com reclusão de 1 a 3 anos, sendo primário o agente (e preenchidos os demais requisitos de ordem subjetiva), só não admitia a suspensão condicional do processo se praticado mediante suborno ou se cometido com o fim de obter prova destinada a produzir efeito em processo penal, ou em processo civil em que for parte entidade da administração pública direta ou indireta, casos em que incide majorante de 1/6 a 1/3, elevando a pena mínima acima de 1 ano (art. 342, § 1º, do CP).

Em razão da pena máxima, ainda que majorada nos termos do citado parágrafo, não ultrapassava 4 anos, inexistindo condições legais para o juiz decretar a preventiva do agente não reincidente (art. 313, I, CPP).

Portanto, andou bem o legislador ao majorar os limites mínimos e máximos do preceito secundário. A gravidade do delito em questão, que importa na falsidade de testemunho ou perícia, mostrava-se incompatível com o favor legal, resultando em uma resposta branda e desproporcional à reprovabilidade da conduta. De sorte que, aumentada a pena mínima para dois anos, não mais há que se falar na aplicação do "sursis" processual.

A pena máxima cominada ao crime, com a mudança, pode ultrapassar 4 anos se praticado mediante suborno ou se cometido com o fim de obter prova destinada a produzir efeito em processo penal, ou em processo civil em que for parte entidade da administração pública direta ou indireta, condição para a prisão preventiva, mesmo no caso de agente primário.

Art. 26. Revoga-se a Lei nº 9.034, de 3 de maio de 1995.

A Lei nº 9.034/95, que antes dispunha sobre o crime organizado e a utilização de meios operacionais para sua prevenção e repressão, foi expressamente revogada, em sua totalidade, pelo diploma em estudo.

Art. 27. Esta Lei entra em vigor após decorridos 45 (quarenta e cinco) dias de sua publicação oficial.

O dispositivo em análise prevê que a lei vigorará depois de transcorridos 45 dias de sua publicação. Adotou-se, assim, a regra geral prevista no art. 1º, "*caput*", da Lei de Introdução ao Código Civil. É o que se denomina de "*vacatio legis*", isto é, o intervalo que decorre entre a publicação da lei e sua entrada em vigor. Significa dizer que a lei, nesse período, embora exista, ainda não vige.

Nesse sentido é a lição de Fábio Ulhoa Coelho, para quem "vigência é aptidão genérica de produzir efeitos juridicamente válidos. Após a publicação na imprensa oficial a lei *existe*, mas isso não significa que esteja já produzindo efeitos. Em outros termos, ela já é conhecida, mas não pode ainda ser aplicada. Assim, se estabelece a obrigação de determinada conduta, as pessoas já podem ter conhecimento de seu conteúdo, mas ainda não estão obrigadas a se comportarem em consonância com os seus preceitos. Quem atua em desconformidade com o prescrito em lei existente que ainda não entrou em vigor não pode sofrer nenhuma sanção"[191].

A questão da "*vacatio legis*" vem também prevista, em nosso ordenamento jurídico, na Lei Complementar nº 95/98, que em seu art. 8º, § 1º, dispõe: "a contagem do prazo para entrada em vigor das leis que estabeleçam período de vacância far-se-á com a inclusão da data da publicação e do último dia do prazo, entrando em vigor no dia subseqüente à sua consumação integral".

Pois bem. A lei em exame foi publicada na edição extra do Diário Oficial da União de 5 de agosto de 2013. Este, portanto o *dies a quo* para a contagem do prazo para sua vigência. Por consequência, incluindo no cômputo o dia da publicação e o último dia do prazo, tem-se que a lei entrará em vigor em 19 de setembro de 2013.

Não temos dúvida, outrossim, em indicar a aplicação da lei a fatos cometidos antes de sua entrada em vigor, a teor do parágrafo único, do art. 2º do Código Penal, quando dispõe que "a lei posterior, que de qualquer modo favorecer o agente, aplica-se aos fatos anteriores, ainda que decididos por sentença condenatória transitada em julgado". Afinal, trata-se se diploma que contém dispositivos típicos da lei penal (perdão judicial, progressão de regime, redução da pena ou sua substituição por restritiva de direitos), e que são amplamente favoráveis ao réu, traduzindo-se em verdadeira "*novatio legis* in mellius", a merecer, por isso, retroação.

É claro que eventual colaboração, para que seja premiada, deve vir acompanhada da respectiva eficácia, isto é, deve atender aos pressupostos relacionados no art. 4º da lei em análise. O mero arrependimento, manifestado, por exemplo, quando a decisão já transitou em julgado, não se prestará à concessão de nenhum favor legal. Seria cômodo, com efeito, que,

191 *Curso de Direito Civil*, vol 1. São Paulo: Saraiva, 2003, p. 39.

condenado com maciça prova em seu desfavor, viesse o sentenciado, agora, admitir a prática do delito, sem que maior efeito prático decorresse dessa confissão tardia.

Em comentários ao art. 4º, § 1º, abordamos a possibilidade de implantação dos benefícios contidos na lei mesmo em fase de execução penal.

BIBLIOGRAFIA

ANDRADE, Manuel da Costa. *Sobre as proibições de prova em processo penal*. Coimbra: Coimbra Editora, 1992, p. 224

ALBUQUERQUE, Marcelo Schirmer. *A garantia de não auto-incrimanção: extensão e limites*. Belo Horizonte: Ed. Del Rey. 2008.

ALBUQUERQUE, Roberto Chacon de. *A tipologia do crime de financiamento do terrorismo na Convenção Internacional para a Supressão do Financiamento do Terrorismo, "Patriot Act" e "Loi relative à la Sécurité Quotidienne*, in Revista do Conselho Nacional de Política Criminal e Penitenciária 15 (2001).

AMORIM, Celso, *Uma diplomacia voltada para o desenvolvimento e a democracia*, in Fonseca Jr., Gelson; Castro, Sergio Henrique Nabuco de (orgs.). Temas de política externa brasileira II, vol. 1, 2ª ed., Brasília, Funag; São Paulo, Paz e Terra, 1997.

AMBOS, Kai e CHOUKR, Fauzi Hassan. *Reforma do Processo Penal no Brasil e na América Latina*, Método: São Paulo, 2001.

ANDRADE, Manuel da Costa e DIAS, Jorge Figueiredo. *Criminologia – O homem delinqüente e a sociedade criminógena*. Coimbra Editora, 2013.

ANDREUCCI, Ricardo Antonio. *Infiltração policial: possibilidade*, Jornal Carta Forense, setembro de 2013, p. A24.

ARANHA, Adalberto Camargo. *Da prova no processo penal*. Saraiva: São Paulo, 2007.

ÁVILA, Thiago André Pierobom. *Lei nº 12.850/2013 e a atribuição para a investigação criminal de organizações criminosas integradas por policiais*. Elaborado em agosto de 2013 e disponível no sítio www.jusnavigandi.com.br (acessado em 22.12.2013).

AVOLIO, Luiz Francisco Torquato. *Provas ilícitas – interceptações telefônicas, ambientais e gravações clandestinas*. 3ª ed. São Paulo: RT, 2003.

AZEVEDO, David Teixeira de. *A colaboração premiada num direito ético*. Boletim IBCCrim, São Paulo, nº 83, p. 6, out. 1999.

BARACHO, José Alfredo de Oliveira. *A Nova Ordem Jurídica Internacional e o Bioterrorismo*. In: BRANT, Leonardo Nemer Caldeira (Org.). Terrorismo e Direito – Os impactos do terrorismo na comunidade internacional e no Brasil: perspectivas políticojurídicas. Rio de Janeiro: Forense, 2003.

BARROSO, Luis Roberto. *A viagem redonda: Habeas Data, Direitos Constitucionais e as Provas Ilícitas*, RDA 213/149-163.

BARROS, Marco Antônio de. *Lavagem de Capitais e Obrigações Civis Correlatas*. São Paulo: Ed. RT, 2004.

BECHARA, Fabio Ramazzini. *Crime Organizado e o Sigilo das Investigações*. Revista Síntese nº 32 – jun-jul 2005.

BIANCHINI, Alice; GARCÍA-PABLOS DE MOLINA, Antonio; GOMES, Luiz Flávio. Direito penal: introdução e princípios fundamentais. 2. ed. São Paulo: RT, 2009

BOSCHI, José Antonio Paganella. *Das penas e seus critérios de aplicação*. 4. ed. Porto Alegre: Livraria do Advogado, 2006.

BORGES, Paulo César Côrrea. *O crime organizado*. São Paulo: Editora Unesp, 2002.

BOSON, Gerson de Brito Mello. *Direito Internacional Público: o Estado em Direito das Gentes*. 3ª ed. Belo Horizonte: Del Rey, 2000.

BOTTINI, Pierpaolo Cruz. *Excessos para todos os lados*. Jornal "Folha de São Paulo", seção "Tendências/debates", 17.10.2013, p. A3.

BOTTINI, Pierpaolo Cruz & FELDENS, Luciano. *A forma inteligente de controlar o crime organizado.* Disponível em: www.conjur.com.br 05 de novembro de 2013.

BRUNO, Aníbal. *Direito Penal.* Vol. III, Rio de Janeiro: Forense, 1984.

BURLE FILHO, José Emmanuel e Rodrigues, Eduardo Silveira Melo. *O art. 28 do CPP.* São Paulo: Edições APMP, 1995.

CALLEGARI, André Luis. *Crime Organizado. Tipicidade, Política Criminal, Investigação e Procedimento.* São Paulo: Livraria do Advogado, 2007.

CANÊDO, Carlos Augusto. *O Genocídio como Crime Internacional.* Belo Horizonte: Del Rey, 1999.

CANÇADO TRINDADE, Antonio Augusto. *Tratado de Direito Internacional dos Direitos Humanos.* Vol. I, 2. ed. Porto Alegre: Sergio Antonio Fabris, 2003

CARVALHO, Leonardo Arquimino de; VÉRAS NETO, Francisco Quintanilha; Lixa, Ivone F. Morcilo (orgs.), *Política internacional, política externa e relações internacionais*, Curitiba, Juruá, 2003.

CARVALHO, Natália Oliveira de. *A delação premiada no Brasil.* Rio de Janeiro: Lumen Juris, 2009.

CASTANHEIRA, Beatriz Rizzo. *Organizações criminosas no direito penal brasileiro: o estado de prevenção e princípio da legalidade estrita.* Revista Brasileira de Ciências Criminais, São Paulo: RT, v.6, nº 24 p. 99-124, out.-dez.1998.

CERNICCHIARO, Luiz Vicente & COSTA JUNIOR, Paulo José da. *Direito Penal na Constituição.* 3ª edição. São Paulo: Revista dos Tribunais, 1995.

CERQUEIRA, Thales Tácito Pontes Luz de Pádua. *Delação Premiada.* Consulex, Brasília, DF, ano IX n.208, p. 24-33, set. 2005.

CHOUKR, Fauzi. *Garantias Constitucionais na Investigação Criminal.* São Paulo: RT 1995.

COELHO, Fábio Ulhoa. *Curso de Direito Civil*, vol 1. São Paulo: Saraiva, 2003

CONSERINO, Cássio Roberto. *Crime Organizado e Institutos Correlatos*, São Paulo: Atlas, 2010.

CORDOVIL, Leonor. CARVALHO, Vinicius Marque de. ANDERS, Eduardo Caminati, *Nova Lei de Defesa da Concorrência Comentada.* São Paulo: RT, 2012.

CRETELLA NETO, José. *Terrorismo internacional – inimigo sem rosto, combatente sem pátria.* São Paulo: Millennium, 2008.

______. *Fundamentos principiológicos do processo civil.* Rio; Forense, 2002.

CUNHA, Rogério Sanches. *A Moderna investigação criminal: infiltrações policiais, entregas controladas e vigiadas, equipes conjuntas de investigação e provas periciais de inteligência.* In Limites Constitucionais da Investigação. São Paulo: Revista dos Tribunais, 2009.

DELGADO, José Augusto. *O sigilo bancário no ordenamento jurídico brasileiro.* Revista de Estudos Tributários. nº 22. Ed. Síntese. Porto Alegre. Nov-dez/2001.

DEMERCIAN, Pedro Henrique. MALULY, Jorge Assaf Maluly. *Juizados Especiais Criminais – Comentários à Lei 9099/95.* Rio de Janeiro: Aide, 1996.

DEZEM, Guilherme Madeira. *Da Prova Penal. Tipo Processual, provas típicas e atípicas.* Campinas: Millennium Editora, 2008.

DIAS, Jorge de Figueiredo. *A criminalidade organizada: do fenômeno ao conceito jurídico-penal.* In Revista Brasileira de Ciências Criminais, nº 71, março-abril de 2008

DIMOULIS, Dimitri. *O caso dos denunciantes invejosos: introdução prática às relações entre direito, moral, justiça.* 4. ed. São Paulo: RT, 2007.

DINIZ, Eugênio, *Compreendendo o fenômeno do terrorismo*, in Brigagão Clóvis; Proença Jr., Domício (orgs.), Paz e segurança internacional: missões de paz da ONU, Europa e Américas", São Paulo, Hucitec, 2004.

ESTELLITA, Heloísa. *A delação premiada para a identificação dos demais coautores ou partícipes: algumas reflexões à luz do devido processo legal.* São Paulo: Boletim IBCCRIM, ano 17, nº 202, set. 2009.

FARIAS, Edilson Pereira de. *Colisão de direitos.* Porto Alegre. Sérgio Antonio Fabris Editor, 1996.

FEITOZA, Denilson. *Direito processual penal: teoria* terrorismo – textos do seminário "Desafios para a política de, *crítica e práxis*. 6. ed. rev., ampl. e atual. Niterói: Impetus, 2009.

FERNANDES, Antônio Scarance, Raul Gavião de Almeida, Maurício Zanoide de Moraes. *Crime organizado – Aspectos processuais* – São Paulo: Editora Revista dos Tribunais, 2009.

______. *Prova e sucedâneos de prova no processo penal*. In Revista Brasileira de Ciências Criminais nº 66, São Paulo: Revista dos Tribunais, maio/junho de 2007.

______. *Crime organizado e a legislação brasileira*. In: Penteado, Jacques de Camargo. O equilíbrio entre a eficiência e o garantismo e o crime organizado. *RBCCrim* 70/229-269, São Paulo: Ed. RT, jan.-fev. 2008.

______. *Processo penal constitucional*. 5. ed. rev. atual. ampl. São Paulo: RT, 2007.

______. *O equilíbrio na repressão ao crime organizado*, in Crime organizado: aspectos processuais; ALMEIDA, José Raul Gavião e MORAES, Maurício Zanoide de (Coords.). São Paulo: RT, 2009.

FERNANDES, Og (Coord.). *Medidas Cautelares no Processo Penal – Prisão e suas Alternativas*. São Paulo: RT, 2011.

FERRAZ JUNIOR, Tercio Sampaio. *Sigilo de Dados: o Direito à Privacidade e os Limites à Função Fiscalizadora do Estado*. *In* Sigilo Fiscal e Bancário. PIZOLIO, Reinaldo e GAVALDÃO JR, Jayr Viégas (coord.). São Paulo. Quartier Latin. 2005. p. 28-29.

FERRO, Ala Luíza Almeida. *Crime organizado e organizações criminosas mundiais*. Curitiba: Juruá, 2009.

FORGIONI, Paula A. *Os fundamentos do antitruste*. São Paulo: RT, 2012.

FRAGOSO, Heleno Cláudio, *Terrorismo e criminalidade política*, Rio de Janeiro, Forense, 1981.

FRANCO, Alberto Silva. *Prazo razoável e o estado democrático de direito*. Boletim IBCCRIM. São Paulo, v.13, n.152, p. 6-7, jul. 2005.

______. *O Crime Organizado e a Legislação Brasileira*. São Paulo: RT, 1995.

GARCIA, Basileu. *Instituições de Direito Penal*, 5ª. ed., São Paulo: Max Limonad, 1980.

GEMAQUE. Silvio César Arouck. *Os limites à influência do processo penal internacional no processo penal brasileiro. Estudos de processo penal*. São Paulo: Scortecci, 2011.

GOMES, Abel Fernandes. *Crime organizado e suas conexões com o poder público. Comentários à Lei 9034/95*. Rio de Janeiro: Editora Consulex. 2000.

GOMES FILHO, Antonio Magalhães. *Notas sobre a terminologia da prova (reflexos no processo penal brasileiro)*. In Estudos em homenagem à professora Ada Pellegrini Grinover. Flávio Luiz Yarshell e Maurício Zanoide de Moraes (coords.). São Paulo: DPJ, 2005.

______. *Também em matéria processual provoca inquietação a Lei Anti-Crime Organizado*, In: Boletim do Instituto Brasileiro de Ciências Criminais, São Paulo, nº 13, p. 01, fev. 1994.

______. *Direito à Prova no Processo Penal*. São Paulo: RT, 1997.

GOMES FILHO, Antonio Magalhães. BADARÓ, Gustavo Henrique Righi Ivahy Badaró. *Prova e Sucedâneos de prova no processo penal Brasileiro*. Revista Brasileira de Ciências Criminais. Março – abril de 2007, nº 65, RT.

GOMES, Luiz Flávio; CERVINI, Raúl. *Crime organizado: enfoques criminológico, jurídico (Lei 9.034/95) e político-criminal*. São Paulo: RT, 1997.

______. *Nova Lei de Drogas comentada (coord.)*. São Paulo: RT, 2006.

______. *Penas e medidas alternativas à prisão*. São Paulo: RT, 2000.

______. *Definição de crime organizado e a Convenção de Palermo*. Disponível em: http://www.lfg.com.br 06 de maio de 2009

GONÇALVES, Fernando; ALVES, Manuel João, VALENTE, Manuel Monteiro Guedes. *Lei e crime: o agente infiltrado versus o agente provocador. Os princípios do processo penal*. Coimbra: Almedina, 2001.

GRECCO Filho. Vicente. *Tutela constitucional das liberdades*. São Paulo: Saraiva, 1989.

______. *Interceptação telefônica*. São Paulo: Saraiva, 1996.

GRINOVER, Ada Pellegrini. *Liberdades públicas e processo penal*. 2. ed. São Paulo: Ed. RT, 1982.

______. *O regime brasileiro das interceptações telefônicas*. RBDCRIM 17/115.

GUIDI. José Alexandre Marson. *Delação premiada no combate ao crime organizado*. Franca: Lemos e Cruz. 2006.

GUIMARÃES, Issac Newton Belota Sabbá. *Agente provocador, agente infiltrado e o novo paradigma de processo penal*. Disponível em www.ambitojuridico.com.br, acessado em 12.08.2013.

______. *O agente infiltrado na investigação das associações criminosas*. Boletim IBCCrim. São Paulo, vol. 10, nº 117, agosto/2002.

HABIB, Gabriel. *Leis Penais especiais* – Tomo I. Salvador: JusPodivm, 2009.

HADDAD, Carlos Henrique Borlido. *Conteúdo e contornos do princípio contra a auto-incrimanção*. Campinas; Ed. Bookseller, 2005.

HAMILTON, Sergio Demoro. *A ortodoxia do sistema acusatório no processo penal brasileiro: uma falácia*, in Revista Síntese de Direito Penal e Processo Penal, ano II, nº 8 – jun-jul/2001.

______. *Temas de processo penal*. Rio de Janeiro: Lumen Juris, 1998.

HUSEK, Carlos Roberto. *Curso de Direito Internacional Público*. 5ª ed. São Paulo: LTr, 2004.

JAGUARIBE, Hélio. *A guerra ao terrorismo*. Política Externa. nº 3. vol. 10. p. 5-16. São Paulo: Paz e Terra, dez./jan./fev.2001/2002.

JARDIM, Afrânio Silva. *Ação penal pública: princípio da obrigatoriedade*. Rio de Janeiro: Forense, 2001.

______. *Direito Processual Penal*. Rio de Janeiro: Forense, 8ª. ed, 1999.

JESUS, Damásio Evangelista de. *Direito Penal*, Parte Geral. São Paulo: Saraiva. 2009.

______. *Organização criminosa: primeiros conceitos*. Jornal Carta Forense, novembro de 2013, p. A6.

______. *Perdão judicial – colaboração premiada: análise do art. 13 da Lei 9807/99: primeiras ideias*. Boletim IBCCRIM. São Paulo, v.7, n.82, p. 4-5, set. 1999.

______. *O fracasso da delação premiada*. São Paulo: Boletim IBCCRIM, nº 21, p. 01, set. 1994.

______. *Notas ao art. 366 do Código de Processo Penal, com a redação da Lei nº 9271/96*, Boletim IBCCrim nº 42 (edição especial), junho de 1996.

______. *Absolvição pressupõe inexistência de responsabilidade por imputação de infração penal*. Questões Criminais, Saraiva, 1981.

JESUS, Damásio E. e BECHARA, Fábio Ramazzini. *Agente infiltrado. Reflexos penais e processuais*. Elaborado em junho de 2005 e disponível no sítio www.jusnavigandi.com.br (acessado em 10.08.2013).

LAVORENTI, Wilson; GERALDO DA SILVA, José. *Crime organizado na atualidade*. Campinas: Bookseller, 2000.

LIMA, Renato Brasileiro de. *Manual de Processo Penal – Vol. 1*. Rio de Janeiro: Impetus, 2ª edição, 2012.

LIPINSKI, Antonio Carlos. *Crime organizado e a prova penal*.Curitiba: Juruá,2004.

LAFER, Celso. *Paradoxos e possibilidades – estudos sobre a ordem mundial e sobre a política exterior do Brasil num sistema internacional em transformação*, Rio de Janeiro, Nova Fronteira, 1982.

LEAL, João José. *A Lei 9.807/99 e a figura do acusado-colaborador ou prêmio à delação*. RT/Fascículos Penais, ano 89, v. 782, dez. 2000.

LEMOS JÚNIOR, Arthur Pinto. *Roteiro para investigação criminal no crime de lavagem de dinheiro*. Revista Jurídica da Escola Superior do Ministério Público, vol. 1, nº 1, jan-jun 2007.

______. *A investigação criminal diante das organizações criminosas e o posicionamento do Ministério Público*. São Paulo: Revista dos Tribunais, 1991, vol. 795.

LOPES, Mariângela Tomé. *Meios de investigação utilizados no combate ao crime organizado*. Estudos de processo penal. São Paulo: Scortecci, 2013.

LUPO, Salvatore. *História da Máfia – Das origens aos nossos dias*. São Paulo: Unesp, 2002.

MAIA, Carlos Rodolfo Fonseca Tigre. *Lavagem de dinheiro: (lavagem de ativos provenientes de crime) anotações às disposições criminais da Lei nº 9.613/98*. São Paulo: Malheiros, 1999.

MACHADO, Antonio Alberto. *Curso de Processo Penal*. São Paulo: Atlas, 2ª. ed., 2009.

MACHADO, André Augusto Mendes e KEHDI, André Pires de Andrade. *Sigilo das comunicações e de dados* in Sigilo no Processo Penal: Eficiência e Garantismo. SCARANCE FERNANDES, Antonio; ALMEIDA, José Raul Gavião de e MORAES, Mauricio Zanoide de (Coords.). São Paulo: RT, 2008.

______. *Meios de investigação utilizados no combate ao crime organizado*. Estudos de processo penal. São Paulo: Scortecci, 2013.

MAIEROVITCH, Walter Fanganiello. In: Penteado, Jaques de Camargo (coord.). Justiça Penal 3: *Críticas e sugestões: o crime organizado (Itália e Brasil): a modernização da lei penal*. São Paulo: Revista dos Tribunais, 1995.

______. *Apontamentos sobre a política criminal e a plea bargaining*. Revista de Informação Legislativa, Brasília, v. 28, nº 112, out-dez 1991.

MANZANO, Luis Fernando de Moraes. *Verdade formal versus verdade material*. Revista dos Tribunais nº 875, setembro de 2008.

MARCÃO, Renato. *Delação Premiada*. Revista Síntese de Direito

Penal e Processual Penal. Ano VI – nº 35 – dez.-jan. 2006.

MARQUES, José Frederico. *Estudos de direito processual penal*, Rio de Janeiro: Forense, 1960.

MARQUES, Silvio Antonio e MORAIS, Adriana Ribeiro Soares de. *Noções sobre cooperação jurídica internacional*. São Paulo: Edições APMP, 2009.

MARTINS, Luciano. *A substituição da política pelo terror e violência*. Política Externa. nº 3. vol. 10. p. 17-31. São Paulo: Paz e Terra, dez./jan./fev.2001/2002.

MAZZILLI, Hugo Nigro. *O princípio da obrigatoriedade*. Revista dos Tribunais vol. 683, p. 393, 1992.

_____. *O princípio da titularidade da ação penal*. Revista Justitia, vol. 49, p. 1000, 1987.

MAZZUOLI, Valerio de Oliveira. *Curso de Direito Internacional Público*. 3ª ed. rev., atual e ampl. São Paulo: Editora Revista dos Tribunais, 2008.

MEDEIROS, Antonio Paulo Cachapuz de. *O poder de celebrar tratados*. 1ª ed. Porto Alegre: Sergio Antonio Fabris Editor, 1995.

MEIREIS, Manuel Augusto Alves. O *regime das provas obtidas pelo agente provocador em processo penal*. Coimbra: Almedina, 1999.

MELLO, Celso Duvivier de Albuquerque. *Curso de Direito Internacional Público*. 15ª ed. rev. e ampl. Rio de Janeiro: Renovar, 2004.

MELLO, Valérie de Campos. *Paz e segurança na ONU: a visão do Brasil*, in Brigagão, Clóvis; Proença Jr., Domício (orgs.), Brasil e o mundo – novas visões, Rio de Janeiro, Francisco Alves, 2002.

MENDRONI, Marcelo Batlouni. *Crime organizado: aspectos gerais e mecanismos legais*. 3. ed. São Paulo: Atlas, 2009.

MESSA, Ana Flávia e José Reinaldo Guimarães Carneiro. *Crime organizado*. São Paulo: Saraiva, 2012.

MIGUEL, Alexandre; PEQUENO, Sandra Maria Nascimento de Souza. *Comentários à lei de proteção às vítimas, testemunhas e réus colaboradores*. Revista dos Tribunais. São Paulo: RT, nº 773, 2000.

MINGARDI, Guaracy. *O trabalho da inteligência no controle do crime organizado. Estudos avançados*. Universidade de São Paulo. Instituto de Estudos Avançados. São Paulo: IEA, v. 21, nº 61, set./dez.

MIRABETE, Julio Fabbrini. *Juizados Especiais Criminais*: São Paulo: Atlas, 4ª. ed., 2000.

_____. *Código Penal interpretado*. São Paulo: Atlas, 1999.

MENDONÇA, Andrey Borges. *Prisão e Outras Medidas Cautelares Pessoais*. São Paulo: Método, 1ª edição, 2011.

MENDRONI, Marcelo Batlouni. *Crime Organizado. Aspectos gerais e mecanismos legais*. São Paulo: Editora Juarez de Oliveira, 2002.

MONTE, Vanise Röhrig. *A necessária interpretação do instituto da delação premiada, previsto na Lei 9.807/99, à luz dos princípios constitucionais*. Revista da Ajuris. Porto Alegre, vol. 82, 2001.

MONTOYA, Mario Daniel. Máfia e crime organizado. Aspectos legais. Autoria mediata. Responsabilidade penal das estruturas organizadas de poder. Atividades criminosas. Rio de Janeiro: Lumen Juris, 2007.

MORAES, Alexandre de. *Direitos humanos fundamentais*. São Paulo: Atlas, 2003.

MOREIRA, Rômulo de Andrade. *Delação no Direito Brasileiro*. Revista Síntese de Direito Penal e Direito Processual Penal, Porto Alegre, nº 19, abr.-mai. 2003.

MORENO, Marta, *Terrorismo: em busca de uma definição universal*, in Brigagão, Clóvis; Proença Jr., Domício (orgs.), Panorama brasileiro de paz e segurança, São Paulo, Hucitec; Rio de Janeiro, Konrad Adenauer, 2004.

MOURA, Maria Thereza Rocha de Assis. *Justa causa para a ação penal – doutrina e jurisprudência*, RT: São Paulo, 2001.

MUCCIO, Hidejalma. *Curso de Processo Penal*. 2ª. ed. Rio de Janeiro: Forense, 2011.

NOGUEIRA, Carlos Frederico Coelho. In: Penteado, Jaques de Camargo (coord.). Justiça Penal 3: *Críticas e sugestões: A Lei da "Caixa preta"*. São Paulo: Revista dos Tribunais, 1995.

NORONHA. Magalhães. *Direito Penal*, Vol. 1, Saraiva, 25 ed. 1987.

OLIVEIRA, Márcio Luís de. O Direito à Resistência Armada e o Terrorismo: Distinções. In: BRANT, Leonardo Nemer Caldeira (Org.). Terrorismo e Direito – Os impactos do terrorismo na comunidade internacional e no Brasil: perspectivas políticojurídicas. Rio de Janeiro: Forense, 2003. cap. 22.

ONETO, isabel. O Agente infiltrado. Contributo para a compreensão do regime jurídico das acções encobertas. Coimbra: Coimbra, 2005.

PACHECO, Rafael. Crime organizado, medidas de controle e infiltração policial. Curitiba: Juruá, 2007

PACHECO FILHO, Vilmar Velho; THUMS, Gilberto. Leis antitóxicos: crimes, investigação e processo: análise comparativa das leis 6.368/1976 e 10.409/2002. 2. ed. Rio de Janeiro: Lumen Juris, 2005.

PATRIOTA, Antonio de Aguiar, O Conselho de Segurança após a Guerra do Golfo: a articulação de um novo paradigma de segurança coletiva, Brasília, Instituto Rio Branco/Funag/Centro de Estudo Estratégicos, 1998.

PEDROSO, Fernando de Almeida. *Aspectos polêmicos de processo e direito penal*. São Paulo: Leud, 1997.

______. *Direito Penal*. São Paulo: Leud, 1997.

PEDROSO, Fernando Gentil Gizzi de Almeida. *Colaboração processual e a inquietante indagação: a delação é mesmo premiada*. Revista Jurídica Lex nº 62, março-abril 2013, p. 395.

PELLET, Sarah. A Ambigüidade da noção de terrorismo. In: BRANT, Leonardo Nemer Caldeira (Org.). Terrorismo e Direito – Os impactos do terrorismo na comunidade internacional e no Brasil: perspectivas político-jurídicas. Rio de Janeiro: Forense, 2003.

PEREIRA, Flávio Cardoso. *A investigação criminal realizada por agentes infiltrados* Revista Jurídica do Ministério Público do Estado do Mato Grosso, ano 2, nº 2, janeiro/junho de 2007.

______. A Moderna investigação criminal: infiltrações policiais, entregas controladas e vigiadas, equipes conjuntas de investigação e provas periciais de inteligência. In Limites Constitucionais da Investigação. Rogério Sanches Cunha, Pedro Taques, Luiz Flávio Gomes (coords.). São Paulo: Revista dos Tribunais, 2009.

PINTO, Paulo Cordeiro de Andrade, O papel dos organismos regionais: OEA, Grupo do Rio, Mercosul e Comunidade Andina, in Brigagão, Clóvis; Proença Jr., Domício (orgs.), Paz e terrorismo – textos do seminário "Desafios para a política de segurança internacional: missões de paz da ONU, Europa e Américas", São Paulo, Hucitec, 2004.

PINTO, Ronaldo Batista. *Prova penal segundo a jurisprudência*. São Paulo, Saraiva, 2000.

______. *Processo Penal V – Nulidades, sentença, recursos, revisão criminal e habeas corpus*. São Paulo: Saraiva, 2013.

PINTO, Soraya Moradillo. *Infiltração policial nas organizações criminosas.* São Paulo: Editora Juarez de Oliveira, 2007.

PITOMBO, Antônio Sérgio Altieri de Moraes. Organização criminosa: nova perspectiva do tipo legal. São Paulo: RT, 2009.

PRADO, Geraldo. *Da lei de controle do crime organizado: crítica às técnicas de infiltração e escuta ambiental.* Escritos de Direito e Processo Penal em homenagem ao Prof. Paulo Cláudio Tovo. Rio de Janeiro: Lumen Juris, 2002.

______. *Sistema Acusatório A Conformidade Constitucional das Leis Processuais Penais.* 3. ed. Rio de Janeiro: Lumen Juris, 2005.

QUEIJO, Maria Elizabeth. *O direito de não produzir prova contra si mesmo: (o princípio nemo tenetur se detegere e suas decorências no processo penal).* São Paulo: Ed. Saraiva. 2003.

RABONESE, Ricardo. *Provas obtidas por meios ilícitos.* 1. ed. Porto Alegre: Síntese, 1999

RAMOS. François Silva. SOUZA, Ilma Borba de. *Implicações éticas da delação premiada na nova lei de defesa da ordem econômica.* Revista Pesquisas Jurídicas, vol. 2, nº 1, jan-jun, 2013.

RANGEL, Paulo. *Direito Processual Penal,* 7ª. ed., Rio de Janeiro: Lumen Juris, 2003, p. 605.

RASCOVSKI, Luiz *A (in)eficiencia da deleção premiada. Estudos de processo penal.* São Paulo: Scortecci, 2011.

REALE JÚNIOR, Miguel. *Crime organizado e crime econômico.* Revista Brasileira de Ciências Criminais, São Paulo: RT, v.4, nº 13, p.182-190, jan.-mar.1996.

REZENDE, Bruno Titz de. *A requisição de dados cadastrais pela autoridade policial.* www.jusnavigandi,-com,br, elaborado em 19 nov. 2008. Acessado em 9 ago. 2013.

REZEK, José Francisco. *Direito Internacional Público: curso elementar.* 11ª ed. inteiramente rev. e atual. São Paulo: Saraiva, 2008.

ROJAS Aravena, Francisco, *A construção de regimes cooperativos de segurança – a América Latina diante do terrorismo,* in Brigagão, Clóvis; Proença Jr., Domício (orgs.), Paz e terrorismo – textos do seminário "Desafios para a política de segurança internacional: missões de paz da ONU, Europa e Américas", São Paulo, Hucitec, 2004.

ROCHA, Carmen Lúcia Antunes. *Direito à Privacidade e os Sigilos Fiscal e Bancário.* Periódico Interesse Público. nº 20. ano 5. 2003. Ed. Notadez. Porto Alegre. p. 29.

ROCHA, Luiz Otávio de Oliveira. *Agente Infiltrado: Inovação da Lei 10.217/2001.* Revista Jurídica da Escola Superior do Ministério Público, São Paulo, v. 1, nº 1, jan. a jun. 2001.

RODRIGUEZ, *Aula de ética e delação premiada,* Jornal Carta Forense, outubro de 2013, p. A22

SANNINI Neto. Francisco. *Nova Lei das Organizações Criminosas e a polícia judiciária.* Elaborado em agosto de 2013 e disponível no sítio www.jusnavigandi.com.br (acessado em 10.11.2013).

SANTOS, Willian Douglas Resinente; PRADO, Geraldo Luiz Mascarenhas. *Comentários à Lei do crime organizado (Lei nº 9.034/95).* Belo Horizonte:Livraria Del Rey,1995.

SARFATI, Gilberto, *Estudos de segurança internacional: de Tucídides aos novos conceitos,* in BRIGAGÃO, Clóvis; PROENÇA JR., Domício (orgs.), Panorama brasileiro de paz e segurança, São Paulo, Hucitec; Rio de Janeiro, Konrad Adenauer, 2004.

SICA, Leonardo. *Infiltração policial: posição contrária.* Jornal Carta Forense, setembro de 2013, p. B24.

SILVA, Carlos Augusto Canêdo Gonçalves da. *A Proteção Jurídica Internacional contra o Terrorismo e o Tribunal Penal Internacional.* In: BRANT, Leonardo Nemer Caldeira (Org.). Terrorismo e Direito – Os impactos do terrorismo na comunidade internacional e no Brasil: perspectivas político-jurídicas. Rio de Janeiro: Forense, 2003.

SILVA, Carlos Eduardo Lins da. *Puritanismo, individualismo e pragmatismo na resposta americana ao terror.* Política Externa. nº 3. vol. 10. p. 32-48. São Paulo: Paz e Terra, dez./jan./fev.2001/2002.

SILVA. César Dario Mariano da. *Das provas obtidas por meio ilícitos e seus reflexos no âmbito do Direito Processual Penal*. São Paulo: Leud, 1999.

SILVA, Eduardo Araujo da. *Crime organizado: procedimento probatório*. São Paulo: Atlas, 2003.

______. *Da inconstitucionalidade da proposta de delegado de polícia para fins de acordo de delação premiada – Lei nº 12.850*. Disponível no sítio www.apmp.com.br. Elaborado em setembro de 2013 (acessado em 10.11.2013).

______. *Da moralidade da proteção aos réus colaboradores*. Boletim IBCCrim. São Paulo, nº 85, dezembro de 1999.

______. *Ação Penal Pública: princípio da oportunidade regrada*. São Paulo: Atlas, 2000.

SILVA, Geraldo Eulálio do Nascimento. *Manual de Direito Internacional Público*, 15ª ed. rev. e atual. Paulo Barbosa Casella. São Paulo: Saraiva, 2002

SILVA, Roberto Luiz. *Direito Internacional Público*. 2ª ed. rev., atual. e ampl. 2º tir. Belo Horizonte: Del Rey. 2005.

SIQUEIRA FILHO, Élio Wanderley de. *Repressão ao crime organizado: inovações da Lei nº 9.034/95*. Curitiba: Juruá, 1995.

STEINER, Sylvia Helena de Figueiredo. *A Convenção Americana Sobre Direitos Humanos e Sua Integração ao Processo Penal Brasileiro*, São Paulo: RT, 2000.

SOARES, Denise de Souza, *De Marx a Deus – os tortuosos caminhos do terrorismo internacional*, Rio de Janeiro, Renovar, 2003.

SOARES, Guido Fernando Silva, *O terrorismo internacional e a Corte Internacional de Justiça*, In: BRANT, Leonardo Nemer Caldeira (Org.). Terrorismo e Direito – Os impactos do terrorismo na comunidade internacional e no Brasil: perspectivas político-jurídicas. Rio de Janeiro: Forense, 2003.

SOUZA, Percival. *O Sindicato do crime. PCC e outros grupos*. 1. ed. São Paulo: Ediouro, 2006

TEOTÔNIO, Paulo José Freire. *A Natureza Jurídica da Hipótese de Isenção de Pena ao Colaborador na Lei nº 10.409/02*, in Revista Síntese de Direito Penal e Processual Penal, nº 31, Abr-Mai 2005.

TONINI, Paolo. *A prova no processo penal italiano*. Trad. Alexandra Martins e Daniela Mróz. São Paulo:RT, 1ª. edição, 2002.

TOURINHO FILHO, Fernando da Costa. *Código de Processo Penal Comentado*, 2º volume. São Paulo: Saraiva, 13ª edição, 2010.

______. *Processo Penal*, São Paulo: Saraiva, 27ª. ed., 2005.

TOURINHO, José Lafaieti Barbosa. *Crime de quadrilha ou bando e associações criminosas*. Curitiba: Juruá, 2003.

TUCCI, Rogério Lauria. *Direitos e garantias individuais no processo penal brasileiro*, 2ª. ed., 2004, São Paulo; RT

TURESSI, Flavio Eduardo. *Breves apontamentos sobre crime organizado, delação premiada e proibição de proteção penal insuficiente*. Revista Jurídica da Escola Superior do Ministério Público de São Paulo. Vol. 3, 2013.

VALENTE, Manuel Monteiro Guedes. *O novo regime jurídico do agente infiltrado comentado e anotado*. Lisboa, Almedina, 2001.

______. *Regime jurídico da investigação criminal – comentado e anotado*. Lisboa, Almedina, 2006.

VAZ, Alcides Costa, *Cooperação multilateral frente ao terrorismo internacional: dimensões e desafios da participação brasileira*, in II encontro de estudos: terrorismo, Brasília, Gabinete de Segurança Institucional, Secretaria de Acompanhamento e Estudos Institucionais, 2004.

VELLOSO, Ana Flávia. *O Terrorismo Internacional e a Legítima Defesa no Direito Internacional: O Artigo 51 da Carta das Nações Unidas*. In: BRANT, Leonardo Nemer Caldeira (Org.). Terrorismo e Direito – Os impactos do terrorismo na comunidade internacional e no Brasil: perspectivas político-jurídicas. Rio de Janeiro: Forense, 2003.

VIOLA, Eduardo; LEIS, Héctor Ricardo, *Unipolaridade: terrorismo e vulnerabilidade latino-americana*, in CARVALHO, Leonardo Arquimino de; VÉRAS NETO, Francisco Quintanilha; Lixa, Ivone F. Morcilo (orgs.), Política internacional, política externa e relações internacionais, Curitiba, Juruá, 2003.

ZAFFARONI, Eugenio Raúl. *Crime organizado: uma categoria frustrada.* Discursos sediciosos: crime, direito e sociedade, Rio de Janeiro: Revan, ano 1, v. 1, 1996.

ZILLI, Marcos Alexandre Coelho. *A iniciativa instrutória do juiz no processo penal.* São Paulo: RT, 2.003.

WANDERLEY JÚNIOR, Bruno. *A Cooperação Internacional como Instrumento de Combate ao Terrorismo.* In: BRANT, Leonardo Nemer Caldeira (Org.). Terrorismo e Direito – Os impactos do terrorismo na comunidade internacional e no Brasil: perspectivas político-jurídicas. Rio de Janeiro: Forense, 2003.

CAPÍTULO 36

Pessoa com Deficiência – Leis 13.146/2015 e 7.853/1989

Rogério Sanches Cunha
Ronaldo Batista Pinto

TUTELA PENAL DA PESSOA COM DEFICIÊNCIA

PARTE 1

LEI 13.146/15 – ESTATUTO DA PESSOA COM DEFICIÊNCIA

TÍTULO I

DISPOSIÇÕES PRELIMINARES

CAPÍTULO I

DISPOSIÇÕES GERAIS

Art. 1º É instituída a Lei Brasileira de Inclusão da Pessoa com Deficiência (Estatuto da Pessoa com Deficiência), destinada a assegurar e a promover, em condições de igualdade, o exercício dos direitos e das liberdades fundamentais por pessoa com deficiência, visando à sua inclusão social e cidadania.

Parágrafo único. Esta Lei tem como base a Convenção sobre os Direitos das Pessoas com Deficiência e seu Protocolo Facultativo, ratificados pelo Congresso Nacional por meio do Decreto Legislativo nº 186, de 9 de julho de 2008, em conformidade com o procedimento previsto no § 3º do art. 5º da Constituição da República Federativa do Brasil, em vigor para o Brasil, no plano jurídico externo, desde 31 de agosto de 2008, e promulgados pelo Decreto nº 6.949, de 25 de agosto de 2009, data de início de sua vigência no plano interno.

Fundamento constitucional – Art. 1º, inc. III: "A República Federativa do Brasil, formada pela união indissolúvel dos Estados e Municípios e do Distrito Federal, constitui-se em Estado Democrático de Direito e tem como fundamentos: [...] III – a dignidade da pessoa humana".

Fundamento constitucional – Art. 5º, § 3º: "Os tratados e convenções internacionais sobre direitos humanos que forem aprovados, em cada Casa do Congresso Nacional, em dois turnos, por três quintos dos votos dos respectivos membros, serão equivalentes às emendas constitucionais".

Fundamento constitucional – Art. 24, inc. XIV da CF: "Compete à União, aos Estados e ao Distrito Federal legislar concorrentemente sobre [...] XIV – proteção e integração social das pessoas portadoras de deficiência".

Fundamento na Convenção sobre os Direitos das Pessoas com Deficiência (Nova York, março de 2007) – Art. 19: Vida independente e inclusão na comunidade: "Os Estados Partes desta Convenção reconhecem o igual direito de todas as pessoas com deficiência de viver na comunidade, com a mesma liberdade de escolha que as demais pessoas, e tomarão medidas efetivas e apropriadas para facilitar às pessoas com deficiência o pleno gozo desse direito e sua plena inclusão e participação na comunidade...".

Fundamento no Tratado de Marraqueche (promulgado pelo DECRETO Presidencial nº 9.522, DE 8 DE OUTUBRO DE 2018): tutela, primordialmente, pessoas cegas ou com graves deficiências visuais, permitindo o acesso de tais pessoas a obras impressas em geral, em formato, inclusive, que facilite a leitura.

INTRODUÇÃO

O presente diploma vem fortemente influenciado pelos termos da Convenção sobre os Direitos das Pessoas com Deficiência, realizada em Nova York, em 2007, que foi subscrita pelo Brasil e que ingressou em nosso ordenamento jurídico por meio do Decreto Legislativo nº 186, de 9 de julho de 2008, que o aprovou e, posteriormente, com a promulgação do Decreto Presidencial nº 6.949, de 25 de agosto de 2009, teve iniciada sua vigência. Vale lembrar o teor do art. 5º, § 2º da Constituição, pelo que "os direitos e garantias expressos nesta Constituição não excluem outros decorrentes do regime e dos princípios por ela adotados, ou dos tratados internacionais em que a República Federativa do Brasil seja parte". E, mais precisamente, o 3º do mesmo dispositivo, a assegurar que "os tratados e convenções internacionais sobre direitos humanos que forem aprovados, em cada Casa do Congresso Nacional, em dois turnos, por três quintos dos votos dos respectivos membros, serão equivalentes às emendas constitucionais". Possui a lei em exame, pois, o "status" de emenda constitucional, assumindo, em consequência, a primazia que lhe é inerente no topo da pirâmide legislativa nacional. O texto integral de tão relevante convenção, bem como dois diplomas internos que o legitimaram, encontram-se transcritos no anexo.

Dentre inúmeros fundamentos do diploma legal em exame, o que desponta, em primeiro lugar, consiste exatamente na proteção do deficiente como consequência do desdobramento dos *direitos humanos*. Estes, importando em verdadeira superação do modelo egoístico, onde predominava o indivíduo, coloca-se em favor do interesse da sociedade como um todo, aí incluindo, com mais razão, o deficiente, em face de sua notória hipossuficiência. Com efeito, a Constituição de 1998, já em seu artigo 1º, ressalta, dentre os fundamentos do Estado Democrático, a *dignidade da pessoa humana*. Vê-se, pois, que a *dignidade da pessoa humana*, a demonstrar a preocupação do constituinte com o tema, ocupa o topo da ordem jurídica brasileira e se concretiza em diversos dispositivos da Carta Magna, bem como em tratados internacionais que contaram com a adesão brasileira. São direitos considerados fundamentais, sem os quais a pessoa humana não pode existir ou não é capaz de se desenvolver e de participar plenamente da vida, segundo definição de DALMO DE ABREU DALLARI (*Direitos humanos e cidadania*, São Paulo: Moderna, 1998). E que – repita-se – interessa a todos, em conceito que transcende o velho modelo individualista, por isso mesmo elencado entre os chamados *novos direitos*.

Trata-se, em verdade, de uma preocupação da comunidade internacional que, mais precisamente após a 2ª grande guerra, ganhou corpo com a Declaração Universal dos Direitos Humanos (1948) e, nas Américas, com o Pacto de San José da Costa Rica (1969).

Os direitos humanos, segundo classificação usualmente aceita, podem ser divididos como da *primeira*, *segunda* e *terceira geração*.

Os direitos humanos da *primeira geração* começam a ser delineados no momento da transição entre o feudalismo para a sociedade burguesa. Representam a expressão da luta da burguesia contra o despotismo dos antigos estados absolutistas e tem forte influência do jusnaturalismo moderno e nas ideias de Hobbes e Locke. Tinham como base o *direito de liberdade, da livre iniciativa econômica* (de grande interesse à burguesia emergente de então), *de ir e vir, de mão-de-obra livre*, etc.

Somente a partir do século XIX, surgem os direitos humanos denominados da *segunda geração*. A preocupação da burguesia, de há muito instalada no poder do Estado liberal, era, de um lado, com a aristocracia, cujo anseio era o restabelecimento do antigo regime; e, de outro, com a massa popular, empobrecida e insatisfeita, incapaz de usufruir das conquistas advindas da *liberdade, igualdade e fraternidade* preconizadas pela Revolução Francesa.

A partir das reflexões de Karl Marx, com o fortalecimento dos trabalhadores, organizados através de sindicatos, com o imperialismo emergente e fruto de marcos históricos importante (a Revolução Russa de 1917, por exemplo), surgiu uma nova concepção de direitos humanos, notadamente os direitos sociais, econômicos e culturais. Podem ser destacados os direitos *à greve, à aposentadoria, à organização sindical, à estabilidade no emprego, férias, serviços públicos básicos (saúde, educação), etc.* São lutas, portanto, que refletiam o momento histórico de então e que, até hoje, continuam sendo travadas.

Com o término da 2ª grande guerra, as relações sociais e humanas sofreram sensíveis transformações. Os horrores da guerra propiciaram uma ampliação do conteúdo dos direitos humanos, com o surgimento do que se chamou de *direitos dos povos*. Com o término da batalha, uma nova ordem mundial se formou, com a divisão do mundo em dois blocos (capitalista e comunista). O perigo de uma guerra nuclear era latente e, com isso, novos anseios foram surgindo nos diferentes setores da sociedade. São os chamados *direitos humanos de terceira geração*, neles compreendidos o *direito à paz, a autodeterminação dos povos, a um meio ambiente sadio, etc.*

Caracterizam-se, ainda, os Direitos Humanos, pela *universalidade* e a *indivisibilidade*. É *universal*, porque atinge todos os seres humanos, basta que alguém nasça, independente de ser branco ou negro, mulher ou homem, irrelevante sua condição econômica, religiosa. É *indivisível*, pois se cria um vínculo entre os direitos civis e políticos aos culturais, econômicos e sociais. Isto pode ser exemplificado da seguinte forma:

– De que adiantaria ter liberdade de expressão, sem que tenha direito a educação (liberdade-1ª geração / igualdade-direitos sociais-2ª geração)?

– De que adiantaria ter direito a educação se a respectiva liberdade básica de expressarmos as nossas ideias?

Há quem afirme que os direitos humanos não são criação do século XX, pois os conceitos de liberdade, igualdade e fraternidade já eram conhecidos muito antes. Destaca, assim, GERALDO NOGUEIRA, "sobre os direitos humanos pode se dizer que a idéia vem desde os tempos antigos, quando estes ainda eram conhecidos por 'direitos do homem' e precedidos por outros conceitos do direito, como naturais, inalienáveis, essenciais ou inerentes às pessoas. Filósofos gregos e romanos já os entendiam como direitos devidos ao simples fato da condição humana, estando estes direitos implícitos na própria essência do ser humano e por isso acima do direito positivo. Assim, a lei escrita pelo homem não pode eliminar ou reduzir este direito essencial que existe independentemente do reconhecimento legislativo" (A Convenção sobre Direitos das Pessoas com Deficiência Comentada / Coordenação de ANA PAULA CROSARA RESENDE e FLAVIA

MARIA DE PAIVA VITAL – Brasília: Secretaria Especial dos Direitos Humanos. Coordenadoria Nacional para Integração da Pessoa Portadora de Deficiência, 2008, p. 25).

Sem adentrar o mérito do debate, o certo é que mais recentemente a militância pela positivação desses direitos se intensificou, com a difusão dessas ideias espalhadas por toda parte. Não olvidemos, porém, daquilo que está no núcleo dos direitos humanos que é a ideia de dignidade humana, pela qual todos nascem iguais e, em que pese algum déficit físico ou mental, são titulares dos mesmos direitos e deveres.

Como salienta LILIA PINTO MARQUES, "uma sociedade, portanto, é menos excludente, e, conseqüentemente, mais inclusiva, quando reconhece a diversidade humana e as necessidades específicas dos vários segmentos sociais, incluindo as pessoas com deficiência, para promover ajustes razoáveis e correções que sejam imprescindíveis para seu desenvolvimento pessoal e social, "assegurando-lhes as mesmas oportunidades que as demais pessoas para exercer todos os direitos humanos e liberdades fundamentais". É dentro deste paradigma da inclusão social e dos direitos humanos que devemos inserir e tratar a questão da deficiência. O desafio atual é promover uma sociedade que seja para todos e onde os projetos, programas e serviços sigam o conceito de desenho universal, atendendo, da melhor forma possível, às demandas da maioria das pessoas, não excluindo as necessidades específicas de certos grupos sociais, dentre os quais está o segmento das pessoas com deficiência" (A Convenção sobre Direitos das Pessoas com Deficiência Comentada / Coordenação de ANA PAULA CROSARA RESENDE e FLAVIA MARIA DE PAIVA VITAL – Brasília: Secretaria Especial dos Direitos Humanos. Coordenadoria Nacional para Integração da Pessoa Portadora de Deficiência, 2008, p. 27).

Art. 2º Considera-se pessoa com deficiência aquela que tem impedimento de longo prazo de natureza física, mental, intelectual ou sensorial, o qual, em interação com uma ou mais barreiras, pode obstruir sua participação plena e efetiva na sociedade em igualdade de condições com as demais pessoas.

Legislação infraconstitucional – O conceito de pessoa com deficiência é trazido pelos arts. 3.º e 4.º do **Dec. 3.298/1999**, que regulamentou a **Lei 7.853/1989**, *in verbis*:

> "Art. 3.º Para os efeitos deste Decreto, considera-se:
>
> I – **deficiência** – toda perda ou anormalidade de uma estrutura ou função psicológica, fisiológica ou anatômica que gere incapacidade para o desempenho de atividade, dentro do padrão considerado normal para o ser humano;
>
> II – **deficiência permanente** – aquela que ocorreu ou se estabilizou durante um período de tempo suficiente para não permitir recuperação ou ter probabilidade de que se altere, apesar de novos tratamentos; e
>
> III – **incapacidade** – uma redução efetiva e acentuada da capacidade de integração social, com necessidade de equipamentos, adaptações, meios ou recursos especiais para que a pessoa portadora de deficiência possa receber ou transmitir informações necessárias ao seu bem-estar pessoal e ao desempenho de função ou atividade a ser exercida.
>
> Art. 4.º É considerada pessoa portadora de deficiência a que se enquadra nas seguintes categorias:
>
> I – **deficiência física** – alteração completa ou parcial de um ou mais segmentos do corpo humano, acarretando o comprometimento da função física, apresentando-se sob a forma de paraplegia, paraparesia, monoplegia, monoparesia, tetraplegia, tetraparesia, triplegia,

triparesia, hemiplegia, hemiparesia, ostomia, amputação ou ausência de membro, paralisia cerebral, nanismo, membros com deformidade congênita ou adquirida, exceto as deformidades estéticas e as que não produzam dificuldades para o desempenho de funções;

II – **deficiência auditiva** – perda bilateral, parcial ou total, de quarenta e um decibéis (dB) ou mais, aferida por audiograma nas frequências de 500Hz, 1.000Hz, 2.000Hz e 3.000Hz;

III – **deficiência visual** – cegueira, na qual a acuidade visual é igual ou menor que 0,05 no melhor olho, com a melhor correção óptica; a baixa visão, que significa acuidade visual entre 0,3 e 0,05 no melhor olho, com a melhor correção óptica; os casos nos quais a somatória da medida do campo visual em ambos os olhos for igual ou menor que 60º; ou a ocorrência simultânea de quaisquer das condições anteriores;

IV – **deficiência mental** – funcionamento intelectual significativamente inferior à média, com manifestação antes dos dezoito anos e limitações associadas a duas ou mais áreas de habilidades adaptativas, tais como:

a) comunicação;

b) cuidado pessoal;

c) habilidades sociais;

d) utilização dos recursos da comunidade;

e) saúde e segurança;

f) habilidades acadêmicas;

g) lazer; e

h) trabalho;

V – **deficiência múltipla** – associação de duas ou mais deficiências."

O texto do "caput" repete, praticamente com todas as letras, o art. 1º, da Convenção sobre os Direitos das Pessoas com Deficiência, sob a rubrica "propósito", diploma que, conforme destacado acima, importa em inequívoca fonte de inspiração para o Estatuto da Pessoa com Deficiência, ora em análise.

De se indagar, outrossim, qual o diploma que vigoraria, no que tange ao conceito de pessoa com deficiência: a Lei nº 7.853/1989, regulamentada pelo Dec. 3.298/1999 ou o Estatuto da Pessoa com Deficiência, em exame?

Na verdade, não há que se falar em revogação tácita ou expressa da Lei 7.853/1989, a partir do advento do Estatuto da Pessoa com Deficiência. Isso porque o Estatuto, quando pretendeu revogar antigas disposições, o fez de forma expressa, como consta do art. 123, listando as leis que não foram recepcionados pelo diploma novel. Aliás, a única menção feita pelo Estatuto à Lei nº 7.853/1989 deu-se em seu art. 98 que, alterando o art. 3º, daquela lei, relacionou os entes legitimados à proposição de ações visando à proteção da pessoa com deficiência (Ministério Público, Defensoria Pública, União, Estados, Municípios, Distrito Federal, e associação constituída há mais de um ano).

E, de fato, são plenamente compatíveis os conceitos trazidos pelo Estatuto da Pessoa com Deficiência com aquelas que já constavam da Lei 7.853/1989, regulamentados por meio de decreto. Sobretudo no que se refere a impedimentos de ordem física que dificultem o pleno exercício na sociedade, por seu portador, em relação aos demais.

Inovações que nos parecem interessantes e que foram introduzidas pelo Estatuto, constam dos incs. II e IV acima, quando relacionam à deficiência, respectivamente, também, "a fatores socioambientais, psicológicos e pessoais" e à "restrição de participação" de seu portador, avançando, assim, além do dado puramente biológico, para alcançar aspectos psicológicos.

No ano de 2008, por iniciativa da Presidência da República, da Secretaria Especial dos Direitos Humanos e da Coordenadoria Nacional para Integração da Pessoa Portadora de Deficiência, foi publicado um trabalho sob o título "Convenção sobre os Direitos das Pessoas com Deficiência Comentada" organizado por ANA PAULA CROSARA RESENDE e FLAVIA MARIA DE PAIVA VITAL. Essa obra de fôlego, dada à profundidade que abordou os temas, será em diversas oportunidades mencionada em nosso livro, louvando-se, destarte, a competência de seus autores.

Pois bem. Tornando ao aspecto psicológico da questão, destaca GERALDO NOGUEIRA, ao comentar o art. 1º da Convenção, sob a rubrica "propósito", que "é importante salientar que não devemos colocar a deficiência dentro de uma concepção puramente médica, ficando associada exclusivamente à doença. Se bem que a deficiência possa ser causada por uma doença, ela não se caracteriza como doença, não devendo, portanto, ser confundida com uma das causas que a podem gerar, e que não a constitui de fato. Muito mais atual e dinâmica é a compreensão da deficiência como parte da área de desenvolvimento social e de direitos humanos, conferindo-lhe uma dimensão mais personalizada e social. Esta concepção traduz a noção de que a pessoa, antes de sua deficiência, é o principal foco a ser observado e valorizado, assim como sua real capacidade de ser o agente ativo de suas escolhas, decisões e determinações sobre sua própria vida. Portanto, a pessoa com deficiência, é, antes de mais nada, uma pessoa com uma história de vida que lhe confere a realidade de possuir uma deficiência, além de outras experiências de vida, como estrutura familiar, contexto sócio-cultural e nível econômico" ("Convenção sobre os Direitos das Pessoas com Deficiência Comentada", Brasília: Corde, 2008, p. 25).

Vê-se, claramente, a preocupação do legislador em estender a proteção do Estatuto não apenas ao deficiente físico, mas também àquele que, embora preservado seu estado físico, apresenta algum problema de ordem psicológica, a merecer, bem por isso, especial proteção do Estado.

Abrangência das deficiências implícitas. Nota-se que o texto normativo acolhe um conceito de *pessoa com deficiência explícita*, de índole física, mental, intelectual ou sensorial, com um propósito visivelmente *emancipatório*, procurando estabelecer regras de inclusão social e autonomia para que possam se autodeterminar nas escolhas sociais e pessoais. Bem por isso, procurando uma interpretação construtiva e ampliadora de proteção jurídica, prospectamos que estejam incluídas no conceito jurídico também as *pessoas com deficiência implícita*. Isso porque, seguramente, existem pessoas que sofrem "*impedimentos de longo prazo*" que não foram elencados no art 2º do Estatuto, mas que terminam por limitar a sua plena participação na sociedade. Por exemplo, pessoas com transtorno de déficit de atenção e hiperatividade – TDAH, disgrafia, dislexia, gagueira, dentre outras hipóteses, podem sofrer limitações para a inclusão social, mas não estariam alcançadas pelo conceito legal. Exatamente por isso, "a partir de uma interpretação ampliativa, maximizando a inclusão social almejada, entendemos que a tutela jurídica do Estatuto da Pessoa com Deficiência é direcionada tanto às pessoas com os impedimentos explícitos que constam do texto legal (art. 2º), quanto àqueloutras implicitamente abrangidas por sofrerem alguma limitação para a vida em sociedade. Essa ampliação está autorizada pela segunda parte da dicção legal ao afirmar que o alcance do conceito de *pessoa com deficiência* se destina cujo impedimento '*em interação com uma ou mais barreiras, pode obstruir* *sua participação plena e efetiva na sociedade em igualdade de condições com as demais pessoas'"* (FARIAS, Cristiano Chaves de; ROSENVALD, Nelson. *Curso de Direito Civil:* Parte Geral e LINDB. Salvador: JusPodivm, 2018, vol. 1).

Lei 13.769/18: a prisão domiciliar e a progressão de regime para presas gestantes e mães ou responsáveis por crianças ou pessoas com deficiência

Em fevereiro de 2018, a 2ª Turma do STF concedeu *habeas corpus* coletivo (HC 143.641/SP, j. 20/02/2018) no qual figuravam como pacientes "todas as mulheres submetidas à prisão cautelar no sistema penitenciário nacional" que ostentassem "a condição de gestantes, de puérperas ou de mães com crianças com até 12 anos de idade sob sua responsabilidade", além das próprias crianças que porventura estivessem na companhia de suas mães.

Analisando o mérito do *habeas corpus*, os ministros invocaram tanto a legislação nacional quanto a internacional para justificar a concessão da ordem.

Como apontou a decisão, as Regras de Bangkok estabelecem prioridade para soluções judiciais que promovam alternativas ao encarceramento, especialmente nas situações prévias à formação definitiva da culpa. Além disso, temos no plano interno o art. 227 da CF/88, que determina prioridade absoluta para a garantia dos interesses de crianças, e a manutenção de presas sem efetiva necessidade atinge o direito delas, que acabam sofrendo injustamente as consequências da prisão. E, por fim, o quadro revelado no processo demonstrava a necessidade de cumprir a lei sobre as políticas públicas para a primeira infância (Lei 13.257/16), que inclusive alterou o art. 318 do CPP nas disposições relativas à substituição da prisão preventiva pela domiciliar, permitindo-a para gestantes, mulheres com filho de até doze anos incompletos e homens que sejam os únicos responsáveis pelos cuidados do filho de até doze anos incompletos.

O suporte fático para a concessão da ordem consistiu na comprovação de que mulheres grávidas e mães de crianças (compreendidas no sentido legal conferido pelo art. 2º do ECA: até doze anos incompletos) estavam sendo submetidas a prisões preventivas em situação degradante, não dispunham de cuidados médicos pré-natais e pós-parto e não contavam com berçários e creches para seus filhos.

Em razão disso, determinou-se "a substituição da prisão preventiva pela domiciliar - sem prejuízo da aplicação concomitante das medidas alternativas previstas no art. 319 do CPP - de todas as mulheres presas, gestantes, puérperas ou mães de crianças e deficientes, nos termos do art. 2º do ECA e da Convenção sobre Direitos das Pessoas com Deficiências (Decreto Legislativo 186/2008 e Lei 13.146/2015), relacionadas neste processo pelo DEPEN e outras autoridades estaduais, enquanto perdurar tal condição, excetuados os casos de crimes praticados por elas mediante violência ou grave ameaça, contra seus descendentes ou, ainda, em situações excepcionalíssimas, as quais deverão ser devidamente fundamentadas pelo juízes que denegarem o benefício". E estendeu-se a ordem de ofício a todas as demais presas gestantes, puérperas ou mães de crianças e de pessoas com deficiência, assim como às adolescentes sujeitas a medidas socioeducativas que estivessem na mesma situação daquelas beneficiadas diretamente pela impetração.

Pois bem, na esteira da decisão proferida pelo STF, a Lei 13.769/18 altera a legislação processual penal para disciplinar a matéria de forma expressa. Para tanto, a lei insere no Código de Processo Penal os artigos 318-A e 318-B.

O art. 318-A estabelece que a prisão preventiva decretada sobre a "mulher gestante ou que for mãe ou responsável por crianças ou pessoas com deficiência será substituída por prisão domiciliar", desde que a presa: I – não tenha cometido crime com violência ou grave ameaça a pessoa; II – não tenha cometido o crime contra seu filho ou dependente.

A lei processual penal já estabelecia a possibilidade de conceder prisão domiciliar em substituição à prisão preventiva para gestantes e mulheres com filho de até doze anos de idade incompletos no art. 318, incisos IV e V. Há, porém, uma diferença que certamente trará problemas na prática: o *caput* do art. 318 dispõe que o juiz **poderá substituir** a prisão preventiva pela domiciliar, ao passo que o *caput* do novo art. 318-A dispõe que a prisão preventiva **será substituída**, a não ser que uma das situações elencadas nos incisos o impeça.

Ao que tudo indica, a intenção do legislador foi criar um poder-dever para o juiz, isto é, somente os crimes cometidos com violência ou grave ameaça contra a pessoa e contra o próprio filho ou dependente podem impedir que mulheres gestantes ou responsáveis por criança ou pessoa com deficiência permaneçam presas cautelarmente. Neste passo, a nova lei é mais pródiga na concessão do benefício do que foi a decisão do STF no *habeas corpus* coletivo, cujo acórdão reconhece que "situações excepcionalíssimas" podem fundamentar a denegação da prisão domiciliar. Nesta ressalva era possível inserir crimes que, não obstante cometidos sem violência ou ameaça, guardavam acentuada gravidade. O STJ, por exemplo, tem decisões nas quais se refere a situações excepcionalíssimas referentes à prática de tráfico de drogas:

> *"V - O Supremo Tribunal Federal, no julgamento do Habeas Corpus coletivo n. 143.641, determinou a substituição da prisão preventiva pela domiciliar sem prejuízo da aplicação concomitante das medidas alternativas previstas no art. 319 do CPP de todas as mulheres presas, gestantes, puérperas ou mães de crianças e deficientes, excetuados os casos de crimes praticados por elas mediante violência ou grave ameaça, contra seus descendentes ou, ainda, em situações excepcionalíssimas. VI - Na presente hipótese, verifica-se situação excepcionalíssima que impede a concessão do benefício, porquanto a paciente foi presa em flagrante realizando a mercancia e armazenamento de drogas ilícitas em sua própria residência, local onde se encontrava seu filho de 1 ano de idade, consoante consignado no v. acórdão vergastado. Precedentes."* (HC 471.503/RJ, j. 13/11/2018).
>
> *"O fato de a acusada comercializar entorpecentes em sua própria residência, local onde foi apreendida quantidade relevante de cocaína, já embalada em porções individuais, além de outros petrechos comumente utilizados para o tráfico de drogas, evidencia o prognóstico de que a prisão domiciliar não cessaria a possibilidade de novas condutas delitivas no interior de sua casa, na presença dos filhos menores de 12 anos, circunstância que inviabiliza o acolhimento do pleito"* (STJ – RHC 96.737/RJ, j. 19/06/2018).
>
> *"O fato de a acusada realizar a contabilidade do grupo criminoso e transmitir as ordens de seu companheiro – líder da associação, atualmente privado de sua liberdade – evidencia o prognóstico de que a prisão domiciliar não seria suficiente para evitar a prática delitiva no interior de sua residência, na presença dos filhos menores de 12 anos, circunstância que inviabiliza o acolhimento do pleito"* (RHC 96.157/RS, j. 05/06/2018).

A nosso ver, não andou bem o legislador. Acabou desconsiderando o cometimento de crimes graves como o já mencionado tráfico de drogas, a participação em associações e organizações criminosas voltadas à prática do próprio tráfico, fraudes de grande vulto e até mesmo determinadas figuras tipificadas na Lei 13.260/16, que trata do terrorismo.

A prisão domiciliar é, em si, uma medida de natureza cautelar e deve ser analisada sob as diretrizes estabelecidas no art. 292 do Código de Processo Penal, o qual dispõe que as medidas previstas no Título IX devem ser aplicadas de acordo com a **necessidade** e com **adequação da medida à gravidade do crime, circunstâncias do fato** e condições pessoais do indiciado ou acusado.

Ora, como apresentado, o novo dispositivo (art. 318-A) opõe-se abertamente às **regras gerais** para a concessão de cautelares, ignorando as circunstâncias do crime cometido, se a substituição é **adequada e suficiente** para impedir a reiteração delitiva e para garantir a aplicação da lei penal, a investigação ou a instrução criminal.

A substituição automática também acaba por violar o disposto no art. 5º da Constituição Federal, que garante a inviolabilidade do direito à vida, à liberdade, à igualdade, **à segurança** e à propriedade. Diante do plexo de direitos e garantias explicitados na Constituição, tem o legislador (e o juiz) a obrigação de proteger os bens jurídicos de forma suficiente. Em outras palavras: é tão indesejado o excesso quanto a insuficiência da resposta do Estado punitivo. A obrigação de que o juiz substitua a prisão preventiva pela domiciliar torna evidentemente falha a proteção de que se incumbe o Estado.

Por fim, ainda que se admita a existência de um direito subjetivo da presa à concessão do favor legal, sempre haverá algum espaço para que o magistrado formule um conceito de ordem subjetiva. Assim, por exemplo, há que se analisar se a criança, filha da presa vive efetivamente sob sua companhia, pois é comum que se encontre sob a guarda de fato ou de direito de uma avó ou mesmo do pai. Em relação à pessoa portadora de deficiência, ela pode, eventualmente, encontrar-se internada em uma clínica, quando, então, os cuidados da detenta serão dispensáveis. Não se pode ignorar, também, o cabimento da preventiva como sanção processual para o caso de descumprimento injustificado do benefício legal.

O art. 318-B dispõe que a substituição da prisão preventiva pela domiciliar pode ser efetuada com aplicação concomitante das medidas alternativas previstas no art. 319. Considerando que a prisão domiciliar consiste no recolhimento do indiciado ou acusado em sua residência, da qual só pode ausentar-se com autorização judicial, a nosso ver são compatíveis as seguintes medidas estabelecidas no art. 319:

- *proibição de manter contato com pessoa determinada quando, por circunstâncias relacionadas ao fato, deva o indiciado ou acusado dela permanecer distante;*
- *suspensão do exercício de função pública ou de atividade de natureza econômica ou financeira quando houver justo receio de sua utilização para a prática de infrações penais;*
- *monitoração eletrônica.*

Além das regras a respeito da prisão domiciliar, a Lei 13.769/18 promoveu alterações em três dispositivos da Lei de Execução Penal.

O art. 112, que trata da progressão de regime, passa a contar com o § 3º para disciplinar de forma específica a progressão da mulher gestante, mãe ou responsável por crianças ou pessoas com deficiência. Neste caso, são requisitos **cumulativos** para a progressão:

I – não ter cometido crime com violência ou grave ameaça a pessoa;

II – não ter cometido o crime contra seu filho ou dependente;

III – ter cumprido ao menos 1/8 (um oitavo) da pena no regime anterior;

IV – ser primária e ter bom comportamento carcerário, comprovado pelo diretor do estabelecimento;

V – não ter integrado organização criminosa.

A fração de pena a ser cumprida é menor do que a regra estabelecida no *caput* do art. 112 (um sexto da pena), mas há outros requisitos que devem ser atendidos **conjuntamente** e que não compõem a regra geral do sistema progressivo de pena, como a primariedade e a inexistência de violência ou grave ameaça.

O § 4º do art. 112 – também inserido pela Lei 13.769/18 – estabelece que o cometimento de novo crime doloso ou falta grave implica "a revogação do benefício previsto no § 3º", ou seja, provoca a regressão de regime. Sem implicar na violação do princípio da presunção de inocência – ou de não culpa –, não se exige – assim como ocorre na regressão disposta no art. 118 da LEP – sentença condenatória transitada em julgado, bastando prova, no incidente próprio, de que a condenada praticou crime ou fato definido como falta grave.

Em tempo: a Lei 13.769/18 também alterou a progressão de regime nos crimes hediondos e equiparados se a condenada é gestante, mãe ou responsável por crianças ou pessoas com deficiência. Segundo a nova redação do art. 2º, § 2º, da Lei 8.072/90, a progressão de regime deve observar as regras estabelecidas nos §§ 3º e 4º do art. 112 da LEP. Cria-se, pois, uma progressão de regime mais branda para crimes de natureza hedionda tendo em consideração as condições pessoais da condenada.

Dada a redação do § 4º do art. 112, uma dúvida pode surgir: "revogação do benefício" quer dizer apenas a regressão de regime ou também a impossibilidade de que nova progressão seja concedida com base nas regras mais amenas? Trata-se, pensamos, de vedação a nova progressão de regime com base no § 3º do art. 112. Caso a condenada cumpra os requisitos do § 3º, progrida de regime e cometa novo crime ou falta grave, deverá regredir e cumprir os requisitos gerais – da LEP ou da Lei 8.072/90 – para que possa progredir de regime novamente. Assim é porque não faria sentido se referir a "revogação do benefício" se a intenção fosse apenas a regressão, que já uma consequência necessária do cometimento de crime ou falta grave durante a execução da pena, como estabelece o art. 118, I, da LEP. Como o § 3º do art. 112 estabelece uma forma de progressão especial, devem ser beneficiadas somente as condenadas que se mostrem aptas à ressocialização, pois, caso contrário, não se justifica o tratamento menos severo.

Por fim, o art. 72 da LEP, que trata das atribuições do Departamento Penitenciário Nacional, passa contar com o inciso VII, que impõe ao órgão a obrigação de "acompanhar a execução da pena das mulheres beneficiadas pela progressão especial de que trata o § 3º do art. 112, monitorando sua integração social e a ocorrência de reincidência, específica ou não, mediante a realização de avaliações periódicas e de estatísticas criminais". Pretende-se com isso, diante das regras menos severas para a progressão de regime, garantir que as finalidades da pena sejam cumpridas e que as intenções da execução penal mais moderada (cuidados com a gestação, o filho ou a pessoa dependente) sejam alcançadas.

E o § 2º do art. 72 – também inserido pela Lei 13.769/18 – dispõe que "Os resultados obtidos por meio do monitoramento e das avaliações periódicas previstas no inciso VII do caput serão utilizados para, em função da efetividade da progressão especial para a ressocialização das mulheres de que trata o § 3º do art. 112, avaliar eventual desnecessidade do regime fechado de cumprimento de pena para essas mulheres nos casos de crimes cometidos sem violência ou grave ameaça". Considerando que as mulheres que são monitoradas já foram beneficiadas pela progressão mais branda, o que torna dispensável a avaliação da desnecessidade do regime fechado, a nosso ver este dispositivo cria um procedimento de política criminal em que a efetividade da ressocialização de mulheres que progrediram de regime com base na regra especial do § 3º do art. 112 pode indicar a desnecessidade de que se imponha o regime inicial fechado nas futuras condenações de outras mulheres que estejam na mesma condição e que tenham cometido crimes sem violência ou grave ameaça. Dessa forma, provando-se efetiva a progressão especial criada pela Lei 13.769/18, seria possível, mesmo diante da quantidade da pena aplicada, que o juiz afastasse o regime inicial fechado e determinasse desde logo o acompanhamento da condenada pelos órgãos incumbidos da fiscalização da execução penal.

Prioridade na elaboração de corpo de delito – A Lei n. 13.721/2018, impôs prioridade na elaboração do exame de corpo de delito quando o crime envolver violência doméstica e familiar contra mulher ou contra criança, adolescente, idoso ou pessoa com deficiência. Preocupou-se o legislador em conferir especial proteção a pessoas hipossuficientes, a saber aquelas que lista no dispositivo. Em virtude desse déficit, da gravidade que a conduta do agente revela e da urgência que, na maioria das vezes, o caso reclama, é que se confere prioridade na elaboração da perícia. Na prática, deparando-se o perito com dois trabalhos que devam ser elaborados, um, por exemplo, relacionado à violação de uma porta ou a altura de um muro e, outro, a respeito de violência perpetrada contra pessoa com deficiência, deverá, por óbvio, dar preferência à confecção deste último.

> § 1º A avaliação da deficiência, quando necessária, será biopsicossocial, realizada por equipe multiprofissional e interdisciplinar e considerará:
>
> I – os impedimentos nas funções e nas estruturas do corpo;
>
> II – os fatores socioambientais, psicológicos e pessoais;
>
> III – a limitação no desempenho de atividades; e
>
> IV – a restrição de participação.
>
> § 2º O Poder Executivo criará instrumentos para avaliação da deficiência.

Legislação infraconstitucional – Ressalte-se que o art. 14, inc. V, "a", do **Código Brasileiro de Trânsito** (Lei nº 9.503/1997), atribui às Juntas Administrativas de Recursos de Infrações (Jari), "indicar um representante para compor a comissão examinadora de candidatos portadores de deficiência física à habilitação para conduzir veículos automotores".

Legislação infraconstitucional – O art. 20, § 6º, da **Lei nº 8.472/93**, condiciona a percepção do benefício previdenciário denominado, o "benefício de prestação continuada" (BPC), à prévia avaliação da deficiência e do grau de impedimento por meio de avaliação médica e avaliação social realizadas por médicos peritos e por assistentes sociais do Instituto Nacional de Seguro Social.

Legislação infraconstitucional – O art. 5º, da **Lei Complementar nº 142/2013**, que prevê aposentadoria pelo Regime Geral de Previdência Social (RGPS), determina que "o grau de deficiência será atestado por perícia própria do Instituto Nacional do Seguro Social – INSS, por meio de instrumentos desenvolvidos para esse fim".

Legislação infraconstitucional – Lei nº 7.070/1982 – "Fica o Poder Executivo autorizado a conceder pensão especial, mensal, vitalícia e intransferível, aos portadores da deficiência física conhecida como "Síndrome da Talidomida" que a requererem, devida a partir da entrada do pedido de pagamento no Instituto Nacional de Previdência Social (INPS)".

A *avaliação biopsicossocial* é aquela que considera aspectos sociais que circundam o deficiente, além, por óbvio, de dados médicos capazes de demonstrar sua incapacidade. Na avaliação biopsicossocial há, portanto, a junção desses dois aspectos na abordagem do deficiente, superando-se, nessa linha de raciocínio, o simples modelo biológico, para se considerar, em acréscimo, fatores sociais outros como nível de escolaridade, profissão, composição familiar, etc.

Como esclarece DANIEL PULINO, "a aferição da invalidez não se resume, portanto, numa comprovação de ordem exclusivamente médica – embora esta seja uma condição necessária para a edição do ato de concessão do benefício –, compreendendo um juízo complexo, em que se deve avaliar a concreta possibilidade de o segurado conseguir retirar do próprio trabalho renda suficiente para manter sua subsistência em patamares, senão iguais, ao menos compatíveis com aqueles que apresentavam antes de sua incapacitação, e que foram objetivamente levados em consideração no momento de quantificação das suas contribuições para o sistema – dentro, sempre, dos limites de cobertura do regime geral de previdência social" (*A aposentadoria por invalidez no direito positivo brasileiro*. São Paulo: LTr, 2001. p. 115).

Nos termos do § 2º, do art. 16 do Decreto 6.214/2007, que regulamente o benefício da prestação continuada, "a avaliação social considerará os fatores ambientais, sociais e pessoais", enquanto que a avaliação médica "considerará as deficiências nas funções e nas estruturas do corpo, e ambas considerarão a limitação do desempenho de atividades e a restrição da participação social, segundo suas especificidades" (ressalte-se que esse decreto sofreu modificações com a edição do Decreto n. 8.805, de 07.07.2016, mas que não alteram o § 2º, acima indicado).

TÍTULO II
DOS CRIMES E DAS INFRAÇÕES ADMINISTRATIVAS

INTRODUÇÃO

A Constituição Federal busca garantir à pessoa com deficiência o seu ingresso na vida social e no ambiente de trabalho, programando um conjunto de normas compensatórias. A implantação dessas normas, contudo, não vem sendo respeitada por diversos setores, tanto do poder público quanto do privado.

Quando presente esse quadro de desrespeito e indiferença, são apresentados inúmeros instrumentos extrapenais para servir ao operador do Direito. Esses instrumentos, no entanto, estão se mostrando incapazes de coibir e punir eficientemente os vários comportamentos violadores dos direitos fundamentais individuais e coletivos da pessoa com deficiência.

Ora, é sabido que se outras formas de sanção ou outros meios de controle social revelam-se insuficientes para a tutela de determinado bem relevante, a sua criminalização é adequada e recomendável. Se para o restabelecimento da ordem jurídica violada forem insuficientes medidas civis ou administrativas, ao lado destas devem ser empregadas as de natureza penal.

Eis o espírito do Título II do presente Estatuto. O Direito Penal, subsidiário e fragmentário, foi chamado a intervir como mais um importante instrumento de controle social, criando crimes e cominando penas privativas de liberdade para os comportamentos que violam os direitos básicos das pessoas com deficiência.

Deve ser observado, porém, que as infrações penais criadas pela Lei 13.146/15 são, na sua maioria, de médio potencial ofensivo, com pena mínima não superior a 1 ano de reclusão, admitindo, em tese, o beneplácito da suspensão condicional do processo, estampado no art. 89 da Lei 9.099/95.

Já se percebe, no entanto, operadores querendo negar tal benefício para crimes dessa natureza, sob o argumento de que o preconceito manifestado, explícita ou implicitamente, nas várias condutas típicas caracteriza grave violação a uma das metas fundamentais do Estado Democrático de Direito (CF, art. 3º, IV). A suspensão do processo, assim, significaria proteção insuficiente do Estado.

Com o devido respeito, discordamos. Aliás, é na suspensão do processo que o Ministério Público pode conquistar, com celeridade ímpar, a solução mais esperada pela vítima: a reparação do dano, ou a sua rápida inclusão, sem diferenças.

Feito esse breve introito, vamos analisar, em seguida, cada figura criminosa sob os seguintes aspectos: bem jurídico tutelado, sujeitos (ativo e passivo), conduta, voluntariedade, consumação e ação penal.

Art. 88. Praticar, induzir ou incitar discriminação de pessoa em razão de sua deficiência:

Pena – reclusão, de 1 (um) a 3 (três) anos, e multa.

§ 1º Aumenta-se a pena em 1/3 (um terço) se a vítima encontrar-se sob cuidado e responsabilidade do agente.

§ 2º Se qualquer dos crimes previstos no caput deste artigo é cometido por intermédio de meios de comunicação social ou de publicação de qualquer natureza:

Pena – reclusão, de 2 (dois) a 5 (cinco) anos, e multa.

§ 3º Na hipótese do § 2º deste artigo, o juiz poderá determinar, ouvido o Ministério Público ou a pedido deste, ainda antes do inquérito policial, sob pena de desobediência:

I – recolhimento ou busca e apreensão dos exemplares do material discriminatório;

II – interdição das respectivas mensagens ou páginas de informação na internet.

§ 4º Na hipótese do § 2º deste artigo, constitui efeito da condenação, após o trânsito em julgado da decisão, a destruição do material apreendido.

BEM JURÍDICO TUTELADO

O delito do art. 88 tem como objetividade jurídica a tutela dos direitos fundamentais da pessoa com deficiência, lembrando que o art. 3º, IV, da CF/88, anuncia ser objetivo fundamental da República Federativa do Brasil, dentre outros, a promoção do bem de todos, sem preconceitos de origem, raça, sexo, cor, idade e qualquer outras formas de discriminação.

De acordo com a Convenção sobre os Direitos das Pessoas com Deficiência (Nova York, março de 2007), "Os Estados Partes se comprometem a assegurar e promover o pleno exercício de todos os direitos humanos e liberdades fundamentais por todas as pessoas com deficiência, sem qualquer tipo de discriminação por causa de sua deficiência".

O objetivo anunciado está umbilicalmente relacionado com a proteção e promoção da dignidade da pessoa humana e ao respeito às diferenças, como exigência do pluralismo.

Dentre os mecanismos de política afirmativa trazidos pela Lei nº 13.146/15, a punição criminal tem o escopo de evitar que indivíduos que sofrem limitações físicas, mentais, intelectuais ou sensoriais sejam submetidos a constrangimento em virtude dessa condição.

SUJEITOS DO CRIME

O crime é comum, podendo ser cometido por qualquer pessoa.

No polo passivo, por outro lado, somente pode figurar como ofendido a pessoa com deficiência, assim definida no art. 2º da Lei nº 13.146/15: "Considera-se pessoa com deficiência aquela que tem impedimento de longo prazo de natureza física, mental, intelectual ou sensorial, o qual, em interação com uma ou mais barreiras, pode obstruir sua participação plena e efetiva na sociedade em igualdade de condições com as demais pessoas".

Temos, em suma, um crime comum no que se refere ao sujeito ativo, e próprio quando trata do ofendido.

O § 1º do art. 88 aumenta em um terço a pena se a vítima estiver sob cuidado e responsabilidade do agente. Exerce o cuidado, nos termos do art. 3º, inciso XII, da Lei nº 13.146/15, a pessoa, membro ou não da família, que, com ou sem remuneração, assiste ou presta cuidados básicos e essenciais à pessoa com deficiência no exercício de suas atividades diárias, excluídas as técnicas ou os procedimentos identificados com profissões legalmente estabelecidas.

CONDUTAS

As condutas típicas são: *praticar (realizar), induzir (provocar)* ou *incitar (incentivar)* a discriminação de alguém em virtude de sua deficiência.

Note-se, inicialmente, que a inclusão expressa das duas últimas condutas no tipo penal seria dispensável, pois, mesmo que nele não estivessem, quem, de qualquer forma, induzisse ou incitasse outrem a cometer a discriminação seria criminalmente responsabilizado, conforme dispõe o *caput* do art. 29 do Código Penal.

Discriminar significa separar, estabelecer diferenças, dispensar tratamento desigual ou injusto fundamentado na deficiência física, mental, intelectual ou sensorial.

A redação do novo tipo penal certamente fará surgir debates a respeito do (aparente) conflito com o art. 140, § 3º, do Código Penal, que qualifica a injúria quando utilizados pelo agente da ofensa elementos referentes à deficiência do ofendido. Alertamos, no entanto, que a mesma discussão já existe envolvendo o mesmo dispositivo do Código Penal (art. 140, § 3º) e o art. 20 da Lei nº 7.716/89 (que define os crimes resultantes de preconceito de raça ou de cor), cuja redação, aliás, do *caput* e dos parágrafos é praticamente idêntica à do art. 88 da Lei nº 13.146/15, diferenciando-se apenas pelo fato de dispor sobre preconceito de raça, cor, etnia, religião ou procedência nacional. Inclusive as penas das formas simples (*caput*) e qualificada (§ 2º) são as mesmas.

No conflito entre o art. 20 da Lei nº 7.716/89 e o art. 140, § 3º, do Código Penal, estabeleceu-se que a injúria preconceituosa não se confunde com o delito de racismo previsto na Lei nº 7.716/89. Neste, pressupõe-se sempre uma espécie de segregação (marginalizar, pôr à margem da sociedade) em função da raça ou da cor. No caso do § 3º do art. 140, o crime é praticado através de xingamentos envolvendo a raça, cor, etnia, religião ou origem da vítima.

Ora, percebendo que o art. 88 da Lei 13.146/15 contém disposições idênticas às do art. 20 da Lei nº 7.716/89, o aparente conflito com o art. 140, § 3º, do Código Penal deve ser dirimido por meio da mesma solução, leia-se: caracteriza-se a discriminação da Lei nº 13.146/15 se visar à marginalização de pessoas com deficiência. Se o propósito do agente for o de atingir a honra subjetiva da vítima, utilizando-se, para tanto, da sua condição de deficiente, haverá injúria qualificada.

Assim como ocorre no conflito entre injúria e racismo, a diferença tem relevância e repercussão prática: *xingar* alguém fazendo referência à sua deficiência é injúria, crime de *ação penal pública condicionada à representação da vítima*; *discriminar alguém em razão de sua deficiência* com pretensão de causar a marginalização é crime contra deficientes, cuja pena será perseguida mediante *ação penal pública incondicionada*.

Portanto, cuidado: recusar-se a conviver no mesmo ambiente (social, escolar, laborativo etc.) com pessoa com necessidades especiais, não configura injúria, mas o crime do art. 88 da Lei 13.146/15.

De acordo com o § 2º, "Se qualquer dos crimes previstos no *caput* deste artigo é cometido por intermédio de meios de comunicação social ou de publicação de qualquer natureza", a pena passa a ser de reclusão de dois a cinco anos. A redação do dispositivo é evidentemente equivocada, pois o *caput* do art. 88 não tipifica diversos crimes, mas apenas um, dividido em três ações nucleares (tipo misto alternativo), duas delas, como destacamos, dispensáveis.

Haverá a qualificadora quando a conduta discriminatória tiver potencialidade para chegar ao conhecimento de número indeterminado de pessoas, como quando veiculada em impressos distribuídos ao público, em redes sociais como *Facebook* ou *Twitter*, em páginas de *internet* etc.

No mais, na esteira da qualificadora, isto é, quando o delito é cometido em meios de comunicação social ou em publicação de qualquer natureza, o § 3º permite ao juiz determinar, ouvido o Ministério Público ou a pedido deste, mesmo antes do inquérito policial, sob pena de desobediência: a) o recolhimento ou busca e apreensão dos exemplares do material discriminatório; b) a interdição das respectivas mensagens ou páginas de informação na internet. E caso haja material apreendido, o § 4º estabelece, como efeito da condenação, a sua destruição.

VOLUNTARIEDADE

Quanto à voluntariedade, exige-se o dolo (direto ou eventual), inexistindo a forma culposa.

CONSUMAÇÃO E TENTATIVA

O delito se consuma com a prática discriminatória, independentemente da quantidade de pessoas que tenham acesso ao conteúdo. Diante disso, na prática, parece-nos impossível a tentativa, ainda que na forma escrita, que, mesmo interceptada antes de eventual divulgação pública, sempre chegará ao conhecimento de quem interceptou (o próprio deficiente ou terceiro).

AÇÃO PENAL

Diante do silêncio da lei, a ação penal neste crime é pública incondicionada, na dicção do art. 100 do Código Penal. Assim como nos demais crimes abaixo listados, deve ser feita a ressalva quanto à faculdade de ingresso, pela vítima, de ação penal privada subsidiária da pública, nos termos do art. 29 do CPP, quando, ante a inércia do Ministério Público, poderá ofertar queixa-crime.

A forma simples (*caput*) admite suspensão condicional do processo (art. 89, da Lei nº 9.099/95).

Art. 89. Apropriar-se de ou desviar bens, proventos, pensão, benefícios, remuneração ou qualquer outro rendimento de pessoa com deficiência:

Pena – reclusão, de 1 (um) a 4 (quatro) anos, e multa.

Parágrafo único. Aumenta-se a pena em 1/3 (um terço) se o crime é cometido:

I – por tutor, curador, síndico, liquidatário, inventariante, testamenteiro ou depositário judicial; ou

II – por aquele que se apropriou em razão de ofício ou de profissão.

BEM JURÍDICO TUTELADO

O delito do art. 89 tem como objetividade jurídica a tutela do patrimônio da pessoa com deficiência.

SUJEITOS DO CRIME

O crime é comum, podendo ser cometido por qualquer pessoa, dispensando condição especial do agente ou algum vínculo deste com a vítima. Aliás, sendo o sujeito ativo **tutor, curador, síndico, liquidatário, inventariante, testamenteiro ou depositário judicial ou agir em razão de ofício ou profissão**, a pena é aumentada de 1/3.

No polo passivo temos como ofendido a pessoa com deficiência (art. 2º do Estatuto).

CONDUTAS

As condutas típicas são: *apropriar-se (inverter o animus da posse, agindo, arbitrariamente, como se dono fosse)* ou *desviar (dar finalidade diversa)* bens (móveis ou imóveis), proventos, pensão, benefícios, remuneração ou qualquer outro rendimento de pessoa com deficiência.

Na verdade, este tipo se aproxima daquele previsto no § 1º, inc. II do art. 168 do Código Penal, que trata da apropriação indébita qualificada em face da condição especial da vítima.

Entre os dois crimes, no entanto, existe uma diferença importante: a infração especial prevista na Lei 13.146/15 não menciona (ao menos expressamente) a necessidade de o agente estar na posse ou detenção dos bens, proventos, pensão, benefícios, remuneração ou qualquer outro rendimento da vítima. Essa redação vai gerar, certamente, discussão na doutrina. Para nós, no entanto, embora o dispositivo em comento não faça menção expressa, é necessário que o sujeito ativo tenha a posse ou detenção da coisa. Não tendo a posse ou detenção do bem ou valor, estará configurado outro ilícito contra o patrimônio da pessoa com deficiência, podendo ser furto, estelionato, roubo etc.

Por fim, o dispositivo autoriza interpretação analógica, onde o legislador, depois de exemplificar o objeto material do crime (bens, proventos, pensão, benefícios, remuneração), encerra com fórmula genérica (ou qualquer outro rendimento), autorizando o juiz, na análise do caso concreto, complementar esse rol.

VOLUNTARIEDADE

Quanto à voluntariedade, exige-se o dolo (direto ou eventual) e inexiste a forma culposa.

Discute-se se haverá o crime no caso de o agente atuar com ânimo de uso. A resposta, para nós, está umbilicalmente ligada à natureza da coisa apoderada (ou desviada) momentaneamente. Sendo consumível com o uso, existe o crime; se não consumível, teremos mero ilícito civil.

CONSUMAÇÃO E TENTATIVA

O crime, na sua primeira modalidade (*apropriação*), se consuma no momento em que o agente se apropria dos **bens, proventos, pensão, benefícios, remuneração ou qualquer outro rendimento de pessoa com deficiência**, dispondo do objeto material como se dono fosse, retendo-o, alienando-o etc.

Analisando tipo semelhante praticado contra o idoso, o STJ, através da sua 5ª. T, decidiu que o crime é permanente, cujo momento consumativo se prolonga no tempo, enquanto permanecer a inversão da posse (HC 111.120/DF, Rel. Min. Laurita Vaz, j. 17.12.2010).

Na segunda modalidade (*desvio*), ocorre a consumação quando o agente altera o destino normal da coisa, empregando-a em fins outros que não o próprio.

Nas duas condutas a caracterização do crime não reclama lucro efetivo por parte do agente, pouco importando se a vantagem visada é conseguida ou não.

Podendo a execução ser fracionada em vários atos – *crime plurissubsistente* –, a tentativa mostra-se perfeitamente possível, tanto na apropriação, quanto no desvio.

O ressarcimento do prejuízo, a restituição ou a composição após a consumação não desfigura o crime, podendo constituir, conforme o caso, o arrependimento posterior, art. 16 do CP (se anterior ao recebimento da denúncia), ou atenuante de pena, art. 65 do CP (se posterior ao recebimento da inicial).

Diferentemente do Estatuto do Idoso, o legislador, quando criou o Estatuto da Pessoa com Deficiência, não alterou o art. 183 do Código Penal, permitindo em crimes dessa natureza (contra o patrimônio, sem violência ou grave ameaça à pessoa) cometidos em face do deficiente, a incidência das imunidades absolutas e relativas dos arts. 181 e 182 do CP.

Os operadores do Direito, diante da novel Lei, já questionam: tais dispositivos (arts. 181 e 182 do CP) incidem nos crimes contra o patrimônio, cometidos sem violência ou grave ameaça à pessoa com deficiência, previstos no presente Estatuto? É o caso, por exemplo, dos arts. 89 e 91.

Certamente muitos vão defender a sua aplicação, ostentando a bandeira da analogia *in bonam partem*.

Entendemos, depois de muita reflexão sobre o tema, que deve prevalecer o princípio da especialidade, isto é, crimes contra o patrimônio cometidos em face da pessoa com deficiência previstos neste Estatuto ou qualquer outra lei especial não são alcançados pelas citadas imunidades. Conclusão diversa redundaria numa clara proteção deficitária do Estado. Não se pode ignorar que, na esmagadora maioria das vezes, quem tutela o patrimônio da pessoa com deficiência é seu parente próximo (cônjuge, companheiro, ascendente, descendente ou irmão). Garantir-lhes, desde logo, causa especial de exclusão de punibilidade quando arbitrariamente atacam a fortuna da pessoa com deficiência, soa como indisfarçável absurdo.

AÇÃO PENAL

No silêncio da lei, a ação penal neste crime é pública incondicionada (art. 100 do CP).

A forma simples admite suspensão condicional do processo (art. 89, da Lei 9.099/95). Sendo o sujeito ativo **tutor, curador, síndico, liquidatário, inventariante, testamenteiro ou depositário judicial ou agir em razão de ofício ou profissão**, a pena é aumentada de 1/3, inviabilizando o benefício.

Art. 90. Abandonar pessoa com deficiência em hospitais, casas de saúde, entidades de abrigamento ou congêneres:

Pena – reclusão, de 6 (seis) meses a 3 (três) anos, e multa.

Parágrafo único. Na mesma pena incorre quem não prover as necessidades básicas de pessoa com deficiência quando obrigado por lei ou mandado.

BEM JURÍDICO TUTELADO

O crime em estudo continua tutelando os direitos fundamentais da pessoa com deficiência, mais precisamente, sua vida, incolumidade pessoal e liberdade.

Deve ser lembrado que o art. 31 do Estatuto garante à pessoa com deficiência moradia digna, no seio da família natural ou substituta, com seu cônjuge ou companheiro ou desacompanhada, ou em moradia para a vida independente da pessoa com deficiência, ou, ainda, em residência inclusiva.

SUJEITOS DO CRIME

No "caput", o crime é comum, podendo ser cometido por qualquer pessoa.

Já na figura do parágrafo único, o delito é próprio, exigindo condição especial do agente (garante ou garantidor), podendo ser praticado somente por aquele que tem o dever (imposto por lei ou mandado) de garantir a subsistência da pessoa com deficiência. No caso de coobrigados, isto é, quando o dever de assistência recai sobre várias pessoas, cada um responderá como autor da sua omissão.

No polo passivo figura como ofendido a pessoa com deficiência (art. 2º do Estatuto).

CONDUTAS

O tipo em estudo anuncia duas condutas típicas, uma no *caput* (abandono da pessoa com deficiência) e outra no parágrafo único (abandono material).

No "caput", forma especial do crime do art. 133 do Código Penal, pune-se *abandonar* pessoa com deficiência em hospitais, casas de saúde, entidades de abrigamento ou congêneres.

Abandonar significa *deixar ao abandono, desassistido, desamparado*, traduzindo, no caso, uma ação ou omissão infringente da obrigação da respectiva guarda e assistência. Pode ser praticado mediante *ação* (levar a vítima a um hospital e ali deixá-la) ou *omissão* (afastar-se da vítima do lugar onde se encontra, deixando-a à própria sorte), sendo indiferente se o abandono foi temporário ou definitivo, desde que por tempo juridicamente relevante.

A figura típica admite interpretação analógica, pois o texto reconhece o abandono ocorrido em entidades congêneres, isto é, qualquer instituição, com ou sem fins lucrativos, que sirva de abrigamento, provisório ou não, da pessoa com deficiência.

O parágrafo único, por sua vez, forma especial do crime do art. 244 do Código Penal, castiga com a mesma pena do *caput* quem não prover as necessidades básicas de pessoa com deficiência quando obrigado por lei ou mandado.

Pune-se, portanto, a pessoa do garante ou garantidor, obrigado, por lei ou por ordem judicial, a cuidar da vida e da saúde da pessoa com deficiência. É o caso dos pais em relação aos filhos, ou do curador em relação ao curatelado.

Faltando essa condição especial do agente (garante ou garantidor), não pratica o crime. Logo, se alguém, percebendo que seu vizinho, pessoa com deficiência, está carecendo de necessidades básicas e nada faz para supri-las, não comete o crime em estudo, podendo, conforme o caso, configurar o delito de omissão de socorro do art. 135 do CP.

Por necessidades básicas da pessoa com deficiência entende-se o rol de recursos materiais necessários à sua sobrevivência, compreendendo alimentação, vestuário, tratamento da saúde etc., ou seja, as necessidades fundamentais à manutenção da pessoa humana com dignidade

VOLUNTARIEDADE

Quanto à voluntariedade, exige-se o dolo (direto ou eventual).

Não se pune a modalidade culposa.

Deve ser alertado que o dolo que move o agente deve ser o de perigo, consistente na vontade consciente de abandonar a vítima, colocando-a em risco. O dolo de dano exclui o dolo de perigo e altera a natureza do crime, passando a ser de dano: tentativa (ou consumação) de homicídio, lesão corporal etc.

CONSUMAÇÃO E TENTATIVA

Trata-se de crime de mera conduta, consumando-se, no *caput*, com o abandono do ofendido. O delito é instantâneo. Logo, mesmo que o agente, depois de efetivar o abandono, resolva reassumir a assistência, não desnatura a infração penal.

Se praticado por ação, o delito assume forma plurissubsistente, admitindo a tentativa.

No abandono material, o delito consuma-se com o não provimento das necessidades básicas da pessoa com deficiência, prolongando-se a consumação durante todo o período da inação (delito permanente).

Tratando-se de crime omisso próprio, a tentativa é inadmissível.

AÇÃO PENAL

No silêncio da lei, segundo o art. 100 do Código Penal, a ação penal neste crime é pública incondicionada.

O crime é de médio potencial ofensivo, admitindo suspensão condicional do processo (art. 89, da Lei nº 9.099/95).

> **Art. 91.** Reter ou utilizar cartão magnético, qualquer meio eletrônico ou documento de pessoa com deficiência destinados ao recebimento de benefícios, proventos, pensões ou remuneração ou à realização de operações financeiras, com o fim de obter vantagem indevida para si ou para outrem:
>
> Pena – detenção, de 6 (seis) meses a 2 (dois) anos, e multa.
>
> Parágrafo único. Aumenta-se a pena em 1/3 (um terço) se o crime é cometido por tutor ou curador.

BEM JURÍDICO TUTELADO

O dispositivo em exame tutela, basicamente, o patrimônio da pessoa com deficiência, sua saúde financeira.

SUJEITOS DO CRIME

O crime é comum, podendo ser cometido por qualquer pessoa. Sendo o sujeito ativo **tutor ou curador**, a pena é aumentada de 1/3. No polo passivo figura como ofendido a pessoa com deficiência (art. 2º do Estatuto).

CONDUTAS

As condutas típicas são *reter (deter)* ou *utilizar (usar)* cartão magnético, qualquer meio eletrônico ou documento de pessoa com deficiência destinados ao recebimento de benefícios, proventos, pensões ou remuneração ou à realização de operações financeiras, com o fim de obter vantagem indevida para si ou para outrem.

A ação do agente, especialmente no verbo *utilizar*, não pode ser antecedida de fraude, caso em que o crime passaria a ser outro, qual seja, estelionato (art. 171 do CP).

VOLUNTARIEDADE

Quanto à voluntariedade, exige-se o dolo (direto ou eventual) e inexiste a forma culposa. É imprescindível o fim especial de locupletamento próprio ou de outrem.

CONSUMAÇÃO E TENTATIVA

O crime, na sua primeira parte (*reter*), consuma-se com a detenção da coisa e, na segunda parte (*utilizar*), perfaz-se com o seu efetivo uso, dispensando, nos dois casos, o enriquecimento do agente (delito formal)

Podendo a execução ser fracionada em vários atos – *crime plurissubsistente* –, a tentativa mostra-se perfeitamente possível.

AÇÃO PENAL

A ação penal neste crime é pública incondicionada, ante o silêncio da lei em sentido inverso (art. 100 do CP).

O crime, na sua forma básica, é de menor potencial ofensivo, a admitir a transação penal e de competência, pois, dos Juizados Especiais Criminais.

Sendo o sujeito ativo **tutor ou curador**, a pena do crime é aumentada de 1/3, passando a ser de médio potencial ofensivo, competência do juízo criminal comum, admitindo, entretanto, a suspensão condicional do processo (art. 89 da Lei 9.099/95).

TUTELA PENAL DA PESSOA COM DEFICIÊNCIA

PARTE 2
LEI DE APOIO ÀS PESSOAS COM DEFICIÊNCIA – LEI 7.853/89

INTRODUÇÃO

A Lei n.º 7.853/89 dispõe sobre o apoio às pessoas portadoras de deficiência, sua integração social, sobre a Coordenadoria Nacional para Integração da Pessoa Portadora de Deficiência – Corde, institui a tutela jurisdicional de interesses coletivos ou difusos dessas pessoas, disciplina a atuação do Ministério Público, define crimes, e dá outras providências.

No que se refere à parte penal, propriamente dita, os crimes contemplados nesta Lei encontram-se no rol de incisos do art. 8º, bastante alterado pela Lei n.º 13.146/15.

Vamos estudar o tipo penal e as várias formas de conduta criminosa.

Art. 8º Constitui crime punível com reclusão de 2 (dois) a 5 (cinco) anos e multa:

A primeira grande alteração promovida pelo Estatuto foi o incremento de pena para os crimes contidos na Lei n. 7.853/89. Com efeito, antes da entrada em vigor do Estatuto do Deficiente, o art. 8º da Lei n.º 7.853/89 dispunha em seu *caput*: "Constitui crime punível com reclusão de um a quatro anos, e multa". Com o diploma novel, foi pena majorada para dois a cinco anos de reclusão, mais multa.

A mudança, como se nota, excluiu desses crimes (ao menos quando consumados) a possibilidade de serem beneficiados com a suspensão condicional do processo (art. 89 da Lei 9.099/95).

Lamentavelmente, o nosso legislador perdeu uma preciosa oportunidade de corrigir a deplorável técnica empregada no artigo, que traz a cominação da pena (preceito secundário do tipo penal) no *caput*, antes da definição das condutas (preceito primário do tipo penal).

Obviamente, essa mudança de pena caracteriza *novatio legis in pejus* (ou *lex gravior*), não podendo retroagir para alcançar os fatos praticados antes da entrada em vigor do Estatuto da Pessoa com Deficiência, nos termos do art. 2º do Código Penal. Para os crimes ocorridos em data anterior a 03 de janeiro de 2016, aplica-se a redação anterior do *caput* do art. 8º e, portanto, a pena pode variar de 01 (um) a 04 (quatro) anos.

Das várias condutas anunciadas pelo art. 8º da Lei n.º 7.853/89 percebe-se que os interesses tutelados, na sua maioria, estão diretamente ligados a outro maior: coibir a discriminação em face da pessoa com deficiência.

O Estatuto da Pessoa com Deficiência dispõe em seu art. 4º, § 1º que: "considera-se discriminação em razão da deficiência toda forma de distinção, restrição ou exclusão, por ação ou omissão, que tenha o propósito ou o efeito de prejudicar, impedir ou anular o reconhecimento ou o exercício dos direitos e das liberdades fundamentais de pessoa com deficiência, incluindo a recusa de adaptações razoáveis e de fornecimento de tecnologias assistivas".

Importante chamar a atenção para o fato de que esta discriminação a que nos referimos, e que é objeto do Estatuto da Pessoa com Deficiência, é a discriminação negativa. Não constitui crime a chamada discriminação positiva, materializada, sobretudo, em ações afirmativas, dentre as quais se destaca, pela sua notoriedade e importância, as políticas de cotas.

Vejamos as várias condutas, lembrando que na sistemática adotada pela Lei n.º 7.853/89, cada um dos incisos do art. 8º traz um comportamento típico, todos eles, naturalmente, relacionados mediata ou imediatamente à tutela de bens jurídicos titularizados por pessoas com deficiência.

I – recusar, cobrar valores adicionais, suspender, procrastinar, cancelar ou fazer cessar inscrição de aluno em estabelecimento de ensino de qualquer curso ou grau, público ou privado, em razão de sua deficiência;

BEM JURÍDICO TUTELADO

O inciso inaugural busca coibir a discriminação em face da pessoa com deficiência, tutelando seu sagrado direito à educação igualitária e inclusiva, nos exatos termos preconizados pelos arts. 6º, 225 e 228 da Constituição.

Nesse espírito, o art. 27 do novel Estatuto (Lei 13.146/15) anuncia que a educação constitui direito da pessoa com deficiência, assegurados sistema educacional inclusivo em todos os níveis e aprendizado ao longo de toda a vida, de forma a alcançar o máximo desenvolvimento possível de seus talentos e habilidades físicas, sensoriais, intelectuais e sociais, segundo suas características, interesses e necessidades de aprendizagem.

Seu parágrafo único apregoa ser dever do Estado, da família, da comunidade escolar e da sociedade assegurar educação de qualidade à pessoa com deficiência, colocando-a a salvo de toda forma de violência, negligência e discriminação.

O conceito de um *direito à educação* está intimamente ligado à noção de direitos humanos e, mais especificamente, ao princípio da igualdade. Bem por isso o teor do art. 26, item 2, da Declaração Universal dos Direitos Humanos, ao dispor que "a educação deve visar à plena expansão da personalidade humana e ao reforço dos direitos humanos e das liberdades fundamentais e deve favorecer a compreensão, a tolerância e a amizade entre todas as nações e todos os grupos raciais ou religiosos, bem como o desenvolvimento das atividades das Nações Unidas para a manutenção da paz". De sorte que, apenas quando se proporciona uma educação universal, é que se pode cogitar da isonomia, a partir de um estudo que permita o acesso de todos, em igualdade de condições, descortinando à pessoa "uma oportunidade de crescimento cidadão, um caminho de opções diferenciadas e uma chave de crescente estima de si", como destaca CARLOS ROBERTO JAMIL CURY, em artigo com o título *Direito à educação: direito à igualdade, direito à diferença* (*Cadernos de Pesquisa*, São Paulo: Fundação Carlos Chagas n. 116, julho/ 2002, p. 260).

SUJEITOS DO CRIME

Sujeito ativo do crime é a pessoa responsável pela inscrição escolar, ou com poderes para fazê-la cessar, ou cobrar pela prestação do serviço. Pode ser o sócio ou o empregado do estabelecimento, bem como o funcionário público responsável pelo estabelecimento público de ensino.

Não pratica o crime, por exemplo, um pai que se recusa a manter filho em sala de aula que tenha entre os alunos pessoas com deficiência. Apesar de imoral sua conduta, claramente discriminatória, seu comportamento não é alcançado pelo tipo em análise, podendo, a depender das circunstancias do caso concreto, configurar o crime do art. 88 do Estatuto.

Sujeito passivo é o aluno com deficiência (art. 2º do Estatuto).

CONDUTAS

Pune-se no presente inciso aquele que *recusar (negar)*, *cobrar valores adicionais*, *suspender (sustar efeitos)*, *procrastinar (retardar)*, *cancelar (tornar sem efeito)* ou *fazer cessar (interromper, extinguir)* inscrição de aluno em estabelecimento de ensino de qualquer curso ou grau, público ou privado, em razão de sua deficiência.

Em sua redação anterior, dispunha o mesmo inciso: "recusar, suspender, procrastinar, cancelar ou fazer cessar, sem justa causa, a inscrição de aluno em estabelecimento de ensino de qualquer curso ou grau, público ou privado, por motivos derivados da deficiência que porta".

Conforme se percebe, há duas alterações bem visíveis e de relevantes consequências práticas. A primeira diz respeito à inclusão da conduta relacionada à cobrança de valores adicionais para inscrição de aluno em estabelecimento de ensino de qualquer curso ou grau, público ou privado, em razão de sua deficiência. Trata-se de *novatio legis incriminadora.*

A segunda foi a supressão da elementar "sem justa causa", atuando o legislador de forma a impedir teses que busquem justificar a odiosa discriminação.

O que deve ficar claro é que a deficiência da pessoa não é motivo idôneo (e, portanto, não há justa causa) para, por exemplo, recusar ou cancelar a inscrição do aluno. De igual sorte, não pode, por exemplo, o responsável pelo estabelecimento de ensino, sob o argumento de que terá maiores custos com o aluno com deficiência, cobrar valores adicionais, e entender que há justa causa para tanto. Em suma, reiteramos que a deficiência, em si, não é justa causa para práticas que caracterizem discriminação.

A situação da cobrança adicional de valores é emblemática neste sentido. E se o proprietário do estabelecimento de ensino efetivamente possuir custos maiores, ante a necessidade, por exemplo, de contratação de funcionários especializados? Poderá, neste caso, cobrar os valores adicionais? Não.

Ora, é evidente que, em casos que tais, os custos adicionais serão diluídos no valor das mensalidades dos demais alunos, pois dificilmente o empresário irá arcar voluntariamente com este custo adicional. Faz parte de sua atividade negocial. E, neste caso, todos os alunos estarão custeando, de forma indireta, os custos adicionais com o aluno com deficiência. E deve ser assim mesmo. Isto também faz parte da vida em sociedade, e não se deve exigir que a pessoa com deficiência suporte todos os ônus (inclusive financeiros) de sua deficiência sem um mínimo de solidariedade social.

VOLUNTARIEDADE

O crime é punido a título de dolo, consistente na vontade consciente de praticar as condutas descritas no tipo penal, acrescida do fim especial *discriminar a vítima com deficiência.*

Por esta razão, se, por exemplo, a recusa à inscrição não ocorresse por questões relacionadas à deficiência, não haveria que se falar em crime, por ausência de elemento subjetivo específico.

Não se concebe da modalidade culposa.

CONSUMAÇÃO E TENTATIVA

O crime se consuma com a realização de qualquer das condutas descritas no tipo penal. Trata-se de crime formal, dispensando a produção de resultado naturalístico. A título de exemplo, o só fato de procrastinar a inscrição do aluno já consuma o crime, ainda que sua inscrição seja, posteriormente, realizada, sem maiores prejuízos para a pessoa discriminada.

Embora de difícil ocorrência, possível a tentativa, pois os comportamentos típicos podem ter sua execução fracionada em vários atos.

AÇÃO PENAL

No silêncio da lei, a ação penal é pública incondicionada, face aos termos do art. 100 do CP.

II – obstar inscrição em concurso público ou acesso de alguém a qualquer cargo ou emprego público, em razão de sua deficiência;

BEM JURÍDICO TUTELADO

Seguindo o mesmo espírito do anterior, o inciso II visa coibir a discriminação, assegurando à pessoa com deficiência o direito à igualdade de oportunidades com as demais pessoas nas disputas pelos cargos e empregos públicos.

Nessa esteira, deve ser lembrado que a Lei n. 7.853/1989, em seu art. 2º, inc. III, quando trata da "área da formação profissional e do trabalho", dispõe, em sua alínea "d", que ao poder público cumprirá "a adoção de legislação específica que discipline a reserva de mercado de trabalho, em favor das pessoas portadoras de deficiência, nas entidades da Administração Pública e do setor privado, e que regulamente a organização de oficinas e congêneres integradas ao mercado de trabalho, e a situação, nelas, das pessoas portadoras de deficiência". Tal legislação foi regulamentada pelo Decreto nº 3.298/1999, assegurando o direito de inscrição do deficiente no certame (art. 37), salvo quando se tratar de cargo em comissão ou se exigível aptidão plena do candidato (art. 38, incs. I e II). Equipe multidisciplinar checará as condições especiais invocadas pelo candidato e, sobretudo, a existência de compatibilidade entre a deficiência e o cargo a ser ocupado. (art. 43, §§ 1º e 2º). Apenas para exemplificar, para uma função de guarda noturno, a ser exercida durante o período noturno, parece haver total incompatibilidade caso se trate de um candidato cego. O mesmo não ocorre tratando-se de um candidato paraplégico que busque o cargo de juiz, pois a observância a recursos de acessibilidade permite que ele exerça na plenitude seu mister. Na dicção do § 1º, do art. 37, do aludido decreto, no mínimo 5% das vagas serão destinadas ao candidato com comprovada deficiência.

A Lei nº 8.112/1990, em seu art. 5º, após listar os requisitos genéricos cujo preenchimento habilita qualquer candidato ao concurso público, dispõe, em seu § 2º, que "às pessoas portadoras de deficiência é assegurado o direito de se inscrever em concurso público para provimento de cargo cujas atribuições sejam compatíveis com a deficiência de que são portadoras; para tais pessoas serão reservadas até 20% (vinte por cento) das vagas oferecidas no concurso". Na conjugação entre a Lei n. 7.853/1989 (e seu regulamento) e a Lei n. 8.112/1990, conclui-se que nos concursos públicos, a critério do administrador, no mínimo 5% e, no máximo, 20% das vagas, deverão ser destinadas ao deficiente físico.

Interessante observar que a previsão de um número mínimo de vagas destinadas a deficientes, não implica em dizer que, automaticamente, todas elas serão preenchidas. Exemplificando: no último concurso de ingresso ao Ministério Público do Estado de São Paulo (91º. Concurso – 2015), das 80 vagas ofertadas, 5% dos cargos em disputa foram reservados a deficiente, isto é, 4 vagas. Significa dizer que essas 4 vagas serão obrigatoriamente preenchidas? Não. Nos termos do Decreto nº 3.298/1999, em seu art. 41, o candidato com deficiência, "participará de concurso em igualdade de condições com os demais candidatos", no que se refere ao conteúdo das provas (inc. I) e, o que nos interessa mais diretamente, no que tange "à nota mínima exigida para todos os demais candidatos" (inc. IV). Caso nenhum dos candidatos atinja, por exemplo, a chamada *nota de corte*, a ser obtida na primeira fase do certamente (denominada *prova preambular*), eles estarão, por consequência, alijados da fase restante posterior do concurso. As 4 vagas a eles destinadas serão, então, disponibilizadas em prol dos demais candidatos, aprovados às fases subsequentes do concurso.

SUJEITOS DO CRIME

Sujeito ativo do crime é a pessoa que possui aptidão para impedir a inscrição ou obstar o acesso a que se refere o dispositivo. No caso concreto, pode ser o examinador do concurso, o médico que realiza o exame de sanidade física que antecede a nomeação, a pessoa encarregada da contratação, nos casos em que não é imprescindível o concurso, etc.

No polo passivo figura como ofendido a pessoa com deficiência (art. 2º do Estatuto).

CONDUTAS

Pune-se quem *obstar (criar obstáculos, dificultar)* inscrição em concurso público ou acesso de alguém a qualquer cargo ou emprego público, em razão de sua deficiência.

Este tipo penal também teve sua redação alterada pela Lei n.º 13.146/2015.

Antes da entrada em vigor da novel Lei, o tipo penal estabelecia: "obstar, sem justa causa, o acesso de alguém a qualquer cargo público, por motivos derivados de sua deficiência".

Conforme se depreende do cotejo entre a antiga e a atual redação do tipo penal, há alterações relevantes promovidas pelo Estatuto da Pessoa com Deficiência:

A primeira excluiu da redação da Lei n.º 7.853/89 a expressão "sem justa causa".

Ademais, a atual redação traz uma nova conduta criminosa, na medida em que o dispositivo legal, em sua redação original, não previa a conduta consistente em obstar a inscrição em concurso público. Andou bem o legislador em acrescentar essa hipótese ao rol dos tipos penais, pois, realmente, obstar a mera inscrição em concurso público não estava contemplada pela redação anterior, que mencionava, tão-somente, o acesso ao cargo público.

Uma segunda conduta criminosa inovadora consiste em obstar acesso a emprego público. Vale reiterar que a redação anterior considerava crime a conduta de obstar acesso a cargo público, silenciando quanto ao acesso a emprego público.

É importante recordar que, em matéria de Direito Penal, é vedada a analogia prejudicial ao réu (*in malam partem*). Desta forma, enquanto a lei considerava como conduta criminosa apenas obstar acesso a cargo público, não se poderia considerar criminosa a conduta consistente em obstar acesso a emprego público. Seria, como se vê, uma forma de equiparar cargo a emprego, realizando uma analogia que prejudicava o réu.

Não será demasiado recordar, ainda, que as duas novas condutas consideradas criminosas pela nova redação do tipo penal (obstar inscrição em concurso público e obstar acesso a emprego público) constituem *novatio legis in pejus* e, por esta razão, obviamente, não podem ser aplicados aos casos ocorridos antes de 03 de janeiro de 2016, data que entrou em vigor do Estatuto da Pessoa com Deficiência, que deu nova redação ao tipo em apreço.

Não há que se falar em crime quando se obsta a inscrição no concurso ou o acesso de alguém a cargo ou emprego público por força de critério objetivo previamente definido na legislação. De igual sorte, não poderemos falar em crime desta natureza se o critério de impedimento for arbitrário, mas não decorrer de discriminação relacionada à deficiência. Em casos como este, teremos um ilícito funcional ou, até mesmo, um ilícito penal de outra natureza, mas não o crime em comento.

Em suma, o legislador, com a criação deste tipo, não está fomentando ou propiciando injustificada facilidade ou privilégio ao deficiente, pois, fosse assim, se estaria criando uma diferenciação com os demais alunos, dificultando, de resto, a plena integração do deficiente com os colegas. Antes, procura-se identificar, na pessoa com deficiência, uma necessidade específica, que o coloca em desigualdade com os demais, a ser superada a partir de mecanismos que garantam a igualdade. Tem mesmo a ver com o princípio da isonomia e a conhecida fórmula que lhe é derivada, pela qual se tratam igualmente os iguais e desigualmente os desiguais. Caso contrário se configurará indesejável regalia, em prejuízo dos demais, a violar a isonomia e paridade que devem orientar a vida em sociedade. Cuida-se, na realidade, de verdadeira prerrogativa. É justificável essa prerrogativa. Uma prova elaborada em braile, por exemplo, decerto que exigirá do deficiente, por maior que seja sua habilidade, um tempo mais demorado para sua leitura e compreensão. Negar-lhe esse direito, obrigando o candidato com deficiência a cumprir o prazo ordinário dado aos demais concorrentes, significa obstar, criar empecilhos, dificultar seu acesso ao cargo almejado.

VOLUNTARIEDADE

Elemento subjetivo do tipo é o dolo, consistente na vontade consciente de praticar as condutas descritas no tipo penal. Exige-se o elemento subjetivo específico (especial finalidade no agir), consistente na vontade de discriminar a vítima com deficiência.

Não se admite a modalidade culposa.

CONSUMAÇÃO E TENTATIVA

O crime se consuma com a realização das condutas descritas no tipo, independentemente da produção de resultado naturalístico posterior. Não há a necessidade de demonstrar que a vítima sofreu algum prejuízo específico. O só fato de ter sido vítima das condutas preconceituosas e discriminatórias descritas no tipo penal já é suficiente para a caracterização do delito.

Em tese, é possível a tentativa. Basta imaginar a situação em que o agente obsta a realização de uma das fases ao candidato com deficiência, mas este, socorrendo-se do judiciário, por força de uma liminar, consegue não apenas participar de todas as etapas do certame, mas também tomar posse no cargo desejado.

AÇÃO PENAL

A ação penal é pública incondicionada.

> III – negar ou obstar emprego, trabalho ou promoção à pessoa em razão de sua deficiência;

BEM JURÍDICO TUTELADO

Na linha de raciocínio dos incisos anteriores, pretende-se aqui coibir a discriminação, assegurando à pessoa com deficiência o direito à igualdade de oportunidades no mercado de trabalho, seja na busca pelo emprego, seja na disputa interna por promoção.

Saliente-se que a Lei n. 7.853/1989, em seu art. 2º, inc. III, em sua alínea "d", dispõe que ao poder público cumprirá a adoção de legislação específica que discipline a reserva de mercado de trabalho, em favor das pessoas com deficiência, não apenas nas entidades da Administração Pública, mas também do setor privado.

SUJEITOS DO CRIME

Sujeito ativo é a pessoa que pode negar ou obstar o emprego, trabalho ou promoção. No caso concreto, pode ser, por exemplo, o próprio empregador, o sócio da empresa ou algum funcionário do estabelecimento que pretende contratar.

Sujeito passivo é a pessoa com deficiência (art. 2º do Estatuto).

CONDUTAS

Pune-se o agente que *negar (recusar)* ou *obstar (criar obstáculos, dificultar)* emprego, trabalho ou promoção à pessoa em razão de sua deficiência.

Antes da entrada em vigor do Estatuto da Pessoa com Deficiência, o inciso III tinha a seguinte redação: "negar, sem justa causa, a alguém, por motivos derivados de sua deficiência, emprego ou trabalho".

Seguindo a linha das alterações promovidas nos incisos anteriores, percebe-se que a novel legislação não apenas suprimiu do tipo penal a expressão "sem justa causa", como, além disto, criou novas condutas criminosas.

Inicialmente, percebemos que, em sua redação original, o tipo penal não possuía o verbo *obstar*. Deste modo, são modalidades novas de condutas criminosas aquelas consistentes em obstar emprego ou trabalho à pessoa, em razão de sua deficiência. De igual sorte, o tipo penal não fazia alusão à promoção, de modo que temos como condutas criminosas novas aquelas consistentes em negar ou obstar a promoção de pessoa em razão de sua deficiência.

Como não poderia deixar de ser, em todos estes casos temos uma *lex gravior*, razão pela qual somente poderemos considerar como criminosas tais condutas se forem praticadas após a entrada em vigor do Estatuto da Pessoa com Deficiência.

VOLUNTARIEDADE

Elemento subjetivo do tipo é o dolo, consistente na vontade consciente de praticar as condutas descritas no tipo penal. Exige-se o elemento subjetivo específico (especial finalidade no agir), consistente na vontade de discriminar a vítima com deficiência.

Não se cogita da modalidade culposa.

CONSUMAÇÃO E TENTATIVA

O crime se consuma com a realização das condutas descritas no tipo, independentemente da realização de um resultado naturalístico posterior.

Deste modo, não há a necessidade de demonstrar que a vítima sofreu algum prejuízo específico. O só fato de ter sido vítima das condutas preconceituosas e discriminatórias descritas no tipo penal já é suficiente para a caracterização do delito.

Em tese, é possível a tentativa.

AÇÃO PENAL

Nos termos do art. 100 do CP, ante o silêncio da lei, conclui-se que a ação penal neste crime é pública incondicionada.

IV – recusar, retardar ou dificultar internação ou deixar de prestar assistência médico-hospitalar e ambulatorial à pessoa com deficiência;

BEM JURÍDICO TUTELADO

Tutela-se neste inciso o direito à saúde da pessoa com deficiência, assegurado constitucionalmente (arts. 6º. e 196), devendo ser observado o seu acesso universal e igualitário em todos os níveis de complexidade.

A Lei n. 8.080/1990, art. 2º, § 1º, anuncia: "A saúde é um direito fundamental do ser humano, devendo o Estado prover as condições indispensáveis ao seu pleno exercício. § 1º O dever do Estado de garantir a saúde consiste na formulação e execução de políticas econômicas e sociais que visem à redução de riscos de doenças e de outros agravos e no estabelecimento de condições que assegurem acesso universal e igualitário às ações e aos serviços para a sua promoção, proteção e recuperação".

O seu art. 7º, inc. I, complementa: "As ações e serviços públicos de saúde e os serviços privados contratados ou conveniados que integram o Sistema Único de Saúde (SUS), são desenvolvidos de acordo com as diretrizes previstas no art. 198 da Constituição Federal, obedecendo ainda aos seguintes princípios [...] I – universalidade de acesso aos serviços de saúde em todos os níveis de assistência".

SUJEITOS DO CRIME

Sujeito ativo do crime é a pessoa capaz de realizar a internação ou de prestar a assistência médico-hospitalar e ambulatorial. No caso concreto, a pessoa pode ser uma médica, enfermeira, funcionário do hospital, etc.

No polo passivo figura como ofendido a pessoa com deficiência (art. 2º do Estatuto).

CONDUTAS

Pune-se aquele que *recusar* (negar), *retardar* (demorar, postergar) ou *dificultar* (embaraçar) internação ou deixar de prestar assistência médico-hospitalar e ambulatorial à pessoa com deficiência.

A Lei n.º 13.146/15 promoveu alterações no tipo penal. Antes da entrada em vigor do novo Estatuto, o art. 8º, inciso IV da Lei n.º 7.853/89 dispunha: "recusar, retardar ou dificultar internação ou deixar de prestar assistência médico-hospitalar e ambulatorial, quando possível, à pessoa portadora de deficiência".

A nova Lei trouxe, portanto, duas pequenas alterações. Inicialmente, cabe-nos apontar a alteração terminológica – que, ademais, encontra-se também nos outros tipos penais –, na medida em que a redação anterior do dispositivo legal fazia alusão à "pessoa portadora de deficiência", ao passo que, atualmente, refere-se à pessoa com deficiência.

A outra mudança trazida diz respeito à supressão da expressão "quando possível". Neste ponto, o legislador seguiu a linha que já havia adotado quando promoveu a exclusão da expressão "sem justa causa" de outros tipos penais. Trata-se, como se vê, de uma forma de não deixar em aberto a possibilidade de se recorrer a subterfúgios como justificativa para escamotear a discriminação para com a pessoa com deficiência.

Contudo, a alteração possui caráter mais retórico, e não de alteração substancial. E isto porque, como cediço, o Direito Penal não pode exigir de ninguém atitudes heroicas ou beatificáveis. Ademais, não se deve reclamar, jamais, o impossível (*ad impossibilia nemo tenetur*). Ora, desta forma, é óbvio que somente haverá o crime em comento quando as condutas consistentes na prestação de assistência médico-hospitalar e ambulatorial forem factíveis. Se não forem possíveis, é claro que a pessoa que recusar-se a prestar o atendimento não poderá ser responsabilizada por isso. Por exemplo, um funcionário que deixar de atender um deficiente que sofreu uma queda (e necessita, portanto, de socorro ortopédico),em virtude de que o local não ostenta nenhuma condição para tanto (trata-se de um hospital oftalmológico), decerto que não perpetrará o delito em exame.

Nos termos do § 4º, se o crime for praticado em atendimento de urgência e emergência, a pena é agravada em 1/3 (um terço). Trata-se de majorante de pena, a ser considerada pela juiz na terceira fase do cálculo da pena privativa de liberdade (art. 68 do CP).

VOLUNTARIEDADE

Elemento subjetivo do tipo é o dolo, consistente na vontade consciente de praticar as condutas descritas no tipo penal. Exige-se o elemento subjetivo específico (especial finalidade no agir), consistente na vontade de discriminar a vítima com deficiência.

Da modalidade culposa não se cogita.

CONSUMAÇÃO E TENTATIVA

A consumação do crime ocorre com a realização das condutas típicas descritas. Assim, a mera recusa ou os atos de retardar ou dificultar a internação ou o atendimento médico-hospitalar ou ambulatorial já configuram o tipo. Não há a necessidade de um resultado naturalístico posterior, razão pela qual existe o crime mesmo que não ocorra qualquer prejuízo para a vítima com deficiência.

Conquanto de difícil ocorrência, é possível a tentativa.

AÇÃO PENAL

No silêncio da lei, a ação penal neste crime é pública incondicionada (art. 100 do CP).

> V – deixar de cumprir, retardar ou frustrar execução de ordem judicial expedida na ação civil a que alude esta Lei;

BEM JURÍDICO TUTELADO

No presente inciso a tutela penal abrange a administração da Justiça, o prestígio das ordens judiciais. Cuida o legislador de proteger a autoridade da justiça, contra a teimosia e desobediência daquele que, no interesse próprio ou de outrem, despreza seus mandamentos, colocando-se em flagrante choque com ela, provocando-lhe o descrédito.

SUJEITOS DO CRIME

Sujeito ativo do crime é a pessoa que, responsável pelo atendimento da ordem judicial, a descumpre, retarda ou frustra sua execução.

Não se pode confundir o sujeito ativo do crime com a pessoa que, simplesmente, recebe a intimação da ordem. Não necessariamente serão a mesma pessoa. Aquele que, por uma questão burocrática, recebe a ordem e a repassa ao responsável por seu atendimento, não responderá pelo crime. Salvo se, dolosamente, deixar de fazê-lo, retendo consigo a ordem judicial.

Obviamente, para que se caracterize a conduta criminosa é imprescindível que a pessoa que possui a obrigação de cumprir a ordem judicial seja cientificada dela.

Sujeito passivo é o Estado, pois o crime atinge a própria administração da Justiça. Secundariamente, teremos como terceiro prejudicado a pessoa com deficiência.

CONDUTAS

Pune-se quem *deixar de cumprir* (abster-se de executar), *retardar* (atrasar) ou *frustrar* (falhar, impedir) execução de ordem judicial expedida na ação civil a que alude esta Lei, isto é, ações judiciais destinadas à proteção de interesses coletivos, difusos, individuais homogêneos e individuais indisponíveis da pessoa com deficiência, propostas pelo Ministério Público, pela Defensoria Pública, pela União, pelos Estados, pelos Municípios, pelo Distrito Federal, por associação constituída há mais de 1 (um) ano, nos termos da lei civil, por autarquia, por empresa pública e por fundação ou sociedade de economia mista que inclua, entre suas finalidades institucionais, a proteção dos interesses e a promoção de direitos da pessoa com deficiência (v. art. 98 acima).

Mais um tipo penal que teve sua redação alterada, com a entrada em vigor da Lei n.º 13.146/15. Em sua redação original, dispunha o art. 8º, inciso V da Lei n.º 7.853/89: "deixar de cumprir, retardar ou frustrar, sem justo motivo, a execução da ordem judicial expedida na ação civil a que alude esta Lei".

Como já alertamos, o Estatuto da Pessoa com Deficiência, ao alterar a redação dos crimes catalogados na Lei n.º 7.853/89, preocupou-se em excluir expressões que pudessem ensejar argumento para a prática de determinadas condutas. Nesta figura não foi diferente. Foi excluída a expressão "sem justo motivo", e assim se resume a única alteração legislativa ao tipo.

Não podemos ignorar, porém, que se houver justo motivo para não cumprimento da ordem judicial, é claro que não estará caracterizado o crime, sobretudo pela ausência do dolo, imprescindível para a consumação do delito. Basta imaginar uma ordem judicial que não possa ser cumprida, por impossibilidade fática ou porque manifestamente ilegal. Em exemplo concreto, com o qual nos deparamos em nossa condição de promotores de justiça, consistiu no fato de ordenar a um dirigente regional de saúde (cuja principal atribuição era o fornecimento de medicamentos de pequeno valor e fraudas ortopédicas), que no prazo de vinte dias e sob pena de prisão pela prática de crime de desobediência, entregasse a uma pessoa com deficiência uma sofisticada cadeira para sua locomoção. Esse material, por não constar da restrita lista daqueles disponíveis na repartição regional, exigia, para sua aquisição, a respectiva licitação, com todos os tramites burocráticos que daí advêm. Parece claro, neste exemplo, a absoluta impossibilidade de cumprimento da ordem judicial, pelo menos no exíguo prazo estipulado, pelo que o crime, porque ausente o dolo, não se configura.

O tipo penal sob análise constitui uma modalidade específica de crime de desobediência. Com efeito, não houvesse o presente tipo penal, as condutas nele descritas poderiam se amoldar ao crime de desobediência, previsto no art. 330, CP, nos seguintes termos: "Desobedecer a ordem legal de funcionário público". Para este crime, previsto no Código Penal, a pena prevista é de apenas quinze dias a seis meses. Como se vê, a modalidade específica de desobediência contemplada na Lei n.º 7.853/89 possui uma reprimenda bem mais acentuada (dois a cinco anos).

Como em qualquer outro tipo que criminaliza a desobediência, parece imprescindível para configurar o delito a presença dos seguintes pressupostos:

a) que exista uma ordem (por escrito, palavras ou gestos), *diretamente* ao destinatário, não bastando simples pedido ou solicitação;

b) que a ordem emanada seja *individualizada* (dirigida à pessoa determinada), substancial e formalmente legal (ainda que injusta), executada por funcionário competente;

c) que o destinatário tenha o *dever de atendê-la*, podendo a desobediência ser comissiva ou omissiva, de acordo com a ordem que é imposta ao particular. Se a ordem é de fazer, e o agente não a atende, tem-se a desobediência omissiva; se a ordem é de não fazer, mas o agente faz, tem-se a desobediência comissiva.

VOLUNTARIEDADE

Elemento subjetivo do tipo é o dolo, consistente na vontade consciente de praticar as condutas descritas no tipo penal, não admitindo a modalidade culposa.

CONSUMAÇÃO E TENTATIVA

A consumação do crime ocorre com a realização das condutas típicas descritas.

Não há a necessidade de um resultado naturalístico posterior. Assim, por exemplo, se o responsável pelo cumprimento da ordem a retarda dolosamente, cumprindo-a posteriormente, o crime estará consumado, ainda que a parte interessada não tenha experimentado prejuízo efetivo de qualquer natureza.

Na desobediência omissiva é necessário saber se foi concedido prazo para o cumprimento do ato determinado, caso em que, somente depois de expirado sem ação do agente, teremos consumado o delito.

A tentativa mostra-se possível apenas quando a desobediência for praticada por ação.

AÇÃO PENAL

No silêncio da lei, a ação penal, *ex vi* do disposto no art. 100 do CP, neste crime é pública incondicionada.

> VI – recusar, retardar ou omitir dados técnicos indispensáveis à propositura da ação civil pública objeto desta Lei, quando requisitados.

BEM JURÍDICO TUTELADO

O que se busca assegurar no presente dispositivo é o regular cumprimento das requisições emanadas dos agentes que atuam na proteção dos interesses difusos, coletivos, individuais homogêneos e individuais indisponíveis das pessoas com deficiência.

SUJEITOS DO CRIME

Sujeito ativo do crime é a pessoa responsável pela apresentação dos dados técnicos imprescindíveis à propositura da ação civil pública.

Sujeito passivo imediato é o ente ou órgão com capacidade de requisição não atendido na sua exigência. A pessoa com deficiência pode aparecer como sujeito passivo mediato.

CONDUTAS

Pune-se o agente que *recusar (negar)*, *retardar (procrastinar, atrasar)* ou *omitir (não agir)* dados técnicos indispensáveis à propositura da ação civil pública objeto desta Lei, quando requisitados.

Na redação original, o inciso VI previa a seguinte conduta criminosa: "Recusar, retardar ou omitir dados técnicos indispensáveis à propositura da ação civil objeto desta Lei, quando requisitados pelo Ministério Público". A partir do cotejo entre a redação anterior e a atual, dada pela Lei n.º 13.146/2015, percebe-se que a grande alteração diz respeito ao fato de que a legislação, atualmente, refere-se a dados requisitados, suprimindo a expressão "pelo Ministério Público".

Com isto, a legislação passa a reconhecer a possibilidade, em tese, de haver requisições por parte de outros legitimados à propositura da ação civil pública, como a Defensoria Pública. E a recusa, o retardo ou a omissão de apresentação de dados técnicos requisitados, e que sejam *imprescindíveis* à propositura da ação civil pública, constituiu crime.

Não sendo imprescindíveis, o retardo ou a omissão de apresentação de dados técnicos requisitados pode caracterizar o crime do art. 330 do CP.

Estatuto do Deficiente e Lei n. 7.347/1985 – Observe-se que a lei que cuida da Ação Civil Pública (Lei n. 7.347/1985), em seu art. 10, define como crime "a recusa, o retardamento ou a omissão de dados técnicos indispensáveis à propositura da ação civil, quando requisitados pelo Ministério Público", punindo tal conduta com pena de reclusão de um a três anos, mais multa. Caso a hipótese se refira a um procedimento investigatório, deflagrado pelo Ministério Público, que trate de tema diverso ao deficiente e, verificando-se o injustificável descumprimento, incide a Lei n. 7.347/1985. Já se o tema se referir, especificamente, a direitos de deficientes, a norma a ser aplicada é esta em análise, cuja pena, inclusive, é maior, de dois a cinco anos de reclusão.

VOLUNTARIEDADE

Elemento subjetivo do tipo é o dolo, consistente na vontade consciente de praticar as condutas descritas no tipo penal.

Não se admite a modalidade culposa.

CONSUMAÇÃO E TENTATIVA

A consumação do crime ocorre com a realização das condutas típicas descritas, dispensando a produção de resultado naturalístico posterior.

Em se tratando de crimes omissivos próprios, não é possível falar em tentativa.

AÇÃO PENAL

A ação penal é pública incondicionada.

> § 1º Se o crime for praticado contra pessoa com deficiência menor de 18 (dezoito) anos, a pena é agravada em 1/3 (um terço).

Esta causa de aumento, aplicável a todos os incisos que tenham como vítima imediata a pessoa com deficiência, foi acrescida à Lei n.º 7.853/89 pela Lei n.º 13.146/15.

A propósito, não há como negar que referida majorante é mais do que razoável, pois a discriminação a pessoa menor possui potencialidade lesiva mais intensa, no mais das vezes.

Como toda causa de aumento de pena, deve ser valorada por ocasião da terceira fase da dosimetria, e pode elevar a pena para além do máximo previsto. Assim, é possível que a pena definitiva seja fixada em patamar superior a cinco anos.

§ 2º A pena pela adoção deliberada de critérios subjetivos para indeferimento de inscrição, de aprovação e de cumprimento de estágio probatório em concursos públicos não exclui a responsabilidade patrimonial pessoal do administrador público pelos danos causados.

Este artigo consagra o sistema da independência das instâncias. De todo modo, como regra, a responsabilização penal não exclui a responsabilidade civil e administrativa, pelo mesmo fato. Neste dispositivo legal, resta clara a possibilidade de se responsabilizar civilmente o agente.

§ 3º Incorre nas mesmas penas quem impede ou dificulta o ingresso de pessoa com deficiência em planos privados de assistência à saúde, inclusive com cobrança de valores diferenciados.

BEM JURÍDICO TUTELADO

Neste parágrafo, acrescido ao art. 8º da Lei n.º 7.853/89 pela Lei n.º 13.146/15, o legislador anuncia mais um crime, punido com a mesma pena do caput (2 a 5 anos), tutelando novamente o direito fundamental à saúde, assegurando ao indivíduo com deficiência o acesso aos serviços de saúde privada em todos os níveis de assistência.

Nesse espírito, o art. 14 da Lei n. 9.656/1998, que trata dos planos e seguros privados de assistência à saúde, dispõe que "em razão da idade do consumidor, ou da condição de pessoa portadora de deficiência, ninguém pode ser impedido de participar de planos privados de assistência à saúde". Devemos lembrar, ainda, o alerta da Súmula n. 19/2011, da Agência Nacional de Saúde: "A comercialização de planos privados de assistência à saúde por parte das operadoras, tanto na venda direta, quanto na mediada por terceiros, não pode desestimular, impedir ou dificultar o acesso ou ingresso de beneficiários em razão da idade, condição de saúde ou por portar deficiência, inclusive com a adoção de práticas ou políticas de comercialização restritivas direcionadas a estes consumidores".

SUJEITOS DO CRIME

Sujeito ativo do crime é a pessoa capaz de impedir ou dificultar o ingresso da pessoa com deficiência em planos privados de assistência à saúde, ainda que responsável somente pela cobrança com valores diferenciados.

No polo passivo figura como ofendido a pessoa com deficiência (art. 2º do Estatuto).

CONDUTAS

Pune-se o agente que *impede (não permite)* ou *dificulta (embaraça)* o ingresso de pessoa com deficiência em planos privados de assistência à saúde, inclusive com cobrança de valores diferenciados.

Se o crime for praticado em atendimento de urgência e emergência, a pena é agravada em 1/3 (§ 4º.). Trata-se, como se nota, forma especial do crime previsto no art. 135-A do CP.

VOLUNTARIEDADE

Elemento subjetivo do tipo é o dolo, consistente na vontade consciente de praticar as condutas descritas no tipo penal. Exige-se o elemento subjetivo específico (especial finalidade no agir), consistente na vontade de discriminar a vítima com deficiência.

Não se admite a modalidade culposa.

CONSUMAÇÃO E TENTATIVA

A consumação do crime ocorre com a realização das condutas típicas descritas. Não há a necessidade de um resultado naturalístico posterior, razão pela qual não há a necessidade de se demonstrar qualquer outro prejuízo para a vítima.

A execução do crime, admitindo fracionamento em vários atos, autoriza a tentativa.

AÇÃO PENAL

No silêncio da lei, a ação penal neste crime é pública incondicionada.

> § 4º Se o crime for praticado em atendimento de urgência e emergência, a pena é agravada em 1/3 (um terço)." (NR)

Apesar de, em tese, essa majorante não esclarecer em quais crimes terá incidência, enxergamos compatibilidade lógica somente com o inciso IV e o § 3º do art. 8º.

A Lei 11.935/09, dando nova redação ao artigo 35-C da Lei nº 9.656/98, define a situação de emergência como sendo a circunstância que exige uma cirurgia ou intervenção médica de imediato, havendo efetivo risco para a vida ou de lesões irreparáveis para o paciente. Já a urgência retrata ocorrência que necessita tratamento médico e muitas vezes cirurgia, porém tem um caráter menos imediatista, abrangendo os acidentes pessoais ou complicações no processo gestacional.

CAPÍTULO 37

Terrorismo – Lei 13.260/2016

Renee do Ó Souza

Art. 1º Esta Lei regulamenta o disposto no inciso XLIII do art. 5º, disciplinando o terrorismo, tratando de disposições investigatórias e processuais e reformulando o conceito de organização terrorista.

INTRODUÇÃO

Embora seja um pesadelo antigo da civilização humana, modernamente o terrorismo ganhou uma escala global de prática rotineira de divulgação e protestos fundamentalistas, das mais diferentes matizes, sempre mediante uso da violência, amplitude de consequências e impossibilidade de prevenção.

A análise etimológica da palavra é feita por André de Carvalho Ramos: "O termo advém do latim *terrer* (tremer) e foi consagrado pela política do terror da Revolução Francesa, mas Celso de Albuquerque Mello aponta que o terrorismo, como forma de ação política, é antigo, remontando ao século XI, na Pérsia. No século XX, o terrorismo foi utilizado como instrumento para obtenção violenta de mudanças políticas e sociais, bem como para a reação a ditaduras e à ocupação colonial, não sendo clara a distinção entre terrorismo e luta legítima contra a tirania".[1]

Atualmente o terrorismo é usado para desestabilizar instituições políticas e como instrumento de conflito entre disputas de grupos distintos, sob as mais variadas bandeiras como credos religiosos, nacionalismo exacerbado, movimentos separatistas, grupos de intolerância racista, etc.

Organizações como a Baader-Meinhoff (Alemanha), Exército Vermelho (Japão), as Brigadas Vermelhas (Itália), Al-Fatah (Oriente Médio), Sendero Luminoso (Peru), ETA (Espanha) e Al-Qaed (Afeganistão) foram ou são alguns dos grupos terroristas mais conhecidos do mundo, useiros de técnicas de violência imprevisíveis e de grande alcance, sempre mediante uso sistemático de terror em suas ações e ante vítimas escolhidas ao acaso (vítimas sem rosto).

A proliferação do terrorismo, impulsionado pelo progresso tecnológico que serve para difundir conhecimento de atos terroristas e recrutar grande número de pessoas por todo o

1 RAMOS, Andre de Carvalho. *In* Dicionário brasileiro de direito constitucional. 2. ed. São Paulo: Saraiva, 2012.

mundo, frutificou no direito, a ponto de a matéria receber um severo tratamento penal na Constituição Federal brasileira.

A Lei 13.260/2016 foi editada, visando regulamentar o disposto no art. 5º, XLIII, da Carta Magna brasileira, que dispõe:

> *Art. 5.º (...):*
>
> *XLIII – A lei considerará crimes inafiançáveis e insuscetíveis de graça ou anistia a prática da tortura, o tráfico ilícito de entorpecentes e drogas afins, o terrorismo e os definidos como crimes hediondos, por eles respondendo os mandantes, os executores e os que, podendo evitá-los, se omitirem.*

Trata-se de disposição constitucional que prevê um **mandado de criminalização**, em que a Carta Política anuncia dever expresso de proteção de determinados direitos e valores, por parte do Estado, por meio de medida legislativa. A própria Constituição Federal define que, sobre determinadas matérias, o legislador ordinário não tem a faculdade de legislar, mas a obrigatoriedade, a fim de proteger determinados bens ou interesses de forma adequada e, dentro do possível, integral[2].

Foi o autor alemão Claus-Wilhelm Canaris que elaborou a tese de que, em alguns casos, o Estado deve implementar mecanismos, notadamente por meio do poder legislativo, a fim de concretizar o dever de tutela, aptos à proteção dos direitos fundamentais.[3]

Segundo o autor, são condições para o reconhecimento de um imperativo de tutela, a aplicabilidade normativa (ou tipicidade) de um direito fundamental e a expressa previsão na Constituição desse mandamento.[4]

Além dessa disposição constitucional, que obriga a positivação de norma incriminadora acerca do terrorismo, o repúdio ao terrorismo é previsto por nossa Lei Maior como princípio que rege as relações internacionais do Brasil, no art. 4º, VIII. Essa posição principiológica, somada à gama de bens e interesses atingidos pelos atos de terrorismo, permitem identificar a previsão do inciso XLII do art. 5º como norma que tutela direitos fundamentais.

Esse não é o único caso. Nossa Constituição possui outros mandamentos de criminalização, como por exemplo, os crimes de discriminação (art. 5º, XLI), os crimes de racismo (art. 5º, XLIII), os crimes de grupos armados contra a ordem constitucional e o Estado Democrático (art. 5º, XLIV), crimes de responsabilidade do prefeito e presidente da câmara (Art. 29-A, § 2º e § 3º, respectivamente), crimes contra o meio ambiente (art. 225, § 3º), etc.

O Supremo Tribunal Federal já decidiu que: *"A Constituição de 1988 contém um significativo elenco de normas que, em princípio, não outorgam direitos, mas que, antes, determinam a criminalização de condutas (CF, art. 5º, XLI, XLII, XLIII, XLIV; art. 7º, X; art. 227, § 4º). Em todas essas normas é possível identificar um mandato de criminalização expresso, tendo em vista*

---

2 Também a Convenção Interamericana contra o Terrorismo, assinada em Barbados, em 03 de junho de 2002, internalizada no Brasil por meio do Decreto n.º 5.639/2005 prevê, no art. 3º, um comando para que os Estados partes legislassem sobre o terrorismo.

3 Canaris, Claus-Wilhelm. *Direitos fundamentais e direito privado.* Trad. Ingo Wolfgang Sarlet e Paulo Mota Pinto. Coimbra: Almedina, 2012. p. 107.

4 Canaris, Claus-Wilhelm. *Direitos fundamentais e direito privado.* Trad. Ingo Wolfgang Sarlet e Paulo Mota Pinto. Coimbra: Almedina, 2012. 104-112.

os bens e valores envolvidos". (STF – HC 104410, Relator(a): Min. GILMAR MENDES, Segunda Turma, julgado em 06/03/2012, ACÓRDÃO ELETRÔNICO DJe-062 DIVULG 26-03 – 2012 PUBLIC 27-03-2012).

Mesmo diante da determinação constitucional, o Brasil só editou uma lei de combate ao terrorismo no ano de 2016. O atraso para edição da lei pode ser explicado pela, senão ausência, poucas práticas de terrorismo em território nacional e pela dificuldade, seja nacional, seja internacional, na definição adequada de terrorismo, conforme será visto.

Mas, se o mandado de criminalização constitucional não foi suficiente para a edição da lei, alguns compromissos internacionais serviram para impulsionar a edição da Lei Antiterrorismo, o que, de certo modo, atende ao movimento de internacionalização do direito. Sabe-se que a pressão de entidades internacionais, como da OCDE (Organização para a Cooperação e Desenvolvimento Econômico) e do GAFI/FATF (Grupo de Ação Financeira contra a Lavagem de Dinheiro e o Financiamento do Terrorismo), inclusive sob pena de imposição de sanções, caso a legislação não fosse criada no país, chegaram ao ápice às vésperas da Olimpíada do Rio de Janeiro e foram a gota d'água para a edição da lei.

Além disso, em tempos de criminalidade globalizada e conectada internacionalmente, a legislação reclama a solidificação de regras mais ou menos uniformes em países diferentes. Como destaca Roger Concleton, a globalização da economia e da política produz o efeito de pressionar o ingresso, no âmbito doméstico, de normas internacionais de modo a influenciar a elaboração da legislação nacional.[5]

Explicando esse fenômeno, ensina Marcelo D. Varella: "Normas internacionais influenciam na condução de políticas públicas dos Estados. Há diferentes fatores para tanto: a construção de consensos técnicos em torno de soluções comuns, a criação de fóruns internacionais de troca de ideias, maior poder de cogência dos tratados multilaterais, o receio de eventuais sanções internacionais, entre vários outros. Assim, os Estados tornam-se mais receosos em adotar medidas que possam ser interpretadas como violadoras do direito internacional. De fato, enquanto o direito internacional tinha sanções meramente morais, os gestores domésticos se sentiam mais livres para editar normas que violavam os tratados, porque os efeitos da responsabilidade internacional dos Estados eram relativamente brandos, exceto em temas mais sensíveis como terrorismo ou direitos humanos".[6]

Para se ter uma ideia da influência internacional sobre o tema ora em estudo, deve-se levar em conta o alentado trabalho da lavra de Jorge Mascarenhas Lasmar, o qual destaca que "o Brasil ratificou pelo menos 15 convenções e protocolos internacionais de combate ao terrorismo. São eles: Convenção Relativas às Infrações e Certos Outros Atos Cometidos a Bordo de Aeronaves; Convenção para Repressão ao Apoderamento Ilícito de Aeronaves; Convenção para Prevenir e Punir os Atos de Terrorismo Configurados em Delitos contra as Pessoas e a Extorsão Conexa Quando Tiverem Eles Transcendência Internacional; Convenção para a Repressão de Atos Ilícitos contra a Segurança da Aviação Civil; Convenção sobre a Prevenção e Punição de Infrações contra Pessoas que Gozam de Proteção Internacional, incluindo os

5 CONGLETON, Roger D. *The globalization of politics*: rational choice and the internationalization of public policy. 2007, p. 14.

6 VARELLA, Marcelo Dias. *Internacionalização do direito: direito internacional, globalização e complexidade*. 2012. 606 f. Tese de Doutorado. Dissertação (Tese de Livre-docência). Faculdade de Direito, Universidade de São Paulo, São Paulo, 2012. f. 437-439. p. 109-110.

Agentes Diplomáticos; Convenção contra a Tomada de Reféns; Convenção sobre a Proteção Física dos Materiais Nucleares; Protocolo para a Supressão de Atos Ilícitos de Violência nos Aeroportos a Serviço da Aviação Civil; Convenção sobre a Marcação dos Explosivos Plásticos para Fins de Detecção; Convenção Interamericana Contra a Fabricação e o Tráfico Ilícito de Armas de Fogo, Munições, Explosivos e Outros Materiais Correlatos; Convenção Internacional sobre a Supressão de Atentados Terroristas com Bombas (com reserva ao parágrafo 1 do artigo 20); Convenção Internacional para a Supressão do Financiamento do Terrorismo; Convenção Interamericana Contra o Terrorismo; Convenção para a Supressão de Atos Ilícitos contra a Segurança da Navegação Marítima; Protocolo para a Supressão de Atos Ilícitos contra a Segurança de Plataformas Fixas localizadas na Plataforma Continental. Ademais, o Brasil assinou, em 13 de abril de 2005, a Convenção Internacional para a Supressão de Atos de Terrorismo Nuclear, mas ainda não a ratificou".[7]

Embora os atos de terrorismo sejam recriminados pelo Direito Internacional de longa data, apenas recentemente se proliferaram, muito disso em razão dos atentados de 11 de setembro de 2001. No dia seguinte aos ataques, o Conselho de Segurança da ONU editou a Resolução 1.368 (RES/CSNU/1368/2001), qualificando os atentados, bem como qualquer ato de terrorismo internacional, como ameaçadores da paz e da segurança internacionais. Além disso, reconheceu a possibilidade de ser manejada a legítima defesa em retaliação a tais ataques. De igual feita, a Resolução n. 1.373, de 28/09/01, também do Conselho de Segurança da ONU, deixou claro que os atentados terroristas de 11 de setembro de 2001 implicaram atos de guerra. Em seguida, o Direito Internacional Interamericano, através da RES/CONSELHO PERMANENTE/OEA/797/2001, também considerou os ataques de 11 de setembro como atos de guerra. Portanto, as resoluções mencionadas passaram a permitir a guerra defensiva contra os Estados que, a pretexto de exercer sua soberania, acobertem ou facilitem, de qualquer forma, indivíduos ou grupos terroristas. Assim, a guerra ao terror é considerada, pelo Direito Internacional (ONU e OEA), como ato lícito, porque manejado em legítima defesa.

Fazendo um apanhado geral sobre os motivos que levaram à edição da Lei, José L. González Cussac, Paulo Cesar Busato e Rodrigo Leite Ferreira Cabral assinalam: "os argumentos para a edição da lei foram de variada natureza. Desde o ponto de vista jurídico, afirmou-se que o terrorismo é a mais recente erupção de um problema social persistente: o conflito armado internacional e que tais condutas colocam em perigo a manutenção da paz e da segurança nacional e internacional. Por força disso, os Estados Democráticos de Direito deveriam criminalizar todas as formas de terrorismo, para garantir a democracia constitucional e dar efetividade aos direitos fundamentais. Afirmou-se também que o repúdio ao terrorismo é um compromisso ético-jurídico assumido para a efetivação de um mandado de criminalização previsto no art. 5º, XLIII, da CR/88. Ainda, sustentou-se a necessidade de atender à Convenção Internacional sobre a Supressão de Atentados Terroristas com Bombas (1998), quanto à Convenção Interamericana contra o Terrorismo (2002), diplomas nos quais o Brasil figura como signatário. Fala-se, porém, em outros aspectos menos nobres, de ordem econômica, como a crescente adesão de vários países a um movimento que se pode chamar de *compliance* internacional, isto é, uma

7 LASMAR, Jorge Mascarenhas. *A legislação brasileira de combate e prevenção do terrorismo quatorze anos após 11 de Setembro: limites, falhas e reflexões para o futuro.* Revista de Sociologia e Política, vol. 23, n. 53, Curitiba, março-2015.

busca pela possibilidade de livre troca de informações — preponderantemente financeiras — entre governos de nacionalidades distintas, visando a obtenção de um ambiente de transações comerciais transparentes e seguras, para tanto, seria necessário um ambiente de confiança que é abalado por ações terroristas. A aprovação da Lei Antiterror representaria um instrumento de geração de segurança para o mercado. A exigência de clareza na trilha que o dinheiro persegue entre contas bancárias ao redor do mundo também tende a facilitar a investigação de crimes graves praticados por grupos terroristas — desde que, por óbvio, a repressão ao crime de terrorismo esteja expressa em lei".[8]

Além disso tudo, a atipicidade de terrorismo poderia ser utilizada como atrativo internacional para abrigar agentes terroristas, uma vez que, segundo o art. 82, II, da Lei 13.445/2017, a extradição não é possível quando o fato não é considerado como tal no Brasil (regra da dupla tipicidade). Essa ilha de refúgio poderia, para além do constrangimento internacional, fazer frutificar no território brasileiro, os movimentos terroristas espalhados por todo o globo, razão pela qual, a Lei n.º 13.260/2016 foi editada em boa hora.

Art. 2º. O terrorismo consiste na prática por um ou mais indivíduos dos atos previstos neste artigo, por razões de xenofobia, discriminação ou preconceito de raça, cor, etnia e religião, quando cometidos com a finalidade de provocar terror social ou generalizado, expondo a perigo pessoa, patrimônio, a paz pública ou a incolumidade pública.

A definição de terrorismo, antes da Lei 13.260/2016: O Art. 2º da Lei é norma penal explicativa que, ao menos no plano normativo nacional, coloca uma pá de cal sobre a celeuma existente acerca da definição de terrorismo.[9]

Com efeito, antes da edição da Lei 13.260/2016, existia grande discussão acerca da tipificação do terrorismo no Brasil. Havia duas posições:

1) O crime de terrorismo estaria definido no ordenamento jurídico brasileiro, no art. 20 da Lei 7.170/1983, conhecida como Lei de segurança Nacional, *in verbis*:

> *Art. 20. Devastar, saquear, extorquir, roubar, sequestrar, manter em cárcere privado, incendiar, depredar, provocar explosão, praticar atentado pessoal ou* ***atos de terrorismo****, por inconformismo político ou para obtenção de fundos destinados à manutenção de organizações políticas clandestinas ou subversivas.*

Era a posição de boa parte da doutrina penal brasileira, a qual sustentava que a imprecisão do tipo não poderia deixar desprotegidos os bens jurídicos tuteláveis pela criminalização do terrorismo.

---

8 CUSSAC, José L. González. BUSATO, Paulo Cesar. CABRAL, Rodrigo Leite Ferreira. *Compêndio de Direito Penal Brasileiro. Parte Geral*. Valencia: Tirant lo Blanch, 2017. p. 177/178.

9 Em estudo profundo sobre a definição de terrorismo, André Callegari conclui "Veja-se, portanto, o quanto é complexo definir terrorismo, muito embora, fora do campo jurídico-penal, uma pessoa que acompanhe razoavelmente os noticiários publicados pela mídia em geral sob a chama de 'atos de terrorismo' pode, facilmente, formar uma convicção subjetiva – e até mesmo comum – do fenômeno terrorismo. Isso é próprio do caráter expansivo e popularizado do Direito Penal pós-moderno ..." (CALLEGARI, André Luís. Et al. O Crime de terrorismo: reflexões críticas e comentários à Lei de Terrorismo: de acordo com a Lei n.º 13.260/2016. Porto Alegre: Livraria do Advogado, 2016. p. 62).

2) O crime de terrorismo não estava previsto na legislação brasileira, sendo que o art. 20 da Lei 7.170/1983, dada sua imprecisão, era imprestável para tanto. Esse dispositivo sustentava essa corrente, dado que a abertura do tipo afrontava o princípio da taxatividade. Era a posição do Supremo Tribunal Federal que, no julgamento de pedido de extradição, formulado pela República do Peru, concluiu não existir a definição típica do delito de terrorismo no Brasil. Por isso, ainda que preenchidas as demais formalidades – o que não ocorreu no caso concreto –, eventual pedido extradicional também haveria de ser negado, haja vista a necessidade de observância do princípio da dupla tipicidade. Nesse sentido: STF, 2ª Turma, PPE 730/DF, Rel. Min. Celso de Mello, j. 16/12/2014.

A definição de terrorismo a partir da Lei 13.260/2016: O conceito descrito no art. 2º da Lei apoia-se em quatro grandes ideias: sujeito ativo, finalidade especial, modo de atuação e exposição a perigo do bem jurídico.

SUJEITO ATIVO

A Lei 13.260/2016 cuida, logo no início, de resolver a questão sobre a desnecessidade de o terrorismo ser praticado por grupo de pessoas. Ao mencionar que o terrorismo consiste na prática, por um ou mais indivíduos, dos atos previstos na Lei, consagrou-se a natureza de crime unissubjetivo ou de concurso eventual de pessoas, entendido como aquele que pode ser praticado por apenas uma pessoa. Sendo assim, contempla-se a tipificação dos atos terroristas dos chamados **lobos solitários (*Lone wolf*) ou ratos solitários (*Lone rate*)** que agem sozinhos, sem integrarem nenhuma organização criminosa terrorista grupal.

A redação da lei foi, de certo jeito, redundante, ao prever seu alcance para os casos em que o terrorismo pode ser praticado por mais indivíduos, visto que, definida a natureza de crime unissubjetivo, a extensão da lei para os comparsas é efeito previsto na legislação pelo concurso de pessoas (CP, art. 29). De todo modo, a redundância serve para evitar confusões e tornar a aplicação da lei mais clara, opção compreensível.

Não se pode olvidar que o mandado de criminalização, contido no art. 5º, XLIII, da Constituição da República, determina textualmente que a lei regulamentadora do terrorismo deve responsabilizar *os mandantes, os executores e os que, podendo evitá-los, se omitirem*.

A parte final da norma constitucional é regulamentada pelo art. 13, § 2º, do CP, a qual define os casos em que se estabelece a omissão penalmente relevante e o modo pelo qual alguém assume a posição de garante.

FINALIDADE ESPECIAL

A Lei prevê que a motivação para os atos de terrorismo deve ser a **xenofobia, a discriminação ou o preconceito de raça, cor, etnia e religião**. Trata-se de finalidade ou intencionalidade específica, um especial ânimo, sem o qual, a tipificação objetiva do fato à Lei 13.260/2013 resta prejudicada, o que não significa que os atos serão atípicos. Ausentes esses "especiais fins de agir", as condutas serão tipificadas nos crimes subsidiários possíveis.

Anote-se que esses **elementos subjetivos especiais** do tipo não se confundem com o dolo propriamente dito, visto que exercem funções especificantes, de modo a especializar a descrição legal da conduta típica. Por isso, é inadequado mencionar que se trata de dolo específico, nomenclatura que remete à teoria natural da ação, superada pela teoria finalista da ação. Como ensina Rogério Greco, "fazia-se, quando prevalecia a teoria natural da ação, a distinção entre dolo genérico e dolo específico. Dizia-se que dolo genérico era aquele em que, no tipo penal, não havia indicativo algum do elemento subjetivo do agente ou, melhor dizendo, não havia indicação alguma da finalidade da conduta do agente. Dolo específico, a seu turno, era aquele em que, no tipo penal, podia ser identificado o que denominamos de especial fim de agir. (...) Contudo, uma vez adotada a teoria finalista da ação, podemos dizer que em todo o tipo penal há uma finalidade que o difere de outro, embora não seja tão evidente quando o próprio artigo se preocupa em direcionar a conduta do agente, trazendo expressões dela indicativas. Isso porque, de acordo com a referida teoria, a ação é o exercício de uma atividade final, ou seja, toda conduta é finalisticamente dirigida à produção de um resultado qualquer, não importando se a intenção do agente é mais ou menos evidenciada no tipo penal".[10]

Uma vez que integram o tipo, os elementos subjetivos especiais devem ser **objeto de prova,** para a adequada caracterização do crime, o que significa, dada a intangibilidade dessas circunstâncias, que sua análise é feita a partir dos fatos objetivos externos. Compatibilizando essa metodologia com a presunção de inocência, afirma Cussac e outros: "o Direito à presunção de inocência não exige a demonstração de uma verdade absoluta, mas sim da culpabilidade do imputado, mais além de toda dúvida razoável, em suma, da verdade processual. Não se trata de deduzir o que ocorreu na mente de uma pessoa a partir do que ela fez — empreitada difícil de ser harmonizada com as exigências derivadas da presunção de inocência —, mas sim fixar a intencionalidade com o que o agente realizou, mediante a confrontação da ação realizada por ele, interpretada de acordo com as regras sociais, com as normas jurídico-penais, tendo-se sempre muito presente nesse processo o que ele sabia, as competências, as técnicas e os conhecimentos que dominava (extremo que, em grande medida, é possível inferir e estabelecer de acordo com seu comportamento) e o que ele queria. A partir desse momento, e somente a partir dele, é que estaremos em condições de verificar e avaliar as intenções do sujeito contidas em sua ação, como um 'compromisso' com sua ação e com a lesão ou colocação em perigo do bem jurídico de que se trate".[11]

A primeira finalidade especial que anima o tipo é a **xenofobia,** que constitui aversão ao estrangeiro, isto é, repulsa àquela pessoa ou valores provenientes de outro país. A xenofobia nada mais é do que uma espécie de preconceito, tratada um pouco mais adiante na lei. Trata-se de conceito jurídico aberto, razão pela qual comporta valoração no caso concreto. É certo que não se deve restringir a xenofobia à antipatia apenas às pessoas. Os atos de terrorismo praticados em razão da abominação aos valores e às práticas culturais estrangeiras são aptos a caracterizar xenofobia. Assim, por exemplo, a detonação de uma bomba junto a um monumento que homenageia dada cultura estrangeira, se fundado na intolerância a essa nação, pode configurar ato de terrorismo.

Também deve ser considerado xenofobia o ato de aversão praticado por pessoa oriunda de outro país, que tenha se naturalizado brasileiro, uma vez que o vocábulo xenofobia não se restringe às pessoas tecnicamente estrangeiras. A xenofobia, como dito, abarca os sentimentos de repulsa a tudo que se refira a uma cultura e/ou pessoas que venham de fora do país do xenófobo. Por isso, ainda que o estrangeiro tenha adquirido a nacionalidade brasileira, é possível verificar a prática de xenofobia.

10 GRECO, Rogério. Código Penal: comentado. Niterói, RJ: Impetus, 11. ed. 2017. p. 324.

11 CUSSAC, José L. González. BUSATO, Paulo Cesar. CABRAL, Rodrigo Leite Ferreira. *Compêndio de Direito Penal Brasileiro. Parte Geral*. Valencia: Tirant lo Blanch, 2017. p. 251/252.

A outra finalidade especial descrita no tipo é a **discriminação ou preconceito de raça, cor, etnia e religião**. A redação contida neste art. 2º da Lei 13.260/2016 é praticamente a mesma que a do art. 1º da Lei 7.716/1989, o que autoriza, por equidade, a utilização das lições ali consagradas sobre cada um desses vocábulos.

Discriminação e preconceito, muitas vezes tomados como sinônimos, não se confundem, uma vez que preconceito designa a crença de inferioridade realizada em face de determinados indivíduos. Quando levado a efeito, o preconceito materializa a discriminação. Na síntese de Nucci, pode-se afirmar que discriminar, "*como regra, significa estabelecer diferença entre seres e coisas, com prejudicialidade para a parte inferiorizada.*"[12]

Assim, segundo restou consolidado, **raça** é vocábulo em desuso, uma vez que procurava classificar a espécie humana de acordo com características genéticas ou fenotípicas. Dada a atual comprovação de que é mínima a diferença genética entre pessoas absolutamente distintas, o conceito de raça foi ressignificado para abranger distinções não biológicas. Trata-se, desse modo, de conceito amplo, socialmente construído. Nesse sentido, decidiu o Supremo Tribunal Federal, no célebre "caso Ellwanger", em que a Excelsa Corte proclamou que o povo judeu, embora não constitua uma raça, pode ser vítima de discriminação racial. (STF. HC nº 82.424/RS. Rel.: Min. Moreira Alves. Rel. Acórdão: Min. Maurício Corrêa. DJ nº 54 em 19/03/2004).

Cor é a tonalidade da pele decorrente da pigmentação da melanina e que, segundo a classificação adotada pelo Instituto Brasileiro de Geografia e Estatística, pode ser branca, preta, amarela, parda ou indígena.

Etnia é o grupo de indivíduos que se identificam em razão das semelhanças socioculturais e biológicas. "A expressão etnia advém da grega 'ethnikos', que é adjetivo de "ethos", e significa nação ou povo. Trata-se, em suma, de conceito antropológico relativo a grupos humanos que, longe de serem meros agrupamentos, são formados por '[...] pessoas conscientes, ao menos em forma latente, de terem origens e interesses comuns'".[13] São exemplos: índios, árabes, judeus, orientais, etc.

Religião é o conjunto de crenças e princípios que dirigem a convicção, o pensamento e o comportamento das pessoas, tendo como pressuposto o elemento divino e sagrado de veneração. São exemplos a religião católica, protestante, espírita, muçulmana, islamita, etc. As religiões compõem grupos homogêneos de pessoas, que podem ser discriminadas, em razão dessas opções, e alvo de atos terroristas fundamentalistas, entendidos como aqueles que interpretam seus textos sagrados de forma extremada e renegam a possibilidade de convívio plural entre pessoas de religiões diversas.

Motivos não previstos na Lei: Ao contrário do que prevê a Lei 7.716/1989, a Lei 13.260/2013 não prevê, como motivação do terrorismo, a discriminação ou preconceito de **procedência nacional**.

Também não podem ser consideradas como finalidades do terrorismo a intolerância **filosófica**, o que incluí o **ateísmo**, as intransigências com escolas de pensamento sobre determinados temas, comuns nos chamados desacordos morais razoáveis, como **pena de morte**,

---

12 NUCCI, Guilherme de Souza. *Leis penais e processuais penais comentadas*. 2. ed. São Paulo: Revista dos Tribunais, 2007, p. 265.

13 ALMEIDA, Débora de Souza de, ARAÚJO, Fabio Roque et al. Terrorismo: Comentários, artigo por artigo, à Lei 13.260/2016 e Aspectos Criminológicos e Político-Criminais. Salvador: JusPodivm. 2017. p. 189.

aborto, etc. Também não restou prevista, na Lei, a motivação fundada na hostilidade, em razão da **opção sexual**.

A Lei não prevê, ademais, como intencionalidade específica, a **intolerância política**. Nesse caso, ainda que afastada a caracterização do terrorismo, resta possível a tipificação do fato no art. 20 da Lei 7.170/1983.[14]

Facções criminosas: Lamentavelmente, em regra, a Lei 13.260/2013 não alcança os atos de terror social ou generalizado, praticados por facções criminosas de grande dispersão territorial, realizados em retaliação a prisões de seus líderes ou mediante exigências de benefícios penais para seus comparsas. Embora atos como esses, meticulosamente organizados e planejados, que demonstram grande poder de atuação criminosa, são capazes de compelir grande pânico por todo o país, devido à falta de intencionalidade específica (elementos subjetivos especiais), ficam à margem da incidência da Lei.

Diferença para o genocídio: Os crimes de terrorismo não se confundem com o crime de genocídio, previsto nos arts. 1º, 2º e 3º da Lei n. 2.889, de 1º de outubro de 1956. Referida Lei pune, no art. 1º, "quem, com a intenção de destruir, no todo ou em parte, grupo nacional, étnico, racial ou religioso, como tal: a) matar membros do grupo; b) causar lesão grave à integridade física ou mental dos membros do grupo; c) submeter intencionalmente o grupo a condições de existência capazes de ocasionar-lhe a destruição física total ou parcial; d) adotar medidas destinadas a impedir os nascimentos no seio do grupo; e) efetuar a transferência forçada de crianças do grupo para outro grupo". O art. 2º, por sua vez, pune a formação de quadrilha (atual associação criminosa) para a prática de um dos crimes mencionados no artigo anterior. Finalmente, o art. 3º sanciona o incitamento público à prática de um dos crimes de que trata o art. 1º dessa forma, todos esses crimes, tentados ou consumados, são considerados hediondos, de acordo com o art. 1º, parágrafo único, da Lei n. 8.072/90.

MODO DE ATUAÇÃO

O art. 2º, ora em estudo, prevê a necessidade de o terrorismo *ser cometido com a finalidade de provocar terror social ou generalizado*.

Trata-se de um elemento modal do tipo, que descreve a forma de execução da conduta. Ao contrário da finalidade especial, antes estudada, trata-se de elemento do tipo objetivo, atinente ao fato praticado e não à motivação interna do agente.[15]

Terror social ou generalizado é expressão aberta que admite ampla valoração. Deve-se considerar como **terror social ou generalizado** o sentimento de horror e pânico geral, capaz de desencadear reações repulsivas destinadas à autoproteção ou repúdio ao risco a ele inerente.

---

14 Art. 20 – Devastar, saquear, extorquir, roubar, sequestrar, manter em cárcere privado, incendiar, depredar, provocar explosão, praticar atentado pessoal ou atos de terrorismo, por inconformismo político ou para obtenção de fundos destinados à manutenção de organizações políticas clandestinas ou subversivas.
Pena: reclusão, de 3 a 10 anos.
Parágrafo único – Se do fato resulta lesão corporal grave, a pena aumenta-se até o dobro; se resulta morte, aumenta-se até o triplo.

15 Técnica semelhante é usada pelo legislador, por exemplo, na qualificadora do emprego do meio cruel do crime de homicídio, em que a análise acerca da crueldade é feita de maneira objetiva, a partir do fato praticado em si mesmo. É claro que essa análise não deve descambar para a responsabilidade penal objetiva, o que será solucionado pela avaliação do dolo do agente, que abrange, como se sabe, o conhecimento de todos os elementos objetivos do tipo.

O emprego do pavor em larga escala é característica central do terrorismo, pois, diferentemente do que ocorre em outros crimes, o agente procura embutir o medo coletivo como mecanismo de recrutamento para sua causa, ou, simultaneamente, como instrumento de força, que amedronta qualquer reação pública. É a chamada **intimidação massiva**.

O uso do terror social ou generalizado é o traço distintivo desse crime, pelo que ficou conhecido como método terrorista, o qual se caracteriza pela:

a) escolha aleatória das vítimas: os terroristas buscam atingir pessoas não identificadas. Todos são possíveis vítimas dos atentados, o que desembocará na característica seguinte;

b) intimidação geral e massiva: como o ato terrorista é praticado contra qualquer pessoa, o medo e pânico de todos serem atingidos são disseminados indistintamente, provocando uma intimidação geral;

c) perspectiva de novos ataques: o pânico geral desemboca num sentimento de insegurança permanente e na histeria coletiva, que parte da perspectiva, real ou não, de reiteração dos ataques;

d) ampla divulgação: o terrorismo sempre se notabilizou pela ampla divulgação de suas atrocidades, de modo que o uso dos meios de comunicação de massa para propalar esses atos integra a maneira de agir dos terroristas.

O § 1º do art. 2º descreve modos de execução propriamente ditos dos atos de terrorismo, com emprego de elementos essenciais do tipo, tais como, verbos e condutas criminalizadas. Há entre o *caput* e § 1º do art. 2º da Lei verdadeira relação de complementaridade, visto que as condutas descritas no parágrafo devem ser relacionadas com os elementos do tipo, contidos no *caput*. Trata-se, portanto, de norma penal remissiva.

EXPOSIÇÃO A PERIGO DO BEM JURÍDICO

A parte final do art. 2º da Lei 13.260/2013 prevê que os atos de terrorismo devem *expor a perigo pessoa, patrimônio, a paz pública ou a incolumidade pública*.

Os crimes de terrorismo são de perigo, compreendido como aqueles que se caracterizam pela mera possibilidade de dano, bastando que o bem jurídico tutelado pela norma seja exposto a uma situação de risco.

Como se sabe, os crimes de perigo se dividem em: crimes de perigo abstrato e crimes de perigo concreto. No primeiro grupo, pune-se a perigosidade da conduta em si mesma e resulta da violação formal da lei. Por isso, são chamados de delitos de mera atividade. O segundo tipo, crimes de perigo concreto, exige a comprovação de uma probabilidade concreta de dano ao bem jurídico. Por isso, são crimes de resultado.

A utilização dessa técnica legislativa é recorrente em leis penais que necessitam abarcar condutas, que não são centradas apenas nos danos causados pelos comportamentos proibidos, mas, essencialmente, na criação de riscos proibidos e intoleráveis, os quais independem da produção de resultados danosos mensuráveis. O movimento atual de expansão do direito penal, do qual a tipificação do terrorismo é exemplo, produz o aumento na antecipação de criminalização de condutas que apenas expõem a riscos determinados bens jurídicos e, consequentemente provocam o aumento dos crimes de perigo abstrato, naquilo que Schünemann, citando

Wohlers, denomina como tipos de delito de direito penal da prevenção, tripartidos em delitos de ação concretamente perigosa, delitos de cumulação e delitos de preparação.[16]

BENS JURÍDICOS TUTELADOS

O terrorismo atinge diferentes interesses jurídicos, pelo que é possível afirmar que a Lei 13.260/2013 é pluriofensiva.

As condutas descritas em cada um dos tipos, como será visto, proíbem comportamentos que ferem diferentes interesses jurídicos, mas, de um modo geral, a parte final do art. 2º, ora em estudo, prevê que a lei protege, cumulativamente ou não, a pessoa, o patrimônio, a paz pública e incolumidade pública.

Devido aos elementos subjetivos especiais do tipo, quais sejam a xenofobia, a discriminação ou o preconceito de raça, cor, etnia e religião, percebe-se que o legislador também tutela o combate ao racismo.

Mas é inegável que o mais visível bem jurídico da Lei de Terrorismo é a paz ou a segurança pública. Aliás, cumpre anotar que a partir da resolução 1.723/2001, o CS-ONU passou a considerar o terrorismo como ameaça à paz internacional.

O conceito de paz pública nos é dado por Isidoro Blanco Cordero, citado por André Callegari[17]: "a la tranquilidad u sosiego em relaciones de unos com outros, esto es, a las condiciones básicas para la convivencia ciudadana, a la seguridad em el erjercicio de derechos y libertades sin temor a ataques contra las personas"[18].

> § 1º São atos de terrorismo:

Antes de iniciar a análise dos tipos penais a seguir descritos pela Lei 13.260/2016, cabe anotar que essas condutas, na maioria das vezes, encontram tipificação em outras leis penais. Isso significa que os atos de terrorismo se diferenciarão dos delitos comuns, essencialmente, pela finalidade especial recém estudada (elementos subjetivos especiais). Trata-se de sistemática comum às legislações estrangeiras que tratam de terrorismo, como observa Sarah Pellet, "um estudo rápido mostra que a maior parte das legislações internas considera que os atos terroristas, na sua maioria, são infraçoes de direito comum que ganham uma característica terrorista em razão das motivações de seus autores. Se essa motivação consiste em atentar gravemente contra as bases e princípios fundamentais do Estado, destruí-las, ou ameaçar a população, trata-se de atentado terrorista".[19] Assim, diante da multiplicidade de interesses protegidos, como será mais bem demonstrado mais à frente, neste trabalho, a Lei prevê uma regra de concurso obrigatório de crime.

---

16 SCHÜNEMANN, Bernd; GRECO, Luís. Estudos de direito penal, direito processual penal e filosofia do direito. São Paulo: Marcial Pons, 2013. P 40.

17 CALLEGARI, Andre. Et al. O Crime de terrorismo: reflexões críticas e comentários à Lei de Terrorismo: de acordo com a Lei n.º 13.260/2016. Porto Alegre: Livraria do Advogado, 2016. p. 97/98.

18 "A tranquilidade e sossego em relação uns aos outros, isto é, as condições básicas para a convivência cidadã, a segurança no exercício de direitos e liberdades, sem temor a ataques contra as pessoas". Tradução nossa.

19 PELLET, Sarah. *Terrorismo e direito*. Coord. Leonardo Nemer Caldeira Brant. Rio de Janeiro: Forense, 2003, p. 15-16.

> I – usar ou ameaçar usar, transportar, guardar, portar ou trazer consigo explosivos, gases tóxicos, venenos, conteúdos biológicos, químicos, nucleares ou outros meios capazes de causar danos ou promover destruição em massa;

BEM JURÍDICO TUTELADO

Como dito antes, de um modo geral, a Lei 13.260/2013 tutela vários interesses jurídicos, tais como, a pessoa, o patrimônio, a paz pública e incolumidade pública.

Nessa figura, verifica-se uma proteção mais intensa da incolumidade pública, entendida como complexo de condições, garantidas pela ordem jurídica, necessárias para a segurança da vida, da integridade pessoal e da saúde. Para alguns, o bem jurídico geral da Lei de Terrorismo é a paz ou a segurança pública.

SUJEITOS DO CRIME

Trata-se de crime comum, praticável por qualquer pessoa.

O sujeito passivo é a coletividade e o Estado, responsável direto por assegurar a paz e a segurança pública.

CONDUTAS

Trata-se de tipo misto alternativo ou de ação múltipla, pelo que a prática de mais de um núcleo verbal descrito no tipo implica a prática de um único delito.

Essas ações múltiplas são:

a) usar ou ameaçar usar: tem sentido de empregar ou utilizar um dos objetos materiais do delito.

Os outros núcleos verbais dispensam o uso efetivo das substâncias elencadas pela Lei. Agiu bem o legislador, visto que é possível a prática de atos terroristas com a mera exibição, comunicação da existência ou da localização desses produtos em determinados locais.

b) transportar: é deslocar o objeto material de um local para outro.
c) guardar: é manter o objeto material em algum local.
d) portar: é a condução do objeto do crime junto ao corpo.
e) trazer consigo: é sinônimo de portar.

Objeto material: são instrumentos que expõem a incolumidade pública a algum risco, devido ao poder vulnerante e destrutivo a eles inerentes.

a) explosivos: é a substância ou material que, mediante reação química, provoca violenta dispersão de grande volume de gases e aumento de temperatura, como bombas e dinamites.
b) gases tóxicos: é a substância capaz de causar intoxicação, com alteração do funcionamento das atividades fisiológicas, ainda que não seja mortal, como gás asfixiante.

c) veneno: "é a substância química ou orgânica que, introduzida no organismo, tem o poder de causar a morte ou sérios distúrbios na saúde da vítima"[20], como por exemplo, estricnina.

d) conteúdos biológicos: São substâncias que contêm algum material orgânico patogênico, como germes, vírus, bacilos, protozoários ou bactérias, capazes de produzir epidemias e moléstias infecciosas.

e) conteúdos químicos: são as substâncias que, isoladamente, não são venenosas, mas que podem, dada a combinação com outras, produzir efeitos nocivos à saúde humana ou destruição em massa. Por exemplo, mistura entre etanol e hipocloreto de sódio criam clorofórmio e ácido hidroclorídrico, bem como cloroacetona ou dicloroacetona, que podem causar danos ao sistema nervoso, pulmões, rins, fígado, olhos e pele.

f) conteúdos nucleares: engloba combustível nuclear, produtos e rejeitos radioativos, descritos no art. 1º da Lei 6.453/1977. Como exemplos, pode-se citar plutônio, urânio e Césio 137.

g) outros meios: trata-se de cláusula de interpretação analógica, que permite a tipificação de condutas mediante uso de substâncias e técnicas desconhecidas, mas capazes de produzir efeitos semelhantes aos anteriores.

De um modo geral, o tipo penal cuida do chamado **bioterrorismo**, "modalidade de terrorismo na qual pode ser enquadrado o ataque ocorrido nos Estados Unidos da América em 2001, após o atentado praticado em 11 de setembro de 2001 no mesmo país, com envio de cartas a pessoas e agências de notícias contendo, em seu interior, um pó químico venenoso conhecido com Antrax, o que causou a morte e infecção de algumas pessoas".[21]

Perícia: É fundamental a elaboração de exame pericial para demonstrar a natureza da substância contida na ação do sujeito ativo.

Avião terrorista com bomba: Dimitri Dimoulis e Leonardo Martins nos contam que o Tribunal Constitucional Federal Alemão, aplicando o subcritério da ponderação, proferiu, em 15 de fevereiro de 2006, decisão que declarou a inconstitucionalidade parcial de lei que autorizava o abate de aviões suspeitos de participarem de ataques terroristas[22].

No Brasil, ante o que dispõe o art. 303, § 2º, da Lei 7.565/1986[23], caso uma aeronave esteja transportando um dos objetos já mencionados para a prática de crime de terrorismo, poderá ser destruída ou abatida. Embora haja certa polêmica nesse tema, não se pode fazer um prognóstico de que, no Brasil, eventual discussão sobre a constitucionalidade dessa norma teria o mesmo desfecho da Alemanha, visto que o Pacto de San José da Costa Rica prevê, em seu

---

20 GONÇALVES, Victor Eduardo Rios. Direito Penal esquematizado: Parte especial. São Paulo: Saraiva. 5ª ed., 2016. p. 667.

21 CALLEGARI, Andre. Et al. O Crime de terrorismo: reflexões críticas e comentários à Lei de Terrorismo: de acordo com a Lei n.º 13.260/2016. Porto Alegre: Livraria do Advogado, 2016. p. 93.

22 Decisão de 15.2.2006, 1 BvR 357/2005, no 149-153, disponível em: <http://www.bverfg.de/entscheidungen/rs20060215_1bvr035705.html> (DIMOULIS, Dimitri. e MARTINS, Leonardo. Teoria geral dos direitos fundamentais. 5ª. ed. São Paulo: Atlas, 2014. p. 218).

23 Art. 303.

(...)

§ 2º. Esgotados os meios coercitivos legalmente previstos, a aeronave será classificada como hostil, ficando sujeita à medida de destruição, nos casos dos incisos do caput deste artigo e após autorização do Presidente da República ou autoridade por ele delegada. (redação dada pela pela Lei nº 9.614, de 1998).

art. 27, que pode haver suspensão de garantias em caso de guerra, de perigo público ou outra emergência que ponha em risco a segurança de um Estado-parte, o que parece dar sustentação, ao menos no plano legal, ao abate.

VOLUNTARIEDADE

O elemento subjetivo é o dolo, entendido como vontade livre e consciente de realizar um dos núcleos verbais.

Inexiste forma culposa.

CONSUMAÇÃO E TENTATIVA

Na modalidade usar ou ameaçar usar, o crime consuma-se no momento no qual o agente pratica os atos que indicam que empregará os objetos materiais. As modalidades transportar, guardar, portar e trazer consigo são infrações permanentes pelo que se consumam, após o agente entrar na posse do objeto material, prolongando-se no tempo, enquanto se manter desse modo.

A tentativa só é possível na primeira modalidade. Nas demais modalidades, o crime é permanente.

II – (VETADO);

III – (VETADO);

IV – sabotar o funcionamento ou apoderar-se, com violência, grave ameaça a pessoa ou servindo-se de mecanismos cibernéticos, do controle total ou parcial, ainda que de modo temporário, de meio de comunicação ou de transporte, de portos, aeroportos, estações ferroviárias ou rodoviárias, hospitais, casas de saúde, escolas, estádios esportivos, instalações públicas ou locais onde funcionem serviços públicos essenciais, instalações de geração ou transmissão de energia, instalações militares, instalações de exploração, refino e processamento de petróleo e gás e instituições bancárias e sua rede de atendimento;

BEM JURÍDICO TUTELADO

Como dito antes, de um modo geral, a Lei 13.260/2013 tutela vários interesses jurídicos, tais como, a pessoa, o patrimônio, a paz pública e a incolumidade pública.

Nessa figura, verifica-se uma proteção mais intensa da incolumidade pública, entendida como complexo de condições, garantidas pela ordem jurídica, necessárias para a segurança da vida, da integridade pessoal e da saúde. Para alguns, o bem jurídico geral da Lei de Terrorismo é a paz ou a segurança pública.

SUJEITOS DO CRIME

Trata-se de crime comum, praticável por qualquer pessoa.

O sujeito passivo é a coletividade e o Estado, responsável direto por assegurar a paz e a segurança pública. As pessoas contra as quais foram empregadas a violência ou grave ameaça, bem como aquelas atingidas pelos atos terroristas em si, são vítimas secundárias.

CONDUTAS

Há dois núcleos verbais, no tipo:

a) sabotar: é quebrar, estragar ou atrapalhar o funcionamento normal de algum equipamento ou estabelecimento.

b) apoderar-se: é apossar-se ou tomar para si.

O tipo prevê que a sabotagem deve ser praticada mediante violência ou grave ameaça a pessoa, isto é, mediante a redução do poder de resistência pelo emprego da força bruta. Mas não só. Débora de Souza Almeida e Fábio Roque de Araújo ensinam: "embora a redação do tipo penal possa, *prima facie*, dar margem a dúvidas se a violência enquanto meio de execução incide somente contra pessoa ou também à coisa, conclui-se que os dois destinatários são admitidos. A violência à pessoa, também denominada de *vis corporalis* ou *vis absoluta*, significa a violência física empregada pela força contra o corpo do ofendido. Já a grave ameaça, também chamada de *vis compulsiva* ou *vis relativa*, é a violência moral capaz de causar temor na vítima, de forma a viciar sua vontade e incapacitar sua resistência. A vítima, nesse caso, experimenta um fundado receio de grave e iminente mal, seja físico ou moral, que possa atingir a si próprio ou pessoas que lhe são afetas. A violência à coisa, por sua vez, traduz-se na destruição ou rompimento de obstáculo. Como exemplo de destruição, tem-se o ato de quebrar uma porta; como de rompimento, o arrombamento de uma porta. Tal meio executivo absorve o crime de dano, portanto".[24]

Mas também é possível a tomada do equipamento ou estabelecimento por mecanismos cibernéticos, isto é, por meio de sistemas mecânicos, eletrônicos ou virtuais, que passam a comandar o seu funcionamento. Portanto, no Brasil, é possível afirmar que é crime o chamado ***ciberterrorismo***. Por exemplo, quando o terrorista desenvolve, instala e executa um vírus de computador que interrompe o funcionamento de equipamentos vitais para pacientes internados em hospitais.

A redação do tipo é criticável, uma vez que a sabotagem e o apoderamento do equipamento ou estabelecimento pode se dar sem emprego de violência ou grave ameaça, por exemplo, com emprego de fraude ou mediante destreza do agente terrorista. Nesses casos, dado à forma vinculada dos elementos do tipo, o fato não configurará ato de terrorismo, podendo-se o caso resultar em outras infrações penais, como, por exemplo, as previstas no art. 15 da Lei 7.170/1983, art. 70 do Código Brasileiro de Telecomunicações, art. 163, parágrafo único, I e III, art. 265, ambos do CP, e art. 264 do CPM.

Os equipamentos e estabelecimentos atingidos pela ação delituosa são variados, sendo o traço semelhante entre eles a amplitude de lesados ou de difusão dos efeitos danosos do ato. Por isso, a lei contempla a possibilidade de o crime ser praticado contra meios de comunicação ou de transporte, de portos, aeroportos, estações ferroviárias ou rodoviárias, hospitais, casas de saúde, escolas, estádios esportivos, instalações públicas ou locais onde funcionem serviços públicos essenciais, instalações de geração ou transmissão de energia, instalações militares, instalações de exploração, refino e processamento de petróleo e gás e instituições bancárias e sua rede de atendimento.

---

24 ALMEIDA, Débora de Souza de, ARAÚJO, Fabio Roque et al. Terrorismo: Comentários, artigo por artigo, à Lei 13.260/2016 e Aspectos Criminológicos e Político-Criminais. Salvador: JusPodivm. 2017 p. 211/212.

VOLUNTARIEDADE

O elemento subjetivo é o dolo, entendido como vontade livre e consciente de realizar um dos núcleos verbais.

Inexiste forma culposa.

CONSUMAÇÃO E TENTATIVA

Na primeira modalidade, o crime consuma-se quando o agente consegue impedir o funcionamento normal do estabelecimento sabotado, ainda que parcial e temporariamente.

Na segunda modalidade, a consumação se dá com o apoderamento, ainda que momentâneo, do equipamento ou estabelecimento alvo do terrorista.

Ambas as modalidades admitem tentativa.

V – atentar contra a vida ou a integridade física de pessoa:

BEM JURÍDICO TUTELADO

Como dito antes, de um modo geral, a Lei 13.260/2013 tutela vários interesses jurídicos, tais como, a pessoa, o patrimônio, a paz pública e incolumidade pública.

Nessa figura, verifica-se uma proteção mais intensa da vida e integridade física de pessoas.

SUJEITOS DO CRIME

Trata-se de crime comum, praticável por qualquer pessoa.

O sujeito passivo é a coletividade e o Estado, responsável direto por assegurar a paz e a segurança pública. As pessoas que tiveram suas vidas ou integridades visadas ou atingidas pela ação terrorista são as vítimas secundárias do delito. Essas podem ser qualquer pessoa.

CONDUTAS

A conduta típica é atentar, isto é, ofender, atacar, expor a risco a vida e integridade física das pessoas.

Observe-se que o verbo utilizado abarca a conduta tentada, uma vez que, iniciados os atos de execução, por meio de atos idôneos a violar a vida ou a integridade física das pessoas, o agente já realizou o tipo penal. Por exemplo, quando terrorista que, conduzindo veículo automotor, arremessa-o contra restaurante ou praça pública cheia de pessoas, mas não consegue atropelá-las, porque o carro é impedido por blocos de concreto escondidos no jardim do local.

VOLUNTARIEDADE

O elemento subjetivo é o dolo, entendido como vontade livre e consciente de realizar um dos núcleos verbais.

Inexiste forma culposa.

CONSUMAÇÃO E TENTATIVA

Trata-se de crime formal, que se consuma com a mera exposição a perigo da vida ou da integridade física de pessoa.

A tentativa é inadmissível, visto se tratar de crime de atentado, definido como aquele que se consuma com a conduta tendente a lesionar o bem jurídico.

> PENA – reclusão, de doze a trinta anos, além das sanções correspondentes à ameaça ou à violência.

Trata-se de crime gravíssimo cuja pena é a mesma, por exemplo, do homicídio qualificado. A pena máxima do terrorismo, no Brasil, segue uma tendência internacional de endurecimento desses atos. A Espanha, por exemplo, alterou o Código Penal e elevou para até 40 anos a pena de quem tenha se envolvido com a prática do terrorismo (art. 76).

Concurso obrigatório: A parte final do preceito estabelece um concurso obrigatório de crimes. Desse modo, caso os atos de terrorismo resultem em violência ou ameaça, deve o agente responder pelo terrorismo em concurso material com o crime resultante da violência ou ameaça (homicídio, lesão corporal, etc). Ainda que tecnicamente haja concurso formal de crimes, o legislador criou um caso de cúmulo material, independentemente da existência ou não de desígnios autônomos. Trata-se de opção político-criminal, utilizada em outros dispositivos penais, como por exemplo, nos arts. 146, § 2º, 199, 322, todos do CP.

No caso de concurso com outros crimes sem emprego de violência ou ameaça, deve-se aplicar o princípio da absorção, desde que presentes os seus pressupostos, tais como: a) vontade de praticar, desde o início, o crime fim; b) atos anteriores imprescindíveis para a realização do tipo principal; e c) o crime absorvido ser inferior ou de igual gravidade quando comparado ao principal.

Naturalmente que o crime absorvido deve ser levado em conta nas circunstâncias judiciais para aplicação da pena.

> § 2º O disposto neste artigo não se aplica à conduta individual ou coletiva de pessoas em manifestações políticas, movimentos sociais, sindicais, religiosos, de classe ou de categoria profissional, direcionados por propósitos sociais ou reivindicatórios, visando a contestar, criticar, protestar ou apoiar, com o objetivo de defender direitos, garantias e liberdades constitucionais, sem prejuízo da tipificação penal contida em lei.

Causa legal de exclusão da tipicidade: A Lei 13.260/2016, preocupada com a indevida criminalização de **movimentos sociais** de diferentes matizes, prevê expressamente, no § 2º do art. 2º, uma causa de exclusão da tipicidade. Para além da afirmação óbvia de que os movimentos sociais, sindicais, religiosos, de classe ou de categoria profissional, não constituem crime, o dispositivo autoriza concluir que inexiste crime de terrorismo, mesmo que esses grupos realizem as condutas descritas no § 1º.

Nesse caso, como ressalva a parte final do dispositivo em análise, haverá tipificação das condutas à luz da legislação penal. Assim, por exemplo, se determinado movimento grevista, em determinada ação coletiva, usar explosivos capazes de causar danos à saúde humana, deverá responder pelo crime de explosão (CP, art. 251), mas não pelo crime de terrorismo, previsto no art. 2º, § 1º, I, da Lei 13.260/2016.

A norma é redundante, uma vez que as finalidades dos movimentos sociais, exemplificadas pelo § 2º (contestar, criticar, protestar ou apoiar ou defender direitos, garantias e liberdades constitucionais), que se constituem em exercício legítimo da liberdade de expressão e de manifestação, são incompatíveis com a finalidade especial (elementos subjetivos especiais) do terrorismo, expressamente prevista no *caput* do art. 2º da Lei, a saber, xenofobia, discriminação ou preconceito de raça, cor, etnia e religião.[25]

Nucci discorre que: "De outra sorte, este dispositivo pode ser totalmente inútil, pois o terrorista pretende exercitar seu ódio xenófobo, racista ou religioso, além de provocar terror social ou generalizado, expondo a perigo pessoa, patrimônio, paz pública ou incolumidade pública. O agente que se encaixa no perfil desta Lei é completamente diferente da descrição formulada no § 2º do art. 2º. Quem pretende somente contestar, criticar, protestar ou apoiar causas, com o objetivo de defender direitos, garantias e liberdades constitucionais, é, antes, um cidadão consciente e patriótico. Quem sair às ruas, para expor um discurso de ódio, visando à produção de terror social ou generalizado, colocando pessoas em riscos, não passará de um terrorista".[26]

O dispositivo, contudo, é traiçoeiro, na medida em que os ataques terroristas, ao menos na perspectiva de seus agentes, são legítimos movimentos de protestos e de defesa de direitos que entendem violados. A fim de evitar a inutilidade da lei, deve-se considerar que, para fins de tipificação da Lei 13.260/2016, as finalidades especiais, descritas no *caput* do art. 2º, são preponderantes sobre quaisquer outras. Assim, por exemplo, se o ato atinge uma refinaria de petróleo, mesmo que tivesse como propósito defender o direito ao nacionalismo do petróleo, mas foi praticado por razões de xenofobia, deve restar caracterizado o crime do art. 2º, § 1º, IV, da Lei 13.260/2016.

Art. 3º Promover, constituir, integrar ou prestar auxílio, pessoalmente ou por interposta pessoa, a organização terrorista:

Pena – reclusão, de cinco a oito anos, e multa.

BEM JURÍDICO TUTELADO

Como dito antes, de um modo geral, a Lei 13.260/2013 tutela vários interesses jurídicos, tais como, a pessoa, o patrimônio, a paz pública e incolumidade pública. Nessa figura, verifica-se uma proteção mais intensa da incolumidade pública, entendida como complexo de condições, garantidas pela ordem jurídica, necessárias para a segurança da vida, da integridade pessoal e da saúde. Para alguns, o bem jurídico geral da Lei de Terrorismo é a paz ou a segurança pública.

---

25 André Callegari explica que as manifestações sociais não objetivam disseminar o sentimento de terror ou medo na população civil, que na verdade, pretendem trazer para suas causas. A mensagem da manifestação social, ainda que expressada em alguma violência, é enviada diretamente ao Estado e não à população em geral. (CALLEGARI, André Luís et al. O Crime de terrorismo: reflexões críticas e comentários à Lei de Terrorismo: de acordo com a Lei n.º 13.260/2016. Porto Alegre: Livraria do Advogado, 2016. p. 73).

26 NUCCI, Guilherme de Souza. Leis Penais e Processuais Penais Comentadas. 10ª ed., Rio de Janeiro: Forense. p. 875.

Inegavelmente, os chamados delitos de organização ou associação, como o presente, decorrem do movimento expansionista do direito penal, em que o legislador antecipa a punibilidade de determinados comportamentos que apenas expõem a riscos determinados bens jurídicos. Esse direito penal da prevenção busca realizar controle sobre fatos potencialmente danosos, que ainda não produziram resultados naturalísticos.

SUJEITOS DO CRIME

Trata-se de crime comum, que pode ser praticado por qualquer pessoa.

O sujeito passivo é a coletividade e o Estado, responsável direto por assegurar a paz e a segurança pública.

CONDUTAS

São quatro verbos no tipo, mas que dada à similitude entre eles, devem ser compreendidos como a conduta daquele que, de qualquer modo, concorre para a constituição e criação de uma organização terrorista:

a) promover: impulsionar, realizar, fomentar.

b) constituir: formar, compor, organizar.

c) integrar: participar, fazer parte, juntar-se.

d) prestar auxílio: ajudar, fomentar.

O crime em estudo emprega núcleos verbais que indicam a tipificação da prática de atos relevantes para promover a organização terrorista. Devem ser condutas que ultrapassem a mera etapa de cogitação e atos preparatórios, limite nem sempre bem visível.

Assim, o uso ou veiculação promocional de símbolos ou bandeiras de organizações terroristas, desde que aptos a promovê-las, podem caracterizar o crime.

Como bem lembra Fábio Roque Araújo, "a expressão 'pessoalmente ou por interposta pessoa', empregada no tipo penal, evidencia a possibilidade de autoria mediata para este crime. Na autoria mediata (ou indireta), o agente se vale de uma terceira pessoa como instrumento para a prática do seu crime. Esta pessoa, por sua vez, é agente inculpável, seja por inimputabilidade, seja estar sob coaçao moral irresistível, obediência hierárquica, ter sido levado a erro, etc.".[27]

Conceito de organização terrorista: A Lei 13.260/2016 anuncia, na ementa que reformula o conceito de organização terrorista, mas contraditoriamente não o faz textualmente. Na verdade, a Lei inseriu disposição legal em outra Lei penal, a saber, a Lei 12.850/2013 que define, com relativa abertura, o que deve ser entendido como organização terrorista.

Assim, prevê o art. 1º, § 2º, II, da Lei 12.850/2013, com redação dada pelo art. 19 da Lei 13.260/2016, que as organizações terroristas devem ser entendidas como aquelas voltadas para a prática dos atos de terrorismo legalmente definidos.

Ora, os atos de terrorismo são definidos no art. 2º da Lei 13.260/2016, que se notabilizam pelos elementos subjetivos especiais (especiais fins de agir) contidos no *caput* do dispositivo. Assim, organização terrorista distingue-se das organizações criminosas nas suas finalidades.

---

27 ARAÚJO, Fabio Roque et al. Terrorismo: Comentários, artigo por artigo, à Lei 13.260/2016 e Aspectos Criminológicos e Político-Criminais. Salvador: JusPodivm. 2017. p. 233.

Os grupos terroristas buscam provocar terror social ou generalizado, por razões de xenofobia, discriminação ou preconceito de raça, cor, etnia e religião. Os grupos criminosos organizados não têm nenhum desses objetivos.

Importante anotar que a globalização do terrorismo levou à formação de organizações terroristas internacionais, isto é, constituídas por pessoas espalhadas por vários países, integração otimizada graças à rede mundial de computadores. As barreiras fronteiriças não constituem empecilho para a prática desse delito.

A forma com que uma organização terrorista se estrutura é bem anotada por André Callegari: "a estrutura de uma organização terrorista pode-se apresentar, basicamente, de dois modos: pirâmide ou rede. Na estrutura piramidal, bastante hierarquizada, existe uma clara divisão de funções e um controle bastante estrito sobre a maioria das atividades de seus membros; já na estrutura de rede, em função da menor hierarquização, existe uma maior flexibilidade disseminada em diversas células ou grupos que podem atuar com relativa independência e que, usualmente, não apresentam contato entre si. Enquanto a estrutura piramidal permite um maior controle, liderança e capacidade de controle, a estrutura em rede permite um maior alcança operativo de atuação, sendo mais difícil de desarticular, como pe o caso da rede AL Qaeda, o que se adapta melhor numa escala internacional, razão pela qual muitas estruturas terroristas piramidais têm migrado para o modelo em rede".[28]

VOLUNTARIEDADE

O delito só é punível na forma dolosa, seja direta, seja indireta. Não há finalidade especial explícita. Mas, como bem lembra Nucci[29], a vontade de fomentar o discurso de terror, motivada por xenofobia, discriminação e preconceito de raça, cor, etnia e religião, constitui o elemento implícito, justamente capaz de diferenciar essa espécie de organização criminosa de outras de também de mera associação.

CONSUMAÇÃO E TENTATIVA

Trata-se de crime formal, mesmo porque, como dito, por se tratar de crime de antecipação, é inexigível qualquer resultado naturalístico da conduta criminalizada.

É crime de ação múltipla, razão pela qual se consuma com o cometimento de uma das ações descritas no tipo.

Art. 4º (VETADO).

Art. 5º Realizar atos preparatórios de terrorismo com o propósito inequívoco de consumar tal delito:

Pena – a correspondente ao delito consumado, diminuída de um quarto até a metade.

---

28 CALLEGARI, Andre. Et al. O Crime de terrorismo: reflexões críticas e comentários à Lei de Terrorismo: de acordo com a Lei n.º 13.260/2016. Porto Alegre: Livraria do Advogado, 2016. p. 41-42.

29 NUCCI, Guilherme de Souza. Leis Penais e Processuais Penais Comentadas. 10ª ed., Rio de Janeiro: Forense. p. 876.

BEM JURÍDICO TUTELADO

Como dito antes, de um modo geral, a Lei 13.260/2013 tutela vários interesses jurídicos, tais como, a pessoa, o patrimônio, a paz pública e incolumidade pública. Nessa figura, verifica-se uma proteção mais intensa da incolumidade pública, entendida como complexo de condições, garantidas pela ordem jurídica, necessárias para a segurança da vida, da integridade pessoal e da saúde.

SUJEITOS DO CRIME

O sujeito ativo pode ser qualquer pessoa, não exigindo o tipo qualidade ou condição especial do agente.

O sujeito passivo é a coletividade e o Estado, responsável direto por assegurar a paz e a segurança pública.

CONDUTAS

Como se sabe, o *iter criminis* compreende as seguintes etapas: cogitação, preparação, execução, consumação e exaurimento. Na primeira fase (*cogitatio*), o agente apenas idealiza, mentalmente, a prática do delito, razão pela qual, devido à inofensividade ao bem jurídico, não pode ser criminalizada. Nessa etapa, vige a máxima romana: *cogitationis poenam nemo patitur*. No estágio dos atos preparatórios (*conatus remotus*), a idealização do delito avança para realização de condutas preliminares, que envolve planejamento estratégico da ação delituosa e a aquisição de armas ou objetos necessários para tal. Os atos preparatórios, em regra, são impunes, exceto nas hipóteses em que o legislador opta por tipificá-los. A etapa seguinte é a execução, em que o agente inicia os ataques ao bem jurídico tutelado pela norma. Consumação é o momento em que todos os elementos da definição legal do delito se fazem presentes, isto é, o ponto em que a conduta se subsume ao tipo penal. Na última fase, do exaurimento, o agente, depois de consumado o crime, agride novamente o bem jurídico, intensificando sua lesão.

Pois bem. Nesse dispositivo, a Lei 13.260/2016 elevou a fase de atos preparatórios à categoria de crime autônomo. Nessa figura delituosa, o legislador antecipa a punibilidade de determinados comportamentos que apenas expõem a riscos o bem jurídico tutelado pela norma, integrando aquilo que se convencionou denominar de direito penal da prevenção, que busca realizar controle sobre fatos potencialmente danosos, os quais ainda não produziram resultados naturalísticos. Aqui, é desnecessário que o agente inicie a prática dos atos de terrorismo, para que seja alcançado pela lei penal.

Não é propriamente uma originalidade, visto que outros crimes também se valem dessa técnica, como por exemplo, os arts. 251, 253, 287, 288, 291, do Código Penal, art. 34 da Lei de Drogas, 12, 14 e 16 do Estatuto do Desarmamento e art. 152 do Código Penal Militar. Os próprios tipos penais do art. 2º, § 1º, I, V, e art. 3º da Lei em estudo são exemplos de criminalização de atos preparatórios.

A anormalidade desse tipo é a redação aberta, em que a conduta central proibida não é descrita pormenorizadamente. Embora possa ser técnica legislativa contestável, no caso de atos terroristas, é inegável que a dinâmica dos comportamentos delituosos que gravitam em torno desses casos, criados freneticamente na contemporaneidade, enseja o uso dessa fórmula redacional.

Sobre essa peculiar característica do terrorismo, ensina Ulrich Sieber: "atos terroristas são dificilmente reconhecidos com antecedência; sua grande periculosidade se manifesta na maioria das vezes apenas pouco antes da realização e, por isso, são raramente evitados. As ações não resultam apenas em grandes danos físicos, mas objetivam, por meio das mensagens e imagens divulgadas, efeitos psíquicos e fins políticos muito mais extensos: a violência terrorista espalha ansiedade e medo, que – fortalecidos pela mídia – visam atacar sensivelmente o conjunto econômico e político das sociedades modernas para torná-las suscetíveis a chantagens políticas".[30]

Sobre o moderno fenômeno dos tipos penais aberto, vale conferir a lúcida colocação de Paulo Busato:

> "Isso ocorre em vários âmbitos da incriminação moderna, justamente porque muitos bens jurídicos que se entende devam merecer atenção do Direito penal são coletivizados e de difícil apreensão. Resulta utópico, atualmente, em face das mudanças de foco do Direito penal, o comando de certeza que se exige pelo princípio de legalidade. Entretanto, na medida do possível, é necessário que essas decisões legislativas sejam controladas e corrigidas, ainda que seja comum uma maior exigência na concretização do âmbito da garantia criminal do que no âmbito da garantia penal".[31]

A combinação entre a necessidade de antecipação da criminalização do terrorismo e tipificação penal aberta atende uma tendência denominada **limiar ataque zero**, política criminal que procura combater o crescente recrutamento de nacionais e disseminação do terrorismo doméstico em vários países vítimas desse tipo de crime.

Realizar atos preparatórios é praticar ou fazer qualquer feito introdutório ou preliminar de terrorismo, razão pela qual, esse tipo pode ser identificado como a criminalização da **conspiração ao terrorismo**, vocábulo que se assemelha ao **crime de *conspiracy*** do direito anglo-saxão, o qual se satisfaz com o planejamento da prática de um único crime.[32] Por exemplo, um terrorista que desenvolve um programa de computador capaz de controlar o sistema de transporte de uma cidade e produzir inúmeros acidentes de trânsito, mas antes de executá-lo ou instalá-lo, é detido em razão de investigações policiais.

A identificação do limite entre a impunível fase interna da cogitação e a fase de atos preparatórios reclama uma análise sucessiva, no tempo, dos atos materiais externos praticados pelo agente. Por isso, em regra, não devem caracterizar o crime em estudo meras conversas despretensiosas sobre o terrorismo, exceto se constituírem ordens ou comandos, como verdadeiros atos de maquinação e trama, para a realização do atentado.[33]

Crime impossível: Importa destacar que os atos preparatórios capazes de caracterizar o crime, em tela, devem conter sério e verossímil potencial nocivo aos bens jurídicos tutelados pela Lei. Inexistindo risco ou perigo ao bem jurídico, isto é, sem qualquer probabilidade de ser atingido pela conduta do agente, como a preparação de atos impossíveis a tanto, é aplicável a

---

30 SIEBER, Ulrich. *Limites Do Direito Penal Princípios E Desafios Do Novo Programa De Pesquisa Em Direito Penal No Instituto Max-Planck De Direito Penal Estrangeiro E Internacional*. Revista Direito GV. São Paulo. 2008. p. 281.

31 BUSATO, Paulo César. *Direito Penal: Parte geral*. 2ª ed., São Paulo: Atlas. 2015, p. 52.

32 Este tipo estrangeiro foi mencionado pela Ministra Rosa Weber no HC 103.412, (j. 19-6-2012, 1ª T, *DJE* de 23-8-2012) com o objetivo de diferenciá-lo da associação criminosa do art. 288 do CP.

33 Também não se pode desconsiderar que essas conversas podem, a depender do caso concreto, caracterizar outras infrações penais, como art. 287 do CP (apologia ao crime) ou art. 22 da Lei 7170/1983.

teoria do crime impossível, por ineficácia absoluta do meio. Por exemplo, quando um grupo de pessoas elabora o planejamento para fazer cair um meteoro em uma mesquita.

VOLUNTARIEDADE

O crime é punido a título de dolo, portanto o agente deve, de forma voluntária e consciente, concorrer, de qualquer modo, para realizar atos preparatórios de terrorismo.

A parte final do tipo indica que somente o dolo direto será capaz de indicar a prática da infração penal. Por isso, cumpre ao juiz verificar se os feitos preparatórios destinavam-se, de forma inequívoca, ao terrorismo.

CONSUMAÇÃO E TENTATIVA

Trata-se de crime formal ou de consumação antecipada. Consuma-se com a realização dos atos preparatórios, isto é, com a prática de qualquer conduta apta e idônea para a realização de um ato terrorista, pelo que se pode afirmar tratar-se de delito instantâneo.

A tentativa não é cabível, pois a lei incriminou de modo autônomo atos representativos da preparação do terrorismo.

Crime subsidiário: O crime em análise é subsidiário, pelo que fica absorvido quando o agente efetivamente avança para a fase da execução do *iter criminis*. Nesses casos, os atos preparatórios, ainda que erigidos a delito autônomo, são absorvidos pela etapa seguinte, caracterizadora de uma infração penal mais grave. Como já decidiu o Supremo Tribunal Federal: "se um crime é meio necessário ou fase normal de preparação ou de execução de outro crime, encontrando-se, portanto, o fato previsto em uma lei inserido em outro de maior amplitude, permite-se apenas uma única tipificação, por óbvio, a mais ampla e específica (por força do fenômeno da consunção) (...)." (Inq 3.108, rel. min. Dias Toffoli, j. 15-12-2011, P, DJE de 22-3-2012.).

Na mesma linha de ideias, porém, referindo-se a outro delito que criminaliza atos preparatórios, também do Supremo Tribunal, colhe-se o seguinte julgado: "os arts. 33, § 1º, I, e 34 da Lei de Drogas — que visam proteger a saúde pública, com a ameaça de produção de drogas — tipificam condutas que podem ser consideradas mero ato preparatório. Assim, evidenciado, no mesmo contexto fático, o intento de traficância do agente (cocaína), utilizando aparelhos e insumos somente para esse fim, todo e qualquer ato relacionado à sua produção deve ser considerado ato preparatório do delito de tráfico, previsto no art. 33, *caput*, da Lei 11.343/2006. Aplica-se, pois, o princípio da consunção, que se consubstancia na absorção do delito-meio (objetos ligados à fabricação) pelo delito-fim (comercialização de drogas)" (HC 109.708, rel. min. Teori Zavascki, j. 23-6-2015, 2ª T, DJE de 3-8-2015).

Pena: Atento ao princípio da proporcionalidade das penas, o legislador prevê que o delito do art. 5º da Lei 13.260/2016 é sancionado com **a pena correspondente ao delito consumado, diminuída de um quarto até a metade.** Trata-se de emprego da técnica de reenvio, em que o tipo penal se refere a outra norma, para compor sua descrição legal.

> § 1º Incorre nas mesmas penas o agente que, com o propósito de praticar atos de terrorismo:
>
> I – recrutar, organizar, transportar ou municiar indivíduos que viajem para país distinto daquele de sua residência ou nacionalidade; ou

II – fornecer ou receber treinamento em país distinto daquele de sua residência ou nacionalidade.

§ 2º Nas hipóteses do § 1º, quando a conduta não envolver treinamento ou viagem para país distinto daquele de sua residência ou nacionalidade, a pena será a correspondente ao delito consumado, diminuída de metade a dois terços.

FIGURAS EQUIPARADAS

O § 1º do art. 5º prevê algumas figuras de atos preparatórios de terrorismo. São espécies equiparadas que mantém as características do *caput*, principalmente o propósito de praticar atos de terrorismo. São elas:

a) Recrutar, organizar, transportar ou municiar indivíduos que viajem para país distinto daquele de sua residência ou nacionalidade.

Trata-se da criminalização da contratação de **mercenários ou combatentes terroristas estrangeiros, os** quais são agentes que se deslocam por vários países, com propósito de perpetrar, planejar, preparar ou participar de atos terroristas, fornecer ou receber treinamento para o terrorismo.

Quando a conduta não envolver treinamento ou viagem para país distinto daquele de sua residência ou nacionalidade, a pena será a correspondente ao delito consumado, diminuída de metade a dois terços.

b) fornecer ou receber treinamento em país distinto daquele de sua residência ou nacionalidade.

A norma tipifica, assim, o chamado **treinamento para terrorismo**, compreendido como a ministração de instruções para o fabrico ou para a utilização de explosivos, armas de fogo, outras armas ou substâncias nocivas ou perigosas ou, ainda, para outros métodos e técnicas terroristas específicas.

Esses tipos são inspirados na Resolução 2.178 do Conselho de Segurança das Nações Unidas.

No § 2º, a Lei prevê uma **causa de diminuição de pena**, caso o treinamento seja nacional ou doméstico, isto é, desde que não haja deslocamento de pessoas entre países distintos. Trata-se de uma opção questionável, sobretudo se considerarmos a facilidade para realização de treinamentos de técnicas terroristas por meio de sofisticados programas de computador, naquilo que se convencionou chamar de imersivo realismo, típico no intitulado terrorismo digital. Nesses casos, o treinamento para o terrorismo pode ser feito a quilômetros de distância, entre países distintos da residência e nacionalidade dos agentes, sem que haja efetivo deslocamento entre eles. Por isso, verifica-se que a causa de diminuição é criticável, na medida em que o recrutamento de pessoas em âmbito doméstico ou por meio da rede mundial de computadores é realidade crescente em todo o mundo.

Art. 6º Receber, prover, oferecer, obter, guardar, manter em depósito, solicitar, investir, de qualquer modo, direta ou indiretamente, recursos, ativos, bens, direitos, valores ou serviços de qualquer natureza, para o planejamento, a preparação ou a execução dos crimes previstos nesta Lei:
Pena – reclusão, de quinze a trinta anos.

O art. 6º tipifica uma série de condutas indicativas de sustento e custeio, dirigidas ao planejamento, preparação e execução dos crimes previstos nessa Lei (*caput*), o financiamento, total ou parcial, de pessoa, grupo de pessoas, associação, entidade, ou organização criminosa que tenha como atividade principal ou secundária, mesmo em caráter eventual, a prática dos crimes previstos nessa Lei (parágrafo único).

BEM JURÍDICO TUTELADO

Como dito antes, de um modo geral, a Lei 13.260/2013 tutela vários interesses jurídicos, tais como, a pessoa, o patrimônio, a paz pública e a incolumidade pública.

Nessa figura, verifica-se uma proteção mais intensa da incolumidade pública, entendida como complexo de condições, garantidas pela ordem jurídica, necessárias para a segurança da vida, da integridade pessoal e da saúde. Para alguns, o bem jurídico geral da Lei de Terrorismo é a paz ou a segurança pública. De forma mediata, a norma tutela as ordens econômica e tributária.

SUJEITOS DO CRIME

O sujeito ativo pode ser qualquer pessoa, não exigindo o tipo qualidade ou condição especial do agente.

O sujeito passivo é a coletividade e o Estado, responsável direto por assegurar a paz e a segurança pública.

CONDUTAS

O art. 6º, *caput*, pune, em resumo, o apoio financeiro ao terrorismo, incriminando a obtenção, ocultação e o fornecimento de fundos para o planejamento, preparação ou execução de tais atividades, podendo acontecer de diversas formas, seja se valendo de fontes lícitas – tais como doações pessoais e lucros de empresas e organizações de caridade –, seja a partir de fontes criminosas – como o tráfico de drogas, o contrabando de armas, bens e serviços tomados indevidamente à base da força, fraude, sequestro e extorsão.

O tipo apresenta os seguintes verbos nucleares:

a) receber: tomar algo, obter;

b) prover: fornecer;

c) oferecer: ofertar;

d) obter: conseguir;

e) guardar: conservar ou tomar conta de algo;

f) manter em depósito: armazenar;

g) solicitar: pedir, requerer;

h) investir: empregar.

Trata-se, portanto, de um tipo misto alternativo, de conteúdo múltiplo ou variado, pois são vários os núcleos que compõem a figura penal. Dessa forma, o agente que incorrer, no mesmo contexto fático, em mais de uma conduta descrita por esses verbos, responderá, por força do princípio da alternatividade, por um único crime.

Objeto material: recursos, ativos, bens, direitos, valores ou serviços de qualquer natureza, para o planejamento, a preparação ou a execução dos crimes previstos na Lei 13.260/16[34]. A menção a bens, direitos ou valores é, salvo melhor juízo, desnecessária, pois tais elementos são englobados pelo termo "ativo".[35]

O tipo procura criminalizar a conduta daquele que presta apoio financeiro ao terrorismo, independentemente do valor econômico dessa contribuição.

Delito de acumulação: o financiamento do terrorismo é crucial para sua existência e expansão, razão pela qual, mesmos os patrocínios de pequeno valor são alcançados pelo tipo em estudo.

Mostra-se cabível aqui a aplicação do conceito de delito de acumulação. Trata-se de técnica de criminalização feita pelo direito penal que não considera isoladamente o aspecto da lesão ou perigo da lesão sobre condutas unitárias, mas sobre a soma hipotética de inúmeras condutas sucessivas.

O que legitima a punição, portanto, é a soma de pequenas lesões ao bem jurídico coletivo. Nas palavras de Ana Carolina Carlos de Oliveira[36], "trata-se, em síntese, de uma soma de microlesões e de uma técnica de tipificação baseada em um grande número de atos. Nesse sentido e conforme sustentam Wohlers e von Hirsch, a acumulação é mais do que uma técnica legislativa, é também um fundamento para a justificação ou legitimação de condutas perigosas contra bens jurídicos coletivos". E, de acordo com a mesma autora, "as condições para que se verifique uma conduta merecedora de punição com base na acumulação são: (i) prognóstico realista de realização de condutas; (ii) existência de resultado efetivo, ainda que reduzido; (iii) consideração de condutas pouco significantes".

Nesse tipo de criminalização, faz-se uma dura opção de política penal, visto que, caso não haja a devida repressão, é muito provável que ocorram inúmeros casos de financiamento pequenos os quais, ao final, representam valor suficiente para a realização do ato de terrorismo. Assim, o tipo penal ora em estudo alcança pequenas colaborações, indiferentemente do seu estrito valor econômico.

VOLUNTARIEDADE

O crime é punido a título de dolo, portanto o agente deve, de forma voluntária e consciente, concorrer, de qualquer modo, para o custeio do planejamento, da preparação ou da execução

34 Não abrange o custeio do crime do art. 3º (organização terrorista), o qual se abrange pelo parágrafo único, que pune na mesma pena, quem oferecer ou receber, obtiver, guardar, mantiver em depósito, solicitar, investir ou de qualquer modo contribuir para a obtenção de ativo, bem ou recurso financeiro, com a finalidade de financiar, total ou parcialmente, pessoa, grupo de pessoas, associação, entidade, organização criminosa que tenha como atividade principal ou secundária, mesmo em caráter eventual, a prática dos crimes previstos nessa Lei.

35 "Ativo – termo básico nos sistemas contábeis, utilizado para expressar o conjunto de bens, valores, créditos, direitos e assemelhados, que forma o patrimônio de uma empresa, de uma pessoa, de um governo ou instituição, num determinado momento, avaliado pelos respectivos custos. No sistema brasileiro, esse conceito possui vários desdobramentos legalmente caracterizados [...], e normas complementares". Cf. FULGENCIO, Paulo Cesar. *Glossario. Vade mecum*. Rio de Janeiro: Mauad X, 2007. p. 64. É o que também se depreende da leitura dos comentários atinente ao termo "patrimônio" de BIDERMAN, Maria Tereza Camargo. *Dicionário de termos financeiros e bancários*. São Paulo: Disal Editora, 2013.

36 https://www.ibccrim.org.br/revista_liberdades_artigo/176-ARTIGOS. Acesso em 17 mar 2018.

dos crimes previstos nessa Lei, recebendo, provendo, oferecendo, obtendo, guardando, mantendo em depósito, solicitando, investindo, de qualquer modo, direta ou indiretamente, recursos, ativos, bens, direitos, valores ou serviços de qualquer natureza.

CONSUMAÇÃO E TENTATIVA

O crime consuma-se com a prática de qualquer um dos núcleos, isto é, no momento em que o agente recebe, provê, oferece, obtém, guarda, mantém em depósito, solicita, investe, de qualquer modo, direta ou indiretamente, recursos, ativos, bens, direitos, valores ou serviços de qualquer natureza, para o planejamento, a preparação ou a execução dos crimes elencados na Lei Antiterrorismo.

É, em regra, crime instantâneo (a consumação se dá em momento certo), sendo que somente os verbos "guardar" e "manter em depósito" configuram-se como crime permanente (em que a consumação se protrai no tempo).

Ademais, em se tratando de um tipo misto alternativo, o fato de o agente praticar mais de um dos verbos nucleares no mesmo contexto fático, não desnatura, diante do princípio da alternatividade, a unidade do crime.

A tentativa é, em regra, admitida. O *conatus* não parece possível nos núcleos de "guardar" e "manter em depósito".

> Parágrafo único. Incorre na mesma pena quem oferecer ou receber, obtiver, guardar, mantiver em depósito, solicitar, investir ou de qualquer modo contribuir para a obtenção de ativo, bem ou recurso financeiro, com a finalidade de financiar, total ou parcialmente, pessoa, grupo de pessoas, associação, entidade, organização criminosa que tenha como atividade principal ou secundária, mesmo em caráter eventual, a prática dos crimes previstos nesta Lei.

O delito tem como verbos nucleares oferecer (ofertar), receber (tomar algo, obter), obter (conseguir), guardar (conservar ou tomar conta de algo), manter em depósito (armazenar), solicitar (pedir, requerer), investir (empregar) ou, de qualquer modo, contribuir para a obtenção de ativo, bem ou recurso financeiro, com a finalidade de financiar, total ou parcialmente, pessoa, grupo de pessoas, associação, entidade, ou organização criminosa que tenha como atividade principal ou secundária, mesmo em caráter eventual, a prática dos crimes previstos na Lei 13.260/2016.

Nota-se que, diferentemente do *caput*, o parágrafo único tem em mira não o sustento de um ato criminoso, mas do sujeito, sujeitos ou grupos terroristas. Outra diferença está na ausência do verbo "prover" (fornecer), substituído pelo núcleo "contribuir", que pode se dar de "qualquer modo".

Art. 6º, *caput*	Art. 6º, parágrafo único
Receber, **prover**, oferecer, obter, guardar, manter em depósito, solicitar, investir, de qualquer modo, direta ou indiretamente, recursos, ativos, bens, direitos, valores ou serviços de qualquer natureza, **para o planejamento, a preparação ou a execução dos crimes previstos nesta Lei**: *** Como já alertamos nos comentários ao *caput*, quando o dispositivo se refere ao planejamento, preparação ou a execução dos "crimes previstos nessa Lei", não abrange o custeio do delito do art. 3º (organização terrorista), esse abrangido pelo parágrafo único.	Oferecer ou receber, obtiver, guardar, mantiver em depósito, solicitar, investir ou **de qualquer modo contribuir** para a obtenção de ativo, bem ou recurso financeiro, com a finalidade de financiar, total ou parcialmente, **pessoa, grupo de pessoas, associação, entidade, organização criminosa que tenha como atividade principal ou secundária, mesmo em caráter eventual, a prática dos crimes previstos nesta Lei.**
Pena – reclusão, de quinze a trinta anos.	**Pena – reclusão, de quinze a trinta anos.**

Como são vários os núcleos que compõem esse parágrafo único, verifica-se que se trata de um tipo misto alternativo, de conteúdo múltiplo ou variado. Por essa razão, o agente que praticar, em um mesmo contexto fático, mais de um dos verbos elencados, responderá por um único crime, em decorrência do princípio da alternatividade.

O objeto material são os ativos, bens, direitos, valores ou serviços. Assim como no *caput*, a menção a bens, direitos ou valores é, nesse parágrafo único, desnecessária, haja vista que tais elementos já estão abrangidos pelo vocábulo "ativo".[37]

Cabe aqui a mesma observação, quanto ao delito de acumulação que fizemos nos comentários ao *caput*.

Por fim, se ausente a identidade de contexto, mostra-se possível o concurso de crimes do *caput* e parágrafo único.

BEM JURÍDICO TUTELADO

Os bens jurídicos tutelados são, imediatamente, a paz pública e, mediatamente, as ordens econômica e tributária.

SUJEITOS DO CRIME

A conduta classifica-se como crime comum e, desse modo, pode ser praticada por qualquer pessoa, só ou em colaboração com outrem.

O sujeito passivo é a coletividade e o Estado, responsável direto por assegurar a paz e a segurança pública.

CONDUTAS

O art. 6º, parágrafo único, da Lei Antiterrorismo tipifica penalmente a conduta de oferecer, receber, obter, guardar, manter em depósito, solicitar, investir ou, de qualquer modo, contribuir para a obtenção de ativo, bem ou recurso financeiro, com a finalidade de financiar, total

37 É o que se depreende de FULGENCIO, Paulo Cesar. *Glossario. Vade mecum*. Rio de Janeiro: Mauad X, 2007. p. 64. BIDERMAN, Maria Tereza Camargo. *Dicionário de termos financeiros e bancários*. São Paulo: Disal Editora, 2013.

ou parcialmente, pessoa, grupo de pessoas, associação, entidade, ou organização criminosa que tenha como atividade principal ou secundária, mesmo em caráter eventual, a prática dos delitos elencados na Lei 13.260/16. É, desse modo, tipo misto alternativo, de conteúdo variado ou de ação múltipla.

VOLUNTARIEDADE

O elemento subjetivo do crime é o dolo, representado pela vontade consciente de oferecer, receber, obter, guardar, manter em depósito, solicitar, investir ou, de qualquer modo, contribuir para a obtenção de ativo, bem ou recurso financeiro, com a finalidade de financiar, total ou parcialmente, pessoa, grupo de pessoas, associação, entidade, ou organização criminosa que tenha como atividade principal ou secundária, mesmo em caráter eventual, a prática dos delitos enumerados na Lei 13.260/16.

CONSUMAÇÃO E TENTATIVA

O crime consuma-se no instante em que o agente oferece, recebe, obtém, guarda, mantém em depósito, solicita, investe ou, de qualquer modo, contribui para a obtenção de ativo, bem ou recurso financeiro, com a finalidade de financiar, total ou parcialmente, pessoa, grupo de pessoas, associação, entidade ou organização criminosa que tenha como atividade principal ou secundária, mesmo em caráter eventual, a prática dos crimes previstos nessa Lei Antiterrorismo.

Com relação às modalidades de "guardar" e "manter em depósito", é crime permanente (em que a consumação se prolonga no tempo), sendo, todavia, instantâneo (consuma-se em momento certo), quanto aos demais verbos esculpidos.

Como é um tipo misto alternativo, o agente que praticar mais de um dos verbos nucleares no mesmo contexto fático, responderá, devido ao princípio da alternatividade, por um único crime.

Admite-se a tentativa, salvo quanto às hipóteses de "guardar", "manter em depósito", formas unissubsistentes do crime.

O art. 6º, parágrafo único, da Lei Antiterrorismo tipifica penalmente a conduta de oferecer, receber, obter, guardar, manter em depósito, solicitar, investir ou, de qualquer modo, contribuir para a obtenção de ativo, bem ou recurso financeiro, com a finalidade de financiar, total ou parcialmente, pessoa, grupo de pessoas, associação, entidade, ou organização criminosa que tenha como atividade principal ou secundária, mesmo em caráter eventual, a prática dos delitos elencados na Lei 13.260/16. É, desse modo, tipo misto alternativo, de conteúdo variado ou de ação múltipla.

Art. 7º Salvo quando for elementar da prática de qualquer crime previsto nesta Lei, se de algum deles resultar lesão corporal grave, aumenta-se a pena de um terço, se resultar morte, aumenta-se a pena da metade.

CAUSA DE AUMENTO DE PENA

O art. 7º da Lei 13.260/2016 cria uma hipótese de causa de aumento aplicável a todos os crimes de terrorismo. A técnica utilizada nesse dispositivo é pouco usual, visto que a preferência do legislador brasileiro é estabelecer a figura qualificada do tipo penal logo após a sua definição legal, caso a caso. Adotam sistemática semelhante, o § 2º do art. 327 do Código Penal e o art. 40 da Lei de Drogas, para citar apenas dois exemplos.

São duas as circunstâncias que qualificam os crimes:

a) se da prática do terrorismo resultar lesão corporal.

b) se da prática do terrorismo resultar morte.

No primeiro caso, a pena deverá ser aumentada em um terço. No segundo, em metade.

A parte inicial do artigo (salvo quando for elementar da prática de qualquer crime previsto nesta Lei) busca evitar a utilização de elementares do tipo como circunstâncias majorantes. Trata-se de sistemática que evita o *bis in idem* e eventual incoerência do sistema punitivo.

A causa de aumento, portanto, será inaplicável para o crime previsto no art. 2º, § 1º, V, da Lei 13.260/2016, que prevê, como elementar do tipo, ataques à integridade física e à vida.

Para os demais delitos da Lei, a causa de aumento pode ser aplicada indistintamente, desde que resultem lesão corporal grave ou morte.

Atente-se que a proibição de aumento de pena, nos casos de o ato terrorista resultar lesão grave ou morte, não se choca com a regra de concurso material obrigatório de crimes previsto no preceito secundário do § 1º do art. 2º da Lei 13.260/2016.

Art. 8º (VETADO).

Art. 9º (VETADO).

Art. 10. Mesmo antes de iniciada a execução do crime de terrorismo, na hipótese do art. 5º desta Lei, aplicam-se as disposições do art. 15 do Decreto-Lei nº 2.848, de 7 de dezembro de 1940 – Código Penal.

A Lei 13.260/2016, que, como visto, criminalizou, no art. 5º, os atos preparatórios dos atos de terrorismo, prevê a aplicação do art. 15 do Código Penal, isto é, admite àquele tipo os institutos da desistência voluntária e arrependimento eficaz. É a seguinte a redação da lei penal: "*Art. 15 – O agente que, voluntariamente, desiste de prosseguir na execução ou impede que o resultado se produza, só responde pelos atos já praticados*".

Como se sabe, esse dispositivo atende razões de política criminal e constitui uma norma penal premial que procura, por meio de uma recompensa penal, a saber, a atipicidade da conduta[38], estimular o agente a abandonar e desfazer a tentativa da infração penal.

Conhecida como tentativa abandonada ou qualificada, como ensina André Estefam, "desistência e arrependimento são figuras distintas. A desistência pressupõe tenha o agente meios para prosseguir na execução, ou seja, ele ainda não esgotou o *iter criminis* posto à sua disposição (por exemplo, sua arma possui outros projéteis, mas ele desiste de dispará-los). No arrependimento, subentende-se que o sujeito já tenha esgotado todos os meios disponíveis e

38 Não se desconhece a divergência sobre a natureza jurídica da desistência voluntária e do arrependimento eficaz, que, para alguns, é de causa extintiva da punibilidade, para outros, é de causa de atipicidade e, para outros, causa de imunidades penais. Sobre a controvérsia, Nélson Hungria elenca as teorias da nulidade, da presunção e da enfermidade (HUNGRIA, Nelson. DOTTI, René Ariel. *Comentários ao Código Penal*. 7ª ed., Rio de Janeiro: LMJ Mundo Jurídico. 2016. p. 68).

que, após terminar todos os atos executórios (mas sem consumar o fato), pratica alguma conduta *positiva*, tendente a evitar a consumação (por exemplo, o sujeito descarregou a sua arma e, diante da vítima agonizando, arrepende-se e a socorre)".[39]

Diante da particularidade do art. 5º da Lei, que erigiu a crime os atos preparatórios dos feitos terroristas, para operar os efeitos legais, a ponte de ouro deve ocorrer ainda nessa fase do *iter criminis*.

É o caso do agente terrorista que, durante o desenvolvimento de um programa de computador capaz de controlar o sistema de transporte de uma cidade e produzir inúmeros acidentes de trânsito, antes de concluí-lo, voluntariamente, abandona a atividade.

Dada a particularidade do tipo penal em estudo, pensamos, todavia, ser necessário um recorte. O instituto da desistência voluntária será aceito nos crimes de terrorismo, desde que os atos preparatórios realizados tenham sido inutilizados pelo abandono. Caso os atos preparatórios tenham sido finalizados, mas não tenham sido destruídos pelo agente, devido à potencialidade inerente de serem utilizados por outras pessoas, ainda que o agente tenha abandonado a empreitada criminosa, poderá ser responsabilizado pelo delito do art. 5º da Lei.

É que, nesses casos, se vislumbra que o agente assumiu a posição de garante prevista no art. 13, § 2º, c, do CP, uma vez que, com seu comportamento anterior (elaboração e concretização dos atos preparatórios), criou o risco da ocorrência do resultado. Relembre-se que a responsabilidade do garante é, expressamente, reforçada pelo mandado de criminalização previsto no art. 5º, XLIII, da Constituição da República, que determina textualmente que a lei regulamentadora do terrorismo deve responsabilizar *os mandantes, os executores e os que, podendo evitá-los, se omitirem*.

É claro que resultado aqui deve ser compreendido como o produto final do ato preparatório, e não como produto da ação criminosa em si, tendo em vista que estamos a tratar de crime formal.

Assim, caso o agente elabore um software capaz de provocar a queda de aviões, desista da empreitada antes de acionar e difundir o programa, mas não o inutiliza, pode ser responsabilizado pelo art. 5º da Lei 13.260/2016, posto que, com esse comportamento anterior, criou risco do ato de terrorismo ocorrer.

Nessas situações, para ter direito ao art. 15 do Código Penal, o agente deve realizar os atos que estão ao seu alcance, para evitar a produção do evento, ou seja, só lhe é aproveitável o instituto do arrependimento eficaz.

Essa parece ser a melhor interpretação do dispositivo, dada a peculiaridade do tipo do art. 5º da Lei 13.260/2016, essencialmente crime de perigo, fruto do chamado direito penal preventivo e de consumação instantânea.

O que concluímos, então, em resumo, é que, caso o agente não tenha concluído ou aperfeiçoado o ato preparatório do terrorismo, poderá ser alcançado pela desistência voluntária.

No caso, porém, do ato preparatório ter sido inteiramente finalizado, caso o agente queira valer-se do art. 15 do CP, não será o bastante que abandone o curso da ação terrorista. Deverá, essencialmente, desfazer ou ato, o que corresponderá ao arrependimento eficaz.

39 ESTEFAM, André. *Direito penal*. São Paulo: Saraiva, 2010, p. 239.

Art. 11. Para todos os efeitos legais, considera-se que os crimes previstos nesta Lei são praticados contra o interesse da União, cabendo à Polícia Federal a investigação criminal, em sede de inquérito policial, e à Justiça Federal o seu processamento e julgamento, nos termos do inciso IV do art. 109 da Constituição Federal.

Parágrafo único. (VETADO).

Competência: O dispositivo prevê, terminantemente, que os crimes de terrorismo são de competência da Justiça Federal, nos termos do inciso IV da Constituição Federal. Ocorre que essa norma constitucional prevê que serão de competência federal os crimes políticos e as infrações penais praticadas em detrimento de bens, serviços ou interesse da União ou de suas entidades autárquicas ou empresas públicas, excluídas as contravenções e ressalvada a competência da Justiça Militar e da Justiça Eleitoral.

Como se vê, os crimes previstos na Lei 13.260/2016 não se amoldam, *incontinenti*, às hipóteses da norma constitucional, mesmo porque a paz pública, bem jurídico geral da Lei, não pertence unicamente à União.

A melhor interpretação do dispositivo é, portanto, que o Juiz natural para o processamento e julgamento desses crimes é a Justiça Estadual, a não ser que esteja presente uma das hipóteses do art. 109 da CF.

Quanto ao fato de tratar-se de crime previsto em tratado ou convenção internacional, sustenta Fábio Roque de Araújo: "neste ponto, imperioso recordar que o fato de o crime estar previsto em tratado ou convenção internacional (como ocorre com o crime de terrorismo) não atrai, por si só, a competência federal. Conforme se extrai do art. 109, V da Constituição Federal, compete aos juízes federais processar e julgar: 'os crimes previstos em tratado ou convenção internacional, quando, iniciada a execução no País, o resultado tenha ou devesse ter ocorrido no estrangeiro, ou reciprocamente'. Desse modo, percebemos que não basta estar previsto em tratado ou convenção internacional; para que o crime fosse federal, seria imprescindível que houvesse internacionalidade na prática da conduta, ou seja, que 'iniciada a execução no País, o resultado tenha ou devesse ter ocorrido no estrangeiro, ou reciprocamente'".[40]

Guilherme Nucci anota que a Lei 13.260/2016 conferiu a competência para o julgamento dos crimes de terrorismo, dado o conteúdo político do delito.[41] Discordamos do consagrado autor, porque o regime jurídico dado ao crime de terrorista é fruto do mandado de criminalização contido na Constituição Federal, situação absolutamente incompatível com o tratamento benéfico dado aos crimes políticos. A equiparação, portanto, não tem amparo constitucional. Ademais, como será visto, o Supremo Tribunal Federal já decidiu que o terrorismo não é crime político.

Competência do Júri: No caso de prática de terrorismo praticado contra a vida (art. 2º, §1º, V, da Lei 13.260/2013), ante a regra constitucional do art. 5º XXXVIII, da Constituição da República, seu julgamento deve ser feito pelo Tribunal do Júri, que atrai também os crimes conexos. Nesse sentido também sustenta Guilherme de Souza Nucci: "se o homicídio se

---

40 ARAÚJO, Fabio Roque et al. Terrorismo: Comentários, artigo por artigo, à Lei 13.260/2016 e Aspectos Criminológicos e Político-Criminais. Salvador: JusPodivm. 2017. p. 266.

41 NUCCI, Guilherme de Souza. Leis Penais e Processuais Penais Comentadas. 10ª ed., Rio de Janeiro: Forense. p. 874.

consumar, o júri atrairá a competência para julgar o conexo delito de terrorismo; vale dizer, matar uma pessoa, por razões racistas, com o fim de gerar terror generalizado produz o crime de homicídio e o delito de terrorismo, cumulativamente".[42]

Atribuições investigatórias em relação aos crimes previstos na Lei n. 13.260/2016: O dispositivo prevê, ainda, que cabe à polícia federal investigar os crimes de terrorismo. Trata-se de disposição que deve ser analisado à luz do art. 144, § 1º, I, da Constituição da República, o qual prevê que a polícia federal destina-se a apurar infrações penais dotadas de repercussão interestadual ou internacional. Trata-se de situação devidamente regulamentada pela Lei 10.446/2002, que prevê: "Art. 1º Na forma do inciso I do § 1º do art. 144 da Constituição, quando houver repercussão interestadual ou internacional que exija repressão uniforme, poderá o Departamento de Polícia Federal do Ministério da Justiça, sem prejuízo da responsabilidade dos órgãos de segurança pública arrolados no art. 144 da Constituição Federal, em especial das Polícias Militares e Civis dos Estados, proceder à investigação, dentre outras, das seguintes infrações penais: I – seqüestro, cárcere privado e extorsão mediante seqüestro (arts. 148 e 159 do Código Penal), se o agente foi impelido por motivação política ou quando praticado em razão da função pública exercida pela vítima; II – formação de cartel (incisos I, a, II, III e VII do art. 4º da Lei nº 8.137, de 27 de dezembro de 1990); III – relativas à violação a direitos humanos, que a República Federativa do Brasil se comprometeu a reprimir, em decorrência de tratados internacionais de que seja parte; IV – furto, roubo ou receptação de cargas, inclusive bens e valores, transportadas em operação interestadual ou internacional, quando houver indícios da atuação de quadrilha ou bando, em mais de um Estado da Federação; V – falsificação, corrupção, adulteração ou alteração de produto destinado a fins terapêuticos ou medicinais e venda, inclusive pela internet, depósito ou distribuição do produto falsificado, corrompido, adulterado ou alterado (art. 273 do Decreto-Lei nº 2.848, de 7 de dezembro de 1940 – Código Penal); VI – furto, roubo ou dano contra instituições financeiras, incluindo agências bancárias ou caixas eletrônicos, quando houver indícios da atuação de associação criminosa em mais de um Estado da Federação; VII – quaisquer crimes praticados por meio da rede mundial de computadores que difundam conteúdo misógino, definidos como aqueles que propagam o ódio ou a aversão às mulheres. . Parágrafo único. Atendidos os pressupostos do caput, o Departamento de Polícia Federal procederá à apuração de outros casos, desde que tal providência seja autorizada ou determinada pelo Ministro de Estado da Justiça".

Competência do Tribunal Penal Internacional (TPI): Segundo a Convenção de Roma, o TPI tem competência para apurar crimes de lesa-humanidade (genocídio, crimes contra a humanidade, crimes de guerra e de agressão), mas somente de forma complementar. Assim, em princípio, eventuais atos terroristas praticados, no Brasil, somente poderão ser julgados pelo TPI, se as instituições nacionais forem falhas ou omissas na realização da justiça. A responsabilidade do Estado é, assim, primária, tendo o TPI responsabilidade subsidiária no julgamento de violações de direitos humanos.

Anote-se que o Brasil aderiu ao TPI em 2002, com a ratificação do Tratado de Roma. Com a EC 45/04, referida anuência foi positivada no texto constitucional (art. 5º, § 4º), com a prescrição de que o Brasil se submete à jurisdição do TPI.

42 NUCCI, Guilherme de Souza. Leis Penais e Processuais Penais Comentadas. 10ª ed., Rio de Janeiro: Forense. p. 885.

Carlos Augusto Canêdo Gonçalves da Silva defende que "a leitura do art. 5º, n. 1, do Estatuto de Roma, não nos autoriza expressamente concluir pela jurisdição do Tribunal Penal Internacional para o crime de terrorismo internacional. Não obstante se possa ler que 'a jurisdição do Tribunal se limitará aos crimes mais graves que preocupam a comunidade internacional em seu conjunto', o mesmo dispositivo limita taxativamente seu campo de atuação, que se circunscreverá aos seguintes delitos: crime de genocídio; crime contra a humanidade; crime de guerra; crime de agressão (...). Esse último, em virtude de não se ter encontrado uma posição que refletisse consenso no seio da Conferência, terminou por não ser definido no Estatuto (...) Assim é que o terrorismo internacional se encontra fora das quatro categorias sobre as quais incidirá a competência do Tribunal Penal Internacional, o que se configura uma importante lacuna no sistema internacional de prevenção e repressão a este delito. Todavia, esta lacuna pode não se afigurar irremediável".[43]

O curioso é que, conforme anota André de Carvalho Ramos, "Em 1937, a Liga das Nações elaborou convenção sobre a prevenção e repressão do terrorismo, que contemplava a criação de um Tribunal Penal Internacional, porém com apenas uma ratificação o tratado nunca entrou em vigor. Esse tratado foi feito em reação ao terrorismo após os assassinatos do Ministro das Relações Exteriores da França, Louis Barthou, e do Rei da Iugoslávia, Alexandre I, em Marseille, por terroristas croatas em 1934[44]".

Art. 12. O juiz, de ofício, a requerimento do Ministério Público ou mediante representação do delegado de polícia, ouvido o Ministério Público em vinte e quatro horas, havendo indícios suficientes de crime previsto nesta Lei, poderá decretar, no curso da investigação ou da ação penal, medidas assecuratórias de bens, direitos ou valores do investigado ou acusado, ou existentes em nome de interpostas pessoas, que sejam instrumento, produto ou proveito dos crimes previstos nesta Lei.

Medidas assecuratórias: são providências de natureza cautelar que buscam assegurar o resultado útil do processo penal. Pode ter por objetivo também assegurar futura indenização da vítima, que experimentou um dano decorrente da prática da infração penal, bem como para fazer frente ao pagamento das despesas processuais e as penas pecuniárias, na dicção do art. 140 do CPP.

Legitimidade: Claro que o Ministério Público, titular da ação penal pública, pode, mediante requerimento, formular pedidos assecuratórios. Durante a fase investigativa e mesmo posteriormente, caso se tenha notícia da aquisição de um bem imóvel pelo agente, pode a autoridade policial, por meio de representação, isto é, uma exposição motivada, demonstrar a conveniência da medida, pleiteando sua decretação. Sendo a medida sugerida pela autoridade policial, cumpre a prévia oitiva do Ministério Público, que se manifestará no prazo de 24 horas.

Interessante que não se deferiu, à vítima, a legitimidade para o pedido, ao contrário do que consta no art. 127 do CPP, o qual prevê expressamente essa possibilidade. Lembre-se de que o art. 2º, inc. V, da lei em exame tipifica como *ato de terrorismo*, "atentar contra a vida ou a integridade física de pessoa", o que, em tese, poderia configurar eventual interesse (*rectius:*

43 SILVA, Carlos Augusto Canêdo Gonçalves da. *Terrorismo e direito.* coord. Leonardo Lemer Caldeira Brant, Rio de Janeiro, Forense, 2003, p. 250-254.

44 RAMOS, André de Carvalho. Curso de direitos humanos. 4. ed. – São Paulo: Saraiva, 2017. p. 469.

utilidade), do ofendido na decretação de uma medida assecuratória, a fim de assegurar-lhe futura reparação.

Indícios Suficientes: O dispositivo faz menção à presença de *indícios suficientes*, para que seja decretada a medida assecuratória. A medida, assim, deve vir lastreada no mínimo de prova, posto que invade a órbita de direitos da pessoa, retirando-lhe a disponibilidade sobre bens. Observe-se que o art. 126 do Código de Processo Penal dispõe no sentido de que basta à decretação do seqüestro "a existência de indícios *veementes* da proveniência ilícita dos bens".

Indício é a circunstância plenamente conhecida, a partir da qual, por dedução, se permite extrair uma conclusão a respeito de determinado fato. Mais precisamente quanto à cautelar de seqüestro, eis o exemplo de Câmara Leal: "o agente adquire um imóvel logo depois da prática de um furto ou roubo, não é encontrada em seu poder toda a importância subtraída, a quantia que falta corresponde exatamente ao preço pago pela aquisição do imóvel e o comprador não dispunha de recurso para essa compra; tudo leva a crer que o imóvel tivesse adquirido com o produto do crime. São tão veementes os indícios que o juiz poderá, baseado neles, decretar o seqüestro do imóvel" (*Comentários ao Código de Processo Penal Brasileiro*, vol. 1, p. 365).

Não se reclama, pois, a certeza, sob pena mesmo de tornar eficaz a medida, prejudicada pelo perigo na demora de sua efetivação (*periculum in mora*).

Momento: Em razão da urgência da tutela cautelar, uma vez preenchidos os requisitos legais, pode a medida assecuratória ser ordenada, antes mesmo da oferta da acusação, isto é, na fase de investigações.

JURISPRUDÊNCIA: Indícios veementes. Ausência:

> "O art. 125 do CPP dispõe que 'caberá sequestro dos bens imóveis, adquiridos pelo indiciado, com os proventos da infração, ainda que já tenham sido transferidos a terceiro', sendo certo que o art. 126 do mesmo *Codex* assim determina: 'para a decretação do sequestro, bastará a existência de indícios veementes da proveniência ilícita dos bens'. Portanto, para que o sequestro seja válido, necessária a presença de indícios de que o bem tenha sido adquirido com proventos da infração. *In casu*, observa-se que os fatos delituosos descritos na denúncia ocorreram, em tese, a partir do ano de 2002, razão pela qual merece provimento a irresignação da recorrente, uma vez que o imóvel objeto de constrição foi adquirido pela mesma em 1987, consoante cópias de escritura pública e certidão do cartório de registro de imóveis juntadas aos autos em apenso" (STJ – RMS n. 28627-RJ, Rel. Jorge Mussi, j. 06.10.2009, DJe 30.11.2009).

> "O simples fato de o terreno de propriedade do embargante, ora apelado, ser vizinho a outro de propriedade de um narcotraficante não indica, por si só, que aquele terreno possui origem ilícita. Tampouco o fato de o apelado ter celebrado negócio jurídico com um criminoso pode servir de única prova para o sequestro de um bem, mormente quando esse foi adquirido muito anteriormente à celebração do negócio. Não há indícios veementes que comprovem a origem ilícita do bem a ensejar o sequestro do imóvel, nos termos do artigo 126 do Código de Processo Penal" (TRF 3ª. R., Ap. Crim. n. 7330 MS 0007330-90.2008.4.03.6000 – Rel. Antonio Cedenho, j. 14.04.2014).

Titularidade do MP: "Havendo prova da prática do crime e indícios de que os bens tenham sido adquiridos pelo pretenso culpado, com os proventos do delito, direta ou indiretamente, ou da sua origem ilícita, possível é promover as medidas cautelares que visem à garantia da execução, de natureza eminentemente cível, mas realizadas no processo criminal, sendo o titular da ação penal o Ministério Público, por expressa disposição dos arts. 127 e 142 do CPP" (STJ – REsp n. 1115275-PR, Rel. Adilson Vieira Macabu, j. 13.09.2011, DJe 04.11.2011).

Rol de medidas assecuratórias: Estão listadas nos arts. 125 a 144 do Código de Processo Penal e são elas: 1) **sequestro**; 2) **hipoteca legal** e 3) **arresto**.

Sequestro: Previsto no art. 125 do CPP, *in verbis*: "Caberá o seqüestro dos bens imóveis, adquiridos pelo indiciado com os proventos da infração, ainda que já tenham sido transferidos a terceiro".

Como *provento* ou *proveito* do crime deve-se entender o produto direito ou indireto da infração. É o lucro, a vantagem que o agente retira de sua prática criminosa e que não constitui o objeto em si do delito.

Embora os crimes da Lei 13.260/2016 não sejam patrimoniais, é inegável que envolvem grandes quantias de recursos, que podem ser consideradas necessárias para a instalação e o desenvolvimento dessas atividades.

Basta verificar que o delito do art. 6º da Lei, atento a essa realidade, criminaliza condutas que gravitam em torno dessas quantias econômicas, de modo que os bens imóveis adquiridos, nessa cadeia de investimento, podem ser alcançados pelo sequestro.

JURISPRUDÊNCIA: Objetivo do sequestro e de outras medidas assecuratórias:

> "As medidas assecuratórias, de natureza instrumental – cuja efetivação demanda, como no caso do sequestro, prova da materialidade delitiva e indícios suficientes de autoria – têm por fim assegurar os efeitos civis de uma decisão judicial, pois o que garante os efeitos penais é a própria prisão, isto é, são cautelares reais, pois recaem sobre bens, como a hipoteca legal, arresto e seqüestro" (STJ – AgRG no REsp n. 1241961-PR, Rel. Jorge Mussi, j. 27.11.2012, DJe 03.12.2012).

> "Embora existam divergências quanto aos limites e à finalidade do seqüestro de bens no processo penal, remanesce coerente entendê-lo como medida que preserva os bens tidos como produto ou provento do crime, retirando-os da esfera de liberdade do agente até que acertada a pretensão acusatória. No caso dos autos, foram submetidos corretamente à medida assecuratória valores constantes das contas correntes da empresa dos envolvidos, sob o fundamento de serem provenientes da ação delituosa e não porque decorrentes de eventual sonegação fiscal praticada por parte da sociedade comercial, situação, por sinal, sequer mencionada na denúncia ministerial"(STJ – REsp n. 882400-RJ, Rel. Maria Thereza de Assis Moura, j. 22.11.2007, DJ 10.12.2007, p. 460).

Inscrição do sequestro no Registro de Imóveis – Para que chegue ao conhecimento de terceiros, que não poderão alegar ignorância, determina-se a inscrição do seqüestro no Registro de Imóveis, nos termos do art. 128 do CPP. Demais disso, com esse registro, fica o agente impedido de efetuar qualquer ato de alienação do imóvel objeto do seqüestro.

A previsão de inscrição do seqüestro no Registro de Imóveis vem prevista no art. 239 da Lei 6.015/1973, *in verbis*: "As penhoras, arrestos e seqüestros de imóveis serão registrados depois de pagas às custas do registro pela parte interessada, em cumprimento de mandado ou à vista de certidão do escrivão, de que constem, além dos requisitos exigidos para o registro, os nomes do juiz, do depositário, das partes e a natureza do processo".

Levantamento do sequestro – As causas que ensejam o levantamento do seqüestro se encontram elencadas nos incs. I, II e III, do art. 131 do CPP. Ocorrerá "***se a ação penal não for intentada no prazo de sessenta dias, contado da data em que ficar concluída a diligência***" (inc. I).

Tratando-se o sequestro, com efeito, de uma medida cautelar, com o objetivo de assegurar a reparação civil da vítima (além do pagamento de despesas processuais e pena pecuniária, na dicção do art. 140 do código), mas que, de outra parte, importa em privação do direito de uso, fruição e gozo do titular do bem, é necessário que se estabeleça um prazo razoável de sua duração, impedindo, assim, que ela se eternize sem que, ao menos, seja deflagrada a ação penal.

O prazo fixado é de 60 dias, contados a partir da data na qual for concluída a diligência, e não do dia no qual foi posteriormente registrado o sequestro (art. 128 do CPP). Admite-se a flexibilização desse prazo, sempre na análise do caso concreto, atenta às dificuldades que por vezes surgem, para o término das investigações em processos mais complexos.

A segunda causa que enseja o levantamento do seqüestro está prevista no inc. II, do art. 131 e ocorrerá "*se o terceiro, a quem tiverem sido transferidos os bens, prestar caução que assegure a aplicação do disposto no art. 74, II, b, segunda parte, do Código Penal.*"

Admite, ainda, o levantamento do seqüestro "*se for julgada extinta a punibilidade ou absolvido o réu, por sentença transitada em julgado*" (art. 131, inc. III).

Sendo o sequestro uma medida cautelar, com o objetivo de, futuramente, assegurar a reparação civil da vítima e o pagamento de despesas processuais e pena pecuniária, sua manutenção só tem cabimento, como conseqüência da condenação. A absolvição desobriga o réu do dever de reparar o delito e desautoriza a perda, em favor da União, dos bens que se suspeitava fossem obtidos mediante proventos do crime (art. 91, incs. I e II do Código Penal). Nesse quadro, não faz sentido a manutenção da medida, quando o réu, por qualquer que seja o fundamento legal dentre aqueles elencados no art. 386 do CPP, foi absolvido.

Entretanto a absolvição no processo-crime não impede que a vítima, no cível, busque a reparação, com a ressalva de que não se pode "questionar mais sobre a existência do fato, ou sobre quem seja o seu autor, quando estas questões se acharem decididas no juízo criminal", nos termos do art. 935 do Código Civil. É dizer: se, por exemplo, no processo criminal, restou certo que o fato inexistiu (art. 386, inc. I do CPP), não teria cabimento um juízo cível dizer o contrário. Nada impede, porém, que sendo o réu absolvido por falta de provas no crime (art. 386, inc. V do CPP), venha ser condenado no cível, onde a prova foi produzida. O que não teria cabimento, porém, seria a manutenção de um sequestro no âmbito criminal, enquanto no aguardo de uma definição do processo civil.

Também ensejam o levantamento do sequestro as causas de extinção da punibilidade do agente.

Suspensão do processo e levantamento do sequestro: "O levantamento do sequestro ou o cancelamento da hipoteca só será possível após o trânsito em julgado de sentença absolutória ou de extinção da punibilidade, nos termos do art. 141 do Código de Processo Penal. No caso, como só houve a suspensão da pretensão punitiva, por força do art. 9.º da Leiº 9.964/00, não se pode levantar as constrições judiciais O levantamento do sequestro ou o cancelamento da hipoteca só será possível, após o trânsito em julgado de sentença absolutória ou de extinção da punibilidade, nos termos do art. 141 do Código de Processo Penal. No caso, como só houve a suspensão da pretensão punitiva, por força do art. 9.º da Lei nº 9.964/00, não se pode levantar as constrições judiciais. Precedente" (STJ – REsp n. 762072-RS, Rel. Laurita Vaz, j. 19.02.2008, DJe 10.03.2008).

Sequestro de bem móvel – Está previsto no art. 132 do CPP. Segue o que foi dito em relação ao sequestro de bem imóvel, salvo, por óbvio, a necessidade de transcrição no Registro Civil da medida.

Hipoteca Legal: Prevista no art. 134 do Código de Processo Penal, trata-se a hipoteca de um direito real, que recai sobre bem imóvel do devedor, cujo objetivo é garantir futuro pagamento do credor. Pode ser legal, judicial ou convencional.

Dispõe o art. 1.473, inc. I, do Código Civil, que podem ser objeto de hipoteca os imóveis e seus acessórios. Já o art. 1.489, inc. III, do mesmo *codex*, em rol exemplificativo, reza que a lei confere hipoteca legal "ao ofendido, ou aos seus herdeiros, sobre os imóveis do delinquente, para satisfação do dano causado pelo delito e pagamento das despesas judiciais".

Observe-se que a hipoteca não atinge apenas bens imóveis obtidos com os proventos do crime, mas, antes, pode alcançar qualquer bem, mesmo aquele adquirido antes da prática delituosa ou com numerário próprio do agente, que não guarde nenhuma relação com o crime. É que, para satisfação do dano causado à vítima, pelo réu definitivamente condenado, todo o patrimônio desse último responde, pouco importando a origem do bem, se lícita ou ilícita.

Possui, destarte, um nítido caráter acessório, visando garantir a reparação do lesado, em caso de futura condenação criminal. Demais disso, no pagamento de outros credores, terá o credor hipotecária preferência, na dicção do art. 1.422 do Código Civil.

Exige-se, para o pedido, nos termos da parte final do art. 134 do CPP, "a certeza da infração e indícios suficientes da autoria", isto é, que se demonstre a materialidade do delito e a razoável probabilidade quanto à autoria. Sendo requerida durante o processo-crime, temos que a acusação formal (denúncia ou queixa), já recebida, presta-se a preencher esses requisitos.

Especialização da hipoteca legal – O art. 135 do CPP trata da especialização da hipoteca legal. Segundo Câmara Leal, especialização "é o ato de particularizar ou singularizar alguma coisa. Pela hipoteca legal ficam *in genere* todos os imóveis do responsável obrigados pelo fiel desempenho do encargo para cuja garantia a lei a confere. Pela especialização, esse ônus real, que recaía *in genere* sobre a totalidade do patrimônio imobiliário do responsável, passa a recair *in specie* somente sobre certos e determinados bens, isto é, sobre os bens especializados" (*Código do Processo Civil e Commercial do Estado de São Paulo,* vol. II, 1ª Ed. São Paulo: Saraiva, 1930. p. 565).

Registro da hipoteca – Os dispositivos do CPP não tratam do registro da hipoteca no Cartório de Registro Civil. Cuida-se, porém, de medida salutar, que o requerente do pedido deve providenciar o registro, a fim de que, dando publicidade ao ato, terceiro não venha alegar ignorância.

De resto, é medida que encontra expressa previsão na Lei de Registros Públicos (Lei 6.015/73), que prevê, nos termos de seu art. 167, inc. I, 2, que "no Registro de Imóveis, além da matrícula, serão feitos: I – o registro: das hipotecas legais, judiciais e convencionais". O registro será efetuado "no cartório do lugar do imóvel, ou no de cada um deles, se o título se referir a mais de um", na dicção do art. 1.492 do Código Civil.

Arresto: Trata-se de medida assecuratória que pode incidir sobre bens móveis ou imóveis, cuja aquisição tenha ou não sido efetuada, pelo agente, com o produto ou provento do crime. Para esses casos, quando se exige a vinculação entre o bem e o delito, a medida adequada é o sequestro de que tratam os arts. 125 e 132 do Código de Processo Penal, quando se pressupõe que os bens móveis tenham sido "adquiridos pelo indiciado com os proventos do crime" (art. 125 do CPP). Assim, qualquer bem pode ser alvo do arresto, salvo aqueles considerados, nos termos do art. 833 do Código de Processo Civil, como impenhoráveis.

JURISPRUDÊNCIA: Arresto e sequestro. Distinção:

> "Como o arresto (procedimento antecedente à hipoteca legal) visa à constrição de bens necessários ao pagamento das responsabilidades do acusado (reparação do dano, pena pecuniária e custas processuais), caso venha a ser condenado, pouco importa que eles tenham sido adquiridos antes ou depois da infração penal. Inteligência do artigo 140 do Código de Processo Penal. Apenas o seqüestro deve recair sobre os produtos, diretos ou indiretos, do crime, pois seu escopo é o de propiciar o perdimento desses bens. Inteligência do artigo 125 do Código de Processo Penal" (STJ – RMS n. 23044-PR, Rel. Jane Silva, j. 05.05.2009, DJe 08.06.2009).

> § 1º Proceder-se-á à alienação antecipada para preservação do valor dos bens sempre que estiverem sujeitos a qualquer grau de deterioração ou depreciação, ou quando houver dificuldade para sua manutenção.

Alienação Antecipada de Bens: Esse dispositivo reproduz o art. 144-A do Código de Processo Penal. Permite, assim, que, antes mesmo da prolação da sentença penal, seja condenatória ou absolutória, se proceda à alienação antecipada de bens. Para tanto, é preciso que os bens estejam sujeitos à deterioração, depreciação ou que haja dificuldade em mantê-los.

> § 2º O juiz determinará a liberação, total ou parcial, dos bens, direitos e valores quando comprovada a licitude de sua origem e destinação, mantendo-se a constrição dos bens, direitos e valores necessários e suficientes à reparação dos danos e ao pagamento de prestações pecuniárias, multas e custas decorrentes da infração penal.
>
> § 3º Nenhum pedido de liberação será conhecido sem o comparecimento pessoal do acusado ou de interposta pessoa a que se refere o caput deste artigo, podendo o juiz determinar a prática de atos necessários à conservação de bens, direitos ou valores, sem prejuízo do disposto no § 1º.

Esse dispositivo deve ser interpretado em consonância com o texto do art. 120 do Código de Processo Penal, *in verbis*: "A restituição, quando cabível, poderá ser ordenada pela autoridade policial ou juiz, mediante termo nos autos, desde que não exista dúvida quanto ao direito do reclamante". Como regra, os objetos apreendidos devem permanecer nessa situação até a decisão final. Porém, caso não mais interessem ao processo, é possível sua devolução.

Cremos apenas que o legislador, ao determinar que cumpre ao juiz a devolução dos bens, quando demonstrada sua origem lícita, retirou da autoridade policial essa possibilidade. Afinal, quando quis conferir, também ao delegado de polícia, a possibilidade de ordenar sua devolução, o fez de forma expressa, como consta do art. 120 do CPP. Se no dispositivo em exame, ao deferir com exclusividade ao juiz a decisão quanto à devolução, preferiu restringir, não cabe ao intérprete estender essa incumbência também à autoridade policial.

> § 4º Poderão ser decretadas medidas assecuratórias sobre bens, direitos ou valores para reparação do dano decorrente da infração penal antecedente ou da prevista nesta Lei ou para pagamento de prestação pecuniária, multa e custas.

Trata-se de medida semelhante à do art. 140 do Código de Processo Penal.

Responsabilidade Civil decorrente de atentados terroristas contra aeronaves brasileiras: O Brasil, em razão do atentado de 11 de setembro de 2001 ocorrido nos EUA, editou a Lei 10.744/2003 que prevê a responsabilidade civil da União perante terceiros no caso de atentados terroristas, atos de guerra e eventos correlatos, contra aeronave de matrícula brasileira operadoras por empresas brasileiras de transporte aéreo público, excluídas as empresas de táxi aéreo.

> "Conquanto fora do âmbito do art. 37, § 6º, da CF, há legislação pela qual a União assume a responsabilidade civil perante terceiros, na hipótese de danos a bens e pessoas provocados por atentados terroristas, atos de guerra ou eventos assemelhados, ocorridos no país ou no estrangeiro, contra aeronaves de matrícula brasileira operadas por empresas brasileiras de transporte aéreo público. É o objeto da Lei n. 10.744, de 9.10.2003, caracterizando-se, na espécie, responsabilidade civil do governo federal por atos de terceiros, mais abrangente, portanto, que o citado preceito constitucional[45]."

Art. 13. Quando as circunstâncias o aconselharem, o juiz, ouvido o Ministério Público, nomeará pessoa física ou jurídica qualificada para a administração dos bens, direitos ou valores sujeitos a medidas assecuratórias, mediante termo de compromisso.

Há situações nas quais a guarda dos bens apreendidos não ensejará qualquer dificuldade. Basta imaginar, por exemplo, a apreensão de moeda ou joias, que deverão ser mantidas em conta bancárias ou cofres, não se exigindo maior esforço nessa tarefa. Nesse caso, resta clara a desnecessidade de nomeação de um terceiro, a fim de administrar os bens apreendidos.

Porém, em outras hipóteses, dada, principalmente, à natureza do bem, será necessária a indicação de um **administrador**, a quem caberá zelar por sua manutenção, livrando-o das intempéries que possam surgir em decorrência da guarda do objeto. Imagine-se, como citado acima, um quadro de valor elevado. Ele exigirá, de tempos em tempos, a realização de uma limpeza que preserve sua cor e textura, quando não uma verdadeira restauração, capaz de manter suas características originais. O próprio transporte do quadro, a ser deslocado de um local para outro, não se constitui em tarefa fácil, chegando a exigir, por vezes, até mesmo um veículo climatizado, para esse fim. Ora, o mero depósito da obra em local inadequado, por questões de iluminação, umidade, etc., pode acarretar sério risco ao bem, de modo a reduzir seu valor e, por consequência, prejudicar o objetivo de sua apreensão, consistente na possibilidade de reparação do dano causado à vítima e pagamento dos ônus processuais. Mesmo a apreensão de moeda, dependendo de seu valor, pode exigir a nomeação de administrador. Suponha-se a apreensão de 500 milhões de reais. A singela aplicação desse valor, por exemplo, em uma conta de poupança, determinada pelo juiz, pode implicar sério prejuízo. Ao contrário, a administração desse valor por uma pessoa jurídica (um banco, *v.g.*), com profundo conhecimento do mercado, apto a eleger os investimentos mais rentáveis, ensejará, decerto, a valorização desse capital. Surgirá, então, após a oitiva do Ministério Público, a necessidade de nomeação de uma pessoa (física ou jurídica), incumbida de administrar esse bem.

Incidem, nessas hipóteses, os dispositivos do Código de Processo Civil que regem a matéria, notadamente o art. 159 daquele *codex*, quando determina que "a guarda e a conservação de bens penhorados, arrestados, sequestrados ou arrecadados serão confiadas a depositário ou a administrador, não dispondo a lei de outro modo".

---

45 CARVALHO FILHO, José dos Santos. Manual de direito administrativo. 31ª ed. São Paulo: Atlas, 2017. p. 375.

Art. 14. A pessoa responsável pela administração dos bens:

I – fará jus a uma remuneração, fixada pelo juiz, que será satisfeita preferencialmente com o produto dos bens objeto da administração;

Não se pode exigir que o administrador exerça seu encargo, sem nada perceber, sobretudo em virtude de que, para o adequado desempenho dessa obrigação, pode advir uma série de despesas, além do trabalho, o qual, dependendo da natureza do bem apreendido, terá que ser realizado. O *quantum* a ser fixado pelo juiz dependerá, portanto, da análise do caso concreto, não havendo uma tabela previamente estabelecida, indicando a remuneração a ser paga. Como parâmetro, pode o juiz valer-se do disposto no art. 160 do Código de Processo Civil (com aplicação autorizada no processo penal pelo art. 3º do CPP), no sentido de que se levará em conta "a situação dos bens, ao tempo do serviço" e as dificuldades na execução do *munus*.

II – prestará, por determinação judicial, informações periódicas da situação dos bens sob sua administração, bem como explicações e detalhamentos sobre investimentos e reinvestimentos realizados.

Cabe ao administrador, sempre que solicitado, prestar contas quanto ao exercício do encargo que lhe foi atribuído, em virtude da própria natureza pública do "munus" e mesmo porque remunerado para tanto. Cumpre, assim, apontar a situação do bem que se encontra sob sua administração. Tratando-se, por exemplo, de uma aeronave, deve indicar seu estado de conservação, eventual necessidade de reparos, etc. Caso a administração se refira à moeda, deve justificar os investimentos que elegeu, dentre aqueles disponíveis no mercado, o risco de determinada aplicação, etc.

Vale lembrar que, na dicção do art. 161 do Código de Processo Civil, "o administrador responde pelos prejuízos que, por dolo ou culpa, causar à parte, perdendo a remuneração que lhe foi arbitrada ...". Demais disso, nos termos do parágrafo único do mesmo dispositivo, "o depositário infiel responde civilmente pelos prejuízos causados, sem prejuízo de sua responsabilidade penal e da imposição de sanção por ato atentatório à dignidade da justiça".

Destaque-se, ainda, que o crime de apropriação indébita, quando praticado por depositário judicial, tem a pena majorada, nos termos do inc. II, § 1º, do art. 168 do Código Penal.

Parágrafo único. Os atos relativos à administração dos bens serão levados ao conhecimento do Ministério Público, que requererá o que entender cabível.

Ante o teor das informações prestadas pelo administrador, poderá o Ministério Público adotar as medidas que entender cabíveis à espécie. Daí a cautela prevista nesse dispositivo, pela qual os atos de administração se submetem ao conhecimento do "parquet". As medidas podem ter um cunho penal, quando se vislumbrar a prática de algum delito. Podem, ainda, ter um caráter civil, a justificar um pedido de substituição do administrador, decorrente de sua má gestão. Ou, simplesmente, se limitarem a proposições para aperfeiçoamento da administração, sugerindo, por exemplo, um investimento mais conservador do dinheiro ou a guarda da aeronave, em local menos custoso.

Art. 15. O juiz determinará, na hipótese de existência de tratado ou convenção internacional e por solicitação de autoridade estrangeira competente, medidas assecuratórias sobre bens, direitos ou valores oriundos de crimes descritos nesta Lei praticados no estrangeiro.

Tratado ou Convenção: O 8º Congresso das Nações Unidas para a Prevenção do Crime e o Tratamento dos Delinquentes, realizado em Havana, Cuba, em 1990, ao tratar especificamente do auxílio mútuo e cooperação em matéria penal (item "f", incs. 13 e 14), ressaltou que "uma prevenção e uma repressão eficazes da violência terrorista requerem que os Estados concedam mutuamente toda a ajuda necessária à obtenção de provas de que necessitem, para perseguir e extraditar os delinquentes".

Assim, tornando ao artigo em análise, desde que existente "tratado ou convenção internacional", do qual o Brasil seja subscritor e por solicitação de autoridade estrangeira, pode um juiz nacional determinar a adoção de alguma medida assecuratória incidente sobre o patrimônio do suposto autor do delito, perpetrado no exterior. Lembre-se de que o Código de Processo Civil, introduziu em nosso ordenamento a *cooperação internacional*, cuja aplicação é cabível ao processo penal, nos termos do art. 3º do CPP. Segundo o art. 26 do CPC, a cooperação internacional, para sua implementação, deve observar "o respeito às garantias do devido processo legal no Estado requerente", a isonomia de tratamento entre nacionais e estrangeiros, a publicidade processual, a existência de uma "autoridade central", e a "espontaneidade na transmissão de informações a autoridades estrangeiras". De interesse do nosso trabalho, vale observar que a cooperação internacional, nos termos dos incs. IV e VI, do art. 27 do CPC, terá por objeto a "concessão de medida judicial de urgência" e "qualquer outra medida judicial ou extrajudicial não proibida pela lei brasileira".

Outra medida relevante, prevista no art. 28 do CPC, constitui-se no *auxílio direto*, cabível "quando a medida não decorrer diretamente de decisão de autoridade jurisdicional estrangeira a ser submetida a juízo de delibação no Brasil". Nesse artigo, como indica a textualidade do dispositivo, não se trata necessariamente de um pedido formulado por juiz estrangeiro, mas por uma autoridade administrativa (policial, por exemplo). Conforme argumenta Fábio Ramazzini Bechara, o que o singulariza o auxílio direto "é o fato de que o Estado estrangeiro não se apresenta na condição de juiz, mas de administrador, porquanto não encaminha um pedido judicial de assistência, mas sim uma solicitação para que a autoridade judicial do outro Estado tome as providências e as medidas requeridas no âmbito nacional".[46]

Reforça essa impressão o dizer de Márcio Mateus Barbosa Júnior, para quem "o auxílio direto serve para atos de cooperação que prescindam do *exequatur* do Superior Tribunal de Justiça, dos quais os juízes nacionais passam a ter inteira liberdade de apreciação e decisão. O instituto difere da carta rogatória, porque nessa, a medida decorre de decisão da autoridade judicial estrangeira, tomada em processo do qual o juiz nacional não tem conhecimento ou tampouco qualquer poder, além de conceder ou negar o cumprimento daquilo que lhe foi rogado".[47]

---

46 BECHARA, Fábio Ramazzini. *Novo CPC regulou normas de cooperação internacional de forma sistemática.* Disponível em https://www.conjur.com.br/2015-out-17/fabio-bechara-cpc-pacificou-normas-cooperacao-internacional. Acessado em 14 mar 2018.

47 BARBOSA JUNIOR, Márcio Mateus. *O novo Código de Processo Civil e o Auxílio Direto: Contexto do Direito Brasileiro contemporâneo.* http://www.ambito-juridico.com.br/site/index.php?n_link=revista_artigos_leitura&artigo_id=9943. Acessado em 14 mar 2018).

Tais pedidos, portanto, dada à sua própria natureza, não se submetem a crivo do Superior Tribunal de Justiça que, muito antes do advento do Código de Processo Civil em vigor, já editara a Resolução 09, do STJ, de 04.05.2005, do seguinte teor: "os pedidos de Cooperação Jurídica Internacional que tiverem por objeto atos que não ensejem juízo de delibação pelo Superior Tribunal de Justiça, ainda que denominados como carta rogatória, serão encaminhados ou devolvidos ao Ministério da Justiça, para as providências necessárias ao cumprimento do auxílio direto".

Ressalte-se que o CPC prevê a figura da *autoridade central*, a quem cabe encaminhar os pedidos, dando assistência técnica às autoridades nacionais que sintam a necessidade da cooperação internacional, tudo a propiciar maior celeridade no trâmite do procedimento.

Como destaca Ricardo Silvares, "no Brasil, normalmente a autoridade central designada na maioria dos tratados bilaterais de cooperação em matéria penal é o Ministério da Justiça e, nesse, o Departamento de Recuperação de Ativos e Cooperação Jurídica Internacional. Porém, nos tratados celebrados com Portugal e com o Canadá, a autoridade central é a Procuradoria-Geral da República e, nessa, a Assessoria de Cooperação Jurídica Internacional".[48]

§ 1º Aplica-se o disposto neste artigo, independentemente de tratado ou convenção internacional, quando houver reciprocidade do governo do país da autoridade solicitante.

Regra da reciprocidade: Esse dispositivo se orienta pela atual redação do art. 26, § 1º, do Código de Processo Civil, segundo a qual, "na ausência de tratado, a cooperação jurídica internacional poderá realizar-se com base em reciprocidade, manifestada por via diplomática". Pode ocorrer, assim, que o Brasil não seja signatário de determinado tratado ou convenção internacional. Tampouco que exista algum bilateral entre nosso país e uma nação estrangeira. Nem por isso, contudo, fica o juiz inibido de impor medidas assecuratórias sobre bens, direitos ou valores do agente. Nesse caso, o fará com base no *princípio da reciprocidade*, que se funda na igualdade e no respeito mútuo que devem orientar as relações entre os Estados. De tal forma que, segundo o Direito Internacional, a reciprocidade autoriza que efeitos jurídicos, oriundos de um país, sejam aplicados em outro, desde que aceitos igualmente por ambas as nações.

A título de exemplo, o art. 103 da Lei da Migração (Lei 13.445/2017), prevê que "*A transferência de pessoa condenada poderá ser concedida quando o pedido se fundamentar em tratado ou houver promessa de reciprocidade*".

§ 2º Na falta de tratado ou convenção, os bens, direitos ou valores sujeitos a medidas assecuratórias por solicitação de autoridade estrangeira competente ou os recursos provenientes da sua alienação serão repartidos entre o Estado requerente e o Brasil, na proporção de metade, ressalvado o direito do lesado ou de terceiro de boa-fé.

Parece pouco provável a aplicação, na prática, desse dispositivo. É que a maioria dos países efetivamente comprometidos com o combate ao terrorismo são também signatários de tratados e convenções com o Brasil. Nosso país, por seu turno, ratificou diversos protocolos com o

48 SILVARES, Ricardo. Novo CPC e seus reflexos no âmbito do Processo Penal, Salvador: JusPodivm, 1ª. ed. 2016, p. 44.

mesmo objetivo, os quais, no mais das vezes, servirão de regulamento para o rateio dos bens, direitos ou valores decorrentes das medidas assecuratórias.

Art. 16. Aplicam-se as disposições da Lei nº 12.850, de 2 agosto de 2013, para a investigação, processo e julgamento dos crimes previstos nesta Lei.

A Lei 13.260/16 manda aplicar aos crimes de terrorismo as técnicas de investigação e os meios extraordinários de obtenção de prova previstos na Lei 12.850/13 – organizações criminosas (art. 3º.) –, destacando-se: a) colaboração premiada; b) ação controlada; c) infiltração, por policiais, em atividade de investigação; d) captação ambiental de sinais eletromagnéticos, ópticos ou acústicos; e) acesso a registros de ligações telefônicas e telemáticas, a dados cadastrais constantes de bancos de dados públicos ou privados e a informações eleitorais ou comerciais; f) interceptação de comunicações telefônicas e telemáticas, nos termos da legislação específica; g) afastamento dos sigilos financeiro, bancário e fiscal, nos termos da legislação específica; h) cooperação entre instituições e órgãos federais, distritais, estaduais e municipais, na busca de provas e informações de interesse da investigação ou da instrução criminal.

Whistleblower: A fim de combater adequadamente o terrorismo, praticado mediante sofisticadas engrenagens, muitas vezes espalhadas por vários locais, é salutar a participação da sociedade civil, seja prestando informações valiosas de movimentações suspeitas, seja para buscar identificação e localização de artefatos de destruição de massa. A legislação brasileira deve avançar para romper o preconceito quanto às denúncias feitas pelo cidadão que toma conhecimento desse tipo de irregularidade, sem riscos a própria vida. Adequado, nesse quadro, a adoção pela legislação brasileira do *whistleblower*, em sentido literal, "sopradores de apito"[49], indivíduos que levam ao conhecimento das autoridades públicas informações relevantes sobre ilícitos, em troca de recompensas vultosas[50]. Trata-se de técnica de incentivo à participação, existente em vários países, mas que conta com certa resistência, no Brasil. Recentemente, a Lei 13.608/2018 dispôs sobre a possibilidade de recompensas pelo oferecimento de informações que auxiliem nas investigações de crimes ou ilícitos administrativos, o que parece contemplar, ao menos no plano normativo, o *whistleblower*, no Brasil.

A tortura do terrorista no cenário da bomba relógio: Os meios pelos quais o terrorismo é praticado, preferencialmente com a colocação de bombas de grande poder de destruição, bem como o alto grau e sofisticação com que essas infrações são clandestinamente cometidas, fez surgir uma ampla discussão acerca da possibilidade e validade do uso da tortura, nos **casos de bomba relógio (*ticking-time-bomb-cases*)**. O quadro hipotético é de captura de um terrorista que fabricou, instalou e armou uma bomba relógio em uma grande cidade, preferencialmente em local de grande circulação de pessoas como hospitais ou escolas infantis. Suponha-se que as técnicas investigativas empregadas não são hábeis suficientemente para as autoridades localizarem, tempestivamente, a bomba. Nesse horizonte incrédulo é que surge a discussão

49 Tal qual um árbitro esportivo que sopra o apito para coibir as jogadas ilegais praticadas pelos jogadores, ao verificar quaisquer irregularidades ou mesmo infrações perpetradas no seio empresarial, os *whistleblowers* "soprariam o apito", divulgando tais práticas para apuração pelas autoridades públicas competentes.

50 Trata-se de mecanismo de investigação pouco conhecido no Brasil que foi, recentemente, fomentado pela ENCCLA, oportunidade em que foi batizado como Reportante. Para mais detalhes: http://enccla.camara.leg.br/acoes/acoes-de-2016. Acessado em 16 fev. 2018.

mundialmente travada acerca da possibilidade de se torturar o terrorista para obter a informação apta à desativação da bomba e o salvamento de milhares de vidas de outras pessoas.

O caso da bomba relógio é complexo e apresenta diversas variações e discussões. Mas de forma resumida, é possível identificar uma corrente doutrinária favorável ao uso da tortura, nesses casos, e outra contrária.

A primeira linha doutrinária parte da ideia de que a vedação à tortura, contemplada no art. 5º, III, da Constituição Federal, como de resto os direitos e garantias fundamentais, não é absoluta e, por isso, comporta exceções. Como os direitos fundamentais não podem ser escudo para prática de atos ilícitos e diante da inviabilidade de agir de outro modo, excepcionalmente o Estado está autorizado a torturar o terrorista e obter a localização do artefato. Permitir a detonação da bomba, isso sim, seria uma violação aos direitos fundamentais das vítimas, de modo que o emprego da tortura do terrorista é medida protetiva de um número maior de pessoas.

No seminal trabalho sobre a questão, Luís Greco sintetiza os vários argumentos favoráveis à quebra da proibição da tortura: a) o torturado é responsável pela tortura; b) a proibição absoluta de torturar significa uma premiação ao sangue frio e à astúcia do terrorista; c) entre o jurídico e o antijurídico, não pode o Estado de Direito portar-se de modo neutro, tendo ele o dever de intervir em favor da vítima; d) em uma situação em que, faça-se o que se faça, o resultado será sempre a barbárie, deve o direito colocar-se ao lado da vítima e não do autor; e) a tortura afeta um culpado, sua finalidade consiste em salvar um inocente; f) se o suspeito é de fato o terrorista que está pondo em perigo a vida de pessoas inocentes, é imperativo de justiça que seja ele quem arque com os custos da eliminação desse perigo; g) a mais grave das torturas não é nada em comparação com a ameaça que o terrorista faz aos cidadãos, de sofrer uma morte atroz, por meio da explosão de uma bomba; h) a proibição absoluta de torturar significa "nada menos que a imposição ao agredido de um dever de aceitar, sem resistência, a destruição antijurídica de sua existência física"; i) impedir a tortura significa nada menos que uma barbárie contra os interesses superiores e justificados de milhões de afetados e, portanto, um escândalo ético; j) é difícil imaginar um menosprezo mais patente à personalidade de um ser humano do que fazê-lo saltar pelos ares, contaminá-lo com radioatividade, envenená-lo com germes mortais, tudo com o mero fim de semear o terror; k) para a vítima, há uma forma qualificada de lesão à dignidade; l) o Estado de direito não pode se converter em um "pacto suicida"; m) números importam, mesmo em decisões de princípios; n) justifica-se a tortura por meio das figuras dogmáticas do estado de necessidade, ou da colisão de deveres.[51]

A tese contrária ao emprego da tortura, nos casos de bomba relógio, aduz que a maioria dos argumentos jurídicos favoráveis constituem-se em especulações de fundo moral e consequencialista que, quando utilizados, fragilizam a superioridade moral de que deve se revestir o Estado de direito. Outros, como Luís Greco, defendem que excepcionar a vedação à tortura afronta a dignidade da pessoa humana, anulando-a a ponto de permitir tantas outras reduções a direitos fundamentais, como a pena de morte, castração química, etc. Aduzem que as premissas favoráveis à tortura escondem-se numa regra de custos-benefícios, o que é moralmente questionável e ocasionalmente manipulável para outras situações, o que torna a dignidade da pessoa humana um princípio constitucional manobrável ao sabor dos fatos. A afirmação de

---

51 O trabalho do professor Luís Greco é crucial no estudo do tema, seja pelo didatismo, seja pela sua peculiar qualidade científica. GRECO, Luís. *As regras por trás da exceção: reflexões sobre a tortura nos chamados "casos de bomba-relógio"*. Revista brasileira de ciências criminais, n. 78, p. 7-40, 2009.

que haveria uma exceção em um caso excepcional não passa de uma ilusão. A suposta tortura salvadora praticada pelo Estado quebra a confiança de que ele (Estado) age, enquanto ente que congrega e representa seus cidadãos, no interesse e na defesa de todos, e depõe contra a sua função ética e inclusiva. Ademais, a tortura esconde uma atávica reação em face do terrorista, quase que uma sanção acessória, perceptivelmente vingativa. Como observa Michael J. Sandel, "a justificativa moral da tortura depende muito do fato de presumirmos que aquela pessoa seja responsável, de alguma forma, pelo perigo que tentamos afastar. Ainda que não seja responsável pela bomba em questão, presumimos que tenha cometido outros atos terríveis que a fizeram merecedora do cruel tratamento. As intuições morais no caso da bomba-relógio não estão relacionadas apenas com custos e benefícios, mas também com a ideia não utilitarista de que terroristas são pessoas más que merecem ser punidas. Podemos ver isso mais claramente se alterarmos a situação, de modo a remover qualquer elemento de presunção de culpa. Suponhamos que a única forma de induzir o suspeito de terrorismo a falar seja a tortura de sua jovem filha (que não tem noção das atividades nefastas do pai). Seria moralmente aceitável fazer isso? Acredito que até mesmo o mais convicto utilitarista vacilasse, ao pensar nessa possibilidade. Mas essa versão da situação de tortura é um teste mais verdadeiro do princípio utilitarista. Ela põe de lado a percepção de que o terrorista merece ser punido de alguma forma (apesar da valiosa informação que esperamos extrair dele) e nos força a avaliar o cálculo utilitarista em si".[52] A mesma percepção se extrai da hipótese de abate de um avião de inocentes passageiros tomado por terroristas, caso que escancara que a análise custo-benefício "faria dos passageiros meros objetos de uma ação de salvamento do estado e seria incompatível com a sua natureza de sujeitos dotados de dignidade e de direitos indisponíveis".[53]

Débora Souza de Almeida sintetiza essa corrente: "A proposta da Teoria do cenário da bomba-relógio é, em efeito, demasiada arriscada para a democracia, pois implica graves retrocessos na órbita dos direitos humanos e fundamentais, de forma a debilitar ou pôr fim nas normas que regem o sistema democrático ou que fundam o Estado Democrático de Direito".[54]

Questão interessante é quanto à possível utilização da tortura no caso de **estrangeiros não residentes no Brasil,** ante a previsão do *caput* do art. 5º da Constituição, de que os direitos e garantias são garantias dos brasileiros e estrangeiros residentes no país. Dimitri Dimoulis e Leonardo Martins respondem ao problema, sustentando que a falta de explícita proteção constitucional dos direitos fundamentais dos estrangeiros não residentes pelo art. 5º da CF não significa que eles estejam à mercê dos aparelhos estatais. Mas, para além de uma defesa pela via fácil da obviedade constitucional, os autores propõem que a proteção dos estrangeiros não residentes decorre dos tratados internacionais sobre direitos humanos, mais precisamente a Convenção contra a tortura, promulgada, no Brasil, pelo Decreto 40, de 15.2.1991.[55]

Art. 17. Aplicam-se as disposições da Lei nº 8.072, de 25 de julho de 1990, aos crimes previstos nesta Lei.

---

52 SANDEL, Michael J. Justiça – O que é fazer a coisa certa. 4ª ed. Rio de Janeiro: Civilização brasileira. 2011. p. 54.

53 A frase em destaque é de Bernd Schünemann, nos comentários ao estudo citado feito pelo professor Luís Greco. GRECO, Luís. *As regras por trás da exceção: reflexões sobre a tortura nos chamados "casos de bomba-relógio"*. Revista brasileira de ciências criminais, n. 78, p. 7-40, 2009.

54 ALMEIDA, Débora de Souza et al. Terrorismo: Comentários, artigo por artigo, à Lei 13.260/2016 e Aspectos Criminológicos e Político-Criminais. Salvador: JusPodivm. 2017. p. 107.

55 DIMOULIS, Dimitri. e MARTINS, Leonardo. Teoria geral dos direitos fundamentais. 5ª. ed. São Paulo: Atlas, 2014. p. 78.

Hediondez do terrorismo: A igualdade de tratamento dos crimes de terrorismo com os hediondos decorre da origem comum constitucional de ambas as espécies de delitos, a saber, o art. 5º, LXIII, da Carta Magna.

Antes de verificarmos os efeitos decorrentes do regime da Lei dos Crimes Hediondos, temos que investigar quais figuras delituosas, contidas na Lei 13.260/2016, são hediondas.

Entendemos que todos os crimes da Lei devem ser considerados hediondos.

Como ponto de partida, anote-se que a Lei 8.072/90, no *caput* do art. 2.º, previu (seguindo mandamento constitucional) três figuras não propriamente hediondas, mas a elas equiparadas. Trata-se da tortura, disciplinada pela Lei 9.455/97, do tráfico ilícito de drogas, regulamentado pela Lei 11.343/06, e do terrorismo, finalmente disciplinado pela Lei em comento.

A Lei 13.260/2016, como um todo, regulamenta o art. 5º, XLIII, da CF/88 (art. 1º). Diferentemente da Lei 12.850/13, que define a organização criminosa **e outras infrações acessórias,** a Lei 13.260/16 regulamenta o terrorismo em todos os tipos, sem admitir que as figuras típicas seguintes ao art. 2º sejam rotuladas como meramente coadjuvantes. Trata-se de verdadeira lei de regência e, como tal, cria um sistema de prevenção e repressão ao terrorismo (antiterror).

Dentro desse espírito, a expressão *terrorismo*, anunciada na Carta Maior, está impregnada em todas as figuras criminosas da Lei 13.260/16. Não sem razão, o art. 17, comentado mais adiante, manda aplicar os consectários da Lei 8.072/90 aos *crimes* previstos nessa Lei (não se limitando ao *crime* plurinuclear do art. 2º).

Interpretação diversa redunda numa falta de razoabilidade quando, por exemplo, se compara os arts. 2º e 6º. Obviamente que o financiamento do terrorismo (art. 6º.) é crime ainda mais grave do que o ato terrorista (art. 2º.), tanto que punido mais rigorosamente. Como pode, então, a infração penal menos grave sofrer os rigores da Lei 8.072/90, e a mais grave não?

A nossa conclusão baseia-se, como se nota, no princípio da proibição da proteção deficiente (imperativo de tutela): todos os crimes da Lei 13.260/16 são equiparados a hediondos, porque tutelam bens jurídicos que, em geral, são tutelados por outras leis penais, que também definem crimes hediondos.

Transformando-se o Estado, antes absenteísta, em guardião dos direitos fundamentais do cidadão, passou esse a ter como função precípua a proteção dos direitos fundamentais de todas as dimensões (individuais e metaindividuais), o que acarreta o surgimento de um novo modelo de proteção de direitos, que vem exatamente acompanhar a sua evolução histórico-social.

Por essa razão, dizer que não mais se pode falar em uma função exclusivamente negativa do Estado, como outrora, o que STRECK chama de garantismo negativo, devendo ser exigido, do mesmo modo, a partir de uma interpretação sistemática do direito, à luz dos mandamentos constitucionais, a defesa dos cidadãos contra os poderes sociais de fato. Segundo BARATTA, esse novo modelo de Estado deverá dar a resposta para as necessidades de segurança de todos os direitos, inclusive de ordem prestacional (direitos sociais, econômicos e culturais), e não somente daqueles direitos chamados de prestação de proteção, em particular contra agressões de natureza delitiva, praticada por determinadas pessoas.[56]

---

56 GAVIÃO, VENTURELLA NAHAS, Juliana. *A proibição da proteção deficiente*. Revista do Ministério Público do Rio Grande do Sul – n. 61. Porto Alegre. Maio de 2008 – outubro de 2008. p. 95.

Nessa linha, reconhecendo a dupla face de garantias, decidiu o STF "que os direitos fundamentais não podem ser considerados apenas como proibições de intervenção (*Eingriffsverbote*), expressando também um postulado de proteção (*Schutzgebote*). Pode-se dizer que os direitos fundamentais expressam não apenas uma proibição do excesso (Übermassverbote), como também podem ser traduzidos como proibições de proteção insuficiente ou imperativos de tutela (*Untermassverbote*)." (HC 104.410/RS).

Vejamos, abaixo, os consectários para esses crimes.

Vedação à anistia, Graça e Indulto:

O inciso I do art. 2.º da Lei 8.072/90 determina que os crimes hediondos e equiparados são insuscetíveis de anistia, graça e indulto.

A Constituição Federal, contudo, é menos restritiva, já que, no inciso XLIII do art. 5.º, impede somente a concessão de anistia e graça, nada mencionando acerca da proibição do indulto.

Diante desse quadro, inevitável o questionamento: a ampliação pelo legislador ordinário é constitucional?

Parte da doutrina entende impossível a ampliação, visto que a matéria foi inteiramente regulada pela Constituição. Além disso, a concessão do indulto está entre as atribuições privativas do Presidente da República, não podendo o legislador ordinário limitá-lo, no exercício dessa atribuição.

Em sentido contrário, o Supremo Tribunal Federal firmou entendimento no sentido de ser o indulto modalidade do poder de graça do Presidente da República, e, por isso, alcançado pela vedação constitucional. Não bastasse, a Constituição Federal trouxe vedações mínimas, permitindo ao legislador ordinário ampliá-las:

> "*Habeas corpus* – Vedação ao benefício da comutação da pena – Constrangimento ilegal – Inocorrência – *Habeas corpus* indeferido. O disposto no art. 5.º, inciso XLIII, da Constituição Federal, bem como o art. 2.º, inciso I, da Lei 8.072/90, vedam a concessão de graça ou anistia aos condenados pela prática dos crimes definidos como hediondos. A questão do presente *writ* já foi largamente discutida por esta Corte, encontrando-se pacificado, em ambas as Turmas, o entendimento de que, sendo a comutação da pena espécie de indulto parcial, o Decreto Presidencial 3.226, de 29.10.1999, não se aplica ao condenado pela prática de crime hediondo. Precedentes. Ordem indeferida." (HC 86.615/RJ, 2.ª T., rel. Min. Joaquim Barbosa, *DJ* 24.11.2006).

Vedação da fiança:

Em sua redação original, o inciso II do art. 2.º da Lei 8.072/90 vedava a concessão de fiança e liberdade provisória para crimes hediondos, a prática de tortura, o tráfico ilícito de entorpecentes e drogas afins, além do terrorismo.

Com o advento da Lei 11.464, de 28 de março de 2007, dentre outras modificações, o inciso em comento só vedou a fiança (retirando o óbice à liberdade provisória). Essa mudança, para alguns, não repercutiu no rol de restrições, ocorrendo mera adequação de redação, pois, ao vedar fiança, automaticamente, está vedada a liberdade provisória. Não foi a tese que prevaleceu. Essa interpretação, a nosso ver, não é a mais adequada. A uma, porque os dois institutos tecnicamente não se confundem, sendo bastante comum indigitados autores beneficiados pela liberdade provisória sem fiança (se uma implicasse a outra, esse quadro seria inviável). A duas, o inciso, ao cuidar de medida privativa de direitos, merece interpretação restritiva, não havendo espaço para proibições implícitas.

Constantemente alertamos o equívoco de se vedar benefícios penais e/ou processuais a determinados crimes em abstrato, ignorando as circunstâncias que rodeiam o caso concreto, técnica que transforma o magistrado num autômato, fazendo preponderar um positivismo cego, em claro detrimento da Justiça.

Progressão de regime:

A Lei 11.464/2007 modificou a redação do § 1.º do art. 2.º da Lei 8.072/90, abolindo o regime integralmente fechado.

A alteração ocorreu para amoldar o texto legal ao entendimento pacífico do Supremo Tribunal Federal, no sentido de que o regime fechado, do início ao fim, violava uma série de garantias constitucionais, destacando-se a individualização da pena, a dignidade da pessoa humana, a razoabilidade, a proporcionalidade, a isonomia, dentre outras.

Ao determinar regime inicial fechado[57], o legislador autorizou a progressão de regimes, estipulando, no § 2º, o pressuposto temporal para a concessão do benefício, qual seja, 2/5 da pena, se o agente for primário; e de 3/5, se reincidente. Previu-se, portanto, requisito diferenciado, mais rigoroso do que aquele estipulado para os delitos em geral, contentando-se a lei, nesses casos, com o cumprimento de 1/6 da pena (art. 112 da LEP).

Deve ser observado, contudo, que os crimes hediondos (ou equiparados), praticados antes da Lei 11.464/2007, continuam observando a regra geral (1/6), evitando, com isso, a retroatividade maléfica. Não podemos ignorar que o Supremo Tribunal Federal já havia declarado inconstitucional o § 1.º do art. 2º, permitindo, antes do advento da novel Lei, progressão de regime com o cumprimento de 1/6 da pena. Nesse sentido, temos a Súmula Vinculante 26. O STJ seguiu o mesmo espírito, estampado na Súmula 471.

Por fim, alertamos que, na análise do pressuposto temporal, não se considera o máximo de trinta anos de que trata o art. 75 do CP, mas sim, o tempo total da reprimenda aplicada, tal como determina a Súmula 715 do Supremo Tribunal Federal:

"A pena unificada para atender ao limite de 30 (trinta) anos de cumprimento, determinada pelo art. 75 do Código Penal, não é considerada para a concessão de outros benefícios, como o livramento condicional ou o regime mais favorável de execução".

PRESCRIÇÃO

Segundo a Constituição Federal, além da hipótese de racismo, será imprescritível o crime praticado por grupo armado, civil ou militar, que visar a abalar a ordem constitucional e o Estado Democrático (CF, art. 5º, XLIV).

Dada a abertura contida nesse dispositivo, é de se indagar se o terrorismo pode ser considerado crime praticado por grupo armado que visa a abalar a ordem constitucional e o Estado Democrático e, portanto, ser considerado imprescritível.

A resposta negativa parece ser a mais adequada.

57 Também a obrigatoriedade do regime inicial fechado, prevista na Lei dos Crimes Hediondos, foi superada pela Suprema Corte, de modo que a mera natureza do crime não configura fundamentação idônea a justificar a fixação do regime mais gravoso para os condenados pela prática de crimes hediondos e equiparados, haja vista que, para estabelecer o regime prisional, deve o magistrado avaliar o caso concreto, de acordo com os parâmetros estabelecidos pelo artigo 33 e parágrafos do Código Penal (HC 111.840).

Com efeito, dentre as finalidades específicas contidas no art. 2º da Lei 13.260/2016 inexiste a intenção especial de abalar a ordem constitucional e o Estado Democrático. Na verdade, como vimos, a Lei não criminalizou o terrorismo motivado por razões políticas, o que parece ser o principal objetivo da norma constitucional anteriormente mencionada.

Por isso, parte da doutrina entende que o dispositivo constitucional citado é regulamentado pela Lei 7.170/1983 (Lei de Segurança Nacional), que cuida dos crimes praticados contra o regime representativo e democrático, a Federação e o Estado de Direito.

Mesmo afastada a incidência dessa norma, há uma consideração a ser feita ao tema.

As finalidades específicas do art. 2º da Lei de terrorismo, como foi examinado, são aquelas contidas na Lei 7.716/1989, que prevê os crimes de preconceito e discriminação, os quais são, por imperativo constitucional, imprescritíveis.

Dada a identidade de finalidades, seria possível estender a imprescritibilidade prevista no art. 5º, inciso XLII, aos crimes de Terrorismo da Lei 13.260/2016?

Quer nos parecer que sim.

Como visto, a Lei 13.260/2016 tutelou valores constitucionais plurais. Além da paz pública, sem hierarquia, a vista dos elementos subjetivos especiais do tipo, contidos no art. 2º da Lei, buscou também o combate ao racismo, razão pela qual, o regime jurídico contido naquela norma constitucional deve ser utilizado nesses crimes também.

Trata-se de uma hermenêutica que procura manter a coerência e integridade do direito, visto que, de outra forma, chegaríamos a interpretação absurdamente conflitante, visível no seguinte cenário: se uma pessoa, por motivo racial, negar-se a servir outra em um estabelecimento comercial, configurando o delito previsto no art. 5º da Lei n. 7.716/1989, terá praticado um fato imprescritível; se, pelo mesmo motivo, também por motivo racial, praticar um ato de terrorismo e matar várias pessoas, será alcançado pela prescrição.

Na verdade, o que se quer demonstrar é que a mesma base axiomática contida no comando constitucional que prevê a imprescritibilidade do racismo está contida na Lei de terrorismo, pelo que deve a ela se estender.[58]

Situação semelhante ocorreu recentemente, quando o STJ decidiu que a injúria racial é uma espécie do crime de racismo e, por unanimidade, afastou a prescrição em caso de injúria racial, declarando, no caso concreto, tal delito imprescritível (STJ. AgRg no AREsp 686965/DF. Rel. ERICSON MARANHO. Des. convocado do TJ/SP. Sexta turma. Julgamento: 18/08/2015. DJe 31/08/2015).

Observe-se que, tanto na Lei 7.716/1989 quanto na Lei 13.260/2016, o racismo compõe elementar do tipo, razão pela qual a imprescritibilidade prevista na Constituição Federal deve ser comum a ambas as leis.

Quando o racismo integrar o fato criminoso como mera circunstância, porém, não há que se falar em imprescritibilidade. É o que ocorre quando alguém mata outrem em razão de

58 Na Espanha, como assinala Débora de Souza de Almeida, os delitos de terrorismo, quando casarem a morte, são também imprescritíveis (art. 131 do Código Penal) (ALMEIDA, Débora de Souza de, et al. Terrorismo: Comentários, artigo por artigo, à Lei 13.260/2016 e Aspectos Criminológicos e Político-Criminais. Salvador: JusPodivm. 2017 p. 126).

racismo. Nesse caso, o racismo não é elementar do tipo, podendo servir de qualificadora (motivo torpe), situação insuficiente para tornar o fato imprescritível.

PRESÍDIOS FEDERAIS

De acordo com o art. 3.º da Lei 8.072/90, a União deve manter estabelecimentos penais de segurança máxima, destinados ao cumprimento de penas por condenados cuja periculosidade ponha em risco a ordem ou a incolumidade pública, em caso de permanência nos presídios estaduais. Terrorista parece espelhar esse habitante prisional típico para os estabelecimentos federais.

Embora se trate de norma cogente, integrante do ordenamento jurídico pátrio, desde 1990, não vimos, por parte da União, o necessário esforço para a instalação e manutenção desses estabelecimentos, cuja importância é indiscutível, especialmente nos dias atuais, em que estamos diante de organizações criminosas muito bem estruturadas, que são comandadas por agentes de altíssima periculosidade, inclusive por aqueles que se encontram recolhidos em estabelecimentos prisionais comuns.

A falta desses presídios, além de acarretar o risco à ordem e à incolumidade pública, ocasiona a transferência diuturna de presos, não somente entre estabelecimentos do próprio Estado, como também envolvendo diversas Unidades da Federação, como já pudemos testemunhar, o que traz, sem nenhuma dúvida, despesas e riscos muito elevados, os quais poderiam ser evitados, se a lei fosse devidamente cumprida.

A Súmula 192 do STJ anuncia competir ao Juízo das Execuções Penais do Estado a execução das penas impostas a sentenciados pela Justiça Federal, Militar ou Eleitoral, quando recolhidos a estabelecimentos sujeitos a administração estadual.

LIVRAMENTO CONDICIONAL

O art. 5.º da Lei 8.072/90 acrescentou ao art. 83 do CP o inciso V, prevendo, para o caso de crime hediondo (ou equiparado), requisito temporal diferenciado, para a concessão do livramento condicional.

Além do cumprimento de 2/3 da pena, a lei exige, ainda, que o apenado não seja reincidente específico *em crimes dessa natureza*. Todavia, não definiu o que significa *reincidência específica*, surgindo daí três posicionamentos: a) é a prática de novo crime, qualquer daqueles tratados na Lei 8.072/90; b) é a prática de um novo crime, com a mesma objetividade jurídica do anterior (extorsão + latrocínio); c) é a prática do mesmo crime anteriormente cometido.

Terrorismo não é crime político: embora se referindo ao art. 20 da Lei de Segurança Nacional, o Supremo Tribunal Federal já decidiu que não reputa crime político, para efeito de extradição, o crime de terrorismo:

> *"Os atos delituosos de natureza terrorista, considerados os parâmetros consagrados pela vigente Constituição da República, não se subsumem* à noção de criminalidade política, pois a Lei Fundamental proclamou o repúdio ao terrorismo como um dos princípios essenciais que devem reger o Estado brasileiro em suas relações internacionais (CF, art. 4º, *VIII), além de haver qualificado o terrorismo, para efeito de repressão interna, como crime equiparável aos delitos hediondos, o que o expõe, sob tal perspectiva, a tratamento jurídico impregnado de máximo rigor, tornando-o inafiançável e insuscetível da clemência soberana do Estado e reduzindo-o, ainda, à dimensão ordinária dos crimes meramente comuns (CF, art.*

> *5º, XLIII). – A Constituição da República, presentes tais vetores interpretativos (CF, art. 4º, VIII, e art. 5º, XLIII), não autoriza que se outorgue, às práticas delituosas de caráter terrorista, o mesmo tratamento benigno dispensado ao autor de crimes políticos ou de opinião.... A extradição – enquanto meio legítimo de cooperação internacional na repressão às práticas de criminalidade comum – representa instrumento de significativa importância no combate eficaz ao terrorismo, que constitui 'uma grave ameaça para os valores democráticos e para a paz e a segurança internacionais (...)' (Convenção Interamericana Contra o Terrorismo, Art. 11), justificando-se, por isso mesmo, para efeitos extradicionais, a sua descaracterização como delito de natureza política". (Ext. 855, Min. Rel. Celso de Mello, DJ 1º-7-2005)*

Art. 18. O inciso III do art. 1º da Lei nº 7.960, de 21 de dezembro de 1989, passa a vigorar acrescido da seguinte alínea *p*:

"Art. 1º (...)

III – (...)

p) crimes previstos na Lei de Terrorismo." (NR)

A prisão temporária, como se sabe, está disciplinada na Lei 7.960/89. De acordo com orientação da maioria, só pode ser decretada quando imprescindível para as investigações do inquérito policial (art. 1.º, I) ou quando o investigado não tiver residência fixa ou não fornecer elementos ao esclarecimento de sua identidade (art. 1.º, II), pressupondo, em qualquer caso, fundadas razões de autoria ou participação do investigado nos seguintes crimes (art. 1.º, III): a) homicídio doloso; b) sequestro ou cárcere privado; c) roubo; d) extorsão; e) extorsão mediante sequestro; f) estupro; g) atentado violento ao pudor (revogado pela Lei 12015/09, migrando seu conteúdo criminoso para o art. 213, como modalidade de estupro); h) rapto violento (apesar de o art. 219 do CP haver sido revogado pela Lei 11.106/05, não houve *abolitio criminis*, estando tipificada, agora, no art. 148, § 1º, V, do mesmo Código); i) epidemia com resultado de morte; j) envenenamento de água potável, substância alimentícia ou medicinal qualificado pela morte; l) quadrilha ou bando (hoje, associação criminosa, *nomen iuris* alterado pela Lei 12.850/13); m) genocídio, em qualquer de suas formas típicas; n) tráfico de drogas; e o) crimes contra o sistema financeiro.

A Lei 13.260/16 incluiu o terrorismo ("p").

Trata-se de medida cautelar pessoal (e excepcional) de privação de liberdade de locomoção, por tempo determinado, destinada a possibilitar a investigação de crime grave, cabível apenas durante a fase inquisitiva da persecução penal.

O prazo desta prisão, de acordo com o art. 2º da Lei 7.960/89, será de cinco dias, prorrogável por igual período.

O § 4º da Lei 8.072/90 amplia o período de restrição, no caso de crime hediondo (ou equiparado), permitindo prisão temporária pelo prazo de 30 (trinta) dias, prorrogável por igual período, pressupondo, sempre, extrema e comprovada necessidade.

Art. 19. O art. 1º da Lei nº 12.850, de 2 de agosto de 2013, passa a vigorar com a seguinte alteração:

"Art. 1º (...)

§ 2º (...)

II – às organizações terroristas, entendidas como aquelas voltadas para a prática dos atos de terrorismo legalmente definidos." (NR)

Disposição comentada por ocasião do estudo do parágrafo único do art. 6º da Lei.

Art. 20. Esta Lei entra em vigor na data de sua publicação.

REFERÊNCIAS BIBLIOGRÁFICAS

ALMEIDA, Débora de Souza de, ARAÚJO, Fabio Roque et al. Terrorismo: Comentários, artigo por artigo, à Lei 13.260/2016 e Aspectos Criminológicos e Político-Criminais. Salvador: JusPodivm. 2017.

BARBOSA JUNIOR, Márcio Mateus. *O novo Código de Processo Civil e o Auxílio Direto: Contexto do Direito Brasileiro contemporâneo.* http://www.ambito-juridico.com.br/site/index.php?n_link=revista_artigos_leitura&artigo_id=9943.

BECHARA, Fábio Ramazzini. *Novo CPC regulou normas de cooperação internacional de forma sistemática.* Disponível em https://www.conjur.com.br/2015-out-17/fabio-bechara-cpc-pacificou-normas--cooperacao-internacional.

BIDERMAN, Maria Tereza Camargo. *Dicionário de termos financeiros e bancários.* São Paulo: Disal Editora, 2013.

BUSATO, Paulo César. *Direito Penal: Parte geral.* 2ª ed., São Paulo: Atlas. 2015.

CALLEGARI, André Luís. Et al. O Crime de terrorismo: reflexões críticas e comentários à Lei de Terrorismo: de acordo com a Lei n.º 13.260/2016. Porto Alegre: Livraria do Advogado, 2016.

CANARIS, Claus-Wilhelm. *Direitos fundamentais e direito privado.* Trad. Ingo Wolfgang Sarlet e Paulo Mota Pinto. Coimbra: Almedina, 2012.

CONGLETON, Roger D. The globalization of politics: rational choice and the internationalization of public policy. 2007.

CUSSAC, José L. González. BUSATO, Paulo Cesar. CABRAL, Rodrigo Leite Ferreira. *Compêndio de Direito Penal Brasileiro. Parte Geral.* Valencia: Tirant lo Blanch, 2017.

DIMOULIS, Dimitri. e MARTINS, Leonardo. Teoria geral dos direitos fundamentais. 5ª. ed. São Paulo: Atlas, 2014.

ESTEFAM, André. *Direito penal.* São Paulo: Saraiva, 2010.

FULGENCIO, Paulo Cesar. *Glossario. Vade mecum.* Rio de Janeiro: Mauad X, 2007.

GAVIÃO, VENTURELLA NAHAS, Juliana. *A proibição da proteção deficiente.* Revista do Ministério Público do Rio Grande do Sul – n. 61. Porto Alegre. Maio de 2008 – outubro de 2008.

GONÇALVES, Victor Eduardo Rios. Direito Penal esquematizado: Parte especial. São Paulo: Saraiva. 5ª ed., 2016.

GRECO, Luís. *As regras por trás da exceção: reflexões sobre a tortura nos chamados "casos de bomba-relógio".* Revista brasileira de ciências criminais, n. 78, p. 7-40.

GRECO, Rogério. Código Penal: comentado. Niterói, RJ: Impetus, 11. ed. 2017.

HUNGRIA, Nelson. DOTTI, René Ariel. *Comentários ao Código Penal.* 7ª ed., Rio de Janeiro: LMJ Mundo Jurídico. 2016.

LASMAR, Jorge Mascarenhas. *A legislação brasileira de combate e prevenção do terrorismo quatorze anos após 11 de Setembro: limites, falhas e reflexões para o futuro.* Revista de Sociologia e Política, vol. 23, n. 53, Curitiba, março-2015.

NUCCI, Guilherme de Souza. *Leis penais e processuais penais comentadas.* 2. ed. São Paulo: Revista dos Tribunais, 2007.

OLIVEIRA, Ana Carolina Carlos de. https://www.ibccrim.org.br/revista_liberdades_artigo/176-ARTIGOS.

PELLET, Sarah. *Terrorismo e direito.* Coord. Leonardo Nemer Caldeira Brant. Rio de Janeiro: Forense, 2003.

RAMOS, Andre de Carvalho. *In* Dicionário brasileiro de direito constitucional. 2. ed. São Paulo: Saraiva, 2012.

SANDEL, Michael J. Justiça – O que é fazer a coisa certa. 4ª ed. Rio de Janeiro: Civilização brasileira. 2011.

SCHÜNEMANN, Bernd; GRECO, Luís. Estudos de direito penal, direito processual penal e filosofia do direito. São Paulo: Marcial Pons, 2013.

SIEBER, Ulrich. *Limites Do Direito Penal Princípios E Desafios Do Novo Programa De Pesquisa Em Direito Penal No Instituto Max-Planck De Direito Penal Estrangeiro E Internacional.* Revista Direito GV. São Paulo. 2008.

SILVA, Carlos Augusto Canêdo Gonçalves da. *Terrorismo e direito.* coord. Leonardo Lemer Caldeira Brant, Rio de Janeiro, Forense, 2003.

SILVARES, Ricardo. Novo CPC e seus reflexos no âmbito do Processo Penal, Salvador: JusPodivm, 1ª. ed. 2016.

VARELLA, Marcelo Dias. Internacionalização do direito: direito internacional, globalização e complexidade. 2012. 606 f. Tese de Doutorado. Dissertação (Tese de Livre-docência) –Faculdade de Direito, Universidade de São Paulo, São Paulo, 2012.

CAPÍTULO 38

Escuta protegida – Lei 13.431/2017

Rafael Schwez Kurkowski

INTRODUÇÃO:

Aproveita-se a presente seção para tecer comentários gerais, relevantes prioritariamente sob a óptica penal, da Lei n. 13431/2017, cuja leitura integral prévia ao estudo do presente capítulo se revela muito producente. Na sequência, comentar-se-á, especificamente, o crime tipificado no seu art. 24.

A Lei n. 13431/2017, regulamentada pelo Decreto n. 9603/2018, contribuiu para a formação de um verdadeiro microssistema de proteção das crianças e dos adolescentes que se encontram, direta ou indiretamente, em situação de violência, seja como vítima, seja como testemunha. Ela prevê vários direitos e medidas em favor deles, inclusive políticas integradas de atendimento. Conforme o seu art. 1º, esta Lei "normatiza e organiza o sistema de garantia de direitos da criança e do adolescente vítima ou testemunha de violência, cria mecanismos para prevenir e coibir a violência, nos termos do art. 227 da Constituição Federal, da Convenção sobre os Direitos da Criança e seus protocolos adicionais, da Resolução no 20/2005 do Conselho Econômico e Social das Nações Unidas e de outros diplomas internacionais, e estabelece medidas de assistência e proteção à criança e ao adolescente em situação de violência". A Lei ainda determina, conforme o *caput* do art. 2º, que a Uniao, os Estados, o Distrito Federal e os Municípios desenvolvam políticas integradas e coordenadas que visem a garantir os direitos humanos da criança e do adolescente no âmbito das relações domésticas, familiares e sociais, para resguardá-los de toda forma de negligência, discriminação, exploração, violência, abuso, crueldade e opressão. Portanto, a Lei insere-se no contexto do art. 87 do ECA.

Seguindo a sistemática do art. 2º, parágrafo único, do ECA, a Lei n. 13431/2017 aplica-se à criança (pessoa com até 12 anos de idade incompletos) e adolescentes (pessoa de 12 até 18 anos de idade incompletos). Excepcionalmente, ela pode ser aplicada para pessoas entre 18 e 21 anos de idade. A título de exemplo dessa exceção, menciona-se a hipótese da tomada do depoimento especial de uma pessoa de 18 anos de idade que fora vítima de crime sexual quando ainda contava com 17 anos.

No seu art. 4º, a Lei n. 13431/20147 descreve formas de violência. Destaca-se que esse art. 4º não tipifica condutas criminais, mas apenas apresenta o conceito de violência que pode ser utilizado na interpretação da presente Lei e, mediante hermenêutica sistemática, de muitas outras, a exemplo do ECA. A **violência física** consiste na ação infligida à criança ou ao adolescente que ofende sua integridade ou saúde corporal ou que lhe causa sofrimento físico. A **violência psicológica** dá-se sob três formas: a) qualquer conduta que, simbolicamente, pode comprometer o seu desenvolvimento psíquico ou emocional, compreendendo desde discriminação até a prática de intimidação sistemática (*bullying*); b) alienação parental; e c) qualquer conduta que expõe, direta ou indiretamente, o menor a crime violento contra membro de sua família ou de sua rede de apoio. A **violência sexual**, entendida como qualquer conduta que constrange a criança ou o adolescente a praticar ou presenciar conjunção carnal ou qualquer outro ato libidinoso, inclusive exposição do corpo em foto ou vídeo por meio eletrônico ou não, ocorre sob três formas: a) abuso sexual: utilização do menor para fins sexuais, de modo presencial ou por meio eletrônico, para estimulação sexual do agente ou de terceiro; b) exploração sexual comercial: utilização do menor em atividade sexual em troca de qualquer forma de compensação, seja de modo presencial ou por meio eletrônico; e c) tráfico de pessoas: recrutamento, transporte, transferência, alojamento ou acolhimento do menor, dentro do território nacional ou para o estrangeiro, com o fim de exploração sexual, mediante ameaça, uso de força ou outra forma de coação, rapto, fraude, engano, abuso de autoridade, aproveitamento de situação de vulnerabilidade ou entrega ou aceitação de pagamento, entre os casos previstos na legislação.

A **violência institucional**, uma das grandes novidades da Lei n. 13431/2017, é aquela praticada por instituição pública ou conveniada que pode inclusive gerar a revitimização. Esse conceito respalda a definição de violência institucional apresentada pelo art. 5º, I, do Decreto n. 9603/2018: "violência praticada por agente público no desempenho de função pública, em instituição de qualquer natureza, por meio de atos comissivos ou omissivos que prejudiquem o atendimento à criança ou ao adolescente vítima ou testemunha de violência". Se a rede de proteção do menor, ao interagir com este, não observar os protocolos, as normas e a especialidade do atendimento devido à pessoa em desenvolvimento, ela pode provocar sérios danos a esse menor.

No campo da Criminologia, a vitimização comporta três dimensões: a) vitimização primária: decorre direta e imediatamente da prática do crime; b) **vitimização secundária (ou revitimização)**[1]: deriva mediatamente do crime, quando a vítima tem que resgatar o contexto de violência de que fora vítima para auxiliar na persecução penal do agressor; c) vitimização terciária: procede do meio social, que estigma o indivíduo em razão de ele ter sido vítima de determinado tipo de crime.[2]

O art. 5º dispõe sobre direitos e garantias assegurados às crianças e adolescentes. Comentam-se, doravante, alguns desses direitos.

Discorrendo sobre a prioridade absoluta (art. 5º, I), Digiácomo pondera que "não basta atender primeiro, mas sim é preciso atender melhor, e embora a coleta de evidências da violência praticada seja importante, o bem-estar da criança/adolescente vítima ou testemunha vem

1 A revitimização é conceituada no art. 5º, II, do Decreto n. 9603/2018: "discurso ou prática institucional que submeta crianças e adolescentes a procedimentos desnecessários, repetitivos, invasivos, que levem as vítimas ou testemunhas a reviver a situação de violência ou outras situações que gerem sofrimento, estigmatização ou exposição de sua imagem".

2 VALSANI, Anna Gesteira Bäurlein Lerche; MATOSINHOS, Izabella Drumond. Depoimento sem dano e as inovações trazidas pela Lei nº. 13.431/2017. *Revista Acadêmica Escola Superior do Ministério Público do Ceará*, Fortaleza, a. IX, n. 2, p. 11-31, 2017. Disponível em: <http://www.mpce.mp.br/institucional/esmp/biblioteca/revista-eletronica/revista-academica/revista-2017-ano-ix-numero-2-semestral/>. Acesso em: 7 nov. 2018. p. 23.

em primeiro lugar"[3]. Pela prioridade absoluta, no conflito entre o bem-estar do menor vítima de crime sexual, por exemplo, e as informações que podem ser obtidas a suas custas sobre a materialidade e autoria criminosa, deve prevalecer o bem-estar. Assim, se a inquirição do menor sobre a situação de violência lhe ocasionar prejuízo insuportável, a prova que se pretende deve ser produzida por outra maneira que não a sua oitiva. Pela Lei n. 13431/2017, "devem-se buscar mecanismos que aliam proteção às vítimas e testemunhas e, ao mesmo tempo, possibilitem a punição do agressor."[4]

A intimidade do menor já é protegida pelo ECA, que prevê o **segredo de justiça** para várias situações de que ele faça parte (arts. 19-A, §§ 5º e 9º; 27; 143; 190-B; 201, § 4º; 206, *in fine*; 247). O art. 5º, III, acrescenta o direito específico do menor envolvido em situação de violência à privacidade. A violação desse sigilo pode ensejar a responsabilidade administrativa (art. 247 do ECA), civil (arts. 186 c/c 927, ambos do CCB) e até penal, dependendo das circunstâncias, a exemplo do crime tipificado no art. 24 desta Lei, comentado mais abaixo.

O art. 5º, VI, prevê o direito de o menor "ser ouvido e expressar seus desejos e opiniões, assim como **permanecer em silêncio**"[5]. Daí, resulta que o menor vítima ou testemunha de crime tem direito de se manter em silêncio, se essa medida lhe for mais benéfica. Prevalece aqui o direito ao bem-estar do menor em detrimento à persecução penal. Por essa razão, um adolescente que tenha testemunhado um crime não incorre na prática do ato infracional equiparado ao crime de falso testemunho (art. 342 do CP) se, mesmo com o acompanhamento de técnicos, no depoimento especial, não relatar os fatos que sabe. A própria vítima de crime, menor de idade, não pode ser compelida a revelar o que sabe. Exatamente por isso, o art. 22 prevê que os "órgãos policiais envolvidos envidarão esforços investigativos para que o depoimento especial não seja o único meio de prova para o julgamento do réu".

O art. 5º, VII, dispõe sobre o direito do menor de "receber **assistência qualificada jurídica** e psicossocial especializada, que facilite a sua participação e o resguarde contra comportamento inadequado adotado pelos demais órgãos atuantes no processo". A qualidade da assistência jurídica que deve ser prestada ao menor pressupõe um órgão especialista na atuação da defesa da criança e do adolescente. A instituição, por excelência, apropriada para tanto é o Ministério Público, o qual é constitucional e legalmente vocacionado para a defesa dos menores (art. 127, *caput, in fine*, e art. 129, IX, ambos da CF; art. 5º, III, "e", da LC 75/1993; art. 80 da Lei n. 8625/1993; art. 201 do ECA). Essa assistência qualificada jurídica envolve uma variada gama de medidas que podem ser postuladas em favor criança e do adolescente: desde medidas de proteção previstas nos arts. 6º e 21, passando pela prisão preventiva do agressor (art. 21, III),

3 DIGIÁCOMO; Murillo José; DIGIÁCOMO, Eduardo. *Comentários à Lei nº. 13.431/2017*. Curitiba: Ministério Público do Estado do Paraná, 2018. Recurso eletrônico. Disponível em: <http://www.crianca.mppr.mp.br/arquivos/File/publi/caopca/lei_13431_comentada_jun2018.pdf>. Acesso em: 7 nov. 2018. p. 24.

4 VALSANI, Anna Gesteira Bäurlein Lerche; MATOSINHOS, Izabella Drumond. Depoimento sem dano e as inovações trazidas pela Lei nº. 13.431/2017. *Revista Acadêmica Escola Superior do Ministério Público do Ceará*, Fortaleza, a. IX, n. 2, p. 11-31, 2017. Disponível em: <http://www.mpce.mp.br/institucional/esmp/biblioteca/revista-eletronica/revista-academica/revista-2017-ano-ix-numero-2-semestral/>. Acesso em: 7 nov. 2018. p. 29.

5 Há disposição semelhante no art. 2º, VI, do Decreto n. 9603/2018: "a criança e o adolescente têm assegurado o direito de exprimir suas opiniões livremente nos assuntos que lhes digam respeito, inclusive nos procedimentos administrativos e jurídicos, consideradas a sua idade e a sua maturidade, garantido o direito de permanecer em silêncio".

até medidas drásticas como a suspensão ou a destituição do poder familiar (art. 92, II, do CP; art. 23, § 2º, do ECA; e art. 1638, parágrafo único, do CCB). É indubitável a legitimidade do Ministério Público para a postulação de todas essas medidas. Sublinha-se que, além de buscar a condenação criminal do réu que praticou crime contra o menor, o cuidado deste igualmente é objetivo primeiro do Ministério Público.

Quando houver impossibilidade ou dificuldade para o Ministério Público prestar essa assistência qualificada jurídica, como a legitimidade do Ministério Público não afasta a de terceiros (art. 129, § 3º, da CF; art. 201, § 1º, do ECA), outros órgãos e instituições podem, supletivamente, prestá-la. Nessa hipótese, cabe a nomeação pelo juízo de um defensor dativo. Nas localidades onde houver a Defensoria Pública, este órgão pode desempenhar essa função dativa, observada a previsão do art. 4º, XI, da LC n. 80/1994. Todavia, dada a vocação da Defensoria Pública para a defesa do réu que é acusado criminalmente, a nomeação deve recair sobre defensor público diverso daquele eventualmente nomeado para a defesa do réu que não constituiu advogado. Igualmente, deve ser explicada à vítima menor, a qual tem direito de ser informada ao longo de todo o processo (art. 5º, V), que a Defensoria Pública, a despeito de promover a defesa do réu acusado de praticar um crime contra ela, também tem a capacidade de tutelar os direitos da vítima.

Já segundo o art. 6º, a "criança e o adolescente vítima ou testemunha de violência têm direito a pleitear, por meio de seu representante legal, medidas protetivas contra o autor da violência". Conforme o parágrafo único, os "casos omissos nesta Lei serão interpretados à luz do disposto na Lei nº 8.069, de 13 de julho de 1990 (Estatuto da Criança e do Adolescente), na Lei no 11.340, de 7 de agosto de 2006 (Lei Maria da Penha), e em normas conexas". Daí já se constata a **aplicabilidade das medidas de proteção da Lei n. 11340/2006 em favor de crianças e adolescentes do sexo masculino**. A interpretação teleológica leva a esse resultado, pois a vulnerabilidade presente no gênero feminino, em se tratando de violência doméstica, é equivalente à vulnerabilidade que acomete a criança e o adolescente vítimas ou testemunhas de violência, independentemente do seu gênero.

O art. 21 complementa as medidas de proteção, ao prever que "[c]onstatado que a criança ou o adolescente está em risco, a autoridade policial requisitará[6] à autoridade judicial responsável, em qualquer momento dos procedimentos de investigação e responsabilização dos suspeitos, as medidas de proteção pertinentes, entre as quais: I - evitar o contato direto da criança ou do adolescente vítima ou testemunha de violência com o suposto autor da violência; II - solicitar o afastamento cautelar do investigado da residência ou local de convivência, em se tratando de pessoa que tenha contato com a criança ou o adolescente; III - requerer a prisão preventiva do investigado, quando houver suficientes indícios de ameaça à criança ou adolescente vítima ou testemunha de violência; IV - solicitar aos órgãos socioassistenciais a inclusão da vítima e de sua família nos atendimentos a que têm direito; V - requerer a inclusão da criança ou do adolescente em programa de proteção a vítimas ou testemunhas ameaçadas; e VI - representar ao Ministério Público para que proponha ação cautelar de antecipação de prova, resguardados os pressupostos legais e as garantias previstas no art. 5 desta Lei, sempre que a demora possa causar prejuízo ao desenvolvimento da criança ou do adolescente".

---

6 Houve atecnia da legislação, nesse ponto, já que a autoridade, quando se direciona ao juízo, não "requisita", tampouco "requer", mas "representa" por alguma medida.

Além de a enumeração do art. 21 ser meramente exemplificativa, o poder geral de cautela do juízo autoriza que ele conceda inclusive medidas atípicas, desde que adequadas para tutelar os direitos do menor e respeitadoras dos direitos fundamentais da pessoa contra quem essas medidas são decretadas.

Não obstante a redação do art. 21 limite a postulação das medidas protetivas à autoridade policial e à fase de investigação, é certo que o Ministério Público tem legitimidade para requerer a aplicação de todas as medidas em favor do menor, tanto na fase investigativa quanto na fase judicial.

O descumprimento de medida protetiva decretada em favor de criança e adolescente pode justificar a **prisão preventiva**? Sim, pela conjugação dos arts. 311 e 313, ambos do CPP, é cabível a prisão preventiva do investigado ou do réu, se o crime envolver violência doméstica e familiar contra criança e adolescente, desde que a medida seja necessária para *garantir a execução das medidas protetivas de urgência*. Na hipótese, a prisão preventiva não é automática, devendo ser avaliada, no caso concreto, a sua necessidade para cumprir a medida protetiva de urgência decretada em favor de criança ou adolescente.

O **descumprimento de medida protetiva decretada em favor de criança e adolescente constitui crime**? As primeiras discussões apresentadas, na comunidade jurídica, parecem responder negativamente a essa questão. A fundamentação é simplória: vedação da aplicação analógica do art. 24-A da Lei n. 11340/2006, que só se referiria à mulher vítima de violência doméstica, às crianças e aos adolescentes. Não obstante, em posição própria, sustenta-se que o descumprimento de medida protetiva deferida em favor de criança e adolescente constitui crime, com base na interpretação sistemática entre as leis que dispõem a respeito de medidas protetivas de urgência (Lei n. 11340/2006; Lei n. 12403/2011, que alterou as medidas cautelares no CPP; Lei n. 13431/2017, que previu medidas protetivas para crianças e adolescentes; e a Lei n. 13641/2018, que instituiu o crime tipificado no art. 24-A da Lei n. 11340/2006). Diante desse quadro legislativo, percebe-se, em leitura própria, repisa-se, que a Lei n. 11340/2006 encerra um verdadeiro microssistema de medidas protetivas de urgência, tanto para mulheres como para crianças, adolescentes, idosos, portadores de necessidades especiais, enfim, pessoas que ostentam vulnerabilidade.

Sublinha-se, desde já, um entendimento importante quanto ao descumprimento de medida protetiva de urgência concedida judicialmente. Antes do crime tipificado no art. 24-A da Lei n. 11340/2006, a jurisprudência não admitia a caracterização dos crime de desobediência (art. 330 do CP) ou de desobediência de decisão judicial (art. 359 do CP): "A jurisprudência desta Corte Superior de Justiça firmou-se no sentido de que o descumprimento de medidas protetivas deferidas em favor da vítima, com base na Lei Maria da Penha, não caracteriza a ocorrência dos delitos de desobediência ou desobediência à decisão judicial sobre perda ou suspensão de direito, previstos respectivamente nos arts. 330 e 359, ambos do Código Penal. Há cominação específica para o não cumprimento de medida protetiva de urgência nas hipóteses em que o delito envolver violência doméstica, conforme os termos do art. 313, III, do Código de Processo Penal" (STJ, 6ª T., HC 314.669/RS, Rel. Ericson Maranho, J. em 18/02/2016). Em síntese, se inexistir crime específico, quando a lei prevê medidas alternativas para a implementação da medida protetiva de urgência – desde a aplicação da sistemática do cumprimento das obrigações de fazer previsto no Processo Civil até o extremo da prisão preventiva –, não se justifica a criminalização.

Descartados os tipos previstos nos arts. 330 e 359, ambos do CP, é necessário compreender que o rótulo "medida protetiva de urgência" não constitui uma classe fechada e específica de medidas cautelares previstas apenas nos arts. 22 a 24, todos da Lei n. 11340/2006. A rigor, medida protetiva de urgência consiste em qualquer medida cautelar decretada pelo Poder Judiciário que visa resguardar a vítima, pessoa vulnerável, de um dano iminente que ela possa sofrer derivado de violência moral e/ou física que lhe pode ser assacada por terceiro. Elas somente podem ser decretadas pelo juízo porque envolvem severas restrições a direitos fundamentais das pessoas contra quem são decretadas.

O ECA e a Lei 10741/2003 (Estatuto do Idoso) já previam "medidas de proteção" em favor das crianças ou adolescentes e dos idosos, respectivamente. Com bastante esforço hermenêutico, essas medidas, aliadas ao poder geral de cautelar do juízo, poderiam justificar a aplicação de restrições em favor de terceiros para garantir a segurança e o bem-estar dos menores e dos idosos, quando envolvidos como vítimas em situação de risco decorrente da prática de violência.

Contudo, em 2006, a Lei n. 11340/2006 inovou o ordenamento jurídico ao dispor sobre "medidas protetivas de urgência". Inicialmente, essas medidas aplicavam-se apenas para os casos de violência doméstica e familiar envolvendo a mulher como vítima. Num segundo momento, admitiu-se a aplicação de medida protetiva de urgência em favor de mulher integrante de casal homoafetivo ("Os dispositivos da Lei Maria da Penha são também aplicáveis às mulheres que, no uso de sua liberdade sexual, mantêm relacionamentos homoafetivos. É dizer: a lei não desampara a mulher pelo fato de sua relação íntima estabelecer-se com pessoa do mesmo sexo, sendo certo que conclusão diversa seria absolutamente inconstitucional" – TJDFT, 2ª T. Crim., RSE 20130710404924, Rel. Silvânio dos Santos, J. em 03/04/2014). Além disso, alguns Tribunais de Justiça passaram a deferir medidas protetivas de urgência em favor de homens, em relação homoafetiva, o que não foi confirmado pelo STJ (STJ, 6ª T., Decisão Monocrática no RESP 1352993/MT (2012/0234159-0), Rel. Antonio Saldanha Palheiro, J. em 13.03.2018).

Na evolução legislativa sobre a matéria, sobreveio a Lei n. 12403/2011, que acrescentou a seguinte hipótese de prisão preventiva, no art. 313, III, do CPP: "se o crime envolver violência doméstica e familiar contra a mulher, criança, adolescente, idoso, enfermo ou pessoa com deficiência, para garantir a execução das medidas protetivas de urgência". Vale dizer: desde que seja necessário para garantir o cumprimento de medida protetiva de urgência para criança e adolescente, entre outros personagens vulneráveis, cabe a prisão preventiva. A essa época, portanto, já era possível deferir medida protetiva de urgência prevista na Lei n. 11340/2006 em favor de criança e adolescente, para cujo cumprimento, se necessário, o art. 313, III, do CPP, permitia a utilização da prisão preventiva.

Sucedeu a Lei 13431/2017, que dispôs, no seu art. 6º, serem cabíveis, em favor de crianças e adolescentes em situação de violência, "medidas protetivas contra o autor da violência", utilizando-se, para os casos omissos, da interpretação sistemática com o ECA e com a Lei n. 11340/2006. Essa disposição legislativa deve ser lida juntamente com o art. 13 da Lei n. 11.340/2006, que dispõe: "Ao processo, ao julgamento e à execução das causas cíveis e criminais decorrentes da prática de violência doméstica e familiar contra a mulher aplicar-se-ão as normas dos Códigos de Processo Penal e Processo Civil e da legislação específica relativa à criança, ao adolescente e ao idoso que não conflitarem com o estabelecido nesta Lei". Consolidou-se, assim, o microssistema das medidas protetivas de urgência, cujo deferimento em favor de crianças, adolescentes, idosos, portadores de necessidades especiais e mulheres se justifica com base no mesmo critério teleológico, qual seja, a vulnerabilidade social dessas pessoas. Essa vulnerabilidade justifica a aplicação complementar entre si das Leis n. 8069/1990, n. 11340/2006 e 13431/2017. Então, onde estão previstas as medidas protetivas de urgência? Espalhadas pela legislação, no ECA, no Estatuto do Idoso, na Lei 13431/2017, por exemplo, todas tendo por referências e parâmetro a Lei n. 11340/2006. De todas essas Leis, a única que comporta aplicação *de per si*, sem necessitar do suporte previsto em outro diploma normativo, é a Lei n. 11340/2006.

Essa autossuficiência da Lei n. 11340/2006 quanto às medidas protetivas de urgência torna-a uma proposição jurídica completa. Segundo Larenz, a proposição jurídica "[a]ssocia à situação de facto circunscrita de modo geral, à 'previsão normativa', uma consequência jurídica, também ela circunscrita de modo geral. O sentido desta associação é que, sempre que se verifique a situação de facto indicada na previsão normativa, entra em cena a consequência jurídica".[7] Então, quando se verifica a situação de fato caracterizadora de violência doméstica contra a mulher, são cabíveis as medidas protetivas de urgências, que são consequências jurídicas cuja conceituação, no âmbito da Lei n. 11340/2006, é completa.

Ao lado das proposições jurídicas completas, existem as incompletas[8], aquelas cuja força constitutiva depende da conexão com outras proposições jurídicas. Elas podem ser aclaratórias, quando explicam um conceito contido em outra proposição jurídica; restritivas, que contêm uma ordenação negativa de vigência ("não vigora") que só se torna compreensível em conjugação com outra proposição jurídica; e remissivas, quando a consequência jurídica de uma previsão é determinada mediante remissão para a consequência jurídica de outra norma. Nas proposições jurídicas remissivas, sucede uma "aplicação correspectiva", segundo a qual os elementos singulares da previsão regulados mediante remissão e os da previsão a cuja consequência jurídica se remete "devem pôr-se em relação uns com os outros, de modo a que *aos elementos que devam ser considerados semelhantes se associe a mesma consequência jurídica*" (grifo nosso).

Com base nessa classificação proposta por Larenz, constata-se que a Lei n. 11340/2006, na parte em que dispõe sobre as medidas protetivas de urgência, é uma proposição jurídica completa, pois apresenta todos os traços necessários à conceituação e à aplicação dessas medidas. Já os outros diplomas legislativos, quando se referem a medidas protetivas, se caracterizam como proposições jurídicas remissivas, pois remetem, mesmo que de forma implícita, a conceituação dessas medidas à Lei n. 11340/2006. Vale dizer: para viabilizar a aplicação das medidas protetivas previstas na Lei n. 13431/2017 e em outros diplomas normativos, é necessária a remissão, em alguma medida, à Lei n. 11340/2006. No tocante à "aplicação correspectiva" abordada no parágrafo anterior, a semelhança existente entre as medidas protetivas previstas em todas as Leis até agora citadas – o que justifica a aplicação da mesma consequência jurídica – consiste na finalidade dessas medidas: proteger sujeitos socialmente vulneráveis (mulheres, idosos, portadores de necessidades especais, crianças e adolescente).

Seguindo essa linha, a Lei n. 13641/2018, ao instituir o tipo do art. 24-A da Lei n. 11340/2006, criminaliza a conduta do agente que descumpre "decisão judicial que defere medidas de protetivas de urgência previstas nesta Lei", tem cabimento para as medidas protetivas

7 LARENZ, Karl. *Metodologia da ciência do direito*. Tradução de José Lamego. 3. ed. Lisboa: Fundação Calouste Gulbenkian, 1997. p. 351.

8 LARENZ, Karl. *Metodologia da ciência do direito*. Tradução de José Lamego. 3. ed. Lisboa: Fundação Calouste Gulbenkian, 1997. p. 359-365.

deferidas em favor de crianças e adolescentes por força da "aplicação correspectiva" entre a Lei 13431/2017 e o ECA, de um lado, e a Lei n. 11340/2006, do outro lado, observado o caráter de proposição jurídica remissiva daquelas. Para a aplicação do art. 24-A da Lei n. 11340/2006, importa que a medida protetiva tenha sido deferida em razão da vulnerabilidade social do sujeito beneficiado por ela. Quando esse é o fundamento para a concessão da medida protetiva, termina-se, mesmo que indiretamente, por aplicar a Lei n. 11340/2006, dado o caráter de proposição jurídica completa dela. Afinal, todas as medidas protetivas referem-se, em algum nível, à Lei n. 11340/2006, que se constitui, conforme sustentado aqui, na lei de regência básica sobre medidas protetivas. Essa é a melhor interpretação para conferir a máxima eficácia à proteção dos vulneráveis, objeto buscado pelo sistema normativo como um todo.

Quando o juízo defere medida protetiva de urgência, principalmente aquelas que estão previstas apenas na Lei n. 11340/2006, a exemplo das previstas no art. 22, I, e art. 24, I e II, em favor de criança ou adolescente que se encontra em situação de violência conforme a Lei n. 13431/2017, ele aplica diretamente a Lei n. 11340/2006 em favor do beneficiário. Essa aplicação direta da Lei n. 11340/2006 (proposição jurídica completa) em favor de criança e adolescente ocorre pela autorização da Lei n. 13431/2017 (proposição jurídica remissiva) e por força do microssistema de medidas protetivas. Não se trata de aplicação analógica da Lei n. 11340/2006; cuida-se da sua aplicação direta mesmo. Diante dessa constatação, discorda-se de Thiago Pierobom de Ávila: "O novo crime apenas é aplicável para o descumprimento de MPU prevista na LMP, conforme previsão expressa do art. 24-A, caput. Portanto, diante do princípio da taxatividade penal e a proibição de analogia *in malam partam*, não configura crime o descumprimento de outras medidas de proteção previstas no Estatuto da Criança e Adolescente, Estatuto do Idoso, Estatuto do Deficiente, ou outras legislações, ou ainda o descumprimento das cautelares criminais previstas no art. 319 do CPP para crimes não abrangidos pela LMP". Simplesmente, não se cuida de *analogia in malam partem* porque a Lei n. 11340/2006 é aplicada diretamente, e não por analogia, em favor da criança e adolescente, no âmbito da Lei n. 13431/2017.

Por outro lado, a interpretação que limita o art. 24-A da Lei n. 11340/2006 às medidas protetivas deferidas apenas em favor de mulheres e somente com base na própria Lei n. 11340/2006 é inconstitucional por conferir uma proteção insuficiente aos sujeitos socialmente vulneráveis. Nesse ponto, a proporcionalidade enquanto proibição da proteção deficiente/insuficiente, derivada da doutrina alemã (*untermassverbot*)[9], torna inconstitucional essa limitação interpretativa.

Outra grande novidade da Lei n. 11431/2017 foi a previsão da escuta especializada e do depoimento especial, regulamentados nos arts. 7º a 12, cuja leitura prévia aos comentários que seguem se revela muito oportuna. Essas medidas justificam-se para evitar a inquirição do menor no ambiente opressor representado pelo fórum, sobretudo o criminal. Ademais, essas novas formas de oitiva buscam evitar a revitimização decorrente da violência institucional, pois, sem o emprego de técnica adequada, a oitiva da criança e do adolescente sobre violência pode acarretar mais trauma a eles.

---

9 Para uma explicação mais detalhada sobre a proporcionalidade como proibição da proteção insuficiente, confira-se: KURKOWSKI, Rafael Schwez. A justificação constitucional da execução provisória da pena privativa de liberdade na pendência dos recursos extraordinário e especial recebidos sem efeito suspensivo. *Revista Brasileira de Direito*, São Paulo, v. 18, n. 7, p. 242-262, set./dez. 2017. Disponível em: <http://www.rdb.org.br/ojs/index.php/rdb/article/view/504>. Acesso em: 27 jan. 2018. p. 257-258.

Essa nova forma de oitiva do menor vítima ou testemunha de violência prevista pela Lei n. 13431/2017 já era praticada no âmbito judicial, embora não contasse com a respectiva regulamentação legal. O "depoimento sem dano", cuja estrutura básica deu origem ao depoimento especial previsto no art. 8º, nasceu no âmbito da justiça estadual gaúcha.[10] Posteriormente, o CNJ expediu a Recomendação-CNJ n. 33/2010, pela qual recomendou aos tribunais a "criação de serviços especializados para escuta de crianças e adolescentes vítimas ou testemunhas de violência nos processos judiciais", mediante a utilização da técnica do depoimento sem dano, cujo procedimento, atualmente, é muito assemelhado ao descrito no art. 12. E o aproveitamento do "depoimento sem dano" como prova antecipada já fora admitido pelo STF, em 2014 (STF, 2ª T., RHC 121494/RS, Rel. Teori Zavascki, J. em 04/11/2014).

A **escuta especializada** (art. 7º) consiste na entrevista sobre a situação de violência com criança ou adolescente, na condição de testemunha ou vítima, perante órgão da rede de proteção, limitado o relato estritamente ao necessário para a o cumprimento da sua finalidade, que é o cuidado do menor. Esclarece-se que a finalidade primordial da escuta especializada consiste na proteção integral do menor que é vítima ou testemunha de violência. Essa conclusão é corroborada pelo art. 19, § 4º, do Decreto n. 9603/2018: "A escuta especializada não tem o escopo de produzir prova para o processo de investigação e de responsabilização, e fica limitada estritamente ao necessário para o cumprimento de sua finalidade de proteção social e de provimento de cuidados". A escuta especializada é caracterizada pela informalidade e rapidez na sua confecção. A título de exemplo, menciona-se o caso de uma criança que é encaminhada pela escola onde estuda para o Conselho Tutelar a fim de ela relatar, aos conselheiros, o crime sexual de que fora vítima na sua residência e que revelara, inicialmente, aos seus professores. O objetivo desse relato, no caso, consistirá apenas em providenciar elementos mínimos suficientes para o Conselho Tutelar atuar na forma do art. 136 do ECA.

Na medida em que a escuta especializada não exige a presença do suposto autor do fato para estabelecer o contraditório e sequer do Ministério Público, as informações obtidas com essa medida terão escasso valor probatório. Apesar disso, para poder aproveitar alguma informação colhida em sede de escuta especializada para fins da condenação do réu, será necessário corroborá-la na fase judicial, perante o juiz natural, com o direito de presença e de participação do réu, franqueando a este o contraditório e a ampla defesa. Por isso, discorda-se de Digiácomo, para quem a escuta especializada tem o mesmo valor probatório do que o depoimento especial, podendo inclusive substituí-lo.[11]

O **depoimento especial**, segundo o art. 8º, "é o procedimento de oitiva de criança ou adolescente vítima ou testemunha de violência perante autoridade policial ou judiciária". Diversamente da escuta especial, o depoimento especial tem a "finalidade de produção de prova", como referido no art. 22, *caput*, do Decreto n. 9603/2018. Embora não esteja dito no artigo 8º já referido, uma vez que o depoimento especial pode ser realizado perante a autoridade

10 CEZAR, José Antônio Daltoé. *Depoimento sem dano*: uma alternativa para inquirir crianças e adolescentes nos processos judiciais. Porto Alegre: Livraria do Advogado, 2007.

11 DIGIÁCOMO; Murillo José; DIGIÁCOMO, Eduardo. *Comentários à Lei nº. 13.431/2017*. Curitiba: Ministério Público do Estado do Paraná, 2018. Recurso eletrônico. Disponível em: <http://www.crianca.mppr.mp.br/arquivos/File/publi/caopca/lei_13431_comentada_jun2018.pdf>. Acesso em: 7 nov. 2018. p. 24.

policial[12], na fase investigativa, ele também pode ser realizado pelo Ministério Público, o qual tem capacidade investigatória (súmula n. 234 do STJ), quando conduz, por exemplo, um PIC (procedimento investigatório criminal).

O depoimento especial, contudo, não pode ter a sua produção determinada pelo juízo, de ofício, na fase investigatória. A atuação do magistrado, na fase administrativa da investigação, justifica-se apenas para tutelar os direitos fundamentais do réu que venham a ser molestados, a exemplo da privacidade do lar residencial, na hipótese da busca e apreensão domiciliar. A produção de provas determinada de ofício pelo juízo, na fase investigativa, viola o sistema acusatório, no qual o julgador, o acusador e o defensor têm os seus papéis bem definidos. Na fase investigativa, portanto, a atribuição para provocar o depoimento especial é da polícia judiciária e do Ministério Público.

Diferentemente, na fase judicial, tendo em vista que o juízo é o destinatário das provas e deve formar a sua convicção para absolver ou condenar o réu, é franqueada a ele a produção de ofício de provas. Então, caso o Ministério Público e a defesa não requeiram a produção do depoimento especial, o juízo, visando sobretudo ao bem-estar do menor, pode determinar, *ex officio*, que este preste o depoimento especial.

Tanto a escuta especializada quanto o depoimento especial têm cabimento em processo de qualquer natureza[13], e não apenas no criminal. Segundo a literalidade dos arts. 7º e 8º e a teleologia da Lei n. 13431/2017, se, exemplificativamente, em um processo civil envolvendo divórcio entre os pais, os filhos presenciaram situação de violência, cabe a realização do depoimento especial para a usa inquirição.

O art. 9º assegura que a "criança ou o adolescente será resguardado de qualquer contato, ainda que visual, com o suposto autor ou acusado, ou com outra pessoa que represente ameaça, coação ou constrangimento". Deve-se evitar o contato direto e indireto com qualquer pessoa que represente uma ameaça ao menor. Na hipótese, a assistência qualificada jurídica a que tem direito o menor (art. 5º, VII) exige que o Ministério Público ou o outro órgão nomeado para tutelá-lo requeira o afastamento dessa pessoa, inclusive a título de medida protetiva. Por exemplo, se, no curso do seu depoimento especial, a presença da genitora da criança representa uma ameaça ela, que foi vítima de crime sexual perpetrado pelo companheiro da genitora, é possível o afastamento da mãe dessa vítima. Isso sói ocorrer nos casos em que a mãe, por medo de perder o seu companheiro, principalmente o sustento do lar que ele representa, se omite na proteção do seu filho.

Segundo o art. 11, a regra é que o depoimento especial seja realizado **apenas uma vez**, em sede de produção antecipada de provas.[14] Dessa maneira, evita-se a violência institucional que

12 A autoridade policial tanto pode colher o depoimento especial que o art. 20, § 3º, remete ao art. 14 (houve erro na Lei, pois o correto seria que ela remetesse ao art. 12.

13 No mesmo sentido: MAGNO, Levy Emanuel (Org.). Informativo criminal nº 11/novembro de 2017 CAO-Crim. São Paulo: Ministério Público do Estado de São Paulo. p. 3-7. Disponível em: <http://www.mpsp.mp.br/portal/page/portal/Criminal/Boletim_Semanal/CAOCrim%20informativo%20agosto%202018%20_1.pdf>. Acesso em: 10 nov. 2018. p. 3; BRASIL. MINISTÉRIO PÚBLICO DO ESTADO DO MARANHÃO. Centro de Apoio Operacional da Infância e Juventude. Nota técnica nº 03/2017: Grupo de trabalho 'Escuta Especial'. Disponível em: <https://www.mpma.mp.br/arquivos/COCOM/NT_03.2017_-_Grupo_de_Trabalho_-_Escuta_Especial.pdf>. Acesso em: 7 nov. 2018. p. 3.

14 "Então, o Depoimento Especial Antecipado deverá ser a regra, e não a exceção, pois está previsto que ele seja prestado uma única vez, e como prova antecipada" (ROCHA, Maria Isabel de Matos. *"Depoimento Especial" de Crianças e Adolescentes Vítimas de Violência Sexual*: a experiência do Estado de Mato Grosso do

revitimiza o menor, pois: o menor é inquirido na data mais próxima do fato de que foi vítima ou que testemunhou; diante da proximidade do fato, a inquirição tende a ser mais breve, pela vivacidade dos fatos na mente do menor; se evita a inquirição sucessiva do menor por diferentes órgãos do Estado. Permite-se a tomada de novo depoimento especial apenas se essa medida for imprescindível e se houver a concordância da vítima ou testemunha a ser novamente inquirida (art. 11, § 2º). Reitera-se que a vítima ou testemunha tem direito ao silêncio (art. 5º, VI), razão por que devem ser envidados esforços investigativos para que o "depoimento especial não seja o único meio de prova para o julgamento do réu" (art. 22).

O depoimento especial preserva o depoimento ou as declarações prestadas em sede administrativa ou em juízo como meio importante de prova, sem que signifique uma extensão dos danos já causados pela ação delituosa.[15]

O depoimento especial será produzido em caráter de **produção antecipada de prova** (art. 156, I, do CPP). É desnecessária maior fundamentação para a antecipação da prova, já que a Lei n. 13431/2017 não condiciona essa medida a nenhum requisito especial; basta, simplesmente, que a testemunha ou vítima que tenha presenciado a situação de violência tenha menos de 7 anos de idade ou, independentemente da idade, que o caso cuide de violência sexual (art. 11, § 1º). Assim, afasta-se, do depoimento especial, a aplicação da Súmula n. 455 do STJ ("A decisão que determina a produção antecipada de provas com base no art. 366 do CPP deve ser concretamente fundamentada, não a justificando unicamente o mero decurso do tempo").

No rito cautelar da produção antecipada de prova judicial, importa observar o **contraditório**. Este pode ser exercido de forma concomitante à produção da prova. Por exemplo, se já houver identificação do suposto autor da violência, ele deve ser intimado para, com o seu advogado, acompanhar a produção do depoimento especial, dele participando ativamente, inclusive mediante perguntas a serem realizadas pelo seu causídico. Por outro lado, o contraditório pode ser diferido, postergado ou retardado. Nesse caso, a parte contra quem foi produzida a prova pode contraditá-la, mas após a sua produção. Por exemplo, se ainda não é conhecida a identidade do suposto autor da violência, o juízo deve nomear um defensor dativo para acompanhar o depoimento especial, facultando-lhe perguntas, inclusive. Após o oferecimento da denúncia, deve-se permitir ao réu a possibilidade de questionar a forma e o conteúdo da prova colhida no depoimento especial, mas sem a necessidade de repetir essa prova.

O art. 12, complementado pelo art. 26 do Decreto n.9603/2018[16], apresenta o procedimento a ser seguido para ao depoimento especial. Esse iter deve ser aplicado se a medida for

---

Sul. p. 13. Disponível em: <https://www.enfam.jus.br/wp-content/uploads/2017/04/ARTIGO-Depoimento-Especial-MARIA-ISABEL-ROCHA.R5K.pdf>. Acesso em: 7 nov. 2018).

15 VALSANI, Anna Gesteira Bäurlein Lerche; MATOSINHOS, Izabella Drumond. Depoimento sem dano e as inovações trazidas pela Lei nº. 13.431/2017. *Revista Acadêmica Escola Superior do Ministério Público do Ceará*, Fortaleza, a. IX, n. 2, p. 11-31, 2017. Disponível em: <http://www.mpce.mp.br/institucional/esmp/biblioteca/revista-eletronica/revista-academica/revista-2017-ano-ix-numero-2-semestral/>. Acesso em: 7 nov. 2018. p. 25.

16 Art. 26. O depoimento especial deverá ser conduzido por autoridades capacitadas, observado o disposto no art. 27, e realizado em ambiente adequado ao desenvolvimento da criança ou do adolescente.

§ 1º A condução do depoimento especial observará o seguinte:

I - os repasses de informações ou os questionamentos que possam induzir o relato da criança ou do adolescente deverão ser evitados em qualquer fase da oitiva;

II - os questionamentos que atentem contra a dignidade da criança ou do adolescente ou, ainda, que possam ser considerados violência institucional deverão ser evitados;

realizada pela polícia judiciária ou pelo Ministério Público, na fase investigativa e, igualmente, para a escuta especializada (art. 7º), no que for possível e compatível com a urgência dessa medida. Eventual descumprimento da forma exigida caracteriza nulidade relativa, a depender da demonstração efetiva do prejuízo.[17]

No início da medida, o(s) técnico(s) especializado(s) explicam à criança ou ao adolescente a finalidade do ato e que ele é gravado em áudio e vídeo e transmitido em tempo real ao juiz e demais participantes do processo, que se encontram em outro recinto. Frisa-se que o depoente deve ser avisado sobre a gravação (art. 5º, V). Veda-se a leitura da denúncia, se esta já existir, pois o objetivo é colher o relato livre da vítima. Concluída a narrativa livre do menor, "o juiz, após consultar o Ministério Público, o defensor e os assistentes técnicos, avaliará a pertinência de perguntas complementares, organizadas em bloco" (art. 12, V). O profissional especializado que acompanha o menor "poderá adaptar as perguntas à linguagem de melhor compreensão da criança ou do adolescente" (art. 12, VI). A liberdade desse profissional especializado em adaptar as perguntas e até mesmo negar-se a fazer aquelas que, segundo o seu juízo técnico, implicam grave dano ao menor, é ampla e está amparada no art. 5º, VII, e no art. 151, *in fine*, do ECA.

Exemplifica-se a realização do depoimento especial no âmbito da Justiça Estadual de Sergipe. Atualmente, o depoimento especial pode ser colhido na 11ª Vara Criminal da Comarca de Aracaju (SE). Em síntese, a vítima passa por uma entrevista prévia com um psicólogo, que a prepara para, em outra oportunidade, falar a respeito do(s) fato(s); no dia da inquirição, juiz de direito, promotor de justiça, defensor e, se quiser, o réu, comparecem à 11ª Vara Criminal; então, em uma sala separada, eles têm acesso audiovisual, por intermédio de câmeras, à sala onde se encontra a vítima acompanhada de um psicólogo; após o livre relato prestado pela vítima, o juiz de direito presidente do ato permite que, primeiramente, o Ministério Público, após, a defesa, direcionem perguntas, por intermédio de um "ponto de escuta", ao psicólogo, o qual reformula a questão em termos mais apropriados para o menor, de forma a não revitimizá-lo.

O depoimento especial tramitará em segredo de justiça (art. 12, § 6º).

Art. 24. Violar sigilo processual, permitindo que depoimento de criança ou adolescente seja assistido por pessoa estranha ao processo, sem autorização judicial e sem o consentimento do depoente ou de seu representante legal.

Pena - reclusão, de 1 (um) a 4 (quatro) anos, e multa.

III - o profissional responsável conduzirá livremente a oitiva sem interrupções, garantida a sua autonomia profissional e respeitados os códigos de ética e as normas profissionais;

IV - as perguntas demandadas pelos componentes da sala de observação serão realizadas após a conclusão da oitiva;

V - as questões provenientes da sala de observação poderão ser adaptadas à linguagem da criança ou do adolescente e ao nível de seu desenvolvimento cognitivo e emocional, de acordo com o seu interesse superior; e

VI - durante a oitiva, deverão ser respeitadas as pausas prolongadas, os silêncios e os tempos de que a criança ou o adolescente necessitarem.

§ 2º A oitiva deverá ser registrada na sua íntegra desde o começo.

§ 3º Em casos de ocorrência de problemas técnicos impeditivos ou de bloqueios emocionais que impeçam a conclusão da oitiva, ela deverá ser reagendada, respeitadas as particularidades da criança ou do adolescente.

17 DIGIÁCOMO; Murillo José; DIGIÁCOMO, Eduardo. Comentários à Lei nº. 13.431/2017. Curitiba: Ministério Público do Estado do Paraná, 2018. Recurso eletrônico. Disponível em: <http://www.crianca.mppr.mp.br/arquivos/File/publi/caopca/lei_13431_comentada_jun2018.pdf>. Acesso em: 7 nov. 2018. p. 47.

BEM JURÍDICO TUTELADO:

O bem jurídico tutelado consiste na integridade psíquica e moral da criança e do adolescente, bem como na sua dignidade, que são violadas quando o sigilo do depoimento especial prestado na fase judicial é violado.

SUJEITOS DO CRIME:

O crime é comum, podendo ser cometido por qualquer pessoa que tenha acesso regular ao depoimento. O sujeito ativo pode ser o juiz ou servidor público que participe do depoimento especial e que permita que uma terceira pessoa, sem autorização judicial e sem o consentimento do depoente, assista ao depoimento que ocorre. O sujeito ativo também pode ser o membro do Ministério Público ou o advogado que permitam que terceira pessoa tenha acesso à gravação do depoimento especial contida no processo cuja carga esteja consigo. Também pode ser sujeito ativo o próprio profissional especializado que acompanha o depoimento especial e que, sem a autorização judicial e a do depoente, permita que pessoa estranha assista ao ato, tanto no momento em que é realizado quanto posteriormente, mediante acesso à gravação.

O sujeito passivo é a criança ou adolescente que presta o depoimento especial. O Estado também figura como vítima desse crime.

CONDUTAS:

A conduta típica consiste em *violar* (transgredir, infringir) o sigilo do depoimento especial prestado pela criança ou adolescente durante a fase judicial. A forma dessa violação vem estabelecida pela própria Lei: a violação ocorre apenas quando o sujeito ativo permite que terceira pessoa, sem a autorização do juízo e sem o consentimento do menor depoente, assista ao depoimento especial prestado por este. O sigilo pode ser violado tanto no momento em que o depoimento é prestado, ao vivo, como depois de realizado, quando se franqueia o acesso de terceiro não autorizado à gravação do depoimento especial. Qualquer outra conduta que não seja permitir que um terceiro assista ao depoimento especial é atípica ou caracteriza outro crime.

A interpretação teleológica do art. 24, cuja finalidade é a tutela da integridade psíquica e moral bem como da dignidade do depoente menor, exige que se amplifique a proteção ao seu bem jurídico. Por essa razão, além da leitura óbvia do art. 24, que proíbe que terceiro não autorizado assista ao depoimento especial enquanto ele é realizado, deve-se extrair desse artigo legal a proibição de que terceiro, sem autorização, tenha acesso à gravação do depoimento especial, a qual é de obrigatória realização (art. 12, VI). Nessa segunda hipótese, o dano que se quer evitar é o mesmo: seja assistindo ao depoimento especial ao vivo, seja assistindo por intermédio da gravação, a dignidade do menor depoente é atingida. Não se trata, aqui, de interpretação ampliativa do tipo previsto no art. 24; trata-se de simples interpretação literal do verbo "assistir", o qual, segundo o Dicionário Aurélio, equivale a "[a]companhar visualmente; ver, testemunhar", como no exemplo de "assistir a uma sessão de cinema".[18]

A autorização judicial e o consentimento do depoente para que terceiro assista ao depoimento especial são causas de atipicidade.

---

18 FERREIRA, Aurélio Buarque de Holanda. *Miniaurélio Eletrônico versão 5.12*. São Paulo: Positivo, 2004.

O objeto material sobre o qual recai a conduta é o depoimento especial prestado pela criança ou adolescente, na fase judicial. O depoimento especial pode ter sido prestado em qualquer espécie de processo judicial, tanto criminal quanto cível. Já se explicou, mais acima, a possibilidade de o depoimento especial ser realizado em um processo cível. Ademais, há a possibilidade de o depoimento especial, que justamente deve ser prestado apenas uma vez, ser "emprestado" do processo criminal, onde originalmente realizado, para o processo cível.

Diante da literalidade do art. 24, percebe-se que apenas a violação do sigilo do depoimento especial prestado na fase judicial tipifica o crime em questão; em caso de depoimento especial prestado na fase investigativa, perante a polícia judiciária ou o Ministério Público, a violação do respectivo sigilo não caracteriza o crime sob estudo, mas pode tipificar o crime do art. 325 do CP, se o sujeito ativo tiver acesso ao depoimento especial por força do seu cargo; ou o crime do art. 154 do CP, se o sujeito ativo tiver acesso ao depoimento especial em razão de função, ministério, ofício ou profissão. Também a revelação verbal do depoimento especial (ex.: um dos participantes da audiência conta a terceiro o que foi revelado no depoimento especial) não tipifica este art. 24, mas o art. 325 ou o art. 154, ambos do CP.

No conflito aparente entre este art. 24 e os arts. 154 e 325, ambos do CP, deve-se atentar para a diferença significativa entre os verbos nucleares. O art. 24 é muito mais restrito, pois incrimina apenas a conduta do sujeito ativo que permite que terceira pessoa, sem autorização do juízo e consentimento do menor, assista ao depoimento especial. Já os arts. 154 e 325, ambos do CP, incriminam a conduta de revelar (o art. 325 do CP também tipifica a ação de facilitar a revelação) de segredo. "Revelar" é muito mais amplo e pode ser praticado por variadas formas.

VOLUNTARIEDADE:

O crime do art. 24 é doloso. Não há previsão de finalidade especial (elemento subjetivo específico) na conduta do agente tampouco de culpa.

CONSUMAÇÃO E TENTATIVA:

A consumação ocorre a partir do momento em que o terceiro assiste ao depoimento especial, seja ao vivo, enquanto ele é realizado, seja por intermédio da sua gravação. Trata-se de crime formal, que independe de qualquer dano naturalístico ao sujeito passivo.

Cuidando-se de crime plurissubsistente, a tentativa (*conatus*) é possível.

AÇÃO PENAL:

Diante do silêncio da lei, a ação penal neste crime é pública incondicionada (v. art. 24 do CPP).

O presente crime configura infração de médio potencial ofensivo, pois, apesar de permitir o benefício da suspensão condicional do processo em razão de a pena mínima ser igual a um ano (art. 89 da Lei n. 9.099/95), a pena máxima é superior a dois anos, o que afasta a competência do Juizado Especial Criminal (art. 61 da Lei n. 9.099/95).

A competência material será, em regra, da Justiça Estadual. Será competente a Justiça Federal se o depoimento especial houver sido prestado perante a Justiça Federal.

BIBLIOGRAFIA CONSULTADA:

ÁVILA, Thiago André Pierobom. *O novo crime de descumprimento de medidas protetivas de urgência*: primeiras considerações. 2018. Disponível em: <http://www.compromissoeatitude.org.br/o-novo-crime-de-descumprimento-de-medidas-protetivas-de-urgencia-primeiras-consideracoes-por-thiago-pierobom-de-avila/>. Acesso em: 15 nov. 2018.

BRASIL. MINISTÉRIO PÚBLICO DO ESTADO DO MARANHÃO. Centro de Apoio Operacional da Infância e Juventude. *Nota técnica nº 03/2017*: Grupo de trabalho 'Escuta Especial'. Disponível em: <https://www.mpma.mp.br/arquivos/COCOM/NT_03.2017_-_Grupo_de_Trabalho_-_Escuta_Especial.pdf>. Acesso em: 7 nov. 2018.

CEZAR, José Antônio Daltoé. *Depoimento sem dano*: uma alternativa para inquirir crianças e adolescentes nos processos judiciais. Porto Alegre: Livraria do Advogado, 2007.

DIGIÁCOMO; Murillo José; DIGIÁCOMO, Eduardo. *Comentários à Lei nº. 13.431/2017*. Curitiba: Ministério Público do Estado do Paraná, 2018. Recurso eletrônico. Disponível em: <http://www.crianca.mppr.mp.br/arquivos/File/publi/caopca/lei_13431_comentada_jun2018.pdf>. Acesso em: 7 nov. 2018.

FERREIRA, Aurélio Buarque de Holanda. *Miniaurélio Eletrônico versão 5.12*. São Paulo: Positivo, 2004.

LARENZ, Karl. *Metodologia da ciência do direito*. Tradução de José Lamego. 3. ed. Lisboa: Fundação Calouste Gulbenkian, 1997.

MAGNO, Levy Emanuel (Org.). Informativo criminal nº 11/novembro de 2017 CAO-Crim. São Paulo: Ministério Público do Estado de São Paulo. p. 3-7. Disponível em: <http://www.mpsp.mp.br/portal/page/portal/Criminal/Boletim_Semanal/CAOCrim%20informativo%20agosto%202018%20_1.pdf>. Acesso em: 10 nov. 2018.

ROCHA, Maria Isabel de Matos. *"Depoimento Especial" de Crianças e Adolescentes Vítimas de Violência Sexual*: a experiência do Estado de Mato Grosso do Sul. Disponível em: <https://www.enfam.jus.br/wp-content/uploads/2017/04/ARTIGO-Depoimento-Especial-MARIA-ISABEL-ROCHA.R5K.pdf>. Acesso em: 7 nov. 2018.

VALSANI, Anna Gesteira Bäurlein Lerche; MATOSINHOS, Izabella Drumond. Depoimento sem dano e as inovações trazidas pela Lei nº. 13.431/2017. *Revista Acadêmica Escola Superior do Ministério Público do Ceará*, Fortaleza, a. IX, n. 2, p. 11-31, 2017. Disponível em: <http://www.mpce.mp.br/institucional/esmp/biblioteca/revista-eletronica/revista-academica/revista-2017-ano-ix-numero-2-semestral/>. Acesso em: 7 nov. 2018.

CAPÍTULO 39

Investigação Criminal pelo Ministério Público – Resolução 181/2017 do CNMP

Rodrigo Leite Ferreira Cabral

INTRODUÇÃO: A INVESTIGAÇÃO CRIMINAL PRESIDIDA PELO MINISTÉRIO PÚBLICO

A Constituição brasileira de 1988, como é sabido, representou um sério compromisso de nosso país com realização e concretização dos direitos e garantias fundamentais, que, em matéria penal, possuem uma especial significação e importância.

Não há dúvida que a atual Constituição adotou o princípio acusatório, ao consagrar como garantia fundamental o devido processo legal (CR, art. 5º, inciso LIV) - que pressupõe a existência de um juiz imparcial e independente - e ao atribuir ao Ministério Público a titularidade privativa da ação penal pública (CR, art. 129, I), com independência funcional e garantias idênticas às da magistratura[1].

É essencial ao princípio do acusatório a divisão das funções de persecução penal (atribuída ao Ministério Público) e de julgamento (atribuída ao Poder Judiciário), pois assim o juiz penal *"se mantém afastado de todas as atividades de investigação no procedimento preparatório e a abertura da cognição judicial está condicionada ao exercício da ação penal"*[2].

Portanto, com a Constituição de 1988 houve uma mudança do eixo gravitacional da investigação.

De tal conclusão segue a seguinte pergunta: Com a adoção do princípio acusatório, quem passou a ser o titular do poder de investigar?

Como já visto acima, com a Constituição de 1988, não é possível mais atribuir à função investigativa ao Poder Judiciário, ante a evidente quebra do princípio acusatório, do devido processo legal, em especial na parte em que impõe a existência de um juiz imparcial.

---

1 Nesse sentido, já decidiu o plenário do Supremo Tribunal Federal: *"A Constituição de 1988 fez uma opção inequívoca pelo sistema penal acusatório. Disso decorre uma separação rígida entre, de um lado, as tarefas de investigar e acusar e, de outro, a função propriamente jurisdicional. Além de preservar a imparcialidade do Judiciário, essa separação promove a paridade de armas entre acusação e defesa, em harmonia com os princípios da isonomia e do devido processo legal. Precedentes."* (ADI 5104 MC, Relator(a): Min. ROBERTO BARROSO, Tribunal Pleno, julgado em 21/05/2014, PROCESSO ELETRÔNICO DJe-213 DIVULG 29-10-2014 PUBLIC 30-10-2014).

2 ROXIN, Claus. Derecho Procesal Penal, 25ª ed. alemana, Editores del Puerto, Buenos Aires, 2000, p. 123.

Não se pode falar, também, que a polícia é a titular do poder de investigação. O artigo 144, em seu caput, já exclui qualquer ideia de monopólio policial, ao dizer que a segurança pública é *"direito e responsabilidade de todos"*. Ademais, ao dizer que cabe à polícia federal exercer *"com exclusividade, as funções de polícia judiciária da União"* (CR, art. 144, §1º, IV) evidentemente teve como intuito afastar as outras polícias (p. ex. Polícia Civil, Militar...) das funções relativas aos crimes praticados contra a União. Jamais criou qualquer monopólio, mesmo porque, quando falou da Polícia Civil, em nenhum momento deu nota de exclusividade à atuação policial (*"§ 4º - às polícias civis, dirigidas por delegados de polícia de carreira, incumbem, ressalvada a competência da União, as funções de polícia judiciária e a apuração de infrações penais, exceto as militares"*)[3].

Caso a Constituição adotasse tal monopólio haveria um retrocesso de quase dois séculos nas conquistas institucionais civilizatórias. Seria um atraso retumbante dar à polícia o poder de investigar exclusivamente[4].

Veja-se que o caminho mais fácil para chegar-se a um estado policial e autoritário, é afastar o controle da atividade policial das entidades de natureza judicial, em especial quando se afasta o Ministério Público[5].

---

3 A essa clara conclusão também chegou a 2ª Turma do Supremo Tribunal Federal: *"A cláusula de exclusividade inscrita no art. 144, § 1º, inciso IV, da Constituição da República - que não inibe a atividade de investigação criminal do Ministério Público - tem por única finalidade conferir à Polícia Federal, dentre os diversos organismos policiais que compõem o aparato repressivo da União Federal (polícia federal, polícia rodoviária federal e polícia ferroviária federal), primazia investigatória na apuração dos crimes previstos no próprio texto da Lei Fundamental ou, ainda, em tratados ou convenções internacionais. - Incumbe, à Polícia Civil dos Estados-membros e do Distrito Federal, ressalvada a competência da União Federal e excetuada a apuração dos crimes militares, a função de proceder à investigação dos ilícitos penais (crimes e contravenções), sem prejuízo do poder investigatório de que dispõe, como atividade subsidiária, o Ministério Público. - Função de polícia judiciária e função de investigação penal: uma distinção conceitual relevante, que também justifica o reconhecimento, ao Ministério Público, do poder investigatório em matéria penal. Doutrina."* (STF - HC 90099, Relator(a): Min. Celso de Mello, Segunda Turma, julgado em 27/10/2009, DJe-228).

4 PERÉZ SARMIENTO faz duras críticas a um sistema de investigação puramente policial, sem controle de órgãos de estatura judicial, ao dizer que: *"A instrução policial, que é dirigida por oficiais da polícia, atuam (sic) motu próprio e com faculdades inclusive para deter ou capturar pessoas sem ordem judicial, nem supervisão do Promotor de Justiça e as mantém em incomunicabilidade vários dias, o qual permite sempre o risco de confissões próprias ou de terceiros sob o efeito da intimidação ou da tortura. (...) Aí os órgãos de polícia determinam a quem se deve deter, como, quando e onde; a quem chamar como testemunha ou como recolher as evidências. Este sistema é simplesmente fatal, porque os chamados sumariadores ou instrutores policiais, ainda quando sejam advogados muito bem instruídos, estão sob um mando policial ou militar cujo espírito de corpo sugere a necessidade extrema de encontrar culpados, o qual sempre conduz a violações do princípio da presunção de inocência como pressuposto fundamental do procedimento penal."* PERÉZ SARMIENTO, Eric Lorenzo. *Fundamentos del Sistema Acusatório de Enjuiciamento Penal*. Temis, Colômbia, 2005, p. 134). Veja-se que não há na doutrina alemã – que é sem dúvida uma das mais avançadas do mundo - sequer sinal de crítica ou discussão no sentido de dar-se tal atribuição à Polícia. Muito pelo contrário, a crítica que existe é justamente em decorrência de uma policialização da investigação criminal. Critica-se o Ministério Público pois deveria ele estar mais próximo da investigação, acompanhar *pari passu* as investigações policiais, jamais o contrário, no sentido de que a investigação deveria ser exclusiva da polícia.

5 Essa foi a estratégia da Ditadura Nazista, conforme afirma BOLDT ao lembrar da separação da polícia e da judicialização ocorrida pela Lei da GESTAPO em 10.02.1936, bem como sobre a existência de um tribunal policial para julgar os casos de atuação da polícia política. (BOLDT *in* LISKEN/DENNIGER. Handbuch des Polizeirechts, 3ª ed., p. 25). Assim também discorre Roxin: *"La perversión del Derecho procesal alcanzó una dimensión todavía esencialmente peor en las jurisdicciones especiales del Tercer Imperio. El Tribunal del Pueblo (Volksgerichtshof), que juzgaba las causas penales políticas, que antes residían en la competencia de primera ins-*

Ademais, o argumento de que cabe à polícia investigar, ao Ministério Público acusar e ao Poder Judiciário julgar é claramente falacioso. Também o é a alegação de que o delegado de polícia seria uma espécie de juiz imparcial da fase pré-processual, atendendo aos interesses tanto da defesa, quanto da acusação.

Não há nada pior para um investigado do que a existência de uma investigação criminal à semelhança de um pequeno julgamento judicial.

O inquérito policial é um atraso, causa sérios prejuízos aos acusados e usurpa do Poder Judiciário a função jurisdicional.

Isso porque, o modelo em que há uma espécie de juiz inquisitivo na fase pré-processual faz com que a fase extrajudicial adquira um valor probatório muito forte, mas sem o contraditório judicial. Constitui evidente quebra de garantias, pois a prova supostamente produzida por autoridade policial emana efeitos seríssimos sobre a fase judicial[6].

Nesse sentido, é a lição de SCHÜNEMANN:

> *"É precisamente um lugar comum na polêmica atual na Alemanha a afirmação de que o momento principal do procedimento penal não estaria constituído pelo juízo oral, mas sim pelo procedimento de investigação, porque ali seriam apresentadas todas as provas essenciais que determinam continuamente o resultado do processo. Os erros cometidos no procedimento de investigação dificilmente poderiam ser corrigidos no transcurso do juízo oral, de modo tal que todos os dados a respeito do acusado não seriam apresentados no juízo oral, mas sim no*

---

tancia del RG, estaba integrado por jueces que eran nombrados directamente por Hitler; este tribunal era un instrumento, desligado, en gran parte, de ataduras legales, para aniquilar a los enemigos del régimen y solamente en el año 1944 dictó más de 2.000 sentencias de muerte. (…) Para los delitos políticos de la instancia inferior eran competentes tribunales especiales, cuyos procesos pueden ser caracterizados, asimismo como 'procedimientos simulados, sin ninguna garantía y con resultados establecidos de antemano' (Rüping, Grundriß der Strafrechtsgeschichte, 1998, 3a ed., 101 y siguiente). A ello se sumaban los Tribunales de las SS y Tribunales Policiales, así como las "Jurisdicciones de Honor" de las NSDAP, de las HJ y de las SA, que debían imponer ampliamente la ideología nacional-socialista en la estructura del partido. Estas reestructuraciones de la justicia penal estaban acompañadas por un 'desenfreno poder de policía' (Eb. Schmidt, Einführung in die Geschichte der deutschen Strafrechtspflege, 1965, 3a ed. 439), la que podía tomar en 'prisión de protección' a las personas mal vistas y privarlas de toda protección jurídica a través de la detención en campos de concentración." ROXIN, Claus. *Derecho Procesal Penal. Op. cit.*, p. 569. No período da ditadura militar brasileira não foi diferente. As forças armadas, que faziam as vezes da polícia política, com a polícia federal, atraíram para seus tribunais militares a competência para processar e julgar todos os casos dos crimes *"contra a segurança nacional"* (CF/67, art 122, § 1º, incluído pelo AI6), mesmo que praticados por civis, sendo que os conselhos especiais de justiça eram formados por um auditor e quatro juízes militares (que eram integrantes das forças armadas) (Decreto-Lei n. 4.163/62, art. 12). Além disso, os juízes e membros do Ministério Público eram nomeados pelo Presidente da República (Decreto-Lei n. 4.163/62, art. 29) e apenas um terço dos membros do Ministério Público eram concursados, sendo dois terços deles nomeados entre advogados (Decreto-Lei n. 4.163/62, art. 34). Além disso, mesmo os membros concursados estavam sobre constante ameaça de serem demitidos ou mesmo perseguidos pela ditadura miliar. Ademais, ficou proibida a figura do *habeas corpus* nos crimes políticos, contra a segurança nacional, a ordem econômica e social e a economia popular (AI5, art. 10) e ficou excluída da apreciação judicial qualquer ato praticado com base nos atos institucionais da ditadura (AI5, art. 11). Ou seja, o executivo, dominado pela Ditadura Militar, tomou para si todo poder de investigação e controle judicial e ministerial. Era o titular exclusivo dos meios investigação e não se submetia a qualquer controle na prática. Os abusos e crimes contra humanidade práticos pela Ditadura Militar brasileira são conhecidos de todos e uma forma de facilitar essa prática foi justamente tirar do Poder Judiciário e do Ministério Público civil a investigação, o controle, processo e julgamento dos crimes *'contra a segurança nacional'*.

6 VIVES ANTÓN, Tomás Salvador. *Comentarios a la Ley de Medidas Urgentes de Reforma Procesal*. Valencia, Tirant lo Blanch, 1992, p. 134.

> *procedimento de investigação. Por isso, como já referi anteriormente, o juízo oral não é mais o centro decisivo do procedimento penal, mas sim, em geral, acaba sendo uma mera consagração trabalhosamente encenada dos resultados já obtidos no processo de investigação. Nas palavras de Wolter, o procedimento de investigação é, portanto, 'núcleo e ponto culminante do processo penal'."* [7]

Assim, a falaciosa imparcialidade[8] do delegado de polícia, usurpa poder dos juízes e reduz as garantias fundamentais do acusado e do próprio Ministério Público que deve velar pela existência de um processo penal constitucionalmente adequado.

Diante disso, a única solução para acabar com o perverso efeito da prevalência da força probante dos atos investigatórios, que acabam se constituindo em uma verdadeira *self-fulfilling prophecy*[9], é fazer com que a investigação preliminar seja a mais reduzida e eficaz possível, para permitir que o Ministério Público faça uma acusação justa, sem prejuízo dos direitos e garantias do acusado. Deve a investigação ser verdadeiramente sumária, evitando-se a profusão de diligências com contraditório, que acabariam por tornar as provas preliminares, por inércia, em provas ou semi-provas da instrução e julgamento[10], invertendo-se os valores da força probante, para dar maior peso às provas investigatórias, em detrimento das provas judiciais.

Como já decidiu o Tribunal Europeu dos Direitos Humanos, *"os elementos de prova devem, em princípio, ser praticados diante do acusado, em audiência pública e no seio de debate contraditório"* (caso Barberá, Messegué e Jabardo, julgado em 06.12.1988), sendo que esse princípio não admite outras exceções além da *"impossibilidade ou irrepetibilidade"* da produção probatória[11].

Dessa maneira, não há como afirmar que a polícia é a detentora exclusiva da investigação criminal, mesmo porque de tal fato decorreria, sem sombra de dúvidas, uma grave violação ao devido processo legal, que exige que para a condenação de uma pessoa a prova relevante deve ser produzida em contraditório, perante um juiz (e não delegado) imparcial.

Ademais, imprescindível para um devido processo penal, que a investigação seja realizada ou controlada por um órgão independente, com garantias semelhantes às dos juízes, e esse órgão, no Brasil e nos sistemas jurídicos mais avançados, é o Ministério Público[12], pois é

---

7 SCHÜNEMANN, Bernd. La Policía Alemana como auxiliar del Ministerio Fiscal: Estructura, Organización y Actividades, *in Obras*. Buenos Aires, Rubinzal-Culzoni, 2009, vol. 2, pp. 470-471.

8 É falaciosa, pois, como visto, uma autoridade que vai em busca das provas por iniciativa própria, independentemente de provocação jamais pode ser considerada imparcial, conforme inclusive já decidiu o TEDH.

9 SCHÜNEMANN, Bernd. La Policía Alemana como auxiliar del Ministerio Fiscal: Estructura, Organización y Actividades, *in Obras*, vol. 2. Buenos Aires, Rubinzal-Culzoni, 2009, p. 475.

10 VIVES ANTÓN, Tomás Salvador. *Comentarios a la Ley de Medidas Urgentes de Reforma Procesal*. Valencia, Tirant lo Blanch, 1992, p. 155.

11 VIVES ANTÓN, Tomás Salvador. *Comentarios a la Ley de Medidas Urgentes de Reforma Procesal*. Valencia, Tirant lo Blanch, 1992, p. 156.

12 Sobre os modelos de investigação, interessante apresentar a seguinte visão geral: *Portugal: "A intervenção do Ministério Público no domínio do processo penal é multifacetária, em função das suas diferentes fases. Na fase do inquérito ele é o dominus (art. 263º do CPP), actua como autoridade judiciaria; exerce poderes de decisão e de conformação processual, vinculado como sempre, a critérios de legalidade e objectividade (art. 2º do EMP), dos quais decorre, naturalmente o dever de imparcialidade e de objectividade."* NOGUEIRA, Aberto Pinto e Magistrados do Ministério Público do Distrito Judicial de Porto. *Código de processo penal*. Coimbra, Coimbra Ed., 2009, p. 120. *Itália: "A disciplina da direção da investigação preliminar está imprescindivelmente ligada ao papel que o Poder Judiciário requerente (Ministério Público) exercita, através múltiplos atos e atividades, com a finalidade de oferecer a acusação e, portanto, é uma expressão direta de governo, colocando-se com uma estreita relação com*

a instituição responsável pela persecução penal (que engloba a fase investigatória, pré-processual, o ajuizamento da ação penal e o acompanhamento do processo penal, inclusive sua fase executória).

Ora, foi justamente para exercer essas funções de investigação é que foi criado o Ministério Público, conforme afirma SCHÜNEMANN, após falar sobre a atuação sem controle da polícia: *"Um motivo para criar a figura do Ministério Público e, com isso, o princípio acusatório formal em meados do século XIX, foi do de colocar nas mãos da autoridade judicial a responsabilidade para a condução jurídico-estatal do procedimento prévio"* de investigação[13].

---

a garantia de liberdade da pessoa investigada. O libelo de proteção aos direitos fundamentais depende, de fato, da relação que o ordenamento processual estabelece com os sujeitos participantes: o suspeito que se investiga, contra sua vontade, é parte; a polícia judiciaria, que é funcionalmente dependente do Ministério Público, mas que mantém a dependência hierárquica com o executivo; o Ministério Público, que é magistrado imparcial e independente do executivo, mas que é dotado da qualidade de parte no processo; o Juiz que representa o nível máximo de garantia, enquanto não exercita função de requerente de qualquer tipo." GARUTI, Giulio. *Indagini preliminari e udienza preliminare*. Spangher, Giorgio [org.]: Trattato di procedura penale. Torino, UTET, 2009, vol. 3, p. 241. *França*: *"A polícia judiciaria francesa é regulada pelo Título 1 do Código de Processo Penal e depende, em caráter geral, do Procurador da República, devendo dar conta a esse dos delitos de que tenha tomado conhecimento e está composta por oficiais, agentes, adjuntos e funcionários que, eventualmente, e em determinadas circunstâncias podem exercer atribuições da polícia judiciaria, mas é importante ressaltar que as atribuições e faculdades são dadas de acordo com a hierarquia."* ARCINIEGAS MARTÍNEZ, Guillmermo Augusto. *Policía judicial y sistema acusatorio*. Bogotá, ed. Nueva Jurídica, 2007, p. 44. Muito embora ainda exista lá a função de juiz de instrução. CHAMBON, Pierre. *Droit et pratique de l'instruction préparatoire*. Paris, Dalloz, 2007, pp. 134-137. *Reino Unido*: *"O statutary charging scheme (PACE act) objetiva ajudar o Ministério Público (Crown Prosecution Service) a mostrar os casos eficientemente, para fortalecimento das evidências, para eliminar o momentum de persecução de três maneiras. Primeiro, alguns promotores são alocados nas delegacias de polícia (police stations) para dar sugestões à polícia, bem como para realizar decisões na investigação. As resoluções expedidas pelo Procurador--Geral de Justiça (Director of Public Prosecutions), em verdade, exige que a policia busque conselho do Ministério Público nos casos sérios. Recomendações jurídicas no início das investigações ajudam a polícia a resguardar as provas necessárias para uma acusação de sucesso em mais casos do que até agora. Segundo, ela autoriza os promotores a discutir as possíveis acusações com as autoridades investigadoras, em um ponto em que a polícia, mas não o Ministério Público, pode pensar que existe provas suficientes, novamente dando à polícia a oportunidade de assegurar a prova enquanto, por exemplo, o suspeito ainda encontra-se preso. Terceiro, os promotores transformaram-se em tomadores de decisão na fase investigatória, não sendo mais simples destinatários das decisões policiais."* SANDERS, Andrew; YOUNG, Richard. *Criminal Justice*, Oxford, 3ª ed., 2007, pp. 329-330. Ademais, no Reino Unido: *"Um número substancial de investigações que embasam ações penais são feitas por agências não--policiais."* SANDERS, Andrew; YOUNG, Richard. *Op. Cit.* p. 360. *Chile*: *"No sistema processual penal resultante da reforma, as funções de investigar e acusar estão entregues a um organismo autônomo, denominado Ministério Público (art. 80 A CPR)."* HORVITZ LENNON, María Inés. *Derecho procesal penal chileno*. Santiago, Chile, Editorial Jurídica de Chile, 2002, p. 45. *Peru*: *"O Ministério Público dirige a investigação do delito de ação penal pública, com a finalidade de obter prova pertinente válida e conservar a mesma, assim como para identificar o autor ou partícipe do delito. Seu objetivo consiste em alcançar a verdade sobre o caso."* GÓMEZ MENDOZA, Gonzalo: *Instituciones en el derecho procesal penal peruano*. Lima, MFC Ed., 2007, p. 323. Na *Bolívia*, *Equador* e *Venezuela* a polícia judiciaria também funciona como auxiliar do Ministério Público. Cf.: ARCINIEGAS MARTÍNEZ, Guillmermo Augusto. *Policía judicial y sistema acusatorio*. Bogotá, ed. Nueva Jurídica, 2007, p. 60-66. Na *Argentina* (art. 194 Código de Proceso Penal de La Nación) e na *Espanha* existe a figura do juiz de instrução, em que um Juiz é o coordenador da investigação, ficando impedido de atuar na fase propriamente do processo judicial.

13 SCHÜNEMANN, Bernd. *Obras. Op. Cit.*, p. 457. Veja-se que o autor refere-se a autoridade judicial evidentemente no sentido de que o Ministério Público e o Poder Judiciário têm as mesmas garantias. Isso porque as carreiras do Ministério Público e do Poder Judiciário na Alemanha estão muito entrelaçadas. PERÓN, Walter; LÓPEZ-BARAJAS, Inmaculada. El Ministerio Fiscal como Director de la Investigación en el Proceso Penal alemán, in Ambos, Kai [org.]: *Desarrollos actuales de las ciencias criminales en Alemania*. Bogota: Temis, 2012, p. 67.

A criação do Ministério Público, com a atribuição de investigação e de dono da ação penal, resultou num evidente rompimento com o paradigma inquisitório, apresentando um órgão com garantias judiciais, com funções de defesa da legalidade e de fiscalização tanto da polícia quanto do próprio Poder Judiciário[14].

Não podia ser diferente, pois, com a criação do Ministério Público e a imposição a ele da responsabilidade pela ação penal, decorre naturalmente o dever correspondente de ser titular da função investigativa, que é intrínseca e inerente à atividade de acusação[15].

No Brasil a Constituição, além de outorgar a função de responsável pela ação penal, também lhe incumbiu da função de protetor da ordem jurídica e dos bens jurídicos coletivos, difusos e individuais indisponíveis, protegidos pelos tipos penais (CR, art. 127, caput) e de controlador externo da atividade policial (CR, art. 129, VII), tendo o poder de requisitar (e não requerer) diligências investigatórias criminais (CR, art. 129, VIII).

Não bastasse isso, a Constituição da República abriu cláusula que diz ser também de atribuição do Ministério Público *"exercer outras funções que lhe forem conferidas, desde que compatíveis com sua finalidade"* (CR, art. 129, IX) e não há nada mais compatível com a finalidade institucional do Ministério Público do que exercer a persecução penal, também, na fase da investigação criminal.

Assim, constitucionalizados estão os poderes de instaurar procedimentos administrativos investigatórios, com ampla prerrogativa para instruí-los (LONMP, art. 26, I, II, V) e o dever de receber *"notícias de irregularidades, petições ou reclamações de qualquer natureza"* e "promover as apurações cabíveis que lhes sejam próprias e dar-lhes as soluções adequadas" (LONMP, art. 27, par. único, I), *devendo "dar andamento, no prazo de trinta dias, às notícias de irregularidades, petições ou reclamações referidas no inciso I"* (LONMP, art. 27, par. único, III).

Felizmente, a essas mesmas conclusões chegou o Plenário do Supremo Tribunal Federal, em sede de repercussão geral, ao concluir que o Ministério Público tem a prerrogativa de investigar delitos no Brasil, *verbis*:

> *"Repercussão geral. Recurso extraordinário representativo da controvérsia. Constitucional. Separação dos poderes. Penal e processual penal. Poderes de investigação do Ministério Público. 2.*

14 Na Alemanha em 1846 foi instituído o Ministério Público como fiscal da Lei tanto em juízo quanto da polícia, sendo que esta tem função de auxiliar do Ministério Público (*Hilfsbeamte*). BOLDT in LISKEN/DENNIGER. *Handbuch des Polizeirechts*, 3ª ed., p. 20. Nesse sentido também afirma ROXIN que a Lei de Berlin foi a primeira a atribuir ao Ministério Público a titularidade da função de investigação, impondo a ele o dever de proteção, inclusive do investigado, mantendo a polícia sob o seu controle. Informa que o Ministério Público tem a função de fiscalizar tanto a polícia, quanto o Poder Judiciário. Afirma também que ao Ministério Público foi atribuída a titularidade da ação penal, superando o velho sistema inquisitorial. ROXIN, Claus. Zur Rechtstellung der Staatsanwaltschaft Damals und Heute. Deutsche Richter Zeitung (DRiz), 1997, pp. 112-113.

15 Nesse sentido o Tribunal Europeu dos Direitos Humanos extrai a função de investigar da própria atribuição de titularidade da ação penal pública, conforme se verifica em Piersack vs. Belgia (1982): "Em matéria penal, o Ministério Público *"exerce a ação pública na forma estabelecida em Lei (artigo 138.1. do Código Judicial). Com base nisso investiga e ativa os procedimentos em relação às infrações penais e, em seu caso, é parte nos processos judiciais para a defesa da acusação pública."* Também na Alemanha é clara a ideia de que a persecução penal envolve investigação e acusação e fase judicial: *"No Direito alemão rege o principio da persecução de ofício. O Ministério Público, que possui o monopólio do exercício da ação penal (§ 152.1 StPO), deve perseguir todos os fatos puníveis de que tenha conhecimento (§ 152.2 StPO). Essa obrigação se refere tanto à atividade investigadora, quanto acusadora."* PERÓN, Walter; LÓPEZ-BARAJAS, Inmaculada. El Ministerio Fiscal como Director de la Investigación en el Proceso Penal alemán, in Ambos, Kai [org.]: *Desarrollos actuales de las ciencias criminales en Alemania*. Bogota, Temis, 2012, pp. 67-68.

Questão de ordem arguida pelo réu, ora recorrente. Adiamento do julgamento para colheita de parecer do Procurador-Geral da República. Substituição do parecer por sustentação oral, com a concordância do Ministério Público. Indeferimento. Maioria. 3. Questão de ordem levantada pelo Procurador-Geral da República. Possibilidade de o Ministério Público de estado-membro promover sustentação oral no Supremo. O Procurador-Geral da República não dispõe de poder de ingerência na esfera orgânica do Parquet estadual, pois lhe incumbe, unicamente, por expressa definição constitucional (art. 128, § 1º), a Chefia do Ministério Público da União. O Ministério Público de estado-membro não está vinculado, nem subordinado, no plano processual, administrativo e/ou institucional, à Chefia do Ministério Público da União, o que lhe confere ampla possibilidade de postular, autonomamente, perante o Supremo Tribunal Federal, em recursos e processos nos quais o próprio Ministério Público estadual seja um dos sujeitos da relação processual. Questão de ordem resolvida no sentido de assegurar ao Ministério Público estadual a prerrogativa de sustentar suas razões da tribuna. Maioria. 4. Questão constitucional com repercussão geral. Poderes de investigação do Ministério Público. Os artigos 5º, incisos LIV e LV, 129, incisos III e VIII, e 144, inciso IV, § 4º, da Constituição Federal, não tornam a investigação criminal exclusividade da polícia, nem afastam os poderes de investigação do Ministério Público. Fixada, em repercussão geral, tese assim sumulada: "O Ministério Público dispõe de competência para promover, por autoridade própria, e por prazo razoável, investigações de natureza penal, desde que respeitados os direitos e garantias que assistem a qualquer indiciado ou a qualquer pessoa sob investigação do Estado, observadas, sempre, por seus agentes, as hipóteses de reserva constitucional de jurisdição e, também, as prerrogativas profissionais de que se acham investidos, em nosso País, os Advogados (Lei 8.906/94, artigo 7º, notadamente os incisos I, II, III, XI, XIII, XIV e XIX), sem prejuízo da possibilidade – sempre presente no Estado democrático de Direito – do permanente controle jurisdicional dos atos, necessariamente documentados (Súmula Vinculante 14), praticados pelos membros dessa instituição". Maioria. 5. Caso concreto. Crime de responsabilidade de prefeito. Deixar de cumprir ordem judicial (art. 1º, inciso XIV, do Decreto-Lei nº 201/67). Procedimento instaurado pelo Ministério Público a partir de documentos oriundos de autos de processo judicial e de precatório, para colher informações do próprio suspeito, eventualmente hábeis a justificar e legitimar o fato imputado. Ausência de vício. Negado provimento ao recurso extraordinário. Maioria." (STF - RE 593727, Relator(a): Min. CEZAR PELUSO, Relator(a) p/ Acórdão: Min. GILMAR MENDES, Tribunal Pleno, julgado em 14/05/2015, ACÓRDÃO ELETRÔNICO REPERCUSSÃO GERAL - MÉRITO DJe-175 DIVULG 04-09-2015 PUBLIC 08-09-2015).

Portanto, verifica-se que no sistema penal instituído pela Constituição, conforme decidido pelo Supremo Tribunal Federal, em sede repercussão geral, o Ministério Público pode, por autoridade própria, realizar investigações criminais diretamente.

A investigação criminal do Ministério Público no Brasil era inicialmente regulada pela Resolução n. 13/06 do Conselho Nacional do Ministério Público.

Referida Resolução, no entanto, já estava defasada e merecia ser modernizada.

Por essa razão, o então Corregedor Nacional do Ministério Público, Dr. Cláudio Henrique Portela do Rego, no dia 18 de janeiro de 2017, instaurou o Procedimento de Estudos e Pesquisas n. 01/2017, para levantamento de sugestões e apresentação de propostas de aperfeiçoamento da regulamentação do Procedimento Investigatório Criminal conduzido pelo Ministério Público. A comissão foi presidida por mim e composta pelo Procurador Regional da República, Dr. Vladmir Barros Aras, pelo Promotor de Justiça do MPDFT, Dr. Antônio Henrique Graciano Suxberger e pelo Promotor de Justiça Militar do MPM, Dr. Luiz Felipe Carvalho Silva[16].

16 A portaria de instauração pode ser encontrada no seguinte endereço: http://www.cnmp.mp.br/portal/images/Despacho_inaugural_-_PEP_01-2017.pdf. Consultada no dia 11 de novembro de 2017.

A Comissão apresentou um relatório final, com uma proposta de alteração da Resolução n. 13/06[17], que foi integralmente acolhida pelo Corregedor Nacional[18], que apresentou-a ao Plenário do Conselho Nacional do Ministério Público, que, por sua vez, com base no voto do Conselheiro-Relator, Valter de Agra Júnior – que acolheu grande parte da proposta do Corregedor Nacional, acrescentando outras propostas apresentadas por outros Conselheiros – aprovou à unanimidade de votos, a Resolução n. 181, de 08 de setembro de 2017[19].

Recentemente, o Conselho Nacional do Ministério Público promoveu nova reformulação da Resolução n. 181/17, por meio da Resolução n. 183, de 30 de janeiro de 2018, cujo relator foi o Conselheiro Lauro Nogueira.

Será precisamente essa a Resolução n. 181/17, atualizada pela n. 183/18, que será examinada a seguir.

DA NATUREZA JURÍDICA E CARACTERÍSTICAS DO PROCEDIMENTO INVESTISGATÓRIO CRIMINAL

Art. 1º O procedimento investigatório criminal é instrumento sumário e desburocratizado de natureza administrativa e investigatória, instaurado e presidido pelo membro do Ministério Público com atribuição criminal, e terá como finalidade apurar a ocorrência de infrações penais de iniciativa pública, servindo como preparação e embasamento para o juízo de propositura, ou não, da respectiva ação penal. (Redação dada pela Resolução nº 183, de 24 de janeiro de 2018)

§ 1º O procedimento investigatório criminal não é condição de procedibilidade ou pressuposto processual para o ajuizamento de ação penal e não exclui a possibilidade de formalização de investigação por outros órgãos legitimados da Administração Pública. (Redação dada pela Resolução nº 183, de 24 de janeiro de 2018)

§ 2º A regulamentação do procedimento investigatório criminal prevista nesta Resolução não se aplica às autoridades abrangidas pela previsão do art. 33, parágrafo único, da Lei Complementar no 35, de 14 de março de 1979. (Redação dada pela Resolução nº 183, de 24 de janeiro de 2018)

O Procedimento Investigatório Criminal é um procedimento de natureza administrativa, não ostentando, pois, natureza processual. Isso porque, a existência PIC não pressupõe o exercício da atividade postulatória, não é dotado de partes, não é jurisdicionalizado e prescinde da observância do contraditório e da ampla defesa.

Desde uma perspectiva formal, referido procedimento tem como finalidade a documentação concatenada de elementos de informação para viabilizar que o Ministério Público realize a *opinio delicti* a respeito da notícia de fatos criminosos que chegam a seu conhecimento.

Materialmente, ele se presta como elemento aglutinador de informações com o objetivo de viabilizar o exercício, pelo Ministério Público, da *opinio delicti*.

---

17 O relatório final da Comissão pode ser encontrado no seguinte endereço:http://www.cnmp.mp.br/portal/images/Pronunciamento_final.pdf. Consultado no dia 11 de novembro de 2017.

18 A proposta do Corregedor Nacional, apresentada ao Plenário, pode ser encontrada no seguinte endereço: http://www.cnmp.mp.br/portal/images/Proposição_nº_1.00578-2017-01.pdf. Consultada no dia 11 de novembro de 2017.

19 O texto atualizado da Resolução n. 181/17 pode ser encontrado no seguinte endereço: http://www.cnmp.mp.br/portal/images/Resolucoes/Resolução-181.pdf. Consultado no dia 27 de fevereiro de 2018.

O PIC é necessariamente presidido por Membro do Ministério Público, com atribuição criminal (tem natureza criminal e não civil) não se confundindo, pois, com o inquérito policial, nem com outras investigações de natureza administrativa realizadas por outras agências estatais, como, por exemplo, investigações tributárias, ambientais e consumeristas.

A respeito da nova configuração do Procedimento Investigatório Criminal, vale a pena ressaltar três aspectos importantes:

a) **Desburocratização:** O rompimento com o excesso de burocracia correspondente uma das mais importantes providências para a superação de um modelo de investigação inquisitório e ineficiente. Uma investigação adequada jamais pode ter como seu eixo gravitacional a burocracia. A investigação deve gravitar em torno dos seus objetivos investigativos (fato delituoso a ser apurado) e do respeito às garantias e direitos fundamentais.

Sobre a necessidade de superar-se o ranço burocrático das investigações criminais, HORVITZ consigna o seguinte, no contexto chileno:

> *"Superar a cultura inquisitiva no subsistema policial significa enfrentar, dentre outros, o forte ritualismo e burocratização no cumprimento de suas tarefas, a excessiva formalização das relações entre o órgão instrutor, o predomínio das funções administrativas ou outras institucionais em detrimento da função propriamente investigativa, a ausência de incentivos para obter resultados favoráveis na investigação, etc.*
>
> *A excessiva burocratização das tarefas policiais de investigação criminal, característica comum de todo sistema de justiça criminal, tem gerado a subcultura policial caracterizada pelas rotinas de trabalho mecânicas, rígidas e uniformes, que se realizam – em muitos casos – assim só para cumprir formalmente com as exigências do sistema. Desse modo, por exemplo, na atualidade, grande parte das ordens de investigar que a polícia cumpre são realizadas repetindo no processo, sem necessidade, informações prévias, para "engordar" as informações policiais ou são devolvidas sem aportar nada de novo."*[20]

Com a adoção expressa do princípio da desburocratização, o Conselho Nacional do Ministério Público sinaliza e lembra fortemente aos Membros do MP que o objetivo da investigação não é o preenchimento de relatórios, a aposição de carimbos, a juntada impensada de documentos, a renovação burocrática de prazos, de ofícios requisitórios ou outras ordens de diligência. A função da investigação é descobrir como se deram os fatos apurados, de forma rápida, eficiente e legítima.

A burocracia deve ser meramente lateral e se presta para, em casos bastante específicos, assegurar a veracidade e garantia de determinados atos.

b) **Sumariedade:** A investigação criminal não deve ser o evento principal da persecução penal. A investigação deve ser célere, caso contrário normalmente tem suas funções de descoberta bastante prejudicada e não deve ter como objeto todos os elementos de informação que podem, eventualmente, ser relevantes para o juízo principal. Assim, normalmente não se ouve testemunhas abonatórias[21], não se aprofunda sobre em eventuais responsabilidades civis, nem mesmo se deve

---

20 HORVITZ LENNON, María Inés; LÓPEZ MASLE, Julián. Derecho Procesal Penal Chileno , tomo I. Santiago: Editorial Jurídica de Chile, 2003, pp. 187-188.

21 Nesse sentido, consigna LOPES JUNIOR: *"É de destacar-se, atendendo ao caráter sumário do inquérito policial, que a polícia não deve perder tempo com testemunhas meramente abonatórias ou que não tenham realmente*

perder muito tempo com a persecução patrimonial (para compreender bem essa afirmação, veja-se o comentário ao art. 14).

A investigação, ademais, deve ser feita sem a intervenção *pari pasu* do investigado. Assim, é de se rejeitar um procedimento de investigação plenamente participativo (respeitados, claros, os direitos do investigado, conforme se verá dos comentários aos respectivos artigos desta Resolução).

A esse respeito consigna SCHÜNEMANN que:

> *"Na Alemanha discute-se atualmente a respeito de um modelo denominado 'procedimento de investigação participativo'. Este possui como finalidade a introdução da estrutura adversativa ou do contraditório do juízo oral norte-americano já durante a declaração das testemunhas no procedimento de investigação. A polícia e a justiça na Alemanha rejeitaram, no entanto, essa proposta, porque temem uma total paralização das investigações policiais se um defensor, já desde o princípio, acompanha todas as medidas de investigação e dessa forma se coloca em situação de poder estorvar as medidas estratégias da polícia desde o princípio. Concordo com essa opinião de que, em todos os casos mais complicados, deve existir primeiro uma prática de diligências secreta, já que se deve alcançar o objetivo de esclarecimento. Do contrário, particularmente no âmbito da criminalidade organizada, a participação prévia importaria seguramente no fim da Justiça Penal e, com isso, o fim da proteção estatal aos bens jurídicos."*[22]

Por fim, é importante deixar bem claro que sumariedade não quer significar investigação mal feita, açodada, superficial. Não. Quer significar que a investigação tem um objetivo claro – emprestar justa causa à acusação – e não é possível que os investigadores se distraiam à busca de elementos laterais para a apuração, que poderão eventualmente ser posteriormente supridos pela acusação (v.g. prosseguimento da investigação patrimonial) ou pela defesa (v.g. possibilidade de arrolar testemunhas para serem ouvidas em juízo). Daí porque se pode afirmar que a investigação deve ser sumária.

c) **Princípio investigativo:** Tanto o Inquérito Policial quanto o Procedimento Investigatório Criminal regem-se pelo denominado princípio investigativo (ou inquisitório, como denominada a maioria da doutrina brasileira)[23].

---

presenciado o fato e que por isso limitem-se a transmitir o que lhes foi contato." LOPES JUNIOR, Aury. Direito processual penal. 11ª ed. São Paulo: Saraiva, 2014, p. 302.

22 SCHÜNEMANN, Bernd. *Critica al modelo norteamericano de proceso penal*, in Obras. Tomo II, Rubinzal-Culzoni: Buenos Aires, 2009, p. 448. Depois segue o mesmo autor, defendendo que, para minorar essa não intervenção da defesa, deve-se criar um eurodefensor, devem todos os depoimentos ser gravados em áudio e vídeo e deve-se permitir que o defensor tome, também, declarações.

23 Na doutrina brasileira se costuma a denominar esse princípio de princípio inquisitório. No entanto, não se pode confundir o princípio da investigação (*Ermittlungsgrundsatz*) com o princípio inquisitório (*Inquisitionsprinzip*), conforme esclarece KINDÄUSER: *"O princípio da investigação não deveria mais ser, nem terminologicamente, equiparado ao denominado princípio inquisitório, que é consubstanciado por um processo inquisitorial, em que há unidade entre os órgãos de investigação e o órgão julgador na apuração dos fatos e que acaba resultando em um controvertido sistema, em que a investigação e o processo penal ficam totalmente submetidos a um domínio do juiz. Uma tal equiparação, com a atual diferenciação entre as funções de acusar e de julgar não é (mais) apropriada."* Tradução livre de: „Der Ermittlungsgrundsatz sollte auch terminologisch nicht mit dem sog. Inquisitionsprinzip, das die Sachverhaltserforschung im Inquisitionsprozess durch die Einheit von Ermittlungsorgans und Richter und die daraus resultierende umstrittenen vollständige Verfahrensherrschaft des Gerichts beschreibt, gleichgestellt werden. Eine solche Gleichstellung ist nach der heute bestehenden Aufteilung von Anklagebehörde und Gerichtsbarkeit nicht (mehr) sachgerecht." KINDHÄUSER, Urs. Strafprozessrecht. 4ª ed. Baden-Baden: Nomos, 2016, p. 48.

Esse princípio impõe às autoridades estatais que presidem a investigação o dever de dar o devido impulso investigativo, determinando de ofício a realização das diligências e investigações pertinentes e proporcionais à adequada instrução do feito.

Nesse sentido, é a lição de KINDHÄUSER, sobre o contexto alemão, perfeitamente correspondente ao nosso sistema:

> *"O princípio da investigação (= princípio da pesquisa ou princípio de instrução) afirma que, no processo de investigação preliminar, o Ministério Público e a Polícia devem investigar os acontecimentos reais de ofício. Isso significa que as agências de persecução penal devem esclarecer completamente os fatos relevantes."*[24]

As determinações de diligências não precisam, em regra, ser fundamentadas e lançadas formalmente nos autos (máxime diante do princípio da desburocratização e celeridade), apenas devem guardar relação de pertinência e proporcionalidade com a investigação do feito. Não seguem, pois, o regime formalizado das decisões judiciais, mas o regime agilizado das investigações preliminares.

É importante consignar, por fim, que o Procedimento Investigatório Criminal e a regulamentação aqui estudada, a toda evidência dizem respeito tão somente àquelas investigações que podem ser presididas pelo Membro do Ministério Público, não se aplicando, pelo menos em princípio, às investigações que apuram a prática de crimes aparentemente praticados por Membros do Poder Judiciário.

Isso porque, a Lei Orgânica da Magistratura, no parágrafo único do seu artigo 33, estabelece como prerrogativa do magistrado ser investigado perante o Tribunal ou órgão especial com atribuição para o julgamento de eventual ação penal decorrente de tal apuração[25]. Assim, qualquer investigação instaurado contra Membros do Poder Judiciário deve ser precedida de autorização do respectivo Tribunal, ainda que posteriormente e com autorização deste, possa seguir a regulamentação do PIC.

Apesar dessa evidência, o Conselho Nacional do Ministério Público houve por bem expressamente consignar expressamente tal advertência do § 2º, do art. 1º, da Resolução em comento, inclusive porque houve impugnação em Ação Direta de Inconstitucionalidade n. 5790, proposta pela AMB, alegando que a Resolução n. 181/17 teria invadido a competência dos Tribunais para investigar juízes.

Desse modo, com a redação do §2º, do art. 1º, que foi incluída por emenda feita pela Resolução nº 183, de 24 de janeiro de 2018, o que já era claro ficou ainda mais evidente. É dizer: *"A regulamentação do procedimento investigatório criminal prevista nesta Resolução não se aplica às autoridades abrangidas pela previsão do art. 33, parágrafo único, da Lei Complementar no 35, de 14 de março de 1979."*

---

24 Tradução livre de: *„Der Ermittlungsgrundsatz (= Untersuchungsgrundsatz bzw. Instruktion Prinzip besagt, dass im Ermittlungsverfahren Staatsanwalt und Polizei das tatsächliche Geschehen von Amts wegen zu erforschen haben. Dies bedeutet, dass die Strafverfolgungsorgane den relevanten Sachverhalt umfassend aufklären müssen."* KINDHÄUSER, Urs. Strafprozessrecht. 4ª ed. Baden-Baden: Nomos, 2016, p. 48.

25 *"Art. 33 - São prerrogativas do magistrado: (...) Parágrafo único - Quando, no curso de investigação, houver indício da prática de crime por parte do magistrado, a autoridade policial, civil ou militar, remeterá os respectivos autos ao Tribunal ou órgão especial competente para o julgamento, a fim de que prossiga na investigação."* É bem verdade que, desde uma perspectiva de principio acusatório, aparentemente, essa espécie de juizado de instrução para investigar magistrados, não foi recepcionada pela Constituição de 1988.

DO DEVER DO MINISTÉRIO PÚBLICO DE TOMAR PROVIDÊNCIAS DIANTE DE PEÇAS DE INFORMAÇÕES QUE CHEGUEM A SEU CONHECIMENTO

Art. 2º Em poder de quaisquer peças de informação, o membro do Ministério Público poderá:

I – promover a ação penal cabível;

II – instaurar procedimento investigatório criminal;

III – encaminhar as peças para o Juizado Especial Criminal, caso a infração seja de menor potencial ofensivo;

IV – promover fundamentadamente o respectivo arquivamento;

V – requisitar a instauração de inquérito policial, indicando, sempre que possível, as diligências necessárias à elucidação dos fatos, sem prejuízo daquelas que vierem a ser realizadas por iniciativa da autoridade policial competente.

O art. 2º da Resolução n. 181 estabelece quais são as possíveis providências do Membro do Ministério Público deve tomar ao receber peças de informações que noticiem a prática de delitos. São elas:

a) **Propositura de ação penal:** como visto no §1°, do art. 1°, o Procedimento Investigatório Criminal é prescindível, não sendo, pois, condição de procedibilidade para o exercício da ação penal[26]. Desse modo, chegando ao conhecimento do Membro do Ministério Público elementos de informações que já emprestem a suficiente justa causa para o oferecimento de denúncia, nada impede que, de posse de tais elementos (normalmente, formalizados como notícia de fato[27]), o Membro do Ministério Público, sem maiores delongas, ofereça denúncia.

b) **Instauração de procedimento investigatório criminal:** Caso cheguem ao Ministério Público peças de informações que demandem aprofundamento investigativo e que, a partir da avaliação do Membro, mereçam ser investigadas diretamente pelo MP, poderá, então, ser instaurado Procedimento Investigatório Criminal, que é regulamentado pela Resolução em comento. Veja-se que, considerando que o modelo atual adotado pelo sistema brasileiro não é o da coordenação total das investigações criminais pelo Ministério Público, é de rigor que a Instituição investigue diretamente apenas aqueles casos de especial complexidade, periculosidade ou gravidade ou com alta lesão ao bem jurídico protegido, fundamentalmente nos casos em que a Polícia Judiciária, por algum motivo, não tenha condições de investigar. Além disso, deve o Ministério Público prioritariamente investigar aqueles delitos praticados por agentes políticos e policiais no

26 Aliás, esse é o entendimento com relação ao inquérito policial, inclusive com precedentes do Supremo Tribunal Federal, conforme se verifica do seguinte julgado: *"O Ministério Público pode dispensar o inquérito policial quando dispuser de elementos de convicção aptos a embasar uma denúncia, como ocorre na espécie [CPP, artigo 46, § 1º]."* (STF - HC 86755, Relator(a): Min. EROS GRAU, Primeira Turma, julgado em 08/11/2005, DJ 02-12-2005 PP-00014 EMENT VOL-02216-02 PP-00332 RTJ VOL-00204-01 PP-00290).

27 A noticia de fato é regulamentada pela Resolução n. 174/17-CNMP e tem o seguinte conceito: *"Art. 1º A Notícia de Fato é qualquer demanda dirigida aos órgãos da atividade-fim do Ministério Público, submetida à apreciação das Procuradorias e Promotorias de Justiça, conforme as atribuições das respectivas áreas de atuação, podendo ser formulada presencialmente ou não, entendendo-se como tal a realização de atendimentos, bem como a entrada de notícias, documentos, requerimentos ou representações."*

exercício da função e aqueles casos em que seus membros acabaram por desenvolver uma especial expertise. Aqui, reserva-se ao Promotor Natural, na qualidade de titular da ação penal, um poder discricionário para realizar tal avaliação.

O Procedimento Investigatório Criminal poderá, também, ser instaurado com a finalidade de viabilizar e oportunizar a celebração do acordo de não persecução penal, previsto pelo art. 18 desta Resolução, como se verá no comentário respectivo.

c) **Encaminhar as peças ao Juizado Especial Criminal:** Caso o Membro do Ministério Público entenda não ser o caso de apuração direta e, sendo o delito noticiado, de competência do Juizado Especial Criminal, caberá ao Promotor de Justiça encaminhar as peças a referido juízo. Veja-se que esse encaminhamento poderá ser feito diretamente: (i) à delegacia de polícia, com requisição de instauração de termo circunstanciado; (ii) ao juízo para a designação de audiência preliminar ou mesmo (iii) ao Membro do Ministério Público com atribuições perante o Juizado (caso o destinatário inicial das peças de informações não tenha atribuição cumulativa para atuar nesse juízo), para que ele possa avaliar se requer, desde já a designação de audiência preliminar, se requisita a instauração de TC ou se promove o arquivamento do feito. Parece que esta última hipótese é a mais adequada, já que respeita, desde o princípio, o poder decisório do Promotor Natural.

d) **Promover o respectivo arquivamento:** Caso o Membro do Ministério Público, de posse das peças de informação, verifique se tratar de hipótese de arquivamento, poderá arquivar os referidos elementos de informação. Esse arquivamento poderá se dar: (i) sob o regime da notícia de fato (nas hipóteses previstas na Resolução n. 174/17-CNMP); (ii) perante o Poder Judiciário, nos termos do art. 28 do CPP e da primeira parte do §1º, do art. 19, desta Resolução; ou (iii) internamente, perante o órgão superior interno responsável por sua apreciação, nos termos da legislação vigente (v.g. art. 62, IV; 136, IV, 171, V, todos da LOMPU) e da segunda parte do §1º, do art. 19, desta Resolução.

e) **Requisitar a instauração de inquérito policial:** Se, da leitura das peças de informação, verificar-se a necessidade de apuração dos fatos (é dizer, caso não seja hipóteses de denúncia direta) e em não se tratando de delito que mereça uma investigação direta pelo Ministério Público, deverá ser requisitada a instauraçao de inquérito policial à autoridade policial com atribuições para tanto. É sempre recomendável que o ofício requisitório, desde já, indique suscintamente os fatos e delitos que deverão ser apurados, bem como requisite as diligências necessárias para a sua boa investigação. Com tais providências, a investigação policial poderá ser iniciada como maior celeridade e presteza.

DA INSTAURAÇÃO, DISTRIBUIÇÃO, PRAZO DE IMPULSO E DA VIRTUALIZAÇÃO DO PROCEDIMENTO INVESTIGATÓRIO CRIMINAL

Art. 3º O procedimento investigatório criminal poderá ser instaurado de ofício, por membro do Ministério Público, no âmbito de suas atribuições criminais, ao tomar conhecimento de infração penal de iniciativa pública, por qualquer meio, ainda que informal, ou mediante provocação. (Redação dada pela Resolução nº 183, de 24 de janeiro de 2018)

§ 1º O procedimento investigatório criminal deverá tramitar, comunicar seus atos e transmitir suas peças, preferencialmente, por meio eletrônico. (Redação dada pela Resolução nº 183, de 24 de janeiro de 2018)

§ 2º A distribuição de peças de informação deverá observar as regras internas previstas no sistema de divisão de serviços. (Redação dada pela Resolução nº 183, de 24 de janeiro de 2018)

§ 3º No caso de instauração de ofício, o procedimento investigatório criminal será distribuído livremente entre os membros da instituição que tenham atribuições para apreciá-lo, incluído aquele que determinou a sua instauração, observados os critérios fixados pelos órgãos especializados de cada Ministério Público e respeitadas as regras de competência temporária em razão da matéria, a exemplo de grupos específicos criados para apoio e assessoramento e de forças-tarefas devidamente designadas pelo procurador-geral competente, e as relativas à conexão e à continência. (Redação dada pela Resolução nº 183, de 24 de janeiro de 2018)

§ 4º O membro do Ministério Público, no exercício de suas atribuições criminais, deverá dar andamento, no prazo de 30 (trinta) dias a contar de seu recebimento, às representações, requerimentos, petições e peças de informação que lhe sejam encaminhadas, podendo este prazo ser prorrogado, fundamentadamente, por até 90 (noventa) dias, nos casos em que sejam necessárias diligências preliminares. (Redação dada pela Resolução nº 183, de 24 de janeiro de 2018)

a) **Da instauração de ofício ou provocada de PIC:** A instauração do Procedimento Investigatório Criminal poderá se dar de ofício (considerando o dever de apuração dos fatos que chegam ao seu conhecimento, que é imposto ao Membro do Ministério Público) ou mediante provocação, prescindindo tal representação de maiores formalidades.

Aliás, o PIC pode ser instaurado, inclusive, a partir de denúncia anônima, desde que sejam realizadas diligências mínimas que se afigurem aptas a emprestar um mínimo de credibilidade às notícias veiculadas de forma apócrifa.

É evidente que uma notícia bem feita, delimitada, acompanhada de elementos de informação e subscrita por pessoa adequadamente identificada é muito mais desejável e promissora que uma notícia anônima.

No entanto, não se pode ignorar o fundado receio que muitas pessoas têm de sofrer represálias por conta da *notitia criminis* formuladas, especialmente quando os crimes são cometidos no âmbito de organizações criminosas, no seio da administração pública ou praticadas por policiais. Daí porque é possível afirmar o acerto da jurisprudência do Supremo Tribunal Federal, que tem admitido a instauração de investigações criminais com base em notícias anônimas, desde que realizadas diligências prévias, mesmo que singelas, que possam respaldar, ainda que minimamente, a *notitia*[28].

---

28 A esse respeito, confira-se, a título de exemplo, os seguintes julgados: *"A jurisprudência desta Suprema Corte é assente no sentido de que a denúncia anônima não tem o condão de invalidar o inquérito policial, quando as investigações se utilizam de outras diligências colhidas para averiguar a delatio criminis, como se dá na espécie, ou quando na ação penal, a condenação fundamenta-se em conjunto probatório colhido sob o crivo do contraditório e da ampla defesa."* (STF - HC 133148, Relator(a): Min. RICARDO LEWANDOWSKI, Segunda Turma, julgado em 21/02/2017, PROCESSO ELETRÔNICO DJe-289 DIVULG 14-12-2017 PUBLIC 15-12-2017); *"Notícias anônimas de crime, desde que verificada a sua credibilidade por apurações preliminares, podem servir de base válida à investigação e à persecução criminal."* (STF - HC 106152, Relator(a): Min. ROSA WEBER, Primeira Turma, julgado em 29/03/2016, PROCESSO ELETRÔNICO DJe-106 DIVULG 23-05-2016 PUBLIC 24-05-2016); *"As autoridades públicas não podem iniciar qualquer medida de persecução (penal ou disciplinar), apoiando-se, unicamente, para tal fim, em peças apócrifas ou em escritos*

b) **Da distribuição das peças de informação e da atribuição para presidir o PIC em caso de provocação de terceiro:** As peças de informação (que normalmente devem seguir a regência da notícia de fato - Resolução n. 174/17-CNMP), deverão ser distribuídas de acordo com a atribuição para conhecimento dos fatos que são objeto de *notitia*, nos termos do § 2º, do art. 3º, da Resolução n. 181/17.

Assim, por exemplo, tratando-se de notícia de fato relativa a delito contra o meio ambiente e existindo Promotor de Justiça com essa atribuição específica, deverá a peça de informação ser distribuída a ele, nos termos do § 2º, do art. 3º, da Resolução n. 181/17.

Caso exista mais de um Membro do Ministério Público com tal atribuição, deverá a peça de informação ser distribuída entre eles de forma livre e aleatória.

Uma vez distribuída notícia de fato, tendo o Membro do Ministério Público instaurado PIC, será ele o Promotor Natural a quem competirá dar prosseguimento às investigações levadas a cabo nesse procedimento.

c) **Da distribuição das peças de informação e da atribuição para presidir o PIC em caso de atuação de ofício:** O § 3º do art. 3º da Resolução n. 181 impôs a necessidade de distribuição daqueles casos em que o Membro do Ministério Público de ofício determina a instauração de Procedimento Investigatório Criminal.

Isso porque, em muitos Ministérios Públicos, caso o Promotor de Justiça tomasse conhecimento pessoal de alguma prática criminosa, poderia ele instaurar diretamente o Procedimento Investigatório Criminal e prosseguir na presidência dessa apuração.

O Conselho Nacional do Ministério Público, com a previsão do § 3º do art. 3º, procurou evitar que isso acontecesse, razão pela qual determinou que, quando o PIC for instaurado de ofício, deverá tal procedimento ser distribuído entre todos os Membros do Ministério Público com iguais atribuições.

Por exemplo, se um Promotor de Justiça instaura uma investigação por crime de peculato com base em uma notícia de jornal, deverá logo em seguida submeter o feito à livre distribuição entre os Membros da Instituição que tenham atribuições para apreciá-lo, incluindo-se, também, nessa distribuição.

Com essa providência, pretende-se evitar a pessoalização das investigações, em que um mesmo Promotor, por exemplo, mais atento ao noticiário, acabe por monopolizar as investigações que são veiculadas pela imprensa.

O lado ruim dessa regra, é que, normalmente, a atuação de ofício ocorre por iniciativa daqueles Promotores mais afeitos à realização de investigações próprias (muitas vezes onerosas

---

anônimos. É por essa razão que o escrito anônimo não autoriza, desde que isoladamente considerado, a imediata instauração de "persecutio criminis". – Nada impede que o Poder Público, provocado por delação anônima ("disque-denúncia", p. ex.), adote medidas informais destinadas a apurar, previamente, em averiguação sumária, "com prudência e discrição", a possível ocorrência de eventual situação de ilicitude penal, desde que o faça com o objetivo de conferir a verossimilhança dos fatos nela denunciados, em ordem a promover, então, em caso positivo, a formal instauração da "persecutio criminis", mantendo-se, assim, completa desvinculação desse procedimento estatal em relação às peças apócrifas. – Diligências prévias, promovidas por agentes policiais, reveladoras da preocupação da Polícia Judiciária em observar, com cautela e discrição, notadamente em matéria de produção probatória, as diretrizes jurisprudenciais estabelecidas, em tema de delação anônima, pelo Supremo Tribunal Federal e pelo Superior Tribunal de Justiça." (STF - RHC 117988, Relator(a): Min. GILMAR MENDES, Relator(a) p/ Acórdão: Min. CELSO DE MELLO, Segunda Turma, julgado em 16/12/2014, PROCESSO ELETRÔNICO DJe-037 DIVULG 25-02-2015 PUBLIC 26-02-2015).

pessoal e profissionalmente). Com a distribuição, pode ocorrer que o caso caia com um Membro com perfil menos proativo ou que entenda, dentro de sua discricionariedade, que aquele determinado caso não deveria ser investigado diretamente pelo MP, mas sim pela Polícia, o que pode acarretar, inclusive, a indesejável (para não dizer inadmissível) requisição de instauração inquérito policial, com base em PIC.

De todo modo, diante dessa posição tomada pelo CNMP, afigura-se mais interessante que, na atuação de ofício, o Membro determine a distribuição já da notícia de fato por ele instaurada, não sendo necessário aguardar-se a instauração do PIC.

Com isso, evita-se que um Promotor instaure um PIC e outro – para quem ele foi distribuído - entenda que o feito não era caso de investigação direta.

Com a distribuição da notícia de fato instaurada de ofício, resguarda-se a objetividade da atuação pretendida pelo CNMP e, caso seja ela distribuída a quem deflagrou a sua instauração, poderá, sem problemas, o Promotor que recebê-la, instaurar o PIC e presidir a investigação ou mesmo requisitar a instauração de IP.

d) **Do prazo para o impulso das notícias de fato criminais:** O § 4º, do art. 3º, da Resolução n. 181/17 - em harmonia com o art. 3º da Resolução n. 181/17 - estabelece o prazo de 30 (trinta) dias, a contar de seu recebimento, para que se tome alguma das providências previstas no art. 3º (denúncia, instauração de PIC, encaminhamento ao JEC, arquivamento ou requisição de IP), com relação às representações, requerimentos, petições e peças de informação encaminhadas ao Ministério Público.

Aludido prazo, poderá ser prorrogado, por até 90 (noventa) dias, por meio de despacho fundamentado nos autos, quando seja necessária a realização de diligências preliminares.

Em suma:

i) em regra, o Promotor tem o prazo de 30 (trinta) dias dar impulso às notícias de fato que chegam a seu conhecimento;

ii) excepcionalmente, caso seja necessária a realização de diligências preliminares para que se dê impulso ao feito, é possível a prorrogação do prazo de trinta dias, por até mais 90 (noventa) dias, totalizando, pois, o prazo final de 120 (cento e vinte) dias para essas providências.

Caso seja extrapolado esse prazo (de trinta ou de até cento e vinte), evidentemente, não ocorrerá decadência ou prescrição da persecução penal. O que poderá ocorrer é a eventual responsabilização disciplinar do Membro, caso esse excesso de prazo tenha sido injustificado.

e) **Da virtualização do PIC:** Talvez uma das providências mais importantes para a agilização e racionalização das investigações presididas pelo Ministério Público seja a criação de um PIC eletrônico, conforme determina o § 2º, do art. 3º.

Com isso a tramitação, comunicação dos atos e a transmissão das peças ganharia muita velocidade, racionalizando, também, a atuação dos servidores do Ministério Público.

Nesse aspecto, parece que a atuação do Conselho Nacional do Ministério Público para a criação (ou pelo menos, coordenação da elaboração) de um PIC eletrônico nacional seria valiosíssima e importaria em um grande salto qualitativo na atuação do Ministério Público brasileiro.

DA PORTARIA DE INSTAURAÇÃO DO PROCEDIMENTO INVESTIGATÓRIO CRIMINAL

Art. 4º O procedimento investigatório criminal será instaurado por portaria fundamentada, devidamente registrada e autuada, com a indicação dos fatos a serem investigados e deverá conter, sempre que possível, o nome e a qualificação do autor da representação e a determinação das diligências iniciais.

Parágrafo único. Se, durante a instrução do procedimento investigatório criminal, for constatada a necessidade de investigação de outros fatos, o membro do Ministério Público poderá aditar a portaria inicial ou determinar a extração de peças para instauração de outro procedimento.

O art. 4º da Resolução estabelece a necessidade de o Membro do Ministério Público instaurar o Procedimento Investigatório Criminal por meio de Portaria.

A Portaria nada mais é que um ato administrativo que tem por objetivo delimitar o fato, aparentemente criminoso, que será objeto da investigação iniciada pelo Ministério Público.

É importante que a portaria sempre seja encartada nos autos físicos (ou localizada nos virtuais) na primeira página, uma vez que isso facilita a rápida identificação do tema que trata a apuração.

Ademais, é relevante a existência de uma descrição mínima dos fatos investigados, devendo, especialmente, se for possível, conter a data, hora e local dos fatos e a ação supostamente criminosa. Com isso, evita-se que a investigação perca a trilha, prejudicando o seu célere andamento.

O parágrafo único, ademais, consigna que – caso sobrevenham fatos que indiquem a necessidade da extensão objetiva (novos fatos) ou subjetiva (novos investigados) da apuração - que se faça um aditamento da portaria, de modo que esta sempre reflita o estado atualizado da investigação.

É importante ter-se claro que não basta que o Membro do Ministério Público titular da investigação tenha conhecimento do objeto da apuração. É fundamental que esse objeto seja bem indicado na portaria – especialmente em casos complexos – permitindo, assim, que, em casos de substituição ou mesmo de fiscalização interna ou externa, terceiros tenham a possibilidade de facilmente identificar do que trata o PIC.

Além da correta delimitação dos fatos, a Resolução determina que sejam consignados a qualificação da pessoa que apresentou a representação, quando for o caso, e a determinação inicial das diligências.

Com relação a esse último aspecto – determinação de diligências – é certo que, não tem sentido o Membro do MP fazer um juízo positivo sobre a necessidade de instauração do PIC e, somente num segundo momento, determinar a realização de diligências.

A Resolução determina a concentração desses atos, evitando-se idas e vindas burocráticas do expediente para realizar providências que já poderiam ter sido examinadas e determinadas de uma só vez.

Aqui, sem embargo, é importante, também, fazer uma última observação. A Resolução n. 181 buscou inverter a lógica burocratizante que orientava a versão anterior do PIC, de modo que – como se verá no comentário ao art. 8º – é muito mais importante o cumprimento célere das diligências, do que a burocratização dos atos que determinam o seu cumprimento.

Sem embargo, se o Membro não formaliza burocraticamente as ordens a serem cumpridas, mas também não as faz cumprir celeremente, estaremos diante do pior dos cenários, pois falta a documentação da decisão, mas carece, também, o feito de impulso efetivo.

DA COMUNICAÇÃO DA INSTAURAÇÃO DO PROCEDIMENTO INVESTIGATÓRIO CRIMINAL

Art. 5º Da instauração do procedimento investigatório criminal far-se-á comunicação imediata e, preferencialmente, eletrônica ao Órgão Superior competente, sendo dispensada tal comunicação em caso de registro em sistema eletrônico.

O art. 5º determina mais uma providência de natureza burocrática, mas que se presta a permitir que Órgãos Superiores responsáveis tenham uma visão panorâmica e global do número de investigações instauradas pelo respectivo Ministério Público, podendo, assim, dimensionar seu planejamento estratégico.

Atualmente, é inadmissível a existência de Ministério Público no Brasil que não tenha sistema informatizado de controle de PICs e ICPs.

Esses sistemas representaram um inegável avanço para viabilizar o desenho de políticas institucionais com o objetivo de aprimorar a atuação do Ministério Público brasileiro.

Como consignado no dispositivo em comento, muitos (se não todos) os sistemas de controle de tramitação de procedimentos são dotados de funcionalidade em que, no preciso momento em que o Membro lança a portaria de instauração no sistema, o sistema automaticamente já realiza a comunicação da instauração do PIC aos órgãos superiores responsáveis por fazer esse controle.

Com isso ganha-se em agilidade e desonera-se os servidores de realizar tal comunicação via ofício, enviado pelo correio. A tendência, me parece, se é que isso já não ocorreu, é a perda de importância do dispositivo em comento, dado seu cumprimento automatizado.

DAS INVESTIGAÇÕES CONJUNTAS

Art. 6º O procedimento investigatório criminal poderá ser instaurado de forma conjunta, por meio de força tarefa ou por grupo de atuação especial composto por membros do Ministério Público, cabendo sua presidência àquele que o ato de instauração designar.

§ 1º Poderá também ser instaurado procedimento investigatório criminal, por meio de atuação conjunta entre Ministérios Públicos dos Estados, da União e de outros países.

§ 2º O arquivamento do procedimento investigatório deverá ser objeto de controle e eventual revisão em cada Ministério Público, cuja apreciação se limitará ao âmbito de atribuição do respectivo Ministério Público.

§ 3º Nas hipóteses de investigações que se refiram a temas que abranjam atribuições de mais de um órgão de execução do Ministério Público, os procedimentos investigatórios deverão ser objeto de arquivamento e controle respectivo com observância das regras de atribuição de cada órgão de execução. (Incluído pela Resolução nº 183, de 24 de janeiro de 2018)

A colaboração entre as agências de persecução penal, sem sombra de dúvidas, é uma das mais eficientes e adequadas formas de realizar uma boa investigação criminal.

O art. 6º da Resolução 181/17 estabelece três modalidades distintas de colaboração entre agências de persecução penal: **a)** as forças-tarefa; **b)** os grupos especiais de atuação e **c)** as equipes conjuntas de investigação ministerial.

Tentaremos, ainda que brevemente, esclarecer em que consistem cada uma dessas modalidades de atuação colaborativa.

a) **Força-Tarefa:** é a constituição formal de um grupo de agentes estatais especializados para apurar determinado caso ou grupo de casos penais, estando ele apoiado pelos meios materiais necessários para o cumprimento de sua missão. Esse grupo de especialistas deverá atuar de maneira coordenada, com divisão funcional de tarefas vinculada às respectivas especialidades, contando com agentes públicos de mais de uma agência estatal. A força-tarefa, por ser vinculada a determinado caso ou grupo de casos, é temporária[29].

b) **Grupos Especiais de Atuação**: Os Grupos Especiais de Atuação nada mais são do que uma força-tarefa de natureza permanente. Normalmente, a sua constituição é vinculada à proteção de um determinado bem jurídico (v.g. grupo especial para a investigação de delitos contra a vida ou meio ambiente) ou a repressão de crimes que orbitam em torno de determinados grupos de delinquentes, como é o caso dos crimes praticados por organizações criminosas. Este último caso, aliás, tem o exemplo mais conhecido no país, uma vez que é o objeto das investigações dos denominados GAECOS (Grupo de Atuação Especial de Combate ao Crime Organizado)[30].

c) **Equipes Conjuntas de Investigação Ministerial (ECI):** Trata-se de uma nova modalidade de coordenação de atuação, incluída pela Resolução n. 181. Apesar de sua previsão ter sido inserida no ordenamento pelo inciso III, do art. 5º Lei n. Lei n. 13.344/16 (nova Lei do Tráfico de Pessoas), com a atual Resolução passou-se admitir, de forma ampla, a atuação conjunta para todos os delitos, cuja apuração demande essa forma de concurso de forças.

O que diferencia, fundamentalmente, as Equipes Conjuntas de Investigação das Forças-Tarefas é que aquela envolve a atuação internacional. É dizer, trata-se de uma cooperação entre agências de persecução penal de mais de um país.

29 Sobre o tema, confira-se: PALUDO, Januário. Forças-tarefas: direito comparado e legislação aplicável - MPF. Januário Paludo (Coordenador), Carlos Fernando dos Santos Lima, Vladimir Aras. Brasília: Escola Superior do Ministério Público da União, 2011.

30 A legitimidade da intervenção de aludidos Grupos de Atuação Especial vem sendo corretamente reconhecida pelo Superior Tribunal de Justiça, conforme se verifica dos seguintes precedentes: *"A atuação dos membros de grupo especial do Ministério Público na fase investigatória encontra amparo na jurisprudência deste Superior Tribunal, para quem a criação de grupo especializado por meio de Resolução do Procurador-Geral da Justiça, com competência e membros integrantes estabelecidos previamente ao fato criminoso, não ofende o art. 29, IX da Lei 8.625/96, nem o princípio do Promotor Natural (REsp n. 495.928/MG, Ministro José Arnaldo da Fonseca, Quinta Turma, DJ de 2/2/2004)."* (STJ - HC 322.792/SP, Rel. Ministro SEBASTIÃO REIS JÚNIOR, SEXTA TURMA, julgado em 19/05/2016, DJe 07/06/2016) *"'A criação de grupo especializado por meio de Resolução do Procurador-Geral da Justiça, com competência e membros integrantes estabelecidos previamente ao fato criminoso, não ofende o art. 29, IX da Lei 8.625/96, nem o princípio do Promotor Natural' (REsp 495.928/MG, 5.ª Turma, Rel. Min. JOSÉ ARNALDO DA FONSECA, DJ de 02/02/2004). Não há, portanto, ilegalidade no ponto, em que oficiou no feito o Grupo de Atuação Especial de Repressão ao Crime Organizado - GAECO (criado no âmbito do Ministério Público, para atuar em todo o Estado de São Paulo em casos que envolvam organizações criminosas)."* (STJ - RHC 27.780/SP, Rel. Ministra LAURITA VAZ, QUINTA TURMA, julgado em 21/06/2012, DJe 24/09/2012).

Nas ECIs há, também, a identificação de um caso ou grupo de casos comuns a serem investigados, mas que tenham transcendência internacional, de modo que, para a sua adequada ou completa investigação, faz necessário o concurso de órgãos ministeriais ou policiais de outros países[31].

Dá-se um exemplo: de há muito é sabido que o roubo ou furto de veículos acaba tendo como destino países como Bolívia ou Paraguai, por exemplo. Assim, nada mais inteligente do que o Ministério Público do Estado do Paraná ou do Estado do Mato Grosso do Sul busquem uma atuação conjunta e colaborativa com os MPs desses países, com a finalidade de apresentar um amplo panorama dos delitos estaduais cometidos no Brasil e dos crimes cometidos nesses vizinhos.

No mesmo sentido, é o caso do Ministério Público Federal, por exemplo, na investigação do tráfico internacional de drogas ou de armas. O modelo baseado em apreensões pontuais é demasiadamente atrasado e não pode mais constituir a forma de investigar esses crimes. É imprescindível que, em colaboração com as autoridades dos países produtores de drogas, por exemplo, sejam identificadas as fazendas em que são produzidas, o local em que é refinada a droga, todo o caminho que ela percorre e as eventuais autoridades que são subornadas. Sem uma colaboração efetiva, numa investigação conjunta, tal modalidade de investigação jamais poderá ser feita com a eficiência necessária.

Ademais dessas hipóteses, que envolvem a necessidade de apurações ocorridas no exterior, a Resolução, também, inova ao permitir a formação de Equipes Conjuntas de Investigação entre distintos Ministérios Públicos, quando se pretenda apurar casos que transcendam os limites estaduais ou quando envolvam tanto crimes federais, militares, quanto estaduais. Nesses casos poderão os MPs Estaduais realizar investigações conjuntas entre si ou com o Ministério Público Federal ou Militar.

Por fim, é importante ressaltar que a Resolução abriu a possibilidade dessa nova modalidade de investigação de forma bastante genérica, deixando corretamente espaço para regulamentações de cada Ministério Público em seu contexto (art. 22) e deixando, também, espaço para que a prática demonstre os melhores caminhos para esse novo e promissor modelo de investigação, com o que, após o necessário ganho de experiência, se poderá estabelecer novos parâmetros normativos para o tema.

O arquivamento das investigações realizadas pelas equipes de investigação ministerial: O arquivamento ou persecução penal dos delitos investigados em força-tarefa ou em grupos especiais de atuação não apresentam nenhuma dificuldade, uma vez que haverá apenas um Promotor Natural, já que aludidas formas de coordenação envolvem apenas um Ministério Público.

Quando se tratam de investigações em que há mais de um Promotor Natural parece evidente que cada Membro do Ministério Público, se for o caso, promoverá o arquivamento perante o respectivo órgão judicial ou ministerial de controle.

31 A respeito das *joint investigation teams*, confira-se: BAKKER, Edwin; POWDERLY, Joseph. Dealing with transnational terrorism, the concept and practice of Joint Investigation Teams. Security and Human Rights, 2011, 22(1), pp.19–28; OBIYO, Robert. One Report of the Joint Investigating Team on the Strategic Defence Procurement Packages, Too Many! Politikon, December 2006, 33(3), pp. 361–385; COMMONWEALTH SECRETARIAT Use and Role of Joint Investigation Teams in Combating Serious Crime, Commonwealth Law Bulletin, 34:2, 2008, pp. 353-355. PALUDO, Januário. Forças-tarefas : direito comparado e legislação aplicável - MPF / Januário Paludo (Coordenador), Carlos Fernando dos Santos Lima, Vladimir Aras. Brasília: Escola Superior do Ministério Público da União, 2011, pp. 37 e ss; ARAS, Vladmir. As equipes conjuntas de investigação (ECI), in https://vladimiraras.blog/2017/02/22/as-equipes-conjuntas-de-investigacao-eci/, consultado no dia 17 de fevereiro de 2018.

Sem embargo, para evitar-se alguma dúvida[32], o Conselho Nacional do Ministério Público optou por expressamente consignar dois parágrafos sobre o tema de arquivamentos, *verbis*: "*O arquivamento do procedimento investigatório deverá ser objeto de controle e eventual revisão em cada Ministério Público, cuja apreciação se limitará ao âmbito de atribuição do respectivo Ministério Público*" e "*Nas hipóteses de investigações que se refiram a temas que abranjam atribuições de mais de um órgão de execução do Ministério Público, os procedimentos investigatórios deverão ser objeto de arquivamento e controle respectivo com observância das regras de atribuição de cada órgão de execução*".

Da mesma forma, ainda que não conste expressamente da Resolução, em caso de oferecimento de denúncia (ou outra providência, como o acordo de não persecução), cada Membro do Ministério Público obviamente promoverá a persecução penal perante o juízo (Estadual, Federal ou Militar) que tenha competência para processo e julgamento do respectivo caso penal.

DOS PODERES INSTRUTÓRIOS NOS PROCEDIMENTOS INVESTIGATÓRIOS CRIMINAIS

Art. 7º O membro do Ministério Público, observadas as hipóteses de reserva constitucional de jurisdição e sem prejuízo de outras providências inerentes a sua atribuição funcional, poderá: (Redação dada pela Resolução nº 183, de 24 de janeiro de 2018)

I – fazer ou determinar vistorias, inspeções e quaisquer outras diligências, inclusive em organizações militares;

II – requisitar informações, exames, perícias e documentos de autoridades, órgãos e entidades da Administração Pública direta e indireta, da União, dos Estados, do Distrito Federal e dos Municípios;

III – requisitar informações e documentos de entidades privadas, inclusive de natureza cadastral;

IV – notificar testemunhas e vítimas e requisitar sua condução coercitiva, nos casos de ausência injustificada, ressalvadas as prerrogativas legais;

V – acompanhar buscas e apreensões deferidas pela autoridade judiciária;

VI – acompanhar cumprimento de mandados de prisão preventiva ou temporária deferidas pela autoridade judiciária;

VII – expedir notificações e intimações necessárias;

VIII – realizar oitivas para colheita de informações e esclarecimentos;

IX – ter acesso incondicional a qualquer banco de dados de caráter público ou relativo a serviço de relevância pública;

X – requisitar auxílio de força policial.

§ 1º Nenhuma autoridade pública ou agente de pessoa jurídica no exercício de função pública poderá opor ao Ministério Publico, sob qualquer pretexto, a exceção de sigilo, sem prejuízo da subsistência do caráter sigiloso da informação, do registro, do dado ou do documento que lhe seja fornecido, ressalvadas as hipóteses de reserva constitucional de jurisdição. (Redação dada pela Resolução nº 183, de 24 de janeiro de 2018)

§ 2º As respostas às requisições realizadas pelo Ministério Público deverão ser encaminhadas, sempre que determinado, em meio informatizado e apresentadas em arquivos que possibilitem a migração de informações para os autos do processo sem redigitação.

32 Tinha essa dúvida, por exemplo: ZIESEMER, Henrique da Rosa. Resolução n. 181 do CNMP – artigo 6º, *in* Investigação Criminal pelo Ministério Público: Comentários à Resolução n. 181 do Conselho Nacional do Ministério Público. FISCHER, Douglas; ANDRADE, Mauro Fonseca. Porto Alegre: Livraria do Advogado, 2017, p. 106. O que demonstra o acerto do esclarecimento feito pela Resolução n. 183/18.

§ 3º As requisições do Ministério Público serão feitas fixando-se prazo razoável de até 10 (dez) dias úteis para atendimento, prorrogável mediante solicitação justificada.

§ 4º Ressalvadas as hipóteses de urgência, as notificações para comparecimento devem ser efetivadas com antecedência mínima de 48 horas, respeitadas, em qualquer caso, as prerrogativas legais pertinentes.

§ 5º A notificação deverá mencionar o fato investigado, salvo na hipótese de decretação de sigilo, e a faculdade do notificado de se fazer acompanhar por defensor. (Redação dada pela Resolução nº 183, de 24 de janeiro de 2018)

§ 6º As correspondências, notificações, requisições e intimações do Ministério Público quando tiverem como destinatário o Presidente da República, o Vice-Presidente da República, membro do Congresso Nacional, Ministro do Supremo Tribunal Federal, Ministro de Estado, Ministro de Tribunal Superior, Ministro do Tribunal de Contas da União ou chefe de missão diplomática de caráter permanente serão encaminhadas e levadas a efeito pelo Procurador-Geral da República ou outro órgão do Ministério Público a quem essa atribuição seja delegada.

§ 7º As notificações e requisições previstas neste artigo, quando tiverem como destinatários o Governador do Estado, os membros do Poder Legislativo e os desembargadores, serão encaminhadas pelo Procurador-Geral de Justiça ou outro órgão do Ministério Público a quem essa atribuição seja delegada.

§ 8º As autoridades referidas nos §§ 6º e 7º poderão fixar data, hora e local em que puderem ser ouvidas, se for o caso.

§ 9º O membro do Ministério Público será responsável pelo uso indevido das informações e documentos que requisitar, inclusive nas hipóteses legais de sigilo e de documentos assim classificados.

O art. 7º da Resolução versa sobre o poder instrutório que detém o Ministério Público com relação ao Procedimento Investigatório Criminal. Trata-se da outra face da moeda do dever de persecução penal.

As diligências ali indicadas, evidentemente, não são exaustivas, sendo perfeitamente possível que o Membro do Ministério Público lance mão de outras diligências ou mesmo de técnicas especiais de investigação para apurar os fatos que são objeto do PIC, sempre de acordo com a necessidade que o caso revelar.

Afinal, como consigna CARROCA PÉREZ:

> *"As diligências de investigação deverão compreender todas as ações que sejam necessárias para a identificação e conservação dos objetos, documentos e instrumentos de qualquer caso, que aparentem ter servido ou se destinado à prática do fato investigado, podendo-se dispor, para tanto, de investigações científicas, tomada de fotografias, realização de filmagens ou gravações e, em geral, a reprodução de imagens, vozes, sons, pelos meios técnicos que resultarem mais adequados, requerendo-se a intervenção dos organismos especializados"*[33].

---

33 CARROCA PÉREZ, Álex. Manual: El Nuevo Sistema Procesal Penal Chileno, 5ª ed. Santiago: Legal Publishing, 2009, p. 81. A respeito das requisições do Ministério Público no Chile, o mesmo autor consigna que: *"(...) os Promotores de Justiça têm a faculdade de exigir informações a qualquer pessoa, que não poderão escusar-se de prestá-las, salvo nos casos expressos previstos em Lei (art. 180, inciso 3 CPP, modificado pela Lei n. 20.074), constituindo essa uma das atribuições mais importantes que uma autoridade ostenta em nosso ordenamento jurídico. Desde já, é importante registrar que o dever de prestar informações aos Promotores de Justiça também se estende a todos os funcionários públicos, que são especialmente mencionados pelo legislador. Em particu-*

Aludido dispositivo, não trouxe nenhuma inovação limitando-se a fazer um apanhado geral das normas já previstas no art. 26 da Lei Orgânica Nacional do Ministério Público e dispositivos correlatos da Lei Orgânica do Ministério Público da União e dos Estados.

Apesar disso, a Ordem dos Advogados do Brasil entendeu existir inconstitucionalidade nos incisos I, II e III do art. 7º da Resolução, por suposta violação à cláusula de reserva de jurisdição, tendo, por meio da ADI n. 5793, postulado a declaração de inconstitucionalidade desses dispositivos, além de outros que impugna.

Considerando essa objeção da OAB, o Conselho Nacional do Ministério Público, por meio da Resolução n. 183/18-CNMP, houve por bem dar nova redação ao *caput* do art. 7º para consignar o que já parecia o óbvio, que todas as diligências deveriam observar *"as hipóteses de reserva constitucional de jurisdição"*.

Diante disso, a própria OAB, em petição posterior juntada nos autos da ADI n. 5793, reconheceu que, diante das alterações, as alegações de inconstitucionalidade dos aludidos incisos do art. 7º, restavam prejudicadas.

Especificamente com relação a cada uma das diligências indicadas nos incisos , cumpre consignar o seguinte:

a) **Realização de vistorias, inspeções e quaisquer outras diligências (art. 7º, I):** A parte final do inciso em comento já assenta uma ideia subjacente às investigações criminais consistente na inexistência de um rol taxativo de diligências cabíveis, de modo que se pode concluir que as hipóteses previstas nos incisos do art. 7º são meramente exemplificativas. Ademais, prevê a possibilidade da realização – diretamente ou por sua determinação – de vistorias e inspeções, que consistem no exame de pessoas, coisas ou determinado lugar (Nesse sentido, é o disposto na Lei n. 8.625/93, art. 26, I, 'c'). Veja-se que não há uma distinção legal entre vistoria e inspeção, sendo possível afirmar que a vistoria seria uma análise mais superficial, enquanto que a inspeção demandaria um exame mais aprofundado da pessoa, coisa ou lugar. Essas diligências devem ser materizalizadas por meio de um auto de vistoria ou inspeção, sendo importante que seja o auto instruído com vídeo ou fotografias do objeto da diligência.

b) **Requisição de perícias, informações e documentos de entidades públicas e privadas e ter acesso incondicional a banco de dados (art. 7º, II, III e IX)**: A Constituição da República (art. 129, VI, in fine) e a Lei Orgânica Nacional do Ministério Público (Lei n. 8.625/93, art. 26, I, 'b' e II e LC 75/93, art. 8º, VIII) atribuem à Instituição o poder de requisitar informações e documentos de entidades públicas e privadas e ter acesso incondicional a banco de dados, tudo isso com o objetivo de instruir, também, investigação criminal[34]. A requisição aqui significa ordem, não sendo o seu cumpri-

lar, consigna-se que todos os organismos, autoridades ou funcionários públicos, incluindo os notários, arquivistas e conservadores de bens de raiz têm o dever atuar, diligenciar, outorgar informações, antecedentes e cópias de documentos, de forma gratuita e isenta de toda forma de taxas ou impostos (art. 180, inciso 3, CPP, modificado pela Lei n. 20.074, de 14 de novembro de 2015)." CARROCA PÉREZ, Álex. Manual: El Nuevo Sistema Procesal Penal Chileno, 5ª ed. Santiago: Legal Publishing, 2009, pp. 80-81.

34 Nesse sentido, já assentou o Superior Tribunal de Justiça que: *"A Constituição Federal preceituou acerca do poder requisitório do Ministério Público para que pudesse exercer, da melhor forma possível, as suas atribuições de dominus litis e a defesa da ordem jurídica, do regime democrático e dos interesses sociais e individuais*

mento submetido, pois, ao juízo de conveniência e oportunidade do destinatário. O descumprimento da ordem pode, inclusive, caracterizar crime de desobediência.

Com relação às perícias requisitadas pelo Ministério Público, estas seguem o mesmo regime jurídico das requisitadas pela autoridade policial (CPP, art. 6º, VII), sendo importante consignar que, caso sejam elas realizadas por funcionários públicos, terão validade como perícia oficial, podendo ser subscrita por apenas um perito. Caso seja realizada por particulares, deverá ser realizada por duas pessoas idôneas, com curso superior, preferencialmente na área de conhecimento relacionada à natureza do exame (CPP, art. 159)[35].

A prova pericial realizada, mediante requisição do Ministério Público ou mesmo por órgãos Estatais administrativos (como, por exemplo, no âmbito de processos administrativos ambientais ou do consumidor[36]), por se tratar de prova pré-constituída (e não constituenda) e quando a sua produção ostentar natureza cautelar, pode ser utilizada, inclusive, como prova para a condenação (não restrita, portanto, aos limites do art. 155, CPP), uma vez que o contraditório é realizado posteriormente e não no momento da sua produção. Trata-se de prova submetida ao contraditório e não prova produzida em contraditório[37].

Relativamente à requisição de informações e documentos de entidade pública ou privada, evidentemente, a ordem não pode abranger documentos ou informações cujo acesso dependa de prévia decisão judicial, como é o caso, por exemplo, dos dados relativos ao sigilo fiscal ou bancário.

No caso dos dados fiscais, a atual jurisprudência do Supremo Tribunal Federal, inclusive no regime de repercussão geral (RE 601.314 - Tema 225), seguido pelo Superior Tribunal de Justiça, tem admitido o compartilhamento de informações pelo fisco com o Ministério Público para fins de responsabilização criminal, independentemente de prévia autorização judicial[38].

---

indisponíveis." (STJ - AgRg no REsp 938.257/RS, Rel. Ministra LAURITA VAZ, QUINTA TURMA, julgado em 03/02/2011, DJe 21/02/2011)

35 Como pontua CHOUKR: *"O regime jurídico do perito varia de acordo com sua origem: se oficial ou nomeado. No primeiro caso o perito é um funcionário público e está sujeito aos limites e vantagens desta condição, no segundo caso, o perito presta juramento para que seus trabalhos assumam contornos de oficialidade."* CHOUKR, Fauzi Hassan. Iniciação ao Processo Penal. Florianópolis: Empório do Direito, 2017, p. 573.

36 Confira-se nessa linha, os seguintes julgados do Superior Tribunal de Justiça: **STJ - HC 386.109/MG**, Rel. Ministro JOEL ILAN PACIORNIK, QUINTA TURMA, julgado em 16/03/2017, DJe 27/03/2017; STJ - **AgRg no AREsp 531.448/MS**, Rel. Ministro JORGE MUSSI, QUINTA TURMA, julgado em 04/11/2014, DJe 12/11/2014; **STJ - HC 252.027/SC**, Rel. Ministro MARCO AURÉLIO BELLIZZE, QUINTA TURMA, julgado em 16/10/2012, DJe 19/10/2012.

37 Assim, também, defende BADARÓ: *"Especialmente para a prova produzida durante o inquérito policial, tem sido aceita, com tranquilidade, a possibilidade de o juiz valorá-la no momento da sentença. A razão é que se trata de uma prova cautelar, produzida antecipadamente, tendo em vista que, na maioria dos casos, deve ser realizada desde logo, diante do risco de perecimento dos objetos a serem examinados. Exemplo mais evidente dessa situação é o exame de corpo de delito"*. BADARÓ, Gustavo Henrique. Processo Penal, 6ª ed. São Paulo: RT, 2018, p. 157.

38 Nesse diapasão, veja-se os seguintes julgados do STF: *"AGRAVO REGIMENTAL NO RECURSO EXTRAORDINÁRIO. MATÉRIA CRIMINAL. DADOS OBTIDOS PELA RECEITA FEDERAL MEDIANTE INFORMAÇÕES REPASSADAS POR INSTITUIÇÕES FINANCEIRAS. COMPARTILHAMENTO COM MINISTÉRIO PÚBLICO. POSSIBILIDADE. AGRAVO REGIMENTAL DESPROVIDO. 1. A jurisprudência do STF consolidou-se no sentido de que é lícita a utilização de dados obtidos pela Receita Federal, mediante informações repassadas por instituições financeiras, para fins de persecução penal, a teor do que decidido no RE 601.314 (Tema 225 de repercussão geral, Pleno, DJe 16.09.2016). Precedentes. 2. Agravo regimental desprovido."* (STF - RE 1064544 AgR, Relator(a): Min. EDSON

Já com relação ao sigilo bancário, caso esse refira-se à contas públicas, inclusive quando se tratar de operações bancarias realizadas por particulares a partir vinculadas à verbas públicas[39].

FACHIN, Segunda Turma, julgado em 19/11/2018, ACÓRDÃO ELETRÔNICO DJe-261 DIVULG 04-12-2018 PUBLIC 05-12-2018). Também: **STF - RE 1043002 AgR**, Relator(a): Min. ROBERTO BARROSO, Primeira Turma, julgado em 01/12/2017, ACÓRDÃO ELETRÔNICO DJe-288 DIVULG 13-12-2017 PUBLIC 14-12-2017; **RE 1041285 AgR-AgR**, Relator(a): Min. ROBERTO BARROSO, Primeira Turma, julgado em 27/10/2017, ACÓRDÃO ELETRÔNICO DJe-258 DIVULG 13-11-2017 PUBLIC 14-11-2017. O Superior Tribunal de Justiça vinha entendendo em sentido contrário (STF - HC 393.824/RS, Rel. Ministra MARIA THEREZA DE ASSIS MOURA, SEXTA TURMA, julgado em 15/08/2017, DJe 24/08/2017; RHC 75.532/SP, Rel. Ministro JOEL ILAN PACIORNIK, QUINTA TURMA, julgado em 09/05/2017, DJe 17/05/2017), inclusive em decisões mais recentes (AgRg no AREsp 1118753/SP, Rel. Ministro NEFI CORDEIRO, SEXTA TURMA, julgado em 03/05/2018, DJe 15/05/2018). Sem embargo, a tendência atual parece ser no sentido de seguir a orientação jurisprudência do Supremo Tribunal Federal. Nesse sentido: STJ - **HC 422.473/SP**, Rel. Ministro SEBASTIÃO REIS JÚNIOR, SEXTA TURMA, julgado em 20/03/2018, DJe 27/03/2018; STJ - **AgRg no AREsp 1035285/ES**, Rel. Ministro NEFI CORDEIRO, SEXTA TURMA, julgado em 04/09/2018, DJe 13/09/2018; **AgRg no HC 453.176/SC**, Rel. Ministro NEFI CORDEIRO, SEXTA TURMA, julgado em 09/10/2018, DJe 29/10/2018; **AgRg no AREsp 1197067/PE**, Rel. Ministro JORGE MUSSI, QUINTA TURMA, julgado em 04/10/2018, DJe 26/10/2018; **AgRg no REsp 1601127/SP**, Rel. Ministro RIBEIRO DANTAS, Rel. p/ Acórdão Ministro FELIX FISCHER, QUINTA TURMA, julgado em 20/09/2018, DJe 26/09/2018.

39 Essa é a jurisprudência do Supremo Tribunal Federal e do Superior Tribunal de Justiça: *"Recurso ordinário em habeas corpus. Ação penal. Associação criminosa, fraude a licitação, lavagem de dinheiro e peculato (arts. 288 e 313-A, CP; art. 90 da Lei nº 8.666/93; art. 1º da Lei nº 9.613/98 e art. 1º, I e II, do DL nº 201/67). Trancamento. Descabimento. Sigilo bancário. Inexistência. Conta corrente de titularidade da municipalidade. Operações financeiras que envolvem recursos públicos. Requisição de dados bancários diretamente pelo Ministério Público. Admissibilidade. Precedentes. Extensão aos registros de operações bancárias realizadas por particulares, a partir das verbas públicas creditadas naquela conta. Princípio da publicidade (art. 37, caput, CF). Prova lícita. Recurso não provido. 1. Como decidido pelo Supremo Tribunal Federal, ao tratar de requisição, pelo Tribunal de Contas da União, de registros de operações financeiras, "o sigilo de informações necessárias para a preservação da intimidade é relativizado quando se está diante do interesse da sociedade de se conhecer o destino dos recursos públicos" (MS nº 33.340/DF, Primeira Turma, Relator o Ministro Luiz Fux, DJe de 3/8/15). 2. Assentou-se nesse julgado que as "operações financeiras que envolvam recursos públicos não estão abrangidas pelo sigilo bancário a que alude a Lei Complementar nº 105/2001, visto que as operações dessa espécie estão submetidas aos princípios da administração pública insculpidos no art. 37 da Constituição Federal (...)". 3. O Supremo Tribunal Federal reconheceu ao Ministério Público Federal o poder de requisitar informações bancárias relativas a empréstimos subsidiados pelo Tesouro Nacional, ao fundamento de que "se se trata de operação em que há dinheiro público, a publicidade deve ser nota característica dessa operação" (MS nº 21.729/DF, Pleno, Relator para o acórdão o Ministro Néri da Silveira, DJ 19/10/01). 4. Na espécie, diante da existência de indícios da prática de ilícitos penais com verbas públicas, o Ministério Público solicitou diretamente à instituição financeira cópias de extratos bancários e microfilmagens da conta corrente da municipalidade, além de fitas de caixa, para a apuração do real destino das verbas. 5. O poder do Ministério Público de requisitar informações bancárias de conta corrente de titularidade da prefeitura municipal compreende, por extensão, o acesso aos registros das operações bancárias realizadas por particulares, a partir das verbas públicas creditadas naquela conta. 6. De nada adiantaria permitir ao Ministério Público requisitar diretamente os registros das operações feitas na conta bancária da municipalidade e negar-lhe o principal: o acesso ao real destino dos recursos públicos, a partir do exame de operações bancárias sucessivas (v.g., desconto de cheque emitido pela Municipalidade na boca do caixa, seguido de transferência a particular do valor sacado). 7. Entendimento em sentido diverso implicaria o esvaziamento da própria finalidade do princípio da publicidade, que é permitir o controle da atuação do administrador público e do emprego de verbas públicas. 8. Inexistência de prova ilícita capaz de conduzir ao trancamento da ação penal. 9. Recurso não provido."* (**STF - RHC 133118**, Relator(a): Min. DIAS TOFFOLI, Segunda Turma, julgado em 26/09/2017, PROCESSO ELETRÔNICO DJe-045 DIVULG 08-03-2018 PUBLIC 09-03-2018). "III - A temática diz respeito à legitimidade do Ministério Público para requisitar a quebra do sigilo de contas públicas sem autorização judicial. IV - Conforme entendimento pacificado pelo Superior Tribunal de Justiça, é possível a quebra do sigilo bancário, sem autorização judicial, quando se tratar de interesse público e defesa do patrimônio público. Precedentes: HC 308.493/CE, Rel. Ministro Reynaldo Soares da Fonseca, Quinta Turma, julgado em 20/10/2015, DJe

c) **Notificar testemunhas e vítimas e requisitar sua presença em caso de ausência injustificada, proceder sua oitiva, bem como expedir notificações e intimações (art. 7º, IV, VII e VIII)**: Para viabilizar a instrução da Procedimento Investigatório Criminal é imprescindível que o Membro do Ministério Público tenha a possibilidade de convocar a presença de testemunhas ou vítimas para prestarem depoimento ou declarações. Ademais, caso não seja atendida a convocação, também, se faz necessário dotar o integrante da Instituição de meios para conduzir coercitivamente a presença pessoa, sob pena de a apuração criminal ficar ao sabor da conveniência e caprichos das testemunhas ou ofendidos. Nesse sentido, é que a Lei Orgânica Nacional do Ministério Público reconheceu essa prerrogativa (art. 26, I, 'a'), que é simplesmente reproduzida pela Resolução n. 181/17.

Deve-se, porém, observar-se as eventuais prerrogativas de cargo ostentadas pelas pessoas (LONMP, art. 26, § 4º; LC 75/93, art. 8º, § 4º).

Ademais, a condução coercitiva somente pode ser determinada em caso de não comparecimento injustificado da testemunha ou vítima, não podendo ser determinada como primeira forma de comunicação para comparecimento ao Ministério Público.

Uma vez comparecendo a vítima ou testemunha ao Ministério Público, a toda evidência, poderá ele realizar oitivas ou colher esclarecimentos para instruir o Procedimento.

No mesmo sentido instrumental para a investigação, é a prerrogativa de notificações (ciência para cumprimento de alguma providência) e intimações (ciência sobre a prática de algum ato procedimental).

d) **Acompanhar busca e apreensões e mandados de prisão deferidos pela autoridade judiciaria (art. 7º, V e VI)**: É prerrogativa do Membro do Ministério Público - como titular da ação penal, da investigação (quando sua) e do controle externo da polícia (quando investigação é feita pela polícia) – acompanhar pessoalmente o cumprimento de mandados de busca e apreensão e mandados de prisão, sendo, muitas vezes, medida imprescindível para o sucesso da operação o seu comparecimento, como forma de fiscalizar de perto o seu efetivo cumprimento, buscando evitar vazamentos ou mesmo a prática de ilegalidades.

Esse acompanhamento, porém, deve observar a máxima cautela, especialmente quando tiver como objeto locais ou pessoas perigosas, uma vez que, nessas hipóteses, faz-se necessário que os agentes estatais tenham especial treinamento para tanto, o que, normalmente, não acontece com os Membros do MP.

e) **Requisitar força policial (art. 7º, X)**: O Membro do Ministério Público tem também a prerrogativa de requisitar força policial para fazer cumprir o seu poder de polícia durante a realização de atos de instrução ou mesmo fazer cumprir as ordens legais por ele emanadas. Aqui, também, a cautela e o máximo cuidado para respeitar os direitos fundamentais dos envolvidos é, obviamente, recomendada.

26/10/2015; RMS 31.362/GO, Rel. Ministro Herman Benjamin, Segunda Turma, julgado em 17/8/2010, DJe 16/9/2010. V - Reconhece-se a legitimidade do Ministério Público para requisitar diretamente às instituições financeiras as informações bancárias relativas à movimentação de recursos públicos." (**STJ - AgInt no REsp 1650853/AL**, Rel. Ministro FRANCISCO FALCÃO, SEGUNDA TURMA, julgado em 07/11/2017, DJe 10/11/2017).

DA NOVA FORMA DE INSTRUÇÃO DOS PROCEDIMENTOS INVESTIGATÓRIOS CRIMINAIS

Art. 8º A colheita de informações e depoimentos deverá ser feita preferencialmente de forma oral, mediante a gravação audiovisual, com o fim de obter maior fidelidade das informações prestadas.

§ 1º Somente em casos excepcionais e imprescindíveis deverá ser feita a transcrição dos depoimentos colhidos na fase investigatória. (Redação dada pela Resolução nº 183, de 24 de janeiro de 2018)

§ 2º O membro do Ministério Público poderá requisitar o cumprimento das diligências de oitiva de testemunhas ou informantes a servidores da instituição, policiais civis, militares ou federais, guardas municipais ou a qualquer outro servidor público que tenha como atribuições fiscalizar atividades cujos ilícitos possam também caracterizar delito. (Redação dada pela Resolução nº 183, de 24 de janeiro de 2018)

§ 3º A requisição referida no parágrafo anterior deverá ser comunicada ao seu destinatário pelo meio mais expedito possível, e a oitiva deverá ser realizada, sempre que possível, no local em que se encontrar a pessoa a ser ouvida. (Redação dada pela Resolução nº 183, de 24 de janeiro de 2018)

§ 4º O funcionário público, no cumprimento das diligências de que trata este artigo, após a oitiva da testemunha ou informante, deverá imediatamente elaborar relatório legível, sucinto e objetivo sobre o teor do depoimento, no qual deverão ser consignados a data e hora aproximada do crime, onde ele foi praticado, as suas circunstâncias, quem o praticou e os motivos que o levaram a praticar, bem ainda identificadas eventuais vítimas e outras testemunhas do fato, sendo dispensável a confecção do referido relatório quando o depoimento for colhido mediante gravação audiovisual. (Redação dada pela Resolução nº 183, de 24 de janeiro de 2018)

§ 5º O Ministério Público, sempre que possível, deverá fornecer formulário para preenchimento pelo servidor público dos dados objetivos e sucintos que deverão constar do relatório. (Redação dada pela Resolução nº 183, de 24 de janeiro de 2018)

§ 6º O funcionário público que cumpriu a requisição deverá assinar o relatório e, se possível, também o deverá fazer a testemunha ou informante. (Redação dada pela Resolução nº 183, de 24 de janeiro de 2018)

§ 7º O interrogatório de suspeitos e a oitiva das pessoas referidas nos §§ 6º e 7º do art. 7º deverão necessariamente ser realizados pelo membro do Ministério Público. (Redação dada pela Resolução nº 183, de 24 de janeiro de 2018)

§ 8º As testemunhas, informantes e suspeitos ouvidos na fase de investigação serão informados do dever de comunicar ao Ministério Público qualquer mudança de endereço, telefone ou e-mail. (Redação dada pela Resolução nº 183, de 24 de janeiro de 2018)

Sem sombra de dúvidas, um dos problemas mais sérios da persecução penal brasileira é o seu falido sistema investigativo. Essa falência não vem só da falta de recursos, da falta de treinamento de pessoal investigativo (nesse sentido, veja-se que não há sequer faculdade no país voltada ao estudo de ciências forenses), mas também e fundamentalmente uma falência legislativa.

Já há algum tempo vêm surgindo em círculos de investigadores e Membros do Ministério Público sérias críticas ao modelo de investigação policiais realizado nos moldes do inquérito policial, que tem se relevado altamente burocrático e ineficiente.

Nesse sentido, também, tem sido a crítica e uma onda de reformas realizadas nos países latino-americanos, muitos dos quais têm adaptados suas legislações à modelos mais eficientes, céleres e garantistas de investigação[40].

Foi precisamente nesse caminho que o CNMP promoveu uma significativa mudança na forma com que deve o Ministério Público realizar a instrução de suas investigações, como se pode ver, principalmente, da leitura do art. 8º em comento.

Afinal, com toda a razão, não podia o Ministério Público criticar o modelo de investigação do inquérito policial, se, no seu próprio quintal, praticava precisamente o mesmo modelo, já que a antiga Resolução 13, reformada agora pela 181, propugnava o PIC como uma verdadeira imitação do IP.

Dito isso, cumpre, agora, analisar como está delineado, afinal, esse novo modelo de investigação ministerial, promovido pela Resolução n. 181/17.

Oralidade como regra na investigação: A oralidade é uma das características centrais de um modelo acusatório de investigação e ostenta aspectos inegavelmente positivos[41].

A oralidade imprime celeridade e garante a fidelidade dos depoimentos, evitando-se que o teor das narrativas seja filtrado pelo investigador com sérios riscos de distorção, má interpretação e má compreensão das declarações daqueles que prestam depoimentos perante o Ministério Público[42].

Assim, o art. 8º estabeleceu, como a regra, que a colheita de depoimentos seja oralizada, mediante a gravação audiovisual dos depoimentos da testemunhas.

---

40 Reverberando essa crítica (ou parte dela) existem, inclusive, alguns projetos de lei, em nosso Congresso Nacional.

41 Sobre a implementação da oralidade na reforma peruana de 2004, CARO CORIA preconiza que: *"Seus benefícios são conhecidos, o debate público, desde a investigação preliminar, fase intermediária e, especialmente, a fase judicial, é uma forma de garantir a vigência de outros princípios elementares como a imediação, a publicidade e o contraditório. Também é uma ferramenta socialmente útil, o processo e seus resultados normalmente são mais transparentes, se afiança com isso a comunicação entre o Poder Judiciário e a cidadania em geral."* CARO CORIA, Dino Carlos. *La enseñanza de la dogmática penal* como conditio sine qua non *para el éxito de la oralidad, in* El proceso penal iberoamericano: visiones comparadas. México: Ideal Flores, 2016, p. 317. É certo que a necessidade de formalizar por escrito todos os atos de impulso e transcrever ou registrar todos os elementos de informação produzidos – além dos indicados prejuízos à colheita dos elementos de informação – acarretam, também, um maior atraso na investigação. Nesse sentido, também, afirma VIVES ANTÓN que: *"Um processo – e um processo basicamente escrito – requer toda uma série de formalidades que dificultam e atrasam os progressos da investigação e é suscetível de ser paralisado ou retardado de diversas formas."* VIVES ANTÓN, Tomás Salvador. *Liberdad como pretexto.* Valencia: Tirant lo blanch, 1995, p. 272.

42 A esse respeito, veja-se a advertência feita por SCHÜNEMANN: *"(...) como em geral não existe no sistema do Código de Processo Penal* (alemão – StPO) *um direito do investigado e de seu defensor de estar presente e participar da colheita de declarações tomadas pela polícia no procedimento de investigação, a distorção sistemática das atas das declarações em direção às hipóteses iniciais da polícia repercute, em princípio, sobre todo o procedimento de investigação e, finalmente, determina também a sentença judicial mediante o efeito da perseverança e do "ombro a ombro" (Schulterschlusseffekt), na forma de uma self-fulfilling prophecy. Essa decisão prévia ao juízo oral, adotada em sigilo por meio da redação policial das atas de declarações, é, por conseguinte, a que da o sentido empírico à designação atual do procedimento de investigação como 'centro de decisão do processo penal' e, assim mesmo, representa o problema mais difícil da atual estrutura do procedimento no processo penal alemão."* SCHÜNEMANN, Bernd. *La Policía Alemana como Auxiliar del Ministerio Fiscal: Estructura, organización y actividades*, in Obras. Tomo II, Rubinzal-Culzoni: Buenos Aires, 2009, p. 475.

Realçando as vantagens da colheita de depoimentos nesse modelo, SCHÜNEMANN sugere que: *"os depoimentos das testemunhas deveriam ser gravados em sua totalidade, porque somente dessa maneira pode o defensor posteriormente, quando for estudar os expedientes, avaliar a confiabilidade das declarações testemunhais."* [43]

Vale consignar, ainda, que – somente em casos excepcionais e justificados – é que se pode determinar a transcrição dos depoimentos colhidos em áudio e vídeo.

Com isso, evita-se que as autoridades que eventualmente tenham que examinar o PIC – sejam Membros do Ministério Público, sejam posteriormente Membros do Poder Judiciário – se recorram do velho hábito de ler termos de depoimentos escritos. Caso isso ocorra, toda a riqueza de detalhes e confiabilidade do depoimento oral, uma vez mais, se perderia.

Quebra da centralidade judicialiforme, com possibilidade de delegação de funções: A investigação judicialiforme, como ocorre no inquérito policial, busca imitar a fase do procedimento plenário (fase judicial da audiência de instrução e julgamento) no procedimento sumário (investigação pré-processual).

Com isso, a exemplo do que ocorre na fase judicial, esse modelo gravita em torno de uma autoridade central, com poderes exclusivos de impulso e instrução. No caso do inquérito policial, a autoridade gravita ao redor do delegado de polícia e no modelo anterior de PIC, ao redor do Promotor de Justiça.

Esse modelo importa em grande atraso na investigação e na solução dos casos, causando prejuízos muitas vezes irreparáveis na apuração da autoria e materialidade dos delitos.

Diante disso é que § 2º do art. 8º permitiu ao Membro do Ministério Público a requisição *"do cumprimento das diligências de oitiva de testemunhas ou informantes a servidores da instituição, policiais civis, militares ou federais, guardas municipais ou a qualquer outro servidor público que tenha como atribuições fiscalizar atividades cujos ilícitos possam também caracterizar delito."*

É dizer, nesses casos a colheita dos depoimentos não é mais centrada necessariamente no Membro do Ministério Público.

Dessa maneira, passa a ser lícito e, inclusive, recomendável que o Promotor delegue essas funções a outros agentes estatais, de modo a agilizar sobremaneira a colheita de depoimentos.

Tal providência é especialmente recomendável para as seguintes hipóteses: i) depoimentos menos complexos, em que se buscar obter determinada informação; ii) casos em que as testemunhas encontram-se em locais praticamente inacessíveis ou demasiadamente remotos, em que a exigência de comparecimento ao Ministério Público acarretaria um atraso na tramitação do feito ou um ônus demasiadamente pesado às testemunhas; iii) casos em que o agente público a quem se delegou a função tem especial conhecimento técnico do tema (v.g. agente da receita, em crimes contra a ordem tributária; engenheiros ambientais, em crimes contra o meio ambiente ou um servidor de TI, em delitos informáticos); iv) casos em que se faz necessária a oitiva de demasiadas testemunhas, sendo que, com tal delegação, poderão ser realizados

43 SCHÜNEMANN, Bernd. *Critica al modelo norteamericano de proceso penal*, in Obras. Tomo II, Rubinzal-Culzoni: Buenos Aires, 2009, p. 448. De forma similar, já afirmou o Superior Tribunal de Justiça, ao consignar que: *"O art. 405 do Código de Processo Penal, com a redação atribuída pela Lei n.º 11.719/2008, ao possibilitar o registro da audiência de instrução em meio audiovisual, não só acelerou o andamento dos trabalhos, tendo em vista a desnecessidade da redução, a termo, dos depoimentos do acusado, vítima e testemunhas, mas, também, possibilitou um registro fiel da íntegra do ato, com imagem e som, em vez da simples escrita."* (STJ - HC n. 153.423/SP, Quinta Turma, Relª. Minª. Laurita Vaz, DJe de 26/4/2010).

diversos testemunhos simultaneamente; e v) casos em que é interessante para a investigação a oitiva simultânea de testemunhas, evitando-se, assim, eventuais combinações de versões, hoje muito facilitadas pelo uso de celulares.

Por outro lado, essa delegação não é recomendável em casos demasiadamente sensíveis, sigilosos, envolvendo a necessidade de oitivas de crianças e adolescentes ou em casos muito complexos, em que se faz necessária a colheita detalhada de depoimentos por aquele que tem pleno domínio da investigação. Nesses casos, o melhor é que o Membro realize pessoalmente a tomada dos depoimentos. Sempre, porém, mediante gravação em áudio e vídeo.

Vale consignar que a delegação para essa oitiva é acompanhada de outra consequência. A possibilidade, como regra, do deslocamento do investigador para ouvir a testemunha no local em que ela se encontra e não o contrário, como ocorre atualmente (nesse sentido, é o teor da segunda parte, do § 3º do art. 8º).

Com isso, agiliza-se a oitiva, evitando-se eventuais atrasos, ausências ou ônus excessivos de deslocamento para as testemunhas, ademais de o ato se realizar em um ambiente familiar para a testemunha, o que, normalmente, a deixa mais relaxada e confiante, prestando, como consequência, depoimentos mais convincentes, idôneos e completos.

Para a implementação desse novo sistema, evidentemente, teremos que nos despir de algumas velhas concepções e práticas, para compreender que a investigação busca reunir apenas elementos de informação (e não elementos de prova, que devem ser produzidos, em contraditório, na fase judicial).

Ademais, urge considerar que a realização desses atos de investigação não deve ser considerada como ato exclusivo do Membro do Ministério Público, mesmo porque, quando exerce a *opinio delicti* nos inquéritos policiais, nas investigações de Comissões Parlamentares ou investigações de outros entes estatais, como processos administrativos disciplinares, todas essas apurações não foram feitas diretamente pelo Membro do MP. Em outras palavras, já no modelo tradicional, normalmente, o Membro do Ministério Público realiza a sua *opinio delicti* com base em elementos de informação produzidos por servidores comuns, que não são integrantes da carreira do MP.

A requisição pelo meio mais expedido possível: Como se viu no início deste trabalho, um dos princípios informadores do novo PIC é o da desburocratização.

Dessa maneira, as requisições de policiais ou outros funcionários públicos para que realizem atos de colheita de depoimento, da mesma forma, perdem a sua natureza burocrática.

Assim, referidas requisições deverão ser realizadas, nos termos da primeira parte, do § 3º do art. 8º, *"pelo meio mais expedito possível"* [44].

Com isso, as requisições poderão ser realizadas via telefone, e-mail ou mesmo aplicativo, desde que se tome a devida cautela para garantir que o funcionário público tenha efetivamente tomado conhecimento da requisição[45].

---

44 A norma da resolução tem inspiração no art. 84 do Código de Processo Penal Chileno, apesar dessa tratar do caminho reverso: *"Artículo 84.- Información al ministerio público. Recibida una denuncia, la policía informará inmediatamente y por el medio más expedito al ministerio público. Sin perjuicio de ello, procederá, cuando correspondiere, a realizar las actuaciones previstas en el artículo precedente, respecto de las cuales se aplicará, asimismo, la obligación de información inmediata."*

45 Em nossa opinião, esse mesmo procedimento, poderá ser adotado para as notificações para comparecimento de testemunhas ou para interrogatório de investigados, uma vez que defluem do próprio princípio da desburocratização.

A permissão dessa notificação pelo meio mais expedido possível importa em um excelente ganho de velocidade e efetividade na investigação. Agora não se faz mais necessária a elaboração de ofício, assinatura, envelopamento, anexação de Aviso de Recebimento, deslocamento até o correio e aguardo da chegada da carta e os, as vezes, meses de demora para o retorno do AR.

Com essa nova regulamentação, basta um telefonema, um e-mail ou mesmo uma mensagem via celular, devidamente confirmadas.

É evidente que, em princípio, poderá haver alguma incompreensão ou solicitação de formalização da requisição. Assim, é importante que, nesse primeiro momento, exista um correto esclarecimento ou mesmo que os Ministérios Público promovam a formalização de protocolos de cooperação, com o objetivo de tornar, cada vez mais fluída, essa comunicação.

Sobre a necessidade de uma comunicação ágil e fluida entre as agências estatais de investigação, vale trazer dois trechos de uma obra que analisou criticamente as investigações realizadas pelo Ministério Público alemão.

Num primeiro momento, consigna o autor que: *"Em uma promotoria de pequena para média, a ênfase na documentação das instruções* [requisições] *e, em seguida, o envio do ofício para outro repartição pública é uma forma ineficiente de comunicação, especialmente quando o seu destinatário é a polícia."* [46]

Em outro momento, referido escritor complementa: *"Para se ter sucesso nesse tipo de ambiente, durante o procedimento de investigação, muitos Promotores tiveram que abandonar essa antiga prática, que revelava a estrita hierarquia dos Promotores sobre a investigação. Nas Promotorias mais efetivas, os Promotores não enviam mais ofícios documentados e por escrito, quando tinham que esperar um dia para a carta ser encaminhada para a Polícia. Em vez disso, os Promotores têm se reunido com os investigadores cara-a-cara, têm usado e-mail ou mesmo efetuado telefonemas para orientar e coordenar o curso da investigação de forma diária."* [47]

Com esses exemplos, é possível verificar a importância de uma comunicação célere entre Ministério Público e, principalmente, polícia para a realização das diligências necessárias para o bom andamento das investigações ministeriais.

Do relatório sucinto do ato de investigação: Como forma de facilitar e agilizar o manuseio e organização da investigação, afora a gravação de áudio e vídeo com o depoimento das testemunhas, a Resolução estabelece a necessidade da autoridade que cumpriu a diligência elaborar *"relatório legível, sucinto e objetivo sobre o teor do depoimento, no qual deverão ser consignados a data e hora aproximada do crime, onde ele foi praticado, as suas circunstâncias, quem o praticou e os motivos que o levaram a praticar, bem ainda identificadas eventuais vítimas e outras testemunhas do fato, sendo dispensável a confecção do referido relatório quando o depoimento for colhido mediante gravação audiovisual."*

Com isso, o Promotor de Justiça tem acesso rápido ao conteúdo do depoimento, facilitando a sua a presidência e coordenação da investigação criminal, realizada no bojo do Procedimento Investigatório Criminal, uma vez que basta ele ler o relatório sucinto para ter uma boa ideia do conteúdo do depoimento gravado.

46 BOYNE, Shawn Marie. The German Prosecution Service: Guardians of the Law? Springer-Verlag: Berlin, Heidelberg, 2014, p. 52.

47 BOYNE, Shawn Marie. The German Prosecution Service: Guardians of the Law? Springer-Verlag: Berlin, Heidelberg, 2014, p. 52.

Veja-se que a elaboração de relatórios, como o previsto no § 4º do art. 8º, constitui fonte valiosíssima de informação, especialmente nos países anglo-americanos, em que essa prática é bastante habitual, estudada e útil[48].

Aliás, um bom relatório do ato de investigação efetivamente deve ser legível, sucinto e objetivo, devendo, pois, atentar-se para os seus requisitos de conteúdo (o que é nele escrito) e forma (como ele é escrito)[49].

Por essa razão, também, é bastante oportuna a determinação aos Ministérios Públicos para que, sempre que possível, forneçam formulários a serem preenchidos pelos servidores públicos, assegurando-se assim a qualidade dos relatórios, uma vez que os dados importantes da apuração acabam tendo que ser preenchidos no formato e conteúdo estabelecido pelos respectivos MPs[50].

Do interrogatório como ato privativo do Membro do Ministério Público: Considerando-se que a investigação criminal, também, deve ser um meio de assegurar as garantias do investigado, o § 7º, do art. 8º, estabeleceu que o interrogatório dos investigados somente pode ser realizado direta e pessoalmente por Membro do Ministério Público. Isso com o objetivo de atribuir especial atenção a esse ato do procedimento investigatório, além de importar em relevante forma de evitar-se eventuais pressões ou torturas por ocasião do interrogatório.

Ademais, o mesmo dispositivo, consigna que as autoridades descritas nos §§ 6o e 7o do art. 7º somente poderão ser ouvidas pelo Membro do Ministério Público, não podendo ser colhido seu depoimento por meio de funcionários públicos atuando por delegação do Promotor.

Da necessária advertência sobre a alteração de endereço: Outro cuidado que foi tomado pela Resolução, está previsto no § 8º, do art. 8º, em que se consigna a necessidade de que se informe as testemunhas, informantes e investigados que eles têm o dever de comunicar ao Ministério Público qualquer mudança de endereço, telefone ou e-mail.

Com isso, busca-se evitar as lamentavelmente tão frequentes dificuldades para encontrar testemunhas e informantes quando da sua oitiva, durante a audiência de instrução e julgamento, assim como dar maior fundamento ao Ministério Público em caso de, eventualmente, ter que requerer a prisão preventiva de acusados que mudam de endereço sem informar as autoridades.

Dos fundamentos para a requisição: A Constituição da República expressamente concede ao Ministério Público o poder de *"requisitar diligências investigatórias"* (art. 129, VIII).

Assim, pode o Membro do MP se valer desse poder requisitório para buscar o auxílio ou a cooperação de *"servidores da instituição, a policiais civis, militares ou federais, guardas*

48 A esse respeito, confira-se: HESS, Kären M.; ORTHMANN, Christine Hess. Criminal Investigation, 9a ed. Delmar: NY, 2010, p. 40 e seguintes.

49 HESS, Kären M.; ORTHMANN, Christine Hess. Criminal Investigation, 9ª ed. Delmar: NY, 2010, p. 75.

50 Um modelo de relatório de investigação dos Estados Unidos, pode ser visto em: HESS, Kären M.; ORTHMANN, Christine Hess. Criminal Investigation, 9ª ed. Delmar: NY, 2010, pp. 76-78. Na Alemanha, o uso de formulários nas investigações criminais é disseminado. Nesse sentido, basta examinar a ampla obra coordenada por VORDERMAYER e HEINTSCHEL-HEINEGG, que é denominada, em tradução livre, *"Manual para o Ministério Público"*, que vem recheada de inúmeros formulários para serem utilizados pelos Membros do Ministério Público alemão. Cf.: VORDERMAYER, Helmut; HEINTSCHEL-HEINEGG, Bernd von. Handbuch für den Staatsanwalt. Neuwied: Luchterhand, 2000, 1120pp. Ressaltando, também, a importância dos formulários, veja-se: ARTKÄMPER, Heiko; HERRMANN, Gunnar; JAKOBS, Carola; KRUSE, Henner. Aufgabenfelder der Staatsanwaltschaft. Münster, ZAP, 2008, p. 22

municipais ou a qualquer outro servidor público que tenha como atribuições fiscalizar atividades, cujos ilícitos possam também caracterizar delito".

Ademais, além da possibilidade de valer-se da polícia, pode o Membro do Ministério Público, por exemplo, em investigações de crimes ambientais, requisitar diligências aos órgãos ambientais, no caso de crimes contra o consumo de órgãos de proteção ao consumidor, assim sucessivamente.

Mesmo porque tais servidores públicos estarão, ao fim e ao cabo, cumprindo as funções que lhes são atribuídas por lei, já que devem ter como atribuição *"fiscalizar atividades, cujos ilícitos possam também caracterizar delito"*.

É importante consignar, por fim, que não se trata de requisição dos servidores para trabalhar de forma permanente para o Ministério Público, mas sim a requisição para que cumpram diligências certas e determinadas, a serem realizadas no bojo de um específico Procedimento Investigatório Criminal.

DOS DIREITOS DO INVESTIGADO E SEU DEFENSOR

Art. 9º O autor do fato investigado poderá apresentar, querendo, as informações que considerar adequadas, facultado o acompanhamento por defensor. (Redação dada pela Resolução nº 183, de 24 de janeiro de 2018)

§ 1º O defensor poderá examinar, mesmo sem procuração, autos de procedimento de investigação criminal, findos ou em andamento, ainda que conclusos ao presidente, podendo copiar peças e tomar apontamentos, em meio físico ou digital. (Incluído pela Resolução nº 183, de 24 de janeiro de 2018)

§ 2º Para os fins do parágrafo anterior, o defensor deverá apresentar procuração, quando decretado o sigilo das investigações, no todo ou em parte. (Incluído pela Resolução nº 183, de 24 de janeiro de 2018)

§ 3º O órgão de execução que presidir a investigação velará para que o defensor constituído nos autos assista o investigado durante a apuração de infrações, de forma a evitar a alegação de nulidade do interrogatório e, subsequentemente, de todos os elementos probatórios dele decorrentes ou derivados, nos termos da Lei no 8.906, de 4 de julho de 1994. (Incluído pela Resolução nº 183, de 24 de janeiro de 2018)

§ 4º O presidente do procedimento investigatório criminal poderá delimitar o acesso do defensor aos elementos de prova relacionados a diligências em andamento e ainda não documentados nos autos, quando houver risco de comprometimento da eficiência, da eficácia ou da finalidade das diligências. (Incluído pela Resolução nº 183, de 24 de janeiro de 2018)

No artigo 9º a Resolução do Conselho Nacional do Ministério Público reafirma-se os direitos do investigado de prestar informações e de ser acompanhado por um defensor, permitindo o amplo acesso aos elementos de investigação já documentados nos autos (*disclosure*), além de outros direitos acima indicados, tais como o direito fundamental de não produzir prova contra si mesmo (*nemo tenetur se detegere*).

Aliás, essa foi precisamente a advertência do Supremo Tribunal Federal ao reconhecer o poder investigatório do Ministério Público, ao afirmar que:

> *"O Ministério Público dispõe de competência para promover, por autoridade própria, e por prazo razoável, investigações de natureza penal, desde que respeitados os direitos e garantias que assistem a qualquer indiciado ou a qualquer pessoa sob investigação do Estado,*

> *observadas, sempre, por seus agentes, as hipóteses de reserva constitucional de jurisdição e, também, as prerrogativas profissionais de que se acham investidos, em nosso País, os Advogados (Lei 8.906/94, artigo 7º, notadamente os incisos I, II, III, XI, XIII, XIV e XIX), sem prejuízo da possibilidade – sempre presente no Estado democrático de Direito – do permanente controle jurisdicional dos atos, necessariamente documentados (Súmula Vinculante 14), praticados pelos membros dessa instituição".* (STF - RE 593727, Relator(a): Min. CEZAR PELUSO, Relator(a) p/ Acórdão: Min. GILMAR MENDES, Tribunal Pleno, julgado em 14/05/2015, ACÓRDÃO ELETRÔNICO REPERCUSSÃO GERAL - MÉRITO DJe-175 DIVULG 04-09-2015 PUBLIC 08-09-2015)

Sobre a documentação dos elementos de informação nos autos do PIC, o Supremo Tribunal Federal já consignou que:

> *"O procedimento investigatório instaurado pelo Ministério Público deverá conter todas as peças, termos de declarações ou depoimentos, laudos periciais e demais subsídios probatórios coligidos no curso da investigação, não podendo, o "Parquet", sonegar, selecionar ou deixar de juntar, aos autos, quaisquer desses elementos de informação, cujo conteúdo, por referir-se ao objeto da apuração penal, deve ser tornado acessível tanto à pessoa sob investigação quanto ao seu Advogado. - O regime de sigilo, sempre excepcional, eventualmente prevalecente no contexto de investigação penal promovida pelo Ministério Público, não se revelará oponível ao investigado e ao Advogado por este constituído, que terão direito de acesso - considerado o princípio da comunhão das provas - a todos os elementos de informação que já tenham sido formalmente incorporados aos autos do respectivo procedimento investigatório."* (STF - HC 94173, Relator(a): Min. CELSO DE MELLO, Segunda Turma, julgado em 27/10/2009, DJe-223 DIVULG 26-11-2009 PUBLIC 27-11-2009 EMENT VOL-02384-02 PP-00336).

No mesmo sentido: HC 87610, Relator(a): Min. CELSO DE MELLO, Segunda Turma, julgado em 27/10/2009, DJe-228 DIVULG 03-12-2009 PUBLIC 04-12-2009 EMENT VOL-02385-02 PP-00387; HC 90099, Relator(a): Min. CELSO DE MELLO, Segunda Turma, julgado em 27/10/2009, DJe-228 DIVULG 03-12-2009 PUBLIC 04-12-2009 EMENT VOL-02385-03 PP-00472; HC 89837, Relator(a): Min. CELSO DE MELLO, Segunda Turma, julgado em 20/10/2009, DJe-218 DIVULG 19-11-2009 PUBLIC 20-11-2009 EMENT VOL-02383-01 PP-00104 LEXSTF v. 31, n. 372, 2009, p. 355-412 RTJ VOL-00218-01 PP-00272; HC 85419, Relator(a): Min. CELSO DE MELLO, Segunda Turma, julgado em 20/10/2009, DJe-223 DIVULG 26-11-2009 PUBLIC 27-11-2009 EMENT VOL-02384-02 PP-00252.

Veja-se que § 4º permite seja sonegado o acesso ao defensor a elementos de informação relacionados a diligências em andamento, desde que: **i)** ainda não documentadas nos autos e que **ii)** tal acesso possa acarretar risco de comprometimento da eficiência, da eficácia ou da finalidade das diligências.

Nesse sentido, também, a jurisprudência do Supremo Tribunal Federal:

> *"PENAL. PROCESSUAL PENAL. HABEAS CORPUS. EMBARGOS DE DECLARAÇÃO. ACESSO DOS ACUSADOS A PROCEDIMENTO INVESTIGATIVO SIGILOSO. POSSIBILIDADE SOB PENA DE OFENSA AOS PRINCÍPIOS DO CONTRADITÓRIO E DA AMPLA DEFESA. PRERROGATIVA QUE SE RESTRINGE AOS ELEMENTOS JÁ DOCUMENTADOS REFERENTES AOS INVESTIGADOS. I - O direito assegurado ao indiciado (bem como ao seu defensor) de acesso aos elementos constantes em procedimento investigatório que lhe digam respeito e que já se encontrem documentados nos autos, não abrange, por óbvio, as informações concernentes à decretação e à realização das diligências investigatórias, mormente as que digam respeito a terceiros eventualmente envolvidos. II - Enunciado da Súmula Vinculante 14 desta Corte. III - Embargos de declaração rejeitados, com concessão da*

ordem de ofício." (STF - HC 94387 ED, Relator(a): Min. RICARDO LEWANDOWSKI, Primeira Turma, julgado em 06/04/2010, DJe-091 DIVULG 20-05-2010 PUBLIC 21-05-2010 EMENT VOL-02402-03 PP-00679)

Com o asseguramento, pela Resolução n. 181/17, dos direitos e garantias do investigado, o Ministério Público reafirma que, num Estado Democrático de Direito, o Estado somente pode investigar fatos quando der o devido respeito aos direitos constitucionais. Essa máxima ganha, ainda mais, importância quando a investigação é patrocinada pelo fiscal da lei, que é o Ministério Público.

DA DOCUMENTAÇÃO DAS DILIGÊNCIAS

Art. 10. As diligências serão documentadas em autos de modo sucinto e circunstanciado. (Redação dada pela Resolução nº 183, de 24 de janeiro de 2018)

Considerando-se a ideia de celeridade e desburocratização, consigna o art. 10 da Resolução que as diligências deverão ser documentadas nos autos de modo sucinto e circunstanciado.

Com isso, assegura-se as garantias necessárias para uma investigação hígida, ao mesmo tempo em que se evita longos e desnecessários expedientes ou decisões, que objetivem a documentação formal dos elementos de informação.

Veja-se que a boa investigação é organizada, sucinta e, dentro do possível, enxuta, evitando-se a juntada de documentos repetidos, desconexos, fora de ordem, mal ajambrados ao expediente e bagunçados. Inclusive a boa conservação estética do PIC, a sua divisão, as vezes, por cores e padrões, facilita e enaltece sobremaneira o valor do trabalho investigativo ministeriais.

DAS INQUIRIÇÕES FORA DOS LIMITES TERRITORIAIS DA UNIDADE MINISTERIAL

Art. 11. As inquirições que devam ser realizadas fora dos limites territoriais da unidade em que se realizar a investigação serão feitas, sempre que possível, por meio de videoconferência, podendo ainda ser deprecadas ao respectivo órgão do Ministério Público local.

§ 1º Nos casos referidos no caput deste artigo, o membro do Ministério Público poderá optar por realizar diretamente a inquirição com a prévia ciência ao órgão ministerial local, que deverá tomar as providências necessárias para viabilizar a diligência e colaborar com o cumprimento dos atos para a sua realização.

§ 2º A deprecação e a ciência referidas neste artigo poderão ser feitas por qualquer meio hábil de comunicação.

§ 3º O disposto neste artigo não obsta a requisição de informações, documentos, vistorias, perícias a órgãos ou organizações militares sediados em localidade diversa daquela em que lotado o membro do Ministério Público.

Tendo em conta que um dos nortes inspiradores da Resolução foi precisamente a ideia de celeridade e desburocratização, o artigo 11 estabelece o abandono das demoradas e ineficientes cartas precatórias ministeriais, devendo o Membro do Ministério Público valer-se, sempre que possível, do recurso da videoconferência.

Ademais, em casos especiais e complexos, em que é altamente recomendável que a oitiva das testemunhas ou do investigado seja feita pessoalmente pelo Membro do Ministério

Público, presidente da investigação, fica expressamente autorizado deslocamento do agente ministerial para a realização de atos fora dos limites territoriais de sua atribuição.

DA CERTIDÃO DE COMPARECIMENTO AO MINISTÉRIO PÚBLICO

Art. 12. A pedido da pessoa interessada, será fornecida comprovação escrita de comparecimento.

O comparecimento de testemunhas a serem ouvidas em Procedimentos Investigatórios Criminais, além de ser as vezes oneroso para essas pessoas, pode, eventualmente, acarretar problemas com o seu empregador.

Por essa razão, nesses casos, a Lei Orgânica Nacional do Ministério Público estabeleceu o seguinte no § 4º do seu art. 26:

> *"§ 4º A falta ao trabalho, em virtude de atendimento à notificação ou requisição, na forma do inciso I deste artigo, não autoriza desconto de vencimentos ou salário, considerando-se de efetivo exercício, para todos os efeitos, mediante comprovação escrita do membro do Ministério Público."*

É precisamente para reconhecer esse direito ao trabalhador privado ou servidor, que o art. 12 da Resolução estabelece que, a pedido do interessado, deverá ser fornecida comprovação escrita do seu comparecimento à Unidade do Ministério Público.

DO PRAZO DE ENCERRAMENTO DO PROCEDIMENTO INVESTIGATÓRIO CRIMINAL

Art. 13. O procedimento investigatório criminal deverá ser concluído no prazo de 90 (noventa) dias, permitidas, por igual período, prorrogações sucessivas, por decisão fundamentada do membro do Ministério Público responsável pela sua condução.

§ 1º Cada unidade do Ministério Público manterá, para conhecimento dos órgãos superiores, controle atualizado, preferencialmente por meio eletrônico, do andamento de seus procedimentos investigatórios criminais, observado o nível de sigilo e confidencialidade que a investigação exigir, nos termos do art. 15 desta Resolução.

§ 2º O controle referido no parágrafo anterior poderá ter nível de acesso restrito ao Procurador-Geral da República, ao Procurador-Geral de Justiça, ao Procurador-Geral de Justiça Militar e ao respectivo Corregedor-Geral, mediante justificativa lançada nos autos. (Redação dada pela Resolução nº 183, de 24 de janeiro de 2018)

Como já se vem falando ao largo deste comentário, a celeridade é um dos motes da presente Resolução para o bom desenvolvimento das investigações ministeriais.

Claro que, de antemão, é extremamente difícil imaginar um prazo fixo que seja suficiente para o encerramento das investigações.

Afinal, de acordo com o sustentado por MORENO CATENA e CORTÉS DOMINGUÉZ, *"como* [a investigação] *trata de praticar as diligências pertinentes para estar-se em condições de decidir se abre-se ou não um processo contra determinada pessoa, será a relação com a dificuldade dessa investigação que poderá determinar a duração da mesma. Se, por exemplo, o investigado confessa a realização dos fatos e estes são claros e evidentes ou se o acusado é preso em flagrante enquanto pratica o ato criminosos ou se a demonstração dos fatos não requer grandes averiguações, porque eles são evidentes. Situação contrária ocorrerá naqueles casos em que, por circunstâncias pessoais ou fáticas do ocorrido, seja muito mais difícil chegar-se ao convencimento racional de que os fatos investigados tenham sido realizados por uma pessoa determinada."* [51]

Por essa razão, a Resolução acertadamente estabelece um prazo inicial de noventa dias para o encerramento das investigações, que poderá ser prorrogado sucessivamente, de acordo com a complexidade e necessidade das investigações, desde que exista decisão devidamente fundamentada do Membro do Ministério Público determinando a renovação desse prazo.

A decisão de renovação é importante, pois - além de documentar a preocupação ministerial com o curso da investigação – impõe ao Membro do Ministério Público um efetivo exame global da investigação, avaliando quais os elementos de informação ainda são necessários, quais são as diligências pendentes que, ainda, devem ser cumpridas e quais são as novas diligências, imprescindíveis para a formação da *opinio delicti*.

A consequência lógica da decisão de renovação do prazo, é a especificação das novas diligências que devem ser cumpridas, não bastando, para tanto, a mera juntada de decisões "chapão" que não analisam o caso e não verificam quais são as suas efetivas necessidades.

Essas renovações deverão ser devidamente informadas aos órgãos de controle e a sua realização ou não (e em quais moldes) deve ser fiscalizada pelas Corregedorias dos Ministérios Públicos.

DA PERSECUÇÃO PATRIMONIAL

Art. 14. A persecução patrimonial voltada à localização de qualquer benefício derivado ou obtido, direta ou indiretamente, da infração penal, ou de bens ou valores licito equivalentes, com vistas à propositura de medidas cautelares reais, confisco definitivo e identificação do beneficiário econômico final da conduta, será realizada em anexo autônomo do procedimento investigatório criminal.

§ 1º Proposta a ação penal, a instrução do procedimento tratado no caput poderá prosseguir até que ultimadas as diligências de persecução patrimonial.

§ 2º Caso a investigação sobre a materialidade e autoria da infração penal já esteja concluída, sem que tenha sido iniciada a investigação tratada neste capítulo, procedimento investigatório específico poderá ser instaurado com o objetivo principal de realizar a persecução patrimonial.

Uma das inovações da Resolução n. 181/17 foi a previsão expressa a respeito da necessidade de o Membro do Ministério Público atentar-se para a persecução do patrimônio daqueles envolvidos em delitos, especialmente nos casos relativos aos crimes do denominado Direito Penal Econômico.

A recuperação de bens derivados de delitos, especialmente aqueles cometidos com maior sofisticação, é uma tarefa extremamente árdua, demorada e dificultosa.

Como bem assevera CARRILLO DEL TESO:

> *"A recuperação de ativos implica seguir todo um iter, começando pela árdua investigação patrimonial, que normalmente é a fase mais complexa. Depois do rastreamento de ativos e*

---

51 MORENO CATENA, Víctor; CORTÉS DOMINGUÉZ, Valentín. Derecho Procesal Penal, 9ª ed. Valencia: Tirant lo Blanch, 2017, p. 209.

recopilação de provas, necessariamente, deve-se passar à imobilização ou congelamento dos fundos, para evitar novos movimentos ou a sua desaparição antes do fim do processo. Posteriormente, se deverá abrir um processo judicial, depois do qual esses fundos possam passar a ser de titularidade do Estado. Finalmente, se deverá executar essas decisões para que os bens deixem de estar a disposição dos autores; tudo isso levando em conta que várias fases de todo esse caminho exigirão o uso de assistência legal mútua, de instrumentos de cooperação internacional."[52]

Assim, tendo em conta toda essa dificuldade e como forma de não atrapalhar o bom andamento da investigação penal a respeito dos fatos aparentemente criminosos, é que o art. 14 estabelece que a investigação patrimonial deverá ser realizada em apenso.

De tal maneira, o feito principal não é "*poluído*" com documentos, certidões, ofícios requisitórios que não guardam relação direta com o fato delituoso[53], mas sim com os benefícios financeiros decorrentes dos atos criminosos.

Ademais, o § 1º traz interessante dispositivo que autoriza o prosseguimento das investigações, mesmo que já oferecida a denúncia, precisamente com o objetivo de localizar qualquer benefício derivado ou obtido, direta ou indiretamente, da infração penal, ou de bens ou valores licito equivalentes.

A possibilidade de oferecer-se a denúncia, mesmo quando, ainda, pendentes diligências referentes à persecução patrimonial, decorre precisamente da sumariedade da investigação criminal, que, como já visto no comentário ao art. 1º, deve informar o PIC, no sentido de que tem ele função precípua de apresentar justa causa para o eventual oferecimento de denúncia.

E claro. Não é porque já existe justa causa que não se pode prosseguir nas pesquisas patrimoniais. Muito pelo contrário. Isso só reforça o acerto da investigação e realça a necessidade de reparação do dano sofrido em decorrência do delito e para a punição patrimonial de seus eventuais autores.

---

52 CARRILLO DEL TESO, Ana E. La recuperación de activos como estrategia común contra la criminalidad, in Recuperación de Activos y Decomiso: Reflexiones desde los sistemas penales iberoamericanos. Valencia: Tirant lo Blanch, 2017, p. 15.

53 ORSI apresenta algumas sugestões de como realizar uma investigação patrimonial, desde uma perspectiva do Ministério Público argentino. Ele explica que a investigação financeira deve ser integrada *"desde o princípio, às investigações dos delitos que geraram os recursos ilícitos, vez que a informação necessária para essa prática surge geralmente dos meios de prova orientados ao objeto principal do caso. Se sugere, assim, a realização de uma investigação paralela e proativa, que permita somar os conhecimentos de ambos os históricos, isto é, do delito principal e do fluxo de fundos ilícitos, com o objetivo de que os ativos não se dispersem, nem desapareçam e que se possa evitar a lavagem de dinheiro. Chama a atenção o fato de que, apesar de alguns padrões serem similares, as investigações econômicas requerem medidas específicas para cada tipo e forma de execução de delitos. Sugere, ademais, com um enfoque estratégico na cooperação entre agências que interveem na investigação, que se proporcione o intercâmbio de informações e se promovam um trabalho colaborativo, sempre sob a supervisão do Promotor do caso.*

Em particular, resulta relevante que a presidência da investigação destaque a necessidade de utilizar métodos especiais para o manejo intensivo de dados, uma vez que a investigação demanda a recopilação de todo tipo de documentação econômica e contábil, incluindo informação tributária, societária, bancária, registros de propriedade, organismos de controle, dentre muitos outros. Nesse sentido, vale mencionar a necessidade de se contar com equipes de trabalho interdisciplinar para investigar delitos complexos, que requerem conhecimentos bastante distintos do direito penal, como, por exemplo, ciências econômicas, sociais e informáticas." ORSI, Omar Gabriel. Estructuras de identificación y decomiso de activos ilícitos en el Ministerio Público Fiscal argentino, in Recuperación de Activos y Decomiso: Reflexiones desde los sistemas penales iberoamericanos. Valencia: Tirant lo Blanch, 2017, p. 515.

Por fim, o § 2º permite – a nosso ver, também, corretamente – a instauração de PIC com o objetivo exclusivo de realizar a persecução patrimonial.

Assim, se um Membro do Ministério Público recebe um inquérito policial maduro para o oferecimento de denúncia, mas verifica que não foi realizada a cabível identificação patrimonial dos investigados, deverá oferecer denúncia com base no inquérito policial e instaurar um PIC para realizar a devida persecução patrimonial, fornecendo assim subsídios para a propositura de ações penais cautelares reais, com finalidades patrimoniais.

DA PUBLICIDADE DO PROCEDIMENTO INVESTIGATÓRIO CRIMINAL

Art. 15. Os atos e peças do procedimento investigatório criminal são públicos, nos termos desta Resolução, salvo disposição legal em contrário ou por razões de interesse público ou conveniência da investigação.

Parágrafo único. A publicidade consistirá:

I – na expedição de certidão, mediante requerimento do investigado, da vítima ou seu representante legal, do Poder Judiciário, do Ministério Público ou de terceiro diretamente interessado;

II – no deferimento de pedidos de extração de cópias, com atenção ao disposto no § 1º do art. 3º desta Resolução e ao uso preferencial de meio eletrônico, desde que realizados de forma fundamentada pelas pessoas referidas no inciso I, pelos seus procuradores com poderes específicos ou por advogado, independentemente de fundamentação, ressalvada a limitação de acesso aos autos sigilosos a defensor que não possua procuração ou não comprove atuar na defesa do investigado; (Redação dada pela Resolução nº 183, de 24 de janeiro de 2018)

III – no deferimento de pedidos de vista, realizados de forma fundamentada pelas pessoas referidas no inciso I ou pelo defensor do investigado, pelo prazo de 5 (cinco) dias ou outro que assinalar fundamentadamente o presidente do procedimento investigatório criminal, com atenção à restrição de acesso às diligências cujo sigilo tenha sido determinado na forma do § 4o do art. 9o desta Resolução; (Redação dada pela Resolução nº 183, de 24 de janeiro de 2018)

IV – na prestação de informações ao público em geral, a critério do presidente do procedimento investigatório criminal, observados o princípio da presunção de inocência e as hipóteses legais de sigilo. (Anterior inciso III renumerado para IV pela Resolução nº 183, de 24 de janeiro de 2018)

A questão da publicidade interna do PIC, é dizer, o sigilo dos documentos que o instruem com relação ao investigado e seu defensor já foram trazidos pelo art. 9º da Resolução.

Já o presente artigo (15), trata da denominada publicidade externa e estatui a regra da publicidade das investigações (ao contrário do que ocorre com o IP que, pelo menos formalmente, tem o sigilo como regra – art. 20 do CPP).

O art. 15 prevê quatro hipóteses fundamentais de publicidade externa para os procedimentos investigatórios, que são embasados no princípio constitucionais da publicidade, que impõe ao administrador o dever de dar amplo conhecimento ao povo sobre como está sendo gerida a coisa pública (res publica) e como vem agindo aquelas pessoas a quem foi outorgado o dever-poder de administrar o aparato estatal.

As hipóteses são as de publicidade: **a)** com a expedição de certidão, mediante requerimento do interessado (inciso I); **b)** no deferimento de pedidos de extração de cópias, a ser formulado por eventuais interessados (inciso II); **c)** no deferimento de pedidos de vista dos autos, por eventuais interessados (inciso III); e **d)** na prestação, pelo Membro do Ministério Público, de informações ao público em geral (inciso IV).

Essa última hipótese trata de uma verdadeira publicidade ativa, em que a própria administração (no caso o Ministério Público), independentemente de qualquer provocação, vai a público para prestar contas dos atos investigativos que vem realizando.

GOMES CANOTILHO chama esse dever de publicidade ativo de direito de arquivo aberto:

> *"O direito ao arquivo aberto deve hoje conceber-se não apenas como o direito a obter informações por parte dos cidadãos, mas também como direito a uma comunicação aberta entre as autoridades e os cidadãos. A comunicação aberta implicará, entre outras coisas, o dever de a administração fornecer activamente informações (ex.: colocar os dados informativos na Internet, criar sites adequados, ofertas on-line)."*[54]

Para dar-se essa publicidade ativa, porém, deve o Membro do Ministério Público sempre tomar cuidado para que ela não prejudique o andamento das investigações, tentando, também, minorar eventuais danos ao investigado, tendo-se em conta que a mera investigação, obviamente, não é suficiente, ainda, para afastar a presunção de inocência do suspeito.

DO SIGILO DO PROCEDIMENTO INVESTIGATÓRIO CRIMINAL

Art. 16. O presidente do procedimento investigatório criminal poderá decretar o sigilo das investigações, no todo ou em parte, por decisão fundamentada, quando a elucidação do fato ou interesse público exigir, garantido o acesso aos autos ao investigado e ao seu defensor, desde que munido de procuração ou de meios que comprovem atuar na defesa do investigado, cabendo a ambos preservar o sigilo sob pena de responsabilização. (Redação dada pela Resolução nº 183, de 24 de janeiro de 2018)

Paragrafo único. Em caso de pedido da parte interessada para a expedição de certidão a respeito da existência de procedimentos investigatórios criminais, é vedado fazer constar qualquer referência ou anotação sobre investigação sigilosa.

Como visto nos comentários aos artigos 9º e 15, em regra, o Procedimento Investigatório Criminal é dotado de publicidade interna e externa, sendo que, somente em casos excepcionais, será possível decretar-lhe o sigilo.

É precisamente sobre essas hipóteses – em que se faz necessária a decretação de sigilo externo – que versa o art. 16.

Referido dispositivo consigna que poderá existir sigilo quando: **i)** existir uma decisão fundamentada do presidente da investigação nesse sentido; e **ii)** quando a elucidação do fato ou interesse público assim o exigir.

Esse sigilo pode ser total ou parcial. Desse modo, por exemplo, se existem nos autos documentos relativos a quebra de sigilos bancários ou fiscais ou mesmos interceptações telefônicas nos autos, é perfeitamente possível que a decretação do sigilo recaia tão somente sobre esses documentos que abarcam a intimidade das pessoas envolvidas na investigação, mantendo-se a publicidade com relação aos demais documentos que não interfiram nesse direito fundamental.

54 CANOTILHO, J. J. Gomes. Direito Constitucional, 7ª ed. Coimbra: Almedina, 2003, p. 516.

Por fim, é importante deixar claro que o art. 16 trata tão somente da decretação do sigilo externo, ou seja, para pessoas não envolvidas na investigação, seja como autoridades, seja como investigados.

A decretação do sigilo interno – ou seja, que envolve o investigado – é tratada pelo art. 9º § 4º, desta Resolução.

DOS DIREITOS DAS VÍTIMAS

Art. 17. O membro do Ministério Público que preside o procedimento investigatório criminal esclarecerá a vítima sobre seus direitos materiais e processuais, devendo tomar todas as medidas necessárias para a preservação dos seus direitos, a reparação dos eventuais danos por ela sofridos e a preservação da intimidade, vida privada, honra e imagem.

§ 1º O membro do Ministério Público velará pela segurança de vítimas e testemunhas que sofrerem ameaça ou que, de modo concreto, estejam suscetíveis a sofrer intimidação por parte de acusados, de parentes deste ou pessoas a seu mando, podendo, inclusive, requisitar proteção policial em seu favor.

§ 2º O membro do Ministério Público que preside o procedimento investigatório criminal, no curso da investigação ou mesmo após o ajuizamento da ação penal, deverá providenciar o encaminhamento da vítima ou de testemunhas, caso presentes os pressupostos legais, para inclusão em Programa de Proteção de Assistência a Vítimas e a Testemunhas ameaçadas ou em Programa de Proteção a Crianças e Adolescentes Ameaçados, conforme o caso.

§ 3º Em caso de medidas de proteção ao investigado, as vitimas e testemunhas, o membro do Ministério Público observará a tramitação prioritária do feito, bem como providenciará, se o caso, a oitiva antecipada dessas pessoas ou pedirá a antecipação dessa oitiva em juízo.

§ 4º O membro do Ministério Público que preside o procedimento investigatório criminal providenciará o encaminhamento da vítima e outras pessoas atingidas pela prática do fato criminoso apurado à rede de assistência, para atendimento multidisciplinar, especialmente nas áreas psicossocial, de assistência jurídica e de saúde, a expensas do ofensor ou do Estado.

Historicamente, o afastamento da vítima do processo penal foi reconhecido como uma inegável conquista civilizatória, ao incumbir-se a um acusador público, no caso o Ministério Público, o monopólio da ação penal, afastando-se a possibilidade do uso instrumental do processo pela vítima, como meio de vingança privada.

A chamada neutralização da vítima no processo penal constitui-se, pois, um longo trajeto na história processual penal que vem, porém, chegando ao seu fim.

Nesse sentido, afirma SCHÜNEMANN:

> *"(...) a Alemanha se encontra no final de um caminho milenário, que começou com a substituição da justiça penal puramente privada (originalmente através dos Fehde, ou seja, da vingança privada exercida pelo lesionado ou por seu clã) por um processo decisório, que, ainda que iniciado pelo ofendido como acusador, estava nas mãos da autoridade; foi seguido de um procedimento completamente organizado por tribunais estatais e terminou substituindo um Direito Penal retributivo por um Direito Penal preventivo."*[55]

Assim, é possível constatar que o atual modelo processual penal encontra-se em uma fase de reencontro com o ofendido, que refletiu, inclusive, nas reformas ao Código de Processo

55 SCHÜNEMANN, Bernd. *El Fortalecimiento de La Posición de la Víctima en el Proceso Penal, ¿Dicha o Desgracia?, in* Obras. Buenos Aires, Rubinzal-Culzoni, 2009, vol. 2, pp. 485-486.

Penal, que passaram a revelar uma preocupação muito maior com a vítima do que outrora, estabelecendo, por exemplo, a possibilidade de a sentença penal condenatória fixar o valor mínimo para a reparação dos danos causados pela infração penal (CPP, art. 387, IV)[56]; o dever de comunicação ao ofendido do ingresso e saída do acusado a prisão (CPP, art. 201, § 2º, incluído pela Lei n. 11.690/08); a obrigação de reserva de espaço distinto à vítima para que espere separada do acusado a realização da audiência (CPP, art. 201, §4º); a possibilidade de o juiz encaminhar a vítima a atendimento multidisciplinar nas áreas psicossociais, assistência jurídica ou de saúde, a serem pagos pelo ofensor ou pelo Estado (CPP, art. 201, §5º) e a possibilidade de o juiz tomar providências para a preservação da intimidade, vida privada, honra e imagem do ofendido (CPP, art. 201, §6º).

Todas essas medidas de redescobrimento da vítima decorrem de uma nova política criminal que parte da ideia de que a atenuação ou reparação dos danos causados pelas práticas penais redundam em uma evidente celebração de justiça, que indubitavelmente é um dos principais objetivos da pretensão de legitimidade que o nosso sistema penal deve sempre perseguir.

O Ministério Público, como protagonista dessa política criminal, deve, portanto, velar pelo pleno atendimento do regramento processual em proteção à vítima e seus familiares, contribuindo para a superação dos inegáveis traumas que muitas vezes decorrem das práticas delitivas.

É precisamente essa preocupação a revelada pelo art. 17 da Resolução, que busca chama a atenção do Membro do Ministério Público que promova a investigação, que é importantíssimo, também, que se atende para os direitos materiais e processuais que são outorgados por Lei às vítimas dos delitos.

DO ACORDO DE NÃO PERSECUÇÃO PENAL

Art. 18. Não sendo o caso de arquivamento, o Ministério Público poderá propor ao investigado acordo de não persecução penal quando, cominada pena mínima inferior a 4 (quatro) anos e o crime não for cometido com violência ou grave ameaça a pessoa, o investigado tiver confessado formal e circunstanciadamente a sua prática, mediante as seguintes condições, ajustadas cumulativa ou alternativamente: (Redação dada pela Resolução nº 183, de 24 de janeiro de 2018)

I – reparar o dano ou restituir a coisa à vítima, salvo impossibilidade de fazê-lo; (Redação dada pela Resolução nº 183, de 24 de janeiro de 2018)

II – renunciar voluntariamente a bens e direitos, indicados pelo Ministério Público como instrumentos, produto ou proveito do crime; (Redação dada pela Resolução nº 183, de 24 de janeiro de 2018)

III – prestar serviço à comunidade ou a entidades públicas por período correspondente à pena mínima cominada ao delito, diminuída de um a dois terços, em local a ser indicado pelo Ministério Público; (Redação dada pela Resolução nº 183, de 24 de janeiro de 2018)

IV – pagar prestação pecuniária, a ser estipulada nos termos do art. 45 do Código Penal, a entidade pública ou de interesse social a ser indicada pelo Ministério Público, devendo a prestação ser destinada preferencialmente àquelas entidades que tenham como função

56 Sobre o tema da fixação de indenização à vítima na sentença penal condenatória, já me manifestei em: CABRAL, Rodrigo Leite Ferreira. Reflexões sobre a Fixação do Valor Mínimo na Sentença Penal Condenatória. Teses do XIX Congresso Nacional do Ministério Público. Teses do XIX Congresso Nacional do Ministério Público. 1ªed. Rio de Janeiro: Lumen Juris, 2011, pp. 601-608.

proteger bens jurídicos iguais ou semelhantes aos aparentemente lesados pelo delito; (Redação dada pela Resolução nº 183, de 24 de janeiro de 2018)

V – cumprir outra condição estipulada pelo Ministério Público, desde que proporcional e compatível com a infração penal aparentemente praticada. (Redação dada pela Resolução nº 183, de 24 de janeiro de 2018)

§ 1º Não se admitirá a proposta nos casos em que: (Redação dada pela Resolução nº 183, de 24 de janeiro de 2018)

I – for cabível a transação penal, nos termos da lei; (Redação dada pela Resolução nº 183, de 24 de janeiro de 2018)

II – o dano causado for superior a vinte salários mínimos ou a parâmetro econômico diverso definido pelo respectivo órgão de revisão, nos termos da regulamentação local; (Redação dada pela Resolução nº 183, de 24 de janeiro de 2018)

III – o investigado incorra em alguma das hipóteses previstas no art. 76, § 2o, da Lei no 9.099/95; (Redação dada pela Resolução nº 183, de 24 de janeiro de 2018)

IV – o aguardo para o cumprimento do acordo possa acarretar a prescrição da pretensão punitiva estatal; (Redação dada pela Resolução nº 183, de 24 de janeiro de 2018)

V – o delito for hediondo ou equiparado e nos casos de incidência da Lei no 11.340, de 7 de agosto de 2006; (Redação dada pela Resolução nº 183, de 24 de janeiro de 2018)

VI – a celebração do acordo não atender ao que seja necessário e suficiente para a reprovação e prevenção do crime. (Redação dada pela Resolução nº 183, de 24 de janeiro de 2018)

§ 2º A confissão detalhada dos fatos e as tratativas do acordo serão registrados pelos meios ou recursos de gravação audiovisual, destinados a obter maior fidelidade das informações, e o investigado deve estar sempre acompanhado de seu defensor. (Redação dada pela Resolução nº 183, de 24 de janeiro de 2018)

§ 3º O acordo será formalizado nos autos, com a qualificação completa do investigado e estipulará de modo claro as suas condições, eventuais valores a serem restituídos e as datas para cumprimento, e será firmado pelo membro do Ministério Público, pelo investigado e seu defensor. (Redação dada pela Resolução nº 183, de 24 de janeiro de 2018)

§ 4º Realizado o acordo, a vítima será comunicada por qualquer meio idôneo, e os autos serão submetidos à apreciação judicial. (Redação dada pela Resolução nº 183, de 24 de janeiro de 2018)

§ 5º Se o juiz considerar o acordo cabível e as condições adequadas e suficientes, devolverá os autos ao Ministério Público para sua implementação. (Redação dada pela Resolução nº 183, de 24 de janeiro de 2018)

§ 6º Se o juiz considerar incabível o acordo, bem como inadequadas ou insuficientes as condições celebradas, fará remessa dos autos ao procurador-geral ou órgão superior interno responsável por sua apreciação, nos termos da legislação vigente, que poderá adotar as seguintes providências: (Redação dada pela Resolução nº 183, de 24 de janeiro de 2018)

I – oferecer denúncia ou designar outro membro para oferecê-la; (Redação dada pela Resolução nº 183, de 24 de janeiro de 2018)

II – complementar as investigações ou designar outro membro para complementá-la; (Redação dada pela Resolução nº 183, de 24 de janeiro de 2018)

III – reformular a proposta de acordo de não persecução, para apreciação do investigado; (Redação dada pela Resolução nº 183, de 24 de janeiro de 2018)

IV – manter o acordo de não persecução, que vinculará toda a Instituição. (Redação dada pela Resolução nº 183, de 24 de janeiro de 2018)

§ 7º O acordo de não persecução poderá ser celebrado na mesma oportunidade da audiência de custódia. (Redação dada pela Resolução nº 183, de 24 de janeiro de 2018)

§ 8º É dever do investigado comunicar ao Ministério Público eventual mudança de endereço, número de telefone ou e-mail, e comprovar mensalmente o cumprimento das condições, independentemente de notificação ou aviso prévio, devendo ele, quando for o caso, por iniciativa própria, apresentar imediatamente e de forma documentada eventual justificativa para o não cumprimento do acordo. (Redação dada pela Resolução nº 183, de 24 de janeiro de 2018)

§ 9º Descumpridas quaisquer das condições estipuladas no acordo ou não observados os deveres do parágrafo anterior, no prazo e nas condições estabelecidas, o membro do Ministério Público deverá, se for o caso, imediatamente oferecer denúncia. (Incluído pela Resolução nº 183, de 24 de janeiro de 2018)

§ 10 O descumprimento do acordo de não persecução pelo investigado também poderá ser utilizado pelo membro do Ministério Público como justificativa para o eventual não oferecimento de suspensão condicional do processo. (Incluído pela Resolução nº 183, de 24 de janeiro de 2018)

§ 11 Cumprido integralmente o acordo, o Ministério Público promoverá o arquivamento da investigação, nos termos desta Resolução. (Incluído pela Resolução nº 183, de 24 de janeiro de 2018)

§ 12 As disposições deste Capítulo não se aplicam aos delitos cometidos por militares que afetem a hierarquia e a disciplina. (Incluído pela Resolução nº 183, de 24 de janeiro de 2018)

§ 13 Para aferição da pena mínima cominada ao delito, a que se refere o caput, serão consideradas as causas de aumento e diminuição aplicáveis ao caso concreto. (Incluído pela Resolução nº 183, de 24 de janeiro de 2018)

INTRODUÇÃO

A avaliação geral de quem trabalha no sistema de justiça criminal brasileiro é de que as coisas não vão nada bem. Sente-se que, cada vez mais, aumentam os números da cifra oculta. Assim, um grande percentual de delitos que são cometidos, jamais chegam às agências estatais de persecução penal. Constata-se, também, que a investigação criminal no Brasil é, em termos gerais, um grande fracasso. Em regra, a autoria e participação em delitos somente é identificada quando existe prisão em flagrante dos envolvidos. Ademais, verifica-se que os casos que efetivamente chegam às Varas Criminais têm, normalmente, tramitação morosa e sofrem com um infindável número de incidentes e dificuldades burocráticas. Obter uma sentença penal com trânsito em julgado, parece algo quase inalcançável para os delitos graves.

O problema está posto e as alternativas para a sua solução devem ser buscadas, de forma obstinada, por aqueles que, de algum modo, têm compromisso com a aprimoramento do nosso sistema penal, sob pena de o quadro acima delineado deteriorar-se, ainda mais, e, quem sabe, chegarmos a um patamar praticamente intolerável.

Uma das alternativas mais promissoras para tornar o sistema mais eficiente e adequado repousa na implementação de um modelo de acordo no âmbito criminal. Com isso, seria estabelecido um sistema com a eleição inteligente de prioridades, levando para julgamento plenário (é dizer, processo penal com instrução e julgamento perante o Juiz) somente aqueles casos mais graves. Para os demais casos, de pequena e média gravidade, restaria a possibilidade da celebração de acordos que evitariam o *full trial*, economizando-se tempo e recursos públicos e lançando mão de uma intervenção menos traumática para esses tipos de delitos.

É evidente que essa não é uma solução perfeita. Num mundo ideal, a melhor opção seria levar todos os casos a um juízo plenário. No entanto, temos que lidar com os problemas reais, de pessoas de carne e osso. Nosso país longe está desse mundo ideal, os recursos são escassos e as práticas ilícitas são elevadas. Existe uma carga desumana de processos que se acumulam nas Varas Criminais do país, que causam sérios prejuízos e atrasos no oferecimento de Justiça às pessoas, de alguma forma, envolvidas em fatos criminais.

O diagnóstico da imprescindibilidade de soluções alternativas à persecução em juízo de todos os casos penais não é exclusivo do Brasil. Por exemplo, em países como a Alemanha, a conclusão acerca da necessidade da implantação do princípio da oportunidade é apresentada como inexorável, inclusive por penalistas que são abertamente contrários ao instituto do acordo, como é o caso de Bernd SCHÜNEMANN. Referido professor reconhece que:

> *"O ideário do século XIX, de submeter cada caso concreto a um juízo oral completo (audiência de instrução e julgamento), reconhecendo os princípios da publicidade, oralidade e imediação somente é realizável em uma sociedade sumamente integrada, burguesa, na qual o comportamento desviado cumpre quantitativamente somente um papel secundário. Nas sociedades pós-modernas desintegradas, fragmentadas, multiculturais, com sua propagação quantitativamente enorme de comportamentos desviados, não resta outra alternativa que a de chegar-se a uma condenação sem um juízo oral detalhado, nos casos em que o suposto fato se apresente como tão profundamente esclarecido já na etapa da investigação, que nem sequer ao imputado interessa uma repetição da produção da prova em audiência de instrução e julgamento."*[57]

A conclusão pela imprescindibilidade da implementação de um sistema penal de acordo é tão amplamente aceita, que há autores, como ROSA e LOPES JUNIOR, que chegam a afirmar que somente: *"Os juristas desatualizados insistem em excluir os institutos da Justiça Negociada do ambiente processual brasileiro, lutando por manter a ilha moderna do processo penal e o fetiche pela decisão penal de mérito como o único mecanismo de descoberta e de produção de sanções estatais."*[58]

De tal maneira, é possível concluir que a realização de acordos penais no Brasil – apesar de não ser a única e suficiente alternativa para a resolução dos graves problemas de nosso sistema – afigura-se como uma medida imprescindível e urgente para deflagrar um sério processo de aprimoramento e reforma do modo com que é realizada a nossa persecução penal.

Essa conclusão inicial, provoca um necessário estudo para saber como é possível implementar, no Brasil, esse modelo de acordo, uma vez que não há Lei específica nesse sentido, não havendo, ademais, no curto prazo, sinalização de que o legislador efetivamente vá implementá-lo.

Foi precisamente essa necessidade de buscar-se soluções céleres e efetivas, que inspirou a edição do art. 18 da Resolução n. 181/17, do Conselho Nacional do Ministério Público, que criou a possibilidade da celebração de acordo de não persecução penal.

Assim, com o objetivo de examinar se o caminho seguido pela Resolução é viável e constitucional, afigura-se bastante interessante estudar, inicialmente, a experiência estrangeira na temática dos acordos penais, nomeadamente a da França e da Alemanha e, em um segundo

57 SCHÜNEMANN, Bernd. *Cuestiones Básicas de la Estructura y Reforma del Procedimiento Penal bajo una Perspectiva Global*, in Obras. Tomo II, Rubinzal-Culzoni: Buenos Aires, 2009, p. 423. Tradução minha.

58 MORAIS DA ROSA, Alexandre; LOPES JUNIOR, Aury. Saldão penal e a popularização da lógica da colaboração premiada pelo CNMP, in: http://www.conjur.com.br/2017-set-22/limite-penal-saldao-penal-popularizacao-logica-colaboracao-premiada-cnmp, consultado no dia 09.10.2017.

momento, avaliar se o Conselho Nacional do Ministério Público detinha legitimidade para estabelecer referida normativa[59].

DA CONSTITUCIONALIDADE DO ACORDO DE NÃO PERSECUÇÃO IMPLEMENTADO PELA RESOLUÇÃO N. 181/17, DO CONSELHO NACIONAL DO MINISTÉRIO PÚBLICO

Não há dúvidas que a melhor forma para a criação de um sistema de consenso em nossa persecução penal seria a aprovação de Lei nesse sentido pelo Congresso Nacional, já que afastaria qualquer alegação de inconstitucionalidade na regulamentação do referido instituto.

Infelizmente, como já vimos, nossa vida quotidiana nem sempre oferece soluções ideais e, esperar por elas, pode nos custar muito caro ou pode nos oferecer respostas demoradas demais.

A situação atual vem se deteriorando. A sensação de impunidade e a falta de credibilidade do sistema penal vêm acarretando uma série de movimentos em nosso tecido social, que são altamente nocivos e que, uma vez instalados, acarretam extrema dificuldade para a recuperação da normalidade.

Nesse sentido, basta observar os preocupantes movimentos de milícias, de grupos de extermínio e de justiceiros que vêm se espalhando, com uma força cada vez maior, em nossa sociedade. Na própria polícia, tem-se notado um grande sentimento de revolta contra a impunidade. No meio de certas facções policialescas e no seio de muitas comunidades e agrupamentos menos esclarecidos, a revolta contra a impunidade tem se transformado em um aberto ataque aos direitos humanos. Como se não fosse possível punir, respeitando-se os direitos fundamentais. Esse movimento de rebelião contra o sistema normativo posto, ainda que muitas vezes camufle tentativas de legitimar a violência policial, não pode ser ignorado ou menosprezado, já que representa um sério sintoma de uma situação pré-falimentar do sistema penal[60].

Tal contexto exige – não um Direito penal de emergência – mas o desenvolvimento de um movimento sério de solução institucional dos nossos problemas.

---

59 Sobre o acordo, cf.: CUNHA, Rogério; BARROS, Francisco; SOUZA, Renne, CABRAL, Rodrigo (orgs.). Acordo de Não Persecução, Resolução n. 181 do CNMP. Salvador: Juspodivm, 2018., pp. 325pp. Alegando a inconstitucionalidade do acordo, cf.: ANDRADE, Mauro Fonseca; BRANDALISE, Rodrigo da Silva. Resolução n. 181 do CNMP – artigo 18º, *in* Investigação Criminal pelo Ministério Público: Comentários à Resolução n. 181 do Conselho Nacional do Ministério Público. FISCHER, Douglas; ANDRADE, Mauro Fonseca. Porto Alegre: Livraria do Advogado, 2017, pp. 212 e seguintes. Da leitura dos argumentos a seguir expedidos, é possível constatar, desde a nossa perspectiva, que não subsistem as objeções feitas no aludido artigo.

60 Sobre esse movimento de resistência e rebelião contra o sistema normativo e que é decorrente da ausência de reconhecimento, derivada da impunidade e falta de credibilidade do sistema de justiça criminal, pode ser compreendido com a seguinte explicação de HONNETH: *"(...) os motivos de resistência social e da rebelião se forma no quadro de experiências morais que procedem da infração de expectativas de reconhecimento profundamente arraigadas. Tais expectativas estão ligadas na psique às condições da formação da identidade pessoal, de modo que elas retêm os padrões sociais de reconhecimento sob os quais um sujeito pode se saber respeitado em seu entorno sociocultural como um ser ao mesmo tempo autônomo e individualizado; se essas expectativas normativas são desapontadas pela sociedade, isso desencadeia exatamente o tipo de experiência moral que se expressa no sentimento de desrespeito. Sentimentos de lesão dessa espécie só podem tornar-se a base motivacional de resistência coletiva quando o sujeito é capaz de articulá-los num quadro de interpretação intersubjetivo que os comprova como típicos de um grupo inteiro."* HONNETH, Axel. Luta por Reconhecimento: a gramática moral dos conflitos sociais. Trad. Luiz Repa. São Paulo: ed. 34, 2003, p. 258.

Por essas razões – apesar da constatação de que a solução legislativa seria a ideal – é que se afigura plenamente justificada e adequada a iniciativa do Conselho Nacional do Ministério Público de prever expressamente a possibilidade da celebração do acordo de não persecução penal.

Como se verá, essa solução, sem autorização legal, foi adotada, também, em outros países de tradição claramente democrática. É dizer, não é a primeira vez que a implementação do consenso na persecução penal derivou de iniciativas institucionais, mesmo sem respaldo legal, como se verá a seguir.

Antes, no entanto, é importante lembrar que a Assembleia Geral das Nações Unidas, já em 14 de dezembro de 1990, por meio da Resolução n. 45/110, conhecida como Regras de Tóquio, assentou a necessidade da implementação de medidas alternativas, a serem tomadas antes do início processo.

Nesse sentido, o item 5.1. da referida Resolução, recomenda que: *"Sempre que adequado e compatível com o sistema jurídico, a polícia, o Ministério Público ou outros serviços encarregados da justiça criminal podem retirar os procedimentos contra o infrator se considerarem que não é necessário recorrer a um processo judicial com vistas à proteção da sociedade, à prevenção do crime ou à promoção do respeito pela Lei ou pelos direitos das vítimas. Para a decisão sobre a adequação da retirada ou determinação dos procedimentos deve-se desenvolver um conjunto de critérios estabelecidos dentro de cada sistema legal. Para infrações menores, o promotor pode impor medidas não privativas de liberdade, se apropriado."*

No sistema brasileiro, em que o Ministério Público é o titular da ação penal, a única solução viável para o acolhimento da referida Resolução, é a adoção de critérios oportunidade pelo MP, com a possibilidade de abrir-se mão da ação penal, mediante cumprimento de obrigação de natureza não privativa de liberdade, exatamente nos termos propostos pelo CNMP.

Assim, ainda que a Resolução da ONU não consubstancie norma vinculante, é certo que essa recomendação tem força de *soft law*, no sentido de impor um constrangimento ao Brasil, para a implementação de tais medidas, o que somente reforça a necessidade e possibilidade da criação de um amplo sistema de acordo, relativamente aos delitos de pequena e média gravidade.

DA EXPERIÊNCIA ESTRANGEIRA DA IMPLEMENTAÇÃO DO ACORDO, MESMO SEM AUTORIZAÇÃO LEGAL

Afora a recomendação da ONU, verifica-se, quanto aos problemas de excesso de carga de trabalho, que dificultam a plena efetivação de uma Justiça Criminal, em outros países, também, foi identificada como solução a adoção de um sistema de acordos penais.

Tal solução, porém, nem sempre veio acompanhada de uma prévia autorização legislativa, como se verá a seguir, ao se discorrer sobre a experiência francesa e alemã.

a) A experiência francesa:

Na França, as primeiras experiências de soluções alternativas para os casos penais surgem não da lei, mas sim da iniciativa pessoal de juízes e promotores de justiça, que se conscientizam da incapacidade da Justiça Penal de lidar com a grande carga de trabalho decorrente da persecução penal da delinquência de menor importância[61].

---

61 ETXEBERRIA GURIDI, José Francisco. *El modelo francés de mediación penal*, in: La mediación penal para adultos. Una realidad en los ordenamientos jurídicos. Valencia: Tirant lo Blanch, 2009, p. 181.

De tal maneira, o surgimento do acordo penal na França:

> *"(...) é resultado de um processo ideológico protagonizado, por um lado, pela contestação em relação às instituições repressivas, consideradas estigmatizantes, ineficazes e lentas, que passam a ser dinamizadas pela busca de soluções de "diversificação", e, por outro lado, do enaltecimento da figura da vítima, não apenas no âmbito penal, como também no âmbito social em geral. (...) Nesse contexto, surgem as primeiras experiências de mediação penal, que não tinham fundamento normativo, com exceção do princípio da oportunidade, previsto no CPP. Não é de estranhar, pois, que essas primeiras manifestações de regulação de conflitos, de forma extrajudicial, tenham surgido de modo desordenado e sem grande uniformidade."*[62]

Assim, como se vê, a realização dos acordos na França iniciou-se sem prévia autorização legislativa, o que levou a uma profusão desordenada desses negócios jurídicos.

Em virtude dessa prática, inicialmente, heterogênea é que surgiu, pela primeira vez, um processo de institucionalização dos acordos penais na França, por meio da Nota de Orientação do Ministério da Justiça, de 03 de junho de 1992. Referida regulamentação, em um segundo momento, fundamentou a aprovação da Lei n. 92-2, de 04 de janeiro de 1993, que promove uma reforma no procedimento penal francês, incorporando a mediação penal em seu sistema legal[63].

Essa intervenção do legislador serviu precipuamente para suprir as dificuldades derivadas de uma prática forense não regulada, buscando, fundamentalmente, assegurar, também, o respeito à igualdade no trato dos delinquentes[64].

O acordo francês guarda muita semelhança com o modelo adotado pelo art. 18 da Resolução n. 181/17 do Conselho Nacional do Ministério Público, uma vez que na França:

> *"o Promotor pode oferecer ao defensor a opção diversionista para o seu caso, evitando o julgamento criminal padrão, em troca da admissão da culpa e do preenchimento de condições, como o pagamento de multa, a entrega dos objetos utilizados no delito (ou objetos obtidos em virtude dele), a perda da carteira de motorista ou da autorização de caça durante determinado período de tempo, a prestação de serviços à comunidade e/ou a reparação do dano causado à vítima."*[65]

Ademais, à semelhança do previsto na Resolução n. 181/17, no sistema francês, *"caso o investigado não aceite a oferta, ou não preencha os requisitos para o acordo, o Promotor simplesmente iniciará o procedimento formal"*, ou seja, oferecerá denúncia[66].

A grande vantagem que o sistema brasileiro ostenta em relação às práticas iniciais francesas, é que a Resolução do CNMP já traz detalhadamente as hipóteses em que é possível celebrar o acordo, evitando-se, assim, a profusão desordenada de acordos, com violações ao princípio da igualdade.

b) A experiência alemã:

62 *Ibidem.*, pp. 181-182.

63 *Ibidem.*, p. 183.

64 *Ibidem.*, p. 183.

65 LANGER, Máximo. *From legal transplants to legal translations: The globalization of plea bargain and the Americanization thesis in criminal procedures*, in World Plea Bargain: consensual procedures and the avoidance of the full criminal trial. Durham: Carolina Academic Press, 2010, p. 75.

66 *Idem.*

Na Alemanha ocorreu situação semelhante à francesa. O acordo penal iniciou-se em virtude das práticas dos Promotores de Justiça e Juízes, apesar da ausência de Lei prevendo tal possibilidade[67].

Sobre o fundamento da criação do acordo penal na Alemanha, TURNER consigna que:

> *"O acordo penal foi introduzido na Alemanha pela prática dos atores processuais, como resposta ao aumento do número de casos complexos no sistema de justiça criminal. Juízes e promotores queriam economizar tempo e recursos, a medida que a carga de trabalho crescia. Defensores buscavam uma segurança maior e penas menores para os réus, em troca de sua cooperação. Considerando que a legislação não autorizava esses acordos, essa prática se desenvolveu de forma lenta e, inicialmente, se limitava aos casos de delitos sem violência."*[68]

Ademais, como explica SCHÜNEMANN, *"esses acordos informais funcionam de forma similar ao plea bargaining dos Estados Unidos; sem embargo, com uma diferença: na Alemanha não contém acordos formais, mas sim apenas um acordo baseado na confiança e, por outro lado, neles o acusado não se declara culpado (guilty plea), mas apenas formaliza uma confissão que é valorada pelo Tribunal como meio de prova geral para a sua culpabilidade."*[69]

A legalidade desses acordos foi questionada perante o *Bundesgerichtshof* (BGH), tribunal semelhante ao nosso Superior Tribunal de Justiça, que reconheceu, no dia 28 de agosto de 1997, que *"os acordos (Absprachen), que tenham por objeto a confissão do acusado em troca de uma diminuição da pena, são fundamentalmente possíveis. Eles não violam os princípios constitucionais e processuais."*[70]

De tal maneira, conforme ensina ROXIN, para o referido Tribunal, *"é possível um arquivamento com imposição de condições, caso exista consentimento entre o acusado e a Promotoria"*[71].

Posteriormente, o legislador alemão acabou prevendo expressamente a possibilidade do acordo[72]. Sobre essa possibilidade, o *Bundesverfassungsgericht*, o Tribunal Constitucional alemão, no dia 19 de março de 2013, consignou que: *"O legislador pretendeu fortalecer um procedimento comunicativo e aberto de negociação perante a Corte, mas não chegou a introduzir um novo modelo de processo consensual."*[73]

---

67 TURNER, Jenia. Plea bargain across the borders. New York: Aspen Publisher, 2009, p. 74.

68 Idem, p. 74. Assim, também, consignam VASCONCELLOS e MOELLER: *"Na Alemanha os acordos consensuais surgiram na prática forense, sem qualquer autorização legal, desenvolvendo-se de modo informal até a consagração de sua importância na postura dos atores processuais, o que incitou o judiciário e, posteriormente, o legislativo a atuarem para sua regulação."* VASCONCELLOS, Vinicius Gomes de; MOELLER, Uriel. *Acordos no processo penal alemão: descrição do avanço da barganha da informalidade à regulamentação normativa, in* Boletín Mexicano de Derecho Comparado, núm. 147, p. 15. Nesse sentido, sustenta TURNER que: *"A adoção pela Alemanha do 'plea bargain' ilustra como as práticas dos atores da Lei podem se espalhar para novos territórios, sem uma intenção deliberada de importar conceitos estrangeiros. O acordo penal na Alemanha se desenvolveu informalmente e não em virtude da introdução de uma norma legal."* TURNER, Jenia. Plea bargain across the borders. New York: Aspen Publisher, 2009, p. 73.

69 SCHÜNEMANN, Bernd. *Cuestiones básicas de la estructura y reforma del procedimiento penal bajo una perspectiva global, in* Revista de Derecho Penal y Criminología, vol. 25, núm. 76, 2004, pp. 179-180. Tradução minha.

70 BGH 4 StR 240/97 - Urteil vom 28. August 1997 (LG Dortmund). Corpo do voto. Tradução minha.

71 ROXIN, Claus. Derecho Procesal Penal. Buenos Aires: Editores del Puerto, 2003, p. 100.

72 É interessante consignar que a reforma legal operada na Alemanha, não chegou a inovar nas práticas legais, mas tão somente apresentar uma regulamentação mais detalhada.

73 BVerfG, Urteil des Zweiten Senats vom 19. März 2013 - 2 BvR 2628/10 - Rn. (1-132). Corpo do voto. Tradução minha.

E continua a Corte Constitucional alemã, no referido voto: *"com o objetivo de realizar essa tarefa, o legislador, não apenas pretendeu normatizar o conteúdo permitido para o acordo e seu procedimento, como também enfatizar, através de um conceito legal, que a sua celebração somente pode ocorrer por meio de um acordo transparente, público e com plena documentação, de modo a permitir um pleno e efetivo controle judicial, entendido por ele como necessário."*[74]

Como se pode verificar, a Suprema Corte alemã reconheceu a possibilidade da realização de acordos penais (mesmo sem previsão em Lei – já que, como dito, o legislador não chegou a criar um processo consensual). O único reparo imposto pela Corte foi a necessidade da realização de um acordo público, transparente e formalizado, já que, anteriormente, os acordos realizados eram informais e baseados apenas na confiança.

Aqui, a exemplo do que ocorreu no modelo francês, o sistema apresentado pela Resolução n. 181/2017, do CNMP, apresenta uma grande vantagem com relação ao sistema alemão.

Isso porque – além de não ter surgido da simples prática, mas sim de um ato normativo autônomo do Conselho Nacional – a resolução impõe uma negociação transparente, com necessidade de filmagem em áudio e vídeo de todo procedimento negocial, devendo o acordo ser devidamente celebrado por escrito e assinado pelo Membro do Ministério Público, pelo investigado e por seu defensor.

DA CONSTITUCIONALIDADE FORMAL DA REGULAMENTAÇÃO DO ACORDO DE NÃO PERSECUÇÃO PELO CONSELHO NACIONAL DO MINISTÉRIO PÚBLICO

Uma vez enfatizada a experiência estrangeira, em que a celebração de acordos decorreu de uma prática dos atores jurídicos, mesmo sem prévia autorização legal, é importante assentar as seguintes premissas que fundamentam, a nosso sentir, a constitucionalidade da regulamentação do acordo de não persecução penal, por meio de resolução do Conselho Nacional do Ministério Público:

1ª) As resoluções do Conselho Nacional do Ministério Público ostentam caráter normativo primário, com atos de comando abstrato, que vinculam seus membros.

2ª) O acordo de não persecução penal não é matéria de natureza processual.

3ª) O acordo de não persecução penal não é matéria de natureza penal.

4ª) O acordo de não persecução penal veicula matéria de política criminal a ser realizada pelo titular da ação penal, o Ministério Público.

A seguir trataremos com maior detalhe as razões que fundamentam cada uma das premissas a acima assentadas, não sem antes, apresentar a conclusão lógica que delas decorre, que é a seguinte:

A regulamentação do acordo de não persecução penal, por meio de resolução do CNMP, é claramente constitucional, seja desde uma perspectiva formal, seja material.

DA FORÇA NORMATIVA DAS RESOLUÇÕES DO CNMP

O art. 130-A, § 2º, inciso I, da Constituição da República estabelece que compete ao Conselho Nacional do Ministério Público *"zelar pela autonomia funcional e administrativa do*

74 BVerfG, Urteil des Zweiten Senats vom 19. März 2013 - 2 BvR 2628/10 - Rn. (1-132). Corpo do voto. Tradução minha.

Ministério Público, podendo expedir atos regulamentares, no âmbito de sua competência, ou recomendar providências".

Sobre esse poder regulamentar, o Supremo Tribunal Federal já assentou que as resoluções do CNJ (e portanto, também, as do CNMP) ostentam *"caráter normativo primário"*[75].

Assim, o CNJ e o CNMP, *"[n]o exercício de suas atribuições administrativas" ostentam o poder de "'expedir atos regulamentares'. Esses, por sua vez, são atos de comando abstrato que dirigem aos seus destinatários comandos e obrigações, desde que inseridos na esfera de competência do órgão."*[76].

A esse respeito, JUSTEN FILHO explica que o Supremo Tribunal Federal admitiu a validade da expedição de regulamentos autônomos por parte do Conselho Nacional de Justiça e do Ministério Público, afirmando que:

> *"Esse entendimento foi adotado pelo STF, ao julgar a ADC 12. O STF considerou válida a Res. 7 do CNJ, que impusera vedação ao nepotismo no Poder Judiciário. Essa decisão afastou a necessidade de Lei para regulamentar a disciplina constitucional. O STF reputou que a omissão do legislador não constitui obstáculo à edição de normas regulamentares destinadas a tornar efetivas determinações constitucionais.*
>
> *Sob esse prisma, a questão deixa de ser decidida segundo um critério formal (natureza do ato – legislativo ou administrativo – veiculador de normas) para ser avaliada em face de um critério material (conteúdo das normas constitucionais concretizadas). Assim, a figura do regulamento autônomo adquire extrema relevância nas hipóteses de omissão legislativa referida a temas essenciais à Constituição."*[77]

Assim, é correto afirmar que, de acordo com estável jurisprudência do Plenário do Supremo Tribunal Federal, o Conselho Nacional do Ministério Público pode expedir regulamentos autônomos, desde que destinado a regulamentar diretamente a aplicação de princípios constitucionais.

Na espécie, é possível afirmar que a Resolução 181/17 busca tão somente aplicar os princípios constitucionais da eficiência (CF, artigo 37, caput); da proporcionalidade (CF, artigo 5º, LIV); da celeridade (CF, artigo 5º, LXXVIII) e do acusatório (CF, artigo 129, I, VI e VI).

Nesse sentido, BARJA DE QUIROGA afirma que o *"princípio da oportunidade encontra-se fundado em razões de igualdade, pois corrige as desigualdades do processo de seleção; em razões de eficácia, dado que permite excluir causas carentes de importância, que impedem que o sistema penal se ocupe de assuntos mais graves; em razões derivadas da atual concepção de pena, já que o princípio da legalidade entendido em sentido estrito (excludente da oportunidade), somente conjuga uma teoria retributivista de pena"*[78].

Sobre este último aspecto, ROXIN e SCHÜNEMANN consignam que: *"com a substituição das teorias absolutas [retributivas] da pena, pelas teorias da prevenção geral e especial, que*

75 SUPREMO TRIBUNAL FEDERAL – ADC 12 MC, Relator(a): Min. CARLOS BRITTO, Tribunal Pleno, julgado em 16/02/2006, DJ 01-09-2006 PP-00015 EMENT VOL-02245-01 PP-00001 RTJ VOL-00199-02 PP-00427.

76 SUPREMO TRIBUNAL FEDERAL – MS 27621, Relator(a): Min. CÁRMEN LÚCIA, Relator(a) p/ Acórdão: Min. RICARDO LEWANDOWSKI, Tribunal Pleno, julgado em 07/12/2011, ACÓRDÃO ELETRÔNICO DJe-092 DIVULG 10-05-2012 PUBLIC 11-05-2012.

77 JUSTEN FILHO, Marçal. Curso de Direito Administrativo. 11ª ed. São Paulo: RT, 2015, p. 218.

78 BARJA DE QUIROGA, Jacobo López. *Tratado de Derecho Procesal Penal*, vol I, 6ª ed. Cizur Menor: Aranzadi, 2014, p. 470.

vinculam a aplicação da pena às necessidades sociais e à sua utilidade, o princípio da legalidade acabou perdendo parte de sua fundamentação teórica originária." [79]

E continuam os autores: *"As exceções ao princípio da legalidade decorrem do princípio constitucional da proporcionalidade. É dizer, seguem a ideia de que é possível renunciar à punição, quando não se encontre presente, no caso concreto, uma fundamentação preventiva (com mais detalhes, vide: Rieß, 1981, p. 5)."* [80]

Além disso, BINDER chega a sustentar que o princípio da oportunidade decorre, também, dos princípios da *ultima ratio*, da mínima intervenção, da não naturalização, da economia da violência, da utilidade e do princípio de respaldo[81].

Como se pode ver, o Conselho Nacional do Ministério Público, ao regulamentar o acordo de não persecução penal, nada mais fez do que emprestar máxima efetividade aos referidos princípios constitucionais, de modo a tornar a persecução penal brasileira mais justa e adequada.

O ACORDO DE NÃO PERSECUÇÃO PENAL NÃO TEM NATUREZA PROCESSUAL

Uma das objeções que têm sido feitas à possibilidade de regulamentação, pelo Conselho Nacional do Ministério Público, do acordo de não persecução é que tal disciplina consubstanciaria manifestação de norma de caráter processual, invadindo, assim, a competência legislativa exclusiva da União, nos termos do art. 22, inciso II, da Constituição da República.

No entanto, nos parece equivocada tal posição, uma vez que o conceito de norma processual é de natureza técnica e tem contornos bastante claros na jurisprudência do Supremo Tribunal Federal.

Ora, para que se considere uma norma como de natureza processual deve ela, necessariamente, envolver hipóteses em que existe o exercício de uma pretensão punitiva, manifestada por uma parte legítima (normalmente, o Ministério Público), perante autoridade judicial (Juiz), em que deve ser realizado plenamente o princípio do contraditório e da ampla defesa (acusado). As normas processuais, envolvem, pois a concorrência desses três atores: Ministério Público, Juiz e réu[82].

Assim, considerando-se que o acordo de não persecução é extrajudicial (não envolve o exercício da jurisdição penal), vez que realizado no âmbito de um procedimento administrativo

---

79 ROXIN, Claus; SCHÜNEMANN, Bernd. Strafverfahrensrecht. 27ª ed. München: Beck, 2012, p. 77.

80 ROXIN, Claus; SCHÜNEMANN, Bernd. Strafverfahrensrecht. 27ª ed. München: Beck, 2012, p. 77. Em sentido semelhante, confira-se: VOLK. Klaus. Grundkurs StPO, 7. ed. München: Beck, 2010, pp. 114 e ss.

81 BINDER, Alberto. Fundamentos para a Reforma da Justiça Penal. Florianópolis: Empório do Direito, 2017, pp. 159-181.

82 Assim, é, também, a clássica lição de CINTRA, GRINOVER e DINAMARCO: *"A norma jurídica qualifica-se por seu objeto e não por sua localização neste ou naquele corpo de leis. O objeto das normas processuais é a disciplina do modo processual de resolver os conflitos e controvérsias mediante a atribuição ao juiz de poderes necessários para resolvê-los e, às partes, de faculdades e poderes destinados à eficiente defesa de seus direitos, além da correlativa sujeição à autoridade exercida pelo juiz."* CINTRA, Antonio Carlos de Araújo; GRINOVER, Ada Pelegrini; DINAMARCO, Cândido Rangel. Teoria Geral do Processo. 25ª ed. São Paulo: Malheiros, 2015, p. 95. Desde uma perspectiva processual penal, RANGEL assenta que: *"O processo é a soma de atos que realizam com a finalidade de justa e imparcial solução do caso penal pelos órgãos jurisdicionais penais, efetivando as garantias constitucionais do indivíduo"*. RANGEL, Paulo. Direito Processual Penal. 25ª ed. São Paulo: Atlas, 2017, p. 536.

investigatório, sem o prévio exercício de uma pretensão punitiva, é dizer, sem o prévio oferecimento de denúncia ou queixa, não há o menor sentido em atribuir-se à regulamentação desse acordo a natureza de norma processual.

O acordo é um negócio jurídico extrajudicial, que não envolve o prévio oferecimento de denúncia, nem exige uma prestação jurisdicional do Estado-Juiz.

Nesses casos, não há que se falar em norma processual. Isso porque, conforme já assentou o Pleno do Supremo Tribunal Federal: *"São normas de direito processual as relativas às garantias do contraditório, do devido processo legal, dos poderes, direitos e ônus que constituem a relação processual, como também as normas que regulem os atos destinados a realizar a causa finalis da jurisdição."*[83] Na espécie, nenhum desses elementos se faz presente no acordo de não persecução.

Ademais, a nossa Suprema Corte já expressamente proclamou que as normas que regem o procedimento investigatório criminal, não se submetem à cláusula do art. 22, inciso I, da CR, *verbis*:

> *"A legislação que disciplina o inquérito policial não se inclui no âmbito estrito do processo penal, cuja competência é privativa da União (art. 22, I, CF), pois o inquérito é procedimento subsumido nos limites da competência legislativa concorrente, a teor do art. 24, XI, da Constituição Federal de 1988, tal como já decidido reiteradamente pelo Supremo Tribunal Federal.*[84]

Dito isso, é possível afirmar que a regulamentação do acordo, pelo art. 18 da Resolução n. 181/17-CNMP, não envolve matéria de direito processual, vez que se trata de avença realizada em procedimento administrativo, em que não há o exercício da pretensão punitiva por meio de denúncia, não há propriamente partes, não há exercício da função jurisdicional penal, nem se faz necessária a observância do princípio do contraditório e ampla defesa. Em suma: não há processo penal.

O ACORDO DE NÃO PERSECUÇÃO PENAL NÃO TEM NATUREZA PENAL

Uma outra objeção que se faz, sob o argumento da inconstitucionalidade formal da previsão do acordo de não persecução penal, pela Resolução do CNMP, é a que afirma que esse tema envolve matéria penal, estando, pois, também, limitada à competência legislativa da União (CR, art. 22, I).

Aparentemente, essa crítica decorre de uma compreensão equivocada do acordo, confundindo-o com o *plea bargain* do direito anglo-saxão.

Ora, há uma clara diferença entre o *plea bargain* e o acordo de não persecução.

---

83 SUPREMO TRIBUNAL FEDERAL – ADI 2970, Relator(a): Min. ELLEN GRACIE, Tribunal Pleno, julgado em 20/04/2006, DJ 12-05-2006 PP-00004 EMENT VOL-02231-01 PP-00163 RTJ VOL-00200-01 PP-00056 RDDP n. 40, 2006, p. 155-160 LEXSTF v. 28, n. 330, 2006, p. 50-60 RT v. 95, n. 851, 2006, p. 452-458.

84 SUPREMO TRIBUNAL FEDERAL – ADI 2886, Relator(a): Min. EROS GRAU, Relator(a) p/ Acórdão: Min. JOAQUIM BARBOSA, Tribunal Pleno, julgado em 03/04/2014, DJe-150 DIVULG 04-08-2014 PUBLIC 05-08-2014 EMENT VOL-02738-01 PP-00001. Veja-se que à época da edição do nosso Código de Processo Penal, era de competência da União legislar, também, sobre procedimento, razão pela qual deveria efetivamente tal tema constar do CPP. Nesse sentido, é a explicação do Min. Sepúlveda Pertence: *"(...) A questão não se reduziria à de ilegalidade, porque o Código de Processo Penal ainda é norma originária do regime constitucional do Estado Novo, da Carta de 37, onde, da competência privativa da União para legislar sobre processo sequer se subtraia a matéria relativa a procedimentos, que só com a Constituição de 88 passou a inserir-se no campo de competência concorrente com os Estados-membros."* (Corpo do voto do Min. Pertence – ADI 1968, Relator(a): Min. MOREIRA ALVES, Tribunal Pleno, julgado em 01/02/2000, DJ 04-05-2001 PP-00002 EMENT VOL-02029-01 PP-00175).

No acordo não há aplicação de pena. No *plea bargain* há efetivamente a aplicação de uma sanção penal. No acordo, uma vez ocorrendo o seu descumprimento, faz-se necessário o oferecimento de denúncia, com plena instrução processual para a aplicação de penal. No *plea bargain* não é necessária instrução; simplesmente, executa-se a pena.

Assim, a pena acordada no *plea bargain* norte-americano tem caráter imperativo, sendo, pois, desnecessária a submissão do acusado a julgamento, já que, como decidido pela Suprema Corte Americana, *"depois de aceitar um plea de nolo contendere, com relação a uma acusação que imputa um delito punível com multa ou prisão, ou ambos, um tribunal federal pode impor uma pena de prisão"*[85].

Desse modo, é fácil concluir que o acordo previsto pela Resolução não impõe penas, apenas estabelece direitos e obrigações de natureza negocial.

De tal maneira, o investigado somente cumpre as referidas obrigações se quiser, não existindo a possibilidade do cumprimento forçado.

Por isso é possível afirmar que o investigado, ao cumprir tal obrigação (v.g. pagamento de multa ou prestação de serviço a comunidade), não está cumprindo pena, justamente por faltar uma das características fundamentais do conceito de pena, que é a sua imperatividade. É dizer, na pena o Estado pode impor coercitivamente o seu cumprimento, independentemente da vontade do condenado.

A característica da imperatividade, pode ser identificada no seguinte desenvolvimento realizado por HART e exposto por VIVES ANTÓN e COBO DEL ROSAL:

> *"1) A pena deve implicar sofrimento ou outras consequências consideradas normalmente como não prazerosas. 2) Deve ser imposta, em decorrência de uma violação à Lei. 3) Deve ser infligida a um suposto ou atual violador da lei, em decorrência de tal violação. 4) Deve ser administrada conscientemente por pessoas distintas do réu. 5) Deve ser imposta e administrada por uma autoridade constituída, segundo o sistema legal contra o qual praticou-se a transgressão."* [86]

Como já consignado, no caso do acordo de não persecução, o investigado cumpre o acordo se quiser. Se não quiser, não poderá o Ministério Público obrigá-lo a cumprir, mas tão somente oferecer a ação penal, ainda que contando com a vantagem de já existir a sua confissão formal e provas de corroboração. Jamais, porém, repito, poderá ser imposto coercitivamente ao investigado o cumprimento de sua parte do acordo.

Por isso, é fácil concluir que o acordo não envolve a aplicação de pena, não envolve matéria de Direito penal, não havendo, pois, que se falar em violação à norma contida no art. 22, inciso I, da Constituição.

---

85 SUPREMA CORTE DOS ESTADOS UNIDOS Hudson v. United States [272 U.S. 451 (1926)]. Nesse sentido, também, afirma LANGER, ao diferenciar o guilty plea americano do acordo alemão: *"O acordo alemão ou Absprache não trata de* guilty pleas, *mas sim de confissões. Assim, ao tornar mais fácil de provar os fatos denunciados, o acordo geralmente encurta o julgamento, mas jamais o substitui."* LANGER, Máximo. *From legal transplants to legal translations: The globalization of plea bargain and the Americanization thesis in criminal procedures*, in World Plea Bargain: consensual procedures and the avoidance of the full criminal trial. Durham: Carolina Academic Press, 2010, p. 52.

86 VIVES ANTÓN, Tomás Salvador; COBO DEL ROSAL, Manuel. Derecho Penal, Parte General. 5ª ed. Valência: Tirant lo Blanch, 1999, p. 795. Na conceituação apresentada por GRECO, também, está patente essa característica da imperatividade, ao dizer que: *"as penas são maus especialmente graves, de natureza física ou comunicativa, impostos pelo Estado, que se infligem como reação objetiva em virtude de um suposto delito."* GRECO, Luis. Lo vivo y lo muerto en la teoría de la pena de Feuerbach: Una contribución al debate actual sobre los fundamentos del Derecho penal. Madrid: Marcial Pons, 2015, p. 228

O ACORDO DE NÃO PERSECUÇÃO PENAL COMO MATÉRIA DE POLÍTICA CRIMINAL DO TITULAR DA AÇÃO PENAL

Em maio de 1970, em uma conferência dada em Berlim e posteriormente publicada em sua antológica obra Política Criminal e Sistema Jurídico Penal (*Kriminalpolitik und Strafrechtssystem*), Claus ROXIN abriu uma nova etapa no pensamento da ciência jurídico-penal alemã, ao sustentar a necessidade da existência de uma vinculação indissociável entre Direito Penal e Política Criminal[87].

Para ROXIN, o Direito Penal é uma das formas de concretização das finalidades jurídico-penais, sendo impossível fazer-se uma desvinculação entre a construção dogmática e uma política criminal adequada[88].

De tal maneira, para sermos coerentes com essa viragem funcionalista do Direito Penal, cuja tese fundamental ainda é válida[89], é imprescindível que efetivamente mergulhemos a atuação criminal nos ideais políticos criminais de nosso sistema, seja na fase legislativa, seja na fase de aplicação da Lei penal.

No que diz respeito a esse segundo momento, aparece aí o Ministério Público como o grande protagonista da persecução penal. Isso porque, os membros do Ministério Público, na qualidade de agentes políticos[90], têm a prerrogativa e o dever funcional de escolher prioridades político-criminais na concretização da persecução penal[91].

---

87 Sobre essa evolução e a relação conflituosa entre Direito Penal e Política Criminal, veja-se: MUNÕZ CONDE, F. Edmund Mezger e o Direito Penal de seu tempo – Estudos sobre o Direito Penal no Nacional-Socialismo. Trad. Paulo César Busato. 4. ed. Rio de Janeiro: Lumen Juris, 2005, em especial às pp. 01-100.

88 ROXIN, Claus. Política Criminal y sistema del Derecho Penal. Trad. y introd. de Francisco Munõz Conde. 2ª. ed. 1ª Reimp. Buenos Aires, Hammurabi, 2002, pp. 101-102.

89 A ideia funcionalista tem acolhida majoritária pela doutrina penal atual, apesar da existência de novas perspectivas para a teoria do delito, como a Teoria da Ação Significativa (que pessoalmente adoto como a mais adequada), que – apesar de assentar-se nas ideias da Filosofia da Linguagem – também defendem a necessidade da existência de uma pretensão de legitimidade do Direito Penal, mantendo-se a ideia de que o Direito Penal deve ter uma relação interna com a Política Criminal.

90 Como assenta a clássica lição de MEIRELLES, *"os agentes políticos exercem funções governamentais, judiciais e quase-judiciais, elaborando normas legais, conduzindo os negócios públicos, decidindo e atuando com independência nos assuntos de sua competência. São as autoridades públicas supremas do Governo e da Administração na área de sua atuação, pois não estão hierarquizadas, sujeitando-se apenas aos graus e limites constitucionais e legais de jurisdição. Em doutrina, os agentes públicos têm plena liberdade funcional, equiparável à independência dos juízes nos julgamentos (...)"*. MEIRELLES, Hely Lopes. Direito administrativo brasileiro. 24ª. ed. São Paulo: Malheiros, 1999. p. 70. Ademais, como afirma JUSTEN FILHO, *"(...) os agentes políticos são aqueles investidos das competências políticas fundamentais, aos quais cabem as decisões mais importantes quando aos fins e aos meios de atuação estatal..."* JUSTEN FILHO, Marçal. Curso de Direito Administrativo. 11ª ed. São Paulo: RT, 2015, p. 891. No caso do Ministério Público, cabe a seus Membros realizar e capitanear a política criminal de persecução penal no país.

91 Conforme afirma BUSATO: *"(...) as eleições de diretrizes político-criminais referentes à atuação do Ministério Público têm, necessariamente, grande influência nos rumos que seguirá o Direito penal brasileiro, tanto no estudo da dogmática, da Política Criminal, como no desenvolvimento de uma necessária linguagem própria que corresponda aos objetivos visados pelo Estado com a aplicação das consequências jurídicas do delito. Não tenho qualquer dúvida de que cada Promotor de Justiça, em sua atuação político-criminal cotidiana, ao decidir, a respeito dos rumos interpretativos de cada impulso da Justiça Criminal, traz a lume os pontos que vão ser objeto de discussão técnico-jurídico. (...) Assim, é muito importante que o Ministério Público esteja consciente do papel determinante que exerce na evolução do desenvolvimento dogmático do Direito penal brasileiro, dado que suas opções político-criminais representam um papel de verdadeiro 'filtro' das questões que doravante tendem a ser postas em discussão."* BUSATO, Paulo César. Reflexões sobre o Sistema Penal do nosso

Nessa ideia, inclui-se, inegavelmente, a atribuição de definir diretrizes e estabelecer prioridades, cobrando a adequada distribuição dos meios, necessariamente escassos, com que se conta para conseguir a investigação e persecução mais adequada dos delitos[92].

A realização de opções político-criminais[93] passa necessariamente pela realização de uma seleção de casos penais que ostentem maior relevância dentro da política de persecução penal adotada pelo Ministério Público[94].

É precisamente com base no poder/dever do Ministério Público de realizar uma adequada política criminal, extraído fundamentalmente da sua titularidade da ação penal, ostentando o monopólio da ação penal pública (*"Anklagemonopol"*[95]), é que se pode extrair essa possibilidade de celebração de acordos de não persecução penal.

Assim, e esse é um aspecto muito importante, é fundado precisamente no seu poder de realizar política criminal de persecução penal, que pode o Ministério Público buscar alternativas para dar respostas mais céleres e adequadas aos casos penais de baixa e média gravidade, por meio do acordo de não persecução.

Ademais, é de se ter claro que a natureza jurídica do acordo de não persecução, como já vimos, não é de norma de natureza processual ou de norma penal. Trata-se de um negócio jurídico de natureza extrajudicial, que consubstancia a política criminal do titular da ação penal pública, do Ministério Público.

No referido negócio jurídico, há um consenso, um acordo de vontades, em que o investigado voluntariamente concorda em prestar serviços à comunidade ou em pagar prestação pecuniária (ou outro requisito previsto na Resolução), em troca do compromisso do Ministério Público de promover o arquivamento do feito, caso a avença seja integralmente cumprida[96].

---

tempo. Rio de Janeiro: Lumen Juris, 2011, pp. 69-70. Uma das propostas do professor português PEREIRA, no que diz respeito ao domínio do inquérito pelo Ministério Público é: *"explicitar a responsabilidade do Ministério Público em matéria de execução da política pública e 'revelar' o princípio da oportunidade, definindo critérios sobre as prioridades a seguir na investigação criminal."* PEREIRA, Rui. O Domínio do Inquérito pelo Ministério Público *in* Jornadas de Direito Processual Penal e Direitos Fundamentais. Lisboa: Almedina, 2004, p. 131.

92 VIVES ANTÓN, Tomás Salvador. La Libertad como pretexto. Valencia: Tirant lo Blanch, 1995, p. 274.

93 Sobre essa função político-criminal, vale trazer a experiência de atuação do Ministério Público alemão: *"No processo de criminalização, o Ministério Público (MP) forma, depois das instâncias de controle informal e formal fora do sistema de Direito Penal, assim como da Polícia, a terceira instância no quadro do processo seletivo de criminalização. É a instância de entrada da Justiça penal, na qual são realizadas importantes mudanças de rumo para o ulterior curso do processo. (...) Por causa da práxis corrente, de que 'o Ministério Público, mediante diretrizes e disposições, estabelece critérios generalizados de aplicação para as determinações penais do Código Penal', conclui-se que atua 'também como legislador antes do legislador' (Backes, 1986, 320)."* ALBRECHT, Peter-Alexis. Criminologia: Uma Fundamentação para o Direito Penal. Curitiba: ICPC; Rio de Janeiro: Lumen Juris, 2010, p. 299.

94 Sobre a discricionariedade na investigação criminal, vale trazer o estudo de Costa: *"Como em todos os sistemas de peritos, a discricionariedade tem um sinal positivo. Refere-se à liberdade de atuação profissional. Nesse caso, ao invés de negativa, a discricionariedade torna-se parte intrínseca da profissão. O problema deixa de ser a sua existência, mas sim as formas de limitá-la e estruturá-la."* COSTA, Arthur Trindade M.. É possível uma Política Criminal? a discricionariedade no Sistema de Justiça Criminal do DF. Soc. estado. 2011, vol. 26, n.1, p. 102.

95 ROXIN, Claus; SCHÜNEMANN, Bernd. Strafverfahrensrecht. 27ª ed. München: Beck, 2012, p. 75.

96 Sobre o consenso na persecução penal, COSTA ANDRADE consigna, citando AMELUNG: *"(...) é patente a funcionalidade do consentimento do ponto de vista social em geral e do sistema processual em especial. Como refere AMELUNG, que ao tema tem dedicado a mais aturada reflexão: 'Também o Estado soberano está empenhado*

Como já visto, nesse caso, o investigado somente cumpre a sua parte do acordo se o quiser. Não há imperatividade, não há uma imposição forçada para que ele a cumpra.

Obviamente que, em caso de descumprimento, será oferecida denúncia pelo Ministério Público, mas essa consequência deixa bem clara a inexistência de pena decorrente do acordo, existindo tão somente uma obrigação negocial com o MP.

Ademais, deve-se ter em conta que as obrigações decorrentes do negócio jurídico têm como objeto prestações claramente disponíveis. É dizer, a prestação de serviço e o pagamento de valores inserem-se no âmbito de liberdade, de disponibilidade, que o investigado detém na celebração de negócios jurídicos. Afinal, todos os dias são firmados contratos com esses objetivos, como se pode ver dos contratos de trabalho ou contratos de compra e venda, por exemplo.

De tal maneira, cabe aqui reforçar que a natureza jurídica do acordo de não persecução penal é a de negócio jurídico extrajudicial, em que o Ministério Público veicula uma política criminal, regrada pelos termos da Resolução n. 181/17, razão pela qual não há nenhuma inconstitucionalidade formal na sua previsão por meio de regulamento autônomo do CNMP.

A QUESTÃO DA SUPOSTA VIOLAÇÃO AO PRINCÍPIO DA OBRIGATORIEDADE PENAL

Outro argumento invocado contra a possibilidade da celebração de acordo de não persecução, é que tal avença supostamente violaria o princípio da obrigatoriedade da ação penal.

Inicialmente, cumpre consignar que não parece conveniente aqui proceder-se a uma ampla discussão a respeito da adoção ou não pelo nosso sistema do referido princípio[97]. Isso porque, essa discussão parece estar um pouco desfocada.

Ora, não há uma relação de exclusão entre a obrigatoriedade e a celebração do acordo de persecução (que envolve, inegavelmente, a ideia da oportunidade).

Nesse sentido, BINDER assenta que:

> *"Pode-se perfeitamente refletir entorno do princípio da seleção de casos (oportunidade) sem nenhuma referência ao princípio da legalidade (política que 'exclui' a seleção). Não são opostos ou melhor dito, sua consideração como 'opostos' – e a 'oportunidade regrada' como síntese – é apenas, e não especificamente a mais produtiva forma de analisar o tema. A seleção de casos dá-se em duas dimensões. Em primeiro lugar, existe uma dimensão vinculada à política*

---

na cooperação consentida do interessado, em ordem à superação por via de acordos de situações dificilmente ultrapassáveis, dessa forma evitando o arrastamento de conflitos. Uma afirmação que só se reforça à luz da teoria sociológica do sistema: se todos os cidadãos de que o Estado espera alguma coisa levassem ao emprego da força, então o sistema político viveria, segundo essa concepção, a sua Sexta-Feira das Trevas.'" COSTA ANDRADE, Manuel da. Consenso e Oportunidade, *in O novo Código de Processo Penal*. Coimbra: Almedina, 1988, p. 332.

97 Ainda que pareça evidente que – se ele foi adotado – não o foi de modo expresso. Afinal, quando o art. 24 do CPP, estabelece que *"nos crimes de ação pública, esta será promovida por denúncia do Ministério Público"*, parece claro que isso não quer significar que todas as investigações encerradas merecerão necessariamente o oferecimento de denúncia, como se o Ministério Público fosse uma espécie de escravo da ação penal e não o seu titular (CR, art. 129, I). Nesse sentido, o Supremo Tribunal Federal, ao tratar do princípio da obrigatoriedade, já assentou que: *"O Ministério Público, sob pena de abuso no exercício da prerrogativa extraordinária de acusar, não pode ser constrangido, diante da insuficiência dos elementos probatórios existentes, a denunciar pessoa contra quem não haja qualquer prova segura e idônea de haver cometido determinada infração penal."* (STF - HC 71429, Relator(a): Min. CELSO DE MELLO, Primeira Turma, julgado em 25/10/1994, DJ 25-08-1995 PP-26023 EMENT VOL-01797-02 PP-00387).

criminal e, em segundo lugar, outra dimensão relativa à justiça penal, concebida como uma organização com recursos limitados."[98]

Assim, a obrigatoriedade não pode ser vista como se fosse uma imposição cega de fazer a mesma coisa sempre e a todo custo, inclusive contra os próprios objetivos que fundamentaram o princípio da legalidade.

A ideia importante da obrigatoriedade é a que não pode o Ministério Público, sem justa causa, simplesmente abrir mão de dar uma resposta às investigações penais maduras e viáveis que se encontram em seu poder. Assim, tal interpretação deixa claro, que o Ministério Público não pode conceder favores ilegítimos para determinadas pessoas[99].

Esse dever de atuação – ainda que nem sempre por meio da ação penal – decorre, fundamentalmente, do princípio da moralidade (CR, art. 37, *caput*) e do dever de objetividade que deve marcar a atuação ministerial.

Essas diretrizes constitucionais proscrevem o favoritismo e o protecionismo. É isso que o princípio da obrigatoriedade pretende evitar. E é precisamente essa fatia, essa faceta da obrigatoriedade que deve ser preservada.

Tal perspectiva, porém, está longe de significar que o Ministério Público se torne um acusador cego e autômato. Não!

Realizar o acordo de não persecução penal, como resposta mais eficiente e célere aos casos penais, longe está de violar esse mandamento. Muito pelo contrário, o realiza de forma muito mais plena e eficiente.

Ora, jogar os casos penais para dormitarem nos escaninhos das Varas Criminais do país, abarrotadas de processos (em sua esmagadora maioria, casos de baixa e média complexidade), isso sim é uma violação ao mandado da obrigatoriedade. Isso sim é o violar o dever do Estado de dar uma resposta adequada e suficiente aos delitos que ocorrem no meio social[100].

---

98 BINDER, Alberto. Fundamentos para a Reforma da Justiça Penal. Florianópolis: Empório do Direito, 2017, p. 160.

99 Como consigna BARJA DE QUIROGA: *"(...) o princípio da oportunidade não significa que o poder de decisão do Ministério Público seja absoluto sobre o exercício ou não da ação penal. Em termo gerais, o Ministério Público tem liberdade de ação dentro de determinados limites, além do que, dentro desses limites, está também submetido aos princípios da imparcialidade, igualdade e às suas atuações precedentes, de modo que deve existir sempre uma correlação entre as diversas atuações do Ministério Público, para assim manter os princípios indicados. Dessa forma, o Ministério Público atuará no processo de forma mais viva, flexível e ágil, dentro de suas diretrizes que devem ser estabelecidas. Oportunidade, tampouco, significa oportunidade política, no sentido depreciativo da palavra."* BARJA DE QUIROGA, Jacobo López. *Tratado de Derecho Procesal Penal*, vol I, 6ª ed. Cizur Menor: Aranzadi, 2014, p. 469.

100 Ademais de consubstanciar uma vantagem ao Estado, o princípio da oportunidade, também, traz inegáveis benefícios ao investigado. Nesse sentido, expõe BRANDALISE: *"Especialmente ao réu, a distensão do conceito de obrigatoriedade do exercício da ação penal objetiva a diminuição de estereótipos (os pré-conceitos aplicados às pessoas e aos fenômenos e que afetam a visão da realidade), da interpretação retrospectiva (que decorre de uma reflexão, inclusive com representação feita que acaba por trazer uma autoimagem) das cerimônias degradantes (os ritos que são necessários para chegar-se à condenação do acusado e que retiram dele sua identidade natural e forçam ele a outra, dentro da formalidade exigida pelo Poder Judiciário), e o que é compreendido como* role-engulfment (o papel de criminoso, conjuntamente com o que vem estabelecido pelas instâncias formais, acaba por adequar a própria imagem do acusado e o alcance de sua interação social)." E continua, ainda, referido autor, apontando os benefícios da oportunidade: *"Há de se considerar que, ainda que vinculada dentro do âmbito da legalidade, a maleabilidade exposta está a fazer uma adaptação necessária às novas preocupações estatais e sociais que surgem, inclusive no que pertine à preservação e justificação dos custos*

É um grande paradoxo invocar a obrigatoriedade para a impunidade. Invocar a obrigação da realização de atos sem sentido prático, para que tudo permaneça do mesmo jeito que já está.

Como bem adverte HORVITZ, sobre o princípio da obrigatoriedade, *"o paradoxo é que um princípio que encontra sua fundamentação teórica no princípio da igualdade acaba, em última análise, criando profundas desigualdades na sua aplicação prática."*[101]

Por isso, não é mais admissível que a doutrina se aferre ao princípio da obrigatoriedade – que, em essência, como dito, pretende evitar o favoritismo, o protecionismo e a improbidade – como forma de barrar a solução mais promissora para tornar nosso sistema penal um pouco mais efetivo e com respostas mais adequadas.

A APLICAÇÃO PRÁTICA DO ACORDO DE NÃO PERSECUÇÃO

Uma vez articuladas as razões que nos parecem possibilitar a regulamentação do acordo de não persecução penal pela Resolução n. 181/17, do CNMP, afigura-se relevante que, agora, se realize uma abordagem, ainda que superficial, a respeito de algumas dúvidas práticas surgidas em virtude da criação acordo, que será feita nos seguintes tópicos:

a) **Acordo e inquérito policial:** Como se sabe, a Resolução n. 181/17, evidentemente, só regulamenta as investigações criminais realizadas pelo Ministério Público.

Assim, o acordo de não persecução penal somente poderá ser feito no bojo de um Procedimento Investigatório Criminal.

No entanto, considerando que grande parte das investigações penais realizadas no país, especialmente as de baixa e média gravidade, são feitas no bojo de um inquérito policial, afigura-se imprescindível a possibilidade da realização de acordos nessas hipóteses.

O procedimento correto, porém, para a viabilizar a celebração de acordo nas investigações realizadas por meio de inquérito policial, deve ser, a nosso sentir, o seguinte.

Uma vez chegando ao Ministério Público um inquérito policial maduro para o oferecimento de denúncia e que tenha por objeto a apuração de delito, em que seja possível a celebração do acordo (art. 18), deverá o Promotor de Justiça comunicar-se com o investigado para propor o acordo.

Caso exista interesse do investigado, deverá ser instaurado um PIC, no qual será realizado o acordo, sendo que o inquérito policial deverá ser apensado a referido procedimento investigatório criminal, como forma, inclusive, de emprestar justa causa para o acordo e para eventual e futura ação penal.

Ademais, deve-se levar em conta que a realização do acordo, por si só, já representa a realização de atos de investigação, uma vez que o suspeito deverá confessar os fatos e apresentar provas de corroboração e, os atos investigatórios do MP, devem ser feitos predominantemente no PIC.

---

apresentados aos contribuintes, que devem, sim, serem mostrados eficazes (e a obrigatoriedade absoluta não tem cumprido com referido dever)." BRANDALISE, Rodrigo da Silva. Justiça Penal Negociada: Negociação de Sentença Criminal e Princípios Processuais Relevantes. Curitiba: Juruá, 2016, p. 169.

101 HORVITZ LENNON, María Inés; LÓPEZ MASLE, Julián. Derecho Procesal Penal Chileno , tomo I. Santiago: Editorial Jurídica de Chile, 2003, pp. 47-48.

De tal maneira, com a instauração de Procedimento Investigatório Criminal, cumpre o Ministério Público a exigência de que o acordo somente pode ser feito no bojo dos PICs[102].

Além disso, com a instauração do PIC, o Ministério Público passa a ter um procedimento próprio para a fiscalização do cumprimento do acordo. Isso gera, também, um outro efeito colateral positivo, que é o aperfeiçoamento do banco de dados da Instituição e o desenvolvimento, mais adequado, de uma estatística criminal do Ministério Público.

b) Acordo e homologação judicial: Uma das novidades mais importantes trazidas pelas alterações implementadas pela Resolução n. 183/18 foi a previsão da homologação judicial do acordo de não persecução penal.

Assim, uma vez realizado o acordo entre o Ministério Público e o investigado, o Promotor encaminhará os autos ao Juiz para eventual homologação.

É o que preceitua, implicitamente, o § 5º do art. 18, ao consignar que: *"Se o juiz considerar o acordo cabível e as condições adequadas e suficientes, devolverá os autos ao Ministério Público para sua implementação."*

Desse modo, é possível inferir que o acordo de não persecução penal somente tem validade se o Juiz homologar o seu conteúdo.

Ressalte-se que existem modelos em que a intervenção judicial para a validade do acordo é desnecessária[103].

No entanto, o CNMP, após a alteração promovida no início de 2018, houve por bem não romper com o modelo que já vem sendo utilizado em vários outros institutos, como a transação penal e a colaboração premiada, em que o Juiz funciona como fiscal do *"princípio da obrigatoriedade"* [104], evitando-se, assim, que o Ministério Público abra mão da ação penal em casos que não tem fundamento político criminal para tanto.

Veja-se que será precisamente no momento da homologação do acordo que o Juiz fiscalizará a adequação ou não do acordo.

Assim, poderá o Juiz verificar se o Membro do Ministério Público celebrou o acordo nas hipóteses, e observando as formalidades, previstas no art. 18 da Resolução n. 181/17.

Ademais, caso exista discordância do Juiz, é o caso de aplicar-se o § 6º, que preceitua que: "*Se o juiz considerar incabível o acordo, bem como inadequadas ou insuficientes as condições celebradas, fará remessa dos autos ao procurador-geral ou órgão superior interno responsável por sua apreciação, nos termos da legislação vigente, que poderá adotar as seguintes providências: I – oferecer denúncia ou designar outro membro para oferecê-la; II – complementar as investigações*

---

102 Portanto, a nosso ver, equivocada a crítica de MORAIS DA ROSA e BECKER, no sentido de que a Resolução viola a isonomia. MORAIS DA ROSA, Alexandre; BECKER, Fernanda. Conheça uma novidade de 2017: a Resolução CNMP 181 viola a isonomia, in: https://www.conjur.com.br/2017-dez-29/limite-penal-novidade-2017-resolucao-cnmp-181-viola-isonomia, consultado no dia 27.02.2018.

103 Eu já consignado alhures que *"Cumpre consignar, ainda, que o acordo não escapa ao controle judicial. É bem verdade que existem modelos de acordo em que "nem sempre a intervenção do Tribunal será necessária" (Barja de Quiroga. Tratado de Derecho Penal, Tomo I, p. 471)"* CABRAL, Rodrigo Leite Ferreira. O acordo de não-persecução penal criado pela nova Resolução do CNMP, in: https://www.conjur.com.br/2017-set-18/rodrigo-cabral-acordo-nao-persecucao-penal-criado-cnmp, consultado no dia 27.02.2018.

104 Veja-se que a função do juiz aqui é administrativa, não jurisdicional, e de natureza anômala. Nesse sentido: SUPREMO TRIBUNAL FEDERAL - HC 68739 ED, Relator(a): Min. SEPÚLVEDA PERTENCE, Primeira Turma, julgado em 12/11/1991, DJ 07-02-1992 PP-00737 EMENT VOL-01648-01 PP-00086 RTJ VOL-00138-02 PP-00528.

ou designar outro membro para complementá-la; III – reformular a proposta de acordo de não persecução, para apreciação do investigado; IV – manter o acordo de não persecução, que vinculará toda a Instituição."

c) **Acordo e ação penal privada subsidiária da pública:** Deve-se deixar, ademais, bem claro que a celebração do acordo não autoriza o ajuizamento de ação penal subsidiária da pública, uma vez que "*o pressuposto dessa ação penal é a inércia do MP*"[105] e o acordo constitui um claro impulso (ação) do Ministério Público e ele encontra-se previsto expressamente em resolução do CNMP, que disciplina a atuação da Instituição, máxime em existindo – como agora é pressuposto – homologação judicial do acordo.

Por essas razões é que, nesses casos, o requisito da omissão, para que se autorize a adoção dessa medida de exceção à titularidade da ação penal pública pelo Ministério Público, não está preenchido.

d) **Acordo e audiência de custódia:** O § 7º do art. 18 da Resolução n. 181/17 estabelece que "*O acordo de não persecução poderá ser celebrado na mesma oportunidade da audiência de custódia*".

Referido dispositivo pretende tão somente possibilitar que o Membro do Ministério Público possa aproveitar a presença física do investigado e – em ato separado da audiência de custódia, mas na mesma oportunidade – eventualmente propor e celebrar o acordo, economizando-se, assim, recursos públicos, além de dinamizar e agilizar, ainda mais, o procedimento consensual, evitando-se a realização de novos atos de comunicação.

De tal maneira, não deverá o acordo ser proposto no mesmo ato jurídico da audiência de custódia (mesmo porque, nesse ato específico, não se pode realizar perguntas sobre o mérito do caso penal, v.g., art. 8º VIII e § 1º da Res. 213/15-CNJ), mas deverá sim o Ministério Público aproveitar a presença física do acusado para propor uma solução consensual para o caso.

e) **Acordo e fiscalização do seu cumprimento:** Conforme preceitua o § 4º do art. 18 da Resolução n. 181/17, "*§ 8º É dever do investigado comunicar ao Ministério Público eventual mudança de endereço, número de telefone ou e-mail, e comprovar mensalmente o cumprimento das condições, independentemente de notificação ou aviso prévio, devendo ele, quando for o caso, por iniciativa própria, apresentar imediatamente e de forma documentada eventual justificativa para o não cumprimento do acordo.*"

De tal maneira, cabe única e exclusivamente ao investigado o dever de demonstrar o cumprimento do acordo. Com isso, pretende-se desenvolver o senso de responsabilidade do investigado, além de evitar os sérios problemas que já ocorrem na execução penal, em que os juízes têm que, com uma grande frequência, intimar inúmeras vezes os sentenciados para que, finalmente, cumpram a pena que lhes foi imposta. Tal procedimento burocrático, além de moroso, causa sérios prejuízos à credibilidade e à força cogente das sentenças condenatórias.

Porém, no acordo de não persecução, caberá ao Membro do Ministério Público tão somente examinar se, no respectivo dia do mês em que deveria o investigado comprovar o cumprimento parcial ou integral do acordo, houve ou não essa comprovação. E, caso o investigado não tenha comprovado o cumprimento do acordo no momento oportuno, deverá o Membro do Ministério Público, de imediato, oferecer denúncia.

105 SUPREMO TRIBUNAL FEDERAL – RE 274115 AgR, Relator(a): Min. ELLEN GRACIE, Segunda Turma, julgado em 12/08/2003, DJ 19-09-2003 PP-00027 EMENT VOL-02124-05 PP-01059.

Por fim, agora com a existência de homologação judicial, será perfeitamente possível que o próprio Juiz, a pedido do Ministério Público, eventualmente determine medidas de fiscalização do cumprimento, sendo que o feito poderá, inclusive, tramitar como processo eletrônico, onde existir, o que facilita sobremaneira a comprovação do cumprimento, por parte do réu (ou mesmo de seu advogado) e eventual (diga-se, excepcionalíssima) intimação do investigado.

f) **Acordo e fundamento para o arquivamento:** Uma vez tendo o investigado cumprido as suas obrigações, caberá ao Ministério Público cumprir a sua parte do acordo.

No caso, será a promoção de arquivamento da investigação criminal, com base na ausência de interesse processual do Ministério Público em oferecer ação penal.

Isso porque, a pretensão que eventualmente buscaria ver cumprida com a deflagração da ação penal, já acabou sendo suficientemente satisfeita, com o cumprimento do acordo, razão pela qual há fundamento idôneo para o arquivamento do PIC (e do eventual IP a ele apensado). Em outras palavras, "*as razões invocadas*" (CPP, art. 28) pelo Ministério Público para o arquivamento da investigação serão precisamente a falta de interesse processual na deflagração da persecução penal. É nesse sentido, também, o disposto no art. 19 desta Resolução, como se verá no comentário a seguir.

DA CONCLUSÃO E DO ARQUIVAMENTO DO PROCEDIMENTO INVESTIGATÓRIO CRIMINAL (PIC)

Art. 19. Se o membro do Ministério Público responsável pelo procedimento investigatório criminal se convencer da inexistência de fundamento para a propositura de ação penal pública, nos termos do art. 17, promoverá o arquivamento dos autos ou das peças de informação, fazendo-o fundamentadamente. (Redação dada pela Resolução nº 183, de 24 de janeiro de 2018)

§ 1º A promoção de arquivamento será apresentada ao juízo competente, nos moldes do art. 28 do Código de Processo Penal, ou ao órgão superior interno responsável por sua apreciação, nos termos da legislação vigente. (Anterior parágrafo único renumerado para § 1o pela Resolução nº 183, de 24 de janeiro de 2018)

§ 2º Na hipótese de arquivamento do procedimento investigatório criminal, ou do inquérito policial, quando amparado em acordo de não persecução penal, nos termos do artigo anterior, a promoção de arquivamento será necessariamente apresentada ao juízo competente, nos moldes do art. 28 do Código de Processo Penal. (Incluído pela Resolução nº 183, de 24 de janeiro de 2018)

Uma vez encerradas as atividades investigativas, chega-se ao momento de o Membro do Ministério Público realizar a *opinio delicti*, oportunidade em que pode promover de acordo com as seguintes hipóteses: **a)** oferecer denúncia; **b)** promover pela remessa dos autos à outro Membro do Ministério Público com atribuições para atuar no caso (Promotor Natural); **c)** tomar as medidas para a realização do acordo de não persecução penal; **d)** promover o arquivamento das investigações.

O art. 19 trata fundamentalmente desta última hipótese (ainda que fale, também, da hipótese do arquivamento decorrente do cumprimento do acordo de não persecução penal), é dizer: arquivamento dos autos de Procedimento Investigatório Criminal.

É certo que, de acordo com a doutrina mais avançada, existem três condições para a propositura da ação penal:

a) tipicidade aparente;

b) punibilidade concreta;

c) legitimidade de parte; e

d) justa causa[106].

Assim, para que o Ministério Público possa oferecer a acusação penal devem estar presentes todas essas condições. É dizer, o fato apurado deve ser aparentemente criminoso, não deve incorrer nenhum caso de extinção de punibilidade, o Ministério Público tem que ser parte legítima para a propositura da ação (ação penal pública) e deve existir justa causa, consistente na existência de elementos informativos mínimos, nos autos do PIC, a amparar a pretensão acusatória formulada pelo Ministério Público[107].

Carentes quaisquer desses requisitos, é de rigor que o Membro do Ministério Público promova o arquivamento do Procedimento Investigatório Criminal.

Esse arquivamento pode ser promovido tanto perante o Juiz Natural do caso (que poderá, ser for o caso, aplicar o art. 28 do CPP), quanto perante órgão superior interno do Ministério Público, responsável por sua apreciação, nos termos da legislação vigente (v.g. Câmara de Coordenação competente, no caso do MPU).

Uma nova hipótese de arquivamento prevista pelo art. 18 e 19 da Resolução é quando se comprovar o efetivo cumprimento do acordo de não persecução penal. O fundamento dessa promoção de arquivamento, como visto, seria uma superveniente ausência de interesse na deflagração da persecução penal, uma vez que, com o cumprimento do acordo, a pretensão do Ministério Público já teria sido suficientemente satisfeita. Esse consistiria o fundamento, "*as razões invocadas*" (CPP, art. 28) pelo Ministério Público para o arquivamento da investigação.

É importante consignar que a Resolução somente permite o arquivamento com base no cumprimento do acordo de não persecução perante o Juiz, não existindo a possibilidade desse acordo se dar apenas internamente, no âmbito da Instituição. Com isso, pretendeu-se dar maior transparência e controle sobre a celebração e o cumprimento do acordo.

DA INEXISTÊNCIA DE COISA JULGADA MATERIAL NA DECISÃO DE ARQUIVAMENTO DO PROCEDIMENTO INVESTIGATÓRIO CRIMINAL (PIC)

Art. 20. Se houver notícia da existência de novos elementos de informação, poderá o membro do Ministério Público requerer o desarquivamento dos autos, providenciando-se a comunicação a que se refere o art. 5º desta Resolução.

A súmula n. 524 do Supremo Tribunal Federal estabelece que: "*Arquivado o inquérito policial, por despacho do juiz, a requerimento do promotor de justiça, não pode a ação penal ser iniciada sem novas provas.*"

Assim, uma vez promovido o arquivamento do Procedimento Investigatório Criminal segue-se o mesmo raciocínio: somente é possível desarquivá-lo com elementos de informação substancialmente novos. É dizer, não basta serem novos elementos de informação, eles devem trazer informações que não constavam anteriormente no procedimento ou constavam de maneira diversa.

106 Cf.: LOPES JUNIOR, Aury. Direito processual penal. 11ª ed. São Paulo: Saraiva, 2014, p. 371.

107 Cf.: LOPES JUNIOR, Aury. Direito processual penal. 11ª ed. São Paulo: Saraiva, 2014, pp. 371 e seguintes.

O desarquivamento dos autos não pode se dar simplesmente para realizar uma nova avaliação jurídica da questão posta, uma vez que a preclusão que ele gera busca dar uma certa estabilidade – ainda que tênue – sobre os fatos apurados.

Nesse sentido, é o seguinte julgado do Supremo Tribunal Federal:

> *"(...) Arquivamento de inquérito policial. "Novas pesquisas". Possibilidade de reabertura das investigações, se de outras provas houver notícia. Contrario sensu, a reabertura não pode decorrer da simples mudança de opinião ou reavaliação da situação. É indispensável que haja novas provas ou, ao menos, novas linhas de investigação em perspectiva. 5. Impossibilidade de reabrir inquérito para aprofundar linhas de investigação que já estavam disponíveis para exploração anterior. O arquivamento da investigação, ainda que não faça coisa julgada, é ato sério que só pode ser revisto por motivos igualmente sérios e surgidos posteriormente. 6. Reabertura das investigações que decorreu do puro e simples inconformismo com o arquivamento requerido pelo Procurador-Geral da República, sem que uma linha de investigação nova tenha surgido após o arquivamento. 7. Empate nas votações. Matéria criminal. Adoção do entendimento mais favorável à defesa. Precedente. 8. Dado provimento ao agravo regimental, para julgar procedente a reclamação e determinar o trancamento do Procedimento de Investigação Criminal 94.0003.0003465/2015-2, do MPSP."*
>
> (STF - Rcl 20132 AgR-segundo, Relator(a): Min. TEORI ZAVASCKI, Relator(a) p/ Acórdão: Min. GILMAR MENDES, Segunda Turma, julgado em 23/02/2016, PROCESSO ELETRÔNICO DJe-082 DIVULG 27-04-2016 PUBLIC 28-04-2016)

Outra questão relevante a respeito do arquivamento da investigação criminal diz respeito à avaliação se a decisão que acolhe a promoção de arquivamento do Ministério Público faz coisa julgada material.

O Supremo Tribunal Federal tem admitido que a decisão de arquivamento faz coisa julgada material quando se trate de declaração de extinção de punibilidade[108] ou atipicidade[109], não

---

108 *"Inquérito policial: arquivamento requerido pelo chefe do Ministério Público por falta de base empírica para a denúncia: irrecusabilidade. 1. No processo penal brasileiro, o motivo do pedido de arquivamento do inquérito policial condiciona o poder decisório do juiz, a quem couber determiná-lo, e a eficácia do provimento que exarar. 2. Se o pedido do Ministério Público se funda na extinção da punibilidade, há de o juiz proferir decisão a respeito, para declará-la ou para denegá-la, caso em que o julgado vinculará a acusação: há, então, julgamento definitivo. 3. Do mesmo modo, se o pedido de arquivamento - conforme a arguta distinção de Bento de Faria, acolhida por Frederico Marques -, traduz, na verdade, recusa de promover a ação penal, por entender que o fato, embora apurado, não constitui crime, há de o Juiz decidir a respeito e, se acolhe o fundamento do pedido, a decisão tem a mesma eficácia de coisa julgada da rejeição da denúncia por motivo idêntico (C.Pr.Pen., art. 43, I), impedindo denúncia posterior com base na imputação que se reputou não criminosa. 4. Diversamente ocorre se o arquivamento é requerido por falta de base empírica, no estado do inquérito, para o oferecimento da denúncia, de cuja suficiência é o Ministério Público o árbitro exclusivo. 5. Nessa hipótese, se o arquivamento é requerido por outro órgão do Ministério Público, o juiz, conforme o art. 28 C.Pr.Pen., pode submeter o caso ao chefe da instituição, o Procurador-Geral, que, no entanto, se insistir nele, fará o arquivamento irrecusável. 6. Por isso, se é o Procurador-Geral mesmo que requer o arquivamento - como é atribuição sua nas hipóteses de competência originária do Supremo Tribunal - a esse não restará alternativa que não o seu deferimento, por decisão de efeitos rebus sic stantibus, que apenas impede, sem provas novas, o oferecimento da denúncia (C.Pr.Pen., art. 18; Súmula 524). 7. O mesmo é de concluir, se - qual sucede no caso -, o Procurador-Geral, subscrevendo-o, aprova de antemão o pedido de arquivamento apresentado por outro órgão do Ministério Público."* (STF - Inq 1604 QO, Relator(a): Min. SEPÚLVEDA PERTENCE, Tribunal Pleno, julgado em 13/11/2002, DJ 13-12-2002 PP-00060 EMENT VOL-02095-01 PP-00162) (grifou-se)

109 *"INQUÉRITO POLICIAL. Arquivamento. Requerimento do Procurador-Geral da República. Pedido fundado na alegação de atipicidade dos fatos. Formação de coisa julgada material. Não atendimento compulsório. Necessidade de apreciação e decisão pelo órgão jurisdicional competente. Inquérito arquivado. Precedentes. O pedido de*

incidindo coisa julgada nos arquivamentos por falta de justa causa ou com base na excludente da ilicitude do estrito cumprimento do dever legal[110].

No entanto, referida posição judicial – além de ser uma temeridade – parece constituir um erro teórico.

Temeridade, pois atribui-se validade de sentença definitiva a uma mera decisão administrativa judicial, de natureza homologatória, que foi produzida no bojo de um simples procedimento administrativo. É dizer, atribui-se coisa julgada a uma sentença proferida sem processo. Portanto, sem devido processo legal, sem produção de provas perante as partes (principalmente, perante o Ministério Público) e sem qualquer outra garantia.

Como se vem defendendo, o processo penal somente terá a importância que deve ter quando a investigação criminal perder os efeitos prevalentes que hoje ostenta na prática. Atribuir-se a depoimentos - prestados muitas vezes longe do Ministério Público e ao largo de um processo com juiz independente e natural - a capacidade de justificar a formação de coisa julgada material, não parece ser, nem de longe, uma boa opção de política criminal, nem de pretensão de Justiça.

Em sentido similar, RANGEL consigna sobre o tema o seguinte:

> *"Se o ato (judicial de arquivamento) é de natureza administrativa não há caso julgado penal e sim, tão somente, coisa julgada administrativa, sendo admissível que fatos novos possibilitem o desarquivamento do inquérito policial.*
>
> *Não importa se o motivo do arquivamento foi por atipicidade do fato ou por ocorrência da prescrição da pretensão punitiva estatal, situações que, por si só, autorizariam, no curso do processo, uma análise de mérito e, consequentemente, o caso julgado penal.*
>
> *Todavia, em se tratando de inquérito policial não há ação, nem processo, logo não há que se falar em sentença e, por via de consequência, em caso julgado penal.*
>
> *Se o inquérito policial foi arquivado porque o fato é atípico (ausência de dolo, por exemplo) e surgem provas novas de que houve dolo no cometimento do fato, admite-se o desarquivamento e, consequentemente, a instauração da ação penal competente. Não há caso julgado.*
>
> *Se a tipicidade for porque o fato não é previsto em Lei como crime (princípio da reserva legal) e o inquérito policial é arquivado não poderá ser desarquivado se surgir Lei nova*

---

arquivamento de inquérito policial, quando não se baseie em falta de elementos suficientes para oferecimento de denúncia, mas na alegação de atipicidade do fato, ou de extinção da punibilidade, não é de atendimento compulsório, senão que deve ser objeto de decisão do órgão judicial competente, dada a possibilidade de formação de coisa julgada material." (STF - Pet 3943, Relator(a): Min. CEZAR PELUSO, Tribunal Pleno, julgado em 14/04/2008, DJe-092 DIVULG 21-05-2008 PUBLIC 23-05-2008 EMENT VOL-02320-02 PP-00223).

110 *"Habeas corpus. Processual Penal Militar. Tentativa de homicídio qualificado (CP, art. 121, § 2º, inciso IV, c/c o art. 14, inciso II). Arquivamento de Inquérito Policial Militar, a requerimento do Parquet Militar. Conduta acobertada pelo estrito cumprimento do dever legal. Excludente de ilicitude (CPM, art. 42, inciso III). Não configuração de coisa julgada material. Entendimento jurisprudencial da Corte. Surgimento de novos elementos de prova. Reabertura do inquérito na Justiça comum, a qual culmina na condenação do paciente e de corréu pelo Tribunal do Júri. Possibilidade. Enunciado da Súmula nº 524/STF. Ordem denegada. 1. O arquivamento de inquérito, a pedido do Ministério Público, em virtude da prática de conduta acobertada pela excludente de ilicitude do estrito cumprimento do dever legal (CPM, art. 42, inciso III), não obsta seu desarquivamento no surgimento de novas provas (Súmula nº 5241/ STF). Precedente. 2. Inexistência de impedimento legal para a reabertura do inquérito na seara comum contra o paciente e o corréu, uma vez que subsidiada pelo surgimento de novos elementos de prova, não havendo que se falar, portanto, em invalidade da condenação perpetrada pelo Tribunal do Júri. 3. Ordem denegada."* (STF - HC 125101, Relator(a): Min. TEORI ZAVASCKI, Relator(a) p/ Acórdão: Min. DIAS TOFFOLI, Segunda Turma, julgado em 25/08/2015, PROCESSO ELETRÔNICO DJe-180 DIVULG 10-09-2015 PUBLIC 11-09-2015).

criminalizando a conduta. A situação aqui é diferente da dita acima e a impossibilidade não é por causa do caso julgado que não existe na decisão de desarquivamento do inquérito policial, mas sim pelo princípio da reserva legal que impede que fatos anteriores a vigência da Lei nova criminalizante possam sofrer sua incidência.

É comum na prática do fórum promotores de justiça requerem a declaração de extinção da punibilidade no inquérito policial diante da prescrição, por exemplo, e juízes darem uma 'sentença' determinando o arquivamento, como pedido. Erro técnico. Trata-se de decisão judicial de cunho administrativo. O correto é pedir o arquivamento dos autos do inquérito policial face a ocorrência da prescrição da pretensão punitiva estatal.

Destarte, a decisão de arquivamento do inquérito policial não faz caso julgado por se tratar de decisão meramente administrativa, situando-se na esfera da imprevisão representada pela máxima do rebus sic stantibus, isto é, a possibilidade do pacto acertado no arquivamento ser alterado se surgirem novas provas, mas 'por enquanto as coisas ficam assim' (art. 18 do CPP)." [111].

Assim, também, entende CHOUKR:

"Diante do reconhecimento do modelo interno-hierárquico de controle do desfecho da investigação, descabe, com a devida vênia aos entendimentos opostos, enveredar pela discussão da coisa julgada – formal ou material.

Com efeito, a partir da compreensão de que o juiz não efetua qualquer atividade jurisdicional nesse momento, mas é apenas o impulsionador da revisão interna no Ministério Público, bem como pela óbvia constatação de que não se tem aí uma sentença, não há relação jurídica processual em curso, descabe imaginar a ocorrência de coisa julgada" [112].

Veja-se, a título de ilustração, que, no sistema alemão, o arquivamento da investigação também não faz coisa julgada, conforme Klaus Volk:

"A coisa julgada não gera efeitos no arquivamento. A investigação pode ser retomada sem aviso prévio." [113]

De tal maneira, não há que se falar em coisa julgada material na promoções de arquivamento lançadas no bojo dos Procedimentos Investigatórios Criminais (nem nos IPs), podendo – como consigna o próprio art. 20 - o Membro do Ministério Público requerer o desarquivamento dos autos, providenciando-se a comunicação a que se refere o art. 5º desta Resolução.

DISPOSIÇÕES FINAIS E TRANSITÓRIAS

Art. 21. No procedimento investigatório criminal serão observados os direitos e as garantias individuais consagrados na Constituição da República Federativa do Brasil, bem como as prerrogativas funcionais do investigado, aplicando-se, no que couber, as normas do Código de Processo Penal e a legislação especial pertinente. (Redação dada pela Resolução nº 183, de 24 de janeiro de 2018)

111 RANGEL, Paulo. A coisa julgada no processo penal brasileiro como instrumento de garantia. São Paulo: Atlas, 2012, p. 262.

112 CHOUKR, Fauzi Hassan. Código de Processo Penal: comentários consolidados e crítica jurisprudencial, 5ª ed. Rio de Janeiro: Lumen Juris, p. 118.

113 Tradução livre de: *„Rechtskraft entfaltet die Einstellung nicht. Die Ermittlungen können ohne weiteres wieder aufgenommen werden."* VOLK, Klaus. Grundkurs StPO. 7 auflage, München: Beck, 2008, p. 112

Aqui, uma vez mais, reafirmam-se os direitos e garantias do investigado e de seu defensor, incluindo, *per relationem*, todos esses direitos previstos na Legislação pertinente e, obviamente, aqueles previstos na Constituição da República.

Reforça-se, novamente, a importância que o Conselho Nacional do Ministério Público dá à realização de investigações adequadas e justa, com amplo respeito ao investigado, que é claramente tratado como sujeito de direitos e não objeto da investigação.

Art. 22. Os órgãos do Ministério Público deverão promover a adequação dos procedimentos de investigação em curso aos termos da presente Resolução, no prazo de 90 (noventa) dias a partir de sua entrada **em vigor.**

O prazo de 90 (noventa) dias com a publicação da Resolução n. 181, que se deu em 08 de setembro de 2017, esgotou-se de há muito.

Sem embargo, considerando-se as relevantes alterações promovidas pela Resolução n. 183, publicada no dia 30 de janeiro de 2018, infere-se que, implicitamente, o prazo de 90 (noventa) dias, previsto no art. 22, acabou por renovar-se, uma vez que as regulamentações locais devem se adaptar a esses novos parâmetros normativos.

Art. 23. Esta Resolução entra em vigor na data de sua publicação.

A Resolução n. 181, foi publicada no Diário Eletrônico do CNMP, no dia 08 de setembro de 2017, data em que, de imediato, entrou em vigor.

Art. 24. Fica revogada a Resolução CNMP n. 13, de 2 de outubro de 2006.

A anterior Resolução n. 13/06, que disciplinava a investigação criminal no âmbito do Ministério Público foi integralmente revogada.

REFERÊNCIAS BIBLIOGRÁFICAS

ALBRECHT, Peter-Alexis. Criminologia: *Uma Fundamentação para o Direito Penal*. Curitiba: ICPC; Rio de Janeiro: Lumen Juris, 2010.

ANDRADE, Mauro Fonseca; BRANDALISE, Rodrigo da Silva. *Resolução n. 181 do CNMP – artigo 18º*, in Investigação Criminal pelo Ministério Público: Comentários à Resolução n. 181 do Conselho Nacional do Ministério Público. FISCHER, Douglas; ANDRADE, Mauro Fonseca. Porto Alegre: Livraria do Advogado, 2017.

ARAS, Vladmir. *As equipes conjuntas de investigação* (ECI), in https://vladimiraras.blog/2017/02/22/as-equipes-conjuntas-de-investigacao-eci/, consultado no dia 17 de fevereiro de 2018.

ARCINIEGAS MARTÍNEZ, Guillmermo Augusto. *Policía judicial y sistema acusatorio*. Bogotá, ed. Nueva Jurídica, 2007.

ARTKÄMPER, Heiko; HERRMANN, Gunnar; JAKOBS, Carola; KRUSE, Henner. *Aufgabenfelder der Staatsanwaltschaft*. Münster, ZAP, 2008.

BADARÓ, Gustavo Henrique. Processo Penal, 6ª ed. São Paulo: RT, 2018

BAKKER, Edwin; POWDERLY, Joseph. *Dealing with transnational terrorism*, the concept and practice of Joint Investigation Teams. Security and Human Rights, 2011, 22(1);

BARJA DE QUIROGA, Jacobo López. *Tratado de Derecho Procesal Penal*, vol I, 6ª ed. Cizur Menor: Aranzadi, 2014.

BINDER, Alberto. *Fundamentos para a Reforma da Justiça Penal*. Florianópolis: Empório do Direito, 2017.

BOYNE, Shawn Marie. *The German Prosecution Service*: Guardians of the Law? Springer-Verlag: Berlin, Heidelberg, 2014.

BRANDALISE, Rodrigo da Silva. *Justiça Penal Negociada*: Negociação de Sentença Criminal e Princípios Processuais Relevantes. Curitiba: Juruá, 2016.

BUSATO, Paulo César. *Reflexões sobre o Sistema Penal do nosso tempo*. Rio de Janeiro: Lumen Juris, 2011

CABRAL, Rodrigo Leite Ferreira. *Reflexões sobre a Fixação do Valor Mínimo na Sentença Penal Condenatória*. Teses do XIX Congresso Nacional do Ministério Público. Teses do XIX Congresso Nacional do Ministério Público. 1ªed. Rio de Janeiro: Lumen Juris, 2011.

CANOTILHO, j. J. Gomes. *Direito Constitucional*, 7ª ed. Coimbra: Almedina, 2003.

CARO CORIA, Dino Carlos. *La enseñanza de la dogmática penal como* conditio sine qua non *para el éxito de la oralidad, in* El proceso penal iberoamericano: visiones comparadas. México: Ideal Flores, 2016,

CARRILLO DEL TESO, Ana E. *La recuperación de activos como estrategia común contra la criminalidad*, in Recuperación de Activos y Decomiso: Reflexiones desde los sistemas penales iberoamericanos. Valencia: Tirant lo Blanch, 2017.

CARROCA PÉREZ, Álex. Manual: *El Nuevo Sistema Procesal Penal Chileno*, 5ª ed. Santiago: Legal Publishing, 2009

CHAMBON, Pierre. *Droit et pratique de l'instruction préparatoire*. Paris, Dalloz, 2007.

CHOUKR, Fauzi Hassan. *Código de Processo Penal*: comentários consolidados e crítica jurisprudencial, 5ª ed. Rio de Janeiro: Lumen Juris, 2011.

CHOUKR, Fauzi Hassan. Iniciação ao Processo Penal. Florianópolis: Empório do Direito, 2017

CINTRA, Antonio Carlos de Araújo; GRINOVER, Ada Pelegrini; DINAMARCO, Cândido Rangel. *Teoria Geral do Processo*. 25ª ed. São Paulo: Malheiros, 2015.

COMMONWEALTH SECRETARIAT. *Use and Role of Joint Investigation Teams* in Combating Serious Crime, Commonwealth Law Bulletin, 34:2, 2008.

COSTA ANDRADE, Manuel da. *Consenso e Oportunidade, in O novo Código de Processo Penal*. Coimbra: Almedina, 1988.

COSTA, Arthur Trindade M.. É possível uma Política Criminal? a discricionariedade no Sistema de Justiça Criminal do DF. Soc. estado. 2011, vol. 26, n.1.

CUNHA, Rogério; BARROS, Francisco; SOUZA, Renne, CABRAL, Rodrigo (orgs.). *Acordo de Não Persecução*, Resolução n. 181 do CNMP. Salvador: Juspodivm, 2018., pp. 325pp.

ETXEBERRIA GURIDI, José Francisco. *El modelo francés de mediación penal*, in: La mediación penal para adultos. Una realidad en los ordenamientos jurídicos. Valencia: Tirant lo Blanch, 2009.

FISCHER, Douglas; CALABRICH, BRUNO. *Resolução n. 181 do CNMP – artigo 7º*, *in* Investigação Criminal pelo Ministério Público: Comentários à Resolução n. 181 do Conselho Nacional do Ministério Público. FISCHER, Douglas; ANDRADE, Mauro Fonseca. Porto Alegre: Livraria do Advogado, 2017.

GARUTI, Giulio. *Indagini preliminari e udienza preliminare, vol. 3*. Spangher, Giorgio [org.]: Trattato di procedura penale. Torino, UTET, 2009.

GÓMEZ MENDOZA, Gonzalo: *Instituciones en el derecho procesal penal peruano*. Lima, MFC Ed., 2007.

GRECO, Luis. *Lo vivo y lo muerto en la teoría de la pena de Feuerbach*: Una contribución al debate actual sobre los fundamentos del Derecho penal. Madrid: Marcial Pons, 2015.

HESS, Kären M.; ORTHMANN, Christine Hess. *Criminal Investigation*, 9ª ed. Delmar: NY, 2010.

HONNETH, Axel. *Luta por Reconhecimento:* a gramática moral dos conflitos sociais. Trad. Luiz Repa. São Paulo: ed. 34, 2003.

HORVITZ LENNON, María Inés; LÓPEZ MASLE, Julián. *Derecho Procesal Penal Chileno*, tomo I. Santiago: Editorial Jurídica de Chile, 2003.

JUSTEN FILHO, Marçal. *Curso de Direito Administrativo*. 11ª ed. São Paulo: RT, 2015.

KINDHÄUSER, Urs. *Strafprozessrecht*. 4ª ed. Baden-Baden: Nomos, 2016.

LANGER, Máximo. *From legal transplants to legal translations: The globalization of plea bargain and the Americanization thesis in criminal procedures*, in World Plea Bargain: consensual procedures and the avoidance of the full criminal trial. Durham: Carolina Academic Press, 2010.

LOPES JUNIOR, Aury. *Direito processual penal*. 11ª ed. São Paulo: Saraiva, 2014.

MEIRELLES, Hely Lopes. *Direito administrativo brasileiro*. 24ª. ed. São Paulo: Malheiros, 1999.

MIRANDA COUTINHO, Jacinto Nelson. *Um novo olhar sobre a polícia no processo penal*, in: http://www.conjur.com.br/2016-ago-26/limite-penal-olhar-policia-processo-penal. Consulta em: 11/05/2017.

MORAIS DA ROSA, Alexandre; LOPES JUNIOR, Aury. *Saldão penal e a popularização da lógica da colaboração premiada pelo CNMP*, in: http://www.conjur.com.br/2017-set-22/limite-penal-saldao--penal-popularizacao-logica-colaboracao-premiada-cnmp, consultado no dia 09.10.2017.

MORENO CATENA, Víctor; CORTÉS DOMINGUÉZ, Valentín. *Derecho Procesal Penal*, 9ª ed. Valencia: Tirant lo Blanch, 2017.

MUNÕZ CONDE, F. *Edmund Mezger e o Direito Penal de seu tempo* – Estudos sobre o Direito Penal no Nacional-Socialismo. Trad. Paulo César Busato. 4. ed. Rio de Janeiro: Lumen Juris, 2005.

NOGUEIRA, Aberto Pinto e Magistrados do Ministério Público do Distrito Judicial de Porto. *Código de processo penal*. Coimbra, Coimbra Ed., 2009.

OBIYO, Robert. *One Report of the Joint Investigating Team on the Strategic Defence Procurement Packages*, Too Many! Politikon, December 2006, 33(3).

ORSI, Omar Gabriel. *Estructuras de identificación y decomiso de activos ilícitos en el Ministerio Público Fiscal argentino*, *in* Recuperación de Activos y Decomiso: Reflexiones desde los sistemas penales iberoamericanos. Valencia: Tirant lo Blanch, 2017.

PALUDO, Januário. *Forças-tarefas: direito comparado e legislação aplicável* - MPF Januário Paludo (Coordenador), Carlos Fernando dos Santos Lima, Vladimir Aras. Brasília: Escola Superior do Ministério Público da União, 2011.

PEREIRA, Rui. *O Domínio do Inquérito pelo Ministério Público, in* Jornadas de Direito Processual Penal e Direitos Fundamentais. Lisboa: Almedina, 2004.

PERÉZ SARMIENTO, Eric Lorenzo. *Fundamentos del Sistema Acusatório de Enjuiciamento Penal*. Temis, Colômbia, 2005.

PERÓN, Walter; LÓPEZ-BARAJAS, Inmaculada. *El Ministerio Fiscal como Director de la Investigación en el Proceso Penal alemán*, in Ambos, Kai [org.]: *Desarrollos actuales de las ciencias criminales en Alemania*. Bogota: Temis, 2012.

RANGEL, Paulo. *A coisa julgada no processo penal brasileiro como instrumento de garantia*. São Paulo: Atlas, 2012.

RANGEL, Paulo. *Direito Processual Penal*. 25ª ed. São Paulo: Atlas, 2017.

ROXIN, Claus; SCHÜNEMANN, Bernd. *Strafverfahrensrecht*. 27ª ed. München: Beck, 2012.

ROXIN, Claus. *Derecho Procesal Penal*, 25ª ed. alemana, Editores del Puerto, Buenos Aires, 2000, p. 123.

ROXIN, Claus. *Política Criminal y sistema del Derecho Penal*. Trad. y introd. de Francisco Munõz Conde. 2ª. ed. 1ª Reimp. Buenos Aires, Hammurabi, 2002.

ROXIN, Claus. *Zur Rechtstellung der Staatsanwaltschaft Damals und Heute*. Deutsche Richter Zeitung (DRiz), 1997.

SANDERS, Andrew; YOUNG, Richard. *Criminal Justice*, Oxford, 3ª ed., 2007

SCHÜNEMANN, Bernd. *Critica al modelo norteamericano de proceso penal*, in Obras. Tomo II, Rubinzal-Culzoni: Buenos Aires, 2009

SCHÜNEMANN, Bernd. *Cuestiones Básicas de la Estructura y Reforma del Procedimiento Penal bajo una Perspectiva Global*, in Obras. Tomo II, Rubinzal-Culzoni: Buenos Aires, 2009.

SCHÜNEMANN, Bernd. *El Fortalecimiento de La Posición de la Víctima en el Proceso Penal, ¿Dicha o Desgracia?*, *in* Obras, vol. 2. Buenos Aires, Rubinzal-Culzoni, 2009.

SCHÜNEMANN, Bernd. *La Policía Alemana como auxiliar del Ministerio Fiscal*: Estructura, Organización y Actividades, *in Obras*, vol 2. Buenos Aires, Rubinzal-Culzoni, 2009.

TURNER, Jenia. Plea bargain across the borders. New York: Aspen Publisher, 2009.

VASCONCELLOS, Vinicius Gomes de; MOELLER, Uriel. *Acordos no processo penal alemão: descrição do avanço da barganha da informalidade à regulamentação normativa*, *in* Boletín Mexicano de Derecho Comparado, núm. 147.

VIVES ANTÓN, Tomás Salvador; COBO DEL ROSAL, Manuel. *Derecho Penal, Parte General*. 5ª ed. Valência: Tirant lo Blanch, 1999

VIVES ANTÓN, Tomás Salvador. *Comentarios a la Ley de Medidas Urgentes de Reforma Procesal*. Valencia, Tirant lo Blanch, 1992.

VIVES ANTÓN, Tomás Salvador. La Libertad como pretexto. Valencia: Tirant lo Blanch, 1995.

VIVES ANTÓN, Tomás Salvador. *Liberdad como pretexto*. Valencia: Tirant lo blanch, 1995.

VOLK. Klaus. Grundkurs StPO, 7. ed. München: Beck, 2008.

VORDERMAYER, Helmut; HEINTSCHEL-HEINEGG, Bernd von. *Handbuch für den Staatsanwalt*. Neuwied: Luchterhand, 2000.

ZIESEMER, Henrique da Rosa. *Resolução n. 181 do CNMP – artigo 6º*, *in* Investigação Criminal pelo Ministério Público: Comentários à Resolução n. 181 do Conselho Nacional do Ministério Público. FISCHER, Douglas; ANDRADE, Mauro Fonseca. Porto Alegre: Livraria do Advogado, 2017.

Abuso de autoridade ◆ **Ação civil pública** ◆ Agrotóxico (Novo) ◆ **Biossegurança** ◆ Consumidor ◆ **Contravenções penais** ◆ Criança e adolescente ◆ **Crime ambiental** ◆ Crime eleitoral ◆ **Crime hediondo** ◆ Crime organizado ◆ **Desarmamento** ◆ Drogas ◆ **Escuta protegida (Novo)** ◆ Exigência de atestados de gravidez e esterilização ◆ **Falência (Novo)** ◆ Genocídio (Novo) ◆ **Idoso** ◆ Improbidade administrativa ◆ **Índio (Novo)** ◆ Investigação criminal pelo MP ◆ **Interceptação telefônica** ◆ Juizados especiais criminais ◆ **Lavagem de dinheiro** ◆ Lei de alimentos (Novo) ◆ **Licitação** ◆ Ordem tributária, econômica e relações de consumo ◆ **Parcelamento de solo** ◆ Pessoa com deficiência ◆ **Preconceito de raça ou de cor** ◆ Proteção especial às vítimas e testemunhas ◆ **Responsabilidade dos prefeitos** ◆ Segurança Nacional ◆ **Sistema financeiro nacional** ◆ Tortura ◆ Trânsito ◆ **Transplante de órgãos** ◆ Terrorismo ◆ **Violência doméstica**